8

Motivación y emoción

Preámbulo

Módulo 8.1 Motivación: los "porqués" de la conducta

Módulo 8.2 Hambre y comer

Módulo 8.3 Emociones

Módulo 8.4 Aplicación: manejo de la ira

¿Sabía usted que . . .

- el fundador de la psicología estadounidense creía que existe un instinto humano para la limpieza? (p. 284)
- la gente tiende a comer más cuando los alimentos son servidos en porciones más abundantes? (p. 295)
- una de cada siete mujeres universitarias se avergüenza de comprar una barra de chocolate en una tienda? (p. 299)
- las personas de diferentes culturas sonríen distinto? (p. 304)
- el dinero no genera felicidad? (p. 306)
- las personas casadas tienden a ser más felices que las solteras? (p. 307)
- responder sin pensar puede salvarnos la vida en algunas situaciones? (p. 313)

El cerebro adora los acertijos

- Evidencias recientes sugieren que la obesidad puede ser contagiosa. ¿Cómo es esto posibl...

Características iniciales del capítulo

1 La **Introducción al capítulo** sigue al Preámbulo y proporciona una interesante viñeta o revisión que introduce al lector a los temas cubiertos en el capítulo.

2 **Programa de arte** Tanto las ilustraciones del texto como las fotografías fueron concebidas, investigadas y creadas cuidadosamente con el objetivo de presentar un programa de arte claro, conciso, diverso y confiable en términos pedagógicos.

¿QUÉ MOTIVA A MAX?

Existen dos relatos en el repertorio de la motivación humana. Ambos se refieren a empresarios exitosos que, a pesar de su gran riqueza, continuaron en la persecución de metas que no podían medirse en términos simples de dólares y centavos.

Uno de estos relatos es sobre un hombre llamado Max Levchin. Es probable que no conozca este nombre pero quizá haya escuchado hablar acerca del sistema de pagos en línea conocido como PayPal, mismo que él ayudó a desarrollar y el cual vendió después a eBay a cambio de una fortuna, a la tierna edad de 27 años. Después de cobrar la generosa suma, Max no se entregó a una vida de propósitos placenteros. Típico de su generación de jóvenes magnates, encauzó sus energías al desarrollo de nuevas aventuras de negocios (Rivlin, 2007). Con un valor neto cercano a los 100 millones de dólares, Max declaró sobre su vida a los 32 años: "Me gusta descansar en playas agradables, pasar el rato con mi novia y jugar con mi perro, pero eso representa sólo tres horas al día. ¿Qué hay de las restantes 18 horas cuando estoy despierto?" (citado en Rivlin, 2007, p. A1). ¿Qué hay de ello?

¿Qué motiva a un hombre como Max? ¿Qué motiva a otro hombre cuyo nombre debe ser más conocido para usted: Bill Gates? Bill Gates, el cofundador de Microsoft fue, durante muchos años, la persona más rica del mundo y en la actualidad ocupa lugares destacados en el rango, con un pasmoso valor neto de 58 mil millones de dólares (Miller, 2008). Sin embargo, Gates continúa con su persistente trabajo en su oficina y en sus obras filantrópicas, aunque tal vez no al ritmo frenético de su juventud.

La motivación humana no puede explicarse sólo en términos de la persecución de la riqueza. Entonces, ¿qué es lo que impulsa a las personas como Levchin y Gates a seguir adelante? La motivación humana se relaciona más con ciertas fuentes de gratificación que no pueden ser depositadas en una cuenta bancaria. Para los individuos como Levchin y Gates, siempre existen más montañas por escalar y más desafíos por enfrentar.

Ahora dirijamos nuestra atención hacia usted. Imagine que de pronto se encuentra con una enorme cantidad de dinero. ¿Continuaría usted en la universidad o dedicaría sus días a disfrutar del lujo? Quizá se relajaría en una playa tropical durante algunas semanas o, tal vez, durante algunos meses. Sin embargo, tarde o temprano, y es probable que temprano, querría hacer algo más significativo con su vida. En otras palabras, no sólo nadaría hasta una boya y tampoco permanecería inmóvil durante el resto de su vida con una bebida tropical en los labios. Usted se sentiría motivado a hacer algo y a progresar en su vida.

Ahora volvamos a la realidad. ¿Qué motiva su conducta en la vida diaria? ¿Es el deseo de satisfacer las necesidades biológicas subyacentes, es decir, tener suficiente alimento, agua, gratificación sexual y protección de los elementos? ¿O está motivado por una necesidad de logro, de éxito y de demostrar algo sobre sí mismo? ¿Qué es aquello que enciende su motor y lo mantiene en marcha?

En este capítulo exploramos los factores que dan energía y dirección a la conducta humana; no sólo la motivación sino también la emoción. Ambas palabras, *motivación* y *emoción*, se derivan de la raíz latina *movere*, que significa "mover". Las pulsiones y las emociones nos motivan a movernos, a actuar o a prepararnos para la acción (Izard, 2007; Maxwell y Davidson, 2007). Por ejemplo, el hambre sirve como una pulsión que nos mueve a buscar nutrimento. La emoción del temor nos mueve a evitar objetos o situaciones peligrosas o amenazantes, mientras el amor, la emoción que "hace girar al mundo", nos mueve a aproximarnos a los objetos de nuestro deseo. La emoción de la ira puede impulsarnos a responder de forma agresiva a una provocación.

Comenzaremos nuestra exploración de estos dos factores con la consideración de las fuentes de motivación que encienden la conducta y la mantienen activa. Después nos enfocaremos en una de las pulsiones más básicas: el hambre, y examinaremos a profundidad los problemas de obesidad y los trastornos alimenticios. Por último, exploraremos el complejo fenómeno de la emoción.

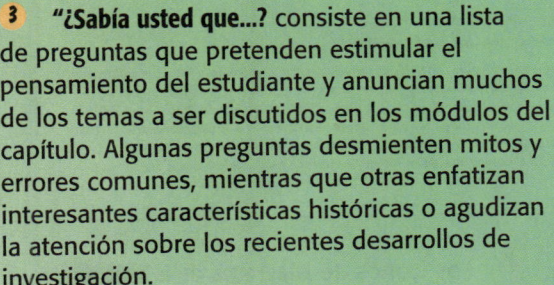

3 **"¿Sabía usted que...?** consiste en una lista de preguntas que pretenden estimular el pensamiento del estudiante y anuncian muchos de los temas a ser discutidos en los módulos del capítulo. Algunas preguntas desmienten mitos y errores comunes, mientras que otras enfatizan interesantes características históricas o agudizan la atención sobre los recientes desarrollos de investigación.

4 Aparecen escenarios de **El cerebro adora los acertijos** al inicio de cada capítulo. Éstos motivan el interés de los estudiantes sobre el contenido del capítulo al formular una pregunta, o citar un fenómeno intrigante. Se proporcionan los números de página para motivar la exploración del capítulo a fin de encontrar la "respuesta" a la pregunta propuesta en el escenario.

Características del módulo

5 **Preguntas de análisis** presenta a cada módulo y ayuda al estudiante a probar su memoria sobre los principales conceptos en el mismo. Estas preguntas de estudio se repiten en la *Revisión de módulo* para reforzar el aprendizaje y apoyar el proceso de estudio.

6 **Conceptos clave** son conceptos numerados extraídos del texto adyacente, y colocados en los márgenes para ayudar a los estudiantes a codificar y retener los principales conceptos cubiertos en cada módulo.

7 **Vínculo de conceptos** señala conexiones entre conceptos clave por medio de los capítulos, y están integrados por los conceptos marcados en los márgenes, de manera que los estudiantes puedan conocer su aplicación en diferentes áreas de la psicología.

8 Los **Términos clave** aparecen en negritas en el texto y son definidos en los márgenes de las páginas donde se presentan. También en un apéndice, al final del libro, se ofrece una lista completa de términos clave por capítulo.

9 **Los iconos de Diagrama de la psicología** son figuras que ayudan a los estudiantes a visualizar los conceptos clave y los vínculos entre conceptos discutidos en el texto. Muchos de los diagramas incluyen una clave numérica para ayudar a los estudiantes a comprender mejor las partes de los diagramas y las relaciones secuenciales de los conceptos representados de forma esquemática.

Módulo 6.3

La biología de la memoria

5
- ¿Dónde se almacenan los recuerdos en el cerebro?
- ¿Cuál es la función del hipocampo en la memoria?
- ¿Qué es la potenciación a largo plazo y cuál es la función que los científicos creen que desempeña en la formación de la memoria?
- ¿Qué es lo que los científicos han descubierto sobre las bases genéticas de la memoria?

¿Cómo se forman los recuerdos en el cerebro? ¿Dónde se almacenan? La investigación de vanguardia ha comenzado a responder estas y otras preguntas que muestran los cimientos biológicos de la memoria. En este módulo examinaremos lo que en la actualidad se sabe acerca de dichos fundamentos.

6 **CONCEPTO 6.25**
Los recuerdos están almacenados en complejas redes de células cerebrales interconectadas llamadas redes neuronales.

Estructuras cerebrales en la memoria: ¿dónde residen los recuerdos?

El psicólogo Karl Lashley (1890-1958) invirtió gran parte de su carrera en intentar rastrear el evasivo *engrama*, que es el término que él utilizó para describir un rastro físico o grabado en el cerebro donde creía que está almacenada la memoria. Una rata que aprende a recorrer un laberinto, por ejemplo, debía tener un engrama en alguna parte de su cerebro que contuviera un rastro del recuerdo de la ruta correcta que conducía a la salida o a la caja de alimento de la meta.

Lashley invirtió años en entrenar ratas para que recorrieran laberintos, después les extirpaba quirúrgicamente ciertas partes de la corteza cerebral y las sometía de nuevo a prueba para averiguar si sus recuerdos de los laberintos permanecían intactos. Su razonamiento le indicaba que si la extirpación quirúrgica de una parte de la corteza cerebral borraba determinado recuerdo, esa zona debía ser el sitio donde ese recuerdo en particular estaba almacenado. A pesar de los agotadores años de investigación, Lashley descubrió que las ratas aún recorrían los laberintos que antes se habían aprendido, sin importar las partes de la corteza cerebral que él había extirpado. Simplemente, las ratas no olvidaban. Entonces concluyó que los recuerdos no se albergan en ninguna estructura cerebral específica sino que deben estar esparcidos por todo el cerebro.

CONCEPTO 6.26
Una lesión en el hipocampo puede impedir la formación de nuevos recuerdos, de tal manera que usted puede no ser capaz de recordar a una persona a quien acaba de conocer.

Redes neuronales: el circuito de la memoria

En la actualidad, los investigadores creen que los recuerdos no están grabados en células cerebrales específicas sino, por el contrario, que están almacenados en el intrincado circuito de constelaciones de neuronas en el cerebro, llamadas redes neuronales (también llamadas *redes neurales*), en especial en la corteza cerebral (Matsumoto, Suzuki y Tanaka, 2003; Ojemann *et al.*, 2002). Las bases bioquímicas de cómo estos circuitos crean recuerdos están más allá de nuestra comprensión. Los científicos de la memoria piensan que ésta es la forma como la información es codificada, almacenada y recuperada por dichos circuitos o redes neuronales. En términos más sencillos, el circuito es la memoria (Thompson, 2005). Según este enfoque, el acto de recordar implica la activación del circuito cerebral específico donde está codificado el recuerdo.

7 **VÍNCULO DE CONCEPTOS**
El hipocampo desempeña una función importante en el recuerdo del contexto donde fueron experimentadas respuestas de temor. Consulte el módulo 8.3.

engrama Término de Lashley para designar el rastro físico o grabado de un recuerdo en el cerebro.

8 **redes neuronales** Circuitos de memoria en el cerebro que

El hipocampo: un compartimiento de almacenamiento para la memoria

El hipocampo, una estructura con forma de caballito de mar en el prosencéfalo, es esencial para formar nuevos recuerdos de sucesos e información general (memoria semántica) y también de experiencias de la vida (memoria episódica) (Grove, 2008; McHugh *et al.*, 2007; Miller, 2007b). Sin embargo, el hipocampo no parece tener relevancia en la memoria de procedimientos, a la cual recurrimos cuando montamos en bicicleta o cuando utilizamos herramientas. El hipocampo tampoco parece ser el destino final de los recuerdos nuevos. En lugar de ello, puede ser un compar-

---

DIAGRAMA DE LA PSICOLOGÍA

9

FIGURA 6.4   Modelo de tres niveles de la memoria
El modelo de tres niveles de la memoria es un útil marco de referencia para comprender las relaciones entre los tres sistemas de la memoria. ❶ Los datos sensoriales (imágenes visuales, sonidos, etcétera) crean impresiones que permanecen durante un tiempo breve en la memoria sensorial. ❷ Al dirigir la atención hacia la memoria sensorial podemos llevar esa información a la de corto plazo, donde podemos tenerla en la mente durante un breve periodo. Utilizamos dos tipos generales de estrategias de ensayo (ensayo de mantenimiento y ensayo elaborativo) para transferir la información guardada en la memoria de corto plazo a la de largo plazo. ❸ Una vez que la información es almacenada en la memoria de largo plazo, debe ser recuperada y devuelta a la de corto plazo antes de poder ser utilizada.

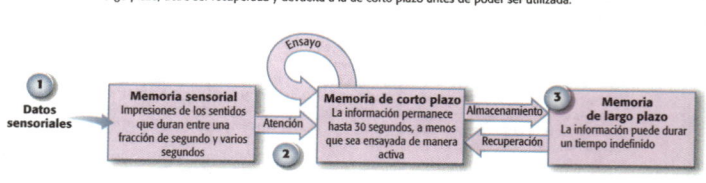

① Datos sensoriales → **Memoria sensorial** Impresiones de los sentidos que duran entre una fracción de segundo y varios segundos → Atención → **②** Ensayo → **Memoria de corto plazo** La información permanece hasta 30 segundos, a menos que sea ensayada de manera activa → Almacenamiento / Recuperación → **③** **Memoria de largo plazo** La información puede durar un tiempo indefinido

Énfasis en las aplicaciones

10 **"Intente lo siguiente"** son actividades o ejercicios prácticos con los cuales los estudiantes pueden aplicar su conocimiento de los conceptos psicológicos discutidos en el capítulo.

11 **"Aplicación"** Cada capítulo finaliza con un breve módulo de aplicación cuya intención es ayudar a los estudiantes a conocer cómo se utilizan los principios psicológicos para enfrentar los problemas y los temas del mundo real y mostrar cómo pueden aplicar este conocimiento en la vida.

12 La sección **"Explore la psicología"** ayuda a los estudiantes a profundizar en temas y controversias contemporáneos en la psicología, a aprender más sobre la investigación emergente y a relacionar el material del texto con sus vidas.

13 **Pensamiento crítico sobre la psicología** proporciona una oportunidad al final del capítulo para que los estudiantes agudicen sus habilidades analíticas al responder preguntas de pensamiento crítico. En un apéndice se ofrecen respuestas o soluciones como ejemplo.

---

202   Capítulo 5   Aprendizaje

Intente lo siguiente   **10**

El fino arte de observar a los demás

¿Cómo podría usted utilizar el modelado para ampliar sus habilidades sociales? He aquí un ejemplo: si usted se queda en blanco al no saber qué decir a una persona que conoció en una fiesta, observe cómo interactúan los demás entre sí; en especial, las personas a quienes usted considera hábiles en términos sociales. ¿Qué nota usted acerca de su lenguaje corporal, expresiones faciales y temas de conversación que podrían serle de utilidad? Comience a practicar esas mismas conductas. Note cómo responde la demás gente hacia usted. Afine sus habilidades para producir una respuesta más favorable. Con un poco de práctica y afinación, es probable que las conductas se vuelvan parte de su repertorio conductual regular.

Bobo"). El trabajo inicial de Bandura sobre el modelado condujo a investigaciones posteriores sobre los efectos de observar contenido agresivo por televisión y en otros medios de comunicación masiva. Como ya exploraremos con mayor profundidad en el capítulo 9, ahora contamos con evidencias fehacientes de que la exposición a la violencia por televisión y en otros medios de comunicación masiva contribuye a generar conductas agresivas y violentas en los niños y adolescentes (Carnagey, Anderson y Bartholow, 2007; Huesmann, 2007).

Bandura (1986) subraya cuatro procesos clave en el aprendizaje por observación:

1. *Gran atención.* El observador debe prestar gran atención a cómo el modelo realiza la conducta. Un entrenador de tenis puede indicar a un novato: "Ahora, mira con atención cómo lanzo la pelota en el servicio".

2. *Retención en la memoria.* La conducta observada debe ser llevada a la memoria y retenida. Al ver que un entrenador de tenis realiza un servicio, debemos formar una representación mental de la conducta y retener esa información en la

---

Aplicación   **11**
Módulo 12.3

Réstele aflicción al estrés

Quizá no seamos capaces de eliminar todo el estrés de nuestras vidas; de hecho, cierta cantidad de estrés puede ser conveniente para nosotros. Sin embargo, podemos aprender a sobrellevar el estrés de manera más efectiva con el fin de que éste no nos provoque aflicción. Aquí resumiremos algunas de las capacidades necesarias para manejarlo de manera más eficaz (adaptado de Nevid y Rathus, 2007a).

Mantenga el estrés en un nivel tolerable

Examine su vida diaria. ¿Corre constantemente de un lado a otro sólo para cumplir con todas las demandas de s... ción presentan...

• *Reduzca los problemas di... gestionamien... compartido p... podría emple...

CONCEPTO 12.23

...nible de estrés. Si basca reducir el nivel de estrés en su vida, un buen lugar para comenzar podría ser modificado su comportamiento. El módulo 12.3 contiene sugerencias que pueden serle útiles para reducir este tipo de conducta.

Explore la psicología   **12**

El éxito en Estados Unidos:
el desafío del estrés por aculturación

Para los inmigrantes, las demandas de adaptación a una nueva cultura pueden ser una fuente significativa de estrés. El hecho de establecer una nueva vida en un país adoptivo puede resultar un ajuste difícil, en especial cuando existen diferencias en el idioma y la cultura, y pocas oportunidades de empleo o capacitación. La presión por *aculturarse* significa adaptarse a los valores, las preferencias lingüísticas y las costumbres de la cultura anfitriona o dominante.

¿Cómo afecta el **estrés por aculturación** en la salud psicológica y en la adaptación de una persona? Se acumulan cada vez más evidencias que demuestran vínculos entre el estrés por aculturación y una adaptación psicológica deficiente (Crockett *et al.*, 2007; Schwartz, Zamboan-...

■ Pensamiento crítico sobre la psicología ■   **13**

Con base en la lectura del capítulo, responda las siguientes preguntas. Después, para evaluar su progreso en el desarrollo de capacidades de pensamiento crítico, compare sus respuestas con las del ejemplo en el apéndice A.

Recuerde el experimento descrito en la página 184, en el cual John Garcia y sus colegas dejaron cadáveres de ovejas en el campo que habían sido inyectados con un veneno, mismo que enfermaba a los coyotes que las comían. Aplique sus capacidades de pensamiento crítico para analizar este estudio en términos del condicionamiento clásico.

1. ¿Cuál fue el estímulo no condicionado de este ejemplo?

2. ¿Cuál fue el estímulo condicionado?

3. ¿Cuál fue la respuesta no condicionada?

4. ¿Cuál fue la respuesta condicionada?

Herramientas de revisión para el estudiante

14 Las **Tablas de conceptos** resumen y revisan los principales conceptos en forma tabular y ayudan a los estudiantes a hacer conexiones visuales entre conceptos.

15 Las secciones de **Revisión de módulo** consisten en secciones de "Repase", "Recuerde" y "Reflexione" que motivan el aprendizaje activo, la autoevaluación y el pensamiento crítico.

 TABLA DE CONCEPTOS 4.1   **14**
Estados de conciencia

Estados de conciencia	Nivel de alerta/atención	Ejemplos o características
Conciencia enfocada	Alto, despierto y alerta por completo	Aprender una nueva habilidad; mirar una película cautivante
Conciencia a la deriva	Variable o cambiante	Soñar despiertos o permitir que vaguen nuestros pensamientos
Conciencia dividida	Medio; atención dividida en dos actividades	Pensar en otras cosas mientras nos ejercitamos o conducimos un auto
Dormir y soñar	Bajo	Durante el sueño, por lo general, somos inconscientes de lo que nos rodea en el exterior, pero podemos responder a ciertos estímulos
Estados de vigilia de conciencia alterada	Variable	Cambios en la conciencia asociados con la hipnosis, la meditación y el consumo de sustancias

15

REVISIÓN DE MÓDULO 4.1   Estados de conciencia

REPASE

¿Cuáles son los diferentes estados de conciencia?

- Los estados de conciencia son los distintos niveles conscientes que pueden variar en el transcurso del día, de la vigilia alerta al sueño profundo.
- Los estados alterados de conciencia son estados mentales que difieren del estado normal de vigilia alerta.

RECUERDE

1. El psicólogo del siglo XIX, William James equiparó la conciencia con
   a. agua que fluye de manera constante por un río
   b. una nube pasajera
   c. un océano agitado

2. La _____ de la conciencia nos permite enfocarnos en estímulos, sucesos y experiencias significativos.

3. El estado de conciencia en el cual estamos alertas y concentrados por completo en una tarea se conoce como
   a. sueños diurnos
   b. conciencia dividida
   c. conciencia alterada
   d. conciencia enfocada

REFLEXIONE

- Qué acciones puede usted realizar para reducir sus riesgos de conducir un automóvil mientras está distraído? ¿La discusión de este módulo cambió su opinión sobre el tema? ¿Por qué?

Resumen Visual   **16**

Capítulo 4   Conciencia

Módulo 4.1 Estados de conciencia

ESTADOS DE CONCIENCIA
- Conciencia enfocada: alerta y absorto por completo
- Conciencia a la deriva: pensamientos dispersos
- Conciencia dividida: dividir la conciencia entre dos o más tareas
- Dormir y soñar: conciencia disminuida
- Estados alterados de conciencia: cambios en los estados regulares de la conciencia en vigilia

Módulo 4.2 Dormir y soñar

FASES DEL SUEÑO
- Sueño no-MOR (fases 1 a 4): patrones cambiantes de ondas cerebrales que conducen al sueño de onda lenta
- Sueño MOR: patrones activos de ondas cerebrales; asociado con soñar

FUNCIONES DEL SUEÑO
- Función protectora: mantenernos alejados del peligro
- Función de conservación de la energía: conservar la energía necesaria para encontrar alimento
- Función reparadora: reabastecer los recursos corporales perdidos
- Función de conservación de la memoria: convertir los recuerdos recientes en recuerdos más perdurables

TEORÍAS SOBRE EL SUEÑO   **Patrones de ondas cerebrales**
- Hipótesis de solución de problemas (Hartmann): los sueños como intentos para resolver los problemas de la vida diaria
- Hipótesis de activación-síntesis: la corteza intenta encontrar sentido a las descargas eléctricas aleatorias del tallo cerebral
- Hipótesis de cumplimiento de deseos (Freud): los sueños son deseos sexuales o agresivos disfrazados

a) **Vigilia ordinaria**
Ondas beta rápidas de baja amplitud

b) **Vigilia relajada**
Ondas alfa rítmicas

c) **Fase 1 del sueño**
Ondas cerebrales pequeñas e irregulares

d) **Fase 2 del sueño**   Huso del sueño
Aparición de ondas con forma

16 **Resumen visual** Cada capítulo finaliza con esta nueva herramienta de aprendizaje visual, la cual enfatiza conceptos clave en cada módulo en un formato de cápsula.

Recursos para el estudiante (disponibles sólo en inglés)

17 **¡Nuevo! eBook en línea** Dispuesto en formato interactivo, este libro electrónico ofrece una alternativa en línea del libro impreso, con glosario e índice con comando de búsqueda, una herramienta para citas y un índice electrónico. También está disponible un libro electrónico estático descargable por separado.

18 **¡Nuevo! Interactive Concept Maps** son herramientas de aprendizaje visual que ayudan a los estudiantes a visualizar conexiones entre conceptos clave en el texto. Están disponibles en un folleto impreso que acompaña al texto en inglés. Para motivar un aprendizaje más activo, los mapas contienen espacios en blanco para completar y las respuestas se encuentran en la parte posterior del folleto.

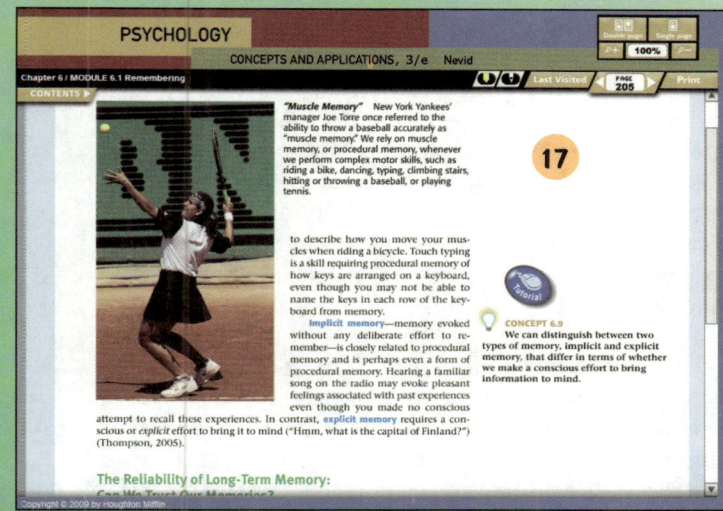

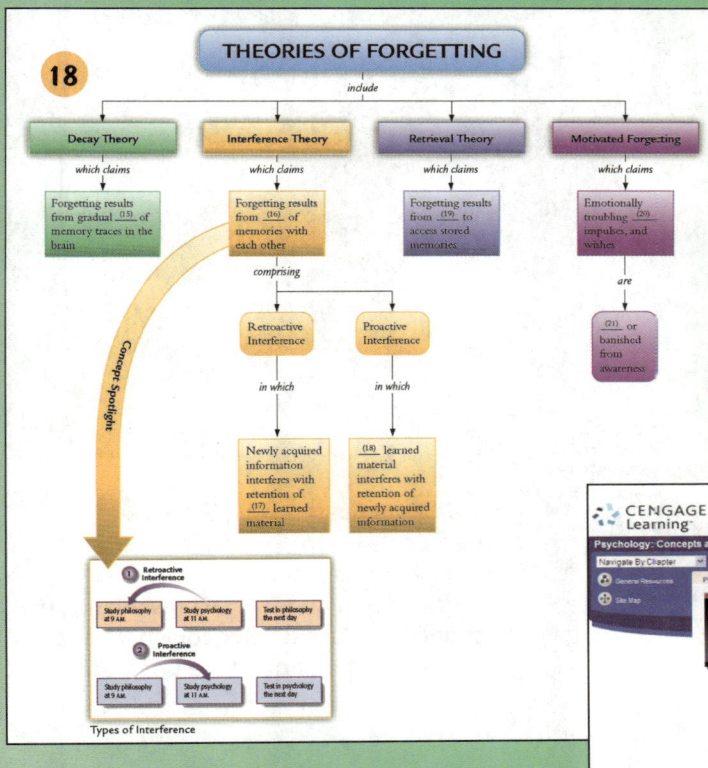

19 **Student Website** El sitio electrónico para el estudiante ofrece apoyos adicionales para el estudio, incluso pruebas ACE de práctica, tutoriales interactivos y tarjetas mnemotécnicas. Una contraseña da acceso a herramientas premium de estudio en línea que incluyen: *Guía de estudio en línea, ACE+, Módulos de capacidades de estudio en video y Cuestionarios de autoevaluación.*

20 **¡Nuevo! Research Companion for Introductory Psychology** El *Compañero de investigación para introducción a la psicología* brinda experiencia de primera mano a los estudiantes como investigadores. Inicia con una clara explicación del proceso de investigación y continúa con investigaciones específicas sobre diferentes temas de psicología.

Recursos para el profesor (disponibles sólo en inglés)

21 **Diploma Testing™ CD-ROM** El *Diploma Testing™ CD-ROM* es un flexible programa de exámenes que permite a los profesores crear, editar, personificar y aplicar múltiples tipos de exámenes impresos, vía servidor de red, internet o incluso las plataformas MAC o WIN. Contiene 1 998 preguntas de opción múltiple y de ensayo con respuestas. Todas las preguntas están redactadas según el nivel del capítulo y del módulo y están clasificadas por tipo, objetivo de aprendizaje, número de referencia del módulo, página de referencia y concepto.

22 **CengageNOW™** *CengageNOW™* ofrece todos sus recursos de enseñanza y aprendizaje en un solo lugar para ayudarlo a impartir su curso de psicología. *CengageNOW™* satisface a los estudiantes que prefieren utilizar recursos digitales para estudiar. Los estudiantes tienen acceso a un libro electrónico integrado, videos, tutoriales, simulaciones, juegos y otras herramientas multimedia para ayudarlos a aprovechar su curso al máximo. Nuestro contenido premium del *CNOW* para *Psicología*, tercera edición, incluye nuestros cortos de video *Psych in Film®*, con consejos de enseñanza, preguntas de discusión y cuestionarios localizables (además de nuestro material computarizado de banco de pruebas). El *CengageNOW Personalized Study* es una herramienta de diagnóstico que consiste en un *Plan de Estudios* de capítulo específico previo y posterior al examen y que utiliza valiosos recursos específicos del texto para motivar a los estudiantes a dominar conceptos, prepararse para los exámenes e involucrarse más en la clase.

23 **¡Nuevo! Guest Lecture Video** La serie *Guest Lecture* es una "biblioteca" de consejos de enseñanza y mejores prácticas de muchos profesores talentosos. Disponible en el sitio electrónico para el profesor y como paquete de dos DVD.

Recursos para el profesor
(disponibles sólo en inglés)

24 PowerLecture™ con JoinIn El recurso para profesores *PowerLecture™* es una colección de conferencias y herramientas de clase específicas del libro en CD o DVD. Es la manera más rápida y fácil para crear conferencias poderosas y abundantes en multimedia; entre las ventajas de *PowerLecture* se incluyen presentaciones de PowerPoint mejoradas y específicas de cada capítulo, librería de imágenes de su libro de texto, videoteca, manual para profesores, banco de pruebas y más. El *PowerLecture* para *Psicología*, tercera edición, incluye el *JoinIn Student Response System*.

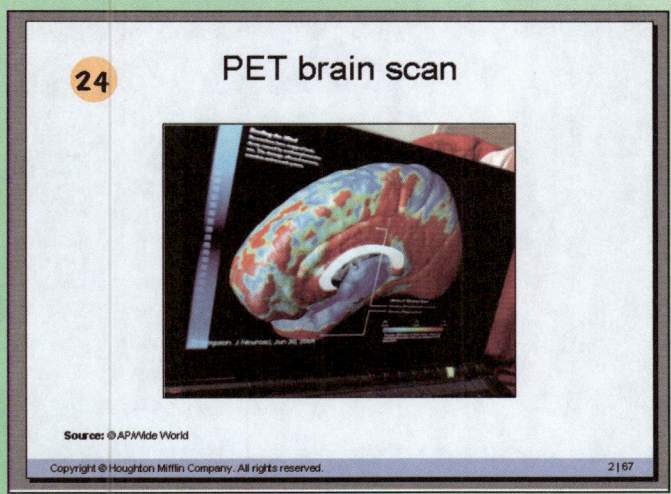

25 JoinIn™ Student Response System Incluido en su *PowerLecture*, el contenido de *JoinIn* (para utilizarse con la mayoría de los sistemas de "*clicker*") brinda evaluación del aula y aprendizaje activo al instante. Haga encuestas, tome lista, aplique cuestionarios e invite a los estudiantes a participar de forma activa mientras aprenden.

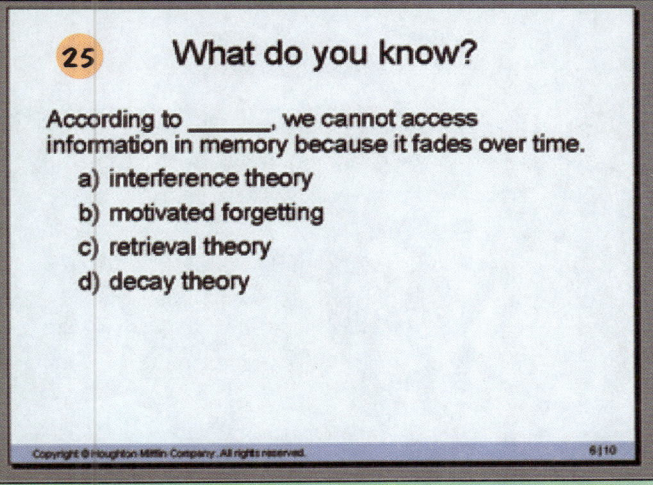

26 Psychology Media Gallery Incluye alrededor de 400 imágenes y 45 animaciones del texto, así como de otras fuentes, que pueden descargarse para ser incluidas en sus presentaciones en clase. La interfaz intuitiva muestra imágenes comprimidas que permite identificarlas con facilidad.

Psicología

Tercera edición

Psicología

Conceptos y aplicaciones

Jeffrey S. Nevid

St. John's University

Traducción:

Martha Baranda Torres

Pilar Mascaró Sacristán

Revisión técnica

Mtro. Ricardo Trujillo Correa
Facultad de Psicología, UNAM

CENGAGE
Learning™

Australia • Brasil • Corea • España • Estados Unidos • Japón • México • Reino Unido • Singapur

CENGAGE Learning™

Psicología. Conceptos y aplicaciones
Tercera edición
Jeffrey S. Nevid

Presidente de Cengage Learning Latinoamérica:
Javier Arellano Gutiérrez

Director general México y Centroamérica:
Pedro Turbay Garrido

Director editorial y de producción:
Raúl D. Zendejas Espejel

Coordinadora editorial:
María Rosas López

Editora de desarrollo:
Claudia Islas Licona

Coordinadora de producción editorial:
Abril Vega Orozco

Editor de producción:
Omar A. Ramírez Rosas

Coordinador de producción:
Rafael Pérez González

Diseño de portada e ilustración:
Guillermo U. Hernández Díaz

Composición tipográfica:
Foto Grafic & Diseño

Traducido del libro *Psychology. Concepts and applications* third edition.
Jeffrey S. Nevid
Publicado en inglés por Houghton Mifflin,
una compañía de Cengage Learning ® 2009
ISBN-13: 978-0-547-14814-4
ISBN-10: 0-547-14814-3

Datos para catalogación bibliográfica:
Psicología. Conceptos y aplicaciones
Nevid, Jeffrey S.
ISBN-13: 978-607-481-392-0
ISBN-10: 607-481-392-2

Visite nuestro sitio web en:
http://latinoamerica.cengage.com

Psicología. Conceptos y aplicaciones
Se imprimió por cargo de Cengage Learning Editores, S.A.
en los talleres de Data Color Impresores S.A. de C.V.,
con domicilio en Calle Avena No. 201,
Col. Granjas México, C.P. 08400, México D.F.,
en el mes de septiembre de 2010.
El tiraje fue de 4,000 ejemplares

Impreso en México
1 2 3 4 5 6 7 13 12 11 10

Dedicatoria

A mi esposa, Judy, y a mis hijos, Michael y Daniella, con amor siempre.

Resumen de contenido

Contenido

---

3 Sensación y percepción **86**

---

4 Conciencia **132**

9 Desarrollo infantil   322

10 Adolescencia y adultez   366

14   Trastornos psicológicos   516

15   Métodos de terapia   556

Herramientas

 ## Tablas de conceptos

Intente lo siguiente

Módulos de aplicación

Explore la psicología

Prefacio

Como profesores tenemos el desafío de ayudar a nuestros alumnos a tener éxito en el ambiente de aprendizaje de la actualidad. Yo me di a la tarea de redactar este libro de texto con ese reto fundamental en mente.

Este libro de texto brinda una amplia perspectiva de la psicología que abarca la historia, los métodos de investigación, las principales teorías y los descubrimientos de investigación de la disciplina, así como las aplicaciones de conocimiento obtenidas a partir de la investigación contemporánea sobre los problemas y retos que enfrentamos en el mundo actual. La psicología es una disciplina llena de vida y dinámica, e intento influir en este escrito el mismo entusiasmo y vigor que los psicólogos invierten cada día en la investigación, enseñanza y trabajo profesional.

Un libro de texto eficaz requiere ser más que sólo un compendio de información. Necesita ser una herramienta eficaz de aprendizaje que ayude a los estudiantes a dominar los conceptos y principios complejos. Me esforcé por dirigirme a los alumnos de manera directa y por emplear variados ejemplos y viñetas para hacer accesible el material complejo a los estudiantes de diversos orígenes.

Desarrollo del texto basado en la investigación

El marco pedagógico de referencia de este libro es la investigación básica sobre el aprendizaje y la memoria, adicionado con estudios que he conducido con mis alumnos.[1] El texto fue después sometido a prueba en aulas por todo Estados Unidos. Nuestra investigación se enfocó en dos características pedagógicas clave incorporadas en el texto, **modularización** y **señalización de conceptos.** El resultado de

nuestros estudios me dio la confianza en que combinar una estrategia modular con una nueva herramienta pedagógica llamada *señalización de conceptos* puede ayudar a los estudiantes a encauzar mejor sus esfuerzos para estudiar y captar conceptos clave del campo.

¿Por qué un formato modular?

El texto está organizado en unidades individualizadas de estudio llamadas *módulos.* Cada uno de estos es una unidad cohesiva de estudio organizada alrededor de un conjunto de conceptos clave relacionados con un tema particular. Muchos de nuestros alumnos lidian con empleos de medio tiempo, familia y carrera. Al carecer de tiempo, necesitan equilibrar el estudio con otras responsabilidades de la vida. La estrategia modular ayuda a los estudiantes ocupados a organizar sus esfuerzos de estudio al permitirles enfocarse en un módulo a la vez, en lugar de intentar abordar un capítulo entero.

Señalización de conceptos clave

La señalización de conceptos es una herramienta pedagógica que ayuda a los estudiantes a codificar y retener conceptos clave por medio de la señalización de los mismos en los márgenes del texto. Por tradición, los libros de texto han empleado métodos de señalización, como subrayar términos clave y definirlos en los márgenes. Este libro de texto lleva a la señalización un paso más adelante al destacar no sólo los términos clave sino también los conceptos clave.

Los conceptos clave o relacionados en el texto están representados en insertos en los márgenes, los cuales están señalados con el icono de un foco. La señalización de conceptos puede ayudar a los estudiantes a captar conceptos clave, pero no es un sustituto de la lectura del texto íntegro. Los resultados de nuestra investigación refuerzan lo que los profesores han sabido durante años: que los estudiantes no deben depender de los auxiliares pedagógicos (así sean los resúmenes de capítulo, los glosarios por página, las sesiones de estudio, los cuestionarios intermedios o los conceptos relacionados) como sustitutos de la lectura del libro en su totalidad. Debe advertirse a los estudiantes que los conceptos señalizados son avisos para ayudarlos a identificar conceptos o ideas importantes a medida que avanzan en el texto, pero no son sustitutos de la lectura del capítulo completo.

Cambios en la nueva edición

Las características que definen al libro de texto y que lo convierten en un texto centrado en el aprendizaje están presentes en esta nueva edición. El módulo basado en conceptos permanece en su núcleo. La **señalización de conceptos** se ha incorporado en los márgenes del texto para ayudar a los estudiantes a codificar y retener los conceptos clave. Las **tablas de conceptos** son tablas de estudio

---

[1] Nevid, J. S. y Carmony, T. M. (2002). Traditional *versus* modular format in presenting textual material in introductory psychology. *Teaching of Psychology*, 29, 237-238.

Nevid, J. S. y Lampmann, J. L. (abril 2001). Do pedagogical aids in textbooks enhance learning? Documento presentado en la 15th Annual Conference on Undergraduate Teaching of Psychology, Ellenville, NY.

Nevid, J. S. y Lampmann, J. L. (2003). Effects on content acquisition of signaling key concepts in text material. *Teaching of Psychology*, 30, 227-229.

Nevid, J. S. (enero 2004). *Graphing psychology: The effective use of graphs and figures in teaching introductory psychology.* Conferencista invitado a la 26th. Annual National Intitute on the Teaching of Psychology, St. Petersburg, F. L.

Nevid, J. S. y Forlenza, N. (2005). Graphing psychology: An analysis of the most commonly used graphs in psychology textbooks. *Teaching of Psychology*, 32, 253-256.

Nevid, J. S. (febrero 2006) In pursuit of the "perfect lecture". *American Psychological Society Observer*, 19(2), 35-36, 42.

Nevid, J. S. (marzo 2007). *Getting the signal: Using signaling techniques to help students become more effective learners.* Conferencista invitado a la 21th Annual Conference on Undergraduate Teaching of Psychology, Kerhonkson, NY.

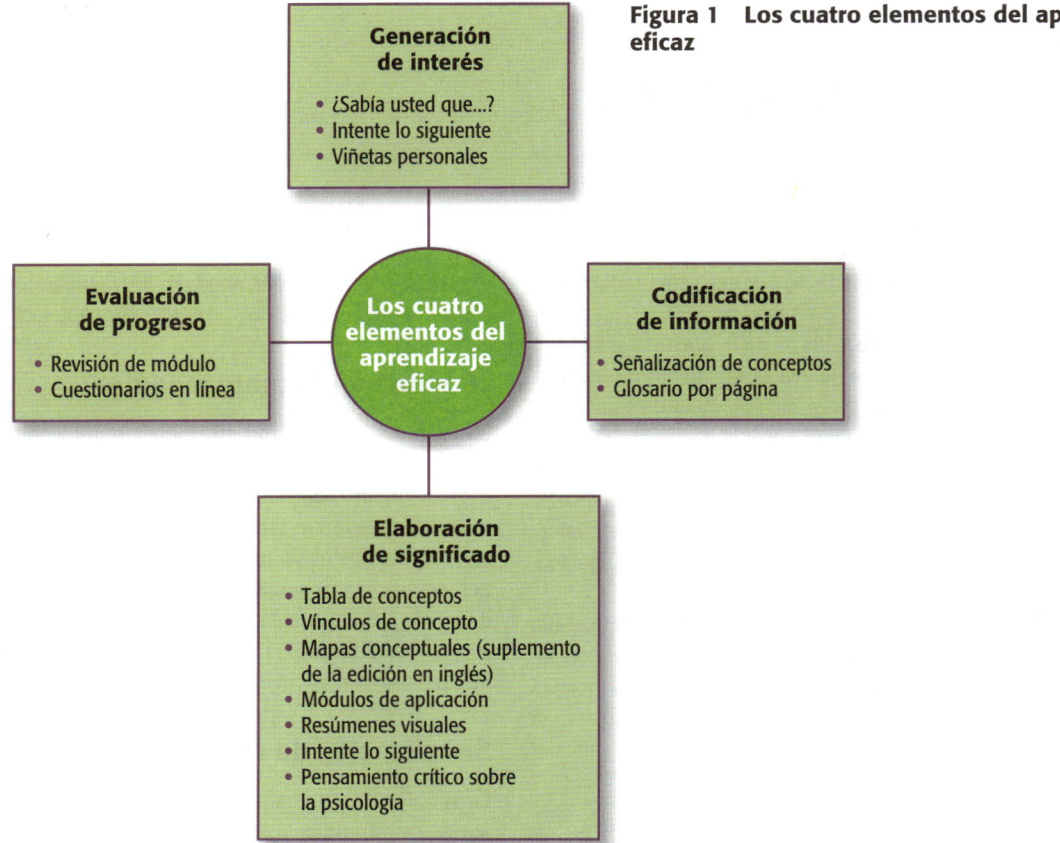

Figura 1   Los cuatro elementos del aprendizaje eficaz

integradas que contribuyen a reforzar los nuevos conocimientos y asisten a los estudiantes en la formación de conexiones relacionales entre conceptos clave. El texto también incluye otras herramientas pedagógicas integradas, como un glosario por página y el método de estudio SQ3R+.

Los primeros lectores del texto notarán un cambio en el orden de los capítulos en esta edición. Moví el capítulo sobre *Psicología y salud* a una posición previa en el orden, donde precede a los capítulos sobre trastornos psicológicos y métodos de tratamiento. Numerosos profesores comentaron que preferían que sus estudiantes aprendieran sobre las aplicaciones de la psicología con la salud antes de abordar la conducta anormal. Para hacer más fluido el texto y reducir las confusiones, he incorporado las viñetas biográficas de las vidas de los primeros psicólogos en el texto mismo, en vez de separarlas en recuadros.

Esta edición también ofrece las siguientes herramientas pedagógicas nuevas, diseñadas para fortalecer más el sistema de aprendizaje basado en conceptos:

- *¡Nuevo!* **Vínculos de conceptos** Esta nueva herramienta enfatiza las conexiones entre conceptos clave a través de los capítulos. Los *Vínculos de conceptos* están integrados con los conceptos clave en los márgenes, de manera que los estudiantes puedan ver cómo estos conceptos se aplican en diferentes áreas de la psicología.

- *¡Nuevo!* **Revisiones visuales** Esta nueva herramienta para finalizar los capítulos sustituye al original resumen narrativo con una herramienta de aprendizaje visual que ayuda a los estudiantes a ver las conexiones entre conceptos clave en forma de resumen.

- *¡Nuevo!* **Diagrama de la psicología** Las figuras complejas son ahora explicadas para representar de manera esquemática y con mayor claridad las relaciones secuenciales entre conceptos. Estos diagramas explicados ayudan a los estudiantes a descifrar diagramas complejos, en especial, las más intimidantes figuras anatómicas. Busque el icono de *Diagrama de la psicología* a lo largo del texto.

Uso de la ciencia para hacer avanzar el arte de la pedagogía

El sistema de aprendizaje adoptado por este libro de texto se basa en un marco de referencia pedagógico que yo llamo *los cuatro elementos del aprendizaje eficaz*:

- Generación de interés
- Elaboración de significado
- Codificación de información
- Evaluación de progreso

La figura que los acompaña muestra los detalles particulares en el texto que ayudan a los estudiantes a aprender de manera más eficaz. Permítame hacer una breve revisión de cómo estas herramientas son representadas en la pedagogía subyacente en el texto:

Generación de interés en el estudiante

El aprendizaje inicia con la atención enfocada. Un libro de texto puede ser una eficaz herramienta de aprendizaje sólo si logra generar y retener el interés del estudiante. Sin una atención enfocada, no es probable que la información sea codificada o retenida.

Este libro de texto está diseñado no sólo para generar interés, sino también para involucrar a los estudiantes en el material que leen de manera directa. Las viñetas personales se utilizan para atraer al lector al material e ilustrar cómo los conceptos discutidos en el capítulo se relacionan con experiencias personales. Además, se diseñaron dos herramientas pedagógicas distintivas para involucrar más al estudiante con el material:

"¿Sabía usted que...?" y "El cerebro adora los acertijos" Estas herramientas de inicio de capítulo estimulan el apetito del estudiante por los temas discutidos a lo largo de éste. Desde la proposición de intrigantes acertijos hasta la formulación de preguntas que desmienten mitos y errores comunes o el énfasis en descubrimientos recientes de investigación, estas herramientas estimulan el interés y motivan el pensamiento más detallado.

"Intente lo siguiente" Estos ejercicios prácticos motivan a los estudiantes a aplicar conceptos psicológicos a sus propias experiencias. Ya sea que el tema implique leer una revista de lado, romper la barrera de "los mágicos siete", leer emociones en expresiones faciales o realizar un experimento personal sobre sueños lúcidos, los estudiantes pueden resolver problemas, generar soluciones y probar conceptos y principios. Pueden participar en el *aprendizaje activo* al aplicar los conceptos del texto a situaciones de la vida real, en lugar de sólo leer al respecto. Las actividades de "Intente lo siguiente" también ofrecen sugerencias para el *aprendizaje de servicio,* por medio de la participación en investigación y experiencias de voluntariado. Esta herramienta también incluye cuestionarios de autoevaluación, los cuales dan a los estudiantes la oportunidad de evaluar su propia conducta y actitudes a la luz de los conceptos discutidos en el texto (p. e., ¿Es usted optimista o pesimista?)

Codificación de información

Durante mucho tiempo, los libros de texto han empleado la estrategia de señalización de subrayar los términos clave para ayudar a los estudiantes a adquirir vocabulario técnico. Este libro de texto amplía el uso de las técnicas de señalización para ayudar a los estudiantes a aprender conceptos clave, así como términos clave.

Glosario por página Los términos clave aparecen remarcados en el texto y son definidos en los márgenes. Los estudiantes no necesitan interrumpir su lectura para buscar en un glosario al final del libro cada vez que encuentran un término que desconocen. También se incluye un glosario completo al final del libro.

Señalización de conceptos Ésta ayuda a los estudiantes a codificar y a retener conceptos clave al extraerlos y remarcarlos en los márgenes del texto. Los conceptos relacionados son letreros que los estudiantes pueden utilizar para ponderar si han captado los puntos principales a medida que avanzan en su lectura. Aunque algunos estudiantes pueden extraer conceptos clave con facilidad del material del texto, otros pugnan con el proceso de codificar información importante. Pueden aprender algunos cuantos hechos aislados, pero carecen de muchos

de los principales conceptos que forman los ladrillos básicos del conocimiento en el campo. O tal vez se sientan perdidos y frustrados en medio de un capítulo. He aquí algunos ejemplos de conceptos relacionados, marcados en los márgenes del texto:

CONCEPTO 3.2
Los receptores sensoriales convierten las fuentes de estímulos sensoriales, como la luz y el sonido, en impulsos eléctricos que el cerebro puede utilizar para crear sensaciones.

CONCEPTO 6.2
El principio de codificación de especificidad explica por qué las víctimas de un crimen pueden ser más capaces de recordar los detalles del mismo cuando son llevados a la escena del crimen.

CONCEPTO 9.8
Tal pareciera que los bebés hacen poco más que comer y dormir, pero una mirada más atenta revela que son tanto aprendices activos como perceptores activos de su ambiente.

Elaboración de significado

A pesar de que la información debe ser primero codificada para ser aprendida, el nuevo aprendizaje necesita fortalecerse para asegurar una retención a largo plazo. La retención de información de reciente adquisición puede fortalecerse mediante la memorización por repetición, como cuando se repiten palabras o frases particulares. Sin embargo, el procesamiento más detallado, en la forma de **ensayo elaborativo,** con frecuencia conduce a una memoria más duradera. El ensayo elaborativo implica enfocarse en el significado del material en vez de la simple repetición, como relacionar conceptos con vivencias. Este libro de texto proporciona varias herramientas pedagógicas diseñadas para facilitar el ensayo elaborativo.

Tablas de conceptos Estas tablas de estudio resumen los conceptos clave de forma tabular. Las tablas de conceptos refuerzan el conocimiento de los principales conceptos y ayudan a los estudiantes a establecer conexiones relacionales entre conceptos.

Vínculos de conceptos Esta nueva herramienta ilustra cómo los conceptos están relacionados entre sí a través de las distintas áreas de la psicología.

Resúmenes visuales Esta nueva herramienta brinda un resumen visual de muchos de los conceptos clave discutidos en el capítulo para ayudar a los estudiantes a contemplar las conexiones entre éstos.

Módulos de aplicación El módulo final en cada capítulo es un módulo de aplicación. Se ilustra cómo los psicólogos aplican el conocimiento que adquieren a partir de los estudios de investigación con problemas de la vida real. Los estudiantes también consideran cómo los conceptos discutidos en el capítulo pueden aplicarse a sus vidas. Consulte la sección de Herramientas en la página XXIII para ver una lista de los módulos de aplicación, capítulo por capítulo, en el libro de texto. Entre los ejemplos de estos módulos de aplicación se incluyen

"Psicología y manejo del dolor" (capítulo 3). "Ponga el reforzamiento en práctica" (capítulo 5), "Adquiera creatividad para resolver problemas" (capítulo 7) y "Réstele aflicción al estrés" (capítulo 12).

"Intente lo siguiente"   Estos ejercicios no sólo incitan el interés del estudiante, sino también le motivan a aplicar los conceptos discutidos en el texto a sus propias experiencias.

Características de pensamiento crítico   Las habilidades de pensamiento crítico son enfatizadas en todo el texto. En cada revisión de módulo, la sección "Reflexione" formula preguntas de pensamiento crítico que motivan a los estudiantes a agudizar su pensamiento sobre los conceptos discutidos en el capítulo. En segundo lugar, el ejercicio "Pensamiento crítico sobre la psicología" al final de cada capítulo ayuda al estudiante a agudizar sus habilidades de pensamiento crítico. Aquí presentamos preguntas desafiantes que requieren que los estudiantes analicen problemas y evalúen situaciones a la luz de los conceptos discutidos en el capítulo. Los estudiantes pueden después comparar sus respuestas a las preguntas de pensamiento crítico con las respuestas de ejemplo en el apéndice.

Evaluación de progreso

El módulo de revisión al final de cada módulo ayuda a los estudiantes a evaluar su progreso. Además de la sección "Reflexione", cada módulo de revisión incluye una sección "Repase" y "Recuerde".

La sección "Repase" está estructurada en formato de preguntas y respuestas que motiva el aprendizaje activo. Las preguntas corresponden a un conjunto de preguntas de análisis que presentan a cada módulo. Este tipo de resumen corresponde mejor al modelo SQ3R de motivación de repaso de respuestas para preguntas de análisis que un resumen narrativo tradicional. Los estudiantes pueden dar sus respuestas a las preguntas y después compararlas con las respuestas de ejemplo presentadas en el libro de texto.

La sección "Recuerde" motiva a los estudiantes a probar sus conocimientos con sólo responder un breve cuestionario sobre conceptos clave en el módulo. Las respuestas aparecen al final del capítulo. Además, los estudiantes pueden responder cuestionarios en línea con autocalificación y en formato de opción múltiple que incluyen preguntas factuales, conceptuales y aplicadas.

Cobertura expandida y actualizada

El campo de la psicología cambia continuamente y los profesores y los libros de texto enfrentan el desafío de mantener el paso. Esta edición incorpora más de 1 000 referencias a desarrollos científicos reportados en los últimos años. Como nota personal, intento mantenerme informado con más de 100 publicaciones profesionales cada mes para asegurarme de que el libro de texto refleje los desarrollos más actuales en el campo. Aquí presento una breve muestra de nuevos desarrollos de investigación incorporados en esta edición:

- Anatomía de un estudio de investigación: Registro de primeras impresiones (cap. 1).
- Nueva información sobre distribución de géneros entre quienes reciben doctorados en psicología (cap. 1).
- Nueva investigación sobre la intermediación de la dopamina en las sensaciones de placer asociadas con muchas experiencias gratificantes (cap. 2).

- Nueva investigación sobre el número de genes en el genoma humano (cap. 2).
- Nueva investigación sobre imágenes de resonancia magnética: "De compras en el cerebro" (cap. 2).
- Actualización sobre los superdegustadores (cap. 3).
- Nueva investigación sobre la percepción subliminal (cap. 3).
- Actualización sobre la "ceguera de desatención" (cap. 4).
- Nueva investigación sobre la función del sueño de consolidación de la memoria (cap. 4).
- Actualización sobre los porcentajes de estadounidenses que no duermen lo suficiente (cap. 4).
- Actualización sobre aversiones condicionadas al sabor (cap. 5).
- Nueva investigación sobre los efectos del estrés en la memoria (cap. 6).
- Nueva investigación sobre la memoria de rostros de la raza propia o de una distinta (cap. 6).
- Nueva actualización de investigación sobre gesticulación de primates como preludio a los orígenes del lenguaje humano (cap. 7).
- Nueva investigación sobre las diferencias en coeficiente intelectual entre primogénitos e hijos nacidos después (cap. 7).
- Nueva investigación sobre los efectos de los tamaños de porción en la conducta al comer (cap. 8).
- Actualizaciones sobre la psicología positiva y la investigación de la felicidad (cap. 8).
- Actualización sobre las relaciones entre los nacimientos prematuros y los problemas de desarrollo (cap. 9).
- Actualización sobre la investigación que vincula el temperamento del bebé con las diferencias en la adaptación (cap. 9).
- Investigación sobre el desarrollo de la corteza prefrontal en adolescentes y su función en la conducta impulsiva (cap. 10).
- Actualización sobre la actividad sexual adolescente, el uso del condón y los índices de nacimientos (cap. 10).
- Actualización sobre las diferencias de género en las capacidades verbales y espaciales (cap. 10).
- Encuesta de la universidad de Texas de las razones menos obvias por las cuales los estudiantes tienen sexo (cap. 11).
- Resultados de la *Encuesta referente al estrés en Estados Unidos* por la American Psychological Association (cap. 12).
- Nueva investigación sobre la exposición al racismo y la discriminación y la salud física y psicológica más deficientes en minorías étnicas (cap. 12).
- Investigación sobre las relaciones entre neuroticismo y depresión en universitarios de primer grado (cap. 13).
- Investigación que muestra relaciones entre los Cinco Grandes factores y las calificaciones humanas de características de personalidad en orangutanes (cap. 13).
- Última investigación sobre irregularidades de neurotransmisores en trastornos de estado de ánimo y esquizofrenia (cap. 14).
- Última investigación sobre anormalidades cerebrales en la esquizofrenia (cap. 14).
- Investigación actualizada sobre terapia de exposición para varias fobias y el trastorno de estrés postraumático (cap. 15).
- Investigación actualizada sobre terapias basadas en la evidencia (cap. 15).
- Nueva investigación sobre la amenaza del estereotipo (cap. 16).
- Nueva investigación sobre la reducción de la tendencia intergrupal (cap. 16).

Herramientas adicionales del libro de texto

Construcción del método de estudio: SQ3R+

El método de estudio *analice, pregunte, lea,* repase, *revise* ("survey, question, read, recite, review") (SQ3R+, por sus siglas en inglés) es una técnica ampliamente utilizada para motivar a los estudiantes a adoptar un rol más activo en el proceso de aprendizaje. Este texto amplía aún más el modelo tradicional al agregar un "+" en la forma de una herramienta adicional: las preguntas "Reflexione" al final de cada módulo.

- **Analice y pregunte** Los métodos de análisis están incorporados tanto en la estructura de los capítulos como en la modular. Cada capítulo inicia con una sección de "Preámbulo" que muestra el contenido y la organización del capítulo (incluso una lista numerada de los módulos presentados en el capítulo). El material cubierto en éstos también se describe en la sección introductoria que precede al primer módulo. Además, cada uno inicia con preguntas de análisis para enfatizar importantes objetivos de aprendizaje y motivar a los estudiantes a emplear las preguntas como organizadores anticipados para estudiar.

- **Lea** El estilo escrito ha sido cuidadosamente desarrollado en cuanto a nivel de lectura, contenido y estilo. Con frecuencia me refiero a los estudiantes de manera directa para involucrarles con el material y motivarles a examinar cómo se relaciona la información con sus experiencias.

- **Repase y revise** Cada módulo finaliza con una sección de revisión que contiene una herramienta de "Repase" que motiva a los estudiantes a dar respuestas a las preguntas de análisis que iniciaron el módulo, y una herramienta de "Recuerde" con la cual los estudiantes a prueba someten sus conocimientos al responder un breve cuestionario que comprende una variedad de tipos de preguntas (p. e., opción múltiple, completar, unir, respuestas breves). Las "Tablas de conceptos" en cada módulo brindan más oportunidades para que los estudiantes revisen el conocimiento que han adquirido.

- **Reflexione** El texto va más allá del revisar y repasar cuando se formulan preguntas que estimulan el pensamiento en cada revisión de módulo. Esta herramienta motiva el pensamiento crítico y la reflexión sobre cómo se relaciona el material del texto con las experiencias personales.

Integración de diversidad

Un objetivo prioritario de este libro de texto es incrementar la atención de los estudiantes sobre la importancia de temas relacionados con la diversidad en la psicología. La discusión acerca de temas culturales y de género está, por lo tanto, integrada dentro del cuerpo principal del libro de texto en vez de estar relegada a recuadros marginales. Para conocer una guía de referencia de la cobertura integrada de los temas de género y socioculturales en el texto, consulte los listados completos disponibles en el sitio electrónico para el profesor.

Enfoque en la neurociencia

Los neurocientíficos hacen importantes contribuciones a nuestra comprensión de las relaciones cerebro-conducta. En este libro de texto, los estudiantes aprenderán sobre desarrollos de investigación en neurociencia que informan a nuestra comprensión sobre los fundamentos biológicos de la conducta, incluso anormalidades cerebrales en la esquizofrenia y otros trastornos psicológicos, cómo funcionan las drogas en el cerebro y la intrigante pregunta de por qué las personas no pueden hacerse cosquillas a sí mismas. Está disponible un listado del contenido neurocientífico del libro de texto en el sitio electrónico para el profesor.

Enfoque en la psicología positiva

La psicología positiva es un movimiento emergente dentro de la psicología que ha crecido en importancia durante los últimos años. El texto presenta a los estudiantes diversas áreas de interés en la psicología positiva, incluso optimismo, amor, autoestima, conducta de ayuda y felicidad personal. Para conocer un listado completo de la cobertura de psicología positiva, incluso temas como el amor, el optimismo y la felicidad, consulte la guía disponible en el sitio electrónico para el profesor.

Empleo de la tecnología como herramienta para el aprendizaje

El ambiente de aprendizaje de la actualidad difiere mucho del que yo experimenté cuando tomé asiento en mi primera clase de psicología. Un importante cambio ha sido la creciente disponibilidad de recursos computarizados. El texto tiene el apoyo de un robusto programa tecnológico que incluye sitios electrónicos para el estudiante y para el profesor, sistemas en línea de administración de cursos y programas de video. Para obtener más información, visite **www.cengage. com/psychology/nevid** (disponible sólo en inglés).

Integración de "APA Guidelines for the Undergraduate Psychology Major"

En agosto de 2006, la APA Council of Representatives aprobó un conjunto de guías para el estudiante de psicología. Las guías comprenden 10 objetivos principales y resultados de aprendizaje sugeridos, organizados dentro de las categorías mayores de conocimiento, habilidades y valores consistentes con *1)* la ciencia y la aplicación de la psicología y *2)* el contexto liberal de educación de un especialista en psicología. Consistente con las guías de la APA, este texto de introducción proporciona a los alumnos bases comprensibles en las siguientes áreas clave:

- Conceptos principales, perspectivas teóricas, hallazgos empíricos, temas generales (p. e., interacción entre la herencia y el ambiente) y tendencias históricas en la psicología.

- Métodos de investigación en psicología.

- Guías éticas en psicología.

- Aplicación del pensamiento crítico y apreciación de la necesidad de cuestionamiento escéptico a declaraciones o supuestos.

- Áreas aplicadas de psicología, incluso aplicaciones de psicología en la vida diaria o en la resolución de problemas.

- Respeto y reconocimiento de factores relacionados con la diversidad humana.

- Teoría e investigación en los cuatro dominios generales del aprendizaje y la cognición, las diferencias individuales, las bases biológicas de la conducta y los procesos mentales, y los cambios en la conducta y los procesos mentales en el desarrollo durante la vida.

Auxiliares para el profesor (disponibles sólo en inglés)

Instructor's Resource Manual El *Manual de recursos para el profesor* comienza con un comprensible prefacio que cubre preparación, riesgos, planeación, ejecución, recursos y mejores prácticas para profesores tanto principiantes como experimentados. Cada capítulo brinda un preámbulo, metas, sugerencias para la clase y un planificador de actividades para ayudar a organizar las clases. El *Manual de recursos para el profesor* está disponible en el sitio electrónico del profesor. Por favor, visite **www.cengage.com/psychology/nevid** para encontrar este título. También está disponible en versión impresa. Favor de consultar a su representante de ventas para conocer más detalles.

Test Bank El *Banco de pruebas* es un banco estático de pruebas en Word que contiene 1 998 preguntas de opción múltiple y de ensayo redactadas tanto a nivel de capítulo como de módulo. Las preguntas están clasificadas por tipo (factual, conceptual, aplicada), objetivo de aprendizaje, número de referencia de módulo y referencia de página, para facilitar la elaboración de exámenes. El *Banco de pruebas* también está disponible en el *Diploma Testing™ CD-ROM* y en la versión impresa. Favor de consultar a su representante de ventas para conocer más detalles.

Diploma Testing™ CD-ROM El Diploma Testing™ CD-ROM es un flexible programa de exámenes que permite a los profesores crear, editar, personificar y aplicar múltiples tipos de exámenes impresos, vía servidor de red, internet o incluso las plataformas MAC o WIN. Contiene 1 998 preguntas de opción múltiple y de ensayo con respuestas. Todas las preguntas están redactadas según el nivel del capítulo y del módulo y están clasificadas por tipo (factual, conceptual, aplicada), objetivo de aprendizaje, número de referencia del módulo, página de referencia y concepto.

PowerLecture™ con JoinIn El recurso para profesores *PowerLecture™* es una colección de conferencias y herramientas de clase específicas del libro en CD o DVD. Es la manera más rápida y fácil para crear conferencias poderosas y profusas en multimedia; entre las ventajas de *PowerLecture* se incluyen presentaciones de *PowerPoint* mejoradas y específicas de cada capítulo, librería de imágenes de su libro de texto, librería de videos, manual para profesores, banco de pruebas y más. El *PowerLecture* para *Psicología,* tercera edición, incluye el *JoinIn Student Response System.*

¡Nuevo! Enhanced PowerPoint® Presentations *Enhanced PowerPoint® Presentations* son secuencias de clases que incluyen tablas, figuras y cuadros del libro de texto principal, así como tutoriales interactivos que ayudan a dar vida al contenido de las clases y a ilustrar temas específicos. Las diapositivas están disponibles en el sitio electrónico para el profesor y en *PowerLecture.*

JoinIn™ Student Response System El contenido de *JoinIn™ Student Response System* permite a los profesores aplicar evaluaciones al instante, medir la comprensión de los estudiantes sobre alguna cuestión o concepto en particular y pasar con facilidad lista de asistencias. Los estudiantes reciben retroalimentación inmediata sobre su comprensión de los conceptos cubiertos por el libro de texto y dónde necesitan mejorar. Las diapositivas de respuestas proporcionan la respuesta correcta y una explicación de por qué lo es. El contenido de *JoinIn* está disponible en el sitio electrónico para el profesor y en *Powerlecture.*

Instructor Website Los profesores pueden acceder a una variedad de recursos en cualquier momento por medio de **www.cengage.com/psychology/nevid**. El sitio electrónico para el profesor incluye completo el *Manual de recursos para el profesor*, materiales de presentación, guías de videos y más. Lo nuevo para esta edición es una galería con más de 300 imágenes y animaciones en línea.

CengageNOW™ *CengageNOW™* ofrece todos sus recursos de enseñanza y aprendizaje en un solo lugar para ayudarlo a impartir su curso de psicología. *CengageNOW* satisface a los estudiantes que prefieren utilizar recursos digitales para estudiar. Los estudiantes tienen acceso a un libro electrónico integrado, videos, tutoriales, simulaciones, juegos y otras herramientas multimedia para ayudarlos a aprovechar su curso al máximo. Nuestro contenido *premium* del *CNOW* para *Psicología,* tercera edición, incluye nuestros cortos de video *Psych in Film,* con consejos de enseñanza, preguntas de discusión y cuestionarios localizables (además de nuestro material computarizado de banco de pruebas). El *CengageNOW Personalized Study* es una herramienta de diagnóstico que consiste en un *Plan de estudios* de capítulo específico previo al examen y posterior al mismo y que utiliza valiosos recursos específicos del texto para motivar a los estudiantes a dominar conceptos, prepararse para los exámenes e involucrarse más en la clase.

Content for Course Management Software Los cartuchos de curso de *Blackboard* y *Web CT* permiten a los profesores utilizar material específico del texto para crear un curso en línea con su propio sistema de administración de cursos en el *campus*. Cada pregunta de tarea en línea se refiere a una sección específica del texto impreso, de manera que los alumnos puedan estudiar conceptos que inicialmente respondieron mal en los cuestionarios.

¡Nuevo! Guest Lecture Video de Houghton Mifflin La serie *Guest Lecture* de Houghton Mifflin es una "biblioteca" de consejos de enseñanza y mejores prácticas de muchos profesores talentosos. Disponible en el sitio electrónico para el profesor y como paquete de dos DVD.

Psych in Film® de Houghton Mifflin, DVD o VHS Disponible para los aficionados, este suplemento contiene 35 cortos de películas de los Estudios Universal que ilustran conceptos clave en psicología. Los cortos de películas, desde *Schindler´s List* hasta *Snow Falling on Cedars* se combinan con comentarios y preguntas para discusión que ayudan a dar vida a la psicología para los alumnos, así como a demostrar su relevancia en la vida y la cultura contemporáneas. También se incluyen sugerencias de enseñanza. Favor de consultar a su representante de ventas para conocer más detalles.

Lecture Starter Video CD-ROM de Houghton Mifflin Este CD-ROM contiene 40 concisos segmentos de video que pueden utilizarse para ilustrar una idea, estimular la discusión en el aula y cambiar a un tema nuevo dentro de la clase. La *Lecture Starter Video Guide,* misma que está disponible en el sitio electrónico para el profesor, lo ayuda a señalar el lugar óptimo para la ilustración en video de un tema. Favor de consultar a su representante de ventas para conocer más detalles.

Wadsworth Psychology: Research in Action Videos, Vols. I y II ¡Estos videos llevan a los alumnos directo a los laboratorios de los investigadores establecidos y emergentes de psicología! Los alumnos aprenden no sólo quién conduce esa vanguardista investigación, sino también cómo se hace y cómo y dónde se aplican los resultados fuera del laboratorio. Entre los temas se incluyen "La confianza y el cerebro", "Estrés y salud", "Relaciones por Internet" y "Temas del desarrollo multirracial". Su creador, Roger D. Klein (doctorado en psicología educativa) es un profesor de psicología galardonado y productor de videos. Los *Multimedia Highlights* en las tarjetas de preparación del capítulo brindan sugerencias para utilizar los videos *Research in Action* en su clase.

ABC® Videos: Introductory Psychology, Vols I y II Estos breves e interesantes cortos cubren estudios e investigaciones actuales en psicología y son perfectos para motivar la discusión o enriquecer las clases. Entre los temas se incluyen enfermedades mentales y suicidio, abuso de medicamentos recetados en adolescentes, investigación de las células madre, adolescentes homosexuales, reglas de atracción y la atención en hogares sustitutos.

Introductory Psychology Readers *Psychology in Context: Voices and Perspectives,* segunda edición, de David N. Sattler y Virginia Shabatay, contienen cautivantes narraciones en primera persona y ensayos vinculados con los principales conceptos psicológicos. Dos lecturas adicionales de Laura Freberg, *Perspectives: Introductory Psychology* y *Stand! Introductory Psychology,* contienen artículos que exploran ideas y opiniones opuestas entre sí y relacionadas con temas fundamentales en los cursos de introducción a la psicología. Favor de consultar a su representante de ventas para conocer más detalles.

Auxiliares para el estudiante (disponibles sólo en inglés)

¡Nuevo! **Interactive Concept Maps for Psychology** Este folleto impreso a cuatro tintas (disponible sólo en la edición en inglés) contiene diagramas visuales-espaciales que muestran conexiones relacionales entre conceptos (representados en recuadros o nodos) que están vinculados a un conjunto de conectores. Los mapas conceptuales para esta edición se presentan en un formato interactivo o incompleto (para llenar los espacios vacíos), para que la actividad sea uno más de los ejercicios de aprendizaje activo. Los alumnos reciben indicaciones para completar los mapas conceptuales al insertar la información faltante y después pueden comparar sus respuestas con un conjunto de respuestas de ejemplo al final del folleto. Para hacer de estos mapas una herramienta más eficaz de aprendizaje, están acompañados por preguntas capciosas que motivan el pensamiento crítico y la reflexión personal, así como preguntas de opción múltiple para estudio que ayudan a los alumnos a evaluar su conocimiento sobre este material.

Study Guide Esta guía de estudios, disponible en el sitio electrónico para el estudiante y en versión impresa, contiene recursos orientados a mejorar las capacidades de estudio y comprensión del material del libro de texto. Cada capítulo incluye un detallado esquema del mismo, una lista de objetivos, un resumen de capítulo, términos y conceptos clave, y ejercicios y actividades de autoevaluación. Además, se brinda a los estudiantes un conjunto completo de recursos

de medios para mejorar y ampliar aún más su comprensión de los principales conceptos del curso.

Student Companion Site Este sitio electrónico específico del libro de texto, accesible en **www.cengage.com/psychology/nevid**, ayudará a los estudiantes a preparar sus clases, estudiar para los exámenes y mejorar sus calificaciones. Entre los recursos se incluyen la *Guía de estudios en línea,* exámenes ACE de práctica, tutoriales, actividades de pensamiento crítico y una variedad de vínculos en red. Hay contraseñas disponibles para herramientas protegidas con cada ejemplar del libro de texto. Los alumnos que hayan comprado un libro de texto usado pueden pagar su acceso por separado al sitio electrónico para estudiantes.

CengageNOW™ *CengageNOW™* satisface a los estudiantes que prefieren utilizar recursos digitales para estudiar. Los estudiantes tienen acceso a un libro electrónico integrado, videos, tutoriales, simulaciones, juegos y otras herramientas multimedia para ayudarlos a aprovechar su curso al máximo. Nuestro contenido *premium* del *CNOW* para *Psicología,* tercera edición, incluye nuestros cortos de video *Psych in Film®,* con consejos de enseñanza, preguntas de discusión y cuestionarios localizables (además de nuestro material computarizado de banco de pruebas). El *CengageNOW Personalized Study* es una herramienta de diagnóstico que consiste en un Plan de estudios de capítulo específico previo y posterior al examen que utiliza valiosos recursos específicos del texto para motivar a los estudiantes a dominar conceptos, prepararse para los exámenes e involucrarse más en la clase.

¡Nuevo! **Research Companion for Introductory Psychology** El *Compañero de investigación para introducción a la psicología* brinda experiencia de primera mano a los estudiantes como investigadores. Inicia con una clara explicación del proceso de investigación y continúa con investigaciones específicas sobre diferentes temas de psicología. Cada investigación brinda al alumno la información necesaria de antecedentes e instrucciones paso a paso para conformar un estudio ético, conducir investigaciones reales, analizar datos con SPSS y preparar descubrimientos como un documento al estilo de la APA o como carteles para conferencias. Los profesores pueden adaptar las instrucciones para que sus alumnos se involucren en algunas o en todas estas actividades. Se incluyen asignaciones de enseñanza y calificaciones de ejemplo.

¡Nuevo! **eBook para descargar** Compre la versión para descargar del libro de texto para estudiantes desde nuestro sitio de comercio electrónico. Favor de acceder a **www.ichapters.com** para conocer más detalles. El *Wadsworth Psychology Resource Center* ofrece poderosas herramientas de enseñanza y aprendizaje que dan vida a la psicología con una biblioteca completa de cortos de video clásicos y originales, además de módulos de aprendizaje interactivo vinculados a todos los temas cubiertos en un curso de introducción a la psicología.

Reconocimientos

Primero, estoy en deuda con los miles de psicólogos y otros científicos cuyo trabajo ha aportado información a la escritura de todas las ediciones de este libro de texto. Gracias a sus esfuerzos, el campo de la psicología ha tenido un impacto enorme en la ampliación de la comprensión que tenemos de nosotros mismos y ha mejorado la calidad de nuestras vidas. A nivel más personal tengo una deuda de gratitud con los numerosos colegas y profesionales del mundo editorial que me ayudaron a que este manuscrito adoptara su forma actual. Permítame el lector comenzar por agradecer a mis colegas profesionales, quienes revisaron el manuscrito y me ayudaron a pulirlo a través de varias etapas de desarrollo:

Patricia Abbott, *D'Youville College*

Denise M. Arehart, *University of Colorado, Denver*

James E. Arruda, *Mercer University*

Diane Ashe, *Valencia Community College*

David R. Barkmeier, *Notheastern University*

Howard Berthold, *Lycoming College*

Kathleen Bey, *Palm Beach Community College*

Cheryl Bluestone, *Queensborough Community College/CUNY*

Reba M. Bowman, *Tennesee Temple University*

John W. Bouseman, *Hillsborough Community College*

Deborah S. Briihl, *Valdosta State University*

Charles Brodie, *Georgia Perimeter College*

John P. Broida, *University of Southern Maine*

Winfield Brown, *Florence Darlington Technical College*

Lawrence R. Burns, *Grand Valley State University*

Adam Butler, *University of Northern Iowa*

Bernard J. Carducci, *Indiana University Southeast*

Elaine Cassel, *Marymount University, Lord Fairfax Community College*

Hank Cetula, *Adrian College*

Matthew G. Chin, *University of Central Florida*

Sharon Church, *Highland Community College*

Saundra K. Ciccarelli, *Gulf Coast Community College*

Russell D. Clark, *University of North Texas*

Wanda Clark, *South Plains College*

Susan Clayton, *The College of Wooster*

Sandra Cole, *New Hampshire Community Technical College*

Larry J. Cologny, *Owens Community College*

Robert S. Coombs, *Southern Adventist University*

Mary Webber Coplen, *Hutchinson Community College*

Richard S. Coyle, *California State University, Chico*

George J. Demakis, *Elmhurst College*

Robin DesJardin, *John Tyler Community College*

Beverly Drinnin, *Des Moines Area Community College*

Kimberly Duff, *Cerritos College*

Victor Duarte, *North Idaho College*

Mary H. Dudley, *Howard College*

Vera Dunwoody, *Chaffey College*

Gianna Durso-Finley, *New England Institute of Technology*

Steven I. Dworkin, *University of North Carolina, Wilmington*

Rebecca F. Eaton, *The University of Alabama, Huntsville*

Tami Eggleston, *McKendree College*

Julie Felender, *Fullerton College*

Oney D. Fitzpatrick, *Lamar University*

William F. Ford, *Bucks County Community College*

Lenore Frigo, *College of Southern Idaho*

Grace Galliano, *Kennesaw State University*

David Griese, *State University of New York, Farmingdale*

Frank Hager, *Allegany College of Maryland*

Lynn Haller, *Morehead State University*

Mark Ludorf, *Stephen R. Austin State University*

Amanda M. Maynard, *State University of New York of New Paltz*

Annette Nolte, *Tarrant County College*

Janet R. Pascal, *DeVry Institute of Technology, Kansas City*

Christine M. Paynard, *University of Detroit Mercy*

Barbara Radigan, *Community College of Allegheny County*

Lillian M. Range, *University of Southern Mississippi*

Darren R. Ritzer, *George Mason University*

Ann Shaver, *Fairmont State University*

Rachelle Tannenbaum, *Anne Arundel Community College*

Benjamin Wallace, *Cleveland State University*

Nancy White, *Coastal Carolina Community College*

David Yells, *Utah Valley State College*

Paul Vonnahme, *New Mexico State University*

Jeanette Youngblood, *Arkansas State University, Newport*

Michael J. Zeller, *Minnesota State University*

Otto Zinser, *East Tennessee State University*

Quisiera agradecer a los muchos profesores y estudiantes que participaron en nuestra extensiva investigación de mercado conducida en las primeras etapas de desarrollo del libro de texto, incluso a los profesores y estudiantes en el Valencia Community College y la University of Central Florida, quienes aportaron valiosos comentarios de sus cursos de introducción a la psicología; a los profesores que participaron en las sesiones de teleconferencias y mencionaron muchos temas importantes que tuvieron impacto en los desafíos diarios de este curso; y a las más de 700 personas que participaron en nuestra encuesta nacional sobre introducción a la psicología y en el desarrollo de este libro de texto. La abrumadora respuesta que recibimos de estos profesionales demostró ser un generoso recurso durante el desarrollo del libro de texto.

En tercer lugar, quisiera agradecer de manera especial a la doctora Celia Reaves del Monroe Community College por sus útiles sugerencias de varias caricaturas que transmiten conceptos psicológicos en un medio que es tanto informativo como de entretenimiento.

Por último, pero ciertamente no menos importante, estoy agradecido con la gente de Houghton Mifflin que hizo posible este libro; en especial, con Jane Potter, editora *senior* de patrocinio, quien inició como directora de marketing para el libro de texto y después se mudó al ámbito editorial; Rita Lombard y Laura Hildebrand, dos de las mejores editoras de desarrollo que un autor podría encontrar; la editora *senior* de proyecto Carol Newman, quien unificó el proyecto y aún supervisa su producción, incluso me controla cuando es necesario; la directora de marketing Amy Whitaker y la editora de fotografía Susan Holtz, quien tiene un talento especial para localizar las fotografías más difíciles de encontrar, y los muchos otros profesionales comprometidos y talentosos en Houghton Mifflin. Agradezco todos sus contribuciones.

Jeff Nevid
Nueva York, Nueva York

Por favor, siéntase en libertad de contactarme para comunicarme sus comentarios y sugerencias en jnevid@hotmail.com

Sobre el autor

El doctor Jeffrey Nevid es profesor de Psicología en la St. John's University en Nueva York. Recibió su doctorado de la State University of New York en Albany y terminó una asociación posdoctoral en investigación de evaluación en la Northwestern University.

Ha conducido investigaciones en diversas áreas de la psicología, incluidas psicología de la salud, psicología clínica y comunitaria, psicología social, psicología de género y humana, desarrollo del adolescente y enseñanza de la psicología. Sus ensayos de investigaciones han aparecido en publicaciones como *Health Psychology, Journal of Consulting and Clinical Psychology, Journal of Community Psychology, Journal of Youth and Adolescence, Behavior Therapy, Psychology and Marketing, Professional Psychology, Teaching of Psychology, Sex Roles* y *Journal of Social Psychology*; entre otras. El doctor Nevid también se desempeñó como consultor editorial para las publicaciones *Health Psychology* y *Psychology and Marketing* y como editor asociado para *Journal of Consulting and Clinical Psychology*. Él aún explora nuevas maneras de ayudar a los estudiantes a aprender mediante un programa de investigación pedagógica que dirige en la St. John's University.

El doctor Nevid ha sido coautor de muchos otros textos universitarios, incluso *Abnormal Psychology in a Changing World,* publicado por Prentice Hall; *Human Sexuality in a World of Diversity,* publicado por Allyn and Bacon; y *Psychology and the Challenges of Life: Adjustment in the New Millennium,* publicado por John Wiley & Sons. También es autor de varios libros sobre el SIDA y enfermedades de transmisión sexual publicados por Allyn and Bacon, incluso *A Student's Guide to AIDS and Other Sexually Transmitted Diseases* y *Choice: Sex in the Age of AIDS.* Vive en Nueva York con su esposa, Judy, y sus hijos: Michael y Daniella.

Un mensaje a los estudiantes

Sugerencias de estudio para aprovechar al máximo este curso (y otros más)

Con frecuencia, escucho a los estudiantes decir que dedican muchas horas en leer sus libros de texto y en asistir a clases, pero sus calificaciones no reflejan el trabajo que realizan. Estoy de acuerdo. El éxito no es una función del tiempo que usted invierte en sus cursos sino de cómo lo emplea. El desarrollo de habilidades más eficaces para el estudio puede ayudarlo a convertirse en un alumno más eficaz y aprovechar al máximo este curso, así como otras habilidades. Comencemos por discutir cuatro pasos clave para convertirse en un alumno eficaz, a los cuales llamo elementos clave para el aprendizaje eficaz: *1)* generación de interés; *2)* codificación de información; *3)* elaboración de significado; y *4)* evaluación de progreso.

Los cuatro elementos clave para el aprendizaje eficaz

Generación de interés

El prestar más atención es el primer paso para convertirse en un alumno eficaz. El cerebro no absorbe información de forma pasiva, como una esponja. Cuando su atención está dividida, resulta difícil procesar nueva información a un nivel necesario para comprender el complejo material requerido en los cursos universitarios y retener ese conocimiento de reciente adquisición. Si usted descubre que su mente divaga durante las clases o mientras estudia, traiga de nuevo su atención a la lección o al material de estudio. Convertirse en un tomador de notas activo durante las clases y cuando lea su libro de texto podrá ayudarlo a mantenerse alerta y concentrado y evitar las lagunas mentales. Mantenga a la mano una libreta mientras lee el libro de texto y anote los puntos clave mientras asimila el material.

Codificación de información

La codificación es el proceso de llevar información a la memoria. A menos que pueda identificar y codificar puntos clave durante las lecciones y extraerlos de sus libros de texto, es probable que sólo pueda recordar algunos hechos aislados, pero olvide los puntos más importantes. Para codificar información relevante de sus clases o de sus lecturas asignadas, convierta en una práctica el detenerse y preguntarse: "¿Cuál es el punto o idea principal? ¿Qué es lo que escucho o leo? ¿Qué se espera que sepa?" Anote los conceptos o ideas principales y revíselos después. Utilice las herramientas de estudio integradas en su libro de texto, como los términos y conceptos clave subrayados, así como los resúmenes o las revisiones de módulo para identificar los puntos y temas principales que necesita aprender.

Elaboración de significado

El aprendizaje nuevo es una cosa frágil. Usted puede aprender conceptos en clase o del libro de texto, pero este conocimiento de reciente adquisición parece encontrar pronto su camino al depósito de basura del olvido. El ensayo o la repetición de la información para sí mismo en la forma de memorización repetitiva puede ayudarlo a reforzar el conocimiento de reciente adquisición, pero una manera más eficaz para reforzar el aprendizaje nuevo y construir recuerdos más duraderos es trabajar con estos conceptos e ideas nuevos en la elaboración de su significado, como al vincularlos con ejemplos de la vida real y emplearlos para resolver problemas. Los profesores y padres del lector pueden haberlo motivado a demostrar su comprensión de nuevas palabras de vocabulario al emplearlas en una frase. Cuando usted aprendió fórmulas y otras habilidades matemáticas en clase, sus profesores pueden haberle pedido demostrar este conocimiento al utilizarlo para resolver problemas matemáticos en su libro de texto o de trabajo. Aplique ese principio para aprender psicología: conecte cada concepto sobre el cual lea en este libro de texto o aprenda en clase con un ejemplo de la vida real o con una experiencia de vida. Los autores de su libro de texto y los profesores del lector le brindan muchos ejemplos de los conceptos que emplean, pero usted puede llevar esta estrategia un paso adelante al conectar esos conceptos con sus propias experiencias de vida.

Evaluación de progreso

Mantenga un registro de su progreso en el curso. La mayoría de los libros de texto, incluso éste, contiene cuestionarios que usted puede utilizar para probarse a sí mismo sobre el material que acaba de leer. Este libro de texto también le ofrece cuestionarios en línea divididos en preguntas factuales, conceptuales y aplicadas. Responder cuestionarios lo ayuda a medir cómo va y cuáles áreas necesita revisar más para mejorar su desempeño. Entre otras herramientas de estudio integradas que lo ayudan a evaluar su progreso se incluyen las secciones de revisión y los resúmenes. En este libro de texto, usted encontrará una sección de "Revisión de módulo" al final del mismo, la cual brinda respuestas de ejemplo al conjunto de preguntas de análisis que le dieron inicio. En la sección "Repase" de la "Revisión de módulo", repase las respuestas a las preguntas de análisis para sí mismo antes de echar un vistazo a las respuestas de ejemplo en el libro de texto. Repasar las respuestas le da una oportunidad para demostrar que usted comprende el material, en vez de sólo leer las respuestas de ejemplo de manera pasiva. Para probar más sus conocimientos responda el breve cuestionario en la sección "Recuerde" de la "Revisión de módulo".

Sugerencias para tener éxito en clase

Lea el plan de estudios Piense en el plan de estudios como en un mapa o en un camino que usted necesita seguir para tener éxito en el curso. Tome notas de las tareas, del sistema de calificación y de otros requerimientos o expectativas del curso. Utilice su plan de estudios como una guía para planear su semestre y anote en su calendario las fechas de exámenes, de documentos requeridos y de otras asignaciones del curso.

Prepárese para la clase. Realice las lecturas asignadas Los profesores tienen buenas razones para desear que usted lea el capítulo o las lecturas asignadas antes de asistir a clase. Saben que los alumnos están mejor preparados para las lecciones cuando tienen cierta familiaridad con los temas que se discuten en clase. Cuando los estudiantes cuentan con un conocimiento funcional del material antes de presentarse a clase, los profesores tienen más libertad para utilizar el tiempo de su lección para explorar temas con mayor detalle y amplitud, en vez de sólo revisar los conceptos básicos. Sin embargo, las lecciones pueden no tener mucho sentido para los alumnos que carecen de los conocimientos básicos sobre el material porque no están al corriente en sus lecturas.

Asista a clases Uno de los pasos más importantes para tener éxito en la universidad es asistir a clases con regularidad. Faltar a clases puede resultar pronto en un retraso. Si usted necesita faltar a una clase, notifíqueselo a su profesor con antelación y pregunte por cualquier asignación que se haya perdido. Después, solicite a un compañero de clases las notas que le hagan falta, pero sólo acérquese a alguna persona de quien usted crea que es buen tomador de notas.

Sea puntual Tal vez no exista nada que distraiga más a su profesor y a sus compañeros de clase que los alumnos que llegan tarde al aula. Aunque el profesor pueda no comentar nada de manera directa, llegar tarde a clase crea una impresión de negligencia de usted. También le dificultará mantenerse al corriente del material de lectura dado que esa situación lo coloca en una posición de intentar captar lo que se pueda. Usted no consideraría llegar tarde a un cine a la mitad de la película; entonces, ¿por qué esperaría ser capaz de seguir el desarrollo de una lección si llega después de que ésta ha comenzado? Si de manera ocasional llega usted tarde debido al tránsito o a alguna otra demanda urgente, entregue una nota a su profesor en la cual le explique las circunstancias. Todos nosotros, incluso los profesores, enfrentamos situaciones similares de tiempo en tiempo. Sin embargo, si usted tiene dificultades para presentarse a tiempo con regularidad, hable con su profesor o asesor sobre la organización de un programa que funcione mejor para usted o considere la opción de tomar cursos en línea que no requieran la asistencia regular a clases.

Haga preguntas No dude en hacer preguntas en clase. Si no solicita a su profesor que clarifique un punto que no ha comprendido, puede provocar que usted se sienta perdido o confundido durante la clase. También asegúrese de preguntarle cuál material será cubierto en un examen, así como el formato utilizado para el mismo, como preguntas de ensayo, de respuesta corta o de opción múltiple.

Conviértase en un activo tomador de notas No intente escribir todo lo que el profesor mencione o cada palabra que aparezca en una diapositiva de *PowerPoint* o en una proyección. Muy pocas personas pueden escribir tan rápido. Además, intentar copiar todo palabra por palabra puede pronto conducirlo a retrasarse. Enfocar su atención en escribir todo también lo distrae de reflexionar a profundidad sobre el material discutido en clase. Una mejor idea es escuchar con atención y escribir los puntos clave de manera tan clara y concisa como pueda, así como los ejemplos que el profesor utilice para ilustrar dichos puntos. Nadie tiene memoria perfecta, de manera que no espere recordar cada punto o concepto importante que se discuta durante una lección. Anótelos para revisarlos después. Algunos profesores emplean diapositivas de *PowerPoint* como guía para organizar el contenido de la lección. Piense en las diapositivas de *PowerPoint* como en una tabla de contenido para la lección. Los puntos con viñetas en las diapositivas son sólo los puntos de partida para la lección. Es probable que su profesor abunde en cada uno de los puntos. Si usted invierte el tiempo de clase en sólo copiar los puntos con viñeta, puede perderse información importante acerca de cada punto que se discuta en clase. Conviértase en un activo tomador de notas, no en una copiadora. Escuche con atención y anote los conceptos e ideas principales, además de cualquier ejemplo que el profesor ofrezca.

Redacte y revise sus notas Una manera eficaz de reforzar el nuevo aprendizaje es capturar sus notas de clase en un archivo de computadora. Pero en lugar de hacerlo palabra por palabra, intente redactarlas con sus propias expresiones. Rescribir sus notas de esta manera motiva un procesamiento más profundo del material, lo cual es un factor clave en el fortalecimiento de la memoria de información de reciente adquisición. Mientras más piense sobre el material, más probable es que lo recuerde cuando llegue la fecha del examen.

Construya habilidades eficaces de estudio

Dónde estudiar Donde estudia usted es tan importante como su manera de hacerlo. Seleccione un espacio de estudio que le permita concentrarse, como la biblioteca escolar o local, o un área silenciosa en su casa o dormitorio. Mantenga tan limpia y ordenada su área de estudio como sea posible y tan libre de distracciones como pueda. Apague su teléfono celular, permita que la contestadora responda a todas las llamadas en su línea telefónica, no envíe mensajes de texto mientras estudia y evite estudiar con la televisión o la radio encendidas. Tenga todos sus materiales de estudio a la mano, como su libro de texto, las notas de clase, la libreta, pluma o lápiz y computadora, si las utiliza. No estudie en la cama a fin de evitar quedarse dormido o perder la concentración.

Cuándo estudiar Evite la desidia. Programe horas de estudio regulares y cumpla ese programa. Las clases y los turnos de trabajo están programados porque son tareas importantes que requieren horas designadas. De igual manera, el estudio debe tratarse como una tarea importante que necesita ser programada a horas designadas durante la semana. Planee estudiar en horas del día cuando sea más probable que usted esté alerta y sea más capaz de concentrarse. No lo deje hasta el final del día, cuando ya está cansado o somnoliento. Evite estudiar justo después de una abundante comida. Conceda tiempo al cuerpo para digerir la comida. De igual manera, evite estudiar en un momento del día cuando sea probable que usted se distraiga por retortijones de hambre. Evite la saturación para los exámenes: no existe límite para lo que usted puede aprender, pero sí hay límites para lo que usted puede aprender en una sola sesión. La saturación causa fatiga mental, misma que puede interferir con el aprendizaje y la retención. Manténgase apegado a su programa semanal de estudios para asegurarse de estar bien preparado para los exámenes. Planee revisar o repasar el material requerido un día o dos antes del examen, pero no deje todo lo que debe estudiar para el último minuto. Utilice las sugerencias del módulo 6.4 de este libro de texto para optimizar su memoria y aprovechar al máximo su tiempo de estudio.

Cómo estudiar Planee periodos de estudio de entre 45 y 50 minutos. Muy pocas personas pueden mantenerse concentradas durante más de alrededor de 45 minutos. Tome un descanso de entre cinco y 10 minutos entre periodos de estudio. Dé un respiro a su mente y a su cuerpo con sólo levantarse, estirar las piernas y moverse un poco. Después regrese a su estudio con la mente y el cuerpo frescos. Si usted necesita entrenarse para una rutina de estudios, comience con periodos de estudio de 20 o 30 minutos y después incremente la cantidad de minutos a medida que se haga más capaz de mantener su concentración durante periodos más largos. Establezca metas claras de estudio para cada periodo de estudios, como temas que usted desea cubrir, páginas del libro de texto que usted desea leer o revisar, preguntas que necesite responder y problemas que requiera resolver. Asigne más tiempo del que crea necesitar, pero si no es capaz de terminar con todas las tareas esperadas, programe un periodo adicional de estudio para darse a sí mismo la oportunidad de ponerse al corriente. Saber cómo estudiar también implica sentarse de manera apropiada para mantener la concentración. Siéntese erguido y evite reclinarse o acostarse, para impedir los cabeceos o la pérdida de concentración. Si su mente comienza a vagar, traiga sus pensamientos de regreso a su trabajo. O bien, rompa la tendencia a soñar despierto con sólo levantarse de su asiento, estirar con suavidad sus músculos, dar una breve caminata por la habitación y después regrese a estudiar.

Cuánto estudiar Una referencia informal conveniente es estudiar dos horas por semana por cada hora de tiempo de clase. Como la mayoría de las referencias informales, quizá usted deba ajustarla de acuerdo con la cantidad de trabajo que necesite terminar.

Lea para comprender Leer un libro de texto no es el mismo tipo de experiencia que leer una novela o una revista de manera casual. Como autor de su libro de texto, lo cierto es que espero que usted disfrute su lectura, pero reconozco que el aprendizaje, y no el entretenimiento, es la meta primordial. Disminuya el ritmo de su lectura para que pueda prestar más atención al material que intenta aprender. La lectura de un libro de texto requiere un estilo de aprendizaje más activo que sólo mover sus ojos a través del texto y dar vuelta a las páginas. Deténgase por un momento después de cada párrafo y formúlese preguntas a sí mismo acerca de lo que acaba de leer. Cada párrafo contiene uno o más puntos o ideas clave. Después de leer cada párrafo, pregúntese: "¿Qué es lo que acabo de leer? ¿Cuáles

fueron los puntos o las ideas principales que el autor intentó transmitir?". Por ejemplo, cuando lea sobre estructuras particulares en el cerebro, pregúntese: "¿En qué parte del cerebro se localiza? ¿Cuáles son sus funciones?". Anote sus respuestas a las preguntas que se haga a sí mismo para reforzar este nuevo aprendizaje. Después de leer una sección de texto, tome un breve descanso y, luego, revise cualquier concepto que no haya comprendido por completo para asegurarse de captar los puntos principales antes de avanzar a la siguiente sección o capítulo. Sí, la lectura activa exige más tiempo y esfuerzo que la lectura ligera, pero hará que el tiempo que usted dedique a leer sea más productivo y significativo.

Busque ayuda Los profesores destinan tiempos de oficina específicos para los alumnos que necesitan ayuda adicional. Piense en las horas de oficina como en "horas para estudiantes", mismas que están destinadas de manera específica para los alumnos que formulan preguntas y requieren asistencia. Cuando se le dificulte comprender algo, no se rinda ante la frustración. Solicite ayuda de su profesor.

Forme grupos de estudio Busque a otros estudiantes para formar grupos de estudio. Reúnanse con regularidad en la biblioteca o en otro espacio común. Utilicen juntos el tiempo de estudio en silencio para ayudarse unos a otros a dominar el material del curso. Estudiar como parte de un grupo puede inducirlo a abordar los libros con más seriedad.

Utilice este libro de texto como herramienta de estudio

Usted está a punto de dar inicio a un viaje a través del campo de la psicología. Como en cualquier viaje, resulta útil contar con señales o letreros viales para navegar por su curso. Este libro de texto le brinda numerosas señales convenientes para ayudarlo a saber dónde ha estado y hacia dónde se dirige. Tómese un momento para familiarizarse con el territorio que encontrará en su viaje. Éste se centra en el marco organizacional único del libro de texto: *el formato modular basado en conceptos*.

Utilice los módulos basados en conceptos para organizar su tiempo de estudio Este libro de texto está organizado en unidades de instrucción llamadas módulos, para ayudarlo a estructurar su tiempo de estudio de manera más eficiente. Los módulos de cada capítulo dividen a éste en esas pequeñas unidades de instrucción para que, en vez de intentar digerir un capítulo entero a la vez, usted pueda hacerlo módulo por módulo: cada uno está organizado alrededor de un conjunto de conceptos clave. A medida que usted avanza en un módulo, aprenderá un conjunto de conceptos básicos y cómo se relacionan éstos con los fundamentos teóricos y de investigación del campo de la psicología.

Utilice la señalización de conceptos como herramienta para aprender los conceptos clave Los conceptos clave de cada módulo están subrayados o señalados en los márgenes del texto para ayudarlo a asegurarse de aprender los puntos y las ideas principales mientras avanza en la lectura del texto. Los conceptos clave están enmarcados en recuadros en los márgenes y señalados con el icono de un foco. Es importante que se asegure de leer todo el material del texto y no sólo aquel subrayado en los recuadros de conceptos. Es probable que sus exámenes sometan a prueba sus conocimientos de todo el material asignado en el texto. El uso de los recuadros de conceptos no es un sustituto de la lectura de todo el material asignado. Este libro de texto también emplea otros auxiliares de lectura, como recursos de señalización, incluso encabezados dentro de los capítulos que identifican los conceptos y los temas principales en cada sección del texto.

Tome notas mientras lee Tomar notas con sus propias palabras fortalece el procesamiento más profundo de la información de reciente adquisición, lo cual, por su parte, conduce a recuerdos más duraderos. Evite subrayar o marcar secciones enteras de texto. Permita que su cerebro, y no sus dedos, haga el trabajo. Subraye sólo las secciones importantes de texto que usted desee revisar después.

Utilice el glosario de página Para aprender los términos clave, otro recurso útil de señalización es el glosario de página en los márgenes del texto. Los términos clave están marcados (con negritas) en el texto y definidos en los márgenes para tener una referencia accesible. Para asegurarse de comprender el significado de esos términos en contexto, vea cómo son empleados en los párrafos adyacentes del texto.

Revise su progreso Cada módulo comienza con un conjunto de preguntas de análisis o de estudio. Anote esas preguntas en una libreta o archivo de computadora e intente responderlas mientras avanza en su lectura. Compare sus respuestas contra aquellas de ejemplo en las secciones "Repase" de la revisión de módulo, al final del mismo. Después, pruébese a sí mismo y responda los breves cuestionarios que encontrará en la sección "Recuerde" de las revisiones de módulo y los cuestionarios en línea adicionales en el sitio electrónico (busque las pruebas ACE de práctica). Si descubre que se le dificultan las preguntas del cuestionario, revise las secciones correspondientes del libro de texto para fortalecer su conocimiento y después pruébese de nuevo.

Utilice los mapas conceptuales para conectar conceptos clave Se ofrece un conjunto de mapas conceptuales como suplemento para ayudar a los estudiantes a visualizar las conexiones secuenciales entre conceptos clave. A muchos estudiantes les agrada emplear esta herramienta visual de aprendizaje para poder apreciar cómo están conectados los conceptos y no sólo leer sobre éstos. Estos diagramas visuales se presentan en un estilo de "llenar los espacios en blanco" o interactivo; lo anterior lo motiva a adoptar un rol activo de aprendizaje al completar la información faltante. Después, puede comparar sus respuestas con las que se ofrecen en la sección de respuestas.

Utilice auxiliares adicionales de estudio La mayoría de los libros de texto, incluso éste, viene con un conjunto de herramientas de estudio en línea proporcionados por la editorial para ayudar a los estudiantes a tener éxito en sus cursos. Por ejemplo, este libro de texto ofrece un amplio rango de auxiliares de estudio en la página electrónica de la empresa, incluso cuestionarios de autocalificación, actividades de pensamiento crítico y tutoriales especiales para ayudarlo a dominar los conceptos clave en el libro de texto. La mayoría

de los libros de texto, éste incluido, también ofrece guías de estudio para auxiliar a los estudiantes a mejorar sus habilidades de estudio e incrementar su comprensión del material del libro de texto.

Maximice su estudio con el método de estudio SQ3R+

Este libro de texto incluye un sistema integrado de estudio llamado método de estudio SQ3R+: un sistema diseñado para ayudar a los estudiantes a desarrollar hábitos de estudio más eficientes que se expande a partir del método SQ3R, desarrollado por el psicólogo Francis P. Robinson. SQ3R es un acrónimo en inglés que representa a las cinco técnicas clave de estudio: *analice, pregunte, lea, repase* y *revise*. Este libro de texto agrega una herramienta adicional: las secciones "Reflexione" de los módulos de revisión, la cual es el "+" en el método de estudio SQ3R+. Así es como funciona el método de estudio SQ3R+:

1. *Analice* Revise cada capítulo antes de leerlo. Examine la estructura y la sección introductoria para hacerse una idea de cómo está organizado el capítulo y cuáles son los temas generales que se cubren. Al familiarizarse con el contenido de un capítulo antes de leerlo, puede activar información relacionada que usted ya guarda en su memoria y, por lo tanto, le servirá para adquirir y retener nueva información.

2. *Pregunte* Este libro de texto incorpora un conjunto de preguntas de análisis o de estudio al inicio de cada módulo que enfatizan temas clave que se explican en el módulo. Anote esas preguntas en una libreta o en un archivo de computadora para que pueda responderlas a medida que avanza en su lectura. Quizá también le resulte útil plantear preguntas adicionales. El desarrollo de buenas habilidades para cuestionar le permitirá convertirse en un alumno más activo, lo cual puede mejorar su capacidad para comprender y retener información.

3. *Lea* Lea el módulo para responder las preguntas de análisis, así como para captar conceptos clave y la información relacionada. Para fortalecer su comprensión del material del texto, tal vez le resulte útil leer cada módulo una segunda o tercera vez antes de un examen. Siga las sugerencias ya discutidas a fin de leer para comprender.

4. *Repase* Cuando llegue al final del módulo mida cuánto comprendió el material: utilice la sección de revisión de módulo para evaluar su progreso. Aquí encontrará la sección "Repase" que proporciona respuestas a las preguntas de análisis. Recuerde repasar las respuestas a las preguntas de análisis antes de mirar las respuestas de ejemplo en el libro de texto. Escucharse a sí mismo enunciar las respuestas mejora la retención de información de reciente adquisición.

5. *Revise* Establezca un programa de estudios para revisar el material del texto con regularidad. Pruébese a usted mismo cada vez que revise o relea el material para disparar la retención a largo plazo. Utilice el breve cuestionario en la sección "Recuerde" de la revisión de módulo para probar sus conocimientos. Use los cuestionarios ACE de práctica en el sitio electrónico compañero para medir más sus progresos.

6. ***Reflexione*** La herramienta "Reflexione" en la revisión del módulo propone preguntas que estimulan el pensamiento y que lo motivan a aplicar sus capacidades de pensamiento crítico y a reflexionar sobre cómo se relaciona el material con sus propias experiencias. Pensar con más profundidad acerca de estos conceptos y relacionarlos con experiencias de vida fortalecen el aprendizaje reciente.

Espero que esta guía para el éxito universitario lo ayude a triunfar, no sólo en este curso, sino también en otros. También espero que disfrute su viaje a través de la psicología. Yo inicié el propio en mi primer año en la universidad y he continuado en este camino con una sensación de asombro y placer desde entonces.

Por favor, envíeme por correo electrónico sus comentarios, preguntas o sugerencias a jnevid@hotmail.com.

Jeff Nevid
Nueva York, NY

Psicología

1

La ciencia de la psicología

¿Sabía usted que . . .

- uno de los fundadores de la psicología moderna era tan mal estudiante que repitió un grado en la escuela? (p. 5)

- un movimiento que, por algún tiempo, dominó la psicología creía que los psicólogos debían alejarse del estudio de la mente? (p. 6)

- una de las escuelas principales de la psicología fue inspirada por el panorama visto desde un tren? (p. 8)

- la escuela de la psicología originada por Sigmund Freud sostiene que, por lo general, no estamos conscientes de nuestros motivos verdaderos? (p. 8)

- usted puede obtener listados y resúmenes de artículos de las principales publicaciones de psicología con el uso de su computadora casera (y gran parte de éstos no tienen costo)? (p. 37)

El cerebro adora los acertijos

- Una estudiante de psicología cumplió con todos los requerimientos para un doctorado en la Universidad de Harvard, pero esta institución se negó a concederle el doctorado. La estudiante, determinada, hizo una distinguida carrera en psicología, impartió clases y condujo importantes investigaciones; incluso se convirtió en presidenta de la American Psychological Association. ¿Por qué supone que la universidad se negó a otorgar el grado doctoral a esta estudiante? (p. 19)

USTED, YO Y NOSOTROS

Tal vez este sea su primer curso de psicología, pero es probable que no sea su primer encuentro con muchos de los temas que los psicólogos estudian. Es posible que su primer contacto con el tema de estudio de la psicología iniciara muchos años atrás. Quizá sucedió cuando se preguntó por primera vez por qué la gente hace lo que hace o cómo difieren sus personalidades. Tal vez inquirió por qué su compañero de tercer grado no parecía poder quedarse quieto y, con frecuencia, interrumpía la clase. O quizá sintió curiosidad por cómo se relacionan las personas entre sí y cómo ejercen influencia en sus respectivas conductas. O tal vez se cuestionó más sobre sí mismo, sobre quién es usted y por qué hace lo que hace. Tal vez una de las razones por las que toma este curso es para aprender más acerca de usted mismo.

Los psicólogos estudian el comportamiento en todas sus formas. Una manera de pensar acerca de la psicología es comprender qué implica el estudio de *usted* (la conducta de otras personas), de *mí* (la conducta propia) y de *nosotros* (cómo se ve afectada nuestra conducta por los grupos y las influencias sociales). A los psicólogos también les interesa estudiar la conducta de las especies no humanas. Los estudios sobre el comportamiento de los animales pueden arrojar luz sobre los principios básicos de la conducta y pueden también ayudar a informar la comprensión sobre el comportamiento de las personas.

Puede encontrar respuestas para muchas de sus preguntas acerca de sí mismo y de los demás en este curso de introducción a la psicología. Sin embargo, es probable que no encuentre todas las respuestas que busca. Aún hay vasta información que no comprendemos, mucho que todavía hay por explorar. Este libro de texto, como el campo mismo de la psicología, en realidad se refiere al proceso de exploración; es decir, a la búsqueda de conocimientos sobre la conducta y los procesos mentales.

La psicología es una disciplina científica, pero, ¿qué es lo que la hace científica? Una respuesta es que valida la evidencia sobre la opinión y la tradición; incluso la tradición de honor o las opiniones de estudiosos y pensadores respetados. Los psicólogos no ignoran esto o incluso el *folklore*. No obstante, como científicos, necesitan que las opiniones, supuestos, creencias y teorías sean probadas y analizadas a la luz de la evidencia disponible. Los psicólogos buscan respuestas a las preguntas que ellos mismos y otras personas se formulan sobre la naturaleza humana por medio de métodos científicos. Al igual que otros hombres de ciencia, los psicólogos son profesionales escépticos. Sólo confían en teorías que pueden vincularse con la evidencia observable. Como en todas las ramas de la ciencia, los investigadores en el campo de la psicología reúnen evidencias para probar sus teorías, creencias y asunciones.

Antes de avanzar en nuestra exploración de esta ciencia, definamos qué queremos decir con el término *psicología*. A pesar de que se han propuesto diversas definiciones, la que más se utiliza en la actualidad la determina como la ciencia de la conducta y los procesos mentales. Pero, ¿qué significan éstos términos? En sentido amplio, todo lo que un organismo hace es una forma de conducta. Sentarse en una silla es una forma de conducta. Leer, estudiar y ver televisión son otras. También lo son prepararse un emparedado y hablar por teléfono. Sonreír, bailar y levantar el brazo, incluso pensar y soñar, son formas de conducta.

Los procesos mentales son experiencias privadas que constituyen nuestra vida interior. Entre estas experiencias privadas se incluyen pensamientos, sentimientos, sueños y ensueños, sensaciones, percepciones y creencias que los demás no pueden observar o experimentar de manera directa. Uno de los desafíos que enfrentan los psicólogos es encontrar la manera de lograr que esas experiencias internas estén disponibles para el estudio científico.

Antes de comenzar a explorar cómo estudian los psicólogos la conducta y los procesos mentales, vayamos a los orígenes de la historia de la psicología para ver la manera en que se desarrolló como disciplina científica y dónde se encuentra ahora. ■

Fundamentos de la psicología moderna

- ¿Qué es la psicología?
- ¿Cuáles son los orígenes de la psicología?
- ¿Cuáles fueron las principales escuelas iniciales de la psicología?
- ¿Cuáles son las principales perspectivas contemporáneas en la psicología?

CONCEPTO 1.1
La psicología es la disciplina científica que estudia la conducta y los procesos mentales.

CONCEPTO 1.2
A pesar de que la psicología es una ciencia relativamente joven, el interés por comprender la naturaleza de la mente y la conducta encuentra sus raíces en la Antigüedad.

Psicología: la ciencia de la conducta y los procesos mentales
Los psicólogos estudian lo que hacemos y cómo pensamos, sentimos, soñamos, experimentamos y percibimos. Utilizan métodos científicos para guiar sus investigaciones sobre la conducta y los procesos mentales.

psicología Ciencia de la conducta y los procesos mentales.
psicofísica Estudio de las relaciones entre las características de los estímulos físicos, como su intensidad, y las sensaciones que experimentamos como respuesta a ellos.

Este primer módulo del libro de texto prepara el escenario para nuestro estudio de la psicología y describe su desarrollo como disciplina científica. ¿Cómo se desarrolló la psicología?, ¿cuáles fueron las influencias importantes que dieron forma a su desarrollo como disciplina científica? Aquí respondemos esas preguntas mediante el recuento de una breve historia de la psicología. Comencemos por señalar que, a pesar de que es aún una ciencia joven, sus orígenes se remontan a la Antigüedad.

Orígenes de la psicología

La historia de la psicología no tiene un origen definido: no podemos marcar su nacimiento en ningún calendario. Podemos especular que es muy probable que la historia comenzara cuando los primeros seres humanos desarrollaron la capacidad de reflexionar sobre su propia naturaleza. Tal vez sintieron curiosidad, como muchos de nosotros la sentimos ahora, sobre lo que hace reaccionar a la gente. Pero lo que pudieron pensar o decir acerca de la naturaleza de los seres humanos aún se desconoce, pues no existe registro alguno de esas cavilaciones.

La palabra **psicología** se deriva de dos raíces griegas: *psyche*, que significa "mente", y *logos*, que significa "estudio" o "conocimiento". Por lo tanto, es apropiado acudir a los filósofos del periodo clásico de la antigua Grecia, alrededor de los años 500 y 300 a.C. Los filósofos de la antigua Grecia que ejercieron la influencia más profunda en el pensamiento psicológico fueron Sócrates (alrededor de 469-399 a.C.), Platón (alrededor de 428-348 a.C.) y Aristóteles (alrededor de 384-332 a.C.)

Sabemos de Sócrates por medio de los escritos de su discípulo prominente, Platón. Sócrates, cuyo credo más famoso fue "conócete a ti mismo", enfatizó la importancia del autoexamen y la reflexión personal. Él creía que una vida no examinada no valía la pena vivirla. Su tema de la autoexploración permanece como uno de los más perdurables en la psicología moderna. Platón también aprendió de Sócrates que no debemos confiar en nuestros sentidos para adquirir conocimientos sobre el mundo, dado que éste, que nos es dado a través de aquéllos, es una copia imperfecta de la realidad. La noción de que no debemos confiar en nuestra percepción como ventana hacia la verdad hace eco en los psicólogos modernos, quienes estudian cómo los sentidos pueden engañarnos en forma de ilusiones visuales (consulte el capítulo 3). Como Sócrates antes que él, Platón creía que, para adquirir verdadero conocimiento, debíamos apoyarnos en el pensamiento y la razón, no en la información que llega a nosotros por medio de nuestros imperfectos sentidos.

Aristóteles, el discípulo más famoso de Platón, pensaba distinto. Fue instruido como naturalista, de manera que no es sorprendente que creyera que el conocimiento podía ser adquirido por los sentidos mediante la observación atenta. Aristóteles sostenía que la búsqueda del conocimiento debía basarse en la experiencia del mundo que nos rodea, no en el puro pensamiento o razonamiento. La filosofía aristotélica llegó a influir en el desarrollo de las ciencias modernas, como puede verse en el énfasis que dichas ciencias hacen en la experimentación y en la observación atenta como senderos hacia el conocimiento.

A pesar de que la mayoría de los antiguos griegos creía que los dioses interferían en la vida cotidiana de la gente, Aristóteles afirmaba que la gente debía creer sólo en lo que podía ver y tocar. Fue uno de los primeros en escribir acerca de las causas naturales de la conducta humana en lugar de apelar a las explicaciones divinas o sobrenaturales. Incluso explicó cómo un pensamiento conduce a otro; sus conceptos sobre la asociación de ideas aún se encuentran en las perspectivas contemporáneas del aprendizaje y el pensamiento. Aristóteles también señaló que las motivaciones primarias de la gente y los animales inferiores son la búsqueda de placer y la evitación del dolor. Este enfoque se ha convertido en un pilar de las teorías modernas de la motivación.

Incluso, al considerar las contribuciones de los antiguos filósofos griegos, no debemos olvidar que otros sistemas de pensamiento acerca de la naturaleza humana se enraizaban por todas partes al mismo tiempo: en África, el Medio y el Lejano Oriente, donde Confusio, filósofo y ensayista, (alrededor de 551-479 a.C.) se convertiría en el pensador más influyente y respetado en la historia china. Confucio creía que la gente tiene una capacidad innata para hacer el bien, y que el mal es el producto de un ambiente negativo o de la falta de educación, no de una naturaleza maligna. Como ya veremos, la creencia en que las influencias del ambiente desempeñan una función esencial en la determinación de la conducta encuentra su expresión en el pensamiento de las escuelas modernas de psicología. Confucio también sostenía que las personas debían gobernarse por principios morales (más que por motivos de beneficio propio), y que debían cultivar su mente al grado máximo. Los psicólogos contemporáneos también han vuelto su atención hacia los temas del razonamiento y desarrollo morales, como lo veremos en el capítulo 10.

La psicología fue un tema de profundo interés para filósofos, teólogos y escritores durante varios cientos de años. No comenzó a surgir como disciplina científica sino hasta finales del siglo xix. Uno de los primeros científicos que estudió los procesos psicológicos fue el fisiólogo alemán Gustav Theodor Fechner (1801-1887). Él estudió **psicofísica**, la rama de la psicología que estudia las relaciones entre la intensidad y otras características físicas de la luz, el sonido y otros estímulos, y las sensaciones que experimentamos como respuesta a éstas (su brillo, volumen, etcétera). En 1860, Fechner publicó sus descubrimientos en su libro *Elements of Psychophysics*. En la década de 1850, otro fisiólogo alemán, Hermann von Helmholtz (1821-1894), desarrolló una teoría sobre cómo percibe la gente el color. Volveremos con las contribuciones de Fechner y von Helmholtz cuando revisemos los procesos de sensación y percepción en el capítulo 3.

Por lo regular, se acredita a un científico alemán, Wilhelm Wundt (1832-1920), la fundación de la psicología como una ciencia independiente. Otorgamos el crédito a Wundt (se pronuncia *Vunt*) porque estableció el primer laboratorio de psicología, donde comenzó a aplicar métodos en experimentales para hacer estudios al respecto (E. Taylor, 2000). Con la inauguración del laboratorio de Wundt, en Leipzig, Alemania, en 1879, la psicología hizo la transición de filosofía a ciencia (Benjamin, 2000).

En ciertos aspectos, Wundt era un candidato improbable para fundar una nueva ciencia. Cuando era niño fue un estudiante mediocre e incluso se le solicitó repetir un grado. El problema para el joven Wundt era que tendía a soñar despierto en clase. Con frecuencia podía encontrársele sentado, con un libro abierto en las manos y en el acto de contemplar el espacio en lugar de leer el texto asignado (una práctica que este autor espera que usted no emule demasiado cuando abra su libro de texto de psicología). Sin embargo, perseveró y, con el tiempo, se graduó de la escuela de medicina. A partir de entonces tuvo una brillante vida profesional como investigador en psicología. Más tarde, aplicó su instrucción científico a su verdadera pasión: la comprensión de la experiencia consciente. Al establecer el primer laboratorio de psicología, el hombre que en alguna ocasión se había retrasado en la escuela (porque estaba demasiado absorto en sus propios pensamientos), se convirtió en el primer científico de la mente.

Como con cualquier disciplina científica, el campo de la psicología es un relato evolvente de exploración y hallazgo. En este texto, usted encontrará a muchos de los exploradores y descubridores que han dado forma a la historia continua de la psicología. El puente entre el pensamiento antiguo y el presente inicia con Wundt; allí encontramos a

Wilhelm Wundt

FIGURA 1.1
Psicología, los primeros días: una línea de tiempo

1860	• Gustav Fechner publica *Elements of Psychophysics*
1875	• William James imparte en Harvard la primera conferencia sobre psicología
1878	• G. Stanley Hall recibe el primer doctorado en psicología en Estados Unidos
1879	• Wilhelm Wundt establece el primer laboratorio de psicología
1883	• Primer laboratorio estadounidense de psicología establecido por G. Stanley Hall en la Universidad John Hopkins
1887	• G. Stanley Hall funda el *American Journal of Psychology*
1889	• James Mark Baldwin establece el primer laboratorio canadiense de psicología en la Universidad de Toronto
1890	• James escribe el primer libro de texto de psicología: *Principles of Psychology*
1892	• Se forma la American Psychological Association (APA); G. Stanley Hall es su primer presidente
1894	• Margaret Floy Washburn es la primera mujer en recibir un doctorado en psicología
1895	• Sigmund Freud publica su primera obra sobre psicología
1896	• Lightner Witmer funda la primera clínica psicológica en Estados Unidos
1900	• Freud publica *La interpretación de los sueños*
1905	• Dos franceses, Alfred Binet y Théodore Simon, anuncian el desarrollo de la primera prueba de inteligencia, la cual describen como "una escala de medida de la inteligencia" • Mary Whiton Calkins se convierte en la primera presidenta de la APA
1908	• El trabajo de Ivan Pavlov acerca del condicionamiento aparece por primera vez en una publicación científica estadounidense
1910	• Max Wertheimer y sus colegas comienzan a investigar con la psicología de la Gestalt
1913	• Watson publica el manifiesto conductista: *Psychology as the Behaviorist Views It*
1920	• Francis Sumner es el primer afroamericano en recibir un doctorado en psicología en Estados Unidos • Henry Alston es el primer afroamericano en publicar sus descubrimientos de investigación en una importante revista de psicología en Estados Unidos

su discípulo, Edward Titchener, y al estructuralismo: la escuela con la cual ambos están asociados. (Consulte la figura 1.1 para conocer una línea de tiempo de los primeros días de la psicología.)

Wilhelm Wundt, Edward Titchener y el estructuralismo

Wilhelm Wundt estaba interesado en el estudio de las experiencias mentales. Empleó un método llamado **introspección**, o el cuidadoso autoexamen y reporte de las experiencias conscientes de la persona. Por ejemplo, él presentaba objetos a las personas, como fruta, y les pedía describir sus impresiones o percepciones del objeto en términos de su forma, color o textura, y cómo sentían el mismo al tocarlo. O pedía a los sujetos que olieran una esencia y describieran las sensaciones o sentimientos que dicha esencia provocaba en ellos. De esta manera, Wundt y sus alumnos buscaban dividir las experiencias mentales en las partes que las componen —sensaciones, percepciones y sentimientos—, y después descubrir las reglas que determinan cómo se combinan estos elementos para producir el rango completo de experiencias conscientes.

Edward Titchener (1867-1927), un inglés que fue discípulo de Wundt, llevó las enseñanzas y los métodos de introspección de su maestro a Estados Unidos y a otros países de lengua inglesa. La escuela de la psicología identificada con Wundt y Titchener fue conocida como **estructuralismo**, un enfoque que intentaba definir la estructura de la mente al dividir la experiencia mental en las partes que la componen. Los estructuralistas buscaron diseñar una tabla periódica de los elementos de la conciencia, de manera muy semejante a cuando los químicos, algunos años antes, construyeron la tabla periódica de los elementos (Willingham, 2007).

El primer estadounidense que trabajó en el laboratorio experimental de Wundt fue el psicólogo G. Stanley Hall (1844-1924) (Johnson, 2000). En 1892, Hall fundó la American Psychological Association (APA), actualmente la organización más grande de psicólogos en Estados Unidos, y fungió como su primer presidente. Nueve años antes, en 1883, Hall estableció el primer laboratorio de psicología en Estados Unidos, en la Universidad John Hopkins (Benjamin, 2000). Resulta claro que Hall desempeñó una función definitiva como padre de la psicología de aquel país. Por lo regular, ese honor se ha adjudicado al afamado psicólogo estadounidense William James.

William James y el funcionalismo

William James (1842-1910) fue capacitado como médico, pero realizó importantes contribuciones tanto a la psicología como a la filosofía. A pesar de emplear la introspección, cambió su enfoque hacia las funciones de la conducta. A diferencia de los estructuralistas, no creía que la experiencia consciente debiera ser dividida en elementos separados. En lugar de ello, sostenía que la experiencia mental puede comprenderse mejor en términos de las funciones o propósitos para los que sirve.

James creó el **funcionalismo**, la escuela de la psicología que se enfoca en cómo la conducta ayuda a los individuos a adaptarse a las demandas que enfrentan en el ambiente. Mientras los estructuralistas se ocupaban en comprender la estructura de la mente humana, los funcionalistas se dedicaban a estudiar las funciones de los procesos mentales (Willingham, 2007). Los funcionalistas examinaban el rol de las funciones de los procesos mentales, es decir, *por qué* hacemos *lo* que hacemos. Por ejemplo, James creía que desarrollamos hábitos, como las maneras características de emplear una cuchara o un tenedor, porque estos utensilios nos permiten desempeñarnos con mayor eficacia para satisfacer las numerosas necesidades que enfrentamos en la vida diaria.

John Watson y el conductismo

A principios del siglo xx, una nueva fuerza en la psicología adquirió relevancia. Se le llamó **conductismo** y su credo era que la psicología debía limitarse al estudio de la conducta evidente que los observadores pudieran registrar y medir. El fundador del conductismo fue el psicólogo estadounidense John Broadus Watson (1878-1958). Razonó que, dado que no es posible observar los procesos mentales de otra persona, la psicología nunca avanzaría como ciencia, a menos que eliminara los conceptos mentalistas como mente, conciencia, pensamiento y sentimiento. Rechazó a la introspección como método de búsqueda científica y propuso que la psicología se convirtiera

CONCEPTO 1.3
El estructuralismo, primera escuela de la psicología y asociada con Wundt y Titchener, utilizaba la introspección como método para revelar las estructuras fundamentales de la experiencia mental en forma de sensaciones, percepciones y sentimientos.

CONCEPTO 1.4
William James, fundador del funcionalismo, creía que la psicología debía enfocarse en cómo nuestro comportamiento y procesos mentales nos ayudan a adaptarnos a las demandas que enfrentamos en el mundo.

introspección Enfoque interior de las experiencias mentales, como sensaciones o sentimientos.

estructuralismo Escuela de la psicología que pretende comprender la estructura de la mente al analizar las partes que la componen.

funcionalismo Escuela de la psicología que se enfoca en las funciones de adaptación de la conducta.

conductismo Escuela de la psicología que sostiene que esta disciplina debe limitarse al estudio de la conducta evidente y observable.

en una ciencia de la conducta, no de los procesos mentales. A este respecto, compartía con el antiguo filósofo griego Aristóteles la creencia en que la ciencia debía basarse en sucesos observables. El problema de la introspección es que no hay manera de observar de forma directa las experiencias mentales de un individuo o saber cómo los sentimientos o sensaciones de una persona se comparan con los de alguien más. Watson conminó tanto a sus colegas psicólogos como científicos, a enfocarse en lo que podemos observar, es decir, respuestas, reflejos y otras conductas observables.

Watson creía que el ambiente moldea las conductas de los seres humanos y de otros animales. Incluso alardeó que, si tuviera el control de las vidas de los bebés, podría determinar el tipo de adultos en que se convertirían:

Denme una docena de bebés saludables, bien formados, y mi propio mundo específico para criarlos, y les garantizo que elegiré a cualquiera de ellos al azar y lo instruiré para convertirse en cualquier tipo de especialista que yo pudiera sugerir: médico, abogado, comerciante en jefe y, sí, incluso limosnero y ladrón, sin importar sus talentos, predilecciones, tendencias, capacidades, vocaciones ni la raza de sus ancestros. (Watson, 1924, p. 82).

Nadie, desde luego, aceptó el desafío de Watson, de manera que nunca sabremos cuál hubiera sido el destino de "una docena de bebés saludables" bajo su dirección. Los psicólogos de la actualidad, sin embargo, creen que el desarrollo humano es mucho más complejo de lo que él pensaba. Muy pocos opinan que hubiera tenido éxito en el desafío que propuso.

Para la década de 1920, el conductismo se había convertido en la escuela principal de la psicología en Estados Unidos, y continuó siendo la fuerza dominante en la psicología estadounidense durante varias generaciones. Su popularidad se debió, en gran medida, al trabajo del psicólogo de la Universidad de Harvard, B. F. Skinner (1904-1990). Skinner estudió cómo se forma la conducta mediante recompensas y castigos, las consecuencias ambientales que siguen a respuestas específicas. Mostró que podía entrenar animales para desarrollar comportamientos simples al recompensar respuestas particulares. Entonces, por ejemplo, una rata podía aprender a presionar una barra, y una paloma, a oprimir un botón, si obtenían una recompensa de raciones de alimento por estas respuestas. También demostró cómo las conductas más complejas podían ser aprendidas y mantenidas por medio de la manipulación de las recompensas, a las cuales llamó *reforzadores*. En algunas de sus demostraciones más pintorescas del uso del reforzamiento, entrenó a

Mapache jugador de básquetbol   Al reforzar conductas particulares, incluso puede enseñársele a un mapache a lanzar una pelota como en el básquetbol.

una paloma para que oprimiera la tecla de un piano de juguete, y a un par de palomas a jugar una especie de *ping-pong*, en el cual las aves hacían rodar una pelota de ida y vuelta entre ellas. Estos métodos pudieron ser utilizados para enseñar a un mapache a lanzar una pelota como en el básquetbol, aunque es probable que el tiro de tres puntos esté más allá de su alcance.

A pesar de que Skinner estudió principalmente a palomas y ratas, creía que los mismos principios de aprendizaje que observó en los animales de laboratorio podían aplicarse también a los seres humanos. Skinner declaró que la conducta humana es producto de las consecuencias ambientales, como sucede en otros animales. Todo lo que hacemos, desde decir "discúlpeme" cuando estornudamos hasta asistir a clases o prepararnos un emparedado, representa respuestas aprendidas por medio del reforzamiento, aunque no podemos esperar recordar las múltiples ocasiones de reforzamiento implicadas en la adquisición y conservación de dichas conductas.

Max Wertheimer y la psicología de la Gestalt

Más o menos en la época en la cual Watson conminaba a los psicólogos a abandonar el estudio de la mente, otro joven psicólogo, el alemán Max Wertheimer (1880-1943), llevaría al incipiente campo de la psicología hacia una dirección diferente. En 1910, Wertheimer viajaba en tren con su familia a través de la Alemania central para tomar unas vacaciones en los territorios del río Rhin

Max Wertheimer

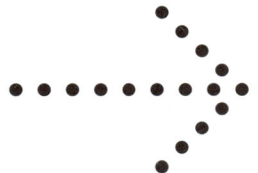

FIGURA 1.2   ¿Qué es esto?

(Hunt, 1993). Lo que vio desde el tren lo llevaría a fundar la **psicología de la Gestalt**, escuela que estudia las maneras en que el cerebro organiza y estructura nuestras percepciones del mundo.

Lo que cautivó a Wertheimer en el tren fue la ilusión de que los objetos en la distancia —postes de telégrafo, casas y las cimas de las colinas— parecían moverse con el tren, a pesar de que era evidente que estaban inmóviles. Incontables personas han observado el mismo fenómeno de movimiento aparente, pero le han prestado muy poca atención.

A Wertheimer le intrigó descubrir por qué ocurría ese fenómeno. Tuvo la idea de que la ilusión no era una jugarreta del ojo, sino que reflejaba procesos de nivel superior en el cerebro que creaban la percepción de movimiento. Pronto, Wertheimer canceló sus vacaciones e inició estudios experimentales sobre el fenómeno con dos asistentes, Wolfgang Köhler (1887-1967) y Kurt Kafka (1886-1943). Sus estudios los condujeron a descubrimientos sobre la naturaleza de la percepción, es decir, los procesos por medio de los cuales el cerebro organiza las impresiones sensoriales para formar representaciones o percepciones significativas del mundo que nos rodea.

Los psicólogos de la Gestalt rechazaron la creencia estructuralista de que la experiencia mental podía ser comprendida al desglosarla en las partes que la componen. La traducción aproximada de la palabra alemana **gestalt** es "forma unitaria" o "patrón". Los psicólogos de la Gestalt creen que el cerebro organiza cómo vemos el mundo, de manera que todo lo percibimos unificado u organizado y no una suma de fragmentos o piezas individuales de experiencias sensibles. La muy conocida máxima de la Gestalt de que "el todo es más que la suma de sus partes" expresa su filosofía fundamental. Usted percibe los puntos en la figura 1.2, no como una disposición sin forma de puntos individuales, sino como si representaran una flecha. Cuando ve un enorme grupo de objetos negros y voladores sobre su cabeza, al instante lo reconoce como una parvada de aves que vuela en formación. En otras palabras, su cerebro interpreta como patrones o unidades significativas lo que sus ojos ven.

Sigmund Freud y el psicoanálisis

Alrededor de la época cuando el conductismo y la psicología de la Gestalt establecían un punto de apoyo para la psicología organizada, surgía un modelo muy distinto de esta ciencia. Este se basó en las obras escritas de un médico austriaco llamado Sigmund Freud (1856-1939). La psicología de Freud se enfocaba no sólo en la mente, sino también en una región de la misma llamada **inconsciente**. Freud concibió al inconsciente como el almacén de motivos e instintos sexuales y agresivos primitivos, así como de los impulsos y urgencias de los deseos que surgen de aquéllos. Creía que los motivos subyacentes de nuestra conducta implican impulsos, sexuales y agresivos que yacen en las lóbregas profundidades del inconsciente, escondidos de nuestra conciencia ordinaria de nosotros mismos. En otras palabras, podemos hacer o decir cosas sin comprender los verdaderos motivos que generaron tales conductas.

Freud también creía que las experiencias de la infancia temprana desempeñaban una función determinante en la formación de nuestra personalidad y conducta, incluso conductas anormales como el temor excesivo y las fobias. Sostenía que los patrones de comportamiento anormal tienen sus raíces en conflictos inconscientes originados en la infancia. Estos implican una lucha dinámica dentro de la mente inconsciente entre los impulsos sexuales o agresivos inaceptables, mismos que pugnan por expresarse y se oponen a las fuerzas mentales que pretenden mantener a ese material amenazante fuera de nuestra atención consciente. Por lo tanto, a la perspectiva psicológica de Freud y sus seguidores, con frecuencia, se le conoce como **perspectiva psicodinámica**.

A diferencia de Wundt, James y Watson, Freud fue terapeuta, y su principal interés fue ayudar a la gente a superar sus problemas psicológicos. Desarrolló una forma de psicoterapia o "terapia hablada" a la cual llamó **psicoanálisis** (se discutirá en el capítulo 15). El psicoanálisis es un tipo de trabajo de detección mental que incorpora métodos, como el análisis de sueños y "lapsus linguae", que Freud creía que podían ser utilizados para penetrar en la naturaleza de los motivos y conflictos subyacentes, ignorados por sus pacientes. Freud sostenía que, una vez que estos conflictos inconscientes eran sacados a la luz de la atención consciente, podían solucionarse con éxito o "resolverse" durante el curso de la terapia.

Perspectivas contemporáneas en la psicología

¿Qué encontramos cuando observamos el panorama de la psicología actual? En primer lugar, una disciplina que tiene una gran deuda con sus fundadores, pero que constantemente se reinventa a sí misma para enfrentar nuevos desafíos. No todas las escuelas de pensamiento han sobrevivido a la prueba del tiempo. El estructuralismo, por ejemplo, ha desaparecido en esencia del panorama; otras mantienen pequeños grupos de devotos seguidores que permanecen fieles a los preceptos originales. Pero, en general, las primeras escuelas de la psicología —funcionalismo, conductismo, psicología de la Gestalt, psicoanálisis— han evolucionado o se han consolidado dentro de perspectivas más amplias. Hoy el panorama de la psicología puede dividirse en seis perspectivas principales: conductual, psicodinámica, humanista, fisiológica, cognitiva y sociocultural.

La perspectiva conductual

El núcleo esencial de la **perspectiva conductual**, la cual se enfoca en la conducta observable y en la primordial función del aprendizaje en la conducta, es, desde luego, el conductismo. Sin embargo, muchos psicólogos creen que el conductismo tradicional es demasiado simplista o limitado para explicar la compleja conducta humana. A pesar de que la influencia del conductismo tradicional continúa en la psicología moderna, ya no es la fuerza dominante que fue durante su auge, a principios de mediados del siglo XIX.

En la actualidad, muchos psicólogos adoptan una perspectiva más amplia basada en el aprendizaje, llamada **teoría social-cognitiva** (antes llamada *teoría de aprendizaje social*). Esta perspectiva se originó en la década de 1960 con un grupo de teóricos del aprendizaje que se separó del conductismo tradicional (consulte el capítulo 13). Los psicólogos creían que el aprendizaje se forma no sólo a partir de factores ambientales, como las recompensas y los castigos, sino también a partir de factores *cognitivos*, como los valores que otorgamos a diferentes objetos o metas (p. e., obtener buenas calificaciones) y las expectativas que formamos sobre los resultados de nuestra conducta ("Si hago X, entonces obtendré Y").

Los teóricos social-cognitivos desafiaron a sus colegas psicólogos a encontrar maneras de estudiar los procesos mentales en vez de hacerlos a un lado por no ser científicos, como han hecho los conductistas tradicionales. Estos últimos quizá no nieguen que el pensamiento sucede, pero creen que los procesos mentales quedan fuera del rango del estudio científico.

La perspectiva conductual condujo al desarrollo de una importante escuela de terapia: la **terapia conductual**, la cual implica la aplicación sistemática de principios del aprendizaje que están enraizados en la tradición conductista de Watson y Skinner. Mientras el psicoanálisis se ocupa de las obras de la mente inconsciente, el terapeuta conductual ayuda a la gente a adquirir conductas más adaptativas para superar sus problemas psicológicos, como los temores y las inhibiciones sociales. En la actualidad, muchos terapeutas conductuales pertenecen a un enfoque terapéutico más amplio llamado *terapia cognitivo-conductual*, la cual incorpora técnicas para cambiar tanto pensamientos no adaptativos como conductas evidentes (consulte el capítulo 15).

La perspectiva psicodinámica

La perspectiva psicodinámica aún es una fuerza vibrante en la psicología. Como otras visiones contemporáneas en la psicología, ésta continúa en evolución. Como veremos en el capítulo 13, los "neo-freudianos" (teóricos psicodinámicos que han continuado con la tradición freudiana) tienden a dar menos énfasis que Freud a los motivos básicos, como el sexo y la agresión, y se inclinan por enfatizar los procesos de la autoconciencia, la autodirección y la decisión consciente.

La influencia de la teoría psicodinámica se extiende más allá del campo de la psicología. Su enfoque en nuestra vida interior —nuestras fantasías, deseos, sueños y motivos ocultos— ha tenido profundo impacto en la literatura, el arte y la cultura populares. Las opiniones acerca de que las raíces de los problemas psicológicos pueden encontrarse en la infancia, y en que la gente

---

CONCEPTO 1.8

A pesar de que algunas de las primeras escuelas de la psicología han desaparecido, en esencia, las perspectivas contemporáneas en el campo, incluidas conductista, psicodinámica, humanista, fisiológica, cognitiva y sociocultural, han continuado en evolución y en la formación de nuestra comprensión de la conducta.

CONCEPTO 1.9

Muchos de los psicólogos de la actualidad se adscriben a la perspectiva de amplia base de la teoría del aprendizaje, llamada teoría social-cognitiva, la cual enfatiza las funciones de las influencias tanto ambientales como cognitivas en la conducta.

VÍNCULO DE CONCEPTOS · · · · ·

Los teóricos social-cognitivos creen que la personalidad abarca no sólo la conducta aprendida sino también las maneras como los individuos piensan sobre sí mismos y el mundo que los rodea. Consulte el módulo 13.3.

CONCEPTO 1.10

La perspectiva psicodinámica se enfoca en la función de la motivación inconsciente (deseos e impulsos interiores que desconocemos) y en la importancia de las experiencias de la infancia en la formación de la personalidad.

psicoanálisis Método de psicoterapia de Freud, enfocado en descubrir y resolver los conflictos inconscientes que, se cree, se encuentran en la raíz de los problemas psicológicos.

perspectiva conductual Acercamiento al estudio de la psicología que se enfoca en la función del aprendizaje como explicación de la conducta observable.

teoría social-cognitiva Modelo contemporáneo con base en el aprendizaje que enfatiza la función de los factores cognitivos y ambientales en la determinación de la conducta.

terapia conductual Forma de terapia que implica la aplicación sistemática de los principios del aprendizaje para producir los cambios deseados en los estados emocionales y en la conducta.

puede no ser consciente de sus motivos y deseos más profundos aún cuentan con gran apoyo, incluso el de personas no adscritas de manera formal a la psicología freudiana.

La perspectiva humanista: una "tercera fuerza" en la psicología

En la década de 1950, otro movimiento comenzó a adquirir importancia en la psicología. La **psicología humanista** pronto se reconoció como una "tercera fuerza" en la psicología porque fue considerada una respuesta a las dos fuerzas dominantes en el campo en esa época: el conductismo y la teoría freudiana. Los psicólogos humanistas, incluso los estadounidenses Abraham Maslow (1908-1970) y Carl Rogers (1902-1987), rechazaron los enfoques deterministas del conductismo y de la psicología psicodinámica, es decir, las teorías basadas en que la conducta humana está determinada por el ambiente (en el conductismo) o por fuerzas y motivos inconscientes que yacen fuera de la conciencia de la persona (en la psicología freudiana). En lugar de ello, los psicólogos humanistas declararon que el libre albedrío y la decisión consciente son aspectos esenciales de la experiencia humana.

Los psicólogos que adoptan una **perspectiva humanista** creen que la psicología debe enfocarse en las experiencias conscientes, incluso si éstas son subjetivas y no pueden ser observadas de forma directa, ni medidas en términos científicos. Los psicólogos humanistas consideran a cada uno de nosotros como individuos que poseemos conjuntos distintivos de características y capacidades, además de marcos de referencia o perspectivas de la vida que son únicos. Enfatizan el valor de la autoconciencia y el hecho de convertirnos en personas auténticas al ser leales a nosotros mismos. También subrayan los potenciales creativos de los individuos y destacan su capacidad para tomar decisiones que infundan significado y propósito a sus vidas.

La perspectiva fisiológica

La **perspectiva fisiológica** examina las relaciones entre los procesos biológicos y la conducta. No se identifica con un colaborador único sino con muchos psicólogos y neurocientíficos que se enfocan en las bases biológicas de la conducta y los procesos mentales.

Situada sobre los hombros hay una maravillosa masa de tejido —su cerebro—, la cual gobierna casi todo lo que usted hace. El cerebro es el centro de una computadora viva, increíblemente compleja: el sistema nervioso, el cual le permite sentir el mundo que lo rodea; pensar y experimentar; moverse a través del espacio, y regular los latidos de su corazón y otras funciones corporales. Además, coordina lo que usted ve y escucha con lo que hace. Su sistema nervioso también le permite visualizar el mundo que contempla y los mundos que nunca existieron. Como ya descubriremos a lo largo de este libro, la psicología fisiológica ha iluminado nuestra comprensión de las bases biológicas de la conducta y de los procesos mentales, incluso las funciones de la herencia, las hormonas y el sistema nervioso.

La **psicología de la evolución** es un movimiento dentro de la psicología moderna que aplica los principios derivados de la teoría de la evolución de Charles Darwin a un amplio rango de conductas (Gaulin y McBurney, 2001; Maestripieri y Roney, 2006). Darwin (1809-1882) creía que todas las formas de vida, incluso los seres humanos, evolucionaron a partir de formas antiguas de vida al adaptarse, con el paso del tiempo, a las demandas de sus ambientes naturales.

Por lo general, pensamos en genética al determinar características físicas, como el color de los ojos y la estatura. Los psicólogos de la evolución proponen que ésta también desempeña una función en la transmisión de ciertas *tendencias o predisposiciones* conductuales, como los rasgos agresivos. Sostienen que las características conductuales que pueden haber ayudado a los humanos primitivos a sobrevivir pueden haberse transmitido a nivel genético a las generaciones sucesivas: todo un largo camino hasta noso-

¿Podría existir una base evolutiva de la agresividad humana?
Los psicólogos de la evolución creen que las tendencias conductuales que tenían valor de supervivencia para los humanos primitivos, como la agresividad, pueden haberse transmitido por la vía genética hasta los seres humanos modernos. Incluso nuestra predilección por los deportes agresivos podría reflejar estas corrientes genéticas subterráneas.

tros. Estos científicos examinan las conductas en diferentes especies que pueden verse influidas por procesos evolutivos, incluso la agresión, la conducta sexual y hasta el altruismo (es decir, el sacrificio personal del individuo para ayudar a perpetuar el grupo) (p. e., Kenrick, Li y Butner, 2003; Thornhill y Palmer, 2000). Sin embargo, reconocen que los factores ambientales, como el aprendizaje cultural y las influencias familiares desempeñan una importante función en determinar si esas tendencias o predisposiciones conductuales dan como resultado una conducta real (p. e., si una persona actúa de manera agresiva o no).

La perspectiva cognitiva

Como Wilhelm Wundt, los psicólogos cognitivos estudian los procesos mentales en un esfuerzo por comprender cómo las personas adquieren conocimientos acerca de sí mismas y del mundo que las rodea. La palabra *cognitiva* proviene del vocablo latín *cognitio*, que significa "conocimiento". Los psicólogos que adoptan la **perspectiva cognitiva** estudian los procesos mentales involucrados en la adquisición y retención de conocimiento, como el aprendizaje, la memoria, la formación de conceptos, la solución de problemas y el empleo del lenguaje. Algunos psicólogos cognitivos aplican principios de procesamiento de información computarizada (p. e., los métodos mediante los cuales las computadoras procesan información para resolver problemas) para explicar cómo los seres humanos procesan, almacenan, recuperan y manipulan la información.

Los psicólogos cognitivos se sienten obligados a estudiar la experiencia mental; creen que los métodos que emplean para estudiar las cogniciones están bien fundamentados en la tradición científica. Después de todo, nadie ha observado jamás a las partículas subatómicas, como los protones y los neutrones, pero eso no ha impedido a los físicos conducir estudios científicos orientados a investigar sus propiedades. El capítulo 7 examina los intrigantes descubrimientos de investigación reportados por estos especialistas.

La perspectiva sociocultural

Los psicólogos que adoptan una **perspectiva sociocultural** examinan cómo la conducta y las actitudes se forman por las influencias sociales y culturales a las cuales la gente está expuesta. De manera más específica, ellos se enfocan en las influencias de la edad, las etnias, los géneros, las orientaciones sexuales, los estilos de vida, los niveles de ingresos, el nivel de discapacidad y la cultura en la conducta y los procesos mentales. Han incorporado temas relacionados con la diversidad a la vanguardia de la investigación y el pensamiento psicológicos.

Esta corriente de pensamiento nos lleva a formular cierto número de preguntas a las cuales regresaremos más adelante en el texto: ¿Varía la susceptibilidad a las ilusiones visuales entre culturas? ¿Existen diferencias de género en las capacidades básicas en matemáticas o en las habilidades verbales? ¿Cómo influye la cultura en los conceptos del ser? ¿Existen diferencias étnicas en los patrones de consumo de drogas?, y, si es así, ¿cómo debemos considerarlas? ¿Hay diferencias étnicas en la inteligencia? y, si es así, ¿qué debemos hacer con éstas? ¿Qué función desempeña la aculturación en la adaptación psicológica de los grupos inmigrantes?

La creciente diversidad de la sociedad contemporánea

La perspectiva sociocultural en la psicología refleja la importancia de los temas de la diversidad en nuestra sociedad. Los grupos étnicos minoritarios ahora constituyen alrededor de una tercera parte de la población de Estados Unidos, y se espera que su número aumente la mitad de la población a mediados del siglo XXI ("U.S. Minority Population", 2007). Sin embargo, la diversidad en la psicología no está limitada a las diferencias étnicas: también se refiere a las diferencias de edad, género, orientación sexual y nivel de discapacidad.

Este libro de texto emplea términos como *etnia, cultura* e *identidad étnica* cuando se refiere a las tradicionales distinciones "raciales". Se utilizan porque un concepto de raza con bases biológicas no parece coincidir con los descubrimientos de la genética moderna (Smedley y Smedley, 2005). Las pruebas de este tipo no pueden revelar agrupaciones genéticas distintas y correspondientes a las tradicionales clasificaciones raciales (Bonham, Warshauer-Baker y Collins, 2005; Smedley y Smedley, 2005). También carecemos de una estrategia definitiva para determinar el grupo racial de una persona con base en una norma biológica (Sternberg y Grigorenko, 2007).

CONCEPTO 1.14
La perspectiva cognitiva se enfoca en comprender los procesos mentales por los cuales las personas adquieren conocimiento acerca de sí mismas y del mundo que les rodea.

CONCEPTO 1.15
La perspectiva sociocultural coloca a la conducta dentro de un amplio contexto social al examinar las influencias de las etnias, los géneros, los estilos de vida, los niveles socioeconómicos y la cultura.

psicología humanista   Escuela de la psicología que cree que el libre albedrío y la decisión consciente son aspectos esenciales de la experiencia humana.

perspectiva humanista   Acercamiento al estudio de la psicología que aplica los principios de la psicología humanista.

perspectiva fisiológica   Acercamiento al estudio de la psicología que se enfoca en las relaciones entre los procesos biológicos y la conducta.

psicología de la evolución   Rama de la psicología que se enfoca en la función de los procesos evolutivos en la formación de la conducta.

perspectiva cognitiva   Acercamiento al estudio de la psicología que se orienta a los procesos mentales mediante los cuales adquirimos conocimiento del mundo.

perspectiva sociocultural   Acercamiento al estudio de la psicología que enfatiza la función de las influencias sociales y culturales en la conducta.

Quiénes somos Nuestra sociedad se hace cada vez más diversa en términos étnicos, al grado de que el grupo mayoritario tradicional en Estados Unidos, los caucásicos con orígenes europeos, se convertirá en minoría en algún momento del presente siglo.

¿Por qué es importante considerar este tipo de distinciones? La razón es que, con frecuencia, los diferentes grupos étnicos y culturales difieren entre sí en valores, costumbres y tradiciones que influyen en su conducta (Helms, Jenigan y Mascher, 2005). Como consecuencia, tomar en cuenta las diferencias entre etnias y culturas nos ayuda a comprender mejor la diversidad humana.

Las identidades "raciales" tradicionales también se han vuelto más difusas a medida que cada vez más personas se identifican con categorías no tradicionales. Por ejemplo, muchos hispanoamericanos se identifican como *morenos*, *trigueños* o *nativos americanos*: términos que indican su ascendencia y variaciones en el tono de piel.

Cada vez más personas en Estados Unidos y Canadá han difuminado las fronteras tradicionales pues se consideran birraciales, multirraciales o multiétnicas. La gente de orígenes multirraciales, como el golfista Tiger Woods, el beisbolista Derek Jeter y la cantante Mariah Carey, no son fácilmente clasificables con base en las distinciones raciales "tradicionales". De acuerdo con el último censo en Estados Unidos, alrededor de siete millones de estadounidenses se describen como multirraciales (Schmitt, 2001b, 2001c). La cantidad de jóvenes que se identifica como multirracial continúa en aumento a paso veloz. Más aún, el número de matrimonios interraciales o mixtos aumentó más de 50% durante la década de 1990, quedando la tasa en 6.7% en el año 2000 (Carey, 2005).

Los psicólogos reconocen que las muestras de investigación necesitan ser más ampliamente representativas de las poblaciones en las que desean generalizar sus descubrimientos. Gran parte de las primeras investigaciones en psicología se enfocó en muestras de gente caucásica de clase media, compuesta en su mayoría por estudiantes universitarios varones. No debemos suponer que los descubrimientos basados en grupos de individuos definidos de manera tan estrecha forzosamente se generalizan para incluir a otros grupos que tienen distintas experiencias de vida.

Resumen de las perspectivas contemporáneas

Es importante percatarnos de que ninguna perspectiva es, necesariamente, la correcta ni que las demás son erróneas. Cada perspectiva principal en la psicología contemporánea se enfoca en diferentes aspectos de la conducta o del funcionamiento psicológico. Cada una tiene algo único para ofrecer a nuestra comprensión de la conducta humana, y ninguna ofrece un panorama completo. Dada la complejidad de la conducta y la experiencia humanas no es sorprendente que la psicología haya explorado numerosos caminos para aproximarse a su tema de estudio. Tampoco asombra que muchos psicólogos de la actualidad se identifiquen con un enfoque *ecléctico* para comprender la conducta humana: un enfoque que incluya teorías y principios que representen perspectivas distintas. Debemos reconocer también que la psicología contemporánea no está dividida en escuelas de pensamiento con tanta precisión como lo parecía estar en sus orígenes. Hay gran oportunidad para que las diferentes perspectivas se complementen unas con otras.

Además de las seis perspectivas principales que configuran el panorama de la psicología contemporánea, un creciente movimiento dentro de la disciplina, llamado **psicología positiva**, se dirige hacia el estudio de los aspectos positivos de la experiencia humana, como el amor, la felicidad, el altruismo y la esperanza (Seligman *et al.*, 2005; Vallea, Huebner y Suldo, 2006). Los psicólogos han dedicado mucha atención a la comprensión de las debilidades y deficiencias humanas, incluso los problemas emocionales, los efectos del estrés traumático y las conductas conflictivas, como la violencia y la adicción a las drogas. Creada por el psicólogo Martin Seligman, esta corriente pretende equilibrar la balanza al enfocarse en nuestras virtudes y fortalezas, no en nuestros errores. A lo largo de este libro discutiremos diversas áreas de estudio dentro de la psicología positiva, incluso la conducta de ayuda, el optimismo, el amor, el envejecimiento exitoso, la felicidad, la autoestima, al autorrealización y la creatividad.

psicología positiva Movimiento contemporáneo dentro de la psicología, que enfatiza el estudio de las virtudes y cualidades humanas en lugar de las debilidades y carencias.

En la tabla de conceptos 1.1, la primera de varias en el libro, usted encontrará ejemplos de los tipos de preguntas generales que los psicólogos de cada una de las principales perspectivas contemporáneas podrían formularse, así como los tipos de interrogantes que ellos podrían enunciar a fin de aprender más acerca de temas específicos. Estos temas se presentan aquí para ayudarlo a distinguir entre las distintas corrientes de la psicología contemporánea y que serán discutidas a detalle en capítulos posteriores.

TABLA DE CONCEPTOS 1.1
Perspectivas contemporáneas en la psicología: cómo difieren

Perspectiva	Preguntas generales	Preguntas sobre temas específicos		
		Agresión	Depresión	Obesidad
Conductual	¿Cómo dan forma las primeras experiencias de aprendizaje a nuestra conducta como adultos?	¿Cómo se aprende la conducta agresiva? ¿Cómo es recompensada o reforzada? ¿La exposición a la violencia en los medios de comunicación masiva o entre amigos desempeña alguna función?	¿Cómo se relaciona la depresión con los cambios en los patrones de reforzamiento? ¿Cuáles capacidades sociales son necesarias para establecer y mantener relaciones sociales que pudieran servir como fuentes de reforzamiento?	¿Cómo producen obesidad los hábitos alimenticios no saludables? ¿Cómo podemos cambiar esos hábitos?
Psicodinámica	¿Cómo afectan los conflictos no resueltos de la infancia en la conducta adulta? ¿Cómo puede la gente recibir ayuda para sobrellevar estos conflictos?	¿Cómo se relaciona la agresión con los impulsos inconscientes? ¿Contra quién se dirigen esos impulsos en realidad?	¿Cómo podría la depresión relacionarse con pérdidas no resueltas? ¿Podría la depresión representar la ira vuelta hacia el individuo mismo?	¿Puede la obesidad estar relacionada con conflictos de la infancia que se vinculan con necesidades no resueltas de amor y apoyo? ¿Podría la comida convertirse en un sustituto del amor?
Humanista	¿Cómo hace la gente para perseguir metas que le den un sentido de significado y propósito a su vida?	¿Podría la agresión relacionarse con la frustración que surge cuando la gente se ve bloqueada para perseguir sus metas? ¿Cómo podríamos modificar lo anterior para prevenir la violencia?	¿Podría la depresión estar relacionada con una carencia de autoestima o con una amenaza a la autoimagen de la persona? ¿Podría derivarse de una sensación de falta de propósito o de significado en la vida?	¿Qué es lo que prepara el escenario para la obesidad? ¿Tiene la comida un significado especial para las personas obesas? ¿Cómo podemos ayudar a esas personas a encontrar otras fuentes de satisfacción?
Fisiológica	¿Cómo hacen posible las estructuras y los procesos biológicos a la conducta? ¿Qué funciones desempeñan la naturaleza (herencia) y la nutrición (crianza) en áreas tales como la inteligencia, el desarrollo del lenguaje y la agresión?	¿Qué mecanismos cerebrales controlan la conducta agresiva? ¿Podrían las anormalidades cerebrales explicar la conducta violenta en algunas personas?	¿Cómo se relacionan los cambios en la química cerebral con la depresión? ¿Qué vínculos genéticos podrían existir?	¿Es hereditaria la obesidad? ¿Cuáles genes podrían estar implicados en ésta? ¿Cómo conduce a nuevos enfoques de tratamiento o prevención el conocimiento de las bases genéticas de la obesidad?
Cognitiva	¿Qué hace la gente para resolver problemas, tomar decisiones y desarrollar el lenguaje?	¿Qué pensamientos disparan las respuestas agresivas? ¿Qué creencias tienen las personas agresivas que pudieran incrementar su potencial para la violencia?	¿Qué tipos de patrones de pensamiento se relacionan con la depresión? ¿Cómo podrían cambiarse para ayudar a la gente a superar la depresión o impedir que ocurra?	¿Cómo afecta la obesidad el autoconcepto de una persona? ¿Qué tipo de pensamientos conducen a comer de manera compulsiva? ¿De qué manera pueden cambiarse dichos pensamientos?
Sociocultural	¿Cómo difieren los conceptos del ser entre culturas? ¿Cómo dan forma las influencias sociales y culturales a la conducta?	¿Qué condiciones sociales incrementan el consumo de drogas y la conducta agresiva? ¿Nuestra sociedad condona o incluso recompensa ciertas formas de violencia, como la agresión sexual contra las mujeres o el abuso conyugal?	¿Está relacionada la depresión con los factores de estrés social, como la pobreza o el desempleo? ¿Por qué es más común la depresión entre ciertos grupos de personas, en especial las mujeres? ¿Tiene relación con sus roles sociales esperados?	¿Algunos grupos tienen un riesgo mayor de padecer obesidad que otros? ¿Son importantes las diferencias culturales en las costumbres y los patrones alimenticios?

Fundamentos de la psicología moderna

REPASE

¿Qué es la psicología?

- La psicología es la ciencia de la conducta y de los procesos mentales.

¿Cuáles son los orígenes de la psicología?

- A pesar de que los intentos sistemáticos por explicar la conducta humana pueden rastrearse hasta los filósofos de la Antigüedad, la psicología surgió como disciplina científica en el siglo xix, cuando Wundt fundó el primer laboratorio de psicología en Leipzig, Alemania, en 1879.

¿Cuáles fueron las principales escuelas iniciales de la psicología?

- El estructuralismo es la primera escuela de la psicología se identifica con Wilhelm Wundt y Edward Titchener e intentó dividir las experiencias mentales en las partes que las componen: sensaciones, percepciones y sentimientos.

- El funcionalismo es la doctrina de la psicología fundada por William James. Pretende explicar nuestra conducta en términos de sus funciones para ayudarnos a adaptarnos al ambiente.

- El conductismo es la escuela de la psicología iniciada por James Watson. Sostiene que esta ciencia debería limitarse a los fenómenos observables, es decir, la conducta.

- La psicología de la Gestalt es la corriente de la psicología fundada por Max Wertheimer. Se basa en la creencia en que el cerebro estructura nuestras percepciones del mundo en términos de patrones o todos organizados.

- El psicoanálisis, la escuela de pensamiento originada por Sigmund Freud, enfatiza la función de los motivos y conflictos inconscientes en la determinación de la conducta humana.

¿Cuáles son las principales perspectivas contemporáneas de la psicología?

- La perspectiva conductual se enfoca en el comportamiento observable y en las influencias de los procesos de aprendizaje en la conducta.

- La perspectiva psicodinámica representa el modelo de psicología desarrollado por Freud y sus seguidores. Sostiene que la conducta y personalidad nuestras se forman por motivos y conflictos inconscientes que están fuera del rango de la conciencia ordinaria.

- La perspectiva humanista refleja los puntos de vista de psicólogos de esta tendencia como Carl Rogers y Abraham Maslow, quienes enfatizaban la importancia de la experiencia subjetiva consciente, y de la libertad y la responsabilidad personales.

- La perspectiva fisiológica examina las maneras como la conducta y la experiencia mental se ven influidas por procesos biológicos como la herencia, las hormonas y las funciones del cerebro y de otras partes del sistema nervioso.

- La perspectiva cognitiva se enfoca en los procesos mentales que nos permiten adquirir conocimiento sobre nosotros mismos y sobre el mundo.

- La perspectiva sociocultural examina cómo nuestra conducta y actitudes se forman por las influencias sociales y culturales.

RECUERDE

1. El científico más reconocido como fundador de la psicología como ciencia independiente fue _____.

2. La antigua escuela de la psicología llamada estructuralismo
   a. rechazaba el empleo de la introspección como método de investigación
   b. se enfocaba en la conducta evidente
   c. investigaba la estructura de la mente
   d. se ocupaba de las funciones de la conducta

3. La escuela de psicología que cree que esta disciplina debe limitarse al estudio de la conducta observable es _____.

4. La psicología de la Gestalt se enfoca en
   a. la organización de la mente
   b. las maneras como el cerebro organiza y estructura nuestras percepciones del mundo
   c. las funciones de la conducta
   d. la función de la autorrealización en la motivación de la conducta

5. Los psicólogos humanistas rechazaron las nociones de que los procesos inconscientes o las influencias ambientales determinan nuestra conducta. En lugar de eso, ellos enfatizan la importancia de _____ en la comprensión de la conducta.
   a. la decisión consciente
   b. la herencia y los procesos fisiológicos
   c. el condicionamiento clásico y operante
   d. las estructuras subyacentes de la mente

6. ¿Cuál perspectiva psicológica se originó con el trabajo de Sigmund Freud?

Las respuestas a las preguntas de "Recuerde" aparecen en el apéndice C, al final del libro de texto.

REFLEXIONE

- Suponga que desea explicar la conducta en términos de cómo ayudan los hábitos de la gente a adaptarse a las exigencias del ambiente que enfrenta. ¿Cuál antigua escuela de la psicología adoptaría usted en su enfoque?

- Suponga que desea comprender la conducta en términos de las fuerzas subyacentes dentro de la personalidad que influyen en la conducta, incluso a pesar de que la persona no esté consciente de las mismas. ¿Cuál antigua escuela de la psicología representaría este enfoque?

- Los psicólogos humanistas enfatizan la importancia de encontrar un propósito o significado de vida. ¿Cuáles son sus propósitos en la vida? ¿Cómo puede lograr que su vida sea más significativa?

Los psicólogos: quiénes son y qué hacen

- ¿Cuáles son las diferentes especialidades en la psicología?
- ¿Qué cambios han ocurrido en las características étnicas y de género de los psicólogos con el paso del tiempo?

Cuando usted piensa en el psicólogo, ¿se forma una imagen mental de una persona que trabaja en un hospital o clínica, y que atiende a personas con problemas psicológicos? Esta imagen describe un tipo particular de psicólogo, es decir, uno clínico. Pero existen muchos otros tipos. La psicología es una profesión diversa, debido al gran número de áreas en el campo y a las muy distintas funciones que desempeñan los psicólogos. Algunos enseñan y conducen investigaciones; otros brindan servicios psicológicos a individuos u organizaciones, como escuelas o empresas. Por lo regular, los psicólogos se identifican con una especialidad o subcampo en particular dentro de esta disciplina; p.e., psicología experimental, clínica, del desarrollo, educativa o social.

Otro tipo de psicólogos conducen **investigación básica**, es decir, la investigación que busca ampliar nuestra comprensión de los fenómenos psicológicos, incluso si dicho conocimiento no conduce a ningún beneficio práctico directo. Por lo regular, estos psicólogos trabajan para universidades o entidades gubernamentales. Algunos psicólogos conducen **investigación aplicada**, es decir, indagación que pretende encontrar soluciones a problemas específicos. Por ejemplo, un psicólogo podría realizar exploraciones sobre el aprendizaje y la memoria para estudiar métodos que mejoren las experiencias educativas de los niños con retraso mental. Sin embargo, otros especialistas trabajan en áreas aplicadas de la psicología, en las cuales brindan servicios a personas u organizaciones. Entre tales especialistas se incluyen los psicólogos clínicos, orientadores, escolares e industriales/organizacionales. Muchos de estos profesionales aplicados también conducen investigaciones en las áreas en las cuales ejercen. En este módulo, analizaremos más de cerca los diferentes tipos de psicólogos.

Áreas de especialización en la psicología

Todos los psicólogos estudian la conducta y los procesos mentales, pero buscan este conocimiento de variadas maneras, en escenarios distintos y desde perspectivas diferentes. Las siguientes secciones brindan un panorama de las principales áreas de especialización y algunas en surgimiento dentro del campo de la psicología.

La mayoría de los psicólogos obtiene grados de doctorado en su área de especialización, como psicología experimental, clínica o social. El Ph.D. (doctorado en filosofía) es el grado doctoral más común y se otorga después de concluir trabajos de clases de especialidad y una tesis universitaria, la cual implica un proyecto original de investigación. Determinados psicólogos que buscan carreras prácticas pueden hacerse acreedores a un grado de doctorado en psicología (Psy.D.), el cual se enfoca más en capacidades de práctica que de investigación. Otros pueden dirigirse a programas de graduados en escuelas de educación y recibir un doctorado en educación (Ed.D.) En algunas áreas de especialidad, como la psicología escolar o industrial/organizacional, el grado de maestría es reconocido como el nivel con el que se puede iniciar el trabajo profesional en el campo elegido.

Principales áreas de especialización

La tabla de conceptos 1.2 ofrece un panorama de las principales especialidades en psicología discutidas en esta sección. La figura 1.3 muestra los porcentajes de psicólogos dedicados a las principales áreas de especialización, y la figura 1.4 resume dónde trabajan los psicólogos.

CONCEPTO 1.16
El campo de la psicología consiste en un creciente número de áreas de especialización.

investigación básica
Investigación enfocada en adquirir conocimientos, incluso si éstos no tienen una aplicación práctica directa.

investigación aplicada
Investigación que pretende encontrar soluciones a problemas específicos.

TABLA DE CONCEPTOS 1.2
Áreas de especialización en la psicología

Tipos de psicólogos	Enfoque principal	Pregunta típica estudiada
Psicólogos experimentales	Estudio de aprendizaje, cognición, sensación y percepción, bases biológicas de la conducta y conducta animal	¿Cómo afectan los variados estados de excitación en el aprendizaje? ¿Qué centros cerebrales son responsables de la memoria?
Psicólogos clínicos	Evaluación y tratamiento de personas con problemas y trastornos psicológicos, como depresión y esquizofrenia	¿Cómo podemos diagnosticar la ansiedad? ¿La depresión es atendida con más eficacia con psicoterapia o con terapia con medicamentos?
Psicólogos orientadores	Ayudar a la gente con problemas de adaptación	¿Qué tipo de ocupación encontraría satisfactoria este estudiante? ¿Por qué a esta persona le resulta difícil hacer amigos?
Psicólogos escolares	Trabajo en sistemas escolares para ayudar a los niños con problemas académicos o necesidades especiales	¿Se beneficiaría este niño con la educación especial o estaría mejor en un salón de clases regular?
Psicólogos educativos	Construcción de pruebas psicológicas y educativas estandarizadas (como el SAT); mejorar la planeación de cursos y los métodos de instrucción	¿Esta prueba es una predicción válida de éxito en la universidad? ¿Cómo podemos enseñar álgebra de manera más eficiente?
Psicólogos del desarrollo	Estudio del desarrollo físico, cognitivo, social y de la personalidad a lo largo de la proyección de vida	¿A qué edad comienzan los niños a caminar o a hablar? ¿Qué tipo de crisis enfrenta la gente en la edad adulta media o avanzada?
Psicólogos de la personalidad	Estudio de las características psicológicas que nos hacen únicos	¿Cuál es la estructura de la personalidad? ¿Cómo medimos la personalidad?
Psicólogos sociales	Estudio de los efectos del ambiente y las interacciones sociales en la conducta	¿Cuáles son los orígenes del prejuicio? ¿Por qué la gente hace cosas como parte de un grupo que no haría como individuo?
Psicólogos ambientales	Estudio de cómo influyen y son influenciados la conducta y los procesos mentales de la gente en sus ambientes físicos	¿Cuáles son los efectos de la vida citadina en la gente? ¿Por qué el hacinamiento afecta la salud y la conducta de la gente?
Psicólogos industriales/organizacionales	Estudio de las relaciones entre la gente y sus ambientes de trabajo	¿Cómo podemos descubrir quién se desempeñará bien en este puesto? ¿Cómo podemos hacer más justa la contratación y la promoción? ¿Cómo podemos mejorar la motivación de los empleados?
Psicólogos de la salud	Estudio de las relaciones entre los factores psicológicos y la prevención y tratamiento de las enfermedades físicas	¿Cómo podemos ayudar a la gente a evitar conductas sexuales riesgosas? ¿Cómo podemos ayudar a la gente a dejar de fumar y a comenzar a ejercitarse?
Psicólogos del consumidor	Estudio de las relaciones entre los factores psicológicos, las preferencias de los consumidores y su conducta de compra	¿Por qué la gente selecciona marcas particulares? ¿Qué tipo de personas prefiere un tipo particular de producto?

psicólogos experimentales
Aquellos que aplican métodos experimentales al estudio de la conducta y los procesos mentales.

psicólogos comparativos
Los que estudian semejanzas y diferencias conductuales entre especies animales.

Los **psicólogos experimentales** ejercen métodos experimentales al estudio de la conducta y los procesos mentales. Estudian procesos, como aprendizaje, sensación, percepción y cognición. Un sector de psicólogos experimentales, llamados **psicólogos comparativos**, buscan comprender la conducta animal por sí misma, quizá por lo que ésta podría enseñarnos sobre la conducta humana. Otros, llamados **psicofisiólogos** (también conocidos como *psicólogos biológicos*) estudian las bases biológicas de la conducta.

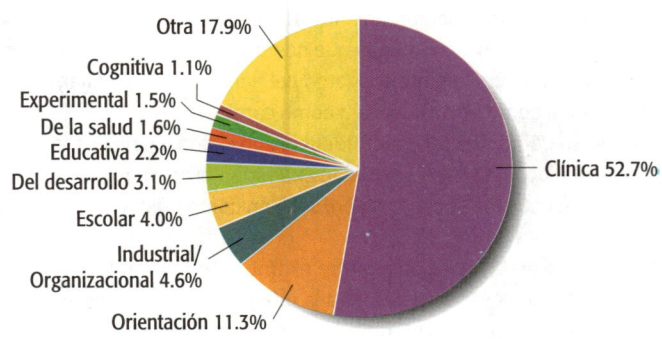

FIGURA 1.3   Áreas de especialización de los psicólogos
Los psicólogos clínicos conforman el grupo más grande, seguidos por los psicólogos orientadores y los psicólogos industriales/organizacionales.

Fuente: American Psychological Association, 2004.

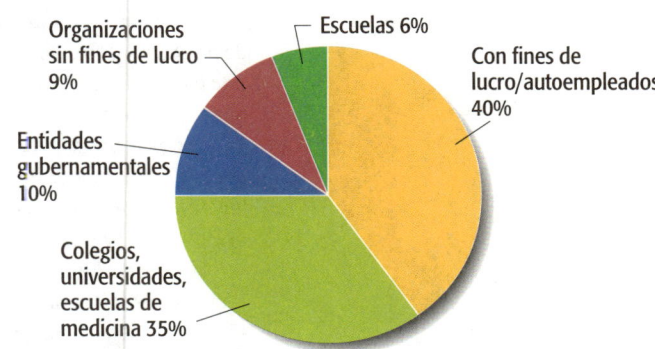

FIGURA 1.4   Dónde trabajan los psicólogos
El grupo más amplio de psicólogos trabaja en sitios donde se brinda servicios psicológicos. Muchos laboran en colegios y universidades como profesores, investigadores, administradores o supervisores de psicólogos en formación; otros prestan sus servicios en escuelas o en entidades gubernamentales.

Fuente: American Psychological Association, 2003a.

Los **psicólogos clínicos** evalúan y atienden a personas con trastornos psicológicos, como depresión o ansiedad; pueden emplear la psicoterapia para ayudar a la gente a superar sus problemas psicológicos o a sobrellevar mejor el estrés que enfrentan en su vida; pueden aplicar pruebas psicológicas para comprender mejor los problemas de sus pacientes o para evaluar sus capacidades intelectuales o su personalidad.

Muchos psicólogos conducen investigaciones de campo o capacitan a futuros profesionales de campo. Otros trabajan en hospitales o clínicas, y otro grupo labora en consultorios privados o en instalaciones universitarias. Como muestra la figura 1.4, los psicólogos clínicos representan el sector más amplio de psicólogos.

Las funciones profesionales de los psicólogos clínicos, en la evaluación y tratamiento de los trastornos psicológicos, con frecuencia, coinciden con las de los **psiquiatras**, médicos que han terminado la formación de residencia en la especialidad médica de la psiquiatría. A diferencia de los psiquiatras, los psicólogos sin embargo no pueden recetar medicamentos. No obstante, en la actualidad, esos límites pueden difuminarse porque un pequeño grupo de psicólogos ha sido formado en un programa especializado para prescribir medicamentos para atender trastornos psicológicos (Practice Directorate Staff, 2005).

Los **psicólogos orientadores** apoyan a la gente que tiene problemas de adaptación que, por lo regular, no son tan graves como los tipos de conflictos atendidos por sus colegas clínicos. Si usted no supiera a cuál curso inscribirse en la universidad o si tuviera dificultades para adaptarse a la vida universitaria, podría hablar al respecto con un psicólogo orientador. Estos especialistas ayudan a sus pacientes a tomar decisiones vocacionales o a resolver problemas maritales. Muchos trabajan en centros de consultoría universitaria, centros de consultoría comunitaria o instituciones de salud mental.

Los **psicólogos escolares** se desempeñan en sistemas escolares donde atienden a niños con problemas académicos, emocionales o de conducta, y evalúan a los estudiantes para colocarlos en programas de educación especial. También trabajan en equipo y colaboran con los profesores y otros profesionales para brindar una amplia gama de servicios para los niños.

Los **psicólogos educativos** desarrollan pruebas que miden la capacidad intelectual o el potencial académico, ayudan a adaptar enfoques educativos a los estilos de aprendizaje de los alumnos y crean estrategias para ayudar a los estudiantes a alcanzar su máximo potencial académico. Muchos se dedican a dirigir investigaciones. Entre los temas que estudian se encuentran la naturaleza de la inteligencia, cómo pueden los profesores mejorar el proceso de aprendizaje y el porqué algunos niños están más motivados que otros para tener éxito en la escuela.

Los **psicólogos del desarrollo** estudian el desarrollo físico, cognitivo, social y de la personalidad de la gente durante su vida. Los *psicólogos infantiles* son psicólogos del desarrollo que dedican su atención al desarrollo infantil.

psicofisiólogos   Se enfocan en los cimientos biológicos de la conducta.

psicólogos clínicos   Utilizan técnicas psicológicas para evaluar y atender individuos con trastornos mentales o psicológicos.

psiquiatras   Médicos especializados en el diagnóstico y tratamiento de los desórdenes de la mente.

psicólogos orientadores   Apoyan a la gente a clarificar sus metas y a tomar decisiones de vida o a encontrar maneras para superar problemas en varias áreas de su vida.

psicólogos escolares   Evalúan y asisten a niños con problemas de aprendizaje u otras necesidades especiales.

psicólogos educativos   Estudian temas relacionados con la medida de la inteligencia y los procesos implicados en los logros educativos o académicos.

psicólogos del desarrollo   Se enfocan en procesos que implican el desarrollo físico, cognitivo, social y de la personalidad.

Los **psicólogos de la personalidad** buscan comprender la naturaleza de la personalidad, es decir, el conjunto de características psicológicas y conductas que nos distinguen como individuos únicos y que nos llevan a actuar de manera consistente a lo largo del tiempo. En particular, estudian cómo se estructura la personalidad, cómo se desarrolla y cómo cambia.

Los **psicólogos sociales** analizan cómo afectan las influencias grupales o sociales la conducta y las actitudes. Mientras los psicólogos de la personalidad examinan la composición psicológica del individuo para explicar la conducta, los sociales se enfocan en cómo afectan los grupos al individuo y viceversa.

Los **psicólogos ambientales** estudian las relaciones entre el ambiente físico y la conducta (Joye, 2007). Por ejemplo, estudia el efecto de la temperatura a la intemperie sobre la agresión y el impacto psicológico de factores ambientales como el ruido, la contaminación del aire y el hacinamiento. ¿Sabía usted que el estado de ánimo de la gente tiende a fluctuar de acuerdo con los patrones climáticos estacionales? En un estudio reciente, estos especialistas descubrieron que la gente tendía a informar de estados de ánimo más positivos durante el placentero clima de primavera, mientras el clima más cálido del verano estaba asociado con reportes de estados de ánimo más depresivos (Keller *et al.,* 2005).

Los **psicólogos industriales/organizacionales (I/O)** estudian los ambientes laborales. A ellos les preocupan temas como la satisfacción laboral, la selección de personal y la capacitación, las cualidades de liderazgo, los efectos de la estructura organizacional en la productividad y el desempeño laboral, además de los desafíos que representan los cambios en el lugar de trabajo (Koppes, 2007). Están capacitados para emplear pruebas psicológicas que determinen la coincidencia entre las capacidades e intereses del solicitante y los puestos disponibles dentro de una organización o corporación (Chan, 2005). Algunos psicólogos I/O realizan investigaciones de factores humanos, examinando tácticas para lograr que el equipo (p. e., bombas de aviones y sistemas computarizados) sea más eficiente y fácil de utilizar (Benson, 2006).

Los **psicólogos de la salud** estudian cómo afectan a la salud física los factores psicológicos como el estrés, el estilo de vida y las actitudes, y aplican este conocimiento para desarrollar programas de prevención de enfermedades e intervenciones para mejorar la calidad de vida de los pacientes con enfermedades crónicas, como padecimientos cardiacos, cáncer y VIH/SIDA.

Los **psicólogos del consumidor** están interesados en comprender la conducta del consumidor, es decir, por qué la gente compra determinados productos y marcas en particular. Examinan las actitudes de los consumidores hacia diferentes productos y hacia distintas maneras de publicitar o empacar productos; incluso el tipo de música que se escucha en las tiendas para poner a la gente de buen humor e inducirla a comprar (DeAngelis, 2004b).

Áreas emergentes de especialización

Cuando G. Stanley Hall fundó la American Psychological Association (APA) en 1892, ésta contaba con 31 miembros (Benjamin, 1997); en la actualidad, la membresía excede de los 150 000. No es sorprendente que el interés y las especialidades de la psicología abarquen un rango tan amplio, incluso áreas de especialización como la neuropsicología, la gerontopsicología, la psicología forense y la psicología del deporte (Fernández-Ballesterosa, 2006; Goldstein, 2007; Harmison, 2006).

Los **neuropsicólogos** estudian las relaciones entre el cerebro y la conducta. Mientras algunos de ellos limitan sus actividades a la investigación, los *neuropsicólogos clínicos* utilizan pruebas especializadas para evaluar los efectos cognitivos de las lesiones cerebrales y las embolias. Estas pruebas pueden ayudarlos a detectar áreas particulares del cerebro afectadas por la lesión o enfermedad. Los neuropsicólogos clínicos también pueden trabajar con especialistas en rehabilitación para diseñar programas que ayuden a las personas que han sufrido varias formas de daño cerebral a recuperar las funciones que sean posibles.

Los **gerontopsicólogos** se enfocan en los procesos psicológicos asociados con el envejecimiento. Pueden dedicarse a pacientes geriátricos para ayudarlos a sobrellevar el estrés de la vida avanzada, incluso la jubilación, la pérdida de seres queridos y el declive de la salud física.

Los **psicólogos forenses** trabajan dentro del sistema legal. Realizan evaluaciones psicológicas en casos de custodia de menores, testifican sobre la competencia de los acusados para presentarse a juicio, desarrollan perfiles psicológicos de tipo criminal, dan su testimonio experto en el tribunal sobre temas psicológicos o asisten a los abogados en la selección de miembros potenciales del jurado.

---

psicólogos de la personalidad Estudian las características psicológicas y las conductas que nos distinguen como individuos y nos conducen a actuar de manera consistente al paso del tiempo.

psicólogos sociales   Estudian las influencias grupales o sociales en la conducta y las actitudes.

psicólogos ambientales   Analizan las relaciones entre el ambiente físico y la conducta.

psicólogos industriales/ organizacionales (I/O) Investigan la conducta de la gente en el trabajo.

psicólogos de la salud   Se enfocan en las relaciones entre los factores psicológicos y la salud física.

psicólogos del consumidor Estudian por qué la gente compra determinadas marcas y productos en particular.

neuropsicólogos   Se especializan en las relaciones entre el cerebro y la conducta.

gerontopsicólogos   Se enfocan en los procesos psicológicos implicados en el envejecimiento.

psicólogos forenses   Están involucrados en la aplicación de la psicología en el sistema legal.

psicólogos del deporte   Aplican la psicología para comprender y mejorar el desempeño atlético.

Los **psicólogos del deporte** aplican la psicología a los deportes y las competencias atléticas (Tenenbaum y Eklund, 2007). Como dijo el famoso beisbolista Yogi Berra, "El 90% de este juego es mitad mental". Entre sus capacidades está la de ayudar a los atletas a desarrollar habilidades de relajación y enfoque mental para superar la ansiedad de desempeño y mejorar su desempeño atlético. Mientras unos estudian características de la personalidad asociadas con el desempeño atlético, incluso las razones por las cuales los atletas se "ahogan" en situaciones difíciles, otros auxilian a los atletas a enfrentar las presiones de la competencia y a equilibrar los viajes, la familia y las exigencias de la vida, así como las dinámicas del equipo. Por si fuera poco, también asesoran a los jugadores que padecen dificultades psicológicas para adaptarse a los rigores de la competencia (Anderson, Van Raalte y Brewer, 2001).

La frontera mental   Los psicólogos del deporte ayudan a los atletas a sobrellevar las exigencias de la competencia y les ayudan a mejorar su desempeño atlético.

La psicología profesional: cada vez más diversa

Los primeros psicólogos compartían más que un anhelo por comprender la conducta: casi todos ellos eran varones caucásicos con antecedentes europeos. Los rangos de mujeres en los primeros tiempos de la psicología eran estrechos, y los rangos de las minorías raciales y étnicas, aún más. Entonces, las mujeres y los miembros de las minorías enfrentaron diversos obstáculos para hacer carrera dentro de la psicología como les ocurrió en muchas otras profesiones. Una pionera en psicología fue Christine Ladd-Franklin (1847-1930). Ella cumplió con todos los requerimientos para un doctorado en matemáticas en la Universidad John Hopkins en 1882, pero la universidad se negó a otorgarle el grado porque en aquellos tiempos la institución no lo concedía a mujeres. Sin embargo, ella se convirtió en una distinguida investigadora en psicología y formuló una nueva teoría sobre la visión del color. Finalmente, recibió el grado doctoral de la Universidad John Hopkins en 1926, 44 años después de presentar su tesis doctoral.

Otra pionera fue Mary Whiton Calkins (1863-1930), estudiante brillante de William James, quien cumplió con todos los requerimientos del doctorado en Harvard, pero la institución se negó a otorgarle el grado doctoral. Como la Universidad John Hopkins, Harvard tampoco otorgaba grados doctorales a mujeres. Se le ofreció el doctorado por medio del Radcliffe College, una academia para mujeres afiliada a Harvard, pero ella lo rechazó. Difícil de disuadir, Mary realizó una distinguida carrera en psicología, la enseñanza y la conducción de importantes investigaciones acerca del aprendizaje y la memoria de corto plazo (Evans, 1999c). En 1905, Mary se convirtió en la primera presidenta de la APA (American Psychological Association).

Margaret Floy Washburn (1871-1939) fue discriminada de forma parecida cuando estudió psicología en la Universidad de Columbia. En 1894, después de encontrar un ambiente más receptivo en la Universidad Cornell, Margaret se convirtió en la primera mujer en Estados Unidos en obtener un doctorado en psicología. Margaret escribió un interesante libro, *The Animal Mind,* y, en 1921, se convirtió en la segunda presidenta de la APA.

En 1901, Gilbert Haven Jones (1883-1966), un afroamericano, recibió un doctorado en psicología de una universidad en Alemania. Sin embargo, no fue sino hasta 1920, en la Universidad Clark, en Worcester, Massachusetts, que Francis Sumner (1895-1954) se convirtió en el primer afroamericano en recibir un doctorado en psicología en Estados Unidos. Sumner realizó una carrera distinguida en la enseñanza y la investigación. Ayudó a establecer el departamento de psicología en la Universidad Howard y fungió como su director hasta su muerte en 1954.

En 1920, mismo año en que Sumner obtuvo su doctorado, J. Henry Alston se convirtió en el primer afroamericano que publicó sus descubrimientos de investigación (sobre la percepción del calor y el frío) en una importante publicación estadounidense de psicología. Se re-

CONCEPTO 1.17
Las mujeres y los miembros de las minorías enfrentaron difíciles obstáculos para hacer carrera dentro de la psicología durante los inicios de la profesión.

Mary Whiton Calkins

Margaret Floy Washburn

Gilbert Haven Jones

Kenneth and Mamie Phipps-Clark

quirieron otros 50 años (hasta 1971) antes de que el primero y, hasta el momento, único psicólogo afroamericano, Kenneth Clark (1914-2005) fuera electo presidente de la APA. En 1999, Richard Suinn se convirtió en el primer psicólogo asiático-americano en ser presidente electo de la APA.

La influyente obra de Clark sobre el desarrollo de la personalidad de los niños afroamericanos se extendió más allá del campo de la psicología. Sus textos fueron citados en el Supremo Tribunal de Justicia de Estados Unidos en su decisivo veredicto de 1954, *Brown contra el Comité de Educación de Topeka, Kansas,* el cual sostenía que las escuelas segregacionistas eran inherentemente inequitativas (Tomes, 2004). Un estudio clásico que condujo, en 1939, con su esposa Mamie Phipps-Clark (1917-1983) demostró que los niños afroamericanos, en edad preescolar, preferían jugar con una muñeca blanca que con una negra, y que atribuían más características positivas a la primera (Clark y Clark, 1939). Los Clark declararon que los niños afroamericanos llegaban a creer que debían ser inferiores porque se les impedía asistir a la escuela con los niños caucásicos.

Los rangos profesionales de la psicología se han vuelto más diversos, pero la representación de las personas de raza negra aún es baja, en especial, a nivel de doctorado (Vasquez y Jones, 2006). La representación de las minorías en psicología, a nivel doctoral, se ha estancado en alrededor de la mitad de lo que es en la sociedad en general. La figura 1.5 muestra la configuración étnica de las personas con doctorado en psicología. Por ejemplo, sólo hay un psicólogo norteamericano nativo por cada 30 000 personas nacidas en Estados Unidos (Rabasca, 2000).

Una imagen distinta surge cuando examinamos los cambios de género en la psicología profesional. Las mujeres ahora representan más de dos terceras partes de los títulos de doctorado en psicología, en comparación a una de cada cinco en 1970 (Cynkar, 2007; Gill, 2006) (consulte la figura 1.6). Este cambio de género refleja la creciente representación de las mujeres en ocupaciones que por tradición eran desempeñadas por hombres, incluso la medicina y las leyes. Sin embargo, la equidad de género ha ocurrido a un ritmo más veloz en la psicología que en otras profesiones.

 **CONCEPTO 1.18**
A pesar de que el campo de la psicología se ha vuelto más diverso, la representación de la gente de color aún es baja en la psicología profesional.

CONCEPTO 1.19
La profesión de la psicología ha experimentado un importante cambio de género en los años recientes.

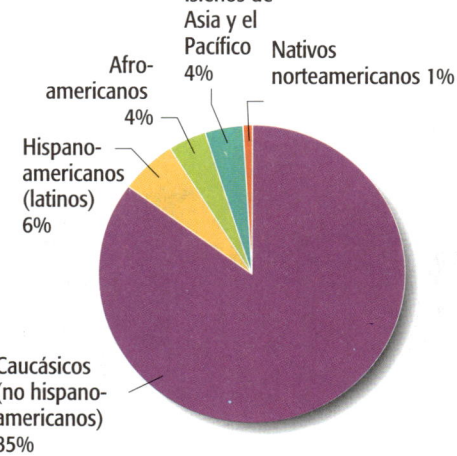

FIGURA 1.5   Etnias de receptores de doctorados en psicología
Aunque los porcentajes de minorías en el campo de la psicología se han incrementado con el paso de los años, los estadounidenses caucásicos con orígenes europeos aún constituyen la mayoría de nuevos receptores de doctorados en psicología.

Fuente: National Science Foundation, 2004.

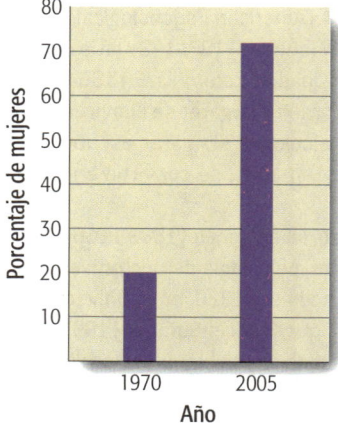

FIGURA 1.6   Receptoras de doctorados en psicología
Las mujeres ahora representan casi tres cuartas partes de los nuevos receptores de doctorados en psicología, comparadas con sólo una quinta parte en 1970.

Fuente: Cynkar, 2007.

Los psicólogos: quiénes son y qué hacen

REPASE

¿Cuáles son las diferentes especialidades en la psicología?

- Entre éstas se incluyen los principales subcampos, como la psicología clínica y de orientación, la psicología escolar y la experimental, así como las áreas emergentes de especialización, como la gerontopsicología, la psicología forense y la psicología del deporte.

¿Qué cambios han ocurrido en las características étnicas y de género de los psicólogos con el paso del tiempo?

- A pesar de que la psicología es ahora una disciplina más diversa, la representación de los afroamericanos y otros grupos minoritarios aún es escasa en los rangos profesionales de los psicólogos.
- A diferencia de los primeros años de la profesión, cuando las mujeres eran excluidas de la realización de carreras profesionales, ahora constituyen alrededor de tres cuartas partes de los nuevos doctores en psicología.

RECUERDE

1. La investigación _____ se enfoca en ampliar nuestra comprensión y conocimiento, mientras la investigación _____ se enfoca en encontrar respuestas o soluciones a problemas específicos.

2. Relacione los siguientes tipos de psicólogos con el tipo de trabajo que realizan: a) psicólogos orientadores; b) psicólogos del desarrollo; c) psicólogos ambientales; d) psicólogos del consumidor.
   i. estudian cambios en las conductas y actitudes a lo largo del ciclo de vida
   ii. estudian los efectos de la temperatura a la intemperie sobre la agresividad
   iii. estudian las características psicológicas de la gente que compra determinados productos
   iv. ayudan a los estudiantes a adaptarse a la vida universitaria

3. Lo más probable es que un psicólogo que trabaja dentro del sistema legal sea un _____ .
   a. psicólogo social   c. psicólogo forense
   b. neuropsicólogo   d. psicólogo orientador

4. El primer afroamericano en recibir un doctorado en psicología en Estados Unidos fue _____ .
   a. Mary Whiton Calkins   c. Gilbert Haven Jones
   b. Francis Sumner   d. Kenneth Clark

REFLEXIONE

- Si no estuviera seguro de qué carrera estudiar y deseara ayuda para elegir entre las opciones vocacionales más adecuadas para usted, ¿a qué tipo de psicólogo acudiría? ¿Por qué?
- Suponga que lee en un periódico sobre un psicólogo que estudia cómo cambia la conducta de la gente cuando se vuelve parte de una muchedumbre desorganizada. ¿Qué tipo de psicólogo es probable que sea esta persona?

MÓDULO 1.3   Métodos de investigación en la psicología

- ¿Cuáles son los objetivos básicos de la ciencia?
- ¿En qué consiste el método científico y cuáles son sus cuatro pasos generales?
- ¿Cuáles son los principales métodos de investigación que emplean los psicólogos?
- ¿Cuáles son los lineamientos éticos que los psicólogos deben cumplir en sus investigaciones?

Los psicólogos son instruidos para ser escépticos con las declaraciones y argumentos que no están basados en la evidencia. En especial, lo son con la opinión pública y el *folklore*. Lo que distingue a la psicología de otros cuestionamientos sobre la naturaleza humana, incluso la filosofía, la teología y la poesía, es el empleo de métodos científicos para adquirir conocimientos. Los psicólogos adoptan un **enfoque empírico**, es decir, basan sus opiniones en evidencias reunidas a partir de experimentos y la observación atenta.

Los objetivos de la ciencia: describir, explicar, predecir y controlar

Los objetivos básicos de la ciencia son describir, explicar, predecir y controlar. Como científicos dedicados a comprender la conducta y los procesos mentales, y en emplear esa comprensión para la mejora humana, los psicólogos comparten estas metas primordiales.

enfoque empírico Método para desarrollar el conocimiento basado en la evaluación de la evidencia reunida a partir de experimentos y la observación atenta.

Descripción

La descripción clara y precisa es un pilar de la ciencia. Los psicólogos emplean métodos de observación atenta para hacer descripciones objetivas y precisas. Considere la viñeta de la izquierda, la cual se basa en una experiencia real en un salón de clases.

Imagine que es un alumno en una clase de psicología experimental. El primer día de clases, su profesora, una distinguida mujer de alrededor de 50 años, entra al salón con una pequeña jaula de metal que contiene una rata blanca. La profesora sonríe, saca a la rata de la jaula y la coloca sobre el escritorio. Después, pide a la clase que describa la conducta del roedor.

Como estudiante serio, observa con atención. El animal avanza hacia la orilla del escritorio, hace una pausa, se asoma por el borde y parece dirigir sus bigotes hacia abajo, en dirección al suelo. Luego camina por el borde del escritorio y recorre su perímetro. De cuando en cuando, hace una pausa y sus bigotes vibran hacia abajo, en dirección del suelo. La profesora toma a la rata y la devuelve a la jaula. Entonces solicita a la clase que describa la conducta del animal.

Un estudiante responde: "La rata parece buscar una manera de escapar".

Otro estudiante: "Explora su ambiente, lo examina".

("¿Explora?", piensa usted. "Ese alumno ha visto demasiadas películas bélicas").

La profesora escribe cada respuesta en la pizarra. Otra estudiante levanta la mano. "La rata realiza una búsqueda visual de su ambiente", dice. "Tal vez busque alimento".

La profesora solicita las descripciones de otros alumnos.

"Mira a su alrededor", añade uno.

"Intenta escapar", dice otro.

Llega su turno. En un intento por ser científico, comenta: "No podemos saber cuál podría ser su motivación. Todo lo que sabemos es que examina su ambiente".

"¿Cómo lo hace?", pregunta la profesora.

"Visualmente", responde usted con confianza.

La profesora escribe la respuesta y luego se vuelve hacia el grupo al tiempo que menea la cabeza. "Cada uno de ustedes observó a la rata", dice, "pero ninguno describió su conducta. Cada uno hizo ciertas inferencias: que la rata 'buscaba una manera de bajar', que 'examinaba su entorno', que 'buscaba alimento' y cosas por el estilo. No son inferencias irracionales pero son inferencias; no descripciones. También sucede que son erróneas. Verán, la rata es ciega. Lo ha sido desde que nació. Es imposible que mire su entorno, al menos en términos visuales".

(De Nevid, Rathus y Greene, 2008, pp.19-20).

Como puede ver en la viñeta, la descripción científica depende de la observación atenta. Los psicólogos están instruidos para distinguir entre observaciones e **inferencias**, es decir, conclusiones extraídas de las observaciones. Las inferencias desempeñan una importante función en la ciencia: nos permiten saltar de lo particular a lo general, de lo que observamos sobre la conducta de un individuo a la categoría más general de conducta que ésta puede representar. Sin embargo, necesitamos distinguir entre describir lo que observamos y hacer inferencias basadas en dichas observaciones. Considere la pregunta: "¿Alguna vez ha observado la conducta anormal?" La respuesta, en términos científicos, es "No". Usted sólo puede observar la conducta. Etiquetar la conducta como anormal (o normal) es una inferencia, no una observación.

Entonces, ¿cómo podría describir con precisión y objetividad la conducta de una rata? Podría hacer un recuento detallado de los movimientos del animal, cuánto avanza exactamente en cada dirección, durante cuánto tiempo se detiene antes de girar, cómo mueve su cabeza de lado a lado, etc. La observación atenta y la descripción de la conducta brindan datos para desarrollar teorías que pueden ayudarnos a comprender mejor el fenómeno que estudiamos y quizá también a predecir futuros sucesos.

Explicación

Si nos limitáramos a la descripción, nos quedaríamos con una vibrante confusión de observaciones inconexas. Los psicólogos, como otros científicos, construyen teorías para ayudarse a comprender el fenómeno que estudian. Una **teoría** es una explicación que organiza las percepciones en patrones significativos, y representa las relaciones entre los sucesos contemplados en términos de mecanismos subyacentes. La teoría social-cognitiva, p.e., intenta explicar la conducta en términos de la influencia de los factores de situación, como las recompensas y los castigos, y de los factores cognitivos, como los valores y las expectativas.

Las teorías son juzgadas según su utilidad para representar un conjunto determinado de observaciones o de descubrimientos experimentales. Los científicos reconocen que incluso las mejores teorías son, por excelencia, sólo burdas aproximaciones a la verdad. Comprenden que después pueden aparecer teorías alternativas con explicaciones incluso mejores sobre la evidencia derivada de la observación.

Una combinación de teorías, en lugar de una sola, puede representar mejor un conjunto determinado de hechos. Por ejemplo, como ya descubrirá en el capítulo 3, la mejor explicación disponible de la visión del color combina elementos de dos teorías que compiten entre sí.

inferencias Conclusiones que resultan de la observación.

teoría Formulación que representa relaciones entre sucesos observados o que explica los descubrimientos experimentales.

variables Factores o medidas que varían dentro de un experimento o entre individuos.

Predicción

Los científicos recurren a su comprensión teórica de los sucesos para elaborar predicciones sobre sucesos futuros. Las teorías ayudan a hacer más comprensibles los sucesos. También nos ayudan a elaborar predicciones acerca de eventos futuros y para sugerir estrategias para controlarlos. Con base en la teoría social-cognitiva, por ejemplo, podríamos esperar que los jóvenes que tienen expectativas positivas acerca del consumo de alcohol o de drogas, es decir, que creen que esas sustancias los harán más populares o que producirán otros resultados deseables, serán más proclives a consumirlas. Al cambiar las expectativas, o al ayudar a los jóvenes a considerar los resultados negativos asociados con el consumo de alcohol o drogas, podríamos ayudarles a evitar consumirlos.

Una teoría que vincule el estrés con la depresión podría conducirnos a predecir que las experiencias estresantes, como un conflicto marital o el desempleo prolongado, incrementarían el riesgo de sufrir depresión. Si la evidencia sustenta este vínculo (y así es; consulte el capítulo 14), podríamos ser capaces de prevenir la depresión al brindar asesoría a las personas en momentos de angustia.

Lo cierto es que no todas las predicciones científicas acerca de sucesos futuros han surgido de la evidencia. Pero incluso cuando ocurren descubrimientos contrarios, son útiles para los científicos, pues les ayudan a reformular sus teorías, lo cual después puede permitirles elaborar predicciones más acertadas.

Control

El cuarto objetivo de la ciencia es el control de los sucesos. La ciencia de la física permitió a la gente controlar el poder nuclear y crear la supercarretera electrónica: internet. Las ciencias biológicas y médicas han permitido a la sociedad controlar muchas enfermedades infecciosas por medio de los programas de vacunación y otras iniciativas de salud pública, incluso al grado de la erradicación de algunas calamidades históricas, como la viruela.

Los psicólogos no pretenden controlar a la gente o manipularle para obtener beneficios. Por el contrario, descubren métodos para utilizar el conocimiento psicológico a fin de ayudar a la gente a dominar y adquirir control sobre su vida. La psicoterapia, p.e., ha apoyado a la gente a tener un mejor gobierno de los estados emocionales negativos (como la ansiedad y la depresión), a mejorar sus relaciones con los demás, y a desarrollar sus potenciales únicos. Sin embargo, abundan los mitos y las concepciones erróneas sobre la psicología; la tabla 1.1 contiene una muestra.

Los psicólogos buscan otro tipo de control: el que se da sobre las variables que estudian. Las **variables** son factores que varían en un experimento, como la dosis de un medicamento experimental. En un estudio de la memoria, para averiguar cuáles son los factores que afectan los recuerdos, los psicólogos pueden controlar variables como el tiempo de exposición a una lista de palabras que serán recordadas después o el número de repeticiones de la lista de palabras.

Como veremos más adelante en este capítulo, los psicólogos se adhieren a un código de ética que respeta la dignidad y el bienestar de sus pacientes y de las personas que participan en sus

CONCEPTO 1.20
Los psicólogos buscan explicar los sucesos por medio del desarrollo de teorías que conducen a predicciones que pueden ser probadas mediante la investigación y la observación atenta.

CONCEPTO 1.21
La palabra *control* tiene dos significados en la investigación psicológica: control de las variables en estudio, y utilizar el conocimiento obtenido de la investigación para ayudar a la gente a lograr un mejor dominio sobre su vida.

TABLA 1.1	Conceptos erróneos y comunes sobre la psicología
Mito	**Hecho**
Los psicólogos pueden leer la mente de la gente.	No, los psicólogos no pueden leer la mente de la gente. Como lo expresó un prominente psicólogo: "Si usted quiere saber qué es lo que la gente piensa, pregúntele. Quizá se lo diga".
La psicología no es una verdadera ciencia.	La psicología es, de hecho, una verdadera ciencia porque se basa en el método científico.
Los psicólogos manipulan a las personas como marionetas.	Los psicólogos ayudan a la gente a cambiar su conducta y a alcanzar sus metas. No manipulan ni controlan a la gente.
Sólo puede existir una teoría psicológica cierta; todas las demás deben ser falsas.	Ninguna teoría representa a todas las formas de conducta. Las teorías son más o menos útiles en tanto representan la evidencia disponible y conducen a predicciones acertadas de conductas futuras. Algunas teorías representan ciertos tipos de conductas mejor que otras, pero muchas tienen valor por su representación de algunas formas de conducta.
La psicoterapia es inútil.	Un gran cuerpo de evidencia demuestra que la psicoterapia es eficaz (consulte el capítulo 15).
La gente no puede cambiar: sólo es como es.	La evidencia demuestra que la gente sí puede cambiar su conducta y sus maneras de relacionarse con los demás.

estudios de investigación. Este código reconoce que la gente tiene un derecho básico de tomar sus propias decisiones y de ejercer opciones, incluso la de participar o no en una investigación psicológica.

El método científico: cómo sabemos lo que sabemos

Como otras disciplinas científicas, la psicología emplea el método científico en su búsqueda de conocimiento. El **método científico** es un marco de referencia para adquirir conocimientos y se basa en la observación atenta y el uso de métodos experimentales. Puede ser conceptualizado en términos de cuatro pasos generales que los científicos utilizan para probar sus ideas y para ampliar y refinar su discernimiento: *1*) desarrollar una pregunta de investigación, *2*) reformular ésta en forma de una hipótesis, *3*) reunir evidencias para probar la hipótesis y *4*) llegar a conclusiones acerca de la misma. La figura 1.7 resume estos pasos.

> **CONCEPTO 1.22**
> El método científico es un marco de referencia para adquirir conocimiento mediante de la observación atenta y la experimentación.

1. *Desarrollar una pregunta de investigación.* Los psicólogos generan interrogantes de investigación a partir de diversas fuentes, incluso la teoría, la observación atenta, las experiencias previas y las creencias comunes. Por ejemplo, un investigador puede estar interesado en la pregunta: "¿La exposición al estrés incrementa el riesgo de padecer un resfriado común?".

> **CONCEPTO 1.23**
> Los hombres de ciencia utilizan el método científico para probar predicciones derivadas de la teoría, la observación, la experiencia y las creencias comunes.

2. *Encuadrar la pregunta de investigación en forma de una hipótesis.* Un investigador reencuadra la pregunta de investigación en forma de una **hipótesis**; es decir, una predicción precisa que puede ser sometida a prueba a través de la indagación. Con frecuencia, las hipótesis surgen de una teoría. Por ejemplo, un investigador puede proponer la teoría de que el estrés debilita al sistema inmunológico, (el sistema de defensas del cuerpo contra las enfermedades), y nos deja más vulnerables a varios tipos de enfermedades, incluso al resfriado común. Basado en este modelo teórico, el investigador puede encuadrar su pregunta de investigación en forma de una hipótesis probable: "La gente que enfrenta altos niveles de estrés en su vida es más proclive a padecer un resfriado común que las personas con niveles menores de estrés, después de exponerse a los virus del resfriado".

Los investigadores también pueden desarrollar hipótesis basadas en creencias o supuestos comunes sobre la conducta. Considere la idea difundida de que "Los opuestos se atraen". Un presupuesto contrario es que las personas sienten atracción por quienes son semejantes a ellas, que "Las aves con el mismo plumaje vuelan juntas". Una hipótesis específica extraída de la última creencia podría redactarse de la siguiente manera: "La mayoría de las personas elige parejas románticas con nivel educativo similar".

> **CONCEPTO 1.24**
> Los psicólogos enmarcan sus preguntas de investigación en forma de hipótesis o predicciones específicas acerca de los resultados que esperan obtener.

> **CONCEPTO 1.25**
> Los psicólogos reúnen evidencias para probar sus hipótesis.

3. *Reunir evidencias para probar la hipótesis.* El investigador desarrolla un diseño o estrategia de investigación para reunir evidencias y hacer una prueba científica de la hipótesis. El tipo de método de investigación empleado depende de la naturaleza del problema. En el ejemplo del estrés y el resfriado común, el investigador puede clasificar a las personas en grupos de alto o bajo nivel de estrés y después exponerlas (con su permiso, desde luego) a virus del resfriado para averiguar si el grupo con alto nivel es más proclive a contraer un resfriado común. Con el uso de esta metodología, los investigadores descubrieron que la gente sometida a elevadas situaciones de estrés crónico es más proclive a contraer un resfriado después de la exposición al virus del resfriado que el grupo de comparación de bajo estrés (Cohen *et al.*, 1998).

> **DIAGRAMA DE LA PSICOLOGÍA**

FIGURA 1.7   Pasos generales en el método científico

1 Desarrollar una pregunta de investigación	**2** Formular una hipótesis	**3** Reunir evidencias	**4** Llegar a conclusiones
Reunir teorías, observaciones, experiencias o creencias comunes para formular una pregunta de investigación	Encuadrar la pregunta de manera que se convierta en una predicción específica que pueda ser sometida a prueba mediante la investigación	Someter a prueba la hipótesis	Utilizar métodos estadísticos de análisis para determinar si los datos respaldan a la hipótesis

Probar una hipótesis   Los psicólogos formulan hipótesis probables que guíen su investigación. Por ejemplo, un psicólogo podría plantear la hipótesis de que las parejas románticas con intereses y actitudes similares tienen más probabilidades de permanecer juntas que las parejas con intereses y actitudes disímiles. Sin embargo, las preferencias por la misma ropa pueden no tener injerencia en la longevidad de la relación.

4. *Llegar a conclusiones sobre la hipótesis.* Los investigadores llegan a conclusiones sobre sus hipótesis con base en la evidencia que su investigación ha producido. Para someter a prueba su hipótesis, recurren a la **estadística**, la rama de las matemáticas que implica métodos de tabulación y análisis de los datos numéricos. Emplean métodos estadísticos para determinar si las relaciones entre variables (p. e., el estrés y la vulnerabilidad al resfriado común), o las diferencias entre grupos (p. e., un grupo experimental que recibe tratamiento frente a un grupo control que no lo recibe) son *significativas en términos estadísticos* (o sea, que resulte relativamente poco probable que se deban a la casualidad). Una variable es un factor que varía en un experimento, como la dosis de un medicamento experimental o las calificaciones que reciban los participantes acorde con una medida de interés.

La **significancia estadística** es un concepto que indica que es poco probable que un descubrimiento se deba a la casualidad o a fluctuaciones azarosas. Asimismo, los científicos utilizan pruebas de significancia para determinar si un descubrimiento cumple con determinado umbral de significancia estadística, como una probabilidad menor de 5% de que el descubrimiento pudiera deberse a la casualidad. Los métodos estadísticos que usan los psicólogos y otros científicos son discutidos en el apéndice de estadísticas al final de este libro. Cuando los descubrimientos de investigación no sustentan la hipótesis del estudio, los científicos pueden ajustar las teorías de las cuales se derivaron las hipótesis y los descubrimientos de investigación pueden sugerir nuevos caminos de investigación o cambios en las teorías psicológicas.

Otro factor importante al llegar a las conclusiones es la **replicación**, que es el intento por duplicar los descubrimientos reportados por otros para determinar si ocurrirán de nuevo, bajo las mismas condiciones experimentales. Los científicos confían más en descubrimientos que puedan ser replicados por otros investigadores.

Métodos de investigación: cómo aprendemos lo que sabemos

El método científico es un marco de referencia que los psicólogos utilizan para someter a prueba sus ideas. Ahora consideremos los métodos particulares que emplean para adquirir conocimientos sobre la conducta y los procesos mentales: el estudio de caso, la encuesta, y el método de observación naturalista, el de correlación y el experimental.

El método de estudio de caso

El **método de estudio de caso** es un análisis, exhaustivo y detallado, de uno o más individuos. El psicólogo recaba información de entrevistas, observación o registros escritos. Sigmund Freud, en su caso, basó gran parte de su teoría de la personalidad y de la conducta anormal en datos provenientes de la contemplación y el estudio intensos de los pacientes que atendió en su práctica clínica. El científico suizo Jean Piaget (1896-1980) desarrolló una teoría de desarrollo cognitivo al observar de cerca y entrevistar a un reducido grupo de niños. Muchos de los primeros descubrimientos sobre la función cerebral provinieron de estudios de pacientes con lesiones cerebrales que coincidieron con los tipos de daño que los investigadores sostenían que estaban relacionados con deficiencias particulares en el funcionamiento de la memoria y las capacidades motoras.

💡 **CONCEPTO 1.26**
Los psicólogos evalúan los resultados de sus estudios científicos mediante pruebas estadísticas para determinar si es improbable que las relaciones entre variables o las diferencias entre grupos se deban a la casualidad.

💡 **CONCEPTO 1.27**
Los psicólogos emplean una variedad de métodos de investigación para aprender sobre la conducta y los procesos mentales, incluso el estudio de caso, la encuesta, la observación naturalista, el de correlación y los experimentales.

💡 **CONCEPTO 1.28**
Los estudios de caso pueden brindar abundante información y sugerir hipótesis probables, pero carecen de los controles hallados en los experimentos científicos.

método científico   Instrumento de búsqueda que implica la observación atenta y el empleo de métodos experimentales.

hipótesis   Predicción precisa sobre los resultados de un experimento.

estadística   Rama de las matemáticas que implica la tabulación, el análisis y la interpretación de datos numéricos.

significancia estadística   Término que representa que no es probable que un descubrimiento se deba a la casualidad o a las fluctuaciones azarosas.

replicación   Intento por duplicar los descubrimientos.

método de estudio de caso   Estudio a detalle de uno o más individuos.

Pueden surgir problemas con los estudios de caso cuando los investigadores dependen de los recuerdos de experiencias pasadas de la gente, dado que los recuerdos pueden ser distorsionados o tener lagunas. La gente también puede reservarse información importante por vergüenza o pudor. Para presentar una impresión más favorable, algunas personas pueden incluso engañar a propósito al investigador. Los propios entrevistadores sólo pueden escuchar lo que esperan o desean y los observadores pueden sólo aquello que esperan o desean. En resumen, a pesar de que los estudios de caso tienen la posibilidad de ofrecer un tesoro de información y conducir a hipótesis probables, carecen de los rigurosos controles de los experimentos científicos.

El método de encuesta

El **método de encuesta** reúne información de grupos específicos de personas por medio de entrevistas estructuradas o cuestionarios. Una **entrevista estructurada** es una técnica de cuestionamiento que se apega a una serie preestablecida de preguntas en un orden particular. Un **cuestionario** es un conjunto escrito de preguntas o declaraciones que la gente puede responder marcando respuestas en un formato para tal propósito.

Los psicólogos y otros investigadores conducen encuestas para conocer las características, creencias, actitudes y conductas de ciertas poblaciones. En la investigación por encuesta, una **población** es el grupo total de personas de interés. Por ejemplo, una población podría consistir en todas las personas de 18 años o más en Estados Unidos, o tal vez todos los estudiantes de tercer grado de bachillerato. En términos generales, resulta poco práctico estudiar a una población total; una excepción sería una pequeña localidad que pudiera ser estudiada en su totalidad, como la de estudiantes que habitan en un dormitorio en particular. En casi todos los casos, sin embargo, las encuestas se aplican a **muestras**, o segmentos, de las poblaciones.

Para obtener conclusiones sobre la población, con base en una muestra, ésta debe ser representativa de la población de interés. Por "representativa" queremos decir que la gente que constituye la muestra debe ser típica de la localidad de interés. Las muestras representativas permiten a los investigadores *generalizar* o transferir los resultados de una muestra a la población total de la cual se extrajo. A fin de crear una muestra representativa, los especialistas utilizan el método de **muestreo aleatorio**, técnica en la que los individuos son seleccionados al azar en determinada área para participar en la muestra. Por ejemplo, un investigador puede constituir una muestra con el uso de un programa de computadora para seleccionar nombres de individuos o familias al azar dentro de determinada población. Las encuestas políticas que se reportan en los medios de comunicación masiva utilizan muestras aleatorias de potenciales votantes para predecir los resultados de las elecciones.

Como los estudios de caso, las encuestas pueden verse limitadas por lagunas en los recuerdos de la gente. Los participantes pueden ofrecer contestaciones que creen son socialmente deseables en vez de que reflejen lo que en verdad sienten o creen. Este estilo de respuesta resulta de lo que se conoce como **sesgo de deseabilidad social**. Por ejemplo, los participantes pueden exagerar la frecuencia con la que asisten a la iglesia o minimizar su consumo de alcohol. Otra forma de sesgo en la investigación por encuesta es el **sesgo del voluntario**. Éste surge cuando las personas que se ofrecen a participar en encuestas o en otros estudios de investigación no son representativas de la población de la que son extraídas.

El método de observación naturalista

El **método de observación naturalista** lleva el laboratorio "al campo" para observar de manera directa la conducta de los seres humanos o de otras especies animales en su ambiente o hábitat natural. Las personas o los animales que fungen como participantes de la investigación pueden comportarse con más "naturalidad" en sus propios ambientes que en los confines artificiales de un laboratorio experimental. Los psicólogos han observado niños en casa, con sus padres, para saber más acerca de las interacciones entre padres e hijos, y en patios escolares y salones de clases para averiguar cómo se relacionan los niños entre sí. Dado que la gente puede actuar de manera distinta cuando sabe que es vista, los observadores procuran no interferir en las conductas que observan. Para minimizar aún más esta predisposición potencial, los observadores pueden invertir tiempo en permitir que los sujetos se acostumbren a ellos, de manera que comiencen a actuar de forma más natural antes de que tenga lugar cualquier medición real. También cabe la posibilidad de que se ubiquen de manera que los sujetos no puedan verlos.

CONCEPTO 1.29

Mediante la investigación por encuesta, los psicólogos pueden reunir información sobre las actitudes y conductas de gran cantidad de personas, pero la información que obtienen puede estar sujeta a lagunas de la memoria o a sesgos.

---

método de encuesta
Instrumento de investigación que emplea entrevistas estructuradas o cuestionarios para recabar información sobre grupos de personas.

entrevista estructurada Técnica por la cual se formula un conjunto de preguntas en un orden particular.

cuestionario Conjunto escrito de preguntas o declaraciones específicas a las que la gente responde marcando sus respuestas en un formato para tal propósito.

población Todos los individuos u organismos que constituyen grupos particulares.

muestras Extractos de una población.

muestreo aleatorio Método en el que cada individuo en la población tiene iguales oportunidades de ser seleccionado.

sesgo de deseabilidad social
Tendencia a responder a las preguntas de una manera socialmente deseable.

sesgo del voluntario Tipo de tendencia que surge cuando las personas que se ofrecen a participar en una encuesta o estudio de investigación muestran características que las hacen no representativas de la población de la cual fueron extraídas.

método de observación naturalista Está basado en la observación atenta de la conducta en escenarios naturales.

Pueden surgir problemas con este método si los observadores introducen sus propias predisposiciones. Por ejemplo, si éstos tienen una idea preconcebida acerca de que la manera de los padres de interactuar con un niño afecta su conducta, pueden tender a ver lo que esperan ver. Para impedir esto, se recomienda emplear pares de observadores para revisar la consistencia entre ellos. Los experimentadores pueden hacer supervisiones aleatorias en el sitio para verificar que los observadores registren con precisión sus medidas.

Los animales en un laboratorio o en ambientes semejantes a zoológicos pueden actuar de forma distinta a como lo hacen en su hábitat natural. Para saber más acerca de la conducta de los chimpancés, la naturalista Jane Goodall vivió durante muchos años entre ellos en su ambiente natural cuando fue aceptada gradualmente por los animales. Sus observaciones ponen en duda las creencias sostenidas durante mucho tiempo de que sólo los seres humanos utilizan herramientas. En su caso, ella vio cuando los chimpancés utilizaron una rama como herramienta para insertarla en un nido de termitas y extraerlas para después comérselas. Los chimpancés no sólo utilizaban herramientas, sino también mostraban otros comportamientos semejantes a los humanos, como besarse cuando se saludaban.

A pesar de que el método de la observación naturalista puede carecer de los controles disponibles en los experimentos controlados, es capaz brindar importantes revelaciones sobre la conducta según ocurre bajo condiciones naturales.

El método de correlación

Los psicólogos emplean el **método de correlación** para examinar relaciones entre variables. En el capítulo 12, usted leerá acerca de los descubrimientos que muestran una correlación o vínculo, entre el optimismo y un mejor ajuste psicológico entre pacientes con cáncer. En el capítulo 9, verá que el hábito de fumar entre las mujeres embarazadas está correlacionado, por desgracia, con un riesgo creciente de síndrome de muerte infantil súbita (SMIS) en los bebés. El método de correlación puede implicar el empleo de encuestas u observaciones naturalistas para recabar información relevante. Después, la información es analizada en términos estadísticos para examinar relaciones entre variables.

El **coeficiente de correlación** es una medida estadística de asociación entre dos variables. Los coeficientes de correlación pueden variar de −1.00 a +1.00. Los coeficientes con signo positivo representan una correlación positiva en la que los valores superiores de una variable están asociados con valores superiores de la otra variable (p. e., la gente con niveles superiores de educación tiende a ganar ingresos más altos; consulte la figura 1.8). Una correlación negativa, la cual

Observación naturalista

FIGURA 1.8   Relaciones de correlación
Estas gráficas muestran correlaciones positivas y negativas. Para una correlación positiva, los incrementos en una variable (nivel educativo) están asociados con aumentos en la otra variable (nivel de ingresos). Para una correlación negativa, los incrementos en una variable (privación de sueño) están asociados con descensos en la otra variable (estado de alerta). Cada punto en estas gráficas representa el punto de intersección de las calificaciones de un individuo en las dos variables representadas.

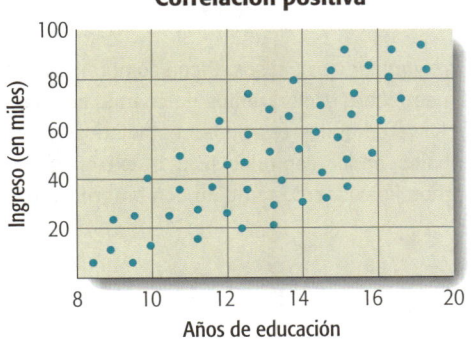

En términos generales, la gente con niveles educativos superiores tiende a ganar ingresos más altos.

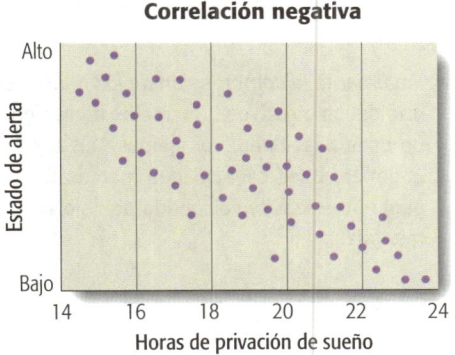

Generalmente, mientras más tiempo se prive a una persona del sueño, es probable que esté menos alerta.

método de correlación   Modelo de investigación que examina las relaciones entre variables, según se expresan en la forma de una medida estadística llamada coeficiente de correlación.

coeficiente de correlación
Medida estadística de asociación entre variables cuyo rango varía de −1.00 a +1.00.

¿Su cerebro está en sus pies?
Aunque la talla del zapato y la extensión del vocabulario están correlacionadas en los niños, no debemos inferir que el tamaño del pie de un niño determina su vocabulario.

CONCEPTO 1.31
Con el método de correlación podemos examinar cómo se relacionan las variables entre sí, pero no podemos determinar relaciones de causa-efecto.

CONCEPTO 1.32
Con el método experimental, los investigadores pueden explorar relaciones de causa-efecto al manipular de manera directa algunas variables y al observar, sus efectos en otras variables, bajo condiciones controladas.

método experimental
Instrumento de investigación científica que implica la manipulación de variables independientes y la observación o medida de sus efecto en las variables dependientes bajo condiciones controladas.

variables independientes
Factores que son manipulados en un experimento.

variables dependientes   Efectos o resultados de un experimento que se cree que son dependientes de los valores de la o las variables independientes.

se representa con un signo negativo, significa lo inverso: los valores más altos en una variable están asociados con valores más bajos en la otra. Por ejemplo, mientras más tiempo la gente es privada del sueño, es probable que esté menos alerta. El tamaño de la correlación expresa la fuerza o magnitud de la relación entre las variables. Mientras más fuerte es la correlación, más cercano será el coeficiente de correlación a −1.00 o +1.00.

Las correlaciones son útiles porque nos permiten predecir una variable con base en la otra. Una correlación perfecta de +1.00 o −1.00 nos permite predecir con certeza. Digamos que descubrimos una correlación perfecta entre ciertas características genéticas y la probabilidad de desarrollar determinada enfermedad. Si supiéramos que usted posee esas características genéticas, seríamos capaces de predecir con certeza si desarrollará esa enfermedad. Sin embargo, casi todas las relaciones de interés para los psicólogos son menos que perfectas (es decir, varían en fortaleza entre 0.00, y +1.00 o −1.00). Un caso: aunque la inteligencia está correlacionada con el logro académico, no todas las personas con altas calificaciones en pruebas de inteligencia tienen éxito en la escuela. Una correlación de cero significa que no existe relación alguna entre las dos variables, por lo tanto, una variable no tiene valor de predicción para la otra.

Quizá usted haya escuchado la expresión "la correlación no es causa". *El hecho de que dos variables estén correlacionadas no significa que una cause a la otra.* Por ejemplo, la talla de zapatos en los niños está fuertemente correlacionada con el vocabulario. Aunque usted pueda afirmar que algunas personas parecen tener más inteligencia en los dedos de sus pies que la que otras tienen en todo su cerebro, no creo que diría que el crecimiento de un pie cause un incremento en el vocabulario. Por el contrario, la talla del zapato y el vocabulario están correlacionados porque los niños mayores tienden a tener pies más grandes y, así, un vocabulario más amplio que los niños más pequeños. Aunque el método de correlación está limitado en términos de causas subyacentes específicas, ofrece varios beneficios:

- *Ofrece claves de las causas subyacentes.* Aunque las relaciones de correlación no pueden determinar relaciones de causa-efecto, pueden señalar posibles factores causales que es posible seguir en la investigación experimental. Un ejemplo es que la evidencia de una correlación entre fumar y el cáncer de pulmón condujo a estudios experimentales con animales que demostraron que la exposición al humo del cigarrillo induce la formación de lesiones cancerosas en los pulmones.

- *Puede identificar grupos de personas en alto riesgo de padecer problemas de salud o de conducta.* El hecho de saber que existe una relación entre las expectativas positivas de los adolescentes hacia el consumo de alcohol, y la posterior manifestación de problemas con la bebida puede dirigirnos hacia el desarrollo de esfuerzos para prevenir el alcoholismo, mismos que se enfoquen en el cambio de las actitudes de los jóvenes antes de que surjan problemas con la bebida.

- *Incrementa la comprensión de las relaciones entre variables o sucesos.* Dicha comprensión es uno de los objetivos principales de la ciencia. En este libro exploraremos de cuando en cuando esas relaciones. Por ejemplo, en el capítulo 11 veremos las relaciones estadísticas entre el género y las capacidades matemáticas y verbales; en los capítulos 12 y 14 exploraremos si el estrés está relacionado no sólo con trastornos físicos, sino también con enfermedades mentales.

El método experimental

Con el **método experimental**, los investigadores exploran las relaciones de causa-efecto, al manipular ciertas variables llamadas **variables independientes**, y al observar sus efectos en otras *medidas*, llamadas **variables dependientes**. Éstas se llaman así porque se piensa que dependen del valor o nivel de la variable independiente o manipulada. Los experimentadores pretenden mantener constantes todos los demás factores o condiciones para asegurar que la variable independiente, por sí misma sea el factor causal.

Considere un experimento que examine si la popularidad del nombre de las mujeres afecta los juicios acerca de su atractivo físico. El experimentador formó pares de fotografías de mujeres con un nombre popular, como Jessica, Jennifer o Christine, o con un nombre tradicional que hubiera perdido preferencia, como Harriet, Gertrude y Ethel (Garwood, *et al.,* 1980). Quizá no le sorprenda que las mujeres a quienes se les asignaron nombres populares fueran calificadas como más atractivas que las que recibieron nombres anticuados. El experimentador controló la *variable independiente* (el tipo de nombre) al asignar nombres populares o anticuados a las fotografías de las mujeres y midió los efectos de la variable independiente en la *variable dependiente* (grados de atractivo).

Por lo regular, los experimentadores utilizan **grupos control** para asegurarse de que los efectos de una variable independiente no se deban a otros factores, como el paso del tiempo. Por ejemplo, en un estudio para examinar los efectos del consumo de alcohol en la conducta agresiva, el grupo experimental recibió una dosis de alcohol, pero el grupo control, no. El investigador después observó si el grupo que había recibido alcohol mostraba una conducta más agresiva en una tarea de laboratorio que el grupo control.

En estudios bien diseñados, los experimentadores utilizan **asignación aleatoria** para colocar a los participantes al azar en grupos experimentales o en grupos control. La asignación aleatoria equilibra a los grupos experimentales y a los de control en términos de los antecedentes y las características de personalidad de los individuos que constituyen los grupos. Este método nos brinda confianza en que las diferencias entre grupos, en cuanto a cómo actúan en las medidas dependientes, se deben a la o las variables independientes y no a las características de la gente que los conforman (Ioannidis *et al.,* 2001). No obstante, la asignación aleatoria no siempre es posible o responsable en términos éticos. Tenemos por caso que los experimentadores éticos nunca harían una asignación aleatoria de niños para exponerlos al abuso o a la negligencia a fin de averiguar los efectos que estas experiencias tendrían en su desarrollo. Quizá dependerían de métodos de correlación para examinar estas relaciones, incluso, a pesar de que los mismos no necesariamente determinan causas y efectos.

Los experimentadores pueden desear mantener a los participantes de la investigación, y a sí mismos, en la incertidumbre sobre cuál grupo recibe cuál tratamiento. En los estudios de fármacos, se asigna regularmente a los sujetos a recibir un medicamento activo o un **placebo**, es decir, una píldora inerte o "píldora de azúcar" hecha para imitar el medicamento activo. El propósito es controlar los **efectos placebo**, o sea, los resultados positivos que reflejan las expectativas positivas y esperanzadoras de la persona en vez de las propiedades químicas del medicamento en sí mismo (Dar, Stronguin y Etter, 2005). Si alguna vez ha tomado un antibiótico y ha empezado a sentirse mejor en el lapso de una hora o dos, pero no sabía que el medicamento requería 24 horas para comenzar a funcionar, es probable que usted haya experimentado un efecto placebo.

Recibir un placebo para alivio del dolor, en realidad, reduce la respuesta del cerebro a los estímulos dolorosos (Wager, 2005). Esto significa que los placebos pueden alterar la experiencia real del dolor de la gente y no sólo sus reportes del mismo. Sin embargo, también hemos descubierto que, en general, los placebos tienen efectos más poderosos en las experiencias subjetivas, como las sensaciones dolorosas, que en las condiciones médicas con mediciones objetivas, como la presión arterial alta (Bailar, 2001; Hrobjartsson y Gotzsche, 2001).

En los estudios de fármacos, los experimentadores intentan controlar los efectos de las expectativas al impedir que los participantes de la investigación sepan si han recibido el medicamento activo o el placebo. En los **estudios ciego sencillo**, sólo lo ignoran los participantes. En los **estudios de dobleciego**, tanto los participantes como los experimentadores (médicos con licencia para recetar y otros investigadores) son "cegados" (privados de la información) en relación con cuáles son los participantes que recibieron el medicamento activo. El hecho de mantener "ciegos" a los experimentadores impide que sus expectativas afecten los resultados.

Por desgracia, los "ciegos" en muchos estudios de dobleciego son más parecidos a las persianas venecianas un poco abiertas, es decir, los participantes y los experimentadores pueden ser capaces de adivinar si han recibido un placebo o un medicamento activo (Kirsch, 2004; Kirsch *et al.,* 2002; Mooney, White y Hatsukami, 2004). Con frecuencia, los medicamentos activos tienen efectos colaterales evidentes que los delatan. Sin embargo, cuando son conducidos de forma apropiada, los estudios aleatorios de dobleciego son un importante medio para evaluar la eficacia

grupos control   Grupos de participantes en un experimento de investigación que no reciben el tratamiento o la intervención experimental.

asignación aleatoria   Método para asignar al azar a los participantes de la investigación a los grupos experimentales o control.

placebo   Sustancia inerte o condición experimental que se asemeja al tratamiento activo.

efectos placebo   Resultados positivo de un experimento que resultan de las expectativas positivas de los participantes y no del tratamiento experimental.

estudios de ciego sencillo   En la investigación de medicamentos, estudios en los cuales los participantes ignoran si han recibido el medicamento experimental o un placebo.

estudios de dobleciego   En la investigación de fármacos, estudios en los que tanto los participantes como los experimentadores ignoran cuáles de los participantes recibieron el medicamento activo y cuáles, el placebo.

de los nuevos medicamentos (Leber, 2000; Leon, 2000). Para saber más acerca de los métodos de investigación en la psicología, consulte el próximo "Intente lo siguiente".

Explore la psicología

Anatomía de un estudio de investigación: registro de primeras impresiones

¿Cuánto tiempo toma formarse una primera impresión de un desconocido?, 1 minuto?, 1 o 2 segundos? Inténtelo de nuevo. Las evidencias de un estudio reciente sugieren que las primeras impresiones se forman en lo que dura un parpadeo.

Los psicólogos de la Universidad de Princeton, Janine Willis y Alexander Todorov, condujeron un experimento en que expusieron a los participantes de la investigación a fotografías de rostros que aparecían frente a sus ojos. Los investigadores se preguntaban cuánto tiempo tomaría a los participantes formarse impresiones de las características de cada una de las personas cuyos rostros vieron en términos de atractivo, simpatía, competencia, confiabilidad y agresividad. Ahora nos asomaremos bajo la capucha para examinar los resultados del experimento.

Hipótesis de estudio (lo que predijeron que ocurriría)

Una hipótesis es un resultado predicho, pero que está muy lejos de una suposición. Las hipótesis se basan en una cuidadosa revisión de la teoría y de las investigaciones previas. Los investigadores Willis y Todorov formularon la hipótesis de que los participantes serían capaces de formarse impresiones sobre características con base en los estímulos de los rostros presentados con rapidez ante ellos; ¿con cuánta rapidez? Las investigaciones previas mostraron que la gente podía categorizar objetos, como clasificar si una escena era de un "día de campo" o de "un edificio", que le fueron presentados durante sólo 100 ms. (milisegundos) o una décima de segundo (Chua, Boland y Nisbett, 2005). Willis y Todorov formularon la hipótesis de que una exposición de 100 ms de un rostro sería suficiente para que los participantes se formaran impresiones de características que fueran consistentes con las de los calificadores, quienes habían tenido tiempo suficiente para mirar los mismos rostros. Hicieron muchas otras predicciones, incluso que prolongar el tiempo de exposición incrementaría la confianza que los experimentadores tenían en sus impresiones.

Procedimiento (qué y cómo lo hicieron)

Los investigadores reclutaron un total de 245 estudiantes sin graduar de Princeton; algunos recibieron un módico pago y otros créditos parciales para el curso. Del total, alrededor de la mitad participó en un estudio preliminar en que se les mostró un conjunto de 66 rostros distintos (33 rostros masculinos y 33 femeninos) y se les pidió elaborar juicios acerca de las características particulares de cada persona. Se les concedió tiempo ilimitado para ver las fotografías. La idea era obtener impresiones de características que fueran independientes al tiempo de exposición a las fotografías.

El resto de los participantes del estudio terminó la prueba cronometrada en la que se les mostró el mismo conjunto de rostros y se les pidió elaborar juicios sobre características con base en cada rostro como se les solicitó a los otros participantes. Para aquellos, sin embargo, los rostros fueron expuestos según uno de tres breves intervalos de exposición: 100 ms (100 milisegundos o una décima de segundo), 500 ms (medio segundo) y 1 000 ms (un segundo completo). La variable independiente (el factor manipulado por los experimentadores) fue el intervalo de exposición (tiempo de exposición a los estímulos faciales).

Intente lo siguiente

Involúcrese

Usted puede aprender de primera mano sobre la investigación en psicología con sólo ofrecerse como sujeto de investigación o como asistente de investigación. La mayoría de los departamentos de psicología ofrecen oportunidades para que los estudiantes participen en investigación facultativa como sujetos, asistentes o ambos. Pregunte a su instructor o al jefe del departamento cómo puede tomar parte en las actividades de investigación. Fungir como asistente de investigación le brindará un asiento en primera fila para presenciar desarrollos vanguardistas en el campo y oportunidades para obtener valiosa experiencia en investigación, la cual podría necesitar cuando solicite empleo o su admisión en la escuela de graduados en una especialidad.

Me pregunto qué opina ella (él) de mí   Las evidencias de investigación demuestran que la gente puede formarse impresiones significativas de otras personas con sólo un vistazo al rostro de estas personas.

Los 66 rostros que cada participante vio fueron presentados, uno a la vez, en la pantalla de una computadora. Después de que cada rostro era mostrado, los participantes juzgaban una característica en particular de la persona cuyo rostro acababan de ver. Algunos participantes calificaban a la persona en cuanto a competencia; otras, en cuanto a atractivo; otras más, en cuanto a simpatía, confiabilidad o agresividad. Por ejemplo, un participante que calificara la competencia veía aparecer esta pregunta en la pantalla de la computadora: "¿Es competente esta persona?". Los participantes recibieron la instrucción de registrar una respuesta de "sí" o "no" con sólo presionar determinadas teclas en el teclado de la computadora. Después, se solicitaba a los participantes que calificaran el nivel de confianza en sus impresiones, una vez más con el uso del teclado de la computadora para ingresar su respuesta.

Resultados y discusión (lo que descubrieron y lo que significa)

Las variables dependientes fueron las *calificaciones de características* (calificaciones de sí-no en competencia, atractivo, etc.) y las *calificaciones de confianza* (basadas en una escala de confianza de siete puntos). Los investigadores realizaron análisis estadísticos para probar las hipótesis del estudio. Primero, como se muestra en la tabla 1.2, calcularon los coeficientes de correlación que representaban las asociaciones estadísticas entre las calificaciones de características otorgadas por los participantes en la condición de exposición de 100 ms y en la condición no cronometrada. Las correlaciones mostraron sólidas relaciones positivas, lo cual sustenta la hipótesis de que la gente se formaba impresiones sobre características en una exposición de sólo una décima de segundo a los rostros, y que, en general, eran consistentes con las impresiones formadas cuando no se imponían limitaciones de tiempo.

Pruebas estadísticas adicionales indicaron que las correlaciones no se incrementaban significativamente cuando el tiempo de exposición aumentó a 500 o a 1 000 ms. Por lo tanto, haber agregado tiempo de exposición no fortaleció la relación entre calificaciones de características bajo condiciones cronometradas y no cronometradas. Según se predijo, los estudiantes mostraron más confianza en sus impresiones cuando observaron los rostros durante 500 ms que cuando lo hicieron durante 100 ms (consulte la figura 1.9). Para todas las características, excepto la agresividad, estas crecientes calificaciones de confianza fueron significativas en términos estadísticos (es decir, era poco probable que se debieran a la casualidad). Entre los 500 y los 1 000 ms, el único cambio significativo fue un incremento en las calificaciones de confianza para las impresiones de atractivo.

En resumen, la gente puede formarse sensaciones significativas de un solo vistazo al rostro de una persona; impresiones que, por lo general, son consistentes con las de la gente que se toma más tiempo para mirar los rostros. Sin embargo, el grado de confianza que la gente tiene sobre sus impresiones tiende a incrementarse a medida que cuenta con más tiempo para mirar a la persona a quien califica. Otra investigación reciente sugiere que la gente es capaz de formarse sensaciones consistentes de otras personas al observar su rostro a velocidades mucho más altas (hasta 39 ms) (Bar, Neta y Linz, 2006).

¿Por qué es importante?

¿Qué significa esto para nosotros?, ¿por qué es importante? Como dice la conocida expresión, nunca se tiene otra oportunidad para causar una primera impresión. Reflexione sobre el hecho de que cuando usted asiste a una cita a ciegas o a una entrevista de trabajo, la persona que lo saluda bien puede haberlo evaluado antes incluso de que usted haya pronunciado una palabra (Wargo, 2006). A pesar de que las impresiones pueden cambiar a medida que la gente lo conoce mejor, lo recomendable es que la primera cuente a su favor.

La tabla de conceptos 1.3 resume los métodos de investigación que ya hemos comentado.

TABLA 1.2
Correlaciones entre juicios de características para exposición de 100 ms y sin restricciones de tiempo

Juicios de características	Coeficientes de correlación
Confiabilidad	.73
Competencia	.52
Simpatía	.59
Agresividad	.52
Atractivo	.69

Fuente: Adaptado de Willis y Todorov, 2006.

Nota: Mientras más alta es la correlación, más fuerte es la relación entre las impresiones formadas a 100 ms y las formadas sin restricciones de tiempo. Todas las correlaciones fueron significativas en términos estadísticos, lo que implica que es poco probable que se debieran a la casualidad.

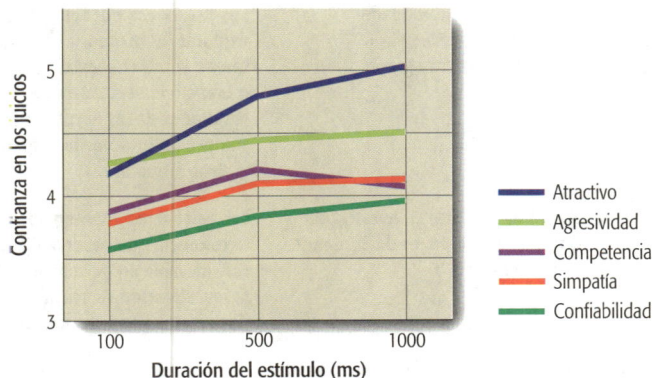

FIGURA 1.9   Calificaciones de confianza en las impresiones a diferentes periodos de exposición
Las calificaciones de los estudiantes a sus impresiones fueron más altas para el periodo de exposición de 500 ms que para el periodo de 100 ms. Los aumentos en calificaciones de confianza fueron significativos en términos estadísticos para todos los efectos de características, excepto la agresividad. Entre medio segundo (500 ms) y 1s completo (1000 ms) de exposición, las calificaciones de confianza se incrementaron significativamente sólo para las calificaciones de atractivo. Note que las calificaciones citadas se hicieron en una escala de siete puntos, de 1 (menos confianza) a 7 (más confianza).

Fuente: Adaptación de Willis y Todorov, 2006.

Citar referencias

Los psicólogos emplean un estilo particular para citar referencias, el cual fue desarrollado por la American Psychological Association. He aquí el estilo de referencias para artículos científicos, con el ejemplo del estudio de Willis y Todorov:

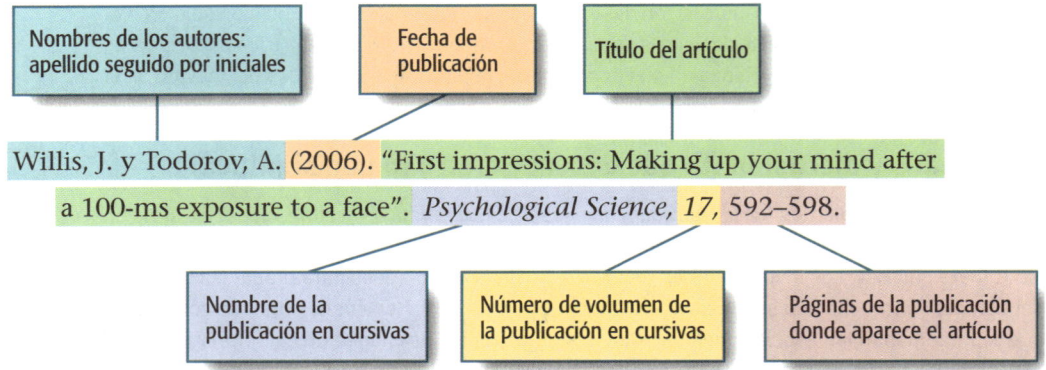

Fuente: Willis, J. y Todorov, A. (2006). "First impressions: Making up your mind after a 100-ms exposure to a face". *Psychological Science, 17,* 592-598.

TABLA DE CONCEPTOS 1.3
Cómo investigan los psicólogos

Lo que hacen los investigadores	Comentarios	Acercamientos a preguntas de investigación sobre el amor
En el método de estudio de caso, el investigador entrevista u observa a un individuo (o a un grupo reducido de individuos) o examina registros históricos de las vidas de individuos en particular	La precisión de los estudios de caso puede verse comprometida debido a lagunas de error en los recuerdos de la gente o a sus esfuerzos por dar una impresión favorable al investigador	Un psicólogo interesado en las razones por las cuales la gente elige a sus parejas podría conducir a entrevistas profundas con varias personas casadas
En el método de encuesta, el investigador emplea cuestionarios o entrevistas para obtener información acerca de un grupo particular de personas	Los psicólogos pueden aplicar encuestas para explorar las actitudes de miles de personas sobre temas, como el aborto, el sexo prematrimonial o las actividades para el tiempo libre. Los resultados de las encuestas pueden verse comprometidos por la tendencia voluntaria y otros problemas	Los psicólogos podrían encuestar a miles de individuos sobre las características de las personas que han elegido como parejas
En el de observación naturalista, el investigador observa la conducta en el campo, es decir, donde ésta ocurre de manera natural	Los psicólogos intentan no interferir en la conducta que observan. Invierten un tiempo considerable en permitir que los participantes de la investigación se acostumbren a ellos antes de comenzar con sus observaciones	Los psicólogos podrían observar desde cierta distancia cómo caminan y se miran entre sí los amantes
En cuanto al de correlación, el investigador utiliza métodos estadísticos para revelar y describir relaciones positivas y negativas (correlaciones) entre variables	Este método puede sugerir la presencia de causa y efecto pero no lo demuestra. El grado al que las variables están asociadas en términos estadísticos se expresan como un coeficiente de correlación, el cual varía de −1.00 a +1.00	Los psicólogos podrían estudiar las relaciones entre los sentimientos de amor, autoestima y satisfacción sexual
En el método experimental, el psicólogo manipula una o más variables independientes (hace cambios en los ambientes de los participantes) y observa sus efectos en una o más variables dependientes (medidas). Se conducen experimentos para establecer relaciones de causa-efecto entre variables independientes y dependientes	Los participantes en grupos experimentales reciben un tratamiento experimental; no así los del grupo control. Todas las demás condiciones se mantienen constantes para asegurar que las variables independientes por sí mismas son la causa de los efectos observados. La asignación aleatoria de los grupos asegura que éstos no difieran en características que pudieran afectar el resultado	Los psicólogos podrían exponer a los integrantes de parejas a un tratamiento experimental en el cual compartieran una experiencia excitante, como ver una película emocionalmente fuerte, y luego medir los efectos del tratamiento en los sentimientos de los miembros de las parejas entre sí. (El grupo control podría ser expuesto a una película neutral)

Principios éticos en la investigación psicológica

Los psicólogos se adhieren a un código de ética que respeta la dignidad y el bienestar de sus pacientes y de aquellos sujetos que participan en sus estudios de investigación. Este código reconoce que la gente tiene el derecho elemental de tomar sus propias decisiones y de ejercer sus opciones, incluso la opción de participar o no en una investigación psicológica. Los lineamientos éticos también prohíben a los psicólogos utilizar métodos que puedan perjudicar a sus pacientes o a los participantes de la investigación (American Psychological Association, 2002).

Las personas que participan en experimentos pueden resultar perjudicadas no sólo por las intervenciones físicas, como los medicamentos experimentales que tienen efectos adversos, sino también por las intervenciones psicológicas, como provocarles manifestar conductas agresivas que después generen sentimientos de culpa o vergüenza. Las invasiones a la privacidad también son otra preocupación.

En la actualidad, casi todas las instituciones en las que se conduce investigación biomédica y conductual (como hospitales, universidades y fundaciones de investigación), cuentan con **comités de revisión de ética**. Estos comités, que con frecuencia se conocen como Direcciones de Revisión Institucional (IRB), por lo regular se componen de profesionales y personas comunes. Deben firmar o sellar la aprobación a todas las propuestas de investigación antes de que ésta pueda realizarse en sus instituciones. El comité revisa las propuestas para averiguar si cumplen con los lineamientos éticos y asesoran a los investigadores sobre los perjuicios potenciales de sus métodos propuestos. En los casos en que los individuos pudieran experimentar perjuicios o molestias, los comités deben sopesar los beneficios potenciales de la investigación contra el daño potencial. Si los comités creen que la propuesta de investigación pudiera causar un perjuicio inaceptable, podrían negarse a aprobarla.

Uno de los principales requerimientos éticos es que los investigadores obtengan el **consentimiento informado** de los participantes de la investigación antes de que comiencen a participar en el estudio. Esto significa que los participantes deben recibir suficiente información sobre los métodos y propósitos del estudio para tomar una decisión "informada" sobre si desean participar o no. Los participantes deben también tener la libertad para retirarse del estudio en cualquier momento.

Muchos estudios de importancia histórica en la psicología, incluso los famosos estudios de Milgram sobre obediencia a la autoridad (consulte el capítulo 16) han necesitado que los sujetos sean engañados acerca de los verdaderos propósitos de los estudios. Los lineamientos descritos en *Ethical Principles of Psychologists and Code of Conduct* (American Psychological Association, 2002) de la APA especifican las condiciones que los psicólogos deben de cumplir para utilizar prácticas engañosas en la investigación. Entre estas condiciones se incluyen una determinación de que la investigación está justificada por su valor científico, educativo o práctico; que no es posible ninguna estrategia de investigación alternativa; que a los participantes del estudio no se les confunda con ninguna investigación de la cual se tenga una expectativa razonable de resultar en daños físicos o graves aflicciones psicológicas, y que los participantes reciban una explicación del engaño tan pronto como sea posible hacerlo.

Los psicólogos también deben proteger la confidencialidad de los datos particulares de los participantes de la investigación y de los clientes a quienes atienden (Fisher, 2008), es decir, deben respetar el derecho de la gente a la privacidad. Hay momentos, sin embargo, en que la ley solicita a los psicólogos que revelen información confidencial adquirida durante el curso de una investigación o de la práctica clínica, como cuando un participante o paciente en terapia amenaza a otra persona con causarle daño físico.

Los lineamientos éticos también se extienden al uso de animales para la investigación psicológica. El diseño de proyectos de investigación con frecuencia excluye el uso de participantes humanos y, en esos casos, los investigadores utilizan animales como sujetos. Por ejemplo, para determinar cuáles conductas son instintivas y cuáles no lo son, los científicos han colocado a aves y a peces aislados de otros miembros de su especie. Este tipo de investigaciones no podrían realizarse con seres humanos debido a los efectos dañinos de separar bebés de sus familias. Como rutina, los científicos prueban medicamentos experimentales en animales para determinar sus efectos dañinos antes de dar inicio a las pruebas con seres humanos. Y aquellos que estudian el cerebro pueden destruir partes del mismo de los animales de laboratorio, como ratas o monos, para aprender cómo estas partes están relacionadas con la conducta. (En el capítulo 8, usted verá cómo la destrucción quirúrgica de zonas particulares del cerebro causa que los animales de laboratorio coman en exceso o dejen de comer por completo.)

CONCEPTO 1.33
Los psicólogos dedicados a la investigación deben cumplir lineamientos éticos que están diseñados para proteger el bienestar de los participantes de la investigación.

comités de revisión de ética
Aquellos que evalúan si los estudios propuestos cumplen con los lineamientos éticos.

consentimiento informado
Aceptación a participar en un estudio después de la revelación de información sobre los propósitos y la naturaleza del mismo, además de sus riesgos y beneficios potenciales.

Los temas relacionados con el tratamiento ético hacia los animales, en los estudios de investigación, han cobrado relevancia en años recientes. En un extremo del debate se encuentran quienes argumentan que los avances significativos en la medicina y la psicología no hubieran podido suceder sin investigaciones de este tipo (Fowler, 1992). Sin embargo, encuestas recientes han descubierto que la mayoría de los psicólogos cree que no es ético matar animales o exponerles al dolor, sin importar los beneficios potenciales que las investigaciones aporten a los seres humanos (Plous, 1996). De acuerdo con los lineamientos éticos de la APA, los animales no deben ser dañados o sometidos a estrés a menos de que no exista una manera alternativa de conducir la investigación, y de que las metas de la misma estén justificadas por su pretendido valor científico, educativo o práctico (American Psychological Association, 2002). Los investigadores también deben de obtener la aprobación de sus direcciones de revisión institucional para asegurar que realizarán prácticas éticas.

Revisión de módulo 1.3 — Métodos de investigación en la psicología

REPASE

¿Cuáles son los objetivos básicos de la ciencia?

- Los objetivos básicos son descripción, explicación, predicción y control de los sucesos o variables.

¿En qué consiste el método científico y cuáles son sus cuatro pasos generales?

- El método científico es un conjunto de principios guía que dirigen el proceso científico.

- El método científico comprende cuatro pasos generales que guían la investigación: *1)* desarrollar una pregunta de investigación, *2)* formular una hipótesis, *3)* reunir evidencia y *4)* llegar a conclusiones.

¿Cuáles son los principales métodos de investigación que emplean los psicólogos?

- Entre éstos se incluyen el de estudio de caso, el de encuesta, el de observación naturalista, el de correlación y el experimental.

¿Cuáles son los lineamientos éticos que deben cumplir los psicólogos en sus investigaciones?

- Los psicólogos están comprometidos a cumplir con los lineamientos éticos que promueven la dignidad del individuo, el bienestar humano y la integridad científica.

- Los psicólogos tienen prohibido emplear métodos que perjudiquen a los participantes de la investigación o a sus clientes y deben recibir la aprobación de sus protocolos de investigación por parte de las direcciones de revisión institucional antes de realizar investigaciones con seres humanos o animales.

RECUERDE

1. ¿Cuál de los siguientes no es uno de los cuatro pasos generales del método científico?
   a. desarrollar una pregunta de investigación
   b. probar la hipótesis
   c. utilizar el método de estudio de caso como punto inicial de la investigación
   d. llegar a conclusiones

2. Una ventaja distintiva del método de observación naturalista, cuando se utiliza de forma adecuada, es que
   a. permite establecer relaciones de causa-efecto
   b. no obliga a los experimentadores a cumplir con lineamientos éticos que gobiernan otras formas de investigación
   c. nos permite generar hipótesis con base en el estudio intensivo de las experiencias de vida de una persona

   d. brinda un panorama de la conducta que ocurre en escenarios naturales

3. El doctor Phillips quiere averiguar si escuchar música puede reducir la presión arterial alta. ¿Cuál método de investigación es el más adecuado para responder a esta pregunta?
   a. experimental   c. de correlación
   b. encuesta   d. observación naturalista

4. En el estudio de Willis y Todorov sobre las impresiones de características que la gente se forma a partir de un vistazo al rostro de una persona, la variable independiente fue:
   a. las calificaciones de características
   b. las calificaciones de confianza
   c. la exposición a los rostros
   d. el tiempo de exposición a los estímulos

5. Los lineamientos éticos para la investigación psicológica
   a. proporcionan un conjunto de reglas que gobiernan la investigación cuando la obtención de aprobación por parte de los comités de revisión de ética causan retrasos críticos en la investigación.
   b. están diseñadas para proteger a los participantes de las investigaciones de perjuicios físicos o psicológicos.
   c. permiten a los investigadores violar el principio de consentimiento informado cuando el experimento no puede ser realizado de acuerdo con dicho principio.
   d. Son un conjunto de normas que aplican para la investigación con humanos pero no con animales.

REFLEXIONE

- Tal vez no le sorprenda saber que algunas investigaciones han demostrado que los adolescentes con tatuajes tienen más probabilidades de involucrarse en conductas riesgosas que sus amigos no tatuados (Roberts y Ryan, 2002). Los jóvenes tatuados son proclives a fumar cigarrillos, a beber de manera compulsiva, a consumir marihuana y a unirse a pandillas. Pero, ¿los tatuajes causan esas conductas riesgosas? O, ¿puede usted pensar en otras explicaciones para los vínculos entre los tatuajes y el comportamiento de alto riesgo?

- ¿Puede pensar en otro ejemplo en el que dos variables estén correlacionadas pero no relacionadas a nivel causal?

- Suponga que a usted le interesa estudiar las relaciones entre el consumo de alcohol y las calificaciones entre estudiantes universitarios. Suponga que no puede controlar si los estudiantes consumieron alcohol ni cuánto consumieron. ¿Cuál sería entonces el valor de este tipo de investigación? ¿Sería capaz de concluir que el consumo de alcohol afecta las calificaciones? ¿Por qué?

Aplicación
MÓDULO 1.4

Conviértase en un pensador crítico

El **pensamiento crítico** implica adoptar una actitud de cuestionamiento, en la cual sopesemos con atención la evidencia y apliquemos un análisis meticuloso al someter a prueba las declaraciones y los argumentos de otras personas. Es una manera de evaluar información al mantener una actitud escéptica hacia lo que usted escucha y lee; incluso hacia lo que lee en las páginas de este libro de texto.

El pensamiento crítico requiere una disposición a desafiar la sabiduría convencional y las creencias comunes que muchos de nosotros suponemos verdaderas. Cuando piensa de manera crítica, mantiene una mente abierta y deja en suspenso la creencia hasta que pueda obtener y evaluar evidencias que sustenten o refuten una declaración o argumento en particular. Usted encuentra *razones* para apoyar sus creencias en lugar de sólo depender de impresiones o "corazonadas". En este libro, será capaz de agudizar sus capacidades de pensamiento crítico al responder a las preguntas propuestas en las secciones "Pensamiento crítico sobre la psicología", las cuales aparecen al final de cada capítulo.

Características del pensamiento crítico

Los pensadores críticos mantienen un escepticismo saludable: cuestionan las asunciones y las declaraciones hechas por otras personas y exigen ver la evidencia sobre la cual se basan esas conclusiones. He aquí algunas sugerencias para pensar de manera crítica sobre la psicología:

1. *Cuestiónelo todo.* Los pensadores críticos no aceptan a ciegas la validez de las declaraciones hechas por otras personas, incluso las enunciadas por figuras de autoridad, como líderes políticos y religiosos, científicos o escritores. Mantienen la mente abierta y sopesan la evidencia sobre la cual se basan dichas afirmaciones.

2. *Clarifique lo que desea expresar.* El hecho de que una declaración sea falsa o verdadera puede depender de cómo definimos los términos que empleamos. Considere la declaración "El estrés es malo para ti". Si definimos estrés sólo en términos de las presiones y problemas de la vida diaria, entonces quizá haya algo de verdad en esa declaración. Pero si definimos estrés de manera más amplia para incluir cualesquiera sucesos que impongan una presión sobre nosotros para que nos adaptemos a éstos, incluso los sucesos positivos (como el nacimiento de un hijo o una promoción en el trabajo) entonces, en realidad, ciertos tipos de estrés pueden ser deseables (consulte el capítulo 12). Tal vez hasta necesitemos cierta cantidad de estrés para mantenernos activos y alertas.

3. *Evite la simplificación exagerada.* Considere la declaración "El alcoholismo es hereditario". En el capítulo 4, revisamos evidencias que indican que los factores genéticos pueden contribuir al alcoholismo. Sin embargo, el origen de éste, así como el de muchos otros trastornos psicológicos y físicos, es más complejo. La genética por sí misma no relata toda la historia. Numerosos trastornos implican la interacción entre factores biológicos, psicológicos y ambientales, cuya naturaleza apenas hemos comenzado a desenmarañar.

4. *Evite la generalización exagerada.* La gente de China, Japón y otras culturas del este asiático tiende a ser más reservada en cuanto a revelar información sobre sí misma a desconocidos que los estadounidenses o los europeos (consulte el capítulo 16). Sin embargo, esto no significa que todas las personas de las culturas del este asiático sean más reservadas o que todos los estadounidenses o europeos sean más abiertos.

5. *No confunda correlación con causa.* Como verá en el capítulo 10, las niñas que muestran señales más tempranas de pubertad que sus amigas (p. e., desarrollo precoz de los senos) tienden a tener una autoestima más baja, una imagen corporal más negativa y más problemas emocionales. Sin embargo, ¿los cambios físicos asociados con la pubertad precoz causan esas consecuencias psicológicas negativas o es probable que estén implicados otros factores que expliquen esos vínculos, como las reacciones de la gente a esos cambios?

CONCEPTO 1.34
El pensamiento crítico implica adoptar una actitud escéptica y de cuestionamiento hacia las creencias y supuestos comunes y sopesar argumentos en términos de la evidencia disponible.

pensamiento crítico   Adopción de una actitud escéptica y de cuestionamiento y un escrutinio cuidadoso a las declaraciones o argumentos.

6. *Considere los supuestos sobre los que se basan esas declaraciones.* Considere la declaración de que la homosexualidad es un trastorno psicológico. En parte, la declaración se basa en supuestos subyacentes sobre la naturaleza de los trastornos psicológicos. ¿Qué es un trastorno psicológico? ¿Qué criterio se utiliza para determinar que una persona padece un trastorno psicológico? ¿Los homosexuales, las lesbianas o las personas con una orientación sexual bisexual satisfacen con este criterio? ¿Existe evidencia que sustente esas aseveraciones? En el capítulo 14, usted verá que los profesionales de la salud mental ya no clasifican a la homosexualidad como un trastorno psicológico.

7. *Examine las fuentes de las declaraciones.* En sus publicaciones, los científicos citan las fuentes sobre las cuales basan sus declaraciones (consulte la lista de referencias de este libro, en la cual se menciona las fuentes utilizadas en su preparación). Cuando examine las citas bibliográficas, preste atención a detalles como las fechas de publicación (para determinar si las fuentes son obsoletas o actuales) y a las revistas u otras publicaciones donde las fuentes pueden haber aparecido (para averiguar si son respetadas revistas científicas o fuentes cuestionables). Las citas de referencias permiten a los lectores revisar las fuentes originales por sí mismos para averiguar si la información proporcionada es precisa.

8. *Cuestione la evidencia sobre la cual se basan las declaraciones.* ¿Las declaraciones se basan en evidencia científica contundente o en anécdotas y testimonios personales que no pueden ser verificados de manera independiente? En el capítulo 6, consideramos la controversia sobre los llamados recuerdos recuperados, es decir, recuerdos de abuso sexual en la infancia que de pronto reaparecen durante la edad adulta, por lo regular, durante la psicoterapia o la hipnosis. ¿Son precisos esos recuerdos?, ¿o puede tratarse de relatos surgidos de la imaginación?

9. *Considere maneras alternativas de explicar las declaraciones.* ¿Cree usted en la existencia de la percepción extrasensorial (PES)? Algunas personas declaran tener capacidades extrasensoriales que les permiten, con el simple uso de la mente, leer la de otras personas, transmitir sus pensamientos a otros, mover objetos o cambiar la forma de los mismos. ¿Son creíbles esas declaraciones? ¿O quizá existan otras explicaciones más mundanas para este tipo de extraños fenómenos, como la coincidencia, la falsificación deliberada o el truco? En el capítulo 3 consideramos el caso de una psíquica que afirma haber recurrido a sus capacidades extrasensoriales para encontrar a una persona desaparecida. ¿Fue percepción extrasensorial?, ¿o pueden existir otras explicaciones?

Piense de manera crítica sobre la información en línea

Una de las bellezas de internet es que cualquier usuario puede publicar información a la que otras personas puedan acceder. Sin embargo, esta libertad lleva consigo el riesgo de que la información publicada pueda ser inexacta. Los investigadores encuentran que, por lo general, la información en línea sobre la salud es precisa, pero a menudo está incompleta y resulta difícil de comprender para innumerables personas (Berland *et al.,* 2001; Benotsch, Kalichman y Weinhardt, 2004). Sin embargo, internet puede ser un vehículo eficaz para difundir información que quizá no sea accesible por otras fuentes, como la que los jóvenes pueden utilizar para armarse con recursos de prevención de enfermedades de transmisión sexual (Keller y Brown, 2002).

Los pensadores críticos no interrumpen su actitud escéptica cuando entran a la red. Revisan las credenciales de la fuente al formular preguntas como las siguientes: ¿Quién publica el material? ¿Es la fuente una institución respetada? ¿O se trata de un individuo o de un grupo de personas sin credenciales aparentes y quizá con un interés particular?

La más confiable información en línea proviene de reconocidas fuentes científicas, como revistas líderes en el ramo o entidades gubernamentales, como los institutos nacionales de salud y la Association for Psychological Science. Una razón por la que los artículos de las publicaciones científicas son tan confiables es que llevan un proceso de revisión por parte de colegas en el que los científicos independientes los analizan de manera meticulosa antes de que su publicación sea aceptada. Muchas organizaciones científicas y renombradas proporcionan vínculos a abstractos (breves descripciones) de obras recientes. Gran parte de esta información está disponible sin costo.

Es triste decirlo pero incontables personas nunca cuestionan la información que llega a ellas en páginas impresas o en las pantallas de sus computadoras. Pero, como pensador crítico, usted *puede* evaluar los argumentos y los supuestos por sí mismo. Las secciones de pensamiento crítico que aparecen al final de cada capítulo le brindarán una oportunidad para aumentar sus habilidades de pensamiento crítico.

Es recomendable que los estudiantes que están preocupados por sus calificaciones tengan en cuenta otra precaución sobre el uso de internet. Un estudio basado en una muestra de estudiantes universitarios demostró que los alumnos que eran asiduos usuarios recreativos de internet tenían un mayor proclividad que los usuarios ocasionales a reportar que su uso de la red perjudicaba su desempeño académico (Kubey, Lavin y Barrows, 2001).

Pensamiento crítico   Adopte una actitud crítica cuando utilice internet. Revise la credibilidad de la fuente del material y sea cauteloso con la información proporcionada por empresas o comerciantes que buscan promover o vender productos o servicios en particular.

■ Pensamiento crítico sobre la psicología ■

He aquí el primer ejercicio de pensamiento crítico que usted encontrará en este libro. Con base en la lectura del capítulo, responda las siguientes preguntas. Después, para evaluar su progreso en el desarrollo de capacidades de pensamiento crítico, compare sus respuestas con las de ejemplo en el apéndice A.

Un experimentador afirma que escuchar las lecciones de un profesor, mientras usted duerme, puede ayudarle a mejorar sus calificaciones. El científico basó esta conclusión en los siguientes datos:

El experimentador invitó a los alumnos de una numerosa clase de introducción a la psicología a participar en un estudio en el que recibirían cintas de audio de las lecciones del profesor, y se les solicitó reproducirlas mientras dormían. Cada uno de los 36 alumnos que aceptaron participar recibió un reproductor de cintas de audio especialmente equipado. Aseguradas en el dispositivo con selladores a prueba de violaciones, había grabaciones de cada lección impartida en las dos semanas previas al examen final. De manera automática, el aparato reproducía la cinta dos horas después de que los alumnos se durmieran. En otros momentos, el botón para reproducir quedaba desactivado para que los estudiantes no pudieran escuchar la cinta.

Después de los exámenes finales, el experimentador comparó las calificaciones de los estudiantes que participaron en el experimento con las del grupo de alumnos seleccionados de la misma clase que no tomaron parte en este. Los resultados mostraron que los que sí participaron alcanzaron calificaciones significativamente más altas en su examen.

1. ¿Cree usted que las declaraciones del experimentador están justificadas? ¿Por qué?

2. ¿Cuáles factores adicionales podrían influir en las diferencias observadas en las calificaciones del examen entre los dos grupos?

3. ¿Cuáles cambios haría usted en el diseño de este estudio para fortalecer la conclusión del experimentador?

Módulo 1.1 Fundamentos de la psicología moderna

PRIMERAS ESCUELAS DE LA PSICOLOGÍA

- **Wilhelm Wundt y el estructuralismo:** dividir las experiencias mentales en las partes que las componen.

- **William James y el funcionalismo:** la conducta vinculada con la función.

- **John Watson y el conductismo:** la psicología debía limitarse al estudio de la conducta observable.

Wilhelm Wundt

- **Max Wertheimer y la psicología de la Gestalt:** "el todo es más que la suma de sus partes".

- **Sigmund Freud y el psicoanálisis:** la exploración del inconsciente.

PERSPECTIVAS CONTEMPORÁNEAS EN LA PSICOLOGÍA

- **Conductual:** enfatiza la función del aprendizaje en la explicación de la conducta observable.

- **Psicodinámica:** explora influencias inconscientes en la conducta.

- **Humanista:** se enfoca en la experiencia consciente y en la autoconciencia.

- **Fisiológica:** se enfoca en los cimientos biológicos de la conducta.

- **Cognitiva:** explora los procesos mentales mediante los cuales adquirimos conocimiento del mundo.

- **Sociocultural:** explora cómo los factores sociales y culturales influyen en la conducta.

Módulo 1.2 Los psicólogos: quiénes son y qué hacen

- **Áreas de especialización en la psicología**

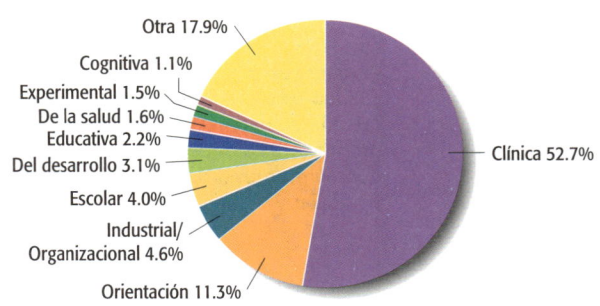

Otra 17.9%
Cognitiva 1.1%
Experimental 1.5%
De la salud 1.6%
Educativa 2.2%
Del desarrollo 3.1%
Escolar 4.0%
Industrial/ Organizacional 4.6%
Orientación 11.3%
Clínica 52.7%

- **Áreas emergentes de especialización**
  Neuropsicología
  Gerontopsicología
  Psicología forense
  Psicología del deporte

- **Etnias de receptores de doctorados en psicología:** se ha hecho más diversa pero aún predominan los estadounidenses caucásicos con orígenes europeos

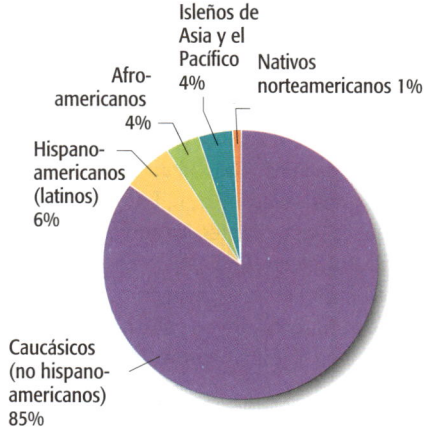

Isleños de Asia y el Pacífico 4%
Nativos norteamericanos 1%
Afro-americanos 4%
Hispano-americanos (latinos) 6%
Caucásicos (no hispano-americanos) 85%

Módulo 1.3 Métodos de investigación en la psicología

Los OBJETIVOS DE LA CIENCIA

- **Descripción:** exposiciones claras y precisas del fenómeno
- **Explicación:** desarrollo de teorías para definir los sucesos
- **Predicción:** aplicación de las teorías para anticipar sucesos
- **Control:** dominio de los sucesos y las variables

El MÉTODO CIENTÍFICO

Marco de referencia para adquirir conocimientos por medio de la observación atenta y la experimentación, la cual comprende cuatro pasos generales:

1 **Desarrollar una pregunta de investigación**	2 **Formular una hipótesis**	3 **Reunir evidencias**	4 **Llegar a conclusiones**
Reunir teorías, observaciones, experiencias o creencias comunes para formular una pregunta de investigación	Encuadrar la pregunta de manera que se convierta en una predicción específica que pueda ser sometida a prueba mediante la investigación	Someter a prueba la hipótesis	Utilizar métodos estadísticos de análisis para determinar si los datos respaldan a la hipótesis

Pasos generales en el método científico

RECABAR EVIDENCIAS: TIPOS DE MÉTODOS DE INVESTIGACIÓN

- **Método de estudio de caso:** examen intensivo de individuos
- **Método de encuesta:** recopilar opiniones y actitudes
- **Método de observación naturalista:** llevar la investigación a campo
- **Método de correlación:** examinar las relaciones estadísticas entre variables
- **Método experimental:** exploración de relaciones de causa-efecto a través de la manipulación de las variables independientes y de medir sus efectos en las variables dependientes

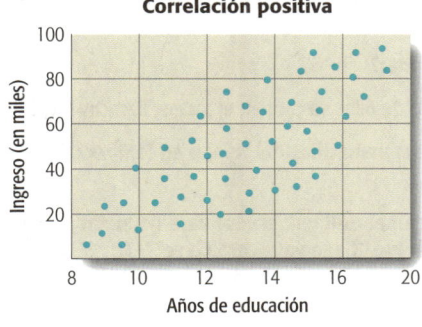

Correlación positiva

En términos generales, la gente con niveles educativos superiores tiende a ganar ingresos más altos.

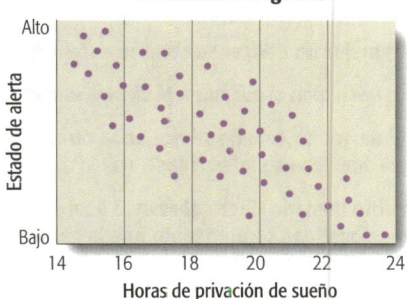

Correlación negativa

Generalmente, mientras más tiempo se prive a una persona del sueño, es probable que esté menos alerta.

Relaciones de correlación

2

Fundamentos biológicos de la conducta

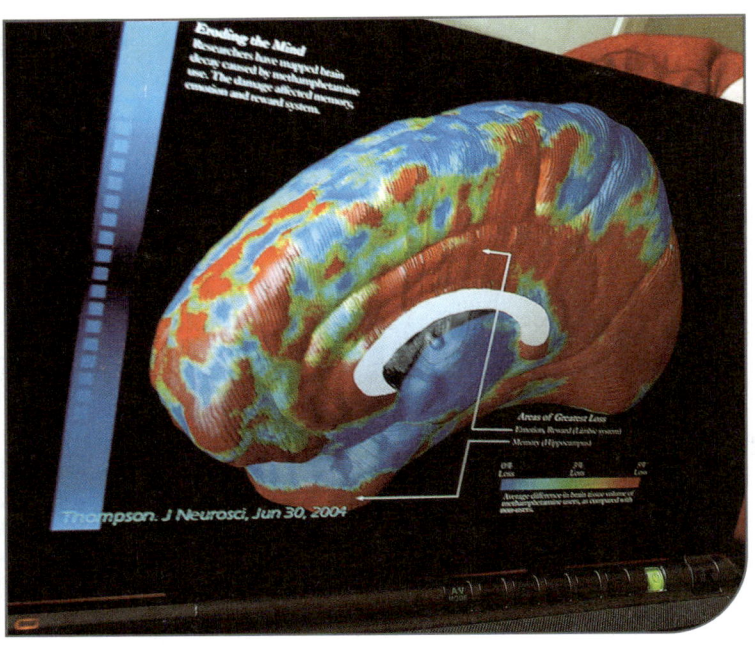

¿Sabía usted que . . .

- nuestros cuerpos producen analgésicos naturales que son químicamente similares a la morfina y a otras sustancias narcóticas? (p. 48)

- en ocasiones es mejor no utilizar su cerebro antes de responder? (p. 52)

- los fetos no sólo se chupan el pulgar en el vientre sino que 95% de ellos se chupan el pulgar derecho? (p. 67)

- la probabilidad de que su cabello se rice en la dirección de las manecillas del reloj o en la dirección contraria se relaciona con su lateralidad? (p. 68)

- aunque un hombre llamado Gage sobrevivió a un accidente en el cual una gruesa vara de metal atravesó su cráneo, su personalidad cambió tanto que la gente pensó que "Gage ya no era Gage"? (p. 69)

El cerebro adora los acertijos

- La mayoría de la gente siente cosquillas, pero, ¿sabía usted que es imposible hacerse cosquillas a uno mismo? La pregunta es, ¿por qué? (p. 63)

Areas of Greatest Loss

EL HOMBRE QUE CONFUNDIÓ A SU ESPOSA CON UN SOMBRERO

El paciente, a quien nos referiremos como doctor P., era un distinguido profesor de música que había perdido la capacidad de reconocer objetos con la vista. No sólo era incapaz de reconocer los rostros de sus estudiantes, sino que también percibía rostros en los objetos cuando no existían. Él palmeaba las bombas de agua contra incendios y los parquímetros pues creía que eran niños.

El doctor P. fue atendido por un famoso neurólogo, el doctor Oliver Sacks. Cierto día, mientras se preparaba para salir del consultorio de Sacks, buscó su sombrero con la mirada y después

extendió la mano, sujetó la cabeza de su esposa e intentó levantarla para ponérsela. ¡Tal parecía que había confundido a su esposa con un sombrero! Su esposa lucía como si estuviera acostumbrada a situaciones como esa.

(Sacks, 1985, p. 10)

El extraño comportamiento del doctor P. puede parecer gracioso en algunos aspectos, pero, por desgracia, su dificultad para discernir objetos por medio de la vista fue causada por un enorme tumor en la parte del cerebro responsable de procesar la información visual.

Quizá el aspecto más notable de este caso fue su increíble habilidad para realizar las numerosas tareas de la vida diaria, a pesar de una casi total ausencia de percepción visual. Era capaz de coordinar sus acciones —bañarse, vestirse y comer— mediante el uso de su refinada capacidad musical. Literalmente se cantaba a sí mismo canciones para organizar sus actividades: canciones para comer, para vestirse, etcétera. Sin embargo, cuando la música se detenía, perdía la aptitud para encontrarle sentido al mundo. Por ejemplo, si su canción para vestirse era interrumpida, él perdía su secuencia de pensamientos y era incapaz de reconocer las prendas

que su esposa había dispuesto para él o incluso para reconocer su propio cuerpo.

El caso del doctor P. revela cuán dependientes somos de las funciones del cerebro. No obstante, demuestra algo más: la notable capacidad del cerebro humano para adaptarse a los desafíos impuestos por la enfermedad física o la discapacidad.

El cerebro humano bien puede ser el desarrollo más notable de ingeniería jamás logrado: pesa sólo un kilo y medio en promedio y es una supercomputadora viva con un diseño mucho más elegante que cualquier máquina que los magos de Silicon Valley puedan esperar crear. Sí, las computadoras pueden calcular en cuestión de milisegundos un torrente de datos que a un equipo de personas superdotadas le tomaría años y hasta décadas lograr. Sin embargo, incluso las más avanzadas computadoras carecen de la capacidad para las reflexiones básicas y la creatividad que el cerebro humano puede alcanzar. ¿Qué computadora ha compuesto música aceptable o un poema decente? ¿Qué computadora está consciente de sí misma o consciente incluso de que existe? Tales maravillas aún son temas de la ciencia-ficción.

Para realizar sus múltiples funciones, el cerebro necesita comunicarse con los sentidos y otras partes del cuerpo. Lo hace a través de una supercarretera de información cuya construcción tardó millones de años. Esa compleja red, de la cual el cerebro forma parte, se llama *sistema nervioso*.

En este capítulo haremos un viaje interior de descubrimiento para explorar las bases biológicas de nuestra conducta, nuestros procesos de pensamiento y nuestros estados de ánimo. Iniciaremos esta travesía con el estudio de la estructura y las funciones de la unidad fundamental del sistema nervioso: la célula nerviosa o *neurona*. Después, examinaremos las funciones de las dos divisiones principales del sistema nervioso: el *sistema nervioso central* y el *sistema nervioso periférico*. Finalmente, consideraremos las influencias del sistema endocrino del cuerpo y de la herencia en nuestra conducta. ■

Neuronas: el cableado del cuerpo

- ¿Qué es una neurona?
- ¿Cuáles son las partes de una neurona?
- ¿Cuáles son los tipos de neuronas y células que se encuentran en el sistema nervioso?
- ¿Cómo se genera y transmite un impulso nervioso de una neurona a otra?
- ¿Qué funciones desempeñan los neurotransmisores en el funcionamiento psicológico?

CONCEPTO 2.1

Las neuronas son los ladrillos básicos del sistema nervioso, que es el cableado del cuerpo por el cual los mensajes son transmitidos dentro de este sistema.

neuronas Células nerviosas.

cerebro Masa de tejido nervioso alojada en el cráneo y que controla casi todo lo que somos y hacemos.

soma Cuerpo celular de una neurona que contiene al núcleo de la célula y desempeña las funciones metabólicas de la misma.

axón Parte con forma de tubo de una neurona y que transporta mensajes del cuerpo celular hacia otras neuronas.

botones dendríticos Protuberancias en la punta de los axones desde donde son disparados los neurotransmisores a la sinapsis.

neurotransmisores Mensajeros químicos que transportan impulsos nerviosos de una célula nerviosa a otra.

sinapsis Pequeño espacio lleno de fluido entre neuronas, por el cual los neurotransmisores transportan impulsos nerviosos.

dendritas Estructuras semejantes a árboles en la neurona que reciben los impulsos nerviosos de las neuronas vecinas.

neuronas sensoriales Neuronas que transmiten información de los órganos sensoriales, músculos y órganos internos a la médula espinal y al cerebro.

neuronas motoras Neuronas que transportan impulsos nerviosos desde el sistema nervioso central hasta los músculos y las glándulas.

glándulas Órganos o estructuras del cuerpo que producen secreciones llamadas hormonas.

hormonas Secreciones de las glándulas endocrinas que ayudan a regular los procesos corporales.

interneuronas Neuronas que se unen a otras neuronas; en el cerebro, las interneuronas están involucradas en el procesamiento de información.

Las **neuronas** hacen maravillas, como informar a su **cerebro** cuando la luz incide en su ojo y llevar mensajes desde el cerebro, el cual ordena a sus músculos que levanten su brazo y a su corazón que bombee sangre. También le posibilitan pensar, planear y hasta soñar. Le permiten leer esta página y preguntarse qué presentará el siguiente párrafo.

En este módulo, primero veremos la estructura de una neurona individual y, luego, observaremos cómo se comunican las neuronas entre sí para transmitir información dentro del sistema nervioso.

La estructura de la neurona

Las neuronas, los ladrillos básicos del sistema nervioso, son cuerpos celulares que se especializan en transmitir información o mensajes en forma de impulsos eléctricos. Cada neurona es una célula única que consiste en un cuerpo celular (o *soma*), un axón y dendritas. La figura 2.1 ilustra estas estructuras y la tabla de conceptos 2.1 resume sus funciones. El **soma** es el cuerpo principal de la célula y alberga al núcleo de la misma, en el cual está ubicado su material genético y realiza las funciones *metabólicas* o sustentadoras de la vida celular. Cada neurona tiene también un **axón**, un largo cable que se proyecta como tronco del soma y que conduce los mensajes de salida hacia otras neuronas.

Los axones de las neuronas en su cerebro pueden medir sólo unas cuantas milésimas de centímetro; otros (como los que van desde su médula espinal hasta los dedos de sus pies), varios centímetros. Estos tubos pueden ramificarse, como los tallos de las plantas, y extenderse en diferentes direcciones. Al final de esas ramificaciones, hay protuberancias (como nudos) llamadas **botones dendríticos**. Es allí donde se almacenan y liberan sustancias químicas llamadas **neurotransmisores**. Estos químicos son sintetizados en el soma y transportan mensajes de salida hacia las neuronas vecinas por medio de la **sinapsis**, que es un pequeño espacio que separa a una neurona de otra.

Las **dendritas** son estructuras en forma de árbol que se proyectan desde el soma. Tienen sitios receptores, o estaciones de descarga, que les permiten recibir neurotransmisores de las neuronas vecinas. Mediante sus dendritas, cada neurona puede captar mensajes de miles de otras.

El sistema nervioso tiene tres tipos de neuronas: sensoriales, motoras e interneuronas; cada tipo desempeña funciones especializadas en el sistema nervioso.

Las **neuronas sensoriales** (también llamadas *neuronas aferentes*) transmiten información sobre el mundo exterior a la médula espinal y al cerebro, registrándose primero en sus órganos sensoriales. Entonces, cuando una persona toca su mano, los receptores sensoriales dentro de la piel envían el mensaje a través de sus neuronas sensoriales, a la médula espinal y al cerebro, donde el mensaje es procesado para dar como resultado la sensación de tacto. Las neuronas sensoriales también transportan información de sus músculos y órganos internos a su médula espinal y a su cerebro.

Las **neuronas motoras** (también llamadas *neuronas eferentes*) portan mensajes del cerebro y de la médula espinal a los músculos que controlan los movimientos de su cuerpo. Además, transportan avisos a sus **glándulas**, lo cual ocasiona que éstas liberen **hormonas**, es decir, sustancias químicas que ayudan a regular los procesos corporales.

Las **interneuronas** (también llamadas *neuronas asociativas*) son el tipo más común de neuronas en el sistema nervioso, y conectan a una con otra. En la médula espinal, éstas enlazan a las neuronas sensoriales con las neuronas motoras. En el cerebro, forman complejos ensambla-

FIGURA 2.1   La neurona

DIAGRAMA DE LA PSICOLOGÍA

Una neurona, o célula nerviosa, transmite mensajes en forma de impulsos eléctricos. **①** Una neurona consiste en un cuerpo celular, o soma, el cual alberga al núcleo de la célula; un axón, el cual transporta el mensaje neural, y dendritas, las cuales reciben mensajes de las neuronas adyacentes. **②** Los botones dendríticos son protuberancias en el extremo del axón desde donde se liberan las moléculas de neurotransmisores para llevar el mensaje a otras neuronas. **③** Los axones de muchas neuronas están cubiertos con una especie de capa aislante, llamada vaina de mielina, la cual acelera la transmisión de impulsos nerviosos.

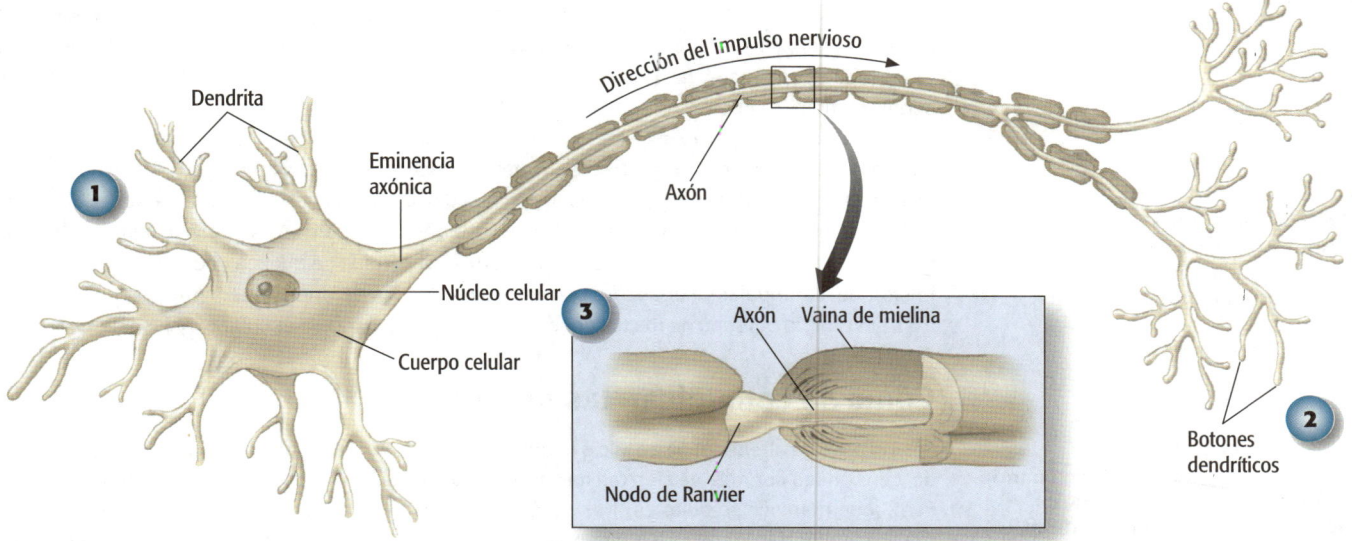

jes de células nerviosas interconectadas que procesan información de los órganos sensoriales y que controlan funciones mentales superiores, como planear y pensar.

Una neurona no es lo mismo que un nervio. Un **nervio** es un grupo de axones de diferentes neuronas. Un nervio individual, por ejemplo, el nervio óptico, el cual transmite mensajes desde los ojos hasta el cerebro, contiene más de un millón de axones. A pesar de que los axones individuales son microscópicos, un nervio puede ser visible a simple vista. Los cuerpos celulares de las neuronas que contienen esos axones no forman parte del nervio en sí mismo.

Las neuronas no son las únicas células en el sistema nervioso; son más numerosas unas pequeñas células llamadas **células gliales** (Gottesman y Hanson, 2005) que actúan como una especie de pegamento que ayuda a mantener unidas a las neuronas. La palabra *glial* se deriva del

CONCEPTO 2.2
El sistema nervioso tiene tres tipos de neuronas: sensoriales, motoras e interneuronas.

CONCEPTO 2.3
El sistema nervioso cuenta con dos tipos de células: neuronas y células gliales.

TABLA DE CONCEPTOS 2.1
Partes de la neurona

Parte	Descripción	Funciones
Soma	Cuerpo celular que contiene al núcleo	Realiza las funciones metabólicas, o sustentadoras de la vida, de la célula
Axón	Largo cable que se proyecta desde el soma	Transporta impulsos nerviosos hasta los botones dendríticos
Botones dendríticos	Protuberancias en los extremos de los axones	Liberan químicos, llamados neurotransmisores, que llevan mensajes neuronales a las neuronas adyacentes
Dendritas	Fibras que se proyectan desde el soma	Reciben mensajes de las neuronas vecinas

nervio   Grupo de axones de diferentes neuronas que transmiten impulsos nerviosos.

células gliales   Células pequeñas, aunque numerosas en el sistema nervioso que apoyan a las neuronas y que forman la vaina de mielina encontrada en muchos axones.

vocablo griego para "pegamento". Este tipo de células también prestan apoyo al sistema nervioso, pues nutren a las neuronas, eliminan sus productos de desecho y las asisten en su intercomunicación (Ge *et al.*, 2006; Helmuth, 2001).

Las células gliales desempeñan otra importante función: forman la **vaina de mielina**, una capa de grasa que, como el aislante plástico que envuelve a los cables eléctricos, actúa como un escudo protector de muchos axones. El aislamiento proporcionado por ella ayuda a la velocidad de transmisión de los impulsos nerviosos, lo cual permite que los músculos se muevan de manera eficiente y armoniosa.

Como se muestra en la figura 2.1, los axones mielinizados se asemejan a una tira de salchichas que está dividida "al corte" en varios puntos y crean espacios llamados **nodos de Ranvier**. El impulso nervioso parece saltar de un nodo a otro mientras viaja por el axón. Dado que las vainas de mielina son blancas, las partes del sistema nervioso que contienen axones mielinizados se conocen como "materia blanca".

La **esclerosis múltiple (EM)** es una enfermedad crónica que a menudo produce discapacidad del sistema nervioso central y que afecta a alrededor de un adulto de cada 1 000 y que resulta en la eventual destrucción de la vaina de mielina de las células nerviosas (Ransohoff, 2007). Por lo general, aqueja a adultos jóvenes entre 20 y 40 años y se cree que se debe a alguna influencia genética (Hafler *et al.,* 2007; Renoux *et al.,* 2007). La pérdida de mielina hace más lenta la transmisión de los impulsos nerviosos. Lo anterior produce una variedad de síntomas; en los casos más severos, la persona pierde la capacidad para hablar, caminar, escribir o incluso respirar.

Cómo se comunican las neuronas

Con un peso de alrededor de un kilo y medio, el cerebro humano es un denso bulto de tejido arrugado, constituido por más de cien mil millones de neuronas, quizá un billón en total (Kluger, 2007). Pero, ¡qué maravilloso bulto es! Nos permite sentir el mundo y actuar en él, componer poesía y música, generar ideas nunca antes pensadas y experimentar la conciencia y nuestro sentido de ser. Complejos ensamblajes de neuronas forman intrincados circuitos en el cerebro que nos permiten interpretar el mundo que nos rodea y responder a los estímulos externos, así como organizar nuestra conducta, pensar, sentir y utilizar el lenguaje.

Las neuronas realizan estas tareas por medio del envío de mensajes entre sí. Dividamos el proceso en pasos más pequeños para ver cómo funciona.

Tanto dentro como fuera de la neurona hay átomos y moléculas con cargas eléctricas llamados **iones**. Como los polos de una batería, los iones tienen carga positiva (+) o negativa (−). Los movimientos de los iones a través de la pared celular, o *membrana celular,* causan cambios electroquímicos en la célula que generan una señal eléctrica que viaja a lo largo del axón de la célula en forma de un impulso nervioso. Los iones más importantes en este proceso son dos y tienen carga positiva: los iones de *sodio* y los iones de *potasio*. El movimiento de estar cargas a través de la membrana celular es controlado por una serie de entradas, o pequeñas puertas, que se abren para permitir que entren a la célula y se cierran para impedir su paso.

Cuando una neurona está en reposo (no ha sido estimulada), las puertas que controlan el paso de iones de sodio están cerradas. Una mayor concentración de iones de sodio con carga positiva permanece fuera de la célula, lo cual ocasiona que ésta tenga una carga ligeramente negativa llamada **potencial de reposo** en relación con el fluido circundante. Dicho potencial es de alrededor de −70 mV (milivoltios) (un milivoltio es una milésima de un voltio). Como una batería en un estante, una neurona en estado de reposo contiene un almacén de energía potencial que puede ser utilizada para generar, o "encender", un impulso nervioso como respuesta a la estimulación. Éste aguarda una fuente de estimulación que de manera temporal invierta las cargas eléctricas dentro de la célula y que ocasione que la misma se encienda.

Cuando la célula es estimulada, por lo regular por neurotransmisores liberados por las neuronas adyacentes, las puertas de sodio en la base del axón se abren. Los iones de sodio con carga positiva que se encuentran en el fluido circundante se precipitan hacia el interior; con ello, la carga del área dentro de la membrana celular en el punto de excitación se vuelve menos negativa. Este proceso se conoce como **despolarización**. Cuando la estimulación es lo bastante intensa, como cuando está presente suficiente cantidad de determinado neurotransmisor, la despolarización se extien-

vaina de mielina Capa de aislamiento protector que cubre a los axones de ciertas neuronas y ayuda a hacer más veloz la transmisión de impulsos nerviosos.

nodos de Ranvier Espacios en la vaina de mielina que crean áreas no aisladas a lo largo del axón.

esclerosis múltiple (EM) Enfermedad del sistema nervioso central en el cual la vaina de mielina que aísla a los axones está lesionada o destruida.

iones Partículas químicas eléctricamente cargadas.

potencial de reposo Potencial eléctrico a través de la membrana celular de una neurona en su estado de reposo.

despolarización Cambio positivo en la carga eléctrica en el potencial de reposo de las neuronas, con lo cual su carga es menos negativa.

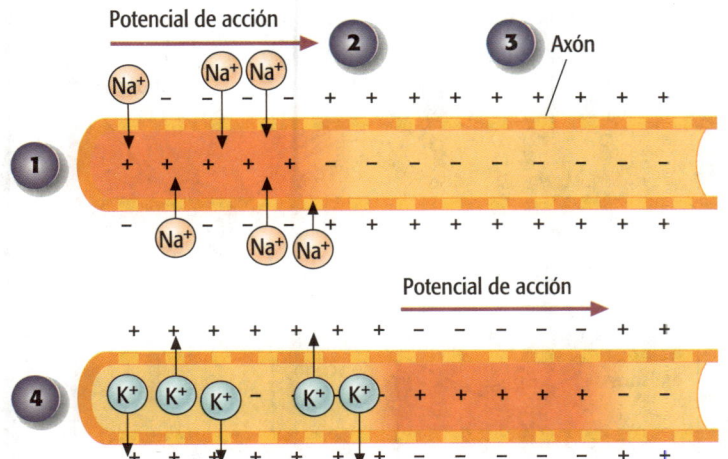

Potencial de acción

Axón

Potencial de acción

DIAGRAMA DE LA PSICOLOGÍA

FIGURA 2.2   Un potencial de acción
Aquí vemos cómo se genera un impulso nervioso o potencial de acción. ❶ Cuando una neurona en estado de reposo es estimulada, las puertas de sodio en la membrana celular se abren y permiten que los iones de sodio con carga positiva se precipiten al interior de la célula. ❷ Con suficiente estimulación, la célula cambia de pronto su carga eléctrica de negativa a positiva. ❸ La súbita inversión de carga se conoce como potencial de acción o impulso nervioso que se extiende por el axón y cambia las cargas a lo largo de la membrana celular de forma momentánea. Una vez que pasa el potencial de acción, las puertas de sodio se cierran a fin de impedir la entrada de más iones de sodio con carga positiva. ❹ La célula después emite iones con carga positiva, en su mayoría iones de potasio. Esto restaura el estado de reposo con carga negativa de la célula y le permite encenderse de nuevo como respuesta a la estimulación.

de pronto a lo largo del axón (Calderón de Anda *et al.,* 2005). Cuando esta ola de despolarización alcanza un umbral crítico, la neurona cambia, de forma abrupta, su carga eléctrica de negativa a positiva, de alrededor de +40 mV. La repentina inversión de carga eléctrica se llama **potencial de acción**, o *impulso nervioso,* y recorre toda la extensión del axón como una ola de cargas eléctricas cambiantes. Nos referimos a esta acción como el "encendido" de una neurona o como un "pico" (consulte la figura 2.2).

Una vez que el potencial de acción llega al extremo de un axón, causa la liberación de neurotransmisores de los botones dendríticos, los cuales contienen el mensaje nervioso, al siguiente axón. Los potenciales de acción se generan de acuerdo con el **principio de "todo o nada"**. Una neurona se encenderá por completo (generará un potencial de acción) si hay disponible suficiente estimulación o no se encenderá; no hay puntos medios. Diferentes axones generan potenciales de acción de velocidades distintas, lo cual depende de características como su grosor (por lo general, mientras más grueso el axón, mayor será la velocidad), y si están o no cubiertos por la vaina de mielina (la cual acelera la transmisión). Las velocidades de los potenciales de acción varían entre tres y algunos cientos de miles de kilómetros por hora. Incluso los más veloces impulsos nerviosos son mucho más lentos que la velocidad de una bala, la cual viaja a un promedio de varios cientos de kilómetros por hora. Los impulsos nerviosos alcanzan sus destinos en pequeñas fracciones de segundos, es decir, lo bastante rápido como para retirar en un instante la mano ante una quemadura en una superficie caliente, pero quizá no lo bastante como para evitar la quemadura.

Durante alrededor de una milésima de segundo (un milisegundo) después de encenderse, la neurona se prepara para encenderse de nuevo. Las puertas de sodio a lo largo de la membrana celular se cierran para impedir el ingreso de iones de sodio con carga positiva a la célula. Ésta emite iones con carga positiva, en su mayoría iones de potasio, lo cual hace posible que ocurra otro potencial de acción. Durante el tiempo en que ocurren estos cambios, llamado **periodo refractario**, la neurona, como una pistola cuando es recargada, es temporalmente incapaz de encenderse. Pero *temporalmente* significa *temporalmente*, pues una neurona puede "recargarse" cientos de veces por segundo.

Neurotransmisores: los mensajeros químicos del sistema nervioso

Las neuronas, en realidad, no se tocan. Como ya mencionamos, están separadas por los pequeños espacios llenos de fluido llamados sinapsis, las cuales miden menos de una millonésima de centímetro. Los impulsos nerviosos no pueden saltar ni siquiera esos espacios tan pequeños. Deben ser transferidos por neurotransmisores, los agentes químicos o mensajeros que llevan información por medio de la sinapsis. Cuando una neurona se enciende, pequeñas vesículas (o sacos) en los botones dendríticos del axón liberan moléculas de neurotransmisores en el espacio sináptico,

💡 **CONCEPTO 2.7**
Un potencial de acción se genera de acuerdo con el principio de todo o nada: se produce sólo si el nivel de excitación es suficiente.

potencial de acción   Cambio abrupto de carga negativa a positiva en una neurona; también llamado impulso neural.

principio de "todo o nada"
Principio por el cual las neuronas se encenderán sólo cuando ocurra un cambio en el nivel de excitación que sea suficiente para producir un potencial de acción.

periodo refractario   Estado temporal en el cual una neurona no es capaz de encenderse como respuesta a la estimulación continua.

FIGURA 2.3 Cómo se comunican las neuronas

Las neuronas se comunican entre sí mediante la transmisión de impulsos nerviosos. ❶ El impulso nervioso, o el potencial de acción, viaja a lo largo del axón de la neurona emisora o transmisora hacia la neurona receptora. ❷ Los neurotransmisores son liberados de las vesículas en los botones dendríticos de la neurona emisora. ❸ Estos mensajeros químicos después viajan a través del espacio sináptico y son absorbidos por los sitios receptores: en las dendritas de la neurona receptora. ❹ Las moléculas del neurotransmisor que no se alojan en los sitios receptores: se descomponen en el espacio sináptico o son reabsorbidas por la neurona transmisora en un proceso llamado reabsorción.

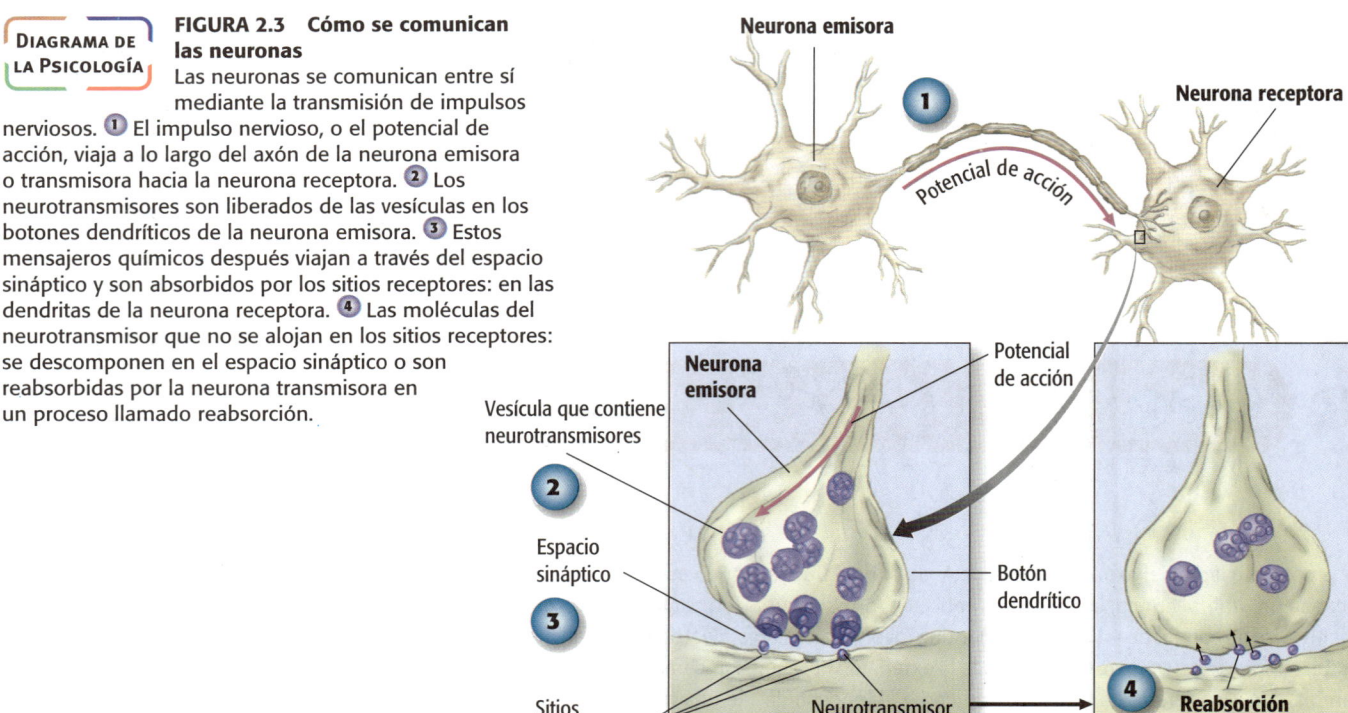

CONCEPTO 2.8
Cuando un impulso nervioso llega a los botones dendríticos del axón, dispara la liberación de químicos que incrementan o disminuyen la probabilidad de que la célula vecina se encienda.

como una flotilla de barcos que zarpan a la mar (consulte la figura 2.3) (Heidelberg, 2007). Los neurotransmisores llevan mensajes que controlan actividades, desde la contracción de los múscu-los que mueven nuestro cuerpo hasta la estimulación de glándulas que liberan hormonas o los estados psicológicos del pensamiento y la emoción.

Cada tipo específico de neurotransmisor tiene una estructura química particular o forma tridi-mensional. Ésta se inserta sólo en un tipo específico de **sitio receptor**, como una llave embona en una cerradura. Cuando los neurotransmisores se alojan en los sitios receptores, se ajustan en su lu-gar y causan cambios químicos en la neurona receptora (o *postsináptica*). Estos cambios provocan un efecto *excitatorio* o uno *inhibitorio* (Kennedy, 2000), que hacen que un potencial de acción ten-ga más probabilidades de ocurrir. Los efectos inhibitorios meten los frenos al potencial de acción y causan que tenga menos probabilidades de ocurrir. Algunos neurotransmisores tienen efectos excitatorios; otros, efectos inhibitorios, y otros más, ambos. El sistema nervioso depende de un equilibrio entre excitación e inhibición, o entre encendido y apagado de las neuronas, a fin de poder funcionar de manera eficiente y continua (Chih, Engelman y Scheiffele, 2005; Haider, *et al.*, 2006).

Por lo regular, muchos procesos impiden que los neurotransmisores excitatorios continúen estimulando a una célula receptora. Un proceso llamado **reabsorción** es la versión propia de la naturaleza del reciclaje. Mediante ésta, los neurotransmisores que la célula receptora no absorbió son reabsorbidos por sus vesículas para utilizarse de nuevo. En otro proceso, las **enzimas** de la sinapsis descomponen los neurotransmisores, los cuales son eliminados del cuerpo por medio de la orina. En otra fase, los botones dendríticos liberan **neuromoduladores**, químicos que incre-mentan o disminuyen la sensibilidad de la neurona receptora a los neurotransmisores.

La función psicológica normal depende de la transmisión eficiente de mensajes entre neu-ronas en el cerebro. La capacidad de usted para pensar con claridad; mover sus brazos y piernas a voluntad, sentir dolor o emociones como placer, temor o ira...; todo lo que usted hace, siente o piensa, depende de los neurotransmisores. Cuando el cuerpo produce muy poca o demasiada can-tidad de neurotransmisores, puede haber problemas. En ocasiones, los sitios receptores permiten que se alojen demasiadas moléculas del neurotransmisor o no los aceptan de manera adecuada. El exceso o la deficiencia de determinados neurotransmisores en el cerebro, o las irregularidades en sus funciones, se asocian con numerosos trastornos. Por ejemplo, las deficiencias en el fun-

sitio receptor Lugar en la neurona receptora en el cual anida el neurotransmisor.

reabsorción Proceso mediante el cual los neurotransmisores son reabsorbidos por la neurona transmisora.

enzimas Sustancias orgánicas que producen determinados cambios químicos en otras por medio de la acción catalítica.

neuromoduladores Químicos liberados en el sistema nervioso que influyen en la sensibilidad de la neurona receptora hacia los neurotransmisores.

cionamiento de los neurotransmisores están vinculadas con trastornos alimenticios (consulte el capítulo 8), la depresión y la esquizofrenia (consulte el capítulo 14).

Antagonistas y agonistas

Ciertas sustancias pueden interferir en las acciones de los neurotransmisores. Algunas de éstas se adhieren a los sitios receptores, con lo cual impiden que determinados mensajeros químicos se alojen allí. El neurotransmisor *acetilcolina* (ACh), por ejemplo, tiene un efecto excitatorio en los músculos esqueléticos y los estimula para contraerse como respuesta a las órdenes voluntarias. La ACh también está involucrada en la formación de la memoria y en el control de los latidos del corazón. Sin embargo, si se impide el alojamiento de ACh en sus sitios receptores, los músculos esqueléticos que controlan los movimientos voluntarios no pueden contraerse. Algunas sociedades nativas de Sudamérica extraen un veneno llamado *curare* de las plantas para utilizarlo en la cacería. Los nativos remojan las puntas de sus flechas en el veneno. Cuando la flecha perfora la piel de un animal, el veneno penetra en su cuerpo y bloquea los sitios receptores de ACh y la excluye, con lo cual causa parálisis. El animal no puede utilizar sus músculos para respirar: muere por asfixia. Los medicamentos o sustancias químicas, como el *curare,* que obstruyen la acción de los neurotransmisores al ocupar sus sitios receptores se llaman **antagonistas**. Al adherirse a estos sitios receptores, los antagonistas impiden la transmisión de mensajes portados por los neurotransmisores.

Consideremos al neurotransmisor *dopamina,* el cual está involucrado en un amplio rango de funciones (desde controlar la contracción de los músculos hasta el aprendizaje, la memoria y la regulación de los sentimientos de placer). Una razón por que los psicólogos están interesados en la dopamina es que las irregularidades en el funcionamiento de este mensajero en el cerebro podrían ayudar a explicar el desarrollo de la **esquizofrenia**, un grave trastorno mental caracterizado por síntomas como **alucinaciones** ("escuchar voces" o ver cosas que no están allí) y **delirios** (ideas falsas y fijas, como creer que los extraterrestres se han apoderado de sus cuerpos). Los medicamentos psiquiátricos que ayudan a controlar estos síntomas, conocidos como *medicamentos antipsicóticos,* funcionan como antagonistas de la dopamina al bloquear los sitios receptores donde se sitúa dicho neurotransmisor (Abbott, 2007).

Otro trastorno relacionado con la dopamina es la **enfermedad de Parkinson**, padecimiento cerebral degenerativo que conduce a la pérdida progresiva de la función motora, o el movimiento físico (Deuschl *et al.,* 2006). Los pacientes con esta enfermedad tienen temblores, rigidez y contractura muscular además de dificultades para caminar y controlar los movimientos de sus dedos y manos. Estos síntomas son resultado de la muerte de células productoras de dopamina en un área del cerebro implicada en la regulación del movimiento del cuerpo. De acuerdo con un experto, "La dopamina es como el aceite en el motor de un automóvil..., si el aceite está allí, el auto funciona bien. Si no, se descompone" (citado en Carroll, 2004, p. F5).

Michael J. Fox   Michael J. Fox renunció a su papel protagónico en una exitosa serie de televisión para enfocar sus esfuerzos en combatir la enfermedad de Parkinson, la enfermedad cerebral degenerativa que padecía.

💡 **CONCEPTO 2.9**
El funcionamiento psicológico normal depende del delicado equilibrio de la actividad de los neurotransmisores en el cerebro.

VÍNCULO DE CONCEPTOS · · · · ·
Las irregularidades en el funcionamiento de los neurotransmisores están implicadas en muchos trastornos psicológicos, incluso alimenticios, depresión y esquizofrenia. Los trastornos alimenticios se comentan en el módulo 8.2, la depresión en el módulo 14.4 y la esquizofrenia en el 14.5.

antagonistas   Sustancias que bloquean las acciones de los neurotransmisores al ocupar los sitios receptores donde éstos se alojan.

esquizofrenia   Desorden psicológico, grave y crónico, caracterizado por alteraciones en el pensamiento, la percepción, las emociones y la conducta.

alucinaciones   Percepciones experimentadas en ausencia de un estímulo externo correspondiente.

delirios   Creencias fijas pero evidentemente falsas, como la idea de ser perseguido por demonios.

enfermedad de Parkinson   Trastorno cerebral progresivo que implica la destrucción de las células cerebrales productoras de dopamina y que se caracteriza por espasmos musculares, temblores, rigidez y dificultad para caminar y controlar los movimientos corporales finos.

La enfermedad de Parkinson afecta un estimado de 1.5 millones de estadounidenses, incluso a personajes como el excampeón de box de peso pesado Muhammad Alí y el actor Michael J. Fox. Aún desconocemos la causa de la muerte de las células productoras de dopamina, pero los científicos creen que ciertos factores genéticos están implicados en ello (Kaplitt *et al.*, 2007; Lesage *et al.*, 2006; Ozelius *et al.*, 2006).

En contraste con los antagonistas que compiten con los neurotransmisores en los mismos sitios receptores, otras sustancias, los **agonistas**, mejoran la actividad de aquéllos. La función de los agonistas es incrementar la disponibilidad o eficacia de los neurotransmisores o adherirse a sus sitios receptores e imitar sus acciones.

Un ejemplo es la cafeína, **estimulante** leve que incrementa la disponibilidad de un neurotransmisor llamado *glutamato,* el cual es un neurotransmisor excitatorio que ayuda a mantener despierto el sistema nervioso (Goff y Coyle, 2001).

Los estimulantes más fuertes, como las **anfetaminas** y la cocaína, son agonistas que incrementan la disponibilidad de dopamina en el cerebro al bloquear su reabsorción en la neurona emisora. Ya mencionamos que la dopamina desempeña múltiples funciones, como transportar mensajes en las vías neuronales del cerebro que producen sensaciones de placer asociadas con muchas experiencias gratificantes, como comer cuando se siente hambre o beber cuando se tiene sed (Burgdorf y Panksepp, 2006; Epstein *et al.*, 2007; Schultz, 2006). Los científicos creen que muchos tipos de drogas, incluso las anfetaminas y la cocaína, así como el alcohol y los opioides; producen estados de placer o "euforia" al incrementar la disponibilidad de dopamina en el cerebro (Gallistel, 2006; Pierce y Kumaresan, 2006). (Volveremos a este tema en el capítulo 4).

El alcohol y los medicamentos ansiolíticos, como el *Valium,* son otros agonistas que incrementan la sensibilidad de los sitios receptores al neurotransmisor *ácido gamma-aminobutírico (GABA).* El GABA es el principal neurotransmisor *inhibitorio* en el cerebro adulto; ayuda a regular la actividad del sistema nervioso al impedir que las neuronas sobreexciten a sus vecinas (Gel *et al.*, 2006). Por lo tanto, los medicamentos que disparan la actividad del GABA tienen efectos calmantes o relajantes en el sistema nervioso.

Los neurotransmisores *serotonina* y *norepinefrina* también están implicados en la depresión (Merens, Van der Does y Spinhoven, 2007; Sharp, 2006). Los medicamentos utilizados para tratarla, llamados **antidepresivos**, son agonistas que incrementan la actividad y los niveles de estos neurotransmisores en el cerebro (Sibille y Lewis, 2006).

La norepinefrina (también llamada *noradrenalina*) es un primo químico de la hormona epinefrina (también llamada *adrenalina*). La primera desempeña una función doble como neurotransmisor y como hormona (consulte el módulo 2.6). La serotonina funciona en mayor medida como neurotransmisor inhibitorio: ayuda a regular los estados de ánimo, las sensaciones de saciedad después de comer y el sueño. El muy utilizado antidepresivo *fluoxetina* (nombre comercial: *Prozac)* incrementa la disponibilidad de serotonina al interferir en la reabsorción del químico por la neurona emisora (esto se comentará más ampliamente en el capítulo 15).

¿Sabía usted que, por naturaleza, el cerebro produce neurotransmisores que son primos químicos de las drogas narcóticas, como la morfina y la heroína? Estos químicos, llamados **endorfinas** (combinación de *morfina endógena,* lo cual significa morfina "del interior del cuerpo") son neurotransmisores inhibitorios. Éstos se adhieren a los mismos receptores en el cerebro que la morfina. (Hablaremos más sobre los narcóticos y otras sustancias psicoactivas en el capítulo 4).

Las endorfinas son los analgésicos naturales del cuerpo. En estructura química son similares a los narcóticos. Como la morfina, la heroína y otros estupefacientes, las endorfinas alivian el dolor al adaptarse a los sitios receptores para sustancias químicas que transmiten mensajes de dolor al cerebro y bloquean la entrada de éstos. También producen sensaciones de bienestar y placer y pueden contribuir a la "euforia del corredor" experimentada por muchos corredores de

"Tráigame un agonista frío para llevar"
La cafeína en el café es un agonista que mejora las acciones del neurotransmisor excitatorio glutamato. ¿Cuál es la diferencia entre las sustancias que funcionan como agonistas y las que lo hacen como antagonistas?

agonista Sustancia que incrementa la capacidad o eficacia de los neurotransmisores o imita sus acciones.

estimulante Sustancia que activa al sistema nervioso central, como la cafeína.

anfetaminas Clase de drogas estimulantes sintéticamente derivadas, como las metanfetaminas o el *speed*.

antidepresivos Medicamentos que combaten la depresión al afectar los niveles o la actividad de los neurotransmisores.

endorfinas Químicos naturales liberados en el cerebro, cuyos efectos son disminuir el dolor e inducir el placer.

distancias largas. La morfina y la heroína son agonistas porque imitan los efectos de las endorfinas que el cuerpo produce de manera natural.

Por qué es importante

¿Por qué es importante que una sustancia sea agonista o antagonista? Digamos que nos enteramos de que un trastorno psicológico está vinculado con un nivel creciente de actividad de un transmisor particular. Si usted pretendiera desarrollar un medicamento terapéutico para tratar ese trastorno, ¿lo más probable sería que usted trabajara en el desarrollo de un agonista o de un antagonista para ese neurotransmisor? ¿Por qué?

Es presumible que usted se dedicara a desarrollar un antagonista, un medicamento que bloquee o interfiera en la actividad de ese neurotransmisor. Al obstaculizar las acciones del neurotransmisor podría ayudar en el control de síntomas alarmantes, como descubrimos con los antagonistas que bloquean la actividad de la dopamina en el tratamiento para la esquizofrenia.

REVISIÓN DE MÓDULO 2.1

Neuronas: el cableado del cuerpo

REPASE

¿Qué es una neurona?

- Una neurona es una célula nerviosa, el ladrillo básico del sistema nervioso por el cual se transmite la información en forma de impulsos nerviosos.

¿Cuáles son las partes de una neurona?

- Como otras células, las neuronas cuentan con un cuerpo celular, o soma, que alberga su núcleo y realiza su trabajo metabólico. Cada neurona tiene también un axón: un cable largo que conduce los mensajes de salida (impulsos nerviosos) a otras neuronas; así como dendritas, que son fibras que reciben los mensajes neuronales de otras neuronas. Los botones dendríticos son protuberancias en los extremos del axón que liberan neurotransmisores, los cuales son mensajeros químicos que transportan información a las neuronas adyacentes.

¿Cuáles son los tipos de neuronas y células que se encuentran en el sistema nervioso?

- El sistema nervioso tiene tres tipos de neuronas: las sensoriales, que transportan información de los órganos sensoriales, de los órganos corporales internos y de los tejidos a la médula espinal y al cerebro; las motoras, las cuales llevan mensajes del sistema nervioso central a los músculos y a los órganos internos, y las interneuronas, que conectan a las neuronas entre sí.
- El sistema nervioso tiene dos tipos de células: las neuronas, células nerviosas que conducen los impulsos nerviosos, y las gliales, que apoyan y nutren a las primeras. Las células gliales también forman la vaina de mielina que cubre a algunos axones y que acelera la transmisión de los impulsos nerviosos.

¿Cómo se genera y transmite un impulso nervioso de una neurona a otra?

- Los impulsos nerviosos son sucesos electroquímicos. Cuando una neurona es estimulada más allá del nivel de umbral tiene lugar un rápido cambio en su polaridad, de carga negativa a positiva. Esta inversión de carga, llamada potencial de acción o impulso nervioso, se genera a lo largo del axón hasta los botones dendríticos.
- Cuando un impulso nervioso llega a los botones dendríticos, dispara la liberación de neurotransmisores, que son los mensajeros químicos que transportan el mensaje mediante la sinapsis a las neuronas vecinas, y que pueden tener efectos excitatorios o inhibitorios en las neuronas en las cuales se alojan.

¿Qué funciones desempeñan los neurotransmisores en el funcionamiento psicológico?

- Los neurotransmisores están involucrados en procesos psicológicos como la memoria, el aprendizaje y las respuestas emocionales. Las irregularidades en el funcionamiento de algunos de ellos están implicadas en varios trastornos, incluso la esquizofrenia y la depresión.

RECUERDE

1. Según reportó el neurólogo Oliver Sacks, el doctor P., a pesar de sus deficiencias en percepción visual, era capaz de actuar normal con
   a. el empleo de mapas mentales
   b. el uso de la música para dirigir y organizar sus actividades
   c. el consumo de medicamentos para aumentar la cantidad de iones en las uniones neurales
   d. una cirugía para reconectar las fibras mielinizadas y no mielinizadas

2. La parte de la neurona que alberga al núcleo celular es el
   _____.

3. ¿Cuáles son los tres tipos de neuronas en el cuerpo humano?

4. Cuando una neurona está en reposo,
   a. una mayor cantidad de iones de sodio permanece fuera de la célula nerviosa
   b. la célula tiene una carga ligeramente positiva (en relación con fluido circundante)

c. el estado se conoce como potencial de acción

d. se encuentra en un estado de despolarización

5. Aunque las células nerviosas en realidad no se tocan unas a otras, se comunican por medio de

a. impulsos eléctricos, los cuales viajan de las dendritas a los sitios receptores en las neuronas adyacentes

b. neurotransmisores, que llevan el impulso nervioso mediante la sinapsis

c. interneuronas, que sirven como estaciones intermedias entre neuronas

d. células nerviosas que funcionan de manera independiente y no tienen necesidad de comunicarse entre sí

Las respuestas a las preguntas Recuerde aparecen en el apéndice C, al final del libro de texto.

REFLEXIONE

• ¿En qué se parece una neurona en estado de reposo a una batería en un estante?

• ¿Qué es un potencial de acción?, ¿cómo se genera? ¿Qué sucede cuando llega al extremo de un axón?

• Un científico desarrolla un medicamento que bloquea las acciones de la cocaína al adherirse a los mismos sitios receptores que ésta. Mientras la persona consuma el medicamento, la cocaína no le producirá euforia. ¿El medicamento sería un antagonista o un agonista de la cocaína?, ¿por qué?

MÓDULO 2.2

El sistema nervioso: la superautopista de información de su cuerpo

• ¿Cómo está organizado el sistema nervioso?

• ¿Qué son los reflejos espinales?

• ¿Qué son los sistemas nerviosos somático y autónomo?

• ¿Cuál es la relación entre las divisiones simpática y parasimpática del sistema nervioso autónomo?

CONCEPTO 2.10

El sistema nervioso se divide en dos partes principales: el sistema nervioso central, el cual consiste en el cerebro y la médula espinal, y el sistema nervioso periférico, el cual está conformado por los nervios que conectan al sistema nervioso central con los órganos sensoriales, los músculos y las glándulas.

sistema nervioso Red de células nerviosas y de apoyo para comunicar y procesar información.

sistema nervioso central (SNC) Parte del sistema nervioso que consiste en el cerebro y la médula espinal.

médula espinal Columna de nervios que transmite información entre el cerebro y el sistema nervioso periférico.

Dentro de su cuerpo hay una superautopista de información que conduce datos en forma de impulsos nerviosos: el **sistema nervioso** (una intrincada red de neuronas que están organizadas en una compleja red de comunicaciones). El sistema nervioso está dividido en dos partes principales: el *sistema nervioso central*, compuesto por el cerebro y la médula espinal, y el *sistema nervioso periférico*, el cual conecta al sistema nervioso central con otras partes del cuerpo (consulte la figura 2.4). La tabla de conceptos 2.2 muestra la organización del sistema nervioso.

El sistema nervioso central: la unidad maestra de control de su cuerpo

Usted puede comparar el **sistema nervioso central (SNC)** con la unidad central de procesamiento de una computadora; el "cerebro" de la computadora está comprimido en un chip que controla las funciones centrales de procesamiento de la misma. El sistema nervioso central es un sistema maestro de control que regula todo en su cuerpo, desde el ritmo cardiaco y los movimientos de sus ojos mientras lee estas palabras hasta sus procesos mentales superiores, como pensar y razonar. El sistema nervioso central también le permite percibir el mundo que le rodea y encontrar sentido a las sensaciones que experimenta (consulte el capítulo 3).

La gloria suprema de su sistema nervioso central es su cerebro: ese maravilloso órgano que regula los procesos vitales y le permite pensar, planear y crear. Por fortuna, esa tierna masa de tejido está acojinada dentro de una cavidad rígida y ósea llamada cráneo.

Como verá en el módulo 2.3, una manera de estudiar el cerebro es explorar sus tres partes principales: el rombencéfalo, o cerebro inferior: el "sótano" del cerebro; el mesencéfalo, y el pro-

TABLA DE CONCEPTOS 2.2
Organización del sistema nervioso

```
                          El sistema nervioso
                    ┌──────────────┴──────────────┐
      Sistema nervioso central          Sistema nervioso periférico
   La unidad maestra de control         El vínculo del cuerpo con el
            del cuerpo                         mundo exterior
```

Sistema nervioso central
La unidad maestra de control del cuerpo

Médula espinal
Columna de nervios entre el cerebro y el sistema nervioso periférico

Cerebro
Se divide en tres partes principales: la inferior o rombencéfalo, el mesencéfalo y el prosencéfalo

Sistema nervioso periférico
El vínculo del cuerpo con el mundo exterior

El sistema nervioso autónomo
Regula los procesos corporales involuntarios, como el pulso cardiaco, la respiración, la digestión y la contracción de las pupilas; opera de manera automática y sin dirección consciente

El sistema nervioso somático
Trasporta información sensorial de los órganos sensoriales al sistema nervioso central (SNC) y envía las órdenes motoras (movimiento) a los músculos; controla los movimientos voluntarios

Sistema nervioso simpático
Moviliza los recursos corporales como respuesta a la amenaza al acelerar el pulso cardiaco y la respiración y al utilizar la energía almacenada en las reservas corporales

Sistema nervioso parasimpático
Resurte los recursos corporales al promover la digestión y al hacer más lentos otros procesos del cuerpo

---

DIAGRAMA DE LA PSICOLOGÍA

FIGURA 2.4   Partes del sistema nervioso
El sistema nervioso tiene dos divisiones principales: el central y el periférico. ① El sistema nervioso central, que consiste en el cerebro y la médula espinal, procesa la información que recibe del sistema nervioso periférico y emite órdenes, transportadas por medio del sistema nervioso periférico, hasta los músculos y otros órganos corporales. ② El sistema nervioso periférico es una red de nervios que conectan al sistema nervioso central con los órganos sensoriales, los músculos y las glándulas en todo el cuerpo.

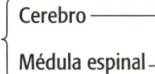

① Sistema nervioso central   Cerebro — Médula espinal

② Sistema nervioso periférico

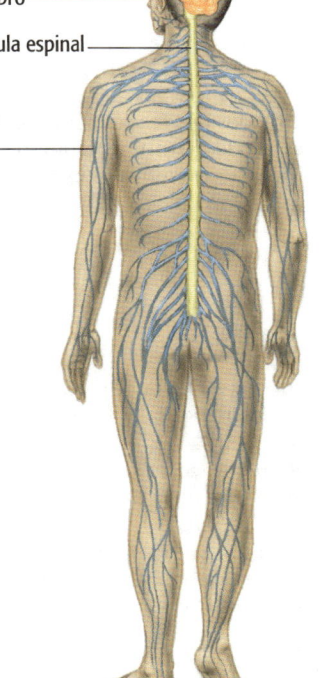

sencéfalo, la región superior donde "viven" sus pensamientos y su sentido de ser. Aquí consideraremos la otra parte principal del sistema nervioso central, la médula espinal, que es el vínculo del cerebro con el sistema nervioso periférico.

La médula espinal

La **médula espinal**, una columna de nervios casi tan gruesa como su dedo pulgar, es literalmente una extensión del cerebro. Ésta comienza en la base de su cerebro y recorre el centro de su espalda para terminar justo debajo de su cintura. Es una vía neuronal que transmite información entre el cerebro y el sistema nervioso periférico, recibe mensajes que llegan desde sus órganos sensoriales y otras partes periféricas de su cuerpo, y lleva órdenes de salida desde su cerebro hasta sus músculos, glándulas y órganos en todo su cuerpo.

 DIAGRAMA DE LA PSICOLOGÍA   **FIGURA 2.5   Anatomía de un reflejo espinal**

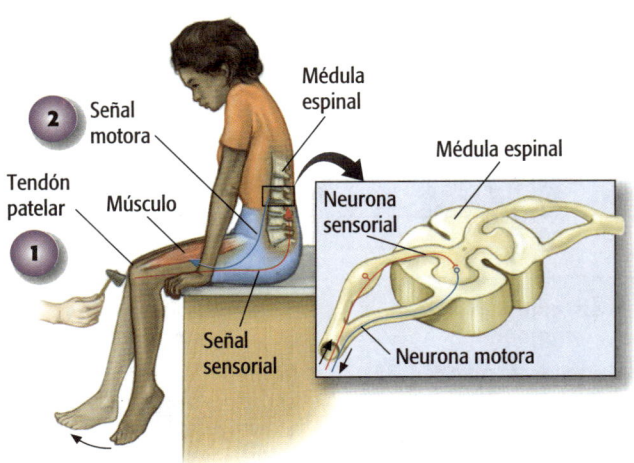

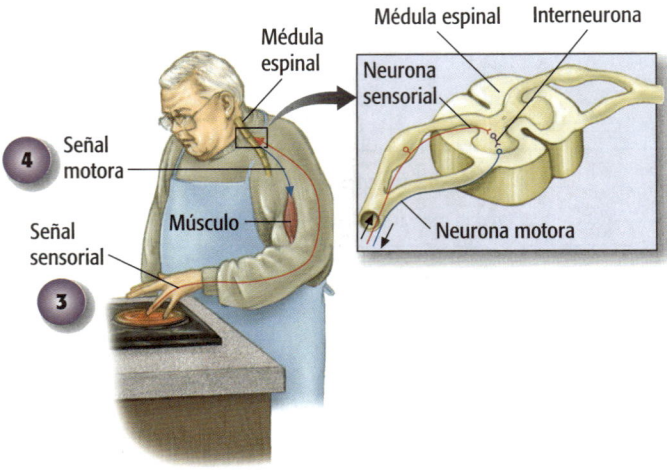

El reflejo patelar
① El golpe en la rodilla envía una señal mediante una neurona sensorial hasta la médula espinal, donde la información es transmitida a una neurona motora. ② La neurona motora transmite señales de contracción a los músculos del muslo, con lo cual la pierna patea hacia el frente.

El reflejo de retiro
③ Tocar una estufa caliente envía una señal mediante las neuronas sensoriales hasta la médula espinal. ④ La información es entregada por medio de una interneurona a una neurona motora, la cual envía la señal de contraerse a los músculos de la mano para que ésta se retire del objeto caliente.

CONCEPTO 2.11
La médula espinal es una autopista de información que conduce datos entre el cerebro y el sistema nervioso periférico.

CONCEPTO 2.12
Los reflejos espinales son respuestas innatas y automáticas controladas por la médula espinal, las cuales le permiten responder con rapidez a determinados estímulos.

columna vertebral   La columna ósea de protección que aloja a la médula espinal.
reflejo   Reacción automática y no aprendida a un estímulo.
reflejo espinal   Reflejo controlado por la médula espinal que puede involucrar, por mucho, a dos neuronas.

La médula espinal está resguardada por una columna ósea de protección llamada **columna vertebral**. A pesar de esta protección, puede sufrir daños. En las lesiones graves de médula espinal, como la que sufrió el fallecido actor Christopher Reeve cuando cayó de un caballo, no puede haber transmisión de señales entre el cerebro y los órganos periféricos, lo cual puede derivar en parálisis de los miembros y en la incapacidad para respirar por uno mismo. Como resultado de esta lesión, Reeve quedó cuadrapléjico (es decir, perdió el control de sus brazos y piernas). De igual manera, dado que perdió la capacidad para respirar, necesitó un respirador artificial.

La médula espinal no es sólo un conducto para la transmisión neuronal de señales entre el cerebro y el sistema nervioso periférico; también controla algunos *reflejos espinales* que conducen a responder tan pronto como sea posible a tipos particulares de estímulos. Un **reflejo** es una reacción automática y no aprendida a un estímulo; un **reflejo espinal** es un reflejo controlado por la médula espinal, es decir, que no llega al cerebro. Un ejemplo de éste es la patada que usted da cuando el médico que lo examina le da con un pequeño martillo un ligero golpe en la rodilla. Algunos reflejos de este tipo, incluso la respuesta patelar, involucran a sólo dos neuronas: una sensorial y otra motora (consulte la figura 2.5). En otros casos, como el reflejo de retiro de la mano al tocar un objeto caliente, interviene además una interneurona, la cual transmite información desde la neurona sensorial por la que aquella entra hasta la motora por la que sale.

Los reflejos espinales nos permiten responder casi al instante y con gran eficiencia a estímulos particulares. El reflejo patelar tarda apenas 50 ms desde el momento en que el martillo golpea a la rodilla hasta cuando la pierna patea hacia el frente (en comparación con los cientos de milisegundos que le toma flexionar la pierna a voluntad). Para apreciar el valor de los reflejos espinales, recuerde los momentos cuando usted ha retirado la mano de una estufa caliente, o ha parpadeado porque una ráfaga de aire ha traído partículas de polvo hacia sus globos oculares. Al ahorrarse los numerosos milisegundos que le tomaría enviar el mensaje a su cerebro, que éste lo interprete y envíe una orden a lo largo de su autopista espinal a las neuronas motoras, los reflejos espinales pueden significar la diferencia entre una lesión menor y una más grave.

El sistema nervioso periférico: el vínculo entre su cuerpo y el mundo exterior

El sistema nervioso central depende de un flujo constante de información que recibe de sus órganos internos y de sus receptores sensoriales, así como de su capacidad para transportarla hasta los músculos y glándulas que regula. Esas funciones las realiza el **sistema nervioso periférico (SNP)**, la parte del sistema nervioso que conecta su sistema nervioso central con otras partes de su cuerpo.

Sin el sistema nervioso periférico, su cerebro sería como un chip de computadora desconectado del *hardware,* es decir, un maravilloso desarrollo de ingeniería que es incapaz de funcionar. Sin la información transmitida desde sus órganos sensoriales —sus ojos, oídos, lengua, nariz y piel—, usted sería incapaz de percibir el mundo; sin órdenes enviadas a sus músculos, usted sería incapaz de actuar en el mundo. El sistema nervioso periférico está dividido en dos partes: el **sistema nervioso somático** y el **sistema nervioso autónomo (SNA)**.

El sistema nervioso somático

Éste transmite mensajes entre su sistema nervioso central, y sus órganos sensoriales y músculos. No sólo le permite percibir el mundo, sino también se asegura de que sus músculos se contraigan como respuesta a una orden intencional o estímulo que dispare un acto reflejo. Por último, regula los movimientos sutiles que mantienen la postura y el equilibrio.

El sistema nerviosos somático está compuesto de neuronas sensoriales y motoras. Como ya señalamos en el módulo 2.1, las primeras envían mensajes de los órganos sensoriales a la médula espinal y al cerebro. De esta manera, la información sobre los estímulos que inciden en nuestros sentidos (luz, sonidos, olores, sabor, presión sobre nuestra piel, etc.) es transmitida al sistema nervioso central. Después, el cerebro interpreta esos mensajes y le permite percibir un hermoso ocaso o a un animal amenazante, distinguir un susurro del fragor del viento, determinar si está sentado en una postura reclinada o erguida y experimentar sensaciones de calor, frío y dolor.

El sistema nervioso central procesa la información que recibe y envía mensajes de regreso mediante las neuronas motoras que controlan los movimientos, como caminar y correr, retirar el brazo como reflejo después de tocar un objeto caliente, levantar y bajar los brazos a voluntad, y los pequeños y casi imperceptibles movimientos que regulan su equilibrio y su postura.

El sistema nervioso autónomo

El sistema nervioso autónomo (SNA) es la parte del sistema nervioso periférico que controla procesos corporales internos; como el pulso cardiaco, la respiración, la digestión y la dilatación de las pupilas. Realiza estas tareas de manera automática (autónomo significa "automático") y regula estos procesos corporales vitales sin que usted tenga que pensar al respecto. Sin embargo, se puede ejercer cierto control voluntario sobre algunas de estas funciones; por ejemplo, respirar más rápido o más lento a voluntad.

El sistema nervioso autónomo se compone a su vez de dos divisiones o ramas que tienen efectos muy opuestos: el *sistema nervioso simpático* y el *sistema nervioso parasimpático.* El **sistema nervioso simpático** acelera los procesos corporales y extrae energía de las reservas almacenadas. Sirve como medio de alarma que enciende la excitación y moviliza los recursos corporales en momentos de estrés o esfuerzo físico, o cuando pudiera ser necesaria una acción defensiva para enfrentar una amenaza. Acelera su ritmo cardiaco y respiratorio y proporciona más combustible o energía al cuerpo para utilizarla en la liberación de azúcar (glucosa) del hígado. La activación de este sistema se acompaña, con frecuencia, de intensas emociones, como ansiedad, temor o ira. Ésa es la razón por la que sentimos que nuestro corazón late más deprisa cuando estamos ansiosos o enojados.

CONCEPTO 2.13
El sistema nervioso somático es la parte del sistema nervioso periférico que controla los movimientos voluntarios de los músculos y envía información entre el sistema nervioso central y los órganos sensoriales.

CONCEPTO 2.14
Como un piloto automático, el sistema nervioso autónomo, una división del sistema nervioso periférico, controla de manera automática los procesos corporales involuntarios, como el ritmo cardiaco, la respiración y la digestión.

CONCEPTO 2.15
El sistema nervioso autónomo está dividido en dos ramas que tienen efectos muy opuestos: el sistema nervioso simpático y el sistema nervioso parasimpático.

VÍNCULO DE CONCEPTOS • • • • •
El sistema nervioso autónomo desempeña una importante función en la respuesta del cuerpo al estrés. Consulte el módulo 12.1.

sistema nervioso periférico (SNP)
Parte del sistema nervioso que conecta a la médula espinal y al cerebro con los órganos sensoriales, los músculos y las glándulas.

sistema nervioso somático
Parte del sistema nervioso periférico que transmite información entre el sistema nervioso central y los órganos sensoriales y los músculos; también controla los movimientos voluntarios.

sistema nervioso autónomo (SNA)
Parte del sistema nervioso periférico que regula de forma automática los procesos corporales involuntarios, como la respiración, el pulso cardiaco y la digestión.

sistema nervioso simpático
Rama del sistema nervioso autónomo que acelera los procesos corporales y libera las reservas de energía necesarias para satisfacer demandas físicas crecientes.

sistema nervioso parasimpático
Rama del sistema nervioso autónomo que regula los procesos corporales, como la digestión, misma que reabastece las reservas de energía.

El **sistema nervioso parasimpático** se encarga de los procesos corporales, como la digestión, que reabastecen las reservas de energía y proporcionan combustible al cuerpo al convertir el alimento en glucosa (azúcar en la sangre), la cual es utilizada por las células como fuente de energía. El sistema nervioso parasimpático también contribuye a conservar la energía al hacer más lentos otros procesos corporales. Si el sistema nervioso simpático acelera su corazón, el parasimpático lo calma. El primero apaga (inhibe) la actividad digestiva; el segundo la enciende. El sistema parasimpático está al mando cada vez que usted se relaja o digiere un alimento.

REVISIÓN DE MÓDULO 2.2

El sistema nervioso: la superautopista de información de su cuerpo

REPASE

¿Cómo está organizado el sistema nervioso?

- Las principales divisiones del sistema nervioso son el sistema nervioso central, el cual consiste en el cerebro y la médula espinal, y el sistema nervioso periférico, el cual conecta al sistema nervioso central con el resto del cuerpo. El sistema nervioso periférico está dividido en el sistema nervioso somático y el sistema nervioso autónomo.

¿Qué son los reflejos espinales?

- Son respuestas automáticas y no aprendidas que están controladas por la médula espinal. Pueden involucrar a dos neuronas solamente.

¿Qué son sistemas nerviosos somático y autónomo?

- Los sistemas nerviosos somático y autónomo son las dos ramas del sistema nervioso periférico (SNP), la parte del sistema nervioso que conecta el sistema nervioso central con las otras partes de su cuerpo. El primero envía mensajes entre su sistema nervioso central y sus órganos sensoriales y músculos. El segundo (SNA) controla de manera automática los procesos corporales como el pulso cardiaco, la respiración, la digestión y la dilatación de las pupilas. Está dividido en las ramas simpática y parasimpática.

¿Cuál es la relación entre las divisiones simpática y parasimpática del sistema nervioso autónomo?

- Estas dos divisiones tienen efectos muy opuestos. El sistema nervioso simpático acelera los procesos corporales que gastan energía, mientras el sistema parasimpático hace más lentos algunos procesos corporales también favorece otros, como la digestión, que reabastece las reservas de energía.

RECUERDE

1. Las dos divisiones principales en el sistema nervioso humano son el sistema nervioso _____ y el sistema nervioso _____.

2. El cerebro y la médula espinal constituyen el sistema nervioso _____.

3. La parte del sistema nervioso que prepara al cuerpo para sobrellevar el estrés es el sistema nervioso _____.
   a. simpático
   b. eferente
   c. periférico
   d. parasimpático

4. El sistema nervioso parasimpático
   a. hace más lenta cierta parte de la actividad corporal y permite el reabastecimiento de energía
   b. forma parte del sistema nervioso central
   c. también se conoce como el mecanismo de "luchar-o-huir"
   d. extrae energía de las reservas corporales para satisfacer las demandas estresantes del cuerpo

REFLEXIONE

- Cuando usted corre para alcanzar un autobús, su respiración se acelera y el corazón comienza a bombear. ¿Qué parte de su sistema nervioso periférico entra en función en ese momento?

- ¿Hubo algún momento en su vida cuando un reflejo espinal impidió que sufriera una lesión grave?

MÓDULO 2.3

El cerebro: su gloria suprema

- ¿Cómo está organizado el cerebro y cuáles son las funciones de sus diversas partes?
- ¿Cómo está organizada la corteza cerebral?
- ¿Cuáles son las principales funciones asociadas con los cuatro lóbulos de la corteza cerebral?

Demos un paseo por el cerebro; comenzaremos por el nivel inferior, el *rombencéfalo*, que es la parte del cerebro donde la médula espinal entra al cráneo y se amplía. Después, iremos hacia arriba: primero al *mesencéfalo*, el cual se encuentra sobre el rombencéfalo, y luego al *prosencéfalo*, el cual se localiza en la parte superior del cerebro. La tabla de conceptos 2.3 muestra las principales estructuras cerebrales.

CONCEPTO 2.16
El cerebro está dividido en tres principales partes: el rombencéfalo, el mesencéfalo y el prosencéfalo.

TABLA DE CONCEPTOS 2.3
Estructuras principales del cerebro humano

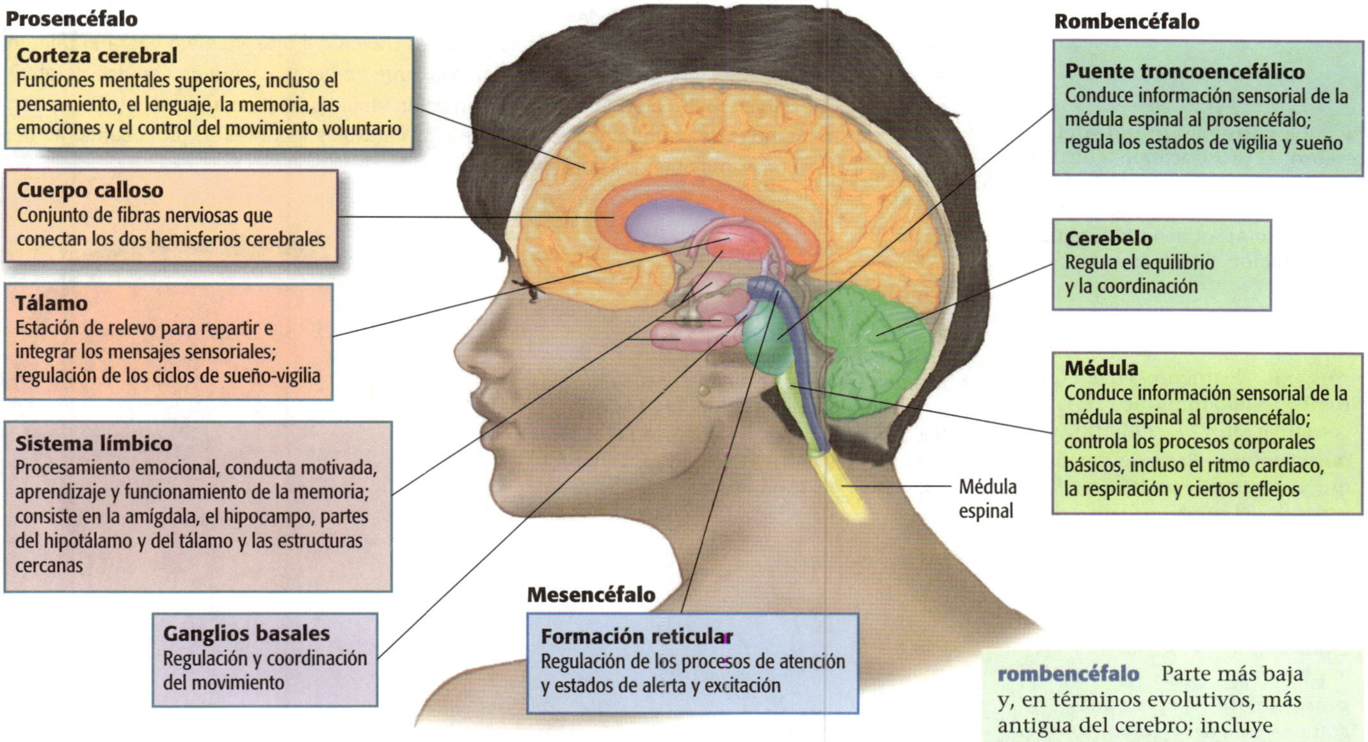

Prosencéfalo

Corteza cerebral
Funciones mentales superiores, incluso el pensamiento, el lenguaje, la memoria, las emociones y el control del movimiento voluntario

Cuerpo calloso
Conjunto de fibras nerviosas que conectan los dos hemisferios cerebrales

Tálamo
Estación de relevo para repartir e integrar los mensajes sensoriales; regulación de los ciclos de sueño-vigilia

Sistema límbico
Procesamiento emocional, conducta motivada, aprendizaje y funcionamiento de la memoria; consiste en la amígdala, el hipocampo, partes del hipotálamo y del tálamo y las estructuras cercanas

Ganglios basales
Regulación y coordinación del movimiento

Mesencéfalo

Formación reticular
Regulación de los procesos de atención y estados de alerta y excitación

Rombencéfalo

Puente troncoencefálico
Conduce información sensorial de la médula espinal al prosencéfalo; regula los estados de vigilia y sueño

Cerebelo
Regula el equilibrio y la coordinación

Médula
Conduce información sensorial de la médula espinal al prosencéfalo; controla los procesos corporales básicos, incluso el ritmo cardiaco, la respiración y ciertos reflejos

Médula espinal

El rombencéfalo

La parte inferior del cerebro, el **rombencéfalo**, también es la parte más antigua en términos evolutivos. El rombencéfalo incluye la *médula*, al *puente troncoencefálico* y al *cerebelo*. Estas estructuras controlan las funciones vitales básicas, como la respiración y el ritmo cardiaco.

La **médula** y el **puente troncoencefálico** contienen neuronas sensoriales que transmiten información de la médula espinal al prosencéfalo. La médula es la sección del rombencéfalo que se encuentra más cerca de la médula espinal y forma el núcleo del **tallo cerebral**, que es el "tallo" o la "rama principal" que conecta a la médula espinal con las regiones superiores del cerebro (consulte la figura 2.6). (*Medulla* es una palabra en latín que significa "parte esencial").

rombencéfalo   Parte más baja y, en términos evolutivos, más antigua del cerebro; incluye la médula espinal, el puente troncoencefálico y el cerebelo.

médula   Estructura en el rombencéfalo involucrada en la regulación de las funciones vitales básicas, como el ritmo cardiaco y la respiración.

puente troncoencefálico
Estructura en el rombencéfalo involucrada en la regulación de los estados de vigilia y sueño.

tallo cerebral   "Tallo" en la parte baja del cerebro que conecta a la médula espinal con la regiones superiores del cerebro.

La médula controla procesos corporales tan vitales como el ritmo cardiaco y la respiración, y reflejos como tragar, toser y estornudar. El puente troncoencefálico se localiza justo arriba de la médula y contiene fibras nerviosas que conducen información de la médula espinal y las partes inferiores del cerebro por medio del mesencéfalo y hasta el prosencéfalo. También ayuda a regular los estados de vigilia y sueño.

Localizado detrás del puente troncoencefálico, el **cerebelo** está involucrado en el control del equilibrio y la coordinación. Una lesión en este órgano puede provocar no sólo problemas con el equilibrio y la coordinación, sino también causa dificultades para iniciar movimientos voluntarios, como levantar un brazo o una pierna.

Como continuación a nuestro breve paseo por el cerebro, llegamos al mesencéfalo que sirve como importante estación de relevo para transmitir información entre el cerebro inferior y el prosencéfalo.

El mesencéfalo

El **mesencéfalo**, localizado sobre el rombencéfalo, contiene caminos nerviosos que conectan al rombencéfalo con el prosencéfalo. Las estructuras en el mesencéfalo realizan importantes funciones, como controlar los movimientos automáticos de los músculos oculares, lo cual le permite a usted mantener los ojos enfocados en un objeto mientras su cabeza cambia de posición en relación con dicho objeto. Ciertas partes del mesencéfalo constituyen el tallo cerebral.

La **formación reticular** (también llamada *sistema de activación reticular*, o *SAR*) es una red de neuronas que surge del rombencéfalo y pasa a través del mesencéfalo hasta el tálamo en el prosencéfalo. Desempeña una función determinante en la regulación de estados de atención, alerta y excitación. También analiza la información visual y auditiva y filtra la información irrelevante, al tiempo que permite que ésta llegue a los centros superiores de procesamiento del cerebro, incluso mientras estamos dormidos.

FIGURA 2.6   El tallo cerebral
El tallo cerebral se extiende desde el extremo superior de la médula espinal hasta el mesencéfalo. Conecta a la médula espinal con las regiones superiores del cerebro.

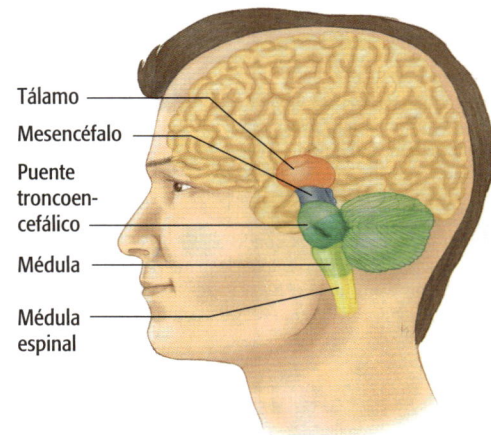

Tálamo

Mesencéfalo

Puente troncoen-cefálico

Médula

Médula espinal

El prosencéfalo

El **prosencéfalo**, localizado hacia la parte superior y frontal del cerebro, es la región más grande del mismo. Las principales estructuras del prosencéfalo son el *tálamo*, el *hipotálamo*, el *sistema límbico* y la *corteza cerebral*.

El **tálamo** es una estación de relevo ubicada en la mitad del cerebro. Consiste en un par de estructuras con forma de huevo, las cuales guían la información de los receptores sensoriales para el tacto, la vista, el oído y el gusto (pero no para el olfato) a los centros de procesamiento del cerebro, localizados en la corteza cerebral. El tálamo divide primero la información sensorial y envía mensajes sobre la vista a un área, sobre el oído a otra, etc. Desde estas estaciones de relevo en el tálamo, la información es después transmitida a las partes apropiadas en la corteza cerebral para su procesamiento. El tálamo también desempeña una importante función en la regulación de los estados de sueño y vigilia (Balkin *et al.*, 2002) y recibe datos de los **ganglios basales**, un ensamblaje de células nerviosas que participa en la regulación del movimiento voluntario, como caminar.

Justo debajo del tálamo está el **hipotálamo** (*hypo* significa "debajo"), una estructura del tamaño de un chícharo que pesa apenas cuatro gramos. A pesar de su pequeñez, el hipotálamo ayuda a regular muchas funciones corporales vitales, como el hambre y la sed, las concentraciones de fluido, la temperatura corporal y los procesos reproductivos, así como los estados emocionales, la conducta agresiva y la respuesta al estrés. Como verá en el módulo 2.6, el hipotálamo forma parte del sistema endocrino y dispara la liberación de hormonas en todo el cuerpo. La estimulación eléctrica de ciertas partes del hipotálamo en otros mamíferos, como las ratas, puede generar o "encender" patrones estereotípicos de conducta cuya variedad abarca desde comer hasta atacar a los rivales, el cortejo, intentos de apareamiento y el cuidado de los más jóvenes.

El **sistema límbico** es un grupo de estructuras conectadas entre sí que incluye a la *amígdala*, el *hipocampo*, partes de *tálamo* e *hipotálamo* y otras estructuras interconectadas cercanas (consulte la tabla de conceptos 2.3). El sistema límbico está mucho más evolucionado en los mamíferos que en otros animales inferiores y desempeña importantes funciones tanto en la memoria como en el procesamiento de las emociones.

De nuevo, en referencia a la tabla de conceptos 2.3, encontramos dentro del sistema límbico a la **amígdala**, un conjunto de dos estructuras almendradas (*amígdala* se deriva de la raíz griega para "almendra"). La amígdala dispara la respuesta emocional de temor cuando nos encontramos frente a un estímulo o situación amenazante (consulte el capítulo 8) (Huff *et al.*, 2006).

El **hipocampo** se asemeja a un caballito de mar y de ello se deriva su nombre. Localizado justo detrás de la amígdala, desempeña una importante función en la formación de la memoria (Andersen *et al.*, 2007; Thompson, 2005) (consulte el capítulo 6).

Nuestro viaje por el cerebro ahora nos lleva a la parte superior del prosencéfalo: la corteza cerebral. Dado que es responsable de nuestra capacidad para pensar, emplear el lenguaje, calcular, organizar y crear, le dedicaremos por completo la siguiente sección.

La corteza cerebral: el centro de pensamiento, cálculo, organización y creación del cerebro

La **corteza cerebral** forma la delgada capa exterior de la parte más grande del prosencéfalo, la cual se conoce como **cerebro**. Éste consiste en dos grandes masas: los **hemisferios cerebrales** derecho e izquierdo. La corteza cerebral cubre al cerebro como una gorra y su nombre se deriva de las palabras latinas para "cerebro" (*cerebrum*) y "corteza" (*cortex*). Una densa masa de fibras nerviosas, llamada **cuerpo calloso** (del latín para "cuerpo denso" o "cuerpo duro") conecta a los hemisferios cerebrales y forma un camino por el que éstos comparten información y se comunican entre sí. Las estructuras en el cerebro que yacen debajo de la corteza cerebral se llaman estructuras *subcorticales* (*sub* significa "debajo", en este caso, de la corteza).

Con apenas tres milímetros de ancho, no más que el de una servilleta, la corteza cerebral representa más de 80% de la masa total del cerebro. La corteza debe su apariencia arrugada y tortuosa a los contornos creados por cimas y valles. Estos contornos permiten que su gran área de superficie quede empacada y ajustada dentro de los confines del cráneo (consulte la tabla de conceptos 2.3). Su enorme tamaño en relación con las demás partes del cerebro refleja cuánto de éste se orienta a las funciones mentales superiores como pensar, utilizar el lenguaje y solucionar problemas. Sólo en los seres humanos, la corteza cerebral representa una porción tan grande del cerebro (consulte la figura 2.7). La corteza también controla el movimiento voluntario, los estados de motivación y excitación emocional y el procesamiento de la información sensorial.

Cada hemisferio de la corteza cerebral está dividido en cuatro partes o *lóbulos*, como se muestra en la figura 2.8. Por lo tanto, cada lóbulo está representado en cada hemisferio. Las funciones de los lóbulos se resumen en la tabla 2.1. En términos generales, cada uno controla las sensaciones y los movimientos de la mitad opuesta del cuerpo.

Los **lóbulos occipitales**, localizados en la parte trasera de la cabeza, procesan la información visual cuando una fuente de luz estimula a los receptores en la retina, en la parte posterior del ojo, los cuales después transmiten señales a la corteza visual en los lóbulos occipitales. Incluso un golpe en la parte trasera de la cabeza puede producir sensaciones visuales. Es probable que usted haya vivido la experiencia de "ver estrellas" después de recibir un golpe en esa región de la cabeza.

"La visión no se presenta en los ojos", declara el profesor Charles Connor, un investigador líder de la visión. "Tiene lugar en múltiples etapas de procesamiento en el cerebro" (*In the Mind's Eye*, 2006).

CONCEPTO 2.20
El sistema límbico desempeña una importante función en la regulación de la memoria y las emociones.

CONCEPTO 2.21
El cerebro está dividido en dos hemisferios y está cubierto por una delgada capa exterior, la corteza cerebral, misma que es responsable de las funciones cerebrales superiores.

CONCEPTO 2.22
El cuerpo calloso es un conjunto de fibras nerviosas que conecta los dos hemisferios del cerebro, con lo cual les permite intercambiar información.

CONCEPTO 2.23
Cada hemisferio cerebral tiene cuatro partes o lóbulos principales: occipital, parietal, frontal y temporal.

---

hipotálamo Estructura pequeña en forma de chícharo en el prosencéfalo que ayuda a regular muchas funciones corporales vitales, incluso la temperatura corporal y la reproducción, así como los estados emocionales, la agresión y la respuesta al estrés.

sistema límbico Formación de estructuras en el prosencéfalo que incluye al hipocampo, la amígdala y partes del tálamo e hipotálamo; está involucrado en la memoria y en el procesamiento emocional.

amígdala Conjunto de estructuras con forma de almendra en el sistema límbico de las cuales se cree que desempeñan una función importante en la agresión, la furia y el temor.

hipocampo Estructura en el sistema límbico involucrada en la formación de memoria.

corteza cerebral La capa exterior rugosa de materia gris que cubre los hemisferios cerebrales; controla las funciones mentales superiores, como el pensamiento y el lenguaje.

cerebro Masa mayor del prosencéfalo que consiste en dos hemisferios cerebrales.

hemisferios cerebrales Masas derecha e izquierda del cerebro, mismas que están unidas por el cuerpo calloso.

cuerpo calloso Densa masa de fibras nerviosas que conecta a los dos hemisferios cerebrales.

FIGURA 2.7 Tamaño de la corteza cerebral en seres humanos y otros animales
La corteza cerebral representa una porción mucho mayor del cerebro en los seres humanos que en otros animales.

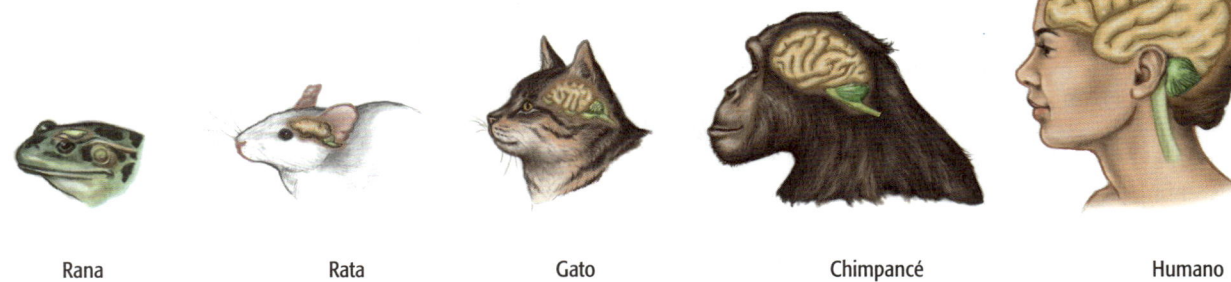

Rana   Rata   Gato   Chimpancé   Humano

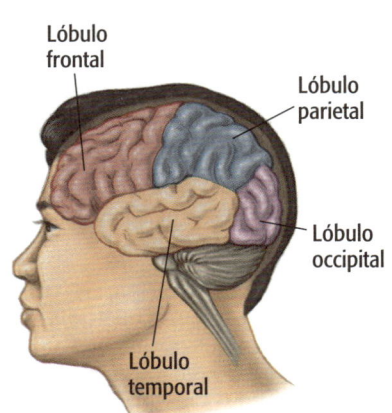

Lóbulo frontal
Lóbulo parietal
Lóbulo occipital
Lóbulo temporal

FIGURA 2.8 Lóbulos de la corteza cerebral
La corteza cerebral está dividida en cuatro partes o lóbulos: occipital, parietal, frontal y temporal.

TABLA 2.1	**Lóbulos de la corteza cerebral**
Estructura	**Funciones**
Lóbulos occipitales	Procesamiento de información visual, lo cual produce sensaciones de visión
Lóbulos parietales	Procesamiento de información relacionada con las sensaciones de tacto, presión, temperatura (caliente y frío), dolor y movimiento corporal
Lóbulos frontales	Control de respuestas motoras y funciones mentales superiores, como pensar, planear, solucionar problemas, tomar decisiones, acceder a los recuerdos almacenados y actuar con base en éstos
Lóbulos temporales	Procesar información auditiva, lo cual produce sensaciones de sonido

Gran parte de este proceso ocurre en los lóbulos occipitales, donde neuronas altamente especializadas responden a ciertos contornos y formas de objetos, mientras otras responden sólo a ángulos particulares de líneas (hablaremos más al respecto en el capítulo 3). Los lóbulos occipitales, junto con otras partes del cerebro, conjuntan esta información para formar objetos reconocibles, de manera muy similar a cuando un artista ensambla fragmentos y pedazos de vidrio para formar un patrón de mosaico. Sin embargo, aún nos falta recorrer un largo camino para comprender la forma genial como el cerebro reúne la información visual para permitirnos reconocer que el objeto que vemos frente a nosotros es una manzana y no, digamos, una pera o un emparedado de pavo (Peissig y Tarr, 2007).

Los **lóbulos parietales** están localizados en los costados del cerebro justo arriba y frente a los lóbulos occipitales. Delante de los lóbulos parietales encontramos una línea de células nerviosas llamada **corteza somatosensorial**, la cual procesa información sensorial que recibe de los receptores en la piel y da origen a nuestra experiencia del tacto, la presión, la temperatura (frío o calor) y el dolor. Al igual que sus ojos y oídos, su piel es un órgano sensorial que le brinda información sobre el mundo. La corteza somatosensorial también recibe mensajes de los receptores en sus músculos y articulaciones para mantenerlo informado de la posición de las partes de su cuerpo mientras se mueve.

La figura 2.9 ilustra cómo las partes específicas de la corteza somatosensorial corresponden a la información sensorial (tacto, presión, dolor y temperatura) recibida de las partes específicas del cuerpo. La estimulación eléctrica de los sitios particulares de la corteza somatosensorial puede hacerle sentir como si su hombro o su pierna experimentaran tacto o presión, por ejemplo.

La extraña "figura" mostrada en la figura 2.10 no es una criatura de la saga de *La guerra de las galaxias*. La información sensorial de algunas partes del cuerpo es transmitida a áreas mayores de la corteza somatosensorial que la proveniente de otras partes del cuerpo. Esto se debe a que el cerebro dedica una mayor porción de sus capacidades a las partes del cuerpo que requieren más sensibilidad o control, como las manos. Dichas partes tampoco están representadas en la

lóbulos occipitales Partes de la corteza cerebral, localizadas en la zona posterior de ambos hemisferios cerebrales, que procesan los estímulos visuales.

lóbulos parietales Partes de la corteza cerebral, localizadas a los costados de cada hemisferio cerebral, que procesan las sensaciones corporales.

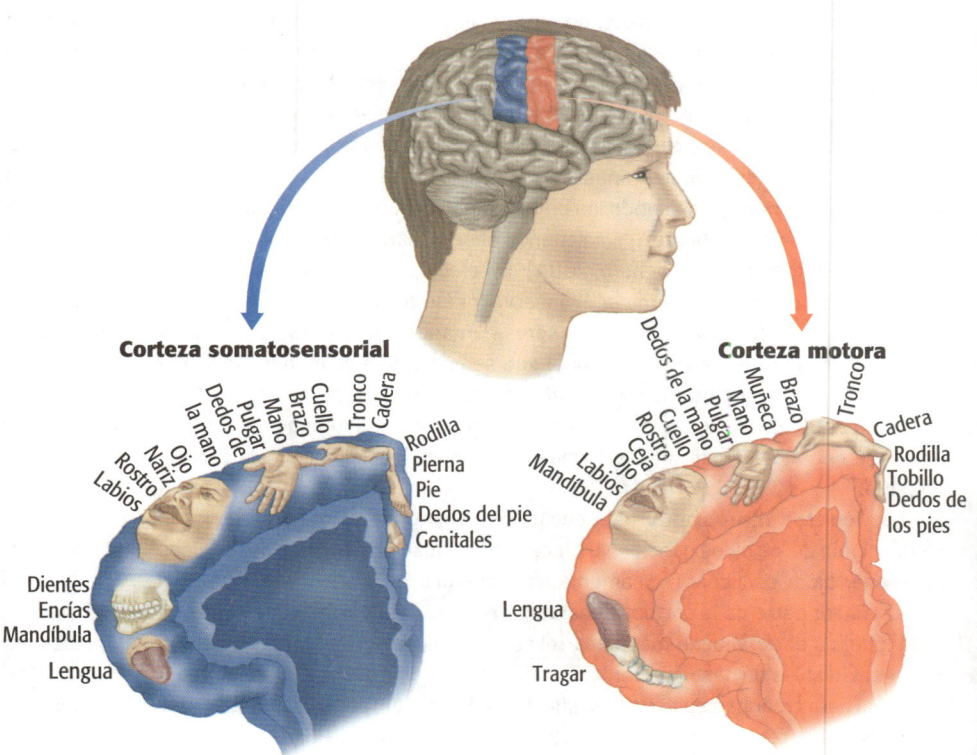

Corteza somatosensorial

Ojo
Nariz
Rostro
Labios
Dedos de la mano
Pulgar
Cuello
Mano
Brazo
Tronco
Cadera

Rodilla
Pierna
Pie
Dedos del pie
Genitales

Dientes
Encías
Mandíbula

Lengua

Corteza motora

Dedos de la mano
Muñeca
Pulgar
Rostro
Cuello
Ceja
Ojo
Mano
Brazo
Tronco

Mandíbula
Labios

Cadera
Rodilla
Tobillo
Dedos de los pies

Lengua

Tragar

FIGURA 2.9   Corteza somatosensorial y corteza motora
Aquí vemos cómo diferentes partes del cuerpo están identificadas en la corteza somatosensorial y en la motora. La estructura de identificación de las dos cortezas es casi una imagen idéntica. Sin embargo, note que las partes del cuerpo no están identificadas en estas cortezas en relación con el sitio donde se ubican en el cuerpo. El tamaño de las proyecciones de las partes del cuerpo en cada corteza corresponde al grado de sensibilidad o necesidad de control de esas partes.

FIGURA 2.10   ¿Una figura de *La guerra de las galaxias*?
En realidad se trata de la representación de un artista de cómo luciríamos si el tamaño de las partes de nuestro cuerpo estuvieran en proporción con las áreas correspondientes en la corteza somatosensorial, la cual procesa información sensorial de dichas partes. Dado que mucha más corteza está dedicada a los dedos y a las manos que a los codos o a los muslos, podemos discernir diferencias mucho más finas en sensaciones de tacto con las puntas de nuestros dedos.

corteza somatosensorial de forma que corresponda directamente al lugar donde se encuentran en el cuerpo. Por ejemplo, los mensajes sensoriales de los genitales se proyectan a un área ubicada por debajo de la parte que recibe mensajes de los dedos de los pies, y el sitio que responde a la estimulación en la lengua no está dentro del área que responde a la estimulación de los labios. ¿Por qué es así? Nadie puede decirlo. Sin embargo, cada uno de nosotros sabe cuál es el área precisa de su cuerpo que es tocada. Sabemos, por ejemplo, que son los labios los que reciben el contacto y no la lengua, y viceversa.

Los **lóbulos frontales** están localizados en la parte frontal del cerebro, justo detrás de la frente. Los científicos llaman "centro ejecutivo" al lóbulo frontal porque creen que contiene su "tú", es decir, la parte que accede a sus recuerdos, pondera situaciones, tiene autoconciencia y decide que la camisa con estampado escocés en color rojo es "demasiado retro". Como la unidad de procesamiento central de una computadora, ciertas partes de los lóbulos frontales recuperan recuerdos de su almacén, los colocan en la memoria activa, los manipulan y toman decisiones con base en ellos (Gazzaniga, 1999). Por ejemplo, sus lóbulos frontales extraen recuerdos sensoriales sobre claves visuales, sonidos, olores e incluso sabores de su almacén, de manera que la segunda vez que usted vea un pimiento rojo de forma oblonga que aguarda inocentemente en su tazón de pollo *Kung Pao,* recordará no morderlo. Estas áreas de la corteza también le permiten resolver problemas, tomar decisiones, planear acciones, sopesar evidencias y realizar acciones coordinadas.

Estudios recientes indican que los lóbulos frontales están involucrados en el procesamiento de estados emocionales, como la felicidad y la tristeza (Davidson *et al.,* 2002). Además, le permiten suprimir las tendencias a actuar por impulso, como cuando usted se impide a sí mismo decirle a su jefe o profesor lo que en realidad opina sobre ellos.

En los lóbulos frontales está contenida la **corteza motora**, localizada justo después del borde que los separa de los lóbulos parietales (consulte la figura 2.9), y que controla los movimientos voluntarios de partes específicas del cuerpo. Por ejemplo, algunas neuronas en esta área controlan los movimientos de las manos. Cuando se utiliza un electrodo para estimular cierta parte de la corteza motora (procedimiento doloroso que en algunas ocasiones se realiza durante una cirugía cerebral), se contraen los músculos de la otra mitad del cuerpo. Según el sitio en donde se coloque el electrodo, el paciente puede levantar un dedo o tensar un músculo de la pierna. La representación del cuerpo en la corteza motora es similar a la de la corteza somatosensorial, como usted puede ver en la figura 2.9.

corteza somatosensorial   Parte del lóbulo parietal que procesa información sobre el tacto y la presión en la piel, así como la posición de las partes de nuestro cuerpo mientras nos movemos.

lóbulos frontales   Partes de la corteza cerebral, localizadas al frente de los hemisferios cerebrales, que son consideradas el "centro ejecutivo" del cerebro debido a su papel en las funciones cerebrales superiores.

corteza motora   Región del lóbulo frontal involucrada en la regulación de los movimientos corporales.

¿Alguna vez ha vivido la experiencia de sujetarse con más fuerza a los brazos de su asiento en un cine, cuando ve que los personajes en la pantalla hacen lo mismo en una escena en la que esperan el impacto del choque de un avión? ¿Su cabeza se proyectó hacia atrás cuando vio que alguien recibía un fuerte golpe en la cabeza, en una película? Los científicos sospechan que puede existir una explicación para estas experiencias espejo. Los trabajos experimentales con primates condujeron al descubrimiento de neuronas especializadas en la corteza cerebral, llamadas **neuronas espejo**, que se encendían cuando los primates realizaban determinada acción, como sujetar un objeto, digamos un cacahuate, y sólo cuando observaban a otro primate tomar un objeto similar (Jaffe, 2007; Rizzolatti y Craighero, 2004). En efecto, las acciones de esas neuronas "reflejan" las conductas observadas como si el observador las realizara. Los investigadores estudian las acciones de las neuronas espejo en los seres humanos. En un estudio, por ejemplo, encontraron neuronas en la corteza somatosensorial que se encendían cuando los individuos eran tocados ligeramente como cuando observaban imágenes de otra persona al ser tocada en el mismo sitio (Keysers *et al.*, 2004). Los científicos sospechan que las neuronas espejo pueden representar una base neurológica para varias formas de conducta social, incluso la conducta imitativa y la empatía.

Los **lóbulos temporales** se encuentran debajo y un poco detrás de los lóbulos frontales, justo encima de los oídos y reciben y procesan información sensorial de los oídos y así, producen la experiencia de escuchar (se comenta en el capítulo 3).

La mayor parte de la corteza consta de **áreas de asociación**, las cuales se encuentran en cada lóbulo y están mucho más desarrolladas en los seres humanos que en otros organismos. Son responsables de desempeñar las funciones mentales superiores como reunir la información sensorial para crear percepciones significativas del mundo; pensar, aprender, producir y comprender el lenguaje, resolver problemas matemáticos, planear actividades, crear obras maestras de arquitectura y, tal vez, componer la próxima canción exitosa.

No podemos identificar las ubicaciones precisas donde ocurren las funciones mentales superiores. Las áreas de asociación están vinculadas con intrincadas redes de neuronas que conectan diversas partes del cerebro; tal arquitectura apenas hemos comenzado a descifrar.

CONCEPTO 2.24
La mayor parte de la corteza cerebral consiste en áreas de asociación que son responsables de las funciones mentales superiores.

neuronas espejo   Aquellas que se encienden cuando se realiza una acción y cuando la misma acción sólo es observada.

lóbulos temporales   Partes de la corteza cerebral que se encuentran debajo y un poco detrás de los lóbulos frontales y que están relacionadas con el procesamiento de los estímulos auditivos.

áreas de asociación   Partes de la corteza cerebral que reúnen información sensorial para formar percepciones significativas del mundo y desempeñar funciones mentales superiores.

REVISIÓN DE MÓDULO 2.3

El cerebro: su gloria suprema

REPASE

¿Cómo está organizado el cerebro y cuáles son las funciones de sus diversas partes?

- El cerebro consta de tres secciones principales. El rombencéfalo, el cual alberga a la médula, el puente troncoencefálico y el cerebelo; está involucrado en el control de las funciones corporales básicas. El mesencéfalo contiene grupos de nervios que transmiten mensajes entre el rombencéfalo y el prosencéfalo; también abarca estructuras que ayudan a regular el movimiento automático. El prosencéfalo es la parte más grande del cerebro; sus principales estructuras son el tálamo, el hipotálamo, el sistema límbico y la corteza cerebral.

- El tálamo envía información sensorial a la corteza cerebral y ayuda a regular los estados de sueño y vigilia.

- El hipotálamo desempeña una función clave en el control de muchos procesos corporales vitales.

- El sistema límbico, que incluye la amígdala, el hipocampo y partes del tálamo y del hipotálamo, está involucrado en la memoria y en el procesamiento emocional.

- La corteza cerebral es responsable de procesar información sensorial; de funciones mentales superiores, como el lenguaje, pensar y resolver problemas, y de controlar el movimiento voluntario, entre otras funciones.

¿Cómo está organizada la corteza cerebral?

- Cada hemisferio de la corteza cerebral tiene cuatro lóbulos: frontal, parietal, temporal y occipital. Cada hemisferio cerebral contiene a cada uno de los lóbulos. El cuerpo calloso es un conjunto de nervios que conecta a ambos hemisferios.

¿Cuáles son las principales funciones asociadas con los cuatro lóbulos de la corteza cerebral?

- Los lóbulos occipitales están principalmente involucrados con la vista; los lóbulos parietales, con el procesamiento somatosensorial; los lóbulos temporales, con el oído, y los lóbulos frontales con el control motor y las funciones mentales superiores, incluso la recuperación y la acción con base en los recuerdos almacenados, la solución de problemas, la toma de decisiones y la realización de acciones coordinadas.

RECUERDE

1. La estructura del sistema límbico que se asemeja a un caballito de mar y que desempeña una importante función en el funcionamiento de la memoria es
   a. la corteza frontal   c. la amígdala
   b. el tálamo   d. el hipocampo

2. Una las siguientes partes del cerebro con las funciones que controlan: *a)* médula; *b)* cerebelo; *c)* tálamo; *d)* corteza cerebral.
    i.   equilibrio y coordinación
    ii. pensamiento y organización
    iii. envío de información sensorial a la corteza cerebral
    iv. ritmo cardiaco y respiración

3. ¿Cuál de las siguientes frases *no* es correcta? La corteza cerebral
    a. es la parte del cerebro responsable del razonamiento, el lenguaje y la solución de problemas
    b. está dividida en cuatro lóbulos
    c. forma la capa exterior de los hemisferios cerebrales

    d. representa un porcentaje mucho menor de masa cerebral en los seres humanos que en otros animales

4. ¿Cuál parte de la corteza cerebral procesa la información auditiva?

REFLEXIONE

- ¿Por qué este libro de texto se refiere al cerebro como su "gloria suprema"?
- Una persona sufre una grave caída y presenta daño considerable en la parte posterior de la cabeza. ¿Cuáles procesos sensoriales tienen más probabilidades de verse afectados por la lesión?

MÓDULO 2.4

Métodos para estudiar el cerebro

- ¿Cuáles técnicas de registro e imagen se utilizan para estudiar el funcionamiento del cerebro?
- ¿Qué métodos experimentales emplean los científicos para estudiar el funcionamiento del cerebro?

Los científicos utilizan varios métodos para estudiar las estructuras cerebrales y su funcionamiento. Un método es observar los efectos de las enfermedades o las lesiones en el cerebro. Como resultado de este tipo de observación, los científicos han sabido desde hace casi dos siglos que una lesión en la parte izquierda del cerebro está relacionada con la pérdida de sensación o de movimiento en la parte derecha del cuerpo, y viceversa.

Con el paso de los años, los científicos también han empleado métodos experimentales invasivos para estudiar el cerebro en funcionamiento, incluso procedimientos quirúrgicos. En la actualidad, gracias a la avanzada tecnología, cuentan con otras técnicas menos invasivas de registro e imagen a su disposición. La tabla de conceptos 2.4 resume ambos tipos de métodos.

Técnicas de registro e imagen

En la actualidad, tenemos a nuestra disposición una variedad de técnicas que nos permiten, en términos literales, asomarnos sin cirugía al cerebro y a otras partes del cuerpo en funcionamiento. Las mismas se utilizan para diagnosticar enfermedades y examinar lesiones cerebrales, así como para ayudarnos a aprender más acerca del funcionamiento del cerebro. Los neurocientíficos pueden hacer pruebas con éste mientras el sujeto está despierto y alerta.

El **EEG (electroencefalógrafo)** es un instrumento que registra la actividad eléctrica en el cerebro (consulte la figura 2.11): se conectan electrodos en el cráneo del paciente para medir las corrientes eléctricas, u *ondas cerebrales,* que se conducen entre éstos. El EEG se utiliza para estudiar la actividad eléctrica en los cerebros de las personas con trastornos físicos o psicológicos y para explorar los patrones de ondas cerebrales durante las etapas del sueño.

La **TAC (tomografía axial computarizada**, también llamada *CAT scan*) es una técnica de imagen en la cual una computadora mide el reflejo de un delgado haz de rayos X desde varios ángulos mientras pasa a través del cerebro o de otras estructuras corporales, y produce una imagen tridimensional del interior del cuerpo (consulte la figura 2.12). La TAC puede revelar anormalidades cerebrales asociadas con coágulos de sangre, tumores y lesiones cerebrales; también se utiliza para explorar anormalidades estructurales que pudieran estar presentes en los cerebros de personas con esquizofrenia u otros graves trastornos psicológicos.

CONCEPTO 2.25
La tecnología moderna brinda técnicas para estudiar la estructura y la función del cerebro sin que sean necesarias las técnicas invasivas.

VÍNCULO DE CONCEPTOS · · · · ·
Los escáneres cerebrales se utilizan para ayudarnos a comprender mejor las bases biológicas de la esquizofrenia y otros trastornos psicológicos. Consulte el módulo 14.5.

EEG (electroencefalógrafo)
Aparato que registra la actividad eléctrica en el cerebro.

TAC (tomografía axial computarizada)   Técnica de imagen computarizada en la cual un haz de rayos X pasa por medio del cuerpo a diferentes ángulos para generar una imagen tridimensional de las estructuras corporales (también llamado *CAT scan,* abreviatura de *computed axial tomography*).

FIGURA 2.11 El electroencefalógrafo (EEG)
El EEG es un aparato que registra la actividad eléctrica en el cerebro en forma de patrones de ondas cerebrales y se destina para estudiar los cerebros de las personas con trastornos físicos o psicológicos y para explorar los patrones de ondas cerebrales durante las etapas del sueño.

FIGURA 2.12 TAC
La TAC proporciona una imagen tridimensional de rayos X de las estructuras corporales y revela anormalidades en las estructuras del cerebro que pueden estar asociadas con coágulos de sangre, tumores, lesiones cerebrales o trastornos psicológicos, como la esquizofrenia.

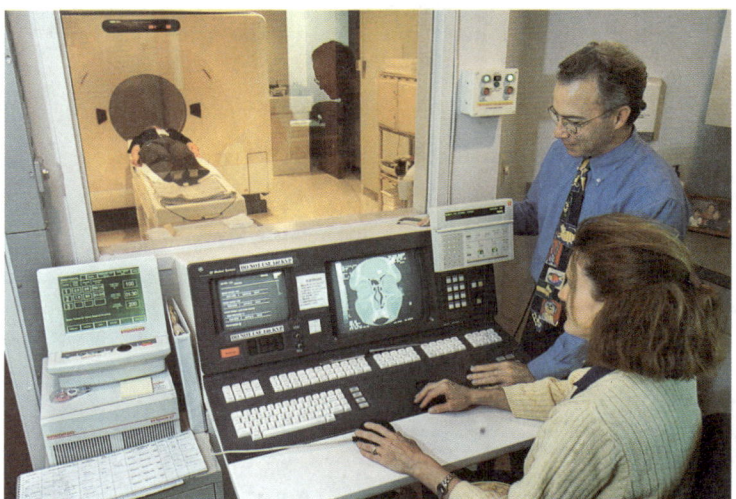

FIGURA 2.13 PET
La PET mide la actividad metabólica del cerebro. Las regiones más activas se colorean de amarillo y rojo, mientras las regiones menos activas se muestran en azul y verde. Aquí vemos imágenes de PET del cerebro de un paciente alcohólico durante su etapa de abstinencia. Al comparar los niveles relativos de la actividad cerebral después de 10 días (fila superior) y 30 días (fila inferior) de abstinencia, podemos observar que el cerebro se vuelve más activo a medida que pasa más tiempo sin alcohol.

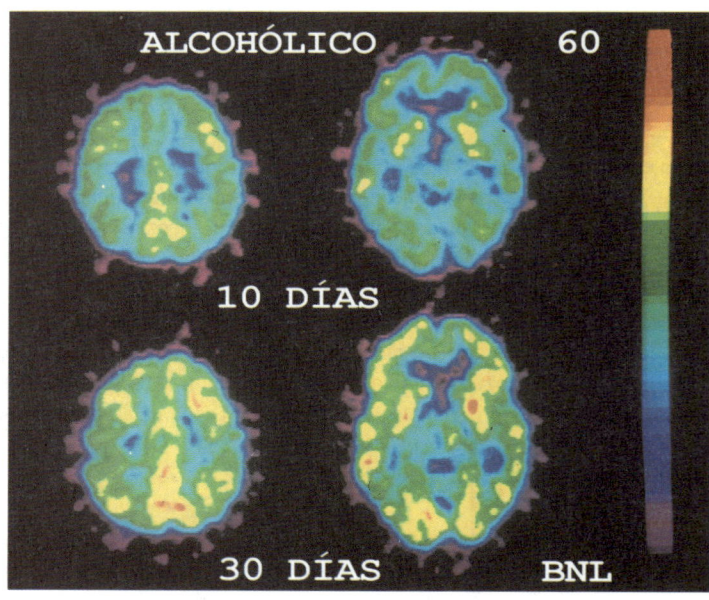

PET (tomografía de emisión de positrones) Técnica de imagen en la cual se inyecta un rastreador radioactivo de azúcar en el torrente sanguíneo y se utiliza para medir niveles de actividad en varias partes del cerebro.

IRM (imagen de resonancia magnética) Procedimiento que emplea un campo magnético para crear una imagen computarizada de las estructuras corporales internas.

Mientras la TAC revela información acerca de la forma y el tamaño de las estructuras del cerebro, la **PET (tomografía de emisión de positrones)** proporciona una imagen computarizada del cerebro y de otros órganos en funcionamiento. El sujeto recibe una inyección de un isótopo radioactivo que actúa como rastreador en el torrente sanguíneo. La manera de metabolizarse (ser convertido en energía por las células) del rastreador en el cerebro revela las partes del mismo que están más activas que otras. Las áreas más activas metabolizan más del rastreador que las menos activas (consulte la figura 2.13). La PET puede revelar qué áreas del cerebro están más activas cuando leemos y escribimos, soñamos despiertos, escuchamos música o experimentamos emociones. A partir de estos patrones podemos determinar qué zonas del cerebro están involucradas en determinadas funciones.

La **IRM (imagen de resonancia magnética)** proporciona una imagen detallada del cerebro o de otras zonas del cuerpo. Para producir una imagen del cerebro, un técnico coloca la cabeza de la persona en un aparato en forma de dona que emite un poderoso campo magnético y alinea los

TABLA DE CONCEPTOS 2.4
Métodos para estudiar el cerebro

Técnicas de registro e imagen	Descripción
EEG (electroencefalógrafo)	Aparato que emplea electrodos sujetos al cráneo para registrar las ondas de actividad cerebral
TAC (tomografía axial computarizada)	Técnica computarizada de rayos X que puede brindar imágenes de las estructuras internas del cerebro
PET (tomografía de emisión de positrones)	Método que puede proporcionar una imagen del cerebro generada por computadora, formada por el registro de glucosa empleada en diferentes sitios del cerebro durante distintos tipos de actividades
IRM (imagen de resonancia magnética)	Método para producir imágenes computarizadas del cerebro y otras partes del cuerpo, al medir las señales que éstas emiten cuando son colocadas en un poderoso campo magnético
Técnicas experimentales	**Descripción**
Técnica de lesión	Destrucción de tejido cerebral con el fin de observar los efectos en la conducta
Registro eléctrico	Colocación de electrodos en el tejido cerebral para registrar los cambios en la actividad eléctrica como respuesta a determinados estímulos
Estimulación eléctrica	Empleo de una corriente eléctrica leve para observar los efectos al estimular varias partes del cerebro

átomos que giran en el cerebro. Un rayo de ondas de radio dirigido hacia la persona altera los átomos, lo cual envía señales mientras éstos se realinean. Después, una computadora integra las señales en una imagen del cerebro.

Los investigadores utilizan un tipo de técnica de IRM, llamada **IRM funcional (IRMf)** para estudiar las funciones de diversos sectores del cerebro. La IRMf puede identificar partes del cerebro que se involucran cuando la persona realiza determinadas tareas, como ver, escuchar, recordar, hablar, cooperar con otras personas y experimentar emociones, incluso los sentimientos románticos (Berthoz *et al.,* 2002; Ingram y Siegle, 2001; Rilling *et al.,* 2002; consulte la figura 2.14). A pesar de que las PET pueden también registrar las funciones de las estructuras cerebrales, las IRMf son menos invasivas en tanto que no requieren la inyección de isótopos radioactivos.

La IRM funcional bien puede haber revelado un misterio científico de mucho tiempo atrás: por qué es imposible que usted se haga cosquillas a sí mismo (Provine, 2004). Con este método, los investigadores británicos escudriñaron los cerebros de personas en casos donde se hacían cosquillas a sí mismas y cuando un aparato mecánico se las hacía. La parte del cerebro que procesa las sensaciones de tacto, la corteza somatosensorial, mostró más actividad cuando el artilugio hacía cosquillas a las personas que cuando éstas se las hacían a sí mismas. Cuando movemos los dedos para hacernos cosquillas, la parte del cerebro que coordina esos complejos movimientos: el cerebelo, envía una señal que bloquea parte de la actividad de la corteza somatosensorial, la cual procesa las sensaciones del tacto. Pero el hecho de que una fuente externa nos haga cosquillas no implica movimientos nuestros, de manera que el cerebelo no envía una señal de bloqueo a la corteza. Los científicos creen que este mecanismo cerebral nos permite distinguir entre los estímulos que nos producimos a nosotros mismos de los estímulos externos, los cuales requieren un procesamiento distinto en la corteza cerebral, porque pueden representar una amenaza (*Scientists Answer Ticklish Question,* 2000).

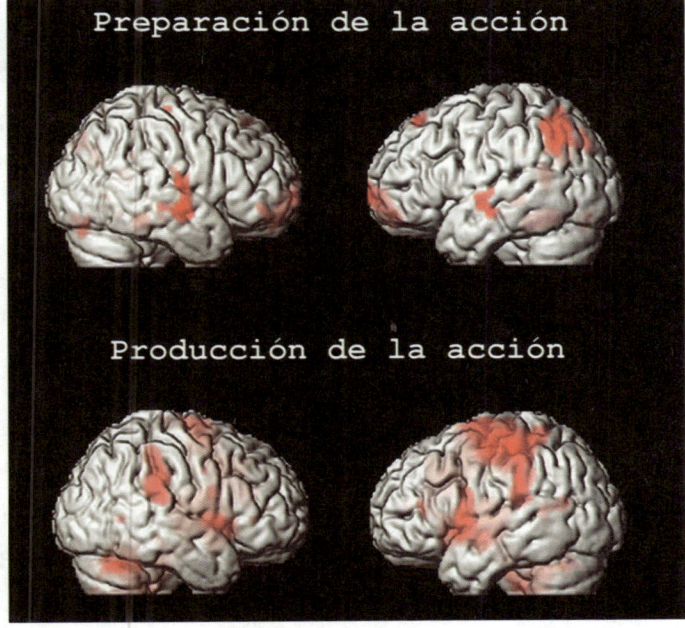

FIGURA 2.14   Imagen funcional de resonancia magnética (IRMf) Como la PET, la IMRf nos permite asomarnos al cerebro en funcionamiento. Aquí vemos imágenes del cerebro cuando una persona piensa en realizar ciertas acciones (arriba), como utilizar un martillo o escribir con una pluma, y cuando realiza dichos actos (abajo). El hemisferio izquierdo está representado en el lado derecho de la imagen, mientras el hemisferio derecho se muestra a la izquierda. Las áreas en rojo están asociadas con niveles más altos de actividad cerebral.

IRMf (imagen de resonancia magnética funcional) Tipo de IRM utilizada para estudiar las funciones de diferentes partes del cerebro.

Una pregunta que provoca cosquillas
¿Por qué no puede usted hacerse cosquillas a sí mismo?
Los investigadores, con el empleo de técnicas de imagen cerebral,
creen tener la respuesta.

La investigación con técnicas de escaneo del cerebro también anula el muy extendido mito de que sólo utilizamos 10% de nuestro cerebro. Quizá no empleemos todo su potencial creativo, pero no existen bases para la creencia en que grandes porciones de éste, por no hablar de 90%, están sin utilizar. Los estudios de imágenes cerebrales demuestran que no existen grandes áreas que permanezcan inactivas la mayor parte del tiempo (Beyerstein, 1999). Incluso durante el sueño, no hay áreas inactivas por completo en el cerebro.

Métodos experimentales

En ocasiones, los científicos se sirven de métodos invasivos para investigar el funcionamiento del cerebro. En uno de dichos métodos, llamado **técnica de lesión**, el investigador destruye partes del cerebro de animales experimentales y, después, observa los efectos. Por ejemplo, la destrucción de una parte del sistema límbico de un macaco rhesus causó que el animal sufriera un ataque de furia a la menor provocación. Sin embargo, la lesión de otra parte de ese mismo sistema produjo una plácida respuesta del mono a todo tipo de provocaciones. Si se destruye una parte del hipotálamo de una rata, ésta come sin parar hasta volverse extremadamente obesa; si se destruye otra parte, la rata deja de comer. Estos experimentos señalan las partes del cerebro involucradas en estas y otras formas de conducta.

Más técnicas experimentales para estudiar el cerebro son el *registro* y la *estimulación eléctri-cos*. En el **registro eléctrico** se implantan electrodos en determinadas neuronas, grupos de neuronas o nervios en partes específicas del cerebro, a fin de conseguir un registro de los cambios eléctricos como respuesta a ciertos estímulos. Algunas técnicas experimentales son tan refinadas que los investigadores pueden registrar la actividad eléctrica de una sola célula cerebral. Con el empleo de estos métodos, los científicos descubrieron cómo ciertas neuronas individuales en la corteza visual responden a determinados tipos de estímulos visuales (consulte el capítulo 3).

Con la técnica de la **estimulación eléctrica**, los investigadores envían una leve corriente eléctrica hacia partes determinadas del cerebro y, luego, observan sus efectos. De esta manera, podemos saber cuáles zonas del cerebro están implicadas en qué conductas. Como ya mencionamos antes, la estimulación de ciertas zonas en el hipotálamo de las ratas y de otros animales enciende determinados patrones estereotípicos de conducta.

CONCEPTO 2.26
Entre los métodos experimentales utilizados para estudiar el funcionamiento del cerebro se incluyen la técnica de lesión, el registro eléctrico y la estimulación eléctrica.

técnica de lesión En estudios de funcionamiento del cerebro, destrucción intencional de tejido cerebral a fin de observar sus efectos en la conducta.

registro eléctrico Como método para investigar el funcionamiento del cerebro, proceso de registro de los cambios eléctricos que ocurren en una neurona o conjunto específico de éstas en el cerebro en relación con actividades o conductas particulares.

estimulación eléctrica Como método para investigar el funcionamiento del cerebro, proceso de estimular eléctricamente ciertas áreas del cerebro para observar sus efectos en la conducta.

REVISIÓN DE MÓDULO 2.4

Métodos para estudiar el cerebro

REPASE

¿Cuales técnicas de registro e imagen se utilizan para estudiar el funcionamiento del cerebro?

- Entre estas técnicas se incluyen el EEG, la TAC, la PET y la IRM.

¿Qué métodos experimentales emplean los científicos para estudiar el funcionamiento del cerebro?

- La técnica de lesión, que implica la destrucción de ciertas partes de los cerebros de animales de laboratorio a fin de estudiar sus efectos.

- El registro eléctrico consiste en implantar electrodos en el cerebro para registrar los cambios en la actividad cerebral asociada con ciertas actividades o conductas.

- La estimulación eléctrica estriba en enviar una corriente eléctrica leve a través del cerebro para poder observar sus efectos en partes específicas del mismo.

RECUERDE

1. ¿Cuál de las siguientes es una técnica computarizada que emplea rayos X para estudiar las anormalidades estructurales del cerebro?
   a. IRMf   b. PET   c. TAC   d. IRM

2. La IRM funcional (IRMf)
   a. se utiliza como técnica invasiva para estudiar tanto la estructura del cerebro así como su funcionamiento
   b. implica una técnica invasiva conocida como técnica de lesión

c. es un procedimiento controvertido con implicaciones éticas
d. se basa en un tipo sofisticado de técnica de rayos X

3. En la técnica experimental para estudiar el cerebro llamada técnica de lesión,
   a. partes del cerebro de organismos vivos son destruidas
   b. se implantan electrodos en el cerebro por medio de cirugía
   c. partes del cerebro son estimuladas con electricidad para observar sus efectos en la conducta
   d. se cortan las conexiones entre el cerebro y la médula espinal

4. Los científicos que emplean la técnica experimental del registro eléctrico para estudiar el funcionamiento del cerebro
   a. también utilizan un isótopo radioactivo que puede detectarse en el torrente sanguíneo

b. implantan electrodos en determinadas neuronas, grupo de neuronas o nervios en ciertas partes del cerebro
c. envían un delgado haz de rayos X a través de la cabeza
d. son incapaces de obtener medidas precisas de una sola célula cerebral

REFLEXIONE

- ¿Qué técnicas de imagen cerebral utilizan los científicos para estudiar el funcionamiento del cerebro?, ¿para estudiar las estructuras del cerebro?
- ¿Cuál es su opinión acerca de utilizar animales en la investigación cerebral experimental?, ¿qué salvaguardas cree usted que deberían observarse en este tipo de investigación?

MÓDULO 2.5

El cerebro dividido: especialización de la función

- ¿Cuáles son las principales diferencias entre los hemisferios izquierdo y derecho?
- ¿Qué determina a la lateralidad?
- ¿Qué podemos aprender acerca de la lateralización del cerebro a partir de los estudios en pacientes con "cerebro dividido"?

- ¿Cuáles son las principales causas de daño cerebral y qué efectos tienen éstas en el funcionamiento psicológico?

Si usted se golpea el dedo gordo del pie izquierdo, las células en su lóbulo parietal derecho de "encenderán", lo cual le producirá sensaciones de dolor. Por el contrario, un golpe en el dedo gordo de su pie derecho se registrará en su lóbulo parietal izquierdo. Esto se debe a que la corteza sensorial en cada hemisferio está conectada con receptores sensoriales del lado opuesto del cuerpo. De igual manera, la corteza motora de su lóbulo frontal derecho controla los movimientos de la parte izquierda de su cuerpo, y viceversa. Por lo tanto, si estimuláramos su corteza motora izquierda en cierto punto, los dedos de su mano derecha se contraerían de manera involuntaria. Como veremos a continuación, la evidencia indica que los hemisferios derecho e izquierdo también están especializados en ciertos tipos de funciones.

> 💡 **CONCEPTO 2.27**
> En la mayoría de la gente, el hemisferio izquierdo está especializado en el empleo del lenguaje y en el análisis lógico, mientras que el derecho se especializa en el procesamiento espacial y en otras tareas no verbales.

El cerebro en funcionamiento: lateralización e integración

Lateralización es la división de funciones entre los hemisferios derecho e izquierdo (consulte la tabla de conceptos 2.5) (Peretz y Zatorre, 2005). En términos generales, el hemisferio izquierdo en la mayoría de la gente parece desempeñar la función dominante en la realización de tareas del lenguaje, es decir, hablar, leer y escribir. El hemisferio izquierdo también da indicios de ser dominante en tareas que requieren análisis lógico, solución de problemas y cálculos matemáticos. El hemisferio derecho en casi todas las personas parece ser el dominante en cuanto a procesamientos no verbales, como comprender las relaciones espaciales (por ejemplo, armar rompecabezas, ordenar bloques para hacer diseños, leer mapas), reconocer rostros, interpretar gestos y expresiones faciales de la gente, percibir y expresar emociones, y apreciar la música y el arte.

A pesar de las diferencias en la lateralización, la gente no es "zurda" o "diestra" del cerebro. En gran medida, las funciones de ambos hemisferios se complementan entre sí y los mensajes entre

> **lateralización** Especialización de los hemisferios cerebrales izquierdo y derecho para funciones particulares.

TABLA DE CONCEPTOS 2.5
Lateralización de las funciones cerebrales

Áreas de dominio del hemisferio izquierdo	Áreas de dominio del hemisferio derecho
Funciones verbales (para diestros y la mayoría de los zurdos), incluso el uso escrito y hablado del lenguaje, así como el análisis lógico, la solución de problemas y los cálculos matemáticos	Funciones no verbales como comprender las relaciones espaciales (como ya se ejemplificó en los rompecabezas o los mapas), reconocimiento de rostros e interpretación de gestos, percepción y expresión de emociones y apreciación de la música y el arte

Lateralización de la función cerebral
El hemisferio derecho domina las tareas espaciales como armar rompecabezas, mientras que el hemisferio izquierdo domina las tareas verbales como hablar, leer y escribir.

ellos atraviesan a gran velocidad el cuerpo calloso, es decir, el conjunto de fibras nerviosas que los conecta. Por lo tanto, a pesar de que un hemisferio o el otro sea el dominante para determinada tarea, ambos comparten la ejecución de la mayoría de las tareas.

El dominio del lenguaje está asociado con la lateralidad. Para alrededor de 95% de las personas diestras, e incluso para cerca de 70% de las personas zurdas, el hemisferio izquierdo domina las funciones del lenguaje (Pinker, 1994; Springer y Deutsch, 1993). Para alrededor de 15% de las personas zurdas, el hemisferio derecho domina dichas funciones. El otro 15% de los zurdos muestra patrones de dominio mixto.

El cirujano francés Paul Broca (1824-1880) fue uno de los pioneros en el descubrimiento de las áreas del lenguaje en el cerebro. Su descubrimiento más importante se relacionó con un paciente de 51 años quien fue admitido en el hospital por sufrir gangrena en la pierna. El paciente también era casi incapaz de hablar; comprendía con claridad lo que escuchaba, pero sus capacidades verbales estaban limitadas primordialmente a un sonido sin significado *(tan)*.

El paciente murió pocos días después. Mientras realizaba la autopsia, Broca descubrió que una parte en forma de huevo en el lóbulo frontal izquierdo del cerebro del paciente se había degenerado. El cirujano concluyó que esa área del cerebro, ahora conocida como **área de Broca** en su honor, es esencial para la generación del lenguaje (consulte la figura 2.15).

El área de Broca es una de las dos áreas cerebrales vitales para el lenguaje. La otra, que se encuentra en el lóbulo temporal izquierdo, es el **área de Wernicke** (consulte la figura 2.15). Debe su nombre al investigador alemán Karl Wernicke (1848-1905). Esta zona es responsable de nuestra capacidad para comprender el lenguaje en su forma escrita o hablada. Las áreas de Wernicke y de Broca están conectadas por fibras nerviosas, de manera que existe una interacción continua entre comprender el lenguaje y ser capaces de elaborarlo o expresarlo. Una lesión significativa en el área de Broca o de Wernicke, o en las conexiones nerviosas entre éstas, puede provocar diferentes formas de **afasia**: la pérdida o desequilibrio de la capacidad de comprender o expresar el lenguaje.

FIGURA 2.15
Áreas de Broca y de Wernicke
① El área de Broca es una parte en forma de huevo del lóbulo frontal que desempeña una función fundamental en la generación del lenguaje. ② El área de Wernicke está localizada en el lóbulo temporal y nos permite comprender el lenguaje escrito o hablado.

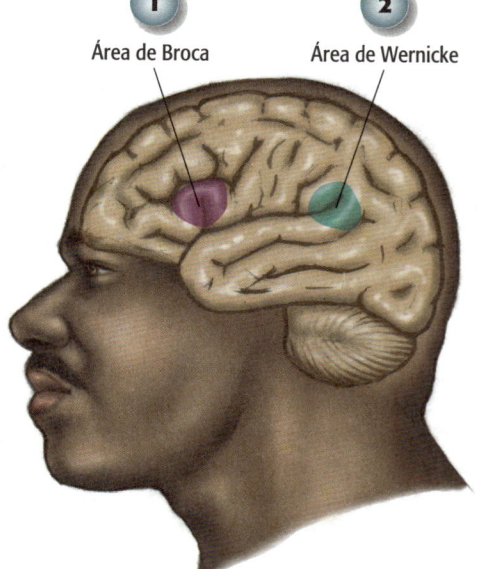

área de Broca Aquella en el lóbulo frontal izquierdo del cerebro involucrada con el habla.

área de Wernicke Área del lóbulo temporal izquierdo implicada en el procesamiento del lenguaje escrito y hablado.

afasia Pérdida o desequilibrio en la capacidad de comprender o expresar el lenguaje.

Lateralidad: ¿por qué la gente no es más ambidextra?

A pesar de no ser "diestros" o "zurdos" del cerebro, la mayoría de nosotros es primordialmente diestra o zurda. La lateralidad viene de familia (consulte la tabla 2.2), lo cual señala la función de las influencias hereditarias o familiares en su desarrollo. Aún no sabemos qué es lo que causa la lateralidad, pero incontables científicos creen que la genética desempeña una función fundamental (Corballis, 2001; Jones y Martin, 2001). Sin embargo, la lateralidad difiere en alrededor de una de cada cinco parejas de gemelos idénticos (un gemelo puede ser diestro, y el otro, zurdo). Los gemelos idénticos tienen genes idénticos, de manera que si la lateralidad sólo fuera genética en su origen, no observaríamos esta diferencia. De ahí que otros factores distintos a la genética pueden contribuir a la lateralidad.

Entre las causas sociales que pueden influir en la lateralidad se encuentran las presiones familiares en los niños para que utilicen la mano derecha para escribir. Las hormonas prenatales posiblemente tengan cierta injerencia, como la evidencia que vincula a la lateralidad izquierda con altos niveles de hormonas sexuales masculinas durante el desarrollo prenatal (Coren, 1992). Lo anterior podría explicar por qué la cantidad de varones zurdos duplica a la de mujeres zurdas. Las influencias hormonales también dependen de factores genéticos, de manera que la imagen general resulta aún más compleja. Las pruebas indican que las preferencias de lateralidad comienzan a desarrollarse desde antes del nacimiento. En un estudio basado en ultrasonidos de más de 200 fetos, los investigadores descubrieron que más de 95% de éstos se chupaban los pulgares derechos, mientras que menos de 5% se chupaban los pulgares izquierdos (Hepper, Shahidullah y White, 1990). Estos porcentajes corresponden de manera muy cercana a la distribución de diestros y zurdos en la población (para conocer otro interesante hecho acerca de la lateralidad, consulte el próximo "Intente lo siguiente").

Sin importar cuáles sean los orígenes de esta conducta, la imposición forzosa de lateralidad derecha en los niños puede ocasionar que oculten su tendencia al lado izquierdo (por ejemplo, cambiar a la mano izquierda cuando no son observados) y que desarrollen problemas emocionales.

CONCEPTO 2.28
Los científicos sospechan que la lateralidad ejerce una fuerte influencia genética.

¿Ya es zurdo? Las proporciones de fetos que se chupan los pulgares derechos o izquierdos son paralelas a las de la gente diestra y zurda en la población, lo cual sugiere que las preferencias de lateralidad pueden empezar a desarrollarse desde antes de nacer.

Explore la psicología

Investigación del cerebro dividido: ¿pueden los hemisferios funcionar solos?

Imagine que un lado de su corteza cerebral no pudiera comunicarse con el otro porque la fibra neural que conecta a ambos, el cuerpo calloso, estuviera cortada. En términos literales, usted tendría un cerebro dividido en dos. En la década de 1960, los neurocirujanos comenzaron a tratar algunos casos graves de **epilepsia** con un procedimiento quirúrgico que dividía el cerebro en dos al cortar el cuerpo calloso.

La epilepsia es un trastorno neurológico caracterizado por convulsiones marcadas por descargas nerviosas, repentinas y violentas, de actividad eléctrica en el cerebro. En muchos casos, estas descargas se asemejan a una competencia de *ping-pong* neuronal: las descargas eléctricas comienzan en un hemisferio cerebral y estallan en el otro. Mientras rebotan de un lado hacia el otro, crean una especie de salvaje tormenta eléctrica en el cerebro. Por fortuna, la mayoría de las personas con epilepsia es capaz de controlar con medicamentos las convulsiones. Para otras es necesaria la cirugía a fin de impedir que la actividad eléctrica en un hemisferio cruce al otro. Los pacientes que se someten a esta cirugía se conocen como **pacientes con cerebro dividido**.

Tales pacientes conservan sus capacidades intelectuales y sus personalidades distintivas, lo cual es muy notable dado que la cirugía impide que sus dos hemisferios cerebrales se comuniquen y parezcan ser dos mentes en relación con ciertas cosas (Gazzaniga, 1999). En ocasiones, bromeamos con que tal parece que su mano izquierda no sabe lo que hace la derecha.

TABLA 2.2
Lateralidad de los padres y probabilidades de los hijos de ser zurdos

Padres que son zurdos	Probabilidades de los hijos
Ninguno	1 en 50
Un padre	1 en 6
Ambos padres	1 en 2

Fuente: Springer y Deutsch, 1993.

epilepsia Trastorno neurológico caracterizado por convulsiones marcadas por repentinas y violentas descargas de actividad eléctrica en el cerebro.

pacientes con cerebro dividido Personas cuyo cuerpo calloso ha sido escindido quirúrgicamente.

Intente lo siguiente

¿Hacia qué lado se riza su cabello?

¿Busca algo qué hacer mientras espera los largos retrasos en los aeropuertos? ¿Por qué no sigue el ejemplo del investigador del National Cancer Institute, Amar Klar, y examina los rizos en la cabeza de la gente? Mientras observaba a las personas en aeropuertos y en centros comerciales, Klar notó un interesante patrón en las direcciones de rizado del cabello en sus cabezas (Klar, 2003; Pearson, 2003). El cabello de más de 95% de los diestros se rizaba en la dirección de las manecillas del reloj, mientras los zurdos y ambidextros tenían las mismas probabilidades de que su cabello se rizara hacia cualquier dirección. Quizá los mismos genes están involucrados en controlar tanto los rizos del cabello como la lateralidad.

Pero para los pacientes con el cerebro dividido, la broma parece aún más acertada, según se ilustró con la importante investigación conducida por Roger Sperry, ganador del Premio Nobel, y su colega Michael Gazzaniga.

En un experimento típico, estos investigadores colocaron un objeto cotidiano, como una llave, en la mano izquierda de pacientes con el cerebro dividido (Gazzaniga, 1992). Cuando se les tapaban los ojos, los pacientes no podían nombrar el objeto que sostenían, pero eran capaces de utilizarlo para abrir una cerradura. ¿Por qué?

Recuerde que la corteza somatosensorial en el hemisferio derecho procesa información sensorial de la parte izquierda del cuerpo (el contacto de una llave colocada en la mano izquierda, por ejemplo). Dado que el hemisferio derecho comparte esta información con el hemisferio izquierdo, los centros del habla en éste pueden responder al nombrar el objeto que la mano izquierda siente. En consecuencia, las personas cuyos cerebros funcionan de manera normal, por lo regular, no tienen dificultades para nombrar un objeto conocido que ha sido colocado en su mano izquierda, incluso si no pueden verlo.

Ahora considere el caso de los pacientes con cerebro dividido. Para ellos, el hemisferio derecho no puede transmitir información a los centros del lenguaje en el hemisferio izquierdo, de manera que es imposible para el paciente nombrar un objeto que sostiene en su mano izquierda. El hemisferio derecho, en términos literales, no puede "decir" qué es lo que sostiene la mano izquierda (Gazzaniga, 1995). Sin embargo, a pesar de la falta de capacidad para nombrar el objeto, el hemisferio derecho reconoce al mismo por el tacto y puede demostrar cómo se usa mediante el empleo de los movimientos de la mano.

En estudios de percepción en pacientes con cerebro dividido, los investigadores presentan breves imágenes de objetos en una pantalla y piden a los pacientes que los identifiquen por su nombre o que los seleccionen de entre un grupo oculto de objetos detrás de la pantalla (consulte la figura 2.16). Los experimentadores hicieron variaciones en las proyecciones de estímulos a la corteza visual izquierda y derecha. Si usted mira al frente y proyecta una línea vertical que divida su campo de visión en mitades izquierda y derecha, el área de la izquierda de la línea representa su campo visual izquierdo. La información presentada en éste se cruza y es procesada por la corteza visual del hemisferio derecho. Por su parte, la información presentada a la derecha de su campo visual (al campo visual derecho) es proyectada hacia la corteza visual en el hemisferio izquierdo. (La corteza visual para cada hemisferio está localizada en el lóbulo occipital). Para las personas con un cuerpo calloso intacto, la información es intercambiada con rapidez entre los dos hemisferios; pero en los pacientes con cerebro dividido, no existe comunicación entre un hemisferio y otro.

Ahora, digamos que se presenta una imagen al campo visual derecho de un paciente con el cerebro dividido. El hemisferio izquierdo procesa la información y el paciente es capaz de nombrar el objeto ("Vi un lápiz"). Esto no es sorprendente cuando usted considera que el hemisferio izquierdo de la mayoría de la gente controla el habla. Pero, ¿qué sucede cuando la imagen del objeto es presentada en el lado izquierdo de la pantalla, la cual proyecta información al hemisferio derecho, aquel que carece de funciones del lenguaje? En este caso, el paciente no puede decir qué es lo que ve, si es que acaso ve algo. Es probable que el paciente reporte: "No veo nada". Sin embargo, dado que el hemisferio derecho puede reconocer objetos por medio del tacto, el paciente es capaz de utilizar la mano izquierda para seleccionar el objeto correcto de entre los que están ocultos detrás de la pantalla.

Los descubrimientos de los estudios en pacientes con cerebro dividido nos ayudan a comprender la importancia del hemisferio izquierdo en el habla y la generación del lenguaje. Tal vez sea más reveladora la observación de que los pacientes con cerebro dividido parecen ser bastante normales en su conducta manifiesta (Sperry, 1982). En apariencia, sus cerebros son capaces de adoptar nuevas estrategias para procesar información y resolver problemas que no dependen de la comunicación entre hemisferios. Una vez más, lo anterior habla acerca de la notable capacidad del cerebro humano para adaptarse a nuevas demandas.

FIGURA 2.16   Estudio de cerebro dividido

La parte derecha de esta figura muestra que la información de la mitad derecha del campo visual es transmitida a la corteza occipital en el hemisferio izquierdo; por su parte, la información de la mitad izquierda del campo visual es transmitida a la corteza occipital derecha para su procesamiento. En pacientes con cerebro dividido, los mensajes recibidos por un hemisferio no pueden ser transferidos al otro.

En un estudio típico con pacientes con cerebro dividido, los investigadores presentan un estímulo visual a cada hemisferio de manera individual.

1 Cuando un objeto, como un lápiz, es presentado al campo visual derecho, la información visual es transmitida de forma directa hacia el hemisferio izquierdo del paciente. Dado que el hemisferio izquierdo controla el lenguaje, el paciente puede nombrar el objeto correctamente.

2 Cuando la información visual es presentada de manera directa al hemisferio derecho no verbal, el paciente es incapaz de nombrarla.

3 El paciente es capaz de elegir el objeto por tacto de entre un grupo de objetos cuando utiliza la mano izquierda, dado que la información táctil de la mano izquierda se proyecta hacia el hemisferio derecho, el cual ya ha "visto" el objeto.

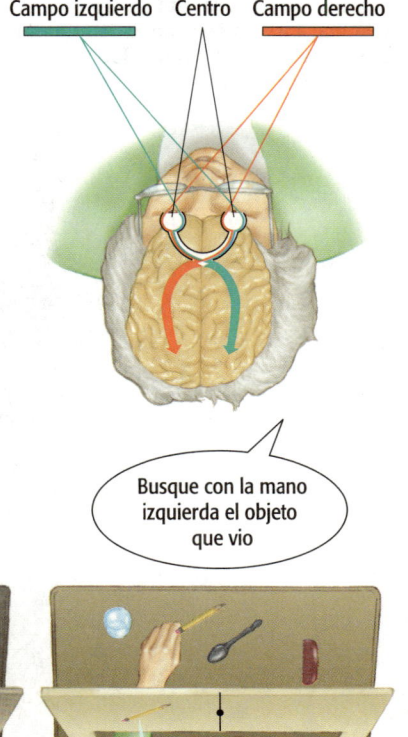

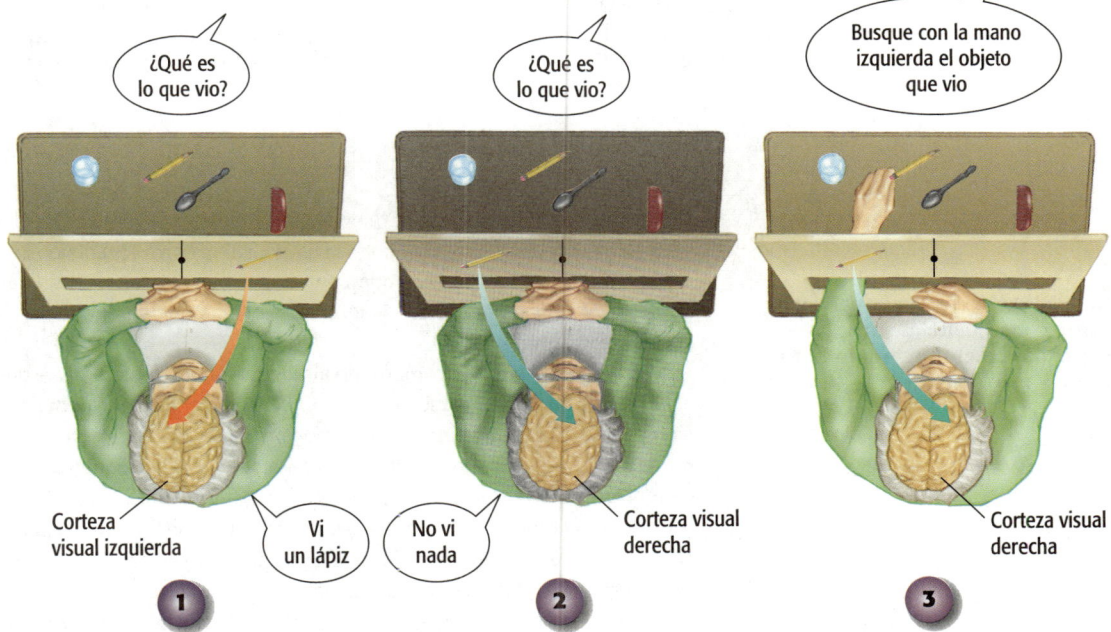

Daño cerebral y funcionamiento psicológico

Muchas personas han logrado una notable recuperación de un daño cerebral resultado de una embolia o trauma en la cabeza, tal vez no más notable que la de Phineas Gage, un trabajador ferroviario del siglo XIX cuyo caso impresionó a los practicantes de medicina de su época. Cierto día de 1848, Gage empacaba polvo explosivo para una carga de dinamita y, por accidente, lo encendió. La explosión disparó una vara de metal de dos centímetros y medio de espesor a través de su mejilla y cerebro y salió por la parte superior de su cabeza (Ratiu y Talos, 2004). Gage cayó al suelo, pero, para sorpresa de sus compañeros de trabajo, se incorporó, se sacudió el polvo y les habló. Le ayudaron a llegar a su casa, donde sus heridas fueron vendadas. Las heridas de Gage sanaron en el lapso de dos meses y él fue capaz de funcionar bien, a pesar de la masiva laceración en la cabeza que había sufrido. Después, sin embargo, los cambios en su personalidad comenzaron a sugerir formas más sutiles de daño cerebral. Phineas ya no era el sujeto apacible que solía ser. Este trabajador que antes fuera educado y concienzudo se había convertido en un vagabundo irresponsable e irritable (Jennings, 1999). Comenzó a buscar pleitos y a beber en exceso. Quienes lo conocieron antes del accidente decían: "Gage ya no es Gage".

CONCEPTO 2.29

Los resultados de las operaciones de división de cerebro muestran que, bajo ciertas condiciones y en términos literales, la mano derecha no sabe lo que hace la izquierda.

FIGURA 2.17 Sin embargo, sobrevivió
Esta ilustración de la ruta de la vara de metal a través del cráneo de Phineas Gage muestra cuán notable fue que hubiera sobrevivido.

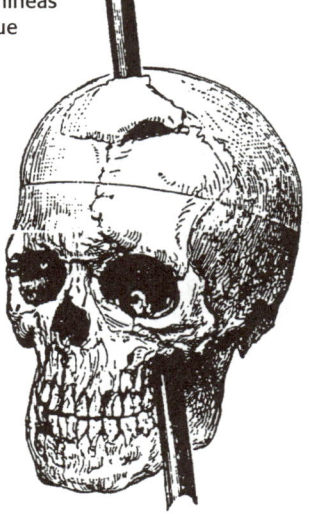

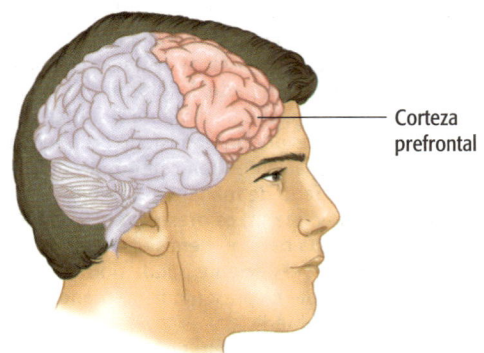

Corteza prefrontal

FIGURA 2.18
La corteza prefrontal: el centro ejecutivo de control del cerebro
La corteza prefrontal en cada uno de los lóbulos frontales es el área del cerebro implicada en las funciones mentales superiores, como razonar, planear, tomar decisiones, pensar de manera creativa y restringir la conducta impulsiva.

💡 **CONCEPTO 2.30**
El daño cerebral puede dar como consecuencias sutiles o marcadas en el funcionamiento físico y psicológico.

corteza prefrontal Área del lóbulo frontal ubicada frente a la corteza motora; involucrada en las funciones mentales superiores como el pensamiento, la planeación, el control de impulsos y la ponderación de las consecuencias de la conducta.

laceración Tipo de trauma cerebral en el cual un objeto extraño, como una bala o un fragmento de metralla, perfora el cráneo y lastima al cerebro.

concusión Sacudida del cerebro causada por un golpe en la cabeza.

embolia Destrucción de tejido cerebral como resultado del bloqueo de flujo sanguíneo a una parte del cerebro o por hemorragia cerebral.

plasticidad Capacidad del cerebro para adaptarse después de una alteración producida por un trauma o una cirugía.

El cráneo de Gage está ahora en exhibición en la Universidad de Harvard. La trayectoria de la vara de metal es evidente (consulte la figura 2.17). Con su precisión casi quirúrgica, parece haber esquivado partes del cerebro que controlan procesos corporales vitales, pero dañó la **corteza prefrontal** (CPF): el área de los lóbulos frontales que se encuentra frente a la corteza motora (consulte la figura 2.18).

La corteza prefrontal comprende alrededor de una tercera parte de la corteza cerebral entera en los seres humanos (consulte la figura 2.18). Lo anterior no debería sorprendernos dada la función central que ésta desempeña en muchas de las conductas que constituyen lo que es ser "humano". La CPF es el centro de razonamiento, toma de decisiones, creación, planeación y solución de problemas del cerebro (Huey, Krueger y Grafman, 2006; Koechlin y Hyafil, 2007). También es la parte del cerebro que pondera las consecuencias de los actos y controla la conducta impulsiva (Reyna y Farley, 2006). Dado que la CPF participa en tantas funciones mentales superiores, la consideramos el "sitio de la inteligencia" o el "centro ejecutivo de control" del cerebro.

Una herida en la CPF puede limitar la capacidad de la persona para seguir códigos de conducta moral y social, lo cual podría explicar en parte algunos de los cambios en la conducta de Phineas después de su accidente. La investigación contemporánea también vincula el daño a la CPF, del tipo que Phineas Gage sufrió, con los cambios en la manera de tomar decisiones o elaborar juicios morales de la gente (Koenigs *et al.*, 2007).

Trauma cerebral

En un trauma cerebral, el cerebro se lesiona debido a un golpe o sacudimiento de la cabeza o por la perforación del cráneo debido a un objeto externo. La herida que Gage sufrió se conoce como **laceración**, que es una forma de trauma cerebral que ocurre cuando un objeto externo (una vara de metal, en el caso de Gage) penetra en el cráneo y daña el cerebro. El rango de efectos de este tipo de lesión abarca desde un leve desequilibrio hasta la muerte instantánea, lo cual depende de la ubicación y extensión de la herida. Una lesión en los lóbulos frontales puede también provocar un rango de efectos psicológicos, incluso cambios en el estado de ánimo y la personalidad, como fue el caso de Phineas Gage.

La **concusión** es otra forma de traumatismo, una lesión del cerebro que es consecuencia de un golpe en la cabeza y que puede provocar una pérdida momentánea de conciencia. No es probable que una concusión leve que se sufre en una cancha de fútbol tenga consecuencias du-

Intente lo siguiente

Incremente su conciencia sobre la discapacidad

Trabajar como voluntario en un centro de rehabilitación puede ayudarlo a ampliar su conciencia sobre las necesidades de las personas con discapacidades. Hay también otras cosas que puede hacer por usted mismo para hacerse más consciente de los desafíos impuestos por las discapacidades sensoriales y motoras. He aquí algunas sugerencias ofrecidas por los profesores Stephen Wurst y Karen Wolford, de SUNY Oswego: *1)* para simular una discapacidad en la mano (motora), átese juntos dos dedos de su mano dominante y realice su rutina diaria (excepto cualquier actividad, como conducir un automóvil, que pudiera representar un riesgo); *2)* para simular el desafío impuesto por el mutismo, intente no hablar durante determinado tiempo, y *3)* para simular una discapacidad auditiva, use tapones para los oídos, como los que puede comprar en su farmacia local (tenga la precaución de evitar cualquier actividad donde la falta de audición represente un riesgo). Estos ejercicios son sólo simulaciones, pero pueden darle una idea del tipo de desafíos que enfrentan las personas con discapacidades en sus vidas diarias.

raderas; sin embargo, si es severa o se produce repetidas veces, las concusiones pueden provocar un daño cerebral permanente, que puede derivar en deficiencias en la memoria y la atención, inestabilidad emocional y habla confusa.

Plasticidad cerebral

Cuando se daña una parte del cerebro, otra parte puede hacerse cargo de sus funciones hasta cierto grado. Tal capacidad para adaptarse y reorganizarse después de una **embolia** o lesión se llama **plasticidad**. En la mayoría de las embolias, un coágulo bloquea el flujo de sangre de una arteria que surte al cerebro, lo cual priva a las células cerebrales del vital oxígeno y causa daños o la muerte del tejido cerebral afectado. Cada año, alrededor de 500 000 estadounidenses sufren una embolia y 150 000 mueren como consecuencia de ella. Una embolia puede causar parálisis permanente, pérdida del habla o incluso la muerte.

En algunos casos de epilepsia y otros trastornos neurológicos, el daño en uno de los hemisferios es tan grave que debe ser extirpado por medio de una cirugía. Resulta notable que la mayoría de los pacientes que se someten a un procedimiento tan radical es capaz de funcionar con normalidad, al menos si la operación se realiza en pacientes menores de 13 años, más o menos. Alrededor de esa edad, las funciones de ambos hemisferios parecen ser bastante flexibles o "plásticas". Cuando a los chicos de esa etapa se les extirpa el hemisferio izquierdo (dominante para el lenguaje), el derecho es capaz de reorganizarse, adaptarse a las nuevas demandas y desarrollar funciones de lenguaje (Zuger, 1997). Éste es un sorprendente ejemplo de adaptabilidad; incluso más sorprendente que la capacidad de una lagartija para regenerar un miembro perdido.

Como los pacientes que se someten a la extirpación quirúrgica de uno de sus hemisferios cerebrales, la plasticidad es mucho mayor entre niños pequeños, cuyos cerebros no están aún lateralizados por completo. Cómo logra el cerebro esta capacidad de reorganización —por medio de la construcción de nuevos circuitos o de alterar los circuitos existentes—, es algo que aún se ignora. Sin embargo, como con muchas laceraciones cerebrales, existen límites en cuanto a lo que el cerebro puede compensar por el daño al tejido cerebral que resulta de una lesión o de una embolia (consulte la sección "Intente lo siguiente").

💡 **CONCEPTO 2.31**
El cerebro es capaz de reorganizarse hasta cierto grado para adaptarse a nuevas funciones, incluso cuando la mitad de éste es extirpada mediante un procedimiento quirúrgico.

Intente lo siguiente

Aprendizaje como voluntario

A fin de aprender de primera mano los efectos de una embolia o de ciertas lesiones cerebrales, considere la posibilidad de invertir varias horas a la semana como voluntario en un centro o clínica local de rehabilitación. Los voluntarios pueden asistir a los terapeutas ocupacionales y físicos, a los asesores de rehabilitación y a otros profesionales. También se les puede solicitar pasar tiempo con los pacientes en el rol de compañeros o escuchas atentos. El trabajo puede ser gratificante para la persona y darle la oportunidad de averiguar si usted es apto para dedicarse a la rehabilitación como carrera profesional.

El cerebro dividido: especialización de la función

REPASE

¿Cuáles son las principales diferencias entre los hemisferios izquierdo y derecho?

- En la mayoría de la gente, el hemisferio izquierdo parece desempeñar una función más importante en las tareas verbales, incluso el empleo del lenguaje y la lógica, mientras que el hemisferio derecho está especializado en acciones que implican el procesamiento no verbal, como el comprender las relaciones espaciales, el reconocer rostros y el apreciar la música y el arte.

¿Qué determina a la lateralidad?

- Los factores genéticos parecen ser un fuerte determinante en la lateralidad, aunque los hormonales y las influencias sociales también pueden ser importantes.

¿Qué podemos aprender acerca de la lateralización del cerebro a partir de los estudios de los pacientes con "cerebro dividido"?

- Los estudios en pacientes con cerebro dividido, cuyos hemisferios cerebrales izquierdo y derecho son desconectados por vía quirúrgica, pueden ayudarnos a comprender mejor las funciones especializadas de cada hemisferio cerebral.

¿Cuáles son las principales causas de daño cerebral y qué efectos tienen éstas en el funcionamiento psicológico?

- Las causas principales de daño cerebral son la laceración, la concusión y la embolia.
- Los efectos psicológicos del trauma cerebral pueden ser profundos desequilibrios en el lenguaje, la visión, la memoria, el razonamiento, las habilidades motoras y la personalidad.

RECUERDE

1. Un hecho comprobado del cerebro es que
   a. está lateralizado por completo respecto de sus funciones
   b. la parte izquierda del cerebro controla el lenguaje pero sólo en las personas diestras
   c. el lado derecho del cerebro controla el funcionamiento en la parte izquierda del cuerpo humano, y viceversa
   d. las funciones de los hemisferios izquierdo y derecho no se complementan

2. En la mayoría de la gente, el hemisferio _____ parece dominar las funciones del lenguaje, y el hemisferio _____ parece dominar las funciones no verbales.

3. La parte del cerebro directamente involucrada en la producción del habla es
   a. el cuerpo calloso
   b. el área de Wernicke
   c. el área de Broca
   d. la fisura anterior

4. La parte del cerebro directamente involucrada en la comprensión del lenguaje escrito o hablado es
   a. la corteza prefrontal
   b. el área de Broca
   c. el cuerpo calloso
   d. el área de Wernicke

5. ¿Cuál de las siguientes frases no es verdadera?
   a. La lateralidad viene de familia
   b. La lateralidad está por completo determinada por factores genéticos
   c. Los investigadores han descubierto que la gran mayoría de los fetos se chupan el pulgar derecho
   d. Imponer la lateralidad derecha en niños zurdos puede provocar problemas emocionales

REFLEXIONE

- ¿Por qué es incorrecto decir que una persona es de cerebro diestro o zurdo?
- ¿Cuáles son los riesgos de intentar imponer una lateralidad diestra a niños zurdos?

El sistema endocrino: el otro sistema de comunicación del cuerpo

- ¿Cuáles son las principales glándulas endocrinas?
- ¿Qué función desempeñan las hormonas en la conducta?

El sistema nervioso no es el único medio por el que las partes del cuerpo se comunican entre sí. El *sistema endocrino* también realiza tareas de comunicación, aunque es mucho más lento que el primero. Los mensajes que envía son transportados por los vasos sanguíneos en lugar de por una red de neuronas. Los mensajeros que utiliza son hormonas, las cuales, como usted recordará del módulo 2.1, son sustancias químicas que ayudan a regular los procesos corporales. Aquí exploramos el sistema endocrino y la función que desempeña en la conducta.

Glándulas endocrinas: las estaciones de bombeo del cuerpo

El **sistema endocrino** es un grupo de glándulas localizadas en varias partes del cuerpo y que liberan directamente secreciones, llamadas hormonas, en el torrente sanguíneo. La figura 2.19 muestra la ubicación de muchas de las principales glándulas endocrinas del cuerpo. La tabla de conceptos 2.6 resume las funciones de las hormonas que éstas liberan.

Además regula importantes procesos corporales, como el crecimiento, la reproducción y el metabolismo. Para hacerlo, depende de las hormonas para comunicar sus mensajes a los órganos y a otros tejidos corporales. (La palabra *hormona* se deriva de las raíces griegas que significan "estimular" o "excitar").

Como los neurotransmisores, las hormonas se alojan en los sitios receptores de las células de destino para generar cambios en éstas. Por ejemplo, la *insulina,* una hormona producida por el **páncreas**, regula la concentración de glucosa (azúcar) en la sangre. Como una llave que entra en una cerradura, la insulina abre los receptores de glucosa en las células, con lo cual permite que el azúcar pase del torrente sanguíneo al interior de las células, donde es utilizado como combustible. A diferencia de los neurotransmisores, los cuales sólo se encuentran en el sistema nervioso, las hormonas viajan por el torrente sanguíneo hasta sus destinos.

Una de las funciones importantes del sistema endocrino es ayudar a mantener un estado de equilibrio interno u **homeostasis**, en el cuerpo. Cuando el nivel de azúcar en la sangre excede cierto umbral o punto programado —como puede suceder cuando come alimentos ricos en carbohidratos (azúcares y almidones)—, el páncreas libera más insulina en el torrente sanguíneo para estimular a las células de todo el cuerpo con el fin de que absorban más glucosa de la sangre, lo cual disminuye el nivel de ésta en el cuerpo. Cuando este nivel desciende hasta su punto programado, el páncreas reduce la cantidad de insulina que secreta.

Las dos glándulas endocrinas más importantes en el cuerpo son el hipotálamo y la **hipófisis** y están localizadas en el cerebro. Con frecuencia, a la hipófisis se le conoce como la "glándula maestra" porque influye en numerosos procesos corporales; no obstante, incluso ella opera bajo el control de otro "maestro": el hipotálamo.

El hipotálamo secreta hormonas conocidas como *factores de liberación* que causan que la hipófisis cercana libere, a su vez, otras hormonas. Por ejemplo, el hipotálamo segrega el *factor de liberación de la hormona del crecimiento* (GHRH o somatocrinina), el cual estimula a la hipófisis para que libere la *hormona del crecimiento* (GH o somatotropina) y promueva el crecimiento físico. Otras hormonas de la hipófisis causan que otras glándulas, como los testículos en los hombres y los ovarios en las mujeres, liberen sus propias secreciones. El proceso es semejante a una serie de dominós que caen de manera sucesiva.

Además del hipotálamo y la hipófisis, el cerebro alberga otra glándula endocrina, la **glándula pineal**, misma que libera *melatonina*, una hormona que ayuda a regular los ciclos de sueño y vigilia (consulte el capítulo 4). Las **glándulas suprarrenales** son un par de glándulas que

CONCEPTO 2.32
Las glándulas endocrinas distribuidas en todo el cuerpo coordinan muchas funciones corporales.

CONCEPTO 2.33
Las hormonas son liberadas por las glándulas endocrinas en el torrente sanguíneo y desde allí viajan a los sitios receptores específicos en los órganos y los tejidos.

CONCEPTO 2.34
En armonía con el sistema nervioso, el sistema endocrino ayuda a mantener un estado de equilibrio interno u homeostasis.

CONCEPTO 2.35
A menudo, a la hipófisis (glándula pituitaria) se le conoce como la "glándula maestra" porque ayuda a regular a muchas otras glándulas endocrinas.

sistema endocrino Sistema corporal de glándulas que liberan sus secreciones, llamadas hormonas, al torrente sanguíneo.

páncreas Glándula endocrina localizada cerca del estómago y que produce la hormona insulina.

homeostasis Tendencia de los sistemas a mantener un estado interno estable y equilibrado.

hipófisis Glándula endocrina en el cerebro que produce varias hormonas que participan en el crecimiento, la regulación del ciclo menstrual y el nacimiento.

glándula pineal Pequeña glándula endocrina en el cerebro que produce la hormona melatonina, la cual está involucrada en la regulación de los ciclos de sueño y vigilia.

FIGURA 2.19 Principales glándulas del sistema endocrino
El sistema endocrino consiste en glándulas que liberan secreciones, llamadas hormonas, directamente en el torrente sanguíneo.

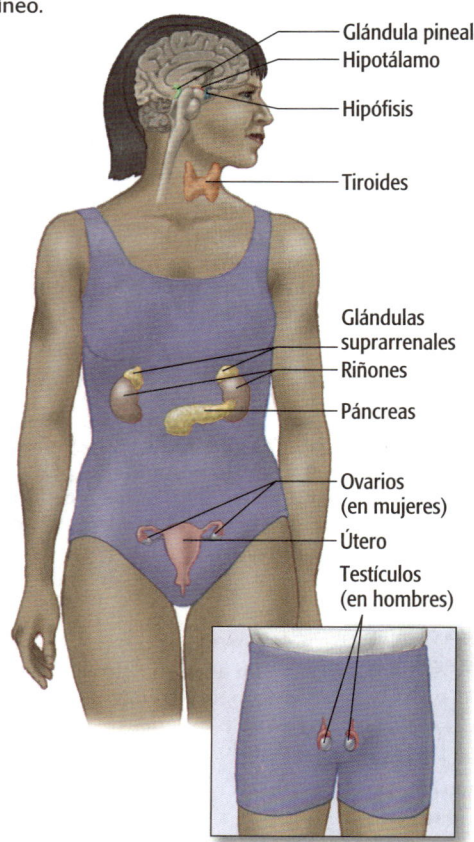

Glándula pineal
Hipotálamo
Hipófisis
Tiroides
Glándulas suprarrenales
Riñones
Páncreas
Ovarios (en mujeres)
Útero
Testículos (en hombres)

glándulas suprarrenales Par de glándulas endocrinas localizadas justo arriba de los riñones y que producen varias hormonas relacionadas con el estrés.

gónadas Glándulas sexuales (testículos en hombres y ovarios en mujeres) que producen hormonas sexuales y células germinales (espermatozoides en hombres y óvulos en mujeres).

ovarios Gónadas femeninas que secretan las hormonas sexuales femeninas: estrógeno y progesterona; además de producir óvulos maduros.

testículos Gónadas masculinas que producen espermatozoides y secretan la hormona sexual masculina testosterona.

células germinales Células de espermatozoides y óvulos a partir de las cuales se desarrolla una vida nueva.

glándula tiroides Glándula endocrina localizada en el cuello y que secreta la hormona tiroxina, la cual está involucrada en la regulación de las funciones metabólicas y el crecimiento físico.

se encuentran arriba de los riñones. Tienen una capa externa, llamada *corteza suprarrenal*, y un núcleo, la *médula suprarrenal.* La hormona de la hipófisis *adenocorticotropa, o ACTH,* estimula a la corteza suprarrenal para que secrete hormonas llamadas *esteroides corticales,* los cuales promueven el desarrollo de los músculos y estimulan al hígado para que libere reservas de azúcar en el torrente sanguíneo en momentos de estrés. De esta manera, más energía queda disponible como respuesta a situaciones estresantes, como las emergencias en las cuales el organismo enfrenta la amenaza inminente del ataque de un depredador. Otras hormonas del estrés, la *epinefrina* y la *norepinefrina,* son liberadas por la médula suprarrenal. Éstas ayudan a preparar al cuerpo para enfrentar el estrés por medio de la aceleración de los procesos corporales, como el pulso cardiaco y el ritmo de la respiración.

Como mencionamos antes en este capítulo, algunos químicos, como la norepinefrina, realizan una doble tarea: funcionan como neurotransmisores en el sistema nervioso y como hormonas en el torrente sanguíneo. En el cerebro, la norepinefrina —y en menor grado, la epinefrina— funciona como neurotransmisor. La primera desempeña una importante función en el sistema nervioso al regular los estados de ánimo, el estado alerta y el apetito.

Las **gónadas** son las glándulas sexuales: los **ovarios** en las mujeres y los **testículos** en los hombres. Las gónadas producen las **células germinales**: óvulos en las mujeres y espermatozoides en los hombres. Los ovarios también producen las hormonas sexuales femeninas *estrógeno* y *progesterona,* las cuales ayudan a regular el ciclo menstrual. La progesterona estimula el crecimiento de los órganos reproductivos femeninos y ayuda al útero a mantener el embarazo.

Los testículos producen la hormona sexual masculina *testosterona,* la cual conduce al desarrollo de los órganos sexuales masculinos en los fetos varones. Después de la pubertad en los hombres, la liberación de testosterona de los testículos produce el crecimiento de los genitales masculinos, el nacimiento de la barba y el agravamiento de la voz.

A pesar de que los sistemas nervioso y endocrino están separados, también están íntimamente relacionados. El cerebro regula la actividad del sistema endocrino de manera que el cuerpo responda no como un conjunto de sistemas separados, sino como un todo integrado. También controla las funciones endocrinas mediante el sistema nervioso autónomo. En momentos de estrés, por ejemplo, el sistema nervioso simpático transmite órdenes del cerebro a la médula suprarrenal, con lo cual se genera la liberación de las hormonas del estrés: epinefrina y norepinefrina, mismas que ayudan al cuerpo a prepararse para enfrentar esta situación (se comentará más al respecto en el capítulo 12).

Hormonas y conducta

Aunque la conducta humana recibe una influencia más destacada del aprendizaje y de la experiencia que la de las hormonas, éstas también participan en esas tareas. Por ejemplo, la hormona sexual masculina, la testosterona, está relacionada con el comportamiento agresivo (Archer, 2006). (A pesar de ser una hormona masculina, la testosterona se produce en los cuerpos tanto de los hombres como de las mujeres, pero en menor cantidad en ellas).

La ingestión de esteroides anabólicos (testosterona sintética), utilizados por muchas personas para construir masa muscular, también está vinculada con la conducta más agresiva y beligerante. Debemos reconocer, sin embargo, que la testosterona es quizá uno de los muchos factores que interactúan de manera compleja y que producen conductas agresivas en los seres humanos. Las deficiencias de testosterona también pueden provocar falta de deseo sexual tanto en los hombres como en las mujeres.

Los excesos y deficiencias en los niveles hormonales están asociados con numerosos trastornos físicos y psicológicos. Las hormonas tiroideas, producidas por la **glándula tiroides**, ayu-

TABLA DE CONCEPTOS 2.6
El sistema endocrino

Glándula/hormona	Función
Hipófisis	
Hormona del crecimiento (GH)	Estimula el crecimiento, en especial, de los huesos
Hormona adrenocorticotropa (ACTH)	Estimula a la corteza suprarrenal para que secrete esteroides corticales
Oxitocina	Estimula las contracciones uterinas durante el nacimiento y la posterior liberación de la leche materna
Hipotálamo	
Factores de liberación	Estimulan a la hipófisis para que libere otras hormonas, incluso la hormona del crecimiento
Glándula pineal	
Melatonina	Ayuda a regular los ciclos de sueño y vigilia
Páncreas	
Insulina	Facilita la entrada de glucosa (azúcar) de la sangre a las células; involucrada en la regulación de los niveles de azúcar en la sangre
Glándula tiroides	
Hormonas tiroideas	Implicadas en la regulación del ritmo metabólico, el crecimiento y la maduración
Glándulas suprarrenales	
Esteroides corticales	
Epinefrina (adrenalina) y norepinefrina (noradrenalina)	Ayudan al cuerpo a sobrellevar el estrés, promueven el desarrollo muscular, estimulan al hígado para que libere las reservas de azúcar
Ovarios	Aceleran los procesos corporales, como el pulso cardiaco y el ritmo de la respiración
Estrógeno	Se encarga de la maduración sexual femenina; ayuda a regular el ciclo menstrual
Progesterona	Ayuda a mantener el embarazo; ayuda a regular el ciclo menstrual
Testículos	
Testosterona	Promueve la producción de espermatozoides; se encarga de la diferenciación sexual masculina durante el desarrollo prenatal; promueve la maduración sexual en varones púberes

dan a regular el metabolismo corporal, es decir, el índice al cual el cuerpo transforma el alimento en energía. El exceso de éstas se asocia con estados de ansiedad e irritabilidad, mientras que su insuficiencia puede provocar apatía, aumento de peso, y un retraso en el desarrollo intelectual de los niños.

Durante el ciclo menstrual, los niveles de testosterona en las mujeres permanecen estables, pero los de estrógeno y progesterona cambian de manera drástica. La mayoría de las mujeres, alrededor de tres de cada cuatro, experimenta alguna forma de **síndrome premenstrual (SPM)**, que es una constelación de síntomas físicos y psicológicos en los días previos a su menstruación. Entre estos síntomas pueden incluirse ansiedad, depresión, irritabilidad, aumento de peso como resultado de la retención de líquidos y molestias abdominales. La o las causas del SPM son inciertas. A pesar de que muchas evidencias sugieren que las hormonas tienen alguna relación con el SPM, carecemos de pruebas sólidas para sustentar la creencia en que un desequilibrio hormonal —demasiado o demasiado poco estrógeno o progesterona en circulación— es la causa del SPM (Chrisler y Johnston-Robledo, 2002). Puede ser que las diferencias en sensibilidad a estas hormonas, y no sus niveles, expongan a las mujeres a un riesgo mayor de padecer SPM.

Tal síndrome también puede implicar irregularidades en el funcionamiento del neurotransmisor serotonina en el cerebro. Algunos investigadores sospechan que el estrógeno puede afectar el estado de ánimo al influir en la actividad de la serotonina (Rubinow, Schmidt y Roca, 1998). Otros factores, como la manera de sobrellevar los síntomas menstruales que las culturas enseñan sobre la menstruación y los estados de ánimo generales pueden también influir en la probabilidad de que una mujer experimente SPM.

CONCEPTO 2.36
  Las hormonas están relacionadas con una amplia variedad de conductas y estados de ánimo.

CONCEPTO 2.37
  Los factores hormonales pueden estar implicados en la explicación del síndrome premenstrual, un síndrome que afecta a alrededor de tres de cada cuatro mujeres.

síndrome premenstrual (SPM)
Conjunto de síntomas físicos y psicológicos que ocurren pocos días antes del flujo menstrual.

El sistema endocrino: el otro sistema de comunicación del cuerpo

REPASE

¿Cuáles son las principales glándulas endocrinas?

- Las principales glándulas endocrinas son la hipófisis, el hipotálamo, la glándula pineal, las glándulas suprarrenales, la glándula tiroides y las gónadas (testículos en los hombres y ovarios en las mujeres).

¿Qué función desempeñan las hormonas en la conducta?

- El exceso de hormonas tiroideas puede causar ansiedad e irritabilidad, mientras la deficiencia de éstas puede provocar indolencia, aumento de peso y retraso en el desarrollo intelectual de los niños.
- La testosterona ha sido relacionada con la agresividad.
- Las hormonas sexuales femeninas parecen tener injerencia en el síndrome premenstrual.

RECUERDE

1. A pesar de ser bastante más lento que el sistema nervioso, el sistema _____ es otro sistema de comunicación del cuerpo humano.

2. ¿Cuál de las siguientes sustancias glandulares se secreta directamente en el torrente sanguíneo del cuerpo?
   a. los neurotransmisores
   b. las hormonas
   c. los neuromoduladores
   d. las células gliales

3. ¿Qué término utilizamos para describir un estado de equilibrio interno en el cuerpo?

4. La glándula conocida como "glándula maestra", debido a su función en la regulación de la actividad de muchas otras glándulas, es la _____.

REFLEXIONE

- ¿Cree usted que su conducta está influida por sus hormonas? ¿Por qué?
- ¿Por qué se refiere este libro al sistema endocrino como el otro sistema de comunicación del cuerpo?

Genes y conducta: un caso de naturaleza y crianza

- ¿Qué funciones desempeñan los factores genéticos en la conducta?
- ¿Cuáles son los métodos utilizados para estudiar las influencias genéticas en la conducta?

genotipo Código genético de un organismo.

genes Unidades básicas de herencia que contienen el código genético individual.

ácido desoxirribonucleico (ADN) Material químico básico en los cromosomas que contiene el código genético del individuo.

cromosomas Estructuras similares a varas en el núcleo de la célula que albergan los genes del individuo.

Dentro de cada organismo pervive un conjunto de instrucciones heredadas que determina si dicho individuo tendrá pulmones o branquias, un pene o una vagina, ojos azules o verdes. Este conjunto de instrucciones, llamado **genotipo**, constituye el plano para construir y mantener a un ser vivo. Las indicaciones genéticas están codificadas en los **genes** del organismo y son las unidades básicas de herencia transmitidas de los padres a su descendencia.

Los genes están compuestos por una molécula compleja y espiral de doble hebra llamada **ácido desoxirribonucleico (ADN)**. Igualmente, están unidos entre sí en largas cadenas llamadas **cromosomas**, los cuales residen en el núcleo de la célula. Los científicos creen que existen entre 20 000 y 25 000 genes en el genoma humano o código genético humano (Lupski, 2007; Volkow, 2006). Un complemento de 46 cromosomas se encuentra en cada célula del cuerpo, excepto en las células germinales (óvulos y espermatozoides), los cuales tienen 23 cromosomas cada uno. Los hijos heredan la mitad de sus cromosomas y genes de sus madres y la otra mitad de sus padres. Durante la concepción, los 23 cromosomas en el óvulo materno se unen con los 23 cromosomas del espermatozoide del padre, con lo cual se forma el arreglo normal de 23 pares de cromosomas en el núcleo celular. Con la excepción de los gemelos idénticos, ninguna persona comparte con otra el mismo código genético.

En fechas recientes, los científicos han descifrado el genoma humano o código genético, lo cual les permite leer el guión genético entero de un ser humano. Ahora, ellos se enfocan en comprender cómo funcionan los genes y en localizar aquellos específicamente involucrados en varios trastornos físicos y mentales (Pennisi, 2006, 2007). Al estudiar el genoma humano, esperan adquirir conocimientos sobre los orígenes genéticos de la enfermedad, desarrollar estrategias para bloquear las acciones de los genes dañinos y dirigir las de los que son útiles.

Los factores genéticos determinan características físicas, como el color de los ojos y del cabello, pero, ¿cuál es su función en la conducta? ¿Es nuestra conducta producto de nuestros genes, de nuestro ambiente o de ambos?

Influencias genéticas en la conducta

Los genes influyen en muchos patrones de conducta. Hay perros bravos o apacibles en términos de temperamento; otros, juguetones. Todos comparten suficientes genes para hacerlos perros y no gatos, pero pueden diferir mucho entre sí en su conducta y características físicas. La gente ha criado animales de manera selectiva para mejorar patrones específicos de conducta, así como rasgos físicos. Pero, ¿qué sucede con la conducta humana?

Uno de los más antiguos debates en la psicología es el *debate naturaleza-crianza*. ¿Está nuestra conducta gobernada por la naturaleza (genética) o por la crianza (ambiente y cultura)? A pesar de que el debate aún continúa, la creencia general de los psicólogos es que la conducta humana se ve influida por una combinación de genes y ambiente (Cacioppo *et al.*, 2000; Plomin *et al.*, 2003). La versión contemporánea del debate naturaleza-crianza se refiere más a las contribuciones, a conductas particulares relativas de la naturaleza *y* la crianza, que a la exclusión naturaleza *o* crianza.

La herencia influye no sólo en muchas características psicológicas, como la inteligencia, la timidez, la agresividad y la sociabilidad, sino también en aptitudes especiales para la música y el arte, así como en las preferencias por diferentes tipos de ocupaciones (p. e., Bouchard, 2004; Ellis y Bonin, 2003; Schwartz *et al.*, 2003). Los genes cuentan con la capacidad para incidir en nuestra tendencia a tener una disposición hacia la tristeza o hacia la felicidad; es más, pueden incrementar la probabilidad de que seamos populares (Burt, 2008; Lykken y Csikszentmihalyi, 2001). La herencia también cumple una importante función en numerosos trastornos psicológicos, como problemas de ansiedad, depresión, dependencia del alcohol o drogas, y esquizofrenia (Merikangas y Risch, 2003; Plomin y McGuffin, 2003).

El genotipo, o código genético, es una especie de receta para determinar las características o rasgos de un organismo. Sin embargo, el hecho de que se exprese en las características observables, o **fenotipo**, del organismo, depende de una compleja interacción de genes y del ambiente (Crabbe, 2002). Las características psicológicas, como la timidez, la inteligencia o una predisposición a la esquizofrenia, a la depresión o al alcoholismo, parecen ser **características poligénicas**, las cuales se ven influidas por múltiples genes que interactúan de manera compleja con los factores ambientales. En otras palabras, ningún gen individual representa características psicológicas complejas por sí mismo (Plomin y McGuffin, 2003): los genes no dictan nuestra personalidad. Hay que pensar en la función de la genética como la creación de una *predisposición* o *probabilidad*, no una certeza, de que determinadas conductas, capacidades, características psicológicas o trastornos se desarrollarán. Si una predisposición se manifiesta o no en la vida de una persona, puede depender de factores ambientales, como la calidad de la relación familiar o el nivel de estrés en la vida (Fox, Hane y Pine, 2007; Jokela *et al.*, 2007a, b).

Considere la notable investigación del psicólogo David Reiss y sus colegas (Reiss *et al.*, 2000) quienes demostraron que el grado al cual la genética influye en una característica de la personalidad como la timidez, expresada en la conducta evidente de los niños, depende de las interacciones que éstos tienen con sus padres y con otras importantes personas en su vida. Los padres que son sobreprotectores con un niño tímido pueden acentuar una tendencia genética subyacente hacia aquella conducta, mientras que los padres que motivan las conductas más extravertidas pueden ayudar al niño a superarla.

CONCEPTO 2.38
La perspectiva respaldada por la mayoría de los científicos es que tanto la herencia como el ambiente interactúan de manera compleja en la formación de nuestras personalidades y capacidades intelectuales.

CONCEPTO 2.39
Los factores genéticos crean predisposiciones que incrementan las probabilidades de que surjan ciertas conductas, capacidades o características de la personalidad; sin embargo, el hecho de que surjan o no depende en gran medida de las influencias ambientales y de las experiencias individuales.

VÍNCULO DE CONCEPTOS · · · · ·
Los investigadores creen que la genética influye en muchas características de la personalidad, desde la timidez hasta la búsqueda de novedad. Consulte el módulo 13.2.

fenotipo   Características físicas y conductuales observables de un organismo, las cuales representan las influencias del genotipo y del ambiente.

características poligénicas   Las que se ven influidas por múltiples genes que interactúan de manera compleja.

"Soy el gen que causa el alcoholismo. Supuse que podría saltarme al intermediario."

Pero, ¿cómo podemos separar los efectos del ambiente de los de la genética? Consideremos varios métodos que los científicos utilizan para esclarecer dichos efectos.

Estudios de parentesco: el esclarecimiento de las funciones de la herencia y el ambiente

Los científicos recurren a varios métodos para examinar las contribuciones genéticas en la conducta, incluso los estudios de asociación familiar, los de gemelos y los de adoptados. La tabla de conceptos 2.7 proporciona un resumen de estos tres tipos básicos de estudios de parentesco.

Estudios de asociación familiar

Mientras más cercana sea la relación entre las personas, más genes tienen en común. Cada padre comparte 50% de sus genes con su hijo o hija, como lo hacen los hermanos entre sí. Los parientes más distantes, como los tíos, tías y primos, tienen menos genes en común, pero aún cuentan con un alto porcentaje de genes comunes que las personas que no pertenecen a la familia. Por lo tanto, si los genes contribuyen a determinado rasgo o trastorno, esperaríamos que las personas cuya relación es más cercana tuvieran más probabilidades de compartir el rasgo o el trastorno en común (Gottesman y Gould, 2003).

Este método de investigación, llamado **estudio de asociación familiar**, se utiliza para determinar los vínculos familiares en trastornos como la esquizofrenia. Conscientes de que existe una participación de la genética en el desarrollo de ésta, los investigadores encuentran un riesgo mayor de padecer el trastorno entre parientes cercanos de los pacientes con esquizofrenia que entre los parientes más distantes (Gottesman, 1991; Gottesman, McGuffin y Farmer, 1987). Por ejemplo, el riesgo de dos parientes de sangre de padecer esquizofrenia se incrementa en 2% entre primos hermanos, y tíos y tías; y hasta en 48% entre gemelos idénticos. Es importante, sin embargo, el hecho de que este tipo de estudio tiene una gran limitante: mientras más cercana sea la relación de sangre, más probable es que la gente comparta ambientes comunes. Por ello, los

CONCEPTO 2.40
Los científicos utilizan tres tipos básicos de estudios de parentesco para examinar las influencias genéticas en la conducta: de asociación familiar, de gemelos y de adoptados.

VÍNCULO DE CONCEPTOS · · · · ·
Las semejanzas entre los gemelos idénticos en comparación con los gemelos fraternos aportan evidencias de que los genes contribuyen a la inteligencia. Consulte el módulo 7.3.

estudios de asociación familiar
Dirigidos a examinar el grado en el cual los trastornos o las características son compartidos entre los miembros de una familia.

TABLA DE CONCEPTOS 2.7
Tipos de estudios de parentesco

Tipo de estudio	Método de análisis	Evaluación
Estudio de asociación familiar	Análisis de rasgos y trastornos compartidos entre miembros de la familia en relación con su grado de parentesco	Brinda evidencia que apoya la contribución genética a la conducta cuando la concordancia es mayor entre miembros de la familia con relación sanguínea más cercana que entre los parientes más lejanos; su limitación es que mientras más estrecha sea la relación sanguínea, más probable es que la gente comparta ambientes similares.
Estudio de gemelos	Análisis de las diferencias en los grados de coincidencia (concordancia) de determinado rasgo o trastorno entre gemelos idénticos o fraternos	Proporciona fuerte evidencia sobre la función de los factores genéticos en la conducta cuando los índices de concordancia son mayores entre gemelos idénticos que entre gemelos fraternos; puede incluir una tendencia a una mayor semejanza ambiental entre los primeros que entre los segundos.
Estudio de adoptados	Análisis de semejanza en los rasgos o prevalencias de trastornos físicos o psicológicos entre adoptados y sus padres biológicos y adoptivos, o entre gemelos idénticos criados por separado o criados juntos	La manera más clara de separar las funciones de la herencia y el ambiente, pero puede ignorar los factores ambientales comunes en gemelos que fueron criados por separado a temprana edad.

científicos buscan otras alternativas, como los estudios de gemelos y los estudios de adoptados, para ayudar a esclarecer las contribuciones relativas de la herencia y el ambiente.

Estudios de gemelos

En el caso de los **gemelos idénticos** (también llamados *gemelos monocigóticos* o *MZ*, por sus siglas en inglés), un óvulo fertilizado o **cigoto** se divide en dos células, y cada una, separadamente, se desarrolla en una persona. Dado que su código genético estaba contenido en la célula única antes de separarse en dos, los gemelos idénticos tienen la misma estructura genética. En el caso de los **gemelos fraternos** (también llamados *gemelos dicigóticos* o *DZ*, por sus siglas en inglés), la madre libera dos óvulos el mismo mes, los cuales son fertilizados por espermatozoides distintos, y cada óvulo fecundado se desarrolla después en una persona. Los gemelos fraternos comparten, pues, sólo 50% de su estructura genética como los demás hermanos y hermanas.

En los **estudios de gemelos**, los investigadores comparan los **índices de concordancia**, o porcentajes de características y trastornos compartidos. El mayor grado de coincidencia (porcentaje de veces en las cuales ambos gemelos comparten la misma característica o trastorno) entre gemelos monocigóticos que entre dicigóticos sugiere una marcada contribución genética a la característica o al trastorno (Braff, Schork y Gottesman, 2007). Los experimentadores revelan que los gemelos idénticos tienen más probabilidades que los gemelos fraternos de compartir algunas características psicológicas, como la sociabilidad y los niveles de actividad, así como algunos trastornos psicológicos, como la esquizofrenia (Gottesman y Hanson, 2005; Gur *et al.*, 2007; Plomin *et al.*, 1997).

Sin embargo, los estudios de gemelos muestran una gran limitación. El problema es que los gemelos idénticos pueden ser tratados de manera más semejante que los gemelos fraternos. De esta forma, los factores ambientales, y no los genes, pueden ser la causa de los índices más altos de concordancia. Por ejemplo, los gemelos idénticos pueden ser motivados a vestirse igual, a compartir los mismos cursos y hasta tocar el mismo instrumento musical. Los investigadores creen que, a pesar de esta restricción, los estudios de gemelos proporcionan información útil relacionada con la contribución de los genes a la personalidad y al desarrollo intelectual.

Estudios de adoptados

La manera más clara de separar las funciones del ambiente y la herencia es conducir **estudios de adoptados**, los cuales comparan a niños en esta condición tanto con los padres adoptivos como con los biológicos. Si los niños tienden a ser más parecidos a sus padres adoptivos en sus características psicológicas o en los trastornos que desarrollan, podemos suponer que el ambiente

gemelos idénticos   Gemelos desarrollados a partir del mismo cigoto y, por tanto, tienen genes idénticos (también llamados gemelos monocigóticos o MZ).

cigoto   Óvulo fertilizado.

gemelos fraternos   Gemelos que se desarrollan en cigotos separados y, por tanto, comparten 50% de sus genes (también llamados gemelos dicigóticos o gemelos DZ).

estudios de gemelos   Estudios que examinan el grado al cual los gemelos comparten peculiaridades, características o trastornos en relación con el hecho de ser gemelos idénticos o fraternos.

índices de concordancia   En estudios sobre gemelos, porcentaje de casos en los cuales ambos miembros de parejas de gemelos comparten la misma característica o desorden.

estudios de adoptados   Estudios que examinan si los individuos adoptados son más similares a sus padres biológicos o adoptivos en relación con sus características psicológicas o los trastornos que desarrollan.

desempeña la función más dominante. Si, por el contrario, tienden a parecerse más a sus padres biológicos, podemos suponer que la herencia ejerce una influencia mayor.

Cuando los gemelos idénticos son separados a temprana edad y criados por familias adoptivas distintas, podemos atribuir cualquier diferencia entre ellos a los factores ambientales, dado que su estructura genética es la misma. Este experimento natural —separar gemelos idénticos a temprana edad— no sucede con frecuencia, pero, cuando sucede, aporta una ocasión especial para examinar las funciones de la naturaleza y la crianza. Un estudio de este tipo descubrió pocas diferencias en el grado de semejanza entre gemelos idénticos criados por separado y entre aquellos que crecieron juntos en cuanto a determinado rango de características de la personalidad (Tellegen *et al.*, 1988). Estos hallazgos sugieren que la herencia desempeña una importante función en el desarrollo de la personalidad. Sin embargo, los estudios de gemelos criados por separado pueden ignorar los factores ambientales comunes. Dado que es raro que los gemelos sean adoptados al nacer, pueden haber compartido un ambiente común durante la infancia. Muchos continúan reuniéndose de manera periódica durante su vida. Así, los gemelos que crecieron apartados pueden tener oportunidades para verse influidos por otras personas en sus ambientes compartidos o ejercer influencia mutua, lo cual es independiente de su coincidencia genética.

En todo caso, a pesar de las flaquezas de los métodos empleados para separar las funciones de la herencia y del ambiente, numerosos descubrimientos que emplean metodologías diversas enfatizan la importancia de la herencia en la formación de la personalidad y en el desarrollo intelectual. La influencia que tienen los genes en nuestro desarrollo psicológico no significa que la genética determine nuestro destino. Los factores genéticos proporcionan un *rango* de la expresión de varias características, mientras que los factores ambientales determinan cómo *o si* dichas características se manifestarán.

Revisión de módulo 2.7

Genes y conducta: un caso de naturaleza y crianza

REPASE

¿Qué funciones desempeñan los factores genéticos en la conducta?

- Los factores genéticos son importantes influencias en la conducta y el temperamento animales.
- En los seres humanos, los factores genéticos interactúan de manera compleja con las influencias ambientales en la determinación de la personalidad y en el desarrollo intelectual.

¿Cuáles son los métodos utilizados para estudiar las influencias genéticas en la conducta?

- Se utilizan tres tipos de estudios para analizar la función de la genética en la conducta humana: los estudios de asociación familiar, los de gemelos y los de adoptados.

RECUERDE

1. Los científicos creen que existen entre _____ y _____ genes en el genoma humano.
   a. 5 000 y 10 000
   b. 20 000 y 25 000
   c. 100 000 y 500 000
   d. un millón y cinco millones

2. En el largo debate en la psicología sobre el tema de naturaleza-crianza, la pregunta central es:
   a. ¿Cuánto de nuestro código genético tenemos en común con los demás?
   b. ¿Cuál es el factor más influyente en la conducta humana, el genotipo o el fenotipo?
   c. ¿La herencia o el ambiente gobierna la conducta humana?
   d. ¿Hasta qué punto afectan a nuestro genotipo las influencias en la crianza?

3. Las características poligénicas son
   a. características que son influenciadas por múltiples genes
   b. características que son influenciadas por genes poligénicos
   c. características que son determinadas por defectos genéticos
   d. características que son determinadas por combinaciones de genes

4. ¿Cuáles son los tipos básicos de estudios utilizados para examinar la influencia de la genética en la conducta?

5. Los gemelos dicigóticos resultan de cuando
   a. un cigoto se forma y luego se divide en dos células
   b. dos óvulos son fertilizados por distintos espermatozoides
   c. dos distintos espermatozoides fertilizan al mismo óvulo, el cual después se divide a la mitad
   d. dos cigotos se forman por la fertilización del mismo óvulo

REFLEXIONE

- ¿Qué aspectos de su personalidad, si es que los hay, cree usted que se vieron influidos por su herencia genética?
- ¿Qué métodos utilizan los investigadores para esclarecer las influencias de la herencia y del ambiente en la conducta? ¿Cuáles son las limitaciones de esos métodos?

Mirar debajo de la capucha: examen del cerebro humano

Los avances en la neurociencia cognitiva, mismos que fueron posibles gracias a las sofisticadas técnicas de imagen cerebral, hacen más amplia nuestra comprensión sobre el funcionamiento del cerebro. Aquí examinamos algunas aplicaciones vanguardistas de tecnologías de escaneo que nos permiten comprender mejor cómo opera el cerebro al observarlo en actividad.

Descubrimiento de circuitos de memoria en el cerebro

Con el uso de técnicas avanzadas de escáner, los investigadores han identificado circuitos específicos en los cerebros de animales de laboratorio, circuitos que corresponden a experiencias particulares en las vidas de dichos animales (Bartho *et al.,* 2004; Csicsvari *et al.,* 2003). La experimentación de este tipo aún está en pañales, pero es concebible que algún día podamos ser capaces de identificar circuitos de memoria en el cerebro humano que contengan el depósito de nuestras vivencias. También es probable que seamos capaces de decodificar la actividad cerebral para detectar los pensamientos que una persona tiene momento a momento, como si viéramos esos pensamientos en la pantalla de una computadora (Haynes y Rees, 2006) (consulte la figura 2.20).

Revelación de características de la personalidad

Los escáneres cerebrales también revelan características subyacentes de la personalidad. En fechas recientes, se mostró una serie de imágenes positivas y negativas a sujetos de estudio, como las de la figura 2.21, mientras los investigadores registraban la actividad neural en sus cerebros con el empleo de una técnica de imagen Los resultados mostraron diferencias en la actividad cerebral entre las personas con diferentes características o rasgos de personalidad. Como respuesta a estas imágenes positivas y negativas, los cerebros de las personas que presentaban el rasgo de la personalidad de la extraversión (eran sociables, abiertas y orientadas hacia el trato con la gente), mostraron diferentes patrones de actividad que aquellas que mostraban rasgos de neuroticismo (eran ansiosas y dadas a preocuparse). Como lo expresó el líder de la investigación, Turhan Canli, "si conozco cuáles son las condiciones bajo las cuales veo [determinado] patrón de activación, puedo hacer una buena predicción en cuanto a cuáles son los rasgos de personalidad de esta persona" (citado en Pepper, 2005).

Exámenes laborales de candidatos a un empleo

Los escáneres cerebrales pueden convertirse en parte de los estudios regulares de empleo. Además de llenar los formularios tradicionales de antecedentes e intereses, es probable que las empresas puedan, algún día, asomarse al interior de las cabezas de los candidatos a un empleo

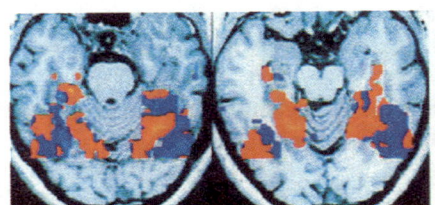
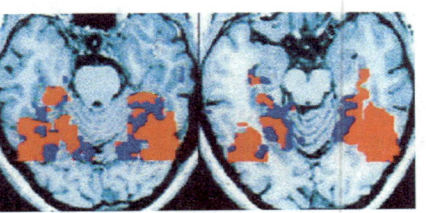

FIGURA 2.20   ¿Qué hay en su mente? Con el uso de respuestas de IRMf, los investigadores pueden detectar señales cerebrales distintas que ocurren cuando los individuos miran estímulos diferentes. Las áreas rojas indican las partes del cerebro en las cuales se elevan las señales cuando a las personas se les muestran imágenes de rostros. Las áreas azules denotan regiones del cerebro en las cuales se elevan las señales cuando a la gente se le expone imágenes de edificios. Tal vez con el tiempo seamos capaces de saber lo que piensa una persona al decodificar sus imágenes cerebrales.   *Fuente:* Haynes y Rees, 2006.

La prueba
Se muestran imágenes "positivas" y "negativas" a los sujetos, como las que aparecen abajo. Mientras tanto, los escáneres cerebrales registran las diferencias en los patrones de actividad entre las neuronas en diferentes partes del cerebro.

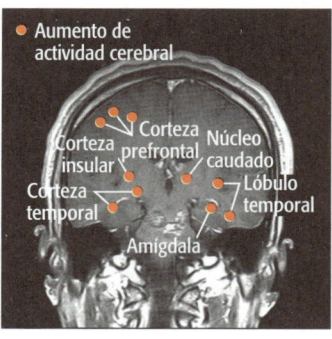

- Aumento de actividad cerebral

Corteza insular
Corteza prefrontal
Corteza temporal
Núcleo caudado
Lóbulo temporal
Amígdala

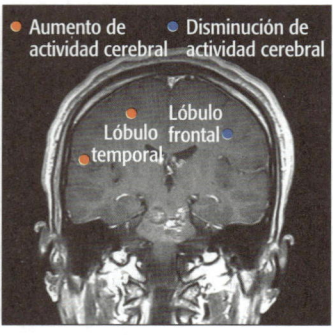

- Aumento de actividad cerebral
- Disminución de actividad cerebral

Lóbulo temporal
Lóbulo frontal

1. El extravertido
Las imágenes "positivas" estimulan estas áreas en las personas que son más sociables y muestran emociones positivas.

2. El neurótico
Las imágenes "negativas" provocan estas respuestas en personas proclives a la ansiedad y a las emociones negativas.

FIGURA 2.21   Muestra de personalidades
Los cerebros de las personas con diferentes rasgos de personalidad (extraversión contra neuroticismo) muestran distintos patrones de actividad como respuesta a las imágenes positivas o negativas. La investigación en este campo puede ayudarnos a saber más acerca de las relaciones entre el funcionamiento del cerebro y los tipos de personalidad.

Fuente: Adaptado de *Newsweek*, 21 de febrero de 2005, p. E26.

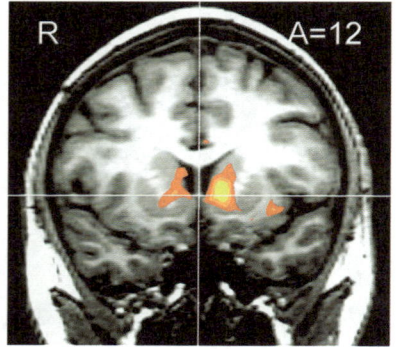

FIGURA 2.22   Cuando usted va de compras en el cerebro
Aquí vemos una imagen cerebral de un sujeto de prueba. Las marcas rojas muestran un incremento de actividad en una parte del cerebro, llamada *núcleo accumbens,* cuando la persona experimentó el deseo de comprar un producto mostrado durante el experimento, que en este caso fue un reloj de estado de ánimo.

Fuente: Tierney, 2007a.

(Pepper, 2005). El psicólogo Turhan Canli ha comenzado a investigar cómo las diferencias en los patrones de actividad cerebral, como respuesta a las imágenes positivas y negativas, podrían revelar cuáles individuos son más aptos para determinadas tareas.

De compras en el cerebro

Un escáner de IRM puede ser tan ajeno a un centro comercial como usted podría imaginar, pero fue utilizado como una especie de falso centro comercial en un estudio reciente. Los investigadores tomaron estudios de IRM de los cerebros de personas mientras éstas miraban diferentes tipos de productos de consumo y pensaban si tendrían oportunidad de comprarlos o no (Knutson *et al.,* 2007). Mientras se estudiaba el cerebro de los participantes, se les mostraban imágenes de determinados productos junto con sus precios, los cuales eran hasta 75% menores que su costo al menudeo. Después, se les pidió pensar si les gustaría tener la oportunidad de comprar los productos con un fondo de cuarenta dólares proporcionado por los investigadores.

Una región particular del cerebro, llamada *núcleo accumbens,* se activó justo antes de que las personas tomaran la decisión de comprar un artículo específico que les agradaba (consulte la figura 2.22). Como reportó uno de los científicos, "Fue increíble tener la capacidad para ver la actividad cerebral segundos antes de una decisión y predecir si la persona lo compraba o no" (citado en Tierney, 2007a, p. 7). Ahora, lo que hace aún más interesante este experimento es que se refiere a una región del cerebro que tiene alta densidad de receptores de dopamina. Como podrá recordar, la dopamina es un neurotransmisor involucrado en la regulación de los sentimientos del placer. Puede ser que esta hormona, el químico del placer, se libere cada vez que usted vea algo que desea comprar. Tal vez, en el futuro, podamos ayudar a las personas que acumulan enormes estados de cuenta de tarjetas de crédito a bloquear los receptores de dopamina de su cerebro cada vez que visiten un centro comercial (Tierney, 2007a).

Detección de mentiras

En el capítulo 8, usted leerá acerca del empleo del polígrafo, un aparato cuyo propósito es sorprender a un individuo en el acto de mentir mediante la búsqueda de marcadores o respuestas fisiológicas, como sudar, el cual se piensa es indicativo de esa acción. Sin embargo, usted también se enterará de que la comunidad científica no está convencida de que el polígrafo sea un método confiable para detectar mentiras. En la actualidad, las empresas intentan usar la IRMf para buscar patrones de activación cerebral asociados con mentir. Una empresa llamada No Lie MRI pretende vender la tecnología a las instituciones de justicia y a los departamentos de inteligencia (Pontin, 2007). Si la tecnología supera algunas pruebas científicas, es posible que pronto usted necesite someterse a un examen cerebral al solicitar un puesto importante en el gobierno o en la industria.

Diagnóstico de trastornos psicológicos

Los escáneres cerebrales pueden también comenzar a utilizarse para diagnosticar trastornos psicológicos o psiquiátricos. Equipos de experimentadores están muy involucrados en la exploración del uso de los escáneres cerebrales para detectar señales de patrones anormales de conducta, como el trastorno de bipolaridad y el de déficit de atención e hiperactividad (TDAH), y la esquizofrenia. Los investigadores contemplan descubrir señales de trastornos psicológicos mediante las técnicas de imagen cerebral, de manera muy semejante a como dichas técnicas se utilizan en la actualidad para revelar tumores y otros trastornos físicos (Raeburn, 2005). En la actualidad, estas técnicas están limitadas al uso experimental, pero tal vez un día cercano puedan volverse tan comunes como una radiografía de tórax o incluso una radiografía dental.

■ Pensamiento crítico sobre la psicología ■

Con base en la lectura de este capítulo, responda las siguientes preguntas. Después, para evaluar su progreso en el desarrollo de capacidades de pensamiento crítico, compare sus respuestas con las respuestas de ejemplo en el apéndice A.

Phineas Gage es uno de los más reconocidos casos de estudio en los anales de la psicología. En 1848, como usted ya sabe, Gage sufrió un accidente en el que una vara de metal perforó la mejilla alcanzando el cerebro y penetró hasta la parte superior de la cabeza. Sin embargo, el hombre no sólo sobrevivió a este terrible accidente, sino que se las arregló para incorporarse y hablar con los trabajadores que acudieron en su ayuda. A pesar de sobrevivir a sus heridas, su personalidad cambió, a tal grado que la gente comentaba: "Gage ya no es Gage".

1. ¿Por qué cree usted que la lesión de Gage afectó su personalidad, pero no las funciones vitales básicas que el cerebro controla, como la respiración y el pulso cardiaco?

2. ¿Cómo podría la naturaleza de la lesión que Gage sufrió explicar por qué este hombre, antes educado y cortés, se convirtió en un sujeto agresivo e indisciplinado?

Módulo 2.1 Las neuronas

PARTES DE LA NEURONA

- **Soma:** cuerpo celular
- **Axón:** "cable" que conduce los mensajes de salida o potenciales de acción
- **Dendritas:** proyecciones semejantes a raíces que captan señales de otras neuronas
- **Botones dendríticos:** liberan neurotransmisores en la sinapsis
- **Vaina de mielina:** capa protectora de los axones

La neurona

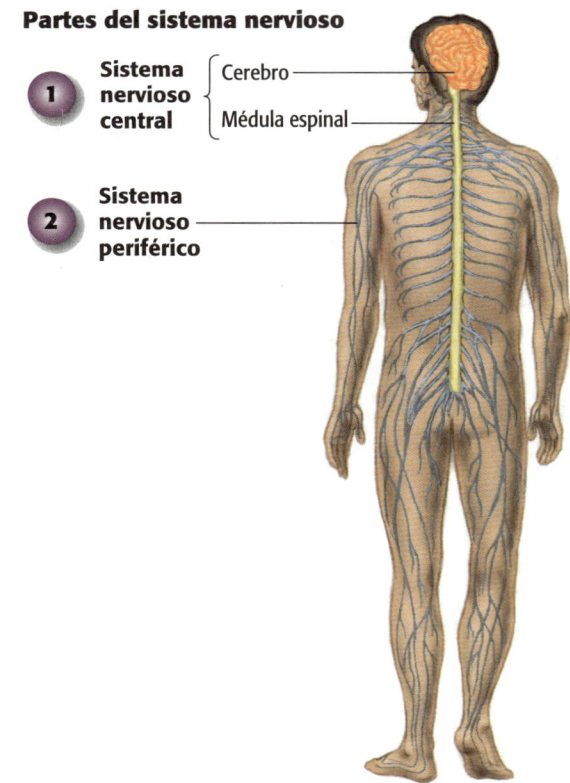

TRANSMISIÓN DE IMPULSOS NERVIOSOS

- **Potenciales de acción:** impulsos o mensajes nerviosos generados de acuerdo con el principio de "todo o nada".
- **Actividad del neurotransmisor:** mensajeros químicos que transportan mensajes nerviosos de una neurona a otra, como la acetilcolina, la dopamina, la serotonina, el GABA y la norepinefrina.

Módulo 2.2 El sistema nervioso

- **Sistema nervioso central (SNC):** el cerebro y la médula espinal
- **Sistema nervioso periférico (SNP):** el vínculo del cuerpo con el mundo exterior
- **Sistema nervioso somático:** parte del SNP que entrega información sensorial de los órganos sensoriales al SNC y órdenes motoras (movimiento) del SNC a los músculos
- **Sistema nervioso autónomo (SNA):** parte del SNP que regula las funciones y los procesos corporales automáticos
- **Divisiones simpática y parasimpática del SNA:** tienen efectos muy opuestos en los procesos corporales

Partes del sistema nervioso

1 Sistema nervioso central — Cerebro — Médula espinal

2 Sistema nervioso periférico

Módulos 2.3-2.5 El cerebro

- **Rombencéfalo:** consiste en la médula, el puente troncoencefálico y el cerebelo; involucrado en las funciones corporales vitales
- **Mesencéfalo:** consta de caminos nerviosos que conectan al rombencéfalo con el prosencéfalo; incluye la formación reticular
- **Prosencéfalo:** entre las estructuras principales se incluyen el tálamo, el hipotálamo, el sistema límbico y la corteza cerebral, es decir, la capa exterior del cerebro que comprende cuatro partes o lóbulos que son responsables del movimiento voluntario y el control de las funciones mentales superiores
- **Métodos para estudiar el cerebro:** técnicas de imagen (EEG, TAC, PET, IRM) y técnicas experimentales (técnica de lesión, registro cerebral, estimulación eléctrica)
- **Lateralización cerebral:** especialización de funciones de los dos hemisferios cerebrales

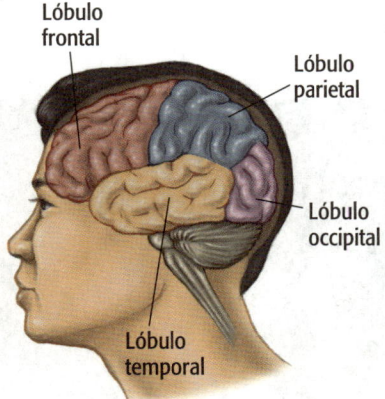

Lóbulos de la corteza cerebral

Módulo 2.6 El sistema endocrino

GLÁNDULAS ENDOCRINAS Y HORMONAS PRINCIPALES

- **Hipófisis** (hormona del crecimiento, ACTH, oxitocina)
- **Hipotálamo** (factores de liberación)
- **Glándula pineal** (melatonina)
- **Páncreas** (insulina)
- **Tiroides** (hormonas tiroideas)
- **Suprarrenales** (esteroides corticales, epinefrina y norepinefrina)
- **Ovarios en las mujeres** (estrógeno, progesterona)
- **Testículos en los hombres** (testosterona)

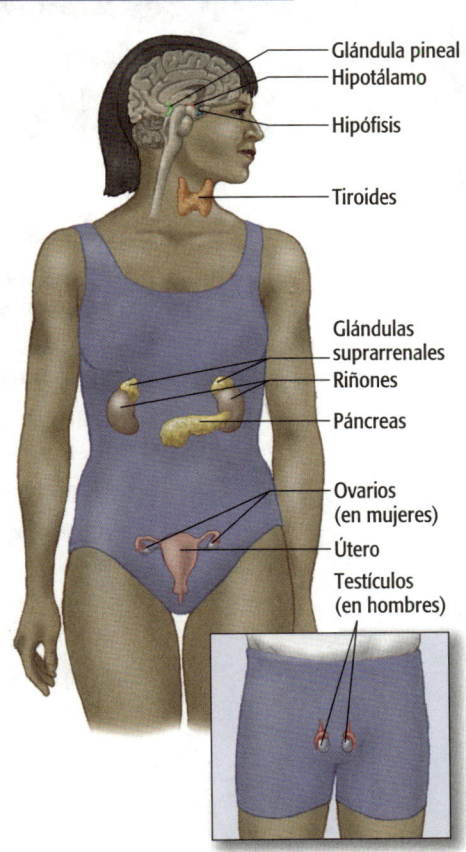

Módulo 2.7 Los genes y la conducta

- **Genotipo contra fenotipo:** codificación genética contra las características observables
- **Tipos de estudios de parentesco utilizados para estudiar las contribuciones genéticas:** de asociación familiar, de gemelos, de adoptados

3

Sensación y percepción

¿Sabía usted que . . .

- Roy G. Biv es uno de los nombres más famosos que los estudiantes de psicología se aprenden, pero no es una persona real? (p. 92)

- la inclinación de las células ciliadas en el oído interno hace posible que escuchemos, pero que estas células no son vellos reales? (p. 101)

- en lo referente al sentido del gusto, los seres humanos tienen más en común con los cerdos que con los gatos? (p. 108)

- algunas personas sienten un desagrado innato por el brócoli? (p. 108)

- el mecanismo que hace posibles las películas con movimiento depende del espectador, no del proyector? (p. 123)

El cerebro adora los acertijos

- ¿Cómo algo tan desagradable como el dolor puede ser bueno? (p. 109)

MI HIJA, LA GIGANTE

Cierto día, mi pequeña hija Daniella se convirtió en gigante.
O eso parecía. Yo grababa un video de sus vacilantes intentos por gatear. Todo marchaba bien hasta que ella notó la
cámara. Después, comenzó a gatear hacia ese gracioso hombre que sostenía la cámara: yo. A medida que se aproximaba,
su imagen en el visor se hacía cada vez más grande, tan
grande que bloqueó todos los demás objetos a la vista. ¡La
imagen de mi hija que se proyectaba ante mis ojos era la de
un colosal gigante que crecía cada vez más! Pero yo no me
asusté. A pesar de la información que mis ojos transmitían
a mi cerebro, comprendí que mi hija no se convertía en gigante. Por fortuna, tendemos a percibir que los objetos mantienen su tamaño real a pesar de los cambios en el tamaño
de la imagen que proyectan en nuestros ojos mientras se
acercan. Sin embargo, la sensación de ver que un bebé crece
hasta convertirse en gigante ante el asombro de nuestra
mirada puede ser una experiencia inquietante; en especial,
cuando dicho "gigante" intenta llevarse la cámara a la boca.

Con frecuencia, somos bombardeados por estímulos del
mundo exterior que golpean nuestros órganos sensoriales.
El mundo es una mezcolanza de luces y sonidos que inciden
en nuestros ojos y oídos, y de sustancias químicas cuando
consumimos alimentos o bebemos líquidos. En este capítulo,
verá cómo sus órganos sensibles responden a los estímulos
externos y los transforman en señales sensoriales, mismas
que su cerebro utiliza para producir *sensaciones* de visión,
oído, tacto, olfato y gusto. Aprenderá cómo su cerebro con-
forma fragmentos y fragmentos de información sensorial en
significativas impresiones del mundo, a las cuales llamamos
percepciones. También conocerá cómo su cerebro percibe los
cambios en la posición de su cuerpo de manera que pueda
moverse sin tropezar o perder el equilibrio. Nuestro sistema
sensorial opera a velocidades cegadoras, pero la verdadera
maravilla es la forma en que el cerebro procesa toda la
información que recibe de los órganos sensoriales del cuerpo
y hace posible que nosotros no sólo sintamos el mundo,
sino que también le encontremos sentido. Como ilustra el
ejemplo de mi hija "gigante", la sensación y la percepción
son procesos diferentes. Lo que percibimos puede no
corresponder a lo que nuestros ojos observan.

El estudio de la sensación y la percepción es decisivo
para la psicología porque nuestra investigación de la conducta y los procesos mentales comienza con la información
del mundo que nos rodea y la manera como los sentidos y el
cerebro interpretan dicha información. Procedamos, primero,
a explorar la manera de operar de nuestros sistemas sensoriales. Después, examinaremos cómo acopla el cerebro
la información sensorial que recibe a fin de formar
percepciones, mismas que nos ayudan a encontrarle sentido
a las sensaciones que llenan nuestras vidas con los colores
y sonidos que forman el abundante tapiz de la experiencia
sensorial. ■

MÓDULO 3.1

Sentir nuestro mundo: conceptos básicos de la sensación

- ¿Qué es sensación?
- ¿Cuál es la diferencia entre umbrales absolutos y umbrales de diferencia?
- ¿Qué factores contribuyen a la detección de señales?
- ¿Qué es la adaptación sensorial?

CONCEPTO 3.1
La sensación es el proceso mediante el cual los estímulos físicos que inciden en nuestros órganos sensoriales son convertidos en impulsos nerviosos, que el cerebro utiliza para crear nuestras experiencias de vista, tacto, oído, gusto, olfato, etcétera.

CONCEPTO 3.2
Los receptores sensoriales convierten las fuentes de estímulos sensoriales, como la luz y el sonido, en impulsos nerviosos que el cerebro puede utilizar para crear sensaciones.

CONCEPTO 3.3
Por medio del estudio de la psicofísica, sabemos cómo las propiedades de los estímulos externos se relacionan con nuestras sensaciones.

CONCEPTO 3.4
Nuestros sistemas sensoriales varían en las cantidades de estimulación necesaria para detectar la presencia de un estímulo y las diferencias entre estímulos.

sensación Proceso mediante el cual recibimos, transformamos y procesamos estímulos del mundo exterior para crear experiencias sensoriales de visión, tacto, oído, gusto, olfato, etcétera.

receptores sensoriales Células especializadas que detectan estímulos perceptuales y los convierten en impulsos nerviosos.

psicofísica Estudio de las relaciones entre las características del estímulo físico, como la intensidad de la luz y el sonido, y las sensaciones que experimentamos como respuesta a esos estímulos.

umbral absoluto La menor cantidad de determinado estímulo que una persona puede percibir.

La **sensación** es el medio por el cual recibimos, transformamos y procesamos los estímulos que inciden en nuestros órganos sensoriales en impulsos nerviosos, o señales, que el cerebro utiliza para crear las experiencias de vista, oído, gusto, olfato, tacto, etcétera.

Cada uno de nuestros órganos sensibles contiene células especializadas, llamadas **receptores sensoriales**, que detectan los estímulos del mundo exterior, como la luz, el sonido y los olores, y los transforman en patrones de impulsos nerviosos que el cerebro utiliza para crear las sensaciones ya citadas (DeWeese y Zador, 2006; Sharpee *et al.*, 2006). Los receptores sensoriales se encuentran en todo el cuerpo: en órganos como los ojos, oídos, nariz y boca y en zonas menos obvias, como las articulaciones y músculos del cuerpo, y en toda la piel. En este módulo examinaremos cómo los receptores sensoriales responden a los estímulos externos y cómo los convierten en mensajes que el cerebro emplea para crear la experiencia de la sensación.

Nuestro viaje al interior de la sensación nos lleva a la **psicofísica**, que es el estudio de las fuentes físicas de estimulación —luz, sonido, olores, etcétera— y su relación con nuestra experiencia ante tales estímulos en forma de sensaciones. La psicofísica inició con el trabajo del científico alemán del siglo XIX Gustav Theodor Fechner. A pesar de que a Wilhelm Wundt se le ha acreditado la fundación del primer laboratorio de psicología en 1879, algunos historiadores creen que la publicación de *Elements of Psychophysics*, de Fechner, en 1860, marcó el inicio de la perspectiva científica de la psicología.

Comenzaremos nuestro estudio de la sensación con el análisis de las características comunes que se relacionan con el funcionamiento de nuestros sistemas sensoriales: umbrales, detección de señales y adaptación sensorial.

Umbrales absolutos y de diferencia: ¿hay algo allí?, ¿hay algo *más* allí?

Nuestros receptores sensoriales son notablemente sensibles a ciertos tipos de estímulos. En una noche despejada y oscura podemos ubicar la llama de una vela a 20 m de distancia. También podemos detectar una gota de perfume esparcida dentro de una casa pequeña. El **umbral absoluto** es la cantidad mínima de un estímulo que una persona puede detectar con claridad. La tabla 3.1 enlista los umbrales absolutos para los sentidos de la vista, el oído, el gusto, el olfato y el tacto.

La gente difiere en sus umbrales absolutos: algunas personas son más sensibles que otras a ciertos tipos de estimulación sensorial; por ejemplo, sonidos u olores. Fechner trató de determinar los umbrales absolutos para varios sentidos: presentaba estímulos de diferentes magnitudes a los sujetos de estudio, como luces más brillantes o leves, y luego les preguntaba si podían verlas. De acuerdo con este método, el umbral absoluto se define como el mínimo nivel de energía del estímulo que la gente puede detectar 50% del tiempo. Los estímulos detectados por debajo de ese lapso se consideran debajo del umbral absoluto, y los que pueden ser detectados con más frecuencia se encuentran por encima del umbral.

El científico alemán del siglo XIX Ernst Weber (1795-1878) (se pronuncia *Vei-ver*) estudió las ínfimas disimilitudes entre los estímulos que la gente era capaz de percibir. La diferencia mínima

TABLA 3.1 **Umbrales absolutos para varios sentidos**

Sentido	Estímulo	Receptores	Umbral
Vista	Energía de la luz	Conos y bastones en los ojos	La llama de una vela que parpadea a 20 m de distancia en una noche despejada
Oído	Ondas de sonido	Células ciliadas en el oído interno	El tic-tac de un reloj colocado a alrededor de 6 metros de distancia de una persona en una habitación silenciosa
Gusto	Sustancias químicas que hacen contacto con la lengua	Papilas gustativas en la lengua	Alrededor de una cucharadita de azúcar disuelta en ocho litros de agua
Olfato	Sustancias químicas que entran a la nariz	Células receptoras en la parte superior de las fosas nasales	Aproximadamente una gota de perfume esparcida en una casa pequeña
Tacto	Movimiento o presión en la piel	Terminaciones nerviosas en la piel	El ala de una abeja que cae sobre la mejilla a una altura aproximada de un centímetro

Fuente: Adaptado de Galanter, 1962.

entre dos estímulos que la gente puede detectar con claridad es el **umbral de diferencia**, o *diferencia apenas notable [just-noticeable difference [jnd]]*, aplicable para cada uno de nuestros sentidos.

¿Cómo aplican los umbrales de diferencia al rango de estímulos que percibimos con nuestros sentidos? Weber condensó sus descubrimientos en lo que ahora se conoce como la **ley de Weber**, según la cual, la cantidad que debe cambiar en un estímulo para detectar una diferencia está dada por una fracción o proporción constante (llamada *constante*) del estímulo original. Por ejemplo, la constante de Weber para notar una diferencia en los pesos es alrededor de 1/50 (o 2%). Esto significa que si usted levanta una pesa de 25 k, es probable que no note diferencia alguna a menos que el peso se incremente o se reduzca en 2% (o medio kilo). Pero si alza una pesa de 10 k, el peso tendría que incrementarse en cerca de 2 k (2%) para que note la diferencia. Aunque el peso absoluto necesario para detectar una diferencia es más o menos el cuádruple a medida que usted aumenta el peso inicial de 25 a 100 k, la fracción aún es la misma (1/50).

Weber descubrió que los umbrales de diferencia variaban para cada uno de los sentidos. La gente es notablemente más sensible a los cambios en el tono de un sonido que a los cambios en el volumen. Percibirá la diferencia si sube o baja el tono de su voz en alrededor de un tercio de 1% (1/333). Sin embargo, la gente no percibirá una diferencia en el volumen de un sonido a menos que éste se incremente o disminuya en alrededor de 10%. La tabla 3.2 enlista las constantes de Weber para varios sentidos.

Las constantes de Weber para estos estímulos tienen significados prácticos. En primer lugar, si usted va a cantar, lo que más le conviene es que su tono sea el correcto (alcanzar la nota con precisión), o su público gruñirá. Sin embargo, usted podría elevar un poco el volumen de su estéreo sin que su vecino inmediato note la diferencia, quien tampoco notaría si usted lo baja un poco.

Detección de señales: más que un asunto de energía

Los científicos que estudian psicofísica describen los sonidos, los destellos de luz y otros estímulos como *señales*. De acuerdo con la **teoría de detección de señales**, el umbral para detectar una de ellas depende no sólo de las propiedades del estímulo mismo, como su intensidad —el volumen de un sonido, por ejemplo—, sino también del nivel de la estimulación del fondo, o ruido, y,

TABLA 3.2 **Ejemplos de las constantes de Weber**

Sensación	Constante de Weber (aprox.)
Sal en la comida	1/5
Presión en la piel	1/7
Volumen de los sonidos	1/10
Olor	1/20
Peso de las pesas	1/50
Brillantez de la luz	1/60
Tono de los sonidos	1/333

CONCEPTO 3.5
La capacidad para detectar un estímulo no sólo depende del estímulo mismo, sino también de quien lo percibe y del nivel de estimulación del fondo.

umbral de diferencia Diferencia mínima en la magnitud de energía necesaria para que la gente haga una distinción entre dos estímulos.

ley de Weber Principio de que la cantidad de carga en un estímulo necesaria para detectar una diferencia es dada por una proporción o fracción constante, llamada constante, del estímulo original.

teoría de detección de señales Presunción de que la detección de un estímulo está determinada por factores como la intensidad del mismo, el nivel de estimulación del fondo y las características biológicas y psicológicas de quien lo percibe.

TABLA DE CONCEPTOS 3.1
Conceptos básicos en la sensación

Sensación	**Proceso de transformación de los estímulos que inciden en nuestros órganos sensibles en señales nerviosas, que el cerebro trata para crear sensaciones de vista, tacto, gusto, sonido, olfato, etcétera**
Umbral absoluto	**Cantidad mínima de un estímulo que una persona puede detectar con claridad**
Umbral de diferencia	**Diferencia minúscula entre dos estímulos que la gente puede detectar con claridad; también llamado** *diferencia apenas notable* **(** *jnd,* **por sus siglas en inglés)**
Ley de Weber	**Cantidad en que debe cambiar un estímulo para detectar una diferencia y que está dada por una fracción o proporción constante**
Teoría de detección de señales	**Creencia en que la capacidad de detectar una señal varía según las características de quien percibe, el fondo y el estímulo mismo**
Adaptación sensorial	**Proceso mediante el cual los sistemas sensoriales se adaptan a estímulos constantes al volverse menos sensibles a éstos**

más importante aún, de las características biológicas y psicológicas de la persona que percibe. La sensibilidad o grado de agudeza de los sistemas sensoriales de un individuo (p. e., la agudeza visual o auditiva) determina en parte si una señal es detectada o no. La condición física del organismo también desempeña una importante función. Por ejemplo, su sentido del olfato es menos agudo cuando usted tiene gripe y su nariz está congestionada. Los niveles de fatiga o alerta también contribuyen a la detección de señales.

Los factores psicológicos, como los niveles de atención y los estados de la motivación como el hambre, también juegan un papel importante en la detección de señales. Mientras usted camina sola por una calle oscura durante la noche, tal vez esté más atenta hasta de los sonidos mínimos, ya que pueden ser señales de peligro. Sin embargo, es probable que no note los mismos sonidos mientras pasea por la misma calle a plena luz del día. Si aun no ha comido, tal vez note los aromas de los alimentos de una cocina cercana que si ya hubiera ingerido una comida sustanciosa.

Adaptación sensorial: bajar el volumen

CONCEPTO 3.6
Por medio del proceso de adaptación sensorial, nuestros sistemas sensoriales manejan la exposición repetida a los mismos estímulos al hacerse menos sensibles a éstos.

adaptación sensorial Proceso mediante el cual los receptores sensoriales se adaptan a los estímulos constantes al volverse menos sensibles a éstos.

Por medio del proceso de **adaptación sensorial**, los sistemas perceptivos se vuelven menos sensibles a los estímulos constantes o a los invariables. Cuando usted porta un nuevo reloj de pulso o un anillo, al principio puede sentirse muy consciente de la sensación de presión sobre su piel, pero después de un tiempo, ya no la nota. Debemos sentirnos agradecidos por la adaptación sensorial cuando, después de varios minutos de exposición, el agua de un helado lago de montaña parece entibiarse, y los olores en un vestidor se hacen menos notables. Sin embargo, tal adaptación puede no ocurrir cuando nos vemos expuestos una y otra vez a ciertos estímulos poderosos, como el potente aullido de la alarma de un automóvil. En estos casos, nuestro sistema sensorial no muestra cambio alguno en cuanto a su sensibilidad al estímulo.

La tabla de conceptos 3.1 revisa los conceptos básicos de la sensación.

Sentir nuestro mundo: conceptos básicos de la sensación

REPASE

¿Qué es sensación?

- Sensación es el proceso de tomar información del mundo, transformarla en impulsos nerviosos y transmitir esas señales al cerebro, donde son procesadas para producir experiencias de vista, oído, olfato, gusto, tacto, etcétera.

¿Cuál es la diferencia entre umbrales absolutos y umbrales de diferencia?

- Un umbral absoluto es la cantidad mínima de un estímulo que una persona puede sentir. Un umbral de diferencia, o diferencia apenas notable (*jnd*, por sus siglas en inglés) es la disimilitud mínima en la magnitud de la energía necesaria para que la gente perciba una diferencia entre dos estímulos.

¿Qué factores contribuyen a la detección de señales?

- Entre los factores que afectan la detección de señales se incluyen la intensidad del estímulo; el nivel de estimulación del fondo, o ruido; las características biológicas de quien percibe, como la agudeza del sistema sensorial de la persona y sus niveles de fatiga o alerta, y los factores psicológicos, como los niveles de atención y los estados de motivación.

¿Qué es la adaptación sensorial?

- La adaptación sensorial es el proceso mediante el cual los sistemas sensoriales se vuelven menos sensibles a los estímulos constantes.

RECUERDE

1. Las células especializadas que detectan estímulos en el ambiente externo se llaman
   a. detectores de rasgos   c. detectores sensoriales
   b. detectores de umbral   d. detectores de señales

2. La cantidad mínima de estimulación que una persona puede detectar con claridad se llama
   a. campo sensorial mínimo
   b. umbral absoluto
   c. diferencia apenas notable
   d. vector de constantes

3. Juan nota el sonido de murmullo emitido por un aire acondicionado cuando entra a una sala, pero después de algunos minutos ya no está consciente del sonido. ¿Qué proceso sensorial ilustra este ejemplo?

REFLEXIONE

- Es probable que usted haya notado que, cuando entra a una bañera, el agua le parece más caliente al principio que uno o 2 minutos después. Con base en la lectura de este texto, explique este fenómeno.

- Digamos que usted utiliza una receta de cocina que indica 15 g de sal. De acuerdo con la constante de Weber para la cantidad de sal, la cual es de 1/5, ¿cuánta sal deberá agregar para que su platillo sea notablemente más salado?

Visión: ver la luz

- ¿Cómo procesan los ojos la luz?
- ¿Cuáles son los detectores de rasgos y qué función desempeñan en el procesamiento visual?
- ¿Cuáles son las dos principales teorías de la visión a color?
- ¿Cuáles son las dos formas principales de ceguera a color?

La vista es el proceso mediante el cual la energía de la luz se convierte en señales (impulsos nerviosos) que el cerebro interpreta para producir la experiencia de la visión. Nuestro sentido de la vista nos permite recibir información visual desde unos cuantos centímetros de distancia, como cuando leemos un libro colocado cerca de nuestros ojos, hasta muchos kilómetros de distancia, como cuando observamos las titilantes estrellas en una noche despejada. Para comprender la vista, primero necesitamos considerar la fuente de energía física que da origen a la misma: la luz.

CONCEPTO 3.7
La vista es el proceso mediante el cual la energía de la luz se convierte en impulsos nerviosos, que el cerebro interpreta para producir la experiencia de la visión.

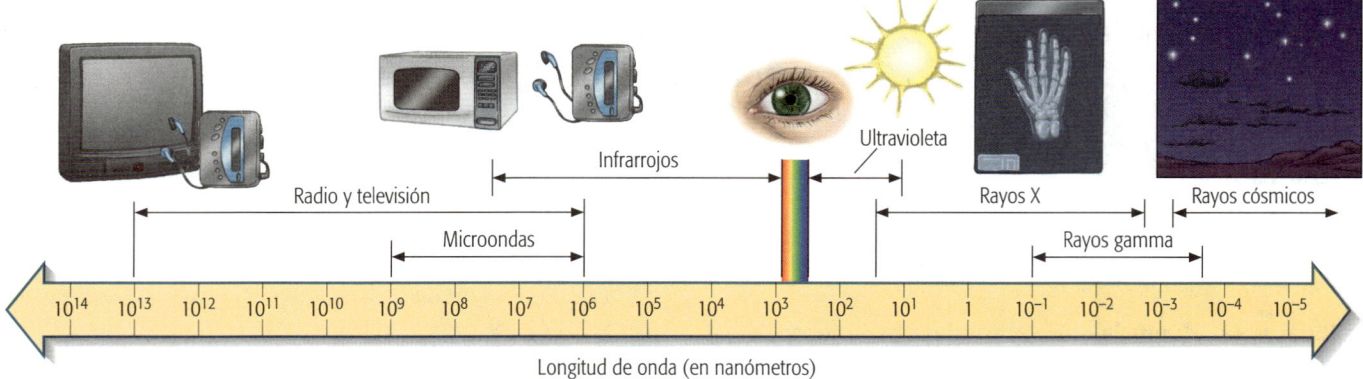

FIGURA 3.1 El espectro electromagnético
La luz visible (representada por las bandas de color) ocupa sólo una pequeña porción del rango de radiación electromagnética llamado espectro electromagnético.

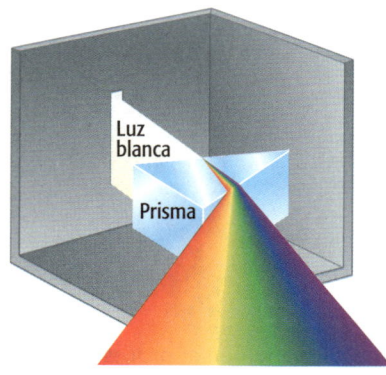

FIGURA 3.2 El espectro de color
Un prisma separa la luz blanca en los diversos matices que constituyen la parte del espectro electromagnético visible para los seres humanos.

CONCEPTO 3.8
La luz, una forma de energía física, es el estímulo al cual responden los receptores en los ojos, lo cual produce nuestro sentido de la vista.

CONCEPTO 3.9
Cuando la energía en forma de luz entra en contacto con las células fotorreceptoras en la retina se convierte en señales nerviosas que son transmitidas al cerebro.

Luz: la energía de la visión

La luz es una energía física en forma de radiación electromagnética (partículas con carga eléctrica). Los rayos X, las ondas ultravioleta y las de radio son otras formas de ese tipo de energía. La luz visible es la porción del espectro de radiaciones electromagnéticas que da origen a nuestro sentido de la vista. Como puede ver en la figura 3.1, el espectro visible ocupa sólo una pequeña porción del espectro completo de dicha radiación.

Diferentes longitudes de onda dentro del espectro visible dan origen a la experiencia de los colores (consulte la figura 3.2). El violeta tiene la longitud de onda más corta (alrededor de 400 mil millonésimas de metro) y el rojo tiene la más larga (alrededor de 700 mil millonésimas de metro). A los estudiantes de psicología se les dice con frecuencia que pueden recordar el orden de los colores del espectro con sólo pensar en el nombre Roy G. Biv (son las iniciales de rojo, naranja, amarillo, verde, azul, índigo y violeta, en inglés).

El ojo: el órgano sensorial visionario

El ojo es el órgano que contiene células receptoras que responden a la luz. Ésta entra en el ojo por la **córnea**, una cubierta transparente en la superficie del ojo (consulte la figura 3.3). Un músculo llamado **iris** se contrae o expande para determinar la cantidad de luminosidad que pasa. El iris tiene color, con más frecuencia marrón o azul, y da su color al ojo. La **pupila** del ojo es la apertura negra dentro del iris, el cual, en un proceso reflejo, incrementa o disminuye el tamaño de la pupila para ajustar la cantidad de luz que penetra al ojo; mientras más brillante sea la luz, más pequeña hará el iris a la pupila. En condiciones de oscuridad, el iris se abre para permitir la entrada de más luz a la pupila para que usted pueda ver con más claridad. Dado que éstas son acciones reflejas, suceden de manera automática (no tiene que pensar en ellas).

La luz entra al ojo por la córnea y luego pasa por la pupila y el **cristalino**. Mediante un proceso llamado **acomodación**; éste cambia su forma para ajustarse a la distancia del objeto, lo cual nos ayuda a enfocar la imagen visual en la superficie interna del ojo, llamada **retina** que, como la película de una cámara, recibe la imagen que la luz incide en ella, pero la retina es mucho más sofisticada que una película fotográfica. Contiene dos tipos de **fotorreceptores**, es decir, células receptoras especializadas sensibles a la luz.

Cuando la luz llega a la retina, entra en contacto con estos fotorreceptores. Debido a sus formas se conocen como **bastones** y **conos** (consulte la figura 3.4). El ojo normal tiene alrededor de 120 millones de bastones y seis millones de conos. En conjunto, convierten la energía física de la luz en señales nerviosas que el cerebro procesa para crear sensaciones visuales.

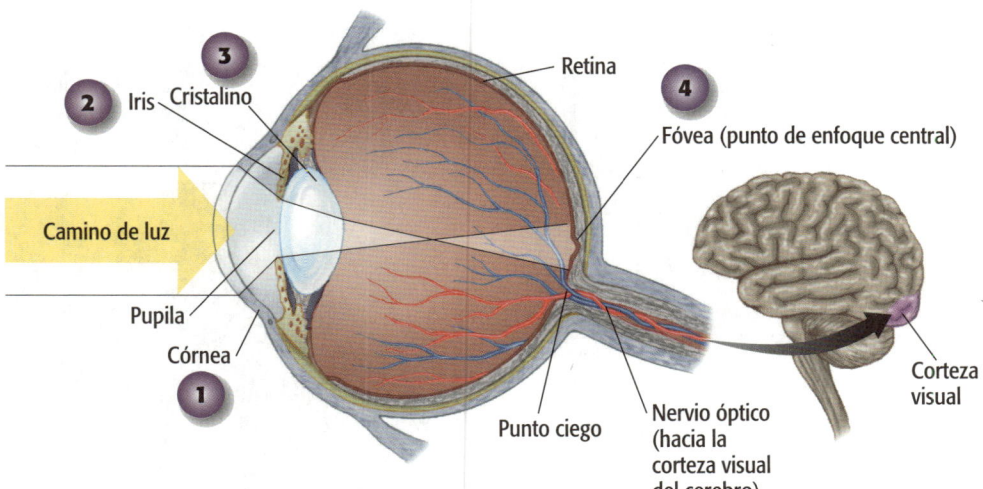

DIAGRAMA DE LA PSICOLOGÍA

FIGURA 3.3
Partes del ojo
① La luz entra al ojo a través de la córnea.
② El iris se ajusta por reflejo para controlar el tamaño de la pupila.
③ El cristalino enfoca la luz en la retina; en especial, en la fóvea ④, el punto de enfoque central que da origen a la visión más nítida.

Retina
Iris   Cristalino
Fóvea (punto de enfoque central)
Camino de luz
Pupila
Córnea
Punto ciego
Nervio óptico (hacia la corteza visual del cerebro)
Corteza visual

¿Alguna vez ha notado que, cuando la luz es escasa, usted tiende a distinguir las formas de los objetos, pero no sus colores? Esto se debe a que los conos son responsables de la visión del color, pero son menos sensibles a la luz que los bastones, los cuales nos permiten detectar objetos en poca luz. Son sensibles sólo a la intensidad o brillantez de la misma. También son responsables de la *visión periférica,* es decir, la capacidad para detectar objetos, en especial, objetos en movimiento, en los bordes (lados, así como la parte superior e inferior) de nuestro campo visual. Los conos, por su parte, nos permiten la detección de colores, así como discernir detalles finos de los objetos bajo una luz brillante (Hubel, 1988). Algunos animales, incluso ciertas aves, sólo tienen conos en sus ojos (Gaulin y McBurney, 2001). Sólo pueden ver durante las horas de luz del día, cuando los conos están activos. Dado que se vuelven ciegas completamente por la noche, estas aves deben regresar a sus nidos cuando cae la tarde.

CONCEPTO 3.10
Los bastones, los cuales son más sensibles a la luz que los conos, son responsables de la visión periférica y la visión con escasa luz, mientras que los conos nos permiten detectar colores y discernir detalles finos de los objetos bajo una iluminación brillante.

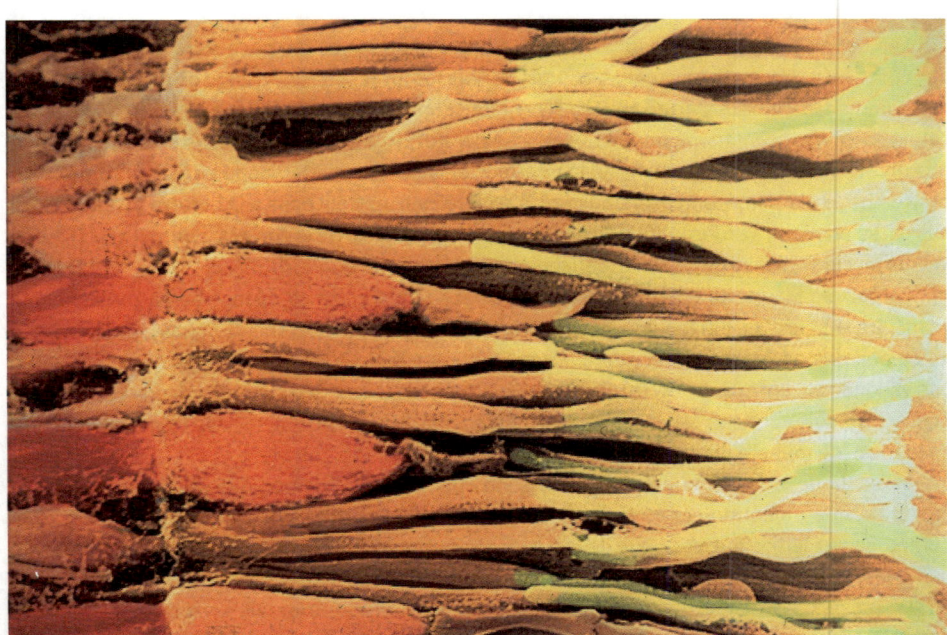

FIGURA 3.4   Bastones y conos
Esta imagen de *close-up* de una porción de la retina muestra a los conos (objetos largos y rojizos con forma de cono en la parte izquierda de la fotografía) y a los bastones (objetos con forma de bastón, más numerosos).

córnea   Cubierta transparente de la superficie del ojo a través de la cual entra la luz.

iris   Músculo pigmentado circular en el ojo que regula el tamaño de la pupila para ajustarse a los cambios en los niveles de iluminación.

pupila   Apertura negra dentro del iris que permite que la luz entre al ojo.

cristalino   Estructura en el ojo que enfoca los rayos de luz en la retina.

acomodamiento   Proceso mediante el cual el cristalino cambia su forma para enfocar en la retina imágenes con más claridad.

retina   Capa sensible a la luz de la superficie interna del ojo que contiene células fotorreceptoras.

fotorreceptores   Células sensibles a la luz (conos y bastones) en el ojo y en las cuales se registra la luz.

bastones   Fotorreceptores que son sensibles sólo a la intensidad de la luz (luz y oscuridad).

conos   Fotorreceptores que son sensibles al color.

**FIGURA 3.5
Conversión de la
luz en impulsos
nerviosos**

La luz es convertida en impulsos nerviosos que el cerebro utiliza para producir la sensación de la vista.

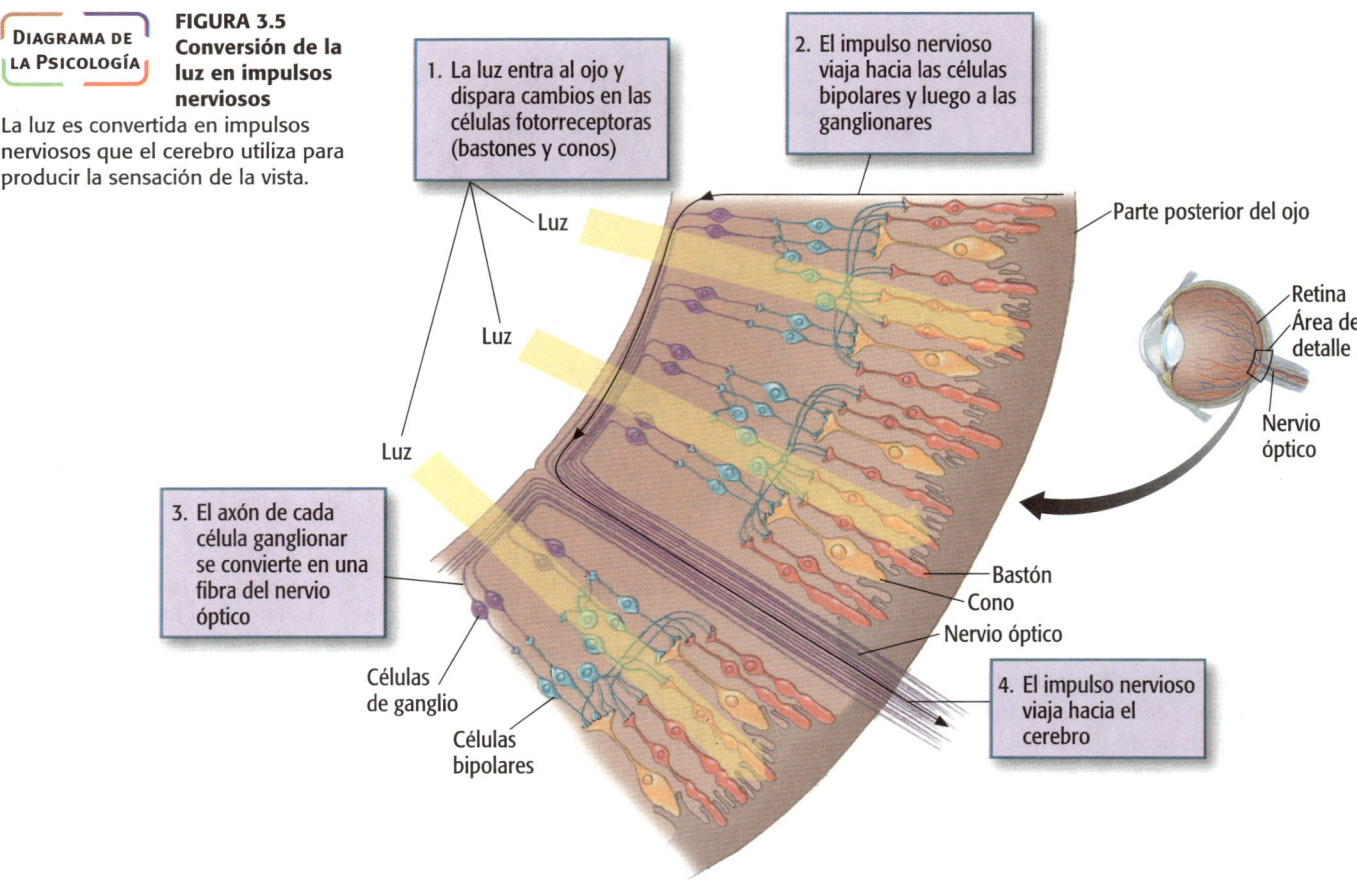

1. La luz entra al ojo y dispara cambios en las células fotorreceptoras (bastones y conos)

2. El impulso nervioso viaja hacia las células bipolares y luego a las ganglionares

Luz

Luz

Luz

Parte posterior del ojo

Retina
Área de detalle

Nervio óptico

3. El axón de cada célula ganglionar se convierte en una fibra del nervio óptico

Células de ganglio

Células bipolares

Bastón
Cono
Nervio óptico

4. El impulso nervioso viaja hacia el cerebro

CONCEPTO 3.11

Los objetos se ven con más claridad cuando sus imágenes se enfocan en la fóvea, una parte de la retina que sólo contiene conos.

células bipolares Capa de células interconectadas en el ojo que enlazan los fotorreceptores con las células ganglionares.

células ganglionares Células nerviosas en la parte posterior del ojo que transmiten impulsos nerviosos como respuesta a la estimulación de la luz y cuyos axones constituyen el nervio óptico.

nervio óptico Nervio que transporta impulsos nerviosos, generados por la estimulación de la luz desde el ojo hasta el cerebro.

punto ciego Área en la retina donde el nervio óptico deja al ojo y que no contiene células fotorreceptoras.

fóvea Zona cerca del centro de la retina que sólo contiene conos y que es el punto de enfoque para la visión más nítida.

Las señales nerviosas producidas por los bastones y los conos pasa a través de una capa de células interconectadas, llamadas **células bipolares**, y, después, a lo largo de una capa de neuronas llamadas **células ganglionares** (consulte la figura 3.5). El axón que se proyecta de cada célula ganglionar constituye una fibra nerviosa del **nervio óptico**, el cual consiste en más o menos un millón de axones y transmite la información visual al cerebro donde esta información es dirigida hacia el tálamo, una estación principal de relevo, y de allí pasa a la corteza visual. Ésta, a su vez, se encuentra en los lóbulos occipitales que son la parte de la corteza cerebral que procesa la información visual y origina la experiencia visual (Sharpee *et al.*, 2006).

La parte de la retina donde el nervio óptico abandona el ojo se conoce como **punto ciego** (consulte la figura 3.6). Dado que no contiene fotorreceptores (bastones o conos), no vemos las imágenes que se forman en el punto ciego. En contraste, la **fóvea** es la parte de la retina que corresponde al centro de nuestra mirada y que da origen a nuestra visión más aguda (consulte la figura 3.3); sólo contiene conos. El hecho de enfocar la vista en un objeto lleva la imagen a incidir en la fóvea de manera directa (consulte el próximo "Intente lo siguiente").

Más allá de la fóvea, la proporción de conos disminuye al tiempo que se incrementa la de bastones, que muestran el patrón opuesto: son escasos y separados cerca de la fóvea y más numerosos a medida que se alejan de la misma. El extremo más alejado de la retina contiene sólo bastones.

La precisión o agudeza visual es la capacidad para discernir detalles visuales. Muchos de nosotros tenemos una agudeza visual desequilibrada. Las personas que necesitan acercarse demasiado a los objetos para distinguir sus detalles son *miopes,* las que necesitan alejarse demasiado para verlos con claridad son *hipermétropes*. La miopía y la hipermetropía son el resultado de anormalidades en la forma del ojo. La miopía se desarrolla cuando el globo ocular es dema-

FIGURA 3.6   Punto ciego
Dado que no hay células receptoras en el punto ciego —no hay conos ni bastones—, no podemos ver las imágenes que se forman en éste. Usted puede comprobar lo anterior por sí mismo: cierre el ojo izquierdo y, mientras lo enfoca en el punto, aleje el libro de su rostro a una distancia de unos 30 cm. Notará que hay un momento donde el montón de billetes desaparece. Por lo regular no estamos conscientes de nuestros puntos ciegos porque nuestros ojos se mueven constantemente y porque trabajan juntos para compensar cualquier carencia de visión cuando una imagen queda en dicho punto.

siado largo o cuando la córnea es demasiado curva. En cualquier caso, los objetos distantes son enfocados frente a la retina. La hipermetropía, por el contario, ocurre cuando el globo ocular es demasiado corto, de manera que la luz de los objetos cercanos es enfocada detrás de la retina. Las personas con miopía o hipermetropía pueden corregir su visión con el uso de anteojos o lentes de contacto.

Detectores de detalles: vayamos a lo básico

En 1981, David Hubel y Torsten Wiesel recibieron el Premio Nobel por desentrañar una pequeña pieza del rompecabezas de cómo transformamos la información sensorial en abundantes experiencias visuales del mundo que nos rodea. Descubrieron que la corteza cerebral contiene células nerviosas que sólo responden cuando a un animal (un gato, en su caso) se le muestra una línea con una orientación particular —horizontal, vertical o diagonal— (Hubel, 1988; y Wiesel, 1979). Algunas de estas células nerviosas responden sólo a líneas que forman ángulos rectos; otras, a puntos de luz que se mueven de derecha a izquierda a través del campo visual; otras más, a señales luminosas que se desplazan de izquierda a derecha. Hubel y Wiesel hicieron sus descubrimientos después de implantar un pequeño electrodo en ciertas células individuales en la corteza visual del gato. Después proyectaron diferentes estímulos visuales en una pantalla, dentro del campo visual del gato, y observaron cuáles células se encendían como respuesta a cada tipo de estímulo. Las neuronas que responden a rasgos específicos del estímulo visual se llaman **detectores de rasgos**.

Sin embargo, nosotros no vemos un mundo compuesto por fragmentos y piezas separados de datos sensoriales, de líneas, ángulos y puntos móviles de luz. De alguna manera, la corteza visual reúne la información de varias células y la combina para formar patrones significativos. ¿Cómo vamos, de reconocer características específicas de un estímulo —sus ángulos, líneas y bordes individuales—, a discernir un patrón significativo, como letras, números, palabras o un rostro humano? Los científicos creen que un complejo acoplamiento de neuronas en el cerebro trabaja al mismo tiempo para analizar las relaciones entre características específicas de los objetos. Hubel y Wiesel abrieron una puerta para comprender los pasos iniciales en este proceso al nivel del detector individual de detalles. No obstante, aún estamos lejos de entender cómo transforma el cerebro la estimulación sensorial en el generoso mundo visual que experimentamos.

Intente lo siguiente

Lectura de lado

Sostenga un libro o una revista de lado e intente leer. ¿Notó que las palabras se ven borrosas, si es que acaso pudo leerlas? ¿Cómo explica este fenómeno la distribución de bastones y conos en la retina?

💡 **CONCEPTO 3.12**
La corteza visual del cerebro contiene células tan especializadas que sólo se encienden cuando detectan ángulos, líneas o puntos de luz precisos.

detectores de rasgos Neuronas especializadas de la corteza visual que sólo responden a detalles particulares de los estímulos visuales, como las líneas horizontales o verticales.

Visión del color: percibir un mundo colorido

Para ser capaces de percibir diversos colores, los receptores de color en la retina del ojo deben transmitir diferentes mensajes al cerebro cuando las luces visibles, con distintas longitudes de onda, los estimulan. ¿Cómo se transmiten estos mensajes? Dos científicos alemanes del siglo XIX, Hermann von Helmholtz (1821-1894) y Ewald Hering (1834-1918) propusieron algunas respuestas a esta pregunta.

Helmholtz contribuyó a muchos campos de la ciencia, pero quizá sea más conocido para los psicólogos por su trabajo sobre la visión del color. Él estaba impresionado por la labor sobre la visión del color del científico inglés Thomas Young (1773-1829) (Martindale, 2001). Young invirtió el proceso mediante el cual un prisma descompone la luz en sus componentes principales. Él proyectó luces sobrepuestas rojas, verdes y azul-violeta en una pantalla y descubrió que podía crear luz de cualquier color del espectro con sólo variar el brillo de ésta (consulte la figura 3.7). Donde las tres luces se sobreponían había una luz blanca: el color de la luz del Sol.

Tras continuar con la obra de Young, Helmholtz propuso lo que ahora se conoce como la teoría Young-Helmholtz, o **teoría tricromática** (de las raíces griegas que significan "tres" y "color"). Helmholtz pensaba que los resultados experimentales de Young demostraban que los ojos tienen tres tipos de receptores: rojo, verde y azul-violeta. Ahora llamamos *conos* a esos receptores, los cuales tienen sensibilidades distintas a diferentes longitudes de onda de la luz. Los conos azul-violeta son más sensibles a las longitudes de onda cortas; los conos verdes, a las de onda medias, y los conos rojos, a las de onda largas. De acuerdo con la teoría tricromática, el patrón de respuesta a estos tres tipos de conos nos permite ver diferentes colores. Entonces, cuando los conos verdes están activados con más fuerza, vemos el verde; sin embargo, cuando una combinación de diferentes tipos de conos es estimulada, vemos otros colores así como la mezcla de pintura de varios de ellos produce otra gama. Por ejemplo, cuando los receptores rojos y verdes son estimulados al mismo tiempo, nosotros vemos amarillo.

Hering desarrolló una teoría distinta de visión del color basada en su trabajo con las *imágenes fantasma*. Una **imagen fantasma** es lo que usted ve si percibe un estímulo visual durante un lapso y luego mira una superficie neutral, como una hoja blanca de papel.

Hagamos una pausa para una demostración. La bandera en la figura 3.8 contiene todas las formas de la bandera estadounidense, pero los colores fueron cambiados. En lugar de roja, blanca y azul, esta bandera es verde, negra y amarilla. Ahora, a pesar de que no querría defender esta bandera con extraños colores, mírela durante un minuto. (Tómese el tiempo; concédase un minuto completo). Después, cambie su mirada a una hoja blanca de papel. Es probable que usted vea una bandera más conocida; esto se debe a que el rojo es la imagen fantasma del verde; el blanco, del negro, y el azul, del amarillo.

El trabajo de Hering con este tipo de imágenes lo condujo a desarrollar la **teoría del proceso oponente** de la visión del color, que, como la teoría tricromática, sugiere que los ojos tienen tres tipos de receptores de color. De acuerdo con esta teoría, sin embargo, cada tipo de receptor consiste en un par de receptores opuestos. En lugar de existir receptores separados para el rojo, el verde y el azul-violeta, algunos de ellos son sensibles al rojo o al verde; otros, al azul o al amarillo, y otros más, al negro o al blanco. Los que están dirigidos al negro-blanco detectan brillo o grados de gris; los caracterizados por rojo-verde y azul-amarillo detectan diferencias en los colores.

Hering creía que la visión del color surge de pares de procesos opuestos. De acuerdo con su teoría, los receptores rojo-verde no transmiten mensajes para estos colores de manera simultánea, sino que en lugar de ello, los envían para un color o para el otro. Cuando el cono rojo se activa, el verde se bloquea o inhibe, y entonces podemos ver el rojo. No obstante, la transmisión prolongada de cualquiera de los mensajes, como rojo o verde, altera el equilibrio de la actividad neuronal y hace más difícil inhibir al receptor el color opuesto. Por lo tanto, de acuerdo con la teoría de Hering, si contempla la bandera verde, negra y amarilla de la figura 3.8 durante alrededor de un minuto, usted alterará el equilibrio de la actividad neuronal, lo cual producirá un *proceso oponente*.

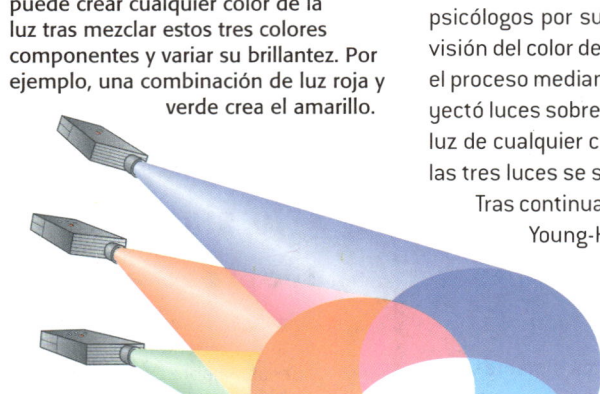

FIGURA 3.7   Colores primarios
Los tres colores primarios de la luz —rojo, verde y azul-violeta— se combinan para formar el blanco. Thomas Young demostró que usted puede crear cualquier color de la luz tras mezclar estos tres colores componentes y variar su brillantez. Por ejemplo, una combinación de luz roja y verde crea el amarillo.

teoría tricromática Propone que la capacidad de ver diferentes colores depende de la actividad relativa de tres tipos de receptores de color en el ojo (rojo, verde y azul-violeta).

imagen fantasma Representación visual de un estímulo que permanece después de retirar dicho estímulo.

teoría del proceso oponente Sostiene que la experiencia del color resulta de procesos opuestos que implican dos grupos de receptores de color: receptores rojo-verde y receptores azul-amarillo, y que otro conjunto de receptores opuestos (blanco-negro) es responsable de la detección de diferencias en el brillo.

FIGURA 3.8   Imágenes fantasma
Los colores en la bandera estadounidense mostrada aquí pueden corregirse con la realización de un sencillo experimento. Contemple el punto al centro de la bandera durante alrededor de 60 s. Después, cambie la dirección de su mirada hacia una pared blanca o hacia una hoja blanca de papel. Usted verá los colores más conocidos de la bandera estadounidense como imágenes fantasma.

La imagen fantasma roja, blanca y azul que usted experimenta representa el intento del ojo por restablecer el equilibrio entre los dos receptores opuestos.

¿Cuál modelo de visión del color está en lo cierto: el tricromático o el de proceso oponente? La investigación contemporánea demuestra que ambas teorías son acertadas hasta cierto punto, dado que la fotoquímica de los conos responde de la manera descrita por la teoría tricromática: algunos son sensibles a la luz roja; otros, a la verde, y otros más, a la azul-violeta. Pero la teoría del proceso oponente de Hering es correcta en términos de la conducta de las células que se encuentran entre los conos y los lóbulos occipitales de la corteza cerebral, incluso las células bipolares y las células ganglionares. Estas células operan a la manera del proceso oponente. Algunas se encienden con la luz roja, pero se anulan (inhiben) con la incidencia de luz verde. La mayoría de los expertos de la actualidad cree que la visión del color incluye elementos de ambas teorías.

Los **tricromáticos** son personas con visión normal de color que pueden discernir todos los colores del espectro visible —rojo, verde y azul-violeta—, así como toda la gama formada por varias combinaciones de estos matices. Sin embargo, una de cada 40 000 personas padece ceguera total del color, y se les conoce como **monocromáticos**, porque sólo ven en blanco y negro, como una película o programa de televisión antiguos. Debido a un defecto genético, estas personas sólo tienen un tipo de conos; por lo tanto, sus cerebros no pueden discernir diferencias en las longitudes de onda de la luz que, por lo regular, dan origen al color. Sólo pueden detectar la brillantez, de manera que el mundo se les presenta en varios grados de gris. Son más comunes los **daltónicos**, personas que carecen de uno de los tres tipos de conos, y que les provoca dificultades para distinguir entre cierta gama de colores. La forma más común de daltonismo es el rojo-verde; es un defecto genético que dificulta la distinción entre estos colores. Alrededor de 8% de los varones padece ceguera de este tipo, en comparación con menos de 1% de las mujeres. Mucho menos común es la ceguera de color azul-amarillo, en la cual la persona tiene dificultades para distinguir los azules de los amarillos. La figura 3.9 muestra la placa de una prueba utilizada para evaluar la ceguera del color.

💡 **CONCEPTO 3.13**
Las principales teorías, del color, la tricromática y la del proceso oponente, podrían explicar de manera parcial la visión del color.

💡 **CONCEPTO 3.14**
La forma más común de ceguera del color es la referente al rojo-verde, en la cual la persona no puede distinguir los rojos de los verdes.

tricromáticos Personas con visión cromática normal que pueden distinguir todos los colores del espectro visual.

monocromáticos Personas que no tienen visión a color y sólo pueden ver en blanco y negro.

daltónicos Personas que sólo pueden percibir algunos colores y otros no.

FIGURA 3.9   Ceguera del color
¿Qué ve usted? Las personas con visión normal de color verán el triángulo en esta disposición de puntos. Las personas con ceguera de color rojo-verde no lo percibirán.

Las personas con ceguera de color rojo-verde podrían ponerse una calceta verde y una roja, siempre y cuando su brillantez sea similar. Sin embargo, no confundirían el verde con el azul. La ceguera de color rojo-verde parece ser un defecto genético relacionado con el sexo, transportado por el cromosoma sexual X. Según se ha comentado, más hombres que mujeres se ven afectados por esta condición. Ya que los hombres sólo tienen un cromosoma X y las mujeres tienen dos, es más probable que un defecto en un cromosoma X se manifieste en los hombres que en las mujeres.

La tabla de conceptos 3.2 proporciona un panorama general sobre la vista.

TABLA DE CONCEPTOS 3.2
Vista

Fuente de información sensorial	**Luz visible**
Órganos receptores	**Los ojos. La luz entra a través de la córnea y la pupila, y es enfocada en la retina**
Células receptoras	**La retina tiene dos tipos de fotorreceptores: los bastones, sensibles a la intensidad de la luz, lo cual es la base de nuestro sentido de la luz y la oscuridad; y los conos, receptivos a las diferencias de longitud de onda de la luz, lo cual es la base de la visión del color. La información visual es transmitida al cerebro por medio del nervio óptico**
Visión de color	**Se han propuesto dos principales teorías de la visión del color: la tricromática y la de proceso oponente. Cada una parece sustentar algunos aspectos de la visión del color**

REVISIÓN DE MÓDULO 3.2   Visión: ver la luz

REPASE

¿Cómo procesan los ojos la luz?

- La luz entra al ojo a través de la córnea y pasa por la pupila y luego por cristalino, el cual enfoca la imagen en la retina.

- Después, la luz estimula las células fotorreceptoras, bastones o conos, los cuales convierten la energía de la luz en impulsos nerviosos, que son transportados primero por las células bipolares y luego por las células ganglionares, mismas que terminan en el nervio óptico.

- Cuando enfocamos un objeto, llevamos esa imagen hasta la fóvea, la parte abundante en conos de la retina en la cual tenemos nuestra visión más aguda.

- Los conos nos permiten ver los colores, pero son menos sensibles a la luz que los bastones.

- Los bastones nos permiten ver objetos en blanco y negro bajo una luz escasa; también son responsables de la visión periférica.

¿Cuáles son los detectores de rasgos y qué función desempeñan en el procesamiento visual?

- Los detectores de detalles son células especializadas de la corteza cerebral que responden sólo a detalles específicos de los estímulos visuales, como las líneas horizontales o verticales.

¿Cuáles son las dos principales teorías de la visión a color?

- La teoría tricromática, o teoría Young-Helmholtz, propone que existen tres tipos de receptores de color (rojo, verde y azul-violeta), y que todos los colores en el espectro pueden ser generados mediante la estimulación simultánea de una combinación de estos receptores de color.

- La teoría de proceso oponente, desarrollada por Ewald Hering, expone la existencia de tres pares de receptores (rojo-verde, azul-amarillo, negro-blanco), y que los procesos opuestos dentro de cada par determinan nuestra experiencia del color.

¿Cuáles son las dos formas principales de ceguera a color?

- Son la completa del mismo (falta de capacidad para discernir colores), y la parcial (daltonismo rojo-verde o azul-amarillo)

RECUERDE

1. ¿Cuál de las siguientes frases *no* es correcta? La luz visible
   a. corresponde a longitudes de onda a las cuales puede responder el ojo humano
   b. consiste en longitudes de onda de un rango aproximado entre 300 y 750 nanómetros
   c. corresponde a un rango de colores que se ven en el arco iris
   d. no está en forma de radiación electromagnética

2. ¿Cuál de las siguientes declaraciones es verdadera? Los bastones
   a. están más concentrados alrededor de la fóvea
   b. son los principales responsables de la visión del color
   c. nos permiten discernir detalles finos de objetos bajo una iluminación intensa
   d. son más sensibles a la luz que los conos

Los fotorreceptores en la retina que son responsables de la visión periférica y de la visión con luz escasa se llaman _____; los responsables de la visión del color y de discernir detalles finos bajo una luz brillante se llaman _____.

3. La corteza visual se encuentra en los lóbulos _____.

4. Una las siguientes partes del ojo con su función respectiva: *a*) iris; *b*) pupila; *c*) cristalino; *d*) retina; *e*) fóvea; *f*) punto ciego.
   i. Parte del ojo que enfoca la imagen visual en la retina
   ii. Superficie interna del ojo en la cual se encuentran los fotorreceptores
   iii. Parte de la retina a partir de donde el nervio óptico abandona a la pupila
   iv. Área de la retina responsable de la visión más nítida
   v. Apertura a través de la cual entra la luz al ojo

REFLEXIONE

- Explique el fenómeno de las imágenes fantasma con base en la teoría de proceso oponente de Hering sobre la visión a color

- ¿Padece usted ceguera del color?, ¿conoce a alguien que la padezca?, ¿qué tipo de ceguera del color sufre (o la otra persona)?, ¿cómo ha afectado su vida, si así ha sido?, ¿ha aprendido (o la otra persona) algunas habilidades para compensar la ceguera del color?

MÓDULO 3.3

Oír: la música del sonido

- ¿Cómo nos permite el oído escuchar sonidos?
- ¿Qué determina a nuestra percepción del tono?
- ¿Cuáles son los principales tipos y causas de la sordera?

El gorjeo de las aves, las voces de los niños que juegan en el patio, las conmovedoras melodías de Tchaikovsky, etc. los percibimos por medio del oído o la **audición**. Escuchamos al percibir ondas de sonido, las cuales son el resultado de los cambios en la presión del aire o del agua. Cuando las ondas de sonido inciden en el oído, ocasionan la vibración de algunas partes de éste. Esas vibraciones, después, se convierten en señales eléctricas que son enviadas al cerebro.

Sonido: percibir ondas de vibraciones

Como la luz visible, el sonido es una forma de energía que viaja en ondas. Sin embargo, aunque la luz puede viajar a través de los espacios vacíos del espacio exterior, el sonido sólo existe en un medio, como el aire, los líquidos, los gases o incluso los sólidos (razón por la cual usted puede escuchar el estéreo de su vecino a través de una pared sólida). Un objeto vibrador causa que las

audición   La facultad para oír.

CONCEPTO 3.15
Las vibraciones sonoras son los estímulos que los receptores en los oídos transforman en señales que el cerebro utiliza para permitirle experimentar los sonidos del mundo que le rodea.

moléculas del aire (o de otras sustancias, como el agua) vibren. Por ejemplo, su voz se produce cuando vibran sus cuerdas vocales. La vibración resultante se expande hacia fuera en forma de ondas de sonido desde la fuente, mismas que se caracterizan por determinadas propiedades físicas, como la *amplitud* (la altura de la onda, la cual es una medida de la cantidad de energía en la onda de sonido), y la *frecuencia* (el número de ondas completas o ciclos por segundo) (consulte la figura 3.10).

La primera determina el volumen percibido y se mide en decibeles (dB). Para cada incremento de 10 dB, el volumen del sonido aumenta 10 veces. Por lo tanto, un sonido de 20 dB, en realidad, es 10 veces, no dos veces, más alto que un sonido de 10 decibeles.

La luz viaja a 300 000 km por segundo, lo cual significa que a un haz de luz desde la Luna le toma alrededor de un segundo y un tercio llegar a la Tierra (a una distancia de alrededor de 386 000 km). En comparación, el sonido es lento, pues viaja a través del aire a sólo alrededor de 344 m por segundo (o 1 234 km por *hora*). Por lo tanto, a un relámpago que estalla a 1.6 km de distancia le tomará 5 segundos llegar hasta sus oídos. Sin embargo, la mayoría de los sonidos que nos importan, como la voz de un profesor o de la pareja, los rechinidos, los cláxones de los automóviles y autobuses, y las notas de la música, están tan cerca que parecen llegar hasta nosotros de inmediato.

A pesar de que el sonido viaja más despacio que la luz, las vibraciones que produce el sonido ocurren muchas veces por segundo. La frecuencia con la cual ocurren por segundo genera información que el cerebro utiliza para originar la percepción del **tono**, o el nivel de agudeza o gravedad de un sonido. El oído humano percibe ondas de sonido que varían en un rango de frecuencia de entre 20 y hasta quizá 20 000 ciclos por segundo. Las ondas de sonido con mayor frecuencia son percibidas como tonos más altos. Por lo regular, las voces de las mujeres son más agudas que las de los hombres porque sus cuerdas vocales tienden a ser más cortas y, por ende, a vibrar con más rapidez (a mayor frecuencia). De igual manera, las cuerdas más cortas de un arpa (o de un piano) producen notas más altas que las largas, porque vibran con más rapidez.

tono Agudeza o gravedad de un sonido que corresponde a la frecuencia de la onda sonora.

tímpano Capa de tejido conjuntivo que separa el oído externo del oído medio, misma que vibra como respuesta a los estímulos auditivos y que transmite ondas sonoras al oído medio.

cadena osicular Tres diminutos huesos en el oído medio (martillo, yunque y estribo) que vibran como respuesta a las vibraciones del tímpano.

ventana oval Apertura cubierta por una membrana que separa al oído medio del oído interno.

cóclea Órgano en forma de caracol en el oído interno que contiene receptores sensoriales para oír.

membrana basilar Membrana en la cóclea que está pegada al órgano de Corti.

órgano de Corti Estructura gelatinosa en la cóclea que contiene a las células ciliadas, las cuales sirven como receptores auditivos.

células ciliadas Receptores auditivos que transforman en impulsos nerviosos las vibraciones causadas por las ondas sonoras; después, estos impulsos nerviosos son transmitidos al cerebro por medio del nervio auditivo.

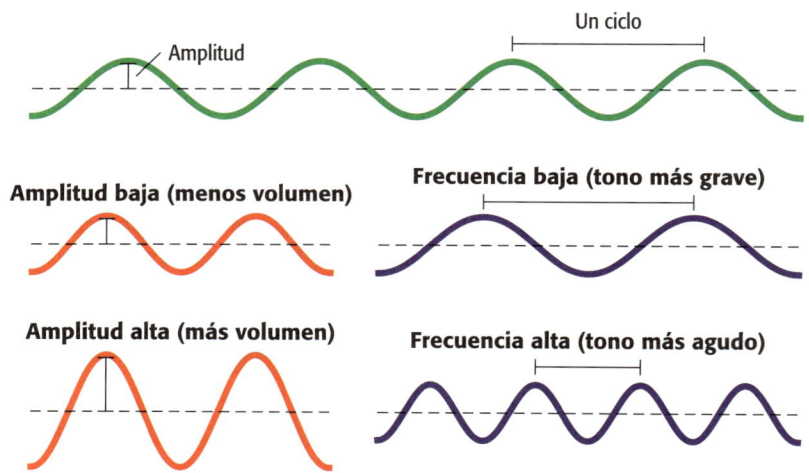

FIGURA 3.10 Ondas de sonido
Las ondas sonoras varían en sus propiedades físicas, como la amplitud (altura de la onda) y la frecuencia (número de ciclos completos por segundo). Las diferencias en amplitud dan origen a las percepciones de volumen, mientras las diferencias en la frecuencia generan las percepciones de tono.

El oído: una máquina sonora

El oído está estructurado para captar ondas de sonido, reverberar con éstas, y convertirlas en mensajes o señales eléctricas que el cerebro puede interpretar (consulte la figura 3.11) (Ashmore, 2004). Así es como funciona: el oído externo conduce las ondas de sonido al **tímpano**, una ceñida membrana que vibra como respuesta a éstas. Las vibraciones, luego, son transmitidas por tres pequeños huesos en el oído medio llamados **cadena osicular** ("osículos" significa "pequeños huesos"). El primero de éstos en vibrar, el "martillo" *(malleus)* está conectado con el tímpano. El martillo golpea al "yunque" *(incus)*, el cual a su vez golpea al "estribo" y ocasiona que vibre. La vibración es transmitida del estribo a la **ventana oval**, una membrana a la cual está adosado el estribo. Ésta conecta el oído medio con un tubo óseo en forma de caracol en el oído interno, llamado **cóclea** *(cochlea* es la palabra griega que significa "caracol"). Las vibraciones de la ventana oval producen ondas de movimiento en el fluido dentro de la cóclea, cuyo movimiento fluido hace que vibre una estructura dentro de la cóclea, llamada **membrana basilar**. La membrana basilar está unida a una estructura gelatinosa llamada **órgano de Corti**, el cual contiene filas de alrededor de 15 000 **células ciliadas** que actúan como receptores auditivos. Este tipo de receptores no son vellos reales sino células con 100 o más proyecciones semejantes al vello que brotan de sus superficies y se inclinan como respuesta a los movimientos de la membrana basilar (Kros, 2005).

CONCEPTO 3.16
Las ondas sonoras causan que vibren algunas partes del oído; esta vibración mecánica, por su parte, afecta los receptores sensoriales en el oído interno, llamados células ciliadas, con lo que se dispara la transmisión de mensajes auditivos al cerebro.

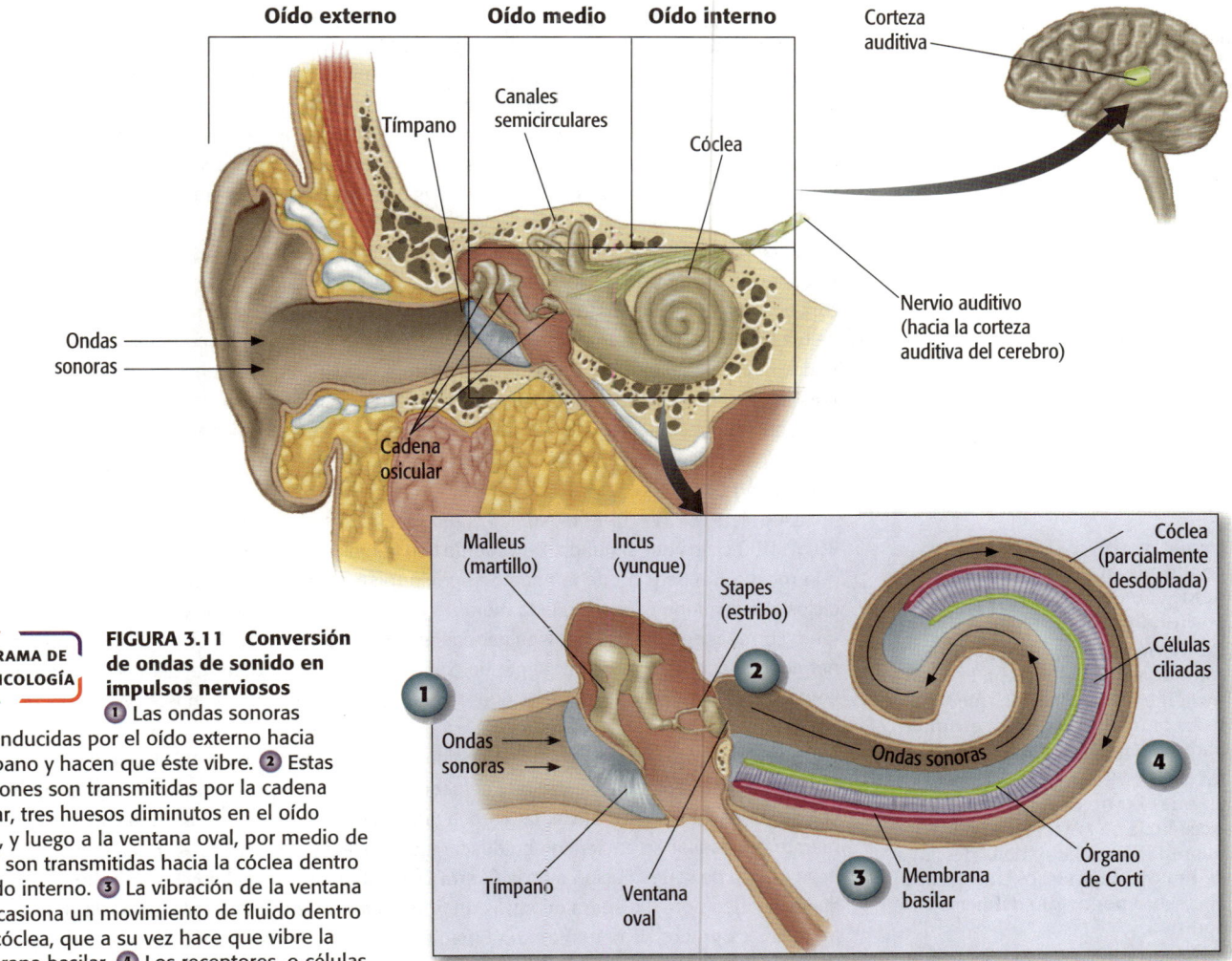

DIAGRAMA DE LA PSICOLOGÍA

FIGURA 3.11 Conversión de ondas de sonido en impulsos nerviosos
❶ Las ondas sonoras son conducidas por el oído externo hacia el tímpano y hacen que éste vibre. ❷ Estas vibraciones son transmitidas por la cadena osicular, tres huesos diminutos en el oído medio, y luego a la ventana oval, por medio de la cual son transmitidas hacia la cóclea dentro del oído interno. ❸ La vibración de la ventana oval ocasiona un movimiento de fluido dentro de la cóclea, que a su vez hace que vibre la membrana basilar. ❹ Los receptores, o células ciliadas en el órgano de Corti, se inclinan como respuesta a estas vibraciones y disparan impulsos nerviosos, mismos que viajan por medio del nervio auditivo hasta el cerebro.

Por su parte, estos movimientos disparan la transmisión de mensajes auditivos hasta la corteza auditiva, localizada en el cerebro, por medio del **nervio auditivo** (Smith y Lewicki, 2006). Ubicada en los lóbulos temporales de la corteza cerebral, la corteza auditiva procesa los estímulos auditivos y produce la experiencia del sonido (Voisin *et al.*, 2006).

El cerebro determina de dónde proviene el estímulo auditivo al comparar los sonidos que usted recibe en ambos oídos. A menos que los sonidos se originen en fuentes que se encuentren a distancias iguales de sus dos oídos —por ejemplo, justo enfrente o sobre usted—, éstos llegan a uno de ellos antes que al otro. A pesar de que quizá usted no pueda determinar con exactitud con cuánto tiempo de anticipación escuchó un sonido en un oído antes que en el otro, su cerebro puede detectar una diferencia tan ínfima como una diezmilésima de segundo. El cerebro emplea esta información para ayudarle a localizar la fuente de un sonido. Los sonidos más distantes tienden a ser más tenues (así como los objetos más distantes tienden a parecer más pequeños), lo cual le brinda otra clave para localizar los sonidos.

Percepción de tono: percibir los agudos y los graves

CONCEPTO 3.17
La percepción de tono puede explicarse mejor como una combinación de las teorías de lugar y de frecuencia y el principio de descarga.

¿Cómo distingue la gente si un sonido tiene un tono más agudo o grave que otro? Como en el caso de la percepción del color, más de una teoría ha sido necesaria para ayudarnos a comprender cómo percibimos el tono. Dos de ellas, la *teoría de lugar* y la *teoría de frecuencia*, contribuyen a explicar cómo es que detectamos tonos agudos y graves, y una combinación de ambas, llamada *principio de descarga*, la cual ayuda a explicar cómo detectamos los tonos de rango medio.

La **teoría de lugar**, desarrollada originalmente por Hermann von Helmholtz, sugiere que la gente percibe que un sonido tiene determinado tono de acuerdo con el lugar, a lo largo de la membrana basilar, cuyas vibraciones aumentan cuando las ondas de sonido de una frecuencia en particular inciden en el oído. Es como si las neuronas se alinearan a lo largo de la membrana basilar como las numerosas teclas de un piano: listas para responder mediante la producción de sonidos de diferente tono cuando son "oprimidas" (Azar, 1996a).

El científico George von Békésy obtuvo el Premio Nobel por demostrar que los sonidos de alta frecuencia causan una mayor vibración en las células ciliadas cercanas a la ventana oval, mientras que los de frecuencias más bajas causan mayor vibración lejos de la membrana basilar. Las células ciliadas, en el punto de vibración máxima, como la cresta de una ola, excitan a determinadas neuronas que informan al cerebro sobre su ubicación. El cerebro emplea esta información para codificar sonidos tonales. Sin embargo, las frecuencias inferiores a 4 000 ciclos por segundo no pueden ser codificadas por ubicación, porque no hacen que la membrana vibre al máximo en ningún punto. Pese a ello, es sabido que la gente puede detectar sonidos tan bajos como 20 ciclos por segundo.

La **teoría de frecuencia** explica cómo percibimos el tono de sonidos de un rango de entre 20 y 1 000 ciclos por segundo. De acuerdo con la teoría de frecuencia, la membrana basilar vibra a la misma frecuencia que la onda de sonido misma. Por ejemplo, una onda de sonido de 200 ciclos por segundo causará que la membrana basilar vibre a ese mismo índice y genere un número correspondiente de impulsos nerviosos hacia el cerebro; es decir, tendremos 200 impulsos nerviosos hacia el cerebro por segundo. Sin embargo, la teoría de frecuencia también tiene sus limitaciones: la más importante es que las neuronas no pueden encenderse más de 1 000 veces por segundo.

Entonces, ¿qué hacemos con los sonidos con frecuencias entre 1 000 y 4 000 ciclos por segundo? ¿Cómo llenamos ese vacío? Por medio del **principio de descarga**. En una de las numerosas sorpresas de la naturaleza, tal parece que los grupos de neuronas alineadas a lo largo de la membrana basilar se encienden en descargas o sucesiones alternadas. (Piense en las películas de la Guerra de la Revolución o de la Guerra Civil estadounidenses, en las cuales un grupo de soldados se incorpora y dispara mientras un grupo alterno se arrodilla y recarga). Al encenderse en rotación, los grupos de neuronas combinan sus frecuencias de encendido para llenar ese vacío.

nervio auditivo Fibras que conducen impulsos nerviosos desde el oído hasta el cerebro, lo cual produce la experiencia de oír.

teoría de lugar Idea de que el tono depende del lugar, a lo largo de la membrana basilar, que vibra más como respuesta a un estímulo auditivo en particular.

teoría de frecuencia Creencia en que el tono depende de la frecuencia de la vibración de la membrana basilar, y de la descarga de impulsos nerviosos transmitida al cerebro por medio del nervio auditivo.

principio de descarga Tesis que relaciona la experiencia del tono con el encendido alternativo de grupos de neuronas a lo largo de la membrana basilar.

En resumen, la teoría de frecuencia explica mejor la percepción de tono para sonidos de baja frecuencia, mientras que la teoría de lugar explica el tono de los sonidos de alta frecuencia. Una combinación de ambas, llamada principio de descarga, sugiere cómo percibimos los sonidos de rango medio.

Pérdida del oído: ¿protege usted sus oídos?

Alrededor de 30 millones de estadounidenses sufren pérdida del oído y cerca de dos millones son sordos. Se espera que el número de individuos con problemas del oído aumente a la sorprendente cantidad de 78 millones para el 2030, lo cual, en gran medida, sería el resultado de numerosos años de vivir con mucho ruido, consecuencia de escuchar música a volúmenes que revientan los oídos con los reproductores personales (Noonan, 2006). Por desgracia, muchos jóvenes y sus padres, ignoran las advertencias contra la música a alto volumen que entra en los oídos por medio de los audífonos. En una encuesta nacional reciente, más de la mitad (51%) de los estudiantes de bachillerato reportaron al menos una señal de pérdida del oído (*Teens Not Heeding*, 2006); (consulte la tabla 3.3).

Existen muchas causas de la pérdida del oído y sordera, incluso defectos de nacimiento, enfermedad, edad avanzada y lesión, así como el tipo de daño causado por exposición a sonidos estridentes. La exposición prolongada a un ruido de 85 dB (decibeles) puede provocar pérdida del oído, como puede hacerlo una breve exposición a sonidos de 120 dB o más intensos. La figura 3.12 muestra los niveles de decibeles de los sonidos conocidos. El ruido, en la mayoría de los bares y clubes nocturnos, alcanza entre 110 y 120 dB; incluso los audífonos pueden registrar 100 dB o más (O´Connor, 2005). La exposición a fuertes ruidos contribuye a la pérdida del oído relacionada con la edad, problema que por desgracia padecen numerosos músicos de *rock* de edad avanzada y los asistentes frecuentes a conciertos (Kujawa y Liberman, 2006).

Existen dos tipos principales de esta deficiencia: la *sordera de conducción* y la *sordera nerviosa*. Por lo regular, la **sordera de conducción** es ocasionada por una lesión en el oído medio. El tímpano es susceptible de ser perforado, o bien, los tres huesecillos que amplifican las ondas sonoras y las conducen al oído interno pueden perder la capacidad de vibrar de manera apropiada. Las personas que padecen este problema pueden beneficiarse con el uso de aparatos auditivos, los cuales amplifican las ondas sonoras.

La **sordera nerviosa**, por su parte, es causada por un daño en las células ciliadas del oído interno o en el nervio auditivo. La exposición a los sonidos intensos, una enfermedad o la edad avanzada pueden causar sordera nerviosa. La "sensación de zumbido" que puede seguir a las exposiciones a sonidos estridentes puede indicar daño en las células ciliadas. En ocasiones, los implantes cocleares u "oídos artificiales" tienen éxito en la transmisión de sonidos después de las células ciliadas dañadas hasta el nervio auditivo. Su trabajo consiste en convertir los sonidos en impulsos eléctricos. Sin embargo, esos implantes no pueden corregir el daño en el nervio auditivo mismo. Si éste no funciona, incluso los sonidos que pueden causar que las células ciliadas de la membrana basilar bailen con frenesí no serán percibidos en la corteza auditiva del cerebro.

CONCEPTO 3.18
Los ruidos intensos pueden provocar la pérdida del oído y perjudicar la capacidad de aprendizaje.

TABLA 3.3   Escuche lo siguiente: los adolescentes y los problemas del oído

28% reporta tener que subir el volumen de la televisión o el radio para escuchar bien

29% reporta decir "¿qué?" o "¿eh?" durante las conversaciones normales

17% reporta haber padecido tinnitus o un zumbido en los oídos

Fuente: Teens not heeding headphone warning. (14 de marzo de 2006). Consultado el 18 de marzo de 2006 en http://www.cnn.com/2006/HEALTH/conditions/03/14/ipod.hearingrisk/index.html.

sordera de conducción
Discapacidad que, por lo regular, implica daño en el oído medio, y que presenta pérdida de conducción de las vibraciones del sonido a través del oído.

sordera nerviosa   Sordera asociada con el daño en los nervios; por lo regular, implica daño en las células ciliadas o en el nervio auditivo mismo.

FIGURA 3.12   Sonidos y decibeles
Puede ocurrir la pérdida permanente
del oído a causa de la exposición
prolongada a sonidos que superen
85 dB (decibeles). La exposición
a 120 dB o más se convierte en un
peligro inmediato para el oído. La
mayoría de la gente puede detectar
sonidos a un nivel apenas superior
a los cero decibeles.

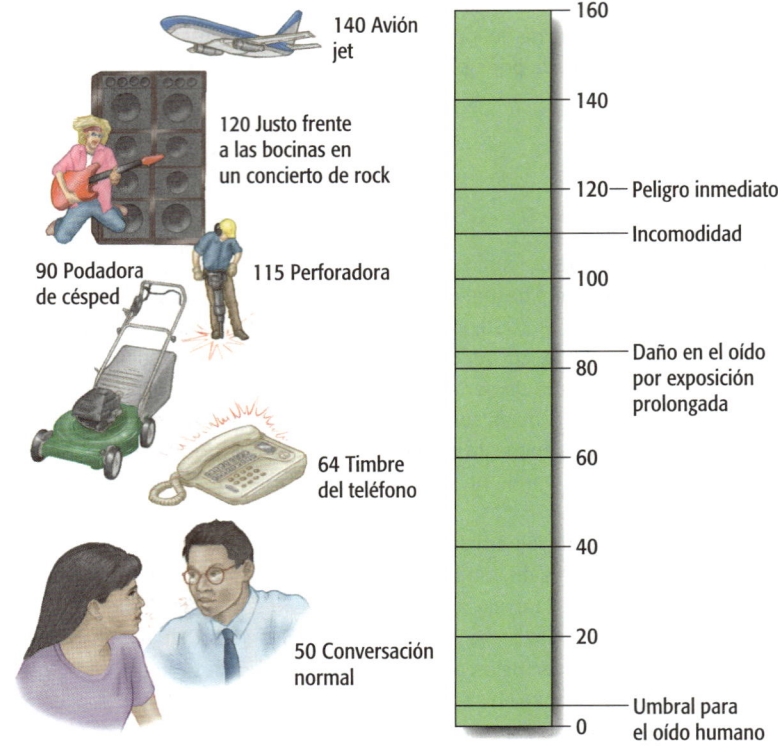

Por qué es importante

La pérdida del oído en la edad avanzada no es inevitable. En gran medida se debe a años de abuso a causa de la música a alto volumen y al ruido. ¿Qué puede hacer usted para evitar la exposición a los ruidos fuertes y para ayudar a impedir la pérdida del oído inducida por el ruido en la edad adulta? He aquí algunas sugerencias:

- Cuando no pueda evitar el ruido excesivo, como en los lugares de trabajo, utilice protectores o tapones para los oídos.

- Baje el volumen de su estéreo, en especial, cuando utilice audífonos y evite asistir a conciertos que revienten los oídos.

- Si vive en una zona particularmente ruidosa, organice a sus vecinos a fin de presionar a los representantes del gobierno para que propongan soluciones.

Antes de avanzar quizá desee revisar los conceptos básicos sobre el oído que están señalados en la tabla de conceptos 3.3.

TABLA DE CONCEPTOS 3.3
Oído

Fuente de información sensorial	Ondas sonoras
Órganos receptores	Los oídos. El oído externo conduce a las ondas sonoras por el tímpano hasta el oído medio donde son amplificadas por tres huesos diminutos y transmitidas a través de la ventana oval hacia el oído interno
Células receptoras	Las células ciliadas de la membrana basilar, dentro de la cóclea del oído interno
Percepción de tono	Tres teorías contribuyen a nuestra comprensión de la percepción de tono: la teoría de la frecuencia para sonidos de baja frecuencia, el principio de descarga para los sonidos de frecuencia media y la teoría de lugar para los sonidos de alta frecuencia

Oír: la música del sonido

REPASE

¿Cómo nos permite el oído escuchar sonidos?

- Las ondas sonoras entran al oído externo y son conducidas hasta el tímpano y lo hacen vibrar. Esta energía mecánica es transportada hasta unos huesos diminutos —el martillo, el yunque y el estribo—, y luego a través de la ventana oval hasta la cóclea, en el oído interno. Allí, las células ciliadas se inclinan como respuesta a las vibraciones y disparan impulsos nerviosos que son transmitidos hasta el cerebro.

¿Qué determina a nuestra percepción del tono?

- Es probable que la percepción del tono esté determinada por una combinación del lugar de mayor vibración en la membrana basilar (teoría de lugar), la frecuencia de los impulsos nerviosos (teoría de frecuencia) y la secuencia de encendido de grupos de neuronas a lo largo de la membrana basilar (principio de descarga).

¿Cuáles son los principales tipos y causas de la sordera?

- Los tipos principales de sordera son por conducción, causada por un daño en el oído medio, y la nerviosa, originada por lo general por una lesión en las células ciliadas del oído interno o en el nervio auditivo.

RECUERDE

1. ¿Qué características de las ondas sonoras dan origen a la percepción de volumen y tono?

2. De acuerdo con la teoría de frecuencia de percepción del tono, nuestra capacidad para detectar diferencias en el tono se debe a
   a. el índice de vibración de la membrana basilar
   b. la localización a lo largo de la membrana basilar donde ocurre la máxima vibración
   c. una alternancia entre las áreas de mayor y menor vibración de la membrana basilar
   d. el índice de vibración de la ventana oval

3. Una estas partes del oído con las descripciones que siguen: *a*) tímpano; *b*) cadena osicular; *c*) cóclea; *d*) membrana basilar; *e*) órgano de Corti; *f*) células ciliadas
   i. membrana que separa el oído externo del oído medio
   ii. receptores sensoriales para oír
   iii. estructura gelatinosa adosada a la membrana basilar y que contiene hileras de receptores sensoriales
   iv. membrana en la cóclea que se mueve como respuesta a la vibración sonora
   v. tres pequeños huesos en el oído medio que conducen las vibraciones sonoras
   vi. tubo óseo con forma de caracol en el oído medio, donde el fluido se mueve como respuesta a las vibraciones de la ventana oval

REFLEXIONE

- ¿Qué características de las ondas sonoras dan origen a la percepción de volumen y tono?

- ¿Qué acciones realiza usted para proteger su oído de los dañinos efectos del ruido? ¿Hace usted lo suficiente?

MÓDULO 3.4

Nuestros otros sentidos: sentidos químicos, de la piel y corporales

- ¿Cómo percibimos los olores?
- ¿Cómo gustamos de los sabores?
- ¿Qué son los sentidos de la piel?
- ¿Qué son los sentidos cinestésico y vestibular?

Por lo regular pensamos en cinco sentidos: vista, oído, olfato, tacto y gusto. Sin embargo, en realidad existen más. Aquí daremos un vistazo a los sentidos químicos, de la piel y corporales. Éstos son los sistemas sensoriales que nos permiten oler, gustar y tocar, y eso nos mantiene informados sobre las posiciones y movimientos de nuestro cuerpo.

La nariz y la lengua son como laboratorios químicos. El olfato y el gusto son sentidos químicos, porque se basan en el análisis químico de las moléculas de las sustancias que pasan por la nariz o que aterrizan en la lengua. Los sentidos químicos nos permiten realizar química a cada momento.

CONCEPTO 3.19
El sentido del olfato depende de receptores en la nariz que detectan miles de sustancias químicas y transmiten información sobre éstos al cerebro.

El olfato: lo que sabe su nariz

La estimulación del olor o del sentido del **olfato** depende de la capacidad para detectar la forma de las moléculas de las sustancias químicas, labor que es desempeñada por alrededor de cinco millones de receptores de olor de varios tipos que se alinean en nuestros pasajes nasales. A pesar de que nuestro sistema olfatorio puede no ser tan sensible como el de los perros o los gatos, no deja de ser exquisitamente perceptivo y nos permite discernir entre casi diez mil sustancias químicas distintas con base en la forma de sus moléculas. Sin embargo, muchas sustancias químicas que se encuentran en el aire, como el monóxido de carbono, no tienen olor. Aunque entran a nuestra nariz al respirarlas, permanecen inodoras, porque nuestros receptores de olor no pueden detectar sus estructuras químicas.

Cuando las moléculas de distintas sustancias entran a la nariz, se alojan en tipos determinados de receptores de olor, como una llave se adapta a una cerradura; con ello, disparan mensajes olfativos que son transportados hasta el cerebro por medio del **nervio olfatorio**. Esta información olfatoria luego es procesada por el cerebro y da origen a los olores correspondientes a esos estímulos químicos en particular (consulte la figura 3.13). La intensidad del aroma parece ser una función del número de receptores olfatorios que son estimulados de manera simultánea.

El olfato es el único sentido cuya información sensorial no pasa por el tálamo en su camino hasta la corteza cerebral. En lugar de ello, la información olfatoria viaja por el nervio específico para ello de manera directa hasta el **bulbo olfatorio**, que es una estructura en el sistema límbico en la parte frontal del cerebro, sobre las fosas nasales. Esta información es dirigida después hacia la corteza olfatoria, en el lóbulo temporal, y hacia varias estructuras en el sistema límbico, el cual, según se explicó en el capítulo 2, es un conjunto de estructuras cerebrales con funciones importantes en la emoción y la memoria. Las conexiones entre el sistema olfatorio y el límbico podrían ser una explicación para la relación tan cercana entre los olores y los recuerdos emotivos.

¿Un aroma sexy? Los científicos encuentran que la exposición al sudor masculino puede producir relajamiento e incrementar la excitación sexual en las mujeres. Además, continúan estudiando si las secreciones o aromas corporales influyen en la atracción y en la conducta sexual de los seres humanos.

DIAGRAMA DE LA PSICOLOGÍA

FIGURA 3.13   Olfato
① Las células receptoras (receptores de olor) en la parte superior de la nariz responden a las formas moleculares de determinadas sustancias químicas que entran en ella. ② Las moléculas se alojan en determinados receptores de olor y disparan la transmisión de impulsos nerviosos, los cuales viajan por el nervio olfatorio hasta el bulbo olfatorio en el cerebro. ③ El bulbo olfatorio procesa esta información y da origen a sensaciones específicas de olores.

olfato Facultad para oler.

nervio olfatorio El que transporta impulsos de los receptores olfatorios de la nariz hasta el cerebro.

bulbo olfatorio Área en la parte frontal del cerebro, sobre las fosas nasales, que recibe información sensitiva de los receptores olfatorios en la nariz.

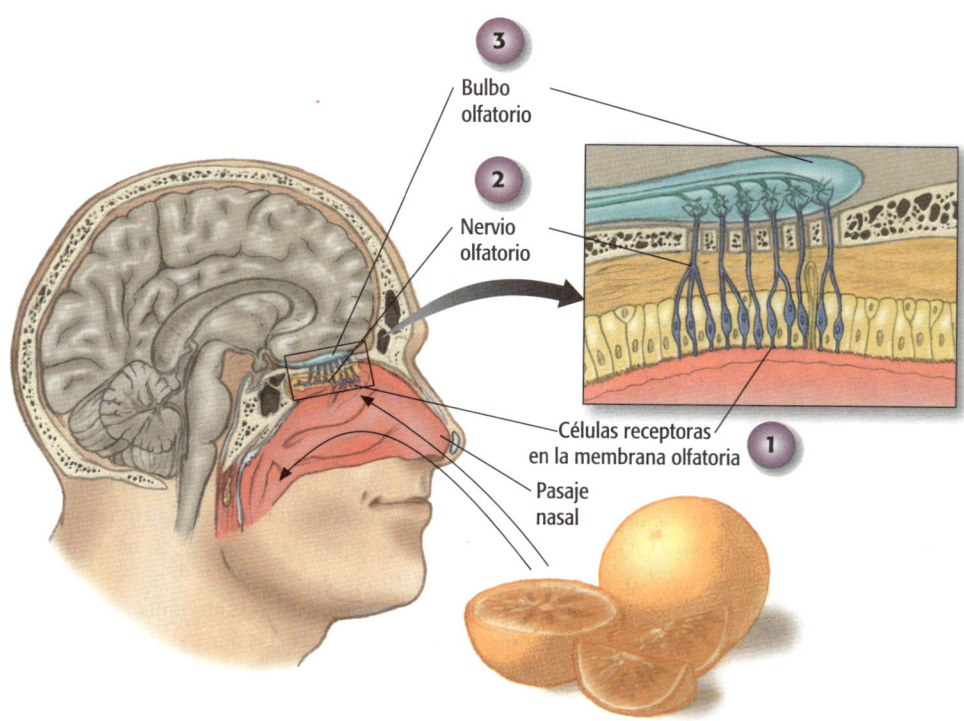

Bulbo olfatorio

Nervio olfatorio

Células receptoras en la membrana olfatoria

Pasaje nasal

Intente lo siguiente

El olor del gusto

¿Alguna vez ha notado que la comida sabe insípida cuando su nariz está congestionada? Para demostrar cómo afecta el olfato al gusto, intente comer mientras se tapa las fosas nasales. ¿Qué efecto tiene lo anterior en su capacidad para saborear su comida?, ¿en su capacidad para disfrutar su comida?

El aroma de un pudín de chocolate que hierve en una estufa o el perfume de una persona puede traernos intensos sentimientos asociados con experiencias de la infancia o con una persona en particular.

El olfato es un factor clave para el sabor de los alimentos. Sin el sentido del olfato, el sabor de un filete puede no ser muy distinto al de un cartón. Una manzana puede saber igual que una papa cruda. Un decadente sentido del olfato en la edad avanzada puede ser la principal razón de que muchos ancianos se quejen de que la comida no sabe tan bien como antes (consulte "Intente lo siguiente" de esta página).

Nuestros órganos sensoriales tomaron forma en el transcurso de millones de años de adaptación al ambiente. El olfato, entre otros sentidos, es crucial para nuestra supervivencia: nos ayuda a evitar alimentos descompuestos o potencialmente peligrosos mucho antes de que lleguen a nuestra lengua. En varias especies animales, el olfato sirve también para otras funciones. Las focas y muchas otras especies animales reconocen a sus retoños entre un grupo con base en el olfato. Los salmones recorren los siete mares; sin embargo, en sus épocas de desove, huelen las corrientes de sus lugares de nacimiento basados en unas cuantas moléculas de agua emitidas por esas corrientes.

Muchas especies emiten sustancias químicas llamadas **feromonas,** que desempeñan funciones muy importantes en diversas conductas, incluso en aquellas relacionadas con atraer parejas, marcar territorio, establecer jerarquías de dominio, actuar con agresividad, recolectar alimentos y crear vínculos con los ejemplares jóvenes (Chamero *et al.,* Nakawaga *et al.,* 2005; Shepherd, 2006). Las feromonas se encuentran en las secreciones corporales, como la orina o los flujos vaginales, y pueden ser detectadas por otros miembros de la misma especie por medio de los sentidos del olfato y el gusto.

Asimismo, contribuyen a la atracción sexual en numerosas especies tanto de animales como de insectos. Pero, ¿sirven para los mismos propósitos en los seres humanos? Nosotros tenemos receptores en la nariz que podrían permitir que percibamos las feromonas (Liberles y Buck, 2006). Por el momento, su función en la conducta sexual humana no está clara (Shepherd, 2006), puesto que no contamos con evidencias suficientes para saber si las feromonas influyen en la atracción y en la conducta sexuales de nuestra especie. Es suficiente con decir que lo que la nariz sabe es aún una pregunta abierta.

Nos hemos enterado de que la exposición al sudor masculino, el cual podría contener feromonas humanas, tiene algunos efectos interesantes en las mujeres. Oler sudor masculino o colocar un poco en los labios (por fortuna, disfrazado por la fragancia) provocó que las mujeres de un estudio se sintieran más relajadas y que las de otro estudio se sintieran más excitadas en términos sexuales (Pilcher, 2003; Preti *et al.,* 2003; Wyart *et al.,* 2007). Estos descubrimientos sugieren que la exposición a las secreciones corporales del sexo opuesto puede tener efectos en la conducta, incluso si la persona no es consciente de ello.

CONCEPTO 3.20
Las feromonas son sustancias químicas que desempeñan varias funciones en la conducta animal, pero sus funciones en la conducta humana aún no están claras.

feromonas Sustancias químicas que son emitidas por muchas especies y que tienen varias funciones, incluso la atracción sexual.

El gusto: el sentido sabroso

El gusto, al igual que nuestros otros sentidos, desempeña una importante función en la adaptación y la supervivencia. Dependemos tanto de él como del olfato para discriminar entre los alimentos saludables y nutritivos, y los que están podridos o descompuestos. (Sin embargo, los órganos sensitivos no son perfectos; algunas sustancias venenosas no son identificables por medio del olfato o el gusto). Existen miles de tipos distintos de alimentos y de sabores, pero sólo hay cuatro sabores básicos: dulce, ácido, salado y amargo. El *sabor* de un alimento resulta de la combinación de estas cualidades de sabor, el aroma del alimento, su textura y su temperatura.

Los sabores son percibidos por unos receptores llamados **células receptoras gustativas**. Éstas son células nerviosas localizadas dentro de los poros o fisuras de la lengua, llamadas **papilas gustativas**. La mayoría de éstas se encuentra cerca de los bordes y en la parte posterior de la lengua. Sin embargo, las personas sin lengua pueden también percibir el sabor debido a los receptores gustativos adicionales que están localizados en el paladar, en el interior de las mejillas y dentro de la garganta. Algunos receptores gustativos son más sensibles a un sabor específico, como lo dulce o lo amargo. No obstante, el cerebro decodifica la estimulación de cualquier parte de la lengua que contenga receptores gustativos para producir todos los sabores primarios (Sugita y Shiba, 2005). En un notable trabajo de ingeniería biológica, los receptores gustativos se regeneran a gran velocidad, en el transcurso de una semana a 10 días. Esto es bueno, porque la gente los mata con regularidad al comer alimentos muy calientes, como una *pizza* recién horneada.

¿Por qué a algunas personas les gusta la comida muy condimentada mientras que otras la prefieren simple? Lo cierto es que las diferencias en los orígenes culturales desempeñan una importante función en las preferencias del gusto. Por ejemplo, en algunas culturas, se desarrollan predilecciones hacia los alimentos condimentados.

Los factores genéticos también influyen en la sensibilidad hacia los sabores (Sandell y Breslin, 2006). Algunas personas que bañan su carne con sal pueden permanecer casi impasibles a este ingrediente como resultado de una característica genética; otras tienen una predisposición genética a ser extremadamente sensibles a la sal, a la pimienta y a otras especias. Algunos sujetos heredan una mayor sensibilidad hacia la dulzura que otras, y otros heredan una susceptibilidad a los sabores amargos que las desalientan por completo ante los vegetales de sabores fuertes, como las colecitas de Bruselas (Collins, 2005; Pearson, 2006). Si los niños alejan el plato de espinacas o de brócoli, tal vez se deba a que han heredado una característica genética que los hace más sensibles a los sabores amargos. En fechas recientes, los científicos descubrieron un gen, al cual podríamos llamar el gen del sabor, que permite a la persona degustar una sustancia química en particular con sabor amargo (U. Kim *et al.*, 2003). Este gen controla la forma del receptor específico en la lengua que responde a esa sustancia química.

También existen diferencias entre especies en cuanto a la sensibilidad a los sabores. Los gatos parecen ser insensibles a lo dulce pero los cerdos sí pueden percibirlo. (Podría ser acertado afirmar que, así como los seres humanos podemos comer como cerdos, los cerdos también pueden comer como humanos).

También hemos aprendido que una de cada cuatro personas (más mujeres que hombres) nace con una red muy densa de papilas gustativas que la hace muy sensible a ciertos sabores. Al tener más papilas gustativas, estas personas, llamadas "superdegustadoras", perciben sabores más intensos que otros individuos (Bartoshuk, 2007). Pueden retroceder ante el agudo estímulo de los sabores amargos de muchas frutas y vegetales, como el brócoli, o encontrar demasiado dulces los alimentos azucarados. Las diferencias étnicas y de género también entran en juego. Las mujeres asiáticas tienen más probabilidades de ser superdegustadoras, mientras los hombres caucásicos tienen menos.

Los sentidos de la piel: su órgano sensorial más grande

Quizá usted no piense en su piel como un órgano sensorial, pero lo cierto es que sí lo es, y el más grande de su cuerpo. Contiene receptores para los **sentidos de la piel** del cuerpo que codifican las sensaciones del tacto, la presión, el calor, el frío y el dolor. Algunos receptores de la piel responden sólo a un tipo de estimulación, como la presión o el calor, y otros lo hacen a más de uno.

CONCEPTO 3.21
Como el sentido del olfato, el sentido del gusto depende de los receptores que detectan sustancias químicas y transmiten información sobre éstos al cerebro.

---

células receptoras gustativas
Fibras nerviosas que son sensibles a los sabores.

papilas gustativas   Poros o fisuras en la lengua que contienen células receptoras gustativas.

sentidos de la piel   Sentidos del tacto, presión, calor, frío y dolor que implican una estimulación de los receptores sensoriales en la piel.

Cerca de medio millón de receptores para el tacto y la presión están distribuidos en todo el cuerpo. Éstos transmiten información sensorial a la médula espinal, la cual los envía hacia la corteza somatosensorial, que es la parte del cerebro que procesa información de nuestros receptores de la piel, y nos hace conscientes de cómo y dónde hemos sido tocados. Muchos receptores del tacto están localizados cerca de la superficie de la piel (consulte la figura 3.14). Éstos se encienden cuando la piel es palpada ligeramente: acariciada, golpeada o palmeada. Otros receptores, localizados en niveles más profundos de la piel, se encienden como respuesta a la presión.

Los receptores para la temperatura también se encuentran justo debajo de la epidermis. En general, los científicos están de acuerdo con que existen receptores específicos para el calor y el frío. En una de las sorpresas más interesantes de la naturaleza, las sensaciones de calor son producidas por una estimulación simultánea de los receptores para el calor y el frío. Si usted sujetara tubos enrollados dentro de los cuales circula agua caliente y fría, podría sentir que su mano se quema. Después, si los tubos fueran desenrollados, descubriría que ninguno de éstos por sí mismo podría generar tal sensación de calor.

Reflexione por un momento lo que significaría si usted no experimentara dolor. En primera instancia, no sentirlo podría parecer algo bueno. Después de todo, ¿por qué vivir la vida con dolores de cabeza, de muelas y de espalda? Sin embargo, una vida sin dolor podría ser muy breve.

El dolor es una señal de que algo está mal. Sin la experiencia del mismo, tal vez no notaría astillas, cortaduras de papel, quemaduras y las numerosas fuentes de lesiones, irritaciones e infecciones que, en última instancia, pueden amenazar su vida si no las atiende de manera adecuada. El dolor es adaptativo, es decir, lo utilizamos para buscar y atender la fuente del mismo y aprender a evitar aquellas acciones que lo causan.

En algunos casos extremadamente raros, nacen niños sin la capacidad para experimentar dolor; pero una vida así es muy riesgosa para los pequeños. Uno de estos infantes, Roberto, de cuatro años de edad, estrella la cabeza con violencia contra las paredes y sonríe todo el tiempo porque es incapaz de sentir dolor (Gajilan, 2006). Estos pequeños se lesionan y hasta se mutilan una y otra vez, simplemente porque no saben cuándo detenerse.

Los receptores del dolor están localizados no sólo en la piel, sino también en otras partes del cuerpo como los músculos, las articulaciones, los ligamentos y la pulpa de los dientes, fuente del dolor de muelas. Podemos sentir esta molesta sensación en la mayoría de las partes del cuerpo. Puede ser particularmente aguda cuando la presencia de terminaciones nerviosas en una zona es muy densa, como en los dedos y el rostro. La experiencia del dolor implica un sistema de comunicación que involucra a los nervios, la médula espinal y el cerebro (Society of Neuroscience, 2005) (consulte la figura 3.15).

💡 **CONCEPTO 3.22**

Los receptores sensoriales en la piel son sensibles al tacto, la presión, la temperatura y el dolor y transmiten información acerca de estos estímulos a su cerebro.

FIGURA 3.14   Su órgano sensorial más grande: su piel
La piel contiene receptores que son sensibles al tacto, la presión, las temperaturas fría y caliente y el dolor.

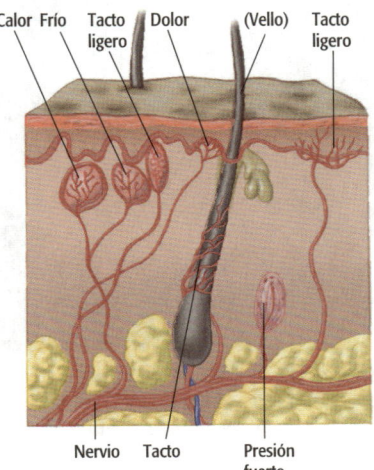

Bloquear el dolor   Aplicar una bolsa de hielo a un área afectada puede reducir el dolor. Basándose en la lectura del texto, ¿cómo explicaría este fenómeno?.

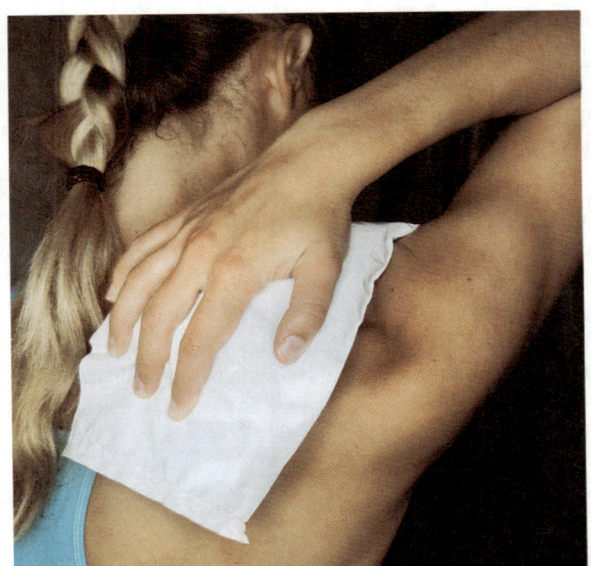

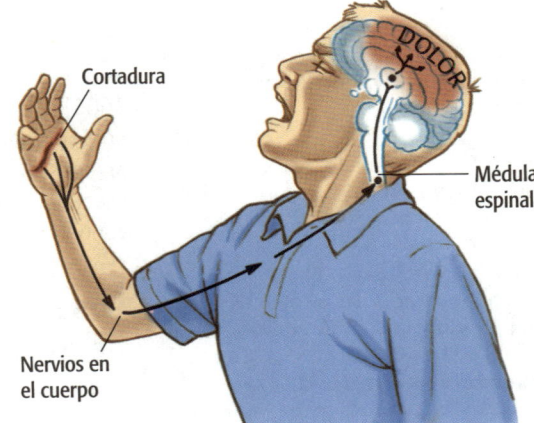

FIGURA 3.15   Vía neural del dolor
Los mensajes de dolor son conducidos desde el punto de lesión hasta la médula espinal, y desde allí hasta el cerebro para su procesamiento.

Fuente: Society of Neuroscience, 2005.

CONCEPTO 3.23
La teoría del dolor del control de la puerta propone que la médula espinal contiene un mecanismo de entrada que controla la transmisión de los mensajes de dolor al cerebro.

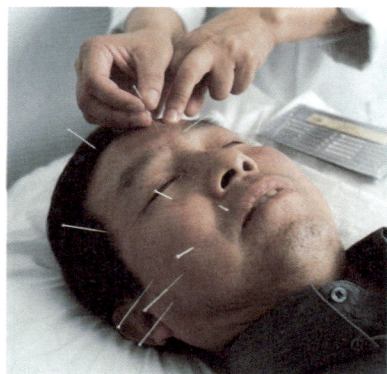

Acupuntura   Utilizada durante siglos por los médicos chinos, los beneficios de la acupuntura aún son debatidos entre los científicos occidentales.

teoría del dolor del control de la puerta   Opinión de que una puerta neural, en la médula espinal, se abre para permitir que los mensajes de dolor lleguen al cerebro y se cierra para mantenerlos fuera.

acupuntura   Antigua práctica china de insertar y rotar agujas finas en varias partes del cuerpo a fin de liberar la energía natural de sanación.

cinestesia   Sentido que nos mantiene informados acerca de los movimientos de las partes del cuerpo y su posición en relación con las demás.

sentido vestibular   El que nos mantiene informados sobre el equilibrio y la posición de nuestro cuerpo en el espacio.

canales semicirculares   Tres canales curvos, semejantes a tubos, en el oído interno cuya función es sentir cambios en la dirección y el movimiento de la cabeza.

sacos vestibulares   Órganos en el oído interno que conectan los canales semicirculares.

La gente emplea muchos remedios caseros para controlar el dolor, como frotar o rascar un área adolorida o aplicar una bolsa con hielo. ¿Por qué, en ocasiones, funcionan estos métodos?

Una posible respuesta se basa en una teoría desarrollada por el psicólogo Ronald Melzack y el biólogo Patrick Wall (1965, 1983). De acuerdo con su **teoría del dolor del control de la puerta**, un mecanismo de entrada en la médula espinal se abre y cierra para permitir que los mensajes de dolor lleguen al cerebro o se queden fuera. La "puerta" no es una estructura física real en la médula espinal, sino, por el contrario, un patrón de actividad del sistema nervioso que da como resultado el bloqueo o acceso de las señales de dolor.

La creación de un congestionamiento en la "puerta" puede bloquear los mensajes de dolor. Las señales asociadas con el dolor sordo o pulsátil son conducidas a través de la puerta neural por fibras nerviosas que son más delgadas y lentas que las que transportan señales sensoriales de calor, frío y tacto. Las que son conducidas por las fibras nerviosas más gruesas y veloces pueden causar un congestionamiento en la puerta neural y bloquear el paso de otros mensajes. Frotar o rascar un área dolorosa envía señales a la médula espinal mediante fibras nerviosas más rápidas, las cuales pueden competir con éxito por el espacio con los mensajes de dolor transportados por fibras delgadas, lo cual cierra la puerta y bloquea temporalmente la llegada de las señales del dolor sordo o pulsátil al cerebro. Sin embargo, el primer estallido de dolor que usted siente cuando se golpea un dedo del pie o cuando se corta un dedo es transportado por largas vías neuronales y tal parece que no puede ser bloqueado. Esto es adecuado, pues asegura que los mensajes de dolor se registren pronto en el cerebro y lo alerten al instante de que una parte de su cuerpo se ha lesionado.

Una bolsa con hielo aplicada a la fuente del malestar puede ayudar por muchos motivos. Además de reducir la inflamación y el abultamiento, condiciones que contribuyen a la experiencia dolorosa, el hielo produce sensaciones de frío que ayudan a crear una congestión en la puerta de la médula espinal y, como en el ejemplo previo, pueden impedir temporalmente la llegada de los mensajes de dolor al cerebro.

El cerebro desempeña una función crucial en el control del dolor. Como respuesta al mismo, el cerebro ordena la liberación de *endorfinas*. Usted recordará que en el capítulo 2, se explicó que las endorfinas son neurotransmisores similares en su composición química a las drogas narcóticas, como la heroína y, asimismo, tienen efectos analgésicos. Las endorfinas bloquean los sitios receptores en la médula espinal que transmiten los mensajes de dolor, y en consecuencia, cierran la "puerta" e impiden que los mensajes de dolor lleguen al cerebro.

La liberación de endorfinas puede explicar los beneficios de la práctica medicinal china llamada **acupuntura**. El acupunturista inserta finas agujas en los "puntos de acupuntura" del cuerpo y luego las rota. De acuerdo con las creencias tradicionales chinas, la manipulación de las agujas libera la energía de sanación natural del cuerpo. Pero, ¿funciona la acupuntura? y de ser así, ¿cómo lo hace?

A pesar de que la acupuntura ayudó a reducir dolores crónicos de espalda en pruebas de investigación, no fue más eficaz en esos estudios que la acupuntura de imitación (falsa), en la cual las agujas eran insertadas sólo a nivel superficial en puntos que no eran los tradicionales (Brinkhaus *et al.*, 2006; Haake *et al.*, 2007). Junto con otras evidencias de que esta técnica no es más eficaz para el dolor de migraña que los (pseudo) tratamientos de imitación (Linde *et al.*, 2005), la pregunta es si los beneficios de la acupuntura implican algo más que un efecto placebo. Como alternativa, tal vez la inserción de agujas estimula al cuerpo para que libere endorfinas analgésicas o cree señales antagónicas que bloqueen la transmisión de mensajes de dolor hacia el cerebro. Esperamos más investigaciones para analizar estas posibilidades. Un resumen de los sentidos de la piel se encuentra la tabla de conceptos 3.4.

Los sentidos cinestésico y vestibular: de gracia y equilibrio

La **cinestesia** es el sentido corporal que lo mantiene informado sobre los movimientos de las partes de su cuerpo y sus posiciones entre sí (Dennis, 2006). Este sentido hace posible que se toque la nariz o las orejas con los ojos cerrados o incluso vendados, conducir una bicicleta sin mirar los

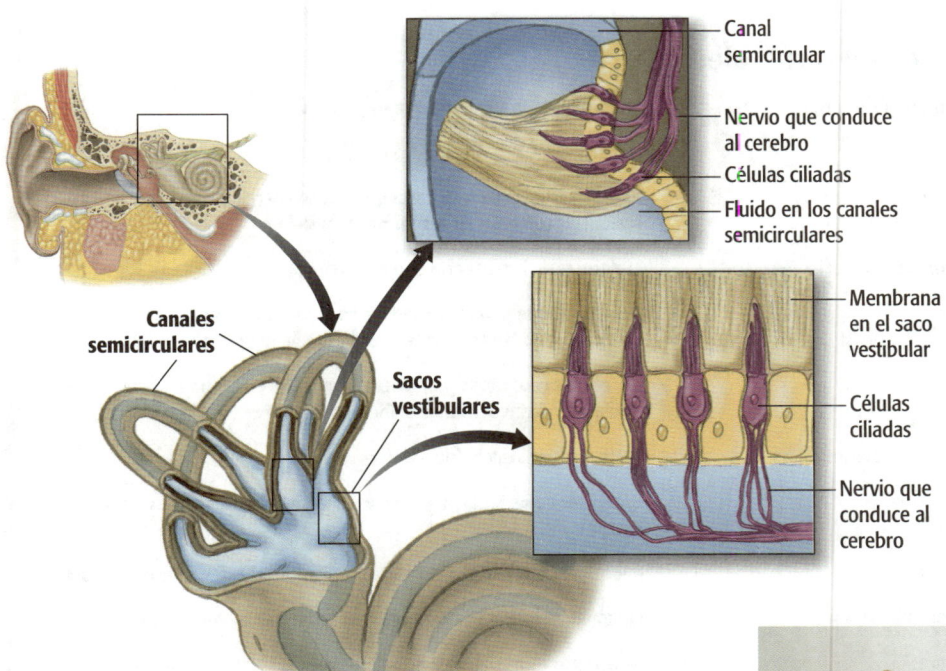

Canal semicircular
Nervio que conduce al cerebro
Células ciliadas
Fluido en los canales semicirculares

Canales semicirculares

Sacos vestibulares

Membrana en el saco vestibular
Células ciliadas
Nervio que conduce al cerebro

FIGURA 3.16
El sentido vestibular
Los receptores de las células ciliadas en el oído interno se ladean como respuesta a la fuerza de gravedad ejercida cuando inclinamos la cabeza y la movemos a través del espacio; además envían mensajes que el cerebro utiliza para mantener nuestro sentido del equilibrio y para detectar el movimiento y la orientación de nuestra cabeza en el espacio.

movimientos de sus piernas, escribir en computadora sin mirar el teclado y lavar la parte trasera de su cuello sin verse al espejo.

La información sensorial que hace posibles estas tareas es transmitida al cerebro desde los receptores en las articulaciones, los tendones y los músculos (Gandevia *et al.,* 2006; Smetacek y Mechsner, 2004).

Es probable que mire de manera ocasional lo que hace o piense en ello, pero la mayor parte del tiempo sus movimientos son realizados de manera automática con base en esta información cinestésica.

El **sentido vestibular** monitorea la posición de su cuerpo en el espacio y lo ayuda a mantener su equilibrio. Detecta aceleración u orientación en su cuerpo mientras se mueve, si su cabeza rota y cuánto lo hace (Day y Fitzpatrick, 2005). Por lo tanto, le permite saber cuándo acelera o disminuye su velocidad el auto o el tren en el cual se transporta, si se detiene o si cambia de dirección. Cuando modifica la posición de su cabeza —rota, se inclina o se mueve hacia delante, hacia atrás o hacia los lados—, el movimiento del fluido dentro de los **canales semicirculares** en su oído interno y el cambio en las posiciones de los cristales en los **sacos vestibulares** que conectan a los canales estimula a los receptores de las células ciliadas (consulte la figura 3.16). Después, estos receptores transmiten mensajes al cerebro que son interpretados como información sobre la posición y el movimiento de la cabeza en relación con el entorno (Angelaki *et al.,* 2004).

Si usted gira y gira y después se detiene abruptamente, es probable que se maree. La razón es que el fluido en los canales semicirculares de sus oídos continúa girando durante un momento después de que se ha detenido y hace parecer como si el mundo aún diera vueltas. Podemos experimentar *mareo de movimiento* cuando nuestros sentidos vestibular y visual reciben información contradictoria sobre el movimiento, como cuando nos transportamos en un automóvil hacia una dirección mientras observamos un tren que se mueve hacia la dirección opuesta.

La tabla de conceptos 3.4 revisa los sentidos químicos, de la piel y corporales e incluye el resumen de los sentidos cinestésico y vestibular.

¿Puede usted sentir la posición de sus manos con los ojos vendados? Desde luego que sí: su sentido cinestésico le permite sentir la posición de las partes de su cuerpo entre sí, incluso si tiene los ojos vendados.

CONCEPTO 3.24
Los receptores sensoriales en sus articulaciones, ligamentos y músculos transmiten información que el cerebro utiliza para mantenerlo consciente de la posición y el movimiento de las partes de su cuerpo.

CONCEPTO 3.25
Los órganos sensoriales dentro de su oído interno responden a las fuerzas gravitacionales y provee la información sensorial que el cerebro necesita para mantener el equilibrio y para saber la posición de su cuerpo en el espacio.

TABLA DE CONCEPTOS 3.4
Sentidos químicos, de la piel y corporales

Sentidos químicos	**Olfato**	Fuente de información sensorial	Moléculas de la sustancia que es percibida
		Órgano receptor	La nariz
		Células receptoras	Receptores en cada fosa nasal que pueden percibir alrededor de 10 000 sustancias con base en sus formas moleculares
	Gusto	Fuente de información sensorial	Moléculas de la sustancia que es percibida
		Órgano receptor	Principalmente papilas gustativas en la lengua, aunque existen receptores adicionales por todas partes de la boca y la garganta
		Células receptoras	Las células receptoras gustativas, localizadas en las papilas gustativas, son células nerviosas sensibles a diferentes sabores
Sentidos de la piel	**Sentidos de la piel**	Fuente de información sensorial	Tacto, presión, calor, frío y dolor
		Órgano receptor	La piel (el dolor también puede originarse en muchas otras partes del cuerpo)
		Células receptoras	Receptores que codifican el tacto, la presión, el calor, el frío y el dolor
Sentidos corporales	**Cinestesia**	Fuente de información sensorial	El movimiento y la posición relativa de las partes del cuerpo
		Órganos receptores	Receptores localizados principalmente en las articulaciones, los ligamentos y los músculos
	Sentido vestibular	Células receptoras	El movimiento del cuerpo y la orientación en el espacio
		Órgano receptor	Los canales semicirculares y los sacos vestibulares en el oído interno
		Células receptoras	Células ciliadas que responden al movimiento del fluido en los canales semicirculares y a los cambios de posición de los cristales contenidos en los sacos vestibulares

REVISIÓN DE MÓDULO 3.4

Nuestros otros sentidos: sentidos químicos, de la piel y corporales

REPASE

¿Cómo percibimos los olores?

- El olfato, o sentido para oler depende de los receptores en las fosas nasales que son capaces de sentir diferentes sustancias químicas con base en sus formas moleculares.

¿Cómo gustamos de los sabores?

- El sentido del gusto implica la estimulación de los receptores gustativos localizados en las papilas gustativas, principalmente en la lengua.

¿Qué son los sentidos de la piel?

- Los sentidos de la piel nos permiten detectar tacto, presión, temperatura y dolor. Diferentes receptores en ella responden a estos estímulos y transmiten la información al cerebro para su procesamiento.

- La teoría del dolor del control de la puerta sostiene que existe un mecanismo de puerta en la médula espinal que se abre para permitir el paso de los mensajes de dolor al cerebro para indicar que algo está mal, y se cierra para dejarlos fuera.

¿Qué son los sentidos cinestésico y vestibular?

- El sentido cinestésico le permite sentir el movimiento de varias partes de su cuerpo y sus posiciones entre sí. Los receptores en las articulaciones, ligamentos y músculos transmiten información sobre el movimiento y la posición corporal al cerebro para su procesamiento.

- El sentido vestibular es el sistema sensorial que le permite detectar la posición de su cuerpo y mantener su equilibrio. Cuando cambia la posición de su cabeza se transmiten mensajes al cerebro, el cual los interpreta como información sobre la posición de su cuerpo en el espacio.

RECUERDE

1. Los receptores olfatorios en la nariz reconocen diferentes sustancias químicas con base en sus
   a. aromas
   b. formas moleculares
   c. densidad
   d. vibraciones

2. Las sustancias químicas que funcionan como atrayentes sexuales se llaman
   a. aromas
   b. olfativos
   c. hormonas
   d. feromonas

3. Los receptores que brindan información sensorial que nos ayuda a mantener nuestro equilibrio se localizan en
   a. las articulaciones y los ligamentos
   b. la parte posterior del ojo
   c. los músculos
   d. el oído interno

4. Pablo aprende a usar un palo de golf. Él depende de su sentido _____ para saber qué tanto balancea el palo hacia atrás.

REFLEXIONE

- Vender autos ya no sólo depende del desempeño, el valor, el estilo y la seguridad. Ahora, el aroma ha entrado a escena, pues General Motors ha promovido un nuevo Cadillac con una dulce esencia llamada *Nuance* (Hakim, 2003). ¿Cree que la gente se guiará por su nariz cuando compre su siguiente automóvil?

- ¿Cree que es guiado por su nariz? ¿Cómo se ve afectada su conducta por los aromas?

MÓDULO 3.5

Percibir nuestro mundo: principios de la percepción

- ¿Qué es percepción?
- ¿Cómo influyen la atención y el marco perceptual en la percepción?
- ¿Cuáles son los dos modos generales de procesar los estímulos visuales?
- ¿Cuáles son los principios de la Gestalt de la organización perceptual?

- ¿Qué es la constancia perceptual?
- ¿Cuáles claves utilizamos para percibir profundidad y movimiento?
- ¿Qué son las ilusiones visuales?
- ¿La evidencia apoya la existencia de la percepción subliminal y la PES?

La **percepción** es el proceso mediante el cual el cerebro interpreta la información sensorial y la convierte en representaciones significativas del mundo exterior. Por medio de ella, el cerebro intenta encontrarle sentido a la mezcla de estímulos que inciden en nuestros órganos sensoriales. Si no fuera por la percepción, el mundo nos parecería una mezcolanza siempre cambiante de sensaciones desconectadas; una zumbante confusión de luces, sonidos y otras impresiones sensoriales. El cerebro ordena la mezcla de sensaciones que experimentamos y las organiza en imágenes concretas del mundo que nos rodea. Para parafrasear a Shakespeare, la sensación sin percepción estaría "llena de sonido y furia, pero significaría nada".

Considere lo que usted ve en esta página. Cuando los puntos de tinta negra se registran en su retina, su cerebro transforma esas imágenes en símbolos significativos que usted percibe como letras. (D. D. Hoffman, 1999). La percepción es un proceso activo en el cual el cerebro reúne fragmentos y partes de información sensorial para crear impresiones ordenadas o imágenes del mundo.

Aunque las percepciones nos ayudan a percatarnos del mundo, quizá no reflejen con precisión la realidad externa. Mire los círculos centrales de las configuraciones izquierda y derecha de la figura 3.17. ¿Cuál de los dos círculos es más grande? Si midiera al diámetro de cada círculo central con una regla, descubriría que son exactamente del mismo tamaño. Sin embargo, puede percibir que el círculo central de la configuración derecha es más grande que el de la izquierda. Esto se debe a que el primero es presentado dentro de una disposición de círculos más pequeños y su cerebro toma en consideración el contexto en el cual aparecen estas figuras.

💡 **CONCEPTO 3.26**
Por medio del proceso de la percepción, el cerebro reúne la información sensorial para formar impresiones significativas del mundo.

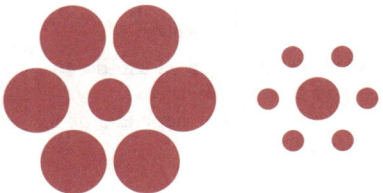

FIGURA 3.17   ¿Percepción contra realidad?
¿Cuál de los círculos centrales de estos dos grupos es más grande?

percepción   Proceso mediante el cual el cerebro integra, organiza e interpreta las impresiones sensoriales para crear representaciones del mundo.

En este módulo exploraremos los conceptos básicos de la percepción y prestaremos especial atención a la percepción visual, es decir, el área de la percepción que ha captado la mayor parte de la atención de la investigación.

Atención: ¿notó usted eso?

La atención es el primer paso en la percepción. Mediante la **atención selectiva**, usted limita su atención a ciertos estímulos mientras filtra los demás (Phelps, Ling y Carrasco, 2006). La atención selectiva le impide saturarse de información externa. Explica el porqué puede percibir ciertos estímulos y no otros. Le permite enfocarse en las palabras que lee en este momento, sin percibir los sonidos de un automóvil que pasa por afuera de su ventana o la sensación de los dedos de sus pies que tocan el interior de sus zapatos. Prestamos más atención a los estímulos que son significativos o que tienen un significado emocional (Zeelenberg, Wagenmakers y Rotteveel, 2006). Por ejemplo, un padre sumido en un profundo sueño puede percibir el débil llanto de un bebé en la habitación contigua, pero no le molesta la estridente sirena de una ambulancia que pasa afuera de su casa.

Los estados motivacionales, como el hambre y la sed, desempeñan importantes funciones en la atención (R. R. Hoffman, Sherrick y Warm, 1998). Cuando sentimos hambre, es más probable que prestemos atención a los olores que surgen de un restaurante que cuando acabamos de comer. También es más probable que tengamos interés en los anuncios de restaurantes a los costados del camino. Recuerdo a un profesor que tenía la costumbre de mencionar las palabras "examen parcial" en sus lecciones cuando sentía que sus alumnos comenzaban a adormilarse. Eso parecía motivarlos a prestar más atención.

La exposición repetitiva puede incrementar el interés a determinados estímulos. La exposición auditiva prenatal podría explicar el porqué los bebés de 3 días de nacidos prefieren los sonidos de la voz de su madre —preferencia medida por el giro de sus cabezas— a las voces de otras mujeres (Freeman, Spence y Oliphant, 1993).

Por otra parte, la exposición a un estímulo constante puede llevarnos a *habituarnos,* o acostumbrarnos, a éste. Cuando usted enciende por primera vez un ventilador o un aparato de aire acondicionado, quizá note el constante zumbido que emite. Sin embargo, después de un tiempo, usted ya no lo percibe, a pesar de que el sonido aún incide en los receptores sensoriales de sus oídos. Su cerebro se ha adaptado al estímulo constante y lo ha eliminado. La **habituación** tiene sentido desde una perspectiva evolutiva, dado que los estímulos constantes tienen menos probabilidades de requerir una respuesta adaptativa que los variantes.

Marco perceptual: ver lo que espera ver

El **marco perceptual** se refiere a la tendencia de nuestras percepciones a verse influidas por nuestras expectativas o preconcepciones. ¿Ve usted el número *13* o la letra *B* en la figura 3.18? En un estudio clásico, Jerome Briner y A. Leigh Minturn (1955) mostraron esta figura a los participantes de la investigación después de que éstos vieran una serie de números o de letras. Entre aquellos que habían visto la serie de números, 83% señaló que el estímulo era el número *13*. De quienes habían visto las series de letras, 93% indicó que el estímulo era una *B*. Cuando se enfrenta a un estímulo ambiguo, la gente a menudo basa sus percepciones en sus expectativas y preconcepciones. Podríamos especular que los aficionados devotos a la ciencia-ficción tienen más probabilidades que otras personas de percibir que las luces titilantes en el cielo nocturno son ovnis. La figura 3.19 muestra otro ejemplo de un marco perceptual.

La tabla de conceptos 3.5 resume los principios de la atención selectiva y del marco perceptual, así como otros principios de percepción discutidos en las siguientes secciones de este módulo.

CONCEPTO 3.27

Muchos factores afectan nuestra atención a determinados estímulos, incluso la motivación y la exposición repetitiva.

VÍNCULO DE CONCEPTOS · · · ·

Nuestra capacidad para dividir nuestra atención nos permite realizar múltiples tareas a la vez, lo cual puede representar un riesgo cuando combinamos la conducción de un automóvil con el uso de un teléfono celular. Consulte el módulo 4.1.

CONCEPTO 3.28

Nuestras interpretaciones de los estímulos dependen en parte de lo que esperamos que suceda en determinadas situaciones.

FIGURA 3.18 ¿Qué ve usted aquí: la letra B o el número 13? Su respuesta puede depender de su marco perceptual.

atención selectiva Proceso mediante el cual atendemos a los estímulos significativos y filtramos aquellos irrelevantes o ajenos.

habituación Reducción en la fuerza de una respuesta ante un estímulo constante o repetido.

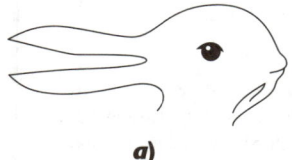
a)

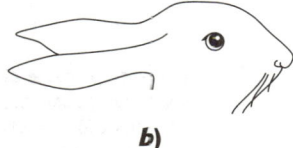
b)

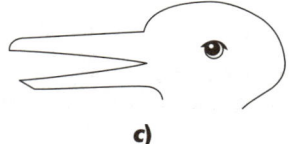
c)

FIGURA 3.19 ¿Un pato o un conejo?
La figura *a)* parece un pato después de ver la figura *c)*. Pero si usted observó primero la figura *b)*, entonces la figura *a)* parecerá un conejo.

Modos de procesamiento visual: ascendente contra descendente

Como ya mencionamos, la labor de Hubel y Wiesel (1979) con los detectores de detalles demostró que ciertos receptores especializados en la corteza visual responden sólo a características ópticas específicas, como líneas rectas, ángulos o puntos móviles de luz. Dos modos generales de procesamiento visual, el ascendente y el descendente, ayudan a explicar cómo hace el cerebro para transformar fragmentos y piezas de estímulos visuales en patrones significativos.

En el **procesamiento ascendente**, el cerebro conjunta características específicas de formas, como ángulos y líneas, para formar patrones que podemos comparar con imágenes almacenadas que ya hemos visto antes. Por ejemplo, el cerebro combina líneas y ángulos individuales para formar un patrón que reconocemos como el número *4*. El procesamiento ascendente también puede utilizarse para combinar los elementos individuales de letras y palabras en patrones reconocibles. Pero, ¿cómo es que podemos leer manuscritos en los cuales la misma letra nunca se forma dos veces de la misma manera? Este modo de dar sentido a estas pautas de información, se conoce como **procesamiento descendente**, e implica la percepción de patrones como todos significativos, como reconocer rostros de personas a quienes conocemos, sin necesidad de unir las partes que los componen.

El procesamiento descendente se basa en la experiencia y el conocimiento adquiridos con los patrones, pero no es perfecto. Es probable que usted haya vivido la experiencia de pensar que ha reconocido a una persona que se acerca desde cierta distancia, sólo para descubrir que se equivocó al mirar de cerca a dicha persona. Usted cometió este error debido a la tendencia a percibir rostros con base en patrones totales en lugar de construirlos rasgo a rasgo. A pesar de la confusión ocasional, el reconocimiento de rostros es algo que el cerebro humano hace mejor que cualquier sistema computarizado que se haya diseñado hasta el momento (Wagstaff, 2006). ¿Se le ocurren otras capacidades que el cerebro humano desempeña mejor que las computadoras?

Los dos modos de procesamiento perceptual se resumen en la tabla de conceptos 3.5. A continuación, nos enfocaremos en la manera como organizamos nuestras percepciones visuales.

Principios de la Gestalt sobre la organización perceptual

Max Wertheimer y los otros psicólogos pioneros de la Gestalt condujeron estudios en los cuales observaban las maneras como la gente organiza fragmentos de estimulación sensorial en todos significativos (consulte el capítulo 1). Sobre esta base, formularon **leyes de organización perceptual**. Aquí consideramos las leyes de percepción figura-fondo y las leyes de agrupación.

Figura y fondo

Mire a su alrededor mientras camina por la calle. ¿Qué es lo que ve? ¿Ve gente reunida? ¿Hay nubes en el cielo? Los psicólogos de la Gestalt han demostrado que la gente, las nubes y otros objetos son percibidos en términos de *figura*, y el escenario contra el cual percibimos las figuras (la calle, para la gente; el cielo, para las nubes) sirve como *fondo*. Una figura tiene una forma distintiva; el fondo, no. Tendemos a percibir objetos como figuras cuando tienen formas distintivas u otras características, como el color, contra la zona de fondo de la cual surgen.

CONCEPTO 3.29
El cerebro forma patrones visuales significativos con el empleo de dos modos distintos de procesamiento de los estímulos visuales: ascendente y descendente.

CONCEPTO 3.30
Los psicólogos de la Gestalt describieron cómo el cerebro construye significados a partir de las sensaciones al organizarlas en patrones reconocibles.

VÍNCULO DE CONCEPTOS • • • • •
La terapia Gestalt es una forma de psicoterapia que ayuda a los individuos a mezclar las partes conflictivas de la personalidad en un todo o "gestalt" integrado. Consulte el módulo 15.2.

marco perceptual Tendencia de las percepciones a verse influidas por las expectativas o preconcepciones de la persona.

procesamiento ascendente Proceso perceptual por medio del cual el cerebro reconoce patrones significativos al reunir fragmentos y porciones de información sensorial.

procesamiento descendente Modo de procesamiento perceptual por el cual el cerebro identifica patrones como todos significativos en lugar de construcciones racionadas.

leyes de organización perceptual Principios identificados por psicólogos de la Gestalt que describen las maneras como el cerebro agrupa fragmentos de estimulación sensorial en todos o patrones significativos.

TABLA DE CONCEPTOS 3.5
Panorama de la percepción

Conceptos básicos de la percepción	**Atención selectiva**	Tendencia a prestar atención a los tipos de información sensorial que son importantes para nosotros. Dichos factores, como los estados motivacionales y la exposición repetida, influyen en el hecho de si prestamos atención o no a estímulos determinados
	Marco perceptual	Propensión de nuestras expectativas o preconcepciones a influir en nuestras percepciones
	Habituación	Proceso de adaptación a un estímulo constante o repetido al volvernos menos reactivos a éste
	Constancia perceptual	Tendencia a percibir objetos como constantes en cuanto a su tamaño, forma, color y brillo, sin importar los cambios en perspectiva, distancia o condiciones de iluminación
Modos de procesamiento perceptual	**Procesamiento ascendente**	Proceso mediante el cual el cerebro forma percepciones al reunir fragmentos y piezas de información sensorial para formar patrones significativos
	Procesamiento descendente	Proceso mediante el cual el cerebro forma percepciones al reconocer patrones totales, sin reunir las partes que los componen
Principios de la Gestalt de la organización perceptual	**Figura-fondo**	Tendencia a percibir el ambiente visual en términos de figuras (objetos) que sobresalen del escenario que las rodea, o fondo
	Principios de agrupación — **Proximidad**	Propensión a percibir objetos como conjuntos cuando están cerca unos de otros
	Similitud	Tendencia a agrupar objetos que tienen características similares
	Continuidad	Inclinación a percibir una serie de estímulos como una forma unificada cuando parecen representar un patrón continuo
	Cierre	Tendencia a agrupar fragmentos desconectados de información en un todo significativo
	Conexión	Tendencia a percibir objetos como si formaran un conjunto cuando están colocados o se mueven juntos
Claves para la percepción de profundidad	**Claves binoculares** — **Disparidad retinal**	Disparidad en las imágenes de los objetos proyectados en las retinas, la cual es utilizada por el cerebro como clave de la distancia de los mismos. Los objetos cercanos producen una mayor disparidad retinal
	Convergencia	Dirigir los ojos hacia el centro para enfocarlos en un objeto cercano, lo cual crea una tensión muscular que el cerebro utiliza como clave para la percepción de profundidad. Mientras más cerca se encuentre el objeto, más deben converger los ojos para mantener una imagen única
	Claves monoculares — **Tamaño relativo**	Juzgamos que está más cercano un objeto que parece ser más grande que otro si creemos que el segundo tiene el mismo tamaño que el primero
	Interposición	Los objetos que son oscurecidos por otros objetos son percibidos como si estuvieran más lejos
	Claridad relativa	Las cosas cercanas son más claras que los objetos más distantes
	Gradiente de textura	Los detalles de los objetos cercanos parecen tener una textura más definida que la de los lejanos
	Perspectiva lineal	Los objetos y los espacios entre éstos parecen más pequeños mientras más distantes son. Por lo tanto, las líneas paralelas aparentan converger a medida que se pierden en la distancia
	Sombreado	Las sombras pueden crear la apariencia de superficies curvas o de tres dimensiones, lo cual da la impresión de profundidad
Controversias en la percepción	**Percepción subliminal**	Captación de estímulos presentados por debajo del umbral de la atención consciente
	Percepción extrasensorial (PES)	Percepción que ocurre sin el beneficio de los sentidos conocidos

FIGURA 3.20   Figura reversible
El hecho de que usted vea dos perfiles de frente uno del otro o una copa en esta imagen depende de su percepción de figura y fondo. Vea si puede intercambiar su percepción entre los perfiles y la copa con sólo variar las partes que usted considere que son figuras y las que considere que son fondos.

FIGURA 3.21   Figura ambigua
¿Ve usted una mujer anciana o a una joven? Si tiene problemas para intercambiar su percepción entre las dos, observe la figura 3.22 en la que figura y fondo son menos ambiguos.

Sin embargo, cuando percibimos una silueta puede no estar claro qué constituye la figura y qué, el fondo. La figura 3.20 ¿muestra un jarrón o dos perfiles?, ¿cuál es la figura y cuál es el fondo? Por sí misma, una silueta no cuenta toda la historia, porque la misma silueta describe un jarrón y dos perfiles humanos. ¿Qué otras claves utiliza usted para decidir cuál es la figura y cuál es el fondo?

Ahora consideremos la figura 3.21, una imagen ambigua que puede ser percibida de diferentes maneras que dependen de cómo organicemos nuestras percepciones. ¿A qué se parece la figura? Tómese un minuto para enfocarse en ésta antes de continuar con su lectura.

¿Vio usted a una anciana o a una joven?, ¿es usted capaz de intercambiar sus percepciones entre ambas? (Claves: la anciana mira hacia el frente y hacia abajo, mientras el rostro de la joven está en diagonal hacia atrás. La nariz de la anciana es el mentón de la joven y su ojo derecho es el oído izquierdo de su contraparte). El hecho de que usted vea a una anciana o a una joven depende de cómo organiza su experiencia perceptual, es decir, cuáles partes considera usted que son la figura y cuáles, el fondo. La figura 3.22 (p. 118) muestra un ejemplo en el cual la figura y el fondo son menos ambiguos.

Leyes de la Gestalt de agrupación

La gente tiende a agrupar fragmentos y piezas de información sensorial en formas unitarias o todos (consulte "Intente lo siguiente"). Los psicólogos de la Gestalt describieron varios principios de agrupación, entre los que se incluyen los de *proximidad, similitud, continuidad, cierre* y *conexión*.

La figura 3.23*a* ilustra la **proximidad** o cercanía. La mayoría de los observadores percibiría la figura como si consistiera en tres grupos de líneas paralelas en lugar de seis líneas separadas, aunque las seis sean percibidas, es decir, utilizamos la cercanía relativa de las líneas como clave perceptual para organizarlas en grupos.

¿Cómo describiría usted la figura 3.23*b*? ¿Percibe nueve formas geométricas separadas o dos columnas de X y una columna de ●? Si lo describe en términos de X y ●, usted utiliza el principio de **similitud**, es decir, agrupar figuras que son similares entre sí (en este caso, figuras geométricas semejantes). Si usted ve cuatro jóvenes sin camisa que han pintado sus torsos con los colores de su equipo local de fútbol en un partido, es probable que los perciba como un grupo distinto al resto de los aficionados.

proximidad   Principio de que los objetos que están cerca unos de otros serán percibidos como pertenecientes a un conjunto común.

similitud   Principio que señala que las cosas similares serán percibidas como si pertenecieran al mismo grupo.

FIGURA 3.22   Mujer anciana/joven
La figura de la derecha muestra a la "anciana" que mira hacia abajo, más clara como figura que como fondo, mientras la figura de la izquierda subraya los aspectos de la "joven" que mira hacia el lado contrario del observador. Ahora, observe de nuevo la figura 3.21 y averigüe si puede intercambiar su percepción entre las dos impresiones.

Intente lo siguiente

La Gestalt de su vecindario

Dé una caminata por su vecindario o área local. Mire a su alrededor. ¿Cuántos ejemplos de las leyes de la Gestalt de la organización perceptual puede identificar?

continuidad   Idea que expone que una serie de estímulos será percibida como si representara una forma unificada.

cierre   Principio perceptual en el cual la gente tiende a unir fragmentos desconectados de información para percibir formas completas.

conexión   Fundamento que señala que los objetos que se colocan o se mueven juntos serán percibidos como si pertenecieran al mismo grupo.

constancia perceptual   Tendencia a percibir el tamaño, la forma, el color y el brillo de un objeto como si permaneciera igual aunque cambie la imagen que éste envía a la retina.

constancia de forma   Propensión a percibir que un objeto conserva la misma forma a pesar de las diferencias en las imágenes que éste proyecta en la retina cuando cambia la perspectiva del observador.

La figura 3.23*c* representa otra manera de agrupar estímulos, la **continuidad**, que es la inclinación a percibir una serie de estímulos como una forma unificada cuando dicho estímulo parece representar un patrón continuo. Aquí percibimos dos líneas continuas en intersección, una curva y otra recta, en lugar de cuatro líneas separadas que se encuentran en el centro.

Ahora la figura 3.23*d*. Usted percibe cierto número de líneas cortas, pero, ¿percibe usted una disposición sin sentido de líneas o un triángulo incompleto? Si capta el triángulo, su percepción ilustra el principio de **cierre**, es decir, agrupar fragmentos inconexos de información en un todo significativo. Percibe una forma completa incluso cuando existan espacios en la misma. Esto ilustra el principio por el cual son más conocidos los psicólogos de la Gestalt: el todo es más que la suma de sus partes.

La figura 3.23*e* brinda un ejemplo de **conexión**, que es la tendencia a percibir objetos como si pertenecieran a un conjunto cuando se colocan o se mueven juntos. Por lo tanto, usted percibe tres conjuntos de triángulos conectados en lugar de seis triángulos con tres líneas intercaladas. Es probable que haya notado esta tendencia mientras observaba a dos personas que caminaban por la calle, una cerca de la otra, y después le sorprendió mirar que se alejaron de pronto en direcciones opuestas y sin despedirse. En esas circunstancias, nos inclinamos a percibir que las personas están juntas porque se mueven así (Ip *et al.,* 2006; Sekuler y Bennett, 2001). Usted encontrará un panorama de los principios de la Gestalt sobre la organización perceptual en la tabla de conceptos 3.5.

Constancias perceptuales

Aquí nos enfocamos en la **constancia perceptual**, es decir, la manera de percibir que el tamaño, la forma, el color y el brillo de un objeto permanecen iguales incluso cuando cambia la imagen que éste envía a la retina. No podríamos ajustarnos tan bien a nuestro ambiente sin la constancia perceptual. El mundo cambia de manera constante ante nuestros ojos mientras miramos objetos desde distancias y perspectivas distintas. Con un solo giro de nuestra cabeza, se modifica la geometría de un objeto proyectado en la retina. Sin embargo, no percibimos que los objetos cambian frente a nuestros ojos. Los percibimos constantes, lo cual es bueno porque, de hecho, lo son. Por ejemplo, la capacidad de percibir que un tigre es tal y no un gato doméstico, sin importar la distancia desde la cual observamos al felino, puede ser un mecanismo que nos salve la vida.

La tendencia a percibir un objeto como si tuviera la misma forma, incluso cuando lo observamos desde diferentes perspectivas, es la **constancia de forma**. Usted percibe que una puerta tiene una forma que no cambia sin importar la imagen que ésta proyecta en su retina, lo cual depende de si la puerta está cerrada o abierta (consulte la figura 3.24). De igual manera, si observa un recipiente redondo sobre una mesa desde distintos ángulos, se modifica la imagen que aquél envía

a) **Proximidad**   *b)* **Similitud**   *c)* **Continuidad**   *d)* **Cierre**   *e)* **Conexión**

FIGURA 3.23   Leyes de agrupación de la Gestalt
Los psicólogos de la Gestalt reconocieron que la gente agrupa los objetos de acuerdo con ciertos principios organizacionales. Aquí vemos ejemplos de cinco de estos principios: proximidad, similitud, continuidad, cierre y conexión.

FIGURA 3.24   Constancia de forma
La percepción de un objeto es la misma incluso cuando cambia la imagen que éste proyecta en la retina, según el ángulo de visión. Usted percibe tres puertas rectangulares, a pesar de que la imagen que cada una imprime en la retina es diferente.

a sus retinas. No obstante, percibe que el recipiente es redondo. En otras palabras, su forma permanece constante a pesar del cambio en su ángulo de visión. Más aún, a medida que se aproxima al recipiente, al nivel de sus ojos, su tamaño —en términos del tamaño de la imagen en la retina— crece. Cuanto más se aleja, el tamaño de su imagen en la retina disminuye. Sin embargo, usted continúa percibiendo que el recipiente tiene el mismo tamaño, así como yo supe que mi hija no se había convertido de pronto en una gigante a medida que se acercaba a la cámara. La propensión a percibir que un objeto conserva el mismo tamaño, a pesar de los cambios en la dimensión de su imagen en la retina, es la **constancia de tamaño**.

La experiencia enseña a la gente sobre la distancia y la perspectiva. Aprendemos que un objeto visto a la distancia lucirá más pequeño que cuando está cerca, y que uno que es contemplado desde diferentes perspectivas parecerá tener distintas formas. Si estamos en un error, por favor envíe un boletín urgente sobre un bebé gigante en fuga.

La gente también percibe que los objetos mantienen su color incluso cuando cambian las condiciones de iluminación. Este principio se llama **constancia de color** [Brainard, Wandell y Chichilnisky, 1993]. Por ejemplo, si su automóvil es rojo, percibe que es de ese color incluso si puede parecerle que se torna gris cuando cae la noche. La tendencia a percibir que el brillo o luminosidad de un objeto se mantiene relativamente constante, a pesar de los cambios en la iluminación, se llama **constancia de brillo** o *constancia de luminosidad* [Wilcox y Duke, 2003]. Por ejemplo, un pedazo de gis blanco colocado a la sombra en un día soleado refleja menos luz que un bastón negro de *hockey* colocado justo debajo de la luz solar. No obstante, percibimos que el pedazo de gis es más brillante que el bastón de *hockey*.

Claves de percepción de profundidad

¿Cómo sabemos que algunos objetos están más cerca que otros? La percepción de distancia, o percepción de profundidad, depende de claves que involucran tanto al ojo individual (claves monoculares) como a ambos ojos en labor común (claves binoculares) [Proffitt, 2006].

CONCEPTO 3.31
Tendemos a percibir los objetos como si su tamaño, forma, color y brillo fueran constantes, incluso cuando cambia la imagen que éstos proyectan en nuestras retinas.

CONCEPTO 3.32
Nuestra percepción de profundidad depende de las claves tanto monoculares como binoculares para juzgar la distancia.

constancia de tamaño
Propensión a percibir un objeto como si tuviera el mismo tamaño, a pesar de los cambios en las imágenes que éste envía a la retina cuando cambia la distancia de visión.

constancia de color   Tendencia a captar un objeto como si tuviera el mismo color, a pesar de los cambios en las condiciones de iluminación.

constancia de brillo   Tendencia a percibir los objetos como si mantuvieran su brillo, incluso cuando se observan con poca luz.

FIGURA 3.25   Claves binoculares de profundidad
Cuando dependemos de claves binoculares para juzgar la profundidad de un objeto cercano, nuestros ojos deben converger en el mismo, lo cual puede darnos esta expresión bizca.

Claves binoculares para la profundidad

Tener dos ojos también es útil para juzgar la distancia. Algunas claves de profundidad, llamadas **claves binoculares**, dependen de ambos ojos, los cuales se encuentran a algunos centímetros de distancia, de manera que cada uno recibe imágenes ligeramente diferentes del mundo (Farell, 2006). El cerebro interpreta las diferencias en las dos imágenes retinales, que es la **disparidad retinal** entre éstos, como claves de las distancias relativas de los objetos. Mientras más cerca se encuentre un objeto, mayor será la disparidad retinal.

Usted puede ver por sí mismo cómo funciona la disparidad retinal con sólo colocar un dedo a una distancia de tres centímetros frente a su nariz. Primero cierre el ojo izquierdo y mire su dedo sólo con el ojo derecho: parece que el dedo está un poco hacia la izquierda. Después, cierre el ojo derecho y observe su dedo sólo con el ojo izquierdo. El dedo parece estar hacia la derecha, y parece moverse de un lado a otro mientras usted cierra y abre cada ojo. La distancia entre los dos dedos aparentes corresponde a la disparidad retinal entre las dos imágenes que se forman en sus retinas. Ahora sostenga el dedo al frente, a la distancia del largo de su brazo, y enfóquelo. Después, cierre un ojo y abra el otro. Puede parecer que el dedo aún se "mueve", pero existirá menos distancia entre los dos "dedos" porque la disparidad retinal es menor a una distancia mayor. Ahora intentemos un experimento para ilustrar la clave binocular de la **convergencia**, la cual depende de la tensión muscular producida por girar ambos ojos hacia el centro para formar una sola imagen. Una vez más, sostenga un dedo en alto a la distancia del largo de su brazo. Con ambos ojos abiertos, concéntrese en el dedo de manera que sólo perciba una imagen del mismo. Ahora acérquelo despacio hacia sus ojos y mantenga una sola imagen. Mientras lo hace, sentirá tensión en sus músculos oculares. Esto se debe a que sus ojos *convergen*, o miran hacia el centro, para mantener enfocada una sola imagen, según se muestra en la figura 3.25. Mientras más cerca esté el objeto —en este caso, el dedo—, mayor será la tensión que su cerebro utiliza como clave para la percepción de profundidad.

Claves monoculares para la profundidad

Las **claves monoculares** dependen sólo de un ojo. Cuando la gente conduce un automóvil utiliza una combinación de las claves binoculares y monoculares para juzgar la distancia de otros autos y del escenario circundante. A pesar de que existen ventajas en el uso de las claves binoculares, la mayoría de la gente puede conducir un auto con las claves monoculares, entre las cuales se incluyen el tamaño relativo, la interposición, la claridad relativa, el gradiente de textura, la perspectiva lineal y el sombreado.

- *Tamaño relativo.* Cuando creemos que dos objetos son del mismo tamaño, el que nos parece más grande es percibido como más cercano (consulte la figura 3.26*a*).

- *Interposición.* Cuando los objetos bloquean o, por el contrario, oscurecen nuestra visión de otros objetos, percibimos que el objeto oscurecido está más lejos. Note que en la figura 3.26*b* percibimos que los caballos al frente están más cerca que los que están parcialmente bloqueados.

- *Claridad relativa.* El *smog,* el polvo, el humo y las gotas de agua en la atmósfera crean una "neblina" que hace que los objetos distantes nos parezcan más difusos que los más cercanos (consulte la figura 3.26*c*). Es probable que haya notado lo próximas que le parecen las montañas distantes en un día muy despejado.

- *Gradiente de textura.* La definición o suavidad relativa de un objeto se utiliza como clave de distancia. Los objetos cercanos parecen tener una textura más definida o detallada que los más lejanos. Por lo tanto, la textura de las flores que están más lejos es más suave que la textura de las que están más cerca (consulte la figura 3.26*d*).

- *Perspectiva lineal.* Ésta es la percepción de que las líneas paralelas convergen a medida que se alejan en la distancia. Cuando miramos de frente, los objetos y las distancias entre éstos parecen ser más pequeños mientras más apartados estén de nosotros. Así, el camino frente al

claves binoculares   Percepción de profundidad que implica a ambos ojos, como la disparidad retinal y la convergencia.

disparidad retinal   Código binocular para la distancia basada en las ligeras diferencias en las impresiones visuales formadas en ambos ojos.

convergencia   Clave binocular de distancia basada en el grado de tensión requerida para enfocar ambos ojos en el mismo objeto.

claves monoculares   Señales de profundidad que pueden ser percibidas con cada ojo por separado, como el tamaño relativo y la interposición.

FIGURA 3.26   Claves monoculares para la profundidad
Utilizamos muchas claves diferentes para juzgar la profundidad, entre las que se incluyen:

a) Tamaño relativo

b) Interposición

c) Claridad relativa

d) Gradiente de textura

e) Perspectiva lineal

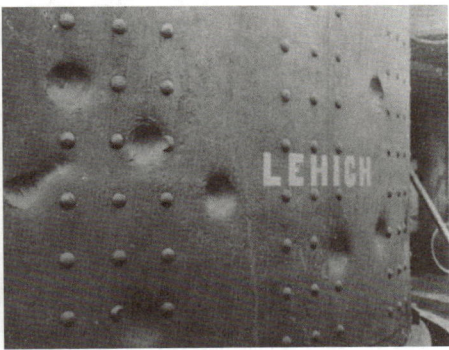

f) Sombreado

automovilista, el cual consiste en líneas paralelas, parece hacerse más angosto a medida que se pierde a la distancia (consulte la figura 3.26*e*). Incluso parece terminar en cierto punto.

- *Sombreado.* Los patrones de luz y oscuridad, o sombreado, crean la apariencia de objetos tridimensionales o superficies curvas. El sombreado puede hacer que un objeto parezca cóncavo o convexo. Note que las abolladuras que aparecen en la figura 3.26*f* semejan protuberancias cuando gira la imagen 180 grados. Percibimos que los objetos que son más claros en la parte superior y más oscuros en la parte inferior son protuberancias, mientras que lo opuesto es el caso de las abolladuras (Gaulin y McBurney, 2001).

La tabla de conceptos 3.5 resume las diversas claves que utilizamos para percibir la profundidad.

Percepción de movimiento

Utilizamos varias claves para percibir el movimiento. Una es el movimiento real de un objeto por medio de nuestro campo de visión, mientras la imagen que éste proyecta se desplaza de un punto a otro en la retina. El cerebro interpreta el rastro que la imagen traza por la retina como una señal de movimiento (Derrington, 2004). Otra clave es el tamaño cambiante del objeto. Los objetos parecen ser más grandes cuando están cerca. Cuando conduce un automóvil y ve que los autos frente a usted de pronto se hacen más grandes, percibe que fluye con mayor rapidez que éstos, tan rápido que quizá deba pisar los frenos para evitar una colisión. Cuando los autos frente a usted se hacen más pequeños, parecen circular más rápido que usted.

CONCEPTO 3.33
Utilizamos dos claves básicas para percibir el movimiento: la ruta de la imagen a medida que cruza la retina y el tamaño cambiante del objeto.

FIGURA 3.27   Ilusión Müller-Lyer e ilusión de Ponzo
Las ilusiones visuales implican percepciones equívocas en las cuales nuestros ojos parecen jugarnos bromas.

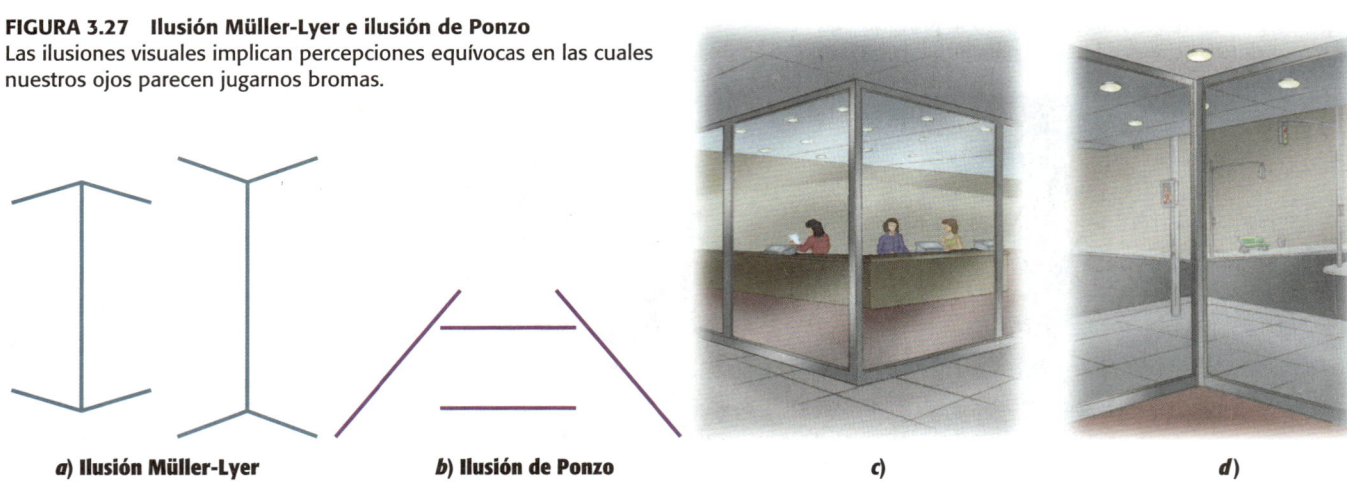

a) **Ilusión Müller-Lyer**   *b*) **Ilusión de Ponzo**   *c*)   *d*)

🔆 **CONCEPTO 3.34**
Las ilusiones visuales son percepciones erróneas de estímulos visuales en las cuales parece que nuestros ojos nos juegan bromas.

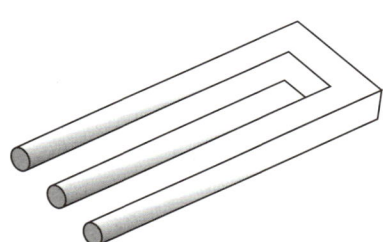

FIGURA 3.28   Figura imposible
Note cómo la figura tiene sentido si mira algunas de sus características y no lo tiene si toma en cuenta todas sus características.

ilusiones visuales Percepciones erróneas de estímulos visuales.
movimiento estroboscópico Acción aparente basada en la sucesión rápida de imágenes fijas, como en las películas.

Ilusiones visuales: ¿sus ojos lo engañan?

En ocasiones, nuestros ojos parecen embromarnos con **ilusiones visuales**. La figura 3.27 muestra dos reconocidas ilusiones visuales: la *a) ilusión Müller-Lyer* y la *b) ilusión de Ponzo*. En ambos casos, lo que cree ver no corresponde a lo que obtiene cuando saca una regla. A pesar de que las líneas centrales en *a)* en realidad miden lo mismo, como sucede con las que aparecen en *c)* y en *d)*, la línea de la derecha en *a)* parece ser más larga, como sucede con la recta central en *d)* comparada con la de *c)*. La figura con las alas hacia adentro crea la impresión de una esquina hacia fuera de una habitación que parece estar más cerca *c)*. En la ilusión Müller-Lyer, la figura con los extremos hacia fuera sugiere la esquina interior de una habitación *d)*, lo cual hace que la línea central parezca más lejana.

A pesar de que ninguna explicación parece sustentar por completo la ilusión Müller-Lyer, un comentario parcial podría aclarar cómo el cerebro interpreta la dimensión y las claves de distancia. Como usted recordará en la discusión sobre la constancia de tamaño, la gente tiende a percibir que un objeto mantiene su tamaño incluso cuando cambia la imagen que proyecta en la retina en relación con su distancia del observador. Sin embargo, cuando dos objetos del mismo volumen parecen encontrarse a diferentes distancias del observador, éste percibe que el objeto más lejano es más grande. La figura con las alas hacia adentro crea la impresión de la esquina hacia fuera de una habitación que parece estar más cerca del observador. Dado que ambas líneas centrales en realidad crean imágenes del mismo tamaño en la retina, el cerebro interpreta que aquella que parece estar más lejos es más grande.

Ahora consideremos la ilusión de Ponzo (también llamada ilusión de la vía de ferrocarril). ¿Cuál de las dos líneas horizontales en la figura 3.27*b* luce más larga? Las líneas convergentes pueden crear una impresión de perspectiva lineal y llevarnos a percibir que la línea superior está más lejos. Como en la ilusión Müller-Lyer, dado que las líneas de igual longitud proyectan imágenes del mismo tamaño en la retina, juzgamos que es más larga aquella que percibimos como más lejana.

Otro tipo de ilusión implica a las *figuras imposibles*, como la que se presenta en la figura 3.28. Este tipo de imágenes engañan al cerebro para que cree la impresión de una figura entera cuando es vista desde ciertas perspectivas. Una figura imposible parece tener sentido cuando usted mira algunas partes de ésta, pero no lo tiene cuando toma en cuenta las características de la figura completa.

La muy famosa *ilusión lunar* ha engañado a la gente durante siglos (consulte la figura 3.29). Cuando aparece la Luna llena en el horizonte, puede parecer enorme en comparación con su "tamaño normal", es decir, su tamaño aparente cuando llega a lo alto del cielo nocturno. Lo cierto es que la imagen que la Luna proyecta en la retina es del mismo tamaño cuando está en lo alto del cielo que cuando asoma por el horizonte. No contamos con una explicación enteramente satisfactoria para esta ilusión. Una teoría sobresaliente, la *hipótesis del tamaño relativo*, relaciona

FIGURA 3.29   Ilusión lunar
La ilusión lunar se refiere a la percepción de que la Luna es más grande cuando está en el horizonte que cuando está en lo alto del cielo.

al fenómeno con la cantidad de espacio que rodea al objeto percibido. Cuando la Luna está en el horizonte, parece más grande en comparación con los objetos a la distancia, como los árboles altos y las montañas. Sin embargo, cuando está en lo alto del cielo, no hay nada contra qué compararla, excepto la vasta e indefinida extensión del espacio, y esta referencia la hace parecer más pequeña.

Usted puede someter a prueba la ilusión lunar por sí mismo con sólo mirar este satélite en el horizonte. Después, para eliminar cualquier clave de distancia, mírelo de nuevo mediante una revista enrollada. Descubrirá que la Luna parece encogerse. Una desventaja de la hipótesis del tamaño relativo es que no funciona para todos los casos en los cuales se observa el fenómeno, incluso en un planetario, donde la Luna es representada en ausencia de las claves del paisaje que intervienen (Suzuki, 1991).

Hemos discutido cómo percibimos el movimiento real, pero también existen interesantes ejemplos de *movimiento aparente,* como el **movimiento estroboscópico** (consulte la figura 3.30), que agrega movimiento a las películas. Percibimos la rápida progresión de imágenes continuas, fijas e iluminadas como una "película de movimiento". La película misma contiene una serie de imágenes fijas proyectadas a más de 20 fotografías o "cuadros" por segundo. Cada cuadro difiere un poco del que se proyectó antes. No es otra cosa que una veloz presentación de diapositivas; el mecanismo de la "película" reside dentro de nosotros: los espectadores.

Diferencias culturales en la percepción de las ilusiones visuales

Suponga que vive en una cultura donde las estructuras con esquinas y ángulos no son comunes. ¿Tendría usted posibilidades de experimentar la ilusión Müller-Lyer como alguna persona que haya crecido en, digamos, Cleveland o Dallas? Para averiguarlo, Darhl Pedersen y John Wheeler (1983) sometieron a la prueba de la ilusión Müller-Lyer a dos grupos de nativos americanos navajos. Un grupo vivía en casas rectangulares que les brindaban una exposición diaria a los ángulos y las esquinas; el otro habitaba en las tradicionales chozas redondas, con muy pocas de dichas claves. Los que vivían en éstas tuvieron menos probabilidades de ser engañados por la ilusión Müller-Lyer, lo cual sugiere que las experiencias previas desempeñan una importante función en la determinación de susceptibilidad a la ilusión. Diversos estudios han producido resultados simi-

CONCEPTO 3.35
La susceptibilidad a las ilusiones visuales recibe la influencia de factores culturales, como los tipos de estructuras a las cuales está acostumbrada la gente que pertenece a determinada cultura.

FIGURA 3.30   Movimiento estroboscópico
La percepción de movimiento en "películas móviles" es una característica del espectador, no del proyector.

Hipótesis del mundo rígido
De acuerdo con la hipótesis del mundo rígido, las personas que viven en culturas donde las estructuras de ángulos rectos son escasas son menos susceptibles a la ilusión Müller-Lyer.

lares. Por ejemplo, la ilusión fue observada con menos frecuencia entre el pueblo zulú del sur de África, el cual vive también en estructuras redondas (Segall, 1994).

La **hipótesis del mundo rígido** fue propuesta para sustentar las diferencias culturales en cuanto a la susceptibilidad a la ilusión Müller-Lyer (Segall, Campbell y Herskovits, 1966). Un mundo rígido es aquel, como el nuestro, que está dominado por estructuras (construcciones, habitaciones y muebles) en las cuales las líneas rectas se unen en ángulos. Las personas que viven en mundos no rígidos, que en gran medida consisten en estructuras redondas, son menos susceptibles a la ilusión debido a su limitada experiencia con las estructuras angulares. La experiencia cultural, en lugar de la raza, parece ser el elemento determinante. Los zulúes que se mudan a las ciudades, donde se acostumbran a ver estructuras angulares, tienen más probabilidades de verse engañados por la ilusión (Segall, Campbell y Herskovits, 1963).

Los estudios con la ilusión Ponzo (vías de ferrocarril) también muestran diferencias culturales. Ésta es menos prominente entre la gente de Guam, una isla con terreno montañoso y sin carreteras o vía férreas largas o ininterrumpidas (Leibowitz, 1971).

La lección acerca de las ilusiones visuales va más allá de las diferencias culturales. La percepción se ve influida no sólo por nuestros sistemas sensoriales, sino también por nuestra experiencia de vivir en una cultura particular. La gente de diferentes culturas puede percibir el mundo físico de manera distinta. Considere el ejemplo clásico ofrecido por el antropólogo Colin Turnbull (1961). Él llevó a Kenge, un guía pigmeo africano, a su primer viaje fuera de la densa selva a una planicie abierta. Cuando Kenge vio unos búfalos a varios kilómetros de la planicie, pensó que eran insectos. Cuando se acercó a los animales y los reconoció como búfalos, le sorprendió ver cómo éstos habían crecido tan rápido. ¿Cómo pudo Kenge confundir a un búfalo con un insecto? En su entorno cultural, la gente vivía en remotas aldeas dentro de una densa selva. Él nunca había experimentado una visión de objetos sin obstáculos a grandes distancias. Él carecía de la experiencia necesaria para adquirir constancia de tamaño para objetos distantes, es decir, para aprender que los objetos conservan su tamaño incluso cuando la imagen que proyectan en nuestros ojos es menor.

Un cuento de peces   Los estadounidenses tienden a enfocarse más que los asiáticos del Este en los objetos focales, como los grandes peces de colores brillantes en esta fotografía, mientras aquellos prestan más atención a la información del fondo, como las rocas y los objetos pequeños dentro de la pecera.

Estudios recientes demuestran que los occidentales y los asiáticos del Este tienden a percibir las mismas escenas visuales de distintas maneras. Los investigadores descubrieron que los estadounidenses tienden a enfocar más su atención en objetos centrales de las escenas visuales que los asiáticos del Este, mientras que los segundos prestan más atención al fondo o a las características del contexto que los primeros (Chua, Boland y Nisbett, 2005; Masuda y Nisbett, 2001). Las culturas occidentales se enfocan más en categorizar objetos específicos, mientras que las orientales adoptan un estilo holístico para atender a la información del contexto y para juzgar las relaciones entre objetos en lugar de sólo clasificarlas (Chua, Boland y Nisbett, 2005).

A continuación, nos enfocaremos en dos controversias de percepción que han animado un debate continuo tanto en la comunidad científica como en la sociedad en general.

hipótesis del mundo rígido
Intento de explicar la ilusión Müller-Lyer en términos de la experiencia cultural de vivir en un mundo rígido y de ángulos rectos, como el nuestro.

Controversias sobre la percepción: percepción subliminal y percepción extrasensorial

En 1957, un publicista declaró que las ventas de palomitas de maíz en un cine local se habían incrementado después de proyectar el mensaje COMA PALOMITAS en la pantalla a velocidades demasiado altas como para ser registradas por la atención consciente de los espectadores. A pesar de que tal declaración resultó ser un engaño (Carey, 2007b), encendió la controversia sobre si la **percepción subliminal** —percepción de estímulos presentados con tal rapidez que no se registran en la atención consciente— podría afectar las actitudes y la conducta. Tras abordar el vagón subliminal, los comerciantes comenzaron a declarar que los mensajes de este tipo, incluidos en cintas de audio, podían ayudar a la gente a incrementar el poder de su memoria, a perder peso, incluso a dejar de fumar. Pero, ¿existen evidencias que sustenten estas posturas?

Un tema aún más controversial es la **percepción extrasensorial (PES)**, es decir, la percepción que ocurre sin el beneficio de los sentidos conocidos. ¿Es posible leer la mente de otras personas o conocer el contenido de una carta dentro de un sobre sellado? Aquí consideramos estas controversias a la luz de la evidencia científica.

Percepción subliminal: ¿vio usted aparecer algo?

¿Existe la percepción subliminal? ¿Puede la gente percibir estímulos en ausencia de la atención consciente? La respuesta, reportan los investigadores, es *sí*, aunque un *sí* calificado. Los efectos de la percepción subliminal parecen ser sutiles y dependen de condiciones experimentales precisas (Greenwald y Draine, 1997).

Sabemos, por estudios de laboratorio, que la gente puede detectar ciertos estímulos, como los visuales e incluso olores sutiles presentados por debajo de la atención consciente (Greenwald *et al.,* 2003; Li *et al,* 2007; Pessiglione *et al.,* 2007). En un estudio reciente, se presentaron imágenes subliminales que se registraban en la retina del ojo, pero que no eran percibidas a nivel consciente por los participantes (Bahrami, Lavie y Rees, 2007). Los registros de las ondas cerebrales de los sujetos demostraron que la corteza visual de su cerebro respondió a esas imágenes. Sin embargo, la conclusión es que, aunque la gente puede percibir ciertos estímulos sin atención consciente, las claves subliminales no han demostrado tener ningún impacto significativo en su conducta, actitudes o propensión a comprar palomitas de maíz u otros productos.

Percepción extrasensorial: ¿es real?

Un hombre afirma ser capaz de doblar cucharas con la mente. Una mujer declara ser capaz de encontrar los cuerpos de las víctimas de un crimen sólo con la ayuda de prendas usadas por éstas. Otra mujer proclama que puede adivinar sucesos futuros. El estudio de estos *fenómenos paranormales* —sucesos que no pueden ser explicados por medio de mecanismos físicos, psicológicos o biológicos— se llama **parapsicología**. El punto principal de atención para la psicología paranormal es la *percepción extrasensorial*, el supuesto "sexto sentido" sobre el cual la gente afirma poder percibir objetos o sucesos sin el empleo de los sentidos conocidos. Las formas de fenómenos paranormales más comúnmente identificadas con la PES son la *telepatía,* la *clarividencia*, la *precognición* y la *psicoquinesia*.

La **telepatía** se refiere a la supuesta capacidad para proyectar los pensamientos de una persona en la mente de otra o leer lo que hay en su mente, es decir, percibir sus pensamientos o sentimientos sin utilizar los sentidos conocidos. La **clarividencia** es la percepción de hechos que no están disponibles a los sentidos. El clarividente puede afirmar que sabe lo que una persona hace al otro lado de la ciudad en un momento preciso o identificar el contenido de un sobre sellado. La **precognición** es la capacidad para adivinar el futuro. La **psicoquinesia** (antes llamada *telequinesia*) es la disposición para mover objetos sin tocarlos. En estricto sentido, la psicoquinesia no es una forma de PES dado que no involucra la percepción; sin embargo, por conveniencia se le clasifica como si lo fuera.

CONCEPTO 3.36
A pesar de que somos capaces de percibir estímulos sin atención consciente, no existe evidencia alguna de que nuestras actitudes o conductas se vean influidas de ninguna manera significativa por las claves subliminales.

CONCEPTO 3.37
Las declaraciones sobre la PES aún son sólo eso: afirmaciones que no han satisfecho las rigurosas pruebas de la búsqueda científica.

percepción subliminal Captación de estímulos que se presenta por debajo del umbral de la atención consciente.

percepción extrasensorial (PES) Ocurre sin el beneficio de los sentidos conocidos.

parapsicología Estudio de fenómenos paranormales.

telepatía Comunicación de pensamientos de una mente a otra que ocurre sin el uso de los sentidos conocidos.

clarividencia Aptitud para percibir objetos y sucesos sin el empleo de los sentidos conocidos.

precognición Facultad de predecir el futuro.

psicoquinesia Capacidad de mover objetos con el uso exclusivo del esfuerzo mental.

La creencia en la PES está muy extendida. Hace poco, un estudio demostró que las personas que creían en los fenómenos paranormales tendían a considerar que una demostración de habilidades psíquicas es un ejemplo de lo paranormal, aun cuando se les informó de antemano que el efecto era un simple acto de magia (Hergovich, 2004). La evidencia de las encuestas muestra que casi todos los estudiantes universitarios creen en una u otra forma de PES, en especial, la telepatía (Beins, 2002). Sin embargo, también tenemos conocimiento de una investigación en una universidad de tamaño medio en Arizona que demostró convicciones más fuertes en lo paranormal entre estudiantes de primer año que entre los de cuarto año (Fitzpatrick y Shook, 1994). Tal vez una mayor exposición a los cursos universitarios motiva una actitud más crítica hacia el arraigo de tales ideas.

Los pensadores críticos mantienen un escepticismo apropiado acerca de las declaraciones sobre los fenómenos paranormales que parecen desafiar las leyes de la naturaleza. Se ha demostrado que muchas afirmaciones de PES eran engaños, mientras otras pueden ser explicadas como aleatorias o casuales. Aunque se han reportado algunos efectos de la PES en estudios experimentales, otros investigadores no han podido replicar dichos efectos (Milton y Wiseman, 2001). A pesar de tantos años dedicados a estudios científicos, carecemos de descubrimientos confiables y replicables de PES que hayan superado el escrutinio científico. No obstante que la ausencia de evidencia científica no es suficiente para demostrar que algo no existe, la mayor carga de pruebas recae sobre quienes afirman producir fenómenos extraordinarios. Como pensadores críticos, necesitamos mantener una actitud escéptica e insistir en que esas declaraciones de capacidades extrasensoriales sean demostradas ampliamente, bajo condiciones controladas de manera estricta, antes de estar dispuestos a aceptarlas.

Revisión de módulo 3.5

Percibir nuestro mundo: principios de percepción

REPASE

¿Qué es percepción?

- Percepción es el proceso mediante el cual las experiencias sensoriales son organizadas en representaciones o impresiones significativas del mundo.

¿Cómo influyen la atención y el marco perceptual en la percepción?

- Por medio del proceso de la atención selectiva, nos enfocamos en los estímulos más significativos que inciden en nosotros en cualquier momento.
- La atención se ve influida por factores como los estados motivacionales y la exposición repetida.
- La tendencia de las percepciones a verse influidas por las expectativas y la preconcepciones se conoce como marco perceptual.

¿Cuáles son los dos modos generales de procesar los estímulos visuales?

- Los dos modos generales del procesamiento visual son el procesamiento ascendente, el cual implica reunir características específicas de los estímulos visuales para formar patrones significativos, y el descendente, el cual implica reconocer patrones como todos significativos sin unir antes las partes que los componen.

¿Cuáles son los principios de la Gestalt de la organización perceptual?

- Entre los principios de la Gestalt de la organización perceptual se incluyen las leyes de percepción de figura-fondo, y las leyes de agrupación (proximidad, similitud, continuidad, cierre y conexión).

¿Qué es la constancia perceptual?

- La constancia perceptual es la tendencia a percibir que un objeto tiene la misma forma, tamaño, color y brillo, incluso cuando cambia la imagen que éste proyecta en la retina como respuesta a los cambios en la perspectiva de visión, en la distancia y en la iluminación.

¿Cuáles claves utilizamos para percibir profundidad y movimiento?

- Entre las claves binoculares se incluyen la disparidad y la convergencia. Entre las monoculares se incluyen el tamaño relativo, la interposición, la claridad relativa, la textura de gradiente, la perspectiva lineal y el sombreado.
- El movimiento de un objeto por medio de nuestro campo de visión estimula una disposición de puntos en la retina, los cuales son interpretados como movimiento por el cerebro. El tamaño cambiante de los objetos es otra clave de movimiento.

¿Qué son las ilusiones visuales?

- Las ilusiones visuales son percepciones erróneas de estímulos visuales en las cuales nuestros ojos parecen jugarnos bromas. Entre los ejemplos se incluyen la ilusión Müller-Lyer, la ilusión Ponzo y la ilusión lunar.
- El cerebro puede verse engañado a percibir un movimiento aparente, como en el caso del movimiento estroboscópico.

¿La evidencia apoya la existencia de la percepción subliminal y la PES?

- La evidencia muestra que existen algunas formas de percepción subliminal, pero no existe evidencia de que la exposición a mensajes presentados de manera subliminal en la vida diaria afecte las actitudes o la conducta.

- No existe evidencia científica confiable de la existencia de varias formas de PES, como la telepatía, la clarividencia, la precognición y la psicoquinesia.

RECUERDE

1. El proceso mediante el cual el cerebro transforma las sensaciones en impresiones significativas del mundo exterior se llama _____.

2. El término utilizado para describir la tendencia de nuestras expectativas y nociones preconcebidas a influir en nuestra manera de percibir los sucesos es _____.

3. ¿Qué principio de la Gestalt describe la tendencia a percibir objetos como parte de un conjunto cuando están colocados o se mueven juntos?

4. La clave monocular por la cual percibimos que ciertos objetos están más cerca de nosotros cuando oscurecen a otros objetos situados detrás de los primeros se llama _____.

5. ¿Cuál de las siguientes no es una clave monocular para la profundidad?
   a. la convergencia
   b. la claridad relativa
   c. la interposición
   d. el sombreado

6. La percepción subliminal implica
   a. adquirir conocimientos o revelaciones sin utilizar los sentidos conocidos
   b. captar información presentada por debajo del nivel de la atención consciente
   c. percibir estímulos en un ambiente submarino
   d. sistemas sensoriales que pueden transmitir todas las características de un estímulo

REFLEXIONE

- Con base en su comprensión de los principios de la Gestalt sobre la organización perceptual, explique cómo difieren las percepciones de las imágenes fotográficas.

- ¿Alguna vez ha vivido una experiencia inusual que, según su opinión, implica PES? Piense de manera crítica. ¿Qué explicaciones alternativas podrían ser válidas para esas experiencias?

Aplicación
MÓDULO 3.6

Psicología y manejo del dolor

El cerebro es una maravillosa obra de ingeniería. Al permitirnos experimentar las primeras oleadas de dolor, nos alerta ante el peligro. Sin una advertencia de este tipo, tal vez no retiraríamos a tiempo la mano de un objeto caliente para impedir quemaduras. Después, al liberar endorfinas, el cerebro cierra la puerta al dolor de manera gradual.

A pesar de que todos experimentamos dolor como respuesta a una lesión, un estimado de 30 millones de estadounidenses sufren dolores persistentes durante meses o años, inclusive dolores de espalda, de cabeza, artríticos y de lesiones que permanecen mucho tiempo después de haber sanado (Carmichael, 2007; Society of Neuroscience, 2005). El manejo del dolor crónico es un campo que se expande rápidamente con la introducción de nuevos tratamientos en la práctica clínica cada año. Aunque el dolor tiene una base biológica, los factores psicológicos influyen en su manifestación de índole crónica; las intervenciones psicológicas pueden ayudar a disminuirlo y también ayudan a los pacientes a sobrellevar el dolor de manera más eficaz (Gatchel *et al.*, 2007; Hoffman *et al.*, 2007; Thorn, Cross y Walker, 2007). En este módulo, nos enfocamos en la función de los factores psicológicos en el manejo del dolor. Sin embargo, antes de intentar atender el dolor por usted mismo, consulte a un profesional de la salud para determinar la causa del dolor, y siga una vía apropiada para su tratamiento.

CONCEPTO 3.38
Las intervenciones psicológicas pueden ser útiles para el manejo del dolor.

VÍNCULO DE CONCEPTOS •••••
La meditación se utiliza para combatir el estrés, aliviar el dolor y disminuir la presión sanguínea. Consulte el módulo 4.3.

Distracción

La distracción puede ayudar a dirigir su atención lejos del dolor. Por ejemplo, cuando se enfrente a un procedimiento médico o dental doloroso, puede ayudar a mantener su mente alejada del dolor con sólo concentrarse en una imagen agradable sobre la pared o en algún otro estímulo, o permitir que su mente quede absorta en una placentera fantasía. Las personas que sufren dolores crónicos pueden descubrir que son más capaces de sobrellevarlos si se distraen con el ejercicio o si se concentran en un buen libro o video.

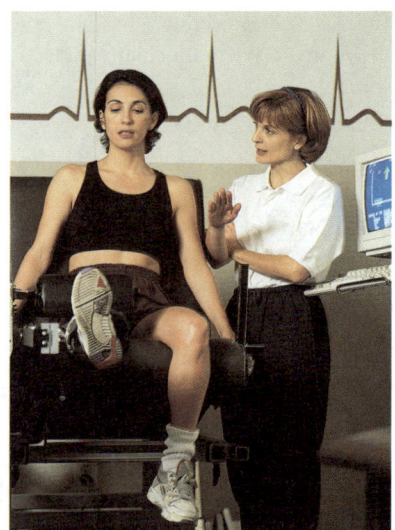

Sobrellevar el dolor   ¿Cuáles son algunas de las habilidades que la gente puede utilizar para ayudarse a manejar el dolor?

Crear un congestionamiento en la "puerta"

Como ya mencionamos, la teoría del dolor del control de la puerta sostiene que otros estímulos sensoriales podrían bloquear temporalmente los mensajes de dolor en su paso a través de la puerta neural en la médula espinal. Usted puede intentar crear un congestionamiento de tránsito en la puerta con sólo frotar ligeramente un área irritada. Resulta interesante que la aplicación tanto de calor como de frío puede ayudar, porque cada uno de estos estímulos envía mensajes por la médula espinal, los cuales compiten por ganar atención. Las compresas frías ofrecen la ventaja adicional de reducir la inflamación.

Cambiar pensamientos y actitudes

Lo que la gente se dice a sí misma acerca de su dolor puede afectar la cantidad que siente de éste y cuán adecuadamente lo sobrelleva. El generar pensamientos pesimistas ("Esto nunca mejorará") e ideas catastróficas ("No puedo soportar más esto. ¡Voy a derrumbarme!") contribuye a incrementar la experiencia del dolor (Sullivan *et al.,* 2006). Las ideas negativas pueden también conducir a percepciones sobre falta de control, las cuales, por su parte, pueden crear sentimientos de vulnerabilidad y desesperanza. Los psicólogos ayudan a las personas que sufren dolor a examinar sus pensamientos y a reemplazar las autoevaluaciones de desánimo o negativas por alternativas racionales, es decir, pensamientos como "No te rindas a la desesperanza. Enfócate en lo que necesitas hacer para sobrellevar este dolor". Los psicólogos encuentran que el hecho de ayudar a los pacientes a alterar las ideas catastróficas reduce la intensidad del dolor que experimentan y mejora su funcionamiento diario (Turner, Mancl y Aaron, 2006). Más aún, si el cambio de pensamientos y actitudes no elimina el dolor, puede ayudar a la gente a manejar sus síntomas de manera más eficaz.

Obtener información precisa

Uno de los métodos psicológicos más eficaces para el manejo del dolor es obtener información real y minuciosa acerca de la fuente del mismo y los tratamientos disponibles. Mucha gente intenta evitar pensamientos sobre el dolor y sus implicaciones. Obtener información ayuda a la gente a asumir un rol activo en el control de los desafíos a los cuales se enfrenta.

Meditación y biorretroalimentación

Los investigadores encuentran que la *meditación* puede ayudar a aliviar el dolor crónico (Baer, 2003; Oz, 2003; Roemer y Orsillo, 2003). Esta técnica, sobre la cual hablaremos más en el capítulo 4, puede inducir un estado relajado y contemplativo. Existen muchas formas de meditación, pero la mayoría consiste en estrechar la atención por medio de la repetición de una palabra, pensamiento o frase, o en mantener una concentración constante en un objeto, como una vela encendida o el diseño de un jarrón.

El **entrenamiento de biorretroalimentación (BRA)** también es utilizado para aliviar el dolor de cabeza. Los psicólogos han descubierto que al brindar retroalimentación a la gente sobre sus funciones corporales internas ("biorretroalimentación") pueden ayudarla a obtener más conciencia y cierto grado de control voluntario sobre los procesos fisiológicos. En el BRA se conecta a los individuos a equipos de monitoreo que les brinda una corriente continua de información acerca de su funcionamiento fisiológico interno. Un tono elevado puede indicar un incremento en el ritmo cardiaco o tensión muscular, mientras que uno bajo puede mostrar cambios en la dirección opuesta. La gente usa las señales de la biorretroalimentación como códigos para ayudarse a aprender estrategias que modifiquen su ritmo cardiaco, presión sanguínea, tensión muscular, temperatura corporal, patrones de ondas cerebrales y otros procesos fisiológicos.

En una forma de BRA, la **biorretroalimentación electromiográfica** (**EMG**, por sus siglas en inglés), los electrodos colocados en la frente o en otra parte del cuerpo monitorean la tensión muscular. Se utiliza un tono para indicar incrementos o disminuciones en la tensión muscular. Tras aprender a disminuir el tono, la gente desarrolla la capacidad para relajar los músculos de su frente, con lo que puede reducir el dolor de las cefaleas tensionales (Holroyd, 2002).

entrenamiento de biorretroalimentación (BRA)
Método de aprendizaje para controlar ciertas respuestas corporales mediante el empleo de información transmitida por un equipo de monitoreo fisiológico.

biorretroalimentación electromiográfica (EMG)
Forma de entrenamiento de biorretroalimentación que implica retroalimentación sobre los cambios en el nivel de tensión muscular en la frente o en otra parte del cuerpo.

Entrenamiento de biorretroalimentación   Mediante el entrenamiento de biorretroalimentación, la gente aprende a alterar algunos procesos corporales internos, como ritmo cardiaco, presión sanguínea, tensión muscular, temperatura corporal y ciertos tipos de patrones de ondas cerebrales.

En la **biorretroalimentación térmica**, otra variación de BRA, se conectan aparatos que miden la temperatura del cuerpo, por lo general, alrededor de un dedo. Se utiliza un tono para indicar cambios en la temperatura: aquella en los dedos se incrementa a medida que aumenta el flujo de sangre hacia las extremidades, lo cual produce cambios en el flujo sanguíneo en todo el cuerpo, incluso en el cerebro. Hay quienes aprenden que pueden incrementar la temperatura de sus dedos con sólo imaginar que éstos se calientan. Esta forma de entrenamiento de biorretroalimentación es útil para tratar el dolor de la **migraña**, el intenso y prolongado malestar de cabeza asociado con cambios en el flujo sanguíneo dentro del cerebro (Durham, 2004).

En el capítulo 4 trataremos otra técnica psicológica utilizada para controlar el dolor: la hipnosis.

■ Pensamiento crítico sobre la psicología ■

Con base en la lectura del capítulo, responda las siguientes preguntas. Después, para evaluar su progreso en el desarrollo de capacidades de pensamiento crítico, compare sus respuestas con las respuestas de ejemplo en el apéndice A.

Hace algunos años, cierto departamento de policía solicitó a una mujer, quien afirmaba tener capacidades psíquicas, que ayudara a localizar a un anciano que había desaparecido en un área boscosa, en las afueras de la ciudad. A pesar de una amplia búsqueda en el área, la policía no había sido capaz de dar con el hombre. Con sólo una fotografía del sujeto y un mapa de la zona, la mujer señaló con un círculo un área del mapa donde sintió que el hombre podía ser encontrado. A la policía le sorprendió descubrir el cuerpo del hombre donde ella había indicado. Había muerto de causas naturales y su cuerpo estaba cubierto por una densa masa de arbustos.

Los pensadores críticos adoptan una actitud escéptica hacia las afirmaciones de percepción extrasensorial; evalúan la evidencia y analizan explicaciones alternativas más plausibles. Considere las siguientes preguntas:

1. ¿Cree usted que este caso demuestra la existencia de la PES? ¿Por qué?

2. ¿Qué información adicional necesitaría usted, si es que la necesita, para ayudarse a evaluar las afirmaciones de la mujer o para generar explicaciones alternativas?

biorretroalimentación térmica
Forma de entrenamiento que implica retroalimentación sobre los cambios en la temperatura y el flujo sanguíneo en partes seleccionadas del cuerpo; se utiliza en el tratamiento de la migraña.

migraña   Dolor de cabeza prolongado e intenso ocasionado por cambios en el flujo sanguíneo de los vasos capilares del cerebro.

Módulo 3.1 Conceptos básicos de la sensación

CONCEPTOS CLAVE

- **Umbrales absolutos:** ¿hay algo allí?
- **Umbrales de diferencia:** ¿hay algo distinto allí?
- **Adaptación sensorial:** volverse menos sensible con el tiempo
- **Detección de señales:** captar una señal

RECEPTORES SENSORIALES

- Bastones y conos para la vista
- Células ciliadas para el oído
- Células receptoras gustativas para el gusto
- Receptores de olor para el olfato
- Receptores de la piel para los sentidos de la piel
- Receptores cinestésicos en las articulaciones, ligamentos y tendones
- Receptores vestibulares en el oído interno

Módulos 3.2–3.4 Los sentidos

- **Vista:** Energía de la luz ➜ Células receptoras en la retina ➜ Impulsos nerviosos ➜ Vista
- **Oído:** Vibraciones sonoras ➜ Células receptoras en el oído interno ➜ Impulsos nerviosos a lo largo del nervio auditivo hacia la corteza auditiva ➜ Sonido
- **Sentidos químicos:** Sustancias químicas ➜ Transformadas en impulsos nerviosos por los receptores en la nariz y la boca ➜ Experiencia de olor y gusto
- **Sentidos de la piel:** Estímulo táctil ➜ Receptores en la piel ➜ Impulsos nerviosos transmitidos a la corteza somatosensorial ➜ Tacto, presión, temperatura y dolor
- **Cinestesia:** Receptores corporales en las articulaciones, ligamentos y músculos ➜ Señales nerviosas al cerebro ➜ Sentido de posición y movimiento de las partes del cuerpo
- **Sentido vestibular:** Fuerzas gravitacionales ➜ Estimulan a los receptores en el oído interno ➜ Señales nerviosas al cerebro ➜ Sentido de posición del cuerpo en el espacio y mantenimiento del equilibrio

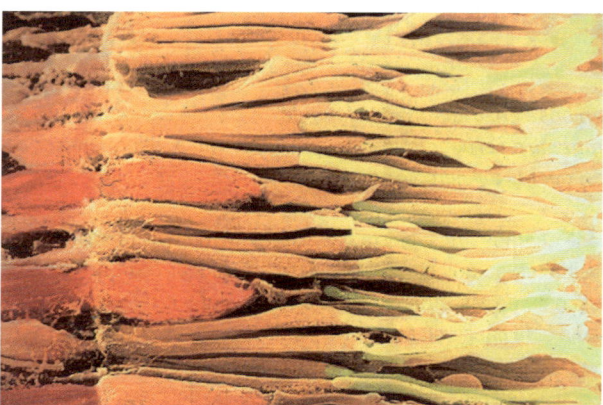

Bastones y conos

Módulo 3.5 Percibir nuestro mundo

Procesos psicológicos

- **Atención selectiva:** atender los estímulos importantes
- **Marco perceptual:** las expectativas influyen en las percepciones
- **Procesamiento ascendente y descendente:** percibir partes de patrones contra percibir patrones completos
- **Principios de la Gestalt sobre la organización perceptual:** el cerebro organiza las sensaciones en todos o patrones reconocibles
- **Constancia de percepción:** los objetos conservan sus formas y otras propiedades incluso cuando cambian las imágenes que proyectan a la retina con las condiciones cambiantes

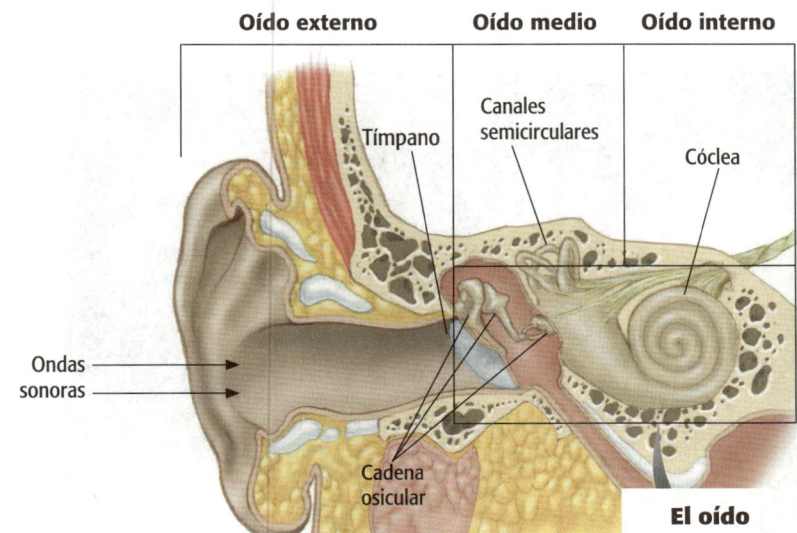

El oído

Claves preceptuales

- **Claves para percepción de profundidad**
  Claves monoculares: involucran al ojo individual (tamaño relativo, gradiente de textura, perspectiva lineal, etcétera)
  Claves binoculares: implican a ambos ojos (disparidad retinal y convergencia)
- **Claves para percepción de movimiento:** dos claves básicas, la ruta de la imagen cuando cruza la retina y el tamaño cambiante del objeto

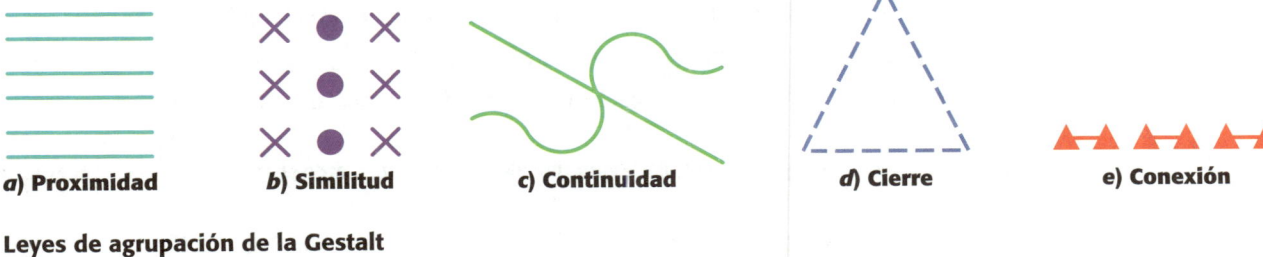

a) **Proximidad**　　*b*) **Similitud**　　*c*) **Continuidad**　　*d*) **Cierre**　　*e*) **Conexión**

Leyes de agrupación de la Gestalt

Ilusiones visuales

- **Cuando el cerebro, no el ojo, nos juega bromas:**
  Ilusión Müller-Lyer
  Ilusión de Ponzo
  Ilusión lunar
  Movimiento aparente

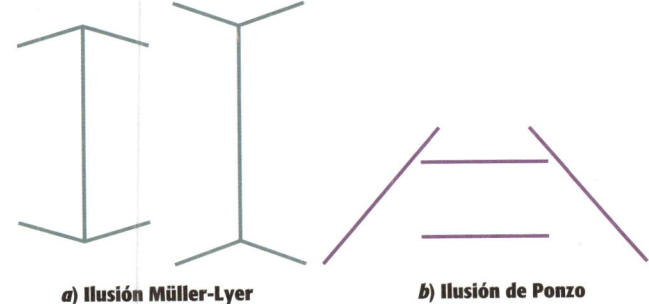

a) **Ilusión Müller-Lyer**　　*b*) **Ilusión de Ponzo**

4

Conciencia

¿Sabía usted que . . .

- tiene un reloj biológico en su cerebro que regula su ciclo diario de sueño y vigilia? (p. 139)

- la temperatura corporal no permanece constante a 36.6 grados centígrados durante el día? (p. 139)

- la meditación puede ayudar a los pacientes con enfermedades cardiacas a reducir su presión arterial? (p. 151)

- puede ser peligroso y hasta mortal permitir que una persona que pierde el sentido por beber "duerma la borrachera"? (p. 159)

- la Coca-Cola antes contenía cocaína? (p. 161)

- usted puede ser adicto a una droga que consume con el desayuno todas las mañanas? (p. 163)

El cerebro adora los acertijos

- Quizá le sorprenda enterarse de que la capacidad para "aguantar el alcohol", en realidad lo pone en mayor riesgo de desarrollar problemas con su consumo. ¿Cuál supone usted que sea la causa? (p. 159)

Cuente sus respiraciones

Un grupo de estadounidenses viajó a una villa remota en la India en un viaje de esperanza (Ornstein, 1973). Buscaban una audiencia con un venerable gurú (maestro) hindú, de quien esperaban les invitara a participar en una iniciación secreta o compartiera con ellos una palabra mágica. Tras llegar a la India, anduvieron por los senderos de las colinas hasta que, por fin, llegaron a su destino. A grandes rasgos contaron al gurú su largo y arduo viaje. Le imploraron que compartiera su sabiduría con ellos para poder alcanzar la paz y la armonía interiores. Entonces, el gurú se volvió hacia los viajeros y les dijo: "Siéntense frente a la pared y cuenten sus respiraciones. Eso es todo".

¿Eso es todo? ¿Ése es el secreto de la gran sabiduría por el cual atravesaron medio mundo? Bien podían haberlo aprendido en casa. Unos cuantos de ellos se dieron cuenta de que justo ése era el punto principal de la lección del gurú.

Contar sus respiraciones es una forma de meditación, una práctica de estrechar la conciencia para que las demandas y las tensiones ordinarias de la vida diaria parezcan desvanecerse de la atención. Existen muchas formas de meditación cuyo aprendizaje no requiere un peregrinaje a un destino lejano. Como veremos en este capítulo, dicha técnica es practicada de diferentes maneras y por razones distintas en muchas culturas, incluso la nuestra. Implica un cambio en nuestra atención o estado de conciencia ordinarios.

Durante mucho tiempo, los psicólogos se han interesado por estudiar la conciencia. No obstante, la dificultad de aplicar métodos científicos al estudio de algo tan subjetivo como la experiencia consciente motivó a los primeros psicólogos, en especial a los conductistas, a abandonar el esfuerzo. Sin embargo, el desarrollo de los movimientos humanista y cognitivo en la mitad del siglo xx propició regresar a la conciencia dentro de la corriente principal de la psicología.

Este capítulo nos lleva a una exploración interna de la conciencia. Analizaremos diferentes estados de ésta y conoceremos las maneras en que la gente busca alterar sus estados conscientes, así como el empleo de sustancias psicoactivas o que alteran la mente. Lo más importante es que consideraremos los efectos psicológicos y fisiológicos de esas sustancias y los riesgos que representan. Comenzaremos nuestra exploración de la conciencia con un análisis de los diferentes estados de la conciencia que experimentamos de manera rutinaria en nuestra vida diaria. ■

Estados de conciencia

• ¿Cuáles son los diferentes estados de conciencia?

William James

William James es ampliamente reconocido como el padre de la psicología estadounidense. Hermano del famoso novelista Henry James, William estudió para ser médico. A pesar de recibir el título como tal, nunca practicó la medicina, y, en vez de ello, realizó una carrera académica e impartió clases de biología, filosofía y, más tarde, psicología en la Universidad de Harvard. Ahí, el joven profesor impartió su primer curso de psicología en 1875, a pesar de que nunca había estudiado una asignatura en la materia ni contaba con instrucción alguna en el campo. De hecho, la primera lección de psicología a la cual asistió fue la que él mismo impartió (Hothersall, 1995). Dado que la psicología todavía no existía como disciplina, su falta de preparación no es sorprendente. En aquella época, tampoco había libros de texto sobre el tema, y transcurrirían 15 años más antes de que apareciera el primer libro de psicología, el cual fue escrito por el propio James, con el título *The Principles of Psychology* (James, 1890/1970).

James tenía muchos intereses en la psicología, incluso un interés en la naturaleza de la **conciencia**. Para él, la conciencia no es un estado fijo o una colección de "fragmentos" de pensamientos y experiencias desconectados. Más bien es una corriente continua de pensamientos en la cual un razonamiento fluye hacia otro, como el agua que siempre fluye en un río (James, 1890/1970). En la actualidad, los psicólogos conciben la conciencia de manera muy semejante a la de James, o sea, como un estado de conciencia de nosotros mismos y del mundo que nos rodea y que está en continuo desarrollo.

Su conciencia consiste en cualquier cosa de la cual usted se dé cuenta en un momento dado: sus pensamientos, sentimientos, sensaciones y percepciones del mundo exterior. Sospecho que, en este momento, su conciencia está enfocada en leer estas palabras. No obstante, su conciencia puede cambiar de pronto si, por ejemplo, usted dirigiera su atención a la presión de su espalda contra la silla en la cual está sentado o si escuchara un débil sonido en su entorno.

Durante el transcurso de un día, experimentamos diferentes estados de conciencia, o niveles de alerta. En ciertos momentos del día nos involucramos en un estado de conciencia enfocada, en la cual estamos alertas y absortos en la tarea por realizar. Sin embargo, en otros momentos nuestra conciencia sigue un curso indefinido o vago a través de un paisaje de sueños diurnos y fantasías. Regularmente nos entregamos al sueño durante un tercio del día, cuando nuestra conciencia del mundo exterior disminuye. En este módulo examinaremos tres estados de conciencia que es probable que usted experimente durante el transcurso de un día: enfocada, conciencia a la deriva y dividida. Entraremos al reino de dormir y de los sueños.

Conciencia enfocada

CONCEPTO 4.1
La conciencia en vigilia varía durante el transcurso del día de estados de atención concentrada a conciencia dividida y a conciencia a la deriva.

La conciencia es *selectiva*, ya que tenemos la capacidad de dirigir nuestra atención a ciertos objetos o experiencias mientras filtramos los estímulos ajenos. Esta selectividad nos permite alcanzar un estado enaltecido de vigilia alerta llamado **conciencia enfocada**. En él estamos bien despiertos, muy alertas y dedicados por completo a la tarea que realizamos. Este tipo de conciencia puede ser necesaria para realizar tareas que requieren toda nuestra atención, como aprender una nueva habilidad o estudiar para un examen (consulte el próximo "Intente lo siguiente").

Durante los estados de conciencia enfocada prestamos muy poca o ninguna atención a los estímulos distractores externos (ruidos del tránsito, el zumbido de los aparatos de aire acondicionado) o incluso a los molestos estímulos internos, como los retortijones de hambre y los dolores irritantes. Albert Einstein escribió que se concentraba tanto en su trabajo que olvidaba comer su almuerzo (Isaacson, 2007).

conciencia   Estado de percepción de nosotros mismos y del mundo que nos rodea.

conciencia enfocada   Condición máxima de conciencia en la cual la persona está absorta por completo en la tarea que realiza.

Intente lo siguiente

Saboree su comida

¿Cómo el enfoque mental afecta su experiencia de comer un alimento? Intente lo siguiente: enfoque toda su atención en su siguiente alimento. Evite hablar, ver la televisión o leer mientras come. Note la forma, el color y la textura de la comida. Aspire profundo su aroma antes de masticarla. Después, mastique despacio cada bocado y saboree el sabor distintivo de cada uno. Mezcle diferentes alimentos en su boca para apreciar sus distintivos sabores y cómo se mezclan en un conjunto de sensaciones gustativas. ¿Qué diferencias nota usted entre esta experiencia y la que realiza diariamente al comer?

Conciencia a la deriva

Resulta difícil mantener un estado de conciencia enfocada durante un periodo extenso. Muy pronto, su mente puede comenzar a divagar de un pensamiento a otro. Este estado de **conciencia a la deriva** puede conducir a los **sueños diurnos**, una forma de conciencia durante el estado de vigilia, en la cual su mente vaga hacia pensamientos o ensoñaciones (Mason *et al.*, 2007). Usted puede estudiar para un examen cuando, poco después, comienza a soñar despierto con las vacaciones próximas o con sus planes para el fin de semana. Somos particularmente proclives a soñar despiertos cuando estamos aburridos o dedicados a actividades no estructuradas, como esperar el autobús. Estos vagabundeos mentales pueden llevarnos a un reino en el cual damos breves paseos en nuestra imaginación. No obstante, la mayoría de los sueños diurnos se refieren a tareas mundanas de la vida diaria. A pesar de la creencia popular, muy pocos de éstos contienen temas sexuales (Klinger, 1987).

Conciencia dividida

El aprendizaje de una nueva habilidad por lo regular implica una conciencia enfocada. Cuando aprende a conducir un auto, por ejemplo, necesita prestar más atención a cuánto debe girar el volante al momento de tomar una curva, cuánta presión debe aplicar en los frenos cuando se detiene, etc. Sin embargo, después de un tiempo, conducir un auto puede hacerse tan rutinario que usted experimenta un estado de conciencia dividida pues distribuye su atención entre conducir y otros pensamientos, como hacer el intento de recordar las palabras de una canción o fantasear con sus vacaciones.

Los estados de **conciencia dividida** ocurren cuando realizamos varias tareas a la vez o cuando desempeñamos dos actividades distintas, cada una de las cuales demanda cierto nivel de atención. Una de esas actividades por lo regular es una acción mecánica, como conducir un auto o lavar los platos. Cuando realizamos estas tareas, parte de nuestra mente parece funcionar en "piloto automático", mientras la otra parte tiene libertad para pensar en otros asuntos. No obstante, nuestra conciencia puede regresar de manera abrupta a un estado de conciencia enfocada bajo ciertas circunstancias. Cuando conduce un auto bajo una cegadora tormenta, por ejemplo, usted necesita enfocarse por completo en conducir y en las cambiantes condiciones del camino.

En la actualidad, vivimos en un mundo de tareas múltiples en el cual tendemos a tener un ojo en una cosa y otro ojo (u oído), en otra. Las palabras "tareas múltiples" entraron al vocabulario popular con la introducción de los sistemas computarizados que permitieron a los usuarios utilizar dos aplicaciones o más al mismo tiempo, como el procesador de palabras y el correo electrónico.

CONCEPTO 4.2

La selectividad de la conciencia nos permite dirigir nuestra atención a los estímulos, sucesos o experiencias significativos mientras filtramos otros estímulos.

VÍNCULO DE CONCEPTOS ·····

Las maneras negativas de pensar actúan como filtros mentales en nuestra conciencia que desvían nuestra reacción ante los sucesos de la vida, lo cual puede establecer una base para la depresión frente a los hechos decepcionantes de la vida. Consulte el módulo 14.4.

CONCEPTO 4.3

Los estados de conciencia a la deriva están asociados con devaneos mentales llamados sueños diurnos.

conciencia a la deriva Estado mental caracterizado por pensamientos a la deriva o imaginería mental.

sueños diurnos Forma de conciencia durante el estado de vigilia en el cual la mente vaga hacia pensamientos o divagaciones semejantes a sueños.

conciencia dividida Estado de alerta caracterizado por una atención dividida en dos o más tareas o actividades desempeñadas al mismo tiempo.

¿Realiza usted tareas múltiples? ¿Debería hacerlo? En lo que se refiere a la realización de tareas múltiples y el estudio, en resumen, no lo haga. Sin embargo, éstas pueden significar un uso eficiente de sus recursos de atención cuando realiza labores de rutina o muy practicadas, como lavar los platos o correr a lo largo de un sendero conocido.

Pero con los avances en la tecnología, la realización de tareas múltiples se ha filtrado a nuestra vida diaria. Elaboramos listas en nuestras agendas personales mientras asistimos a conferencias, hablamos por teléfono mientras hacemos las compras y enviamos mensajes por correo electrónico o por móvil a nuestros amigos mientras escuchamos la última canción exitosa recién descargada.

Aunque la realización de tareas múltiples puede ahorrarnos mucho tiempo, la evidencia científica respalda la percepción común de que resulta difícil hacer bien dos cosas al mismo tiempo, como dividir su atención entre estudiar y ver televisión o enviar mensajes por teléfono (Oberauer y Kliegl, 2004). El esfuerzo necesario para realizar dichas acciones al mismo tiempo puede saturar nuestros recursos mentales y hacernos menos eficientes para procesar la información. Lo anterior es especialmente cierto en cuanto a las capacidades mentales necesarias para tener éxito en la universidad, como descifrar una lección, estudiar para un examen o decodificar los principios básicos de cálculo o de la teoría del aprendizaje. Dos mil años antes de la introducción de los teléfonos móviles y los iPods, el sabio romano Publio Siro dijo lo siguiente sobre lo que ahora llamamos tareas múltiples: "Hacer dos cosas a la vez es no hacer ninguna". La realización de éstas además puede ser peligroso bajo ciertas circunstancias, como cuando hablamos por teléfono mientras conducimos un automóvil (consulte el siguiente "Explore la psicología").

Por otra parte, no todas las conductas requieren un esfuerzo consciente. Piense en el tipo de tareas diarias que realizamos sin dirección consciente, como subir escaleras o escribir en la computadora (para quienes son experimentados en ello) (Bargh y Morsella, 2008). Estas tareas se han vuelto tan automáticas que somos capaces de realizarlas sin prestarles atención por medio de la conciencia. La ejecución de este tipo de respuestas libera los recursos mentales necesarios para conductas más importantes. Por lo tanto, podemos pensar en lo que escribimos en vez de enfocarnos en los mecanismos indispensables para oprimir las teclas correctas.

Otro ejemplo de conducta automática es atrapar una pelota en el aire, una habilidad que requiere que el cerebro aplique complejas reglas geométricas —literalmente "al instante"— para determinar dónde es probable que caiga (Shaffer y McBeath, 2005). El que atrapa no piensa conscientemente en los cálculos necesarios para predecir la trayectoria probable de la pelota y es posible que ni siquiera pueda explicar la geometría subyacente. Una vez que desarrollamos esta habilidad mecánica, el hecho de pensar demasiado sobre cómo realizarla puede, en realidad, ser contraproducente. Como expresó en una ocasión el famoso pianista Vladimir Horowitz: lo peor que puede sucederle a un concertista de piano es pensar en lo que hacen sus dedos.

Los cambios en el nivel de la conciencia ordinaria en estado de vigilia se llaman **estados alterados de conciencia**. Éstos pueden ocurrir cuando soñamos despiertos, meditamos o nos sometemos a hipnosis, o cuando consumimos sustancias que alteran la mente, como el alcohol o la marihuana. La actividad física repetitiva, como correr distancias largas o nadar, también pueden inducir un estado alterado de conciencia, en el cual el mundo exterior parece desaparecer. En algunos de estos estados, la persona puede experimentar cambios en el sentido del tiempo (éste parece detenerse o avanzar a gran velocidad), y en las experiencias sensoriales (los colores pueden parecer más brillantes o, como en algunos estados inducidos por drogas, la persona puede escuchar voces o ver visiones). En los módulos 4.2 a 4.4 exploramos el rango de la conciencia humana, desde los estados de sueño y vigilia hasta los estados alterados de conciencia. La tabla de conceptos 4.1 ofrece un panorama de estos distintos niveles o estados de conciencia.

CONCEPTO 4.4
Los estados alterados de conciencia pueden ser inducidos de muchas maneras, como practicar la meditación, someterse a hipnosis o consumir sustancias que alteran la mente.

estados alterados de conciencia
Estados mentales durante la vigilia que son distintos al estado normal de alerta de la persona.

Riesgos de la conciencia dividida   La capacidad de dividir nuestra conciencia nos permite realizar dos tareas a la vez. Sin embargo, la combinación de conducir un automóvil y hablar por teléfono se asocia con el incremento cuádruple en el riesgo de sufrir accidentes en vehículos de motor.

Pasajeros, hemos dado inicio a nuestro descenso a... ¡ups! El piloto está hablando por su teléfono móvil y no dio vuelta... les informaremos cuando sepamos con exactitud dónde estamos.

Explore la psicología

Conducir distraído: el riesgo de la conciencia dividida

La atención dividida en el camino causa importantes preocupaciones relacionadas con la seguridad. Con el uso de un simulador de manejo, los investigadores descubrieron que una tarea tan sencilla y tan practicada como frenar se volvía notablemente ineficiente cuando se combinaba con otra que requería atención (Levy, Pashler y Boer, 2006). El problema es que realizar dos tareas al mismo tiempo reduce los recursos mentales necesarios para realizar bien cualquiera de éstas (Lien *et al.*, 2006), en especial, cuando dichas tareas son complejas (p. e., conducir un auto o hacer el balance de la chequera mientras habla por teléfono). Los conductores tienen cuatro veces más probabilidades de sufrir un accidente en auto cuando hablan por teléfono que cuando no lo hacen (Redelmeier y Tibshirani, 1997). Esto es tan peligroso como hacerlo con una concentración de alcohol en la sangre al nivel legal. El problema se ha extendido. Una encuesta reciente, realizada por una importante compañía de seguros, dio a conocer que 73% de los conductores dijo que utilizaba su teléfono celular mientras conducía (Alexander, 2007). El problema no sólo radica en la manipulación del teléfono: el uso de un modelo de manos libres o normal puede ser un peligroso distractor y generar una grave pérdida de concentración en el camino, debido a "ceguera por desatención" (Drucker, 2004; Strayer y Drews, 2007).

Otra investigación demuestra que conversar con un pasajero no causa tanta distracción como hablar por el móvil (Strayer y Drews, 2007). Sin embargo, es prudente evitar cualesquiera conversaciones intensas u otras actividades que puedan distraer la atención mientras se conduce un vehículo.

Los riesgos de la conducción dividida no se limitan al uso del teléfono. Lidiar con un niño en el asiento trasero, maquillarse, comer, beber o hacer selecciones de una lista de reproducciones en un iPod también son peligrosos distractores. Doce por ciento de los participantes en la encuesta de la compañía de seguros reportó maquillarse mientras conducía y 19% confesó que enviaba mensajes de texto por celular en la misma circunstancia (Alexander, 2007). De acuerdo con otro estudio realizado por una aseguradora de automóviles, los tres alimentos más peligrosos para comer mientras se conduce son *1*) café, *2*) sopa caliente y *3*) tacos (Strillacci, 2003). Las sopas,

CONCEPTO 4.5
La capacidad de dividir nuestra conciencia nos permite realizar dos actividades a la vez.

TABLA DE CONCEPTOS 4.1
Estados de conciencia

Estados de conciencia	Nivel de alerta/atención	Ejemplos o características
Conciencia enfocada	Alto, despierto y alerta por completo	Aprender una nueva habilidad; mirar una película cautivante
Conciencia a la deriva	Variable o cambiante	Soñar despiertos o permitir que vaguen nuestros pensamientos
Conciencia dividida	Medio; atención dividida en dos actividades	Pensar en otras cosas mientras nos ejercitamos o conducimos un auto
Dormir y soñar	Bajo	Durante el sueño, por lo general, somos inconscientes de lo que nos rodea en el exterior, pero podemos responder a ciertos estímulos
Estados de vigilia de conciencia alterada	Variable	Cambios en la conciencia asociados con la hipnosis, la meditación y el consumo de sustancias

el café y otras bebidas encuentran maneras para derramarse de sus recipientes, pero cualquier forma de ingesta mientras conducimos un auto puede ser peligrosa.

¿Qué sucede con escuchar el radio mientras conducimos? Con el empleo de un simulador de manejo, los investigadores descubrieron que escuchar el radio a un volumen moderado no afectaba el desempeño de manejo (Strayer y Johnson, 2001). Tal parece que esa tarea no involucra gran parte de nuestros recursos de atención como sostener una conversación, en especial, una que se realice por celular. Adquirir conciencia sobre los numerosos tipos de distractores en el camino y reducirlos puede ayudar a salvar una vida, quizá la propia.

REVISIÓN DE MÓDULO 4.1

Estados de conciencia

REPASE

¿Cuáles son los diferentes estados de conciencia?

- Los estados de conciencia son los distintos niveles conscientes que pueden variar en el transcurso del día, de la vigilia alerta al sueño profundo.
- Los estados alterados de conciencia son estados mentales que difieren del estado normal de vigilia alerta.

RECUERDE

1. El psicólogo del siglo XIX, William James equiparó la conciencia con
   a. agua que fluye de manera constante por un río
   b. una nube pasajera
   c. un océano agitado
   d. un estado de tranquilidad

2. La _____ de la conciencia nos permite enfocarnos en estímulos, sucesos y experiencias significativos.

3. El estado de conciencia en el cual estamos alertas y concentrados por completo en una tarea se conoce como
   a. sueños diurnos
   b. conciencia dividida
   c. conciencia alterada
   d. conciencia enfocada

REFLEXIONE

- Qué acciones puede usted realizar para reducir sus riesgos de conducir un automóvil mientras está distraído? ¿La discusión de este módulo cambió su opinión sobre el tema? ¿Por qué?

Dormir y soñar

- ¿Cómo están regulados los ciclos de sueño y vigilia?
- ¿Cuáles son las fases del sueño?
- ¿Cuáles son las funciones de dormir?
- ¿Por qué soñamos?
- ¿Qué son los trastornos del sueño?

Invertimos un tercio de nuestras vidas en dormir. Durante el sueño, entramos a nuestro propio teatro privado de la mente, un reino de sueños en el cual la mente cuenta historias cuyo rango cubre desde lo mundano y ordinario hasta lo fantástico y lo bizarro. Las leyes del mundo físico no aplican cuando soñamos: los objetos cambian de forma, una persona puede transformarse en otra, y las escenas se mueven de forma abrupta sin importar los límites físicos del tiempo y el lugar. A pesar de haber aprendido mucho acerca del sueño y el acto de dormir, todavía existen muchos misterios. Carecemos de un consenso sobre cuestiones tan básicas como "¿Por qué dormimos?" y "¿Por qué soñamos?". En este módulo nos aventuraremos al misterioso dominio de dormir y los sueños. Comenzaremos por examinar los mecanismos corporales responsables de nuestros ciclos de sueño y vigilia.

Durante el sueño, somos relativamente inconscientes de nuestro entorno: los sonidos pasajeros no se registran en nuestra conciencia, a menos que sean muy fuertes o intensos y que interrumpan nuestro sueño. A pesar del hecho de que nuestra conciencia del mundo disminuye mientras dormimos, aún podemos responder a ciertos tipos de estímulos que nos sean significativos o relevantes. Como mencionamos en el capítulo 3, una persona puede reposar profundamente sin importarle la sirena de una ambulancia que pasa, pero puede despertar al instante ante el débil llanto de un hijo.

CONCEPTO 4.6
En el extremo más bajo del continuo de la conciencia se encuentran los estados de dormir y soñar.

Sueño y vigilia: un ritmo circadiano

Muchos procesos corporales —los ciclos de sueño y vigilia, así como la temperatura corporal, la presión sanguínea y el ritmo cardiaco— fluctúan a diario de acuerdo con un patrón llamado **ritmo circadiano** (Gallego *et al.,* 2006; Meyer, Saez y Young, 2006). La palabra *circadiano* se deriva de las raíces latinas *circa* ("alrededor") y *dies* ("día"). Estos ritmos, también llamados diarios, se encuentran en casi todas las especies, incluso en organismos tan variados como *paramecium* unicelulares, moscas de la fruta, humanos y hasta árboles. Están sincronizados con el ciclo de 24 horas del día y la noche (Wright *et al.,* 2006). En los seres humanos, el ciclo de sueño y vigilia opera con base en un ritmo circadiano que tiene una duración de 24 horas (Morgenthaler *et al.,* 2007).

Quizá le sorprenda saber que el cuerpo humano no mantiene una temperatura estable de 36.6 °C a lo largo del día, sino que sigue un ritmo circadiano que disminuye algunos grados durante la medianoche, luego se eleva al llegar la mañana y alcanza su máximo nivel a mediodía.

Una pequeña zona del hipotálamo, llamada *núcleo supraquiasmático* (NSQ), regula los ciclos de sueño y vigilia (Berson, Dunn y Takao, 2002). Así es como funciona: cuando la luz entra al ojo e incide en la retina, su energía es transformada en impulsos nerviosos que viajan al NSQ. Éste, por su parte, regula la glándula pineal, ubicada en cerebro, la cual, como mencionamos en el capítulo 2, libera la hormona *melatonina*. La melatonina ayuda a regular el ciclo de sueño y vigilia al hacernos sentir somnolientos (Buscemi *et al.,* 2006; Van der Heijden *et al.,* 2007). La exposición a la oscuridad durante las horas de la noche estimula la producción de melatonina del cerebro. Cuando la luz brillante entra al ojo con la llegada del amanecer, el NSQ indica a la glándula pineal que reduzca su secreción de melatonina, lo cual nos permite despertar y permanecer alertas durante las horas del día. (Lo anterior también podría explicar porqué nos sentimos somnolientos en los días nublados).

Los cambios frecuentes de horario pueden causar desastres en los ritmos circadianos del cuerpo (Rouch *et al.,* 2005). Si usted alguna vez ha viajado por avión a través de varias zonas

CONCEPTO 4.7
Un mecanismo semejante a un reloj en el hipotálamo es responsable de la regulación de nuestros ciclos de sueño y vigilia.

ritmo circadiano   Patrón de fluctuaciones en los procesos corporales que ocurre con regularidad cada día.

CONCEPTO 4.8
Su reloj corporal interno no se ajusta con facilidad a los cambios de hora asociados con los cambios en zonas horarias o los de turno laboral.

horarias, es probable que haya experimentado *jet lag*. El **jet lag** ocurre cuando un cambio en el horario local entra en conflicto con su reloj corporal interno y le resulta difícil dormir más temprano de lo acostumbrado o permanecer despierto más tarde de lo habitual, lo cual depende de si perdió tiempo al viajar hacia el Este o si ganó tiempo al viajar hacia el Oeste. El *jet lag* se asocia no sólo con un desequilibrio en los ciclos de sueño y vigilia, sino también con irritabilidad, fatiga y dificultad para concentrarse.

Para los viajeros ocasionales, este desequilibrio puede ser sólo una ligera molestia. Sin embargo, los trabajadores por turnos que laboran de noche, cuando sus temperaturas corporales son normalmente bajas, con mucha frecuencia se esfuerzan por mantenerse despiertos. Las personas que trabajan de noche en puestos que involucran riesgos como los controladores de tránsito aéreo, los bomberos o los trabajadores de plantas nucleares, tienden a estar menos alertas, más somnolientos, más fatigados y son menos capaces de desempeñar sus labores que los trabajadores con turnos diurnos en puestos similares (p. e. , Luna, French y Mindtcha, 1997).

Las fases del sueño

El electroencefalógrafo (EEG) es uno de los numerosos aparatos que los investigadores utilizan para determinar cómo actúa nuestro cuerpo cuando dormimos. El EEG registra las ondas cerebrales, las cuales varían en intensidad o amplitud (altura de la onda) y velocidad o frecuencia (ciclos de onda por segundo). Cuando está despierto y alerta, los patrones de ondas de su cerebro están dominados por *ondas beta* rápidas y de baja amplitud. Cuando cierra los ojos y descansa en su cama, entra en un estado de vigilia relajada. En ese estado, las ondas cerebrales están dominadas por ciclos rítmicos más lentos llamados *ondas alfa*. Cuando se entrega al sueño, el EEG muestra que usted avanza a través de varias fases del sueño, caracterizadas por diferentes patrones de ondas cerebrales (consulte la figura 4.1).

CONCEPTO 4.9
Durante el sueño, su cuerpo atraviesa cuatro fases, seguidas por un periodo de sueño MOR, en el cual ocurre la mayor parte de la experiencia onírica.

FIGURA 4.1 Patrones de ondas cerebrales durante la vigilia y el sueño
Aquí vemos los patrones característicos de ondas cerebrales asociados con cada fase del sueño. *a*) Vigilia ordinaria: ondas beta rápidas de baja amplitud; *b*) vigilia relajada: ondas alfa rítmicas; *c*) fase 1 del sueño: ondas cerebrales pequeñas e irregulares con frecuencias variadas; *d*) fase 2 del sueño: husos del sueño; *e*) fase 3 y fase 4 del sueño: ondas delta largas y lentas; *f*) sueño MOR: patrón rápido y activo, similar al de la vigilia ordinaria.

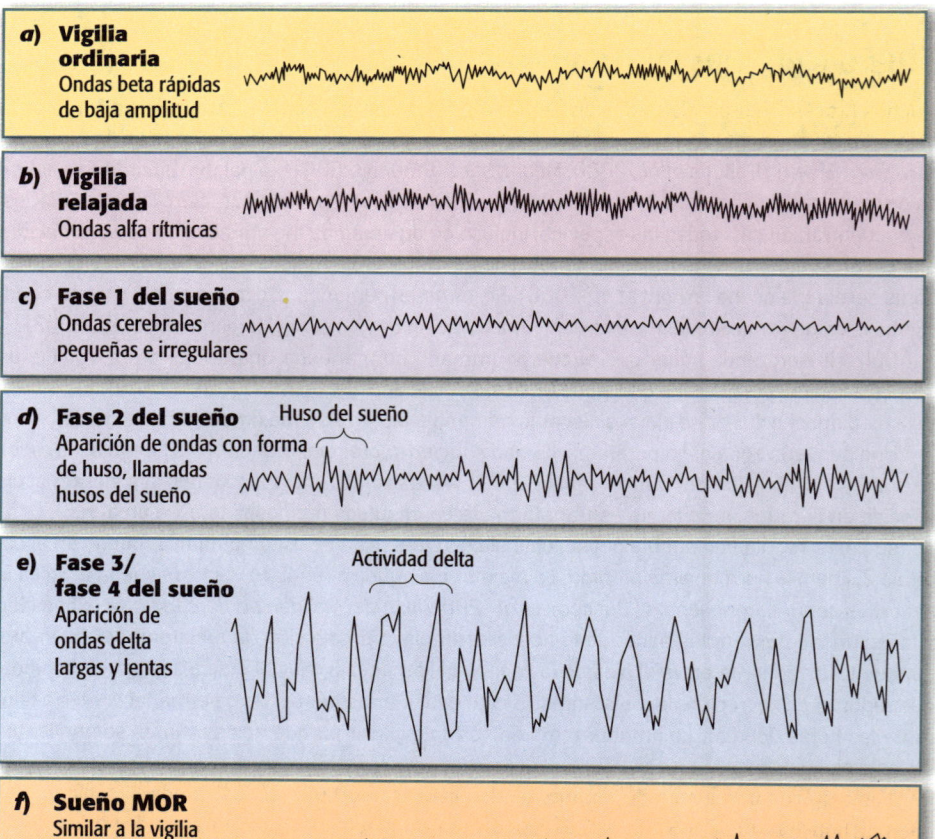

a) **Vigilia ordinaria**
Ondas beta rápidas de baja amplitud

b) **Vigilia relajada**
Ondas alfa rítmicas

c) **Fase 1 del sueño**
Ondas cerebrales pequeñas e irregulares

d) **Fase 2 del sueño**
Aparición de ondas con forma de huso, llamadas husos del sueño
Huso del sueño

e) **Fase 3/ fase 4 del sueño**
Aparición de ondas delta largas y lentas
Actividad delta

f) **Sueño MOR**
Similar a la vigilia ordinaria

jet lag Interrupción de los ciclos de sueño y vigilia causada por los cambios en las zonas horarias que acompaña a los viajes aéreos de largas distancias.

Fases 1 a 4: Del sueño ligero al profundo

Cuando entra en la fase 1 del sueño, sus ondas cerebrales se hacen pequeñas e irregulares con frecuencias variadas. Puede despertar con facilidad durante esta fase, y ni siquiera darse cuenta de que había dormido. La fase 2 del sueño inicia alrededor de dos minutos después de la fase 1 y se caracteriza por explosiones de actividad de las ondas cerebrales que están representadas por ondas con forma de huso, llamadas *husos del sueño*. Usted invierte más de la mitad de su tiempo de sueño en la fase 2. Ése es un estado más profundo de sueño, pero aún puede despertar por completo. Las fases 3 y 4 del sueño, llamadas *sueño delta* o *sueño de onda lenta (SOL)* se caracterizan por la aparición de ondas cerebrales largas y lentas, llamadas *ondas delta*. Éste es el periodo de sueño profundo del cual resulta difícil despertar. La diferencia entre las fases 3 y 4 se basa en la proporción de las ondas delta. En la primera, las ondas delta constituyen 50% o menos de los patrones de ondas cerebrales; en la segunda, más de 50%.

Sueño MOR: El material del que están hechos los sueños

El sueño de movimiento ocular rápido (MOR) es la fase del sueño, en el cual los ojos de la persona se mueven debajo de los párpados cerrados. Después de la fase 4 del sueño, el durmiente regresa por periodos breves a las fases 3 y 2 y de allí pasa al sueño MOR. El MOR es la fase más estrechamente relacionada con los sueños (Angier, 2007). También pueden presentarse sueños en las fases 1 a la 4 —que en términos colectivos se les conoce como sueño no-MOR (NMOR)—, pero por lo general éstos son más breves, menos frecuentes y más semejantes a pensamientos que los experimentados durante el sueño MOR.

El cerebro se vuelve más activo durante el sueño MOR, razón por la cual en ocasiones se le llama *sueño activo* (Hobson, 2005). Los patrones de ondas cerebrales durante el sueño MOR son similares a las de los estados de vigilia alerta, y también se le conoce como *sueño paradójico*. Lo que lo hace paradójico es que, a pesar del alto nivel de actividad cerebral, la actividad muscular está bloqueada a tal punto que la persona está prácticamente paralizada. De hecho, esta situación es afortunada, porque impide las lesiones que podrían ocurrir si el soñador intentara levantarse de pronto de la cama y actuar un sueño.

Por lo general, los ciclos del sueño se repiten cada 90 minutos, más o menos. La persona promedio tiene alrededor de cuatro o cinco ciclos durante una noche. Puede tomar alrededor de una hora alcanzar la fase 4 en el primer ciclo y luego otros 30 o 40 minutos para llegar al sueño MOR. Mientras la noche avanza, la cantidad de tiempo invertida en el sueño MOR se incrementa (consulte la figura 4.2). Más aún, la fase 4 del sueño desaparece durante el transcurso de la noche, lo cual significa que progresamos más rápido hacia el sueño MOR al tiempo que la noche termina.

La tabla de conceptos 4.2 resume los diferentes estados de vigilia y las fases del sueño.

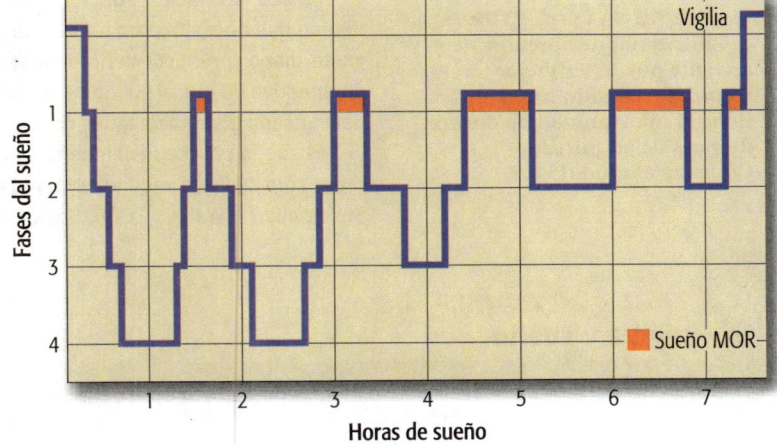

FIGURA 4.2   Sueño MOR durante la noche
Note cómo los periodos de sueño MOR se hacen más largos mientras el sueño avanza durante de la noche.

¿Por qué dormimos?

A pesar de que los seres humanos y casi todos los demás animales duermen durante ciertos periodos del día (consulte la figura 4.3), aún carecemos de una clara comprensión de las funciones del sueño (Walker y Stickgold, 2006). La casi universalidad del mismo en todo el reino animal sugiere que éste desempeña una importante función en la lucha por la supervivencia. Como líder en la investigación del sueño, Alan Rechtschaffen explica: "Si el sueño no desempeña una función absolutamente vital, es el más grande error cometido por la evolución" (citado en Azar, 2006, p. 55). Aquí consideraremos algunas de las teorías prominentes sobre el sueño.

Una función del sueño puede ser *protectora*, pues mantiene al individuo lejos del daño. El animal que duerme puede ser menos notorio para los depredadores que merodean por las cercanías

sueño de movimiento ocular rápido (MOR)   Etapa del ciclo de dormir que implica rápidos movimientos oculares y que se asocia más con periodos de sueños.

FIGURA 4.3 Promedio de duración del sueño entre diferentes mamíferos La cantidad promedio de sueño varía entre las especies animales.

CONCEPTO 4.10

El sueño parece desempeñar varias funciones, como la protectora, de conservación de la energía, la reparadora y de consolidación de la memoria.

VÍNCULO DE CONCEPTOS · · · · ·

El material de aprendizaje reciente puede ser mejor recordado cuando usted tiene la oportunidad de dormir después de adquirirlo. Consulte el módulo 6.2.

durante la noche y tiene menos probabilidades de sufrir caídas o accidentes peligrosos que podrían ser ocasionados por moverse por los derredores en la oscuridad (Gaulin y McBurney, 2001). El sueño también puede ayudar a los organismos a *conservar la energía*. El descenso en la temperatura corporal durante el sueño puede aumentar su energía en los animales de sangre caliente, como los seres humanos y los demás mamíferos, para mantener una temperatura corporal más alta durante el estado de vigilia (Berger y Phillips, 1995).

Tal vez la principal función del sueño sea *reparadora*, porque puede conceder al cuerpo el tiempo que necesita para renovarse y reabastecerse al ayudar al cerebro a recuperarse del desgaste diario y resurtir las proteínas consumidas durante las múltiples actividades del día. La perspectiva de que el sueño es reparador es consistente con la experiencia subjetiva de sentirse descansado y alerta después de una buena noche de sueño.

El sueño parece desempeñar una importante función en el proceso mediante el cual el cerebro *consolida* en recuerdos perdurables aquellos adquiridos en las experiencias diarias (Hu, Stylos-Allan y Walker, 2006; Stickgold, 2005). Los científicos de la memoria sospechan que el

TABLA DE CONCEPTOS 4.2
Vigilia y sueño

Estado de vigilia/ fase del sueño	Patrón característico de ondas cerebrales	Características clave
Vigilia alerta	Ondas beta rápidas y de baja amplitud	Estado de atención enfocada o pensamiento activo
Vigilia relajada	Ondas alfa más lentas y rítmicas	Estado de descanso sereno con los ojos cerrados
Fase 1 del sueño	Ondas cerebrales pequeñas e irregulares con frecuencias variadas	Sueño ligero del cual la persona puede despertar con facilidad
Fase 2 del sueño	Husos del sueño	Sueño más profundo, pero el soñador aún puede despertar tranquilamente
Fase 3 del sueño	Ondas delta largas y lentas	Sueño profundo, (llamado sueño delta o sueño de onda lenta) del cual es difícil despertar al soñador
Fase 4 del sueño	Dominio de ondas delta	Nivel más profundo de sueño
Sueño MOR	Patrón rápido y activo, similar al de la vigilia alerta	Sueño en el cual el cerebro se vuelve más activo, pero la actividad muscular está bloqueada (también llamado sueño activo o sueño paradójico); etapa asociada con los sueños

cerebro reproduce las experiencias de la vigilia mientras dormimos a fin de fortalecer los nuevos recuerdos o encontrar un mejor sentido a nuestras experiencias diarias (Carey, 2007; Ji y Wilson, 2007; Miller, 2007a). Estos especialistas sospechan que tanto el sueño MOR como el de onda lenta (SOL) están implicados en la fijación de la memoria (Ji y Wilson, 2007; Wixted, 2004).

Un intrigante estudio reciente señala las funciones de consolidación de la memoria del sueño. En dicho estudio, los participantes aprendieron la tarea de localización de tarjetas en una habitación con aroma a rosas (Rasch *et al.*, 2007). Después, mientras dormían, algunos participantes fueron expuestos a un rocío de esencia de rosas durante el sueño de onda lenta (SOL). Resultó que aquellos participantes que fueron rociados con esencia de rosas durante el SOL, mostraron una mejor retención de la tarea de localización de tarjetas que los del grupo control que no fueron expuestos a la misma fragancia.

El sueño también parece aumentar la capacidad del cuerpo para defenderse contra los agentes causantes de enfermedades. No es sorprendente que usted se encuentre más susceptible al resfriado común y a otras enfermedades cuando no ha dormido su cuota necesaria de horas de sueño. En resumen, el sueño parece servir a múltiples propósitos.

Sueños y soñar

¿Por qué soñamos? La respuesta sintetizada es que nadie lo sabe con certeza. Es muy posible que los sueños sirvan para múltiples funciones. Como señalamos antes, los científicos creen que el sueño MOR, la fase asociada de manera más directa con los sueños, está involucrado con el sueño de onda lenta en el proceso de reafirmación de la memoria, mediante el cual el cerebro transforma los recuerdos recientes en perdurables.

Ernest Hartmann, investigador líder de los sueños, cree que éstos nos ayudan a buscar posibles soluciones para los problemas y preocupaciones de la vida diaria (citado en Talan, 1998). Otra perspectiva prominente sobre el sueño, llamada **hipótesis de activación-síntesis** (Hobson, 1988; Hobson y McCarley, 1977), sostiene que los sueños representan un intento de la corteza cerebral por encontrar sentido a las descargas aleatorias de actividad cerebral que ocurren durante el sueño MOR. La actividad eléctrica surge del tallo cerebral, la parte del cerebro responsable de funciones tan básicas, como la respiración y el ritmo cardiaco (consulte la figura 4.4). De acuerdo con esta hipótesis, la corteza cerebral crea un guión basado en el almacén de conocimientos y recuerdos del individuo para explicar esas señales aleatorias y las emociones y experiencias sensoriales que éstas generan.

CONCEPTO 4.11
A pesar de que todos soñamos al dormir, la pregunta de por qué soñamos permanece aún sin respuesta.

¿Por qué soñamos? A pesar de que abundan las especulaciones sobre el sueño, su significado aún es un misterio. Aquí vemos una representación de símbolos oníricos en una pintura del artista Marc Chagall.

hipótesis de activación-síntesis Propuesta de que los sueños representan los intentos del cerebro por encontrar sentido a las descargas aleatorias de actividad eléctrica que ocurren durante el sueño MOR.

DIAGRAMA DE LA PSICOLOGÍA

FIGURA 4.4 Hipótesis de activación-síntesis
De acuerdo con la hipótesis de activación-síntesis, los sueños surgen cuando la corteza cerebral intenta explicarse las descargas eléctricas aleatorias que emanan del tallo cerebral durante el sueño MOR.

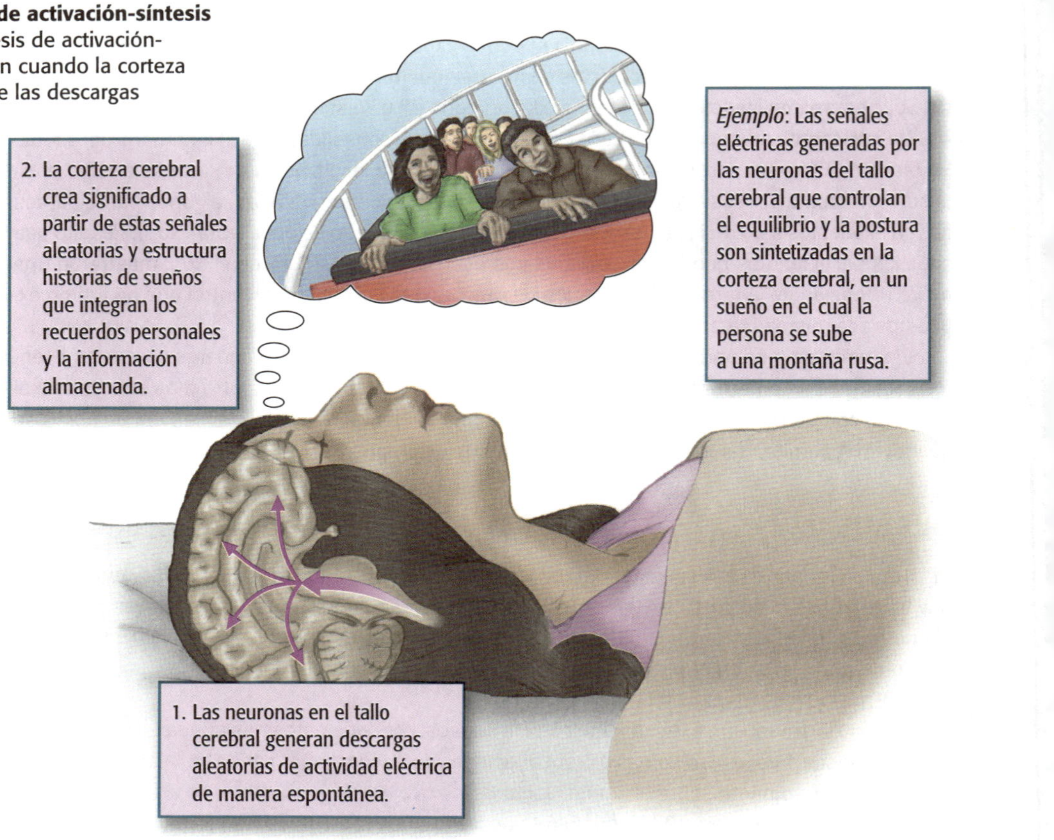

2. La corteza cerebral crea significado a partir de estas señales aleatorias y estructura historias de sueños que integran los recuerdos personales y la información almacenada.

Ejemplo: Las señales eléctricas generadas por las neuronas del tallo cerebral que controlan el equilibrio y la postura son sintetizadas en la corteza cerebral, en un sueño en el cual la persona se sube a una montaña rusa.

1. Las neuronas en el tallo cerebral generan descargas aleatorias de actividad eléctrica de manera espontánea.

Algunas partes del tallo cerebral se activan durante el sueño MOR, al igual que otras regiones del cerebro involucradas en las emociones, la memoria y el procesamiento visual. Resulta interesante que entre las partes del cerebro que muestran reducida actividad durante el sueño MOR se incluyen áreas de la corteza cerebral que participan en el pensamiento lógico. Este patrón de actividad nerviosa sugiere porqué los sueños carecen del orden o de la lógica del pensamiento consciente ordinario, es decir, porqué se forman a partir de fragmentos y piezas de recuerdos con carga emotiva e impresiones vívidas en una secuencia caótica de sucesos.

Incluso si los sueños emanan de una mezcolanza de descargas eléctricas que parten de los profundos recesos del cerebro, pueden estar llenos de significado personal dado que se basan en recuerdos y asociaciones individuales. Pero, ¿qué significan, si es que significan algo?

Sigmund Freud (1900) tenía una respuesta para esta pregunta que aún nos fascina y desafía. Creía que los sueños representan una forma de *cumplimiento de deseos.* De acuerdo con Freud, los sueños contienen símbolos que representan los deseos subyacentes del durmiente, por lo regular, de naturaleza sexual o agresiva. Él llamó a los sueños "el camino real" hacia la mente inconsciente, pero creía que necesitamos una especie de mapa psicológico para interpretarlos porque los símbolos oníricos enmascaran sus verdaderos significados. Freud hacía una distinción entre dos tipos de contenido onírico:

1. *Contenido manifiesto.* Este es el guión del sueño, es decir, los sucesos que se desarrollan durante el sueño. Por ejemplo, usted puede soñar que conduce un auto a gran velocidad y que un agente de policía le impone una multa.

2. *Contenido latente.* Éste es el significado verdadero y subyacente del sueño, disfrazado en forma de símbolos oníricos. El disfraz oculta el verdadero significado del sueño, con lo cual ayuda a mantenerlo al impedir que el material emocionalmente amenazante lo despierte. Conducir a gran velocidad puede simbolizar un deseo sexual inaceptable. El oficial de policía, un símbolo de autoridad masculina, puede representar a su padre en el acto de castigarlo por tener ese deseo sexual.

En el enfoque de Freud, los objetos fálicos como árboles, rascacielos, víboras y pistolas, son símbolos de los genitales masculinos; y los objetos cerrados, como cajas, armarios y hornos, simbolizan los genitales femeninos. No obstante, él creía que no debemos apresurarnos a juzgar cuando interpretamos símbolos oníricos pues, en ocasiones, "un cigarro es sólo un cigarro". Freud también reconocía que los mismos sucesos oníricos podían tener significados distintos para personas diferentes, de manera que el análisis individual es necesario para extraer sus significados (Pesant y Zadra, 2004).

La interpretación onírica sugiere un interesante ejercicio, pero, ¿cómo sabemos que nuestras interpretaciones son acertadas? Por desgracia, a pesar de que el significado de los sueños ha sido estudiado y debatido durante más de un siglo a partir de la obra inicial de Freud, aún carecemos de medios objetivos para verificar la precisión de la interpretación de los sueños. Tampoco contamos con ninguna evidencia de que éstos sirvan para preservar el acto de dormir, como proponía Freud. Cuando menos, debemos dar crédito a Freud por crear conciencia de que los sueños pueden tener un significado psicológico y de que pueden expresar temas emocionales.

Sin importar cuál sea el significado subyacente de los sueños, los investigadores encuentran que algunas personas reportan **sueños lúcidos**, en los cuales la persona está consciente de soñar (Holzinger, LaBerge y Levitan, 2006; Paulsson y Parker, 2006). Este tipo de sueños parecen ocurrir casi de manera exclusiva durante el sueño MOR (LaBerge, 2003; Rosenbloom, 2007). Sin embargo, muy pocas personas reportan tenerlos con regularidad. También carecemos de evidencias para apoyar las declaraciones de algunos soñadores lúcidos de que pueden determinar con antelación lo que soñarán o de que pueden dirigir la acción de un sueño a medida que éste se desarrolla (consulte "Intente lo siguiente").

Por otra parte, los psicólogos sostienen que pensar en algo poco antes de dormir o intentar no pensar en algo incrementa las probabilidades de soñar con ello (A. O'Connor, 2004b; Wegner, Wenzlaff y Kozak, 2004). Entonces, el intento de sacar un tema de su mente puede tener la consecuencia no intencional de hacer que sea más probable que aparezca en sus sueños. Toda la energía mental invertida en suprimir un pensamiento puede marcar a dicho pensamiento como algo significativo que la mente incorpora en ellos. La tabla 4.1 ofrece respuestas a algunas preguntas comunes que la gente se formula con frecuencia sobre este tema.

Intente lo siguiente

Sueñe un poco por mí

¿Puede usted determinar con qué sueña? Para descubrirlo, intente este experimento:

1. Antes de retirarse a dormir, seleccione un tema para soñar, por ejemplo, conocer a una persona famosa o practicar su deporte favorito, y coloque un bolígrafo y una libreta al alcance de su mano, cerca de su cama.
2. Durante 10 o 15 minutos antes de dormir, ensaye el sueño en su mente fantaseando sobre el tema.
3. Justo antes de dormir, dígase a sí mismo: "Creo que soñaré un poco más sobre esto".
4. A medida que concilia el sueño regrese a esa fantasía, pero no impida que su mente vague con libertad.
5. Cuando despierte, tanto si es a medianoche o si es la mañana siguiente, permanezca acostado mientras recuerda qué fue lo que soñó; de inmediato tome su bolígrafo y libreta y escriba el contenido del sueño.
6. Evalúe sus resultados. ¿Fue usted capaz de programar su sueño por adelantado?

Privación del sueño: sobrevivir con menos

Las necesidades de sueño varían entre la gente, pero la mayoría de nosotros requiere entre siete y nueve horas para sentirnos frescos y funcionar al máximo nivel. No obstante, el estadounidense promedio duerme sólo 6.9 horas por noche y numerosas personas duermen mucho menos de lo que necesitan (National Sleep Foundation, 2005). Una persona de cada cuatro afirma que sus trastornos del sueño afectan sus capacidades para funcionar durante el día. Los estudiantes universitarios tienden a estar más somnolientos, pues en promedio sólo duermen entre 6.0 y 6.9 horas por noche (Markel, 2003). Muchos de nosotros no dormimos lo suficiente, porque nos desvelamos mientras vemos televisión o navegamos por internet, o debido a las demandas de un segundo empleo a causa de la necesidad económica (Cartwright, 2007).

Los patrones de sueño cambian durante el ciclo de vida. Los bebés recién nacidos duermen alrededor de dos terceras partes del día (consulte la figura 4.5). Los bebés pasan cerca de una tercera parte de su tiempo de sueño en sueño MOR, mientras que los adultos invierten alrededor de una quinta parte. Los niños invierten más tiempo en el sueño MOR que los adultos, pero a medida que maduran, la proporción del mismo disminuye y se incrementan los periodos de sueño NMOR y vigilia. Durante la adultez, disminuye la cantidad tanto de tiempo en sueño MOR

CONCEPTO 4.12
Aunque varía mucho la cantidad de sueño que cada persona requiere, la mayoría de la gente necesita entre siete y nueve horas de sueño para sentirse renovada y desempeñarse a su máximo nivel.

sueños lúcidos Manifestaciones oníricas en los cuales el soñador está consciente de que sueña.

TABLA 4.1 **Preguntas y respuestas sobre los sueños**

Pregunta	Hecho
¿Los sueños predicen el futuro?	Las personas que creen que tuvieron sueños proféticos pueden señalar uno o dos "aciertos" (correspondencias entre sucesos oníricos y sucesos de la vida real). Sin embargo, omiten las numerosas ocasiones cuando soñaron con un acontecimiento que no ocurrió. Ninguna evidencia científica creíble apoya la creencia en que los sueños predicen el futuro. Cualquier correspondencia entre un suceso onírico y el mismo suceso en la vida real puede ser explicada como mera coincidencia
¿Soñamos a color?	No podemos dar una respuesta definitiva dado que dependemos de reportes de sueños (que la gente recuerde sus sueños al despertar), en lugar de depender de una experiencia onírica directa. No obstante, en estudios de laboratorio sobre el sueño, la gente reporta soñar a color
¿Los animales sueñan?	Los animales no pueden decirnos si sueñan, de manera que la pregunta es discutible. Sabemos, a partir de los estudios de laboratorio, que diversas especies de mamíferos muestran los mismos patrones de activación cerebral que los humanos cuando duermen. Como consecuencia, es razonable suponer que otros animales tienen experiencias perceptuales, emocionales y de memoria mientras duermen. Tal vez estas experiencias constituyan una especie de estado onírico sin palabras
¿Ocurren los sueños en un instante?	De hecho, los sucesos de los sueños se desarrollan casi en tiempo real. Por lo regular, los sueños duran entre cinco y 45 minutos
¿La gente ciega sueña?	Las personas que son ciegas de nacimiento sí sueñan pero no tienen imágenes visuales. Sus sueños implican otras experiencias sensoriales, como sensaciones táctiles, auditivas y corporales. En efecto, esas personas sienten o tocan sus sueños en lugar de verlos. Quienes pierden la vista después de los siete años de edad mantienen la capacidad para generar imágenes visuales cuando sueñan, al menos a lo largo de 20 o 30 años después de haber perdido la vista
Si uno sueña que cae desde un lugar alto, ¿morirá si no despierta a tiempo?	Lo cierto es que no. Mucha gente sueña que cae y golpea el suelo o incluso que muere, pero en realidad nada de eso ocurre

Fuente: Hobson, 2002; Kerr y Homhoff, 2004; NewScientist.com, entre otras fuentes.

como en el profundo y el total (Blackman, 2000; Van Cauter, Leproult y Plat, 2000). Para cuando alcanzamos nuestra sexta o séptima década de vida, podemos requerir sólo seis horas de sueño por noche.

Si se pierde de unas cuantas horas de sueño, puede sentirse un poco disperso al día siguiente, pero quizá sea capaz de tolerarlo. Sin embargo, su privación hace más lentos nuestros tiempos de reacción; desequilibra nuestra concentración, memoria y capacidad para resolver problemas; hace más difícil la retención de información de reciente adquisición, y perjudica nuestro desempeño académico, como puede ser en tareas matemáticas (McCarley, 2007; Stickgold, LaTanya y Hobson, 2000). No es sorprendente que gran parte de los estadounidenses estén somnolientos si consideramos que muchos de ellos no se van a dormir sino hasta altas horas de la madrugada (consulte la figura 4.6). Hasta 15% de los estadounidenses no duerme las horas que necesita debido a factores del estilo de vida, como horarios demandantes de trabajo y responsabilidades de brindar cuidados (Minerd y Jasmer, 2006).

No es sorprendente que la privación de sueño se encuentre entre las causas más comunes de accidentes de vehículos de motor, los cuales tienen más probabilidades de ocurrir durante las primeras horas de la mañana, que es cuando los conductores se sienten más somnolientos. Tampoco debería sorprendernos que, cuando se eliminan los turnos extendidos de trabajo entre internos médicos exhaustos, disminuya la frecuencia de errores de atención durante dichos turnos laborales (Lockley *et al.*, 2004).

No sólo la cantidad total de sueño afecta nuestro funcionamiento, sino también el tipo de sueño. A partir de los estudios de laboratorio, en los cuales los voluntarios han sido privados del sueño MOR, sabemos que la pérdida de éste afecta la capacidad de aprendizaje y la memoria (Greer, 2004c).

CONCEPTO 4.13
La cantidad de sueño MOR que usted obtiene afecta su capacidad para funcionar a su máximo nivel.

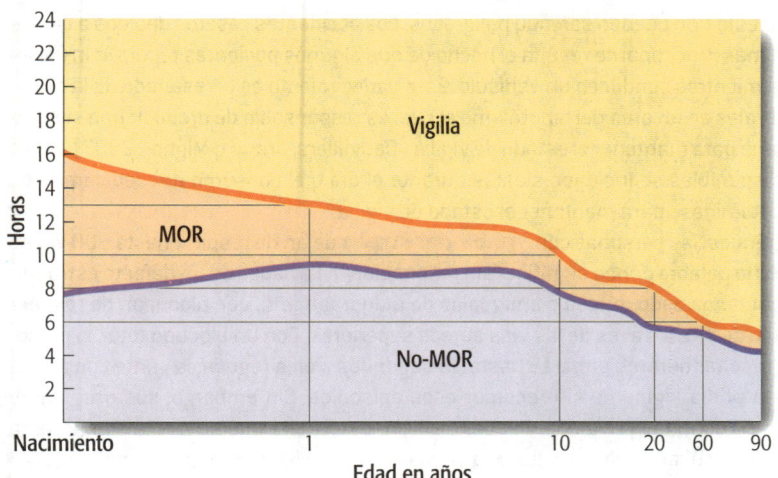

FIGURA 4.5   Cambios en los patrones de sueño en la infancia
Durante la infancia temprana, la proporción de sueño MOR disminuye mientras se incrementa la proporción de sueño no-MOR.

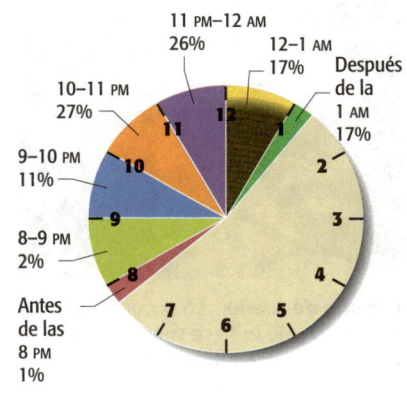

Nota: Los porcentajes no suman 100% debido al redondeo de decimales.

A pesar de los períodos temporales de privación del sueño no están vinculados con efectos nocivos duraderos, una ausencia prolongada del mismo puede ser perjudicial para su salud. Puede causar hipertensión (presión arterial alta) y dañar su sistema inmunológico, haciéndolo más vulnerable a las enfermedades (Bakalard, 2006; Egan, 2006; Motivala e Irwin, 2007). Sin embargo, no hay que alarmarse si perdemos un par de horas de sueño, más bien, debemos tratar de restaurar nuestro patrón normal de sueño la noche siguiente.

Trastornos del sueño: cuando el sueño normal nos elude

Los trastornos del sueño, que son alteraciones que interfieren con que logremos dormir bien durante la noche y nos mantengamos alertas durante el día, afectan a millones de personas en Estados Unidos (R. Sullivan, 1998). Uno de cada 10 estadounidenses adultos sufre **insomnio** crónico y persistente, el trastorno del sueño más común (Smith y Perlis, 2006). Las personas con insomnio tienen dificultades para conciliar el sueño, permanecer dormidas o volver a dormir después de despertar a medianoche. Puede hacerles falta el tipo de sueño reparador que provoca que nos sintamos renovados y alerta por la mañana (Morphy *et al.*, 2007). No es sorprendente que esta perturbación esté asociada con una menor capacidad para disfrutar la vida (Hamilton *et al.*, 2007).

Muchos factores pueden provocar insomnio, incluso el consumo de drogas o medicamentos y ciertos trastornos psicológicos, como la ansiedad y los desórdenes del estado de ánimo. Los hábitos complicados de sueño, como llevar a la cama las preocupaciones diarias, también lo pueden provocar. La preocupación se acompaña de un incremento en la excitación corporal, lo cual puede impedir un sueño normal. Las personas que tienen problemas para conciliar el sueño pueden también preocuparse por no dormir lo suficiente, lo cual puede aumentar aún más su nivel de excitación. Pueden descubrir que entre más se esfuercen por dormir, más difícil les resulta. La lección aquí es que el sueño es una función natural que no puede ser forzada. Rumiar las preocupaciones mientras se intenta conciliar el sueño también contribuye a minar la calidad del mismo.

La **narcolepsia**, un trastorno del sueño que afecta a alrededor de 135 000 estadounidenses, se caracteriza por "ataques de sueño" repentinos e inexplicables que ocurren durante las horas del día (Chen, 2007). Las personas que padecen este síntoma pueden participar en una conversación en un momento y caer al suelo profundamente dormidas en el siguiente. En contraste con el patrón normal de sueño en el cual el sueño MOR ocurre luego de varias fases de sueño NMOR, por lo regular el primero ocurre casi de inmediato, justo después del inicio del ataque narcoléptico. El episodio dura alrededor de 15 minutos. En algunos casos, el ataque de sueño es precedido por temibles alucinaciones que pueden implicar a varios sentidos, como el visual, el auditivo o el cinestésico (movimiento del cuerpo).

FIGURA 4.6   Cuando Estados Unidos se va a dormir
Vivir en un mundo de "24/7", en el cual podemos ver películas y noticias durante toda la noche o incluso ordenar una pizza a las dos de la mañana, ha tenido sus consecuencias en los hábitos de sueño de Estados Unidos. Una razón por la cual muchos estadounidenses no duermen lo suficiente es que se van a dormir demasiado tarde.

Fuente: Adaptado de Sleepless in America, una encuesta conducida por la ACNielsen Company, abril del 2005, extraída de http:us.acnielsen.com/news/20050404.shtml.

CONCEPTO 4.14
Los trastornos del sueño son alteraciones del sueño que impiden que la persona duerma bien durante la noche y se mantenga despierta o alerta durante el día.

insomnio Dificultad para conciliar el sueño, permanecer dormido o volver a dormir después de despertar a medianoche.
narcolepsia Trastorno caracterizado por "ataques de sueño" repentinos e inexplicables durante el día.

Privado de sueño La privación de sueño no sólo lo hace sentir un poco disperso, también hace más lentos sus tiempos de reacción y perjudica su concentración, memoria y capacidad para resolver problemas.

Los ataques de este tipo pueden ser muy peligrosos. Los accidentes caseros debidos a caídas son comunes. Aún más preocupante resulta el hecho de que algunos pacientes reportan irrupciones de narcolepsia mientras conducen un vehículo. Este padecimiento es el resultado de la pérdida de células cerebrales en un área del hipotálamo el cual es responsable de producir una sustancia química necesaria para mantener el estado de vigilia (Dauvilliers, Arnulf y Mignot, 2007). Entre los tratamientos disponibles se incluyen siestas durante el día y el consumo de medicamentos estimulantes (anfetaminas) para mantener el estado de vigilia.

En términos literales, las personas con **apnea del sueño** dejan de respirar hasta 500 veces durante una noche (la palabra *apnea* significa "sin respiración"). La causa es un defecto estructural, como un paladar demasiado grueso o amígdalas de mayor tamaño, que bloquean de manera parcial o total el flujo de aire a través de las vías aéreas superiores. Con un bloqueo total, la persona puede dejar de respirar durante entre 15 hasta 90 segundos. Por lo regular, la gente con apnea del sueño despierta al día siguiente sin recordar esos episodios. Sin embargo, sus irregulares patrones en el acto de dormir le privan de un sueño sólido, de manera que se siente somnolienta durante el día y tiene dificultades para funcionar a su máxima capacidad. Por razones que no están claras, las personas con apnea del sueño tienen un riesgo mayor de sufrir problemas cardiovasculares (del corazón y circulatorios) y muertes relacionadas con éstos (Le Jemtel y Jelic, 2007; Wang *et al.*, 2007). También roncan muy fuerte (descrito como ronquido con "fuerza industrial") debido a sus estrechas vías aéreas (Basner, 2007). Los expertos estiman que hasta 18 millones de estadounidenses padecen apnea del sueño (D. Smith, 2001b). Es más común en los hombres, en especial, de mediana edad, y entre personas obesas. La apnea del sueño puede ser tratada con aplicaciones, como una máscara nasal que ejerce presión para mantener abiertas las vías aéreas superiores durante el sueño, o con cirugía para abrir las vías aéreas obstruidas.

Las personas con **trastorno de pesadilla** tienen frecuentes y molestas ensoñaciones angustiosas. Los niños son especialmente proclives sufrirlo. Las pesadillas son sueños similares a una historia que contiene amenazas a la vida o a la seguridad del soñador. La acción de la pesadilla puede ser vívida e intensa, como caer a través del espacio o escapar de atacantes o de insectos gigantes. Por lo regular las pesadillas tienen lugar durante el sueño MOR (Mason y Pack, 2007). En general, la gente es más susceptible a las pesadillas cuando se encuentra bajo estrés emocional, tiene altas fiebres o sufre privación del sueño.

Las personas con **trastorno de terror del sueño** tienen frecuentes "terrores nocturnos", los cuales son más recurrentes que las pesadillas ordinarias. A diferencia de éstas, las cuales ocurren principalmente durante el sueño MOR, los terrores nocturnos ocurren durante el sueño profundo (Mason y Pack, 2007). El trastorno afecta primordialmente a los niños, y con más frecuencia a los varones que a las niñas. Los terrores nocturnos comienzan con un fuerte grito de pánico (American Psychiatric Association, 2000). El pequeño puede sentarse en la cama, parecer estupefacto y atemorizado y ser capaz de recordar sólo imágenes oníricas fragmentarias, en lugar de las detalladas historias oníricas que por lo regular son recordadas después de las pesadillas. La mayoría de los niños supera el problema en la adolescencia.

El **trastorno de sonambulismo** es otro desorden del sueño que ocurre con más frecuencia entre niños que entre adultos y afecta a alrededor de 5% de los menores. Los episodios ocasionales de sonambulismo entre niños son normales, pero si se presenta de manera persistente es señal de una alteración subyacente del sueño. En un episodio de sonambulismo, la persona permanece profundamente dormida mientras camina con los ojos abiertos y quizá con un gesto carente de expresión en el rostro. A pesar de que los sonámbulos por lo general evitan tropezarse con las cosas, sí ocurren accidentes. A la mañana siguiente, el sonámbulo no recuerda sus caminatas nocturnas. El sonambulismo casi siempre ocurre durante el sueño profundo y sin sueños, cuando el cuerpo no está paralizado, como pasa durante el sueño MOR (Angier, 2007; Mason y Pack, 2007). A pesar de la creencia común, no existe peligro alguno en el hecho de despertar a un sonámbulo.

A menudo, los trastornos del sueño son tratados con medicamentos que ayudan a inducir el sueño. Sin embargo, esos fármacos pueden generar dependencia fisiológica y deben de ser utilizados durante un breve periodo, máximo unas cuantas semanas (Pollack, 2004a). Sus efectos para dormir también son modestos, pues generan un promedio de sólo alrededor de 11 minutos más de sueño normal en comparación con las píldoras placebo (falsas), de acuerdo con un reciente reporte de los National Health Institutes (Saul, 2007). Como lo expresa un experto en medicina del sueño, "la píldora mágica para dormir todavía no ha sido inventada" (citado en Saul, 2007).

Por otra parte, los psicólogos han obtenido buenos resultados en el tratamiento del insomnio con el empleo de una combinación de técnicas cognitivas (pensamiento correctivo), y conductuales (desarrollo de buenos hábitos de sueño) (consulte Espie, 2002; McCurry, Longsdon, Teri y Vitello, 2007; Pollack, 2004b; Roy-Byrne, 2007). Usted puede encontrar ejemplos de estas técnicas en el módulo 4.5 de este capítulo.

REVISIÓN DE MÓDULO 4.2   Dormir y soñar

REPASE

¿Cómo están regulados los ciclos de sueño y vigilia?

• El núcleo supraquiasmático (NSQ), un mecanismo semejante a un reloj en el hipotálamo, regula nuestros ciclos de sueño y vigilia de acuerdo con un ciclo circadiano que se aproxima al día de 24 horas.

¿Cuáles son las fases del sueño?

• Además del sueño MOR hay cuatro fases no-MOR del sueño (fases 1 a 4); en ellas, el sueño se hace cada vez más profundo. El cerebro está relativamente activo durante el sueño MOR, que es cuando ocurre la mayor parte de los sueños.

¿Cuáles son las funciones de dormir?

• A pesar de que nadie lo sabe con certeza, los expertos en el tema sospechan que el sueño puede servir para muchas funciones, que pueden ser de índole protectora, de conservación de la energía, reparadora y de consolidación de la memoria.

¿Por qué soñamos?

• Una vez más, nadie lo sabe a ciencia cierta, pero entre las teorías se incluyen la creencia de que los sueños son necesarios para consolidar los recuerdos y las experiencias que ocurren durante el día. El enfoque de Hartmann, de que los sueños ayudan a la gente a resolver sus problemas cotidianos, y la perspectiva de Freud, de que ayudan a mantener el sueño al disfrazar deseos o impulsos potencialmente amenazantes en la forma de símbolos oníricos, son dos de estas teorías.

¿Qué son los trastornos del sueño?

• Los trastornos del sueño son alteraciones en la cantidad o calidad del sueño. Entre éstos de incluyen el insomnio, la narcolepsia, la apnea del sueño, el trastorno de pesadilla, el trastorno de terror del sueño y el sonambulismo. El más común es el insomnio.

RECUERDE

1. El ciclo de sueño y vigilia opera de acuerdo con un ciclo _____.

2. El sueño profundo, el cual se caracteriza por patrones de ondas cerebrales delta, ocurre durante
   a. las fases 1 y 2 del sueño
   b. las fases 2 y 3 del sueño
   c. las fases 3 y 4 del sueño
   d. el sueño MOR

3. El sueño puede ayudar al cuerpo a resurtir los recursos invertidos durante la vigilia. ¿Cómo se llama esta función del sueño?

4. Una cada uno de los trastornos del sueño a la izquierda con la descripción apropiada a la derecha:

   i. narcolepsia
   ii. trastorno de terror del sueño
   iii. apnea del sueño
   iv. trastorno de pesadilla

   a. frecuentes y temibles sueños que por lo regular ocurren durante el sueño MOR
   b. intensas pesadillas que ocurren durante el sueño profundo y que primordialmente afectan a los niños
   c. súbitos e inexplicables "ataques de sueño" durante el día
   d. cese temporal de la respiración durante el sueño

REFLEXIONE

• ¿Alguna vez ha experimentado *jet lag*? ¿Cómo le afectó? ¿Qué podría hacer de manera distinta en el futuro para sobrellevarlo? Una sugerencia es alterar su reloj corporal de manera gradual ajustando el momento de irse a dormir una hora por día durante varios días antes de viajar. Si usted sale por un breve periodo, le conviene más seguir su reloj corporal tanto como le sea posible durante el viaje.

• Muchos estudiantes universitarios alteran su ciclo normal de sueño y vigilia al permanecer despiertos a avanzadas horas de la noche, y luego al dormir siestas durante el día para recuperar el sueño perdido. Pueden sentir como si siempre padecieran *jet lag*. ¿Qué sugeriría usted para ayudar a una persona a recuperar el orden en su ciclo de sueño?

• ¿Cómo calificaría usted sus hábitos de sueño? ¿Qué cambios específicos puede hacer para mejorarlos? (Para revisar algunas sugerencias para desarrollar hábitos de sueño más saludables, consulte el módulo 4.5).

• Aplique cada una de las principales teorías sobre los sueños (creencia de Hartmann en que éstos nos ayudan a encontrar soluciones potenciales para los problemas y las preocupaciones cotidianos; la teoría de Freud del cumplimiento de deseos y la hipótesis de activación-síntesis) a uno o a varios que sean prácticos y que pueda recordar. ¿Cuál de estas teorías cree que explica mejor su sueño o sueños?

Alteración de la conciencia por medio de la meditación y la hipnosis

- ¿Qué es la meditación?
- ¿Qué es la hipnosis?
- ¿Cuáles son las principales teorías sobre la hipnosis?

Cambiaremos ahora, de considerar los estados de vigilia ordinaria y sueño, a considerar los estados de conciencia alterada. La gente utiliza muchos métodos para alterar sus estados de conciencia. Algunas personas recurren a las drogas; otras acuden a prácticas como la meditación y la hipnosis. Quizá usted piense que la meditación y la hipnosis no tienen mucho en común, pero ambas implican rituales que se enfocan en el estrechamiento de la atención o de la concentración a fin de alcanzar un estado alterado de conciencia.

> **CONCEPTO 4.15**
> La meditación implica prácticas que inducen un estado alterado de conciencia por medio de técnicas de atención enfocada
>
> **VÍNCULO DE CONCEPTOS** · · · · ·
> Como forma de relajación, la meditación puede ayudar a moderar la respuesta del cuerpo al estrés. Consulte el módulo 12.3.

Meditación: alcanzar un estado apacible al enfocar su atención

Personas de diferentes culturas practican la **meditación**, la cual, como usted recordará del capítulo 3, es un proceso de atención enfocada que induce un estado relajado y contemplativo. Para retirar todos los demás pensamientos de la conciencia, los practicantes de la meditación reducen su atención a un solo objeto o pensamiento. La técnica meditativa particular utilizada varía entre culturas. En el antiguo Egipto, los practicantes contemplaban una lámpara de aceite encendida, costumbre que inspiró el relato de la lámpara de Aladino. Los yoguis se enfocan en el diseño de un jarrón o en otro símbolo gráfico. Otros practicantes se enfocan en una vela encendida.

En la **meditación trascendental (MT)**, los practicantes dirigen su atención al repetir una frase o sonido (como *ommm*), el cual se conoce como **mantra**. En la **meditación de conciencia plena** aprenden a enfocarse en su experiencia según se desarrolla momento a momento, sin que el juicio afecte dicha experiencia (Kabat-Zinn, 2003). El Dalai Lama, líder espiritual budista, describe a la conciencia plena como "Un estado de alerta en el cual la mente no se ve atrapada por pensamientos o sensaciones, sino que les permite llegar y marcharse; muy parecido a ver fluir un río" (Gyatso, 2003, p. A29). La meditación de la conciencia plena ha sido aceptada por los científicos occidentales, quienes evalúan sus efectos en muchos aspectos del funcionamiento psicológico (p. e., Baer, 2003; Brown y Ryan, 2003; Grossman *et al.*, 2004; Logsdon-Conradsen, 2002; Ong, Shapiro y Manber, 2007).

meditación   Proceso de atención enfocada que induce un estado relajado y contemplativo.

meditación trascendental (MT)   Forma de meditación en la cual los practicantes enfocan su atención mediante la repetición de un mantra en particular.

mantra   Sonido o frase que se entona repetidamente durante la meditación trascendental.

meditación de conciencia plena   Forma de meditación en la cual la persona adopta un estado de atención exenta de juicios al desarrollo de la experiencia momento a momento.

Meditación   La meditación puede inducir un estado relajado aunque alerta.

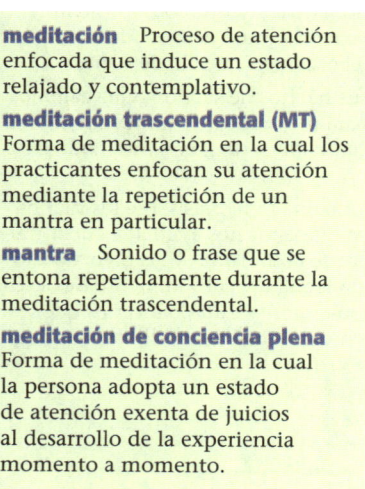

Algunos practicantes de la meditación creen que esta técnica hace mucho más que sólo relajar el cuerpo: que puede expandir la conciencia para ayudarlos a alcanzar un estado de conciencia pura o paz interior. Tal vez la meditación logre estos efectos al ayudar a la gente a apagar el mundo exterior, con lo cual les brinda más oportunidades para enfocarse en el interior. Sin embargo, muchas personas practican la meditación no para expandir su conciencia, sino para hallar alivio al estrés de la vida diaria.

Por qué es importante

La evidencia científica muestra que la práctica regular de la meditación tiene muchos beneficios saludables. Puede ayudar a aliviar los efectos del estrés diario en el cuerpo y el dolor asociado con los dolores de cabeza tensionales (Barnes, Treiber y Johnson, 2004; Tang *et al.,* 2007). En otros estudios, la meditación funcionó para ayudar a reducir la presión sanguínea en pacientes con enfermedades cardiacas (Paul-Labrador *et al.,* 2006), y a reducir las conductas relacionadas con el consumo de drogas y los síntomas psiquiátricos en personas que han abusado de esas sustancias (Bowen *et al.,* 2006).

Hipnosis: "ahora usted se siente más somnoliento"

"Hipnosis" se deriva de la palabra griega *hypnos*, que significa "sueño". Las personas que se someten a ella pueden sentirse somnolientas, pero no están dormidas. Aunque abundan las definiciones de **hipnosis**, la más común es la que la explica como un estado alterado de conciencia caracterizado por atención enfocada, profunda relajación y susceptibilidad exacerbada a la sugestión. Las técnicas para inducir la hipnosis varían, pero por lo regular incluyen un estrechamiento de la atención a la voz del hipnotista.

La gente que se somete a hipnosis puede sentirse somnolienta, pero no está dormida. Durante una inducción hipnótica, el hipnotista puede pedir a la persona que se concentre en un objeto, como un reloj que se columpie, y que sólo se concentre en el sonido de su voz. El hipnotista también puede sugerir que los párpados de la persona se hacen cada vez más pesados y que la persona se siente somnolienta.

Una vez que la persona alcanza un estado de profunda relajación, el hipnotista comienza a hacer sugerencias hipnóticas a la persona que pueden producir experiencias insólitas. Entre éstas están la **regresión hipnótica de edad** (revivir sucesos pasados, por lo regular de la infancia), y la **analgesia hipnótica** (pérdida de sensación o respuesta al dolor en ciertas partes del cuerpo). Entre otras experiencias hipnóticas se incluyen la distorsión de la realidad, es decir, ver, oír o sentir algo, como un bolígrafo o una silla, que no está presente en la realidad (alucinación *positiva*) o no percibir algo, como un bolígrafo o una silla, que sí existe en la realidad (alucinación *negativa*). Otro tipo de experiencia de este tipo como respuesta a las sugestiones hipnóticas es la **amnesia posthipnótica,** que es la incapacidad para recordar lo que sucedió durante la sesión de hipnosis. Alrededor de uno de cada cuatro estudiantes universitarios mostró amnesia posthipnótica como respuesta a las sugestiones (J. F. Kirsch *et al.,* 1995; J. F. Kirsch y Lynn, 1998). Sin embargo, otra forma de experiencia hipnótica es la **sugestión posthipnótica**, en la cual el hipnotista siembra la idea de que, después de salir del estado hipnótico, la persona responderá de determinadas maneras (como tocarse las orejas o rascarse la cabeza) cuando escuche una palabra clave; por ejemplo, *elefante*. Una persona puede responder de la manera sugerida, pero negar cualquier conciencia de haber mostrado dicha conducta.

Teorías sobre la hipnosis

A pesar de los más de 100 años de estudio científico, aún no existe consenso acerca de qué es la hipnosis o cómo debe ser definida (Vaitl *et al.,* 2005). Aún persiste un debate acerca de si la hipnosis puede ser más que un intento de la persona para complacer al hipnotista con el cumplimiento de las sugestiones hipnóticas (Blakeslee, 2005). Esta perspectiva, por lo general llamada *modelo de juego de rol,* propone que la hipnosis es una interacción social que existe entre un hipnotista y una persona que asume el rol de "buen" sujeto hipnótico, es decir, un sujeto que sigue con toda lealtad las instrucciones del hipnotista. Esto no significa que los sujetos de hipnosis finjan sus respuestas, como no finge usted que adopta el rol del buen estudiante cuando levanta la mano antes de hablar en clase.

CONCEPTO 4.16
La hipnosis no es dormir, sino, por el contrario, un estado relajado de atención enfocada en el cual una persona puede volverse más susceptible a la sugestión.

hipnosis Estado alterado de conciencia caracterizado por la atención enfocada, la profunda relajación y la susceptibilidad exacerbada a la sugestión.

regresión hipnótica de edad
Experiencia inducida por hipnosis que implica la reexperimentación de sucesos pasados de la vida de la persona.

analgesia hipnótica Pérdida de sensación o respuesta al dolor en ciertas partes del cuerpo durante la hipnosis.

amnesia posthipnótica
Incapacidad para recordar lo que sucedió durante la hipnosis.

sugestión posthipnótica
Sugestión del hipnotista de que el sujeto responderá de una manera en particular después de la hipnosis.

Hipnosis El primer uso clínico de la hipnosis ocurrió más de 200 años atrás. En la actualidad, el empleo de la hipnosis cubre desde el tratamiento de personas con dolor crónico hasta ayudar a la gente a dejar de fumar.

CONCEPTO 4.17

Dos modelos teoréticos que han guiado la investigación sobre la hipnosis son el modelo de juego de rol y la teoría de neodisociación.

CONCEPTO 4.18

La eficacia de la hipnosis puede tener más relación con las características psicológicas del sujeto hipnotizado que con las habilidades del hipnotista.

teoría de neodisociación Teoría de la hipnosis basada en la creencia en que la hipnosis representa un estado de conciencia disociada (dividida).

observador oculto Término de Hilgard para la parte de la conciencia que permanece separada de la experiencia hipnótica, pero consciente de todo lo que sucede mientras tanto.

Un enfoque alternativo sobre la hipnosis es que se trata de un *estado de trance*, es decir, un estado alterado de la conciencia caracterizado por una *sugestibilidad* exacerbada, que a su vez, se define como la disposición de una persona a cumplir con las sugestiones ofrecidas por otros individuos, incluso un hipnotista. Sin embargo, muchos psicólogos rechazan el hecho de que la hipnosis sea un estado de trance o incluso que constituye un estado alterado de la conciencia.

Ciertas investigaciones apoyan el modelo de juego de rol. Por ejemplo, los investigadores encuentran que la gente que se supone regresó a su infancia por medios hipnóticos no muestra conductas infantiles precisas; en lugar de ello, actúan como adultos que representan el papel de niños (McGreal y Evans, 1994). Más aún, cuando los sujetos reciben una explicación del juego de rol antes de que tenga lugar la inducción hipnótica, sus respuestas posteriores a las sugestiones hipnóticas se ven reducidas o incluso eliminadas (Wagstaff y Frost, 1996). Por otra parte, un estudio reciente de imagen del cerebro mostró que los patrones de actividad cerebral en los sujetos que fueron hipnotizados diferían de los patrones de sujetos que *actuaban* como si estuvieran hipnotizados (Kosslyn *et al.,* 2000). Aún son necesarias más investigaciones en esta área, pero tal parece que hay más aspectos relacionados con la hipnosis que sólo el juego de rol (Bryant y Mallard, 2002).

Un líder teórico que creía que la hipnosis es un estado especial de la conciencia fue el psicólogo Ernest Hilgard (1977, 1994). Su **teoría de neodisociación** se basa en la opinión de que existen múltiples niveles de conciencia que pueden separarse o disociarse entre sí. La hipnosis induce una división de la conciencia en dos partes: una que realiza las sugestiones que ofrece el hipnotista y otra parte, llamada **observador oculto**, que permanece apartada y monitorea todo lo que sucede. En la analgesia hipnótica, por ejemplo, la persona experimenta una separación o disociación de su conciencia en una parte que está consciente del dolor (el observador oculto) y otra (la parte disociada) que no lo está.

La creencia en que los hipnotistas tienen poderes especiales que les dan control sobre el sujeto hipnotizado puede formar parte de la mística de dicha técnica, pero no es consistente con las perspectivas contemporáneas. Eliminemos los mitos comunes de que la gente puede ser hipnotizada sin desearlo o de que realiza actos durante la hipnosis que van en contra de su voluntad. Por el contrario, ésta depende de la disponibilidad de los sujetos para acceder a imaginar las realidades alternas sugeridas por el especialista. En la regresión hipnótica de edad, por ejemplo, el individuo no revive incidentes o experiencias de la infancia; sólo imagina que vuelve a ser niño (T. X. Barber, 1999). Los efectos de la sugestión hipnótica pueden tener más relación con los esfuerzos y las capacidades de las personas que la experimentan que con los del hipnotista mismo. (I. Kirsch y Lynn, 1995)

A pesar de que la mayoría de la gente puede ser hipnotizada hasta cierto grado, algunas personas son más hipnotizables, o susceptibles a las sugestiones, que otras. Entre las características típicas de las personas altamente hipnotizables se encuentran una vida de fantasía bien desarrollada, un sentido vívido de imaginación, una tendencia a ser olvidadiza y una actitud positiva hacia la hipnosis (T. X. Barber, 1999; Barrett, 1996).

TABLA DE CONCEPTOS 4.3
Alteración de la conciencia por medio de la meditación y la hipnosis

Técnica	Método de inducción	Puntos clave
Meditación	Estrechar la atención a un solo objeto, palabra o pensamiento o realizar un ritual repetitivo	La meditación relaja el cuerpo y la mente, ayuda a combatir el estrés y puede ayudar a la gente a sobrellevar el dolor. Algunas personas creen que conduce a un estado de paz interior o iluminación espiritual, mientras otras la practican por sus efectos de alivio del estrés y el dolor
Hipnosis	Estrechar la atención a la voz de quien hipnotiza o a un estímulo repetitivo	Aún continúa el debate sobre la naturaleza de la hipnosis. Las teorías del juego de rol y de la neodisociación han surgido como las principales tendencias contemporáneas sobre la hipnosis. Entre todas las formas de hipnosis puede incluirse la autohipnosis

En la actualidad, la hipnosis es utilizada a menudo como método de tratamiento para ayudar a la gente a sobrellevar mejor la ansiedad y el dolor, para perder el exceso de peso y para dejar de fumar (Bryant *et al.*, 2005; Keefe, Abernethy y Campbell, 2005; Patterson, 2004). La hipnosis podría incluso propiciar que el sistema inmunológico funcione mejor durante épocas de estrés (Patterson y Jensen, 2003). A pesar de que la hipnosis puede tener efectos terapéuticos, debe ser empleada sólo como tratamiento adicional y no como sustituto de los métodos tradicionales.

Para ver un resumen de la alteración de la conciencia mediante la meditación y la hipnosis, consulte la tabla de conceptos 4.3.

REVISIÓN DE MÓDULO 4.3

Alteración de la conciencia por medio de la meditación y la hipnosis

REPASE

¿Qué es la meditación?

- La meditación es un estado alterado de la conciencia inducido por el estrechamiento de la atención a un solo objeto, palabra o pensamiento o por la realización de un ritual repetitivo.

- La meditación produce un estado relajado que puede generar beneficios terapéuticos al aliviar el estrés y el dolor.

¿Qué es la hipnosis?

- A pesar de no existir un consenso sobre la naturaleza de la hipnosis, por tradición se le ha definido como un estado alterado de la conciencia caracterizado por la atención enfocada, la profunda relajación y una exacerbada susceptibilidad a la sugestión. La hipnosis se utiliza cada vez más dentro de las corrientes principales de la psicología y la medicina.

¿Cuáles son las principales teorías sobre la hipnosis?

- Las dos perspectivas contemporáneas principales sobre la hipnosis son el modelo de juego de rol, el cual propone que la hipnosis es una forma de juego de rol social, y la teoría de neodisociación, la cual sostiene que esta técnica es un estado de conciencia dividida.

RECUERDE

1. El tipo de meditación en el cual los practicantes enfocan su atención al repetir un mantra se llama _____.

2. La pérdida de sensación o respuesta al dolor como resultado de la sugestión hipnótica se llama _____.
   a. amnesia posthipnótica
   b. sugestión posthipnótica
   c. alucinación negativa
   d. analgesia hipnótica

3. ¿El concepto de "observador oculto" es una característica central de, ¿cuál teoría sobre la hipnosis?
   a. hipótesis de activación-síntesis
   b. teoría de juego de rol
   c. teoría de neodisociación
   d. regresión hipnótica

REFLEXIONE

- ¿Alguna vez ha practicado la meditación? ¿Cómo afectó la meditación su estado de conciencia?

- ¿Alguna vez ha sido hipnotizado? Si es así, ¿cómo fue la experiencia? Sin importar si ha experimentado la hipnosis o no, ¿la lectura de este módulo ha cambiado cualquiera de sus opiniones sobre la hipnosis? Si es así, ¿de qué manera?

- ¿Cree usted que el concepto del "observador oculto" es un ejemplo de un estado especial de la conciencia? ¿Por qué?

Alteración de la conciencia por medio de drogas

- ¿Cuándo el consumo de sustancias cruza el límite entre el uso, el abuso y la dependencia?
- ¿Qué son los depresores?
- ¿Qué son los estimulantes?
- ¿Qué son los alucinógenos?
- ¿Qué factores contribuyen a los problemas con el abuso del consumo del alcohol y las drogas?
- ¿Qué alternativas de tratamiento están disponibles para ayudar a las personas con problemas de consumo de drogas?

CONCEPTO 4.19

Las sustancias psicoactivas (depresores, estimulantes y alucinógenos) son sustancias que alteran el estado mental del consumidor.

La mayoría de la gente que desea cambiar sus estados de conciencia en vigilia no recurre a la meditación o a la hipnosis. Es más probable que ingiera una píldora, tome una bebida alcohólica o fume marihuana.

Las **sustancias psicoactivas**, de procesamiento químico, actúan en el cerebro para afectar los estados emocionales o mentales. Afectan el estado de ánimo, los procesos de pensamiento, las percepciones y la conducta. La gente las consume por muchas razones: para cambiar su nivel de alerta (estimulantes para acelerarse; depresores para relajarse y sentirse somnolientos para poder conciliar el sueño), para alterar sus estados mentales al sentirse "eufórica" o para inducir sensaciones de intenso placer (un "acelere" eufórico), para huir de la conciencia de las tensiones y responsabilidades de la vida diaria o para buscar algún tipo de verdad interior. Algunas sustancias psicoactivas, como heroína, cocaína y marihuana, son ilegales o *ilícitas*. Otras, como el alcohol y la nicotina (que se encuentra en el tabaco), son legales, pero existen restricciones en su consumo y venta. Otra sustancia psicoactiva legal, la cafeína, es tan ampliamente consumida que mucha gente no sabe que ingiere una sustancia psicoactiva cuando toma una bebida con cafeína o come barras de chocolate (sí, el chocolate contiene cafeína).

Casi la mitad de los estadounidenses admite haber consumido una sustancia ilícita (ilegal) en algún momento de su vida; la marihuana ocupa el primer lugar de la lista de las sustancias ilegales más consumidas (SAMHSA, 2006). Alrededor de uno de cada 12 adultos consume sustancias ilícitas en la actualidad en Estados Unidos. Sin embargo, estas drogas pierden relevancia en comparación con dos sustancias psicoactivas que los adultos pueden consumir de manera legal: el alcohol y el tabaco. Las bebidas alcohólicas contienen el depresor alcohol, mientras los productos de tabaco, como los cigarrillos, contienen nicotina, un estimulante. En este módulo examinaremos el riesgo asociado con el consumo de drogas, los factores que pueden conducir a la gente al uso y abuso de éstas, y las estrategias para ayudar a las personas con problemas de abuso de sustancias.

CONCEPTO 4.20

El consumo de drogas se convierte en abuso cuando se vuelve no adaptativo y causa o contribuye a los problemas personales, ocupacionales y de salud.

sustancias psicoactivas Drogas sintéticas que afectan el estado mental o emocional de una persona.

abuso de drogas Consumo no adaptativo o peligroso de una sustancia química.

poliabusadores Personas que abusan del consumo de más de una droga a la vez.

farmacodependencia Grave problema relacionado con las drogas, caracterizado por un control deficiente del consumo de una droga.

Abuso de drogas: cuando el consumo de drogas puede causar daño

El consumo de drogas se convierte en **abuso de drogas** cuando su uso frecuente causa o agrava los problemas personales, ocupacionales o de salud (American Psychiatric Association, 2000). El abuso de drogas es el consumo no adaptativo o peligroso de sustancias químicas, y cuando perjudica la salud de la persona o su capacidad para desenvolverse en casa, en la escuela o en el trabajo, o si se asocia con conductas peligrosas, como beber y conducir un automóvil, la persona ha cruzado el límite entre el uso y el abuso. Si usted falta una y otra vez a la escuela o al trabajo porque está ebrio o "duerme la borrachera", abusa del alcohol. Quizá no admita que tiene un problema con las drogas, pero así es. Los individuos que se propasan con más de una droga se llaman **poliabusadores**.

Farmacodependencia: cuando la droga toma el control

Con frecuencia, el abuso de las drogas provoca **farmacodependencia**, que es un problema más grave relacionado con las drogas y se caracteriza por un control deficiente sobre el consumo de una sustancia. Las personas que son dependientes de una droga se sienten impelidas a consumirla o sin poder para abstenerse, incluso cuando saben que su abuso arruina su vida.

¿Cuándo se convierte el uso en abuso?   Muchas personas consumen alcohol socialmente, pero, ¿cuándo se convierte el uso en abuso? De acuerdo con los profesionales de la salud mental, el uso de sustancias se convierte en abuso cuando produce consecuencias dañinas o peligrosas.

Alrededor de uno de cada 10 adultos en Estados Unidos desarrolla un trastorno de abuso de drogas o farmacodependencia en algún momento de su vida (Compton *et al.,* 2005).

Por lo regular, aunque no siempre, la farmacodependencia se asocia con *dependencia fisiológica* (también llamada *dependencia química*). En la **dependencia fisiológica**, la química corporal de la persona cambia como resultado del consumo repetitivo de una sustancia, de manera que el cuerpo llega a depender de una provisión constante de ésta. Cuando las personas fisiológicamente dependientes dejan de manera abrupta de consumir la droga, pueden experimentar un conjunto de síntomas desagradables, y a veces peligrosos, llamado **síndrome de abstinencia** (también llamado *síndrome de retiro*). Otra señal frecuente de la dependencia fisiológica es la **tolerancia**, que es la necesidad de incrementar la cantidad de sustancia consumida para que ésta genere el mismo efecto.

Los profesionales emplean los términos *abuso de drogas* o *farmacodependencia* para describir los diferentes tipos de trastornos relacionados con el consumo de drogas. A menudo, la gente común utiliza el término *drogadicción*, pero éste tiene distintos significados para diferentes personas. Aquí, definamos la **drogadicción** (también llamada *adicción química*) como un patrón de dependencia de las drogas acompañado por dependencia fisiológica. Con base en esta definición, consideramos que las personas son adictas cuando se sienten incapaces de controlar su consumo de la droga y han desarrollado signos de dependencia fisiológica.

Tenga presente que las personas pueden volverse *psicológicamente* dependientes de una droga sin hacerse fisiológicamente dependientes de la misma. La **dependencia psicológica** es un patrón de consumo compulsivo o habitual de una sustancia que satisface una necesidad mental, como disminuir la ansiedad o escapar del estrés. Las personas psicológicamente dependientes de una droga llegan a depender de ésta para disminuir los sentimientos desagradables o para sobrellevar los problemas personales o los conflictos con los demás. Algunas drogas, como la nicotina, el alcohol y la heroína, pueden provocar una dependencia psicológica y fisiológica. Otras, como la marihuana, pueden producir la dependencia mencionada, pero no se sabe que produzcan dependencia fisiológica.

Ahora examinemos las principales clases de sustancias psicoactivas: depresivos, estimulantes y alucinógenos.

Depresores

Los **depresores** son sustancias que reducen la actividad del sistema nervioso central; lo cual, por su parte, deprime (hace más lentos) los procesos corporales como el pulso cardiaco y el ritmo respiratorio. Los principales tipos de depresores son el alcohol, los barbitúricos y tranquilizantes

CONCEPTO 4.21
Las personas psicológicamente dependientes de las drogas las consumen de manera habitual o compulsiva para sobrellevar el estrés o liberarse de los sentimientos negativos.

dependencia fisiológica   Estado de subordinación física a una sustancia, causada por un consumo repetitivo que cambia la química corporal.

síndrome de abstinencia   Conjunto de síntomas asociados con la abrupta privación de una sustancia.

tolerancia   Forma de habituación física a una sustancia en la cual se requieren cantidades mayores de ésta para lograr el mismo efecto.

drogadicción   Dependencia de las drogas acompañada por señales de dependencia fisiológica, como el desarrollo del síndrome de abstinencia.

dependencia psicológica   Patrón de consumo compulsivo o habitual de una sustancia para satisfacer una necesidad psicológica.

depresores   Sustancias, como el alcohol y los barbitúricos, que deprimen la actividad del sistema nervioso central.

CONCEPTO 4.22

Los depresores son sustancias adictivas que pueden ser mortales cuando se consumen en altas dosis o cuando son mezcladas con otras sustancias.

CONCEPTO 4.23

El alcohol es el depresor más usado y abusado.

VÍNCULO DE CONCEPTOS · · · · ·

El consumo de alcohol por parte de la madre durante el embarazo puede provocar síndrome de alcoholismo fetal, el cual es una de las principales causas de retraso mental. Consulte el módulo 9.2.

y los opioides. En términos psicológicos, los depresores inducen sensaciones de relajación y brindan alivio en los estados de tensión y ansiedad. Algunos producen un "acelere" de placer. En dosis altas, pueden ser mortales pues anulan las funciones corporales vitales, como la respiración. Son muy adictivos y pueden ser peligrosos, incluso letales, en sobredosis o cuando son mezclados con otras sustancias. Los fallecimientos de las famosas artistas Marilyn Monroe y Judy Garland se atribuyeron a una mezcla mortal de barbitúricos y alcohol.

Alcohol: el depresor más usado y abusado

El *alcohol* es un **intoxicante**, es decir, una sustancia química que produce un estado de ebriedad. Mientras más bebe una persona, más fuertes se hacen los efectos intoxicantes. La tabla 4.2 resume cómo los niveles de alcohol, cada vez más altos, afectan la conducta. Su efecto en las capacidades para conducir un vehículo inicia incluso con la primera copa. En dosis más altas, los efectos depresivos de la droga en el sistema nervioso central pueden inducir un estado de estupor, inconciencia e incluso la muerte.

Por lo regular, las mujeres se intoxican con dosis más bajas de alcohol que los hombres, y una razón de ello es que por lo general pesan menos que los hombres y, mientras menos pese la persona, menos alcohol es necesario para producir una intoxicación. Un cálculo aproximado es que una copa para una mujer equivale, en sus efectos, a dos copas para un hombre (Springen y Kantrowitz, 2004). Otra razón para esta diferencia de género es que las mujeres tienen menos cantidad de una enzima que descompone el alcohol en el estómago que los hombres; por lo tanto, más alcohol puro llega hasta el torrente sanguíneo. Sin embargo, la mayor sensibilidad de las mujeres al alcohol puede funcionar a su favor en tanto que puede servir como una restricción biológica para beber en exceso.

El alcohol afecta el cerebro de manera directa pues entorpece el juicio y perjudica la concentración y la atención, así como la capacidad para sopesar las consecuencias de la conducta. Por lo tanto, cuando bebe, la gente puede hacer o decir cosas que no haría ni diría de otra manera. Puede correr riesgos innecesarios sin considerar las consecuencias de sus actos, lo cual puede tener resultados trágicos. El lema de una campaña reciente de salud pública repite: "Primero, te emborrachas. Luego, te vuelves estúpido. Luego, contraes SIDA".

TABLA 4.2   Efectos conductuales de los niveles de alcohol en la sangre

Concentración de alcohol en la sangre (%)	Efectos conductuales
.05	Estado de alerta disminuido; por lo regular, sensación de "euforia"; liberación de inhibiciones; juicio entorpecido
.10	Tiempos lentos de reacción; funcionamiento motor entorpecido; menos precaución
.15	Disminución significativa y consistente de los tiempos de reacción
.20	Marcada depresión en las capacidades sensoriales y motoras; decididamente intoxicado
.25	Grave alteración motora; desconcierto; percepciones sensoriales muy afectadas
.30	Estupefacto, pero consciente; sin comprensión del mundo exterior
.35	Condición equivalente a anestesia quirúrgica; nivel mínimo en el cual ocurre la muerte
.40	Muerte en alrededor de 50% de los casos

Fuente: Ray y Ksir, 1990.

intoxicante Sustancia química que induce un estado de ebriedad.

El alcohol tiene un efecto liberador de las inhibiciones, lo cual puede generar conductas agresivas o impulsivas (Curtin *et al.,* 2001). No todas las personas que beben se vuelven agresivas o actúan de manera absurda o audaz, desde luego. Las diferencias individuales desempeñan una importante función. Sobre todo, el consumo de alcohol se asocia con muchas formas de conducta agresiva, desde violación y abuso conyugal hasta robo, asalto y homicidio (Bartholow y Heinz, 2006; Buddie y Testa, 2005; Murphy *et al.,* 2005; Slater, Long y Ford, 2006). Examinaremos las relaciones entre el alcohol y la conducta violenta en el capítulo 16.

El alcohol es responsable de más de 100 000 muertes por año en Estados Unidos. La mayoría de estos fallecimientos son el resultado de enfermedades y accidentes relacionados con el consumo de alcohol, en particular, accidentes en vehículos de motor. Una razón por la cual el beber y conducir es tan peligroso es que el alcohol afecta la percepción de profundidad, con lo cual resulta más difícil juzgar las distancias entre los automóviles (Nawrot, Nordenstrom y Olson, 2004).

El alcohol y las mujeres Las mujeres absorben más alcohol puro en el torrente sanguíneo que los hombres. Su nivel de intoxicación con una copa es similar al nivel de intoxicación de los hombres con dos copas.

Los accidentes relacionados con el consumo de alcohol son la causa principal de muerte entre los jóvenes, en un rango entre 17 y 24 años (Ham y Hope, 2003). Más de medio millón de estudiantes universitarios entre 18 y 24 años se lesionan en accidentes por conducir bajo la influencia del alcohol (Dingfelder, 2005). Sobre todo, el consumo de este depresor está presente en alrededor de uno de cada tres suicidios y muertes accidentales en Estados Unidos (Sher, 2005; Shneidman, 2005).

Alcoholismo

La mayoría de la gente que bebe alcohol lo hace con moderación. No obstante, alrededor de uno de cada ocho adultos (12.5%) en Estados Unidos abusa del consumo de alcohol al grado de desarrollar un trastorno de dependencia del mismo, más comúnmente conocido como alcoholismo (Hasin *et al.,* 2007). El **alcoholismo** es un tipo de dependencia química en el cual la gente se hace físicamente dependiente del consumo regular de alcohol y es incapaz de controlar dicho consumo.

Relativamente pocas personas que padecen alcoholismo, quizá sólo 5%, coinciden con el estereotipo del "borracho vagabundo". La mayoría tiene familia y trabaja para vivir. Son el tipo de personas que es probable que usted se encuentre en su vida diaria: vecinos, compañeros de trabajo, amigos y hasta miembros de su familia. Sin embargo, el alcoholismo es un destructor en todos sentidos pues provoca devastadores problemas de salud, accidentes en vehículos de motor y carreras y matrimonios arruinados. Por lo regular, esta enfermedad se desarrolla en la adultez temprana, entre los 20 y 40 años, aunque puede presentarse en adolescentes y hasta en niños más pequeños.

El abuso del alcohol que implica un consumo regular y abundante puede lesionar casi todos los órganos y sistemas corporales principales. Los efectos más dañinos de beber en exceso ocurren en el hígado, principal órgano que metaboliza (descompone) el alcohol. La *cirrosis del hígado,* cicatrización irreversible del tejido hepático que, por lo general, es causada por el consumo abusivo de alcohol, es responsable de alrededor de 26 000 defunciones anuales en Estados Unidos.

Resulta irónico que, a pesar de los riesgos de la salud asociados con beber en exceso, las investigaciones recientes vinculan el consumo moderado de alcohol con una disminución en el riesgo de padecer ataques cardiacos y embolias y con un descenso en el índice de fallecimientos en general (p. e., Carmichael, 2003a; Di Castelnuovo *et al.,* 2006). Estos estudios se basan en evidencias correlacionales, de manera que no podemos sacar conclusiones de causa–efecto sobre las consecuencias benéficas del alcohol en nuestra salud. No obstante, los científicos sospechan que el consumo moderado de alcohol puede incrementar las lipoproteínas de alta densidad (HDL); es decir, el colesterol "bueno" que ayuda a eliminar los bloqueos de las arterias (Wood, Vinson y Sher, 2001).

CONCEPTO 4.24
El alcohol tiene varios efectos psicológicos: entorpece el juicio; disminuye la atención, la concentración y la capacidad para sopesar las consecuencias de la conducta, y reduce las inhibiciones, lo cual puede provocar una conducta agresiva o impulsiva.

CONCEPTO 4.25
Sólo un reducido porcentaje de personas con alcoholismo encajan con el estereotipo del "borracho vagabundo".

alcoholismo Adicción química caracterizada por un control deficiente sobre el consumo de alcohol y dependencia fisiológica de éste.

¿Cuál de estas personas padece alcoholismo? El hecho es que cualquiera de estas personas podría padecer alcoholismo. Las personas que luchan contra el alcoholismo pueden ser sus vecinos, amigos o seres queridos.

Muerta por el alcohol Samantha Spady, estudiante de segundo año de la Colorado State University, de 19 años, murió por envenenamiento con alcohol después de una noche de borrachera con sus amigos. En el momento de su muerte, la concentración de alcohol en su sangre era alrededor de cinco veces el límite legal para conducir un automóvil.

CONCEPTO 4.26

El consumo compulsivo de alcohol está vinculado con un riesgo mayor de dependencia de la sustancia, sobredosis de alcohol, sexo inseguro o no planeado y conducir vehículos en estado de ebriedad, entre otros problemas.

Consumo compulsivo de alcohol: un peligroso pasado universitario

El alcohol, y no la cocaína o la marihuana, es la gran droga en los campus universitarios (Johnston *et al.*, 2004). Los estudiantes de educación superior tienden a beber más que sus amigos que no asisten a la universidad (Slutske, 2005). Dos de cada tres alumnos de este nivel beben alcohol cuando menos una vez al mes, a pesar de que muchos de ellos aún no cumplen la edad legal para hacerlo (consulte la tabla 4.3). El consumo de alcohol ha sido asociado desde hace mucho tiempo con la participación en fraternidades y hermandades (Capone *et al.*, 2007; Park, Sher y Krull, 2006). En la actualidad, muchas organizaciones fraternales prohíben la cerveza y otras conductas alcohólicas o motivan un consumo de alcohol más responsable entre sus miembros (Denizel-Lewis, 2005). Sin embargo, beber alcohol está tan arraigado en la vida universitaria que virtualmente forma parte de la experiencia, como asistir a los partidos de básquetbol o de fútbol americano. Por desgracia, el uso y abuso de bebidas embriagantes ha tenido graves consecuencias en estos campus (consulte la tabla 4.4). El alcohol reclama las vidas de alrededor de 1 400 estudiantes universitarios cada año; la mayoría de estos decesos son el resultado de accidentes en vehículos de motor relacionados con la bebida (Sink, 2004).

Una de las principales preocupaciones a este respecto en las universidades es beber en exceso. En general, alrededor de dos de cada cinco estudiantes universitarios lo hacen (Ham y Hope, 2003). *Beber en exceso* por lo regular se define como ingerir cinco o más copas (para los hombres) o cuatro o más copas (para las mujeres) en una ocasión. En una reciente encuesta nacional, 42% de los estudiantes universitarios reportó haber bebido cinco o más copas la última vez que se fueron de fiesta (American College Health Association, 2005).

TABLA 4.3	**Consumo de alcohol entre estudiantes universitarios**
86.6	Porcentaje de los que han consumido alcohol durante su vida
83.2	Porcentaje de los que han consumido alcohol en el último año
67.4	Porcentaje de los que han consumido alcohol en los últimos 30 días
3.6	Porcentaje de los que han consumido alcohol a diario durante los últimos 30 días
39.3	Porcentaje de los que han bebido cinco copas seguidas o más durante las últimas dos semanas

Fuente: Johnston, O'Malley y Bachman, 2001.

Los patrones de consumo de alcohol a temprana edad y de beber en exceso son fuertes indicadores de alcoholismo posterior (Chassin, Pitts y Prost, 2002; K. G. Hill *et al.,* 2000). Quienes comienzan a beber antes de los 15 años tienen cinco veces más probabilidades que sus compañeros de desarrollar dependencia al alcohol. (Kluger, 2001). Los individuos que beben en exceso generan riesgos adicionales para sí mismos, como conducir vehículos bajo la influencia del alcohol o participar en actividades sexuales no planeadas, lo cual puede dar como resultado embarazos no deseados e infecciones de transmisión sexual. Las evidencias recientes sugieren que los estudiantes que tienen un firme compromiso con los logros académicos pueden tener menos probabilidades de beber en exceso o de presentar otras conductas problemáticas a causa del alcohol que otros estudiantes (Palfai y Weafer, 2006).

Beber en exceso y los juegos relacionados con esta conducta (concursos de beber cerveza) son una seria preocupación, principalmente porque pueden poner a la gente en riesgo de caer en coma o incluso de morir por sobredosis de alcohol (Zernike, 2005). También puede ocurrir pérdida de conciencia y convulsiones debido al consumo de grandes cantidades de alcohol. Ahogarse con el propio vómito es una causa frecuente de muerte provocada por el alcohol. A pesar de que emborracharse puede causar que la gente vomite como reflejo, el efecto depresivo de la droga en el sistema nervioso central interfiere con la respuesta normal del vómto. Como resultado, éste se acumula en las vías aéreas, lo cual puede provocar asfixia y muerte.

Es necesaria la atención médica inmediata si una persona sufre sobredosis de alcohol. Pero, ¿cómo puede usted saber si una persona ha bebido demasiado? La tabla 4.5 presenta una lista de algunos de los signos de sobredosis de alcohol. No se debe dejar sola a una persona que no responde o que está inconsciente. No sólo suponga que dicha persona "dormirá la borrachera". Permanezca con ella hasta que usted o alguien más pueda conseguir ayuda médica. Lo más importante es llamar de inmediato a un médico o a un número de asistencia local y solicitar asesoría.

Puede parecer fácil alejarse de la situación y permitir que la persona "duerma la borrachera". Quizá piense que no tiene derecho a intervenir. Tal vez tenga dudas acerca de si la persona en verdad se encuentra en riesgo. No obstante, pregúntese: si estuviera en el lugar de una persona que muestra signos de sobredosis de alcohol, ¿no querría que alguien interviniera para salvarle la vida?

Barbitúricos y tranquilizantes

Los *barbitúricos* son sustancias calmantes o sedantes que tienen varios usos médicos legítimos. Se utilizan para regular la presión arterial alta, para bloquear el dolor durante una cirugía y para controlar las convulsiones epilépticas. Sin embargo, también son muy adictivos y se utilizan de manera ilegal como drogas callejeras para inducir estados de euforia y relajación. Entre los barbitúricos más usados se encuentran el amobarbital, el pentobarbital, el fenobarbital y el secobarbital. La metacualona (nombres callejeros: "ludes" y "sopores") es un sedante con efectos similares a los de los barbitúricos y con riesgos semejantes.

Los barbitúricos pueden provocar somnolencia, habla confusa y pérdida de habilidades motoras y de juicio. Las sobredosis pueden producir convulsiones, coma y la muerte. La mezcla de barbitúricos o metacualona con alcohol puede ser particularmente peligrosa y potencialmente fatal. Las personas dependientes de los barbitúricos o de la metacualona a nivel fisiológico deben dejar de consumirlos bajo una cuidadosa atención médica, dado que la abstinencia abrupta puede causar convulsiones e incluso la muerte.

Los *tranquilizantes* son una clase de depresores muy utilizados para atender la ansiedad y el insomnio. A pesar de ser menos tóxicos que los barbitúricos, pueden ser peligrosos en dosis altas, en especial cuando se combinan con alcohol u otras sustancias. También tienen el riesgo de causar adicción, de manera que no deben emplearse durante periodos extensos. Entre los tranquilizantes más utilizados se encuentran el Valium, el Xanax y el Halcion, los cuales son miembros de la familia de medicamentos de la *benzodiacepina*, que actúa al aumentar la disponibilidad del neurotransmisor GABA en el cerebro (consulte el capítulo 2). El GABA, un neurotransmisor inhibitorio, reduce el exceso de actividad del sistema nervioso.

Opioides

Los *opioides* (también llamados *opiáceos*) son narcóticos, es decir, drogas adictivas que tienen propiedades analgésicas e inductoras del sueño. Entre éstos se incluyen la morfina, la heroína y la codeína, que son drogas de origen natural derivadas de la amapola. Los opioides sintéticos,

---

TABLA 4.4
Alcohol en el campus: la factura anual

600 000 asaltos físicos
500 000 lesiones
70 000 asaltos sexuales
1 400 muertes debidas a sobredosis y accidentes

Fuente: Hingson *et al.,* 2002.

Nota: Estas cantidades representan los números estimados anuales de asaltos físicos, lesiones, asaltos sexuales y muertes relacionadas con el alcohol entre estudiantes universitarios de Estados Unidos, en un rango de 18 a 24 años.

TABLA 4.5
Signos de sobredosis de alcohol

No responde cuando se le habla o se le grita
No responde después de pellizcarlo, sacudirlo o golpearlo
Es incapaz de mantenerse de pie sin ayuda
No puede despertar
Piel purpúrea, húmeda, fría o pegajosa
Pulso rápido, ritmo cardiaco irregular, presión sanguínea baja o dificultad para respirar

---

CONCEPTO 4.27

Los barbitúricos y los tranquilizantes son depresivos que pueden ayudar a calmar el sistema nervioso, pero son adictivos y potencialmente peligrosos en dosis altas; en especial, cuando se mezclan con otras drogas, como el alcohol.

---

narcóticos Drogas adictivas que tienen propiedades analgésicas e inductoras del sueño.

como el Demerol, el Percodan y el Darvon, son fabricados en un laboratorio para que tengan efectos similares a los de los opioides naturales. Los opioides producen un "acelere" de excitación placentera y disminuyen la conciencia de los problemas personales, las cuales son dos principales razones de su popularidad como drogas callejeras ilícitas.

Además, tienen usos médicos legítimos como analgésicos. Se acostumbra utilizarlos para disminuir el dolor posterior a una intervención quirúrgica y para algunos otros padecimientos dolorosos. Debido a su alto potencial de adicción, su uso médico es estrictamente regulado. Sin embargo, en ocasiones pueden obtenerse y consumirse de manera ilegal, como en el caso de los analgésicos con receta OxyContin y Vicodin (Bowman, 2005; Friedman, 2006).

En cuanto a su estructura química, son similares a las endorfinas corporales y ambos anidan en los mismos sitios receptores en el cerebro. Usted recordará que las endorfinas son neurotransmisores que ayudan a regular los estados de placer y a bloquear el dolor. Los opioides imitan las acciones de las endorfinas, nuestros propios "opioides naturales"; por lo tanto, sirven para bloquear el dolor y para estimular los centros cerebrales que producen las sensaciones de placer.

Alrededor de tres millones de estadounidenses han consumido heroína, el opioide más usado y abusado, y se cree que cerca de un millón de estadounidenses son adictos (Krantz y Mehler, 2004). La heroína provoca un "acelere" eufórico que dura quizá entre 5 y 15 minutos. La euforia es tan intensa y placentera que los consumidores la equiparan con el placer del orgasmo. Después de que la euforia desaparece, da inicio una segunda fase que se caracteriza por un estado de relajación y somnolencia. Las preocupaciones parecen evaporarse, motivo por el cual a menudo la heroína goza de las preferencias de las personas que buscan escapar de sus problemas. Este estado de placidez también desaparece pronto, lo cual conduce al usuario habitual a buscar otro "acelere" para regresar al estado drogado. Se desarrolla entonces tolerancia y los consumidores comienzan a necesitar dosis más altas, situación que puede provocar peligrosas sobredosis. La vida del adicto a la heroína, por lo general, está organizada de acuerdo con sus esfuerzos para obtener y consumir la droga. Muchos recurren al crimen o a la prostitución para mantener su hábito.

Estimulantes

Los **estimulantes** son sustancias que aceleran la actividad del sistema nervioso central e incrementan el estado de alerta y la vigilia. Entre éstos se incluyen las anfetaminas, la cocaína, la MDMA ("éxtasis"), la nicotina y la cafeína. Tienen el potencial para producir dependencia tanto fisiológica como psicológica. Algunas de estas sustancias, incluso las anfetaminas y la cocaína, pueden producir también una "euforia" placentera.

Anfetaminas

Como los opioides sintéticos, las *anfetaminas* no se encuentran en la naturaleza; son sustancias químicas fabricadas en un laboratorio. Éstas activan la rama simpática del sistema nervioso autónomo y causan una aceleración en el ritmo cardiaco, en el ritmo respiratorio y en la presión sanguínea. En dosis bajas, las anfetaminas incrementan el estado de alerta mental y la concentración, reducen la fatiga y disminuyen la necesidad de dormir en dosis altas pueden inducir una euforia placentera.

Al actuar, las anfetaminas incrementan la disponibilidad de los neurotransmisores norepinefrina y dopamina en el cerebro. El aumento en la disponibilidad de estos químicos cerebrales provoca que las neuronas se enciendan incesantemente, lo cual mantiene altos los niveles de excitación y alerta. Las anfetaminas también producen sensaciones placenteras al estimular de manera directa los caminos de recompensa en el cerebro, que es el circuito cerebral responsable de las sensaciones de placer.

Las de mayor consumo son el sulfato de anfetamina (nombre de marca, Benzedrina; nombre callejero, "bennies"), la metanfetamina (Metedrina o "speed") y la dextroanfetamina (Dexedrina o "dexies"). Pueden consumirse en forma de píldora, fumarse en forma relativamente pura de metanfetamina, llamada *ice* o "cristal", o inyectarse en forma de líquida.

Casi 3% de los adultos jóvenes en Estados Unidos reporta haber consumido cristal en el último año (Iritani *et al.*, 2007). A pesar de que la mayoría de los usuarios reporta sólo un consumo ocasional, alrededor de 1.5 millones de estadounidenses declaran ser consumidores regulares (Jefferson, 2005). Incluso el uso eventual puede ser riesgoso para la salud. En dosis altas, las anfetaminas pueden causar inquietud extrema, pérdida de apetito, temblores e irregularidades cardiovasculares que provocan estado de coma o muerte; también pueden provocar *psicosis de anfetaminas,* una reacción psicótica caracterizada por alucinaciones y delirios que se asemeja a un episodio agudo de esquizofrenia. Los estudios de imágenes cerebrales muestran que las "mets" pueden dañar el cerebro y causar déficit de aprendizaje, memoria y otras funciones (Thompson *et al.,* 2004; Toomey *et al.,* 2003). El consumo de largo plazo puede provocar embolia, daño hepático y otros graves problemas de salud.

Cocaína

La *cocaína* es un estimulante natural derivado de las hojas de la planta de la coca. La droga puede administrarse de varias maneras: puede ser inhalada en forma de polvo, fumada en una forma endurecida llamada *crac,* inyectada en forma líquida o ingerida como té de hojas de coca. Quizá le sorprenda enterarse que cuando la Coca-Cola fue introducida al mercado en 1886, contenía cocaína y pronto fue promovida como "el tónico cerebral ideal". (La cocaína fue retirada de la Coca-Cola a principios del siglo xx).

La cocaína produce estados de placer al trabajar primordialmente en el neurotransmisor dopamina, un químico cerebral que estimula las vías neurales de recompensa en el sistema límbico del cerebro (Nestler, 2005; Pierce y Kumaresan, 2006). Como podemos ver en la figura 4.7, la cocaína bloquea la reabsorción de dopamina en la sinapsis entre neuronas. Como resultado, una mayor cantidad de moléculas de este neurotransmisor permanece activa en la sinapsis entre neuronas durante periodos más largos; por lo tanto, hay una sobreestimulación de las neuronas que produce estados de placer, lo cual puede inducir un "acelere" eufórico.

El consumo regular de cocaína puede dañar el corazón, el sistema circulatorio y otros órganos del cuerpo. Las dosis elevadas pueden tener consecuencias que ponen en riesgo la vida o ser fatales, incluso ritmos cardiacos irregulares, paros cardiacos, embolias causadas por espasmos de los vasos sanguíneos en el cerebro y paros respiratorios (cese de la respiración) (A. Goldstein, 1994).

CONCEPTO 4.30
La cocaína es un estimulante altamente adictivo que induce un "acelere" eufórico al estimular de manera directa los caminos de recompensa en el cerebro.

1. Los neurotransmisores, como la dopamina, son almacenados en vesículas sinápticas de la neurona emisora y liberados en el espacio sináptico. Por lo regular, las moléculas sobrantes de los neurotransmisores no absorbidos por los sitios receptores son asimilados por la neurona emisora, en un proceso de reciclaje llamado reabsorción.

2. La cocaína (círculos color naranja en el diagrama) bloquea la reabsorción de dopamina por la neurona emisora.

3. La acumulación de dopamina en la sinapsis sobreestimula a las neuronas en los caminos de recompensa clave en el cerebro y produce una "euforia" placentera. Con el tiempo, el cerebro se vuelve menos capaz de producir sensaciones de placer por sí mismo, lo cual provoca que los consumidores de *crac* se "desquicien" si dejan de consumir la droga.

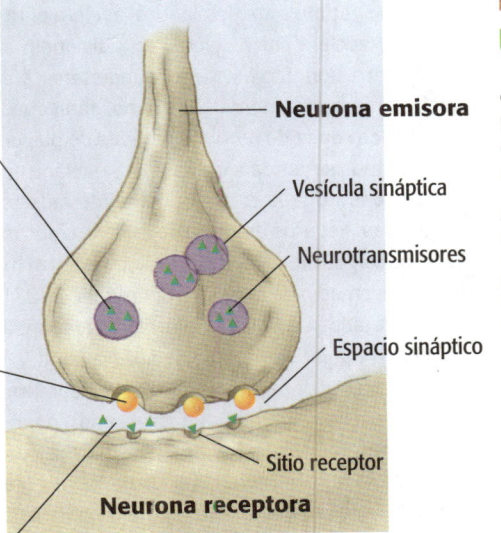

Neurona emisora
Vesícula sináptica
Neurotransmisores
Espacio sináptico
Sitio receptor
Neurona receptora

DIAGRAMA DE LA PSICOLOGÍA

FIGURA 4.7   Efectos de la cocaína en el cerebro
La cocaína bloquea el reciclaje normal de dopamina en el proceso de reabsorción, lo cual resulta en una acumulación del neurotransmisor en la sinapsis.

Fuente: Adaptado de National Institute on Drug Abuse (NIDA), U.S. Department of Health and Human Services, National Institutes of Health, Research Report Series: Cocaine Abuse and Addiction, NIH Publication Number 99-4342, revisado en noviembre de 2004.

Coca-Cola, ¿lo verdadero?
Originalmente, la Coca-Cola contenía un extracto de cocaína y fue promovida como un tónico mental para aliviar el agotamiento. A pesar de que la cocaína fue retirada de la bebida hace más de cien años, ahora contiene pequeñas cantidades de cafeína como estimulante leve.

CONCEPTO 4.31
La nicotina, un estimulante, es una sustancia adictiva que se encuentra en el tabaco.

El consumo prolongado de cocaína también puede provocar problemas psicológicos, como ansiedad, irritabilidad y depresión. En cantidades altas, la cocaína puede inducir una especie de psicosis, llamada *psicosis de cocaína,* caracterizada por alucinaciones y delirios de persecución (creencias infundadas de que la persona es perseguida por otros individuos o por fuerzas misteriosas).

La cocaína es altamente adictiva y provoca síndrome de abstinencia, que implica un deseo intenso por la droga, sentimientos de depresión e incapacidad para experimentar placer en las actividades de la vida diaria. Las personas adictas a la cocaína volverán a consumir la droga a menudo para liberarse de esos desagradables síntomas de abstinencia. La tolerancia también se desarrolla pronto, lo cual es otro signo de las propiedades adictivas de la cocaína a nivel físico. Los adictos también pueden volverse dependientes de la droga a nivel psicológico, y consumirla de forma compulsiva para enfrentar el estrés diario.

MDMA (éxtasis)

La *MDMA* (3,4-metilendioximetanfetamina), mejor conocida como *éxtasis*, es una droga similar a las anfetaminas y es sintetizada en laboratorios clandestinos. La MDMA produce leves efectos eufóricos y alucinógenos. Es especialmente popular entre estudiantes de bachillerato y universidad y está disponible en muchos clubes nocturnos de Estados Unidos.

El consumo de MDMA puede provocar efectos psicológicos indeseables, como depresión, ansiedad e insomnio, incluso estados de paranoia o síntomas psicóticos. El consumo excesivo de la droga se asocia con déficit cognitivo, y dificultades en el funcionamiento de la memoria, en la capacidad de aprendizaje y en la atención (Buchert *et al.,* 2004; Eisner, 2005). La droga involucra efectos físicos, como incremento en el ritmo cardiaco y en la presión arterial, tensión o descontrol de la mandíbula inferior y sensaciones de calor o frío estremecedor en el cuerpo. Las dosis altas pueden provocar pérdida de la conciencia, convulsiones y hasta la muerte en casos graves (SAMHSA, 2005). A pesar de que el número de nuevos consumidores ha comenzado a declinar, más de 10 millones de estadounidenses han consumido esta droga al menos en una ocasión (SAMHSA, 2005).

Nicotina

La *nicotina* es un estimulante leve, pero muy adictivo. Se encuentra de manera natural en el tabaco, y los consumidores por lo regular se administran la droga al fumar, inhalar o mascar tabaco. La dependencia fisiológica puede iniciar en el transcurso de las primeras semanas de fumar cigarrillos. La nicotina causa adicción psicológica, como podemos ver en las personas que fuman de manera habitual como medio para sobrellevar el estrés de la vida diaria.

Como estimulante, la nicotina acelera el ritmo cardiaco, disminuye el apetito y produce una euforia o acelere psicológico leve; adicionalmente, incrementa los estados de excitación, alerta y concentración. Sin embargo, puede tener efectos "paradójicos", como inducir sensaciones de relajación o calma mental. De hecho, dado que la nicotina causa la liberación de endorfinas en el cerebro, es capaz de producir estados de placer y reducir el dolor.

Con toda seguridad, usted ahora ya sabe que fumar es peligroso. Pero, ¿cuán peligroso? Tanto que constituye la causa principal de muerte prematura: es responsable de más de 400 000 muertes en Estados Unidos y de más de cinco millones de fallecimientos a nivel mundial cada año (Schroeder, 2007; OMS, 2007). Dicho de otra manera, fumar reduce 15 años de las expectativas de vida promedio de la gente (Schroeder, 2007).

En Estados Unidos, el cigarrillo es responsable de casi una de cada tres muertes a causa del cáncer, la mayoría de éstas debidas a cáncer de pulmón, el carcinoma asesino líder tanto para hombres como para mujeres. Quizá le asombre enterarse de que más mujeres mueren cada año de este mal en el pulmón que en el seno. La terrible noticia sobre el cigarrillo es que también contribuye en gran medida a las enfermedades cardiovasculares (enfermedades del corazón y las arterias), el más grande homicida de todos (Teo *et al.,* 2006). Por si fuera poco, causa serios problemas de salud, incluso enfisema y hasta cataratas. Un estudio británico descubrió que fumar duplica el riesgo de morir durante la mediana edad (antes de los 70 años) (Doll *et al.,* 2004).

Sin embargo, es preciso reportar asimismo las buenas noticias en cuanto a fumar. Hay más personas que han dejado de fumar que fumadores activos (Orleans, 2006). Los índices de fumadores han disminuido de manera impresionante a lo largo del tiempo hasta el nivel más bajo en más de 50 años. Sin embargo, casi uno de cada cinco adultos estadounidenses (19%) aún fuma (CDC, 2007a, 2007b). Fumar es más común entre hombres que entre mujeres y entre adultos más jóvenes con menor nivel educativo (Barbeau, 2006; Orleans, 2006). Resulta preocupante que los índices de consumidores de cigarrillos han comenzado a incrementarse en los años recientes entre adolescentes, lo cual invierte un descenso constante previo. Este hecho predice que los índices volverán a aumentar.

A menudo, este hábito inicia en la adolescencia y se vuelve difícil de eliminar una vez que se establece un patrón de consumo regular. Los cálculos estiman que 3 000 jóvenes comienzan a fumar cada día y que uno de cada tres morirá por causas relacionadas con dicho hábito.

Cafeína

La *cafeína*, un estimulante leve que se encuentra en el café, el té, las bebidas de cola, el chocolate y otras sustancias, es nuestra droga psicoactiva de consumo más extendido. Alrededor de 80% a 90% de los estadounidenses consume cafeína con regularidad, por lo general al ingerir café o bebidas de cola (Lemonick, 2007a). El consumo regular de cafeína puede provocar dependencia fisiológica. Si su rutina diaria incluye una o más tazas de café o de té con cafeína, y se siente ansioso o sufre dolores de cabeza cuando le hace falta su provisión diaria de cafeína, es probable que usted tenga una dependencia fisiológica, o que esté "enganchado" a la droga. La buena noticia es que la mayoría de los consumidores de cafeína son capaces de mantener el control sobre su consumo de la sustancia, a pesar de ser dependientes de ésta a nivel fisiológico. En otras palabras, estas personas pueden limitar su ingesta de café o té y pueden consumir la droga con moderación sin que esto interfiera de manera significativa en su vida diaria.

Por fortuna para la mayoría de la gente, no se sabe que la cafeína esté asociada con riesgos para la salud (excepto durante el embarazo) cuando se consume con moderación. Sin embargo, en fechas recientes nos enteramos de que el hecho de beber café, en especial en grandes cantidades, está vinculado con un riesgo mayor de sufrir ataques cardíacos en personas con cierta predisposición genética (Cornelis *et al.,* 2006). La cafeína tiene algunos efectos deseables, como mejorar el estado de vigilia, de alerta y de atención; aunque con dosis altas pueden presentarse efectos negativos, como la inquietud y el nerviosismo (de 200 a 600 miligramos) (Silver, 2007).

Alucinógenos

Los **alucinógenos** son sustancias que alteran las percepciones sensoriales y producen distorsiones o alucinaciones visuales, auditivas o de otras formas sensoriales. Igualmente se les conoce como drogas *psicodélicas,* palabra que en términos literales significa "reveladoras de la mente". Los alucinógenos pueden inducir sensaciones de relajación y calma en algunos consumidores y, paranoia o pánico en otros. A pesar de que no se sabe que provoquen adicción fisiológica, pueden generar la de tipo psicológica cuando los consumidores llegan a depender de éstos para ayudarse a sobrellevar sus problemas o sus experiencias estresantes de vida. Entre los alucinógenos se incluyen el LSD, la mescalina, la psilocibina, la PCP y la marihuana. De las anteriores, las de consumo más extendido son el LSD y la marihuana.

LSD

El *LSD* (dietilamida de ácido lisérgico; nombre callejero: "ácido") produce vívidas alucinaciones y otras distorsiones sensoriales. La experiencia de consumir esta droga se llama "viaje" y puede durar hasta 20 horas. Más de medio millón de estadounidenses reportaron consumir LSD en una encuesta (NIDA Notes, 2004).

El LSD ejerce varios efectos en el cuerpo: dilatación de las pupilas e incremento en el ritmo cardiaco, la presión sanguínea y la temperatura corporal, así como sudoración, temblores, pérdida de apetito y somnolencia. Los efectos psicológicos de la droga en el consumidor son variables e impredecibles. Con frecuencia, los consumidores reportan distorsiones de tiempo y espacio. Es probable que las dosis más altas produzcan despliegues más vívidos de colores y francas alucinaciones. Los efectos psicológicos dependen de la cantidad consumida pero también de la personalidad de

Nuestra droga de consumo más extendido   La cafeína es la droga psicoactiva de consumo más extendido. La mayoría de los consumidores regulares pueden controlar su consumo, a pesar de ser dependientes de ésta a nivel fisiológico.

CONCEPTO 4.32
La cafeína, un estimulante leve que se encuentra en el café, el té, las bebidas de cola, el chocolate y otras sustancias, es la droga psicoactiva de consumo más extendido.

CONCEPTO 4.33
Los alucinógenos alteran o distorsionan las percepciones sensoriales; producen sensaciones de relajación en algunas personas y sensaciones paranoides o de pánico en otras.

alucinógenos   Sustancias que alteran la experiencia sensorial y producen alucinaciones.

Viaje de LSD El alucinógeno LSD puede producir vívidas distorsiones perceptuales y francas alucinaciones. Algunos consumidores experimentan "malos viajes", los cuales se caracterizan por sensaciones de pánico y hasta estados psicóticos.

CONCEPTO 4.34
La marihuana induce sensaciones de relajación y euforia leve, pero puede producir alucinaciones con dosis altas o cuando es consumida por individuos susceptibles.

delirio Estado mental caracterizado por confusión, desorientación, dificultad para enfocar la atención y conducta excitable.

quien la emplea, de sus expectativas sobre la droga y del contexto en el cual se consume. Algunos consumidores experimentan "malos viajes", en los cuales sufren ansiedad o pánico intensos o tienen reacciones psicóticas, como delirios de persecución. Otros tienen retrospecciones, las cuales implican la reexperimentación súbita de algunas de las distorsiones perceptuales de un viaje de LSD.

Mescalina, psilocibina y PCP

Durante siglos, los norteamericanos nativos han utilizado los alucinógenos *mescalina* (derivada del cactus) y *psilocibina* (derivada de ciertos hongos) para determinados propósitos religiosos. La *PCP* (fenciclidina) o "polvo de ángel" es una droga sintética que produce **delirio**, un estado de confusión mental caracterizado por excitación, desorientación y dificultad para enfocar la atención. La PCP puede provocar distorsiones en el sentido del tiempo y el espacio, sensaciones de irrealidad y vívidas alucinaciones, en ocasiones, temibles. Puede generar sensaciones de paranoia y furia cegadora y disparar conductas bizarras o violentas. En elevadas cantidades, puede provocar estado de coma o la muerte.

Marihuana

La *marihuana* ("toque", "hierba", "pasto", "churro", "porro") se deriva de la planta cannabis. La sustancia química psicoactiva de la marihuana es el THC (delta-9-tetrahidrocannabinol). Las hojas de la planta son cosechadas y pueden ser fumadas en una pipa o enrolladas en "toques". La forma más potente de la droga, llamada *hashish* ("hash"), se deriva de la resina de la planta, la cual contiene la concentración más alta de THC. A pesar de que, por lo regular, la marihuana y el *hashish* son fumados, algunos consumidores ingieren la droga al comerse partes de la planta o alimentos dentro de los cuales se han horneado las hojas de cannabis.

Por lo general, la marihuana es clasificada como alucinógeno porque altera las percepciones y puede producir alucinaciones, en especial en dosis altas o cuando es consumida por individuos susceptibles. Con dosis bajas, los consumidores pueden sentirse relajados y un poco eufóricos. Puede parecerles que el tiempo pasa más lento. Las sensaciones corporales pueden dar la sensación de ser más pronunciadas, lo cual puede generar ansiedad y hasta algunos sentimientos de pánico en algunos consumidores (p. e., una sensación pronunciada de los latidos del corazón puede causar que algunos consumidores teman sufrir un ataque cardiaco). Las dosis altas pueden provocar náusea y vómitos, sensaciones de desorientación, ataques de pánico y paranoia.

La marihuana es la droga ilícita de consumo más extendido en Estados Unidos y en todo el mundo occidental. Más de 40% de los estadounidenses adultos reportó haber consumido marihuana en algún momento de su vida, y alrededor de 6% es consumidor actual (en el mes pasado) (SAMHSA, 2006).

Aún no se sabe con certeza si la marihuana genera dependencia fisiológica. Sin embargo, las evidencias recientes señalan un definible síndrome de abstinencia en consumidores habituales de la droga que dejan de consumirla de forma abrupta (Budney *et al.,* 2004). Lo cierto es que el consumo de marihuana puede provocar adicción psicológica si la gente llega a recurrir a ésta para sobrellevar el estrés o las dificultades personales. El consumo de marihuana también está vinculado al de drogas más poderosas, como la heroína y la cocaína (Kandel, 2003). La importancia causal del empleo de marihuana relacionado con el de otras drogas más poderosas es aún una pregunta abierta.

El consumo de marihuana implica ciertos riesgos: incrementa el ritmo cardiaco y tal vez la presión sanguínea, lo cual puede representar un riesgo potencial para las personas con problemas cardiovasculares. También afecta el desempeño motor y la coordinación, lo cual, aunado a que causa distorsiones perceptuales, convierte a la marihuana y el manejo de automóviles en una peligrosa combinación. Asimismo, el consumo a largo plazo asimismo genera problemas en el aprendizaje y la memoria (Messinis *et al.,* 2006). Fumar marihuana introduce muchos agentes causantes de cáncer en el cuerpo e incrementa el riesgo de padecer enfermedades respiratorias (Moir *et al.,* 2007; Zinckler, 2006).

En la tabla de conceptos 4.4 usted encontrará una lista de los tipos principales de sustancias psicoactivas en términos de su potencial de dependencia psicológica y fisiológica, principales efectos psicológicos y principales riesgos.

TABLA DE CONCEPTOS 4.4
Tipos principales de drogas psicoactivas

	Sustancia	Potencial de dependencia psicológica/ fisiológica	Principales efectos psicológicos	Principales riesgos
Depresores	Alcohol	Sí / Sí	Induce relajamiento, euforia leve e intoxicación; libera la ansiedad; reduce la alerta y las inhibiciones mentales; disminuye la concentración, el juicio, la coordinación y el equilibrio	El consumo abundante puede causar trastornos hepáticos y otros problemas físicos; en sobredosis puede causar coma o la muerte
	Barbitúricos y tranquilizantes	Sí / Sí	Reduce la alerta mental; induce relajamiento y calma; puede producir euforia placentera (barbitúricos)	Alto potencial adictivo; peligroso en sobredosis y cuando se mezclan con alcohol y otras sustancias
	Opioides	Sí / Sí	Induce relajamiento y acelere eufórico; puede borrar temporalmente la conciencia de los problemas personales	Alto potencial adictivo; en sobredosis puede causar muerte súbita
Estimulantes	Anfetaminas	Sí / Sí	Aumenta la alerta mental; reduce la necesidad de dormir; induce acelere placentero; causa pérdida de apetito	En dosis altas puede inducir síntomas psicóticos e irregularidades cardiovasculares que pueden provocar coma o muerte
	Cocaína	Sí / Sí	Efectos similares a los de las anfetaminas, pero de menor duración	Alto potencial adictivo; riesgo de muerte súbita por sobredosis; en cantidades elevadas puede tener efectos psicóticos; riesgo de defectos nasales por inhalar
	MDMA ("éxtasis")	Sí / Sí	Euforia leve y efectos alucinógenos	Las dosis altas pueden ser fatales; puede provocar depresión u otros efectos psicológicos; puede afectar la atención, el aprendizaje y la memoria
	Nicotina	Sí / Sí	Incrementa la alerta mental; produce acelere leve, pero, paradójicamente, puede tener efectos calmantes	Fuerte potencial adictivo; el consumo de tabaco representa serios riesgos para la salud, incluso cáncer y enfermedad cardiovascular
	Cafeína	Sí / Sí	Incrementa la alerta mental y la vigilia	En altos niveles puede causar inquietud e insomnio; puede incrementar el riesgo de aborto durante el embarazo
Alucinógenos	LSD	Sí / No	Produce alucinaciones y otras distorsiones sensoriales	Ansiedad intensa, pánico o reacciones psicóticas asociadas con los "malos viajes"; retrospecciones
	Marihuana	Sí / ?	Induce relajamiento y euforia leve; puede producir alucinaciones	En dosis altas puede causar náuseas, vómito, desorientación, pánico y paranoia; posibles riesgos de salud por el consumo regular

Comprender el abuso del consumo de drogas

A fin de comprender mejor los problemas con el abuso en el consumo de drogas, necesitamos considerar los factores sociales, biológicos y psicológicos. Los efectos placenteros de las drogas, la presión de los amigos y la exposición a miembros de la familia que fuman, beben alcohol o consumen otras drogas son importantes influencias en cuanto a llevar a los jóvenes a comenzar a experimentar con estas sustancias (Hu, Davies y Kandel, 2006; Read *et al.*, 2003).

CONCEPTO 4.35
El abuso y la dependencia del consumo de drogas son problemas complejos que surgen de la interacción de factores sociales, biológicos y psicológicos.

Presión de los amigos La presión social de los amigos es una importante influencia para consumir alcohol y drogas entre los jóvenes.

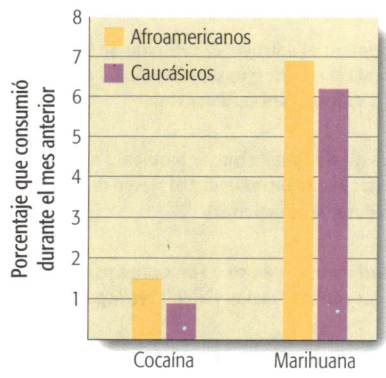

FIGURA 4.8 Etnia y consumo de drogas
Esta figura muestra los porcentajes de personas de dos grupos étnicos que reportaron consumir drogas ilícitas durante el mes anterior. Pero, ¿debemos inferir por estos datos que el consumo de drogas ilícitas es un problema asociado con el estatus de los grupos minoritarios? ¿Puede usted ofrecer otras explicaciones a estas diferencias?

Fuente: USDHHS, 2001

La gente joven que se siente aislada de la cultura principal puede identificarse con subculturas donde el consumo de drogas es sancionado o motivado, como la subcultura de las pandillas. A pesar de que la iniciación al consumo de drogas puede ser motivada por el deseo de "pertenecer" o parecer "genial" ante los ojos de los amigos, la gente, por lo general, continúa por sí misma con el consumo de drogas debido a sus efectos placenteros. Con el consumo prolongado de una droga, el cuerpo llega a depender de una provisión constante de la misma, lo cual provoca dependencia fisiológica. A medida que la gente se hace dependiente a nivel químico, puede continuar con el consumo de drogas, principalmente para evitar los desagradables síntomas de abstinencia y el intenso deseo por consumirlas cuando dejan de hacerlo.

El desempleo es otro factor social vinculado con el abuso en el consumo de drogas. Sin embargo, esta relación puede ser doble: el consumo abusivo de drogas puede incrementar las probabilidades de desempleo, mientras éste puede aumentar las probabilidades del abuso en el consumo de drogas.

El uso de alcohol y otras drogas está muy afectado por las normas culturales. Las creencias y costumbres culturales pueden motivar o desaprobar la bebida. Algunos grupos étnicos —judíos, griegos, italianos y asiáticos, por ejemplo— tienen bajos índices de alcoholismo, en gran medida debido a estrictos controles sociales impuestos sobre la bebida excesiva o entre menores de edad. En las culturas islámicas tradicionales el alcohol está prohibido por completo.

Los grupos étnicos y raciales también difieren en el consumo reportado de drogas ilícitas. La figura 4.8 muestra los índices reportados de consumo de cocaína y marihuana entre afroamericanos y estadounidenses caucásicos. La información proviene de una encuesta constante en hogares estadounidenses. Más adelante, en este capítulo, le pediremos que piense de manera crítica acerca de estos datos. ¿Demuestran, de hecho, que la raza o la etnia es responsable de estas diferencias?

La aculturación también tiene su importancia en la explicación del uso y abuso de las drogas. Las culturas hispanoamericanas tradicionales establecen severas restricciones al consumo femenino de alcohol; en especial, en abundancia. Sin embargo, la cultura estadounidense principal impone muy pocas restricciones relacionadas con el género. No debería sorprendernos, entonces, que las mujeres hispanoamericanas con más aculturación tengan más probabilidades de beber en abundancia que sus contrapartes con menos aculturación (Caetano, 1987). Otras evidencias muestran que, entre las mujeres jóvenes de ascendencia hispanoamericana en el sur de Florida, las que nacieron en Estados Unidos presentan índices más altos de dependencia a las drogas que las que inmigraron (Turner, Lloyd y Taylor, 2006).

Los factores genéticos desempeñan una importante función en muchas formas de farmacodependencia, incluso alcoholismo, dependencia de la heroína y hasta de la nicotina (fumar) (Hampton, 2006; Hutchison *et al.*, 2007; Volkow, 2007). No existe un solo gen responsable del abuso o dependencia de sustancias. En lugar de ello, los científicos creen que múltiples genes actúan junto con las influencias ambientales en una interacción de factores que conducen a este tipo de problemas (Kendler, Myers y Prescott, 2007; Luczak, Glatt y Wall, 2006).

Consideremos el alcoholismo como ejemplo. Algunas personas pueden tener una predisposición genética a obtener enorme placer del licor y de otras sustancias, lo cual eleva su riesgo potencial. Otras pueden heredar una mayor tolerancia a los efectos negativos del alcohol (las náuseas, etc.), lo cual les hace más difícil "saber cuándo decir ya basta" (Corbett *et al.*, Radel *et al.*, 2005). Irónicamente, tener una mayor capacidad para controlar el licor que consumimos parece representar un riesgo mayor de desarrollar problemas con su ingesta (Edenberg *et al.*, 2005). Quienes heredan una sensibilidad mayor a los efectos negativos del alcohol, es decir, las personas cuyos cuerpos son más hábiles para "poner el freno" al exceso de bebida, pueden tener menos probabilidades de desarrollar problemas de abuso o dependencia de las bebidas embriagantes.

Muchas drogas psicoactivas, incluso la cocaína, las anfetaminas, el alcohol y los opiáceos, producen efectos placenteros o eufóricos al incrementar la disponibilidad del neurotransmisor dopamina en el cerebro, una sustancia química que activa los circuitos cerebrales de recompensa o de placer (Borgland *et al.*, 2006; Gallistel, 2006; Martinez *et al.*, 2007). Estos circuitos cerebrales brindan reforzamiento a las conductas esenciales para nuestra supervivencia. Por ejemplo, cuando comemos tras estar hambrientos o cuando bebemos tras sentirnos sedientos, los caminos de recompensa en el cerebro se inundan de dopamina, la cual produce sensaciones placenteras. Las investigaciones recientes sugieren que la simple exposición a palabras asociadas con alcohol puede activar circuitos cerebrales relacionados con el placer o la recompensa en personas con problemas de dependencia del mismo (consulte la figura 4.9).

Las drogas como la cocaína y las anfetaminas inundan el sistema de recompensas del cerebro con dopamina, con lo cual producen estados temporales de placer. No obstante, con el paso del tiempo, el consumo regular de estas drogas puede dañar esos circuitos cerebrales y disminuir la capacidad del cerebro para producir dopamina por sí mismo. Como resultado, al consumidor de

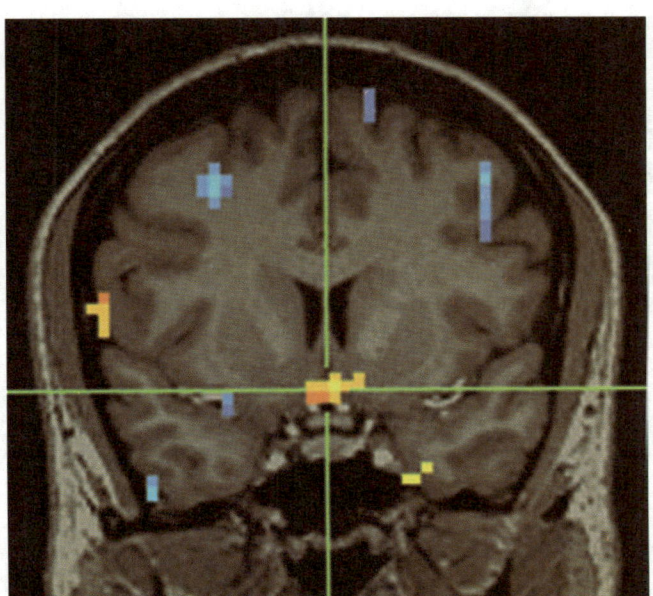

FIGURA 4.9   Su cerebro responde a las palabras del alcohol
En un reciente estudio con IRMf, un grupo de mujeres dependientes del alcohol mostró mayores niveles de activación cerebral en partes del sistema límbico y los lóbulos frontales (indicados en colores amarillo/naranja) como respuesta a palabras clave relacionadas con el alcohol (p. e., *barril, parranda*), que un grupo de mujeres que eran bebedoras sociales moderadas. Estas partes del cerebro están involucradas en los caminos de recompensa que se activan por el licor y otras drogas. Estos descubrimientos sugieren que, en las personas con adicción al alcohol, la simple exposición a palabras asociadas con éste puede producirles efectos similares en el cerebro que la droga misma.

Fuente: Tapert *et al.*, 2004.

¿Automedicación? Muchos bebedores utilizan el alcohol en un intento por diluir sus problemas o sus emociones conflictivas.

drogas puede resultarle difícil encontrar placer en los goces ordinarios de la vida, como ingerir una buena comida o socializar con sus amigos. El cerebro llega a depender de la disponibilidad de abuso de drogas para producir cualquier sensación de placer o eliminar cualesquiera sentimientos negativos, como la ansiedad o la depresión. Sin esas drogas puede parecerle que la vida se vuelve monótona e insatisfactoria, o incluso que ya no vale la pena vivirla.

Las drogas contienen efectos complejos en otros neurotransmisores, incluso las endorfinas. Dado que los opioides anidan en los sitios receptores como endorfinas, con el paso del tiempo el cerebro se habitúa a una provisión de opioides y puede suprimir su producción natural de endorfinas. La persona adicta a las drogas llega a depender de éstas para cumplir sus funciones analgésicas y productoras de placer que, por lo regular, realizan las endorfinas. El consumidor habitual que deja de administrarse esas drogas puede descubrir que los pequeños dolores y molestias se magnifican hasta que el cuerpo recupera la producción adecuada de endorfinas.

Los factores psicológicos, como los sentimientos de desesperanza, la necesidad de buscar sensaciones y el deseo de escapar a las emociones conflictivas, son los que más contribuyen al desarrollo del consumo y dependencia de las drogas. Las personas jóvenes con antecedentes conflictivos pueden recurrir a las drogas debido a una sensación de futilidad y decepción. Los individuos con gran necesidad de sensación, es decir, aquellos que se aburren con frecuencia con las actividades cotidianas que llenan los días de la mayoría de la gente, pueden llegar a depender de las drogas para proveerse la estimulación que necesitan.

Otras personas utilizan el alcohol o las drogas como forma de automedicación para aliviar la ansiedad o el dolor emocional, para enfrentar experiencias difíciles de la vida o para escapar de sus problemas de manera temporal (Bolton *et al.,* 2006; Ozegovic, Bikos y Szymanski, 2001; Tomlinson *et al.,* 2006). De alguna manera, los hombres son más proclives a beber cuando se sienten de buen humor, mientras las mujeres tienen más probabilidades de hacerlo para lidiar con los sentimientos negativos (Bischof *et al.,* 2005). Los factores cognitivos, como las actitudes positivas hacia las drogas o las expectativas positivas hacia los efectos que éstas producen (p. e., hacer más extravertida y confiada, en términos sociales, a la persona) también participan en el uso y abuso de las drogas, en especial entre los jóvenes (Engels *et al.,* 2006; Gilles, Turk y Fresco, 2006; Morawska y Oei, 2005).

Tratamiento contra las drogas

CONCEPTO 4.36
El tratamiento eficaz contra las drogas requiere una perspectiva multifacética, a fin de ayudar a la gente a liberarse de la dependencia química y desarrollar maneras más adaptativas para enfrentar sus problemas.

Los programas de tratamiento más eficaces utilizan una variedad de enfoques para atender el amplio rango de conflictos que enfrenta la gente con problemas de abuso de drogas. La gente con dependencia química quizá deba someterse primero a **desintoxicación**, que es un proceso en el cual sus cuerpos son lavados de las drogas adictivas. Para asegurar la disponibilidad de monitoreo médico, por lo regular la desintoxicación requiere que el paciente se interne en un hospital. Los servicios de seguimiento, incluso la asesoría personal, pueden ayudar a la gente a permanecer libre de las drogas al ayudarla a confrontar los problemas psicológicos que pueden ser subyacentes al abuso de sustancias, como la depresión y la baja autoestima.

Pueden utilizarse medicamentos terapéuticos en combinación con asesoría psicológica para combatir la adicción a las drogas. Algunos medicamentos terapéuticos impiden que los opioides y el alcohol produzcan euforia. Otro medicamento, el opioide sintético *metadona,* no produce el acelere o el estado de estupor asociado con la heroína, pero puede emplearse para controlar los síntomas de abstinencia cuando los pacientes dejan de consumir dicha droga. Cuando se ingiere a diario, la metadona puede ayudar a los adictos a la heroína a recuperar el control de su vida (Marion, 2005; Schwartz *et al.,* 2006). Además, los programas de autoayuda, como el de 12 pasos de Alcohólicos Anónimos (AA), pueden motivar a los individuos a mantener la abstinencia y a reconstruir libres de drogas sus vidas; en especial aquellos que se comprometen a cumplir ciertas metas de abstinencia (Ferri, Amato y Davoli, 2006; Moos y Moos, 2004).

desintoxicación Proceso para limpiar drogas o toxinas del cuerpo.

Alteración de la conciencia por medio de drogas

REPASE

¿Cuándo el consumo de sustancias cruza el límite entre el uso, el abuso y la dependencia?

- El uso de drogas se convierte en abuso cuando implica el consumo no adaptativo o peligroso de una sustancia (consumo que causa o agrava los problemas personales, ocupacionales o físicos).

- La dependencia de las drogas es un estado deficiente de control sobre el consumo de una sustancia. Con frecuencia se acompaña de señales de dependencia fisiológica. A menudo, el abuso de las drogas provoca farmacodependencia.

- Dependencia fisiológica significa que el cuerpo de la persona ha llegado a depender de una provisión regular de la droga. Cuando es dependiente a nivel psicológico, la gente depende de una droga como estrategia para lidiar con la ansiedad, el estrés y otros sentimientos negativos.

¿Qué son los depresores?

- Los depresores, como el alcohol, los barbitúricos, los tranquilizantes y los opioides, son sustancias adictivas que reducen la actividad del sistema nervioso central. Tienen un rango amplio de efectos: reducen los estados de excitación corporal, liberan la ansiedad y la tensión y, en el caso de los barbitúricos y los opioides, producen un "acelere" placentero o eufórico.

¿Qué son los estimulantes?

- Los estimulantes, entre los cuales se incluyen las anfetaminas, la cocaína, la MDMA ("éxtasis"), la nicotina y la cafeína aceleran la actividad del sistema nervioso. Los estimulantes pueden inducir sensaciones de euforia, pero también pueden provocar dependencia fisiológica. La cocaína estimula de manera directa los caminos de recompensa en el cerebro y con ello produce estados de euforia, pero es una droga altamente adictiva y peligrosa. La MDMA es un disparo químico de anfetaminas que puede tener serias consecuencias psicológicas y físicas. La nicotina, un estimulante leve, es la sustancia adictiva que se encuentra en el tabaco. A pesar de que el consumo regular de cafeína puede producir dependencia psicológica, la mayoría de sus consumidores puede mantener el control sobre su ingesta.

¿Qué son los alucinógenos?

- Los alucinógenos son drogas que alteran las percepciones sensoriales y producen alucinaciones. Entre éstos se incluyen el LSD, la mescalina, la psilocibina, el PCP y la marihuana. El PCP ("polvo de ángel") es una droga sintética que produce delirio, es decir, un estado de confusión y desorientación que puede acompañarse de alucinaciones y conducta violenta. La marihuana, la droga ilícita de consumo más extendido, tiene un rango de efectos que dependen del nivel de dosis.

¿Qué factores contribuyen a los problemas con el abuso del consumo del alcohol y las drogas?

- Además de los efectos reforzadores de las drogas mismas, los factores sociales, biológicos y psicológicos contribuyen al abuso del consumo de éstas. Entre los factores sociales contribuyentes se encuentran la presión de los amigos y la exposición a miembros de la familia y amigos que consumen drogas. Entre los biológicos se halla una alta tolerancia a los efectos negativos de las drogas. Entre los agentes psicológicos se encuentran sentimientos de desesperanza y el deseo de escapar de las emociones conflictivas.

¿Qué alternativas de tratamiento están disponibles para ayudar a las personas con problemas de consumo de drogas?

- Entre las estrategias para tratar a la gente con problemas de abuso de drogas se comprenden los programas de desintoxicación, la asesoría profesional, el empleo de drogas terapéuticas y los programas de autoayuda, como Alcohólicos Anónimos.

RECUERDE

1. Las sustancias químicas que alteran los estados mentales se llaman drogas _____.

2. Cuando el consumo repetido de una droga altera la química corporal de una persona de manera que el cuerpo llega a depender de una provisión regular de la misma, la condición se conoce como
   a. abuso de drogas
   b. mal uso de drogas
   c. dependencia psicológica
   d. dependencia fisiológica

3. ¿A cuál clase de drogas pertenecen el alcohol y la heroína?

4. El tipo de depresivo de uso y abuso más extendido es
   a. la nicotina
   b. el alcohol
   c. la heroína
   d. la cafeína

5. Los _____ son sustancias que se utilizan para tratar la ansiedad y el insomnio, pero pueden volverse adictivos cuando se consumen durante un periodo extendido.
   a. opiáceos
   b. estimulantes
   c. tranquilizantes
   d. antidepresivos

6. Muchas drogas psicoactivas inducen efectos placenteros al incrementar las concentraciones cerebrales del neurotransmisor _____.

REFLEXIONE

- ¿La mejor manera de explicar el abuso en el consumo de drogas es una debilidad de carácter u otros factores? Sustente su respuesta.

- ¿Debería ser legalizada la marihuana? ¿Por qué?

Aplicación
Módulo 4.5

Para que usted concilie el sueño

Muchas personas tienen dificultades para conciliar el sueño o para dormir lo suficiente para sentirse renovadas al despertar. Dado que el insomnio puede ser el resultado de algún trastorno médico o psicológico subyacente, lo mejor es que la condición sea evaluada por un profesional. En muchos casos, sin embargo, el insomnio refleja hábitos no saludables de sueño. Por fortuna, la gente puede cambiar dichos hábitos al hacerse más consciente de sus patrones de conducta y al realizar cambios conductuales adaptativos (Irwin, Cole y Nicassio, 2006; Sivertsen *et al.*, 2006; Wu *et al.*, 2006). He aquí algunas sugerencias para desarrollar rutinas de sueño más saludables (adaptado de Brody, 2006; y Nevid y Rathus, 2007a):

• *Adopte un horario regular para dormir.* Ayude a su reloj corporal interno a sincronizarse: duerma y despierte más o menos a la misma hora, incluso los fines de semana y en las vacaciones.

• *No intente forzar el sueño.* Dormir es un proceso natural que no puede ser forzado. Si tiene los ojos bien abiertos y se siente lleno de energía, permita que su cuerpo y su mente se relajen antes de ir a reposar.

• *Establezca una rutina regular para ir a dormir.* Adopte una rutina regular antes de irse a la cama. Quizá descubra que leer, ver televisión o practicar técnicas de relajación o meditación lo ayudan a dormir.

• *Establezca las claves apropiadas para dormir.* Convierta a su cama en una clave para dormir: tanto como le sea posible, limite otras actividades en su cama, como comer, leer, ver televisión o hablar por teléfono.

• *Evite dar vueltas y vueltas.* Si no puede conciliar el sueño después de 20 minutos, no continúe dando vueltas y vueltas en la cama. Levántese, vaya a otra habitación y alcance un estado de relajación por medio de la lectura, de escuchar música tranquilizante o de la meditación. Cuando se sienta relajado, regrese a la cama. Repita este proceso tantas veces como sea necesario hasta que sea capaz de conciliar el sueño.

¿Cuál es el error en esta fotografía?
Si usted tiene un problema de insomnio, quizá le resulte útil convertir su cama en una clave más fuerte para dormir con sólo limitar otras actividades en ésta, como comer, leer, ver televisión o hablar por teléfono.

- *Evite las siestas durante el día si no durmió bien.* Mucha gente intenta compensar el insomnio de la noche con siestas durante el día. La siesta puede alterar su reloj corporal natural y dificultar que concilie el sueño en la siguiente noche.

- *No lleve sus problemas a la cama.* Irse a la cama debe ser el paso previo para dormir, no para rumiar sus problemas u organizar sus actividades diarias. Dígase que mañana pensará en el mañana. O, antes de ir a la cama, escríbase notas de recordatorio sobre las actividades que necesita realizar al día siguiente.

- *Utilice imágenes mentales.* La representación de escenas relajantes en su mente (p. e., imaginarse a sí mismo en el acto de asolearse en una playa tropical o de caminar a través de un prístino bosque) puede ayudarlo a deslizarse de la conciencia ordinaria hacia el reino del sueño.

- *Adopte un programa regular de ejercicios.* El ejercicio vigoroso puede ayudar a liberar el estrés de la vida diaria y preparar al cuerpo para un sueño reparador. Sin embargo, evite ejercitarse varias horas antes de dormir, dado que el ejercicio eleva los niveles de excitación corporal.

- *Limite su consumo de cafeína, en especial durante la tarde.* La cafeína del café, del té y de otras sustancias puede incrementar los niveles de excitación corporal hasta por 10 horas. También evite fumar, no sólo por sus dañinos efectos en la salud, sino también porque el tabaco contiene nicotina, un estimulante leve.

- *Practique la "autoconversación" racional.* Los pensamientos molestos que usted murmura en silencio para sí mismo y entre dientes pueden provocar ansiedad y preocupación que bien pueden mantenerlo en vela durante la noche. Sustituya esa ansiosa "autoconversación" por pensamientos más amables. Por ejemplo, en lugar de pensar "Debo dormir o mañana seré un guiñapo", sustitúyalo por un pensamiento como "Quizá no me sienta tan eficiente mañana como siempre, pero no voy a derrumbarme. Ya antes he sobrevivido con pocas horas de sueño y puedo hacerlo de nuevo". No caiga en la trampa de perder la proporción de las cosas.

■ Pensamiento crítico sobre la psicología ■

Con base en la lectura del capítulo, responda las siguientes preguntas. Después, para evaluar su progreso en el desarrollo de capacidades de pensamiento crítico, compare sus respuestas con las del ejemplo en el apéndice A.

¿Mienten las estadísticas? Aunque en realidad las estadísticas no mienten, lo cierto es que pueden ser confusas si no aplicamos capacidades de pensamiento crítico cuando las interpretamos. Recuerde la figura 4.8 de la página 166, la cual muestra las diferencias raciales/étnicas en el reporte de consumo de cocaína y marihuana. Estos resultados de encuesta mostraron que los afroamericanos tenían más probabilidades de reportar consumo de dichas drogas en el último mes que los caucásicos estadounidenses (USDHHS, 2001). Ahora aplique sus capacidades de pensamiento crítico para responder las siguientes preguntas:

1. ¿Esta evidencia demuestra que las etnias establecen la diferencia en los índices de consumo de drogas? ¿Por qué?

2. ¿Cuáles explicaciones adicionales podrían aplicar para estos descubrimientos?

Módulo 4.1 Estados de conciencia

ESTADOS DE CONCIENCIA

- Conciencia enfocada: alerta y absorto por completo
- Conciencia a la deriva: pensamientos dispersos
- Conciencia dividida: dividir la conciencia entre dos o más tareas
- Dormir y soñar: conciencia disminuida
- Estados alterados de conciencia: cambios en los estados regulares de la conciencia en vigilia

Módulo 4.2 Dormir y soñar

FASES DEL SUEÑO

- **Sueño no-MOR (fases 1 a 4):** patrones cambiantes de ondas cerebrales que conducen al sueño de onda lenta
- **Sueño MOR:** patrones activos de ondas cerebrales; asociado con soñar

FUNCIONES DEL SUEÑO

- **Función protectora:** mantenernos alejados del peligro
- **Función de conservación de la energía:** conservar la energía necesaria para encontrar alimento
- **Función reparadora:** reabastecer los recursos corporales perdidos
- **Función de conservación de la memoria:** convertir los recuerdos recientes en recuerdos más perdurables

TEORÍAS SOBRE EL SUEÑO

- **Hipótesis de solución de problemas (Hartmann):** los sueños como intentos para resolver los problemas de la vida diaria
- **Hipótesis de activación-síntesis:** la corteza intenta encontrar sentido a las descargas eléctricas aleatorias del tallo cerebral
- **Hipótesis de cumplimiento de deseos (Freud):** los sueños son deseos sexuales o agresivos disfrazados

PROBLEMAS PARA DORMIR

- **Privación del sueño:** puede causar dificultades significativas si se convierte en patrón
- **Trastornos del sueño:** alteraciones en el sueño normal, incluso insomnio, narcolepsia, apnea del sueño, trastorno de pesadilla, trastorno de terror del sueño y trastorno de sonambulismo

Patrones de ondas cerebrales

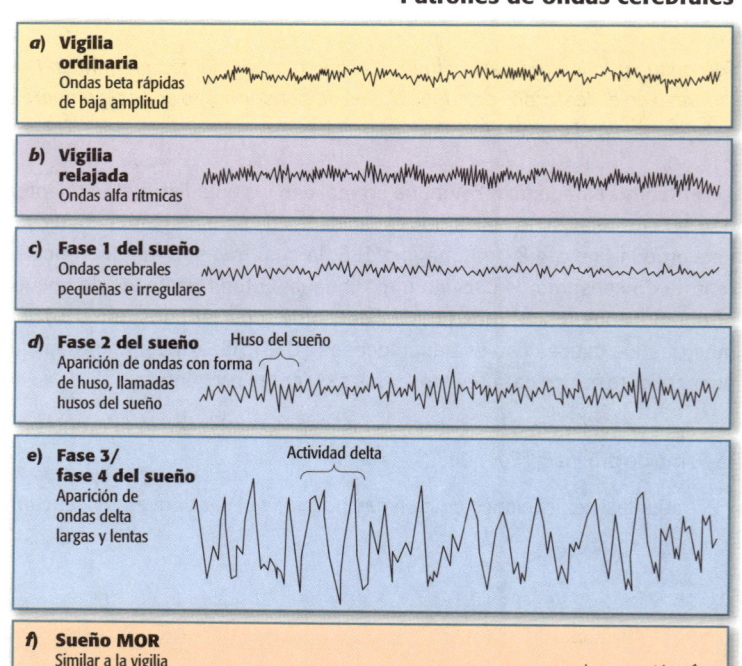

a) **Vigilia ordinaria**
Ondas beta rápidas de baja amplitud

b) **Vigilia relajada**
Ondas alfa rítmicas

c) **Fase 1 del sueño**
Ondas cerebrales pequeñas e irregulares

d) **Fase 2 del sueño** Huso del sueño
Aparición de ondas con forma de huso, llamadas husos del sueño

e) **Fase 3/ fase 4 del sueño** Actividad delta
Aparición de ondas delta largas y lentas

f) **Sueño MOR**
Similar a la vigilia ordinaria

Módulo 4.3 Alteración de la conciencia por medio de la meditación y la hipnosis

Tipos de meditación

- **Meditación trascendental:** repetir un mantra para inducir un estado meditativo
- **Meditación de conciencia plena:** atender el flujo de pensamientos de manera pasiva

Teorías sobre la hipnosis

- **Teoría de juego de rol:** la hipnosis como interacción social
- **Teoría de neodisociación:** la hipnosis como una división de la conciencia

Módulo 4.4 Alteración de la conciencia por medio de drogas

Tipos de drogas (tres principales tipos)

- **Depresores:** alcohol, barbitúricos, tranquilizantes, opioides
- **Estimulantes:** anfetaminas, cocaína, nicotina, cafeína
- **Alucinógenos:** LSD, mescalina, psilocibina, PCP, marihuana

Factores en el abuso del consumo de drogas (múltiples factores involucrados)

- **Factores sociales:** aislamiento, desempleo, normas culturales, aculturación
- **Factores biológicos:** influencias genéticas, efectos de las drogas en los neurotransmisores del cerebro
- **Factores psicológicos:** sentimientos de desesperanza, búsqueda de sensaciones, deseo de escapar a las emociones conflictivas

5

Aprendizaje

¿Sabía usted que . . .

- el *déjà-vu* puede ser una respuesta aprendida? (p. 178)

- las fobias pueden ser adquiridas, mediante los mismos principios de aprendizaje que Pavlov descubrió, con base en sus estudios sobre la digestión de los perros? (p. 182)

- la salivación al sonar un timbre puede no ser dañina, pero la salivación al ver una botella de whisky puede ser peligrosa para las personas en proceso de combatir su alcoholismo? (p. 183)

- los principios del condicionamiento clásico fueron puestos en práctica en un rancho para impedir que los coyotes mataran a las ovejas? (p. 184)

- podemos utilizar los principios del aprendizaje para explicar por qué las máquinas tragamonedas pueden convertirse en asaltantes con un solo brazo? (p. 193)

- la programación de exámenes en días específicos puede reforzar, de manera inadvertida, que los estudiantes se saturen de estudio justo antes de los exámenes y relajen su disciplina justo después? (p. 193)

El cerebro adora los acertijos

- En Nueva York, un adicto en recuperación a la heroína intentaba retomar el control de su vida. Cierto día abordó el metro para comenzar a trabajar en un nuevo empleo. Sin embargo, cuando las puertas del vagón se abrieron en una estación en particular, el individuo de pronto experimentó el más intenso deseo por consumir heroína y poco después reincidió en su adicción. ¿Cuáles principios de aprendizaje podemos emplear para explicar los intensos deseos que este hombre experimentó en esa estación particular del metro? (p. 183)

CONFESIONES DE UN SUJETO QUE ODIA LOS HUEVOS

Odio los huevos; no es sólo su sabor lo que no soporto: el olor, la sensación, la simple vista de ellos es suficiente para sentirme descompuesto. Ver que otras personas comen huevos puede causarme náuseas. No es que sea alérgico a los huevos. Me gusta todo tipo de platillos horneados que los contienen; no me molestan, siempre y cuando estén horneados junto con otros alimentos y que ya no sean reconocibles como, bueno, huevos. Pero los huevos en sí, en especial los tibios, me llenan de disgusto.

No nací con desagrado hacia los huevos. Tampoco me disgustaron siempre. Mis padres me dicen que en realidad me agradaban bastante cuando era niño. Sin embargo, en algún momento adquirí una aversión hacia este alimento. Es probable que haya vivido alguna experiencia no placentera con los huevos. No, no creo haber sido perseguido alrededor de un granero por una parvada de gallinas enloquecidas. Lo más probable es que haya vivido alguna experiencia en la cual me causaron repulsión. O tal vez fui obligado a comerlos cuando no me sentía muy bien. En cualquier caso, yo no recuerdo nada de eso. Todo lo que sé es que los odio y lo he hecho desde que tengo memoria.

He descrito mi aversión hacia los huevos para introducirlo al tema del aprendizaje. Algunas respuestas, como alejar la mano de una estufa caliente, son reflejos. No aprendemos los reflejos; estamos equipados a nivel biológico para realizarlos de manera automática. Otras conductas se desarrollan de manera natural como resultado de la maduración. A medida que maduran los músculos de un niño, éste se vuelve más capaz de levantar objetos más pesados o de arrojar una pelota a mayor distancia. No obstante, otras respuestas, como mi aversión a los huevos, son adquiridas por medio de la *experiencia*.

En general, los psicólogos definen el *aprendizaje* como un cambio relativamente permanente en la conducta que es resultado de la experiencia. Es mediante ésta que aprendemos sobre el mundo y desarrollamos nuevas habilidades, como andar en bicicleta o preparar un suflé. Las preferencias o aversiones adquiridas de sabor, incluso mi aversión a los huevos, también son conductas aprendidas. Note el empleo del término *relativamente* permanente en la definición de aprendizaje. Para que ocurra el aprendizaje, los cambios en la conducta deben ser duraderos, aunque no necesitan ser permanentes. Por ejemplo, usted necesitaría desaprender la conducta de conducir un automóvil en el lado derecho de la calle si deseara vivir en un país donde la gente conduce en el lado izquierdo de la misma.

La capacidad para aprender nuevas conductas nos ayuda a adaptarnos a las demandas del ambiente. Tanto si aprendemos a obtener recompensas y a evitar los castigos como si sólo aprendemos a vestirnos con prendas abrigadoras en climas fríos, continuamente modificamos y ajustamos nuestra conducta con base en las demandas ambientales. El aprendizaje es adaptativo, es decir, permite a los organismos ceñir su conducta a las demandas que enfrentan en el ambiente e incrementa sus probabilidades de supervivencia. Incluso las aversiones de sabor pueden ser adaptativas. Éstas pueden impedir que los animales, incluso los humanos, consuman alimentos que los han enfermado o envenenado en el pasado. Desde luego, no todas las respuestas aprendidas son adaptativas. Mi propia aversión a los huevos limita el rango de alimentos que puedo disfrutar. En general, sin embargo, el aprendizaje ayuda a los organismos a prepararse para satisfacer las demandas que el ambiente les impone.

Los psicólogos estudian muchas formas de aprendizaje, incluso tres tipos principales que son el punto central de este capítulo: el condicionamiento clásico, el condicionamiento operante y el aprendizaje cognitivo. ■

MÓDULO 5.1

Condicionamiento clásico: aprendizaje por asociación

- ¿Qué es el condicionamiento clásico?
- ¿Cuáles son las funciones que desempeñan la extinción y la recuperación espontánea en el condicionamiento clásico?
- ¿Cuáles son las funciones que desempeñan la generalización de estímulo, la discriminación de estímulo y el condicionamiento de orden superior en el condicionamiento clásico?

- ¿Qué características de los estímulos fortalecen las respuestas condicionadas?
- ¿Cuál es una perspectiva cognitiva sobre el condicionamiento clásico?
- ¿Cuáles son algunos ejemplos del condicionamiento clásico en la vida diaria?

Iván Pavlov

💡 **CONCEPTO 5.1**

El descubrimiento de Pavlov de que los perros salivaban ante sonidos específicos en su laboratorio lo condujeron a identificar un proceso de aprendizaje llamado condicionamiento clásico.

aprendizaje   Cambio relativamente permanente en la conducta, adquirido mediante la experiencia.

condicionamiento clásico
Proceso de aprendizaje por el cual un estímulo previamente neutral llega a provocar una respuesta idéntica o similar a la generada originalmente por otro estímulo, como resultado de la asociación entre ambos estímulos.

respuesta no condicionada (RNC)
Respuesta no aprendida a un estímulo.

estímulo no condicionado (ENC)
Estímulo que provoca una respuesta no aprendida.

¿Se tensan sus músculos ante el sonido de la fresadora de un odontólogo? ¿Comienza de pronto a salivar cuando camina frente a su panadería favorita? Usted no nació con esas respuestas: las aprendió. Pero, ¿cómo ocurre el **aprendizaje**?

Para entender cómo aprendemos las respuestas necesitamos considerar el trabajo del psicólogo ruso Iván Pavlov (1849-1936). Pavlov descubrió la forma de aprendizaje conocida como **condicionamiento clásico**. A pesar de que el descubrimiento de Pavlov se encuentra entre los más importantes en la psicología, en realidad, ocurrió por accidente. Pavlov estudiaba el sistema digestivo de los perros cuando notó que los animales salivaban ante sonidos asociados con la entrega de comida, como el tintineo de los carritos para trasladar alimentos cuando entraban a su laboratorio. Creía que el reflejo de salivación se disparaba en el cerebro por estímulos asociados con la alimentación. Llamó "reflejo condicionado" a este fenómeno. Ahora lo llamamos "respuesta condicionada" (*condicionada* significa "adquirida" o "aprendida"). Pavlov dedicó el resto de su carrera a estudiar esta forma de aprendizaje, conocida ahora como condicionamiento clásico.

Quizá usted piense en el condicionamiento clásico como *aprendizaje por asociación*. Si asocia el sonido de la fresadora de un dentista con el dolor debido a experiencias pasadas, es probable que el estímulo de ese sonido provoque que responda con la tensión muscular, misma que es un reflejo natural ante el dolor. Si usted asocia cierta panadería con una sabrosa golosina en particular, puede descubrirse en el acto de salivar mientras camina frente a esa panadería. Estas respuestas son aprendidas mediante experiencias, en las cuales un estímulo es equiparado con otro que genera ese tipo de reacciones. A pesar de que el condicionamiento clásico es una forma relativamente simple de aprendizaje, desempeña una función muy importante en nuestras vidas... como ya comprobará usted al leer este módulo.

Principios del condicionamiento clásico

Pavlov realizó numerosos experimentos con el condicionamiento clásico. En un experimento típico, aseguraba perros a un aparato similar al que se muestra en la figura 5.1. Cuando se coloca comida en la lengua de un perro, el animal saliva por reflejo. Este reflejo biológico es una respuesta no aprendida llamada **respuesta no condicionada (RNC)** (*no condicionada* significa "no aprendida"). Un estímulo que provoca una respuesta no condicionada —en este caso, la comida del perro— se llama **estímulo no condicionado (ENC)**.

La figura 5.2 describe los pasos involucrados en el experimento pavloviano. Como puede ver en la figura 5.2b, la introducción de un **estímulo neutral (EN)**, como un timbre o un zumbido, no provoca de inicio una respuesta de salivación. Sin embargo, puede causar otras respuestas. Las orejas de un perro pueden girar hacia arriba como respuesta a un sonido, pero el perro no saliva por naturaleza cuando escucha un timbre o un zumbido. No obstante, por medio de asociaciones repetitivas del estímulo neutral con el estímulo no condicionado (figura 5.2c), el perro adquiere una respuesta *aprendida*: salivación como reacción al timbre o zumbido por sí mismos (figura 5.2d). Este es un ejemplo de una **respuesta condicionada (RC)**. Un estímulo previamente neutral se convierte en un **estímulo condicionado (EC)** cuando se asocia una y otra vez con un estímulo no condicionado y comienza a provocar la respuesta condicionada.

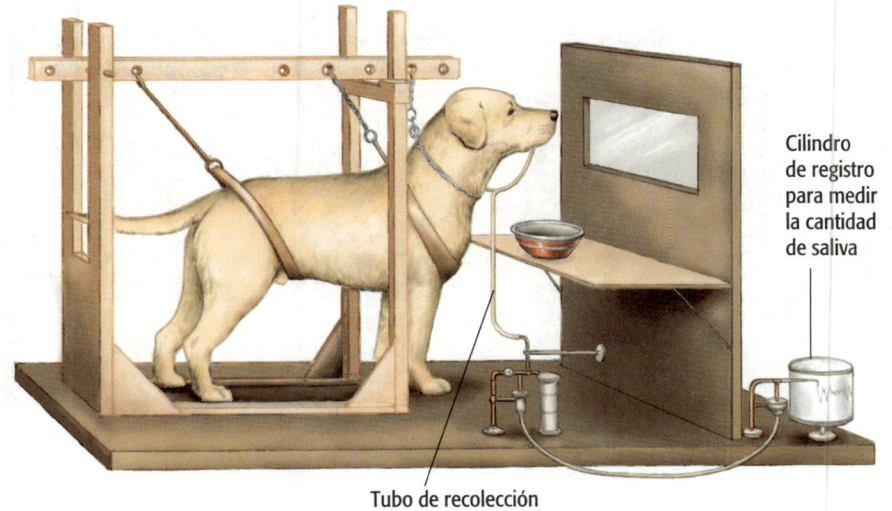

FIGURA 5.1 Aparato similar al utilizado en los experimentos de condicionamiento de Pavlov
En los estudios de Pavlov, un asistente, ubicado detrás de un espejo, hacía sonar un timbre cuando la comida era colocada en la lengua del perro. Después de varias asociaciones entre el timbre y la comida, el perro adquiría una respuesta condicionada de salivación ante el timbre mismo. La cantidad de saliva que escurría por el tubo hasta un cilindro de recolección era considerada la medida de la fuerza de la respuesta condicionada.

Cilindro de registro para medir la cantidad de saliva

Tubo de recolección de saliva

DIAGRAMA DE LA PSICOLOGÍA

FIGURA 5.2
Condicionamiento clásico
En el condicionamiento clásico, un estímulo neutral (el timbre) es asociado con un estímulo no condicionado (la comida) que de manera natural provoca una respuesta no condicionada (la salivación). Con asociaciones repetitivas, el estímulo neutral se convierte en un estímulo condicionado que provoca la respuesta condicionada de la salivación.

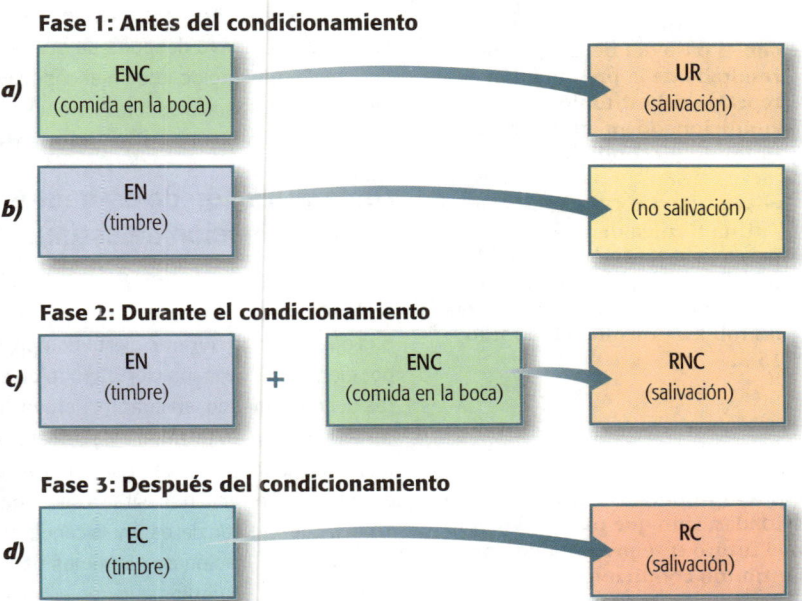

Fase 1: Antes del condicionamiento

a) ENC (comida en la boca) → UR (salivación)

b) EN (timbre) → (no salivación)

Fase 2: Durante el condicionamiento

c) EN (timbre) + ENC (comida en la boca) → RNC (salivación)

Fase 3: Después del condicionamiento

d) EC (timbre) → RC (salivación)

Además de demostrar que puede provocarse que ocurra la salivación (respuesta no condicionada, RNC) como respuesta a un estímulo que no provocaba la respuesta de manera natural, Pavlov observó que la fuerza de la respuesta condicionada (la cantidad de salivación) se incrementaba con la cantidad de asociaciones entre el estímulo condicionado (EC) y el estímulo no condicionado (ENC).

A continuación, examinaremos otras características del condicionamiento clásico: la extinción y la recuperación espontánea, la generalización y discriminación de estímulos y las características de los estímulos que fortalecen las respuestas condicionadas.

Extinción y recuperación espontánea

Pavlov notó que la respuesta condicionada de salivación ante el sonido de un timbre se debilitaba de manera gradual y desaparecía después de un tiempo cuando activaba el timbre una y otra vez en ausencia del estímulo no condicionado o ENC (la comida). Este proceso se llama **extinción** (consulte la figura 5.3). Una respuesta extinta no es olvidada ni se pierde en la memoria. Puede regresar de manera espontánea en un momento posterior, cuando el animal sea expuesto de

estímulo neutral (EN)
Aquel que no produce una respuesta particular antes del condicionamiento.

respuesta condicionada (RC)
La adquirida o aprendida a un estímulo condicionado.

estímulo condicionado (EC)
El que siendo previamente neutral, llega a provocar una respuesta condicionada después de ser asociado con un estímulo no condicionado.

extinción Debilitamiento gradual y final desaparición de una respuesta condicionada.

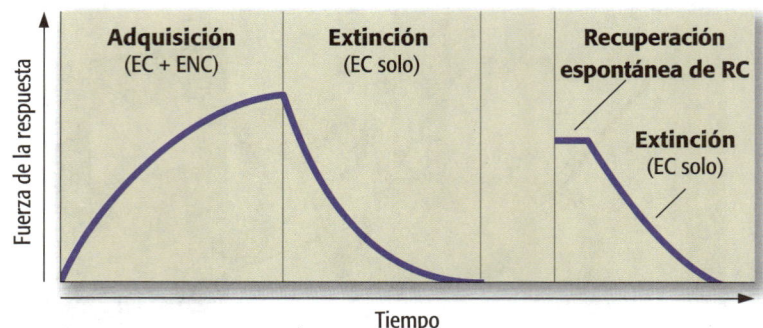

DIAGRAMA DE LA PSICOLOGÍA

FIGURA 5.3 Fuerza de una respuesta condicionada

Con repetidas asociaciones entre el estímulo condicionado (EC) con el estímulo no condicionado (ENC), la respuesta condicionada (RC) incrementa su fuerza. Cuando el EC es presentado una y otra vez, la RC se debilita de manera gradual y se extingue con el paso del tiempo. Sin embargo, puede ocurrir la recuperación espontánea de la respuesta después de cierto tiempo. No obstante, cuando el EC se expone de nuevo en ausencia del ENC, vuelve a ocurrir la extinción.

CONCEPTO 5.2

Mediante un proceso de extinción, las respuestas condicionadas se debilitan de manera gradual y desaparecen con el paso del tiempo, como resultado de la presentación repetida del estímulo condicionado en ausencia del estímulo no condicionado.

VÍNCULO DE CONCEPTOS · · · · ·

Una técnica de terapia llamada exposición gradual hace uso del principio de extinción para ayudar a la gente a superar las fobias. Consulte el módulo 15.2.

CONCEPTO 5.3

Las respuestas extintas no son olvidadas, sino que pueden volver en el futuro si se presenta de nuevo el estímulo condicionado.

CONCEPTO 5.4

La generalización de estímulos tiene un valor de supervivencia al permitir que los organismos generalicen sus respuestas aprendidas a nuevos estímulos que son similares a un estímulo amenazante original.

CONCEPTO 5.5

Al aprender a diferenciar entre estímulos relacionados, somos capaces de afinar nuestra respuesta al ambiente.

nuevo al estímulo condicionado. Este fenómeno se conoce como **recuperación espontánea**. La respuesta recuperada se extinguirá una vez más si el estímulo condicionado (EC) ocurre en ausencia del estímulo no condicionado (ENC).

Pavlov descubrió que cuando el estímulo condicionado y el estímulo no condicionado eran asociados de nuevo después de que ha ocurrido la extinción, es probable que la respuesta sea aprendida más rápido que en el condicionamiento original. En muchos casos, el animal necesita sólo una o dos asociaciones. El proceso de reaprender una respuesta condicionada después de la extinción se llama **recondicionamiento**.

Generalización de estímulos y discriminación de estímulos

Pavlov descubrió que una vez que los animales eran entrenados para salivar ante determinado estímulo como un timbre, también salivaban, pero con menos fuerza, ante estímulos relacionados que variaban durante cierto tiempo, como el tono. Un timbre con un tono más alto o más bajo, por ejemplo, provocaba cierto grado de salivación. La tendencia de los estímulos que son similares al condicionado, en cuanto a provocar una respuesta condicionada, se llama **generalización de estímulos**. En términos generales, mientras mayor sea la diferencia entre el estímulo original y el relacionado, más débil será la respuesta condicionada. Si no fuera por la generalización de estímulos, el animal necesitaría ser condicionado para responder a cada uno de ellos, sin importar lo poco que variaran del estímulo condicionado original.

La generalización de estímulos tiene un valor de supervivencia, pues nos permite responder a un rango de estímulos que son similares a uno de índole amenazante original. Quizá a usted lo mordió un perro grande cuando era niño. Gracias a la generalización de estímulos, usted puede descubrir que se tensa cada vez que ve que un enorme perro se le aproxima. No todos los perros con este rasgo son peligrosos, desde luego, pero la generalización de estímulos nos ayuda a prepararnos por si acaso.

¿Alguna vez ha entrado en alguna habitación y se ha sentido incómodo o ansioso de repente, sin razón aparente? Su reacción emocional puede ser una respuesta condicionada a estímulos generalizados en el ambiente, mismos que son similares a claves asociadas con experiencias desagradables en el pasado. Es probable que también haya experimentado un *déjà-vu;* es decir, la sensación de haber estado antes en ese lugar cuando, en realidad, nunca ha estado allí. La generalización de estímulos ofrece una explicación para este tipo de experiencias. Las claves en un nuevo escenario pueden ser similares a uno que usted ya conoce y evocan respuestas condicionadas que en principio aprendió en el escenario original (Lemonick, 2007b). Un olor pasajero, la iluminación que cuelga del techo de determinada manera, incluso el color de las paredes...; todas son claves que pueden evocar respuestas condicionadas adquiridas en otros contextos.

La **discriminación de estímulos**, que es la capacidad para diferenciar entre estímulos relacionados, representa el reverso de la moneda de la generalización de éstos. Esta capacidad nos permite afinar nuestras respuestas al ambiente. Suponga, por ejemplo, que un animal en un estu-

Generalización y discriminación de estímulos
En un ejemplo, un hombre quedó atrapado detrás de un refrigerador mientras ayudaba a un amigo a moverse y casi se asfixió antes de ser liberado. Él desarrolló una fobia a los espacios estrechos y cerrados que generalizó a estímulos relacionados, como subirse a elevadores pequeños y abarrotados. Como resultado de la discriminación de estímulos, sin embargo, este sujeto no mostraba temor al abordar elevadores más grandes y menos saturados.

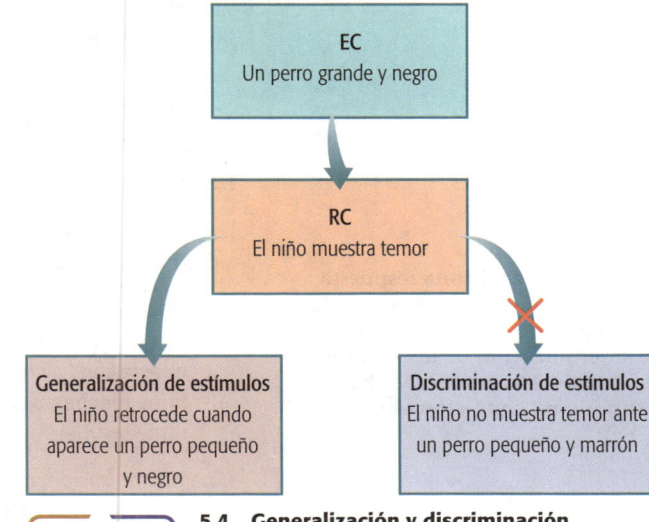

DIAGRAMA DE LA PSICOLOGÍA

5.4 Generalización y discriminación de estímulos
En la generalización de estímulos, una respuesta condicionada se generaliza a aquellos que son similares al estímulo condicionado original. En la discriminación de estímulos, el organismo diferencia entre los que están relacionados.

dio de laboratorio recibe una leve descarga eléctrica poco después de la exposición al estímulo condicionado (un timbre) (Domjan, 2005). Luego de unas cuantas asociaciones entre el tono con la descarga eléctrica, el animal muestra señales de temor (p. e., se encoge o se orina) con sólo escuchar el tono. El timbre es el estímulo condicionado (EC), la descarga eléctrica es el no condicionado (ENC) y la asociación entre los dos estímulos conduce a la adquisición de la respuesta condicionada (RC) de temor ante el timbre. Ahora, digamos que las asociaciones entre el timbre y la descarga eléctrica continúan, pero son alternadas con un timbre de tono más agudo sin que lo acompañe una descarga eléctrica. Lo que sucede a continuación es que el animal aprende a discriminar entre los dos estímulos y responde con temor sólo ante el sonido original, pero permanece en calma cuando se activa el timbre de tono más agudo.

La discriminación de estímulos en la vida diaria nos permite diferenciar entre los que son amenazantes y los que no lo son. Por ejemplo, mediante repetidos encuentros sin sucesos con ciertas razas de perros, podemos aprender a responder con temor ante un espécimen más grande de una raza desconocida, pero no ante el amistoso labrador que vive en la casa de junto. La figura 5.4 ilustra los procesos de generalización y discriminación de estímulos.

Condicionamiento de orden superior

En el **condicionamiento de orden superior**, un nuevo estímulo se convierte en condicionado cuando es asociado con un estímulo condicionado establecido que ya provoca la respuesta condicionada (consulte la figura 5.5). Lo que se aprende es la asociación entre dos estímulos condicionados, o una conexión EC-EC. Por ejemplo, los miembros de una pareja pueden tener una canción favorita que ya estaba previamente asociada con sentimientos positivos que surgieron entre ambos cuando se conocieron o cuando se enamoraron. La canción se convierte en un estímulo condicionado (EC) que provoca esos sentimientos positivos o respuestas condicionadas (RC). Otras claves asociadas con la tonada, como el tema relacionado con la estación de radio que, por lo regular, presenta dicha melodía, o incluso el nombre del cantante, pueden convertirse en estímulos condicionados que provocan una respuesta similar.

La tabla de conceptos 5.1 presenta un panorama de las principales ideas en el condicionamiento clásico.

Recuperación espontánea
Regreso espontáneo de una respuesta condicionada después de la extinción.

recondicionamiento Proceso de reaprender una respuesta condicionada después de su extinción.

generalización de estímulos
Tendencia de los estímulos que son similares al estímulo condicionado de provocar la respuesta condicionada.

discriminación de estímulos
Tendencia a diferenciar estímulos de aquellos que están relacionados con el estímulo condicionado original, pero no son idénticos a éste, no pueden producir una respuesta condicionada.

condicionamiento de orden superior Proceso mediante el cual un nuevo estímulo llega a provocar una respuesta condicionada, como resultado de su asociación con un estímulo condicionado que ya produce dicha respuesta condicionada.

DIAGRAMA DE LA PSICOLOGÍA

**FIGURA 5.5
Condicionamiento de orden superior**

En el condicionamiento de orden superior, un estímulo previamente neutral se convierte en estímulo condicionado cuando es asociado con un estímulo condicionado ya establecido.

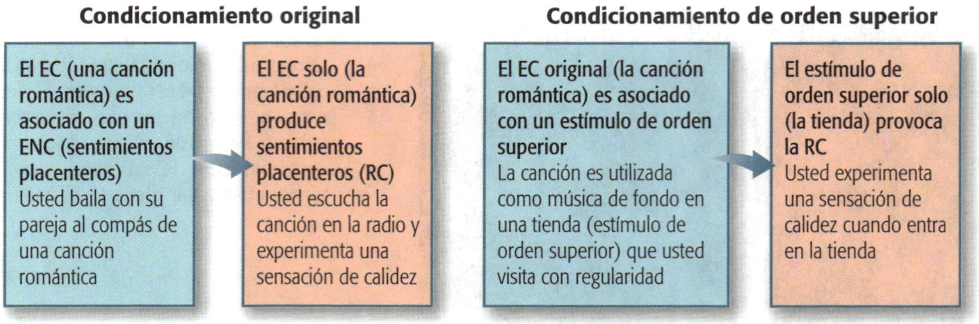

Condicionamiento original

El EC (una canción romántica) es asociado con un ENC (sentimientos placenteros) Usted baila con su pareja al compás de una canción romántica	El EC solo (la canción romántica) produce sentimientos placenteros (RC) Usted escucha la canción en la radio y experimenta una sensación de calidez

Condicionamiento de orden superior

El EC original (la canción romántica) es asociado con un estímulo de orden superior La canción es utilizada como música de fondo en una tienda (estímulo de orden superior) que usted visita con regularidad	El estímulo de orden superior solo (la tienda) provoca la RC Usted experimenta una sensación de calidez cuando entra en la tienda

Características de los estímulos que fortalecen las respuestas condicionadas

Los psicólogos han identificado varios factores clave relacionados con la sincronización y la intensidad de los estímulos; estos factores sirven para fortalecer las respuestas condicionadas:

CONCEPTO 5.6
La fuerza de una respuesta condicionada clásica depende de la frecuencia de las asociaciones y de la sincronización de los estímulos, así como de la intensidad del estímulo no condicionado.

1. *Frecuencia de asociaciones.* Por lo general, mientras mayor sea la frecuencia de asociación entre un estímulo condicionado y uno no condicionado, más intensa y confiable será la respuesta condicionada. No obstante, en algunos casos una sola asociación puede producir una firme respuesta condicionada. Un pasajero aéreo que experimenta una súbita caída libre durante un vuelo puede desarrollar un temor inmediato y perdurable a viajar por aire.

2. *Sincronización.* Las respuestas condicionadas más intensas ocurren cuando el estímulo condicionado se presenta primero y permanece presente durante la administración del estímulo no condicionado. Las respuestas condicionadas más débiles se desarrollan cuando el estímulo condicionado se presenta primero, pero se retira antes de introducir el que no es condicionado. Otras secuencias de sincronización, como la presentación simultánea de ambos tipos de estimulación, producen respuestas condicionadas más débiles, si es que las hay.

3. *Intensidad del estímulo no condicionado.* Lo típico es que un fuerte estímulo no condicionado provoque un condicionamiento más veloz que uno débil. Por ejemplo, un golpe de aire (estímulo no condicionado) puede soplar poco después de un estímulo condicionado (p. e., un timbre o una luz). La ráfaga produce una respuesta refleja de parpadeo (respuesta no condicionada).

**TABLA DE CONCEPTOS 5.1
Conceptos clave en el condicionamiento clásico**

Concepto	Descripción	Ejemplo: temor al dentista
Condicionamiento clásico	Forma de aprendizaje en la cual una respuesta idéntica o similar a una originalmente provocada por un estímulo no condicionado (ENC) se presenta como respuesta a un estímulo condicionado (EC) con base en la asociación de ambos estímulos	La asociación del dolor durante los procedimientos dentales con los estímulos ambientales en el consultorio del dentista conduce al desarrollo de una respuesta de temor ante las claves ambientales por sí mismas
Extinción	Debilitamiento gradual y desaparición de la respuesta condicionada (RC) después de un tiempo cuando el estímulo condicionado (EC) es presentado una y otra vez sin el estímulo no condicionado (ENC)	El empleo de anestésicos y técnicas dentales indoloras conduce a la gradual reducción y eliminación del temor al dentista
Recuperación espontánea	Regreso espontáneo de la respuesta condicionada (RC) tiempo después de haber ocurrido la extinción	El temor al dentista regresa de manera espontánea unos cuantos meses o años después de la extinción
Generalización de estímulos	Evocación de la respuesta condicionada por estímulos que son similares al estímulo condicionado original	La persona muestra una respuesta de temor cuando visita el consultorio de un nuevo dentista
Condicionamiento de orden superior	Evocación de la respuesta condicionada por un nuevo estímulo, mismo que se asocia con un estímulo condicionado que ya provoca la respuesta	La persona se encoge al escuchar el nombre del dentista

Después de unas cuantas asociaciones, ocurre un parpadeo condicionado (respuesta condicionada) como respuesta al estímulo condicionado (timbre o luz). Un golpe más fuerte de aire provocará un condicionamiento más rápido que una débil andanada de aire.

Una perspectiva cognitiva sobre el condicionamiento clásico

El psicólogo Robert Rescorla (1967, 1988) adoptó una perspectiva cognitiva para explicar el condicionamiento clásico. Él desafió el enfoque conductista convencional de que el condicionamiento clásico es simplemente el resultado de la asociación repetitiva de un estímulo que antes era neutral y un estímulo no condicionado. Rescorla declaró que el condicionamiento depende de un factor cognitivo, es decir, el valor informativo de un estímulo condicionado como señal confiable para *predecir* la ocurrencia del estímulo no condicionado. De manera activa, los seres humanos y otros animales buscan información que los ayude a hacer predicciones acerca de sucesos importantes en su ambiente. Los estímulos condicionados son señales o claves que los organismos utilizan para hacer pronósticos. Mientras más confiable sea la señal, más intensa será la respuesta condicionada.

El modelo de Rescorla tiene importantes implicaciones en relación con la supervivencia. Los perros y otros animales tienen más probabilidades de sobrevivir si aprenden a responder con la salivación a claves de que el alimento está presente, dado que ésta los prepara para tragar comida. Los animales también tienen más probabilidades de subsistir si aprenden a responder con temor (una excitación corporal exacerbada) a claves que señalan con toda claridad la presencia de un estímulo amenazante. Considere a un animal que escucha el sonido o percibe el rastro de un aroma (estímulo condicionado) previamente asociado con la presencia de un depredador determinado (estímulo no condicionado). Al responder rápido con una excitación corporal a dicho estímulo, el animal está mejor preparado para adoptar una acción defensiva si el depredador aparece. Por lo tanto, podemos pensar en el condicionamiento clásico como una especie de sistema de advertencia previamente establecido.

El modelo de Rescorla también explica porqué es probable que usted desarrolle temor al dentista con más rapidez, si experimenta dolor durante cada cita en el consultorio que si sólo siente dolor de manera ocasional. En otras palabras, mientras más confiables sean las señales del estímulo condicionado (claves dentales) en cuanto a la ocurrencia del estímulo no condicionado (dolor), es probable que sea más fuerte la respuesta condicionada.

Por qué es importante: ejemplos de condicionamiento clásico

Los estudios de Pavlov sólo hubieran merecido una nota de pie de página en la historia de la psicología si el condicionamiento clásico se hubiera limitado a las respuestas salivales de los perros. Sin embargo, este proceso de aprendizaje nos ayuda a explicar conductas tan diversas como las fobias, los deseos intensos por consumir drogas y las aversiones adquiridas de sabor. El condicionamiento pavloviano también desempeñó una importante función en la psicología, en especial, en el desarrollo del conductismo. John B. Watson, fundador del conductismo, creía que los principios de Pavlov sobre el condicionamiento podían explicar las respuestas emocionales en los seres humanos. En 1919, Watson se alió con Rosalie Rayner, una estudiante que después se convertiría en su esposa, para demostrar que la respuesta de temor podía ser adquirida por medio del condicionamiento clásico. Después de dar un vistazo al experimento de Watson y Rayner, consideraremos otros ejemplos de condicionamiento en los seres humanos.

Condicionamiento clásico de respuestas de temor

Como sujeto, Watson y Rayner eligieron a un bebé de 11 meses a quien llamaron Albert B., aunque en los anales de la psicología es mejor conocido como el "pequeño Albert" (Watson y Rayner, 1920). Antes, Albert no mostraba temor alguno ante una rata blanca que fue colocada junto a él; incluso había intentado tocar al animal (consulte la figura 5.6). En el procedimiento del experimento, la rata era colocada junto a Albert y, cuando el niño intentaba tocarla, los experimentadores golpeaban una barra de acero con un martillo justo detrás de su cabeza para provocar un

CONCEPTO 5.7
Desde la perspectiva de Rescorla, el condicionamiento clásico implica un proceso cognitivo mediante el cual el organismo aprende a anticipar sucesos con base en claves, llamadas estímulos condicionados, que llevan a predecir con claridad la ocurrencia de dichos sucesos.

John Watson

CONCEPTO 5.8
El condicionamiento clásico ayuda a explicar el desarrollo de las reacciones emocionales condicionadas, como las respuestas condicionadas al temor.

VÍNCULO DE CONCEPTOS · · · · ·
Los psicólogos clínicos aplican principios de condicionamiento clásico para explicar el desarrollo de las reacciones de temor excesivo o fobias. Consulte el módulo 14.2.

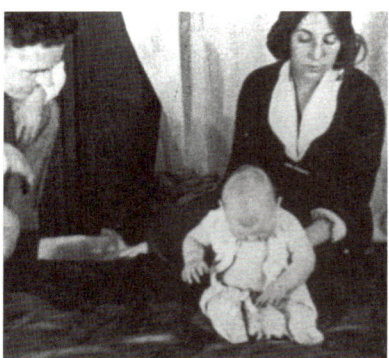

John Watson y Rosalie Rayner con el pequeño Albert.

DIAGRAMA DE LA PSICOLOGÍA **FIGURA 5.6 El condicionamiento del "pequeño Albert"**

Antes del condicionamiento	**Durante el condicionamiento**	**Después del condicionamiento**	**Generalización de estímulos**
El niño no muestra temor ante la rata blanca	La rata blanca (estímulo condicionado) es asociada con ruido fuerte (estímulo no condicionado) que por naturaleza evoca una respuesta de temor	El niño muestra temor (respuesta condicionada) al sólo ver a la rata (estímulo condicionado)	El niño muestra una reacción de temor (respuesta condicionada) ante estímulos relacionados

fuerte ruido. Watson creía que los ruidos estrepitosos provocaban que los bebés se encogieran y temblaran de temor, por naturaleza. Como era de esperarse, Albert mostró signos de temor cuando la barra fue golpeada: lloró y ocultó la cara en un colchón. Watson y Rayner relacionaron de manera repetitiva a la rata con el sonido fuerte, lo cual dio como resultado que Albert desarrollara una respuesta de temor sólo ante la vista de la rata. Este tipo de respuesta adquirida de temor se llama **reacción emocional condicionada (REC)**. Experimentos posteriores demostraron que la respuesta de temor de Albert se había generalizado a otros estímulos peludos, como un perro, un conejo e incluso una máscara de Santa Claus que Watson se puso.

Examinemos el estudio de Watson y Rayner por medio de la aplicación de lo que sabemos acerca del condicionamiento clásico. Antes del condicionamiento, Albert no mostraba temor ante la rata blanca; ésta era un estímulo neutral. El estímulo no condicionado (ENC) era el fuerte sonido del golpe, y que, por naturaleza, provoca una respuesta de temor (estímulo no condicionado) en los niños pequeños. Por medio de las asociaciones repetitivas entre la rata blanca y el sonido del golpe (estímulo no condicionado), la rata blanca por sí misma (estímulo condicionado) llegó a provocar una respuesta de temor (respuesta condicionada) en el niño.

A pesar de que el experimento del pequeño Albert se encuentra entre los estudios más famosos en la psicología, no hubiera sido aprobado por las más estrictas normas éticas que hoy se encuentran vigentes. Exponer a un niño a un temor intenso, incluso con el permiso de sus padres, no se adhiere a la responsabilidad que los investigadores tienen de salvaguardar el bienestar de sus sujetos de experimentación. Además, ambos científicos no hicieron intento alguno por deshacer o extinguir el temor de Albert a las ratas blancas, como los códigos éticos actuales hubieran exigido, aunque sí discutieron las técnicas que hubieran aplicado para ello.

Los temores excesivos o **fobias**, como el temor de Albert a las ratas blancas o el temor al dentista, pueden ser adquiridos mediante el condicionamiento clásico (Field, 2006b; Kim y Jung, 2006). En un ejemplo, a una mujer de 34 años le aterraba subirse a los elevadores a partir de un incidente en su infancia, cuando ella y su abuela estuvieron atrapadas en un elevador durante horas. Para ella, la simple asociación entre un estímulo previamente neutro (claves asociadas con subirse a elevadores), y una experiencia traumática, fue suficiente para producir una fobia perdurable (temor a los elevadores). En algunos casos, las experiencias originales de condicionamiento pueden perderse en la memoria o pueden haber ocurrido incluso antes del desarrollo del lenguaje (como en el caso de Albert).

Los primeros trabajos sobre el condicionamiento de respuestas de temor establecieron las bases para el desarrollo de un modelo de tratamiento llamado **terapia conductual**, la cual consiste en la aplicación sistemática de los principios de aprendizaje para ayudar a la gente a superar fobias y otros problemas de conducta, como las adicciones, las disfunciones sexuales y los conflictos de conducta en la infancia. Discutiremos aplicaciones específicas de la terapia conductual en el capítulo 15.

Condicionamiento clásico de emociones positivas

No sólo las emociones negativas, como el temor, pueden ser condicionadas bajo el modelo clásico. Es probable que usted haya vivido la experiencia de escuchar determinada melodía en la radio y

CONCEPTO 5.9
Los sentimientos de nostalgia pueden ser respuestas condicionadas provocadas por estímulos que estaban asociados con experiencias placenteras en el pasado.

reacción emocional condicionada (REC) Respuesta sensitiva a un estímulo particular, adquirida por un condicionamiento clásico.

fobias Temores excesivos a objetos o situaciones particulares.

terapia conductual Forma de terapia que implica la aplicación sistemática de los principios de aprendizaje.

que de pronto haya sonreído o se haya sentido alegre; incluso puede ser que haya experimentado un chispazo de excitación sexual. Es probable que la melodía haya evocado con intensidad ciertas experiencias del pasado asociadas con emociones placenteras o eróticas. De igual manera, los sentimientos de nostalgia pueden ser respuestas condicionadas provocadas por claves sutiles en el ambiente, que han llegado a ser asociadas con experiencias placenteras del pasado. Estas claves, tal vez sólo el rastro de un perfume o la neblina en el aire de un día de primavera, pueden inducir sentimientos nostálgicos.

Condicionamiento clásico de los deseos intensos por consumir drogas

A menudo, las personas con dependencias químicas sienten intensos deseos por consumir drogas, en especial cuando se someten a tratamientos de abstinencia o cuando interrumpen su empleo de manera abrupta. A pesar de que esta ansiedad puede tener una base fisiológica (forman parte del síndrome de abstinencia de sustancias adictivas), el condicionamiento clásico puede contribuir también a esos poderosos afanes. Los deseos intensos pueden ser provocados por claves en el entorno que están asociadas con el consumo previo de drogas. Recuerde al adicto a la heroína en recuperación que experimentó enormes ansias por consumir la droga cuando las puertas del vagón del metro se abrieron en una estación en particular. Como usted habrá adivinado, ésa era la estación específica donde él solía adquirir heroína. Sus deseos intensos podrían explicarse como una respuesta condicionada que fue provocada por las claves ambientales asociadas con esa estación del metro en particular. De igual manera, una persona que combate su alcoholismo puede experimentar intensos deseos por un trago cada vez que pasa frente a su "abrevadero" o socializa con sus "amigos para tomar la copa", aun si las señales fisiológicas de abstinencia han desaparecido tiempo atrás.

El modelo de condicionamiento de los fervientes deseos por consumir drogas se apoya en investigaciones que demuestran que la gente que padece alcoholismo tiende a salivar más al ver u oler alcohol que las personas no alcohólicas (Monti *et al.*, 1987). La salivación ante el sonido de un timbre puede ser bastante inofensiva, pero salivar cuando se mira la fotografía de una botella de whisky en una revista puede ser peligroso para un individuo que lucha contra su alcoholismo. No es sorprendente que los asesores aconsejen a los abusadores de alcohol o de drogas que eviten las claves asociadas con sus patrones previos de consumo de dichas sustancias.

Condicionamiento clásico de aversiones de sabor

Los principios del condicionamiento clásico también pueden utilizarse para explicar las **aversiones condicionadas de sabor**, como mi desagrado hacia los huevos (Ferreira *et al.*, 2006; Limebeer y Parker, 2006). El psicólogo John Garcia fue el primero en demostrar de manera experimental la función del condicionamiento clásico en la adquisición de aversiones de sabor. Garcia y su colega Bob Koelling notaron algo inusual en la conducta de las ratas que habían sido expuestas a radiaciones que provocaban náuseas. Las ratas desarrollaron una aversión o "náusea condicionada" al agua de sabor endulzada con sacarina cuando ese líquido era asociado con la radiación que producía asco (Garcia y Koelling, 1966). En términos del condicionamiento clásico, la radiación es el estímulo no condicionado (ENC); la náusea que aquella produce es la respuesta no condicionada (RNC); el agua de sabor es el estímulo condicionado (EC), y la aversión (náusea) que produce el estímulo condicionado (EC) por sí mismo es la respuesta condicionada (RC).

En un trabajo relacionado, Garcia pudo demostrar que la aversión a un alimento determinado podía ser también generada mediante un condicionamiento clásico al administrar una sustancia inductora de náuseas después de que las ratas ingerían dicho alimento (Garcia y Koelling, 1971). Más aún, las aversiones de sabor pueden ser adquiridas también cuando el estímulo condicionado (el sabor de la comida) se presenta unas cuantas horas antes de la administración del estímulo no condicionado (estímulo que provoca náuseas) (Domjan, 2005). Este descubrimiento sorprendió a sus colegas, quienes creían que el condicionamiento clásico sólo podía ocurrir cuando el estímulo no condicionado seguía casi de manera inmediata al estímulo condicionado. Más aún,

Deseos intensos por las drogas como respuestas condicionadas Los deseos intensos por consumir drogas pueden ser respuestas condicionadas provocadas por la exposición a claves (estímulos condicionados) asociadas con la conducta específica de emplearlas.

CONCEPTO 5.10
Los deseos intensos por usar drogas y las aversiones de sabor pueden ser adquiridos a través del condicionamiento clásico.

aversiones condicionadas de sabor Repulsión a sabores particulares, adquiridas por medio de un condicionamiento clásico.

Aversión condicionada de sabor en coyotes Los experimentadores dejaron cadáveres de ovejas en el campo después de inyectarlos con sustancias químicas que producen náuseas. Poco después de comer la carne de uno de los cadáveres, un coyote cayó al suelo con náuseas extremas.

John Garcia

Garcia y sus colegas pudieron demostrar que las aversiones condicionadas de sabor podían ser adquiridas con base en una sola asociación entre el sabor de un alimento o bebida y un estímulo que provocara náuseas.

Como otras formas de este proceso de aprendizaje, las aversiones condicionadas de sabor tienen claros efectos de supervivencia. Nuestros ancestros vivían sin los beneficios de la refrigeración o los conservadores. El hecho de adquirir una aversión hacia los alimentos cuyos olores y sabores rancios los hacían enfermar, pudo haberlos ayudado a evitar dichos alimentos en el futuro. En un estudio clásico que en términos literales aplicó los principios del condicionamiento clásico a la vida salvaje, John Garcia y sus colegas idearon una ingeniosa estrategia para ayudar a los criadores de ovejas a proteger sus rebaños de los coyotes (Gustavson y Garcia, 1974; Gustavson *et al.,* 1974). Cuando se hizo el estudio, los coyotes salvajes mataban a miles de ovejas; los criadores, preocupados por proteger sus rebaños, cazaron a tantos coyotes que su supervivencia como especie estaba en peligro. Por lo tanto, era importante encontrar una manera de detener la destructiva conducta de los coyotes sin matarlos. Como experimento, los investigadores inyectaron unos cadáveres de ovejas con un veneno que enfermaría, pero no mataría a los coyotes, y esparcieron dichos cadáveres por la zona. La matanza de ovejas no sólo disminuyó, sino que algunos coyotes desarrollaron tal aversión de sabor de las ovejas que huían con sólo verlas u olerlas.

Condicionamiento clásico y publicidad

John Watson dejó su marca no sólo en la psicología, sino también en el mundo de la publicidad. Watson, como asesor psicológico de una gran empresa de publicidad, la firma J. Walter Thompson, aplicó los principios del condicionamiento clásico a las campañas publicitarias (Buckley, 1989). Sugirió que los fabricantes utilizaran anuncios impresos para asociar sus productos con claves excitantes, como los estímulos sexuales. Estas campañas, implementadas para una popular pasta dental de la época, *Pebeco,* presentaban a una mujer joven con ropa seductora. En términos del condicionamiento, la pasta de dientes representaba el estímulo condicionado (EC) y la atractiva joven, el estímulo no condicionado (ENC). En la actualidad, en gran medida gracias al señor Watson, somos bombardeados con anuncios impresos y comerciales de televisión que asocian varios productos con claves sexuales y otros incentivos excitantes a nivel emocional. Los anunciantes esperan que sus productos provoquen un marcado erotismo y emociones positivas como respuestas condicionadas, lo cual incrementaría las ventas.

Condicionamiento del sistema inmune

En un importante estudio, Robert Ader y Nicholas Cohen (1982) demostraron que el condicionamiento clásico se extiende incluso a las funciones del **sistema inmune**, que protege al cuerpo de los organismos que causan enfermedades. Los investigadores hicieron que unas ratas de laboratorio ingirieran agua endulzada con sacarina (estímulo condicionado) mientras les administraban una sustancia (estímulo no condicionado) que suprime las respuestas del sistema inmune (respuesta no condicionada). Después de varias asociaciones entre ambos tipos de estimulación, la

CONCEPTO 5.11
Los profesionales de marketing ó mercadólogos asocian pautas sexuales con los productos que anuncian con la esperanza de producir una reacción condicionada de excitación sexual en respuesta al producto anunciado.

sistema inmune   Sistema corporal de defensa contra la enfermedad.

supresión inmune (respuesta condicionada) ocurría cuando las ratas sólo bebían el agua endulzada (estímulo condicionado).

También tenemos evidencia de supresión inmune condicionada con otros estímulos condicionados, como olores y sonidos, así como también son aplicables en seres humanos (Kusnecov, 2001; Pacheco-Lopez *et al.,* 2005). Por ejemplo, a un grupo de personas sanas se les administró un medicamento supresor del sistema inmune como estímulo no condicionado, el cual fue asociado con una bebida de sabor distintivo como estímulo condicionado durante cuatro sesiones separadas y repartidas a lo largo de tres días (Goebel *et al.,* 2002). Después, la presentación de la bebida sin el medicamento activo logró suprimir las respuestas del sistema inmune; por lo tanto, se demostró la adquisición de una respuesta condicionada.

La capacidad para lograr una respuesta de supresión inmune mediante el condicionamiento clásico puede tener importantes implicaciones para los seres humanos. En las personas que se someten a trasplantes de órganos, el sistema inmune ataca los órganos trasplantados como objetos extraños. Tal vez el condicionamiento clásico pueda ser utilizado para suprimir la tendencia del cuerpo a rechazar los injertos trasplantados, con lo cual disminuiría la necesidad de medicamentos supresores del sistema inmune. También es concebible que dicho procedimiento pueda utilizarse para mejorar el desempeño del sistema inmune en su lucha contra la enfermedad, quizá incluso para fortalecer la capacidad del cuerpo para defenderse contra el cáncer. Sin embargo, necesitamos esperar la evidencia de la investigación para determinar el valor del condicionamiento clásico en los tratamientos médicos.

> **CONCEPTO 5.12**
> Los investigadores han descubierto que incluso las respuestas del sistema inmune pueden ser sometidas al condicionamiento clásico.

REVISIÓN DE MÓDULO 5.1   ## Condicionamiento clásico: aprendizaje por asociación

REPASE

¿Qué es el condicionamiento clásico?

- El condicionamiento clásico es un proceso de aprendizaje en el cual la asociación de dos estímulos conduce a una respuesta a un estímulo que es la misma o similar a la respuesta previamente provocada por el otro estímulo.

¿Cuáles son las funciones que desempeñan la extinción y la recuperación espontánea en el condicionamiento clásico?

- La extinción es el proceso mediante el cual las respuestas aprendidas se debilitan de manera gradual y desaparecen después de un tiempo, cuando el estímulo condicionado (EC) es presentado una y otra vez en ausencia del estímulo no condicionado (ENC).

- La recuperación espontánea es el retorno de la respuesta condicionada tiempo después de la extinción.

¿Cuáles son las funciones que desempeñan la generalización de estímulo, la discriminación de estímulo y el condicionamiento de orden superior en el condicionamiento clásico?

- La generalización de estímulos se refiere a la tendencia de aquellos que son similares al estímulo condicionado de provocar una respuesta condicionada.

- Mediante la discriminación de estímulos, los organismos aprenden a diferenciar de entre éstos, de manera que aquellos que están relacionados con el estímulo condicionado, pero no son idénticos a él, no pueden generar una respuesta condicionada.

- El condicionamiento de orden superior se refiere al aprendizaje en el cual un nuevo estímulo adquiere la capacidad para provocar una respuesta condicionada después de ser asociado con un estímulo condicionado establecido que ya produce la respuesta condicionada.

¿Qué características de los estímulos fortalecen las respuestas condicionadas?

- Los factores relacionados con la fuerza de las respuestas condicionadas abarcan la frecuencia de las asociaciones de los estímulos condicionados con los no condicionados, la sincronía de presentación de ambos y la intensidad del estímulo no condicionado.

¿Cuál es una perspectiva cognitiva sobre el condicionamiento clásico?

- Una perspectiva cognitiva desarrollada por el psicólogo Robert Rescorla sostiene que el condicionamiento clásico depende del valor informativo que adquiere un estímulo condicionado en cuanto a predecir la ocurrencia del estímulo no condicionado. De manera activa, los seres humanos y los animales buscan información que los ayude a hacer predicciones confiables sobre la ocurrencia de sucesos importantes en su ambiente; los estímulos condicionados son claves que éstos emplean para elaborar dichas predicciones.

¿Cuáles son algunos ejemplos del condicionamiento clásico en la vida diaria?

- Entre los ejemplos se incluyen la adquisición de respuestas de temor y las aversiones de sabor. El condicionamiento clásico también es importante en las emociones positivas y en los intensos deseos por consumir drogas.

RECUERDE

1. El proceso mediante el cual las respuestas condicionadas ocurren como respuesta a estímulos que son similares a los estímulos condicionados se llama _____ _____.

2. ¿Cuál de las siguientes opciones no afecta a la fuerza de las respuestas condicionadas?
   a. la frecuencia de asociaciones entre el estímulo condicionado (EC) y el estímulo no condicionado (ENC)

b. la sincronización de la presentación del estímulo condicionado (EC) y el estímulo no condicionado (ENC)
c. la intensidad del estímulo no condicionado (ENC)
d. la alternancia entre la presentación de estímulo no condicionado-estímulo condicionado (ENC-EC) y la presentación de respuesta condicionada - respuesta no condicionada (RC-RNC)

3. En el estudio de John García sobre las aversiones condicionadas de sabor, las ratas se negaron a beber de las botellas plásticas con agua en las cámaras donde recibían radiación porque asociaban la bebida con sabor a plástico con la náusea de la radiación. En términos del condicionamiento clásico, la radiación en el experimento de García en la aversión de sabor es _____.
   a. la respuesta no condicionada (RNC)
   b. el estímulo condicionado (EC)
   c. el estímulo no condicionado (ENC)
   d. la respuesta condicionada (RC)

4. El modelo cognitivo de Rescorla del condicionamiento clásico enfatiza la función de
   a. las asociaciones repetitivas entre el estímulo condicionado (EC) y el estímulo no condicionado (ENC) como factores clave en el condicionamiento clásico
   b. el valor informativo del estímulo condicionado (EC) como señal o clave
   c. las relaciones entre la fuerza del condicionamiento y la intensidad del estímulo no condicionado (ENC)

d. el papel del estímulo no condicionado (ENC) como elemento de predicción del estímulo condicionado (EC)

5. En el estudio de Watson y Rayner con el "pequeño Albert", el niño se volvió temeroso de una rata blanca y de estímulos similares porque
   a. los niños sienten temor natural a las ratas blancas
   b. se escuchaba un fuerte ruido cada vez que la rata estaba en presencia de Albert
   c. la rata fue asociada una y otra vez con un estímulo neutral
   d. Albert tuvo una experiencia traumática con una rata

REFLEXIONE

- ¿Puede pensar en cualesquiera casos de condicionamiento clásico en su vida diaria? Por ejemplo, algunas personas experimentan reacciones emocionales cuando escuchan determinada música o sonidos, o cuando perciben el rastro de ciertos olores. ¿Cómo podría usted explicar los orígenes de estas respuestas en términos del condicionamiento clásico?

- ¿A qué le teme usted?, ¿esos temores interfieren en su vida diaria? Con base en la lectura de este capítulo, ¿cuál cree que sea el origen de dichos temores?, ¿cómo los sobrelleva?, ¿ha hablado con alguien al respecto?, ¿puede contactar a alguna persona para que le ayude a superarlos, como un oficial de salud universitaria, un proveedor de cuidados de la salud o una clínica en su área?

MÓDULO 5.2

Condicionamiento operante: aprendizaje por medio de las consecuencias

- ¿Qué es el condicionamiento operante?
- ¿Cuáles son los diferentes tipos de reforzadores?
- ¿Cuáles son las diferentes programaciones de reforzamiento y cómo se relacionan éstas con el aprendizaje?
- ¿Qué son el aprendizaje de escape y el aprendizaje de evitación?

- ¿Qué es castigo y cómo difiere éste del reforzamiento?
- ¿Cuáles son algunas aplicaciones del condicionamiento operante?
- ¿Por qué a los psicólogos les preocupa el empleo del castigo?

El condicionamiento clásico puede explicar cómo aprendemos respuestas relativamente simples y reflexivas, como la salivación y el parpadeo, así como respuestas emocionales asociadas con el temor y el desagrado. Sin embargo, el condicionamiento clásico no puede explicar cómo aprendemos las conductas más complejas que forman parte de nuestras experiencias diarias. Usted se levanta por la mañana, se viste, va al trabajo o a la escuela, prepara alimentos, se hace cargo de sus quehaceres domésticos, hace mandados, socializa con sus amigos y quizá cuente con una hora o dos para relajarse al final del día. Para explicarnos dichas conductas necesitamos considerar una forma de aprendizaje llamada *condicionamiento operante*. Con el condicionamiento clásico explicamos el aprendizaje que resulta de la asociación entre estímulos antes de que ocurra una respuesta. Con el condicionamiento operante exploramos el proceso cognitivo que resulta de la asociación entre una respuesta y sus consecuencias. Como verá más adelante, con esta forma de aprendizaje las respuestas son adquiridas y fortalecidas por los efectos que producen en el ambiente.

Nos enfocamos en las contribuciones de dos psicólogos estadounidenses: Edward Thorndike, cuya Ley de efecto fue el primer intento sistemático por describir cómo se ve afectada la conducta por sus consecuencias, y B. F. Skinner, cuya labor experimental estableció muchos de los principios del condicionamiento operante.

Thorndike y la Ley de efecto

Edward Thorndike (1874-1947) utilizaba animales en sus estudios sobre el aprendizaje porque descubrió que era más fácil trabajar con éstos que con personas (Hunt, 1993). Construyó un aparato llamado "caja acertijo": era una jaula donde el animal (por lo regular, un gato) tenía que realizar un acto simple (como jalar una cuerda enrollada u oprimir un pedal), a fin de poder escapar y alcanzar un plato con comida colocado a su vista, justo afuera de la jaula (consulte la figura 5.7). En principio, el animal adoptaba conductas de apariencia aleatoria hasta que por accidente realizaba la respuesta que abría la puerta. Thorndike declaró que los animales no empleaban el razonamiento, la reflexión ni ninguna otra forma de inteligencia superior para encontrar el camino hacia la salida. En lugar de ello, era mediante un proceso aleatorio de *ensayo y error* que, en un momento dado, los animales atinaban a manifestar la conducta exitosa. Las respuestas adecuadas eran entonces "consolidadas" por el placer que producían y adquirían más probabilidades de repetición en el futuro.

Thorndike (1905) propuso un principio llamado **Ley de efecto**, el cual sostiene que la tendencia de que ocurra una respuesta depende del efecto que ésta tiene en el ambiente. De manera más específica, este principio establece que las respuestas que tienen efectos satisfactorios son fortalecidas y adquieren más probabilidades de volver a ocurrir en una situación determinada, mientras las que conducen al desagrado son debilitadas y reducen su rango de recurrencia. Los psicólogos modernos llaman *reforzamiento* a la primera parte de la Ley de efecto, y *castigo* a la segunda (L. T. Benjamin, 1988).

Thorndike continuó con el estudio de cómo podían ser aplicados los principios del aprendizaje animal a la conducta humana y, de manera especial, a la educación. Él creía que, a pesar de que la conducta humana es mucho más compleja que la animal, también puede explicarse con base en el aprendizaje de ensayo y error, en el cual los éxitos accidentales se "consolidan" por sus consecuencias positivas.

FIGURA 5.7   Caja acertijo de Thorndike
Los gatos colocados dentro de la caja acertijo de Thorndike aprendieron a escapar mediante un proceso aleatorio de ensayo y error.

B. F. Skinner y el condicionamiento operante

Thorndike preparó el terreno para una explicación del aprendizaje basada en la asociación entre las respuestas y sus consecuencias. Sería labor del estadounidense B. F. Skinner (1904-1990) desarrollar un modelo más formal de este tipo de aprendizaje, al cual llamó *condicionamiento operante*.

Se dice que Skinner no sólo era el psicólogo más famoso de su época, sino también el más controvertido. Lo que hizo célebre fue su capacidad para llevar los principios conductistas al ojo público mediante sus libros, artículos en populares revistas y apariciones públicas. Como Watson, Skinner era un conductista estricto que creía que los psicólogos debían limitarse al estudio de la conducta observable. Dado que los "sucesos privados", como los pensamientos y los sentimientos, no pueden ser observados, pensaba que no tenían relevancia en la explicación científica de la conducta. Para Skinner, la mente era una "caja negra" cuyo contenido no podía ser iluminado por la ciencia.

Lo que hizo tan polémico a Skinner fue su creencia en el **conductismo radical**, el cual sostiene que la conducta, tanto animal como humana, está determinada por completo por las influencias ambientales y genéticas. El libre albedrío, de acuerdo con Skinner, no es sino una ilusión o un mito. A pesar de que el férreo conductismo que él representaba fue controversial en su propia época y aún lo es, no hay duda alguna en que su concepto del condicionamiento operante lo hace merecedor de un lugar entre los pioneros de la psicología moderna.

Ley de efecto   Principio de Thorndike que señala que las respuestas que tienen efectos satisfactorios tienen más probabilidades de ocurrir, mientras que aquellas que tienen efectos no placenteros reducen dicha expectativa.

conductismo radical   Postura filosófica que indica que el libre albedrío es una ilusión o mito, y que la conducta humana y animal está determinada por completo por las influencias ambientales y genéticas.

B. F. Skinner

💡 **CONCEPTO 5.15**
Skinner demostró que la conducta supersticiosa puede ser aprendida por medio de la asociación coincidente entre respuestas y reforzamientos.

caja de Skinner   Aparato experimental desarrollado por B. F. Skinner para estudiar las relaciones entre reforzamiento y conducta.

condicionamiento operante
Proceso de aprendizaje mediante el cual una respuesta es fortalecida por medio de la manipulación de las consecuencias de la misma.

reforzador   Estímulo o suceso que fortalece la respuesta a la cual sigue al aumentar las probabilidades de que ocurra de nuevo.

conducta supersticiosa
En la perspectiva de Skinner, la adquirida mediante la asociación por coincidencia entre una respuesta y un reforzamiento.

Skinner no tenía planeado convertirse en psicólogo. Se especializó en inglés en la universidad y, tras graduarse, probó su mano como escritor. Renunció a una carrera en la escritura después de un año porque se dio cuenta de que no tenía nada que decir sobre la conducta humana (Hunt, 1993). En lugar de ello, volvió su atención hacia la psicología pues creía que la mejor manera de comprender la conducta humana es por medio del estudio científico.

Skinner trabajó principalmente con ratas y palomas. Primero enfocó su investigación en las respuestas de condicionamiento clásico, aunque pronto comenzó a explorar la función del reforzamiento, es decir, las consecuencias ambientales que fortalecen las conductas. Skinner dio estructura a los principios del reforzamiento, un cuerpo de trabajo que aún alimenta nuestra comprensión de cómo se forma la conducta a partir de sus consecuencias. Como ironía, en 1948, el hombre que deseó ser escritor y que se volvió hacia la psicología, produjo una de las novelas más leídas de su época: *Walden Two*, un relato ficticio sobre una sociedad utópica en la cual los principios del reforzamiento ayudaban a la gente a tener vidas más felices, productivas y satisfactorias. *Walden Two* fue el primer contacto de millones de estudiantes universitarios con los principios del condicionamiento operante. De manera autodespreciativa, Skinner minimizó después su impacto en el mundo cuando comentó a un entrevistador que tenía más efecto en las ratas y en las palomas que en la gente (citado en Hunt, 1993).

Skinner reconocía que algunas respuestas ocurren de manera reflexiva, como Pavlov había demostrado. Sin embargo, el condicionamiento clásico se limita a explicar cómo los estímulos nuevos pueden provocar conductas ya existentes, como la salivación, y no puede explicar nuevas conductas, como el comportamiento de los animales experimentales en la caja acertijo de Thorndike. Skinner descubrió en la obra de Thorndike el principio guía de que la conducta se forma por sus consecuencias. Sin embargo, rechazó el concepto mentalista de Thorndike de que las consecuencias influyen en la conducta porque producen "efectos satisfactorios". Skinner sostenía que los organismos aprenden respuestas que *operan* en el ambiente para producir consecuencias; por lo tanto, llamó *condicionamiento operante* a este proceso de aprendizaje.

Skinner estudió el aprendizaje animal con el empleo de un artefacto al cual ahora llamamos **caja de Skinner**, que es un aparato experimental que contiene un mecanismo liberador de alimento que el animal activa cuando responde de determinada manera; por ejemplo, tras presionar una palanca u oprimir un botón.

Mediante el **condicionamiento operante**, los organismos aprenden respuestas, como presionar una barra, que producen cambios en el ambiente (liberación de alimento). En esta forma de aprendizaje, los resultados de una respuesta determinan la probabilidad de que la acción ocurra de nuevo; este tipo de réplica se conoce como *respuesta operante* o, más simplificada, como "operante". Las conductas que producen efectos gratificantes son fortalecidas, es decir, adquieren más probabilidades de ocurrir de nuevo. En efecto, una respuesta operante bien entrenada se convierte en hábito (Staddon y Cerutti, 2003). Un caso: si su profesor sólo responde a una pregunta suya cuando usted primero levanta la mano, tendrá más probabilidades de desarrollar el hábito de levantar la mano antes de formular una pregunta.

El condicionamiento operante también se llama *aprendizaje instrumental* porque la conducta es instrumental en cuanto a la producción de las consecuencias gratificantes. El término **reforzador** se refiere a un estímulo o suceso que incrementa la probabilidad de que la conducta que la precede sea repetida. Por ejemplo, el acto de responder preguntas cuando los estudiantes levantan la mano es un reforzador.

Skinner observó que, mientras más tarda en presentarse un reforzador, más débiles serán sus efectos. Un animal en la caja de Skinner o un niño en una aula, aprenderán las respuestas correctas más pronto cuando el reforzador sigue a la respuesta tan pronto como sea posible. En general, el aprendizaje progresa más lento en tanto se incrementa el tiempo entre la respuesta y el reforzador.

Skinner también demostró cómo podía el condicionamiento operante explicar algunas formas de **conducta supersticiosa**. Considere el ejemplo de un jugador de béisbol que batea un *home run* después de un largo periodo de bajo desempeño, y luego decide usar el mismo par de calcetas que traía puestas en su momento de buena suerte en cada partido en lo que resta de la temporada. La conducta supersticiosa podría ser comprendida en términos de confundir una mera coincidencia entre una respuesta (usar un par específico de calcetas) y un reforzamiento (el *home run*) con una conexión entre ambos.

Muchas supersticiones comunes, desde no pisar las grietas en la acera hasta arrojar sal sobre el hombro para atraer la buena suerte, forman parte de nuestra herencia cultural, misma que se ha transmitido de una generación a otra. Tal vez hubo un tiempo cuando estas conductas fueron reforzadas por accidente, pero se han convertido en una parte tan importante de nuestra tradición cultural que la gente ya no recuerda sus orígenes. En las siguientes secciones revisaremos los principios básicos del condicionamiento operante.

Principios del condicionamiento operante

El trabajo experimental de Skinner y otros psicólogos estableció los principios básicos del condicionamiento operante, incluso aquellos que aquí consideramos: reforzamiento positivo y negativo, reforzadores primarios y secundarios, estímulos discriminativos, formación y extinción.

Reforzamiento positivo y negativo

Skinner distinguió entre dos tipos de reforzamientos: el *positivo* y el *negativo.* En el **reforzamiento positivo**, una respuesta es fortalecida con la presentación de un estímulo positivo o gratificante después de que ésta ocurre. Este tipo de estímulo se conoce como *reforzador positivo* o *recompensa*, y algunos ejemplos son la comida, el dinero y la aprobación social. Usted tiene más probabilidades de continuar trabajando en su empleo si recibe un salario regular (un reforzador positivo) que si esta remuneración dejara de llegar. Usted tiene más probabilidades de estudiar mucho para los exámenes si sus esfuerzos son recompensados con buenas calificaciones (otro reforzador positivo) que si falla de manera consistente (consulte la figura 5.8).

En el **reforzamiento negativo**, una respuesta es fortalecida cuando conduce al retiro de un estímulo "repulsivo" (desagradable o doloroso). Los reforzadores negativos son estímulos repulsivos como un ruido potente, frío, dolor, molestia o el llanto de un niño. Tenemos más probabilidades de repetir conductas que provoquen su eliminación. La conducta de un padre que toma en brazos a su bebé que llora para consolarlo es reforzada en sentido negativo cuando el bebé deja de llorar; en este caso, el estímulo repulsivo del llanto ha sido eliminado.

Note que ambas formas de reforzamiento fortalecen las respuestas. La diferencia es que en el reforzamiento positivo, las conductas se fortalecen cuando son seguidas por la *introducción* de un estímulo; mientras que en el negativo, las conductas se fortalecen cuando conducen a la *eliminación* del mismo.

El reforzamiento negativo puede ser "una calle de doble vía". El llanto es el único medio que tienen los bebés para hacernos saber que tienen hambre, que están mojados o que requieren otras necesidades. También es un estímulo repulsivo para cualquier persona con oído sensible. Es un reforzador negativo porque los padres repetirán conductas que logren detener el llanto del

CONCEPTO 5.16
En el reforzamiento positivo, la introducción de una recompensa (reforzador positivo) después de que ocurre la respuesta fortalece dicha respuesta. En el reforzamiento negativo, la eliminación de un estímulo repulsivo (reforzador negativo) después de que ocurre la respuesta fortalece ésta.

VÍNCULO DE CONCEPTOS · · · · ·
El reforzamiento negativo ayuda a explicar la evitación de estímulos o situaciones temibles en las personas que padecen fobias, y puede contribuir al desarrollo del trastorno obsesivo-compulsivo. Consulte el módulo 14.2.

VÍNCULO DE CONCEPTOS · · · · ·
Los terapeutas conductuales utilizan métodos basados en los principios del reforzamiento para fortalecer la conducta deseable y debilitar o eliminar la conducta indeseable. Consulte el módulo 15.2.

DIAGRAMA DE LA PSICOLOGÍA

FIGURA 5.8   Tipos de reforzadores
Los reforzadores positivos y negativos fortalecen las conductas que los preceden. ¿Puede usted pensar en ejemplos de cómo influyen los reforzadores positivos y negativos en su conducta? ❶ La introducción de un reforzador positivo fortalece la conducta que lo precede. ❷ La eliminación o retiro de un reforzador negativo también fortalece la conducta precedente.

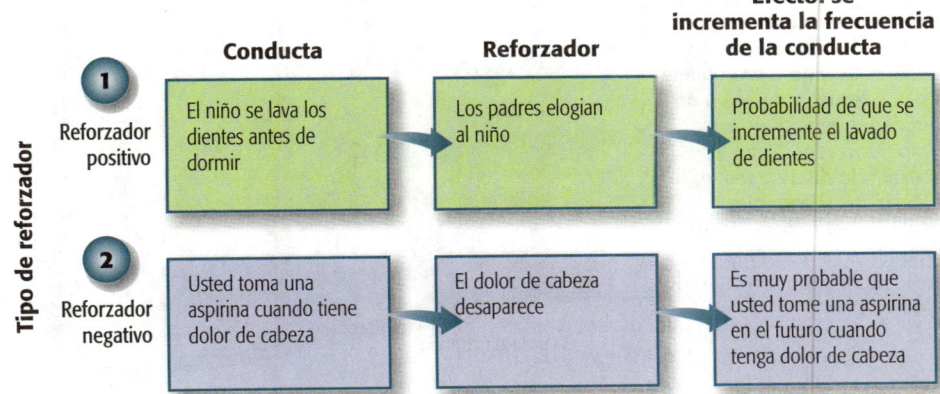

reforzamiento positivo
Fortalecimiento de una respuesta al presentar un estímulo positivo o gratificante después de que ésta ocurre.

reforzamiento negativo
Fortalecimiento de una respuesta al eliminar un estímulo repulsivo después de que ocurre aquella.

¿Quién refuerza a quién? El reforzamiento no es una vía de un solo sentido. Los hijos y los padres se refuerzan continuamente entre sí. Al interrumpir un berrinche cuando obtiene lo que desea, el niño refuerza negativamente al padre. Quizá sin desearlo, el padre refuerza positivamente la conducta de hacer berrinches cuando cede a éstos. ¿Cómo sugiere usted que los padres cambien este patrón de reforzamientos?

CONCEPTO 5.17
Algunos reforzadores son gratificantes porque satisfacen necesidades biológicas básicas; otros adquieren valor remunerativo como resultado de la experiencia.

reforzadores primarios
Aquellos, como la comida o la estimulación sexual, que son naturalmente gratificantes porque satisfacen necesidades o impulsos biológicos básicos.

reforzadores secundarios
Aquellos aprendidos, como el dinero, que desarrollan sus propiedades como tales debido a su asociación con los reforzadores primarios.

estímulo discriminativo Clave que señala que el reforzamiento está disponible si el sujeto emite una respuesta en particular.

bebé. Por su parte, el llanto del bebé es reforzado en sentido positivo por las respuestas de los padres. (Como las palomas de Skinner, los padres quizá necesiten "picar aquí y allá" para descubrir qué es lo que Junior quiere: "Veamos, no está mojado; entonces, debe tener hambre").

El reforzamiento negativo puede tener efectos indeseables en algunas situaciones. Considere el ejemplo de un niño que hace un berrinche en una juguetería porque el padre se niega a cumplir su solicitud de comprarle un juguete en particular. El hijo puede haber aprendido de experiencias pasadas que los berrinches obtienen resultados. En términos del aprendizaje operante, cuando el berrinche arroja los resultados esperados, el hijo es positivamente reforzado por hacer un coraje (porque el padre "cede"), mientras que el padre es negativamente reforzado por cumplir las demandas del hijo porque la rabieta termina. Por desgracia, este patrón de reforzamiento sólo hace más probable la recurrencia de berrinches.

Reforzadores primarios y secundarios

A los 16 meses de edad, mi hija Daniella se sintió intrigada por el contenido de mi cartera. No fueron los papeles verdes con las fotografías de Washington y Lincoln lo que atrapó su atención. No, ella ignoró el papel moneda pero quedó fascinada con los hologramas en las tarjetas plásticas de crédito. El punto aquí es que algunos estímulos, llamados **reforzadores primarios**, son intrínsecamente gratificantes porque satisfacen impulsos o necesidades biológicas básicas. Su valor de gratificación o reforzamiento no depende del aprendizaje. Los reforzadores primarios abarcan el alimento, el agua, el sueño, el alivio del dolor o de los ruidos potentes, el oxígeno, la estimulación sexual y los incentivos visuales novedosos, como los hologramas.

Otros estímulos, llamados **reforzadores secundarios**, adquieren su valor de reforzamiento mediante de un proceso de aprendizaje por el cual se asocian con reforzadores primarios. El dinero es un reforzador secundario (también llamado *reforzador condicionado*). Éste adquiere valor de reforzamiento porque aprendemos que puede ser intercambiado por estímulos más básicos, como comida o prendas. Otro tipo de éstos, son los reforzadores secundarios como las buenas calificaciones, premios y elogios. Gran parte de nuestra conducta diaria se ve influida por reforzadores secundarios en forma de expresiones de aprobación por parte de otras personas.

Estímulos discriminativos

Coloque una rata en una caja de Skinner y refuércela con comida cuando el animal oprima una barra, pero sólo si la rata realiza esa respuesta cuando se encienda una luz. Cuando la luz esté apagada, la rata no recibirá reforzamiento, sin importar cuántas veces presione la barra. ¿Cómo cree que responderá la rata? Resulta claro que el índice de respuesta será mucho más alto cuando la luz esté encendida que cuando esté apagada. La luz es un ejemplo de **estímulo discriminativo**, es decir, una clave que señala que el reforzamiento está disponible si el sujeto emite una respuesta en particular (consulte la figura 5.9).

DIAGRAMA DE LA PSICOLOGÍA

FIGURA 5.9 Estímulo discriminativo en una caja de Skinner
Aquí vemos a una rata dentro de una caja de Skinner, un artefacto empleado para estudiar el condicionamiento operante. Cuando la rata oprime la barra, recibe una ración de comida o una gota de agua como reforzador. La luz es un estímulo discriminativo, es decir, una clave que señala que el reforzador está disponible. La rata aprende a presionar la barra sólo cuando la luz está encendida.

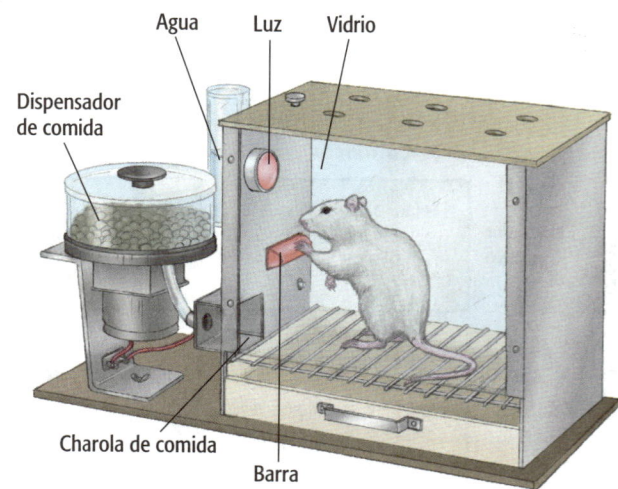

Agua　Luz　Vidrio
Dispensador de comida
Charola de comida
Barra

Nuestro ambiente físico y social está lleno de estímulos discriminativos. ¿Cuándo es el mejor momento para pedirle un favor a alguien: cuando esa persona parece estar furiosa o cuando sonríe y parece sentirse contenta? Usted ya conoce la respuesta. La razón por la cual la sabe es porque ha aprendido que las claves faciales de una persona son estímulos discriminativos que señalan los momentos cuando las solicitudes de ayuda tienen más probabilidades de ser reforzadas en sentido positivo. También sabe que sus profesores tienen más probabilidades de responder a su mano levantada si están frente a usted que si están de espaldas. Un semáforo con luz verde, otro tipo de estímulo discriminativo, señala que el hecho de conducir mediante una intersección tiene probabilidades de ser reforzado por un paso seguro.

Formación

Las ratas no oprimen barras de manera natural. Si usted coloca a una rata en una caja de Skinner, el animal puede descubrir la respuesta correcta mediante ensayo y error. El experimentador puede ayudar al animal a aprender más pronto la respuesta correcta por medio de la **formación**, un proceso que aplica el **método de aproximaciones sucesivas**, durante el cual el experimentador refuerza una serie de aproximaciones cada vez más cercanas a la respuesta correcta. Primero, el investigador puede dispensar una recompensa de comida cuando la rata se mueve hacia el área de la jaula donde se encuentra la barra. Una vez que esta conducta queda establecida, el reforzamiento ocurre sólo si el animal se acerca paulatinamente a la barra; después, si toca la palanca con su pata y, posteriormente, si la oprime. Si alguna vez ha observado trabajar a entrenadores de animales, reconocerá cómo se utiliza la formación para entrenarlos para que realicen una compleja secuencia de conductas.

Nosotros ponemos en práctica el método de aproximaciones sucesivas en nuestras vidas diarias cuando intentamos enseñar a alguien una nueva habilidad, en especial, alguna que implique un complejo conjunto de conductas. Cuando enseña a un niño a nadar, el instructor puede entregar reforzamientos verbales (decir al niño que lo hace "muy bien") cada vez que el niño realiza correctamente cada uno de los pasos necesarios de una serie para adquirir la manera apropiada.

Extinción

Usted recordará del módulo 5.1 que la extinción de las respuestas de condicionamiento clásico ocurre cuando el estímulo condicionado es presentado una y otra vez en ausencia del estímulo no condicionado. De igual manera, en el condicionamiento operante, la extinción es el proceso mediante el cual las respuestas se debilitan y, con el tiempo, se eliminan cuando son repetidas una y otra vez, pero ya no son reforzadas. Por lo tanto, la respuesta de la rata de oprimir la barra en la caja de Skinner se extinguirá después de un tiempo si el reforzador (la comida) está ausente. Si usted levanta la mano una y otra vez en clase, pero nadie atiende su pregunta, es probable que, con el tiempo, deje de hacerlo.

Programas de reforzamiento

En la caja de Skinner, un animal puede ser reforzado por cada vez que toque o presione la barra, o por algunas porciones de toques y presiones en la barra. Una de las mayores aportaciones de Skinner fue mostrar cómo influyen en el aprendizaje estos distintos **programas de reforzamiento**: planes predeterminados para programar la entrega del reforzamiento.

En un **programa de reforzamiento continuo**, el reforzamiento sigue a cada instancia de la respuesta operante. La rata en la caja de Skinner recibe una porción de comida cada vez que oprime la palanca. De igual manera, si la luz se enciende cada vez que usted activa un interruptor, pronto aprenderá a activarlo cada vez que entre en una habitación a oscuras. Las respuestas operantes son aprendidas más pronto bajo un programa de reforzamiento continuo. Sin embargo, este procedimiento también conduce a una rápida extinción cuando el reforzamiento es retirado. ¿Cuánto tiempo pasará antes de que usted deje de activar el interruptor de la luz si ésta no enciende porque ya necesita cambiar el foco? Sólo una o dos activaciones del interruptor sin resultados pueden ser suficientes para extinguir la respuesta. Pero extinción no significa que la respuesta se olvidó o se perdió en la memoria. Es probable que regrese pronto, una vez que se restablezca el reforzamiento, o sea, una vez que instale un nuevo foco.

Luz roja, luz verde Una luz verde es un estímulo discriminativo que señala que el hecho de conducir un auto por medio de una intersección tiene probabilidades de ser reforzado por un paso seguro a través de dicha intersección.

formación Proceso de aprendizaje que implica el reforzamiento de aproximaciones cada vez más cercanas a la respuesta deseada.

método de aproximaciones sucesivas El empleado para formar la conducta que implica el reforzamiento de aproximaciones cada vez más cercanas a la respuesta deseada.

programas de reforzamiento Planes predeterminados para programar la entrega del reforzamiento.

programa de reforzamiento continuo Sistema para fortalecer respuestas cada vez que se produce la que es deseada.

FIGURA 5.10 Comparación de programas de reforzamiento parcial

Aquí vemos los índices típicos de respuesta de ratas de laboratorio entrenadas para oprimir una barra para recibir una recompensa de comida bajo diferentes programas de reforzamiento. Las líneas diagonales que cruzan con las respuestas de presión de la barra muestran las ocasiones en las cuales el reforzamiento fue entregado. Por lo regular, los programas de proporción producen índices de respuesta más rápida que los programas de intervalo porque las recompensas se basan en el número de respuestas, no en el tiempo entre éstas. Con programas de proporción fija, las ratas responden de manera febril, pero hacen una breve pausa después de cada reforzamiento. Los programas de intervalo fijo producen un efecto "ondulado" que representa un índice estable de respuestas seguidas por pausas más largas después de cada reforzamiento. La rata aprende que las respuestas son reforzadas sólo después que pasa cierto tiempo. Un programa de intervalo variable produce un índice lento y estable de respuesta dado que el animal no tiene manera de saber cuándo será reforzada determinada respuesta.

Fuente: Adaptado de Skinner, 1961.

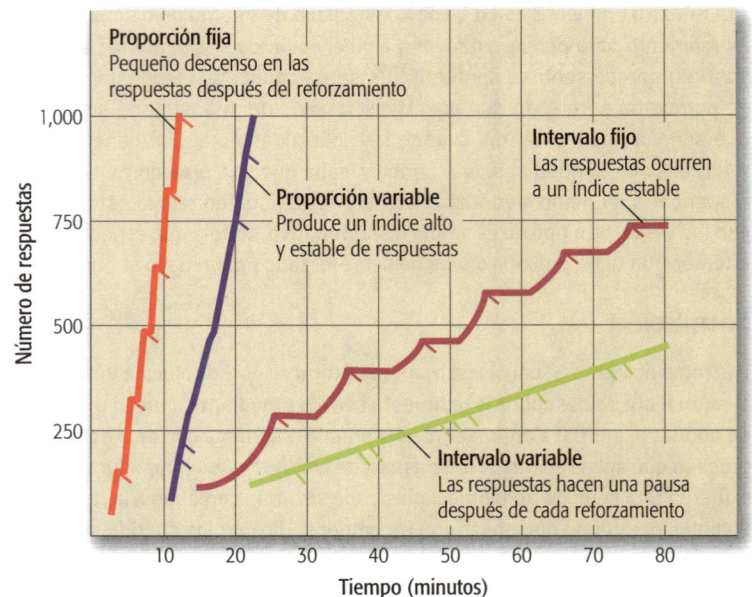

CONCEPTO 5.21

El programa según el cual son entregados los reforzamientos influye en el índice de aprendizaje y en la resistencia a la extinción.

CONCEPTO 5.22

Existen cuatro tipos de programas de reforzamiento parcial: de proporción fija, de proporción variable, de intervalo fijo y de intervalo variable.

Las respuestas son más resistentes a la extinción bajo un **programa de reforzamiento parcial** que bajo uno de reforzamiento continuo. En el primero, sólo una porción de las respuestas deseadas es reforzada. Dado que esto hace más improbable que una ausencia de reforzamiento se note, hace falta más tiempo para que la respuesta desaparezca.

Los programas de reforzamiento parcial son mucho más comunes que los de reforzamiento continuo en la vida diaria. Piense lo que significaría ser reforzados de manera continua. Usted recibiría un reforzador (recompensa) cada vez que llegara a la clase, abriera un libro de texto o llegara a tiempo a su trabajo. Sin importar lo deseable que pudiera parecer este índice de reforzamiento, sin duda es imposible de lograr en la vida diaria. Por fortuna, los programas de reforzamiento parcial producen altos índices de respuesta y tienen la ventaja agregada de una mayor resistencia a la extinción.

Esta clase de fortalecimiento de respuesta se administra bajo dos clases generales de programas: los *programas de proporción* y los *programas de intervalo*. En los primeros, el reforzamiento se basa en el *número* de respuestas. En los otros, el proceso de fortalecimiento se basa en el *tiempo* de las respuestas. Para cada tipo, el refuerzo puede administrarse con una base *fija* o *variable*.

La figura 5.10 muestra los índices típicos de respuesta según diferentes programas de reforzamiento parcial. Note que los índices de respuesta de los programas de proporción son más rápidos que en los de intervalo. A fin de explicar esta diferencia, recuerde que en los programas de proporción, el reforzamiento depende del número de respuestas y no del tiempo que pasa desde el último reforzamiento, como sucede en los programas de intervalo.

Programa de proporción fija (PF)

En un programa de proporción fija (PF), el reforzamiento se entrega después de una cantidad específica de respuestas correctas. Por ejemplo, en un programa "PF-6", el reforzamiento se entrega después de cada seis respuestas correctas. El ejemplo clásico de los programas de proporción fija son los empleos por piezas, en los cuales se paga a los trabajadores de acuerdo con el número de artículos que produzcan. Estos esquemas generan un nivel alto y constante de respuesta, con un ligero descenso de ellas que ocurre después de cada reforzamiento (consulte la figura 5.10). En los programas de proporción fija, mientras más rápido trabaja la gente, más artículos produce y más dinero gana. Sin embargo, la calidad puede verse comprometida, si la cantidad es el único criterio que determina cómo serán entregados los reforzamientos.

programa de reforzamiento parcial Sistema para dispensar reforzamiento en el cual sólo se refuerza una porción de las respuestas deseadas.

Programa de proporción variable (PV)

En un programa de proporción variable (PV), el número de respuestas correctas necesarias antes de entregar el reforzamiento varía alrededor de algún número promedio. Por ejemplo, un programa "PV-20" significa que el reforzamiento es administrado después de un promedio de cada 20 respuestas correctas. En algunos casos, el reforzamiento puede entregarse después de sólo dos, cinco o 10 respuestas; en otros momentos pueden ser necesarias 30 o 40 respuestas. La conducta de apostar es reforzada de acuerdo con un programa de proporción variable. Con una máquina tragamonedas, por ejemplo, un triunfo (reforzamiento) puede ocurrir tal vez después de uno, 10, 50 o más intentos. (No es sorprendente que se les conozca como asaltantes con un solo brazo).

Por lo general, los programas de proporción variable producen índices altos y estables de respuesta (consulte la figura 5.10). También son más resistentes a la extinción que los programas de proporción fija dado que el sujeto no puede predecir con exactitud cuántas respuestas son necesarias para obtener una recompensa. Lo anterior quizá explique porqué tanta gente compra boletos de lotería con regularidad, incluso a pesar de que sólo puede ganar cantidades modestas de vez en cuando. Como lo expresa el lema de un programa de lotería: "Oye, uno nunca sabe".

Programa de intervalo fijo (IF)

En un programa de intervalo fijo (IF) se dispensa el reforzamiento por una respuesta correcta después de que ha pasado un tiempo determinado desde el último reforzamiento. En un programa "IF-30", por ejemplo, un animal en una caja de Skinner recibe una ración de comida si realiza la acción requerida después de que ha pasado un intervalo de 30 segundos desde que se entregó la última ración de comida, sin importar la cantidad de respuestas que realizó durante ese intervalo de 30 segundos. Por lo regular, los programas de intervalo fijo producen un patrón de respuesta "ondulado" en el cual el índice de respuesta desciende justo después de la entrega del reforzamiento y luego se incrementa a medida que se acerca el final del intervalo (consulte la figura 5.10). Los trabajadores que se someten a revisiones mensuales de desempeño, pueden mostrar conductas más productivas en los días previos a sus evaluaciones que en los días posteriores inmediatos.

Programa de intervalo variable (IV)

En un programa de intervalo variable (IV), el tiempo que debe pasar antes que el reforzamiento pueda darse por una respuesta correcta es variable en lugar de fijo. Un programa "IV-60", significa que el periodo que debe transcurrir antes que el reforzamiento pueda ser entregado por una respuesta requerida varía alrededor de un promedio de 60 segundos entre ocasiones (ensayos). Entonces, para una ocasión dada, el intervalo puede ser de unos cuantos segundos o tal vez de un minuto o dos, siempre y cuando el promedio sea de 60 segundos. Dado que no hay manera de sincronizar las respuestas con los intentos por obtener recompensas, los programas de intervalo variable tienden a producir un índice bajo, pero estable de respuesta. De igual manera, como el reforzamiento no ocurre sobre bases predecibles, las respuestas tienden a ser más resistentes a la extinción que en el programa de intervalo fijo.

El empleo de cuestionarios sorpresa es un ejemplo de programa IV. Los profesores los utilizan para motivar a sus alumnos a estudiar con regularidad. Dado que los alumnos nunca saben cuándo será aplicado un cuestionario, tienen más probabilidades de ser recompensados con buenas calificaciones si estudian con regularidad y, por lo tanto, siempre estarán preparados. Con los exámenes programados, el reforzamiento se basa en un programa de intervalo fijo, es decir, las recompensas están disponibles sólo en momentos programados. Por lo tanto, podemos esperar encontrar el índice ondulado de respuesta típico del reforzamiento de intervalo fijo; es decir, un índice elevado de estudio, tal vez incluso saturación del mismo, justo antes del examen y un descenso posterior.

Aprendizaje de escape y aprendizaje de evitación

En el **aprendizaje de escape**, un organismo aprende a *escapar* de un estímulo repulsivo al realizar una respuesta operante. La conducta de escape es reforzada en sentido negativo por la eliminación del estímulo repulsivo. Puede enseñarse a una rata a oprimir una barra para apagar una descarga eléctrica. Nosotros podemos aprender a escapar del calor de un día de verano con sólo encender un ventilador o un aparato de aire acondicionado.

Las apuestas, un problema de proporción variable La conducta de apostar se mantiene sobre un programa de proporción variable de reforzamiento. Los apostadores nunca saben cuántos tiros más de dados o cuántos intentos más en una máquina tragamonedas les darán una recompensa. Sin embargo, mientras esperan que la "diosa fortuna" les sonría, acumulan pérdidas.

CONCEPTO 5.23
En el aprendizaje de escape, los organismos aprenden respuestas que les permiten escapar de los estímulos repulsivos, mientras en el aprendizaje de evitación aprenden respuestas que les permiten evitar los estímulos repulsivos.

aprendizaje de escape Cambios conductuales que permiten a un organismo escapar de un estímulo repulsivo.

En el **aprendizaje de evitación**, el organismo aprende a realizar una respuesta que elude un estímulo repulsivo. La rata en la caja de Skinner puede recibir una señal (p. e., un timbre) de que está a punto de sufrir una descarga eléctrica. El animal aprende a evitar la descarga eléctrica con la realización de la conducta correcta, como oprimir una barra. Usted abre un paraguas justo antes de salir a la lluvia para evitar la desagradable experiencia de empaparse.

Como otras formas de aprendizaje, el aprendizaje de escape y el de evitación pueden ser adaptativos en ciertas circunstancias, pero no en otras. Nosotros aprendemos a aplicarnos bloqueador solar para evitar quemarnos, lo cual es adaptativo. Sin embargo, faltar a varias citas regulares con el dentista para evitar los molestos o dolorosos procedimientos dentales no lo es, dado que puede provocar problemas dentales más serios o incluso la pérdida de un diente. La gente puede recurrir a las drogas o al alcohol para escapar de sus problemas o de sus emociones conflictivas. No obstante, el escape es de corta duración y los problemas que resultan del abuso en el consumo de alcohol o drogas pueden combinarse pronto con las dificultades iniciales de la persona.

Es probable que en este momento usted desee revisar los conceptos clave del condicionamiento operante descritos en la tabla de conceptos 5.2.

aprendizaje de evitación El que permite que un organismo evite un estímulo repulsivo.

TABLA DE CONCEPTOS 5.2
Conceptos clave en el condicionamiento operante

Concepto	Descripción	Ejemplo
Naturaleza del condicionamiento operante	Forma de aprendizaje en el cual las respuestas se fortalecen por los efectos que éstas producen en el ambiente	Si los estudiantes reciben respuestas sólo cuando levantan la mano antes de formular las preguntas, la conducta de levantar la mano es reforzada
Estímulo discriminativo	Un estímulo que indica que el reforzamiento estará disponible si se realiza la respuesta correcta	Un niño aprende a responder el teléfono cuando éste suena y a esperar el tono antes de marcar
Reforzador positivo	Un estímulo o suceso que hace que la respuesta que lo precede tenga más probabilidades de ocurrir de nuevo	Elogiar a los niños por recoger su ropa incrementa las probabilidades de que éstos repitan la conducta
Reforzador negativo	Un estímulo repulsivo cuya eliminación fortalece la conducta precedente e incrementa las probabilidades de que dicha conducta se repita	El molesto sonido de la alarma de un reloj despertador incrementa las probabilidades de que nos levantemos de la cama para apagarlo
Reforzador primario	Un estímulo que es reforzado de manera innata porque satisface necesidades o impulsos biológicos básicos	El alimento, el agua y la estimulación sexual son reforzadores primarios
Reforzador secundario	Un estímulo cuyo valor de reforzamiento se deriva de su asociación con los reforzadores primarios	El dinero, el cual puede intercambiarse por comida y prendas de vestir, es un reforzador secundario
Formación	Proceso de aprendizaje que implica el reforzamiento de aproximaciones cada vez más cercanas a la respuesta deseada	Un niño aprende a vestirse solo cuando el padre lo refuerza por lograr cada pequeño paso en el proceso
Extinción	El debilitamiento gradual y la eliminación de una respuesta operante cuando no es reforzada	Una niña deja de gritar en clase sin levantar la mano cuando el profesor no le responde
Programa de reforzamiento continuo	Programa para entregar reforzamiento cada vez que se produce una respuesta correcta	Una niña recibe elogios cada vez que recoge su ropa
Programa de reforzamiento parcial (proporción fija, proporción variable, intervalo fijo, intervalo variable)	Programa para dar reforzamiento en el cual sólo una porción de las respuestas es reforzada	Un niño recibe felicitaciones por recoger su ropa cada tres veces que lo hace (programa de proporción fija)
Aprendizaje de escape	Respuestas de aprendizaje que resultan en el escape de un estímulo repulsivo	Un conductor aprende atajos que le proporcionan un escape al tránsito congestionado.
Aprendizaje de evitación	Respuestas de aprendizaje que resultan en la evitación de un estímulo repulsivo	Una persona se marcha a trabajar una hora más temprano para evitar el tránsito pesado

Castigo

El **castigo** es la cara opuesta del reforzamiento. Éste fortalece o incrementa la conducta que lo precede, mientras el castigo tiene el efecto opuesto de debilitar o suprimir la conducta precedente (consulte la figura 5.11). El castigo, como el reforzamiento, puede adoptar dos formas: *positivo* y *negativo*. El *castigo positivo* implica agregar o presentar un estímulo repulsivo o desagradable después de una conducta determinada. Entre los ejemplos de estímulos de castigo se encuentran el dolor físico (p. e., las nalgadas), la crítica rigurosa o las penalizaciones monetarias (p. e., las multas de tránsito). El *castigo negativo* implica la eliminación o el retiro de un estímulo reforzador después de una conducta en particular, como cuando un niño se porta mal y pierde privilegios de ver la televisión o es retirado de un ambiente reforzador en la forma de un "tiempo fuera". Más adelante, en este módulo, exploraremos las preocupaciones que los psicólogos y otros profesionales han expresado en cuanto al empleo del castigo como método para disciplinar a los niños.

A menudo se confunde al castigo con el reforzamiento negativo, dado que ambos se basan en estímulos repulsivos. Sin embargo, he aquí la diferencia: con el castigo, la *introducción* de un estímulo repulsivo o de una consecuencia negativa (p. e., un tiempo fuera) después de que ocurre una conducta, *debilita* o *suprime* dicha conducta (golpear a otros niños en el parque de juegos). Con el reforzamiento negativo, la *eliminación* de un estímulo repulsivo (el llanto de un bebé) después de que ocurre la conducta, *fortalece* dicha conducta (tomar en brazos al bebé). Antes de continuar, quizá desee revisar la tabla 5.1, la cual compara al reforzamiento y al castigo.

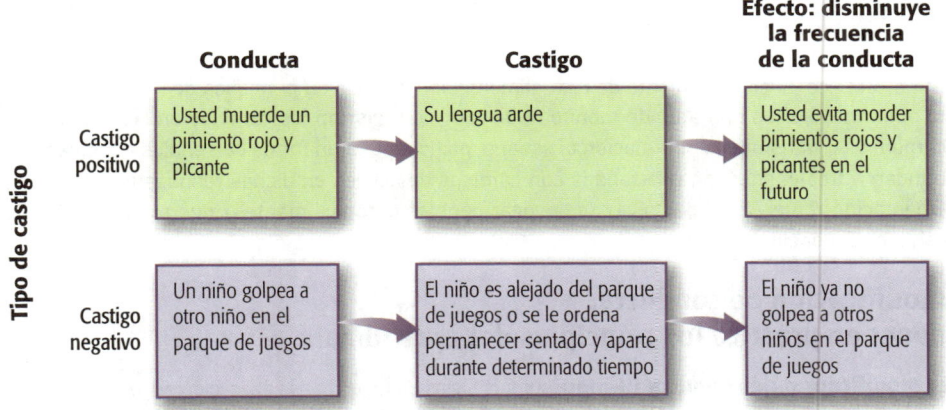

DIAGRAMA DE LA PSICOLOGÍA

FIGURA 5.11
Tipos de castigos
Piense en el castigo positivo como agregar o introducir un estímulo indeseable o desagradable y en el castigo negativo como sustraer o eliminar un estímulo deseable o reforzador. Ambas formas de castigo debilitan o suprimen las conductas que los preceden.

Por qué es importante: aplicaciones del condicionamiento operante

En muchos sentidos, el mundo es como una gran caja de Skinner. Desde que éramos niños pequeños, los reforzamientos y los castigos moldean nuestra conducta. Pronto aprendemos cuáles conductas merecen aprobación y cuáles incurren en desaprobación. ¿Cuántos miles de miles de reforzamientos han dado forma a su conducta con el paso de los años? ¿Asistiría usted a cursos universitarios ahora, si no fuera por los reforzamientos positivos que recibió desde temprana edad por prestar atención en clase, hacer sus tareas en casa, estudiar para los exámenes y obtener buenas calificaciones? ¿Quiénes fueron los principales agentes de reforzamiento de su vida? ¿su madre o su padre?, ¿un tío o una tía favoritos?, ¿sus profesores o entrenadores?, ¿usted mismo?

Los psicólogos han desarrollado numerosas aplicaciones del condicionamiento operante, incluso el entrenamiento de biorretroalimentación, la modificación de conducta y la instrucción programada.

CONCEPTO 5.24
Los principios del condicionamiento operante se utilizan en el entrenamiento de biorretroalimentación, en la modificación de conducta y en la instrucción programada.

Entrenamiento de biorretroalimentación: utilizar sus señales corporales como reforzadores

Por medio del entrenamiento de biorretroalimentación (discutido en el capítulo 3), la gente puede aprender a cambiar ciertas respuestas corporales, incluso los patrones de ondas cerebrales y el

castigo Introducción de un estímulo repulsivo o el retiro de un estímulo reforzador después de una conducta particular, lo cual conduce al debilitamiento o supresión de la respuesta.

TABLA 5.1 Comparación entre reforzamiento y castigo

	¿Qué sucede?	¿Cuándo ocurre?	Ejemplo	Consecuencia en la conducta
Reforzamiento positivo	Se introduce un suceso o estímulo positivo	Después de una respuesta	Su instructor le sonríe (estímulo positivo) cuando usted responde una pregunta de manera correcta.	Usted tiene más probabilidades de responder preguntas en clase.
Reforzamiento negativo	Se retira un estímulo repulsivo	Después de una respuesta	Abrochar el cinturón de seguridad apaga el molesto zumbido de alerta del automóvil.	Usted tiene más probabilidades de abrocharse el cinturón de seguridad antes de encender el motor del automóvil.
Castigo positivo	Se aplica un estímulo repulsivo	Después de una respuesta	Un padre reprende a un niño por azotar la puerta.	El niño tiene menos probabilidades de azotar la puerta.
Castigo negativo	Se retira un estímulo reforzador	Después de una respuesta	Un niño pierde privilegios de ver televisión por golpear a su hermano.	El niño tiene menos probabilidades de volver a golpear a otras personas.

ritmo cardiaco. El entrenamiento de retroalimentación se basa en principios de condicionamiento operante. Ciertos aparatos de monitoreo fisiológico registran los cambios en las respuestas corporales y transmite la información al usuario, por lo regular en forma de señales auditivas que brindan retroalimentación relacionada con cambios deseables en dichas respuestas. La retroalimentación refuerza conductas (p. e., evocar pensamientos calmantes) que producen dichos cambios deseables.

Modificación de conducta: poner en práctica los principios del aprendizaje

La **modificación de conducta (B-mod**, por sus siglas en inglés**)** es la aplicación sistemática de los principios del aprendizaje para fortalecer la conducta adaptativa y debilitar la conducta no adaptativa. Se utilizan varios métodos basados en el aprendizaje, en especial, técnicas de condicionamiento operante.

Skinner y sus colegas aplicaron principios de condicionamiento operante en un escenario de la vida real al establecer el primer **programa de economía de fichas** en un hospital psiquiátrico. En su aplicación, los pacientes reciben fichas, como monedas de plástico, por realizar conductas deseables como vestirse y arreglarse, ordenar sus camas o socializar con los demás. Las fichas son intercambiables por reforzadores positivos, a manera de privilegios adicionales.

Los programas de modificación de conducta también son aplicados en los salones de clases, donde han producido beneficios mensurables en el desempeño académico y reducciones en conductas agresivas o molestas y en ausencias injustificadas. Los profesores pueden utilizar fichas o estrellas doradas para premiar a los estudiantes por mostrar una conducta apropiada en clase y alcanzar logros académicos. Los niños pueden después emplear las fichas o las estrellas doradas para "comprar" pequeños premios u obtener privilegios especiales, como más tiempo de recreo.

Los programas de entrenamiento para padres han llevado la modificación de conducta al hogar. Después de entrenarse en la aplicación de las técnicas de B-mod, los padres las implementan con sus hijos; entonces, premian las conductas apropiadas y castigan, cuando es necesario, las no apropiadas y agresivas a mediante de la asignación de "tiempos fuera" y pérdida de privilegios o de recompensas.

Instrucción programada

Skinner aplicó el condicionamiento operante a la educación en forma de **instrucción programada**, que implica que el aprendizaje de materiales complejos es fragmentado en una serie de

modificación de conducta (B-mod) Aplicación sistemática de principios de aprendizaje para fortalecer la conducta adaptativa y debilitar la conducta no adaptativa.

programa de economía de fichas Forma de modificación de conducta en la cual las fichas ganadas por desempeñar conductas deseadas pueden ser intercambiadas por reforzadores positivos.

instrucción programada Método de aprendizaje en el cual el material complejo es dividido en una serie de pequeños pasos que los alumnos dominan a su propio ritmo.

instrucción asistida por computadora Forma de instrucción programada en la cual se utiliza una computadora para guiar al alumno por medio de una serie de preguntas cada vez más complicadas.

pequeños pasos. El alumno procede entonces a dominar cada paso a su propio ritmo. Skinner incluso diseñó una "máquina de enseñanza" que guiaba a los estudiantes por medio de una serie de preguntas cada vez más difíciles. Después de que el estudiante respondía cada pregunta, la respuesta correcta aparecía al instante. Este sistema brindaba un reforzamiento inmediato para las respuestas correctas y permitía a los estudiantes corregir cualquier error que hubieran cometido. Dado que las preguntas habían sido diseñadas para avanzar a pasos pequeños, por lo general, los estudiantes generaban un alto índice de respuestas correctas y, por lo tanto, recibían una fuente regular de reforzamiento. Las máquinas de enseñanza, desde entonces, dieron paso a formas computarizadas de instrucción programada, llamada **instrucción asistida por computadora**, en la cual una computadora guía al estudiante mediante un inventario de preguntas cada vez más desafiantes.

Explore la psicología

¿Deben los padres emplear el castigo como método de disciplina?

Los psicólogos y pediatras aconsejan a los padres no depender del castigo para disciplinar a sus hijos; en lugar de ello, los profesionales recomiendan reforzar las conductas deseables (American Academy of Pediatrics, 1998; Gershoff, 2002a, 2002b). El castigo puede suprimir la conducta indeseable de manera temporal, pero no la elimina. La conducta castigada regresa a menudo cuando el estímulo del castigo es retirado. Por ejemplo, el niño que es sancionado por portarse mal puede realizar la conducta indeseable cuando sus padres no lo ven. El castigo, en especial el físico o *corporal,* tiene otras desventajas, incluso las siguientes:

- *Los castigos no enseñan nuevas conductas.* Los castigos pueden suprimir una conducta indeseable, pero no ayudan al niño a aprender una conducta más apropiada en su lugar.

- *El castigo puede tener consecuencias indeseables.* El castigo, en especial el físico, puede provocar intensas emociones negativas en los niños, como ira, hostilidad y temor dirigidos hacia el padre o hacia otro agente de castigo. El temor también puede generalizarse: los niños que son castigados una y otra vez por su deficiente desempeño académico pueden perder la confianza en sí mismos o desarrollar un temor al fracaso, lo cual perjudica su desempeño académico. Pueden comenzar a faltar a clases, a retirarse de los cursos desafiantes o incluso a abandonar la escuela.

- *El castigo puede volverse abusivo.* Interrumpir la conducta indeseable en un niño, al menos de manera temporal, puede reforzar el empleo de nalgadas u otras formas de castigo físico en los padres. Lo anterior puede provocar castigos físicos más frecuentes, hasta cruzar el límite entre el castigo y el abuso (Gershoff, 2002a, 2002b). Otro tipo de situación abusiva ocurre cuando los padres recurren a formas más graves de castigo cuando los que son leves no dan resultados. Los niños abusados pueden albergar intensos sentimientos de rabia y resentimiento hacia el castigador, los cuales pueden desahogar por medio de respuestas agresivas en contra de esas personas o de otras que sean menos imponentes en términos físicos, como sus amigos o hermanos.

- *El castigo puede representar una forma de modelado inapropiado.* Cuando los niños observan que sus padres recurren al castigo físico para obligar el cumplimiento de sus demandas, la lección que aprenden es que el empleo de la fuerza es una manera aceptable de resolver los problemas interpersonales.

¿Es siempre malo el castigo? El empleo ocasional de leves castigos puede ser apropiado como método de disciplina cuando se utiliza en combinación con métodos positivos, como el uso de elogios para las conductas deseables.

CONCEPTO 5.25
A pesar de que el castigo puede suprimir o debilitar una conducta, por lo general, los psicólogos recomiendan a los padres no depender del castigo como medio para disciplinar a sus hijos.

Castigo contra reforzamiento
Los psicólogos privilegian el empleo del reforzamiento positivo en lugar del castigo cuando es momento de disciplinar a los niños. La represión, una forma de castigo, puede suprimir la conducta indeseable de manera temporal, pero no ayuda al niño a adquirir conductas más adaptativas en su lugar.

Por ejemplo, los padres tal vez necesiten emplear el castigo para impedir que sus hijos se hagan daño a sí mismos o a otras personas (como cuando corren hacia la calle o golpean a otros niños en el parque de juegos). No obstante, los progenitores deben evitar el uso del castigo físico grave (Foote, 2000). Entre los ejemplos de castigos leves se incluyen *1) la reprimenda verbal* ("No, Johnny, no hagas eso. Puedes lastimarte de esa manera"); *2) retiro de un reforzador,* como no dejar salir a los adolescentes o quitarles cierta cantidad de fichas o puntos que los niños reciben cada semana y que son intercambiables por reforzadores tangibles (juguetes, actividades especiales), y *3), tiempo fuera* o el retiro temporal del niño de un ambiente reforzador después de la conducta indeseable.

Los padres que aplican castigos deben ayudar al niño a comprender por qué ha sido castigado. Los niños pueden pensar que han sido castigados porque son "malos". Pueden pensar en forma negativa hacia sí mismos o temer que mamá y papá ya no los aman. Los padres necesitan dejar muy claro cuál conducta es la que se castiga y lo que el niño puede hacer diferente en el futuro. De esta manera, los padres pueden ayudar a los niños a aprender conductas más deseables. El castigo es más eficaz cuando se combina con reforzamiento positivo para las conductas deseables alternativas.

Condicionamiento operante: aprendizaje por medio de las consecuencias

REPASE

¿Qué es el condicionamiento operante?

- El condicionamiento operante es una forma de aprendizaje en la cual las consecuencias de la conducta influyen en la fuerza o en la probabilidad de que dicha conducta ocurrirá.

¿Cuáles son los diferentes tipos de reforzadores?

- Los reforzadores positivos son estímulos cuya introducción posterior a una respuesta fortalece dicha respuesta.

- Los reforzadores negativos son estímulos repulsivos cuya eliminación posterior a una respuesta fortalece dicha respuesta.

- Los reforzadores primarios, como la comida y el agua, son estímulos que son reforzadores por naturaleza porque satisfacen necesidades biológicas básicas.

- Los reforzadores secundarios, como el dinero y la aprobación social, adquieren valor de reforzamiento debido a su asociación con reforzadores primarios.

¿Cuáles son los diferentes programas de reforzamiento y cómo se relacionan con el aprendizaje?

- Los programas de reforzamiento son planes predeterminados para programar la entrega de reforzamientos. En un programa de reforzamiento continuo, el reforzamiento se entrega después de cada respuesta correcta. En uno de reforzamiento parcial, sólo una porción de respuestas correctas es reforzada.

- El reforzamiento parcial es administrado bajo programas de proporción o de intervalo.

- En un programa de proporción fija, el reforzamiento sigue a una cantidad específica de respuestas correctas.

- En un programa de intervalo variable, el número de respuestas correctas necesarias antes de la entrega del reforzamiento varía alrededor de algún número promedio.

- En un programa de intervalo fijo debe pasar determinado tiempo antes de que la respuesta correcta pueda ser reforzada.

- En un programa de intervalo variable, el periodo que debe transcurrir antes de que una respuesta deba ser reforzada varía alrededor de cierto intervalo promedio.

- Un programa de reforzamiento continuo produce el aprendizaje más rápido, pero también la extinción más rápida de una respuesta cuando el reforzamiento es retirado.

- Los índices de respuesta en los programas de reforzamiento parcial varían, así como la resistencia de las respuestas a la extinción.

¿Qué son el aprendizaje de escape y el aprendizaje de evitación?

- Mediante el del aprendizaje de escape, los organismos aprenden respuestas que les permiten huir de estímulos repulsivos, como el dolor, mientras a través del aprendizaje de evitación, los organismos aprenden a eludir ese tipo de estímulos. El aprendizaje de escape y el de evitación pueden ser adaptativos en unas situaciones, pero no en otras.

¿Qué es el castigo y cómo difiere del reforzamiento?

- Podemos pensar en el castigo como en lo opuesto al reforzamiento. Mientras que éste fortalece la conducta, el primero implica la introducción de un estímulo doloroso o repulsivo (o el retiro de un estímulo gratificante) después de una respuesta, lo cual debilita o suprime dicha respuesta.

¿Cuáles son algunas aplicaciones del condicionamiento operante?

- Los principios del condicionamiento operante son utilizados en entrenamiento de biorretroalimentación, en modificación de la conducta y en instrucción programada.

¿Por qué les preocupa a los psicólogos el empleo del castigo?

- A los psicólogos les preocupa el empleo del castigo para disciplinar a los niños por las siguientes razones: el castigo sólo puede reprimir la conducta, no eliminarla; no enseña conductas nuevas y más apropiadas; puede tener consecuencias emocionales y conductuales indeseables; puede rebasar el límite hacia el abuso, y puede modelar maneras inapropiadas de resolver conflictos.

RECUERDE

1. En el condicionamiento operante, el aprendizaje es el resultado de la asociación entre una conducta y
   a. sus consecuencias
   c. cogniciones
   b. estímulos condicionados
   d. estímulos no condicionados

2. La idea de B. F. Skinner de que toda conducta está determinada por influencias ambientales y genéticas y que el libre albedrío es una ilusión o un mito se llama _____ _____.

3. Skinner demostró que la conducta supersticiosa puede ser adquirida mediante de la asociación coincidente entre un _____ y un _____.

4. En el reforzamiento negativo, una conducta es fortalecida por
   a. la introducción de un reforzador negativo
   b. la extinción de un estímulo positivo
   c. la introducción de un reforzador positivo
   d. el retiro de un estímulo repulsivo

5. Las respuestas operantes se aprenden más rápido según programa de reforzamiento _____; las respuestas son más resistentes a la extinción de acuerdo con programa de reforzamiento _____.
   a. continuo; continuo
   c. continuo; parcial
   b. parcial; parcial
   d. parcial; continuo

REFLEXIONE

- B. F. Skinner creía que el libre albedrío no es sino una ilusión. ¿Está usted de acuerdo? Explique su respuesta.

- A los padres de un chico de 13 años les gustaría que él cooperara más con las tareas de la casa, incluso lavar los trastes cuando sea su turno. Después de una comida, cuando llega su turno de lavar los platos, él se niega al principio y afirma que tiene otras cosas más importantes que hacer. Frustrados por su negativa, sus progenitores comienzan a gritarle y así continúan hasta que obedece sus órdenes. Sin embargo, mientras el chico friega los platos, su madre nota que su trabajo es deficiente, de manera que lo libera de la tarea y la termina ella misma. ¿Qué tipo de reforzamiento utilizaron los padres para lograr que el chico accediera a obedecer? ¿Qué conductas de los padres refuerza el chico al obedecer sus órdenes? ¿Cuál conducta reforzó la madre, sin saberlo, al liberar al chico de sus deberes? Con base en la lectura del texto, ¿cómo sugeriría usted que esta familia cambiara estos patrones de reforzamiento?

MÓDULO 5.3

Aprendizaje cognitivo

- ¿Qué es el aprendizaje cognitivo?
- ¿Qué es el aprendizaje por razonamiento?
- ¿Qué es el aprendizaje latente?
- ¿Qué es el aprendizaje por observación?

Digamos que desea aprender el camino para llegar a la nueva casa de un amigo suyo. Usted podría dar vueltas y vueltas, como los animales de laboratorio de Thorndike, hasta dar, por casualidad, con la ruta correcta. También podría pedir instrucciones y formarse una imagen mental de la ruta ("Veamos, dé vuelta a la izquierda en la casa azul, hasta la esquina, después dé vuelta a la derecha en el semáforo y luego...") La formación de un mapa mental le permite realizar nuevas conductas (en este caso, llegar a la casa nueva de su amigo), incluso desde antes de tener la oportunidad de recibir un reforzamiento por ello. Muchos psicólogos piensan que necesitamos ir más allá del condicionamiento clásico y operante para explicar este tipo de aprendizaje, denominado **aprendizaje cognitivo**, que conlleva procesos mentales que no podemos observar de manera directa: pensar, procesar información, resolver problemas y crear imágenes mentales. Los psicólogos que estudian el aprendizaje cognitivo sostienen que los seres humanos y otros animales son, al menos hasta cierto punto, capaces de realizar nuevas conductas sin haber tenido la oportunidad de recibir un reforzamiento por ello.

En el capítulo 7 abundaremos sobre los procesos cognitivos implicados en el procesamiento de información, la solución de problemas y la creatividad. Aquí nos enfocamos en tres tipos de aprendizaje cognitivo: aprendizaje por razonamiento, aprendizaje latente y aprendizaje por observación.

aprendizaje cognitivo Proceso que ocurre sin la oportunidad de mostrar primero la respuesta aprendida o ser reforzado por ésta.

Aprendizaje por razonamiento

En un lejano experimento con un chimpancé llamado *Sultán*, el psicólogo alemán Wolfgang Köhler (1927) colocó un montón de plátanos fuera de la jaula del animal, lejos de su alcance. *Sultán*, evidentemente hambriento, necesitó utilizar un objeto cercano, una vara, como herramienta para obtener la fruta. Muy pronto, el chimpancé logró utilizarla para jalar los plátanos. Después, Köhler alejó más los plátanos de *Sultán*, más allá del alcance de la vara, pero le acercó otra más larga. *Sultán* miró las dos varas y las sostuvo entre sus manos. A continuación intentó alcanzar los plátanos con una de ellas y luego con la otra, pero no tuvo éxito. Los plátanos estaban demasiado lejos. Una vez más sujetó las dos varas, las manipuló con cierta torpeza y luego unió una a la otra para formar una pértiga más larga (las varas podían ensamblarse) y *voilà*: se resolvió el problema. *Sultán* utilizó la vara, que ahora era más larga, para jalar los plátanos hasta su jaula. A diferencia de los animales de los estudios sobre condicionamiento operante de Thorndike y Skinner, *Sultán* no llegó de manera gradual a la respuesta correcta mediante un largo proceso de ensayo y error. Köhler creía que *Sultán* había resuelto el problema con base en el razonamiento, con el repentino rayo de inspiración que revela la solución de un problema.

CONCEPTO 5.26
Al trabajar en su mente para resolver un problema, usted puede llegar a ver cómo se unen sus diferentes partes para dar dilucidar una solución.

El **aprendizaje por razonamiento** es el proceso de intentar resolver un problema en la mente hasta que ocurre la súbita revelación de una solución (el fenómeno "Eureka") (Jones, 2003; Luwel, Siegler y Verschaffel, 2007). Sin embargo, el aprendizaje por razonamiento no depende de esperar a que surja un rayo de inspiración "de la nada". Al intentar resolver un problema en su mente, usted lo reestructura o reorganiza en su mente hasta que puede ver —¡Eureka!— cómo sus diferentes partes se unen para dilucidar una solución.

Algunos críticos, en especial los conductistas, no han quedado convencidos con las demostraciones del aprendizaje por razonamiento. Afirman que el "razonamiento" no es repentino ni está libre de reforzamiento previo (p. e., Windholz y Lamal, 1985). Sugieren que lo que no vemos es la historia de la conducta reforzada que conduce al surgimiento, en apariencia repentino, de un rayo de "razonamiento". Para los ojos conductistas, el aprendizaje por razonamiento no es otra cosa que la sucesión de respuestas previamente reforzadas. Tal vez exista una zona de duda entre estas dos posturas. Dicho proceso cognitivo puede surgir de un procedimiento *mental* de ensayo y error, es decir, la búsqueda en la mente de posibles soluciones para un problema con base en respuestas que fueron reforzadas en el pasado.

Aprendizaje latente

En un viejo estudio sobre la función de los procesos cognitivos en el aprendizaje, Edward Tolman y C. H. Honzik (1930) entrenaron ratas para que recorrieran un laberinto. Algunas ratas recibían recompensas de comida colocadas en cajas al final del laberinto; otras no fueron recompensadas por sus esfuerzos. Diariamente, durante 10 días, las ratas eran colocadas en el laberinto y los experimentadores contaban el número de giros erróneos que éstas daban. Los roedores recompensados aprendieron pronto el camino, no así los demás. Éstos parecían vagar sin sentido por el laberinto y daban muchos giros erróneos.

CONCEPTO 5.27
El aprendizaje latente ocurre sin reforzamiento aparente y no se muestra hasta que éste se presenta.

En el undécimo día, los experimentadores colocaron comida en las cajas de algunas de las ratas que antes no habían sido recompensadas. Al día siguiente, esas ratas recorrieron el laberinto con menos errores que las que habían sido recompensadas a lo largo de los 10 días previos (consulte la figura 5.12). Los investigadores afirmaron que una sola prueba recompensada no era explicación suficiente para esta impresionante mejora de desempeño. Estas ratas debían haberse aprendido el camino antes, sin reforzamiento, pero sólo demostraron lo que habían aprendido cuando fueron reforzadas por hacerlo. Este tipo de aprendizaje se llama **aprendizaje latente**: una especie de aprendizaje "oculto" que ocurre sin reforzamiento aparente y que no se revela en el desempeño en el momento en que ocurre. La conducta aprendida se muestra sólo cuando es reforzada. Pero, ¿qué habían aprendido las ratas? El investigador principal el psicólogo Edward Tolman (1886-1959) creía tener una respuesta. Declaró que las ratas habían desarrollado un **mapa cognitivo**, una representación mental del laberinto que les permitió encontrar su camino hasta la caja con comida. La investigación de Tolman estableció los cimientos para la perspectiva de que los humanos y otros animales crean representaciones mentales del mundo que los rodea. En el capítulo 7 exploramos las representaciones mentales que la gente utiliza para adquirir conocimientos sobre el mundo.

aprendizaje por razonamiento Proceso de búsqueda mental de soluciones para un problema hasta que ocurre el surgimiento repentino de una solución.

aprendizaje latente El que ocurre sin reforzamiento aparente y que no se muestra hasta que se brinda el reforzamiento.

mapa cognitivo Representación mental de un área que ayuda a un organismo a trasladarse de un punto a otro.

aprendizaje por observación Proceso por observación e imitación de la conducta de otros (también llamado aprendizaje vicario o modelado).

FIGURA 5.12   Estudio de Tolman y Honzik sobre el aprendizaje latente

Note la marcada reducción en errores que ocurrió entre las ratas que no habían recibido reforzamiento previo cuando, en el undécimo día, fueron reforzadas por llegar a la meta. Tolman declaró que había ocurrido un aprendizaje en estas ratas durante las pruebas previas, pero que éste había permanecido oculto hasta ser recompensado.

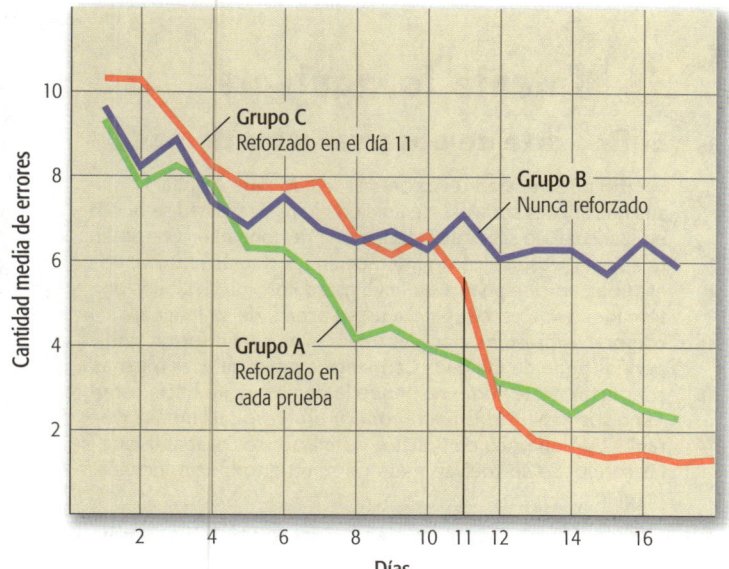

Aprendizaje por observación

En preescolar, Isabel ve que su profesora elogia a Mariana por recoger los bloques después de jugar con ellos. La conducta de Mariana brinda a Isabel una clave que ella puede aprovechar para guiar su propia conducta. En el **aprendizaje por observación** (también llamado *aprendizaje vicario* o *modelado*), nosotros adquirimos nuevas conductas al imitar las que observamos en otras personas. El individuo cuya conducta es observada se llama *modelo*.

Por medio del aprendizaje por observación, nosotros aprendemos conductas aun antes de tener la oportunidad de realizarlas. El modelado influye en un amplio rango de conductas, desde aprender qué tipo de ropa usar en un evento social hasta cómo cambiar una llanta o cómo preparar un suflé (consulte el próximo "Intente lo siguiente"). La gente expresa opiniones más positivas sobre la música después de observar que otra persona, con quien comparte diversas opiniones, expresa opiniones favorables al respecto (Hilmert, Kulik y Christenfeld, 2006).

¿La idea de sujetar una rata lo hace estremecer? ¿La vista de un cangrejo en la playa lo hace desear correr en dirección opuesta? Podemos aprender a temer a diferentes tipos de criaturas, a pesar de que nunca hemos vivido una experiencia negativa con éstas. Podemos haber adquirido dichos temores mediante el modelado, tras observar que otras personas se estremecen o muestran temor al confrontarse con dichas criaturas (Merckelbach *et al.*, 1996).

El modelado también entra en juego cuando aprendemos cómo responder ante conflictos interpersonales en las relaciones íntimas. Los niños observan cómo manejan sus padres las disputas maritales y pueden aprender a imitar los estilos de conflicto de ellos cuando se convierten en adultos. Por ejemplo, los niños pueden aprender a adoptar el estilo de ataque que observaron para manejar las disputas (Reese-Weber, 2000; Reese-Weber y Marchand, 2002).

El psicólogo Albert Bandura (1973, 1986), un prominente teórico social-cognitivo del cual usted sabrá más en el capítulo 13, cree que los niños aprenden a imitar la conducta agresiva al observar las interacciones sociales en el hogar, en el patio escolar y en la televisión. En un famoso estudio, Bandura y sus colegas demostraron que los niños imitan la conducta agresiva de los personajes que observaban en la televisión, incluso en las caricaturas (Bandura, Ross y Ross, 1963).

La figura 5.13 ilustra a unos niños que imitan a un modelo adulto, quien les fue mostrado en el acto de golpear un juguete (el "muñeco

CONCEPTO 5.28
En el aprendizaje por observación, las conductas se adquieren al observar e imitar las conductas de otros.

La próxima vez prepararemos un suflé   Podemos aprender un rango amplio de habilidades al observar con atención e imitar la conducta de otras personas. Sin embargo, la práctica y la aptitud también cuentan en el desarrollo de conductas hábiles.

Intente lo siguiente

El fino arte de observar a los demás

¿Cómo podría usted utilizar el modelado para ampliar sus habilidades sociales? He aquí un ejemplo: si usted se queda en blanco al no saber qué decir a una persona que conoció en una fiesta, observe cómo interactúan los demás entre sí; en especial, las personas a quienes usted considera hábiles en términos sociales. ¿Qué nota usted acerca de su lenguaje corporal, expresiones faciales y temas de conversación que podrían serle de utilidad? Comience a practicar esas mismas conductas. Note cómo responde la demás gente hacia usted. Afine sus habilidades para producir una respuesta más favorable. Con un poco de práctica y afinación, es probable que las conductas se vuelvan parte de su repertorio conductual regular.

Bobo"). El trabajo inicial de Bandura sobre el modelado condujo a investigaciones posteriores sobre los efectos de observar contenido agresivo por televisión y en otros medios de comunicación masiva. Como ya exploraremos con mayor detalle en el capítulo 9, ahora contamos con evidencias fehacientes de que la exposición a la violencia por televisión y en otros medios de comunicación masiva contribuye a generar conductas agresivas y violentas en los niños y adolescentes (Carnagey, Anderson y Bartholow, 2007; Huesmann, 2007).

Bandura (1986) subraya cuatro procesos clave en el aprendizaje por observación:

1. *Gran atención.* El observador debe prestar gran atención a cómo el modelo realiza la conducta. Un entrenador de tenis puede indicar a un novato: "Ahora, mira con atención cómo lanzo la pelota en el servicio".

2. *Retención en la memoria.* La conducta observada debe ser llevada a la memoria y retenida. Al ver que un entrenador de tenis realiza un servicio, debemos formar una representación mental de la conducta y retener esa información en la memoria.

3. *Reproducción de la conducta observada.* El aprendizaje nuevo es una frágil materia prima; debemos acceder a éste en la memoria y reproducirlo o practicarlo para que se convierta en parte del repertorio de la persona. Las habilidades también entran a escena. Espero que su autor pueda aprender los pasos básicos para preparar un suflé al observar a un *chef* de televisión, quien muestra cada paso del proceso, y después lo practique en casa. El hecho

FIGURA 5.13   Imitación de modelos agresivos
El psicólogo Albert Bandura y sus colegas demostraron que los niños muestran conductas más agresivas después de verse expuestos a modelos violentos. Primero, un modelo adulto (izquierda) muestra una respuesta agresiva al golpear al muñeco. Después vemos a un niño y a una niña que golpean un "muñeco Bobo" después de haber observado que el modelo adulto lo había hecho con el muñeco.

TABLA DE CONCEPTOS 5.3
Tipos de aprendizaje cognitivo

Tipo de aprendizaje	Enfoque principal	Pregunta típica estudiada
Aprendizaje por razonamiento	Proceso de disección mental de un problema hasta que las piezas se unen de pronto para formar una solución viable	Una persona llega a la solución de un problema después de pensar al respecto desde un ángulo distinto
Aprendizaje latente	Aprendizaje que ocurre pero que permanece "oculto" hasta que existe una recompensa por realizar la conducta aprendida	Un individuo se aprende la letra de una canción que tocan en la radio, pero no la interpreta hasta que sus amigos comienzan a cantar en una fiesta
Aprendizaje por observación	Aprender por medio de observar e imitar la conducta de otros	Por medio de la observación, un niño aprende a imitar los gestos y hábitos de sus hermanos mayores

de que usted desee comerlo es otro asunto, lo cual sólo nos lleva a subrayar que las habilidades y la aptitud también cuentan en el desarrollo y realización de nuevas conductas (consulte "Intente lo siguiente").

4. *Reforzamiento.* Por lo general, los efectos del modelado son más poderosos cuando el modelo es similar al aprendiz, y cuando el modelo es reforzado en sentido positivo por realizar la conducta. En otras palabras, tenemos más probabilidades de imitar modelos con quienes nos identificamos y quienes son recompensados por realizar la conducta observada.

La tabla de conceptos 5.3 brinda un panorama de los tres tipos de aprendizaje cognitivo.

REVISIÓN DE MÓDULO 5.3   Aprendizaje cognitivo

REPASE

¿Qué es el aprendizaje cognitivo?

- En el aprendizaje cognitivo, un organismo aprende una conducta antes de poder realizarla o ser reforzado por ésta. El aprendizaje cognitivo depende de procesos mentales como pensar, resolver problemas y crear imágenes mentales.

¿Qué es el aprendizaje por razonamiento?

- Es un proceso mental en el cual la fragmentación de un problema en las partes que lo componen conduce al hallazgo repentino de una solución.

¿Qué es el aprendizaje latente?

- Es una especie de aprendizaje "oculto" que ocurre sin reforzamiento aparente, y no se muestra hasta que se brinda dicho reforzamiento.

¿Qué es el aprendizaje por observación?

- En el aprendizaje por observación se adquieren nuevas conductas al observar e imitar las conductas de otros individuos.

RECUERDE

1. El tipo de aprendizaje que implica pensar, procesar información, crear imágenes mentales y resolver problemas se llama _____ _____.

2. El chimpancé llamado *Sultán* aprendió a alcanzar los plátanos después de unir dos varas. Este tipo de aprendizaje se llama
   a. aprendizaje por razonamiento
   b. aprendizaje latente
   c. aprendizaje por observación
   d. condicionamiento clásico

3. El tipo de aprendizaje que ocurre sin reforzamiento aparente y que no se muestra en el momento en el cual se adquiere se llama _____ _____.

4. El aprendizaje por observación
   a. también se conoce como aprendizaje latente
   b. implica imitar la conducta de otros
   c. puede conducir a la adquisición de habilidades nuevas y útiles, pero no de respuestas de temor
   d. se basa en los principios del condicionamiento operante

REFLEXIONE

- ¿Cree usted que el aprendizaje sólo puede ocurrir por razonamiento?

- ¿Quiénes fueron las principales influencias modeladoras de su vida? ¿Qué conductas, positivas o negativas, adquirió usted al observar a dichos modelos?

Ponga el reforzamiento en práctica

Cuando sonríe a una persona que le dirige un cumplido o cuando agradece a alguien por hacerle un favor, aplica un reforzamiento positivo, uno de los principios del condicionamiento operante. Mostrar aprecio por una conducta deseada incrementa las probabilidades de que dicha conducta se repita.

Para modificar la conducta mediante el reforzamiento, es importante establecer una clara *contingencia*, o conexión, entre el comportamiento deseado y el reforzamiento. Por ejemplo, hacer que la entrega de dinero semanal para gastos personales de un niño sea contingente con ciertas conductas (p. e., limpiar después de las comidas) será mucho más eficaz que garantizar la entrega de ese dinero sin importar la conducta. El *contrato de contingencia*, mismo que implica un intercambio de reforzadores deseables, es una manera más formal de establecer una contingencia. En dicho contrato, dos personas en una relación enlistan las conductas del otro que desearían que cambiaran. Después, ambas personas acuerdan reforzarse entre sí por realizar los cambios conductuales deseados al hacer un contrato *quid pro quo*, como en el ejemplo de dos compañeras de apartamento en la universidad:

> Estoy de acuerdo en apagar el estéreo después de las ocho de la noche, todos los días entre semana, si tú estás de acuerdo en prohibir a tus amigos que fumen en el apartamento —dice Carmen.

> Estoy de acuerdo en reemplazar el papel de baño cuando se nos termine —replica Sandra— si tú, a cambio, limpias tus cabellos de la coladera de la tina de baño.

Aplicación del reforzamiento

Como habrá notado en nuestras discusiones previas sobre los programas de modificación de conducta, los profesores y los padres aplican reforzamientos para ayudar a los chicos a desarrollar conductas más apropiadas. He aquí algunas guías para mejorar la eficacia del reforzamiento (adaptado de Eberlein, 1997; Samalin y Whitney, 1997):

1. *Sea específico.* Identifique las conductas específicas cuya frecuencia de repetición usted desea incrementar, como lograr que Javier, de cinco años, devuelva los bloques al estante después de jugar con estos.

2. *Utilice un lenguaje específico.* En vez de decir: "Javier, me gustaría que limpiaras tu habitación después de jugar", diga: "Javier, cuando termines de jugar con los bloques, necesitas devolverlos al estante".

3. *Seleccione un reforzador.* Identifique un reforzador que el niño valore, como acceso al televisor o estrellas doradas que el niño pueda acumular y después intercambiar por pequeños obsequios. El reforzador debe estar disponible de inmediato y debe ser utilizado una y otra vez.

4. *Explique la contingencia.* "Javier, cuando devuelvas todos esos bloques al estante, obtendrás una estrella dorada."

5. *Aplique el reforzador.* Refuerce al niño de inmediato después de cada ocurrencia de la conducta deseada. Si el pequeño no puede lograr el nivel deseado de conducta (p. e., quedan algunos bloques en el suelo), muéstrele cómo hacerlo y dé al niño la oportunidad de realizar la conducta de manera satisfactoria. Asocie el reforzador con el elogio: "Javier, hiciste un gran trabajo al recoger esos bloques".

6. *Registre la frecuencia de la conducta deseada.* Mantenga un registro constante de la conducta en términos de la frecuencia con la cual ocurre cada día.

7. *Desacostumbre al niño al reforzador.* Después de que la conducta deseada está bien establecida, elimine el reforzador de manera gradual, pero continúe con el empleo del reforzador

---

💡 **CONCEPTO 5.29**
Para modificar la conducta mediante el reforzamiento, es importante establecer una conexión clara, o contingencia, entre la conducta deseada y el reforzamiento.

social (elogio) para mantener la conducta: "Javier, creo que hiciste un buen trabajo al guardar esos bloques en su lugar".

Prodigar elogios

El elogio puede ser un reforzador muy eficaz por derecho propio. He aquí algunas guías para fortalecer la conducta deseada en los niños:

- *Conéctese.* Establezca contacto visual con el niño y sonría mientras lo elogia.

- *Utilice abrazos.* Combine el contacto físico con el elogio verbal.

- *Sea específico.* Vincule el elogio con la conducta deseada (Belluck, 2000). En vez de ofrecer elogios vagos ("Eres un grandioso hermano mayor"), relaciónelos con el esfuerzo o logro notable. Diga, por ejemplo: "Gracias por cuidar a tu hermanito mientras yo hablaba por teléfono. Fue de gran ayuda para mí".

- *Evite las adulaciones vacías.* Los niños pueden identificar las adulaciones vanas. Este tipo de adulaciones pueden provocar que los niños piensen: "¿Por qué la gente necesita inventar cosas sobre mí? ¿Qué es lo que está tan mal en mí que la gente siente que necesita encubrirlo?" (Henderlong y Lepper, 2002). Los elogios indiscriminados pueden tener también el desafortunado efecto de provocar un sentido inflado de autoimportancia (Baumeister *et al.*, 2003).

- *Recompense el esfuerzo, no el resultado.* En lugar de decir: "Estoy muy orgulloso de ti por obtener una excelente calificación en clase", diga: "Estoy muy orgulloso de ti por lo bien que te preparaste para el examen". Al elogiar el logro y no el esfuerzo, usted puede enviar el mensaje de que el niño sólo será premiado si sigue obteniendo excelentes calificaciones.

- *Evite las repeticiones.* Evite emplear las mismas palabras cada vez que elogie al niño. Si usted le dice a Fernanda que es "asombrosa" cada vez que la elogia, el encomio pronto perderá su encanto.

- *No finalice con una nota amarga.* No diga: "Estoy orgulloso de cómo limpiaste tú solo tu habitación, pero la próxima vez puedes hacerlo más rápido".

Los abrazos como reforzadores
Los abrazos son una forma de reforzamiento positivo cuando siguen a una conducta deseable.

■ Pensamiento crítico sobre la psicología ■

Con base en la lectura del capítulo, responda las siguientes preguntas. Después, para evaluar su progreso en el desarrollo de capacidades de pensamiento crítico, compare sus respuestas con las del ejemplo en el apéndice A.

Recuerde el experimento descrito en la página 184, en el cual John Garcia y sus colegas dejaron cadáveres de ovejas en el campo que habían sido inyectados con un veneno, mismo que enfermaba a los coyotes que la comían. Aplique sus capacidades de pensamiento crítico para analizar este estudio en términos del condicionamiento clásico.

1. ¿Cuál fue el estímulo no condicionado de este ejemplo?

2. ¿Cuál fue el estímulo condicionado?

3. ¿Cuál fue la respuesta no condicionada?

4. ¿Cuál fue la respuesta condicionada?

Módulo 5.1 Condicionamiento clásico

CONCEPTOS CLAVE

- **Cómo funciona:** la asociación entre un estímulo no condicionado (ENC) y un estímulo neutral (EN) da como resultado la adquisición de una respuesta condicionada (RC) al estímulo neutral, el cual entonces recibe el nombre de estímulo condicionado (EC)

- **Extinción:** debilitamiento de la respuesta después de la exposición exclusiva al estímulo condicionado (EC)

- **Recuperación espontánea:** regreso de la respuesta condicionada (RC) después de la extinción tras cierto tiempo

- **Generalización de estímulos:** la respuesta condicionada (RC) ocurre como respuesta a estímulos similares al estímulo condicionado (EC) original

- **Discriminación de estímulos:** la respuesta condicionada (RC) no ocurre ante estímulos distintos al estímulo condicionado (EC) original

- **Condicionamiento de orden superior:** un estímulo neutral se convierte en condicionado (EC) después de su asociación con un estímulo condicionado (EC) ya establecido

EJEMPLOS DE CONDICIONAMIENTO CLÁSICO

- **Reacciones emocionales condicionadas:** adquisición de respuestas de temor y otras respuestas emocionales

- **Deseos intensos por consumir drogas:** ansiedad provocada por claves ambientales que actúan como estímulos condicionados

- **Aversiones de sabor:** repulsiones condicionadas a determinados alimentos y bebidas

- **Respuestas del sistema inmune:** las que pueden ser influidas por el condicionamiento

Fase 1: Antes del condicionamiento

a) ENC (comida en la boca) → UR (salivación)

b) EN (timbre) → (no salivación)

Fase 2: Durante el condicionamiento

c) EN (timbre) + ENC (comida en la boca) → RNC (salivación)

Fase 3: Después del condicionamiento

d) EC (timbre) → RC (salivación)

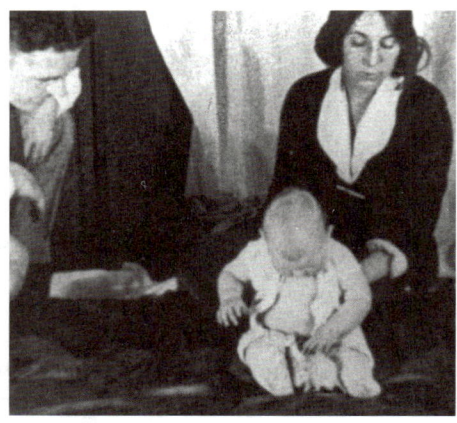

John Watson y Rosalie Rayner con el Pequeño Albert

Módulo 5.2 Condicionamiento operante

CONCEPTOS CLAVE

■ **Reforzamiento positivo:** fortalecimiento de una respuesta mediante la introducción de un estímulo gratificante después de que ocurre dicha respuesta

■ **Reforzamiento negativo:** consolidación de una respuesta por medio de la eliminación de un estímulo desagradable después de que ocurre dicha respuesta

■ **Reforzadores primarios:** estímulos que son reforzadores por naturaleza

■ **Reforzadores secundarios:** estímulos que adquieren valor de reforzamiento a través de la experiencia

■ **Estímulos discriminativos:** aquellos que señalan la ocasión para el reforzamiento

■ **Formación:** recompensar las aproximaciones graduales a la conducta deseada

■ **Extinción:** debilitamiento de una respuesta mediante el retiro del reforzamiento

■ **Programas de reforzamiento:** sistemas para dispensar los reforzamientos, entre los cuales se incluyen los programas de proporción fija, proporción variable, intervalo fijo e intervalo variable

■ **Castigo:** introducción de un estímulo desagradable o retiro de un estímulo reforzador después de ocurrir la respuesta, lo cual debilita o suprime dicha respuesta

APLICACIONES DEL CONDICIONAMIENTO OPERANTE

■ Entrenamiento de biorretroalimentación

■ Modificación de conducta

■ Instrucción programada

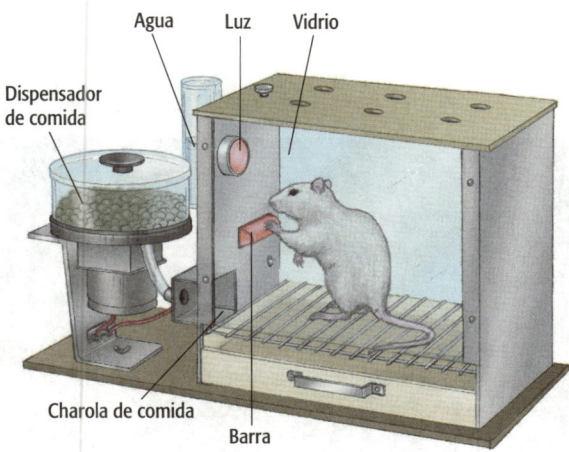

Agua   Luz   Vidrio

Dispensador de comida

Charola de comida

Barra

La caja de Skinner

Módulo 5.3 Aprendizaje cognitivo

TIPOS DE APRENDIZAJE COGNITIVO

■ **Aprendizaje por razonamiento:** como en el clásico estudio de Köhler, el fenómeno "Eureka" o aparente hallazgo repentino de una solución para un problema

■ **Aprendizaje latente:** como en el clásico estudio de Tolman, conocimiento que no se expresa en la conducta hasta que ésta es reforzada

■ **Aprendizaje por observación:** proceso cognitivo mediante la observación de la conducta de otras personas; también llamado aprendizaje vicario o modelado

Efectos del modelado

6

Memoria

¿Sabía usted que . . .

- un hombre fue capaz de memorizar listas de cientos de sílabas sin sentido y recitarlas de nuevo 15 años después? (p. 209)

- a pesar de que la mayoría de la gente puede recordar sólo alrededor de siete objetos en un momento dado, usted puede recordar 16, 20 o más con sólo emplear un sencillo artilugio de la memoria? (p. 213)

- una buena manera de retener información que recién ha aprendido es dormir? (p. 228)

- menos de la mitad de las personas que participaron en una prueba de investigación pudieron seleccionar el grabado correcto de una moneda de un centavo de dólar? (p. 229)

- si su hipocampo fuera extirpado, cada nueva experiencia podría llegar y marcharse sin dejar ningún rastro permanente en su cerebro de que el suceso ocurrió? (p. 235)

- los científicos creen que, en lo que a la memoria se refiere, las células que se disparan juntas, se cablean juntas? (p. 235)

- usted tiene más probabilidades de obtener buenas calificaciones si separa sus sesiones de estudio, que si se satura estudiando con poco tiempo para un examen? (p. 239)

El cerebro adora los acertijos

- Un joven físico trabajaba en el problema de cómo conectar las computadoras del mundo en una red compartida. Él deseaba acceder a la información almacenada en computadoras en cualquier parte del orbe. Tanta información y tantas computadoras por separado..., ¿cómo podría conectarlo todo? Después de varios inicios en falso, este joven inventó una red computarizada basada en un modelo de cómo el cerebro desarrolla la memoria. Su invento transformó al mundo. ¿Cuál fue su invento y cómo fue que el funcionamiento del cerebro humano le sirvió de modelo? (p. 216)

UNA MENTE MAESTRA DE LA MEMORIA

Concédase unos cuantos minutos para averiguar cuántos dígitos de *pi* puede recitar de memoria:

3.14159265358979323846264338327950 2...

¿Cuál fue su límite?, ¿seis dígitos?, ¿10?, ¿20?, ¿30? Es muy probable que haya recordado muchos menos que el récord mundial establecido por un hombre japonés, quien fue capaz de recitar 40 000 dígitos de *pi* de memoria (Takahashi *et al.*, 2006). Existen otros casos de personas que pudieron realizar notables hazañas de memoria. Por ejemplo, un estadounidense era capaz de recitar cada carta (figura y número) en el orden en el cual aparecían en un mazo barajado de 52 cartas (*Instant Recall*, 2000).

Quizá la más prodigiosa memoria jamás estudiada fue la de un ruso conocido sólo por su primera inicial: S. Él podía repetir 70 números seleccionados al azar en el orden preciso en el cual los había escuchado (Luria, 1968). Podía memorizar listas de cientos de sílabas sin sentido y recitarlas no sólo justo después de haberlas estudiado, sino también cuando fue sometido a prueba, cerca de 15 años después. S. memorizaba largas fórmulas matemáticas que en realidad carecían de sentido para él, excepto como una extensa sucesión de números y símbolos. Después de leerlas sólo una vez, S. podía recitar *estrofa* tras *estrofa* de la *Divina Comedia* de Dante en italiano, a pesar de no saber hablar el idioma (Rupp, 1998).

Imagine lo que sería tener una memoria tan extraordinaria…; ser capaz de recordar todo lo que usted leyera, una palabra tras otra, o recordar listas de hechos que aprendió varios años atrás. Sin embargo, si la historia de S. es una referencia, sólo puede serlo en términos de que usted no posee una memoria tan prodigiosa.

La mente de S. estaba tan saturada de detalles sin significado que el hombre tenía dificultades para distinguir entre lo trivial y lo trascendente (Turkington, 1996). Tenía problemas para sostener conversaciones porque cada palabra individual abría un flujo de asociaciones que lo distraían de lo que la otra persona le decía. No podía hacer cambios cuando la información reciente entraba en conflicto con las imágenes fijas que él mantenía en su memoria. Por ejemplo, a S. se le complicaba reconocer a las personas que habían cambiado pequeños detalles de su apariencia, como cortarse el cabello o vestir un traje nuevo. Por desgracia, la vida de S. no terminó bien: pasó los últimos años de su vida confinado en un hospital psiquiátrico. Es probable que la mayoría de nosotros nunca posea la memoria de un individuo como S. y tampoco lo desearía. Sin embargo, aprender cómo funciona nuestra memoria y lo que podemos hacer para mejorarla puede ayudarnos a superar muchos de los desafíos de la vida, desde obtener mejores resultados en la escuela o en el trabajo hasta recordar regar las plantas antes de salir de casa.

Nuestro estudio de la memoria comienza con una discusión sobre los procesos subyacentes que la hacen posible. Después, consideraremos la pérdida de información que resulta del olvido y discutiremos cómo el cerebro crea y almacena los recuerdos. Finalizaremos con algunas sugerencias prácticas para mejorar su memoria. ■

MÓDULO 6.1

Recordar

- ¿Cuáles son los procesos básicos y los niveles de la memoria?
- ¿Cuáles son los tipos principales de la memoria de largo plazo?
- ¿Qué es la teoría construccionista de la memoria?
- ¿Qué son los recuerdos de flash?
- ¿Cuáles son los factores que influyen en la precisión del testimonio presencial?

CONCEPTO 6.1
Los tres procesos básicos que hacen posible la memoria son la codificación, el almacenamiento y la recuperación.

En el capítulo 5 definimos el aprendizaje como un cambio relativamente permanente en la conducta que ocurre como resultado de la experiencia. Sin embargo, tal proceso no podría ocurrir sin la memoria. La **memoria** es el sistema que utilizamos para retener información y traerla a la mente. Sin ella, la experiencia no dejaría marca alguna en nuestra conducta; seríamos incapaces de retener la información y las habilidades que adquirimos mediante la práctica.

La memoria humana como un sistema de procesamiento de información

Muchos psicólogos conceptualizan a la memoria humana como una especie de sistema de procesamiento de información que incluye tres procesos básicos: *codificación, almacenamiento* y *recuperación*. Éstos nos permiten tomar información del mundo, codificarla en una forma que pueda ser almacenada en la memoria y, después, recuperarla cuando sea necesaria (consulte la figura 6.1). Como veremos, estos procesos subyacentes trabajan mediante una secuencia de niveles que conducen a la formación de recuerdos perdurables.

memoria   Sistema que nos permite retener información y traerla a la mente.

codificación de la memoria   Proceso de convertir información en una forma que pueda ser almacenada en la memoria.

almacenamiento en la memoria   Método de retención de información en la memoria.

recuperación de la memoria   Proceso de acceder y traer a la conciencia la información almacenada en la memoria.

claves de recuperación   Claves asociadas con el aprendizaje original que facilitan la recuperación de recuerdos.

principio de especificidad codificada   Creencia de que la recuperación de información es más exitosa cuando las claves disponibles, durante la evocación, son similares a las que estaban presentes cuando el material fue almacenado por primera vez en la memoria.

efecto de la memoria dependiente del contexto   Tendencia de la información a ser mejor recordada en el mismo contexto en el cual fue aprendida originalmente.

efecto de la memoria dependiente del estado   Tendencia a recordar mejor la información cuando la persona se encuentra en el mismo estado psicológico o fisiológico que cuando aprendió la información por primera vez.

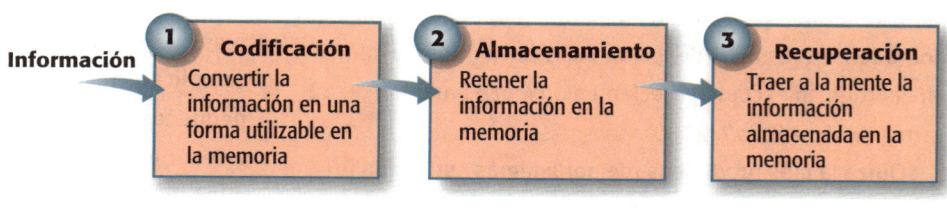

Información

1 **Codificación**
Convertir la información en una forma utilizable en la memoria

2 **Almacenamiento**
Retener la información en la memoria

3 **Recuperación**
Traer a la mente la información almacenada en la memoria

DIAGRAMA DE LA PSICOLOGÍA

FIGURA 6.1   Tres procesos básicos de la memoria
La memoria humana puede ser representada como un sistema de procesamiento de información que consiste en tres procesos básicos: **1** codificación, **2** almacenamiento, y **3** recuperación de información.

Codificación de recuerdos: la entrada de la información

La información sobre el mundo exterior penetra en nosotros por nuestros sentidos. No obstante, para que la información sea conducida hasta la memoria, primero debe someterse a la **codificación de la memoria**, el cual es un proceso de conversión de la información en una forma que podamos almacenar en esa área del cerebro. Podemos codificar información de diferentes modos: *acústico* (codificación por el sonido), *visual* (codificación por medio de la formación de imágenes mentales) y *semántico* (codificación por significado). Por ejemplo, codificamos información de modo acústico al convertir los estímulos auditivos en secuencias de sonidos reconocibles. Utilizamos el de codificación acústica cuando intentamos mantener en mente un número telefónico al repetírnoslo a nosotros mismos. Como alternativa, podemos intentar codificar esta información de modo visual al estructurar una imagen mental de los dígitos del número telefónico. Sin embargo, el código visual tiende a desaparecer más pronto que el auditivo; por lo tanto, resulta menos eficiente para recordar secuencias de números. Codificamos información de modo semántico cuando transformamos sonidos o imágenes visuales en palabras o conceptos que les otorguen significado.

Por lo regular, utilizamos codificación visual cuando formamos recuerdos de los rostros de otras personas o de la disposición de los muebles en una habitación. Acostumbramos emplear códigos acústicos para retener melodías o rimas conocidas y para aprendernos frases pegajosas, como la popular expresión utilizada por una importante empresa fabricante de sopas: "Hmmm, rica". Los publicistas utilizan este tipo de frases pegajosas porque su métrica o rima es fácil de recordar (consulte el próximo "Intente lo siguiente"). Sin embargo, la codificación semántica de la información —por significado— puede ayudar a preservar información durante más tiempo en la memoria. Como consecuencia, es probable que usted sea más capaz de recordar nuevas palabras de vocabulario cuando se enfoca en su significado al emplearlas en una frase, en lugar de depender de una simple memorización por repetición (sólo repetir las definiciones).

Almacenamiento en la memoria: retener información en la memoria

El **almacenamiento en la memoria** es el proceso de retener información en la memoria. Algunos recuerdos, como su primer beso o su boda, pueden durar toda la vida. No obstante, no toda la información se vuelve tan perdurable o se convierte en memoria de largo plazo. Como veremos cuando discutamos los niveles de la memoria, cierta información es retenida sólo durante una fracción de segundo.

Recuperación de la memoria: acceder a la información almacenada

La **recuperación de la memoria** es el proceso de acceso a la información almacenada para hacerla disponible para la conciencia. Recuperar información almacenada durante mucho tiempo es una de las maravillas del cerebro humano. En un momento, podemos traer a la mente los nombres de los tres primeros presidentes de Estados Unidos y, en el siguiente momento, recordar el cumpleaños de nuestro tío Alfonso. Sin embargo, este proceso dista mucho de la perfección ("Entonces, ¿cuándo es por fin el cumpleaños del tío Alfonso?"). Aunque tal parece que podemos recuperar algunos recuerdos sin esfuerzo alguno, otros dependen de la disponibilidad de ciertas **claves de recuperación**, las cuales están asociadas con el aprendizaje original para traerlas a la conciencia.

Con frecuencia, los detectives de la policía llevan a las víctimas a la escena del crimen para ayudarlas a refrescar sus recuerdos sobre el suceso. Usted puede obtener un mejor resultado en un examen al cual se someta en un salón de clases donde originalmente haya aprendido el material. La pregunta es, ¿por qué? La explicación más ampliamente aceptada invoca al **principio de especificidad codificada**, que sostiene que la recuperación de recuerdos específicos será más exitosa cuando las claves disponibles durante la recuperación sean similares a aquellas que estaban presentes cuando la información fue codificada originalmente.

La tendencia de la información de ser recordada de mejor manera en el contexto en el cual fue aprendida originalmente, se llama **efecto de la memoria dependiente del contexto**. Los estímulos presentes en escenarios en los cuales la información fue aprendida inicialmente pueden ser codificados junto con el material mismo. Estos estímulos pueden servir como claves de recuperación para ayudar a traer dicha información a la mente.

Considere el ejemplo de un experimento clásico que, en términos literales, se realizó debajo del agua para demostrar el efecto de la memoria dependiente del contexto. Duncan Godden y Alan Baddeley (1975) hicieron que los miembros de dos clubes de natación se aprendieran una lista de palabras. Los miembros de un club se aprendieron las palabras en la playa; los del otro club las aprendieron mientras estaban sumergidos. El "grupo de la playa" mostró una mejor recuperación de la información cuando fue sometido a prueba en la playa que cuando fue sumergido. El otro grupo también mostró un efecto dependiente del contexto: su retención fue mejor cuando se sumergió de nuevo en el agua (consulte la figura 6.2).

Los estados físicos y psicológicos pueden también servir como claves de recuperación. El **efecto de la memoria dependiente del estado** ocurre cuando la gente puede recordar mejor la información al encontrarse en el mismo estado físico o psicológico que cuando adquirió la información. En una investigación, Schramke y Bauer (1997) hicieron que los participantes descansaran o se ejercitaran justo antes de aprenderse una lista de 20 palabras. Después descubrieron que la recuperación de información fue mejor cuando los participantes eran sometidos a prueba bajo idén-

CONCEPTO 6.2
El principio de especificidad codificada explica porqué las víctimas de un crimen pueden recordar mejor los detalles del suceso cuando son llevadas a la escena del crimen.

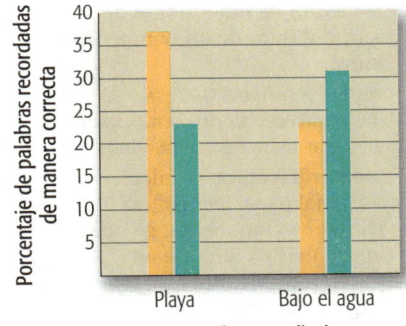

Lugar de la prueba
🟧 Playa   🟩 Bajo el agua

FIGURA 6.2   Efecto de la memoria dependiente del contexto
Los estudiantes que originalmente aprendieron material en la playa, lo recordaron mejor cuando se les aplicó el examen en el mismo lugar. De igual manera, los alumnos que originalmente aprendieron material debajo del agua, se desempeñaron mejor en pruebas de memoria cuando fueron sumergidos de nuevo.

Fuente: Adaptado de Godden y Baddeley, 1975.

ticas condiciones del aprendizaje original (descanso o ejercicio). De igual manera, la gente, por lo general, puede recordar mejor cierta información cuando se encuentra en el mismo estado de ánimo (feliz o triste) que cuando aprendió dicha información (Bower, 1992). Sin embargo, debemos tomar en cuenta la advertencia de que los efectos de la memoria dependientes del contexto y del estado, no ocurren en todas las situaciones y que a menudo son un tanto débiles cuando así es.

Niveles de la memoria

Algunos recuerdos son volátiles; otros son más duraderos. El **modelo de tres niveles** de la memoria propone igual número de gradaciones de la memoria que varían de acuerdo con la duración del almacenamiento de la información: *memoria sensorial, memoria de corto plazo* y *memoria de largo plazo* (Atkinson y Shiffrin, 1971).

Memoria sensorial: saber lo que hay allí afuera

La **memoria sensorial** es un sistema de almacenamiento que mantiene la información sensorial en la memoria durante un tiempo muy breve. Los estímulos visuales, auditivos y de otros sentidos inciden de forma constante en sus receptores sensoriales y crean impresiones que usted mantiene durante poco tiempo en dicha memoria, en una especie de mecanismo de almacenamiento temporal llamado **registro sensorial**. Esta información permanece en la memoria durante quizá una fracción de segundo y hasta tres o cuatro segundos. Después, la impresión desaparece y es reemplazada por la siguiente. Los estímulos visuales, codificados en forma de imágenes mentales que entran al registro sensorial, se llaman **memoria icónica**, que consiste en una especie de registro fotográfico que nos permite mantener la imagen de un estímulo visual en la memoria sensorial durante una fracción de segundo. Una imagen visual almacenada a nivel icónico es tan nítida y precisa que la gente puede reportar detalles exactos de ésta.

Algunas personas pueden recordar una imagen visual que vieron antes con tanta precisión como si todavía la vieran. Esta forma de recuerdo visual se llama **memoria eidética** o *memoria fotográfica*. (El término *eidética* se deriva de la palabra griega *eidos*, que significa "imagen"). A pesar de que las imágenes eidéticas pueden ser muy vívidas, no son percibidas con tanta claridad como las fotografías reales (Jahnke y Nowaczyk, 1998). Estas impresiones son raras en los adultos, pero ocurren en alrededor de uno de cada 10 niños pequeños (Haber, 1979). Por lo regular, la memoria eidética desaparece antes de los 10 años de edad.

Los estímulos auditivos, codificados como representaciones mentales de sonidos, son almacenados en un registro sensorial llamado **memoria ecoica**. Los rastros de los recuerdos de estímulos auditivos crean la impresión de escuchar el sonido de un "eco" en su mente durante unos cuantos segundos después de escuchar el sonido real. A pesar de que este tipo de estímulos almacenados en la memoria ecoica desaparecen muy pronto, duran alrededor de dos o tres segundos más que las imágenes visuales.

Memoria de corto plazo o funcional: la pizarra de la memoria

Muchas impresiones sensoriales no sólo desaparecen en el olvido, sino que son transferidas a la **memoria de corto plazo (MCP)** para su procesamiento posterior. Esta clase de registro sensorial es un sistema de almacenamiento que le permite retener y procesar información durante un lapso máximo de alrededor de 30 segundos. Depende de la codificación tanto visual como acústica, pero principalmente de esta última. Por ejemplo, usted intenta mantener en mente un número telefónico el tiempo suficiente para marcarlo repitiéndoselo a sí mismo.

Los psicólogos se refieren a la memoria de corto plazo como *memoria funcional* porque es el sistema que utilizamos para almacenar y manipular información durante un breve periodo (Aw, Barton y Vogel, 2007; Reichenberg y Harvey, 2007; Unsworth y Engle, 2007). Este nivel es una especie de espacio mental "en línea" o pizarra para manipular información en nuestra cabeza.

Utilizamos la memoria funcional cada vez que formamos la imagen del rostro de una persona y lo mantenemos en la memoria durante el segundo o dos que le toma al cerebro determinar si se trata del rostro de una persona a quien conocemos. También la empleamos cada vez que realizamos operaciones aritméticas en nuestra cabeza o sostenemos una conversación. Durante una plática, nuestra memoria funcional nos permite retener recuerdos sonoros durante el tiempo suficiente para convertirlos en palabras reconocibles.

modelo de tres niveles Modelo de la memoria que define tres tipos distintos de memoria: sensorial, de corto plazo y de largo plazo.

memoria sensorial Sistema de almacenamiento que guarda recuerdos de impresiones de los sentidos durante un tiempo muy breve.

registro sensorial Sistema de almacenamiento temporal para albergar recuerdos sensibles.

memoria icónica Almacén sensorial para albergar una representación mental de una imagen visual durante una fracción de segundo.

imágenes eidéticas Representaciones mentales prolongadas de una imagen visual (por lo regular se conocen como *memoria fotográfica*).

memoria ecoica Almacén sensorial para mantener una representación mental de un sonido durante algunos segundos después de que éste se registra en los oídos.

memoria de corto plazo (MCP) Subsistema de la memoria que permite la retención y el procesamiento de información de reciente adquisición durante un máximo de 30 segundos (también llamada *memoria funcional*).

En la década de 1950, el psicólogo George Miller realizó una serie de destacados estudios mediante los cuales buscaba determinar la capacidad de almacenamiento de la memoria de corto plazo. ¿Cuánta información puede retener la mayoría de la gente en la memoria de corto plazo? El profesor Miller determinó que cerca de siete conceptos, más dos o menos dos (Cowan, Chen y Rouder, 2004). Miller se refería al límite de siete como "los mágicos 7".

El número siete mágico aparece de muchas formas en la experiencia humana, incluso las "siete edades del hombre" en *As You Like It* de William Shakespeare, las Siete Maravillas del Mundo, los Siete Pecados Capitales y hasta los siete famosos enanos de Disney. Lo normal es que la gente pueda repetir un máximo de seis o siete palabras de una sola sílaba que apenas ha escuchado. Piense en "los mágicos 7" en el contexto de su experiencia diaria. Los números telefónicos son secuencias de siete dígitos, lo cual significa que es probable que usted pueda retener un número telefónico en la memoria de corto plazo el tiempo suficiente para marcarlo.

La gente varía en sus capacidades de memoria funcional; algunas personas poseen un espectro más amplio de este nivel que otras (Cahan y Mor, 2007; Swets *et al.*, 2007; Unsworth, 2007). Antes de avanzar, puede probar su memoria de corto plazo al realizar el desafío propuesto en el recuadro de "Intente lo siguiente", en la página 215.

Aunque por lo regular puede retener sólo unas siete piezas o fragmentos de información, como los dígitos de un número telefónico en la memoria de corto plazo, una sencilla técnica de memoria le permite mantener en la mente secuencias mucho más largas de letras o palabras. Considere el desafío del siguiente recuadro de "Intente lo siguiente". Es probable que le haya resultado más fácil recordar los números del séptimo renglón que los del quinto o sexto. ¿Por qué? La respuesta es la **fragmentación**, es decir, el proceso de dividir una cantidad grande de información en fragmentos más pequeños para que le resulte más sencillo recordarlos (Chen y Cowan, 2005).

El número de 16 dígitos en el séptimo renglón consiste en cuatro fragmentos de años consecutivos (1992, 1993, 1994, 1995). En vez de recordar 16 fragmentos separados de información, sólo necesitamos recordar cuatro, una cantidad que queda comprendida dentro de la capacidad de la memoria de corto plazo de la mayoría de las personas. Una secuencia de letras o palabras más grande es aún más fácil de retener. Los niños se aprenden el alfabeto al fragmentar series de letras. Ésa es la razón por la cual a menudo dicen las letras *lmnop* como si fueran una sola palabra (Rupp, 1998).

La mayor parte de la información que pasa por la memoria de corto plazo, desaparece después de unos cuantos segundos o es transferida a la de largo plazo. Usted puede extender la memoria de corto plazo más allá de 30 segundos por medio del **ensayo de mantenimiento**, como cuando intenta recordar el nombre de una persona al ensayarlo una y otra vez en su mente. Sin embargo, cuando su entrenamiento es interrumpido, aunque sea por unos cuantos segundos, el contenido de la memoria de corto plazo se desvanece pronto. Éste es el motivo por el cual resulta complicado mantener un pensamiento determinado en la mente y, al mismo tiempo, atender a lo que otra persona dice en una conversación.

Los teóricos en el tema han desarrollado numerosos modelos para explicar cómo opera la memoria funcional. Un modelo contemporáneo conceptualiza la memoria funcional como un sistema de cuatro componentes: el *"loop"* fonológico, el *boceto visual-espacial*, la *memoria intermedia* y el *ejecutivo central* (consulte la figura 6.3) (Baddeley, 2000, 2001). Consideremos ahora cómo funcionan.

1. El *loop* **fonológico** es la parte del lenguaje, o parte verbal, de la memoria funcional. Su trabajo es almacenar información auditiva. Piense en ello como un mecanismo de almacenamiento para números y palabras, como números telefónicos, nombres de personas o planes para el almuerzo, que mantenemos en la mente cuando los repetimos para nosotros mismos o los ensayamos.

2. El **boceto visual-espacial** es como una libreta de dibujo para almacenar información visual (Willingham, 2007). Usted utiliza el boceto visual-espacial cada vez que elabora en su mente la imagen de un objeto, patrón o figura, como el rostro de la persona que ama, el mapa de su estado natal o la disposición de los muebles en su sala.

3. La **memoria intermedia**, la adición más reciente del modelo, es conceptualizada como el lugar de trabajo de la memoria funcional, un mecanismo de almacenamiento para reunir información de diferentes modalidades como visual, auditiva y quizá otras más (Willingham, 2007).

Los mágicos 7   La mayoría de nosotros puede retener alrededor de siete fragmentos de información en la memoria de corto plazo, más dos o menos dos. Es probable que usted sea capaz de retener un número telefónico de siete dígitos que un operador acaba de darle, por lo menos durante los pocos segundos que le toma marcarlo.

CONCEPTO 6.4
Lo normal es que la gente pueda retener un máximo de alrededor de siete conceptos en la memoria de corto plazo en un momento dado.

CONCEPTO 6.5
Uno de los principales modelos de la memoria funcional la describe en cuatro componentes o subsistemas: el *loop* fonológico, el boceto visual-espacial, la memoria intermedia y el ejecutivo central.

fragmentación   Proceso para mejorar la retención de gran cantidad de información al dividirla en partes más pequeñas y fáciles de recordar.

ensayo de mantenimiento   Proceso de extender la retención de información albergada en la memoria de corto plazo con la repetición conscientemente de ésta.

***loop* fonológico**   Parte de la memoria funcional basada en el habla que permite el ensayo verbal de sonidos o palabras.

boceto visual-espacial   Depósito de almacenamiento para el material visual-espacial en la memoria a corto plazo.

memoria intermedia   Espacio de trabajo de la memoria funcional donde se reúne la información visual, auditiva y de otras modalidades.

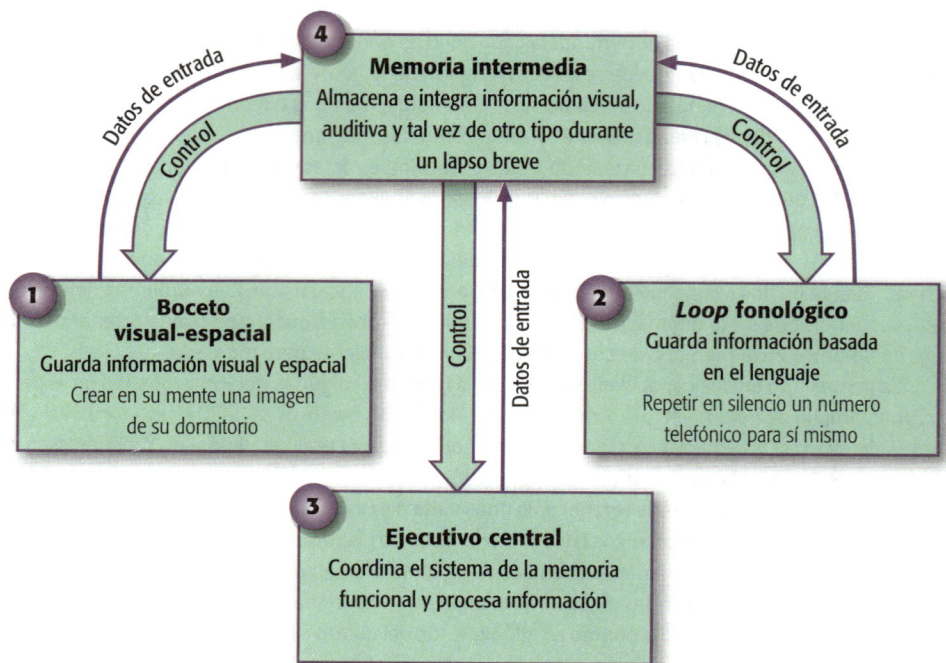

FIGURA 6.3
Un modelo de la memoria funcional
La memoria funcional puede conceptualizarse en términos de cuatro componentes o subsistemas. ❶ El boceto visual-espacial almacena material visual/espacial, como la imagen mental de una habitación. ❷ El *loop* fonológico guarda elementos lingüísticos o verbales, como un número telefónico que nos repetimos a nosotros mismos. ❸ La memoria intermedia nos permite almacenar e integrar diferentes tipos de información durante un breve lapso. ❹ Los datos que provienen de estos subsistemas son procesados por el componente del ejecutivo central, el cual controla y coordina el sistema de la memoria funcional.

Este nivel le permite trabajar con información tanto visual como auditiva simultáneamente, como cuando sostiene una conversación con otra persona e intenta comprender lo que su interlocutor intenta decir al tiempo que "lee" sus expresiones faciales.

4. El **ejecutivo central** es la unidad de control maestro. No almacena información; por el contrario, recibe los datos que provienen de los otros componentes y coordina el sistema de la memoria funcional. También recibe y procesa información de la memoria de largo plazo y filtra los pensamientos distractores, de manera que podamos enfocar nuestra atención en la información que tenemos en mente en cualquier momento. Los otros componentes —el *loop* fonológico, el boceto visual-espacial y la memoria intermedia— son "sistemas esclavos" porque cumplen las órdenes del ejecutivo central (Willingham, 2007).

Los "esclavos" trabajan de manera independiente, lo cual significa que pueden operar al mismo tiempo sin interferir unos con otros. Cuando usted conduce un automóvil, las imágenes visuales del camino son almacenadas de forma temporal en su boceto visual-espacial. Asimismo, su *loop* fonológico lo faculta para sostener una conversación con un pasajero o cantar a solas una canción de la radio. La memoria intermedia le permite reunir toda esa información. Dicho lo anterior, como señalamos en el capítulo 4, debemos tener presentes los peligros asociados con involucrarnos en una conversación compleja mientras conducimos un vehículo.

Pueden surgir conflictos cuando dos o más demandas simultáneas son presentadas a cualquiera de los componentes. Es difícil y hasta peligroso conducir un automóvil y leer un mapa al mismo tiempo. También es complicado participar en dos conversaciones al mismo tiempo.

La memoria de largo plazo: preservación del pasado

La **memoria de largo plazo (MLP)** es un sistema de almacenamiento que le permite retener información durante periodos que superan la capacidad de la memoria de corto plazo. A pesar de que alguna información sólo puede permanecer en este nivel durante días o semanas, otra puede estar allí durante toda una vida. Mientras la capacidad de acopio de la memoria de corto plazo es limitada, la de largo plazo es casi infinita en cuanto a lo que puede guardar. Es probable que nunca podamos llegar a un punto en el cual no podamos retener una experiencia o hecho más en este grado de almacenamiento.

ejecutivo central Componente de la memoria funcional responsable de coordinar los otros subsistemas, de recibir y procesar la información almacenada y de filtrar los pensamientos distractores.

memoria de largo plazo (MLP) Subsistema de la memoria responsable del almacenamiento de información a largo plazo.

Intente lo siguiente

Romper la barrera de "los mágicos 7"

A la derecha hay siete renglones que contienen series de números. Lea en voz alta la serie del primer renglón. Después desvíe la mirada y repita los números en voz alta, en el orden en el cual aparecen. Revise si su respuesta fue correcta o incorrecta y palomee la columna apropiada de "sí" o "no". Repita este procedimiento con cada uno de los renglones restantes.

¿Cómo le fue? Es probable que tuviera pocas dificultades con las primeras cuatro series de cuatro a siete números. Sin embargo, es posible que haya tropezado al llegar a la barrera de los "mágicos 7" en las siguientes dos series, las cuales contienen de ocho a 10 dígitos. Puede haber obtenido mejores resultados en la última serie, compuesta por 16 dígitos. Pero, ¿por qué obtuvo mejores resultados con 16 dígitos que con ocho o 10? El texto ofrece una explicación.

		¿Lo logró?
Renglón 1: 6293	_____ Sí	_____No
Renglón 2: 73932	_____ Sí	_____No
Renglón 3: 835405	_____ Sí	_____No
Renglón 4: 3820961	_____ Sí	_____No
Renglón 5: 182946 24	_____ Sí	_____No
Renglón 6: 9284619384	_____ Sí	_____No
Renglón 7: 1992199319941995	_____ Sí	_____No

La **consolidación** es el proceso mediante el cual el cerebro convierte los recuerdos recientes e inestables en recuerdos estables de largo plazo (Dudai, 2004). Las primeras 24 horas después de la adquisición de información son cruciales para que ocurra la consolidación. Como señalamos en el capítulo 4, tanto el sueño MOR como el de onda lenta (SOL), parecen desempeñar funciones importantes en la consolidación de las experiencias diarias en recuerdos de largo plazo (Ji y Wilson, 2007; Wixted, 2004). El mensaje fundamental aquí es que, si usted estudia para un examen que debe presentar al día siguiente y desea incrementar sus probabilidades de retención de la información que ha estudiado, asegúrese de dormir bien esa noche.

Mientras la memoria de corto plazo depende en gran medida de la codificación acústica, la de largo plazo está subordinada a la de carácter semántico, o codificación por significado. Una manera de transferir información de un nivel de memoria a otro es por medio del ensayo de mantenimiento o memorización repetitiva (simple repetición de palabras o sonidos). No obstante, una mejor manera de desarrollar recuerdos perdurables es mediante el **ensayo elaborativo**, que es un método de entrenamiento en el cual usted se enfoca en el *significado* del material. El número telefónico de un amigo mío termina con 1991, un año que recuerdo muy bien porque fue en el cual nació mi hijo Miguel. No tengo dificultad alguna para recordar ese número de teléfono porque lo asocio con algo significativo (el año de nacimiento de mi hijo). Sin embargo, necesito consultar los de otros amigos míos que terminan en dígitos que no tienen ningún significado personal para mí.

¿Cómo nos las arreglamos para organizar nuestros bancos de información de la memoria de largo plazo de manera que podamos recuperar lo que queremos saber cuando necesitamos saberlo? Imagine lo difícil que sería recobrar recuerdos específicos si éstos estuvieran dispersos en la memoria de largo plazo, sin orden y sin sentido algunos. Por fortuna, este sistema de almacenamiento de impresiones está organizado para ofrecer un acceso relativamente veloz a los recuerdos específicos.

Un importante modelo conceptual de cómo está organizada la memoria de largo plazo es el **modelo de red semántica**, el cual sostiene que la información es retenida dentro de redes de conceptos interrelacionados (Collins y Loftus, 1975). Nosotros comprendemos el significado de algo al vincularlo con ideas relacionadas. Por ejemplo, el concepto "animal" puede estar relacionado con nociones como "pez" y "ave", los cuales, por su parte, pueden estar relacionados con conceptos como "salmón" y "petirrojo", respectivamente.

El hecho de pensar en un concepto particular causa un efecto de ondulación a lo largo de la red semántica. Tal efecto, llamado *activación por difusión,* dispara el recuerdo de conceptos relacionados (Willingham, 2007). En otras palabras, piense en "pez" y, de pronto, las nociones relacionadas comenzarán a brotar en su mente, como "salmón" o "bagre", y esto, igualmente, dispara otras asociaciones como "es rosado", "sabe a pescado", etc. La opinión de que la memoria humana funciona con base en conceptos interrelacionados dentro de redes semánticas, ha llegado a aplica-

CONCEPTO 6.6
De acuerdo con el modelo de la red semántica, cuando usted piensa en un concepto en particular, éste provoca un efecto de ondulación dentro de la red de conceptos interrelacionados, lo cual dispara el recuerdo de conceptos relacionados.

consolidación Proceso mediante el cual los recuerdos de corto plazo se convierten en recuerdos de largo plazo.

ensayo elaborativo Proceso de transferencia de la información de la memoria de corto plazo a la de largo plazo, al enfocarse conscientemente en el significado de la información.

modelo de red semántica Representación de la estructura organizacional de la memoria de largo plazo en redes de conceptos asociados.

Intente lo siguiente

El juego de los nombres

El "juego de los nombres" ayuda a los desconocidos dentro de un grupo a recordar los apelativos de las demás personas (Morris y Fritz, 2000). Un miembro del grupo se presenta con su nombre completo. El siguiente integrante repite el nombre de la primera persona y agrega el suyo. Después, el siguiente repite los nombres de las dos personas previas y agrega el suyo. Este proceso se repite con cada miembro del grupo, hasta un máximo de tal vez 10 u 11 sujetos. Después de haber enunciado todos los apelativos, la primera persona repite la lista completa de nombres. Si cualquier miembro del grupo tropieza al recordar los nombres, los demás participantes le informan los que faltan. Los investigadores creen que el esfuerzo activo que cada miembro realiza para recordar patronímicos durante el juego acelera la recuperación misma. Usted puede poner esta técnica en práctica la siguiente vez que necesite recordar un conjunto de nombres nuevos. Con cada presentación, repita todos los nombres de las personas que conforman el grupo y motive a los demás a hacer lo mismo.

¿Conoce usted a este hombre?
Él es Tim Berners-Lee, quien utilizó como modelo para su creación la Red Mundial de Información, el funcionamiento del cerebro humano en cuanto a la vinculación de conceptos relacionados entre sí dentro de redes semánticas.

CONCEPTO 6.7
De acuerdo con la teoría de niveles de procesamiento, la información se retiene mejor en la memoria cuando es codificada o procesada a un nivel más "detallado".

teoría de niveles de procesamiento Creencia de qué tan bien o durante cuánto tiempo es recordada la información, depende de la profundidad de la codificación o el procesamiento.

ciones que están más allá de la psicología. Quizá le sorprenda saber que el desarrollo de la Red Mundial de Información (World Wide Web, WWW) se basó en la forma como el cerebro construye la memoria.

El desarrollador de la Internet, el físico Tim Berners-Lee, la diseñó con el funcionamiento del cerebro humano como modelo. Berners-Lee es hijo de dos renombrados matemáticos que estaban involucrados en el desarrollo inicial de la computadora moderna. Cuando era niño, llegó cierto día a su casa de la escuela y encontró a su padre inmerso en la lectura de libros sobre el cerebro humano, en la búsqueda de claves para lograr que las computadoras fueran más intuitivas en cuanto a la formación de vínculos, de manera muy semejante a como el cerebro humano conecta fragmentos y piezas de información. Tiempo después, Berners-Lee aprovechó esa idea para perfeccionar una red computarizada, llamada Red Mundial de Información, a fin de vincular información almacenada en diferentes equipos informáticos alrededor del mundo.

Como él mismo escribió en sus memorias: "Me agradó la idea de que un fragmento de información en realidad esté definido por aquello con lo cual se relaciona... La estructura lo es todo. Existen miles de millones de neuronas en nuestros cerebros, pero, ¿qué son las neuronas? Sólo células. El cerebro no tiene conocimiento hasta que se crean conexiones entre las neuronas. Todo lo que sabemos, todo lo que somos, proviene de la forma como nuestras neuronas están conectadas" (Berners-Lee, 1999, p. 12). Al describir el propósito de la Red Mundial de Información, Berners-Lee señaló: "Todos los fragmentos de información en todas las computadoras... en el planeta... estarían disponibles para mí y para todos los demás... éste sería un espacio único de información global" (Berners-Lee, 1999, pp. 4, 12).

Muy pocos inventos en los pasados 50 y hasta 100 años han tenido un impacto tan grande en nuestra vida diaria como la WWW, la cual fue presentada por Berners-Lee en 1991. En la actualidad, cada vez que navega en el ciberespacio mediante el acceso a un vínculo tras otro, usted modela lo que su cerebro hace de manera natural cuando crea significados al vincular conceptos relacionados uno con otro.

¿Por qué el ensayo elaborativo (ensayo por significado) daría como resultado una mejor transferencia de información de la memoria de corto plazo a la de largo plazo que el ensayo de mantenimiento (ensayo por repetición)? Una explicación, denominada **teoría de niveles de procesamiento**, sostiene que el nivel al cual la información es codificada o procesada determina qué tan bien o durante cuánto tiempo es almacenada en la memoria (Craik y Lockhart, 1972). En este enfoque, la información es mejor retenida cuando es procesada de manera más "detallada", o codificada con base en su significado. En contraste, el procesamiento superficial es codificado por características igualmente superficiales, como la rima de las palabras o su escritura con letras mayúsculas o minúsculas (Willingham, 2007).

La teoría de niveles de procesamiento está en lo cierto al sostener que, en general, la información se retiene mejor cuando es procesada de manera más minuciosa en términos de significado.

DIAGRAMA DE LA PSICOLOGÍA

FIGURA 6.4   Modelo de tres niveles de la memoria
El modelo de tres niveles de la memoria es un útil marco de referencia para comprender las relaciones entre los tres sistemas de la memoria. ① Los datos sensoriales (imágenes visuales, sonidos, etc.) crean impresiones que permanecen durante un tiempo breve en la memoria sensorial. ② Al dirigir la atención hacia la memoria sensorial podemos llevar esa información a la de corto plazo, donde podemos tenerla en la mente durante un breve periodo. Utilizamos dos tipos generales de estrategias de ensayo (ensayo de mantenimiento y ensayo elaborativo) para transferir la información guardada en la memoria de corto plazo a la de largo plazo. ③ Una vez que la información es almacenada en la memoria de largo plazo, debe ser recuperada y devuelta a la de corto plazo antes de poder ser utilizada.

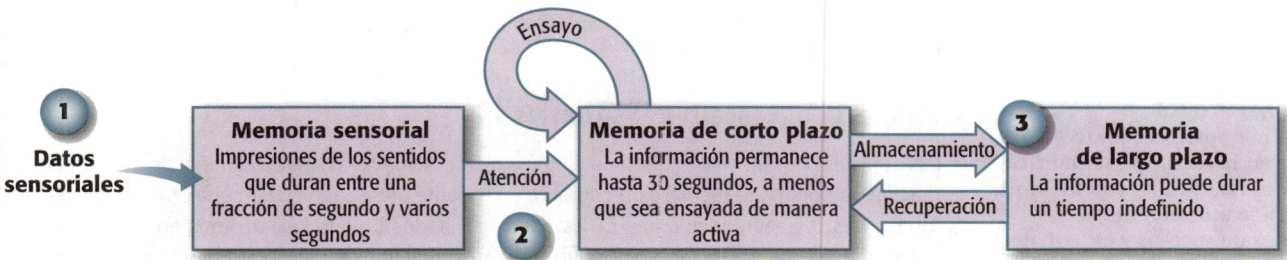

Usted tiene más probabilidades de aprender y retener el conocimiento de un concepto, digamos, "condicionamiento clásico", tras explicar lo que éste significa o al dar un ejemplo de cómo se aplica en la vida diaria que si sólo repite la definición formal del término. Sin embargo, el modelo no funciona tan bien para las tareas de memoria relacionadas con niveles superficiales de procesamiento, o memorización por repetición. Por ejemplo, puede resultarle más sencillo recordar los versos de una rima infantil al enfocarse en los sonidos de las palabras que riman, en lugar de prestar atención a su significado. La repetición simple o la memorización por repetición puede también ser eficaz para recordar secuencias simples de números que carecen de asociaciones significativas, como los números telefónicos, o incluso los nombres de las personas a quienes acaba de conocer (consulte "el juego de los nombres" en el anterior "Intente lo siguiente").

Iniciamos nuestra discusión sobre cómo funciona la memoria al reconocer que la misma depende de determinados procesos subyacentes (codificación, almacenamiento, recuperación) que progresan mediante una serie de niveles (memoria sensorial, memoria de corto plazo, memoria de largo plazo). La tabla de conceptos 6.1 resume dichos procesos y niveles; la figura 6.4 muestra las tres gradaciones de forma esquemática. Por medio de dichos niveles logramos formar recuerdos de largo plazo que podemos recuperar a voluntad o con cierta ayuda (claves de

TABLA DE CONCEPTOS 6.1
Niveles y procesos de la memoria

Nivel de la memoria	Proceso de la memoria		
	Codificación	Almacenamiento	Recuperación
Memoria sensorial	Icónica y ecoica	Muy breve, desde una fracción de segundo hasta tres o cuatro segundos	No hay recuperación. La información se pierde o se transfiere a la memoria de corto plazo
Memoria de corto plazo	Acústica y visual, pero principalmente acústica	Un máximo de 30 segundos, pero el ensayo de mantenimiento o el ensayo elaborativo pueden mantener el recuerdo durante más tiempo o convertirlo en recuerdo de largo plazo	No hay recuperación. La información se pierde o se transfiere a la memoria de largo plazo
Memoria de largo plazo	Acústica, visual y semántica, pero principalmente semántica	De largo plazo, es posible que durante toda la vida	La recuperación es asistida mediante claves de recuperación y la activación de redes semánticas

recuperación). A continuación, nos enfocaremos en el contenido de la memoria de largo plazo, es decir, el tipo de recuerdos que enriquecen nuestras vidas.

Lo que recordamos: el contenido de la memoria de largo plazo

¿Qué tipo de recuerdos están almacenados en la memoria de largo plazo? En el nivel más amplio, podemos distinguir entre dos tipos de memoria de largo plazo: la *memoria declarativa,* o "saber eso", y la *memoria de procedimientos,* o "saber cómo" (consulte la figura 6.5) (Eichenbaum, 1997; Rupp, 1998; E. R. Smith, 1998).

Memoria declarativa: "saber eso"

La **memoria declarativa** (también llamada *memoria explícita*) es el recuerdo de hechos e información personal que requiere un esfuerzo consciente para traerla a la mente. Nos permite saber "qué" y "eso". Sabemos que hay 50 estados en Estados Unidos, que vivimos en la calle tal y tal y que el agua y el aceite no se mezclan. Sabemos cuáles elementos se encuentran en el agua y cuáles colores aparecen en las banderas de Estados Unidos y de Canadá. Podemos agrupar los recuerdos declarativos en dos categorías generales, organizadas de acuerdo con 1) el tipo de memoria (*semántica* o *episódica*), y 2) el marco cronológico (memoria *retrospectiva* o *prospectiva*) (consulte la figura 6.6).

La **memoria semántica** es el recuerdo de hechos e información general acerca del mundo (Prince, Tsukiura y Cabeza, 2007). Una analogía sería la de una enciclopedia mental o almacén de información en nuestra cabeza. Nos permite recordar quién escribió *The Grapes of Wrath,* cuál película fue premiada por la Academia como la mejor del año pasado, cómo escribir la palabra *enciclopedia* y en qué fecha fue el ataque de Japón a Pearl Harbor. Los recuerdos semánticos no están impresos de manera indeleble en nuestros cerebros, razón por la cual es probable que usted ya no recuerde cuál fue la película ganadora del Oscar el año pasado o el nombre del autor de *The Grapes of Wrath* (John Steinbeck). En esta categoría, la información se recuerda mejor cuando es recuperada y ensayada de tiempo en tiempo. Entonces, si usted dudó cuando intentó recordar el nombre del autor de *The Grapes of Wrath,* el hecho de recordárselo el día de hoy hará más probable que lo recuerde mañana.

La **memoria episódica** (también llamada *memoria autobiográfica*) es el recuerdo de experiencias personales que constituyen la historia de su vida, es decir, todo: desde los recuerdos de lo que cenó anoche hasta el momento en que se cayó de un árbol cuando usted tenía 10 años y necesitó 15 puntadas. Esta categoría es un diario personal de situaciones que le han sucedido, mientras la memoria semántica comprende el conocimiento general del mundo (Willingham, 2007). Por ejemplo, recordar adónde viajó de vacaciones de verano es un recuerdo episódico. Recordar que París es la capital de Francia y que *Google* es una herramienta de búsqueda en línea son recuerdos semánticos o hechos generales sobre el mundo.

FIGURA 6.5   Tipos de memoria de largo plazo
Este diagrama organizacional muestra cómo la memoria de largo plazo puede ser dividida en dos tipos generales: memoria declarativa y memoria de procedimientos.

FIGURA 6.6   Memoria declarativa
Aquí vemos un diagrama de los diferentes tipos
de memoria declarativa

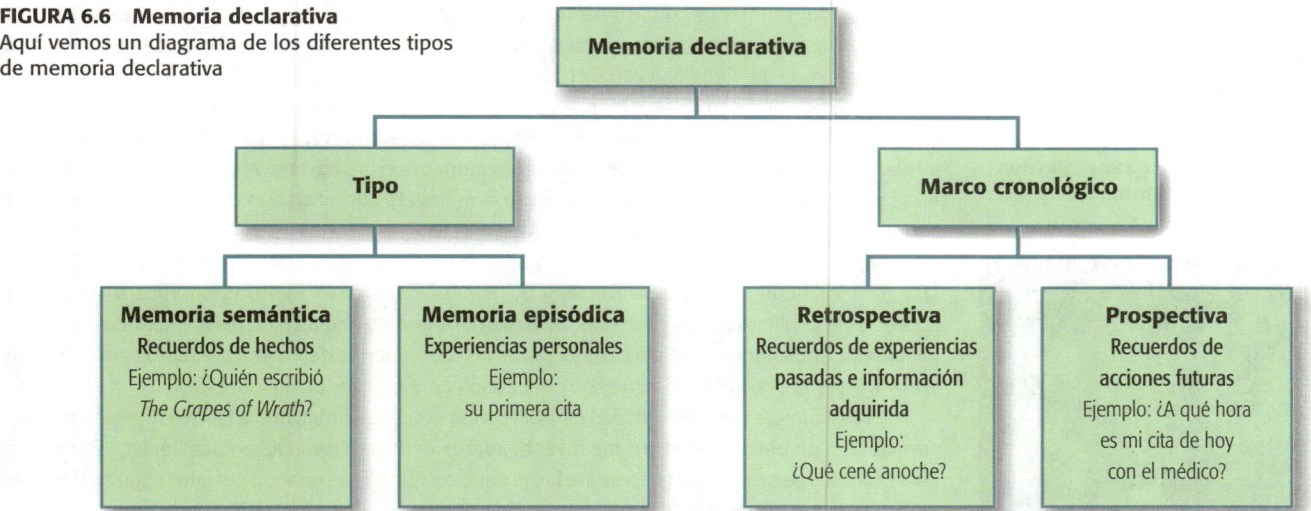

La memoria episódica no se limita a las remembranzas humanas de sucesos pasados. Incluso el ruiseñor, cuyo cerebro es del tamaño de un grano de arroz, puede recordar dónde se localizan determinadas flores con base en su experiencia pasada (*Hummingbirds*, 2006).

La **memoria retrospectiva** es el recuerdo de experiencias o sucesos pasados y de la información de adquisición previa. La **memoria prospectiva** es la evocación de las cosas que tiene que hacer en el futuro (McDaniel y Einstein, 2007). Usted depende de su memoria prospectiva cuando recuerda tomar sus medicamentos, pagar su factura de servicio telefónico a tiempo o llamar a su madre en su cumpleaños. Es acordarse de recordar. Algunos de nuestros más vergonzosos lapsos de memoria implican olvidar hacer ciertas cosas ("Lo lamento, olvidé llamar al restaurante para hacer reservaciones. Se me fue de la mente").

Memoria de procedimientos: "saber cómo"

La **memoria de procedimientos** es el recuerdo de cómo hacer las cosas, como montar en bicicleta, realizar operaciones matemáticas o tocar un instrumento musical. Mientras la memoria declarativa es traída a la mente mediante un esfuerzo consciente, accedemos a la memoria de procedimientos sin necesidad de este empeño. Otra diferencia entre estos dos tipos de memoria es que la declarativa implica información que puede ser expresada en términos verbales, mientras la de procedimientos involucra habilidades motoras o de desempeño que no pueden ser explicadas con palabras, al menos no con tanta facilidad. Intente, por ejemplo, describir cómo mueve usted sus músculos cuando monta en bicicleta. La mecanografía es una habilidad que requiere memoria de procedimientos relacionada con la manera como las teclas están organizadas en un teclado, incluso si usted no puede recitar de memoria las teclas de cada hilera del teclado.

La **memoria implícita** —recuerdos evocados sin esfuerzo deliberado alguno para recordar— está muy relacionada con la memoria de procedimientos, y es quizá una forma de memoria de procedimientos. Escuchar una canción conocida en la radio puede evocar sentimientos placenteros asociados con experiencias pasadas, pese a que usted no haya hecho ningún esfuerzo consciente para recordarlas. En contraste, la **memoria explícita** requiere un esfuerzo consciente o explícito para traerla a la mente ("Hmm, ¿cuál es la capital de Finlandia?") (Thompson, 2005).

Una manera de estudiar la memoria implícita o de hábito es mediante una *tarea de priming (inicialización)*. Esta técnica expone a los individuos a un estímulo que los sensibiliza, o los "prepara", a responder de determinada manera a los estímulos subsecuentes. Pueden ocurrir efectos del *priming,* a pesar de que los sujetos no estén conscientes de haber sido expuestos a dicho estímulo y no realicen un esfuerzo consciente por recordarlo.

Analicemos un ejemplo. En un estudio reciente, los investigadores mostraron cómo la conducta podía recibir una influencia sutil de la exposición a aromas que quedan fuera de la atención consciente (Holland, Hendricks y Aarts, 2005). Los participantes no sabían que eran expuestos

💡 **CONCEPTO 6.10**
La memoria prospectiva, o acordarse de recordar, tiene importantes aplicaciones en la vida diaria al involucrarlo todo, desde recordar citas hasta llamar a las personas en sus cumpleaños.

¿Qué tenía que hacer hoy?
En lugar de depender por completo de la memoria prospectiva, muchas personas utilizan accesorios, como los organizadores electrónicos y las notas escritas, para recordarse lo que necesitan hacer.

CONCEPTO 6.11
Podemos distinguir entre dos tipos de memoria: implícita y explícita, las cuales difieren en términos de si debemos hacer un esfuerzo consciente o no para traer información a la mente.

Memoria muscular   El director de los Yankees de Nueva York Joe Torre se refirió en una ocasión a la habilidad para lanzar una pelota de béisbol con precisión como "memoria muscular". Nosotros dependemos de ésta, que es una forma de memoria de procedimientos, para realizar complejas acciones motoras, como montar una bicicleta, bailar, teclear, subir escaleras, batear o lanzar una pelota de béisbol o jugar tenis.

CONCEPTO 6.12
La teoría construccionista sostiene que la memoria es un proceso de reconstrucción de las experiencias y los sucesos pasados, no de reproducción exacta de los mismos como ocurrieron.

teoría construccionista   Aquella que sostiene que la memoria no es una réplica del pasado sino una representación, o *reconstrucción*, del pasado.

a un limpiador multiusos con aroma cítrico (el estímulo de *priming*). Más tarde, cuando fueron expuestos de nuevo a dicho aroma, mostraron tiempos de reacción más rápidos en una tarea de identificación de palabras en la cual el desafío era identificar vocablos relacionados con la limpieza, en comparación con los miembros en el grupo control, quienes eran expuestos al aroma por primera vez. Los sujetos del grupo experimental también mantuvieron más limpio su ambiente inmediato durante una acción consistente en comer que los participantes del grupo control. En otras palabras, la exposición al aroma afectó la conducta posterior, aun cuando los individuos no estaban conscientes de haber sido expuestos a éste.

Somos seres conscientes, pero no lo somos de ni estamos atentos a todo lo que hacemos (Bargh y Williams, 2006). Con frecuencia, respondemos de manera automática al recurrir al aprendizaje implícito y a los procesos de la memoria que no implican un pensamiento consciente. Por ejemplo, nos abotonamos la camisa y atamos los cordones de nuestros zapatos sin pensar en los movimientos de los dedos que son necesarios para realizar dichas tareas.

Los psicólogos han extendido el estudio de los procesos implícitos a la investigación del consumidor. En un estudio reciente, los investigadores descubrieron que, en ocasiones, los compradores toman mejores decisiones sobre los productos que eligen cuando permiten que su intuición los guíe, en vez de deliberar con toda atención sobre sus elecciones (Dijksterhuis *et al.*, 2006). ¿Es usted un comprador más intuitivo o un comprador que evalúa con toda atención cada una de sus compras? El problema es que no necesariamente sabemos cuándo es mejor escuchar nuestras corazonadas y cuándo es mejor involucrar a nuestra mente en estado de alerta presente. Lo que sí sabemos es que, cuando se trata de aprender conceptos complejos, como los que hemos discutido en este libro de texto, la atención consciente es indispensable.

La confiabilidad de la memoria de largo plazo: ¿podemos confiar en nuestros recuerdos?

Nos gustaría poder pensar que nuestros recuerdos reflejan con toda precisión los sucesos que nosotros testificamos o experimentamos. Sin embargo, la evidencia demuestra que los recuerdos pueden no ser tan confiables como creemos que son. Los investigadores contemporáneos de la memoria rechazan la idea de que la memoria de largo plazo funciona como una cámara de video que registra copias exactas de la experiencia. Su perspectiva, por lo general, llamada **teoría construccionista**, sostiene que la memoria es un proceso reconstructivo. Lo que recuperamos no es una réplica exacta del pasado sino una representación, o *reconstrucción*, del mismo. Unimos fragmentos y piezas de información almacenada en la memoria de largo plazo para formar una explicación o recuento coherente de las experiencias y sucesos pasados. Dicha reconstrucción, no obstante, puede conducir a recuerdos distorsionados de sucesos y experiencias.

De acuerdo con la teoría construccionista, los recuerdos no son copias fieles de la realidad. Desde este punto de vista, no es sorprendente que la gente que atestigua el mismo suceso o lee el mismo material pueda tener recuerdos muy distintos del suceso o del pasaje que leyó. Tampoco debería extrañarnos que los recuerdos de nuestra infancia no sean registros textuales de lo que en realidad ocurrió sino, por el contrario, reconstrucciones basadas en fragmentos de información provenientes de diversas fuentes: de viejas fotografías, de lo que su madre le contó acerca de cuando usted se cayó de un árbol a los 10 años, etcétera.

Por qué es importante

¿Por qué es importante si la memoria es más un proceso de reconstrucción de las experiencias pasadas, que la recuperación de fotografías mentales de éstas? Una razón es que la teoría construccionista nos lleva a pensar que algunos recuerdos pueden estar distorsionados. Estas distorsiones pueden cubrir un rango desde simplificaciones hasta omisiones de detalles o francas fabricaciones. Incluso si así es, no debemos suponer que todos los recuerdos estén distorsionados. Algunos pueden ser reflejos de sucesos más o menos precisos. Otros, quizá la mayoría, pueden ser más semejantes a pinturas impresionistas que a fotografías mentales.

La explicación construccionista de la memoria también ofrece una interesante perspectiva de cómo los *estereotipos negativos*, que implican adscribir características negativas a las personas pertenecientes a determinados grupos, pueden influir en las percepciones y actitudes de los individuos sujetos a dichos estereotipos.

Intente lo siguiente

¿Qué hay en la fotografía?

Mire un momento la fotografía de la oficina de un profesor que aparece en la figura 6.7. Luego continúe con la lectura del capítulo. Después de unos cuantos minutos, regrese a este punto y, sin mirar de nuevo la fotografía, enliste todos los objetos que vio en la oficina.

_____

_____

_____

_____

_____

_____

Ahora, observe de nuevo la fotografía. ¿Enlistó usted cualesquiera objetos que en realidad no están presentes en esta oficina, pero que pudieran coincidir con su concepto o esquema de cómo luce la oficina de un profesor, como gabinetes para archivo o libreros? Los investigadores que emplearon esta fotografía en un experimento similar descubrieron que muchos sujetos recordaban haber visto tales objetos, lo cual demuestra que sus memorias se vieron afectadas por sus esquemas existentes (W. F. Brewer y Treyens, 1981).

FIGURA 6.7   Oficina de profesor

Debido a la larga historia de exclusión, prejuicio y discriminación con base en el color de la piel, no es asombroso que, a menudo, los miembros de la cultura dominante perciban de manera más negativa a los afroamericanos con tonos de piel más oscuros, es decir, menos inteligentes, menos atractivos y menos exitosos, que a los afroamericanos con tonos de piel más claros. Dado que los integrantes de este grupo racial crecen en la misma cultura, no debería sorprendernos si también ellos tuvieran estos estereotipos negativos, al menos hasta cierto grado.

Cara Averhart y Rebecca Bigler (1997) examinaron la influencia de los estereotipos raciales en la memoria en niños afroamericanos en edad preescolar. Utilizaron una prueba de memoria en la cual los niños recordaban información entretejida en cuentos, en los cuales los personajes afroamericanos de pieles claras y oscuras eran asociados con atributos positivos ("bueno") o negativos ("malo"). Los resultados mostraron que los niños recordaban mejor los relatos en los cuales los atributos más favorables estaban asociados con personajes de tono de piel más claro y las características más negativas estaban ligadas con personajes cuyo tono de piel era más oscuro. El sesgo de la memoria fue incluso mayor entre los niños que se calificaron a sí mismos como poseedores de un tono más claro de piel. Los resultados sustentan la perspectiva construccionista de que la gente tiene más capacidad para recordar información que es sólida con sus conceptos o *esquemas* existentes, incluso cuando los mismos están fundamentados en el prejuicio. Un esquema es una estructura organizada de conocimientos, como un conjunto de creencias, que refleja las experiencias pasadas, las expectativas y el conocimiento sobre el mundo de una persona. Usted puede probar por sí mismo si sus **esquemas de memoria** conducen a recuerdos distorsionados al realizar el ejercicio propuesto en el "Intente lo siguiente", "¿Qué hay en la fotografía?".

En las siguientes secciones daremos un vistazo a dos temas controvertidos que someten a cuestionamiento la credibilidad de la memoria de largo plazo: el testimonio presencial y la recuperación de recuerdos reprimidos. Estos temas colocan a la investigación de la memoria bajo la lupa del escrutinio público. Sin embargo, primero examinaremos otro tipo de memoria de largo plazo: los recuerdos de flash, los cuales, sin importar su precisión, parecen grabados de manera indeleble en el cerebro.

esquema de memoria Estructura organizada de conocimientos, como un conjunto de creencias, que reflejan las experiencias pasadas, las expectativas y el conocimiento del mundo de una persona.

CONCEPTO 6.13

Los sucesos con enorme carga emocional pueden dejar impresiones vívidas y perdurables en la memoria, llamadas recuerdos de flash, las cuales parecen estar grabadas de manera permanente en nuestro cerebro.

VÍNCULO DE CONCEPTOS · · · · ·

Las personas que desarrollan trastorno de estrés postraumático (TEPT) después de un suceso traumático en términos emocionales, pueden reexperimentar dicho suceso traumático en forma de recuerdos o imágenes penosas del trauma. Consulte el módulo 12.1.

CONCEPTO 6.14

Los reportes de memoria de los testigos pueden ser erróneos, incluso cuando dichos testigos están convencidos de la exactitud de sus recuerdos.

Recuerdos de flash: ¿qué hacía usted cuando...?

Los sucesos personales o históricos de estrés extremo o sumamente emotivos pueden dejar recuerdos vívidos, perdurables y muy detallados llamados **recuerdos de flash** (Tekcan y Peynircioglu, 2002). Se llaman así porque parecen haber quedado fijos en el cerebro de manera permanente por el destello del flash de una cámara fotográfica antigua. Muchos de nosotros compartimos un recuerdo de flash del desastre del World Trade Center. Recordamos dónde estábamos y lo que hacíamos en el momento cuando nos enteramos del ataque, como si todo hubiera sucedido ayer. Muchas personas que nacieron después de la Segunda Guerra Mundial comparten un recuerdo de este tipo del asesinato del presidente John F. Kennedy en 1963.

Algunos recuerdos de flash son exactos, pero otros son proclives a los tipos de distorsiones que vemos en otras formas de memoria de largo plazo (Berntsen y Thomsen, 2005). Un estudio reciente sobre recuerdos de flash de los ataques terroristas del 11 de septiembre de 2001 a Estados Unidos demostró que no eran más exactos que los recuerdos ordinarios (Talarico y Rubin, 2003).

Tenemos más probabilidades de rememorar sucesos tanto emocionantes como penosos que incrementan los estados de excitación, como la experiencia de nuestro primer beso o el momento en el cual arruinamos una entrevista de trabajo. Sin embargo, el estrés prolongado o extremo asociado con experiencias traumáticas puede perjudicar la memoria (Smith y Kosslyn, 2007). Las culpables parecen ser las hormonas liberadas por las glándulas suprarrenales, las cuales tienen efectos destructivos en las estructuras cerebrales involucradas en el procesamiento y almacenamiento de los recuerdos.

Testimonio presencial: "¿qué vio usted el día en cuestión?"

Cuando buscan llegar a un veredicto, los jueces otorgan una importancia considerable a los testimonios presenciales. Sin embargo, los investigadores de la memoria han descubierto que el testimonio presencial puede ser tan débil y lleno de errores como otras formas de la memoria. La psicóloga Elizabeth Loftus (Loftus, 2004), una experta líder en testimonio presencial, señala que un alarmante número de personas son convictas por crímenes cada año debido a testimonios presenciales erróneos.

Loftus describe cómo un efecto de desinformación puede provocar distorsiones en el testimonio presencial. Las distorsiones son causadas por sucesos que ocurren en el intervalo que transcurre entre el suceso testificado y el recuento de dicho suceso. En un estudio, Loftus y sus colegas hicieron que sus sujetos vieran la grabación de un accidente automovilístico que ocurrió en una intersección con semáforo (Loftus, Miller y Burns, 1978). A algunos sujetos se les dio después información confusa al decirles que la señal de tránsito era una indicación de desviación. Después, cuando preguntaron a los sujetos cuál señal de tránsito vieron en la intersección, aquellos que

¿Congelado en la memoria?
Las experiencias con gran carga emocional, como los terribles ataques del 11 de septiembre de 2001 a Estados Unidos, pueden crear "recuerdos de flash", mismos que parecen estar grabados de forma indeleble en nuestros cerebros. Sin embargo, tales evocaciones pueden no ser tan exactas como creemos.

recuerdos de flash
Rememoraciones duraderas de sucesos con gran carga emocional que parecen grabados de forma permanente en el cerebro.

efecto de desinformación Forma de distorsión de la memoria que afecta el testimonio visual y que es causada por desinformación que sucede durante el intervalo de retención.

FIGURA 6.8   Efecto de desinformación
Si usted fuera uno de los sujetos de este estudio, ¿cree usted que su recuerdo se basaría en lo que en realidad vio (la señal de alto) o en lo que después le dijeron que vio (una señal de desviación)?

recibieron la información falsa mostraron una tendencia a reportar haber visto la de desviación (consulte la figura 6.8). Los sujetos que no recibieron la información falsa tenían más probabilidades de recordar la indicación de tránsito correcta. Esta investigación somete a cuestionamiento la credibilidad del testimonio presencial, en especial, cuando los testigos son sometidos a interrogatorios sugestivos o, de alguna manera, tendenciosos, que pudieran "sembrar" ideas en su cabeza.

Los recuerdos falsos de sucesos que nunca tuvieron lugar también pueden inducirse de forma experimental (Loftus, 2003). De igual manera, la imaginación puede hacer trampas en nuestra memoria. El simple acto de representar una experiencia pasada puede inducir el recuerdo falso de que el suceso sí ocurrió en realidad (Mazzoni y Memom, 2003).

Dado que a menudo el testimonio presencial puede ser erróneo, ¿debemos eliminarlo de los procedimientos judiciales en el tribunal? Loftus (1993a) indica que si renunciáramos al testimonio presencial, muchos criminales quedarían libres. Como alternativa, podemos intentar incrementar la exactitud del testimonio presencial. Una manera de lograrlo es encontrar evidencias que corroboren las declaraciones, o bien, testigos independientes que puedan respaldar sus testimonios entre sí. La exactitud de los testimonios presenciales también implica los siguientes factores:

Elizabeth Loftus

1. *Facilidad para recordar.* Las personas que se toman más tiempo para responder preguntas tienen menos probabilidades de ser precisas en sus recuerdos que aquellas que responden sin dudarlo (Robinson, Johnson y Herndon, 1997). De igual manera, los testigos presenciales que son más rápidos para hacer identificaciones de un perpetrador en una formación, tienden a ser más exactos que aquellos que se toman más tiempo (Dunning y Perretta, 2002; Wells y Olson, 2003).

2. *Grado de confianza.* Las expresiones de confianza en un tribunal en cuanto a la memoria, no están asociadas con toda claridad con una mejor precisión (Brewer y Wells, 2006). Las personas que afirman con certeza que "Ésa es la persona que lo hizo", pueden no ser más exactas que aquellas que admiten que podrían estar equivocadas. Sin embargo, muchos jurados se inclinan a creer en los testigos que expresan confianza en sus recuerdos.

3. *Conocimiento general sobre un tema.* Las personas que dominan ciertos temas tienen más probabilidades de ser consideradas testigos confiables que las personas que los conocen menos. Por ejemplo, cuando un oficial de policía solicita identificar un vehículo de motor implicado en un crimen, un individuo que conoce los diferentes estilos y modelos de automóviles estará mejor facultado para ofrecer una respuesta confiable que otra persona que sabe poco o nada al respecto (Davies *et al.,* 1996).

4. *Identificación racial.* Por lo general, la gente puede reconocer mejor los rostros de las personas que pertenecen a su propia raza que aquellos de personas de otras razas (Bernstein, Young y Hugenberg, 2007; Goodman *et al.,* 2007). Por lo tanto, los testigos tienen más probabilidades de cometer errores cuando identifican a miembros de otros grupos raciales.

5. *Tipos de preguntas.* Las preguntas tendenciosas o sugestivas formuladas por los investigadores pueden dar como resultado la identificación errónea de los perpetradores, mientras las preguntas abiertas —como: "¿Qué fue lo que usted vio?"— tienden a incrementar la precisión del testimonio presencial (Fruzzetti *et al.,* 1992; Loftus, 1997). Por otra parte, las preguntas abiertas tienden a obtener menos detalles de los testigos.

¿Yo en Disneylandia? ¿Qué hay con eso, viejo? Alrededor de una de cada tres personas a quienes les mostraron un anuncio falso que incluía la fotografía de Bugs Bunny fuera del Magic Kingdom en Disneylandia, dijo después que creía recordar haberse encontrado a Bugs en Disneylandia. No obstante, dicho encuentro no pudo haber ocurrido dado que el personaje de Bugs Bunny es propiedad del rival de Disney, Time Warner. Estos descubrimientos sugieren lo fácil que es crear falsos recuerdos de sucesos.

6. *Características faciales.* Los rostros con características más distintivas tienen más probabilidades de ser reconocidos con precisión que aquellos con características menos distintivas (Wells y Olson, 2003). De igual manera, los rostros muy atractivos o los menos atractivos tienen más probabilidades de ser identificados con exactitud que aquellos de atractivo promedio.

En resumen, no debemos pensar en el cerebro como en una especie de cámara fotográfica mental que almacena imágenes exactas de los sucesos, tal como ocurrieron, en forma de recuerdos. La memoria es un proceso reconstructivo en el cual los fragmentos de la información almacenada se unen, de manera que en ocasiones conducen a un recuerdo distorsionado de los sucesos, a pesar de que la persona pueda estar convencida de que su remembranza es exacta. En la sección "Explore la psicología" analizaremos este tema con más atención al examinar la credibilidad de los recuerdos reprimidos durante mucho tiempo, de experiencias en la infancia que de pronto salen a la luz en la edad adulta.

Explore la psicología

¿Son creíbles los recuerdos recuperados?

La cómoda vida de un ejecutivo de negocios de alto nivel se derrumbó de pronto cierto día, cuando su hija de 19 años lo acusó de haber abusado de ella en varias ocasiones a lo largo de su infancia. El ejecutivo perdió su matrimonio, así como un empleo de 400 000 dólares anuales. No obstante, él se defendió contra esas declaraciones pues insistía en que no eran ciertas. El ejecutivo demandó a los psicoterapeutas de su hija, quienes habían ayudado a la chica a recuperar esos recuerdos. Un jurado falló a favor del ejecutivo y ordenó a los dos psicoterapeutas que le pagaran 500 000 dólares por concepto de daños.

Este caso es sólo uno entre muchos que involucran a adultos que declaran haberse hecho conscientes recientemente de sus recuerdos de abuso sexual durante la infancia. Cientos de personas en todo el país han sido llevadas a juicio sobre las bases de recuerdos recuperados de abuso infantil; muchos de estos casos resultaron en detenciones y largas sentencias en prisión, incluso en ausencia de evidencias que corroboraran el crimen. Con frecuencia, estos recuerdos recuperados ocurren después de un inquisitivo interrogatorio por parte de terapeutas o hipnotistas (Geraerts *et al.*, 2007). El tema de las reminiscencias recobradas aún es debatido con intensidad en el ámbito de la psicología y en la sociedad en general. En el núcleo del debate se encuentra la pregunta "¿Son creíbles los recuerdos recuperados?" Nadie duda de que el abuso sexual infantil sea un problema relevante que confronta a nuestra sociedad. No obstante, ¿los recuerdos recuperados deben considerarse verdades absolutas?

Varias líneas de evidencia nos conducen a cuestionar la validez de aquellos. Las pruebas experimentales demuestran que es posible crear vivencias falsas, en especial, bajo la influencia de preguntas tendenciosas o sugestivas (Gleaves *et al.*, 2004; Kihlstrom, 2004). Los recuerdos de sucesos que nunca ocurrieron pueden crearse y pueden parecer tan genuinos como los reales (Zola, 1999). Más aún, a pesar de que las personas que experimentaron abuso sexual real durante la infancia pueden ser un tanto escuetas en cuanto a los detalles, la falta total de memoria de sucesos traumáticos en la infancia es rara (Bradley y Follingstad, 2001).

CONCEPTO 6.15
La investigación que demuestra que los recuerdos falsos pueden parecer tan verdaderos como los hechos reales, pone en duda la credibilidad de los recuerdos recuperados de abuso infantil.

VÍNCULO DE CONCEPTOS · · · · ·
A pesar de que podemos cuestionar la validez de los recuerdos recuperados de abuso infantil, el abuso sexual o físico en la infancia desempeña una importante función en muchos trastornos psicológicos, como el de identidad disociativa. Consulte el módulo 14.3.

¿Debemos entonces concluir que los recuerdos recuperados son falsos? No necesariamente. Sin embargo, pueden existir tanto los recuerdos falsos como los recuperados verdaderos. Es posible que, de manera súbita, los adultos recobren recuerdos de experiencias de la infancia olvidados durante mucho tiempo, aun recuerdos de abuso (Chu *et al.,* 1999). En todo caso, algunos recuerdos recuperados pueden ser verdaderos; otros, no. Por desgracia, carecemos de las herramientas necesarias para distinguir entre una remembranza verdadera y otra falsa (Cloitre, 2004).

CONCEPTO 6.16
Aunque algunos recuerdos de abuso en la infancia pueden ser genuinos, nos hace falta las herramientas para determinar cuáles son verdaderos.

REVISIÓN DE MÓDULO 6.1　　Recordar

REPASE

¿Cuáles son los procesos y los niveles básicos de la memoria?

- Los tres procesos básicos de la memoria son la codificación (convertir estímulos en una forma que pueda ser almacenada en la memoria), el almacenamiento (retenerlos en la memoria), y la recuperación (acceder a la información almacenada).

- Nosotros codificamos información por medio de códigos acústicos (codificación de sonidos), visuales (codificación de imágenes mentales), y semánticos (codificación de significados). A pesar de que a menudo codificamos la información auditiva de manera acústica, la codificación semántica por lo regular conduce a recuerdos más perdurables.

- Los tres niveles de la memoria son el sensorial (almacenamiento momentáneo de impresiones sensoriales), el de corto plazo (memoria funcional de información que se mantiene en la conciencia hasta por 30 segundos), y el de largo plazo (almacenamiento de largo plazo o permanente de información).

- Un modelo líder de la memoria funcional comprende cuatro subsistemas: *1)* un *loop* fonológico basado en el lenguaje; *2)* un boceto visual-espacial para guardar información visual o espacial; *3)* una memoria intermedia, que es el espacio de trabajo para la memoria funcional, y *4)* un ejecutivo central, el cual coordina a los otros subsistemas y filtra los pensamientos distractores.

- El modelo de la red semántica propone que la información es almacenada en la memoria de largo plazo en redes de conceptos interrelacionados. Mediante un proceso de activación por difusión, el hecho de pensar en un concepto trae a la mente otros relacionados dentro de esa red semántica.

¿Cuáles son los tipos principales de memoria de largo plazo?

- Los dos tipos principales de memoria de largo plazo son la memoria declarativa ("saber qué o eso") y la memoria de procedimientos ("saber cómo").

- La memoria declarativa llega a la mente mediante un esfuerzo consciente, mientras la de procedimientos no requiere esfuerzo consciente.

¿Cuál es la teoría construccionista de la memoria?

- La teoría construccionista sostiene que la memoria es una representación o reconstrucción de las experiencias o sucesos pasados.

¿Qué son los recuerdos de flash?

- Los recuerdos de flash son vívidos, muy detallados y duraderos de sucesos personales o históricos con gran carga emotiva.

¿Cuáles son los factores que influyen en la precisión del testimonios presencial?

- Entre los factores que afectan la precisión de los testimonios presenciales se incluyen la facilidad para recordar, la confianza en la memoria, el conocimiento general sobre el tema, la identificación del mismo grupo racial y la ocurrencia de interrogatorios tendenciosos o sugestivos.

RECUERDE

1. En el modelo de cuatro componentes de la memoria funcional, el _____ _____ sirve como la unidad de control.

2. El tipo de memoria que corresponde a "saber cómo" se llama memoria _____.

3. ¿Cuál de los siguientes complementos no es correcto? La teoría construccionista sugiere que
   a. la recuperación de recuerdos puede no ser exacta
   b. la información se recuerda mejor cuando es consistente con los esquemas de memoria de la persona
   c. el testimonio presencial puede verse influido por la desinformación
   d. los recuerdos de flash son inmunes a la distorsión

4. Una los conceptos de la izquierda con sus descripciones a la derecha:
   i. memoria sensorial
   ii. memoria de corto plazo
   iii. consolidación
   iv. ensayo elaborativo

   a. proceso mediante el cual la memoria de corto plazo se convierte en memoria de largo plazo
   b. también conocida como memoria "funcional"
   c. proceso que utiliza la codificación semántica para transferir la memoria de corto plazo a la memoria de largo plazo
   d. sistema de almacenamiento para recuerdos icónicos y ecoicos volátiles

REFLEXIONE

- ¿Por qué es incorrecto decir que la memoria funciona como una cámara fotográfica mental?

- ¿Cuáles factores influyen en la precisión del testimonio presencial?

MÓDULO 6.2

Olvidar

- ¿Qué es la teoría de la decadencia?
- ¿Qué es la teoría de la interferencia?
- ¿Qué es la teoría de la recuperación?
- ¿Qué es el olvido motivado?

- ¿Cómo se relaciona el recuerdo con los métodos utilizados para medirlo?
- ¿Qué es la amnesia y cuáles son sus causas?

Todo el mundo es olvidadizo. Algunos lo somos más que otros. Pero, ¿por qué olvidamos? ¿Es simplemente que los recuerdos se desvanecen con el paso del tiempo? ¿O existen otros factores que explican el olvido? Las enfermedades cerebrales degenerativas, como la enfermedad de Alzheimer, son una causa de olvido; otra es la amnesia, un trastorno de la memoria que discutiremos al final de este módulo. Sin embargo, nuestro tema principal aquí son los procesos normales del olvido. Revisaremos varias teorías importantes sobre el olvido, y subrayaremos la función de aquellos factores que hacen que recordar la información sea más fácil o difícil. Comenzaremos por la teoría de la decadencia.

CONCEPTO 6.17

La teoría más antigua sobre el olvido, la de la decadencia, podría explicar la pérdida de memoria que ocurre debido al paso del tiempo, pero no puede explicar porqué algunos recuerdos perduran más al paso del tiempo que otros.

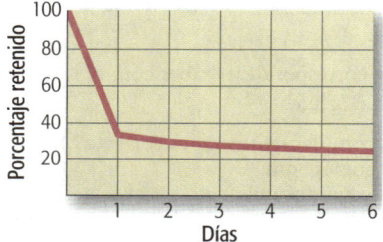

FIGURA 6.9 Curva de olvido de Ebbinghaus
Como demostró Ebbinghaus, el olvido ocurre con más rapidez justo después del aprendizaje y luego disminuye de manera gradual con el paso del tiempo.

teoría de la decadencia Principio del olvido que propone que los recuerdos consisten en rastros que se depositan en el cerebro, y que gradualmente se deterioran y desaparecen con el paso del tiempo (también llamada *teoría de rastros*).

método de ahorro El que se utiliza para probar la retención de recuerdos, y consiste en comparar el número de pruebas necesarias para aprender material con el número de pruebas requeridas, para reaprender el mismo material tiempo después.

efecto de práctica masiva contra espaciada Tendencia de la retención de material aprendido a ser mayor con la práctica espaciada que con la masiva.

Teoría de la decadencia: impresiones que se desvanecen

La creencia en que los recuerdos consisten en rastros que se quedan en el cerebro, y que de manera gradual se deterioran y desaparecen con el paso del tiempo data de la época de los antiguos filósofos griegos, hace más de 2 500 años. Esta teoría del olvido, ahora conocida como **teoría de la decadencia** (también llamada *teoría de rastros*) fue apuntalada por los primeros estudios experimentales conducidos por uno de los fundadores de la psicología experimental, Hermann Ebbinghaus (1850-1909).

Ebbinghaus condujo trabajos experimentales pioneros en el estudio de la memoria. Sin maestro alguno ni afiliación universitaria, sin laboratorio ni certificados profesionales, él prosiguió, a pesar de todas las dificultades, con el estudio científico de los procesos de la memoria por su propia cuenta y consigo mismo como sujeto de estudio. La historia de Ebbinghaus demuestra que la adopción del método científico, no las afiliaciones ni los certificados profesionales, es la clave para ampliar el conocimiento científico.

Para estudiar los procesos de la memoria y el olvido, Ebbinghaus sabía que tenía que eliminar cualesquiera asociaciones previas con el material a ser recordado. Por lo tanto, ideó un método para probar la memoria que empleaba sílabas sin sentido (combinaciones de letras que no significan nada), como *nuz* y *lef* (Ebbinghaus, 1885). Él se presentaba estas listas de sílabas a sí mismo y determinaba el número de intentos que le tomaba recordarlas a la perfección. Después se sometía a prueba una vez más tras diferentes intervalos para averiguar cuánto olvidaba con el paso del tiempo. Los resultados mostraron un descenso en la memoria que desde entonces se conoce como la *curva de olvido de Ebbinghaus* (consulte la figura 6.9). El olvido ocurría muy rápido unas cuantas horas después del aprendizaje, y luego disminuía de manera gradual. Tal parecía que los recuerdos sólo desaparecían con el paso del tiempo. Al final del primer día, 66% de la información se había perdido y, después de un mes, casi 80% había desaparecido (Rupp, 1998).

Ebbinghaus también empleó un **método de ahorro** para probar su retención de memoria. Primero, él contaba el número de intentos necesarios para ensayar una lista de sílabas sin sentido a fin de guardarlas en la memoria. Luego, contaba el número de veces que necesitaba para reaprenderse la lista después de transcurrido determinado periodo. Si necesitaba 10 repeticiones para aprenderse la lista la primera vez y cinco en la segunda ocasión, el ahorro era de 50%.

Los investigadores de la memoria reconocen que, cuando la gente intenta memorizar información, por lo general, retiene más datos cuando separa sus sesiones de estudios que cuando se satura de estudio en un solo día (Cepeda *et al.*, 2006). Una razón que explica este efecto, llamada **efecto de práctica masiva contra espaciada**, es que la práctica masiva, o saturada, causa una fatiga mental que interfiere con el aprendizaje y la retención. Una implicación práctica de este efecto puede ser obvia: cuando estudie para sus exámenes, no se sature; por el contrario, separe sus sesiones de estudios.

Una de las principales debilidades de la teoría de la decadencia del olvido es que no explica la disparidad con la cual la memoria disminuye con el paso del tiempo. Algunos recuerdos permanecen bien conservados con el paso del tiempo, mientras otros se desvanecen con rapidez. La teoría de la decadencia podría explicar la pérdida de la memoria debido al paso del tiempo; pero otros factores, como la insignificancia del material, influyen también en el olvido. Ebbinghaus estudió la retención de sílabas sin sentido, pero, si examinamos la apropiación de información más significativa, como la poesía o la prosa, encontramos una pérdida de memoria más gradual con el paso del tiempo, pues con otros contenidos significativos como importantes sucesos históricos, conocimientos específicos relacionados con el trabajo y datos personales, como la fecha de nacimiento y las escuelas a las cuales asistimos, poco o nada se olvida con el paso del tiempo. A continuación, analizaremos la función de la interferencia, otro factor que ayuda a explicar el olvido (Wixted, 2005).

Teoría de la interferencia: cuando aprender más conduce a recordar menos

Es probable que usted ya haya olvidado lo que cenó la noche del miércoles de la semana pasada. La razón de su olvido, de acuerdo con la teoría de la interferencia, es la interferencia de recuerdos de cenas que precedieron y siguieron a esa cena en particular. Por otra parte, es poco probable que usted olvide el día de su boda porque es muy distinto a cualquier otro día de su vida (excepto, quizá, para aquellas personas que han caminado varias veces por el pasillo central). La **teoría de la interferencia** ayuda a explicar porqué algunos sucesos pueden ser olvidados con facilidad mientras otros permanecen vívidos toda la vida. Mientras mayor sea la semejanza entre sucesos, mayor será el riesgo de interferencia. Existen también dos tipos generales de interferencia: la *retroactiva* y la *proactiva*.

La que ocurre después de que el material es aprendido, pero antes de ser recordado se llama **interferencia retroactiva**. Tal vez haya descubierto que el material que aprendió en su clase de las nueve de la mañana, el cual le parecía tan claro cuando salió del aula, pronto comenzó a desaparecer una vez que comenzó a absorber información en la siguiente clase. En efecto, los recuerdos nuevos interfieren de manera retroactiva con los inestables recuerdos previos que aún se encuentran en el proceso de consolidación de la memoria (Wixted, 2004).

La **interferencia proactiva**, por su parte, es causada por la influencia del material aprendido con anterioridad. Debido a la interferencia proactiva, es probable que tenga dificultades para recordar un nuevo código de área (usted aún marca el anterior por error), o puede olvidarse de cambiar el año cuando elabora cheques al principio de un año nuevo. La figura 6.10 ilustra la interferencia retroactiva y proactiva.

Hermann Ebbinghaus

💡 **CONCEPTO 6.18**
La teoría de la interferencia propone que los recuerdos almacenados en la memoria de corto o largo plazos pueden ser hechos a un lado por otros recuerdos.

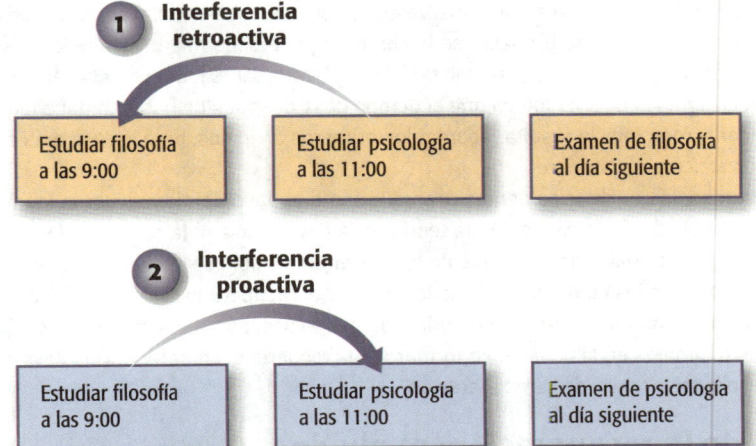

FIGURA 6.10   Interferencia retroactiva y proactiva
En la interferencia retroactiva, el aprendizaje nuevo (la psicología en el primer ejemplo) interfiere con el recuerdo del material aprendido antes (filosofía). En la proactiva, los contenidos aprendidos antes (filosofía en el segundo ejemplo) interfieren con el recuerdo del material más reciente (psicología).

teoría de la interferencia Creencia en que el olvido es el resultado de la interferencia de los recuerdos entre sí.

interferencia retroactiva Proceso en el cual la información de reciente adquisición obstaculiza la retención de material aprendido previamente.

interferencia proactiva Injerencia en la cual el material aprendido antes impide la retención de información de reciente adquisición.

¡Pero me acordé del brócoli! Este hombre recordó el brócoli que su esposa le pidió comprar en la tienda, pero olvidó el atún. Con base en sus conocimientos sobre el efecto de posición serial, ¿por qué supone usted que él recordó el brócoli pero no el atún?

💡 **CONCEPTO 6.19**
El efecto de posición serial explica porqué tenemos más probabilidades de olvidar los objetos que están en medio de una lista que aquellos que se encuentran al principio o al final.

sobreaprendizaje Práctica repetida más allá del punto necesario para reproducir un material sin error alguno.

efecto de posición serial Tendencia a recordar mejor los conceptos al principio o al final de una lista que los que están en medio de la misma.

efecto de primacía Tendencia a recordar mejor un tema cuando es aprendido primero.

efecto de lo reciente Tendencia a recordar mejor los conceptos que son aprendidos al último.

teoría de recuperación Creencia en que el olvido es resultado de una falla en el acceso a los recuerdos almacenados.

A pesar de que cierto grado de interferencia es inevitable, podemos realizar determinadas acciones para minimizar sus efectos destructivos:

- *Duerma después de aprender.* ¿Desea mejorar su capacidad para recordar un material de reciente aprendizaje? Duerma después de aprender. Los investigadores creen que el sueño mejora el aprendizaje y la memoria al ayudar a convertir los frágiles recuerdos nuevos en recuerdos más duraderos (Gómez, Bootzin y Nadel, 2006). En un estudio reciente, los participantes que aprendieron una lista de palabras y pudieron dormir poco después, lograron recordar mejor la lista que aquellos que permanecieron despiertos (Ellenbogen *et al.*, 2006). Aprender información nueva y luego dormir puede ayudarlo a retener un porcentaje mayor de la información que aprendió.

- *Ensaye los recuerdos recientes.* Los recuerdos nuevos de largo plazo son frágiles. La práctica o el ensayo de los recuerdos recientes, en voz alta o en silencio, pueden fortalecerlos y hacerlos más resistentes a los efectos de la interferencia. La práctica repetida más allá del punto necesario para reproducir el material sin error alguno se llama **sobreaprendizaje**. Aplique este principio para ayudarse a asegurar la retención mediante ensayo del material de reciente aprendizaje, cuando menos dos veces más allá del punto de competencia mínima.

- *Concédase un respiro.* Intente no programar una clase justo después de otra. Conceda tiempo a sus recuerdos recientes para que se consoliden en su cerebro.

- *Evite el estudio secuencial de material similar.* Intente no estudiar material que sea similar en contenido, uno tras otro; por ejemplo, evite programar una clase de francés después de una de italiano.

La interferencia podría explicar el **efecto de posición serial**, que es la tendencia a recordar el primero y el último artículo de una lista, como una lista de compras, mejor que aquellos que se encuentran en la mitad de la misma. Los desafortunados artículos del medio son olvidados con frecuencia. En un estudio en el cual se solicitó a los participantes que nombraran a los últimos presidentes de Estados Unidos en orden, tuvieron más probabilidades de cometer errores en la mitad de la lista que al principio o al final de la misma (Storandt, Kaskie y Von Dras, 1998). Los efectos de posición serial influyen tanto la memoria de corto plazo como la de largo plazo.

La interferencia es la posible responsable de los efectos de posición serial. Los artículos compiten uno con otro en la memoria y la interferencia es mayor en medio de una lista que al principio o al final de la misma. Por ejemplo, en una lista de siete artículos, el cuarto de éstos puede interferir con el artículo que lo precede y con el que lo sigue. Sin embargo, esta intromisión es menor para el primero y el último artículo: para el primero, porque ningún otro artículo lo precede; para el último, porque ningún otro artículo lo sigue. La tendencia a recordar mejor los artículos cuando son aprendidos primero se conoce como **efecto de primacía** (Davelaar *et al.*, 2005).

La tendencia a recordar mejor los artículos cuando son aprendidos al final se llama **efecto de lo reciente**. A medida que se incrementa el tiempo que pasa entre el periodo de estudio y el de exámenes, los efectos de primacía se hacen más poderosos mientras que los efectos de lo reciente se vuelven más débiles (Knoedler, Hellwig y Neath, 1999). Este cambio entre lo reciente y la primacía significa que, a medida que el tiempo pasa después de haber almacenado una lista en su memoria, más fácil le resulta recordar los primeros artículos, pero le será más complicado recordar los artículos posteriores.

En resumen, las evidencias demuestran que tanto el paso del tiempo como la interferencia contribuyen al olvido. Sin embargo, ni la teoría de la decadencia ni la de la interferencia pueden determinar si el material olvidado se pierde en la memoria o sólo se vuelve más difícil de recuperar. Cierta porción de los contenidos olvidados puede ser recuperado si los sujetos reciben claves de recuperación para estimular su memoria, como la exposición a estímulos asociados con las situaciones originales en las cuales se formaron los recuerdos. Lo anterior nos lleva a un tercer modelo del olvido: la teoría de la recuperación.

Teoría de la recuperación: el olvido como una falla en la recuperación

La **teoría de la recuperación** propone que el olvido es el resultado de una falla en el acceso a los recuerdos almacenados. Consideremos dos vías principales en las cuales el proceso de recuperación puede complicarse: la *falla en la codificación* y la *carencia de claves de recuperación*.

Intente lo siguiente

¿Cómo luce una moneda de un centavo de dólar?

¿Qué tanto recuerda usted las características de una moneda de un centavo de dólar, la más común de las monedas? Los investigadores Raymond Nickerson y Marilyn Jager Adams (1979) decidieron averiguarlo. Ellos mostraron a los sujetos de estudio una disposición de ilustraciones de una moneda de un centavo de dólar, sólo una de las cuales era correcta. Menos de la mitad de sus sujetos fue capaz de elegir la correcta. Sin mirar las monedas de su cartera, ¿puede usted distinguir cuál ilustración de una moneda de un centavo de dólar en la figura 6.11 es la correcta? La respuesta aparece en la página 241.

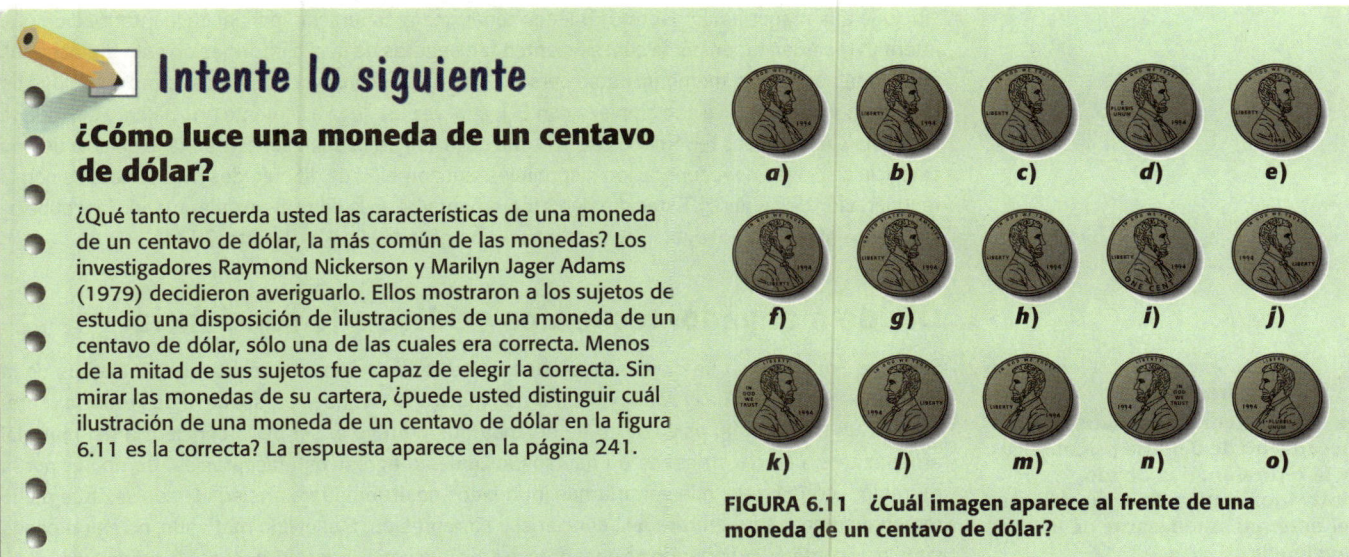

FIGURA 6.11 ¿Cuál imagen aparece al frente de una moneda de un centavo de dólar?

Falla en la codificación: ¿qué imagen aparece en la parte trasera de una moneda de cinco centavos de dólar?

No podemos recuperar recuerdos si éstos nunca fueron codificados, en primer lugar (consulte "Intente lo siguiente" en esta página). La falla en la codificación explicaría porqué es frecuente que algunas personas no puedan recordar detalles de objetos comunes que utilizan todos los días. Por ejemplo, ¿sabe cuál imagen aparece en la parte trasera de una moneda de cinco centavos de dólar? Antes de que rebusque en sus bolsillos, permítame decirle que se trata de la imagen de Monticello, el hogar de Thomas Jefferson, cuya imagen aparece en la cara de la moneda. Es probable que haya mirado esa imagen de Monticello incontables veces, pero nunca la llevó a la memoria porque no la codificó. Tendemos a codificar sólo tanta información como necesitamos saber (Rupp, 1998). Dado que no necesitamos codificar más detalles específicos de una moneda de uno o de cinco centavos para reconocerlas o utilizarlas de manera apropiada, dicha información puede no estar codificada y, por lo tanto, no puede ser recuperada.

Tendemos a recordar mejor aquellos sucesos que sobresalen. Es más probable que usted recuerde su primera cita que la vigésima tercera. También tiene más probabilidades de recordar sucesos que ocurrieron de manera irregular (p. e., visitas al médico debido a una lesión) que los eventos que ocurren con regularidad (p. e., consultas al especialista en alergias). Por lo regular, los sucesos que son similares son codificados en términos de sus características comunes en vez de por sus características distintivas (Conrad y Brown, 1996). Dado que los acontecimientos semejantes tienden a ser codificados de maneras parecidas, se vuelve más difícil recuperar recuerdos de los sucesos específicos.

Carencia de claves de recuperación: ¿cómo se llama?

La información puede ser codificada en la memoria, pero permanece inaccesible debido a una carencia de claves de recuperación apropiadas. Una dificultad común, y a menudo penosa con la recuperación de recuerdos, es acordarse de los nombres propios. Éstos no tienen asociaciones acumuladas; no existen claves de recuperación convenientes o "palancas" que puedan ser utilizadas para distinguir entre las numerosas Mónica y Susana y los numerosos David y Javier del mundo. La carencia de claves de recuperación puede explicar una experiencia común llamada **fenómeno de la punta-de-la-lengua**, en el cual la información parece encontrarse en esa parte de la boca de la persona, pero lejos de su alcance. Si alguna vez se ha sentido frustrado al intentar recordar algo que está seguro de saber, pero tal parece que no puede traerlo a su mente, usted ha experimentado el fenómeno de la-punta-de-la-lengua. Las personas que experimentan este fenómeno

CONCEPTO 6.20
La recuperación de la memoria puede verse afectada por una falla en la codificación de información y por una carencia de claves de recuperación para acceder a los recuerdos almacenados.

CONCEPTO 6.21
Un problema común con la recuperación de recuerdos involucra al fenómeno de la-punta-de-la-lengua, que es la experiencia de sentir que usted sabe algo, pero tal parece que no puede traerlo a la mente.

fenómeno de la-punta-de-la-lengua (TOT, por sus siglas en inglés) Experiencia en la cual las personas están seguras de saber algo, pero no parecen poder recordarlo.

(incluye a la mayoría de nosotros) pueden tener una recuperación parcial de la información que intentan recordar, razón por la cual se sienten tan seguras de que la información está almacenada en alguna parte de la memoria. Estas personas pueden recordar las primeras letras o sonidos de la palabra o nombre ("Sé que empieza con *B*"), o tal vez les llega a la mente una palabra que suena de forma parecida. Los fenómenos de la punta de la lengua pueden ser el resultado no sólo de una carencia de claves de recuperación disponibles sino también de dificultades más generales con la recuperación de palabras. Éstas tienden a incrementarse en la edad avanzada, cuando la recuperación de palabras, por lo regular, se vuelve más complicada (Burke y Shafto, 2004).

Olvido motivado: recuerdos ocultos a la conciencia

Sigmund Freud creía que ciertos recuerdos no se olvidan sino que se mantienen ocultos de la conciencia por medio de la **represión** u olvido motivado. Desde la perspectiva de Freud, la represión es un mecanismo psicológico de defensa que protege al ser de la conciencia del material amenazante, como los deseos o impulsos sexuales o agresivos inaceptables. De no ser por la represión, creía Freud, nos sentiríamos inundados de abrumadora ansiedad cada vez que dicho material amenazante entrara a la conciencia. La represión, o el olvido motivado, no es un olvido simple; el contenido reprimido no desaparece sino que permanece en la mente inconsciente, oculto a la conciencia.

El concepto de Freud de la represión no explica el olvido ordinario, es decir, el tipo de olvido que ocurre cuando usted intenta retener la información que lee en su libro de texto de psicología, para emplear un ejemplo conveniente. Otro problema con este concepto es que la gente que está traumatizada debido a una violación, un combate o un desastre natural, como un terremoto o una inundación, tiende a retener recuerdos vívidos, aunque un tanto fragmentados de dichas experiencias. Con frecuencia les resulta difícil sacar esos sucesos tan angustiantes de su mente, lo cual es justo lo opuesto de lo que podríamos esperar de la tesis de Freud sobre la represión. Más aún, dado que ésta opera de forma inconsciente, podemos carecer de los medios directos para probarla en términos científicos. Sin embargo, muchos investigadores de la memoria, incluso un panel de expertos reunido por la American Psychological Association, creen que la represión puede ocurrir (Willingham, 2007).

Medición de la memoria: cómo se mida puede determinar cuánto se recuerde

Los estudiantes que pueden elegir, por lo general prefieren las preguntas de opción múltiple a aquellas que requieren un ensayo por escrito. ¿Por qué? La respuesta está relacionada con las diferentes maneras como se mide la memoria.

Los métodos empleados para medirla pueden ejercer una importante influencia en qué tan capaz es usted de recordar información almacenada en su memoria. En una **tarea de recordar**, como una pregunta de ensayo, se le solicita reproducir información que usted ya ha almacenado en su memoria. Existen tres tipos básicos de tareas de recordar. En el *recuerdo libre* se le solicita traer a la mente tanta información como pueda en el orden que desee (p. e., nombrar al azar a los jugadores iniciales del equipo de básquetbol de su universidad). En una *tarea de recuerdo serial* se le solicita rememorar una serie de objetos o números en un orden particular (p. e., recitar un número telefónico). En el *recuerdo de pares asociados,* primero se le pide memorizar parejas de objetos, como pares de palabras no asociadas, por ejemplo, *zapato-crayón* y *gato-teléfono*. Después se le presenta un objeto de cada par, como la palabra *zapato*, y se le pide recordar el objeto con el cual dicha palabra estaba asociada *(crayón)*. Si alguna vez ha presentado un examen de otro idioma en el cual se le presentaba una palabra en español y se le pidió responder la palabra extranjera para ésta, usted ya sabe lo que es una tarea de pares asociados.

En una **tarea de reconocimiento** se le pide elegir la respuesta correcta de entre un rango de alternativas de respuestas. Las pruebas de memoria de reconocimiento, como los exámenes de opción múltiple, por lo general, producen una recuperación mucho mayor que aquella de memoria de recuerdo, en gran medida porque las pruebas de reconocimiento brindan claves de recuperación. Usted tiene más probabilidades de recordar el nombre del autor de *Moby Dick* si ve el nombre de dicho autor entre un grupo de respuestas de opción múltiple que si se le solicita responder una

---

CONCEPTO 6.22
En la teoría freudiana, el mecanismo de defensa psicológica de la represión, o el olvido motivado, implica la desaparición del material amenazante de la conciencia.

CONCEPTO 6.23
Los métodos utilizados para medir la memoria, como las tareas de recordar y las tareas de reconocimiento, afectan la cantidad de recuerdos que podemos evocar.

represión   En la teoría freudiana, tipo de mecanismo de defensa que implica el olvido motivado de pensamientos o sentimientos que evocan ansiedad.

tarea de recordar   Labor de memoria, como una prueba de ensayo, que requiere la recuperación de información almacenada con mínimas claves disponibles.

tarea de reconocimiento   Método para medir la retención de memoria que evalúa la capacidad para seleccionar la respuesta correcta entre un rango de respuestas alternativas.

tarea completa de recordar, como llenar los espacios en blanco, en la cual se le pida insertar el nombre del autor (Herman Melville, en caso de que no lo recuerde).

Amnesia: nuestros recuerdos perdidos o nunca ganados

Un estudiante de medicina es trasladado en ambulancia al hospital después de caer de su motocicleta y sufrir un golpe en la cabeza. Sus padres se apresuran a llegar a su lado y se mantienen a la espera hasta que él recupera la conciencia. Por fortuna, no está inconsciente durante mucho tiempo. Mientras sus padres le explican lo que le ha sucedido, su esposa irrumpe en la habitación del hospital, arroja los brazos alrededor de su cuello y expresa su gran alivio al ver que no tiene heridas de gravedad y que está vivo. Cuando su esposa, con quien contrajo nupcias apenas unas cuantas semanas atrás, sale de la habitación, el estudiante de medicina se vuelve hacia su madre y le pregunta: "¿Quién es ella?" (citado en Freemon, 1981, p. 96).

¿Cómo podemos explicar esta grave pérdida de la memoria? El estudiante de medicina sufrió un tipo de **amnesia**, o pérdida de la memoria. El término *amnesia* se deriva de las raíces griegas *a* ("no") y *mnasthai* ("recordar").

Tipos de amnesia

El estudiante de medicina sufrió **amnesia retrógrada**, o pérdida de la memoria de sucesos pasados (Riccio, Millin y Gisquet-Verrier, 2003). Un jugador de fútbol americano que queda inconsciente a causa de un golpe en la cabeza puede no recordar nada más allá de haberse puesto el uniforme en el vestidor. Un boxeador noqueado en el cuadrilátero posiblemente no recuerde la pelea. Un golpe en la cabeza tal vez interfiera en la consolidación de la memoria, el cual, según señalamos en el módulo 6.1, es el proceso de convertir los recuerdos inestables de la memoria de corto plazo en recuerdos estables y duraderos. Cuando este proceso es interrumpido, los recuerdos de los sucesos que ocurren previos al momento de la interrupción pueden perderse de manera permanente. Algunos casos van más allá de las dificultades con la consolidación de los recuerdos. La pérdida de la memoria del estudiante de medicina se extendió más allá del momento de su lesión en la cabeza hasta antes de haber conocido a su esposa. En dichos casos, se pierden grandes fragmentos de memoria. Sin embargo, por lo general, los recuerdos recientes son más susceptibles a la amnesia retrógrada que los sucesos de épocas previas. En otra forma pérdida de memoria, la **amnesia anterógrada**, la gente no puede formar o almacenar recuerdos nuevos o tiene dificultades para lograrlo.

CONCEPTO 6.24

Existen dos tipos generales de amnesia: la retrógrada (pérdida de la memoria de sucesos pasados) y la anterógrada (pérdida o desajuste en la capacidad para formar o almacenar nuevos recuerdos).

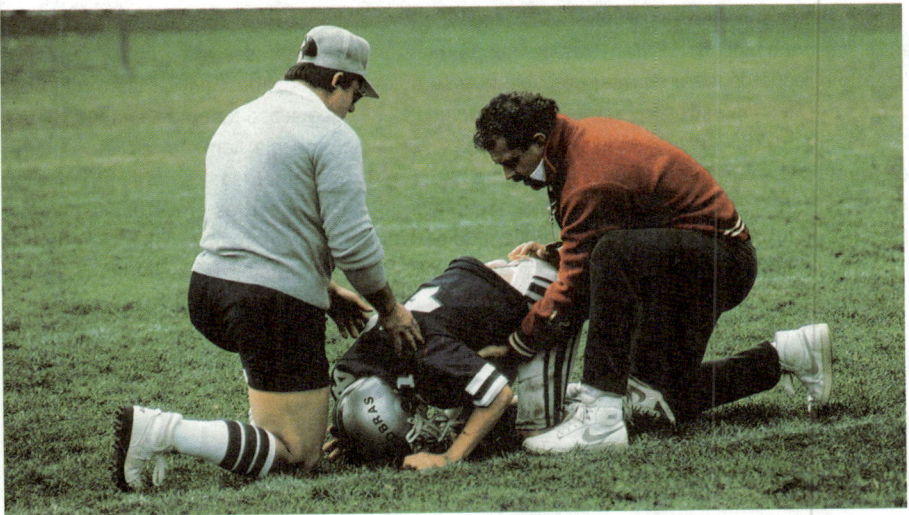

Amnesia A menudo la amnesia es causada por una lesión traumática en el cerebro, como un golpe fuerte en la cabeza. Este jugador de fútbol americano quedó inconsciente, y puede no recordar nada del partido en el cual fue golpeado u otros sucesos que precedieron a dicho partido.

amnesia Pérdida de la memoria.
amnesia retrógrada Pérdida de memoria de sucesos pasados.
amnesia anterógrada Pérdida o desajuste en la capacidad para formar o almacenar nuevos recuerdos.

	Concepto	Descripción	Ejemplo
Teorías sobre el olvido	Teoría de la decadencia	Desaparición gradual de los rastros de los recuerdos como función del tiempo	Los hechos que usted aprendió en la escuela se desvanecen de la memoria de manera gradual con el paso del tiempo
	Teoría de la interferencia	Falla de la memoria causada por interferencia del material aprendido antes o después	Después de escuchar su lección de biología, usted olvida lo que aprendió en la clase de química una hora antes
	Teoría de la recuperación	Imposibilidad de acceder al material almacenado en la memoria debido a una falla en la codificación o a una carencia de claves de recuperación	Usted tiene dificultades para recordar algo que sabe que está almacenado en su memoria
	Represión (olvido motivado)	Represión de material que provoca ansiedad	No puede recordar una experiencia traumática de su infancia
Métodos de medición	Tareas de recordar	Pruebas de la capacidad para reproducir información almacenada en la memoria	Usted recita un número telefónico, las capitales de los estados
	Tareas de reconocimiento	Pruebas de la capacidad para reconocer material almacenado en la memoria	Reconoce la respuesta correcta en una pregunta de opción múltiple
Tipos de amnesia	Amnesia retrógrada	Pérdida de la memoria de sucesos pasados	Después de sufrir un fuerte golpe en la cabeza en un accidente automovilístico, usted es incapaz de recordar los detalles del accidente
	Amnesia anterógrada	Pérdida o dificultad en la capacidad para formar o almacenar recuerdos nuevos	Debido a un trastorno cerebral, le resulta difícil retener información nueva

En general, la amnesia implica un desajuste en la memoria episódica (memoria de experiencias personales). Los pacientes amnésicos, por lo común, retienen la memoria de procedimientos, que es la forma automática de los recuerdos a los cuales recurrimos cuando realizamos tareas mecánicas, como atarnos las correas de los zapatos o freír un huevo. La retención de la memoria de procedimientos frente a la pérdida de la memoria episódica en los pacientes amnésicos, los lleva a pensar que diferentes sistemas de memoria en el cerebro pueden ser responsables de estas dos categorías.

Formulemos ahora una pregunta más personal: ¿Recuerda usted su segunda fiesta de cumpleaños: los globos, el pastel, su mamá o su papá mientras tomaban esas fotografías? Quizá usted crea que recuerda, pero es muy probable que su memoria lo engañe. Guardamos muy pocos recuerdos previos a nuestros tres años y medio de edad, si es que acaso tenemos algunos (Bauer, 2007; Bauer *et al.*, 2007; Fivush y Nelson, 2004). Esta forma de amnesia, llamada **amnesia infantil**, es un proceso muy normal de desarrollo. Se han propuesto numerosas teorías para explicar la amnesia infantil. Un enfoque contemporáneo sugiere que los recuerdos preverbales —los recuerdos formados antes del desarrollo del lenguaje— no están bien organizados en el cerebro. Por lo tanto, resulta difícil recuperarlos por medio del sistema de memoria verbal, o basado en el lenguaje, que por lo regular se forma entre los dos y tres años. Otra posibilidad es que las estructuras cerebrales necesarias para formar recuerdos perdurables no maduran sino hasta que el niño cumple dos o tres años.

Causas de la amnesia

Las causas de la amnesia pueden ser físicas o psicológicas. Las primeras abarcan fuertes golpes en la cabeza, enfermedades cerebrales degenerativas (como la enfermedad de Alzheimer; consulte el capítulo 10), el bloqueo de los vasos capilares hacia el cerebro, enfermedades infecciosas y alcoholismo crónico. La detección y el tratamiento oportuno para la condición física subyacente son cruciales, ya que la amnesia puede responder al tratamiento médico apropiado.

amnesia infantil Incidencia normal de amnesia sobre sucesos ocurridos durante la infancia y los primeros años de la niñez.

amnesia disociativa Forma de amnesia con base psicológica que implica la "separación" de recuerdos de experiencias traumáticas o conflictivas.

La pérdida de memoria debida a causas psicológicas se llama **amnesia disociativa**. *Disocia-ción* significa "separación". Los recuerdos de una experiencia traumática pueden "disociarse" (se-pararse) de la conciencia, lo cual produce una forma de amnesia para sucesos ocurridos durante un periodo específico (consulte el capítulo 14). Estos sucesos pueden ser demasiado conflictivos a nivel emocional para ser experimentados de forma consciente; pueden provocar demasiada an-siedad o culpa. Un soldado puede tener un recuerdo muy difuso de los horrores que experimentó en el campo de batalla, y no recordar detalle alguno de cuando su compañero fue asesinado; sin embargo, sus recuerdos de otros sucesos pasados pueden permanecer intactos. Es muy raro el tipo de amnesia disociativa que ha inspirado muchas series televisivas; el tipo en el cual los per-sonajes olvidan su vida entera: quiénes son, dónde viven, etcétera.

La tabla de conceptos 6.2 ofrece un panorama de los conceptos claves del olvido.

REVISIÓN DE MÓDULO 6.2   Olvidar

REPASE

¿Qué es la teoría de la decadencia?

- Es la que sostiene que el olvido es el resultado del deterioro gradual de los rastros de los recuerdos en el cerebro.

¿Qué es la teoría de la interferencia?

- Es la creencia en que el olvido es el resultado de la interfe-rencia de los recuerdos entre sí. En la llamada retroactiva, la información de reciente adquisición interfiere con la reten-ción del material aprendido antes. En la proactiva, el material aprendido antes interfiere con la retención del material de reciente adquisición.

¿Qué es la teoría de la recuperación?

- La que afirma que el olvido es el resultado de una falla en el acceso a los recuerdos almacenados.

¿Qué es el olvido motivado?

- El olvido motivado, o la represión, es la creencia freudiana en que la gente borra de la atención consciente los impulsos y los deseos conflictivos en términos emocionales.

¿Cómo se relaciona el recuerdo con los métodos utilizados para medirlos?

- Las tareas de reconocimiento (como las preguntas de opción múltiple) por lo general producen una mejor recuperación de memoria que las pruebas de recordar (recuerdo libre, recuerdo serial o recuerdo de pares asociados) porque brindan más cla-ves de recuperación que ayudan a estimular la memoria.

¿Qué es la amnesia y cuáles son sus causas?

- La amnesia, o la pérdida de la memoria, puede ser causada por factores psicológicos o factores físicos, como las enfermedades cerebrales degenerativas y el trauma cerebral. Existen dos tipos generales de amnesia: la retrógrada y la anterógrada.

RECUERDE

1. De acuerdo con la teoría de la decadencia de la memoria,
   a. los tipos similares de experiencias bloquean los recuer-dos de un suceso determinado
   b. los recuerdos son reprimidos o se mantienen ocultos a la atención consciente
   c. los rastros de los recuerdos en el cerebro se desvanecen o desaparecen con el paso del tiempo
   d. las claves distintivas de la memoria no son codificadas o no están disponibles

2. El tipo de interferencia que explica porqué puede usted olvidar cambiar el año cuando elabora cheques al principio de un año nuevo se llama interferencia _____.

3. ¿Cuál de las siguientes opciones no es una manera útil de reducir los efectos de la interferencia en la memoria?
   a. Evitar el sobreaprendizaje
   b. Estudiar material justo antes de irse a dormir
   c. Ensayar o practicar material una y otra vez
   d. Evitar el estudio de contenido similar de manera simultánea

4. En lo que se refiere a recordar lo que ha aprendido, la prác-tica _____ es preferible a la práctica _____.

5. La pérdida de la memoria en la cual se olvidan las experien-cias antiguas se conoce como
   a. amnesia disociativa
   b. amnesia retrógrada
   c. amnesia retroactiva
   d. amnesia anterógrada

REFLEXIONE

- ¿Alguna vez ha vivido experiencias de la-punta-de-la-lengua? ¿En algún momento fue capaz de recuperar el recuerdo que buscaba? Si así fue, ¿cómo pudo usted recuperar dicho recuerdo?

- ¿Por qué no es buena idea aplicar el principio de "práctica masiva" cuando se prepara para sus exámenes? ¿Qué técnica de estudio tiene mayores probabilidades de ser más eficaz?

- ¿Qué sugerencias ofrecería usted a un compañero estudiante para ayudarlo a evitar los destructivos efectos de la interferen-cia retroactiva y proactiva?

La biología de la memoria

- ¿Dónde se almacenan los recuerdos en el cerebro?
- ¿Cuál es la función del hipocampo en la memoria?
- ¿Qué es la potenciación a largo plazo y cuál es la función que los científicos creen que desempeña en la formación de la memoria?
- ¿Qué es lo que los científicos han descubierto acerca de las bases genéticas de la memoria?

¿Cómo se forman los recuerdos en el cerebro? ¿Dónde se almacenan? La investigación de vanguardia ha comenzado a responder estas y otras preguntas que muestran los cimientos biológicos de la memoria. En este módulo examinaremos lo que en la actualidad se sabe acerca de dichos fundamentos.

Estructuras cerebrales en la memoria: ¿dónde residen los recuerdos?

El psicólogo Karl Lashley (1890-1958) invirtió gran parte de su carrera en intentar rastrear el evasivo **engrama**, que es el término que él utilizó para describir un rastro físico o grabado en el cerebro donde creía que está almacenada la memoria. Una rata que aprende a recorrer un laberinto, por ejemplo, debía tener un engrama en alguna parte de su cerebro que contuviera un rastro del recuerdo de la ruta correcta que conducía a la salida o a la caja de alimento de la meta.

Lashley invirtió años en entrenar ratas para que recorrieran laberintos, después les extirpaba quirúrgicamente ciertas partes de la corteza cerebral y las sometía de nuevo a prueba para averiguar si sus recuerdos de los laberintos permanecían intactos. Su razonamiento le indicaba que si la extirpación quirúrgica de una parte de la corteza cerebral borraba determinado recuerdo, esa zona debía ser el sitio donde ese recuerdo en particular estaba almacenado. A pesar de los agotadores años de investigación, Lashley descubrió que las ratas aún recorrían los laberintos que antes se habían aprendido, sin importar las partes de la corteza cerebral que él había extirpado. Simplemente, las ratas no olvidaban. Entonces concluyó que los recuerdos no se albergan en ninguna estructura cerebral específica sino que deben estar esparcidos por todo el cerebro.

Redes neuronales: el circuito de la memoria

En la actualidad, los investigadores creen que los recuerdos no están grabados en células cerebrales específicas sino, por el contrario, que están almacenados en el intrincado circuito de constelaciones de neuronas en el cerebro, llamadas **redes neuronales** (también llamadas *redes neurales*), en especial en la corteza cerebral (Matsumoto, Suzuki y Tanaka, 2003; Ojemann *et al.*, 2002). Las bases bioquímicas de cómo estos circuitos crean recuerdos están más allá de nuestra comprensión. Los científicos de la memoria piensan que ésta es la forma como la información es codificada, almacenada y recuperada por dichos circuitos o redes neuronales. En términos más sencillos, el circuito es la memoria (Thompson, 2005). Según este enfoque, el acto de recordar implica la activación del circuito cerebral específico donde está codificado el recuerdo.

El hipocampo: un compartimiento de almacenamiento para la memoria

El hipocampo, una estructura con forma de caballito de mar en el prosencéfalo, es esencial para formar nuevos recuerdos de sucesos e información general (memoria semántica) y también de experiencias de la vida (memoria episódica) (Grove, 2008; McHugh *et al.*, 2007; Miller, 2007b). Sin embargo, el hipocampo no parece tener relevancia en la memoria de procedimientos, a la cual recurrimos cuando montamos en bicicleta o cuando utilizamos herramientas. El hipocampo tampoco parece ser el destino final de los recuerdos nuevos. En lugar de ello, puede ser un compartimiento

CONCEPTO 6.25
Los recuerdos están almacenados en complejas redes de células cerebrales interconectadas llamadas redes neuronales.

CONCEPTO 6.26
Una lesión en el hipocampo puede impedir la formación de nuevos recuerdos, de tal manera que usted puede no ser capaz de recordar a una persona a quien acaba de conocer.

VÍNCULO DE CONCEPTOS • • • • •
El hipocampo desempeña una función importante en el recuerdo del contexto donde fueron experimentadas respuestas de temor. Consulte el módulo 8.3.

engrama   Término de Lashley para designar el rastro físico o grabado de un recuerdo en el cerebro.

redes neuronales   Circuitos de memoria en el cerebro que consisten en complicadas redes de células nerviosas.

de almacenamiento temporal para guardar recuerdos nuevos, quizá durante semanas o meses, antes de ser archivados en la corteza cerebral o en otras partes del cerebro para un almacenamiento a largo plazo.

Si usted sufrió un daño masivo en el hipocampo, puede desarrollar amnesia anterógrada y ser incapaz de formar recuerdos nuevos (Thompson, 2005). Según la gravedad del daño, puede retener recuerdos previos, pero cada experiencia nueva no dejará marca alguna en su memoria.

Ésta también depende de otras estructuras cerebrales, incluso el tálamo y la amígdala. Sabemos, por ejemplo, que una lesión en el tálamo puede resultar en amnesia. La amígdala desempeña una importante función en la codificación de experiencias emocionales, como el temor y la ira. Los científicos creen que la amígdala y el hipocampo se vuelven especialmente activos durante las experiencias de gran carga emotiva, con lo cual ayudan a fortalecer y conservar los recuerdos de esos significativos sucesos (Adelson, 2004; Hassert *et al.,* 2004). Con lo anterior, concluimos que ninguna parte del cerebro es responsable por completo de la formación de la memoria.

Fortalecimiento de conexiones entre neuronas: la clave para formar recuerdos

La localización de las redes neuronales que corresponden a determinados recuerdos hace que la búsqueda de la proverbial aguja en un pajar parezca un juego de niños. El cerebro humano contiene miles de millones de neuronas y billones de sinapsis entre éstas. Las neuronas individuales en el cerebro pueden tener miles de conexiones sinápticas con otras neuronas. En la esperanza de rastrear las redes específicas de células nerviosas donde se forman los recuerdos, los investigadores han recurrido a un animal relativamente simple, una larga babosa marina *(Aplysia)* que posee sólo alrededor de 20 000 neuronas.

La notable investigación que Erik Kandel, biólogo molecular y ganador del Premio Nobel, realizó con las *Aplysiae* representó un paso fundamental en el propósito de desentrañar las bases biológicas de la memoria (Kandel, 1995; Kandel y Hawkins, 1993). Dado que el aprendizaje da como resultado la formación de recuerdos nuevos, Kandel necesitó demostrar que estos animales eran capaces de aprender respuestas nuevas. Para lograrlo, él y sus colegas desensibilizaron a las babosas a recibir un chorro suave de agua. Después de cierto número de intentos, los animales se habituaron al chorro de agua de manera que éste ya no causaba que se retorcieran. En la segunda fase del experimento, los investigadores asociaron el flujo de agua con una descarga eléctrica leve. Los animales demostraron que podían aprender una sencilla respuesta condicionada; es decir, contraer por reflejo sus branquias (su aparato respiratorio) cuando sólo recibían el flujo de agua, sin la descarga eléctrica. Esta maniobra de autodefensa es el equivalente de las babosas a cerrar las compuertas en anticipación a la inminente descarga eléctrica (Rupp, 1998).

Kandel observó que la cantidad de neurotransmisores liberados en la sinapsis entre las células nerviosas que controlan el reflejo de retirada se incrementaba a medida que los animales aprendían la respuesta condicionada. El neurotransmisor agregado activaba el reflejo a su máximo nivel y aumentaba las probabilidades de disparar. En efecto, estas sinapsis se volvían más fuertes, más capaces de transmitir mensajes neurales. Kandel demostró que la formación de la memoria implica cambios bioquímicos que ocurren a nivel sináptico.

"Las células que disparan juntas, se cablean juntas"

Las conexiones sinápticas entre neuronas pueden fortalecerse gracias a una estimulación eléctrica repetitiva. En efecto, las células "que disparan juntas, se cablean juntas" (Abraham, 2006). El perdurable incremento en la fortaleza de las conexiones sinápticas se llama **potenciación a largo plazo**. En términos simples, potenciación significa "fortalecimiento". Las conexiones sinápticas fortalecidas son más eficientes para la transmisión de mensajes entre neuronas (Wixted, 2005).

A pesar de que no comprendemos por completo los mecanismos bioquímicos que explican la memoria, muchos científicos especialistas en este tema creen que la potenciación a largo plazo desempeña una función fundamental en la conversión de la memoria de corto plazo en una de largo plazo (Andersen *et al.,* 2007). En otras palabras, la formación de recuerdos de largo plazo puede depender del fortalecimiento de las conexiones sinápticas dentro de las redes neurona-

La biología de la memoria
El ganador del Premio Nobel Erik Kandel sostiene una *Aplysia,* la babosa marina que utilizó para estudiar las bases biológicas de la memoria.

les en el cerebro (Hoelscher, 2001). Esta es una lección muy importante en lo que se refiere a retener la información que se aprende en clases o que se lee en libros de texto. La retención de lo que aprendemos, incluso la información adquirida en los cursos universitarios, puede requerir una estimulación repetitiva de las conexiones entre las células nerviosas que se encuentran en las redes neuronales en el cerebro, como resultado del ensayo y la práctica (p. e., el estudio y la repetición) de la información.

Bases genéticas de la memoria

CONCEPTO 6.29
Los científicos han comenzado a desentrañar las bases genéticas de la memoria, lo que podrá conducirnos al desarrollo de medicamentos seguros que puedan ayudar a conservar o restablecer el funcionamiento de la memoria.

La prometedora investigación con la ingeniería genética ofrece nuevas revelaciones acerca de cómo funciona la memoria. La transformación de la memoria de corto plazo en memoria de largo plazo depende de la producción de ciertas proteínas. La generación de éstas es regulada por determinados genes. Los científicos han descubierto que la manipulación de un gen, en particular en las moscas de la fruta, puede mejorar el aprendizaje y la capacidad de la memoria, para producir una especie de "mosca inteligente" (S. S. Hall, 1998). Quizá algún día pueda encontrarse un gen similar en los seres humanos.

Los científicos esperan que el conocimiento adquirido sobre la función de las proteínas cerebrales en la memoria y los genes que regulan su producción puedan, con el tiempo, conducir al desarrollo de medicamentos para tratar o incluso curar la enfermedad de Alzheimer y otros trastornos de la memoria (Fischer *et al.*, 2007; Sweatt, 2007). Tal vez contemos con medicamentos que estimulen el funcionamiento de ésta de los individuos normales. Mientras tanto, aplique su pensamiento crítico cuando se tope con anuncios publicitarios sobre supuestos fármacos para mejorar la memoria. En el momento presente, carecemos de evidencias científicas que demuestren los beneficios de cualquier medicamento o suplemento para mejorarla (a pesar de lo que usted pueda leer en las etiquetas de algunos suplementos alimenticios).

La tabla de conceptos 6.3 resume algunos de los conceptos clave relacionados con la biología de la memoria.

TABLA DE CONCEPTOS 6.3
Biología de la memoria: conceptos clave

Concepto	Descripción
Engrama de Lashley	**A pesar de sus años de investigación, Karl Lashley no pudo encontrar evidencias de un engrama, su término para definir un rastro o grabado físico en el cerebro donde él creía que se almacena un recuerdo**
Redes neuronales	**Los científicos de la memoria creen que los recuerdos pueden "residir" en complejas redes de neuronas distribuidas a través de diferentes partes del cerebro**
Cimientos biológicos de la memoria	**El hipocampo es una estructura clave del cerebro que convierte la memoria de corto plazo en memoria de largo plazo. Un enfoque líder contemporáneo sobre esta transformación, sostiene que depende de la potenciación a largo plazo, que es el fortalecimiento de las conexiones sinápticas entre neuronas**
Factores genéticos en la memoria	**La conversión de la memoria de corto plazo en una de largo plazo depende de las proteínas cerebrales cuya producción es regulada por ciertos genes. Los avances en la ingeniería genética demuestran que es posible mejorar la capacidad de aprendizaje y memoria en organismos no humanos mediante la manipulación genética**

La biología de la memoria

REPASE

¿Dónde se almacenan los recuerdos en el cerebro?

- Los recuerdos están albergados en los circuitos de constelaciones de células nerviosas en el cerebro, llamadas redes neuronales.

¿Cuál es la función del hipocampo en la memoria?

- El hipocampo parece desempeñar una función fundamental en la formación y almacenamiento temporal de memoria declarativa; por ejemplo, el recuerdo de sucesos y experiencias diarias.

¿Qué es la potenciación a largo plazo y cuál es la función que los científicos creen que desempeña en la formación de la memoria?

- La potenciación a largo plazo es el proceso bioquímico mediante el cual la estimulación repetitiva fortalece las conexiones sinápticas entre células nerviosas.

- Los científicos sospechan que la conversión de memoria de corto plazo en memoria de largo plazo puede depender de la producción de PLP.

¿Qué es lo que los científicos han descubierto acerca de las bases genéticas de la memoria?

- Los genes regulan la producción de proteínas involucradas en el proceso de transformación de la memoria de corto a largo plazo.

RECUERDE

1. En la actualidad, los investigadores creen que los recuerdos están almacenados en constelaciones de células cerebrales conocidas como _____ _____ .

2. ¿Cuál de las siguientes no parece ser una función del hipocampo?

   a. convertir recuerdos de corto plazo en recuerdos declarativos de largo plazo
   b. formar memoria de procedimientos
   c. crear recuerdos de largo plazo de hechos (memoria semántica) y de experiencias de vida (memoria episódica)
   d. servir como área de almacenamiento temporal para nuevos recuerdos

3. El fortalecimiento de las conexiones sinápticas que puede dar sustento a la conversión de memoria de corto plazo en memoria de largo plazo se llama _____ de largo plazo.

4. Los investigadores han encontrado influencias genéticas en la memoria. ¿Cómo parecen influir los genes en el funcionamiento de ésta?

   a. Los genes regulan la producción de ciertas proteínas que son cruciales para la memoria de largo plazo
   b. Un gen de la memoria conduce a la producción de neurotransmisores especializados que están involucrados en el aprendizaje y la memoria
   c. Los genes regulan la producción de una molécula de la memoria que permite la formación de nuevos recuerdos
   d. Los recuerdos son directamente codificados en los genes, los cuales son después transmitidos de una generación a la siguiente

REFLEXIONE

- ¿Por qué la búsqueda de Lashley de los engramas resultó ser evasiva?

- Suponga que se descubren estimuladores de la memoria que le permitirían conservar recuerdos perfectos de todo lo que usted lee y experimenta. A pesar de que las píldoras de la memoria podrían ayudarlo en los periodos de exámenes, ¿en verdad querría usted conservar recuerdos clarísimos de todas sus experiencias personales, incluso decepciones, tragedias personales y vivencias traumáticas? ¿Qué opina usted?

Aplicación
MÓDULO 6.4

Dele poder a su memoria

Si nunca compite en un campeonato de memoria, puede aprender a incrementar el poder de ésta. Las técnicas diseñadas específicamente para mejorarla se llaman *mnemotecnia*, algunas de las cuales han sido practicadas desde la época de los antiguos griegos. Sin embargo, quizá la manera más importante de darle poder a su memoria sea cuidar su salud y adoptar métodos más eficaces de estudio, como el sistema SQ3R+ (consulte "Un mensaje para los estudiantes" en el prefacio de este libro).

CONCEPTO 6.30

Usted puede incrementar el poder de su memoria de muchas maneras: con el empleo de mnemotecnia, al enfocar su atención, al practicar una y otra vez, al cuidar su salud y al adoptar hábitos eficaces de estudio.

Empleo de mnemotecnia para mejorar la memoria

La **mnemotecnia** es una estrategia para mejorar la memoria. La palabra *mnemotecnia* se deriva del nombre de la diosa griega de la memoria, Mnemósine, y se pronuncia ne-mo-tec-nia (la primera *m* es muda). He aquí algunas de las estrategias más utilizadas de esta técnica.

Acrónimos y acrósticos

El método del acrónimo (también llamado *sistema de primera letra*) se encuentra entre las estrategias mnemotécnicas más fáciles y más utilizadas. Un **acrónimo** es una palabra compuesta por las primeras letras de una serie de palabras. El acrónimo HOMES puede ayudarlo a recordar los nombres de los Grandes Lagos de Estados Unidos (Huron, Ontario, Michigan, Erie y Superior). En el capítulo 3 usted leyó sobre el acrónimo Roy G. Biv, el cual se compone de las primeras letras de los colores del espectro cromático en inglés. Usted puede intentar estructurar algunos acrónimos para ayudarse a retener información que aprendió en clase.

Un **acróstico** es un verso o dicho en el cual una letra de cada palabra, por lo regular la primera, forma algo más. Generaciones de músicos angloparlantes se han aprendido las líneas del pentagrama de claves (E, G, B, D y F) al aprenderse de memoria el acróstico "*Every Good Boy Does Fine*".

Dichos y rimas populares

Los dichos y los poemas populares nos ayudan a recordar una variedad de cosas, incluso cuándo adelantar o atrasar el reloj ("otoño atrás, primavera adelante"). Las rimas pueden ser utilizadas como medios mnemónicos para recordar información específica. Un ejemplo común es la utilizada para recordar el número de días que contiene cada mes: "30 días tienen septiembre, abril, junio y noviembre...".

Claves visuales e imágenes mentales

Las claves visuales pueden ayudarnos a acordarnos de recordar. Cuando usted necesita recordar algo, pegue una nota de recordatorio donde sea más probable que la vea, como sus zapatos, la puerta principal o el volante de su automóvil.

Las imágenes mentales pueden ayudarnos a recordar palabras nuevas y combinaciones de palabras. Por ejemplo, para rememorar la palabra *hipocampo*, piense en una imagen asociada, como la imagen de un hipopótamo (Turkington, 1996). El reconocido experto en la memoria Ha-

FIGURA 6.12   Qué gracioso, no parece un hipopótamo
Es probable que recuerde mejor la palabra *hipocampo* si la asocia con la imagen visual de un hipopótamo.

Hipocampo

Hipopótamo

rry Lorayne (2002) recomendó vincular imágenes mentales con tareas que necesita recordar. Por ejemplo, si usted desea recordar que tiene que enviar una carta, imagine la carta en el pomo de la puerta principal, porque verlo puede darle la clave para recordar que debe llevar la carta al correo.

Fragmentación

La fragmentación, misma que fue comentada en el módulo 6.1, es una de las maneras más fáciles de recordar una serie de números. Para utilizarla, separe una sucesión de cifras en fragmentos más fáciles de recordar. Por ejemplo, el número 7362928739 puede ser difícil de memorizar como una sola serie larga. La tarea se vuelve más fácil cuando los dígitos son separados, como un número telefónico, en tres fragmentos: 736-292-8739. Aprenderse el código postal 10024 es más fácil cuando es fragmentado en 100-24.

Sugerencias generales para mejorar la memoria

A pesar de que las estrategias mnemotécnicas pueden ayudarlo a recordar fragmentos y piezas de información, son de poca utilidad en lo que se refiere a recordar material más complejo, como el contenido de sus cursos universitarios. Sin embargo, el cumplimiento de las guías que ofrecemos a continuación y la adopción de buenos hábitos de estudio lo ayudarán a mantener sus procesos de aprendizaje y memoria tan agudos como sea posible (Herrmann y Palmisano, 1992; Turkington, 1996).

Preste atención

Una de las mejores maneras de estimular su capacidad de aprendizaje o memoria es prestar mucha atención, ya que no sólo significa concentrarse con fuerza en el material presente, sino que también implica ubicarse en un área tranquila que sea propicia para el estudio y esté libre de distracciones (sin televisión, radio, teléfono, etcétera).

Práctica, práctica, práctica

Es probable que haya escuchado el viejo dicho de que "La práctica hace al maestro". Bueno, una manera recomendable para retener información es ensayarla y después ensayarla un poco más. Repetir información en voz alta o en silencio puede ayudarlo a convertirla de recuerdo de corto plazo en recuerdo de largo plazo, el cual es más perdurable. Convierta en una práctica el "sobreaprendizaje" de material al repetirlo dos o más veces más allá del punto necesario para el conocimiento aceptable.

Aplique el ensayo elaborativo para fortalecer el aprendizaje reciente

Utilice la técnica fortalecedora de la memoria del ensayo elaborativo. Por ejemplo, relacione el material del texto con sus experiencias personales. Encuentre ejemplos en su propia vida de conceptos discutidos en este capítulo, como la memoria declarativa, la memoria de procedimientos y el fenómeno de la-punta-de-la-lengua.

No se sature

Sí, lo que le dice su profesor es verdad: la práctica espaciada es más eficaz que la práctica masiva para la estimulación de la memoria y la retención. Separe sus sesiones de estudio a lo largo del semestre por medio del seguimiento de un programa regular de estudios, en lugar de saturarse al final. Cuando programe sus periodos de estudios, divida los capítulos en unidades o secciones de estudio más pequeñas. Este libro de texto, por ejemplo, está organizado en secciones llamadas módulos, lo cual le permite atacar una sección a la vez en lugar de un capítulo entero. Lea y revise sus conocimientos de cada parte y después ensaye cómo estas partes se relacionan entre sí, como un todo.

Utilice auxiliares externos de la memoria

Nuestras vidas diarias están tan abarrotadas de fragmentos y piezas de información para ser recordadas que tiene sentido utilizar cualesquiera recursos que tengamos a la mano. Sí, usted podría utilizar una estrategia mnemotécnica para recordar decirle a su compañero de dormitorio que su madre llamó. Sin embargo, escribir una nota de recordatorio para sí mismo le permitirá invertir sus esfuerzos mentales de manera más productiva en otros propósitos. Algunos tipos adicionales de notas, como las de clase, son herramientas que usted puede utilizar para retener más información. Los auxiliares externos de la memoria, como los organizadores electrónicos y las listas computarizadas de pendientes, también pueden ser útiles. Usted incluso podría colocar las cosas, como su llavero, en lugares evidentes (así evitará la ocurrencia del lamento común: "¿Ahora dónde dejé esas llaves?").

Vincule las tareas de tiempo con claves externas

Vincular las tareas de tiempo con claves o actividades externas puede ayudarlo a estimular la memoria prospectiva (Marsh, Hicks y Cook, 2005). Por ejemplo, si usted necesita tomar un medicamento por la noche, asócielo con la cena. Incluso la honorable tradición de atarse un hilo en el dedo puede resultarle útil.

Ensaye en su mente lo que planea hacer

Ensayar lo que planea hacer puede incrementar las probabilidades de realizar la acción que se propone (Chasteen, Park y Schwarz, 2001). Antes de salir de casa por la mañana, practique decirse a sí mismo la acción que se propone; por ejemplo, "Planeo recoger hoy mi ropa de la tintorería". O forme una imagen mental de usted mismo en el acto de realizar la acción que se ha propuesto.

Controle el estrés

Aunque quizá necesitemos cierto nivel de estrés para permanecer activos y alerta, la tensión prolongada o intensa puede interferir con la transferencia del aprendizaje nuevo a la memoria de largo plazo. Las técnicas de manejo del estrés descritas en el capítulo 12 pueden ayudarlo a mantenerlo dentro de niveles manejables.

Adopte hábitos saludables

La adopción de un estilo de vida saludable, como seguir una dieta sana, mantener un horario regular de sueño y ejercitarse con regularidad, puede ayudarlo a mejorar su memoria. También debe evitar comer en abundancia antes de abrir sus libros de texto, dado que el consumo de grandes cantidades de comida pone a su cuerpo en un estado de reposo que facilita la digestión, no la alerta mental. Por otra parte, evite estudiar con el estómago vacío pues las molestias del hambre dificultan la concentración y la retención de la información reciente. Además, recuerde que el consumo de alcohol y otras drogas no se mezcla con la alerta mental necesaria para aprender y retener información. Por último, asegúrese de dormir el tiempo suficiente. Dejar de dormir para saturarse de estudio antes de los exámenes puede dificultarle más la retención de la información que ha aprendido.

■ Pensamiento crítico sobre la psicología ■

Con base en la lectura del capítulo, responda las siguientes preguntas. Después, para evaluar su progreso en el desarrollo de capacidades de pensamiento crítico, compare sus respuestas con las del ejemplo en el apéndice A.

1. Dos hombres observan un accidente en el cual un automóvil atropella a un peatón y escapa sin detenerse. Ambos están lo bastante alertas como para ver las placas de circulación del automóvil antes de que éste desaparezca al dar vuelta en la esquina. Más tarde, cuando son interrogados por los oficiales de policía, el primer hombre dice: "Sólo vi la placa de pasada, pero intenté grabármela en la mente. Creo que iniciaba con las letras QW". El segundo hombre interrumpe y dice: "Sí, pero la placa de circulación completa era QW37XT". ¿Por qué cree usted que el segundo hombre pudo recordar más detalles de la placa de circulación del automóvil que el primero?

2. Una cantante de habla inglesa da un concierto en Italia e incluye una canción popular italiana en su repertorio. Su interpretación es tan conmovedora que, más tarde, una italiana del público acude a la parte trasera del escenario para felicitar a la cantante y le dice: "Esa canción era una de mis favoritas cuando era niña. Nunca había escuchado que alguien la cantara de manera tan bella. Pero, ¿cuándo aprendió usted a hablar tan bien en italiano?". La cantante le agradece el cumplido, pero le confiesa que no habla ni una sola palabra en italiano. Con base en sus conocimientos sobre los procesos de la memoria, explique cómo fue capaz la cantante de aprender una canción en un idioma que no podía hablar.

Respuesta a "Intente lo siguiente" (página 229)

La ilustración *h*) muestra la imagen correcta de una moneda de un centavo de dólar en la figura 6.11.

Módulo 6.1 Recordar

PROCESOS DE LA MEMORIA

- **Codificación:** llevar información a la memoria
- **Almacenamiento:** mantener información en la memoria
- **Recuperación:** acceder a la información almacenada

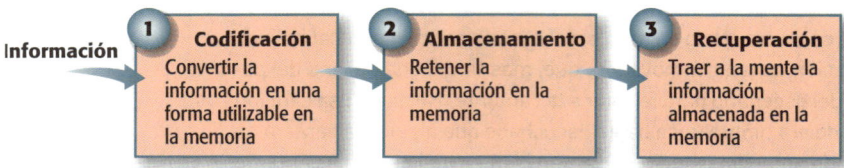

NIVELES DE LA MEMORIA

- **Memoria sensorial:** compartimiento de almacenamiento para las impresiones sensitivas volátiles
- **Memoria de corto plazo:** mantener en la mente y trabajar con la información hasta por 30 segundos
- **Memoria de largo plazo:** consolidar los recuerdos recientes en perdurables

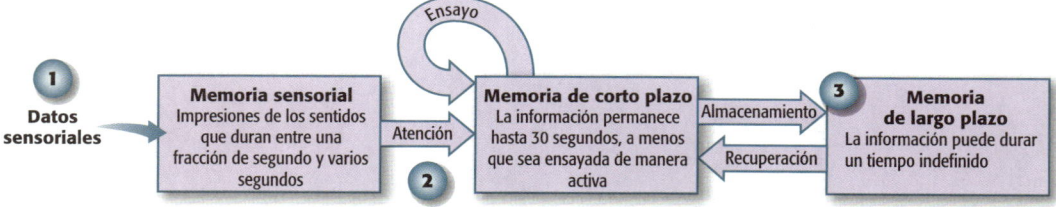

TIPOS DE MEMORIA DE LARGO PLAZO

- **Memoria declarativa:** "saber eso"
- **Memoria de procedimientos:** "saber cómo"

Memoria semántica frente a memoria episódica

Memoria retrospectiva frente a memoria prospectiva

TÉCNICAS PARA FORTALECER LA MEMORIA

- **Ensayo de mantenimiento:** ensayo repetido o memorización por repetición
- **Ensayo elaborativo:** elaboración de conexiones significativas

TEMAS DE INVESTIGACIÓN DE LA MEMORIA

- **Confiabilidad de la memoria de largo plazo:** la memoria como una construcción de la experiencia pasada, no como una copia fidedigna
- **Recuerdos reprimidos:** remembranzas recuperadas de súbito, pero que pueden no ser exactos
- **Recuerdos de flash:** sucesos congelados en el tiempo, pero aún susceptibles a ciertas influencias
- **Testimonio presencial:** muchos factores afectan la confiabilidad
- **Efecto de desinformación:** crear recuerdos falsos

Módulo 6.2 **Olvidar**

Teorías sobre el olvido

- **Teoría de la decadencia:** los recuerdos desaparecen de manera gradual con el paso del tiempo
- **Teoría de la interferencia:** de dos tipos, interferencia retroactiva y proactiva
- **Teoría de la recuperación:** dificultad para acceder a los recuerdos almacenados; carencia de claves de recuperación
- **Olvido motivado:** recuerdos ocultos a la conciencia

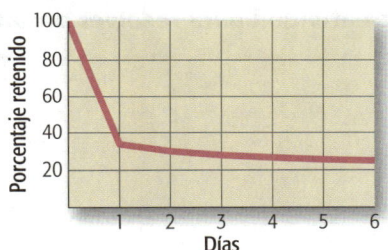

Curva de olvido de Ebbinghaus

Medidas de la memoria

- **Tareas de recordar:** incluyen tres tipos (recuerdo libre, recuerdo serial, recuerdo de pares asociados)
- **Tareas de reconocimiento:** reconocer las respuestas correctas (por ejemplo, exámenes de opción múltiple)

Tipos de amnesia

- **Amnesia retrógrada:** vacíos en los recuerdos de sucesos pasados
- **Amnesia anterógrada:** dificultad para formar nuevos recuerdos

Módulo 6.3 **La biología de la memoria**

- **Engrama de Lashley:** búsqueda evasiva de rastros de la memoria en el cerebro
- **Redes neuronales:** complejos ensamblajes de neuronas en los cuales están almacenados los recuerdos
- **Potenciación a largo plazo:** recuerdos fortalecidos en el nivel sináptico mediante la estimulación repetitiva
- **Estructuras cerebrales:** muchas estructuras cerebrales implicadas, incluso el hipocampo y la corteza cerebral
- **Factores genéticos:** códigos genéticos para proteínas específicas, las cuales son necesarias para convertir la memoria de corto plazo en memoria de largo plazo

7

Pensamiento, lenguaje e inteligencia

¿Sabía usted que . . .

- Albert Einstein utilizó imágenes visuales para desarrollar su teoría de la relatividad? (p. 247)
- un cálculo aproximado común podría conducirlo a tomar la decisión errónea en cuanto a cuál película ver o, incluso, a cuál universidad inscribirse? (p. 253)
- Alexander Graham Bell empleó una analogía basada en el oído humano para desarrollar el diseño del primer teléfono? (p. 251)
- la creatividad no se limita a unos cuantos genios creativos sino que es una capacidad que todos poseemos en un grado u otro? (p. 255)
- los niños aprenden a hablar con oraciones correctas, en términos gramáticos, mucho antes de aprender las reglas de la gramática en la escuela? (p. 260)
- una prueba psicológica puede ser confiable pero no válida? (p. 267)
- una teoría psicológica líder sobre la inteligencia propone no sólo una, sino varias inteligencias? (p. 270)

El cerebro adora los acertijos

- Empleamos una gran cantidad de conceptos en nuestro lenguaje cotidiano sin saber lo que en realidad significan. He aquí un acertijo sobre el cual usted puede reflexionar: ¿Qué hace fruta a una fruta? (p. 249)

DOS INVENTOS PEGAJOSOS

Arthur Fry, un químico de la compañía 3M, trabajaba con adhesivos cuando descubrió un compuesto inusual: un pegamento que podía ser utilizado para pegar papel en otros objetos (Bellis, 2001). Dado que dicho compuesto no era tan poderoso como otros, como el de la cinta *Scotch*, la compañía 3M no le encontró ningún uso comercial al principio. Nada más hubiera sucedido con el nuevo producto de no ser porque Fry tenía problemas constantes para encontrar la página correcta en su libro de himnos religiosos. Con frecuencia, los trozos de papel que utilizaba como separadores caían al suelo y esto lo obligaba a buscar de nuevo la página correcta. Intrigado, Fry pensaba cómo mantener sus separadores en su sitio, cuando de pronto se le ocurrió que podía hacer uso del inusual compuesto que había desarrollado en el laboratorio. El compuesto de Fry no sólo resolvió el enigma, sino que tuvo usos tan generales que se ha convertido en una especie de "accesorio esencial" en la vida cotidiana de la actualidad. ¿Cuál producto se basa en el adhesivo de Fry? ¿Cuántos usos distintos puede usted imaginar para dicho adhesivo?

He aquí otra historia sobre un invento pegajoso (Bellis 2001). En 1948, un hombre, en Suiza, sacó a su perro para dar un paseo. Ambos volvieron cubiertos de abrojos, las semillas vegetales que se adhieren a la ropa y al pelo de los animales. El hombre decidió observar los abrojos bajo un microscopio para determinar por qué eran tan pegajosos. Resultó que las semillas tenían pequeños ganchos que se aferraban a los tejidos de la tela de sus prendas. El hombre, George de Mestral, levantó la mirada del microscopio y una sonrisa iluminó su rostro. Supo al instante lo que debía hacer. ¿Qué cree usted que Mestral hizo con su descubrimiento de cómo se adhieren los abrojos a la ropa? ¿Cuál producto de amplio uso resultó de su descubrimiento?

Es probable que usted nunca haya escuchado hablar sobre Arthur Fry y George de Mestral. Sin embargo, es posible que haga uso de sus descubrimientos en su vida diaria. El compuesto pegajoso de Arthur Fry es el adhesivo en las notas adheribles que las personas utilizan para anotar recordatorios. El descubrimiento de George de Mestral lo condujo a desarrollar la tela adherible que ahora llamamos Velcro®.

Los descubrimientos de Fry y de Mestral son ejemplos de la mente creativa en funcionamiento. La creatividad es una forma de pensamiento en la cual combinamos información de nuevas maneras que ofrecen soluciones útiles a determinados problemas. El pensamiento creativo no está limitado a unos cuantos genios; es una capacidad mental básica que está disponible en casi todos nosotros. Este capítulo se enfoca en la creatividad y en otros aspectos del pensamiento, como la formación de conceptos, la solución de problemas y la toma de decisiones.

Comenzaremos por analizar varias formas de pensamiento, en las que se incluyen las maneras de representar la información en nuestras mentes. Después, examinaremos el desarrollo del lenguaje y cómo éste afecta nuestro pensamiento. Asimismo, entraremos en la controversia de si los seres humanos somos la única especie que utiliza el lenguaje. A continuación, exploraremos la naturaleza y la medición de la inteligencia, es decir, la capacidad o capacidades mentales que nos permiten resolver problemas, aprender de nuestras experiencias y adaptarnos a las exigencias del ambiente. Finalizaremos con el enfoque específico en las capacidades que usted puede emplear para adquirir la inventiva necesaria para resolver problemas. ∎

MÓDULO 7.1

Pensamiento

- ¿Qué es el pensamiento?
- ¿Qué son las imágenes mentales?
- ¿Cuáles son los tipos principales de conceptos que la gente utiliza y cómo se aplican?
- ¿Qué podemos hacer para resolver problemas de manera más eficiente?

- ¿Cómo influyen los sesgos cognitivos en la toma de decisiones?
- ¿Qué procesos cognitivos sustentan el pensamiento creativo?

El pensamiento, o *cognición*, es un tema central para la **psicología cognitiva**, la rama de la psicología que explora cómo adquirimos conocimientos acerca del mundo. Los psicólogos cognitivos estudian cómo pensamos, procesamos información, empleamos el lenguaje y resolvemos problemas.

Pensamos todo el tiempo, pero, ¿alguna vez se ha detenido usted a pensar qué es el pensamiento? En general, los psicólogos definen al **pensamiento** como la representación y la manipulación mental de la información. Ésta la representamos en nuestra mente en forma de imágenes, palabras y conceptos. Manejamos información en nuestra mente cuando resolvemos problemas, tomamos decisiones y nos entregamos a propósitos creativos. Examinemos ahora las maneras como representamos y actuamos con base en la información.

Imágenes mentales: en el ojo de su mente y el oído de su mente

Cuando pensamos, nos figuramos la información en nuestra mente en forma de imágenes, palabras o conceptos. Alguna información se representa mejor por medio de vocablos y conceptos que mediante imágenes. Las abstracciones como la justicia, el honor, la libertad y el respeto pertenecen a esta categoría. Después de todo, usted puede ser capaz de emplear palabras para representar lo que significa el término *justicia,* pero, ¿qué tipo de imagen mental captaría cómo luce la justicia? Por otra parte, los objetos físicos en el "mundo real" a menudo se representan mejor con la formación de pensamientos visuales que por el empleo de palabras. Si alguien le preguntara si un rinoceronte tiene un cuerno o dos, es probable que usted configure la imagen de un rinoceronte con el ojo de su pensamiento.

Una **imagen mental** es la representación o figura de un objeto o suceso creados en la mente. La gente forma imágenes mentales de varios objetos: rostros de personas conocidas, la dispo-

CONCEPTO 7.1
Cuando pensamos, representamos información en nuestra mente en forma de imágenes, palabras y conceptos, y manipulamos esa información para resolver problemas, tomar decisiones y entregarnos a propósitos creativos.

psicología cognitiva La que se enfoca en los procesos mentales como pensar, resolver problemas, tomar decisiones y emplear el lenguaje.

pensamiento Proceso de representación y manipulación mental de la información.

imagen mental Representación o figura mental de un objeto o suceso.

Un invento pegajoso Gracias al pensamiento creativo de George de Mestral, una caminata cotidiana condujo al desarrollo de un producto adherible que en la actualidad es utilizado por millones de personas.

FIGURA 7.1   Pensamiento visual
He aquí un ejercicio de pensamiento visual que requiere que usted rote los siguientes objetos en su mente. ¿Los objetos de cada par son los mismos o son distintos? La respuesta a esta pregunta depende de su capacidad para rotar objetos con el ojo de su mente.*

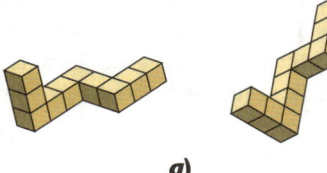 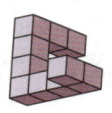

a)

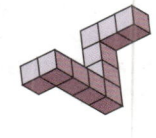 

b)

c)

*Respuesta: Los objetos en el par *a* y *b* son el mismo; los del par *c* son distintos.

sición de muebles en su casa, las letras del alfabeto, una graduación o una ceremonia religiosa. Una imagen mental no es una representación real o fotográfica de un objeto. Es una reconstrucción del objeto o suceso de la memoria.

Las partes de la corteza visual que utilizamos cuando formamos imágenes mentales son muy similares a las zonas cerebrales que empleamos cuando en realidad observamos dichos objetos. Sin embargo, existe una importante diferencia entre una imagen que imaginamos y otra que vemos: la primera puede ser manipulada; la segunda, no. Por ejemplo, podemos actuar sobre las imágenes que concebimos en nuestra mente al rotarlas o al percibirlas desde diferentes ángulos. La figura 7.1 le ofrece una oportunidad a fin de probar su capacidad para manipular las imágenes mentales.

La capacidad para mantener y manipular imágenes nos ayuda a realizar numerosas tareas cognitivas, incluso recordar direcciones. Sí, usted podría utilizar direcciones verbales para encontrar su camino hacia determinado destino ("Veamos, eran dos vueltas a la izquierda y una a la derecha, ¿cierto?"). No obstante, la formación de una imagen mental (p. e., imaginar la iglesia donde usted gira hacia la izquierda y la gasolinera donde da vuelta a la derecha) puede funcionar mejor.

Las imágenes mentales, o el pensamiento visual, pueden ser fuente de creatividad. Por ejemplo, varias de las ideas originales de Albert Einstein surgieron de sus experimentos personales con el pensamiento visual. El trabajo que lo condujo a crear su innovadora teoría de la relatividad comenzó a los 16 años, cuando Einstein realizó experimentos con el pensamiento en los cuales imaginaba en su mente cómo sería viajar a la velocidad de la luz junto a un rayo luminoso (Isaacson, 2007). Más tarde, diría que las palabras no desempeñaban función alguna en su pensamiento creativo. Éstas llegaron después, cuando fue capaz de crear representaciones mentales de las novedosas ideas que había formulado en sus experimentos con el pensamiento.

Los investigadores encuentran diferencias de género en las imágenes mentales. En uno de los primeros estudios, las mujeres reportaron imágenes más vívidas de experiencias pasadas y un empleo mayor de representaciones mentales para resolver problemas (Harshman y Paivio, 1987). Las mujeres tienden a superar a los hombres en la formación de imágenes estáticas de objetos. Tal vez esa sea la razón por la cual los maridos parecen preguntar con mucha frecuencia

¿Cómo luce la justicia?   ¿Qué imagina usted en su mente cuando piensa en el concepto de justicia? Las imágenes visuales, por lo general, es más apropiada para aludir objetos del mundo real que para representar conceptos abstractos, como la justicia, los cuales pueden describirse mejor por medio de palabras.

a sus esposas dónde dejaron sus llaves o sus anteojos. Las mujeres pueden ser mejores para recordar dónde se localizan los objetos debido a su mayor habilidad para buscar visualmente la imagen de una ubicación particular en su mente.

Las imágenes mentales no se limita a lo visual. La mayoría de la gente puede experimentar esta forma de representaciones a partir de otras experiencias sensoriales, como "escuchar" en su mente los vigorosos primeros acordes de la *Quinta Sinfonía* de Beethoven, recordar el sabor de una fresa fresca o la sensación del algodón que frota con suavidad contra su mejilla. No obstante, por lo general, a la gente le resulta más fácil formar imágenes visuales que las de otras experiencias sensoriales.

Conceptos: ¿qué hace pájaro a un pájaro?

No sólo formamos representaciones visuales de objetos en el ojo de nuestra mente, sino que de igual modo podemos representar cosas en términos de las categorías mentales en las cuales los colocamos. Usted ve objetos que se mueven a lo largo de una calle y piensa en ellos como "camiones" o "automóviles", que a su vez son ejemplos de **conceptos**, es decir, categorías mentales que utilizamos para agrupar objetos, sucesos e ideas de acuerdo con sus características comunes. La formación de conceptos ayuda a dar un sentido de orden al mundo, y a ser más capaces de anticipar o predecir sucesos futuros. Imaginemos que la clasificación de una sinuosa criatura del bosque como una serpiente nos prepara para mantener una respetuosa distancia; respuesta que podría salvarnos la vida. Piense qué distinta sería su reacción al aproximarse a un animal si lo clasificara como un zorrillo en vez de clasificarlo como conejo. Todas las especies que no pudieron diferenciar entre algo venenoso y algo nutritivo o entre una criatura inofensiva y un depredador, pronto se extinguieron (Ashby y Maddox, 2005).

Imagine, lo que sucedería si no fuera capaz de formar ningún concepto. Cada vez que usted se encontrara con una criatura peluda de cuatro patas que emitiera un sonido como "guau", no sabría si acariciarla o huir de ella. Tampoco discerniría si un objeto esférico colocado frente a usted es para comerlo (una albóndiga) o para jugar con él (una pelota).

Los conceptos nos ayudan a responder más pronto a los hechos mediante la reducción de la necesidad de aprender cada vez que nos encontramos con un suceso u objeto conocido. Una vez adquirido el concepto de *ambulancia*, de inmediato sabemos cómo responder cuando vemos que uno de estos vehículos se aproxima a nuestro automóvil por detrás cuando vamos por la calle.

Podemos clasificar conceptos en dos tipos principales: *lógicos* y *naturales*. Los **conceptos lógicos** son aquellos que cuentan con reglas definidas con toda claridad para determinar su pertenencia. Los niños que asisten a la escuela aprenden que el concepto de triángulo aplica para cualquier forma o figura que tenga tres lados. Si una figura tiene tres lados, debe ser un triángulo. Sin embargo, la mayoría de los conceptos que utilizamos en la vida cotidiana son **conceptos naturales**, para los cuales las reglas que definen cómo se aplican no están muy bien definidas o son difusas.

CONCEPTO 7.3
La formación de conceptos o categorías mentales para agrupar objetos, sucesos e ideas, ayuda a brindar una sensación de orden y cualidad predecible del mundo.

CONCEPTO 7.4
Los psicólogos cognitivos clasifican a los conceptos en dos categorías generales: conceptos lógicos y conceptos naturales.

¿Un pingüino es un ave? A pesar de que los pingüinos no vuelan, están clasificados como aves. Sin embargo, las personas pueden reconocerlos de esa forma si no se aproximan al modelo de un ave que éstas tienen en mente, como un petirrojo.

conceptos Categorías mentales para clasificar sucesos, objetos e ideas con base en sus características o propiedades comunes.

conceptos lógicos Conceptos de pertenencia con reglas definidas claramente.

conceptos naturales Conceptos con reglas escasamente definidas o difusas de pertenencia.

Estos últimos abarcan varios *objetos,* como muebles, mamíferos y frutas; *actividades,* como juegos, trabajo y deportes, y *abstracciones,* como justicia, honor y libertad. Un botánico puede utilizar un concepto lógico (alguno que tenga reglas fijas) para clasificar ciertos elementos como frutas, pero la mayoría de la gente emplea conceptos naturales para organizar éstos y otros objetos, incluso si duda acerca de las reglas mismas que utiliza para aplicar tales categorías mentales. Nosotros organizamos nuestros conceptos dentro de jerarquías de categorías amplias o reducidas. Por ejemplo, la mayoría de la gente tiene una idea imprecisa sobre qué es lo que hace fruta a una "fruta". La gente puede estar por completo de acuerdo con que una manzana es una fruta; sin embargo, puede no estar tan segura en cuanto a un aguacate, una calabaza o una aceituna.

¿Cómo aplica la gente los conceptos naturales? Por ejemplo, ¿cómo determina si cualquier animal, digamos un avestruz o un pingüino, es un ave? Por lo regular, lo que la gente hace es elaborar un juicio basado en la probabilidad percibida de que determinado objeto pertenezca a una categoría en particular (Willingham, 2007). Sin embargo, los conceptos naturales se basan en impresiones, no en criterios técnicos. Si la gente aplicara tales pautas para formar sus juicios, tendría que reconocer que algunos alimentos comunes, por lo regular, clasificados como vegetales, como los tomates o los pepinos, son frutas en términos técnicos (es decir, las partes reproductivas, comestibles y maduras de las hortalizas). Pero, ¿qué hace fruta a una fruta en la forma como la gente emplea el concepto de manera cotidiana? La mayoría de las personas basa su juicio en el sabor (por lo general, las frutas son dulces, mientras los vegetales son salados) en lugar de emplear un criterio botánico.

La gente tiende a categorizar las plantas, los animales y otros objetos por medio de la comparación de las características del objeto con las de un modelo o mejor ejemplo de una categoría (Minda y Smith, 2001). Un caso es que si imaginamos a un petirrojo como modelo de ave, es más probable que clasifiquemos a una golondrina como tal que a un avestruz o a un pingüino, debido a que la golondrina tiene más características semejantes a las del petirrojo (las golondrinas vuelan; los avestruces y los pingüinos, no).

Jerarquías de conceptos

Por lo general, organizamos los conceptos dentro de jerarquías cuyos rangos cubren desde las categorías más amplias hasta las más reducidas. Por ejemplo, podemos aplicar una jerarquía de tres niveles que consiste en *conceptos supraordinados, conceptos de nivel básico* y *conceptos subordinados* (Rosch *et al.,* 1976). Los **conceptos supraordinados** son categorías amplias, como vehículo, animal y mueble. Dentro de éstas se encuentran los **conceptos de nivel básico**, como automóvil, perro y silla, y al interior de estas categorías se encuentran los **conceptos subordinados** aún más reducidos, como sedán, *poodle* común y silla mecedora.

Tendemos a utilizar más conceptos de nivel básico cuando describimos objetos, en vez de supraordinados o subordinados (p. e., llamar "automóvil" a un objeto, en lugar de "vehículo" o "sedán") (Rosch *et al.,* 1976). Los niños adquieren más pronto las palabras que representan estos conceptos de nivel básico que aquellas que simbolizan conceptos supraordinados o subordinados.

¿Por qué la gente se mueve hacia los conceptos de nivel básico? Una razón puede ser que dichas conceptualizaciones proporcionan la información más útil acerca de los objetos con los cuales nos encontramos. La categorización de un objeto como pieza de mobiliario (concepto supraordinado) nos indica poco acerca de sus características específicas (¿Es algo para sentarse? ¿Para acostarse? ¿Para colocar encima la comida?) Las características asociadas con un concepto de nivel básico, como "silla", nos brindan información más útil. Los conceptos subordinados, como "silla mecedora", son más específicos y limitados en su rango. Pueden ser útiles en ciertas situaciones, pero pueden proporcionarnos más información de la que necesitamos.

Cuando somos niños aprendemos a reducir y refinar los conceptos que utilizamos mediante la exposición a *instancias positivas* e *instancias negativas* de conceptos. Una **instancia positiva** es aquella que ejemplifica el concepto, mientras que una **instancia negativa** es la que no coincide con el mismo. El padre de un bebé identifica a los perros en la calle como "guau-guau", una instancia positiva. Al principio, el pequeño puede ampliar el concepto de "perro" (o "guau-guau") y llama así a todos los animales, incluso a los gatos. Sin embargo, después de una experiencia repetitiva con instancias positivas y negativas de "perros", "gatos" y otros animales, los niños aprenden a afinar sus conceptos. Ellos identifican características que distinguen diferentes conceptos y comienzan a llamar *perros* a los perros y *gatos* a los gatos. Por otra parte, los conceptos

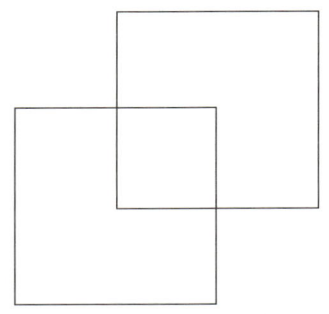

FIGURA 7.2   ¿Dos cuadrados superpuestos?

Fuente: Adaptado de De Bono, 1970.

FIGURA 7.3   El problema de los nueve puntos

FIGURA 7.4   Un problema de reflexión Su tarea aquí es mover sólo tres puntos para formar un triángulo que apunte hacia abajo. Puede intentar utilizar fichas para póquer. Si no puede resolverlo, consulte la figura 7.5 en la página 252 para encontrar la respuesta.

Fuente: Metcalfe, 1986.

resolución de problemas   Forma de pensamiento enfocada en encontrar una solución a un problema en particular.

lógicos, por lo regular, se adquieren al aprender definiciones formales en vez de la experiencia directa. Cada vez que vemos una figura cuadrada, podemos decir a un niño: "Oye, mira este cuadrado. Y mira, allá hay otro". No obstante, el niño adquirirá el concepto con más rapidez por medio del aprendizaje de la regla de que cualquier figura de cuatro lados de igual longitud es un cuadrado.

Ahora consideremos las maneras como actuamos con la información que representamos en nuestra mente, empezando por la resolución de problemas. Antes de avanzar, intente responder las siguientes preguntas, las cuales pretenden identificar la manera como usted utiliza su pensamiento para resolver problemas. Las respuestas aparecen en distintos lugares a lo largo del capítulo.

1. ¿Percibe dos cuadrados superpuestos en la figura 7.2? ¿O quizá esta figura representa algo más?

2. Carmen y Cecilia jugaron seis partidas de ajedrez y cada una de ellas ganó cuatro veces. No hubo empates. ¿Cómo fue esto posible? (Adaptado de Willingham, 2007).

3. Un avión francés se estrella cerca de la costa de Nueva Jersey, dentro de las aguas territoriales de Estados Unidos. A pesar de que todos los pasajeros y tripulación son ciudadanos franceses, ninguno de los sobrevivientes fue devuelto a Francia para su entierro. ¿Por qué no?

4. Un hombre usaba un objeto que le permitía entrar, pero que no podía ser utilizado para abrir ningún cerrojo. ¿Qué tipo de objeto era?

5. La figura 7.3 muestra un planteamiento clásico llamado problema de los nueve puntos. Su tarea es trazar no más de cuatro líneas para conectar todos los puntos, sin levantar su bolígrafo o lápiz del papel.

Resolución de problemas: aplicar estrategias mentales para resolver problemas

La **resolución de problemas** es un proceso cognitivo en el cual empleamos estrategias mentales para resolver problemas. Como usted recordará del capítulo 5, el psicólogo Edward Thorndike observó que los animales encerrados en su caja acertijo empleaban la estrategia de ensayo y error para resolver el problema de escapar del compartimiento cerrado. Los animales intentaban una respuesta detrás de otra hasta dar por casualidad con la acción que activaba el mecanismo para escapar. La resolución de un problema mediante la táctica de ensayo y error es un enfoque de "atinar o fallar", en el cual el individuo intenta una solución tras otra hasta que encuentra la correcta.

Algunas personas encuentran soluciones a problemas mediante la estrategia de ensayo y error, mientras otras reportan experiencias del tipo "Eureka", en las cuales las soluciones "aparecen" de pronto en su mente. Recordará usted del capítulo 5 que el psicólogo gestaltista Wolfgang Kölher se refería a la conciencia repentina de la solución a un problema como *razonamiento*, el cual, según los psicólogos cognitivos es el resultado de la reestructuración de un problema de manera que sus elementos se unen de pronto para ofrecer una solución. Dicha reestructuración puede ocurrir cuando la persona contempla el problema desde una perspectiva distinta, identifica nueva información o reconoce conexiones entre elementos del problema que anteriormente había ignorado. Recuerde la pregunta de cómo fue que Carmen y Cecilia pudieron ganar cuatro partidas de ajedrez cada una si jugaron seis partidas y no hubo empates. La respuesta es que Carmen y Cecilia no jugaron una contra la otra. La solución proviene de la reestructuración del problema, de manera que no dependa del hecho de que ambas jueguen una contra la otra. La figura 7.4 muestra otro tipo de problema de reflexión.

A pesar de que en ocasiones llegamos a las soluciones correctas por medio del ensayo y error o del razonamiento, estos enfoques a la resolución de problemas tienen ciertas desventajas. La primera es tediosa. Usted puede probar una solución tras otra hasta que le atine a la correcta. Y darle vueltas en la mente a un problema mientras espera que ocurra un rayo repentino de razonamiento puede requerir una espera bastante larga. ¿Cómo podemos enfrentar la resolución de problemas de manera más eficiente? Aquí consideraremos varias estrategias que pueden resultarle útiles para resolver dificultades. Además, exploraremos los escollos comunes que pueden entorpecer nuestros esfuerzos para resolver problemas.

Algoritmos

Un **algoritmo** es una receta paso a paso, o conjunto de reglas, para resolver un problema. Es probable que usted conociera los algoritmos por primera vez cuando aprendió las reglas básicas (algoritmos) de la aritmética, como agregar el número a la siguiente columna cuando sumó columnas de cifras. La principal desventaja de éstos es que carecemos de algoritmos precisos para resolver varios de los problemas a los cuales nos enfrentamos en la vida, como tener éxito en la escuela o en el trabajo, encontrar una pareja o decidir por cuál carrera profesional optaremos. No obstante, usted puede incrementar sus probabilidades de resolver un problema si sigue los pasos de un algoritmo funcional (impreciso), o conjunto de normas generales. Los sitios en línea como MySpace.com, Amazon.com e incluso Match.com utilizan algoritmos funcionales para unir a sus usuarios con publicidad dirigida y hasta con parejas potenciales (Johnson, 2007). Es probable que requiera un grado avanzado en ciencias de la computación para descifrar los cálculos desarrollados en estos programas de *software,* pero nosotros podemos diseñar nuestros propios algoritmos funcionales para atacar algunos de los problemas que enfrentamos. Ponga por caso un algoritmo funcional diseñado para ayudarlo a obtener buenas calificaciones en su curso de introducción a la psicología, el cual puede incluir que destine cierto número de horas para estudiar el libro de texto y otras lecturas cada semana, que asista a clases con regularidad y que participe en un grupo de estudio. ¿Garantizan estas normas el éxito? Tal vez no, pero las probabilidades están a su favor.

Heurística

El cálculo aproximado que utilizamos como auxiliar para resolver problemas, hacer juicios o tomar decisiones se conoce como **heurística**. Esta estrategia no garantiza soluciones, pero puede ayudarlo a llegar a soluciones de ciertos problemas y, como la caja de herramientas de un trabajador a domicilio, puede ser adaptada a las necesidades de problemas específicos (Gigerenzer, 2008). Un ejemplo es la *heurística del funcionamiento hacia atrás*, que consiste en iniciar con una posible solución y luego retroceder para constatar si los datos la sustentan. Por ejemplo, un psicólogo en busca de las causas de la esquizofrenia puede abordar el problema mediante la proposición de un modelo (la esquizofrenia como enfermedad genética) y luego examinar si los datos disponibles coinciden con dicho modelo.

Con el empleo de la *heurística de medios-fines,* nosotros evaluamos nuestra situación actual y la comparamos con el resultado final que deseamos obtener. Después, desarrollamos un plan para reducir paso a paso la diferencia entre el presente y el futuro. Cuando utilizamos otra clase de heurística, la *creación de submetas*, dividimos un problema mayor en otros más pequeños y manejables. Los científicos utilizan esta estrategia cuando asignan diferentes equipos para trabajar en distintas partes de un asunto. En la investigación del SIDA, por ejemplo, un equipo puede dedicarse a averiguar cómo el VIH penetra en la célula; otro, a descubrir cómo se reproduce, etc. La solución del acertijo del SIDA puede depender del conocimiento obtenido en el logro de cada una de las submetas.

Analogías

Cuando utilizamos una **analogía** para resolver un problema, aplicamos conocimientos obtenidos de la resolución de dificultades similares en el pasado. Sin embargo, podemos no tener la capacidad para reconocer cómo pueden modificarse las soluciones de un problema o adaptarse para resolver nuevos. Las analogías son más útiles cuando existen semejanzas entre los problemas antiguos y los nuevos. Considere la afinidad utilizada por Alexander Graham Bell, inventor del teléfono. Al estudiar el oído humano, Bell notó que los sonidos eran transmitidos cuando vibraba la membrana conocida como tímpano. Graham Bell aplicó esta idea en su diseño del teléfono (Levine, 1994). A pesar de que las analogías pueden resultar útiles para resolver problemas, pueden conducir a soluciones fallidas si las situaciones presente y pasada son menos similares de lo que nos parecieron en un inicio.

¿Puede escucharme ahora? El inventor Alexander Graham Bell utilizó las funciones del oído humano como analogía para su diseño del primer teléfono. ¿Alguna vez ha recurrido a una analogía para desarrollar una solución creativa para un problema?

algoritmo Conjunto de reglas paso a paso, utilizado para resolver un problema.

heurística Uso de la creatividad y la experiencia para resolver problemas, hacer juicios o tomar decisiones.

analogía En resolución de problemas, estrategia basada en la utilización de las similitudes entre las propiedades de dos objetos, o la aplicación de las soluciones de problemas pasados a los actuales.

Problema

Mueva sólo tres de estos puntos para formar un triángulo que apunte hacia abajo.

Solución

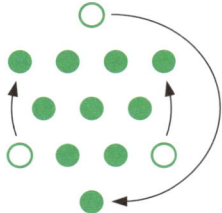

FIGURA 7.5 Solución para el problema de razonamiento en la figura 7.4
Si suponemos que usted resolvió el problema, ¿aplicó el método de ensayo y error y movió los puntos (o fichas) hasta que encontró por casualidad la respuesta correcta? ¿O le dio vueltas al problema en su mente hasta que se presentó un momento de iluminación, o razonamiento? Si así fue, ¿cómo podría usted explicar esa conciencia repentina?

CONCEPTO 7.8
La rigidez mental y la fijación funcional son ejemplos de tendencias cognitivas que pueden obstaculizar la resolución de problemas.

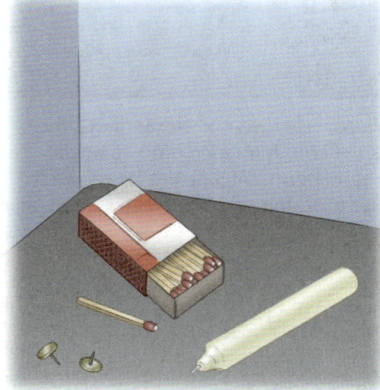

FIGURA 7.6 El problema de la caja y la vela
Utilizando sólo el material que usted ve sobre la mesa, descubra una manera de fijar la vela a la pared de manera que no escurra cera al piso cuando esté encendida. La respuesta se muestra en la figura 7.9, en la página 254.

Fuente: Adaptado de Duncker, 1945.

Periodos de incubación

A menudo, resulta útil descansar un poco de un problema, en especial cuando usted llega a un callejón sin salida. Los investigadores han descubierto que la gente, en ocasiones, es más capaz de resolver problemas cuando los hacen a un lado durante un tiempo y los retoman más tarde (Houtz y Frankel, 1992). Dicha estrategia se conoce como **periodo de incubación** porque se supone que el paso del tiempo ayuda a la persona a desarrollar una perspectiva fresca del asunto, lo cual puede provocar el surgimiento repentino de la solución. La persona puede comprender mejor cuáles piezas de información son relevantes para resolver el problema y cuáles no.

Bloqueos mentales en la solución de problemas

Raúl está sentado en el asiento del pasajero de un automóvil y espera el regreso del conductor cuando, de pronto, el auto comienza a moverse hacia atrás y a descender por la ladera de una colina. Aterrado, Raúl intenta esquivar la palanca de velocidades, en un torpe intento por alcanzar el pedal del freno con el pie para detener el automóvil. Por desgracia, no puede alcanzar el pedal del freno a tiempo para impedir que el auto se estrelle contra un poste. ¿Qué pudo hacer Raúl diferente en esta situación? ¿Por qué cree usted que él reaccionó de esta manera? (adaptado de M. Levine, 1994).

Es probable que Raúl debiera darse cuenta de que tenía en sus manos una solución más sencilla: jalar la palanca del freno de emergencia. Sin embargo, estaba aferrado a una manera preconcebida de resolver el problema: oprimir el pedal del freno. Esta solución funciona bien si usted está sentado en el asiento del conductor, pero puede no resultar eficaz si necesita hacerlo desde el asiento del pasajero. La tendencia a depender de estrategias que funcionaron bien en situaciones similares en el pasado se llama **rigidez mental**.

En algunas situaciones, como cuando un problema nuevo se asemeja a uno anterior, la rigidez mental puede ayudarlo a encontrar una solución apropiada más pronto. Sin embargo, ésta puede ser un impedimento para resolver problemas si uno nuevo requiere una solución distinta a la del anterior, como ilustra el ejemplo de Raúl.

Otro impedimento para resolver dificultades es la **fijación funcional**, que es la incapacidad para percibir cómo los objetos conocidos pueden ser empleados de maneras novedosas (German y Barrett, 2005). Suponga que usted trabaja en su escritorio y que un viento repentino sopla desde una ventana abierta y esparce sus documentos por todas partes (M. Levine, 1994). ¿La fijación funcional le impide reconocer usos nuevos para los objetos cotidianos?, ¿o toma usted los objetos que por lo regular no funcionan como pisapapeles, como sus anteojos o su cartera, y los utiliza para mantener los documentos en su sitio el tiempo suficiente para poder levantarse y cerrar la ventana? El problema de la caja y la vela y el de las dos cuerdas son ejemplos clásicos de fijación funcional (consulte las figuras 7.6 y 7.7).

Un obstáculo más para resolver problemas es la tendencia a permitir que la información irrelevante distraiga nuestra atención de la que es relevante y necesaria para hallar soluciones.

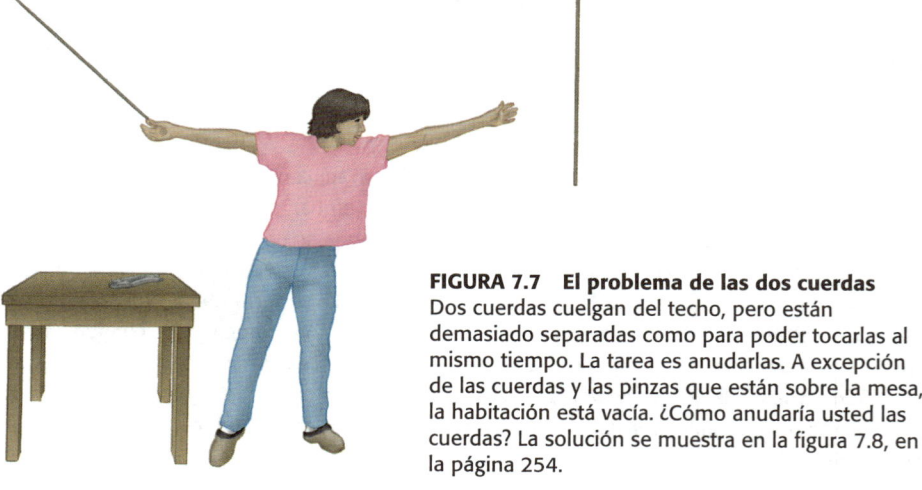

FIGURA 7.7 El problema de las dos cuerdas
Dos cuerdas cuelgan del techo, pero están demasiado separadas como para poder tocarlas al mismo tiempo. La tarea es anudarlas. A excepción de las cuerdas y las pinzas que están sobre la mesa, la habitación está vacía. ¿Cómo anudaría usted las cuerdas? La solución se muestra en la figura 7.8, en la página 254.

Recuerde el problema de la página 250, el cual explica que ninguno de los sobrevivientes del accidente del avión francés fue sepultado en Francia. ¿Lo distrajeron los detalles geográficos de manera que ignoró el detalle de que ningún *sobreviviente* fue enviado de regreso para su entierro?

Toma de decisiones

Constantemente nos enfrentamos a la necesidad de tomar decisiones, cuyo rango cubre desde las cotidianas ("¿Qué ropa me pondré?" "¿Qué prepararé para cenar?") hasta las más importantes en la vida ("¿Cuál especialidad debo elegir?" "¿Debo casarme?" "¿Debo aceptar este empleo o permanecer en la universidad?"). La **toma de decisiones** es una forma de resolución de problemas en tanto que debemos seleccionar un curso de acción de entre varias alternativas disponibles.

Podemos pensar que nuestras decisiones son firmes y racionales, pero los investigadores han descubierto que, con frecuencia, los individuos dependemos de maneras de pensar tendenciosas, llamadas *sesgos cognitivos,* que pueden guiarnos a tomar decisiones pobremente informadas (Kahneman y Frederick, 2005). Un ejemplo de ello es el **sesgo de confirmación**, que es la tendencia a aferrarnos a una hipótesis inicial, incluso frente a una sólida evidencia de su inconsistencia. Esta tendencia nos conduce a otorgar mayor importancia a los contenidos que confirma nuestras creencias y expectativas previas, que a la evidencia contradictoria. Considere el ejemplo de un jurado que decide si el acusado es culpable con base en la evidencia preliminar, y luego es incapaz de reconsiderar esa decisión cuando en el juicio se presenta una firme causa contradictoria.

La heurística puede ayudarnos a resolver problemas, pero puede conducirnos a tomar decisiones equivocadas. En su caso, la **heurística de representatividad** puede llevarnos a suponer más de lo necesario (Kahneman y Frederick, 2005). Cuando aplicamos esta estrategia, suponemos que determinada muestra es representativa de una población más grande. Con base en la heurística de representatividad, podemos basar una decisión sobre si veremos o no una película en la opinión de un desconocido a quien escuchamos hablar al respecto al pasar a su lado. Como resultado, podemos terminar por ver un filme de mala calidad o dejar de ver uno que sí valía la pena, una consecuencia infeliz, pero relativamente benigna. No obstante, la heurística de representatividad puede tener consecuencias más profundas. Por ejemplo, puede llevarnos a seleccionar una universidad que resulta ser un fiasco porque quedamos impresionados con uno o dos estudiantes a quienes conocimos por casualidad en un recorrido por el campus. Una joven se dirigía hacia la oficina de admisiones de cierta universidad, pero volvió sobre sus pasos y se encaminó hacia su casa después de notar que otro estudiante portaba unos zapatos nada elegantes (Gardner, 2006).

Esta categoría de la heurística subraya la tendencia a juzgar a la gente por las primeras impresiones. Como consecuencia, podemos decidir no procurar una relación con una persona con base en una breve conversación o por cómo se vistió esa persona para una ocasión determinada. En este caso, hacemos una inferencia de que la muestra de conducta que observamos es representativa de la conducta general de la persona, lo cual puede no ser el caso. Los dos recuadros próximos de "Intente lo siguiente" ofrecen ejemplos de cómo la heurística de representatividad puede orientar su pensamiento en determinada dirección.

periodo de incubación Pausa en los esfuerzos activos para resolver problemas, la cual puede facilitar el descubrimiento de alguna solución.

rigidez mental Tendencia a confiar en estrategias que funcionaron en situaciones similares en el pasado, pero que pueden no ser apropiadas para la situación presente.

fijación funcional Tendencia a percibir que los objetos están limitados a las funciones acostumbradas para las cuales sirven.

toma de decisiones Forma de resolución de problemas en la cual el individuo debe seleccionar un curso de acción de entre las alternativas disponibles.

sesgo de confirmación Tendencia a mantener la lealtad hacia una hipótesis inicial, a pesar de existir sólida evidencia de lo contrario.

heurística de representatividad Tendencia intuitiva de hacer un juicio que supone que determinada muestra es representativa de la población general de la cual se extrae.

Intente lo siguiente

¿Un granjero o un bibliotecario?

Usted puede ver la heurística de representatividad en acción con sólo ver primero al hombre de la fotografía. ¿Cree usted que es más probable que se trate de un granjero o de un bibliotecario? Si dijo que se trata de un bibliotecario, como la mayoría de la gente, es posible que su juicio se viera influido por la heurística de representatividad, es decir, usted supuso que un hombre esbelto y con anteojos es más representativo de la población de bibliotecarios que de la de granjeros.

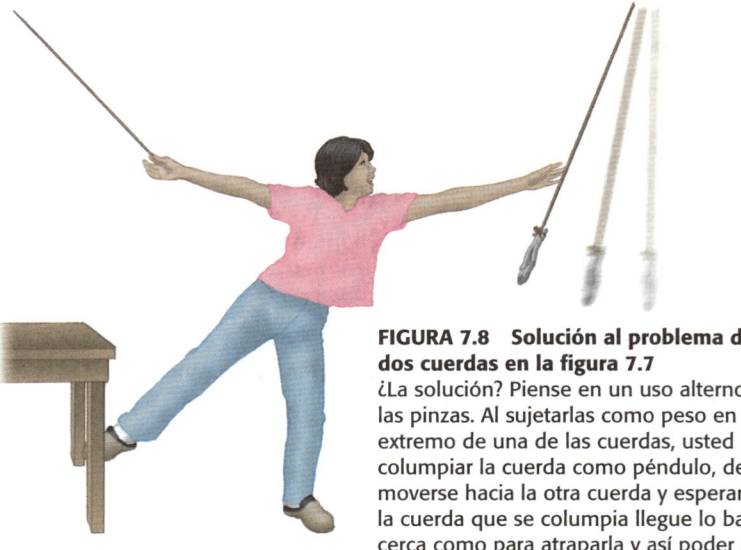

FIGURA 7.8   Solución al problema de las dos cuerdas en la figura 7.7
¿La solución? Piense en un uso alterno para las pinzas. Al sujetarlas como peso en el extremo de una de las cuerdas, usted puede columpiar la cuerda como péndulo, después moverse hacia la otra cuerda y esperar a que la cuerda que se columpia llegue lo bastante cerca como para atraparla y así poder anudar las dos cuerdas.

Fuente: Adaptado de Maier, 1931.

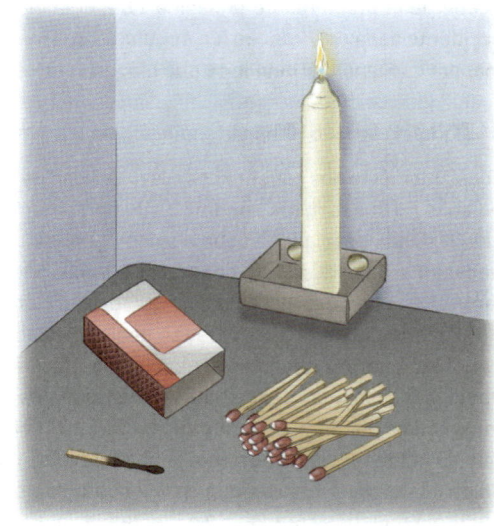

FIGURA 7.9   Solución para el problema de la caja y la vela en la figura 7.6

La **disponibilidad heurística** es la tendencia a basar las decisiones en la información que llega a la mente. Considere las situaciones de las numerosas incertidumbres que enfrentamos en la vida, conducir el automóvil hacia el trabajo, volar en un avión, comer un postre repleto de grasa..., todas entrañan cierto grado de riesgo. Incluso levantarse de la cama por la mañana implica cierto riesgo (usted podría caerse). La disponibilidad heurística puede llevarnos a cometer errores en la evaluación del riesgo relativo. Por ejemplo, pueden fijarse en nuestras mentes las vívidas imágenes de un accidente aéreo que vimos en un programa noticioso por televisión, lo cual podría conducirnos a sobreestimar el riesgo que enfrentamos al volar por una línea aérea comercial. O podemos elegir comprar un producto específico porque recordamos haberlo visto anunciado por televisión.

La manera de describir un problema igualmente afecta en las decisiones que tomamos. Suponga que usted sufre alguna condición médica que pudiera ser tratada con uno de dos medicamentos. Usted sabe que el medicamento A tiene un índice de éxito de 35%, comparado con 25% de éxito del medicamento B. Sabe, asimismo, que ambos fármacos implican un bajo riesgo de una seria complicación en la salud: hipertensión. El A implica un riesgo de 3%, comparado con 2% de riesgo del B. ¿Cuál medicamento elegiría usted si tuviera la opción? Es probable que usted piense: "Tomaré el que tiene el índice de éxito más alto, dado que el riesgo de hipertensión es sólo 1% mayor".

disponibilidad heurística
Tendencia a juzgar los sucesos como más probables de ocurrir cuando la información relacionada con éstos está presente en la mente.

encuadre   Tendencia de las decisiones a ser influidas por cómo se expresan los posibles resultados.

creatividad   Originalidad de pensamiento asociada con el desarrollo de productos nuevos y funcionales o soluciones a problemas.

pensamiento divergente
Capacidad de concebir maneras nuevas de percibir las situaciones y de encontrar nuevos usos para objetos cotidianos.

pensamiento convergente
Intento de reducir un rango de alternativas para converger en la única respuesta correcta a un problema.

 **Intente lo siguiente**

Lanzar la moneda

Una moneda de 25 centavos se lanza seis veces. Cae cara tres veces y cruz otras tres. ¿Cuál de las secuencias a la derecha tiene más probabilidades de haber ocurrido?
¿Eligió usted la última secuencia? Mucha gente lo hace. Sin embargo, cada una de estas secuencias tiene las mismas probabilidades de haber ocurrido. La heurística de representatividad conduce a la gente a juzgar que la secuencia irregular en el último número es más representativa de un orden aleatorio que las otras.

1.   CCC+++
2.   C+C+C+
3.   +++CCC
4.   C++CC+

Ahora reencuadremos el problema. Suponga que los mismos riesgos le son presentados de esta manera: "A pesar de que ambos medicamentos implican un bajo riesgo de provocar hipertensión, usted debe saber que el medicamento A implica 50% más riesgo de causar hipertensión que el medicamento B". ¿Estaría usted menos dispuesto a elegir el medicamento A? ¿Por qué?

La tendencia de las decisiones a verse influidas por cómo se expresan los resultados potenciales se llama **encuadre**. En términos racionales, su decisión no debería cambiar si los hechos aún son los mismos. Sin embargo, el encuadre puede llevarnos a tomar decisiones que no estén basadas en una evaluación puramente racional de los hechos.

Creatividad: no sólo para unos cuantos

La **creatividad** es una forma de pensamiento que genera soluciones originales, prácticas y significativas a problemas, o que genera nuevas ideas o expresiones artísticas. El hecho de pensar en un nuevo producto o manera de hacer algo es creativo cuando permite que una persona resuelva un problema de manera novedosa y útil.

La creatividad no está limitada a unos cuantos genios creativos en las artes o en las ciencias. Los psicólogos reconocen que casi todos los seres humanos tenemos la capacidad de ser creativos y de aplicar la creatividad cotidiana a diversos aspectos de nuestra vida diaria (Richards, 2007; Runco, 2007). Un padre que inventa una nueva actividad para un pequeño de cuatro años, una cocinera que combina ingredientes conocidos de manera innovadora, un trabajador que mejora un método de producción...; todos ellos demuestran creatividad.

La creatividad es distinta de la inteligencia general (Kim, 2005; Nettelbeck y Wilson, 2005). Aunque la gente con mayor inventiva tiene cuando menos una inteligencia promedio, las personas más inteligentes no son necesariamente las más creativas. Como señala el psicólogo Robert Sternberg (2001), los individuos muy inteligentes pueden desempeñarse de manera eficiente y productiva, pero no necesariamente de forma creativa.

La creatividad se mide de distintas formas, pero lo más común es que se haga mediante pruebas que evalúan el *pensamiento divergente*. El **pensamiento divergente** es la fuente de los inventos; es la capacidad para concebir modos inéditos de percibir situaciones y nuevos usos para objetos conocidos. Por ejemplo, ¿de cuántas maneras distintas puede usted utilizar un ladrillo? Las respuestas convencionales podrían ser usar un ladrillo para construir una casa o alguna otra estructura, pero entre sus usos más innovadores se podrían incluir su empleo para detener una puerta, como pisapapeles o como herramienta para levantar pesos. Otra prueba de creatividad se muestra en el próximo recuadro de "Intente lo siguiente".

Podemos contrastar el pensamiento divergente con el **pensamiento convergente**, el cual es el esfuerzo por encontrar una respuesta correcta para un problema. Refiérase de nuevo al problema 1 en la página 250. La respuesta (dos cuadrados superpuestos) parece tan obvia que quizá no pensemos en otras alternativas. Lo cierto es que el pensamiento convergente es útil, pero además puede sofocar al pensamiento divergente. Al aplicar éste podemos encontrar otras respuestas: tres cuadrados (note el cuadrado en el área de intersección), dos piezas en forma de L separadas por un cuadrado (consulte la figura 7.10) y un rectángulo dividido por la mitad cuyas partes han sido superpuestas en diagonal.

El psicólogo J. P. Guilford y sus colegas fueron los creadores de pruebas que miden el pensamiento divergente. Una medida muy utilizada, la Prueba de Usos Alternos, solicita a los participantes que enlisten todos los usos posibles para un objeto común, como un periódico (Guilford *et al.*, 1978). Las calificaciones se basan en el número total de respuestas aceptables que la persona es capaz de generar. La figura 7.11 muestra otra estrategia para medir el pensamiento creativo, la cual se basa en juzgar la creatividad de una persona por sus dibujos.

Cuando pensamos de manera creativa, empleamos procesos cognitivos para manipular o actuar con base en el conocimiento que hemos almacenado. Los investigadores identifican determinado número de procesos cognitivos en los cuales se basa el pensamiento creativo, y que abarcan el empleo de la *metáfora* y la *analogía*, la *combinación conceptual* y la *expansión conceptual* (Ward, 2001; Ward, Smith y Vaid, 1997):

1. *Metáfora y analogía*. La metáfora y la analogía son productos creativos por derecho propio; de igual forma son mecanismos que utilizamos para generar soluciones originales para problemas desafiantes. Una *metáfora* es una figura del lenguaje que consiste en asemejar un

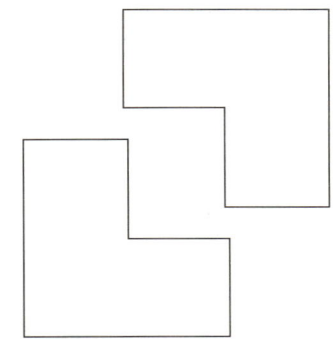

FIGURA 7.10   Pensamiento divergente
Compare la figura 7.2 en la página 250 con el diseño que aquí se muestra. Ahora imagine que estas dos figuras con forma de L se aproximan de manera que queden separadas por un cuadrado.

CONCEPTO 7.11
La creatividad es una capacidad cognitiva descubierta en varios grados en la mayoría de las personas.

"Nunca, nunca pienses fuera de la caja."

CONCEPTO 7.12
Creatividad implica utilizar procesos cognitivos para manipular o actuar con base en el conocimiento almacenado.

Intente lo siguiente

Pensar de manera creativa

Usted puede someter a prueba su creatividad al pensar en un nuevo producto, como un reloj de pulso que registra los estados emocionales del usuario o un nuevo sitio electrónico que la gente puede utilizar con regularidad. Después exponga su idea a algunos amigos suyos y observe sus reacciones. ¿Le comunican ellos lo que opinan con toda honestidad o sólo intentan ser amables? Si usted cree que su planteamiento tiene potencial, esfuércese por desarrollarlo un poco más.

Fuente: Adaptado de Levine, 1994.

objeto o concepto con otro. Al emplear la metáfora, hablamos de una cosa como si fuera otra. Por ejemplo, podemos describir el amor como una llama cuyo ardor es resplandeciente.

Una *analogía* es una comparación entre dos cosas basada en sus características o propiedades; pongamos por caso, igualar las acciones del corazón con las de una bomba. Como ya discutimos, Alexander Graham Bell mostró un uso creativo de una analogía cuando inventó el teléfono al emplear el oído humano como modelo para desarrollar un artefacto mecánico similar.

CONCEPTO 7.13
Cuando la gente aborda tareas creativas, tiende a ampliar lo que le resulta conocido.

2. *Combinación conceptual.* La combinación de dos o más conceptos en uno solo puede producir ideas o aplicaciones novedosas que reflejan mucho más que la suma de sus partes. Entre los ejemplos de **combinaciones conceptuales** se incluyen "teléfonos celulares", "hamburguesas vegetarianas" y "páginas de inicio". ¿Puede usted pensar en otras maneras en las cuales puedan combinarse diferentes conceptos de manera creativa?

3. *Expansión conceptual.* Una manera de desarrollar ideas novedosas es expandir los conceptos conocidos. Entre los ejemplos de **expansión conceptual** se hallan la adaptación de un arquitecto de una construcción existente para que tenga un nuevo uso, la creación de un dramaturgo de nuevas escenas con el empleo de personajes conocidos, y la variación de un cocinero de un platillo tradicional que resulta en una nueva sensación culinaria.

FIGURA 7.11   Prueba de Torrance del Pensamiento Creativo
En la Prueba de Torrance del Pensamiento Creativo, las personas reciben figuras básicas de inicio (columna izquierda) y se les instruye crear un nuevo dibujo al utilizarlas (línea superior), combinarlas (línea del centro) o completarlas (línea inferior). Después, los evaluadores juzgan la creatividad de los dibujos terminados.

Fuente: Gehirn y Geist/Siganim, 2004.

combinaciones conceptuales
Las de dos o más conceptos en uno, lo cual da como resultado la creación de una idea o aplicación novedosa.

expansión conceptual Ampliar los conceptos familiares al aplicarlos a usos nuevos.

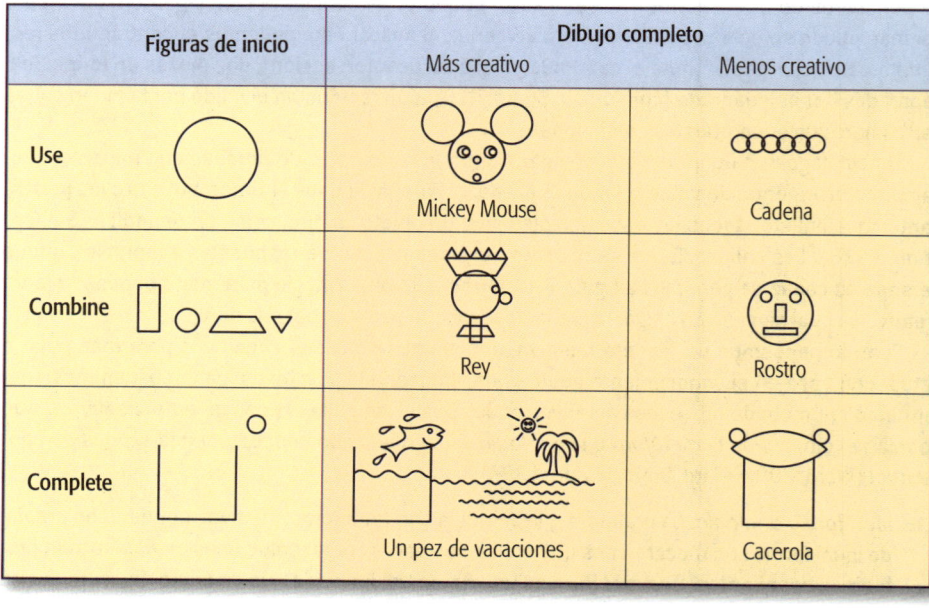

TABLA DE CONCEPTOS 7.1
Procesos cognitivos en el pensamiento

Proceso cognitivo	Definición	Descripción
Imágenes mentales	Formación de representaciones mentales de objetos y sucesos	Pueden formarse imágenes con base en varias experiencias sensoriales, incluso la vista, el oído, el gusto y el tacto. Las imágenes mentales pueden ser manipuladas para ayudarnos a resolver ciertas clases de problemas
Formación de conceptos	Agrupación de objetos, sucesos e ideas con base en sus características comunes	La mayoría de los conceptos son naturales, los cuales tienen reglas difusas o imprecisas de pertenencia. Los conceptos lógicos son aquellos que tienen reglas estrictas de pertenencia. La gente tiende a utilizar con más frecuencia conceptos de nivel básico que los supraordinados (más generales) o subordinados (más específicos)
Resolución de problemas	Proceso de llegar a una solución para un problema determinado	Entre las estrategias se engloban el empleo de algoritmos, heurística, analogías y periodos de incubación. Entre las desventajas se abarcan la rigidez mental y la fijación funcional
Toma de decisiones	Proceso de decidir cuál de dos o más cursos de acciones tomar	Con frecuencia, la toma de decisiones se ve influida por errores en el pensamiento asociados con el sesgo de confirmación, la heurística de representatividad, la disponibilidad heurística y el encuadre
Creatividad	Generación de ideas o productos novedosos y funcionales	Cuando pensamos de manera creativa, utilizamos el pensamiento divergente para manipular o actuar con base en el conocimiento almacenado. Entre los procesos cognitivos utilizados se incluyen la metáfora y la analogía, la combinación conceptual y la expansión conceptual

Por lo regular, la creatividad surge de la ampliación o modificación de categorías o conceptos conocidos. La capacidad para tomar lo que nos brindan nuestras estructuras de conocimiento, y modificar y expandir con base en ello es uno de los procesos básicos del pensamiento creativo. Antes de avanzar, quizá usted desee revisar los procesos cognitivos involucrados en el pensamiento, los cuales están descritos en la tabla de conceptos 7.1.

REVISIÓN DE MÓDULO 7.1   Pensamiento

REPASE

¿Qué es el pensamiento?

- Es la creación de representaciones mentales del mundo exterior en forma de imágenes, conceptos y palabras mentales, además de la manipulación mental de dichas representaciones.

¿Qué son las imágenes mentales?

- Son representaciones de información en nuestra mente, mismas que pueden ser visuales o de otros sentidos.

¿Cuáles son los tipos principales de conceptos que la gente utiliza y cómo se aplican?

- Los tipos principales de conceptos son los lógicos, que cuentan con reglas de pertenencia definidas con toda claridad, y los naturales, que cuentan con reglas escasamente definidas para determinar su aplicación.

- La gente aplica conceptos naturales de manera probabilística al juzgar si es probable que un objeto pertenezca a determinada categoría.

¿Qué podemos hacer para resolver problemas de manera más eficiente?

- En lugar de depender de la táctica de ensayo y error o de un razonamiento repentino, podemos emplear estrategias para resolver problemas tales como los algoritmos y la heurística.

- Del mismo modo podemos retirar los impedimentos para resolver problemas, como la rigidez mental y la fijación funcional.

¿Cómo influyen los sesgos cognitivos en la toma de decisiones?

- El sesgo de confirmación conduce a la gente a desestimar aquellas evidencias que contradicen sus creencias y expectativas previas. La heurística de representatividad lleva a la gente a suponer más de determinada muestra de datos de lo que debería.

- La disponibilidad heurística conduce a la gente a tomar decisiones súbitas con base en cualquier tipo de información que llegue más pronto a su mente. El encuadre lleva a la gente a basar sus determinaciones a partir de cómo se expresa un problema en lugar de apoyarse en los hechos que tiene a la mano.

¿Qué procesos cognitivos sustentan el pensamiento creativo?

- Entre los procesos cognitivos involucrados en el pensamiento creativo se incluyen el empleo de la metáfora y la analogía, la combinación conceptual y la expansión conceptual.

RECUERDE

1. Cuando pensamos, formamos representaciones mentales de la información en forma de imágenes, palabras y _____.

2. Una categoría con reglas de pertenencia definidas con claridad se llama concepto _____, mientras una categoría con reglas escasamente definidas de membresía es un concepto _____.

3. Un bloqueo mental para resolver problemas es la incapacidad para ver cómo un objeto conocido puede ser utilizado de nuevas maneras. Este impedimento se conoce como _____ _____.

4. Una los términos de la izquierda con sus descripciones a la derecha:

i. resolución de problemas	a. proceso que consiste en emplear estrategias mentales para encontrar soluciones a problemas
ii. algoritmo	b. comparación entre dos cosas con base en sus características o propiedades comunes
iii. heurística	c. conjunto de reglas paso a paso para resolver problemas
iv. analogía	d. el empleo del cálculo aproximado para resolver problemas o tomar decisiones

5. La unión de dos o más conceptos para producir ideas o aplicaciones novedosas se llama
   a. expansión conceptual
   b. combinación creativa
   c. pensamiento divergente
   d. combinación conceptual

REFLEXIONE

- ¿Alguna vez ha utilizado imágenes mentales para encontrar soluciones creativas para un problema? ¿Podría emplearlas en el futuro? ¿Por qué?

- ¿Cómo podría usted aplicar los conceptos de metáfora y analogía, combinación conceptual y expansión conceptual para desarrollar una idea, aplicación o servicio novedosos? Piense cuando menos en un ejemplo.

MÓDULO 7.2

Lenguaje

- ¿Cuáles son los principales componentes del lenguaje?
- ¿Cómo se desarrolla el lenguaje?
- ¿Qué es la hipótesis de relatividad lingüística?
- ¿El empleo del lenguaje es exclusivo de los seres humanos?

CONCEPTO 7.14
El lenguaje estriba en cuatro componentes básicos: fonemas, morfemas, sintaxis y semántica.

lenguaje   Sistema de comunicación compuesto por símbolos (palabras, ademanes, etc.) que se organizan de acuerdo con un conjunto de reglas (gramática) para formar expresiones significativas.

gramática   Conjunto de reglas que gobiernan la manera como los símbolos de determinado lenguaje se utilizan para formar expresiones significativas.

El **lenguaje** es un sistema de comunicación que se basa en símbolos (palabras o señas manuales, como en el caso del American Sign Language), organizados de acuerdo con un conjunto de reglas, llamado **gramática**, para expresar significado (Gertner, Fisher y Eisengart, 2006). El lenguaje está entretejido con la experiencia humana de manera tan íntima, dice el prominente lingüista Steven Pinker (1994, p. 17), que "... es escasamente posible imaginar la vida sin éste. Es probable que si usted encuentra dos personas juntas en cualquier parte del mundo, éstas pronto intercambiarán palabras. Cuando no hay nadie más con quien hablar, la gente habla consigo misma, con sus perros y hasta con sus plantas".

En este módulo examinamos la notable capacidad de los seres humanos para comunicarse por medio del lenguaje. Consideramos los componentes básicos del lenguaje, los hitos de desarrollo en la adquisición del mismo y las teorías líderes sobre la apropiación del lenguaje. No obstante, consideramos si el lenguaje es una característica humana exclusiva.

Componentes del lenguaje

Las unidades básicas de sonido en un lenguaje hablado se llaman **fonemas**. El inglés, por ejemplo, cuenta con alrededor de 40 fonemas para dar sonido a las más o menos 500 000 palabras encontradas en los diccionarios completos del idioma. En castellano, la palabra *chimenea* consiste en siete fonemas: "ch", "i", "m", "e", "n", "e" y "a". Los fonemas en español corresponden tanto a las letras individuales como a las combinaciones de letras, incluso la "ch" en *chimenea*. La misma letra puede representar diferentes sonidos en distintas palabras. La "x" en la palabra *conexión* es un fonema distinto a la "x" de la palabra *México*. Al cambiar un fonema en una palabra, podemos cambiar el significado de la misma. Si cambiamos el sonido "p" en la palabra *padre* al sonido "m", obtenemos la palabra *madre*. Cada idioma tiene diferentes fonemas. En algunos idiomas africanos, una sucesión de sonidos intermitentes constituyen fonemas. El hebreo tiene un fonema gutural "chhh", como en la expresión *l'chaim* ("a la vida").

Los fonemas se combinan para formar **morfemas**, que son las unidades más pequeñas de significado en un idioma. Las palabras simples como *casa*, *pelota* y *tiempo* son morfemas, aunque lo son de igual manera otras unidades lingüísticas que confieren significado, como los prefijos y sufijos. El prefijo "in", por ejemplo, significa "no", y el sufijo "ado" después de un verbo significa que la acción expresada por el verbo ocurrió en el pasado. Las palabras más complejas se componen de varios morfemas. El vocablo *predestinado* consiste en tres morfemas: "pre", "destin" y "ado".

El lenguaje requiere más que fonemas y morfemas. Asimismo, precisa de **sintaxis**, que es el conjunto de reglas de gramática que determina cómo se ordenan las palabras dentro de las frases y oraciones para formar expresiones significativas, y **semántica**, que es el conjunto de reglas que gobiernan el significado de las palabras. La frase "compro leche yo" nos suena extraña porque viola una regla básica de la sintaxis en el idioma castellano: que el sujeto ("yo") debe preceder al verbo ("compro"). Seguimos reglas de sintaxis en el habla cotidiana, incluso si no estamos conscientes de éstas o no podemos expresarlas de manera verbal. Sin embargo, incluso cuando nuestro discurso cumple con una sintaxis apropiada, puede carecer de significado. El afamado lingüista Noam Chomsky, a cuya obra nos referiremos en breve, ilustra este punto con el siguiente ejemplo: "Las descoloridas ideas verdes duermen furiosamente". La frase puede sonar correcta para nuestros oídos debido a que cumple con las reglas de la sintaxis en castellano, pero no contiene significado alguno. La misma palabra puede implicar significados distintos de acuerdo con el contexto en el cual se utiliza. "Él se *casa* mañana" significa algo muy distinto a "qué bonita *casa*".

Desarrollo del lenguaje

Los niños de todo el mundo desarrollan su lenguaje en las mismas fases básicas, las cuales avanzan más o menos en igual rango de edades. Hasta alrededor de los seis meses de edad, los bebés se limitan a formas de comunicación no lingüísticas: llorar y hacer gorgoritos. Más o menos en esa etapa, los primeros sonidos que se asemejan al habla humana aparecen en forma de balbuceos. El niño después progresa por medio de etapas de una o dos frases y entre los dos y tres años comienzan a desarrollarse patrones de habla mucho más compleja (consulte la tabla de conceptos 7.2). Alrededor de los 30 meses de edad, los niños hablan con oraciones completas y tienen un vocabulario de alrededor de 550 palabras (Golinkoff y Hirsh-Pak, 2006) (consulte el recuadro de "Intente lo siguiente").

El curso similar del desarrollo del lenguaje entre culturas y la facilidad con la cual los niños adquieren el lenguaje de forma natural sugiere que éste depende de un mecanismo innato que puede estar ya integrado en el cerebro. Noam Chomsky (1965) llamaba **mecanismo de adquisición del lenguaje** a dicha disposición. Nosotros adquirimos la capacidad para hablar de manera muy semejante a como obtenemos la capacidad para caminar o saltar, porque tenemos una propensión innata a desarrollarlo. Como lo ha expresado Steven Pinker (1994): "Nosotros no enseñamos a nuestros niños a sentarse, a levantarse o a caminar, pero ellos lo hacen de todas formas". Los niños aprenden a utilizar las reglas de la gramática sin ninguna instrucción formal. En las culturas hispanoparlantes, comienzan a colocar el sujeto antes que el verbo mucho antes de saber lo que significan los términos *sujeto* y *verbo*. De acuerdo con Chomsky y Pinker, los niños son capaces de aprender estructuras gramaticales con tanta rapidez y facilidad como lo hacen debido a que el cerebro humano contiene los planos básicos o circuitos neurales para emplear la gramática.

CONCEPTO 7.15
Los niños pequeños pasan por una serie de hitos de adquisición del lenguaje, desde llorar, hacer gorgoritos, balbucear, formar frases de una o dos palabras y hasta dominar el habla más compleja.

fonemas   Unidades básicas de sonido en un idioma.

morfemas   Unidades más pequeñas de significado en un idioma.

sintaxis   Reglas de gramática que determinan cómo se ordenan las palabras dentro de las oraciones o frases para formar expresiones significativas.

semántica   Conjunto de reglas que gobiernan el significado de las palabras.

mecanismo de adquisición del lenguaje   Concepto de Chomsky de un mecanismo innato y preestablecido en el cerebro que permite a los niños adquirir el lenguaje de forma natural.

TABLA DE CONCEPTOS 7.2
Hitos en la adquisición del lenguaje

Edad (aproximada)	Actividad vocal	Descripción
Nacimiento	Llorar	El llanto expresa incomodidad
2 meses	Hacer gorgoritos	Los bebés comienzan a emitir sonidos de gorgoritos (p. e., "aah" y "ohh")
Entre seis y 12 meses	Balbucear	Aparecen fonemas, las unidades básicas de sonido
12 meses	Frases de una palabra	El bebé imita sonidos y puede comprender algunas palabras; comienza a decir palabras sueltas
Entre 18 y 24 meses	Frases u oraciones de dos palabras	El vocabulario aumenta a alrededor de 50 palabras y el bebé emite frases u oraciones de dos palabras
Entre 24 y 36 meses	Habla compleja	Las oraciones se hacen más largas y más complejas; incluyen plurales y verbos en tiempo pasado; el habla muestra elementos de sintaxis apropiada

Noam Chomsky

Los críticos señalan que el mecanismo de adquisición del lenguaje de Chomsky no es una estructura física real en el cerebro sino sólo una hipótesis, un concepto abstracto de cómo el lenguaje se centra en el funcionamiento del cerebro, y que no explica los mecanismos por los cuales se produce el lenguaje. Para hacerle justicia a Chomsky, debemos señalar que los mecanismos cerebrales responsables del lenguaje son en extremo complejos y consisten en complicados circuitos en muchas áreas del cerebro que se unen entre sí para producirlo de alguna manera que aún no comprendemos. Los científicos han comenzado a localizar los genes involucrados en el desarrollo de los mecanismos cerebrales responsables de la expresión verbal y el lenguaje (Lichtenbelt *et al.*, 2005; Vargha-Khadem *et al.*, 2005).

Sin importar los mecanismos exactos involucrados en la producción del lenguaje, tanto la naturaleza como la crianza son necesarias para que éste se desarrolle. Nuestra habilidad para utilizar el lenguaje depende no sólo de contar con la capacidad biológica para la producción del lenguaje sino además de la experiencia con los sonidos, significados y estructuras del habla humana. Por naturaleza, los niños adquieren el lenguaje al escuchar el habla de otras personas, mucho antes de aprender las reglas de la gramática formal en la escuela (Pancsofar y Vernon-Feagans, 2006; Sakai, 2005). También incrementan su vocabulario al imitar las palabras que las demás personas utilizan para referirse a determinados objetos. Los padres pueden ayudar a sus hijos a desarrollar sus capacidades de lenguaje al hablarles y leerles con frecuencia. Pueden utilizar principios del condicionamiento operante y aprendizaje por observación (discutidos en el capítulo 5) al modelar el uso apropiado de la lengua y al recompensar a los niños por utilizarla.

Sin importar cómo se desarrolle la facultad de hablar, resulta claro que éste y el pensamiento están íntimamente relacionados. Como discutiremos en la siguiente sección, algunos teóricos incluso proponen que el lenguaje determina cómo pensamos.

CONCEPTO 7.16
El desarrollo del lenguaje depende tanto de una capacidad biológica para producirlo como de la experiencia con los sonidos, significados y estructuras del habla humana.

Cultura y lenguaje: ¿el lenguaje que empleamos afecta nuestra manera de pensar?

¿El lenguaje que empleamos afecta nuestra manera de pensar? ¿Los franco-canadienses, los chinos y los africanos perciben el mundo de manera distinta debido al vocabulario y a la sintaxis de sus idiomas nativos? De acuerdo con la **hipótesis de relatividad lingüística**, la respuesta es sí. Esta hipótesis, llamada *hipótesis whorfiana* en honor a Benjamin Whorf, el lingüista amateur que la desarrolló, sostiene que el idioma que utilizamos determina cómo pensamos y cómo percibimos la realidad. Whorf (1956) señaló que algunas culturas emplean palabras muy distintas para los colores, mientras otras sólo utilizan unas cuantas. El idioma inglés tiene once palabras para los colores básicos: negro, blanco, rojo, verde, amarillo, azul, marrón, violeta, rosa, naranja y gris (Adelson,

hipótesis de relatividad lingüística Proposición de que el idioma que empleamos determina cómo pensamos y cómo percibimos al mundo (también llamada hipótesis whorfiana).

Intente lo siguiente

De la boca de los bebés

Si usted tiene la oportunidad de observar a un bebé con el paso del tiempo, mantenga un registro constante de las verbalizaciones del niño y anote los tipos producidos en diferentes edades. Compare la cronología de dichas verbalizaciones con las presentadas en la tabla de conceptos 7.2: el llanto neonatal que progresa hasta los gorgoritos alrededor de los dos meses de edad y son seguidos por los balbuceos (inician alrededor de los seis meses), la pronunciación de una palabra (alrededor de los 12 meses), las expresiones de dos palabras (comienzan cerca de los 18 meses) y el discurso más complejo (entre los 24 y los 26 meses). Mantenga un registro del vocabulario del bebé y note el rápido incremento que da inicio alrededor de los 18 meses.

Fuente: Adaptado de Levine, 1994.

2005). En el otro extremo del espectro se encuentra el idioma navajo, el cual no cuenta con palabras distintas para el azul y el verde.

¿La carencia de vocabulario para el color determina cómo percibe la gente los colores? Tal parece que no, de acuerdo con la relevante investigación conducida por Eleanor Rosch (Rosch-Heider y Olivier, 1972; Rosch, 1975). Rosch y sus colegas demostraron que los miembros de una tribu analfabeta en Nueva Guinea, cuyo idioma sólo contenía dos nombres de colores, eran tan capaces como los sujetos angloparlantes de registrar diferentes colores. Este descubrimiento sugiere que la gente tiene la capacidad para admitir los distintos colores, sin importar las diferencias en las palabras que utilizan para describirlos.

En general, la evidencia de la investigación no sustenta la versión original de la hipótesis whorfiana, la cual sostiene que el idioma determina cómo pensamos y cómo percibimos al mundo (Pinker, 2003; Siegal, Varley y Want, 2001). No obstante, tiene mérito una versión más débil de la hipótesis, misma que propone que la cultura en la cual crecemos y el idioma que empleamos son importantes influencias en cómo pensamos y en cómo percibimos al mundo (Adelson, 2005; Gilbert *et al.*, 2006; Özgen y Davies, 2002; Robertson *et al.*, 2004). Por ejemplo, mientras los individuos angloparlantes perciben los objetos de color azul y verde como distintos entre sí, los hablantes de idiomas africanos que utilizan un término único para describir los colores azul y verde tienden a percibir estos objetos como pertenecientes a la misma categoría (Özgen, 2004).

Otra manera como el idioma puede influir en el pensamiento se ilustra con la frase: "Un *hombre* siempre debe ser respetuoso con sus padres". Si el concepto mismo de ser persona implica masculinidad, ¿en dónde quedan las mujeres?, ¿deben considerarse *no*-personas? No es sorprendente que los investigadores hayan descubierto que las mujeres se sientan excluidas cuando leen textos que utilizan el genérico *él* para representar a una persona (Romaine, 1994). Si Liliana ve que el genérico *él* es utilizado casi siempre cuando se hace referencia a profesionales como médicos, ingenieros o científicos, ¿podría ella concebir la idea de que dichas carreras profesionales no están tan disponibles para ella como lo están para su hermano?

La hipótesis whorfiana   Los descubrimientos de la investigación de Eleanor Rosch fueron contrarios a la hipótesis whorfiana. Los miembros de una tribu de Nueva Guinea, a pesar de que sólo empleaban dos palabras para hacer distinciones entre diferentes colores, fueron tan capaces como los sujetos angloparlantes de identificar colores distintos.

CONCEPTO 7.17
La creencia en que el lenguaje que hablamos determina nuestra manera de pensar y percibir el mundo, es un punto de vista controversial que no ha sido sustentado por la evidencia de la investigación.

¿Los policías o los oficiales de policía? El idioma influye en el pensamiento de muchas maneras. Las construcciones tradicionales de género de títulos ocupacionales que implican masculinidad, como policía y bombero, puede conducir a las mujeres jóvenes a pensar que dichas carreras no están disponibles para ellas.

CONCEPTO 7.18
A pesar de que los descubrimientos de investigación no han sustentado la forma original de la hipótesis de relatividad lingüística, puede tener mérito una versión más débil de la misma que sostiene que la cultura y el idioma influyen en el pensamiento.

VÍNCULO DE CONCEPTOS · · · · ·
La gente de las culturas orientales y occidentales tiende a percibir las mismas escenas visuales de distintas maneras, como ya examinamos en el capítulo 3. Consulte el módulo 3.5.

¿Es el lenguaje exclusivo de los seres humanos?

¿Los animales, además de los humanos, emplean el lenguaje? Considere el caso de Koko, un gorila entrenado para emplear el lenguaje de señas (American Sign Language, ASL). Los simios carecen del aparato vocal necesario para formar sonidos humanos, de manera que los investigadores han recurrido a medios no verbales de expresión, como el lenguaje de signos utilizados por las personas con problemas de audición, para comunicarse con ellos. Cierto día, Koko hizo la seña del American Sign Language para indicar dolor y señaló su boca (*Koko the Gorilla*, 2004). Se convocó entonces a los dentistas y pronto descubrieron que Koko tenía un diente dañado; entonces, los dentistas extrajeron el diente para aliviar su dolor.

Koko era capaz de comunicarse con los humanos, pero, ¿empleaba el lenguaje? En la década de 1960, los investigadores Bernice y Allen Gardner entrenaron a una chimpancé llamada Washoe para que empleara alrededor de 160 señas, incluso aquellas para "manzana", "cosquillas", "flor" y "más" (Gardner y Gardner, 1969, 1978). Washoe aprendió a combinar señas en frases simples, como "más fruta" o "dame flor". Incluso mostró capacidades de gramática básica al cambiar la posición del sujeto y el objeto en sus señas para reflejar un cambio en el significado. Por ejemplo, cuando la chimpancé quería que su entrenador le hiciera cosquillas, ella expresaba "Tú cosquillas Washoe", y cuando quería ser ella quien hiciera las cosquillas, expresaba "Washoe cosquillas tú" (Gardner y Gardner, 1978).

El psicólogo David Premack desarrolló un lenguaje artificial en el cual ciertas fichas de plástico de diferentes colores, tamaños y formas simbolizaban palabras distintas. Mediante las técnicas de formación y reforzamiento, él entrenó a una chimpancé llamada Sarah para que se comunicara por medio de la colocación de las fichas en una pizarra magnética. Sarah aprendió a formar oraciones simples; por ejemplo, ella solicitaba comida al formar una secuencia de fichas que indicaba: "Mary dar manzana Sarah" (Premack, 1971).

Quizá la demostración más notable de la comunicación de los simios fue la de Kanzi, un chimpancé pigmeo (Shanker y Savage-Rumbaugh, 1999). La madre de Kanzi había sido entrenada para comunicarse al oprimir símbolos geométricos en un teclado, pero Kanzi no había recibido ningún entrenamiento especial. Sin embargo, estuvo presente en las sesiones de entrenamiento de su madre y tal parece que aprendió el sistema del teclado por medio de la observación y la imitación. A los dos años y medio de edad, Kanzi sorprendió a sus entrenadores cuando de pronto comenzó a manipular los símbolos en el teclado para solicitar una fruta específica. A los seis años, el chimpancé empleaba alrededor de 200 símbolos para comunicarse. Kanzi era capaz de colocarlos en el orden apropiado para reflejar cambios en acciones; este era el caso cuando cambiaba los símbolos que representaban "persona perseguir Kanzi" por "Kanzi perseguir persona".

Entonces, ¿los simios pueden adquirir y utilizar el lenguaje? Los críticos declaran que Washoe, Sarah y otros primates sólo aprendieron a imitar gestos y otras respuestas por las cuales

CONCEPTO 7.19
El hecho de que los seres humanos seamos los únicos poseedores de la capacidad de comunicarnos mediante el lenguaje aún es una situación controvertida.

Kanzi con su entrenador   Aún existen dudas acerca de si la capacidad de un simio para manipular símbolos en un teclado, como Kanzi demuestra aquí, puede ser equivalente al lenguaje humano.

¿Los primeros humanos "hablaban" con sus manos antes de hacerlo con sus voces?   Los científicos sospechan que la gesticulación, una forma común de comunicación entre simios, puede haber sido un punto de inicio para el desarrollo del lenguaje entre los primeros seres humanos. Aquí vemos a un chimpancé adolescente que, por medio de ciertos gestos, exige la comida que un congénere más dominante le arrebató.

fueron reforzados, en lugar de aprender la compleja sintaxis y los morfemas de un verdadero lenguaje humano como el American Sign Language (Terrace, 2005). Un chimpancé que con señas indica "yo galleta" no es distinto, dicen los críticos, a una paloma que aprende a realizar una serie de respuestas para obtener una ración de comida. Quizá la cuestión de si los simios pueden o no utilizar el lenguaje dependa de la amplitud con la cual definamos al lenguaje mismo. Si nuestra definición involucra la comunicación por medio del empleo de símbolos, entonces los simios, así como otras especies no humanas, bien pueden ser capaces de utilizar el lenguaje. Sin embargo, si nuestra definición depende del uso de sintaxis y estructuras gramaticales complejas, entonces la capacidad de emplear el lenguaje puede ser una habilidad humana exclusiva. A pesar de que las capacidades del lenguaje de los chimpancés pueden implicar una especie de gramática similar a la utilizada por los bebés y los niños pequeños, éstas no progresan a las formas complejas del idioma que los niños adquieren por naturaleza a medida que maduran (Seyfarth y Cheney, 2003).

No obstante, los científicos creen que los gestos empleados por los simios para comunicarse entre sí pueden contener claves de los orígenes del lenguaje humano (Pollick y de Waal, 2007). A menudo, los simios se comunican mediante gestos con sus manos, hecho que los científicos creen que puede representar un punto de inicio en el desarrollo del lenguaje humano (Tierney, 2007c; Wade, 2007).

REVISIÓN DE MÓDULO 7.2   Lenguaje

REPASE

¿Cuáles son los principales componentes del lenguaje?

- Son los fonemas (las unidades básicas de sonido), los morfemas (las unidades básicas de significado), la sintaxis (las reglas de la gramática que determinan cómo están ordenadas las palabras en oraciones y frases para expresar significado), y la semántica (conjunto de reglas que gobiernan el significado de las palabras).

¿Cómo se desarrolla el lenguaje?

- De acuerdo con Noam Chomsky, el desarrollo del lenguaje depende de un mecanismo innato que está "precableado" en el cerebro humano.

- El desarrollo del lenguaje, de igual forma, depende de la exposición al discurso de otras personas. Por lo tanto, la naturaleza y la crianza son necesarias.

¿Qué es la hipótesis de relatividad lingüística?

- En su forma original, esta hipótesis (también llamada hipótesis whorfiana) sostiene que el idioma determina nuestra manera de pensar y de percibir al mundo. Los descubrimientos de investigación no han podido sustentar esta versión de la hipótesis; sin embargo, tiene cierto mérito una versión más débil de la misma, la cual afirma que la cultura y el idioma influyen en el pensamiento.

¿El empleo del lenguaje es exclusivo de los seres humanos?

- Las investigaciones con chimpancés y gorilas ha demostrado que estos primates son capaces de aprender formas elementales de comunicación; por ejemplo, al manipular símbolos para solicitar comida, pero aún existen dudas acerca de si esas capacidades de comunicación son equivalentes al lenguaje humano.

RECUERDE

1. El conjunto de reglas que gobiernan el orden de las palabras dentro de las oraciones y frases para formar expresiones significativas se llama _____.
   a. lenguaje
   b. gramática
   c. determinismo cultural
   d. morfemas

2. Las unidades básicas de sonidos en un idioma se llaman _____.

3. La creencia en que el lenguaje determina cómo pensamos y cómo percibimos la realidad se llama hipótesis de _____ lingüística.

4. Se ha enseñado el American Sign Languaje (ASN) a los simios porque
   a. los investigadores han acordado emplear este lenguaje universal
   b. el lenguaje por señas es más fácil de adquirir que el lenguaje hablado
   c. los simios carecen del aparato vocal necesario para formar sonidos humanos
   d. el lenguaje de señas es más eficaz que el lenguaje hablado para comunicar necesidades básicas

REFLEXIONE

- ¿De qué manera se reflejan los sesgos sexistas en el lenguaje que utilizamos en el habla cotidiana?
- ¿Cree usted que los chimpancés que aprenden a emplear símbolos son capaces de comunicarse por medio del lenguaje? ¿Por qué?

MÓDULO 7.3

Inteligencia

- ¿Qué es la inteligencia y cómo se mide?
- ¿Qué constituye una buena prueba de inteligencia?
- ¿Cuáles son algunos ejemplos del uso inadecuado de las pruebas de inteligencia?
- ¿Cuáles son algunas de las principales teorías sobre la inteligencia?
- ¿La inteligencia está determinada por la herencia o por el ambiente?

CONCEPTO 7.20
A pesar de que los teóricos definen a la inteligencia de maneras distintas, una definición ampliamente utilizada sostiene que es la capacidad para actuar con base en propósitos, para pensar de manera racional y manejarse de forma efectiva con el ambiente.

VÍNCULO DE CONCEPTOS
Algunos teóricos creen que la capacidad para reconocer y manejar las emociones es una forma de conducta inteligente, llamada inteligencia emocional. Consulte el módulo 8.3.

inteligencia   Capacidad para pensar y razonar con claridad y para actuar de acuerdo con un propósito y de forma efectiva en la adaptación al ambiente y en el logro de metas individuales.

Es probable que ningún tema de la psicología haya despertado tanta controversia como la inteligencia. Durante un largo periodo, los psicólogos han discutido cómo definirla, cómo medirla, cuáles factores la gobiernan, si los diversos grupos raciales o étnicos tienen más o menos inteligencia y, si es así, cómo se explican dichas diferencias. Estos debates aún mantienen su sitio en la vanguardia de la psicología contemporánea.

¿Qué es la inteligencia?

Pero, ¿qué es la **inteligencia**?, ¿es la capacidad de adquirir conocimiento de los libros o de los estudios formales? ¿O puede ser "inteligencia callejera", es decir, inteligencia práctica del tipo que vemos en las personas que sobreviven por sus propios medios y no por el conocimiento adquirido en un ambiente académico? ¿Es la capacidad para resolver problemas? ¿O es la capacidad para adaptarse a las demandas del ambiente? Los psicólogos creen que la inteligencia puede ser todas estas cosas y más. A pesar de que las definiciones varían, una creencia central es que la inteligencia es la capacidad para adaptarse al ambiente. Tal vez la explicación más ampliamente utilizada de inteligencia es la ofrecida por el psicólogo David Wechsler (1975): "Inteligencia es la capacidad global del individuo para actuar con base en sus propósitos, para pensar de manera racional y para manejarse de forma eficaz con el ambiente".

Algunos teóricos creen que existen muchas formas de inteligencia, quizá hasta las denominadas múltiples. Antes de explorar las teorías al respecto, consideremos la historia y la naturaleza de las pruebas de inteligencia en los tiempos modernos, así como los extremos de ésta.

¿Cómo se mide la inteligencia?

El tipo de pruebas de inteligencia utilizados en la actualidad se originó en la obra del francés Alfred Binet (1857-1911). Binet comenzó por hacer lo que otros científicos de su época hicieron para medir las capacidades mentales: él medía las cabezas. La idea en ese tiempo era que el tamaño del cerebro determinaba la inteligencia y que las personas con cabezas más grandes tenían cerebros de mayor tamaño. Sin embargo, después de medir las cabezas de un grupo de niños, Binet pronto abandonó ese esfuerzo al descubrir que las diferencias en el tamaño de las cabezas entre los estudiantes buenos y los malos eran demasiado pequeñas y variables como para ser significativas (Hogan, 2007). Después sustituyó la medida física por la medida psicológica.

En 1904, los funcionarios educativos de París comisionaron a Binet para que desarrollara métodos de identificación de los niños que no podían cumplir con las demandas de la instrucción regular en las aulas, y quienes requerían clases especiales para satisfacer sus necesidades. En la actualidad, podríamos afirmar que esos pequeños tienen discapacidades para el aprendizaje o que padecen un leve retraso mental.

A fin de medir las capacidades mentales, Binet y un colega, Theodore Simon, desarrollaron una prueba de inteligencia que estribaba en tareas de memoria y otras labores breves que representaban el tipo de problemas de la vida diaria que los niños podían enfrentar, como contar monedas. Para 1908, Binet y Simon habían decidido medir dichas tareas de acuerdo con la edad a la cual el niño debía ser capaz de realizarlas con éxito. El niño comenzaba la prueba con tareas calificadas para las edades más bajas, y luego progresaba hacia tareas más complicadas, para detenerse en el punto en el cual ya no pudiera realizarlas. La edad en la que se topaba el desempeño del niño era considerada su **edad mental**.

Binet y Simon calcularon el índice de inteligencia al restar la edad mental del niño de su edad cronológica (real). Se consideró entonces que aquellos niños cuyas edades mentales quedaban muy por debajo de sus edades cronológicas necesitaban educación especial. En 1912, el psicólogo alemán William Stern sugirió una forma distinta de calcular la inteligencia, la cual fue adoptada por el equipo de investigación que habían conformado Binet y Simon. Stern dividía la edad mental entre la edad cronológica, cuyo resultado era el "coeficiente mental". Pronto, este resultado fue etiquetado como **coeficiente intelectual (CI)**. El CI es el resultado de la siguiente fórmula, en la cual EM es la edad mental y EC es la edad cronológica:

$$CI = \frac{EM}{EC} \times 100$$

Por lo tanto, si un niño tiene una edad mental de 10 y una edad cronológica de ocho, el CI del niño será 125 (10/8 = 1.25 × 100 = 125). Un niño con edad mental de 10 y edad cronológica de 12 tendrá un CI de 83 (10/12 = .8333 × 100 = 83).

Los investigadores que siguieron los pasos de Binet desarrollaron pruebas de inteligencia que podían ser utilizadas con grupos distintos a los niños estudiantes franceses. Henry Goddard (1865-1957), un director de investigación en una escuela para niños con retraso mental, llevó la prueba de Binet-Simon a Estados Unidos y la tradujo al inglés para utilizarla con niños estadounidenses. El ejército de Estados Unidos desarrolló pruebas de inteligencia para administración en grupos para examinar a millones de reclutas durante la Primera Guerra Mundial.

El psicólogo de la Universidad de Stanford, Lewis Terman (1877-1956), adaptó la prueba Binet-Simon para su uso en Estados Unidos, agregó ejercicios propios y estableció criterios, o **normas**, para comparar las calificaciones de un individuo con las obtenidas por la población en general. La prueba revisada, conocida como la Escala de Inteligencia Stanford-Binet (SBIS, por sus siglas en inglés), fue publicada por primera vez en 1916.

La Escala de Inteligencia Stanford-Binet aún es comúnmente utilizada para medir la inteligencia en niños y adultos jóvenes. Sin embargo, las pruebas desarrolladas por David Wechsler (1896-1981) son las pruebas de inteligencia más ampliamente utilizadas en Estados Unidos y en Canadá. Wechsler, un psicólogo del Bellevue Hospital en Nueva York, desarrolló pruebas de inteligencia para niños en edad preescolar, infantes en edad escolar y adultos (Escala Wechsler de Inteligencia en Adultos, WAIS, por sus siglas en inglés-III, consulte la figura 7.12). Las escalas Wechsler introdujeron el concepto de *coeficiente intelectual de desviación*, que es una calificación de coeficiente intelectual basado en la desviación o diferencia de las calificaciones de prueba de una persona respecto de las normas del grupo de edad al cual dicha persona pertenece, en

Alfred Binet

edad mental   Representación de la inteligencia de una persona con base en la edad de la gente que es capaz de desempeñarse al mismo nivel de capacidad.

coeficiente intelectual (CI, IQ por sus siglas en inglés) Medida de inteligencia basada en el desempeño en pruebas de capacidades mentales, expresada como una proporción entre la edad mental del individuo y su edad cronológica, o derivada de la desviación de sus calificaciones respecto de las normas del grupo de edad al cual pertenece.

normas   Estándares utilizados para comparar el desempeño de un individuo en una prueba con el desempeño de otros.

FIGURA 7.12   Ejemplos de ejercicios similares a los del WAIS-III

Pruebas verbales

Comprensión
¿Por qué la gente necesita obedecer las leyes de tránsito?
¿Qué significa el refrán: "Al que madruga, Dios lo ayuda"?

Vocabulario
¿Qué significa *caprichoso*?

Aritmética
John quería comprar una camisa que costaba $31.50 pero sólo
tenía 17 dólares. ¿Cuánto más dinero necesitó para comprar la camisa?

Semejanzas
¿En qué se parecen una engrapadora y un clip para sujetar papeles?

Rango de dígitos
Escuche la siguiente serie de números y después repítalos
en el mismo orden:
6 4 5 2 7 3

Escuche la siguiente serie de números y después repítala en orden inverso:
9 4 2 5 8 7

Secuencia de letras-números
Escuche esta serie de números y letras y repítala; primero, enuncie los
números de menor a mayor, y luego, enuncie las letras en orden alfabético:
S-2-C-1

Subpruebas de desempeño

Simbolización de dígitos
Llene tantos recuadros como le sea posible con los símbolos correctos
en el tiempo indicado.

1	2	3	4	5
△	□	○	⊘	◇

3	2	4	1	5	2	1	5	3	4

Orden de imágenes
Coloque las imágenes en el orden correcto para contar una historia.

Completar la figura
¿Qué es lo que falta en esta imagen?

Ensamblaje de objeto
Ordene las piezas del rompecabezas para que formen un objeto significativo.

Forma completada

Diseño con bloques
Con estos bloques iguale el diseño mostrado.

 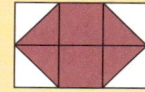

lugar de la proporción entre su edad mental y su edad cronológica. Las escalas de Wechsler están estandarizadas de tal manera que la calificación promedio está establecida en 100 puntos. La versión contemporánea de la Escala de Inteligencia Stanford-Binet también emplea el método de desviación para calcular las calificaciones de coeficiente intelectual.

CONCEPTO 7.23
Como todas las pruebas psicológicas, las pruebas de inteligencia deben ser estandarizadas, confiables y válidas si hemos de confiar en sus resultados.

¿Cuáles deben ser las características de una buena prueba de inteligencia?

Como todas las pruebas psicológicas, las de inteligencia deben ser estandarizadas, confiables y válidas. Si no cumplen con estos criterios, no podemos confiar en sus resultados.

Estandarización

La **estandarización** es el proceso de establecer normas para una prueba al administrársela a una población numerosa, con la que se establece la *muestra de estandarización*. Ésta, a su vez, debe ser representativa de la población a la cual se pretende aplicar la prueba. Como ya se ha señalado, las normas son los criterios, o los estándares, utilizados para comparar el desempeño de un individuo contra el de otras personas. Usted puede determinar cómo fueron sus resultados en una prueba de inteligencia al comparar sus calificaciones con las normas de la gente que pertenece a su grupo de edad en la muestra de estandarización.

Como antes mencionamos, las calificaciones del coeficiente intelectual se basan en la desviación de la calificación de un individuo respecto al de las normas de otras personas de la misma edad, y la puntuación media (el promedio) está establecida en 100. Los puntajes de coeficiente intelectual están distribuidos alrededor de la media, de tal manera que cerca de dos terceras partes de las mismas, en la población general, corresponden a un rango "promedio" de 85 a 115. La figura 7.13 muestra que la distribución de calificaciones de coeficiente intelectual describe una curva con forma de campana. Como puede ver en dicha imagen, relativamente pocas personas corresponden al extremo más alto o al más bajo de la curva.

La estandarización tiene otro significado en la administración de pruebas: también se refiere a los procedimientos uniformes que deben seguirse para asegurar que dichas pruebas sean utilizadas de manera correcta.

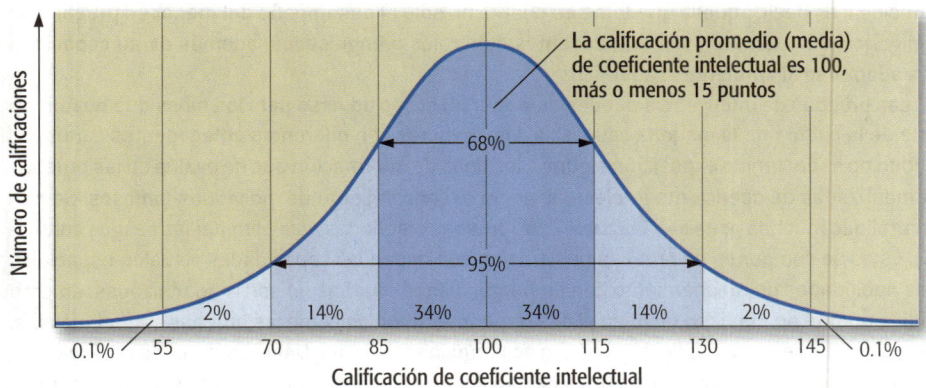

FIGURA 7.13   Distribución normal de calificaciones de coeficiente intelectual La calificación promedio (media) de coeficiente intelectual es 100, más o menos 15 puntos. Los decimales de los porcentajes mostrados están redondeados.

Confiabilidad

La **confiabilidad** se refiere a la consolidación de las calificaciones de las pruebas con el paso del tiempo. Usted no confiaría en una báscula de baño que le muestra diferentes resultados cada ocasión que la utiliza. Tampoco se fiaría de una prueba de coeficiente intelectual que le mostrara un resultado de 135 un día, 75 al siguiente y 105 al tercer día. Una prueba confiable es aquella que produce resultados similares con el paso del tiempo. Una manera de evaluar la confiabilidad es el *método de reconfirmación de pruebas*. Con este método, el sujeto se somete de nuevo a la misma prueba, después de un breve intervalo. Dado que la familiaridad con las preguntas de la prueba puede dar como resultado un desempeño coherente, en ocasiones los psicólogos emplean el *método de formas alternas*. Cuando se utiliza este método, los sujetos son sometidos de nuevo a prueba con una forma paralela de la misma.

Validez

La **validez** es el grado al cual una prueba mide lo que se propone medir; ésta puede ser confiable —es decir, puede producir calificaciones congruentes con el paso del tiempo— pero no válida. Por ejemplo, una prueba que mide el tamaño de la cabeza puede ser confiable y mostrar resultados consistentes con el paso del tiempo, pero es inválida como medida de inteligencia.

Existen diferentes tipos de validez. Uno es la *validez predictiva*, que es el grado de exactitud con el cual las calificaciones de una prueba pueden predecir conductas o desempeños futuros. Las pruebas de coeficiente intelectual son adecuadas para predecir futuros logros académicos y de desempeño en pruebas de aptitudes generales, como el Scholastic Aptitude Test (SAT) y

estandarización   Proceso de establecer normas para una prueba al administrarla a una numerosa población que constituyen una muestra de estandarización.

confiabilidad   Consistencia de las calificaciones de las pruebas con el paso del tiempo.

validez   Grado al cual una prueba mide lo que se propone medir.

el Graduate Record Examination (GRE) (Neisser *et al.*, 1996; Wadsworth *et al.*, 1995). Pero esto no es todo. Resulta que el coeficiente intelectual, más allá de todo lo anterior, predice la salud y la longevidad del individuo a largo plazo, tal vez porque la gente que tiende a obtener buenos resultados en las pruebas de coeficiente intelectual cuenta con ciertos tipos de capacidades para aprender y resolver problemas que también son necesarios para adquirir y practicar conductas más saludables (Gottfredson y Deary, 2004).

Malos usos de las pruebas de inteligencia

Incluso a Binet, el padre de la prueba moderna de coeficiente intelectual, le preocupaba que las pruebas de inteligencia no fueran bien utilizadas si los profesores y los padres de familia perdían el interés o la esperanza en los niños que obtenían bajas calificaciones de coeficiente intelectual, y establecían bajas expectativas para ellos. Éstas pueden resultar en profecías autocumplidas, pues los niños etiquetados como "tontos" pueden darse por vencidos consigo mismo y convertirse en personas cuyo desempeño es inferior a su potencial.

El empleo inadecuado ocurre, por otra parte, cuando se hace demasiado énfasis en las calificaciones de coeficiente intelectual. A pesar de que las pruebas de inteligencia sí predicen el desempeño académico futuro, están lejos de ser predicciones perfectas y no deben ser utilizadas como la única base para derivar a los niños a programas educativos especiales. Algunos pequeños cuyos resultados fueron deficientes pueden beneficiarse al recibir instrucción académica en salones de clases regulares. Las decisiones de designación deben basarse en una evaluación minuciosa, es decir, aquella que tome en cuenta no sólo el desempeño del menor en pruebas de inteligencia sino también sus antecedentes culturales y lingüísticos, además de su capacidad para adaptarse al ambiente académico.

Las pruebas de inteligencia pueden contener un sesgo adverso para los niños que no forman parte de la cultura de la mayoría caucásica. Los menores con diferentes antecedentes culturales pueden no haber tenido exposición alguna a los tipos de información que se evalúa en las pruebas estandarizadas de coeficiente intelectual, como el conocimiento de individuos famosos. Se han desarrollado muchas **pruebas *culture-fair*** (pruebas diseñadas para eliminar los sesgos culturales). Éstas se componen de pruebas no verbales que miden las capacidades visuales-espaciales y las habilidades de razonamiento. Sin embargo, dichas pruebas no son muy utilizadas, en gran medida porque no predicen tan bien el desempeño académico como las pruebas estandarizadas. Esto no es sorprendente dado que el éxito académico en Estados Unidos y en otras naciones occidentales depende mucho de los tipos de capacidades lingüísticas y de adquisición de conocimientos que se reflejan en las pruebas estandarizadas de coeficiente intelectual. Tal vez sea imposible desarrollar una prueba de coeficiente intelectual que esté libre por completo de la cultura porque las habilidades que definen a la inteligencia dependen de los valores de la cultura en la cual se desarrolla y aplica tal instrumento (Benson, 2003c).

Extremos de inteligencia: retraso mental y don extraordinario

Las calificaciones bajas en coeficiente intelectual no son razón suficiente para determinar **retraso mental**, un trastorno psicológico en el cual hay un retardo general en el desarrollo de las capacidades intelectuales y sociales. Además de tener una calificación de coeficiente intelectual de alrededor de 70 o menos, la persona debe tener dificultades para realizar las tareas apropiadas para su edad y situación de vida. El tipo de servicios educativos y de apoyo necesarios para los niños con retraso mental dependen en gran medida de la gravedad del padecimiento.

La tabla 7.1 muestra las aptitudes de los niños en edad escolar de acuerdo con los niveles de retraso mental. La mayoría de los individuos con retraso mental pertenecen a un rango leve de gravedad y son capaces de cumplir con desafíos educativos básicos, como leer y resolver problemas aritméticos. Una gran cantidad de niños con retraso leve son asignados a aulas regulares, una práctica llamada ***mainstreaming***. Aquellos que presentan graves deficiencias intelectuales requieren programas que ofrezcan más apoyos, los cuales pueden incluir internamiento en instituciones, cuando menos hasta que la persona pueda funcionar en escenarios menos restrictivos en la comunidad.

Las causas del retraso mental pueden ser biológicas, ambientales o ambas. Entre los factores biológicos se incluyen trastornos genéticos o de cromosomas, daño cerebral y exposición al plomo (Canfield *et al.*, 2003). Los factores ambientales comprenden un ambiente familiar de

---

CONCEPTO 7.24
Las pruebas de inteligencia no son bien utilizadas cuando los niños con bajas calificaciones son etiquetados como incapaces, o inferiores innatos cuando se hace demasiado énfasis en las calificaciones en coeficiente intelectual, y cuando los sesgos culturales en la prueba ponen a ciertos niños en desventaja.

CONCEPTO 7.25
La mayoría de las personas con retraso mental son capaces de adquirir habilidades básicas de lectura y escritura, pueden aprender a funcionar de manera relativamente independiente y pueden realizar un trabajo productivo.

pruebas *culture-fair*   Las diseñadas para eliminar los sesgos culturales.
retraso mental   Déficit o desequilibrio generalizado en las capacidades intelectuales y sociales.
mainstreaming   Práctica de ubicar a niños con necesidades especiales en ambientes regulares de salones de clases.

TABLA 7.1 **Niveles de retraso mental y aptitudes de niños en edad escolar**		
Nivel de retraso mental (rango de coeficiente intelectual)	**Porcentaje de casos en cada nivel**	**Aptitudes de los niños en edad escolar**
Leve (50-70)	85%	Puede adquirir capacidades para la lectura y la aritmética alrededor del nivel del sexto grado escolar; después, puede funcionar de manera relativamente independiente y dedicarse a un trabajo productivo.
Moderado (35-49)	10%	Puede aprender habilidades simples de comunicación y manuales, pero tiene dificultades para adquirir capacidades para la lectura y la aritmética.
Grave (20-34)	3-4%	Puede desarrollar habla básica y quizá sea capaz de aprender tareas repetitivas en ambientes supervisados.
Profundo (menos de 20)	1-2%	Retardos graves en todas las áreas de desarrollo, aunque algunos individuos pueden aprender a realizar tareas simples en ambientes supervisados.

Fuente: Adaptado de la American Psychiatric Association, 2000.

privaciones que carezca de interacciones verbales entre el niño y sus padres o de actividades de juego que estimulen el intelecto (Thapar *et al.,* 1994).

Los individuos que corresponden al nivel del extremo superior del espectro del coeficiente intelectual (por lo regular alrededor de 130 o superior) son generalmente clasificados como poseedores de un don intelectual extraordinario (Winner, 2000). Durante su infancia pueden beneficiarse con programas educativos enriquecidos que les permitan progresar a un ritmo más veloz que el de los programas académicos regulares. En la actualidad, el concepto de don extraordinario contempla tanto a los niños con altas calificaciones de coeficiente intelectual, como a los que poseen talentos especiales, como la habilidad musical o artística, mismas que son capacidades que, por lo regular, no se evalúan en las pruebas estandarizadas de coeficiente intelectual. Los niños superdotados pueden tocar instrumentos musicales tan bien como los adultos altamente entrenados, o resolver problemas de álgebra cuando sus compañeros aún no han aprendido a agregar números a las siguientes columnas de sumandos.

El estudio sistemático de los niños superdotados a nivel intelectual comenzó con el trabajo de Lewis Terman, el desarrollador de la Escala de Inteligencia Stanford-Binet. Varios de los niños intelectualmente superdotados a quienes estudió (los "pequeños genios", como se les llamó al principio) se convirtieron en exitosos ejecutivos y profesionales, y han recibido crédito como autores de 90 libros y poseen más de 100 patentes (Feldhusen, 2004). Sin embargo, otros miembros del mismo grupo trabajaron en ocupaciones muy inferiores a su potencial intelectual. Los exitosos tenían más probabilidades que los no exitosos de tener determinadas características de la personalidad, como la persistencia para perseguir metas y un deseo de sobresalir. La lección que podemos extraer de lo anterior es que, a pesar de que la inteligencia puede contribuir al éxito, existen otros factores que entran en la ecuación.

CONCEPTO 7.26
El estudio de largo plazo de los niños intelectualmente superdotados, iniciado por el psicólogo Lewis Terman, demuestra que los logros en la vida no se basan sólo en la inteligencia.

Teorías sobre la inteligencia

¿La inteligencia consiste en una capacidad general o en un conjunto de capacidades diferentes? ¿Deben existir formas distintas de inteligencia o incluso inteligencias distintas? A lo largo de la historia de la psicología moderna, los teóricos han intentado explicarla. Tal vez existan tantas teorías al respecto como teóricos. Aquí consideramos muchas de las principales teorías.

CONCEPTO 7.27
Los psicólogos han debatido la naturaleza de la inteligencia desde que se presentaron las primeras pruebas para medirla.

"G" de Spearman: en busca de la capacidad cognitiva general

El psicólogo británico Charles Spearman (1863-1945) observó que la gente que obtenía buenas calificaciones en una prueba de capacidad mental, tendía a obtener buenas calificaciones en otras pruebas (Spearman, 1927). Él concluyó que debe existir un factor general subyacente de inteligencia que faculta a las personas a obtener buenos resultados en las pruebas mentales, factor al cual etiquetó como "g", de inteligencia general. Sin embargo, Spearman también creía que la inteligencia incluía ciertas capacidades específicas que, junto con la "g", contribuían al desempeño en las pruebas individuales (R. M. Thorndike, 1997). Por ejemplo, el desempeño de una persona en una prueba aritmética podía ser determinado tanto por la inteligencia general como por la capacidad matemática específica. Las pruebas de inteligencia, como la Escala de Inteligencia Stanford-Binet (SBIS) y las escalas Wechsler de inteligencia, fueron desarrolladas para medir el concepto de Spearman de inteligencia general o "g", la cual se expresa como una calificación de coeficiente intelectual.

Capacidades mentales primarias de Thurstone: no dos factores sino siete

El psicólogo Louis L. Thurstone (1887-1955) no creía que ningún factor grande y dominante como "g" pudiera explicar la inteligencia. En lugar de ello, sus estudios se orientaron hacia un conjunto de siete **capacidades mentales primarias**: comprensión verbal, habilidad numérica, memoria, razonamiento inductivo, velocidad perceptual, fluidez verbal y relaciones espaciales (Thurstone y Thurstone, 1941). A pesar de que Thurstone nunca negó la existencia de "g", señaló que una calificación única de coeficiente intelectual no tiene gran valor como evaluación de la inteligencia. Él y su esposa, Thelma Thurstone, expusieron una prueba llamada *Prueba de capacidades mentales primarias* para medir las siete capacidades mentales primarias que, según su opinión, constituyen la inteligencia.

Modelo de Gardner de inteligencias múltiples

El psicólogo Howard Gardner (n. 1943) rechaza el enfoque de que exista una entidad única llamada "inteligencia" (Gardner y Traub, 1999). En lugar de ello, cree que hay diferentes tipos de inteligencias, llamadas **inteligencias múltiples**, que varían de una persona a otra. Gardner identifica ocho inteligencias distintas: lingüística, lógica-matemática, musical, espacial, corporal-cinestésica, interpersonal, intrapersonal y naturalista (H. Gardner, 1993, 1998) (consulte la figura 7.14 y la tabla 7.2). Se cree que estas inteligencias separadas son independientes entre sí. Por lo tanto, una persona puede tener índices altos en unas inteligencias e índices bajos en otras (Gardner y Traub, 1999). Por ejemplo, usted puede tener un índice alto en inteligencia lingüística o verbal, pero un índice bajo de inteligencia en matemáticas, música o relaciones espaciales. Algunas personas tienen buenas "habilidades con la gente" (inteligencia interpersonal) pero pueden no tener tanta capacidad para realizar tareas matemáticas y lógicas.

El modelo de Gardner ha tenido gran impacto en los programas educativos. De hecho, ha motivado a las escuelas a enriquecer sus programas académicos por medio del cultivo de inteligencias específicas en los niños, en lugar de enfocarse sólo en sus capacidades verbales y matemáticas. Pese a esto, una crítica frecuente a este modelo es que no explica las interrelaciones entre los diferentes tipos de capacidades. La mayoría de las tareas cognitivas implican una interacción de múltiples aptitudes, no sólo un tipo de inteligencia. Por ejemplo, la capacidad para relacionarse de manera eficaz con otras personas (inteligencia interpersonal) depende en parte de las habilidades lingüísticas necesarias para que el individuo se exprese con claridad (inteligencia lingüística). Al parecer, aún carecemos de evidencias que sustenten el modelo de inteligencias múltiples (Sternberg y Grigorenko, 2004; Waterhouse, 2006).

Por otro lado, debemos hacer una pausa para considerar dónde establecer el límite para determinar cuántas inteligencias son necesarias para explicar el rango completo de capacidades mentales. ¿Por qué ocho inteligencias (Gardner ahora cree que pueden ser nueve); y no 10, 15, 20 o más? ¿Por qué inteligencia musical, pero no, digamos, inteligencia culinaria o inteligencia práctica (sentido común o "inteligencia callejera")?

Teoría triárquica de la inteligencia de Sternberg

Mientras Gardner se enfoca en los diferentes tipos de inteligencia, el psicólogo Robert Sternberg (n. 1949) enfatiza cómo unimos diferentes aspectos de nuestra inteligencia para satisfacer las demandas que enfrentamos en nuestras vidas diarias. Sternberg (1997b) propone una **teoría triárquica de la inteligencia**, la cual sostiene que la inteligencia tiene tres aspectos: analítica, creativa y práctica (consulte la figura 7.15).

CONCEPTO 7.28
A pesar de que las pruebas de coeficiente intelectual fueron desarrolladas con la intención de medir el concepto de Spearman de la inteligencia general, "g", los teóricos como Thurstone creían que la inteligencia consiste en un rango de capacidades mentales que no pueden ser medidas por medio de una calificación general de coeficiente intelectual.

CONCEPTO 7.29
De acuerdo con el modelo de Gardner de inteligencias múltiples, poseemos inteligencias separadas de las cuales dependemos para realizar diferentes tipos de tareas.

CONCEPTO 7.30
La teoría triárquica de la inteligencia de Sternberg se enfoca en cómo reunimos los aspectos analítico, creativo y práctico de nuestra inteligencia para resolver el rango de problemas que enfrentamos en las situaciones de la vida diaria.

---

capacidades mentales primarias Las que, según Thurstone, constituyen la inteligencia.

inteligencias múltiples Término de Gardner para los distintos tipos de inteligencia que caracterizan diversas formas de conducta inteligente.

teoría triárquica de la inteligencia Hipótesis de Sternberg de la inteligencia que presenta tres aspectos de la misma: analítica, creativa y práctica.

TABLA 7.2   Inteligencias múltiples de Gardner

Tipos de inteligencia	Descripción	Grupos con altos niveles de inteligencia
Lingüística	Capacidad para comprender y utilizar las palabras	Escritores, poetas, conferencistas públicos eficaces
Lógica-matemática	Capacidad para realizar operaciones matemáticas, computacionales o lógicas	Científicos, ingenieros, programadores de cómputo
Musical	Capacidad para analizar, componer o interpretar música	Músicos, cantantes, compositores
Espacial	Capacidad para percibir relaciones espaciales y ordenar los objetos en el espacio	Pintores, arquitectos, escultores
Corporal-cinestésica	Capacidad para controlar los movimientos corporales y manipular los objetos de manera eficaz	Bailarines, atletas, conductores de automóviles de carreras, mecánicos
Interpersonal	Capacidad para relacionarse de manera eficaz con otras personas y comprender los estados de ánimo y las motivaciones de los demás	Líderes industriales y políticos, supervisores eficaces
Intrapersonal	Capacidad para comprender los sentimientos y las conductas propias (autopercepción)	Personas bien adaptadas en términos psicológicos
Naturalista	Capacidad para reconocer objetos y patrones en la naturaleza, como la flora y la fauna	Botánicos, biólogos, naturalistas

Inteligencia lingüística

Inteligencia musical

FIGURA 7.14   Modelo de Gardner de las inteligencias múltiples
Gardner conceptualiza a la inteligencia en términos de que hay distintas de ésta que varían de persona a persona. Algunos individuos pueden ser fuertes en inteligencia musical, mientras otros pueden tener un don extraordinario en la inteligencia corporal-cinestésica o lingüística. ¿Cuáles tipos de inteligencias representan mejor sus fortalezas o capacidades?

Inteligencia interpersonal

Inteligencia corporal-cinestésica

Sternberg cree que la gente con altos niveles de inteligencia tiene más capacidades para integrar u organizar estos tres aspectos de inteligencia en su vida diaria. La *inteligencia analítica* es la que miden las pruebas tradicionales de inteligencia. Ésta entra en juego cuando usted analiza y evalúa los problemas conocidos, los separa en las partes que los componen y desarrolla estrategias para resolverlos.

FIGURA 7.15   Modelo triárquico de inteligencia de Sternberg

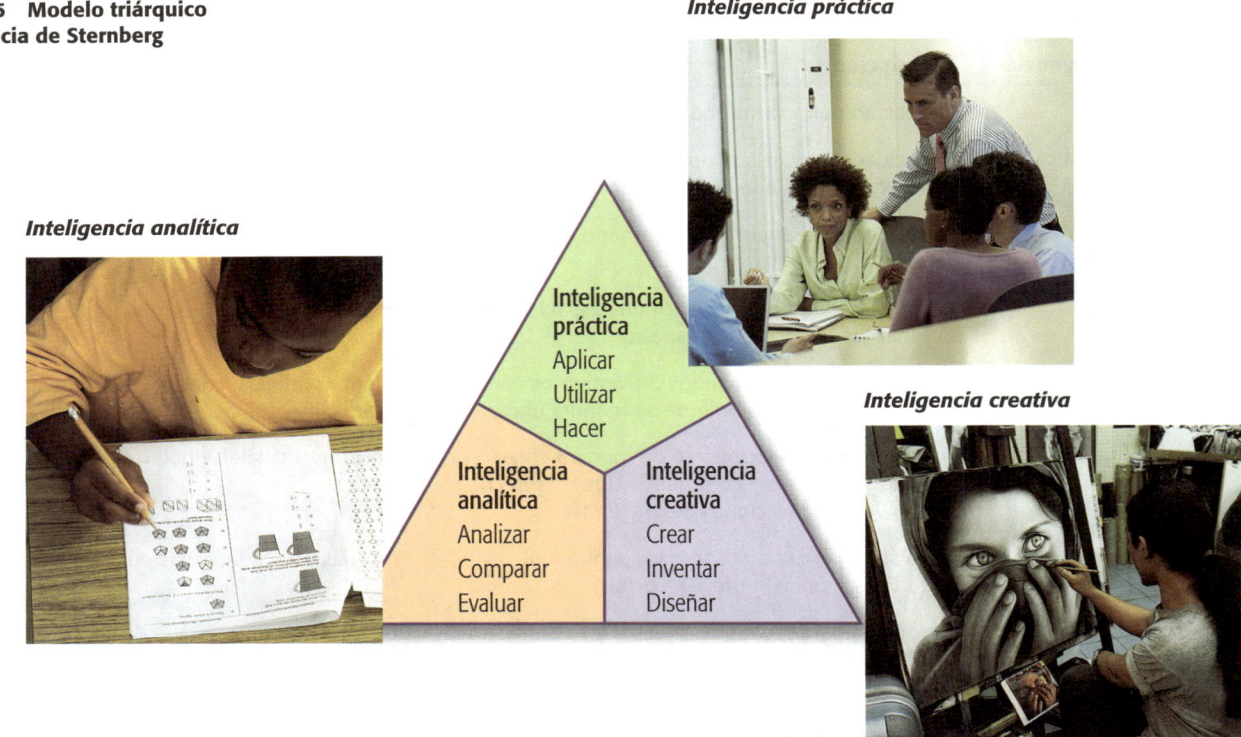

Inteligencia analítica

Inteligencia práctica

Inteligencia creativa

CONCEPTO 7.31
La teoría triárquica de la inteligencia de Sternberg se enfoca en cómo unimos los aspectos analítico, creativo y práctico de nuestra inteligencia para resolver el amplio rango de problemas que enfrentamos en situaciones de la vida diaria.

La *inteligencia creativa* nos permite inventar nuevas maneras para resolver problemas no tan conocidos. La *inteligencia práctica* es la capacidad para aplicar lo que sabemos a la vida diaria, o sea, el sentido común o la "inteligencia callejera" que las pruebas tradicionales de inteligencia no han podido medir. Sternberg afirma que nosotros necesitamos los tres tipos de inteligencia para tener éxito en la vida. Igualmente piensa que la adición de medidas para la inteligencia creativa y práctica en las pruebas estándar de inteligencia podría mejorar las predicciones de desempeño académico (Sternberg y Grigorenko, 2007).

Panorama de las teorías sobre la inteligencia

Las perspectivas convencionales sobre la inteligencia, según quedan representadas por las teorías de Spearman y Thurstone, se enfocan en la estructura de la inteligencia y en las estrategias para medir la cantidad de inteligencia que posee una persona. Las evidencias recientes sustentan la importancia de un factor general de inteligencia, o "g", para la predicción tanto del desempeño académico como del laboral (Greer, 2004a). Sin embargo, los científicos aún debaten cuánta importancia otorgarle a la "g" al explicar la capacidad cognitiva (consulte Flynn, 2003; Gottfredson, 2004; Jensen, 2002).

Los modelos de inteligencia de Gardner y Sternberg nos llevan hacia una dirección distinta. Ellos llamaron nuestra atención hacia el hecho de que las pruebas tradicionales de inteligencia son incapaces de captar dimensiones importantes de la misma; por ejemplo, cómo utiliza la gente su inteligencia para enfrentar los desafíos y satisfacer las demandas dentro de los contextos cotidianos. No obstante, los críticos arguyen que carecen de evidencias suficientes para sustentar la existencia de tipos separados de intelecto, como las inteligencias múltiples de Gardner o la inteligencia práctica de Sternberg (Goode, 2001c). A pesar de que las teorías de Gardner y Sternberg han generado un interés renovado en la naturaleza de este potencial cognitivo, aún deben ser evaluadas minuciosamente mediante pruebas científicas (Gottfredson, 2003a, 2003b).

¿Qué podemos concluir acerca de estas diferentes teorías sobre la inteligencia? En primer lugar, está claro que el intelecto humano consiste en capacidades múltiples, tal vez incluso inteligencias múltiples (Horn y Noll, 1997). En segundo lugar, necesitamos tomar en cuenta los contextos culturales en los cuales ocurre la conducta inteligente. Las capacidades que una sociedad valora determinan cómo define y mide ésta la inteligencia. Nuestra sociedad otorga un alto valor a las capacidades verbales, matemáticas y espaciales, de manera que no es sorprendente que

TABLA DE CONCEPTOS 7.2
Teorías sobre la inteligencia

Teórico	Conceptos principales	Comentarios
Spearman	La inteligencia implica una capacidad cognitiva general o "g"	Las pruebas tradicionales de inteligencia están diseñadas con la intención de medir la "g" en forma de una calificación de coeficiente intelectual
Thurstone	La inteligencia consiste en siete capacidades mentales primarias	Thurstone afirmaba que una sola calificación de coeficiente intelectual no puede captar el amplio rango de capacidades mentales que constituyen la inteligencia
Gardner	Las inteligencias múltiples son necesarias para explicar el rango de capacidades mentales	La teoría de Gardner goza de la aceptación popular, pero no explica las interrelaciones existentes entre las diferentes inteligencias. Tampoco establece un límite para determinar cuántas inteligencias por separado son necesarias para explicar el rango completo de capacidades mentales
Sternberg	La teoría triárquica de Sternberg propone tres aspectos de inteligencia: analítico, creativo y práctico	La teoría triárquica es importante porque aporta un enfoque muy necesario en la manera como la gente utiliza su inteligencia en la vida diaria

las pruebas convencionales de coeficiente intelectual midan dichas capacidades y muy poco más. Tal vez, como señala Sternberg, necesitamos pensar en que la inteligencia se puede medir de manera más amplia para evaluar el extenso rango de capacidades que pueden constituirla. La tabla de conceptos 7.3 ofrece un panorama de las principales teorías sobre la inteligencia.

La inteligencia y la cuestión naturaleza-crianza

Durante algún tiempo, los científicos han buscado responder la pregunta de si la inteligencia es primordialmente el resultado de la naturaleza (genética) o de la crianza (ambiente). Como ya veremos en la sección "Explore la psicología", gran parte del apasionado debate sobre la cuestión naturaleza-crianza es definir cuáles son los factores responsables de las diferencias raciales/étnicas en las calificaciones de coeficiente intelectual: los genéticos o los ambientales.

Separación de los efectos de la naturaleza y la crianza

Un gran cuerpo de evidencia sustenta la hipótesis de que la inteligencia tiene un poderoso componente genético (Malykh, Iskoldsky y Gindina 2005; Petrill y Deater-Deckard, 2004). Mientras más cercana sea la relación genética entre dos personas, más estrechas tienden a ser sus calificaciones de coeficiente intelectual. Observe la figura 7.16, la cual se basa en alrededor de 100 estudios de parentesco de más de 100 000 parejas de parientes (Plomin y Petrill, 1997). Note cómo la asociación estadística (correlación) entre los coeficientes intelectuales de parejas de gemelos que crecieron juntos es mayor entre los gemelos monocigóticos (MZ) o idénticos que entre los gemelos dicigóticos (DZ) o fraternos. Puesto que los primeros comparten 100% de sus genes y que los segundos, como los demás hermanos, comparten sólo 50% de su información genética, estos descubrimientos sugieren que la herencia hace una importante aportación a la inteligencia.

Otra pieza fundamental de evidencia que sustenta la función de la genética, también mostrada en la figura 7.16, es que las calificaciones de coeficiente intelectual en los gemelos monocigóticos, criados en hogares distintos, tienen más similitudes que los puntajes obtenidos por los gemelos dicigóticos que crecieron juntos.

Los estudios de niños adoptados proporcionan aún más evidencias sobre la función de la genética en la determinación del coeficiente intelectual. Estas investigaciones han demostrado de manera consistente que las calificaciones de coeficiente intelectual de los adoptados son más cercanas a las de sus padres biológicos que a las de sus padres adoptivos (Bishop *et al.*, 2003).

Sin embargo, la herencia no cuenta toda la historia. Remítase de nuevo a la figura 7.16. Note que la correlación entre las calificaciones del coeficiente intelectual de los gemelos monocigóticos que crecieron juntos, es mayor que la correlación entre las calificaciones logradas por los gemelos monocigóticos que crecieron en hogares separados. Dado que los gemelos monocigóticos comparten los mismos genes, la diferencia entre estas correlaciones es evidencia de que el ambiente desempeña una función en la determinación del coeficiente intelectual. La mayoría de los expertos señala que las influencias del ambiente son importantes factores en el desarrollo

FIGURA 7.16 Semejanza e inteligencia
Aquí vemos las correlaciones promedio de las calificaciones de coeficiente intelectual de personas en diferentes relaciones familiares. Mientras más cercana sea la semejanza genética y ambiental entre parientes, más afines tienden a ser sus tales calificaciones.

Fuente: Adaptado de Plomin y Petrill, 1997.

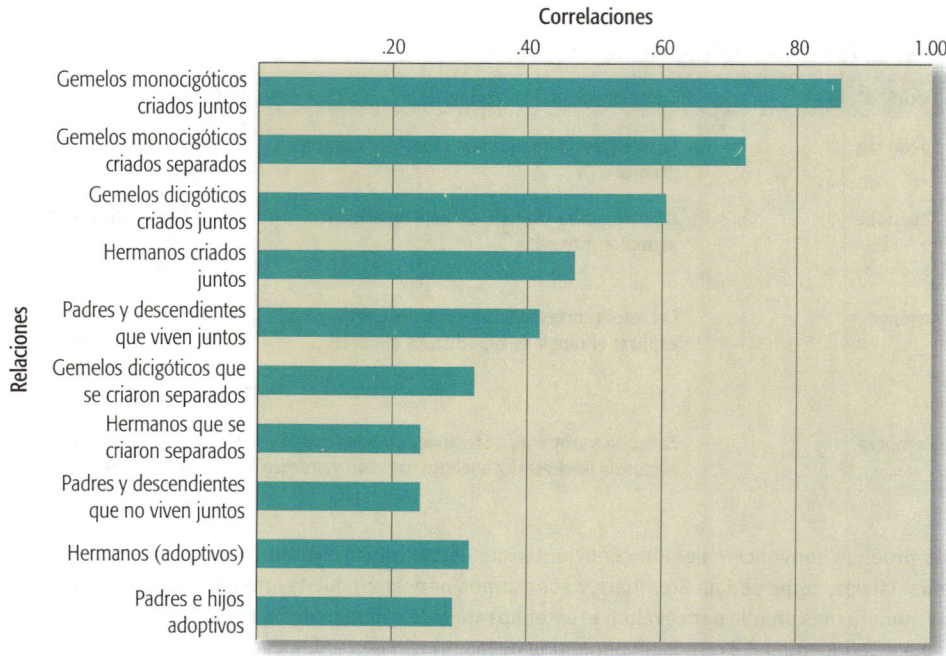

💡 **CONCEPTO 7.34**
La evidencia indica que los factores genéticos y ambientales interactúan de manera compleja en la formación de la inteligencia.

heredabilidad Grado al cual la herencia influye en las variaciones de determinada característica dentro de una población.

intelectual. Un entorno de hogar que hace énfasis en la interacción verbal, la lectura y la exploración puede motivar el desarrollo intelectual de los niños.

En resumen, las evidencias muestran con claridad que los factores tanto genéticos como ambientales interactúan de manera compleja para determinar la inteligencia (Posthuma y de Geus, 2006). Pero, ¿cuánta inteligencia puede explicarse con base en la genética y cuánta con base en el ambiente?

La **heredabilidad** de una característica es el grado al cual los factores genéticos explican la variabilidad o las diferencias entre personas respecto a dicha característica (Merikangas y Risch, 2003). Por ejemplo, una heredabilidad estimada en 50% para la inteligencia, significaría que la genética explica ese mismo porcentaje de las disimilitudes (variabilidad) entre la gente en cuanto a sus calificaciones de coeficiente intelectual. El 50% restante de las diferencias se explicaría por factores no genéticos, como las influencias ambientales.

Resulta claro que la genética es una importante influencia en la inteligencia, dado que las estimaciones de la heredabilidad varían dentro de un rango entre 50% a 75% (Begley, 2001a; Gottesman, 1997). No obstante, no podemos saber si estos porcentajes del coeficiente intelectual de determinada persona son el resultado de los factores genéticos y que el resto proviene de las influencias ambientales o de otro tipo. En otras palabras, no estamos en posibilidades de afirmar que el coeficiente intelectual de Tamara o de Gregorio puede explicarse por medio de su herencia genética o de otros factores, como el ambiente familiar. Los cálculos de la heredabilidad aplican para la población en general, pero no para determinados individuos dentro de dicha población.

Hablando de ambientes familiares, en fechas recientes los investigadores agitaron la cacerola de una controversia que se cocinaba desde tiempo atrás al reportar que los primogénitos tienen una ventaja en las calificaciones de coeficiente intelectual. Un estudio noruego de gran escala de alrededor de 250 000 hombres demostró que los primogénitos tenían, en promedio, coeficientes intelectuales más altos que sus hermanos menores (Kristensen y Bjerkedal 2007; Sulloway, 2007). Los investigadores controlaron factores que podrían afectar estas mediciones, como la edad de la madre al nacer el hijo y los niveles educativos de los padres. Una posible explicación para la ventaja en coeficiente intelectual de los primogénitos es que durante un tiempo recibieron la atención total de sus padres, lo cual podría traducirse en la inversión de más tiempo en interacciones verbales con ellos. Debido a que las calificaciones de coeficiente intelectual no están relacionadas con el sexo, los investigadores sospechan que las mismas diferencias en el orden de nacimiento se aplican incluso para las mujeres (Carey, 2007a). Debemos notar que la ventaja en las medidas de inteligencia para los primogénitos es pequeña, y en promedio representa sólo unos cuantos puntos. Sin embargo, una ligera ventaja podría significar una gran diferencia en el logro académico.

Explore la psicología

Diferencias raciales/étnicas en el coeficiente intelectual

Aún continúa girando la controversia relacionada con el significado de las diferencias raciales/étnicas en cuanto a las calificaciones de coeficiente intelectual. Por lo regular, los caucásicos obtienen calificaciones más altas en las pruebas de coeficiente intelectual que los afroamericanos: alrededor de 15 puntos más, en promedio (Fagan y Holland, 2002). Esta diferencia racial en las calificaciones de coeficiente intelectual existe incluso cuando se toman en cuenta las diferencias en los niveles de ingresos.

¿Las diferencias en coeficiente intelectual son genéticas o ambientales en su origen? A pesar de que el debate sobre esta cuestión aún es intenso (p. e., Rushton y Jensen, 2006), cada vez más evidencias señalan la importancia de los factores ambientales al explicar las diferencias raciales en el coeficiente intelectual. Resulta relevante mencionar que las pruebas de las investigaciones demuestran que el resultado en las pruebas de capacidades mentales es más maleable de lo que la gente creía. Por ejemplo, los programas de enriquecimiento académico desde la infancia y hasta la universidad pueden incrementar puntajes de dichas medidas de inteligencia y reducir las diferencias raciales en éste (Nisbett, 2007). Las diferencias raciales en las calificaciones de coeficiente intelectual también se han reducido: durante los últimos 30 años han descendido alrededor de 9.5 puntos en niños de 12 años (Dickens y Flynn, 2006a, 2006b; Nisbett, 2007). Más aún, esas calificaciones se han elevado de forma constante a lo largo de varias generaciones en Estados Unidos y en algunos otros países, a un índice de alrededor de tres puntos por década (Dickens y Flynn 2001; Mingroni, 2007). Los investigadores señalan ciertos factores, como las crecientes oportunidades educativas, para explicar tanto el incremento en los índices de coeficiente intelectual como en la reducción de las desigualdades a este respecto entre grupos étnicos o raciales (Blair *et al.,* 2005). Igualmente, contamos con evidencias que señalan que las diferencias raciales en cuando a las habilidades de vocabulario pueden ser eliminadas cuando los estudiantes afroamericanos reciben oportunidades equitativas de ser expuestos a la información por la cual son evaluados (Fagan y Holland, 2002).

Quizá lo más revelador dentro del debate genético/ambiental sea el descubrimiento de que las calificaciones de coeficiente intelectual de los niños afroamericanos e interraciales, que fueron adoptados y criados por familias estadounidenses caucásicas y de clase media alta, estuvieron 15 puntos por encima de lo que se esperaba para el niño promedio en la comunidad afroamericana (Waldman, Weinberg y Scarr, 1994). Los investigadores atribuyeron el mejor desempeño de los niños afroamericanos adoptados a los efectos sociales y culturales de haber crecido en ambientes que otorgan gran valor al logro académico; efectos que, en términos básicos, cancelaron la ya citada diferencia de 15 puntos en coeficiente intelectual entre estos grupos.

Consideremos el hecho de que las diferencias entre grupos respecto al coeficiente intelectual no nos indiquen nada acerca del potencial individual. Cualquier grupo, sin importar cuáles puedan ser sus calificaciones promedio en las medidas de inteligencia, tiene la capacidad de producir personas con dones intelectuales. Necesitamos reconocer que los factores culturales pueden provocar la no comprensión de las instrucciones de la prueba, o que ésta no sea tomada con seriedad. Dado que los afroamericanos y los miembros de algunas otras comunidades culturales otorgan gran valor a la expresión creativa, los niños pertenecientes a ellos pueden no dar las respuestas obvias a las preguntas en las pruebas de coeficiente intelectual. La psicóloga Janet Helms (1992) señala que el empleo de diferentes estrategias de razonamiento no es evidencia de una falta de inteligencia.

Aún tenemos mucho que aprender acerca de la función de la genética en la inteligencia. No obstante, sin importar cuál sea la función de la herencia, debemos reconocer que los factores ambientales hacen importantes contribuciones al intelecto y a las diferencias entre colectividades en lo que se refiere al coeficiente intelectual (Neisser *et al.,* 1996; Nisbett, 2005, 2007). "Un cambio en el ambiente", dice Michael Rutter, investigador líder en el campo, "puede significar una enorme diferencia" en la inteligencia de un niño (citado en Kirp, 2006, p. 15). Las familias prósperas "pueden proporcionar la estimulación mental necesaria para que los genes construyan los

CONCEPTO 7.33
Una diferencia entre las calificaciones de coeficiente intelectual de los afroamericanos y los caucásicos ha provocado un enardecido debate sobre el origen de dicha desigualdad.

Énfasis en la educación   El énfasis paterno en la educación puede tener un peso importante en el desarrollo intelectual del niño.

circuitos cerebrales para la inteligencia", menciona otro investigador líder, Erik Turkheimer (citado en Kirp, 2006, p. 16). Por desgracia, los niños que viven en circunstancias familiares de privación o caóticas pueden verse imposibilitados para alcanzar sus potenciales genéticos.

Revisión de módulo 7.3 — Inteligencia

REPASE

¿Qué es la inteligencia y cómo se mide?

- A pesar de que los teóricos definen a la inteligencia de diferentes maneras, una definición ampliamente utilizada sostiene que la inteligencia es la capacidad para actuar con base en propósitos, para pensar de forma racional y para manejarse en el ambiente con eficacia.

- Por lo general, se utilizan las pruebas estandarizadas de inteligencia, como la Escala de Inteligencia de Stanford-Binet y las escalas Wechsler de inteligencia, para medirla.

¿Qué constituye una buena prueba de inteligencia?

- Los requerimientos básicos para una buena prueba de inteligencia son la estandarización (generación de normas basadas en muestras representativas de la población), la confiabilidad (estabilidad de las calificaciones de la prueba a través del tiempo), y la validez (la capacidad de la prueba para medir lo que se propone medir).

¿Cuáles son algunos ejemplos del uso inadecuado de las pruebas de inteligencia?

- Las pruebas de inteligencia son utilizadas inadecuadamente cuando los niños con bajas calificaciones son etiquetados como incapaces o inferiores innatos, cuando se hace demasiado énfasis en las calificaciones de coeficiente intelectual y cuando los sesgos culturales en las pruebas ponen en desventaja a los niños cuyos antecedentes culturales son diversos.

- ¿Cómo se determinan el retraso mental y los dones extraordinarios?

- Por lo general, el retraso mental se determina con base en una calificación de coeficiente intelectual de 70 puntos o inferior, y un retardo o desequilibrio en las capacidades mentales y sociales. Los dones extraordinarios se asocian de manera regular con calificaciones de coeficiente intelectual de alrededor de 130 puntos o superiores, o a partir de la evidencia de talentos especiales.

¿Cuáles son algunas de las principales teorías sobre la inteligencia?

- Entre las teorías principales sobre la inteligencia se incluyen el concepto de Spearman de la inteligencia general o "g", la teoría de Thurstone sobre las capacidades mentales primarias, el modelo de Gardner de las inteligencias múltiples, y la teoría triárquica de Sternberg. Algunos teóricos se inclinan a favor de que la inteligencia consiste en una capacidad cognitiva general, mientras otros se pronuncian a favor de un modelo basado en capacidades múltiples o, incluso, inteligencias múltiples.

¿La inteligencia está determinada por la herencia o el ambiente?

- La mayoría de las autoridades en el tema cree que la inteligencia se basa en una compleja interacción entre la naturaleza (influencias genéticas) y la crianza (influencias ambientales).

RECUERDE

1. Una los términos de la izquierda con las definiciones de la derecha:

   i. estandarización   a. capacidad de una prueba para medir aquello para lo cual fue diseñada

   ii. validez   b. práctica de asignar a los niños con retraso mental leve a aulas de clases regulares

   iii. *mainstreaming*   c. un factor general subyacente de inteligencia

   iv. "g" de Spearman   d. generación de normas para pruebas basadas en las muestras representativas de la población

2. Entre los problemas con las pruebas de inteligencia se incluyen los potenciales sesgos _____ en el contenido de las mismas.

3. La teoría de la inteligencia que enfatiza nuestra manera de integrar los diferentes aspectos de la inteligencia para enfrentar los desafíos y las demandas de la vida diaria se llama
   a. teoría triárquica de Sternberg de la inteligencia
   b. modelo de Gardner de las inteligencias múltiples
   c. teoría de Thurstone de las capacidades mentales primarias
   d. teoría de Spearman de la "g"

4. En los años recientes, las calificaciones de coeficiente intelectual han
   a. disminuido en varios países, pero se han incrementado en Estados Unidos
   b. aumentado en varios países, pero han disminuido en Estados Unidos
   c. disminuido tanto en Estados Unidos como en otros países
   d. aumentado tanto en Estados Unidos como en otros países

REFLEXIONE

- ¿Cree usted que las pruebas convencionales de inteligencia tienen un sesgo cultural? ¿Por qué?

- ¿De qué maneras son útiles las pruebas de inteligencia? ¿De qué maneras pueden ser mal utilizadas?

- ¿Alguna vez se ha sometido a una prueba de inteligencia? ¿Cree usted que fue una evaluación justa de su inteligencia? ¿Cómo fueron utilizados los resultados? ¿Considera usted que obtuvo algún beneficio de la experiencia? Si la respuesta es afirmativa, ¿cuál fue dicho beneficio? ¿Qué cambiaría usted si se le asignara la tarea de desarrollar una nueva prueba de inteligencia?

Adquiera creatividad para resolver problemas

El rango de problemas a los cuales nos enfrentamos en la vida diaria es casi ilimitado. Considere algunos ejemplos comunes: llegar a la escuela o al trabajo a tiempo, ayudar a un amigo con un conflicto personal, resolver disputas y hacer malabares entre la escuela, el trabajo y las responsabilidades familiares. Las personas con creatividad para resolver dificultades desafían las preconcepciones y consideran tantas soluciones alternativas como les sea posible para hallar soluciones. ¿Quedó usted intrigado con el problema de la página 250 acerca del objeto que no abría cerrojo alguno, pero que permitía entrar al sujeto? Tal vez se deba a que usted estudió el problema desde un punto de vista: que el objeto era una llave. La solución del problema requiere que usted considere una alternativa que tal vez al principio no sea tan obvia: que el objeto sea la tecla de un teclado, la cual permite "entrar" al sujeto a su computadora. He aquí algunos pasos clave para adquirir creatividad para resolver problemas.

Adopte una actitud de cuestionamiento

El hecho de encontrar soluciones creativas para los problemas comienza con la adopción de una actitud de cuestionamiento. La persona con creatividad para resolver problemas se pregunta: "¿Cuáles son las alternativas disponibles? ¿Qué es lo que ha funcionado en el pasado? ¿Qué es lo que no ha funcionado? ¿Qué puedo hacer de manera distinta?".

Reúna información

Las personas con creatividad para solventar inconvenientes adquieren la información y los recursos que necesitan para explorar las posibles soluciones. En la actualidad, la gente tiene más acceso a un amplio rango de recursos de información que nunca antes, incluso periódicos, revistas, cursos universitarios y, desde luego, internet. ¿Quiere saber más acerca de cómo combatir un problema común, como el insomnio? ¿Por qué no navegar en Internet para averiguar cuál es la información que está disponible? Sin embargo, aplique su pensamiento crítico respecto a los contenidos que encuentre.

Evite quedar atrapado en la rigidez mental

Ésta es una pregunta para usted: "Si existieran tres manzanas y usted tomara dos, ¿cuántas manzanas tendría?" Si respondió que una, es probable que usted presente cierta rigidez mental para responder a este tipo de problemas como si se tratara de un planteamiento de resta. Sin embargo, la pregunta no se refiere a cuántas manzanas quedaron. La respuesta es que usted tendría dos manzanas, es decir, las dos que tomó.

Para evitar caer en una rigidez mental que entorpezca sus esfuerzos para resolver problemas, reflexione con toda atención sobre cada cuestión. Pregúntese:

- ¿Qué es lo que se requiere que haga?
- ¿Qué tipo de problema es éste?
- ¿Cuál estrategia para resolver problemas funcionaría mejor para este tipo de problema?

Ponga en práctica estas habilidades: encuentre la respuesta para los siguientes acertijos (las respuestas correctas se encuentran en la página 279) (*Brainteaser Quizzes,* 2001):

1. ¿Cuántas estampillas de dos centavos hay en una docena?
2. Usted tiene dos monedas de Estados Unidos que suman 55 centavos de dólar. Una de las monedas no es de cinco centavos. ¿Cuáles son las monedas que usted tiene?
3. Un granjero tenía 18 vacas y todas murieron, excepto 11. ¿Cuántas vacas quedaron?

CONCEPTO 7.34
Las personas con creatividad para resolver problemas desafían las preconcepciones, y toman en consideración tantas soluciones alternativas como sea posible para resolver un problema.

FIGURA 7.17 Dos soluciones para el problema de los nueve puntos en la Figura 7.3

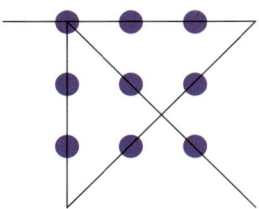

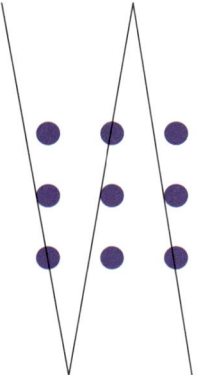

Genere alternativas

Las personas con creatividad para resolver problemas generan tantas soluciones alternativas para un problema como sea posible. Después pueden decidir por un regreso a la solución original o pueden determinar que alguna de las alternativas propuestas funciona mejor. La revisión exhaustiva de alternativas puede ayudarnos a reacomodar nuestro pensamiento de manera que resulte evidente que una de las soluciones es la que funciona mejor. He aquí algunas sugerencias para generar alternativas:

1. *Lluvia de ideas personal.* Alex Osborne (1963) introdujo el concepto de lluvia de ideas para ayudar a ejecutivos de negocios e ingenieros a resolver problemas de manera más creativa. La idea básica es motivar el pensamiento divergente. La **lluvia de ideas** incita a las personas a proponer tantas soluciones para un problema como les sea posible, sin temor a ser juzgadas de forma negativa por los demás y sin importar cuán extravagantes puedan parecer las propuestas. Existen tres reglas generales para la lluvia de ideas:
   Regla 1: Escriba tantas soluciones como se le ocurran para el problema. La cantidad cuenta más que la calidad.
   Regla 2: Suspenda el juicio. No evalúe ninguna de las posibles soluciones ni las elimine de su lista.
   Regla 3: Busque ideas insólitas, remotas y hasta extrañas. La idea extraña o excéntrica de hoy puede convertirse en la brillante solución de mañana.

2. *Después de generar su lista, guárdela durante algunos días.* Cuando la revise, pregúntese qué soluciones vale la pena intentar. Tome en cuenta los recursos o la información adicional que necesitará para poner en práctica dicha solución.

3. *Encuentre analogías.* El hecho de encontrar una situación análoga al problema presente puede conducir a una solución creativa. Pregúntese de qué manera es similar el problema actual a problemas que usted ha enfrentado antes. ¿Qué estrategias funcionaron en el pasado?, ¿cómo pueden ser modificadas para ajustarse al problema presente? Este es un uso constructivo de la rigidez mental, es decir, utilizar las soluciones pasadas como guía, no como impedimento, para la resolución de problemas.

4. *Sálgase de los moldes.* Recuerde el problema de los nueve puntos de la figura 7.3 (página 250). Las personas tienen dificultades con este problema debido a una tendencia a limitar las maneras como piensan en torno a él. Si no lo resolvió, tiene mucha compañía. En una prueba de laboratorio, ninguno de los participantes de la investigación a quienes se les concedieron varios minutos para resolver el problema pudieron hacerlo (MacGregor *et al.,* 2001). Puede hallar una solución sólo si "sale de los moldes"..., en términos literales, como se muestra en la figura 7.17. Las personas con creatividad para solucionar dilemas hacen un esfuerzo para concebir los mismos desde diferentes perspectivas, y dirigen sus esfuerzos de búsqueda de soluciones hacia el descubrimiento de nuevas alternativas (Ormerod, MacGregor y Chronicle, 2002).

Consultarlo con la almohada

En los casos cuando las personas se enfrentan a problemas complicados, la evidencia sostiene la antigua sabiduría de "consultar con la almohada". Aprender nueva información y luego dormir un poco puede ayudarlo a retener una proporción mayor de los contenidos aprendidos. Los investigadores han descubierto que el sueño mejora el razonamiento y el pensamiento creativo de los sujetos de investigación que son desafiados a resolver difíciles problemas matemáticos (Wagner *et al.,* 2004). De hecho, los beneficios cognitivos de una buena noche de sueño pueden explicar las experiencias de varios científicos y artistas famosos cuyas inspiradas ideas ocurrieron poco después de despertar (Komaroff, 2004).

Póngalas a prueba

Pruebe las posibles soluciones para averiguar cómo funcionan. Reúna datos que lo ayuden a evaluar lo que necesita hacer de manera diferente para encontrar una mejor solución. Si se estanca, aléjese un tiempo del problema. Permita que éste "incube" en su mente. Cuando lo reexamine, es probable que usted haya adquirido una perspectiva fresca que lo ayudará a descubrir una solución que funcione.

lluvia de ideas Método para promover el pensamiento divergente al motivar a las personas a proponer tantas soluciones a un problema como les sea posible, sin temor a ser juzgadas de forma negativa por los demás y sin importar lo extravagantes que sus propuestas puedan ser.

■ Pensamiento crítico sobre la psicología ■

Con base en la lectura del capítulo, responda las siguientes preguntas. Después, para evaluar su progreso en el desarrollo de capacidades de pensamiento crítico, compare sus respuestas con las del ejemplo en el apéndice A.

1. Una ambulancia se dirige hacia el hospital por un camino rural. Dicho vehículo transporta a un hombre herido que necesita una cirugía de emergencia. Cuando la ambulancia llega a una curva, el conductor descubre que un gran rebaño de ovejas bloquea el camino. El conductor comienza a hacer sonar la bocina y activa la sirena para apartar a las ovejas, sin obtener resultados. Un paramédico sale de la ambulancia e intenta azuzar a las últimas ovejas para que se quiten del camino, con la esperanza de que las demás las sigan. El conductor comienza a gritar al pastor para implorarle que despeje el camino. El pastor también comienza a vociferar, pero las ovejas sólo se limitan a balar. De pronto, el ovejero levanta una mano para indicar a la ambulancia que se detenga. Después, logra abrir un camino para el vehículo, pero no luego de apartar a las ovejas ni de guiar a la ambulancia entre éstas. (Adaptado de M. Levine, 1994).

   a. ¿Cómo logró el pastor abrir camino para que pasara la ambulancia?

   b. ¿Qué impedimento representa la conducta del paramédico para resolver problemas?

2. Luis recibe una herencia y decide invertirla en el mercado accionario. Como varios inversionistas de la actualidad, Luis toma la decisión de abrir una cuenta de operaciones en línea. Al principio obtiene buenos resultados. Después, comienza a operar de forma más activa y compra y vende acciones casi todos los días. Sus pérdidas pronto comienzan a acumularse. Preocupado, Luis consulta a un asesor financiero, quien le pregunta cuál es su estrategia de operación de inversiones. Luis le comenta que compra acciones de aquellas empresas de las cuales escucha noticias positivas y vende acciones de las empresas cada vez que se entera de noticias negativas.

   a. ¿Qué error(es) cognitivo(s) en la toma de decisiones podría(n) explicar las pérdidas de Luis en el mercado accionario?

   b. ¿Qué le aconsejaría usted para evitar dicho(s) error(es) en el futuro?

Respuestas a los acertijos (página 277)

1. Hay 12 estampillas de dos centavos, dado que una docena de cualquier cosa suma 12.

2. Usted tiene una moneda de 50 centavos de dólar y una de cinco. Una de las dos monedas (la de 50 centavos de dólar) no es de cinco centavos.

3. Quedan 11 vacas. Murieron todas, excepto 11.

Módulo 7.1 Pensamiento

¿Qué es el pensamiento?

- El pensamiento es la representación y la manipulación mental de información
- Podemos representar información en forma de imágenes, palabras y conceptos que utilizamos para categorizar los objetos y los sucesos
- El pensamiento adopta muchas formas, incluso la resolución de problemas, la toma de decisiones y la creatividad

Estrategias comunes para resolver problemas

- **Heurística:** cálculo aproximado que utilizamos para resolver problemas, elaborar juicios y tomar decisiones
- **Algoritmos:** fórmulas paso a paso para resolver problemas
- **Periodo de incubación:** hacer una pausa para permitir la consolidación de las ideas
- **Analogías:** este problema es similar a _____

Bloqueos mentales en la resolución de problemas y la toma de decisiones

- **Rigidez mental:** aplicar lo que ha funcionado antes pero que quizá no funcione ahora
- **Fijación funcional:** ser incapaces de encontrar nuevos usos de los objetos conocidos
- **Sesgo de confirmación:** filtrar las evidencias para confirmar nuestras creencias previas
- **Heurística de representatividad:** basar nuestras decisiones en una muestra limitada
- **Disponibilidad heurística:** fundar nuestras determinaciones en lo que llega a nuestra mente con más facilidad
- **Encuadre:** decisiones basadas en cómo se encuadra el problema

Procesos en el pensamiento creativo

- **Pensamiento divergente:** "salirse de los moldes" al concebir nuevas ideas y usos
- **Metáfora y analogía:** encontrar soluciones creativas, como cuando Alexander Graham Bell cimentó el desarrollo del primer teléfono en una analogía del oído humano
- **Combinación conceptual:** reunir diferentes conceptos para formar nuevas ideas o aplicaciones
- **Expansión conceptual:** tomar los conceptos existentes y expandirlos para encontrarles nuevos usos

Módulo 7.2 Lenguaje

PARTES DEL LENGUAJE

- **Fonemas:** unidades básicas de sonido en un idioma
- **Morfemas:** unidades básicas de significado en un idioma
- **Semántica:** reglas que gobiernan el significado de las palabras
- **Sintaxis:** reglas de gramática para ordenar las palabras y expresar significado

FACTORES EN EL DESARROLLO DEL LENGUAJE

- **Capacidad biológica para el habla:** el cerebro está precableado para el habla
- **Experiencia con el habla humana:** el desarrollo del lenguaje depende de escuchar el habla humana

Módulo 7.3 Inteligencia

DEFINICIÓN DE INTELIGENCIA

- **Pensar de manera racional**
- **Actuar con base en propósitos**
- **Manejarse de forma eficaz con las demandas del ambiente**

TEORÍAS SOBRE LA INTELIGENCIA

- **La "g" de Spearman:** capacidad general
- **Capacidades mentales primarias de Thurstone:** siete capacidades primarias
- **Inteligencias múltiples de Gardner:** formas múltiples de inteligencia, no sólo una
- **Teoría triárquica de Sternberg:** inteligencia analítica, inteligencia creativa e inteligencia práctica

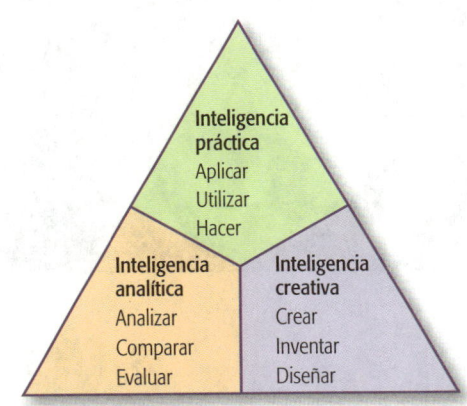

Modelo triárquico de Sternberg de la inteligencia

PRUEBAS ESTANDARIZADAS DE COEFICIENTE INTELECTUAL

- **Pruebas ampliamente utilizadas:** escala de Inteligencia de Stanford-Binet, Escalas Wechsler de Inteligencia
- **Estándares de las buenas pruebas de inteligencia:** confiabilidad, validez y normativa (estandarización)

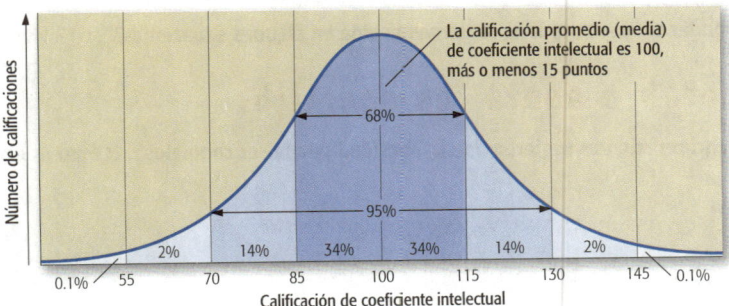

Distribución normal de calificaciones de coeficiente intelectual

8

Motivación y emoción

¿Sabía usted que . . .

- el fundador de la psicología estadounidense creía que existe un instinto humano para la limpieza? (p. 284)
- la gente tiende a comer más cuando los alimentos son servidos en porciones más abundantes? (p. 295)
- una de cada siete mujeres universitarias se avergüenza de comprar una barra de chocolate en una tienda? (p. 299)
- las personas de diferentes culturas sonríen distinto? (p. 304)
- el dinero no genera felicidad? (p. 306)
- las personas casadas tienden a ser más felices que las solteras? (p. 307)
- responder sin pensar puede salvarnos la vida en algunas situaciones? (p. 313)

El cerebro adora los acertijos

- Evidencias recientes sugieren que la obesidad puede ser contagiosa. ¿Cómo es esto posible? (p. 296)

¿Qué motiva a Max?

Existen dos relatos en el repertorio de la motivación humana. Ambos se refieren a empresarios exitosos que, a pesar de su gran riqueza, continuaron en la persecución de metas que no podían medirse en términos simples de dólares y centavos.

Uno de estos relatos es sobre un hombre llamado Max Levchin. Es probable que no conozca este nombre pero quizá haya escuchado hablar acerca del sistema de pagos en línea conocido como PayPal, mismo que él ayudó a desarrollar y el cual vendió después a eBay a cambio de una fortuna, a la tierna edad de 27 años. Después de cobrar la generosa suma, Max no se entregó a una vida de propósitos placenteros. Típico de su generación de jóvenes magnates, encauzó sus energías al desarrollo de nuevas aventuras de negocios (Rivlin, 2007). Con un valor neto cercano a los 100 millones de dólares, Max declaró sobre su vida a los 32 años: "Me gusta descansar en playas agradables, pasar el rato con mi novia y jugar con mi perro, pero eso representa sólo tres horas al día. ¿Qué hay de las restantes 18 horas cuando estoy despierto?" (citado en Rivlin, 2007, p. A1). *¿Qué hay de ello?*

¿Qué motiva a un hombre como Max? ¿Qué motiva a otro hombre cuyo nombre debe ser más conocido para usted: Bill Gates? Bill Gates, el cofundador de Microsoft fue, durante muchos años, la persona más rica del mundo y en la actualidad ocupa lugares destacados en el rango, con un pasmoso valor neto de 58 mil millones de dólares (Miller, 2008). Sin embargo, Gates continúa con su persistente trabajo en su oficina y en sus obras filantrópicas, aunque tal vez no al ritmo frenético de su juventud.

La motivación humana no puede explicarse sólo en términos de la persecución de la riqueza. Entonces, ¿qué es lo que impulsa a las personas como Levchin y Gates a seguir adelante? La motivación humana se relaciona más con ciertas fuentes de gratificación que no pueden ser depositadas en una cuenta bancaria. Para los individuos como Levchin y Gates, siempre existen más montañas por escalar y más desafíos por enfrentar.

Ahora dirijamos nuestra atención hacia usted. Imagine que de pronto se encuentra con una enorme cantidad de dinero. ¿Continuaría usted en la universidad o dedicaría sus días a disfrutar el lujo? Quizá se relajaría en una playa tropical durante algunas semanas o, tal vez, durante algunos meses. Sin embargo, tarde o temprano, y es probable que temprano, querría hacer algo más significativo con su vida. En otras palabras, no sólo nadaría hasta una boya y tampoco permanecería inmóvil durante el resto de su vida con una bebida tropical en los labios. Usted se sentiría motivado a hacer algo y a progresar en su vida.

Ahora volvamos a la realidad. ¿Qué motiva su conducta en la vida diaria? ¿Es el deseo de satisfacer las necesidades biológicas subyacentes, es decir, tener suficiente alimento, agua, gratificación sexual y protección de los elementos? ¿O está motivado por una necesidad de logro, de éxito y de demostrar algo sobre sí mismo? ¿Qué es aquello que enciende su motor y lo mantiene en marcha?

En este capítulo exploramos los factores que dan energía y dirección a la conducta humana; no sólo la motivación sino también la emoción. Ambas palabras, *motivación* y *emoción*, se derivan de la raíz latina *movere*, que significa "mover". Las pulsiones y las emociones nos motivan a movernos, a actuar o a prepararnos para la acción (Izard, 2007; Maxwell y Davidson, 2007). Por ejemplo, el hambre sirve como una pulsión que nos mueve a buscar nutrimento. La emoción del temor nos mueve a evitar objetos o situaciones peligrosas o amenazantes, mientras el amor, la emoción que "hace girar al mundo", nos mueve a aproximarnos a los objetos de nuestro deseo. La emoción de la ira puede impulsarnos a responder de forma agresiva a una provocación.

Comenzaremos nuestra exploración de estos dos factores con la consideración de las fuentes de motivación que encienden la conducta y la mantienen activa. Después nos enfocaremos en una de las pulsiones más básicas: el hambre, y examinaremos a profundidad los problemas de obesidad y los trastornos alimenticios. Por último, exploraremos el complejo fenómeno de la emoción. ■

Motivación: los "porqués" de la conducta

- ¿Qué es la motivación?
- ¿En qué consisten la teoría de los instintos y la teoría de la pulsión?
- ¿Cómo explica la teoría de la excitación las diferencias en los estados motivacionales?
- ¿En qué difiere la teoría de los incentivos de la teoría de la pulsión?
- ¿Qué es la teoría de disonancia cognoscitiva?
- ¿Qué son las necesidades psicosociales?
- ¿Qué es la jerarquía de necesidades de Maslow?

CONCEPTO 8.1
La motivación se refiere a los "porqués" de la conducta; es decir, los factores que activan, dirigen y sostienen la conducta orientada hacia las metas.

La **motivación** se refiere a aquellos factores que *activan, dirigen* y *sostienen* la conducta orientada hacia determinadas metas. Si después de varias horas de no comer se levanta de su silla y se dirige hacia la cocina para prepararse un bocadillo, podríamos inferir que el *motivo* de su conducta es el hambre, el cual activa su conducta (causa que usted se levante), la dirige (lo mueve hacia la cocina) y la sostiene (mientras usted se prepara un bocadillo y se lo come), hasta que usted alcanza su meta (satisfacer su hambre).

Los **motivos** son los "porqués" de la conducta, es decir, las necesidades o deseos que impulsan la conducta y explican por qué hacemos lo que hacemos. En realidad no observamos un motivo, sino que inferimos que éste existe con base en la conducta que observamos.

En este módulo nos enfocaremos en las fuentes biológicas y psicológicas de la motivación y en las diferentes teorías que los psicólogos han construido para explicar la conducta motivada, las cuales, finalmente, no ofrecen una explicación completa de ésta, pero en cambio ofrecen una contribución parcial a nuestra comprensión de los "porqués" de la conducta.

Fuentes biológicas de la motivación

Necesitamos oxígeno para respirar, alimentos para proveernos energía, agua para beber y protección de los elementos. Estas necesidades biológicas básicas, que son innatas, motivan gran parte de la conducta. No aprendemos a respirar o a sentirnos hambrientos o sedientos. Sin embargo, el aprendizaje y la experiencia influyen en cómo satisfacemos nuestras necesidades biológicas, en especial la referente a la comida. Comer tamales o estofado de cordero puede satisfacernos el hambre; no obstante, nuestros antecedentes culturales y nuestras experiencias de aprendizaje influyen en nuestra elección de comida y en las maneras como la preparamos y la consumimos.

Instintos: conducta programada por la naturaleza

CONCEPTO 8.2
Los teóricos del instinto creen que los seres humanos y otros animales son motivados por los instintos, que son patrones fijos e innatos de respuesta específicos de los miembros de determinadas especies.

Las aves construyen nidos y el salmón nada corriente arriba hasta su lugar de origen para reproducirse. Estos animales no adquieren tales conductas a través de la experiencia o de asistir a escuelas de construcción de nidos o de desove. Éstas son **conductas instintivas**, las cuales son patrones de respuesta fijos e innatos específicos de los miembros de determinadas especies. La **teoría de los instintos** sostiene que la conducta está motivada, como su nombre lo indica, por éstos.

A pesar de que podemos encontrar ejemplos de conductas instintivas en otras especies, ¿los instintos motivan la conducta humana? Uno de los teóricos que pensaba así era Sigmund Freud, quien sostenía que la conducta humana está motivada principalmente por los instintos sexuales y agresivos (consulte los capítulos 1 y 13). Otro fue William James (1890-1970), el padre de la psicología estadounidense, quien compiló una lista de 37 instintos que él argumentaba podían explicar gran parte del comportamiento humano. Su catálogo incluía instintos físicos, como el de succión, e instintos mentales como la curiosidad, los celos y hasta la limpieza (sí, la limpieza). Más pioneros de la psicología enriquecieron la lista de James, la cual continuó en crecimiento a tal grado que, para la década de 1920, llegó a incluir alrededor de 10 000 instintos que cubrían un amplio rango de la conducta humana (Bernard, 1924).

La teoría de los instintos de la motivación humana ha estado fuera de la jugada desde mucho tiempo atrás. Una razón de su decadencia es que la extensión de la lista de instintos fue tan grande que dejó de ser útil. Otra es que la justificación de la conducta con base en los instintos es sólo una manera de describirla, no de explicarla (Gaulin y McBurney, 2001). Por ejemplo, el hecho de

motivación Factores que activan, orientan y sostienen la conducta dirigida hacia un objetivo.

motivos Necesidades o deseos que impulsan la conducta dirigida hacia un objetivo.

conductas instintivas Patrones de respuesta genéticamente programados e innatos que son específicos de los miembros de determinadas especies.

teoría del instinto Creencia en que la conducta está motivada por el instinto.

decir que una persona es perezosa debido a un instinto de pereza, o tacaña por un instinto de tacañería, en realidad no explica la conducta de dicha persona sino que sólo le adjudica una etiqueta.

Quizá lo más importante sea que los psicólogos reconocieron que la conducta humana es mucho más variable y flexible que si fuera el caso de que sólo estuviera determinada por los instintos. Más aún, la teoría de los instintos no toma en cuenta las importantes funciones de la cultura y el aprendizaje en la determinación de la conducta humana. A pesar de que los instintos podrían explicar algunas conductas estereotípicas en otros animales, la mayoría de los psicólogos rechazan el enfoque de que aquéllos motivan la conducta humana en toda su complejidad.

Necesidades y pulsiones: mantener un estado interno estable

A principios de la década de 1950, la **teoría de la pulsión** había reemplazado a la teoría de los instintos como el principal modelo de la motivación humana. Su principal defensor, el psicólogo Clark Hull (1943, 1952) creía que tenemos necesidades biológicas que demandan satisfacción, como la necesidad de alimento, agua y sueño. Una **necesidad** es un estado de privación o deficiencia. Una **pulsión** es un estado de tensión corporal, como el hambre o la sed, que surge de una necesidad no satisfecha. La saciedad de esta necesidad se llama **reducción del impulso**.

La teoría de la pulsión se basa en el principio de *homeostasis*, que es la tendencia del cuerpo a mantener un estado interno estable (consulte el capítulo 2). Los mecanismos homeostáticos del cuerpo supervisan la temperatura, el oxígeno y el azúcar en la sangre y los mantienen a un nivel constante. De acuerdo con esta teoría, cada vez que la homeostasis se ve alterada, las pulsiones activan la conducta necesaria para restablecer un equilibrio constante. Por ejemplo, cuando desciende el nivel de azúcar en nuestra sangre porque no hemos comido durante determinado tiempo sentimos hambre, la pulsión que nos motiva a buscar nutrimentos, los cuales restablecen la homeostasis. A pesar de que la teoría de la pulsión se enfoca en las necesidades biológicas, algunas necesidades, como la de comodidad y la de seguridad, tienen una base psicológica.

Aunque las necesidades y las pulsiones están relacionadas, son diferentes entre sí. Podemos tener una necesidad corporal de cierta vitamina pero no hacernos conscientes de ello sino hasta que desarrollamos un trastorno causado por la deficiencia de dicha vitamina. En otras palabras, la necesidad puede existir en ausencia de la pulsión correspondiente. Más aún, la fuerza de una necesidad y la pulsión para satisfacerla pueden ser distintas. Las personas que practican el ayuno por motivos religiosos o de otro tipo pueden descubrir que se sienten menos hambrientas al segundo o tercer día del ayuno que el primero, a pesar de que su necesidad de alimento es mayor.

A diferencia de la teoría de los instintos, la de la pulsión asigna una función importante al aprendizaje; en especial, al condicionamiento operante (discutido en el capítulo 5). Nosotros aprendemos respuestas (como ordenar una *pizza* cuando nos sentimos hambrientos) que son reforzadas por la reducción del impulso. Una conducta que da como resultado ésta tiene más probabilidades de repetirse la próxima vez que surja la necesidad. Las pulsiones también pueden ser adquiridas por experiencia. Las de índole biológica, como el hambre, la sed y el deseo sexual, se llaman **impulsos primarios** porque se consideran innatos; los impulsos que son resultado de la experiencia se denominan **impulsos secundarios**. Por ejemplo, el impulso de lograr cierta riqueza monetaria no es una característica con la cual nacemos; lo cierto es que lo adquirimos como impulso secundario porque aprendemos que podemos utilizar el dinero para satisfacer los de carácter primario y otros que también son secundarios.

Nivel óptimo de excitación: ¿cuál es el nivel óptimo para usted?

La teoría de la pulsión se enfoca en impulsos que satisfacen necesidades de supervivencia, como el alimento y el agua. Sin embargo, los experimentos clásicos desarrollados por el psicólogo Harry Harlow y sus colegas desafiaron la noción de que todos los impulsos satisfacen necesidades básicas de supervivencia. Cuando estos investigadores colocaron un rompecabezas mecánico en la jaula de un simio, descubrieron que ese animal comenzaba a manipularlo y a separarlo, a pesar de que no recibió alimento ni ningún otro reforzador evidente por sus esfuerzos (Harlow, Harlow y Meyer, 1950). Los bebés humanos también manipulan objetos colocados frente a ellos.

Max Levchin   Después de vender PayPal por 100 millones de dólares, Max ahora dedica entre 15 y 18 horas de trabajo al día en su nueva empresa.

💡 **CONCEPTO 8.3**
Los teóricos de la pulsión sostienen que estamos motivados por impulsos que surgen de necesidades biológicas que demandan satisfacción.

teoría de la pulsión   Creencia en que la conducta es generada por impulsos que surgen de necesidades biológicas que demandan satisfacción.

necesidad   Estado de privación o deficiencia.

impulso   Estado de tensión corporal, como el hambre o la sed, que surgen a partir de una necesidad no satisfecha.

reducción del impulso   Satisfacción de una pulsión.

impulsos primarios   Impulsos innatos, como el hambre, la sed y el deseo sexual, que surgen de las necesidades biológicas básicas.

impulsos secundarios   Impulsos aprendidos o adquiridos a través de la experiencia, como el impulso de lograr riqueza monetaria.

CONCEPTO 8.4
Los motivos de estímulo impulsan a los organismos a explorar sus ambientes y a manipular objetos.

CONCEPTO 8.5
La teoría de la excitación postula la existencia de una necesidad, cuya base es biológica, de mantener nuestra estimulación a un nivel óptimo.

VÍNCULO DE CONCEPTOS · · · ·
Las personas con personalidad antisocial pueden aburrirse pronto con las actividades rutinarias debido a una predisposición biológica que las conduce a anhelar niveles más altos de estimulación, con el fin de mantener su nivel óptimo de excitación. Consulte el módulo 13.6.

CONCEPTO 8.6
Los incentivos nos motivan a ejercer una "atracción" en nuestra conducta; su fuerza es variable en relación con el valor que les otorgamos.

motivos de estímulo
Estados internos que disparan conductas inquisitivas, de búsqueda de incentivos y exploratorias.

teoría de la excitación   Creencia en que cada vez que el nivel de estimulación disminuye por debajo del nivel óptimo del organismo, éste busca maneras para incrementarlo.

teoría de incentivos   Creencia en que nuestra atracción hacia determinadas metas u objetos motiva gran parte de nuestra conducta.

incentivos   Recompensas u otros estímulos que nos motivan a actuar.

valor de incentivo   Fuerza de "atracción" de una meta o recompensa.

Los hacen sonar, giran las manijas, oprimen los botones de los juguetes de actividades y se llevan a la boca los objetos novedosos, a pesar de que ninguna de estas conductas está vinculada con la satisfacción de sus necesidades básicas de supervivencia.

La obra de Harlow y otros sugiere que los seres humanos y muchas otras especies animales pueden tener necesidades innatas y con bases biológicas para la exploración y la actividad. Estas necesidades, las cuales impulsan a los organismos a explorar sus ambientes y a manipular los objetos, en especial aquellos que son novedosos o inusuales, se llaman **motivos de estímulo**, los cuales no desaparecen con la edad. Los adultos buscan tocar y manipular los objetos interesantes, como puede atestiguarse con los numerosos "niñotes" que tocan los artefactos de última generación que se exhiben en las tiendas como The Sharper Image.

La teoría de la pulsión nos llevaría a la expectativa de que los organismos se sienten motivados a reducir sus *estados de excitación*, es decir, los estados generales de alerta y de activación del sistema nervioso. Por ejemplo, cuando tenemos hambre experimentamos un estado de excitación enaltecida hasta que comemos; después de comer podemos sentirnos tranquilos y hasta somnolientos. No obstante, con los motivos de estímulo, observamos una conducta motivada que produce una excitación creciente y no decreciente, como dicha teoría podría sugerir. En otras palabras, incluso cuando nuestras necesidades básicas de alimento y agua están satisfechas, buscamos una estimulación que incremente nuestro nivel de excitación.

Algunos teóricos creen que los motivos de estímulo representan una necesidad con base biológica de mantener un nivel *óptimo* de excitación (Hebb, 1955; Zuckerman, 1980). Esta teoría, en general llamada **teoría de la excitación**, sostiene que cada vez que el nivel de estimulación desciende por debajo del límite óptimo para el organismo, éste busca maneras para incrementarlo. Cuando la estimulación excede un nivel óptimo, el organismo busca cómo reducirla.

El nivel óptimo de excitación varía de persona a persona. Algunos individuos requieren una dieta constante de actividades altamente estimulantes, como escalar montañas, esquiar en nieve, saltar del *bungee* o volar en *parachute*. Otros se sienten satisfechos con pasar una noche tranquila en casa, acurrucados con un buen libro o relajados frente al televisor.

Las personas con gran necesidad de excitación perciben la vida como una aventura. Con el fin de mantener su nivel óptimo de estimulación, estas personas buscan experiencias excitantes y emociones fuertes. El psicólogo Marvin Zuckerman (2007) las llama *buscadores de sensaciones*. Tienden a aburrirse con facilidad y pueden tener dificultades para controlar sus impulsos (Reio y Sanders-Reiob, 2005). Pueden meterse en problemas debido a que su deseo de estimulación los conduce a correr riesgos excesivos; algunos pueden desarrollar problemas con el consumo de alcohol o drogas o involucrarse en actividades ilegales (Dom, Hulstijn y Sabbe, 2006; Zuckerman, 2007). No obstante, muchos buscadores de sensaciones limitan la búsqueda de éstas a actividades moderadas y razonablemente seguras. No es sorprendente que los practicantes del *surf* tiendan a obtener calificaciones más altas en cuanto a búsqueda de sensaciones que los golfistas (Diehm y Armatas, 2004). Esta forma de vivir parece tener un fuerte componente genético; es decir, el gusto por las emociones intensas puede ser una característica con la cual nacemos (consulte el recuadro de "Intente lo siguiente" para evaluar su propio nivel de búsqueda de sensaciones).

Fuentes psicológicas de la motivación

Si la motivación sólo fuera un asunto de mantener la homeostasis en nuestro cuerpo, descansaríamos con toda tranquilidad hasta ser impulsados de nuevo por el hambre, la sed o alguna otra pulsión biológica. Sin embargo, no permanecemos conformes con el ocio cuando nuestros estómagos están llenos o cuando nuestras demás necesidades biológicas están satisfechas. También somos motivados por necesidades psicológicas, como la amistad o el logro. Percibimos ciertas metas como deseables o gratificantes incluso a pesar de que el hecho de alcanzarlas no satisfaga ninguna necesidad biológica. Resulta claro que podemos explicar mejor dichas conductas motivadas al considerar la función de los factores psicológicos en la motivación como los incentivos, la disonancia cognoscitiva y las necesidades psicológicas.

Los incentivos: el polo de la "atracción" de la motivación

De acuerdo con la **teoría de los incentivos**, nuestra atracción hacia determinadas metas u objetos motiva gran parte de nuestra conducta. Los **incentivos** son recompensas u otros estímulos

Intente lo siguiente

¿Es usted un buscador de sensaciones?

¿Persigue usted emociones fuertes y aventuras? ¿O prefiere las noches tranquilas en casa? Para evaluar si usted cumple con el perfil de un buscador de sensaciones, encierre en un círculo el número de cada renglón que lo describa mejor. Para interpretar sus respuestas: Las respuestas superiores a 5 indican un alto nivel de búsqueda de sensaciones; las respuestas de 5 o inferiores indican un nivel bajo. ¿A cuál mitad de las secuencias corresponden sus respuestas? Trace una línea para conectar sus respuestas. Mientras más a la derecha se oriente la línea, más coincide su personalidad con el perfil de un buscador de sensaciones.

Prefiere un empleo en un solo sitio	1 2 3 4 5 6 7 8 9 10	Prefiere un empleo con muchos viajes
Prefiere aislarse del frío	1 2 3 4 5 6 7 8 9 10	Disfruta de una caminata vigorosa en un día frío
Prefiere convivir con personas conocidas	1 2 3 4 5 6 7 8 9 10	Prefiere conocer a personas nuevas
Le agrada jugar a lo seguro	1 2 3 4 5 6 7 8 9 10	Le gusta vivir "en el límite"
Preferiría no intentar la hipnosis	1 2 3 4 5 6 7 8 9 10	Le gustaría intentar la hipnosis
Preferiría no intentar el salto en paracaídas	1 2 3 4 5 6 7 8 9 10	Le gustaría intentar el salto en paracaídas
Prefiere las noches tranquilas en casa	1 2 3 4 5 6 7 8 9 10	Prefiere salir a bailar por las noches
Prefiere una vida segura y protegida	1 2 3 4 5 6 7 8 9 10	Prefiere experimentar tanto como le sea posible
Prefiere a la gente calmada y controlada	1 2 3 4 5 6 7 8 9 10	Prefiere a las personas que son un poco salvajes
Le agrada dormir en una habitación cómoda con una buena cama	1 2 3 4 5 6 7 8 9 10	Disfruta salir a acampar
Prefiere evitar las actividades riesgosas	1 2 3 4 5 6 7 8 9 10	Le agrada realizar actividades que sean un poco peligrosas

Fuente: Adaptado de Zuckerman, 1980.

que nos motivan a actuar. La atracción o "jalón" ejercido por un incentivo se deriva de nuestra percepción de que éste puede satisfacer una necesidad o de que es deseable en sí mismo.

En contraste con la teoría de la pulsión, la cual explica que las necesidades biológicas no satisfechas nos empujan en la dirección que nos permita saciarlas, la de los incentivos sostiene que éstos nos motivan al atraernos hacia ellos. Por lo tanto, se enfoca en la seducción o "jalón" de los incentivos para motivar la conducta, en lugar del "empujón" de los estados internos de necesidad o pulsiones. Usted puede sentir antojo por un postre de aspecto suculento a pesar de que acaba de degustar una comida completa y ya no se siente "empujado" por la pulsión del hambre. Usted puede sentirse atraído a comprar las últimas prendas o los artefactos tecnológicos de moda, a pesar de que la obtención de dichos objetos no satisfaga ninguna necesidad biológica.

La fuerza del "jalón" que una meta o recompensa ejerce en nuestra conducta es su **valor de incentivo**. Estos valores reciben la influencia de múltiples factores, incluso las experiencias de aprendizaje y las expectativas de un individuo. Otorgamos más valor a una meta si hemos aprendido, a partir de experiencias anteriores, a asociarla con el placer y si esperamos que ésta sea gratificante cuando la obtengamos. Muchos empleadores motivan la productividad en sus empleados al ofrecerles alicientes en forma de bonos. Los comerciantes manipulan el valor de incentivo de los productos que desean que compremos. Intentan persuadirnos de que, para ser geniales, saludables, atractivos o exitosos, necesitamos utilizar sus productos.

Las influencias culturales desempeñan una importante función en la determinación de los valores de incentivo. Algunas culturas otorgan gran valor al logro individual y a la acumulación de riquezas. Para otras culturas es muy valioso cumplir con las obligaciones familiares, el grupo religioso, el patrón o la comunidad. ¿Cuáles incentivos motivan su conducta: un diploma universitario, la riqueza, el hombre o la mujer de sus sueños o el respeto de su familia o su comunidad? ¿Cuál de estos incentivos ejerce el "jalón" más fuerte en su conducta?

¿Una gran necesidad de sensaciones? Entre las actividades que interesan al actor Jason Priestley en su búsqueda de emociones intensas están las motocicletas, las lanchas y automóviles de carreras y el salto en *bungee*. El joven actor estuvo a punto de morir cuando el automóvil bólido que conducía a 298 kilómetros por hora se estrelló contra una barda en la pista. Jason reporta haber sufrido 14 concusiones durante su vida. Tras analizar el accidente en retrospectiva, el actor dijo a un entrevistador que nunca poseyó el cerebro más brillante de su grupo de amigos.

Disonancia cognoscitiva: mantener una congruencia entre las actitudes y las conductas

Los psicólogos reconocen que la gente está motivada a mantener una coherencia entre sus actitudes y su conducta. En un estudio clásico, Leo Festinger y J. Merril Carlsmith (1959) hicieron que dos grupos de estudiantes realizaran una tarea extremadamente aburrida. Después pagaron un dólar a uno de los grupos y 20 al otro para que persuadieran a otros alumnos de que la tarea era emocionante e interesante. Más tarde se les pidió a los sujetos expresar su actitud hacia la tarea; es decir, cuánto les había agradado o desagradado. El curioso resultado fue que los que recibieron el pago más bajo expresaron mayor entusiasmo por la tarea que aquellos miembros del grupo mejor pagado. *¿Por qué?*

Ambos grupos mostraron una conducta (decir a los demás que la tarea era emocionante) que se presume incompatible con su actitud subyacente (el desagrado hacia la tarea porque fue aburrida). Festinger y Carlsmith teorizaron que cuando las actitudes van de acuerdo con la conducta, es probable que la gente experimente un desagradable estado de tensión llamado **disonancia cognoscitiva**. Estos científicos razonaron que este estado de incomodidad motiva los esfuerzos para alinear entre sí las actitudes y la conducta. Tal parece que los sujetos en el grupo mejor pagado fueron capaces de resolver su disonancia tras decirse a sí mismos que habían recibido buen dinero por decir algo que no era cierto. Los miembros del grupo que recibió un pago inferior no pudieron utilizar esta justificación, de manera que, según se presume, tuvieron que resolver su disonancia al cambiar su manera de sentir acerca de la tarea.

La **teoría de la disonancia cognoscitiva** afirma que la gente está motivada a resolver las discrepancias entre su conducta y sus actitudes o creencias haciéndolas más compatibles. Existen varias maneras de reducir la disonancia cognoscitiva (Matz y Wood, 2005). La gente puede cambiar su conducta para ajustarla a sus actitudes o creencias, cambiar sus actitudes o creencias para ajustarlas a su conducta, intentar explicar los motivos de cualesquiera inconsistencias entre su conducta y sus actitudes o creencias, o sólo ignorar cualquier discrepancia. Por ejemplo, los fumadores que están conscientes de que fumar causa cáncer pero continúan fumando pueden reducir la disonancia al alterar su conducta (dejar de fumar), alterar su creencia (adoptar la creencia de que en realidad fumar no es tan dañino) o utilizar alguna forma de racionalización para justificar la inconsistencia ("no hay enfermos de cáncer en mi familia"). Sin embargo, tal vez las maneras más comunes para reducir la disonancia son simplemente ignorar o pasar por alto las inconsistencias entre la conducta y las actitudes por el momento ("Me preocuparé por el cigarrillo cuando sea viejo"), o dedicarse a tareas distractoras que alejen su mente de las inconsistencias (Gosling, Denizeau y Oberlé, 2006). La figura 8.1 ilustra algunas maneras para reducir la disonancia cognoscitiva.

Un importante concepto en la teoría de disonancia cognoscitiva es la **justificación de esfuerzo**, que es la propensión a justificar el empeño invertido en el logro de metas difíciles. Suponga que tuvo que esperar por horas en una fila en un día frío y lluvioso, para comprar boletos para un concierto o una competencia deportiva. El concepto de justificación de esfuerzo nos conduce a esperar que usted califique el evento como más disfrutable de lo que hubiera sido si los boletos hubieran sido más fáciles de conseguir. En otras palabras, mientras más debemos esforzarnos para alcanzar una meta u objetivo, más valor tendemos a otorgarle.

En gran medida, la evidencia de investigación apoya la teoría de disonancia cognoscitiva. Las inconsistencias entre las actitudes y la conducta son proclives a crear incomodidad emocional, en tanto que el cambio en las creencias o actitudes para alinearlas más ayuda a reducir o eliminar esta incomodidad (Aronson, Wilson y Akert, 2004; Jones, 1998). Como ya veremos en el capítulo 16, es frecuente que los vendedores, publicistas, recolectores de fondos y otros individuos que intentan influir en nosotros utilicen estrategias que aprovechan la ventaja de nuestra necesidad de consistencia entre la conducta y la creencia.

Necesidades psicosociales

A pesar de que la satisfacción de las necesidades biológicas es fundamental para la supervivencia, los seres humanos anhelan más de la vida que esta simple causa. Nosotros somos criaturas sociales y estamos motivadas para satisfacer **necesidades psicosociales** (también llamadas *necesidades interpersonales*), como la orientada a las relaciones sociales (también llamada *necesidad*

CENTRO REGIONAL DE CÁNCER

FUMAR SÓLO DENTRO DEL PATIO

Disonancia cognoscitiva ¿Puede usted pensar en ejemplos en los cuales su conducta fuera incongruente con sus actitudes o creencias muy arraigadas? ¿Se sintió motivado a reconciliar dichas diferencias? ¿O prefirió ignorarlas?

CONCEPTO 8.7
La teoría de la disonancia cognoscitiva propone que la gente está motivada a reconciliar las discrepancias entre su conducta y sus cogniciones.

disonancia cognoscitiva Estado de tensión interna producido por actitudes y conductas en conflicto.

teoría de disonancia cognoscitiva Creencia en que la gente está motivada a resolver discrepancias entre su conducta y sus actitudes o creencias.

justificación de esfuerzo Tendencia a otorgar mayor valor a metas que son difíciles de lograr, con el fin de justificar el esfuerzo invertido para alcanzarlas.

necesidades psicosociales Reflejan aspectos interpersonales de motivación, como la necesidad de amistad o logro.

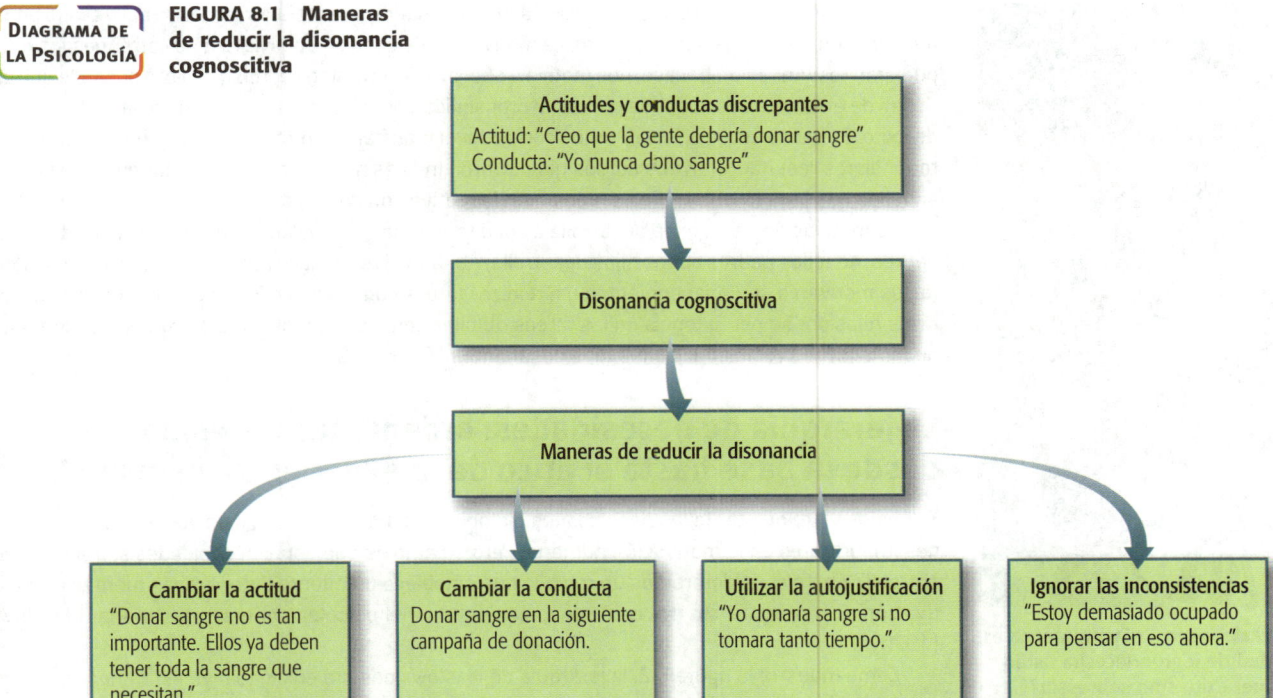

DIAGRAMA DE LA PSICOLOGÍA

FIGURA 8.1 Maneras de reducir la disonancia cognoscitiva

Actitudes y conductas discrepantes
Actitud: "Creo que la gente debería donar sangre"
Conducta: "Yo nunca dono sangre"

Disonancia cognoscitiva

Maneras de reducir la disonancia

Cambiar la actitud
"Donar sangre no es tan importante. Ellos ya deben tener toda la sangre que necesitan."

Cambiar la conducta
Donar sangre en la siguiente campaña de donación.

Utilizar la autojustificación
"Yo donaría sangre si no tomara tanto tiempo."

Ignorar las inconsistencias
"Estoy demasiado ocupado para pensar en eso ahora."

---

de afiliación) y la de logro. Aquí nos enfocamos en la necesidad más estudiada de todas: la de sobresalir en lo que hacemos, conocida como **necesidad de logro**.

Algunas personas luchan sin cesar para progresar, para generar grandes sumas de dinero, para inventar, para crear...; en resumen, para lograr. Se encuentran personas con un alto nivel de necesidad de logro en muchos caminos de la vida, desde los negocios hasta los deportes profesionales, desde el mundo académico hasta las artes. Como Bill Gates, sienten un enorme deseo de sobresalir en la actividad que realizan. Sienten una profunda motivación y se enorgullecen de alcanzar sus metas.

El psicólogo de Harvard, David McClelland, descubrió que las metas que se fijan a sí mismas las personas con una gran necesidad de logro son desafiantes pero realistas (McClelland, 1958, 1985). Las metas que se obtienen con demasiada facilidad no les interesan, así como tampoco las que evidentemente no son alcanzables. Estos individuos quizá no siempre triunfen pero toman el fracaso con calma y continúan con su empeño. En contraste, las personas con una necesidad baja de logro están motivadas por un deseo de evitar el fracaso. Estas personas establecen metas tan bajas que cualquiera podría lograrlas o tan irracionalmente altas que nadie podría alcanzarlas. Si la altura de la meta es inalcanzable, ¿quién podría culparlas si fracasan? Cuando estas personas se enfrentan al fracaso, tienen más probabilidades de darse por vencidas que de perseverar.

La necesidad de logro regularmente está impulsada por una *motivación extrínseca*, por una *motivación intrínseca* o por una combinación de ambas (Pittman, 1998; Ryan y Deci, 2000). La **motivación extrínseca** implica el deseo de recompensas externas, como ganar dinero o el respeto de los amigos o los familiares. En contraste, la **motivación intrínseca** conlleva un deseo de gratificación interna, como la autosatisfacción o el placer que se derivan de conseguir una meta que establecimos para nosotros mismos o por realizar bien alguna tarea. Podemos pensar en la motivación extrínseca como "el medio para llegar a un fin" y en la intrínseca como "el fin en sí mismo". Por lo que se refiere a las actividades gratificantes en esta segunda vertiente, la gente tiende a tener un mejor desempeño y a disfrutar más de éstas cuando implican tanto competencia como cooperación, como en el caso de la participación en deportes de equipo (Tauer y Harackiewicz, 2004).

En situaciones de logro, podemos vernos atraídos hacia direcciones opuestas por dos tipos de motivos: la **motivación de logro** (el deseo de alcanzar el éxito) y la **motivación de evitación** (el deseo de evitar el fracaso).

CONCEPTO 8.8

Muchos psicólogos creen que estamos motivados para satisfacer no sólo las necesidades biológicas sino también las psicosociales, como la de logro.

---

necesidad de logro Consiste en mostrar excelencia en los empeños de la persona.

motivación extrínseca Actitud que refleja un deseo por las gratificaciones externas, como la riqueza o el respeto de los demás.

motivación intrínseca Conducta que refleja un deseo de gratificación interna, como la autosatisfacción derivada de lograr una meta en particular.

motivación de logro Deseo de alcanzar el éxito y ser excelentes en lo que hacemos.

motivación de evitación Interés en evitar el fracaso.

Necesidad de logro ¿Cuán intensa es su necesidad de logro: necesita usted no sólo tener éxito sino sobresalir?

La motivación de logro nos conduce a aceptar desafíos que incluyen el riesgo del fracaso pero que también pueden llevarnos al éxito. La motivación de evitación nos lleva a no correr riesgos que pudieran resultar en un fracaso; nos motiva a apegarnos al camino seguro y salvo. A pesar de que el deseo de evitar el fracaso puede reducir la probabilidad de fracaso, también reduce la probabilidad de éxito. En cierto estudio, los alumnos con un nivel más bajo de motivación de evitación obtuvieron mejores resultados en sus cursos y mostraron índices más altos en bienestar emocional que aquellos que presentaban niveles más altos de motivación de evitación (Elliot y Sheldon, 1997).

La motivación de logro se desarrolla a edad temprana y recibe una poderosa influencia de los padres. Aquellos padres cuyos hijos desarrollan un alto nivel de necesidades de logro, por lo general los motivan a ser independientes y a realizar tareas complicadas. Estos padres recompensan a sus hijos por su persistencia en las tareas difíciles con elogios y otros reforzamientos, además de motivarlos a realizar acciones más desafiantes (Dweck, 1997).

La jerarquía de necesidades: ordenar las necesidades desde la base hasta el ático de la experiencia humana

Ya hemos visto que tanto las necesidades biológicas como las psicológicas desempeñan funciones importantes en la motivación humana. Pero, ¿cómo es que estas necesidades se relacionan entre sí? Ahora consideraremos un modelo que establece un puente entre ambas fuentes de motivación: la **jerarquía de necesidades**, expuesta por el psicólogo humanista Abraham Maslow (1970).

Como muestra la figura 8.2, la jerarquía de Maslow consiste en cinco niveles: *1) necesidades fisiológicas*, como el hambre y la sed; *2) necesidades de seguridad*, como es un alojamiento seguro; *3) necesidades de amor y pertenencia*, como son las relaciones íntimas; *4) necesidades de estima*, que incluye recibir el respeto de nuestros amigos, y *5) necesidad de autorrealización*, que es aquella que motiva a la gente a satisfacer sus potencialidades únicas y a convertirse en lo que es capaz de ser. Desde el punto de vista de Maslow, nuestras necesidades están ordenadas de tal manera que estamos motivados para satisfacer las necesidades básicas antes de ascender en la jerarquía. En otras palabras, una vez que satisfacemos nuestros vientres, luchamos para satisfacer necesidades de orden superior, como las de seguridad, amor, logro y **autorrealización**. Maslow creía que el hecho de alcanzar una integración psicológica y un bienestar plenos depende de la satisfacción de los cinco niveles de necesidad.

Dado que no existen dos personas que sean idénticas, la motivación hacia la autorrealización conduce a la gente en direcciones distintas. Para algunas personas, esto puede significar la creación de obras de arte, pero para otras implicaría esforzarse en una cancha deportiva, en un salón de clases o en una oficina corporativa. No todos escalamos hasta la cima de la jerarquía; no todos llegamos hasta la autorrealización.

💡 **CONCEPTO 8.9**

De acuerdo con Maslow, las necesidades humanas están organizadas en una jerarquía que cubre el rango entre las necesidades biológicas en la base hasta la necesidad de autorrealización en la cumbre.

VÍNCULO DE CONCEPTOS · · · · ·

Maslow fue un teórico humanista que creía que el distintivo impulso humano hacia la autorrealización da forma tanto a nuestra personalidad como a nuestra conducta. Consulte el módulo 12.4.

jerarquía de necesidades
Concepto de Maslow que propone un orden en las necesidades humanas, el cual comienza con las biológicas básicas y progresa hasta la autorrealización.

autorrealización Motivo que impulsa al individuo a expresar sus capacidades únicas y a satisfacer sus potencialidades.

FIGURA 8.2 Jerarquía de necesidades de Maslow

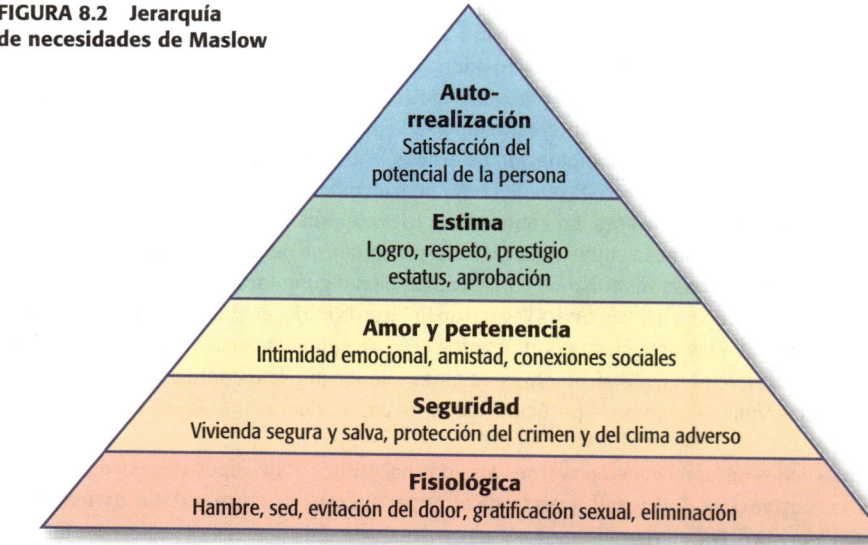

¿Qué tienen en común estas dos personas? Maslow identificó numerosas figuras históricas, incluso a Albert Einstein y a Eleanor Roosevelt, quienes pensaba que mostraban cualidades de autorrealización. Sin embargo, usted no necesita ser una figura histórica destacada para convertirse en una persona autorrealizada. Maslow sostenía que todos los seres humanos tenemos la capacidad de seguir nuestros propios senderos para alcanzar la autorrealización.

El modelo jerárquico de necesidades de Maslow tiene un elemento intuitivo. Por lo general, buscamos la satisfacción de nuestras necesidades básicas de alimento, bebida y refugio antes de preocuparnos por las necesidades de carácter psicológico, como la pertenencia. Sin embargo, los críticos señalan que aquéllas pueden no estar ordenadas de una manera estática, como sugiere la jerarquía de Maslow. Un artista puede soportar varios días con poco alimento, si es que acaso cuenta con éste, con el fin de terminar una nueva obra. La gente puede olvidar la búsqueda de satisfacción de sus necesidades de intimidad para enfocar sus energías en sus aspiraciones profesionales. Maslow podría responder que, en un momento dado, el vacío en su vida emocional podría motivar a esa gente a llenar el vacío.

Otro problema con el modelo de Maslow es que la misma conducta puede reflejar múltiples necesidades. Quizá usted asista a la universidad para satisfacer necesidades fisiológicas y de seguridad (para prepararse en una carrera profesional de manera que pueda ganar dinero que le permita vivir de una forma confortable y segura), necesidades de amor y pertenencia (para formar amistades y vínculos sociales), las que involucran estima (para alcanzar un estatus u obtener aprobación) y las de autorrealización (para satisfacer su potencial intelectual o creativo). A pesar de sus limitaciones, el modelo de Maslow nos lleva a reconocer que la conducta humana está motivada por propósitos superiores, así como por la satisfacción de las necesidades básicas.

Antes de avanzar, quizás desee revisar las fuentes de motivación descritas en la tabla de conceptos 8.1.

TABLA DE CONCEPTOS 8.1
Fuentes de motivación

	Fuente	Descripción
Fuentes biológicas	**Instintos**	Los instintos son patrones de respuesta fijos, innatos y específicos para los miembros de determinadas especies. Sin embargo, no son considerados útiles para explicar la complejidad de la conducta humana
	Necesidades e impulsos	Las necesidades no satisfechas crean estados de pulsión interna, los cuales motivan la conducta que conduce a la reducción de dicho impulso
	Motivos de estímulo y nivel óptimo de excitación	Los motivos de estímulo surgen de las necesidades, cuya base es biológica, a ser curiosos y activos y a explorar el ambiente. La teoría de la excitación sostiene que estamos motivados para mantener un nivel de estimulación que sea óptimo para nosotros
Fuentes psicológicas	**Incentivos**	El valor que otorgamos a las metas o los objetos crea una atracción, o "jalón", para obtenerlos
	Disonancia cognoscitiva	La inconsistencia entre las actitudes y la conducta produce disonancia cognoscitiva, un desagradable estado emocional que motiva los esfuerzos para reconciliar dicha inconsistencia
	Necesidades psicosociales	Reflejan necesidades psicosociales (interpersonales), como las necesidades de logro y de relaciones sociales

Nota: De acuerdo con Maslow, las necesidades humanas están organizadas dentro de una jerarquía que cubre el rango desde las necesidades biológicas básicas en la base hasta la necesidad de autorrealización en el pináculo.

Motivación: los "porqués" de la conducta

REPASE

¿Qué es la motivación?

- La motivación consiste en los factores o procesos internos que activan, dirigen y sostienen la conducta orientada hacia la satisfacción de una necesidad o el logro de determinado objetivo.

¿En qué consiste la teoría de los instintos y la teoría de la pulsión?

- La teoría de los instintos propone que la conducta está motivada por patrones de respuesta programados a nivel genético, que son específicos de cada especie y fijos, llamados instintos. A pesar de que este modelo puede ser valioso en tanto que explica algunas formas de la conducta animal, la del comportamiento humano es demasiado complejo como para ser explicado por medio de los instintos.

- La teoría de la pulsión asegura que los animales están motivados para satisfacer las necesidades biológicas no satisfechas, como el hambre y la sed. Esta teoría es limitada, en parte porque no toma en cuenta los motivos involucrados en el deseo de incrementar los estados de excitación.

¿Cómo explica la teoría de la excitación las diferencias en los estados motivacionales?

- De acuerdo con la teoría de la excitación, el nivel óptimo de excitación varía entre un individuo y otro. A fin de mantener la excitación a un nivel óptimo, algunas personas buscan realizar actividades emocionantes o incluso potencialmente peligrosas, mientras otras prefieren las actividades más tranquilas.

¿En qué difiere la teoría de los incentivos de la teoría de la pulsión?

- La teoría de los incentivos se enfoca en el "jalón" o atractivo de las metas u objetos que nosotros percibimos como deseables, mientras la teoría de la pulsión se enfoca en el "empuje" de nuestras necesidades biológicas no satisfechas.

¿Qué es la teoría de la disonancia cognoscitiva?

- La teoría de disonancia cognoscitiva afirma que las inconsistencias entre nuestra conducta y nuestras actitudes, creencias o percepciones producen un estado de tensión psicológica (disonancia) que motiva los esfuerzos para reconciliar estas inconsistencias.

¿Qué son las necesidades psicosociales?

- Son necesidades humanas distintivas que se basan en los factores psicológicos, en lugar de apoyarse en los factores biológicos. Entre éstas se incluyen la necesidad de relaciones sociales y la de logro.

- Las personas con un nivel alto de necesidad de logro sienten mucha motivación y son ambiciosas. Establecen metas desafiantes aunque realistas para sí mismas, y obtienen más logros que las personas con capacidades y oportunidades similares, pero con una necesidad más baja de éxito.

¿Qué es la jerarquía de necesidades de Maslow?

- Maslow creía que los seres humanos estamos motivados para satisfacer necesidades biológicas básicas, como el hambre y la sed, antes de satisfacer nuestras necesidades psicológicas. Su jerarquía consiste en cinco niveles que cubren desde las necesidades fisiológicas, en la base, hasta la autorrealización, en la cima.

RECUERDE

1. Los factores que activan, dirigen y sostienen la conducta orientada hacia las metas se conocen como _____.

2. Una los términos de la izquierda con las definiciones de la derecha:
   - a. impulso primario
   - b. impulso secundario
   - c. necesidad
   - d. homeostasis

   - a. impulso que se adquiere a través de la experiencia
   - b. tendencia a mantener un estado interno estable
   - c. estado de privación o deficiencia
   - d. impulso biológico innato

3. Las fuentes de motivación que nos impulsan a explorar nuestro ambiente y a manipular objetos, en especial aquellos que son novedosos o inusuales, se llaman _____.

4. La fuerza del "jalón" que una meta o recompensa ejerce en nuestra conducta recibe el nombre de _____.

5. En la cima de la jerarquía de necesidades de Maslow se encuentra la necesidad que motiva a la gente a satisfacer sus potencialidades únicas y a convertirse en todo lo que es capaz de ser. Esto se conoce como la necesidad de
   - a. estima
   - b. amor y pertenencia
   - c. logro
   - d. autorrealización

REFLEXIONE

- ¿Cree usted que la conducta humana está motivada por el instinto? ¿Por qué sí o por qué no?

- ¿Es usted una persona autorrealizada? ¿Sobre qué evidencias basa usted su juicio? ¿Qué pasos podría dar para convertirse en una persona autorrealizada?

Hambre y comer

- ¿Cómo se regulan el hambre y el apetito?
- ¿Cuáles son las causas de la obesidad?
- ¿Qué es la anorexia nerviosa?
- ¿Qué es la bulimia nerviosa?
- ¿Cuáles son las causas de los trastornos alimenticios?

El hambre es una de las principales pulsiones básicas... y una de las más difíciles de ignorar. Si su estómago gruñe en este momento, es poco probable que preste mucha atención a lo que lee. Sin embargo, el hambre implica muchos más procesos que sólo un estómago que gruñe.

¿Qué nos hace sentir hambre?

Una pequeña estructura en el prosencéfalo, el *hipotálamo* (consulte el capítulo 2) es el principal orquestador de la regulación corporal del apetito (Alonso-Alonso y Pascual-Leone, 2007). Cuando no hemos comido durante cierto tiempo, nuestros niveles de azúcar en la sangre descienden, lo que libera grasa de los *adipocitos* (cuerpos celulares que almacenan grasa) para proporcionar la energía que las células utilizan hasta que comamos otra vez. El hipotálamo detecta estos cambios y dispara una serie en cascada de sucesos, lo cual provoca las sensaciones de hambre y nos motiva a comer. Cuando comemos, restablecemos un estado interno de equilibrio, u homeostasis, al recuperar el balance en los niveles de azúcar en la sangre y al resurtir los adipocitos.

Diferentes partes del hipotálamo desempeñan funciones distintas en la regulación del hambre y del acto de comer (consulte la figura 8.3). La estimulación del **hipotálamo lateral** causa que un animal de laboratorio comience a comer, incluso si apenas acaba de ingerir una comida completa. Si el hipotálamo lateral es destruido por medios quirúrgicos, el animal dejará de comer, y con el tiempo, morirá de hambre. Por lo tanto, sabemos que el hipotálamo lateral está involucrado en la iniciación o "encendido" del acto de comer.

Otra parte del hipotálamo, el **núcleo ventromedial del hipotálamo**, actúa como un interruptor que señala el momento de dejar de comer. Cuando esta área es destruida, los animales comen en exceso y posteriormente sufren obesidad severa.

Una mezcla de sustancias químicas en el cerebro, en la cual se incluyen neurotransmisores y hormonas, actúa en el hipotálamo para regular el hambre (Zhang *et al.,* 2006). Algunas de estas sustancias provocan la sensación de hambre, mientras otras ponen el freno a la urgencia de comer. Por ejemplo, el neurotransmisor *neuropéptido Y* (NPY) trabaja en el hipotálamo para

CONCEPTO 8.10
El hipotálamo detecta las disminuciones en los niveles de azúcar en la sangre y el descenso de grasa en los adipocitos, lo cual produce sensaciones de hambre que motivan al individuo a comer.

CONCEPTO 8.11
Los neurotransmisores y las hormonas también desempeñan funciones importantes en la regulación tanto del apetito como de las sensaciones de saciedad.

DIAGRAMA DE LA PSICOLOGÍA

FIGURA 8.3 Partes del hipotálamo involucradas en el hambre y en el acto de comer
El hipotálamo desempeña una función clave en la regulación del hambre y en la conducta de comer. ❶ El hipotálamo lateral estimula el apetito y la conducta de comer. ❷ El núcleo ventromedial del hipotálamo señala saciedad y funciona como un interruptor que apaga el acto de comer.

hipotálamo lateral   Parte de dicha glándula involucrada en la iniciación o "encendido" del acto de comer.

núcleo ventromedial del hipotálamo   Área de este órgano involucrada en la regulación de las sensaciones de saciedad.

Hipotálamo

Cuerpo calloso

❶ Hipotálamo lateral

❷ Núcleo ventromedial del hipotálamo

Localización del hipotálamo

Corte transversal que muestra las partes del hipotálamo

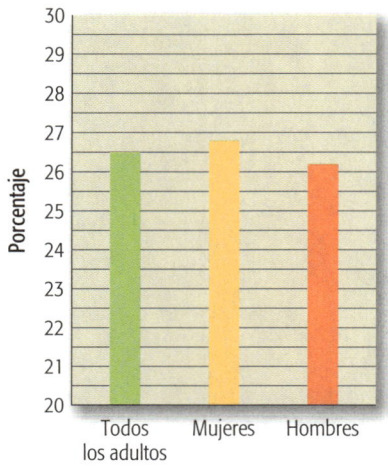

Prevalencia de obesidad entre adultos

FIGURA 8.4 La vasta tierra de las cinturas de Estados Unidos
Un promedio de tres por cada 10 adultos estadounidenses son obesos. ¿Cuáles son los riesgos de la salud asociados con la obesidad?

Nota: Los porcentajes se refieren a los adultos estadounidenses de 20 años de edad en adelante. El criterio para diagnosticar obesidad es un índice de masa corporal de 30 o superior.

Fuente: CDC, 2007c.

estimular el apetito (Epstein *et al.*, 2007). El estómago también desempeña una función en este proceso (Kluger, 2007). Cuando está vacío, este órgano libera la hormona inductora de hambre *ghrelina*, la cual viaja hasta el cerebro para estimular la liberación de neuropéptido Y. Otra hormona, la *leptina* (del vocablo griego *leptos*, que significa "esbelto"), es liberada por los adipocitos y actúa para restringir el hambre al señalarle al hipotálamo cuando ya hemos comido lo suficiente (Baicy *et al.*, 2007). Una función de la leptina es reducir la producción del neuropéptido Y.

Las sensaciones de placer que experimentamos cuando ingerimos una comida satisfactoria son reguladas por neurotransmisores, como la *dopamina*, los cuales estimulan los circuitos de recompensa o placer del cerebro. Otro mensajero químico, la *serotonina*, está involucrado en la regulación de la saciedad, que es la sensación que obtenemos cuando hemos comido lo suficiente.

Por qué es importante

La historia completa de los fundamentos biológicos del hambre y el apetito aún se está escribiendo. A través de un mayor aprendizaje acerca de las sustancias químicas cerebrales involucradas en el hambre y el apetito, y sobre las estructuras cerebrales sobre las cuales actúan, seremos capaces de desarrollar mejores estrategias para ayudar a las personas con problemas de sobrepeso y obesidad. Por ejemplo, la investigación sobre estos temas podría conducir al desarrollo de medicamentos antiobesidad efectivos que funcionen de forma directa en los mecanismos cerebrales que controlan el hambre y el apetito.

Obesidad: una epidemia nacional

La **obesidad** es una epidemia nacional. Los estadounidenses están más gordos que nunca. En la actualidad, alrededor de dos de cada tres estadounidenses adultos tienen sobrepeso y casi uno de cada tres es obeso (CDC, 2007c; Howard *et al.*, 2006; Powell, Calvin III y Calvin Jr., 2007) (consulte la figura 8.4). Tales problemas no están limitados a los adultos, pues cerca de uno de cada tres niños y adolescentes norteamericanos padece sobrepeso o es obeso (Ludwig, 2007). Sin embargo, existen buenas noticias: a pesar de que los índices de obesidad entre adultos aún son altos, han comenzado a disminuir en los años recientes (CDC, 2007c; Ogden *et al.*, 2006).

¿Por qué debería importarnos si pesamos mucho? Es importante porque la obesidad es uno de los principales factores de riesgo en cuanto a padecimientos que podrían amenazar la vida, en especial las enfermedades cardiovasculares (enfermedades cardiacas y arteriales), diabetes y algunas formas de cáncer (Gregg y Guralnik, 2007; Hossain Kawar y El Nahas, 2007; Reeves *et al.*, 2007; Yan *et al.*, 2006). En general, la obesidad es la causa de más de 100 000 muertes por exceso en Estados Unidos cada año y reduce en seis o siete años la expectativa de vida de una persona (Flegal *et al.*, 2005, 2007; Fontaine *et al.*, 2003).

Cintura peligrosa La obesidad es una epidemia en nuestra sociedad y representa un significativo riesgo para la salud pues disminuye la expectativa de vida de un individuo en un promedio de seis a siete años.

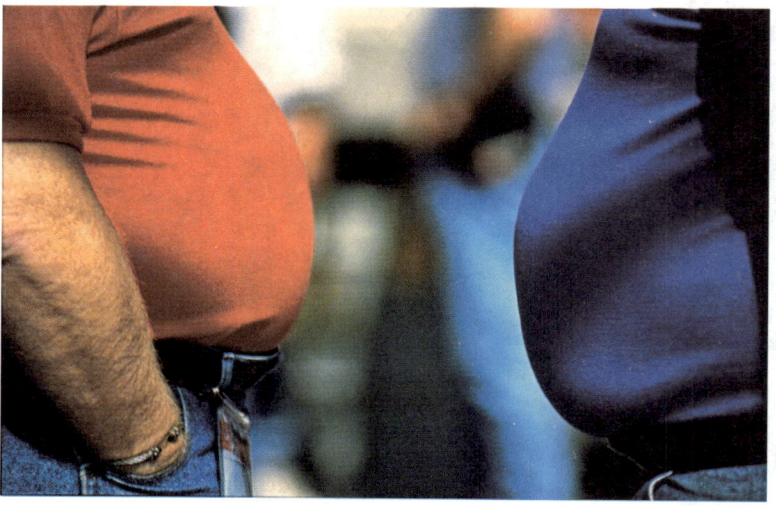

obesidad Condición de exceso de grasa corporal.

¿Por qué ha aumentado la obesidad? Los expertos de la salud citan dos factores principales: demasiadas calorías consumidas y muy poco ejercicio. Muchos de nosotros nos hemos convertido en "plastas de sofá" y "ciberadictos" que pasamos mucho tiempo sentados, nos ejercitamos muy poco y consumimos demasiados alimentos altos en grasas y calorías (Levine *et al.*, 2005). De acuerdo con las estadísticas gubernamentales, los estadounidenses de la actualidad consumen alrededor de 12% más calorías al día, en promedio, que las que consumían a mediados de la década de 1980 (Martin, 2007).

Una razón para estas calorías agregadas es que el tamaño de las porciones en los restaurantes se han agrandado, y mucho. Sí, el tamaño de las porciones es importante. Recientes estudios de laboratorio demuestran que, en general, la gente consume más comida cuando ésta es servida en porciones de mayor volumen (Geier, Rozin y Doros, 2006; Martin, 2007). Otro factor adverso en nuestra batalla contra los kilos es la creciente dependencia del automóvil, en lugar de desplazarnos a pie entre un sitio y otro; en especial, en el caso de las personas que vivimos en las extensas áreas suburbanas.

¿Es usted obeso? Los científicos emplean una medida llamada **índice de masa corporal (IMC)** (vea el recuadro "Intente lo siguiente"). El índice de masa corporal toma en cuenta la altura para determinar si el peso corporal pertenece a un rango saludable u obeso. De acuerdo con los estándares de los National Institutes of Health, las personas que tienen un índice de masa corporal de 30 o superior son clasificadas como obesas. Se considera que las personas con un índice de masa corporal de entre 25 y 29.9 tienen sobrepeso.

Causas de la obesidad

La obesidad se presenta cuando el consumo de energía en forma de calorías ingeridas ("energía entrante") excede a las calorías utilizadas ("energía saliente") en el mantenimiento de los procesos corporales y en la realización de las actividades físicas (Levine *et al.*, 2005). El exceso de calorías se convierte en grasa corporal, lo cual agrega peso y gordura al cuerpo. Pero, ¿qué es lo que provoca este desequilibrio entre las calorías que se consumen y las que se gastan?

Cada vez más pruebas señalan una sustancial contribución genética a la obesidad (Couzin, 2006, 2007; Herbert *et al.*, 2006; Unger *et al.*, 2007). Los factores genéticos pueden influir en la regulación del apetito en el cerebro y en el *metabolismo basal*, que es el índice al cual el cuerpo quema calorías mientras se encuentra en reposo. Mientras más lento sea el metabolismo basal (también llamado *índice metabólico basal*), más probabilidades tiene la persona de aumentar de peso con facilidad. La herencia podría explicar porqué algunas personas tienen metabolismos basales más lentos y, por lo tanto, tienden a aumentar de peso con más facilidad que otras.

De acuerdo con la **teoría de punto programado (*set-point*)**, el cerebro regula el peso corporal alrededor de un nivel o "punto programado", mismo que está predeterminado a nivel genético (Pinel, Assanand y Lehman, 2000). Esta hipótesis propone que cuando una persona incrementa o disminuye una cantidad sustancial de peso, el cerebro ajusta el metabolismo basal para mantener el peso corporal alrededor de su punto programado (*set-point*). Cuando una persona pierde peso, el cuerpo conserva reservas de grasa. Esta podría ser la explicación por la cual a los individuos que se someten a dieta les resulta difícil continuar con la pérdida de peso o incluso mantener el peso que ya han perdido. La capacidad del cuerpo para ajustar hacia abajo el índice

CONCEPTO 8.12
La obesidad es un complejo problema de salud en el cual tienen injerencia los patrones conductuales, la genética y los factores ambientales y emocionales en conjunto.

VÍNCULO DE CONCEPTOS • • • • •
La obesidad es uno de los factores principales de riesgo de padecer una enfermedad cardiaca coronaria, el más destacado asesino de los estadounidenses. Consulte el módulo 12.2.

Intente lo siguiente

¿Cuál es su índice de masa corporal?

El índice de masa corporal (IMC) es la medida más utilizada de sobrepeso y obesidad. Su índice de masa corporal es el resultado de la fórmula IMC= kg/m^2. Para calcular el suyo, considere su peso (en kilogramos) y divídalo entre su altura (en metros) al cuadrado. Puede encontrar calculadoras de índice de masa corporal en internet que realizan los cálculos por usted, como la que se encuentra en este sitio electrónico: http:www.nhlbisupport.com/bmi/. Todo lo que necesita saber es su estatura (en pulgadas) y su peso (en libras).

índice de masa corporal (IMC)
Medida estándar de obesidad basada en el peso corporal ajustado de acuerdo con la estatura.

teoría de punto programado (*set-point*) Hipótesis de que los mecanismos del cerebro regulan el peso corporal alrededor de un "punto programado" genéticamente predeterminado.

de su metabolismo basal cuando el consumo de calorías es reducido, puede ser la perdición para muchas de las personas que se someten a dietas en la actualidad, aunque también puede haber ayudado a los seres humanos de la Antigüedad a sobrevivir en las épocas de escasez de alimentos (Grady, 2002).

El número de adipocitos en el cuerpo de una persona también puede contribuir a la obesidad. Los individuos obesos por lo regular cuentan con más adipocitos que las personas con peso normal, y los que padecen obesidad severa pueden tener 200 000 millones de adipocitos o más, comparados con 25 000 o 30 000 millones que tiene la gente con peso normal. Como ya señalamos antes, el agotamiento de las reservas de tales células es un factor disparador del hambre. Dado que por lo regular la gente obesa tiene más adipocitos que los individuos con peso normal, puede sentirse más hambrienta poco tiempo después de haber comido que la gente que tiene menos adipocitos. El cuerpo humano puede estar diseñado como una especia de máquina almacenadora de grasa que impide que sus células adiposas entreguen todas sus reservas de energía (grasa almacenada) durante las épocas de escasez. A pesar de que la genética desempeña una función importante en la determinación de la cantidad de adipocitos que tenemos, los patrones dietéticos iniciales, como comer en exceso durante la infancia, también pueden ser relevantes.

Además, los factores ambientales tienen un papel significativo en la obesidad (Holl *et al.,* 2003). Constantemente somos bombardeados por mensajes acerca de comida en el ambiente, como los comerciales de televisión que presentan platillos tentadores, los aromas que inundan el aire mientras caminamos cerca de la panadería en el supermercado, etc. Considere que entre los niños, Ronald McDonald es la figura más famosa después de Santa Claus (Parloff, 2003). Los anuncios de restaurantes de comida rápida por lo regular presentan hamburguesas, malteadas y otros productos altos en calorías; resulta notable que los alimentos más nutritivos, como las ensaladas, están ausentes.

¿Puede la obesidad ser contagiosa? La evidencia reciente demuestra que la obesidad tiende a ser compartida entre personas que pertenecen a redes sociales integradas por amigos, vecinos, matrimonios y parientes (Christakis y Fowler, 2007). Estos descubrimientos sugieren que las personas con quienes socializamos pueden influir en lo que comemos y en la cantidad que comemos, además de los juicios que hacemos acerca de la cualidad aceptable de la obesidad. Los efectos de las redes sociales pueden ser un factor determinante de la obesidad, incluso más fuerte que los genes (Barabási, 2007). Sin embargo, así como las redes sociales pueden motivar hábitos alimenticios poco saludables, los amigos que toman decisiones alimenticias saludables pueden servir como modelos positivos a imitar.

Los estados emocionales, como la ira, el temor y la depresión pueden también motivar que comamos en exceso. Muchos de nosotros comemos de más cuando sentimos ira o cuando nos sentimos solos, aburridos o deprimidos. ¿Alguna vez ha intentado aplacar su ansiedad por un examen próximo con un bote entero de helado? Quizá descubramos que podemos calmar nuestros sentimientos negativos, al menos de manera temporal, a través de consentirnos con la comida.

¿Cuál es la causa principal de la obesidad? En general, los patrones dietéticos, la genética, los factores ambientales, como la publicidad de la comida y las redes sociales, además de los estados emocionales tienen su participación. No obstante, aquellas personas cuyos genes las predisponen a tener problemas con su peso pueden alcanzar y mantener un peso corporal saludable con sólo comer de manera sensata y ejercitarse con regularidad. La actividad física habitual no sólo quema calorías sino también incrementa el metabolismo basal debido a que construye músculos, y el tejido muscular quema más calorías que el tejido adiposo. Por lo tanto, el ejercicio frecuente combinado con una disminución gradual del peso puede ayudarnos a compensar la reducción en el metabolismo basal de nuestro cuerpo, lo cual puede ocurrir cuando comenzamos a perder peso. A pesar de que la gente puede esperar el aumento de una modesta cantidad de peso a medida que envejece, la obesidad no es natural, tampoco es una consecuencia inevitable de la edad.

Manejo del peso

Los expertos de la salud reconocen que las dietas no son la respuesta para el manejo del peso a largo plazo (Mann *et al.,* 2007). Con el tiempo, la gran mayoría de las personas recupera el peso que pierde con una dieta o quizá más. Los regímenes o los medicamentos para perder peso ofrecen sólo un beneficio temporal, cuando mucho, y conllevan el riesgo de efectos colaterales adversos. Más aún, a pesar de las imágenes de personas sonrientes y esbeltas que aparecen en

CONCEPTO 8.13
El manejo efectivo del peso requiere un compromiso de por vida con los hábitos saludables para comer y hacer ejercicio que equilibran la ingesta calórica con el gasto de energía.

TABLA 8.1 **Sugerencias para mantener un peso corporal saludable**	
Limite el consumo de grasas.	La cantidad de calorías que necesita para mantener un peso saludable depende de muchos factores, incluso el tamaño de su cuerpo, su metabolismo basal y su nivel de actividad física. Las autoridades de la salud recomiendan limitar el consumo total de grasa a menos de 30% de las calorías diarias y mantener el consumo de grasas saturadas a menos de 10% (USDA, 1991). Si 2000 calorías al día son necesarias para mantener su peso, esto significa consumir no más de 66 gramos de grasa y limitar las grasas saturadas a 22 gramos (tome en cuenta que un gramo de grasa contiene nueve calorías).
Controle el tamaño de las porciones.	El factor principal para controlar el peso es mantener un equilibrio entre las calorías consumidas y las gastadas. El control del tamaño de sus porciones puede ayudarlo a mantener este equilibrio calórico.
Coma a ritmo más lento.	Se requieren 15 minutos para que su cerebro registre que su estómago se siente lleno. Dele la oportunidad de ponerse al corriente con su estómago.
Manténgase alerta en cuanto a las calorías ocultas en las etiquetas.	Algunas bebidas de frutas y de otro tipo están saturadas de calorías, así que asegúrese de revisar el contenido calórico del producto. Intente diluir las bebidas de frutas con agua o sustituirlas por la fruta misma. También tenga presente que muchos alimentos procesados, en especial los horneados, contienen abundante azúcar y grasa.
Convierta la actividad física en una parte de su estilo de vida.	Los expertos de la salud recomiendan 30 minutos al día de actividad física moderada; es decir, aquella que sea equivalente en cuanto a vigor a caminar entre cuatro y seis kilómetros y medio por hora. Esto no significa que usted deba ejercitarse en un gimnasio o correr alrededor de un parque todos los días. Dar una rápida caminata de su automóvil a su oficina o escuela, subir escaleras o hacer labores vigorosas en su casa pueden ayudarlo a satisfacer sus necesidades diarias de ejercicio. Sin embargo, el ejercicio aeróbico adicional como correr, nadar o utilizar equipo diseñado de manera especial para este tipo de práctica, puede ayudar mucho más. Antes de dar inicio a cualquier programa de ejercicios, discuta sus necesidades y preocupaciones sobre su salud con un profesional de atención a la salud.

los comerciales de televisión, los científicos casi no encuentran evidencias creíbles de que los programas comerciales para perder peso ayuden a los consumidores a lograr esa meta y a permanecer delgados (Tsai y Wadden, 205). La conclusión para lograr y mantener un peso saludable, dicen los expertos de la salud, implica adoptar hábitos alimenticios y de ejercicio saludables como parte del estilo de vida de la persona (Lamberg, 2006a; Powell, Calvin III y Calvin Jr., 2007; Wadden *et al.*, 2005).

También precisamos de hacernos conscientes de las calorías. Por ejemplo, necesitamos reconocer que un alimento "bajo en grasas" no necesariamente significa "bajo en calorías". (Revise las etiquetas nutricionales). Incluso si la obesidad no es una preocupación actual en su vida, la adopción de hábitos saludables de alimentación y ejercicio pueden ayudarlo a evitarse problemas con el peso en el futuro. La tabla 8.1 le ofrece sugerencias para mantener un peso corporal saludable.

Trastornos alimenticios

Karen, la hija de 22 años de un afamado profesor de inglés, sentía que su peso "estaba bien" (Boskind-White y White, 1983). Sin embargo, con 34 kilogramos en un cuerpo de 1.52 metros, se parecía más a una chica próxima a la pubertad, de 11 años, que a una adulta joven. Sus padres intentaron persuadirla de buscar ayuda para su conducta alimenticia, pero ella negaba constantemente padecer un problema. En última instancia, tras perder medio kilo más, sus padres pudieron convencerla de ingresar a un programa de rehabilitación donde su alimentación podía ser supervisada de cerca.

Nicole, de 19 años, despierta cada mañana con la esperanza de que ese será el día cuando comenzará a vivir de manera normal; en el que evitará comer en exceso e inducirse el vómito. Pero Nicole no siente confianza en que su conducta alimenticia y sus purgas se encuentran bajo control.

Muerta de hambre   La modelo brasileña Ana Carolina Reston tenía apenas 21 años cuando murió en 2006 debido a complicaciones médicas derivadas de la anorexia. Al momento de su muerte, la joven mujer de 1.74 metros de estatura pesaba alrededor de 40 kilos. Por desgracia, el problema de la anorexia y otros trastornos alimenticios entre las modelos se ha extendido, y es otra más de las situaciones en las cuales se impone presión para alcanzar las irreales normas de esbeltez.

Los desordenados hábitos para comer de Karen y Nicole son características de los dos tipos principales de trastornos alimenticios: *anorexia nerviosa* y *bulimia nerviosa*. De acuerdo con los cálculos recientes, un poco menos de 1% de las mujeres de nuestra sociedad están afectadas por la anorexia, y entre uno y 2% están afectadas por la bulimia (Hudson *et al.,* 2006; Wilson, Grilo y Vitousek, 2007). Los índices de estos trastornos son mucho más bajos entre los hombres.

Anorexia nerviosa

La anorexia nerviosa es una forma de autoprivación de comida que tiene como resultado un peso corporal muy bajo, poco saludable y potencialmente peligroso. Se caracteriza tanto por un intenso temor de engordar como por una imagen corporal distorsionada. La anorexia se presenta fundamentalmente en mujeres jóvenes (Striegel-Moore y Bulik, 2007). La mujer anoréxica puede estar convencida de que está demasiado gorda, a pesar de que los demás la perciban como poco más que "piel y huesos".

Este trastorno alimentario es una condición médica peligrosa y encarna serios riesgos que incluyen ciertos problemas cardiovasculares, como ritmo cardiaco irregular y baja presión sanguínea; dificultades gastrointestinales, como constipación crónica y dolor abdominal; pérdida de la menstruación, y hasta la muerte debido al suicidio o a las complicaciones médicas asociadas con la pérdida severa de peso.

En un caso típico, la joven comienza a notar cierto aumento de peso en la adolescencia y se preocupa demasiado por la posibilidad de volverse gorda. Entonces se somete a dietas extremas y tal vez a rutinas excesivas de ejercicio para reducir ese aparente exceso de grasa hasta un nivel previo a la pubertad. La joven niega estar demasiado delgada o haber perdido mucho peso. Para el ojo de su mente, ella es más gorda de lo que es en realidad.

Bulimia nerviosa

La bulimia nerviosa se caracteriza por un patrón repetitivo de ingestión excesiva de comida seguida por una purga. Por lo regular, la purga implica el vómito autoinducido, aunque puede tomar otras formas, como el empleo excesivo de laxantes. Algunos individuos bulímicos se purgan con regularidad después de todas las comidas, no sólo después de comer en exceso. Otros se entregan al ejercicio excesivo, en ocasiones compulsivo, para intentar controlar su peso. Como las personas con anorexia, las bulímicas están obsesionadas con su peso y se sienten infelices con sus cuerpos; pero, a diferencia de los individuos anoréxicos, los bulímicos mantienen un peso relativamente normal.

Por lo general la bulimia inicia en la adolescencia avanzada, después de un periodo de dietas rígidas para perder peso. Los atracones de comida pueden alternarse con las dietas estrictas. La comilona misma, por lo regular, ocurre en secreto. Durante ésta, la persona consume enormes cantidades de alimentos dulces y con alto contenido de grasas. La bulimia puede provocar muchas complicaciones médicas, incluso deficiencias de potasio potencialmente peligrosas y destrucción del esmalte dental debido al vómito constante, así como una constipación severa debido al empleo excesivo de laxantes.

Causas de los trastornos alimenticios

Las preocupaciones con la delgadez en nuestra sociedad y la presión social para conformarnos con un ideal ultraesbelto, contribuyen al desarrollo de trastornos alimenticios en las mujeres jóvenes (Striegel-Moore y Bulik, 2007; The McKnight Investigators, 2003). A pesar de que los hombres tienen muchas menos probabilidades de desarrollar trastornos alimentarios, muchos de ellos que están afectados por éstos participan en deportes, como la lucha, en los cuales también se enfrentan a las presiones por mantener su peso dentro de un rango muy estrecho.

El desarrollo de la imagen corporal en las niñas y las mujeres jóvenes puede verse dañado por la exposición a iconos culturales que establecen el epítome del ideal esbelto irreal, como la muñeca Barbie y las modelos y artistas femeninas de aspecto cadavérico (Dittmar, Halliwell e Ive, 2006). No es sorprendente que un reciente estudio demostrara que más mujeres universitarias creen tener sobrepeso, mientras más hombres universitarios perciben que su peso es demasiado bajo (consulte la figura 8.5) (American College Health Association, 2005).

CONCEPTO 8.14
Los trastornos alimenticios, como la anorexia nerviosa y la bulimia nerviosa, afectan de forma desproporcionada a las mujeres jóvenes; en gran medida debido a la obsesión cultural por alcanzar normas irreales de esbeltez.

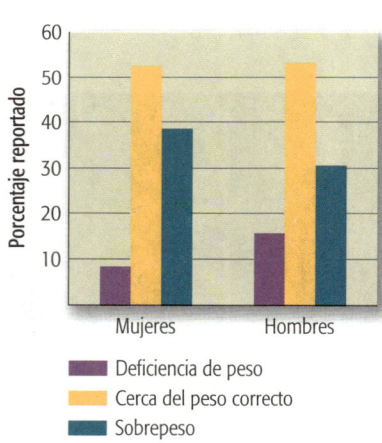

FIGURA 8.5 Descripciones de peso autorreportadas por estudiantes universitarios
Note cómo las autopercepciones de sobrepeso son más comunes entre las mujeres universitarias, mientras las percepciones de deficiencia de peso son más comunes entre los varones universitarios.

Fuente: Datos de la American College Health Association, 2005.

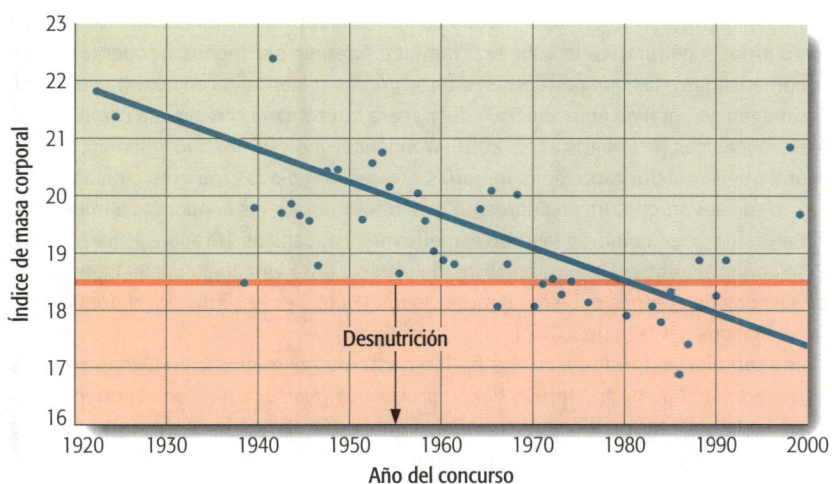

FIGURA 8.6   El adelgazamiento de la figura femenina ideal

El adelgazamiento de la forma femenina ideal en nuestra sociedad puede ser la explicación para la disminución progresiva en el índice de masa corporal de las ganadoras del concurso de belleza *Miss* Estados Unidos en años recientes. Los puntos representan los índices de masa corporal de las ganadoras y la línea oscura muestra la tendencia a lo largo del tiempo.

Fuente: Datos basados en Rubinstein y Caballero, 2000.

La cada vez más pronunciada esbeltez de la forma ideal femenina se refleja incluso en un análisis del índice de masa corporal de las ganadoras del concurso de belleza Miss Estados Unidos (consulte la figura 8.6). La exposición regular a estas imágenes ultradelgadas puede llevar a las mujeres jóvenes a desarrollar una imagen muy negativa de sus propios cuerpos, y e motivarlas a adoptar medidas drásticas en la persecución de la delgadez, como las dietas exageradas y las purgas. La insatisfacción corporal (desagrado por el propio cuerpo) y la presión de las amistades para adelgazar, surgen como fuertes predicciones de la conducta bulímica en las mujeres jóvenes (Johnson y Wardle, 2005; Young, Clopton y Bleckley, 2006).

La presión social impuesta de manera desproporcionada sobre las mujeres, en especial las jóvenes, para lograr y mantener una silueta esbelta, se ha vuelto tan dominante en nuestra cultura que la dieta es ahora el patrón de alimentación normativo entre las mujeres estadounidenses. Los retratos de los medios de comunicación masiva del ideal esbelto y la influencia de las amistades, parece afectar de forma negativa al desarrollo de la imagen corporal y la autoestima en las niñas de hasta cinco años (Dohnt y Tiggermann, 2006). Las preocupaciones sobre el peso se expresan de maneras distintas, como en los sentimientos de culpa o vergüenza asociados con comer bocadillos o incluso con sólo comprarlos. Una encuesta reciente mostró que una de cada siete mujeres universitarias declaró sentirse avergonzada al comprar una barra de chocolate en una tienda (Rozin, Bauer y Catanese, 2003).

Barbie: Un estándar imposible   Si una mujer esbelta como la de la fotografía de la izquierda tuviera las mismas proporciones de la muñeca Barbie, luciría como la mujer de la fotografía de la derecha. Para lograrlo, tendría que crecer alrededor de 30 cm, incrementar el tamaño de su busto en 10 cm y reducir su cintura en 12.5 cm. ¿Qué mensajes cree usted que la muñeca Barbie envía al promedio de las mujeres jóvenes?

¿Es esto normal? La insatisfacción corporal no está limitada a las mujeres jóvenes. La imagen corporal de los hombres jóvenes puede verse afectada en sentido adverso por la exposición a imágenes supermasculinizadas de hombres en los medios de comunicación masiva.

Los trastornos alimentarios son mucho menos comunes en otras partes del mundo que carecen de nuestro énfasis cultural en la esbeltez. También parecen ser menos frecuentes entre las mujeres afroamericanas y las que pertenecen a otros grupos minoritarios en nuestra sociedad, para quienes la imagen corporal no está asociada de manera tan cercana con el peso como lo está entre las mujeres caucásicas (A. Roberts *et al.,* 2006; Wonderlich *et al.,* 2007). Sin embargo, la insatisfacción corporal puede afectar tanto a las minorías étnicas como a las mujeres caucásicas, y dicha condición puede ser precursora de depresión y de trastornos en las conductas alimenticias tanto en las mujeres de color como en las norteamericanas caucásicas (Grabe y Hyde, 2006). La insatisfacción corporal también ocurre entre los hombres y está vinculada con el logro de los estándares idealizados de cuerpos esbeltos y musculosos (Hobza *et al.,* 2007; Ricciardelli *et al.,* 2007; Tiggemann, Martins y Kirkbride, 2007).

Otros factores también están inmiscuidos en los trastornos alimentarios. Muchas mujeres jóvenes que padecen este tipo de trastornos tienen problemas relacionados con el perfeccionismo y el control. Pueden ejercer presiones irracionales sobre sí mismas para lograr un "cuerpo perfecto" o sentir que la única parte de su vida que pueden controlar es su alimentación. Es frecuente el desarrollo de estos problemas entre mujeres jóvenes con historias de abuso sexual o físico durante la infancia, o cuyas familias se encuentren inmersas en el conflicto (Jacobi *et al.,* 2004). Algunos teóricos especulan que la anorexia puede surgir de un deseo inconsciente en las adolescentes de ser niñas pequeñas para siempre.

Las influencias biológicas, incluso los factores genéticos y las anormalidades en los mecanismos del cerebro que controlan el hambre y las sensaciones de saciedad, están implicadas en las alteraciones mencionadas (Klump y Culbert, 2007). Las irregularidades en la actividad de la serotonina, un neurotransmisor involucrado en la regulación de las sensaciones de saciedad, pueden provocar las comilonas bulímicas. Los medicamentos antidepresivos que incrementan la disponibilidad de serotonina en el cerebro pueden ayudar a reducir dichas comilonas (Walsh *et al.,* 2004).

A pesar de que hemos visto prometedores resultados en el tratamiento de los trastornos alimenticios con terapias psicológicas y con medicamentos, debemos reconocer que la recuperación es, por lo general, un proceso de largo plazo y que las reincidencias y los síntomas continuos son muy comunes (Schmidt *et al.,* 2007; Wilson, Grilo y Vitousek, 2007).

La tabla de conceptos 8.2 presenta un panorama de nuestra discusión sobre el hambre, la obesidad y los trastornos alimentarios.

TABLA DE CONCEPTOS 8.2
Hambre, obesidad y trastornos alimenticios

Hambre y apetito	Obesidad	Trastornos alimenticios
El hipotálamo detecta que están bajos los niveles de azúcar en la sangre y que hay agotamiento de grasa en los adipocitos, lo cual provoca las sensaciones de hambre que motivan el acto de comer. Las hormonas y los neurotransmisores también desempeñan funciones importantes en la regulación de esta necesidad.	Las causas de la obesidad son genéticas, psicológicas y ambientales. El metabolismo basal, la cantidad de adipocitos en el cuerpo, los patrones de conducta (como la dieta poco saludable y la falta de ejercicio) y las claves emocionales y ambientales que provocan el acto de comer, son ejemplos de ello.	La presión cultural para alcanzar estándares irreales de esbeltez es uno de los principales factores causantes de la anorexia (autoprivación de comida) y la bulimia (comer en exceso seguido por purgas). Entre las causas psicológicas de los trastornos alimentarios pueden incluirse problemas de control y perfeccionismo, abuso sexual o físico durante la infancia, conflictos familiares y, para la anorexia, temores subyacentes a la adultez y a la madurez sexual. Entre los factores biológicos que podrían estar implicados en los desórdenes alimentarios se enlistan anormalidades en los mecanismos cerebrales que controlan las sensaciones de hambre y saciedad, la genética y las irregularidades en la actividad de la serotonina.

Revisión de módulo 8.2   Hambre y comer

REPASE

¿Cómo se regulan el hambre y el apetito?

- Los procesos homeostáticos en el cerebro regulan el hambre y el apetito. El hipotálamo desempeña una función fundamental pues percibe los cambios en los niveles de azúcar en la sangre y el agotamiento de grasa en los adipocitos, lo cual provoca las sensaciones de hambre que motivan el acto de comer. Los neurotransmisores y las hormonas, además, desempeñan funciones importantes en la regulación de estos requerimientos alimentarios.

¿Cuáles son las causas de la obesidad?

- La obesidad es un problema complejo que tiene múltiples causas que abarcan los patrones conductuales, la genética, y los factores metabólicos, ambientales y emocionales. La genética puede afectar el metabolismo basal y la cantidad de adipocitos en el cuerpo.

¿Qué es la anorexia nerviosa?

- La anorexia nerviosa es un trastorno alimenticio en el cual la gente se priva de comida debido a sus preocupaciones exageradas por el aumento de peso.

¿Qué es la bulimia nerviosa?

- Es un trastorno alimenticio caracterizado por episodios de comer en exceso seguidos por purgas. La purga se logra mediante el vómito autoinducido o de otros medios, como el empleo excesivo de laxantes.

¿Cuáles son las causas de los trastornos alimentarios?

- En los trastornos alimentarios están implicados muchos factores. Entre éstos se incluyen la presión cultural sobre las mujeres jóvenes de satisfacer estándares irreales de esbeltez, problemas de control y perfeccionismo, abuso infantil, conflictos familiares y posibles desequilibrios en los mecanismos cerebrales que controlan las sensaciones de hambre y saciedad.

RECUERDE

1. ¿Cuál de las siguientes frases no describe lo que sucede a nivel fisiológico después de que una persona no ha comido durante un tiempo?
   a. disminuye el nivel de azúcar en la sangre
   b. los adipocitos liberan grasa
   c. el núcleo ventromedial del hipotálamo señala que llegó el momento de empezar a comer
   d. el cerebro libera más neuropéptido Y

2. Si el hipotálamo lateral de un animal de laboratorio es estimulado, dicho animal
   a. deja de comer
   b. muere de hambre
   c. comienza a comer, incluso si apenas ingirió una comida completa
   d. se vuelve obeso

3. Una los términos de la columna izquierda con las definiciones en la columna derecha:
   i. hipotálamo lateral
   ii. núcleo ventromedial del hipotálamo
   iii. índice metabólico basal
   iv. punto programado (*set-point*)

   a. índice al cual el cuerpo quema calorías cuando se encuentra en reposo
   b. funciona como un interruptor que se enciende para indicar cuando ya es momento de comenzar a comer
   c. un rango de peso corporal predeterminado a nivel genético
   d. funciona como un interruptor que se apaga para indicar cuando ya es momento de dejar de comer

4. Los desequilibrios en la regulación del neurotransmisor _____ pueden estar involucrados en la provocación de las comilonas bulímicas.

REFLEXIONE

- ¿Qué le diría usted a una persona que declara que la gente se vuelve obesa porque carece de fuerza de voluntad?
- ¿Cuánto debería pesar usted? ¿Su respuesta a esta pregunta cambió como resultado de nuestra discusión sobre la obesidad? ¿Está usted consciente de su consumo diario de calorías? Si no es así, ¿debería estarlo? ¿Tiene usted algún hábito alimentario poco saludable que le gustaría modificar? Si es así, ¿qué podría hacer para modificarlo?

Emociones

- ¿Cuáles son los tres componentes de las emociones?
- ¿Son universales las expresiones faciales de las emociones?
- ¿Cuáles son los factores asociados con la felicidad personal?
- ¿Cuáles son los tres componentes del amor en el modelo de amor de Sternberg?
- ¿Cuál es la función que desempeñan las estructuras cerebrales en las emociones?
- ¿Cuáles son las principales teorías sobre las emociones?
- ¿Qué es el polígrafo?, ¿sí funciona?

Desde el gozo que sentimos cuando nos graduamos de la universidad o cuando conseguimos un empleo deseado, la tristeza que nos embarga ante la pérdida de un ser querido y hasta las subidas y bajadas que experimentamos cotidianamente, nuestras vidas están llenas de emociones. Las **emociones** infunden color a nuestras vidas. Por lo común, decimos que estamos "rojos" de rabia, "verdes" de envidia y "azules" de tristeza. Imagine lo descolorida que sería la vida sin emociones. Pero, ¿qué son las emociones? ¿Cómo reconocemos nosotros las emociones en los demás? ¿Las expresiones emocionales son reconocidas a nivel universal o sólo por los miembros de la misma cultura? ¿Cuáles son sus bases fisiológicas?

¿Qué son las emociones?

La mayoría de la gente piensa en las emociones como simples sentimientos, como los de gozo o ira. Sin embargo, los psicólogos consideran que las emociones son estados de sentimientos más complejos que consisten en tres componentes básicos: *excitación corporal* (activación del sistema nervioso), *cogniciones* (experiencia subjetiva o consciente del sentimiento, así como las evaluaciones o juicios que hacemos y que evocan dicho sentimiento) y *conductas expresas* (expresión hacia el exterior de la emoción, como aproximarnos al objeto de nuestro amor o alejarnos de un objeto temido).

Existe cierto grado de verdad en la creencia en que sentimos con nuestro corazón. Las emociones fuertes, como el temor y la ira, están acompañados por la activación de la rama simpática del sistema nervioso autónomo (SNA). Como señalamos en el capítulo 2, su activación provoca que las glándulas suprarrenales liberen las hormonas epinefrina y norepinefrina, lo cual incrementa el nivel de excitación de nuestro cuerpo.

El componente cognitivo del temor incluye la experiencia subjetiva de sentirnos temerosos, así como el juicio o la evaluación de la amenaza. (Si una persona arrojara una serpiente de plástico a sus pies, usted podría sobresaltarse, pero dicho objeto no le provocaría temor cuando usted constatara que es falsa). El componente cognitivo de la ira implica el juicio o evaluación de que los sucesos o las acciones de otras personas son injustos para nosotros. Las evaluaciones cognitivas tienden a disparar respuestas emocionales de manera automática; sólo hasta después reflexionamos de forma consciente sobre nuestras experiencias emocionales (Frijda y Sundararajan, 2007).

La expresión conductual de las emociones, por lo general, toma dos formas: tendemos a aproximarnos a los objetos o situaciones asociadas con emociones positivas, como el placer y el amor, y a evitar aquellos asociados con el temor, el odio o el disgusto. Cuando estamos temerosos, nos aproximamos al objeto temido con la esperanza de combatirlo, o bien, intentamos huir de él. De igual manera, cuando nos sentimos iracundos, tendemos a atacar (aproximarnos) al objeto de nuestra ira o a alejarnos de éste (p. e., mantenerlo a distancia). El componente conductual de las emociones también incluye las maneras como las expresamos a través de gestos faciales y otras conductas dirigidas hacia el exterior, como los ademanes, el tono de voz y la postura corporal.

Expresión emocional: ¿ha visto últimamente algún buen gesto?

Charles Darwin (1872) creía que las emociones evolucionaron porque tienen un propósito de adaptación en cuanto a ayudar a las especies a sobrevivir y florecer. El temor moviliza a los animales para que tomen una acción defensiva frente a un depredador amenazante; la ira puede ser

CONCEPTO 8.15

Para los psicólogos, las emociones son más que sólo sentimientos: éstas tienen componentes fisiológicos, cognitivos y conductuales.

CONCEPTO 8.16

A pesar de que podemos decir que la gente tiene el corazón en la mano, es más preciso decir que la gente tiene las emociones en el rostro.

emociones Estados complejos de sentimientos que los psicólogos consideran que cuentan con componentes fisiológicos, cognitivos y conductuales.

adaptativa en tanto que provoca la agresión que ayuda a asegurar un territorio, ciertos recursos o determinadas parejas para el apareamiento. Darwin también reconocía que la expresión de emociones tiene un valor comunicativo. Por ejemplo, un animal que demuestra temor mediante su postura corporal o de su expresión facial podría señalar a otros miembros de su especie que el peligro acecha en las cercanías. Darwin fue el primer investigador que vinculó ciertas expresiones faciales específicas con determinadas emociones.

Podemos ver las raíces evolutivas de la expresión emocional en la semejanza entre las expresiones faciales de los humanos y las de los primates, como los gorilas. Usted no necesita recibir instrucciones para interpretar la emoción expresada por los dientes descubiertos del simio y el ser humano mostrados en la figura 8.7. Esta similitud entre especies, en cuanto a las expresiones faciales, apoya la perspectiva de Darwin de que los modos humanos de expresión emocional evolucionaron a partir de sus ancestros primates (Chevalier-Skolnikoff, 1973).

FIGURA 8.7   Semejanza entre especies en expresiones faciales
Los dientes descubiertos tanto en un primate como en un hombre indican una disposición para defenderse o atacar.

Expresiones faciales de emociones: ¿son universales?

Estudios entre culturas muestran que las personas pertenecientes a muchas culturas distintas pueden identificar seis emociones básicas con exactitud a partir de las expresiones faciales: ira, temor, disgusto, tristeza, felicidad y sorpresa o interés (Ekman, 2003; Izard, 2007; Matsumoto, 2004). En un antiguo aunque revelador estudio, los investigadores hicieron que un grupo de estudiantes estadounidenses miraran series televisivas japonesas. A pesar de que los estudiantes no hablaban ni una palabra en japonés, reconocieron las emociones que mostraron los personajes con sólo observar las expresiones faciales de los actores (Krauss, Curran y Ferleger, 1983). Los instrumentos de análisis facial desarrollados por el psicólogo Paul Ekman, una autoridad en las expresiones faciales de las emociones, ahora son utilizados por el personal de seguridad de los aeropuertos para detectar señales evidentes de emociones en los rostros de los individuos en un esfuerzo por identificar posibles terroristas (Lipton, 2006).

Las evidencias, por lo tanto, sustentan la creencia en que seis emociones básicas son reconocidas a nivel universal (consulte el recuadro "Intente lo siguiente"). Sin embargo, lo anterior no necesariamente significa que existan seis emociones básicas o naturales que se encuentren cableadas en nuestro sistema nervioso (Barrett *et al.*, 2007). Todavía no sabemos cuántas emociones básicas podrían existir.

CONCEPTO 8.17
La evidencia sustenta el punto de vista de que las expresiones faciales de cuando menos seis emociones básicas son reconocidas a nivel universal.

Intente lo siguiente

Lectura de emociones en expresiones faciales

Las mismas emociones faciales encontradas en las calles de Chicago se encuentran en los rincones remotos del mundo. Las fotografías que acompañan este ejercicio muestran a un hombre de una lejana zona de Nueva Guinea. Es probable que usted tenga pocas dificultades para reconocer las emociones que él representa. Antes de continuar con su lectura, relacione las siguientes emociones con los números de las fotografías: *a*) disgusto, *b*) tristeza, *c*) felicidad, y *d*) enojo.

Se le pidió al hombre hacer gestos faciales mientras se le relataban historias que incluían las siguientes frases: "Tu amigo ha llegado y tú te sientes feliz"; "Tu hijo ha muerto"; "Tú estás enojado y a punto de pelear"; y "Tú ves un cerdo muerto que ha estado tirado allí durante mucho tiempo".
Por lo tanto, las respuestas correctas son 1 *c*), 2 *b*), 3 *d*) y 4 *a*).

1. _____   2. _____   3. _____   4. _____

Fuente: Ekman, 1980.

Sonrisas nacionales ¿Las personas de diferentes culturas o países sonríen de manera distinta? ¿Puede usted detectar alguna diferencia en las sonrisas del actor estadounidense Tom Cruise y el príncipe Carlos de Inglaterra?

"No seas tonta, Harriet, desde luego que te amo. Es sólo que no es tan sencillo ser expresivo por completo cuando ni siquiera soy físicamente capaz de modificar mi expresión facial."

CONCEPTO 8.18
Cada cultura tiene reglas de expresión que determinan cómo se expresan las emociones y cuánta emoción es apropiado expresar.

reglas de expresión Costumbres y normas culturales que gobiernan la expresión de emociones.

Diferencias de género y cultura en las emociones

A pesar de que la gente de todo el mundo reconoce las mismas expresiones faciales de las emociones, existen sutiles diferencias entre culturas en cuanto a la apariencia de dichas expresiones (Marsh, Elfenbein y Ambady, 2003). Podemos pensar en las diferencias culturales de los gestos faciales como equivalentes a acentos no verbales.

Los investigadores también han descubierto diferencias culturales en cuanto a la precisión con la cual son reconocidas las emociones y cómo son experimentadas y mostradas. Por ejemplo, en general la gente puede reconocer con mayor exactitud las expresiones faciales de emociones de personas de sus mismos grupos nacionales, étnicos y regionales (Elfenbein y Ambay, 2002a, 2002b). Además, ciertas emociones son más comunes en algunas culturas o hasta exclusivas de una cultura en particular (Markus y Kitayama, 1991; Niiya, Ellsworth y Yamaguchi, 2006). Por ejemplo, los japoneses por lo regular reportan emociones como *fureai* (sentir un vínculo muy cercano con otras personas) y *oime* (una sensación desagradable de sentirse en deuda con los demás, similar a nuestra sensación de "agradecimiento"). Estas emociones no son del todo desconocidas en Estados Unidos, pero tampoco son tan preponderantes en nuestras vidas como lo son en Japón, donde existe un enorme énfasis cultural en los valores comunales y en las obligaciones mutuas.

Las culturas también difieren en la forma de expresar las emociones, si es que acaso se manifiestan. Por ejemplo, las culturas asiáticas, incluso la tradicional cultura china, tienden a rechazar las manifestaciones públicas de emoción, mientras en la cultura mexicana es usual demostrar las emociones de manera más abierta (Soto, Levenson y Ebling, 2005; Soto *et al.*, 2005). En el mundo asiático se espera que la gente suprima sus emociones en público; el hecho de que la gente no sea discreta con sus emociones se considera una deficiencia en su crianza.

Empleamos el término **reglas de expresión** para describir las costumbres y las normas culturales que regulan la demostración de emociones. Existen variaciones entre culturas en cuanto a las normas que regulan la expresión emocional (Matsumoto *et al.*, 2005). Estas reglas de expresión son aprendidas como parte del proceso de socialización y quedan tan arraigadas en los individuos que ocurren de manera automática entre los miembros de la misma cultura.

Un investigador de emociones ha detectado lo que él cree son estilos nacionales distintivos de sonrisas. El profesor de psicología Dacher Keltner, de la Universidad de California en Berkeley, señala que los estadounidenses tienden a elevar las comisuras de los labios y a mostrar los dientes superiores al sonreír, mientras los británicos son proclives a retraer los labios hacia abajo y hacia arriba, con lo cual muestran todos los dientes (Max, 2005). Keltner señala que la sonrisa británica puede ser interpretada como una especie de mueca suprimida de desagrado. En las fotografías de esta página, averigüe si puede identificar las diferencias entre la sonrisa del príncipe Carlos y la del actor estadounidense Tom Cruise.

¿Son más emotivas las mujeres que los hombres? La evidencia demuestra que las mujeres tienden a experimentar ciertos estados emocionales (gozo, amor, temor, tristeza) con más frecuencia que los hombres (Brebner, 2003; Fischer *et al.*, 2004). Sin embargo, estas diferencias de género son pequeñas y podrían reflejar expectativas culturales acerca de lo que es apropiado

Intente lo siguiente

El efecto de retroalimentación facial

Sostenga un lápiz entre sus dientes durante alrededor de un minuto. ¿Nota algún cambio en su estado de ánimo? Ahora sosténgalo entre los labios. ¿Nota ahora algún cambio en su estado de ánimo?

    El acto de sostener un lápiz entre los dientes involucra ciertos músculos faciales utilizados para sonreír; por su parte, el acto de sostener un lápiz entre los labios activa los músculos utilizados para hacer un gesto de desagrado. De acuerdo con la hipótesis de retroalimentación facial, usted debería descubrir que su estado de ánimo es más alegre después de sostener un lápiz entre sus dientes que después de sostenerlo entre sus labios. En un estudio, los investigadores descubrieron que los sujetos que sostuvieron un lápiz entre sus dientes calificaron ciertas tiras cómicas como más graciosas que aquellos a quienes se les instruyó sostener un lápiz entre los labios (Strack, Martin y Stepper, 1988).

para cada género en cuanto a la demostración de ciertas emociones. Las culturas imponen reglas que gobiernan la demostración apropiada de emociones en hombres y mujeres. En muchas de aquéllas, las mujeres tienen más licencia que los hombres para expresar ciertas emociones, como gozo, amor, temor y tristeza, mientras a los hombres se les permiten expresiones más directas de ira (Dittmann, 2003b).

    La evidencia sustenta el punto de vista de que, por lo general, las mujeres son más demostrativas con sus sentimientos que los hombres, tanto en palabras como en expresiones faciales, y mejores para reconocer y recordar los sentimientos de los demás (DePaulo y Friedman, 1998; Ripley, 2005). Los investigadores sospechan que el cerebro de las mujeres puede estar estructurado de manera distinta al de los hombres, lo cual les permite identificar y recordar mejor las claves emocionales (Canli *et al.,* 2002). Sin embargo, estas diferencias de género pueden ser más complejas. Las evidencias demuestran que las mujeres son mejores para reconocer rostros alegres o tristes; sin embargo, los hombres llevan la ventaja en cuanto a distinguir rostros iracundos (Bakalar, 2006b; Williams y Mattingley, 2006).

    En las culturas occidentales se supone que los hombres no deben llorar ni mostrar sus emociones; ni siquiera sonreír mucho. No es sorprendente que las evidencias demuestren que las mujeres tienden a sonreír con más frecuencia que los hombres (LaFrance, Hecht y Paluck, 2003). No obstante, el ideal del varón estoico y nada emotivo, del cual los héroes de acción de Hollywood son el epítome, ahora puede estar abriendo camino a un nuevo ideal: el personaje del hombre "sensible".

La hipótesis de la retroalimentación facial: poner una cara feliz

¿La práctica de sonreír puede elevar su estado de ánimo? De acuerdo con la **hipótesis de la retroalimentación facial**, la imitación de los movimientos faciales asociados con una emoción induce el correspondiente estado emocional (Izard, 1990a). De acuerdo con dicha hipótesis, los investigadores han descubierto que la práctica de la sonrisa puede inducir sentimientos más positivos (p. e., Soussignan, 2002). La práctica de sonreír varias veces al día puede elevar su espíritu, al menos de forma temporal, quizá porque esto lo motiva a recordar experiencias placenteras (consulte los dos recuadros de "Intente lo siguiente" sobre el efecto de la retroalimentación facial y sobre hacer gestos positivos y negativos).

    A pesar de estos descubrimientos, la hipótesis de la retroalimentación facial tiene sus limitaciones. Una sonrisa "fingida" no es equivalente a una verdadera. Fingir una sonrisa puede inducir sentimientos más positivos pero no está acompañada por la sensación de gozo que produce una expresión genuina. Además, los dos tipos de sonrisas implican la contracción de diferentes músculos faciales (Waller *et al.,* 2006). La de tipo genuino se llama **sonrisa Duchenne**, llamada así en honor a Guillaume Duchenne de Boulogne (1806-1875), el médico francés que descubrió los músculos faciales utili-

CONCEPTO 8.19
La evidencia sustenta la perspectiva de que el hecho de practicar o imitar movimientos faciales asociados con determinadas emociones puede producir los estados emocionales correspondientes.

hipótesis de la retroalimentación facial Creencia en que la imitación de los movimientos faciales asociados con una emoción particular producirá el estado emocional correspondiente.

sonrisa Duchenne Gesto genuino que implica la contracción de un conjunto específico de músculos faciales.

Intente lo siguiente

Ponga cara triste

Usted puede poner la hipótesis de la realimentación facial en funcionamiento al imitar las características faciales asociadas con determinadas emociones. Este ejercicio puede ser especialmente útil si usted se dedica a la actuación y necesita proyectar determinada emoción, como la tristeza, a un público (Ekman, 2003). Intente imitar las características faciales de la tristeza identificadas más abajo. Después examine cómo se sintió. Podría resultarle útil utilizar un espejo para revisar que practica los movimientos faciales de forma correcta.

- Abra la boca.
- Lleve las comisuras de los labios hacia abajo.
- Mientras mantiene hacia abajo las comisuras de los labios, intente levantar las mejillas, como si entrecerrara los ojos. Este movimiento es contrario al de las comisuras de los labios.
- Mantenga esta tensión entre las mejillas elevadas y las comisuras de los labios hacia abajo.
- Permita que su mirada descienda y que bajen sus párpados superiores.

zados para producir una sonrisa genuina. Usted puede ver la diferencia entre una sonrisa genuina y una falsa en las fotografías del investigador de emociones Paul Ekman, en la figura 8.8.

También está la sonrisa más enigmática de todas, la de la *Mona Lisa*. En fechas recientes, ciertos programadores de computadoras crearon un programa de reconocimiento de emociones basado en el análisis de las características faciales para identificar señales evidentes de emociones. Al analizar determinadas características faciales, como la curvatura de los labios y las arrugas alrededor de los ojos, los investigadores decodificaron las emociones expresadas en el citado retrato de la siguiente manera: 83% de felicidad, 9% de disgusto, 6% de temor y 2% de ira. No es sorprendente que la *Mona Lisa* de Da Vinci tenga una sonrisa tan enigmática.

Escuchar música también puede afectar nuestras emociones, independientemente de las letras que acompañan a la melodía (Collier, 2002). Cierta música puede hacerlo sentir alegre, mientras otra puede provocarle sentimientos de tristeza o nostalgia. En las películas, a menudo, la música es utilizada para provocar emociones desagradables, como el temor (Stratton y Zalanowski, 1997).

Felicidad: ¿qué lo hace feliz?

La felicidad puede ser una emoción humana primaria, pero ha sido desatendida durante mucho tiempo por los psicólogos, quienes se han enfocado más en comprender las emociones negativas, como el temor, la ira y la tristeza. Sin embargo, la promoción de la felicidad humana es una meta clave de la *psicología positiva*, un movimiento creciente dentro de la psicología (consulte el capítulo 1). Los arquitectos de dicha corriente creen que la psicología debería enfocarse más en fomentar la felicidad humana y en construir las fortalezas y las cualidades humanas, como la capacidad para amar y ser amado, en lugar de sólo reparar en las emociones negativas, como la ansiedad y la depresión (Gable y Haidt, 2005; Lyubomirsky, Sheldon y Schkade, 2005; Seligman *et al.,* 2005; Simonton y Baumeister, 2005).

¿Qué hace feliz a la gente? ¿Es la riqueza la clave? Con frecuencia, la gente piensa que sería mucho más feliz si tuviera más dinero; sin embargo, el vínculo entre el dinero y la felicidad es, en gran medida, una ilusión alimentada por un enfoque en las posesiones materiales (Kahnnemann *et al.,* 2006). La riqueza y, sí, incluso la buena salud, hacen una contribución modesta a la determinación de la felicidad personal y de la satisfacción de vida (D. M. Smith *et al.,* 2005). De hecho, cuando el ingreso anual se incrementa por sobre un nivel de 50 000 dólares, los aumentos adicionales vinculados con la riqueza no producen ninguna ganancia agregada en relación con la felicidad. Como lo expresa el psicólogo Daniel Gilbert, de la Universidad de Harvard: "Una vez que usted

Una sonrisa enigmática   ¿Qué es lo que ella siente en realidad? Los investigadores creen tener una respuesta.

CONCEPTO 8.20
La gente parece tener un "punto programado" (*set-point*) para la felicidad; es decir, un nivel que permanece relativamente constante con el paso del tiempo.

FIGURA 8.8 ¿En cuál de estas dos fotografías es verdadera la sonrisa de Paul?
Como es probable que usted ya haya adivinado, la fotografía del lado derecho muestra una sonrisa genuina; la sonrisa en la imagen de la izquierda es simulada. Una manera de distinguir la diferencia es buscar "patas de gallo" alrededor de los ojos, la cual es una característica asociada con las sonrisas genuinas.

satisface las necesidades humanas básicas, mucho más dinero no produce mucha más felicidad" (citado en Futrelle, 2006). Observe la figura 8.9 y note cómo la felicidad tiende a estabilizarse en los niveles de ingresos más altos. Incluso los miembros de la vanagloriada lista de Forbes 400, el listado de los individuos más ricos a nivel nacional, son sólo un poco más felices que el público en general (Easterbrook, 2005). Considere también que, a pesar de que los ganadores de la lotería experimentan un ascenso emocional debido a su premio, reportan que su felicidad tiende a recuperar sus niveles previos en alrededor de un año (Corliss, 2003).

Si no es el dinero, ¿podría el matrimonio ser la clave de la felicidad? En términos generales, las personas casadas son más felices que los individuos solteros (Gallup Organization, 2005). Sin embargo, la causa y el efecto pueden ser confusos ya que la gente feliz podría tener más probabilidades de casarse o de permanecer casada (Stein, 2005; Wallis, 2005). Éste último punto de vista está sustentado por la evidencia de un reciente estudio entre más de 24 000 personas recién casadas (Lucas *et al.,* 2003). La encuesta demostró que el torrente de felicidad experimentada por muchos nuevos matrimonios tendía a ser de corta duración.

Entonces, ¿qué es lo que determina la felicidad? Las evidencias señalan factores tales como tener amigos (un punto muy importante) y fe religiosa (Paul, 2005; Wallis, 2005). Respecto de la religión, no sabemos si se debe a su sentido de propósito y de significado asociados con las creencias religiosas, a la participación en los aspectos comunitarios de la religión, o a una combinación de factores relacionados con el compromiso religioso lo que contribuye a la felicidad.

Los investigadores sospechan que los factores genéticos también desempeñan una función importante en la determinación de la felicidad personal, y que podrían ofrecer una explicación para alrededor de la mitad de las diferencias entre las personas en los niveles reportados de dicha (Lykken y Csilszentmihalyi, 2001). Una intrigante posibilidad es que la gente puede tener un "punto programado", determinado a nivel genético, para la felicidad, es decir, un punto alrededor del cual ésta tiende a establecerse a nivel personal (Wallis, 2005). Incluso si así es, la felicidad puede cambiar, y con frecuencia lo hace, con el paso del tiempo como respuesta a "las subidas y las bajadas" de la vida (Gujita y Diener, 2005; Lucas, 2007; Stambor, 2007).

Por qué es importante: aplicación de la psicología positiva para ayudar a la gente a ser más feliz

Pese a que la genética podría desempeñar una función importante en la determinación de la felicidad, la gente puede incrementar sus sentimientos en este sentido al hacer cambios en sus conductas diarias, como los descritos por el fundador de la psicología positiva, Martin Seligman (2003). Seligman cree que la misión de la psicología positiva es incrementar la felicidad humana y que los psicólogos deberían ayudar a la gente a orientarse hacia una vida feliz y significativa. Él habla acerca de tres tipos de felicidad humana: 1) *placer* al hacer cosas, 2) *gratificación* (concentrarse y comprometerse con las actividades de la vida) y 3) *significado* (encontrar satisfacción personal en las actividades de la vida). Seligman ofrece una lista de sugerencias que la gente puede aprovechar en su vida diaria para incrementar la felicidad personal. He aquí algunas de estas sugerencias (adaptado de Seligman, 2003 y Seligman *et al.,* 2005):

• *Visita de gratitud.* Cierre los ojos y visualice a una persona que haya tenido un gran efecto po-

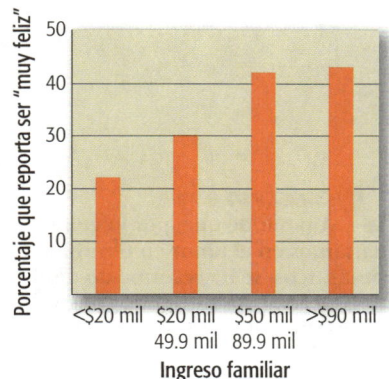

FIGURA 8.9 Felicidad en relación con el ingreso familiar
Alrededor de 50 000 dólares, la felicidad comienza a estabilizarse en relación con el ingreso familiar.

Fuente: Kahneman et al., 2006.

sitivo en su vida, pero a quien en realidad nunca se lo ha agradecido. Invierta tiempo durante la siguiente semana para escribir un testimonio de gratitud para ella. Después programe una visita a esa persona. Cuando llegue, lea su testimonio y discuta con ésta lo que ha significado para usted.

Las visitas de gratitud también pueden ser contagiosas, en sentido positivo: los receptores de la visita comienzan a pensar, por su parte, sobre las personas a quienes ellos no han agradecido. Entonces, ellos realizan su propia peregrinación de gratitud, lo cual se convierte en una especie de guirnalda de gratitud y contento (Pink, 2003).

- *Tres bendiciones.* Cada noche, antes de dormir, piense en tres cosas que marcharon bien durante ese día. Escríbalas y reflexione al respecto. Para dar un paso más, dedique cierto tiempo para enfocarse en las bendiciones de su vida. Estudios con alumnos no graduados muestran que el hecho de hacer un esfuerzo consciente para enfocarse en las bendiciones propias, da como resultado beneficios emocionales positivos (Emmons y McCullough, 2003).

- *Una puerta se cierra, otra se abre.* Piense en las ocasiones de su vida cuando una puerta se cerró debido a una muerte o a una pérdida. Después reflexione en una experiencia posterior en la cual una puerta se abrió. Llegue a apreciar las fluctuaciones constantes de sus experiencias.

- *Saborear.* Planee un día perfecto, pero asegúrese de compartirlo con otra persona.

En general, la felicidad no está tan relacionada con lo que usted tiene sino con lo que hace con ello. Es más probable encontrar la felicidad en el trabajo significativo, en la inversión en la vida familiar y comunitaria y en el desarrollo de firmes valores espirituales o personales.

Amor: la emoción más profunda

Las nociones sobre el amor han intrigado y confundido durante mucho tiempo a los poetas y los filósofos. Sin embargo, los psicólogos han aplicado el método científico al estudio de este sentimiento sólo hasta fechas recientes (Sternberg y Weis, 2006). Dichos especialistas lo consideran tanto un motivo (una necesidad o deseo que nos mueve) como una emoción (o estado de sentimientos).

Los antiguos griegos nos enseñaron que existen diferentes tipos de amor, incluso el que se da entre padres e hijos y entre amigos cercanos. No obstante, el **amor romántico** es el que ha sido idealizado en incontables canciones, poemas y libros, por no mencionar las comedias televisivas del horario diurno. La adoración al amor romántico no está limitada a la cultura occidental. La gran mayoría de las culturas estudiadas por los antropólogos, incluso muchas sociedades analfabetas, tiene un concepto del amor romántico (Jankowiak y Fischer, 1992).

El **modelo triangular del amor** del psicólogo Robert Sternberg (1988) conceptualiza al amor en términos de tres componentes básicos (consulte la figura 8.10):

1. *Intimidad,* el fuerte lazo y el sentimiento de apego entre dos personas, incluso su deseo de compartir sus pensamientos y sentimientos más profundos.

2. *Pasión,* un intenso deseo sexual por la otra persona.

3. *Decisión/compromiso,* el reconocimiento de que esa persona ama a otra (componente decisivo) y de que está comprometida a mantener la relación en los buenos y los malos momentos

CONCEPTO 8.21
Los especialistas que proponen la psicología positiva creen que es posible incrementar la felicidad al hacer cambios en nuestra conducta diaria.

CONCEPTO 8.22
A pesar de que, por lo general, pensamos en el amor en términos románticos, se ha reconocido desde las épocas de los antiguos griegos que existen diferentes tipos de amor.

CONCEPTO 8.23
El modelo triangular de amor de Sternberg propone que los distintos tipos de relaciones amorosas pueden caracterizarse por diferentes combinaciones de tres componentes básicos del amor: intimidad, pasión y decisión/compromiso.

amor romántico Sentimiento que involucra una fuerte atracción erótica y deseo de intimidad.

modelo triangular del amor Concepto de Sternberg donde este sentimiento está representado como un triángulo de tres componentes: intimidad, pasión y decisión/compromiso.

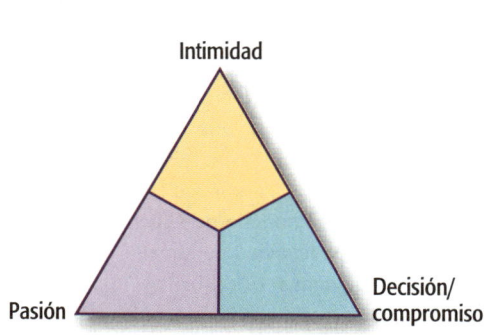

FIGURA 8.10 Modelo triangular del amor, de Sternberg
Sternberg conceptualiza al amor como un triángulo con tres componentes: intimidad, pasión y decisión/compromiso.

Amor consumado En el modelo de Sternberg, el amor consumado combina intimidad, pasión y decisión/compromiso, y puede no ser tan perdurable como el amor de compañía, el cual combina intimidad y decisión/compromiso, pero carece de pasión. No obstante, incluso aquellas parejas para quienes se han extinguido las llamas de la pasión, pueden agitar las cenizas de manera ocasional.

(componente de compromiso). La decisión y el compromiso no necesitan ir de la mano: una persona puede reconocer que está enamorada de otra, pero también que no está lista o dispuesta a hacer un compromiso perdurable.

Sternberg cree que las diferentes combinaciones entre estos tres componentes básicos caracterizan los distintos tipos de relaciones amorosas (consulte la tabla 8.2). Desde su perspectiva, el *amor romántico* combina intimidad y pasión, aunque carece de decisión/compromiso; tiende a resplandecer con fuerza durante un tiempo, pero pronto se apaga. Por otra parte, puede convertirse en una forma más duradera de amor llamada *amor consumado*, el cual combina los tres componentes: intimidad, pasión y decisión/compromiso, y puede ser más un ideal para muchas

TABLA 8.2	**Tipos de amor de acuerdo con el modelo triangular de Sternberg**
Desamor	Una relación en la cual están ausentes los tres componentes del amor. La mayoría de nuestras relaciones personales son de este tipo, es decir, tenemos conocidos casuales con los cuales no involucramos ninguno de los elementos amorosos.
Agrado	Amistad en la cual está presente la intimidad, pero no lo están la pasión ni la decisión/compromiso.
Enamoramiento	Una especie de "amor a primera vista" en la cual una persona experimenta un apasionado deseo por otro individuo, pero donde no existe intimidad ni decisión/compromiso.
Amor fatuo (tonto)	El tipo de amor asociado con los romances fugaces y los "matrimonios precipitados", en los cuales están presentes la pasión y la decisión/compromiso, pero no existe intimidad.
Amor vacío	Amor definido por un compromiso por mantener la relación pero carece de pasión e intimidad. Las relaciones paralizadas que ya no cuentan con la intimidad o la atracción física que alguna vez las caracterizaron pertenecen a este tipo.
Amor romántico	Amor caracterizado por la combinación entre pasión e intimidad pero que carecen de decisión/compromiso.
Amor consumado	La medida completa del amor, la cual combina pasión, intimidad y decisión/compromiso. Muchos de nosotros luchamos por alcanzarlo en nuestras relaciones románticas. Con frecuencia, mantenerlo es más difícil que alcanzarlo.
Amor de compañía	Una clase de amor que combina intimidad con decisión/compromiso. Ocurre a menudo en los matrimonios en los cuales ha desaparecido la atracción apasionada entre los miembros de la pareja y ha sido sustituida por una especie de amistad comprometida.

Fuente: Adaptado de Sternberg, 1988.

parejas que una realidad perdurable. En el *amor de compañía*, el tipo de amor que puede observarse en muchos matrimonios de largo plazo, la intimidad y el compromiso aún son fuertes, a pesar de que la pasión ha desaparecido. También sucede en otros tipos de relaciones, como entre hermanos y entre amigos cercanos (Reis y Aron, 2008).

Sternberg propone que las relaciones son equilibradas cuando los triángulos del amor de ambos miembros coinciden bien o son muy parecidos. Sin embargo, las relaciones pueden enfriarse en vez de calentarse, cuando sus miembros difieren en lo referente a su percepción de estos componentes. Por ejemplo, uno de los miembros puede desear hacer un compromiso duradero en cuanto a la relación, mientras la idea del otro de hacer un compromiso es decidir pasar la noche.

Cómo elabora las emociones su cerebro

No existe un centro emocional en el cerebro. En lugar de ello, nuestras respuestas emocionales son reguladas por complejas redes cerebrales, localizadas primordialmente en el sistema límbico y en la corteza cerebral (Cheng *et al.*, 2006; Etkin *et al.*, 2006). Quizá recuerde del capítulo 2 que el sistema límbico incluye la amígdala y al hipocampo. La primera, con forma de almendra, actúa como un perro de guardia emocional que está listo para disparar una respuesta de temor cada vez que detecta un estímulo potencialmente amenazante (Huff *et al.*, 2006; LaBar, 2007; Phelps, 2006). En la figura 8.11 vemos a la amígdala en el momento de entrar en acción como respuesta a haber visto un rostro temible. Las investigaciones recientes sugieren que la amígdala también está involucrada en la detección de posibles estímulos emocionales, en lugar de sólo detectar los amenazantes (Cunningham, Van Bavel y Johnsen, 2008). El hipocampo se involucra al vincular las experiencias de temor con el contexto o las circunstancias en las cuales ocurren dichas vivencias, como la curva en el camino donde un conductor perdió el control del automóvil (Good *et al.*, 2007).

La corteza cerebral, el "centro de pensamientos" del cerebro, está conectada con el sistema límbico y realiza varias funciones clave en el procesamiento de emociones: evalúa el significado de los estímulos que excitan las emociones y planea y dirige la manera de responder a éstos. También determina si debemos aproximarnos a un estímulo (como en el caso de interés amoroso o de una situación placentera) o evitarlo (como en el caso de una amenaza). Además, es responsable del procesamiento de la experiencia subjetiva o sentida, de las emociones, así como de controlar la correspondiente expresión facial de una emoción.

Nos encontramos en proceso de aprendizaje en cuanto a que existen diferencias en la manera de procesar las emociones del hemisferio derecho y el izquierdo. Resulta que las emociones positivas, como la felicidad, están asociadas con una creciente actividad en la corteza prefrontal del hemisferio cerebral izquierdo, mientras las emociones negativas, como la ansiedad y el disgusto, lo están con una creciente actividad en la corteza prefrontal del hemisferio cerebral derecho (Davidson *et al.*, 2002; Thibodeau, Jorgensen y Kim, 2006). Como ya señalamos en el capítulo 2, la corteza prefrontal es la parte del lóbulo frontal que se encuentra al frente de la corteza motora. No estamos seguros del motivo por el cual los hemisferios difieren de esta manera; sin embargo, el estudio de estas desemejanzas puede generar importantes claves sobre las bases biológicas de los trastornos emocionales, como la depresión.

FIGURA 8.11 Activación de la amígdala como respuesta a un rostro temible
Aquí vemos las imágenes de una resonancia magnética funcional de la amígdala en respuesta a un rostro temible. Los colores más intensos muestran mayor actividad en relación con un punto de fijación visual (control). La diapositiva 24 muestra la parte delantera de la amígdala, mientras la 25 expone la parte posterior. La imagen está colocada como si la persona nos mirara de frente desde la página.

Fuente: NIMH, 2001.

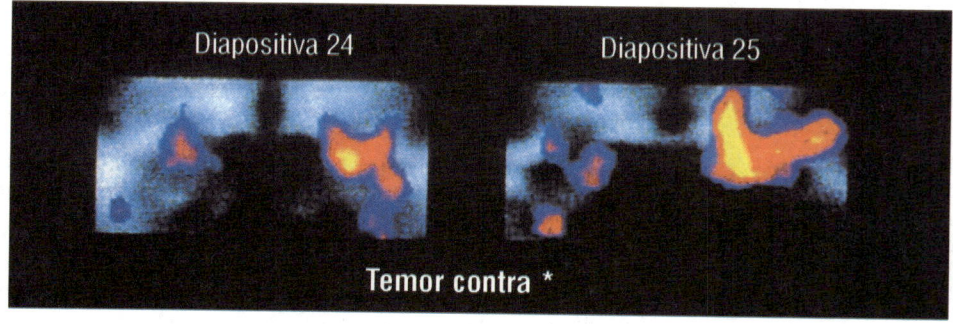

Teorías de la emoción: ¿qué ocurre primero, la idea o el sentimiento?

Cierta noche, mientras conducía hacia mi casa, mi automóvil pasó sobre un área congelada del camino y se salió de control. El vehículo dio dos vueltas completas sobre su eje y terminó de frente al tránsito que se aproximaba. En ese instante me sentí como un venado cuando es descubierto por los faros de un vehículo que apuntan directo hacia éste: aterrorizado y desvalido. Por fortuna, los vehículos que venían hacia mí se detuvieron a tiempo y yo pude recuperar el control de mi automóvil. Llegué a casa sano y salvo, pero aún temblaba de susto. En ese momento no me detuve a considerar la pregunta ponderada por muchos psicólogos: ¿La conciencia de mi temor precedió o siguió a mis respuestas corporales (el temblor, la sudoración y la aceleración de mi ritmo cardiaco)? La perspectiva del sentido común de la emoción es que primero percibimos un estímulo (el automóvil que giraba fuera de control), después sentimos la emoción (temor), luego experimentamos la excitación fisiológica (aumento en el ritmo cardiaco) y, por último, nos ponemos en acción (sujetar el volante). Sin embargo, uno de los debates más añejos dentro de la psicología se relaciona con qué es lo que sucede primero: la experiencia subjetiva de la emoción o la respuesta fisiológica o conductual a un estímulo.

La teoría James-Lange

William James (1890/1970) afirmaba que las reacciones corporales o las sensaciones preceden a las emociones. Dado que Carl Lange, un psicólogo danés, postuló ideas semejantes de forma independiente, este enfoque se conoce como la **teoría James-Lange**. James utilizó el ahora clásico ejemplo de confrontar a un oso en el bosque, y formulaba la siguiente pregunta: "¿Huimos del oso porque sentimos miedo o sentimos miedo porque huimos?". Él respondía a su propia pregunta con la explicación de que la respuesta de huir se presenta primero. Nosotros vemos al oso. Huimos. Después sentimos miedo. Nosotros sufrimos miedo porque sentimos el patrón particular de excitación corporal asociado con huir, como la aceleración del ritmo cardiaco, la respiración rápida y las contracciones musculares. Por lo tanto, las emociones *siguen* a las reacciones corporales. En este enfoque, experimentamos temor porque temblamos; experimentamos la emoción de la tristeza porque lloramos. Si esta teoría es correcta, entonces mi cuerpo reaccionó primero cuando mi auto giró fuera de control. Sólo hasta que sentí las reacciones de mi cuerpo me hice consciente de mi temor.

James sostenía que distintos cambios corporales están asociados con cada emoción. Ésta es la razón por la cual el temor se siente distinto a otras emociones, como la ira o el amor.

La teoría Cannon-Bard

En la década de 1920, el psicólogo Walter Cannon (1927) propuso una segunda teoría principal sobre las emociones. Cannon basó su teoría en investigaciones conducidas por su asistente de laboratorio, Phillip Bard. Esta teoría, llamada **teoría Cannon-Bard**, desafió a la teoría de James-Lange y sostiene que los mismos cambios corporales, que son el resultado de la activación del sistema nervioso simpático, acompañan a distintas emociones. La activación simpática acelera nuestro corazón, hace más veloz nuestra respiración y provoca la contracción de nuestros músculos si experimentamos ira, temor o excitación sexual. ¿Cómo es que estas respuestas comunes en el cuerpo evocan diferentes emociones, como sugiere la teoría James-Lange? Esta teoría propone que la experiencia subjetiva de una emoción y las reacciones corporales asociadas con ésta ocurren de manera casi simultánea. En otras palabras, las emociones acompañan a las respuestas corporales, pero no son causadas por éstas. En términos más sencillos, la teoría Cannon-Bard postula que primero vemos al oso, después experimentamos tanto el temor como la aceleración del ritmo cardiaco y después huimos.

El modelo de dos factores

Para la década de 1960, una nueva teoría sobre las emociones comenzó a llamar la atención. Esta teoría, llamada **modelo de dos factores**, afirmaba que las emociones dependen de dos elementos: *1)* un estado de excitación general y *2)* una interpretación cognitiva o etiquetado de la fuente de dicha excitación (Schachter, 1971; Schachter y Singer, 1962). El modelo propone que cuando experimentamos una excitación corporal, buscamos claves en el ambiente para explicar

CONCEPTO 8.24
La corteza cerebral y las estructuras cerebrales en el sistema límbico desempeñan funciones clave en la regulación de nuestras respuestas emocionales.

CONCEPTO 8.25
La teoría James-Lange propone que las emociones siguen a las reacciones corporales cuando se presentan los estímulos disparadores.

CONCEPTO 8.26
La teoría Cannon-Bard propone que la experiencia subjetiva de una emoción y las reacciones corporales asociadas con ésta ocurren de manera casi simultánea.

teoría James-Lange Hipótesis donde las emociones ocurren después de que la persona se hace consciente de sus respuestas fisiológicas al estímulo disparador.

teoría Cannon-Bard Creencia en que las reacciones emocionales y fisiológicas a un estímulo ocurren de manera casi simultánea.

modelo de dos factores Teoría de que las emociones implican dos factores: un estado de excitación general y una interpretación cognitiva (o etiquetado) de las causas de la excitación.

CONCEPTO 8.27

El modelo de dos factores propone que la combinación de excitación fisiológica con evaluación cognitiva (etiquetado) de la fuente de dicha excitación produce el estado emocional específico.

CONCEPTO 8.28

El modelo a dos caminos sugiere dos vías para procesar los estímulos temibles en el cerebro: un "camino alto" que conduce hacia la corteza cerebral, y un "camino bajo" que conduce hacia la amígdala.

por qué nos sentimos excitados o emocionados. Su corazón puede acelerarse cuando usted ve saltar a un monstruo en la pantalla en la última película de terror; aunque también puede hacerlo cuando su automóvil gira sin control. Es probable que clasifique la excitación que siente dentro de los seguros confines de un cine como algo parecido a una "excitación placentera". Sin embargo, es probable que la excitación experimentada en un automóvil que gira sea catalogada como un "terror espantoso".

El modelo de dos factores aún genera interés pero no puede explicar las distintivas características fisiológicas asociadas con diferentes emociones. La ira puede sentirse de manera distinta al temor no sólo por la etiqueta que le colocamos a nuestra excitación sino también porque esas emociones están asociadas con diferentes sistemas corporales de respuesta (Pankepp, 2007).

Las evidencias de los experimentos también arrojan dudas sobre si debemos etiquetar el estado de excitación con el fin de experimentar una emoción. El psicólogo Robert Zajonc (1980, 1984) expuso a sus sujetos de investigación a breves presentaciones de ideogramas japoneses (símbolos escritos). Más tarde descubrió que los sujetos preferían determinados caracteres que habían visto, incluso si no recordaban haber observado dichos estímulos. Zajonc cree que algunas respuestas emocionales, como las sensaciones de agrado o desagrado, pueden ocurrir a partir de la simple exposición a un estímulo sin ninguna evaluación cognitiva.

El modelo de temor a dos caminos

De acuerdo con el **modelo de temor a dos caminos**, formulado por el psicólogo Joseph LeDoux (2000, 2003), el cerebro utiliza dos caminos para procesar los mensajes de temor. Un estímulo ambiental ("ver que un automóvil se aproxima a usted a gran velocidad") es procesado primero por el tálamo. De allí, la información se divide; uno de los caminos (el "camino alto") conduce hacia la corteza cerebral; el otro camino (el "camino bajo") se dirige hacia la amígdala en algunas centésimas de segundo, lo cual permite una respuesta más inmediata a las claves de peligro que si la señal hubiera pasado antes a través de la corteza (consulte la figura 8.12). El "camino bajo", por lo tanto, permite una respuesta más rápida a las claves de peligro.

DIAGRAMA DE LA PSICOLOGÍA

FIGURA 8.12
El modelo a dos caminos del temor, de LeDoux'

LeDoux propone que los mensajes de temor son procesados primero en el tálamo, y que luego se dividen a lo largo de dos caminos distintos. **①** Uno de esos caminos, el "camino bajo", va hacia la amígdala y elude los centros de pensamiento superior del cerebro. **②** La amígdala dispara una respuesta de temor, misma que comprende múltiples componentes. **③** Un "camino alto" conduce hacia la corteza cerebral, donde el mensaje es interpretado con más atención ("Relájate, es sólo una rama, no una serpiente").

Fuente: Adaptado de LeDoux, 1996.

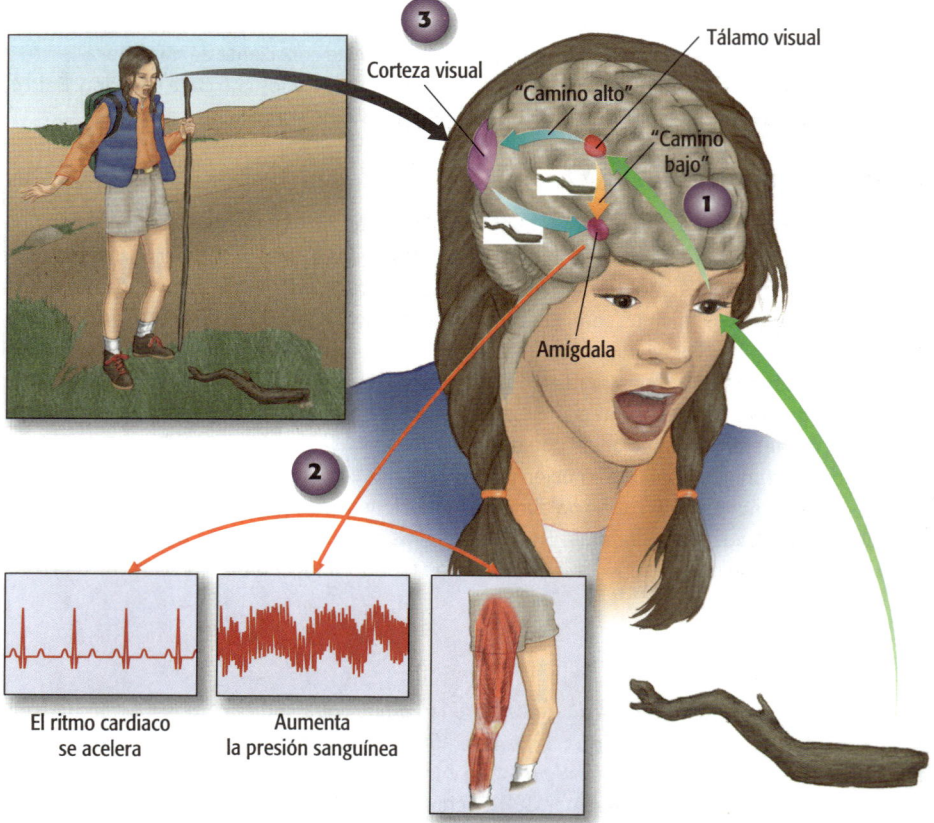

El ritmo cardiaco se acelera

Aumenta la presión sanguínea

Los músculos se contraen

modelo de temor a dos caminos
Teoría de LeDoux en la cual el cerebro utiliza dos caminos (un "camino alto" y un "camino bajo") para procesar los mensajes de temor.

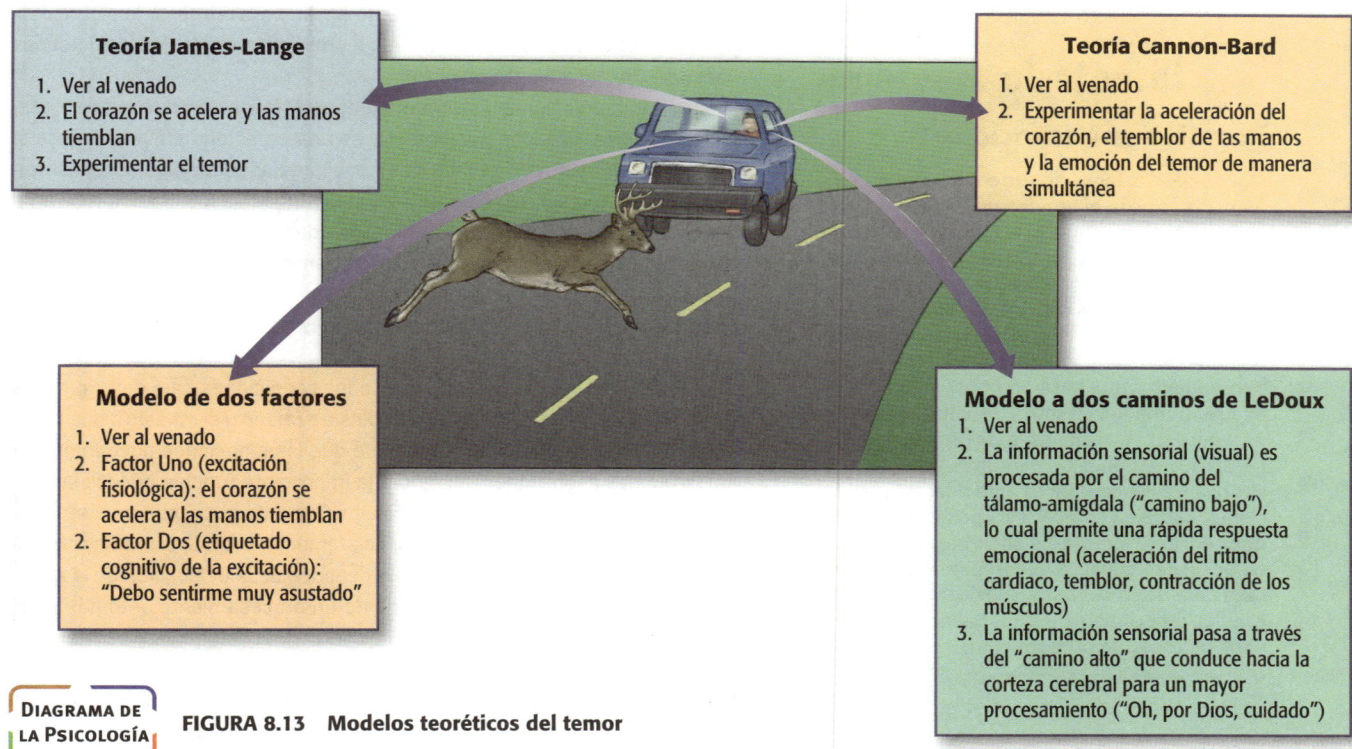

DIAGRAMA DE LA PSICOLOGÍA   **FIGURA 8.13   Modelos teoréticos del temor**

Suponga que camina por el bosque y mira un objeto curvo en un arbusto. Esta imagen visual es procesada primero por el tálamo, el cual realiza una burda evaluación del objeto como potencialmente peligroso (es posible que se trate de una serpiente). El tálamo transmite esta información de manera directa hacia la amígdala a través del "camino bajo", el cual provoca una respuesta corporal inmediata. El ritmo cardiaco y la presión sanguínea se aceleran y los músculos de todo el cuerpo se contraen al tiempo que el organismo se prepara para responder con rapidez a una posible amenaza. La corteza cerebral, más lenta para responder, procesa aún más la información ("No, no se trata de una serpiente. Es sólo una rama"). Desde el punto de vista de la supervivencia, es mejor actuar con rapidez de acuerdo con la idea de que el objeto sospechoso es una serpiente y dejar las preguntas para después. El hecho de responder sin pensar puede salvarnos la vida. Como lo expresa LeDoux, "el tiempo ahorrado por la amígdala al actuar con base en la información del tálamo en lugar de esperar las órdenes corticales, puede significar la diferencia entre la vida y la muerte. Es mejor tratar a una rama como si fuera una serpiente que no haber respondido a una posible serpiente" (1994, p. 270). El hecho de que la corteza cerebral interprete a ese objeto como "serpiente" o "rama" determina si la respuesta de temor continuará o se suprimirá de inmediato. La corteza también produce la experiencia subjetiva de sentir miedo.

¿Qué significa todo lo anterior?

¿A dónde nos llevan todas estas diversas teorías sobre las emociones, mismas que están representadas en la figura 8.13? La teoría James-Lange implica que respuestas corporales distintivas están asociadas con cada emoción, mientras la teoría Cannon-Bard postula que un patrón similar de respuestas corporales acompaña a diversas emociones. Ambos enfoques pueden ser correctos, cuando menos en parte. Lo cierto es que existen respuestas fisiológicas comunes asociadas con emociones, como el temor, la ira y el amor, según propone la teoría Cannon-Bard. Nosotros sentimos que nuestro corazón late más rápido cuando estamos en presencia de un nuevo amor y cuando nos enfrentamos a un intruso en la noche. Sin embargo, como propone la teoría James-Lange, existen también diferentes reacciones corporales asociadas con distintas emociones: menos sangre fluye hacia nuestras extremidades durante los estados de temor que durante los estados de ira, lo cual podría explicar porqué podemos experimentar una sensación de "pies fríos" cuando sentimos miedo, aunque no sucede lo mismo cuando estamos enfadados (Levenson, 1994). La ira se

Intente lo siguiente

Registre sus emociones

Manténgase al tanto de sus emociones durante un día o dos con el empleo de una libreta para registrar aquellas situaciones en las cuales experimentó emociones. Incluya breves descripciones de su estado emocional (gozo, temor, ira, etc.), sus reacciones corporales (ritmo cardiaco rápido, respiración veloz, sudoración, sensación de hormigueo, inquietud, sacudimiento), y los pensamientos que pasaron por su mente en ese momento. Después, examine las relaciones entre sus emociones, sus reacciones corporales y sus patrones de pensamiento. Compare sus respuestas corporales ante diferentes emociones. También compare los pensamientos que concibió durante los diferentes estados emocionales. ¿Cuál es la enseñanza de este ejercicio para usted sobre las conexiones entre sus estados emocionales, sus reacciones corporales y sus patrones de pensamiento?

acompaña de un dramático incremento en la temperatura de la piel, lo cual podría explicar la causa por la que frecuentemente se dice que las personas iracundas "echan chispas de rabia".

Distintas emociones están también conectadas con diferentes expresiones faciales. El rubor, por ejemplo, es una característica primaria de la vergüenza. James consideraba que las expresiones faciales se encontraban entre las respuestas corporales que distinguen a una emoción de otra. Las evidencias que favorecen a la hipótesis de realimentación facial otorgan apoyo, cuando menos parcial, a la teoría James-Lange porque ésta señala que nuestra respuesta a determinadas claves musculares asociadas con ciertas emociones puede influir en nuestros estados emocionales (Izard, 1990b).

Las emociones pueden preceder a las cogniciones bajo determinadas condiciones, según sugieren los estudios de Zajonc y el modelo a dos caminos propuesto por LeDoux. El hecho de que las emociones puedan ocurrir antes que las cogniciones, no ignora la importante función que las segundas desempeñan en las primeras. Si usted se enfada cuando un instructor le asigna una tarea inesperada, o si se atemoriza cuando el médico señala determinada región en su radiografía depende de la evaluación de la situación que hace la corteza cerebral, no de un procesamiento automático de estímulos realizado por las estructuras cerebrales inferiores.

Nuestra manera de evaluar los sucesos también depende de lo que éstos significan para nosotros a nivel personal (Lazarus, 1995). La misma circunstancia, como un embarazo o un cambio de empleo, puede provocar sentimientos de gozo, temor o incluso ira, lo cual depende del significado que dicho evento tiene para el individuo y su importancia percibida (consulte el recuadro de "Intente lo siguiente").

Aún debe ser escrito el capítulo final sobre el debate de cómo se procesan las emociones en el cerebro. Sin embargo, la idea de que los distintivos cambios corporales están asociados con diferentes emociones ha tenido cuando menos una implicación práctica: es la base de un método de detección de mentiras, sobre el cual discutiremos más adelante en este módulo.

Explore la psicología

La inteligencia emocional: ¿cuán apto es usted para manejar sus emociones?

Algunos teóricos creen que la capacidad de una persona para reconocer y manejar sus emociones representa una forma de conducta inteligente llamada **inteligencia emocional** o **IE** (Grewal y Salovey, 2005). Resulta complicado definir la inteligencia emocional con precisión, pero, en general puede describirse en términos de cinco características principales:

1. *Conocer sus emociones.* La autoconciencia, o conocer sus verdaderos sentimientos, es una característica fundamental de la inteligencia emocional.

2. *Manejar sus emociones.* Las personas que son inteligentes a nivel emocional son capaces de manejar sus emociones de maneras apropiadas. Pueden tranquilizarse a sí mismas durante los momentos difíciles y se recuperan pronto de las decepciones y de los contratiempos.

3. *Motivarse a sí mismo.* Las personas con un alto nivel de inteligencia emocional pueden poner orden en sus emociones para perseguir sus metas. Estas personas enfrentan los desafíos con entusiasmo, vigor y confianza, lo cual las convierte en individuos mejor equipados para alcanzar altos niveles de logro y productividad. También tienen una mayor capacidad para retrasar la gratificación y reprimir sus impulsos mientras persiguen metas de largo plazo.

inteligencia emocional   Capacidad para reconocer emociones en uno mismo y en los demás, y para manejar las emociones propias de manera eficaz.

4. *Reconocer las emociones de los demás.* La empatía, es decir, la capacidad para percibir las emociones en los demás, es una importante "habilidad con la gente". No sólo ayuda a construir relaciones fuertes sino también contribuye al éxito en la enseñanza, las ventas, la dirección y las profesiones basadas en la ayuda.

5. *Ayudar a otros a manejar sus emociones.* La capacidad para ayudar a otros a manejar sus sentimientos es un factor importante para mantener relaciones significativas.

La inteligencia emocional puede ser un elemento participativo más importante que el coeficiente intelectual para el éxito en la vida. Es probable que usted conozca personas cuyo intelecto es brillante, pero que parecen no tener idea acerca de las emociones propias o de las otras personas. Las investigaciones vinculan a la inteligencia emocional con numerosos resultados positivos, incluso bienestar de las emociones y satisfacción vital, relaciones y matrimonios más felices y hasta mejores calificaciones en los estudios universitarios (Gannon y Ranzijn, 2005; Gignac, 2006; Parker *et al.,* 2005; Salovey y Grewal, 2005; Smith, Heaven y Ciarrochi, 2008). Sin embargo, necesitamos saber más antes de determinar si la inteligencia emocional incrementa nuestra capacidad para predecir resultados exitosos en la vida, más allá de lo que podemos predecir con el empleo de medidas generales de inteligencia y personalidad. El recuadro de "Intente lo siguiente" le ofrece una oportunidad para evaluar su propio nivel de inteligencia emocional.

CONCEPTO 8.29
La capacidad para reconocer emociones en usted mismo y en los demás y para regular sus emociones de manera efectiva es una forma de conducta inteligente llamada inteligencia emocional.

Intente lo siguiente

Analice su inteligencia emocional

A pesar de que carecemos de una escala validada de autorreporte de inteligencia emocional, las siguientes preguntas deben darle una idea de su evaluación en este concepto. Sus respuestas no son para conocimiento público, de manera que respóndalas con tanta honestidad como le sea posible en términos de su ser real, no de su ser imaginado o ideal.

1. ¿Diría usted (con toda honestidad) que
   a. por lo general vive cada día sin prestar atención a sus emociones, o
   b. por lo general está sintonizado con sus sentimientos?

2. ¿Diría usted que
   a. sus emociones tienden a revolverse, o
   b. es capaz de distinguir una emoción de otra con toda claridad?

3. ¿Diría usted que
   a. es raro que usted experimente emociones negativas, como la ira y el temor, si es que acaso las experimenta, o
   b. es capaz de reconocer estas emociones cuando las experimenta?

4. ¿Diría usted que
   a. niega sentir fuertes emociones positivas, como el amor y el gozo, o
   b. reconoce estos sentimientos cuando ocurren?

5. ¿Diría usted que
   a. es capaz de reconocer emociones en los demás, o
   b. tiene dificultades para identificar emociones en otras personas?

6. ¿Diría usted que
   a. intenta comprender lo que la gente siente, o
   b. prefiere no involucrarse en esos cursis asuntos?

7. ¿Diría usted que…
   a. tiende a enfocarse en lo que la gente dice y no en lo que es probable que sienta, o
   b. tiende a enfocarse tanto en lo que la gente dice como en lo que es probable que sienta?

8. Si una persona comienza a llorar o se enfada, ¿usted…
   a. sólo desea abandonar la escena, o
   b. intenta calmar o consolar a la otra persona?

9. Si comienza a discutir con su pareja o con un miembro de su familia, ¿usted…
   a. sólo intenta detener la discusión a través de guardar silencio, o
   b. intenta concentrarse en los problemas y en buscarles solución?

10. Si otra persona inicia una querella contra usted, ¿usted
    a. salta de inmediato para defenderse, o
    b. intenta comprender la situación desde la perspectiva de la otra persona?

¿Detectó usted algún patrón? Estos puntos están calificados de tal manera que las respuestas b son claves que reflejan inteligencia emocional. ¿Qué resultados obtuvo? ¿Considera usted que tiene inteligencia emocional o dificultades emocionales? ¿Cree usted que puede cambiar su manera de manejar sus emociones y de responder a las de los demás? ¿Cómo podría lograrlo?

Fuente: Adaptado de Nevid y Rathus, 2007a. Reimpreso con la autorización de John Wiley & Sons, Inc.

CONCEPTO 8.30
Los polígrafos son ampliamente utilizados, incluso a pesar del escepticismo de los científicos en cuanto a su capacidad para detectar las mentiras.

El polígrafo: ¿sí funciona?

Finalicemos este módulo con un comentario sobre el empleo del polígrafo, un aparato utilizado para detectar mentiras que se basa en las respuestas de una persona a una serie de preguntas de control o neutrales y de preguntas de prueba. Su fundamento se basa en que, cuando la gente miente, revela señales evidentes en su respiración, en su ritmo cardiaco y en la reactividad eléctrica de la piel como resultado de la sudoración. El polígrafo mide patrones de excitación corporal, no el acto de mentir en sí.

Muchos científicos destacados, junto con distinguidos grupos científicos como la National Academy of Sciences, declaran que el polígrafo no puede distinguir con precisión entre la mentira y las reacciones emocionales de las personas honestas sometidas a situaciones de presión (Kluger y Masters, 2006). Otro problema es que muchos mentirosos experimentados pueden mentir sin mostrar ninguna reacción fisiológica evidente. Por desgracia, los descubrimientos falsos de los polígrafos han perjudicado la vida de muchas personas inocentes. A pesar de que el polígrafo puede atrapar a una persona en una mentira de manera ocasional, no es lo bastante confiable como para superar el escrutinio científico. Los métodos más sofisticados para detectar mentiras se encuentran aún en la fase experimental, incluso el empleo de escáneres cerebrales y la medición de movimientos faciales al minuto (Haynes y Rees, 2006; Henig, 2006; Pontin, 2007).

La tabla de conceptos 8.3 ofrece un panorama de los principales conceptos sobre las emociones que se han discutido en el presente módulo.

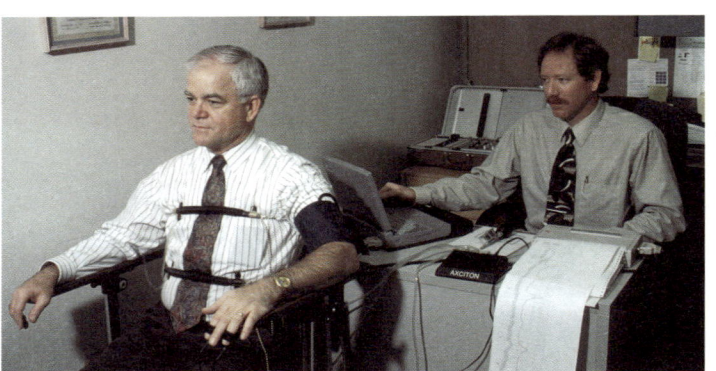
¿Este hombre miente?   El polígrafo es muy utilizado para detectar mentiras, aunque sus críticos declaran que no está a la altura de los estándares científicos de credibilidad.

TABLA DE CONCEPTOS 8.3
Principales conceptos sobre la emoción

Concepto	Descripción
Expresiones faciales de emoción	Las evidencias de estudios entre culturas sustentan el reconocimiento universal de las expresiones faciales de seis emociones básicas: ira, temor, disgusto, tristeza, felicidad y sorpresa
Hipótesis de retroalimentación facial	De acuerdo con esta hipótesis, la imitación de los movimientos faciales asociados con una emoción puede producir el estado emocional correspondiente
Bases fisiológicas de las emociones	Las emociones están acompañadas por la activación de la rama simpática del sistema nervioso autónomo. Las emociones son procesadas por las estructuras del sistema límbico (la amígdala, el hipocampo y partes del hipotálamo), y por la corteza cerebral
Teoría James-Lange de las emociones	Las emociones siguen a nuestras reacciones corporales a los estímulos disparadores; es decir, nos atemorizamos porque huimos; nos sentimos tristes porque lloramos
Teoría Cannon-Bard de las emociones	Las emociones acompañan a las respuestas corporales generadas por los estímulos disparadores, pero no son causadas por éstos
Modelo de dos factores de las emociones	La combinación de excitación corporal y evaluación cognitiva (etiquetado) de la fuente de dicha agitación produce el estado emocional
Modelo de temor a dos caminos, de LeDoux	Un camino conduce desde el tálamo hasta la amígdala, lo cual produce la respuesta inicial de temor (excitación corporal), mientras un segundo camino conduce hacia la corteza cerebral, la cual procesa aún más el estímulo del temor y produce la conciencia de dicho estado emocional
Inteligencia emocional	De acuerdo con este concepto, la capacidad para manejar las emociones de manera efectiva es una forma de conducta inteligente
Polígrafo	Este aparato se utiliza para detectar mentiras con base en el análisis de las diferencias en las respuestas fisiológicas a las preguntas de control y a las de prueba

REVISIÓN DE MÓDULO 8.3   **Emociones**

REPASE

¿Cuáles son los tres componentes de las emociones?

- Los psicólogos conceptualizan que las emociones tienen un componente fisiológico (un estado exaltado de excitación corporal), un componente cognitivo (un estado de sentimiento, así como pensamientos y juicios sobre las experiencias vinculadas con ese estado) y un componente conductual (conductas de acercamiento o evitación).

¿Son universales las expresiones faciales de las emociones?

- Las evidencias de estudios entre culturas sustentan la perspectiva de que las expresiones de seis emociones básicas (ira, temor, disgusto, tristeza, felicidad y sorpresa) son universales.
- Existen diferencias culturales, así como algunas semejanzas, en las maneras como son experimentadas las emociones. Cada cultura tiene normas, llamadas reglas de expresión, que determinan cómo son demostradas las emociones y cuánto de ellas es apropiado expresar. Las diferencias de género en la expresión emocional podrían reflejar expectativas culturales.

¿Cuáles son los factores asociados con la felicidad personal?

- Entre los factores que están asociados con la felicidad personal se incluyen la disponibilidad de amistades y la fe religiosa. Por otra parte, la riqueza material guarda sólo una relación modesta con la dicha personal y con la satisfacción de vida. La felicidad también puede variar alrededor de un punto programado (*set-point*) que recibe influencia genética.

¿Cuáles son los tres componentes del amor en el modelo de amor de Sternberg?

- De acuerdo con el modelo triangular de Sternberg, los componentes del amor son la intimidad, la pasión y la decisión/compromiso.

¿Cuál es la función que desempeñan las estructuras cerebrales en las emociones?

- Ciertas partes del sistema límbico, incluso la amígdala y el hipocampo, desempeñan funciones clave en el procesamiento emocional.
- La corteza cerebral interpreta los estímulos y planea estrategias para aproximarse a éstos o evitarlos, lo cual depende de si son percibidos como "amigos" o "enemigos". La corteza cerebral también controla las expresiones faciales de las emociones y es responsable de procesar la experiencia sentida de las mismas.

¿Cuáles son las principales teorías sobre las emociones?

- Las principales teorías sobre las emociones son la James-Lange (las emociones ocurren después de que la persona se hace consciente de sus respuestas fisiológicas a los estímulos disparadores), la de Cannon-Bard (las reacciones emocionales y fisiológicas a los estímulos disparadores ocurren de manera casi simultánea), el modelo de dos factores (las emociones dependen de un estado de excitación y del etiquetado de las causas de dicha excitación), y el modelo de temor a dos caminos,

de LeDoux (la amígdala responde al estímulo temible antes de que la corteza cerebral se involucre).

¿Qué es el polígrafo?, ¿sí funciona?

- El polígrafo es un aparato utilizado para detectar los patrones de respuesta fisiológica de los cuales se cree que indican cuando una persona miente. Sin embargo, carecemos de evidencias científicas sólidas de que el polígrafo es confiable para detectar mentiras.

RECUERDE

1. Los siguientes son componentes básicos de las emociones, *excepto*
   a. la excitación corporal
   b. la producción del neuropéptido Y
   c. las cogniciones
   d. la conducta expresada

2. Las expresiones correspondientes a cada una de las siguientes emociones son reconocidas a nivel universal, *excepto*
   a. la ira
   b. la vergüenza
   c. el temor
   d. la felicidad o el gozo

3. La creencia en que la experiencia subjetiva de una emoción y la respuesta corporal que la acompaña ocurren casi al mismo tiempo es
   a. la teoría James-Lange
   b. la teoría Cannon-Bard
   c. el modelo de dos factores
   d. el modelo a dos caminos del temor

4. ¿Cuál de las siguientes declaraciones *no* es correcta?
   a. Por lo general las mujeres son mejores que los hombres para expresar emociones con palabras
   b. Por lo general las mujeres son más capaces que los hombres para expresar emociones a través de sus expresiones faciales
   c. En muchas culturas, a los hombres se les permiten las expresiones directas de ira
   d. Las evidencias demuestran que los hombres tienden a sonreír con más frecuencia que las mujeres

REFLEXIONE

- ¿En qué difiere la inteligencia emocional de la inteligencia general? ¿De qué maneras podría la inteligencia emocional ser más importante para el éxito en la vida que la inteligencia general?

Manejo de la ira

¿Conoce a algunas personas que tienen dificultades para controlar su temperamento? ¿Usted mismo hace cosas a causa de la ira de las cuales después se arrepiente? La ira puede ser un catalizador para la agresión verbal o física. Sin embargo, aun cuando no expresa su ira a través de la agresión, los episodios frecuentes de ésta pueden pasarle la factura a su salud y ponerlo en mayor riesgo de sufrir una enfermedad cardiaca coronaria (consulte el capítulo 12). La ira satura al cuerpo de hormonas de estrés que, con el tiempo, pueden dañar su corazón y arterias.

Los teóricos cognitivos reconocen que la ira es provocada por las reacciones de una persona a situaciones frustrantes o provocativas, no por las situaciones en sí mismas. A pesar de que los individuos a menudo culpan al "otro" por hacerlos sentir enojados, lo cierto es que se generan enojo a sí mismos al concebir pensamientos iracundos o al hacerse declaraciones inductoras de ira. Para tener mejor control sobre su ira, la gente necesita identificar y corregir dichos pensamientos y declaraciones. De esta forma, se puede aprender a evitar las confrontaciones hostiles y quizá se impida el desgaste y la destrucción de su sistema cardiovascular. He aquí algunas sugerencias que ofrecen los psicólogos para identificar y controlar la ira:

- *Hágase consciente de sus reacciones emocionales en situaciones que le provocan ira.* Cuando usted note que empieza a "echar chispas de rabia", tómelo como clave para tranquilizarse y pensar un poco sobre la situación. Aprenda a sustituir los pensamientos inductores de ira por alternativas tranquilizantes.

- *Revise la evidencia.* ¿Podría ser que exagera ante la situación al tomarla de manera demasiado personal? ¿Podría precipitarse a sacar la conclusión de que la otra persona desea perjudicarlo? ¿Existen otras maneras de percibir la conducta de la otra persona?

- *Practique el pensamiento más adaptativo.* Por ejemplo, dígase a sí mismo: "Yo puedo manejar esta situación sin enfadarme. Sólo voy a calmarme y a pensar con detenimiento lo que quiero decir".

- *Dedíquese a encontrar respuestas más adecuadas.* Usted puede interrumpir una respuesta iracunda por medio de la evocación de imágenes mentales tranquilizantes, de dar una caminata o de la práctica de la autorrelajación. La honorable y ancestral práctica de contar hasta 10 cuando comienza a sentirse iracundo puede ayudar también a diluir una respuesta emocional. Si no resulta, tiene la opción de seguir el consejo de Mark Twain de contar hasta cien. Mientras cuenta, intente generar pensamientos calmantes.

- *No enfurezca.* Las demás personas pueden hacer cosas absurdas o hirientes, pero usted enfurece al aferrarse a ello. Hágase cargo de sus respuestas emocionales a través de no darse permiso de enfurecerse.

- *Contrarreste la ira con empatía.* Intente comprender lo que siente la otra persona. En lugar de decirse a sí mismo: "Él es miserable y esto y lo otro y merece ser castigado", diga: "Él debe tener muchas dificultades en su casa para actuar de esta manera. Sin embargo, ése es su problema. No me lo tomaré a nivel personal".

- *Felicítese a sí mismo por responder de una manera asertiva en lugar de agresiva.* Concédase a sí mismo una palmada mental en la espalda cuando maneje situaciones conflictivas con ecuanimidad en vez de hacerlo con ira.

- *Disminuya sus expectativas hacia los demás.* Las percepciones de injusticia pueden ser el resultado de la expectativa de que los demás "deberían" o "deben" satisfacer sus necesidades o expectativas. Al disminuir sus expectativas, es menos probable que usted pierda los estribos con los demás cuando ellos lo decepcionen.

- *Module las respuestas verbales.* Evite levantar la voz o maldecir. Permanezca tranquilo, incluso cuando los demás no lo hagan.

CONCEPTO 8.31
Al identificar y corregir los pensamientos que provocan ira, las personas pueden tener mayor control sobre su ira y desarrollar maneras más efectivas para manejar los conflictos.

VÍNCULO DE CONCEPTOS · · · · ·
La ira crónica no sólo es un problema en cuanto a controlar su temperamento; también puede incrementar su riesgo de desarrollar enfermedades cardiacas coronarias. Consulte el módulo 12.2.

Ira y agresión   Con frecuencia, la ira es el catalizador para la agresión verbal o física.

TABLA 8.3 Manejo de la ira: sustitución de pensamientos inductores de ira por alternativas tranquilizantes		
Situación	**Pensamientos inductores de ira**	**Alternativas tranquilizantes**
Un provocador le dice: "Entonces, ¿qué es lo que vas a hacer al respecto?"	"Este imbécil. ¿Quién se cree que es? ¡Le enseñaré una lección que nunca olvidará!"	"En verdad debe tener problemas para comportarse de la manera como lo hace. Sin embargo, ése es su problema. Yo no tengo que responder a ese nivel."
Usted se ve atrapado en un monstruoso congestionamiento de tránsito.	"¿Por qué siempre me sucede esto a mí? No puedo soportarlo."	"Esto puede ser un inconveniente pero no es el fin del mundo. No perderé la proporción de la situación. Todo el mundo se ve atrapado en una congestión de tránsito de cuando en cuando. Sólo me relajaré y escucharé algo de música."
Usted se encuentra en la fila de la caja del supermercado y la mujer que está delante de paga con un cheque. Tal parece que le toma horas hacerlo.	"Qué valiente es para detener a toda la fila. Es muy injusto que una sola persona haga esperar a todos los demás. ¡Cómo me gustaría reprenderla!"	"Sólo tomará unos minutos. La gente tiene derecho a cambiar sus cheques en el supermercado. Sólo me relajaré y leeré una revista mientras espero."
Usted busca un lugar para estacionar su automóvil cuando, de pronto, otro auto se coloca delante de usted y ocupa un espacio vacante.	"Nadie debería tomarse la libertad de tratarme de esta manera. Me gustaría golpearlo."	"No esperaré que la gente siempre sea considerada con mis intereses. Dejaré de personalizar las cosas." O, "Me relajaré. No tiene sentido hacer una guerra por esto."
Su cónyuge o pareja llega a casa varias horas después de lo esperado, sin llamarlo para avisarle que llegará tarde.	"Qué injusto es esto. No puedo admitir que me trate así."	Explique cómo se siente sin denigrar a su cónyuge o pareja.
Usted mira una película en un cine y las personas que están sentadas a su lado conversan y hacen mucho ruido.	"¿Acaso no les importan los demás? Estoy tan enojado con estas personas que podría arrancarles la cabeza."	"Incluso a pesar de que estas personas son desconsideradas, no significa que yo tengo que enfadarme por esto o arruinar mi disfrute de la película. Si no se callan cuando se los pida, sólo me cambiaré de asiento o llamaré al gerente."

Fuente: Adaptado de Nevid, Rathus y Greene 2008.

• *Aprenda a expresar sentimientos positivos.* Esta clase de manifestaciones puede ayudarnos a difuminar las emociones negativas. Diga a los demás que los ama y que se preocupa por ellos. Es probable que ellos reaccionen de manera recíproca.

Piense en situaciones en las cuales haya sentido ira o haya actuado impulsado por dicha emoción. ¿Cómo podría usted manejar estas situaciones de manera distinta en el futuro? ¿Qué respuestas alternas puede usted utilizar para ayudarse a mantener la calma? La tabla 8.3 ofrece algunas alternativas tranquilizantes para los pensamientos que disparan la ira.

■ Pensamiento crítico sobre la psicología ■

Con base en su lectura del capítulo, responda las siguientes preguntas. Después, para evaluar su progreso en el desarrollo de capacidades de pensamiento crítico, compare sus respuestas con las respuestas del ejemplo en el apéndice A.

Con frecuencia, la gente considera que el pensamiento y el sentimiento son estados mentales opuestos. ¿Es correcto pensar en estos estados mentales como opuestos? ¿Por qué sí o por qué no?

Módulo 8.1   Motivación

FUENTES BIOLÓGICAS DE LA MOTIVACIÓN

- **Instintos:** respuestas innatas y específicas de cada especie como motivos
- **Necesidades y pulsiones:** los estados de deficiencia (necesidades) crean pulsiones que motivan las conductas cuyo resultado es la reducción del impulso
- **Motivos de estímulo:** necesidades de exploración e incentivación óptima

FUENTES PSICOLÓGICAS DE LA MOTIVACIÓN

- **Incentivos:** recompensas y objetivos que "jalan" la conducta
- **Disonancia cognoscitiva:** incomodidad que es provocada por discrepancias entre las creencias/actitudes y la conducta
- **Necesidades psicosociales:** necesidades de amistad y afiliación social, necesidad de logro, motivación intrínseca contra extrínseca, motivación de logro contra motivación de evitación
- **Jerarquía de necesidades de Maslow:** necesidades biológicas y psicosociales ordenadas en una jerarquía

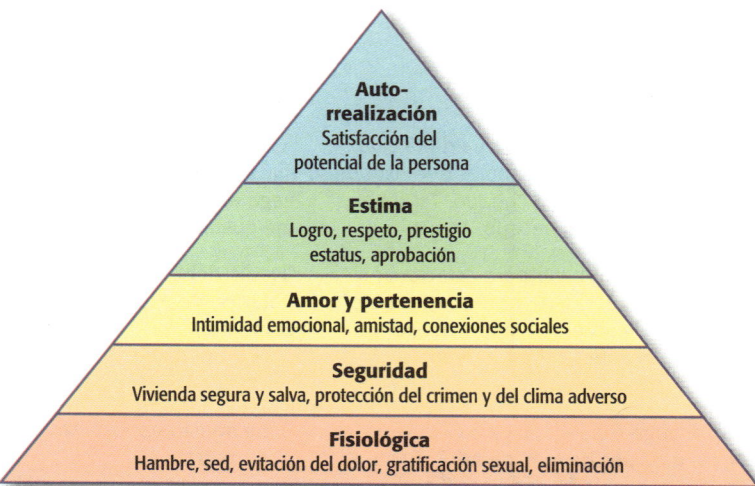

Jerarquía de necesidades de Maslow

CONTROL DEL HAMBRE Y EL APETITO

- **Hipotálamo:** el regulador del apetito del cerebro
- **Sustancias químicas cerebrales:** actúan sobre el hipotálamo para estimular o disminuir el apetito; los neurotransmisores regulan el placer de comer

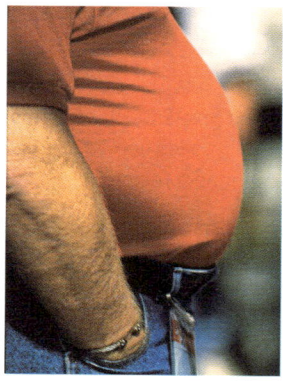

OBESIDAD Y TRASTORNOS ALIMENTARIOS

- **Obesidad:** numerosos factores involucrados, incluso la genética, los patrones conductuales, las influencias ambientales y los factores emocionales
- **Tipos de trastornos alimentarios:** anorexia nerviosa (autoprivación de alimentos e imagen corporal distorsionada); bulimia nerviosa (ciclos de comer en exceso y purgas)
- **Causas de los trastornos alimentarios:** se incluyen presiones sociales para cumplir con el ideal ultraesbelto, perfeccionismo y control e influencias biológicas, como los factores genéticos y las irregularidades en el funcionamiento de los neurotransmisores

Módulo 8.2 Emociones

COMPONENTES DE LAS EMOCIONES

- **Excitación corporal:** excitación del sistema nervioso simpático
- **Cogniciones:** sentimientos subjetivos, juicios o evaluaciones subyacentes de la situación
- **Conductual:** conductas de acercamiento o evitación

SEIS EMOCIONES RECONOCIDAS A NIVEL UNIVERSAL

- Ira
- Temor
- Disgusto
- Tristeza
- Felicidad
- Sorpresa

PRINCIPALES TEORÍAS SOBRE LAS EMOCIONES

- **Teoría James-Lange:** las emociones son respuestas a las distintas reacciones corporales frente a los estímulos disparadores
- **Teoría Cannon-Bard:** las emociones acompañan a las reacciones corporales, pero no son causadas por éstas
- **Modelo de dos factores:** las emociones implican excitación corporal y el etiquetado o evaluación de la fuente de la excitación
- **Modelo de temor a dos caminos:** el "camino bajo" hacia la amígdala; el "camino alto" hacia la corteza cerebral

ESTRUCTURAS CEREBRALES CLAVE PARA LA REGULACIÓN DE LAS EMOCIONES

- **Amígdala:** centro disparador del temor
- **Hipocampo:** estructura que forma la memoria del contexto de las emociones
- **Tálamo:** centro de procesamiento inicial de los mensajes relacionados con el temor
- **Corteza cerebral:** evaluación de una amenaza

¿Qué siente este hombre?

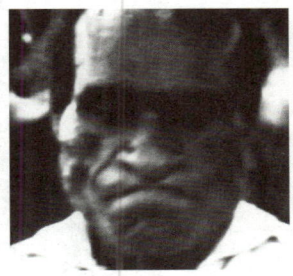

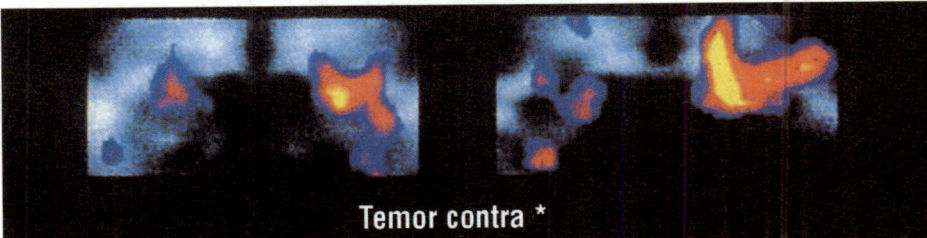

Temor contra *

Activación de la amígdala como respuesta a un rostro temible

9

Desarrollo infantil

¿Sabía usted que . . .

- un óvulo fertilizado no está aún adherido al cuerpo de la madre hasta la primera semana después de la concepción? (p. 329)

- las mujeres embarazadas no pueden asumir que es seguro tomar una o dos bebidas alcohólicas por semana? (p. 332)

- alrededor del primer año de vida, los bebés ya han superado los problemas de equilibrio más difíciles que enfrentarán a lo largo de su vida? (p. 338)

- es normal que un niño de cuatro años de edad crea que la luna tiene sentimientos? (p. 356)

- un estudio reciente, entre niños de tercer grado, demostró que aquellos que tienen televisor en sus habitaciones obtuvieron resultados inferiores en pruebas estandarizadas en la escuela que aquellos que no cuentan con uno propio? (p. 361)

El cerebro adora los acertijos

- En un paseo a un acuario con su padre, Kamau, de cinco años de edad, ve una ballena por primera vez y exclama: "Guau, ¡qué pez tan enorme!". Su padre señala que la ballena no es un pez, pero Kamau parece confundido y continúa llamando "pez" a la ballena. ¿Cómo llamaría usted a esta persistencia de Kamau de llamar "pez" a la ballena? (p. 353-354)

MANTENER LA PAZ EN LA MESA DEL COMEDOR

Una de las cosas que los padres aprenden cuando tienen un segundo hijo es el significado cotidiano del concepto de igualdad. Aprenden que deben dar al segundo hijo cualquier cosa que le den al primero y en igual medida, por lo que aprenden a comprar todo en cantidades de dos. Si dan un regalo a un niño, lo compensan al darle el mismo obsequio o uno equivalente al otro hijo. Esta lección de paternidad se hizo patente con toda contundencia en mi casa cierto día, cuando nos sentamos alrededor del comedor para compartir una pizza. Todo marchó muy bien hasta que dividimos las dos últimas rebanadas entre Daniella, entonces de cinco años, y Michael, quien tenía 11. Noté que los ojos de Daniella comenzaron a anegarse de lágrimas. Yo le pregunté qué sucedía. Ella señaló la rebanada de Michael y me dijo que era más grande que la suya. Michael ya había comenzado a comerse su rebanada, de manera que un intercambio de último minuto no hubiera resuelto el problema, por no hablar de que no hubiera sido justo para Michael. Fue en ese preciso instante cuando el pesado martillo de la igualdad cayó con fuerza sobre mi cabeza.

Para resolver la situación, recurrí a un principio sobre el cual leerá más adelante en este capítulo: el principio de *conservación*. Este principio indica que la cantidad o tamaño de una sustancia no cambia sólo como resultado de una transformación superficial en su apariencia externa. Usted no incrementa la cantidad de arcilla con sólo aplanarla o estirarla. Tampoco incrementa la cantidad de determinado líquido con sólo cambiarlo de un recipiente ancho a uno más estrecho, aunque el líquido se eleve a un nivel más alto en el que es más estrecho. A pesar de que el principio de conservación pudiera parecer evidente para un adulto o un niño mayor, el típico niño de cinco años aún no ha dominado este concepto. Dado que yo lo sabía, de inmediato tomé un

rebanador de pizzas y dividí en dos partes la rebanada de Daniella. "Ya está", le aseguré, "ahora tú tienes el doble de rebanadas que tiene Michael". Michael me lanzó una mirada de sorna, como si se preguntara quién se dejaría engañar con un truco tan obvio. Daniella, por otra parte, miró las dos rebanadas y, muy alegre, comenzó a comer. Las lágrimas se detuvieron. La paz en la mesa del comedor se restableció, al menos por el momento.

La experiencia de la pizza ilustra un tema que continúa durante nuestro estudio del desarrollo humano. No se trata de aplicar principios de psicología infantil para mantener la paz en la mesa del comedor; por el contrario, se trata de reconocer que el mundo del niño es muy distinto al mundo del adolescente y del adulto. Las capacidades cognitivas de los niños y sus maneras de comprender el mundo cambian de forma impresionante durante la infancia. Más aún, como ya veremos en el siguiente capítulo, muchos adolescentes se perciben a sí mismos y al mundo de manera muy diferente a como lo hacen sus padres y otros adultos. Incluso en la adultez, las personas de veintitantos o treinta y tantos años se ven a sí mismas y, a su lugar en el mundo, de manera muy distinta a las mismas percepciones de las personas de edad más avanzada.

En este capítulo y el siguiente seguiremos el rastro de los cambios debidos al desarrollo que ocurren desde el nacimiento hasta la edad avanzada. A pesar de que este capítulo se enfoca en el desarrollo infantil, nuestra historia quedaría incompleta si no consideráramos los importantes sucesos que ocurren mucho después de que un niño respira por primera vez. Nuestra investigación inicia, sin embargo, con un análisis de las preguntas que los psicólogos intentan responder a medida que estudian el desarrollo y algunos de los métodos que utilizan. ■

Preguntas clave y métodos de estudio

- ¿Cuáles son las principales cuestiones subyacentes al estudio del desarrollo humano?
- ¿Cómo estudian los psicólogos del desarrollo los cambios relacionados con la edad?

CONCEPTO 9.1

El estudio del desarrollo humano ha cobrado forma gracias a cuatro cuestiones principales: naturaleza contra crianza, continuidad contra discontinuidad, universalidad y estabilidad.

Podemos pensar que el desarrollo progresa de manera cronológica en términos de las etapas que se muestran en la tabla 9.1. La rama de la psicología que estudia los cambios sistemáticos que ocurren a lo largo de la vida se llama **psicología del desarrollo**. Los psicólogos del desarrollo reúnen datos sobre los tipos de cambios que se presentan durante éste. Sin embargo, estos especialistas también utilizan dicha información para ayudarse a responder cuestiones de más peso acerca del desarrollo humano. En esta sección consideraremos, en primer lugar, cuatro de estas cuestiones: la naturaleza contra la crianza, la continuidad contra la discontinuidad, la universalidad y la estabilidad. Después examinaremos los principales métodos que los psicólogos del desarrollo emplean en sus estudios.

La cuestión de la naturaleza contra la crianza

Una de las más antiguas controversias en la psicología es el **debate de naturaleza-crianza**. ¿Nuestro comportamiento está gobernado por la naturaleza (genética) o por la crianza (ambiente y cultura)? A principios del siglo xx, el debate entre los lados opuestos estaba definido con mayor claridad: los conductistas, como John Watson, sostenían que la conducta está determinada por el aprendizaje y la experiencia. Como ya explicamos en el capítulo 1, Watson incluso alardeó que podía tomar bebés saludables y "bien formados" y que, al controlar su ambiente, podía convertirlos en médicos, abogados o hasta limosneros y ladrones. Otro de los primeros teóricos, el psicólogo Arnold Gesell (1880-1961), enfatizó la función de los procesos biológicos en el desarrollo humano. Gesell tenía una fuerte influencia de la teoría de la evolución de Darwin y creía que el desarrollo infantil progresa mediante una serie de cambios, determinados a nivel genético, que suceden de acuerdo con el plan de la naturaleza.

A pesar de que el debate naturaleza-crianza aún continúa, los psicólogos reconocen que la conducta humana recibe la influencia de una combinación entre los genes y el ambiente. La versión contemporánea del debate naturaleza-crianza se refiere más a las contribuciones relativas de éstas en conjunto a conductas particulares que lo que se refiere a la exclusión entre naturaleza o la crianza (Bouchard, 2004). En otras palabras, los científicos reconocen que la biología y la experiencia trabajan en conjunto a fin de mejorar la capacidad del organismo para adaptarse con éxito a su ambiente (Gottesman y Hanson, 2005).

psicología del desarrollo Rama de la psicología que explora los aspectos físicos, emocionales, cognitivos y sociales del desarrollo.

debate de naturaleza-crianza Debate en psicología sobre las influencias relativas de la genética (naturaleza) y el ambiente (crianza) en la determinación de la conducta.

TABLA 9.1 Etapas de desarrollo durante la vida

Etapa	Edades aproximadas
Periodo prenatal	De la concepción al nacimiento
Periodo de infancia	Del nacimiento al primer año
Periodo de párvulo	De uno a tres años
Periodo preescolar	De tres a seis años
Niñez media	De seis a 12 años
Adolescencia	De 12 a 18 años
Adultez temprana	De 18 a 40 años
Adultez media	De 40 a 65 años
Adultez avanzada	De 65 años en adelante

Los psicólogos del desarrollo intentan determinar cuál porción del desarrollo puede atribuirse a la naturaleza, o los genes, y cuál a la crianza, o el ambiente. Por ejemplo, la evidencia demuestra que los genes representan alrededor de la mitad de la variabilidad en características de la personalidad entre los individuos (Bouchard, 2004). Sin embargo, a pesar de que nuestra estructura genética influye en el desarrollo de los patrones conductuales, el hecho de que dichos patrones emerjan depende en gran medida del ambiente cultural o familiar en el cual el niño es criado (Cravchik y Goldman, 2000; Li, 2003). Algunas características físicas, como el color del cabello, son determinadas por un solo gen, pero las características conductuales complejas reciben la influencia de múltiples genes que interactúan con los factores ambientales (Plomin y McGuffin, 2003). El desarrollo se comprende mejor en términos de un interjuego continuo entre la biología y la experiencia (Lickliter y Honeycutt, 2003). Como discutimos en el capítulo 2, los investigadores utilizan estudios de parentesco (estudios de asociaciones familiares, estudios de gemelos y estudios de adoptados) para ayudarse a determinar las contribuciones relativas de la naturaleza y crianza hacia características particulares.

La cuestión de la continuidad contra la discontinuidad

Otra cuestión que ha provocado debate entre los estudiosos del desarrollo es si éste progresa de manera continua en una serie de pequeños cambios o de manera discontinua en pasos abruptos. De acuerdo con el **modelo de continuidad**, los cambios que experimentan los niños en diversas edades son *cuantitativos* por naturaleza: ocurren en pasos pequeños en lugar de a grandes saltos. Los teóricos de las etapas, de entre los cuales el más notable es el psicólogo suizo del desarrollo Jean Piaget, se suscriben a un **modelo de discontinuidad**; es decir, el enfoque en donde el desarrollo progresa en etapas que son de naturaleza *cualitativa*: ocurre en términos de transformaciones repentinas o saltos abruptos en las capacidades del niño y en sus maneras de interactuar con el mundo. Estos teóricos creen que el desarrollo permanece relativamente estable dentro de cada etapa pero que, de súbito, salta hacia la siguiente.

La mayoría de los psicólogos del desarrollo adoptan una postura intermedia: ellos creen que el desarrollo implica cambios tanto cuantitativos como cualitativos. Por otra parte, ninguna cantidad de práctica para gatear o "dar pasos" conducirá al hecho concreto de caminar sino hasta que el bebé alcanza dicha etapa cuando ya está listo para ello en términos de maduración física. Tampoco la coacción en un bebé para que hable producirá palabras reconocibles hasta que éste alcance la etapa en la cual aparece por primera vez el uso del lenguaje. Además, muchas habilidades, como las de vocabulario y las matemáticas, se desarrollan de forma gradual por medio de la práctica y la experiencia. Sin embargo, incluso para estas habilidades, podríamos argüir que el niño debe llegar a una etapa de desarrollo en la cual esté listo para que el entrenamiento y la experiencia tengan relevancia.

La cuestión de la universalidad

¿El desarrollo sigue un curso universal que es esencialmente el mismo para los niños de todo el mundo o, por el contrario, depende más de la cultura y la experiencia? Una vez más, la mayoría de los psicólogos del desarrollo adoptan una postura de compromiso (Overton, 1997). Como ya veremos, existen fuertes evidencias de que los niños progresan mediante una serie de etapas de desarrollo cognitivo. No obstante, existen diferencias en las edades a las cuales los niños llegan a ciertas etapas. Los psicólogos del desarrollo toman en cuenta muchas influencias sociales y culturales en el desarrollo, incluso factores como los antecedentes étnicos, el nivel socioeconómico, el estilo de vida y la alimentación.

La cuestión de la estabilidad

Los psicólogos del desarrollo también están interesados en el grado en el cual los temperamentos y las características de la personalidad son estables a lo largo de la vida. ¿Las características y los temperamentos observados en la infancia y en la niñez temprana perdurarán a lo largo de la vida o las personas pueden cambiar con el paso del tiempo? Algunos teóricos, como Sigmund Freud, han declarado que nuestras personalidades, por lo general, quedan fijas en la niñez temprana, alrededor de los seis años. En la actualidad, la postura de Freud es considerada demasiado limitante; incluso

modelo de continuidad Aquel que propone que el desarrollo implica cambios cuantitativos que ocurren a pasos pequeños a través del tiempo.

modelo de discontinuidad Modelo que propone que el desarrollo progresa en niveles discretos que implican cambios abruptos y significativos en la capacidad cognitiva y en las maneras de interactuar con el mundo.

algunos de sus seguidores, como el teórico Erik Erikson, reconocieron que nuestra personalidad continúa en desarrollo a medida que envejecemos y enfrentamos nuevos desafíos vitales. Incluso así, veremos que los investigadores encuentran ciertas consistencias en la conducta a través del tiempo; en especial, en lo que se refiere al temperamento.

Métodos de estudio

CONCEPTO 9.2
Los psicólogos del desarrollo utilizan diferentes estrategias de investigación para estudiar las diferencias relacionadas con la edad; los más comunes son los estudios longitudinales y los estudios transversales.

VÍNCULO DE CONCEPTOS · · · · ·
Un famoso ejemplo de un estudio longitudinal es el estudio de Terman sobre los niños con dones intelectuales extraordinarios. Consulte el módulo 7.3.

Los psicólogos del desarrollo utilizan un rango de estrategias de investigación para estudiar los cambios relacionados con el desarrollo. Los dos métodos empleados son el *método longitudinal* y el *método transversal*.

El método longitudinal

Un **estudio longitudinal** observa a las mismas personas una y otra vez a través del tiempo. Los estudios longitudinales pueden durar años o décadas. Los investigadores conducen estudios longitudinales para examinar cómo es que cambian la personalidad y la conducta de las personas con el paso del tiempo (Warner *et al.*, 2004). Estos estudios pueden enfocarse en preguntas como "¿Los niños tímidos se convierten en adultos tímidos?" o "¿Es estable el temperamento o cambia a través del tiempo?". En el capítulo 7 discutimos los resultados del primero y más largo estudio longitudinal. El psicólogo Louis Terman dio inicio a este estudio en 1921 y llevó un registro del curso de vida de un grupo de niños con dones intelectuales extraordinarios desde que cursaban la educación media hasta la edad avanzada.

La mayor fortaleza de la investigación longitudinal es que permite a los investigadores examinar los procesos del desarrollo al observar los cambios en los mismos individuos con el paso del tiempo. Sin embargo, el método tiene algunas grandes limitaciones: consume mucho tiempo y puede requerir un flujo continuo de recursos con el cual sólo cuentan los programas de investigación mejor financiados. Más aún, los participantes de la investigación pueden abandonar el estudio por varias razones, como la muerte, la discapacidad o el cambio de residencia. Además, la muestra del estudio puede no ser representativa de la población en general, lo cual limita la posibilidad de generalizar los resultados más allá del grupo de estudio.

Método transversal

Debido a las limitaciones del método longitudinal, los psicólogos del desarrollo utilizan con más frecuencia un enfoque alternativo, llamado *método transversal*, para estudiar los cambios generados por el desarrollo. Un **estudio transversal** observa a personas de diferentes edades en el mismo punto en el tiempo. Por lo tanto, los investigadores pueden comparar los grupos de personas cuyos antecedentes característicos son similares (nivel de ingresos, extracción étnica, etc.), pero que difieren en la edad. Las diferencias entre los grupos sobre las variables de interés, como la timidez o el temperamento, presumiblemente reflejarán procesos de desarrollo relacionados con la edad.

El método transversal tiene varias ventajas: comparado con el método longitudinal, es mucho menos costoso y no consume tanto tiempo, dado que los participantes necesitan ser sometidos a pruebas sólo en un punto en el tiempo. Sin embargo, también tiene desventajas. En primer lugar, los investigadores no pueden tener la certeza de que los grupos son comparables respecto de cada una de las características importantes, excepto la edad. En segundo, es posible que alguna variable no reconocida, a excepción de la edad por sí misma, cause las diferencias observadas entre los grupos.

Otro problema con el método transversal es la posibilidad de que se presente un **efecto de cohorte**; una limitación que es el resultado de que los participantes de la investigación sean miembros de una generación determinada o de que hayan sido criados en cierto momento de la historia. El término *cohorte* describe a un grupo de personas que nacieron más o menos al mismo tiempo y, por lo tanto, pueden compartir muchas características históricas y de antecedentes sociales. Por consiguiente, las diferencias entre los grupos de individuos de diferentes edades pueden estar relacionadas en términos generacionales o históricos en lugar de sólo por la edad. Un niño que nace hoy puede vivir experiencias distintas a las vividas por los niños pertenecientes a las generaciones previas y, en consecuencia, puede ver el mundo de manera muy distinta. Los niños de la actualidad pueden no tener idea del mundo que conocieron las generaciones anteriores, es decir, un mundo

estudio longitudinal Aquel que compara a los mismos individuos en intervalos periódicos a lo largo de un tiempo extendido.

estudio transversal Aquel que compara individuos de diferentes edades o niveles de desarrollo en el mismo punto en el tiempo.

efecto de cohorte Diferencias entre grupos de edades como paso de las influencias históricas o sociales que afectan a esos grupos en lugar de la edad en sí misma.

TABLA DE CONCEPTOS 9.1
Métodos principales de estudio del desarrollo humano

	Método longitudinal	Método transversal
Método	Estudio repetitivo a través del tiempo de los mismos individuos para registrar los cambios en el desarrollo	Comparación de individuos de diferentes grupos de edad o etapas de desarrollo al mismo tiempo
Plan de estudios	Estudio del mismo grupo de individuos a los 20, 40 y 60 años	Estudio de tres grupos de participantes al mismo tiempo: un grupo de personas de 20 años de edad, un segundo grupo de individuos de 40 años y un tercero de sujetos de 60 años
Fortalezas y debilidades	Permite el estudio de los mismos individuos a través del tiempo pero es costoso, requiere mucho tiempo y puede estar limitado en cuanto a la generalización de los descubrimientos más allá del grupo original de estudio	Menos costoso y más eficiente que los estudios longitudinales, pero sujeto a factores no reconocidos que pueden distinguir los grupos (además de la edad) y efectos de cohorte (diferencias entre los grupos que reflejen factores históricos específicos en lugar de factores de desarrollo)

sin computadoras, hornos de microondas, teléfonos móviles o, incluso, televisores. El acceso a los juegos de video y de cómputo y a internet también puede dar a los niños contemporáneos una ventaja en el desarrollo de ciertas capacidades visuales-espaciales, comparadas con cohortes previas de niños. Los estudios longitudinales, los cuales llevan un registro de los individuos a través del tiempo, ayudan a separar dichos efectos históricos de aquellos que sólo están relacionados con la edad. La tabla de conceptos 9.1 compara los métodos longitudinal y transversal.

REVISIÓN DE MÓDULO **9.1**   **Preguntas clave y métodos de estudio**

REPASE

¿Cuáles son las principales cuestiones subyacentes al estudio del desarrollo humano?

- La cuestión de naturaleza contra crianza se refiere a las contribuciones relativas de herencia y ambiente en el desarrollo.
- La cuestión de continuidad contra discontinuidad se refiere al debate sobre si el desarrollo progresa de manera continua en una serie de pequeños cambios o de manera discontinua en pasos abruptos.
- La cuestión de la universalidad se refiere a si los cambios relacionados con el desarrollo son universales o variables entre culturas.
- La cuestión de la estabilidad se refiere a si las características y las conductas son consistentes con el paso del tiempo o si cambian a lo largo de la vida.

¿Cómo estudian los psicólogos del desarrollo los cambios relacionados con la edad?

- El enfoque longitudinal implica el estudio de los mismos grupos de individuos de manera repetitiva a través del tiempo.
- El enfoque transversal implica la comparación de personas de diferentes edades en el mismo punto en el tiempo.

RECUERDE

1. Si creemos que el desarrollo progresa en pasos abruptos, lo cual conduce a cambios cualitativos, nuestro enfoque sostiene el modelo de _____ del desarrollo.

   a. continuidad
   b. discontinuidad
   c. disparidad
   d. variabilidad

2. ¿A qué se refiere la cuestión de la universalidad?

3. En la investigación transversal,
   a. el mismo grupo de individuos es estudiado durante muchos años, incluso décadas
   b. personas de la misma edad son estudiadas una y otra vez al paso del tiempo
   c. existen muchos problemas con los efectos de cohorte
   d. por lo regular, la investigación es más costosa y toma más tiempo que los estudios longitudinales

REFLEXIONE

- ¿Cómo replantean los investigadores la cuestión tradicional de "naturaleza-crianza" en la actualidad?
- Un investigador comparó grupos de adultos mayores y adultos jóvenes en una tarea de memoria para estudiar los cambios en el desarrollo en el funcionamiento de la memoria. ¿Qué tipo de método de estudio (longitudinal o transversal) utilizó el investigador?
- ¿Cuáles son las ventajas y las desventajas de los métodos longitudinal y transversal para el estudio del desarrollo humano?

Desarrollo prenatal: un caso de naturaleza y crianza

- ¿Cuáles son las principales etapas del desarrollo prenatal?
- ¿Cuáles son algunas de las principales amenazas del desarrollo prenatal?
- ¿Qué tipos de pruebas se utilizan para detectar defectos cromosomáticos y genéticos?

Los científicos creen que la reproducción sexual comenzó entre 240 y 320 millones de años atrás, mucho antes incluso de que los seres humanos caminaran sobre la Tierra (Lahn y Page, 1999). Ellos creen que comenzó con un solo cromosoma que mutó para formar los cromosomas sexuales X y Y, mismos que determinan el sexo en los mamíferos, incluso en los humanos. El macho de las especies lleva los cromosomas X y Y, mientras la hembra lleva dos cromosomas X. Cada célula reproductiva o célula germinal (el **espermatozoide** en los machos y el **ovocito** –óvulo- en las hembras) contiene sólo un cromosoma sexual. Todas las demás células del cuerpo tienen dos cromosomas sexuales. Por tanto, un espermatozoide lleva un cromosoma sexual X o Y y un óvulo lleva sólo un cromosoma sexual X. Durante la **ovulación**, un óvulo es liberado de uno de los ovarios y luego inicia un lento viaje a través de una **trompa de Falopio** (consulte la figura 9.1). Si ocurre la **fertilización** (la unión entre un espermatozoide y un óvulo), la combinación resultante (XX para las hembras, XY para los machos) de los cromosomas sexuales en el óvulo fertilizado determina el sexo del bebé.

El óvulo fertilizado es una célula unitaria, llamada **cigoto**, que pronto entra en un proceso de división celular. Primero se divide en dos células; después, cada una de éstas se divide y forma cuatro; cada una de estas cuatro se divide y da como resultado ocho células, y así continúa. En los siguientes meses se forman los sistemas de órganos mientras el organismo en desarrollo toma cada vez más la forma y la estructura de un ser humano.

Por lo regular, un embarazo dura 280 días, o alrededor de nueve meses, los cuales se dividen en tres trimestres, o tres periodos de tres meses cada uno. Desde el punto de vista del desarrollo

La danza de la vida En esta notable fotografía, un solo espermatozoide intenta penetrar la cubierta del óvulo. Si lo logra, el material genético de ambos padres se combinará en una sola célula, lo cual marcará el inicio de una nueva vida.

DIAGRAMA DE LA PSICOLOGÍA

FIGURA 9.1   Inicia el viaje
Un óvulo (ovocito) maduro es liberado durante la ovulación por el ovario izquierdo o derecho. Luego viaja despacio hacia la apertura de la trompa de Falopio y a continuación se desliza por su interior. La fertilización, que es la unión entre el espermatozoide y el óvulo, por lo regular tiene lugar en la trompa de Falopio. El óvulo fertilizado, o cigoto, se abre camino hacia el útero, donde se implanta dentro de la pared uterina.

espermatozoide   Célula reproductiva masculina.

ovocito   Óvulo.

ovulación   Liberación de un óvulo desde un ovario.

trompa de Falopio   Tubo similar a una pajilla entre un ovario y el útero, a través del cual se traslada un óvulo después de la ovulación.

fertilización   Unión de un espermatozoide y un óvulo durante la reproducción sexual.

cigoto   Óvulo fertilizado.

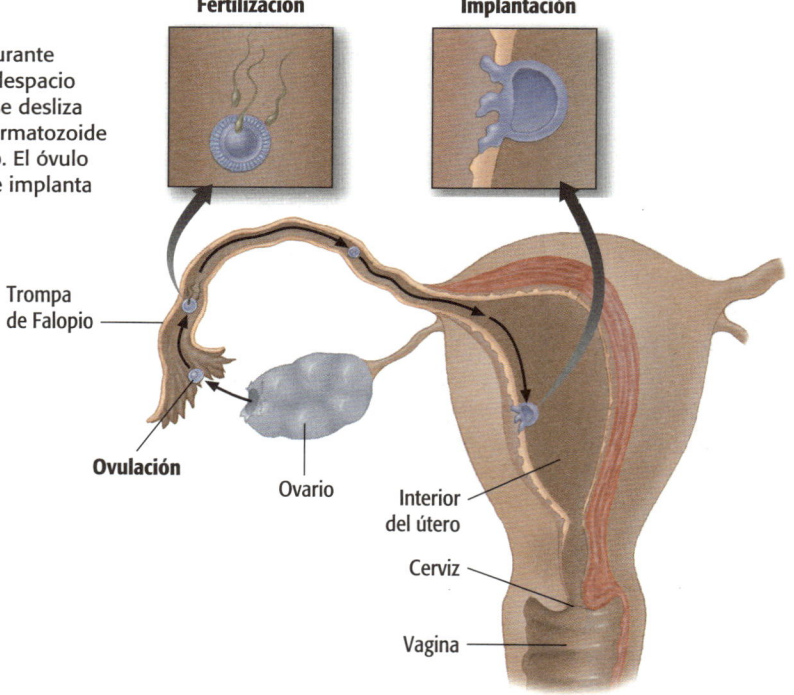

Fertilización

Implantación

Trompa de Falopio

Ovulación

Ovario

Interior del útero

Cerviz

Vagina

a)   b)

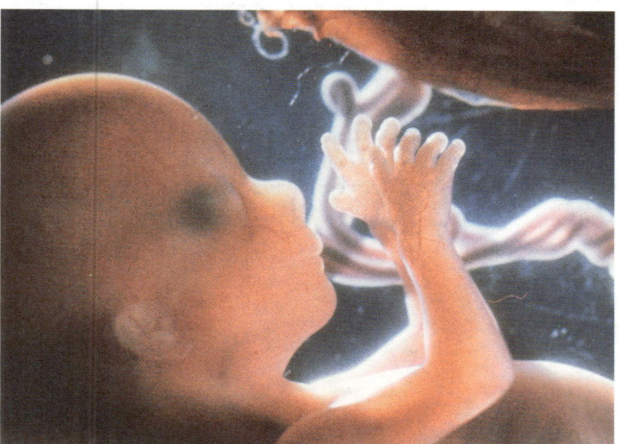

FIGURA 9.2   Desarrollo prenatal
Dramáticos cambios en forma y figura ocurren durante el desarrollo prenatal. Compare el embrión a) de entre seis y siete semanas de desarrollo con el feto b) de alrededor de 16 semanas de desarrollo. El feto ya ha adoptado una forma humana reconocible con toda claridad.

prenatal, también podemos identificar tres principales etapas o periodos prenatales: la etapa germinal, que corresponde aproximadamente a las dos primeras semanas después de la concepción; la etapa embrionaria, la cual cubre alrededor del periodo de dos a ocho semanas después de la concepción; y la etapa fetal, que continúa hasta el nacimiento (consulte la figura 9.2).

La **etapa germinal** cubre el periodo entre la fertilización y la implantación en las paredes del **útero**. Durante los primeros tres o cuatro días después de la concepción, la masa de células divididas se mueve por el útero antes de la implantación. El proceso de implantación todavía no termina sino hasta quizá dentro de otra semana aproximadamente.

La **etapa embrionaria** cubre el periodo desde la implantación hasta alrededor de la octava semana de embarazo. Los principales sistemas de órganos comienzan a tomar forma en el organismo en desarrollo, al cual ahora llamamos **embrión**. Alrededor de la tercera semana de embarazo, dos crestas se doblan juntas para formar el **tubo neural,** a partir del cual se desarrollará el sistema nervioso. También en este tiempo comienzan a formarse la cabeza y los vasos sanguíneos. Para la cuarta semana, un corazón primitivo cobra forma y comienza a latir. Éste, por lo regular, continuará latiendo sin detenerse (así lo esperamos) durante cuando menos los próximos 80 o 90 años.

El embrión está suspendido en un ambiente protector dentro del útero de la madre, llamado **saco amniótico** (consulte la figura 9.3). Lo que rodea al embrión es fluido amniótico, el cual actúa como una especie de amortiguador de golpes para proteger al embrión y, más tarde, al feto de los daños que podrían ser consecuencia de los movimientos de la madre. Entre la madre y el embrión (y el feto) existe un intercambio de nutrientes y materiales de desecho por medio de la **placenta**, la cual está conectada al embrión (y al feto) a través del cordón umbilical. La placenta permite que los nutrientes y el oxígeno pasen de la madre al feto. Las corrientes sanguíneas no se mezclan.

La **etapa fetal**, o etapa del **feto**, comienza alrededor de la novena semana de embarazo y continúa hasta el nacimiento del bebé. Todos los principales sistemas de órganos, así como los dedos de las manos y de los pies, se forman alrededor de la duodécima semana de desarrollo prenatal, lo cual corresponde alrededor del final del primer trimestre. Éstos continúan en desarrollo a lo largo del transcurso del embarazo. El feto aumenta de peso más de tres veces durante el segundo trimestre el embarazo, alrededor de 28 gramos a un kilogramo. También incrementa su estatura, de 10 a 35 centímetros. Por lo general, la madre sentirá los primeros movimientos fetales alrededor de la mitad del cuarto mes. Al final del segundo trimestre, el feto se acerca a la edad de la viabilidad, que es el momento en el cual se vuelve capaz de mantenerse con vida por sí mismo. Sin embargo,

etapa germinal   Fase del desarrollo prenatal que cubre el periodo desde la fertilización hasta la implantación.

útero   Órgano reproductor femenino en el cual se implanta el ovocito fertilizado y se desarrolla a término.

etapa embrionaria   Fase de desarrollo prenatal desde la implantación hasta alrededor de la octava semana de embarazo, durante la cual parecen formarse los principales sistemas de órganos.

embrión   Organismo en desarrollo en una fase de inicio de desarrollo prenatal.

tubo neural   Área en el embrión a partir de la cual se desarrolla el sistema nervioso.

saco amniótico   Saco uterino que contiene al feto.

placenta   Órgano que sirve para el intercambio de nutrientes y materiales de desecho entre la madre y el feto.

etapa fetal   Fase del desarrollo prenatal en el cual el feto se desarrolla; comienza alrededor de la novena semana y culmina hasta el nacimiento del bebé.

feto   Organismo en las fases avanzadas del desarrollo prenatal.

FIGURA 9.3
Estructuras en el vientre
Durante el desarrollo prenatal,
el embrión permanece en un
compartimiento protector dentro del útero, llamado
saco amniótico. La madre y el embrión/feto
intercambian nutrientes y materiales de desecho
por medio de la placenta. El cordón umbilical
conecta al embrión y al feto con la placenta.

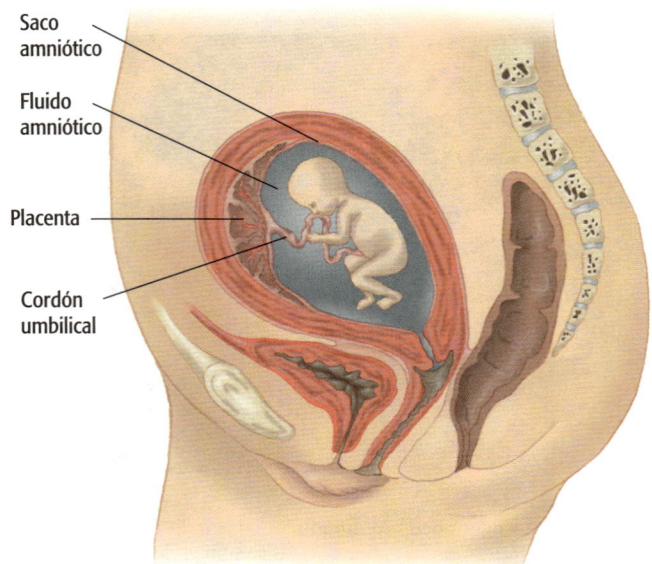

Saco
amniótico

Fluido
amniótico

Placenta

Cordón
umbilical

CONCEPTO 9.3
El feto en desarrollo enfrenta
numerosos riesgos, incluso
desnutrición materna y teratógenos.

CONCEPTO 9.4
Ciertas influencias o agentes
ambientales, llamados teratógenos,
pueden dañar al embrión o feto en
desarrollo.

espina bífida Defecto en el tubo
neural que provoca que el bebé
nazca con un agujero en el tubo
que rodea a la médula espinal.

teratógeno Influencia o agente
ambiental que puede dañar al
embrión o feto en desarrollo.

rubéola Enfermedad común de
la infancia que puede provocar
serios defectos de nacimiento si es
contraída por la madre durante el
embarazo.

menos de la mitad de los niños nacidos al final del segundo trimestre que pesen menos de un kilo sobrevivirán por sí mismos aún con los mejores cuidados intensivos.

Amenazas al desarrollo prenatal

Una mujer embarazada requiere una nutrición adecuada, tanto para la salud del feto como para la propia. La desnutrición materna está asociada con un riesgo mayor de nacimientos prematuros (nacimientos previos a la semana número 37 de gestación) y a un peso bajo al nacer (menos de dos kilos y medio, o alrededor de 2 500 gramos). Los bebés prematuros y de bajo peso al nacer enfrentan riesgos mayores de mortalidad infantil y problemas posteriores de desarrollo, incluso deficiencias cognitivas y dificultades de atención (P. Anderson *et al.,* 2003; Robinson, 2007).

Las mujeres pueden recibir recetas de sus obstetras de multivitamínicos para promover un desarrollo fetal óptimo. El gobierno federal estadounidense recomienda que todas las mujeres en edad de ser madres tomen 400 microgramos de ácido fólico de la vitamina B a diario y que una mujer embarazada tome 800 microgramos. El ácido fólico reduce en gran medida el riesgo de defectos en el tubo neural, como la **espina bífida**, pero sólo si se consume al principio del embarazo (De Wals *et al.,* 2007). Los gobiernos de Estados Unidos y Canadá exigen que ciertos alimentos (p. e., los productos de pan y cereales enriquecidos) sean fortificados con ácido fólico.

La palabra **teratógeno** se deriva de la raíz griega *teras,* que significa "monstruo". Entre los teratógenos se incluyen ciertas sustancias consumidas por la madre, los rayos X, los contaminantes ambientales, como el plomo y el mercurio, y los organismos infecciosos capaces de pasar a través de la placenta hasta el embrión o feto. Los riesgos que representan los teratógenos son mayores durante ciertos periodos críticos de desarrollo. Por ejemplo, los teratógenos que pueden dañar los brazos y las piernas tienen más probabilidades de generar efectos contraproducentes durante el periodo comprendido entre la cuarta y la octava semana de desarrollo (consulte la tabla de conceptos 9.2). Ahora consideraremos varios de los teratógenos más peligrosos.

Enfermedades infecciosas

La **rubéola** (también llamada *sarampión alemán*) es una enfermedad infantil común que puede provocar serios defectos de nacimiento, incluso enfermedades cardiacas, sordera y retraso mental si se contrae durante el embarazo. Las mujeres expuestas a la rubéola durante la infancia

TABLA DE CONCEPTOS 9.2
Periodos críticos en el desarrollo prenatal

Etapa germinal	Etapa embrionaria					Etapa fetal				A término
Semanas 1, 2	3	4	5	6	7	8	12	16	20 – 36	38

Periodo de división del cigoto e implantación

Las etiquetas indican los sitios comunes de acción de los teratógenos

Sistema nervioso central — Ojo — Corazón — Ojo — Corazón — Dientes — Oído — Paladar — Oído — Cerebro

Corazón — Pierna — Brazo — Pierna — Brazo — Paladar — Genitales externos — Genitales externos

Implantación del embrión

Cigoto en división

Sistema nervioso central

Corazón

Oídos

Brazos

Ojos

Piernas

■ Riesgo de anormalidades estructurales mayores

■ Riesgo de anormalidades estructurales menores

Dientes

Paladar

Genitales externos

Fuente: Adaptado de Berger y Thompson, 1995.

adquieren inmunidad a la enfermedad. Aquellas que carecen de inmunidad deben ser vacunadas antes de embarazarse para proteger a sus futuros descendientes.

Algunas infecciones de transmisión sexual, como el VIH/SIDA y la sífilis, pueden ser transmitidas de la madre al bebé durante el embarazo. Por fortuna, el tratamiento suministrado a las madres infectadas con VIH que incluye el antiviral AZT reduce en gran medida el riesgo de transmisión materna del virus al feto. Los niños nacidos con sífilis congénita pueden sufrir daño hepático, visión y audición deficientes y deformidades en los dientes y los huesos. El riesgo de transmisión puede reducirse si la madre infectada es tratada de manera efectiva con antibióticos antes del cuarto mes de embarazo.

Fumar

El hábito de fumar de la madre puede provocar aborto (eliminación espontánea del embrión/feto), nacimiento prematuro, peso bajo al nacer y mayor riesgo de mortalidad infantil (Bernstein *et al.,* 2005; Heilbronner y Berlin, 2005). Mientras más fume, mayores serán los riesgos. El hábito de fumar durante el embarazo también está vinculado con riesgos importantes de **síndrome de muerte infantil súbita (SMIS)** y asma infantil, así como con ciertos problemas de desarrollo, como atención reducida, un bajo coeficiente intelectual e hiperactividad.

CONCEPTO 9.5
Las pruebas genéticas y cromosomáticas pueden detectar la presencia de muchas anormalidades fetales.

síndrome de muerte infantil súbita (SMIS)   Muerte súbita e inexplicable de bebés que por lo regular sucede mientras duermen en sus cunas.

Alcohol y drogas

El **síndrome de alcoholismo fetal (SAF, FAS por sus siglas en inglés)**, el cual afecta hasta a 40 000 bebés en Estados Unidos, es la principal causa de retraso mental que se puede prevenir (Springen y Kantrowitz, 2004). Este síndrome es el resultado del consumo de alcohol de la madre durante el embarazo y se asocia no sólo con retraso mental sino con deformidades faciales, como nariz aplanada, mandíbula superior no desarrollada y ojos muy espaciados entre sí.

A pesar de que el riesgo de alcoholismo fetal es mayor en los casos de fuerte consumo de alcohol durante el embarazo, se presenta incluso entre hijos de madres que bebieron tan poco como una copa y media por semana (Carroll, 2003). En realidad no existe un límite seguro establecido de consumo de alcohol durante el embarazo. De acuerdo con el American College of Obstetricians and Gynecologists (2000), incluso beber unas cuantas copas de vez en cuando pueden poner en riesgo al bebé de padecer dicho síndrome. Más aún, el consumo excesivo de alcohol puede provocar aborto, nacimiento prematuro o muerte del feto en el interior del útero. Dado que carecemos de un nivel seguro de consumo de alcohol durante el embarazo, es prudente que las mujeres embarazadas se abstengan de las bebidas alcohólicas por completo.

Cualquier droga que se consuma durante el embarazo, sea legal o no, y cualquier medicamento, tanto los prescritos como los de venta libre, son potencialmente dañinos para el feto. Por ejemplo, el consumo excesivo de cocaína u opiáceos por parte de la madre puede dañar el cerebro del feto (Lester *et al.*, 2003). La exposición prenatal al consumo materno de cocaína está vinculada también con problemas de la atención y el funcionamiento cognitivo del menor durante la infancia (Singer *et al*, 2004).

Síndrome de alcoholismo fetal El síndrome de alcoholismo fetal (SAF), una de las principales causas de retraso mental y se caracteriza por rasgos faciales específicos, como mandíbula superior no desarrollada, nariz aplanada y ojos muy espaciados entre sí.

Pruebas prenatales

Se utilizan varios métodos para detectar anormalidades fetales durante el desarrollo prenatal. La **amniocentesis** por lo general se practica entre la 16 y la 18 semana de embarazo: se inserta una jeringa en el saco amniótico y se extrae fluido que contiene células fetales. Las células fetales se cultivan y después se analizan para encontrar anormalidades bioquímicas y cromosomáticas. Otra técnica, el **muestreo de vello coriónico (MVC)**, puede realizarse varias semanas antes que la amniocentesis. Una pequeña cantidad de tejido del **corión**, la membrana que contiene al saco amniótico y al feto, es analizada. Tanto la amniocentesis como el muestreo de vello coriónico pueden detectar un amplio rango de anormalidades fetales, incluso el **síndrome de Down**, un desorden cromosomático que da como resultado retraso mental y anormalidades físicas. Este trastorno, el cual se presenta en aproximadamente uno de cada 700 nacimientos de bebés vivos, ocurre cuando tres cromosomas están presentes en el par vigésimo primero, en lugar de los dos normales (Nelson y Gibbs, 2004). El riesgo de que el bebé presente síndrome de Down se incrementa conforme aumenta la edad de la madre (consulte la tabla 9.2).

síndrome de alcoholismo fetal (SAF) Síndrome causado por el consumo materno de alcohol durante el embarazo, en el cual el bebé muestra retraso en su desarrollo y deformidades faciales.

amniocentésis Técnica para diagnosticar anormalidades fetales que implica el análisis de células fetales extraídas.

muestreo de vello coriónico (MVC) Técnica para detectar anormalidades fetales que implica el análisis de material fetal extraído del corión.

corión Membrana que contiene al saco amniótico y al feto.

síndrome de Down Trastorno cromosomático caracterizado por retraso mental y ciertas anormalidades faciales.

imagen de ultrasonido Técnica que emplea ondas sonoras de tono agudo para formar una imagen del feto en el útero.

TABLA 9.2	Riesgo de dar a luz a un bebé con síndrome de Down
Edad de la madre	**Probabilidad de presencia de síndrome de Down**
30	1 en 885
35	1 en 365
40	1 en 109
45	1 en 32
49	1 en 11

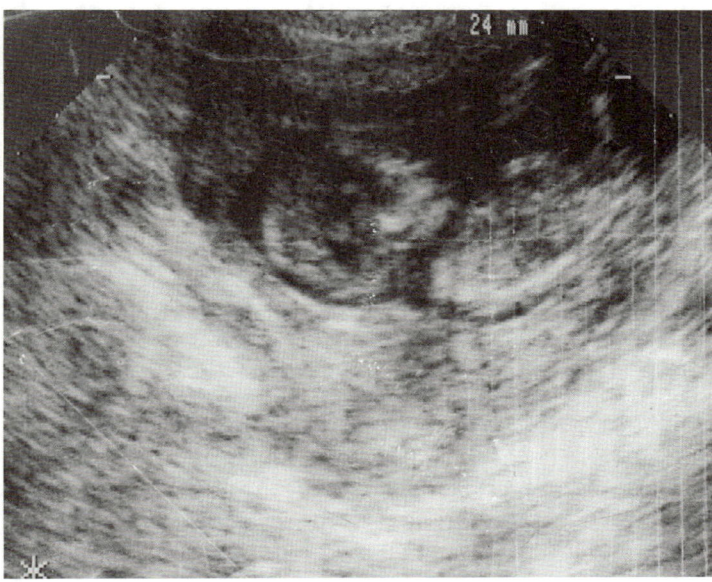

Imagen de ultrasonido   Quizá sea capaz de descifrar la imagen de ultrasonido del hijo del autor, Michael, a las doce semanas de desarrollo. ¡El padre de Michael señala que ya era guapo desde entonces!

La **imagen de ultrasonido** también es utilizada para detectar anormalidades fetales. Se emiten ondas de sonido de tono muy alto (inofensivas) que rebotan en el feto y revelan una imagen de éste y del saco amniótico, mismas que pueden ser mostradas en un monitor tipo televisor. Además de emplear estos métodos, los padres pueden practicarse análisis de sangre para determinar si son portadores de trastornos genéticos, como anemia de células falciformes o enfermedad de Tay-Sachs. Sin embargo, otras pruebas examinan el ácido desoxirribonucleico del feto para revelar otros trastornos genéticos. Quizá en el futuro contemos con los medios para corregir defectos genéticos con el fin de impedir que sean transmitidos de una generación a otra. En el presente, las parejas que esperan bebés y que se enfrentan a esta agonizante situación pueden acudir a asesores genéticos, psicólogos y otros profesionales de la salud para solicitar información y apoyo.

REVISIÓN DE MÓDULO 9.2

Desarrollo prenatal: un caso de naturaleza y crianza

REPASE

¿Cuáles son las principales etapas del desarrollo prenatal?

- La etapa germinal es el periodo comprendido desde la gestación hasta la implantación.
- La etapa embrionaria comienza con la implantación y se extiende hasta alrededor de la octava semana de desarrollo; se caracteriza por la diferenciación de los principales sistemas de órganos.
- La etapa fetal inicia alrededor de la novena semana de embarazo y continúa hasta el nacimiento; se caracteriza por la maduración continua de los sistemas de órganos del feto y por incrementos importantes de tamaño.

¿Cuáles son algunas de las principales amenazas del desarrollo prenatal?

- Entre las amenazas se incluyen la dieta de la madre, las enfermedades y los trastornos maternos y el consumo de ciertos medicamentos y sustancias.

- La exposición a determinados teratógenos causa el mayor daño durante los periodos críticos de vulnerabilidad del feto.

¿Qué tipos de pruebas se utilizan para detectar defectos cromosomáticos y genéticos?

- Entre las pruebas se incluyen la amniocentesis, el muestreo de vello coriónico (MVC), las imágenes de ultrasonido y el análisis de sangre de los padres.

RECUERDE

1. Cuando un espermatozoide se une con un ovocito, proceso conocido como fertilización, el resultado es una sola célula llamada
   a. cigoto
   b. blastocito
   c. embrión
   d. feto

2. Jennifer acaba de enterarse que está embarazada y cree que es seguro continuar con su consumo de alcohol, siempre y cuando no beba más de una copa al día. ¿Qué consejo le daría con base en su lectura del texto?
   a. "Sí, es seguro; pero procura no beber más de una copa al día."
   b. "Puedes beber con toda seguridad una copa de vino, pero no de licores pesados."
   c. "No existe un límite seguro para beber alcohol durante el embarazo."
   d. "Es seguro beber alcohol con moderación, pero no antes del segundo trimestre."

3. Una los siguientes términos con sus descripciones: i. tubo neural; ii. saco amniótico; iii. placenta; iv. etapa germinal
   a. la primera etapa del embarazo

b. un ambiente protector
c. el órgano donde los nutrientes y los materiales de desecho son intercambiados por la madre y el feto en el interior del útero
d. una estructura en el organismo en desarrollo a partir del cual se desarrolla el sistema nervioso

REFLEXIONE

- Con base en su lectura del texto, ¿qué consejo daría usted a otra persona acerca de los riesgos implicados en el hecho de beber alcohol o fumar durante el embarazo?
- ¿Querría saber si usted mismo o su pareja corren el riesgo de portar una anormalidad genética? ¿Por qué? ¿Cómo afectaría dicha información en su decisión de tener hijos?

MÓDULO 9.3

Desarrollo del bebé

- ¿Qué reflejos muestran los bebés recién nacidos?
- ¿Cómo se desarrolla el bebé en términos físicos durante su primer año de vida?
- ¿Qué habilidades poseen los bebés respecto del funcionamiento sensorial, la percepción y el aprendizaje?
- ¿Cómo se desarrollan las habilidades motoras del bebé durante el primer año?

reflejo de búsqueda El giro por reflejo de la cabeza del recién nacido en la dirección de un contacto con su mejilla.

reflejo de parpadeo El parpadeo reflejo de los ojos que protege al recién nacido de la luz brillante y de los objetos extraños.

reflejo de succión Succión rítmica como respuesta a la estimulación de la lengua o la boca.

reflejo de Moro Reflejo innato provocado por un ruido súbito o la pérdida de apoyo, en el cual el bebé extiende los brazos, arquea la espalda y acerca los brazos entre sí, como si intentara sujetarse de alguien.

reflejo de agarre palmar Cierre por reflejo de los dedos del bebé alrededor de un objeto que toca la palma de su mano.

Pareciera que los recién nacidos no hacen mucho más que dormir y comer, aunque en realidad llegan al mundo con un rango más amplio de respuestas de lo que se puede imaginar. Aún más notables son los cambios que tienen lugar durante el desarrollo a lo largo de los dos primeros años de vida. Entremos en el mundo del bebé y examinemos estos sorprendentes cambios.

Reflejos

Un reflejo es una respuesta no aprendida y automática a determinado estímulo. Los bebés nacen con cierto número de reflejos básicos (consulte la figura 9.4). Por ejemplo, si usted toca con suavidad la mejilla de un bebé, éste girará la cabeza por reflejo en la dirección de la estimulación táctil (tacto). Éste es el **reflejo de búsqueda**, el cual, como muchos reflejos básicos, tiene un importante valor de supervivencia pues ayuda al bebé a obtener alimentos al orientar su cabeza hacia el pecho de su madre o el biberón. Otro reflejo que tiene valor de supervivencia es el **reflejo de parpadeo**, que es el parpadeo por reflejo de los ojos que protege al bebé de la luz brillante o de los objetos extraños. Otro más es el **reflejo de succión**, que es la acción de succión rítmica que permite al bebé obtener nutrientes del pecho materno o del biberón. Se produce cada vez que un objeto, como un pezón o un dedo, es colocado en su boca.

Algunos reflejos parecen ser remanentes de nuestra herencia evolutiva que pueden ya no tener ninguna función adaptativa. Por ejemplo, si el bebé es expuesto a un ruido fuerte o si su cabeza cae hacia atrás, se produce el **reflejo de Moro**: el bebé extiende los brazos, arquea la

a) Reflejo de agarre palmar

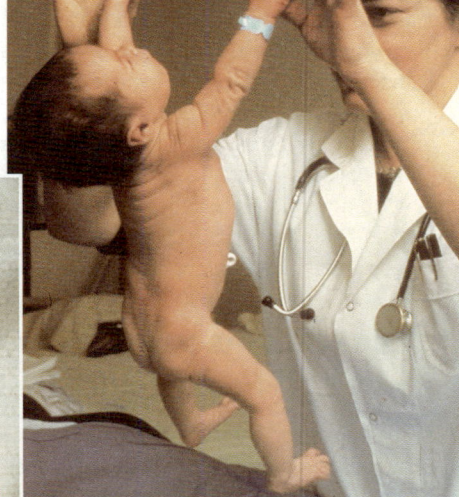

b) Reflejo de búsqueda

c) Reflejo de Moro

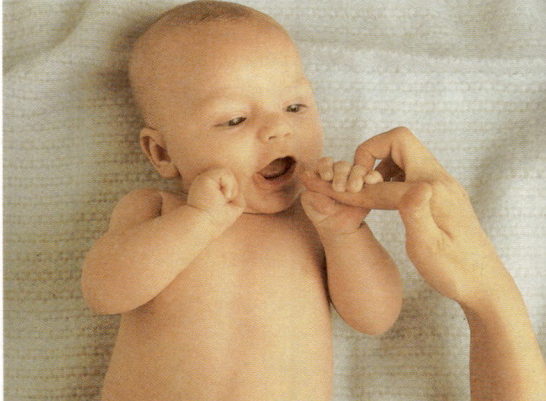

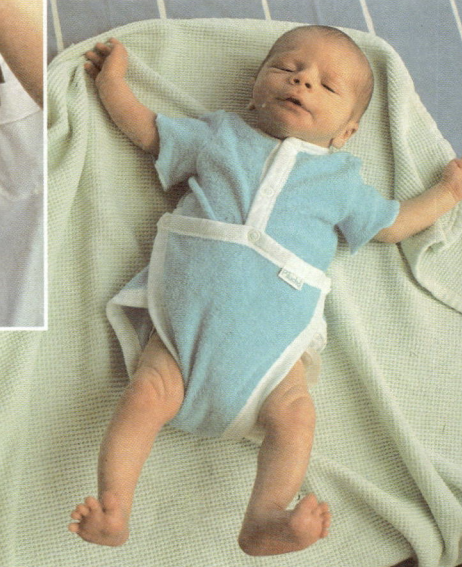

FIGURA 9.4   Reflejos del bebé
a) El reflejo de agarre palmar es tan fuerte que el bebé puede ser levantado, en términos literales, por sus manos. b) En el reflejo de búsqueda, el bebé gira la cabeza en la dirección de un contacto con su mejilla. c) En el reflejo de Moro, cuando el bebé es expuesto a un ruido o a la falta de soporte, arquea la espalda, extiende los brazos hacia los costados y luego los acerca entre sí. ¿Para qué funciones de supervivencia pueden servir estos reflejos?

espalda y luego acerca los brazos entre sí, como si intentara sujetarse de otra persona. El **reflejo de agarre palmar**, o el cierre de los dedos alrededor de un objeto que toca la palma de su mano, es tan fuerte que el bebé puede ser levantado, en términos literales, por sus manos. En épocas antiguas, estos reflejos pudieron tener un valor de supervivencia al impedir que los bebés cayeran mientras sus madres los cargaban a lo largo del día. El **reflejo Babinski** implica el estiramiento y encogimiento por reflejo de los dedos de los pies de un bebé y el giro hacia adentro del pie cuando la planta es frotada.

La mayoría de los reflejos de los recién nacidos desaparece en el transcurso de los primeros seis meses de vida. La presencia y posterior desaparición de determinados reflejos en periodos esperados son consideradas señales de desarrollo neurológico normal.

Desarrollo físico y tamaño del cerebro

La **maduración**, que es el desarrollo biológico de un organismo de acuerdo con su código genético subyacente, determina en gran medida cómo los organismos, incluso los humanos, crecen y se desarrollan en términos físicos. El desarrollo también depende de los factores ambientales, como la nutrición. La nutrición mejorada explica por qué los niños en la actualidad son, en términos generales, más altos que los de un siglo atrás. Aquellos cuyo crecimiento se ve interrumpido por un periodo temporal de desnutrición, pueden alcanzar un desarrollo acorde a su rango de edad al experimentar una fase de crecimiento acelerado que les permita superar cualquier deficiencia (Tanner, 1990). Sin embargo, la desnutrición prolongada, en especial durante los primeros cinco años, puede producir deficiencias permanentes en estatura física y desarrollo cerebral. Como resultado, muchos niños desnutridos desarrollan retraso mental o no logran alcanzar la estatura adulta normal.

En promedio, durante el primer año de vida, los bebés triplican su peso al nacer de 3.5 kilogramos, aproximadamente, a alrededor de 10 u 11 kilogramos. Su tamaño también aumenta alrededor de 50 a 75 centímetros. Entre el nacimiento y la edad adulta, el cerebro cuadruplica su volumen. La mayoría de las miles de millones de neuronas en el cerebro humano, aunque no todas, se

reflejo Babinski   El estiramiento y encogimiento por reflejo de los dedos de los pies de un bebé y el giro hacia adentro del pie cuando la planta es frotada.

maduración   Desarrollo biológico del organismo de acuerdo con el código genético subyacente.

CONCEPTO 9.6
El desarrollo físico está controlado por el proceso de maduración, que es el desarrollo biológico del organismo de acuerdo con un conjunto programado de instrucciones contenidas en los genes.

forman antes del nacimiento. El incremento en el volumen cerebral durante el desarrollo se debe, en gran medida, a la formación de trillones de conexiones sinápticas entre neuronas. Conforme el bebé se desarrolla, estos complejos vínculos de neuronas hacen posible el aprendizaje, la memoria y los procesos perceptuales y motores. El desarrollo cerebral continúa a lo largo de la infancia, en tanto el niño es capaz de realizar diversas tareas mentales más complejas, como el empleo del lenguaje y la lectura. La formación de la grasosa vaina de mielina que cubre muchos axones, y que da como resultado la transmisión más veloz y eficiente de señales nerviosas, también contribuye al aumento de volumen del cerebro. La mielinización es necesaria para la realización de hábiles respuestas motoras, como sujetar objetos, gatear y, con el tiempo, caminar.

Capacidades sensoriales, perceptuales y de aprendizaje durante la infancia

Los bebés son capaces de percibir una amplia gama de estímulos sensoriales, de aprender respuestas simples y de retenerlas en la memoria.

Capacidad sensorial y perceptual

CONCEPTO 9.7
Poco después del nacimiento, el bebé es capaz de discernir entre numerosos estímulos distintos, incluso el olor, el rostro y la voz de su madre, así como diferentes sabores.

La vista es el sentido que se desarrolla más lentamente. Los bebés tienen una visión borrosa al nacer pero su mundo visual no es difuso por completo (consulte la figura 9.5). Los bebés pueden ver los objetos cercanos con más claridad y pueden discernir patrones significativos. Por ejemplo, los recién nacidos muestran más preferencia a ver patrones semejantes a rostros que a patrones que no contienen estas características (Gauthier y Curby, 2005; Turati, 2004). Pueden reconocer la cara de su madre e incluso mostrar preferencia por mirar ese rostro entre otros (Raymond, 2000a).

Los bebés de un mes de edad pueden seguir un objeto en movimiento. La visión básica de color se desarrolla alrededor de las ocho semanas de nacido y la percepción de profundidad se desarrolla cerca de los seis meses (Raymond, 2000b). Con el empleo de un *aparato de abismo visual*, que consiste en un panel de vidrio que cubre una aparente caída repentina, Eleanor Gibson y Richard Walk (1960) demostraron que la mayoría de los bebés de seis meses o mayores dudarán y luego se negarán a gatear hacia el lado profundo, lo cual indica que han desarrollado percepción de profundidad (consulte la figura 9.6).

FIGURA 9.5   Visión del bebé recién nacido y reconocimiento de rostros
Para un bebé recién nacido, el rostro de su madre puede aparecer tan difuso como la fotografía de la izquierda. Sin embargo, el bebé puede reconocer el rostro de su madre y mostrar preferencia por éste entre otros más.

FIGURA 9.6   El abismo visual
El aparato de abismo visual consiste en un panel de vidrio que cubre lo que parece ser una caída repentina. Un bebé que ha desarrollado percepción de profundidad gateará hacia alguno de sus padres, localizado en el extremo opuesto, pero dudará y se negará a aventurarse a la parte "profunda", incluso si es coaccionado por su padre.

Los bebés recién nacidos pueden escuchar diferentes tipos de sonidos. Son particularmente sensibles a los sonidos que corresponden a la frecuencia de la voz humana. De hecho, pueden reconocer la voz de su madre de entre otras voces. Incluso los fetos responden con mayor fuerza (muestran respuestas de ritmo cardiaco más veloz) a la voz de su madre que a las voces de otras mujeres (Kisilevsky *et al.*, 2003). Con varios meses de edad, los bebés pueden diferenciar entre varios sonidos del habla, como "ba" y "ma". Esta capacidad les permite prepararse para el desarrollo del lenguaje. Los bebés de hasta dos, tres o cuatro meses de edad pueden distinguir componentes de la música, como el tono y el ritmo (Begley, 2000b).

En el transcurso de los primeros días de vida, los bebés son capaces de detectar el olor de su madre; incluso pueden discriminar entre las almohadillas para el pecho utilizadas por su madre y las utilizadas por otra mujer (Macfarlane, 1975). El olor de huevos podridos provoca un gesto de desagrado, mientras que el aroma del chocolate o de los plátanos dan como resultado una expresión facial positiva (Steiner, 1979). Los bebés recién nacidos también pueden hacer distinciones entre diferentes sabores y mostrar preferencias por lo dulce (¡no es sorprendente!) (Raymond, 2000b). De hecho, succionarán con mayor fuerza y rapidez los líquidos endulzados que las soluciones amargas, saladas o agua natural.

El mundo perceptual del bebé no es una confusión relampagueante y zumbante de estímulos, como se creía hace tiempo. En lugar de ello, los bebés comienzan a realizar discriminaciones significativas entre estímulos poco después de su nacimiento. Por ejemplo, los recién nacidos son sensibles en extremo a una voz tranquilizante y a la manera en cómo los cargan.

Entre los cuatro y los seis meses de vida, los bebés pueden hacer distinciones entre expresiones faciales felices, enojadas y neutrales (Pascalis, de Haan y Nelson, 2002; Saxe, Carey y Kanwisher, 2004). Lo que aún no sabemos es el significado que tienen estas expresiones faciales distintas para los bebés, si es que acaso significan algo. Podríamos suponer que el bebé piensa: "Parece que mamá está enojada", pero lo que él interpreta sobre la expresión de mamá aún está abierto a conjeturas.

Capacidad de aprendizaje

Los bebés son capaces de aprender respuestas simples y de retener recuerdos de esas conductas aprendidas durante días y hasta semanas. Por ejemplo, los bebés de entre dos y seis meses pueden aprender y recordar una respuesta de pataleo que activa un móvil de cuna (Rovee-Collier y Fagen, 1981) (consulte la figura 9.7). A los dos meses de edad ellos pueden recordar esa respuesta durante varios días, y hasta durante varias semanas a los seis meses de edad (Hartshorn y Rovee-Collier, 1997). Los bebés de seis o siete meses pueden retener recuerdos de rostros (Pascalis *et al.*, 1998) y de los sonidos de determinadas palabras un día después de haberlas

CONCEPTO 9.8
Pareciera que los bebés hacen poco más que comer y dormir; sin embargo, un análisis más detallado revela que aprenden de su ambiente y lo perciben de manera activa.

CONCEPTO 9.9
El desarrollo motor en la infancia progresa muy rápido por medio de una serie de pasos, desde la inmovilidad casi total hasta la capacidad para correr de manera coordinada, alrededor de los 18 meses de edad.

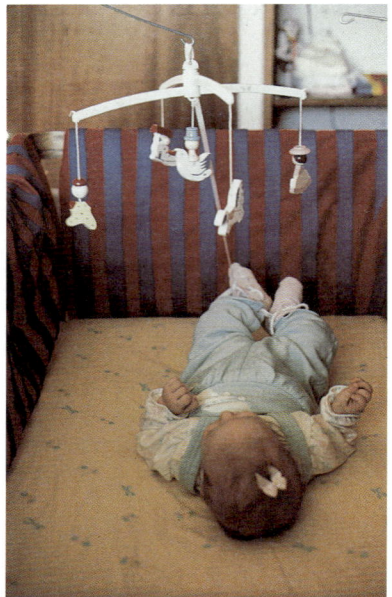

FIGURA 9.7   El aprendizaje en los bebés
Los bebés de hasta dos meses pueden aprender a recordar respuestas simples, como realizar una respuesta de pataleo que activa el movimiento de un móvil de cuna.

escuchado (Houston y Jusczyk, 2003). El aprendizaje ocurre incluso en el periodo prenatal, como demuestra la preferencia de los recién nacidos por la voz de su madre y por los sonidos que reflejan su idioma natal (Moon, Cooper y Fifer, 1993).

Desarrollo motor

Las capacidades motoras de los recién nacidos no se limitan a simples reflejos. De hecho, pueden enfocarse en algunas conductas orientadas a objetivos, como llevarse la mano a la boca para chuparse el pulgar, misma habilidad que aparece por primera vez en el periodo prenatal, durante el tercer trimestre de gestación. Unos cuantos minutos después de nacer, los bebés pueden imitar las expresiones faciales de sus padres (Gopnik, 2000). Dicha conducta imitativa puede ser la base de la comunicación compartida entre el bebé y las demás personas. El bebé y la persona que lo cuida comienzan a intercambiar expresiones faciales, en una especie de dueto no musical (Trevarthen, 1995) (consulte la figura 9.8).

Durante los primeros tres meses de edad, los bebés comienzan a reemplazar lentamente los movimientos reflejos por movimientos voluntarios y con propósitos determinados. Para el segundo o tercer mes de vida, comienzan a llevarse objetos a la boca. Para los cuatro o cinco meses, prefieren llevar los objetos a su campo visual, para observarlos primero, antes de llevárselos a la boca. Alrededor de los seis meses pueden sujetar objetos estáticos con firmeza y comenzar a atrapar objetos en movimiento.

A los dos meses de edad, los bebés pueden levantar la cara; a los cinco meses, rodar sobre sí mismos; y para los nueve meses, sentarse sin apoyo. Para el final del primer año, los bebés dominarán el reto más difícil de equilibrio que enfrentará a lo largo de su vida: permanecer de pie sin apoyarse (Rader, 1997). ¿Por qué es tan difícil permanecer de pie sin ayuda? Un bebé de un año de edad se tambalea 40% más mientras está parado que un adulto; como consecuencia, tiene menos tiempo para responder a las interferencias en el equilibrio con el fin de mantenerse en una postura erguida. Para apreciar el desafío que enfrenta al intentar pararse, imagine que usted intenta mantener su equilibrio mientras está parado en un puente que se balancea constantemente. El desarrollo de las capacidades motoras, como describe la tabla de conceptos 9.3, ocurre en la misma secuencia entre casi todos los bebés, aproximadamente en las mismas edades y en todas las culturas.

 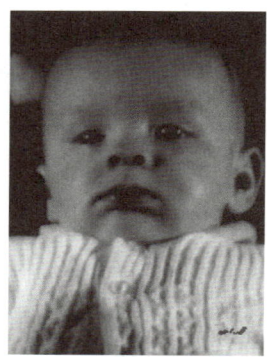  

FIGURA 9.8   Conducta imitativa de los bebés
Se utilizaron dos cámaras para fotografiar por separado a la cuidadora y al bebé. Note cómo el bebé y la cuidadora reflejan las expresiones faciales uno del otro.

Fuente: Trevarthen, 1995.

TABLA DE CONCEPTOS 9.3
Hitos en el desarrollo infantil

Edades aproximadas	Habilidades sensoriales y capacidades de aprendizaje	Habilidades motoras
Desde el nacimiento hasta un mes	• Tiene visión 20/600 • Puede seguir con la vista a un objeto en movimiento • Sensible a sonidos dentro del rango de la voz humana • Muestra preferencia por la voz de la madre y por los sonidos de su idioma nativo (se desarrolla en el periodo prenatal) • Puede detectar el olor de su madre • Puede distinguir ciertos olores placenteros o desagradables básicos • Muestra preferencias de sabor por lo dulce • Responde a una voz tranquilizante • Puede discernir diferencias en cómo los cargan • Muestra preferencias por los estímulos semejantes a rostros y responde a ciertas características faciales	• Reflejos básicos • Succión del pulgar • Imitación de gestos faciales
De dos a tres meses	• Puede distinguir la dirección de un objeto en movimiento • Ha desarrollado visión básica de color • Puede discernir diferencias en el tiempo (ritmo) de un patrón de sonidos • Puede hacer distinciones entre los rostros de varias personas • Puede aprender respuestas simples y recordarlas durante varios días (a los dos meses de edad) y durante varias semanas (a los seis meses)	• Levanta la cara • Se lleva objetos a la boca
De cuatro a seis meses	• Se desarrolla la percepción de profundidad • Puede discernir diferencias entre ciertas expresiones faciales • Puede retener recuerdos de determinados rostros	• Sujeta objetos estáticos • Atrapa objetos en movimiento • Lleva los objetos a su campo visual • Es capaz de rodar sobre sí mismo
De siete a nueve meses	Se desarrolla más la percepción de profundidad y la agudeza visual	• Se sienta sin apoyo • Permanece de pie con apoyo
De 10 a 12 meses	Ha desarrollado una visión cercana a 20/20	• Camina con apoyo • Permanece de pie sin apoyo

REVISIÓN DE MÓDULO 9.3   Desarrollo del bebé

REPASE

¿Qué reflejos muestran los bebés recién nacidos?

• Entre estos reflejos se incluyen el de búsqueda, el de parpadeo, el de succión, el de Moro, el de agarre palmar y el Babinski.

¿Cómo se desarrolla el bebé en términos físicos durante su primer año de vida?

• El peso del bebé promedio se triplica a lo largo del primer año de vida, alrededor de 3.5 a 11 kilogramos, aproximadamente. La altura se incrementa alrededor de 50%, de entre 50 hasta 75 centímetros. Para la edad adulta, el cerebro habrá cuadruplicado su volumen.

¿Qué habilidades poseen los bebés respecto del funcionamiento sensorial, la percepción y el aprendizaje?

• El bebé recién nacido puede detectar objetos a nivel visual, a pesar de que su visión es difusa, y puede hacer distinciones entre diferentes sonidos, olores y sabores.

• La capacidad para responder a las claves de profundidad y para distinguir expresiones faciales por lo regular se desarrolla en el transcurso de los primeros seis meses de vida.

• Los bebés también son capaces de aprender respuestas simples y de retener recuerdos de dichas respuestas.

¿Cómo se desarrollan las capacidades motoras de los bebés durante el primer año de vida?

- Durante el primer año, el bebé adquiere la capacidad de mover su cuerpo, de sentarse sin apoyo, de girar y de gatear, y comienza a ponerse de pie y a caminar por sí mismo.

RECUERDE

1. Una los siguientes reflejos con la descripción apropiada: i. reflejo de búsqueda; ii. reflejo de parpadeo; iii. reflejo de succión; iv. reflejo de Moro
   a. acción rítmica que permite al bebé ingerir nutrientes
   b. acción refleja que protege al bebé de las luces brillantes y de los objetos extraños
   c. movimiento para sujetarse, a menudo como respuesta a un ruido fuerte
   d. girar como respuesta a un contacto en la mejilla; ayuda al bebé a encontrar el pecho de su madre o el biberón

2. El proceso de crecimiento y desarrollo físico que es dirigido por el código genético del organismo se conoce como _____.

3. ¿Qué evidencia (basada en el sentido del oído) tenemos para sustentar la creencia de que el feto es capaz de aprender?

REFLEXIONE

- ¿Cuál es el valor adaptativo de ciertos reflejos básicos en el bebé?

- ¿Por qué es incorrecto decir que el mundo del bebé es sólo un conjunto confuso de estímulos inconexos?

MÓDULO 9.4

Desarrollo emocional y social

- ¿Cuáles son los tres tipos básicos de temperamento infantil identificados por el Estudio Longitudinal de Nueva York, y cuáles son sus principales diferencias?
- ¿Cuáles son los tres tipos de estilos de apego identificados por Ainsworth?
- ¿Cuáles son los estilos principales de paternidad en el modelo de Baumrind y en qué difieren?
- ¿Qué funciones desempeñan las relaciones con los amigos en el desarrollo emocional y social de los niños?
- ¿Cuáles son las etapas de desarrollo psicosocial durante la niñez, de acuerdo con Erikson?

La niñez es un periodo de asombro, descubrimiento y, más que todo, de cambios. Aquí examinamos el mundo del niño que crece, desde el punto de vista de su desarrollo emocional y social. Ya antes señalamos cómo los bebés de todo el mundo desarrollan habilidades motoras en la misma secuencia y alrededor de las mismas edades. Sin embargo, en relación con el desarrollo emocional y social, vemos un rango más amplio de expresión de diferentes conductas, de maneras de relacionarse con los demás y de personalidades emergentes en los bebés y los niños pequeños. Las influencias en el desarrollo emocional y social reflejan las funciones de la naturaleza (genes) y de la crianza (influencias ambientales, incluso los padres, los amigos y los medios de comunicación masiva).

En esta sección examinamos las diferencias temperamentales entre los bebés, el desarrollo de apegos seguros, los estilos de paternidad y las relaciones entre amigos. También presentamos una teoría clave propuesta por el psicoanalista Erik Erikson que representa un hito en nuestra comprensión del desarrollo psicosocial. En la sección de "Aplicación", al final de este capítulo, examinamos un área de preocupación para muchos padres: la influencia de la televisión en el desarrollo de los niños.

Temperamento: el "cómo" de la conducta

Janet comentaba acerca de sus dos hijas, Tabitha (siete años de edad) y Alicia (dos años y medio). "Son como el día y la noche. Tabitha es del tipo sensible. Es muy cautelosa para correr riesgos o para integrarse con los otros niños. Ella puede jugar sola durante horas. Sólo hay que darle un libro para que lea y ella se sentirá en el paraíso. ¿Qué puedo decir sobre Alicia? Mientras Tabitha se sienta en la parte superior de un tobogán y tiene que ser persuadida para que se deslice, Alicia desciende con la cabeza por delante. La mayoría de los niños de su edad se quedan en la zona para bebés del parque de juegos, pero Alicia corre hacia los juegos para trepar. Incluso cree ser uno de los niños mayores e intenta unirse a ellos en sus juegos. ¿Puede imaginarse eso? Alicia corretea detrás de una pelota con los niños de seis o siete años". Pregunte a los padres que tienen dos o más hijos y es probable que escuche una respuesta similar: "Sólo son diferentes. No sé por qué son distintos pero así es".

Podemos intentar explicar estas diferencias en términos del concepto del **temperamento** (Rothbart, 2007). Un temperamento es un estilo característico de conducta y expresión emocional, o lo que podríamos llamar disposición. Podemos pensar en el temperamento como en el "cómo" de la conducta, es decir, la manera característica como un niño se comporta y reacciona ante las situaciones (Chess y Thomas, 1996). Un niño puede ser temeroso o tener un rango limitado de atención, mientras otro muestra una disposición alegre o busca actividades divertidas o emocionantes.

La clasificación más ampliamente utilizada de temperamentos se basa en un estudio de bebés de clases media y media alta del área de la ciudad de Nueva York: el Estudio Longitudinal de Nueva York (NYLS, por sus siglas en inglés) (Chess y Thomas, 1996). Los investigadores identificaron tres tipos generales de temperamento que pudieron ser utilizados para clasificar a dos de cada tres niños dentro del grupo de estudio:

1. *Niños fáciles.* Estos niños son juguetones y responden de manera positiva a los estímulos nuevos. Se adaptan con facilidad a los cambios; muestran un estado de ánimo feliz y encantador y desarrollan horarios regulares de sueño y alimentación. Alrededor de 40% de los niños del estudio longitudinal de Nueva York fue clasificado dentro de esta categoría.

2. *Niños difíciles.* Estos niños reaccionan de manera negativa a las situaciones y a la gente nueva, tienen disposiciones irritables y muestran dificultades para establecer horarios regulares de sueño y alimentación. Alrededor de 10% del grupo perteneció a esta categoría.

3. *Niños de reacción lenta.* Estos niños (llamados "niños inhibidos" por otros especialistas) tienen niveles bajos de actividad; evitan los estímulos novedosos; requieren más tiempo para adaptarse a situaciones nuevas que la mayoría, y por lo regular, reaccionan a las situaciones desconocidas con conductas de aislamiento, de represión o de ligera incomodidad. Esta

CONCEPTO 9.10
Muchos psicólogos creen que los niños difieren en sus temperamentos básicos y que dichas diferencias son, cuando menos en parte, determinadas por factores genéticos.

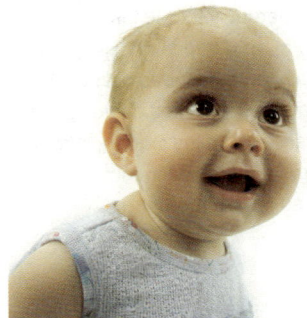 

Temperamento Los psicólogos encuentran diferencias distintivas de temperamento entre los bebés; algunos de ellos muestran conductas más fáciles y agradables y otros muestran conductas más difíciles e irritables. Las diferencias en el temperamento predicen diferencias posteriores en la edad adulta y en el desarrollo social.

temperamento Estilo característico de conducta o disposición.

categoría describió a alrededor de 15% del grupo. El 35% restante de los niños estudiados representó un grupo mezclado que no pudo ser clasificado con facilidad.

Las investigaciones subsecuentes demuestran que el temperamento observado en la infancia predice diferencias posteriores en cuanto a la adaptación (Rothbart, 2007; Rothbart y Bates, 2007). Por lo general, el bebé fácil es más adaptable como adulto que los bebés con otro tipo de temperamento. El bebé de reacción lenta tiende a experimentar más ansiedad o depresión en la niñez que otros pequeños. El infante difícil se enfrenta a un mayor riesgo de desarrollar conductas agresivas sin control u otros problemas conductuales en la niñez. De los tres grupos de temperamentos, los bebés difíciles tienen mayor probabilidad de desarrollar problemas psiquiátricos en las etapas avanzadas de la niñez (Kagan, 1997). Sin embargo, estos niños también pueden tener características positivas, como ser entusiastas y no ser pusilánimes.

Los investigadores han descubierto que los niños con temperamentos más adaptables o flexibles tienden a interactuar de manera más eficaz y cooperativa con sus amigos que aquellos cuyos temperamentos son menos adaptables (Mendez, Fantuzzo y Cicchetti, 2002). Otros investigadores han demostrado que los bebés con temperamentos más difíciles muestran conductas más agresivas y menos deseables cuando llegan a la etapa preescolar (Rubin, Burgess y Dwyer, 2003). Es importante señalar, sin embargo, que éste fue el caso específico de los bebés cuyas madres eran punitivas e insensibles. Los pequeños con temperamentos difíciles, cuyas madres eran atentas y sensibles a sus necesidades, no desarrollaron conductas agresivas al llegar a la etapa preescolar.

El temperamento también está vinculado con otros aspectos del desarrollo, como la adquisición temprana del lenguaje. Los investigadores descubrieron que los bebés con temperamentos más fáciles y adaptables mostraron un mejor desarrollo inicial del lenguaje que aquellos con temperamentos inestables (Dixon y Smith, 2000).

Los psicólogos del desarrollo creen que el temperamento cobra forma tanto por la naturaleza como por la crianza, es decir, tanto por la genética como por las influencias ambientales (Kagan, 2003; Posner, Rothbart y Sheese, 2007). No obstante, la cuestión de si existe alguna posibilidad de transformar el temperamento básico aún permanece sin respuesta.

Por qué es importante

Incluso si el temperamento básico no puede ser modificado, los niños tal vez sean capaces de adaptarse con éxito a su ambiente cuando los padres, profesores y otros proveedores de cuidados toman en cuenta sus temperamentos subyacentes. Por ejemplo, el niño difícil o de reacción lenta puede necesitar más tiempo y una motivación gentil para adaptarse a situaciones nuevas, como comenzar a asistir a la escuela, hacer amistades o unirse a actividades lúdicas con otros niños. Kagan (1997) descubrió que las madres cuyos bebés muestran señales de temperamento inhibido, pero que se relacionan con ellos de manera cariñosa sin ser sobreprotectoras, pueden ayudarlos a superar el temor a las experiencias nuevas.

Apego: creación de lazos

En el desarrollo humano, el **apego** es el vínculo emocional perdurable que los bebés y los niños mayores forman con las personas que los cuidan. No es lo mismo que la **vinculación**, que es el lazo de los padres con el bebé y que se forma en las primeras horas después del nacimiento. Por el contrario, el apego se desarrolla con el tiempo a lo largo de la infancia. A medida que se desarrolla el apego, los bebés pueden gatear para estar cerca de las personas que los cuidan, jalarse o sujetarse de ellas para mantener el contacto y llorar o mostrar otras señales de incomodidad emocional cuando son separados de dichas personas, incluso si sólo es por un momento.

Conductas de apego en especies animales

Muchas especies exhiben conductas de apego. Los bebés chimpancés, tigres y leones se sujetarán con todas sus fuerzas a la piel de su madre. El famoso científico Konrad Lorenz (1903-1989) estudió el fenómeno de la *impronta* en los gansos y en otras especies. La **impronta** es la formación de un fuerte vínculo de apego con el primer objeto en movimiento que los animales ven al nacer. Un bebé ganso seguirá por instinto a su madre dondequiera que ésta vaya. Sin embargo, los

---

CONCEPTO 9.11
Las conductas de apego se encuentran en un amplio rango de especies, desde los patos hasta los seres humanos.

---

apego Vínculo emocional duradero que forman los bebés y los niños con las personas que los cuidan.

vinculación Proceso mediante el cual los padres desarrollan fuertes lazos con sus hijos recién nacidos, los cuales pueden formarse en las primeras horas después del nacimiento.

impronta Formación de un fuerte vínculo del animal recién nacido con el primer objeto en movimiento que ve después de nacer.

gansos criados en incubadoras desarrollarán impronta con los objetos que estén presentes en su nacimiento, tanto con seres humanos (Lorenz fue uno de ellos) como con juguetes mecánicos. Los gansos que desarrollaron impronta con Lorenz lo seguían a todas partes, incluso al grado de ignorar a las hembras adultas.

En una notable investigación, los psicólogos Harry y Marguerite Harlow demostraron que los monos bebés desarrollaban conductas de apego a objetos inanimados colocados en sus jaulas (Harlow y Harlow, 1966). Macacos *rhesus* recién nacidos fueron separados de sus madres unas horas después de haber nacido y fueron criados en jaulas experimentales en las cuales varios objetos desempeñaban las funciones de madres sustitutas. En otro estudio, monos bebés fueron criados en jaulas que contenían dos tipos de madres sustitutas: un cilindro de alambre y un cilindro suave cubierto de tela afelpada (Harlow y Zimmermann, 1959). Los bebés mostraron una clara preferencia por la madre de tela afelpada, incluso a pesar de que eran alimentados por un aparato que contenía un biberón adosado a la madre de alambre. Tal parece que el contacto confortable fue un elemento determinante de apego, aún más poderoso que la comida.

Apego en los bebés humanos

El psiquiatra John Bowlby (1908-1990) formó parte de los primeros teóricos que se enfocaron en el estudio del apego en los bebés humanos (Bowlby, 1980). En su opinión, los seres humanos tienen una predisposición innata a desarrollar apego por las personas que les brindan cuidados. Sin embargo, Bowlby creía que la calidad del apego que un bebé forma con sus padres depende de la sensibilidad y la calidad de cuidado que éstos le prodigan durante el primer año de vida.

La psicóloga Mary Ainsworth (1913-1999) compartía con Bowlby la perspectiva de que la relación padre/madre-hijo es crucial para el desarrollo de apegos seguros. Ella conoció por primera vez la teoría del apego en sus estudios de especialidad en la Universidad de Toronto, justo antes de la Segunda Guerra Mundial. En su estudio de disertación, Ainsworth expresó una de las ideas fundamentales de la teoría del apego: que los bebés y los niños pequeños necesitan utilizar a sus padres como "base segura" para aventurarse a situaciones desconocidas (Bretherton, 1992).

Ainsworth desarrolló un método de laboratorio para medir la conducta de apego, al cual llamó situación extraña. En la **situación extraña**, un bebé de aproximadamente 12 meses y su madre entran en una habitación llena de juguetes atractivos. La madre abandona la habitación de manera periódica y regresa poco tiempo después. En algunas ocasiones, un adulto desconocido está presente en la habitación, con o sin la madre. Observadores entrenados califican la exploración del niño de la habitación, su recelo ante el desconocido y su respuesta a las breves separaciones y reuniones con la madre. Estas respuestas son utilizadas después para determinar el estilo de apego del bebé con su madre. La calidad del saludo que la madre recibe durante las reuniones expresa más acerca del apego del bebé que su conducta durante las separaciones. Con el empleo

CONCEPTO 9.12
Con el empleo de un método de laboratorio para medir conductas de apego en los bebés, los investigadores pueden clasificar a los sujetos de acuerdo con sus estilos básicos de apego.

Apego   Las conductas de apego son los lazos que unen a los bebés con las personas que los cuidan.

Padre ganso   Los gansos bebés que desarrollaron impronta con el científico Konrad Lorenz lo seguían a todas partes.

situación extraña   Método de Ainsworth para evaluar el apego del bebé a la madre, basado en una serie de breves separaciones y reuniones con la madre en una situación de salón de juegos.

Contacto confortable   Harry Harlow demostró que los monos bebés preferían el contacto con una "madre de tela afelpada", a pesar de que una "madre de alambre" los alimentaba.

Mary Ainsworth

🔵 **CONCEPTO 9.13**
Los patrones de apego formados en la infancia pueden establecer las bases para los estilos de apego en la adolescencia y en la edad adulta.

de este método, Ainsworth y sus colegas (Ainsworth, 1979; Ainsworth *et al.,* 1978) señalaron tres estilos básicos de apego, uno caracterizado por apego seguro y otros dos determinados por apegos inseguros:

1. *Tipo seguro (Tipo B).* Estos bebés utilizaron a sus madres como base segura para explorar el ambiente; de manera frecuente voltearon para localizarlas y limitaron su exploración cuando ellas estaban ausentes. En ocasiones lloraron cuando sus madres partieron, pero las recibieron con calidez y se consolaron con facilidad cuando ellas regresaron. Pronto comenzaron de nuevo a explorar. Entre 65% y 70% de las muestras de bebés de clase media fueron clasificadas como poseedoras de apego seguro (Seifert y Hoffnung, 2000; Thompson, 1997). Los estudios entre culturas indican que la mayoría de los bebés muestra un patrón de apego seguro (Main, 1996).

2. *Tipo inseguro-evitador (Tipo A).* Los bebés inseguros-evitadores prestaron poca atención a sus madres cuando éstas estuvieron presentes en la habitación y se separaron con facilidad de ellas para explorar el ambiente. Asimismo, mostraron poca incomodidad cuando sus madres salieron y las ignoraron cuando volvieron. Alrededor de 20% de los bebés participantes en la muestra típica fue clasificado dentro de este tipo (Thompson, 1997).

3. *Tipo inseguro-resistente (Tipo C).* Estos bebés se aferraron a sus madres y se negaron a explorar el ambiente, a pesar de la presencia de juguetes deseables. Mostraron un alto nivel de incomodidad cuando sus madres partieron y continuaron experimentando cierta incomodidad a pesar de los intentos de sus madres por consolarlos cuando regresaron. También mostraron ambivalencia o resistencia hacia sus madres pues en algunos momentos extendieron sus brazos hacia ellas para que los cargaran y luego las rechazaron al empujarlas o al retorcer sus cuerpos para liberarse de ellas. Alrededor de 10% de los bebés mostró este patrón de apego.

En estudios posteriores, los investigadores identificaron un cuarto tipo de estilo de apego, etiquetado como Tipo D para el apego desorganizado/desorientado (Cassidy, 2003; Fish y Condon, 2005). Estos bebés parecían carecer de una estrategia consistente u organizada para responder a las separaciones y reuniones. Parecían sentirse confusos y eran incapaces de acercarse a sus madres de manera directa para recibir apoyo, incluso cuando se sentían incómodos.

El desarrollo de los bebés con apegos seguros se ve influido por la calidad del cuidado materno (Posada *et al.,* 2004). Por ejemplo, ellos tienen más probabilidades de desarrollar apegos seguros cuando sus madres presentan un alto nivel de *sensibilidad maternal,* que es la capacidad de responder de manera apropiada a las necesidades y señales del bebé (Cummings *et al.,* 2003; Thompson, Easterbooks y Padilla-Walker, 2003). Los investigadores también descubrieron que, con frecuencia, las madres recrean con sus propios hijos los tipos de relaciones de apego que ellas tuvieron con sus madres y con las personas responsables de cuidarlas durante su infancia (Kretchmar y Jacobvitz, 2002).

El método de Ainsworth puede no ser apropiado para evaluar las conductas de apego de los niños pertenecientes a culturas con diferentes prácticas de crianza infantil. Por ejemplo, las prácticas culturales japonesas enfatizan la cercanía y la interdependencia entre madre e hijo, lo cual podría significar que los bebés experimentan más dificultades para manejar las breves separaciones de sus madres (Takahashi, 1990). En un sentido más amplio, necesitamos reconocer que existen variaciones sustanciales en las conductas de apego entre culturas distintas. Por ejemplo, los estadounidenses tienden a enfatizar la exploración y la independencia en los niños pequeños que los japoneses.

Apego y desarrollo posterior

Las conductas de apego no terminan en la infancia; por el contrario, se extienden hasta las primeras relaciones amorosas durante la adolescencia, así como las maritales y románticas, además de las amistades de largo plazo en la edad adulta y los lazos formados entre amigos en los años de la jubilación (Crowell, Treboux y Waters, 2002). Una carencia de apegos sólidos en la vida adulta está relacionada con una salud física y emocional deficiente (Goodwin, 2003). Por lo general, los estudios longitudinales encuentran una correspondencia entre los estilos de apego mostrados en la infancia y los manifestados en el desarrollo posterior (Main, 1996).

TABLA DE CONCEPTOS 9.4
Diferencias en temperamentos y estilos de apego

	Tipos principales	Características generales
Temperamentos	**Niño fácil**	Juguetón; muestra interés por situaciones nuevas o ante estímulos novedosos; desarrolla pronto patrones regulares de sueño y alimentación
	Niño difícil	Irritable; muestra dificultades para adaptarse a situaciones o personas nuevas y para establecer horarios regulares de sueño y alimentación
	Niño de reacción lenta	Muestra bajos niveles de actividad; se inhibe, se aísla o se preocupa cuando es expuesto a situaciones nuevas
Estilos de apego	**Tipo seguro (Tipo B)**	Utiliza a su madre como base segura para explorar el ambiente mientras voltea con frecuencia para localizarla; puede llorar cuando la madre se marcha, pero se tranquiliza pronto y la recibe con calidez cuando ella regresa; después comienza de nuevo a explorar
	Tipo inseguro-evitador (Tipo A)	Presta poca atención a su madre cuando está presente y muestra poca incomodidad cuando ella se marcha
	Tipo inseguro-resistente (Tipo C)	Se aferra a su madre; evita aventurarse a situaciones desconocidas; se incomoda mucho cuando la madre parte y no puede ser consolado por completo cuando ella regresa; muestra cierta ambivalencia o resistencia hacia su madre
	Tipo desorganizado/desorientado (Tipo D, de investigaciones posteriores)	Carece de una estrategia consistente u organizada para responder a las separaciones o reuniones; parece confuso e incapaz de aproximarse a su madre de manera directa para recibir apoyo, incluso cuando se siente incómodo

Bowlby creía que los patrones de apego que los padres forman en la infancia permanecen a lo largo de la niñez y la vida adulta, a manera de expectativas generalizadas acerca de cómo es probable que las demás personas respondan en las relaciones cercanas. Estas expectativas, llamadas **modelos de trabajo interno**, se convierten en una guía para las relaciones futuras a lo largo de la niñez, la adolescencia y la edad adulta. Los niños que forman patrones seguros de apego en la infancia desarrollarán un modelo de trabajo interno respecto de los demás como leales y confiables, y de sí mismos como merecedores de amor y capaces de desarrollar relaciones nutritivas. Aquellos menores con patrones de apego inseguros tienen dificultades para confiar en los demás en relaciones cercanas y para esperar que los demás satisfagan sus necesidades.

Los bebés con apegos seguros tienden a mostrar una mejor adaptación psicológica en la niñez y la adolescencia, tienen menos problemas de conducta y establecen mejores relaciones con sus amigos y profesores que aquellos con apegos menos seguros (Dallaire y Weinraub, 2007; Johnson, Dweck y Chen, 2007; Thompson, Easterbrooks y Padilla-Walker, 2003). Antes de avanzar, quizá desee revisar las diferencias entre los temperamentos y los estilos de apego según se muestran en la tabla de conceptos 9.4.

Influencias de la educación

Muchos factores influyen en el desarrollo intelectual, emocional y social de un niño, como la genética, las influencias del grupo de amigos y la calidad de la paternidad (Brazelton y Greenspan, 2000; Li, 2003). La buena paternidad engloba muchas conductas, como invertir tiempo con los hijos (¡mucho tiempo!), el modelado de conductas apropiadas, ayudarlos a adquirir habilidades para desarrollar relaciones amistosas saludables, establecer reglas con claridad, marcar límites, ser consistente en la corrección de las conductas inapropiadas, elogiar la buena conducta y brindar un ambiente cálido y seguro. El hecho de explicar a los niños cómo afecta su conducta a los demás puede ayudar también a desarrollar conductas sociales más apropiadas. Los niños cuyos padres utilizan la disciplina de manera inconsistente, recurren al castigo severo y son demasiado críticos, tienen más probabilidades que otros chicos de desarrollar conductas problemáticas en casa y en la escuela, y su probabilidad de desarrollar relaciones amistosas saludables es menor (Baumrind, Larzelere y Cowan, 2002; Kilgore, Snyder y Lentz, 2000).

CONCEPTO 9.14
Un bebé con conducta de apego seguro tiene más probabilidades de adaptarse mejor durante la infancia y la adolescencia que un bebé con conducta de apego insegura.

CONCEPTO 9.15
La calidad de la paternidad es una influencia importante en el desarrollo intelectual, emocional y social de los niños.

modelos de trabajo interno
Expectativas generalizadas desarrolladas al inicio de la infancia acerca de cómo es probable que respondan los demás en relaciones cercanas.

Papá hace la diferencia   ¿Qué es lo que nos enseñan las evidencias de las investigaciones sobre la influencia de los padres varones en el desarrollo de los niños? ¿Cómo tienden a diferir las madres y los padres en sus conductas de paternidad?

Aceptación de responsabilidades   En algunas culturas se espera que los niños desempeñen funciones de responsabilidad que son necesarias para la supervivencia de la familia y de la comunidad.

La influencia del padre

A pesar de que gran parte de las investigaciones sobre las relaciones padre/madre-hijo se han centrado en los niños y sus madres, no debemos perder de vista la importancia de los padres varones en el desarrollo infantil. Los niños cuyos padres conviven con ellos durante los alimentos, invierten tiempo en diversión y descanso y los ayudan con las tareas escolares, tienden a mostrar un mejor desempeño académico que aquellos con padres menos involucrados (Cooksey y Fondell, 1996). Los investigadores también han descubierto que los niños que viven en hogares con dos padres, padre-madre, tienden a mostrar un mejor desempeño académico y social que aquellos que viven en hogares conformados por madre-pareja o madre soltera, incluso después de tomar en cuenta las diferencias en los niveles de ingresos (Thomson, Hanson y McLanahan, 1994).

Las madres y los padres tienden a diferir en sus conductas de paternidad. Los padres tienden a motivar a sus hijos a ser independientes y asertivos y a correr riesgos (Fitzgerald *et al.,* 2003). Comparados con las madres, los padres, por lo regular, brindan menos cuidados básicos (cambio de pañales, alimentación, baño, etc.) pero se involucran con sus hijos en juegos más activos, en términos físicos (Parke y Buriel, 1997). Por ejemplo, un padre puede sostener a su hijo en el aire ("jugar al avión"), mientras la madre se involucra en juegos más restringidos a nivel físico, como "sorpresa" y hablar o cantar con voz tranquilizante al bebé. Sin embargo, una mayor cantidad de juegos físicos con el padre no es característica de todas las culturas. En comunidades de China, Malasia e India, por ejemplo, es raro que los padres y las madres se aboquen al juego físico con sus hijos (Parke y Buriel, 1997).

Diferencias culturales en la paternidad

El aprendizaje cultural tiene un poderoso efecto en la crianza de los hijos, lo cual produce variaciones entre culturas en cuanto a las maneras en cómo los niños son educados. Las familias afroamericanas, por ejemplo, tienden a tener fuertes lazos de parentesco y a distribuir las responsabilidades del cuidado de los menores entre diferentes miembros de la familia (Nevid, Rathus y Greene, 2008). A menudo, la abuela de dichas familias asume responsabilidades directas de paternidad y con frecuencia se le llama "madre". En las familias hispanas tradicionales se espera que el padre sea el proveedor y protector de la familia y la madre asume la responsabilidad total del cuidado de los hijos. Estos roles tradicionales de género, no obstante, están en proceso de cambio debido a que cada vez más mujeres hispanas han ingresado a la fuerza laboral y se han procurado más oportunidades de recibir educación avanzada.

Las culturas asiáticas tienden a enfatizar el respeto por la autoridad paterna, en especial la del padre, y las relaciones maternales cálidas (Berk, 2000; Nevid y Santa María, 1999). Todas las culturas ayudan a los niños a progresar de una dependencia completa en la infancia hacia una mayor responsabilidad asumida por sus propias conductas. Sin embargo, cada cultura varía en el grado sobre el que promueve la independencia en los niños y su expectativa de que éstos, en un momento dado, asuman funciones de responsabilidad dentro de la familia y de la comunidad.

Estilos de paternidad

Una importante investigación sobre las influencias de la paternidad en el desarrollo de los niños se enfoca en las diferencias en los estilos de la misma. Diana Baumrind, una investigadora líder en esta área, identificó tres estilos básicos de paternidad: con autoridad, autoritario y permisivo (Baumrind, 1971, 1991):

1. *Estilo con autoridad*. Los padres con autoridad establecen a sus hijos límites razonables pero no son controladores en exceso. El padre es la figura de autoridad, firme pero comprensiva, que está dispuesta a ofrecer consejos, pero que también lo está para escuchar las preocupaciones de los hijos. Los padres explican las razones de sus decisiones en lugar de limitarse a "imponer la ley".

2. *Estilo autoritario*. Los padres autoritarios son rígidos y controladores en exceso. Ellos esperan y exigen obediencia incondicional de sus hijos. Si los hijos se atreven a cuestionar por qué se les ordena hacer algo, es probable que la respuesta sea: "Porque lo digo yo". Los padres autoritarios son insensibles a las necesidades de sus hijos y recurren a formas severas de disciplina. Además, permiten que sus hijos tengan muy poco control sobre sus vidas.

3. *Estilo permisivo*. Los padres permisivos tienen una actitud de "todo está permitido" en cuanto a la crianza de sus hijos. Pueden responder de forma afectuosa, pero son demasiado laxos en lo que se refiere al establecimiento de límites y a la imposición de disciplina.

¿Por qué es importante el estilo de paternidad? Baumrind cree que la paternidad con autoridad es el estilo más exitoso de paternidad y señala las evidencias que indican que los hijos de padres con autoridad tienden a mostrar los resultados más positivos en la niñez y la adolescencia (Baumrind, 1971, 1991). Éstos tienen una alta autoestima y confían más en sí mismos, son competentes en las tareas que emprenden y gozan de popularidad entre sus amigos (Parke y Buriel, 1997). El enfoque de crianza flexible, pero firme de los padres con autoridad motiva a sus hijos a ser independientes y asertivos, aunque también respetuosos de las necesidades de los demás. La tabla 9.3 describe algunos pasos clave para convertirse en un padre con autoridad.

> **CONCEPTO 9.16**
> **Diana Baumrind identificó tres estilos distintos de paternidad: con autoridad, autoritario y permisivo.**

TABLA 9.3   Claves para convertirse en un padre con autoridad

Los padres con autoridad establecen límites firmes, pero toman tiempo para explicar sus decisiones y para escuchar los puntos de vista de sus hijos. También les ayudan a desarrollar un sentido de competencia al plantear demandas razonables de conducta madura. He aquí algunas sugerencias para convertirse en un padre con autoridad:

Recurra a la razón, no a la fuerza	Explique las reglas, pero cuide que las explicaciones sean breves. Cuando el niño arroje la comida contra la pared, usted puede decir: "Nosotros no hacemos eso. Tu conducta causa un desorden y yo tendré que limpiarlo"
Muestre calidez	La autoestima de los niños se moldea de acuerdo con la manera en cómo los demás, en especial sus padres, se relacionan con ellos. Exprese sus sentimientos de forma verbal por medio de elogios y de forma física por medio de abrazos, de besos y de tomarse de las manos mientras caminan juntos. Elogie al niño por terminar sus tareas, incluso las que son pequeñas
Escuche las opiniones de sus hijos	Motive al niño a expresar sus emociones y sentimientos, pero explíquele por qué es importante cumplir con las reglas
Establezca expectativas maduras pero razonables	Asimismo, motívelo a adoptar conductas más maduras que coincidan con su nivel de desarrollo. Si un niño requiere asistencia, demuéstrele cómo realizar la conducta esperada y dele motivación y retroalimentación cuando la intente de manera independiente

TABLA 9.4 **Estilos de paternidad de Baumrind**

	Estilo con autoridad	Estilo autoritario	Estilo permisivo
Establecimiento de límites	Alto	Alto	Bajo
Estilo de disciplina	Razonable	Forzado	Laxo
Expectativas de madurez	Alto	Alto	Bajo
Comunicación con los hijos	Alto	Bajo	Moderado
Calidez y apoyo	Alto	Bajo	Alto

Por otra parte, los hijos de padres autoritarios tienden a ser inhibidos, volubles, aislados, temerosos y desconfiados de los demás. Los resultados más negativos durante la adolescencia se encuentran, por lo regular, entre los hijos varones de padres autoritarios. Con frecuencia, tienen un deficiente desempeño en la escuela, carecen de iniciativa y de confianza en sí mismos y tienden a sentirse confusos, infelices y poco amistosos con sus compañeros (Baumrind, 1991; Olson, Bates y Kaskie, 1992). Los hijos de padres permisivos pueden desarrollar problemas con su impulsividad y con su falta de autocontrol. Dado que carecen de la experiencia de cumplir las demandas de los demás, tienen dificultades para desarrollar habilidades interpersonales eficaces (Parke y Buriel, 1997).

La tabla 9.4 resume los tres estilos de paternidad. Sin embargo, necesitamos tomar en cuenta las realidades socioculturales cuando apliquemos los estilos de paternidad de Baumrind. Sería injusto o confuso aplicar las mismas categorías de clasificación de estilos de paternidad en otras culturas que tienen diferentes hábitos de crianza de los hijos. Por ejemplo, algunas culturas enfatizan los estilos autoritarios de paternidad más que otras. En nuestra sociedad, los estilos autoritarios en las familias de niveles económicos bajos (SES, por sus siglas en inglés) representan una especie de adaptación a las tensiones que enfrentan las familias al vivir en vecindarios pobres y peligrosos, como los altos riegos de violencia y abuso en el consumo de drogas. En estas circunstancias, una estrategia de adaptación para proteger a sus hijos de las amenazas del exterior sería que los padres fortalezcan con una obediencia más severa y el establecimiento de límites más estrictos (Parke, 2004). Los padres de familias pobres también pueden establecer relaciones cálidas con sus hijos pero a veces se sienten frustrados con su función paterna debido a la falta de recursos económicos y psicológicos necesarios para enfrentar los numerosos desafíos que se les presentan (Weis, 2002).

También debemos reconocer que, mientras los estilos de paternidad influyen en la adaptación de los niños, las conductas de éstos intervienen, a su vez, en cómo sus padres se relacionan con ellos. En otras palabras, es necesario considerar tanto los efectos padre a hijo como los efectos hijo a padre (Kerr *et al.*, 2003).

Relaciones de amistad

CONCEPTO 9.17
Las relaciones entre amigos brindan oportunidades para que los niños desarrollen competencias sociales y establezcan sentimientos de cercanía y lealtad, mismos que sirven como base para sus relaciones posteriores.

A medida que los niños se aventuran en el mundo, las relaciones que forman con sus amigos afectan numerosos aspectos de su desarrollo. Las relaciones entre amigos brindan al niño oportunidades para desarrollar conductas competentes, en términos sociales, al relacionarse con personas externas a su familia y al actuar como miembro de un grupo. La aceptación y aprobación de los miembros del grupo de amigos ayuda a dar forma a la autoestima en desarrollo del niño y a su sentido de competencia.

Las amistades brindan oportunidades para que el niño aprenda conductas psicosociales, como compartir, cooperar y resolver conflictos. Los niños con amigos tienden a desarrollar una mejor autoestima y son percibidos por los demás como más sensibles y cariñosos (Vaughn *et al.*,

2000). Por otra parte, aquellos en edad preescolar que son rechazados por sus compañeros tienden a sentirse solos, quieren evitar ir a la escuela con mayor frecuencia y no se desempeñan tan bien en medidas de logro como sus compañeros más aceptados (Buhs y Ladd, 2001). Los niños mayores que son rechazados por sus compañeros tienden a mostrar niveles más altos de conducta antisocial, como agresividad y retraimiento social (Rodkin *et al.*, 2000). Tener amigos también ayuda a proteger a los niños del abuso físico o verbal y de la intimidación de otros niños.

Las relaciones entre amigos pueden también tener consecuencias negativas. Los niños y los adolescentes tienen una fuerte necesidad de aceptación por parte de sus amigos y pueden verse influidos por éstos para dedicarse a actividades no recomendables que quizá no intentarían estando solos.

Etapas del desarrollo psicosocial de Erikson

Erik Erikson (1902-1994), prominente teórico psicodinámico, enfatizó la importancia de las relaciones sociales en el desarrollo humano (Erikson, 1963). Desde su perspectiva, el desarrollo psicosocial progresa por medio de una serie de etapas que inicia en la niñez temprana y continúa hasta la edad adulta. Él creía que nuestras personalidades se forman de acuerdo con la manera en cómo enfrentamos una serie de crisis o desafíos psicosociales durante estas etapas. En esta sección nos enfocaremos en las cuatro etapas de desarrollo psicosocial que ocurren durante la niñez.

Confianza contra desconfianza

El primer desafío psicosocial que el bebé enfrenta es el desarrollo de un sentido de confianza hacia su ambiente social. Cuando los padres tratan al bebé con calidez y son sensibles a sus necesidades, se desarrolla un sentido de confianza. Sin embargo, si los padres no son constantes en su atención cuando el bebé los necesita, si son desapegados o responden con frialdad, el bebé desarrolla una desconfianza básica en los demás. El mundo puede parecerles un lugar frío y amenazante.

Autonomía contra vergüenza y duda

Erikson creía que el desafío psicosocial central que se presenta durante el segundo y tercer año de vida se refiere a la autonomía. El niño ahora ha adquirido movilidad dentro de su casa y "participa en todo". Los padres pueden motivar con calidez al niño para que adquiera mayor independencia y nutrir su recién desarrollado sentido de autonomía. Sin embargo, si el niño recibe demasiadas exigencias que no pueda cumplir (como el control de esfínteres), puede saturarse de sentimientos de vergüenza y de duda hacia sí mismo que llegan a tener injerencia en el desarrollo posterior, incluso hasta la edad adulta.

Iniciativa contra culpa

Esta etapa, la cual corresponde a la fase preescolar, entre los tres y seis años de edad, es la época de jugar a trepar y las reuniones con otros niños; tiempo durante el cual el niño es desafiado a iniciar acciones y llevarlas a término. Aquellos que obtienen grandes éxitos por sus esfuerzos y que reciben elogios por sus logros llegarán a desarrollar un sentido óptimo de iniciativa y competencia. En contraste, los niños que con frecuencia no terminan las tareas y no parecen "hacer bien las cosas" pueden desarrollar sentimientos de culpa e impotencia; en especial si son ridiculizados o criticados con severidad por su torpeza o sus errores.

Diligencia contra inferioridad

En esta etapa, que corresponde al periodo de la educación elemental, de los seis a los 12 años, el niño se enfrenta al desafío central de desarrollar sus cualidades activas y su autoconfianza. Si los niños creen que su desempeño es competente en el aula y en la cancha deportiva, es probable que

CONCEPTO 9.18
Erik Erikson describió cuatro etapas de desarrollo psicosocial en la infancia, cada una de éstas caracterizada por una crisis o desafío particular de vida: confianza contra desconfianza, autonomía contra vergüenza y duda, iniciativa contra culpa y diligencia contra inferioridad.

VÍNCULO DE CONCEPTOS •••••
Las etapas de Erikson del desarrollo psicosocial se extienden durante la adolescencia y la edad adulta. Consulte los módulos 10.1, 10.2 y 10.3.

TABLA 9.5 **Etapas de desarrollo psicosocial en la niñez, según Erik Erikson**

Edades aproximadas	Crisis de vida	Principal desafío en el desarrollo psicosocial
Infancia (del nacimiento al primer año de vida)	Confianza contra desconfianza	Desarrollo de un sentido básico de confianza en las personas que lo cuidan y en el ambiente
Periodo maternal (de uno a tres años)	Autonomía contra vergüenza y duda	Construcción de un sentido de independencia y autocontrol
Periodo preescolar (de tres a seis años)	Iniciativa contra culpa	Aprendizaje de acciones de iniciativa propia y realización de la acción a término
Periodo de educación elemental (de seis a 12 años)	Diligencia contra inferioridad	Volverse productivo e involucrado

Fuente: Adaptado de Erikson, 1963.

se vuelvan diligentes al adoptar un rol activo en la escuela y en las actividades extracurriculares. Sin embargo, si el péndulo apunta demasiado lejos en la dirección opuesta y el fracaso supera al éxito, pueden desarrollar sentimientos de inadecuación o inferioridad, lo cual ocasiona que el niño se vuelva retraído y desmotivado.

La tabla 9.5 brinda un panorama de las etapas de desarrollo psicosocial durante la niñez, según Erik Erikson. A pesar de que este autor creía que las experiencias de la niñez pueden tener efectos duraderos en el desarrollo psicológico del individuo, enfatizó que las experiencias posteriores en la vida pueden contrarrestar estas influencias tempranas y conducir, con el tiempo, a resoluciones más exitosas.

Desarrollo de la confianza en sí mismo Erikson creía que los niños de seis a 12 años de edad enfrentan el desafío central de desarrollar cualidades diligentes y la confianza en sí mismos. El desempeño competente tanto en el aula como en la cancha deportiva mejora la confianza en sí mismos y su disponibilidad para involucrarse.

Explore la psicología

¿Las guarderías afectan al apego?

En la actualidad, muchos padres que trabajan recurren a las guarderías para que cuiden a sus hijos pequeños durante el día. Pero, ¿los niños que asisten a las guarderías se vuelven menos apegados a sus madres que aquellos cuyas madres permanecen en casa con ellos? La respuesta, según los investigadores, es que no es así. Numerosos estudios han descubierto que las guarderías no provocan efectos adversos en cuanto a la fortaleza o la seguridad de los apegos entre el niño y su madre (NICHD Early Child Care Research Network, 1997; Sandlin-Sniffen, 2000).

De hecho, las evidencias en las investigaciones demuestran que una guardería sólida y de alta calidad tiene efectos positivos en el desarrollo cognitivo y psicosocial de los niños pequeños, como las capacidades del lenguaje y el juego cooperativo (Marshall, 2004; McCartney *et al.*, 2007; McNamar, 2004). No es sorprendente que los niños muestren mayor crecimiento cognitivo cuando los empleados de la guardería responden y son sensibles a sus necesidades (Loeb *et al.*, 2004). Contamos también con evidencias que vinculan los largos horarios que los niños pasan en guarderías con problemas conductuales, como un comportamiento ligeramente agresivo (Stolberg, 2001). Las causas del vínculo con la conducta agresiva aún se encuentran en estudio, pero los investigadores sospechan que la falta de calidad en las guarderías pudiera ser la culpable (J. M. Love, según se citó en Gilbert, 2003).

Los profesionales reconocen que la calidad de las guarderías establece una diferencia en el desarrollo emocional y cognitivo de los niños. Sin embargo, la elección de un centro de atención infantil no es una tarea fácil. Dado que las regulaciones de licencias y los estándares varían tanto, los padres necesitan sopesar con todo cuidado las alternativas y formular suficientes preguntas antes de comprometerse (consulte la tabla 9.6).

CONCEPTO 9.19
La evidencia demuestra que llevar a los niños a una guardería no obstaculiza el desarrollo de apegos seguros con sus madres.

TABLA 9.6   Selección de una guardería: formulación de las preguntas adecuadas

Elegir una guardería es una importante decisión de paternidad. He aquí algunas preguntas que los padres podrían formular cuando evalúen la calidad de las guarderías:

- *Preguntas generales*:   ¿La guardería tiene licencia? ¿Qué autoridad otorga dicha licencia? ¿Cuánto tiempo tiene de dar servicio? ¿Incluye seguro de responsabilidad? ¿Cómo maneja las emergencias? ¿Cuál es la proporción entre empleados y niños? ¿Puede ofrecer la guardería una lista de referencias? ¿Cuál es su política referente a las enfermedades? ¿Sus tarifas son razonables respecto de la zona y los servicios que ofrece? ¿Son adecuados los horarios para sus necesidades? ¿La guardería motiva a los padres a realizar visitas en cualquier momento?

- *Preguntas acerca de las instalaciones*:   ¿Las instalaciones están limpias y ofrecen un ambiente alegre? ¿Son seguras para los niños pequeños (cubiertas para los enchufes, ningún objeto peligroso al alcance, protecciones en todas las ventanas, etc.)? ¿Cuenta con suficiente espacio para jugar? ¿Están en buenas condiciones los juguetes y el equipo? ¿La comida es nutritiva y atractiva? ¿Cuenta con cunas y mantas individuales para cada niño? ¿Cuenta con provisiones suficientes de pañales y otros productos para bebés? ¿Los bebés tienen oportunidad de gatear por los derredores y de explorar su ambiente con seguridad? ¿Hay juguetes, juegos, libros y actividades estructuradas que llamarán la atención de su hijo? ¿Cuenta con instalaciones seguras en el exterior? ¿Hay equipo disponible para trepar con el fin de promover el desarrollo motor de los menores? ¿Los niños están bien supervisados cuando utilizan un equipo de juego y cuando suben o bajan las escaleras? ¿El horario permite periodos de juego activo y tranquilo? ¿La guardería cuenta con un área para dormir la siesta?

- *Preguntas sobre los empleados*:   ¿Son cálidos y atentos con las necesidades de los niños? ¿Evitan emplear órdenes o reprimendas severas? ¿Interactúan a nivel verbal con los niños? ¿Los cargan con gentileza? ¿Los motivan a la exploración, la creatividad y el desarrollo de sus capacidades de lenguaje? ¿Los involucran en actividades adecuadas para sus niveles de desarrollo? ¿Cuáles son sus antecedentes de capacitación y de experiencia? ¿Parecen disfrutar su trabajo? ¿Cuál es el índice de rotación?

Desarrollo emocional y social

REPASE

¿Cuáles son los tres tipos básicos de temperamento infantil identificados por el Estudio Longitudinal de Nueva York, y cuáles son sus principales diferencias entre éstos?

- Los tres tipos son el niño fácil, el niño difícil y el niño de reacción lenta.
- Los niños fáciles, por lo general, tienen estados de ánimo positivos, reaccionan bien ante los cambios y desarrollan pronto horarios regulares de alimentación y sueño.
- Los niños difíciles por lo general tienen estados de ánimo negativos; tienen dificultades para reaccionar a las situaciones o las personas nuevas y para desarrollar horarios regulares de alimentación y sueño.
- Los niños de reacción lenta tienden a retraerse cuando se enfrentan a situaciones nuevas y experimentan niveles leves de incomodidad.

¿Cuáles son los tres tipos de estilo de apego identificados por Ainsworth?

- El tipo seguro se apega a su madre y la utiliza como una base segura para explorar el ambiente.
- El tipo inseguro-evitador explora con libertad el ambiente pero tiende a ignorar a su madre.
- El tipo inseguro-resistente se aferra en exceso a su madre pero muestra ambivalencia o resistencia hacia ella.
- Los bebés con apego seguro tienden a mostrar una mejor adaptación social y emocional en el desarrollo posterior que los bebés con apego inseguro.

¿Cuáles son los tres estilos principales de paternidad en el modelo de Baumrind y en qué difieren?

- Los padres con autoridad esperan una conducta madura, utilizan el razonamiento y establecen límites firmes.
- Los padres autoritarios establecen límites firmes, pero son demasiado controladores y recurren a los estilos severos de disciplina.
- Los padres permisivos tienen un estilo de "todo está permitido", caracterizado por un enfoque laxo al establecer límites.
- La paternidad con autoridad, por lo general se asocia con una mejor adaptación social y emocional de los niños que los otros estilos de paternidad.

¿Qué funciones desempeñan las relaciones con los amigos en el desarrollo emocional y social de los niños?

- Los amigos son importante influencia en la adaptación psicosocial de los niños, en especial en lo que se refiere a la autoestima y al desarrollo de competencias sociales.
- Las relaciones con amigos también pueden establecer las bases de las conductas inapropiadas.

¿Cuáles son las etapas de desarrollo psicosocial durante la niñez, de acuerdo con Erikson?

- La etapas de Erikson son *1)* confianza contra desconfianza (desde el nacimiento hasta el primer año de vida); *2)* autono-

mía contra vergüenza y duda (de uno a tres años); *3)* iniciativa contra culpa (de tres a seis años) y *4)* diligencia contra inferioridad (de seis a 12 años).

RECUERDE

1. Los investigadores identifican tres temperamentos infantiles básicos: niños fáciles, niños difíciles y niños _____.

2. Una los siguientes tipos de apego identificados por Ainsworth y otros investigadores, con sus respectivas descripciones: i. seguro; ii. inseguro-evitador; iii. inseguro-resistente; iv. desorganizado/desorientado
   a. el niño se aferra a su madre; sin embargo, muestra señales de ambivalencia o negatividad
   b. la madre es una "base" importante para la exploración; el niño se muestra feliz en presencia de su madre
   c. el niño se siente confundido; se muestra incapaz de utilizar a su madre para satisfacer cualquier necesidad de apoyo
   d. el niño ignora a la madre cuando ella está presente y no le afecta si ella se marcha o regresa

3. El estilo de paternidad es una influencia importante en el desarrollo de los niños. ¿Cuál de los siguientes términos describe a un padre que es cálido, brinda apoyo y es consistente, comprende el punto de vista del niño y se comunica con él de manera adecuada?
   a. permisivo
   b. autoritario
   c. con autoridad
   d. *laissez-faire* (dejar hacer)

4. ¿En qué etapa de la teoría de Erikson del desarrollo psicosocial los niños comparan sus habilidades con las de sus amigos y compañeros de clases?
   a. confianza contra desconfianza
   b. autonomía contra vergüenza y duda
   c. iniciativa contra culpa
   d. diligencia contra inferioridad

REFLEXIONE

- Con base en su lectura de la obra de Baumrind sobre las relaciones entre padres e hijos, ¿qué considera es necesario hacer para convertirse en un mejor padre ahora o en el futuro?
- Piense en un niño o adulto joven a quien conozca bien. ¿Cómo se relacionan las etapas de desarrollo psicosocial propuestas por Erikson con el desarrollo de esta persona durante su niñez? ¿Cuáles resultados (confianza contra desconfianza, autonomía contra vergüenza y duda, iniciativa contra culpa y diligencia contra inferioridad) describen mejor el desarrollo psicosocial de esa persona?

Desarrollo cognitivo

- ¿En qué difieren la asimilación y la acomodación?
- ¿Cuáles son las principales características asociadas con las etapas de desarrollo cognitivo, según Piaget?
- ¿Cuál es el tema básico en la teoría de Vygotsky del desarrollo cognitivo?

Juan, de siete años, está enfadado con su hermano menor, David, de tres años. Tal parece que David no ha comprendido la idea básica del juego de "las escondidas". Cada vez que éste corre a esconderse, se acuclilla en la esquina de la habitación, a plena vista de Juan. "Se supone que debes esconderte donde yo no pueda verte", se queja Juan. Entonces, David corre y se esconde justo en el mismo sitio, pero ahora se cubre los ojos. "Ahora ya no puedes verme", le grita a Juan. A pesar de que viven en la misma casa y han compartido muchos paseos familiares juntos, el mundo del pequeño de tres años es muy distinto al de un niño de siete años, como Juan. Consideremos ahora cuán distintos son estos mundos al examinar los cambios de cómo los niños piensan y razonan a medida que progresan en la niñez. Comenzaremos con la obra del teórico más influyente en el campo del desarrollo cognitivo: Jean Piaget.

Teoría de Piaget sobre el desarrollo cognitivo

Se dice que Jean Piaget (1896-1980) es el teórico del desarrollo más importante de todos los tiempos, un "gigante con una teoría gigante", según reza la frase del historiador social Morton Hunt (1993). Piaget inició sus estudios sobre niños mediante la administración de pruebas de inteligencia (Hogan, 2007). Un observador siempre minucioso, Piaget notó un patrón de errores en el pensamiento de los niños, como confundir relaciones de entre la parte y el todo y ser incapaces de clasificar objetos de manera correcta. Él creía que esos errores no eran simples minucias sino que representaban las maneras de pensar de los menores.

A Piaget no le preocupaba el hecho de que los niños respondieran a las preguntas de forma correcta; por el contrario, lo que le interesaba era conocer el razonamiento que sus sujetos de estudio empleaban para llegar a sus respuestas (Feldman, 2003). Él creía que la mejor manera de comprender cómo piensan los niños es observándolos de cerca mientras ellos interactúan con los objetos y resuelven problemas. Gran parte de su trabajo se basó en observaciones de sus tres hijos.

A fin de comprender la teoría de Piaget sobre el desarrollo cognitivo, debemos considerar lo que él quiere decir con el término *esquema*. Para Piaget, un **esquema** es un sistema organizado de acciones o una representación mental que las personas utilizan para comprender el mundo e interactuar con éste (Piaget, 1952). El niño nace con esquemas simples que comprenden reflejos básicos, como la succión. Es evidente que este esquema tiene un valor adaptativo, dado que el bebé necesita obtener nutrientes del pecho de su madre o del biberón mediante la succión.

Con el tiempo, el bebé descubre que el esquema funciona de forma más eficaz para algunos objetos que para otros. Para mi hija, Daniella, el esquema de succión se desintegró el día que le presentamos una taza infantil. Le mostré cómo inclinar la taza en cierto ángulo para llevar el líquido hacia la boca. Daniella no se impresionó demasiado y continuó sosteniendo la taza vertical y succionando el borde, lo cual, por desgracia, no produjo el resultado esperado.

Con el paso del tiempo, los esquemas cambian a medida que el niño se adapta a nuevos desafíos y demandas. De acuerdo con Piaget, la **adaptación** es un proceso en el cual las personas se adecuan o cambian para enfrentar los desafíos del ambiente de forma más eficaz. Por medio de la adaptación, ajustamos nuestros esquemas para enfrentar las demandas cambiantes que el ambiente nos impone. La adaptación, por su parte, consiste en dos procesos complementarios: la *asimilación* y la *acomodación*.

La **asimilación** es el proceso de incorporar situaciones u objetos nuevos a los esquemas existentes. Por ejemplo, los bebés recién nacidos succionarán por reflejo cualquier objeto colocado en sus bocas, como un dedo o hasta un trozo de tela. Daniella aplicaba su esquema de succión a una taza infantil al intentar succionar el borde. Los niños mayores desarrollan esquemas de clasificación, que consisten en representaciones mentales de determinadas clases de objetos.

CONCEPTO 9.20
Para Piaget, un esquema es una estrategia de acción o una representación mental que ayuda a los individuos a comprender el mundo y a interactuar con él.

VÍNCULO DE CONCEPTOS • • • • •
Los seres humanos forman imágenes o representaciones mentales llamadas *esquemas sociales* para encontrarle sentido a su ambiente social, un ejemplo de lo que son las primeras impresiones formadas cuando conocemos personas nuevas. Consulte el módulo 16.1.

CONCEPTO 9.21
Desde la perspectiva de Piaget, la adaptación al ambiente consiste en dos procesos complementarios: asimilación y acomodación.

esquema Marco mental para comprender o actuar en el ambiente según la teoría de Piaget.
adaptación En la teoría de Piaget, es el proceso de ajuste que permite a las personas funcionar con eficacia en el cumplimiento de las exigencias que enfrentan en el ambiente.
asimilación Proceso de incorporar nuevos objetos o situaciones a esquemas existentes, según la teoría de Piaget.

Jean Piaget

Cuando Daniella comenzaba a caminar, ella aplicaba su "esquema de perro" a cualquier animal no humano, incluso gatos, caballos, ovejas y hasta peces. Para ella, todos eran "guau-guau".

La asimilación es adaptativa cuando los objetos nuevos corresponden a esquemas existentes, como cuando el bebé succiona el chupón de un biberón por primera vez en lugar de succionar el pecho de su madre. Sin embargo, los caballos y los peces no son perros y las tazas infantiles no pueden ser succionadas para llevar el líquido a la boca. La **acomodación** es el proceso de alterar los esquemas existentes, o de crear nuevos, para manejar objetos o experiencias que no coinciden con exactitud con los esquemas existentes. Con el tiempo, Daniella desarrolló un nuevo "esquema de inclinación" para utilizar una taza infantil: inclinarla hacia su boca de manera que el contenido llegue a su destino.

Etapas del desarrollo cognitivo

Desde la perspectiva de Piaget, el proceso de asimilación y acomodación son constantes a lo largo de la vida. Sin embargo, él sostenía que el desarrollo cognitivo progresa a través de una serie de etapas que ocurren en todos los niños en una secuencia ordenada alrededor de las mismas edades. En las distintas etapas de desarrollo cognitivo, los pequeños difieren en cómo perciben el mundo e interactúan con éste. Aquí veremos más de cerca las etapas de Piaget de desarrollo cognitivo: *la sensorial-motora, la preoperacional, la operacional concreta y las etapas operacionales formales.*

Etapa sensorial-motora: desde el nacimiento hasta los dos años

La etapa sensorial-motora cubre un periodo trascendental de crecimiento en el desarrollo cognitivo del bebé. Durante esta etapa, que en realidad consiste en seis subetapas, el niño desarrolla una mayor capacidad de mostrar conductas y habilidades más complejas. Piaget utilizaba el término *sensorial-motora* porque el bebé explora su mundo por medio de los sentidos y al aplicar sus capacidades motoras en desarrollo (movimiento corporal y control de las manos). La inteligencia del bebé se expresa mediante la acción y la manipulación de objetos con determinados propósitos.

Desde el nacimiento y hasta el primer mes de vida, las conductas del bebé se limitan a reflejos innatos, como sujetar y succionar. Desde el primero hasta el octavo mes, adquiere mayor control voluntario sobre algunos de sus movimientos, como sujetar los objetos colocados encima de su cuna. El bebé ahora comienza a actuar en el mundo y a repetir acciones que tienen efectos interesantes, como oprimir una y otra vez un patito de hule para producir un sonido chillante. De los ocho a los 12 meses de edad, sus acciones están dirigidas a la obtención de una meta en particular. El bebé actuará con un propósito, como gatear hacia el otro lado de la habitación a fin de abrir los cajones inferiores de los gabinetes donde se guardan los juguetes.

Al principio de la etapa sensorial-motora, los bebés están conscientes de la existencia de un objeto sólo si está presente en términos físicos. Fuera de la vista significa, literalmente, fuera de la mente. Si usted bloquea de la vista de un bebé de cuatro meses un objeto que él ha buscado, el bebé perderá de inmediato el interés y comenzará a buscar otros objetos. Alrededor de los ocho meses, el bebé comenzará a buscar un objeto escondido. Ahora, si usted coloca una almohada sobre un osito de peluche, el bebé la empujará para quitarla del camino y poder alcanzar el juguete. Cerca de esta edad, el niño comienza a desarrollar un concepto de **permanencia de objeto**, es decir, el reconocimiento de que los objetos continúan existiendo incluso cuando han desaparecido de nuestra vista (Cohen y Cashon, 2003).

Piaget creía que la permanencia de objeto aún no está completa en este momento y que alcanza un nivel de madurez hacia el final de la etapa sensorial-motora, cuando el niño comienza a adquirir la capacidad de formar una representación mental de un objeto que no está presente en términos visuales. Una señal de que Daniella, entonces de 22 meses de edad, había adquirido permanencia de objeto fue que comenzó a preguntar por su hermano Michael justo al despertar. Tal parece que ella ya era capaz de retener una representación mental de Michael. Sus padres intentaron no tomarse a título personal el hecho de que ella siempre preguntara primero por Michael.

CONCEPTO 9.22
Piaget propuso que los niños progresan más o menos a las mismas edades a través de una serie de cuatro etapas de desarrollo cognitivo: la sensorial-motora, la preoperacional, la operacional concreta y las etapas operacionales formales.

acomodación   En la teoría de Piaget es el proceso de crear nuevos esquemas o modificar los existentes para adaptarse a nuevos objetos o experiencias.

permanencia de objeto
Reconocimiento de que los objetos continúan existiendo incluso cuando han desaparecido de la vista.

Permanencia de objeto   Los bebés que aún no han desarrollado permanencia de objeto actúan como si los objetos que desaparecen de su vista ya no existieran.

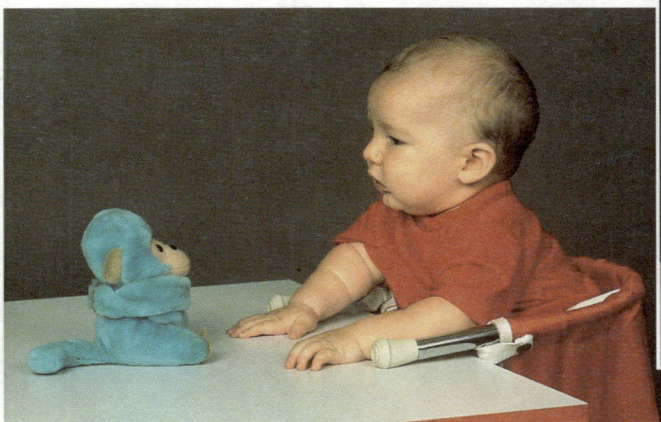
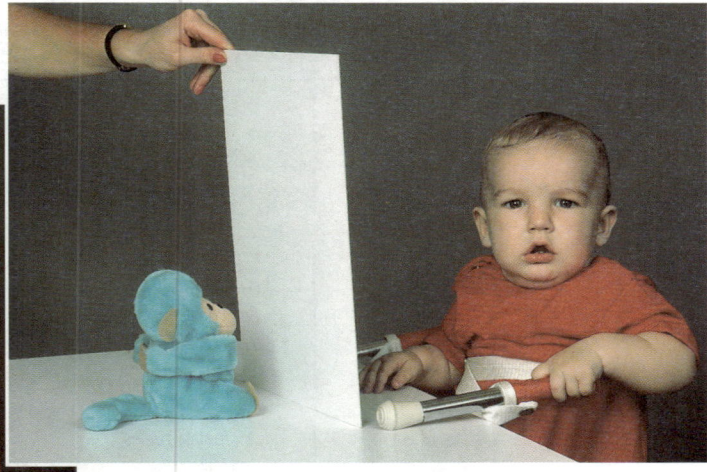

Etapa preoperacional: de los dos a los siete años

Piaget utilizó el término preoperacional para describir las capacidades cognitivas de los niños de entre dos y siete años, porque carecen de la habilidad para realizar operaciones lógicas básicas; es decir, para aplicar los principios básicos de la lógica a sus experiencias. No obstante, durante este periodo ocurre un crecimiento extraordinario en la capacidad para formar **representaciones simbólicas** o mentales del mundo, en especial con el empleo del lenguaje. En términos específicos, un niño forma representaciones simbólicas de objetos y experiencias al nombrarlos o describirlos con palabras. El lenguaje hace que sus procesos de pensamiento sean mucho más expansivos y eficientes de lo que era posible durante la etapa sensorial-motora.

Otra forma de pensamiento de representación es el juego de fingir o de imitar. En el de imitar, los niños forman representaciones mentales que les permiten actuar escenas con personajes que no están presentes en términos físicos. El juego de imitar se vuelve cada vez más complejo a medida que el niño avanza a través de la etapa preoperacional. A los cinco o seis años, los pequeños crean escenas con personajes imaginarios o recrean algunas que han visto en la televisión o en alguna película.

A pesar de que las capacidades cognitivas se expanden de forma dramática durante la etapa preoperacional, Piaget notó que los procesos de pensamiento del niño aún son bastante limitados. Por ejemplo, el niño preoperacional demuestra **egocentrismo**, que es la tendencia a percibir el mundo desde el punto de vista propio. El pensamiento egocéntrico no significa que el niño sea egoísta o que no se preocupe por los demás; en lugar de ello, el pequeño que se encuentra en esta etapa carece de la capacidad cognitiva para aceptar el punto de vista o la perspectiva de otra persona. En la mente del niño, él es el centro del universo. Por ejemplo, Miguel, de cinco años de edad, quiere jugar con su mamá, pero no comprende que ella está exhausta y necesita descansar. Cuando Miguel tiene ganas de jugar, piensa que su mamá también debe tener ganas de jugar. En nuestro ejemplo previo, Sergio, de tres años, es incapaz de aceptar la perspectiva de su hermano cuando juegan a las escondidas. Él no se da cuenta de que su escondite está a la vista de su hermano mayor. También supone que, dado que no puede verlo cuando se cubre los ojos, su hermano tampoco puede verlo a él.

El profesor Jeff Stowell, de la Eastern Illinois University, ofrece este ejemplo de pensamiento egocéntrico de su hijo Spencer, quien entonces tenía cuatro años: "Mientras hablaba conmigo por teléfono, Spencer me dijo: '¿Crees que mi aliento huele a chocolate?'. Yo respondí que no podía olerlo desde allí. A ello, Spencer replicó: 'Bueno, inténtalo de nuevo. ¿Ya puedes olerlo?'".

El egocentrismo conduce a otro tipo de pensamiento, el cual es típico del niño preoperacional: el **pensamiento animista**. El niño cree que los objetos inanimados, como la Luna, el Sol y las

¿Qué recipiente contiene más jugo? Los niños en etapa preoperacional no pueden reconocer que la cantidad de un objeto es la misma cuando es colocado en un recipiente de diferente tamaño.

representaciones simbólicas Símbolos que representan nombres y experiencias; en específico, las palabras de un idioma.

egocentrismo   En la teoría de Piaget es la tendencia de ver el mundo desde la perspectiva propia.

pensamiento animista   En la teoría de Piaget es la creencia del niño de que los objetos inanimados tienen cualidades de seres vivos.

Tipo de conservación	① Presentación inicial	② Transformación	Pregunta	③ Propuesta del niño en etapa preoperacional
Líquidos	Dos vasos iguales con líquido	Vaciar un vaso en un recipiente más alto y estrecho	¿Cuál vaso contiene más líquido?	El más alto
Número	Dos filas iguales de fichas	Incrementar los espacios entre las fichas en una fila	¿Cuál fila tiene más fichas?	La más larga
Masa	Dos bolas iguales de arcilla	Aplastar una bola para convertirla en una figura larga y delgada	¿Cuál pieza tiene más arcilla?	La larga
Longitud	Dos varas de igual longitud	Mover una vara	¿Cuál vara es más larga?	La que está colocada más hacia la derecha

FIGURA 9.9   Tareas de conservación de Piaget
① Se presenta a los niños una sustancia en determinada cantidad. ② La sustancia es después transformada de alguna manera superficial. ③ Los niños que aún no han desarrollado el principio de conservación no pueden darse cuenta de que la cantidad de la sustancia aún es la misma.

Fuente: Adaptado de Berger y Thompson, 1995.

irreversibilidad   En la teoría de Piaget, es la incapacidad para revertir la dirección de una secuencia de sucesos hasta su punto de inicio.

centración   En la teoría de Piaget, es la tendencia a enfocarse en un solo aspecto de una situación a la vez.

conservación   En la teoría de Piaget, es la capacidad de reconocer que la cantidad o el monto de un objeto permanece constante a pesar de los cambios superficiales en su apariencia externa.

nubes, tienen cualidades de seres vivos, como deseos, pensamientos y sentimientos, tal como él. Un pequeño de cuatro años, por ejemplo, puede pensar que la luna es su amiga y que sigue sus pasos mientras camina con sus padres hacia su casa por las noches. El profesor Stowell ofrece otro ejemplo de cuando su hijo Spencer tenía tres años. "Él lloraba cuando mi esposa lavaba la ropa y le suplicaba que apagara la lavadora, porque '¡Las prendas van a ahogarse!'". (Para adquirir experiencia de primera mano con los patrones de pensamiento de los niños pequeños, consulte el recuadro "Intente lo siguiente").

Dos limitaciones más del pensamiento preoperacional son la irreversibilidad y la centración. La **irreversibilidad** es la incapacidad para revertir la dirección de una secuencia de sucesos a su punto de inicio. La **centración** es la tendencia a enfocarse en un solo aspecto de la situación a la vez, hasta la exclusión de todos los demás aspectos.

Piaget ilustró estos principios por medio de sus famosas tareas de **conservación** (consulte la figura 9.9). (La conservación, la marca por excelencia de la etapa operacional concreta, es discutida en la siguiente sección.) En una tarea de conservación de volumen, se le muestran al niño dos vasos idénticos con agua. Una vez que está de acuerdo con que ambos vasos contienen la misma cantidad de líquido, el agua de uno de los vasos es vertida en un vaso más pequeño y más amplio, lo que causa que el agua entre en estado de reposo en un nivel más bajo en aquel que es pequeño que en el más alto. El niño preoperacional ahora insiste en que el vaso más alto y estrecho contiene más agua. Debido a la centración, el pequeño se enfoca sólo en una cosa: la altura de la columna de agua. A causa de la irreversibilidad, el niño no puede reconocer que el proceso puede ser revertido a su punto de inicio; es decir, que vaciar el agua de regreso a su recipiente original le permitirá recuperar su estado original.

Etapa operacional concreta: de siete a 11 años

La etapa de operaciones concretas está marcada por el desarrollo de la conservación. Para Piaget, la conservación es la capacidad para reconocer que la cantidad o monto de una sustancia no cambia si su apariencia externa es transformada, siempre y cuando no se le agregue o reste nada. Los tipos de tareas de conservación que obstaculizan a los pequeños de seis años se convierten en "juegos de niños" para el chico promedio de siete a ocho años. El niño que se encuentra en la etapa operacional concreta es capaz de revertir el proceso mentalmente dentro de la tarea de conservación y reconocer que la cantidad de agua no cambia cuando es vertida en un recipiente con forma distinta. El niño también se vuelve capaz de generar pensamientos descentralizados, que es la habilidad de tomar en cuenta más de un aspecto de la situación a la vez. El niño ahora reconoce que una elevación en el nivel del agua en el recipiente más estrecho es el resultado de un cambio en el grosor de la columna de agua.

El pensamiento del niño en esta etapa también se vuelve menos egocéntrico y reconoce que los pensamientos y los sentimientos de otras personas pueden ser distintos a los propios. También puede realizar operaciones lógicas simples, pero sólo cuando éstas están vinculadas con ejemplos concretos. Franco, de siete años, puede comprender que, si él tiene más tarjetas de béisbol que Verónica, y si ella tiene más que Saúl, entonces él también tiene más tarjetas de béisbol que Saúl. Sin embargo, Franco tendría muchas dificultades para comprender la cuestión si se le planteara en sentido abstracto; por ejemplo: "Si A es mayor que B y B es mayor que C, ¿entonces A es mayor que C?".

Etapa de operaciones formales (de la pubertad a la edad adulta)

La etapa de **operaciones formales** es la final en la teoría de Piaget y se define como la etapa de madurez cognitiva plena. En las sociedades occidentales, el pensamiento de las operaciones formales tiende a iniciar alrededor de la pubertad, más o menos a los 11 o 12 años. No obstante, no todos los niños entran en esta etapa a esas edades y algunos nunca lo hacen como adultos. Las operaciones formales se caracterizan por la capacidad para pensar de forma lógica acerca de ideas abstractas, de generar hipótesis y de pensar de manera deductiva. La persona con capacidad para las operaciones formales puede pensar en situaciones hipotéticas, incluso el ejemplo anterior de "A es mayor que B". El individuo puede seguir argumentos desde sus premisas hasta sus conclusiones y de regreso. Volveremos a analizar esta etapa de desarrollo cognitivo cuando consideremos los procesos de pensamiento del adolescente.

La sombra de Piaget: la evaluación de su legado

Piaget es una figura luminosa en los anales de la psicología que dejó un rico legado. Los conceptos, como esquemas, acomodación, egocentrismo, conservación y reversibilidad, entre otros, han brindado un fuerte cimiento para la comprensión de los procesos cognitivos en los niños y cómo cambian durante el desarrollo. Piaget nos invitó a percibir a los niños no como simples emisores pasivos de respuestas ante los estímulos, sino como científicos naturales que buscan entender el mundo y operar dentro de éste. Sin embargo, a pesar de que la teoría de Piaget sobre el desarrollo cognitivo ofrece muchas revelaciones sobre las capacidades mentales de los niños, han surgido numerosas críticas a su teoría.

Desafíos al modelo por etapas

Algunos teóricos han desafiado la premisa básica de Piaget sobre si el desarrollo cognitivo sucede en etapas. Ellos creen que las capacidades cognitivas de los niños se desarrollan por medio de un proceso más continuo de cambios graduales a lo largo del tiempo (p. e., Bjorklund, 1995).

Subestimación de las capacidades de los niños

Los críticos también afirman que Piaget subestimó las capacidades de los niños pequeños (p. e., Meltzoff y Gopnik, 1997). Resulta claro que los bebés saben más acerca del mundo y actúan en éste de maneras más significativas de lo que creía Piaget. Notamos, por ejemplo, que incluso los recién nacidos pueden imitar expresiones faciales. Piaget creía que esta capacidad no se desarrollaba sino hasta después del primer año de vida. Las evidencias sugieren que los niños pueden comenzar a desarrollar permanencia de objeto y capacidad para percibir los sucesos desde la perspectiva de otras personas a edades más tempranas que las que supone su modelo (Aguiara y Baillargeon, 2002; Munakata *et al.*, 1997).

Falta de atención a las influencias culturales

Piaget creía que las etapas de desarrollo cognitivo sucedían de manera innata como resultado de procesos subyacentes de maduración, siempre y cuando el niño tuviera la oportunidad de inte-

Intente lo siguiente

Aprendizaje mediante la observación

Es probable que adquiera más conocimientos acerca del desarrollo cognitivo de los niños si se ofrece como voluntario para trabajar en una guardería o en un preescolar. ¿A qué grado corresponde el desarrollo cognitivo de los preescolares en cuanto a los conceptos de egocentrismo, pensamiento animista, centración e irreversibilidad?

CONCEPTO 9.23
A pesar de que las aportaciones de Piaget aún ejercen un gran impacto en el campo de la psicología del desarrollo, han surgido numerosos desafíos a su teoría.

operaciones formales Nivel de madurez cognitiva plena caracterizado por la capacidad de pensar en términos abstractos en la teoría de Piaget.

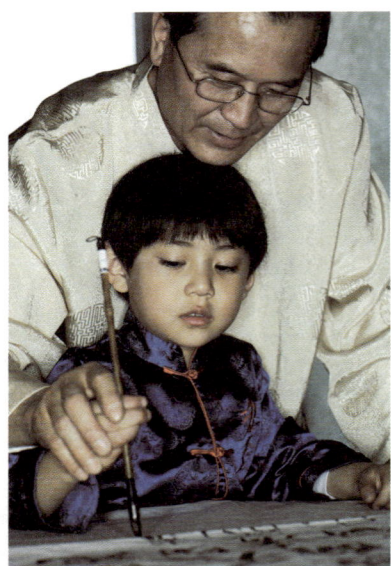

Trasmisión de conocimiento
Vygotsky enfatizaba las interacciones sociales como las bases de la adquisición de conocimientos en los niños acerca del mundo.

ractuar con los objetos del mundo exterior. Sin embargo, los críticos declaran que Piaget no tomó en cuenta las diferencias culturales en cuanto al momento en el cual se presentan dichas etapas. En algunos aspectos, Piaget tuvo razón: los estudios entre culturas demuestran que los niños progresan a través de etapas de desarrollo cognitivo en el orden que él describió (Dasen, 1994). No obstante, la evidencia transcultural también demuestra que las edades en las cuales los niños pasan por medio de estas etapas difieren entre culturas.

El antropólogo Pierre Dasen estudió con Piaget y más tarde probó su teoría en diferentes culturas. En un estudio, Dasen sometió a prueba a niños aborígenes de Australia en la tarea de conservación de líquidos, en la que el agua es transferida de un recipiente pequeño y amplio a un recipiente alto y estrecho. Él descubrió que los niños aborígenes desarrollaban la conservación entre los 10 y los 13 años, tres años más tarde, en promedio, que los niños suizos a quienes Piaget observó. Más aún, algunos adolescentes, e incluso algunos adultos, no pudieron demostrar conservación en muchos ejemplos diferentes de tareas de este tipo.

Por otra parte, los niños aborígenes encontraron que las tareas espaciales eran más fáciles de dominar que las de conservación, es decir, justo lo opuesto a lo que se había descubierto con los niños suizos. En una tarea espacial, el modelo tridimensional de un paisaje es rotado 180 grados. Entonces se le solicita al niño que encuentre un objeto (como una oveja de juguete) en el modelo y después localizarlo en el mismo punto después de rotar el modelo. No debe sorprendernos que los niños aborígenes obtuvieran buenos resultados en las tareas espaciales ya que la habilidad para localizar objetos en el accidentado paisaje donde viven (para encontrar agua fresca y aves de caza) es crucial para su supervivencia. Por otro lado, la carne de la cacería no es dividida de forma equitativa conforme a su peso, sino que se distribuye por piezas: cada parte del animal está destinada para una persona específica de acuerdo con las relaciones de parentesco. La necesidad de contar o comparar cantidades, que son habilidades necesarias en las tareas de conservación, es mínima. De hecho, el idioma aborigen contiene palabras para designar números sólo hasta el *cinco*; cualquier cantidad superior a cinco es, simplemente, "muchos". El mensaje aquí es que la experiencia cultural del niño puede afectar tanto el índice de desarrollo cognitivo como el nivel eventual del mismo.

A pesar de estos desafíos, las observaciones y las enseñanzas de Piaget acerca del desarrollo han brindado un marco de referencia que ha servido para guiar los estudios y las exploraciones posteriores, y es probable que lo sigan haciendo para las generaciones futuras.

Teoría sociocultural del desarrollo cognitivo de Vygotsky

El psicólogo ruso Lev Vygotsky nació en el mismo año que Piaget (1896), pero murió de tuberculosis en 1934, a la edad de 38 años. Mientras Piaget se enfocaba en la comprensión del ambiente físico de los niños (el mundo de los objetos y las cosas), Vygotsky (1978, 1986) se ocupó primordialmente de cómo llegan a comprender su mundo social. Él creía que el aprendizaje cultural se adquiere mediante un proceso gradual de interacciones sociales entre los niños y sus padres, profesores y otros miembros de su cultura. Estas interacciones proporcionan las bases para adquirir el conocimiento que necesitan para resolver los desafíos de cada día y para satisfacer las demandas que la cultura les impone. En la perspectiva de Vygotsky, el adulto es el experto y el niño es el novicio, y las relaciones entre ellos son las de un tutor con su alumno.

Vygotsky desarrolló una teoría de desarrollo cognitivo que enfatiza la función de la cultura como el marco de referencia mediante el cual se desarrolla la comprensión del niño sobre el mundo. Para Vygotsky, los niños nacen como una pizarra cultural en blanco (Zukow-Goldring, 1997). Ellos deben aprender las habilidades, los valores y las conductas estimadas por la cultura en la que viven (Feldman, 2003). En la cultura estadounidense, este conocimiento social incluye conductas cotidianas, como el empleo apropiado de los utensilios para comer, lavarse los dientes antes de dormir, decir "perdón" después de estornudar y esperar con paciencia en las filas.

Vygotsky enfatizó que el aprendizaje social ocurre dentro de una **zona de desarrollo proximal (ZDP)** (también llamada *zona de desarrollo potencial*). La zona de desarrollo proximal se refiere al rango entre las habilidades que el niño realiza en la actualidad y aquellas que realizaría si recibiera la orientación y la instrucción apropiada por parte de personas con más experiencia. Trabajar en la zona significa brindar a los individuos menos experimentados, o novicios, la instrucción que necesitan para superar lo que ellos, de otra manera, no hubieran podido dominar por sí mismos (Zukow-Goldring, 1997).

Los seguidores de Vygotsky creen que los padres y los educadores deben utilizar la técnica del andamiaje para ayudar a los niños a adquirir nuevas habilidades (Rogoff, 1997). En la técnica del **andamiaje**, el padre o instructor escala el grado y el tipo de instrucción al nivel actual de habilidad o conocimiento del niño (consulte el recuadro "Intente lo siguiente"). Por ejemplo, al comenzar a leer libros con imágenes, el padre de un bebé de 12 meses de edad leerá el libro en voz alta y señalará las figuras en las ilustraciones. Con un bebé de 15 a 18 meses, el padre puede identificar el sujeto en una ilustración al preguntar: "¿Es esto un tigre?" o utilizar el tipo de preguntas como "¿Qué es esto?". El padre de un niño de dos o tres años puede utilizar un libro ilustrado como plataforma para introducir nuevos aprendizajes, quizá al formular preguntas del tipo: "¿Qué hace una abeja?" (Zukow-Goldring, 1997). El agente del andamiaje (el padre o profesor) necesita ser sensible a las señales del novicio (el niño), las cuales le indican el nivel de competencia del pequeño y su disposición para progresar a un nivel superior. El empleo de dichas claves conduce al agente a aumentar o retirar su apoyo directo, según sea necesario. A medida que se desarrollan las competencias del niño, la guía y la instrucción directas serán menos necesarias. La obra de Vygotsky aún tiene gran influencia no sólo en la psicología del desarrollo, sino también en la educación. La tabla de conceptos 9.5 brinda un panorama general de las principales teorías del desarrollo cognitivo revisadas en el presente módulo.

Intente lo siguiente

Empleo del andamiaje para enseñar habilidades

Aplique el principio del andamiaje para ayudar a un niño a adquirir una habilidad particular. Seleccione una habilidad que el niño tenga probabilidad de adquirir con cierta instrucción y práctica. Comience por brindar guía e instrucción directa y, de manera gradual, disminuya la cantidad de apoyo directo a medida que el niño adquiere dominio. Después, revise lo que aprendió. ¿Brindó usted direcciones claras a un nivel que el niño pudiera comprender? ¿Retiró el apoyo de forma gradual para permitirle dominar cada vez más la habilidad por sí mismo? ¿Cómo podría usted hacer las cosas de forma distinta en el futuro?

TABLA DE CONCEPTOS 9.5
Teorías del desarrollo cognitivo

Teoría	Método longitudinal	
Teoría de Piaget sobre el desarrollo cognitivo	Piaget enfatizó la función de la adaptación en el desarrollo cognitivo que creía consiste en dos procesos complementarios: la asimilación (incorporación de situaciones u objetos desconocidos en esquemas existentes) y la acomodación (modificación de esquemas existentes o creación de nuevos para tomar en cuenta nuevas situaciones u objetos)	
Etapas de Piaget del desarrollo cognitivo	El niño progresa por medio de una secuencia fija de etapas que implican saltos cualitativos en cuanto a la habilidad y las maneras para comprender e interactuar con el mundo	
	Etapa sensorial-motora (del nacimiento a los dos años)	El niño utiliza sus sentidos y habilidades motoras en desarrollo para explorar y actuar en el mundo y comienza a desarrollar un concepto de permanencia del objeto, la cual se define como el reconocimiento de que los objetos continúan existiendo incluso cuando no están presentes a la vista
	Etapa preoperacional (de los dos a los siete años)	El niño adquiere la habilidad de emplear el lenguaje para simbolizar objetos y acciones con palabras. Sin embargo, el pensamiento del niño está limitado por el egocentrismo, el pensamiento animista, la centración y la irreversibilidad
	Etapa operacional concreta (de los siete a los 11 años)	El niño se vuelve capaz de realizar operaciones lógicas simples, siempre y cuando estén vinculadas con problemas concretos. Una característica clave de esta etapa es la adquisición del principio de conservación, es decir, la capacidad para reconocer que la cantidad de una sustancia no se modifica si su forma o tamaño sólo son reorganizados
	Etapa operacional formal (comienza alrededor de la pubertad, a los 11 o 12 años)	El niño se vuelve apto para el pensamiento abstracto. Sin embargo, no todos los niños ni todos los adultos progresan hasta esta etapa
Críticas a la teoría de Piaget	Las observaciones y las enseñanzas de Piaget aún son un marco de referencia que funciona como guía para comprender el desarrollo cognitivo; sin embargo, su teoría ha sido desafiada en algunos campos, como las edades en las cuales él creía que los niños adquieren determinadas capacidades y su falta de atención en los factores culturales respecto al desarrollo	
Teoría sociocultural de Vygotsky	Vygotsky enfatiza la interacción social entre los niños y los adultos como base para la adquisición de capacidades, valores y conductas que el niño requiere para satisfacer las demandas impuestas por la cultura en particular	

REVISIÓN DE MÓDULO 9.5 — Desarrollo cognitivo

REPASE

¿En qué difieren la asimilación y la acomodación?

- La asimilación es el proceso de incorporar nuevos estímulos dentro de los esquemas existentes.

- La acomodación implica alterar los esquemas existentes o desarrollar nuevos para tomar en cuenta los estímulos novedosos que los esquemas presentes no pueden manejar de manera efectiva.

¿Cuáles son las principales características asociadas con las etapas del desarrollo cognitivo, según Piaget?

- Durante la etapa sensorial-motora, desde el nacimiento hasta alrededor de los dos años, los niños exploran su mundo mediante sus sentidos, respuestas motoras y manipulación de los objetos de acuerdo con ciertos propósitos.

- Durante la etapa preoperacional, desde los dos hasta los siete años de edad, aproximadamente, el pensamiento del niño es más de representación pero está limitado por la centración, el egocentrismo, el pensamiento animista y la irreversibilidad.

- La etapa operacional concreta, que comienza alrededor de los siete años en las culturas occidentales, se caracteriza por el desarrollo de los principios de conservación y reversibilidad y por la capacidad para establecer relaciones lógicas entre objetos o sucesos concretos.

- La etapa operacional formal, que es la etapa más avanzada del desarrollo cognitivo, de acuerdo con Piaget, se caracteriza por la capacidad para los pensamientos deductivo y abstracto, y para generar hipótesis.

¿Cuál es el tema básico en la teoría de Vygotsky del desarrollo cognitivo?

- Vygotsky se enfocó en cómo los niños adquieren conocimientos sobre su mundo social. Él creía que este conocimiento se adquiere mediante la interacción del niño (aprendiz) con el padre (experto) dentro de una zona de desarrollo proximal, la cual toma en cuenta las estructuras de conocimiento presentes y potencialmente realizables del niño.

RECUERDE

1. ¿En qué etapa sugiere Piaget que un niño aprende por medio de la interacción con el ambiente por medio del uso de sus sentidos y del desarrollo de habilidades motoras?
   a. sensorial-motora
   b. preoperacional
   c. operacional concreta
   d. operacional formal

2. Piaget creía que la adaptación consiste en dos procesos cognitivos complementarios _____ y _____.

3. El antropólogo Pierre Dasen descubrió que, a diferencia de los niños suizos, los niños aborígenes de Australia tenían mayor habilidad para dominar las capacidades espaciales que las de conservación. ¿Cómo podría explicar estos descubrimientos?

4. El psicólogo ruso Lev Vygotsky enfatizó la función de las interacciones _____ y del aprendizaje cultural en la formación del desarrollo cognitivo del niño.

REFLEXIONE

- En relación con la teoría del desarrollo cognitivo de Piaget, ¿cómo difiere el mundo del niño que el del adulto?

- Busque ejemplos de asimilación y acomodación en su propio pensamiento. ¿En qué situaciones pudo asimilar información nueva dentro de los esquemas existentes? ¿En qué situaciones necesitó alterar sus esquemas o formar nuevos?

Aplicación
MÓDULO 9.6 — La televisión y los niños

CONCEPTO 9.25

A pesar de que la violencia en la televisión y en otros medios de comunicación masiva puede provocar conductas agresivas en los niños, existe evidencia de que el hecho de ver ciertos tipos de programas infantiles puede mejorar las capacidades preacadémicas de los niños en edad preescolar.

Se le ha llamado la *caja*, la *tele* y hasta la *caja idiota*. ¿Es una ventana al mundo o, como lo expresa un crítico, "una vasta zona de desperdicios"? La amemos o la odiemos, llegó para quedarse, en un lugar preponderante de su sala de estar o de su habitación. Es su televisor.

En la actualidad, el niño estadounidense promedio dedica alrededor de tres horas diarias frente al televisor, a pesar del hecho de que la American Academy of Pediatrics recomienda un máximo de dos horas de programación de calidad al día (American Academy of Pediatrics, 2007). Los niños menores de seis años, invierten aproximadamente el triple de tiempo frente al televisor, con los juegos de video o con la computadora del que dedican a leer o a que alguien más les lea ("Kids TV", 2003). Incluso los infantes están inmersos en ver la televisión, a tal grado que una cuarta parte de los menores de dos años tienen televisores propios en sus habitaciones (Lewin, 2003).

Tendemos a culpar a la televisión por muchos de los problemas que presentan los menores, desde rangos limitados de atención hasta la conducta agresiva en exceso. Quizá le sorprenda enterarse, entonces, de que los investigadores creen que mirar televisión, al menos cierto tipo de programas, en realidad puede aportar algunos beneficios. Por ejemplo, los programas como *Plaza Sésamo (Sesame Street)* pueden contribuir al desarrollo de habilidades cognitivas en los niños en edad preescolar (Huston y Wright, 1996). Sin embargo, la mayoría de los programas infantiles no pretenden enseñar capacidades útiles.

¿Es dañino mirar la televisión, en especial por muchas horas, para el desarrollo psicológico y físico de los niños? Lo cierto es que muchas personas opinan que así es. Recurramos a la evidencia para evaluar algunas declaraciones generalizadas acerca de los efectos negativos de mirar televisión.

Mirar la televisión le roba tiempo a importantes actividades intelectuales y de esparcimiento. Henry Shapiro, de la American Academy of Pediatrics, expresa este punto con firmeza: "Mirar la televisión es, por mucho, una actividad inferior a jugar con juguetes, a la lectura, a jugar con los adultos o a conversar con sus padres" ("Kids´ TV", 2003). Muy pocas autoridades podrían rebatir la aportación de Shapiro; sin embargo, debemos considerar que existen muy pocos motivos para suponer que el tiempo que no se invierte en mirar la televisión será invertido en juegos de imaginación o en otras actividades significativas. Para muchos niños, mirar la televisión es una especie de acción automática que llena el tiempo cuando hay pocas oportunidades estructuradas para otras actividades. La lección para los padres es involucrarse más en ayudar a estructurar el tiempo del niño de maneras significativas; por ejemplo, por medio de la lectura, las actividades físicas, los juegos de imaginación y los viajes de aventuras, y no utilizar a la televisión como una actividad automática o como una nana electrónica.

¿Qué aprende Billy? Las evidencias indican que la exposición a una programación violenta en la televisión y en otros medios de comunicación masiva contribuye a la conducta agresiva en los niños.

El hecho de ver televisión se vincula con habilidades cognitivas deficientes en los niños. Cada vez más evidencias vinculan una mayor cantidad de tiempo frente al televisor en la niñez temprana con un desempeño cognitivo deficiente durante los primeros años escolares (Zimmerman y Christakis, 2005). Otra investigación demuestra que los niños de tercer grado que cuentan con televisor en sus dormitorios mostraron un pobre desempeño en las pruebas estandarizadas de matemáticas, lectura y habilidades del lenguaje que aquellos que no tenían uno propio (Borzekowski y Robinson, 2005). Sin embargo, los niños que tenían computadora en su habitación mostraron un mejor desempeño en esas tareas que el resto. En otras palabras, en lo que se refiere a predecir las capacidades académicas, el ratón *(mouse)* le gana al control remoto.

En general, el hábito de mirar la televisión se relaciona con un desempeño académico y con habilidades cognitivas deficientes en niños y adolescentes; sin embargo, los efectos son, por lo regular, pequeños en magnitud. También hemos aprendido que los niños que pasan más tiempo frente al televisor tienen mayor probabilidad de ser juzgados por sus profesores de tener dificultades de atención en la escuela que sus compañeros (Levine y Waite, 2000). Los investigadores también reportan que una mayor exposición a la televisión durante los años de preescolar y los primeros de educación básica predice el desarrollo de problemas posteriores de atención y de conducta (Bakalar, 2007; Landhuis *et al.,* 2007; Mistry *et al.,* 2007).

Mirar la televisión genera conducta violenta o agresiva. La televisión está saturada de contenido violento, y no sólo durante los horarios estelares. Los personajes televisivos en papeles heroicos cometen gran parte de la violencia, en particular en las caricaturas dirigidas a los pequeños varones. Lo típico es que el héroe prevalezca contra los "malos" por medio de la violencia, pero siempre resulta ileso. El mensaje resultante es que la violencia del lado del bien no sólo es aceptable, sino también heroica; además, representa un riesgo mínimo para la persona.

Las relaciones entre la exposición a la programación violenta y la conducta agresiva en los niños son complejas; en gran medida porque los menores más agresivos tienden a seleccionar programación más violenta. No obstante, ahora hemos acumulado un gran cuerpo de evidencia que vincula la exposición a los mensajes violentos de los medios de comunicación masiva con una creciente conducta agresiva tanto en niños como en adolescentes (Carnagey, Anderson y Bartholow, 2007; Huesmann, 2007). A pesar de que no todos los niños expuestos a programaciones violentas actúan de la misma manera, como sociedad debemos examinar cómo podemos proteger a nuestros hijos de la amenaza que representa la exposición regular a la violencia en los medios de comunicación.

Para atender esta amenaza, un investigador líder en el campo, L. Rowell Huesmann de la Universidad de Michigan, afirma que la sociedad y los padres deben controlar el acceso de los niños a la programación violenta tanto como sea posible ("Violent TV", 2007). Asimismo, notemos que los juegos violentos de video también están vinculados con una creciente conducta agresiva en los jóvenes (Anderson, Funk y Griffiths, 2004; Barlett, Harris y Bruey, 2007).

La exposición a los mensajes violentos de los medios de comunicación masiva puede generar conductas agresivas de muchas maneras, como las siguientes:

1. *Modela* maneras agresivas para resolver conflictos que los niños aprenden a imitar.

2. *Provoca* o motiva pensamientos agresivos.

3. *Disminuye las inhibiciones* contra la violencia al mostrar que los personajes que la emplean no sólo obtienen lo que esperaban sino que con frecuencia son recompensados por ello.

Cuando los niños son expuestos con regularidad a la violencia por televisión, llegan a creer que ésta es una manera efectiva para resolver conflictos. También puede conducir a una especie de adormecimiento emocional o *efecto de habituación*, pues desensibiliza a los espectadores ante los actos de violencia del mundo real y ante el sufrimiento de las víctimas. Sin embargo, el hecho de ver violencia en la televisión ni siquiera se aproxima como predicción de conducta agresiva a la violencia observada en el hogar, en las escuelas o en la comunidad (Gunter y McAleer, 1990).

Muchas horas frente al televisor provocan obesidad infantil. Ver la televisión también puede afectar el desarrollo físico de los niños. Los investigadores señalan fuertes vínculos entre un exceso de horas frente al televisor con hábitos alimenticios deficientes, como un mayor consumo de golosinas y uno menor de frutas y verduras (Coon *et al.*, 2001; Etheridge, 2001). No es sorprendente que los niños que más miran televisión, y aquellos que cuentan con una en su habitación, enfrentan un riesgo mayor de padecer obesidad infantil (Dennison, Erb y Jenkins, 2002). El tiempo invertido frente al televisor puede limitar las oportunidades para quemar las calorías excedentes por medio de la actividad física. Más aún, estos niños tienen más probabilidades de agregar calorías innecesarias a su cuerpo al comer bocadillos y golosinas con alta cantidad de calorías que aparecen en los comerciales durante los programas infantiles.

Hay buenas noticias por reportar en el frente de intervención: los programas escolares diseñados para reducir el hábito de mirar televisión, así como de jugar juegos de video, promueven la disminución de peso y reducen la conducta agresiva en los niños de nivel educativo elemental (p. e., Robinson *et al.*, 2001). Otra investigación demuestra que los niños con sobrepeso por lo general, reducen su peso a medida que disminuyen el tiempo que invierten en mirar televisión (Miller, 1999).

Mirar la televisión con responsabilidad: lo que los padres pueden hacer

Además de desconectar el aparato, los padres pueden aplicar numerosas estrategias para motivar un empleo más responsable de la televisión en sus hijos (Berk, 1997; Huston y Wright, 1996):

1. *Programación violenta o sexualmente provocativa en la pantalla.* Los programas de televisión son clasificados por la industria televisiva en cuanto a su contenido violento o sexual. Los padres pueden utilizar dichas clasificaciones para vetar aquellos programas que consideren que son inapropiados para sus hijos. Los televisores de la actualidad también vienen equipados con un *V-chip* para bloquear aquellos programas cuyo contenido es indeseable (Rutenberg, 2001). Los padres también pueden explicar las diferencias entre la violencia en los medios de comunicación masiva y aquella en el mundo real. Pueden advertir a sus hijos que los actores de los programas de televisión suelen limpiarse la sangre falsa y marcharse a casa con sus familias sin daño alguno, a diferencia de las víctimas de la violencia verdadera.

2. *Mire la televisión con sus hijos.* Compartir la experiencia de mirar la televisión con sus hijos puede ayudar a éstos a comprender mejor lo que ven. Los padres de niños pequeños pueden utilizar los programas como *Plaza Sésamo (Sesame Street)* como una especie de libro ilustrado móvil al catalogar y señalar a los personajes que aparecen en la pantalla. Para los niños mayores, esta práctica permite a los padres ayudar a desvanecer cualquier temor o ansiedad que el niño pudiera experimentar mientras mira material televisivo que lo inquiete.

3. *No utilice al televisor como nana.* Plantar al niño frente a una pantalla de televisión no sustituye al hecho de involucrarlo en actividades estimulantes de manera activa.

4. *Establezca límites.* Los padres deben establecer límites claros para mirar la televisión, como una hora o dos por día, y apegarse ellos mismos a las reglas para modelar una conducta apropiada. Los padres también pueden limitar el tipo de programas que ven los niños para mantenerlos alejados de la programación violenta y orientarlos hacia programas más didácticos.

5. *Motive a los niños a regular su propio hábito de mirar televisión.* Ellos pueden aprender a identificar y a seleccionar sólo los programas que son apropiados para ellos. A los niños pequeños se les puede enseñar qué hacer cuando aparezcan escenas temibles, como cubrirse los ojos y los oídos, cambiar el canal de inmediato o apagar el televisor. Los niños mayores (de ocho años de edad o más) pueden recibir orientación para distinguir entre la ficción y la realidad, de manera que comprendan que no todo lo que ven en la televisión es verdadero.

6. *Supervise las noticias.* Cierta parte del contenido más inquietante de la televisión se encuentra en los noticiarios nocturnos, en especial los programas locales que parecen seguir el lema de "si sangra, vende". Los padres de niños pequeños pueden controlar la exposición de sus hijos a los programas noticiosos y a los "programas policiacos" basados en hechos reales. Con los niños mayores, pueden explicarles que las noticias televisivas reflejan una visión desequilibrada de la sociedad al enfatizar los crímenes más sensacionalistas.

7. *Limite las golosinas mientras mira la televisión.* Restrinja o, mejor aún, evite comer golosinas o hacer comidas familiares frente al televisor.

8. *Motive a los niños a que desarrollen otros intereses.* Haga que sus hijos participen en otras actividades además de ver la televisión, como la lectura, los deportes, las reuniones con otros niños para jugar (sin televisión) y el juego a la intemperie.

No hay duda alguna de que la televisión y otros medios de comunicación masiva pueden influir en los niños y de que sus efectos no son ni tan buenos ni tan malos. Al involucrarse más en los hábitos de sus hijos, los padres pueden ayudar a dar forma a la manera en cómo los niños utilizan y reaccionan ante la televisión.

■ Pensamiento crítico sobre la psicología ■

Con base en la lectura del capítulo, responda las siguientes preguntas. Después, para evaluar su progreso en el desarrollo de capacidades de pensamiento crítico, compare sus respuestas con las del ejemplo en el Apéndice A.

Una tarde, después del ocaso, Nicolás pregunta a Rubén, su hijo de tres años: "¿Adónde se fue el Sol?". Rubén responde: "Se fue a dormir". Entonces, Nicolás pregunta: "¿Y por qué se fue a dormir?". Rubén replica: "Porque tenía sueño".

1. Con base en su comprensión de la teoría de Piaget sobre el desarrollo cognitivo, explique por qué Rubén cree que el Sol se fue a dormir porque tenía sueño.

Módulo 9.1 Cuestiones clave y métodos de estudio

CUESTIONES CLAVE

- **Naturaleza contra crianza:** ¿genes o ambiente?
- **Continuidad contra discontinuidad:** ¿pasos pequeños o saltos gigantes?
- **Universalidad:** ¿aquí, allá y en todas partes?
- **Estabilidad:** ¿una vez y siempre?

MÉTODOS DE ESTUDIO

- **Enfoque longitudinal:** registrar los cambios en las mismas personas con el paso del tiempo
- **Enfoque transversal:** comparar personas de diferentes edades en el mismo punto en el tiempo

Módulo 9.2 Desarrollo prenatal

LAS ETAPAS DEL DESARROLLO PRENATAL

- **Etapa germinal:** primeras dos semanas después de la concepción
- **Etapa embrionaria:** alrededor de dos semanas hasta ocho semanas después de la concepción
- **Etapa fetal:** alrededor de las ocho semanas de gestación hasta el nacimiento

AMENAZAS AL DESARROLLO PRENATAL

- **Teratógenos:** agentes ambientales que ponen en peligro la salud fetal
- **Desnutrición materna:** riesgo de nacimiento prematuro y bajo peso al nacer

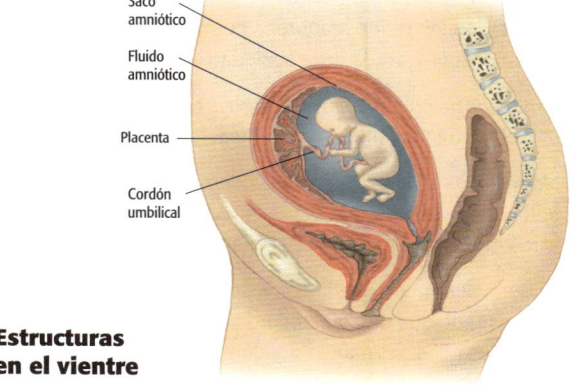

Saco amniótico
Fluido amniótico
Placenta
Cordón umbilical

Estructuras en el vientre

Módulo 9.3 Desarrollo del bebé

- **Reflejos:** reflejo de búsqueda, de parpadeo, de succión, de Moro, de agarre palmar y Babinski; algunos tienen valor de supervivencia
- **Habilidades sensoriales y perceptuales:** no una confusión zumbante; los bebés son capaces de distinguir entre un amplio rango de estímulos sensoriales
- **Habilidad de aprendizaje:** los bebés pueden aprender y recordar respuestas simples
- **Desarrollo de capacidades motoras:** ocurre en la misma secuencia y alrededor de las mismas edades en todas las culturas

El abismo visual

Módulo 9.4 **Desarrollo emocional y social**

D<small>IFERENCIAS INDIVIDUALES</small>

- **Temperamentos:** tres tipos principales (niños fáciles, niños difíciles, niños de reacción lenta)
- **Estilos de apego:** cuatro tipos identificados (tipo seguro o Tipo B; tipo inseguro-evitador o Tipo A; tipo inseguro-resistente o Tipo C; tipo desorganizado/desorientado o Tipo D)
- **Influencias en la crianza de los hijos:** genética, influencias del grupo de amigos, conductas de paternidad, estilos de paternidad (tipos con autoridad, autoritario y permisivo)
- **Etapas de desarrollo psicosocial, según Erikson:** etapas de confianza contra desconfianza, autonomía contra vergüenza y duda, iniciativa contra culpa y diligencia contra inferioridad

Módulo 9.5 **Desarrollo cognitivo**

E<small>TAPAS DE DESARROLLO COGNITIVO SEGÚN PIAGET</small>:

- **Etapa sensorial-motora** (desde el nacimiento hasta los dos años de edad): se involucra con el mundo mediante procesos sensoriales y motores
- **Etapa preoperacional** (entre los dos y los siete años de edad): formación de representaciones simbólicas en palabras
- **Etapa operacional concreta** (entre los siete y los 11 años de edad): capaz de realizar operaciones lógicas que implican objetos concretos
- **Etapa operacional formal:** (desde la pubertad hasta la edad adulta): capaz de realizar razonamientos abstractos

T<small>EORÍA SOCIOCULTURAL DE VYGOTSKY</small>:

- **Zona de desarrollo proximal (ZDP) y andamiaje:** enfatizan las funciones del aprendizaje cultural y de las interacciones sociales

10

Adolescencia y adultez

¿Sabía usted que . . .

- a pesar de que todos pasamos por la etapa de la pubertad, este periodo afecta de manera distinta tanto la adaptación psicológica de los chicos como de las chicas? (p. 369)

- muchos adolescentes se perciben a sí mismos como si continuamente estuvieran sobre un escenario? (p. 370)

- dadas las características generales de los matrimonios actuales, las historias como Cenicienta aún son, en gran medida, simples cuentos de hadas? (p. 385)

- las personas en Estados Unidos contraen matrimonio a edad más avanzada que nunca antes? (p. 385)

- la demencia no es una consecuencia normal del envejecimiento? (p. 391)

- por lo general, las personas mayores viven mejor cuando hacen más que cuando hacen menos? (p. 395)

- la segunda mejor opción después de la "fuente de la juventud" puede ser el gimnasio de su localidad? (p. 398)

El cerebro adora los acertijos

- Es un tanto confuso el hecho de que cualquier cosa llamada "crisis" pueda ser algo bueno; sin embargo, los psicólogos creen que una crisis de identidad no sólo es algo bueno, sino también una parte normal del desarrollo del adolescente. ¿Cómo es esto posible? (pp. 375-376)

REFLEXIONES DE UNA QUINCEAÑERA

¿Cómo soy como persona? ¡Complicada! Soy sensible, amistosa, extrovertida, popular y tolerante, aunque también puedo ser tímida, cohibida y hasta irritante. ¡Irritante! Me gustaría ser amistosa y tolerante todo el tiempo. Ése es el tipo de persona que quiero ser y me decepciono cuando no lo soy. Soy responsable..., incluso estudiosa de vez en cuando; pero, por otra parte, también soy perezosa porque, si una es demasiado estudiosa, no será popular. Por lo regular no obtengo calificaciones tan buenas en la escuela. Soy una persona muy alegre; en especial, con mis amigos, con quienes puedo incluso ser escandalosa. En casa, lo más probable es que me muestre ansiosa cuando estoy cerca de mis padres. Ellos esperan que yo obtenga sólo altas calificaciones. ¡No es justo! Me preocupa la manera cómo podría obtener mejores calificaciones; sin embargo, me mostraría mortificada ante los ojos de mis amigos. Por lo tanto, generalmente estoy muy estresada en casa, o soy sarcástica, dado que mis padres están sobre mí todo el tiempo. Sin embargo, en realidad no comprendo cómo puedo cambiar tan rápido. O sea, ¿cómo puedo ser alegre un minuto, ansiosa al siguiente y luego ser sarcástica? ¿Cuál de todas esas chicas es mi verdadero yo?

En ocasiones me siento falsa, en especial cuando estoy cerca de los chicos. Digamos que creo que algún muchacho podría interesarse en invitarme a salir. Yo intento actuar diferente, como Madonna. Soy coqueta y divertida. ¡Y entonces todos, o sea, todos los demás me miran como si pensaran que soy rarísima! Entonces me siento cohibida y me vuelvo introvertida por completo. No sé quién soy en realidad. ¿Sólo intento impresionarlos o qué? Pero en realidad no me importa lo que los demás piensen, en todo caso. Es decir, no

quiero que me importe. Sólo quiero saber lo que opinan mis amigos más cercanos.

Puedo ser quien en verdad soy con mis amigos más cercanos. No puedo ser quien en verdad soy con mis padres. Ellos no me comprenden. ¿Qué saben ellos acerca de lo que es ser adolescente? Ellos me tratan como si todavía fuera una niña. Cuando menos en la escuela, la gente me trata más como si fuera un adulto. Eso, sin embargo, es confuso. Quiero decir, ¿cuál de las dos soy yo: una niña o una adulta? Es temible también porque no tengo idea de lo que quiero ser cuando crezca. Es decir, pienso mucho en eso pero no puedo resolverlo. Hay días en que desearía volverme inmune a mí misma (Harter, 1990, pp. 352-353*).*

Este autorretrato de una chica de quince años ilustra un desafío clave del desarrollo en la adolescencia: el intento por responder a la pregunta "¿Quién soy yo?". Una parte de ella intenta reunir sus características, aparentemente contradictorias, para descubrir cuál de éstas constituye el "yo verdadero" actual. Otra parte de ella está preocupada por lo que desea ser en los años venideros.

Como ya veremos en el presente capítulo, el desarrollo no finaliza con la pubertad. Las transformaciones físicas, cognitivas, emocionales y sociales son marcas del desarrollo a lo largo de la vida. En este capítulo avanzaremos a través de los principales periodos del desarrollo durante la adolescencia y la edad adulta y nos enfocaremos en los cambios que tienen lugar en cada etapa de la vida. Comenzaremos por el periodo de la adolescencia, una época de trascendentales cambios en el desarrollo, tanto a nivel físico como psicológico. ■

MÓDULO 10.1

Adolescencia

- ¿Qué es la pubertad?
- ¿Qué cambios relacionados con el desarrollo cognitivo ocurren durante la adolescencia?
- ¿Cuáles son los niveles de razonamiento moral, de acuerdo con Kohlberg?
- ¿Por qué Gilligan criticó la teoría de Kohlberg?
- ¿Cuál creía Erikson que era el principal desafío del desarrollo en la adolescencia?

La **adolescencia** es el eslabón en la cadena de la vida entre la infancia y la adultez (Richter, 2006). El cuerpo del joven individuo florece en todas direcciones al mismo tiempo. Los adolescentes se preguntan cómo lucirán el año próximo o, incluso, el mes siguiente; es decir, quiénes y qué serán. En términos intelectuales, pueden sentir que de pronto ya son adultos o, a medida que dominan temas más demandantes en la educación media y en el bachillerato, se espera que actúen como si ya lo fueran; y que comiencen a pensar con seriedad acerca de lo que les espera más adelante, cuando abandonen la educación media superior. Sin embargo, sus padres y profesores tal vez continúan tratándolos como si fueran niños; niños disfrazados de adultos y quienes con frecuencia deben ser controlados por su propio bien. Los adolescentes pueden encontrarse en constante conflicto con sus padres sobre temas como el noviazgo, el uso del automóvil familiar, el empleo del dinero y _____ (usted llene el espacio en blanco). En un momento cuando los jóvenes extienden sus alas y se preparan para volar por sí mismos, aún son dependientes de sus padres, en términos financieros y emocionales. No es sorprendente que el antiguo psicólogo y fundador de la American Psychological Association, G. Stanley Hall, definiera a la adolescencia como una época de *sturm and drang,* o "tormenta y estrés". La investigación contemporánea sostiene la opinión de que muchos jóvenes, aunque lo cierto es que no todos ellos, viven una adolescencia turbulenta.

Consideremos ahora los cambios físicos, cognitivos, sociales y emocionales que ocurren durante los años cuando muchos jóvenes se sienten atorados en una postura intermedia: ya no son niños pero tampoco son adultos.

Desarrollo físico

Después del rápido crecimiento que tiene lugar durante la infancia, los niños por lo general crecen de cinco a siete centímetros y medio y aumentan de dos a tres kilogramos de peso por año hasta el florecimiento de la adolescencia. Este brote dura dos o tres años, durante el cual los adolescentes crecen de 20 a 30 centímetros, o quizá más. Por lo general, las niñas experimentan esta aceleración en su crecimiento antes que los chicos; por lo que pueden ser más altas que sus contemporáneos masculinos durante cierto periodo. Sin embargo, los chicos promedio con el tiempo sobrepasan a las niñas en estatura y en peso corporal. Ellos también desarrollan una mayor musculatura en la parte superior del cuerpo.

El principal hito en el desarrollo físico durante la adolescencia es la **pubertad**, que es el periodo de la vida durante el cual los jóvenes individuos alcanzan la madurez sexual plena (consulte la figura 10.1). La pubertad no es un suceso único sino un proceso que se desarrolla con el paso del tiempo (Diaz *et al.,* 2006; Jay, 2006). Comienza con la aparición de las **características sexuales secundarias**; es decir, aquellas que diferencian a los hombres de las mujeres pero que no están involucradas de manera directa con la reproducción, como el vello púbico, el desarrollo de los senos y el engrosamiento de la voz. También surgen las **características sexuales primarias**, que son cambios en los órganos sexuales involucrados de manera directa con la reproducción, como el crecimiento de los testículos y el pene en los chicos y del útero en las chicas. La pubertad dura alrededor de tres o cuatro años donde al final los adolescentes se vuelven físicamente capaces de reproducirse.

Por lo general, las niñas experimentan la **menarca**, que es el inicio de la menstruación, entre los 10 y los 18 años de edad, aunque el promedio es entre los 12 y los 13 años (Irwin, 2005; Sun *et al.,* 2002). La edad de la menarca ha descendido en los últimos cien años con mejoras en la salud

---

💡 **CONCEPTO 10.1**

El suceso principal en el desarrollo físico durante la adolescencia es la pubertad, que es el periodo de crecimiento físico y maduración sexual plena.

adolescencia   Periodo de la vida que comienza con la pubertad y finaliza con el inicio de la edad adulta.

pubertad   Etapa del desarrollo en la que los individuos tienen la capacidad fisiológica de reproducirse.

características sexuales secundarias   Características físicas que diferencian a los machos de las hembras, pero que no están directamente relacionadas con la reproducción.

características sexuales primarias   Características físicas, como las gónadas, que diferencian a los machos de las hembras y desempeñan una función directa en la reproducción.

menarca   Primera menstruación.

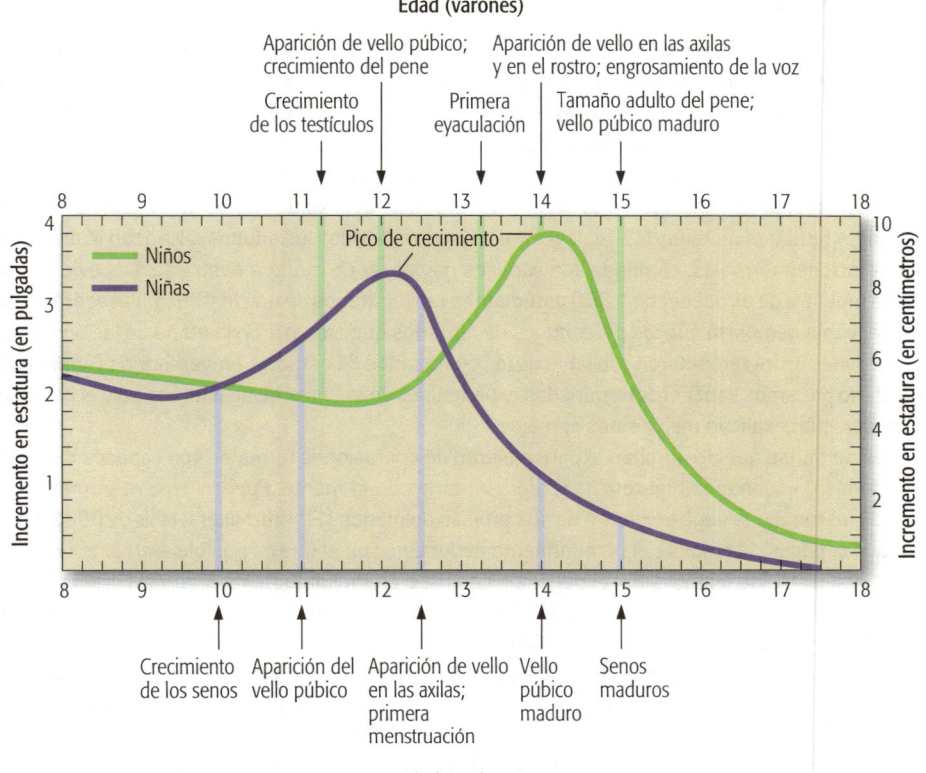

FIGURA 10.1 Cambios físicos que ocurren durante la pubertad
Esta gráfica ilustra ciertos cambios que ocurren durante la pubertad en varones y mujeres. Note cómo el incremento máximo en la estatura comienza antes en las mujeres que en los varones. Note también que la gráfica representa las edades promedio en las cuales ocurren dichos cambios y que los patrones de crecimiento en los individuos presentan variaciones a partir de estos promedios.

Fuente: Adaptado de Seifert, Hoffnung y Hoffnung, 2000.

de las niñas (Gluckman y Hanson, 2006). Existen diferencias en el periodo de la pubertad entre grupos; por ejemplo, las niñas afroamericanas llegan a la pubertad y experimentan la menarca a edades menores que las caucásicas y las hispanoamericanas (Anderson *et al.*, 2003; Chumlea *et al.*, 2003).

El momento de la pubertad puede tener diferentes consecuencias para los chicos y las chicas. Para los varones que maduran pronto, su mayor estatura y fortaleza les brinda una ventaja en las actividades atléticas que contribuyen a una autoimagen positiva. Aquellos que maduran después tienden a ser menos populares que quienes maduran antes y pueden verse sujetos a la ridiculización y optar por el ostracismo social (Berger, 2001). A pesar de que los chicos que maduran de manera precoz tienen más probabilidades de orientarse hacia las conductas sociales desviadas, como beber alcohol, fumar o romper la ley, en general presentan resultados más positivos.

Para las niñas, la señal física más obvia de su maduración es el crecimiento de los senos. Las chicas que maduran antes pueden recibir atención sexual que les resulte incómoda y sentir que ya no "encajan" con sus amigas. Ellas tienden a tener una baja autoestima, una imagen corporal negativa y mayores síntomas de depresión que aquellas que maduran después (Ge *et al.*, 2003; Stattin y Magnusson, 1990). Las investigaciones sugieren que las maneras de reaccionar de las personas ante los cambios físicos asociados con la maduración, en lugar de los cambios en sí mismos, son los factores que determinan los efectos sociales y emocionales de la llegada de la pubertad.

Los cambios físicos durante la adolescencia pueden ser las señales más evidentes del desarrollo adolescente. Sin embargo, también ocurren cambios notables en las capacidades cognitivas y en la conducta social. A continuación consideraremos dichos desarrollos.

Desarrollo cognitivo

Los niños que se encuentran en la etapa de las operaciones concretas, según Piaget, se apegan a los hechos que tienen a la mano. Ellos elaboran juicios con base en las evidencias concretas con las que cuentan. Son incapaces de pensar de forma abstracta o de construir situaciones hipotéticas que no estén vinculadas con los hechos citados. Sin embargo, los adolescentes que alcanzan la etapa de las operaciones formales pueden reconocer relaciones entre proposiciones y conceptos y pueden especular acerca de "lo que podría suceder" y no sólo considerar "lo que es".

Piaget notó que no todos los adolescentes, ni siquiera todos los adultos, alcanzan la etapa de las operaciones formales, en donde son capaces de pensar de manera abstracta. Las evidencias de una muestra de alrededor de 1 800 estudiantes universitarios de una institución académica de Pennsylvania demostró que los porcentajes de alumnos que alcanzaron la etapa de las operaciones formales se incrementaron a lo largo de los cuatro años de estudios universitarios (Anderson, 2003). No podemos saber si determinadas experiencias en la universidad o tal vez sólo el proceso de maduración explican mejor estos cambios.

Las personas que desarrollan el pensamiento de operaciones formales son capaces de crear situaciones y escenarios hipotéticos y representarlos en la mente. Pueden crear argumentos a favor de un tema que vaya en contra de sus propias opiniones (Flavell, Miller y Miller, 2002). También son capaces de emplear el razonamiento deductivo, con el que es posible extraer conclusiones acerca de casos o individuos específicos con base en un conjunto de premisas. Por ejemplo, pueden deducir "quién lo hizo" a partir de los hechos ocurridos en un crimen mucho antes de que el culpable sea revelado en el drama televisivo.

La habilidad de pensar de forma abstracta no significa que los adolescentes estén libres del pensamiento egocéntrico. Tal como señaló Piaget, los niños en edad preescolar son egocéntricos en el sentido de que tienen dificultades para percibir las circunstancias desde el punto de vista de otras personas. El psicólogo David Elkind (1985) cree que el egocentrismo adolescente, en términos básicos, se revela a sí mismo de dos maneras: mediante la *audiencia imaginaria* y la *fábula personal*.

La **audiencia imaginaria** describe la creencia del adolescente en que las demás personas están tan profundamente interesadas en sus preocupaciones y necesidades como el adolescente mismo. Los adolescentes pueden sentir como si siempre estuvieran sobre un escenario, como si todos los ojos analizaran constantemente cómo lucen, la ropa que visten y su manera de actuar. Pueden verse a sí mismos como el centro de atención y se sienten inhibidos al extremo y demasiado preocupados hasta por los defectos más ligeros en su apariencia ("¿Cómo podrían no notar esta imperfección? ¡Todo el mundo lo notará!").

La **fábula personal** es un sentido exagerado de la singularidad de la persona y de su invulnerabilidad. Los adolescentes pueden creer que sus experiencias de vida o sus sentimientos personales son tan únicos que no es posible que alguien los entienda, y mucho menos que los haya experimentado. Cuando los padres intentan relacionarse con lo que su hijo adolescente experimenta, es probable que sean rechazados de manera flagrante: "¡Es imposible que comprendas lo que yo vivo!". Otro aspecto de la fábula personal es la creencia en que "nada malo puede sucederme".

Por qué es importante

La creencia de que "nada malo puede sucederme", o lo que los psicólogos definen como el mito de invulnerabilidad personal, puede contribuir a una conducta proclive a correr riesgos en los adolescentes como conducir vehículos de forma imprudente, la práctica del sexo inseguro y beber alcohol en exceso (Curry y Youngblade, 2006). Aunque los adolescentes se den cuenta de que son vulnerables a las consecuencias indeseables de su comportamiento, su carencia de un juicio maduro puede llevarlos a decidir que correr ciertos riesgos calculados "vale la pena" (Reyna y Farley, 2006). El hecho de tener amistades que presenten comportamientos riesgosos es otro factor que contribuye a las conductas proclives al riesgo.

También necesitamos notar que el cerebro adolescente aún se encuentra en proceso de maduración, como la parte del cerebro llamada *corteza prefrontal,* misma que es la responsable de poner los frenos a la conducta arriesgada o impulsiva (Packard, 2007; Steinberg, 2007; Yurgelun-Todd y Killgore, 2005). No es que los adolescentes no puedan pensar de manera lógica o racional; sin embargo, como lo expresa el psiquiatra David Fassler, ellos "tienen más probabilidades de ac-

---

CONCEPTO 10.2

Los adolescentes que desarrollan el pensamiento operacional formal son capaces de resolver problemas abstractos.

CONCEPTO 10.3

Con frecuencia, los adolescentes muestran una forma de pensamiento egocéntrico en el cual creen que sus preocupaciones y necesidades deberían ser tan importantes para los demás como lo son para sí mismos.

audiencia imaginaria   Creencia común entre adolescentes de ser el centro de atención de otras personas.

fábula personal   Creencia común entre adolescentes de que sus sentimientos y experiencias no pueden ser comprendidos por otras personas y de que son invulnerables al daño.

tuar de forma impulsiva, por instinto, sin comprender o analizar por completo las consecuencias de sus actos" (citado en "Teens' Brains", 2007).

El desarrollo cognitivo durante la niñez y la adolescencia implica cambios en la manera en cómo los jóvenes se perciben a sí mismos y al mundo que los rodea. Estos cambios influyen en los juicios que ellos forman acerca de lo que está bien y de lo que está mal, como veremos a continuación.

Etapas de razonamiento moral, según Kohlberg

El psicólogo Lawrence Kohlberg (1927-1987) fue pionero en el estudio de cómo los individuos elaboran juicios morales acerca de temas que suelen generar conflictos. Kohlberg estaba interesado en el proceso por medio del cual los individuos llegan a tomar decisiones morales; es decir, qué es lo que hace que algo sea bueno o malo para ellos, en lugar de enfocarse en las decisiones particulares que éstos toman. Kohlberg desarrolló una metodología en la que presentaba situaciones hipotéticas a sus sujetos, las cuales implicaban valores morales en conflicto, o lo que conocemos como dilemas morales. Veamos su ejemplo más famoso (adaptado de Kohlberg, 1969):

> En Europa, una mujer yace próxima a morir debido al cáncer. Sólo existe un medicamento que podría salvarla, elaborado por un farmacéutico de la misma ciudad que cobra 10 veces lo que le cuesta producirlo. Dado que carece de esa suma de dinero, el esposo de la mujer, Heinz, intenta pedir dinero prestado a todas las personas que conoce, pero sólo logra reunir alrededor de la mitad del precio del medicamento. Heinz explica al farmacéutico que su esposa está a punto de morir y le suplica venderle el medicamento a cambio de menos dinero, de manera que pueda comprarlo en ese momento, o le pide que le permita pagárselo después. El farmacéutico se niega. Desesperado, Heinz entra por la fuerza a la farmacia y roba el medicamento para administrárselo a su esposa.

Ahora, Kohlberg formula las preguntas: "¿Debió Heinz robar el medicamento? ¿Por qué sí o por qué no?". Aquí tenemos las señales de un dilema moral, una situación que enfrenta dos valores morales opuestos; en este caso, el mandato moral de no robar contra el valor humano de intentar salvar la vida de un ser querido. Kohlberg creía que el nivel de desarrollo moral de una persona se refleja en la manera en cómo razona acerca del dilema moral, no en el hecho de creer que la conducta en cuestión fue correcta o incorrecta.

Con base en sus estudios de las respuestas sobre este tipo de situaciones hipotéticas, Kohlberg determinó que el razonamiento moral progresa mediante una secuencia de seis etapas organizadas en tres niveles: el nivel preconvencional, el nivel convencional y el nivel postconvencional.

El nivel preconvencional

Los chicos que se encuentran en el *nivel preconvencional* basan sus juicios morales en las consecuencias percibidas de la conducta para sí mismos (Killen, 2007). Kohlberg dividió el razonamiento moral preconvencional en dos etapas. La Etapa 1 se caracteriza por una *orientación de obediencia y castigo:* la buena conducta se define, en términos simples, como un comportamiento que evita el castigo aplicado por una autoridad externa. En nuestro ejemplo, podríamos razonar que Heinz debería llevarse el medicamento porque, si no lo hace, podría ser culpado por la muerte de su esposa; o que no debería robar el medicamento porque, si lo hace, podrían atraparlo y enviarlo a la cárcel. La Etapa 2 representa una *orientación de propósito instrumental:* una conducta es juzgada como buena cuando sirve a las necesidades o a los intereses de la persona. Por lo tanto, podríamos razonar que Heinz debería llevarse el medicamento porque, al salvar a su esposa, él se aseguraría de que ella estuviera disponible para satisfacer sus necesidades de compañía, amor y apoyo; o que Heinz no debería llevarse el medicamento porque, si fuera atrapado y enviado a prisión, no habría tomado una decisión conveniente ni para sí mismo ni para su esposa.

El nivel convencional

En el *nivel convencional*, el razonamiento moral se basa en la conformidad con las reglas de la sociedad en la determinación de si las acciones son consideradas buenas o malas (Haidt, 2008; Killen, 2007). Los individuos que se encuentran en este nivel reconocen que el propósito de las reglas sociales es preservar el orden social y asegurar las relaciones armoniosas entre las personas.

¿Cómo podrían no darse cuenta? Los adolescentes pueden analizar constantemente su apariencia y preocuparse demasiado por la imperfección más insignificante.

CONCEPTO 10.4
El psicólogo Lawrence Kohlberg exploró cómo es que los individuos elaboran juicios morales; su teoría sobre el desarrollo moral consiste en una secuencia de seis etapas organizadas en términos de tres niveles de razonamiento moral.

Lawrence Kohlberg

La Etapa 3 se caracteriza por una *orientación "buen chico-buena chica"*: los individuos creen que la conformidad con las reglas y las regulaciones es importante debido a la necesidad de ser calificados como "buenos chicos" o "buenas chicas" por las demás personas. Ellos quieren hacer "lo correcto" ante los ojos de los demás. Por lo tanto, Heinz debería robar el medicamento porque los demás se sentirían disgustados con él si no hiciera lo posible por salvar la vida de su esposa enferma; o, por el contrario, Heinz no debería robar el medicamento porque, si es atrapado, haría caer la deshonra sobre sí mismo y sobre su familia.

La Etapa 4 tiene una *orientación de autoridad* o *de ley y orden*. El razonamiento moral ahora va más allá de la necesidad de obtener la aprobación de los demás. Las reglas deben obedecerse y aplicarse por igual porque son necesarias para el funcionamiento ordenado de la sociedad. Cada uno de nosotros tiene el deber de cumplir la ley, en términos simples, porque es la ley. Heinz debería robar el medicamento porque el deber de un esposo es proteger la vida de su esposa, pero debe pagar al farmacéutico tan pronto como pueda y aceptar la responsabilidad y el castigo apropiados por romper la ley. O Heinz no debe robar el medicamento porque, a pesar de que podríamos simpatizar con su deseo de salvar la vida de su esposa, no es posible permitir a la gente que rompa la ley cuando se enfrenta a circunstancias tan adversas.

El nivel postconvencional

Por lo general, los individuos alcanzan el *nivel postconvencional* de razonamiento moral durante la adolescencia, si es que acaso lo alcanzan. Las personas que poseen razonamiento postconvencional aplican sus propias normas o principios morales en lugar de depender en las normas de las figuras de autoridad o de adherirse ciegamente a las convenciones o reglas sociales. El pensador postconvencional cree que, cuando las reglas son injustas, una persona moral está obligada a desobedecerlas. En los estudios de Kohlberg (1969), sólo una de cada cuatro personas alcanzó el nivel postconvencional a los 16 años, aproximadamente. Incluso en la adultez, la mayoría de la gente permanece en el nivel de razonamiento moral convencional.

Kohlberg identificó dos etapas de razonamiento moral postconvencional. La Etapa 5, la *orientación de contrato social*, se caracteriza por la creencia de que las leyes se basan en un acuerdo entre los miembros de una sociedad, no en el hecho de que sean infalibles. Las leyes deben estar abiertas al cuestionamiento en lugar de ser obedecidas ciegamente y por simple respeto a la autoridad. Los pensadores de la Etapa 5 sopesan los derechos del individuo contra los derechos de la sociedad. Podrían argüir que, a pesar de que las leyes deben ser obedecidas, la protección a la vida es un valor más importante que la protección a la propiedad y que, por lo tanto, debe hacerse una excepción en el caso de Heinz. O pueden razonar que los individuos deben obedecer la ley porque el bien común tiene precedencia sobre el bien individual y que los fines, sin importar cuán nobles sean, no justifican los medios.

El pensamiento de la Etapa 6 implica la adopción de *principios éticos universales*, que es un conjunto subyacente de principios éticos abstractos, elegidos por la persona y que sirven como un marco de referencia que guía los juicios morales. Las creencias en la santidad de la vida humana o en la "Regla de Oro" ejemplifican dichos principios éticos universales. Las personas que se encuentran en esta etapa son guiadas por su propia brújula moral interna, sin importar los dictados de las leyes de la sociedad o las opiniones de los demás. Estas personas creen que, si las leyes devalúan la santidad de la vida humana, se vuelve *inmoral* obedecerlas. Por lo tanto, sería inmoral que Heinz obedeciera las leyes que, en última instancia, devalúan la santidad de la vida de su esposa. Kohlberg creía que muy pocas personas, incluso aquellas que ya alcanzaron el nivel postconvencional, llegan a la Etapa 6. La tabla de conceptos 10.1 resume las seis etapas de razonamiento moral del modelo de Kohlberg.

El modelo de Kohlberg del desarrollo moral aún promueve la comprensión de cómo las personas desarrollan un sentido de moralidad. Sin embargo, ¿el razonamiento moral dicta la conducta? ¿Las personas que alcanzan niveles más altos de razonamiento moral en el sistema de Kohlberg practican en la vida real lo que pregonan? La respuesta parece ser que, a pesar de que existen ciertas coincidencias entre el razonamiento moral y la conducta moral, lo más probable es que los factores situacionales determinen cómo actúa la gente cuando se ve confrontada por dilemas éticos o morales (Bandura, 1986).

El razonamiento moral también parece estar vinculado con la autoestima. Un estudio reciente de muchachos de educación media demostró que los sujetos con niveles más altos de autoestima

TABLA DE CONCEPTOS 10.1
Niveles y etapas de desarrollo moral, según Kohlberg

	Etapa de razonamiento moral	Argumentos que favorecen que Heinz robe el medicamento	Argumentos en contra a que Heinz robe el medicamento
NIVEL I Nivel preconvencional	**Etapa 1: Orientación de obediencia y castigo;** es decir, la conducta es juzgada como buena si sirve para evitar el castigo	Heinz debe robar el medicamento para evitar ser culpado si su esposa muere	Heinz no debe robar el medicamento porque, si lo atrapan, sería castigado y enviado a la cárcel
	Etapa 2: Orientación de propósito instrumental; es decir, la conducta es juzgada como buena cuando conviene a las necesidades e intereses personales	Heinz debe robar el medicamento porque él necesita a su esposa y ella podría morir sin éste	Es probable que Heinz sea enviado a la cárcel y que su esposa muera antes de que él pueda salir libre; por lo tanto, no sería conveniente ni para él ni para ella que Heinz robe el medicamento
NIVEL II Nivel convencional	**Etapa 3: Orientación de "chico bueno-chica buena";** es decir, la persona se conforma con las reglas con el fin de impresionar a los demás	La gente podría perderle el respeto a Heinz si él no intentara, cuando menos, salvar a su esposa al robar el medicamento	Heinz no debe robar el medicamento porque los demás lo considerarían un criminal y eso llevaría vergüenza y deshonra a su familia
	Etapa 4: Orientación de autoridad o de ley y orden; es decir, obedecer las reglas y las leyes porque éstas son necesarias para mantener el orden social	Heinz debe robar el medicamento porque tiene el deber de proteger a su esposa. La gente necesita cumplir con su deber, incluso si existe la posibilidad de recibir un castigo por ello	No debe permitírsele a las personas que rompan la ley, bajo ninguna circunstancia. La ley debe ser respetada
NIVEL III Nivel postconvencional	**Etapa 5: Orientación de contrato social;** es decir, percibir que las reglas y las leyes están basadas en el acuerdo mutuo y que están al servicio del bien común	A pesar de que es necesario obedecer las leyes para mantener el orden en la sociedad, debe hacerse una excepción en el caso de Heinz porque una ley no debe tener precedencia sobre la protección de la vida humana	A pesar de que Heinz se enfrenta a una decisión complicada, él razona que el respeto por la ley tiene más peso que las necesidades individuales, sin importar las circunstancias
	Etapa 6: Orientación de principios éticos universales; es decir, la adopción de un código moral interno basado en valores universales que tienen precedencia sobre las reglas y las leyes sociales	Heinz estaría moralmente equivocado si no robara el medicamento porque violaría su creencia en el valor absoluto de la vida humana	En ocasiones, hacer lo que creemos que es lo correcto requiere un sacrificio personal. Si Heinz en verdad siente que robar es peor que permitir que su esposa muera, no debe robar el medicamento

Fuente: Adaptado de Kohlberg, 1981.

tuvieron mayores probabilidades de tomar una decisión moral cuando se les presentaron situaciones que desafiaron sus valores (p. e., si mirar o no la hoja de respuestas de otro estudiante durante un examen cuando el profesor voltea en otra dirección) (Dai, Nolan y White, 2002).

Investigación transcultural y con base en el género del modelo de Kohlberg

La creencia central de Kohlberg de que los niños y los adolescentes progresan a través de ciertas etapas de desarrollo moral ha sido sustentada en las investigaciones posteriores (p. e., Flavell, Miller y Miller, 1993). Sin embargo, los críticos han cuestionado el grado en el que la perspectiva de Kohlberg del desarrollo moral capta las maneras en cómo las personas forman juicios morales y toman decisiones con base moral en su vida cotidiana (Krebs y Denton, 2005). La cuestión de si el modelo de desarrollo (basado en etapas) debe ser reemplazado o refinado aún es un debate presente en el campo (p. e., Gibbs, 2006; Krebs y Denton, 2006).

Otra área de discusión es si el modelo de Kohlberg contiene sesgos en cuanto a fundamentos culturales o de género. El modelo de Kohlberg enfatiza los ideales encontrados primordialmente en las culturas occidentales, tales como los derechos individuales y la justicia social. Las evidencias transculturales basadas en un estudio que comparó el razonamiento moral entre estadounidenses e indios mostró diferencias culturales en cuanto a las prioridades asignadas a la justicia y a las consideraciones interpersonales (Miller y Bersoff, 1992). Los estadounidenses asignaron más valor que los indios a una orientación de justicia en la determinación de elecciones correctas, en términos morales; es decir, creen que lo que es justo o equitativo gobierna sobre lo que es correcto. Los indios asignaron un peso mayor a las responsabilidades interpersonales, como defender las obligaciones propias hacia los demás y ser sensibles a las necesidades de otras personas.

CONCEPTO 10.5
A pesar de que, en general, las evidencias sustentan el modelo de las etapas de razonamiento moral de Kohlberg, los críticos afirman que dicho modelo podría contener sesgos culturales y de género.

La psicóloga de Harvard, Carol Gilligan, estudió el tema del sesgo de género en la obra de Kohlberg. Las investigaciones previas de la aplicación del modelo de Kohlberg sugirieron que los hombres lograban niveles más altos de razonamiento moral que las mujeres. Gilligan no creía que las mujeres fueran menos capaces de desarrollar un razonamiento moral; por el contrario, la psicóloga declaró que el modelo de Kohlberg contenía un sesgo de género porque se derivó por completo de estudios con sujetos varones. Las voces de las niñas y las mujeres aún no habían sido escuchadas.

Gilligan comenzó a escuchar los puntos de vista de las mujeres y pronto descubrió que éstas aplicaban una norma moral distinta a la de los hombres (Gilligan, 1982). Ella descubrió que las mujeres adoptaron una *orientación de atención*, mientras los hombres una *orientación de justicia*. Los jóvenes varones apelaron a principios abstractos de justicia, equidad y derechos al elaborar juicios morales sobre lo correcto y lo incorrecto. Ellos argüían, por ejemplo, que Heinz debía robar el medicamento porque el valor de la vida supera al de la propiedad. Las mujeres jóvenes buscaron soluciones que respondieran tanto a la necesidad del farmacéutico de proteger su propiedad como a la necesidad de Heinz de salvar a su esposa; es decir, soluciones que expresaban una actitud de atención y la necesidad de preservar las relaciones entre las personas. Sin embargo, dado que las jóvenes están menos dispuestas a aplicar principios morales abstractos cuando se enfrentan a situaciones éticas, como la de Heinz, pueden ser clasificadas en niveles inferiores en el sistema de Kohlberg. Gilligan afirmó que las normas morales de hombres y mujeres representan dos maneras distintas de pensar acerca de la conducta moral y que ninguna de las dos se afirma sobre una base moral superior a la otra.

Cuando menos en parte, la evidencia apoya la creencia de Gilligan en las diferencias de género en el razonamiento moral (p. e., Jaffee y Hyde, 2000; Walker, 1997). Por lo general, las mujeres enfatizan un poco más la orientación de atención, mientras los hombres, por lo regular, otorgan mayor peso a la orientación de justicia. No obstante, existe muy poco apoyo para la perspectiva de que los hombres adoptan una orientación primordial de justicia o de que las mujeres adoptan una orientación primordial de atención (Jaffee y Hyde, 2000). Tampoco existe tanta evidencia de sesgos sistemáticos contra las mujeres en cuanto a cómo están clasificadas de acuerdo con el modelo de Kohlberg. No obstante, la obra de Gilligan aún ejerce cierta influencia, en parte porque motiva a los investigadores a escuchar las voces femeninas y en parte porque motiva a las mujeres jóvenes a encontrar y desarrollar sus propias voces.

Desarrollo psicosocial

En esta sección examinaremos el desarrollo psicosocial de los adolescentes mientras negocian su transición de la niñez a la adultez temprana. Nos enfocaremos en las relaciones de los adolescentes con sus padres y amigos y en los desafíos que enfrentan al establecer una clara identidad psicosocial por sí mismos. También consideraremos un aspecto del desarrollo psicosocial que con frecuencia ocupa un lugar estelar durante la adolescencia: la sexualidad.

Relaciones entre los adolescentes y sus padres

Los anhelos de independencia de los adolescentes con frecuencia conducen a cierto aislamiento de los miembros de la familia y a discusiones con los padres sobre temas de autonomía y toma de decisiones. Cierto distanciamiento de los padres puede ser saludable durante la adolescencia, a medida que los jóvenes conforman relaciones significativas fuera del núcleo familiar y desarrollan un sentido de independencia y competencia social. Según resulta, y a pesar de las concepciones populares que afirman lo contrario, la mayoría de los adolescentes y sus padres expresan amor y respeto entre sí y están de acuerdo en lo que respecta a los temas principales de la vida (Arnett, 2004). A pesar de que los desacuerdos con los padres son comunes, los conflictos serios no son normales ni útiles para los adolescentes. Los padres también influyen en sus adolescentes de formas más sutiles, y no siempre para bien. Por ejemplo, los adolescentes tienden a imitar las conductas de sus padres que incluyen comportamientos no saludables, como el hábito de fumar (Kodl y Mermelstein, 2004).

Al separarse en términos psicológicos de sus padres, los adolescentes comienzan a luchar contra el principal desafío psicológico que enfrentan: desarrollar un claro sentido de sí mismos y de su dirección para la vida futura. Como veremos a continuación, el teórico Erik Erikson creía que

CONCEPTO 10.6
Los temas relacionados con la independencia cobran relevancia en el desarrollo social y de la personalidad de los adolescentes pero, con frecuencia, estos temas provocan conflictos entre éstos y sus padres.

Conflictos con los padres
A pesar de que los conflictos entre los adolescentes y sus padres son comunes, la mayoría de los jóvenes dice tener buenas relaciones con sus progenitores.

el proceso de llegar a buenos términos con la pregunta "¿Quién soy yo?" representa el principal desafío de la adolescencia.

La identidad contra la difusión de rol: ¿quién soy yo?

Ya comentamos que Erik Erikson creía que los niños progresan a través de una serie de cuatro etapas de desarrollo psicosocial. La quinta etapa ocurre durante la adolescencia: la etapa de *la identidad contra la difusión de rol*. Los asuntos relacionados con la identidad asumen relevancia durante la adolescencia, cuando los jóvenes se enfrentan a las preguntas de "¿Quién soy yo?" y "¿Hacia dónde me dirijo?" (Kuhn, 2006). El desarrollo de la identidad étnica, de una conexión con la herencia étnica y cultural de la persona, es una parte importante del proceso de formación de identidad durante la adolescencia; en especial, para los adolescentes de color (French *et al.*, 2006; Fuligni, Witkow y Garcia, 2005).

Para Erikson, la **identidad del yo** es el logro de un firme sentido del ser; es decir, quién es el individuo, hacia dónde se dirige en la vida y cuáles son sus creencias. Las personas que alcanzan la identidad del yo comprenden con claridad sus necesidades personales, sus valores y sus metas en la vida. Erikson acuñó el término **crisis de identidad** para describir el agobiante periodo de búsqueda en el interior del alma y seria autoexploración que muchos adolescentes experimentan cuando luchan por desarrollar un conjunto de valores personales y para definir una dirección en la vida. La misma juventud de Erikson reflejó esta búsqueda de identidad.

Erikson no se enteró, sino hasta que llegó a la adolescencia, de que el padre que lo crió, un físico llamado Theodor Homburger, en realidad era su padrastro (Erikson, 1975). Su padre biológico había abandonado a su madre mientras ella estaba embarazada de Erik, y ella se casó de nuevo, poco tiempo después de dar a luz. Su madre y su padrastro mantuvieron en secreto la historia de su padre biológico porque no quisieron que Erikson se sintiera diferente. Sin embargo él se sintió diferente. Con cabellos rubios y ojos azules, Erik era muy semejante, en términos físicos, a su padre biológico, un danés. Su padrastro y su madre eran judíos y la gente en la sinagoga lo consideraban gentil; no obstante, sus compañeros de clases lo consideraban judío. Más tarde, Erikson recordaría que la pregunta "¿Quién soy yo?" dominaría su lucha por una identidad personal en su juventud y varios años más tarde.

De joven, Erikson viajó por Europa y vivió una vida de privaciones y muchos esfuerzos como artista. Sin embargo, esta época también fue un periodo de seria búsqueda en el interior de su alma acerca de su dirección en la vida; experiencia que más tarde definiría como "crisis de identidad". Erikson emergió de su crisis de identidad con la resolución de convertirse en psicoanalista. Conoció a Sigmund Freud y se abocó por completo a su capacitación psicoanalítica. A pesar de que nunca se graduó de la universidad ni recibió nombramientos universitarios, Erikson alcanzó el reconocimiento mundial como psicoanalista y como teórico. Resulta irónico que a este hombre, cuyo nombre es el más vinculado con el concepto de identidad, se le conociera como Erik Homburger hasta que se convirtió en ciudadano estadounidense en 1939, a los 37 años de edad. Él creyó haber encontrado a un "amoroso padrastro" en su adoptado país y quiso tener un nuevo nombre para utilizarlo en su nuevo hogar. Entonces adoptó el apellido Erikson, que pudo haber representado su identificación con el antiguo explorador noruego del continente americano, Leif Erikson (Roazen, 1976).

A pesar de que Erikson creía que una crisis de identidad es una parte normal del desarrollo de una personalidad saludable, algunos estudiosos contemporáneos utilizan el término *exploración* en lugar de *crisis* para evitar la implicación de que el proceso de examinarnos a nosotros mismos significa que por fuerza debemos sumergirnos en la angustia y la lucha (Arnett, 2004).

Los adolescentes que logran sortear una crisis de identidad emergen como las personas que son; es decir, como individuos que han alcanzado un nivel de identidad del yo. La identidad del yo, sin embargo, continúa en desarrollo a lo largo de toda la vida. Nuestras metas ocupacionales y nuestras creencias políticas, morales y religiosas cambian a menudo con el paso del tiempo. Por lo tanto, es probable que debamos sortear muchas crisis de identidad en el transcurso de nuestra vida.

Muchos adolescentes o adultos nunca enfrentan una crisis de identidad. Pueden desarrollar un fuerte sentido de identidad del yo al aprender del modelado de otras personas, en especial de sus padres. También es probable que no desarrollen un sentido claro de identidad del yo y que

"Hemos reflexionado mucho acerca de lo que queremos hacer con tu vida".

CONCEPTO 10.7
Para Erik Erikson, el principal desafío de la vida que enfrentan los adolescentes es el desarrollo de un sentido de identidad del yo, que es una manera de llegar a buenos términos con la pregunta fundamental de "¿Quién soy yo?".

VÍNCULO DE CONCEPTOS
La autoidentidad también se ve influida por el aprendizaje cultural, como observamos cuando examinamos las diferencias en la autoidentidad entre los miembros de las culturas colectivistas e individualistas. Consulte el módulo 13.4.

Erik Erikson

identidad del yo En la teoría de Erikson es el logro de un sentido psicológico de conocernos a nosotros mismos y nuestra dirección en la vida.

crisis de identidad En la teoría de Erikson se refiera al periodo tenso de reflexión y autoanálisis sobre temas relacionados con los valores personales y la dirección de vida de un individuo.

permanezcan a la deriva, como si flotaran en el mar, y que tomen cada día como se presente, sin propósito alguno. Estos individuos permanecen en un estado de **difusión de rol**, que es un estado confuso y a la deriva donde las personas carecen de un conjunto claro de valores y de dirección en la vida. Estos individuos pueden ser particularmente vulnerables a las influencias negativas de los amigos, como el consumo de drogas.

Relaciones amistosas

A medida que los adolescentes experimentan una mayor independencia, las relaciones amistosas se convierten en influencias cada vez más importantes en su desarrollo psicosocial. El hecho de "formar parte", o pertenecer, cobra una mayor relevancia en la determinación de la autoestima y la adaptación emocional. Las amistades ayudan a facilitar la adaptación a la adolescencia y a la educación media.

Por otra parte, a los padres les preocupa a menudo que sus adolescentes "se junten con las personas equivocadas". Las evidencias en parte sustentan algunas de las preocupaciones paternas, dado que la exposición a los grupos de amigos con conductas inapropiadas es un factor importante en el consumo abusivo de sustancias tóxicas a temprana edad (Walden *et al.*, 2004). Asimismo, los estudios con adolescentes hispanoamericanos y afroamericanos apoyan la perspectiva de que los padres pueden ser una influencia "antidrogas", es decir, el firme apoyo paterno reduce la influencia negativa que los amigos que consumen drogas pueden ejercer sobre los adolescentes respecto al consumo de tabaco y otras sustancias tóxicas (Farell y White, 1998; Frauenglass *et al.*, 1997). También contamos con evidencias que señalan que los adolescentes que comparten con sus padres cinco o más comidas por semana tienen menos probabilidades de consumir drogas que aquellos que lo hacen en menos de dos ocasiones por semana (Radsch, 2004). Ahora consideremos el tema preponderante en las mentes de muchos adolescentes: la sexualidad.

La sexualidad adolescente

Los adolescentes pueden ser mucho más que "hormonas con pies", como señaló un observador; sin embargo, los pensamientos e intereses sexuales con frecuencia ocupan un lugar protagónico durante este periodo de desarrollo. Por lo regular, en la actualidad los jóvenes comienzan a tener relaciones sexuales a una edad temprana y, en general, adoptan actitudes de mayor aceptación acerca del sexo prematrimonial que sus contrapartes de varias generaciones atrás (Wells y Twenge, 2005). A pesar de que los índices de relaciones sexuales entre adolescentes han comenzado a declinar en los años recientes (Santelli *et al.*, 2007), la proporción de aquellas que tienen bebés cada año en Estados Unidos es más alta que en cualquier otra nación desarrollada (Harris, 2007; Judge, 2007; Teitler, 2002). En Estados Unidos, alrededor de un millón de bebés nacen de madres adolescentes cada año. Los jóvenes también han comenzado a experimentar con otras formas de contacto sexual como alternativas a la penetración vaginal, como el sexo oral y anal.

Algunas adolescentes se embarazan para llenar un vacío emocional o para revelarse contra sus familias; sin embargo, la mayoría de los embarazos en la adolescencia son el resultado de un empleo deficiente de métodos anticonceptivos. Muchas jóvenes activas, en términos sexuales, se ven atrapadas en sus propias fábulas personales al creer que el embarazo es algo que no puede sucederles a ellas. Las madres solteras adolescentes enfrentan serios obstáculos en su desarrollo educativo y social, y tienen mayores probabilidades que otras chicas de vivir por debajo del nivel de la pobreza, de dejar de asistir a la escuela y de depender de la asistencia pública (Arnett, 2004). A pesar de que el padre (quien por lo regular también es adolescente) es igualmente responsable del embarazo, por lo general está ausente o es incapaz de contribuir a la manutención del bebé de manera apropiada.

¿Por qué algunos adolescentes se vuelven sexualmente activos mientras otros se abstienen? En primer lugar, la presión de los amigos, tanto la real como la imaginaria, promueve o restringe la actividad sexual. Las razones morales, por otra parte, a menudo son la base para la restricción. Los adolescentes que se abstienen del sexo también pueden estar preocupados por el hecho de que alguien descubra sus actividades, por un embarazo o por la posibilidad de contraer una enfermedad de transmisión sexual. Entre otros factores vinculados con la restricción sexual de los adolescentes se encuentran los siguientes (J. D. Brown *et al.*, 2006; Hardy y Raffaelli, 2003; McBride, Paikoff y Holmbeck, 2003):

CONCEPTO 10.8
La presión de los amigos es una importante influencia en el desarrollo social y emocional de los adolescentes.

CONCEPTO 10.9
La maduración sexual que ocurre durante la pubertad conduce a la capacidad reproductiva, tanto si los jóvenes están preparados para ello, en términos psicológicos, como si no lo están.

difusión de rol Según el modelo de Erikson es la falta de dirección en la vida o carencia de sentido respecto de la misma.

- Vivir en una familia integral

- Tener una familia con bajos niveles de conflicto

- Que al menos uno de sus padres se haya graduado de la universidad

- Otorgar importancia a la religión y asistir con frecuencia a los servicios religiosos

- Estar menos expuestos al contenido sexual en música, películas, televisión y revistas

Muchos adolescentes homosexuales se enfrentan al desafío de aceptar su sexualidad frente al escenario de la condena y la discriminación social contra este grupo en la cultura en general. Su lucha por la autoaceptación a menudo requiere eliminar las capas de negación acerca de su sexualidad. Para algunos hombres y mujeres homosexuales, el proceso de "salir del armario", es decir, una aceptación personal de su orientación sexual, no ocurre sino hasta la adultez temprana o media. Por desgracia, el proceso de alcanzar la autoaceptación puede ser tan difícil que muchos adolescentes homosexuales consideran la posibilidad de suicidarse o incluso lo intentan (Bagley y D'Augelli, 2000). A pesar de que algunas familias aceptan mejor la situación de que uno de sus miembros sea homosexual (Aveline, 2006), muchos adolescentes con esta condición están renuentes a revelar su orientación sexual a sus familiares y amigos. El mensaje fundamental es "mantenlo en secreto". Aquí, una joven describe su experiencia al revelar su orientación sexual a su madre:

> *Mis padres saben que he vivido con mi pareja desde hace seis años. Ella viene conmigo a casa de mis padres. La palabra "lesbiana" nunca ha sido pronunciada. Yo se lo confesé a mi madre y ella respondió: "Bueno, esto es todo lo que diremos. No necesitamos mencionarlo de nuevo". Ella nunca lo ha hecho y eso sucedió diez años atrás. No sé si en alguna ocasión se lo ha comentado a mi padre. (Barrett, 1990, p. 52.)*

Antes de finalizar nuestra discusión acerca de la adolescencia, es importante señalar que la mayoría de los adolescentes, por lo general, se sienten felices y optimistas en relación con su futuro (Arnett, 2004). A pesar de que pueden tener cambios más amplios y frecuentes en cuanto a su estado de ánimo que los adultos, la mayoría de estas variaciones corresponde a un rango medio.

REVISIÓN DE MÓDULO 10.1   Adolescencia

REPASE

¿Qué es la pubertad?

- La pubertad cubre el periodo de desarrollo físico que comienza con la aparición de las características sexuales secundarias y finaliza con la llegada de la madurez sexual plena.

¿Qué cambios relacionados con el desarrollo cognitivo ocurren durante la adolescencia?

- Los adolescentes pueden avanzar a la etapa de operaciones formales; la cual, de acuerdo con Piaget, se caracteriza por la capacidad para el pensamiento y el razonamiento abstractos.

- De acuerdo con Elkind, el egocentrismo en la adolescencia incluye los conceptos de audiencia imaginaria (creer que toda la gente está tan ocupada en nosotros como nosotros mismos) y de la fábula personal (un exagerado sentido de ser únicos y las percepciones de invulnerabilidad personal).

¿Cuáles son los niveles de razonamiento moral, de acuerdo con Kohlberg?

- En el nivel preconvencional, los juicios morales se basan en las consecuencias percibidas de la conducta. Las conductas que evitan el castigo son buenas; sin embargo, aquellas que

incurren en un castigo impuesto por parte de las autoridades externas, son malas.

- En el nivel convencional, la conformidad con las reglas convencionales de lo bueno y lo malo es valorada debido a la necesidad de hacer lo que los demás esperan o porque la persona tiene la obligación de obedecer la ley.

- En el nivel postconvencional, los juicios morales se basan en los sistemas de valores que el individuo desarrolla por medio de la reflexión personal, como la importancia de la vida humana y el concepto de la justicia sobre el de la ley. El pensamiento postconvencional no se desarrolla sino hasta la adolescencia, si es que lo hace.

¿Por qué Gilligan criticó la teoría de Kohlberg?

- Gilligan señaló que el modelo de Kohlberg se basaba sólo en las respuestas de los hombres y que no tomó en cuenta a las voces femeninas.

- Mediante su propia investigación, Gilligan concluyó que las mujeres tienden a adoptar una orientación de atención, mientras los hombres tienden a adoptar una orientación de justicia. Otros investigadores han descubierto que las diferencias en cuanto al razonamiento moral entre hombres y mujeres son menos definidas, a pesar de que ellas presentan una mayor tendencia a adoptar una orientación de atención.

¿Cuál creía Erikson que era el principal desafío del desarrollo en la adolescencia?

- Erikson creía que el logro por el sentido de quién es y de lo que cree (identidad del yo) es el principal desafío del desarrollo en la adolescencia.

- Erikson acuñó el término *crisis de identidad* para describir un periodo de búsqueda en el interior del alma, durante el cual los adolescentes intentan llegar a buenos términos con sus creencias subyacentes y con la dirección futura de su vida.

RECUERDE

1. Caitlin está a punto de entrar a la pubertad. De los siguientes cambios físicos que ella experimentará, ¿cuál implica a una característica sexual primaria?
   a. desarrollo de los senos
   b. crecimiento del útero
   c. vello púbico
   d. vello en las axilas

2. Hasim, un muchacho de 15 años, siente que siempre está en el centro del escenario; es decir, como si los ojos de todo el mundo estuvieran fijos en cada cosa que él hace. ¿Qué aspecto del desarrollo cognitivo del adolescente refleja esta creencia?
   a. audiencia imaginaria
   b. fábula personal
   c. pensamiento abstracto
   d. operaciones formales

3. Lawrence Kohlberg propuso dilemas morales a grupos de niños y luego clasificó sus respuestas. Los niños cuyas respuestas indicaban que basaron sus juicios morales en las consecuencias percibidas de las acciones fueron clasificados como pertenecientes al nivel _____ de razonamiento moral.
   a. preconvencional
   b. convencional
   c. operaciones concretas
   d. postconvencional

4. Jakayla nunca excede el límite de velocidad en el automóvil y cree que todos los demás deberían imitarla porque es la ley. ¿En qué nivel se describe mejor su razonamiento moral, de acuerdo con el modelo de Kohlberg?
   a. operacional concreto
   b. postconvencional
   c. convencional
   d. preconvencional

REFLEXIONE

- ¿Su adolescencia fue un periodo de *sturm and drang* (tormenta y estrés) o fue relativamente apacible? ¿Por qué supone que algunos adolescentes viven su adolescencia con relativa tranquilidad mientras para otros resulta ser un periodo turbulento? ¿Cuál fue el motivo que hizo que su adolescencia fuera fácil o difícil para usted?

- Describa los dos tipos de críticas sobre sesgos hacia la teoría de Kohlberg. ¿Cree que dichas críticas están bien fundamentadas?

MÓDULO 10.2

Adultez temprana y media

- ¿Qué cambios físicos y cognitivos tienen lugar a medida que la gente envejece?
- ¿Cómo describen los teóricos el desarrollo social y de la personalidad durante la adultez temprana y media?
- ¿Cuáles son las principales variaciones en los estilos de vida de los adultos en la actualidad?

El desarrollo no se detiene con el fin de la pubertad. El desarrollo físico y psicológico es un proceso continuo que se extiende a lo largo de toda la vida. ¿Cuándo termina la adolescencia e inicia la adultez, en el sentido psicológico, no en el legal? Como veremos en el presente módulo, podemos pensar en la transición de la adolescencia a la adultez como en un proceso que ocurre a lo largo de un periodo que cubre de los 18 o 19 años hasta mediados de la segunda década de vida. No es una fecha en particular, como su decimoctavo cumpleaños, que se pueda marcar en un calendario.

¿Cuándo inicia la adultez media, o la *mediana edad*? ¿Cuándo termina? La concepción más común de la mediana edad es que inicia a los 40 años y finaliza a los 60 o 65 con el inicio de la adultez avanzada o ancianidad (Lachman, 2004). Sin embargo, para mucha gente, la edad es más un estado mental que un asunto de años. En una encuesta se preguntó a 1 200 estadounidenses cuándo creían que iniciaba la mediana edad. Cerca de la mitad (46%) afirmó que la mediana edad inicia cuando la persona se da cuenta de que ya no conoce los nombres de los nuevos grupos musicales (Beck, 1992) y 42% declaró que la mediana edad inicia cuando el último hijo abandona el hogar. Debido a que estos sucesos pueden ocurrir en momentos muy distintos, pues no hay duda alguna de que muchos adultos mayores aún pueden identificar a los grupos musicales modernos, resulta difícil señalar con precisión cuándo inicia la mediana edad. Muchos de los llamados *baby-boomers* (generación de los individuos nacidos después de la Segunda Guerra Mundial (*n. del t.*), quienes ahora tienen entre 50 y 60 años, actúan como si fueran más jóvenes que sus padres a la misma edad o, al menos, eso creen. La mediana edad puede ser un tiempo para reflexionar acerca de lo que hemos hecho (o no hemos hecho) y determinar lo que aún debemos hacer (Lachman, 2004).

En este módulo continuaremos nuestro viaje a través del desarrollo humano por medio del análisis de los cambios en nuestro desarrollo físico y psicológico, mismos que ocurren a medida que avanzamos de la adultez temprana hacia la mediana edad.

Desarrollo físico y cognitivo

En muchos aspectos, el desarrollo físico y psicológico alcanza su cenit en la adultez temprana. Durante la tercera década de vida, la mayoría de las personas están en su máximo nivel en términos de funcionamiento de la memoria, de la habilidad para aprender nuevas capacidades, de agudeza sensorial, de fortaleza muscular, de tiempos de reacción y de condición cardiovascular.

En gran medida, las personas también muestran un mejor desempeño en pruebas estandarizadas de inteligencia durante la adultez temprana (Baltes, 1997). Cierto declive en el funcionamiento mental es esperado a medida que se envejece durante la adultez media y avanzada. Los mayores descensos ocurren en cuanto a la **inteligencia fluida** o flexibilidad mental; es decir, los mecanismos mentales necesarios para resolver pronto los problemas, recordar la información de reciente adquisición y formar y reconocer conceptos y patrones (Stine-Morrow, 2007). Otra forma de inteligencia, la **inteligencia cristalizada**, representa el fondo de conocimientos de la persona y su habilidad para aplicar dicho conocimiento, así como el vocabulario y la habilidad numérica. Ésta muestra muy poco declive con la edad; incluso puede mejorar en ciertos aspectos, como en un incremento en la amplitud del vocabulario (consulte la figura 10.2).

A medida que las personas envejecen, por lo regular experimentan una decadencia respecto del funcionamiento de la memoria; en especial, en la memoria funcional y en los recuerdos de sucesos pasados, listas de palabras, nombres apenas escuchados o textos recién leídos (p. e., Hess, 2005; Jacoby y Rhode, 2006; Prull *et al.,* 2006). Además de la ocasional vergüenza social por la confusión con los nombres de las personas, la decadencia cognitiva a la mitad de la vida ocurre, por lo regular, de manera gradual y puede no ser notable ni interferir con el funcionamiento social u ocupacional de las personas. Estos declives pueden compensarse con un incremento en el conocimiento y la experiencia.

A partir del final de la segunda década de vida, las personas comienzan a perder tejido muscular magro; en especial, musculatura. Con cada década que pasa, la gente tiende a perder alrededor de tres kilogramos y medio de masa corporal magra, y cada vez más tejidos corporales se transforman en grasa. Desde los 20 hasta los 70 años, las personas tienen probabilidades de perder hasta 30% de sus células musculares. Aún así, la mayor parte de los cambios físicos en la adultez media ocurren de forma gradual y los índices en los que suceden dichos cambios varían entre individuos (Connell y Janevic, 2003).

La pérdida de tejidos musculares produce una pérdida gradual de fuerza muscular. Sin embargo, todas las personas pueden contrarrestar esta carencia por medio de un programa de ejercicios de levantamiento de pesas. El ejercicio regular, combinado con una dieta apropiada, también ayuda a prevenir aumentos significativos de peso. Los incrementos notables de peso no son normales ni son una consecuencia inevitable del envejecimiento.

El cambio físico más dramático durante la mediana edad es la interrupción de la menstruación y de la capacidad reproductiva en las mujeres. Este suceso biológico, llamado **menopausia**, por lo regular ocurre al final de la cuarta década de vida o al principio de la quinta. Con la menopausia, los ovarios ya no liberan óvulos ni producen las hormonas sexuales estrógeno y progesterona.

Un estereotipo persistente acerca de la menopausia es que ésta señala el final del apetito o impulso sexual de la mujer (consulte la tabla 10.1 para conocer otros mitos acerca de la menopausia). Sin embargo, el impulso sexual de la mujer se enciende gracias a las pequeñas cantidades de hormonas sexuales masculinas (andrógenos), producidas por las glándulas suprarrenales, no

¿Quién es de mediana edad? Las estrellas veteranas de rock, como Madonna, han provocado que las líneas generacionales se difuminen.

💡 **CONCEPTO 10.10**
A pesar de que muchas de las habilidades cognitivas alcanzan su tope en la adultez temprana, los descensos en el funcionamiento de la memoria, mismos que por lo general ocurren con la edad, pueden no interferir con el funcionamiento ocupacional o social.

💡 **CONCEPTO 10.11**
La menopausia es un suceso relevante de la vida para la mayoría de las mujeres que simboliza otras cuestiones que podrían enfrentar en la adultez media, como cambios en su apariencia, salud y sexualidad.

inteligencia fluida Forma de inteligencia asociada con la capacidad para pensar de manera abstracta y flexible al momento de resolver problemas.

inteligencia cristalizada Forma de inteligencia asociada con la capacidad para emplear el conocimiento acumulado.

menopausia Momento de la vida cuando finaliza la menstruación.

FIGURA 10.2 Cambios en la capacidad intelectual relacionados con la edad
La inteligencia cristalizada, que incluye capacidades como las habilidades verbal (comprensión del vocabulario) y numéricas, permanece relativamente estable o incluso puede mejorar a medida que envejecemos. Los descensos más acusados ocurren con la inteligencia fluida, que es el tipo de inteligencia necesaria para las capacidades de razonamiento abstracto, como el razonamiento deductivo y la orientación espacial.

Fuente: Schaie, 1996.

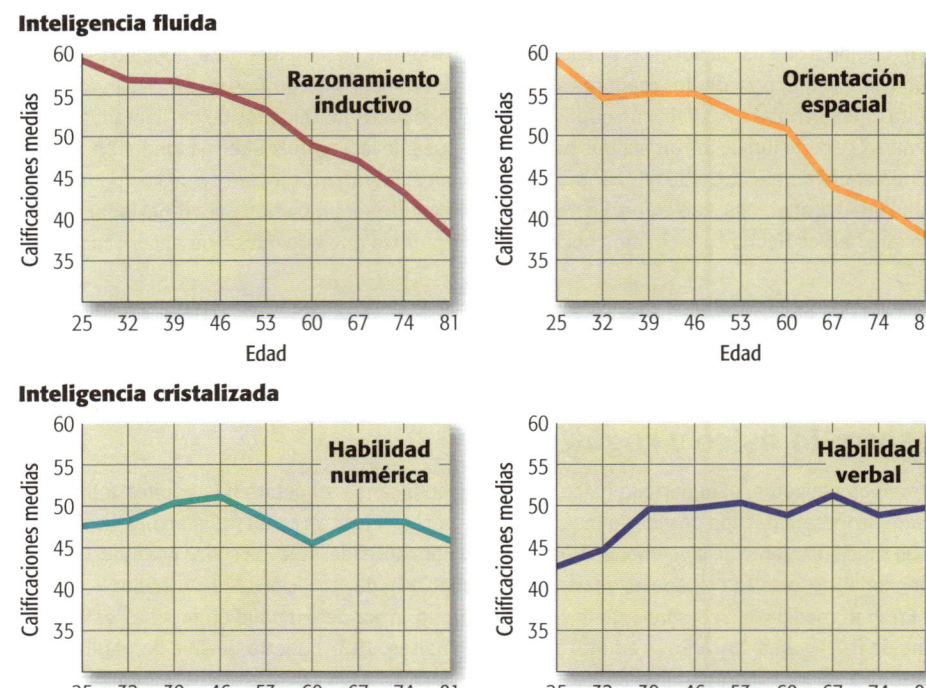

por el estrógeno. Sin embargo, el significado que la menopausia tiene para cada mujer es de gran importancia para su adaptación a la misma. Algunas mujeres fueron educadas con la idea de que la menopausia está conectada con una pérdida de feminidad y disminución del interés sexual o sentirse menos deseables, en términos eróticos. Otras, en realidad pueden sentirse liberadas por haber cortado los lazos entre el sexo y la reproducción.

A diferencia de las mujeres, los hombres pueden conservar su fertilidad hasta bien entrada la adultez avanzada. Los varones experimentan un declive gradual de testosterona a medida que envejecen, en contraste con el brusco declive de producción de estrógeno que ocurre en las mujeres durante la menopausia. A pesar de los cambios físicos relacionados con la edad, el porcentaje más grande de los adultos mayores (alrededor de dos tercios, de acuerdo con una encuesta multinacional) reporta que sus relaciones sexuales son placenteras y satisfactorias a nivel emocional (Laumann *et al.*, 2006).

CONCEPTO 10.12
Los hombres experimentan un declive gradual en la producción de la hormona sexual masculina testosterona a medida que envejecen; pero, a diferencia de las mujeres, ellos mantienen su capacidad reproductiva hasta bien entrada la adultez avanzada.

Desarrollo psicosocial

Los desafíos de la adultez temprana tienen mucha relación con el cumplimiento de funciones adultas y con el establecimiento de relaciones adultas (Zucker, Ostrove y Stewart, 2002). El psicólogo Jeffrey Arnett acuñó el término de **adultez emergente** para describir el periodo de transición entre la adolescencia y la edad adulta, mismo que ocurre más o menos entre los 18 y los 25 años (Arnett, 2000, 2004). Sin embargo, en la actualidad para muchos adultos jóvenes, la segunda década de vida puede ser considerada una extensión de la adolescencia, donde los 30 años se convierten en el umbral de la adultez en toda la extensión de la palabra (Grigoriadis, 2003).

Arnett (2004) define a la adultez emergente como un periodo singular de desarrollo que se distingue de los demás periodos de la vida por cinco características clave:

adultez emergente En algunas culturas es el periodo de desarrollo psicosocial que cubre un rango aproximado entre los 18 y los 25 años de edad, durante el cual la persona hace la transición de la adolescencia a la edad adulta.

1. *La edad de la exploración de la identidad.* La adultez emergente es un periodo para examinar nuestras creencias y determinar hacia dónde nos dirigimos en la vida. También es un tiempo para explorar las relaciones románticas y las alternativas de carrera como preparación para tomar decisiones y hacer compromisos duraderos.

TABLA 10.1 Mitos contra hechos acerca de la menopausia

Mito	Hecho
El cuerpo de una mujer ya no produce estrógeno después de la menopausia	A pesar de que la producción de estrógeno disminuye mucho, las glándulas suprarrenales y el tejido graso continúan produciendo menores cantidades de esta hormona
Por lo regular las mujeres se deprimen o se sienten ansiosas durante la menopausia como resultado de los cambios hormonales	La mayoría de las mujeres no experimenta depresión seria o graves cambios de estado de ánimo durante o alrededor de la época de la menopausia (Bromberger *et al.*, 2007; Wingert y Kantrowitz, 2007a, 2007b). Desde luego, las mujeres que padecían problemas psicológicos antes de la menopausia aún pueden presentarlos después de ésta
La menopausia es un suceso físico, no un suceso psicológico	A pesar de los cambios físicos en el cuerpo de la mujer durante la menopausia, el significado que ella les da a dichos cambios tiene un efecto determinante en su respuesta emocional. Si la mujer considera que la menopausia es el inicio del final de su vida, podría desarrollar un sentimiento de desesperanza que puede conducirla a la depresión. Los investigadores también han vinculado factores psicológicos, como la insatisfacción marital, con síntomas menopáusicos más importantes (Kurpius, Nicpon y Maresh, 2001)
Las mujeres esperan experimentar graves bochornos durante la menopausia	Muchas mujeres experimentan bochornos leves o ninguno en absoluto (Wingert y Kantrowitz, 2007a, 2007b)
Las mujeres pierden todo deseo sexual después de la menopausia	No es verdad. El interés y la capacidad de respuesta sexual pueden mantenerse a lo largo de la vida de la mujer. Algunas mujeres afirman que, en realidad, el sexo mejora alrededor de la etapa de la menopausia; en parte porque los hijos tal vez ya abandonaron el hogar paterno y los padres descubren que disponen de más tiempo para fomentar sus relaciones íntimas (Wingert y Kantrowitz, 2007a, 2007b)

Fuente: Adaptado de Nevid y Rathus, 2007a, y otras fuentes.

2. *La edad de la inestabilidad.* La exploración de las diferentes posibilidades en el amor y en el trabajo implica gran inestabilidad. La persona joven puede cambiar de especialidades o de objetivos profesionales, moverse de una relación a otra o de una residencia a otra.

3. *La edad del enfoque en uno mismo.* Los adultos emergentes se enfocan en sí mismos en términos de desarrollar las capacidades, el conocimiento y la autocomprensión que los ayudarán a prepararse para enfrentar las responsabilidades de la vida adulta.

4. *La edad de sentirse en medio.* Antes señalamos cómo los adolescentes se sienten atrapados en medio de los mundos de los niños y de los adultos. No obstante, los adultos emergentes también tienen sentimientos de estar en medio, de no sentirse por completo adolescentes, pero tampoco se sienten adultos independientes por completo. Como puede ver en la figura 10.3, no es sino hasta el final de la segunda década de vida o inicios de la tercera que sienten que han alcanzado la adultez plena.

5. *La edad de las posibilidades.* La adultez emergente es un periodo de posibilidades, no de certezas; es un momento en el que la persona alberga grandes esperanzas y expectativas acerca de una vida futura que aún no ha cobrado forma.

La adultez emergente no se encuentra en todas las culturas. Arnett cree que existe sólo en aquellas culturas que permiten una transición gradual de la adolescencia a la edad adulta (Arnett, 2004). En muchas culturas se espera que los jóvenes asuman las funciones de la adultez plena, como el matrimonio y la paternidad, a edades más tempranas que en la sociedad occidental contemporánea. Los factores culturales también entran en juego en nuestra propia sociedad al determinarse el momento en que los adultos jóvenes comienzan a depender de sí mismos. Por ejemplo, el sentido del deber para con la familia es especialmente fuerte entre los adultos jóvenes filipinos y latinos, lo cual podría explicar su tendencia a continuar viviendo con sus familias y a contribuir con éstas en términos financieros (Fuligni y Pedersen, 2002).

Arnett sigue las conclusiones de otros teóricos, como Erik Erikson (1963) cuando enfatiza la importancia de la formación de la identidad en el desarrollo. Erikson definió al principal desafío de identidad (crisis) de la adultez temprana como desafío de *intimidad contra aislamiento*, es decir, establecer relaciones íntimas contra permanecer solo y aislado.

CONCEPTO 10.13

El concepto de Arnett de la adultez emergente reconoce que, en algunas culturas, la transición de la adolescencia a la adultez implica un periodo singular de desarrollo entre los 18 o 19 años hasta mediados de la segunda década de vida.

FIGURA 10.3 ¿Es usted un adulto?
A los participantes se les preguntó: "¿Siente que ya llegó a la edad adulta?". La mayoría de ellos no se percibe como adultos sino hasta el final de la segunda década de vida o principios de la tercera.

Fuente: Reimpreso con autorización de Arnett (2004); basado en información de Arnett, 2000.

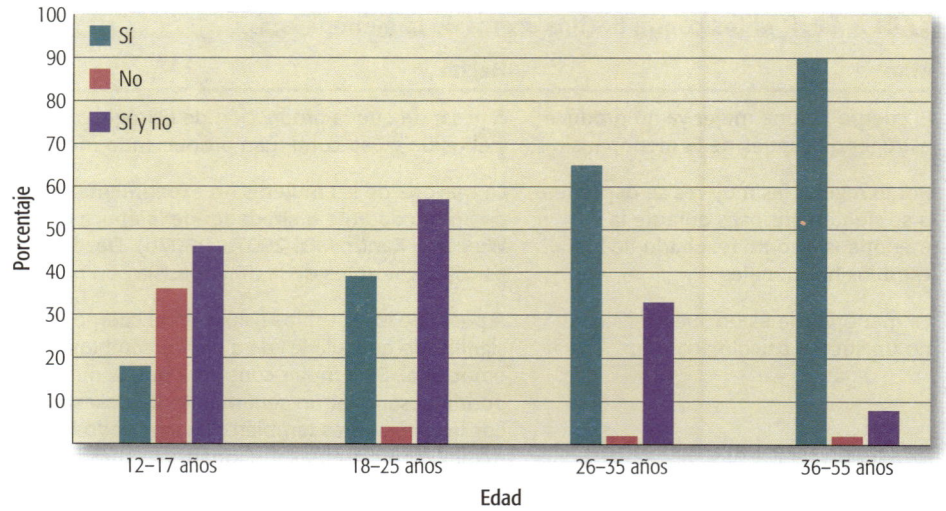

CONCEPTO 10.14
El desarrollo psicosocial en la adultez temprana con frecuencia se centra en el establecimiento de relaciones íntimas y en encontrar un lugar propio en el mundo.

Desde la perspectiva de Erikson, las primeras dificultades al navegar por los desafíos de la vida pueden afectar la resolución de aquellos que se presentan más adelante. Por ejemplo, los adultos jóvenes que forjan una fuerte identidad del yo, o un compromiso con una vida estable durante la adolescencia, pueden estar preparados en la adultez temprana para formar apegos íntimos; es decir, para "fusionar" sus identidades con otras personas por medio del matrimonio y de las amistades perdurables. Aquellos individuos que no establecieron relaciones íntimas es probable que se retiren al aislamiento y la soledad. Las personas que no adquirieron un sentido básico de confianza al inicio de su vida tal vez sientan un temor mayor hacia la intimidad en la adultez (Terrell, Terrell y Von Drashek, 2000) y, por lo tanto, experimenten soledad y dificultades para establecer relaciones cercanas.

En la adultez temprana y media surgen algunas diferencias de género en cuanto al desarrollo social y de la personalidad. Con frecuencia los hombres parecen estar más orientados a convertirse en sí mismos; es decir, separarse de sus padres y de otras figuras de autoridad y establecer su propia identidad independiente (Guisinger y Blatt, 1994). Las mujeres, en especial las universitarias, es probable que compartan esta meta pero también parecen estar fuertemente orientadas al desarrollo de relaciones sociales e íntimas (Gilligan, Lyons y Hanmer, 1990). Comparadas contra los hombres, las mujeres experimentan mayores conflictos respecto de sus planes de carrera profesional, lo cual podría reflejar las dificultades que enfrentan para combinar el trabajo externo con la maternidad, en una sociedad donde las mujeres aún son las principales proveedoras de cuidado y atención para los menores.

Para Erikson, el desafío psicosocial clave enfrentado por los adultos a la mitad de la vida es *la generatividad contra el estancamiento*. Con generatividad, Erikson se refiere a los esfuerzos dirigidos hacia la formación de la nueva generación o generaciones por venir. En esta formación pueden incluirse esfuerzos para criar a los hijos propios o para ayudar a hacer del mundo un lugar mejor para futuras generaciones. Cuando no se crea generatividad se produce el estancamiento, que es una especie de egoísmo en el cual las personas son indulgentes consigo mismas, como si ellas fueran "los únicos niños" (Erikson, 1980). La evidencia apoya la perspectiva de Erikson en el sentido de que la generatividad es una tarea primordial de la adultez media para generar un sendero hacia la satisfacción en la vida (Peterson y Duncan, 2007; Zucker, Ostrove y Stewart, 2002).

Para Erikson, cada etapa de la vida adulta presenta desafíos únicos que pueden fortalecernos y enriquecernos o debilitarnos y minimizarnos. Otros teóricos se enfocan menos en las etapas del desarrollo adulto y más en las maneras en cómo la gente maneja las tareas y las transiciones que enfrenta en el transcurso de su vida. Por ejemplo, Robert Havighurst (1972) subrayó numerosas tareas del desarrollo que las personas enfrentan a edad avanzada, como la adaptación a los cambios físicos y a la jubilación, sobrellevar la pérdida de seres queridos y amigos y el establecimiento de nuevas relaciones con amigos de edad avanzada. Daniel Levinson y sus colegas (1978) se enfocaron en las transiciones de la vida, como la transición de la mediana edad, misma que ocurre alrededor de los 40 años. Para Levinson, la transición de la mediana edad es un tiempo para evaluar nuestra vida en términos de si hemos alcanzado los sueños que tuvimos en nuestra juventud. Podemos sentir que la vida ha comenzado a escapársenos y darnos cuenta de que ahora somos una generación más viejos que el menor de los adultos jóvenes. Podemos comenzar a preguntarnos si tenemos más por mirar hacia el pasado que lo que tenemos hacia el futuro. Muchos adultos de mediana edad comparan sus logros contra sus sueños anteriores y pueden decepcionarse si descubren que se han quedado cortos.

Esta transición de la adultez puede disparar una **crisis de la mediana edad**, que es la sensación de estar atrapados a causa de la disminución de opciones futuras; es sentir que la vida ya no está libre de restricciones o límites, una pérdida de propósito o una sensación de fracaso por no haber cumplido las ambiciones o aspiraciones de nuestra juventud. Algunas personas pueden responder a la crisis de la mediana edad con intentos por recuperar la juventud perdida. Entre estas conductas se incluyen las aventuras extramaritales, que sirven para que el individuo se demuestre a sí mismo que aún es sexualmente deseable para otras personas; un incremento en la actitud proclive a correr riesgos o, quizá, la adquisición de un automóvil deportivo de dos plazas (de color rojo, desde luego).

Sin embargo, una crisis de mediana edad no es inevitable y, de hecho, puede ser más una excepción que la regla (Lachman, 2004). La mayoría de las personas navega a través de la adultez media sin una crisis significativa de mediana edad. En la actualidad, muchas personas en esta etapa se enfocan en lo que consideran que serán otras tres o cuatro décadas de promesas, no de decadencia. Con esta perspectiva en mente, ellas cambian de carrera y aspiran a nuevos sueños y metas. Sienten que tal vez en este periodo logren sus mayores contribuciones para la siguiente generación. Este concepto resuena con el de Erikson de generatividad.

Otra creencia común es que las personas en su cuarta o quinta década de vida, en especial las mujeres, tienen probabilidades de experimentar depresión y pérdida de propósito y dirección cuando sus hijos abandonan el hogar. Es probable que esta crisis, etiquetada como **síndrome del nido vacío**, fuera bastante común en la época cuando la identidad de las mujeres se centraba en la crianza y el cuidado de su descendencia. No obstante, a pesar de que pueden existir preocupaciones comprensibles con el hecho de dejar partir a los hijos, las investigaciones demuestran que muchos padres, tanto hombres como mujeres, experimentan este periodo de la vida como una época de reconexión con la pareja y de satisfacción de sus intereses propios (Clay, 2003; Fingerman, 2002). Sin embargo, cabe aclarar que muchos nidos vacíos se han llenado de nuevo últimamente debido a que cada vez más hijos adultos regresan a la casa paterna (o deciden no marcharse, en primer lugar), debido a un mercado laboral complicado y a los altos costos de vivienda actuales. La tabla de conceptos 10.2 brinda un panorama del desarrollo durante la adultez temprana y media.

El matrimonio, al estilo estadounidense

El matrimonio es una institución social universal que se encuentra en todas las culturas humanas, desde las sociedades industrializadas de Norteamérica y Europa hasta las analfabetas en los rincones más lejanos de Micronesia (Ember y Ember, 2004). La mayoría de las personas en todas las sociedades humanas se casa al menos una vez. Más de 95% de los estadounidenses contrae matrimonio cerca de los 60 años de edad (U.S. Census Bureau, 2003). Sin embargo, los expertos afirman que, por primera vez en la memoria documentada, una mayoría de mujeres adultas en Estados Unidos (51%) vive sin cónyuge, en comparación con 35% en 1950 (Roberts, 2007). Entre los adultos varones, una ligera mayoría (55%) está casada y vive con su pareja (Zernicke, 2007).

¿A qué se debe la disminución de adultos que viven con sus cónyuges? Los expertos señalan varios factores, como un índice creciente de divorcios, las tendencias de las personas a casarse más tarde y a la expectativa de vida más larga, lo que a menudo significa que un cónyuge sobrevive al otro. La disparidad entre hombres y mujeres que viven con sus cónyuges se explica en gran medida por el hecho de que las mujeres tienden a vivir más que los varones, lo cual hace más probable que éstas queden viudas.

Por qué las personas se casan

El matrimonio es popular a nivel mundial porque satisface muchas necesidades personales y sociales. Éste legaliza y brinda oportunidades para mantener relaciones sexuales con regularidad

TABLA DE CONCEPTOS 10.2
Desarrollo en la adultez temprana y media

Desarrollo físico	Las personas tienden a alcanzar su cenit físico y mental en la adultez temprana. La disminución de tejido corporal magro y masa muscular comienza en la segunda década de vida. En la mediana edad, las mujeres experimentan la menopausia, que es la suspensión de la menstruación, la cual se acompaña por un descenso brusco en la producción de estrógeno. Los hombres experimentan una reducción gradual de testosterona a medida que envejecen
Desarrollo cognitivo	Mientras la inteligencia fluida tiende a declinar durante la mediana edad y la adultez avanzada, la inteligencia cristalizada muestra muy poca disminución, si es que disminuye, y en realidad puede mejorar en algunos aspectos. Las capacidades de la memoria, como la de memorizar listas de palabras o nombres, pueden mostrar los mayores declives relacionados con la edad pero, por lo regular, no tienen un impacto significativo en el funcionamiento social u ocupacional de la persona
Desarrollo psicosocial	Arnett describió la adultez emergente (entre los 18 y los 25 años) como un periodo en el cual la persona asume de forma gradual las funciones más independientes asociadas con la adultez plena, aunque este largo periodo de transición no se encuentra en todas las culturas. Erikson propuso dos etapas de desarrollo psicosocial en la adultez temprana y media, denominadas: intimidad contra aislamiento y generatividad contra estancamiento. Levinson y sus colegas se enfocaron en las transiciones importantes que ocurren durante la adultez. Una de éstas, la crisis de la mediana edad, no es tan común como cree la mayoría de la gente

y ofrece una estructura familiar para criar hijos dentro de un ambiente de hogar estable. Es una institución en la cual los niños reciben apoyo y educación para adoptar los valores de la familia y de la cultura en general. El matrimonio permite también la transmisión apropiada de la riqueza de una familia a otra y de una generación a la siguiente.

La mayoría de las personas en la actualidad se vuelve activa en términos sexuales mucho antes de avanzar hacia el altar. Dado que el matrimonio ya no es el punto de entrada a las relaciones sexuales para la mayoría de las parejas, su continuo atractivo refleja primordialmente otros factores, como brindar un sentido de seguridad, además de ofrecer oportunidades para criar a los hijos dentro de una unidad familiar, para la compañía y la intimidad, y satisfacer un deseo de viajar por el camino de la vida con una pareja.

Con quién nos casamos

En la actualidad las personas por lo general afirman que se casan por amor, pero no siempre fue así. Hasta los siglos XVII y XVIII, la mayoría de los matrimonios europeos eran acordados por los padres para mejorar la estabilidad financiera de la familia. A pesar de que los padres en las sociedades occidentales quizá ya no arreglen los matrimonios, aún pueden motivar a sus hijos a salir con los maravillosos hijos e hijas de esas parejas asiduas a la iglesia que viven en la siguiente calle. El principio de **homogamia**, o "casarse con alguien como uno", aún tiene vigencia. Los miembros de nuestra sociedad tienden a casarse con otras personas de la misma área geográfica, raza,

CONCEPTO 10.17
A pesar del amplio rango de estilos de vida disponibles en la actualidad para los adultos, el matrimonio aún es el más común en Estados Unidos.

homogamia Tendencia de las personas de casarse con individuos similares a sí mismas.

nivel académico, religión y clase social. Las historias como la de *Cenicienta* aún son cuentos de hadas. Dicho lo anterior, los matrimonios interraciales en Estados Unidos se han incrementado y ahora suman alrededor de 1.5 millones de parejas (Kennedy, 2003). Los investigadores reportan niveles similares de satisfacción con la relación marital en las parejas que conforman matrimonios mixtos entre mexicano-estadounidenses y estadounidenses europeos, y en las formadas por estadounidenses europeos (Negy y Snyder, 2000).

En términos generales, las personas también se casan con otros individuos similares a ellas mismas en cuanto a características físicas y psicológicas: altura, peso, rasgos de personalidad, inteligencia, incluso el consumo de tabaco y alcohol (Lamanna y Riedmann, 2005; Reynolds, Barlow y Pedersen, 2006).

Soltería

Quizá los matrimonios bajen del cielo, pero gran número de personas opinan que el cielo puede esperar. Una cantidad considerable de adultos jóvenes están ocupados en construir sus carreras y en cultivar sus intereses y no sólo dedican su tiempo a esperar la llegada del Señor o la Señora Perfectos.

La edad promedio del primer matrimonio se ha elevado a su mayor nivel en la historia: 27 años para los hombres y 25 años para las mujeres (U. S. Census Bureau, 2006). Entre los jóvenes adultos que se encuentran en el rango comprendido entre los 20 y los 24 años, más de cuatro de cada cinco hombres y alrededor de tres de cada cuatro mujeres no se han casado, y los porcentajes han superado el doble desde 1970. Como veremos en la siguiente sección de "Explore la psicología", más parejas también han elegido vivir en unión libre, o *cohabitar*, sin casarse.

Ningún patrón específico define a todos los solteros. Muchos adultos solteros no son activos en términos sexuales, tanto por elección como por falta de oportunidades. Algunos eligen permanecer célibes para enfocar una porción mayor de su energía a sus carreras o intereses. Muchos otros practican la monogamia serial, lo que significa involucrarse en una serie de relaciones exclusivas en lugar de tener relaciones sexuales simultáneas. Algunos más, aunque lo cierto es que no constituyen la mayoría, coinciden con el estereotipo del "soltero conquistador" que persigue una serie de encuentros sexuales casuales o "aventuras de una sola noche". Existen variaciones similares en los estilos de vida de los solteros y las parejas, tanto heterosexuales como homosexuales.

Con frecuencia, los solteros enfrentan una forma de sesgo negativo o discriminación que a menudo no es reconocida. Cuando se les pidió pensar en las personas que son casadas o solteras, los estudiantes universitarios que participaron en un estudio describieron a los solteros como inmaduros, inestables y egoístas (Morris, DePaulo, Hertel y Rutter, 2006). En otro estudio, los agentes inmobiliarios que leyeron descripciones de inquilinos potenciales manifestaron más probabilidades de seleccionar a un matrimonio que a una pareja no casada o a un par de amigos (Morris, Sinclair y DePaulo, 2006). Tal parece que los cambios en las actitudes sociales no han podido avanzar al mismo ritmo que el crecimiento de la población soltera en nuestra sociedad (Byrne y Carr, 2005; DePaulo y Morris, 2006).

También debemos reconocer que la soltería no está limitada a la población joven. Muchas personas mayores son solteras porque son viudas o divorciadas. Debido a que tienden a vivir más que los hombres, las mujeres tienen cinco veces más probabilidades que los hombres de convertirse en viudas. La adaptación de los viudos depende de muchos factores, como la salud, la seguridad financiera y las relaciones sociales con los hijos, los nietos y las amistades (DeSpelder y Strickland, 1999).

Divorcio

En la actualidad, alrededor de cuatro de cada 10 matrimonios de primera vez (y alrededor de 65% de los matrimonios de segunda vez) en Estados Unidos terminan en divorcio. El índice de divorcios se duplicó entre 1960 y 1990, pero se equilibró y después descendió un poco en los años noventa. La creciente aceptabilidad del divorcio como alternativa para un matrimonio conflictivo, la flexibilización de las leyes del divorcio y la cada vez mayor independencia económica de las mujeres fueron los factores que más contribuyeron al alto índice de divorcios.

Con frecuencia el divorcio se asocia con problemas financieros y emocionales (Donald *et al.,* 2006; Lorenz *et al.,* 2006). La división de los recursos de un hogar a menudo deja a ambos miembros de la pareja en un nivel de vida más bajo. Sin embargo, las cargas financieras no están dis-

CONCEPTO 10.18
A pesar de que el matrimonio en general aún es nuestro estilo de vida más popular, la soltería es el más común entre las personas que inician su segunda década de vida.

tribuidas de forma equitativa: más mujeres deben conformarse con niveles inferiores de ingresos después del divorcio que los hombres.

Las parejas que se enfrentan al divorcio a menudo experimentan dificultades emocionales como depresión, soledad y temores crónicos acerca de lo que traerá el futuro. Sus miembros pueden sentir una sensación de fracaso personal como cónyuge o como padre o madre. Sin embargo, para aquellas personas que abandonan un matrimonio fallido, el divorcio puede ofrecer oportunidades para una nueva vida más gratificante.

Los hijos del divorcio también tienden a sufrir. La adaptación de los hijos al divorcio depende de numerosos factores, como las circunstancias financieras. No obstante, los hijos de familias divorciadas tienden a mostrar un pobre desempeño en los estudios y a presentar más problemas de conducta, lo cual con frecuencia incluye el consumo de sustancias tóxicas (Amato, 2006; O'Connor *et al.*, 2000; Wolchik *et al.*, 2002). Algunos hijos de familias divorciadas parecen adaptarse bien a la situación durante la niñez pero experimentan problemas en el desarrollo posterior. Por ejemplo, como adultos tienen dificultades para confiar en que sus amantes o cónyuges permanecerán comprometidos con ellos.

El divorcio es difícil para los hijos, en la mejor de las circunstancias, y la situación se torna más complicada cuando los problemas y conflictos familiares se filtran a las relaciones entre padres e hijos (Hetherington, 2006). Los conflictos entre ex-cónyuges pueden conducir con toda facilidad a un declive en la calidad de la paternidad. Los hijos del divorcio pueden superar mejor el trance cuando los padres hacen lo siguiente:

- Intentar, a pesar de sus diferencias, llegar a un acuerdo en cuando al trato con los hijos.

- Ayudarse uno al otro a mantener roles importantes en las vidas de sus hijos.

- Evitar menospreciarse o criticarse uno al otro enfrente de los hijos.

La mayoría de las personas divorciadas, con el tiempo, vuelve a casarse. Quizá se esperaría que ellas aprendieran de su experiencia previa para "hacerlo bien" esta vez; no obstante, los segundos matrimonios tienen más probabilidades que los primeros de terminar en divorcio. Una razón puede ser que las personas que se divorcian de sus primeros cónyuges tienen menos probabilidades que otros de permanecer en el vínculo cuando se presentan problemas maritales la segunda vez. Otro motivo puede ser la factura que la relación marital debe pagar como resultado de los conflictos con los hijastros, como el hecho de favorecer a los hijos biológicos, o la carga financiera que implica la manutención de los hijos de dos (o más) matrimonios.

Explore la psicología

Cohabitación: ¿un matrimonio de prueba o una alternativa al matrimonio?

Marco y Nancy viven juntos con su hija de siete años, Adriana. ¿Por qué no están casados? Mark responde: "Nosotros sentimos que no somos primordialmente una pareja, sino primordialmente individuos que *forman* una pareja. Esto me permite guardar cierta distancia. A los hombres no les gustan los compromisos; por lo tanto, ésta puede ser una especie de excusa" (citado en Steinhauer, 1995).

Una o dos generaciones atrás, se decía que las personas que vivían juntas, fuera del matrimonio, "se juntaban" y "vivían en pecado". En la actualidad somos más aptos para escuchar términos más descriptivos, como "viven juntos" o el más oficial, "cohabitan", en lugar de los términos que implicaban un estigma social. Algunos observadores sociales afirman que la cohabitación se ha vuelto aceptable dentro de la corriente principal de la sociedad. Sea esto verdad o no, el hecho es que el número de parejas hombre-mujer que viven en este esquema se ha incrementado más de 10 veces desde 1960 al día de hoy, alrededor de cinco millones de parejas, en comparación con menos de medio millón en 1960 (Whitehead y Popenoe, 2006). En la actualidad, más de la mitad de los matrimonios son precedidos por un periodo de vivir juntos (Smock, 2000).

CONCEPTO 10.19
Entre los factores que contribuyen al incremento en los índices de divorcios en los años recientes se incluyen las actitudes cambiantes hacia la aceptabilidad del divorcio, la flexibilización de las leyes del divorcio y la cada vez mayor independencia económica de las mujeres.

CONCEPTO 10.20
Para muchas parejas, la cohabitación es una alternativa tanto para vivir a solas como para el matrimonio.

Para Mark, así como para muchos otros adultos, la *cohabitación* es una alternativa tanto para vivir solos como para el matrimonio. Algunas parejas albergan profundos sentimientos entre sí, pero no están listas para casarse. Algunas prefieren cohabitar debido a su relativa falta de compromisos legales y económicos (Steinhauer, 1995). Algunas personas perciben a la cohabitación como un tipo de matrimonio de prueba; es decir, una oportunidad para hacer un ensayo de vivir juntos antes de decidir "atar el nudo". Este esquema no se limita a las parejas heterosexuales. En una muestra de investigación reciente, homosexuales y lesbianas adultos en parejas que cohabitan expresaron tanta satisfacción en general con sus relaciones como las parejas heterosexuales que viven bajo este régimen (Means-Christensen, Snyder y Negy, 2003).

Muchas parejas que cohabitan consideran que es un matrimonio de prueba que fortalecerá su matrimonio futuro. Vivir juntos, dicen, les ayuda a limar las asperezas de su relación. Sin embargo, las evidencias sugieren lo contrario. Resulta que las parejas que cohabitan y que después se casan tienen más probabilidades de divorciarse que las parejas que no lo hicieron antes del matrimonio (Cohan y Kleinbaum, 2002; Holman, 2000). Sin embargo, debemos ser cautelosos para hacer inferencias causales. Las personas que cohabitan antes de casarse pueden estar menos comprometidas con los valores tradicionales asociados con la institución del matrimonio, como "permanecer juntos en las buenas y en las malas". Las diferencias en actitudes o valores, en lugar de la cohabitación en sí misma, podrían explicar los índices más altos de divorcio entre las personas que cohabitaron antes de casarse. En cualquier caso, alrededor de cuatro de cada 10 parejas jóvenes que cohabitan contraen matrimonio con el tiempo (Laumann *et al.*, 1994). La mayoría del resto de las parejas que viven bajo este régimen se separa en un periodo promedio de tres años. En general, las parejas que cohabitan tienen más probabilidades de separarse que de unirse en matrimonio (Willis y Michael, 1994).

Revisión de módulo 10.2   Adultez temprana y media

REPASE

¿Qué cambos físicos y cognitivos tienen lugar a medida que la gente envejece?

- Al principio de la segunda década de vida, la gente comienza a experimentar un declive gradual en la masa corporal magra y en el tejido muscular.

- La inteligencia fluida (que incluye la capacidad para resolver problemas con rapidez y para memorizar listas de palabras, nombres o textos) tiende a declinar con el incremento de la edad durante las etapas de adultez media y avanzada.

- La inteligencia cristalizada permanece relativamente intacta y, de hecho, puede mejorar en algunos aspectos.

- La menopausia, que es la suspensión de la menstruación, es el indicador físico principal de la adultez media en las mujeres. La menopausia se asocia con un dramático descenso en la producción de estrógeno.

- La producción de testosterona en los hombres también disminuye con la edad, aunque de manera gradual.

¿Cómo describen los teóricos el desarrollo social y de la personalidad durante la adultez temprana y media?

- Arnett definió una etapa llamada adultez emergente (entre los 18 y 25 años de edad) en algunas culturas, la cual es una transición entre la adolescencia y la adultez.

- Erikson se enfocó en el estudio de las etapas de desarrollo psicosocial: intimidad contra aislamiento (formar relaciones íntimas estables contra permanecer aislado en términos emocionales) durante la adultez temprana, y generatividad

contra estancamiento (hacer contribuciones significativas a la siguiente o siguientes generaciones contra quedarse estancado y permanecer absorto en sí mismo) durante la adultez media.

- Otros teóricos, como Havighurst y Levinson, se enfocan en las tareas y transiciones del desarrollo que los adultos mayores tienen probabilidades de enfrentar.

¿Cuáles son las principales variaciones en los estilos de vida de los adultos en la actualidad?

- A pesar de que el matrimonio aún es el estilo de vida más común, la proporción de personas solteras se ha incrementado en gran medida durante las últimas dos décadas.

- El índice de divorcios, después de elevarse de forma dramática entre 1960 y 1990, disminuyó un poco en los años noventa. Con el tiempo, la mayoría de las personas divorciadas se casa de nuevo.

RECUERDE

1. En general, la gente muestra un mejor desempeño en las pruebas estandarizadas de inteligencia
   a. en la niñez media
   b. en la adolescencia
   c. en la adultez temprana
   d. en la adultez media

2. La evidencia sustenta el vínculo entre la menopausia y la depresión. ¿Verdadero o falso?

3. La transición de la adolescencia a la edad adulta puede describirse como un periodo de adultez _____.

4. El principal desafío psicosocial de la adultez temprana, de acuerdo con Erikson, es el de
   a. identidad de rol contra confusión
   b. intimidad contra aislamiento
   c. generatividad contra estancamiento
   d. integridad del yo contra desesperación

5. Tao-ran, un hombre soltero de treinta y tantos años, se ha involucrado en una serie de relaciones exclusivas con varias mujeres. Este patrón de relaciones se llama
   _____.
   a. homogamia
   b. cohabitación
   c. monogamia serial
   d. adultez emergente

REFLEXIONE

- ¿Cuál es su "etapa" actual de desarrollo psicosocial? ¿Su vida refleja los temas y los desafíos descritos por Erikson, Havighurst y Levinson? Si es así, ¿en qué aspectos?

- El principio de homogamia se refiere a "casarse con alguien como uno". ¿Cómo se aplica este principio en las personas que conoce, incluso usted mismo si es casado o está comprometido?

- ¿Cree que la cohabitación es una opción aceptable de estilo de vida? ¿Sus puntos de vista difieren de los de sus padres o amigos? Si es así, ¿cuáles supone que son los motivos de esas diferencias?

Módulo 10.3

Adultez avanzada

- ¿Cuáles son algunos de los cambios físicos y cognitivos que ocurren durante la adultez avanzada?
- ¿Qué es la enfermedad de Alzheimer?
- ¿Cómo definen los teóricos los desafíos psicosociales de la adultez avanzada?
- ¿Cómo se transforman nuestras emociones a medida que envejecemos?
- ¿Qué cualidades están asociadas con un envejecimiento exitoso?
- ¿Cuáles son las etapas de la muerte, según fueron identificadas por Kübler-Ross?

Si es lo bastante afortunado, quizá algún día se una a los rangos del segmento de crecimiento más rápido de la población: las personas de 65 años o mayores. Nos encontramos en medio del fenómeno de "encanecimiento de Estados Unidos", que es un envejecimiento de la población que ya ha comenzado a mostrar efectos profundos en nuestra sociedad (Libow, 2005) (consulte la figura 10.4). La expectativa de vida se ha elevado de forma estable y se espera que continúe en aumento hasta, cuando menos, la mitad del siglo xxi (Bloom, 2006). Para el año 2005, el bebé promedio nacido en Estados Unidos podía esperar vivir hasta alrededor de los 80 años (Mueller, 2007). El hombre o la mujer promedio de 65 años con buena salud tiene 50% de probabilidades de vivir cuando menos hasta los 85 años (para los hombres) y 88 años (para las mujeres) (consulte la tabla 10.2).

Una de las razones principales para el incremento en las expectativas de vida es que muchas enfermedades infecciosas que cobraron las vidas de millones de personas a principios del siglo

Recordar al señor Carpintero pero olvidar su nombre A los participantes de una investigación se les mostraron rostros de personas identificadas por nombre y ocupación. Los participantes de más edad tuvieron más dificultades que los adultos jóvenes para recordar los nombres asociados con los rostros que habían visto, aunque no registraron mayores olvidos en lo referente a recordar las ocupaciones (James, 2004).

CONCEPTO 10.21
En promedio, los estadounidenses viven más tiempo que nunca antes.

TABLA 10.2	Buena salud, larga vida	
	50% de probabilidades de vivir hasta los:	**25% de probabilidades de vivir hasta los:**
Hombre de 65 años con buena salud	85 años	92 años
Mujer de 65 años con buena salud	88 años	94 años

Fuente: Adaptado de Carnahan, 2005.

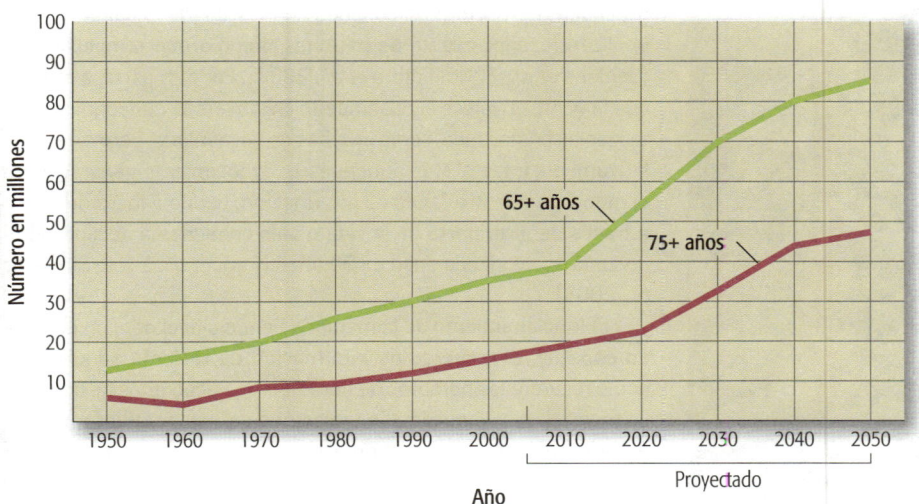

FIGURA 10.4   El envejecimiento de Estados Unidos
El número de estadounidenses que superan los 65 años se ha incrementado de manera constante en los años recientes y se proyecta que continúe en aumento a lo largo de la primera mitad del presente siglo xxi.

Fuentes: Centers for Disease Control and Prevention, National Center for Health Statistics, *Health, United States, 2007,* Figura 1. Datos del U. S. Census Bureau.

xx, en especial las de los niños, han sido controladas o incluso eliminadas mediante la introducción de programas de vacunación, del desarrollo de los antibióticos y de la creación de esfuerzos de salud pública para asegurar la provisión de agua potable. Otros factores que contribuyen a la creciente longevidad son las mejoras en el cuidado de la salud y las reducciones en la cantidad de estadounidenses que fuman (consulte el capítulo 12).

Desarrollo físico y cognitivo

A medida que envejecemos experimentamos un declive general en cuanto a nuestras capacidades sensoriales y motoras. Continuamos con la pérdida tanto de densidad ósea como de masa muscular y nuestros sentidos se vuelven menos agudos; en especial, nuestro sentido del olfato (Rawson, 2006). La piel pierde elasticidad y aparecen las arrugas y los pliegues. La visión nocturna se desvanece y las articulaciones se vuelven rígidas. Los tiempos de reacción se hacen más lentos; por lo tanto, los conductores mayores requieren más tiempo para responder a los señalamientos de tránsito y a los cambios en las condiciones de circulación (Der y Deary, 2006). Los declives en el funcionamiento del sistema inmunológico y el sistema corporal de defensa contra los agentes causantes de enfermedades, provocan que la gente mayor sea más susceptible a la enfermedad, incluso a los padecimientos que pueden amenazar la vida, como el cáncer.

"Buenas noticias, cariño: los setenta son los nuevos cincuenta".

El cerebro se contrae de forma gradual a medida que envejecemos, tanto en volumen como en peso (von Hippel, 2007). La pérdida de tejido cerebral es especialmente prominente en los lóbulos frontales; es decir, el centro ejecutivo del cerebro que controla funciones tales como la restricción de la conducta inapropiada o impulsiva. El encogimiento de los lóbulos frontales podría explicar por qué los ancianos pueden hacer comentarios inapropiados o embarazosos o por qué tienen dificultades para inhibir los pensamientos prejuiciosos (von Hippel, 2007).

Como ya señalamos en el módulo 10.2, la capacidad para realizar tareas que requieren inteligencia fluida tiende a declinar a medida que las personas envejecen. Por ejemplo, los adultos mayores por lo regular necesitan más tiempo para resolver problemas y para realizar cálculos mentales

Mantener la mente aguda   El hecho de permanecer abiertos a nuevas experiencias y desafíos puede ayudar a mantener la mente aguda en los años de la vejez.

y tienden a presentar dificultades con las tareas desafiantes que implican reconocimiento de patrones, como armar rompecabezas (Jenkins *et al.,* 2000; Peters *et al.,* 2007). Por otra parte, a medida que la gente envejece el desempeño en las tareas que requieren inteligencia cristalizada, como pruebas de vocabulario, permanece relativamente intacto. Más aún, nuestro conocimiento general sobre el mundo, o nuestro fondo de información, tiende a incrementarse a través de gran parte de la vida y sólo comienza a declinar alrededor de la avanzada edad de 90 años (Park *et al.,* 2002; Singer *et al.,* 2003).

El funcionamiento de la memoria tiende a declinar con la edad; en especial, el recuerdo de información de reciente adquisición, como recordar los nombres de personas que acabamos de conocer. La memoria funcional, la que utilizamos para guardar información durante poco tiempo en la mente mientras la ponderamos, también tiende a declinar a medida que envejecemos (MacPherson *et al.,* 2002; Peters *et al.,* 2007). Por fortuna, los descensos en el funcionamiento de la memoria por lo general no interfieren con la actividad cotidiana de manera significativa. Tampoco debemos confundir los cambios menores en la memoria, como olvidar de manera ocasional dónde dejamos los anteojos, con señales de demencia o enfermedad de Alzheimer.

Los adultos mayores no deben alarmarse con los lapsos de memoria relacionados con la edad que son normales, dado que todas las personas los experimenta. Sin embargo, los adultos mayores pueden necesitar más tiempo o una exposición repetitiva al material nuevo para codificar la información en la memoria y para recordarla después. Las personas mayores que participan en actividades mentales más estimulantes y que están abiertas a nuevas experiencias, por lo general pueden preservar mejor sus capacidades intelectuales en la edad avanzada (Schaie, 1996).

La creatividad tampoco está limitada por el tiempo. El gran arquitecto Frank Lloyd Wright trabajó en el afamado Museo Guggenheim hasta su muerte, a los 91 años (Springen y Seibert, 2005). Benjamin Franklin inventó los anteojos bifocales a los 78 años para ayudarse con su propia visión deficiente y Miguel Ángel aún pintaba frescos hasta bien entrada su séptima década de vida. El próximo ejercicio de "Intente lo siguiente" lo ayudará a evaluar sus propias actitudes acerca del envejecimiento.

Intente lo siguiente

Evalúe sus actitudes acerca del envejecimiento

¿Qué es lo que asume acerca del envejecimiento? ¿Percibe a las personas mayores como fundamentalmente distintas de las jóvenes en cuanto a su conducta y aspecto o sólo las considera más maduras? Con el fin de evaluar la precisión de sus actitudes hacia el envejecimiento, marque cada una de las siguientes declaraciones como verdadera (V) o falsa (F). Después consulte la clave de respuestas al final de este capítulo.

	Verdadero	Falso
	_____	_____
	_____	_____
	_____	_____
	_____	_____
	_____	_____
	_____	_____
	_____	_____
	_____	_____
	_____	_____
	_____	_____

1. Alrededor de los 60 años de edad, la mayoría de las parejas ha perdido la capacidad para tener relaciones sexuales satisfactorias.
2. Las personas mayores están impacientes por jubilarse.
3. A medida que los individuos envejecen, se vuelven menos capaces de adaptarse de manera satisfactoria a un ambiente cambiante.
4. La satisfacción general con la vida tiende a decrecer a medida que la gente envejece.
5. La mayoría de los ancianos se deprime gran parte del tiempo.
6. La asistencia a la iglesia se incrementa con la edad.
7. El desempeño ocupacional de los trabajadores ancianos es, por lo regular, menos eficaz que el de los adultos jóvenes.
8. La mayoría de los ancianos son incapaces de aprender habilidades nuevas.
9. Comparados con los adultos jóvenes, los ancianos tienden a pensar más en el pasado que en el presente o en el futuro.
10. La mayoría de las personas de edad avanzada son incapaces de vivir de forma independiente y residen en instituciones semejantes a casas de asistencia.

Fuente: Adaptado de Nevid y Rathus, 2007a.

La enfermedad de Alzheimer: el largo adiós

La mayoría de las personas conserva el grueso de sus capacidades mentales a lo largo de su vida y puede compensar las pérdidas graduales de memoria y velocidad de procesamiento mental al aplicar el conocimiento y las habilidades adquiridas ante cualquier demanda que enfrenten en la vida (Freund y Riediger, 2003). Sin embargo, algunas personas desarrollan **demencia** (comúnmente llamada senilidad) en la adultez avanzada. La demencia se caracteriza por un descenso brusco en las capacidades mentales, en especial en el funcionamiento de la memoria y en la capacidad de razonamiento. Implica una condición de enfermedad del cerebro y *no* es una consecuencia normal del envejecimiento (Gatz, 2007).

La demencia tiene muchas causas, entre las que se incluyen infecciones cerebrales, tumores, enfermedad de Parkinson, lesiones cerebrales, embolias y alcoholismo crónico. Sin embargo, la causa más común es la enfermedad de Alzheimer (Coyle, 2003).

La **enfermedad de Alzheimer** (EA), la cual afecta a más de cinco millones de estadounidenses, es una enfermedad cerebral irreversible con un inicio gradual y un curso lento, aunque progresivo, hacia el inevitable deterioro del funcionamiento mental (Gross, 2007). La enfermedad implica la muerte de las células cerebrales en muchas partes del cerebro. Las causas de la enfermedad de Alzheimer aún se desconocen, pero los factores genéticos parecen desempeñar una función importante (Godbolt *et al.,* 2006; Goedert y Spillantini, 2006; Lesné, 2006). A medida que la enfermedad progresa, los pacientes requieren más ayuda para seleccionar sus prendas de vestir, para conducir vehículos, para recordar nombres y direcciones y para mantener la higiene personal. Pueden comenzar a delirar y perder la capacidad para reconocer a sus familiares y amigos, o para hablar con coherencia.

No existe todavía una cura para la enfermedad de Alzheimer, pero los medicamentos disponibles ofrecen algunos beneficios modestos para mejorar el funcionamiento de la memoria (AD 2000 Collaborative Group, 2004; Roberson y Mucke, 2006). Un medicamento ampliamente utilizado, el *donepezil* (nombre comercial: *Aricept*), incrementa los niveles del neurotransmisor *acetilcolina*. Los pacientes con enfermedad de Alzheimer muestran niveles reducidos de acetilcolina, quizá debido a la muerte de las células cerebrales que producen dicha sustancia química. Consulte el próximo recuadro "Intente lo siguiente" sobre la posibilidad de involucrarse en la ayuda para las personas que sufren esta debilitante enfermedad.

El riesgo de desarrollar la enfermedad de Alzheimer se incrementa de manera dramática en la edad avanzada. Los estimados sobre la incidencia de la enfermedad cubren un rango de una de cada ocho personas de 65 años o mayores a más de cuatro de cada 10 de alrededor de 85 años (Gross, 2007). A medida que la población de Estados Unidos continúa en proceso de envejecimiento, se espera que los casos de enfermedad de Alzheimer se incrementen a alrededor de 16 millones para mediados del siglo XXI (Alzheimer's Cases", 2007). La enfermedad también puede afectar a los jóvenes pero es raro que suceda en personas menores de 65 años.

¿Conoce usted mi nombre? El hombre en esta fotografía puede, en ocasiones, recordar los nombres de sus seres queridos cuando se le motiva por medio de ver fotografías antiguas.

> **CONCEPTO 10.22**
> En los adultos mayores, los declives en el desempeño cognitivo y de la memoria por lo regular no son lo bastante significativos como para afectar el funcionamiento cotidiano y se contrarrestan en gran medida mediante la aplicación del conocimiento y las habilidades adquiridas.

> **CONCEPTO 10.23**
> La enfermedad de Alzheimer es una enfermedad cerebral degenerativa y no es una consecuencia del envejecimiento normal.

demencia Condición que implica un deterioro mayor o la pérdida de las habilidades mentales relacionadas con la memoria, el razonamiento, el juicio y la capacidad para desarrollar conductas orientadas a propósitos.

enfermedad de Alzheimer Enfermedad cerebral irreversible caracterizada por el deterioro progresivo del funcionamiento mental.

Intente lo siguiente

Involúcrese

Usted puede adquirir conocimientos de primera mano acerca de los devastadores efectos de la pérdida de la memoria y ayudar a las personas que padecen la enfermedad de Alzheimer y las condiciones relacionadas con ésta al ofrecerse para trabajar como voluntario. Muchas comunidades cuentan con grupos de apoyo para la enfermedad de Alzheimer a los cuales puede contactar para ofrecer su asistencia. Solicite ayuda a su médico familiar o a la oficina de salud universitaria si tiene problemas para localizar grupos de apoyo en su área.

Diferencias de género y étnicas en las expectativas de vida

A pesar de que la longevidad se ha incrementado en todos sentidos, no todos los grupos se han beneficiado de igual manera. Las diferencias de género en cuanto a la longevidad se han estrechado en los años recientes; sin embargo, las mujeres en Estados Unidos aún sobreviven a los hombres por un promedio de alrededor de cinco años (Bloom, 2006). Una razón para esta diferencia de género es que a las mujeres, hasta cierto grado, las protege el estrógeno de las enfermedades cardiacas; por lo tanto, su riesgo de padecer una enfermedad cardiaca no comienza a aproximarse al de los hombres sino hasta después de la menopausia, cuando la producción de estrógeno disminuye con brusquedad. Los hombres también tienen mayor probabilidad que las mujeres de morir a causa de crímenes violentos, accidentes, cirrosis hepática (relacionada con el alcoholismo), SIDA, suicidio y más formas de cáncer.

Las mujeres pueden sobrevivir a los hombres pero los hombres mayores tienden a vivir *mejor*. Las mujeres de edad avanzada tienen mayor probabilidad que sus contrapartes varones de ser viudas y de vivir solas. También es más probable que vivan en la pobreza y que padezcan problemas crónicos de salud.

Los estadounidenses caucásicos (no hispanoamericanos) tienden a vivir más que los afroamericanos, los asiático-americanos, los hispanoamericanos y los nativos americanos. La figura 10.5 muestra los cambios en las expectativas de vida para caucásicos y afroamericanos en Estados Unidos desde 1950. Un motivo para las diferencias étnicas relacionadas con las expectativas de vida es el nivel socioeconómico (Siegler, Bosworth y Poon, 2003). Los miembros de los grupos étnicos minoritarios tienen mayor probabilidad de vivir por debajo de la línea de la pobreza, y las personas

CONCEPTO 10.24
Los factores de género y étnicos desempeñan funciones importantes en la determinación de cuáles estadounidenses viven más y qué calidad de vida tienen.

FIGURA 10.5   Expectativas de vida
Las expectativas de vida se han incrementado para los afroamericanos y para los caucásicos; sin embargo, éstos últimos viven aún más que aquellos del mismo género.

Fuentes: Centers for Disease Control and Prevention, National Center for Health Statistics, *Health, United States, 2007,* figura 18.

Datos del National Vital Statistics System.

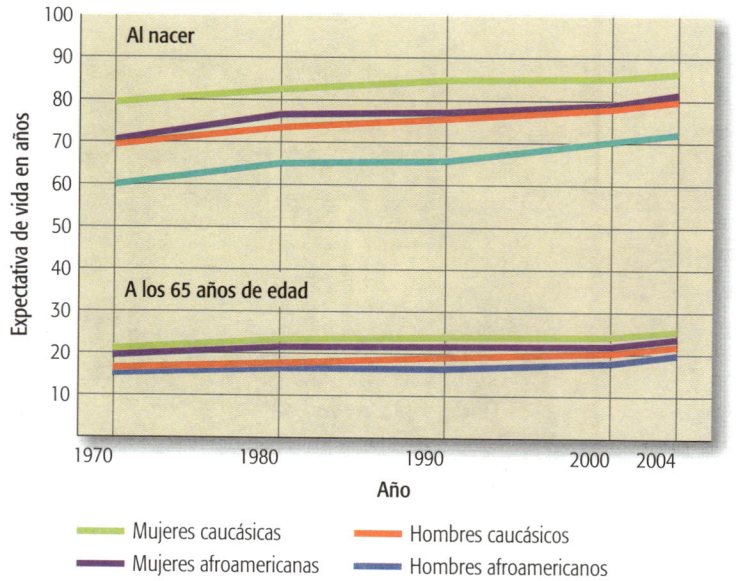

que viven en estas condiciones tienen expectativas de vida de alrededor de siete años menos, en promedio, que los individuos más solventes (Nevid y Rathus, 2007a). Varios factores de estilo de vida asociados con un nivel socioeconómico bajo pueden ser responsables de las diferencias en expectativas de vida entre los ricos y los pobres. Las personas pobres tienden a fumar más y a llevar dietas con alto contenido de grasas, además de tener menor probabilidad de ejercitarse con regularidad y de acceder con frecuencia a los servicios de salud. Las particularidades genéticas también pueden ser relevantes en las diferencias étnicas relacionadas con la longevidad.

Desarrollo psicosocial

Un determinante fundamental de la adaptación psicosocial en la edad avanzada es el nivel de la salud física. Los adultos mayores con buena salud experimentan la llegada a los 65 años como una extensión de la adultez media que como una entrada a la ancianidad, en particular si continúan trabajando. En esta sección reportaremos cómo es que los teóricos describen los desafíos sociales y personales que con frecuencia se encuentran en la adultez avanzada. También examinaremos el principal problema emocional que enfrentan los adultos mayores: la depresión.

Teorías psicosociales sobre la adaptación en la adultez avanzada (o tardía)

Erik Erikson definió el desafío central del desarrollo psicosocial en la adultez avanzada como *la integridad del yo contra la desesperación*. Él creía que el desafío psicológico básico de la adultez avanzada es la lucha por mantener un sentido de significado y satisfacción en la vida en lugar de perderse en un estado de desesperación y amargura. Las personas que alcanzan un estado de integridad del yo son capaces de hacer las paces con su vida; es decir, aceptar los gozos y penas, los éxitos y fracasos que conforman la totalidad de sus experiencias de vida.

> **CONCEPTO 10.25**
> Erikson creía que el principal desafío psicosocial de la adultez avanzada implica mantener un sentido de integridad del yo o de significado, incluso cuando la persona se aproxima al final de su vida.

Erikson vivió y trabajó productivamente hasta la novena década de su existencia y, en términos básicos, era un optimista que creía que podemos permanecer satisfechos, mantener un sentido de propósito en cada etapa de la vida y evitar caer en la desesperación. A pesar de que Erikson es reconocido por encontrarse entre los primeros teóricos que desarrollaron un modelo de desarrollo que cubre una vida entera, su teoría ha sido criticada por fundamentarse en exceso en las experiencias vitales de varones con alto nivel académico y por no tomar en consideración las diferencias que pueden existir en las trayectorias de desarrollo de las mujeres y de las culturas no occidentales (Bertrand y Lachman, 2003). La tabla 10.3 ofrece un panorama de las etapas de Erikson de desarrollo psicosocial desde la adolescencia hasta la adultez avanzada.

La adultez avanzada también se caracteriza por una creciente conciencia de los cambios psicológicos y físicos que acompañan al envejecimiento y la necesidad de llegar a buenos términos con la muerte. El teórico Daniel Levinson señala que una de las tareas importantes de vida que los adultos mayores enfrentan es redescubrir el yo; es decir, comprender quién es uno mismo y

TABLA 10.3   Etapas de desarrollo psicosocial durante la adolescencia y la adultez, según Erikson

Periodo de vida	Crisis vital	Principal desafío en el desarrollo psicosocial
Adolescencia	Identidad contra difusión de rol	Desarrollar un sentido de quién es y en qué cree la persona; compromiso con una elección ocupacional y adopción de un conjunto de creencias personales firmes
Adultez temprana	Intimidad contra aislamiento	Desarrollar relaciones y amistades cercanas y perdurables con otras personas, incluso las relaciones íntimas
Adultez media	Generatividad contra estancamiento	Contribuir con el desarrollo y el bienestar de los jóvenes y de las generaciones futuras
Adultez avanzada	Integridad contra desesperación	Mantener el sentido de la dignidad y la integridad psicológica propias a medida que el individuo se aproxima a los años finales de su vida

Fuente: Adaptado de Erikson, 1963.

Envejecimiento y sexualidad
Las personas que gozan de una salud física razonablemente buena pueden esperar permanecer activas, en términos sexuales, a lo largo de toda su vida.

encontrar actividades significativas que continúen llenando la vida con significado y propósito, además de mantener las conexiones con los familiares y los amigos.

Envejecimiento y sexualidad

El estereotipo de que los adultos mayores con intereses sexuales son anormales ("rabos verdes") es una forma de **discriminación por edad** o prejuicio contra las personas mayores. Incluso ellas mismas pueden creer que ese mito es verdadero y suponer que deben retirarse de la actividad sexual una vez que rebasan la mediana edad. Gran número de adultos mayores continúan con una sexualidad activa, a pesar de que la frecuencia de la actividad sexual tiende a declinar a medida que las personas envejecen (Lindau *et al.*, 2007). Sí, las personas necesitan adaptarse a los cambios físicos en la sexualidad a medida que envejecen (Laumann *et al.*, 2006). Los hombres pueden requerir más tiempo para lograr erecciones y éstas pueden no ser tan firmes como cuando eran jóvenes. Las mujeres pueden experimentar una reducción en la lubricación vaginal, o resequedad, cuando la producción de estrógeno disminuye después de la menopausia. Las contracciones musculares del orgasmo pueden ser menos intensas tanto para los hombres como para las mujeres, y el interés sexual puede declinar hasta cierto grado. A pesar de estos cambios relacionados con la edad, la intimidad sexual aún puede ser satisfactoria e importante a cualquier edad (Cynkar, 2007b). También es relevante señalar que los cambios en la respuesta sexual pueden compensarse con los años de experiencia sexual que los adultos mayores pueden aportar a sus relaciones íntimas.

Desarrollo emocional en la adultez avanzada

Tenemos buenas noticias acerca de cómo cambian nuestras emociones a medida que envejecemos. En términos generales, las emociones negativas, como la ansiedad y la depresión, tienden a declinar conforme la gente envejece, cuando menos hasta mediados de la séptima década de vida, cuando el final se aproxima (Teachman, 2006). Sin embargo, un gran número de adultos mayores, quizá hasta 15%, experimenta episodios de depresión (Beekman *et al.*, 2002; Charney *et al.*, 2003). Por desgracia, la depresión entre los adultos mayores con frecuencia no es diagnosticada ni atendida (Bruce *et al.*, 2004). A menudo, las señales de depresión son ignoradas por los proveedores médicos porque pueden estar tan absortos en los problemas físicos de las personas mayores que ignoran sus dificultades emocionales. La tendencia a menospreciar la depresión en los ancianos representa un riesgo significativo, debido a que la incidencia de suicidio es mucho más alta en la adultez avanzada; en especial, entre los ancianos varones caucásicos (Zweig, 2005).

Los adultos mayores pueden volverse vulnerables a la depresión debido a los particulares factores de estrés que enfrentan, como la pérdida de amigos y seres queridos de toda la vida; discapacidad o dolencias; su ingreso a una institución de retiro; y las cargas asociadas con el cuidado de cónyuges con salud en declive. La jubilación, ya sea voluntaria o forzada, puede minar el sentido de propósito y de significado en la vida y conduce a una pérdida de identidad de rol que puede fomentar la depresión. Los adultos mayores que viven solos y que carecen de apoyo social presentan un riesgo mayor de padecerla. El apoyo de otras personas puede ayudar a amortiguar los efectos del estrés que ellos enfrentan y, por lo tanto, reducir el riesgo de sufrir problemas de salud, entre los que se incluye la depresión.

La muerte de amigos y parientes cercanos puede significar un golpe doble, no sólo al eliminar importantes fuentes de apoyo social, sino también al recordar al doliente su propia edad avanzada. El adulto mayor también puede tener dificultades para formar nuevas amistades o para encontrar nuevas metas de vida para dar a sus últimos años un sentido de significado y propósito (Sammons, 2005). Sin embargo, debemos tener en cuenta que la depresión sólo afecta a una minoría de los adultos mayores. Por fortuna, los individuos que la padecen pueden recibir tratamientos médicos disponibles, como medicamentos antidepresivos y psicoterapia (C. F. Reynolds *et al.*, 2006; Unützer, 2007; Wei *et al.*, 2005).

Envejecimiento exitoso: ¿se convertirá en un anciano exitoso?

A pesar de los desafíos enfrentados por los adultos mayores, la mayoría de las personas en la séptima década de su existencia reporta que, en general, se siente satisfecha con su vida (Margos-

CONCEPTO 10.26
A pesar de que existen cambios relacionados con la edad en cuanto a la sexualidad, los estereotipos sociales contienen percepciones subyacentes de que los adultos mayores que mantienen una vida sexual activa son, de alguna manera, anormales o pervertidos.

CONCEPTO 10.27
La depresión es un problema significativo de salud mental que afecta a muchos adultos mayores, a pesar de que muchos proveedores de salud con frecuencia no la toman en consideración.

VÍNCULO DE CONCEPTOS · · · ·
La depresión puede ocurrir en cualquier etapa de la vida y se clasifica como un tipo de trastorno del estado de ánimo. Consulte el módulo 14.4.

discriminación por edad
Prejuicio y discriminación dirigida hacia las personas mayores.

hes, 1995). Más aún, la gran mayoría de los participantes en una muestra de adultos mayores casados reportó sentirse satisfecha con su matrimonio y tener relativamente pocos problemas maritales (Clements y Swensen, 2000). Las evidencias demuestran que la autoestima, un importante componente de la adaptación psicológica, tiende a elevarse a través de gran parte de la adultez antes de comenzar a declinar en la edad avanzada (Robins *et al.,* 2002). No es sorprendente que los niveles de ingresos y el contacto social (calidad más que cantidad) estén asociados con un mejor bienestar psicológico en la adultez avanzada (Pinquart y Sörensen, 2000). Incluso la felicidad puede incrementarse con la edad, junto con la percepción de tener más control sobre ciertas áreas de la vida tales como el trabajo, las finanzas y el matrimonio (Lachman y Weaver, 1998).

Es mucho lo que podemos hacer para preservar nuestra salud mental a medida que envejecemos, como sobrellevar la pérdida de un cónyuge u otros seres queridos mediante el incremento de nuestros contactos con amigos existentes y de buscar nuevas amistades. Los psicólogos del desarrollo subrayan la importancia de varias características fundamentales asociadas con un envejecimiento exitoso:

1. *Optimización y compensación selectivos.* El envejecimiento exitoso se asocia con la habilidad de optimizar nuestro tiempo y de utilizar los recursos disponibles para compensar la disminución de la energía física, la memoria o la inteligencia fluida (Freund, 2006). En lugar de competir en un campo atlético o en el mundo de los negocios, donde las personas jóvenes pueden tener una ventaja, las personas mayores pueden optimizar su tiempo por medio del enfoque en aquellas actividades que son más significativas e importantes para ellas, como organizar visitas a la familia o a los amigos con más frecuencia; es decir, actividades que les permitan alcanzar metas emocionales que les aporten satisfacción. Pueden compensar los declives de su funcionamiento por medio de escribir notas para motivar su memoria; concederse más tiempo para aprender; y utilizar aparatos mecánicos, como auxiliares auditivos o bastones, a fin de compensar cualquier pérdida de habilidad sensorial o motora (Greenberg y Springen, 2001).

2. *Optimismo.* El hecho de mantener un marco mental optimista se vincula con altos niveles de satisfacción en la vida y con bajos niveles de síntomas de depresión en la adultez avanzada (Chang y Sanna, 2001).

3. *Autodesafío.* La búsqueda de nuevos desafíos es una característica primaria de la adaptación exitosa a cualquier edad. El desafío clave para las personas mayores, tal como lo es para los jóvenes, es no hacer menos sino más de las actividades que consideran importantes.

La tabla de conceptos 10.3 resume los cambios en el desarrollo en la adultez avanzada.

La depresión en la adultez avanzada
La depresión puede ocurrir a cualquier edad. ¿Qué factores contribuyen a la depresión entre los adultos mayores?

CONCEPTO 10.28
Los psicólogos del desarrollo han identificado ciertos patrones de conducta asociados con el envejecimiento exitoso, como la optimización y la compensación selectivas, el optimismo y el autodesafío.

La muerte y morir: el capítulo final

Ahora volvámonos hacia un tema sobre el cual muchos de nosotros preferiríamos no pensar: la transición final de la vida, la que nos conduce hacia la muerte. Cuando somos jóvenes podemos sentirnos inmortales. Nuestros cuerpos pueden ser fuertes y flexibles y nuestras mentes y sentidos pueden ser agudos. Guardamos los pensamientos acerca de la muerte y de morir en un gabinete del archivo mental que deberá ser abierto mucho más adelante en la vida, junto con los temas como la jubilación, la seguridad social y las venas varicosas. Sin embargo, la muerte puede ocurrir a cualquier edad por accidente, violencia o enfermedad. La muerte también puede afectarnos de manera muy profunda en cualquier etapa de la vida a partir de la pérdida de nuestros seres queridos. El tema de la muerte genera preguntas sobre las cuales bien vale la pena reflexionar a cualquier edad; como: ¿Deberé convertirme en donador de órganos? ¿Cuál es la mejor manera de legar mis pertenencias a las personas que quiero? ¿Debo ser cremado o sepultado? ¿Deberé donar mi cuerpo a la ciencia? ¿Deberé tramitar un testamento en vida de manera que los médicos no tengan que emplear medidas heroicas para prolongar mi vida cuando la situación sobrepase a la esperanza?

La psiquiatra Elisabeth Kübler-Ross (1969) se enfocó en la manera en cómo la gente lidia con la muerte inminente. Con base en sus entrevistas con enfermos terminales, ella observó algunos temas comunes e identificó cinco etapas del proceso de morir por las cuales pasan muchas personas:

Elisabeth Kübler-Ross

TABLA DE CONCEPTOS 10.3
Desarrollo en la adultez avanzada

Desarrollo físico	Con el envejecimiento declina la agudeza sensorial; los músculos y los huesos pierden masa; la piel pierde elasticidad, lo que causa arrugas; los tiempos de reacción se incrementan; el funcionamiento inmune disminuye; y la respuesta sexual se reduce, aunque no necesariamente la satisfacción sexual
Desarrollo cognitivo	El declive es notable en la memoria; en especial el recuerdo de listas de palabras o de nombres, así como la inteligencia fluida. La inteligencia cristalizada, que es la capacidad verbal y el conocimiento acumulado, tiende a permanecer estable o incluso a mejorar en ciertos aspectos a medida que envejecemos. La demencia, como la provocada por la enfermedad de Alzheimer, no es un aspecto normal del envejecimiento pero es el resultado de ciertas enfermedades o anormalidades cerebrales
Desarrollo psicosocial	Erikson postuló que los adultos mayores enfrentan una crisis psicosocial de integridad del yo contra desesperación. Los teóricos como Havighurst y Levinson se enfocaron en las tareas que acompañan a la edad avanzada, como mantener conexiones significativas con los familiares y las actividades que aún aportan significado a la vida. La depresión es una preocupación emocional importante que enfrentan varios adultos mayores

1. *Negación.* Al principio, la persona piensa: "No puede tratarse de mí. En realidad no estoy a punto de morir. Los médicos cometieron un error".

2. *Ira.* Una vez que la realidad de la muerte inminente es reconocida, los sentimientos de ira y resentimiento ocupan el sitio central. La ira puede dirigirse hacia las personas más jóvenes o sanas, o hacia los médicos que no pueden salvar a la persona.

3. *Negociación.* En la siguiente etapa, la persona intenta hacer un trato con Dios, como prometerle realizar buenas acciones a cambio de unos cuantos meses o años más.

4. *Depresión.* La depresión refleja el creciente sentimiento de pérdida por dejar atrás a los seres queridos y por abandonar a la vida misma. A ello puede seguir una profunda desesperanza.

5. *Aceptación final.* A medida que la persona avanza por las etapas previas, con el tiempo alcanza cierto grado de paz interior y aceptación. Aún puede temer a la muerte, pero llega a aceptarla con una especie de silenciosa dignidad.

CONCEPTO 10.29
Elisabeth Kübler-Ross describió la experiencia psicológica de morir en términos de cinco etapas identificables: negación, ira, negociación, depresión y aceptación final.

Kübler-Ross creía que los miembros de la familia y los profesionales del cuidado de la salud pueden ayudar a las personas agonizantes a comprender las etapas que atraviesan para alcanzar un estado de aceptación final. Muchas personas al borde de la muerte tienen experiencias similares a las observadas por Kübler-Ross, pero no necesariamente las viven todas o no siempre las experimentan en el mismo orden que ella propuso. Algunos individuos no niegan lo inevitable pero llegan a una rápida aunque dolorosa aceptación de la muerte. Algunos otros se deprimen mucho; otros más experimentan, principalmente, miedo, y hay quienes tienen sentimientos que cambian a gran velocidad.

La muerte de un amigo cercano o de un miembro de la familia a menudo es una experiencia traumática que por lo regular produce un estado de **dolor**, que se caracteriza por sentimientos de pena y un sentido de pérdida. El **luto**, determinado por la cultura, es el término utilizado para describir la manera de mostrar la pena. Varias culturas ordenan diferentes periodos de luto y rituales distintos para expresarla. Las tradiciones religiosas y culturales señalan métodos de luto para ayudar a la gente a expresar su dolor y recibir apoyo social. Por ejemplo, entre las familias judías se acostumbra el *shivah,* que implica permanecer sentado o inactivos durante siete días posteriores al servicio fúnebre. En el *shivah,* los dolientes acostumbran permanecer en casa y recibir a numerosas visitas. Entre los rituales se incluyen sentarse en el suelo o en bancos bajos de madera, cubrir los espejos y portar un trozo de tela de las prendas del difunto.

CONCEPTO 10.30
Por lo regular, el hecho de sobrellevar la muerte de un ser querido implica un proceso de duelo que, de cierta manera, es paralelo a las etapas de confrontación con la muerte identificadas por Kübler-Ross.

A pesar de que las personas pueden vivir su duelo de maneras distintas, podemos identificar algunos patrones comunes o etapas del duelo y el dolor (Parkes y Weiss, 1983). Estas etapas se asemejan en algunos aspectos a las etapas de morir, identificadas por Kübler-Ross. La primera se caracteriza por sentimientos de obnubilación y sorpresa. En los días o incluso semanas posteriores al fallecimiento, los dolientes pueden descubrir que les resulta difícil aceptar la realidad de la pérdida y sentirse estupefactos o ajenos a lo que les rodea. Pueden necesitar que otros individuos se hagan cargo de realizar los trámites del entierro y de atender otras necesidades. Durante la siguiente etapa, los dolientes se sienten preocupados por pensamientos acerca de la persona fallecida y los sentimientos de pena los consumen. Por fin, el duelo comienza a desaparecer y los dolientes son capaces de aceptar la pérdida y de retomar un nivel normal de funcionamiento.

dolor Estado psicológico de privación que implica sentimientos de pena y pérdida como resultado de la muerte de un ser querido o amigo cercano.

luto Expresión de pena o lamento de acuerdo con un conjunto de costumbres, como vestir prendas negras.

Adultez avanzada

REPASE

¿Cuáles son algunos de los cambios físicos y cognitivos que ocurren durante la adultez avanzada?

- En la adultez avanzada, la piel se arruga, el cabello encanece y los sentidos se hacen menos agudos. El tiempo de reacción se incrementa y la masa corporal magra, la densidad de los huesos y la fortaleza disminuyen. Otros procesos físicos, como el funcionamiento del sistema inmunológico, también disminuyen.

- Por lo general la gente experimenta un declive en algunos aspectos de la memoria; en especial la habilidad para aprender o recordar listas de palabras o nombres, y en la inteligencia fluida.

- La inteligencia cristalizada permanece relativamente estable e incluso puede incrementarse en algunos aspectos con la edad.

¿Qué es la enfermedad de Alzheimer?

- La enfermedad de Alzheimer (EA) es una forma de demencia (pérdida de capacidades mentales) que es progresiva e irreversible. Se caracteriza por problemas con la memoria, confusión y, con el tiempo, la muerte. A pesar de que nadie sabe cuál es la causa de la enfermedad de Alzheimer, se cree que los factores genéticos están involucrados.

¿Cómo definen los teóricos los desafíos psicosociales de la adultez avanzada?

- Para Erikson, la adultez avanzada se caracteriza por la crisis psicosocial de la integridad del yo contra la desesperanza (permanecer involucrado con la vida de manera significativa mientras se llega a buenos términos con ésta contra la desesperación provocada por la aproximación del fin de la vida).

- Otros teóricos, como Levinson, se enfocan en las tareas y desafíos del desarrollo que los adultos mayores tienen probabilidades de enfrentar.

¿Cómo se transforman nuestras emociones a medida que envejecemos?

- A pesar de que las emociones negativas tienden a declinar con la edad, al menos hasta mediados de la séptima década de vida, muchos adultos mayores padecen problemas emocionales; en especial, la depresión.

¿Qué cualidades están asociadas con un envejecimiento exitoso?

- El envejecimiento exitoso se asocia con la capacidad de la persona para concentrarse en lo que es importante y significativo, para mantener una actitud positiva y para continuar desafiándose a sí misma.

¿Cuáles son las etapas del proceso de la muerte, según fueron identificadas por Kübler-Ross?

- Kübler-Ross propuso que las personas que se encuentran al borde de la muerte experimentan cinco etapas correspondientes al proceso de morir: negación, ira, negociación, depresión y aceptación final. Sin embargo, no todas las personas ago-

nizantes experimentan dichas etapas y, quienes sí lo hacen, pueden experimentarlas en diferente orden.

RECUERDE

1. ¿Cuál de las siguientes capacidades cognitivas no es probable que muestre un declive sustancial a medida que la gente envejece?
   a. resolución rápida de problemas
   b. memoria de información de reciente adquisición
   c. velocidad en el reconocimiento de patrones
   d. capacidad para aplicar el conocimiento adquirido

2. Esperanza, una mujer de 78 años de edad, padece la causa principal de la demencia. ¿Cuál es esa causa?
   a. alcoholismo crónico
   b. enfermedad de Parkinson
   c. embolias múltiples
   d. enfermedad de Alzheimer

3. ¿Cuál de las siguientes definiciones es la más cercana al término de Erikson de *identidad del yo*?
   a. enfocar la atención en uno mismo
   b. lograr un sentido de significado y satisfacción con la vida propia
   c. desarrollar generatividad, o la capacidad de dar algo de uno mismo a la siguiente generación
   d. vivir una vida honesta

4. De acuerdo con el modelo de Kübler-Ross, ¿qué etapa del proceso de morir es el precedente inmediato de la aceptación final?
   a. depresión
   b. negociación
   c. ira
   d. negación

REFLEXIONE

- ¿Cuáles características clave de envejecimiento exitoso son enfatizadas en el texto? ¿Cómo podría aplicar esta información en su propia vida?

- ¿Qué cambios puede hacer en su conducta actual para mejorar sus probabilidades de vivir una vida más larga y saludable?

- Examine sus propias actitudes acerca del envejecimiento. ¿Cómo son sus actitudes hacia los adultos mayores afectados por las percepciones estereotípicas?

Vivir vidas más largas y saludables

Nuestra longevidad está determinada en parte por nuestros genes, un factor que hasta el momento está fuera de nuestro control. A pesar de que quizá algún día podamos alterar nuestra estructura genética para extender la expectativa de vida, tal vez en 50 años o más, por ahora necesitamos enfocarnos en lo que sí podemos controlar: cómo vivimos nuestra vida. Como ya veremos, nuestra conducta y estilo de vida son factores determinantes para vivir vidas más largas y saludables.

Los factores de estilo de vida, como el ejercicio y los hábitos alimenticios, contribuyen no sólo a la longevidad sino a la calidad de nuestra vida a medida que envejezcamos mejorando así nuestra vitalidad. Las personas jóvenes que creen que el envejecimiento es una preocupación exclusiva de los adultos mayores deben notar que, mientras más pronto establezcamos hábitos saludables, mayores serán nuestras probabilidades de vivir una vida más larga y saludable. En esta sección revisamos algunas directrices para adquirir conductas saludables.

Desarrollo de hábitos saludables de ejercicio y nutrición

Ponce de León, el explorador español que buscaba la mítica "Fuente de la juventud", pudo haber tenido éxito si sólo se hubiera quedado en casa y hubiera construido un gimnasio. El ejercicio es saludable a cualquier edad, pero en especial cuando envejecemos. Existe evidencia que señala que la función del ejercicio físico es hacer más lentos los efectos del envejecimiento, como la pérdida de masa corporal magra, la densidad ósea y la fortaleza muscular (Adler y Raymond, 2001; O'Neil, 2003). También se asocia con un menor riesgo de padecer ciertos tipos de cáncer, como el de colon, y otros asesinos mayores, como las enfermedades cardiacas, las embolias y la diabetes, así como el trastorno óseo potencialmente discapacitante **osteoporosis**. El levantamiento de pesas que requiere movimientos contra la fuerza de gravedad ayuda a construir densidad ósea y mantiene fuertes los huesos y los músculos.

Las personas que practican ejercicio y actividades físicas con regularidad tienden a ser más saludables y a vivir vidas más largas que aquellas con mala condición física y que son sedentarias (Blair y Haskell, 2006; Manini *et al.*, 2006; Pressman y Cohen, 2005). Esto no sólo mantiene el cuerpo fuerte sino también ayuda a preservar la agudeza mental en la adultez media y avanzada; incluso puede combatir la depresión en los adultos mayores (Gorman, 2006; Harris, Cronkite y Moos, 2006; Singh-Manoux *et al.*, 2005). Los individuos de cualquier edad pueden beneficiarse del ejercicio físico; en especial de las rutinas para fortalecer los músculos (trabajar con pesas), del estiramiento y del ejercicio aeróbico, como una caminata vigorosa, nadar, pasear en bicicleta o correr. Por desgracia, las personas tienden a volverse sedentarias a medida que envejecen.

El ejercicio regular también ayuda a mantener nuestro peso en un nivel saludable. En el capítulo 8 señalamos que la obesidad es un factor de riesgo mayor para un gran número de padecimientos que amenazan la vida, como la enfermedad cardiaca coronaria, la diabetes y algunas formas de cáncer. Dado que el metabolismo tiende a hacerse más lento con la edad, necesitamos reducir las calorías que consumimos y continuar con la práctica regular de ejercicio para mantener un peso corporal saludable. Las personas que planean comenzar un programa de ejercicios deben consultar primero a un médico para asegurarse de elegir una rutina física que sea saludable para ellas. Dicho programa también debe ser gradual, a fin de permitirle al cuerpo adaptarse a las crecientes demandas que se le impondrán.

El hecho de observar una dieta nutritiva y balanceada también es un factor clave para promover la salud y la longevidad. La adopción de una dieta baja en grasas y rica en frutas, vegetales y granos integrales reduce los riesgos de padecer enfermedades que podrían acortar la vida, como la enfermedad cardiaca coronaria.

El desarrollo de hábitos saludables también se extiende al evitar el consumo de sustancias dañinas. El consumo de tabaco, de sustancias ilícitas y de alcohol en exceso puede provocar problemas de salud física que pueden acortar la vida de manera significativa. Más aún, muchas vidas, tanto jóvenes como maduras, se han perdido debido a sobredosis de drogas.

CONCEPTO 10.31
La longevidad es determinada, en parte, por la herencia genética y, por la otra, por los factores que las personas pueden controlar de manera directa, como observar una dieta saludable, hacer ejercicio con regularidad, evitar las sustancias dañinas y tener un estilo de vida activo e involucrado.

VÍNCULO DE CONCEPTOS
Brindar cuidados a su cuerpo, como comer bien, evitar las sustancias dañinas, dormir lo suficiente y ejercitarse con regularidad, puede ayudarlo a sobrellevar el estrés de manera más eficaz. Consulte el módulo 12.3.

osteoporosis Enfermedad de los huesos caracterizada por una pérdida de densidad ósea en la que los huesos se vuelven porosos, frágiles y más propensos a fracturarse.

Permanecer involucrados y brindar ayuda

El hecho de permanecer involucrados en actividades significativas y en proyectos personales puede contribuir no sólo a preservar la agudeza mental sino también al bienestar emocional (Lawton *et al.,* 2002). Las evidencias recientes también otorgan crédito al viejo adagio familiar que reza que es mejor dar que recibir. Un estudio de adultos mayores demostró que el hecho de brindar apoyo a otros está asociado con un índice de supervivencia más alto y está fuertemente relacionado con la extensión de la longevidad que el hecho de recibir apoyo. (Brown *et al.,* 2003)

Pensar positivo sobre el envejecimiento

Piense positivo: usted podría vivir más si lo hace. En un estudio, los investigadores descubrieron que las personas con actitudes positivas sobre el envejecimiento vivieron 7.5 años más, en promedio, que aquellas con actitudes menos positivas (Levy, *et al.,* 2002). De acuerdo con la investigadora líder del estudio, Beca Levy de la Universidad de Yale, la manera de sentir de una persona acerca del envejecimiento equivale a una predicción más certera de longevidad que tener baja presión arterial o bajos niveles de colesterol ("Think Positive", 2002). A este respecto, los adultos mayores en una muestra en Holanda tuvieron menor probabilidad de morir dentro del periodo establecido de nueve años del estudio si tenían actitudes positivas en general (Giltay *et al.,* 2004).

Manejo del estrés

En el capítulo 12, aprenderemos cómo es que el estrés desequilibra la salud física y el bienestar emocional. El estrés prolongado e intenso afecta al sistema inmunológico, que es la línea de defensa del cuerpo contra los organismos causantes de enfermedades y células dañadas. Por su parte, un sistema inmunológico debilitado hace que las personas tengan mayor probabilidad de desarrollar enfermedades infecciosas y sean menos capaces de protegerse a sí mismas de las enfermedades crónicas asociadas con el envejecimiento, como la hipertensión, el cáncer y las enfermedades cardiacas. Las técnicas de manejo del estrés descritas en el capítulo 12 pueden ayudar a eliminar las incomodidades del estrés; además de, idealmente, reducir el riesgo de desarrollar trastornos relacionados con el estrés.

Ejercite la mente, no sólo el cuerpo

A pesar de que las evidencias aún no establecen conclusiones definitivas, los estudios sugieren que la participación en actividades estimulantes a nivel intelectual ayuda a preservar el funcionamiento cognitivo y la memoria en la adultez media y avanzada (p. e., Kramer y Willis, 2002; Schooler, 2007). Entre las actividades intelectuales que pueden ayudar a mantener la agudeza

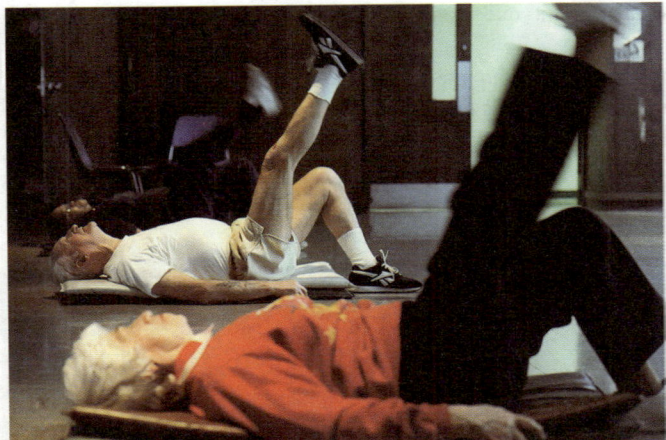

Ejercicio: No sólo para los jóvenes   El ejercicio regular en la adultez avanzada puede incrementar la longevidad y la salud física; también es útil para mantener la agudeza mental.

Hacer una diferencia   Un factor clave en el bienestar psicológico a cualquier edad es involucrarse en actividades significativas.

Ejercicio para la mente   La mente, no sólo el cuerpo, necesita ser estimulada continuamente a fin de mantener su agudeza.

mental se incluyen los juegos desafiantes para la mente, como el ajedrez, los crucigramas o los rompecabezas, además de leer, escribir, pintar y esculpir, por nombrar sólo algunas. Contamos también con evidencias intrigantes, aunque tentadoras, que vinculan altos niveles de desafiante actividad cognitiva con menores riesgos de desarrollar la enfermedad de Alzheimer (R. S. Wilson *et al.,* 2002; Wilson y Bennett, 2003).

¿Los hábitos saludables tienen beneficios?

Las personas que adoptan hábitos saludables (evitar fumar, permanecer activos en términos físicos y sociales, seguir una dieta saludable, controlar el exceso de peso corporal y evitar beber alcohol en exceso), además de mantener niveles favorables de presión sanguínea y de colesterol tienen mayor probabilidad de vivir vidas más largas y saludables que aquellas cuyos hábitos no son saludables (Hu *et al.,* 2000; Willcox *et al.,* 2006).

Los críticos reconocen que no podemos establecer una relación de causa y efecto entre los hábitos saludables y la longevidad con base en una relación estadística. Dado que los investigadores de la longevidad pueden no ser capaces de controlar el hecho de que la gente adopte hábitos saludables, por lo general se limitan a estudiar las diferencias en los resultados entre los individuos que lo hacen y quienes no lo hacen. Sin embargo, las correlaciones pueden señalar posibles relaciones causales y es razonable asumir que la adopción de hábitos saludables puede ayudar a extender la vida.

En todo caso, evaluar sus hábitos de salud más pronto que tarde es una decisión sabia. Es como ahorrar dinero para sus años de vejez. Es probable que el desarrollo de hábitos saludables en la actualidad y mantenerlos a lo largo de la vida incremente sus probabilidades de vivir una vida más larga y saludable.

■ Pensamiento crítico sobre la psicología ■

Con base en la lectura del capítulo, responda las siguientes preguntas. Después, para evaluar su progreso en el desarrollo de capacidades de pensamiento crítico, compare sus respuestas con las respuestas del ejemplo en el Apéndice A.

Erikson creía que una crisis de identidad es una parte normal del desarrollo de una personalidad saludable. Para Erikson, una crisis de identidad es un momento de serio autoanálisis sobre quiénes somos, en qué creemos y hacia dónde nos dirigimos en la vida. Muchos estudiantes universitarios están en el proceso de crear la identidad de su yo. Sin embargo, esta creación toma tiempo y el proceso no necesita finalizar con una graduación. El psicólogo James Marcia (Marcia, 1980; Marcia *et al.,* 1993) identificó cuatro niveles de identidad para describir dónde se encuentran los individuos en cuanto a su identidad del yo en un momento determinado:

Logro de identidad describe a las personas que han emergido de una crisis de identidad (un periodo de seria autorreflexión) con un compromiso hacia un conjunto relativamente estable de creencias personales y con un curso de acción, como inscribirse a un curso de estudios especializados acordes con una carrera profesional en particular.

Exclusión de identidad describe a las personas que han adoptado un conjunto de creencias o un curso de acción sin haber experimentado una crisis de identidad o periodo de seria auto-exploración. Asimismo es probable que acojan un conjunto de creencias y planes ocupacionales basados en lo que otras personas, en especial sus padres, han inculcado en ellas.

Moratoria de identidad es un estado presente de crisis de identidad en donde el individuo lidia con preguntas sobre la identidad del yo, como la lucha por determinar qué carrera profesional elegir.

Difusión de identidad describe a las personas que aún no están comprometidas con un conjunto de creencias personales o elecciones de carrera y no muestran una preocupación seria por estos temas en el momento presente.

1. ¿Qué criterio necesitaría para determinar su nivel de identidad respecto de su elección de carrera y de sus creencias personales profundas, tanto políticas como morales? Tenga presente que tiene un nivel de identidad distinto en cada una de estas áreas.

2. Ahora aplique estos criterios a sí mismo para determinar qué nivel de identidad describe mejor la identidad de su yo en las áreas de elección de carrera y de creencias personales profundas.

Respuestas a "Intente lo siguiente", "Evalúe sus actitudes acerca del envejecimiento" (p. 390)

1. **Falso**. La mayoría de las parejas saludables aún mantienen relaciones sexuales satisfactorias hasta los 70 u ochenta y tantos años de edad.
2. **Falso**. Esta declaración es demasiado general. Aquellos individuos para quienes su trabajo es satisfactorio tienen menos probabilidades de jubilarse.
3. **Falso**. La *adaptabilidad* permanece razonablemente estable a lo largo de la edad adulta.
4. **Falso**. La edad por sí misma no está vinculada con declives notables en la satisfacción con la vida. Desde luego, podemos responder de forma negativa a las enfermedades y a las pérdidas, como el fallecimiento del cónyuge.
5. **Falso**. Sólo una minoría sufre depresión.
6. **Falso**. En realidad, la asistencia a la iglesia disminuye, aunque no sucede lo mismo con las creencias religiosas expresadas de manera verbal.
7. **Falso**. A pesar de que el tiempo de reacción puede incrementarse y de que la capacidad general de aprender puede presentar un ligero declive, los adultos mayores por lo regular tienen muy pocas dificultades o ninguna con las tareas laborales acostumbradas. En la mayoría de los empleos, la experiencia y la motivación son más importantes que la edad.
8. **Falso**. El aprendizaje podría requerir sólo un poco más de tiempo.
9. **Falso**. Los adultos mayores no dirigen una proporción más alta de sus pensamientos hacia el pasado que los adultos jóvenes.
10. **Falso**. Menos de 10% de los adultos mayores requiere alguna forma de atención institucional.

Módulo 10.1 **Adolescencia**

DESARROLLO FÍSICO

- **Cambios físicos durante la pubertad:** se alcanza la madurez sexual plena
- **Momento de la pubertad:** la pubertad temprana puede implicar diferentes consecuencias tanto para los chicos como para las chicas

DESARROLLO PSICOSOCIAL

- **Relaciones adolescente-padres:** pueden ser conflictivas, pero por lo general son saludables
- **Desarrollo de la identidad del yo:** para Erikson es el desafío del desarrollo psicosocial de la adolescencia
- **Relaciones amistosas:** pueden ser influencias positivas o negativas
- **Sexualidad emergente:** con frecuencia ocupa un lugar central en la adolescencia

DESARROLLO COGNITIVO

- **Operacionalismo formal:** etapa final de desarrollo cognitivo en la que se desarrolla el razonamiento abstracto, según el modelo de Piaget
- **Egocentrismo adolescente:**
    - *Audiencia imaginaria:* sentir que el mundo los observa
    - *Fábula personal:* es arriesgada si provoca percepciones de invulnerabilidad personal

ETAPAS DE RAZONAMIENTO MORAL SEGÚN KOHLBERG

- **Nivel preconvencional:** juicios morales basados en las consecuencias percibidas de la conducta
- **Nivel convencional:** juicios morales basados en reglas convencionales de lo que está bien y lo que está mal
- **Nivel postconvencional:** juicios morales basados en sistemas interiorizados de valores

"Hemos reflexionado mucho acerca de lo que queremos hacer con tu vida".

© The New Yorker Collection 2002 David Sipress de cartoonbank. com. Todos los derechos reservados.

Módulo 10.2 Adultez temprana y media

DESARROLLO FÍSICO Y COGNITIVO

- **Logro de la madurez física:** alcanza su cima a principios de la segunda década de vida
- **Inteligencia fluida contra inteligencia cristalizada:** la inteligencia cristalizada permanece más estable
- **Menopausia:** necesidad de separar los mitos de los hechos

DESARROLLO PSICOSOCIAL

- **Adultez emergente:** la adultez es un proceso gradual que se extiende más allá de la adolescencia
- **Etapas de desarrollo psicosocial según la teoría de Erikson:** intimidad contra aislamiento (adultez temprana), generatividad contra estancamiento (adultez media)
- **Transiciones de la vida:** la crisis de la mediana edad no es inevitable
- **Estilos de vida de los adultos:** los estilos de vida son más variados en la actualidad, aunque el matrimonio aún es el predominante

Inteligencia fluida

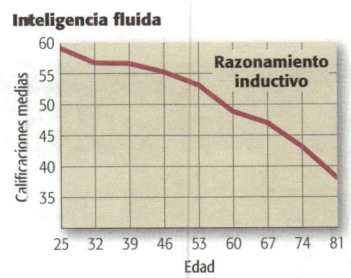

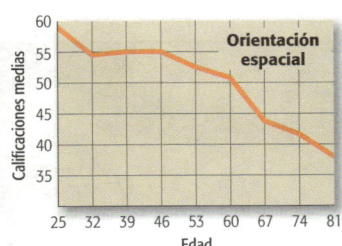

Inteligencia cristalizada

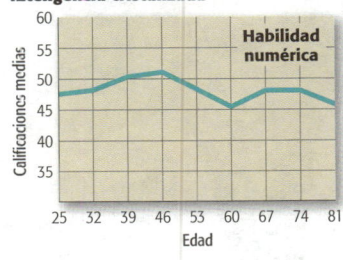

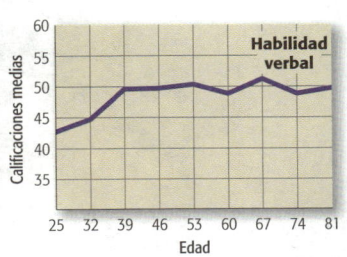

Cambios en la habilidad intelectual relacionados con la edad

Módulo 10.3 Adultez avanzada

DESARROLLO FÍSICO Y COGNITIVO

- **Cambios en el desarrollo sensorial y motor:** numerosos efectos en el funcionamiento sensorial, motor y cognitivo
- **Cambios en el funcionamiento cognitivo:** la inteligencia fluida y el funcionamiento de la memoria se ven afectados en su mayor parte por la edad
- **Diferencias en la expectativa de vida:** los estadounidenses viven más tiempo pero por lo general las mujeres sobreviven a los hombres
- **Enfermedad de Alzheimer:** es una enfermedad mental que conduce al declive progresivo de las habilidades mentales

DESARROLLO PSICOSOCIAL

- **Etapa de desarrollo psicosocial según la teoría de Erikson:** desafío de integridad del yo contra desesperación
- **Sobrellevar los cambios físicos y mentales relacionados con la edad:** el envejecimiento exitoso se asocia con patrones de conducta de optimización y compensación selectivas, optimismo y autodesafío; mantener un sentido de propósito y la conexión con los demás
- **Muerte y morir:** cinco etapas en el modelo de Kübler-Ross (negación, ira, negociación, depresión y aceptación final)

11

Género y sexualidad

¿Sabía usted que . . .

■ algunas personas se sienten atrapadas en el cuerpo del género opuesto por un error de la naturaleza? (p. 407)

■ las mujeres tienden a ser mejores para recordar dónde se localizan los objetos ("¿Dónde dejé las llaves del automóvil?")? (p. 412)

■ la diferencia de género en cuanto a las habilidades matemáticas, y que por tradición ha favorecido a los chicos, ha disminuido? (p. 413)

■ la hormona sexual masculina, la testosterona, da energía a los impulsos sexuales tanto de las mujeres como de los hombres? (p. 432)

■ la obesidad está relacionada con la disfunción eréctil? (p. 432)

■ las mujeres universitarias tienen más probabilidades de ser violadas por una persona a quien conocen que por un individuo desconocido? (p. 437)

El cerebro adora los acertijos

■ La determinación de los orígenes de la orientación sexual es aún un acertijo en la psicología. ¿Qué factor cree que determina la orientación sexual? (p. 422-423)

Nuestra sexualidad

Sonya, de 19 años, se enfrenta a un dilema. Educada en un hogar tradicional, a ella le enseñaron a conservar su virginidad hasta el matrimonio. Sin embargo, ha visto que la mayoría de sus amigas en la universidad ya tienen relaciones íntimas y se pregunta si acaso ella es demasiado anticuada.

Daniel y Lisa tienen ambos 20 años de edad y han salido juntos durante varios meses. Son sumamente unidos, pero han reprimido su intimidad sexual debido a que les preocupa el síndrome de inmunodeficiencia adquirida (SIDA). Daniel desea que ambos se sometan a un análisis médico para determinar si portan el virus VIH. Lisa se ha negado, por un lado, porque le ofende que Daniel piense que ella pudiera ser portadora de VIH y, por el otro, porque teme a los resultados del análisis. Ella se pregunta si acaso se infectó con alguno de los hombres con quienes tuvo relaciones sexuales durante lo que ella llama su "periodo salvaje", cuando tenía 18 años.

Chanya y Janet han vivido una vida secreta durante seis años al mantener la mentira de que sólo son "compañeras de apartamento"; es decir, dos mujeres profesionales de treinta y tantos años de edad que comparten la renta en la gran ciudad. Sin embargo, cada vez que separan las camas gemelas cuando los padres de cualquiera de ellas las visitan, les resulta cada vez más difícil mantener la ilusión de que sólo son amigas y no amantes.

"Es casi divertido", dice Stewart, "no de reír a carcajadas sino irónico, en serio. Lo último que esperaba a mi edad (27 años) era tener dificultades para lograr la erección". Desde su divorcio, dos años atrás, él ha sido incapaz de desempeñarse en términos sexuales. La incapacidad para lograr erecciones ha sido tan humillante que ya no lo intenta. Stewart inventa excusas para evitar la intimidad sexual en sus nuevas relaciones; no obstante, sus explicaciones han comenzado a parecer vacías.

Las preocupaciones expresadas por estas jóvenes personas tocan numerosos temas relacionados con la sexualidad, como la moralidad sexual, el temor a las enfermedades de transmisión sexual, la orientación sexual y la respuesta sexual (o la falta de la misma).

Nuestra sexualidad engloba las muchas maneras de cómo nos experimentamos a nosotros mismos como seres sexuales. Ésta incluye nuestra capacidad para experimentar pensamientos, intereses y deseos y para expresarnos por medio de nuestras conductas sexuales.

El sexo es importante en términos biológicos, psicológicos y sociales. Es la manera de la naturaleza de asegurarse de que perpetuemos nuestra especie; da forma a nuestra conducta y a nuestros motivos e influye en nuestra personalidad; es decir, en las cualidades que nos hacen seres únicos. Por ejemplo, nuestra identidad de género (sentido de masculinidad o feminidad) y nuestra orientación sexual (dirección de la atracción erótica) son partes esenciales de nuestra autoidentidad. Nuestra conducta sexual está determinada por las influencias de nuestra familia y de la sociedad en la cual vivimos. Aprendemos que las reglas y las costumbres sociales gobiernan las formas de cómo tenemos permitido expresar nuestra sexualidad. Para muchos de nosotros, lo que aprendimos de nuestros mayores puede expresarse en una sola palabra: "No". Algunas otras personas fueron educadas con normas sexuales más relajadas o flexibles, o quizá sin guía alguna.

Cada sociedad no sólo impone normas para gobernar la conducta sexual, sino también impone un conjunto de expectativas culturales, o roles de género, mismo que designa las conductas que se consideran apropiadas tanto para los hombres como para las mujeres. En este capítulo exploraremos estas múltiples facetas de nuestra sexualidad; iniciaremos con la identidad de género, que es el sentido psicológico de ser hombre o mujer. ■

MÓDULO 11.1

Identidad, roles y diferencias de género

- ¿Qué es identidad de género y en qué difiere de los roles de género?
- ¿Cómo se explica la identidad de género?
- ¿Cuáles son las principales teorías acerca de la conducta específica de rol de género?
- ¿Existen diferencias de género en cuanto a las capacidades cognitivas?
- ¿Existen diferencias de género en cuanto a rasgos de personalidad y estilos de liderazgo?

El presente módulo examina la identidad y los roles de género. Como verá más adelante, consideraremos las influencias biológicas y psicológicas que nos conducen a desarrollar nuestro sentido de nosotros mismos como hombres o mujeres y los roles que desempeñamos dentro de la sociedad.

Identidad de género: nuestro sentido de masculinidad o feminidad

Antes de proceder, definamos algunos términos. En este texto, el *sexo* se refiere a la división biológica entre hombres y mujeres. Entonces, cuando identificamos las diferencias anatómicas entre hombres y mujeres, hablamos acerca de los *órganos sexuales*, no de los *órganos de género*. El **género** es un concepto psicológico que distingue la masculinidad de la feminidad. Por lo tanto, empleamos el término **roles de género** para referirnos al conjunto de conductas que una cultura en particular considera aceptables para los hombres y para las mujeres. La experiencia psicológica de ser hombre o mujer se conoce como **identidad de género**.

Alrededor de los tres años, la mayoría de los niños ha adquirido un firme sentido de identidad de género, o de ser hombre o mujer. Sin embargo, ¿qué es lo que determina la identidad de género? La respuesta todavía no está clara. Algunos estudios señalan a las influencias biológicas. Los investigadores sospechan que las hormonas prenatales esculpen al cerebro en formación de manera que influyen en el desarrollo posterior de la identidad de género (Reiner y Gearhart, 2004). No obstante, la investigación sugiere que la identidad de género no está grabada por completo en la persona desde su nacimiento. En esta investigación, los niños que nacieron con órganos genitales ambiguos, debido a defectos congénitos de nacimiento, desarrollaron una identidad de género que era consistente con el género que se les asignó y según el cual fueron criados, incluso a pesar de que el género asignado entraba en conflicto con el sexo cromosomático (XX o XY) (Slijper,

Reasignación de género   El oficial de policía Tom Ashton (izquierda) se sometió a una cirugía de reasignación de género y a un tratamiento de sustitución hormonal para convertirse en Claire Ashton.

género   Estado de masculinidad o feminidad.

roles de género   Expectativas culturales impuestas sobre hombres y mujeres de comportarse de maneras consideradas como apropiadas para su género.

identidad de género   Sentido psicológico de masculinidad o feminidad.

Drop y Molenaar, 1998). En general, la mayoría de los científicos cree que la identidad de género surge a partir de una compleja interacción entre la naturaleza (biología) y la crianza (influencias ambientales) (Berenbaum y Bailey, 2003).

Sin importar cuáles sean los factores determinantes de la identidad de género, casi siempre son consistentes con el sexo cromosomático de la persona. No obstante, para algunos individuos la identidad de género y el sexo cromosomático no son coincidentes (Heath, 2006). Estos individuos poseen la identidad de género de uno de los géneros, pero el sexo cromosomático y los órganos sexuales del otro.

Transexualismo: un desajuste entre la identidad y la biología

Las personas con **transexualismo** se sienten atrapadas en el cuerpo del género opuesto por un error de la naturaleza. Un hombre transexual es, en términos anatómicos, un hombre, aunque tiene la identidad de género de una mujer. Una mujer transexual es, en términos anatómicos, una mujer, aunque posee una identidad de género masculina. Las personas transexuales (a veces llamadas *transgénero*) por lo regular reportan el sentimiento de que han pertenecido al otro género desde que tienen memoria (Zucker, 2005a, 2005b). Abundan los mitos acerca del transexualismo. La tabla 11.1 expone algunos de los mitos más comunes.

Las personas transexuales pueden sentir repulsión al ver sus propios órganos genitales. Con el fin de corregir lo que consideran un error de la naturaleza, muchas de estas personas se someten a una cirugía de reasignación de género para modificar, por medio quirúrgico, sus genitales (Bockting y Fung, 2006). Esta cirugía transforma los genitales en una versión funcional de los genitales del género opuesto. Sin embargo, dado que los cirujanos no pueden transplantar los órganos reproductivos internos que producen las células germinales (testículos en el hombre y ovarios en la mujer), la reproducción es imposible. Por lo tanto, la cirugía no transforma a un hombre en mujer ni a una mujer en hombre, si lo que significa ser hombre o mujer depende de contar con los órganos reproductivos internos de su respectivo sexo. No obstante, la cirugía de reasignación de género, por lo general, permite al individuo tener relaciones sexuales. La terapia de sustitución hormonal se utiliza para fomentar el crecimiento de la barba y el vello corporal en los casos de mujer a hombre y de los senos en los casos hombre a mujer.

Las causas del transexualismo aún no están claras (van Goozen *et al.*, 2002). Los científicos sospechan que una combinación de hormonas sexuales y otros factores, como las influencias genéticas, actúan en la arquitectura del cerebro en formación durante el desarrollo prenatal (Dennis 2004; Heath, 2006). El resultado puede ser una discordancia entre la mente y el cuerpo en la que el cerebro se vuelve sexualmente diferenciado en una dirección durante el desarrollo prenatal, incluso mientras los genitales son esculpidos en la dirección contraria.

CONCEPTO 11.2
Al explorar los cimientos de la identidad de género, los investigadores consideran tanto las influencias biológicas (prenatales) como las ambientales (crianza).

CONCEPTO 11.3
Las personas transexuales tienen una identidad de género que se contrapone a su sexo anatómico; con frecuencia se someten a cirugías de reasignación de género para corregir lo que perciben como un error de la naturaleza.

TABLA 11.1   Mitos contra hechos acerca del transexualismo

Mito	Hecho
Sólo las personas que se someten a operaciones de cambio de sexo son transexuales	Muchos hombres y mujeres transexuales no se someten a la cirugía de reasignación de género porque desean evitar el dolor y las complicaciones posquirúrgicas, o bien, porque los costos del procedimiento son prohibitivos
Los hombres que visten prendas femeninas son transexuales	Algunos lo son; sin embargo, otros se visten con prendas femeninas para lograr una excitación sexual, no porque de hecho sean transexuales. De igual manera, algunos hombres homosexuales, conocidos como *drag queens*, se visten con prendas femeninas pero no son transexuales
El transexualismo es sólo una forma de homosexualidad	Las personas con orientación hacia el homosexualismo o el lesbianismo tienen una identidad de género consistente con su sexo anatómico. Un hombre homosexual se percibe a sí mismo como hombre que siente atracción sexual por otros hombres, no como una mujer atrapada en el cuerpo de un varón. Los hombres o las mujeres homosexuales no querrían deshacerse de sus propios genitales, tanto como no querría hacerlo un hombre o una mujer heterosexuales

transexualismo Desajuste en el cual la identidad sexual de una persona es inconsistente con su sexo anatómico y cromosómico.

💡 **CONCEPTO 11.4**
Cada sociedad define la masculinidad y la feminidad por medio de la imposición de un conjunto de expectativas basadas en el género acerca de la conducta y la personalidad.

💡 **CONCEPTO 11.5**
A pesar de que en nuestra sociedad los roles de género han cambiado y continúan en transformación, aquellos que se refieren a la atención del hogar y al cuidado de los hijos aún recaen de forma desproporcionada sobre las mujeres.

Cambio de roles de género Los roles de género en nuestra sociedad han cambiado y aún continúan en proceso de cambio.

💡 **CONCEPTO 11.6**
Los teóricos social-cognitivos enfatizan los roles del aprendizaje por observación y el reforzamiento en el desarrollo de la conducta específica del género.

···· **VÍNCULO DE CONCEPTOS** ·····
El aprendizaje por observación es un tipo de aprendizaje cognitivo, según se comentó en el capítulo 5. Consulte el módulo 5.3.

Roles de género y estereotipos: cómo define la sociedad la masculinidad y la feminidad

Las expectativas culturales impuestas sobre los hombres y las mujeres para que se comporten de maneras consideradas como apropiadas según su género se denominan *roles de género*. Las perspectivas fijas y convencionales acerca de lo que es la conducta "masculina" y "femenina" se llaman *estereotipos de rol de género*. En nuestra cultura, la mujer estereotípica es percibida como generosa, gentil, dependiente, cálida, emotiva, amable, comedida, paciente y sumisa. El hombre estereotípico, personificado por los toscos personajes masculinos en incontables películas, es rudo, autónomo e independiente, aunque también dominante y protector.

Sin embargo, los roles de género han cambiado y aún continúan en proceso de cambio. En la actualidad, la mayoría de las mujeres trabaja fuera de casa y muchas de ellas persiguen carreras profesionales en dominios que por tradición se han considerado masculinos, como las leyes, la medicina y la ingeniería. Algunas conducen vehículos navales o pilotean helicópteros militares. Las responsabilidades de la atención al hogar y del cuidado de los hijos aún recaen con más peso sobre las mujeres, incluso sobre aquellas que tienen empleos de tiempo completo fuera de su casa.

Empero, ¿cómo se explica la adquisición de roles de género? En otras palabras, ¿por qué los chicos y las chicas actúan como, bueno, chicos y chicas? ¿Se trata simplemente de un asunto de aprendizaje cultural; es decir, de enseñar a los niños cómo se espera que actúen hombres y mujeres, y las funciones que deben desempeñar? ¿O podrían existir ciertos orígenes biológicos para estas conductas? Aquí consideraremos varias de las principales teorías que buscan explicar la adquisición de las conductas tipificadas según el género.

Teoría social-cognitiva: el aprendizaje de lo que los demás esperan de usted

Los teóricos social-cognitivos, como Albert Bandura (1986) y Walter Mischel (1970), enfatizan las funciones del aprendizaje por observación y del reforzamiento en el desarrollo de las conductas específicas del rol de género. Los niños son observadores por naturaleza y, por ello, asimilan lo que observan en la conducta de otras personas y en lo que ven en la televisión y en las películas. Además, los padres son importantes influencias de modelado. Si los niños ven que Papá, Mamá, el hermano y la hermana se visten de forma distinta y desempeñan funciones diferentes en la familia, ellos comienzan a aprender lo que se espera de los hombres y de las mujeres y a conducirse de acuerdo con ello.

Los padres utilizan recompensas y castigos (elogios y críticas) para dar forma a la conducta específica de rol de género del niño. Durante la infancia, los padres tienden a hablar más con las niñas e involucrarse en juegos rudos y de mayor contacto físico con los niños. Más tarde, los padres motivarán a sus hijos varones a jugar con rudeza en las canchas atléticas y a contener sus lágrimas cuando se lastimen o estén enfadados. También pueden elogiar a las niñas cuando ellas participen en juegos cooperativos o cuando presten su ayuda en la cocina. De igual manera, pueden castigar o ignorar las conductas inapropiadas en cuanto al género.

Los juguetes que los padres ofrecen a sus hijos también reflejan las expectativas específicas de rol de género de la sociedad en la cual viven. Las niñas reciben muñecas y son motivadas a practicar la atención y el cuidado en los juegos de imitación que las preparan para los roles tradicionales femeninos. Los niños utilizan "figuras de acción" (un eufemismo para las muñecas masculinas), en juegos de imitación para recrear guiones agresivos que son característicos del rol masculino tradicional.

Los medios populares de comunicación masiva (televisión, películas, libros y revistas) refuerzan los roles tradicionales de género, donde los hombres son representados en papeles más agresivos y de liderazgo y donde las mujeres asumen roles subordinados. A pesar de que los roles de género se han equilibrado más en los medios de comunicación masiva, la televisión y las películas aún representan a los hombres y a las mujeres en roles tradicionales.

Las expectativas de los roles específicos de género se encuentran en proceso de cambio a medida que ocurren las transiciones sociales en el conglomerado humano. En la actualidad, las hijas tienen mayor probabilidad de tener una madre que trabaja fuera de casa, además las jovencitas de hoy son motivadas a desarrollar sus intereses en los deportes competitivos y a elegir carreras profesionales en cualquier campo que elijan, incluso en aquellos que por tradición estaban reservados para los hombres.

Sin embargo, los cambios son lentos (relativamente pocos corredores de bolsa o programadores de cómputo son mujeres, por ejemplo). A pesar de que muchos niños están expuestos a padres que realizan su parte en las tareas domésticas, un estudio con alumnos universitarios varones en Estados Unidos y China demostró que ellos aún mantienen más perspectivas estereotípicas de los roles de género que las mujeres estudiantes universitarias (Chia *et al.*, 1994).

Teoría de esquema de género: ¿Qué significa ser mujer (u hombre)?

La **teoría de esquema de género** enfatiza la importancia de los factores cognitivos en el desarrollo de la conducta de rol de género. Ésta sostiene que los niños forman representaciones mentales, o *esquemas*, de masculinidad y feminidad (Bem, 1993; Fagot, 1995). Un esquema es una forma de organizar el conocimiento sobre el mundo, una especie de lentes mediante los cuales la persona observa su entorno. Los esquemas de género incorporan las prendas de vestir, los juguetes, las conductas y los roles sociales considerados apropiados para los niños y los hombres y para las niñas y las mujeres. Alrededor de los tres años, los niños, por lo regular, han desarrollado un esquema de género para los juguetes, de tal manera que pueden reconocer que los camiones son juguetes para niños y que las muñecas son juguetes para niñas. Estos esquemas influyen en lo que los niños son capaces de recordar. Por ejemplo, los niños recuerdan mejor objetos y actividades vinculados con su género que han visto con anterioridad, como automóviles y camiones, mientras que las niñas tienen memoria de las muñecas (Bradbard y Endsley, 1983).

Una vez que los niños han adquirido esquemas de rol de género, comienzan a utilizarlos como medios para organizar su conducta y como marcos de referencia para evaluar su valor personal. Comienzan a actuar de maneras que reflejan sus conceptos de cómo se espera que actúen los niños o las niñas. También comienzan a juzgarse a sí mismos en términos positivos cuando sienten que están a la altura de los rasgos que consideran importantes para su género. Los chicos regulan su autoestima de acuerdo con su comparación contra otros chicos en cuanto a rasgos masculinos, como la fortaleza corporal y la agresividad. Las niñas pueden juzgarse a sí mismas de acuerdo con su percepción de sí mismas acerca de la hermosura o a la gracia de sus capacidades físicas. Las evidencias demuestran que, entre los preadolescentes, la percepción de sí mismos como individuos típicos del propio género se asocia con una mejor adaptación psicológica (Yunger, Carver y Perry, 2004).

Teoría de la evolución: el estilo de la naturaleza

En el contexto de la teoría de la evolución, la existencia de los roles de género estereotípicos (los hombres como quienes se ganan el pan y las mujeres como quienes atienden el hogar) sólo refleja el orden natural de las cosas. Los psicólogos de la evolución afirman que los roles modernos de género son sólo adaptaciones actuales de los tradicionales de los hombres como cazadores y guerreros y de las mujeres como recolectoras de frutos y vegetales comestibles y como cuidadoras de los hijos (Buss y Kenrick, 1998). Desde esta perspectiva, la fuerza de los hombres en la parte superior del cuerpo les brinda más probabilidades que a las mujeres de tener éxito como cazadores o guerreros. Sus atributos físicos les permiten participar en el juego de ataque y huida y superar a sus adversarios. En promedio, también poseen mejores capacidades visuales-espaciales, como la rotación mental de objetos y el registro de movimientos en un espacio tridimensional (Halpern *et al.*, 2007; Lawton y Hatcher, 2005). Estas capacidades pueden darles ventajas para cazar o para la guerra, como la habilidad para disponer del arco y la flecha o para encontrar el camino de regreso a casa después de la cacería. En contraste, las mujeres pueden estar predispuestas, en términos genéticos, a desarrollar rasgos empáticos y protectores que les permiten sentir las necesidades de los bebés antes de que éstos puedan hablar. Estas características pueden haber incrementado las probabilidades de que los hijos de los seres humanos primitivos sobrevivieran y transmitieran su legado genético. Los psicólogos de la evolución especulan que los rasgos vinculados con el género que demostraron ser adaptativos en la lucha de los seres humanos primitivos por sobrevivir, pueden haberse heredado por vía genética por medio de varias generaciones, hasta los seres humanos modernos.

Los psicólogos de la evolución apuntalan sus afirmaciones al señalar la evidencia de que los niños y los hombres, casi bajo cualquier sistema de medición, son más agresivos en términos físicos que las mujeres y las niñas (Archer, 2004; Feder, Levant y Dean, 2007; Kimura, 2002).

En gran proporción, nuestras prisiones están pobladas por hombres que han cometido crímenes violentos. Los niños también participan en más juegos de rudeza física. En fechas recientes

Modelado y roles de género El modelado es una importante influencia en el desarrollo de la conducta de género.

💡 **CONCEPTO 11.7**
La teoría del esquema de género sostiene que los niños forman representaciones mentales o esquemas de los atributos y conductas asociados con la masculinidad y la feminidad, por lo que comienzan a actuar de maneras consistentes con estos esquemas.

💡 **CONCEPTO 11.8**
De acuerdo con los psicólogos de la evolución, los hombres y las mujeres pueden estar predispuestos, a nivel genético, para desarrollar rasgos relacionados con el género, como la agresividad y la generosidad afectiva, respectivamente.

teoría de esquema de género
Creencia en que los niños forman representaciones mentales o esquemas de masculinidad y feminidad, que emplean después como base para organizar su comportamiento y para medir su valor personal.

Agresividad y género ¿Todas las formas de agresión son más comunes en los niños que en las niñas?

hemos aprendido que incluso entre bebés de hasta 17 meses de edad, los varones tienden a mostrar más conductas de agresión física que las niñas (Baillargeon *et al.*, 2007).

Sin embargo, debemos tener cuidado de no exagerar en las generalizaciones. Las evidencias demuestran que tanto hombres como mujeres presentan conductas agresivas; no obstante, a menudo la forma que cobra la agresividad difiere a lo largo de las líneas del género. Por ejemplo, lo típico es que los niños sean más agresivos a nivel físico, mientras las niñas tienden a mostrar más *agresión relacional* en la cual las relaciones son utilizadas como medio para infligir daño (Crick, Ostrov y Werner, 2006). En la agresión relacional se incluyen conductas como excluir a otras personas del círculo o "grupo" de amistades y comenzar o difundir rumores (Conway, 2005).

A pesar de ello, la cuestión permanece: ¿son los hombres más agresivos a nivel físico y las mujeres más amables y cooperativas *por naturaleza*? Es probable que la testosterona tenga cierta participación en ello. A pesar de que se producen niveles más altos de la hormona sexual masculina en los hombres que en las mujeres, las evidencias vinculan niveles más altos de testosterona con conductas más agresivas tanto en hombres como en mujeres (Ellis, Das y Buker, 2007; Giotakos *et al.*, 2005). Dicho lo anterior, las conexiones entre la testosterona y las conductas agresivas son complejas. La testosterona no es un interruptor de "encendido y apagado" para la agresión.

Las influencias culturales también desempeñan funciones importantes en las explicaciones de las diferencias entre hombres y mujeres en cuanto a la agresividad. Por ejemplo, los niños pequeños están expuestos a héroes viriles de acción que acostumbran emplear sus puños o sus armas para matar, desmembrar y superar a sus oponentes. Y el juego físicamente agresivo en las competencias deportivas es motivado por los entrenadores y muy bien recompensado en los rangos profesionales. No podemos ofrecer ninguna respuesta final aquí. Los científicos aún continúan con sus esfuerzos para enfrentar el complicado desafío de dividir los roles de la biología y el ambiente.

Teoría sociocultural: los roles de género como adaptaciones culturales

Margaret Mead (1935), la afamada antropóloga, enfatizó la importancia de las influencias culturales en las conductas de roles de género. En una cultura de Nueva Guinea que ella estudió, los hombres y las mujeres compartían las responsabilidades de la crianza y el cuidado de los hijos. En otra, los roles de género estereotípicos estaban invertidos: las mujeres eran educadas para ser cazadoras y recolectoras de alimentos mientras los hombres permanecían cerca de la casa y atendían a los hijos. Las evidencias de Mead sugieren que los roles de género pueden estar más relacionados con las estrategias que emplea nuestra sociedad para adaptarse a las demandas que enfrenta en el ambiente, que con la biología.

¿Qué es lo que podemos concluir acerca de los factores que determinan la conducta relacionada con el género? Muchos investigadores creen que los factores biológicos y sociales-ambientales interactúan en la determinación de la conducta específica de género de un niño (Bryant y Check, 2000; Wood y Eagly, 2002). Las influencias biológicas pueden crear disposiciones conductuales orientadas hacia conductas estereotípicas de los roles de género, como las preferencias más acusadas entre los niños por los juegos de rudeza física y el comportamiento agresivo. Sin embargo, biología no es destino. Las conductas de los roles de género no son universales ni están fijas por naturaleza. La manera en cómo los niños son educados en cuanto a determinados roles de género es una importante influencia en sí misma (Bryant y Check, 2000).

Masculinidad y feminidad: ¿polos opuestos o dimensiones distintas?

En términos convencionales tendemos a pensar en la masculinidad y la feminidad como si fueran polos opuestos de una misma escala. Mientras más rasgos masculinos muestre usted, menos rasgos femeninos es probable que posea. Sin embargo, ¿debemos asumir que la masculinidad y la feminidad representan categorías mutuamente excluyentes? ¿Por qué no podría tener rasgos masculinos, como la independencia y la asertividad, y rasgos femeninos, como la generosidad afectiva y la empatía? La psicóloga Sandra Bem cree que una persona podría tener todos estos rasgos (Bem, 1993). Con el empleo de un inventario de roles de género que ella desarrolló y que incluye medidas separadas de masculinidad y feminidad, Bem descubrió que tanto hom-

CONCEPTO 11.9

Según con los teóricos socioculturales, los roles de género pueden ser adecuaciones culturales que han ayudado a las sociedades a adaptarse a las exigencias de sus ambientes.

CONCEPTO 11.10

Según con la psicóloga Sandra Bem, las personas pueden ser psicológicamente andróginas, lo cual significa que presentan altos niveles de rasgos tanto masculinos como femeninos.

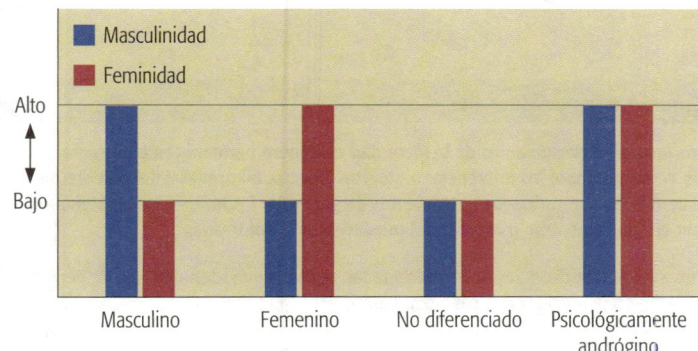

FIGURA 11.1   Identificación de rol de género
¿Cómo se clasificaría a usted mismo en términos de identificación de rol de género: como masculino, femenino, no diferenciado o psicológicamente andrógino?

bres como mujeres pueden obtener niveles altos o bajos en rasgos tanto masculinos como femeninos. La categoría de **androginia** psicológica fue utilizada para catalogar a las personas que mostraban niveles altos de rasgos tanto masculinos como femeninos (consulte la figura 11.1). Otros individuos que obtuvieron niveles bajos en las dos dimensiones fueron clasificados como "no diferenciados". La persona andrógina puede tener lo mejor de ambos mundos: es capaz de recurrir a su asertividad o independencia "masculinas" en asuntos de negocios y de recurrir a su generosidad afectiva y a su sensibilidad "femeninas" cuando interactúa con un niño o con un animal pequeño.

El concepto de androginia ha sido criticado, en especial por las feministas, bajo el argumento de que perpetúa la creencia de que la masculinidad y la feminidad son atributos de la gente en lugar de ser reflejos del tratamiento diferencial de la sociedad hacia los hombres y hacia las mujeres. ¿No deberían las personas ser tratadas como individuos y no como ejemplares de los estereotipos de género? Even Bem (1993) reconoce que el concepto de androginia distrae la atención del análisis de las inequidades de género en la sociedad. Sin embargo, muchos especialistas, incluso Bem, creen que la androginia aún es un concepto útil para describir a las personas que combinan rasgos "femeninos" y "masculinos" en sus personalidades y conductas y que no pueden ser clasificadas con facilidad con base en los roles de género tradicionales (Arnett, 2004).

Los investigadores han descubierto que la androginia es útil para predecir cierto rango de conductas. Por ejemplo, las personas andróginas tienden a ser más creativas que las personas con una orientación de rol de género masculina o femenina (Norlander, Erixon y Archer, 2000). Otros investigadores han descubierto que los hombres y las mujeres prefieren a las personas andróginas como acompañantes en citas y como parejas (Green y Kenrick, 1994). En términos básicos, estas personas prefieren que sus parejas puedan ser *expresivas* (un rasgo femenino) e *instrumentales* (capaces de actuar de manera efectiva en el mundo, un rasgo masculino). Antes de avanzar, revisemos la tabla de conceptos 11.1, la cual brinda un panorama de la identidad y de los roles de género.

Diferencias de género: ¿cuán distintos somos?

Ya hemos examinado las diferencias de género en cuanto a la agresividad. Ahora consideremos las diferencias de género en otras áreas: las capacidades cognitivas, la personalidad y el estilo de liderazgo.

Capacidades cognitivas

¿Quiénes son más inteligentes: los hombres o las mujeres? Antes de que salte a defender a su género, tome en cuenta que las evidencias científicas muestran que los hombres y las mujeres se desempeñan de manera similar en las pruebas de inteligencia general (coeficiente intelectual) y de capacidad para solucionar problemas. Como señala la ex presidenta de la APA (American Psychiatric Association), Diane Halpern: "no existe evidencia alguna de que un sexo sea más inteligente que el otro" (Halpern, 2004, p. 139). Sin embargo, las chicas llevan la ventaja en las habilidades verbales, en especial la escritura (Halpern *et al.*, 2007). Los chicos también tienen más probabilidades de mostrar dificultades para leer, cuyo rango cubre desde leer por debajo del nivel académico hasta las incapacidades severas, como la **dislexia** (APA, 2000).

CONCEPTO 11.11
Los investigadores han descubierto que, en promedio, las niñas superan a los niños en algunas habilidades verbales, mientras que, por lo regular, los niños obtienen mejores resultados en algunas tareas visuales-espaciales.

androginia Tipo de identificación de rol de género que caracteriza a las personas que poseen niveles altos de características tanto masculinas como femeninas.

dislexia Trastorno de aprendizaje caracterizado por una capacidad deficiente para leer.

TABLA DE CONCEPTOS 11.1
Identidad y roles de género

Concepto	Descripción	Comentarios adicionales
Identidad de género	Sentido psicológico de ser hombre o mujer	Los factores determinantes de la identidad de género permanecen en estudio; sin embargo, tanto las influencias biológicas (formación prenatal del cerebro de acuerdo con determinados lineamientos de género) y las influencias ambientales (ser criado como niño o como niña) pueden estar involucradas
Roles de género	Expectativas culturales de las conductas y los roles sociales considerados apropiados para los hombres y las mujeres	Entre las perspectivas teóricas relacionadas con la adquisición de roles de género se incluyen la teoría social-cognitiva (aprendizaje por observación y reforzamiento), la teoría de esquema de género (esquemas de género como maneras para organizar la conducta y como marcos de referencia para la autoevaluación), la teoría de la evolución (roles de género que representan predisposiciones genéticas) y la teoría sociocultural (los roles de género como adaptaciones culturales)

Los chicos, por otra parte, tienden a superar a las chicas en cuanto a capacidades matemáticas o cuantitativas (Collaer y Hill, 2006; Halpern *et al.*, 2007). Los niños son más variables que las niñas en cuanto al desempeño matemático; es decir, encontramos más niños que niñas tanto en los extremos superiores como inferiores de la escala de habilidad matemática (Halpern *et al.*, 2007).

Los hombres, en promedio, aún superan a las mujeres en algunas habilidades visuales-espaciales, como leer mapas y rotar figuras tridimensionales en la mente, como las que se muestran en la figura 7.1 (consulte la figura 11.2 para conocer ejemplos de las diferencias basadas en el género) (Halpern *et al.*, 2007; Liben *et al.*, 2002). La capacidad para percibir relaciones entre objetos tridimensionales podría explicar por qué los niños y los hombres tienden a destacar en ciertas habilidades, como jugar ajedrez, resolver problemas geométricos y laberintos y encontrar formas insertadas en figuras geométricas. Por otra parte, las mujeres, en promedio, tienen más capacidades para recordar dónde están localizados los objetos, lo cual podría explicar por qué son mejores para encontrar las llaves perdidas (Azar, 1996b).

¿Cómo se explican las diferencias de género en cuanto a las capacidades cognitivas? Una posibilidad es que el cerebro de los hombres esté más especializado en ciertos tipos de habilidades visuales-espaciales. Los fetos masculinos están expuestos a niveles más altos de testosterona, lo que podría mejorar el desarrollo de circuitos cerebrales involucrados en la realización de ciertos

FIGURA 11.2 Diferencias de género en cuanto a capacidades

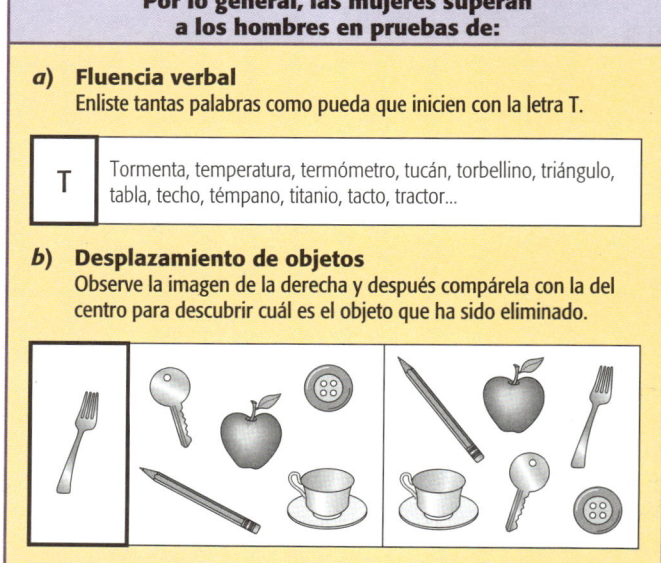

Fuente: Kimura, 1992.

tipos de tareas espaciales (Cohen-Bendahan *et al.*, 2005). Los factores psicológicos y sociales también tienen su parte, como las diferencias en las expectativas que tienen los padres para sus hijos e hijas en relación con las capacidades para las matemáticas y las ciencias, es decir, expectativas que pueden influir en el hecho de que los hijos se dediquen a desarrollar dichas capacidades.

Antes de continuar necesitamos interpretar las diferencias de género en cuanto a las capacidades cognitivas a la luz de varios factores limitantes:

- *Las diferencias de género por lo regular son pequeñas.* Las diferencias de género en términos de las capacidades verbales y matemáticas son, por lo regular, pequeñas. Las diferencias mayores existen entre los mismos hombres y entre las mismas mujeres que entre hombres y mujeres (Hyde, 2007). Por lo tanto, es importante evitar el empleo de estereotipos tradicionales que limiten los intereses y las vocaciones que tanto niños como niñas quieran desarrollar.

- *Las diferencias de género son diferencias de grupo.* Las diferencias de género se relacionan con diferencias promedio entre grupos de hombres y mujeres. Estas diferencias no nos hablan acerca de las capacidades particulares de cierto Joaquín o de cierta Ana. Numerosas mujeres sobresalen en matemáticas y en ciencias, y muchos hombres destacan en escritura y habilidades verbales.

- *Las diferencias de género en cuanto a las matemáticas han comenzado a disminuir.* Las diferencias de género en cuanto al desempeño en tareas matemáticas se ha reducido de manera considerable en los años recientes, hasta e grado que, en la actualidad, las calificaciones promedio de los chicos y las chicas en pruebas estandarizadas de matemáticas, como los exámenes SAT, son bastante cercanas (Halpern *et al.*, 2007; Ripley, 2005).

¿Quiénes son más inteligentes: los hombres o las mujeres? Declaremos un empate en esta vieja batalla entre los sexos, dado que las evidencias demuestran que el desempeño tanto de hombres como de mujeres es similar en las pruebas de inteligencia general y en la capacidad para solucionar problemas. Sin embargo, sí surgen diferencias de género en algunas capacidades cognitivas específicas.

Por qué es importante

Los padres que mantienen la perspectiva estereotípica de que "las niñas no son buenas para las matemáticas y la ciencia" pueden desmotivar a sus hijas a desarrollar dichas capacidades. Las niñas mismas pueden asimilar dichos estereotipos negativos y, por lo tanto, dudar de sus capacidades y sentirse no motivadas para desarrollar sus intereses en estas áreas (Kiefer y Sekaquaptewa, 2007). Nuestra cultura parece entrenar a las mujeres a realizar una deducción simple basada en la premisa errónea de que las matemáticas son "masculinas" (Nosek, Banaji y Greenwald, 2003):

$$\text{matemáticas} = \text{masculinas}$$
$$\text{yo} = \text{mujer}$$
$$\text{por lo tanto, matemáticas} \neq \text{yo}$$

El estereotipo de amplia aceptación de que las niñas no son buenas para las matemáticas no está respaldado por la evidencia. En la actualidad, los niños y las niñas en promedio obtienen calificaciones similares en pruebas estandarizadas de matemáticas.

Las matemáticas y yo ¿Qué mensajes comunicamos a las mujeres jóvenes acerca de sus capacidades para las matemáticas y las ciencias? ¿Cómo pueden las expectativas culturales impedir que las jovencitas desarrollen interés por estas áreas?

El entrenamiento y la experiencia también son importantes. Un estudio en 2007 demostró que la ventaja masculina en ciertas habilidades espaciales se reducía cuando las mujeres recibían 10 horas de entrenamiento en juegos de video de acción (Feng, Spence y Pratt, 2007). Dado que las habilidades espaciales son tan importantes en campos como las matemáticas, la ingeniería y la ciencia, el hecho de brindar entrenamiento específico en dichas capacidades puede ayudar a reducir el tradicional desequilibrio entre hombres y mujeres en estas áreas.

Diferencias de género en cuanto a la personalidad y el estilo de liderazgo

CONCEPTO 11.12
Las diferencias de género en cuanto a rasgos de personalidad están saturadas de evidencias que señalan que, por lo general, los hombres son más agresivos y tienen una autoestima más alta, mientras las mujeres tienden a ser más generosas en términos afectivos y más expresivas a nivel emocional.

Las evidencias señalan algunas diferencias en rasgos de personalidad entre hombres y mujeres. En general, los hombres demuestran niveles más altos de autoestima y asertividad, mientras que las mujeres tienden a mostrarse más extrovertidas, cálidas y abiertas a los sentimientos y a la expresión emocional (Costa, Terracciano y McCrae, 2002; Feingold, 1994; Ripley, 2005).

¿Y qué hay acerca del estereotipo de que las mujeres son mucho más conversadoras que los hombres? Esta cuestión parece no estar sustentada por ningún estudio científico; sin embargo, los investigadores registraron conversaciones de varios cientos de estudiantes universitarios, hombres y mujeres, en el transcurso de varios días por medio del empleo de pequeños micrófonos (Mehl *et al.*, 2007). Después, calcularon el número de palabras pronunciadas tanto por los hombres como por las mujeres. ¿Los resultados? Un empate virtual en donde ambos grupos emitieron alrededor de 16 000 palabras por día. El mensaje implícito en este estudio, y en las revisiones de otras investigaciones recientes (Leaper y Ayres, 2007), es que el estereotipo de que las mujeres son más conversadoras que los hombres no coincide con las evidencias científicas.

A pesar de la existencia de otro estereotipo común, acerca de que los hombres son mejores líderes, los estudios experimentales demuestran que las mujeres son, cuando menos, iguales a ellos en cuanto a capacidades directivas y de liderazgo (Eagly, Karau y Makhijani, 1995). Sin embargo, debido a las actitudes sexistas prevalecientes, la conducta de liderazgo efectivo puede ser evaluada

¿Conversador Gabo o conversadora Gabriela? ¿Quién conversa más durante el transcurso de un día? Contrario al estereotipo, los investigadores, en un estudio reciente, no descubrieron diferencias significativas en el número de palabras pronunciadas por hombres y por mujeres.

TABLA 11.2 **Diferencias de género**		
Capacidad o rasgo	**Descubrimientos de investigación**	**Comentarios adicionales**
Capacidades cognitivas	Por lo general, las chicas se desempeñan mejor que los chicos en ciertas habilidades verbales, mientras que ellos, de manera frecuente, muestran un mejor desempeño en habilidades visuales-espaciales específicas y en capacidades matemáticas	Las diferencias dentro de los géneros son mayores que las encontradas entre los géneros. Las diferencias de género en cuanto a las capacidades reflejan factores tanto biológicos como psicológicos
Personalidad	Por lo general, los hombres presentan niveles más altos en cuanto a agresividad y autoestima. Las mujeres tienden a mostrar niveles más altos en extraversión, confianza, generosidad afectiva y expresividad emocional	Los rasgos de personalidad, las capacidades cognitivas y las conductas en el juego están íntimamente relacionadas con las expectativas de los roles de género; por lo tanto, no es imposible separar los efectos de la cultura de las diferencias biológicas
Capacidad de liderazgo	Los hombres y las mujeres son igualmente efectivos como líderes; sin embargo, los estilos de liderazgo, por lo regular, varían en relación con el género	Las mujeres líderes tienden a enfocarse más en la búsqueda de cooperación, mientras que los hombres líderes son más propensos a dirigir por medio de órdenes u orientación

de forma negativa cuando es desempeñada por mujeres en lugar de por hombres (Eagly y Karau, 2002). También existen diferencias entre mujeres y hombres en cuanto a estilos de liderazgo. Las mujeres líderes tienden a ser más democráticas; es decir, se inclinan más hacia la búsqueda de las opiniones de sus subordinados al momento de tomar decisiones. Sus contrapartes masculinas muestran preferencia por adoptar un estilo más autocrático o dominante y a dirigir por medio de órdenes que por medio de la construcción de consensos (Eagly y Johnson, 1990). La tabla 11.2 resume los principales descubrimientos en cuanto a las diferencias de género en relación con las habilidades cognitivas, la personalidad y la capacidad de liderazgo.

Revisión de módulo 11.1 — Identidad, roles y diferencias de género

REPASE

¿Qué es la identidad de género y en qué difiere de los roles de género?

- La identidad de género es el sentido psicológico que tenemos de nuestra masculinidad o feminidad, mientras que los roles de género son expectativas impuestas por la cultura acerca de papeles y conductas que se consideran aceptables para cada género.

¿Cómo se explica la identidad de género?

- La identidad de género puede surgir a partir de una compleja interacción de influencias biológicas (genética) y ambientales (crianza). A pesar de que el cerebro se vuelve sexualmente diferenciado antes del nacimiento, nuestra identidad de género continúa en formación gracias a las experiencias que vivimos durante la niñez temprana.

- En el transexualismo, la identidad de género de un individuo es inconsistente con su sexo cromosomático y con sus órganos sexuales.

¿Cuáles son las principales teorías acerca de la conducta específica de rol de género?

- Los modelos biológicos basados en la teoría de la evolución proponen que la adquisición de las conductas correspondientes al rol de género es un producto de nuestra herencia genética, mientras que los modelos psicosocial y cultural (teorías social-cognitiva, de esquema de género y sociocultural) se enfocan en factores tales como la socialización, los esquemas de género y la adaptación cultural.

¿Existen diferencias de género en cuanto a las capacidades cognitivas?

- Las niñas tienden a superar a los chicos en algunas habilidades verbales, como hablar, escribir y la ortografía. Los niños tienen cierta ventaja en algunas tareas visuales-espaciales y en habilidades matemáticas, aunque las diferencias respecto de estas últimas son cada vez menores. Sin embargo, los niños y las niñas muestran un desempeño similar en las pruebas de inteligencia general y en las capacidades para solucionar problemas.

¿Existen diferencias de género en cuanto a rasgos de personalidad y estilos de liderazgo?

- Los hombres tienden a ser más agresivos y a tener una autoestima más alta, mientras que las mujeres muestran niveles más altos en extraversión, confianza y generosidad afectiva.

- Las mujeres líderes tienden a ser más democráticas en su estilo de liderazgo, mientras que los hombres líderes adoptan un estilo más autocrático y dominante.

RECUERDE

1. Nuestro sentido de masculinidad o feminidad es nuestra
   a. orientación sexual
   b. rol de género
   c. identidad de género
   d. androginia

2. Héctor, quien siente que es una mujer atrapada en el cuerpo de un hombre, podría ser descrito como
   a. poseedor de una orientación homosexual
   b. un travestido
   c. un transexual
   d. un andrógino

3. ¿Qué hormona ha sido relacionada por los científicos con la agresividad tanto en hombres como en mujeres?

4. De acuerdo con la teoría social-cognitiva, la conducta de género es adquirida mediante los siguientes factores, excepto
   a. el aprendizaje por observación y el reforzamiento
   b. el modelado del contenido de la televisión y las revistas, además del comportamiento de los adultos
   c. los elogios que se brindan ante la conducta apropiada de acuerdo con el género
   d. los rasgos de género transmitidos por vía genética

5. Los chicos llevan la ventaja en ciertas habilidades _____ espaciales, como la _____ mental de objetos en un espacio tridimensional.

REFLEXIONE

- ¿Considera que las conductas específicas del género son producto de nuestra historia evolutiva? ¿Por qué?

- ¿Quiénes o cuáles fueron las principales influencias en el desarrollo de conductas específicas de género en usted? ¿En sus conceptos de lo que significa ser hombre o ser mujer?

Respuesta y conducta sexuales

- ¿Cuáles son las fases del ciclo de respuesta sexual?
- ¿Cuáles son los orígenes de la orientación sexual?
- ¿Cómo varían las actitudes hacia la homosexualidad, entre las culturas?
- ¿Qué son las parafilias?

Nuestra sexualidad es una función natural o biológica; de hecho, es necesaria para perpetuar la especie. Sin embargo, nuestra conducta sexual se ve influida por muchos factores, no sólo por las pulsiones biológicas. Entre éstos se incluyen el aprendizaje cultural, las experiencias individuales y, quizá lo más importante, los valores personales.

¿Por qué la gente practica el sexo? Sí, existen razones obvias: la procreación, el placer y la expresión de amor hacia la otra persona (Peres, 2007). No obstante, existen razones menos obvias para tener relaciones sexuales, de acuerdo con los investigadores que preguntaron a más de 1 500 estudiantes universitarios de la Universidad de Austin, en Texas, por qué tenían sexo (Meston y Buss, 2007; Tierney, 2007b). Entre estas razones se incluyen: para celebrar ocasiones especiales, para devolver un favor, para quemar calorías, para ayudarse a conciliar el sueño, para sentirse más cerca de Dios e incluso para liberarse de un dolor de cabeza. *¿Quién puede saberlo?* La tabla 11.3 enlista las diez razones principales que ofrecieron los estudiantes universitarios para tener relaciones sexuales en la muestra de Texas.

A pesar de que la sexualidad es una función natural, existe gran variabilidad en cuanto a la manera en cómo se expresa la gente en términos sexuales. Cada sociedad establece reglas o códigos de conducta que gobiernan el comportamiento sexual. Puede ser que no siempre cumplamos con las reglas que nos fueron enseñadas; sin embargo, aprendemos desde temprana edad cuál es una conducta aceptable y cuál no. Nuestros valores son formados por nuestros padres, profesores, líderes religiosos y también, para bien o para mal, por nuestro grupo de amigos.

El estudio nacional más grande sobre las prácticas sexuales en Estados Unidos demostró que alrededor de uno de cada cuatro hombres (27%), pero menos de una de cada 10 mujeres (7.6%) reportó masturbarse al menos una vez por semana (Laumann, Paik y Rosen, 1994). (Es probable que muchas más personas lo hagan pero no lo reportaron). Entre las parejas casadas, 80% de los hombres y 71% de las mujeres reportaron realizar sexo oral a sus parejas; 80% de los hombres y 74% de las mujeres reportaron recibirlo. Porcentajes mucho más bajos de las personas encues-

---

TABLA 11.3 ¿Por qué la gente tiene relaciones sexuales?

Una muestra de estudiantes universitarios recibió una lista de más de 200 razones para tener relaciones sexuales y se les preguntó con qué frecuencia éstas los habían conducido a tener sexo. Éstas son las 10 razones principales ofrecidas por hombres y mujeres en la muestra.

	Razones para tener relaciones sexuales según las mujeres	Razones para tener relaciones sexuales según los hombres
1.	Sentí atracción por la otra persona	Sentí atracción por la otra persona
2.	Quise experimentar el placer físico	Se siente bien
3.	Se siente bien	Quise experimentar el placer físico
4.	Desee mostrarle mi afecto a la otra persona	Es divertido
5.	Quise expresar mi amor por la otra persona	Quise mostrarle mi afecto a la otra persona
6.	Yo estaba sexualmente excitada y quería liberarme	Yo estaba sexualmente excitado y quería liberarme
7.	Yo estaba "caliente"	Yo estaba "caliente"
8.	Es divertido	Yo quería llegar al orgasmo
9.	Me di cuenta de que estaba enamorada	Yo quería expresar mi amor por la otra persona
10.	Me encontraba "al calor del momento"	Yo quería complacer a mi pareja

Fuente: Adaptado de Meston y Buss, 2007.

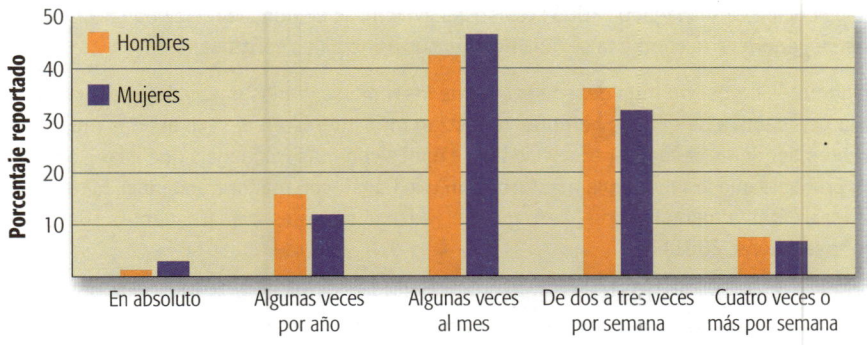

FIGURA 11.3   Frecuencia de relaciones sexuales en el matrimonio durante el año pasado

Fuente: Adaptado de Laumann *et al.,* 1994.

tadas (26% de los hombres y 20% de las mujeres) confirmaron haber participado en relaciones sexuales anales en algún momento de su vida. En promedio, las parejas casadas reportan tener relaciones sexuales un poco más de una vez por semana (Deveny, 2003). De nuevo, la variabilidad es la norma, como se puede ver en la frecuencia de relaciones sexuales reportada dentro del matrimonio (consulte la figura 11.3).

En este módulo consideraremos la capacidad de nuestro cuerpo para responder a la estimulación sexual, las variaciones en la conducta sexual que existen respecto de la orientación y las formas atípicas de excitación sexual. Sin embargo, en primer lugar, examinemos las diferencias culturales y de género en la sexualidad.

Diferencias culturales y de género

Las culturas varían mucho en cuanto a los valores y las prácticas sexuales. Algunas son más permisivas en relación con determinadas prácticas sexuales, como el sexo oral, anal o la masturbación, mientras que otras son más restrictivas. Incluso en nuestra cultura, adquirimos una comprensión más clara sobre las variaciones en los valores y las conductas sexuales cuando tomamos en cuenta las diferencias culturales y de género. Los hispanoamericanos, por ejemplo, tienden a mantener valores sexuales conservadores. Sin embargo, una investigación entre estudiantes hispanoamericanos en una universidad del sur de Texas reveló que los hombres expresaban actitudes más permisivas hacia algunas prácticas sexuales, como el sexo oral y la masturbación, y actitudes más desaprobatorias hacia la homosexualidad, que las mujeres universitarias (Dantzker y Eisenman, 2003).

Desde la perspectiva de la psicología de la evolución, las tendencias de los hombres a coquetear y de las mujeres a tener menos inclinaciones a buscar una variedad de compañeros sexuales pueden tener raíces evolutivas. Las mujeres están limitadas, en términos biológicos, a tener poca descendencia potencial a lo largo de su vida, pero los hombres pueden engendrar muchos hijos, incluso a miles en el caso de algunos jefes tribales. Por lo tanto, las mujeres necesitan ser cuidadosas en cuanto a salvaguardar sus limitadas oportunidades reproductivas al buscar compañeros que tengan más probabilidades de brindar el sustento a su descendencia y que ayuden a asegurar su supervivencia. No pueden permitirse desperdiciar sus preciosas oportunidades de reproducción con cualquier persona que se aparezca. Por otra parte, los hombres pueden tener más éxito; es decir, son capaces de distribuir sus semillas con tanta amplitud como sea posible al buscar múltiples parejas. ¿Podrían estas diferencias de género, en cuanto al deseo por la variedad sexual, estar impresas en nuestros genes como un legado de nuestro pasado evolutivo? Contamos con evidencias de una encuesta de más de 16 000 personas de diversas culturas en todo el mundo que sustentan la universalidad de estas diferencias de género (Schmitt, 2003). Sin embargo, la cuestión sobre si estas diferencias se basan en nuestros genes o en los mensajes enraizados en las personas jóvenes en las culturas de todo el planeta aún es un punto de controversia continua en el campo.

CONCEPTO 11.13
El cuerpo humano es sensible a muchas formas de estimulación sexual; no obstante, nuestra manera de expresarnos a nosotros mismos en términos sexuales tiene mayor relación con nuestro aprendizaje cultural y con nuestros valores personales que con la capacidad de nuestro cuerpo para el placer sexual.

La intimidad no está sólo en la piel
Para muchas parejas, la actividad sexual constituye una manera de compartir intimidad emocional, no sólo física.

La psicóloga Letitia Peplau (2003) revisó las evidencias científicas relacionadas con las diferencias de género en la conducta sexual. He aquí sus principales conclusiones:

• *Los hombres muestran más deseo sexual que las mujeres.* Varias líneas de evidencia sustentan la perspectiva de que los hombres muestran más interés en el sexo que las mujeres. Los hombres tienden a desear tener relaciones sexuales con más frecuencia que ellas. También es más probable que practiquen la masturbación y lo hagan con mayor frecuencia. Ellos también fantasean más a menudo con el sexo y tienen deseos sexuales más frecuentes (Baumeister, Catanese y Vohs, 2001).

• *Las mujeres dan más énfasis al compromiso como un contexto para la intimidad sexual.* Es más probable que las mujeres limiten la intimidad sexual a las relaciones comprometidas. Los hombres tienden a mostrar actitudes más permisivas hacia el sexo casual y extramarital que las mujeres.

• *La agresión sexual está más fuertemente vinculada con la sexualidad en los hombres.* Es más probable que los hombres utilicen la fuerza física para obligar a otra persona a participar en un acto sexual.

Al concentrar nuestra atención en las diferencias de género en la conducta sexual, debemos ser cautelosos para no exagerar en las generalizaciones. Por ejemplo, no todos los hombres muestran actitudes permisivas en cuanto al sexo previo al matrimonio. No todas las mujeres buscan limitar su actividad sexual a las relaciones comprometidas. Existe un rango de variantes en cuanto a intereses, deseos y actividades sexuales, tanto dentro de los géneros como entre éstos.

El ciclo de respuesta sexual: cómo se excita su cuerpo

CONCEPTO 11.14
La trascendente investigación realizada por Masters y Johnson demostró que la respuesta del cuerpo a la estimulación sexual puede definirse en términos de un ciclo de respuesta sexual que consiste en cuatro fases: excitación, meseta, orgasmo y resolución.

¿Qué sucede dentro de su cuerpo cuando se encuentra sexualmente excitado? Algunos de los cambios pueden ser evidentes: erección del pene en los hombres y lubricación vaginal en las mujeres, por ejemplo. Pero, ¿son tan distintas las respuestas corporales entre los hombres y las mujeres como parecen serlo? ¿O podrían existir algunas similitudes en la manera en cómo nuestros cuerpos responden en términos sexuales?

Gran parte de lo que hemos aprendido acerca de la respuesta física a la estimulación sexual proviene de la investigación pionera de William Masters y Virginia Johnson. Estos científicos demostraron que el cuerpo responde a la estimulación sexual con un patrón característico de cambios, al cual llamaron **ciclo de respuesta sexual**. Masters y Johnson dividieron el ciclo de respues-

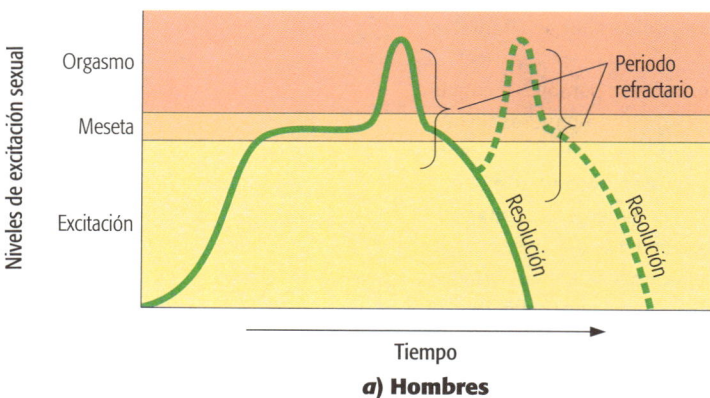

a) **Hombres**

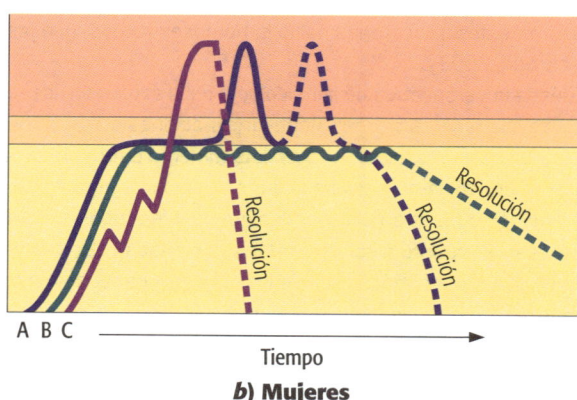

b) **Mujeres**

FIGURA 11.4   El ciclo de respuesta sexual
Aquí vemos el nivel de excitación sexual a través de las cuatro fases del ciclo. Los hombres entran en un periodo refractario después del orgasmo, en el cual no responden a la estimulación sexual. Sin embargo, tal como se indica con la línea intermitente, los hombres pueden volver a excitarse hasta el nivel del orgasmo una vez que han superado el periodo refractario. Las mujeres no entran en un periodo refractario. El patrón A muestra el ciclo de una mujer con orgasmos múltiples, según indica la línea intermitente. El patrón B muestra un ciclo de respuesta en donde la mujer alcanza la meseta, pero no llega al orgasmo. El patrón C muestra un ciclo que conduce al orgasmo, en el cual la mujer pasa a gran velocidad por la fase de meseta.

TABLA 11.4   Ciclo de respuesta sexual: cómo responde nuestro cuerpo a la estimulación

Fase de respuesta sexual	En los hombres	En las mujeres	En ambos géneros
Fase de excitación	Vasocongestión que da como resultado la erección Los testículos comienzan a elevarse La piel del escroto se tensa y se vuelve más gruesa	La vasocongestión inflama el tejido vaginal, el clítoris y el área que rodea a la apertura de la vagina Aparece la lubricación vaginal Las dos terceras partes del interior de la vagina se expanden; las paredes vaginales se vuelven más gruesas y adquieren un color más intenso	Ocurre la vasocongestión de los tejidos genitales El ritmo cardiaco, la tensión muscular (miotonía) y la presión sanguínea aumentan Los pezones pueden ponerse erectos
Fase de meseta	La punta del pene adquiere un color rojizo-violáceo profundo Los testículos se elevan por completo Gotas de semen pueden ser liberadas por la apertura del pene antes de la eyaculación	Las dos terceras partes del interior de la vagina se expanden por completo El tercio exterior de la vagina se vuelve más grueso El clítoris se retrae dentro de su capucha y el útero se eleva y aumenta de tamaño	La vasocongestión se incrementa La miotonía, el ritmo cardiaco y la presión sanguínea continúan en incremento
Fase de orgasmo	Las sensaciones de eyaculación inminente duran dos o tres segundos, lo cual precede al reflejo eyaculatorio Las contracciones orgásmicas impulsan al semen a través del pene y fuera del cuerpo	Ocurren contracciones de los músculos pélvicos que rodean a la vagina	Ocurre la liberación orgásmica de la tensión sexual y produce intensas sensaciones de placer Ocurren espasmos musculares a través del cuerpo; la presión sanguínea, el ritmo cardiaco y respiratorio alcanzan su clímax
Fase de resolución	Los hombres son fisiológicamente incapaces de alcanzar otro orgasmo o de eyacular durante cierto tiempo, llamado periodo refractario	Pueden presentarse orgasmos múltiples si la mujer lo desea y si la estimulación sexual continúa	A falta de una estimulación sexual continua, la miotonía y la vasocongestión disminuyen; el cuerpo regresa de manera gradual a su estado previo a la excitación

ta sexual en cuatro fases: *excitación, meseta, orgasmo* y *resolución* (Masters y Johnson, 1966). La figura 11.4 muestra los niveles de excitación sexual durante las fases del ciclo de respuesta sexual en hombres y en mujeres, respectivamente. Más adelante consideraremos los cambios que ocurren en el cuerpo durante estas fases, de acuerdo con la investigación realizada por Masters y Johnson. Estos cambios están resumidos en la tabla 11.4.

Fase de excitación

Existen diferencias de género obvias en cuanto a la manera de cómo nuestros cuerpos responden a la estimulación sexual. El pene en los hombres se pone erecto; la vagina en las mujeres se humedece mediante un proceso llamado lubricación vaginal. Sin embargo, ambos marcadores de excitación sexual reflejan el mismo proceso biológico subyacente: la **vasocongestión**, o acumulación de sangre en los tejidos corporales. Cuando somos estimulados en términos sexuales, la sangre se precipita hacia nuestros genitales. En los hombres, la acumulación de sangre en el pene causa que éste se inflame produciendo la erección. El pene está formado por tejido esponjoso, no de hueso. Estas masas esponjosas absorben sangre cuando el hombre se excita sexualmente causando que el pene se torne más largo y rígido.

En las mujeres, la vasocongestión causa que las paredes de la vagina se inflamen, lo que provoca que la humedad traspase el recubrimiento de la misma y se cree la lubricación vaginal. Los testículos en los hombres, los senos en las mujeres, así como los lóbulos de las orejas en ambos géneros se expanden. Los testículos y el escroto comienzan a elevarse y la piel que cubre al escroto se tensa y se hace más gruesa.

ciclo de respuesta sexual
Término utilizado por Masters y Johnson para referirse a las etapas características de la respuesta fisiológica a la estimulación sexual.

vasocongestión   Inflamación de los tejidos con sangre; proceso que ocurre durante la erección del pene y la lubricación vaginal en tanto se da la excitación sexual.

La vasocongestión causa que las paredes vaginales se vuelvan más gruesas y que los dos tercios internos de la vagina se expandan. El útero se eleva. Los pezones pueden ponerse erectos tanto en los hombres como en las mujeres; en especial si son estimulados de manera directa. Hombres y mujeres experimentan una creciente tensión muscular a lo largo del cuerpo, así como un incremento en el ritmo cardiaco y en la presión sanguínea.

El **clítoris** en las mujeres, compuesto por un tejido similar al del pene en los hombres, también crece y se pone erecto como respuesta a la vasocongestión. El clítoris es un órgano singular; es el único órgano dedicado de manera exclusiva al placer sexual. (El pene sirve para múltiples funciones, no sólo para el placer sexual sino también como pasaje para la orina y el semen.) El clítoris está saturado de terminaciones nerviosas y, por lo tanto, es sensible en extremo al tacto. Es el órgano más sensible de la mujer, en términos eróticos, lo cual explica por qué las mujeres por lo regular se masturban por medio de la estimulación clitoriana en lugar de por penetración vaginal. A pesar de que la vagina también contiene terminaciones nerviosas que son sensibles a la estimulación sexual, la mayor parte de la información sensorial que dispara el orgasmo en la mujer proviene de la estimulación del clítoris, incluso durante el acto sexual (Mah y Binik, 2001). Los embistes del pene durante el acto sexual presionan al clítoris, lo cual brinda una fuente de estimulación placentera indirecta.

Fase de meseta

La *fase de meseta* precede al orgasmo. La excitación sexual se "estanca" a un nivel bastante alto aunque estable (consulte la figura 11.4). La punta del pene adquiere un tono violáceo, que es una señal de creciente vasocongestión. Los testículos se elevan más como preparación para la eyaculación. Hay secreción de gotas de líquido seminal que contienen espermatozoides y que se acumulan en la punta del pene. Ésta es la razón por la cual las mujeres pueden embarazarse aunque el hombre no eyacule por completo.

La vasocongestión en las mujeres conduce a una gran inflamación en los tejidos de la vagina externa y alrededor de la apertura vaginal. La parte interior de la vagina se expande por completo. El útero alcanza su máxima elevación y su tamaño se incrementa. El clítoris se retira debajo de una capa de tejido llamada *capuchón del clítoris*.

La creciente **miotonía** (tensión muscular) puede causar los gestos faciales característicos y que los músculos de las manos y de los pies se contraigan en espasmos. El ritmo cardiaco y respiratorio se incrementa aún más en ambos géneros, así como la presión sanguínea.

Fase orgásmica

El orgasmo, como la erección y la lubricación, es un reflejo. En el reflejo orgásmico ocurren las contracciones rítmicas de los músculos pélvicos, lo cual resulta en la liberación de la tensión sexual y en sensaciones de placer intenso (Meston y Frohlich, 2000). En ambos géneros, el orgasmo se acompaña por espasmos musculares a través del cuerpo. La presión sanguínea y el ritmo cardiaco alcanzan su clímax. El corazón late hasta 180 veces por minuto. En las mujeres, los músculos pélvicos que rodean a la vagina se contraen de manera rítmica. Por lo regular las mujeres experimentan entre tres y 15 contracciones en total.

En los hombres, los orgasmos ocurren en dos etapas de contracciones musculares. En la primera, las contracciones pélvicas causan que el fluido seminal se acumule en un pequeño conducto en la base del pene. Los músculos cierran la vejiga urinaria para evitar que la orina se mezcle con el semen. Esta acumulación de semen produce la sensación de que nada impedirá la llegada de la eyaculación, es decir, una sensación, llamada *inevitabilidad eyaculatoria*, misma que dura quizá dos o tres segundos. En la segunda etapa, las contracciones de los músculos pélvicos impulsan la eyaculación a través del pene hacia el exterior del cuerpo. Las sensaciones de placer por lo general se asocian con la fuerza de las contracciones y con la cantidad de semen expulsado. Los primeros espasmos son los más intensos.

Fase de resolución

La fase de resolución sigue al orgasmo. El cuerpo regresa ahora a su estado previo a la excitación. Después de la eyaculación, el hombre pierde su erección, los testículos y el escroto recuperan su tamaño normal y el escroto retoma su apariencia arrugada.

clítoris Órgano sexual femenino que es muy sensible a la estimulación sexual.

miotonía Estado de tensión o rigidez muscular.

En las mujeres, la sangre es liberada de las áreas inflamadas. Los pezones recuperan su tamaño normal. El clítoris, la vagina y el tejido circundante se contraen hasta adoptar su tamaño previo a la excitación. La mayor parte de la tensión muscular desaparece en un lapso de cinco minutos después del orgasmo, tanto en las mujeres como en los hombres. La presión sanguínea, el ritmo cardiaco y la respiración regresan a la normalidad en unos cuantos minutos. Tanto los hombres como las mujeres se sienten relajados y satisfechos.

A pesar de estas semejanzas, la fase de resolución se caracteriza por una importante distinción entre géneros. A diferencia de las mujeres, los hombres entran en un *periodo refractario*. Durante este periodo, ellos no pueden experimentar otro orgasmo o eyaculación. El periodo refractario de los hombres adolescentes puede durar sólo unos minutos. En hombres de 50 años de edad o mayores, puede durar de varios minutos a un día entero. Las mujeres no experimentan un periodo refractario. Con una estimulación continua, ellas tienen la capacidad de excitarse de nuevo hasta el grado de experimentar orgasmos repetitivos (múltiples).

Ahora que ya hemos examinado cómo responde el cuerpo a la estimulación sexual, consideremos las variaciones que existen en la direccionalidad de la atracción sexual.

Orientación sexual

La **orientación sexual** se refiere a la dirección de la atracción erótica y los intereses románticos de una persona; es decir, si se siente atraída por los miembros del mismo sexo, del sexo opuesto o de ambos sexos. Las personas heterosexuales sienten atracción sexual por los miembros del sexo opuesto. Los hombres homosexuales y las lesbianas sienten atracción sexual por los miembros de su mismo sexo. Los bisexuales sienten atracción por ambos sexos. Sin embargo, las fronteras entre estas distintas orientaciones sexuales pueden no ser tan claras como se podría pensar.

En las décadas de 1930 y 1940, el afamado investigador del sexo Alfred Kinsey (1894-1956) y sus colegas desafiaron la tan aceptada concepción de que la homosexualidad y la heterosexualidad son categorías mutuamente excluyentes; en otras palabras, que una persona es homosexual o heterosexual pero ninguna otra clasificación intermedia. Los investigadores condujeron la primera encuesta de gran escala sobre prácticas sexuales al entrevistar a alrededor de 12 000 personas en Estados Unidos acerca de sus conductas sexuales, como el comportamiento homosexual.

Kinsey fue una figura controversial, un hombre silencioso que dio inicio a una tormenta de polémica. A pesar de haber recibido capacitación como zoólogo, Kinsey decidió estudiar la conducta sexual íntima de los seres humanos; es decir, quién hacía qué con quién. En esa época, la nación era bastante discreta en cuanto a la sexualidad e incluso muchos especialistas no la consideraban un tema adecuado para el estudio científico. Kinsey creía que cualquier tema, en especial uno que es tan importante para la gente como su sexualidad, estaba abierto a la exploración científica. Él y su equipo de investigación condujeron entrevistas detalladas y formularon el tipo de preguntas que nadie más había formulado nunca antes: cuántas parejas sexuales había tenido antes de contraer matrimonio, si se masturbaba, si tenía aventuras extramaritales, etcétera.

La publicación de los descubrimientos de Kinsey a finales de los años cuarenta y principios de los cincuenta desató un torrente de controversia. Algunos críticos calificaron su trabajo de inmoral y obsceno. Se le llamó pervertido, una amenaza; incluso lo acusaron de ser un comunista (Crain, 2004). Un comité del congreso de Estados Unidos lo acusó de debilitar la fibra moral de la nación y de hacerla más vulnerable al dominio comunista (Gebhard, 1977). Kinsey murió unos cuantos años después, en 1956. Sus colegas consideraron que su muerte, a los 62 años, pudo haberse precipitado debido al estrés emocional que soportó en sus años finales (Gagnon, 1990; Reinisch, 1990).

En la investigación de Kinsey, la mayoría de la gente dijo ser homosexual o heterosexual de manera exclusiva, pero muchas personas reportaron sentir atracción sexual por ambos sexos o que sentían tener una orientación primordial, aunque no exclusiva, homosexual o heterosexual. "El mundo", escribieron Kinsey y sus colaboradores, "no está dividido en ovejas y cabras... Sólo la mente humana inventa categorías e intenta encajar los hechos en compartimientos por la fuerza. El mundo vivo es un continuo en todos y cada uno de sus aspectos" (Kinsey, Pomeroy y Martin, 1948, p. 639). Kinsey representó la orientación sexual en un continuo que se extendía desde la

Alfred Kinsey

orientación sexual Dirección de los intereses eróticos de un individuo.

Variaciones en cuanto a la orientación sexual Kinsey propuso que la orientación sexual varía a lo largo de un continuo, desde la heterosexualidad exclusiva hasta la homosexualidad exclusiva.

heterosexualidad exclusiva en un extremo hasta la homosexualidad exclusiva en el lado opuesto. En la actualidad, muchos investigadores como Kinsey conciben a la orientación sexual como un continuo con muchos grados intermedios, muy parecido a los colores en el espectro de un arcoiris.

¿Cuántas personas se identifican a sí mismas como homosexuales? Las encuestas en Estados Unidos y Europa han descubierto que entre 1 y 3% de los hombres y entre 1 y 2% de las mujeres se identifican a sí mismos como homosexuales en exclusiva (Billy *et al.,* 1993; Laumann, *et al.,* 1994; Reinisch, 1990). Un porcentaje más alto (entre 20 y 25% de los hombres; alrededor de 17% de las mujeres) reportó haber tenido algún contacto sexual con miembros del mismo género durante la adolescencia o la edad adulta. Además, los investigadores clasifican un rango de entre 1 y 4% de la población general como bisexual (Gabriel, 1995).

Teorías psicológicas sobre la orientación sexual

¿Cuáles son los orígenes de la orientación sexual? ¿Cómo explicaría usted su propia orientación sexual? A pesar de que las causas de la misma aún permanecen en estudio, algo está claro: las personas no eligen de manera consciente ser homosexuales o heterosexuales. No tomamos la decisión consciente de adoptar una orientación sexual en particular, tal como podríamos elegir una especialidad universitaria o un compañero de vida. Las teorías sobre los orígenes de la orientación sexual abundan, pero ninguna ofrece aún una imagen completa.

En un intento inicial por explicar la orientación sexual, Freud (1922/1959) declaró que la heterosexualidad se desarrolla a partir de un proceso "normal" de identificación con el padre del mismo sexo. En contraste, él creía que la homosexualidad es el resultado de una *sobreidentificación* con el padre del sexo opuesto; es decir, de los niños con sus madres y de las niñas con sus padres. Las evidencias, no obstante, desafían esta perspectiva. Los investigadores han descubierto una variación tan grande entre familias de hombres homosexuales, lesbianas y heterosexuales que ningún patrón es aplicable para todos los casos (Isay, 1990). Muchos hombres homosexuales tuvieron relaciones cercanas con sus padres varones, mientras muchos hombres heterosexuales tuvieron relaciones muy cercanas con sus madres.

Otras evidencias demuestran que los hombres homosexuales y las lesbianas por lo regular recuerdan más conductas transgénero en su niñez que los heterosexuales, como la preferencia por prendas de vestir, juegos y juguetes por lo regular asociados con el sexo opuesto (Rahman y Wilson, 2002). Los investigadores sospechan que la genética desempeña una función importante en la determinación de los patrones de disconformidad de género en la niñez para ambos géneros (Bailey, Dunne y Martin, 2000; Knafo, Iervolino y Plomin, 2005). También debemos tomar en consideración algunas limitaciones de estos descubrimientos. Muchos hombres homosexuales y lesbianas mostraron patrones de intereses en la niñez que eran típicos de su propio género. Es preciso reconocer también que hombres homosexuales se encuentran entre los rangos de los jugadores de futbol americano y de *hockey* más "machos".

Genes y orientación sexual ¿Nacemos homosexuales o heterosexuales? A pesar de que las evidencias señalan hacia las funciones de los factores genéticos, aún tenemos mucho por aprender acerca de los orígenes de la orientación sexual.

Muchos hombres homosexuales recuerdan que durante su infancia, a una edad muy temprana, se sentían y actuaban de manera "diferente" a la de sus amigos; con frecuencia, desde los tres o cuatro años de edad (Isay, 1990). Los hombres homosexuales tienen más probabilidades que los heterosexuales de los grupos de comparación de recordar haber sido más sensibles que otros chicos y de tener menos amigos varones (Bailey y Zucker, 1995). Tal vez, a medida que estos chicos maduran, los sentimientos de ser distintos se transforman en atracción erótica. Como lo expresa el psicólogo Darryl Bem (1996), lo que ahora es exótico se transforma después en erótico. Un proceso similar puede ocurrir entre las chicas que desarrollan una orientación sexual lesbiana.

Teorías biológicas sobre la orientación sexual

Los gemelos idénticos (monocigóticos o MZ) tienen más probabilidades de compartir su orientación sexual que los gemelos fraternos (dicigóticos o DZ); este descubrimiento sustenta la hipótesis de una contribución genética a la orientación sexual (Bailey, 2003; Hyde, 2005). Este patrón se encuentra incluso entre gemelos que fueron separados poco tiempo después de nacer y que fueron educados por familias distintas. Sin embargo, el hecho de que un gemelo idéntico sea homosexual o heterosexual no necesariamente significa que el otro siga el mismo camino. Las experiencias de vida y las influencias ambientales también contribuyen con el desarrollo de la orientación sexual (Kendler, Thornton, *et al.,* 2000). Más aún, los factores genéticos parecen desempeñar una función más importante en la determinación de la homosexualidad en los hombres que del lesbianismo en las mujeres (LeVay, 2003).

¿Y qué hay de la función de las hormonas sexuales? La mayoría de los estudios no ha podido encontrar diferencia alguna en las hormonas sexuales circulantes en lesbianas y hombres homosexuales adultos en comparación con sus contrapartes heterosexuales (LeVay, 2003). Sin embargo, los científicos especulan que la hormona sexual masculina testosterona puede desempeñar una función relevante en la formación del cerebro en desarrollo durante la etapa prenatal, de manera que más tarde influya en la orientación sexual (LeVay, 2003; Williams *et al.,* 2000). Las evidencias recientes incluso sugieren la posibilidad de que el consumo materno de ciertos medicamentos recetados durante el embarazo puede influir en los niveles de las hormonas sexuales durante el desarrollo prenatal, lo que podría intervenir en el desarrollo de la orientación sexual del individuo (Ellis y Hellberg, 2005).

En resumen, las investigaciones sobre los orígenes de la orientación sexual aún no son concluyentes. La mayoría de los expertos cree que la orientación sexual no puede explicarse por medio de un factor único sino, por el contrario, por una combinación de genes, hormonas y el ambiente, los cuales interactúan a lo largo de la vida (Bailey, Dunne y Martin, 2000; Jones y Yarhouse, 2001). Así como es posible llegar al mismo destino a través de rutas distintas, debemos considerar la posibilidad de que múltiples caminos estén involucrados en la explicación de cómo es que la gente desarrolla sus orientaciones sexuales. La tabla 11.5 explora algunos mitos comunes acerca de la orientación sexual.

Diferencias culturales en cuanto a las actitudes hacia la homosexualidad

Las actitudes hacia la homosexualidad varían en gran medida entre culturas. Algunas la condenan; otras la aceptan. En algunas sociedades tribales, la homosexualidad masculina es practicada como rito de iniciación para los hombres hacia la edad adulta. En otras, está acordado que algunos varones desempeñen funciones sociales aceptables en las que se les permite vestirse como mujeres, realizar tareas femeninas y desempeñar la función receptiva (femenina) en sus contactos sexuales con otros hombres (Ford y Beach, 1951).

Sabemos poco acerca del lesbianismo en las sociedades tribales. Las evidencias disponibles indican que esta orientación es menos común o, en todo caso, se reporta menos, que la homosexualidad masculina (Ford y Beach, 1951). Esta demostración entre culturas es consistente con los descubrimientos de nuestra propia sociedad, los cuales indican que los intereses y las actividades homosexuales son menos comunes entre las mujeres (Laumann *et al.,* 1994; Sell *et al.,* 1995).

¿Por qué algunas culturas muestran actitudes más tolerantes hacia la homosexualidad que otras? Tal vez la respuesta se relacione con la necesidad de limitar o expandir a la población. Los antropólogos encuentran que la intolerancia hacia la homosexualidad es más común en aquellas

CONCEPTO 11.17
A pesar de que las causas subyacentes de la orientación sexual permanecen en debate, los teóricos contemporáneos se enfocan en la interacción entre los factores biológicos y ambientales.

CONCEPTO 11.18
En algunas culturas, un rol social aceptado es el de los hombres que adoptan funciones sociales y sexuales femeninas.

TABLA 11.5   Mitos contra hechos acerca de la orientación sexual

Mito	Hecho
La orientación sexual de una persona es cuestión de decisión	La orientación sexual no es un asunto de decisión personal. Un individuo no elige ser homosexual, así como otro no elige ser heterosexual
Los niños criados por hombres homosexuales o por lesbianas tendrán dificultades de adaptación o se volverán homosexuales también	Los niños criados por parejas de homosexuales o de lesbianas muestran una adaptación tan óptima como cualquier otro (Allen y Burrell, 1996; Victor y Fish, 1995). Tampoco existe evidencia alguna de que los pequeños criados por padres homosexuales tengan más probabilidades de volverse homosexuales también (Bailey *et al.*, 1995; Victor y Fish, 1995)
Una persona es homosexual o heterosexual por completo	Desde la época de Kinsey, los investigadores han clasificado la orientación sexual con base en un continuo entre la homosexualidad exclusiva y la heterosexualidad exclusiva
Los índices de homosexualidad se han incrementado de forma sorprendente en los años recientes	A pesar de que la homosexualidad se discute con más apertura en la actualidad, no existe evidencia de que los índices subyacentes de esta orientación hayan cambiado de manera significativa
Los hombres homosexuales son responsables de la mayoría de los casos de abuso sexual de niños varones	No es verdad. La gran mayoría de los individuos que abusan sexualmente de niños y niñas son hombres heterosexuales
Los hombres homosexuales y las lesbianas en realidad preferirían ser miembros del sexo opuesto	No, los hombres homosexuales y las lesbianas tienen una identidad de género que es consistente con su género anatómico
La homosexualidad se refiere, en su mayor parte, al sexo	No es así. La homosexualidad, tal como la heterosexualidad, se refiere a patrones de atracción sexual, no a la frecuencia ni al hecho de que la persona participe en relaciones sexuales

CONCEPTO 11.19
Algunas formas de parafilia son ilegales por una buena razón: se asocian con actos que causan daño a otras personas.

homofobia   Temor y odio irracionales hacia personas con una orientación sexual homosexual.

parafilia   Trastorno psicosexual que implica patrones atípicos o desviados de atracción sexual.

fetichismo   Tipo de parafilia que implica el uso de objetos como fuentes de excitación sexual.

travestismo   Tipo de parafilia que implica ataviarse con prendas del sexo opuesto con el propósito de lograr una excitación sexual.

voyeurismo   Tipo de parafilia que implica mirar a otras personas mientras se desvisten o realizan actividades sexuales, sin que éstas lo sepan.

exhibicionismo   Tipo de parafilia caracterizado por exponer los genitales a otras personas desprevenidas con el propósito de lograr una excitación sexual.

pedofilia   Tipo de parafilia que implica atracción sexual por los niños.

culturas donde existe una necesidad percibida de incrementar el tamaño de la población. Por otra parte, las culturas que experimentan hambrunas periódicas parecen ser más tolerantes con la homosexualidad dado que ésta puede limitar el crecimiento de la población.

Por qué es importante

Las actitudes negativas hacia los hombres homosexuales o lesbianas están muy extendidas en nuestra cultura. La **homofobia** es un temor persistente e irracional hacia estos grupos. Muchas personas con actitudes homofóbicas se sienten justificadas al tratar con rudeza a los hombres homosexuales y a las lesbianas, al discriminarlos o incluso al actuar con violencia hacia ellos. Los individuos homofóbicos tienen personalidades y actitudes rígidas y no pueden tolerar ninguna desviación de sus puntos de vista sobre lo que es una conducta normal o apropiada. El daño que la homofobia puede causar, cuyo rango cubre desde los insultos dirigidos hasta la discriminación y los ataques físicos directos *(gay bashing)*, subraya la importancia de comprender las raíces del problema y de desarrollar estrategias para incrementar la tolerancia (Nevid, Rathus y Greene, 2008).

Variaciones sexuales atípicas: el caso de las parafilias

La palabra **parafilia** se deriva de las raíces griegas *para*, que significa "junto a", y *philia*, que significa "amor". Las personas con parafilias sienten atracción sexual por estímulos o situaciones que se encuentran "junto a" el rango normal de variación sexual (consulte la tabla 11.6). Estas personas pueden excitarse en términos sexuales al acariciar objetos tales como zapatos femeninos, como en el **fetichismo**; al vestir prendas del sexo opuesto, como en el **travestismo**; al mirar a otras personas desprevenidas mientras se desvisten o realizan actividades sexuales, como en el **voyeurismo**; o al mostrar sus genitales para sorprender a los desconocidos incautos, como en el **exhibicionismo**.

Algunas conductas parafílicas son ilegales por una buena razón: éstas causan daño a otras personas. Por ejemplo, los actos de exhibicionismo y voyeurismo violan los derechos de los demás y pueden tener efectos psicológicos dañinos en las víctimas. La **pedofilia**, en la cual los

TABLA 11.6   Parafilias: ejemplos de patrones atípicos de atracción sexual

Parafilia	Conducta relacionada	Características asociadas
Fetichismo	Manipular o acariciar objetos para obtener gratificación sexual	La persona puede masturbarse mientras frota, acaricia o huele el objeto. La ropa interior femenina, las botas de cuero, los zapatos de tacón alto y otros artículos fabricados de vinil, cuero, seda o pieles son comúnmente utilizados como objetos fetichistas
Travestismo	Vestirse con ropa del sexo opuesto para lograr una excitación y gratificación sexual	El travestismo representa un tipo de fetichismo en el cual el objeto fetichista es utilizado en lugar de manipulado. Los travestidos son, casi siempre, hombres heterosexuales. Se visten con prendas del sexo opuesto en privado mientras se masturban y se imaginan a sí mismos como mujeres a quienes ellos mismos acarician. Algunos frecuentan clubes de travestismo o se involucran en una subcultura travestista
Exhibicionismo ("flashing")	Exponer los genitales a personas desconocidas y desprevenidas con el fin de obtener gratificación sexual	Los exhibicionistas buscan provocar una reacción de sorpresa o estupefacción en sus víctimas, quizá para apuntalar su frágil sentido de masculinidad
Voyeurismo	"Espiar" a individuos desconocidos y desprevenidos que están desnudos o que participan en una actividad sexual	Los voyeuristas pueden masturbarse mientras espían, aunque por lo regular no buscan ningún contacto directo con sus víctimas
Masoquismo y sadismo sexual	Actos en los que el individuo está sujeto al dolor o la humillación (masoquismo) o inflige dolor o humillación a otras personas (sadismo) con el fin de obtener gratificación sexual	Los masoquistas y sádicos sexuales participan en interacciones de gratificación y consenso mutuos (llamado sadomasoquismo, S y M) para satisfacer las necesidades sexuales de ambos. El dolor involucrado por lo regular es leve o simulado (como cuando se utilizan látigos de fieltro) y se incorpora dentro de elaborados rituales sexuales. En muy pocos casos, los sádicos cometen asaltos sexuales con víctimas que no hayan dado su consentimiento
Pedofilia	Contacto sexual con niños	La mayoría de las personas con pedofilia no encajan con el estereotipo del hombre con gabardina que acecha por los parques o por los patios escolares. En lugar de ello, por lo general son ciudadanos respetuosos de la ley, a menudo casados y con hijos propios. En la mayoría de los casos, son amigos o parientes de la víctima o de la familia de la víctima

adultos se sienten sexualmente atraídos hacia los niños, puede causar graves daños psicológicos y físicos cuando estas urgencias se expresan en forma de abuso sexual infantil. En el **sadismo sexual**, una persona desea infligir dolor o humillación en otros individuos con el fin de obtener gratificación sexual. Por otra parte, algunas formas de conducta parafílica, como el fetichismo y el travestismo, pueden no incurrir en la violación de los derechos de otros individuos.

Se cree que las parafilias ocurren casi de manera exclusiva entre los hombres, con una excepción: el **masoquismo sexual**, en el cual la persona desea experimentar dolor o humillación durante los contactos sexuales. No todos los casos de parafilia implican actos manifiestos. En algunos, los individuos sienten impulsos parafílicos pero no actúan con base en éstos.

Las personas desarrollan parafilias por distintos motivos. Por ejemplo, los exhibicionistas pueden ser tímidos y tener dificultades para relacionarse con mujeres o para establecer relaciones sexuales significativas (Leue *et al.*, 2004). El hecho de exhibir sus genitales puede ser un sustituto de la relación adulta a la cual encuentran tan temible o amenazante de desarrollar. Una respuesta de estupefacción o sorpresa de sus víctimas puede reforzar su debilitado sentido de masculinidad. Los hombres con pedofilia pueden sentirse seguros sólo en relaciones con niños a quienes puedan dominar con facilidad. También es factible que ellos mismos hayan sido víctimas de abuso sexual en la infancia y que se sientan impulsados a revertir la situación al desempeñar ellos mismos el rol de agresores.

Los teóricos del aprendizaje creen que el condicionamiento puede ser la explicación para algunas conductas parafílicas. Por ejemplo, las personas con atracción fetichista por el vinil (que sienten interés sexual por tocar o acariciar prendas de vinil) pudieron vivir experiencias que datan

sadismo sexual Tipo de parafilia que consiste en infligir sufrimiento físico o humillación a otra persona con el propósito de obtener gratificación sexual.

masoquismo sexual Tipo de parafilia que implica la aceptación de experiencias dolorosas o humillantes como parte de un acto sexual.

Exhibicionismo Los exhibicionistas obtienen satisfacción sexual al provocar una expresión de sorpresa en sus desprevenidas víctimas.

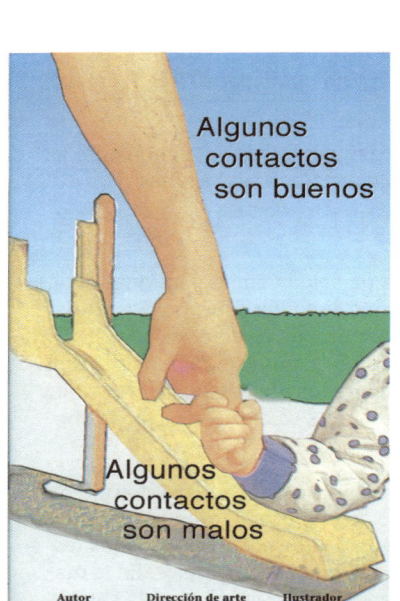

Algunos contactos son buenos

Algunos contactos son malos

Autor
James Molnar

Dirección de arte
David Palmer

Ilustrador
Matthew Bendel

Abuso sexual infantil La mayoría de las personas que abusan sexualmente de los niños no son desconocidos sino, por el contrario, miembros o amigos de la familia misma del menor.

de su infancia donde las erecciones se asociaban con el contacto con calzones o pañales de vinil (Reinisch, 1990). Entonces, dichas experiencias generan una respuesta condicionada (excitación sexual) conectada con el acto de tocar el objeto.

Los factores biológicos también pueden tener una función importante. Por ejemplo, los investigadores han descubierto patrones distintos de actividad de las ondas cerebrales entre los hombres parafílicos y aquellos que no lo son como respuesta a imágenes desviadas (fetichistas y sadomasoquistas) e imágenes de control (mujeres desnudas, relaciones sexuales genitales) (Waismann *et al.*, 2003). A pesar de que el significado de dichas diferencias aún no está claro, éstas sugieren que el cerebro de los hombres con parafilias puede responder de manera distinta a los estímulos sexuales que el cerebro de quienes no las padecen.

La tabla de conceptos 11.2 revisa los conceptos clave relacionados con la respuesta y la conducta sexuales.

TABLA DE CONCEPTOS 11.2
Respuesta y conducta sexuales

Concepto	Descripción	Comentarios adicionales
Ciclo de respuesta sexual	Patrón característico de respuestas corporales a la estimulación sexual	De acuerdo con Masters y Johnson, el ciclo de respuesta sexual consiste en cuatro fases: excitación, meseta, orgasmo y resolución
Orientación sexual	Dirección de la atracción sexual hacia el mismo género de la persona, hacia el opuesto o hacia ambos	Las raíces de la orientación sexual aún no son claras pero los intereses entre los investigadores y los teóricos se han enfocado en los factores biológicos (genética, hormonas sexuales prenatales) y los factores psicosociales (autopercepción en la niñez de ser distintos, patrones de relaciones con los padres)
Conducta sexual	Incluye la masturbación, las relaciones sexuales, el sexo oral y anal	A pesar de que el cuerpo humano puede responder a diversas formas de estimulación sexual, la conducta sexual recibe una fuerte influencia del aprendizaje cultural, de los valores personales y de las experiencias individuales, no sólo de las pulsiones biológicas o de las capacidades para la respuesta sexual
Parafilias	Patrones atípicos o desviados de atracción sexual	Algunas formas de parafilia están asociadas con conductas que son ilegales debido al daño que éstas causan en otras personas

Explore la psicología

El SIDA y otras enfermedades de transmisión sexual: ¿su conducta lo pone en riesgo?

El SIDA (síndrome de inmunodeficiencia adquirida) se ha convertido en una de las peores epidemias de la historia. Más de un millón de personas en Estados Unidos y más de 40 millones de individuos en el mundo están infectados con el VIH *(virus de inmunodeficiencia humana)*, que causa el SIDA (National Women's Health Information Center, 2005; Ostermann *et al.*, 2007). Más de 25 millones de personas a nivel mundial han perdido la vida a causa de esta enfermedad.

En ningún sitio ha sido mayor el impacto del VIH/SIDA que en África, en la zona sur del Sahara. Tantos adultos han sido aniquilados por esta devastadora enfermedad que casi una generación entera de niños se encuentra ahora sin padres, es decir, existen alrededor de 11 millones de huérfanos, según algunos estimados (National Women's Health Information Center, 2005).

El VIH se transmite por medio del contacto con fluidos corporales infectados, por lo general por medio del contacto sexual o por compartir jeringas. El VIH ataca y deshabilita al sistema inmune del cuerpo y con ello hace que la persona se vuelva vulnerable a otras infecciones que, en condiciones normales, el cuerpo es capaz de combatir.

El VIH/SIDA es la **enfermedad de transmisión sexual (ETS)**, también llamada *infección de transmisión sexual o ITS,* más amenazante. Las enfermedades bacterianas de transmisión sexual (p. e., la clamidia, la sífilis y la gonorrea) y las enfermedades virales de transmisión sexual (p. e., el VIH/SIDA, el herpes y el virus del papiloma humano o VPH) constituyen las dos clases principales de enfermedades que se contagian debido al contacto sexual.

El VIH/SIDA es la enfermedad de transmisión sexual más amenazante pero está lejos de ser la más común. Menos de 1% de los estadounidenses está infectado de VIH; sin embargo, un estimado de 11% de los hombres y 23% de las mujeres padecen herpes genital (Xu *et al.,* 2006). No obstante, la enfermedad de transmisión sexual más común en Estados Unidos es la infección del virus del papiloma humano (VPH) (Weller y Stanberry, 2007). A pesar de que esta enfermedad por lo regular no causa síntomas evidentes, en algunos casos puede causar verrugas genitales. Cuando menos 50% de los adultos sexualmente activos en Estados Unidos con el tiempo llega a infectarse del virus del papiloma humano (CDC, 2004a; Dunne *et al.,* 2007). La forma bacteriana más común de las enfermedades de transmisión sexual, la clamidia, representa alrededor de tres millones de casos al año en Estados Unidos. De acuerdo con estimados recientes, al menos una de cada cuatro mujeres adolescentes en Estados Unidos está infectada con una enfermedad de transmisión sexual; la infección del virus del papiloma humano es el tipo más común (*1 in 4 Teen Girls*, 2008). Dicho todo lo anterior, un estimado de 19 millones de casos nuevos de enfermedades de transmisión sexual se presentan cada año en Estados Unidos (Altman, 2005).

Por qué es importante

El VIH/SIDA (virus de inmunodeficiencia humana, síndrome de inmunodeficiencia humana) representa un riesgo serio para la salud que amenaza la vida. Sin embargo, otras enfermedades de transmisión sexual también representan graves riesgos. El virus del papiloma humano no sólo causa verrugas genitales, sino también puede provocar una consecuencia aún más seria: el cáncer cervical (Weintrub, 2007). Este virus es la causa más común de cáncer cervical en las mujeres, un asesino potencial (Katz y Wright, 2006; Naucler *et al.,* 2007). La gonorrea y la clamidia no atendidas pueden desarrollar enfermedad inflamatoria de la pelvis e infertilidad en las mujeres y reducir la fertilidad masculina. Otra enfermedad bacteriana, la sífilis, puede causar daño en el corazón y en el cerebro si no se atiende. El herpes genital puede provocar serias complicaciones, en especial entre las mujeres, como mayores riesgos de sufrir abortos y cáncer cervical. Por lo regular, las mujeres muestran menos síntomas de enfermedades de transmisión sexual, pero tienen más probabilidades de experimentar sus efectos a largo plazo.

Prevención y tratamiento

A pesar de que los antibióticos pueden curar las formas bacterianas de las enfermedades de transmisión sexual, no sirven para nada contra las enfermedades virales. Los medicamentos antivira-

CONCEPTO 11.20
Muchas enfermedades de transmisión sexual (ETS), no sólo el VIH/SIDA, representan serias amenazas para nuestra salud.

enfermedad de transmisión sexual (ETS) Enfermedad causada por un agente infeccioso que se contagia por medio del contacto sexual.

les pueden ayudar a controlar las enfermedades de transmisión sexual causadas por virus, como el VIH/SIDA y el herpes genital, pero no pueden eliminar los organismos infecciosos del cuerpo humano. La carencia de una cura para este tipo de enfermedades, así como el conocimiento sobre los riesgos que representan las enfermedades bacterianas, subrayan la importancia de la prevención y del tratamiento oportuno. En fechas recientes se logró un avance importante contra el virus del papiloma humano cuando se introdujo una vacuna que protege contra las verrugas genitales y el cáncer cervical causado por ciertas cepas del virus (FDA, 2006). No obstante, la vacuna no protege a las mujeres que ya han sido infectadas o contra algunos tipos menos comunes de virus del papiloma humano que no son cubiertos por la vacuna.

TABLA 11.7 **Tipos principales de enfermedades de transmisión sexual**

	Modo de transmisión	Síntomas	Tratamiento
Enfermedades bacterianas de transmisión sexual			
Gonorrea	Contacto sexual (relaciones sexuales vaginales, orales o anales); de la madre al recién nacido durante el parto	Los hombres pueden presentar flujo amarillento y espeso del pene y ardor al orinar; a pesar de que la mayoría de las mujeres no presenta síntomas iniciales, algunas muestran un incremento en el flujo vaginal, ardor al orinar y sangrado menstrual irregular	Antibióticos
Sífilis	Contacto sexual; al tocar un chancro o lesión infecciosa	Se desarrolla un chancro redondo e indoloro en la zona de la infección en el lapso de dos a cuatro semanas; los síntomas progresan a través de etapas adicionales si no se atiende	Antibióticos
Clamidia en las mujeres o uretritis no gonorréica (UNG) en los hombres	Contacto sexual; tocarse los ojos después de tener contacto con los genitales de un compañero sexual infectado; de la madre infectada al recién nacido durante el parto	La mayoría de las mujeres no presenta síntomas, pero algunas sufren micciones frecuentes y dolorosas, dolor e inflamación en el bajo vientre y flujo vaginal. También los hombres por lo general están libres de síntomas, pero pueden presentar síntomas semejantes a los asociados con la gonorrea	Antibióticos
VIH/SIDA			
Enfermedades virales de transmisión sexual	Contacto sexual; por compartir jeringas; por recibir sangre contaminada; de la madre al feto durante el embarazo, el parto o la alimentación con leche materna	Las personas infectadas pueden no presentar síntomas al inicio o mostrar síntomas semejantes a los de la gripe, aunque la enfermedad puede progresar hasta desarrollar SIDA	Los medicamentos antivirales pueden ayudar a controlar el virus, pero no curan la enfermedad
Herpes genital	Contacto sexual	Aparecen inflamaciones rojizas y dolorosas alrededor de los genitales, en los muslos y los glúteos; o en la vagina o el cerviz en las mujeres. Los bultos pueden transformarse en ampollas o lesiones que se llenan de pus y que se abren antes de sanar	Los medicamentos antivirales pueden ayudar a controlar los brotes, pero no liberan al cuerpo del virus
Hepatitis viral	Contacto sexual, en especial el contacto anal en el caso de la hepatitis A; contacto con materia fecal infectada; transfusión de sangre contaminada (en especial para la hepatitis B y C)	El rango de síntomas cubre desde la ausencia total de los mismos, aquellos similares a los de la gripe leve y hasta los más severos, como fiebre, dolor abdominal, vómito y señales de ictericia en la piel y los ojos (adquieren un tono amarillento)	Reposo en cama y posible empleo del medicamento alfa-interferón en los casos de hepatitis C
Verrugas genitales	Contacto sexual; contacto con toallas o prendas de vestir que estén infectadas	Pueden desarrollarse verrugas indoloras que se asemejan a coliflores en los genitales, los órganos reproductivos internos, alrededor del ano o en el recto	Las verrugas pueden ser extirpadas, pero el virus (virus del papiloma humano, VPH) permanece en el cuerpo

El hecho de armarse con información acerca de la forma en cómo se transmiten estas enfermedades, las señales tempranas de infección y los tratamientos disponibles (consulte la tabla 11.7) es un paso fundamental para protegerse contra las enfermedades de transmisión sexual. Sin embargo, la información por sí misma no reduce los riesgos de contagio de enfermedades de transmisión sexual: debe ser puesta en práctica mediante cambios definitivos en la conducta (DiClemente *et al.,* 2004; Gupta, Warren y Wald, 2007). La siguiente sección enlista sugerencias para tener prácticas sexuales más seguras y someterse a revisiones médicas periódicas.

Protéjase y proteja a sus parejas de las enfermedades de transmisión sexual

La única manera segura de prevenir el contagio de enfermedades de transmisión sexual es practicar la abstinencia de por vida o mantener una relación monógama con una pareja no infectada que también sea monógama. A falta de lo anterior, puede reducir el riesgo que entraña el contacto sexual en lugar de eliminarlo por completo; es decir, usted puede practicar *sexo más seguro* en lugar de *sexo seguro*. He aquí algunas directrices que pueden reducir el riesgo de contraer una enfermedad de transmisión sexual o de sufrir las consecuencias de un padecimiento no atendido:

1. *Sea cuidadoso con su elección de compañeros sexuales.* Conozca los antecedentes sexuales de la persona antes de participar con ella en alguna actividad sexual. (Incluso si lo hace, el hecho de conocer a una persona no garantiza que ésta no sea portadora del virus de inmunodeficiencia humana, VIH, o de algún otro agente infeccioso).

2. *Evite las parejas múltiples; en especial, aquellas que, a su vez, tienen otras parejas.*

3. *Comunique sus preocupaciones.* Sea asertivo con su pareja. Exprese de forma abierta sus preocupaciones acerca de los riesgos de contraer síndrome de inmunodeficiencia adquirida (SIDA) y otras enfermedades de transmisión sexual y la necesidad de practicar sexo más seguro.

4. *Evite establecer contacto sexual con cualquier persona que tenga ampollas o lesiones alrededor del área genital.* Inspeccione los órganos genitales de su pareja antes de cualquier contacto sexual. Las erupciones, las ampollas, los chancros, el flujo, las verrugas, los olores desagradables, etc., deben ser tratados como señales de advertencia de posibles infecciones. Sin embargo, tenga presente que algunas enfermedades de transmisión sexual, como la infección por virus de inmunodeficiencia humana (VIH), no tienen signos o síntomas evidentes.

5. *Evite el contacto sexual sin protección.* Los condones de látex (no los "naturales", que son más porosos) ofrecen la protección más confiable contra el contagio de virus de inmunodeficiencia humana (VIH) durante el contacto sexual. Los espermicidas deben utilizarse junto con los condones de látex, no como un sustituto de éstos. A pesar de que este anticonceptivo no puede impedir la transmisión de herpes genital, sí reduce el riesgo de contagio (Gupta, Warren y Wald, 2007).

6. *Sométase a una evaluación médica si sospecha que pudo estar expuesto a una enfermedad de transmisión sexual.*

7. *Solicite revisiones médicas con regularidad para detectar y atender trastornos que quizá ignora que padece.*

8. *Cuando dude, no lo haga.* Absténgase del contacto sexual íntimo si alberga cualquier duda acerca de si es potencialmente dañino. Su seguridad y la de su pareja deben ser su prioridad más importante.

CONCEPTO 11.21
Las conductas modificables, como tener relaciones sexuales sin protección o compartir jeringas, son los factores principales de riesgo para el contagio de enfermedades de transmisión sexual, como el VIH/SIDA.

REVISIÓN DE MÓDULO 11.2   Respuesta y conducta sexual

REPASE

¿Cuáles son las fases del ciclo de respuesta sexual?
- La fase de excitación se caracteriza por la erección del pene en los hombres y por la lubricación vaginal en las mujeres.
- La fase de meseta es un estado avanzado de excitación que precede al orgasmo.
- La fase orgásmica se caracteriza por contracciones orgásmicas de la musculatura pélvica.

- Durante la fase de resolución, el cuerpo recupera su estado previo a la excitación.

¿Cuáles son los orígenes de la orientación sexual?

- Los orígenes de la orientación aún son desconocidos. Las teorías psicológicas intentan explicarla en términos de los patrones de crianza infantil y de las experiencias de la niñez temprana. Las teorías biológicas señalan posibles funciones de la genética y de las hormonas sexuales prenatales.

¿Cómo varían las actitudes hacia la homosexualidad, entre culturas?

- El rango de variaciones de las actitudes culturales hacia la homosexualidad cubre desde la condena, en algunas culturas, hasta la legitimación de un rol social homosexual en otras.

¿Qué son las parafilias?

- Las parafilias son patrones atípicos o desviados de atracción o excitación sexual, como el fetichismo (excitación sexual conectada con objetos inanimados, como los zapatos) y el exhibicionismo (excitación sexual a partir de la exposición de los genitales a desconocidos desprevenidos).

RECUERDE

1. En relación con el ciclo humano de respuesta sexual, una los siguientes términos con sus descripciones: i. fase de excitación; ii. fase de meseta; iii. fase orgásmica; iv. fase de resolución
   a. liberación sexual, intenso placer
   b. el cuerpo regresa a su estado previo a la excitación

   c. miotonía en aumento e incrementos en la vasocongestión
   d. respuesta inicial a la estimulación sexual

2. Todas las siguientes son orientaciones sexuales, excepto
   a. el transexualismo   c. la homosexualidad
   b. la bisexualidad   d. la heterosexualidad

3. Cliff busca gratificación sexual a través de usar prendas femeninas. Él tiene una parafilia llamada _____.
   a. transexualismo   c. travestismo
   b. fetichismo   d. exhibicionismo

4. Entre las formas bacterianas de las enfermedades de transmisión sexual se incluye
   a. el VIH/SIDA   c. el herpes genital
   b. el virus del papiloma   d. la clamidia
      humano

REFLEXIONE

- ¿Cómo se reflejan sus valores personales en sus prácticas sexuales?

- ¿Tiene problemas relacionados con su orientación sexual? ¿Conoce a alguna persona que sí los tenga? ¿Existen recursos en su campus universitario o en su comunidad que ofrezcan servicios de asesoría para las personas con este tipo de cuestionamientos? ¿Cómo puede averiguar más acerca de estos servicios?

- ¿Qué hace usted para protegerse de las enfermedades de transmisión sexual? ¿Qué podría hacer usted de manera distinta, en caso de que deba hacer algo?

MÓDULO 11.3

Disfunciones sexuales

- ¿Qué son las disfunciones sexuales?
- ¿Cuáles son las causas de las disfunciones sexuales?
- ¿Cuáles son los objetivos de la terapia sexual?

A pesar de que nuestros cuerpos son capaces de responder a diversos tipos de estimulación sexual, en ocasiones surgen problemas. Algunas personas experimentan falta de deseo o interés sexual; otras tienen dificultades para excitarse o para alcanzar el orgasmo. Los problemas ocasionales con el interés o con la capacidad de respuesta sexual son bastante comunes y pueden afectar a casi todo el mundo en un momento u otro. En ocasiones, los hombres pueden presentar dificultades para lograr la erección o eyacular más pronto de lo que desean. A veces, las mujeres tienen problemas para excitarse sexualmente o para alcanzar el orgasmo. Cuando este tipo de problemas se vuelven persistentes y causan incomodidades, se clasifican como trastornos psicológicos llamados **disfunciones sexuales**.

Como puede observar en la tabla de conceptos 11.3, las disfunciones sexuales son bastante comunes. Las mujeres tienen más probabilidades de experimentar problemas relacionados con un bajo impulso sexual y dificultades o incapacidad para alcanzar el orgasmo. Los hombres experimentan dificultades frecuentes para lograr o mantener erecciones, o bien sufren eyaculación precoz.

A pesar de que las disfunciones sexuales se han extendido, relativamente pocas personas buscan un tratamiento profesional (Nicolosi *et al.*, 2006). Aquellas que padecen disfunciones

disfunciones sexuales Problemas persistentes o recurrentes con el interés, la excitación o la respuesta sexual.

TABLA DE CONCEPTOS 11.3
Tipos principales de disfunciones sexuales

	Trastorno	Qué es / Índice de incidencia	Características asociadas / Tratamientos
Trastornos del deseo sexual	**Trastorno de deseo sexual hipoactivo**	Nivel anormalmente bajo de interés o impulso sexual; 32% en mujeres, 15% en hombres	Ocurre como consecuencia de ciertas deficiencias hormonales, de problemas en la relación, de depresión o por otras causas
	Trastorno de aversión sexual	Repulsión o fuerte aversión al contacto genital; incidencia desconocida	Por lo regular representa un temor al contacto sexual que puede haberse desarrollado en la época posterior a un trauma de índole sexual
Trastornos de la excitación sexual	**Disfunción eréctil masculina**	Dificultad persistente para lograr o mantener la erección; entre 10 y 22%	Se debe a causas psicológicas (p. e., desconfianza en sí mismo, ansiedad relacionada con el desempeño), a causas físicas (p. e., diabetes, problemas neurológicos) o a una combinación de ambas
	Trastorno de excitación sexual femenina	Imposibilidad para excitarse de manera adecuada como respuesta a la estimulación sexual; 21%*	Se debe a problemas subyacentes de salud, a antecedentes culturales o familiares represivos en cuanto a la sexualidad o a problemas en la relación
Trastornos orgásmicos	**Trastorno orgásmico femenino**	Dificultad para alcanzar el orgasmo como respuesta a los niveles adecuados de estimulación sexual; 26%	Las técnicas de tratamiento se enfocan en ayudar a las mujeres a aprender más acerca de sus rangos de respuesta sexual (mediante de la masturbación dirigida) y a transferir este aprendizaje a su relación de pareja
	Trastorno orgásmico masculino	Retraso o incapacidad para eyacular, 8%	Relativamente poco común pero puede derivarse de una ansiedad excesiva, de problemas neurológicos, de culpa sexual o de hostilidad hacia la pareja
	Eyaculación precoz	La eyaculación ocurre con una estimulación sexual mínima y antes de que el hombre lo desee, 30%**	Afecta a los hombres que tienen dificultades para impedir que el nivel de estimulación llegue al punto en el cual se dispara el reflejo eyaculatorio

Fuentes: Laumann, Paik y Rosen, 1999; Rosen y Laumann, 2003; Rosen *et al.*, 2004.

Nota: Los índices de incidencia reflejan los porcentajes de adultos que reportan problemas y pueden no corresponder a diagnósticos clínicos de disfunciones sexuales. Los reportes del clímax prematuro se basaron en individuos que eran sexualmente activos durante el periodo que cubrió los últimos 12 meses. También considere que la incidencia de los problemas sexuales tiende a incrementarse con la edad.
*tienen problemas de lubricación
**alcanzan el clímax demasiado pronto

sexuales tal vez no sepan dónde obtener ayuda o evitan buscar asistencia debido al desafortunado, aunque persistente, estigma asociado con el hecho de admitir que tienen dificultades sexuales. En las siguientes secciones discutiremos los principales tipos de disfunciones sexuales y los métodos de terapia disponibles para ayudar a la gente a superarlos.

Tipos de disfunciones sexuales

Diferentes tipos de problemas sexuales se clasifican como disfunciones sexuales. Aquí nos enfocaremos en las tres clases principales: trastornos del deseo sexual, de la excitación sexual y trastornos orgásmicos.

Trastornos del deseo sexual

Los individuos con este tipo de trastornos experimentan una falta de deseo sexual o una aversión al contacto sexual genital. El **trastorno del deseo sexual hipoactivo**, una de las disfunciones diagnosticadas con más frecuencia, se caracteriza por poco o ningún deseo o interés sexual. Ocurre con más frecuencia en las mujeres (I. Goldstein *et al.*, 2006; Leiblum *et al.*, 2006); sin embargo, la creencia de que todos los hombres están ansiosos y dispuestos a participar en el sexo es un mito. Las personas con trastorno de aversión sexual sienten una fuerte repulsión hacia el contacto sexual genital. Pueden disfrutar otras formas de contacto afectivo, siempre y cuando no involucre a los genitales. El **trastorno de aversión sexual** con frecuencia involucra un temor al contacto sexual que se presenta en aquellos individuos que han sufrido alguna forma de trauma de índole sexual, como abuso sexual durante la infancia o una violación.

CONCEPTO 11.22
A pesar de que los problemas ocasionales relacionados con el interés o la respuesta sexual pueden afectar a casi todos los individuos, las personas con disfunciones sexuales tienen dificultades persistentes con el interés, la excitación o la respuesta sexual.

trastorno del deseo sexual hipoactivo Tipo de trastorno sexual caracterizado por la ausencia o carencia de interés o deseo sexual.

trastorno de aversión sexual Tipo de trastorno del deseo sexual que implica repulsión o fuerte aversión al contacto sexual genital.

Trastornos de excitación sexual

Entre éstos se incluyen el **trastorno eréctil masculino** (también conocido como *disfunción eréctil o DE*) y el **trastorno de excitación sexual femenina**. Los hombres con trastorno eréctil encuentran persistentes dificultades para lograr o mantener las erecciones lo suficiente como para tener relaciones sexuales. Las mujeres con trastorno de excitación sexual tienen constantes problemas para excitarse sexualmente o para lograr una lubricación adecuada.

Trastornos orgásmicos

Las mujeres con **trastorno orgásmico femenino** y los hombres con **trastorno orgásmico masculino** tienen problemas para alcanzar el orgasmo o no pueden lograrlo en absoluto. En los casos donde el individuo consigue el orgasmo mediante de la masturbación, pero no lo hace por medio de relaciones sexuales con una pareja, un médico necesita determinar si existe la estimulación adecuada durante el encuentro sexual para que ocurra el orgasmo. Sin embargo, los expertos aún debaten en cómo definir los trastornos sexuales; en especial, en las mujeres (McCarthy *et al.*, 2006). Por ejemplo, ¿las mujeres padecen disfunciones sexuales si logran el orgasmo por medio de la masturbación pero no con sus parejas? ¿Su dificultad no podría ser consecuencia de una falta de estimulación eficiente (en especial la estimulación del clítoris) por parte de sus parejas en lugar de un trastorno orgásmico?

La **eyaculación precoz (EP)**, el tipo de trastorno más común en los varones, se caracteriza por una eyaculación rápida con mínima estimulación (Byers y Grenier, 2003). Las investigaciones indican que alrededor de tres de cada 10 hombres sufren eyaculación precoz en algún momento de su vida (Laumann *et al.*, 1994).

Causas de las disfunciones sexuales

Existen numerosas causas de las disfunciones sexuales, como factores biológicos y psicosociales.

Causas biológicas

Muchos factores biológicos pueden influir en el interés, la excitación o la respuesta sexual, lo cual provoca disfunciones sexuales (Rees, Fowler y Maas, 2007). Entre estas condiciones se incluyen diabetes, esclerosis múltiple, lesiones en la médula espinal, epilepsia, complicaciones derivadas de una cirugía (como la de próstata en los hombres), efectos colaterales de algunos medicamentos y problemas hormonales. Las sustancias psicoactivas, como la cocaína, el alcohol y los narcóticos, pueden disminuir el interés sexual o entorpecer la capacidad de respuesta sexual.

La hormona sexual masculina testosterona da energía a los impulsos sexuales tanto en los hombres como en las mujeres, y las deficiencias de esta hormona, en cualquiera de los sexos, pueden disminuir el deseo sexual (Davis *et al.*, 2005). La testosterona es producida en los testículos de los hombres y también, en cantidades menores, en los ovarios de las mujeres y en las glándulas suprarrenales de ambos sexos (Shifren y Ferrari, 2004). Dicho lo anterior, cabe señalar que la mayoría de los hombres y de las mujeres que padecen disfunciones sexuales presentan niveles hormonales normales.

En muchos de los casos de trastorno eréctil, los factores biológicos pueden ser las causas y los problemas circulatorios encabezan la lista (Kleinplatz, 2003; McVary, 2007; Thompson *et al.*, 2005). Por ejemplo, la diabetes puede dañar los vasos capilares y los nervios que funcionan en el pene, lo cual provoca problemas de erección. Es probable que sepa que la obesidad es uno de los principales factores de riesgo para numerosos padecimientos serios y crónicos, como las enfermedades cardiacas y la diabetes. No obstante, en fechas recientes nos hemos enterado de que la obesidad también incrementa el riesgo de sufrir disfunción eréctil (Saigal, 2004). La buena noticia es que las intervenciones de los especialistas de la salud que se enfocan en ayudar a los hombres a perder peso y a incrementar sus niveles de actividad pueden producir mejoras en el funcionamiento eréctil (Esposito *et al.*, 2004).

Causas psicosociales

Las disfunciones sexuales con frecuencia tienen sus raíces en factores psicológicos y culturales, como los problemas en las relaciones, la ansiedad relacionada con el desempeño o las actitudes represivas en la familia acerca de la sexualidad. Los niños educados en culturas o familias represi-

trastorno eréctil masculino Tipo de trastorno de la excitación sexual en hombres, caracterizado por la dificultad para lograr o mantener erecciones que sean suficientes para participar en una relación sexual.

trastorno de excitación sexual femenina Tipo de trastorno de excitación sexual en las mujeres que implica dificultades para lograrla.

trastorno orgásmico femenino Tipo de trastorno orgásmico en mujeres, caracterizado por la carencia de orgasmo o dificultades persistentes para alcanzarlo, después de una fase normal de excitación sexual.

trastorno orgásmico masculino Tipo de trastorno orgásmico en hombres, caracterizado por la falta de orgasmo o por persistentes dificultades para alcanzarlo, después de una fase normal de excitación sexual.

eyaculación precoz (EP) Tipo de trastorno orgásmico en los hombres caracterizado por la eyaculación rápida después de la estimulación sexual.

***Problemas de comunicación
y disfunciones sexuales***   Las parejas
disfuncionales, en términos sexuales,
con frecuencia tienen dificultades
para comunicar sus necesidades e
intereses sexuales.

vas en cuanto a la sexualidad, donde prevalecen las actitudes negativas hacia este tema, pueden tener conflictos con sentimientos de ansiedad, culpa o vergüenza cuando comienzan a tener actividad sexual, en lugar de excitación o placer. En particular, esto sucede entre las mujeres jóvenes que han sido expuestas a actitudes culturales sexualmente represivas o a una doble moral donde se permite más expresiones sexuales en los hombres que en las mujeres. Es probable que ellas aprendan que el sexo es un deber marital que se desempeña sólo con propósitos reproductivos o para satisfacer los antojos sexuales de su marido, no para su propio placer, es decir, un marco de referencia cultural que las desmotiva a aprender acerca de su capacidad de respuesta sexual o las inhibe para expresar sus necesidades sexuales a sus parejas.

Algunas parejas caen en una rutina sexual, quizá incluso en el aburrimiento. Aquellas que no pueden comunicar sus preferencias sexuales o que son incapaces de renovar con regularidad sus rutinas para hacer el amor pueden descubrir que su interés se pierde. Los problemas en las relaciones también pueden entorpecer la capacidad de respuesta sexual de las parejas, en especial cuando los conflictos y los resentimientos de mucho tiempo atrás son llevados a la cama (Moore y Heiman, 2006).

Las víctimas de una violación o de algún otro trauma de índole sexual, como el abuso sexual durante la infancia, con frecuencia desarrollan sentimientos de desagrado o repulsión hacia el sexo, lo cual puede provocar trastorno de aversión sexual (Firestone, Firestone y Catlett, 2006). No es sorprendente que a menudo presenten dificultades para responder sexualmente, incluso con parejas amorosas. Otros factores emocionales, en especial la ansiedad, la depresión y la ira, también merma el interés o la excitación sexual.

La **ansiedad de desempeño** puede provocar que sea imposible para un hombre lograr o sostener una erección o que, por su parte, una mujer se lubrique de manera adecuada o que alcance el orgasmo (Bancroft *et al.,* 2005; McCabe, 2005). La incapacidad para desempeñarse genera más dudas y temores en los individuos de volver a fallar, lo cual, por su parte, enfatiza la ansiedad en ocasiones subsecuentes y causa aún más experiencias fallidas; el proceso entonces se repite una y otra vez en forma de un círculo vicioso.

La eyaculación precoz es la incapacidad para mantener el nivel de estimulación por debajo del umbral eyaculatorio del hombre o "punto sin retorno". A pesar de que la eyaculación es un reflejo, los hombres necesitan aprender (por lo regular, mediante un procedimiento de ensayo y error) a medir su nivel de estimulación de manera que éste no exceda su umbral eyaculatorio. Necesitan señalar a sus parejas que suspendan la estimulación antes de este punto, de manera que sus sensaciones disminuyan un poco antes de continuar.

La ansiedad de desempeño lleva a las personas a convertirse en espectadoras de su propio desempeño. En lugar de entregarse por completo al placer del acto sexual, estos individuos, en su mente, analizan la manera en cómo responde su cuerpo, por lo que no es sorprendente que tengan dificultades para responder en estos términos. Un hombre que padecía disfunción eréctil comentó que, durante las citas que, por lo general, conducían a una relación sexual, él imaginaba el rostro de su pareja y cuán decepcionada se sentiría si él fallaba en su desempeño. El hombre continuó: "Para cuando nos íbamos a la cama, yo ya estaba paralizado a causa de la ansiedad" (citado en Nevid, Rathus y Greene, 2008). En nuestra cultura existe una conexión tan profunda-

CONCEPTO 11.23
Entre las causas subyacentes de las disfunciones sexuales se incluyen factores biológicos, como problemas neurológicos o circulatorios, y factores psicosociales, como la ansiedad de desempeño.

VÍNCULO DE CONCEPTOS
Las formas no adaptativas de la ansiedad son características clave de la clase de trastornos psicológicos conocidos como trastornos de ansiedad. Consulte el módulo 14.2

ansiedad de desempeño
Ansiedad experimentada en situaciones de desempeño (como el acto sexual) que se deriva del temor a una evaluación negativa sobre la capacidad de la persona para responder.

mente arraigada entre la capacidad de desempeño sexual de un hombre y su sentido de virilidad que las experiencias repetitivas de fracaso pueden conducirlo a sentir que ya no es un hombre. Este individuo, como consecuencia, puede sufrir una severa pérdida de autoestima o deprimirse. La ansiedad de desempeño puede también contribuir al trastorno orgásmico masculino, en especial, en casos donde presentan dificultades para llegar al orgasmo con una pareja. El trastorno orgásmico masculino también puede surgir a partir de problemas neurológicos subyacentes, culpa sexual u hostilidad hacia la pareja. A pesar de que la ansiedad de desempeño afecta primordialmente a los hombres, las mujeres también pueden sentirse abrumadas por la ansiedad de desempeño relacionada con la facultad para alcanzar el orgasmo.

Terapia sexual

La buena noticia es que la mayoría de los casos de disfunciones sexuales puede ser tratada con éxito por medio de enfoques biológicos o psicológicos, o combinado. Los pioneros de la terapia sexual, una forma relativamente breve de tratamiento psicológico, son William Masters y Virginia Johnson (1970). En esta terapia, el individuo, aunque más comúnmente la pareja, se reúne con un terapeuta o con una pareja de terapeutas, hombre y mujer, quienes emplean técnicas conductuales para ayudar a sus pacientes a superar sus dificultades sexuales. La terapia pretende acabar con la ansiedad de desempeño por medio de la eliminación de las presiones en el mismo.

Masters y Johnson atendieron parejas en un programa intensivo de dos semanas que consistió en sesiones diarias de tratamiento y tareas asignadas para las noches. Una parte importante de su tratamiento eran los **ejercicios de enfoque en las sensaciones**, en los cuales las parejas se daban masajes uno al otro en áreas no genitales del cuerpo mientras se relajaban, desnudos. Estos ejercicios brindaban una fuente de estimulación placentera sin las demandas de desempeño asociadas con la relación sexual. De hecho, a las parejas se les daban indicaciones de posponer las relaciones sexuales hasta que sus niveles de confianza se hubieran restablecido. También se les ayudaba a abrir canales de comunicación entre ellos acerca de los tipos de estimulación que encontraban excitante y para guiarse o dirigirse con gentileza uno al otro para brindar una estimulación efectiva.

En la terapia sexual se utilizan numerosas técnicas específicas. Por ejemplo, los terapeutas pueden emplear un programa de masturbación directa para ayudar a las mujeres que nunca han sido capaces de alcanzar un orgasmo por sí mismas o con sus parejas (Leiblum y Rosen, 2000). Los índices de éxito reportados de dichos programas se encuentran en un rango de 70 a 90%. El tratamiento en sí mismo, por lo regular, consiste en que un terapeuta dirija a la mujer para que ella practique una serie de ejercicios de masturbación en la privacidad de su hogar. El propósito es ayudar a la mujer a explorar la respuesta sexual de su cuerpo y a aprender las habilidades necesarias para producir un orgasmo. Asimismo, son dirigidas para transferir después este aprendizaje a sus relaciones de pareja. Otro ejemplo es el *método de detener-comenzar,* el tratamiento más común para la eyaculación precoz. En éste, una pareja practica la suspensión de la estimulación sexual antes de que el hombre alcance el nivel en el que se dispara su reflejo eyaculatorio. Después, los miembros de la pareja retoman la estimulación una vez que las sensaciones del hombre disminuyen; ambos continúan con la práctica de estos ciclos de detener-comenzar hasta que él adquiere más control. En general, la mayoría de las personas con disfunciones sexuales se beneficia con alguna forma de terapia sexual.

Las terapias biológicas también están disponibles para ayudar a las personas con disfunciones sexuales (Brown y Haaser, 2005; McVary, 2007). La terapia de testosterona resulta útil para atender problemas de bajo interés o deseo sexual. El viagra y otros medicamentos similares son efectivos para producir erecciones en la mayoría de los hombres que sufren trastorno eréctil. Éstos funcionan mediante la relajación de los vasos capilares en el pene, lo que permite que se expandan y transporten más sangre a dicha área. Todavía carecemos de tratamientos farmacológicos seguros y efectivos para las disfunciones sexuales femeninas, aunque en el presente se realizan pruebas con el viagra y otros medicamentos.

Algunos medicamentos, que por lo regular son utilizados para tratar la depresión, como los antidepresivos Zoloft y Paxil, también se usan para tratar la eyaculación precoz. La eyaculación retardada es un efecto secundario común de estos tratamientos, lo que beneficia a los hombres que sufren eyaculación precoz.

CONCEPTO 11.24
La terapia sexual se enfoca en el problema para reducir la ansiedad de desempeño y promover las habilidades y competencias sexuales.

ejercicios de enfoque en las sensaciones Técnica utilizada en terapia sexual que consiste en masaje no genital para disminuir la ansiedad asociada con las relaciones sexuales.

Disfunciones sexuales

REPASE

¿Qué son las disfunciones sexuales?

- Las disfunciones sexuales son problemas persistentes e incómodos relacionados con el interés, la excitación o la respuesta sexual. Entre éstas se incluyen los trastornos de deseo sexual, los trastornos de excitación sexual y los trastornos orgásmicos.

¿Cuáles son las causas de las disfunciones sexuales?

- Las disfunciones sexuales pueden tener causas biológicas, como una disminución de los niveles hormonales y problemas de salud, y causas psicológicas, como actitudes negativas hacia el sexo, los problemas de comunicación, las experiencias sexuales traumáticas y la ansiedad de desempeño.

¿Cuáles son los objetivos de la terapia sexual?

- Los objetivos generales de la terapia sexual son reducir la ansiedad de desempeño, fomentar las habilidades o competencias sexuales y mejorar la comunicación entre los compañeros sexuales.

RECUERDE

1. El término *disfunción sexual* se refiere a problemas con
   a. la respuesta sexual únicamente
   b. el interés o la respuesta sexual únicamente
   c. la excitación o la respuesta sexual únicamente
   d. el interés, la excitación o la respuesta sexual

2. Una los siguientes términos relacionados con las disfunciones sexuales con las descripciones apropiadas: i. trastornos del deseo sexual; ii. trastornos de la excitación sexual: iii. trastornos orgásmicos; iv. eyaculación precoz
   a. pueden incluir aversión al contacto sexual genital
   b. ocurre como respuesta a una estimulación mínima
   c. dificultad para experimentar el clímax sexual
   d. incluye trastorno eréctil (en los hombres) y lubricación insuficiente (en las mujeres)

3. Timothy no siente interés alguno por la actividad sexual. Sólo en raras ocasiones experimenta fantasías o deseos sexuales. A pesar de que no tiene problema alguno para lograr erecciones, él se pregunta por qué tanta gente se muestra tan interesada en el sexo. ¿Qué tipo de disfunción sexual aplica en este caso?
   a. trastorno de aversión sexual
   b. trastorno de interés sexual masculino
   c. trastorno orgásmico masculino
   d. trastorno de deseo sexual hipoactivo

4. Enliste varias causas *psicosociales* de las disfunciones sexuales.

REFLEXIONE

- ¿En qué son similares las disfunciones sexuales en los hombres y en las mujeres?, ¿en qué difieren?

- ¿Alguna vez ha experimentado problemas con la excitación o con el desempeño sexual?, ¿cómo le afectó?, ¿qué hizo al respecto? ¿La información contenida en este capítulo aumentó su conciencia acerca de los factores que contribuyeron a su problema o acerca de las maneras para resolverlo?

Aplicación
MÓDULO 11.4

El combate a la violación y al acoso sexual

Utilizamos el término coerción sexual para referirnos a un rango de conductas que cubre desde las provocaciones y los insultos sexuales hasta el asalto sexual declarado y la violación. La violación y el acoso sexual son las dos formas principales de coerción sexual. La **violación** es el uso de la amenaza o la fuerza para obligar a una persona a tener relaciones sexuales. En los casos de **estupro**, la relación sexual ocurre con una persona cuya edad es inferior a la del consentimiento legal, incluso si dicha persona participa en ello por su propia voluntad. El **acoso sexual** es cualquier acto en el que un individuo somete a otro a comentarios, gestos, contacto, bromas o demandas de favores sexuales que no son bien recibidos, a cambio de un trato favorable o como condición para obtener o conservar un empleo o ascenso (consulte la tabla 11.8).

¿Cuán comunes son la violación y el acoso sexual?

Por desgracia, la violación y el acoso sexual son muy comunes en nuestra sociedad. El gobierno federal de Estados Unidos estima que alrededor de 72 000 violaciones y otros 40 000 intentos de violación ocurren al año (U.S. Department of Justice, 2006). Las cifras reales son, sin duda, mucho mayores debido a que la gran mayoría de las violaciones y de los intentos de violación no son reportados (Fisher *et al.*, 2003; Watts y Zimmerman, 2002).

violación Empleo de amenaza o fuerza para someter a una persona a tener relaciones sexuales.

estupro Relación sexual con una persona cuya edad es inferior a la de consentimiento legal, incluso si dicha persona es un participante dispuesto.

acoso sexual Forma de coerción sexual que implica comentarios, bromas, proposiciones, demandas de favores sexuales o contacto físico que no son bien recibidos.

TABLA 11.8   **Tipos de acoso sexual**

Tipo de acoso	Descripción	Ejemplos
Acoso de género	Hacer declaraciones o mostrar conductas que son insultantes o degradantes para las mujeres en general	Insultos sexuales, humor o bromas obscenas, graffiti ofensivo
Conducta seductora	Realizar avances sexuales no bienvenidos, inapropiados u ofensivos	Realizar demostraciones sexuales repetidas y no bienvenidas o solicitudes de citas; enviar cartas repetitivas o hacer llamadas telefónicas para ofrecer invitaciones sexuales
Soborno sexual	Solicitar actividad sexual por medio de prometer recompensas	Ofrecer impulsar la carrera profesional de una persona a cambio de favores sexuales
Coerción sexual	Coaccionar a otra persona a tener actividad sexual por medio de la amenaza o el castigo	Amenazar con hacer evaluaciones laborales negativas, despido laboral o suspensión de promociones si la otra persona se rehúsa a las solicitudes sexuales
Imposición sexual	Contacto sexual no deseado	Cualquier forma de contacto no deseado, como sujetar, acariciar o el asalto sexual declarado

Nota: La característica clave del acoso sexual es que no es bien recibido. El acoso de género es, por mucho, la forma más común de acoso sexual, seguida por la conducta seductora. El soborno y la coerción sexual son relativamente poco comunes; sin embargo, la imposición sexual ocurre con más frecuencia de lo que mucha gente cree.

Fuente: Adaptado de *Sexual Harasment: Myths and Realities*, American Psychological Association, Office of Public Affairs, 1996.

El riesgo de violación es sorprendentemente alto. Los mejores cálculos disponibles indican que entre 15 y 25% de las mujeres en Estados Unidos son violadas en algún momento de su vida (Campbell y Wasco, 2005; Koss y Kilpatrick, 2001). Alrededor de 3% de las universitarias sufren una violación o intento de violación cada año (Fisher *et al.*, 2003). Muchas mujeres casadas también (entre 10 y 14%) son violadas por sus esposos (Martin, Taft y Resick, 2007).

A pesar de que la mayoría de las violaciones se cometen hacia mujeres en el rango comprendido de 16 y 24 años de edad, mujeres de todas las edades, así como de todas las razas y niveles socioeconómicos, están en riesgo de ser violadas (Burgess y Morgenbesser, 2005; U. S. Department of Justice, 2006). La incidencia de violaciones es mucho más alta en Estados Unidos que en otras sociedades industrializadas, como Canadá, Gran Bretaña y Japón.

Los hombres también pueden ser violados, aunque en términos legales el acto se clasifica como asalto sexual porque implica relaciones anales forzadas o penetración anal con objetos en lugar de la relación sexual vaginal. No obstante, lo cierto es que no todos estos ataques ocurren en las instalaciones de una prisión. Los investigadores estiman que quizá una de cada 10 víctimas de violación es hombre (U. S. Department of Justice, 2006). Contrario a la creencia común de que los hombres que violan a otros hombres son homosexuales, la mayoría de los asaltantes sexuales son hombres heterosexuales que cometen la violación como una forma de venganza, humillación o dominio y control.

El acoso sexual es, por desgracia, sumamente común, aunque resulta difícil calcular las cifras precisas de incidencia porque, como con la violación, la gran mayoría de las mujeres que experimentan acoso sexual no emiten quejas formales. Las evidencias de encuestas indican que entre 25 y 30% de las mujeres estudiantes han experimentado al menos un incidente de acoso sexual durante el periodo universitario (Menard *et al.*, 2003). A pesar de que tanto los hombres como las mujeres pueden sufrir acoso sexual, las mujeres tienen más probabilidades de ser acosadas y es mucho más probable que los acosadores sean hombres (Mansnerus y Kocieniewski, 2004; Stockdale *et al.*, 2004; Street *et al.*, 2007). Las evidencias también demuestran que las mujeres de color tienen un riesgo mayor que las mujeres caucásicas de sufrir acoso sexual en sus lugares de trabajo (Berdahl y Moore, 2006). Las mujeres que se encuentran en sitios de trabajo tradicionalmente dominados por hombres, como en el ámbito de la construcción o estaciones de bomberos, y aquellas que poseen rasgos de personalidad más masculinos, en términos estereotípicos (asertivas, dominantes e independientes) también enfrentan mayores riesgos de ser víctimas de acoso sexual (Berdahl, 2007).

Las mujeres tienden a percibir un rango más amplio de conductas como acoso sexual que los hombres; en especial, las conductas que implican comentarios denigrantes, las presiones para obtener citas y el contacto sexual directo, como besar o acariciar (Rotundo, Nguyen y Sackett, 2001). Las mujeres y los hombres concuerdan con más contundencia en el hecho de que la conducta extrema, como la violación, las solicitudes de relaciones sexuales como condición impuesta para obtener un empleo o promoción y la presión indeseada o las solicitudes de relaciones sexuales constituyen un acoso.

Violación por un conocido: el tipo más común

Las mujeres tienen más probabilidades de ser víctimas de violación o de asalto sexual por parte de hombres a quienes ya conocen que por desconocidos. De acuerdo con el Departamento de Justicia de Estados Unidos (2006), más de cuatro de cada cinco violaciones (83%) son cometidas por individuos conocidos. En la más reciente encuesta realizada a la población de mujeres estadounidenses, 14.3% reportó una historia de asalto sexual o violación por parte de un hombre a quien ya conocían, como un novio, esposo, miembro de la familia o amigo de la familia, comparado con 5.6% que reportó un asalto sexual o violación por parte de un desconocido (Moracco *et al.,* 2007).

Los hombres, en especial aquellos que son sexualmente agresivos, tienden a juzgar mal los propósitos sexuales de las mujeres al percibir un mayor interés sexual en su conducta que el que las mujeres mismas desean expresar (Farris *et al.,* 2008). En una cita, los violadores pueden malinterpretar el interés amistoso de una mujer como disponibilidad para participar en una relación sexual pues creen que, incluso si ella dice que "no", sólo finge ser tímida y reservada. Los hombres sexualmente agresivos pueden pensar, por error, que las mujeres que los acompañan a su casa, que frecuentan bares de solteros o que asisten a fiestas sólo "lo piden a gritos" (Bletzer y Koss, 2006). Los agresores, con frecuencia, albergan mitos acerca de la violación, como la creencia de que las mujeres desean, en secreto, ser violadas o dominadas. En sus mentes, estos hombres quizá no crean que en realidad hayan cometido una violación, aunque así sea. Para dejar claro el asunto, cuando una mujer se rehúsa o dice que "no", lo que quiere decir es "no".

¿Qué es lo que motiva la violación y el acoso sexual?

A pesar de que la violación es un acto sexual, no se equivoque: en términos fundamentales se trata de un crimen de violencia sexual. Motivaciones complejas subyacen en la violación, incluso poder, ira, venganza y crueldad intencional, entretejidos con deseo sexual (Baumeister *et al.,* 2002; Bushman *et al.,* 2003). Para algunos violadores, este acto es un medio para controlar y dominar a las mujeres; para otros, es una manera de ejercer venganza contra las mujeres debido a una historia de maltrato y humillación. De igual manera, el acoso sexual es un medio por el cual el acosador busca dominar y controlar a otra persona que ostenta o desempeña una posición subordinada (Huerta *et al.,* 2006). En los bastiones tradicionales masculinos, el acoso sexual también se convierte en una táctica de control social o una manera de "mantener a las mujeres en su lugar" al tratarlas como objetos sexuales o al hacerlas sentir incómodas y no bienvenidas. Muchos acosadores trivializan su propio comportamiento y declaran que sólo "bromeaban" cuando son acusados de mostrar un patrón de provocaciones y gestos sexuales o de proposiciones que no son bien recibidas. Es preciso que se realicen esfuerzos para crear conciencia entre las personas de los tipos de conductas que pueden ser experimentados como acoso por parte de quienes los reciben.

¿Qué enseñamos a nuestros hijos?

A pesar de que algunos violadores tienen personalidades antisociales, muchos otros parecen ser perfectamente normales, excepto por su violencia sexual (Lalumière *et al.,* 2005). Un violador puede tener la apariencia del vecino de la casa de junto; de hecho, podría ser el vecino de la casa de junto. A pesar de que no todos los hombres jóvenes se convierten en violadores, un sorprendente número de universitarios ha participado en asaltos sexuales. Alrededor de uno de cada 13 universitarios varones que participaron en una encuesta de gran escala reportó haber cometido una violación o intento de violación (Koss, Gidycz y Wisniewski, 1987). La apariencia francamente ordinaria de la gran mayoría de los violadores obliga la pregunta "¿Qué enseñamos a nuestros hijos?".

CONCEPTO 11.25
A pesar de que la motivación sexual está involucrada en la violación, los motivos primarios implican temas de poder, ira, venganza y crueldad intencional.

¿Es esto acoso sexual? ¿Los hombres y las mujeres perciben las mismas conductas como acoso sexual? ¿Qué es lo que demuestran las evidencias de las investigaciones?

El respeto es sexy Este mensaje enfatiza la importancia del respeto y la comunicación en el combate a la violación por parte del acompañante de la víctima.

La respuesta puede encontrarse en los mensajes estereotípicos transmitidos por los medios de comunicación masiva y por la comunidad, mismos que tienen el efecto de educar a los hombres jóvenes para que desempeñen roles sexualmente agresivos (Holcomb *et al.,* 2002; Malamuth, Huppin y Paul, 2005). Éstos pueden considerar que su conducta sexualmente agresiva es un comportamiento apropiado en el contexto de las relaciones de pareja y de las citas (Loh *et al.,* 2007). Más aún, aquellos que recibieron reforzamientos por su conducta agresiva y competitiva en las canchas deportivas desde temprana edad pueden creer en el estereotipo cultural que indica que un hombre masculino debe ser asertivo, en términos sexuales, y ser capaz de superar la resistencia de una mujer. Si agregamos alcohol a la mezcla, incrementamos el riesgo de agresión sexual (Cole, 2006).

La objetificación de la mujer en las películas y en otros medios de comunicación masiva también influye en las actitudes de los hombres hacia ellas. Las evidencias de laboratorio señalan que los universitarios varones que vieron películas clasificación XXX que trataban a las mujeres como objetos sexuales o que las presentaban de maneras degradantes mostraron menos sensibilidad a los sufrimientos de las víctimas de violación por parte de personas conocidas que los hombres que vieron películas neutrales (Milburn, Mather y Conrad, 2000).

Para algunos hombres, la situación de salir con una mujer no es una oportunidad para conocerla, sino, por el contrario, una ocasión para una conquista sexual en la que el objetivo es vencer su resistencia; es decir, "anotar", sin importar los medios que sea necesario emplear.

Para impedir la violación y el acoso sexual

Es preciso que surjan esfuerzos en la sociedad para impedir la violación y el acoso sexual. Los programas educativos que exponen a los hombres jóvenes a puntos de vista feministas y multiculturales pueden ayudar a promover actitudes más respetuosas hacia las mujeres (p. e., O'Donohue *et al.,* 2003). Lo mismo podría suceder con los talleres para la prevención de la violación, los cuales han proliferado en instalaciones universitarias y, en ocasiones, son incorporados a los procesos de orientación de dichas instituciones. En términos generales, estos programas ayudan a cambiar las actitudes de los estudiantes hacia la violación, aunque aún se cuestiona si reducen la incidencia de asaltos sexuales (Breitenbecher, 2000). En un nivel más amplio, necesitamos adoptar una política pública que envíe el mensaje claro y consistente de que la coerción sexual de cualquier tipo no será tolerada.

Las mujeres no son responsables de impedir la violación. La violación es un crimen sexual violento y el asaltante es responsable del acto. Sin embargo, es preciso que demos algunos pasos, como los que se enlistan a continuación, para reducir los riesgos de la victimización sexual (Boston Women's Health Book Collective, 1992; Powell, 1991; Rathus, Nevid y Fichner-Rathus, 2008). Estas sugerencias no impiden la violación, pero pueden ayudar a disminuir las probabilidades de la agresión sexual. Es importante considerar lo siguiente: el hecho de enfocarnos en las maneras de protegernos a nosotros mismos no significa que la responsabilidad de la violación y de otros actos de coerción sexual recaigan en la víctima.

- *Tenga sus llaves a la mano cuando abra el automóvil o, si es posible, equipe su auto con un sistema de acceso que no requiera llaves.*

- *Asegure la puerta principal con cerraduras de seguridad y cierre bien todas las ventanas.* Asegure las ventanas del primer piso con rejas de acero.

- *Registre su nombre con una inicial en su buzón y en el directorio telefónico.*

- *Mantenga bien iluminados los pasillos y las entradas alrededor de las puertas y evite caminar a solas por la noche o en áreas desiertas.*

- *Reúnase con las personas con quienes sale por primera vez en lugares públicos.* Evite abordar un automóvil con una persona a quien acaba de conocer.

- *Mantenga la sobriedad y procure que su acompañante haga lo mismo.* Muchas violaciones en citas ocurren cuando se consume alcohol u otras sustancias.

- *Revise las identificaciones de cualquier persona de servicio que soliciten entrar a su casa.* Verifique las referencias.

- *Conduzca su automóvil con los seguros de las puertas y con las ventanillas cerradas.* Asegúrese de que nadie acecha desde el asiento trasero antes de abordar su automóvil. No recoja a personas que soliciten "aventón".

- *Lleve consigo una alarma fuerte que pueda ser activada en caso de ataque*.

- *Tome cursos o talleres de prevención de violación que ofrezca su universidad o alguna organización de su comunidad.*

- *Establezca límites claros cuando salga con otra persona.* Diga a su acompañante lo que usted está en disposición de hacer y lo que no.

- *Sea firme al establecer límites.* Mientras más claro establezca dónde se encuentran las fronteras sexuales, menos probable es que su acompañante malinterprete sus deseos. Si su acompañante no parece aceptar un "no" como respuesta, considérelo como una señal para dar por terminada esa relación.

- *Confíe en sus sensaciones.* Las violaciones perpetradas por personas conocidas es la forma más común de violación. Si tiene una sensación extraña acerca de su acompañante o conocido, préstele atención. No asuma que sólo lo imagina.

Señalemos ahora que no existe una manera correcta de responder al acoso sexual. Las personas responden de formas distintas. Sin embargo, las siguientes sugerencias pueden resultarle útiles en el caso de que usted o alguna persona a quien conoce se vean sometidas a acoso sexual:

- *Adopte una actitud profesional.* El hecho de transmitir una actitud profesional aunque cortés puede detener en seco el acoso.

- *Evite reunirse con el acosador a puertas cerradas.* Si usted necesita interactuar con dicha persona, asegúrese de que otros individuos se encuentren presentes, insista en que la reunión tenga verificativo en un lugar público o deje la puerta abierta para que otras personas estén a la vista.

- *Mantenga un registro actualizado.* Si usted es víctima de acoso, mantenga un registro actualizado en donde anote lo que suceda en cada incidente, dónde y cuándo ocurrió y los nombres de cualesquiera testigos que hubieran estado presentes.

- *Informe al acosador.* Permita que el acosador sepa que usted considera inaceptable su conducta y que no la tolerará. Entréguele una copia de su registro de su conducta de acoso. Si usted siente incomodidad al acercarse al acosador de manera directa, pida a un amigo que le acompañe o escríbale una carta donde describa a detalle sus quejas.

- *Hable con su supervisor o con el funcionario de la empresa o de la escuela que sea responsable de atender las quejas de acoso sexual.* Investigue el procedimiento de quejas y de protección de la confidencialidad de la compañía. La mayoría de las instituciones universitarias cuenta con individuos designados para atender quejas de acoso sexual; solicite sus nombres a su asesor o al decano de la universidad.

- *Considere iniciar acciones legales.* El acoso sexual está sujeto a derecho. Consulte a un abogado versado en la ley de su estado.

■ Pensamiento crítico sobre la psicología ■

Con base en la lectura del capítulo, responda las siguientes preguntas. Después, para evaluar su progreso en el desarrollo de capacidades de pensamiento crítico, compare sus respuestas con las del ejemplo en el apéndice A.

1. ¿En qué difiere la homosexualidad del transexualismo?

2. Marco, un gerente de tecnologías de la información de 29 años de edad, ha salido con Jessica, una estudiante de especialidad de biología de 25 años, durante los últimos meses. Ellos han comenzado a tener relaciones sexuales en fechas recientes pero Marco no ha podido lograr una erección. En cada encuentro sexual, él ha intentado liberar su mente de otras preocupaciones y concentrar su atención en alcanzar una erección. Sin embargo, esto no parece funcionar. ¿Cuál cree que pueda ser el error de Marco?

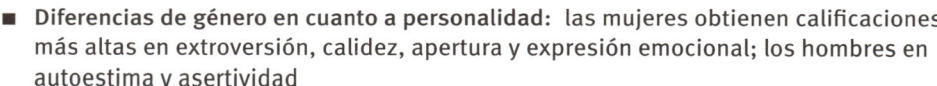

Módulo 11.1 Identidad, roles y diferencias de género

IDENTIDAD Y ROLES DE GÉNERO

- **Identidad de género:** sentido psicológico de masculinidad y feminidad
- **Roles de género:** expectativas culturales de roles y conductas apropiadas para cada género
- **Teorías sobre la conducta específica de rol de género:** teorías social-cognitiva, de esquema de género, de la evolución y sociocultural

DIFERENCIAS DE GÉNERO

- **Diferencia de género en cuanto a capacidades cognitivas:** los hombres tienen ventajas en algunas tareas visuales-espaciales y en habilidades matemáticas o cuantitativas, aunque las diferencias de género en cuanto a estas habilidades se han reducido. Las mujeres tienen la ventaja en habilidades verbales, en especial las que tienen que ver con la escritura, y en recordar dónde se localizan los objetos

- **Diferencias de género en cuanto a personalidad:** las mujeres obtienen calificaciones más altas en extroversión, calidez, apertura y expresión emocional; los hombres en autoestima y asertividad
- **Diferencias de género en cuanto a estilos de liderazgo:** las mujeres tienden a mostrar un estilo más democrático y a construir consensos, contra el estilo autocrático basado en órdenes de los hombres

Módulo 11.2 Respuesta y conducta sexual

- **Ciclo de respuesta sexual:** comprende cuatro fases:

  1. Excitación: excitación inicial
  2. Meseta: incremento de la excitación hasta un nivel de meseta
  3. Orgasmo: contracciones musculares que liberan la tensión sexual; acompañado por la eyaculación en los hombres
  4. Resolución: regreso al estado previo a la excitación

- **Orientación sexual**

  Direccionalidad de la atracción sexual a lo largo de un continuo cuyo rango cubre desde la heterosexualidad exclusiva hasta la homosexualidad exclusiva

  Los orígenes aún se encuentran en estudio pero es probable que involucren influencias biológicas y psicosociales

- **Tipos de parafilias:** variaciones sexuales atípicas

- **Protección para sí mismo y para sus parejas de las enfermedades de transmisión sexual:** practicar conductas sexuales más seguras o someterse a revisiones médicas con regularidad

El ciclo de respuesta sexual

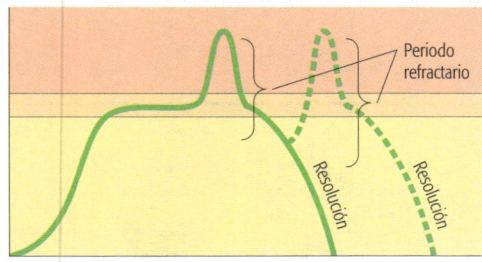

Tiempo
a) **Hombres**

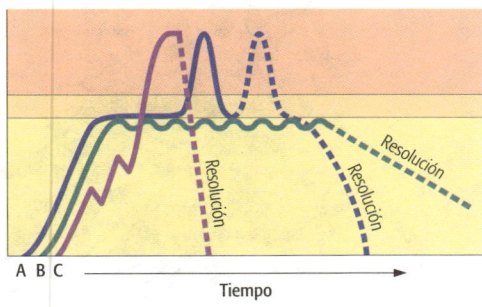

Tiempo
b) **Mujeres**

Módulo 11.3 Disfunciones sexuales

T**IPOS DE DISFUNCIONES SEXUALES**

- **Trastornos del deseo sexual** (problemas con el deseo o con el impulso sexual): trastorno del deseo sexual hipoactivo, trastorno de aversión sexual

- **Trastornos de excitación sexual** (problemas con la excitación sexual): trastorno eréctil masculino, trastorno de excitación sexual femenina

- **Trastornos orgásmicos** (problemas con la respuesta orgásmica): trastorno orgásmico femenino, trastorno orgásmico masculino, eyaculación precoz

C**AUSAS DE LAS DISFUNCIONES SEXUALES**

- **Causas biológicas:** enfermedades físicas, como la diabetes y la esclerosis múltiple; efectos del consumo de drogas o medicamentos; problemas hormonales

- **Causas psicosociales:** problemas en la relación, ansiedad de desempeño, actitudes culturales represivas hacia la sexualidad

T**RATAMIENTO PARA LAS DISFUNCIONES SEXUALES**

- **Terapia sexual:** breve terapia orientada hacia la conducta

- **Terapias biomédicas:** medicamentos para la disfunción eréctil, terapia de testosterona, antidepresivos

441

12

Psicología y salud

¿Sabía usted que . . .

- el estrés emocional de un divorcio o incluso de los exámenes universitarios puede dañar su salud? (p. 458)

- escribir acerca de sus experiencias traumáticas o estresantes puede tener efectos benéficos tanto en su salud psicológica como física? (p. 458)

- las mujeres embarazadas que son más optimistas tienden a dar a luz a bebés con mejor peso al nacer? (p. 460)

- la ira crónica puede ser perjudicial para su corazón? (p. 465)

- más de dos terceras partes de los fallecimientos a causa del cáncer podrían ser evitadas si los estadounidenses adoptaran conductas y estilos de vida más saludables? (p. 466)

- el ejercicio regular puede incrementar su resistencia al estrés? (p. 470)

El cerebro adora los acertijos

- La manera del cuerpo para responder al estrés puede salvarnos la vida en algunas circunstancias y, sin embargo, supone un riesgo para la salud en otras. ¿Cómo es esto posible? (pp. 455-456)

EL FILÓSOFO EN LA MORGUE

La morgue en París es un lugar extraño para que un famoso filósofo ande indagando. No obstante, allí, entre los cadáveres, estaba el filósofo francés del siglo XVII, René Descartes (1596-1650) (Searle, 1996). Es probable que conozca a Descartes por su famosa frase: "Pienso, luego existo". Él creía que la mente y el cuerpo son dos entidades fundamentalmente diferentes. Sin embargo, si la mente y el cuerpo están separados, debe existir alguna conexión entre éstos. Por ejemplo, si usted decide levantar su brazo y, después de una fracción de segundo, éste se mueve hacia arriba, la mente debió ejercer algún efecto en el cuerpo. Al examinar cadáveres, Descartes esperaba encontrar la parte específica del cerebro donde la mente se conectaba con el cuerpo.

La ciencia moderna instruye que la mente y el cuerpo, lo psicológico y lo físico, están mucho más interrelacionados de lo que Descartes jamás imaginó. Como veremos en el presente capítulo, los factores psicológicos desempeñan funciones importantes en nuestra salud física (Jones, 2006; Ryffa *et al.*, 2006). Lo lamento, René, pero la mente y el cuerpo no sólo coinciden en un punto: están íntimamente conectados de muchas maneras.

En los capítulos previos nos enfocamos en la manera en cómo el funcionamiento del cuerpo, en especial del cerebro, afecta las experiencias mentales, como las sensaciones, las percepciones, las emociones y el pensamiento. En este capítulo observaremos la otra cara de la moneda al considerar cómo afecta la mente al cuerpo; es decir, cómo es que los factores psicológicos, en particular el estrés, afectan nuestra salud y bienestar. También exploraremos los factores psicológicos que pueden amortiguar o disminuir el impacto del estrés en la salud. Después veremos cómo influyen los factores psicológicos en dos de los padecimientos más importantes que, en la actualidad, son las causas principales de defunciones en Estados Unidos: las enfermedades cardiacas y el cáncer. Observaremos que las conductas y los estilos de vida no saludables, como fumar y el consumo de alimentos con alto contenido de grasas, están vinculados con el riesgo de desarrollar estas enfermedades que amenazan la vida. Una mejor comprensión de los vínculos entre la psicología y la salud puede ayudar a los psicólogos, y a otros profesionales de la salud, a desarrollar programas efectivos para auxiliar a las personas en la realización de cambios saludables en su comportamiento y estilo de vida. Finalizaremos el capítulo tras considerar cómo podemos aplicar técnicas y principios psicológicos para manejar mejor el estrés en nuestra vida diaria. ■

MÓDULO 12.1 **Estrés: qué es y qué provoca en el cuerpo**

- ¿Qué es el estrés?
- ¿Cuáles son las fuentes principales de estrés?
- ¿Cómo responde el cuerpo al estrés?

- ¿Cómo afecta el estrés al sistema inmune?
- ¿Cuáles factores psicológicos amortiguan los efectos del estrés?

El estudio de las interrelaciones entre la salud psicológica y física se llama **psicología de la salud**. Los psicólogos de la salud trabajan en universidades, hospitales y dependencias gubernamentales, conducen investigaciones y utilizan el conocimiento que adquieren para desarrollar programas para promover la salud y prevenir enfermedades. La preocupación particular de estos especialistas son los efectos del estrés en la salud física. Pero, ¿qué es el estrés y cómo afecta a nuestra salud?

Los psicólogos emplean el término **estrés** para describir las presiones o demandas aplicadas sobre un organismo a fin de que éste se ajuste o adapte a su ambiente. El estrés es un hecho de la vida. Es probable que necesitemos cierta cantidad de estrés para permanecer activos, alertas y energizados. Sin embargo, cuando éste se incrementa hasta un punto en el que supera nuestra capacidad para sobrellevarlo, podemos experimentar **aflicción**, que es un estado interno de dolor o sufrimiento físico o mental. En lo que se refiere al estrés, todos tenemos nuestros límites. La

CONCEPTO 12.1
Cuando el nivel de estrés en nuestra vida sobrepasa la capacidad para sobrellevarlo, podemos experimentar estados de aflicción en forma de problemas de salud psicológica o física.

FIGURA 12.1 Síntomas psicológicos y físicos que son consecuencia del estrés
Estas gráficas muestran los porcentajes de estadounidenses encuestados por la American Psychological Association que reportaron varios síntomas psicológicos y físicos como consecuencia del estrés durante el periodo de un mes.

Fuente: American Psychological Association, 2007.

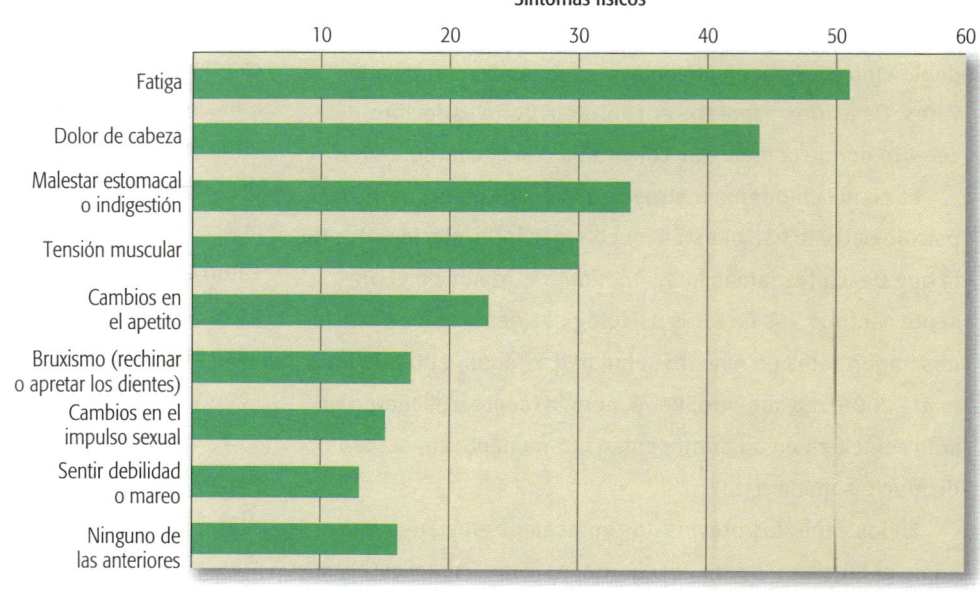

psicología de la salud
Especialidad de la psicología que se enfoca en el estudio de las interrelaciones entre los factores psicológicos y la salud física.

estrés Presión o demanda sobre un organismo para que se ajuste o adapte.

aflicción Estado de sufrimiento, incomodidad o dolor físico o emocional.

¿Cuáles son las fuentes de estrés en su vida?

aflicción puede cobrar la forma de problemas psicológicos, en especial ansiedad, depresión, ira e irritabilidad; y complicaciones de salud física, como dolores de cabeza, fatiga, incomodidad estomacal y condiciones médicas tan serias como los trastornos cardiovasculares (consulte la figura 12.1).

Muchos estadounidenses afirman que el estrés va en aumento. De acuerdo con encuestas recientes, realizadas por la American Psychological Association, una tercera parte de aquellos dice enfrentar niveles extremos de estrés (American Psychological Association, 2006, 2007). Casi la mitad (48%) declara que el nivel de estrés en su vida se ha incrementado en el transcurso de los últimos cinco años.

Fuentes de estrés

Si tuviera que identificar las fuentes de estrés en su vida, ¿cuáles enlistaría? ¿Las demandas de la escuela o del trabajo, los problemas en sus relaciones, las congestiones de tránsito o las fuentes diarias de estrés, como preparar las comidas, ir de compras o hacer las tareas domésticas? Las fuentes de estrés se llaman **estresores**. Enfrentamos numerosos estresores en nuestras vidas. En esta sección examinaremos cierta cantidad de éstos, como los problemas cotidianos, los sucesos o los cambios de vida, las frustraciones, los conflictos, los traumas, los patrones de conducta Tipo A y las presiones para ajustarnos a una nueva cultura, lo cual es un estresor que enfrentan los grupos inmigrantes.

Las experiencias tanto positivas como negativas pueden ser fuentes de estrés. Los sucesos felices o gozosos, como tener un bebé, contraer matrimonio o graduarnos de la universidad son estresores porque imponen demandas sobre nosotros de ajuste o adaptación. Los cambios positivos, al igual que los negativos, pueden superar nuestra capacidad para sobrellevarlos, como cualquier nuevo padre puede confirmar. Dicha capacidad, suficiente o no, desempeña una función fundamental en la determinación de nuestro bienestar mental y físico.

Problemas

Los **problemas** son molestias que por lo regular experimentamos en nuestra vida diaria. Como ejemplos están los congestionamientos de tránsito, las tareas domésticas, lidiar con las inclemencias del clima y equilibrar las exigencias del trabajo con nuestras relaciones sociales. Muy pocas personas, si es que existe alguien, son inmunes a las dificultades diarias.

Podemos experimentar algunos problemas cada día, como tratar de encontrar un lugar para estacionar nuestro automóvil en estacionamientos saturados. Otros se presentan de forma irregular e inesperada, como el hecho de que nos sorprenda un chubasco sin paraguas. Un problema único puede no tener tanto peso por sí mismo; sin embargo, la acumulación de dificultades diarias puede contribuir al nivel general de estrés crónico en nuestras vidas. El **estrés crónico** es un estado de tensión o presión persistente que provocan que nos sintamos exhaustos, irritables y deprimi-

CONCEPTO 12.2
Los estresores son fuentes de estrés, como los problemas, los cambios de vida, las frustraciones y los conflictos.

CONCEPTO 12.3
Entre las fuentes de estrés crónico están los problemas, las dificultades financieras, los conflictos laborales y el dolor persistente u otros problemas médicos.

VÍNCULO DE CONCEPTOS •••••
Como ya discutimos en el capítulo 3, los factores psicológicos pueden afectar la severidad del dolor crónico y la manera en cómo la gente es capaz de sobrellevarlo. Consulte el módulo 3.6.

estresores Fuentes de estrés.
problemas Molestias de la vida diaria que imponen una carga estresante.
estrés crónico Estrés continuo o recurrente.

dos. Entre las fuentes de estrés crónico se incluyen las continuas dificultades financieras, los problemas relacionados con el trabajo, los conflictos maritales o en otras relaciones y los dolores persistentes o recurrentes u otras condiciones médicas crónicas.

Sucesos de la vida

El estrés también puede ser el resultado de grandes cambios en las circunstancias de la vida, a los cuales los psicólogos llaman *sucesos de la vida*. Éstos pueden ser negativos, como la pérdida de un ser querido o un despido laboral, o positivos, como contraer matrimonio, recibir un ascenso o tener un bebé. En otras palabras, los cambios, tanto buenos como malos, pueden imponer cargas estresantes que requieren ajustes. A diferencia de los problemas cotidianos, los sucesos de la vida ocurren de forma irregular y, en ocasiones, inesperada. ¿Cuán estresante es su vida? A fin de determinar su nivel de estrés, revise el próximo recuadro "Intente lo siguiente".

Las personas que experimentan más cambios en su vida tienen mayor probabilidad de sufrir problemas de salud psicológica y física (Dohrenwend, 2006). Sin embargo, necesitamos tomar en consideración algunas precauciones cuando interpretemos estos datos. Las relaciones entre los cambios en la vida y los problemas psicológicos y físicos por lo regular son pequeñas y los vínculos son correlacionales. Como se explicó en el capítulo 1, una correlación es una asociación estadística entre dos variables (en este caso, el nivel de estrés y la salud deficiente) y, como tales, no necesariamente reflejan un vínculo causal. Es posible que la exposición a los sucesos de la vida cause o agrave los problemas mentales o físicos. Sin embargo, también es viable que dichas dificultades alteren la vida de las personas y las conduzcan hacia más sucesos que transformen su vida, como reubicaciones laborales o conflictos con miembros de la familia. En el análisis final, es probable que las relaciones entre los sucesos de la vida y nuestra salud física tengan efectos positivos y negativos.

A pesar de que todas las personas experimentan problemas y cambios de vida, algunas son menos vulnerables que otras a estos tipos de estresores: pueden tener umbrales más altos para lidiar con las dificultades diarias y no se alteran tanto por éstas. O tal vez cuenten con las habilidades necesarias para ajustarse a los cambios en las circunstancias de la vida, como la capacidad para hacer nuevas amistades cuando se mudan a una comunidad nueva. También es cierto que algunos individuos mantienen actitudes más optimistas que otros y creen que pueden controlar el curso futuro de sus vidas. Incluso pueden ser más capaces de enfrentar los desafíos que imponen los diferentes estresores.

Nuestra manera de calificar o evaluar un suceso de la vida también tiene un peso importante en cuán estresante se vuelve éste para nosotros. El mismo suceso puede tener significados distintos para cada persona. Es probable que un acontecimiento, como un embarazo, sea menos estresante para las personas que le dan la bienvenida a este evento y creen que pueden sobrellevar los cambios que traerá el nacimiento de un hijo. De igual manera, el hecho de que usted encuentre que las demandas de su empleo son estresantes puede depender de si le agrada su trabajo y de si siente que controla cómo y cuándo lo realiza.

Frustración

Otra fuente principal de estrés es la **frustración**, el estado emocional negativo que ocurre cuando sus esfuerzos por perseguir sus metas se ven bloqueados u obstaculizados. Los adolescentes pueden sentirse frustrados cuando quieren conducir automóviles, tener pareja o consumir bebidas alcohólicas pero se les dice que son demasiado jóvenes para ello. Las personas que desean acceder a la educación superior pueden sentirse frustradas cuando carecen de los recursos financieros para asistir a la universidad de su elección. Podemos frustrarnos cuando establecemos metas demasiado irreales, tan altas que somos incapaces de alcanzarlas.

Conflicto

El **conflicto** es un estado de tensión que resulta de la presencia de dos metas que compiten entre sí y que exigen una resolución. Las personas en conflicto con frecuencia vacilan, o avanzan y retroceden, entre las metas en competencia. Mientras más tiempo permanece ese estado, más estresadas y frustradas se sienten. Los psicólogos identifican cuatro tipos principales de conflictos (consulte la figura 12.2). Ahora analicemos cada uno de éstos.

CONCEPTO 12.4

Las personas que experimentan una cantidad mayor de sucesos que transforman sus vidas se encuentran ante un riesgo mayor de presentar problemas psicológicos y físicos; no obstante, todavía están abiertas a debate las cuestiones de causa y efecto.

CONCEPTO 12.5

En un estado de conflicto psicológico, una persona puede vacilar entre dos o más metas atractivas.

VÍNCULO DE CONCEPTOS · · · · ·

Como ya comentamos en el capítulo 8, la teoría de los incentivos se enfoca en el "jalón" o atractivo de las metas y los objetos deseados como fuente importante de motivación. Consulte el módulo 8.1.

CONCEPTO 12.6

Los cuatro tipos principales de conflicto psicológico son de acercamiento-acercamiento, de evitación-evitación, de acercamiento-evitación y de múltiple acercamiento-evitación.

frustración Estado emocional negativo experimentado cuando los esfuerzos de la persona para obtener sus metas son obstaculizados.

conflicto Estado de tensión producido por motivos opuestos que operan de manera simultánea.

Intente lo siguiente

¿Cuán estresante es su vida?

El College Life Stress Inventory fue diseñado para medir la cantidad de estrés experimentado por los estudiantes universitarios. Encierre en un círculo las frases del inventario que usted ha experimentado durante el año anterior. Después calcule su nivel de estrés por medio de la suma de las calificaciones de estrés en las frases que usted señaló. Utilice la clave de calificación para ayudarse a interpretar sus calificaciones.

Calificación de estrés	Evento
100	Ser víctima de una violación
100	Resultar positivo en el análisis de virus de inmunodeficiencia humana (VIH)
98	Ser acusado de violación
97	La muerte de un amigo cercano
96	La muerte de un miembro de su familia
94	Contraer una enfermedad de transmisión sexual (además del síndrome de inmunodeficiencia adquirida, SIDA)
91	Preocupaciones relacionadas con estar embarazada
90	Semana de exámenes finales
90	Preocupaciones relacionadas con el hecho de que su pareja esté embarazada
89	Quedarse dormido para un examen
89	Reprobar una materia académica
85	Que su novio o novia lo engañe
85	Terminar con una relación romántica estable
85	Una enfermedad seria de un amigo cercano o de un miembro de su familia
84	Dificultades financieras
83	Preparar un trabajo final
83	Ser sorprendido mientras hace trampa en un examen
82	Conducir un vehículo en estado de ebriedad
82	Sensación de saturación de trabajo, ya sea en la escuela o en su empleo
80	Dos exámenes en un mismo día
77	Engañar a su novio o novia
76	Casarse
75	Las consecuencias negativas de consumir alcohol o drogas
73	Depresión o crisis de su mejor amigo o amiga
73	Dificultades con sus padres
72	Hablar frente a su clase
69	Falta de sueño
69	Cambios en su situación de vivienda (problemas, mudanzas)
69	Competir o actuar en público
66	Involucrarse en una pelea física
66	Dificultades con un compañero de vivienda
65	Cambios de empleo (presentar solicitudes, un nuevo empleo, problemas laborales)
65	Elegir una especialidad o preocupaciones sobre los planes futuros
62	Una clase que aborrece
61	Consumir alcohol o drogas
60	Confrontaciones con sus profesores
58	Iniciar un nuevo semestre
57	Salir con una persona por primera vez
55	Las inscripciones
55	Mantener una relación romántica estable
54	El transporte hacia la universidad o hacia el trabajo, o ambos
53	Las presiones de sus amigos
53	Estar lejos de casa por primera vez
52	Enfermarse
52	Preocupaciones acerca de su apariencia
51	Obtener sólo calificaciones excelentes
48	Una clase difícil que a usted le encanta
47	Hacer nuevos amigos; reunirse con sus amigos
47	Los reclutamientos de las fraternidades universitarias, masculinas y femeninas
40	Quedarse dormido en clases
20	Asistir a una competencia atlética (p. e., un partido de futbol americano)

Clave de calificación: Usted puede medir su nivel general de estrés al comparar su calificación total con las obtenidas por los desarrolladores de la escala, basadas en una muestra de 257 estudiantes de introducción a la psicología. La calificación promedio (media) fue de 1 247 y alrededor de dos de cada tres estudiantes obtuvieron calificaciones comprendidas en un rango entre 806 y 1 688. A pesar de que su calificación total puede revelarle cuán alto puede ser su nivel de estrés, no revela el grado al cual el estrés afecta su vida. Algunas personas pueden prosperar con niveles más altos de estrés que otras. Estas personas pueden poseer las capacidades de resistencia y el apoyo social que necesitan para manejarlo de manera más eficaz. Sin embargo, cualquier persona puede sentirse abrumada cuando las presiones y los cambios de la vida continúan en aumento. Si enfrenta un nivel alto de estrés en su vida, tal vez pueda reducir algunas de estas fuentes de estrés. Quizá también se beneficie si aprende algunas formas eficaces para manejar aquellos estresores que no pueda evitar. El módulo 12.3, al final de este capítulo, ofrece algunas directrices para manejar el estrés que tal vez le resulten de utilidad.

Fuente: Renner y Mackin, 1998.

FIGURA 12.2   Tipos de conflictos
❶ En un conflicto de acercamiento-
acercamiento *a*), la persona (P)
está motivada (M) a perseguir
dos objetivos (O), pero no puede perseguir ambos
al mismo tiempo. ❷ En un conflicto de evitación-
evitación *b*), la persona está motivada a evitar
cada uno de los dos objetivos indeseables. ❸
En un conflicto de acercamiento-evitación *c*), el
mismo objetivo tiene cualidades tanto positivas
como negativas. ❹ En un conflicto múltiple de
acercamiento-evitación *d*), la persona enfrenta dos
o más objetivos, donde cada uno de ellos posee
características positivas y negativas.

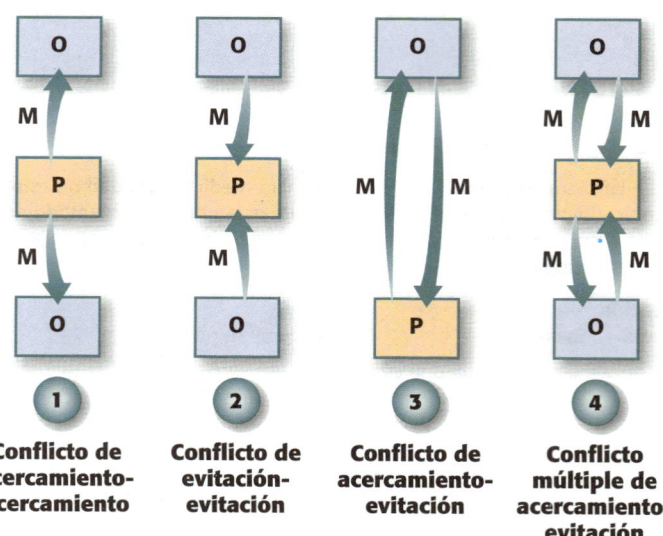

Conflicto de acercamiento-acercamiento   En un conflicto de acercamiento-acercamiento, usted se siente atraído hacia dos objetivos positivos pero mutuamente excluyentes al mismo tiempo (consulte la figura 12.2). Quizá necesite decidir entre tomar unas vacaciones en las montañas
o en la playa, salir con Taylor o con Alex este fin de semana o elegir entre dos ofrecimientos atractivos de empleo. A pesar de que en un inicio tal vez vacile entre los dos objetivos, en general el
conflicto de acercamiento-acercamiento se resuelve al momento de optar por un curso de acción
u otro. Por lo regular, se considera que el conflicto de acercamiento-acercamiento es el tipo de
conflicto menos estresante.

Conflicto de evitación-evitación   En los conflictos de evitación-evitación, usted se enfrenta a
dos objetivos opuestos, los cuales son desagradables (consulte la figura 12.2). Más aún, la evitación de uno de estos desagradables objetivos requiere un acercamiento al otro. Quizá desee
evitar un doloroso procedimiento dental, pero también quiere impedir la pérdida de un diente. Tal
vez usted evite inscribirse a una especialidad menos demandante debido a su fuerte tendencia a
eludir el fracaso, pero también desea evitar conformarse con un empleo o carrera de nivel inferior.
Si no existe una resolución evidente, quizá opte por renunciar a enfrentarse al conflicto, cuando
menos durante cierto tiempo. En los casos donde éste se vuelve altamente estresante, usted podría quedar inmovilizado y ser incapaz de atender sus responsabilidades acostumbradas.

Conflicto de acercamiento-evitación   En los conflictos de acercamiento-evitación, usted se enfrenta a un objetivo que contiene cualidades tanto positivas como negativas. Quizá desee invitar
a salir a otra persona, pero se siente paralizado por sus temores al rechazo. Tal vez planee inscribirse a una especialidad, no obstante, tiene temor de adquirir deudas fuertes. La resolución del
conflicto parece posible si usted compara las ventajas y las desventajas relativas del mismo y
después decide comprometerse a perseguir ese objetivo o a abandonarlo. Sin embargo, como una
pieza de metal colocada en la proximidad de un imán con dos polos opuestos, es probable que al
principio usted se sienta atraído hacia el objetivo gracias a sus cualidades deseables, sólo para
ser repelido por sus características no atractivas a medida de que se aproxima a éste.

Conflicto múltiple de acercamiento-evitación   Es el tipo más complejo de conflicto e involucra
a dos o más objetivos, cada uno de éstos con características tanto positivas como negativas. Tal
vez usted desee recibir capacitación adicional después de su graduación universitaria porque de
esta manera expandirá sus opciones de carrera, pero los costos y los compromisos adicionales
de tiempo involucrados lo desmotivan. Por otra parte, puede tener una oportunidad de empleo a
la espera que podría ser el inicio de su carrera, pero le preocupa llegar a arrepentirse por no haber
continuado con su educación académica. En ocasiones, dichos conflictos pueden resolverse por

medio de la combinación de ambos objetivos (iniciar en el nuevo empleo mientras asiste a cursos nocturnos). En otros momentos, la resolución proviene del hecho de comprometerse con un curso de acción, incluso a pesar de que éste pueda implicar las irritantes preocupaciones por "el camino que no tomó".

Los conflictos se resuelven con más facilidad e implican menos estrés cuando un objetivo es decididamente más atractivo que el otro o cuando las características positivas superan a lo negativo. No obstante, cuando dos objetivos lo jalan en direcciones opuestas, o cuando la misma meta lo atrae con la misma fuerza que lo repele, puede experimentar niveles muy altos de estrés y confusión sobre cuál curso de acción debe tomar.

Estresores traumáticos

Los estresores traumáticos son sucesos que pueden amenazar la vida. En esta categoría se incluyen los desastres naturales o tecnológicos (p. e., huracanes, tornados, inundaciones, accidentes nucleares); las experiencias de combate; los accidentes serios; los asaltos físicos o sexuales; un diagnóstico de cáncer, síndrome de inmunodeficiencia adquirida (SIDA) o alguna otra enfermedad que puede amenazar la vida; y los ataques terroristas, como los horrendos ataques del 11 de septiembre del 2001.

Las personas que experimentan sucesos traumáticos pueden desarrollar un padecimiento psicológico llamado **trastorno de estrés postraumático (TEPT)**. Las personas con trastorno de estrés postraumático encuentran dificultades crónicas para la adaptación, como los que se enlistan a continuación, a menudo durante años después de que el suceso traumático ha ocurrido.

- *Evitación de claves asociadas con el trauma.* Las personas con trastorno de estrés postraumático pueden evitar situaciones que les recuerden la experiencia traumática. Una víctima de violación puede rodear la misma zona de la ciudad donde fue atacada. El veterano de combate puede evitar ver películas bélicas o socializar con sus compañeros del servicio militar.

- *Reexperimentación del suceso traumático.* Estas personas pueden experimentar recuerdos o sueños invasivos sobre la experiencia traumática. Incluso tal vez sufran retrospectivas de la misma, como los veteranos de combate que de momento tienen la sensación de encontrarse de nuevo en el campo de batalla.

- *Funcionamiento limitado.* Estas personas pueden experimentar depresión o ansiedad, mismas que interfieren con su capacidad para cumplir con sus responsabilidades ordinarias como trabajadores, estudiantes, padres o miembros de una familia.

- *Tensión exaltada.* Estos individuos pueden sentir una tensión o un nerviosismo inusuales, encontrar dificultades para relajarse y dormir o registrar un ritmo cardiaco muy acelerado. También puede parecer que se encuentran siempre en guardia y mostrar una respuesta de sobresalto exagerado ante los ruidos repentinos.

- *Aturdimiento emocional.* Estas personas pueden experimentar un aturdimiento en sus respuestas emocionales y encontrar dificultades para sentir amor o cualquier otra emoción fuerte.

No todas las personas que experimentan un suceso traumático desarrollan trastorno de estrés postraumático, aunque este trastorno es bastante común. Por ejemplo, un estimado de 30% de los residentes de Nueva Orleáns que vivieron el huracán *Katrina* en 2005 desarrollaron trastorno de estrés postraumático en los meses posteriores al desastre (Galea *et al.*, 2007). Sin embargo, este tipo de estrés puede no desarrollarse durante años después de la exposición a un suceso traumático (B. Andrews *et al.*, 2007). La American Psychological Association ofrece algunas sugerencias que pueden ayudarnos a identificar las señales de advertencia de las reacciones de estrés relacionadas con un trauma (consulte la tabla 12.1).

Patrón de conducta Tipo A

¿Es usted del tipo de personas a quienes los demás describirían como difícil, competitiva, impaciente y ambiciosa? ¿Parece caminar por la vida a un paso más veloz que otros individuos? ¿La idea de esperar en una fila o de verse atrapado en un congestionamiento de tránsito le provoca ganas de jalarse los cabellos o de azotar los puños? Si estas características le parecen verdaderas, es probable que su estilo de personalidad coincida con el **patrón de conducta Tipo A (PCTA)**.

CONCEPTO 12.7
Los sucesos traumáticos pueden ser fuentes de estrés intenso que, por su parte, pueden tener efectos profundos y perdurables en nuestro ajuste psicológico.

Estrés traumático La exposición a sucesos traumáticos, como los asesinatos masivos en Virginia Tech, pueden provocar el desarrollo de trastorno de estrés postraumático (TEPT): un trastorno psicológico caracterizado por problemas crónicos de adaptación y funcionamiento psicológicos.

trastorno de estrés postraumático (TEPT) Trastorno psicológico que implica una reacción no adaptativa al estrés traumático.

patrón de conducta tipo A (PCTA) Patrón de conducta caracterizado por impaciencia, urgencia de tiempo, competitividad y hostilidad.

TABLA 12.1 **Señales de advertencia de estrés relacionado con un trauma**

La American Psychological Association recomienda a las personas que experimentan los siguientes síntomas durante un plazo superior a un mes que consideren la posibilidad de consultar a un profesional de la salud mental. Hay ayuda disponible mediante los servicios de salud de su universidad o por medio de proveedores de salud mental en su comunidad. Para obtener más información o para solicitar referencias con un proveedor local de salud, usted puede ponerse en contacto con la Cruz Roja de su localidad.

- Sufrir pesadillas frecuentes o pensamientos invasivos acerca del suceso traumático
- Experimentar dificultades para dormir o cambios en el apetito
- Sentirse ansioso o atemorizado, en especial cuando se ve expuesto a estímulos asociados con la experiencia traumática
- Sobresaltarse con facilidad o estar inusualmente alerta o vigilante
- Tener pocas energías o sentirse deprimido o triste
- Padecer dificultades con la memoria, como con los recuerdos de los sucesos relacionados con el trauma
- Enfrentar problemas para tomar decisiones o para concentrarse en su trabajo o en sus actividades diarias; sentirse "disperso"
- Sentir inquietud, irritabilidad o ira inusuales; agitarse con facilidad
- Sentirse "aturdido" a nivel emocional, alejarse o desconectarse de los demás
- Tener arrebatos espontáneos de llanto o sentimientos de desesperanza o desesperación
- Volverse protector al extremo con sus seres queridos o temeroso acerca de su seguridad
- Evitar actividades, situaciones o contacto con personas que le recuerden el suceso traumático

---

CONCEPTO 12.8
La hostilidad y la ira crónicas son elementos del patrón de conducta Tipo A que están vinculados con un mayor riesgo de padecer enfermedades cardiacas.

Las personas con patrón de conducta Tipo A son impacientes, competitivas y agresivas. Tienen prisa constante y un fuerte sentido de la urgencia del tiempo. Se sienten presionadas a realizar lo más posible en el menor tiempo. Tienden a hacerlo todo a gran velocidad: hablan, caminan y hasta comen rápido. Pierden pronto la paciencia con otras personas, en especial con aquellas que se mueven o trabajan más despacio de lo que les gustaría. Pueden volverse hostiles e iracundos cuando los demás no cumplen con sus expectativas. Son intensos hasta para jugar. Mientras a los demás les complace golpear la pelota de un lado al otro en una cancha de tenis, las personas con el patrón de conducta Tipo A juegan para ganar a toda costa. En contraste, aquellos individuos con el estilo opuesto de personalidad, conocido como patrón de conducta tipo B, andan por la vida a un paso más lento y relajado. El próximo recuadro de "Intente lo siguiente" puede ayudarlo a determinar si usted corresponde al perfil Tipo A.

Patrón de conducta Tipo A
¿Su estilo de personalidad contribuye a incrementar el nivel de estrés en su vida?

Por qué es importante   ¿Existe alguna conexión entre los patrones de personalidad y el riesgo de padecer la enfermedad cardiaca coronaria (ECC)? A pesar de que las primeras investigaciones vincularon al patrón de personalidad Tipo A con un mayor riesgo de padecer esta enfermedad, las investigaciones posteriores arrojan sombras de duda sobre esta relación (Geipert, 2007). Por otra parte, tenemos evidencias crecientes de un vínculo entre un componente particular del patrón de conducta Tipo A, la hostilidad, y severos problemas de salud, como la enfermedad cardiaca coronaria y la muerte prematura (Boyle, Jackson y Suarez, 2007; Olson *et al.*, 2006; Roberts *et al.*, 2007; Smith, 2006).

¿Cuál es la conexión entre la hostilidad y la enfermedad cardiaca? La evidencia muestra que las personas que experimentan emociones negativas fuertes y frecuentes, como la ira y la ansiedad, enfrentan un riesgo mayor de desarrollar dicho padecimiento y otros problemas significati-

CONCEPTO 12.9
El estrés por aculturación lo enfrentan aquellos inmigrantes que luchan por cubrir las demandas que implica adaptarse a una nueva cultura.

VÍNCULO DE CONCEPTOS
Como ya comentamos en el capítulo 4, la aculturación es un factor importante para ayudarnos a comprender problemas de consumo y abuso de drogas.

Intente lo siguiente

¿Es usted Tipo A?

Marque la columna que corresponda para indicar si la frase es verdadera, o no, en términos generales para usted. Después consulte la clave de calificación, en la parte inferior, con el fin de determinar si usted corresponde al perfil Tipo A.

SÍ	NO	¿Usted...		SÍ	NO	¿Usted...
☐	☐	1. camina de manera vigorosa de un lado al otro o de una reunión a otra?		☐	☐	13. está tan concentrado en el dinero, los ascensos y las recompensas que no se ocupa en expresar su creatividad?
☐	☐	2. enfatiza con fuerza las palabras importantes en su habla ordinaria?		☐	☐	14. programa citas y reuniones una tras otra?
☐	☐	3. piensa que la vida es, por naturaleza, una competencia implacable?		☐	☐	15. llega antes de la hora programada a las citas y reuniones?
☐	☐	4. se siente ansioso cuando observa que otra persona termina un trabajo con lentitud?		☐	☐	16. cierra los puños o tensa la mandíbula para dejar claros o enfatizar sus puntos de vista?
☐	☐	5. urge a los demás para que terminen lo que intentan expresar?		☐	☐	17. piensa que lo que ha logrado se debe a su capacidad para trabajar rápido?
☐	☐	6. le resulta excepcionalmente irritante tener que esperar en una fila?		☐	☐	18. tiene la sensación de que el trabajo incompleto debe hacerse ahora mismo y rápido?
☐	☐	7. visualiza todas las cosas que tiene que hacer, incluso cuando otra persona conversa con usted?		☐	☐	19. intenta encontrar maneras más eficientes para hacer las cosas?
☐	☐	8. come mientras se viste o hace anotaciones mientras conduce su automóvil?		☐	☐	20. siempre lucha por ganar en los juegos en lugar de divertirse?
☐	☐	9. se pone al corriente con su trabajo mientras se encuentra de vacaciones?		☐	☐	21. interrumpe a las personas que hablan?
☐	☐	10. dirige las conversaciones hacia temas que le resulten interesantes?		☐	☐	22. pierde la paciencia con las personas que llegan tarde a las citas o reuniones?
☐	☐	11. siente como si todo fuera a arruinarse porque usted decide relajarse durante unos minutos?		☐	☐	23. regresa a trabajar justo después del almuerzo?
				☐	☐	24. siente que nunca tiene suficiente tiempo?
☐	☐	12. está tan inmerso en su trabajo que no nota cuando pasa frente a un panorama atractivo?		☐	☐	25. cree que hace demasiado poco, incluso cuando otras personas le dicen que lo hace bien?

Clave de calificación: Las respuestas de "sí" sugieren un patrón de conducta Tipo A..., y mientras más frases haya respondido con "sí", más fuerte es su patrón de conducta Tipo A. Si es honesto consigo mismo, debe encontrar poca dificultad para determinar si su inclinación hacia este patrón es fuerte o moderada.

Fuente: Adaptado de Nevid y Rathus, 2007a.

vos de salud (DiGiuseppe y Tafrate, 2007; Pressman y Cohen, 2005). Las personas que muestran gran hostilidad tienden a ser explosivas y son proclives a enojarse con facilidad y frecuencia. También pueden mostrar más reactividad fisiológica al estrés, lo cual suele pasar una factura a la salud física con el tiempo. También hemos aprendido a partir de un estudio reciente de adultos mexicano-americanos, que el hecho de experimentar emociones positivas frecuentes está vinculado con presiones sanguíneas más saludables (Ostir *et al.,* 2006). La lección aquí es que la salud emocional está relacionada con la salud física.

Antes de avanzar debemos señalar que la cuestión relativa a que las características de apresuramiento del patrón de conducta Tipo A contribuyen al desarrollo de problemas de la salud aún se encuentra abierta a estudios posteriores. Sin embargo, este patrón de conducta es una fuente modificable de estrés. Si busca reducir el nivel de estrés en su vida, un buen lugar para comenzar podría ser modificando su comportamiento. El módulo 12.3 contiene sugerencias que pueden serle útiles para reducir este tipo de conducta.

Explore la psicología

El éxito en Estados Unidos: el desafío del estrés por aculturación

Para los inmigrantes, las demandas de adaptación a una nueva cultura pueden ser una fuente significativa de estrés. El hecho de establecer una nueva vida en un país adoptivo puede resultar un ajuste difícil, en especial cuando existen diferencias en el idioma y la cultura, y pocas oportunidades de empleo o capacitación. La presión por *aculturarse* significa adaptarse a los valores, las preferencias lingüísticas y las costumbres de la cultura anfitriona o dominante.

¿Cómo afecta el **estrés por aculturación** en la salud psicológica y en la adaptación de una persona? Se acumulan cada vez más evidencias que demuestran vínculos entre el estrés por aculturación y una adaptación psicológica deficiente (Crockett *et al.,* 2007; Schwartz, Zamboanga y Jarvis, 2007). El estrés vital que enfrentan los inmigrantes con aculturación deficiente en su intento por encontrar un punto de apoyo económico en el país anfitrión puede contribuir a la incidencia de problemas emocionales que se manifiestan en forma de ansiedad y depresión. Sin embargo, la aculturación puede asemejarse a una espada de dos filos ya que puede conducir a una erosión de las redes y valores familiares tradicionales, lo cual, por su parte, puede incrementar la vulnerabilidad a problemas psicológicos frente al estrés vital (Ortega *et al.,* 2000). La erosión de los valores culturales tradicionales también puede explicar los descubrimientos de los altos índices de relaciones sexuales entre adolescentes hispanos más aculturados y de farmacodependencia entre mujeres hispanas nacidas en Estados Unidos ("Studies Focus", 2007; Turner, Lloyd y Taylor, 2006).

La capacidad para manejar este tipo de estrés de manera efectiva depende de muchos aspectos relativos al modo de vida en la nueva cultura, como oportunidades económicas, capacidad para hablar el idioma local, éxito en la formación de conexiones sociales con personas con quienes el individuo puede identificarse y mantener la identidad étnica propia. Sin embargo, el aislamiento de la sociedad dominante puede impedir que el individuo realice los ajustes necesarios para funcionar de forma efectiva en una sociedad multicultural. Para muchos grupos, hacer una transición exitosa a la vida en Estados Unidos es un proceso que implica equilibrar la participación en la cultura principal al tiempo que mantienen su identidad étnica o herencia cultural.

La teoría líder en cuanto al estrés por aculturación, por lo general llamada *teoría bicultural*, postula que los inmigrantes se adaptan mejor, en términos psicológicos, cuando mantienen la identidad con sus valores y creencias tradicionales al tiempo que se esfuerzan por adaptarse a la cultura anfitriona. Es decir, la adaptabilidad combinada con una tradición cultural de apoyo y un sentido de identidad étnica promueven la salud psicológica. La evidencia muestra que mantener una firme identificación étnica esta asociada con una mejor salud psicológica en numerosos grupos, incluyendo los jóvenes y adolescentes asiáticos-estadounidenses y navajos (Huang, 1994; Rieckmann, Wadsworth y Deyhle, 2004).

Adaptación a una nueva cultura
¿Los nuevos grupos de inmigrantes deben adaptarse a su nueva cultura o mantener su identificación con sus culturas tradicionales? ¿O deben intentar ambas opciones?

estrés por aculturación
Demandas que enfrentan los inmigrantes al adaptarse a la cultura anfitriona.

Orgullo étnico Un fuerte sentido de identidad étnica puede contribuir a una salud psicológica que ayude a amortiguar el estrés que resulta del prejuicio y el racismo.

Hans Selye

El racismo, el prejuicio y la discriminación son fuentes significativas de estrés para los grupos inmigrantes y para los miembros de minorías étnicas nativas. No es sorprendente que la exposición al racismo y a la discriminación esté vinculada con una salud física y psicológica deficiente (King, 2005; Mays, Cochran y Barnes, 2007). Por otra parte, la identidad y el orgullo étnicos de la cultura propia pueden incrementar la capacidad de la persona para sobrellevar los efectos del racismo y el prejuicio (Greene *et al.,* 2006).

Antes de avanzar en su lectura, revisemos las fuentes de estrés descritas en la tabla de conceptos 12.1.

La respuesta del cuerpo al estrés

Gran parte de lo que sabemos acerca de la respuesta del cuerpo al estrés es el resultado de la investigación pionera de Hans Selye (1907-1982), el afamado investigador conocido de manera afectuosa como el "doctor Estrés". Selye realizó estudios experimentales en animales de laboratorio para determinar cómo responde el cuerpo a diferentes tipos de estresores. Selye creía que la manera en cómo responde el cuerpo al estrés continuo y persistente es muy semejante a un reloj despertador que no se calla sino hasta que su energía disminuye de manera peligrosa.

El síndrome de adaptación general

Selye reconocía que determinados estresores, como un virus invasor, generan reacciones específicas en el cuerpo. Sin embargo, por encima de esas determinadas respuestas se encuentra una respuesta corporal más general para varios tipos de estrés, a la cual llamó **síndrome de adaptación general (SAG)** (también conocido como *respuesta al estrés*). El cuerpo responde de manera semejante a muchos tipos diferentes de estresores, como el frío extremo, el ruido, las presiones del trabajo o el excesivo estrés mental en forma de preocupación o ansiedad. El síndrome de adaptación general consiste en tres etapas que describimos a continuación.

Etapa de alarma   La **etapa de alarma** es el primer nivel de respuesta del cuerpo a un estresor, durante el cual prepara sus defensas para la acción. Suponga que, de pronto, en la calle un automóvil frente a usted gira sin control. Éste es un suceso estresante repentino. Su corazón late más rápido y así acelera el flujo de sangre hacia sus extremidades para brindar a sus músculos el oxígeno y el combustible que necesitan para realizar una acción veloz, como ejecutar una maniobra de emergencia que evite una colisión. La respuesta del cuerpo durante la etapa de alarma se llama **respuesta de luchar-o-huir** porque se caracteriza por determinados cambios biológicos que preparan al cuerpo para enfrentar una amenaza por medio de combatirla o de escapar de ésta.

La etapa de alarma se acompaña de una fuerte excitación fisiológica y psicológica. Nuestro corazón bombea, nuestra respiración se acelera, el sudor escurre por nuestra frente y nos sentimos inundados de fuertes emociones como el terror, el temor, la ansiedad, la rabia o la ira.

💡 **CONCEPTO 12.10**
El síndrome de adaptación general (SAG) es un proceso de tres niveles mediante el cual el cuerpo responde a diferentes tipos de estresores.

💡 **CONCEPTO 12.11**
Los tres niveles que conforman el síndrome de adaptación general (SAG) son la etapa de alarma, de resistencia y de agotamiento.

💡 **CONCEPTO 12.12**
Durante la etapa de alarma del síndrome de adaptación general, el cuerpo moviliza sus recursos al enfrentarse al estrés y se prepara para defenderse de una amenaza por medio de luchar o de huir.

síndrome de adaptación general (SAG) Término de Selye para la respuesta de tres niveles del cuerpo al estrés persistente o intenso.

etapa de alarma Primer nivel del síndrome de adaptación general que implica la movilización de los recursos del cuerpo para enfrentar a un agente de estrés inmediato.

respuesta de luchar-o-huir Sistema de alarma integral del cuerpo que le permite movilizar sus recursos con rapidez para luchar o huir cuando se enfrenta con un agente amenazante de estrés.

TABLA DE CONCEPTOS 12.1
Fuentes de estrés

Fuente	Descripción	Puntos clave
Problemas	Molestias comunes de la vida diaria	La acumulación de una gran cantidad de problemas diarios puede contribuir al estrés crónico, lo cual puede desequilibrar el bienestar psicológico y físico
Sucesos de la vida	Cambios en las circunstancias de la vida, tanto positivos como negativos, que imponen demandas de adaptación en las personas	Un mayor número de sucesos que cambian la vida se asocia con resultados deficientes de salud física y psicológica, aunque las relaciones entre causas y efectos son difíciles de identificar
Frustración	Estado de excitación negativa producido por la obstaculización de los esfuerzos de la persona para el logro de metas individuales	Nos sentimos frustrados cuando los obstáculos en nuestro camino nos impiden alcanzar nuestros objetivos o cuando establecemos metas inalcanzables para nosotros mismos
Conflicto	Estado de tensión que ocurre cuando nos sentimos divididos entre dos objetivos opuestos	Los conflictos son más estresantes cuando los objetivos opuestos son igualmente fuertes y no aparece a la vista ninguna resolución clara
Estresores traumáticos	Sucesos repentinos que pueden amenazar la vida, como los desastres naturales o tecnológicos, las experiencias de combate, los accidentes o los asaltos físicos o sexuales	Los sucesos traumáticos pueden rebasar el límite de nuestras capacidades para sobrellevarlos. Muchos sobrevivientes de sucesos traumáticos desarrollan un tipo de padecimiento psicológico llamado trastorno de estrés postraumático (TEPT)
Patrón de conducta tipo A (PCTA)	Patrón de conducta caracterizado por impaciencia, competitividad, agresividad y urgencia de tiempo	La hostilidad, un componente del patrón de conducta Tipo A, está vinculada con un mayor riesgo de padecer la enfermedad cardiaca coronaria. A pesar de que no es probable que las "liebres" Tipo A se conviertan en "tortugas", sí pueden aprender a reducir el patrón de comportamiento
Aculturación	Presiones impuestas en las personas inmigrantes por adaptarse a las demandas culturales y lingüísticas del país anfitrión	Existen complejas relaciones entre el estatus de aculturación y la adaptación psicológica. La adaptación depende de muchos factores, como oportunidades económicas, dominio del idioma, identificación étnica y red social de apoyo

CONCEPTO 12.13

Durante la etapa de resistencia del síndrome de adaptación general, el cuerpo conserva sus recursos para adaptarse a los efectos del estrés continuo.

Diferentes sucesos estresantes pueden disparar la etapa de alarma del síndrome de adaptación general. La amenaza puede ser física, como en el ataque por parte de un asaltante, o psicológica, como en un suceso que provoca temor o fracaso (un profesor que aplica un examen, por ejemplo). En algunos individuos, la alarma se dispara cada vez que conocen a personas nuevas en una reunión social; ellos descubren que sudan de manera profusa, se sienten ansiosos y pueden quedarse sin habla. En otros, el sistema de alarma del cuerpo se activa en cada ocasión que visitan al dentista. La respuesta corporal es la misma tanto si la amenaza percibida es psicológica como si es física.

La etapa de alarma es como una "llamada a las armas" que ya está precableada en el sistema nervioso. Este cableado es un legado heredado de nuestros ancestros, quienes enfrentaron muchas amenazas potenciales en sus vidas diarias. Un vistazo a un objeto de apariencia sospechosa o un sonido crujiente entre las plantas puede haberles indicado la presencia de un depredador, con lo cual se disparaba la respuesta de luchar-o-huir del cuerpo que los preparaba para defenderse contra una amenaza. No obstante, la respuesta de luchar-o-huir no duraba mucho (Wargo, 2007). Si nuestros ancestros sobrevivían a la amenaza inmediata, sus cuerpos recuperaban su estado normal. Si fracasaban, simplemente morían.

Etapa de resistencia Puede ocurrir la muerte en el lapso de las primeras horas o días de exposición a un estresor tan dañino (como el frío extremo) que su persistencia es incompatible con la vida. Sin embargo, si la supervivencia es posible y el estresor continúa, el cuerpo intenta adaptarse a éste lo mejor que puede. Selye llamaba **etapa de resistencia** (también llamada *etapa de adaptación*) a esta fase del síndrome de adaptación general. Durante este lapso, el cuerpo intenta regresar a su estado biológico previo por medio de la recuperación de la energía invertida y la reparación del daño. Sin embargo, la excitación permanece alta, aunque no tan alta como durante la etapa de alarma. Esta excitación corporal prolongada puede acompañarse de reacciones emocionales tales como la ira, la fatiga y la irritabilidad.

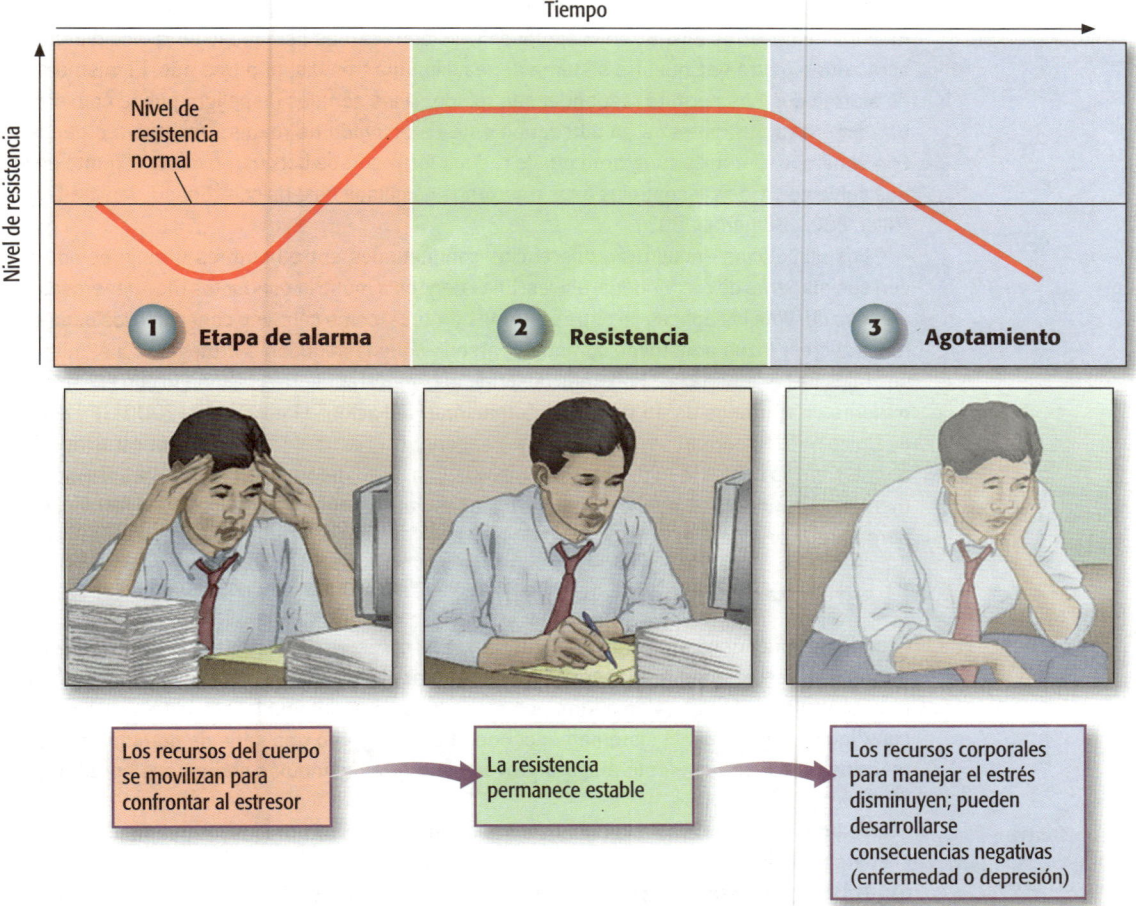

DIAGRAMA DE
LA PSICOLOGÍA

FIGURA 12.3   Nivel de resistencia durante las etapas del síndrome de adaptación general
① La resistencia del cuerpo al estrés primero desciende durante la etapa de alarma, cuando el impacto del estresor hace su efecto, pero luego se incrementa a medida que el cuerpo moviliza sus recursos. ② La resistencia permanece estable a lo largo de la etapa de resistencia, mientras el cuerpo intenta lidiar con el estresor. ③ Si el estresor persiste, el agotamiento se hace presente cuando las reservas corporales necesarias para resistir el estrés se reducen de manera peligrosa.

Etapa de agotamiento   Si el estresor persiste, el cuerpo puede entrar en el nivel final del síndrome de adaptación general: la **etapa de agotamiento**. El ritmo cardiaco y la respiración ahora *disminuyen* para conservar los recursos corporales. Sin embargo, con una exposición continua al estrés, estos recursos se reducen seriamente y el individuo puede desarrollar lo que Seyle llamaba "enfermedades de adaptación"; es decir, trastornos relacionados con el estrés, como las enfermedades renales y cardiacas, las condiciones alérgicas, los trastornos digestivos y la depresión. Algunas personas son más resistentes que otras pero el estrés persistente e intenso puede, con el tiempo, agotar a cualquiera. La figura 12.3 muestra los cambios que ocurren en el nivel de resistencia del cuerpo a lo largo de las tres etapas del síndrome de adaptación general.

La respuesta del cuerpo al estrés es un sistema de alarma interno que pudo ayudar a nuestros ancestros a sobrevivir a muchas de las amenazas físicas que enfrentaron en un ambiente hostil y amenazante. No obstante, la reacción de alarma fue diseñada para no durar demasiado tiempo. Los primeros hombres escapaban de un depredador o lo combatían; en cuestión de segundos, tal vez minutos, la amenaza desaparecía y sus cuerpos regresaban a su estado normal, previo a la excitación. El estrés de la vida contemporánea es más persistente. Nuestros ancestros no tenían que hacer compatibles escuelas y trabajos, combatir los congestionamientos diarios de tránsito

CONCEPTO 12.14
Durante la etapa de agotamiento del síndrome de adaptación general, el estrés persistente puede conducir a una reducción severa de los recursos corporales y al desarrollo de enfermedades relacionadas con el mismo.

etapa de resistencia   Segundo nivel del síndrome de adaptación general, caracterizado por el intento del cuerpo por ajustarse o adaptarse al estrés persistente.

etapa de agotamiento   Tercer nivel del síndrome de adaptación general, caracterizado por la reducción de los recursos corporales y una resistencia disminuida a los trastornos o a las condiciones relacionadas con el estrés.

o enfrentar las presiones diarias de trabajar turnos dobles para cubrir los gastos. La realidad para muchos de nosotros es que, en la actualidad, las estresantes demandas de la vida diaria pueden activar una y otra vez nuestro sistema de reacción día tras día, año tras año. El mismo sistema de alarma que nos permite responder con rapidez a las señales de peligro puede convertirse en una amenaza para nuestra salud cuando éste es activado de manera repetitiva o persistente. Con el tiempo, el estrés constante puede reducir los recursos del cuerpo hasta el punto en el que nos volvemos más susceptibles a los trastornos psicológicos y físicos (Cohen, Janicki-Deverts y Miller, 2007; Kemeny, 2003).

Los psicólogos encuentran diferencias conductuales entre hombres y mujeres en relación con sus maneras de responder al estrés. Ellas tienden a mostrar conductas más generosas a nivel afectivo durante las épocas de estrés que los hombres, como calmar y consolar a los bebés y a los niños y crear lazos amistosos con otras personas que las ayudan a protegerse a sí mismas y a sus hijos de las amenazas. Podemos describir el comportamiento relacionado con el estrés de las mujeres en términos de un patrón de "atención-y-afiliación" (Taylor *et al.*, 2000). En contraste, es típico que los hombres reaccionen a las experiencias estresantes con respuestas agresivas u hostiles en las cuales la hormona sexual masculina testosterona desempeña una función fundamental. La conducta de apego y cuidado de las mujeres, por otra parte, recibe la influencia de las hormonas reproductivas y maternales.

El estrés y el sistema endocrino

El sistema endocrino está compuesto de glándulas carentes de ductos a través de todo el cuerpo que liberan secreciones de manera directa en el torrente sanguíneo, llamadas hormonas (consulte el capítulo 2). El hipotálamo, una pequeña glándula endocrina localizada en el mesencéfalo, coordina la respuesta del sistema endocrino al estrés. Como una serie de dominós que caen, la reacción en cadena que éste dispara provoca que otras glándulas liberen sus hormonas (Ellis, Jackson y Boyce, 2006).

Veamos más de cerca a las fichas de dominó que caen. El proceso regulatorio del estrés en el cuerpo implica una acción coordinada dentro de un grupo de órganos endocrinos llamado **eje hipotálamo-hipófisis-suprarrenales (HHS)** (J. Andrews *et al.*, 2007; Marin *et al.*, 2007; Miller, Chen y Zhou, 2007). Así es como funciona:

En condiciones de estrés, el hipotálamo secreta la **hormona liberadora de corticotropina (CRH,** por sus siglas en inglés**)**, la cual, por su parte, estimula a la hipófisis para que secrete **hormona adrenocorticotropina (ACTH,** por sus siglas en inglés**)**.

La hormona adrenocorticotropina viaja por medio del torrente sanguíneo hasta las **glándulas suprarrenales**, el par de pequeñas glándulas endocrinas localizadas justo arriba de los riñones. Éstas producen un cóctel de hormonas del estrés para "luchar o huir": adrenalina, noradrenalina y cortisol (Sanders, 2007). La hormona adrenocorticotropina estimula a la **corteza suprarrenal**, que es la capa exterior de las glándulas suprarrenales, que a su vez secreta hormonas tipo esteroides llamadas *corticoesteroides*. Una de estas hormonas, el *cortisol*, hace que los nutrientes almacenados estén disponibles para satisfacer las demandas de energía con el fin enfrentar las exigencias estresantes. También reduce la inflamación. (Una versión sintética del cortisol es la *hidrocortisona*, un medicamento empleado para tratar las alergias y la inflamación.)

La rama simpática del sistema nervioso autónomo dispara a la **médula suprarrenal**, que es la capa interna de cada glándula suprarrenal, para que secrete las hormonas del estrés *epinefrina* y *norepinefrina*. Éstas hacen que el corazón lata a mayor velocidad, lo cual permite que más sangre oxigenada y rica en nutrientes llegue a los músculos para que el organismo huya de un estresor amenazante o lo combata. El "corazón galopante" que experimentamos durante los momentos de tensión es el resultado de esta oleada de hormonas del estrés. La respuesta del cuerpo ante este estado se ilustra en la figura 12.4.

El estrés y el sistema inmunológico

El *sistema inmune* se encarga de la defensa del cuerpo contra las enfermedades infecciosas y las células defectuosas o enfermas, y las combate de muchas maneras (Jiang y Chess, 2006). Éste envía a miles de millones de glóbulos blancos especializados, llamados **linfocitos**, que circulan

---

CONCEPTO 12.15
El sistema endocrino desempeña una función fundamental en la respuesta del cuerpo al estrés.

eje hipotálamo-hipófisis-suprarrenales (HHS) Sistema integrado por las glándulas endocrinas involucrado en la respuesta del cuerpo al estrés.

hormona liberadora de corticotropina (CRH) Hormona liberada por el hipotálamo que induce a la glándula hipófisis a liberar la hormona adrenocorticotropina.

hormona adrenocorticotropina (ACTH) Hormona pituitaria que activa a la corteza suprarrenal para que libere corticosteroides (esteroides corticales).

glándulas suprarrenales Par de glándulas endocrinas localizadas justo arriba de los riñones que producen varias hormonas relacionadas con el estrés.

corteza suprarrenal Capa exterior de las glándulas suprarrenales que secreta corticosteroides (esteroides corticales).

médula suprarrenal Parte interior de las glándulas suprarrenales que secreta las hormonas del estrés: epinefrina (adrenalina) y norepinefrina (noradrenalina).

linfocitos Glóbulos blancos que protegen al cuerpo contra organismos causantes de enfermedades.

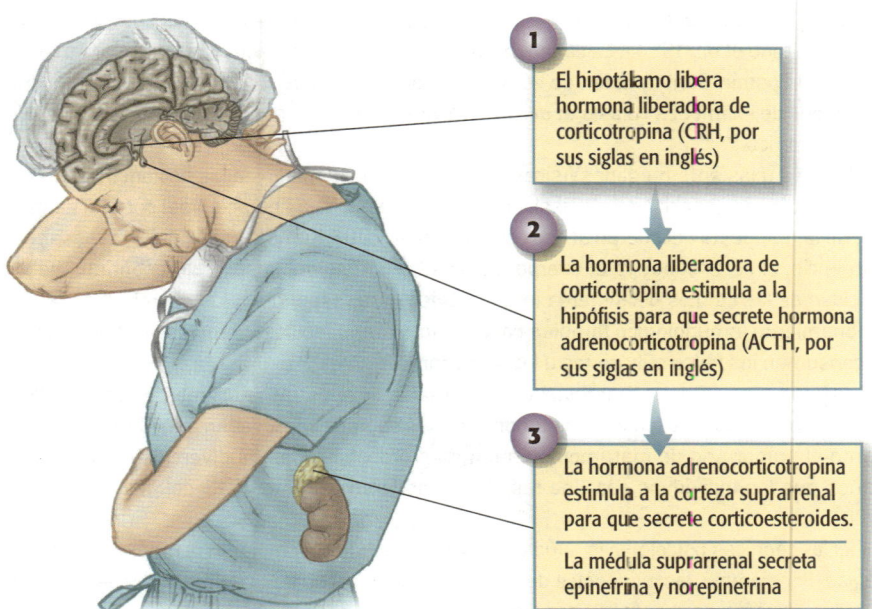

1 El hipotálamo libera hormona liberadora de corticotropina (CRH, por sus siglas en inglés)

2 La hormona liberadora de corticotropina estimula a la hipófisis para que secrete hormona adrenocorticotropina (ACTH, por sus siglas en inglés)

3 La hormona adrenocorticotropina estimula a la corteza suprarrenal para que secrete corticoesteroides.

La médula suprarrenal secreta epinefrina y norepinefrina

DIAGRAMA DE LA PSICOLOGÍA

FIGURA 12.4 La respuesta del cuerpo al estrés En condiciones de estrés, el cuerpo responde por medio de la liberación de epinefrina y norepinefrina desde la médula suprarrenal, y de corticoesteroides desde la corteza suprarrenal. Estas hormonas preparan al cuerpo para lidiar con sucesos estresantes.

constantemente por todo el cuerpo y permanecen alertas ante la presencia de agentes externos o **antígenos** (en términos literales, *gen*eradores de *anti*cuerpos).

Un antígeno es cualquier sustancia que el organismo reconoce como ajena al cuerpo, como una bacteria, un virus, una proteína externa o una célula del cuerpo mismo que se ha vuelto cancerosa. Como sugiere el significado literal del término, los antígenos activan al sistema inmunológico para que produzca **anticuerpos**, los cuales son moléculas de proteínas especializadas que entran en el antígeno invasor como una llave entra en una cerradura. Cuando los anticuerpos se aseguran en su posición en un antígeno, lo marcan para que los linfocitos "asesinos" especializados los destruyan, al actuar como comandos en una misión de búsqueda y destrucción (Greenwood, 2006; Kay, 2006).

Algunos linfocitos mantienen una "memoria" de antígenos específicos a los cuales ha estado expuesto el cuerpo, lo que permite que el sistema inmunológico pueda asestar un golpe fuerte la siguiente ocasión que el invasor aparezca. Por lo tanto, podemos desarrollar inmunidad o resistencia a muchos antígenos causantes de enfermedades, razón por la cual no contraemos determinadas enfermedades, como el sarampión, más de una vez. También podemos adquirir inmunidad por medio de la **vacunación** (también llamada *inmunización*). Una vacuna implica la administración de agentes infecciosos muertos o debilitados que no causarán una infección por sí mismos, pero que son capaces de estimular la producción natural de anticuerpos del organismo para ese antígeno en particular.

Por qué es importante ¿El estrés puede causarle enfermedades? A pesar de que éste no puede causarle enfermedades de manera directa, la exposición prolongada o intensa al estrés puede reducir la capacidad del cuerpo para defenderse contra organismos causantes de ciertos padecimientos. El estrés ocasional puede no ser dañino; sin embargo, el crónico puede debilitar el sistema inmunológico, lo que provoca que nos volvamos más vulnerables a las enfermedades (Gorman, 2007). Una manera en cómo el estrés daña a este sistema es incrementando los niveles de una sustancia química producida por el cuerpo llamada *interleucina-6* (Kiecolt-Glaser, Preacher *et al.*, 2003a). Los niveles altos de esta sustancia a largo plazo están asociados con una mayor vulnerabilidad a las enfermedades cardiacas y a otros padecimientos serios.

Muchos tipos de estresores están vinculados con problemas de salud. En una lista parcial se incluyen el divorcio, las enfermedades crónicas, el desempleo prolongado, la soledad, la privación persistente de sueño, la pérdida de seres queridos, la exposición a desastres naturales o tecnológicos, los actos de violencia y los periodos de exámenes universitarios. Tal vez haya notado que se vuelve más vulnerable a "resfriarse" durante las épocas de estrés, como cuando se acercan los exámenes finales. La razón puede ser que la exposición al estrés está vinculada con una baja

CONCEPTO 12.16
Las evidencias sugieren que el estrés puede incrementar nuestra vulnerabilidad a las enfermedades físicas al desequilibrar el funcionamiento del sistema inmunológico del cuerpo.

antígenos Sustancias, como las bacterias y los virus, que son reconocidas por el sistema inmune como ajenas al cuerpo y que lo inducen a producir anticuerpos para defenderse de ellas.

anticuerpos Moléculas de proteína, producidas por el sistema inmunológico, que sirven para marcar antígenos con el fin de que los linfocitos especializados los destruyan.

vacunación Método para adquirir inmunidad al administrarle al cuerpo una forma debilitada o parcial de un agente infeccioso que induce la producción de anticuerpos pero no produce una infección declarada.

producción de *inmunoglobulina A,* anticuerpo que nos ayuda a protegernos contra los virus del resfriado (Stone *et al.,* 1994). La capacidad del sistema inmunológico para controlar otro virus infeccioso, el Epstein-Barr, también se ve comprometida en los estudiantes universitarios durante los periodos de exámenes (Glaser *et al.,* 1991, 1993). Este virus está relacionado con el síndrome de fatiga crónica.

El estrés y las enfermedades físicas también están vinculados a las acciones de las hormonas del estrés, en especial del cortisol. Como ya señalamos, la liberación del cortisol se da como parte de la respuesta del cuerpo al estrés (Het y Wolf, 2007; Kumsta *et al.,* 2007). A pesar de que, en un inicio, el cortisol ayuda al cuerpo a enfrentar la tensión, la secreción continua debilita la capacidad de las células del sistema inmunológico para responder a los microbios invasores. El funcionamiento inmunológico también colapsa ante el empleo de esteroides sintéticos, como los que consumen los físico culturistas y los luchadores.

Las hormonas del estrés también afectan la salud de nuestras relaciones. En un estudio entre parejas de recién casados, aquellas personas cuyos cuerpos segregaban más de estas hormonas durante el primer año de matrimonio tenían más probabilidades de divorciarse en un lapso de 10 años que los individuos con una respuesta moderada al estrés (Kiecolt-Glaser, Bane *et al.,* 2003b).

Ciertas técnicas psicológicas ayudan a combatir el estrés y mejoran el funcionamiento inmunológico. Por ejemplo, las evidencias demuestran que el hecho de escribir acerca de las experiencias traumáticas o estresantes tiene efectos benéficos para la salud física y para el bienestar emocional (Frattaroli, 2006; Langens y Schüler, 2007; Low, Stanton y Danoff-Burg, 2005). En otra investigación, los pacientes de cáncer que recibieron la instrucción de escribir acerca de su enfermedad en un diario personal reportaron dormir mejor que aquellos que escribieron sobre temas neutrales (de Moor *et al.,* 2003).

Moderadores psicológicos del estrés

El impacto del estrés no es simplemente una forma de cómo responde nuestro cuerpo. Aquí examinaremos los factores psicológicos que pueden disminuir o amortiguar el impacto del estrés,

DIAGRAMA DE LA PSICOLOGÍA

FIGURA 12.5   Moderadores psicológicos del estrés
La exposición a estresores significativos puede provocar efectos negativos. Sin embargo, ciertos factores psicológicos pueden ayudarnos a lidiar mejor con los efectos del estrés.

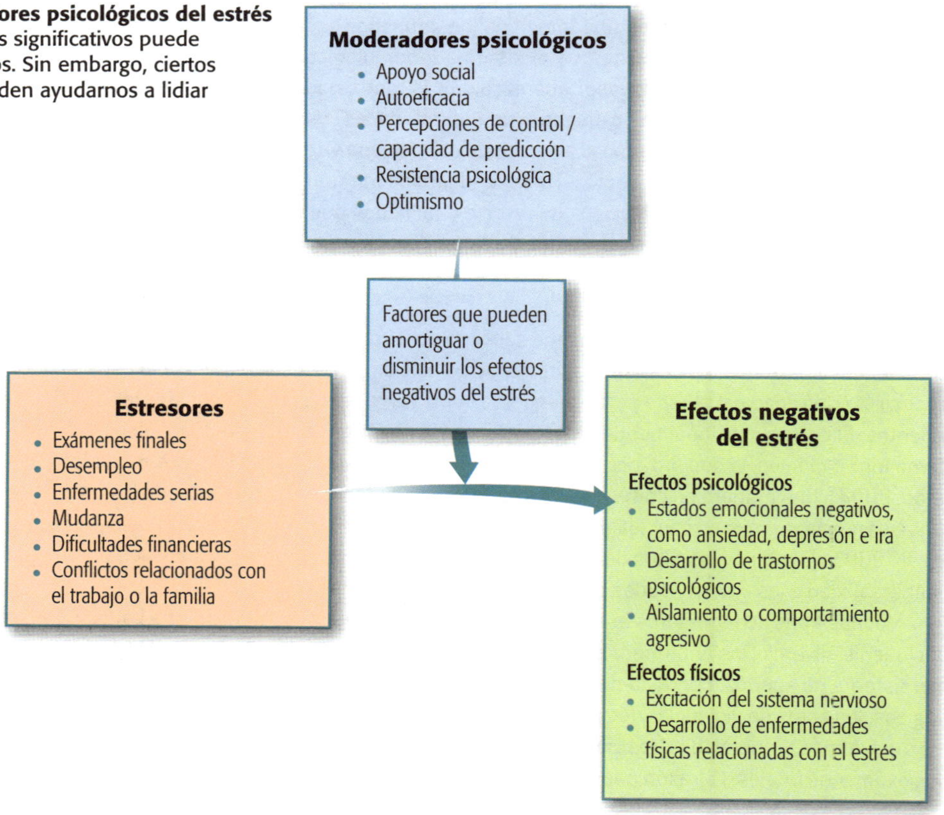

Moderadores psicológicos
- Apoyo social
- Autoeficacia
- Percepciones de control / capacidad de predicción
- Resistencia psicológica
- Optimismo

Factores que pueden amortiguar o disminuir los efectos negativos del estrés

Estresores
- Exámenes finales
- Desempleo
- Enfermedades serias
- Mudanza
- Dificultades financieras
- Conflictos relacionados con el trabajo o la familia

Efectos negativos del estrés

Efectos psicológicos
- Estados emocionales negativos, como ansiedad, depresión e ira
- Desarrollo de trastornos psicológicos
- Aislamiento o comportamiento agresivo

Efectos físicos
- Excitación del sistema nervioso
- Desarrollo de enfermedades físicas relacionadas con el estrés

entre los que se incluyen el apoyo social, la autoeficacia, las percepciones de control y capacidad de predicción, la resistencia psicológica y el optimismo (consulte la figura 12.5)

Apoyo social

El apoyo social es un factor importante para amortiguar los efectos negativos del estrés (Taylor *et al.*, 2007). Las personas se benefician al contar con amigos y seres queridos a quienes pueden recurrir durante las épocas de estrés. El hecho de contar con una amplia red de contactos sociales también puede ayudar a los individuos a defenderse del resfriado común. En una notable investigación, las personas que tenían una red social más amplia mostraron menos probabilidades de enfermar cuando fueron expuestas de manera intencional a los virus del resfriado común que aquellas con redes sociales más limitadas (Cohen, Doyle *et al.*, 1997). Este mismo grupo de investigación también demostró que los individuos más sociables eran más resistentes al desarrollo del resfriado común después de ofrecerse como voluntarios para recibir inyecciones con virus del resfriado que aquellos menos sociables (Cohen, Doyle *et al.*, 2003). Cómo funciona esto aún no está claro en vista de que necesitamos saber más acerca de los mecanismos mediante los cuales las redes sociales y la sociabilidad afectan la vulnerabilidad de una persona a la enfermedad.

Autoeficacia

Los psicólogos emplean en término **autoeficacia** para describir las creencias en las capacidades propias para lograr determinados objetivos. Los altos niveles de autoeficacia están vinculados con una capacidad mayor para soportar el estrés (Bandura, 1997; Montpett y Bergeman, 2007). Las personas que la desarrollan tienden a percibir que las situaciones estresantes son desafíos a vencer, en lugar de obstáculos por superar. La confianza en sí misma conduce a la gente a atajar de frente a los estresores y a perseverar, incluso cuando encuentra obstáculos en su camino.

Capacidad de predicción y control

El impacto de determinados estresores varía según lo predecibles y controlables que puedan parecer (Koolhaas, de Boer y Buwalda, 2006). Las tareas escolares, por ejemplo, tienen menos impacto en nosotros que otros sucesos, como los huracanes o las fluctuaciones en el mercado de valores, que superan nuestra capacidad para predecirlos o controlarlos.

También varía el grado en el que las personas se perciben a sí mismas como capaces de controlar los sucesos. Aquellos individuos con un *locus de control interno* creen que las recompensas o los reforzamientos son una consecuencia directa de sus acciones (consulte el capítulo 13). Las personas con un *locus de control externo* creen que su destino está determinado por factores exteriores o suerte ciega, no por sus propios esfuerzos. Los "internos" son más capaces de dirigir sus esfuerzos para sobrellevar los sucesos estresantes debido a su creencia de que ellos pueden controlarlos. Los "externos", por otra parte, pueden sentirse indefensos y abrumados de cara a los eventos que les causan tensión.

Resistencia psicológica

Un *locus* de control interno también es una característica que define a la **resistencia psicológica**, que es un conjunto de características asociadas con una mayor resistencia al estrés. Este término fue presentado por la psicóloga Suzanne Kobasa con base en sus estudios de ejecutivos de negocios que mantenían una buena salud física a pesar de los altos niveles de estrés a los cuales estaban sometidos (Kobasa, 1979; Kobasa, Maddi y Kahn, 1982). Ella y sus colegas identificaron tres características fundamentales asociadas con la resistencia psicológica:

- *Compromiso.* Los ejecutivos resistentes tenían un compromiso más fuerte con su trabajo y una creencia de que lo que hacían tenía importancia.

- *Apertura al desafío.* Los ejecutivos resistentes consideraban que los estresores que enfrentaban eran desafíos a cumplir, no obstáculos abrumadores. Ellos creían que el cambio es una parte normal de la vida y no algo a lo que es preciso temer.

autoeficacia   Creencias sobre la capacidad propia de lograr metas específicas.

resistencia psicológica   Conjunto de características (compromiso, apertura al desafío, *locus* de control interno) que puede amortiguar los efectos del estrés.

• *Locus de control interno.* Los ejecutivos resistentes creían que ellos podían controlar la dirección futura de sus vidas, para bien o para mal.

En resumen, las personas con resistencia psicológica aceptan el estrés como un desafío normal de la vida lo que la hace más interesante. Buscan solucionar los problemas, no evitarlos. No es sorprendente que la resistencia entre los estudiantes esté vinculada con un mejor desempeño académico (Sheard y Golby, 2007). Los investigadores también la relacionan con una mejor capacidad para manejar el estrés (p. e., Ouellette y DiPlacido, 2001; Pengilly y Dowd, 2000).

Optimismo

Otro amortiguador para el estrés es el optimismo. Las personas más optimistas tienden a ser más resistentes frente a las situaciones de tensión. Los investigadores vinculan el optimismo con numerosos resultados positivos de la salud, como los siguientes (Bjerklie, 2005; Carver *et al.*, 2005; Lobel *et al.*, 2000; Sweeny, Carroll y Shepperd, 2006; Trunzo y Pinto, 2003):

• Entre los pacientes con enfermedades cardiacas, las actitudes optimistas se asocian con menos aflicciones emocionales.

• Entre los pacientes de cáncer, el optimismo está vinculado con menos aflicciones emocionales, mejor ajuste psicológico y niveles más bajos de dolor reportado.

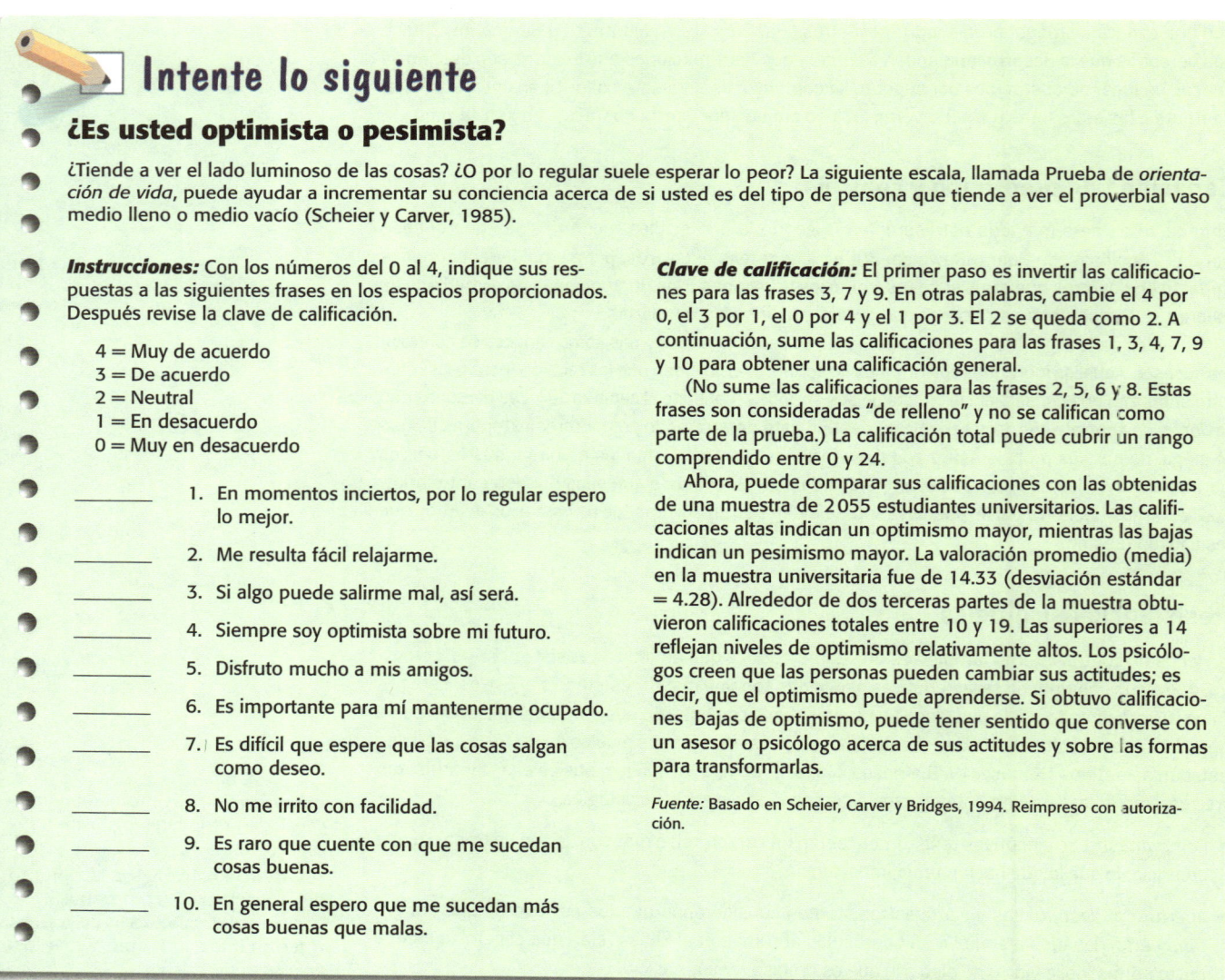

Intente lo siguiente

¿Es usted optimista o pesimista?

¿Tiende a ver el lado luminoso de las cosas? ¿O por lo regular suele esperar lo peor? La siguiente escala, llamada Prueba de *orientación de vida*, puede ayudar a incrementar su conciencia acerca de si usted es del tipo de persona que tiende a ver el proverbial vaso medio lleno o medio vacío (Scheier y Carver, 1985).

Instrucciones: Con los números del 0 al 4, indique sus respuestas a las siguientes frases en los espacios proporcionados. Después revise la clave de calificación.

4 = Muy de acuerdo
3 = De acuerdo
2 = Neutral
1 = En desacuerdo
0 = Muy en desacuerdo

_____ 1. En momentos inciertos, por lo regular espero lo mejor.

_____ 2. Me resulta fácil relajarme.

_____ 3. Si algo puede salirme mal, así será.

_____ 4. Siempre soy optimista sobre mi futuro.

_____ 5. Disfruto mucho a mis amigos.

_____ 6. Es importante para mí mantenerme ocupado.

_____ 7. Es difícil que espere que las cosas salgan como deseo.

_____ 8. No me irrito con facilidad.

_____ 9. Es raro que cuente con que me sucedan cosas buenas.

_____ 10. En general espero que me sucedan más cosas buenas que malas.

Clave de calificación: El primer paso es invertir las calificaciones para las frases 3, 7 y 9. En otras palabras, cambie el 4 por 0, el 3 por 1, el 0 por 4 y el 1 por 3. El 2 se queda como 2. A continuación, sume las calificaciones para las frases 1, 3, 4, 7, 9 y 10 para obtener una calificación general.

(No sume las calificaciones para las frases 2, 5, 6 y 8. Estas frases son consideradas "de relleno" y no se califican como parte de la prueba.) La calificación total puede cubrir un rango comprendido entre 0 y 24.

Ahora, puede comparar sus calificaciones con las obtenidas de una muestra de 2 055 estudiantes universitarios. Las calificaciones altas indican un optimismo mayor, mientras las bajas indican un pesimismo mayor. La valoración promedio (media) en la muestra universitaria fue de 14.33 (desviación estándar = 4.28). Alrededor de dos terceras partes de la muestra obtuvieron calificaciones totales entre 10 y 19. Las superiores a 14 reflejan niveles de optimismo relativamente altos. Los psicólogos creen que las personas pueden cambiar sus actitudes; es decir, que el optimismo puede aprenderse. Si obtuvo calificaciones bajas de optimismo, puede tener sentido que converse con un asesor o psicólogo acerca de sus actitudes y sobre las formas para transformarlas.

Fuente: Basado en Scheier, Carver y Bridges, 1994. Reimpreso con autorización.

- Entre las mujeres embarazadas, el optimismo se asocia con mejores resultados en el nacimiento, como un peso más alto del bebé al nacer y riesgos reducidos de sufrir depresión posparto.

En contraste, el hecho de mantener actitudes pesimistas está vinculado con mayores aflicciones emocionales, como la depresión y la ansiedad social (Hardin y Leong, 2005). La gente optimista no sólo vive más sino también tiene relaciones románticas más satisfactorias y felices (Assad, Donnellan y Conger, 2007; Giltay *et al.,* 2006). Sin embargo, debemos estar conscientes de que las personas con actitudes demasiado optimistas pueden estar menos preparadas que otras para manejar los contratiempos en la vida (Sweeny, Carroll y Shepperd, 2006).

Las evidencias que relacionan al optimismo con mejores resultados de salud y de relaciones y una longevidad mayor es correlacional, de manera que debemos ser cautelosos para no establecer un vínculo causal. Sin embargo, ¿acaso no tiene sentido adoptar una postura optimista ante los estresores que enfrentamos o ver el vaso medio lleno en lugar de verlo medio vacío?

Ahora dirijamos la discusión hacia usted. ¿Cuál es su perspectiva de la vida? ¿Es usted optimista o pesimista? El recuadro de Intente lo siguiente le permitirá evaluar su perspectiva ante la vida.

REVISIÓN DE MÓDULO 12.1 — Estrés: qué es y qué provoca en el cuerpo

REPASE

¿Qué es el estrés?

- El término *estrés* se refiere a las presiones y demandas para ajustarnos o adaptarnos.

¿Cuáles son las fuentes principales de estrés?

- Entre las principales fuentes de estrés se incluyen los problemas diarios, los cambios de vida, la frustración, el conflicto, el patrón de conducta Tipo A, los sucesos traumáticos y las presiones de la aculturación que enfrentan los grupos inmigrantes.

¿Cómo responde el cuerpo al estrés?

- El estrés activa un patrón general de respuestas fisiológicas, descrito por Selye como el síndrome de adaptación general o SAG que consiste en tres niveles: la etapa de alarma, la etapa de resistencia y la etapa de agotamiento.

¿Cómo afecta el estrés al sistema inmunológico?

- El estrés persistente o severo puede perjudicar el funcionamiento del sistema inmunológico, lo que provoca que nos volvamos más susceptibles a muchas enfermedades, incluso al resfriado común.

¿Cuáles factores psicológicos amortiguan los efectos del estrés?

- Entre los amortiguadores psicológicos contra el estrés se encuentran el apoyo social, la autoeficacia, las percepciones de capacidad de control y predicción, la resistencia psicológica y el optimismo.

RECUERDE

1. ¿Qué tipo de estrés representan molestias comunes, como los congestionamientos de tránsito y el equilibrio entre el trabajo y las demandas sociales?
   a. los cambios de la vida
   b. los sucesos de la vida
   c. los problemas
   d. los conflictos diarios

2. Jaime está en conflicto porque no sabe a cuál universidad asistir entre dos opciones, mismas que implican tanto ventajas como desventajas. Este tipo de conflicto se conoce como _____.
   a. de acercamiento-acercamiento
   b. de acercamiento-evitación
   c. de evitación-evitación
   d. múltiple de acercamiento-evitación

3. La etapa del síndrome de adaptación general (SAG) que se caracteriza por una respuesta de luchar-o-huir es la etapa de _____.
   a. huir
   b. alarma
   c. resistencia
   d. agotamiento

4. Los siguientes factores son moderadores psicológicos del estrés, ¿excepto cuál?
   a. El optimismo
   b. Los sucesos de la vida
   c. El apoyo social
   d. La capacidad de predicción

5. ¿Cuáles de las siguientes son características del patrón de conducta Tipo A?
   a. La conducta impaciente, competitiva y difícil
   b. La experimentación de retrospectivas, la excitación exaltada y el aturdimiento emocional
   c. Los conflictos de acercamiento-evitación o los conflictos múltiples de acercamiento-evitación
   d. Experimentar estrés o frustración crónicos

REFLEXIONE

- ¿Cuál es la función del sistema nervioso central en el síndrome de adaptación general? ¿Cuál es la función del sistema endocrino?

- Exprese su acuerdo o desacuerdo y sustente su respuesta: el estrés puede ser saludable o no.

Factores psicológicos en la enfermedad física

- ¿Cómo se relacionan los factores psicológicos con la salud de nuestro corazón y sistema nervioso?
- ¿Qué roles desempeñan los factores psicológicos en el desarrollo del cáncer?
- ¿Qué funciones realizan los factores psicológicos en otras condiciones de salud, como el asma, los dolores de cabeza y las úlceras?

N uestra salud y longevidad se ven afectadas por nuestras conductas en la vida diaria; es decir, por lo que comemos, si consumimos alcohol o tabaco y si nos ejercitamos con regularidad. Dicho lo anterior, las conductas no saludables son la causa de un estimado de 40% de las muertes prematuras en Estados Unidos (Schroeder, 2007). Como se puede observar en la figura 12.6, las causas conductuales están presentes en los fallecimientos de alrededor de un millón de estadounidenses por año. Ahora consideremos de manera más específica cómo es que nuestras conductas y estilos de vida afectan nuestra salud física; iniciaremos con las enfermedades más importantes: las enfermedades cardiacas y el cáncer.

Enfermedad cardiaca coronaria

El corazón está compuesto por tejido muscular, el cual requiere oxígeno y nutrientes que son transportados por vasos sanguíneos llamados **arterias**. La **enfermedad cardiaca coronaria (ECC)** es un trastorno donde el flujo de sangre hacia el corazón se vuelve insuficiente para abastecer sus necesidades. En la mayoría de los casos, la causa subyacente es la **aterosclerosis**, que es el estrechamiento de las arterias causado por la acumulación de depósitos grasos, llamada **placa**, a lo largo de las paredes arteriales. La aterosclerosis obstaculiza la circulación de sangre hacia el corazón. Es la principal forma de **arteriosclerosis**, o "endurecimiento de las arterias"; condición en la cual las paredes arteriales se vuelven más gruesas y rígidas, y menos elásticas.

Es más probable que los coágulos de sangre se atoren en las arterias que se han estrechado a causa de la aterosclerosis. Si se forma un coágulo en una arteria coronaria (que lleva oxígeno y nutrientes al corazón), puede bloquear por completo o en parte el flujo de sangre hacia alguna parte del corazón, lo que causa un **ataque cardiaco** o *infarto al miocardio* (IM). Durante un ataque cardiaco, el tejido del corazón muere, en términos literales, debido a la falta de sangre oxigenada. El hecho de que una persona sobreviva o no a un ataque cardiaco depende de la extensión del daño del tejido del corazón y del sistema eléctrico del cuerpo que controla el ritmo cardiaco.

arterias Vasos sanguíneos que transportan sangre rica en oxígeno desde el corazón por medio del sistema circulatorio.

enfermedad cardiaca coronaria (ECC) La forma más común de enfermedad cardiaca, causada por bloqueos en las arterias coronarias; es decir, los vasos sanguíneos que surten sangre al corazón.

aterosclerosis Forma de arteriosclerosis que implica el adelgazamiento de las paredes arteriales como resultado de la acumulación de depósitos grasos o placa.

placa Depósitos de grasa en el sistema circulatorio que se acumulan a lo largo de las paredes arteriales.

arteriosclerosis Condición en la cual las paredes arteriales se hacen más gruesas y pierden elasticidad. Por lo regular se le conoce como endurecimiento de las arterias.

ataque cardiaco Suceso que puede amenazar la vida que implica la muerte de tejido cardiaco debido a la falta de flujo sanguíneo hacia el corazón. También llamado infarto al miocardio.

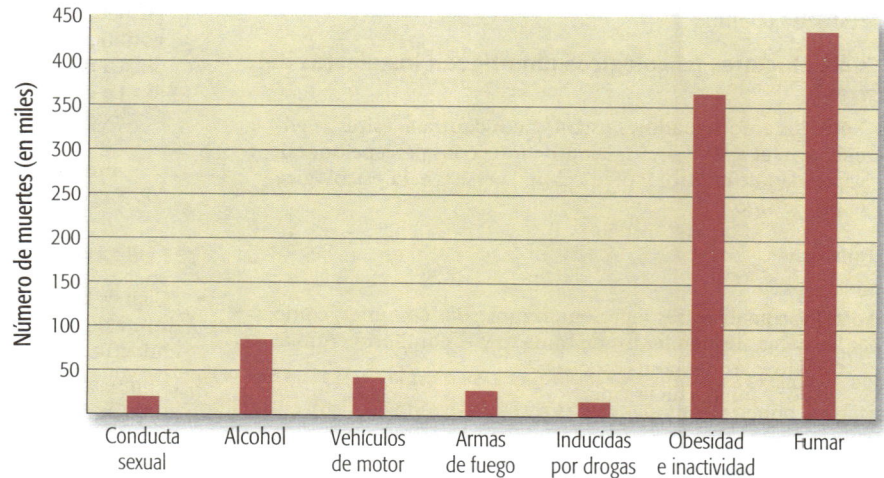

FIGURA 12.6   Número de muertes en Estados Unidos debidas a causas conductuales

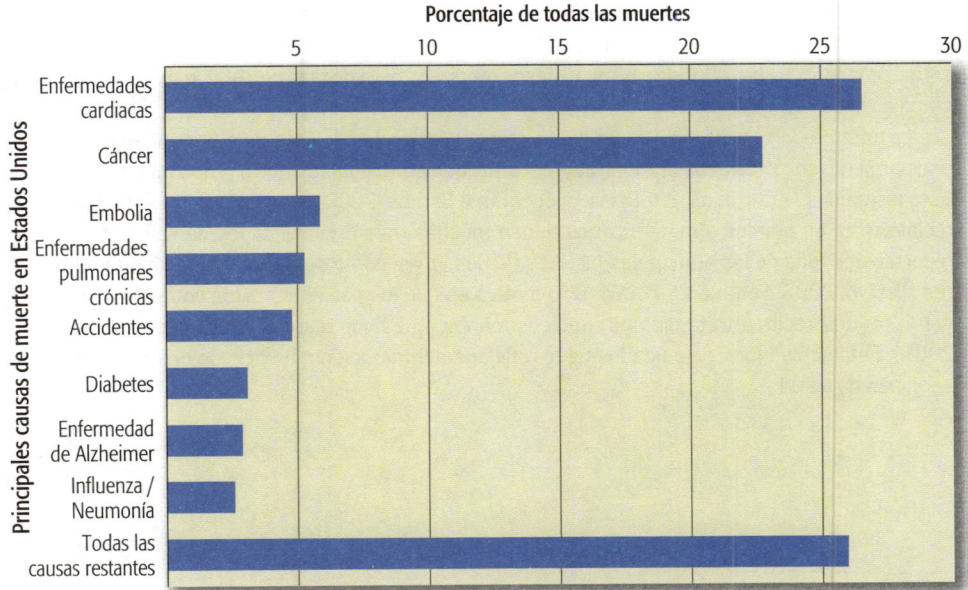

Porcentaje de todas las muertes

FIGURA 12.7　Los principales asesinos de Estados Unidos
Las enfermedades crónicas, como las cardiacas y el cáncer, son las principales causas de muerte en Estados Unidos.

La enfermedad cardiaca coronaria (ECC) reclama 900 000 vidas por año en Estados Unidos (Ferdinand, 2006). Las enfermedades del corazón suman más muertes en las mujeres que el cáncer de seno. La buena noticia, como veremos más adelante, es que podemos tomar acciones para reducir nuestro riesgo personal de desarrollar la enfermedad cardiaca coronaria y otros trastornos cardiovasculares.

Factores de riesgo de padecer la enfermedad cardiaca coronaria

La figura 12.7 muestra que las enfermedades cardiacas y luego el cáncer encabezan la lista de enfermedades mortales. El riesgo personal de padecer estas enfermedades varía en relación con el número de factores de riesgo que cada quien presente. Varios de estos factores están descritos en la figura 12.8. Los más prominentes son la edad (el riesgo se incrementa después de los 40 años), la hipertensión (presión sanguínea alta), fumar, la obesidad, la diabetes, la falta de actividad física y los niveles altos de colesterol (p. e., Lee, 2007; Mendelsohn y Karas, 2005; Panagiotakos *et al.*, 2005).

Por qué es importante

Algunos factores de riesgo de padecer la enfermedad cardiaca coronaria no pueden ser controlados, es decir, no puede elegir a sus padres o a su género; tampoco puede detener el avance de la edad. Sin embargo, otros factores, como la hipertensión, el hábito de fumar, la obesidad, la diabetes y los niveles de colesterol, *pueden* ser controlados mediante cambios conductuales (dieta y ejercicio) o del tratamiento médico adecuado. Un amplio estudio entre más de 84 000 enfermeros demostró que una combinación de tres factores de riesgo asociados con el estilo de vida (ejercicio regular, seguir una dieta baja en grasas saturadas y colesterol y no fumar) se relacionaban con un riesgo menor de desarrollar la enfermedad cardiaca coronaria (Stampfer *et al.*, 2000).

Seguir un estilo de vida sedentario también duplica el riesgo de padecer enfermedades cardiacas (Manson *et al.*, 2004), aunque volverse activo lo reduce de manera considerable (Blumenthal *et al.*, 2005; Borjesson y Dahlo, 2005; Meyers, 2007b).

Otro factor que duplica el riesgo de sufrir ataques cardiacos y está vinculado con más de una de cada cinco muertes debido a la enfermedad cardiaca coronaria es el hábito de fumar. Por fortuna, renunciar a fumar puede reducir el peligro de muerte prematura. (Se ofrecen algunas suge-

CONCEPTO 12.19
Entre los factores de riesgo de desarrollar la enfermedad cardiaca coronaria se incluyen algunos que las personas no pueden controlar, como la herencia, y otros que sí se pueden controlar, como la hipertensión, la actividad física y el consumo de tabaco.

VÍNCULO DE CONCEPTOS
Como ya comentamos en el capítulo 10, la adopción de conductas más sanas puede ayudarnos a tener vidas más largas y saludables. Consulte el módulo 10.4.

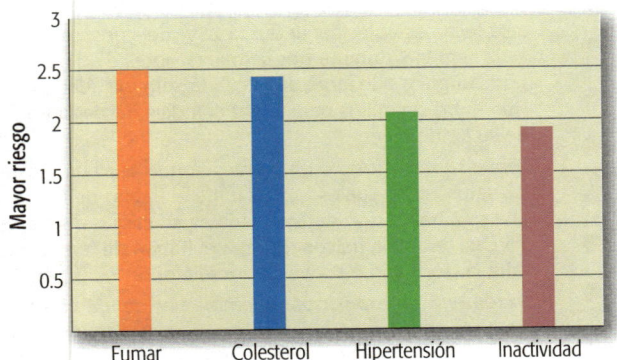

FIGURA 12.8　Factores de riesgo de padecer la enfermedad cardiaca coronaria
Aquí se muestran varios factores de riesgo de desarrollar la enfermedad cardiaca coronaria como: fumar, altos niveles de colesterol, hipertensión e inactividad. Por ejemplo, las personas que fuman tienen 2.5 más probabilidades de desarrollar enfermedades cardiacas que aquellas que no fuman.

Fuente: Basado en datos de la American Heart Association.

rencias para dejar de fumar en el próximo recuadro de "Intente lo siguiente".) Muchos estadounidenses han recibido el mensaje de salud y han dejado de fumar. A pesar de que el porcentaje de estos fumadores se ha reducido a la mitad desde mediados de la década de 1960, más de uno de cada cinco de ellos (21%) todavía fuma.

La enfermedad cardiaca no es un destructor igualitario. Los índices de muertes debidas a este padecimiento son más altos entre afroamericanos que entre cualquier otro grupo racial o étnico en Estados Unidos (Kung *et al.*, 2008; Mays, Cochran y Barnes, 2007). Una razón para esta diferencia racial/étnica es que los afroamericanos tienen muchas más probabilidades de sufrir obesidad e hipertensión, dos de los principales factores de riesgo, así como de desarrollar embolias y diabetes (Brown, 2006; Ferdinand, 2006). Otro motivo es que los pacientes cardiacos afroamericanos por lo regular reciben tratamientos médicos menos agresivos que los caucásicos (Chen *et al.*, 2001). Esta doble moral de cuidado puede reflejar discriminación y un acceso no equitativo a los servicios de salud.

Intente lo siguiente

Sugerencias para dejar de fumar

Si usted es fumador, el primer paso para convertirse en no fumador es tomar la decisión de dejar el cigarrillo. Muchos fumadores dejan el hábito por sí solos. Otros buscan la ayuda de profesionales de la salud u organizaciones que ofrecen programas que pueden ser gratuitos o tener costos modestos. Si decide dejar de fumar por sí mismo, las siguientes sugerencias pueden resultarle de utilidad:

- *Establezca una fecha específica para dejar de fumar.* Establezca una fecha, varias semanas más adelante, cuando pretenda dejar de fumar por completo. Anuncie a sus amigos y familiares su compromiso de eliminar el hábito en esa fecha determinada. El hecho de anunciar de manera pública sus intenciones incrementará las probabilidades de que se apegará a su plan de acción.

- *Disminuya su consumo de cigarrillos.* Comience a reducir el número de cigarrillos que fuma a diario como anticipación a su fecha establecida. Reduzca 25% del consumo cada semana, durante tres semanas, antes de dejar de fumar por completo a lo largo de la cuarta semana. Alargue el intervalo entre cigarrillos para lograr el índice deseado por debajo de su límite diario.

- *Limite su exposición a ambientes donde se fuma.* Restrinja los sitios en los cuales fuma. Limite el hábito de fumar a una sola habitación determinada en su casa o afuera, en su porche, terraza o balcón. Rompa el hábito de fumar mientras mira la televisión o conversa por teléfono.

- *Incremente su exposición en ambientes donde no se fuma.* Pase más tiempo en lugares donde no está permitido o no se acostumbre fumar, como una biblioteca. También socialice más con personas que no fuman y, en la medida de lo posible, evite tener contacto con amigos que sí lo hagan. ¿Cuáles otros lugares libres de humo se le ocurren?

- *Limite la disponibilidad de cigarrillos.* Durante las semanas de reducción de cigarrillos, lleve consigo sólo los que necesite para cumplir con su límite diario. Nunca compre más de una cajetilla por vez.

- *Practique respuestas competentes cuando sienta la tentación de fumar.* Antes y después de su fecha establecida, elija las respuestas que sean incompatibles con su hábito de fumar cada vez que sienta la urgencia de hacerlo. Retrase su búsqueda de un cigarrillo. Practique métodos de relajación. Ejercítese en lugar de fumar hasta que pase la urgencia. Tome un baño o camine alrededor de la cuadra (sin sus cigarrillos). Utilice las pastillas de menta, o las gomas de mascar sin azúcar, como sustitutos cada vez que sienta deseos de fumar.

- *Ensaye en su mente los beneficios de no fumar.* Imagínese a sí mismo viviendo una vida más larga, saludable y libre de tos.

- *Aprenda a sobrellevar, no a fumar.* Aprenda maneras saludables para sobrellevar los sentimientos negativos, como la ansiedad, la tristeza o la ira, en lugar de recurrir a un cigarrillo.

Una vez que haya dejado de fumar por completo, retire toda la parafernalia relacionada con los cigarrillos de su casa, como los ceniceros y los encendedores. Elimine tantas señales como sea posible que estén asociadas con el hábito de fumar. Establezca la regla de no fumar en su casa y solicite a sus amigos y familiares que la respeten. Pida a los demás, de manera específica, que sean pacientes con usted en los días y semanas posteriores a su fecha determinada para dejar de fumar y solicíteles que no fumen en su presencia (explíqueles que ha dejado el hábito en fecha reciente y que agradecerá su cooperación). Si recae, no se desespere. A continuación haga el compromiso de que no fumará otro cigarrillo. Muchas personas triunfan por completo después de unas cuantas salidas en falso.

Las emociones y su corazón

Como ya señalamos antes, la hostilidad es el componente del perfil de conducta Tipo A vinculado con un riesgo mayor de desarrollar la enfermedad cardiaca coronaria. Las personas hostiles están enojadas la mayor parte del tiempo y la ira crónica incrementa el riesgo de padecer hipertensión y enfermedad cardiaca coronaria (Kiecolt-Glaser *et al.*, 2002; Rutledge y Hogan, 2002).

Los investigadores sospechan que la excitación emocional persistente puede dañar el sistema cardiovascular debido a los efectos de las hormonas del estrés, la epinefrina (adrenalina) y la norepinefrina (noradrenalina) (Januzzi y DeSanctis, 1999; Melani, 2001). Estas hormonas son liberadas cuando experimentamos fuertes emociones negativas; en especial, ira, ansiedad o temor. La epinefrina y la norepinefrina aceleran el ritmo cardiaco, elevan la presión sanguínea e incrementan la fuerza de las contracciones cardiacas, lo cual da como resultado una mayor carga para el corazón y el sistema circulatorio. Estas crecientes demandas, con el tiempo, pueden comprometer al sistema cardiovascular, en especial en las personas vulnerables. Las hormonas del estrés (principalmente la epinefrina) también incrementan la adherencia de los factores coagulantes de la sangre, lo cual, por su parte, aumenta el riesgo de desarrollar coágulos sanguíneos potencialmente peligrosos que pueden provocar ataques cardiacos o embolias.

Señalemos también que las personas que se enojan con facilidad tienen más probabilidades de desarrollar niveles altos de colesterol y presión arterial, que son dos factores clave de riesgo para desarrollar la enfermedad cardiaca coronaria y tener una muerte prematura (Iribarren *et al.*, 2000; Richards, Hof y Alvarenga, 2000). Otras formas de aflicción emocional también están vinculadas con el riesgo de padecer enfermedades cardiacas, como la ansiedad persistente, la depresión, los conflictos maritales y las presiones laborales (Aboa-Éboulé *et al.*, 2007; Frasure-Smith y Lespérance, 2005; Goldston y Baillie, 2007).

Los psicólogos ayudan a las personas que experimentan niveles altos y frecuentes de ira o ansiedad a controlar sus respuestas emocionales. Estos programas han ayudado a los pacientes de enfermedad cardiaca coronaria a disminuir su presión sanguínea y a reducir los riesgos de padecer ataques cardiacos recurrentes. Aún está por verse si existen más beneficios generales para los individuos que no tienen enfermedades cardiacas establecidas.

Cáncer

La palabra *cáncer* puede inspirar más temor en los corazones de la gente que cualquier otra palabra. El temor es comprensible: más de 1.4 millones de estadounidenses reciben el temible diagnóstico de cáncer cada año y más de medio millón mueren por su causa. Casi una de cada cuatro muertes en Estados Unidos es consecuencia del cáncer. La buena noticia es que los índices de fallecimientos por cáncer comenzaron a disminuir de forma estable a principios de los años noventa y han continuado en declive en los años recientes.

El cáncer es una enfermedad en la que las células del cuerpo exhiben un crecimiento descontrolado. En condiciones normales, el cuerpo fabrica nuevas células sólo cuando son necesarias. Los genes dirigen a las células para que se repliquen de manera ordenada. Sin embargo, con el cáncer, éstas pierden la capacidad de regular su crecimiento (Komaroff y Lieberman, 2005). Multiplicándose incluso cuando no es necesario que lo hagan, lo cual provoca la formación de masas de tejido corporal excesivo, llamadas **tumores malignos**. Los tumores malignos o cancerosos pueden extenderse a otras partes del cuerpo, donde invaden el tejido sano. Éstos dañan los órganos y sistemas vitales del cuerpo, lo que puede provocar la muerte en muchos casos. Pueden formarse tumores cancerosos en cualquier tejido u órgano del cuerpo.

Existen muchas causas de cáncer, entre las cuales se incluyen la herencia, la exposición a sustancias químicas cancerígenas e incluso algunos virus (Lynch *et al.*, 2004; Walsh *et al.*, 2006). Sin embargo, más de dos terceras partes de las muertes a causa del cáncer en Estados Unidos podrían impedirse si la gente adoptara comportamientos más sanos, como evitar fumar, seguir una dieta saludable, ejercitarse con constancia y someterse a revisiones médicas regulares (Lobb *et al.*, 2004). Entre otras conductas modificables que contribuyen a un riesgo mayor

CONCEPTO 12.20
Las emociones negativas, como la ira, la ansiedad y la depresión, pueden tener efectos dañinos en el sistema cardiovascular.

tumores malignos Crecimiento descontrolado de células corporales que invaden el tejido circundante y se extienden a otras partes del cuerpo.

de desarrollar esta enfermedad se incluyen el consumo exagerado de alcohol y exponerse al sol en exceso.

Factores de riesgo de padecer cáncer

CONCEPTO 12.21
Si todo el mundo practicara conductas preventivas contra el cáncer, cientos de miles de vidas podrían salvarse cada año en Estados Unidos.

Algunos factores de riesgo, como la historia familiar y la edad (las personas mayores enfrentan más riesgos), son inevitables. Otros factores, como los que ahora revisaremos, pueden ser controlados mediante cambios en el estilo de vida. Si todo el mundo practicara estas conductas preventivas contra el cáncer, como las enlistadas en la tabla 12.2, cientos de miles de vidas humanas se salvarían cada año (American Cancer Society, 2007).

Fumar   Es probable que ya sepa que fumar causa cáncer pulmonar, el más mortal de todos. Casi 90% de las muertes a causa del cáncer pulmonar son atribuibles de manera directa al hábito de fumar. No obstante, el cigarrillo también está vinculado con muchos otros tipos de cáncer, como el colorrectal (del colon y recto). Dicho lo anterior, fumar está presente en alrededor de una tercera parte de todas las muertes a causa del cáncer en Estados Unidos.

Alimentación y consumo de alcohol   Los niveles altos de consumo de grasas saturadas, que se encuentran en la carne y los productos lácteos, están vinculados con dos tipos principales de cáncer: el de próstata en los hombres y el colorrectal (colon y recto). Dicho lo anterior, los patrones alimenticios representan alrededor de 30% de los fallecimientos a causa del cáncer. La obesidad, que por lo regular se asocia con el alto consumo de grasas, también está vinculada con un riesgo mayor de desarrollar algunas formas de cáncer, como el cáncer colorrectal ("Rating Cancer Risks", 2007).

El hábito de fumar y la alimentación no son las únicas formas de conducta asociadas con riesgos de padecer cáncer. El consumo excesivo de alcohol, puede provocar cáncer de boca, faringe y esófago.

Exposición al sol   La exposición prolongada al sol puede provocar **carcinoma de células basales**, el tipo más común de cáncer de piel pero también el menos peligroso. Esta forma de cáncer, la cual representa 75% de los cánceres de piel, por lo regular aparece en la cabeza, el cuello y las manos; es decir, las áreas del cuerpo expuestas con más frecuencia al sol. El padecimiento es curable siempre y cuando sea detectado en una etapa inicial y extirpado mediante un procedimiento quirúrgico. Las quemaduras severas de sol a una edad temprana incrementan el riesgo de desarrollar la forma menos común pero más letal de cáncer de piel: el **melanoma**, el cual representa alrededor de 5% de los cánceres de piel y reclama alrededor de 8 000 vidas en Estados Unidos al año (Kalb, 2001c). Para protegernos de esta enfermedad necesitamos limitar nuestra exposición al sol y utilizar bloqueador solar cada vez que esa exposición exceda unos cuantos minutos.

carcinoma de células basales
Forma de cáncer de piel que se cura con facilidad si se detecta y se extirpa a tiempo.
melanoma   Potencialmente fatal forma de cáncer que se desarrolla en las células que forman la melanina, por lo general en la piel pero, en ocasiones, también en otras partes del cuerpo. La *melanina* es el pigmento que da color a la piel, al cabello, a los ojos y a otras partes del cuerpo.

TABLA 12.2   Conductas que pueden ayudar a prevenir el cáncer

- Evite el consumo de tabaco
- Si consume alcohol, limite su consumo a una copa por día (para las mujeres) o a dos copas por día (para los hombres)
- Mantenga un estilo de vida activo en términos físicos
- Siga una alimentación saludable y limite el consumo de grasas saturadas
- Mantenga un peso saludable
- Evite la exposición al sol sin protección
- Sométase a exámenes médicos regulares y siga los procedimientos de diagnóstico de cáncer recomendados (consulte a su proveedor de cuidados de la salud)

Estrés   ¿El riesgo de desarrollar cáncer está relacionado con el estrés? Por desgracia aún no contamos con una respuesta clara al respecto (Cohen, Janicki-Deverts y Miller, 2007). Por otra parte, sabemos que la asesoría psicológica puede ayudar a los pacientes de cáncer y a sus familias a sobrellevar los devastadores efectos emocionales que éste provoca; en especial los sentimientos de depresión y desesperanza (Hopko *et al.,* 2007). Las intervenciones psicológicas, como los programas de apoyo grupal, ayudan a mejorar el ajuste psicológico y el bienestar de los pacientes con cáncer pero todavía no está claro si estas intervenciones incrementan el tiempo de supervivencia (Helgeson, 2005; Taylor *et al.,* 2003). También carecemos de evidencias sólidas que indiquen que la adopción de estilos particulares de conducta o actitud para enfrentar el cáncer, como mantener un "espíritu de lucha", mejore las probabilidades de sobrevivir al cáncer (Verghese, 2004).

El estrés y otros trastornos físicos

El estrés está involucrado en muchos trastornos físicos, como el asma, los dolores de cabeza y es probable que en las úlceras pépticas.

Asma   El **asma** es una enfermedad pulmonar crónica en la cual los conductos pulmonares que son necesarios para la respiración, es decir, las vías aéreas bronquiales o *bronquios*, se obstruyen o bloquean. Este bloqueo dificulta la respiración durante los ataques agudos y puede poner en peligro la vida en algunos casos. Casi uno de cada 10 adultos y niños en Estados Unidos (alrededor de 8%) sufre asma en la actualidad (Akinbami, 2007). El asma tiene numerosas causas, como reacciones alérgicas subyacentes, infecciones respiratorias (como la bronquitis o la neumonía), la exposición a contaminantes ambientales (como el hollín y el humo del cigarrillo) y ciertos factores genéticos e inmunológicos. Los factores psicológicos como el estrés, la depresión y la ansiedad no causan asma de manera directa, pero pueden incrementar la susceptibilidad a los ataques asmáticos (Lehrer *et al.,* 2002). El entrenamiento para que los pacientes de asma utilicen métodos de relajación puede ayudarlos a mejorar su respiración en los momentos de estrés (Lehrer *et al.,* 1994).

Dolores de cabeza   ¿Le duele o le palpita la cabeza cuando se encuentra estresado? Millones de personas sufren dolores de cabeza relacionados con el estrés. Cuando estamos estresados, los músculos de nuestro cuero cabelludo, rostro, cuello y hombros pueden tensarse, lo cual provoca un dolor de cabeza tensional, el tipo más común de cefalea. Las cefaleas tensionales por lo regular implican un dolor sordo y constante que se experimenta en ambos lados de la cabeza, junto con sensaciones de presión y rigidez.

El estrés desempeña un papel importante en otro tipo de dolor de cabeza que afecta a uno de cada 10 estadounidenses: la **migraña**. Una migraña es un tipo severo de dolor de cabeza que puede durar horas, incluso días, e implica sensaciones de punzadas o palpitaciones (por lo regular en un lado de la cabeza) que pueden hacerse tan intensas que se vuelven intolerables. Este padecimiento es la consecuencia de los cambios en el flujo sanguíneo hacia el cerebro, lo cual puede ser causado por desequilibrios en el neurotransmisor serotonina. La serotonina participa en muchos procesos corporales, como en la regulación del tamaño de los vasos sanguíneos en el cerebro, lo cual, por su parte, afecta a la cantidad del flujo sanguíneo. Las diferencias en la cantidad de sangre que fluye a las distintas partes del cerebro puede ser la explicación para las sensaciones de palpitación y punzadas asociadas con los ataques de migraña.

Además del estrés, otros factores están vinculados con la migraña, como los factores genéticos (Estevez y Gardner, 2004), además de las fluctuaciones hormonales, fatiga, consumo de determinadas drogas o sustancias químicas, alimentos como el queso maduro o el chocolate, e incluso la exposición a luces intensas o los cambios en la presión barométrica.

Los analgésicos como la aspirina y el ibuprofeno (como Advil, Nuprin y Motrin) son ampliamente utilizados para tratar el dolor de cabeza. Los medicamentos que constriñen los vasos sanguíneos en el cerebro o que regulan los niveles de serotonina pueden ayudar a aliviar el dolor de la migraña (Lohman, 2001). El tratamiento psicológico, mismo que incluye técnicas de reducción de estrés, como métodos de relajación y la biorretroalimentación, también pueden ayudar a reducir el dolor asociado con la tensión muscular y la migraña (Gatchel, 2001; Holroyd, 2002).

💡 **CONCEPTO 12.22**
El estrés desempeña un papel importante en muchos trastornos físicos, como el asma, los dolores de cabeza y es probable que en las úlceras pépticas.

asma   Enfermedad pulmonar crónica caracterizada por obstrucción temporal de las vías respiratorias, lo cual produce ataques de resuellos y dificultad para respirar.

migraña   Dolor de cabeza prolongado e intenso ocasionado por cambios en el flujo de sangre de los vasos sanguíneos del cerebro.

TABLA DE CONCEPTOS 12.2
Factores psicológicos de riesgo en los trastornos físicos

Problema de salud	Factores psicológicos o conductuales de riesgo	Hábitos más saludables
Enfermedad cardiaca coronaria	Fumar, una alimentación no saludable, falta de actividad física, ira o ansiedad crónicas	Evite el consumo de tabaco, practique ejercicio con regularidad, controle la ira y la ansiedad, limite la grasa en su alimentación, reduzca el exceso de peso corporal, practique técnicas de manejo del estrés
Cáncer	Fumar, dieta alta en grasas, consumo excesivo de alcohol, exposición no segura al sol, inactividad, posible participación del estrés	Evite el consumo de tabaco y el alcohol en exceso, practique ejercicio con regularidad, utilice bloqueador solar, reduzca el exceso de peso corporal, practique técnicas de manejo del estrés
Asma	El estrés puede disparar ataques de asma en los individuos vulnerables	Practique técnicas de manejo del estrés y de relajación
Dolores de cabeza	El estrés puede contribuir a los dolores de cabeza tensionales y a las migrañas	Practique técnicas de relajación o biorretroalimentación
Úlceras pépticas	El estrés puede incrementar la susceptibilidad a la bacteria *H. Pylori* o exacerbar la condición	Mantenga el estrés en niveles tolerables para reducir el riesgo de desarrollar o agravar las úlceras pépticas

Úlceras pépticas   Alrededor de una de cada 10 personas en Estados Unidos sufre **úlceras pépticas**, las cuales son lesiones que se forman en el recubrimiento del estómago o del intestino delgado. La causa de la gran mayoría de los casos es la bacteria *H. pylori*. Ésta daña el recubrimiento protector del estómago o de los intestinos, lo que provoca úlceras. Éstas pueden curarse, en muchos casos, con antibióticos que atacan a la bacteria *H. pylori* de manera directa. Sin embargo, lo confuso es que sólo entre 10 y 20% de las personas que albergan dicha bacteria en su estómago desarrolla úlceras. Este descubrimiento ha conducido a los científicos a sospechar que los factores psicológicos, como el estrés, y los factores conductuales, como el hábito de fumar y el consumo abusivo de alcohol, incrementan la susceptibilidad del individuo a las úlceras (Levenstein *et al.*, 1999). En particular, el estrés puede incrementar la liberación de ácidos estomacales, los cuales, junto con la bacteria *H. pylori,* pueden causar que se formen úlceras en los recubrimientos del estómago o del intestino delgado.

En el siguiente módulo examinaremos tácticas para manejar el estrés de manera que no cause aflicciones. No obstante, es probable que desee revisar primero la tabla de conceptos 12.2, que enfatiza algunos puntos clave acerca de los factores psicológicos de riesgo en los padecimientos físicos.

úlceras pépticas   Heridas que se forman en el recubrimiento del estómago o del intestino delgado.

REVISIÓN DE MÓDULO 12.2

Factores psicológicos en la enfermedad física

REPASE

¿Cómo se relacionan los factores psicológicos con la salud de nuestro corazón y sistema nervioso?

- Las conductas como fumar, la inactividad y la adopción de una alimentación no saludable, además de las características psicológicas como la hostilidad, están asociadas con un riesgo mayor de padecer enfermedades cardiacas.

¿Qué funciones desempeñan los factores psicológicos en el desarrollo del cáncer?

- Las conductas no saludables, como fumar y una alimentación alta en grasas, están vinculadas con un riesgo mayor de padecer varias formas de cáncer.

¿Qué funciones realizan los factores psicológicos en otras condiciones de salud, como el asma, los dolores de cabeza y las úlceras?

- Las fuentes psicológicas de estrés están relacionadas con muchas condiciones de salud, como el asma, las úlceras y los dolores de cabeza.

- Las técnicas de manejo del estrés, como métodos de relajación y la biorretroalimentación, resultan útiles para ayudar a las personas con asma y cefaleas crónicas a sobrellevar estas condiciones.

RECUERDE

1. Una los siguientes términos con las descripciones apropiadas: *a*) arteriosclerosis; *b*) infarto al miocardio (IM); *c*) placa; *d*) aterosclerosis.

i. estrechamiento de los vasos sanguíneos que transportan sangre hacia el corazón

ii. depósitos de grasa en las paredes arteriales

iii. ataque cardiaco (un coágulo de sangre bloquea el flujo en una arteria coronaria)

iv. paredes arteriales más gruesas y rígidas y menos elásticas

2. *a*) Elabore una lista de los principales factores de riesgo de padecer la enfermedad cardiaca coronaria. b) ¿Cuáles de éstos tenemos la capacidad de controlar?

3. ¿Con qué tipo particular de cáncer se asocia la adopción de una alimentación alta en grasas?
   a. próstata
   b. renal
   c. pulmón
   d. piel

4. Hiram sufre dolores de cabeza que son el resultado de cambios en el flujo sanguíneo en el cerebro. Este tipo de dolor de cabeza se llama _____.
   a. difuso
   b. tensional
   c. migraña
   d. cerebral

REFLEXIONE

- ¿Qué factores de riesgo presenta usted de padecer enfermedades cardiovasculares y que pueda controlar? ¿Qué acciones necesita tomar para controlar dichos factores?

- ¿Qué acciones toma para protegerse contra el riesgo de padecer cáncer? ¿Qué acciones lleva a cabo para asegurar la detección temprana del cáncer?

Aplicación
MÓDULO 12.3

Réstele aflicción al estrés

Quizá no seamos capaces de eliminar todo el estrés de nuestras vidas; de hecho, cierta cantidad de estrés puede ser conveniente para nosotros. Sin embargo, podemos aprender a sobrellevar el estrés de manera más efectiva con el fin de que éste no nos provoque aflicción. Aquí resumiremos algunas de las capacidades necesarias para manejarlo de manera más eficaz (adaptado de Nevid y Rathus, 2007a).

Mantenga el estrés en un nivel tolerable

Examine su vida diaria. ¿Corre constantemente de un lado a otro sólo para cumplir con todas las demandas de su tiempo? ¿Le resulta difícil encontrar momentos sólo para relajarse? A continuación presentamos algunas sugerencias para mantener el estrés en un nivel manejable:

- *Reduzca los problemas diarios.* ¿Qué puede hacer para reducir las cargas estresantes de los problemas diarios? ¿Podría reorganizar sus horarios de escuela o de trabajo para evitar los congestionamientos matutinos de tránsito? ¿Qué le parecería unirse a algún grupo de transporte compartido por turnos? Es probable que también quede atorado en el congestionamiento pero podría emplear ese tiempo para adelantar sus lecturas en lugar de luchar contra el tránsito.

- *Conozca sus límites.* No abarque más de lo que puede atender. Evite hacerse cargo de más tareas de las que sea razonable cumplir. Siempre que pueda, delegue responsabilidades en otras personas.

- *Establezca un programa razonable.* Aprenda a programar sus actividades de manera que no se acumulen. De esta manera, puede dividir las tareas estresantes en dosis que le resulten más manejables. Si las demandas estresantes se vuelven demasiado exigentes, intente posponer algunas fechas límite para concederse a sí mismo un poco más de tiempo para finalizar su trabajo.

- *Tome recesos frecuentes.* Cuando trabaje en alguna asignación, tome recesos frecuentes para refrescar su mente y su cuerpo.

- *Desarrolle habilidades de manejo del tiempo más eficaces.* Utilice un calendario mensual para organizar sus actividades y tareas. Programe la mayor cantidad posible de éstas por adelanta-

CONCEPTO 12.23
A pesar de que el estrés puede ser una parte inevitable de la vida, la manera de sobrellevarlo está bajo nuestro control.

do, a fin de asegurarse de contar con suficiente tiempo para alcanzar sus metas. Sin embargo, no se sature de responsabilidades. Concédase un poco de tiempo libre no programado.

• *Aprenda a priorizar.* Utilice un calendario mensual para enlistar las tareas que debe cumplir cada día. Señale las prioridades diarias. Asigne el número 1 para las tareas que deba cumplir, el 2 para aquellas que le gustaría cumplir pero que son menos esenciales y el 3 para las que le agradaría cumplir, si el tiempo lo permite. Después organice su horario diario en orden progresivo en su lista.

Desarrolle habilidades de relajación

Disminuya la intensidad de la respuesta de su cuerpo al estrés aprendiendo a relajarse. Algunas personas han descubierto que el hábito de escuchar música les ayuda a calmarse al finalizar el día. A algunas otras les agrada acurrucarse con un libro (no un libro de texto, ni siquiera éste). Otras más emplean técnicas más formales de relajación, como el método de biorretroalimentación (consulte el capítulo 3), la meditación (consulte los capítulos 3 y 4) y los ejercicios de respiración profunda. Ésta última reduce la presión sanguínea, relaja al corazón y le indica al cuerpo que es seguro relajarse (Gorman, 2007). A fin de practicar la respiración profunda, inhale y exhale sólo por medio de la nariz. Tómese más o menos el mismo tiempo para inhalar que para exhalar y serénese mediante la repetición de una palabra resonante, como *relájate*, en cada exhalación. La prolongación del sonido *j* puede ayudarlo a alargar cada respiración para asegurarse de respirar de manera profunda y pareja. Muchas instituciones ofrecen seminarios o talleres de técnicas para manejar el estrés donde los estudiantes pueden aprender a desarrollar habilidades de relajación. ¿Por qué no les echa un vistazo?

Cuide su cuerpo

Prepare a su cuerpo para que sobrelleve el estrés de manera más eficaz por medio de dormir lo suficiente, seguir una dieta balanceada en nutrientes, ejercitarse con regularidad, someterse a revisiones médicas regulares y evitar las sustancias dañinas, como las drogas. La buena noticia es que el ejercicio regular incrementa la resistencia de las personas al estrés y disminuye las consecuencias emocionales del mismo, como la ansiedad (Gaulin y McBurney, 2001; Salmon, 2001). Dicho lo anterior, ¡Estados Unidos necesita comenzar a moverse! Los guardianes de la salud nacional, los Centers for Disease Control and Prevention (CDC) reportan que sólo 30% de los estadounidenses practica actividades físicas con regularidad (CDC, 2007b).

Recopile información

Las personas que enfrentan una enfermedad seria pueden sobrellevarla con eficacia si obtienen información acerca de su condición subyacente en lugar de mantenerse en la oscuridad de la ignorancia. Si usted se enfrenta a una enfermedad o al estrés que implica el ajuste a la vida en una ciudad nueva, reúna la información que requiera para adaptarse a la situación de manera más eficaz.

Expanda su red social

El apoyo social ayuda a la gente a tolerar mejor las épocas de estrés. Usted puede expandir su red social por medio de la formación de relaciones con otras personas mediante la participación en clubes y organizaciones que pertenezcan a su universidad. El oficial de vida estudiantil o de servicios de asesoría en su universidad puede aconsejarlo acerca de la disponibilidad de estos recursos.

Prevenga el agotamiento

El agotamiento es un estado de fatiga física y emocional que reduce la eficacia, mismo que es consecuencia de enfrentar demandas laborales excesivas, responsabilidades de cuidado y atención o de otras responsabilidades que generan estrés (Mommersteeg, *et al.*, 2006; Rupert y Morgan,

Agotamiento   ¿Está usted en riesgo de sufrir agotamiento? ¿Qué acciones puede tomar para liberar el exceso de estrés debido al trabajo o a otros compromisos?

Manos que ayudan El apoyo social es un importante amortiguador contra los efectos del estrés asociado con circunstancias negativas de la vida o con la enfermedad física.

2005). Las evidencias vinculan el agotamiento con un mayor riesgo de padecer enfermedades cardiovasculares y otros problemas significativos de salud (Melamed *et al.,* 2006). Se pueden tomar acciones para prevenir el agotamiento, como establecer metas y límites razonables para sí mismo. Establezca metas personales que sean alcanzables y no se presione a sí mismo más allá de sus límites. Aprenda a decir "no" cuando la gente le imponga demandas excesivas. Comience a delegar responsabilidades y aprenda a eliminar las tareas de baja prioridad cuando sus compromisos comiencen a acumularse.

Sustituya los pensamientos inductores de estrés por otros que lo combatan

Lo que se dice a sí mismo entre dientes acerca de los sucesos estresantes puede influir en su adaptación a éstos. ¿Su reacción a los sucesos decepcionantes es exagerarlos y sacarlos de proporción; es decir, los percibe como desastres terribles en lugar de como simples contratiempos? ¿Considera los sucesos sólo en términos de todo-o-nada o de blanco-y-negro; o sea, como éxitos o fracasos totales? ¿Establece expectativas poco realistas para usted mismo y después se considera un fracasado por no estar a la altura de dichas expectativas? Si tiene patrones de pensamiento como los anteriores, quizá le beneficie sustituirlos por alternativas razonables. Entre los ejemplos se incluyen: "Éste es un problema, no una catástrofe. Yo soy muy bueno para resolver problemas. Yo puedo encontrar una solución para este problema".

Tenemos más capacidad para satisfacer las demandas estresantes cuando creemos que somos capaces de manejarlas. Si su confianza en sí mismo ha titubeado, intente incrementarla por medio del establecimiento de metas alcanzables y de tomar acciones para lograrlas. Recuérdese reaccionar a las decepciones como oportunidades para aprender de sus errores, no como fracasos inevitables.

No mantenga guardados los sentimientos inquietantes

El hecho de mantener guardados los pensamientos y los sentimientos inquietantes puede imponer demandas en su sistema nervioso autónomo, lo cual, por su parte, puede debilitar su sistema inmunológico y volverlo más vulnerable a las enfermedades físicas. La expresión de sus sentimientos mediante la escritura puede tener efectos positivos en su salud psicológica y física (Sloan *et al.,* 2007). Por ejemplo, quizá deba considerar la posibilidad de escribirlos en un diario personal o compartirlos con alguna persona digna de su confianza o con un profesional que lo auxilie.

Controle la conducta Tipo A

Las personas que presentan el patrón de conducta Tipo A se imponen demandas estresantes adicionales al intentar lograr tanto como sea posible en el menor tiempo posible. A pesar de que

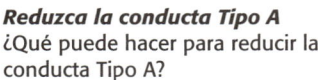

Lo básico Las acciones simples, como comer alimentos saludables, ejercitarse y dormir lo suficiente, resultan de gran utilidad para combatir el estrés.

quizá no sea posible (ni deseable) convertir a las "liebres" en "tortugas", los investigadores han descubierto que estas personas pueden aprender a modificar su conducta Tipo A, por medio de la reducción de su sentido de urgencia del tiempo (Friedman y Ulmer, 1984). A continuación, presentamos algunos cambios conductuales que pueden resultar de utilidad, incluso para aquellas personas que no correspondan por completo a este tipo de patrón de conducta:

- *Tómese las cosas con calma.* Camine a ritmo más lento. Disfrute la vista de lo que le rodea en lugar de pasar a la carrera. Tenga presente que los límites de velocidad anunciados son las máximas permitidas para conducir su automóvil, no las mínimas.

- *Lea libros que disfrute.* Invierta tiempo en leer libros que disfrute, tal vez la última novela de suspenso tecnológico o una historia romántica, pero no un libro diseñado para ayudarlo a ascender en la escalera corporativa.

- *Deje su computadora en casa.* No lleve su computadora portátil o cualquier otro artefacto relacionado con el trabajo cuando se vaya de vacaciones o cuando visite a sus amigos.

- *Evite apresurarse en sus comidas.* No devore su comida. Tómese tiempo para conversar con los miembros de su familia o con las personas que lo acompañan a comer.

- *Participe en actividades que disfrute.* Vaya al cine, visite galerías de arte y museos o asista al teatro o a conciertos. Concédase un descanso de las estresantes demandas de la vida diaria.

- *Desarrolle intereses relajantes.* El estrés diario es más manejable al convertir en una práctica la participación en algunas actividades placenteras cada día. Elija aquellas que disfrute de verdad y no sólo las que los demás prefieran. Adopte un pasatiempo o desarrolle un interés que le ayude a relajarse.

- *Establezca metas diarias que sean realistas.* No sature su agenda de actividades ni se imponga demandas poco realistas. Aligérese la carga.

La hostilidad, uno de los componentes del perfil de conducta Tipo A, está asociada con la ira inmediata. En el capítulo 8 se comentan sugerencias para controlar la ira (pp. 318-319).

En resumen, el estrés es una parte inevitable de la ira pero un manejo más efectivo del mismo puede ayudarlo a mantenerlo en un nivel más manipulable y a disminuir la intensidad de la reacción de alarma de su cuerpo. El estrés es un hecho de la vida con el cual usted puede aprender a vivir.

Reduzca la conducta Tipo A
¿Qué puede hacer para reducir la conducta Tipo A?

■ Pensamiento crítico sobre la psicología ■

Con base en la lectura del capítulo, responda las siguientes preguntas. Después, para evaluar su progreso en el desarrollo de capacidades de pensamiento crítico, compare sus respuestas con las del Apéndice A.

De vez en cuando escuchamos anuncios publicitarios acerca de algún medicamento, vitamina, hormona o terapia alternativa milagrosos que prometen mejorar la salud y la vitalidad, curar o prevenir las enfermedades o incluso revertir los efectos de la edad. Algunos de estos anuncios son falsedades absolutas. Otros aprovechan ciertos descubrimientos científicos y exageran o distorsionan las evidencias. Otros más ofrecen terapias psicológicas como curas para condiciones médicas con base en testimonios sin fundamentos. A pesar de que la agencia federal estadounidense de supervisión, la Food and Drug Administration (FDA), regula las declaraciones de salud de las sustancias y los medicamentos, muchos de los productos que encuentra en la tiendas o supermercados que afirman tener efectos preventivos contra las enfermedades o efectos que contrarrestan la edad son clasificados como alimentos, y no son regulados como los medicamentos. En términos básicos se trata de un caso de responsabilidad exclusiva del comprador al adquirir el producto.

   Los pensadores críticos no toman los anuncios de salud al pie de la letra. Ellos reconocen que las terapias alternativas y los productos para el cuidado de la salud pueden no funcionar de acuerdo con lo prometido y que incluso pueden ser dañinos. Otra preocupación es que las personas que recomiendan determinadas terapias pueden tener un interés oculto en convencer a los consumidores de que prueben sus servicios o de que utilicen sus productos, y pueden jugar con la verdad de manera irresponsable.

   Utilice sus capacidades de pensamiento crítico para leer entre líneas al evaluar las propiedades de los productos para la salud. ¿Cuál cree usted que sea el significado verdadero de los productos que se encuentran en la tienda de artículos saludables de su vecindario?

• Diseñado para mejorar la vitalidad y el bienestar

• Promueve el desarrollo muscular

• Recomendado por los principales médicos

• Respaldado por investigaciones avanzadas

• ¡Active su metabolismo!

Módulo 12.1 Estrés

¿Qué es el estrés?
Presiones para ajustarse o lidiar con las demandas o desafíos ambientales

- ¿Cuáles son algunas fuentes de estrés?
  Los problemas
  Los sucesos de la vida
  La frustración
  El conflicto
  Los estresores traumáticos
  El patrón de conducta Tipo A
  La aculturación

- Tipos de conflictos
  De acercamiento-acercamiento
  De evitación-evitación
  De acercamiento-evitación
  Múltiples de acercamiento-evitación

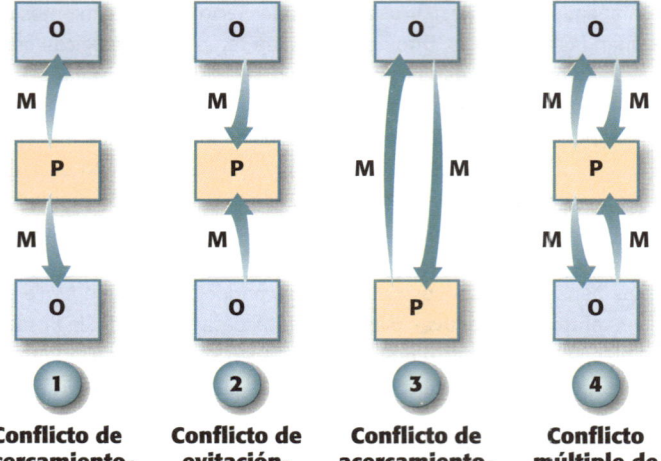

1 Conflicto de acercamiento-acercamiento
2 Conflicto de evitación-evitación
3 Conflicto de acercamiento-evitación
4 Conflicto múltiple de acercamiento-evitación

Tipos de conflictos

La respuesta del cuerpo al estrés

- **Síndrome de adaptación general:** comprende tres niveles: etapa de alarma → resistencia → agotamiento
- **El estrés y el sistema endocrino:** respuesta coordinada del sistema endocrino dentro del eje hipotálamo-hipófisis-suprarrenales
- **El estrés y el sistema inmunológico:** el estrés crónico puede debilitar las respuestas del sistema inmune

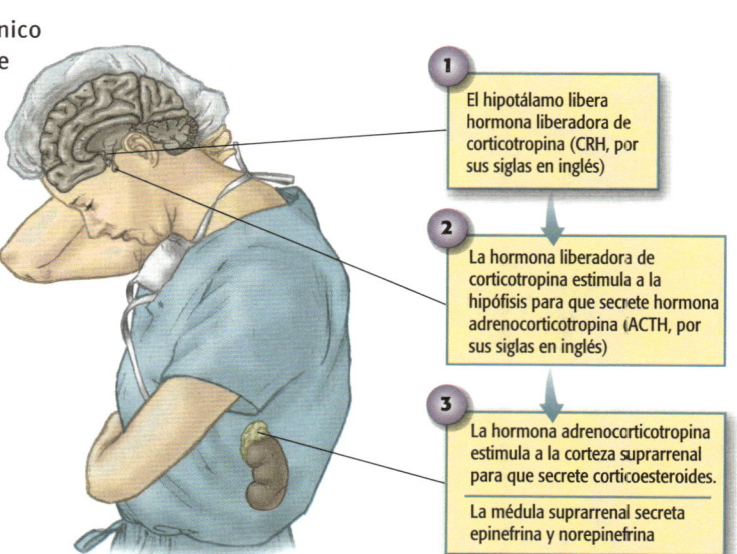

1 El hipotálamo libera hormona liberadora de corticotropina (CRH, por sus siglas en inglés)

2 La hormona liberadora de corticotropina estimula a la hipófisis para que secrete hormona adrenocorticotropina (ACTH, por sus siglas en inglés)

3 La hormona adrenocorticotropina estimula a la corteza suprarrenal para que secrete corticoesteroides.

La médula suprarrenal secreta epinefrina y norepinefrina

La respuesta del cuerpo al estrés

MODERADORES PSICOLÓGICOS DEL ESTRÉS

- **Apoyo social:** una mano amiga en momentos de estrés
- **Autoeficacia:** confianza en la capacidad propia para manejar los desafíos estresantes
- **Capacidad de predicción y control:** el estrés es más manejable cuando es predecible y controlable
- **Resistencia psicológica:** compromiso, desafío y control
- **Optimismo:** creer que el vaso está medio lleno

MANEJO DEL ESTRÉS

Mantener el estrés en un nivel tolerable

Desarrollo de técnicas de relajación

Cuidar su cuerpo

Recopilar información

Expandir su red social

Prevenir el agotamiento

Sustituir los pensamientos inductores de estrés por pensamientos que lo combatan

No mantener guardados los sentimientos inquietantes.

Control de la conducta Tipo A

Módulo 12.2 Factores psicológicos en la enfermedad física

FACTORES CONDUCTUALES DE RIESGO

- **Enfermedad cardiaca coronaria**
  Fumar
  Alimentación no saludable
  Inactividad
  Hostilidad y emociones negativas crónicas
- **Cáncer**
  Fumar
  Alimentación alta en grasas
  Exposición excesiva al sol
- **El estrés implicado en otras condiciones de salud**
  Asma
  Úlceras
  Dolores de cabeza

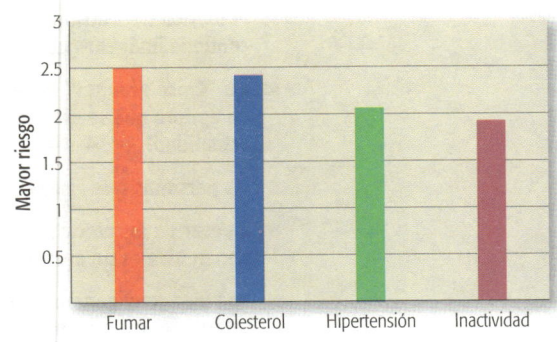

Factores de riesgo de padecer la enfermedad cardiaca coronaria

13

Personalidad

¿Sabía usted que . . .

- Sigmund Freud, el originador de la teoría psicodinámica, sostenía que los *lapsus linguae* pueden revelar algunos motivos y deseos ocultos de los cuales no tenemos conciencia? (p. 480)

- el teórico Carl Gustav Jung afirmaba que las personas heredan una mente inconsciente común, la cual contiene imágenes que tienen su origen en tiempos ancestrales? (p. 484)

- los "Cinco grandes" no es el nombre de una nueva liga de la Asociación Nacional de Baloncesto sino un epíteto que se empleó para referirse a la teoría de los rasgos de la personalidad más aceptada en la actualidad? (p. 491)

- las personas que exhiben el rasgo de afabilidad en su personalidad conducen con más cautela? (p. 492)

- a pesar de los efectos negativos de la discriminación y los prejuicios, los jóvenes afroamericanos tienen niveles de autoestima más altos que los caucásicos? (p. 501)

- una idea muy generalizada en el siglo XIX planteaba que el estudio del patrón de las protuberancias de la cabeza de una persona permite conocer su carácter y sus capacidades mentales? (p. 506)

El cerebro adora los acertijos

- Investigaciones recientes ligan un rasgo particular de la personalidad a la probabilidad de gozar una existencia más larga y sana. ¿Cuál piensa que sea ese rasgo? (p. 492)

Los tres ciegos y el elefante

Una antigua parábola cuenta que tres ciegos se topan con un elefante por primera vez. Cada uno de ellos toca una parte diferente del animal y trata de describírselo a los otros. Cada uno afirma que es el único que conoce la verdadera índole del paquidermo. Uno abraza las patas e informa a los otros que el animal tiene la estructura de un árbol, que es sólido y recto. El segundo acaricia la trompa del animal y exclama que el otro hombre está equivocado, que la fiera es larga, estrecha y retorcida como una serpiente. El tercero exclama que no es así, al tiempo que toca el rabo y afirma que el animal es como una cuerda. Cada uno de los ciegos piensa que está en lo cierto, pero los tres están limitados por su perspectiva. No se dan cuenta de que algo se puede ver desde distintas ópticas y que las diferentes perspectivas permiten una comprensión más amplia de las cosas.

El "elefante" que queremos describir en este capítulo es la *personalidad*, ese conjunto relativamente estable de rasgos de la personalidad y de patrones de conducta que hacen que los individuos sean únicos y que explica la consistencia de su conducta a lo largo del tiempo. Nuestra personalidad está compuesta por la manera en cómo nos relacionamos con otros y por la forma en que nos adaptamos a las exigencias que nos impone el entorno. Cuando los psicólogos estudian la personalidad recurren a los conocimientos de diversos campos de la psicología que se explican en otros capítulos de este libro. Ponderan cómo las experiencias de aprendizaje, los factores biológicos, las influencias sociales y culturales y los procesos cognitivos y de desarrollo dan forma a los seres que somos.

Veremos que los psicólogos adoptan distintas perspectivas o modelos teóricos que explican la índole de la personalidad y por qué cada una de ellas les permite tener un conocimiento más amplio. Al igual que los tres ciegos de la parábola, cada teórico de la psicología aporta una óptica diferente que repercute en el estudio de la personalidad. Algunos, como Sigmund Freud el padre de la teoría psicoanalítica, subrayan las influencias del inconsciente en la personalidad. Piensan que la lucha entre fuerzas contrarias que ocurre en la mente, las cuales están fuera del ámbito de la conciencia ordinaria, da forma a la personalidad del individuo.

Otros teóricos, conocidos como los teóricos de los rasgos, consideran que la personalidad está compuesta por un conjunto de rasgos subyacentes que explican la consistencia de la conducta en diversas situaciones. Los partidarios de la teoría social-cognitiva ven la personalidad en función del historial de aprendizaje de la persona y de su modo de pensar. Los psicólogos humanistas, como Carl Rogers y Abraham Maslow, plantean que nuestras personalidades se expresan en los esfuerzos por realizar nuestro singular potencial como seres humanos. Partiendo del modelo psicodinámico de la personalidad, planteado por Freud y sus discípulos, exploraremos cada una de las diferentes perspectivas antes mencionadas y analizaremos lo que cada una de ellas dice en tanto de la personalidad. ■

MÓDULO 13.1 — La perspectiva psicodinámica

- ¿Cuáles son los tres niveles de conciencia según le teoría freudiana de la mente?
- ¿Cuáles son las estructuras de la personalidad según la teoría de Freud?
- ¿Cuáles son los mecanismos psicológicos de defensa?

- ¿Cuáles son las cinco etapas de desarrollo psicosexual según la teoría freudiana?
- ¿Cuáles son algunas de las aportaciones destacadas que hicieron otros teóricos de la psicodinámica?

CONCEPTO 13.1
Su personalidad es el resultado de la suma de las características psicológicas y los patrones de conducta que le definen como un individuo único, la cual caracteriza la manera en cómo se relaciona con el mundo y la forma en que se adapta a las exigencias que éste le impone.

Freud es el iniciador de la teoría psicodinámica y sus conceptos siguen ejerciendo una notable influencia en ella. Sin embargo, también es una escuela que ha ido evolucionando y cambiando sin cesar debido a la visión singular de los teóricos que han seguido esta corriente.

Sigmund Freud (1856-1939), médico especializado en neurología, fue el arquitecto de la primera gran teoría de la personalidad: la **teoría psicoanalítica**. Ésta se fundamenta en el concepto de que fuerzas inconscientes que están en la psique o mente humana luchan de forma dinámica entre sí. Por lo mismo, las ideas de Freud y sus discípulos a veces se conocen como *teoría psicodinámica*.

La vida profesional de Freud registró un punto de quiebre cuando viajó a París para estudiar con el famoso neurólogo Jean Martin Charcot (1825-1893). Esta experiencia sembró la semilla del concepto que sustentaría su teoría de la personalidad: la idea de que las fuerzas inconscientes de la personalidad influyen en nuestros motivos y conducta.

Charcot había empezado a emplear la hipnosis en sus estudios de la histeria, ese trastorno que provocaba que los pacientes perdieran o experimentaran un cambio en alguna función del cuerpo que no podía explicarse por causas físicas. Freud quedó hechizado por lo que observó. Ante su vista estaban pacientes que tenían un brazo paralizado o manos insensibles, sin que un traumatismo o una enfermedad conocidos explicaran su situación. En ese entones se pensaba que un padecimiento del sistema nervioso seguramente producía esos síntomas. No obstante, Charcot y sus colaboradores demostraron que la sugestión hipnótica permitía eliminar esos síntomas en los pacientes histéricos, o provocarlos en pacientes normales (Ellenberger, 1965). Freud pensó que si el sólo hecho de "sugerir ideas" por medio del hipnotismo servía para que aparecieran o desaparecieran los síntomas de la histeria, entonces su origen seguramente era de orden psicológico (Jones, 1953). Llegó a la conclusión de que cualesquiera que fuesen los factores psicológicos que llevaran a la histeria, éstos no estaban dentro de la conciencia. Más adelante escribió lo siguiente sobre su experiencia con Charcot: "Tuve la enorme impresión de que existía la posibilidad de que hubiera potentes procesos mentales que, sin embargo, permanecían ocultos a la conciencia de los hombres" (citado en Sulloway, 1983, p. 32). Freud dedicó su vida profesional a tratar de conocer las corrientes subterráneas que pensaba que se movían en las profundidades de la psique humana, en un terreno de la mente que llamó el inconsciente.

Las ideas de Freud fueron muy controvertidas en su época y lo siguen siendo, pero su teoría de la personalidad no ha dejado de ser suelo fértil para el estudio y las polémicas entre científicos y académicos. En este módulo, primero explicaremos las ideas de Freud y a continuación hablaremos de las aportaciones de otros teóricos de la psicodinámica que siguieron su escuela.

CONCEPTO 13.2
Freud planteó la primera teoría psicodinámica de la personalidad, es decir, la idea de que los conflictos entre fuerzas contrarias subyacentes que ocurren en la mente dan forma a la personalidad.

Sigmund Freud: la teoría psicoanalítica

Freud, acorde con la escuela de Darwin, admitía que los humanos y los animales comparten ciertos procesos comunes que tienen por objeto la *supervivencia*. Todos tenemos que respirar, alimentarnos y eliminar los desechos del cuerpo. Además, para sobrevivir como especie, debemos reproducirnos. Freud pensaba que estamos dotados de un instinto sexual que tiene por objeto la conservación de la especie. Más adelante sumaría el instinto de agresión para explicar la agresividad humana. No obstante, creía que al dar rienda suelta a estos instintos se podría desgarrar el entramado de la sociedad misma y también la unidad familiar. Sostenía que, para vivir en una sociedad ordenada, los humanos tienen que controlar sus impulsos sexuales y agresivos primitivos.

CONCEPTO 13.3
Freud pensaba que la mente tiene tres niveles de conciencia: el consciente, el preconsciente y el inconsciente.

teoría psicoanalítica Teoría de Freud que sostiene que las fuerzas y los conflictos inconscientes dan forma a la personalidad.

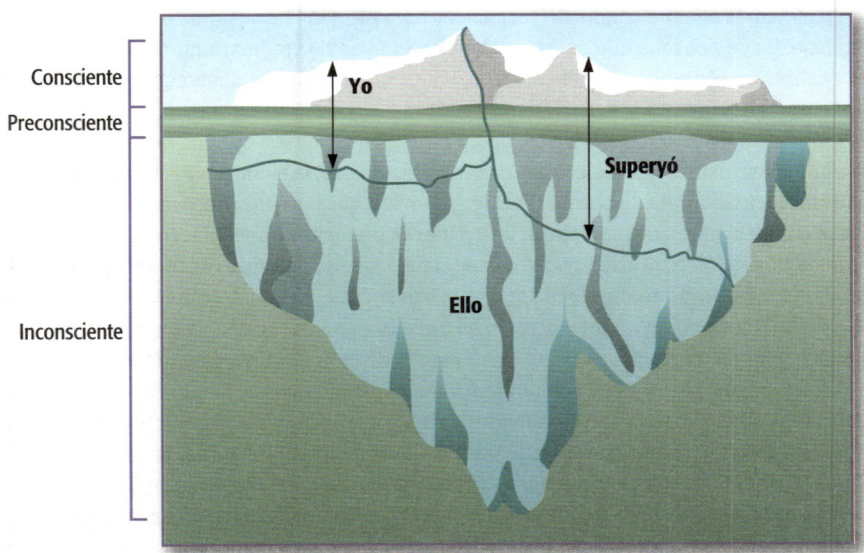

Consciente
Preconsciente

Inconsciente

Yo
Superyó
Ello

DIAGRAMA DE
LA PSICOLOGÍA

**FIGURA 13.1
Niveles de
conciencia en la
teoría de Freud**
El concepto freudiano de la mente se
puede equiparar con un iceberg, en
cuyo caso sólo la punta asoma sobre
la superficie del estado consciente. El
yo y el superyó operan en todos los
niveles de conciencia, pero el ello, o el
depósito de nuestros deseos o ideas
sexuales y agresivas más profundos,
permanece sumergido en las oscuras
cavidades de la mente inconsciente.

Es decir, los humanos deben canalizar sus instintos sexuales y agresivos de formas aceptadas por la sociedad para poder vivir en armonía con los demás. Deben aprender que la agresión y los toqueteos sexuales son conductas inaceptables, salvo en contextos aceptados por la sociedad, como cuando se juega al fútbol (impulsos de agresión) o las relaciones conyugales (impulsos sexuales).

Freud formuló la teoría psicoanalítica para explicar cómo la mente equilibra las exigencias encontradas de los instintos y la aceptación social. Su teoría de la personalidad es compleja, pero se puede representar en función de cuatro conceptos básicos: los niveles de conciencia, la estructura de la personalidad, los mecanismos de defensa y las etapas del desarrollo psicosexual.

Los niveles de la conciencia: el consciente, el preconsciente y el inconsciente

El modelo de la mente humana de Freud es equiparable a un iceberg gigante. Así como el mayor fragmento de la masa de éste permanece oculta debajo de la superficie del agua, la mayor parte de la mente se encuentra debajo de la superficie del estado consciente (consulte la figura 13.1). Freud representaba la mente humana con tres niveles de conciencia: el **consciente**, el **precons-ciente** y el **inconsciente**. La punta del iceberg equivale a la mente consciente. El consciente corresponde a nuestra conciencia presente, a lo que pensamos o sentimos en un momento dado. El preconsciente contiene la información que hemos almacenado en razón de la experiencia o el aprendizaje pasados. Esta información se puede recuperar de la memoria en cualquier momento para llevarla al consciente. Por ejemplo, el número de su teléfono es información que está guardada en el preconsciente y que puede sacar al consciente en el momento que la necesita.

El inconsciente es equivalente a la enorme masa del iceberg que está debajo de la superficie del agua. Contiene los impulsos sexuales y agresivos primitivos así como los recuerdos de experiencias emocionales molestas (por ejemplo, hechos traumáticos) y deseos o ideas sexuales o agresivas inaceptables. El contenido del inconsciente no se puede trasladar directamente al consciente con sólo concentrarse en él; si acaso se saca con gran dificultad al consciente. Dada la cantidad de contenido de la mente que está empantanado en el inconsciente, no tenemos conciencia de nuestros deseos, ideas y afanes más profundos.

La estructura de la personalidad: el ello, el yo y el superyó

Freud planteó que la personalidad está compuesta por tres entidades mentales que llamó el **ello**, el **yo** y el **superyó**. El equilibrio y las interacciones de estas tres partes de la personalidad deter-

consciente En la teoría freudiana, parte de la mente que corresponde al estado de alerta presente.
preconsciente Para Freud, parte de la mente cuyo contenido puede ser llevado a la conciencia mediante la atención enfocada.
inconsciente En la teoría freudiana, parte de la mente que se encuentra fuera del ámbito de la conciencia ordinaria y que contiene los impulsos e instintos primitivos y los afanes, deseos o ideas inaceptables.
ello Término acuñado por Freud para referirse a la estructura psíquica que existe en el inconsciente y que contiene nuestras motivaciones animales básicas y nuestros impulsos instintivos.
yo Término acuñado por Freud para referirse a la estructura psíquica que pretende equilibrar las demandas instintivas del ello con las realidades y las expectativas sociales.
superyó Término acuñado por Freud para referirse a la estructura psíquica que corresponde a un custodio o conciencia morales internos.

Sigmund Freud

principio del placer En la teoría de Freud, principio que rige el ello con base en la gratificación inmediata sin considerar las reglas o las costumbres sociales.

principio de realidad En la teoría freudiana, principio que rige el yo tomando en cuenta aquello que es viable y aceptable para satisfacer las necesidades básicas.

mecanismos de defensa En la teoría freudiana, las estrategias del yo para distorsionar la realidad a efecto de no tener conciencia de ideas o impulsos que provoquen ansiedad o conflictos.

represión En la teoría freudiana, tipo de mecanismo de defensa que implica la motivación para olvidar el material que provoca ansiedad.

negación En la teoría freudiana, mecanismo de defensa que implica no reconocer un impulso o una urgencia amenazantes.

formación reactiva En la teoría freudiana, mecanismo de defensa que implica conductas que se oponen a los verdaderos deseos y motivaciones de la persona con el fin de no tener que reconocerlos conscientemente.

minan en gran medida nuestra conducta y capacidad para afrontar los desafíos que encontramos en la existencia. Freud pensaba que estas entidades mentales no eran estructuras reales que se pudiesen localizar en el cerebro. Por el contrario, las concebía como conceptos hipotéticos que representan fuerzas contrarias dentro de la personalidad.

Como muestra la figura 13.1, el ello sólo opera en el inconsciente. Contiene nuestros motivos animales o impulsos instintivos básicos, como el hambre, la sed, la eliminación, el sexo y la agresión. El ello nos lleva a actuar con el propósito de garantizar que nuestras necesidades biológicas básicas sean satisfechas. Es la única estructura psíquica presente cuando nacemos y se rige por lo que Freud llamó el **principio del placer**, o la demanda de una gratificación inmediata sin consideración de las reglas o las costumbres sociales. En esencia, el ello quiere obtener lo que quiere cuando lo quiere. Piense en un infante. Cuando se presenta una necesidad, como el hambre o la eliminación, el bebé demanda la satisfacción inmediata de la misma. No espera pacientemente hasta que llega la hora correcta para alimentarse o defecar. No obstante, según Freud, cuando el objeto deseado (por ejemplo, el pezón de la madre) no está a su alcance, el ello es capaz de obtener una gratificación parcial mediante la formación de una imagen mental del objeto deseado.

El infante no tarda en descubrir que todas sus demandas instintivas son gratificadas al instante. También aprende que conjurar una imagen mental del objeto deseado no es un buen sustituto de lo real. Descubre que debe lidiar con la frustración y aprende a demorar la gratificación. Así se forma la segunda parte de la mente durante el primer año de existencia, la cual es la encargada de organizar el modo de manejar la postergación de la gratificación. Freud se refirió a esta entidad como el yo. Éste representa "la razón y la sensatez" (Freud, 1964, p. 76).

El yo opera bajo al **principio de realidad**, es decir, el dictado que rige lo que el yo busca para satisfacer las demandas instintivas, el ello, mediante formas prácticas y aceptables para la sociedad. El ello tal vez le motive a levantarse de su silla y buscar alimento cuando siente hambre, pero el yo permite que se preparare un bocadillo e impide que tome la comida del plato de otra persona.

El superyó representa un custodio interno o conciencia moral. Entre los tres y cinco años, a la mitad de la niñez, se separa del yo y se desarrolla cuando se interiorizan las enseñanzas morales de los padres u otras figuras importantes. Una parte del superyó puede estar a disposición de la conciencia, aquella que corresponde a nuestras convicciones morales, creencias personales en tanto del bien o el mal. Sin embargo, gran parte del superyó opera en el inconsciente, en espera para juzgar si las acciones del yo son moralmente buenas o malas. Cuando no son buenas, el superyó se impone una sanción en forma de culpa o vergüenza.

El yo es muy bueno para llegar a compromisos. Se coloca entre el superyó y el ello. Pretende satisfacer las demandas del ello sin ofender las normas morales del superyó. Nuestra conducta es producto de las luchas dinámicas entre el ello, el yo y el superyó. Estos conflictos ocurren fuera del estado consciente, en la etapa de la mente inconsciente. Una parte del yo sube al nivel de la conciencia, como cuando conscientemente nos disponemos a prepararnos un bocadillo para responder a la sensación de hambre, pero gran parte del yo opera debajo de la superficie del consciente, donde emplea las estrategias de los *mecanismos de defensa* para no tener conciencia de los impulsos o deseos sexuales o agresivos inaceptables.

Mecanismos de defensa

En la teoría freudiana, el yo emplea **mecanismos de defensa** para evitar la ansiedad que se generaría si los deseos o impulsos sexuales o agresivos y si los recuerdos inquietantes fuesen aceptados plenamente en razón de su reconocimiento consciente. El principal mecanismo de defensa que propuso Freud es la **represión**, o los motivos para olvidar, el cual implica desterrar los deseos, los impulsos y los recuerdos inquietantes a lo más profundo de la mente inconsciente (Boag, 2006; McNally, 2007).

La represión permite que las personas, en su exterior, conserven la calma y el control, a pesar de que bajo la superficie de la conciencia alberguen impulsos de odio y lujuria que no reconocen. No obstante, estos deseos reprimidos se pueden manifestar de forma disfrazada, por ejemplo como símbolos en los sueños y *lapsus linguae* (los llamados *lapsus freudianos*). Freud creía que los *lapsus linguae* revelan los motivos y los deseos subyacentes que la represión mantiene ocultos. Si un amigo quiso decir: "Comprendo lo que dices", pero en realidad dice "Me molesta lo que dices" podría estar expresando un sentimiento reprimido (Nevid, Rathus y Greene, 2008). Freud señaló

TABLA 13.1   Principales mecanismos de defensa en la teoría psicodinámica

Tipo de mecanismo de defensa	Descripción	Ejemplo
Represión	Expulsar de la conciencia las ideas o los motivos inaceptables	Una persona no tiene conciencia de que alberga impulsos de odio o destrucción contra otros
Regresión	Regresar a una conducta característica de etapas anteriores del desarrollo	Ante el estrés, un estudiante universitario empieza a morderse las uñas o a depender enteramente de otros
Desplazamiento	Desviar los impulsos inaceptables de los objetos a los que originalmente van dirigidos para transferir-los a otros más seguros o menos amenazantes	Un empleado azota la puerta al salir después de recibir un regaño del jefe
Negación	Negarse a reconocer un impulso o deseo amenazantes	Una persona está a punto de ahorcar a otra y después actúa como "si no hubiera pasado nada"
Formación reactiva	Conducirse de modo contrario a los verdaderos deseos o anhelos para mantenerlos reprimidos	Una persona con enormes frustraciones sexuales emprende una cruzada personal para acabar con la pornografía
Racionalización	Justificarse con el propósito de disculpar con explica-ciones una conducta inaceptable	Ante la pregunta de por qué insiste en fumar, una mujer responde: "En mi familia no hay casos de cáncer"
Proyección	Adjudicar a otros los propios impulsos o deseos	Una persona con inhibiciones sexuales interpreta equivocadamente que las actitudes amables de otras personas son insinuaciones sexuales
Sublimación	Canalizar los impulsos inaceptables a actividades socialmente constructivas	Una persona canaliza sus impulsos agresivos a un deporte de competencia

varios mecanismos de defensa más, entre ellos la **negación**, la **formación reactiva**, la **racio-nalización**, la **proyección**, la **sublimación**, la **regresión** y el **desplazamiento**. La tabla 13.1 presenta ejemplos de cada uno de estos mecanismos de defensa.

Aunque los mecanismos de defensa tal vez sean un proceso normal para adaptarse a las exigencias irrazonables del ello, pueden generar una conducta anormal. Por ejemplo, el hombre que ataca sexualmente a una mujer podría racionalizar "que ella se lo merecía", en lugar de afrontar directamente sus impulsos agresivos. La persona que regresa a un estado infantiloide de dependencia frente a un gran estrés tal vez se proteja contra la ansiedad de tener que afrontar la situación estresante, pero también pierde su capacidad para funcionar con efectividad.

Etapas del desarrollo psicosexual

Freud pensaba que el desarrollo de la personalidad pasa por cinco etapas de desarrollo psicosexual. Se considera que las etapas son de índole psicosexual porque se caracterizan por la forma en que el niño busca el placer físico derivado de las partes sexualmente sensibles de su cuerpo, llamadas **zonas erógenas**. También pensaba que las actividades físicas relacionadas con las funciones básicas de la existencia, como la alimentación, la eliminación y la reproducción, son "sexuales" en esencia porque son inherentemente placenteras. Luego entonces, en opinión de Freud, el infante que succiona el pecho de su madre o que elimina los desechos de su cuerpo está desempeñando actos sexuales. Y ¿por qué son placenteras estas actividades? También pensaba que la respuesta es clara: porque son esenciales para la supervivencia. El infante debe succionar para alimentarse. Si no derivara placer de succionar, no lo haría y probablemente moriría. Conforme el niño va pasando por las etapas del desarrollo psicosexual, la zona erógena primaria cambia de una parte del cuerpo a otra.

racionalización   En la teoría freudiana, mecanismo de defensa que implica usar la autojustificación para disculpar con explicaciones las conductas, los impulsos o las ideas inaceptables.

proyección   En la teoría freudiana, mecanismo de defensa que implica proyectar en otra persona los propios impulsos, deseos o afanes inaceptables.

sublimación   En la teoría freudiana, mecanismo de defensa que implica canalizar los impulsos inaceptables a conductas o intereses aprobados por la sociedad.

regresión   En la teoría freudiana, mecanismo de defensa con el cual un individuo, sometido a fuertes niveles de estrés, regresa a una conducta característica de una etapa anterior de desarrollo.

desplazamiento   En la teoría freudiana, mecanismo de defensa con el cual un impulso sexual o agresivo inaceptable es transferido a un objeto o persona que es más seguro o menos amenazante que el objeto original del impulso.

zonas erógenas   Partes del cuerpo que son especialmente sensibles a la estimulación sexual o placentera.

CONCEPTO 13.6
Freud pensaba que el desarrollo de la personalidad pasa por cinco etapas de desarrollo psicosexual: la oral, la anal, la fálica, la de latencia y la genital.

VÍNCULO DE CONCEPTOS · · · · ·
El teórico psicodinámico Erik Erikson, a diferencia de Freud, planteó etapas de desarrollo psicosocial que inician en la niñez temprana y prosiguen en la edad adulta. (Explicado en los capítulos 9 y 10)

¿Fijación oral? Freud pensaba que la gratificación insuficiente o excesiva durante la etapa oral puede llevar al individuo a desarrollar una fijación oral que se convertirá en un rasgo de su personalidad.

fijaciones Constelaciones de rasgos de personalidad característicos de una etapa particular del desarrollo psicosexual, los cuales son resultado de una gratificación excesiva o inadecuada en esa etapa.

etapa oral En la teoría freudiana, primera etapa del desarrollo psicosexual durante la cual el bebé busca una gratificación sexual por medio de la estimulación oral (succionar, llevarse objetos a la boca y morder).

etapa anal En la teoría freudiana, segunda etapa del desarrollo psicosexual durante la cual la gratificación sexual se centra en el proceso de eliminación (retención y liberación del contenido intestinal).

En cada etapa del desarrollo psicosexual pueden brotar conflictos psicológicos. Éstos, que en ocasiones surgen porque se recibe muy poca o demasiada gratificación, pueden llevar a que se desarrollen **fijaciones**, es decir, los rasgos de personalidad o patrones de conducta característicos de una etapa particular. Es como si los rasgos de personalidad del individuo se "atascaran" en un nivel anterior del desarrollo. Veamos brevemente las cinco etapas y los conflictos que podrían surgir en cada una de ellas.

Etapa oral

La **etapa oral** abarca desde el nacimiento hasta entre los 12 y 18 meses de edad. En esta etapa la zona erógena primaria es la boca. El infante busca obtener placer sexual succionando el pecho de la madre y llevándose o, más adelante, mordiendo los objetos que encuentra cerca de él, entre ellos los dedos de los padres. Todo lo que quepa en su boca es llevado a la misma. El exceso de gratificación en la etapa oral podría conducir a fijaciones orales en la adultez, como fumar, morderse las uñas y beber o comer demasiado. Una escasa gratificación, tal vez debido a que se desteta al bebé demasiado pronto, podría llevar a que desarrolle rasgos que sugieren que en la infancia no se han satisfecho las necesidades de alimentación y atención, como la pasividad, el apego dependiente y el pesimismo.

Etapa anal

Cuando el niño tiene alrededor de 18 meses estará en la **etapa anal**. La cavidad anal se convierte en la zona erógena primaria cuando el niño adquiere la capacidad de controlar la eliminación mediante la contracción y la relajación de los esfínteres a voluntad. Sin embargo, esta etapa (que dura hasta cerca de los tres años) es propicia para los conflictos entre los padres y el niño que está aprendiendo a dejar los pañales. Éste, para merecer la aprobación de sus padres y evitar su reprobación, debe aprender a "dirigirse a la bacinica" en el momento indicado y a demorar la gratificación inmediata de la necesidad de eliminar cada vez que siente la urgencia.

En opinión de Freud, las fijaciones anales reflejan un adiestramiento demasiado duro o tolerante al enseñarle a usar el retrete. El adiestramiento demasiado duro podría conducir a rasgos asociados a la llamada **personalidad anal retentiva**, como el perfeccionismo y las necesidades exageradas de autocontrol, orden, aseo y limpieza. Un adiestramiento extremadamente laxo podría llevar al conjunto contrario de rasgos que se asocian con la **personalidad anal expulsiva**, como el desorden, la falta de autodisciplina y el descuido.

Etapa fálica

En la **etapa fálica**, que abarca aproximadamente de los tres a los seis años, la zona erógena cambia a la región púbica, el pene en los hombres y el clítoris en las mujeres. En este periodo podrían surgir conflictos con los padres a causa de la masturbación (autoestimulación de la zona fálica). Sin embargo, el conflicto central en la etapa fálica es el **complejo de Edipo**, el cual implica el desarrollo de deseos incestuosos por el progenitor del sexo opuesto y conduce a la rivalidad con el del mismo sexo. Freud eligió el nombre del complejo pensando en el antiguo mito griego del rey Edipo, que cuenta que éste, sin saber, mató a su padre y se casó con su madre. Freud creía que este añejo relato revelaba una verdad fundamental de la humanidad sobre el desarrollo psicosexual. Algunos de sus discípulos hablarían de la versión femenina del complejo de Edipo, llamándolo el **complejo de Electra**, otro añejo personaje de las tragedias griegas, quien vengara la muerte de su padre matando a sus asesinos, que eran su propia madre y el amante de ésta.

Según Freud, los niños normalmente resuelven el conflicto abandonando los deseos incestuosos que sienten por su madre e identificándose con su rival: su padre. Las niñas habitualmente abandonan los deseos incestuosos que sienten por su padre y se identifican con su madre. La identificación con el progenitor del mismo sexo conduce al desarrollo de las conductas de género. Los niños desarrollan los rasgos de agresividad e independencia que por tradición van asociados a la masculinidad y las niñas desarrollan los rasgos de dedicación y modestia que usualmente se ligan a la feminidad. Otro producto derivado del complejo de Edipo es el desarrollo del superyó, o sea la interiorización de los valores paternos que adquieren forma de conciencia moral.

Freud pensaba que los niños que no resolvían los conflictos edípicos podrían desarrollar un resentimiento contra las figuras masculinas fuertes, en especial las figuras de autoridad. En el caso de los niños y también de las niñas, la incapacidad para identificarse con el progenitor del mismo género podría llevarles a desarrollar una conducta de género inadaptada y más adelante a la homosexualidad.

Freud creía que los niños pequeños desarrollan la **ansiedad de castración**, o el temor a que su padre se vengue de los deseos sexuales que sienten por su madre y les quite el órgano que se ha convertido en su zona erógena primaria. Este miedo a la castración es lo que lleva a los varones a abandonar los deseos incestuosos que sienten por su madre y a identificarse con su padre. Las niñas no tienen pene y, por lo tanto, no desarrollan ansiedad de castración. Por el contrario, experimentan **envidia del pene**, o celos de los niños porque tienen pene. En opinión de Freud, la envidia del pene provoca que ellas sientan que son inferiores o menos aptas que los chicos y a culpar a su madre, inconscientemente, por traerlas al mundo tan "mal equipadas". La niña siente un deseo sexual por su padre, de modo que puede poseer su pene como sustituto del que le falta. No obstante, el miedo a perder el amor y la protección de la madre debido a los deseos incestuosos que siente la pequeña la lleva a abandonar sus deseos sexuales por el progenitor y a identificarse con la madre. Cuando la niña madura sexualmente, olvida su deseo de tener un pene (de "ser hombre") y desea tener un hijo; es decir, una especie de sustituto del pene que no tiene. Se considera que las mujeres que optan por una carrera profesional o empresarial en lugar de la maternidad no han resuelto la envidia del pene, y que se aferran al deseo de "ser un hombre". Recuerde que Freud pensaba que el complejo de Edipo, con sus deseos incestuosos, rivalidades y ansiedad de castración, así como la envidia del pene, en gran medida se presentan en el nivel inconsciente. En la superficie todo parecería tranquilo, pero el revuelo que ocurre en el interior permanece oculto.

Etapa de latencia

La turbulenta crisis psicológica del periodo fálico desemboca en un periodo de relativa tranquilidad: la **etapa de latencia**, que abarca desde los seis años, aproximadamente, hasta la pubertad. La etapa debe su nombre a que se piensa que, durante ella, los impulsos sexuales permanecen latentes (dormidos); es una época en la cual las energías psicológicas del niño se concentran en otras cosas, como las actividades escolares y lúdicas, hacer amistades y adquirir habilidades.

Etapa genital

El niño entra en la última etapa del desarrollo psicosexual, la **etapa genital**, más o menos cuando se presenta la pubertad. Los olvidados deseos incestuosos por el progenitor del sexo opuesto generan el ahínco por encontrar parejas sexuales del género opuesto más adecuadas. Las chicas tal vez se sientan atraídas por muchachos que se parecen a "mi adorado papá", mientras que ellos quizá busquen "el tipo de muchacha que se casó con mi querido papá". Las energías sexuales buscan su expresión en una sexualidad madura (genital) en forma de relaciones sexuales conyugales y la gestación de hijos. La tabla 13.2 presenta un resumen de las etapas del desarrollo psicosexual según Freud.

Otros planteamientos psicodinámicos

Aun cuando el mundo científico de su tiempo no abrazó las teorías de Freud, éste tuvo infinidad de seguidores y varios de ellos son reconocidos como importantes teóricos de la personalidad por mérito propio. Éstos conservaron ciertos postulados centrales de la teoría psicodinámica, en especial la idea de que los conflictos inconscientes de la personalidad influyen en la conducta, pero sus planteamientos también diferían de los de Freud en algunos sentidos. Como grupo, los teóricos que siguieron la escuela de Freud (a veces llamados *neofreudianos*) concedieron menos importancia a las motivaciones sexuales y agresivas y más a las relaciones sociales y al funcionamiento del yo, en especial al desarrollo de un concepto del *self*. A continuación exponemos las ideas principales de varios neofreudianos destacados: Carl Jung, Alfred Adler y Karen Horney. En el capítulo 9 vimos las aportaciones de otro neofreudiano: Erik Erikson.

personalidad anal retentiva En la teoría freudiana, tipo de personalidad que se caracteriza por el perfeccionismo y una necesidad excesiva de autocontrol, que encuentran expresión en una pulcritud y puntualidad extremas.

personalidad anal expulsiva En la teoría freudiana, tipo de personalidad que se caracteriza por el desorden, la falta de autodisciplina y el descuido.

etapa fálica En la teoría freudiana, la tercera etapa del desarrollo psicosexual marcada por la atención erótica a la región fálica (pene en los niños, clítoris en las niñas) y el desarrollo del complejo de Edipo.

complejo de Edipo En la teoría freudiana, complejo psicológico en el cual el niño o la niña desarrollan sentimientos incestuosos hacia el progenitor del género opuesto y percibe como rival al del mismo género.

complejo de Electra Nombre dado por algunos teóricos psicodinámicos a la forma que adopta el complejo de Edipo en las niñas.

ansiedad de castración En la teoría freudiana, temor inconsciente de la extirpación del pene como castigo por tener impulsos sexuales inaceptables.

envidia del pene En la teoría freudiana, celos hacia los niños porque tienen pene.

etapa de latencia En la teoría freudiana, la cuarta etapa del desarrollo psicosexual durante la cual los impulsos sexuales permanecen latentes o dormidos.

etapa genital En la teoría freudiana, la quinta y última etapa del desarrollo psicosexual, la cual inicia más o menos en la pubertad y corresponde al desarrollo de la sexualidad madura y al énfasis en la procreación.

TABLA 13.2 **Etapas del desarrollo psicosexual según Freud**

Etapa psicosexual	Edad aproximada	Zona erógena	Fuente de placer sexual	Fuente de conflicto	Características adultas asociadas a conflictos en esta etapa
Oral	Del nacimiento a los 12-18 meses	Cavidad oral	Succionar, morder y llevarse cosas a la boca	Destete	Conductas orales como fumar, beber alcohol, morderse las uñas; dependencia; pasividad; pesimismo
Anal	De 18 meses a 3 años	Región anal	Retención y expulsión de heces	Adiestramiento para dejar pañales	Rasgo anal retentivo frente al anal expulsivo
Fálica	De 3 a 6 años	Pene en niños; clítoris en niñas	Masturbación	Masturbación; complejo de Edipo	Homosexualidad; resentimiento contra figuras de autoridad en hombres; envidia del pene sin resolver en mujeres
Latencia	De 6 años a pubertad	Ninguna	Ninguna (concentración en actividades escolares y lúdicas)	Ninguna	Ninguna
Genital	De pubertad a adultez	Genitales (pene en hombres; vagina en mujeres)	Retorno de los intereses sexuales expresados en forma de relaciones sexuales maduras	Ninguna	Ninguna

Carl Jung: la psicología analítica

Carl Gustav Jung (1875-1961) formó parte del círculo cercano de Freud, pero se distanció de él cuando desarrolló sus propios planteamientos distintivos acerca de la personalidad. Jung compartía con Freud la idea de que los conflictos inconscientes influyen en la cultura humana y que los mecanismos de defensa distorsionan o disfrazan los motivos subyacentes de las personas. No obstante, concedía mayor importancia al presente que a la experiencia de la infancia o la niñez (Kirsch, 1996) y ponía hincapié en los procesos conscientes, como la conciencia de uno mismo y la persecución de metas autodirigidas, más que a los procesos inconscientes (Boynton, 2004; Kirsch, 1996).

Jung pensaba que las personas tienen un **inconsciente personal**, compuesto por recuerdos e impulsos reprimidos, y también un **inconsciente colectivo**, o depósito de ideas e imágenes acumuladas en la mente inconsciente que son compartidas por la raza humana y transmitidas genéticamente de una generación a otra. El inconsciente colectivo contiene imágenes primitivas, llamadas **arquetipos**, que reflejan experiencias ancestrales o universales de los humanos, entre ellas las de un Dios omnisapiente y todopoderoso, un héroe joven, y la figura materna fértil que nos nutre. Jung pensaba que aun cuando estas imágenes permanecen inconscientes, influyen en nuestros sueños y en los pensamientos y emociones cuando estamos despiertos. Sostenía que este inconsciente es lo que explica las similitudes entre culturas en cuanto a las imágenes de los sueños, los símbolos religiosos y las expresiones artísticas (como los héroes y las heroínas de las películas).

Alfred Adler: la psicología individual

Alfred Adler (1870-1937) fue otro miembro del círculo cercano de Freud que se separó para desarrollar su propia teoría de la personalidad. La llamó **psicología individual** porque ponía énfasis en el potencial único de cada individuo. Adler creía que la experiencia consciente tiene una función

inconsciente personal Término usado por Jung para referirse a una región inconsciente de la mente que funciona como depósito de recuerdos e impulsos personales reprimidos.

inconsciente colectivo En la teoría de Jung, parte de la mente que contiene ideas e imágenes arquetípicas compartidas por la raza humana que han sido transmitidas genéticamente desde tiempos ancestrales.

arquetipos Términos usados por Jung para referirse a las imágenes primitivas contenidas en el inconsciente colectivo que reflejan experiencias ancestrales o universales de los seres humanos.

psicología individual Teoría de la personalidad postulada por Adler que pone énfasis en el potencial único de cada individuo.

más grande de lo que pensaba Freud. Llamó *self* **creativo** a la parte de la personalidad que tiene conciencia de sí misma y organiza la conducta que persigue metas. Por lo tanto, nuestro ser creativo lucha por superar los obstáculos que aparecen en el camino para alcanzar nuestro potencial y lograr todo lo que queremos ser.

Adler tal vez sea más conocido por su concepto del **complejo de inferioridad**. Creía que todos los niños, debido a su tamaño pequeño y sus capacidades limitadas, tienen cierto grado de sentimientos de inferioridad. La forma en que los compensen influirá en su personalidad naciente. Los sentimientos de inferioridad llevan al deseo de la compensación, que Adler llamó el **impulso de superioridad** o *voluntad de poder*. Este impulso nos puede motivar a esforzarnos más y a alcanzar metas valiosas, como logros profesionales y puestos destacados. También puede hacernos dominantes o insensibles frente a otros o pasar por encima de ellos para ascender por la escalera profesional o social.

Adler mismo fue un niño enfermizo, afectado por el raquitismo (deficiencia de vitamina D). Su noción de que todos tenemos un impulso para superarnos, que nos invita a ser superiores, tal vez tenga su origen en las luchas que lidió en su niñez para superar sus problemas físicos. Otros casos personales son prueba de la voluntad para superar la adversidad física. Por ejemplo, la atleta Wilma Rudolph sufrió polio siendo niña, pero su lucha la llevó a ser una de las estrellas más grandes de la historia en las pruebas de pista y llegó a ganar tres medallas de oro en los juegos Olímpicos de 1960.

Karen Horney: una de las primeras voces femeninas de la psicología

Karen Horney (1885-1952), discípula de Freud, fue una de las críticas más acérrimas de sus ideas acerca del desarrollo femenino. Esta doctora alemana fue una de las primeras psicoanalistas y llegó a ser una destacada teórica por mérito propio. Horney aceptaba la idea de que los conflictos inconscientes dan forma a la personalidad, pero se concentró menos en los impulsos sexuales y agresivos y más en las funciones de las fuerzas sociales y culturales. Asimismo, puso énfasis en la importancia de las relaciones entre los padres y los niños. Cuando los progenitores son duros y poco amorosos, los pequeños pueden desarrollar una forma de ansiedad profunda que llamó **ansiedad básica**, la cual está asociada al sentimiento de sentirse "aislado e inerme en un mundo potencialmente hostil" (citado en Quinn, 1987, p. 41). Por otro lado también pueden desarrollar una forma de resentimiento profundo hacia sus padres, al que llamó **hostilidad básica**. Horney creía, al igual que Freud, que los niños reprimen la hostilidad que sienten hacia sus progenitores por temor a perderlos o a sufrir sus regaños. Sin embargo, al reprimirla genera más ansiedad e inseguridad.

Horney aceptaba el concepto general de que las niñas sienten envidia del pene, pero pensaba que el desarrollo de las mujeres jóvenes también se debe entender dentro de un contexto social. Por ejemplo, rechazaba la idea planteada por Freud de que la mujer tiene un sentimiento de inferioridad derivado de la envidia del pene. Argumentaba que si las mujeres se sienten inferiores se debe a que sienten envidia del poder y la autoridad de los hombres en la sociedad, pero no de sus penes (Stewart y McDermott, 2004). Horney incluso planteó la posibilidad de que los hombres pueden tener "envidia del útero" en razón de la evidente "superioridad fisiológica" de las mujeres por su capacidad biológica para crear vida y dar a luz.

Evaluación de la perspectiva psicodinámica

La principal aportación de Freud y los pensadores psicodinámicos posteriores tal vez haya sido que lograron que el estudio de la mente inconsciente apareciera en el mapa (Lothane, 2006). Freud pensaba que para conocerse a uno mismo es necesario sondear las profundidades de nuestra mente inconsciente, descubrir los motivos inconscientes que subyacen a nuestra conducta. Como veremos en el capítulo 15, Freud creó un método de psicoterapia, llamado *psicoanálisis*, que se concentra en ayudar a las personas a conocer mejor los motivos y conflictos inconscientes que, según él, eran la raíz de sus problemas.

Sin embargo, la teoría psicodinámica también ha tenido críticos. Varios de ellos, inclusive algunos de los discípulos de Freud, piensan que concede demasiada importancia a los impulsos sexual y de agresividad y casi nada a la función de las relaciones sociales en el desarrollo de la personalidad. Otros pensadores psicodinámicos, entre ellos Horney, pusieron mayor énfasis en

Arquetipos El héroe joven es un arquetipo jungiano, al igual que la figura del viejo sabio o la madre. Jung creía que estos símbolos de las experiencias humanas universales están incrustados en una parte del cerebro que llamó el inconsciente colectivo.

self **creativo** En la teoría de Adler, la parte de la personalidad que corresponde a la alerta del ser, la cual organiza los esfuerzos dirigidos a perseguir metas.

complejo de inferioridad En la teoría de Adler, los sentimientos de inadecuación o inferioridad que se presentan en niños pequeños, los cuales influyen en la personalidad que están desarrollando y crean los deseos de superación.

impulso de superioridad Término acuñado por Adler para referirse a la motivación para compensar los sentimientos de inferioridad. También llamada voluntad de poder.

ansiedad básica En la teoría de Horney, una forma profunda de ansiedad que sufren los niños, asociada al sentimiento de que se encuentran aislados e inermes en un mundo que perciben como potencialmente amenazante y hostil.

hostilidad básica En la teoría de Horney, un sentimiento profundo de resentimiento que los niños pueden albergar contra sus padres.

CONCEPTO 13.8

Aun cuando la perspectiva psicodinámica ha tenido grandes repercusiones en la psicología y más, sus críticos sostienen que gran cantidad de sus conceptos centrales carecen del apoyo de estudios científicos rigurosos.

la importancia de las influencias sociales para el desarrollo de la personalidad. También se cuestiona a Freud por la falta de evidencia que apoye varios de los principios que fundamentan su teoría, como su idea de la ansiedad de castración y la envidia del pene, así como la universalidad del complejo de Edipo. Algunos críticos inclusive ponen en duda que exista este complejo (consulte Kupfersmid, 1995).

Algunos críticos cuestionaron la progresión y los tiempos de las etapas del desarrollo psicosexual planteadas por Freud. Otros más han puesto en duda la teoría psicodinámica misma porque casi toda ella está fundamentada en evidencia reunida de una cantidad relativamente pequeña de estudios de caso, los cuales pueden ser interpretados de varias maneras. Es más, las experiencias de los pocos individuos que participaron en estos estudios podrían no ser representativas de la gente en general. Sin embargo, la limitación más grande del planteamiento psicodinámico es la dificultad para sujetar varios de sus conceptos, en especial los fenómenos del inconsciente, a pruebas científicas formales. El método científico requiere que las teorías se presten a hipótesis comprobables. No obstante, dada su naturaleza, los procesos inconscientes no pueden ser sometidos a una observación directa ni a una medición científica, lo cual dificulta —hay quienes dirían que impide— su estudio científico. Empero, una serie de investigadores está tratando de comprobar de forma objetiva algunos aspectos de la teoría psicodinámica, entre ellos lo que decía Freud acerca de la represión. Cada vez hay más evidencia proveniente de distintos campos de investigaciones psicológicas que sustentan la existencia del funcionamiento

TABLA DE CONCEPTOS 13.1
Conceptos principales de la teoría psicodinámica

	Concepto	Descripción	Resumen
Teoría psicoanalítica de Freud	Niveles de conciencia	La mente incluye tres niveles de conciencia: el consciente, el preconsciente y el inconsciente	Sólo una pequeña parte de la mente es plenamente consciente. La inconsciente, que es su mayor parte, contiene nuestros anhelos e impulsos básicos
	Estructura de la personalidad	El ello, el yo y el superyó	El ello, que sólo existe en el inconsciente, es un depósito de impulsos y deseos instintivos que exigen su gratificación inmediata. El yo trata de satisfacer las exigencias del ello por medio de canales aceptables para la sociedad sin ofender al superyó, que es el custodio moral de la personalidad
	Principios rectores	Principio del placer y principio de realidad	El ello se sujeta al principio del placer, o la exigencia de una gratificación inmediata independientemente de las necesidades sociales. El yo se sujeta al principio de realidad, con el cual se debe ponderar la gratificación de los impulsos en razón de su aceptación y viabilidad sociales
	Mecanismos de defensa	El yo emplea mecanismos de defensa para ocultar o distorsionar los impulsos inaceptables, evitando así que pasen al consciente	Los principales mecanismos de defensa son la represión, la regresión, la proyección, la racionalización, la negación, la formación reactiva, la sublimación y el desplazamiento
	Etapas de desarrollo psicosexual	A medida que el niño madura, la motivación sexual se expresa por medio de la estimulación de distintas partes del cuerpo, o zonas erógenas	Las cinco etapas del desarrollo psicosexual son la oral, la anal, la fálica, la de latencia y la genital. La gratificación excesiva o una deficiencia de la misma en una etapa cualquiera conducen a rasgos de personalidad o fijaciones característicos de esa etapa
Jung	Inconsciente colectivo	Todas las personas comparten un inconsciente heredado que contiene símbolos universales, o arquetipos	El inconsciente colectivo, al igual que el personal, está enterrado en el ser, pero surge en los sueños, los símbolos religiosos y las expresiones artísticas
Adler	El *self* creativo	El *self* creativo es la parte que organiza conscientemente la conducta para perseguir metas	La psicología individual de Alfred Adler ponía énfasis en el conocimiento de sí mismo, la lucha por alcanzar metas y la manera en cómo las personas compensan sus sentimientos subyacentes de inadecuación o inferioridad
Horney	La ansiedad y la hostilidad básicas	Si los padres no son amorosos, los niños desarrollan una profunda desconfianza del mundo y un odio por sus padres	Karen Horney se concentró en la manera en que las personas se relacionan entre sí y en la importancia de las relaciones entre los padres y el niño

psicológico fuera de la conciencia, inclusive los mecanismos de defensa (Cramer, 2000; Westen y Gabbard, 2002).

La tabla de conceptos 13.1 presenta un resumen de la perspectiva psicodinámica acerca de la personalidad. En módulos posteriores analizaremos otras teorías destacadas de la personalidad, a saber: la de los rasgos, la social-cognitiva y la humanista.

REVISIÓN DE MÓDULO 13.1 | **La perspectiva psicodinámica**

REPASE

¿Cuáles son los tres niveles de conciencia según la teoría freudiana de la mente?

- Según Freud, los tres niveles de conciencia son el consciente, el preconsciente y el inconsciente.

- El consciente representa la conciencia presente, el preconsciente representa la región de la mente que contiene información que se puede recuperar fácilmente de la memoria y el inconsciente representa la región oscura de la mente que contiene los instintos primitivos, los deseos y los recuerdos molestos que no se pueden llevar directamente al consciente.

¿Cuáles son las estructuras de la personalidad según la teoría de Freud?

- Freud explicaba que la personalidad estaba compuesta por tres estructuras mentales: el ello, el yo y el superyó.

- El yo trata de satisfacer el impulso sexual y el de agresividad del ello de modo que evita la reprobación social o la condena del superyó, que es el custodio interno o la conciencia moral.

¿Cuáles son los mecanismos psicológicos de defensa?

- Los mecanismos psicológicos de defensa son las estrategias que emplea el yo, como la represión, el desplazamiento y la proyección, para impedir la conciencia de deseos y recuerdos molestos.

¿Cuáles son las cinco etapas de desarrollo psicosexual según la teoría freudiana?

- Freud pensaba que el desarrollo psicológico está sujeto a la influencia de los cambios que registran las áreas del cuerpo sexualmente sensibles, o zonas erógenas, durante la niñez temprana.

- Las etapas del desarrollo psicosexual corren paralelas a los cambios de las zonas erógenas y siguen este orden: la oral, la anal, la fálica, la de latencia y la genital.

¿Cuáles son algunas de las aportaciones destacadas que hicieron otros teóricos de la psicodinámica?

- Jung creía en un inconsciente personal y también en uno compartido, al que llamó inconsciente colectivo.

- Adler creó el concepto de "complejo de inferioridad", o la tendencia a compensar los sentimientos de inferioridad mediante el desarrollo de un impulso por sobresalir ("impulso de superioridad").

- Horney creía que las necesidades emocionales que no son satisfechas en la niñez conducen a una ansiedad y hostilidad básicas, las cuales a su vez producen más inseguridad.

RECUERDE

1. La teoría psicoanalítica trata de explicar la manera en que los humanos equilibran
   a. los instintos sexuales y las normas sociales
   b. las demandas de productividad y de esparcimiento
   c. los deseos de riqueza y de reproducción sexual
   d. las necesidades biológicas básicas y las de realización de uno mismo

2. Tanisha piensa que su compañero de trabajo Gregory siente una atracción sexual por ella, pero que no lo acepta. En realidad sucede justo lo contrario. ¿Cuál concepto de la teoría de Freud explica mejor este patrón?
   a. la motivación para olvidar
   b. la represión
   c. la proyección
   d. el desplazamiento

3. Relacione los términos siguientes con sus descripciones:
   i. Mecanismos de defensa; ii. represión; iii. lapsus freudiano; iv. proyección
   a. la motivación para olvidar
   b. por accidente, revela un pensamiento subyacente
   c. tiene por objeto protegerse a sí mismo de la ansiedad
   d. imponer los propios impulsos o deseos a otros

4. Según Freud, la etapa del desarrollo psicosexual en la que un niño experimenta el complejo de Edipo es la etapa _____.

5. ¿Cuál de los teóricos psicodinámicos siguientes ponía énfasis en los aspectos creativos del ser que lucha por alcanzar su potencial individual?
   a. Alfred Adler
   b. Karen Horney
   c. Erik Erikson
   d. Carl Jung

REFLEXIONE

- Tras la perspectiva psicodinámica está la idea de que no estamos conscientes de los motivos y los impulsos profundos que mueven nuestra conducta. ¿Está de acuerdo? ¿Por qué?

- ¿Puede identificar algunas de sus conductas que pudieran ser ejemplos de mecanismos de defensa? ¿Cómo lo sabría?

La perspectiva de los rasgos

- ¿Cuáles son las tres clases de rasgos que encontramos en el modelo de Allport?
- ¿Qué pensaba Cattell respecto de la organización de los rasgos?
- ¿Cuáles tres rasgos son parte del modelo de la personalidad planteado por Eysenck?
- ¿Cuál es el modelo de los "Cinco Grandes" rasgos de la personalidad?
- ¿Qué función desempeñan los genes en la personalidad?

Los teóricos de los rasgos, al igual que los psicodinámicos, se dirigen al interior de la personalidad para explicar la conducta, pero la estructura de la personalidad en la que se concentran no representa estados mentales o entidades opuestas. Por el contrario, ellos piensan que ésta se compone por un conjunto claro de características o disposiciones relativamente estables o duraderas que llaman **rasgos**. Emplean estos rasgos para predecir la conducta que probablemente observarán las personas en distintas situaciones. Por ejemplo, podrían describir a Rosa diciendo que los rasgos de su personalidad son la alegría y la sociabilidad. Con base en estas características, tal vez prevean que ella probablemente participará en diversas actividades sociales y que será esa clase de persona que la gente describe como alguien que siempre sonríe. Sin embargo, quizá describan a Derek como un individuo que manifiesta los rasgos de la suspicacia y la introversión. Con base en éstos, esperarían que Derek rehuya las interacciones sociales y que piense que las personas siempre se aprovechan de él.

Los teóricos de los rasgos tratan de conocer cuáles son las diferencias que existen entre los rasgos subyacentes de las personas. También les interesa medirlos y comprender cómo están organizados o estructurados en la personalidad. Algunos de estos teóricos piensan que estas características son innatas en gran medida; otros sostienen que en gran parte son adquiridas en razón de la experiencia. En este módulo hablaremos de las aportaciones de varios prominentes teóricos de los rasgos, empezando por Gordon Allport, quien hiciera una de las primeras aportaciones a la teoría misma.

Gordon Allport: el orden jerárquico de los rasgos

Según Gordon Allport (1897-1967), los rasgos de personalidad son entidades físicas que se encuentran en el cerebro e influyen en nuestra conducta. Pensaba que éstos son heredados, pero que la experiencia también influye en ellos. Por otro lado afirmaba que los rasgos se pueden clasificar por orden jerárquico dependiendo de la medida en que influyen en la conducta (Allport, 1961). En el nivel más alto están los **rasgos cardinales**, o los definitorios que inciden en la conducta de la persona en casi todas las situaciones. Por ejemplo, podríamos decir que el compromiso profundo con la justicia social era un rasgo cardinal de la personalidad de Martin Luther King, Jr. Sin embargo, Allport pensaba que hay relativamente pocas personas que poseen estos rasgos dominantes. Los **rasgos centrales** no tienen tanto alcance pero son más comunes y son los cimientos de la personalidad que influyen en la conducta en diversas situaciones. Algunos ejemplos se refieren a características como la competitividad, la generosidad, la independencia, la arrogancia y la temeridad, o la clase de rasgos que usaríamos habitualmente para describir las características generales de la conducta de otros. Los **rasgos secundarios**, como las preferencias por estilos particulares de ropa o géneros de música, se encuentran en un nivel más superficial y afectan la conducta en menos situaciones.

Raymond Cattell: mapas de la personalidad

El teórico de los rasgos Raymond Cattell (1905-1998) pensaba que existen dos niveles básicos (Cattell, 1950, 1965). Los **rasgos superficiales** están en la "superficie" de la personalidad. Son características que se pueden inferir cuando observamos las conductas. Los rasgos superficiales están ligados a calificativos que empleamos comúnmente para describir la personalidad, como *terquedad, emotividad y descuido*. Catell observó que éstos con frecuencia se presentan juntos. Una persona que es percibida como terca también podría ser percibida como rígida y de mal carác-

---

💡 **CONCEPTO 13.9**

Allport creía que los rasgos de personalidad siguen un orden jerárquico de importancia, de los cardinales en el nivel más alto a los centrales y secundarios en los niveles más bajos.

---

rasgos Características personales relativamente duraderas.

rasgos cardinales Término acuñado por Allport para referirse a las dimensiones prevalecientes que definen la personalidad general de un individuo.

rasgos centrales Término acuñado por Allport para referirse a las características de la personalidad que tienen una influencia general en la conducta del individuo en variadas situaciones.

rasgos secundarios Término acuñado por Allport para referirse a los rasgos específicos que influyen en la conducta en relativamente pocas situaciones.

rasgos superficiales Término acuñado por Cattell para referirse a los rasgos de personalidad que están en un nivel superficial y que se pueden entrever cuando observamos las conductas.

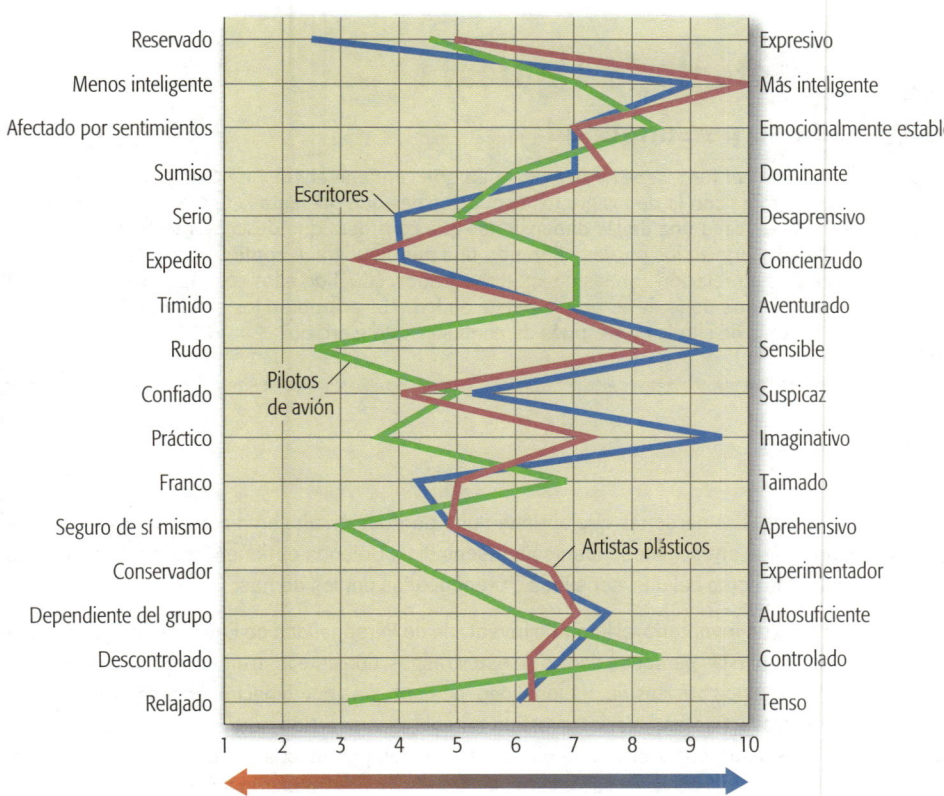

Reservado	Expresivo
Menos inteligente	Más inteligente
Afectado por sentimientos	Emocionalmente estable
Sumiso	Dominante
Serio	Desaprensivo
Expedito	Concienzudo
Tímido	Aventurado
Rudo	Sensible
Confiado	Suspicaz
Práctico	Imaginativo
Franco	Taimado
Seguro de sí mismo	Aprehensivo
Conservador	Experimentador
Dependiente del grupo	Autosuficiente
Descontrolado	Controlado
Relajado	Tenso

Escritores
Pilotos de avión
Artistas plásticos

1 2 3 4 5 6 7 8 9 10

FIGURA 13.2   El 16PF de Cattell
El 16PF es una prueba de personalidad que compara a las personas contra 16 rasgos de origen o dimensiones clave de la personalidad y representa las puntuaciones en un continuo que va de un extremo al otro. En este caso vemos las puntuaciones promedio de muestras compuestas por tres grupos de ocupaciones: artistas plásticos, pilotos de avión y escritores. Observe las diferencias de las personalidades de estos grupos. Por ejemplo, los pilotos de avión, comparados con los otros grupos, suelen tener más confianza en sí mismos y ser más controlados y relajados, rasgos que deben ayudar a tranquilizar a los usuarios de las líneas aéreas.

Fuente: Adaptado de Cattell, Eber y Tatsuoka, 1970.

CONCEPTO 13.10
Cattell pensaba que la estructura de la personalidad incluye dos niveles de rasgos: los superficiales que corresponden a las descripciones comunes de la personalidad y un nivel más profundo de aquellos más generales, los llamados rasgos de origen, que dan origen a los superficiales.

ter. Estos enlaces entre dichos términos sugieren que existe un nivel más profundo en la estructura de la personalidad que está compuesto por rasgos subyacentes más generales que dan origen a los superficiales. A efecto de explorar este nivel más profundo, Cattell aplicó sofisticadas técnicas estadísticas para analizar las relaciones entre los rasgos superficiales para hacer un mapa de la estructura subyacente de la personalidad (Horn, 2001). Con base en su trabajo derivó un conjunto de 16 factores primarios de la personalidad, llamados **rasgos de origen**. Cattell formuló un cuestionario de la personalidad para medir estos 16 rasgos de origen, el llamado Cuestionario de los 16 Factores de la Personalidad, o el 16PF. Cada rasgo del cuestionario es representado en un continuo, como "reservado frente a expresivo". La figura 13.2 compara las puntuaciones que obtuvieron escritores, pilotos de avión y artistas plásticos en el 16PF [consulte el recuadro "Intente lo siguiente" que presentamos más adelante para comparar sus rasgos de personalidad con los de estos grupos ocupacionales).

Hans Eysenck: un modelo más sencillo de los rasgos

A diferencia del modelo de Cattell, que ordenaba los rasgos de la personalidad en forma de una compleja jerarquía, Hans Eysenck (1916-1997) creó un modelo más sencillo de la personalidad, el cual la describe empleando tres rasgos centrales (Eysenck, 1981):

1. **Introversión-extraversión.** Las personas introvertidas son solitarias, reservadas y poco sociables, mientras que las extrovertidas son desinhibidas, amigables y orientadas a las personas.

2. **Neuroticismo.** Las personas que tienen una puntuación alta en neuroticismo, o inestabilidad emocional, tienden a estar tensas, ansiosas, preocupadas, inquietas y a ser temperamentales. Aquellas que obtienen una puntuación baja tienden a estar relajadas y tranquilas, a ser estables y a no tener cambios de ánimo. El neuroticismo está ligado a una deficiente adaptación psicológica y a bajos niveles de satisfacción con la existencia; además su salud tiene pobres resultados, como un mayor peligro de padecer enfermedades médicas serias y vivir menos años (Heller, Watson e Ilies, 2004; Hutchinson y Williams, 2007; Mroczek y Spiro, 2008; Smith, 2006).

rasgos de origen   Término acuñado por Cattell para referirse a los rasgos dentro de un nivel profundo de la personalidad que no son evidentes en la conducta observable, pero que se deben inferir con base en las relaciones subyacentes entre los rasgos superficiales.

introversión-extraversión La tendencia a ser solitario y reservado en un extremo o a ser expresivo y sociable en el otro.

neuroticismo   La tendencia a la inestabilidad emocional, la ansiedad y la preocupación.

Intente lo siguiente

Mida su personalidad

Puede emplear los rasgos de personalidad que contiene el 16PF de Cattell para comparar la propia con la de los grupos ocupacionales que presenta la figura 13.2. Marque un punto en cada una de las dimensiones que considera que describe mejor su personalidad. Conecte los puntos utilizando una pluma negra. A continuación analice sus respuestas en relación con las de los otros grupos. ¿Cuál de ellos coincide más con la percepción que tiene de su propia personalidad? ¿Le asombran los resultados? ¿Conoció algo más de sí mismo después de contestar este ejercicio?

CONCEPTO 13.11

Eysenck creía que se podían emplear las combinaciones de tres rasgos generales de introversión-extraversión, neuroticismo y psicoticismo, para clasificar los tipos básicos de personalidad.

3. **Psicoticismo**. Las personas que obtienen una puntuación alta en psicoticismo son percibidas como frías, antisociales, hostiles e insensibles. Quienes obtienen una puntuación baja son descritas como cálidas, sensibles y preocupadas por los demás.

Eysenck creó un inventario, el llamado Inventario de Personalidad de Eysenck (IPE), para medir el lugar que ocupan las personas dentro de estos rasgos. Con este instrumento pudo clasificarlas en razón de cuatro tipos básicos de personalidad mediante una combinación de rasgos: extrovertido-neurótico, extrovertido-estable, introvertido-estable e introvertido-neurótico (Eysenck, 1982). La figura 13.3 presenta estos cuatro tipos, representados por los cuatro cuadrantes de la tabla, así como las características observables que se identifican con cada uno de los tipos.

Eysenck pensaba que las diferencias biológicas son las responsables de que los rasgos de personalidad varíen de una persona a otra. Argumentaba que los introvertidos heredan un sistema nervioso que opera dentro de un nivel más alto de excitación que el de los extrovertidos. En consecuencia, los introvertidos no requieren tanta estimulación para mantener un nivel óptimo de excitación. Ellos se sienten bien cuando disfrutan de actividades tranquilas.

FIGURA 13.3   Los tipos de personalidad según Eysenck
Cuando se combinan las dimensiones de introversión-extraversión y la inestabilidad emocional en el modelo de personalidad planteado por Eysenck se obtienen los cuatro tipos básicos de personalidad que representan estos cuatro cuadrantes: extrovertido-neurótico, extrovertido-estable, introvertido-estable e introvertido-neurótico. Los rasgos de personalidad asociados a estos tipos básicos se presentan en el interior de cada cuadrante.

Fuente: Adaptado de Eysenck, 1982.

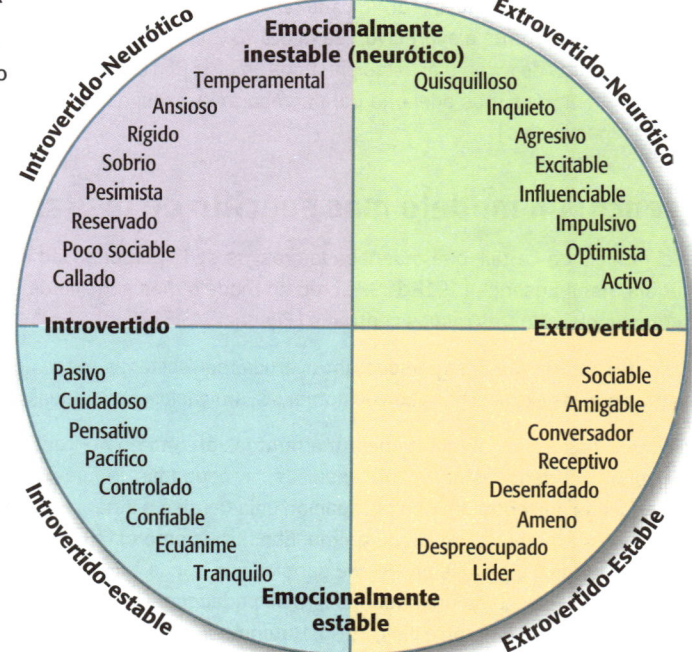

psicoticismo   Tendencia a que una persona sea percibida como fría y antisocial.

Los extrovertidos tal vez requieran de una mayor estimulación para elevar su excitación a niveles óptimos, lo cual explicaría por qué se sienten atraídos hacia actividades más emocionantes, inclusive por aventuras que entrañan riesgos, como el montañismo y el paracaidismo. Por ejemplo, el actor Jason Priestly estuvo a punto de perder la vida cuando manejaba su auto de carreras a 186 millas por hora y se estrelló contra un muro de la pista. Priestly, cuyo interés por las emociones incluye las motocicletas, las carreras de lanchas y los saltos en bungee, comentó que siempre le ha gustado ponerse retos ("Jason Priestly", 2003).

Para Eysenck no sería sorpresa alguna que un grupo de montañistas que escalaron el monte Everest, el más alto del mundo, haya obtenido una puntuación alta en extraversión (Egan y Stelmack, 2003). Asimismo, obtuvo una calificación baja en neuroticismo (inestabilidad emocional), lo cual es muy bueno si por casualidad estuviera escalando la ladera de una montaña. La extraversión también guarda una correlación con otras características, como la autoestima (Watson, Suls y Haig, 2002) e incluso con la capacidad de los bomberos profesionales para apagar incendios (Fannin y Dabbs, 2003). ¿La extraversión se puede practicar? Consulte el recuadro Intente lo siguiente de la próxima página para saberlo.

El modelo de los cinco factores de la personalidad: "los Cinco Grandes"

El modelo de los rasgos de personalidad que se adopta con más frecuencia en la actualidad es el **modelo de cinco factores (MCF)** o de los "Cinco Grandes" (McCrae, 2004). Este incluye los cinco factores generales que se presentan con mayor frecuencia en las investigaciones sobre la personalidad en diferentes culturas (McCrae y Terracciano, 2005; Widiger, 2005). Los "Cinco Grandes" no representan un nuevo conjunto de rasgos de personalidad, sino más bien son la consolidación y la integración de aquellos que habían identificado Cattell, Eysenck y otros teóricos de los rasgos. De hecho, los dos primeros, el *neuroticismo* y la *extraversión*, son paralelos a los del modelo de Eysenck. Los otros tres que suman los "Cinco Grandes" son la *apertura, la afabilidad* y *escrupulosidad* (consulte la tabla 13.3). Los investigadores piensan que los "Cinco Grandes" factores tienen un componente genético considerable (Jang *et al.*, 2006; McCrae *et al.*, 2000).

Por qué es importante

¿Por qué es importante el lugar que ocupan las personas en relación con rasgos particulares de la personalidad, incluyendo los Cinco Grandes? Importa porque éstos son muy útiles para predecir

CONCEPTO 13.12
El modelo de los cinco factores de la personalidad —los "Cinco Grandes"— identifica a los más comunes con base en investigaciones sobre la personalidad.

TABLA 13.3   El modelo de los "Cinco Grandes" rasgos

Factor de la personalidad	Descripción
Neuroticismo	Propenso a la ansiedad, la preocupación, la culpa y la inestabilidad; contra relajado, tranquilo, seguro y emocionalmente estable
Extraversión	Es expresivo, amigable, entusiasta y le encanta divertirse; contra solitario, tímido, serio y reservado
Apertura	Es imaginativo, curioso, intelectual y está abierto a valores no tradicionales; contra conformista, práctico y convencional
Afabilidad	Es sensible, cálido y tolerante; es fácil llevarse con él y se interesa por los sentimientos y las necesidades de otros; contra frío, suspicaz, hostil y calculador
Escrupulosidad	Es confiable, responsable, autodisciplinado, ético, trabajador y ambicioso; contra desorganizado, poco confiable, laxo, impulsivo, descuidado

Fuente: Adaptado de Costa y McCrae, 1992ª, 1992b; Goldberg, 1993; McCrae y Costa, 1986, 1996.

modelo de cinco factores (MCF)
Modelo contemporáneo predominante de la personalidad que consiste en cinco amplios factores: neuroticismo, extraversión, apertura, afabilidad y escrupulosidad.

Intente lo siguiente

¿No es extrovertido?
¿Por qué no intenta serlo para saber lo que se siente?

El psicólogo William Fleeson y sus colaboradores en la Universidad de Wake Forest consideran que inclusive los introvertidos se sienten más felices cuando actúan como si fueran extrovertidos (Fleeson, Malanos y Achille, 2002). A pesar de que considere que no es extrovertido, podría beneficiarse si finge o actúa como si lo fuese. Actuar como tal implica desempeñar conductas más expresivas, como ser conversador y enérgico cuando interactúa con otros. Con la práctica insistente de este papel, las líneas que separan el actuar como extrovertido a serlo empezarán a borrarse. Después de cierto tiempo, quizá empiece a sentir que es natural tener una conducta más expresiva.

Uno de los "Cinco Grandes" La escrupulosidad es uno de los cinco rasgos principales que forman parte del modelo de los "Cinco Grandes" de la personalidad. Las personas concienzudas son confiables, trabajadoras y autodisciplinadas. ¿Usted dónde está parado en cada uno de los "Cinco Grandes" rasgos?

varias clases de conducta, como si los estudiantes saldrán bien en sus estudios (Chamorro-Premuzic y Ahmetoglou, 2008; Conard, 2006; Kaufman, Agars y Lopez-Wagner, 2008; Noftle y Robins, 2007). Por ejemplo, en el caso de estudiantes universitarios, las puntuaciones bajas en neuroticismo están asociadas con niveles bajos de ansiedad frente a los exámenes y con calificaciones altas. La escrupulosidad está ligada a calificaciones más altas y a una mayor motivación para el desempeño (establecer metas y perseguirlas). No es extraño que este rasgo tienda a incrementar durante la adultez temprana y en la mitad de la vida, en épocas de la existencia cuando las personas normalmente asumen más responsabilidades con su familia y carrera (Cellar, Nelson y Yorke, 2000). Es probable que los conductores que son más afables conduzcan sus vehículos con menos agresividad.

Cabe señalar que la escrupulosidad está ligada a una existencia más larga y sana (Martin, Friedman y Schwartz, 2007; Roberts *et al.*, 2007) ¿Dónde está la conexión? Los investigadores piensan que es menos probable que las personas concienzudas observen una conducta destructiva, como el consumo de drogas o conducir un vehículo sin precaución y es más probable que no fumen, que tengan una alimentación más saludable y que conserven un peso corporal más sano (Brummett *et al.*, 2006; Roberts *et al*, 2007). La escrupulosidad también está ligada, por razones que se desconocen, a un menor peligro de padecer el mal de Alzheimer en edad avanzada (Wilson *et al.*, 2007).

Los "Cinco Grandes" también entran en juego cuando se trata de predecir la satisfacción de los estudiantes universitarios con sus relaciones íntimas. En este caso, las puntuaciones en neuroticismo están asociadas a niveles más bajos de satisfacción con la relación y las calificaciones en afabilidad y extraversión asociadas a niveles más altos de satisfacción (White, Hendrick y Hendrick, 2004). El hecho de que los rasgos de la personalidad y los factores de la relación están estrechamente relacionados no nos debería extrañar en absoluto.

¿Los "Cinco Grandes" son la última palabra para tratar de describir la estructura de la personalidad? Quizá no. De entrada, los "Cinco Grandes" factores podrían no ser tan independientes entre sí como piensan varios investigadores (Blackburn *et al.*, 2004). Asimismo, es posible que una mayor cantidad de factores (¿los *Siete Grandes*?) quizá se acerque más a la forma en que las personas describen las personalidades. Además, algunos psicólogos siguen cuestionando si un modelo que reduce la personalidad a un puñado de categorías definidas ampliamente puede captar la riqueza y la singularidad de la personalidad o de explicar la conducta de un individuo en contextos específicos.

La base genética de los rasgos: más allá del debate de naturaleza-crianza

¿Qué parte de nuestra personalidad es heredada? Cada vez hay más evidencia que apunta hacia el importante papel que la herencia desempeña en la configuración de nuestros rasgos de personalidad (consulte Bouchard, 2004), incluyendo aquellos como los Cinco Grandes, además de la timidez, la agresividad y la búsqueda de lo novedoso (p. e., DeYoung, Quilty y Peterson, 2007; Birley *et al.*, 2006; Jang *et al.*, 2006; Lahti *et al.*, 2006).

Hoy en día, los investigadores han ido más allá del viejo debate en torno a la naturaleza o la crianza. Reconocen que la relación entre la biología y el entorno es una calle de doble vía. Los factores genéticos crean una *predisposición* o *probabilidad* de que se desarrollen ciertos rasgos de personalidad, pero no la certidumbre. En efecto, estos rasgos surgirán o no dependiendo de la interacción de los factores genéticos y las influencias sociales y ambientales, como las experiencias de aprendizaje. Las vivencias de la vida temprana también afectan el desarrollo del cerebro y éste, a su vez, influye en el desarrollo posterior de la personalidad. Los investigadores del campo siguen afrontando el enorme reto de desmenuzar las influencias e interacciones relativas de los genes y el entorno.

Los científicos también han empezado a explorar la función que genes específicos tienen en la configuración de la personalidad. Por ejemplo, investigadores de Israel encontraron que las personas con niveles altos del rasgo de la búsqueda de lo nuevo tienen un gen específico que es sabido que desempeña una función en la regulación del neurotransmisor llamado dopamina (Ebstein *et al.*, 1996). Aquellas que tienen una puntuación alta en este rasgo suelen ser descritas como exploradoras, impulsivas, vanas, excitables y de carácter explosivo. Tienden a hacer cosas tan sólo por emoción o "diversión". La dopamina sirve para regular la conducta exploradora en los animales y, por lo mismo, podría tener una función similar en los humanos.

Resta por saber cómo terminará la partida de las investigaciones de las interconexiones entre la naturaleza y la crianza para explicar el desarrollo de la personalidad. Antes de proseguir, vayamos a la tabla de conceptos 13.2 para repasar los principales modelos de los rasgos de la personalidad.

Evaluación de la perspectiva de los rasgos

Del lado positivo del asunto, debemos señalar que la perspectiva de los rasgos tiene un atractivo inherente. Las personas comúnmente emplean términos correspondientes a los rasgos para describir su propia personalidad y la de otros. Podríamos decir que Samantha es fría o calculadora,

CONCEPTO 13.3
Los psicólogos están llegando más allá del debate de naturaleza-crianza para estudiar cómo interactúan la herencia y el entorno en el desarrollo de la personalidad.

VÍNCULO DE CONCEPTOS ·····
La interacción de los factores genéticos y los ambientales está relacionada en el desarrollo de varios trastornos psicológicos, entre ellos la esquizofrenia. Consulte el módulo 14.5.

TABLA DE CONCEPTOS 13.2
Modelos de los rasgos de personalidad

Modelo/teórico de los rasgos	Rasgos	Resumen
Gordon Allport	**Rasgos cardinales, rasgos centrales y rasgos secundarios**	Allport creía que los rasgos son entidades físicas que influyen en la conducta. Son relativamente pocas las personas que poseen rasgos cardinales, que son los más amplios y que determinan la conducta en casi todas las situaciones
Raymond Cattell	**Rasgos superficiales y rasgos de origen**	Los rasgos superficiales son grupos de conductas observables. Los más generales, llamados rasgos de origen, explican las relaciones entre los superficiales
Hans Eysenck	**Tres rasgos principales: introversión-extraversión, neuroticismo y psicoticismo**	Eysenck organizó la personalidad en una estructura simple compuesta por estos tres rasgos principales y subrayó el papel de las diferencias biológicas para explicar por qué varían de una persona a otra
Modelo de los cinco factores (MCF): los "Cinco Grandes"	**Neuroticismo, extraversión, apertura, afabilidad y escrupulosidad**	El modelo de los rasgos más aceptado en la actualidad, el cual se basa en los factores de cinco rasgos que han surgido con más consistencia en las investigaciones sobre la personalidad. Sin embargo, los críticos afirman que factores tan amplios no explican la riqueza y singularidad de la personalidad

CONCEPTO 13.14

Las teorías de los rasgos ofrecen formas convenientes para describir las características de la personalidad, pero han sido criticadas en razón de su razonamiento circular y de que no explican las diferencias de la conducta en diferentes situaciones.

pero pensar que Li Ming es noble y considerado. Por lo tanto, las teorías de los rasgos son útiles en la medida que proporcionan categorías o agrupaciones convenientes de los rasgos que, por lo general, emplean las personas. Éstas teorías también han sido útiles para crear suficientes pruebas de personalidad, como el 16PF de Cattell y el Inventario de Personalidad de Eysenck. Los psicólogos las emplean para comparar las calificaciones de las personas en distintos rasgos.

Las pruebas de personalidad tienden a ser relativamente estables a lo largo del tiempo, pero no debemos pensar que la personalidad es algo que se fija al principio de la vida o que es "rígida como el cartón" (p. e., Costa y McCrae, 2006; Roberts y Mrozek, 2008; Srivastava *et al.*, 2003). A medida que las personas van envejeciendo, suelen exhibir niveles más altos de los rasgos asociados con la capacidad de adaptación o madurez social; aquellos como la calidez, la responsabilidad y la estabilidad emocional. Los cambios que registran estos rasgos sugieren que los individuos tienden a adaptarse mejor a su entorno social a medida que tienen más años, aun cuando no se da un incremento de todos los rasgos a medida que las personas envejecen. Por ejemplo, la apertura a experiencias nuevas tiende a disminuir conforme la vida avanza.

Sin embargo, las teorías de los rasgos tienen sus inconvenientes. La principal crítica sería que éstas simplemente adjudican un calificativo a la conducta, en lugar de explicarla. Piense en el ejemplo siguiente:

1. Siempre se puede contar con Mary, es una persona muy confiable.

2. ¿Por qué es confiable Mary? Porque es concienzuda.

3. ¿Cómo sabe que es concienzuda? Porque es confiable.

El anterior es un *razonamiento circular*, que explica la conducta de Mary en razón de un rasgo ("concienzuda") cuya existencia se basa en la observación de esa misma conducta. Los rasgos quizá sólo sean descripciones abreviadas de las conductas evidentes de las personas y no ofrezcan una explicación de las causas subyacentes de la conducta. Incluso como descripciones, las teorías de los rasgos están fundadas en definiciones amplias, como los "Cinco Grandes", que podrían no captar las características singulares de los individuos.

Otro argumento contra las teorías de los rasgos dice que la conducta podría no ser tan estable a lo largo del tiempo ni en diversas situaciones, como suponen sus teóricos. Por ejemplo, su modo de actuar frente al jefe podría no ser igual a su manera de comportarse en casa. La forma en que se relaciona con las personas hoy podría ser muy diferente de cómo lo hacía en el pasado. Los teóricos del aprendizaje sostienen que debemos tomar en cuenta los factores del entorno o la situación, como los indicios de los estímulos y los refuerzos, para poder predecir la conducta con más precisión.

Algunos teóricos de la personalidad, como Walter Mischel, quien hizo aportaciones que abordaremos en el módulo siguiente, argumentan que la conducta depende más de los factores situacionales de lo que suponen los teóricos de los rasgos. Mischel sostiene que los individuos actúan de forma consistente cuando las situaciones que afrontan, y los significados que éstas tienen para ellos, son similares. Sin embargo, Mischel también reconoce que existen diferencias individuales en las dimensiones de los rasgos. "En general, ciertas personas son más sociables que otras, unas tienen mentalidades más abiertas, algunas son más puntuales, etcétera" (Mischel, 2004).

Actualmente existe cierto consenso en el campo respecto del concepto del *interaccionismo*, o la idea de que la conducta refleja la interacción de los rasgos y los factores de la situación (Donnellan, Fraley y Krueger, 2007; Furr y Funder, 2004; Reynolds y Karraker, 2003). Las situaciones que afrontan las personas afectan claramente su conducta porque tienden a actuar de manera diferente frente a diversas situaciones, dependiendo de las exigencias del entorno que afronten. No obstante, también se debe explicar el hecho de que los individuos exhiben patrones típicos de conducta o rasgos en diferentes ambientes (Fleeson, 2004).

La medición de los rasgos de personalidad de los humanos está muy establecida, ¿pero también podemos medir los rasgos de personalidad de los animales, como los perros? Los investigadores afirman que los juicios acerca de los rasgos de personalidad de los perros obtuvieron el mismo consenso entre quienes calificaron los de los humanos (Gosling, Kwan y John, 2003). Estos resultados sugieren que las diferencias de personalidad se pueden medir en animales además de

¿Las investigaciones de la personalidad son para los perros?
Un gran número de dueños de perros o gatos piensan que sus mascotas tienen una clara personalidad. Evidencia reciente indica que los juicios acerca de los rasgos de personalidad de los perros coinciden con los emitidos por quienes califican los rasgos de los humanos. ¿Los animales tienen personalidad? ¿Usted qué opina?

los humanos. Los Cinco Grandes Factores también han sido aplicados para calificar los rasgos de los orangutanes (Weiss, King y Perkins, 2006). Las personas que otorgaron a los primates calificaciones más altas en los rasgos de personalidad de extraversión, neuroticismo y afabilidad también tendieron a otorgarles calificaciones más altas en bienestar general; estos resultados encajan con trabajos anteriores con chimpancés y humanos. ¿Usted qué opina? ¿Los perros y otros animales tienen rasgos de personalidad? ¿Por qué?

REVISIÓN DE MÓDULO 13.2 **La perspectiva de los rasgos**

REPASE

¿Cuáles son las tres clases de rasgos que encontramos en el modelo de Allport?

- Los tres tipos de rasgos son los cardinales (características prevalecientes que rigen la conducta), los centrales (las características generales en torno a las que se organiza la conducta y que se encuentran comúnmente) y los secundarios (los intereses o las disposiciones que influyen en la conducta en situaciones específicas).

¿Qué pensaba Cattell respecto de la organización de los rasgos?

- Cattell pensaba que los rasgos se organizan como superficiales (consistencias en la conducta observable de una persona) y los de origen (rasgos generales subyacentes que explican las relaciones entre los superficiales).

¿Cuáles tres rasgos son parte del modelo de la personalidad planteado por Eysenck?

- Eysenck pensaba que las variaciones de personalidad se pueden explicar, por lo general, en términos de tres rasgos principales: introversión-extraversión, neuroticismo y psicoticismo.

¿Cuál es el modelo de los "Cinco Grandes" rasgos de la personalidad?

- Los "Cinco Grandes" (neuroticismo, extraversión, apertura, afabilidad, escrupulosidad) son cinco dimensiones o rasgos generales que han surgido de forma consistente en las investigaciones sobre la personalidad, en especial en los estudios analíticos de factores.

¿Qué función desempeñan los genes en la personalidad?

- Diversos rasgos de personalidad implican influencias genéticas, entre ellos el neuroticismo, la timidez, la agresividad y la búsqueda de novedades. Hoy en día, los científicos están explorando la forma en que los genes interactúan con las influencias del entorno durante el desarrollo de la personalidad.

RECUERDE

1. En el campo de la personalidad, las "características o disposiciones relativamente estables o duraderas" se llaman _____.

2. En opinión de Gordon Allport, las características más comunes que constituyen los cimientos de la personalidad son:
   a. los rasgos cardinales
   b. los rasgos centrales
   c. los rasgos secundarios
   d. los rasgos universales

3. ¿Cuál de los psicólogos de la personalidad que mencionamos en este módulo la describió con base en tres rasgos principales?

4. El Cuestionario 16PF, creado por Raymond Cattell, fue diseñado para medir
   a. los rasgos de origen
   b. los rasgos superficiales
   c. la introversión-extraversión
   d. los rasgos de psicoticismo

5. Los siguientes son ejemplos de los Cinco Grandes rasgos de la personalidad menos _____.
   a. la extraversión
   b. la afabilidad
   c. la apertura
   d. el psicoticismo

6. Mencione algunas de las características de la personalidad en las cuales se ha probado que existe un enlace genético.

REFLEXIONE

- ¿Qué rasgos psicológicos emplearía para describir su personalidad? ¿Qué rasgos supone que usarían otros para describirle? ¿Cómo explica las posibles diferencias?

- ¿Piensa que los rasgos de su personalidad son fijos o inmutables o que su personalidad está abierta a una adaptación aquí o allá? ¿Qué le gustaría cambiar de su persona y de su forma de relacionarse con otros? ¿Está dispuesto a averiguar si es un tigre capaz de cambiar sus manchas?

La perspectiva social-cognitiva

- ¿Qué quieren decir expectativas y valores subjetivos?
- ¿Qué significa determinismo recíproco?
- ¿Cuáles son las variables de situación y persona?

Algunos psicólogos crearon modelos de la personalidad muy diferentes a los de Freud y a los teóricos de los rasgos. Conductistas como John Watson y B.F. Skinner creían que las influencias del entorno (premios y castigos) dan forma a la personalidad, y no las influencias del inconsciente, como postula la teoría de Freud, ni los rasgos subyacentes, como afirman los teóricos de los rasgos. Los conductistas creían que la personalidad es el total de la suma de las conductas aprendidas por un individuo. Piense en su personalidad en términos de cómo la vería un conductista. Otros tal vez lo vean como una persona amigable y expresiva, pero para un conductista, los términos como *amigable* y *expresivo* simplemente son calificativos que describen un conjunto de conductas, como interesarse por otros y participar en una extensa gama de actividades sociales.

Los conductistas piensan que la conducta se aprende con base en el condicionamiento clásico y el operante. En lugar de sondear las profundidades de su inconsciente para comprender las raíces de su conducta, los conductistas explorarían los reforzamientos que tuvo en el pasado que le llevaron a exhibir formas de ser amigables y expresivas. Las personas que tienen diferentes historiales de premios y castigos desarrollan diversos patrones de conducta. Si Maisha tiene hábitos laborales respetuosos y concienzudos, se debe a que en el pasado ha sido premiada por esta clase de conducta. Si Tyler pasa más tiempo socializando que estudiando, es probable que haya recibido más refuerzo por sus interacciones sociales que por su desempeño académico.

Hoy en día varios teóricos del aprendizaje adoptan una visión más amplia del mismo que los conductistas tradicionales, como Watson y Skinner. Este modelo contemporáneo, llamado **teoría social-cognitiva**, sostiene que para poder explicar la conducta debemos tomar en cuenta los aspectos sociales y cognitivos de la misma, y no sólo los premios y los castigos a los que somos expuestos en el entorno. Estas variables sociales y cognitivas incluyen las expectativas que tenemos acerca de los resultados de nuestra conducta, los valores que adjudicamos a los premios y el aprendizaje que se registra en razón de la imitación de la conducta de otros que observamos en situaciones sociales. Para los teóricos social-cognitivos, la personalidad no sólo está compuesta por la conducta aprendida, sino también por lo que los individuos piensan de sí mismos y del mundo. Piensan que los humanos actúan en el entorno cuando persiguen sus metas, y que no sólo reaccionan a éste (Bandura, 2006). Julian Rotter, Albert Bandura y Walter Mischel son tres de los principales psicólogos que han hecho aportaciones a la teoría social-cognitiva.

Julian Rotter: el locus de control

Según Julian Rotter (1990), para poder explicar y predecir la conducta es preciso conocer el historial del reforzamiento de un individuo así como sus expectativas y valores subjetivos. Las **expectativas** se refieren a sus predicciones personales respecto de los resultados de su conducta. Por ejemplo, los estudiantes que tienen una expectativa positiva sobre su trabajo escolar piensan que si estudian aumentarán la posibilidad de obtener buenas calificaciones. El **valor subjetivo** es el que se otorga a los resultados deseados. Un estudiante dedicado adjudicará un elevado valor subjetivo a obtener buenas calificaciones. En este caso, el alumno que tiene una expectativa positiva y un valor subjetivo elevado probablemente estudiará más para su próximo examen que alguien que no liga el estudio con las calificaciones o que no se preocupa por ellas.

CONCEPTO 13.15

Para los conductistas, el concepto de la personalidad se refiere al total de la suma de las conductas aprendidas de un individuo.

CONCEPTO 13.16

Los teóricos social-cognitivos expandieron la teoría tradicional del aprendizaje concentrándose en los aspectos del aprendizaje social y cognitivo de la conducta.

CONCEPTO 13.17

Los teóricos social-cognitivos piensan que la personalidad está compuesta por el repertorio de conductas del individuo y de lo que piensa de sí mismo y de su mundo.

CONCEPTO 13.18

Rotter creía que nuestra capacidad para explicar y predecir la conducta depende de que conozcamos el historial de reforzamiento del individuo y de sus expectativas, valores subjetivos y percepciones del control.

VÍNCULO DE CONCEPTOS •••••

Las percepciones del control y lo predecible son factores importantes para establecer la capacidad de la persona de lidiar con los hechos estresantes de la existencia. Consulte el módulo 12.1.

Rotter también propuso que las personas adquieren expectativas generales acerca de su capacidad para obtener reforzamientos en sus existencias. Por ejemplo, algunas tienen un **locus de control** interno (*locus* quiere decir "lugar" en latín). Piensan que pueden obtener reforzamientos por medio del trabajo y el esfuerzo. Otras creen que los reforzamientos están controlados en gran medida por fuerzas externas que no están bajo su control, como la suerte o el destino. Éstas tienen un locus de control externo. Rotter (1966) creó un inventario psicológico, llamado Escala interna-externa (I-E), para medir el locus de control de un individuo. Los investigadores han encontrado que éste está ligado a diversos resultados. Por ejemplo, es más probable que las personas que tienen un locus de control interno ("las "internas") triunfen en sus estudios respecto de las "externas" (Hackett *et al.*, 1992; Kalechstein y Nowicki, 1997) y, en el caso de aquellas con sobrepeso, que cambien su dieta y patrones de ejercicio (Holt, Clark y Kreuter, 2001).

Albert Bandura: el determinismo recíproco y el papel de las expectativas

Albert Bandura considera que las personas son agentes activos que dirigen sus existencias. En fecha reciente escribió: "[Las personas] no son simples observadoras de su conducta. Contribuyen a las circunstancias de su existencia y no son simples productos de ellas" (Bandura, 2006, p. 164). Su modelo del **determinismo recíproco** postula que las cogniciones, las conductas y los factores del entorno influyen unos en otros (consulte la figura 13.4). Bandura se concentra en la interacción entre lo que hacemos (nuestra conducta) y lo que pensamos (nuestras cogniciones). Por ejemplo, suponga que un conductor se le cierra a otro en un camino. El segundo conductor tendría pensamientos iracundos como: "Le daré a ese tipo una buena lección". Estos pensamientos o cogniciones aumentan la probabilidad de una conducta agresiva (por ejemplo, cerrársele al primer conductor). A su vez, dicha conducta afecta el entorno social (el conductor que inició el problema responde también de forma agresiva). A continuación, las acciones del primer conductor llevan al segundo a tener pensamientos incluso más furiosos ("¡Este tipo no se saldrá con la suya!), lo cual, a su vez, conduce a un comportamiento ofensivo . El círculo vicioso de una conducta provocadora y de pensamientos coléricos que van escalando puede generar un incidente de *furia en el camino*, el cual puede tener consecuencias funestas.

Bandura (1997, 2004) subraya el papel del *aprendizaje por observación*, o *modelaje*, que se refiere a aprender al observar e imitar la conducta de otros en contextos sociales. Considera que las personas aprenden de los modelos de roles a los que son expuestas en sus familias y comunidades, y también en los medios.

Bandura también marca la diferencia entre dos clases de expectativas: de resultados y de eficacia. Las **expectativas de resultados** se entienden como predicciones de las consecuencias de la conducta. Es más probable que tome una copa en una situación social si piensa que será una experiencia agradable y tal vez incremente la confianza en sí mismo, que si siente que le provocará malestar y actúe como un tonto.

Las **expectativas de eficacia** se refieren a las predicciones que acariciamos sobre nuestra capacidad para desempeñar tareas o conductas que nos hemos propuesto lograr. Las personas que tienen niveles altos de *autoeficacia*, o que creen en su efectividad personal, no se salen del camino cuando afrontan retos difíciles. Es más probable que ellas, y no quienes dudan de sí mismas, acepten retos y que perseveren frente a la adversidad porque piensan que podrán superar todos los obstáculos que encuentren en su camino. En cambio, como señala Bandura (2006), "Las personas que tienen poca eficacia no tardan en convencerse de la futilidad de su esfuerzo frente a las dificultades. Se dan por vencidas enseguida".

El éxito también aumenta las expectativas de eficacia. Esto explica por qué las experiencias de éxito son tan importantes para niños y adultos por igual. La autoeficacia suele tener alto valor en situaciones de desempeño (Bandura y Locke, 2003). No obstante, en algunos casos puede llevar al exceso de confianza y ésta, a su vez, puede entorpecer el desempeño (Vancouver *et al.*, 2002).

Por qué es importante

Hay evidencia de que el modelaje sí funciona. Un ejemplo de ello es que la teoría social-cognitiva de Bandura se puso en práctica en países en vías de desarrollo (D. Smith, 2002). Por ejemplo,

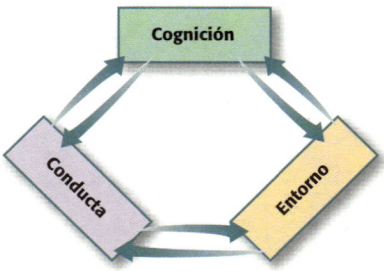

DIAGRAMA DE LA PSICOLOGÍA

FIGURA 13.4 Modelo del determinismo recíproco de Bandura

Bandura propuso que las cogniciones, las conductas y los factores del entorno se determinan con reciprocidad, es decir, unos influyen en los otros.

Fuente: Adaptado de Bandura, 1986.

CONCEPTO 13.19
El modelo del determinismo recíproco de Bandura sostiene que las cogniciones, las conductas y los factores ambientales influyen unos en otros.

teoría social-cognitiva Modelo contemporáneo basado en el aprendizaje que pone énfasis en la función tanto de los factores cognitivos como en los ambientales o situacionales como determinantes de la conducta.

expectativas En la teoría social-cognitiva, predicciones personales acerca de los resultados de la conducta.

valor subjetivo En la teoría social-cognitiva, importancia que el individuo concede a los resultados deseados.

locus de control En la teoría de Rotter, expectativas generales de la persona sobre si sus esfuerzos pueden producir los resultados o los reforzamientos deseados.

determinismo recíproco Modelo de Bandura en el cual las cogniciones, las conductas y los factores ambientales influyen unos en otros.

expectativas de resultados Término acuñado por Bandura para referirse a nuestras predicciones personales sobre el resultado de nuestra conducta.

expectativas de eficacia Término acuñado por Bandura para referirse a las expectativas que acariciamos en cuanto a nuestra capacidad para desempeñar conductas que nos hemos propuesto lograr.

en México y en Tanzania, millones de personas ven programas "educativos de entretenimiento" transmitidos por la televisión que presentan personajes que modelan conductas deseables; tales como aquellos que toman medidas concretas para superar el analfabetismo en México y otros que practican el sexo seguro para disminuir el peligro de transmisión del VIH/SIDA en Tanzania. En este país, las prácticas sexuales más seguras y la planeación familiar se incrementaron después de la exposición a los programas televisivos que presentaban a actores que modelaban estas conductas.

La autoeficacia está ligada al éxito de varias maneras. Por ejemplo, es menos probable que las personas que tienen altos niveles de autoeficacia vuelvan a fumar después de haber abandonado el hábito y más probable que practiquen una actividad física con regularidad (Motl *et al.*, 2002; Shiffman *et al.*, 2000). Estos individuos también tienden a ser más capaces de restituir sus vidas después de calamidades, como los desastres naturales y los ataques de terroristas (Benight y Bandura, 2004). También se ha visto que la autoeficacia está asociada a un mejor desempeño académico y a una mayor persistencia cuando se persiguen metas académicas (Harris y Halpin, 2002).

Walter Mischel: las variables de situación frente a las de persona

El modelo teórico de Walter Mischel (1973) en gran medida se yuxtapone al de Rotter y al de Bandura. Mischel sostiene que las **variables de situación**, o sea factores del entorno como los premios y los castigos, y las **variables de persona**, o los factores personales internos, influyen en la conducta. Dos de las variables de persona, las *expectativas* y los *valores subjetivos*, tienen el mismo significado que en el modelo de Rotter. Sin embargo, Mischel suma otras variables personales, entre ellas 1) *las competencias,* o el conocimiento y habilidades que poseemos, como la capacidad para tocar un instrumento o para hablar otro idioma; 2) *las estrategias de codificación*, o las percepciones personales de los hechos, por ejemplo si consideramos que el regalo espontáneo de una canasta de flores es un gesto de amor o una forma de hacer las paces; y 3) *los sistemas y los planes de autorregulación*, o la capacidad para planear cursos de acción para alcanzar nuestras metas y premiarnos por alcanzarlas. En opinión de Mischel, y también de Bandura, los factores personales y del entorno interactúan para producir la conducta. Cuando predecimos la conducta específica de una persona debemos tomar en cuenta lo que sabemos acerca de ella y también la situación en cuestión.

En su trabajo más reciente, Mischel se ha concentrado en las interacciones de las emociones y las variables de persona. Considera que las emociones negativas, como la depresión, arrojan una luz sombría sobre la forma en que las personas interpretan sus experiencias y las expectativas que acarician respecto a su futuro (Mischel y Shoda, 1995). Sin embargo, Mischel también reconoce que la relación entre las reacciones emocionales y la cognición es una calle de doble vía, ya que esas emociones también dependen de la manera en que las personas interpretan y califican sus experiencias.

Evaluación de la perspectiva social-cognitiva

Los teóricos del aprendizaje han incrementado nuestro conocimiento sobre la influencia que los factores del entorno, como un historial de premios y castigos, influyen en la conducta. Ahora los principios del reforzamiento se aplican en un amplio abanico de programas, como los diseñados para ayudar a los padres a desarrollar habilidades para mejorar su paternidad y apoyar a sus hijos a aprender con efectividad en las aulas. La teoría del aprendizaje también ha dado lugar a un importante modelo contemporáneo de la psicoterapia, la *terapia conductual*, en la cual se aplican los principios del aprendizaje para ayudar a las personas a lidiar con sus problemas conductuales y emocionales (consulte el capítulo 15).

Los teóricos social-cognitivos ampliaron la envergadura de la teoría del aprendizaje de modo que ahora incluye las influencias cognitivas en el aprendizaje y el reconocimiento de que gran parte de lo que aprendemos se registra cuando observamos a otros en contextos sociales. Hoy en día, varios terapeutas conductuales apoyan un modelo más amplio de tratamiento, llamado *terapia cognitiva-conductual, o TCC* (consulte el capítulo 15), la cual incorpora planteamientos tanto cognitivos como conductuales a la terapia y refleja las enseñanzas de los teóricos social-cognitivos. Empero, la influencia más importante de estos teóricos es que nos han proporcionado

---

💡 **CONCEPTO 13.20**
Mischel planteó que los factores del entorno, llamados variables de situación, y los factores personales internos, denominados variables personales, influyen en la conducta.

"Puedo hacerlo" El modelo social-cognitivo de la personalidad de Bandura pone énfasis en la importancia de los factores cognitivos como la autoeficiacia, es decir, creer en nuestra capacidad para desempeñar las tareas que nos proponemos lograr.

variables de situación Término acuñado por Mischel para referirse a las influencias del entorno en la conducta, como los premios y los castigos.

variables de persona Término acuñado por Mischel para referirse a los factores personales internos que influyen en la conducta, como las competencias, las expectativas y los valores subjetivos.

una visión de las personas como seres que buscan e interpretan información activamente, y no sólo como seres que responden a las influencias del entorno. De hecho, diversos psicólogos ahora creen que las interacciones recíprocas entre la persona y el entorno son lo que mejor explica la conducta.

Para algunos críticos, la teoría social-cognitiva presenta una visión limitada de la personalidad porque no explica la función de las influencias del inconsciente y la herencia. Según otros, en específico los teóricos de los rasgos, los social-cognitivos no toman en cuenta los rasgos de personalidad cuando tratan de explicar las consistencias subyacentes de la conducta en diversas situaciones. Los teóricos social-cognitivos contestarían que los rasgos no explican la conducta, sino que tan sólo adjudican calificativos a la misma y, además, que la conducta no es tan consistente en diversas situaciones como supondrían los teóricos de los rasgos. Por último, la teoría social-cognitiva es criticada por quienes piensan que se concentra muy poco en la experiencia subjetiva, como el conocimiento de uno mismo y el flujo de la conciencia. Estos teóricos tal vez piensen que la importancia que conceden a los factores cognitivos, como las expectativas y los valores subjetivos, atacan estas inquietudes. Como veremos a continuación, la experiencia subjetiva ocupa el centro del escenario en otra perspectiva de la personalidad: el planteamiento humanista.

CONCEPTO 13.21
Las teorías social-cognitivas ampliaron la teoría tradicional del aprendizaje, pero sus críticos sostienen que no explican los procesos del inconsciente ni los factores genéticos de la personalidad.

REVISIÓN DE MÓDULO 13.3

La perspectiva social-cognitiva

REPASE

¿Qué quieren decir expectativas y valores subjetivos?

- Rotter pensaba que para poder explicar y predecir la conducta es preciso tomar en cuenta las expectativas de la persona (predicciones personales sobre los resultados de los hechos) y los valores subjetivos (el valor otorgado a metas particulares).

¿Qué significa determinismo recíproco?

- El determinismo recíproco se refiere a la idea de Bandura que afirma que las cogniciones, las conductas y los factores del entorno influyen unos en otros.

¿Cuáles son las variables de situación y persona?

- Mischel planteó que las variables de situación (influencias del entorno como los premios y castigos) y las de persona (factores relacionados con la persona como las competencias, las expectativas, las estrategias de codificación, los valores subjetivos y los sistemas y planes de autorregulación) son necesarios para explicar y predecir la conducta.

RECUERDE

1. A diferencia de los teóricos freudianos y los de rasgos, los conductistas piensan que la personalidad se debe a
   a. conflictos inconscientes que subyacen muy profundo
   b. el total de la suma del historial de reforzamientos y castigos de la persona
   c. lo que pensamos de nosotros mismos y de los demás
   d. lo que pensamos de los otros

2. Claudia supone que el éxito es cuestión de trabajo arduo y esfuerzo, pero su hermano Andrés piensa que los triunfadores simplemente tienen la fortuna de encontrarse en el lugar indicado en el momento oportuno. Según la teoría de Rotter, Claudia exhibe un locus de control _____; mientras que Andrés exhibe un locus de control _____.
   a. interno; externo
   b. externo; interno
   c. intrínseco; extrínseco
   d. extrínseco; intrínseco

3. Explique el concepto del determinismo recíproco de Albert Bandura.

4. Relacione los siguientes términos con las descripciones correspondientes: i. autoeficacia; ii. variables de situación; iii. competencias; iv. estrategias de codificación
   a. percepciones personales de los hechos
   b. creer en la efectividad personal
   c. conocimiento y habilidades personales
   d. influencias del entorno

REFLEXIONE

- ¿Por qué la teoría social-cognitiva representa un giro en las teorías de la personalidad basadas en el aprendizaje?

- ¿Considera que las raíces de la personalidad están más en el entorno o en la persona? Explique por qué.

- ¿Cómo influyen en su conducta las expectativas que tiene de los resultados y la eficacia? ¿En sus valores subjetivos?

MÓDULO 13.4

La perspectiva humanista

- ¿Qué plantea la teoría del *self*?
- ¿Qué función desempeña la aceptación positiva incondicional en el desarrollo de la autoestima?

La psicología humanista se distanció de la escuela psicodinámica y la conductista cuando propuso que la elección consciente y el libre albedrío son características medulares de lo que significa ser humano (Bargh y Chartrand, 1999). La psicología humanista surgió como la "tercera fuerza" de la psicología para contraatacar el determinismo de las teorías psicodinámicas y conductuales (Clay, 2002). Los psicólogos humanistas piensan que no somos marionetas controladas por cuerdas movidas por la mente inconsciente o el entorno; por el contrario, somos capaces de tomar libremente decisiones que imprimen significado y dirección personales a nuestras existencias. Carl Rogers (1902-1987) y Abraham Maslow (1908-1970) son dos de los principales psicólogos estadounidenses que hicieron aportaciones al pensamiento humanista.

✳ Carl Rogers: la importancia del *self*

Rogers (1961, 1980) pensaba que cada persona posee un impulso interior que la lleva a luchar por alcanzar su autorrealización; es decir a realizar sus propios potenciales únicos. El camino que lleva a la autorrealización es un proceso que da lugar al autodescubrimiento y autoconocimiento, que nos lleva a ver nuestros verdaderos sentimientos y necesidades, a aceptarlos como propios y a actuar de modo que los refleje auténticamente. Rogers y otros humanistas piensan que la personalidad se expresa por medio de la experiencia consciente de dirigirnos hacia la realización de nuestros potenciales únicos como seres humanos.

Rogers creía que el *self* es el centro de la experiencia humana. Por lo mismo, no es extraño que llamara **teoría del *self*** a su planteamiento de la personalidad. Según él, el *self es* la parte ejecutiva de la personalidad que organiza la forma en que se relaciona con el mundo. Es el sentimiento de ser "yo", o sea la persona que le mira cuando se ve en el espejo, el sentimiento de ser un individuo distinto que tienen sus propios gustos, desagrados, necesidades y valores. El *self* también incluye las impresiones que tiene de sí mismo, aquellas que constituyen su concepto de sí mismo. Como sucedió en su propia existencia, la teoría de la personalidad creada por Rogers refleja la importancia que tiene conocerse y ser fiel a uno mismo, independientemente de lo que piensen o digan otros.

Rogers se crió en una granja en el norte de Illinois y recordaba que sus padres fomentaban que sus hijos pensaran con independencia (él tuvo cinco hermanos) (Rogers, 1967). Cuando pensaba en el pasado, Rogers no recordaba que alguna vez sus padres le hubieran dado una orden directa respecto de nada importante.

Una de las funciones primarias del *self,* como lo veía Rogers, es desarrollar la autoestima, o la medida en que nos queremos a nosotros mismos. Al parecer, los humanos de todo el mundo necesitan sentirse bien consigo mismos (DuBois y Flay, 2004; Sheldon, 2004). En la adolescencia, la autoestima también está ligada a una buena salud mental y física, a menos conductas delictivas y a un mayor éxito económico en la adultez (Trzesniewski *et al.*, 2006).

Rogers señalaba que al principio la autoestima refleja el valor que nos otorgan o no nos otorgan otros. Por lo tanto, pensaba que es fundamental que los padres brinden a sus hijos una **consideración positiva incondicional**, es decir, que acepten su valor básico independientemente de que su conducta los complazca o parezca bien. En otras palabras, él creía que los padres deberían apreciar a sus hijos a pesar de su conducta en un momento dado cualquiera. De tal manera, los niños aprenden a estimarse como seres que tienen un valor intrínseco, en lugar de juzgarse como buenos o malos dependiendo de que alcancen o no las expectativas o las demandas de otros. Rogers no afirmaba que los progenitores deben fingir que no ven la conducta indeseable, es decir, no tienen que aceptar todas las conductas de sus hijos, sino que pueden corregir aquellas que son equivocadas sin dañar su autoestima. Asimismo deben aclarar que lo indeseable es la *conducta*, no el niño.

Carl Rogers

💡 **CONCEPTO 13.22**
La teoría de la personalidad planteada por Rogers pone hincapié en la importancia del *self*, el sentimiento del "yo" que organiza la forma en que uno se relaciona con el mundo.

VÍNCULO DE CONCEPTOS · · · · ·
El modelo de terapia creado por Rogers, llamado terapia centrada en el cliente, pone énfasis en la importancia del *self*. Consulte el módulo 15.2.

teoría del *self* Modelo de la personalidad planteado por Rogers que se enfoca en la importancia del *self*.

consideración positiva incondicional Apreciar a otra persona como poseedora de un valor intrínseco, independientemente de su conducta en un momento particular.

Por desgracia, un gran número de padres brindan una **consideración positiva condicionada** a sus hijos, es decir, sólo dan su aprobación cuando los niños se portan "bien". Los pequeños que reciben una consideración positiva condicionada tal vez aprendan a pensar que son seres que sólo valen cuando se conducen de formas aprobadas por la sociedad. Su autoestima será inestable porque depende de lo que otras personas piensen de ellos en un momento particular. Para mantener su autoestima tal vez tengan que negar sus verdaderos sentimientos, intereses y deseos. Aprenden a ocultarse tras máscaras o a adoptar fachadas sociales para complacer a otros. Su sentido de sí mismos, o su concepto del *self*, puede estar tan distorsionado que se sienten extraños frente a sí mismos e incluso llegan a dudar quiénes son en realidad.

Al final de cuentas, nuestra autoestima está en función de qué tanto nos acerquemos en alcanzar nuestro *self* **ideal**; o nuestro sentido idealizado de quiénes y cómo debemos ser. Cuando configuramos estos ideales en razón de lo que otros esperan de nosotros, quizá tengamos dificultades para cumplir sus expectativas y nuestra autoestima se puede desplomar. El modelo de terapia que creó Rogers, llamado *terapia centrada en el cliente* (que se explica en el capítulo 15) ayuda a las personas a conectarse con sus verdaderos sentimientos y a aprender a valorarse y apreciarse.

Rogers era optimista y creía en el valor y la bondad esenciales de la naturaleza humana. Creía que las personas sólo se lastiman unas a otras cuando encuentran que sus caminos hacia la autorrealización están bloqueados o sembrados de obstáculos. Los padres pueden ayudar a sus hijos en este viaje personal de descubrimiento brindándoles su aprobación incondicional, a pesar de que los intereses y los valores que desarrolle el niño no sean los mismos que los suyos.

Cuando piense en la importancia de la autoestima, analice los resultados de un estudio clásico efectuado en 1939 por Kenneth y Mamie Clark sobre la autoestima de preescolares afroamericanos. Ellos encontraron que los niños preferían jugar con una muñeca blanca en lugar de una negra y que atribuían más características positivas a la blanca; pensaron que este resultado reflejaba los efectos negativos que la segregación tenía en la autoestima. Desde aquellos años, otros investigadores han estudiado la autoestima de niños afroamericanos empleando otros métodos.

¿Los resultados? En general, los niños, adolescentes y jóvenes afroamericanos de hecho muestran niveles promedio más altos de autoestima que sus homólogos blancos (Gray-Little y Hafdahl, 2000; Hafdahl y Gray-Little, 2002). Una explicación de la alta autoestima de los jóvenes afroamericanos es que suelen tener un sentido de identidad étnica más fuerte que los jóvenes caucásicos. Algunos estudios han arrojado que la identidad étnica es una fuerte señal que predice la autoestima de los afroamericanos y los hispanos (Pierre y Mahalik, 2005; Umaña-Taylor, 2004).

El próximo recuadro de Intente lo siguiente le brinda la oportunidad de evaluar si su concepto de sí mismo está a la altura del de su *self* ideal. Si su autoestima está rezagada, no pierda las esperanzas. El módulo de Aplicación que se incluye al final del capítulo se refiere a algunas formas de mejorar la autoestima.

¿El resultado de la consideración positiva incondicional? Rogers ponía hincapié en la importancia que la consideración positiva incondicional tiene para el desarrollo de la autoestima.

Abraham Maslow: el ascenso a la cima de la autorrealización

Maslow, al igual que Rogers, creía que existe un impulso humano innato para alcanzar la autorrealización, a fin de llegar a ser todo lo que podemos ser (Maslow, 1970, 1971). Pensaba que este impulso configura nuestra personalidad porque nos motiva a desarrollar nuestro potencial único como seres humanos. Pensaba que si las personas tienen la oportunidad lucharán por su autorrealización, pero reconocía que pocos llegamos a ésta de manera total. En la visión humanista, la personalidad es concebida como un proceso continuo de crecimiento y realización personales, es decir, como el camino que se seguirá, más que como el destino final.

consideración positiva condicionada   Valorar a una persona cuando su conducta cumple con ciertas expectativas o normas.

***self* ideal**   Término acuñado por Rogers para referirse al sentido idealizado de quiénes o qué debemos ser.

Intente lo siguiente

Analice su concepto del *self*

¿Qué opinión tiene de usted mismo en realidad? ¿Le agrada la persona que ve en el espejo o se resta méritos una y otra vez?

Una manera de medir su concepto del *self* consiste en evaluar su posición en cada una de las dimensiones que se presentan a continuación. Agregue otras más que sean importantes para usted. Encierre con un círculo el número que corresponda al concepto que tiene de sí mismo en cada dimensión.

Ahora considere sus calificaciones. ¿Se calificó más bien hacia el extremo positivo de estas dimensiones o hacia el negativo? Las personas que tienen una autoestima alta tienden a otorgarse calificaciones más positivas que aquellas que la tienen baja. Algunas dimensiones, como "sabio-tonto", podrían tener más repercusiones en su autoestima que otras. El patrón general de sus calificaciones le permitirá tener más información de su concepto general del *self* y de cómo afecta su autoestima.

A continuación, repita el ejercicio empleando un bolígrafo de otro color. En esta ocasión, marque el espacio sobre el número correspondiente para indicar dónde considera que debería estar colocado en cada dimensión. En este paso, haga caso omiso de su evaluación original. (En algunas dimensiones las calificaciones podrían ser las mismas, lo cual indicaría que su concepto del *self* coincide con el de su *self* ideal.)

Ahora analice las diferencias de las calificaciones de su *self* presente y su *self* ideal en cada dimensión. Preste especial atención a aquellas que considere más importantes. Cuanto mayor sea la diferencia entre su *self* real y su *self* ideal, tanto más baja será su autoestima. Cuanto más se acerquen sus percepciones del *self* a su *self* ideal, tanto más alta será su autoestima.

¿Qué aspectos de su personalidad arrojan las discrepancias más grandes? En tal caso, ¿cuáles de estas características le gustaría cambiar? ¿Considera que se puede acercar más al *self* que desea? ¿Cómo lo haría? ¿Qué tendría que cambiar de sí mismo y de su forma de relacionarse con otros?

Fuente: Adaptado de Nevid y Rathus, 2007b.

	Extremadamente	Casi siempre	Algo	Medianamente	Algo	Casi siempre	Extremadamente	
Justo	1	2	3	4	5	6	7	Injusto
Independiente	1	2	3	4	5	6	7	Dependiente
Creativo	1	2	3	4	5	6	7	Poco creativo
Desprendido	1	2	3	4	5	6	7	Egoísta
Seguro de mí mismo	1	2	3	4	5	6	7	Inseguro
Competente	1	2	3	4	5	6	7	Incompetente
Importante	1	2	3	4	5	6	7	Poco importante
Atractivo	1	2	3	4	5	6	7	Poco atractivo
Educado	1	2	3	4	5	6	7	Poco educado
Sociable	1	2	3	4	5	6	7	Poco sociable
Bondadoso	1	2	3	4	5	6	7	Cruel
Sabio	1	2	3	4	5	6	7	Tonto
Gracioso	1	2	3	4	5	6	7	Torpe
Inteligente	1	2	3	4	5	6	7	Poco inteligente
Artístico	1	2	3	4	5	6	7	Poco artístico

Sume otros rasgos que sean importantes para usted:

_____	1	2	3	4	5	6	7	_____
_____	1	2	3	4	5	6	7	_____
_____	1	2	3	4	5	6	7	_____

Evaluación de la perspectiva humanista

Los psicólogos humanistas, sujetándose a los principios que establecieron Maslow y Rogers, señalan que cada uno de nosotros tiene sentimientos, deseos y necesidades únicos. Por lo tanto, no nos podemos guiar enteramente por los deseos de otros sin dejar de ser fieles a nosotros mismos. El camino de la salud psicológica está pavimentado con el conocimiento y la aceptación de *todas* las partes que nos constituyen, con todo y verrugas.

La perspectiva humanista influyó de manera considerable al amplio movimiento social que se registró en las décadas de 1960 y 1970, el cual provocó que las personas se dirigieran a su interior en busca del sentido y el significado de sus existencias. Renovó el añejo debate en torno al libre albedrío y el determinismo y concentró la atención en la necesidad de comprender las experiencias subjetivas o conscientes de los individuos. El método terapéutico de Rogers, la *terapia centrada en el cliente*, sigue teniendo enorme influencia. Sin embargo, lo más importante tal vez sea que los teóricos humanistas contribuyeron a restaurar el concepto del *self* a la psicología, es decir, el centro de nuestra experiencia consciente de que estamos en el mundo.

No obstante, la fuerza misma del punto de vista humanista, es decir, su concentración en la experiencia consciente, también es su mayor debilidad al abordarse como un quehacer científico. Al final, un público de una sola persona, usted mismo, es el único que conoce o puede conocer su experiencia consciente. ¿Cómo pueden los psicólogos humanistas, como científicos, tener la certeza de que están midiendo con precisión la experiencia subjetiva privada de otra persona? Ellos responderían que debemos esforzarnos por estudiar la experiencia consciente en términos científicos, pues de lo contrario se ignoraría el tema central mismo —la experiencia humana— que estamos tratando de conocer. En efecto, los psicólogos cognitivos se han unido a ellos para crear métodos que permitan estudiar la experiencia consciente, como las escalas de calificación y los diarios que permiten que las personas hagan públicas sus experiencias privadas, que reporten sus pensamientos, sentimientos y actitudes sistemáticamente de modo que se puedan medir de forma confiable.

Los críticos también sostienen que el énfasis que el planteamiento humanista pone en la autorrealización podría provocar que algunas personas se vuelvan autocomplacientes y tan absortas en sí mismas que dejen de tener interés por otros. Inclusive el concepto de la autorrealización plantea varios retos. De entrada, los psicólogos humanistas la consideran como un impulso que motiva la conducta para alcanzar metas más altas. Sin embargo, ¿cómo sabemos que este impulso existe? Si la autorrealización tiene diferente significado para diferentes personas, alguien se podría autorrealizar persiguiendo su interés por la botánica, mientras que otra lo haría siendo un magnífico artesano, entonces ¿cómo podemos medir la autorrealización de forma estandarizada? Ante esta pregunta, los humanistas responderían que como las personas son únicas, es imposible esperar que exista la posibilidad de aplicar un mismo parámetro a cada una de ellas.

CONCEPTO 13.23
Así como el interés primordial de Freud eran nuestros instintos básicos, Maslow se centró en los elevados alcances del quehacer humano, es decir, el proceso de realización de nuestro potencial único.

¿Cómo se ve a sí mismo? ¿Le agrada lo que ve? ¿Por qué?

CONCEPTO 13.24
La perspectiva humanista se concentra en la necesidad de comprender la experiencia consciente y lo que uno piensa de sí mismo, pero es muy difícil estudiar las experiencias subjetivas privadas y medir conceptos medulares como la autorrealización.

Explore la psicología

Cultura e identidad del *self*

No podemos concluir nuestra explicación de los conceptos humanistas del *self* sin reconocer el importante papel que la cultura desempeña en el desarrollo de nuestro concepto del *self*. Antes de seguir leyendo, tómese un minuto para completar esta oración: "Yo soy _____." (No escriba su nombre, sino la descripción de algún aspecto de su persona.)

CONCEPTO 13.25
Sea que nos definamos en términos de nuestra individualidad o de los roles sociales que cumplimos, los valores de la cultura en la que nos hayamos criado influyen en nuestra personalidad.

La forma en que se defina dependerá de la cultura en la que se haya criado. Si se crió en una **cultura colectivista**, se definiría en términos de los roles sociales que asume o los grupos a los que pertenece (Kim y Sherman, 2007; Markus y Kitayama, 1991; Triandis y Suh, 2002). Podría decir: "Soy coreano-americano" o "Soy el padre de Jonathan". En cambio, si se ha criado en una **cultura individualista**, es más probable que se defina en términos de su individualidad o sus características únicas, así como de sus logros personales (English y Chen, 2007). Diría: "Soy analista de sistemas" o "Soy una persona cariñosa". (Por supuesto que estas descripciones representan tendencias culturales generales y no cabe duda que existen diferencias entre los individuos de una cultura tal como las hay entre las culturas mismas).

Se considera que varias culturas de Asia, África, Centroamérica y Sudamérica son colectivistas, mientras que las de Estados Unidos, Canadá y otros países de Europa occidental son individualistas. La mayor parte de la población del mundo, o según un cálculo reciente, 80% vive en culturas colectivistas (Dwairy, 2002).

Las culturas colectivistas conceden más valor a las metas del grupo que a las del individuo. Subrayan los valores comunales, como la armonía, el respeto por la autoridad y los mayores, la conformación, la cooperación, la interdependencia y la evitación de conflictos interpersonales (Markus y Kitayama, 1991; Nisbett, 2003). Por ejemplo, la cultura filipina tradicional pone hincapié en el respeto hacia los mayores cueste lo que cueste (Nevid y Sta. María, 1999). Se enseña a los niños filipinos que no deben ser irrespetuosos con sus hermanos mayores, no obstante que exista poca diferencia de años entre ellos e independientemente de quién "tenga la razón". De otra parte, las culturas individualistas dan importancia a los valores relacionados con la independencia y la autosuficiencia. Idealizan un individualismo rudo como el que se personifica en las historias del Oeste americano del siglo xix. No obstante, a pesar de las diferencias generales entre las culturas individualistas y las colectivistas, la mente posee la capacidad para pensar en forma individualista y también colectivista, dependiendo de las circunstancias (Oyserman, Coon y Kemmelmeier, 2002).

Las diferencias de los valores culturales también afectan la forma en que las personas adquieren estatus. En las culturas individualistas, el estatus está asociado a los logros individuales o la obtención de riqueza: la cantidad de dinero que gana el individuo, el tipo de casa que posee, el automóvil que tiene, los premios que recibe y las metas individuales que ha alcanzado. En las colectivistas el estatus se alcanza cuando las necesidades del grupo se colocan por encima de las propias y cuando la persona está dispuesta a sacrificar sus necesidades por el bienestar del grupo o la sociedad.

Un aspecto del colectivismo es el valor que se otorga a la actuación honorable de la persona a efecto de cumplir con sus obligaciones sociales, incluso al grado de devolver el dinero que uno se encuentra tirado en una acera (Onishi, 2004). Por ejemplo, en el 2002, 23 millones de dólares fueron entregados a diversos centros de objetos perdidos de Tokio y 72% del monto fue devuelto a quienes fueron capaces de convencer a las autoridades que el dinero era suyo. Una mujer de 24 años, Hitomi Sasaki, encontró 250 dólares al lado de una planta junto a la puerta del restaurante donde trabajaba y lo entregó de inmediato. Probablemente pocos neoyorquinos seguirían el ejemplo de la señorita Sasaki si se encontraran un montón de dinero tirado en la calle. ¿Usted lo entregaría?

Un individualismo o colectivismo extremos pueden producir resultados indeseables. El colectivismo excesivo puede sofocar la creatividad, la innovación y la iniciativa personal, mientras que un individualismo excesivo puede desembocar en una avaricia y una explotación desbordadas.

cultura colectivista Cultura que enfatiza las funciones y las obligaciones sociales de la gente.

cultura individualista Cultura que enfatiza la identidad individual y los logros personales.

REVISIÓN DE MÓDULO 13.4

REVISIÓN DE MÓDULO 13.4   La perspectiva humanista

REPASE

¿Qué plantea la teoría del *self*?

• Según Rogers, el *self* es el centro organizado de nuestra experiencia. El *self* se dirige por naturaleza hacia la autorrealización, o el desarrollo de su potencial único.

¿Qué función desempeña la aceptación positiva incondicional en el desarrollo de la autoestima?

• Carl Rogers, el destacado teórico humanista, pensaba que la consideración positiva incondicional (aprobación no contingente) de otros que son importantes para uno, sustenta el desarrollo de la autoestima. En cambio, cuando la aprobación depende de la conducta "correcta", las personas pueden desarrollar un concepto distorsionado del *self* con el propósito de mantener la autoestima y desconocer las partes de sí mismas que despiertan reprobación.

RECUERDE

1. Los conductistas consideran que el "libre albedrío" es _____; los humanistas piensan que es _____.
   a. fácil de alcanzar; difícil de alcanzar
   b. difícil de alcanzar; fácil de alcanzar
   c. medular para el ser humano; una ilusión
   d. una ilusión; medular para el ser humano

2. En opinión de Rogers, ¿cuál era el centro de nuestra experiencia de ser humanos?

3. Es más probable que uno se defina a sí mismo en términos de los roles que cumple dentro del grupo o la sociedad cuando pertenece a
   a. una cultura colectivista
   b. una cultura individualista
   c. las culturas de Europa occidental
   d. la cultura estadounidense tradicional

REFLEXIONE

• ¿Cómo han afectado sus antecedentes culturales a sus metas y ambiciones? ¿Sus valores? ¿Su identidad del *self*? ¿Sus relaciones con otros? ¿Piensa que su personalidad sería distinta si se hubiese criado en otra cultura? ¿Por qué?

• ¿Piensa que usted es más bien individualista o colectivista? Lo que piensa de sí mismo, ¿cómo se relaciona con sus antecedentes culturales?

MÓDULO 13.5   Pruebas de personalidad

• ¿Qué son los inventarios de autorreporte de la personalidad?
• ¿Qué son las pruebas proyectivas de personalidad?

Dejemos los intentos por describir o explicar la personalidad y pasemos a la manera de medirla. ¿Qué se entiende por medir la personalidad? Los intentos por medirla de hecho tienen un largo historial. En los siglos xviii y xix varios científicos muy respetados pensaban que se podían hacer juicios de opinión razonables respecto del carácter y las capacidades mentales de una persona con sólo examinar las protuberancias de su cabeza, o incluso observando la forma de su nariz. Estas creencias estuvieron a punto de frustrar el histórico viaje de Charles Darwin alrededor del mundo que le llevó a formular la teoría de la evolución. El nombramiento de Darwin como naturalista a bordo del barco británico llamado *Beagle* estuvo a punto de fallar porque Robert Fitz-Roy, el capitán del barco, pensaba que la forma de la nariz de Darwin indicaba que éste carecía de la energía y la determinación requeridas para un viaje tan arduo. Como escribiera Darwin más adelante:

Él [Fitz-Roy] estaba... convencido de que podía juzgar el carácter de un hombre con base en la forma de sus rasgos; y dudaba que alguien que tuviera mi nariz pudiese poseer suficiente energía y determinación para el viaje. Sin embargo, pienso que después quedó bastante convencido de que mi nariz no había dicho la verdad. (Darwin, 1892/1958)

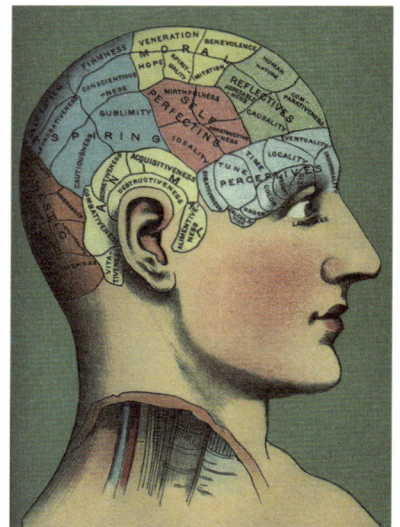

La frenología   Se basa en la falsa idea de que es posible establecer las capacidades mentales y los rasgos de personalidad mediante un estudio de las protuberancias o los declives del cráneo de una persona.

💡 **CONCEPTO 13.26**
Los inventarios de autorreporte miden los rasgos o las características de la personalidad de las personas pidiéndoles que contesten una serie de preguntas acerca de sí mismas con una gama limitada de posibles respuestas que permiten calificar la prueba de forma objetiva.

frenología   Teoría, ahora descartada, que afirmaba que la medición de las protuberancias de la cabeza permitía juzgar el carácter y las capacidades mentales de una persona.

pruebas de personalidad   Pruebas psicológicas estructuradas que utilizan métodos formales para evaluar la personalidad.

pruebas objetivas   Pruebas de personalidad que pueden ser calificadas de forma objetiva porque las opciones de respuesta son limitadas y porque los reactivos fueron formulados con base en evidencia de investigaciones.

Así, en 1831, Darwin se embarcó en un notable viaje de cinco años durante el cual reunió muestras de las especies de plantas y animales que fue encontrando por el camino y que fueron la evidencia que sentaría las bases para su teoría de la evolución.

Según la **frenología**, teoría muy popular en el siglo XIX, el patrón de las protuberancias de la cabeza permitía juzgar el carácter y las capacidades mentales de las personas. El médico Franz Joseph Gall (1758-1828) hizo varias de las primeras aportaciones al conocimiento de la anatomía del cerebro, pero es más conocido como el principal proponente de la frenología (Livianos-Aldana, Rojo-Moreno y Sierra-San Miguel, 2007). Planteaba que zonas específicas del cerebro eran las responsables de distintos rasgos del carácter y que los contornos del cráneo en esas zonas indicaban la medida en que la persona poseía esos rasgos. Ahora sabemos que no es posible evaluar los rasgos de personalidad de los individuos en razón de sus características biológicas superficiales, como las protuberancias de la cabeza, la forma de la nariz o del cuerpo.

Hoy en día, los investigadores no miden las protuberancias de la cabeza de las personas ni la forma de sus narices para conocer sus personalidades. Los métodos que emplean actualmente incluyen los estudios de caso, las entrevistas, las técnicas de observación y los estudios experimentales (consulte el capítulo 1). Sin embargo, el método más usado para conocer la personalidad se basa en la aplicación de **pruebas de personalidad** formales. Las dos clases básicas de estas pruebas son los inventarios objetivos de la personalidad y las pruebas proyectivas.

Inventarios de autorreporte de la personalidad

Los inventarios de autorreporte de la personalidad hacen preguntas acerca de las personas que ellas mismas responden con respuestas del tipo "verdadero-falso" o "sí coincido-no coincido". Por lo general, se dice que estas son **pruebas objetivas**. Sin embargo, no lo son en el sentido que la báscula de su baño es una medida objetiva de su peso. Por el contrario, miden las opiniones o los juicios subjetivos que las personas tienen de sí mismas. Son objetivas ya que es posible calificarlas de esta manera porque la respuesta que presenta la persona a cada reactivo se limita a unas cuantas opciones, como seleccionar cierto o falso. Los inventarios de autorreporte también permiten que los individuos comparen sus calificaciones con los parámetros de grupos de referencia particulares. Algunas de estas pruebas miden un solo rasgo o dimensión de la personalidad, como la asertividad o la hostilidad. Otras tratan de captar diversas dimensiones o rasgos. Un buen ejemplo de una prueba de personalidad multidimensional es el Minnesota Multiphasic Personality Inventory (MMPI) (Inventario Multifásico de la Personalidad de Minnesota), que es la más utilizada en el mundo (Camara, Nathan y Puente, 2000).

Minnesota Multiphasic Personality Inventory (MMPI, Inventario Multifásico de la Personalidad de Minnesota)

¿Le gustan las revistas de modas? ¿Sufre de sentimientos de ansiedad o nerviosismo con frecuencia? ¿Piensa que otros "la han tomado contra usted"? ¿Cuáles serían sus respuestas a preguntas como las anteriores que nos hablan de su personalidad subyacente o su salud mental?

Estas preguntas son similares a los reactivos que contiene el MMPI, cuya edición revisada ahora se llama MMPI-2 (Graham, 2006). El MMPI-2 contiene 567 reactivos, del tipo verdadero-falso, que generan calificaciones para 10 escalas clínicas (consulte la tabla 13.4) y escalas adicionales que miden otras dimensiones de la personalidad y tendencias de las respuestas. El MMPI fue creado para ayudar a los clínicos a diagnosticar trastornos mentales. Los reactivos son agrupados con base en escalas particulares cuando tienden a obtener diferentes respuestas de grupos particulares de diagnóstico o de grupos normales de referencia. Por ejemplo, un reactivo como "En ocasiones me siento temperamental" correspondería a la escala de la depresión si las personas de un grupo deprimido tendieran a endosarlo con más frecuencia que las de control normal. Cuanto mayor sea el número de reactivos que una persona endose en el mismo sentido que el grupo de diagnóstico, tanto más alta será la puntuación que obtenga en la escala.

TABLA 13.4   Escalas clínicas del MMPI-2

Número de escala y categoría	Reactivos similares a las que contiene la muestra de la escala MMPI-2	Rasgos de individuos con puntuaciones altas
1. Hipocondriasis	Con frecuencia siento molestias al tener el estómago revuelto A veces siento que me duele todo el cuerpo	Diversos malestares físicos, actitudes cínicas derrotistas con frecuencia percibidas como lastimosas, demandantes
2. Depresión	He perdido el interés por todo Con frecuencia las preocupaciones no me dejan dormir	Ánimo deprimido; pesimita, preocupado, dependiente, letárgico
3. Histeria	A veces me sonrojo sin motivo aparente alguno Soy propenso a creer lo que dicen las personas cuando están tratando de ser amables conmigo	Ingenuo, egocéntrico, poca visión de los problemas, inmaduro; manifiesta malestares físicos como respuesta al estrés
4. Desviación psicopática	En ocasiones mis padres no querían a mis amigos Mi conducta me metía en problemas en la escuela con frecuencia	Dificultad para incorporar los valores de la sociedad; rebelde, impulsivo, tendencias antisociales; relaciones familiares tensas; mal historial escolar y laboral
5. Masculinidad-feminidad*	Me gusta leer sobre cuestiones de electrónica (M) Me gustaría trabajar como diseñadora de interiores (F)	Hombres que endosan atributos femeninos: tienen intereses culturales y artísticos, afeminados, sensibles, pasivos Mujeres que endosan intereses masculinos: agresivas, masculinas, seguras de sí mismas, activas, asertivas, impetuosas
6. Paranoia	Habría tenido más éxito en la vida, pero la gente nunca me brindó una oportunidad justa En estos días, más vale no confiar en nadie	Suspicaz, reservado, culpa a otros, resentido, distante, puede sufrir delirios paranoides
7. Psicastenia	Soy de las personas que siempre está preocupada por algo Al parecer tengo más miedos que la mayoría de las personas que conozco	Ansioso, temeroso, tenso, preocupado, inseguro, dificultar para concentrarse, obsesivo, inseguro de sí mismo
8. Esquizofrenia	En ocasiones las cosas me parecen irreales A veces escucho voces que otros no oyen	Pensamiento confuso e ilógico, se siente alienado e incomprendido, aislado o alejado de la sociedad, puede tener claros síntomas psicóticos, como alucinaciones o delirios que toma por ciertos o puede llevar un estilo de vida recluido
9. Hipomanía	A veces asumo más tareas de las que puedo cumplir Las personas han notado que con frecuencia hablo de forma apresurada o presionada	Vigoroso, posiblemente maniaco, impulsivo, optimista, sociable, activo, inconstante, irritable, puede tener una imagen inflada o grandiosa de sí mismo o planes poco realistas
10. Introversión social*	Me desagradan las fiestas ruidosas No tuve gran participación en actividades escolares	Tímido, inhibido, retraído, introvertido, no confía en sí mismo, reservado, ansioso en situaciones sociales

* La construcción de estas escalas se basó en una comparación no clínica de los grupos.

Fuente: Adaptado de Nevid, Rahtus y Greene, 2008.

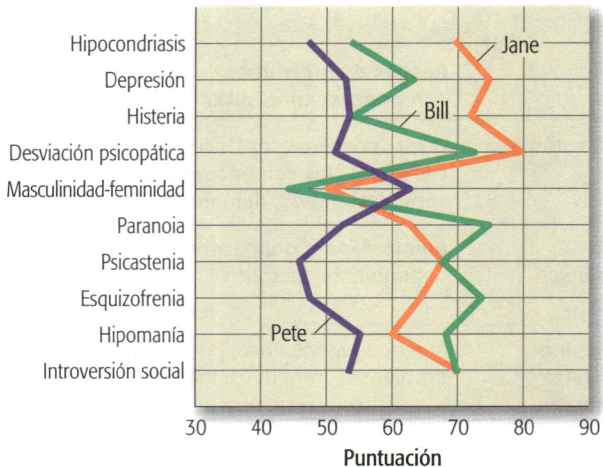

FIGURA 13.5   Muestra de perfiles del MMPI-2
a) Jane es una mujer de 21 años que fue admitida en una institución psiquiátrica después de un intento de suicidio; b) Bill es un paciente de 34 años que padece esquizofrenia y c) Pete tiene 25 años y es un editor bien adaptado. *Nota*: la calificación promedio es 50 puntos. En este caso, las puntuaciones de masculinidad-feminidad están marcadas en un sentido masculino en el caso de las mujeres y femenino en el de los hombres.

Cuando se califica el MMPI, las puntuaciones crudas (el número de reactivos que califican en la misma dirección que el grupo diagnóstico) se deben convertir a **calificaciones estándar**, mismas que se asientan en una gráfica parecida a la que presenta la figura 13.5. Se considera que las calificaciones de 65 puntos o más son elevadas o anormalmente altas en términos clínicos. Los examinadores toman en cuenta las elevaciones en las escalas individuales y el patrón de relaciones entre las puntuaciones de la escala para formarse impresiones acerca de las características de la personalidad de los individuos y de sus posibles problemas psicológicos.

Evaluación de los inventarios de autorreporte de la personalidad

Existe suficiente evidencia que sustenta la validez del MMPI y de otros inventarios de autorreporte de la personalidad (p. e., Graham, 2006; Sellbom, Graham y Schenk, 2006). El MMPI proporciona abundante información acerca de los intereses, las áreas de preocupación y las necesidades de una persona, así como de su manera de relacionarse con otros, asimismo ayuda a los clínicos a diagnosticar trastornos psicológicos o mentales. Sin embargo, no se debe usar como elemento único para hacer un diagnóstico. Por ejemplo, una calificación elevada en la escala de la depresión no significa necesariamente que la persona sufra un trastorno depresivo. No obstante, podría manifestar ciertos rasgos de personalidad o malestares en común con quienes sí lo sufren.

Los inventarios de autorreporte de la personalidad tienen varias fortalezas. Su aplicación y calificación son relativamente económicas, de hecho varias pueden ser calificadas por una máquina e interpretadas por computadora. Las personas también podrían estar más dispuestas a revelar información en una prueba de lápiz y papel que cuando están ante un entrevistador. Es más, los resultados se pueden utilizar para predecir una amplia gama de conductas, entre ellas la capacidad para relacionarse con otros de forma eficaz y para alcanzar puestos de liderazgo o dominio (consulte el próximo recuadro de "Intente lo siguiente").

Sin embargo, el confiar demasiado en los datos autorreportados en las pruebas de personalidad, como el MMPI, puede introducir algunos sesgos. Algunas respuestas podrían ser francas mentiras y otras mostrar distorsiones más sutiles, como la tendencia a responder en un sentido deseable para la sociedad; en pocas palabras, presentar su mejor cara. Algunas más podrían reflejar un estilo de responder diciendo a todo que "sí" o que "no", o la tendencia a coincidir o a disentir con los reactivos sin tener relación con su contenido. Las escalas de autorreporte más sofisticadas, como el MMPI, incluyen escalas de validez que sirven para identificar sesgos en las respuestas. Sin embargo, éstas podrían no eliminar del todo las fuentes de sesgo (McGovern y Nevid, 1986; Nicholson *et al.*, 1997).

CONCEPTO 13.27
Las pruebas proyectivas parten de la idea de que las necesidades y las personalidades subyacentes de las personas determinan su forma de responder a estímulos ambiguos.

calificaciones estándar
Calificaciones que representan la desviación relativa de un individuo de la media de la muestra de estandarización.

pruebas proyectivas   Pruebas de personalidad que incluyen materiales ambiguos o vagos con el fin de producir respuestas que presuntamente revelarán las necesidades, impulsos y motivos inconscientes de una persona.

Pruebas proyectivas

En el caso de las **pruebas proyectivas**, se presenta a las personas un conjunto de estímulos ambiguos o no estructurados, como manchas de tinta, que se pueden interpretar de diversas maneras. Estas pruebas parten de la idea de la teoría psicodinámica que dice que los individuos transfieren o "proyectan" sus necesidades, impulsos y motivos inconscientes en las respuestas que presentan ante estímulos vagos o no estructurados. El formato de respuesta de las pruebas proyectivas, a diferencia del de las objetivas, no se restringe al "sí o no", a las de opción múltiple ni a otras opciones de respuestas limitadas. Por lo tanto, el examinador debe interpretar las respuestas del sujeto y, por lo mismo, eso imprime mayor subjetividad al procedimiento. A continuación hablamos de las dos pruebas proyectivas que se aplican con más frecuencia: la de Rorschach y la TAT (Camara *et al.*, 2000).

La prueba de Rorschach

Cuando era niño, el suizo Hermann Rorschach (1884-1922) se entretenía con un juego que consistía en dejar caer tinta sobre un papel y después doblarlo para formar figuras simétricas con los

Intente lo siguiente

¿Qué debería ser?

Un gran número de centros vocacionales de universidades aplica pruebas de personalidad para ayudar a los estudiantes a tomar decisiones más informadas respecto de la
carrera que seguirán. Estos instrumentos permiten que las personas comparen los perfiles de su personalidad y los patrones de sus intereses con los de individuos en distintos
grupos ocupacionales. Si considera que le serviría una evaluación de su vocación, ¿por
qué no averigua si el centro vocacional de su escuela ofrece estos servicios?

manchones de tinta. Así, advirtió que las personas percibían los mismos manchones de diferentes maneras y llegó a la conclusión de que las respuestas revelaban algo de sus personalidades.
Su fascinación por esta técnica mereció que le apodaran *Klex,* que quiere decir "mancha de tinta"
en alemán. Cuando Rorschach llegó a ser psiquiatra, convirtió el juego de su niñez en una prueba
psicológica que lleva su nombre. Por desgracia, no vivió para ver la popularidad y la influencia que
adquiriría su prueba de los manchones de tinta. Murió a los 37 años por complicaciones debidas a
una peritonitis, pocos meses después de la publicación de su prueba (Exner, 2002).

La prueba de Rorschach incluye 10 tarjetas similares a la que presenta la figura 13.6. Cinco de
ellas tienen manchones de color y las demás son en blanco y negro, con algunos tonos grises. Se
pide a los sujetos que expliquen lo que ven en cada manchón. Una vez obtenidas las respuestas
para cada tarjeta, el examinador aplica un cuestionario de seguimiento para sondear más a fondo
dichas respuestas.

Calificar las respuestas de la prueba de Rorschach es una tarea compleja. Su calificación se
basa en características como el contenido (lo que el sujeto vio en el manchón, por ejemplo un
"murciélago") y el nivel formal (la consistencia de la respuesta con la forma real del manchón).
El examinador advierte si el sujeto observa el manchón completo o sólo detalles de éste. Una
atención excesiva en los detalles podría indicar una tendencia a la obsesión o la compulsión.
Una mala observación del nivel formal podría indicar problemas con la percepción clara de la realidad o tal vez una imaginación demasiado fértil. Aquellos que no ven formas sino figuras dominadas
por algún color, por ejemplo que ven las zonas rojizas como "sangre", podrían tener dificultad para
controlar sus emociones. El contenido de la respuesta podría indicar conflictos subyacentes con
otras personas. Por ejemplo, el individuo que sólo ve figuras de animales, pero ninguna forma
humana, podría tener dificultad para relacionarse con otras personas.

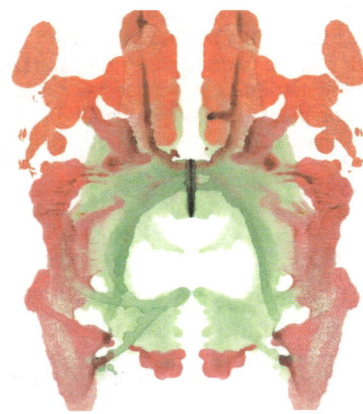

FIGURA 13.6   ¿Qué es lo que ve?
¿Qué cree que es esto? La prueba
de Rorschach parte del supuesto de
que las personas proyectan algunos
aspectos de su personalidad en las
respuestas que presentan frente a
figuras ambiguas.

La prueba de apercepción temática (PAT)

Henry Murray, el psicólogo de Harvard, creó la Prueba de Apercepción Temática en la década de
1930 (Murray, 1938). Ésta consta de una serie de imágenes que describen escenas ambiguas
que pueden interpretarse de distintas maneras (consulte la figura 13.7). Se pide al sujeto que
invente un relato sobre la escena, qué provocó dichos eventos y el posible desenlace. Murray
pensaba que los relatos de las personas revelan algunos aspectos de su personalidad, o proyecciones de sus necesidades y conflictos psicológicos. Por ejemplo, si las descripciones abordan
consistentemente temas como el rechazo de los padres, podrían estar diciendo algo acerca de
sus problemas psicológicos subyacentes.

Evaluación de las pruebas proyectivas

Un inconveniente de las pruebas proyectivas es que su calificación se basa, en gran medida, en
las impresiones subjetivas del examinador. Por ejemplo, dos examinadores podrían disentir respecto de la calificación del nivel formal de una respuesta particular de la prueba de Rorschach. El
psicólogo John Exner (1993) trató de estandarizar la manera de calificar esta prueba mediante

CONCEPTO 13.28
Aun cuando los psicólogos
recurren con frecuencia a las
pruebas proyectivas, la polémica en
torno a su validez y utilidad clínica
no ha cesado.

FIGURA 13.7 Invente un relato
¿Qué sucede aquí? ¿Qué condujo a esta escena? ¿Qué supone que pasará a continuación?, ¿sus respuestas a este tipo de preguntas qué revelarían de su personalidad?

un sistema global de calificación. Sin embargo, la preocupación por la confiabilidad persiste, no obstante del sistema de Exner (p. e., J.M. Wood *et al.*, 2001). Aun cuando sea posible calificar las pruebas proyectivas de forma confiable, ¿son válidas? ¿se mide lo que se pretende medir?

Un inconveniente de estas pruebas es la *atracción de los estímulos*. A pesar de los esfuerzos por conseguir que los estímulos sean ambiguos, en ocasiones contienen indicios, como los rostros tristes del TAT, que podrían generar (atraer) ciertos tipos de respuestas. En estos casos, éstas podrían involucrar reacciones ante las propiedades de los estímulos de los materiales mismos de la prueba, en lugar de proyecciones de la personalidad subyacente del sujeto (Murstein y Mathes, 1996).

El valor de la prueba de Rorschach sigue siendo tema de acaloradas polémicas entre profesionales (Garb *et al.*, 2005). Los críticos afirman que no hay suficiente evidencia para sustentar la validez y utilidad generales de la prueba (p. e., Hunsley y Bailey, 2001; Lilienfeld, Wood y Garb, 2000). Asimismo desearían que la prueba fuera descartada, pero sus defensores señalan que hay evidencia que justifica la aplicación de la Rorschach para algunos efectos, como para detectar las necesidades subyacentes de dependencia o para discernir ciertos tipos de trastornos psicológicos (Garb *et al.*, 2005; Meyer *et al.*, 2001; Perry, 2003).

La tabla de conceptos 13.3 compara los principales conceptos, métodos de evaluación y formas de terapia asociados a las principales perspectivas de la personalidad que contiene este capítulo.

TABLA DE CONCEPTOS 13.3
Reseña de las perspectivas teóricas de la personalidad

Modelo teórico	Teóricos centrales	Conceptos principales	Técnicas de evaluación	Terapia Asociada
Psicoanalítico	Freud	La lucha dinámica inconsciente entre el ello, el yo y el superyó influye en la personalidad	Entrevistas, técnicas proyectivas	Psicoanálisis (se explica en el capítulo 15)
Psicodinámico (neofreudianos)	Adler, Jung, Horney, Erikson	Los factores sociales y el desarrollo del *self* influyen más en la personalidad que la motivación sexual	Entrevistas, técnicas proyectivas	Terapia psicodinámica (se explica en el capítulo 15)
Rasgos	Allport, Cattell, Eysenck	La personalidad está compuesta por un conjunto de rasgos subyacentes que explican la forma característica de actuar de las personas en distintas situaciones	Los inventarios de autorreporte de la personalidad, como el 16PF de Cattell y el Inventario de la Personalidad de Eysenck (EPI)	Ninguna
Conductismo	Watson, Skinner	La personalidad está compuesta por conductas aprendidas que se adquieren por medio de los condicionamientos clásico y operante	Observación de las conductas	Terapia conductual (se explica en el capítulo 15)
Social-cognitiva	Rotter, Bandura, Mischel	La personalidad está compuesta por el repertorio de conductas del individuo y su forma de pensar respecto del mundo	Observación de la conducta, entrevistas, medidas de autorreporte, listas de pensamientos	Terapia cognitiva-conductual (se explica en el capítulo 15)
Humanista	Rogers, Maslow	La personalidad está compuesta por la experiencia subjetiva de estar en el mundo, organizada en torno al concepto del *self*	Entrevistas, medidas del concepto del *self*	Terapia centrada en el cliente de Rogers (se explica en el capítulo 15)

REPASE

¿Qué son los inventarios de autorreporte de la personalidad?

- Son pruebas de autorreporte de rasgos o características de la personalidad que incluyen una serie de preguntas que las personas responden acerca de sí mismas con una gama limitada de opciones de respuestas. Se clasifican como pruebas objetivas porque se pueden calificar con objetividad y se basan en investigaciones.

¿Qué son las pruebas proyectivas de la personalidad?

- Las pruebas proyectivas emplean materiales ambiguos de los que se obtienen respuestas que se creen reflejan proyecciones de necesidades, impulsos y motivos inconscientes de las personas.

RECUERDE

1. ¿Por qué estuvo en peligro el puesto que ocuparía Darwin como naturalista a bordo del *Beagle*?
   a. No había fondos suficientes para financiar el viaje
   b. Los frenólogos se opusieron a que Darwin fuera el naturalista del barco
   c. El capitán del *Beagle* pensaba que la nariz de Darwin indicaba que no era la persona indicada
   d. La teoría de la evolución era un tema polémico

2. A diferencia del MMPI, las pruebas proyectivas
   a. emplean una cantidad limitada de opciones de respuestas
   b. pueden ofrecer una interpretación clara

   c. están más ligadas a la perspectiva conductual
   d. se usan para revelar deseos y motivos inconscientes

3. Dos clases generales de pruebas de personalidad son _____ los inventarios de _____ de la personalidad, como el MMPI y las pruebas _____ como la de Rorschach y la TAT.

4. La mayor preocupación en torno a las pruebas proyectivas es
   a. que las figuras del TAT se parecen a personajes históricos conocidos
   b. que la interpretación de respuestas subjetivas no es válida
   c. que fueron elaboradas desde una perspectiva psicodinámica
   d. que las personas podrían revelar sus necesidades y deseos internos en sus respuestas

REFLEXIONE

- ¿Alguna vez ha realizado una prueba de personalidad? ¿Qué piensa que ha aprendido, en su caso, acerca de su personalidad?

- Piense en el debate en torno a la validez de las pruebas proyectivas. ¿Considera que las personas revelan aspectos subyacentes de su personalidad en las respuestas ante estímulos no estructurados, como los manchones de tinta? ¿Por qué?

Aplicación
MÓDULO 13.6

Construyendo la autoestima

Los psicólogos humanistas Carl Rogers y Abraham Maslow reconocieron la importancia de la autoestima para desarrollar una personalidad sana. Cuando tenemos baja autoestima generalmente se debe a que consideramos que estamos lejos de nuestro ideal. Sin embargo, ésta no es una cualidad fija, pasa por altibajos a lo largo de nuestra existencia (Robins *et al.*, 2002).

La autoestima no es resultado de que simplemente nos digamos que somos maravillosos. Por el contrario, se va desarrollando de forma natural conforme perseguimos y alcanzamos la meta que nos hemos fijado. Podemos tratar de mejorarla mediante el desarrollo de competencias, es decir, de habilidades y capacidades que nos permitan alcanzar nuestros objetivos y, con ello, mejorar nuestro sentimiento de valía personal. Sin embargo, para construirla también debemos descartar las expectativas de perfeccionismo y aprender a aceptarnos cuando inevitablemente no podamos estar a la altura de nuestros ideales.

CONCEPTO 13.29
La autoestima, en lugar de ser una cualidad fija, puede mejorar si se desarrollan competencias y adoptando metas y expectativas más realistas.

Adquiera competencias: vuélvase muy bueno para hacer algo

Los teóricos social-cognitivos reconocen que nuestra autoestima está relacionada con habilidades o competencias que podemos reunir para encarar los desafíos que afrontamos. Las competencias incluyen capacidades académicas, como leer, escribir y hacer operaciones aritméticas; artísticas como dibujar y tocar el piano; deportivas, como correr y lanzar un balón; sociales, como saber iniciar una conversación; y laborales u ocupacionales. Cuantas más habilidades poseamos, en especial en terrenos que tienen mayor importancia, tanto más contentos estaremos con nosotros mismos.

Desarrollamos nuestras competencias por medio del entrenamiento y la práctica. Sólo un puñado de nosotros llegará al virtuosismo para adornar el escenario de un concierto, pero casi todos podemos aprender a tocar el piano bastante bien. De hecho, casi todas las personas pueden adquirir la mayoría de las habilidades que valora la sociedad.

Establezca metas realistas y alcanzables

Establecer metas realistas es parte del camino para mejorar la autoestima. Esto no significa que no deba luchar por ser lo mejor posible. Significa que debe considerar evaluar sus metas a la luz de sus verdaderas necesidades y capacidades.

Mejore las expectativas de autoeficacia

El éxito genera más éxito. Usted puede mejorar sus expectativas de autoeficacia si elige tareas que sean congruentes con sus intereses y capacidades, y si trabaja en ellas. Empiece por metas pequeñas que claramente pueda alcanzar. Cumplirlas incrementará la confianza en sí mismo y le alentará a pasar a objetivos más desafiantes. Considere que las decepciones inevitables de la vida son oportunidades para aprender de los errores y no señales de un fracaso rotundo.

Encuentre el sentido de su existencia

Los individuos psicológicamente sanos piensan que la vida no sólo es cuestión de ir pasando cada día como mejor se pueda, sino que cada uno les ofrece oportunidades para perseguir metas más altas. La existencia puede tener varios sentidos y diferentes fines. Hay personas que encuentran ese sentido conectándose espiritualmente con algo superior, sea el ser supremo de una religión específica o el cosmos. Otras lo hacen en su comunidad, en aquellos que comparten una misma identidad étnica y un legado cultural. Hay quienes lo hallan en el amor y la familia. Su cónyuge y sus hijos les proporcionan un sentimiento de realización. Y están los que encuentran sentido en su trabajo.

Rechace las expectativas de perfeccionismo

Varios nos alejamos de los desafíos de la vida porque nos imponemos la exigencia absurda de ser perfectos en todo lo que hacemos. Si impone el perfeccionismo en su vida, considere la posibilidad de cambiar de actitud. Procure ser más liviano y adopte expectativas más realistas, basadas en una evaluación más justa de sus fortalezas y debilidades. Quizá no tenga la talla de la imagen perfecta que ha idealizado, pero es probable que ya cuente con ciertas capacidades y talentos que puede cultivar y, con ello, mejorará su autoestima.

Olvídese de la necesidad de una constante aprobación

El psicólogo Albert Ellis pensaba que sentir una necesidad excesiva de aprobación social es una receta segura para una baja autoestima (Ellis, 1977; Ellis & Dryden, 1987). Es inevitable que en algún punto nos encontremos con la desaprobación de personas que nos importan. Sin embargo, Ellis nos pide que pensemos si afrontarla es verdaderamente tan terrible como imaginamos. Reemplazar una necesidad irracional de aprobación por expectativas más racionales nos ayudará a mejorar nuestra autoestima, en especial cuando nos topamos con personas que no son capaces de apreciar nuestros puntos finos.

■ Pensamiento crítico sobre la psicología ■

Lea la siguiente explicación y después, con base en lo que ha leído en este capítulo, conteste la pregunta que se presenta al final. Para evaluar cuánto ha desarrollado sus habilidades para pensar de forma crítica, compare su respuesta con la que se muestra en el apéndice A.

Personalidad y astrología: ¿Su personalidad está en las estrellas? ¿Qué le depara el futuro? Veamos lo que las estrellas dicen de Géminis, es decir las personas nacidas entre el 21 de mayo y el 20 de junio:

> **Géminis:** *Es momento de que se concentre en satisfacer sus necesidades personales. Ahora tiene suficiente energía y es buen momento para aprovechar sus recursos personales. Se le abren varias oportunidades creativas, pero tendrá que dedicarse mucho para aprovecharlas bien. Es la clase de persona capaz de llegar más allá de lo que otros esperan de usted. Se le presentará una decisión económica importante que tendrá grandes repercusiones para su futuro. Sin embargo, escuche los consejos de otros para tomar una buena decisión. Es tiempo de disfrutar plenamente de las grandes bendiciones que le brinda la vida.*

Las personas que creen en la astrología dicen que la posición del sol, la luna y los planetas a la hora del nacimiento determina nuestros destinos y personalidades. ¿Cree que la alineación de los planetas a la hora de su nacimiento determinó su personalidad? ¿Por qué?

El origen de la astrología data de hace miles de años, pero sigue contando con un gran número de adeptos, incluso entre personas que tienen estudios avanzados. A pesar de que no existe evidencia científica de que influya en nuestra personalidad (p. e., Hartmann, Reuter y Nyborg, 2006), la gente sigue creyendo firmemente en la astrología. ¿Por qué lo hacen?

Una razón podría ser el *efecto Barnum,* o sea la tendencia a pensar que las descripciones excesivamente generales de la personalidad son exactas para uno mismo (Claridge *et al.*, 2007). El nombre de "Barnum" se debe a un famoso cirquero del siglo XIX, P.T. Barnum, quien dijo en cierta ocasión: "Cada minuto nace un incauto". La próxima vez que lea un pronóstico astrológico en el diario de su localidad, observe que lo que dice está plantado en términos tan generales que se aplica a casi todo el mundo (p. e., "Es momento de que se concentre en satisfacer sus necesidades personales...", "a pesar de que el próximo par de meses pueden ser inestables..."). Vuelva a leer el texto astrológico para "Géminis". Es probable que se identifique con algunas de las características independientemente de su fecha de nacimiento.

El efecto Barnum también explica la popularidad inagotable de otras pseudociencias, como la lectura de la mente y la adivinación de la suerte. La "información" especial acerca de nuestro futuro que los psíquicos y los adivinos afirman haber visto se basa en características generales que encajan prácticamente con todo el mundo ("Es probable que tenga algunos problemas económicos..."). Además, esas personas suelen ser magníficas observadoras que advierten señales sutiles en la forma de vestir, los gestos y las respuestas no verbales a las preguntas dirigidas que emplean para personalizar sus predicciones.

Otro factor que explica por qué la gente cree en la astrología y otras pseudociencias es su tendencia a dar mayor importancia a información que confirma una imagen positiva que aquella que resalte la forma negativa. Observe que los textos astrológicos contienen diversos atributos positivos (p. e., "Es una persona amorosa... Tiene un magnífico sentido del humor"). La preferencia de dar mayor énfasis a información que refuerza una imagen positiva de uno mismo se conoce como *sesgo autocomplaciente.* Esta clase de sesgo cognitivo, que analizaremos con más detenimiento en el capítulo 16, describe la disposición a aceptar el mérito por los propios éxitos, pero a rechazar con explicaciones los fracasos o las decepciones (consulte el capítulo 16). Ahora es momento de practicar un pensamiento crítico. Explique por qué otra clase de sesgo cognitivo, el *sesgo de confirmación* (consulte el capítulo 7) contribuye a que la gente crea en la astrología.

Módulo 13.1 La perspectiva psicodinámica

LA TEORÍA PSICOANALÍTICA DE FREUD

- **Tres niveles de conciencia:** el consciente, el preconsciente y el inconsciente

- **Tres estructuras de personalidad:** el ello (impulsos primitivos), el yo (razón y sensatez), el superyó (conciencia moral)

- **Mecanismos de defensa:** protegerse contra la conciencia de impulsos o recuerdos molestos, como la represión, el desplazamiento y la proyección

Sigmund Freud

- **Etapas del desarrollo psicosexual:** etapa oral (nacimiento a los 18 meses), etapa anal (18 meses a tres años), etapa fálica (tres a seis años), etapa de latencia (seis años a pubertad), etapa genital (pubertad a adultez)

OTROS TEÓRICOS PSICODINÁMICOS

- **Psicología analítica de Carl Jung:** el consciente personal, el inconsciente colectivo, los arquetipos

- **Psicología individual de Alfred Adler:** el *self* creativo, el complejo de inferioridad, el impulso de superioridad

- **Karen Horney:** ansiedad y hostilidad básicas; criticó a Freud por la teoría del desarrollo femenino

Módulo 13.2 La perspectiva de los rasgos

PRINCIPALES TEÓRICOS DE LOS RASGOS

- **Gordon Allport:** tres niveles de rasgos (cardinales, centrales, específicos)

- **Raymond Cattell:** dos niveles de rasgos (los superficiales evidentes en la conducta frente a los rasgos de origen más profundos que reflejan las estructuras subyacentes de la personalidad)

- **Hans Eysenck:** modelo de tres rasgos (extraversión, neuroticismo, psicoticismo)

PERSPECTIVAS CONTEMPORÁNEAS

- **Modelo de los Cinco Grandes:** consolidación de modelos anteriores de los rasgos que incluye cinco rasgos amplios (extraversión, neuroticismo, apertura, afabilidad, escrupulosidad)

- **Interacción entre rasgos y situación:** la conducta implica la interacción de los rasgos y los factores de la situación

- **Bases genéticas de los rasgos:** los rasgos de la personalidad se derivan de una combinación de factores genéticos y experiencias existenciales

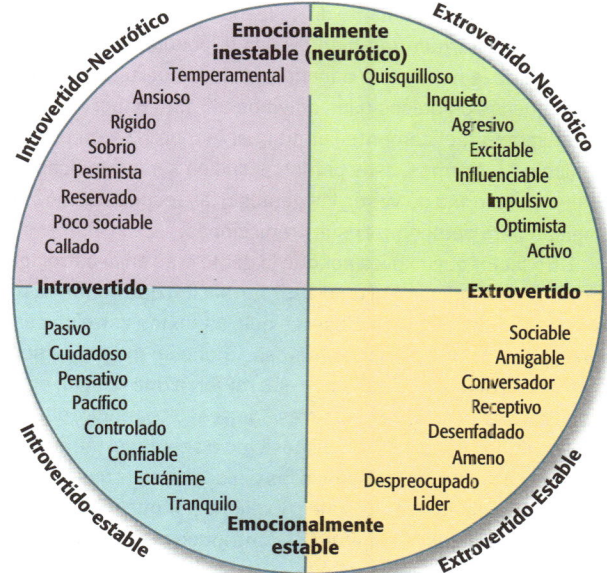

Módulo 13.3 La perspectiva social-cognitiva

TEÓRICOS SOCIAL–COGNITIVOS

- **Julian Rotter:** expectativas, locus de control
- **Albert Bandura:** determinismo recíproco, expectativas de resultados y autoeficacia
- **Walter Mischel:** variables de persona y variables de situación

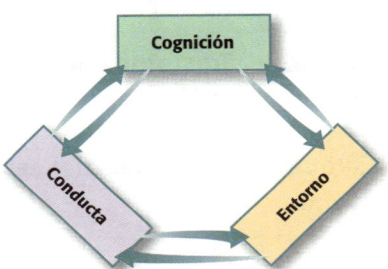

Modelo del determinismo recíproco de Bandura

Módulo 13.4 La perspectiva humanista

TEORÍAS HUMANISTAS

- **Carl Rogers:** énfasis en el *self*; importancia de conocerse y aceptarse
- **Abraham Maslow:** importancia de la autorrealización
- **Cultura e identidad del *self*:** culturas colectivistas frente a individualistas

Módulo 13.5 Las pruebas de personalidad

- **Inventarios de autorreporte de la personalidad:** inventarios de los gustos y desagrados, problemas emocionales y actitudes (p. e., el MMPI-2)
- **Pruebas proyectivas:** proyectar las necesidades y conflictos subyacentes en las percepciones de estímulos ambiguos (p. e., la prueba de las manchas de tinta de Rorschach y TAT)

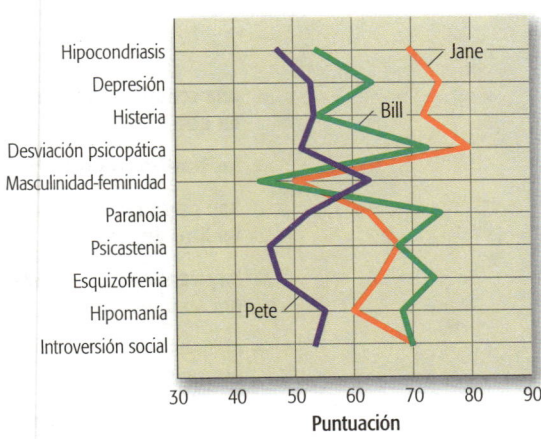

Muestra de perfiles del MMPI-2

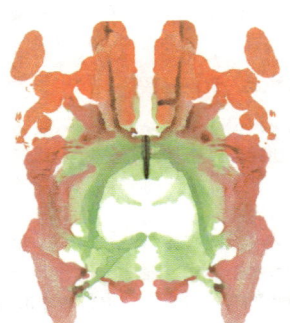

Manchón parecido a uno de Rorschach

14

Trastornos psicológicos

¿Sabía usted que . . .

- una conducta considerada anormal en una cultura podría ser calificada de perfectamente normal en otra? (p. 519)

- los trastornos psicológicos afectan a casi todas las personas de una manera u otra? (p. 523)

- hay personas que sienten tanto miedo de salir de su casa que literalmente son incapaces de ir a comprar un litro de leche? (p. 527)

- hay personas que no son capaces de sentir nada en un brazo o una pierna, pero que no se preocupan por su padecimiento? (p. 533)

- algunos esquizofrénicos permanecen sentados inmóviles durante muchas horas como si fuesen estatuas? (p. 545)

- las personas calificadas de psicópatas no son psicóticas? (p. 549)

- a diferencia de lo que suele pensar la gente, es muy probable que las personas que amenazan con suicidarse sí hablan en serio de la posibilidad de quitarse la vida? (p.552)

El cerebro adora los acertijos

- Hemos visto que la genética desempeña un papel muy importante en los trastornos psicológicos, pero ¿por qué es poco probable que los científicos encuentren un gen particular que los produzca? (p. 522)

La "señora de los ajos"

Eran alrededor de las dos de la madrugada cuando la policía llegó con Claire a la sala de urgencias. Parecía tener unos 45 años; su pelo era entrecano, su ropa estaba desarreglada y tenía la mirada en blanco. En la mano derecha sostenía una cabeza de ajos que apretaba con fuerza. No respondió a las preguntas que le plantearon: "¿Sabe dónde está? ¿Recuerda su nombre? ¿Me puede decir qué le pasa?"

Los policías proporcionaron algunos detalles. Habían encontrado a Claire vagando por la ciudad a lo largo de la línea blanca que dividía los dos sentidos de la calle central, al parecer sin notar los autos que pasaban junto a ella. Caminaba ondeando la cabeza de ajos delante de ella. Cuando la policía llegó a la escena, ella no dijo nada pero tampoco presentó resistencia.

Clara fue ingresada al hospital, donde la condujeron a la sala de psiquiatría. A la mañana siguiente la llevaron a consulta, donde la entrevistó el jefe del área, sin que ella soltara los ajos. No dijo mucho, pero las palabras que mascullo permitieron entender su intención. Dijo algo acerca de "demonios" que querían "robarle" la mente. Los ajos eran para protegerse. Había decidido que la única manera de deshacerse de los "demonios" que la asechaban era caminar por la calle central, blandiendo los ajos delante de ella. La mujer se volvió todo un personaje en el hospital. Este episodio sólo fue uno de varios. ■

"Algo bastante macabro"

Felipe tenía 42 años y era fotógrafo de la policía. Su trabajo consistía en tomar fotos de escenas de crímenes. "Algo bastante macabro —admitía—, con todo y cadáveres." Phil era casado y tenía dos hijos adolescentes. Acudió a consulta psicológica porque le atacaba el temor de encontrarse en espacios cerrados. Muchas situaciones despertaban su temor. Le horrorizaba quedarse encerrado en un elevador y siempre que podía usaba las escaleras. Se sentía incómodo cuando viajaba en el asiento trasero de un automóvil. Desde hacía poco también le daba miedo volar, a pesar de que en el pasado había trabajado como camarógrafo de noticias y muchas veces había volado apresuradamente, por lo general en helicópteros, para cubrir los reportajes.

"Supongo que como era más joven era más atrevido —explicaba—. En ocasiones me colgaba del helicóptero sin temor alguno para poder sacar las fotos. Pero ahora, el solo hecho de pensar que tengo que volar me acelera el pulso. No temo que el avión vaya a sufrir un accidente, tiemblo cuando pienso que cerrarán la puerta, dejándonos atrapados en el interior. No puedo explicar por qué."

En este capítulo examinaremos la conducta de personas como Claire y Phil, aquellos comportamientos que los psicólogos calificarían de anormales. Empezaremos por analizar los criterios que aplican los especialistas para establecer si una conducta cruza la línea que separa lo normal de lo anormal. Más adelante revisaremos diversos tipos de patrones de conductas anormales que los psicólogos y otros profesionales clasifican como trastornos mentales o psicológicos.

Las descripciones que contiene este capítulo tal vez le lleven a reconocer problemas psicológicos de personas que conoce o que usted mismo ha sufrido. Sin embargo, el fin no es que los diagnostique. Si los problemas que explicamos en el capítulo le dicen algo, lo sensato es que hable con un profesional calificado acerca de sus inquietudes. ■

¿Qué es una conducta anormal?

- ¿Cuáles son los criterios para establecer si una conducta es anormal?
- ¿Cuáles son los principales modelos de la conducta anormal?
- ¿Qué son los trastornos psicológicos?

> **CONCEPTO 14.1**
> Los psicólogos aplican varios criterios para establecer si una conducta es anormal, entre ellos, comportamiento inusual, desviación social, sufrimiento emocional, inadaptación, peligrosidad y falsas percepciones de la realidad.

Establecer si una conducta es anormal representa un problema más complejo de lo que parecería a primera vista. Casi todos nos sentimos ansiosos o deprimidos de vez en cuando, pero nuestra conducta no es anormal. Un mismo comportamiento se puede considerar normal en ciertas circunstancias, pero anormal en otras. Por ejemplo, sentir ansiedad durante una entrevista de trabajo es normal, pero sentirla cada vez que se sube a un elevador no lo es. Abrigar una tristeza profunda cuando se pierde a un ser querido se considera apropiado, pero no lo es cuando todo marcha bien o después de un hecho ligeramente molesto que otros lo toman con calma.

Mapear las fronteras que separan la conducta normal de la anormal

Entonces, ¿dónde se traza la línea que separa la conducta normal de la anormal? Los psicólogos suelen identificar la conducta anormal en razón de una combinación de los siguientes criterios (Nevid, Rathus y Greene, 2008):

1. *Lo inusual.* La conducta inusual, o que sólo experimentan unos cuantos, podría ser anormal, pero no en todos los casos o situaciones. Por supuesto que es inusitado que las personas digan que "oyen voces" o que, como Claire, caminen por la ciudad ahuyentando demonios. Sin embargo, lo inusual en sí no basta para que sea considerado como algo anormal. Una conducta excepcional, como la capacidad para anotar tres goles con cierta regularidad o para pronunciar el discurso de despedida de la generación es poco común, pero no es anormal.

2. *Desviación social.* Todas las sociedades fijan parámetros o normas sociales que definen las conductas que son aceptables para ellas. Las desviaciones de estas pautas en ocasiones se emplean como criterio para calificar una conducta de anormal. Un mismo comportamiento se podría considerar fuera de lo normal en algunos contextos, pero perfectamente aceptable en otros. Por ejemplo, podríamos pensar que es inconcebible gritarle groserías a los extraños en la calle. En cambio, decírselas a un árbitro durante un partido o juego deportivo quedaría en el ámbito de las normas sociales aceptables, a pesar de que sean muy ofensivas.

3. *Sufrimiento emocional.* Se considera que algunos estados de sufrimiento emocional, como la ansiedad o la depresión, son anormales cuando son inadecuados, excesivos o prolongados para la situación de la persona.

4. *Conducta inadaptada.* Existe inadaptación cuando una conducta produce sufrimiento personal, es autoderrotista o está asociada a considerables problemas de salud, sociales o laborales. Por ejemplo, el abuso en el consumo de alcohol o de otras drogas puede ser un peligro para la salud del individuo y para su capacidad para funcionar de modo que pueda cumplir con sus obligaciones.

5. *Peligrosidad.* La conducta violenta o peligrosa es otro criterio que requiere tomar en cuenta el contexto social. Por ejemplo, un comportamiento arriesgado para uno mismo o para otros puede ser un acto valiente en tiempos de guerra, pero no de paz. Los jugadores de hockey y de fútbol americano con regularidad se involucran en conductas agresivas que pueden ser peligrosas para su físico o él de sus adversarios, pero su comportamiento violento (controlado) en ocasiones es premiado con jugosos contratos deportivos y publicitarios. Sin embargo, aparte de los contextos admitidos de la guerra y los deportes, es probable que se considere que una conducta agresiva es anormal.

6. *Falsas percepciones o interpretaciones de la realidad.* Las **alucinaciones** ("oír voces" o ver cosas que no existen) son una percepción distorsionada de la realidad. Asimismo, las ideas fijas pero infundadas, llamadas **delirios**, como creer que agentes del FBI escuchan sus conversaciones telefónicas, son interpretaciones falsas de la realidad (por supuesto, a no ser que de verdad hayan intervenido su teléfono).

Como veremos a continuación, para juzgar si una conducta es anormal, también se debe evaluar el contexto general donde ésta ocurre.

Bases culturales de una conducta anormal

Los factores culturales desempeñan un papel muy importante cuando se juzga si un comportamiento es anormal o no (Arrindell, 2003). De entrada, la misma conducta se puede considerar normal en una cultura, pero anormal en otra. Por ejemplo, en el grueso de la cultura estadounidense se considera que "oír voces"

¿Este hombre es anormal? La anormalidad se debe juzgar en relación con las normas culturales. ¿Los abundantes tatuajes y el *piercing* en el cuerpo son señal de anormalidad o una moda?

es inaudito. Sin embargo, algunos pueblos indígenas de Estados Unidos consideran que es normal que las personas oigan las voces de familiares que han muerto hace poco. Creen que dichas voces hablan mientras su espíritu transita a otro mundo (Kleinman, 1987). Esta conducta queda dentro del ámbito usual de la cultura donde se presenta y, por lo tanto, no se considera fuera de lo común, aun cuando personas de otras culturas piensen lo contrario.

Además, los patrones de una conducta anormal encuentran diferentes expresiones en distintas culturas. Por ejemplo, las personas de sociedades occidentales pueden sufrir ansiedad en forma de una preocupación excesiva por su economía, salud o empleo. En algunos pueblos de África y aborígenes de Australia, la angustia se puede expresar en forma de miedo a las brujerías o los hechizos (Kleinman, 1987). En el caso de los chinos, la depresión se caracteriza más bien por síntomas físicos, como jaquecas, fatiga y debilidad, que por el sentimiento de tristeza o culpa (Draguns y Tanaka-Matsumi, 2003; Parker, Gladstone y Chee, 2001).

Algunas formas de conducta anormal en una cultura podrían no tener un equivalente directo en otra. Los trastornos psicológicos que sólo se presentan en una o en unas cuantas sociedades se llaman **síndromes culturales** (American Psychiatric Association, 2000). Un ejemplo es el **síndrome de Dhat**, que se presenta primordialmente en India y es característico de hombres que tienen un intenso temor de perder su semen durante las emisiones nocturnas. Los síndromes culturales muchas veces reflejan formas exageradas de supersticiones comunes y creencias populares. En India existe la creencia de que perder semen es nocivo porque agota la energía vital natural del cuerpo del hombre.

Asimismo, la misma conducta podría ser considerada anormal en ciertos periodos, pero no en otros. Por ejemplo, la American Psychiatric Association antes clasificaba la homosexualidad como una clase de trastorno mental, pero ha dejado de hacerlo (Drescher y Merlino, 2007). Hoy en día, muchos profesionales consideran que la homosexualidad es una variante de la conducta sexual, pero no el patrón de una conducta anormal.

Aplicación de los criterios

Vuelva a pensar en los ejemplos de Claire y Phil que se describieron al principio de este capítulo. ¿Su conducta era anormal? No cabe duda que el comportamiento de Claire cumplía con varios de los criterios que la describen como anormal. Era claramente inusual y desviada de las normas

CONCEPTO 14.2
Una conducta considerada normal en algunas culturas, podría ser calificada de anormal en otras.

alucinaciones Percepciones que se experimentan sin que exista el correspondiente estímulo externo.

delirio Creencias fijas pero evidentemente falsas, como creer que nos persiguen los demonios.

síndromes culturales Trastornos psicológicos que se presentan en una o en unas cuantas culturas.

síndrome de Dhat Síndrome cultural descubierto en la India en el cual los hombres desarrollan temores intensos de perder semen.

Síndromes culturales Se encuentran en una cultura, o tal vez en unas cuantas, y pueden representar formas exageradas de supersticiones y creencias populares muy comunes.

Exorcismo Los exorcismos se hacían en el medioevo para sacar a los espíritus malignos del cuerpo de personas que estaban presuntamente poseídas.

CONCEPTO 14.3
A lo largo de gran parte de la historia de Occidente, la idea generalizada de lo que era una conducta anormal estuvo fundada en la posesión demoníaca.

sociales, además de que incluía algo que la mayoría de las personas calificaría de delirio, al creer que estaba protegiendo a la comunidad contra los demonios. Su comportamiento era evidentemente inadaptado y peligroso, porque no sólo ponía en riesgo a Claire sino también a los conductores que tenían que desviarse del camino para no causarle un daño.

Por otra parte, Phil estaba en contacto con la realidad. Comprendía que sus temores excedían los peligros que afrontaba. No obstante, su fobia era fuente de un sufrimiento emocional considerable y le producía inadaptación porque no le permitía cumplir con sus obligaciones familiares y laborales. En este caso también podríamos aplicar el criterio de inusual. Son relativamente pocas las personas que tienen tanto miedo de verse encerradas, que no viajan en avión ni se suben a elevadores. No obstante, como hemos señalado, el solo hecho de ser inusitado no es suficiente criterio para calificar algo de anormal.

Las conductas de estas personas implican distintos criterios de anormalidad. En general, los profesionales aplican varios razonamientos cuando juzgan si algo es anormal o no.

Modelos de conducta anormal

La conducta anormal ha existido en todas las sociedades, a pesar de que el concepto de lo que es anormal o no varía de una cultura a otra y ha ido cambiando con el transcurso del tiempo. En algunos casos, estas explicaciones han llevado a que las personas que tienen un comportamiento inusual reciban un trato humano, pero aquellas que fueron consideradas "locas" o enfermas mentales con frecuencia fueron tratadas con crueldad o dureza.

Las primeras creencias

A lo largo de gran parte de la historia de Occidente, desde la antigüedad hasta la Edad Media, las personas creían que quienes exhibían una conducta anormal estaban controlados por fuerzas sobrenaturales o poseídas por los demonios. La creencia en las causas sobrenaturales de estos comportamientos, en especial la doctrina de la posesión demoníaca, dominó hasta que surgió el pensamiento científico en los siglos XVII y XVIII. El tratamiento para la posesión demoníaca era *el exorcismo* y se empleaba para sacar las fuerzas satánicas o al propio demonio del cuerpo de la persona afectada. Si no funcionaba, se aplicaban "remedios" incluso más fuertes, como el potro de tortura. No es extraño que muchos de los receptores de estas "curas" trataran con todas sus fuerzas de modificar su conducta para cumplir con las expectativas de la sociedad.

El modelo médico

La ciencia médica avanzó con velocidad en los siglos XVIII y XIX. Algunos de los grandes adelantos fueron la creación de una vacuna contra el añejo azote de la viruela, el descubrimiento de las causas bacterianas de enfermedades como el antrax y la lepra, y la introducción de los antisépticos en las cirugías para evitar las infecciones. Con este telón de hallazgos médicos y abandono del dogma religioso para dirigirse a las explicaciones científicas o naturalistas de la conducta humana se creó el primer modelo moderno del comportamiento anormal: el **modelo médico**. Éste parte de la idea de que los patrones de lo que se considera anormal representan *enfermedades mentales* de origen biológico, y no demoníaco, y que es posible clasificarlas en razón de sus características o síntomas particulares.

Los modelos psicológicos

Mientras el modelo médico estaba tomando forma, los teóricos también estaban formulando teorías psicológicas de la conducta anormal. El primer modelo psicológico importante fue el psicodinámico planteado por Sigmund Freud. Éste creía que el comportamiento anormal se deriva de conflictos inconscientes de la niñez que no han sido resueltos. Éstos nacen de la necesidad de controlar los impulsos sexuales y agresivos instintivos que surgen de la mente inconsciente o de canalizarlos en sublimaciones aceptadas por la sociedad. Los síntomas psicológicos (p. e., una fobia) sólo son expresiones externas de este remolino interior. La persona podría tener conciencia del síntoma (la fobia), pero no de los conflictos inconscientes que le dieron origen. Los teóricos psicodinámicos contemporáneos difieren de Freud en algunos sentidos, pero conservan la idea central de que los conflictos inconscientes son la raíz de los patrones de la conducta anormal.

Más o menos al mismo tiempo que Freud estaba explorando las profundidades del inconsciente, los conductistas estaban explorando la función que el aprendizaje desempeña en la conducta anormal. Pavlov descubrió la respuesta condicionada y con ello proporcionó al inicial movimiento conductista un modelo para estudiar la manera en que los comportamientos de inadaptación se aprenden o adquieren en razón de la experiencia. El modelo conductual se basa en el postulado de que casi todas las formas de conducta anormal son aprendidas tal como se aprende el comportamiento normal. Un experimento con "el pequeño Albert" (explicado en el capítulo 5) fue una de las primeras demostraciones del rol que el aprendizaje desempeña en el desarrollo de una conducta anormal. En este experimento, John B. Watson y su colaboradora Rosalie Rayner (1920) indujeron a un niño a sentir temor por las ratas blancas presentándole un estímulo desagradable (un sonido fuerte) cada vez que la rata se aproximaba al pequeño. La repetición pareada del estímulo condicionado (la rata) y el no condicionado (el sonido fuerte) imbuyó una respuesta condicionada (el temor que despertaba la rata misma).

El modelo humanista ofrece otra perspectiva psicológica de la conducta anormal. Teóricos, como Carl Rogers y Abraham Maslow, rechazaban la idea de que el comportamiento humano es producto de procesos inconscientes o de un condicionamiento simple. Argumentaban que los seres humanos tienen la capacidad intrínseca de elegir conscientemente y de luchar por alcanzar la autorrealización. La conducta anormal se presenta cuando las personas encuentran obstáculos en el camino que lleva al crecimiento o la autorrealización. Los individuos, para satisfacer las demandas de otros en el sentido de pensar, sentir y actuar de ciertas maneras, se pueden desprender de su verdadero ser y desarrollar una imagen distorsionada de sí mismas que desembocará en problemas emocionales como la ansiedad y la depresión. Los teóricos humanistas piensan que aquellos que sufren problemas psicológicos deben adquirir más conciencia de sus verdaderos sentimientos y aceptarse como son en realidad.

Los teóricos cognitivos, como Albert Ellis y Aaron Beck, piensan que el pensamiento irracional o distorsionado conduce a problemas emocionales y a una conducta inadaptada. Algunos ejemplos de estilos de pensamiento defectuoso son agrandar o exagerar las consecuencias de los hechos negativos ("hacer una tormenta en un vaso de agua") e interpretarlos de forma excesivamente negativa, como si viéramos las cosas a través de unos binoculares.

CONCEPTO 14.4
Ante el surgimiento del pensamiento científico, el centro de atención dejó de ser el dogma religioso para pasar a las explicaciones científicas o naturalistas de la conducta humana.

CONCEPTO 14.5
El modelo psicodinámico, el conductual, el humanista y el cognitivo se concentran en las raíces psicológicas de la conducta anormal.

VÍNCULO DE CONCEPTOS • • • • •
Estos modelos psicológicos básicos dan origen a distintas formas de psicoterapia. Consulte módulo 15.2

modelo médico Marco para comprender los patrones de conducta anormal como síntomas de trastornos físicos o enfermedades subyacentes.

El modelo sociocultural

El modelo sociocultural aborda las causas de la conducta anormal dentro del contexto social y cultural general en el cual se presenta. Los teóricos de esta escuela consideran que este comportamiento podría estar relacionado con los males y fallas sociales más que con problemas internos del individuo. Por lo tanto, estudian un amplio espectro de influencias en el comportamiento como: la clase social, la pobreza, los antecedentes étnicos y culturales y la discriminación racial y de género. Los teóricos socioculturales piensan que el estrés que causa lidiar con la pobreza y la desventaja social, con el tiempo cobrará su cuota en la salud mental. Esta posición está apoyada por un estudio que arroja que algunas formas severas de conducta anormal, como la esquizofrenia y la depresión, se presentan proporcionalmente con más frecuencia en los grupos de pobres o en desventaja social (Ostler *et al.*, 2001).

Los teóricos socioculturales también se concentran en los efectos que tiene clasificar a las personas como enfermas mentales. Reconocen que los prejuicios sociales provocan que con frecuencia se les niegue la posibilidad de vivienda o empleo y que se les estigmatice o margine de la sociedad. Estos teóricos, y otros profesionales, argumentan que debe haber mayor comprensión y apoyo para los individuos que tienen problemas de salud mental.

El modelo biopsicosocial

Hoy en día contamos con múltiples y variados modelos para explicar la conducta anormal. En efecto, como existen diferentes ópticas para analizar un problema dado, es imposible concluir que un esquema particular necesariamente es el correcto, mientras que los otros no lo son. Cada uno de estos modelos, el médico, el psicológico y el sociocultural, ofrece algo único a nuestro conocimiento de este tipo de comportamiento. Ninguno ofrece una visión completa.

La conducta anormal nos presenta muchas interrogantes cuando tratamos de desentrañar sus causas. ¿En qué medida es producto de influencias biológicas, como los factores genéticos, las anormalidades del cerebro y el funcionamiento de los neurotransmisores? ¿Qué tanto intervienen los factores psicológicos, como los motivos o las conductas subyacentes, los rasgos de personalidad, las cogniciones y los comportamientos aprendidos? Y, ¿qué influencia ejercen los factores sociales y culturales?

Las complejas formas o patrones de la conducta anormal que llamamos *trastornos psicológicos* no son sólo producto de la biología y el entorno, sino que son resultado de una interacción de factores biológicos, psicológicos y socioculturales como lo propone el **modelo biopsicosocial** (Haeffel *et al.*, 2008; Levine y Schmelkin, 2006; Moffitt, Caspi y Rutter, 2006).

Los científicos aún no han descubierto una causa genética única de los trastornos psicológicos y seguramente nunca lo harán porque es probable que estos problemas sean determinados por múltiples factores y las interacciones entre ellos. Apenas estamos empezando a armar las piezas de un rompecabezas que ha resultado sumamente complicado: los patrones sutiles, muchas veces complejos, de los factores subyacentes que dan origen a la conducta anormal.

El **modelo diátesis-estrés** es un ejemplo destacado del modelo biopsicosocial. Según éste, ciertas personas manifiestan una vulnerabilidad o predisposición, denominada **diátesis**, que incrementa el riesgo de desarrollar un trastorno particular. La diátesis suele ser de origen genético, pero también puede implicar factores psicológicos, como rasgos de una personalidad inadaptada o patrones disfuncionales de pensamiento (Just, Abramson y Alloy, 2001; Zvolensky *et al.*, 2005). Si la persona con una diátesis desarrolla un trastorno particular dependerá del nivel de estrés que experimente. Algunas fuentes significativas de estrés son las complicaciones en el parto, los traumas o las enfermedades serias en la infancia, el abuso físico o sexual en la niñez, el desempleo prolongado, la pérdida de seres queridos o los problemas médicos significativos (Jablensky *et al.*, 2005). Si el individuo encuentra un nivel bajo de estrés o tiene habilidades eficaces para manejarlo, el trastorno podría no surgir nunca a pesar de la presencia de una diátesis. No obstante, cuanto más fuerte sea ésta, tanto menos estrés se necesitará para producir el trastorno (consulte la figura 14.1). En algunos casos, la diátesis podría ser tan fuerte que la enfermedad mental se desarrollará aunque las circunstancias de la existencia sean benignas.

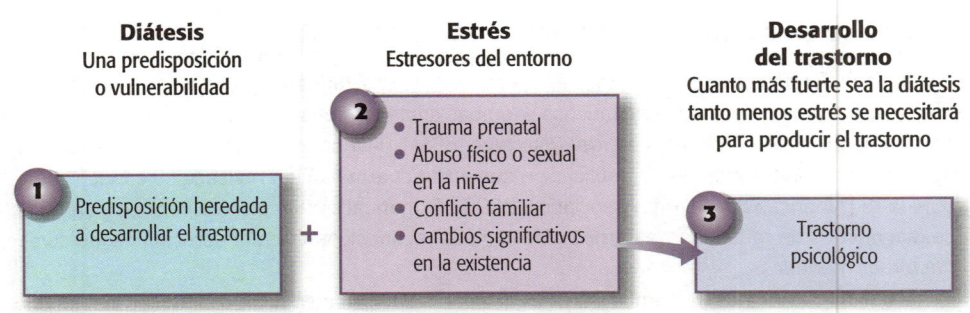

Diátesis
Una predisposición
o vulnerabilidad

1 Predisposición heredada
a desarrollar el trastorno

+

Estrés
Estresores del entorno

2
- Trauma prenatal
- Abuso físico o sexual
  en la niñez
- Conflicto familiar
- Cambios significativos
  en la existencia

**Desarrollo
del trastorno**
Cuanto más fuerte sea la diátesis
tanto menos estrés se necesitará
para producir el trastorno

3 Trastorno
psicológico

**DIAGRAMA DE
LA PSICOLOGÍA**

**FIGURA 14.1
El modelo
diátesis-estrés**
Este modelo
postula que la interacción de **1** una
predisposición (diátesis) por lo habitual
de origen genético, y **2** la exposición
al estrés por circunstancias de la vida
conduce a **3** desarrollar trastornos
psicológicos.

Fuente: Adaptada de Nevid, Rathus
y Greene, 2008.

¿Qué son los trastornos psicológicos?

En el modelo médico, los distintos patrones de la conducta anormal se clasifican como **trastornos psicológicos**, también llamados *trastornos mentales o enfermedades mentales.* Éstos implican cambios de ánimo, conducta, pensamiento o percepción, los cuales producen un sufrimiento significativo o afectación del funcionamiento de la persona. Algunos ejemplos son la esquizofrenia, los trastornos de ansiedad como las fobias y el trastorno de pánico, y los trastornos del estado de ánimo, como la depresión mayor.

¿Cuántas personas están afectadas?

Tal vez no haya tenido contacto con personas seriamente afectadas por trastornos psicológicos, pero lo más probable es que usted o alguno de sus conocidos se vean afectados por uno de ellos en algún momento. Los investigadores han encontrado que casi uno de cada dos adultos estadounidenses (46%) presenta un trastorno diagnosticable en algún periodo de su existencia (Kessler, Berglund, *et al.*, 2005) (consulte la figura 14.2). En un año cualquiera, alrededor de uno de cada cuatro adultos (26%) se ve afectado por una enfermedad mental (Kessler, Chiu, *et al.*, 2005; The WHO World Mental Health Survey Consortium, 2004). Además, debemos tomar en cuenta la afectación para la sociedad que tienen los costos económicos del diagnóstico y el tratamiento, y la pérdida de productividad y salarios que se derivan de ellos.

CONCEPTO 14.8
Los trastornos psicológicos
son patrones de una alteración de la
conducta, el ánimo, el pensamiento
o la percepción que producen un
sufrimiento o una afectación en el
funcionamiento de la persona.

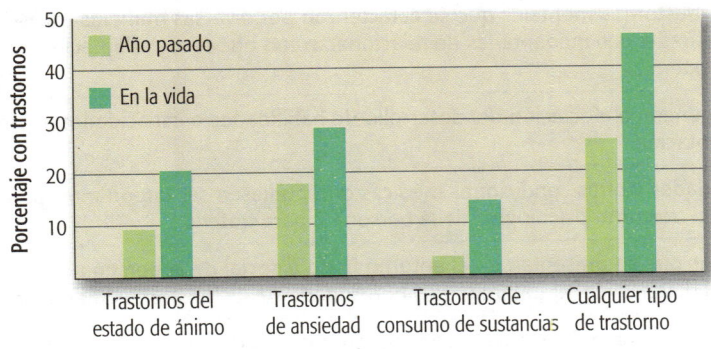

**FIGURA 14.2   Predominio de los trastornos
psicológicos**
Casi la mitad de los estadounidenses adultos sufren
algún trastorno psicológico diagnosticable en algún
punto de sus existencias. Alrededor de uno de cada
cuatro está sufriendo un trastorno actualmente.

Fuente: Kessler, Berglund, et al., 2005; Kessler, Chiu, *et al*, 2005;
basado en datos de National Comorbidity Survey Replication
(NCS-R).

¿Cómo se clasifican los trastornos psicológicos?

Un libro de referencia que encontramos en los libreros de casi todos los profesionales de la salud mental y que probablemente tiene muchas esquinas dobladas por su uso reiterado se titula *Diagnostic and Statistical Manual of Mental Disorders o* DSM (Manual de diagnóstico y estadísticas de las enfermedades mentales), publicación que en su cuarta edición revisada se conoce como DSM-IV-TR (American Psychiatric Association, 2000). El manual contiene descripciones y criterios de diagnóstico de todos los trastornos psicológicos reconocidos que ahí son calificados como *trastornos mentales.*

El DSM-IV clasifica los trastornos mentales al tenor de sus características o síntomas distintivos. Sin embargo, el manual va más allá de la simple clasificación y presenta un sistema multiaxial, en el cual diversos ejes o dimensiones ayudan al examinador a efectuar una evaluación comprensiva de la salud mental de una persona (consulte la tabla 14.1). El Eje I y el II contienen las clasificaciones diagnósticas. El DSM-IV realiza dicha clasificación en diversas agrupaciones mayores, entre ellos, *los trastornos de ansiedad, los del estado de ánimo, los alimentarios y los de personalidad.*

El Eje III enumera condiciones y enfermedades médicas generales, como cáncer y SIDA, que podrían afectar la salud mental de una persona y el Eje IV permite que el examinador advierta si existen problemas psicosociales y ambientales que afecten la capacidad de la persona para funcionar, como hechos estresantes en su existencia, la carencia de una casa y la falta de apoyo social. Por último, el Eje V permite efectuar una evaluación global del funcionamiento general de la persona para cumplir con las obligaciones de su existencia.

Si bien el DSM-IV es el sistema de diagnóstico más utilizado, existen dudas en tanto de la fiabilidad y la validez de algunas de sus categorías diagnósticas y los criterios para realizar diagnósticos (p. e., Clark, 2007; Hummelen *et al.*, 2006; Watson y Clark, 2006; Zimmerman *et al.*, 2006). En general, algunos profesionales rechazan el DSM-IV porque está demasiado enfocado hacia el modelo médico, el cual considera que las conductas anormales son síntomas de trastornos subyacentes llamados enfermedades mentales. Empero, muchos clínicos encuentran que el sistema del DSM-IV es

CONCEPTO 14.9
El DSM-IV, el sistema de diagnóstico más utilizado para clasificar los trastornos mentales o psicológicos, contiene cinco dimensiones o ejes de evaluación.

TABLA 14.1   El sistema multiaxial del DSM-IV

EJE	Clase de información	Breve descripción
Eje I	Trastornos clínicos	Trastornos mentales que afectan el funcionamiento o que producen sufrimiento, como los trastornos de ansiedad, los del estado de ánimo, los disociativos y somatomorfos, la esquizofrenia, los alimentarios, los del sueño y aquellos que suelen ser diagnosticados por primera vez en la infancia, la niñez o la adolescencia
	Otras condiciones que pudiesen ser el punto focal de la atención clínica	Problemas que pudiesen ameritar atención pero que no representan trastornos mentales diagnosticables, como problemas académicos, vocacionales o sociales que afectan el funcionamiento diario
Eje II	Trastornos de personalidad	Clase de trastornos mentales que se caracterizan por diversas maneras excesivamente rígidas, duraderas o inadaptadas de relacionarse con otros y de adaptación a las exigencias externas
	Retraso mental	Retraso general o afectación del desarrollo de habilidades o capacidades intelectuales y de adaptación
Eje III	Condiciones médicas generales	Enfermedades y otras condiciones médicas que pudiesen ser importantes para comprender el trastorno psicológico de la persona o para tratarlo
Eje IV	Problemas psicosociales y ambientales	Problemas que se presentan en el entorno físico o social de la persona que pudiesen afectar el diagnóstico, el tratamiento y el resultado de los trastornos mentales
Eje V	Evaluación global del funcionamiento	Valoración general del nivel de funcionamiento de la persona para poder cumplir con las responsabilidades de la vida diaria

Fuente: Adaptado de DSM-IV-TR (American Psychiatric Association, 2000).

muy útil porque les proporciona criterios específicos que pueden usar para formular diagnósticos. Lo más aconsejable tal vez sea considerar que el DSM-IV es un trabajo que no cesa de cambiar, en lugar de verlo como un producto terminado. Por lo mismo, ahora se está trabajando en la próxima revisión del manual, el DSM-V (Krueger y Markon, 2006).

Los siguientes módulos describen los síntomas o las características de las principales clases de trastornos psicológicos, así como los índices de incidencia de éstos y de las teorías acerca de sus causas subyacentes. Antes de analizar estos trastornos es conveniente señalar que la *co-morbilidad,* o la coexistencia de dos o más trastornos al mismo tiempo, es una situación común en el caso de pacientes que reciben tratamiento en instalaciones dedicadas a la salud mental (Morris, Stewart y Ham, 2005). Por ejemplo, muchas personas presentan trastorno depresivo y de ansiedad al mismo tiempo, o uno de personalidad del Eje II al mismo tiempo que otro del Eje I.

Consulte la tabla de conceptos 14.1 que presenta una lista de los principales modelos contemporáneos de la conducta anormal.

TABLA DE CONCEPTOS 14.1
Modelos contemporáneos de la conducta anormal

	Modelo	Enfoque	Preguntas clave
Modelo médico	**Modelo médico**	**Fundamentos biológicos de la conducta anormal**	**¿Qué función desempeñan los neurotransmisores en la conducta anormal? ¿La genética? ¿Las anormalidades del cerebro?**
Modelos psicológicos	**Modelo psicodinámico**	**Conflictos y motivos inconscientes que subyacen a la conducta anormal**	**¿Cómo los síntomas particulares representan o simbolizan conflictos inconscientes? ¿Qué raíces tiene en su niñez el problema de una persona?**
	Modelo conductual	**Experiencias de aprendizaje que dan forma al desarrollo de la conducta anormal**	**¿Cómo se aprenden los patrones anormales de conducta? ¿Qué función desempeña el entorno como explicación de la conducta anormal?**
	Modelo humanista	**Obstáculos que entorpecen el camino a la conciencia y la aceptación de sí mismo**	**¿Cómo los problemas emocionales de la persona reflejan una imagen distorsionada de sí mismo? ¿Qué obstáculos encontró una persona en su camino hacia la conciencia de sí mismo y la autorrealización?**
	Modelo cognitivo	**El pensamiento erróneo como fundamento de la conducta anormal**	**¿Qué formas de pensar caracterizan a las personas que sufren ciertos tipos de trastornos psicológicos? ¿Qué función desempeñan las creencias, los pensamientos y la forma de interpretar los hechos de cada persona en el desarrollo de patrones de la conducta anormal?**
	Modelo sociocultural	**Los males sociales que contribuyen al desarrollo de la conducta anormal, como la pobreza, el racismo y el desempleo prolongado; las relaciones de dicho comportamiento con la etnia, el género, la cultura y el nivel socioeconómico**	**¿Qué relaciones existen entre el estatus de la clase social y los riesgos de trastornos psicológicos? ¿Existen diferencias de género o de grupo étnico en diversos trastornos? ¿Cómo se explican? ¿Qué efectos produce estigmatizar a las personas calificándolas de enfermas mentales?**
	Modelo biopsicosocial	**Interacciones de los factores biológicos, psicológicos y socioculturales en el desarrollo de la conducta anormal**	**¿Cómo podrían la genética, y otros factores, predisponer a las personas a sufrir trastornos psicológicos al presentarse el estrés cotidiano? ¿Cómo interactúan los factores biológicos, psicológicos y socioculturales en el desarrollo de los patrones complejos de la conducta anormal?**

REVISIÓN DE MÓDULO 14.1

¿Qué es la conducta anormal?

REPASE

¿Cuáles son los criterios para establecer si una conducta es anormal?

- Se aplican varios criterios, entre ellos lo inusual de la conducta, su desviación social, el sufrimiento emocional, la inadaptación, la peligrosidad y las percepciones o interpretaciones erróneas de la realidad

¿Cuáles son los principales modelos de la conducta anormal?

- Los principales modelos contemporáneos son el médico, el psicológico, el sociocultural y el biopsicosocial

¿Qué son los trastornos psicológicos?

- Los trastornos psicológicos (también llamados trastornos mentales) son alteraciones de la conducta, procesos de pensamiento o emociones asociados a un sufrimiento personal significativo, o una afectación del funcionamiento que manifiestan diferentes síntomas y severidad. En Estados Unidos, alrededor de una de cada dos personas desarrolla un trastorno psicológico diagnosticable en algún punto de su existencia

- El DSM-IV (*Diagnostic and Statistical Manual of Mental Disorders*) es el manual diagnóstico de la American Psychiatric Association que clasifica los trastornos mentales

RECUERDE

1. Enumere los seis criterios para definir la conducta anormal que se explican en el texto

2. _____ son percepciones distorsionadas de la realidad; _____ son creencias fijas infundadas.
   a. los delirios; las alucinaciones
   b. los sueños; las fantasías
   c. las fantasías; los sueños
   d. las alucinaciones; los delirios

3. La explicación de la conducta anormal durante buena parte de la historia de Occidente era
   a. el mal funcionamiento del cerebro o un trastorno químico
   b. el tratamiento duro y cruel de los familiares cercanos
   c. la posesión demoníaca o de fuerzas sobrenaturales
   d. las falsedades u otras represalias difundidas por los enemigos del afectado

4. Relacione los siguientes modelos psicológicos de conducta anormal con sus correspondientes descripciones: *a*) psicodinámico; *b*) conductual; *c*) humanístico; *d*) cognitivo.
   i. imagen distorsionada de uno mismo; pérdida del sentido del verdadero ser
   ii. formas erróneas de pensar, exageración de los aspectos negativos de los hechos
   iii. patrones de conducta aprendidos
   iv. conflictos inconscientes sin resolver que se remontan a la infancia

REFLEXIONE

- ¿Por qué es importante considerar el contexto cultural para establecer si existe una conducta anormal? ¿Se le ocurren ejemplos de comportamientos que se consideran aceptables en algunas culturas, pero no en otras?

MÓDULO 14.2

Trastornos de ansiedad

- ¿Cuáles son las principales clases de trastornos de ansiedad?
- ¿Cuáles son los factores causales involucrados en los trastornos de ansiedad?

CONCEPTO 14.10
Un trastorno de ansiedad se caracteriza por reacciones de ansiedad excesivas o inadecuadas.

Varias cosas nos pueden producir ansiedad: nuestra salud, empleo, familia, el hoyo de la capa de ozono, la situación del país y la del mundo; de hecho, puede ser una respuesta de adaptación en algunas situaciones. Por ejemplo, puede ser un motivo para estudiar antes de un examen y para acudir regularmente al médico para una revisión general. Sin embargo, cuando la ansiedad es excesiva en una situación dada o cuando interfiere con nuestra capacidad para funcionar podría ser anormal. El *miedo* es la palabra que empleamos para describir la ansiedad que se experimenta en situaciones específicas, por ejemplo al subir a un avión o al presentar un examen final.

Clases de trastornos de ansiedad

Los trastornos de ansiedad se cuentan entre los trastornos psicológicos que los adultos experimentan con más frecuencia. Estos fueron calificados de *neurosis* en los primeros manuales diagnósticos y se caracterizan por reacciones excesivas o inadecuadas de ansiedad. Los principales tipos son las fobias, el trastorno de pánico, el de ansiedad general y el obsesivo-compulsivo. En el capítulo 12 hablamos de una quinta clase de trastorno: el estrés postraumático (TEPT).

Las fobias

Las **fobias** son un temor irracional o excesivo ante objetos o situaciones particulares. El DSM-IV cataloga tres clases: la *fobia social*, la *fobia específica* y la *agorafobia*. Las personas que sufren una **fobia social** sienten pavor de las interacciones sociales, como reunirse con otros, salir a una cita o hacer una presentación en clase. Quienes padecen una **fobia específica** sienten un miedo excesivo ante situaciones u objetos determinados, como animales, insectos, las alturas (**acrofobia**) o los espacios cerrados (**claustrofobia**). Los individuos que presentan **agorafobia** sienten angustia al estar en espacios abiertos o de presentarse en público.

Las personas que padecen claustrofobia podrían no entrar a un elevador a pesar de la incomodidad de subir escaleras varias veces al día. Quienes sufren agorafobia podrían permanecer literalmente encerradas en su casa, incapaces siquiera de salir a la tienda a comprar un litro de leche. Los individuos que padecen una fobia social suelen tener dificultad para llevar una vida social normal. Las personas con fobias por lo general reconocen que sus temores son irracionales o excesivos, pero eso no hace que sigan evitando los objetos o las situaciones que les producen miedo.

El trastorno de pánico

Las personas que padecen **trastorno de pánico** experimentan episodios repentinos de terror llamados *ataques de pánico*. Éstos se caracterizan por síntomas físicos intensos: sudoración profusa, náuseas, adormecimiento o cosquilleo, enrojecimiento o calosfríos, temblores, dolor en el pecho, falta de aire y taquicardia. Estos indicios pueden provocar que la persona piense que está sufriendo un infarto, "enloqueciendo" o perdiendo el control. Un ataque específico puede durar desde unos cuantos minutos hasta una hora. Una persona relató su experiencia así: "De repente, sentí que me invadía el miedo sin causa alguna. Mi corazón latía con fuerza, me dolía el pecho y tenía dificultad para respirar. Creí que me estaba muriendo."

Al principio, parece como si los ataques de pánico surgieran "de la nada". Sin embargo, se pueden conectar con las situaciones en las que se presentan, como estar de compras en un almacén lleno de gente o viajar en tren. La agorafobia a veces también se presenta en personas que sufren un trastorno de pánico cuando empiezan a evitar los lugares públicos por temor a sufrir ataques de pánico al verse lejos de la seguridad de su hogar (Grant, Hasin, Stinson, *et al.*, 2006; White *et al.*, 2006).

Trastorno de ansiedad general

Las personas que sufren el **trastorno de ansiedad generalizada (TAG)** experimentan una ansiedad persistente que no está ligada a un objeto o situación particulares. En estos casos, ésta tiene una calidad de "libre flotación" pues al parecer viaja con el individuo de un lugar a otro. La principal característica del TAG es una preocupación excesiva. Quienes sufren este trastorno tienden a preocuparse por casi todo. Nunca, o rara vez, dejan de hacerlo. Otras características son los temblores, la incapacidad para relajarse, juguetear con las manos y el sentimiento de pavor o premoniciones.

Trastorno obsesivo-compulsivo

¿Alguna vez ha tenido un pensamiento que no pude sacarse de la cabeza? ¿Se ha sentido obligado a repetir la misma conducta una y otra vez? Las personas que sufren un **trastorno obsesivo-compulsivo (TOC)** experimentan obsesiones y/o compulsiones persistentes. Las obsesiones son pensamientos entrometidos molestos que la persona se siente incapaz de controlar. Las

Agorafobia   La palabra *agorafobia* viene de "temor al mercado" en griego. Las personas que sufren agorafobia tienen miedo de estar en lugares públicos. En algunos casos extremos permanecen prácticamente encerradas en su casa.

CONCEPTO 14.11
Las principales clases de trastornos de ansiedad son las fobias, el trastorno de pánico, el de ansiedad general, el obsesivo-compulsivo y el de estrés postraumático.

fobias   Miedo irracional o excesivo a objetos o situaciones.

fobia social   Clase de trastorno de ansiedad que implica un temor excesivo a las situaciones sociales.

fobia específica   Reacciones fóbicas que implican situaciones u objetos determinados.

acrofobia   Miedo excesivo a las alturas.

claustrofobia   Miedo excesivo a los espacios cerrados.

agorafobia   Miedo excesivo a estar en lugares públicos.

trastorno de pánico   Tipo de trastorno de ansiedad que involucra repetidos episodios de pavor intenso llamados ataques de pánico.

trastorno de ansiedad generalizada (TAG)   Clase de trastorno que implica ansiedad o preocupaciones persistentes y generalizadas.

trastorno obsesivo-compulsivo (TOC)   Clase de trastorno de ansiedad que involucra la repetida incidencia de obsesiones y/o compulsiones.

compulsiones son conductas o rituales repetidos que la persona se siente obligada a realizar una y otra vez. Hay quienes se obsesionan con la idea de que los microbios contaminan su piel y pasan varias horas al día lavándose las manos y duchándose compulsivamente. Otros repiten el ritual de revisar todo antes de salir de casa como asegurarse, una y otra vez, que puertas, ventanas y las salidas de gas de la estufa estén bien cerradas.

Causas de los trastornos de ansiedad

Casi toda la gente experimenta ansiedad de vez en cuando, pero sólo algunas personas desarrollan trastornos de ansiedad. No sabemos con precisión por qué se presentan, pero sí podemos identificar los factores biológicos y psicológicos que contribuyen a que se exterioricen y suponemos que una interacción entre estos factores afecta la posibilidad de que se desarrollen.

Los factores biológicos

CONCEPTO 14.12
Los factores biológicos y psicológicos son influencias causales involucradas en los trastornos de ansiedad.

Evidencia de estudios de gemelos, de niños adoptados y de otras fuentes apunta a que la genética desempeña una función importante en el desarrollo de los trastornos de ansiedad, como el trastorno de pánico, el de ansiedad general, el obsesivo-compulsivo, el fóbico y el de estrés postraumático (Coryell *et al.*, 2006; Koenen *et al.*, 2008; Leckman y Kim, 2006; Leonardo y Hen, 2006; Menzies *et al.*, 2007).

Además se han involucrado otras causas biológicas. Por ejemplo, en el caso del trastorno de pánico existe la posibilidad de que los cambios bioquímicos que ocurren en el cerebro activen una suerte de sistema de alarma interno que despierta sentimientos de pánico en personas susceptibles (Katon, 2006). En el TOC, el pensamiento obsesivo podría ir asociado a una mayor actividad en ciertas zonas del cerebro que responden a señales de peligro. Los cerebros de personas que sufren TOC podrían estar enviando permanentemente mensajes de que algo anda muy mal y requiere que se atienda de inmediato; una situación que conduce a un pensamiento obsesivo y de preocupación. Los rituales compulsivos del TOC podrían ser resultado de una alteración de los circuitos del cerebro superior que por lo normal frenan las conductas rituales repetitivas (Szeszko *et al.*, 2005).

Los factores psicológicos

Algunas fobias se podrían aprender en razón de un condicionamiento clásico, en el cual un estímulo que antes era neutral o benigno se aparea con un estímulo aversivo (Field, 2006b; Kim y Jung, 2006). Una persona que fue mordida por un perro en la niñez podría desarrollar miedo a esta especie o a otros animales pequeños; una persona que quedó atrapada en un elevador durante varias horas podría adquirir miedo a los ascensores o a quedar encerrada en otros espacios cerrados. El estímulo neutral es el estímulo condicionado (EC), el estímulo aversivo es el estímulo no condicionado (ENC) y la respuesta de miedo adquirida es la respuesta condicionada (RC).

El condicionamiento operante serviría para explicar una conducta de evitación. El alivio de la ansiedad refuerza de forma negativa la evitación del objeto o la situación que produce la fobia (como cuando una persona que tiene miedo a los elevadores evita utilizarlos y sube por las escaleras). Sin embargo, aun cuando evadir una situación que produce miedo pudiera ofrecer alivio de la ansiedad a corto plazo, no ayuda a las personas a superar sus miedos. (En el capítulo 5 explicamos el principio del reforzamiento negativo).

El reforzamiento negativo (alivio de la ansiedad) también podría contribuir al trastorno obsesivo-compulsivo. Las personas que padecen el TOC quedan atrapadas en un ciclo repetitivo de pensamiento obsesivo y conducta compulsiva. Los pensamientos obsesivos ("tengo las manos cubiertas de microbios") desatan ansiedad y ésta, a su vez, es aliviada en parte cuando se desempeña un ritual compulsivo (lavarse las manos una y otra vez). De hecho, la solución para el pensamiento obsesivo (desempeñar el ritual compulsivo) se convierte en el problema (Salkovskis *et al.*, 2003). Sin embargo, como el alivio de los pensamientos obsesivos es pasajero o parcial en el mejor de los casos, éstos no tardan en volver, llevando a incrementar la conducta compulsiva y así sucesivamente en un círculo interminable.

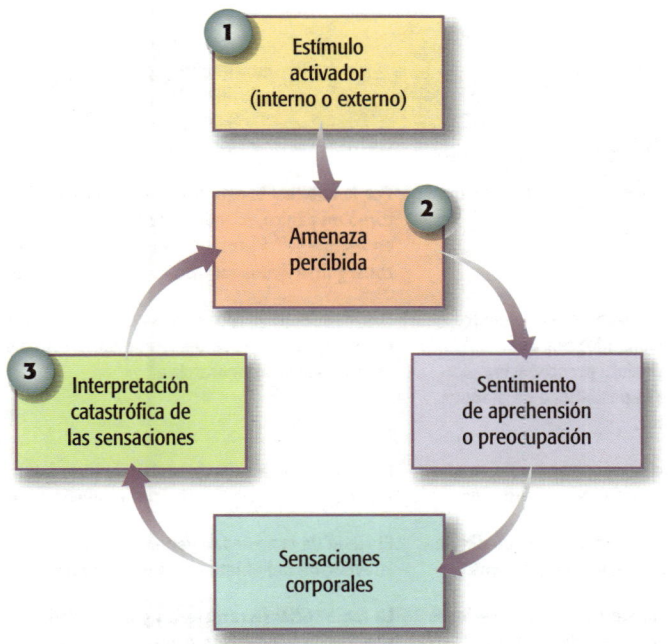

Diagrama de la Psicología

FIGURA 14.3   Modelo cognitivo del pánico

Los teóricos cognitivos conciben el trastorno de pánico en términos de un ciclo que implica la interacción de factores fisiológicos y cognitivos. **1** Un estímulo o una señal activadora, como un desmayo repentino o subirse a un tren lleno de gente, pone el ciclo en movimiento. **2** El estímulo es percibido como una amenaza y lleva a sentimientos de aprehensión (ansiedad o preocupación), éstos a su vez despiertan sensaciones corporales asociadas a la ansiedad, como sentir una opresión en el pecho. **3** Estas sensaciones son interpretadas erróneamente como señales de una catástrofe inminente, como un infarto. La interpretación catastrofista errónea refuerza las percepciones de una amenaza, lo cual produce más ansiedad y más interpretaciones de este tipo que dan por resultado un círculo vicioso que no tarda en llegar a un ataque de pánico en plena forma.

Analicemos un modelo cognitivo de un trastorno de pánico que se concentra en la interrelación entre los factores biológicos y psicológicos. Desde esta perspectiva, el trastorno surge debido a la interpretación errónea de cambios relativamente menores en las sensaciones corporales (p. e., un mareo o vahído repentinos) como señales de una catástrofe inminente, como un infarto o la pérdida de control. Como resultado de estas interpretaciones catastrofistas erróneas, la persona experimenta síntomas de ansiedad (sudoración, taquicardia), los cuales, como piezas de dominó que caen una tras otra, conducen a más pensamientos catastrofistas, los cuales producen más síntomas de ansiedad y así sucesivamente en un círculo que no tarda en llegar a un ataque de pánico en plena forma (consulte la figura 14.3). Las señales internas del cuerpo (mareo, vahído, taquicardia) y las externas (subirse a un elevador lleno de gente) que se relacionan con ataques de pánico sufridos en el pasado se pueden convertir en estímulos condicionados (EC) que, cuando la persona los afronta, producen síntomas de ansiedad o pánico (Acheson *et al*., 2007; Bouton, Mineka y Barlow, 2001).

Los factores cognitivos también intervienen en otros trastornos de ansiedad. Por ejemplo, una preocupación excesiva por el bochorno social o por los juicios negativos de otros pueden producir fobias sociales (Schneier, 2006).

En suma, los trastornos de ansiedad implican una compleja interacción de factores biológicos y psicológicos. Antes de proseguir, revisemos el resumen de los trastornos de ansiedad que presenta la tabla de conceptos 14.2.

TABLA DE CONCEPTOS 14.2
Trastornos de ansiedad

Tipo de trastorno	Frecuencia en la población durante toda la vida (%) (aprox.)	Síntomas	Características asociadas
Agorafobia	Trastorno de pánico con agorafobia: 1% Agorafobia sin trastorno de pánico: 0.17%	Temor y evitación de espacios públicos	Por lo habitual la agorafobia se desarrolla después del trastorno de pánico, cuando la persona trata de evitar situaciones en las que se ha presentado un ataque o en las que podría no conseguirse ayuda en caso de que se presente uno
Trastorno de pánico	5%	Repetidos ataques de pánico acompañador por una persistente preocupación ante la posibilidad de ataques futuros	Los ataques de pánico tienen claros síntomas fisiológicos; los ataque iniciales se presentan sin previo aviso; pueden ir acompañados de agorafobia
Trastorno de ansiedad general	4%	Grados excesivos y persistentes de ansiedad y preocupación	La ansiedad tiene cierta calidad de libre flotación porque no está ligada a objetos o situaciones particulares
Fobia específica	9%	Miedo y evitación de un objeto o una situación específicos	El alivio de la ansiedad genera un reforzamiento negativo de la evitación del objeto o la situación que produce la fobia
Fobia social	5%	Miedo y evitación de situaciones sociales o de desempeño	La fobia social se caracteriza por un miedo subyacente al rechazo, la humillación o el bochorno en situaciones sociales
Trastorno obsesivo-compulsivo	2% a 3%	Obsesiones y/o compulsiones recurrentes	Se puede presentar la repetición de un círculo, en el cual los pensamientos obsesivos engendran ansiedad y ésta, a su vez encuentra un alivio parcial (reforzamiento negativo) cuando se desempeña el ritual compulsivo

Nota: El trastorno de estrés postraumático, otra clase de trastorno de ansiedad, se estudia en el capítulo 12.
Fuentes: American Psychiatric Association, 2000; Conway *et al.*, 2006; Grant, Hasin, Blanco, *et al.*, 2006; Grant, Hasin, Stinson, *et al.*, 2006 USDHHS, 1999.

REVISIÓN DE MÓDULO 14.2 — Trastornos de ansiedad

REPASE

¿Cuáles son las principales clases de trastornos de ansiedad?

- Los trastornos de ansiedad se caracterizan por reacciones de ansiedad excesivas o inadecuadas. Las principales clases de trastornos fóbicos (fobias) son el trastorno de pánico, el de ansiedad general, el obsesivo-compulsivo y el de estrés postraumático.

¿Cuáles son los factores causales involucrados en los trastornos de ansiedad?

- Incluyen factores psicológicos, como experiencias previas de aprendizaje y patrones de pensamiento, y factores biológicos, como las influencias genéticas y las anormalidades subyacentes del cerebro.

RECUERDE

1. El término diagnóstico que se usaba con anterioridad para los trastornos de ansiedad era
   a. frenesí
   b. fobias
   c. neurosis
   d. psicosis

2. Helena padece acrofobia. ¿Qué clase de trastorno de ansiedad le ha diagnosticado su psicólogo?
   a. agorafobia
   b. fobia específica
   c. trastorno de ansiedad general
   d. fobia social

3. Relacione los siguientes trastornos de ansiedad con sus correspondientes definiciones: *a*) trastorno fóbico; *b*) trastorno de pánico; *c*) trastorno de ansiedad general; *d*) trastorno obsesivo-compulsivo
   i. se presenta repentinamente; intenso miedo y pavor
   ii. preocupación excesiva persistente
   iii. miedo irracional extremo a un objeto o situación particulares
   iv. pensamientos o conductas incontrolables que se repiten

REFLEXIONE

- Aplique los principios del aprendizaje para explicar el desarrollo de clases específicas de trastornos de ansiedad, como miedos específicos y el trastorno obsesivo-compulsivo.
- ¿Sentir ansiedad es normal? ¿Qué dirían los psicólogos evolucionistas respecto del valor de la ansiedad para la supervivencia? ¿Una respuesta normal en qué punto se vuelve anormal?
- ¿Alguna vez ha sentido "pánico"? ¿Piensa que sufrió un verdadero ataque de pánico? ¿Por qué?

MÓDULO 14.3   Trastornos disociativos y somatomorfos

- ¿Qué tipos de trastornos disociativos existen?
- ¿Cuáles son los factores causales involucrados en los trastornos disociativos?
- ¿Qué tipos de trastornos somatomorfos existen?
- ¿Qué factores causales implican los trastornos somatomorfos?

Los **trastornos disociativos** y los **trastornos somatomorfos** se cuentan entre los trastornos psicológicos más desconcertantes. Las personas que padecen los considerados disociativos exhiben múltiples personalidades, padecen una amnesia que nos se explica en razón de causas físicas o incluso adoptan una identidad totalmente nueva de sí mismas. Estos trastornos son forraje para innumerables melodramas y telenovelas. En la vida real son relativamente poco comunes, incluso raros. De hecho, los profesionales ni siquiera están de acuerdo con que en realidad exista la múltiple personalidad (ahora llamada *trastorno de identidad disociativa*).

Aun cuando sus síntomas y características son diferentes, los trastornos disociativos y los somatomorfos son agrupados juntos debido a la posición clásica de que implican defensas psicológicas contra la ansiedad. A continuación analizamos varios de estos misteriosos trastornos, empezando por los trastornos disociativos.

Trastornos disociativos

Los trastornos disociativos implican problemas con la memoria o cambios en la conciencia o identidad propias que fracturan la continuidad o la integridad de la personalidad de un individuo. Por lo general, sabemos quiénes somos y dónde hemos estado. Tal vez olvidemos lo que hicimos el fin de semana pasado, pero no perdemos repentinamente la capacidad para recordar pedazos enteros de nuestra existencia ni vamos y volvemos abruptamente de una personalidad a otra muy diferente. Sin embargo, los trastornos disociativos afectan la capacidad para mantener un sentimiento cohesionado de uno mismo o una unidad de conciencia, lo cual produce una conducta inusual o incluso extraña. A continuación analizamos dos grandes clases de trastornos disociativos: el trastorno de identidad disociativa y la amnesia disociativa.

Trastorno de identidad disociativa

Piense en el siguiente caso:

> (Margaret explicó que) con frecuencia "oía una voz que le mandaba que dijera e hiciera cosas". Dijo que se trataba de una "voz terrible" que a veces la amenazaba con "tomar el control". Cuando finalmente se le sugirió a Margaret que permitiera que la voz "asumiera el control", ella cerró los ojos, apretó los puños e hizo una mueca durante algunos momentos, en los cuales dejó de tener contacto con todos los que la rodeaban. De repente abrió los ojos y nos encontramos en presencia de otra persona. Dijo que su nombre era "Harriet". Mientras que Margaret estaba paralizada y se quejaba de sentir fatiga, jaqueca y dolor de espalda, Harriet se sentía bien y de inmediato empezó a caminar sin ayuda por toda la sala donde se hacía la entrevista. Habló con desdén de la religiosidad de Margaret, de su invalidez, su vida puritana, y explicó que a ella le gustaba beber y "andar de fiesta", mientras que Margaret se la pasaba yendo a la iglesia y leyendo la Biblia. "Sin embargo —dijo en tono desafiante y con orgullo—, yo provoco que ella haga y diga cosas que no quiere". Momentos después, ante la sugerencia del entrevistador, Harriet aceptó a regañadientes permitir "regresar a Margaret," y después de más muecas y puños apretados, Margaret volvió a aparecer, paralizada, quejándose de su jaqueca y dolor de espalda, y con una amnesia total del breve periodo en que Harriet había sido liberada de su cárcel (Adaptado de Nemiah, 1978, p. 248)

En el **trastorno de identidad disociativa (TID)**, comúnmente llamada *personalidad múltiple o dividida*, existen dos o más personalidades distintas en el interior de un mismo individuo. Cada

CONCEPTO 14.13
En el trastorno de identidad disociativa, la personalidad se divide en dos o más personalidades distintas que habitan en el interior de un mismo individuo.

trastornos disociativos   Clase de trastornos psicológicos que implican cambios en la conciencia, la memoria o la identidad propia.

trastornos somatomorfos   Clase de trastornos psicológicos que implican padecimientos o quejas físicas que no pueden ser explicados con base en causas orgánicas.

trastorno de identidad disociativa (TID)   Tipo de trastorno disociativo caracterizado por la aparición de múltiples personalidades en el mismo individuo.

CONCEPTO 14.14

En la amnesia disociativa, situación que no se puede explicar en razón de un golpe en la cabeza o alguna otra causa física, las personas experimentan la pérdida de memoria relacionada con información personal.

una de ellas tiene sus propios rasgos distintivos, su forma de hablar y sus recuerdos y, a veces, hasta su prescripción para anteojos (Miller *et al.*, 1991). En algunos casos, se presenta una personalidad central que es la generalmente conocida en el mundo externo y otras alternativas ocultas que se revelan en determinados momentos o situaciones. Las personalidades alternativas podrían no recordar los hechos experimentados por las otras personalidades y a veces competir por tener el control (Huntjens *et al.*, 2005). También podrían representar diferentes géneros, edades, orientaciones sexuales o, como en el caso de Margaret, anhelos sexuales encontrados. Una personalidad podría tener una moral muy estricta y la otra licenciosa; una podría ser heterosexual y la otra homosexual. La personalidad dominante podría no estar consciente de la existencia de las alternativas, aun cuando reconozca vagamente que algo anda mal. Las mujeres que padecen este trastorno suelen tener 15 identidades o más, mientras que los hombres tienen ocho en promedio (American Psychiatric Association, 2000).

Amnesia disociativa

Las personas que padecen *amnesia disociativa* (explicada en el capítulo 6) experimentan la pérdida de memoria de información personal o de experiencias de su existencia. La ausencia de una causa física que explique su amnesia (un golpe en la cabeza, un mal neurológico o el consumo de drogas o alcohol) sugiere que el trastorno es de índole psicológico. La información que pierde la memoria suele ser la referente a una experiencia traumática o estresante que la persona tiene motivos para olvidar. El soldado que regresa del campo de batalla o el sobreviviente de un accidente grave podría no recordar la batalla o el accidente. Estos recuerdos a veces regresan, tal vez gradualmente en pedazos sueltos o todos juntos de forma repentina. La *amnesia general*, en cuyo caso el individuo olvida su vida completa, es mucho menos común, salvo en la imaginación de los escritores de telenovelas. Estas personas olvidan quiénes son, cómo se ganan la vida, con quién están casadas y quiénes son sus familiares. Por lo general, la amnesia se limita a recuerdos asociados con hechos traumáticos que generaron fuertes emociones negativas.

¿Alguien sabe quién soy? A Jeffrey Ingram, de 40 años, le diagnosticaron una clase de amnesia ligada a un estrés severo. El hombre buscó su identidad durante más de un mes y, a la larga, acabó en la ciudad de Denver, Colorado, pidiendo ayuda a la gente. Miembros de su familia en el estado de Washington le reconocieron cuando apareció en un noticiero de televisión donde se preguntaba si alguien lo conocía. Cuando volvió a casa seguía sin recordar, pero dijo que le parecía estar en su hogar. Su madre explicó que había pasado por un incidente similar en el pasado y que nunca había recuperado la memoria del todo.

Causas de los trastornos disociativos

La amnesia disociativa podría representar un intento por desconectar o disociar el estado consciente propio de la conciencia, de experiencias traumáticas o de otras fuentes de dolor o conflicto psicológico (Dorahy, 2001). Los síntomas disociativos podrían proteger al ser de la ansiedad que se presentaría si estos recuerdos y experiencias fueran enteramente conscientes. Asimismo, las personas que sufren un trastorno de identidad disociativa podrían separar partes de sí mismas del consciente. El abuso sexual o físico severo y repetido en la niñez, por lo general iniciado antes de los cinco años, ocupa un lugar prominente en los historiales de personas que padecen un TID (Foote *et al.*, 2005).

Un gran número de individuos que sufren un TID fueron pequeños muy imaginativos y con frecuencia creaban juegos de situaciones imaginarias. En esos primeros años, tal vez emplearon sus fértiles imaginaciones para desprenderse de partes de sí mismos con el fin de distanciarse psicológicamente de las situaciones de abuso que vivieron. Con el transcurso del tiempo, estas partes pudieron consolidarse como personalidades distintas. En la adultez, quizá utilicen sus personalidades alternativas para bloquear recuerdos del trauma de la niñez y de las emociones encontradas que estas experiencias despiertan. Estas mismas personalidades pueden representar una forma psicológica para expresar odio e ira muy profundos que no son capaces de integrar dentro de sus personalidades primarias.

Algunos psicólogos piensan que el TID es un trastorno poco común, pero auténtico, que surge en algunos individuos como camino para lidiar con un abuso sexual o físico terrible que se remonta a su niñez. Sin embargo, hay voces que disienten, entre ellas las de investigadores que incluso dudan de la existencia del TID y creen, en cambio, que la conducta trastornada es como la actuación de un rol en busca de atención (Lilienfeld *et al.*, 1999; Spanos, 1994). Tal vez los afectados, que tienen un historial de abuso, personifiquen otras personalidades con el fin de ayudarse a encontrar sentido a las emociones confusas y contradictorias que experimentan y, con el tiempo, se identifican tanto con el papel que están actuando, que éste se vuelve una realidad para ellos. Esta descripción no pretende sugerir que las personas que padecen el TID estén fingiendo sus personalidades alternativas, como usted tampoco finge su conducta cuando asume el papel de

CONCEPTO 14.15

La formación de personalidades alternativas, en el caso del trastorno de identidad disociativa, podría representar una defensa psicológica contra un trauma o un abuso insoportable.

un buen estudiante, cónyuge o trabajador. Sea cual fuese el proceso subyacente del TID, quienes padecen el trastorno necesitan ayuda para lidiar con los traumas que han experimentado y para trabajar con las emociones y los impulsos, con frecuencia encontrados, que despertaron estas brutales experiencias.

Trastornos somatomorfos

Los trastornos somatomorfos son un puente entre los terrenos de la enfermedad física y la mental. En este caso encontramos a personas con síntomas o males físicos (somáticos) que no tienen explicación médica o que ellas atribuyen a causas sombrías, como el cáncer, no obstante que los médicos aseguren lo contrario (De Gucht y Maes, 2006; de Waal *et al.*, 2004). Una clase de trastorno somatomorfo, el *trastorno de conversión*, ocupó un lugar prominente en la historia de la psicología. Este padecimiento, llamado en su tiempo *histeria o neurosis histérica*, captó la atención del joven médico Sigmund Freud quien decidió estudiar las bases psicológicas de la conducta anormal.

Trastornos de conversión

En el caso del **trastorno de conversión**, la persona pierde una función corporal, como el movimiento de un miembro (parálisis histérica), la visión (ceguera histérica) o la sensación en una mano o brazo (anestesia). Sin embargo, no existe ninguna causa física que explique estos síntomas. Este padecimiento al parecer era más frecuente en tiempos de Freud, pero es poco común en la actualidad. En aquel tiempo, se consideraba que la histeria, como también se le conocía, era un problema femenino; sin embargo, la experiencia de soldados en combate que sufren la pérdida de una función (ceguera o parálisis) sin explicación médica alguna, nos ha enseñado que el trastorno puede afectar tanto a hombres como a mujeres.

Si repentinamente usted perdiera sensibilidad en su mano es probable que se sienta preocupado. Sin embargo, de manera extraña, algunas personas que sufren síntomas de conversión al parecer son indiferentes a su situación, debido a un fenómeno denominado *belle indifférence* (bella indiferencia) (Stone *et al.*, 2006). Esta falta de preocupación significa que los síntomas podrían tener cierto valor psicológico para el individuo, pues tal vez representan una manera de evitar la ansiedad asociada a situaciones o conflictos dolorosos o estresantes. Sin embargo, cabe señalar que la histeria y los síntomas de conversión en ocasiones son diagnosticados incorrectamente en personas que, al final, sí tienen una condición médica diagnosticable (Stone *et al.*, 2006).

Hipocondría

Las personas que padecen **hipocondría** se preocupan por la idea de que algo anda terriblemente mal en su salud. Exhiben males o síntomas físicos que consideran que éstos son señal de enfermedades serias, como cáncer o problemas cardiacos (Barsky y Ahem, 2004). Aun cuando sus médicos les aseguren que sus preocupaciones son infundadas, ellas piensan que los especialistas están equivocados o que tal vez dejaron de ver algo. No se dan cuenta de que su ansiedad contribuye a sus malestares, por ejemplo, presencia de sudoración, mareos, aceleración del pulso y otras señales de excitación del sistema nervioso simpático. No es extraño que los afectados se preocupen más por su salud y tengan mayores problemas psicológicos que otras personas.

Causas de los trastornos somatomorfos

Freud pensaba que el síntoma de la histeria (la pérdida de movimiento de un miembro) es la señal externa de una lucha dinámica inconsciente de motivos contrarios. Por un lado, están los impulsos sexuales o agresivos del ello que buscan expresarse y, en el otro, están las fuerzas restrictivas que encabeza el yo. Éste trata de proteger al ser del torrente de ansiedad que ocurriría si estos impulsos inaceptables se volvieran enteramente conscientes. Emplea mecanismos de defensa, en especial la represión, para mantener estos impulsos enterrados en el inconsciente. La energía remanente se queda "estrangulada" o separada de su fuente y, a continuación, se convierte en síntomas físicos como la parálisis o la ceguera. No obstante, un problema con la idea de Freud es que no explica cómo sucede la conversión; es decir, cómo la energía sexual o agresiva remanente se canaliza a síntomas corporales particulares.

CONCEPTO 14.16

Las personas que padecen el trastorno de conversión pierden una función corporal sin que se encuentre explicación médica para el caso.

CONCEPTO 14.17

Las personas que padecen hipocondría piensan erróneamente que sus males físicos menores son señal de enfermedades subyacentes muy serias.

trastorno de conversión Tipo de trastorno somatomorfo caracterizado por el cambio o la pérdida de funciones corporales, sin que se encuentren causas médicas para explicarlos.

hipocondría Trastorno somatomorfo en el que la persona presenta una preocupación excesiva de que sus malestares sean señal de una enfermedad seria subyacente.

TABLA DE CONCEPTOS 14.3
Trastornos disociativos y somatomorfos

	Clase de trastorno	Presencia durante toda la vida	Características	Comentarios
Trastornos disociativos	Trastorno de identidad disociativa	Poco común	Desarrollo de múltiples personalidades en un mismo individuo	Podría representar una forma de defensa psicológica contra traumas o abusos insoportables durante la niñez
	Amnesia disociativa	Poco común	Perdida de memoria que no se puede explicar como resultado de un traumatismo en la cabeza o alguna otra causa física	Por lo habitual implica pérdida de recuerdos asociados a hechos traumáticos específicos
Trastornos somatomorfos	Trastorno de conversión	Poco común	Pérdida o cambio de una función corporal sin que ello se pueda explicar en razón de un mal médico	Al parecer fue más común en tiempos de Freud que en la época actual
	Hipocondría	No se sabe	Miedo a padecer una enfermedad seria	Pude tener características similares a las del trastorno obsesivo-compulsivo

CONCEPTO 14.18

La explicación freudiana de los trastornos somatomorfos difiere de la de la teoría del aprendizaje, pero ambas se concentran en el papel que desempeñan los síntomas somatomorfos en la reducción de la ansiedad.

Freud también creía que el síntoma mismo simboliza la lucha fundamental además de cumplir con un propósito subyacente. Por ejemplo, la parálisis histérica del brazo tiene el propósito de evitar que la persona lo utilice para actuar un impulso sexual (p. e., masturbatorio) o agresivo (p. e., asesino) inaceptable. El síntoma cumple otra función, denominada **ganancia secundaria**, la cual puede evitar que el individuo tenga que confrontar situaciones estresantes o cargadas de conflictos. Si Freud estaba en lo cierto cuando afirmaba que los síntomas de conversión tienen propósitos ocultos, esto tal vez explicaría por qué, extrañamente, muchas personas que padecen una conversión parecen no estar preocupadas o inquietas por sus síntomas.

Los teóricos del aprendizaje también reconocen que los síntomas de conversión pueden cumplir el papel secundario de ayudar al individuo a evitar situaciones dolorosas o que producen ansiedad (p. e., el piloto de un bombardero que desarrolla ceguera nocturna histérica evitaría el peligro de las misiones durante la noche). Las personas que padecen trastornos de conversión también podrían recibir el refuerzo de otros, pues han adoptado el "rol de enfermo", el cual despierta la simpatía y el apoyo de los demás y las exime del trabajo ordinario y las obligaciones del hogar. Esto no quiere decir que estos individuos estén fingiendo sus síntomas conscientemente. Tal vez se están engañando a sí mismos, pero no parecen estar fingiendo de forma deliberada.

Los teóricos cognitivos ponen la atención en el pensamiento erróneo fundamental o en las distorsiones cognitivas asociadas a la hipocondría. Por ejemplo, las personas que padecen este trastorno podrían imprimir un toque catastrófico a sus síntomas o sensaciones físicas, como atribuir un dolor de cabeza a un tumor cerebral (Marcus *et al.*, 2007). En este sentido, parecería que la hipocondría es semejante al trastorno de pánico en el sentido de que también encontramos la tendencia a interpretar equivocadamente y a exagerar de forma catastrofista los cambios de las sensaciones, como si fuesen señales de un desastre inminente, como un infarto a punto de ocurrir.

La tabla de conceptos 14.3 resume los trastornos disociativos y somatomorfos.

ganancia secundaria   Valor de recompensa de tener un síntoma psicológico o físico, como la liberación de las responsabilidades ordinarias.

Trastornos disociativos y somatomorfos

REPASE

¿Qué tipos de trastornos disociativos existen?

- Los trastornos disociativos implican alteraciones de la memoria, la conciencia o la identidad que afectan la capacidad para mantener un sentido íntegro de sí mismo. Estos incluyen el trastorno de identidad disociativa y la amnesia disociativa.

¿Cuáles son los factores causales involucrados en los trastornos disociativos?

- La exposición al abuso en la niñez ocupa un lugar prominente en los antecedentes de las personas que padecen un trastorno de identidad disociativa, lo cual ha llevado a los teóricos a pensar que este trastorno podría representar una defensa psicológica que protege a sí mismo de los recuerdos o sentimientos dolorosos. La amnesia disociativa también involucra la evitación de recuerdos inquietantes o dolorosos.

¿Qué tipos de trastornos somatomorfos implican?

- Las personas que padecen estos trastornos exageran el significado de sus males corporales o sufren malestares que no se pueden explicar en razón de causas orgánicas. Dos trastornos somatomorfos importantes son el trastorno de conversión y la hipocondría.

¿Qué factores causales implican los trastornos somatomorfos?

- Freud creía que el trastorno de conversión representa la transformación de conflictos psicológicos internos a síntomas corporales. Los teóricos del aprendizaje se concentran en el papel que los síntomas somatomorfos desempeñan en la reducción de la ansiedad, mientras que los teóricos cognitivos se concentran en los sesgos cognitivos fundamentales.

RECUERDE

1. En el trastorno de identidad _____, la persona exhibe múltiples personalidades.

2. La amnesia disociativa
   a. involucra una clara causa física subyacente
   b. al parecer no guarda relación con un hecho traumático particular
   c. involucra una pérdida de memoria grande y permanente
   d. no tiene una causa neurológica aparente

3. ¿Cuál o cuáles de las siguientes afirmaciones se aplican a los individuos que padecen un trastorno de identidad disociativa?
   a. Las experiencias de su niñez temprana con frecuencia incluyeron un abuso severo y prolongado
   b. Tendían a ser pequeños muy imaginativos
   c. Sus personalidades alternativas tienen rasgos muy diferentes y distintivos
   d. Todas las anteriores son correctas

4. ¿Cuál de las siguientes afirmaciones *no es* correcta? El trastorno de conversión
   a. se clasifica como un trastorno somatomorfo
   b. se conocía como histeria en el pasado
   c. implica la pérdida de una función corporal
   d. se produce por problemas físicos subyacentes

REFLEXIONE

- ¿Piensa que el trastorno de identidad disociativa es un verdadero trastorno o piensa que se trata de una forma exagerada de actuación de un rol? Explique su respuesta.

MÓDULO 14.4

Trastornos del estado de ánimo

- ¿Qué son los trastornos del estado de ánimo y cuáles son los principales tipos?
- ¿Cuáles son los factores causales involucrados en los trastornos del estado de ánimo?
- ¿Qué grupos corren un mayor riesgo de suicidarse?
- ¿Qué factores están ligados al suicidio?

La mayoría de las personas ocasionalmente registran altibajos, pero quienes padecen **trastornos del estado de ánimo** exhiben alteraciones anímicas más severas y persistentes que limitan su capacidad para funcionar, e incluso pueden exprimir su voluntad de vivir. Es normal sentirse triste cuando suceden hechos desgraciados y eufórico cuando la fortuna nos sonríe. Sin embargo, los individuos que padecen estos trastornos muchas veces se sienten decaídas cuando todo marcha bien, o permanecen abatidos después de una experiencia decepcionante mucho tiempo más que el que tomaría a otras recuperarse. Algunas personas que padecen estos trastornos registran vaivenes exagerados de ánimo, que puede ir de alturas insospechadas a profundidades abismales.

trastornos del estado de ánimo
Tipo de trastorno psicológico que involucra alteraciones en el estado de ánimo, como la depresión mayor y el trastorno bipolar.

CONCEPTO 14.19
Dos de los principales tipos de trastornos del estado de ánimo son la depresión mayor y el trastorno bipolar.

CONCEPTO 14.20
En la depresión mayor, se presenta un ánimo decaído al grado que la persona podría estar desmotivada, perder interés en actividades placenteras, desarrollar sentimientos de inutilidad o tratar de suicidarse.

Tipos de trastornos del estado de ánimo

Existen dos grandes tipos: los *trastornos depresivos* y los *trastornos bipolares*.

Trastornos depresivos

Las personas que sufren un **trastorno de depresión mayor** (también llamado *depresión mayor*) suelen sentirse tristes o "en el hoyo" y tal vez experimenten el sentimiento de que no valen nada, cambios en el sueño o el apetito, indolencia y falta de interés en actividades placenteras. Los episodios de una depresión mayor pueden durar meses, un año, o más, en especial si no recibe tratamiento (Bockting *et al.*, 2005; Reifler, 2006). La mayoría de los individuos con depresión mayor tienen una mayor incidencia de sufrirla en repetidas ocasiones.

Una persona que padece una depresión mayor siente que no tiene fuerzas para levantarse de la cama por la mañana y afrontar ese día. No es capaz de tomar decisiones ni siquiera para cosas nimias, como qué cenar. No se puede concentrar y se siente desvalida o sin interés por nada. Puede tener pensamientos suicidas recurrentes o tratar de suicidarse. Para ayudarle a reconocer las señales de aviso de la depresión conteste la sección de "Intente lo siguiente".

Según el cálculo más reciente, alrededor de 16.5% de los adultos estadounidenses sufren una depresión mayor en algún punto de su existencia (Conway *et al.*, 2006). Las mujeres tienen el doble de probabilidad de sufrirla, con 12% para los hombres frente a 21% para las mujeres. Si bien las diferencias hormonales y biológicas subyacentes que existen entre hombres y mujeres explicarían por qué la depresión mayor predomina en ellas, también se deben tomar en cuenta los altos niveles de estrés que experimenta la mayoría del género femenino en la actualidad (Mazure y Keita, 2006; Plaisier *et al.*, 2008). Es más probable que ellas encuentren estresores como el abuso sexual y físico, la pobreza y el sexismo, y que sean cabeza de familia en solitario. Incluso, cuando los dos cónyuges trabajan, las mujeres suelen cargar con el grueso de las labores del hogar y el cuidado de los hijos. También es más probable que ellas, en comparación con los hombres, apoyen a los adultos mayores de la familia o a los que sufren problemas médicos incapacitantes. El peso adicional de los cuidados que prodigan aumenta el estrés y éste, a su vez, incrementa el riesgo de una depresión.

Las diferencias en la forma de lidiar con la depresión que existen entre hombres y mujeres también influyen. Los investigadores han encontrado que es más probable que ellos busquen distraerse cuanco se sienten deprimidos, mientras que es más factible que ellas rumien sus problemas (Nolen-Hoeksema, 2006). Mientras que la distracción puede apagar los efectos emocionales de las decepciones y los reveses, el rumiar los problemas o quedarse atorado en ellos sólo sirve para empeorar la depresión (Gilbert, 2004).

El **trastorno afectivo estacional (TAE)** es un tipo de trastcrno de depresión mayor en el cual las personas experimentan un patrón de depresión severa que se repite en otoño e invierno y estados eufóricos de ánimo en primavera y verano. La exposición a luz artificial brillante, como sustituto de la luz solar natural, ha servido para tratar el TAE con éxito.

El **trastorno distímico** (también llamado *distimia*) es una forma de depresión relativamente leve, pero crónica. Los síntomas de la distimia son menos severos que los de la depresión mayor, pero las personas que lo padecen suelen estar desanimadas o "en el hoyo" durante largos periodos de tiempo, normalmente durante cinco años o más. Alrededor de 6% de la población estadounidense padece un trastorno distímico en algún punto de su existencia (American Psychiatric Association, 2000). Como sucede en el caso de la depresión mayor, la distimia es más común en las mujeres.

Las diferencias de género en la depresión Muchos psicólogos creen que los estresores que afrontan un gran número de mujeres hoy en día contribuyen a que sufran mayor riesgo de sufrir una depresión.

Intente lo siguiente

Autoexamen para detectar la depresión

Muchas personas padecen su depresión en silencio debido a la ignorancia o la vergüenza. Piensan que la depresión no es un problema real porque no aparece en una radiografía ni una tomografía computarizada. Creen que todo está en su mente. O tal vez sienten que solicitar ayuda es admitir que son débiles y que deben arreglárselas solas.

La siguiente prueba, formulada por los organizadores del Día Nacional para Detectar la Depresión en Estados Unidos, se usa con frecuencia para ayudar a las personas a tener más conciencia de las señales de aviso de este padecimiento. Su propósito no es ofrecer un diagnóstico de un trastorno depresivo, sino que tiene por objetivo despertar la conciencia de problemas que debe evaluar un profesional de la salud mental.

SÍ	NO	
❏	❏	1. Me siento desanimado, taciturno y triste.
❏	❏	2. No disfruto de muchas cosas que antes me gustaban.
❏	❏	3. Siento que haría un bien si me muriera.
❏	❏	4. Siento que no soy útil y que nadie me necesita.
❏	❏	5. He notado que he bajado de peso.
❏	❏	6. Tengo problemas para dormir de corrido toda la noche.
❏	❏	7. Me siento intranquilo y no puedo estar quieto.
❏	❏	8. No tengo la mente tan clara como antes.
❏	❏	9. Me siento cansado sin explicación alguna.
❏	❏	10. Me siento indefenso ante el futuro.

Clave para calificar: Si respondió "sí" cuando menos a cinco de los enunciados, inclusive el primero o el segundo, y si estos males han persistido cuando menos durante dos semanas, le recomendamos decididamente que busque ayuda profesional. Si contestó "sí" al tercer enunciado, le sugerimos que acuda enseguida a un profesional de la salud. Póngase en contacto con el centro vocacional o de salud de su escuela, o hable con su profesor.

Fuente: Adaptado de Brody, 1992.

Trastornos bipolares

Los **trastornos bipolares** (también llamados *trastornos de cambios de ánimo)* se caracterizan por el vaivén del ánimo entre la euforia y la depresión. Hay dos tipos: el *trastorno bipolar* y el *trastorno ciclotímico*.

Las personas que padecen un **trastorno bipolar** (antes llamado *maniaco depresivo*) experimentan cambios de ánimo que se alternan entre periodos de ánimo eufórico o elevado, o **episodios maniacos** (manía) y periodos de depresión (Das *et al*., 2005; Mansell y Pedley, 2007). Pueden tener espacios intermedios de un ánimo normal. En un episodio maniaco, los individuos pueden sentirse eufóricos o exageradamente inquietos, excitados, locuaces y discutir todo. Pueden gastar dinero sin reparos, conducir alocadamente, destruir bienes patrimoniales o participar en aventuras sexuales que parecen no encajar con su personalidad habitual. Incluso quienes sienten afecto por estas personas podrían encontrar que son muy desgastantes. Otros síntomas son el *habla acelerada* (hablan demasiado rápido), la *fuga de ideas* (saltan de un tema a otro) y un sentimiento de que valen mucho (grandeza). En los episodios maniacos, pueden tener delirios, por ejemplo, pensar que tienen una relación especial con Dios. Pueden emprender tareas que superan sus capacidades, como componer una sinfonía, o tomar decisiones alocadas, como regalar todos sus ahorros. Tienen una energía inagotable y necesitan dormir poco. Después, cuando su ánimo se deprime, sienten enorme desesperanza y desesperación. Algunas personas que padecen un trastorno bipolar se suicidan cuando van de bajada, al parecer con la intención de evitar la depresión profunda que saben que vendrá. Alrededor de 1% de la población adulta de Estados Unidos sufre un trastorno bipolar (USDHHS, 1999).

CONCEPTO 14.21
Las personas que padecen un trastorno bipolar registran vaivenes de ánimo que van de una enorme euforia a una depresión severa.

trastorno de depresión mayor
Tipo más común de trastorno de depresión, caracterizado por periodos de estado de ánimo bajo, sentimientos de carencia de valor y pérdida de interés en actividades placenteras.

trastorno afectivo estacional (TAE)
Tipo de depresión mayor que implica un patrón recurrente de depresiones invernales seguidas por elevaciones en el estado de ánimo en la primavera y el verano.

trastorno distímico   Tipo de trastorno psicológico caracterizado por depresión moderada aunque crónica.

trastorno bipolar   Tipo de trastorno caracterizado por cambios bruscos de estado de ánimo, de la euforia extrema (manía) a la depresión severa.

episodios maniacos   Periodos de manía o de un estado de ánimo inusualmente elevado, además de inquietud extrema.

La **ciclotimia** (del griego *kyklos*, "círculo", y *thymos, "ánimo"*) es un trastorno que se caracteriza por un patrón de altibajos del estado ánimo más leves que los que se presentan en el bipolar. Se calcula que entre cuatro y 10 personas por millar (0.4 a 1%) de la población general estadounidense sufren este trastorno en algún momento de su existencia. Por lo general se presenta al final de la adolescencia o la adultez temprana y dura varios años (American Psychiatric Association, 2000). A diferencia de la depresión unipolar, que es más común en las mujeres, la bipolaridad y la ciclotimia afectan aproximadamente al mismo número de mujeres que de hombres.

Causas de los trastornos del estado de ánimo

Se piensa que las causas de los trastornos del estado de ánimo, al igual que las de los de ansiedad, son tanto psicológicas como biológicas.

Factores psicológicos

CONCEPTO 14.22
Algunas de las causas psicológicas involucradas en los trastornos del estado de ánimo son los cambios en los niveles de reforzamiento, el pensamiento de formas distorsionadas, el estilo de atribución depresivo y el estrés.

VÍNCULO DE CONCEPTOS · · · · ·
La terapia cognitiva es una forma de psicoterapia que se concentra en ayudar a las personas afectadas a reconocer y corregir sus pensamientos distorsionados o de autoderrota. Consulte el módulo 15.2.

Se han propuesto varios modelos psicológicos de la depresión. La teoría psicodinámica clásica abrazada por Freud (1917/1957) y sus seguidores (p. e., Abraham, 1916/1948) postulaba que la depresión implica la ira dirigida hacia el interior contra uno mismo. En cambio, el modelo conductual trata de explicarla en términos de los cambios en los niveles de reforzamiento. Para poder mantener su motivación, la persona necesita un equilibrio entre las entradas y las salidas, entre el esfuerzo que hace y el reforzamiento que recibe. Varias razones explican por qué puede haber una falta de éste último, en especial el social: la pérdida de un ser querido nos deja sin esa persona como posible agente del reforzamiento; asistir a la universidad lejos de casa limita la posibilidad de recibirlo de amigos que se quedaron ahí; una lesión discapacitante nos puede separar de las fuentes habituales del mismo. Además, podríamos tener dificultad para hacer nuevos amigos o para desarrollar nuevas redes sociales que nos brinden oportunidades para el reforzamiento. Según este modelo, la pérdida del mismo debilita la motivación y provoca la depresión. Cuanto más deprimidos estemos, tanto menos motivados nos sentiremos para hacer el esfuerzo por encontrar nuevas fuentes de reforzamiento. Como círculo vicioso, cuanto menos reforzamiento recibamos, tanto más nos retraeremos y así sucesivamente. En algunos casos abundan oportunidades para el reforzamiento pero la persona necesita desarrollar habilidades sociales más efectivas para establecer y mantener relaciones que puedan conducir a un flujo continuo del mismo.

Los teóricos cognitivos creen que la forma en que las personas interpretan los hechos contribuye a los trastornos emocionales como la depresión. Uno de los teóricos más influyentes es el psiquiatra Aaron Beck, el creador de la terapia cognitiva (explicada en el capítulo 15). Éste y sus colegas (Beck *et al.*, 1979; Beck y Young, 1985) piensan que los individuos que adoptan una forma de pensar distorsionada o con una orientación negativa son propensos a deprimirse cuando afrontan hechos decepcionantes o desafortunados en su existencia. El pensamiento negativo se convierte en una especie de filtro mental que sesga la forma en que las personas interpretan las experiencias de su vida, en especial las decepcionantes como obtener una mala calificación o quedarse sin empleo. Sacan de proporción una desilusión menor, y la experimentan más como un golpe devastador que como un leve revés. Beck y sus colegas han identificado una serie de patrones de pensamiento defectuoso, las llamadas *distorsiones cognitivas*, que, en su opinión, incrementan la vulnerabilidad a la depresión después de afrontar hechos negativos en su existencia. Cuanto más dominio ejerzan estos patrones de pensamiento distorsionado en la persona, tanto mayor será su vulnerabilidad a la depresión. La tabla 14.2 enumera las distorsiones cognitivas que se asocian más con este padecimiento.

Otro modelo psicológico de la depresión, el **modelo de indefensión aprendida** sugiere que las personas se deprimen cuando piensan que no tienen forma de controlar los reforzamientos que se presentan en su existencia. Este concepto, postulado por el psicólogo Martin Seligman (1973, 1975), se basa en experimentos que demuestran que animales de laboratorio que fueron expuestos a descargas eléctricas ineludibles, no aprendían a evitarlas cuando las condiciones

ciclotimia Trastorno caracterizado por un patrón crónico de volubilidad relativamente ligera en los estados de ánimo.
modelo de indefensión aprendida Perspectiva de que la depresión es resultado de la percepción de una falta de control sobre los reforzamientos en la vida de una persona que puede ser consecuencia de la exposición a sucesos negativos incontrolables.

TABLA 14.2	Distorsiones cognitivas ligadas a la depresión	
Clase de distorsión cognitiva		**Ejemplo de descripción**
Pensamiento del todo o nada	Ver los hechos en términos de blanco o negro, como del todo buenos o malos	¿Cree que una relación que termina es un fracaso total o es capaz de considerar que le dejó algunos beneficios? ¿Piensa que un desempeño que no es perfecto es un fracaso total?
Culpa adjudicada erróneamente	Tendencia a culparse o criticarse por las decepciones o los reveses, pero haciendo caso omiso de las circunstancias externas	Si las cosas no salen conforme a los planes, ¿automáticamente piensa que es por su culpa?
Prever una mala suerte	Tendencia a pensar que una decepción inevitablemente llevará a otra	Si recibe una carta rechazando su solicitud de empleo, ¿supone que todas las otras solicitudes que haya enviado correrán la misma suerte?
Enfoque negativo	Enfocar su atención exclusivamente en los aspectos negativos de sus experiencias	Cuando evalúan su trabajo, ¿no toma en cuenta las alabanzas y sólo se fija en las críticas?
Desechar lo positivo	Encontrar derrota en los laureles de triunfo, mediante la negación o la trivialización de sus logros; restar importancia a sus fortalezas o méritos	Cuando alguien le felicita por algo, ¿encuentra la manera de demeritar lo que ha hecho diciendo algo como "fue una tontería" o "cualquiera lo podría haber hecho"?
Saltar a conclusiones	Sacar una conclusión sin que la sustenten los hechos presentes	¿Por lo general, o siempre, espera que suceda lo peor?
Catastrofismo	Exagerar la importancia de los hechos negativos o las fallas personales (hacer una tormenta en un vaso de agua)	Ante una calificación decepcionante en un examen, ¿actúa como si se acabara el mundo?
Razonamiento fundado en las emociones	Razonamiento basado en sus emociones y no en una evaluación de la evidencia disponible hecha con la mente clara	¿Piensa que las cosas verdaderamente no tienen esperanza porque así lo siente?
El deber ser	Imponerse exigencias irreales en tanto de las tareas o las metas que *debe* o *debería* realizar o alcanzar	¿Piensa que para ahora *debería* haber llegado más lejos en la vida? ¿Piensa que *debe* obtener un 10 en este curso o de lo contrario...? (Por supuesto que sería deseable que lo obtuviera), ¿pero el caso realmente impone que *deba* hacerlo?
Los calificativos	Adjudicar calificativos negativos a sí mismo o a otros como explicación de su propia conducta o la de los demás	Cuando no llega a sus metas, ¿se califica de *holgazán* o *estúpido*?
Asumir equivocadamente la responsabilidad	Suponer que es la causa de los problemas de otros	¿Automáticamente supone que su pareja está deprimida o alterada debido a algo que usted dijo o hizo (o no dijo ni hizo)?

Fuente: Adaptado de Burns, 1980; Nevid y Rathus 2007a; Nevid, Rathus y Greene, 2008.

cambiaban de modo que era posible evadirlas. Al parecer, los animales dejaban de sortearlas y se volvían letárgicos y desmotivados, con conductas parecidas a la depresión en las personas. Seligman postuló que la exposición a situaciones incontrolables puede inducir un efecto de indefensión aprendida en los humanos, la cual conduce a la depresión. En esencia, cuando los esfuerzos reiterados resultan inútiles, con el tiempo la persona se da por vencida y cae en dicho estado.

"¿Por qué siempre lo echo a perder?"
Los teóricos cognitivos piensan que el modo en que interpretamos los hechos negativos tiene repercusiones significativas en nuestra propensión a la depresión frente a las experiencias decepcionantes de la existencia.

Más adelante Seligman y sus colegas revisaron el modelo de la indefensión para incluir factores cognitivos (Abramson *et al.*, 1978). En particular, tomaron el concepto del **estilo atributivo** de la psicología social, el cual se refiere al modo característico en que los individuos explican las causas de los hechos que les suceden. El modelo reformulado de la indefensión plantea que las atribuciones varían de acuerdo a tres dimensiones: las *internas frente a las externas, las globales frente a las específicas y las estables frente a las inestables*.

Piense en un hecho negativo, como obtener una mala calificación en una prueba de matemáticas. La atribución interna adjudica la culpa a uno mismo ("Lo eché a perder"), mientras que la externa otorga la responsabilidad a factores externos ("El examen era demasiado difícil"). La atribución global generalmente trata la causa como un reflejo de la personalidad o las capacidades propias subyacentes ("No soy bueno en matemáticas"), mientras que la específica la sujeta a proporciones ("Estoy imposibilitado para las ecuaciones"). Una atribución estable trata la causa como algo más o menos permanente ("Jamás podré aprender esto"), mientras que la inestable la considera mutable ("La próxima vez estaré mejor preparado"). Seligman y sus colegas plantean que un **estilo atributivo depresivo**, que hace atribuciones *internas, globales y estables* a las decepciones y fracasos, predispone a los individuos a deprimirse después de que han estado expuestos a hechos negativos o decepcionantes en su vida.

Los investigadores han encontrado un nexo entre el pensamiento negativo distorsionado y la depresión, tal como supondría el modelo de Beck (p. e., Beevers, Wells y Miller, 2007; Riso *et al.*, 2003). Asimismo, las personas que atribuyen sus fracasos y decepciones a factores internos, estables y globales tienen un mayor riesgo de sufrir una depresión mayor, tal como prevería la teoría de la indefensión reformulada (Alloy *et al.*, 2000). Sin embargo, resta por establecer si el pensamiento distorsionado o los estilos de atribución son *causas* o simples *efectos* de la depresión (Otto *et al.*, 2007). Tal vez la depresión misma es lo que lleva a un pensamiento negativo distorsionado y a un estilo de atribución depresivo, y no a la inversa. También podría ser que los nexos causales operen en los dos sentidos, por ejemplo que los patrones de pensamiento afecten los estados de ánimo y que éstos afecten los patrones de pensamiento.

Además es preciso reconocer que el estrés desempeña un papel muy importante en un gran número de casos de depresión (Cohen, Janicki-Deverts y Miller, 2007). Los hechos de la existencia que generan estrés, como la muerte de un ser querido, el desempleo prolongado, las enfermedades físicas serias, los problemas conyugales, la presión en el trabajo y las penurias económicas pueden gravar de forma excesiva los recursos que tienen las personas para lidiar con los problemas, colocándolas en una posición de mayor riesgo de sufrir una depresión (Drieling, van Calker y Hecht, 2006; Monroe *et al.*, 2007).

Factores biológicos

La depresión está ligada a irregularidades en la actividad de los neurotransmisores en el cerebro (Bremner *et al.*, 2003). Los fármacos que ayudan a aliviar la depresión, llamados *antidepresivos*, incrementan los niveles de ciertos neurotransmisores, en especial la *norepinefrina* y la *serotonina*. Por ejemplo, el *Prozac* y el *Zoloft*, dos antidepresivos muy usados, elevan los niveles de serotonina porque interfieren la capacidad de la neurona transmisora para reabsorber esta sustancia química que regula el estado de ánimo.

La depresión no se explica simplemente en razón de una deficiencia de los neurotransmisores. En ella operan procesos más complejos, que podrían involucrar anormalidades en las secuencias de los números de receptores (demasiados o muy pocos) (Oquendo *et al.*, 2007; Sharp, 2006). Cabe especular que los antidepresivos ayudan a aliviar la presión, sea porque alteran el número de receptores o porque afectan la sensibilidad que éstos tienen a neurotransmisores particulares, dos procesos que tardan tiempo en desarrollarse. No es extraño que deban transcurrir varias semanas para que se presenten los efectos terapéuticos de los antidepresivos. También debemos dar cabida a la posibilidad de que estén involucrados otros factores, como las anormalidades en partes del cerebro que regulan los estados de ánimo (Parsey *et al.*, 2006; Steele *et al.*, 2007).

La genética también desempeña un papel importante en los trastornos del estado de ánimo (Baum *et al.*, 2007; Edvardsen *et al.*, 2008; Marx 2007). En un intento por descubrir las bases

---

CONCEPTO 14.23
Las alteraciones en el funcionamiento de los neurotransmisores en el cerebro y las influencias genéticas son algunas de las causas involucradas en los trastornos del estado de ánimo.

VÍNCULO DE CONCEPTOS · · · · ·
Los medicamentos psiquiátricos son sustancias químicas empleadas para normalizar el funcionamiento de los neurotransmisores en el cerebro. Consulte el módulo 15.3.

estilo atributivo Modo característico de una persona de explicar los resultados de los sucesos de su vida.

estilo atributivo depresivo Manera característica de explicar los sucesos negativos en términos de causas internas, estables y globales.

TABLA DE CONCEPTOS 14.4
Trastornos del estado de ánimo

	Clase de trastorno	Presencia a lo largo de la vida (%) (aproximado)	Síntomas	Características asociadas
Trastornos de depresión	Trastorno de depresión mayor	12% en hombres; 21% en mujeres, 16.5% en general	Ánimo alicaído, sentimientos de indefensión y poco valor, cambios en los patrones de sueño o apetito, falta de motivación, no se encuentra agrado en actividades placenteras	Después de un episodio depresivo, la persona vuelve a su estado normal de funcionamiento, pero las recaídas son comunes
	Trastorno distímico (distimia)	6%	Patrón crónico de depresión leve	La persona se "siente en el hoyo" casi todo el tiempo, pero no está severamente deprimida como en el caso de la depresión mayor
Trastornos bipolares	Trastorno bipolar	Alrededor de 1%	Periodos de fluctuaciones del estado de ánimo, entre la manía y la depresión, a veces con espacios intermedios de un ánimo normal	Los episodios maniacos se caracterizan por un habla acelerada, la fuga de ideas, el mal juicio, la hiperactividad y un estado de ánimo y sentido de sí mismo inflados
	Trastorno ciclotímico (ciclotimia)	0.4% a 1% (entre 4 a 10 personas de cada 1 000)	Fluctuaciones de ánimo más leves que en el caso del trastorno bipolar	La ciclotimia se suele presentar al final de la adolescencia y la adultez temprana y tiende a durar muchos años

Fuentes: American Psychiatric Association, 2000; Conway *et al.*, 2006.

genéticas de estos trastornos, los investigadores están estudiando los genes involucrados en la regulación de la actividad de los neurotransmisores en el cerebro (Holmans *et al.*, 2007; Levinson *et al.*, 2007). Sin embargo, es importante señalar que ni los genes, ni otros factores biológicos, ofrecen una explicación completa de los trastornos del estado de ánimo ni, para tal caso, de ningún otro trastorno psicológico. Otros factores como los psicológicos, socioculturales y ambientales, también contribuyen a la mezcla de causas (Haeffel *et al.*, 2008; Leonardo y Hen, 2006). Es más, se necesita saber más de los trastornos del estado de ánimo para explicar las interacciones entre los factores genéticos y los ambientales. Por ejemplo, piense en la evidencia reciente que muestra una mayor relación entre los síntomas de la depresión y los niveles bajos de apoyo social (un factor del entorno) en el caso de personas que portaban un gen particular (Jokela, Räikkönen, *et al.*, 2007). Al final, los trastornos del estado de ánimo son fenómenos complejos que involucran una serie de factores causales que interactúan de formas muy complejas (consulte la tabla de conceptos 14.4).

Explore la psicología

La tragedia personal del suicidio

¿Cuál diría que es la segunda causa de muerte entre estudiantes universitarios, después de los accidentes automovilísticos? ¿El SIDA?, ¿Las drogas? La respuesta es el suicidio (Rawe y Kingsbury, 2006). En Estados Unidos, más de 1 000 estudiantes universitarios ponen fin a su existencia cada año. A pesar de la trágica estadística, el índice de suicidios de hecho es más alto en el caso de los adultos mayores de 75 años o más, en especial los hombres caucásicos (Bruce *et al.*, 2004; Lambert *et al.*, 2003). En total, cerca de medio millón de estadounidenses intentan suicidarse cada año, en grado lo bastante serio como para requerir tratamiento médico (Duryea, 2000). Alrededor de 30 000 personas logran su cometido en Estados Unidos cada año, así como alrededor de un millón de individuos en el mundo entero.

Noche estrellada El pintor Vincent Van Gogh padecía terribles brotes de depresión, los cuales, a la larga, le llevaron a suicidarse con una escopeta. En este melancólico autorretrato, sus ojos y la expresión del rostro revelan la desesperación contra la que tuvo que luchar gran parte de su existencia.

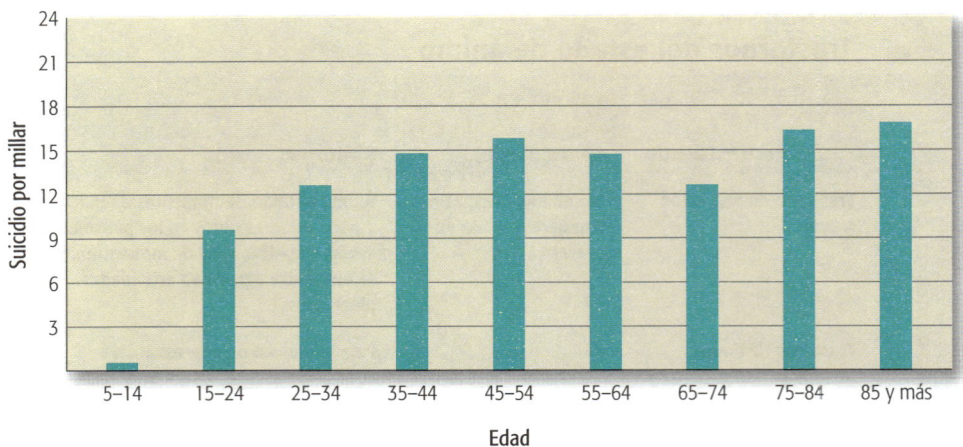

FIGURA 14.4 Tasas de suicidio conforme la edad
Observe que el riesgo de suicidio es más alto en el caso de adultos mayores.

Fuente: Centers for Disease Control and Prevention, 2006.

Línea directa para suicidios
En muchas comunidades existen "líneas directas" que proporcionan apoyo inmediato a personas que están teniendo pensamientos suicidas y los guían para encontrar ayuda profesional.

CONCEPTO 14.24
La mayoría de los suicidios están ligados a la depresión y, en especial, a sentimientos de total desesperanza y desvalidez.

efecto de desinhibición Retiro de las limitaciones o inhibiciones normales que sirven para mantener bajo control la conducta impulsiva.

¿Quién corre más riesgo?

El suicidio afecta a todos los estratos de la sociedad. Sin embargo, ciertos factores están relacionados con un mayor riesgo:

- *Edad.* Si bien gran parte de la atención se dirige a los suicidas adolescentes, la tasa de suicidio es más elevada en el caso de los adultos mayores, en especial los hombres caucásicos que tienen 75 años o más (Pearson y Brown, 2000; Szanto *et al.*, 2003) (consulte la figura 14.4).

- *Género.* El número de mujeres que tratan de suicidarse es mayor que el de los hombres, pero ellos consiguen quitarse la vida cuatro veces más (Houry, 2004; Miller *et al.*, 2004). El motivo principal de esta diferencia es que, por lo general, los varones emplean métodos más letales cuando tratan de suicidarse, como las armas de fuego. Las mujeres recurren más a las píldoras, el veneno y métodos menos mortales.

- *Raza/etnia.* Los estadounidenses caucásicos (europeos) y los nativos norteamericanos propenden más a quitarse la vida que los afroamericanos y los hispanoamericanos (Garlow Joe *et al.*, 2006; Prinstein, 2008). En el caso de los nativos norteamericanos jóvenes la tasa de suicidios es el triple que el promedio nacional (Goldston *et al.*, 2008; Meyers, 2007c). El sentimiento de desesperanza en varios de ellos es provocado por la falta de oportunidades y la segregación, lo que los llevan al consumo de alcohol y drogas que, por lo general, son el preludio de la depresión y el suicidio.

Factores del suicidio

El suicidio está estrechamente ligado a los trastornos del estado de ánimo y a los profundos sentimientos de desesperanza y desvalidez que con frecuencia acompañan a la depresión y al trastorno bipolar (Bernal *et al.*, 2007; Borges *et al.*, 2008). El sentirse sin esperanza alguna y sin posibilidad de cambiar las cosas para que mejoren, sienta las bases para los abrumadores sentimientos de desesperación que conducen a pensamientos y acciones suicidas. Se calcula que entre 2 y 15% de las personas deprimidas, a la larga se quitan la vida (Friedman y Leon, 2007).

El suicidio, al igual que la depresión, está ligado a factores bioquímicos, como una menor utilización de la serotonina en el cerebro, y a factores genéticos, como lo relativo a los genes que tienen una función en la regulación del funcionamiento de la serotonina (Joiner, Brown y Wingate, 2005; Jokinen *et al.*, 2008). Ésta ayuda a frenar la actividad excesiva del sistema nervioso, y las irregularidades en su funcionamiento pueden llevar a un **efecto de desinhibición**, que elimina las inhibiciones que, si funcionara de la manera correcta, frenaría la conducta impulsiva, como los impulsos a suicidarse.

El consumo, y abuso, de alcohol y drogas entran en el panorama como factores importantes de riesgo en el suicidio (Bernal *et al.*, 2007; Preuss *et al.*, 2003). El consumo de alcohol puede llevar a las personas a actuar de forma impulsiva, dando como resultado la aparición de pensa-

TABLA 14.3   Mitos sobre el suicidio

Mito	Realidad
Las personas que amenazan con suicidarse sólo están tratando de llamar la atención	No es así. Los investigadores reportan que la mayoría de las personas que se privan de la vida enviaron señales claras de su intención antes del acto, como deshacerse de todas sus pertenencias y comprar un lugar para su entierro (Cordes, 1985; Gelman, 1994)
Una persona debe estar loca para tratar de suicidarse	La mayoría de las personas que tratan de suicidarse tal vez se sientan desesperanzadas, pero no están locas (es decir, no han perdido contacto con la realidad)
Hablar de suicidio con una persona deprimida podría llevarla a intentarlo	Una discusión franca del suicidio con una persona deprimida no la lleva a intentarlo. De hecho, obtener la promesa de que esa persona no tratará de suicidarse mientras no llame o visite a un profesional de la salud mental bien podría evitarlo
Las personas que tratan de suicidarse y fracasan no tratan de quitarse la vida en serio	La mayoría de las personas que cometen suicidio lo habían intentado varias veces antes sin conseguirlo
Es más aconsejable no hacer caso a alguien que amenaza con suicidarse para no alentar que repita sus amenazas	Algunas personas manipulan a otras haciendo amenazas huecas, pero es prudente tratar cada amenaza de suicidio como algo verdadero y tomar las medidas convenientes

mientos suicidas que se ponen en práctica. Otros trastornos psicológicos, como la esquizofrenia y de ansiedad severos, así como el desempleo prolongado y las enfermedades médicas serias, también aparecen detonantes en muchos suicidios (p. e., Ben-Ya'acov y Amir, 2004; McGirra *et al.*, 2006; Oquendo *et al.*, 2003).

El experto en suicidios Edwin Shneidman (1987) también señala una falta de respuestas de afrontamiento en el caso de personas que tratan de suicidarse o lo consiguen. Los suicidas podrían no ver otras maneras de resolver sus problemas o de poner fin a su insoportable dolor psicológico o físico. Además, el suicidio está ligado a *hechos de salida*, o a la pérdida de personas solidarias en razón de la muerte, el divorcio o la separación, o disgregaciones familiares. Los hechos de salida provocan que las personas vulnerables se sientan privadas de fuentes cruciales de apoyo social.

Se sabe de casos de adolescentes que se suicidan por imitar los suicidios que reciben mucha publicidad en sus comunidades. El sensacionalismo que gira en torno a que un adolescente se quite la vida podría parecer romántico, o un acto de valor, ante los ojos de jóvenes impresionables que tienen problemas. Los investigadores han encontrado que es más probable que los adolescentes que tienen un amigo que ha tratado suicidarse también lo intenten (Blum *et al.*, 2000).

Está claro que una gran cantidad de suicidios podrían evitarse si las personas recibieran un tratamiento para los trastornos que dan origen a la conducta suicida, en especial la depresión y el consumo de alcohol y drogas. También está claro que abundan los mitos acerca de quitarse la vida (consulte la tabla 14.3).

Revisión de módulo 14.4   Trastornos del estado de ánimo

REPASE

¿Qué son los trastornos del estado de ánimo y cuáles son los principales tipos?

- Estos trastornos son alteraciones del ánimo inusualmente largas o severas. Dos de los principales tipos son la depresión mayor y el trastorno bipolar.

¿Cuáles son los factores causales involucrados en los trastornos del estado de ánimo?

- Se sospecha que algunas de las causas incluyen los factores genéticos, los desequilibrios bioquímicos en la actividad de los neurotransmisores en el cerebro, la ira dirigida contra uno mismo, los cambios en los patrones de reforzamiento y el pensamiento disfuncional.

¿Qué grupos corren un mayor riesgo de suicidarse?

- Los grupos que corren más riesgo de suicidarse son los hombres caucásicos de edad avanzada y los nativos norteamericanos. Los hombres tienen más probabilidad de concretar sus intentos suicidas porque suelen emplear métodos más letales.

¿Qué factores están ligados al suicidio?

- La mayoría de los suicidios están ligados a trastornos del estado de ánimo y son resultado de un profundo sentimiento de desvalidez y desesperación. El alcohol y las drogas también están presentes, al igual que otros trastornos psicológicos, la falta de habilidades de afrontamiento y las tendencias a imitar lo que otros hacen.

RECUERDE

1. A lo largo de todo el mes Kimel ha tenido dificultad para levantarse por la mañana y ha dejado de tener interés por actividades que antes le gustaban. Admite que piensa que no vale la pena vivir y que a veces tiene pensamientos suicidas. En este caso, el diagnóstico probablemente sería que padece un trastorno _____.
   a. bipolar
   b. afectivo estacional
   c. distímico
   d. de depresión mayor

2. María lleva tres o cuatro años sintiendo una leve depresión. Es capaz de funcionar en el trabajo, pero tiene poco interés por socializar y ninguna motivación para avanzar en su carrera. En este caso, el diagnóstico probablemente sería que padece un trastorno _____.
   a. bipolar
   b. estacional afectivo
   c. distímico
   d. de depresión mayor

3. El Prozac, ese antidepresivo tan usado, eleva los niveles de _____ de los neurotransmisores porque interfiere con _____ de esta sustancia química en la neurona transmisora.

4. En las primeras investigaciones de Seligman en torno a la desvalidez aprendida
   a. los niños pequeños se daban por vencidos cuando se les dificultaba la lectura
   b. los presos se deprimían cuando afrontaban situaciones que no podían controlar
   c. los animales que habían sido expuestos a una descarga eléctrica ineludible, no huían de ésta cuando podían hacerlo
   d. las experiencias vividas en el campo de batalla provocaban que los soldados se sintieran ineptos e inefectivos

REFLEXIONE

- ¿Cuál de los errores en el pensamiento y las atribuciones negativas descritos en el texto describiría el modo en que normalmente explica los hechos decepcionantes de su existencia? ¿Cómo afectan sus estados de ánimo sus patrones de pensamiento? ¿Su motivación? ¿Lo que piensa de sí mismo? ¿Cómo podría cambiar su modo de pensar acerca de las experiencias negativas en el futuro?

- ¿Qué diferencia existe entre los trastornos bipolares y los "altibajos" normales de la vida diaria?

MÓDULO 14.5

Esquizofrenia

- ¿Cuáles son algunos de los síntomas comunes de la esquizofrenia?
- ¿Cuáles son algunas clases específicas de esquizofrenia?
- ¿Cuáles son los factores causales involucrados en la esquizofrenia?
- ¿Cuál es el modelo diátesis-estrés de la esquizofrenia?

CONCEPTO 14.25
La esquizofrenia es un trastorno desconcertante e incapacitante que llena la mente de percepciones distorsionadas, ideas falsas y pensamientos inconexos.

esquizofrenia Trastorno psicológico severo y crónico caracterizado por alteraciones en el pensamiento, la percepción, las emociones y la conducta.

La **esquizofrenia** es el trastorno que más se parece a los conceptos populares en tanto de alguien insano, loco o lunático. La palabra *esquizofrenia* viene de las raíces griegas que significan "cerebro dividido". En estos casos, la mente deja de hacer conexiones estrechas entre los pensamientos, las percepciones y los sentimientos. Las personas que padecen este trastorno tal vez se rían ante un desastre, oigan o vean cosas que no están ahí físicamente o mantengan creencias que son sostenidas con firmeza pero patentemente falsas.

La esquizofrenia afecta aproximadamente a una persona de cada 100 (Berenson, 2007; Perälä *et al.*, 2007) y se caracteriza por una conducta irracional estrambótica. Recuerde el caso de Claire, la mujer que estaba convencida que estaba protegiendo a la gente contra los demonios. En Estados Unidos hay alrededor de 2.5 millones de personas con esquizofrenia diagnosticada y cerca de una tercera parte de ellas requieren de hospitalización (McGuire, 2000). El tratamiento de este padecimiento representa 75% del gasto público para salud mental en ese país.

La esquizofrenia se presenta con mayor frecuencia en hombres que en mujeres (Aleman, Kahn y Selten, 2003; NCA, 2005). Además, tienden a desarrollarlo antes que ellas y a experimentar un avance más severo del mismo. Es un padecimiento que dura toda la vida y, por lo general, se presenta en la adolescencia tardía o la adultez temprana, cerca de cuando las personas están empezando a abrirse camino en el mundo. Se presenta en todas las culturas, aunque los síntomas particulares podrían variar de una a otra.

Síntomas

La esquizofrenia es un **trastorno psicótico**; es decir, el individuo confunde la realidad con la fantasía, ve u oye cosas que no están ahí (alucinaciones) o cree decididamente en otras que son evidentemente falsas (delirios). Las *alucinaciones* son percepciones que se presentan en ausencia de un estímulo externo y pueden afectar distintos sentidos. Las auditivas ("oír voces") son las más comunes. Las visuales (ver cosas que no están ahí) y otras alucinaciones sensoriales (percibir olores o sentir gustos sin un estímulo físico) son menos comunes. Los *delirios* se pueden referir a diversos temas, pero los más comunes son los de persecución, como la idea de que los demonios o "el Diablo" están tratando de dañar a la persona.

Los esquizofrénicos pueden exhibir una conducta estrambótica, un discurso incoherente y un pensamiento ilógico. Tal vez no sepan la hora del día ni la fecha o el año corrientes, dónde están o *quiénes son*. Cabe señalar que no es preciso que todos estos síntomas estén presentes para un diagnóstico de esquizofrenia.

La mayoría de los esquizofrénicos manifiestan un **trastorno de pensamiento**, una descomposición de la estructura del pensamiento y el discurso lógicos que se caracteriza por las *asociaciones* inconexas entre las ideas que se expresan (Docherty *et al.*, 2003). Normalmente, nuestros pensamientos están conectados o asociados; es decir, uno sigue a otro en una secuencia lógica. Sin embargo, en la esquizofrenia podría no existir una conexión lógica entre los mismos. Las ideas expresadas por la persona están tan poco conectadas o revueltas que quien las escucha no puede seguir su línea de pensamiento. En casos severos, el discurso se torna enteramente incoherente o incomprensible.

Las señales más flagrantes de la esquizofrenia, como las alucinaciones, los delirios, la conducta estrambótica y el desorden de los pensamientos son excesos conductuales que se clasifican como **síntomas positivos**. Sin embargo, los esquizofrénicos también pueden sufrir déficits conductuales o **síntomas negativos**, como un enorme retraimiento o aislamiento social, apatía o un rostro impertérrito que no expresa emociones (Roth *et al.*, 2004; Schneider *et al.*, 2006). Los síntomas positivos tal vez desaparezcan después de los episodios agudos, pero los negativos suelen ser más duraderos, lo cual dificulta que la persona afronte las exigencias de la vida diaria.

Tipos

Se han señalado varios tipos de esquizofrenia en razón de sus síntomas o características. A continuación explicamos los tres grandes subtipos.

El tipo desorganizado

El **tipo desorganizado** de esquizofrenia se caracteriza por una conducta confusa, un discurso incoherente, alucinaciones vívidas y frecuentes, emociones fuera de lugar o falta de expresión emocional y delirios desorganizados que con frecuencia giran en torno a temas religiosos o sexuales. Las personas que sufren este tipo de esquizofrenia tal vez se rían inoportunamente, actúen como bobas o digan cosas sin sentido. Tienden a descuidar su higiene personal, podrían tener problema para controlar su vejiga o intestinos y tienen graves problemas para relacionarse con otros.

El tipo catatónico

Las personas que padecen esquizofrenia de **tipo catatónico** exhiben movimientos, posiciones o gestos estrambóticos. Algunas permanecen en un estado de estupor o inmóviles durante varias horas y, a continuación, abruptamente pasan a un estado de enorme agitación. Otras exhiben

---

💡 **CONCEPTO 14.26**
Existen tres distintos tipos de esquizofrenia: desorganizada, catatónica y paranoide.

trastorno psicótico   Trastorno psicológico, como la esquizofrenia, caracterizado por un "rompimiento" con la realidad.

trastorno de pensamiento
Ruptura en la estructura lógica del pensamiento y el habla que se presenta en forma de una falta de cohesión en las asociaciones.

síntomas positivos   Síntomas de esquizofrenia que implican excesos conductuales, como alucinaciones o delirios.

síntomas negativos   Deficiencias conductuales asociadas a la esquizofrenia, como el retraimiento y la apatía.

tipo desorganizado   Subtipo de esquizofrenia caracterizado, entre otras particularidades, por conducta confusa y delirios.

tipo catatónico   Subtipo de la esquizofrenia caracterizado por movimientos, posturas o gestos inusuales.

El tipo catatónico   La posición del cuerpo de algunas personas que padecen esquizofrenia catatónica puede ser moldeada por otros de modo que adopten posturas inusuales que mantienen durante largos periodos de tiempo.

movimientos o posturas corporales inusuales, que mantienen durante un tiempo considerable. También pueden permanecer mudas o sin comunicarse durante estos episodios, sin mostrar evidencia alguna de que responden al entorno. Sin embargo, más adelante pueden reportar que oyeron lo que decían otros durante ese estado. Es poco común que muestren una **flexibilidad de cera**, o un patrón de conducta en el que otros individuos pueden modelar la postura del cuerpo del enfermo (como si fuera de cera) para que adopte posiciones inusuales, incluso incómodas, y que mantienen durante periodos prolongados. La esquizofrenia de tipo catatónico se presenta con poca frecuencia.

El tipo paranoide

La forma más común de esquizofrenia, la de **tipo paranoide**, se caracteriza por delirios que van acompañados de frecuentes alucinaciones auditivas. Los delirios con frecuencia se relacionan con temas de grandeza (pensar que uno es Jesús o que tiene capacidades sobrehumanas), de persecución (creer que los demonios o la mafia le están persiguiendo) o de celos (pensar que el cónyuge o la novia es infiel a pesar de que no haya evidencia de ello).

Causas

La esquizofrenia sigue siendo un trastorno enigmático, de hecho misterioso. Aun cuando no hayamos resuelto el acertijo, los investigadores han reunido una cantidad considerable de piezas para explicarlo (Walker *et al*., 2004).

Factores genéticos

Existe evidencia que sugiere que la genética tiene un papel muy importante en la esquizofrenia (DeRosse *et al*., 2006; Gottesman y Hanson, 2005; Gur *et al*., 2007). Cuanto más próxima sea la relación genética que una persona comparte con alguien que sufre este padecimiento, tanto mayor será la probabilidad de que ella también la padezca o llegue a padecerla. Como dicta la contribución genética, los gemelos monocigóticos o idénticos tienen mayor riesgo de compartir el trastorno (una tasa de concordancia de entre 45% y 50%) que los bicigóticos o fraternos (una tasa de concordancia del orden de 17%).

También sabemos que los hijos adoptados, cuyos padres biológicos fueron esquizofrénicos, tienen mayor probabilidad de padecer la enfermedad que aquellos cuyos progenitores no padecían el trastorno (Tienari *et al*., 2003). Hoy en día, los científicos piensan que varios genes, y no uno solo, influyen en el desarrollo de la esquizofrenia (p. e., Braff, Schork y Gottesman, 2007; Ho *et al*., 2006; Yeo, Gangestad y Thoma, 2007). En la actualidad, varios equipos de investigadores están tratando de encontrar cuáles son los genes específicos que incrementan la susceptibilidad de una persona a este padecimiento (p. e., Gurling *et al*., 2006).

El importante papel que la herencia desempeña en la esquizofrenia está muy claro, pero los genes no son los únicos involucrados en el caso. Piense que sólo alrededor de 13% de las personas que tienen un progenitor esquizofrénico desarrollan el trastorno. Piense también que si un gemelo idéntico la padece, el otro, no obstante que genéticamente es idéntico a él, sólo tiene una probabilidad de entre 45 y 50% de desarrollarla también. Si sólo estuviera involucrada la genética, cabría esperar una concordancia de 100% en el caso de los gemelos monocigóticos. En pocas palabras, la vulnerabilidad genética no quiere decir inevitabilidad genética. Las personas que tienen un riesgo hereditario elevado de padecer esquizofrenia tal vez sólo desarrollen el trastorno si experimentan estresores significativos en su existencia. (Tienari *et al*., 2004). Algunos estresores podrían ser de orden biológico, como un traumatismo cerebral temprano. Otros podrían ser de origen ambiental o psicológico, como el abuso en la infancia, el descuido o los conflictos familiares intensos y persistentes.

Desequilibrios bioquímicos

Los investigadores sospechan que los desequilibrios bioquímicos en los canales nerviosos del cerebro que utilizan el neurotransmisor dopamina contribuyen a que se desarrolle la esquizofrenia (Hirvonen *et al*., 2006; McGowan *et al*., 2004). Se sospecha de la dopamina, en gran medida porque las *drogas antipsicóticas* que sirven para controlar las alucinaciones y los delirios, como

CONCEPTO 14.27
Las causas de la esquizofrenia siguen siendo un misterio, pero los científicos sospechan que las experiencias estresantes de la vida y una combinación de factores biológicos, como la herencia, los desequilibrios bioquímicos y las anormalidades estructurales del cerebro, contribuyen a que se presente.

flexibilidad de cera
Característica de la esquizofrenia catatónica en la cual los pacientes mantienen con rigidez la postura o la posición corporal en la cual fueron colocados por otras personas.

tipo paranoide   El subtipo más común de esquizofrenia, caracterizado por la aparición de un pensamiento delirante acompañado por alucinaciones auditivas frecuentes.

el Thorazine y el Mellaril, operan en el cerebro reduciendo la actividad de la dopamina, por medio del bloqueo de los receptores de esta sustancia química. Sin embargo, los cerebros de los esquizofrénicos aparentemente no producen mucha dopamina. Por el contrario, podrían tener un número excesivo de receptores de dicha sustancia (Walker *et al.*, 2004) o tal vez estos receptores son sumamente sensibles a la mismas. Cabe esperar que las investigaciones futuras aclaren estos mecanismos subyacentes.

Anormalidades del cerebro

Las técnicas para obtener imágenes del cerebro, como la resonancia magnética (IRM) y la tomografía computarizada (TC) muestran toda una gama de anormalidades del cerebro asociadas a la esquizofrenia (p. e., Ettinger *et al.*, 2007; Onitsuka *et al.*, 2006; Szeszko *et al.*, 2007; Vidal *et al.*, 2006). Estas anormalidades podrían tener una influencia genética y desarrollarse durante periodos críticos del desarrollo prenatal, cuando las estructuras del cerebro se están formando, o tal vez durante la niñez temprana cuando alcanzan un mayor progreso.

Dos de las principales áreas del cerebro que parecen verse afectadas por la esquizofrenia son el córtex prefrontal y el sistema límbico (p. e., Barch y Csernansky, 2007; Reichenberg y Harvey, 2007; P. Winterer *et al.*, 2006) (consulte la figura 14.5). El córtex prefrontal es la parte del cerebro que se encarga de la capacidad para mantener información en la mente (memoria operante), de organizar nuestros pensamientos y conducta, y de permitirnos formular y poner en práctica nuestras metas y planes, justo las funciones que suelen verse alteradas en el trastorno. El sistema límbico tiene una función en la formación de recuerdos y en el procesamiento de experiencias emocionales.

Influencias psicosociales

Las influencias psicosociales también forman parte de la matriz de las causas de la esquizofrenia. Por ejemplo, el estrés de la vida puede interactuar con la vulnerabilidad genética y llevar al desarrollo de la misma (Byrne *et al.* 2003). La idea de la interacción de una predisposición genética (diátesis) y las experiencias estresantes de la vida se expresa en forma del modelo diátesis-estrés (Zubin y Spring, 1977) (consulte la figura 14.1). Las fuentes de estrés son muy variadas y podrían incluir influencias biológicas, como un traumatismo cerebral prenatal o temprano; las influencias psicosociales, como ser criado en un entorno familiar de abuso o experimentar patrones

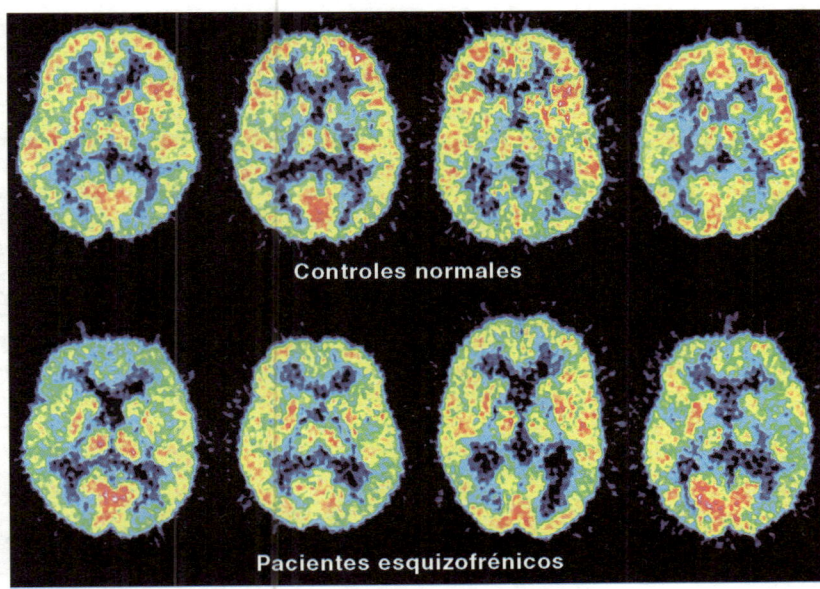

FIGURA 14.5 Imágenes del cerebro de esquizofrénicos frente a los de controles normales
La figura presenta imágenes de una tomografía computarizada de la actividad metabólica en los cerebros de esquizofrénicos y de controles normales. Observe el bajo nivel de actividad en los lóbulos frontales de los pacientes enfermos (mostrado por menos amarillo y rojo en la parte superior de las imágenes del cerebro de la hilera inferior). Esta evidencia apoya la idea de que el padecimiento involucra anormalidades en los lóbulos frontales del cerebro y, específicamente, en el córtex prefrontal.

CONCEPTO 14.28
El modelo diátesis-estrés sostiene que la esquizofrenia es resultado de la interacción de una predisposición genética y de un traumatismo o de hechos estresantes en la existencia.

TABLA DE CONCEPTOS 14.5
Esquizofrenia

Qué es	Síntomas	Subtipos principales	Causas probables
Un trastorno psicótico crónico que afecta aproximadamente a 1% de la población	Delirios, alucinaciones, conducta estrambótica, discurso incoherente e inconexo, emociones fuera de lugar o falta de expresión emocional, retraimiento social y apatía	Desorganizado, catatónico, paranoide	La interacción de una predisposición genética y el estrés de la existencia; anormalidades subyacentes del cerebro

Intente lo siguiente

Exploración del lado humano de la conducta anormal

Una de las experiencias formativas de mis años de estudiante fue la oportunidad de trabajar como voluntario en el hospital psiquiátrico estatal. Me había interesado la psicología y anhelaba aprender de primera mano cómo eran los tipos de trastornos que había leído en los libros de texto. Una vez por semana, conducía mi auto durante 20 minutos para llegar al hospital donde pasaba varias horas simplemente charlando con un interno, quien al parecer también disfrutaba conversando conmigo. Era un hombre de treinta y pocos años, que padecía una esquizofrenia diagnosticada y que llevaba unos tres años viviendo encerrado en una unidad de pacientes internos. A veces jugábamos a las cartas o veíamos la televisión, pero la mayoría de las veces simplemente charlábamos. La lección más importante que aprendí es que las personas que conocí eran seres humanos que tenían sus propias personalidades, experiencias, intereses y necesidades, y que no eran simplemente los "casos" que había leído en un libro de texto. Si piensa que le gustaría explorar el lado humano de la conducta anormal, un buen inicio sería la oficina de voluntarios de un hospital psiquiátrico de su localidad. Lleve un diario de sus experiencias y evalúe si éstas confirman o no lo que había esperado de los individuos que padecen trastornos psicológicos.

alterados de comunicación en la familia; y hechos negativos en la existencia, como la pérdida de un ser querido o el fracaso escolar. Si bien no sabemos con precisión cómo encajan estos factores, una posibilidad es que las influencias genéticas y las estresantes se combinan para producir anormalidades en el cerebro que interfieren con el pensamiento, la memoria y los procesos de percepción, lo cual, con el tiempo, lleva al tumulto de pensamientos y percepciones confusos que observamos en los esquizofrénicos.

La tabla de conceptos 14.5 presenta un resumen de los síntomas y las posibles causas de la esquizofrenia. Si quiere saber más acerca de este trastorno consulte el recuadro Intente lo siguiente.

REVISIÓN DE MÓDULO 14.5   Esquizofrenia

REPASE

¿Cuáles son algunos de los síntomas comunes de la esquizofrenia?

- La esquizofrenia es un trastorno psicótico, es decir, se caracteriza por un rompimiento con la realidad. Algunos síntomas comunes de los esquizofrénicos son una enorme confusión, delirios y alucinaciones.

¿Cuáles son algunas clases específicas de esquizofrenia?

- Tres tipos específicos de esquizofrenia son el desorganizado, el catatónico y el paranoide. El tipo paranoide es el más común.

¿Cuáles son los factores causales involucrados en la esquizofrenia?

- Se desconocen las causas precisas, pero se sospecha que algunas de ellas podrían ser los factores biológicos, como una predisposición genética, la alteración de la actividad de los neurotransmisores en el cerebro, las anormalidades del cerebro y el estrés.

¿Cuál es el modelo diátesis-estrés de la esquizofrenia?

- Este modelo se refiere a la idea de que la esquizofrenia es el resultado de una interacción entre una predisposición genética y las experiencias estresantes de la existencia.

RECUERDE

1. ¿Cuál de los siguientes conceptos es equivocado cuando hablamos de esquizofrenia?
   a. La esquizofrenia se clasifica como trastorno psicótico, por lo cual los individuos afectados no pueden diferenciar la realidad de la fantasía
   b. La esquizofrenia se presenta con mayor frecuencia en una cultura que en otras
   c. El trastorno afecta a un número ligeramente mayor de hombres que de mujeres
   d. La esquizofrenia suele aparecer durante la adolescencia tardía o la adultez temprana

2. ¿Aproximadamente cuántas personas desarrollarán esquizofrenia si tienen un gemelo idéntico (MZ) que padece el trastorno?
   a. entre 10 y 15%
   b. entre 20 y 25%
   c. entre 45 y 50%
   d. más de 50%

3. Los científicos piensan que ciertas anormalidades que involucran al neurotransmisor _____ están estrechamente ligadas al desarrollo de la esquizofrenia.
   a. serotonina
   b. dopamina

c. epinefrina
d. acetilcolina

4. Justin padece esquizofrenia y exhibe una conducta confusa, un discurso incoherente y una higiene personal descuidada. ¿Qué subtipo es probable que le diagnostiquen?
   a. paranoide
   b. catatónica
   c. regresiva
   d. desorganizada

REFLEXIONE

- ¿En qué sentido la esquizofrenia corresponde con las raíces griegas de las que deriva su nombre?
- ¿Ha conocido a alguien que padezca una esquizofrenia diagnosticada? ¿Cómo afectaba el trastorno la conducta y la capacidad para funcionar de dicha persona? ¿Cómo está funcionando en la actualidad?

MÓDULO 14.6

Trastornos de la personalidad

- ¿Cuáles son los principales tipos de trastornos de la personalidad?
- ¿Qué características están asociadas al trastorno de personalidad antisocial?
- ¿Cuáles son los factores causales involucrados en el trastorno de personalidad antisocial?

Los **trastornos de la personalidad** son un conjunto de trastornos psicológicos que se caracterizan por patrones de conducta excesivamente rígidos. Estos patrones se tornan en autoderrota porque dificultan que las personas se adapten a las exigencias externas e interfieren en sus relaciones con los demás. Quienes padecen estos trastornos tienen rasgos de una personalidad inadaptada que están tan arraigados, que demuestran una gran resistencia al cambio. En muchos casos, estos individuos piensan que los demás deben cambiar para adaptarse a ellas, en lugar de lo contrario.

Las personas que padecen un **trastorno de personalidad narcisista** tienen un sentido de sí mismo muy inflado o grandioso. Quienes sufren un **trastorno de personalidad paranoide** exhiben un enorme grado de suspicacia o de desconfianza en otros. Las que padecen un **trastorno de personalidad esquizoide** demuestran poco interés, o ninguno, en las relaciones sociales, exhiben un espectro limitado de expresiones emocionales y son percibidas como distantes y desapegadas. Quienes desarrollan un **trastorno de personalidad limítrofe** tienden a tener relaciones tormentosas con otros, cambios drásticos de estado de ánimo y una autoimagen inestable. En total, el DSM-IV identifica 10 trastornos de personalidad (consulte la tabla de conceptos 14.6). El más estudiado de ellos es el **trastorno de personalidad antisocial (TPA)**, que será nuestro punto focal.

Síntomas del trastorno de personalidad antisocial

Las personas que tienen personalidades antisociales (a veces llamados *psicópatas* o *sociópatas*), flagrantemente hacen caso omiso de las reglas de la sociedad y exhiben una total falta de interés por el bienestar de los demás. No son psicóticos, porque mantienen contacto con la realidad. Sin embargo, propenden a actuar por impulso y hacen lo que quieren cuando quieren. Por lo general son irresponsables y se aprovechan de los demás para satisfacer sus propias necesidades o para provecho propio. Además, tienden a no sentir remordimiento por sus malos actos ni por maltratar a otros, y al parecer no les molesta la ansiedad ni las detiene la amenaza de una sanción ni el castigo en efecto (Goldstein *et al.*, 2006; Kiehl, 2006).

Aun cuando el trastorno de personalidad antisocial está asociado a un mayor riesgo de actividades delictivas, no todas las personas que sufren el trastorno son delincuentes ni todos los delincuentes tienen personalidades antisociales (Kosson, Lorenz y Newman, 2006; Mahmut *et al.*, 2007). Los individuos que tienen personalidades antisociales podrían exhibir una inteligencia so-

CONCEPTO 14.29
Las personas que padecen trastornos de personalidad exhiben patrones de conducta excesivamente rígidos que, al final, les dificultan relacionarse con otros o cumplir con las exigencias impuestas.

trastornos de la personalidad
Tipo de trastorno psicológico que se caracteriza por rasgos de personalidad rígidos que entorpecen la capacidad de las personas para adaptarse a las demandas que afrontan en el ambiente e interfieren en sus relaciones con los demás.

trastorno de personalidad narcisista
Tipo de desorden de la personalidad caracterizado por un sentido grandioso de sí mismo.

trastorno de personalidad paranoide
Tipo de trastorno de la personalidad caracterizado por extrema suspicacia o desconfianza en los demás.

trastorno de personalidad esquizoide
Tipo de trastorno de la personalidad que se caracteriza por el alejamiento social y un espectro limitado de expresiones emocionales.

trastorno de personalidad limítrofe
Tipo de trastorno de la personalidad que se caracteriza por una autoimagen y emociones inestables.

trastorno de personalidad antisocial (TPA) Tipo de trastorno de la personalidad caracterizado por actitudes insensibles hacia los demás y por conductas antisociales e irresponsables.

Una personalidad antisocial
El asesino en serie Henry Lee Lucas cambiaba constantemente de trabajo y encaja perfectamente en el estereotipo de la personalidad antisocial. Muchas personas que tienen este tipo de personalidad no rompen la ley, pero sí exhiben características antisociales, como indiferencia hacia los demás y falta de remordimiento ante las malas acciones.

CONCEPTO 14.30
El trastorno de personalidad antisocial se caracteriza por una falta flagrante de acatamiento de las reglas y los reglamentos, una conducta antisocial, impulsividad, irresponsabilidad, ausencia de remordimiento ante las malas acciones y una tendencia a aprovecharse de los demás.

bresaliente y un encanto superficial que atrae a otros, pero acaban tratándoles con indiferencia. El TPA es más común en los hombres que en las mujeres y se estima que se presenta a lo largo de la vida en 3% a 6% de los hombres y en 1% de las mujeres (American Psychiatric Association, 2000; Cale y Lilienfeld, 2002; Kessler *et al.*, 1994).

Causas del trastorno de personalidad antisocial

Estudios de imágenes del cerebro ligan el trastorno de la personalidad con anormalidades en el córtex prefrontal, la parte del cerebro encargada de regir las emociones, de controlar la conducta impulsiva agresiva y de ponderar las consecuencias de los propios actos (Kiehl, 2006; Kiehl *et al.*, 2006). Sin embargo, cabe la advertencia de que nadie sabe cuántas de las personas que padecen este trastorno tienen, de hecho, anormalidades cerebrales subyacentes. Otra evidencia de los factores biológicos apunta hacia que la genética contribuye a los patrones de esta conducta (Gabbard, 2005). Algunas de estas personas podrían tener una predisposición biológica a necesitar niveles más altos de estimulación para poder mantener un nivel óptimo de excitación. Tal vez se aburran pronto con las actividades de rutina y opten por otras más peligrosas que les proporcionan emociones de inmediato, como el consumo de alcohol y drogas, las carreras de automóviles y motocicletas, los juegos de azar con apuestas elevadas y los encuentros sexuales arriesgados.

¿Qué función desempeña el entorno como explicación de la conducta antisocial? La evidencia indica que un gran número de personas que padecen un TPA crecieron en familias que se caracterizaron por el descuido, el abuso y rechazo de los padres, por los castigos duros que aplicaban y el poco cariño que prodigaban (Johnson *et al.*, 2006; Luntz y Widom, 1994). Un historial de abuso emocional o físico en la niñez puede conducir a que el individuo no desarrolle un sentimiento de

TABLA DE CONCEPTOS 14.6
Trastornos de la personalidad

Tipo de trastornos	Principales características o síntomas
Trastorno de personalidad paranoide	Altos grados de desconfianza en tanto de los motivos y las intenciones de otros, pero sin los francos delirios paranoides asociados a la esquizofrenia paranoide
Trastorno de personalidad esquizoide	Desapegado y distante de otros, con emociones superficiales o adormecidas
Trastorno de personalidad esquizotípica	Dificultades persistentes para establecer relaciones sociales estrechas; acariciar creencias o exhibir conductas extrañas o peculiares, pero no claramente psicóticas
Trastorno de personalidad antisocial	Un patrón de conducta antisocial e irresponsable, indiferencia hacia los demás y ausencia de remordimiento ante las malas acciones
Trastorno de personalidad limítrofe	Incapacidad para desarrollar una imagen estable del sí mismo, así como un patrón de estados de ánimo tumultuosos y relaciones tormentosas con otras personas, así como una ausencia de control de los impulsos
Trastorno de personalidad histriónica	Conducta teatral y emocional; demandas excesivas de ser el centro de atención; necesidad excesiva de reafirmación, alabanza y aprobación
Trastorno de personalidad narcisista	Imagen grandiosa del sí mismo y necesidad excesiva de admiración
Trastorno de personalidad evasiva	Patrón de evitación de las relaciones sociales por temor al rechazo
Trastorno de personalidad dependiente	Patrón de una dependencia excesiva hacia otras personas y dificultad para tomar decisiones independientes
Trastorno de personalidad obsesivo-compulsivo	Necesidad excesiva de tener orden y de atención al detalle, perfeccionismo y formas rígidas de relacionarse con los demás

empatía o interés por el bienestar de otros. También puede llevar a que no desarrolle una guía moral ni un sentimiento de conciencia. Esta falta de empatía y de valores morales explicaría por qué las personas que padecen este trastorno actúan con indiferencia hacia otros. Luego entonces, es muy probable que tanto los factores genéticos como los ambientales contribuyan al desarrollo del TPA, al igual que en el caso de muchas formas de conducta anormal (Gabbard, 2005).

CONCEPTO 14.31
La evidencia apunta que, en el desarrollo de un trastorno de personalidad antisocial, existe una interacción entre los factores ambientales y los biológicos.

REVISIÓN DE MÓDULO 14.6 | Trastornos de la personalidad

REPASE

¿Cuáles son los principales tipos de trastornos de la personalidad?

- Los trastornos de la personalidad son patrones de conducta profundamente arraigados que se vuelven inadaptaciones porque producen sufrimiento personal o porque afectan la capacidad de la persona para relacionarse con otros. Los principales tipos incluyen el trastorno de personalidad narcisista, paranoide, esquizoide, limítrofe y antisocial.

¿Qué características están asociadas al trastorno de personalidad antisocial?

- Las características asociadas al trastorno de personalidad antisocial incluyen la impulsividad, la irresponsabilidad, una fría indiferencia por los derechos y sentimientos de otros y una conducta antisocial.

¿Cuáles son los factores causales involucrados en el trastorno de personalidad antisocial?

- Varios factores causales están involucrados, entre ellos los ambientales, como el entorno familiar que se caracteriza por la ausencia de cariño de los padres, el descuido, el rechazo y la aplicación de castigos duros; así como los factores biológicos, como una predisposición genética, las anormalidades en los centros del cerebro superior que controlan la conducta impulsiva y una mayor necesidad de estímulos para la excitación.

RECUERDE

1. Trevor tiene dificultad para relacionarse con la gente. Le describen como una persona distante, desapegada y casi sin emociones. Su terapeuta diagnostica que padece un trastorno de personalidad. ¿Cuál sería el diagnóstico más probable?
   a. personalidad paranoide
   b. personalidad esquizoide
   c. personalidad narcisista
   d. personalidad limítrofe

2. ¿En qué parte del cerebro de las personas que padecen un trastorno de personalidad antisocial los investigadores han encontrado que es más probable, en comparación con los demás, que exista un daño?
   a. el hipocampo
   b. los lóbulos temporales
   c. el córtex prefrontal
   d. el sistema límbico

3. Relacione los siguientes tipos de trastornos de personalidad con sus correspondientes descripciones: *a*) el trastorno de personalidad paranoide; *b*) el trastorno de personalidad esquizoide; *c*) el trastorno de personalidad narcisista; *d*) el trastorno de personalidad limítrofe
   i. relaciones interpersonales tormentosas, imagen inestable de sí mismo
   ii. distante, desapegado, emociones e interacciones sociales limitadas
   iii. sentido inflado y grandioso de sí mismo
   iv. enorme suspicacia y desconfianza de otros

REFLEXIONE

- ¿Cuáles son las diferencias entre delincuencia y personalidad antisocial, o es lo mismo? Explique por qué.

- ¿Conoce a alguien que tenga un trastorno de personalidad? ¿Qué factores pueden haberle llevado a desarrollar estos rasgos de personalidad problemática? ¿Cómo afectan estos rasgos de personalidad las relaciones de esa persona con los demás? ¿Con usted?

Cómo prevenir el suicidio

> **CONCEPTO 14.32**
> Una amenaza de suicidio debe tomarse en serio y evaluarse la inminencia de la amenaza pero, sobre todo, se debe buscar ayuda profesional tan pronto como sea posible.

"No lo puedo creer. Me lo encontré apenas la semana pasada y se veía muy bien".

"La semana pasada estuvo sentada aquí, riendo con todos nosotros. ¿Cómo podríamos haber adivinado lo que llevaba adentro?"

"Sabía que estaba deprimido, pero jamás pensé que haría algo así. No tenía ni remota idea".

"¿Por qué no me llamó?" (tomado de Nevid, Rathus y Greene, 2008.)

Podemos responder a la noticia de que un amigo o un pariente se ha suicidado con asombro o con la culpa de que no captamos ninguna señal de aviso. Sin embargo, hasta los profesionales tienen dificultad para prever si es probable que alguien se suicide. No obstante, cuando hay señales, no se debe perder tiempo en tomar medidas. Recomiende a la persona, con calma pero con firmeza, que busque ayuda profesional. Ofrézcase a acompañarla o póngase en contacto usted mismo primero con el especialista.

Afrontar la amenaza

Suponga que un amigo le confía que está pensando en suicidarse. Sabe que su amigo ha estado pasando por tiempos difíciles y que ha estado deprimido. Sin embargo, no cree que sea para tanto. Le quiere ayudar, pero no sabe bien qué hacer. Es normal que se sienta asustado, incluso aturdido. A continuación presentamos algunas sugerencias que debe tomar en cuenta si alguna vez se encontrara en esta situación. Dado que el escenario en cuestión pudiera requerir respuestas específicas, las sugerencias tienen por objeto ser directrices generales y no instrucciones directas:

1. *Reconozca la seriedad de la situación.* No caiga en el mito de pensar que las personas que hablan de suicidarse no lo dicen en serio. Trate toda intención de suicidio como una señal de aviso muy clara.

2. *Tome en serio las amenazas implícitas.* Algunos suicidas no dicen claramente que están pensando en quitarse la vida. Podrían decir algo como: "Siento que ya no puedo seguir adelante".

3. *Exprese comprensión.* Entable una conversación con la persona para que pueda expresar sus sentimientos. Muéstrele que comprende los problemas que la asolan. No deseche sus preocupaciones diciéndole algo como "Todo el mundo se siente así de vez en cuando. Todo eso quedará en el pasado".

4. *Concéntrese en alternativas.* Comente a la persona que existen otras formas de afrontar sus problemas, a pesar de que por el momento no encuentre ninguna.

5. *Evalúe el peligro inmediato.* Pregunte a la persona si tiene un plan específico para suicidarse. Si piensa emplear armas o fármacos que tiene en casa, impida que regrese a su casa sola.

6. *Consiga que la persona acepte buscar ayuda.* Insista en que le acompañe a ver a un profesional de la salud o a la sala de urgencias de un hospital cercano. Si no es posible hacerlo de inmediato, llame a un especialista o a una línea directa para la prevención de suicidios.

7. *Acompañe a la persona a buscar ayuda.* Sobre todo, no la deje sola. Si se tiene que separar de ella por la razón que fuera o si la persona rechaza la ayuda y se va, llame a un profesional de la salud mental, a un servicio de línea directa para el suicidio o a la policía para que le ayuden.

■ Pensamiento crítico sobre la psicología ■

Conteste las siguientes preguntas partiendo de lo que ha leído en este capítulo. A continuación, para evaluar qué tanto ha avanzado en el desarrollo de sus habilidades para el pensamiento crítico, compare sus respuestas con las de muestra que contiene el apéndice A.

1. Ron tiene 22 años y es empleado de mostrador de una tienda de refacciones para automóviles. Cuando decidió consultar a un psicólogo porque "se sentía en el hoyo", le explicó que había sostenido una relación con Katie durante tres años, la cual había seguido un patrón de altas y bajas, con numerosos rompimientos y breves reconciliaciones. La mayoría de los rompimientos habían ocurrido después de incidentes en los cuales Ron se molestaba cuando sentía que Katie tenía una actitud distante. En una ocasión, la acusó de sentarse demasiado lejos de él en el auto. Si ella estaba de mal humor, suponía que se debía a que en realidad no quería estar con él. La relación era todo para Ron según explicó al psicólogo y además dijo: "No sé lo que haría si me dejara para siempre. Tengo que encontrar la manera de conseguir que esta relación funcione" (tomado de Nevid, Rathus y Greene, 2003).

Repase los errores característicos de pensamiento asociados con la depresión que presenta la tabla 14.2. Ofrezca algunos ejemplos de estos errores cognitivos presentes en el pensamiento de Ron.

2. Lonnie es un ingeniero químico de 38 años que trabaja en una importante compañía farmacéutica y acudió a consulta a instancias de su esposa María. Le relató al psicólogo que María se exasperaba por sus "pequeñas manías de conducta". Al parecer, Laura revisaba todo de forma compulsiva. Siempre que los dos salían de su departamento, insistía en "revisar varias veces que" la estufa estuviera apagada, la puerta quedara cerrada con llave y lo mismo que el refrigerador. A veces llegaba hasta el estacionamiento y sentía la compulsión de volver al departamento. Se disculpaba con María, pero la dejaba echando chispas. Cuando se acostaba por la noche, efectuaba un elaborado ritual de revisar repetidamente que todo estuviera bien. Sin embargo, incluso así, múltiples ocasiones saltaba disparado de la cama para volver a inspeccionar todo, alterando el sueño de María. Cuando salían de vacaciones el caso era en especial problemático, porque requería rituales de revisión que tomaban buena parte de la mañana. No obstante, las dudas persistentes le asolaban durante todo el viaje. Lonnie reconocía que su conducta compulsiva estaba acabando con su matrimonio y provocándole sufrimiento emocional. Sin embargo, temía que si no lo hacía le colocaría en una posición de indefensión ante las ansiedades que le aliviaba el hacerlo (adaptado de Nevid, Rathus y Greene, 2003).

Repase los seis criterios empleados para definir la conducta anormal. ¿Cuáles de ellos aplicaría al caso de Lonnie? ¿Cuáles no aplicaría?

Módulo 14.1 ¿Qué es una conducta anormal?

CRITERIOS EMPLEADOS PARA DETERMINAR SI UNA CONDUCTA ES ANORMAL

Inusual	Inadaptación
Desviación social	Peligrosidad
Sufrimiento emocional	Percepciones erróneas de la realidad

MODELOS DE CONDUCTA ANORMAL

- **Primeras ideas:** estuvieron dominadas por la creencia en fuerzas sobrenaturales o demoníacas
- **Modelo médico:** la conducta anormal como enfermedad médica
- **Modelos psicológicos:** el psicodinámico, el conductual, el humanista y el cognitivo
- **Modelo sociocultural:** la conducta anormal con raíces en los males sociales
- **Modelo biopsicosocial:** la interacción de múltiples factores que representan diferentes terrenos, como el modelo diátesis-estrés

Diátesis
Una predisposición o vulnerabilidad

Estrés
Estresores del entorno

Desarrollo del trastorno
Cuanto más fuerte sea la diátesis tanto menos estrés se necesitará para producir el trastorno

1 Predisposición heredada a desarrollar el trastorno

2
- Trauma prenatal
- Abuso físico o sexual en la niñez
- Conflicto familiar
- Cambios significativos en la existencia

3 Trastorno psicológico

El modelo diátesis-estrés

TRASTORNOS PSICOLÓGICOS

- **Predominio de los trastornos psicológicos:** casi uno de cada dos adultos afectados durante su existencia
- **Clasificación de los trastornos psicológicos:** el sistema diagnóstico del DSM-IV que contiene cinco ejes o dimensiones para la evaluación

Módulos 14.2 Trastorno de ansiedad

- **Fobias:** reacciones de un miedo excesivo o injustificado, como una fobia específica, una social o la agorafobia
- **Trastorno de pánico:** episodios de reacciones con una ansiedad intensa llamados ataques de pánico
- **Trastorno de ansiedad general:** ansiedad que no se limita a objetos o situaciones específicos
- **Trastorno obsesivo-compulsivo:** pensamientos obsesivos y rituales compulsivos muy molestos
- **TEPT:** reacciones de estrés de inadaptación frente a estresores traumáticos (explicado en el capítulo 12)

Módulo 14.3 Trastornos disociativos y somatomorfos

TIPOS DE TRASTORNOS DISOCIATIVOS

- **Trastorno de identidad disociativa:** antes llamado personalidad múltiple, implica la división de la personalidad en varias personalidades
- **Amnesia disociativa:** la pérdida de memoria como consecuencia de causas psicológica y no de causas médicas
- **Factores causales:** defensa psicológica contra un abuso severo en la niñez (trastorno de identidad disociativa) o de recuerdos dolorosos o inquietantes (amnesia disociativa)

TIPOS DE TRASTORNOS SOMATOMORFOS

- **Trastorno de conversión:** una pérdida o un cambio mayor en una función del cuerpo que no tienen una explicación médica
- **Hipocondría:** creer erróneamente que los síntomas físicos son señales de una enfermedad seria subyacente

Módulo 14.4 **Trastornos del estado de ánimo**

TIPOS DE TRASTORNOS DEL ESTADO DE ÁNIMO

- **Depresión mayor:** periodos de un ánimo muy alicaído y la pérdida de interés y de placer
- **Trastorno distímico:** episodios duraderos de una depresión relativamente leve
- **Trastorno bipolar:** fluctuaciones del estado de ánimo, desde muy elevados hasta otros de profunda depresión
- **Trastorno ciclotímico:** fluctuaciones del estado de ánimo más leves que en el trastorno bipolar

Módulo 14.5 **Esquizofrenia**

- **Características clave:** rompimiento con la realidad y un funcionamiento cognitivo y social gravemente afectados
- **Los tres subtipos principales:** el desorganizado, el catatónico y el paranoide

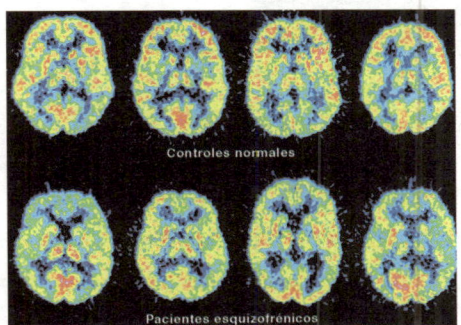

Imágenes del cerebro de esquizofrénicos frente a controles normales

Módulo 14.6 **Trastornos de la personalidad**

- **Características clave:** patrones de una conducta rígida e inadaptada que interfieren con las relaciones interpersonales y la capacidad para cumplir con las exigencias de la vida
- **Tipos principales:** trastornos de personalidad paranoide, esquizoide, esquizotípica, antisocial, limítrofe, histriónica, narcisista, evasiva, dependiente, y obsesiva-compulsiva

15

Métodos de terapia

¿Sabía usted que . . .

- Sigmund Freud creía que los clientes introducen a la relación terapéutica los conflictos que han tenido con personas importantes en su vida? (p. 564)

- los terapeutas Gestalt piden a sus clientes que charlen con una silla vacía? (p. 566)

- los terapeutas cognitivos piensan que los problemas emocionales no son resultado de hechos difíciles de la existencia, sino de la forma en que los interpretamos? (p. 569)

- los terapeutas conductuales han adaptado la tecnología de la realidad virtual para ayudar a las personas a superar su miedo a las alturas? (p. 582)

- el tratamiento de la hiperactividad en los niños, en varias ocasiones, incluye medicamentos estimulantes? (p. 582)

- aplicar descargas eléctricas en la cabeza de una persona ayuda a aliviar la depresión severa? (p. 584)

El cerebro adora los acertijos

- Un hombre que tenía ataques de pánico busca la ayuda de un psiquiatra. Tras una concienzuda evaluación, éste le receta un antidepresivo. El perplejo hombre dice: "Seguramente está equivocado, yo no estoy deprimido". ¿El psiquiatra ha errado el diagnóstico? (p. 582)

"LA BESTIA HA VUELTO"

"El cuerpo me duele de forma intermitente, por oleadas, como si tuviera malaria. Estoy inapetente pero como sólo porque el sabor de los alimentos es uno de los pocos placeres que todavía me quedan. Me siento muy cansada, en verdad cansada. Anoche me quedé sobre la cama como trapo deshilachado y, cuando David llegó a acostarse, no hice movimiento alguno. El sexo es una idea lejana. En el trabajo, se me olvidan las cosas; tengo problemas para armar oraciones completas, me distraigo y olvido lo que estoy diciendo y confundo las palabras. Veo mi lista de pendientes y no dejo de mirarla, pareciera que no pasa nada. Todo me parece triste... siento como si mi cerebro fuera un trozo de protoplasma con pequeños circuitos incrustados y con algunos de los cables haciendo corto circuito. Es como si hubiera pequeños incendios eléctricos ahí, que dejan arruinadas y humeantes a las antes vigorosas secciones de neuronas.

Ni siquiera sé cuándo empezó este ataque... ¿tal vez hace una semana? ¿O un mes? Va llegando de forma muy gradual y es difícil saber cómo. Lo único que sé es que la bestia ha vuelto.

Se llama depresión y la manera en que la he experimentado ha configurado mi vida, alterado mi personalidad, afectado mis relaciones más íntimas y cambiado el curso de mi carrera de algún modo que, seguramente, jamás comprenderé bien a bien".
—Tomado de Thompson, 1995

En este capítulo mencionaremos distintos caminos para ayudar a personas, como la mujer de este caso, que sufren depresión u otros trastornos psicológicos. Como veremos en los módulos 15.1 y 15.2, la ayuda adopta diversas formas, entre ellas la psicoterapia y las terapias biomédicas, como la que utiliza medicamentos, y la electroconvulsiva (TEC). A continuación repasaremos la información que los consumidores informados deben conocer, y las preguntas que deben hacer, cuando buscan la ayuda de profesionales de la salud mental.

Iniciamos con un repaso, en el módulo 15.1, de la historia de la terapia y del papel que el sistema contemporáneo de la salud mental desempeña para satisfacer las necesidades de personas que padecen trastornos mentales o psicológicos persistentes y serios. ■

Módulo 15.1

La senda al presente: una breve historia de la terapia

- ¿Cómo ha ido cambiando el tratamiento de las personas que sufren un trastorno de conducta con el transcurso del tiempo?
- ¿Qué son los centros comunitarios de salud mental?
- ¿Ha tenido éxito la política de desinstitucionalización?

A lo largo de gran parte de la historia de Occidente, la sociedad se caracterizó por tratar a las personas que padecían problemas emocionales o conductuales severos más bien con desatención y remedios duros que con compasión y una atención humanitaria. Incluso hoy en día, se deja que una gran cantidad de estos individuos, como los esquizofrénicos, se defiendan como mejor puedan en las calles de las ciudades. En este módulo exploraremos brevemente la historia de la forma en que la sociedad ha tratado a las personas que sufren trastornos mentales, desde que se iniciaron las formas de tratamiento más humanas hasta el movimiento de la salud mental comunitaria de nuestros días.

El surgimiento de la terapia moral

CONCEPTO 15.1
El surgimiento de la terapia moral, a finales del siglo XVIII y principios del XIX, representó un paso importante hacia la humanización del tratamiento de los pacientes psiquiátricos.

La filosofía del tratamiento llamada **terapia moral** surgió, en gran medida, a raíz de los esfuerzos de dos franceses del siglo XVIII, Jean-Baptiste Pussin y Phillippe Pinel. Ellos creían que los enfermos mentales debían ser tratados con compasión y humanismo. Sus ideas no gozaron de popularidad en esos días, porque se consideraba que los dementes eran una amenaza para la sociedad y no se les percibía como enfermos que necesitaban tratamiento. A partir de la idea de que el trato humanitario ayudaría a llevar a los trastornados de nueva cuenta a funcionar con normalidad, la terapia moral condujo a reformas similares en el tratamiento de la salud mental en Inglaterra y Estados Unidos.

En 1784, Pussin (1746−1811), quien no era médico, quedó a cargo de un pabellón de "locos incurables" en La Bicêtre, un enorme hospital psiquiátrico en París. Pussin, y no Pinel como piensa mucha gente, fue el primero que desencadenó a los pacientes psiquiátricos de aquel lugar. Creía que si recibían un trato bondadoso no era necesario que estuvieran encadenados. También insistía en que el personal del hospital tratara a los internos con respeto y compasión.

Pinel desencadenando a los internos en La Bicêtre

terapia moral Filosofía de tratamiento que enfatizaba la atención a los dementes con compasión y comprensión en lugar de encadenarlos.

desinstitucionalización Política de reducir la población de los hospitales psiquiátricos, trasladando la atención hospitalaria para internos hacia las clínicas comunitarias de pacientes ambulatorios.

Pinel (1745–1826) asumió la dirección del pabellón de La Bicêtre en 1793 y prosiguió con la filosofía humanitaria de tratamiento de Pussin, como el desencadenamiento de los internos. Suprimió los tratamientos duros, como las sangrías y las purgas, y sacó a los pacientes de calabozos oscuros para llevarlos a habitaciones soleadas y bien ventiladas.

Una importante defensora de la terapia moral en el siglo XIX Dorothea Dix (1802–1887), maestra de escuela de Boston, centró la atención en la triste situación de los enfermos mentales en Estados Unidos. Luchó por un trato más gentil hacia ellos, pues en aquellos días eran albergados en condiciones deplorables. En Massachusetts, los encontró encerrados en cárceles o asilos, donde estaban "encadenados, desnudos, eran golpeados con varillas y azotados para que obedecieran" (citado en Winerip, 1999, p. 47). Dix encontró condiciones igual de terribles cuando recorrió otros lugares del país. Sus esfuerzos contribuyeron a la creación de 32 hospitales psiquiátricos en Estados Unidos.

La terapia moral fue abandonada en la segunda parte del siglo XIX, cuando se concluyó que la técnica no conseguía que personas muy enfermas volvieran a la normalidad. En ausencia de tratamientos alternativos efectivos, los años siguientes fueron un periodo de apatía que se caracterizó porque los pacientes eran "almacenados" en los pabellones traseros de los grandes hospitales estatales (Grob, 1996). Asimismo, estaban casi olvidados y no tenían mucha esperanza ni expectativas de regresar a la comunidad. Quienes habían estado internados por tiempo prolongado recibían poca "terapia" o ninguna, y gran parte de las instalaciones estaban en condiciones lamentables.

Si bien había algunas excepciones donde se ofrecía ayuda humanitaria, además de las condiciones deplorables de la mayoría de los hospitales psiquiátricos estatales, todavía durante la primera mitad del siglo XX, por lo general, los pacientes estaban amontonados en pabellones cerrados con candados y algunos ni siquiera contaban con instalaciones sanitarias básicas. En ese entonces, los observadores sociales describieron muchos hospitales psiquiátricos administrados por el estado como "nidos de víboras humanas".

El movimiento hacia la atención comunitaria

En la década de 1950, las protestas públicas por las condiciones deplorables de los hospitales psiquiátricos estadounidenses exigían una reforma. El resultado fue el sistema comunitario de salud mental, el cual empezó a adquirir forma en la década de 1960. La esperanza era que las clínicas comunitarias ofrecieran a personas que padecían esquizofrenia, u otros trastornos psicológicos severos y persistentes, alternativas para evitar una hospitalización prolongada. La llegada de los medicamentos antipsicóticos, que ayudan a controlar los síntomas flagrantes de la esquizofrenia, dio mayor ímpetu al éxodo masivo de pacientes psiquiátricos crónicos que abandonaron las instituciones a partir de este periodo.

La política social que redirigió la atención de personas con trastornos mentales severos, de los hospitales psiquiátricos estatales a clínicas comunitarias de tratamiento, se llama **desinstitucionalización**. Como resultado de esta política, los pabellones de muchos hospitales casi se vaciaron y una gran cantidad de nosocomios estatales fueron cerrados enteramente y reemplazados por centros comunitarios de salud mental e instalaciones de tratamiento para internos. El censo de estas instituciones en Estados Unidos bajó de cerca de 550 000 en 1955 a menos de 130 000 a finales de la década de 1980 (Braddock, 1992).

Hoy en día, los centros comunitarios de salud mental ofrecen diversos servicios, entre ellos atención ambulatoria, programas diurnos de tratamiento e intervención en crisis. Asimismo, varios de ellos operan instalaciones supervisadas para internos, como las casas intermedias, que ayudan a los pacientes que estuvieron hospitalizados a transitar hacia la vida en la comunidad. El hospital psiquiátrico contemporáneo ahora es un recurso que ofrece a los pacientes alternativas como tratamientos más estructurados que pudieran necesitar durante los momentos de crisis y proporcionar un entorno protector para aquellos que requieren de una estancia prolongada ya que no son capaces de lidiar con los retos de la vida en la comunidad.

Por qué es importante

Los objetivos de la desinstitucionalización son encomiables, pero persiste la pregunta: ¿Ha alcanzado su meta de reintegrar a los pacientes psiquiátricos a sus comunidades? Por desgracia, en

💡 **CONCEPTO 15.2**
El movimiento de la salud mental comunitaria ofrece la esperanza de que los pacientes psiquiátricos se puedan reintegrar a la sociedad, pero en muchos casos sigue siendo una esperanza que aún no se ha cumplido.

Enfermos que viven en la calle
Satisfacer las necesidades multifacéticas de los enfermos mentales que viven en la calle es todo un reto para el sistema de salud mental y la sociedad en general.

TABLA DE CONCEPTOS 15.1
De la atención en hospitales a las clínicas comunitarias

Tipos de institución	Cuándo operaba	Comentarios
Sistema de hospitales estatales	Del siglo XIX a mediados del XX	Grandes instituciones estatales que brindaban poco más que una custodia. Las condiciones en algunas de ellas eran tan deplorables que a veces eran llamadas "nidos de víboras humanas"
Hospitales estatales modernos	De 1955 a la época actual	Instituciones ostensiblemente más pequeñas que ofrecen una atención más humanizada que las anteriores. No obstante los críticos señalan que algunas de ellas funcionan tan sólo como puertas giratorias que sirven para que los pacientes se la pasen entrando y saliendo constantemente
Clínicas comunitarias de salud mental	De la década de 1960 a la época actual	Centros de la comunidad que cubren diversos tratamientos y ofrecen alternativas además de la hospitalización, como tratamiento ambulatorio, programas hospitalarios diurnos e instalaciones para tratamiento de transición, como las casas intermedias. No obstante, muchos pacientes psiquiátricos que funcionan marginalmente han sido enviados a vivir en la comunidad sin que tuvieran acceso a una vivienda adecuada ni otro tipo de apoyo necesario. Mientras tanto, otros programas comunitarios más intensivos están empezando a arrojar mejores resultados ya que ayudan a los pacientes a adaptarse a la vida en la comunidad

el mejor de los casos, la desinstitucionalización merece una calificación mixta. Los críticos dicen que los hospitales psiquiátricos de hoy son como puertas giratorias, admiten a los pacientes una y otra vez, para después dejarlos salir conforme son estabilizados. Gran número de pacientes deja de recibir la amplia gama de servicios psicológicos y de apoyo que necesitan para poder adaptarse a la vida en la comunidad (Frank y Glied, 2006; Rosenheck *et al.*, 2003). Algunos simplemente caen por las grietas del sistema de salud mental y tienen que arreglárselas solos (Folsom *et al.*, 2005). Varias de las personas que viven en la calle vagando por ahí o durmiendo en las terminales de autobuses tienen problemas de salud mental y abuso de sustancias y no han sido reconocidos ni recibido la ayuda que necesitan. El gobierno de Estados Unidos calcula que uno de cada tres adultos que vive en la calle padece un trastorno psicológico severo (National Institutes of Health, 2003).

No es extraño que los programas comunitarios más intensivos, en especial aquellos que empatan sus servicios con las necesidades de los pacientes, obtengan mejores resultados y disminuyan la población que vive en la calle, en comparación con las formas tradicionales (p. e., Coldwell y Bender, 2007; Tolomiczenko, Sota y Goering, 2000). Se requieren esfuerzos más intensos para llegar a un número mayor de pacientes psiquiátricos que viven en la calle y que no buscan los servicios de salud mental por su cuenta. En general, tal vez sea más aconsejable pensar en la desinstitucionalización como un trabajo sin terminar que como una política fallida. La tabla de conceptos 15.1 resume la historia de la terapia que se expone en este capítulo. Lea la sección Intente lo siguiente para explorar una manera de brindar ayuda a personas en crisis.

Intente lo siguiente

"¿En qué puedo ayudarle?"

Diversas universidades y comunidades locales cuentan con asesorías telefónicas, llamadas líneas directas, para que personas alteradas o que piensan en suicidarse puedan llamar, las 24 horas del día, y recibir ayuda de inmediato. Los voluntarios que contestan estas llamadas reciben un adiestramiento especial para intervenir en crisis. Contestan, brindan apoyo emocional a las personas en crisis y ofrecen referencias para instituciones de salud mental o centros de asesoría en la zona. Ser voluntario de un servicio de este tipo de línea directa puede ser una experiencia muy formativa que le sirva de preparación para sus estudios en las profesiones dedicadas a ayudar a otros, como la psicología, la orientación pedagógica o el trabajo social. La labor puede ser gratificante, pero también es todo un reto. Asegúrese de que el servicio esté bien supervisado y que ofrece el apoyo y la dirección que necesitará para encarar la responsabilidad de brindar ayuda a personas en crisis. Lleve un diario para documentar sus experiencias, anotando cómo ésta colaboración va dando forma a sus ideas acerca de la psicología y, sobre todo, lo va moldeando a usted mismo.

Revisión de módulo 15.1   La senda al presente: una breve historia de la terapia

REPASE

¿Cómo ha ido cambiando el tratamiento de las personas que sufren un trastorno de conducta con el transcurso del tiempo?

- A finales del siglo XVIII, un planteamiento más humanitario para el tratamiento de los pacientes psiquiátricos, denominado "terapia moral", empezó a tomar fuerza.

- Cuando este movimiento se opacó, hubo una etapa de apatía y el enfoque dejó de centrarse en la terapia para pasar al tratamiento de custodia en grandes instituciones psiquiátricas estatales prohibitivas.

- Las presiones para que se reformara el sistema de salud mental en Estados Unidos desembocaron en la creación, en la década de 1960, de una red nacional de centros comunitarios de salud mental. El movimiento de salud mental comunitaria trasladó la atención que se brindaba en las grandes instalaciones de pacientes internos a las clínicas comunitarias.

¿Qué son los centros comunitarios de salud mental?

- Las clínicas comunitarias de salud mental son instalaciones que ofrecen toda una gama de servicios para la salud mental y apoyo a pacientes psiquiátricos dentro de las comunidades donde viven.

¿Ha tenido éxito la política de desinstitucionalización?

- La desinstitucionalización sigue siendo una promesa incumplida, pues muchos pacientes no reciben los servicios que necesitan para adaptarse debidamente a la comunidad.

RECUERDE

1. En el siglo XVIII, los franceses Jean-Baptiste Pussin y Philippe Pinel adoptaron una posición más humanitaria para el tratamiento de los pacientes psiquiátricos llamada terapia _____.

2. En el siglo XIX, la reformadora estadounidense que luchó por una atención más compasiva para los enfermos mentales se llamó _____ _____.

3. ¿Por qué la terapia moral a la larga perdió popularidad?

4. La política de _____ redujo ostensiblemente el censo de hospitales psiquiátricos estatales y dirigió el tratamiento de las personas con trastornos psicológicos severos en gran parte a los programas comunitarios.

REFLEXIONE

- ¿Cómo ha cambiado el trato que la sociedad da a personas que tienen problemas de salud mental con el transcurso del tiempo? ¿Ahora somos más tolerantes y comprensivos? ¿Qué opina usted?

- ¿Qué se podría hacer con el problema de los enfermos psiquiátricos que viven en la calle?

- Si alguien que conoce necesitara servicios de salud mental, ¿a dónde acudiría? ¿Cómo averiguaría los tipos de servicios para la salud mental que ofrecen su universidad y su comunidad?

Módulo 15.2   Tipos de psicoterapia

- ¿Qué es la psicoterapia?
- ¿Cuáles son los principales tipos de profesionales de la salud mental?
- ¿Cuáles son los principales tipos de psicoterapia?
- ¿Qué es la terapia de grupo, la familiar y la de pareja?
- ¿La psicoterapia funciona?
- ¿Qué factores culturales deben tomar en cuenta los terapeutas cuando trabajan con miembros de diversos grupos?

La **psicoterapia** es una forma de tratamiento psicológico que pretende ayudar a las personas a comprender sus problemas emocionales y conductuales con el fin de resolverlos. Está compuesta por una serie de sesiones cuyo tratamiento se basa en intercambios verbales entre un terapeuta y un cliente, por lo que también se llama "terapia hablada". En algunas formas de psicoterapia se presenta un diálogo permanente entre el terapeuta y el cliente, mientras que en otras, en especial el psicoanálisis clásico creado por Freud, el cliente es quien habla prácticamente todo el tiempo.

Alrededor de 10 millones de estadounidenses siguen un tratamiento de psicoterapia cada año (Langreth, 2007). Existe un gran número de tipos diferentes de psicoterapia, literalmente

psicoterapia Forma verbal de terapia derivada de un marco psicológico que consiste en una o más sesiones de tratamiento con un terapeuta.

CONCEPTO 15.3

La psicoterapia consiste en una o varias interacciones verbales entre un terapeuta y un cliente y se emplea para ayudar a las personas a comprender sus problemas psicológicos con el fin de resolverlos.

CONCEPTO 15.4

Diferentes tipos de profesionales, con distintos estudios y campos de competencia, ofrecen servicios de salud mental.

CONCEPTO 15.5

La terapia psicodinámica se funda en la idea de que, conocer los conflictos psicológicos sin resolver, que tienen su origen en la niñez, puede ayudar a las personas a superar sus problemas de conducta.

CONCEPTO 15.6

Freud inventó una serie de técnicas, entre ellas la asociación libre, el análisis y la interpretación de los sueños, para ayudar a sus clientes a adquirir conciencia de sus conflictos inconscientes.

VÍNCULO DE CONCEPTOS · · · · ·

Como observamos en el capítulo 4, Freud creía que los sueños tienen contenido manifiesto (transparente) y también latente (simbólico). Consulte el módulo 4.2.

cientos, pero los más usados se derivan de los principales modelos psicológicos de la conducta anormal que explicamos en el capítulo 14: el psicodinámico, el conductual, el humanista y el cognitivo. La mayoría de los estilos de psicoterapia se centran en el individuo, pero algunas extienden el tratamiento a las parejas, las familias y a grupos de individuos que no están relacionados.

Antes de que pasemos a las principales formas de psicoterapia, eche un vistazo a la tabla 15.1 que presenta una variedad de profesionales que brindan servicios de salud mental. Observe las diferencias en su preparación y campos de experiencia.

Terapia psicodinámica

¿Qué le viene a la mente cuando piensa en una psicoterapia? Si se imagina a una persona recostada en un diván hablando del pasado, en especial de su niñez temprana, seguramente está pensando en el **psicoanálisis**, la forma de psicoterapia que inventó Sigmund Freud. Fue el primer método creado de *terapia psicodinámica*. Ésta comparte la idea común de que los problemas psicológicos tienen su raíz en conflictos inconscientes que datan de la niñez. También supone que conocerlos y tratar de resolverlos a la luz de la personalidad adulta del individuo son pasos fundamentales para recuperar la salud mental.

El psicoanálisis tradicional: donde estaba el ello, estará el yo

Las personas que practican el psicoanálisis se llaman **psicoanalistas** o, de forma abreviada, *analistas*. Recuerde que en el capítulo 14 estudiamos que Freud pensaba que los conflictos ocasionados por los impulsos sexuales o agresivos primitivos provocan que el yo emplee *mecanismos de defensa*, en especial la *represión*, con el propósito de impedir que pasen a su consciente. En algunos casos, estos impulsos inconscientes amenazan con filtrarse al consciente y producen sentimientos de ansiedad. La persona podría decir que se siente ansiosa, que experimenta un sentimiento de miedo o una premonición, pero no tiene idea de la causa. En otros casos, la energía ligada al impulso es canalizada o convertida en un síntoma físico, como en los casos de la ceguera o la parálisis histérica. El síntoma mismo, como la imposibilidad de mover un brazo, cumple con un propósito oculto: impide que la persona actúe en razón del impulso subyacente. Así, por ejemplo, el individuo que exhibe una parálisis histérica no es capaz de usar el brazo para practicar actos sexuales inaceptables, como la masturbación. Asimismo, aquel que tiene miedo a las alturas podría albergar impulsos de autodestrucción que mantiene controlados cuando evita las situaciones que entrañan gran altura, porque ahí podría perder el control del impulso de saltar. Freud creía que la labor de la terapia era ayudar a las personas a adquirir conocimiento de sus conflictos inconscientes y tratar de resolverlos, para así permitir que la luz consciente del yo brillara sobre los más oscuros alcances del ello. Con ese conocimiento del sí mismo, el yo ya no tendría que mantener las conductas defensivas ni los síntomas psicológicos que protegen al ser del torbellino que lleva en su interior. Entonces el yo estaría en libertad para concentrar sus esfuerzos en perseguir intereses más constructivos, como el trabajo y las relaciones amorosas.

Freud empleó el psicoanálisis para sondear la mente inconsciente de estos conflictos internos, por medio de un proceso prolongado que, por lo general, tomaba muchos años. Creía que los conflictos inconscientes no son fáciles de sacar al consciente, por lo que inventó varias técnicas para ayudar a los clientes a adquirir conciencia de ellos, como la asociación libre, el análisis y la interpretación de los sueños.

Asociación libre

En la **asociación libre**, se pide al cliente expresar lo primero que le cruce la mente, sin importar lo trivial o irrelevante que parezca. Freud creía que estas asociaciones libres, con el tiempo, llegarían a descubrir los afanes y deseos profundos que reflejan los conflictos subyacentes. En el psicoanálisis clásico, el cliente se recuesta en un diván y el analista se sienta a un lado, donde el primero no ve a éste directamente, y permanece prácticamente callado. Con esta distancia, el analista espera crear un entorno que ayude al cliente a concentrarse en su interior, en sus propios pensamientos.

psicoanálisis Método de psicoterapia de Freud el cual se concentra en descubrir los conflictos inconscientes, que presuntamente son la raíz de los problemas psicológicos, para tratar de resolverlos.

psicoanalistas Practicantes del psicoanálisis que se han preparado en la escuela freudiana.

asociación libre Técnica de psicoanálisis con la cual se pide al cliente que diga lo primero que le viene a la mente.

TABLA 15.1   Principales tipos de profesionales de la salud mental

Psicólogos clínicos

Los psicólogos clínicos cuentan con un grado de doctorado en psicología (sea en filosofía, psicología o pedagogía) de una escuela superior o universidad acreditadas, y han aprobado un examen para obtener su registro profesional. Se especializan en practicar pruebas psicológicas, diagnosticar trastornos mentales y practicar psicoterapia. Hasta fecha reciente no podían prescribir medicamentos psiquiátricos. Sin embargo, al escribir estas líneas, dos estados (Nuevo México y Louisiana) habían aprobado leyes que ahora permiten que los psicólogos que concluyen programas especializados de capacitación pueden hacerlo (Comas-Díaz, 2006; Munsey, 2008b, c). Resta por ver si otros estados seguirán el ejemplo (Meyers, 2007a). Es más, la posibilidad de que los psicólogos puedan extender prescripciones médicas es un tema que origina grandes polémicas entre psicólogos y psiquiatras, y dentro del campo de la psicología misma.

Psicólogos orientadores

Los psicólogos orientadores cuentan con grado de doctorado en psicología y han aprobado un examen para obtener su registro profesional. Por lo general, aconsejan a personas que tienen problemas psicológicos sin un alto grado de severidad que las que tratan los psicólogos clínicos, como dificultades para adaptarse a la universidad o inseguridad en tanto de la carrera que se elegirá. Una cantidad importante de psicólogos orientadores que trabajan en universidades también brindan servicios a estudiantes cubiertos por la Americans with Disabilities Act (ADA, Ley de estadounidenses con discapacidades).

Psiquiatras

Los psiquiatras cuentan con una licenciatura en medicina y han cursado programas de psiquiatría para médicos residentes, los cuales suelen durar tres años. Son médicos que se especializan en el diagnóstico de trastornos psicológicos y su tratamiento. Como médicos con registro profesional, pueden prescribir medicamentos psiquiátricos y emplear otras técnicas médicas, como la terapia electroconvulsiva (TEC). Algunos también practican la psicoterapia basada en la preparación que adquieren en los programas para residentes o en institutos especializados.

Trabajadores sociales clínicos o psiquiátricos

Los trabajadores sociales clínicos o psiquiátricos cuentan con un grado de maestría en trabajo social y aplican sus conocimientos de entidades y organizaciones comunitarias para ayudar a las personas que padecen trastornos mentales severos a recibir los servicios que necesitan. Un gran número de trabajadores sociales clínicos practican la psicoterapia o formas específicas de terapia, como la terapia de pareja o la familiar.

Psicoanalistas

Los psicoanalistas suelen ser psiquiatras o psicólogos que además han terminado extensos estudios adicionales en psicoanálisis. Se requiere que ellos mismos se sometan a este tipo de terapia como parte de su preparación.

Orientadores

Los orientadores por lo general cuentan con un grado de maestría y trabajan en lugares como escuelas públicas, centros universitarios de consejería y aplicación de pruebas, hospitales y clínicas de salud. Una cantidad considerable se especializa en la orientación vocacional, además de ser consejeros de parejas o familias, o en casos de abuso de sustancias. También pueden brindar ayuda psicológica a personas que padecen formas leves de trastornos de conducta, a quienes luchan con enfermedades crónicas o debilitantes, o aquellas que están recuperándose de una experiencia traumática.

Enfermeras psiquiátricas

Las enfermeras psiquiátricas suelen ser aquellas que han concluido un programa de maestría en enfermería psiquiátrica. Pueden trabajar en una instalación psiquiátrica o en el consultorio médico, donde tratan a las personas que padecen trastornos psicológicos graves.

Análisis de los sueños

En el **análisis de los sueños**, el analista ayuda al cliente a comprender el contenido simbólico o *latente* de sus sueños, contrario del contenido abierto o *manifiesto* (consulte el capítulo 4). Freud decía que los sueños eran "el camino real al inconsciente". Pedía a sus clientes que hicieran asociaciones libres con el contenido manifiesto de sus sueños, con la esperanza de que ello les condujera a comprender mejor los significados ocultos de los mismos.

Interpretación

La **interpretación** se entiende como una explicación de las conexiones entre la conducta del cliente y sus expresiones verbales —su forma de actuar y lo que dice— y los motivos y conflictos

análisis de los sueños Técnica del psicoanálisis con la cual el terapeuta intenta analizar el significado subyacente o simbólico de los sueños del cliente.

interpretación En psicoanálisis, intento del terapeuta por explicar las conexiones entre el material que el cliente revela en la terapia y sus conflictos internos.

CONCEPTO 15.7
Freud creía que la capacidad para comprender la relación de transferencia es esencial para que el cliente tenga éxito en su psicoanálisis.

CONCEPTO 15.8
Las formas modernas de terapia psicodinámica, en comparación con el psicoanálisis tradicional, son más breves, permiten una mayor interacción entre el terapeuta y el cliente, y se concentran más en el yo.

insight En la teoría freudiana, la conciencia de los deseos y los conflictos subyacentes inconscientes.

resistencia En psicoanálisis, bloqueo que se presenta cuando la terapia toca pensamientos o sentimientos que provocan ansiedad.

relación de transferencia En terapia, tendencia de los clientes a revivir, en la relación que desarrollan con su terapeuta, relaciones conflictivas previas.

contratransferencia Tendencia de los terapeutas a relacionarse con sus clientes de maneras que reflejan sus relaciones con figuras importantes en sus propias vidas.

inconscientes del mismo. Al ofrecer interpretaciones, el analista ayuda al cliente a adquirir **insight** del origen inconsciente del problema.

La interpretación de la **resistencia** del cliente juega un papel importante en el psicoanálisis. La resistencia es el bloqueo que se produce cuando la terapia evoca pensamientos y sentimientos relacionados con la ansiedad. De repente, el cliente puede quedarse "en blanco" cuando las asociaciones libres tocan áreas sensibles, o de pronto olvidar presentarse en un cita cuando las más profundas cuestiones están siendo abordadas. Los psicoanalistas ven la resistencia como una táctica utilizada por el yo para evitar dar a conocer material inconsciente, interpretando los signos de la resistencia como claves de importantes cuestiones subyacentes que deben abordarse en la terapia.

En opinión de Freud, el uso más importante de la interpretación está en el análisis de la **relación de transferencia**. Creía que los clientes reviven, en el contexto de la relación que desarrollan con el analista, relaciones conflictivas y problemáticas previas. Los pacientes incluso podrían buscar que el analista les prodigue el amor que anhelaban, y jamás recibieron, de sus propias madres y padres (Edmundson, 2007a, 2007b). En otras variantes, una paciente podría transferir al analista los sentimientos mezclados de amor y odio que sentía hacia su padre. Un hombre joven podría ver al analista como un competidor o rival, y revivir los conflictos que no ha resuelto con su propio padre y que datan del complejo de Edipo de su infancia temprana. Al interpretar la relación de transferencia, el analista despierta la conciencia del cliente en cuanto a la forma en que estas relaciones conflictivas anteriores se entrometen en sus relaciones presentes, no sólo con el terapeuta, sino con las parejas, los jefes en el trabajo y los amigos. Freud sostenía que la capacidad del paciente para comprender la relación de transferencia es un ingrediente esencial para que el análisis tenga éxito.

La transferencia es una calle de doble vía. El propio Freud reconocía que, en ocasiones, él mismo había respondido a los clientes de modo que reflejaba sus relaciones con otros. Llamó **contratransferencia** a este proceso y creía que afectaba la relación terapéutica. Por ejemplo, un terapeuta podría reaccionar frente a un cliente como si fuese un competidor o un rival y a una cliente como si fuese un interés amoroso que le rechaza.

Enfoques psicodinámicos modernos: más yo, menos ello

El psicoanálisis tradicional es un proceso largo e intenso. Podría requerir entre tres y cinco sesiones a la semana durante un largo periodo. Algunos psicoanalistas contemporáneos siguen practicándolo casi de la misma forma que Freud. No obstante, hoy en día, un gran número de terapeutas psicodinámicos se concentra menos en los asuntos sexuales y más en cómo funciona la adaptación del yo. Asimismo, tal vez se centren más en las relaciones presentes del cliente que en el pasado remoto. Es más, como una cantidad considerable de analistas modernos adoptan el formato de una terapia más breve, adoptan un enfoque más directo para explorar la forma en que las defensas y las relaciones de transferencia de los clientes dificultan sus relaciones con otros (Messer, 2001). Una diferencia evidente es que, hoy en día, la mayoría de los analistas prefieren que sus clientes se sienten frente a ellos, en lugar de que se recuesten en un diván. También existe más diálogo entre ellos y, por lo general, los clientes sólo acuden a una o dos sesiones por semana (Grossman, 2003).

A continuación presentamos un ejemplo de "toma y da" entre un psicoanalista contemporáneo y un paciente adulto joven. El analista se concentra en la competencia que el cliente ha establecido con él. En un contexto analítico, esta competencia representa una transferencia de la rivalidad edípica sin resolver que el cliente tiene con su padre:

Cliente: Sigo teniendo éxito, pero me he sentido débil y cansado, acudí al médico ayer y me dijo que no tenía ningún problema orgánico.

Analista: ¿Le viene algo a la mente que tenga relación con el sentimiento de debilidad y cansancio?

Cliente: Pienso en cómo lucía usted el año pasado cuando salió del hospital. (El paciente se refería a una hospitalización que tuvo el analista el año anterior y durante la cual se suspendieron las sesiones del tratamiento).

Analista: ¿Recuerda cómo se sintió cuando me vio que lucía así?

Cliente: Me afectó, incluso me sentí culpable.

Analista: Pero, ¿por qué culpable?

Cliente: No estoy seguro de que dije eso. No tenía por qué sentirme culpable.

Analista: Tal vez le embargaban otros sentimientos.

Cliente: Bueno, pues sí. En algún momento me sentí ligeramente contento de que yo era joven y vigoroso y usted parecía ir de bajada...

Analista: Es evidente que se siente algo molesto cuando compara su condición con la mía, con ventaja para usted.

Cliente: Bueno, mire, jamás me he sentido bien cuando pienso que le supero en algún sentido...

Analista: Su sentimiento de debilidad y cansancio tal vez represente una identificación conmigo, provocado por su sentimiento de culpa por sus éxitos, porque eso implica que me está superando... Su malestar por el sentimiento de que en ciertos sentidos me está superando representa un problema para usted.

Fuente: Silverman, 1984, pp. 226–227.

Terapia humanista

Los terapeutas humanistas piensan que los seres humanos gozan de libre albedrío y que son capaces de tomar decisiones conscientes que enriquecen sus existencias. Los métodos de terapia que se han desarrollado dentro de la escuela humanista ponen hincapié en las experiencias subjetivas conscientes del cliente. Estos terapeutas se concentran en lo que está experimentando el individuo en el momento presente, y no en el pasado distante. No es que resten importancia al pasado, pues creen que las experiencias pasadas sí afectan la conducta y los sentimientos presentes. Sin embargo, subrayan que el cambio debe registrarse en el presente, *aquí y ahora*. Las dos formas principales de la terapia humanista son la *terapia centrada en el cliente*, creada por Carl Rogers, y la *terapia Gestalt*, creada por Fritz Perls.

Terapia centrada en el cliente

Rogers (1951) pensaba que si sólo se valora a los niños cuando se conducen de modo que complacen a otros, éstos se separan psicológicamente de ciertas partes de sí mismos con el objeto de afrontar la reprobación o las críticas. Se pueden volver tan aptos para actuar el papel de "niño bueno" o "niña buena" que desarrollan un autoconcepto distorsionado; una visión de sí mismos que no refleja quiénes son ni lo que sienten en realidad. Las personas bien adaptadas toman decisiones que son congruentes con sus seres, necesidades y valores únicos. Sin embargo, quienes tienen un autoconcepto distorsionado en gran medida son extrañas para sí mismas.

Como implica el nombre terapia *centrada en el cliente*, ésta se concentra en *self* o la persona. Los terapeutas que se concentran en el cliente luchan por establecer un ambiente terapéutico cálido y de aceptación, en el cual los clientes se sienten seguros como para explorar sus sentimientos más íntimos y capaces de aceptar sus verdaderos seres. Estos especialistas adoptan un enfoque *no directivo* de la terapia pues permiten que el cliente tome el mando y establezca el tono. El papel del terapeuta consiste en *reflejar de regreso* los sentimientos del cliente con el propósito de propiciar la autoexploración y la autoaceptación (Hill y Nakayama, 2000). En este ejemplo, Rogers ilustra la forma en que un consejero centrado en el cliente emplea el reflejo para ayudar a un cliente a aclarar sus sentimientos y a explorarlos más a fondo.

Cliente: Ahora bien, una de las cosas que... me había preocupado era... vivir en un dormitorio; es difícil no sólo medio encajar con un grupo de personas... que no son interesantes, sino que sólo están ahí... Entonces, ahora descubro que... me estoy alejando un poco de ese grupo... y me llevo con otro... que considero que tienen más intereses en común conmigo.

Consejero: Eso quiere decir que en realidad ha optado por alejarse del grupo en el que cayó por simple azar y elige a personas con las que se quiere llevar. ¿Eso es lo que quiere decir?

Psicoanálisis contemporáneo
Muchos psicoanalistas modernos han reemplazado el diván tradicional por interacciones verbales más directas, frente a frente, con sus clientes.

CONCEPTO 15.9
Las terapias humanistas hacen hincapié en lo subjetivo, la experiencia consciente y el desarrollo del potencial único de la persona.

VÍNCULO DE CONCEPTOS
Como vimos en el capítulo 8, Maslow creía que el nivel más alto de motivación del humano implica la autorrealización, o sea el impulso por realizar el potencial único de la persona. Consulte el módulo 8.1.

Cliente: Eso es... ellos [mis compañeros de cuarto]... me habían introducido a un grupo de sus amigos, compuesto por personas que yo no habría elegido. Entonces... me di cuenta de que estaba dedicando todo mi tiempo a esas personas, y ahora estoy empezando a buscar a otras que prefiero... en lugar de dejarme llevar por la pandilla.

Consejero: Pienso que ahora encuentra más fácil expresar sus verdaderas actitudes en una situación social... [a] decidir quiénes son sus amigos...

Cliente: Traté de comprobar si simplemente me estaba retirando del grupo de amigos con el cual pasaba mi tiempo... No fue retirada, sino que más bien es una afirmación de mis verdaderos intereses.

Consejero: Ah... Es decir, ha tratado de ser autocrítico para comprobar si simplemente estaba huyendo de la situación, pero en realidad piensa que es una expresión de sus actitudes positivas.

Cliente: Pienso que sí.

Fuente: Rogers, 1951, pp. 154–155.

Rogers creía que los terapeutas efectivos exhiben tres cualidades que son necesarias para crear el entorno de apoyo emocional que se precisa para que los clientes se beneficien con la terapia:

1. *La consideración positiva incondicional.* El terapeuta acepta al cliente incondicionalmente en su calidad de persona, a pesar de que no apruebe todas sus elecciones o conductas.

2. *La empatía.* El terapeuta demuestra *empatía,* o la capacidad para reflejar como espejo las experiencias y los sentimientos del cliente, o ve el mundo a través de los ojos o los marcos de referencia del mismo. Al introducirse en el mundo subjetivo del cliente, el terapeuta propicia que él haga lo mismo; es decir, que establezca contacto con sentimientos profundos de los que sólo tiene una somera conciencia.

3. *La autenticidad.* El terapeuta es capaz de expresar sentimientos auténticos y así demuestra que éstos, y los actos, pueden ser congruentes o consistentes. Aun cuando el terapeuta se sienta aburrido o alicaído, es más aconsejable que exprese esos sentimientos para alentar al cliente a hacer eso mismo, en lugar de distorsionar u ocultar sus verdaderos sentimientos.

Terapia Gestalt

Fritz Perls (1893–1970), el creador de la terapia Gestalt, era psicoanalista, pero no estaba satisfecho con el poco énfasis que se ponía en las experiencias subjetivas del cliente en el presente. Él pertenecía a la corriente de la psicología Gestalt y creía que era importante ayudar a los clientes a mezclar las partes conflictivas de su personalidad para formar un todo o "gestalt" integrado. A diferencia de los terapeutas centrados en el cliente, los cuales tratan de crear un ambiente cálido y de aceptación, los de la corriente Gestalt adoptan un enfoque directo, incluso de confrontación, para ayudar a los clientes a establecer contacto con sus sentimientos subyacentes. Insisten en pedirles que expresen cómo se están sintiendo en cada momento, aquí y ahora. No dejan que se escabullan permitiendo que se desvíen al hablar de hechos de su pasado ni que divaguen empleando términos generales y abstractos acerca de sus sentimientos o experiencias.

Los terapeutas Gestalt emplean ejercicios de actuación de roles para ayudar a los clientes a integrar sus sentimientos internos con su experiencia consciente. Con la técnica de la *silla vacía,* colocan un asiento desocupado delante de sus clientes (Greenberg y Malcolm, 2002). Les piden que imaginen que alguien con quien han tenido una relación problemática (madre, padre, cónyuge, jefe) está sentado en ella y que expresen lo que piensan acerca de esa persona. De tal manera, los clientes sienten que pueden expresar, sin peligro, sus sentimientos más profundos y sus necesidades insatisfechas sin temor a ser criticados por esa persona.

CONCEPTO 15.10
Carl Rogers creía que los terapeutas, para ser efectivos, debían mostrar empatía y consideración positiva incondicional por sus clientes, y que debían ser auténticos cuando expresaban sus sentimientos.

CONCEPTO 5.11
Fritz Perls, creador de la terapia Gestalt, creía que los terapeutas deben ayudar a los clientes a mezclar las partes conflictivas de su personalidad para formar un todo, o *Gestalt,* integrado.

Perls también pedía a los clientes que actuaran roles de diferentes partes de su propia personalidad. Una dictaría una orden como: "Corre riesgos. Involúcrate". Otra más constreñida contestaría: "Vete a lo seguro. No te arriesgues". Al ayudar a los individuos a adquirir más conciencia de estas partes opuestas, los terapeutas Gestalt buscan que se integre la personalidad del cliente de modo que podría significar una componenda entre las partes opuestas.

Terapia conductual

En la **terapia conductual** (también llamada *modificación de la conducta),* se aplican sistemáticamente los principios del aprendizaje para ayudar a los individuos a realizar cambios en su conducta para que se puedan adaptar. Asimismo piensan que los problemas psicológicos son aprendidos en gran medida y, por lo mismo, que es posible desaprenderlos. La terapia conductual, al igual que la humanista y la cognitiva, aborda la situación presente del cliente, y no su pasado distante. Sin embargo, se concentra directamente en cambiar las conductas problemáticas, en lugar de explorar sus sentimientos. Este tipo de terapia es relativamente breve y, por lo general, dura unas cuantas semanas o meses, en lugar de varios años.

Métodos para disminuir el miedo

Los terapeutas conductuales emplean varias técnicas para tratar las fobias, entre ellas la desensibilización sistemática, la exposición gradual y el modelado.

El método conductual más empleado para tratar diversos tipos de fobias es la **exposición gradual** (también denominada *exposición invivo,* o en "la vida real") para ayudar a las personas a superarlas. La técnica implica una confrontación a estímulos cada vez más temibles en situaciones de la vida real. Al avanzar gradualmente, a su propio ritmo, por una jerarquía o una serie ordenada de experiencias de exposición, los individuos aprenden a tolerar estímulos o situaciones cada vez más temibles. Con el tiempo, el miedo mismo se extinguirá como consecuencia de la exposición reiterada a los estímulos en ausencia de experiencias inquietantes.

Los clientes primero pueden aprender habilidades para relajarse y usarlas durante sus pruebas de exposición. También se les puede enseñar a usar enunciados tranquilizantes que les ayudarán a lidiar con estos encuentros; que pueden repetir en voz baja, hacia ellos mismos (p. e. "Puedo hacerlo. Sólo respira hondo varias veces y el miedo pasará".)

Un ejemplo de jerarquía para una persona que tiene fobia a los elevadores podría incluir los pasos siguientes:

1. Pararse frente a la puerta de un elevador.
2. Pararse dentro del elevador con la puerta abierta.
3. Pararse dentro del elevador con la puerta cerrada.
4. Bajar un piso en el elevador.
5. Subir un piso en el elevador.
6. Bajar dos pisos en el elevador.
7. Subir dos pisos en el elevador.
8. Bajar dos pisos en el elevador y a continuación subir dos pisos.
9. Bajar al sótano en el elevador.
10. Subir a la planta más alta en el elevador.
11. Bajar al sótano y a continuación subir a la planta más alta en el elevador.

Exposición gradual Mediante una exposición gradual, el cliente confronta estímulos o situaciones cada vez más temibles, en ocasiones ayudado por un terapeuta u otras personas que le brindan apoyo.

La terapia de exposición ayuda a las personas a superar el miedo a objetos o situaciones específicos, como el temor a viajar en trenes o elevadores, así como el que se presenta en las interacciones sociales, como el miedo a conocer gente o a hablar en público (Choy, Fyer y Lipsitz, 2007; Hoffman, 2000). Por ejemplo, se podría instruir a una persona que tiene fobia social a crear una jerarquía de situaciones sociales temibles. A continuación, ella aprendería a relajarse e iniciaría una serie de pruebas de exposición, empezando por la situación social que le produce menos estrés y subiendo por la jerarquía hasta la situación más estresante. La exposición también ayuda a las personas que sufren un trastorno de estrés postraumático, o TEPT, a enfrentar los miedos asociados a los estímulos o las situaciones ligados al trauma que experimentaron (Bradley *et al.*, 2005; Gray y Acierno, 2002; Salcioğlu, Başoğlu y Livano, 2007). (El capítulo 12 presenta una explicación más amplia del TEPT.)

Los terapeutas también pueden emplear una forma imaginaria de exposición, llamada **desensibilización sistemática**. Con esta técnica, primero se enseña al cliente las habilidades para una relajación muscular profunda, por lo general por medio de un método que consiste en tensar y relajar grupos seleccionados de músculos del cuerpo. A continuación, formula una serie ordenada de estímulos que le producen miedo, llamada **jerarquía del temor**, avanzando del estímulo menos temible al más temible. Después, el terapeuta guía al cliente a la práctica de la relajación profunda y, enseguida lo instruye a que imagine que enfrenta el primer estímulo de su jerarquía (o tal vez vea el estímulo, p. e. con una serie de transparencias). Si se presenta ansiedad, el cliente deja de imaginar el estímulo temido y reanuda la relajación profunda antes de volver a intentar el ejercicio. Cuando el cliente puede permanecer relajado durante la exposición imaginaria al primer estímulo durante varias pruebas, a continuación pasa al siguiente. Este procedimiento se repite en cada paso de la jerarquía. El propósito es emplear la relajación como una respuesta incompatible con el miedo a efecto de debilitar el enlace entre los estímulos temibles y el miedo que despiertan.

Una forma de aprendizaje por observación, llamada **modelado**, suele emplearse para ayudar a las personas a superar sus temores y a adquirir conductas de mayor adaptación. En especial, los individuos adquieren conductas deseables cuando observan a otros desempeñarlas para después imitarlas. El psicólogo Albert Bandura fue pionero en el uso del modelado como técnica terapéutica para ayudar a las personas a superar fobias, como el miedo a serpientes, perros y otros animales pequeños (Bandura, Blanchard y Ritter, 1969).

Condicionamiento negativo

En el **condicionamiento negativo**, una forma de condicionamiento clásico, los estímulos asociados con una respuesta indeseable se aparean con estímulos que producen aversión, como una descarga eléctrica o un fármaco que produce náuseas. La idea es conseguir que estos estímulos produzcan una respuesta negativa (miedo o náuseas) que impedirá que la persona desempeñe la conducta indeseable. Por ejemplo, los adultos que sienten atractivo sexual por los menores podrían recibir una descarga eléctrica leve, pero dolorosa, cuando ven fotografías sexualmente provocativas de niños. En el tratamiento de alcoholismo, un fármaco que produce náuseas podría ir apareado con el olor o un pequeño trago de una bebida alcohólica. En términos de condicionamiento, el fármaco que produce náuseas es el estímulo no condicionado (ENC) y las náuseas son la respuesta no condicionada (RNC). La bebida alcohólica se convierte en un estímulo condicionado (EC) que produce malestar (RC) cuando se aparea repetidamente con el ENC. Por desgracia, los efectos del condicionamiento suelen ser temporales; fuera del marco del tratamiento, el estímulo negativo deja de acompañar a la conducta indeseable. Esto explica en parte por qué el uso del condicionamiento negativo no está más generalizado, si bien podría ser útil como componente de un programa de tratamiento más amplio.

Métodos de condicionamiento operante

Los terapeutas conductuales aplican los principios operantes del reforzamiento y el castigo para reforzar la conducta deseable y debilitar la indeseable. Por ejemplo, pueden enseñar a los padres a premiar a sus hijos por una conducta correcta y a retirar su atención (un reforzador social)

CONCEPTO 15.4
El condicionamiento negativo aplica los principios del condicionamiento clásico para producir una respuesta desagradable a estímulos asociados con conductas indeseables.

VÍNCULO DE CONCEPTOS •••••
Como observamos en el capítulo 5, los principios del condicionamiento clásico se pueden utilizar para explicar una amplia gama de conductas, desde las respuestas de miedo hasta el deseo de consumir drogas. Consulte el módulo 5.1.

CONCEPTO 15.15
Los terapeutas conductuales aplican los principios del condicionamiento operante para fortalecer una conducta deseable y debilitar o eliminar una indeseable.

después de un comportamiento problemático para debilitarlo o eliminarlo. También pueden enseñarlos a emplear formas suaves de castigo, como el procedimiento del *tiempo fuera*, en el cual los niños son retirados de un entorno gratificante cuando se portan mal y a "permanecer sentados" durante un tiempo determinado antes de reanudar otras actividades.

En el capítulo 5, mencionamos otra técnica de condicionamiento operante, la *economía de fichas*, que es un programa de modificación de la conducta que se usa en hospitales psiquiátricos y otros contextos, como las escuelas. Por ejemplo, los internos de los hospitales psiquiátricos reciben fichas de plástico como reforzadores positivos cuando desempeñan ciertas conductas deseables, como lavarse solos, limpiar sus habitaciones y socializar correctamente con otros. A continuación pueden cambiar sus fichas por reforzadores tangibles, como privilegios extraordinarios o golosinas. Los programas de economía de fichas se han empleado con éxito en hospitales psiquiátricos, instituciones y hogares para personas que sufren retraso mental, y en reclusorios para el tratamiento de delincuentes.

Terapia cognitivo-conductual

La **terapia cognitivo-conductual (TCC)** (también llamada *terapia cognitiva de la conducta*) combina técnicas conductuales, como la exposición gradual, y técnicas cognitivas que se concentran en ayudar a los clientes a identificar y corregir ideas y patrones de pensamiento erróneos. Los terapeutas de esta corriente se basan en las aportaciones de los terapeutas cognitivos, como el psicólogo Albert Ellis y el psiquiatra Aaron Beck, que veremos a continuación.

Terapias cognitivas

Las terapias cognitivas se centran en ayudar a las personas a cambiar su forma de pensar. Sus técnicas se derivan de la idea de que las formas distorsionadas o equivocadas de pensar están detrás de problemas emocionales, como la ansiedad y la depresión, y conducen a una conducta autoderrotista o de inadaptación. Ayudan a los clientes a reemplazar estos pensamientos por aquellos más sanos y racionales. La TCC se basa en el concepto de que los hechos negativos o las experiencias de la vida no son la causa de los problemas emocionales, sino que su causa es la forma en que las personas los interpretan. Esta idea fue expresada con gran elocuencia por Shakespeare cuando escribió en *Hamlet*: "nada es bueno o malo, el pensamiento hace que lo sea".

Por supuesto que Shakespeare no quería decir que las desgracias sean indoloras ni fáciles de afrontar. Por el contrario, insinúa que lo que pensemos acerca de los hechos desagradables puede acentuar o disminuir nuestro malestar y afectar nuestra forma de afrontar las desgracias de la vida. Varios cientos de años después, los terapeutas cognitivos adoptarían la expresión de Shakespeare, simple pero elegante, como una suerte de lema para su planteamiento terapéutico.

Las terapias cognitivas son formas de tratamiento relativamente breves (que requieren meses en lugar de años). A semejanza del planteamiento humanista, se concentran más en lo que está sucediendo en el presente que en lo que sucedió en el pasado distante. Se asigna a los clientes tareas que deben cumplir en casa y que les ayudarán a identificar y afrontar los pensamientos distorsionados cuando se presentan y también a desarrollar conductas más adaptadas y formas racionales de pensar. Hoy en día, las principales terapias cognitivas son la *terapia conductual racional emotiva,* creada por Ellis, y la *terapia cognitiva,* creada por Beck.

Terapia conductual racional emotiva: la importancia del pensamiento racional

Albert Ellis (1913-2007) creó la **terapia conductual racional emotiva (TCRE)** a partir de su concepción de que el pensamiento irracional o ilógico es la raíz de los problemas emocionales (Ellis, 1977, 2001). Para superar estos problemas, el terapeuta debe enseñar al cliente a reconocer estas ideas irracionales y reemplazarlas por creencias lógicas de automejoría. Ellis consideraba que este proceso era como "golpetear constantemente" las ideas del cliente hasta convencerse de que debía cambiarlas y reemplazarlas por formas más lógicas de pensar.

desensibilización sistemática Técnica de terapia conductual para el tratamiento de fobias mediante la asociación de exposición imaginaria a estímulos atemorizantes y estados de relajación profunda.

jerarquía del temor Serie ordenada de objetos o situaciones cada vez más temibles.

modelado Técnica de terapia conductual para superar fobias y adquirir conductas más adaptativas, basada en la observación y en la imitación de modelos.

condicionamiento negativo Forma de terapia conductual en la cual los estímulos asociados con la conducta indeseable son equiparados con estímulos repulsivos para crear una respuesta negativa a éstos.

terapia cognitivo-conductual (TCC) Forma de terapia que combina técnicas de tratamiento conductual y cognitivo.

terapia conductual racional emotiva (TCRE) Desarrollada por Albert Ellis, forma de terapia que se basa en identificar y corregir las creencias irracionales que se supone están detrás de las dificultades emocionales y conductuales.

CONCEPTO 15.18
La terapia conductual racional emotiva parte del concepto de que las ideas irracionales provocan que las personas sufran emocionalmente frente a las experiencias decepcionantes de la vida.

Albert Ellis

Ellis afirmó que desde los cuatro años había empezado a desarrollar las creencias que más adelante plantearían sus ideas acerca de la psicología; por ejemplo, "la vida está llena de molestias que no podemos controlar ni eliminar"; "las molestias nunca son terribles, a no ser que hagamos que lo sean"; "además del corazón, utilice la cabeza en sus reacciones" (citado en Wiener, 1988, p. 18). Empezó a actuar con fundamento en estos principios desde muy joven, tomando la vida como se presentaba y jamás se permitió sentirse alterado o enojado durante mucho tiempo. Creía que no tiene sentido estar todo el tiempo sintiéndose miserable cuando uno podría estar disfrutando.

Ellis sostiene que las creencias irracionales suelen adoptar la forma de *deberías o tienes que*, como la idea de que uno siempre debe tener la aprobación de las personas importantes que hay en su vida. Ellis señala que el deseo de aprobación es comprensible, pero que no es lógico creer que uno siempre la recibirá de otros ni que no podrá sobrevivir sin ella. La TCRE fomenta que los clientes reemplacen los pensamientos irracionales (como los que presentan en la tabla 15.2) por alternativas racionales y les enseña a afrontar sus problemas de la misma forma.

Según Ellis, las reacciones emocionales negativas, como la ansiedad y la depresión, no son producto directo de los hechos desagradables, o los que denominara "sucesos activadores". Por el contrario, se derivan de las creencias irracionales que adjudicamos a las experiencias de la vida. Éstas son ilógicas porque se basan en una evaluación distorsionada y exagerada de la situación, y no en los hechos en cuestión. Ellis utiliza un enfoque de "ABC" para explicar las causas del sufrimiento emocional. Este modelo se representa con el siguiente diagrama:

Suceso activador ⟶ *Creencias* ⟶ *Consecuencias*

Piense en una persona que se siente deprimida y devaluada porque obtuvo una mala calificación en un examen en la universidad (consulte la figura 15.1). La baja calificación es el *suceso activador* (A). Las *consecuencias* (C), o resultados, son los sentimientos de depresión. Sin embargo, el suceso activador (A) no conduce directamente a las consecuencias emocionales (C). Por el contrario, el suceso pasa el filtro de las *creencias* de la persona (B) ("Soy un verdadero fracaso. Jamás triunfaré"). La mayoría de las personas tienen dificultad para identificar sus creencias (B), en parte porque, por lo general, están más conscientes de lo que sienten respecto del suceso activador (A) que de lo que piensan como respuesta del mismo, y en parte porque el suceso (A) y las consecuencias emocionales (C) ocurren casi de manera simultánea que el suceso parece ser la causa de la emoción. Asimismo, también pueden tener problemas para detenerse en medio de una situación y preguntarse: "¿Qué me estoy diciendo que es la causa de este sufrimiento?"

Ellis reconocía que la decepción es una reacción perfectamente comprensible frente a sucesos molestos o frustrantes. Sin embargo, cuando las personas exageran las consecuencias de los eventos negativos, convierten la decepción en depresión y desesperación.

TABLA 15.2   Ejemplos de creencias irracionales según Ellis

- Es imprescindible que tenga el amor y la aprobación de casi todas las personas que son importantes para usted
- Debe ser totalmente competente en todas sus actividades para poder sentir que vale la pena
- Es terrible y catastrófico que la vida no marche como uno lo desea. Las cosas se ponen espantosas cuando no obtiene lo primero que ha elegido
- Las personas se deben tratar con equidad y es horrible que no lo hagan
- Es espantoso y terrible que no haya una solución clara y rápida para los problemas de la vida
- El pasado le debe seguir afectando y determina su conducta

Fuente: Adaptado de Ellis, 1991.

DIAGRAMA DE
LA PSICOLOGÍA   **FIGURA 15.1   Modelo "ABC" de Ellis**

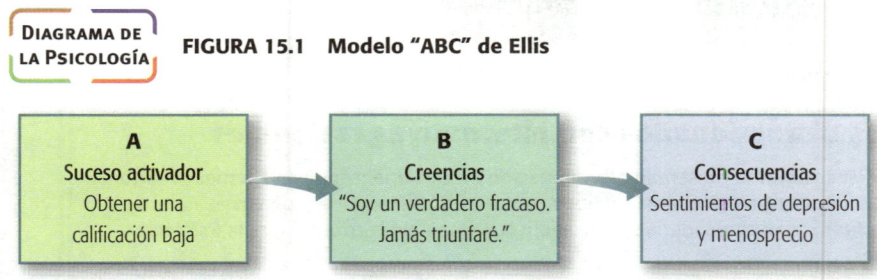

A	**B**	**C**
Suceso activador	Creencias	Consecuencias
Obtener una calificación baja	"Soy un verdadero fracaso. Jamás triunfaré."	Sentimientos de depresión y menosprecio

Piense en el caso de Jane, una joven de 27 años, tímida e inhibida en sociedad (Ellis y Dryden, 1987, p. 69). Su terapeuta primero la ayudó a identificar sus creencias irracionales subyacentes, como la idea, de que si se sentía ansiosa y se le trababa la lengua cuando hablaba con otros en una reunión social, eso significaba que era tonta e inadecuada. También le ayudó a reemplazar esta creencia irracional por otra racional: "Si las personas me rechazan por mostrarles que me siento ansiosa, será una pena, pero lo puedo soportar". Jane también practicó a hablar racionalmente consigo misma, diciendo: "Cuando las personas que prefiero me rechazan, eso con frecuencia revela más de ellas y sus gustos que de mi persona".

Ellis más adelante añadió una "D" (discutir) al modelo ABC cuando ayudó a sus clientes a enfrentar o discutir sus creencias irracionales. La caricatura de la página 573 ilustra el modelo ABCD en relación con una fuente de ansiedad muy común: hablar en público.

La TCRE también tiene un fuerte componente conductual. Los terapeutas ayudan a los clientes a desarrollar conductas interpersonales más eficaces que reemplazan el comportamiento autoderrotista e inadaptado. Les asignan tareas específicas para desempeñar en casa, como disentir con un pariente impositivo o invitar a alguien a salir. También les ayudan a practicar o ensayar conductas de mayor adaptación.

Terapia cognitiva: corregir los errores de pensamiento

Como psiquiatra, Albert Beck (n. 1921) encontró que su trabajo con pacientes reflejaba como espejo sus experiencias personales en donde halló que sus reacciones emocionales a los eventos tenían sus raíces en un pensamiento distorsionado. El método de tratamiento de Beck, denominado **terapia cognitiva**, ayuda a los clientes a identificar y corregir errores de pensamiento y a reemplazarlos con alternativas racionales (Beck *et al*., 1979; DeRubeis, Tang y Beck, 2001).

Beck aplicó las técnicas cognitivas a su persona mucho antes de que creara la terapia cognitiva. Durante un largo periodo había sufrido un miedo irracional a los túneles. Atribuía su fobia al temor de ahogarse que había desarrollado cuando era niño después de un caso grave de tosferina. Beck consiguió superar su fobia repitiéndose insistentemente que sus expectativas de peligro acerca de los túneles no tenían un fundamento real (Hunt, 1993).

Beck llama "distorsiones cognitivas" a los errores de pensamiento. Por ejemplo, piensa que las personas deprimidas tienden a aumentar o exagerar las consecuencias de los sucesos negativos y a culparse de las decepciones de la vida, mientras ignoran el papel de las circunstancias externas.

Los terapeutas cognitivos asignan a los clientes tareas para desempeñar en casa, donde deben registrar los pensamientos distorsionados que acompañan sus respuestas emocionales negativas y practicar sustituirlas por pensamientos racionales alternativos. El siguiente ejercicio de la sección Intente lo siguiente enumera una serie de pensamientos distorsionados que comúnmente tienen las personas deprimidas. Trate de generar algunas alternativas racionales para estos pensamientos.

Otro tipo de tarea para realizar en casa es la *comprobación de la realidad*, en la que los clientes deben comprobar sus creencias negativas a efecto de determinar si son válidas. Por ejemplo, un cliente deprimido que siente que nadie le quiere tendría que llamar a dos o tres amigos por teléfono y reunir datos de la forma en que ellos reaccionan ante las llamadas. A continuación, el terapeuta podría pedir al cliente que reporte su tarea: "¿Ellos colgaron el teléfono enseguida o les dio gusto

CONCEPTO 15.19
La terapia cognitiva se concentra en ayudar a los clientes a identificar y corregir los pensamientos y las creencias distorsionados que no tienen fundamento en la realidad.

Aaron Beck

terapia cognitiva Método de psicoterapia desarrollado por Aaron Beck que ayuda a los clientes a reconocer y corregir los patrones distorsionados de pensamiento que presuntamente están detrás de sus problemas emocionales.

Intente lo siguiente

Reemplazar los pensamientos distorsionados con alternativas racionales

Junto a cada uno de los pensamientos automáticos que se presentan a continuación incluya una respuesta alternativa racional. En caso necesario, vuelva a la tabla 14.2 del capítulo 14 para repasar los tipos comunes de distorsiones cognitivas. En el ejemplo de respuesta clave que se incluye al final del capítulo, dentro de la sección Pensamiento crítico sobre la Psicología, encontrará muestras de alternativas racionales.

Pensamiento automático	Tipo de distorsión cognitiva	Alternativa racional
1. Esta relación es un desastre, un desastre total.	Pensamiento de todo o nada	_____
2. Estoy hecho pedazos, no soy capaz de manejar esto.	Catastrofismo	_____
3. Las cosas realmente deben estar terribles para provocar que me sienta así.	Razonamiento basado en emociones	_____
4. Sé que reprobaré el curso.	Saltar a conclusiones	_____
5. Los problemas de _____ son por mi culpa.	Responsabilidad equivocada	_____
6. Soy un perdedor.	Ponerse calificativos	_____
7. Una persona de mi edad debería haber llegado más lejos.	Los debería...	_____
8. Sería terrible que no me dieran el trabajo.	Catastrofismo	_____
9. Sé que si _____ me conociera mejor, no me querría.	Saltar a conclusiones	_____
10. Sólo puedo ver los aspectos negativos.	Enfoque negativo	_____

que les llamara? ¿Manifestaron interés por volver a hablar con usted o por reunirse algún día? ¿La evidencia sustenta la conclusión de que nadie está interesado en usted?"

La TCRE y la terapia cognitiva se parecen en muchos sentidos. Las dos se concentran principalmente en ayudar a las personas a reemplazar los pensamientos y las creencias disfuncionales con otras más racionales y adaptables. La diferencia marcada entre ellas sería el estilo terapéutico: el terapeuta de la TCRE por lo regular adopta un enfoque más directo, a veces de confrontación, cuando rebate las creencias irracionales del cliente, mientras que el cognitivo por lo general opta por una perspectiva más suave, de más colaboración, para ayudar a los clientes a identificar y corregir las distorsiones de su pensamiento.

Las diferencias entre las psicoterapias específicas no son tan claras como puede parecer. Por una parte, la línea entre las terapias cognitiva y conductual es borrosa en el sentido de que podemos clasificar las terapias cognitivas de Ellis y de Beck como formas de una terapia cognitivo–conductual. Las dos recurren a técnicas conductuales y cognitivas para ayudar a las personas a desarrollar conductas más adaptadas y a cambiar los patrones de un pensamiento disfuncional. Por otra parte, un número considerable de terapeutas se identifican con un enfoque ecléctico incluso más amplio, como veremos a continuación.

Terapia ecléctica

Los terapeutas que practican una **terapia ecléctica** van más allá de las barreras teóricas que separan a una escuela de psicoterapia de otra. Buscan un terreno común en las diferentes corrientes e integran los diversos principios y técnicas que representan estos planteamientos. En un caso particular, un terapeuta ecléctico podría utilizar una terapia conductual para guiar al cliente a cambiar las conductas problemáticas y un enfoque psicodinámico para ayudarle a conocer a fondo los conflictos subyacentes.

La orientación ecléctica/integradora fue aquella que apoyaron más los psicólogos clínicos que participaron en una encuesta, superando con estrecho margen a la orientación cognitiva

CONCEPTO 15.20
Un número considerable de terapeutas se identifican con una terapia de orientación ecléctica, con la cual adoptan principios y técnicas de distintas escuelas.

terapia ecléctica Perspectiva terapéutica que reúne principios y técnicas que representan a distintas escuelas de terapia.

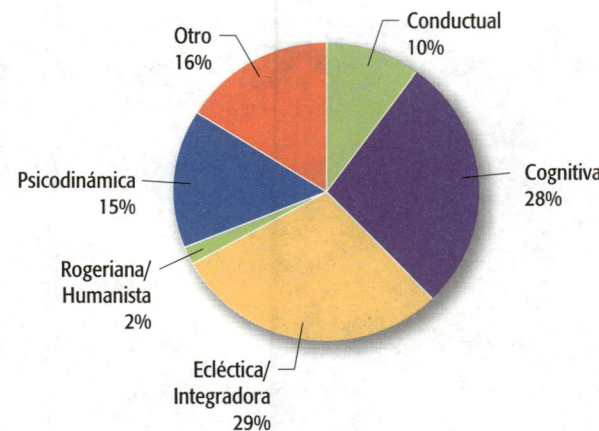

María maneja la ansiedad con el ABC

A Suceso activador

"Mañana por la mañana, me toca pronunciar un discurso de cinco minutos en clase". (Los sucesos activadores pueden ser aquellos que se anticipan.)

B Creencias y hablar con uno mismo

"Tengo que hacerlo bien o me sentiré humillada y que no valgo nada. No soporto que todo el mundo se fije en mí. ¿Por qué es tan difícil la escuela? Jamás seré buena para hablar en público."

Causas

C Consecuencias

"El sólo pensar en este discurso me produce taquicardia, que me tiemblen las manos y se me revuelva el estómago."

D Discusión

"Exigirme hacerlo muy bien sólo me está produciendo enorme angustia. A pesar de que no me gusta, puedo aguantar que otros me evalúen. Si mi discurso no es sobresaliente, no me pasará nada. Además, la profesora me ha dicho que estoy mejorando."

FIGURA 15.2   Los psicólogos clínicos se identifican con cada orientación terapéutica

La orientación ecléctica/integradora surgió como la más popular entre los psicólogos clínicos que participaron recientemente en una encuesta.

Fuente: Adaptado de Norcross, Karpiak y Santoro (2005).

(Norcross, Karpiak y Santoro, 2005; consulte la figura 15.2). Los terapeutas eclécticos seguramente han aprendido con la experiencia que es muy valioso recurrir a diversos puntos de vista.

No todos los terapeutas son partidarios de un enfoque ecléctico. Una cantidad importante piensa que las diferencias entre las diversas corrientes son tan grandes que su integración terapéutica no es deseable ni posible. Argumentan que tratar de combinarlas sólo lleva a una verdadera mezcolanza de técnicas que carece de un marco conceptual cohesionado. No obstante, el movimiento hacia el eclecticismo sigue en aumento dentro la comunidad terapéutica.

Terapia de grupo, familiar y de pareja

La **terapia de grupo** reúne a varias personas en grupos pequeños con el propósito de ayudarles a explorar y resolver sus problemas. Comparada con la terapia individual, la de grupo ofrece varias ventajas, de entrada, como el terapeuta trata a varios individuos al mismo tiempo, suele ser menos costosa que la individual. En segundo lugar, puede ser particularmente útil para quienes experimentan problemas interpersonales, como la soledad, la timidez o la poca autoestima. Estas personas suelen beneficiarse de la interacción con otras que sirven de apoyo dentro del programa de tratamiento grupal. El "toma y da" que se presenta en el grupo puede ayudar a mejorar las habilidades sociales de un miembro. Además, los clientes que toman esta terapia dan cuenta de cómo otros del grupo han encarado problemas similares.

La terapia de grupo podría no ser para todas las personas. Algunos clientes prefieren la atención individual del terapeuta. Quizá sienten que la terapia de uno a uno ofrece la posibilidad de explorar más a fondo sus emociones y experiencias. Asimismo, podrían no estar dispuestos a revelar sus problemas personales frente a los demás miembros de un grupo. Tal vez se sientan demasiado inhibidos para poder relacionarse tranquilamente con el resto, a pesar de que la interacción con los demás sería mucho más benéfica para ellos.

Los terapeutas de grupo pueden compensar algunos de estos inconvenientes creando un ambiente que propicie la confianza y la autoexploración. En particular, requieren que la información revelada por los miembros del grupo sea estrictamente confidencial, se encargan de que se relacionen entre sí de forma solidaria y no destructiva, e impiden que un solo individuo monopolice la atención o domine al grupo. En pocas palabras, los buenos terapeutas tratan de brindar a cada miembro la atención que necesita.

CONCEPTO 15.21
Los terapeutas muchas veces tratan a los individuos en grupo, el cual puede estar formado por personas que no tienen relación, una familia o una pareja.

terapia de grupo   Forma de terapia en la cual los clientes son atendidos dentro del formato de grupo.

Terapia de grupo La terapia de grupo reúne a unas cuantas personas con el objeto de ayudarlas a explorar sus problemas psicológicos y a trabajar en ellos.

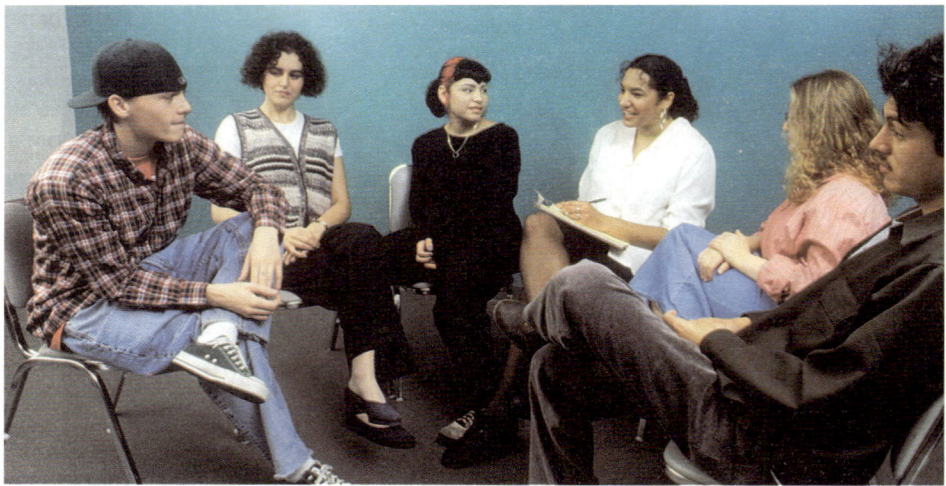

Terapia familiar La terapia familiar brinda oportunidades a los miembros de una familia para que desarrollen formas más eficaces de comunicarse y relacionarse entre sí.

La **terapia familiar** ayuda a las familias conflictivas a aprender a comunicarse mejor y resolver sus diferencias. La familia, y no el individuo, es la unidad de tratamiento. Se considera que la unidad familiar es un sistema social complejo, en el cual los individuos desempeñan ciertos roles. En incontables casos, la familia señala a un solo miembro como la fuente de los problemas. Los terapeutas familiares eficaces demuestran que las dificultades de ese individuo son un síntoma de problemas mayores en la familia, que implican una descomposición del sistema mismo, y no del sujeto en sí. Por otro lado, ayudan a las familias disfuncionales a cambiar la forma de interactuar y de relacionarse entre los miembros de modo que acepten y apoyen las necesidades y diferencias de los demás.

En la **terapia de pareja** (también llamada terapia conyugal cuando se refiere a matrimonios), la pareja es la unidad del tratamiento. Esta terapia crea relaciones más sanas porque ayuda a la pareja a adquirir habilidades eficaces para la comunicación y la resolución de problemas. Los terapeutas identifican las luchas de poder y la falta de comunicación como algunos de los problemas típicos que afrontan las parejas conflictivas que buscan apoyo. Su objetivo es ayudar a abrir canales de comunicación entre compañeros y animarlos a compartir sus sentimientos y necesidades personales de modo que no se descalifiquen entre ellos.

Explore la psicología

Terapia de realidad virtual, casi tan bueno como estar presente ahí

Seguramente recuerda la película *The Matrix* con Keanu Reeves como protagonista. Este personaje se entera de que el mundo que piensa real es una simple ilusión, un entorno virtual tan parecido a la realidad que la gente piensa que es verdadero. El tema de la película es de ciencia ficción, pero el uso de la realidad virtual como instrumento terapéutico ahora es una ciencia real.

Terapia de realidad virtual   La terapia de realidad virtual ha sido utilizada para superar el miedo a las alturas de algunas personas al guiarlas por una serie de encuentros virtuales con situaciones que entrañan alturas.

Los terapeutas conductuales han adaptado la tecnología de la realidad virtual de modo que crean simulaciones de entornos en las cuales los individuos fóbicos se van exponiendo gradualmente a estímulos virtuales cada vez más temibles (Schaffer, 2007). Por ejemplo, la persona con fobia a las alturas se pone un casco y guantes especiales conectados a una computadora, con ello puede simular que viaja en un elevador de vidrio o que se asoma por un balcón de un edificio en el piso 33. Con esta forma de terapia de exposición, llamada **terapia de realidad virtual (TRV)**, los terapeutas pueden simular entornos de la vida real, incluso algunos que resultaran difíciles de experimentar en la realidad (p. e., la simulación de despegues de aviones). Se ha demostrado que este método es eficaz para tratar una amplia gama de fobias, entre ellas el miedo a las alturas, a volar en aviones y a las arañas (Botella *et al.*, 2004; Kamphuis, Emmelkamp y Krijn, 2002; Rothbaum *et al.*, 2002). Los participantes también podrían estar más dispuestos a intentar en la realidad virtual ciertas tareas que les resultan aterradoras en la vida real.

Los adelantos de la tecnología de la realidad virtual (TRV) permiten crear entornos simulados que de hecho son los bastante convincentes como para producir una intensa ansiedad en las personas que enfrentan miedos. En un estudio, la TRV para el miedo a volar en aviones fue tan eficaz como la exposición en la vida real, y los dos tratamientos presentaron mejores resultados que los controles sin tratamiento (en lista de espera) (Rothbaum *et al.*, 2002); 92% de los clientes tratados con realidad virtual pudieron volar en un avión comercial al año de recibir el tratamiento.

"Virtualmente", apenas hemos rozado la superficie de lo que esta nueva tecnología ofrece como instrumento terapéutico. Hoy en día, los terapeutas están expandiendo la aplicación de la TRV a tratamientos para otras fobias, entre ellas el miedo a hablar en público y la agorafobia. Algunos ex combatientes de la guerra de Irak, que sufrían trastorno de estrés postraumático, han sido tratados en hospitales en contextos donde se les desensibilizó respecto a sus recuerdos emocionales de la guerra mediante repetidas confrontaciones con imágenes bélicas presentadas en simulaciones de la realidad en un programa llamado "Virtual Iraq" (Schaffer, 2007). Incluso se ha tratado de crear "bares virtuales" y "expendios virtuales de *crac*" para que las personas con problemas de toxicomanía puedan desarrollar habilidades eficaces de afrontamiento a fin de negarse a consumir drogas (Lubell, 2004).

¿Es eficaz la psicoterapia?

En efecto, la psicoterapia funciona. La abundacncia de hallazgos científicos respalda la eficacia de la psicoterapia. No obstante, quedan pendientes las cuestiones sobre si algunas formas de terapia son más eficaces que otras.

terapia familiar   Terapia para familias conflictivas enfocada en cambiar los patrones disfuncionales de comunicación y en mejorar las formas en que los miembros de la familia se relacionan entre sí.

terapia de pareja   Terapia cuyo fin es ayudar a las parejas con problemas a resolver sus conflictos y desarrollar habilidades para tener una comunicación más eficaz.

terapia de realidad virtual (TRV)   Forma de terapia de exposición en la cual se utiliza la realidad virtual para simular ambientes del mundo real.

FIGURA 15.3   La eficacia de la psicoterapia
Un meta-análisis de más de 400 estudios de resultados arrojó que el cliente promedio de una terapia registraba una mejoría considerable que 80% de los controles sin tratamiento.

Fuente: Adaptado de Smith, Glass y Miller, 1980.

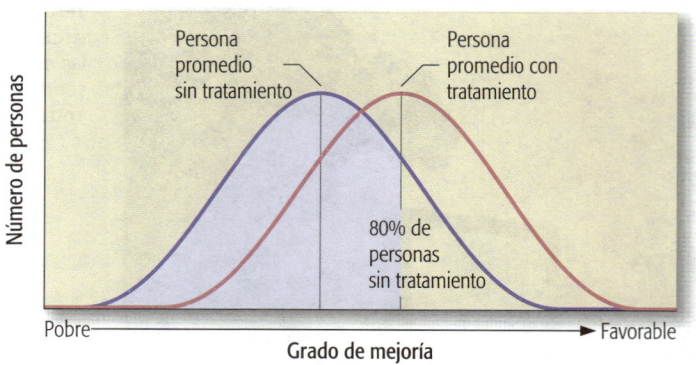

Medición de la eficacia

El grueso de la evidencia que sustenta la eficacia de la psicoterapia proviene de estudios controlados, los cuales compararon a personas que habían recibido psicoterapia con otras que estaban en grupos control en lista de espera. Los investigadores suelen emplear una técnica estadística, denominada **meta-análisis**, para promediar los resultados de una cantidad considerable de estudios.

Uno de los primeros meta-análisis, que tuvo enorme influencia, fue efectuado por Mary Lee Smith, Gene Glass y Thomas Miller (1980). Basándose en un análisis de más de 400 estudios controlados, que comparaban tipos particulares de terapias (psicodinámica, conductual, humanística, etc.) con grupos control, encontraron que la persona promedio que había recibido psicoterapia registraba mejores resultados que 80% de quienes estaban en dichos grupos en lista de espera (consulte la figura 15.3). Este cálculo de las diferencias entre la psicoterapia y los controles sin tratamiento se ha sostenido asombrosamente bien en investigaciones posteriores (Wampold, 2007). Otros meta-análisis también han sustentado de manera general la eficacia de formas particulares de terapia, como la conyugal, familiar, de grupo y cognitivo-conductual (p. e., Butler *et al.*, 2006; McDermut, Miller y Brown, 2001; Shadish y Baldwin, 2005).

Aun cuando no todos los pacientes tienen éxito con su terapia, los resultados en general son buenos cuando se comparan con tratamientos médicos establecidos para los problemas físicos de salud (Wampold, 2007). Sin embargo, cabe señalar que la psicoterapia puede producir resultados negativos en algunos casos, como que empeoren los síntomas (p. e. la terapia de fármacos).

¿Cuál terapia es mejor?

Decir en general que la terapia es eficaz no significa que todas sean igual de efectivas ni que un estilo sea tan bueno como otro cualquiera para un problema en particular. Con el instrumento estadístico del meta-análisis, los investigadores han encontrado escasa diferencia en la magnitud de los beneficios que producen las principales formas de terapia, cuando éstas se comparan con grupos control o entre sí (Lilienfeld, 2007; Wampold, 2007).

Luego entonces, ¿debemos llegar a la conclusión de que las diferentes terapias son eficaces por igual? No necesariamente. Debemos establecer la que funciona mejor para ciertos problemas particulares. Por lo tanto, la evidencia apunta hacia la eficacia de formas particulares de terapia para tratar trastornos o problemas psicológicos específicos (Siev y Chambless, 2007). Por ejemplo, existe suficiente evidencia que sustenta la eficacia de la terapia cognitivo-conductual (TCC) para tratar, entre otros trastornos psicológicos, varios tipos de trastornos de ansiedad, como el de pánico, el obsesivo-compulsivo y la fobia social, así como la depresión y la bulimia (p. e., Abramowitz, 2006; Butler *et al.*, 2006; Craske *et al.*, 2007; Hollon, 2006; Keeley *et al.*, 2008; Lilienfeld, 2007; Wilson, Grilo y Vitousek, 2007). La evidencia también muestra que las formas contemporáneas de la terapia psicodinámica que se centra en los problemas presentes del cliente, en lugar de enfocarse en los conflictos inconscientes que datan de su infancia, proporcionan buenos resultados en el

meta-análisis   Técnica estadística para promediar los resultados de un número considerable de estudios.

TABLA 15.3   Ejemplos de tratamientos con soporte empírico (TSE)

Tratamiento	Eficaz para tratar
Terapia cognitiva	Depresión
Terapia conductual	Depresión Personas con discapacidades del desarrollo Enuresis ("mojar la cama") Jaquecas Agorafobia y fobias específicas Trastorno obsesivo-compulsivo
Terapia cognitivo-conductual (TCC)	Trastorno de pánico Trastorno de ansiedad general Bulimia Dejar de fumar
Psicoterapia interpersonal (forma breve estructurada de terapia psicodinámica)	Depresión

Fuente: Adaptado de Chambless *et al.,* 1998.

Alianza terapéutica   La eficacia de la psicoterapia en parte se debe a factores generales o no específicos, como la alianza terapéutica o la generación de expectativas positivas de un cambio.

tratamiento de problemas tan variados como la depresión, el trastorno de personalidad limítrofe y la bulimia (p. e., Clarkin *et al.,* 2007; Frank *et al.,* 2007; Weissman, 2007). Las terapias humanistas alcanzan sus mayores beneficios cuando ayudan a los individuos a desarrollar un sentido más cohesivo de sí mismo, por medio de la conexión con sus sentimientos internos y de esforzarse por alcanzar la autorrealización.

Hoy en día, la comunidad profesional concede cada vez más importancia a la responsabilidad profesional; es decir, basar la práctica en tratamientos que han demostrado su eficacia mediante estudios de investigación cuidadosamente diseñados (Weisz, Jensen-Doss y Hawley, 2006). Grupos de psicólogos expertos evaluaron la evidencia que sustentaba distintos tipos de tratamientos psicológicos y señalaron un número de terapias que cumplían con los requisitos (*APA Presidential Task Force on Evidence-Based Practice*, 2006). La tabla 15.3 presenta una lista parcial de estas terapias que se basan en evidencia, denominados también *tratamientos con soporte empírico*, o TSE. Otros se irán sumando a la lista a medida que surja evidencia que sustente su eficacia.

¿Qué explica los beneficios de la terapia?

¿Los beneficios de la terapia se deben a las características que tienen en común las distintas técnicas? Estos rasgos comunes se llaman **factores no específicos** porque no se limitan a un sólo método. Uno de ellos es la *alianza terapéutica*, o el apego que el cliente siente por el terapeuta y la terapia. La calidad de dicha alianza está muy ligada a que la terapia obtenga mejores resultados (Baldwin, Wampold e Imel, 2007; Vasquez, 2007). La eficacia de la psicoterapia tal vez dependa más de la forma en que se brinda (la capacidad para establecer una relación terapéutica fuerte) que de las técnicas particulares para brindarla (Wampold, 2006, 2007).

Otro factor no específico ligado a un mejor resultado es la posibilidad de lograr una mejoría (Westra, Dozois y Marcus, 2007). Acariciar una expectativa positiva acerca del efecto de la terapia podría ser una profecía autocumplida, pues lleva a los clientes a hacer un esfuerzo más decidido por resolver sus problemas. Las expectativas positivas también se llaman **efecto placebo** o *efecto de las expectativas*. Es probable que los beneficios de la psicoterapia impliquen una combinación tanto de factores específicos, por ejemplo, las técnicas particulares empleadas; como de factores no específicos, es decir, la calidad de la relación terapéutica y el efecto de las expectativas.

CONCEPTO 15.23
La evidencia señala que tanto los factores específicos, como los no específicos, explican los beneficios de la psicoterapia.

factores no específicos
Características generales de la psicoterapia, como la atención del terapeuta y la generación de expectativas o esperanzas positivas.

efecto placebo   En psicoterapia, los resultados positivos de un tratamiento que son producto de las expectativas de los clientes y no del tratamiento mismo. También denominado *efecto de las expectativas*.

Cuestiones de multiculturalismo en el tratamiento

En nuestra sociedad multicultural, los terapeutas tratan a personas de distintos grupos étnicos y raciales. Éstas tienen diferentes costumbres, creencias y filosofías que las de los miembros de la cultura mayoritaria dominante en Estados Unidos y los terapeutas deben conocer esas diferencias a fin de brindar un buen tratamiento (Hansen *et al.*, 2006; Muñoz y Mendelson, 2005; Vasquez, 2007). Por ejemplo, con clientes afroamericanos, los terapeutas deben comprender la larga historia de inmensa discriminación y opresión racial a la que han estado expuestos en la sociedad estadounidense. Este trato negativo y de opresión cultural puede ser la causa de que este grupo haya desarrollado una enorme desconfianza y reserva hacia los caucásicos, incluso los terapeutas, como una especie de habilidad de afrontamiento, una defensa contra la explotación. Por lo tanto, pueden ser reacios a revelar información personal en la terapia, en especial durante las primeras etapas. Los terapeutas no deben presionar para que la revelen, ni confundir la suspicacia por motivos culturales con un pensamiento paranoide.

El valor tradicional de las culturas asiáticas que dicta guardarse los sentimientos para uno mismo, en especial los negativos, puede chocar con el énfasis que la psicoterapia pone en la expresión franca de las emociones. Los terapeutas experimentados en cuestiones culturales saben que los clientes asiáticos quienes se muestran pasivos o con restricciones emocionales, al ser juzgados por parámetros occidentales, tal vez respondan de forma adecuada para su cultura y no se les debe considerar tímidos, poco cooperativos ni elusivos (Hwang, 2006). Es más, el énfasis que las culturas asiáticas pone en los valores colectivos o los de grupo, por encima de los del individuo, podría contraponerse con el énfasis que la psicoterapia occidental pone en la importancia de la individualidad y la autodeterminación.

Los conflictos de valores también pueden surgir en situaciones terapéuticas con latinos que tienen antecedentes hispanos tradicionales. Las culturas hispanas tradicionales conceden gran valor a la interdependencia entre los miembros de la familia, característica que podría chocar con el énfasis en la independencia y la confianza en uno mismo del grueso de la cultura estadounidense. Los terapeutas que brinden tratamiento a clientes latinos deben respetar esta diferencia y no imponerles sus propios valores. Por otro lado, los terapeutas también deben ser sensibles a las preferencias lingüísticas de las personas que están atendiendo de diversos grupos étnicos.

Los terapeutas que tienen sensibilidad cultural también deben conocer y respetar las costumbres, culturas y valores de las personas que tratan. Por ejemplo, al trabajar con nativos americanos, podrían encontrar conveniente incluir elementos de la cultura tribal al contexto de la terapia, como ceremonias curativas que forman parte de las tradiciones culturales y religiosas del cliente. Este tipo de clientes tal vez esperen que los terapeutas sean quienes hablan la mayor parte del tiempo porque, en su cultura, eso es lo que corresponde al papel tradicional del curandero.

En pocas palabras, los terapeutas deben adaptar el enfoque de sus tratamientos a las realidades sociales y culturales de clientes que tienen distintos orígenes (Awad y Ladhani, 2007; Hwang, 2006; Worthington, Soth-McNett y Moreno, 2007). También deben estar conscientes de sus sesgos culturales para no estereotipar a los clientes que provienen de otras sociedades ya que, cuando el terapeuta no los examina, éstos no tardarán en destruir la relación terapéutica (Vasquez, 2007).

El sistema de salud mental también debe mejorar su labor en cuanto a ofrecer servicios de calidad a todos los grupos. Un informe presentado por la Secretaría de Salud de Estados Unidos en 2001 afirmaba que los miembros de grupos minoritarios, por lo general reciben servicios de peor calidad y tienen menos acceso a la asistencia que otros estadounidenses (USDHHS, 2001b). Por lo tanto, los miembros de estos grupos normalmente cargan un ma-

CONCEPTO 15.24

La preparación de los terapeutas les permite ser sensibles a las diferencias culturales de los distintos grupos de personas que tratan.

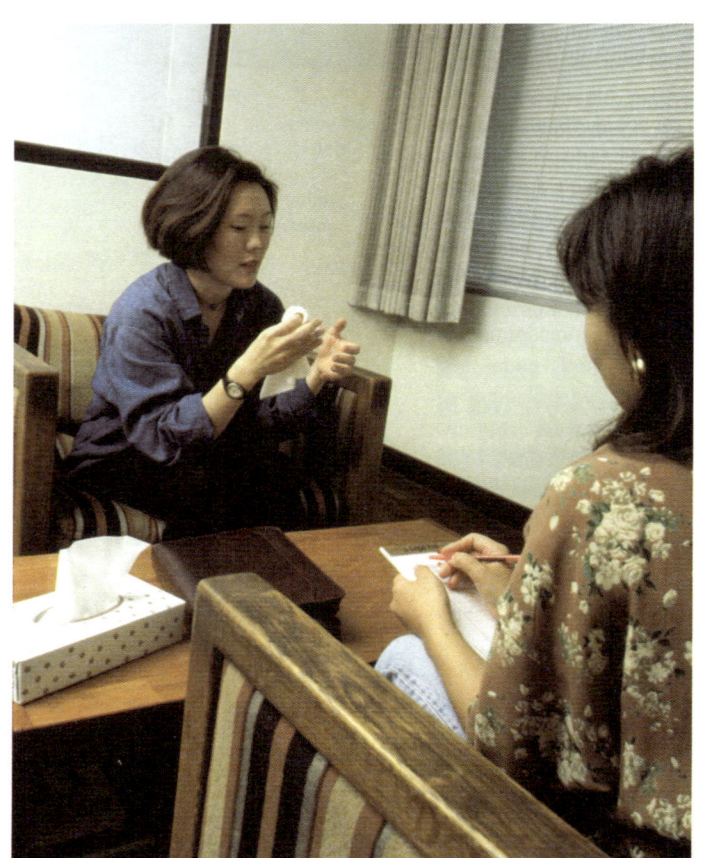

Terapia con sensibilidad cultural La terapia con sensibilidad cultural está estructurada de modo que crea un entorno terapéutico más receptivo para personas con diversos antecedentes culturales.

yor peso en el caso de las enfermedades mentales, porque sus trastornos no son diagnosticados, ni reciben tratamiento (P. S. Wang *et al.*, 2005). El informe de la Secretaría de Salud presentó varias razones para explicar estas desigualdades en los servicios de salud mental, entre otras:

- Es más probable que los miembros de grupos minoritarios no cuenten con seguro de gastos médicos.

- Los miembros de grupos minoritarios carecen de acceso a personas con similitud étnica que brinden los tratamientos adecuados o que hablen adecuadamente su idioma.

- El estigma que acompaña a las enfermedades mentales provoca que las personas no busquen ayuda.

La tabla de conceptos 15.2 resume las diferencias entre los tipos de psicoterapia que hemos abordado en este módulo.

TABLA DE CONCEPTOS 15.2
Principales tipos de psicoterapia y sus diferencias

Tipo de terapia	Enfoque	Duración	Rol del terapeuta	Técnicas
Psicoanálisis clásico	Introspección de las causas inconscientes de la conducta	Larga, cuando menos varios años	Pasivo, interpretativo	Asociación libre, análisis de los sueños, interpretación
Enfoques psicodinámicos modernos	Orientado a la introspección, pero mucho más concentrado en el funcionamiento del yo y las relaciones presentes que en el caso del análisis freudiano	Más breve que el análisis tradicional	Sondear, comprometer al cliente en una charla de ida y vuelta	Análisis más directos de las defensas y las relaciones de transferencia del cliente; menos uso de la asociación libre
Terapia humanista centrada en el cliente	Propicia el crecimiento personal porque ayuda a los clientes a tener más conciencia de sus sentimientos, necesidades e intereses internos así como a aceptarlos	Varía	No dirigida; permite que el cliente dirija y el terapeuta actúa escuchando con empatía	Demostrar empatía, consideración positiva incondicional y autenticidad con el objeto de crear un entorno terapéutico cálido y de aceptación
Terapia humanista Gestalt	Ayuda a los clientes a desarrollar un sentimiento unificado de sí mismo poniendo en conciencia presente sus verdaderos sentimientos y conflictos con otros	Breve, a veces sólo unas cuantas sesiones	Dirigida, comprometedora, a veces de confrontación	La técnica de la silla vacía y otros ejercicios de actuación de roles
Terapia conductual	Cambia la conducta problemática empleando técnicas basadas en el aprendizaje diseñadas para el problema específico	Breve, puede durar entre 10 y 20 sesiones	Resolución directa y activa de problemas	Desensibilización sistemática, terapia de exposición, terapia de aversión, técnicas de condicionamiento operante
Terapia cognitivo-conductual	Se concentra en cambiar las cogniciones inadaptadas y conductas manifiestas	Breve, suele durar entre 10 y 20 sesiones	Resolución directa y activa de problemas	Combina técnicas cognitivas y conductuales
Terapia conductual racional emotiva	Ayuda a los clientes a reemplazar las creencias irracionales con alternativas lógicas para una mayor adaptación	Breve, normalmente entre 10 y 20 sesiones	Dirigida, desafiante, a veces de confrontación	Identificar y discutir creencias irracionales, con asignaciones de tareas conductuales para desempeñar en casa
Terapia cognitiva	Ayuda a los clientes a identificar y corregir estilos erróneos de pensamiento	Breve, habitualmente entre 10 y 20 sesiones	Proceso de colaboración para incluir al cliente en el esfuerzo de examinar con lógica las creencias y encontrar evidencia para sustentarlas o refutarlas	Identificar y corregir pensamientos distorsionados; asignación de tareas específicas para desempeñar en casa, como llevar registro de los pensamientos y pruebas de realidad

Revisión de módulo 15.2 | Tipos de psicoterapia

REPASE

¿Qué es la psicoterapia?

- La psicoterapia es una forma de terapia verbal que tiene por objeto ayudar a las personas a superar sus problemas psicológicos o personales.

¿Cuáles son los principales tipos de profesionales de la salud mental?

- Los principales tipos de profesionales que brindan servicios de salud mental son los psicólogos clínicos y psicólogos orientadores, psiquiatras, trabajadores sociales clínicos o psiquiátricos, psicoanalistas, orientadores y enfermeras. Todos ellos cuentan con diversos estudios y brindan diferentes servicios.

¿Cuáles son los principales tipos de psicoterapia?

- La terapia psicodinámica es un planteamiento orientado a la introspección basado en el modelo freudiano. El terapeuta psicodinámico ayuda a los clientes a descubrir y a trabajar con conflictos inconscientes que datan de la niñez y que presuntamente son la raíz de sus problemas.

- Los terapeutas humanistas se concentran primordialmente en la experiencia consciente subjetiva del cliente que ocurre aquí y ahora.

- La terapia conductual es la aplicación sistemática de los principios del aprendizaje para ayudar a las personas a desaprender conductas de inadaptación con el fin de adquirir otras de mayor adaptación. Las técnicas de esta terapia incluyen la desensibilización sistemática, la exposición gradual, el modelado, el condicionamiento negativo y los métodos basados en el condicionamiento operante. La terapia cognitivo-conductual es una forma más amplia de terapia conductual que incluye tanto técnicas conductuales como cognitivas en el tratamiento.

- Las terapias cognitivas, como la terapia conductual racional-emotiva (TCRE) y la cognitiva, se centran en la modificación de pensamientos y creencias de inadaptación de la persona, los cuales se cree que subyacen a los problemas emocionales como la ansiedad y la depresión, y de formas autodestructivas e inadaptadas de comportamiento.

- En la terapia ecléctica, el terapeuta adopta principios o técnicas de diferentes escuelas.

¿Qué es la terapia de grupo, la familiar y la de pareja?

- La terapia de grupo es una forma de psicoterapia con la cual varios individuos reciben tratamiento al mismo tiempo en formato de grupo.

- La terapia familiar ayuda a las familias conflictivas a aprender a resolver sus diferencias, mejorar la comunicación, solucionar conflictos de roles y evitar la tendencia a culpar a miembros individuales de la misma.

- La terapia de pareja se usa para ayudar a las parejas con problemas a mejorar sus habilidades para la comunicación y para resolver sus diferencias.

¿La psicoterapia funciona?

- Sí. Diversos meta-análisis demuestran que las personas que participan en una psicoterapia tienen más probabilidades de obtener buenos resultados que aquellas que no reciben tratamiento.

- Existen constantes polémicas en torno a si algunas formas de terapia son mejores que otras para trastornos específicos.

- Las pruebas confirman la eficacia de detreminadas formas de tratamiento para trastornos específicos.

¿Qué factores culturales deben tomar en cuenta los terapeutas cuando trabajan con miembros de diversos grupos?

- Algunos de los factores culturales que se deben tomar en cuenta son las diferencias en las creencias, costumbres y valores de cada sociedad, las preferencias lingüísticas, los sesgos culturales del terapeuta y la tendencia a estereotipar a las personas.

RECUERDE

1. El psicoanalista de Clara piensa que ella se bloquea siempre que se tocan temas sensibles para sus emociones. Lo más probable es que él califique esta tendencia como una _____.
   a. transferencia
   b. contratransferencia
   c. asociación bloqueada
   d. resistencia

2. Mencione tres cualidades importantes que exhibe un buen terapeuta centrado en el cliente.

3. La terapeuta de Jonathan le enseña a utilizar la relajación muscular profunda y le ayuda a construir una jerarquía de miedos. ¿Qué técnica de terapia conductual es probable que esté empleando?

4. El terapeuta de Ana le ayuda a reconocer las falsas creencias que provocan sus problemas emocionales. ¿Qué tipo de terapia es probable que esté empleando?
   a. terapia centrada en el cliente
   b. terapia conductual
   c. psicoanálisis freudiano
   d. terapia conductual racional emotiva

REFLEXIONE

- ¿Cuál planteamiento terapéutico preferiría si buscara ayuda para un problema psicológico? ¿Por qué preferiría esa forma de terapia?

- ¿Qué factores culturales deben tomar en cuenta los terapeutas cuando brindan servicios a miembros de distintas culturas o grupos raciales?

Módulo 15.3   Terapias biomédicas

- ¿Cuáles son los principales tipos de medicamentos psicotrópicos y psiquiátricos?
- ¿Cuáles son las ventajas y desventajas de los medicamentos psiquiátricos?
- ¿Qué quiere decir TEC y cómo se usa?
- ¿Qué es la psicocirugía?

Se han registrado enormes avances en el tratamiento de una amplia variedad de trastornos psicológicos por medio de la utilización de formas biomédicas de tratamiento, que con frecuencia incluyen el uso de **medicamentos psicotrópicos** (también denominados *medicamentos psiquiátricos* o *psicoterapéuticos*). A pesar de su éxito tienen sus limitaciones, entre ellos efectos secundarios indeseables y el potencial para el abuso. Otras formas de tratamiento biomédico, como la terapia electroconvulsiva (TEC) y la psicocirugía son más controvertidas.

Terapia con medicamentos

Los neurotransmisores llevan los impulsos nerviosos de una neurona a otra. Sin embargo, una amplia gama de trastornos psicológicos, como los de ansiedad, del estado de ánimo, alimentarios y la esquizofrenia, implican irregularidades en el funcionamiento de los neurotransmisores en el cerebro. Los científicos han formulado medicamentos que operan sobre ellos y sirven para regular los estados de ánimo y los procesos de pensamiento. Estos fármacos, como hemos mencionado antes, denominados *medicamentos psicotrópicos,* sirven para aliviar los síntomas de trastornos psicológicos, desde el de pánico y la depresión hasta la esquizofrenia. Cuando menos uno de cada 10 estadounidenses ingieren medicamentos psicotrópicos o psiquiátricos con receta médica (Munsey, 2008a). Estos atacan los síntomas, pero no los curan. Analicemos con más detenimiento los tres principales grupos de medicamentos psicotrópicos: los *ansiolíticos*, los *antidepresivos* y los *antipsicóticos*.

Medicamentos ansiolíticos

Los **medicamentos ansiolíticos** (a veces llamados *tranquilizantes menores*) sirven para calmar la ansiedad, inducir la tranquilidad y disminuir la tensión muscular. Los más utilizados son el *diazepam* (Valium), *chlordiazepoxide* (Librium) y el alprazolam (Xanax) que actúan sobre el neurotransmisor *ácido gama-aminobutírico* (GABA, por sus siglas en inglés), (como se observó en el capítulo 2.). El GABA es un neurotransmisor inhibitorio, es decir, inhibe el flujo de impulsos nerviosos y, por lo tanto, impide que las neuronas del cerebro exciten demasiado a sus vecinas. Los principales tipos de ansiolítico, como el Valium, el Librium y el Xanax, provocan que los receptores del GABA sean más sensibles y, con ello, refuercen los efectos tranquilizantes (inhibidores) de la sustancia química.

Antidepresivos

Los **antidepresivos** incrementan los niveles de los neurotransmisores norepinefrina y serotonina en el cerebro. Hay tres grandes tipos de antidepresivos: los **tricíclicos,** los **inhibidores de monoamineoxidas (IMAO)** y los **inhibidores selectivos de reabsorción de serotonina (ISRS)**.

Los tricíclicos, que incluyen la *imipramina* (Tofranil) y la *amitriptilina* (Elavil), elevan los niveles de norepinefrina y serotonina en el cerebro cuando interfieren con el proceso de reabsorción que permite que estos mensajeros químicos sean reabsorbidos por las células transmisoras. Los inhibidores MAO (IMAO), como la *fenelzina* (Nardil) y la *tranylcipromina* (Parnate), inhiben la acción de la enzima *monoaminooxidasa* que normalmente descompone (degrada) estos neurotransmisores en la sinapsis. Por último, los ISRS, como la *fluoxetina* (Prozac) y la *seralina* (Zoloft) tienen efectos más específicos en el incremento de los niveles de serotonina en el cerebro al interferir con su reabsorción (Jacobs, 2004; Sibille y Lewis, 2006). Los tricíclicos y los ISRS son casi igual de eficaces pero, por lo general, se prefieren los segundos porque normalmente producen efectos secundarios más leves y son menos peligrosos en casos de sobredosis (Mann, 2005; Serrano-Blanco *et al.*, 2006).

CONCEPTO 15.25
Las drogas psicotrópicas operan sobre los sistemas de neurotransmisores del cerebro donde ayudan a regular los estados de ánimo y los procesos de pensamiento.

VÍNCULO DE CONCEPTOS · · · · ·
Como vimos en el capítulo 2, los neurotransmisores son sustancias químicas que transportan mensajes nerviosos de una neurona a otra.

CONCEPTO 15.25
Las tres principales clases de medicamentos psicotrópicos son los ansiolíticos, los antidepresivos y los antipsicóticos.

VÍNCULO DE CONCEPTOS · · · · ·
Como vimos en el capítulo 2, estos medicamentos psicotrópicos operan como agonistas o antagonistas, dependiendo de cómo trabajan en sistemas particulares de neurotransmisores. Consulte el módulo 2.1.

medicamentos psicotrópicos
Medicamentos psiquiátricos utilizados en el tratamiento de trastornos psicológicos o mentales.
medicamentos ansiolíticos
Medicamentos que combaten la ansiedad.
antidepresivos Medicamentos que combaten la depresión al afectar los niveles o la actividad de los neurotransmisores en el cerebro.
tricíclicos Tipo de medicamentos antidepresivos que incrementan la disponibilidad de los neurotransmisores en el cerebro al interferir con la reabsorción de esos químicos en las neuronas transmisoras.

Continúa

Los antidepresivos no sólo se utilizan para tratar la depresión, sino también otros trastornos, como la bulimia y los trastornos de ansiedad, entre ellos, de pánico, la fobia social, de estrés postraumático (TEPT), de ansiedad general y el obsesivo-compulsivo (Allgulander *et al*., 2004; Flynn y Chen, 2003; Hudson *et al*., 2003; Liebowitz, Gelenberg y Munjack, 2005). ¿Por qué los antidepresivos tienen un abanico de efectos tan amplio? Una razón es que los neurotransmisores, en especial la serotonina, tienen una función en la regulación de los estados emocionales, que incluyen la ansiedad. Otra, como se explicó en el capítulo 8, es que la serotonina tiene una función central en la regulación del apetito. Los antidepresivos como el Zoloft, que se dirigen específicamente a este neurotransmisor, ayudan a reducir los episodios de atracones de comida asociados a la bulimia (B. T. Walsh *et al*., 2004).

Antipsicóticos

Los **antipsicóticos** (a veces llamados *tranquilizantes mayores*) son medicamentos de gran alcance utilizados para tratar la esquizofrenia y otros trastornos psicóticos. La primera clase de fármacos antipsicóticos fueron las fenotiacinas, que incluían los medicamentos Thorazine y Mellaril. La introducción de estos medicamentos en la década de 1950 revolucionó el tratamiento de la esquizofrenia y permitió controlar los síntomas más flagrantes del trastorno, como las alucinaciones y los delirios. Con sus síntomas controlados, en gran medida mediante dosis de mantenimiento de estos fármacos, una gran cantidad de esquizofrénicos pudieron salir de los confines de los hospitales estatales y regresar a sus familias y comunidades.

Las fenotiacinas y una nueva generación de medicamentos antipsicóticos bloquean la acción del neurotransmisor dopamina en los puntos receptores en el cerebro (Davis, Chen y Glick, 2003). Aún no se conocen las causas subyacentes de la esquizofrenia, pero los investigadores sospechan que el trastorno se debe a alteraciones en los canales neurales que utilizan dopamina (McGowan *et al*., 2004; consulte también el capítulo 14).

Una nueva generación de antipsicóticos (p. e., la *clozapina,* la *riperidona* y la *olanzapina*) son tan efectivos como las fenotiacinas y han reemplazado en gran medida a los fármacos anteriores porque producen menos efectos neurológicos secundarios (Lewis *et al*., 2006; Lieberman, 2006; Rosenheck *et al*., 2006). Sin embargo, los médicos están preocupados por el peligro de otros efectos secundarios inquietantes que sí pudieran producir, entre ellos problemas metabólicos potencialmente graves (Berenson, 2007; Kane, 2006).

Otros medicamentos psiquiátricos

Los medicamentos que estabilizan el estado de ánimo, como el elemento metálico *litio* en polvo, ayudan a estabilizar la volubilidad de los estados de ánimo en las personas que sufren un trastorno bipolar y disminuyen el peligro de episodios maniacos recurrentes (Baldessarini y Tondo, 2003; Geddes *et al*., 2004). Otros estabilizadores del estado de ánimo, como los medicamentos anticonvulsivos, también se utilizan para tratar la epilepsia (Nierenberg *et al*., 2006).

Ciertos medicamentos estimulantes, como el *metilfenidato* (Ritalin) y la *pemolina* (Cylert), con frecuencia se utilizan para mejorar los lapsos de atención y disminuir la conducta disruptiva de niños hiperactivos (Biederman, 2003; Chronis, Jones y Raggi, 2006). Al parecer, estos fármacos funcionan al incrementar la actividad del neurotransmisor dopamina en los lóbulos frontales del córtex cerebral, o sea las partes del cerebro que regulan la atención y controlan la conducta impulsiva (Faraone, 2003; Tanaka *et al*., 2006).

Evaluación de los medicamentos psicotrópicos

Los medicamentos terapéuticos proporcionan cierto alivio de los síntomas problemáticos, pero no son una panacea. Ninguno de ellos ofrece una cura, no todos los pacientes responden a ellos y las recaídas son comunes cuando los pacientes dejan de ingerirlos (Tang *et al*., 2007; Yager, 2006). Las recaídas a veces se presentan aun en pacientes que siguen tomando sus medicamentos psiquiátricos (Kellner *et al*., 2006; McGrath *et al*., 2006). Una razón que tal vez explique por qué las

Continuación

inhibidores de monoaminooxidasa (IMAO) Clase de medicamentos antidepresivos que incrementan la disponibilidad de neurotransmisores en el cerebro al inhibir una enzima, la monoaminooxidasa, que los descompone o degrada en la sinapsis.

inhibidores selectivos de reabsorción de serotonina (ISRS) Clase de medicamentos antidepresivos que funcionan de manera específica en aumentar la disponibilidad del neurotransmisor serotonina al interferir con su reabsorción.

antipsicóticos Medicamentos empleados en el tratamiento de trastornos psicóticos que ayudan a aliviar las alucinaciones y el pensamiento delirante.

recaídas son comunes es que estos fármacos no enseñan a los pacientes nuevas habilidades que puedan usar para resolver los problemas que podrían enfrentar en el futuro.

Los medicamentos psiquiátricos también entrañan riesgos de molestos efectos secundarios, como la somnolencia (de los ansiolíticos), resequedad de boca y problemas con la respuesta sexual (de los antidepresivos) y el tremor muscular, rigidez y hasta severos trastornos de movimiento (de los medicamentos antipsicóticos). También pueden tener efectos negativos, a veces hasta peligrosos. Por ejemplo, el uso de antidepresivos está asociado con un riesgo ligeramente mayor de la conducta suicida en el caso de jóvenes y de adultos jóvenes (Bridge *et al.*, 2007; Friedman y Leon, 2007; Hammad, Laughren y Racoosin, 2006). El medicamento de litio debe ser vigilado muy de cerca respecto de sus posibles efectos tóxicos. También puede procucir una ligera afectación de la memoria.

El fármaco *clozapina* (Clozaril), uno de los antipsicóticos de la nueva generación, al parecer es tan efectivo como los antipsicóticos anteriores para controlar los síntomas de la esquizofrenia, pero con menos efectos neurológicos secundarios molestos que los medicamentos anteriores. Sin embargo, todavía no se sabe bien si la *clozapina* y otros fármacos más nuevos disminuyen el peligro del efecto secundario más serio asociado al uso de este tipo de medicamentos, un trastorno del movimiento que suele ser irreversible e incapacitante denominado **discinesia tardía (DT)**. Los síntomas de la DT incluyen relamerse los labios, castañetear los dientes y gesticular involuntariamente.

Algunos medicamentos, como el ansiolítico llamado Valium, pueden crear una dependencia (adicción) física y psicológica si se ingieren de forma regular durante mucho tiempo. Éste también puede ser muy peligroso, incluso letal, en el caso de una sobredosis o si se mezcla con alcohol u otras drogas. Algunas personas se vuelven dependientes de los ansiolíticos para lidiar con la vida diaria, en lugar de confrontar la fuente de ansiedad o de sus problemas de relación.

Asimismo, cabe señalar que si bien los antidepresivos ayudan a aliviar la depresión, es preciso separar las imágenes de los pacientes sin depresión que presentan los comerciales de televisión de esos medicamentos, de la evidencia clínica. Los antidepresivos producen un alivio total de los síntomas aproximadamente en una tercera parte, o menos, de los pacientes y sus efectos son tan sólo un poco más fuertes que los de los placebos (drogas inertes) (Lespérance *et al.*, 2007; Menza, 2006; Nelson, 2006; Trivedi *et al.*, 2006).

Los críticos afirman que la gran cantidad de niños que toman medicamentos psiquiátricos como el Ritalin y antidepresivos, sugiere que los profesionales de la salud mental están demasiado ansiosos por encontrar un "arreglo fácil" para problemas complejos. Tampoco sabemos suficiente de los efectos a largo plazo que el Ritalin y otros fármacos estimulantes tienen en un cerebro en desarrollo (Geller, 2006; Lagacea *et al.*, 2006). Por otra parte, los partidarios de la terapia con fármacos subrayan los beneficios de su uso para controlar síntomas problemáticos en niños que padecen trastornos psicológicos serios, así como los riesgos de no brindarles tratamiento alguno o de suministrarles uno insuficiente (Kluger, 2003).

En términos generales, no hay que apresurarse a juzgar que los antidepresivos representan una suerte de "patrón de oro" del cuidado de la salud ni que sean más eficaces que la psicoterapia. Cuando la terapia cognitiva está en manos de terapeutas experimentados es tan efectiva como los antidepresivos para tratar la depresión, incluso aquella diagnosticada entre moderada y severa (DeRubeis *et al.*, 2005). Es más, la conductual cognitiva está asociada a un bajo porcentaje de recaídas después del tratamiento (Hollon, Stewart y Strunk, 2006; Tang *et al.*, 2007). A diferencia de lo que sucede con la de fármacos, las personas que se someten a una terapia conductual cognitiva aprenden habilidades que después pueden aplicar para manejar sus emociones.

También existe evidencia de que los pacientes que han recibido ayuda para incrementar las actividades gratificantes y las conductas dirigidas a metas salen bien librados en comparación con quienes han tomado medicamentos antidepresivos para tratar su depresión (Dimidjian *et al.*, 2006; Otto 2006). Dicho lo anterior, algunos pacientes que sufren trastornos de ansiedad o una depresión mayor responden mejor a una terapia que combina la parte psicológica y los medicamentos y no a cada uno de los tratamientos por separado (p. e., Barrow *et al.*, 2000; March *et al.*, 2007).

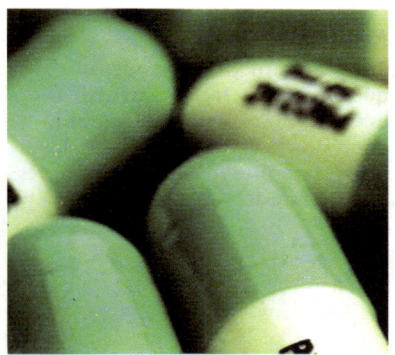

Medicamentos psicotrópicos
Los medicamentos psicotrópicos como el Prozac no ofrecen la cura, pero muchas veces sirven para aliviar los síntomas asociados a los trastornos psicológicos.

CONCEPTO 15.27
Los medicamentos psicotrópicos sirven para controlar los síntomas de los trastornos psicológicos, pero no los curan.

discinesia o disquinesia tardía (DT)   Trastorno motor discapacitante y que puede aparecer después del consumo regular de medicamentos antipsicóticos.

🔆 **CONCEPTO 15.28**
Muchos profesionales de la salud mental consideran que la terapia electroconvulsiva es el último recurso para tratar la depresión severa en casos donde otros tratamientos menos invasores han fracasado.

Terapia electroconvulsiva

La **terapia electroconvulsiva (TEC)** puede parecer algo bárbaro. Una descarga eléctrica es aplicada a la cabeza. Es lo bastante fuerte como para provocar convulsiones similares a las de un ataque de epilepsia de gran mal. Sin embargo, con frecuencia produce un enorme alivio de la depresión severa y puede salvarle la vida a los pacientes suicidas. Al recibir la TEC, el paciente es anestesiado para que no sienta dolor y se le suministran relajantes musculares para evitar lesiones a consecuencia de las contracciones convulsivas (Fink y Taylor, 2007). La persona se despierta poco tiempo después sin recordar el procedimiento. La TEC, por lo general, consta de una serie de entre seis y 12 aplicaciones en un lapso de varias semanas.

La TEC se usa casi exclusivamente para tratar la depresión aguda, en especial en casos que no han respondido a otras formas de tratamiento. Si bien sirve para aliviar la depresión (Ebmeier, Donaghey y Steele, 2006; Reifler, 2006), nadie sabe bien a bien cómo funciona. Es probable que ayude a regular los niveles de neurotransmisores en los circuitos del cerebro que controlan los estados de ánimo.

No obstante, los investigadores han encontrado un porcentaje muy alto de recaídas en las semanas y meses posteriores a un tratamiento completo (Prudic *et al.*, 2004). La TEC también puede producir la pérdida de memoria de los hechos recientes ocurridos cerca de la aplicación del tratamiento. Dadas estas inquietudes, no es extraño que muchos profesionales de la salud consideren que la TEC sea un último recurso.

Psicocirugía

La **psicocirugía** es un procedimiento quirúrgico del cerebro que tiene por objeto alterarlo a efecto de controlar una conducta violenta o desviada. La forma más común de psicocirugía en el pasado fue la **lobotomía prefrontal**, creada en la década de 1930 por el neurólogo portugués António Egas Moniz. En una lobotomía prefrontal, los canales nerviosos entre el lóbulo frontal y los centros del cerebro inferior son seccionados para controlar el comportamiento violento o agresivo del paciente. Más de 1 000 pacientes fueron sometidos a este procedimiento antes de que se descartara por sus serias complicaciones, inclusive la muerte en algunos casos. Mientras tanto, la introducción

terapia electroconvulsiva (TEC)
Forma de terapia para la depresión severa que implica aplicar un choque eléctrico a la cabeza.

psicocirugía Cirugía cerebral utilizada para controlar la conducta violenta o desviada.

lobotomía prefrontal
Procedimiento quirúrgico mediante el cual se seccionan los canales neurales del cerebro con el fin de controlar la conducta violenta o agresiva.

Terapia electroconvulsiva En la TEC, se aplica una corriente eléctrica a la cabeza de un paciente anestesiado. Con frecuencia se consigue un enorme alivio de la depresión severa, pero las recaídas son muy comunes.

de los medicamentos psiquiátricos ofreció una alternativa menos radical para controlar la conducta aberrante. El lado triste de esta historia fue que uno de los pacientes de Moniz, que no había respondido al tratamiento, más adelante le disparó provocándole parálisis en las dos piernas.

TABLA DE CONCEPTOS 15.3
Principales tipos de medicamentos psicotrópicos y sus usos

	Nombre genérico	Nombre comercial	Usos clínicos	Posibles complicaciones y efectos secundarios
Ansiolíticos	Diazepam Chlordiazepoxide Lorazepam Alprazolam	Valium Librium Ativan Xanax	Tratamiento de ansiedad e insomnio	Somnolencia, fatiga, afecta la coordinación, náuseas
Medicamentos antidepresivos	**Tricíclicos** Imipramina Desipramina Amitriptilina Doxepina	 Tofranil Nopramin Elavil Sinequan	Depresión, bulimia, trastorno de pánico	Alteración de presión arterial, taquicardia, resequedad de boca, confusión, sarpullido
	Inhibidores de MAO (IMAO) Fenelzina Tranylcipromina	 Nardil Parnate	Depresión	Mareo, jaquecas, alteración del sueño, agitación, ansiedad, fatiga
	Inhibidores selectivos de reabsorción de serotonina Fluoxetina Seralina Paroxetina Citalopram	 Prozac Zoloft Paxit Celexa	Depresión, bulimia, trastorno de pánico, trastorno obsesivo-compulsivo, trastorno de estrés postraumático (Zoloft), ansiedad social (Paxil)	Náuseas, diarrea, ansiedad, insomnio, sudoración, resequedad de boca, mareo, somnolencia
	Otros medicamentos antidepresivos Bupropión Venlafaxina	 Wellbutrin, Zyban Effexor	Depresión, dependencia a la nicotina Depresión	Resequedad de boca, insomnio, jaquecas, náuseas, estreñimiento, tremor Náuseas, estreñimiento, resequedad de boca, somnolencia, insomnio, mareo, ansiedad
Medicamentos antipsicóticos	**Fenotiacinas** Clorpromazina Tioridazina Trifluoperazina Flupenazina	 Thorazine Mellaril Stelazina Prolixin	Esquizofrenia y otros trastornos psicóticos	Trastornos motores (p. e., discinesia tardía), somnolencia, inquietud, resequedad de boca, vista borrosa, rigidez muscular
	Otros medicamentos antipsicóticos Haloperidol Clozapina	 Haldol Clozaril	Esquizofrenia y otros trastornos psicóticos Esquizofrenia y otros trastornos psicóticos	Similares a los de las fenotiazinas Trastorno sanguíneo potencialmente letal, convulsiones, taquicardia, somnolencia, mareo, náuseas
Medicamentos antimaníacos	Carbonato de litio Sodio de divalproex	Eskalith Depakote	Episodios maniacos y estabilización de la volubilidad de los estados de ánimo asociada al trastorno bipolar	Tremor, sed, diarrea, somnolencia, debilidad, falta de coordinación Náuseas, vómito, mareo, retortijones, insomnio
Medicamentos estimulantes	Metilfenidato	Ritalin	Hiperactividad infantil	Nerviosismo, insomnio, náuseas, mareo, palpitaciones, jaquecas; puede retrasar el crecimiento temporalmente

En años recientes, se aplican técnicas más sofisticadas de psicocirugía, entre ellas alteraciones quirúrgicas que se limitan a áreas más pequeñas del cerebro. Estos procedimientos se aplican en raras ocasiones, sólo como tratamiento de último recurso, en algunos casos severos de trastorno obsesivo-compulsivo, trastorno bipolar y depresión mayor (Kopell, Machado y Rezai, 2005). La seguridad y la eficacia de estos métodos siguen siendo motivo de preocupación (Anderson y Brooker, 2006).

La tabla de conceptos 15.3 resume los principales tipos de medicamentos psicotrópicos que hemos explicado en este módulo, así como sus usos.

Revisión de módulo 15.3 Terapias biomédicas

REPASE

¿Cuáles son los principales tipos de medicamentos psicotrópicos y psiquiátricos?

- Los principales tipos de medicamentos psiquiátricos son los agentes ansiolíticos (p. e., Valium y Xanax), los antidepresivos (p. e., Elavil y Prozac) y los antipsicóticos (p. e., Thorazine, Clozaril).

- Otros medicamentos, como el litio y el Ritalin, se emplean para tratar trastornos específicos.

¿Cuáles son las ventajas y desventajas de los medicamentos psiquiátricos?

- Los medicamentos psiquiátricos son utilizados para aliviar o controlar los síntomas de una gran cantidad de trastornos psicológicos, entre otros, los de ansiedad, los del estado de ánimo y la esquizofrenia.

- Las principales desventajas de estos medicamentos es la presencia de molestos efectos secundarios, los elevados porcentajes de recaídas cuando se descontinúan y, en algunos casos, la posible dependencia del fármaco.

¿Qué quiere decir TEC y cómo se usa?

- La TEC (terapia electroconvulsiva) implica aplicar breves descargas de electricidad al cerebro. Se emplea para tratar la depresión severa, en especial en casos que no han respondido a otros tratamientos.

¿Qué es la psicocirugía?

- La psicocirugía se refiere a la intervención quirúrgica del cerebro con el objeto de controlar una conducta violenta o desviada. Hoy en día se utiliza muy poco en razón de la preocupación por la seguridad y la eficacia que se desprende de estos procedimientos.

RECUERDE

1. Los medicamentos psiquiátricos se emplean para regular _____ del cerebro.

2. ¿De qué clase de medicamentos psiquiátricos son ejemplo el Valium y el Xanax?

3. Peter tiene nueve años y tiene prescritos fármacos para controlar su hiperactividad. Lo más probable es que su tratamiento sea con _____.
   a. antidepresivos
   b. estimulantes
   c. litio
   d. ácido gama-aminobutírico

4. Los medicamentos psiquiátricos se emplean con frecuencia porque
   a. enseñan a las personas a resolver mejor sus problemas
   b. corrigen las deficiencias nutricionales que dan origen a algunos trastornos psicológicos
   c. sirven para reducir y controlar los síntomas de trastornos psicológicos
   d. curan la mayoría de los tipos de trastornos psicológicos

5. La terapia electroconvulsiva (TEC) se usa
   a. exclusivamente después de que el tratamiento con medicamentos antidepresivos ha tenido éxito
   b. para tratar casos severos de esquizofrenia y depresión
   c. tratar casos entre leves y moderados de depresión
   d. para casos severos de depresión, en especial cuando otros tratamientos no han tenido éxito

REFLEXIONE

- ¿Conoce a niños con problemas de hiperactividad o atención que hayan sido tratados con medicamentos estimulantes? ¿Qué resultado se ha obtenido? ¿Piensa que la medicación de estimulantes se usa con demasiada frecuencia o no con la suficiente?

- ¿Qué ventajas y desventajas entrañan los medicamentos psicotrópicos? ¿Consideraría la posibilidad de tomar medicamentos psicotrópicos si sufriera un trastorno de ansiedad o uno de estado de ánimo? ¿Por qué?

- Si usted o algún conocido necesitaran servicios de salud mental, ¿a dónde acudiría? ¿Cómo averiguaría los tipos de servicios de salud mental que ofrece su universidad o su comunidad?

Cómo buscar ayuda

En casi todas las áreas de Estados Unidos y Canadá, el directorio telefónico contiene página tras página de profesionales clínicos y de la salud. Muchas personas no tienen la más remota idea de a quién deben llamar para encontrar ayuda. Si no sabe a quién llamar o a dónde dirigirse, puede tomar una serie de medidas para asegurarse de que recibirá la atención adecuada:

1. *Pida recomendaciones de fuentes que respeta, como su médico familiar, el profesor de este curso, un clérigo o el servicio de salud de su universidad.*

2. *Acuda al centro médico local o al centro de salud mental de su comunidad para que le proporcionen una referencia.* Cuando la pida, pregunte por los servicios que existen o por la posibilidad de que le refieran a los prestadores calificados que ofrecen tratamiento en el área.

3. *Pida cita para una consulta en el centro de orientación o de servicios de salud de su universidad.* Casi todas las escuelas y universidades ofrecen ayuda psicológica a los estudiantes, en general de forma gratuita.

4. *Diríjase a organizaciones de profesionales para obtener recomendaciones.* Muchas organizaciones locales o nacionales tienen listas de prestadores calificados de su área a los cuales les puede referir para un tratamiento. Si desea consultar a un psicólogo, pida referencias de alguien que trabaje en su área. También puede llamar a las asociaciones de psicólogos estatales o locales.

5. *Investigue con los dedos, pero tenga cuidado.* Busque en las páginas del directorio amarillo de su localidad en "Psicólogos", "Médicos", "Trabajadores sociales" o "Servicios humanos y sociales". Sin embargo, tenga cuidado de los profesionales que tengan anuncios grandes y mencionen que son expertos en el tratamiento de un gran número de padecimientos.

6. *Asegúrese de que el prestador del tratamiento cuenta con licencia profesional para ejercer en el campo de la psicología, la medicina, la asesoría o el trabajo social.* En muchos estados cualquiera puede abrir un consultorio como "terapeuta" o inclusive como "psicoterapeuta". Los profesionales con licencia exhiben claramente y a plena vista sus certificados y otros títulos en sus consultorios. Si tiene dudas de que un prestador de servicios de salud sea un profesional con licencia, diríjase a la oficina del registro profesional de su estado, provincia o territorio.

7. *Averigüe el tipo de terapia que ofrece (p. e., psicoanálisis, terapia familiar, terapia conductual).* Pida al prestador del tratamiento que explique por qué este tipo particular de terapia es adecuado para tratar los problemas que tiene.

8. *Averigüe cuál es la formación profesional del prestador del tratamiento.* Pregunte sobre los estudios, experiencia supervisada y títulos que tiene la persona. Un profesional ético le proporcionará esta información sin titubeos.

9. *Pregunte si el prestador del tratamiento tiene experiencia en tratar a otras personas con problemas similares a los suyos.* Cuestione sobre los resultados obtenidos y su medición.

10. *Cuando el prestador del tratamiento haya tenido la posibilidad de evaluar su problema formalmente, antes de comprometerse a iniciar el tratamiento, hable con él sobre éste y el diagnóstico.*

11. *Pregunte el costo y si su seguro lo cubre.* Investigue con su compañía de seguros si su póliza cubre este tratamiento y si usted debe hacer algún pago más. Indague si el prestador del servicio puede ajustar sus honorarios tomando en cuenta sus ingresos y su situación familiar. Los estudiantes universitarios deben investigar si están amparados por los planes del seguro de salud de sus padres o por los planes para estudiantes que ofrece su institución educativa. Averigüe si el prestador del tratamiento pertenece a alguna organización de mantenimiento de la salud a la que usted pertenezca.

12. *Averigüe las políticas del prestador* en caso de que falte o cancele una sesión.

13. *Si le prescriben un medicamento, averigüe cuánto tiempo debe transcurrir para que empiece a mostrar resultados.* También pregunte acerca de los posibles efectos secundarios y cuáles de ellos ameritan que llame al profesional. No tema buscar una segunda opinión antes de iniciar la ingestión de un medicamento.

CONCEPTO 15.29
Si bien los consumidores se enfrentan a una desconcertante variedad de prestadores de servicios de salud mental, pueden tomar una serie de acciones para asegurarse de que recibirán una atención de calidad.

14. *Si las recomendaciones para el tratamiento no le resultan del todo convincentes, no tema manifestar sus preocupaciones abiertamente.* Un profesional de éxito estará dispuesto a contestar sus dudas en lugar de sentirse agredido.

15. *Si sigue teniendo dudas, busque una segunda opinión.* Un profesional ético lo apoyará para que busque otra opinión. Pídale que le recomiende a otros profesionales o elíjalos usted mismo.

16. *Tenga cuidado con los servicios de terapia en línea.* El uso de servicios de terapia y asesoría en línea está creciendo muy rápido, a pesar de que los psicólogos y otros profesionales de la salud mental han encendido la luz amarilla de precaución (Jacobs *et al.*, 2001). Las preocupaciones se deben a que practicantes no calificados pudieran estar aprovechándose de consumidores incautos, dado que no existe un sistema que garantice que los terapeutas en línea cuentan con los títulos y el registro adecuados para practicar su profesión. Tampoco hay evidencia de que la terapia sea eficaz cuando las personas interactúan con un terapeuta que jamás ven en persona. No obstante estas preocupaciones, suficientes psicólogos piensan que los servicios de terapia en línea podrían tener valor si se establecen los salvaguardas adecuados (p. e., Andersson *et al.*, 2006; Comas-Diaz, 2006; Litz *et al.*, 2005; Taylor y Luce, 2003).

■ Pensamiento crítico sobre la psicología ■

Con base en la lectura de este capítulo, responda las siguientes preguntas. Después, para evaluar su progreso en el desarrollo de habilidades de pensamiento crítico, compare sus respuestas con las del ejemplo que presenta el apéndice A.

Laura ha estado deprimida desde que terminó la relación con su novio hace dos meses. Llora con frecuencia, tiene dificultad para salir de la cama en la mañana y ha estado bajando de peso. Dice que no tiene ganas de comer. Le cuenta a su psicólogo que jamás ha sentido ganas de lastimarse, pero que duda cuando le preguntan si piensa que podría llegar al punto de considerar la posibilidad de terminar con su existencia. Comenta que se siente fracasada y que nadie la querrá jamás. Con la vista clavada en el suelo, le expresa al psicólogo: "Todo el mundo me ha rechazado siempre. ¿Por qué tendría que ser diferente ahora?"

Repase los principales planteamientos para una terapia (psicodinámica, humanista, conductual, cognitiva) y los tratamientos biomédicos que se explican en este capítulo. A continuación, describa brevemente cómo se podría emplear cada uno de ellos para ayudar a alguien como Laura.

Ejemplo de respuesta clave para Intente lo siguiente, "Reemplace los pensamientos distorsionados con alternativas racionales" (*p. 572*)

1. Tenemos problemas, pero no estamos frente a un desastre total. Más vale pensar en la manera de mejorar las cosas que en pensar lo peor.

2. En ocasiones, me siento abrumada, pero ya he manejado situaciones como esta antes. Tengo que ir paso por paso para superarla.

3. Sólo porque pienso que es así, no hace que lo sea.

4. Concéntrate en pasar este curso y no en saltar a conclusiones

5. Deja de echarte la culpa de los problemas de otros. Existen muchas razones que explican por qué _____ tiene estos problemas y no tienen nada que ver contigo.

6. Deja de menospreciarte. Concéntrate en lo que debes hacer.

7. No sirve de nada que me compare con otros. Lo único que puedo esperar de mí es que haré las cosas lo mejor posible.

8. Sería muy molesto, pero no sería el fin del mundo. Sólo es terrible si hago que lo sea.

9. ¿Qué evidencia tengo para pensar eso? Cuando me presentan a una persona, es más frecuente que le caiga bien que mal.

10. Considerando todo el contexto, en realidad no es tan malo.

Módulo 15.1 Breve historia de la terapia

- **Terapia moral:** la compasión sustituye al trato duro
- **Sistema hospitalario estatal:** atención en instituciones que se caracterizan por un enorme descuido
- **Tratamiento comunitario:** atención comunitaria en la era de la desinstitucionalización

Módulo 15.2 Tipos de psicoterapia

TERAPIA PSICODINÁMICA

- **Psicoanálisis tradicional:** "Donde está el ello, estará el yo"
- **Principales técnicas:** asociación libre, análisis de los sueños, interpretación, análisis de la relación de transferencia
- **Planteamientos psicodinámicos modernos:** más directos, menos intensivos, con mayor concentración en el funcionamiento del yo

TERAPIA CONDUCTUAL

- **Métodos para reducir el temor:** exposición gradual, desensibilización sistemática, modelado
- **Condicionamiento negativo:** producir una respuesta negativa frente a estímulos indeseables
- **Técnicas de condicionamiento operante:** aplicar los principios del reforzamiento para fortalecer conductas de mejor adaptación
- **Terapia cognitivo-conductual:** combinación de técnicas cognitivas y conductuales

CARL ROGERS: TERAPIA CENTRADA EN EL CLIENTE

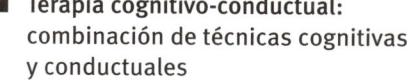

- No es dirigida
- Se concentra en incrementar la comprensión y la aceptación de uno mismo
- Subraya la consideración positiva incondicional, la empatía y la autenticidad en la relación terapéutica

FRITZ PERLS: TERAPIA GESTALT

- Integra las partes de la personalidad en un todo cohesionado o Gestalt
- Usa ejercicios de actuación de roles, como la técnica de la silla vacía

Terapia cognitiva

- **Terapia cognitiva de Beck:** reemplazar los pensamientos y las creencias distorsionados con alternativas racionales
- **Terapia conductual racional emotiva de Ellis:** utilizar el modelo ABC para corregir o acabar con las creencias irracionales

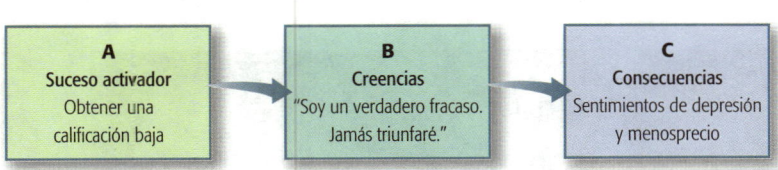

A
Suceso activador
Obtener una calificación baja

B
Creencias
"Soy un verdadero fracaso. Jamás triunfaré."

C
Consecuencias
Sentimientos de depresión y menosprecio

El modelo "ABC" de Ellis

Eficacia de la psicoterapia

- **Meta-análisis:** la persona promedio que recibe psicoterapia obtuvo mejores resultados que 80% de los controles sin tratamiento
- **Tratamientos con soporte empírico:** terapias que demuestran su eficacia en estudios controlados cuidadosamente

Otras terapias

- **Terapia ecléctica:** utiliza diferentes enfoques dependiendo del caso particular
- **Terapia de grupo, de familia y de pareja:** expande el tratamiento más allá del cliente individual

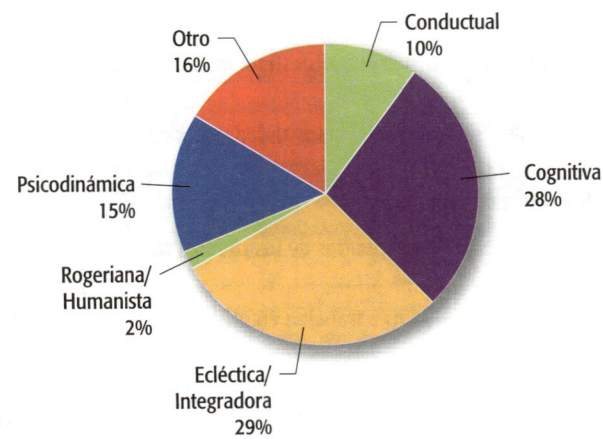

Otro 16%
Conductual 10%
Cognitiva 28%
Ecléctica/ Integradora 29%
Rogeriana/ Humanista 2%
Psicodinámica 15%

Orientación terapéutica de los psicólogos clínicos

Módulo 15.3 **Terapias biomédicas**

Terapia con medicamentos

- **Ansiolíticos:** Valium, Librium, Xanax
- **Antidepresivos:** tricíclicos, inhibidores de monoaminooxidasa (IMAO) e inhibidores selectivos de reabsorción de serotonina (ISRS)
- **Antipsicóticos:** utilizados para tratar la esquizofrenia y otros trastornos psicóticos
- **Otros medicamentos psiquiátricos:** estabilizadores del estado de ánimo (medicamentos anticonvulsivos) para tratar un trastorno bipolar; Ritalin para la hiperactividad infantil

Otras terapias biomédicas

- **Terapia electroconvulsiva (TEC):** tratamiento para la depresión grave, el cual puede provocar pérdida de memoria de hechos recientes
- **Psicocirugía:** se usa muy poco en razón de sus serias complicaciones

591

16

Psicología social

¿Sabía usted que . . .

- es muy probable que los japoneses atribuyan sus éxitos a la suerte o al destino, mientras que los estadounidenses se los adjudican a sí mismos? (p. 594)

- la gente suele pensar que las personas atractivas poseen rasgos de personalidad más deseables que aquellas que no lo son? (p. 603)

- ser alto es literalmente redituable en nuestra sociedad? (p. 603)

- las meseras que escribían mensajes serviciales al reverso de las cuentas de los clientes tendían a obtener propinas más generosas? (p. 605)

- reunir a personas de diferentes grupos raciales o étnicos para que trabajen en un proyecto o meta común contribuye a disminuir los prejuicios? (p. 610)

- la mayoría de las personas que participaron en un estudio muy famoso y polémico aplicó descargas eléctricas, que creían dolorosas y peligrosas, a otras personas tan sólo porque el experimentador les indicó que así lo hicieran? (p. 623)

El cerebro adora los acertijos

- Si se desmayara en la calle y necesitara ayuda inmediata, ¿por qué sería menos probable que le ayudaran en una calle atestada de gente que en otra con sólo algunos transeúntes? (p. 606)

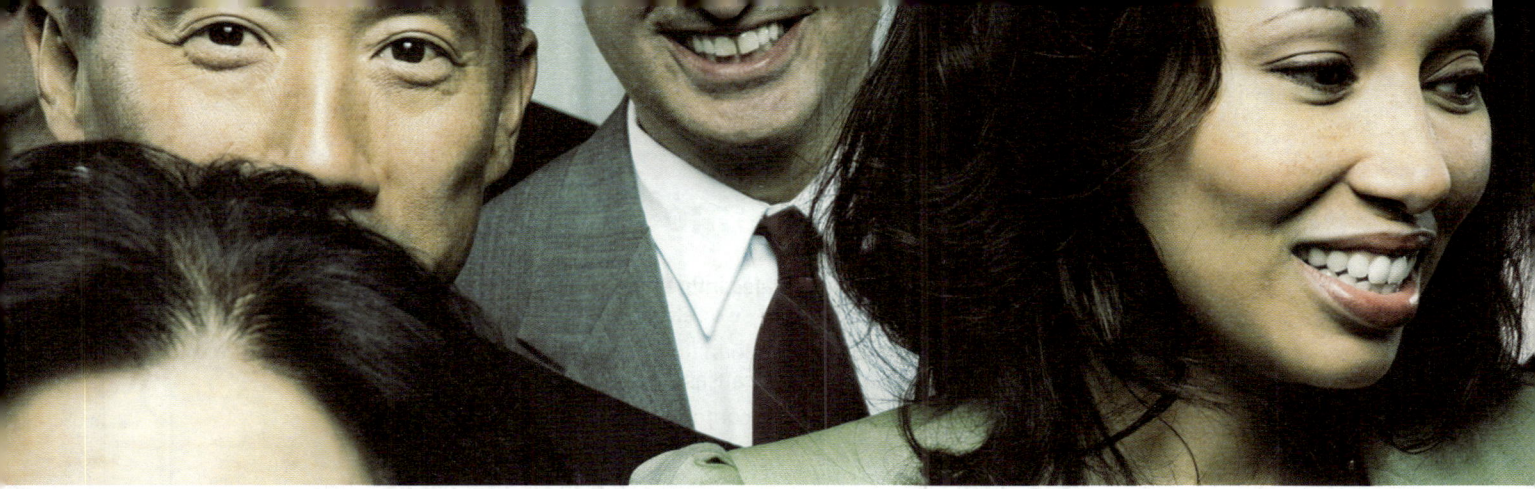

LA PSICOLOGÍA DEL NOSOTROS

Un extraño se desmaya ante sus ojos en una calle llena de gente. Varias personas se arremolinan junto al desmayado. ¿Usted le ofrece ayuda o simplemente sigue de largo?

Está participando en un experimento psicológico que consiste en que usted y otros miembros del grupo indiquen cuál de dos líneas es más larga. Personas tras persona eligen una línea que a usted le parece la más corta. Llega su turno. ¿Sigue el dictado del grupo o defiende su postura y selecciona la línea que en su opinión es la más larga?

Una mujer y un hombre están en la esquina de una calle hablándose en italiano. El hombre entrega un sobre a la mujer y ella lo guarda en su bolso. ¿Qué piensa de esta interacción? ¿Supone que le pasó una carta de amor o que fue un intercambio relacionado con actividades mafiosas?

Se ofrece de voluntario para un experimento psicológico sobre los efectos que los choques eléctricos ejercen en el aprendizaje. Le piden que aplique a otro participante, según le explican, dolorosas descargas cada vez que esa persona responde de manera equivocada. Al principio se niega, pero el experimentador insiste en que prosiga y le explica que las descargas no le producirán daños graves a esa persona. Usted seguiría negándose a una petición tan irracional, ¿o no?

Estas preguntas pertenecen al terreno de la *psicología social*: la rama de la psicología que trata de cómo nos relacionamos con otros dentro de nuestro entorno social. En este capítulo abordaremos estas preguntas y algunas otras cuando exploremos cómo percibimos a los otros, cómo nos relacionamos con ellos y cómo influyen en nosotros. Analizaremos lo que los psicólogos sociales han averiguado respecto de estos procesos sociales. Comenzaremos por la forma en que percibimos a los otros y el modo en que nuestras percepciones de ellos influyen en nuestra conducta. ■

Módulo 16.1

Cómo percibimos a los otros

- ¿Cuáles son las principales influencias que operan en las primeras impresiones y por qué éstas muchas veces se vuelven impresiones duraderas?
- ¿Qué funciones desempeñan los sesgos cognitivos en los juicios de opinión que nos formamos acerca de las causas de la conducta?
- ¿Qué son las actitudes y cómo se adquieren?
- ¿Qué relación existe entre las actitudes y la conducta?
- ¿Cómo las solicitudes persuasivas cambian las actitudes de la gente?

Diferencias culturales en la autorrevelación Las personas de culturas de Asia Oriental suelen ser más reservadas en cuanto a la información personal que revelan cuando conocen a otras personas.

En el capítulo 3 exploramos el modo en que percibimos el mundo de los objetos y las formas físicas. Para abordar el estudio de la **psicología social** nos concentraremos en el modo en que percibimos el mundo social, el cual está compuesto por las personas que vemos y con quienes interactuamos en nuestra vida diaria. La **percepción social** se refiere al proceso mediante el cual formamos una concepción de nuestro entorno social en razón de lo que observamos en otros, en nuestras experiencias personales y en la información que recibimos. En esta sección examinaremos tres aspectos principales de la percepción social: la formación de impresiones acerca de otros; el entender el sentido de las causas de nuestras conductas y de las de otros y el adoptar actitudes que nos inclinan a responder de forma positiva o negativa a las personas, los asuntos y los objetos.

La formación de impresiones: por qué cuentan tanto las primeras impresiones

El proceso de **formación de impresiones** nos lleva a formarnos una opinión o impresión de otra persona. Tendemos a formarnos la primera impresión con suma rapidez. Las primeras impresiones cuentan tanto, porque suelen ser duraderas y difíciles de modificar; además, afectan cómo nos relacionamos con las personas que son el objeto de tales impresiones. Suponga que conoce a varias personas en una fiesta o reunión social. En los primeros minutos que charla con ellas, tal vez en los primeros segundos, se empieza a formar impresiones que difícilmente cambiarán. Incluso antes de que hable con alguien, quizá haya empezado a ponderar las características superficiales, como el aspecto y atuendo de sus interlocutores. Veamos algunos de los factores que influyen en la formación de impresiones, entre ellos la autorrevelación, los esquemas sociales, los estereotipos y las profecías autocumplidas.

Revelación personal: más allá del nombre, el puesto y el número de serie

Por lo general, nos formamos impresiones más favorables de las personas que están dispuestas a revelar información personal de sí mismas. Sin embargo, revelar demasiada y demasiado pronto puede causar una impresión negativa. Quienes revelan demasiado acerca de sí mismas en las primeras etapas de una relación personal suelen ser percibidas como menos seguras, menos maduras y peor adaptadas que aquellas que restringen más lo que dicen de ellas mismas. Las diferencias culturales también intervienen para dictar qué tanto considera la sociedad que es aceptable que se revele. En las culturas de Asia Oriental, como China y Japón, las personas suelen ser menos expresivas cuando revelan sus pensamientos, sentimientos o información personal que aquellas provenientes de culturas occidentales (Kim y Sherman, 2007; Nevid y Sta. María, 1999).

Las impresiones como esquemas sociales: por qué es difícil cambiar las primeras impresiones

Una impresión es una especie de **esquema social**: una imagen o representación mental que empleamos para comprender nuestro entorno social. Filtramos la información acerca de otros por medio de esos esquemas. Una razón que explica por qué las primeras impresiones suelen ser dura-

💡 **CONCEPTO 16.1**
Nuestras preconcepciones influyen en las impresiones que nos formamos de las personas incluso antes de conocerlas.

💡 **CONCEPTO 16.2**
La cantidad de información personal que revelamos afecta las impresiones que otros se forman de nosotros.

💡 **CONCEPTO 16.3**
Las primeras impresiones filtran la información mediante esquemas sociales existentes y, después, se convierten en impresiones duraderas.

deras es que filtramos la nueva información acerca de las personas mediante impresiones anteriores o de esquemas sociales que nos hemos formado sobre ellas. Por lo tanto, si tenemos una impresión (esquema) favorable de una persona y ésta hace algo que nos molesta, es más probable que busquemos circunstancias atenuantes que expliquen su conducta ("Seguramente ha tenido un mal día") en vez de que modifiquemos la impresión que tenemos de ella. En cambio, si tenemos una impresión negativa de alguien, es más probable que ignoremos o descartemos la información positiva que recibamos acerca de ella.

Estereotipar: juzgando grupos, no individuos

Todos tenemos ideas preconcebidas acerca de grupos de personas, o estereotipos, que influyen en nuestras primeras impresiones. Los **estereotipos** son las ideas de las características, los atributos y las conductas que generalizamos a todos los miembros de un grupo o categoría particular. Por ejemplo, tal vez tengamos el estereotipo de que los miembros de la sociedad de alumnos son asiduos al alcohol o de que las personas que usan lentes son muy inteligentes.

Los estereotipos influyen en las primeras impresiones. Recuerde la pareja que estaba en la esquina de una calle hablando en italiano. ¿Pensó que se trataba de correspondencia amorosa o de actividades mafiosas? Las dos interpretaciones están fundadas en estereotipos de los italianos como seres románticos o como bandidos (Lepore y Brown, 1997). Tal como sugiere el ejemplo, los estereotipos pueden incluir atributos positivos (en este caso, lo romántico) o negativos (lo delictivo). No obstante, los estereotipos que manejamos de los miembros de otros grupos sociales (o étnicos) suelen ser más negativos que los que tenemos de los miembros de nuestro grupo.

Los psicólogos sociales piensan que estereotipar a las personas es una tendencia cognitiva normal: una especie de taquigrafía cognitiva que simplifica el proceso de hacer juicios sociales (Nelson, 2002). Cuando conocemos a alguien por primera vez, automáticamente clasificamos a esa persona dentro de un grupo o categoría particulares. Los estereotipos nos permiten utilizar con más eficiencia la información que hemos almacenado acerca de otros grupos, en vez de invertir recursos cognitivos para evaluar a cada miembro individual de los grupos que nos vamos encontrando. Eso tal vez sea eficiente, pero no siempre es exacto.

Por qué es importante

Los estereotipos fundados en raza, etnia, género, edad, discapacidad, peso corporal u orientación sexual nos llevan a inferir cosas acerca de las personas, inferencias que podrían resultar infundadas cuando conocemos a las personas más a fondo como individuos. Algunos estereotipos pueden ser verdad (p. e., a los mexicanos les gusta la comida picante) (Gordon, 2000; McCrae y Terracciano, 2006). No obstante, los estereotipos son conceptos exagerados que se generalizan en demasía, por lo cual no toman en cuenta las diferencias individuales; es más, una vez que se ha formado un estereotipo, es difícil cambiarlo, a pesar de que haya nueva información.

Los estereotipos perjudican las relaciones de grupo y se pueden emplear para justificar inequidades sociales. Por ejemplo, la idea de que los negros no son capaces de gobernarse se utilizó para justificar el colonialismo de las potencias europeas en África. Otro ejemplo: los estereotipos de que los obesos son holgazanes e indisciplinados pueden llevar a los empleadores a no tomarlos en cuenta para empleos o ascensos.

Profecías autocumplidas: el círculo se cierra

Cuando uno se forma una impresión inicial de otra persona, quizá actúe ante ella de modo que refleje esa impresión. Supongamos que se forma la impresión de que alguien es poco amistoso. La concepción que usted tiene de esa persona se puede convertir en una especie de **profecía autocumplida** si provoca que la persona se comporte un poco cortante, cuando interactúa con esa persona y si ella responde de igual manera. Las profecías autocumplidas también pueden llevar al rendimiento escolar deficiente. Los profesores que esperan que los estudiantes no obtengan muy buenos resultados podrían transmitir a los alumnos dichas expectativas. Ya que éstos esperan menos de sí, tal vez no hagan su mejor esfuerzo y, por lo tanto, su desempeño será deficiente.

psicología social   Subcampo de la psicología que estudia cómo nuestras interacciones sociales con otras personas influyen en nuestros pensamientos, sentimientos y conductas.

percepción social   Procesos por medio de los cuales nos formamos impresiones, hacemos juicios y desarrollamos actitudes acerca de la gente y los sucesos que constituyen nuestro mundo social.

formación de impresiones Proceso mediante el cual uno se forma una opinión o impresión de otra persona.

esquema social   Imagen o representación mental que utilizamos para comprender nuestro entorno social.

estereotipos   Generalizaciones muy simplificadas de las características, los atributos y las conductas de los miembros de un grupo o categoría particular.

profecía autocumplida Expectativa que produce el resultado que se esperaba.

Atribuciones: por qué llega tarde el repartidor de pizzas

El repartidor de pizzas entrega su pedido 30 minutos tarde. ¿Piensa que el muchacho se tomó las cosas con calma o que una influencia externa (el tráfico, la acumulación de pedidos) provocó el retraso? ¿Qué sucede cuando usted llega tarde? ¿Esgrimiría las mismas explicaciones acerca de su propia conducta que de la de otros?

Una **atribución** es una explicación personal de las causas de la conducta o los hechos que observamos. Cuando interpretamos nuestro mundo social actuamos como científicos personales que tratan de conocer las causas subyacentes de los hechos que observamos. Propendemos a explicar esos hechos atribuyéndolos a causas de una disposición o de la situación. Las **causas de disposición** se entienden como los factores internos, es decir, los rasgos internos, las necesidades o las elecciones personales del individuo ("actor"). Las **causas situacionales** abarcan los factores externos o del entorno, es decir, las presiones o las exigencias que se le imponen al actor. El decir que el repartidor de pizzas llegó tarde, porque es un holgazán implica una causa de disposición. El afirmar que llegó tarde, porque había otras pizzas horneándose implica una causa situacional. Los psicólogos sociales han encontrado que ciertos sesgos cognitivos, como el *error fundamental de atribución* o *el efecto actor-observador* y el *sesgo de autocomplacencia,* afectan las atribuciones.

Error fundamental de atribución

El psicólogo social Fritz Heider (1958) planteó que las personas tienden a concentrarse más en la conducta de otros que en las circunstancias en las que se presenta esa conducta. Por lo tanto, pasan por alto las influencias de la situación cuando explican la conducta de otros. El **error fundamental de atribución** es un término que emplean los psicólogos sociales para describir la tendencia a atribuir la conducta a causas internas, a rasgos como la inteligencia o la holgazanería, sin considerar las influencias de la situación que repercuten en las personas.

Observe esta diferencia entre las culturas. Las personas que pertenecen a culturas individualistas, como las de Estados Unidos y Canadá, tienen mayor probabilidad de cometer el error fundamental de atribución que las personas pertenecientes a culturas colectivistas, como las de China y Japón (Kitayama *et al.*, 2003). Las culturas colectivistas suelen enfatizar las causas externas de la conducta, como las exigencias impuestas a las personas para que cumplan con sus obligaciones sociales dentro del grupo o la cultura (Choi *et al.*, 2003). En cambio, las individualistas destacan la individualidad y la autonomía del sí mismo. Las personas pertenecientes a estas culturas presuponen más rápido que la conducta es resultado de un factor interno: de nuestras personalidades, actitudes o motivos individuales.

El efecto actor-observador

Cuando las personas cometen el error fundamental de atribución, no toman en cuenta las circunstancias externas que influyen en la conducta de otros. Pero, ¿cometemos el mismo error cuando explicamos nuestra propia conducta? Al parecer, no. Los psicólogos sociales han señalado que también interviene otro tipo de sesgo cognitivo llamado **efecto actor-observador** o la tendencia a atribuir las causas de la propia conducta a factores externos, como las exigencias de la situación, pero a atribuir la conducta de otros a causas internas o disposiciones. Si a usted le va mal en un examen es probable que atribuya su deficiente desempeño a causas externas: el examen no fue justo, no tuvo tiempo para estudiar, el examen no contenía el material que había estudiado, etc. Sin embargo, cuando un compañero también obtiene una calificación pobre es probable que piense que él no tuvo la capacidad para obtener un buen resultado o que fue holgazán y, así, no estudio.

Heider (1958) atribuía el efecto actor-observador a la diferencia de perspectiva. Si uno es el actor, aprecia el entorno mirando hacia fuera, por lo cual la situación engloba su visión. Sin embargo, su perspectiva como observador engloba su visión del actor dentro de la situación. La cuestión se complica a la luz de investigaciones recientes que sugieren que los efectos del actor-observador son más complejos y mucho más débiles de lo que suponían varios psicólogos (Malle, 2006; Malle, Knobe y Nelson, 2007).

CONCEPTO 16.4
Tendemos a explicar los hechos atribuyéndolos a causas de la disposición o de la situación, es decir, a factores relacionados con el individuo o con el entorno.

CONCEPTO 16.5
Cuando las personas explican la conducta de otros, buscan conceder demasiada importancia a las causas internas y a pasar por alto las influencias de la situación.

CONCEPTO 16.6
El efecto del actor-observador nos lleva a atribuir la conducta de otros a causas internas de su disposición, pero a explicar la nuestra en términos de las exigencias de la situación que afrontamos en el entorno.

---

atribución Supuesto sobre las causas de las conductas o los sucesos.

causas de disposición Causas relacionadas con características o aspectos internos de los individuos.

causas situacionales Aquellas relacionadas con sucesos externos o ambientales.

error fundamental de atribución Tendencia a atribuir las conductas a causas internas sin considerar las influencias situacionales.

efecto actor-observador Tendencia a atribuir las causas de la propia conducta a factores de la situación, mientras que se atribuyen las causas del comportamiento de otras personas a factores o disposiciones internas.

Sesgo de la autocomplacencia

¿Suele aceptar que el mérito de sus éxitos es suyo, pero considera que la culpa de sus fracasos se debe a otros o a factores externos? Si es así, no es el único. Los psicólogos sociales sugieren que esta clase de sesgo en la atribución, llamado **sesgo de autocomplacencia**, es bastante común (Roese y Olson, 2007). Por ejemplo, los alumnos que obtienen buenas calificaciones en sus exámenes, seguramente, atribuirán el éxito a su capacidad o talento: una atribución interna ("Obtuve diez"). Sin embargo, es probable que atribuyan una calificación deficiente a una causa externa que no pudieron controlar: una atribución externa ("No tuve tiempo para estudiar bien" o "Las preguntas fueron demasiado difíciles").

El sesgo de autocomplacencia, o permitir que los fracasos no recaigan sobre nuestros hombros, pero tomar los éxitos muy a pecho, ayuda a reforzar la autoestima. Los miembros de equipos deportivos exhiben un sesgo similar: hacen más atribuciones internas respecto del éxito de sus equipos cuando han ganado ("El equipo jugó muy bien") que cuando han perdido ("Los demás corrieron con suerte") (Sherman, Kim y Heejung, 2005).

El sesgo de la autocomplacencia está muy extendido en las culturas occidentales, como las de Estados Unidos y Canadá, pero se presenta con mucha menor frecuencia en las de Asia Oriental, como las de Japón, China y Taiwán (Heine *et al.*, 2001). A diferencia de los estadounidenses, los japoneses suelen atribuir sus éxitos a la suerte y sus fracasos a su falta de capacidad o talento. El sesgo de la autocomplacencia tal vez esté inserto en la ética cultural de Estados Unidos y de otras culturas occidentales individualistas que valoran en gran medida la protección de la autoestima. La tendencia contraria (valorar la autocrítica y la humildad) se presenta más bien en las sociedades colectivistas, como las de China y Japón (Oyserman, Coon y Kemmelmeier, 2002). En esas culturas, las personas están más acordes con las obligaciones que le deben al grupo que con su individualidad o la necesidad de reforzar su autoestima. El culparse por los fracasos personales reafirma la obligación que uno tiene con el grupo social, y la necesidad de esforzarse más para mejorar el desempeño personal en el futuro (Nisbett, 2003).

Actitudes: ¿qué piensa de...?

¿Cuál es su actitud ante las leyes para el control de las armas de fuego, los vehículos deportivos utilitarios (SUV, por sus siglas en inglés) y las dietas vegetarianas? La **actitud** es una evaluación o juicio de opinión sobre la aceptación o rechazo de una persona, objeto o tema social. Los psicólogos sociales piensan que las actitudes incluyen tres elementos: 1) *las cogniciones* (conjuntos de creencias), 2) *las emociones* (sentimientos de lo que nos gusta o disgusta) y 3) *las conductas* (inclinación a actuar de forma positiva o negativa). Por ejemplo, usted tal vez piense cosas favorables o desfavorables de los SUV, quizá sienta que estos vehículos son buenos o malos y, si fuera a comprar uno se inclinaría a comprarlo uno o a no hacerlo (consulte la figura 16.1).

La importancia que adjudiquemos a las actitudes está en función de la importancia que tengan para nosotros. Nuestras actitudes sobre los vehículos deportivos utilitarios (nos encantan o los odiamos) adquirirán más relevancia para nosotros si consideramos la posibilidad de comprar uno. Sin embargo, también suele ocurrir que cuantas más veces manifestemos una actitud particular, tanto más importante se volverá para nosotros (Roese y Olson, 1994).

La fuente de las actitudes

Nuestras actitudes provienen de diversas fuentes de nuestro entorno social: nuestros padres, profesores, compañeros, experiencias personales y medios (como los diarios, la televisión y las películas). No es extraño que personas que tienen orígenes similares suelen mostrar actitudes semejantes. Sin embargo, la evidencia también apunta a que existe la posibilidad de que haya una contribución genética (Abrahamson, Baker y Caspi, 2002; Olson, Vernon y Harris, 2001). Los estudios de gemelos que fueron criados separados han arrojado que estas personas comparten una asombrosa cantidad de actitudes frente a una serie de cuestiones que no pueden explicarse en razón de una influencia común del entorno. Las personas no heredan uno o varios genes que las hagan adoptar una actitud particular, como que les gusten los SUV o no. Por el contrario, la he-

CONCEPTO 16.7
Otra clase de sesgo cognitivo, el de la autocomplacencia, interviene cuando se explica la tendencia que tienen las personas a aceptar los méritos de sus éxitos, pero no para asumir sus errores.

VÍNCULO DE CONCEPTOS · · · · ·
Como se explicó en el capítulo 7, los sesgos cognitivos afectan nuestra capacidad para tomar decisiones racionales o sólidas. Consulte el módulo 7.1.

CONCEPTO 16.8
El sesgo de la autocomplacencia está muy difundido en las culturas occidentales, pero es prácticamente inexistente en algunas culturas orientales.

CONCEPTO 16.9
Para los psicólogos sociales, las actitudes son juicios de opinión sobre lo que nos gusta o disgusta, y se conceptúan en términos de tres elementos: cogniciones, emociones y conductas.

VÍNCULO DE CONCEPTOS · · · · ·
Recuerde que en el capítulo 8 vimos que las emociones también incluyen tres elementos básicos: la excitación corporal, las cogniciones y las conductas manifiestas. Consulte el módulo 8.3.

sesgo de autocomplacencia
Tendencia a asumir el crédito por nuestros logros y a restar importancia a nuestros errores o decepciones.

actitud Evaluación positiva o negativa de personas, objetos o temas.

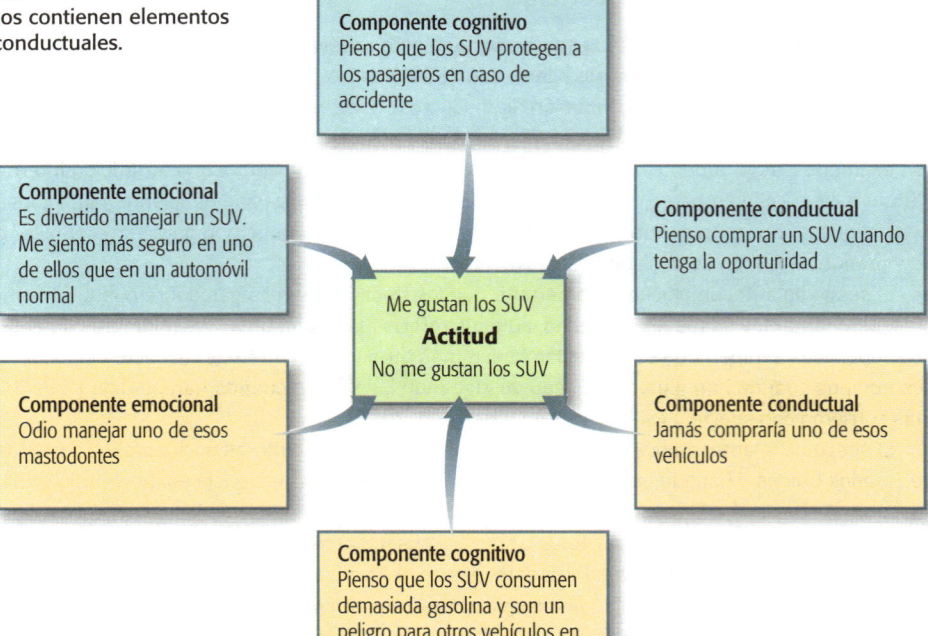

DIAGRAMA DE LA PSICOLOGÍA

FIGURA 16.1 Las actitudes
Las actitudes que adoptamos contienen elementos cognitivos, emocionales y conductuales.

Componente cognitivo
Pienso que los SUV protegen a los pasajeros en caso de accidente

Componente emocional
Es divertido manejar un SUV. Me siento más seguro en uno de ellos que en un automóvil normal

Componente conductual
Pienso comprar un SUV cuando tenga la oportunidad

Me gustan los SUV
Actitud
No me gustan los SUV

Componente emocional
Odio manejar uno de esos mastodontes

Componente conductual
Jamás compraría uno de esos vehículos

Componente cognitivo
Pienso que los SUV consumen demasiada gasolina y son un peligro para otros vehículos en tránsito

CONCEPTO 16.10
Nuestro entorno social configura las actitudes que adoptamos, pero las investigaciones apuntan a que también existe la posibilidad de que haya una influencia genética.

CONCEPTO 16.11
Las actitudes nos predisponen a actuar de ciertas maneras, pero no son muy sólidas para predecir la conducta.

rencia tal vez opere de forma indirecta en razón de factores como la inteligencia, el temperamento o los rasgos de personalidad y éstos, a su vez, influyan en las actitudes que las personas adoptan. Sin embargo, la evidencia también sugiere que los factores genéticos son menos importantes para determinar las actitudes que las influencias del entorno (DeAngelis, 2004a).

Actitudes y conducta: un vínculo que no es tan sólido como se supone

Las actitudes tal vez no se trasladen a la conducta (Polinko y Popovich, 2001). Usted podría tener actitudes en pro de las cuestiones ambientales y, sin embargo, comprar un veloz automóvil que consuma una considerable cantidad de gasolina. Asimismo, puede adoptar una actitud favorable hacia un producto particular, pero adquirir el de la competencia. En general, las actitudes y la conducta sólo guardan una relación moderada (Wallace *et al.*, 2005). La falta de consistencia refleja infinidad de factores, en especial, las limitaciones de la situación. Tal vez properdamos a actuar de cierta manera, a pesar de que no podamos actuar así en razón de las exigencias particulares que encontremos en esa situación concreta. Por ejemplo, su actitud quizá sea a favor de cierta obra de beneficencia, aunque no pueda aportar dinero a la colecta de fondos más reciente, porque en ese momento no lleve efectivo o porque necesite el dinero para otro importante propósito. Sin embargo, en otras condiciones, las actitudes y la conducta están más ligadas, digamos, cuando las actitudes son más estables, se apoyan con más confianza o certeza, se relacionan específicamente a la conducta en cuestión, cuando la persona es libre de mostrar la conducta o no, y cuando la actitud se recupera con más facilidad de la memoria (p. e., Glasman y Albarracín, 2006; Olson y Maio, 2003).

Persuasión: el delicado arte de cambiar lo que piensa la gente

Todos enfrentamos un constante bombardeo de mensajes que nos quieren convencer de que modifiquemos nuestras creencias y actitudes. Los comerciales de radio y televisión y los anuncios en periódicos y revistas tratan de convencernos de que adoptemos actitudes más favorables hacia los productos anunciados y de que los compremos. Los candidatos políticos y los grupos de acción política nos quieren convencer de que apoyemos sus candidaturas y sus causas. Médicos, líderes religiosos, profesores, amigos y parientes nos piden con frecuencia que cambiemos de conductas, creencias y actitudes de modo que, en su opinión, tal cambio nos beneficiaría.

Salvo que pudiésemos aislarnos completamente en una apartada cabaña en el bosque, es prácticamente imposible que podamos evitar las conminaciones persuasivas. Pero, ¿por qué estos llamados conducen a que cambiemos de actitudes? Además, ¿cuáles factores podrían incrementar su eficacia?

El modelo de probabilidad de elaboración: dos rutas a la persuasión

Uno de los principales modelos del cambio de actitudes es el **modelo de probabilidad de elaboración (MPE)**,) (Petty y Brinol, 2006; Petty y Wegener, 1998; Petty, Wheeler y Tormala, 2003). Según este modelo, es más probable que las personas evalúen detenidamente ("hagan elaboraciones") un mensaje persuasivo cuando su estado de motivación es alto (es decir, cuando están dispuestas a hacer el esfuerzo mental que se requiere para evaluar el mensaje) y cuando cuentan con las habilidades o el conocimiento que se precisan para evaluar la información (consulte la figura 16.2).

Cuando la probabilidad de una evaluación es grande, el cambio de actitud se registra en razón del procesamiento de la información por vía de una *ruta central*, la cual permite que la persona evalúe con detenimiento el contenido del mensaje. Cuando la probabilidad de elaboración es escasa, el cambio de actitud se registra en razón del procesamiento cognitivo por vía de una *ruta periférica,* la cual permite que las personas se concentren en indicios que no guardan una relación medular con el contenido del mensaje. Veamos el ejemplo de un debate político transmitido por televisión. Supongamos que los espectadores están atentos, bien informados acerca de los temas y que están interesados en las opiniones de los candidatos. En estas condiciones, la probabilidad de elaboración es enorme, y es probable que el cambio de actitudes se presente por vía de una ruta central de procesamiento, en la cual los espectadores evaluarán con detenimiento los argumentos que presenten los distintos candidatos. Por el contrario, si los espectadores están distraídos y fatigados y si los temas no les interesan, es poco probable que evalúen con detenimiento el mensaje de cada candidato. El cambio de actitud que se presente en estas condiciones probablemente estará

CONCEPTO 16.12
Según el modelo de la probabilidad de elaboración, el cambio de actitud se presenta por vía de una ruta central o por una ruta periférica de procesamiento.

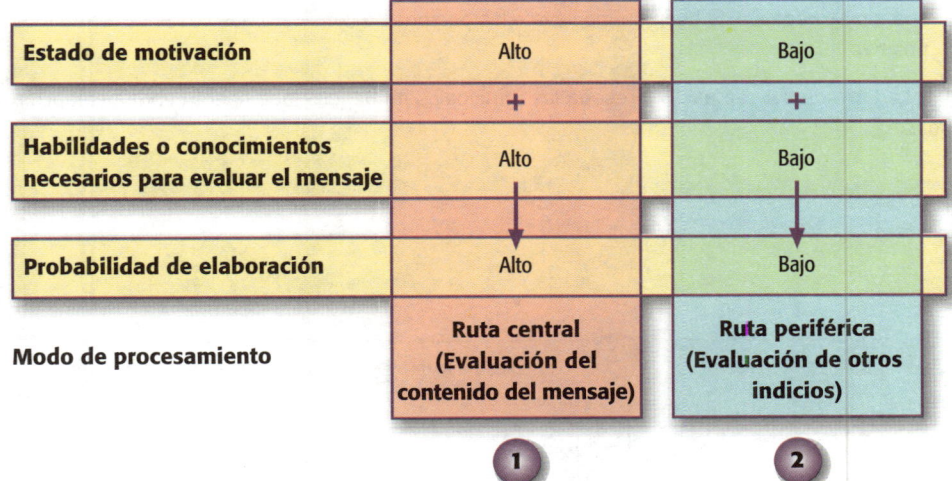

Estado de motivación	Alto	Bajo
	+	+
Habilidades o conocimientos necesarios para evaluar el mensaje	Alto	Bajo
Probabilidad de elaboración	Alto	Bajo
Modo de procesamiento	Ruta central (Evaluación del contenido del mensaje) ①	Ruta periférica (Evaluación de otros indicios) ②

DIAGRAMA DE LA PSICOLOGÍA

FIGURA 16.2   Modelo de probabilidad de elaboración
Según el modelo de probabilidad de elaboración, el cambio de actitud se presenta por una de dos rutas del procesamiento cognitivo: ① una ruta central o ② una ruta periférica. Cuando la probabilidad de elaboración es grande, debemos prestar más atención al contenido del mensaje en sí; cuando es escasa, como cuando estamos distraídos o no tenemos interés, prestamos atención a indicios periféricos que no están relacionados con el contenido del mensaje.

modelo de probabilidad de elaboración (MPE) Modelo teórico que designa dos canales por los cuales las solicitudes persuasivas conducen a un cambio de actitud: una ruta central y una ruta periférica.

fundado en indicios periféricos que no guardan una relación directa con el contenido del mensaje del candidato, como su atractivo físico. Es decir, los espectadores se convencerían de apoyar a los candidatos en razón de cómo luzcan en el debate y no de su posición respecto a cada tema.

Los anunciantes suelen aprovechar la ruta periférica para cambiar actitudes, por eso utilizan a estrellas del deporte como voceros en sus comerciales. Los famosos quienes endosan un producto, ni siquiera tienen que mencionar sus cualidades distintivas. El sólo hecho de que utilicen o vistan el producto quizá baste para transmitir el mensaje que los anunciantes quieren hacer llegar al público.

Variables que influyen en la persuasión

Algunos llamados persuasivos son más eficaces que otros. Como muestra la figura 16.3, numerosas variables influyen en la persuasión, entre ellas las que se refieren a la fuente, el mensaje y el receptor (p. e., Briñol *et al.*, 2007; Littlejohn, 2002; Park y Banaji, 2000; Petty y Brinol, 2006):

- *Variables de la fuente.* Las variables de la fuente son las características del comunicador que presenta el mensaje. Por lo general, los comunicadores son más persuasivos si la gente los percibe como *creíbles* (conocedores y confiables), *atractivos* (agradables y guapos) y *similares* al receptor en sentidos centrales (p. e., una persona que ha dejado las drogas tendría más éxito en convencer a los toxicómanos actuales de que acepten someterse a un tratamiento que otra persona que jamás ha consumido drogas).

- *Variables del mensaje.* En primer lugar, el presentar las dos perspectivas de un argumento suele ser más eficaz que sólo presentar una, siempre y cuando el comunicador refute lo opuesto. En segundo lugar, los mensajes que son contrarios a los intereses percibidos del comunicador suelen ser captados como algo más creíble. No es extraño que, hace algunos años, las personas prestaran gran atención a un miembro de la familia tabacalera R. J. Reynolds que hablaba de los riesgos por fumar. En tercer lugar, cuanto más frecuente sea nuestra exposición al mensaje, tanto mayor será la probabilidad de que lo evaluemos de forma favorable; pero sólo hasta cierto punto. Cuando el mensaje se repite con la debida frecuencia, las personas podrían creerlo, independientemente de que sea cierto o no. Sin embargo, cuando se repite más allá de un límite, la irritación y el tedio las invade y la aceptación del mensaje empieza a disminuir.

- *Variables del receptor.* Nadie es inmune a los llamados persuasivos, pero algunas personas son más fáciles de convencer que otras. Quienes no son muy inteligentes o quienes tienen poca confianza en sí mismas suelen ser más susceptibles a los llamados persuasivos. Además, las personas suelen recibir más los mensajes persuasivos cuando su ánimo es positivo que cuando es negativo. El buen ánimo lleva a las personas a considerar las cosas de forma más positiva.

La tabla de conceptos 16.1 reseña las principales influencias que operan en la percepción social.

CONCEPTO 16.13
Las variables relacionadas con la fuente, el mensaje mismo y el receptor influyen en la efectividad de los llamados persuasivos.

DIAGRAMA DE LA PSICOLOGÍA
FIGURA 16.3
Cómo se transmiten los mensajes: factores de los llamados persuasivos
La eficacia de los llamados persuasivos depende de ❶ las características de la fuente del mensaje, ❷ el mensaje mismo y ❸ el receptor del mensaje.

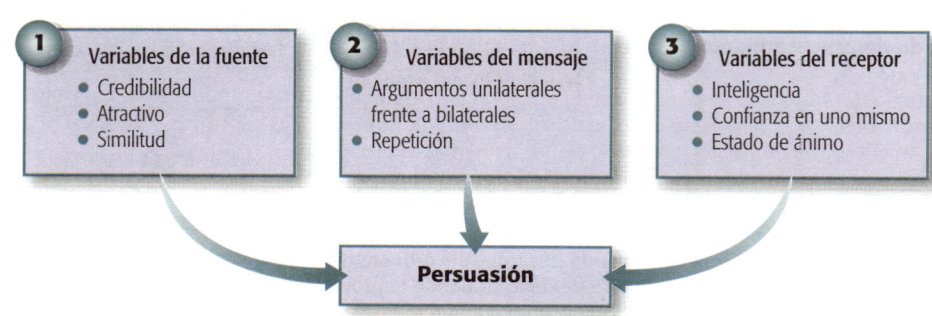

TABLA DE CONCEPTOS 16.1
Nuestra percepción de los otros

Tema	En qué consiste	Influencias en la percepción social
Impresiones iniciales	**Evaluación inicial de los otros: nos agradan o desagradan**	**Las impresiones iniciales están sujetas a la influencia de la presencia física, el atuendo, los estereotipos existentes y la medida de lo que revele la persona. Son difíciles de desbancar porque tendemos a filtrar la nueva información por medio de ellas y, porque pueden ser profecías que se cumplan**
Atribuciones	**Explicaciones personales de las causas de la conducta**	**Algunos de los sesgos de las atribuciones que afectan la percepción social son el error fundamental de atribución (la tendencia a conceder demasiada importancia a las causas internas o de disposición y a no considerar las causas externas); el efecto actor-observador (la tendencia a explicar la conducta de otros en términos de sus personalidades subyacentes y a explicar la conducta propia en términos de las exigencias de la situación), y el sesgo de autocomplacencia (la tendencia a excusar nuestros fracasos con justificaciones, pero a aceptar el mérito de nuestros logros)**
Actitudes	**Juicios de opinión sobre si nos agradan o desagradan personas, objetos o temas**	**Las actitudes están sujetas a la influencia de nuestro entorno social y posiblemente a la de factores genéticos, y no siempre predicen la conducta. Según el modelo de la probabilidad de elaboración, el cambio de actitudes se registra por vía de una ruta central de procesamiento o por la de una periférica, dependiendo de la medida en que se elabore el mensaje. La eficacia de los llamados persuasivos depende de las variables de la fuente, las del receptor y las del mensaje**

Revisión de módulo 16.1 Cómo percibimos a los otros

REPASE

¿Cuáles son las principales influencias que operan en las primeras impresiones y por qué éstas muchas veces se vuelven impresiones duraderas?

- Las características superficiales, como la presencia física y el atuendo, los estereotipos y lo mucho que revela la persona influyen en las primeras impresiones.

- Una autorrevelación moderada está ligada a una impresión más favorable. Sin embargo, ésta suele ser aceptada de forma más favorable en las culturas occidentales que en las orientales.

- Las primeras impresiones pueden ser duraderas cuando las personas concilian la información discrepante y las impresiones que ya tienen, con sus esquemas sociales. Las impresiones también pueden ser profecías autocumplidas.

¿Qué funciones desempeñan los sesgos cognitivos en los juicios de opinión que nos formamos acerca de las causas de la conducta?

- El error fundamental de atribución consiste en conceder demasiada importancia a las causas internas de la conducta o a la disposición, mientras que son excluidos los factores de la situación.

- El efecto actor-observador se entiende como la tendencia a explicar nuestra conducta en términos de las exigencias de la situación, pero a explicar la de otros en términos de sus causas internas o de su disposición.

- El sesgo de autocomplacencia refuerza la autoestima porque implica atribuir los éxitos personales a los talentos o capacidades propios, pero a explicar los fracasos personales en términos de causas externas.

¿Qué son las actitudes y cómo se adquieren?

- Las actitudes son evaluaciones o juicios de opinión sobre el agrado o desagrado que nos causan las personas, los objetos o los temas. Los psicólogos consideran que las actitudes se constituyen de tres elementos: las cogniciones, las emociones y las conductas.

- El entorno social, que abarca nuestras relaciones y experiencias con otros así como nuestra exposición a los medios masivos, es el terreno de aprendizaje donde se adquieren las actitudes. Los factores genéticos también podrían estar involucrados.

¿Qué relación existe entre las actitudes y la conducta?

- Las actitudes y la conducta guardan una relación moderada en el mejor de los casos. Gran número de factores influyen en nuestra conducta y no son sólo nuestras actitudes.

¿Cómo las solicitudes persuasivas cambian las actitudes de la gente?

- Según el modelo de probabilidad de elaboración, nuestras actitudes son modificadas por los mensajes persuasivos que son procesados por vía de ruta central (evaluación meticulosa del contenido del mensaje) o por vía de ruta periférica (concentrarse en indicios periféricos del contenido del mensaje).

RECUERDE

1. Felipe justificó su mala calificación en el examen semestral argumentando que no había tenido tiempo de estudiar porque su madre, enferma de cáncer, había necesitado que la cuidara. ¿Qué tipo de causa implica esta clase de atribución?
   a. de disposición
   b. de la situación
   c. fundamental
   d. de autocomplacencia

2. ¿De las siguientes personas cuál *seguramente* cometería un error fundamental de atribución?
   a. un estudiante estadounidense
   b. un estudiante europeo
   c. un estudiante chino
   d. un estudiante canadiense

3. Las actitudes incluyen los siguientes componentes excepto _____.
   a. las cogniciones
   b. las emociones
   c. los motivos
   d. las conductas

4. En el terreno del cambio de actitudes, ¿cuáles de las siguientes variables están ligadas a la relación entre la confianza en uno mismo y una mayor susceptibilidad a la persuasión?
   a. del receptor
   b. del mensaje
   c. de la fuente
   d. de la disposición

5. El error fundamental de atribución se refiere a que (se subestiman o se sobrestiman) los factores internos.

REFLEXIONE

- ¿Por qué las primeras impresiones suelen convertirse en las más duraderas?

- ¿Propende a adjudicarse el mérito de sus éxitos y a culpar a otros de sus fracasos? ¿Por qué el sesgo de la autocomplacencia impediría que aprenda de sus errores y que tome las medidas correspondientes para evitarlos en el futuro?

Módulo 16.2 — Cómo nos relacionamos con otros

- ¿Cuáles son los principales determinantes de la atracción?
- ¿Qué factores están ligados a la conducta solidaria?
- ¿Qué es un prejuicio y cómo se forma?
- ¿Qué se puede hacer para atenuar un prejuicio?
- ¿Qué factores contribuyen a la agresión humana?

Los psicólogos sociales están interesados en conocer cómo se relacionan los individuos entre sí dentro de su entorno social. Las formas de relacionarnos con otros se pueden clasificar como interacciones positivas o negativas. La atracción, el amor y la solidaridad son interacciones positivas. Las formas negativas incluyen la conducta prejuiciada y la agresión. En este módulo, analizaremos lo que han averiguado los psicólogos sobre las formas positivas y negativas de las relaciones con otros.

Atracción: cómo se llega a quererlo(a) (o amarlo[a])

CONCEPTO 16.14
La similitud, el atractivo físico, la proximidad y la reciprocidad influyen en la atracción.

En la naturaleza, la atracción es la tendencia de un objeto o cuerpo a ser atraído a otro, como los polos opuestos de un imán. El término **atracción** se emplea en psicología para describir los sentimientos de agrado por otros, así como los pensamientos positivos acerca de ellos y la inclinación a actuar hacia ellos de forma positiva.

La atracción no se limita a lo romántico o erótico (atracción por un objeto amado). Los psicólogos sociales emplean la expresión en un sentido más amplio que incluye otras clases de atracción, como los sentimientos de cariño hacia los amigos.

Determinantes de la atracción

atracción Sentimientos de agrado por otras personas, el tener pensamientos positivos acerca de éstas y las tendencias para actuar a su favor de maneras positivas.

Los psicólogos han identificado varios factores clave que determinan la atracción, entre ellos la similitud, el atractivo físico, la proximidad y la reciprocidad.

Similitud   Como reza el refrán "Dios los crea y ellos se juntan", por lo general, nos sentimos atraídos por personas con quienes compartimos valores y actitudes semejantes (Buston y Emlen, 2003; Rushton y Bons, 2005). También buscamos que nos agraden personas que tienen características similares a las nuestras, como presencia física, clase social, raza, estatura, gustos musicales e inteligencia. Las personas también tienden a escoger parejas que muestran actitudes, posturas religiosas y valores similares a los de ellas (Luo y Klohnen, 2005). Existe una enorme probabilidad de que las personas se casen con otras cuyo nombre de pila o apellido sea similar al de aquella (Jones *et al.,* 2004). El fondo del asunto es que cuando se trata de atracción, existe evidencia que respalda más decididamente la hipótesis de "Dios los crea..." que la de "Los polos opuestos se atraen".

¿Por qué las personas se sienten atraídas por otras similares a ellas? La idea más difundida es que la similitud es gratificante, porque una de las partes de la relación valida, refuerza y aumenta el concepto de sí misma que tiene la otra. Si usted es eco de lo que opino acerca del cine, la política y otras cuestiones, entonces me sentiré mejor acerca de mí mismo.

¿Esto significa que las relaciones entre dos personas (compañeros de escuela, amigos o novios) con actitudes, intereses o gustos diferentes están sentenciadas al fracaso? No siempre. En primer lugar, no hay dos personas idénticas en todos los sentidos (¡Por fortuna!). Se requiere que exista cierto terreno común para anclar una relación, pero para que ésta tenga éxito se requiere del compromiso y la adaptación para mantenerla a flote. No es extraño que las actitudes de las parejas de novios tiendan a irse alineando con el paso del tiempo (Davis y Rusbult, 2001).

Investigaciones recientes sugieren que, cuando las personas consideran los rasgos de personalidad de una pareja amorosa ideal, suelen estar interesadas en parejas que se ajusten a su propia personalidad, pero que de alguna manera sean mejores partidos (Figueredo, Sefcek y Jones, 2006). Es decir, buscan a parejas que posean los Cinco Grandes rasgos de personalidad similares a los suyos, pero que de alguna manera sean un poco más concienzudas, extrovertidas y sociales, pero también menos neuróticas que ellas mismas.

El atractivo físico   Tal vez pensemos que otras personas nos atraen en el terreno del amor a causa de sus cualidades internas. Sin embargo, la evidencia demuestra que el principal determinante de la atracción inicial es la envoltura externa, y no el alma (Berscheid y Reis, 1998). Cabe señalar algunas diferencias de género. Los hombres suelen conceder más importancia al atractivo físico de sus posibles parejas que las mujeres (Buss, 1994). No obstante, en el caso de las relaciones sexuales efímeras, tanto hombres como mujeres suelen conceder un valor extra al atractivo físico de sus posibles parejas (Li y Kenrick, 2006; Nevid, 1984; Stambor, 2006).

Nuestra presencia física indudablemente afecta la forma en que otros nos perciben. Las personas no sólo se sienten atraídas por los empaques bonitos, sino que también tienden a adoptar el estereotipo de que "Lo bonito también es bueno" (Berscheid y Reis, 1998) y, así, a juzgar que las personas atractivas poseen más habilidades sociales y son más inteligentes, populares y adaptadas psicológicamente (p. e., Langlois *et al.*, 2000; Little, Burt y Perret, 2006; Olson y Marshuetz, 2005). En nuestra sociedad, también es ventajoso ser alto. Los trabajadores altos tienden a percibir ingresos más elevados. Una razón que explica lo anterior es que quienes son altos podrían verse favorecidos para ocupar puestos ejecutivos o de ventas que ofrecen sueldos más altos (Judge y Cable, 2004). Otra posible explicación: la estatura puede contribuir a la autoestima, y ello se traduciría en un mejor desempeño (Shea, 2007). Sin embargo, existen excepciones al estereotipo "Lo bonito es bueno": se suele pensar que las personas atractivas son más vanas y menos modestas que quienes no son tan atractivas (Feingold, 1992).

La belleza está en la mirada del observador, pero los observadores suelen contemplar la belleza de formas muy similares. Solemos coincidir en cuanto a quién es atractivo o no lo es. Los rostros que poseen rasgos simétricos y un cutis terso son percibidos universalmente como rostros más atractivos (Fink y Penton-Voak, 2002; Fink *et al.*, 2006).

Investigaciones recientes muestran que el rostro ideal de la mujer varía poco de una cultura a otra (Langlois *et al.*, 2000). En un estudio, los investigadores pidieron a estudiantes caucásicos, euroamericanos y a estudiantes asiáticos e hispánicos recién llegados a Estados Unidos que calificaran el atractivo de mujeres asiáticas, hispanas, negras y caucásicas que les presentaban en fotografía (Cunningham *et al.*, 1995). Las opiniones de la belleza física generalmente fueron consistentes con las fotografías de miembros de los distintos grupos. Los rostros calificados como más atractivos mostraban rasgos como pómulos salientes y cejas arqueadas, ojos separados,

Ser alto es redituable
Los investigadores han encontrado que los trabajadores altos tienden a ganar más que quienes no lo son. ¿Qué explicación tendría este hallazgo?

Lo sentimos Arnold   Cuando califican rostros masculinos, tanto hombres como mujeres tienden a calificar aquellos que muestran rasgos más femeninos, por ejemplo: los finos y delicados de un Johnny Depp o un Leonardo DiCaprio (*derecha*), como más atractivos que los que tienen rasgos más viriles, como los del entonces joven Arnold Schwarzenegger (*izquierda*).

nariz pequeña, mejillas delgadas, sonrisa amplia, labio inferior grueso, barbilla pequeña y abundante cabello. Tanto hombres como mujeres tendieron a opinar que los mismos rostros eran atractivos; también coincidieron en que los rostros de mujeres con rasgos más femeninos eran más atractivos que aquellos con características más viriles (Angier, 1998b). Sin embargo, lo sorprendente fue que tanto hombres como mujeres consideraron en general que los rostros masculinos con *rasgos más femeninos* eran más atractivos. Por ejemplo, prefirieron los rasgos más finos y delicados de un Leonardo DiCaprio que los del rostro de quijada cuadrada y rasgos masculinos de un Arnold Schwarzenegger (Angier, 1998b).

Si bien parece que algunos rasgos de la belleza física son universales, es indudable que existen diferencias culturales. Por ejemplo, en ciertas culturas africanas la belleza femenina está asociada con características físicas como los cuellos muy largos y los labios en forma de disco. En algunas sociedades gustan las mujeres regordetas, mientras que en otras, como la estadounidense, el ideal femenino está asociado a un parámetro irreal de delgadez (consulte el capítulo 8). Las mujeres mismas tienden a asociar las curvas con el atractivo femenino, pero sólo si la figura curvilínea es delgada y no tiene grandes caderas (Forestell, Humphrey y Stewart, 2004). La sociedad occidental también aprecia a los hombres delgados, pero la desmesurada presión social por la delgadez la sufren las mujeres.

Una explicación del porqué las personas que no cumplen con el ideal físico se pueden salvar de una existencia solitaria es la hipótesis del emparejamiento, la cual predice que las personas buscarán parejas que tengan un atractivo físico similar al suyo. En general, la evidencia apoya la **hipótesis del emparejamiento** y también demuestra que en las parejas desiguales, la parte menos atractiva habitualmente compensa la situación porque tiene más dinero o mejor posición social que la parte más atractiva (Berscheid y Reis, 1998). Esta hipótesis también es válida para otras características: nos suelen atraer parejas que tienen una personalidad, actitudes o hasta un peso corporal similares a los nuestros (Angier, 2003; Schafer y Keith, 1990).

Proximidad   La **proximidad** física influye mucho en los patrones de la amistad. Si vive en un dormitorio universitario, es más probable que sus amigos vivan al final del pasillo que del otro lado del campus. Sus primeros amigos seguramente fueron los pequeños vecinos de junto o los que vivían a una cuadra de su casa.

La proximidad incrementa la posibilidad de interactuar con otros y de conocerlos mejor, con lo cual establece las bases para que se desarrollen sentimientos de atracción hacia ellos. Otra explicación de los efectos positivos que la proximidad ejerce en la atracción es que las personas suelen tener

hipótesis de emparejamiento
Idea de que una persona tiende a formar pareja con otra que tiene un atractivo físico y otras características similares a los propios.

proximidad   Cercanía o parentesco.

más en común con otras que viven cerca o que asisten a las mismas clases. Las similitudes en las actitudes y los orígenes incrementan los sentimientos de agrado. La proximidad también puede incrementar la atracción negativa o el desagrado. El tener mucho roce con alguien que le desagrada podría intensificar sus sentimientos negativos.

Reciprocidad   La **reciprocidad** se refiere a la tendencia a que nos agraden otros quienes nos corresponden con ese mismo agrado. Cuando alguien nos felicita, nos hace favores o nos dice que nos quiere mucho, por lo general, respondemos de la misma manera. Las interacciones recíprocas se van creando unas sobre otras y desembocan en sentimientos de afecto. Tal vez desconfiemos un poco de las personas que nos halagan muy pronto o que parecen querernos demasiado antes de conocernos bien. Quizá pensemos que quieren obtener algo de nosotros o que no son muy selectivas.

El principio de la reciprocidad interviene en diversos aspectos de la conducta social entre otros, según han encontrado los investigadores, en las propinas que dejamos (Cialdini y Goldstein, 2004). Éstos encontraron que cuando las meseras escribían mensajes serviciales en el reverso de las cuentas de los clientes o cuando les regalaban un pequeño chocolate con sus cuentas, los comensales tendían a corresponder el gesto dejando mejores propinas (Rind y Strohmetz, 1999; Strohmetz *et al.*, 2002).

A continuación, veremos otra forma positiva de relacionarnos con los demás: brindar ayuda cuando alguien la necesita. Empezamos con el trágico caso de una joven que fue atacada brutalmente y las personas que escucharon sus terribles gritos no hicieron nada por ayudarla.

Conducta de ayudar: echarle una mano a quien la pudiera necesitar

El espanto perdura hasta la fecha, más de cuarenta años después de que Kitty Genovese, una joven de 28 años, fuera asesinada en 1964 en una tranquila calle de Queens, Nueva York. Kitty gritó pidiendo auxilio mientras un asaltante la apuñalaba sin compasión una y otra vez por la espalda y la dejaba tendida en el suelo herida de muerte. Varios testigos (no se sabe cuántos) escucharon los gritos de Kitty o vieron el ataque desde las ventanas de los departamentos cercanos. Nadie salió en su ayuda, aun cuando se dice que una persona, cuando menos, llamó a la policía, pero esto después del primer ataque (Manning, Levine y Collins, 2007).

Este trágico caso despertó incluso más dudas respecto de nuestra disposición a intervenir a ayudar a alguien que está en problemas. ¿Tiene la naturaleza humana una parte tan insensible que nos lleva a dar la espalda a alguien que necesita con desesperación ayuda? En tal caso, ¿cómo explicar los innumerables actos de bondad de personas que desinteresadamente brindan ayuda a otras que la necesitan, por no mencionar los heroicos actos de aquellos que ponen su vida en peligro en casos de urgencia para salvar a otros? Piense en el heroísmo de los bomberos y los policías que respondieron al ataque terrorista contra el World Trade Center, muchos de los cuales dieron su vida en un valiente intento por proteger a otros. En el lugar de la tragedia, muchos civiles también perdieron la vida porque se detuvieron a ayudar a otros a salir de ese infierno. Es evidente que la pregunta no es si la gente está dispuesta a ayudar a quienes lo necesitan, sino más bien en qué condiciones brindarán su ayuda.

La ayuda es una forma de **conducta prosocial**, o una que beneficia a otros. El psicólogo C. Daniel Batson, toda una autoridad en el tema de la ayuda, señala que detrás de la conducta de ayudar encontramos dos clases de motivos (Batson *et al.*, 2002; Batson y Powell, 2003). Una clase de ayuda se debe a motivos *altruistas*, es decir, el deseo puro y desinteresado de ayudar a otros sin esperar nada a cambio. La otra clase se basa en motivos *egoístas*, como el deseo de ayudar a alguien para quedar bien ante los ojos de otros o para no sentirse culpable por no ayudar. Batson piensa que la ayuda altruista es resultado de que la persona que ayuda se identifica con la difícil situación de la víctima. Cuando nos ponemos en los zapatos de otros, por decir, podemos sentir empatía por lo que sufre la otra persona y ello nos lleva a actuar. La noción de Batson de un altruismo puro no es aceptada universalmente pues algunos psicólogos sociales opinan que todas las formas de ayuda benefician en cierta medida a la persona que la brinda.

CONCEPTO 16.15
Los motivos altruistas, y también los egoístas, nos pueden mover a brindar ayuda.

reciprocidad Principio que indica que las personas tienden a sentir agrado por otras que, a su vez, les corresponden con su agrado.
conducta prosocial Conducta que beneficia a otros.

Altruismo Los actos altruistas adoptan diversas formas, entre ellos los de heroísmo desinteresado, como ocurrió en el caso de cientos de bomberos y policías que perdieron la vida en su esfuerzo por salvar a otros el 11 de septiembre de 2001.

Intervención del espectador: la decisión de involucrarse o no

El modelo de la toma de decisiones de la conducta de ayudar que propusieron Bibb Latané y John Darley (1970) explica la **intervención del espectador** en términos de un proceso de decisión que se descompone en una serie de cinco decisiones (consulte la figura 16.4). En primer lugar, la persona debe decidir si existe una evidente necesidad de ayuda. En segundo, si la situación es una clara urgencia. En tercero, si asume la responsabilidad personal de brindar su ayuda. En cuarto, la clase de ayuda que brindará. En quinto, cómo pondrá en práctica este curso de acción.

Influencias para brindar ayuda

Los psicólogos también han identificado algunos factores que influyen en lo dispuestas que están las personas a ayudar, entre ellos:

- *La ambigüedad situacional.* Como esperarían Latané y Darley, es mucho menos probable que las personas brinden ayuda en situaciones ambiguas que en otras que implican una evidente urgencia (Baron y Byrne, 2003). También es menos probable que ayuden en entornos desconocidos que en conocidos (p. e., cuando están en ciudades desconocidas y no su ciudad natal).

- *Costo percibido.* La probabilidad de ayudar incrementa a medida que disminuye el costo que percibimos para nosotros. Es más probable que le prestemos los apuntes del curso a alguien que pensamos que nos los devolverá que a alguien que no nos parece confiable.

- *Difusión de responsabilidad.* La presencia de otros puede *difundir* el sentimiento de responsabilidad individual. En consecuencia, si de repente se siente desfallecer y a punto de desmayar en la calle, es más probable que reciba ayuda si sólo hay unos cuantos transeúntes que si la calle está hasta el tope de gente. Habiendo menos peatones, es más difícil señalar a "otra persona" como la responsable de actuar: si todo el mundo piensa que otro actuará, entonces nadie actúa.

- *Similitud.* Las personas están más dispuestas a ayudar a otras que perciben como parecidas a aquellas: a personas que comparten orígenes y creencias. Es mucho más probable que ayuden a otras que visten como ellas que a personas que llevan un atuendo diferente (Cialdini y Trost, 1998). Las personas también tienden a estar más dispuestas a ayudar a parientes que a personas que no son de la familia (Gaulin y McBurney, 2001).

💡 **CONCEPTO 16.16**
Según el modelo de la toma de decisiones, la intervención del espectador depende de una serie de decisiones que desembocan en la intervención.

💡 **CONEPTO 16.17**
Los factores de la situación, los individuales y las normas sociales influyen en la conducta de ayudar.

intervención del espectador
Ayudar a un desconocido que se encuentra en una difícil situación.

- *Empatía.* Otro factor que influye en la ayuda altruista es la medida en que la persona que ayuda se identifica o siente empatía con la víctima (Batson *et al.*, 2002; Penner *et al.*, 2005).

- *Rasgos faciales.* Es más probable que obtengan ayuda las personas que tienen cara de niño que las que poseen rasgos faciales más maduros (Keating *et al.*, 2003).

- *Estado de ánimo y género.* Las personas suelen estar más dispuestas a ayudar a otros cuando están de buen humor (Baron y Byrne, 2003). No obstante, sin considerar los cambios que han registrado los roles tradicionales de género, todavía es más probable que los extraños ayuden a mujeres que a hombres que están en apuros.

- *Atribuciones de la causa de necesidad.* Es mucho más probable que las personas ayuden a quienes suponen que son víctimas inocentes que a aquellos que piensan que han provocado sus problemas (Batson, 1998). Por lo tanto, tal vez no ayuden a personas que viven en la calle ni a toxicómanos porque piensan que "Merecen lo que tienen".

- *Normas sociales.* Las **normas sociales** dictan las conductas que se esperan de las personas en situaciones sociales. La norma social que dicta "Haga algo" por apoyar una valiosa causa demanda la ayuda de las personas, en especial, en situaciones donde hay testigos que observan su conducta (Gaulin y McBurney, 2001). Por ejemplo, es más probable que la persona haga un donativo para una obra de beneficencia si se lo pide un compañero de trabajo frente a los demás que si recibe una solicitud por correo en la intimidad de su hogar.

Ahora veremos las formas negativas de relacionarnos con otros, como los prejuicios, la discriminación y la agresión humana.

Prejuicios: actitudes dañinas

Un **prejuicio** es una actitud preconcebida, por lo general, negativa y que se adopta sin pensar con sentido crítico ni evaluar los hechos. Algunos prejuicios son sesgos positivos, como cuando prejuzgamos a los miembros de nuestro mismo grupo étnico o religioso bajo una luz más favorable que la que aplicamos a los de otros grupos. Sin embargo, la mayoría de los prejuicios reflejan sesgos negativos contra otros grupos o categorías debido a su raza, etnia, clase social, género, edad, ocupación, discapacidad o posición social.

Un prejuicio, al igual que otras actitudes, incluye elementos cognitivos, emocionales y conductuales. El elemento cognitivo representa la serie de creencias o estereotipos sesgados que una persona aplica a otros grupos. El elemento emocional está compuesto por los sentimientos de rechazo que la persona siente contra los miembros de los grupos que le desagradan. El elemento conductual se refiere a la inclinación del individuo a discriminar a esas personas. La **discriminación** se refiere al trato injusto o sesgado que se aplica a las personas por pertenecer a un grupo. Algunos ejemplos de discriminación incluyen negar a alguien la posibilidad de vivienda o empleo y la admisión a clubes sociales, así como un mayor escrutinio por parte de policías o empleados de seguridad de tiendas de departamentos.

Cabe señalar que una cosa es lo que la gente dice acerca de sus actitudes raciales y otra la forma en que responde a los indicios raciales. Por ejemplo, una persona que considera que no tiene prejuicios tal vez apriete su billetera o maletín con más fuerza en el momento que alguien que pertenece a un grupo estereotipado de forma negativa se sube a un elevador o se sienta a su lado en un tren o autobús.

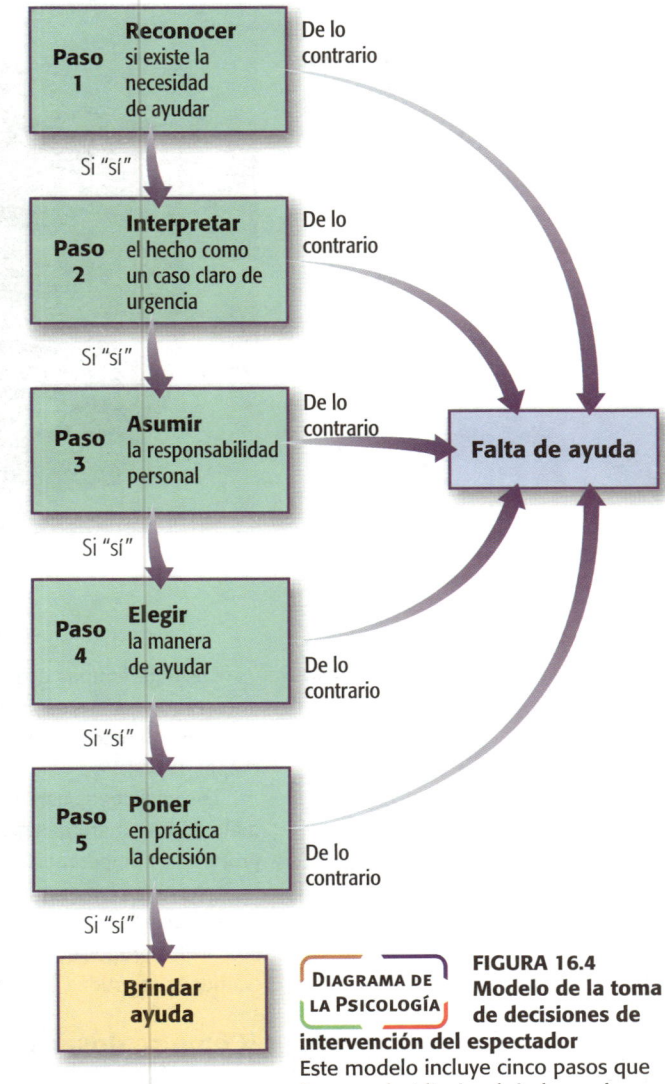

DIAGRAMA DE LA PSICOLOGÍA

FIGURA 16.4 Modelo de la toma de decisiones de intervención del espectador
Este modelo incluye cinco pasos que llevan a decidir si se brinda ayuda o no.

Fuente: Latané y Darley, 1970.

CONCEPTO 16.18
Los psicólogos sociales piensan que los prejuicios, al igual que otras clases de actitudes, están compuestos por elementos cognitivos, emocionales y conductuales.

normas sociales Reglas que definen lo que es socialmente aceptable en una situación determinada.

prejuicio Opinión o actitud preconcebida en relación con un tema, persona o grupo.

discriminación Trato injusto o tendencioso que se brinda a las personas en razón de que pertenecen a un grupo o una categoría particulares.

¿Ayudaría usted a este hombre?
¿Qué influye en nuestra decisión de ayudar a alguien que está en un apuro?

Los estereotipos y los prejuicios suelen ser difíciles de cambiar. Los psicólogos sociales han encontrado que los caucásicos que tienen ideas estereotipadas acerca de los negros los percibirán como "perezosos", aun cuando su desempeño sea exactamente igual al de éstos (Hilton y von Hippel, 1996).

Los sociólogos han observado desde hace mucho que los prejuicios y la discriminación normalmente se incrementan en tiempos de inquietud social y de una mayor competencia entre los grupos. La competencia por los empleos y las escasas oportunidades económicas tensan las relaciones entre los grupos. Luego entonces, no es extraño que los actos de odio racial tiendan a aumentar durante la desaceleración de la economía (cuando aumenta el desempleo). Los miembros de los grupos étnicos o minorías raciales pueden convertirse en cómodos chivos expiatorios cuando la seguridad económica de la mayoría enfrenta una amenaza.

¿Cómo se desarrollan los prejuicios?

CONCEPTO 16.19
Los prejuicios se desarrollan como una ramificación de los estereotipos negativos y se aprenden de la misma forma que otras actitudes.

Los prejuicios se presentan como una ramificación de los estereotipos negativos de otros grupos, los cuales califican a las personas de holgazanas, deshonestas, violentas, tontas, etc. Estos estereotipos son aprendidos o adquiridos. Los niños empezarían a formarse actitudes negativas hacia otros grupos cuando imitan las actitudes prejuiciadas que modelan sus padres, profesores y compañeros. Los prejuicios también se adquieren en razón de una exposición repetida a las descripciones negativas estereotipadas de otros grupos, en especial, de las minorías raciales que presentan los medios. Una y otra vez vemos, en el cine y la televisión, las descripciones de individuos de minorías raciales en roles negativos, como criminales, pandilleros, abusadores, traficantes de drogas, etcétera.

Los prejuicios también se adquieren debido a una experiencia directa. Si alguien tiene unas cuantas experiencias con miembros de un grupo particular, los cuales son fríos o malvados, esa persona puede generalizarlas demasiado y desarrollar la creencia estereotipada de que todos los individuos de ese grupo particular comparten las mismas características.

Los prejuicios que hemos adquirido tal vez sean diferentes, pero todos tenemos algunos. La universalidad de los prejuicios apunta a que manifestamos una tendencia cognitiva básica a dividir nuestro entorno social en dos categorías generales: la de las personas que pertenecen a los mismos grupos que nosotros y la de aquellas que no son miembros de ellos. Los psicólogos sociales describen estas categorías sociales como grupos propios (el grupo social, religioso, étnico, racial y nacional de una persona) y los grupos ajenos (todos los demás) (Hewstone, Rubin y Willis, 2002).

Los prejuicios se presentan debido a un pensamiento sesgado que atribuye más características negativas a los miembros de los grupos ajenos y más rasgos positivos a los integrantes de los grupos propios. Estas dos formas de pensamiento sesgado se conocen, respectivamente, como **negativismo extragrupal** (también llamado *prejuicio extragrupal*) y **favoritismo intragrupal** (o *sesgo intragrupal*) (Gaertner *et al.*, 2006; Pfeifer *et al.*, 2007). Los estereotipos negativos de los grupos ajenos, o la creencia de que "nosotros" somos mejores que "ellos", elevan la autoestima de los miembros de los grupos propios. El calificar de tontos, holgazanes, deshonestos, etc., a otros grupos nos hace sentir bien por comparación.

Otra clase de pensamiento sesgado asociado con los prejuicios se refiere a la **homogeneidad extragrupal**. Se trata de la tendencia a percibir que todos los miembros de otros grupos son iguales u *homogéneos,* mientras que los de nuestros grupos son "Tan diferentes como copos de nieve" (Nelson, 2002). Es más probable que los caucásicos piensen que los negros son más parecidos entre sí que los blancos, y viceversa. Una extensión de este sesgo es la tendencia a pensar que las personas de otros grupos "son todas muy parecidas" (Ackerman *et al.*, 2006). Una explicación de la homogeneidad extragrupal es que las personas probablemente conocen a más miembros de sus grupos que de los otros grupos y, por lo tanto, pueden recordar con más facilidad las diferencias que existen entre la gente que pertenece a sus grupos.

El fundamento cognitivo de los prejuicios tal vez haya ido evolucionando a lo largo de miles de generaciones. Martin Fischbein (1996), el psicólogo social, señala que los humanos ancestrales se organizaban en forma de grupos tribales que compartían el mismo idioma y cultura, y debían mantener la guardia en alto para protegerse contra las posibles amenazas de extraños, o personas de otros grupos que les podían herir o matar. El estereotipar a otros grupos como "peligrosos" o "malos" tal vez haya cumplido una función de adaptación en aquellos humanos primitivos que temían a los extraños con sobrada razón. Sin embargo, en la sociedad multicultural de nuestros días, las exigencias de adaptación son muy diferentes. Debemos aprender a llevarnos bien con personas que tienen distintos orígenes y evitar calificar con infundados estereotipos a aquellas que no son como nosotros.

¿Por qué algunas personas son más prejuiciosas que otras?

Las experiencias de aprendizaje tienen una importante función en el desarrollo de los prejuicios. Los niños expuestos a las enseñanzas de padres que tienen pocos prejuicios probablemente desarrollarán actitudes menos prejuiciosas que los de padres más intolerantes. Las personas poco prejuiciosas también suelen tener un estilo cognitivo diferente. Por lo habitual, se fijan más en las similitudes que en las diferencias entre las personas y cuentan con un marco cognitivo que los psicólogos llaman *orientación universalista* (Phillips y Ziller, 1997). En cambio, las personas que adoptan actitudes más prejuiciosas subrayan las diferencias entre las personas y recurren a la etnia para fundamentar sus juicios. Consulte en esta página la sección "Intente lo siguiente" para saber más acerca de las experiencias personales sobre los prejuicios y el racismo.

La presencia de un tipo de personalidad subyacente llamada **personalidad autoritaria** también podría contribuir al desarrollo de prejuicios (Rattazzi, Bobbio y Canova, 2007). Theodore Adorno y sus colaboradores (1950) acuñaron la expresión para describir un conjunto de rasgos de personalidad, el cual incluye la rigidez y una preocupación excesiva por la obediencia y el respeto debidos a la autoridad. Los individuos que tienen personalidades autoritarias propenden a odiar a las personas que no son como ellos y a las que perciben como débiles u oprimidas.

Intente lo siguiente

Análisis de los prejuicios

Entrevístese con dos o tres amigos o conocidos que tengan distintos orígenes étnicos o religiosos. Pídales que le cuenten de experiencias que hayan tenido frente a prejuicios o discriminación. ¿Estas experiencias cómo les afectaron? ¿Cómo afectaron sus percepciones de su entorno social?, ¿de sí mismos? ¿Cómo enfrentaron estas experiencias? Partiendo de lo que ha leído en el texto, explique cómo contrarrestaría su tendencia a pensar de forma estereotipada o prejuiciosa.

CONCEPTO 16.20

El fundamento cognitivo de los prejuicios refleja la tendencia a dividir a las personas en dos categorías básicas: los grupos propios y los grupos ajenos. Además, se atribuyen más características negativas a los miembros de grupos ajenos y más rasgos positivos a los integrantes de los grupos propios.

VÍNCULO DE CONCEPTOS

Como vimos en el capítulo 7, empleamos conceptos o categorías mentales para agrupar los objetos, los hechos y las ideas en razón de las características que comparten. Consulte el módulo 7.1.

CONCEPTO 16.21

Las experiencias de aprendizaje, los rasgos de personalidad y la tendencia a subrayar las diferencias o las similitudes entre personas podrían explicar por qué los individuos tienen diferentes prejuicios.

negativismo extragrupal
Sesgo cognitivo que implica la predisposición a atribuir más características negativas a los miembros extragrupales que a los intragrupales.

favoritismo intragrupal
Sesgo cognitivo que implica la predisposición a atribuir más características positivas a miembros del grupo propio que a los de otros grupos.

homogeneidad extragrupal
Sesgo cognitivo que describe la tendencia a percibir a los miembros extragrupales como más semejantes entre sí que a los miembros intragrupales.

personalidad autoritaria Tipo de personalidad caracterizado por la rigidez, el prejuicio y una preocupación excesiva por la obediencia y el respeto a la autoridad.

¿Qué podemos hacer para atenuar los prejuicios?

El modelo más citado para reducir los prejuicios, la **hipótesis de contacto**, fue formulado, en 1954, por el psicólogo Gordon Allport, quien propuso que el mejor camino para reducir los prejuicios y la tensión entre grupos era reunirlos de modo que tuvieran un contacto más estrecho entre sí. No obstante, reconoció que el solo contacto entre grupos no era suficiente. En algunas condiciones, este contacto puede incrementar las actitudes negativas porque provoca que las diferencias entre ellos sean más evidentes. Allport planteó que las cuatro condiciones que presentamos a continuación deben estar presentes para que el contacto entre grupos tenga el efecto deseable de atenuar los prejuicios y la tensión entre éstos. Antes de que las describamos, observe que resta la importante duda de que dichas condiciones sean más un ideal que una realidad alcanzable en el mundo real (Dixon, Durrheim y Tredoux, 2005).

> **CONCEPTO 16.22**
> Según Allport, el contacto entre grupos ayuda a aminorar los prejuicios, pero sólo si están presentes las condiciones de apoyo social e institucional, la posibilidad de conocerse mejor, la igualdad de posición social y la cooperación entre los grupos.

* *Apoyo social e institucional.* Se debe ver con claridad que las personas que ocupan puestos de autoridad respalden el esfuerzo por acercar más a los grupos. Por ejemplo, es más probable que la integración escolar facilite las relaciones raciales si cuenta con el pleno apoyo de profesores, administradores escolares y funcionarios públicos.

* *Potencial para conocerse mejor.* Debe existir la posibilidad de que los miembros de los diferentes grupos se conozcan mejor unos a otros. Ante la ocasión de una mayor interacción frente a frente, es más probable que los miembros de los diferentes grupos encuentren un terreno común. Asimismo, pueden descubrir evidencia que refute los estereotipos negativos que tienen unos de otros. El solo saber que un miembro del grupo propio sostiene una relación estrecha con un integrante del otro grupo puede fomentar actitudes más positivas hacia el otro grupo (Wright *et al.*, 1997).

* *Igualdad de estatus.* La mayor posibilidad de tener contacto con miembros de otros grupos que ocupan puestos de subordinación de hecho podría reforzar los estereotipos y los prejuicios existentes. No obstante, cuando existe la posibilidad de que miembros de diferentes grupos se reúnan en igualdad de condiciones, es más difícil respaldar las creencias prejuiciosas.

* *Cooperación entre los grupos.* El trabajar en cooperación para alcanzar una meta común contribuye a disminuir el sesgo intergrupal porque acerca más a miembros de diferentes grupos (Dixon, Durrheim y Tredoux, 2007; Pettigrew y Tropp, 2006). Ya sea que hablemos de un equipo de béisbol, de uno de trabajo en la oficina o de ciudadanos que se unan para luchar por una causa común, la cooperación fomenta sentimientos de amistad y comprensión recíproca.

¿Qué más se puede hacer para contrarrestar los estereotipos y los prejuicios? Los psicólogos sociales sugieren algunos posibles remedios. Reconocen que la lucha contra los prejuicios y la discriminación empieza por lo que enseñamos a nuestros hijos en casa y la escuela. Enseñarles la empatía es un camino para disminuir los prejuicios. La empatía es la capacidad para adoptar la perspectiva de otros y de comprender lo que sienten. Algunas películas que nos permiten compartir las experiencias emocionales de miembros de grupos estigmatizados, como *Rain Man*, *Schindler's List* y *The Color Purple*, sirven para fomentar actitudes de mayor tolerancia y aceptación. La aprobación de leyes contra la discriminación y el fortalecimiento de un clima cultural que propicia la tolerancia son medidas sociales que ayudan a combatir los prejuicios y la discriminación.

En lo individual, también podemos adoptar medidas para contrarrestar los pensamientos prejuiciosos. El simple hecho de decirnos que no debemos pensar de forma estereotipada podría fortalecer estas creencias porque las coloca en la mente con más facilidad. Aun cuando las actitudes estereotipadas y sesgadas se puedan presentar de forma automática o inconsciente, existe evidencia que sugiere que estas actitudes se pueden modificar (Livingston y Drwecki, 2007). Los psicólogos sociales presentan una serie de sugerencias que pueden ser útiles para disminuir los pensamientos prejuiciados y estereotipados, entre ellas que se practique reiteradamente rechazar estos pensamientos cuando se presenten, se imaginen ejemplos positivos de personas de otros grupos, se participe en actividades en cooperación que impliquen la interacción con personas de diferentes orígenes y se participe en la educación en diversidad, como en talleres o seminarios sobre los prejuicios y los conflictos intergrupales (p. e., Nelson, 2002; Turner, Hewstone y Voci, 2007).

hipótesis de contacto   Creencia de Allport según la cual, dependiendo de ciertas condiciones, un mayor contacto entre los grupos ayuda a disminuir los prejuicios y la tensión intergrupal.

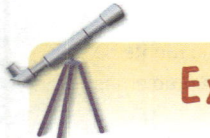

Explore la psicología

Por qué es importante: los efectos del racismo y los estereotipos en los grupos estereotipados

Por desgracia, el **racismo** es parte de una experiencia cotidiana para los miembros de muchos grupos minoritarios de nuestra sociedad que son blanco de estereotipos. Como se comentó en el capítulo 12, la exposición al racismo y a la discriminación tiene efectos dañinos para la salud psicológica y física de los grupos estereotipados.

Los estereotipos también ejercen otros efectos más sutiles. Los miembros de grupos estereotipados o estigmatizados podrían estar "en guardia" para captar indicios o señales asociados a estereotipos como "Las mujeres no son aptas para las matemáticas" o "Los negros obtienen malas calificaciones en las pruebas de IQ" (Kaiser, Vick y Major, 2006; Steele y Ambady, 2006). El fenómeno de "estar en guardia", llamado **amenaza del estereotipo**, se percibe como si hubiera "una amenaza flotando en el aire". Esto puede disparar expectativas negativas en los miembros de los grupos estereotipados, lo cual les lleva a registrar un desempeño deficiente en las situaciones de pruebas que evocan los estereotipos ("flotan en el aire") (Brown y Day, 2006; Good, Aronson y Harder, 2008). Por ejemplo, la idea estereotipada de que "Las mujeres no son aptas para las matemáticas" podría desanimar a las jóvenes para desarrollar una promisoria carrera en el campo de la ingeniería o las ciencias. Si se llama la atención al estereotipo tal vez se socave el desempeño de las mujeres en las pruebas de matemáticas, porque desvía su atención a una preocupación por su desempeño (Cadinu *et al.*, 2005; Kiefer y Sekaquaptewa, 2007; Krendl *et al.*, 2008).

Los miembros de grupos estereotipados también podrían interiorizar los estereotipos negativos, y eso les llevaría a percibirse como ineptos o inferiores. Estas creencias negativas los pueden llevar a un deficiente desempeño escolar, minar su motivación para triunfar y disminuir su autoestima.

En un estudio muy ilustrativo, el psicólogo de Stanford, Claude Steele, y su colaborador Joshua Aronson, aplicaron una prueba a estudiantes caucásicos y negros de la Universidad de Stanford la cual contenía los reactivos más difíciles de la sección verbal del SAT (Steele y Aronson, 1995). Informaron de antemano a algunos estudiantes que la prueba mediría su capacidad intelectual. A otros les dijeron que se trataba de una prueba de laboratorio para resolver problemas y que no tenía relación con su capacidad intelectual. Cuando se definió la prueba como una medida de inteligencia a estudiantes que tenían la misma aptitud, los negros obtuvieron resultados inferiores a los de los caucásicos, pero cuando se les habló de una prueba de laboratorio para resolver problemas, obtuvieron resultados equivalentes.

Steele piensa que el solo señalar la prueba como una medida de la capacidad intelectual activó la amenaza del estereotipo en los estudiantes negros y ello afectó su desempeño. En otro estudio, los estudiantes caucásicos mostraron un desempeño inferior en una tarea de golf, cuando se les indicó que "se mediría su capacidad deportiva natural", mientras que los afroamericanos tuvieron un bajo desempeño cuando se les hizo creer que la tarea de golf mediría "la inteligencia para el deporte" (Stone *et al.*, 1999). Steele opina que la amenaza del estereotipo tiene efectos más dañinos en los miembros de los grupos estereotipados, como minar su motivación para alcanzar metas educativas más altas. Por ejemplo, la exposición a las descripciones estereotipadas de las mujeres y las minorías étnicas que presentan los medios podría provocar que algunas jóvenes con adecuadas capacidades para las matemáticas no opten por cursos de ciencias o afines, o influir en los afroamericanos de modo que abandonen sus estudios superiores.

Los efectos de la amenaza del estereotipo y la exposición al racismo también pueden cobrar su cuota en la salud física de los grupos afectados. Los investigadores demostraron que el exponer a afroamericanos, en un contexto de laboratorio, a la condición de una importante amenaza del estereotipo les elevó la tensión arterial (Blascovich *et al.*, 2002). La presión arterial de los afroamericanos expuestos a la condición de una amenaza menos intensa no registró cambios ni tampoco la de los europeo-americanos dentro de las dos condiciones mencionadas. Cabe suponer que la exposición diaria a la amenaza del estereotipo podría contribuir a los porcentajes más

CONCEPTO 16.23
Como sujetos de estereotipos y prejuicios, los grupos estereotipados podrían interiorizar los estereotipos negativos y tener expectativas más bajas de sí mismos.

CONCEPTO 16.24
Los estereotipos y los prejuicios afectan negativamente a los grupos en varios sentidos; por ejemplo, producen expectativas más bajas y hacen que se interioricen los estereotipos negativos.

racismo Sesgo negativo sobre otras personas en razón de su identidad racial o étnica.

amenaza del estereotipo Sensación de amenaza que perciben los miembros de grupos estereotipados cuando creen que podrían ser juzgados o tratados de manera estereotipada.

altos de hipertensión que encontramos en la comunidad afroamericana. Es más, como fuente de estrés crónico, la exposición al racismo también puede aumentar el peligro de otros problemas cardiovasculares (Troxel *et al.*, 2003).

¿Qué se puede hacer para contrarrestar los efectos de la amenaza del estereotipo? Steele sugiere que esta amenaza se puede reducir si los profesores son optimistas y creen auténticamente en el potencial de todos sus alumnos. El fomentar que los estudiantes de minorías afirmen lo positivo de su competencia y sus capacidades también podría reducir los efectos de los estereotipos negativos (Cohen *et al.*, 2006).

La agresión humana: una conducta dañina

Con excesiva frecuencia en la historia de la humanidad, estas actitudes negativas dirigidas a los miembros de otros grupos han montado el escenario para una conducta violenta en forma de matanzas y guerras. ¿La agresión es inherente al ser humano o se trata de una forma de conducta aprendida que puede modificarse en razón de la experiencia? Los psicólogos y otros científicos tienen diversas opiniones acerca de la índole de la agresión humana. Veamos lo que las principales perspectivas de la psicología nos indican acerca de nuestra capacidad para dañarnos unos a otros.

¿Es la agresión humana instintiva?

Algunos teóricos piensan que la agresión tiene un fundamento instintivo en los humanos y en otras especies. Por ejemplo, el afamado etólogo Konrad Lorenz (1966) consideraba que el instinto combativo es un mecanismo básico de supervivencia en muchas especies animales. Los depredadores sobreviven gracias a que atacan instintivamente a sus presas. Los animales más afortunados entre esas presas sobreviven gracias a que huyen por instinto de esos ataques o porque luchan para librarse de ellos. En opinión de Lorenz, la agresión es una respuesta de adaptación que incrementa la posibilidad de sobrevivir, tanto en el caso del depredador como de la presa. Pero, ¿el instinto explica la agresión humana?

La mayoría de los teóricos contemporáneos piensa que la agresión humana es demasiado compleja como para que la explique un simple instinto. La agresión humana adopta diversas formas, desde la guerra formal y los actos de terrorismo hasta las formas interpersonales de conducta violenta, como los asaltos a mano armada, el abuso conyugal y los ataques sexuales. Estas distintas formas de agresión reflejan toda una variedad de motivos políticos, culturales y psicológicos. Es más, las teorías del instinto no explican la importante función que el aprendizaje y la

Violencia en Estados Unidos
Los homicidios son una consecuencia trágica de la conducta violenta.

cultura tienen en la configuración de la conducta; tampoco explican la diversidad que entraña la agresión humana. La violencia es poco frecuente en algunas culturas, pero es demasiado común en otras, por desgracia, incluida la estadounidense. Sin embargo, incluso dentro de las culturas, algunas personas exhiben una conducta más agresiva que otras.

En suma, la agresión humana no se explica en razón de una sola causa. Como veremos a continuación, existen muchos factores que contribuyen a la agresión humana, entre ellos las influencias biológicas, las del aprendizaje y las socioculturales; el consumo de alcohol; los estados emocionales, y las influencias del entorno.

Influencias biológicas

Si bien la agresión humana no se explica como simple instinto, la genética y otras influencias biológicas tienen al parecer una función en ella (Meyer-Lindenberg *et al.*, 2006; Silver, 2006). Por ejemplo, las anormalidades en los circuitos del cerebro que regulan las emociones negativas —en especial, la ira— podrían contribuir a la conducta agresiva (Davidson, Putnam y Larson, 2000). También se han concentrado en la serotonina, pues este neurotransmisor químico está implicado en los circuitos del cerebro que frenan la conducta impulsiva. Se ha dicho que la serotonina es como "un cinturón de seguridad conductual" porque al parecer sirve para frenar los arranques impulsivos (Cowley y Underwood, 1998). La escasa presencia de serotonina en el cerebro de los hombres agresivos podría crear una predisposición que incremente la probabilidad de que respondan de forma agresiva ante una provocación social (Bjork *et al.*, 2000). Sin embargo, los investigadores advierten que es demasiado pronto para llegar a una conclusión definitiva acerca del rol de la serotonina en la agresión humana (Berman, Tracy y Coccaro, 1997).

La testosterona es la hormona sexual masculina ligada a la conducta agresiva en el caso de hombres y mujeres (Archer, 2006; Ellis, Das y Buker, 2007; Klinesmith, Kasser y McAndrew, 2006). Los hombres poseen niveles de testosterona más altos que las mujeres y existe evidencia de que es mucho más probable que los hombres muestren una conducta, agresiva y violenta, que las mujeres (van Honk y Schutter, 2007). Sin embargo, no todos los hombres agresivos o violentos tienen niveles elevados de testosterona; ni todos los hombres, o siquiera la mayoría, que tienen niveles elevados de testosterona observan una conducta violenta. Está claro que los factores implicados en la agresión son mucho más complejos.

Los psicólogos evolucionistas sugieren que en los humanos ancestrales, la agresión quizá haya servido a los hombres en su función primaria de cazadores. Las mujeres ancestrales, hasta donde tenemos conocimiento, se dedicaban primordialmente a recolectar alimentos y a cuidar a los niños, roles en los que la agresividad habría sido contraproducente. Las tendencias heredadas transmitidas por el paso de numerosas generaciones desde tiempos ancestrales tal vez expliquen en parte la mayor agresividad que encontramos en los hombres en la actualidad.

Influencias del aprendizaje

El teórico social-cognitivo Albert Bandura (1973, 1986) destaca la función que el aprendizaje por observación ejerce en la conducta agresiva. Señala que los niños aprenden a imitar la conducta agresiva que ven en casa, las escuelas y los medios (en especial, la televisión) (consulte el módulo 5.3 del capítulo 5). Por ejemplo, los jóvenes podrían aprender al observar a sus compañeros, o a los personajes masculinos de la televisión, que los conflictos se arreglan con los puños o las armas, y no, con palabras.

Los niños violentos o agresivos suelen provenir de hogares en los cuales los padres y otros miembros de la familia modelaron la agresión. El reforzamiento también contribuye al aprendizaje de la conducta agresiva. Si los niños son premiados por mostrar este tipo de conducta, como si reciben la aprobación o el respeto de sus compañeros o si se salen con la suya, es más probable que repitan esa misma conducta. De hecho, en general, es más probable que las personas recurran a una conducta agresiva si no han aprendido otras formas de resolver conflictos. La conducta violenta se puede perpetuar de una generación a otra, pues los niños que están expuestos a la violencia doméstica aprenden que la conducta violenta es un camino aceptable para limar las diferencias.

"Le han acusado de conducir bajo la influencia de la testosterona".

CONCEPTO 16.26
Los fundamentos biológicos de la agresión reflejan la influencia de los genes, las hormonas y los neurotransmisores.

CONCEPTO 16.27
Los teóricos social-cognitivos piensan que la agresión es una conducta aprendida que se adquiere en razón del aprendizaje por observación y el reforzamiento.

CONCEPTO 16.28

Los teóricos socioculturales exploran los estresores sociales que contribuyen a la conducta agresiva, entre ellos la pobreza, el abuso de los niños y el descuido, la descomposición de la familia y la exposición a la violencia.

Influencias socioculturales

Los teóricos socioculturales nos conminan a considerar los contextos sociales más amplios donde se presenta la agresión. La violencia interpersonal muchas veces se presenta cuando el telón de fondo está lleno de estresores sociales, como la pobreza, el desempleo prolongado, la falta de oportunidades, el abuso de los niños y el descuido, la descomposición de la familia, y la exposición a la violencia en la familia y la comunidad. Los niños que han sufrido el abuso de sus padres tal vez no desarrollen los vínculos de amor y seguridad con sus padres que, de lo contrario, sentarían las bases para que adquirieran empatía e interés por los demás. No es extraño que gran cantidad de niños que han sido objeto de abuso manifiesten una conducta agresiva o violenta que puede continuar en su adultez.

Los psicólogos sociales reconocen que la violencia también se puede utilizar como táctica de influencia social, como un medio de coacción que permite a los individuos tratar de obligar a otros a cumplir con sus deseos. Sólo debemos pensar en ejemplos como el "jefe de la pandilla" que emplea tácticas de fuerza física para doblegar a otros o el esposo abusivo que utiliza su fortaleza física o la amenaza de ésta para conseguir que su esposa acceda a sus exigencias.

Consumo de alcohol

CONCEPTO 16.29

El alcohol está ligado con la conducta agresiva debido a que tiene el efecto de liberar las inhibiciones, de afectar la capacidad para ponderar las consecuencias de la conducta e interpretar los indicios sociales y de reducir la sensibilidad a los indicios relacionados con el castigo.

VÍNCULO DE CONCEPTOS · · · · ·

Como vimos en el capítulo 4, el consumo de alcohol está ligado a numerosos crímenes violentos. Consulte el módulo 4.4.

Los investigadores han encontrado un firme vínculo entre el consumo de alcohol y las conductas agresivas, inclusive crímenes violentos como la violencia intrafamiliar, el homicidio y la violación (p. e., Fals-Stewart, 2003; Giancola y Corman, 2007). El alcohol libera las inhibiciones o los frenos de la conducta impulsiva, inclusive los actos de violencia impulsiva. También afecta nuestra capacidad para ponderar las consecuencias de nuestros actos, disminuye nuestra sensibilidad a los indicios que señalan la amenaza del castigo y nos lleva a percibir equivocadamente que los motivos de otros son malévolos. Por supuesto que no todos los que beben se vuelven agresivos. Las relaciones entre el consumo de alcohol y la agresión podrían estar sujetas a la influencia de la sensibilidad biológica de una persona al alcohol y por las exigencias sociales de la situación en la que sucede la provocación, como una cantina frente al hogar.

Estados emocionales

CONCEPTO 16.30

La frustración y la ira son emociones negativas que pueden disparar la agresión.

Los psicólogos han sabido desde hace mucho que ciertas emociones negativas, en especial, la frustración y la ira, desatan la agresión. Como vimos en el capítulo 12, la *frustración* es un estado emocional negativo que se produce cuando nuestros esfuerzos por llegar a una meta son truncados o bloqueados. Aun cuando la frustración muchas veces conduce a la agresión, también se pueden presentar otras conductas. Usted tal vez se sienta frustrado si alguien que ocupa la butaca de atrás en el cine no para de hablar durante toda la película, lo cual le coloca en un *estado de preparación* para responder de forma agresiva, sea verbal o física. Sin embargo, usted, de hecho, responderá de forma agresiva o no, dependiendo de factores como su historial de conducta agresiva y sus expectativas de que la actuación agresiva produzca un resultado positivo en una situación particular. Resta la duda si la agresión siempre es precedida o no por la frustración. La agresión premeditada y fría de un "matón" mafioso no encaja dentro del patrón de la agresión provocada por la frustración.

La ira es otra emoción negativa que puede producir que algunos individuos respondan de forma agresiva. Podríamos pensar en el caso del marido que agrede violentamente a su esposa cuando ella dice algo que lo pone furioso o el abusador que explota iracundo cuando el niño tarda en cumplir lo que aquél ha pedido. Es más probable que las personas que tienen pensamientos iracundos ("No puedo permitir que se salga con la suya...") o que estallan fuera de proporción ante provocaciones menores respondan de forma agresiva en situaciones de conflicto que aquellas que tienen pensamientos más tranquilos.

Influencias del entorno

Cuando la temperatura exterior aumenta, las personas sienten calor, pero, ¿aumenta la probabilidad de que se vuelvan agresivas? En efecto, sí. Los psicólogos ambientales consideran que la conducta agresiva aumenta cuando se incrementa la temperatura, si bien podría empezar a disminuir, cuando las temperaturas son muy altas (Bell, 2005; Bushman, Wang y Anderson, 2005).

En el contexto de la teoría social-cognitiva, las temperaturas muy cálidas pueden despertar la agresión porque provocan pensamientos y sentimientos de ira y hostilidad, los cuales, a su vez, incrementan la disposición a responder de forma agresiva ante las provocaciones sociales. Los vínculos entre el aumento de la temperatura y la agresión plantean algunas preguntas muy interesantes que otros estudios formales podrían explorar: ¿el uso del aire acondicionado en las cárceles disminuiría los problemas de violencia de los reclusos? ¿El aire acondicionado tendría un efecto similar en la reducción de la agresión en los centros de trabajo o las escuelas?

Antes de continuar la lectura, tal vez quiera ver la tabla de conceptos 16.2 a fin de repasar los determinantes que llevan a brindar ayuda, una forma positiva de relacionarse con otros, y varias formas negativas de relacionarse.

CONCEPTO 16.31
Las elevadas temperaturas han sido ligadas a la conducta agresiva tal vez porque despierten pensamientos y sentimientos de ira y hostilidad que encuentren salida en una conducta agresiva.

TABLA DE CONCEPTOS 16.2
Cómo nos relacionamos con los otros

	Concepto	Descripción	Más al respecto
Determinantes de la ayuda	**Procesos de toma de decisiones**	El modelo de la toma de decisiones propuesto por Latané y Darley contiene los pasos siguientes: *1)* reconocer que existe la necesidad de ayuda, *2)* interpretar que la situación es una urgencia, *3)* asumir la responsabilidad personal para ayudar, *4)* determinar el tipo o la clase de ayuda que se necesita, y *5)* decidir poner en práctica un curso de acción	La ayuda no se brinda como respuesta automática ante situaciones en las cuales se necesita, sino que está fundada en un proceso de toma de decisiones por el cual la persona evalúa la situación en cuestión así como su responsabilidad personal y sus recursos para afrontarla
	Influencias para brindar ayuda	Las influencias incluyen la ambigüedad de situación, el costo percibido, la difusión de responsabilidad, la similitud, la empatía, los rasgos faciales, los efectos del estado de ánimo y el género, las atribuciones en tanto de la causa de la necesidad y las normas sociales	Una persona ayudará o no a otra que lo necesita dependiendo de una combinación de factores personales y situacionales
Formas negativas de relacionarse	**Prejuicios**	Los prejuicios son un conjunto de creencias, sentimientos y tendencias conductuales (en su mayor parte) negativas que se aplican a miembros de otros grupos sociales (p. e., minorías raciales o religiosas) o categorías (p. e., personas con discapacidades)	Los esfuerzos para atenuar los prejuicios se pueden dirigir a incrementar los contactos entre grupos en condiciones que cuenten con apoyo social e institucional, la posibilidad de conocer gente, la igualdad de posición social y la cooperación. Las personas pueden practicar formas no estereotipadas de pensar y buscar oportunidades para ponerse en contacto con personas de otros grupos sociales. Los padres pueden ayudar a imbuir en sus hijos actitudes exentas de prejuicios por medio de lo que les enseñan y dando ejemplo de tolerancia
	Discriminación	Los prejuicios subyacentes pueden llevar al trato sesgado o injusto que se brinda a otros en razón de que pertenecen a grupos sociales particulares	Los programas diseñados para reducir los prejuicios también pueden ofrecer el beneficio de menguar la discriminación. Es más, se deben aprobar leyes contra la discriminación en la vivienda, la educación y el empleo
	Agresión	La agresión humana adopta diversas formas, desde la guerra formal hasta la violencia interpersonal, como los asaltos a mano armada, las violaciones y el abuso hacia la pareja	La agresión humana implica muchos factores, entre ellos la influencia biológica, la del aprendizaje, la sociocultural, la emocional y la del entorno, así como el consumo de alcohol

Revisión de módulo 16.2   Cómo nos relacionamos con los otros

REPASE

¿Cuáles son los principales determinantes de la atracción?

- Similitud, atractivo físico, proximidad y reciprocidad.

¿Qué factores están ligados a la conducta solidaria?

- El modelo de la toma de decisiones plantea que la intervención del espectador depende de una serie de decisiones que debe tomar antes de brindar ayuda.

- Los factores que influyen en el brindar ayuda incluyen la ambigüedad de situación, el costo percibido, la difusión de responsabilidad, la similitud, la empatía, los rasgos faciales, el estado de ánimo y el género, las atribuciones de causa de la necesidad de ayuda, y las normas sociales.

¿Qué es un prejuicio y cómo se forma?

- Un prejuicio es una actitud preconcebida o un sesgo, por lo general desfavorable, que se forma sin mediar un pensamiento o una evaluación críticos.

- El prejuicio se deriva de los estereotipos negativos de los grupos a los que las personas quedan expuestas en su entorno social. El desarrollo de un prejuicio también puede reflejar los procesos cognitivos básicos que han evolucionado durante miles de generaciones.

- Los diferentes prejuicios que tienen los individuos se explicarían en razón de las diferencias en sus experiencias de aprendizaje, rasgos de personalidad autoritaria y adopción de una orientación universalista.

¿Qué se puede hacer para atenuar un prejuicio?

- Los prejuicios pueden disminuirse mediante la creación de oportunidades, que cuenten con un firme apoyo social e institucional, mediante el contacto entre grupos que estén fundadas en relaciones en igualdad de condiciones y que permitan que se creen amistades y subrayen la cooperación en vez de la competencia.

¿Qué factores contribuyen a la agresión humana?

- Los teóricos contemporáneos han tratado de explicar la agresión humana en razón de las influencias biológicas, las influencias del aprendizaje y las socioculturales, el consumo de alcohol, los estados emocionales y las influencias del entorno.

RECUERDE

1. Mencione varios de los principales factores que determinan la atracción.

2. ¿Cuál de los siguientes enunciados relativos al atractivo físico es *erróneo*?
   a. Los hombres tienden a conceder más importancia al atractivo físico de sus parejas que lo que lo hacen las mujeres
   b. Los parámetros del atractivo físico no tienen fronteras culturales
   c. Las personas atractivas suelen ser juzgadas de forma más favorable en muchos rasgos de personalidad
   d. La gente tiende a calificar de más atractivos los rostros de hombres y mujeres que poseen características más masculinas

3. ¿Cuál es el orden correcto de los pasos necesarios para determinar si los espectadores brindarán su ayuda a alguien que la necesita? (Anote del número 1 a 5 en el orden correcto)
   _____ Asumir la responsabilidad personal de ayudar
   _____ Determinar si la situación es una verdadera urgencia
   _____ Poner en práctica el curso de acción elegido
   _____ Determinar si existe una auténtica necesidad de recibir ayuda
   _____ Elegir el tipo de ayuda que se brindará

4. ¿Cuál de los siguientes enunciados es un ejemplo de un elemento cognitivo de un prejuicio?
   a. Evitar los contactos sociales con miembros de otros grupos
   b. Contemplar sentimientos muy negativos contra miembros de otros grupos
   c. Tener creencias estereotipadas acerca de los miembros de otros grupos
   d. Discriminar a los miembros de otros grupos

5. ¿Cuáles son las cuatro condiciones que Allport consideraba que se debían cumplir para que el contacto entre grupos menguara los prejuicios?

REFLEXIONE

- La atracción que sintió por sus amigos y parejas, ¿en qué medida estuvo en función de las similitudes de actitudes, antecedentes, atractivo físico, proximidad y reciprocidad?

- ¿Piensa que las personas pueden ser totalmente altruistas o desinteresadas o bien, que existen motivos subyacentes de autocomplacencia hasta en los actos de bondad y de sacrificio personal? Explique por qué.

- Suponga que le han pedido que prepare una propuesta para reunir a grupos de estudiantes de diferentes etnias de la universidad para mejorar las relaciones intergrupales. ¿Qué factores supone que determinarían si sus esfuerzos tendrán éxito o no?

| Módulo 16.3 | # Cómo influye el grupo en la conducta del individuo |

- ¿Qué es la identidad social?
- ¿Por qué fue importante el estudio de Asch sobre la conformidad?
- ¿En cuáles principios se basan las técnicas de condescendencia?
- ¿Por qué los hallazgos de Milgram fueron tan inquietantes y métodos, tan polémicos?

- ¿Cómo afecta la presencia de otros el desempeño individual?
- ¿Qué es la despersonalización?
- ¿Qué es la polarización del grupo y el pensamiento de grupo?

La noción de que los humanos son criaturas sociales fue expresada con suma claridad por el poeta inglés del siglo XVI John Donne cuando escribió que "Ningún hombre es una isla, ni se basta por sí mismo": todos influimos en otros y, a su vez, ellos influyen en nosotros. En este módulo analizaremos cómo los demás influyen en nuestra conducta e incluso en nuestros conceptos de nosotros mismos. Veremos la tendencia a conformar nuestra conducta debido a la presión social, incluso cuando consideramos que esas exigencias sean irracionales o inmorales. Estudiamos situaciones donde la presencia de otros puede mejorar nuestro desempeño y aquellas donde no lo haría. Por último, exploramos el fenómeno del *pensamiento de grupo*, y veremos cómo las influencias del grupo, en ocasiones, conducen a malas decisiones.

Nuestros seres sociales: ¿quiénes somos?

Numerosos psicólogos sociales dividen la identidad psicológica o el concepto del sí mismo en dos partes: la **identidad personal** (la del individuo) y la **identidad social** (la de grupo) (Ellemers, Spears y Doosje, 2002; Verkuyten y De Wolf, 2007). Su identidad personal ("¿Quién soy?") forma parte de esa composición psicológica que le distingue como individuo único. Quizá piense que es una persona cariñosa y creativa, que le encanta la pizza de pepperoni, el jazz y las películas de ciencia ficción. Su identidad social ("¿Quiénes somos?") se refiere a lo que piensa de usted mismo como miembro de los distintos grupos de familia, parientes, religiosos, nacionales y sociales a los cuales pertenece. Tal vez se refiera a esta parte de su identidad cuando comenta: "Soy católico... soy creador de programas de cómputo... soy mexicano-americano... soy el papá de Jonathan". Nuestra identidad social convierte el "yo" en el "nosotros".

Los psicólogos sociales piensan que tenemos una necesidad fundamental de pertenecer a grupos, es decir, de pertenencia. Nuestra identidad social tiende a contagiar nuestra autoestima (consulte la sección "Intente lo siguiente"). Es probable que nos sintamos mejor acerca de nosotros mismos si alguien de nuestra misma etnia, religión o incluso población logra algo especial.

La identidad social suele ser una parte más prominente de la identidad psicológica de la persona en las culturas colectivistas, como las del Lejano Oriente, que en las sociedades individualistas de Occidente (Fiske *et al.*, 1998). En las culturas colectivistas, los individuos tienen más deseo de cumplir con las obligaciones sociales que tienen con el grupo, mientras que las sociedades occidentales subrayan un sentido más individualista o autónomo del sí mismo. Las personas de culturas occidentales suelen definirse menos en razón de lo que tienen en común con otras y más en términos de sus capacidades, intereses y atributos únicos: esperan sobresalir entre la multitud; ser ellas mismas significa ser individuos únicos. Sin embargo, dentro de las culturas occidentales existen variaciones. Las mujeres suelen conceder más importancia a un sentido interdependiente de sí mismo; a definirse más en términos de sus roles como madres, esposas, hijas, etc., mientras que los hombres suelen adoptar un sentido más independiente del sí mismo (Cross y Madson, 1997).

Conformidad: doblegar el "yo" para que se ciña al "nosotros"

Nadie le reprendería si se presentara a trabajar en pijama, pero seguramente escucharía bastantes comentarios burlones o le pedirían que fuera a su casa a cambiarse de ropa. Asimismo, el ves-

💡 **CONCEPTO 16.32**
Nuestra identidad social o de grupo forma parte importante de nuestra identidad psicológica o concepto del sí mismo.

identidad personal Parte de nuestra identidad psicológica que implica lo que pensamos de nosotros mismos como individuos únicos.

identidad social Parte de nuestra identidad psicológica que implica lo que pensamos de nosotros mismos como miembros de grupos particulares. También llamada identidad de grupo.

Intente lo siguiente

Estampe su firma en la línea punteada

Plasme su firma en la siguiente línea

....

Ahora hágalo nuevamente, pero imaginando que firma en calidad de presidente de la Nación

....

¿Sus firmas son del mismo tamaño? El psicólogo Richard Zweigenhaft (1970) encontró que los estudiantes plasmaban firmas más grandes cuando pretendían que lo hacían en calidad de presidentes. También encontró que las firmas de los profesores universitarios eran más grandes que las de los oficinistas de universidad. Los roles sociales que desempeñamos, como estudiantes, empleados, marido o mujer, o incluso presidentes, forman parte de nuestra identidad social. Ocupar un puesto de nivel alto refuerza nuestra imagen del ser y eso se reflejaría en el tamaño de nuestras firmas.

CONCEPTO 16.33
Cuando hay conformidad, nos comportamos de modo que se ciñe a las normas sociales.

CONCEPTO 16.34
Las personas tienden a conformarse con algo más de lo que supondrían, incluso llegando a afirmar que eso es cierto cuando saben que es falso.

conformidad Tendencia a ajustar la conducta propia a las presiones sociales, sean reales o percibidas.

tir pijama se podría convertir en una especie de nueva moda. De hecho, podrían considerar que usted impone modas. Bueno, tal vez no. Sea como fuere, otros esperan que conformemos nuestra conducta a los parámetros o las normas sociales imperantes. Las normas sociales no tienen el peso de la ley, pero si las infringimos podríamos merecer la reprobación social. Si nos desviamos demasiado de las normas sociales incluso podríamos perder a nuestros amigos o empleos o distanciar a nuestros parientes.

La **conformidad** afecta diversos aspectos de nuestra conducta diaria, desde la ropa que vestimos para ocasiones específicas y la costumbre de cubrirnos la boca y decir "Perdón" cuando estornudamos, hasta la elección de la universidad a la que asistiremos ("Irás a la estatal como tu hermano, ¿verdad?"). Las presiones para que nos conformemos también nos pueden llevar a hacernos novios y hasta a casarnos con el tipo de personas que los demás consideran aceptables.

No sólo nos conformamos con las normas sociales generales, sino también con las del grupo o de los compañeros. Los jóvenes que se tiñen de morado el cabello tal vez no se ajusten con las normas del grueso de la sociedad, pero si con las de su grupo de compañeros; tal como sus padres lo hacen a las de su propio grupo.

Tal vez podamos pensar que somos librepensadores capaces de resistir las presiones para que nos adaptemos cuando no vemos a otros frente a frente. Sin embargo, los resultados de un estudio clásico efectuado por el psicólogo Solomon Asch (1956) nos llevan a reconocer que quizá nos conformamos más de lo que suponemos. Asch pretendía estudiar la independencia y no la conformidad. Creía que si los participantes del estudio afrontaban un juicio de opinión unánime del grupo, cuyo dictamen era que el participante estaba evidentemente equivocado, este último se aferraría a su posición, resistiría las presiones para conformarse con el grupo y presentaría la información correcta. Asch estaba equivocado.

Asch asignó diversos individuos a un grupo compuesto por personas que de hecho estaban de acuerdo con el experimentador. El grupo tenía la tarea de elegir una línea, de entre tres, que fuera igual de larga que la línea de la prueba (consulte la figura 16.5). El truco estaba en que los otros miembros del grupo, todos aliados al experimentador, elegían unánimemente una línea equivocada. Ahora era el turno del individuo. ¿Se ceñiría esa persona a lo señalado por el grupo y elegiría la línea que evidentemente no era la correcta? Los resultados asombraron a Asch. Tres de cada cuatro estudiantes universitarios que participaron en el estudio cedieron ante la presión de conformarse con el grupo y dieron cuando menos una respuesta incorrecta.

¿Por qué las personas estuvieron tan dispuestas a conformarse con el grupo en el experimento de Asch, incluso al grado de afirmar que algo era cierto cuando era evidentemente falso? Investigaciones posteriores han establecido cuando menos tres razones: 1) las personas presuponen que la mayoría debe estar en lo cierto; 2) les preocupa tanto ser aceptadas por el grupo que no les importa si sus juicios de opinión son correctos o no; 3) piensan que es más fácil seguir la corriente del grupo que disentir (Cialdini y Trost, 1998; Jones 1998). No obstante, algunos grupos de personas

Participante en el experimento de Asch   En esta fotografía, la tercera persona a la derecha es el participante real. Los demás son aliados del experimentador. Se pidió al participante que indicara cuál de las tres líneas era igual a la del parámetro, después de que todas las demás personas presentes habían dado una respuesta equivocada.

Línea del parámetro   **Líneas de la comparación**

FIGURA 16.5   Estímulos similares a los empleados en los estudios efectuados por Asch sobre la conformidad

son más susceptibles a las presiones para consentir con el grupo que otras. En comparación con los hombres, es más probable, por un estrecho margen, que las mujeres se condesciendan con el grupo. Las personas de culturas colectivistas, como la de China, tienden más a conformarse con el grupo que las de culturas individualistas, como las de Estados Unidos, Canadá y Gran Bretaña. Además, la conformidad suele ser mayor en el caso de personas que tienen poca autoestima, son tímidas en sociedad y tienen un firme deseo de agradar al grupo. La conformidad también suele disminuir con los años, de la niñez a la edad de un adulto mayor (Pasupathi, 1999).

Los factores de la situación también influyen en la conformidad. En el paradigma de Asch, era más probable que las personas se conformaran con el grupo cuando se les pedía que revelaran sus respuestas de forma pública en lugar de reservárselas en privado, cuando el tamaño del grupo aumentaba a entre cuatro o cinco personas (más allá de ese número, la conformidad se nivelaba con el creciente tamaño del grupo) y cuando se empleaban estímulos más ambiguos (Bond y Smith, 1996; Cialdini y Trost, 1998). Sin embargo, una sola voz que disienta en el grupo, un compañero que viaje por el camino de la defección, puede acabar con la influencia del grupo, sin considerar el tamaño de éste (Morris, Miller y Spangenberg, 1977).

Asch creía que la conformidad sofoca la individualidad y la independencia. No obstante, cierta medida de conformidad ayuda a los grupos a funcionar de forma más armoniosa. Después de todo, estornudar a alguien en la cara se puede interpretar como una afrenta social, pero cubrir nuestras narices y bocas y decir enseguida "Perdón" muestra nuestro respeto por los derechos de los demás.

Condescendencia: hacer lo que otros quieren que uno haga

La **condescendencia** es el proceso de acceder a las peticiones o a las exigencias de otros (Cialdini y Goldstein, 2004). La autoridad es un factor que influye en la condescendencia. En muchas ocasiones, las conminaciones de una figura de autoridad reconocida tienen enorme influencia. Uno estaría más dispuesto a seguir los consejos del médico cuando le indica que cambie su dieta, que las recomendaciones del vecino de la puerta de junto. Otro factor es la **validación social**: tendemos a emplear los actos de otros como parámetro o norma social para juzgar si nuestra

CONCEPTO 16.35
Muchos factores influyen en la conformidad, entre ellos las características personales y las de la situación.

CONCEPTO 16.36
La necesidad de la validación social y la necesidad de consistencia determinan en gran medida la condescendencia.

condescendencia   Proceso de acceder a las peticiones o exigencias de otras personas.
validación social   Tendencia a emplear la conducta de otras personas como parámetro para juzgar si la propia conducta es correcta o no.

propia conducta es correcta (Cialdini y Goldstein, 2004). Por lo tanto, es más probable que demos un donativo para una obra de caridad si vemos que otras personas en la oficina también lo están dando que si no. El deseo de consistencia también determina la condescendencia en gran medida. Los vendedores, los anunciantes, los recaudadores de fondos y otras personas tratan de convencernos de complacer sus peticiones empleando la consistencia a su favor.

Varias técnicas de mercadeo tienen éxito porque primero obtienen el compromiso de la persona para seguir un curso de acción particular que es coherente con la acción que se pedirá más adelante. A continuación, presentamos tres ejemplos comunes.

1. *Técnica del pie en la puerta*. Con la **técnica del pie en la puerta**, la persona primero pide un pequeño favor que le será, con seguridad, prácticamente concedido. Una vez que ha obtenido la condescendencia inicial, la persona eleva la apuesta solicitando un favor más grande. Es más probable que las personas que aceptan las pequeñas peticiones también admitan las mayores, al parecer, en razón del deseo de consistencia (Cialdini y Trost, 1998). En uno de los primeros ejemplos, Patricia Pliner y sus colegas (1974) demostraron que las personas que aceptaban ponerse un distintivo en la solapa y, así, promover una obra de caridad local estaban después más dispuestas a donar dinero para esa obra. Sin embargo, los investigadores han encontrado que sólo las personas que tienen una marcada preferencia por la consistencia exhiben evidencia del efecto del pie en la puerta (Cialdini, Trost y Newsom, 1995).

2. *Técnica de tentación y cambio*. Con la **técnica de tentación y cambio**, un vendedor anuncia mercancía a un precio sumamente bajo. Cuando las personas llegan a comprar la mercancía descubren que de hecho es de calidad inferior, que se ha agotado o que los pedidos tardarán mucho tiempo. En ese momento viene el cambio, cuando el vendedor les muestra mercancía que tiene un precio de venta más alto. Aquí, el vendedor que está aplicando la técnica capitaliza el deseo de consistencia. Los posibles compradores que expresan un interés inicial por la mercancía estarán más dispuestos a comprar mercancía más costosa de lo que lo harían normalmente.

3. *Técnica de la bola baja*. Un vendedor de automóviles le ofrece un precio muy atractivo, pero retira la oferta minutos después, argumentando que el gerente no lo autorizó o que el precio ofrecido por el automóvil del canje es más bajo de lo que esperaba. A continuación, le ofrece un precio más alto y el vendedor le jura que es el mejor posible. Se trata de la **técnica de la bola baja** en operación. El hecho de comprometerse con la primera acción de aceptar el precio más bajo aumenta la probabilidad de que prosiga hasta completar la acción posterior, la cual es más costosa.

técnica del pie en la puerta
Aquella para obtener la condescendencia basada en obtener la complacencia para una petición menor como preludio para hacer una solicitud mayor.

técnica de tentación y cambio
Aquella para obtener la condescendencia basada en "lanzar el anzuelo" a un individuo haciendo una oferta ilusoriamente seductora para después reemplazarla con otra menos atractiva.

técnica de bola baja Aquella para obtener la condescendencia basada en obtener primero la aceptación para la compra de un artículo a un precio menor antes de revelar a la persona los costos ocultos que elevan el precio final.

¿Le están lanzando una bola baja? ¿Cuáles son algunas clases comunes de tácticas manipuladoras de ventas? ¿Qué principios psicológicos están detrás de esas tácticas? ¿Qué haría en caso de que le lancen una bola baja?

Intente lo siguiente

Por qué es importante: cómo sortear las tácticas manipuladoras de ventas

Ha ido a una distribuidora a comprar un automóvil nuevo. El vendedor le muestra un modelo que le gusta y, después de regatear un poco, convienen un precio que le parece razonable. Entonces, el vendedor comenta: "Enseguida vuelvo. Voy por la autorización del gerente". ¿Qué diría para protegerse contra los tipos de tácticas para influir en usted que hemos descrito en el texto? En los ejemplos siguientes, escriba su respuesta en la columna que se presenta. A continuación, compare sus respuestas con otras de ejemplo que encontrará al final del capítulo.

Tipo de táctica	Lo que dice el vendedor	Lo que diría usted a continuación
Técnica de la bola baja	"Lo lamento. Me ha dicho que no podemos respetar ese precio. No tiene nada que ver con usted, sino que se debe a que el jefe le está presionando. Tal vez si regresara para que me autorizara un precio de 200 o 300 dólares más él aceptaría".	_____ _____ _____
Técnica de tentación y cambio	"El gerente me ha informado que tenemos problemas para surtir los pedidos de ese modelo por una cuestión relacionada con una huelga en Osaka. Sin embargo, definitivamente, le podemos entregar el modelo LX, que tiene unas características estupendas".	_____ _____ _____
Técnica del pie en la puerta	"Muy bien, le entregaremos el auto". Después de llenar unos papeles, el vendedor hace el siguiente comentario: "Creo que debería considerar incluir el sistema de seguridad que viene de fábrica. En estos días, ninguna medida de seguridad está de más".	_____ _____ _____

Otra táctica para conseguir la condescendencia es la **técnica de la puerta en la cara** (Cialdini y Goldstein, 2004). Primero, se presenta una petición absurdamente grande, la cual es rechazada de entrada. Después, la persona que hace la petición ofrece una alternativa menor presentando una petición menor, que de hecho es lo que la persona quería en primera instancia. Esta petición más pequeña tiene más probabilidad de ser aceptada después de que se ha rechazado la absurdamente mayor que si se hubiese presentado primero. ¿Por qué? Recuerde el concepto de la *reciprocidad*. Cuando el que hace la petición parece estar dispuesto a llegar a una componenda porque retira la petición original a cambio de una más pequeña, la persona que recibe la petición se sentiría obligada a actuar en reciprocidad y, en consecuencia, ser más tolerante. La sección "Intente lo siguiente" le invita a encontrar la manera de luchar contra las técnicas manipuladoras de ventas.

Obediencia a la autoridad: ¿cuándo llega demasiado lejos?

El estudio de la **obediencia** a la autoridad tiene implicaciones que van más allá de la psicología. Las atrocidades del régimen Nazi de Alemania antes de la Segunda Guerra Mundial y durante ella plantearon inquietantes interrogantes acerca de la tendencia de los soldados y de los ciudadanos comunes y corrientes a obedecer a las figuras de autoridad para cometer actos nefandos. Muchos individuos, incluidos civiles, participaron en el Holocausto: el genocidio sistemático de la población judía de Europa. Cuando más adelante tuvieron que rendir cuentas de sus actos, muchos Nazis declararon que "Sólo habían cumplido con las órdenes" (Elms, 1995). Años después, los soldados estadounidenses que participaron en la matanza de civiles del pueblo de My Lai durante la Guerra de Vietnam argumentaron lo mismo en su defensa.

técnica de la puerta en la cara Técnica de condescendencia con la cual, después de que una petición enorme e irracional ha sido rechazada, se presenta otra más pequeña y razonable.

obediencia Condescendencia de mandos u órdenes girados por otros que, por lo regular, son personas que ocupan puestos de autoridad.

Stanley Milgram

Stanley Milgram, psicólogo de la Universidad de Yale, desarrolló un programa de investigación, único y muy controvertido, para averiguar si los estadounidenses comunes y corrientes realizarían actos claramente inmorales si recibieran órdenes de hacerlo. La decisión de Milgram de estudiar la obediencia se derivaba de su legado judío y de su decisión de entender mejor las atrocidades del Holocausto. Milgram escribió posteriormente:

El paradigma de [mi] laboratorio... significó la expresión científica de una preocupación más general en tanto de la autoridad, una preocupación impuesta a los miembros de mi generación, en particular, a judíos como yo, por las atrocidades de la Segunda Guerra Mundial... El impacto del Holocausto en mi psique avivó mi interés por la obediencia y configuró la forma particular de estudiarlo. [Citado en Blass, 2004, p. 62]

Milgram efectuó experimentos para saber si las personas comunes y corrientes acatarían las órdenes inmorales dadas por un experimentador. ¿Estarían dispuestos a infligir en otros sujetos descargas eléctricas, mismas que les habían dicho que eran muy dolorosas, tan sólo porque el experimentador les decía que así lo hicieran? La pregunta fundamental que planteó Milgram fue "¿Hasta dónde *llegaría* una persona bajo las órdenes del experimentador?" [Blass, 2004, p. 62].

Los participantes de los estudios de Milgram eran habitantes de New Haven, Connecticut, y de zonas aledañas, los cuales acudieron en respuesta a anuncios publicados en periódicos donde se solicitaba a participantes para estudios sobre el aprendizaje y la memoria. Los concurrentes tenían entre 20 y 50 años e incluían a profesores, ingenieros, vendedores y obreros. Algunos eran graduados; otros ni siquiera habían terminado los estudios de la escuela primaria. Cuando llegaban al laboratorio les indicaban que participarían en un estudio diseñado para medir los efectos del castigo en el aprendizaje. Ellos desempeñarían el rol de "profesor". También les presentaban a otra persona que sería "el aprendiz".

El aprendiz se sentaba en una sala y el profesor, en otra adyacente. Éste era colocado frente a una consola que le describían como un aparato para aplicar descargas eléctricas al aprendiz. La consola contenía una serie de palancas con etiquetas que iban de "Descarga ligera" hasta "Peligro: descarga grave". El aprendiz recibía una lista de pares de palabras que debía memorizar. A continuación, se le presentaba una palabra de cada par y su tarea era responder con la palabra correcta correspondiente a su par en la lista. El profesor tenía la instrucción de que, después de cada respuesta incorrecta del aprendiz, debía aplicar una descarga eléctrica. Asimismo, tras cada error adicional, debía incrementar la descarga 15 v (voltios).

Los profesores no sabían que los aprendices eran aliados del experimentador, que todo era parte de una farsa en el laboratorio. El experimento no tenía el propósito de estudiar el aprendizaje. El objeto de la prueba era medir la disposición del profesor a infligir dolor a otra persona cuando recibía instrucciones de hacerlo. De hecho, no se aplicaban descargas eléctricas. Las respuestas incorrectas del aprendiz habían sido establecidas con anterioridad, pero para los "profesores" todo lo que sucedía era real.

Se informó a cada profesor de que las descargas serían sumamente dolorosas, pero que no producirían "un daño permanente en los tejidos" del aprendiz. Para que los profesores supieran cómo se sentía una ligera descarga, se les aplicó una de 45 voltios. El profesor tenía instrucciones de incrementar el voltaje conforme aumentaban los errores, hasta llegar al nivel de "Peligro". Casi todos los

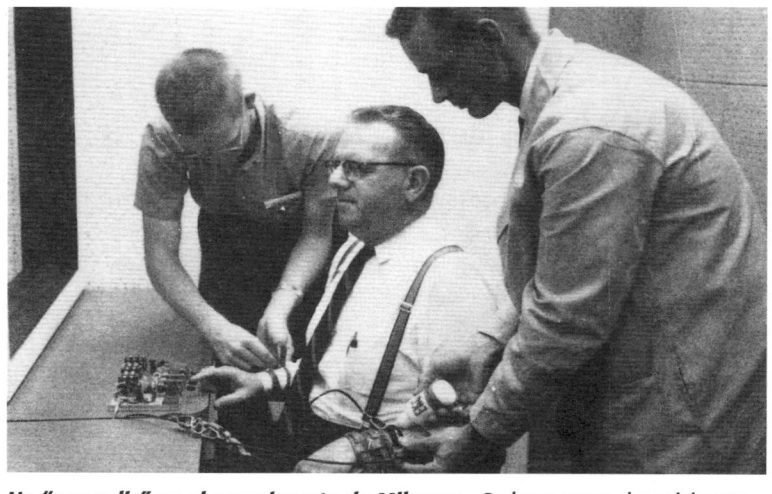

Un "aprendiz" en el experimento de Milgram   Se hace creer al participante que el "aprendiz", como él de la foto, recibe descargas eléctricas reales después de cada respuesta incorrecta. Si usted fuera participante, ¿habría obedecido al experimentador, a pesar de que el aprendiz gritara pidiendo ayuda?

profesores se mostraron visiblemente alterados cuando recibían la orden de elevar el nivel de la descarga a un nivel aparentemente peligroso. Cuando titubeaban, el experimentador simplemente les decía: "El experimento exige que prosiga". Si seguían indecisos, el experimentador les presionaba más y señalaba: "Es verdaderamente esencial que continúe... Es su única opción... Debe proseguir". En ese punto, ¿acatarían la orden y activarían el interruptor?, ¿usted lo haría?

Los resultados fueron inquietantes (Milgram, 1963, 1974). Si bien la mayoría de los participantes (o "profesores") al principio se negaban a obedecer, con el tiempo cedían ante las presiones del experimentador para que prosiguieran las descargas. De los 40 participantes originales, 26 (65%) obedecieron todas las órdenes, inclusive la de aplicar la descarga de más alto voltaje. En otra situación experimental, los profesores podían escuchar los gritos y golpes contra la pared del aprendiz pidiendo que le soltaran. No obstante, 25 de los 40 participantes aplicaron la serie completa de descargas (Elms, 1995). En una variación del experimento, los participantes no accionaban el interruptor que activaba la descarga, sino que ordenaban a otros (que de hecho eran aliados) a que lo hicieran y el porcentaje de la obediencia se elevó a 92.5% (Meeus y Raaijmakers, 1995). Si se colocaba al aprendiz en la misma sala que el participante, la obediencia disminuía, no obstante, 40% obedeció. Más adelante, Milgram obtuvo resultados similares con mujeres y grupos de estudiantes de bachillerato como participantes (Milgram, 1974).

Por qué es importante

Algunos comentaristas piensan que los hallazgos de Milgram revelan algo acerca del potencial que tienen las personas comunes y corrientes para un tipo de conducta parecido al de los Nazis, al de los soldados que "sólo cumplían órdenes" cuando cometieron la matanza de My Lai, o incluso al de los suicidios masivos a solicitud de los líderes de algunos cultos (Elms, 1995; Miller, Collins y Brief, 1995). Los estudios de Milgram tal vez nos enseñan que la gente buena puede cometer maldades en situaciones donde se les pide que acaten ciegamente la autoridad. No obstante, los críticos sostienen que los métodos de Milgram tenían características únicas que no nos permiten saber nada acerca de la clase de obediencia negativa que hubo en la Alemania Nazi o en otras atrocidades de la vida real. Un argumento al respecto esgrime que los participantes tal vez no creyeron que le estaba sucediendo algo terrible al "aprendiz", pues, con todo, estaban en una universidad respetada y alguien les habría detenido si hubiera algo verdaderamente peligroso. (¿Los habrían detenido?). De hecho, la mayoría de los participantes de Milgram creían que el "aprendiz" estaba recibiendo niveles considerables de dolor (Meeus y Raaijmakers, 1995). Incluso cuando Milgram trasladó su laboratorio a un deteriorado local en una zona comercial, lejos de los sagrados salones de la universidad, casi la mitad de los participantes (48%) acataron las órdenes (Milgram, 1974).

Los estudios de Milgram también despertaron muchas polémicas en torno a otras cuestiones, muchas de ellas preguntando si es ético engañar a los participantes de estudios de investigación y otras respecto a los efectos emocionales resultantes de haber llevado a las personas a ser conscientes de que eran capaces de mostrar esa conducta (Goode, 2000; Jones, 1998). Las cuestiones éticas que se derivaron de los experimentos de Milgram provocaron en gran medida que la American Psychological Association adoptara una serie de lineamientos éticos para proteger el bienestar de los participantes en investigaciones psicológicas. (Consulte la explicación de los principios éticos en el capítulo 1.)

¿Por qué las personas obedecen órdenes inmorales?

La **legitimación de la autoridad** es una de las explicaciones de la conducta de los participantes en los estudios de Milgram. Desde muy pequeños nos enseñan a obedecer a las figuras de autoridad, como los padres y los profesores, y no a cuestionarlas ni dudar de ellas. Esta primera socialización nos prepara para acatar órdenes cuando nos lo manda una figura que tiene autoridad legítima, sea un policía, un funcionario público, un militar o un científico. Otra posible explicación de la obediencia es la **validación social** (también llamada comparación social) que antes mencionamos. Los participantes de los estudios de Milgram tal vez no tenían bases para saber lo que otras personas harían en una situación similar. Su único fundamento para la comparación social era el ejemplo que daba el experimentador. En el caso de la gente de la Alemania Nazi, el hecho de ver que otras personas respetadas cometían atrocidades tal vez haya servido para legitimar sus actos, no sólo como aceptables para la sociedad, sino, y lo que es más inquietante, como actos admirables. Por lo general, las personas están más dispuestas a cumplir peticiones más extremas cuando han mostrado que están dispuestas a acatar peticiones menores. Una vez que los participantes empe-

CONCEPTO 16.38
En los estudios clásicos de la obediencia efectuados por Milgram, personas comunes y corrientes estuvieron dispuestas a seguir las órdenes de una autoridad externa incluso al punto de aplicar descargas eléctricas, que creían que eran graves y hasta peligrosas, a supuestos participantes.

CONCEPTO 16.39
La disposición por obedecer órdenes inmorales tal vez se derive de la legitimación de la autoridad.

legitimación de la autoridad
Tendencia a legitimar los mandos o las órdenes de personas que ocupan puestos de autoridad.
validación social   Tendencia a emplear la conducta de otras personas como parámetro para juzgar si la conducta propia es correcta o no lo es.

zaron a aplicar descargas a los "aprendices", tal vez encontraron que cada vez les resultaba más difícil detenerse, tal como los soldados, que han sido adiestrados para responder sin mesura a los mandos, podrían no titubear para acatar órdenes, aun cuando éstas sean inmorales.

Evaluación del legado de Milgram

Los científicos aún no han dictado sentencia sobre la contundente trascendencia de los estudios de Milgram. Las restricciones éticas impuestas después de su época hacen que la posibilidad de replicar por completo su experimento quede claramente prohibida para los investigadores de la actualidad (Burger, 2007). Los hallazgos de este investigador están marcados en el tiempo como recordatorio de que debemos buscar en nuestro interior para saber si somos capaces de una obediencia ciega y destructiva. Como han observado algunos, los estudios de Milgram indican que tal vez estemos haciendo una labor *demasiado buena* cuando socializamos a los jóvenes para que obedezcan la autoridad (Vecchio, 1997). Tal vez sea conveniente conceder más importancia a la responsabilidad personal de los propios actos, una enseñanza que podría contribuir mucho a prevenir la obediencia destructiva.

A continuación, veremos cómo la presencia de grupos puede influir, para bien o para mal, en el desempeño del individuo.

Facilitación y pereza sociales: ¿es mejor su desempeño cuando trabaja en presencia de otros?

Los psicólogos sociales emplean el término de **facilitación social** para referirse a la tendencia de las personas a trabajar mejor o más arduo cuando están en presencia de otros que cuando están solas. La facilitación social podría explicar por qué las personas estudian mejor en grupo o en la biblioteca que cuando estudian solas, o por qué se esfuerzan más en un gimnasio cuando hay otros ejercitándose que cuando lo hacen solas. La presencia de otros puede ser un desafío o hasta una amenaza ("¡Caramba, ellos sí están trabajando duro!") (Muller y Butera, 2007). Uno tal vez adopte como modelos a quienes tienen la cabeza enterrada en sus libros o que se esfuerzan en una caminadora. Cuando estudia o trabaja solo no puede hacer una comparación social, porque no hay nadie presente que le permita comparar su desempeño con él del otro.

Sin embargo, la presencia de otros no siempre *mejora* el desempeño. Según el connotado psicólogo social Robert Zajonc (1965, 1980b), la presencia de otros incrementa el desempeño de respuestas dominantes. En el caso de tareas simples o bien aprendidas, la respuesta dominante por lo habitual será la correcta. No obstante, en el caso de tareas complejas, en las cuales la respuesta dominante puede ser incorrecta, la presencia de otros tiende a afectar el desempeño. Así, si se es una buena mecanógrafa, mecanografiará más rápido en presencia de otros que cuando está sola. Pero si tiene que resolver complicados problemas de matemáticas, el hecho de tener público probablemente menguará su desempeño.

Bernd Schmitt y sus colaboradores (1986) pidieron a los participantes de un estudio que desempeñaran una tarea simple de mecanografía (mecanografiar sus nombres) o una compleja (mecanografiar sus nombres al revés al mismo tiempo que introducían números en orden ascendente cada dos letras). Como esperaban, la presencia de otros durante la realización de la tarea estuvo asociada con un desempeño más rápido de la tarea simple, pero a uno más lento de la más difícil (consulte la figura 16.6).

La **pereza social** se refiere a la tendencia de las personas a esforzarse menos cuando trabajan como miembros de un grupo que cuando trabajan solas. Tal vez haya advertido la pereza social en un trabajo que realizó en equipo. ¿Uno o varios de los integrantes del equipo no se aplicaron tanto como podían?

La pereza social subyacente se refiere a la tendencia de las personas a no realizar demasiado esfuerzo individual cuando esperan que otros miembros del equipo realicen todo el trabajo (Plaks y Higgins, 2000; Price, Harrison y Gavin, 2006). Sin embargo, la pereza social no es inevitable. Es más probable que se presente cuando no se evalúa el desempeño individual. Se puede disminuir haciendo que las tareas sean más atractivas, aumentando la visibilidad del desempeño de cada

---

CONCEPTO 16.40

La presencia de otros podría mejorar el desempeño del individuo en tareas simples, pero afectarlo en otras más complejas.

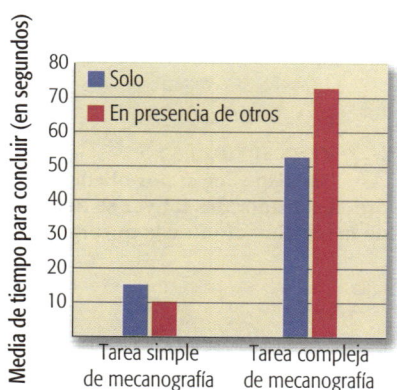

FIGURA 16.6   Efectos de la presencia de otros

La presencia de otros facilitó el desempeño de una tarea simple de mecanografía, pero interfirió el desempeño de una tarea compleja de mecanografía.

Fuente: Schmitt *et al.,* 1986.

La presencia de otros: ¿ayuda o entorpece?
La presencia de otros puede afectar el desempeño de tareas complejas, pero facilitar el de las tareas simples o bien aprendidas.

individuo del grupo, pidiendo que cada uno asuma la responsabilidad de sus aportaciones y ofreciendo en público retroalimentación del desempeño individual.

Conducta de masa: el peligro de perderse en una multitud

¿Alguna vez se ha visto envuelto en las acciones de una multitud y sentido como si de momento hubiese perdido su sentido de individualidad? Este sentimiento de que se ha perdido la autoconciencia ("perderse en la masa") se llama **despersonalización**. Tal vez lo haya experimentado en un partido de futbol o de béisbol al formar parte de la "ola" humana que avanzó recorriendo las gradas o cuando todo el mundo se puso en pie al mismo tiempo cuando el jugador del equipo local logró un tanto.

La despersonalización puede ser destructiva cuando desata las inhibiciones que, por lo común, restringen la conducta desviada o destructiva y conduce a la conducta de masa. Hemos visto los resultados de este tipo de conducta en los linchamientos raciales y en los saqueos de los disturbios urbanos. Los grupos movidos por el odio capitalizan la despersonalización e incluso la aumentan pidiendo a sus miembros que usen uniformes o atuendos iguales. Los mantos blancos que usan los miembros del Ku Klux Klan propician que una pérdida de la identidad individual y una difusión de responsabilidad fomenten la conducta de masa desenfrenada. Al parecer, la despersonalización es resultado de diversos factores, entre ellos el *anonimato* (ser parte de un grupo numeroso y no estructurado), *la desviación de la atención* que se aleja de los pensamientos y las normas personales y se dirige a los actos del grupo y la *conformidad* de la propia conducta con las normas sociales del grupo o de la multitud (Cialdini y Goldstein, 2004; Nowak, Vallacher y Miller, 2003).

La representación de roles es una característica muy importante de la despersonalización. Encontramos un impresionante ejemplo del poder de la representación de roles en un experimento clásico efectuado por el psicólogo Phillip Zimbardo (Zimbardo, 1975; Zimbardo *et al.*, 1973), en el cual se pagó a varios estudiantes voluntarios para que participaran, durante dos semanas, en una situación que simulaba el entorno de una cárcel. Se les asignó, aleatoriamente, para que desempeñaran el papel de celadores o el de reos. Los celadores recibieron uniformes, silbatos y macanas; además se les pidió que hicieran cumplir un conjunto de reglas. Los reos recibieron túnicas que debían usar a modo de ropa carcelaria y se les encerró en pequeñas celdas estériles que eran controladas por los "celadores". Lo que sucedió en los siguientes días fue tan terrible que Zimbardo suspendió su estudio de dos semanas a tan sólo seis días de iniciado. Sucedió que los estudiantes llevaron sus roles mucho más lejos de lo que esperaban los investigadores. Algunos celadores

CONCEPTO 16.41
Con la pereza social, la gente no hace su mejor esfuerzo, porque piensa que otros harán todo el trabajo.

CONCEPTO 16.42
Las personas rodeadas de una muchedumbre podrían manifestar una conducta que no mostrarían en otras circunstancias.

facilitación social   Tendencia a trabajar mejor o de manera más ardua en presencia de otras personas que a solas.
pereza social   Tendencia a esforzarse menos cuando se trabaja como miembro de un grupo que cuando se trabaja solo.
despersonalización   Pérdida de autoconciencia que puede ocurrir cuando la persona actúa acorde con las acciones de una multitud.

se volvieron abusivos y hasta sádicos al tratar a los reos: les insultaban y les sometían a tareas degradantes y humillantes ante la más leve desobediencia, como limpiar los baños sin guantes. Algunos de los reos estallaban en llanto debido a ataques de ira o por la presencia de otros problemas relacionados con el estrés.

El estudio de la simulación de la cárcel planteó algunas importantes interrogantes acerca de la tendencia de las personas comunes y corrientes (antes del estudio, se consideró que todos los estudiantes eran emocionalmente estables) para volverse tan absortos en el desempeño de los roles asignados que extravían su brújula moral y hasta el sentido de su propia individualidad. Los estudiosos siguen discutiendo si el estudio de la simulación de la cárcel nos enseña algo acerca de la brutalidad en situaciones de la vida real, como el trato abusivo y humillante que los soldados estadounidenses dieron a los presos en la cárcel militar de Abu Ghraib en Irak en 2004. ¿Usted qué opina?

¿Cómo podemos resistirnos a las formas destructivas de la despersonalización? Los psicólogos sociales señalan varias medidas que podemos adoptar, como concentrarnos en nuestras normas internas cuando nos vemos atrapados en los actos de una multitud o nos absorben los roles que debemos desempeñar, y mantener nuestra individualidad negándonos a ocultar nuestras identidades personales bajo algún disfraz o uniforme.

Toma de decisiones en grupo: ¿ayuda u obstáculo?

¿Las decisiones que toman grupos como los comités, las comisiones y los consejos de administración son más ecuánimes que las que toman los individuos? Los miembros del grupo se pueden plantear ideas entre sí (una forma de tormenta de ideas en grupo) de modo que activan el pensamiento creativo y mejoran la resolución de problemas, en especial, si éstos son complejos (Brown y Paulus, 2002; Laughlin *et al.*, 2006) (consule la próxima sección "Intente lo siguiente"). La toma de decisión de grupo también evitaría las trampas que implica depender de un juicio de opinión individual cualquiera. No obstante, los grupos también toman malas decisiones, debido en parte, a los efectos de dos clases de sesgos de grupo: la *polarización del grupo* y el *pensamiento de grupo*.

Polarización de grupo: colocarse en los extremos

La **polarización de grupo** se refiere a la tendencia de los miembros del grupo a adoptar posturas que son más extremas, pero en el mismo tenor que las originales. Los miembros que estaban ligeramente a favor de un punto de vista específico se aferran más a sus posturas originales; quienes de origen se oponían a un curso de acción dado se aferran más a su oposición. Dependiendo de la orientación original del grupo, la adopción de posturas extremas puede llevar a acciones más riesgosas, debido a una tendencia llamada el **fenómeno de riesgo-cambio**. También puede conducir a acciones conservadoras más rígidas. En ambos casos, las opiniones iniciales se endurecen y se desalientan otros puntos de vista.

¿Por qué se presenta la polarización de grupo? Una razón común es la *validación social*. Dado que los grupos muchas veces están compuestos por personas que tienen posturas similares, la interacción de personas que piensan igual permite que los individuos expresen actitudes o argumentos que hacen eco de los otros, fortaleciendo así la confianza que tienen en sus propias actitudes. Otra explicación se funda en las influencias normativas: los grupos definen cuál será el peso adecuado (o normativo) que deba tener una actitud. Cuando los individuos descubren que sus actitudes son menos extremas que la norma del grupo, pueden dar más peso a sus actitudes para conformarlas con la norma.

Pensamiento de grupo: ¿por qué los inteligentes pueden tomar decisiones tontas?

Esta fue la pregunta que el presidente John Kennedy hizo a sus asesores después de la desastrosa invasión de Bahía de Cochinos en Cuba en 1961, cuando las fuerzas cubanas derrotaron fácilmente a una brigada de exilados cubanos respaldados por Estados Unidos. Irving Janis (1982, 1997), psicólogo de Yale, creía que la estupidez no era la explicación. En su opinión, la falla estuvo en un enfoque equivocado de la toma de decisiones en grupo que llamó **pensamiento de grupo**. Éste se refiere a la tendencia de los miembros de un grupo a estar tan preocupados por llegar a

CONCEPTO 16.43

Los sesgos de grupo que se derivan de los procesos de la toma de decisiones en grupo, como la polarización de grupo y el pensamiento de grupo, podrían propiciar que los miembros adopten ideas más extremas.

polarización de grupo Tendencia de los miembros de grupos en la toma decisiones a optar por ideas más extremas, acordes con cualquiera que haya sido el sentido por el que se inclinaban al principio.

fenómeno de riesgo-cambio Tipo de efecto de la polarización de grupo en el cual las discusiones conducen a la adopción de un curso de acción más riesgoso que el que los miembros hubieran respaldado al principio.

pensamiento de grupo Expresión acuñado por Janis para definir la tendencia de los miembros de un grupo en la toma de decisiones a concentrarse más en llegar a un consenso que en examinar con sentido crítico los temas en cuestión.

un consenso que pierden la capacidad para evaluar con sentido crítico el problema que tienen ante sí. El pensamiento de grupo es como una especie de "visión de túnel", donde la perspectiva del grupo queda limitada a un solo punto de vista (Nowak, Vallacher y Miller, 2003).

En el caso del pensamiento de grupo, la presión por conformarse con la opinión mayoritaria descarta todo debate serio. Janis creía que es más probable que se presente un pensamiento de grupo cuando *1)* los miembros están muy apegados al grupo, *2)* una amenaza externa está presente y *3)* un líder terco está dirigiendo al grupo. Los miembros del grupo tal vez no quieran "hacer olas" expresando una opinión que disienta, o quizá se equivoquen y confíen en que el líder y otros miembros del grupo seguramente tengan razón. No obstante, los críticos señalan que la evidencia que sustenta el pensamiento del grupo no es definitiva (Kerr y Tindale, 2004). Otra pregunta sin respuesta es si el pensamiento de grupo explica las decisiones de política exterior de alto nivel. Sin embargo, en la toma de decisiones, bien vale considerar las recomendaciones de Janis para evitar los efectos negativos del pensamiento de grupo:

- Se debe fomentar que los miembros del grupo consideren todas las alternativas y que ponderen detenidamente la evidencia del tema desde todos los puntos de vista.

- El líder del grupo no debe expresar preferencias cuando el grupo empiece a trabajar.

- Se debe pedir a personas ajenas al grupo que ofrezcan sus opiniones y análisis.

- Se debe fomentar que los miembros del grupo y las personas ajenas a éste interpreten el rol de "abogado del diablo".

- Se debe subdividir al grupo en otros más pequeños para que revisen los asuntos en cuestión antes de que lo haga el grupo entero.

- Se debe convocar varias juntas para reevaluar la situación y valorar la nueva información antes de tomar una decisión final.

La tabla de conceptos 16.3 resume varias influencias del grupo en la conducta.

Muchos pasamos más horas interactuando con otros en el centro de trabajo que con nuestras familias o amigos. La *psicología industrial/organizacional* es la rama de la psicología que

Intente lo siguiente

Tormenta de ideas por escrito

Las tormentas de ideas en grupo activan el pensamiento creativo porque ofrecen un foro para que las personas se lancen ideas entre sí. Sin embargo, algunas personas son reacias a expresarse abiertamente ante el grupo por temor a ser evaluadas de forma negativa. Una tormenta de ideas por escrito elimina la necesidad de tener que hablar frente al grupo. Primero, se plantea un problema o una pregunta a un grupo de personas. Cada miembro del grupo debe escribir una idea en una hoja de papel y pasársela al siguiente integrante, quien añade otra idea y pasa la hoja al siguiente miembro y así sucesivamente hasta cerrar el círculo. A continuación, alguien lee todas las ideas y el grupo las discute. Los resultados de un estudio reciente arrojaron que la tormenta de ideas por escrito producía más ideas singulares que un solo individuo escribiendo respuestas (Paulus y Yang, 2000). Usted podría sugerir esta técnica si tiene la oportunidad de participar en un grupo conformado para resolver problemas.

CONCEPTO 16.44
Cuando los grupos encaran un problema, podrían concentrarse tanto en llegar a un consenso que no son capaces de analizar con sentido crítico los asuntos de interés.

TABLA DE CONCEPTOS 16.3
Influencias del grupo en la conducta

Fuentes de influencia del grupo	Descripción
Conformidad	Ceñirse a los parámetros o a las normas sociales
Condescendencia	Acceder a las exigencias o a las peticiones presentadas por otros
Obediencia a la autoridad	Acatar las órdenes de una autoridad externa
Facilitación social	Mejora del desempeño que se registra cuando trabajamos en presencia de otros
Pereza social	Empeoramiento del desempeño que se registra cuando nuestro esfuerzo individual es obscurecido por el esfuerzo del grupo
Despersonalización	Pérdida temporal de autoconciencia en las personas que forman parte de una multitud o masa
Polarización de grupo	Tendencia de los miembros del grupo a adoptar versiones extremas de sus posturas originales
Pensamiento de grupo	Tendencia de los grupos a concentrarse en lograr el consenso, en vez de analizar críticamente los asuntos

Revisión de módulo 16.3   Influencias del grupo en la conducta del individuo

REPASE

¿Qué es identidad social?

- La identidad social (también llamada identidad de grupo) es nuestro ser social, esa parte de nuestro autoconcepto que se refiere a nuestros roles familiares y sociales y a las identidades colectivas que compartimos con los miembros de nuestro grupo religioso, étnico, estudiantil o nacional.

- Las identidades sociales desempeñan una función más sólida en las culturas colectivistas que en las individualistas.

¿Por qué fue importante el estudio de Asch sobre la conformidad?

- Asch demostró que las personas muchas veces se conforman con los juicios de opinión del grupo, a pesar de que tales juicios sean evidentemente falsos.

- Algunos factores que influyen en la conformidad son el género, los orígenes culturales, la autoestima, la timidez social, el deseo de ser apreciado por el grupo, la edad y las características de la situación, como la revelación pública, el tamaño del grupo y la ambigüedad del estímulo.

¿En cuáles principios se basan las técnicas de condescendencia?

- La técnica del pie en la puerta, la de tentación y cambio, y la de la bola baja están fundadas en el deseo de mostrar consistencia. La técnica del portazo en la cara está fundada en la reciprocidad.

¿Por qué los hallazgos de Milgram fueron tan inquietantes y sus métodos, tan polémicos?

- Milgram encontró que era posible inducir a personas procedentes de diferentes ámbitos a que obedecieran órdenes irracionales o hasta inmorales cuando las giraba una figura de autoridad.

- El engaño y los posibles efectos emocionales posteriores por haber despertado la conciencia de los participantes de que eran capaces de observar esta conducta llevaron a diversas polémicas en torno a los métodos empleados por Milgram.

¿Cómo afecta la presencia de otros el desempeño individual?

- La presencia de otros puede mejorar el desempeño de tareas simples y bien aprendidas, pero puede minar el desempeño de tareas complejas.

- Las personas podrían no esforzarse mucho en una tarea de grupo si saben que otros harán el trabajo y si creen que su desempeño no será evaluado de forma individual.

¿Qué es la despersonalización?

- La despersonalización, o la pérdida de autoconciencia que se presenta cuando uno queda envuelto en una multitud, puede conducir a la difusión de la responsabilidad y a la pérdida de la individualidad, lo cual dará por resultado que se libere el freno sobre la conducta desviada o destructiva.

¿Qué son la polarización de grupo y el pensamiento de grupo?

- La polarización de grupo y el pensamiento de grupo son fuente de sesgos que afectan la toma de decisiones en grupo.

En el caso de la polarización, los miembros del grupo adoptan versiones más extremas de sus posturas originales. El pensamiento de grupo es una clase de toma de decisiones en grupo que puede llevar a decisiones equivocadas. En este caso, las decisiones se derivan del deseo de llegar al consenso, en vez de provenir de una evaluación crítica de los asuntos en cuestión.

RECUERDE

1. Cuando le piden que se describa, Ekon indica: "Soy nigeriano y participo en un intercambio de estudiantes". ¿Qué aspecto de su identidad está expresando?
   a. su identidad personal
   b. su identidad social
   c. su identidad individualista
   d. la identidad de su yo

2. ¿Cuál de los siguientes enunciados no es correcto en cuanto a las características asociadas con niveles más altos de conformidad?
   a. Los individuos que se conforman con la mayoría suponen que ésta seguramente tiene la razón
   b. Los individuos que se conforman con los demás exhiben autoestima y mayor independencia
   c. Los individuos que se conforman con el grupo tienen dificultad para disentir de la opinión de éste
   d. La revelación pública conduce más a la conformidad que la revelación de respuestas en privado

3. Es probable que la facilitación social conduzca a un desempeño _____ de tareas simples bien conocidas y a un desempeño _____ de tareas menos conocidas o más difíciles.
   a. mejor; peor
   b. peor; mejor
   c. mejor; mejor
   d. peor; peor

4. El fenómeno del pensamiento de grupo explica cómo
   a. los grupos suelen tomar decisiones más informadas que los individuos
   b. los grupos suelen tomar decisiones equivocadas debido al deseo de mantener la armonía en el grupo
   c. los miembros del grupo tienden a pensar de la misma manera porque comparten orígenes similares
   d. los grupos suelen tomar buenas decisiones, debido a su deseo de llegar a un consenso

REFLEXIONE

- Indique si coincide con el siguiente enunciado o si disiente de él; fundamente su respuesta. "Si hubiese participado en el estudio de Milgram, me habría negado a acatar las exigencias del experimentador".

- ¿Alguna vez le han aplicado una táctica manipuladora de ventas? Con base en lo que ha leído en el texto, explique cómo podría manejar la situación de otra manera en caso de que se le volviera a presentar.

Aplicación
Módulo 16.4

La psicología va al trabajo

estudia a las personas en el trabajo y en las organizaciones donde laboran. Los psicólogos I/O elaboran pruebas para encontrar a los trabajadores más idóneos para empleos particulares, diseñan equipos para una eficiencia y seguridad óptima, superan obstáculos para el debido empleo de trabajadores con discapacidades y ayudan a las compañías a preparar estructuras administrativas para maximizar la productividad y la satisfacción de los trabajadores. ¿Ha trabajado usted en un empleo donde recibía bonos o incentivos por alcanzar ciertas metas? ¿Cómo estos incentivos motivaban su conducta de trabajo? Las respuestas a preguntas como las anteriores fueron presentadas por los psicólogos I/O que ayudaron a compañías a diseñar programas de incentivos para motivar a los empleados (Society for Industrial and Organizational Psychology, 2001).

A continuación, analizaremos dos campos de interés para los psicólogos I/O de hoy: la **satisfacción laboral** y la adaptación a un centro de trabajo cambiante.

Entendimiento de la satisfacción laboral: no es sólo cuestión de trabajo

La satisfacción laboral, o la medida en que los trabajadores contemplan sentimientos positivos de sus empleos, no sólo depende del trabajo mismo, sino también de los rasgos o las características de los propios trabajadores (Gerhart, 2005; Staw y Cohen-Charash, 2005). Algunos factores que están directamente relacionados con las características del trabajo sí repercuten en la satisfacción laboral, entre ellas el puesto, el salario y las prestaciones adecuadas, las oportunidades para las interacciones sociales con los compañeros de trabajo, la oferta de instalaciones de guardería y las oportunidades para desempeñar un trabajo interesante y gratificante para la persona (p. e., Morgeson y Humphrey, 2006). Sin embargo, otros factores tienen que ver con los rasgos de personalidad. Las personas que poseen rasgos de personalidad, como autoestima, autoeficacia y estabilidad emocional, tienden a manifestar niveles más altos de satisfacción laboral que aquellas que no muestran estos rasgos (Judge, Heller y Mount, 2002). Es más, las personas que cuentan con un carácter más alegre suelen ser más felices en su trabajo que las más sombrías (Thoresen *et al.*, 2003). No es extraño pues que las personas que no están contentas en su trabajo tiendan a no estarlo en cualquier empleo que tengan (Bowling *et al.*, 2005). La evidencia también sugiere que las influencias genéticas podrían actuar para determinar si las personas tienden a que les gusten sus trabajos o no (Olson, Vernon y Harris, 2001).

Al parecer, la satisfacción laboral también depende de qué tanto se ciñe el estilo de atribución (un factor cognitivo) a la cantidad de control que las personas ejercen sobre su trabajo (Hewlett, 2001). En el caso de un gran número de trabajadores, la capacidad para tener cierto control del trabajo que desempeñan disminuye el estrés por el trabajo y ayuda a una experiencia laboral más positiva. El ejercer cierto control del trabajo también está ligado, en general, a una salud y bienestar mejores (Spector, 2003).

No obstante, es importante pensar con sentido crítico y no generalizar en exceso. Recuerde que antes hablamos del sesgo de autocomplacencia, o sea de la tendencia de las personas a asumir el crédito de sus éxitos y a justificar con explicaciones sus decepciones y fracasos. El sesgo de autocomplacencia protege la autoestima porque las decepciones se achacan a factores externos y no a uno mismo. Sin embargo, investigaciones sobre la satisfacción laboral arrojan que el sesgo de la autocomplacencia no se aplica a todo el mundo. Algunas personas tienen la tendencia contraria, un estilo negativo de atribución con el cual minimizan sus logros y se culpan de los resultados negativos. En el capítulo 14 vimos que un estilo negativo de atribución puede predisponer a las personas a la depresión frente a experiencias decepcionantes de la vida. En el trabajo, las personas que tienen un estilo negativo de atribución tienden a culparse por no alcanzar la meta de ventas o por perder a un cliente, en especial, cuando perciben que tienen el control del trabajo que desempeñan. Los investigadores piensan que, para estas personas, el tener el control de su trabajo de hecho puede producir grados poco saludables de estrés (Schaubroeck, Jones y Xie,

CONCEPTO 16.45
La psicología industrial/organizacional (I/O) es la rama de la psicología que estudia a las personas en el trabajo y en las estructuras organizacionales en las que laboran.

satisfacción laboral Medida de los sentimientos positivos o de contento que la persona tiene por su trabajo.

TABLA 16.1 Cómo encontrar el trabajo soñado

¿Su trabajo lo satisface? ¿Le permite perseguir sus sueños? El psicólogo industrial-organizacional Nashá London-Vargas (2001) nos ofrece algunas preguntas que debemos plantearnos para poder determinar si nuestro empleo actual (o tal vez futuro) sirve para satisfacer nuestras necesidades personales, y no sólo las obligaciones económicas:

- ¿Está su trabajo relacionado con sus intereses en la vida o con lo que le apasiona?

- ¿Es un vehículo que le permite perseguir sus sueños?

- ¿Le apasiona su trabajo?

- ¿Cómo llegó a este empleo en este punto de su existencia?, ¿lo buscó o él lo encontró?

- ¿Cada día se siente satisfecho por un trabajo bien realizado o su trabajo le deja con un sentimiento de insatisfacción o depresión?

2001). Las investigaciones al respecto podrían tener diversas aplicaciones prácticas. Por ejemplo, las compañías quizá consideren conveniente capacitar a los trabajadores para tipos específicos de empleos en razón de sus estilos de atribución. En un contexto más amplio, las investigaciones sobre la satisfacción laboral ligan las diferentes áreas de investigación psicológica, entre ellas los estudios de la personalidad, el bienestar emocional, las influencias genéticas en la conducta y los estilos de atribución. Pero, ¿tiene el factor psicológico de la satisfacción laboral repercusiones en las medidas tradicionales de la conducta laboral? La satisfacción laboral está ligada a tasas más bajas de absentismo, menos rotación de empleados y menos intenciones de éstos de abandonar sus empleos actuales (p. e., Hellman, 1997; Sagie, 1998). Sin embargo, la satisfacción laboral sólo guarda una módica relación con el desempeño laboral y la productividad del trabajador (p. e., Judge *et al.*, 2001). Ello no nos debería extrañar. Existen otros factores, además de la satisfacción laboral, que podrían desempeñar una función más importante para determinar el desempeño laboral, como el temor a perder el empleo o los futuros aumentos o bonos si el desempeño de la persona empieza a menguar.

El psicólogo Nashá London-Vargas (2001) sugiere que las elecciones que hagamos en nuestra carrera tienen el potencial para ayudarnos a cumplir con nuestros valores básicos y metas en la vida. La conexión entre el trabajo y nuestros intereses, lo que nos apasiona, la satisfacción personal y la necesidad de desafíos contribuirá a aumentar el significado y el valor de nuestra existencia y de la de otros (consulte la tabla 16.1).

El enfrentar los desafíos de un cambiante centro de trabajo

Hemos ingresado en un nuevo siglo que habrá de traer importantes cambios en el centro de trabajo. Hemos visto que éste ahora es menos seguro que en generaciones pasadas. Hoy es poco probable que los trabajadores puedan confiar en que conservarán un empleo toda la vida en una compañía, como lo tuvieron sus padres y abuelos. Los vertiginosos cambios tecnológicos tal vez signifiquen que los empleos se irán creando y rediseñando con pasmosa velocidad. Los avances tecnológicos permiten ya que los trabajadores interactúen de forma electrónica con sus oficinas matrices por medio del correo electrónico, las videoconferencias y la telefonía inalámbrica.

Muchos de los cambios laborales implican nuestra forma de trabajar. ¿Dónde está escrito que las personas siempre se desempeñan mejor sujetas al horario tradicional de trabajo? Las compañías ahora están reestructurando la jornada laboral para dar cabida a horarios más flexibles (turnos laborales con horarios flexibles) y más trabajo fuera de la oficina, como el **trabajo a distancia** (laborar en casa cuando menos parte de la semana laboral o toda ella). Numerosas compañías ofrecen oficinas satélite o centros de trabajo a distancia y quienes asisten a ellos pueden desempeñar el trabajo que no han podido terminar en casa. Un modelo de trabajo ofrece espacio temporal de oficina en una oficina central sólo cuando los trabajadores lo necesitan, como se registrarían en un hotel cuando viajan.

El número de personas que trabaja a distancia aumenta velozmente y se espera que la tendencia continúe en los próximos años. Según una encuesta reciente, alrededor de 45 millones de personas son trabajadores a distancia en Estados Unidos (*Telecommuting*, 2007). El trabajo a distancia permite que los trabajadores tengan mayor control de su entorno laboral, de modo que no es

trabajo a distancia Forma de trabajo en casa en el cual la gente se comunica con su oficina y clientes por medio de la computadora o las telecomunicaciones.

cultura organizacional Sistema de valores y normas compartidos dentro de una organización.

extraño que esté ligado a una mayor satisfacción laboral, un mejor desempeño y tasas más bajas de rotación de trabajadores (Gajendran y Harrison, 2007).

Los psicólogos I/O pueden ayudar a las compañías a configurar su cultura organizacional de modo que las ayude a adaptarse al centro de trabajo cambiante. La **cultura organizacional** es el sistema de valores (lo que la organización considera importante) y las normas (las reglas y los reglamentos de una conducta aceptable) compartidas que existen al interior de la organización. Las relaciones entre la cultura organizacional y el desempeño de la compañía son muy complejas, y los psicólogos I/O reconocen que una sola cultura no se ciñe a las necesidades de todas las organizaciones. Conscientes de que las compañías también se deben adaptar a la tendencia hacia la globalización y a la necesidad de interactuar con los proveedores, los fabricantes y los clientes de muchas otras culturas, los psicólogos I/O están ayudando a las compañías a desarrollar una mayor sensibilidad a las diferencias culturales y a las maneras de trabajar con más eficacia en el contexto global de los negocios de hoy.

El centro de trabajo del siglo XXI también está surgiendo como un entorno más emprendedor. Los trabajadores que tengan éxito podrían ser quienes asuman la responsabilidad de su propia reestructuración y de redirigir sus carreras hacia la satisfacción de las exigencias de un centro cambiante de trabajo. Incluso los trabajadores que constituyen el personal de las oficinas corporativas y que mantienen activas las líneas de montaje necesitarán una capacitación continua para poder seguir el ritmo de los cambios tecnológicos y de sus obligaciones laborales. Ante las poblaciones que siguen envejeciendo, también tendremos que ofrecer más oportunidades a los empleados mayores que estén interesados en trabajar después de su jubilación, inclusive programas de capacitación laboral que les sirvan para actualizar sus habilidades; para estos trabajadores mayores también tendremos que rediseñar los empleos de modo que permitan horarios laborales más flexibles (August y Quintero, 2001). Los psicólogos I/O pueden ayudar a las compañías a identificar a las personas que trabajarán mejor en este entorno laboral cambiante; también pueden rediseñar el entorno para que se ciña mejor a las necesidades de los trabajadores y de los empleadores en el nuevo milenio.

Los pantalones son optativos Los adelantos en los sistemas de cómputo y las telecomunicaciones han permitido que millones de empleados estadounidenses puedan trabajar en casa uno o varios días a la semana. Los pantalones son optativos.

▪ Pensamiento crítico sobre la psicología ▪

Con base en la lectura de este capítulo, responda las siguientes preguntas. Después, para evaluar su progreso en el desarrollo de capacidades de pensamiento crítico, compare sus respuestas con las del ejemplo en el apéndice A.

¿Por qué no brindaron su ayuda? Basándose en lo que ha leído acerca de los factores que influyen en la conducta de ayudar, especule cuáles fueron las razones que llevaron a los testigos del asesinato de Kitty Genovese a no brindarle ayuda.

Ejemplo de respuesta de "Intente lo siguiente" (p. 621)

- Técnica de la bola baja: usted podría replicar: "Lo siento… es lo más que ofrezco. Convinimos un precio y espero que lo respete".
- Técnica de tentación y cambio: usted podría argumentar: "Si quisiera el modelo LX se lo habría pedido. Si tiene problemas para conseguir el automóvil que quiero, ése es su problema. ¿Cómo me puede resolver esta situación?"
- Técnica del pie en la puerta: usted podría esgrimir: "Si quiere rebajar el precio del automóvil podemos hablar del tema; pero el precio que le mencioné es lo máximo que pienso pagar".

Módulo 16.1 **Cómo percibimos a los otros**

Factores de la formación de impresiones y atribuciones

Revelación personal

Esquemas sociales

Estereotipos

Profecías que
se cumplen

Error fundamental de atribución

Efecto de actor-observador

Sesgo de autocomplacencia

ACTITUDES

■ **Componentes:** cogniciones, emociones y conducta

■ **Fuentes:** padres, profesores, compañeros, experiencias personales, medios y posibles influencias genéticas

■ **Modelo de la probabilidad de elaboración:** la persuasión se registra por vía de una ruta central (evaluación del contenido del mensaje) o periférica (enfoque en los indicios incidentales no relacionados con el contenido del mensaje)

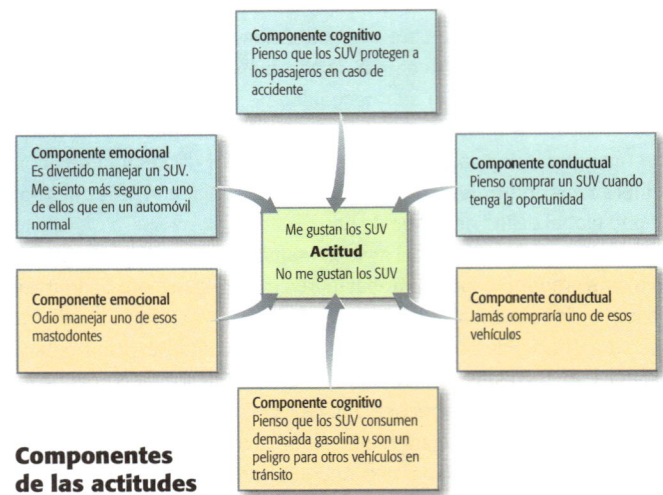

**Componentes
de las actitudes**

Módulo 16.2 **Cómo nos relacionamos con otros**

FORMAS POSITIVAS DE RELACIONARSE

■ **Factores que influyen en la atracción:** similitud, atractivo físico, proximidad, reciprocidad

■ **Modelo de toma de decisiones de la intervención del espectador:** predice la probabilidad de que los espectadores ayuden a una persona que lo necesita

■ **Factores que influyen para brindar ayuda:** ambigüedad de la situación, costo percibido, difusión de la responsabilidad, similitud, empatía, rasgos faciales, efectos de género y estado de ánimo, atribuciones de las causas de la necesidad, normas sociales

FORMAS NEGATIVAS DE RELACIONARSE

■ **Factores de los prejuicios y la discriminación:** estereotipos negativos, favoritismo para el grupo propio y negativismo para el extraño, homogeneidad del grupo extraño, personalidad autoritaria, amenaza del estereotipo

■ **Influencias en la agresión humana:** factores biológicos, experiencias de aprendizaje, factores socioculturales, factores ambientales, consumo de alcohol

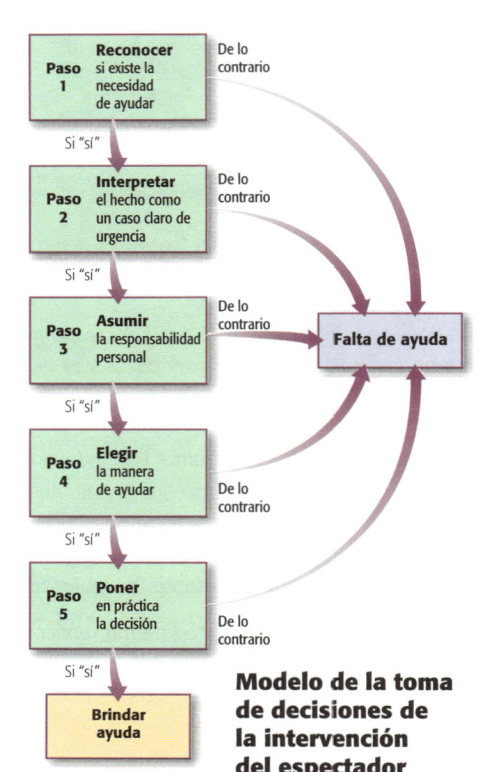

**Modelo de la toma
de decisiones de
la intervención
del espectador**

Módulo 16.3 Cómo influye el grupo en la conducta del individuo

IDENTIDAD SOCIAL FRENTE A IDENTIDAD PERSONAL

- **Identidad social:** identidad étnica, de grupo y de rol
- **Identidad personal:** identidad individual

CONFORMIDAD

- **Experimento de Asch:** conformarse con el juicio del grupo, aun cuando el grupo esté evidentemente equivocado
- **Factores que influyen en la conformidad:** diferencias individuales y características de la situación, como el tamaño del grupo y la ambigüedad del estímulo

CONDESCENDENCIA

Acceder a las peticiones o exigencias de otro

- **Influencia proveniente de:** la autoridad y la validación social
- **Tácticas de ventas basadas en la consistencia:** técnica del pie en la puerta, técnica de tentación y cambio, técnica de la bola baja
- **Táctica de ventas basada en la reciprocidad:** técnica de la puerta en la cara

OBEDIENCIA A LA AUTORIDAD

- **Estudios de Milgram:** obedecer órdenes irracionales o inmorales
- **Factores que influyen en la obediencia a la autoridad:** legitimación de la autoridad, validación social

OTRAS INFLUENCIAS SOCIALES

- **Facilitación social:** tener mejor desempeño debido a la presencia de otros
- **Pereza social:** holgazanear en el trabajo de grupo
- **Conducta de masa:** perder la individualidad personal en medio de una multitud
- **Factores de la toma de decisiones en grupo:** polarización de grupo, fenómeno riesgo-cambio, pensamiento de grupo

Apéndice A

RESPUESTAS DE EJEMPLO A LAS PREGUNTAS DE "PENSAMIENTO CRÍTICO SOBRE LA PSICOLOGÍA"

Capítulo 1   La ciencia de la psicología

1. Por desgracia, una falla elemental de la investigación arroja serias dudas acerca de las conclusiones del experimentador. Éste no aplicó la aleatoriedad para asignar correctamente a los sujetos al grupo experimental (aprendizaje durante el sueño) o bien al de control (los que no participaron). Por el contrario, los estudiantes que respondieron a la invitación de participar constituyeron el grupo experimental y el de control fue seleccionado de entre los estudiantes de la clase que no participaron. Dado que no hubo asignación aleatoria es imposible saber si las diferencias entre los dos grupos se debieron a la variable independiente (aprendizaje durante el sueño) o a las características de los sujetos que constituyeron los grupos.

2. En ausencia de una asignación aleatoria es posible pensar que los estudiantes más motivados y comprometidos optaron por participar y que ellos habrían obtenido calificaciones más altas en los exámenes que los que no participaron, independientemente de que hubieran participado en el estudio del aprendizaje durante el sueño o no.

3. Para presentar una prueba más equitativa del método del aprendizaje durante el sueño, el experimentador debería haber asignado a los estudiantes, de forma aleatoria, al grupo experimental y al de control. Los experimentadores emplean la asignación aleatoria para equilibrar a los grupos en lo tocante a las diferencias que pudieran existir en la capacidad u otras características propias de los distintos individuos.

Capítulo 2   Fundamentos biológicos de la conducta

1. Para fortuna de Gage, la varilla que le perforó el cráneo no dañó las estructuras del tallo cerebral que controlan los procesos básicos del cuerpo, como la respiración y la frecuencia cardiaca. Sin embargo, la varilla sí lesionó su corteza prefrontal, esa parte del cerebro que se encarga de la personalidad y de otras funciones mentales de orden superior.

2. La corteza prefrontal, que fue dañada en el accidente, nos sirve para ponderar las consecuencias de nuestros actos y para inhibir las conductas impulsivas, inclusive las agresivas.

Capítulo 3   Sensación y percepción

1. La mujer señaló en el mapa una zona donde se podría encontrar al hombre perdido. Sin embargo, el acierto que permitió hallar al hombre desaparecido podría tener muchas otras explicaciones además de la PES. La mujer quizá atinó por suerte. De otra parte, pudo emplear el proceso de eliminación para estrechar sistemáticamente las áreas de posible búsqueda y para ello fue descartando aquellas donde la policía ya había concentrado sus actividades. A lo mejor llegó a la posible ubicación porque

señaló zonas donde existía la probabilidad de que fuera a parar una persona perdida. ¿Qué otras explicaciones puede presentar que no estén fundadas en la existencia de la PES?

2. Para poder evaluar si las predicciones de la mujer fueron cuestión de simple suerte, tendríamos que conocer la frecuencia con la que otras han resultado atinadas, es decir, debemos saber si su porcentaje de éxitos excede sustantivamente a las expectativas de lo fortuito. Sin embargo, aun si resultara que acierta más veces de lo que cabría esperar por simple suerte, no podríamos llegar a la conclusión de que sus éxitos se deben a la PES, en lugar de tener explicaciones más convencionales.

Capítulo 4   La conciencia

1. No, la evidencia no demuestra directamente que la etnia o la raza son el factor de las diferencias en los índices de consumo de drogas. Las estadísticas que comparan tales índices correspondientes a grupos étnicos o raciales podrían ser engañosas si no han tomado en cuenta factores que generen posibles confusiones, como las diferencias en los niveles de estudios o ingresos de los grupos o las características de los barrios donde viven las personas de diferentes grupos étnicos o raciales.

2. Los afroamericanos registran tasas de desempleo desproporcionadamente elevadas y los desempleados tienden, con más frecuencia, al consumo excesivo de drogas. De otra parte, es más probable que los negros y las minorías étnicas sean pobres y vivan en barrios deteriorados en comparación con los caucásicos. Las personas que viven en esas condiciones propenden más a consumir drogas que quienes tienen más dinero y que habitan en barrios más seguros. Los investigadores que controlaron las diferencias existentes en los tipos de barrios encontraron que no es más probable que los afroamericanos consuman cocaína en forma de crac que los (no hispanos) caucásicos (USDHHS, 1999). Es más, los investigadores que controlaron los niveles de estudios y de ingresos encontraron que, de hecho, es menos probable que los estadounidenses negros presenten problemas de dependencia del alcohol y las drogas que los caucásicos estadounidenses (Anthony, Warner y Kessler, 1994).

Capítulo 5   El aprendizaje

1. el veneno; 2. la carne de borrego; 3. malestar nauseabundo; 4. aversión por el sabor a carne de borrego

Capítulo 6   La memoria

1. Es probable que el otro hombre ensayara la información repitiendo para sí varias veces el número de la placa. El ensayo acústico suele ser un método más eficiente para retener infor-

mación en la memoria de corto plazo y para transferirla a la de largo plazo que el tratar de retener en la mente la imagen visual de un estímulo.

2. Al parecer, la mujer había memorizado la canción por su fonología (sonido) y no por su semántica (significado).

Capítulo 7   Pensamiento, lenguaje e inteligencia

1a. El pastor condujo a los borregos en dirección contraria de modo que quedaron detrás de la ambulancia, dejando así el paso libre para que el vehículo avanzara sin obstáculo alguno.

1b. El técnico médico recurrió a la rigidez mental para poder abrirse camino entre la muchedumbre.

2a. La disponibilidad y la representatividad heurísticas explicarían las malas decisiones de Luis para invertir. La disponibilidad heurística se aplica cuando fundamos nuestras decisiones en lo primero que nos viene a la mente sin esfuerzo; en el caso de Luis, los reportes de los diarios o los comentarios que escucha por boca de otros. Cuando aplicamos la representatividad heurística, tomamos pequeñas muestras de sucesos como si fueran representativas de los sucesos generales. Una noticia individual sobre una compañía sería un mal indicador de la salud financiera global de ésta o de los posibles prospectos. Los comentarios de otras personas podrían ser incluso menos confiables como fundamento para tomar buenas decisiones de inversión.

2b. Si fuera el asesor de inversiones de Luis, probablemente le recomendaría que adoptase una buena estrategia de inversión y que la respetara, en vez de fundar sus decisiones de inversión en las noticias de periódicos o en los comentarios de pasada hechos por otros.

Capítulo 8   Motivación y emoción

1. La gente suele pensar que los sentimientos y los pensamientos son contrarios. Tal vez haya escuchado a alguien señalar que siente con el corazón, pero que piensa con la cabeza. Aun cuando los poetas se pueden tomar la licencia de decir que el corazón humano "siente", los pensadores críticos ponen en tela de juicio los supuestos subyacentes, incluso el supuesto de que los pensamientos son independientes de los sentimientos (por no mencionar el supuesto de que el corazón tiene sentimientos). Los psicólogos conciben las emociones como complejos estados de sentimiento que incluyen importantes elementos cognitivos (pensamiento). Creen que nuestras emociones reflejan nuestras cogniciones (creencias, juicios de opinión, evaluaciones, etc.) acerca de nuestras experiencias. Por ejemplo, la ira refleja que hemos hecho un juicio acerca del trato injusto que hemos recibido, mientras que el miedo refleja una evaluación de una situación u objeto que representan una amenaza. Dada esta idea, los pensamientos son puentes que conducen hasta nuestras emociones. Para comprenderlas mejor es preciso que entendamos adecuadamente las interconexiones entre los pensamientos y los sentimientos.

Capítulo 9   El desarrollo del niño

1. Los niños de 3 años como Arturo exhiben un tipo de patrón de pensamiento que Piaget llamó pensamiento animista, es decir,

la tendencia a atribuir cualidades humanas a los objetos inanimados, como el Sol y las nubes. Arturo piensa que el Sol tiene sentimientos ("Le da sueño") y observa conductas ("Se duerme") tal como lo hacen las personas.

Capítulo 10   Adolescencia y adultez

1. Para establecer cuál es el nivel de identidad, primero debe decidir si ha logrado un compromiso con cada área (es decir, elección ocupacional y creencias morales, religiosas y políticas). Un compromiso significa que se ha adoptado un conjunto de creencias relativamente firme o que se ha seguido un curso de acción de forma coherente durante el tiempo. Los pensadores críticos ponderan la validez de las afirmaciones en razón de la evidencia que tienen a su alcance; en este caso, la aseveración de que se han establecido compromisos. ¿Qué evidencia buscaría para sustentar estas afirmaciones? Éstos son algunos ejemplos de las clases de criterios que podría aplicar:

   • Mostrar evidencia, con sus actos y pronunciamientos frente a otros, de su compromiso relativamente permanente o inalterable con la elección ocupacional, el conjunto de creencias religiosas, la filosofía política o el conjunto de valores morales.

   • Ser capaz de describir sus creencias o acciones de forma ordenada y sensata.

   • Seguir un curso de acción congruente con la carrera de su elección y con sus creencias o valores religiosos, políticos y morales.

2. Ahora debe evaluar con detenimiento si ha experimentado una crisis de identidad para llegar a alguno de los compromisos que ha establecido. En este caso, también debe tener presente que los pensadores críticos ponderan la evidencia que tienen a su alcance y, además, consideran que la evidencia de una crisis de identidad tendría que cumplir con los criterios siguientes:

   • Haber analizado con seriedad diversas alternativas antes de asumir un compromiso (o estar en proceso de ese análisis serio).

   • Haber realizado un gran esfuerzo para asumir un compromiso (o estar dedicando un arduo esfuerzo).

   • Haber reunido información (o estar haciéndolo) para evaluar con seriedad diferentes puntos de vista o cursos de acción.

Clasifíquese en el nivel de *identidad alcanzada* en un campo dado (elección de carrera y creencias morales, religiosas y políticas) si ha asumido un compromiso con una serie de creencias o un curso de acción y si sufrió una crisis de identidad antes de asumir ese compromiso. Colóquese en la posición de *moratoria* si actualmente está en estado de crisis de identidad o si está haciendo esfuerzos por llegar a un compromiso. Colóquese en la categoría de *exclusión* si asumió un compromiso sin haber experimentado una crisis de identidad. Clasifíquese en la categoría de *difusión de la identidad* si jamás ha asumido un compromiso (es decir, no tiene un curso claro para su carrera ni un conjunto de creencias o valores firmes) ni está pugnando actualmente por asumir uno.

Capítulo 11   Género y sexualidad

1. La homosexualidad es una clase de orientación sexual en cuyo caso la atracción erótica y la elección de pareja de una persona

se dirigen hacia otras de su mismo sexo. No es un pronunciamiento de la identidad de género de la persona, ni un sentimiento de masculinidad o feminidad. En cambio, en el transexualismo, la identidad de género de la persona no casa con su sexc anatómico. Los gay y las lesbianas prefieren tener parejas de su mismo género, pero su identidad de género es congruente con su sexo anatómico.

2. La erección es un reflejo involuntario y, como tal, no se puede producir por imposición o voluntad. Luego entonces, Marco estaría dificultando la posibilidad de tener una erección porque concentra su atención en el pene, y no en su pareja. Por lo tanto, es probable que se sienta menos excitado y más ansioso.

Capítulo 12 Psicología y salud

Las afirmaciones podrían significar que:

- Tal vez hayamos diseñado nuestro producto para que mejore la vitalidad y el bienestar, pero no podemos afirmar que de hecho cumpla ese propósito.
- Nuestro producto contiene los aminoácidos que el cuerpo emplea para crear músculo, pero también lo hacen muchas otras fuentes de proteína, entre ellas la carne y los productos lácteos.
- Contratamos a algunos médicos de reputación respetable que indicaron que recomendarían nuestro producto, y les pagamos para que lo respaldaran.
- Al decir *respaldado*, nos referimos a que realizamos investigaciones sobre nuestro producto. No estamos declarando lo que arrojaron nuestras investigaciones ni si fueron diseñadas o realizadas por investigadores imparciales. Además, cuando decimos *avanzados*, nos referimos a métodos de investigación que llegaron más allá de sólo preguntar a la gente si le gustaba nuestro producto.
- En realidad, no sabemos muy bien lo que queremos decir con *"¡Active!"*, pero sonaba excelente en el ejemplar publicitario.

Capítulo 13 Personalidad

El sesgo de confirmación nos lleva a creer en esa información que confirma las creencias que teníamos, y a ignorar la que señala lo contrario. Por ejemplo, es más probable que creamos en los textos de horóscopos que se ciñen a lo que ya creemos de nosotros que en aquellos que nos proporcionan información contraria a tales creencias. Ya que los horóscopos astrológicos contienen descripciones generales de la personalidad, los cuales se aplican a una enorme variedad de personas, no es extraño que muchos individuos piensen que las descripciones se ciñan a ellos.

Capítulo 14   Trastornos psicológicos

1. Los patrones de pensamiento de Rodrigo ilustran varias distorsiones cognitivas o errores de pensamiento, entre otros la responsabilidad equivocada (suponer que el mal humor de su novia se debía a él), el pensamiento catastrófico (exagerar las consecuencias de que terminará la relación) y saltar a conclusiones (el suponer que cuando su novia se sentaba lejos de él en el automóvil significaba que trataba de distanciarse emocionalmente de él).

2. Al parecer, la conducta de Olivia cumple con cuatro de los seis criterios de la lista: 1) lo insólito (estas preocupaciones obsesivas o rituales compulsivos inquietan a relativamente pocas personas); 2) desviación social (las repetidas revisiones se pueden considerar una conducta socialmente inaceptable); 3) malestar emocional (su conducta compulsiva era fuente de malestar emocional) y 4) conducta inadaptada (sus rituales de revisión estaban afectando su relación conyugal). Su conducta no cumple con el criterio de peligrosidad, pues, al parecer, no plantea peligro alguno ni para él ni para otros. Tampoco exhibe percepciones o interpretaciones incorrectas de la realidad, como tener alucinaciones o creencias delirantes.

Capítulo 15   Métodos de terapia

Un terapeuta psicodinámico podría ayudar a Laura a explorar la conexión que existe entre las relaciones y los sentimientos de rechazo y las decepciones que puede haber experimentado en otras relaciones en el pasado, inclusive sus primeras relaciones con sus padres. Un terapeuta humanista ayudaría a Laura a aprender a aceptarse y valorarse por ser como es, independientemente de cómo puedan responder otros, y a no juzgarse en razón de las expectativas de los demás. Un terapeuta conductual la ayudaría a incrementar las actividades de reforzamiento y aquellas agradables de su existencia, mientras que uno cognitivo la ayudaría a identificar los patrones distorsionados de pensamiento y a corregirlos ("Siempre me han rechazado. ¿Por qué habría de ser diferente en esta ocasión?"). El tratamiento biomédico incluiría un medicamento antidepresivo, o tal vez una terapia electroconvulsiva si su depresión se acentúa y si no responde a otras formas de tratamiento.

Capítulo 16   Psicología social

¿Por qué no la ayudaron? Jamás lo sabremos bien a bien, pero se pueden presentar varias hipótesis con base en los factores que sí sabemos que influyen en la conducta del espectador.

- *Ambigüedad de la situación.* Estaba muy oscuro y los observadores quizá no podían apreciar claramente la situación. Tal vez estaban confundidos: no comprendían bien lo que estaba sucediendo y no sabían si de verdad se trataba de una urgencia.
- *Difusión de la responsabilidad.* Aun cuando hubieran reconocido la situación como una urgencia, tal vez no estaban dispuestos a asumir la responsabilidad personal de verse involucrados. Quizá pensaron que otros actuarían y, por lo mismo, que ellos no tenían que hacer nada. Tal vez pensaron que "no era asunto suyo".
- *Costo percibido.* Quizá pensaron que el costo de brindar ayuda sería demasiado alto, inclusive la posibilidad de salir lesionados o de perder la vida. Pero, ¿qué decir del costo mínimo que implicaba llamar a la policía? Tal vez no querían aceptar un rol personal en el incidente y verse involucrados en un largo caso en los tribunales.
- *Atribuciones de la causa de necesidad.* Tal vez pensaron que la víctima merecía lo que le estaba pasando. A lo mejor pensaron que el asaltante era su novio o marido y que ella no debería haber elegido una pareja así.

¿Cuál supone que podría ser una explicación probable? ¿Qué piensa que haría en una situación similar?

Apéndice B

La estadística en la psicología

Dennis Hinkle Towson University   **Leping Liu** Towson University

La palabra *estadística* tiene distintos significados para diferentes personas. Los climatólogos presentan estadísticas diarias del clima, como las de las temperaturas máximas y mínimas, la precipitación pluvial y los promedios de las temperaturas históricas registradas en un día como el corriente. Los cronistas de béisbol nos llenan de estadísticas, entre ellas los promedios de bateo, los porcentajes de lanzamientos y la proporción de carreras en las veces que un jugador toma el bate. En los partidos de fútbol americano transmitidos por televisión, los cronistas presentan estadísticas en el medio tiempo, por ejemplo el total de yardas corridas y el total de pases.

Los psicólogos también emplean las estadísticas, pero para ellos se trata de un procedimiento para analizar y comprender los resultados de las investigaciones. Por ejemplo, la evidencia de ciertas investigaciones arrojó que los trabajadores del turno nocturno que ocupaban puestos peligrosos propendían a estar más somnolientos y menos alerta que los del turno diurno. Los investigadores que trabajaron en esos estudios emplearon técnicas estadísticas para establecer si, *en promedio*, existían diferencias, en las medidas de somnolencia y de alerta, entre otras variables correspondientes a los dos grupos de trabajadores (del turno nocturno y del diurno). Los psicólogos también emplean la estadística para describir las características de grupos particulares de personas, inclusive el de ellos mismos. Por ejemplo, en el capítulo 1 expusimos las características de los psicólogos en relación con sus etnias y lugares de empleo.

Las teorías fundamentales de la psicología moderna no existirían sin la estadística aplicada a las investigaciones psicológicas. Los psicólogos recurren a la estadística para explicar los resultados de sus estudios de investigación, así como para presentar la evidencia empírica que sostiene o refuta teorías o creencias particulares. Por ejemplo, los investigadores utilizaron técnicas estadísticas para refutar la versión original de la *hipótesis de la relatividad lingüística*, que se fundaba en la teoría de que el idioma determina nuestra forma de pensar (vea el capítulo 7). En este caso, el análisis estadístico de los resultados de la investigación respaldó otra teoría que sugiere que los factores culturales influyen en nuestra forma de pensar. Todos debemos comprender las estadísticas para poder ser consumidores más informados de las investigaciones psicológicas. Por ejemplo, debemos comprender cómo se distribuyen las calificaciones del IQ de las personas de la población general para poder determinar la posición relativa de una calificación particular (de nueva cuenta, vea el capítulo 7). Además, cuando buscamos ayuda psicológica, debemos conocer los métodos de análisis estadístico que se han empleado para demostrar que ciertas formas de terapia son eficaces para ciertos tipos de problemas psicológicos (vea la explicación de *tratamientos con soporte empírico* que presenta el capítulo 15). Sea cual fuere la razón para emplear la estadística, tanto investigadores como consumidores deberían comprender la información que proporcionan y las conclusiones que se pueden obtener a partir de ellas.

Poblaciones y muestras

Los términos *población y muestra* se utilizan con frecuencia en las investigaciones psicológicas que implican un análisis estadístico. Por definición, una *población* incluye a todos los miembros de un grupo específico, como "Todos los habitantes de la capital del país", "Todos los pacientes de un hospital psiquiátrico que están recibiendo tratamiento para distintos trastornos específicos en un lapso particular", o "Todos los estudiantes que se han inscrito al curso de introducción a la psicología que una universidad dada impartirá en el semestre de otoño". Sin embargo, en diversas situaciones, no es posible incluir en la investigación a todos los miembros de una población dada. En tal caso, se escoge una sección o un segmento de la población, que se conoce como *muestra*, para que participe en el estudio y sólo los integrantes de ésta quedarán incluidos en la investigación.

TABLA 1   Calificaciones del examen final de los estudiantes de psicología de primer año

68	52	69	51	43	36	44	35	54	57	55	56
55	54	54	53	33	48	32	47	47	57	48	56
65	57	64	49	51	56	50	48	53	56	52	55
42	49	41	48	50	24	49	25	53	55	52	56
64	63	63	64	54	45	53	46	50	40	49	41
45	54	44	55	63	55	62	56	50	46	49	47
56	38	55	37	68	46	67	45	65	48	64	49
59	46	58	47	57	58	56	59	60	62	59	63
56	49	55	50	43	45	42	46	53	40	52	41
42	33	41	34	56	32	55	33	40	45	39	46
38	43	37	44	54	56	53	57	57	46	56	45
50	40	49	39	47	55	46	54	39	56	38	55
37	29	36	30	37	49	36	50	36	44	35	45
42	43	41	42	52	47	51	46	63	48	62	49
53	60	52	61	49	55	48	56	38	48	37	47

Estadísticas descriptiva e inferencial

El estudio de la estadística se divide en dos categorías generales: la descriptiva y la inferencial. Los investigadores emplean la **estadística descriptiva** para explicar datos (es decir, para clasificar y resumir información que se expresa de forma numérica) y la **estadística inferencial** se utiliza para hacer generalizaciones acerca de una población en razón del estudio de los resultados, basados en una muestra extraída de la población.

Las estadísticas descriptiva e inferencial cumplen tres propósitos básicos en las investigaciones científicas:

1. *Describir*
2. *Relacionar*
3. *Comparar*

Estos planteamientos forman el marco general para aplicar los procedimientos estadísticos que permitirán a los investigadores interpretar los resultados de un estudio, obtener conclusiones, hacer generalizaciones de las muestras a las poblaciones, hacer inferencias y proporcionar un enfoque para estudios futuros. El resto de este apéndice presentará un resumen general de estos tres planteamientos del análisis estadístico.

Usar estadística para describir

La aplicación más simple de la estadística implica describir la distribución de las calificaciones correspondientes a un grupo de individuos. Por ejemplo, suponga que tenemos las calificaciones de los exámenes finales de 180 estudiantes del primer año de psicología, como muestra la tabla 1. A efecto de describir esta distribución de las calificaciones, debemos *1)* identificar la forma de la distribución, *2)* calcular la calificación "promedio" y *3)* determinar la variabilidad de las calificaciones.

Distribución de frecuencia   El primer paso para describir la distribución de las calificaciones es crear una **distribución de frecuencia** de las calificaciones individuales o las categorías de calificaciones.

La tabla 2 presenta una distribución de frecuencia creada en razón de la combinación de las 180 calificaciones en dos categorías, denominadas *intervalos de clase*, iniciando con la categoría de calificaciones de 20 a 24 y terminando con la de 65 a 69. Observe que las categorías que incluyen más calificaciones son la de 45 a 49, que contiene 42 calificaciones, y la de 55 a 59,

TABLA 2   Distribución de frecuencia de las calificaciones del examen final empleando intervalos de clase

Intervalo de clase	*f*
65–69	6
60–64	15
55–59	37
50–54	30
45–49	42
40–44	22
35–39	18
30–34	7
25–29	2
20–24	1

estadística descriptiva
Procedimientos empleados para clasificar y resumir información en forma numérica o, en pocas palabras, para describir datos.

estadística inferencial
Procedimientos para hacer generalizaciones acerca de una población en razón del estudio de las características de las muestras extraídas de aquella.

distribución de frecuencia
Tabulación que indica el número de veces que se presenta una calificación o un grupo de calificaciones.

FIGURA 1   Histograma de las calificaciones del examen final

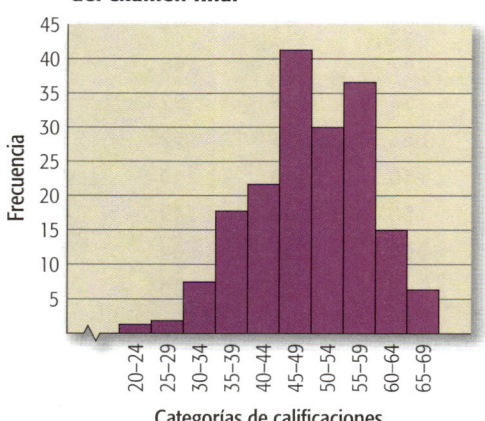

FIGURA 2   Polígono de frecuencia de las calificaciones del examen final

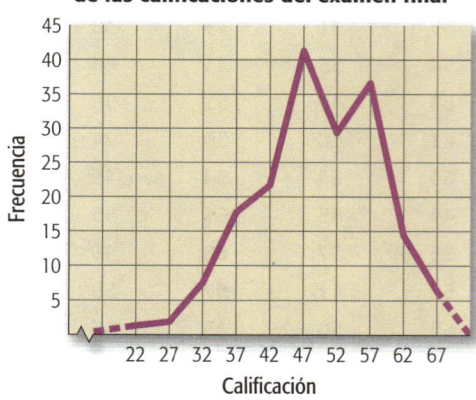

que contiene 37. Podemos describir esta distribución de frecuencia empleando un tipo de gráfica de barras, llamada histograma. Como muestra la figura 1, un **histograma** describe las frecuencias de los intervalos de clase de las calificaciones empleando barras de distintas longitudes. Por ejemplo, el intervalo de 45 a 49 de esta clase está representado por una barra que tiene un valor de 42.

Otra forma gráfica de la distribución de frecuencias es el **polígono de frecuencia**, como él que presenta la figura 2. En este caso, las frecuencias de los intervalos de clase se anotan en los puntos medios de los intervalos y, a continuación, los puntos se conectan por medio de líneas rectas.

Medidas de tendencia central   El segundo paso para describir la distribución de las calificaciones consiste en calcular su **tendencia central**. Ésta es un indicador de la calificación promedio dentro de la distribución de las calificaciones. El investigador tiene a su disposición tres distintas medidas estadísticas de tendencia central. Puede determinar la **moda** (la calificación más frecuente), la **mediana** (la calificación del medio) o la **media** (el promedio aritmético).

Por ejemplo, piense en la distribución: 2, 5, 9, 10, 12, 13, 13. La moda es 13, porque es la calificación que se presenta con más frecuencia. La mediana es la calificación que parte a la mitad la distribución de las calificaciones (una mitad de ellas queda por encima de la mediana y la otra mitad por debajo de ella). La mediana, en este caso, es 10, pues hay tres calificaciones que están por encima de este valor y tres que están por debajo de él.

La media es la medida de la tendencia central que se utiliza con más frecuencia. Para encontrar la media $\overline{X}$, sume todas las calificaciones (X) y después divida el total entre el número de calificaciones, simbolizado así

$$\overline{X} = \Sigma X/n,$$

donde ΣX es la suma total de las calificaciones y n es el total de calificaciones. En el caso de la distribución de calificaciones antes mencionada, la media se calcularía así:

$$\overline{X} = 64/7 = 9.14$$

Observe que, en ocasiones, la moda, la mediana y la media tienen distintos valores.

De otra parte, la media de las calificaciones del examen final de los 180 estudiantes de psicología del primer año se calcularía así:

$$\overline{X} = 8860/180 = 49.22$$

En otros casos, como la distribución que presenta la figura 3a), la media, la mediana y la moda tienen el mismo valor. Sin embargo, cuando la distribución es sesgada ("se inclina' hacia la derecha o hacia la izquierda), como en la figura 3b), la media, la mediana y la moda no coinciden.

¿Cuál es la mejor manera de medir la tendencia central? La respuesta depende de lo que queramos saber. Si nos interesa saber cuál calificación ha sido la más frecuente en un examen,

histograma   Gráfica que representa las frecuencias de calificaciones individuales o de categorías de calificaciones por medio de barras de diferentes longitudes.

polígono de frecuencia   Gráfica en la cual las frecuencias de los intervalos de clase se encuentran en sus puntos medios y, después, éstos son conectados por líneas rectas.

tendencia central   Punto central en una escala de medición en torno al cual se distribuyen las calificaciones.

moda   Calificación más frecuente en una distribución de calificaciones.

mediana   Calificación que está en el medio de una distribución, por lo cual una mitad de las calificaciones queda por encima de ella y la otra mitad por debajo.

media   Promedio aritmético de las calificaciones de una distribución.

FIGURA 3 Comparación de la moda, la mediana y la media en dos distribuciones

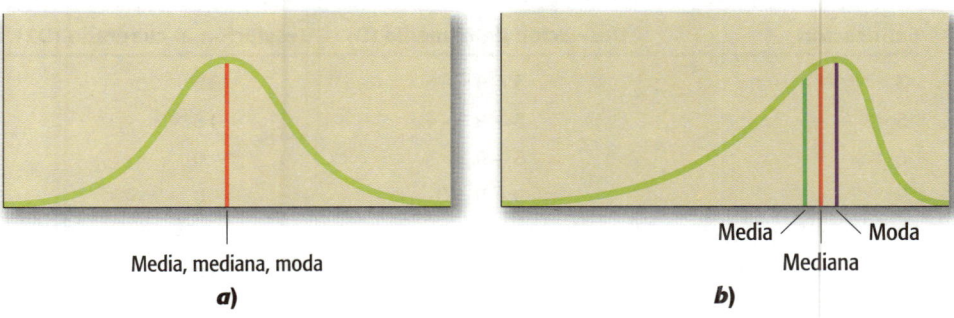

Media, mediana, moda
a)

Media Moda
Mediana
b)

emplearíamos la moda. Pero la calificación que se presenta con más frecuencia podría no ser la más representativa del aprovechamiento promedio de la clase. Para determinar esto, podríamos utilizar la mediana, que indica la calificación intermedia de la distribución, es decir, la calificación que marca que una mitad de las calificaciones se encuentra encima de ella y que la otra mitad está debajo de ella. Si conocemos la mediana, podríamos especificar cuál calificación divide a la mitad superior de la clase de la mitad inferior.

También podríamos emplear la media, la cual nos proporciona el promedio aritmético de la clase entera. Sin embargo, una limitación de la media es que las calificaciones de los extremos influyen mucho en ella. Considere el siguiente ejemplo hipotético de la distribución salarial de los empleados de una pequeña compañía fabril:

Puesto	Número de empleados	Sueldo	Medida de la tendencia central
Presidente/Director general	1	$350 000	
Vicepresidente ejecutivo	1	120 000	
Vicepresidentes	2	95 000	
Contralor	1	60 000	
Jefe de vendedores	3	58 000	Media
Vendedores	4	40 000	
Capataz	1	36 000	Mediana
Operarios	12	30 000	Moda

En este ejemplo, la media está sujeta a la enorme influencia de una calificación muy alta: el sueldo del presidente/director general. Si usted fuera el dirigente del sindicato local de operarios, ¿cuál medida de la tendencia central emplearía para negociar el nuevo contrato salarial? En cambio, ¿cuál utilizaría si representara la postura de los empleadores en las negociaciones?

Otro elemento que se debe tomar en cuenta para elegir la mejor medida es para qué se usará. Si deseamos generalizar a partir de las muestras a las poblaciones, la media ofrece una clara ventaja. Se puede manipular matemáticamente de maneras que no son posibles en el caso de la mediana o la moda. Sin embargo, si el propósito es primordialmente descriptivo, entonces se debe emplear la medida que mejor caracterice los datos. En general, si se presentan las tres medidas de la tendencia central se obtiene la descripción más exacta de una distribución dada.

Medición de la variabilidad   El último paso para describir la distribución de las calificaciones consiste en calcular su **variabilidad**, la cual se refiere a la dispersión de las calificaciones dentro de la distribución de éstas. Una medida de la variabilidad es el **rango** de las calificaciones, o la diferencia entre la calificación más alta y la más baja dentro de la distribución. Las calificaciones del examen final de los 180 estudiantes de psicología del primer año varían del mínimo de 24 al máximo de 69, por lo cual el rango es $69 - 24 = 45$.

variabilidad   En estadística, es la amplitud o dispersión de calificaciones a lo largo de la distribución.

rango   Medida de variabilidad que resulta de la diferencia de valor entre la calificación más alta y la más baja en una distribución de calificaciones.

TABLA 3   **Cálculo de la desviación estándar**

Calificación	Desviación de la media (D)	Desviación al cuadrado (D2)
3	3 – 9 = –6	36
5	5 – 9 = –4	16
6	6 – 9 = –3	9
9	9 – 9 = 0	0
12	12 – 9 = 3	9
13	13 – 9 = 4	16
15	15 – 9 = 6	36
$\overline{X} = 63/7 = 9$		$\Sigma D^2 = 122$

Desviación estándar $= \sqrt{\Sigma D^2/n} = \sqrt{122/7} = \sqrt{17.43} = 4.17$

Otra medida de uso común de la variabilidad es la **desviación estándar (DE)**, definida conceptualmente como el promedio de la diferencia entre cada calificación individual y la media de todas las calificaciones del conjunto de datos. Una desviación estándar grande sugiere una variabilidad considerable (margen) de las calificaciones en torno a la media, mientras que una desviación estándar pequeña indica escasa variabilidad. La tabla 3 ilustra las operaciones que se deben efectuar para calcular la desviación estándar a partir de un conjunto hipotético de datos. (La desviación estándar de las calificaciones de los 180 exámenes finales es 8.98).

La distribución normal El histograma de las calificaciones de los 180 exámenes finales de la figura 1 ilustra un fenómeno que se observa comúnmente en los datos psicológicos, a saber: la mayoría de las calificaciones tienden a quedar en la mitad de la distribución, y una cantidad más pequeña de éstas se ubican en las categorías de los extremos. En el caso de muchas medidas empleadas en las investigaciones psicológicas, estas distribuciones arrojan esta forma general y se dice que forman una "curva de campana", también conocida como "curva normal" o "distribución normal". En estadística, la verdadera distribución normal es un modelo matemático. Sin embargo, cuando la forma de una distribución particular de calificaciones se alinea muy de cerca con una distribución normal, podemos emplear las propiedades generales de la distribución normal para describir la distribución de las calificaciones reales que son objeto de estudio. La distribución normal ofrece una buena descripción de la distribución de numerosos conjuntos de datos, como las mediciones de la inteligencia y los logros. Es más, en una distribución normal, la media, la mediana y la moda tienen el mismo valor, por lo cual podemos utilizar la desviación estándar para describir una calificación particular de la distribución en relación con todas las calificaciones de esa misma.

En una distribución normal, como la que presenta la figura 4, la mitad de los casos quedan por encima de la media y la otra mitad por debajo. Con base en las propiedades de la distribución normal podemos establecer los porcentajes de casos que quedan dentro de cada segmento de la distribución. Por ejemplo, alrededor de 68% de los casos quedan dentro de una desviación estándar por encima de la media y por debajo de ella (entre –1.0 y +1.0) y alrededor de 95% quedan dentro de dos desviaciones estándar por encima de la media y por debajo de ella (entre –2.0 y +2.0).

Las propiedades de la distribución normal también se pueden emplear para describir la distancia entre una calificación y la media. Por ejemplo, las calificaciones de la mayoría de las pruebas de IQ quedan distribuidas con una media de 100 y una desviación estándar de 15. Por lo tanto, una calificación de 115 en la prueba de IQ estaría alrededor de una desviación estándar más allá de la media. Empleamos el término **calificación estándar** (también llamada *calificación z*) para referirnos a una calificación transformada que indica la cantidad de desviaciones estándar en que la calificación real (bruta) está por encima de la media o por debajo de ella. Por ejemplo, la calificación estándar que corresponde a una calificación bruta de 115, basada en una media de 100 y en una desviación estándar de 15, sería +1.0. De otra parte, cabría decir que una calificación de 70 está dos desviaciones estándar por debajo de la media; en este caso, la calificación estándar sería

desviación estándar (DE)   Medida de variabilidad definida como la diferencia promedio entre cada calificación individual y la media de todas las calificaciones del conjunto de datos.

calificación estándar   Calificación transformada que indica el número de desviaciones estándar en que una calificación bruta está por encima o por debajo de la media. También conocida como *calificación z*.

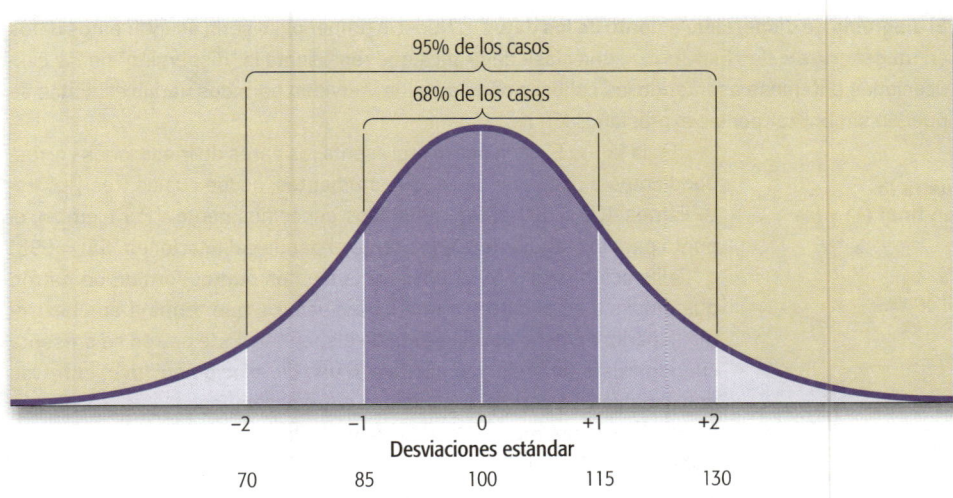

95% de los casos

68% de los casos

-2   -1   0   +1   +2
Desviaciones estándar
70   85   100   115   130

FIGURA 4 Una distribución normal que muestra los porcentajes aproximados de casos que quedan dentro de una y dos desviaciones estándar de la media

−2.0. Estas propiedades de la calificación estándar de la distribución normal son cruciales para aplicar los procedimientos de la inferencia estadística en las investigaciones psicológicas.

Usar estadística para relacionar

Otra aplicación de la estadística implica establecer la relación que existe entre dos variables. Por ejemplo, supongamos que queremos determinar la relación entre las calificaciones cuantitativas del SAT (siglas en inglés para Prueba de Evaluación Estándar) y las de los exámenes finales, utilizando los datos que presenta la tabla 4 de 15 estudiantes de introducción a la psicología.

TABLA 4	**Calificaciones cuantitativas del SAT y de los exámenes finales de 15 estudiantes de introducción a la psicología**	
Estudiante	**Calificación cuantitativa del SAT (X)**	**Calificación del examen final (Y)**
1	595	68
2	520	55
3	715	65
4	405	42
5	680	64
6	490	45
7	565	56
8	580	59
9	615	56
10	435	42
11	440	38
12	515	50
13	380	37
14	510	42
15	565	53
Σ	8 010	772
	$\overline{X} = 534.00$	$\overline{Y} = 51.47$
	$S_x = 96.53$	$S_x = 10.11$

El diagrama de dispersión: asiento de los datos   Nuestro primer paso sería asentar estos datos en un **diagrama de dispersión**, una clase de gráfica que representa la "dispersión" de las calificaciones obtenidas asentando las calificaciones de cada individuo para dos variables. Éstas se pueden simbolizar por las expresiones X y Y.

En la figura 5, cada punto representa los pares de mediciones correspondientes a cada uno de los 15 estudiantes; de los cuales tres (los estudiantes 1, 8 y 13) están señalados específicamente. (Por ejemplo, el punto para el estudiante 1 representa el par de calificaciones "SAT = 595" y "Calificación final = 68".) Observe que estos puntos forman un patrón que empieza en el extremo inferior izquierdo y que termina en el extremo superior derecho del diagrama de dispersión. Este patrón se presenta cuando existe una relación positiva, o una *correlación positiva*, entre las dos variables. La correlación positiva entre dos variables quiere decir que las calificaciones más altas en una variable están asociadas a calificaciones más altas en la otra variable. Por lo tanto, el patrón que muestra la figura 5 ilustra que los estudiantes con calificaciones altas en el SAT tienden a obtener calificaciones altas en el examen final, y viceversa.

Los diferentes tipos de relaciones entre dos variables dan por resultado que surjan diferentes patrones en el diagrama de dispersión. La figura 6 ilustra tres patrones. El patrón A describe una correlación positiva entre dos variables. El patrón B describe una correlación negativa, una donde las calificaciones más altas en una variable están asociadas a calificaciones más bajas en la otra variable. El patrón C es un diagrama de dispersión donde los puntos no muestran una tendencia ni ascendente ni descendente. Este patrón se presenta en situaciones donde la correlación entre las dos variables es nula (no hay relación).

FIGURA 5   Diagrama de dispersión que ilustra la relación entre las calificaciones del examen final (Y) y las calificaciones cuantitativas del SAT (X)

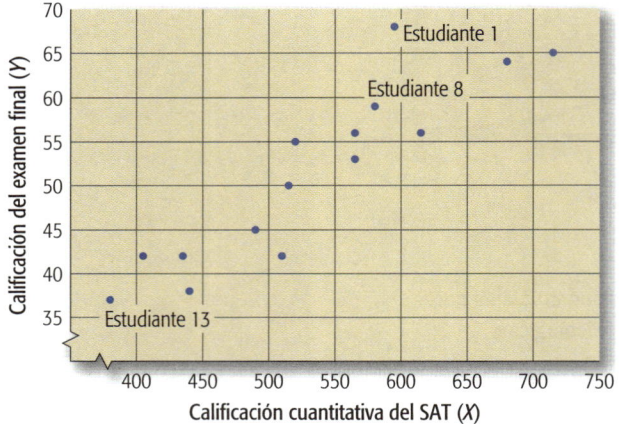

El coeficiente de correlación: cómo calcular la relación entre dos variables El diagrama de dispersión nos ofrece una representación visual de la relación entre dos variables. Sin embargo, los investigadores también usan una medida estadística que ofrece una indicación más exacta de la magnitud (fuerza) y la dirección de la relación (positiva o negativa). Esta medida estadística de la relación entre dos variables se llama *coeficiente de correlación* (expresado por la letra r). El rango de valores de los coeficientes de correlación positiva va de 0 (mínima) a +1.0 (máxima); el rango de valores de los coeficientes de correlación negativa va de 0 (mínima) a −1.0 (máxima).

La tabla 5 presenta un ejemplo con las operaciones realizadas para calcular un coeficiente de correlación basado en los datos que se presentaron en la tabla 4. Se encontró que el coeficiente de correlación era +0.90, que representa una relación positiva muy alta entre las calificaciones del SAT y las del examen final, es decir, como vimos antes, los estudiantes de primer año que tienen calificaciones más altas en el SAT tienden a obtener calificaciones más altas en sus exámenes de psicología.

La tabla 6 presenta algunas reglas básicas para interpretar la magnitud de un coeficiente de correlación.

diagrama de dispersión   Gráfica en la cual se asientan los pares de calificaciones de cada participante en la investigación para dos variables.

FIGURA 6   Diagramas de dispersión que ilustran distintos grados de relación entre X y Y

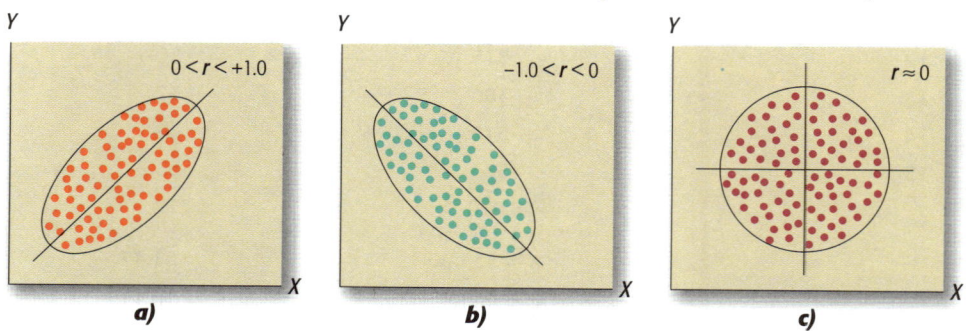

TABLA 5 Cálculo del coeficiente de correlación entre las calificaciones cuantitativas del SAT y las del examen final

Calificaciones cuantitativas del SAT		Calificaciones del examen final		
X	X²	Y	Y²	XY
595	354 025	68	4 624	40 460
520	270 400	55	3 025	28 600
715	511 225	65	4 225	46 475
405	164 025	42	1 764	17 010
680	462 400	64	4 096	43 520
490	240 100	45	2 025	22 050
565	319 225	56	3 136	31 640
580	336 400	59	3 481	34 220
615	378 225	56	3 136	34 440
435	189 225	42	1 764	18 270
440	193 600	38	1 444	16 720
515	265 225	50	2 500	25 750
380	144 400	37	1 369	14 060
510	260 100	42	1 764	21 420
565	319 225	53	2 809	29 945
8 010	4 407 800	772	41 162	424 580

$$\text{Fórmula de la calificación bruta} = \frac{n\Sigma XY - \Sigma X\Sigma Y}{\sqrt{n\Sigma X^2 - (\Sigma X)^2}\ \sqrt{n\Sigma Y^2 - (\Sigma Y)^2}}$$

$$= \frac{15(424\,580) - (8\,010)(772)}{\sqrt{15(4\,407\,800) - (8\,010)^2}\ \sqrt{15(41\,162) - (772)^2}}$$

$$= 0.90$$

TABLA 6 Reglas básicas para interpretar el tamaño de un coeficiente de correlación

Tamaño de la correlación	Interpretación
.90 a 1.00 (−.90 a −1.00)	Correlación positiva (negativa) muy alta
.70 a .90 (−.70 a −.90)	Correlación positiva (negativa) alta
.50 a .70 (−.50 a −.70)	Correlación positiva (negativa) moderada
.30 a .50 (−.30 a −.50)	Correlación positiva (negativa) baja
.00 a .30 (.00 a −.30)	Correlación escasa o nula

Uso de una variable para predecir la otra Un empleo importante de las estadísticas de correlación es la predicción. Si dos variables están correlacionadas, podemos predecir las calificaciones de una variable basándonos en las calificaciones de la otra. Por ejemplo, una vez que hemos determinado la relación entre las calificaciones del SAT y las de los exámenes de nuestros 15 estudiantes de introducción a la psicología, supongamos que queremos predecir las calificaciones de los exámenes finales de estudiantes similares basándonos en lo que sabemos de sus calificaciones en el SAT. El proceso de predicción implica despejar una ecuación matemática que incluye los pares de calificaciones de las dos variables que se han obtenido en el estudio. Esta ecuación se puede emplear para predecir las calificaciones del examen final con base en las calificaciones del SAT para grupos comparables de estudiantes. La exactitud de la predicción refleja la magnitud de la correlación entre las variables. Cuanto mayor sea la correlación, tanto mejor será la predicción. Si existe una fuerte relación entre las dos variables, el conocer la calificación que los estudiantes obtienen en el SAT nos permitirá hacer predicciones bastante precisas respecto a la calificación que obtendrán en sus cursos de psicología.

Usar estadística para comparar

Una tercera aplicación de la estadística implica la comparación de dos grupos o más. Por ejemplo, supongamos que un psicólogo educativo pretende estudiar los efectos que la instrucción compu-tarizada tiene en el aprovechamiento de las matemáticas de estudiantes de cuarto de primaria. El primer paso del psicólogo sería asignar a los participantes a un grupo experimental o a un grupo control por medio de la técnica de la *asignación aleatoria* (que explicamos en el capítulo 1). El grupo experimental utilizaría un programa de computadora que permitiese a los niños adquirir los conceptos matemáticos por medio de ejercicios interactivos en la pantalla, mientras que el grupo control recibiría la enseñanza estándar en el aula. Después, al término del estudio, se aplicaría a los dos grupos una prueba de matemáticas para medir el aprovechamiento.

Supongamos también que los resultados del análisis inicial de los datos descriptivos son:

	Grupo control	Grupo experimental
Media ($\overline{X}$)	62.4	77.6
Desviación estándar (DE)	15.8	16.3

Con estos datos, el psicólogo educativo podría describir el desempeño de los dos grupos mediante el análisis de las medias y desviaciones estándar. Sin embargo, observe que para sacar conclu-siones y hacer generalizaciones a partir de estos datos, también se requerirían procedimientos de inferencias estadísticas.

Más allá de la descripción: usar la estadística inferencial   La estadística descriptiva nos per-mite resumir datos, pero el significado de estas medidas estadísticas no se entiende plenamente tan sólo en razón de la estadística descriptiva. En las investigaciones psicológicas, es importante establecer si el tamaño de un coeficiente de correlación, o la diferencia entre las medias de los dos grupos, tiene significancia estadística. Como explicamos en el capítulo 1, la *significancia es-tadística* indica que es poco probable que los resultados obtenidos de un estudio sean resultado de la casualidad o de las fluctuaciones fortuitas que cabría esperar que se presentaran en las calificaciones de la población general.

La significancia estadística sólo se puede establecer aplicando técnicas estadísticas, cuyo conjunto es llamado estadística inferencial, que nos permite extraer conclusiones de nuestros datos y hacer inferencias y generalizaciones de las muestras a las poblaciones de las cuales se obtuvieron.

Enunciado de la hipótesis nula   El primer paso para emplear la estadística inferencial consiste en plantear una **hipótesis nula** del estudio en cuestión. La definición literal de la palabra *nula* se refiere a algo que carece de valor o significancia. Luego entonces, una hipótesis nula es predecir que un resultado dado carecerá de valor o significancia. En el caso del estudio de la relación entre las calificaciones del SAT y las del examen final, podemos enunciar la hipótesis nula siguiente: "No existe una relación entre las dos variables". Para el estudio de la diferencia entre el grupo experi-mental y el de control respecto del asunto de la instrucción computarizada frente a la enseñanza tradicional, podemos plantear esta hipótesis nula: "No existe diferencia entre los dos grupos".

hipótesis nula   Predicción de que no existe diferencia entre grupos ni relación entre variables.

Prueba de la hipótesis nula   El objeto principal de la estadística inferencial es comprobar la hipótesis nula. Con tales técnicas, los investigadores pueden aplicar los principios de la probabilidad para determinar si las relaciones entre variables, o las diferencias entre grupos, son lo bastante grandes como para que no exista la probabilidad de que se deban a la casualidad. Para hacer lo anterior, por lo habitual, aplican un criterio que les permitirá juzgar si un resultado tiene significancia cuando la probabilidad de ser producto de la casualidad es menor a 5%. Es decir, si la probabilidad de que un resultado se presente por simple casualidad es menor a 5%, las técnicas indicarían que el resultado tiene significancia estadística. Dependiendo de la índole de la investigación, los investigadores pueden establecer criterios más estrictos o más liberales para determinar el umbral donde representarían que un resultado dado tiene significancia estadística.

Volvamos a nuestro ejemplo de los 15 estudiantes de introducción a la psicología. En primer término, si el coeficiente de correlación entre sus calificaciones del SAT y las del examen final es lo bastante alto como para llegar a un nivel de significancia estadística, rechazaríamos la hipótesis nula de que "No existe relación". En otras palabras, concluiríamos que la correlación está significativamente alejada de cero (lo cual significa en sí que "No hay relación"). En segundo, al aplicar la estadística inferencial para predecir las calificaciones en una variable a partir de las calificaciones en la otra, diríamos que la hipótesis nula es que las calificaciones del SAT no predicen las calificaciones del examen final. Pero como existe una relación con significación estadística entre estas dos variables, nuestra conclusión (basada en la teoría de la probabilidad) sería que las calificaciones del SAT sí predicen significativamente las calificaciones del examen final.

Las estadísticas de inferencia se emplean de manera similar cuando investigamos las diferencias entre dos o más grupos. Estas técnicas estadísticas implican constructos matemáticos basados en la teoría de la probabilidad para determinar si las diferencias entre las medias de la muestra son lo bastante grandes como para rechazar la hipótesis nula de que "No existe una diferencia". Si la diferencia entre las medias del grupo de la instrucción computarizada y las de la enseñanza en aula son lo bastante grandes para cruzar el umbral de la significación estadística, rechazaríamos la hipótesis nula y concluiríamos que la diferencia entre los grupos tiene significancia estadística. La lógica fundamental señala que cuando las diferencias de grupo en las medidas de interés de las muestras de los participantes en investigaciones atraviesan el umbral de la significancia estadística, es poco probable que reflejen las variaciones fortuitas que cabría esperar que se presentaran en estas medidas en el caso de la población general.

En resumen

En esta breve introducción a la estadística hemos presentado cierta terminología básica, identificado varios planteamientos para el uso de la estadística en las investigaciones psicológicas y explicado las estadísticas descriptiva e inferencial así como su aplicación general en estudios de investigación. También hemos presentado una forma conveniente de clasificar los principales propósitos de la estadística que son: *1)* para describir, *2)* para relacionar y *3)* para comparar. No sólo los investigadores de psicología deben conocer todos los aspectos de la estadística, sino también quienes utilicen los resultados de las investigaciones.

Listado de términos clave por capítulo

Glosario

abuso de drogas Consumo mal adaptado o peligroso de una sustancia química. *(p. 154)*

aceptación positiva condicionada Valorar a una persona sólo cuando su conducta cumple con ciertas expectativas o normas. *(p. 501)*

ácido desoxirribonucleico (ADN) Material químico básico en los cromosomas que contiene el código genético del individuo. *(p. 76)*

acomodación (1) Proceso mediante el cual el cristalino cambia su forma para enfocar imágenes con más claridad en la retina. (2) En la teoría de Piaget, proceso de crear nuevos esquemas o modificar los existentes para adaptarse a nuevos objetos o experiencias. *(p. 92, 354)*

acoso sexual Forma de coerción sexual que implica comentarios, bromas, proposiciones, demandas de favores sexuales o contacto físico que no son bien recibidos. *(p. 435)*

acrofobia Temor excesivo a las alturas. *(p. 527)*

acrónimo Vocablo compuesto por la unión de elementos de dos o más palabras, constituido por el principio de la primera y el final de la última. *(p. 238)*

acróstico Vocablo o dicho en el cual la primera o la última letra de cada palabra se unen para formar parte de algo más. *(p. 238)*

actitud Evaluación positiva o negativa de personas, objetos o temas *(p. 597)*

acupuntura Antigua práctica china de insertar y rotar finas agujas en varias partes del cuerpo a fin de liberar la energía natural de sanación. *(p. 110)*

adaptación En la teoría de Piaget, proceso de ajuste que permite a la gente funcionar con más eficacia al satisfacer las demandas que enfrenta en el ambiente. *(p. 353)*

adaptación sensorial Proceso mediante el cual los receptores sensoriales se adaptan a los estímulos constantes al volverse menos sensibles a éstos. *(p. 90)*

adolescencia Periodo de la vida que comienza con la pubertad y finaliza con el inicio de la edad adulta. *(p. 368)*

adultez emergente En algunas culturas, periodo de desarrollo psicosocial que cubre el rango aproximado de los 18 a 25 años de edad, durante los cuales la persona hace la transición de la adolescencia a la edad adulta. *(p. 380)*

afasia Pérdida o desequilibrio en la capacidad de comprender o expresar el lenguaje. *(p. 66)*

aflicción Estado de sufrimiento, incomodidad o dolor físico o emocional. *(p. 444)*

agonista Sustancia que incrementa la capacidad o eficacia de los neurotransmisores o que imita sus acciones. *(p. 48)*

agorafobia Temor excesivo a estar en lugares públicos. *(p. 527)*

alcoholismo Adicción química caracterizada por un control deficiente sobre el consumo de alcohol y dependencia psicológica de éste. *(p. 157)*

algoritmo Conjunto de reglas paso a paso utilizado para resolver un problema. *(p. 251)*

almacenamiento de memoria Proceso de retener información en la memoria. *(p. 211)*

alucinaciones Percepciones experimentadas en ausencia de un estímulo externo correspondiente. *(p. 47, 519)*

alucinógenos Sustancias que alteran la experiencia sensorial y producen alucinaciones. *(p. 163)*

amenaza del estereotipo Sensación de amenaza evocada en miembros de grupos estereotipados cuando creen que pueden haber sido juzgados o tratados de manera estereotípica. *(p. 611)*

amígdala Conjunto de estructuras de forma almendrada en el sistema límbico de las cuales se cree que desempeñan una importante función en la agresión, la ira y el temor. *(p. 57)*

amnesia Pérdida de la memoria. *(p. 231)*

amnesia anterógrada Pérdida o desajuste en la capacidad de formar o almacenar nuevos recuerdos. *(p. 231)*

amnesia disociativa Forma de amnesia con base psicológica que implica la "separación" de recuerdos de experiencias traumáticas o conflictivas. *(p. 232)*

amnesia infantil Ocurrencia normal de amnesia de sucesos ocurridos durante la infancia y los primeros años de la niñez. *(p. 232)*

amnesia post-hipnótica Incapacidad para recordar lo que sucedió durante la hipnosis. *(p. 151)*

amnesia retrógrada Pérdida de memoria de sucesos pasados. *(p. 231)*

amniocentesis Técnica para diagnosticar anormalidades fetales y que implica el análisis de células fetales extraídas. *(p. 332)*

amor romántico Amor que involucra una fuerte atracción erótica y deseo de intimidad. *(p. 308)*

analgesia hipnótica Pérdida de sensación o respuesta al dolor en ciertas partes del cuerpo durante la hipnosis. *(p. 151)*

análisis de sueños Técnica del psicoanálisis en la cual el terapeuta intenta analizar el significado subyacente o simbólico de los sueños del cliente. *(p. 563)*

analogía En resolución de problemas, estrategia basada en utilizar similitudes entre las propiedades de dos cosas, o aplicar las soluciones de problemas pasados a los obstáculos actuales. *(p. 251)*

andamiaje En la teoría de Vygotsky, confección del grado y tipo de instrucción de acuerdo con el nivel actual de capacidad o conocimiento del niño. *(p. 359)*

androginia Tipo de identificación de rol de género que caracteriza a las personas que poseen altos niveles de características tanto masculinas como femeninas. *(p. 411)*

anfetaminas Clase de drogas estimulantes sintéticamente derivadas, como las metanfetaminas o el "speed". *(p. 48)*

ansiedad básica En la teoría de Horney, una forma profunda de ansiedad en los niños que se asocia con sentimientos de estar aislados y vulnerables en un mundo que perciben como potencialmente amenazante y hostil. *(p. 485)*

ansiedad de castración En la teoría freudiana, temor inconsciente de la extirpación del pene como castigo por tener impulsos sexuales inaceptables. *(p. 483)*

ansiedad de desempeño Ansiedad experimentada en situaciones de desempeño (incluso el acto sexual) que se deriva del temor a una evaluación negativa de la capacidad de la persona para desempeñarse. *(p. 433)*

antagonistas Medicamentos que bloquean las acciones de los neurotransmisores al ocupar los sitios de los receptores donde se alojan los neurotransmisores. *(p. 47)*

anticuerpos Moléculas de proteína producidas por el sistema inmune que sirven para marcar antígenos para su destrucción por parte de linfocitos especializados. *(p. 457)*

antidepresivos Medicamentos que combaten la depresión al afectar los niveles o la actividad de los neurotransmisores. *(p. 48, 581)*

antígenos Sustancias, como las bacterias y los virus, que son reconocidos por el sistema inmune como ajenos al cuerpo y que lo inducen a producir anticuerpos para defenderse contra éstos. *(p. 457)*

antipsicóticos   Medicamentos empleados en el tratamiento de desórdenes psicóticos que ayudan a aliviar las alucinaciones y el pensamiento delirante. *(p. 582)*

apego   Vínculo emocional duradero que forman los bebés y los niños con las personas que los cuidan. *(p. 342)*

apnea del sueño   Interrupción temporal de la respiración durante el sueño. *(p. 148)*

aprendizaje   Cambio relativamente permanente en la conducta, adquirido a través de la experiencia. *(p. 176)*

aprendizaje cognitivo   Aquel que ocurre sin la oportunidad de mostrar primero la respuesta aprendida o ser reforzado para ésta. *(p. 199)*

aprendizaje de escape   Aprendizaje de conductas que permiten a un organismo escapar de un estímulo repulsivo. *(p. 193)*

aprendizaje de evitación   Aprendizaje de conductas que permiten que un organismo escape de un estímulo repulsivo. *(p. 194)*

aprendizaje de observación   Aprendizaje por observación e imitación de la conducta de otros (también llamado *aprendizaje vicario* o *modelado*). *(p. 201)*

aprendizaje latente   Aprendizaje que ocurre sin reforzamiento aparente y que no se muestra hasta que se brinda el reforzamiento. *(p. 200)*

aprendizaje por razonamiento   Proceso de búsqueda mental de soluciones para un problema hasta que ocurre el surgimiento consciente de una solución. *(p. 200)*

área de Broca   Área en el lóbulo frontal izquierdo del cerebro involucrada con el habla. *(p. 66)*

área de Wernicke   Área del lóbulo temporal izquierdo implicada en el procesamiento del lenguaje escrito y hablado. *(p. 66)*

áreas de asociación   Partes de la corteza cerebral que reúnen información sensorial para formar percepciones significativas del mundo y desempeñar funciones mentales más sofisticadas. *(p. 60)*

arquetipos   Términos de Jung para las imágenes primitivas contenidas en el inconsciente colectivo que reflejan experiencias ancestrales o universales de los seres humanos. *(p. 484)*

arterias   Vasos sanguíneos que transportan sangre rica en oxígeno desde el corazón y mediante el sistema circulatorio. *(p. 462)*

arteriosclerosis   Condición en la cual las paredes arteriales se hacen más gruesas y pierden elasticidad. Por lo regular, se le conoce como *endurecimiento de las arterias*. *(p. 462)*

asignación aleatoria   Método que asigna al azar a los participantes de una investigación a los grupos experimentales o de control. *(p. 29)*

asimilación   En la teoría de Piaget, proceso de incorporar nuevos objetos o situaciones a esquemas existentes. *(p. 353)*

asma   Enfermedad pulmonar crónica caracterizada por obstrucción temporal de las vías respiratorias, lo cual produce ataques de resuellos y dificultad para respirar. *(p. 467)*

asociación libre   Técnica en psicoanálisis en la cual el cliente es motivado a decir cualquier cosa que se le ocurra. *(p. 562)*

ataque cardiaco   Evento que puede amenazar la vida y que implica la muerte de tejido cardiaco debido a la falta de flujo sanguíneo hacia el corazón. También llamado *infarto al miocardio*. *(p. 462)*

atención selectiva   Proceso mediante el cual atendemos a los estímulos significativos y filtramos los estímulos irrelevantes o extraños. *(p. 114)*

aterosclerosis   Forma de arteriosclerosis que implica el adelgazamiento de las paredes arteriales como resultado de la acumulación de depósitos grasos o placa. *(p. 462)*

atracción   Sentimientos de agrado por otras personas, tener pensamientos positivos acerca de éstas e inclinaciones para actuar a su favor de maneras positivas. *(p. 602)*

atribución   Supuesto sobre las causas de las conductas o los sucesos. *(p. 596)*

audición   El sentido de oír. *(p. 99)*

audiencia imaginaria   Creencia común entre adolescentes de ser el centro de la atención de otras personas. *(p. 370)*

autoeficacia   Creencias sobre la capacidad propia de lograr metas específicas. *(p. 459)*

autorrealización   Motivo que impulsa al individuo a expresar sus capacidades únicas y a satisfacer sus potencialidades. *(p. 290)*

aversiones condicionadas de sabor   Aversiones a sabores particulares adquiridas mediante un condicionamiento clásico. *(p. 183)*

axón   Parte en forma de tubo de una neurona y que transporta mensajes del cuerpo celular hacia otras neuronas. *(p. 42)*

bastones   Fotorreceptores que son sensibles sólo a la intensidad de la luz (luz y oscuridad). *(p. 93)*

biorretroalimentación electromiográfica (EMG)   Forma de entrenamiento de biorretroalimentación que implica retroalimentación sobre los cambios en el nivel de tensión muscular en la frente o en otra parte del cuerpo. *(p. 128)*

biorretroalimentación térmica   Forma de entrenamiento de biorretroalimentación que implica retroalimentación sobre los cambios en la temperatura y el flujo sanguíneo en partes seleccionadas del cuerpo; se utiliza en el tratamiento para la migraña. *(p. 129)*

boceto visual-espacial   Depósito de almacenamiento para el material visual-espacial en la memoria a corto plazo. *(p. 213)*

botones dendríticos   Protuberancias en la punta de los axones desde donde son disparados los neurotransmisores a la sinapsis. *(p. 42)*

bulbo olfatorio   Área en la parte frontal del cerebro, sobre las fosas nasales, que recibe información sensitiva de los receptores olfatorios en la nariz. *(p. 106)*

cadena osicular   Tres huesos diminutos en el oído medio (martillo, yunque y estribo) que vibran como respuesta a las vibraciones del tímpano. *(p. 101)*

caja de Skinner   Aparato experimental desarrollado por B.F. Skinner para estudiar las relaciones entre reforzamiento y conducta. *(p. 188)*

calificaciones estándar   (1) Calificaciones que representan la desviación relativa de un individuo de la media de la muestra de estandarización. (2) Calificación transformada que indica que el número de desviaciones estándar de una calificación en bruto está por encima o por debajo de la media. También conocida como *calificación z*. *(p. 508, A-8)*

canales semicirculares   Tres canales curvos, semejantes a tubos, en el oído interno cuya función es sentir cambios en la dirección y el movimiento de la cabeza. *(p. 111)*

capacidades mentales primarias   Siete capacidades mentales básicas que, según Thurstone, constituyen la inteligencia. *(p. 270)*

características poligénicas   Características que se ven influidas por múltiples genes que interactúan de maneras complejas. *(p. 77)*

características secundarias   Término de Allport para características específicas que influyen en la conducta en situaciones relativamente escasas. *(p. 488)*

características sexuales primarias   Características físicas, como las gónadas, que diferencian a los machos de las hembras y desempeñan una función directa en la reproducción. *(p. 368)*

características sexuales secundarias   Características físicas que diferencian a los machos de las hembras pero que no están directamente relacionadas con la reproducción. *(p. 368)*

carcinoma de células basales   Forma de cáncer de piel que se cura con facilidad si se detecta y se extirpa a tiempo. *(p. 466)*

castigo   Introducción de un estímulo repulsivo o el retiro de un estímulo reforzador después de una conducta particular, lo cual conduce al debilitamiento o supresión de la respuesta. *(p. 195)*

causas de disposición   Causas relacionadas con las características y aspectos internos de los individuos. *(p. 596)*

causas situacionales   Causas relacionadas con sucesos externos o ambientales. *(p. 596)*

células bipolares   Capa de células interconectadas en el ojo que conectan los fotorreceptores con las células ganglionares (o de ganglio) *(p. 94)*

células ciliadas   Receptores auditivos que transforman las vibraciones causadas por las ondas de sonido en impulsos nerviosos, que después son transmitidos al cerebro a través del nervio auditivo. *(p. 101)*

células de ganglio (o ganglionares) Células nerviosas en la parte posterior del ojo que transmiten impulsos nerviosos como respuesta a la estimulación de la luz, cuyos axones constituyen el nervio óptico. *(p. 94)*

células germinales Células de espermatozoides y óvulos a partir de las cuales se desarrolla una vida nueva. *(p. 74)*

células gliales Células pequeñas aunque numerosas en el sistema nervioso que apoyan a las neuronas y que forman la vaina de mielina encontrada en muchos axones. *(p. 43)*

células receptoras gustativas Células nerviosas que son sensibles a los sabores. *(p. 108)*

centrar En la teoría de Piaget, tendencia a enfocarse en un solo aspecto de una situación a la vez. *(p. 356)*

cerebelo Estructura en el encéfalo posterior implicada en la coordinación y el equilibrio. *(p. 56)*

cerebro (1) Masa de tejido nervioso alojada en el cráneo que controla casi todo lo que somos y todo lo que hacemos. (2) Masa mayor del prosencéfalo que consiste en dos hemisferios cerebrales. *(p. 42, 57)*

ciclo de respuesta sexual Término utilizado por Masters y Johnson para referirse a las etapas características de la respuesta fisiológica a la estimulación sexual. *(p. 418)*

ciclotimia Desorden del estado de ánimo caracterizado por un patrón crónico de volubilidad relativamente ligera en los estados de ánimo. *(p. 538)*

cierre Principio perceptual en el cual la gente tiende a unir fragmentos desconectados de información para percibir formas completas. *(p. 118)*

cigoto Óvulo fertilizado. *(p. 79, 328)*

cinestesia Sentido que nos mantiene informados acerca de los movimientos de las partes del cuerpo y su posición en relación con las demás. *(p. 110)*

clarividencia Capacidad para percibir objetos y sucesos sin el empleo de los sentidos conocidos. *(p. 125)*

claustrofobia Temor excesivo a los espacios cerrados. *(p. 527)*

claves binoculares Percepción de profundidad que implica a ambos ojos, como la disparidad y la convergencia de la retina. *(p. 120)*

claves de recuperación Claves asociadas con el aprendizaje original que facilitan la recuperación de recuerdos. *(p. 211)*

claves monoculares Claves de profundidad que pueden ser percibidas con cada ojo por separado, como el tamaño relativo y la interposición. *(p. 120)*

clítoris Órgano sexual femenino que es muy sensible a la estimulación sexual. *(p. 420)*

cóclea Órgano en forma de caracol en el oído interno y que contiene receptores sensoriales para oír. *(p. 101)*

codificación de memoria Proceso de convertir información en una forma que pueda ser almacenada en la memoria. *(p. 210)*

coeficiente de correlación Medida estadística de asociación entre variables que pueden fluctuar entre −1.00 y +1.00. *(p. 27)*

coeficiente intelectual (CI) Medida de inteligencia basada en el desempeño en pruebas de capacidades mentales, expresada como una proporción entre la edad mental del individuo y su edad cronológica o derivada de la desviación de sus calificaciones respecto de las normas del grupo de edad al cual pertenece (IQ por sus siglas en inglés). *(p. 265)*

combinaciones conceptuales Combinaciones de dos o más conceptos en uno solo, lo cual da como resultado la creación de una idea o aplicación nueva. *(p. 256)*

comités de revisión de ética Comités que evalúan si los estudios propuestos cumplen con las determinaciones éticas. *(p. 33)*

complejo de Edipo En la teoría freudiana, complejo psicológico en el cual el niño o la niña desarrollan sentimientos incestuosos hacia el padre del género opuesto y percibe al padre del mismo género como rival. *(p. 482)*

complejo de Electra Término dado por algunos teóricos psicodinámicos a la forma del complejo de Edipo en las niñas. *(p. 482)*

complejo de inferioridad En la teoría de Adler, sentimientos de inadecuación o inferioridad en niños que influyen en sus personalidades en desarrollo y crean deseos de superación. *(p. 485)*

conceptos Categorías mentales para clasificar sucesos, objetos e ideas con base en sus características o propiedades comunes. *(p. 248)*

conceptos de nivel básico Nivel medio de conceptos en una jerarquía de tres niveles, que corresponden a las categorías que utilizamos con más frecuencia al agrupar objetos y sucesos. *(p. 249)*

conceptos lógicos Conceptos de pertenencia con reglas definidas con claridad. *(p. 248)*

conceptos naturales Conceptos con reglas escasamente definidas o difusas de pertenencia. *(p. 248)*

conceptos subordinados Nivel más estrecho de conceptos en una jerarquía de tres niveles de conceptos. *(p. 249)*

conceptos supraordinados Conceptos más amplios en una jerarquía de tres niveles de conceptos. *(p. 249)*

conciencia Estado de alerta de nosotros mismos y del mundo que nos rodea. *(p. 134)*

conciencia a la deriva Estado de alerta caracterizado por pensamientos o imágenes mentales a la deriva. *(p. 135)*

conciencia dividida Estado de alerta caracterizado por una atención dividida en dos o más tareas o actividades desempeñadas al mismo tiempo. *(p. 135)*

conciencia enfocada Estado sumo de alerta en el cual la persona está absorta por completo en la tarea que realiza. *(p. 134)*

concusión Sacudida del cerebro causada por un golpe en la cabeza. *(p. 70)*

condescendencia Proceso de acceder a las solicitudes o demandas de otras personas. *(p. 619)*

condicionamiento clásico Proceso de aprendizaje por el cual un estímulo previamente neutro llega a provocar una respuesta idéntica o similar a la generada originalmente por otro estímulo, como resultado de la asociación de ambos estímulos. *(p. 176)*

condicionamiento de orden superior Proceso mediante el cual un nuevo estímulo llega a provocar una respuesta condicionada como resultado de su asociación con un estímulo condicionado que ya produce dicha respuesta condicionada. *(p. 178)*

condicionamiento negativo Forma de terapia conductual en la cual los estímulos asociados con la conducta indeseable son equiparados con estímulos repulsivos para crear una respuesta negativa a éstos. *(p. 568)*

condicionamiento operante Proceso de aprendizaje por el cual una respuesta es fortalecida por medio de la manipulación de las consecuencias de la misma. *(p. 188)*

conducta prosocial Conducta que beneficia a otros. *(p. 605)*

conducta supersticiosa En la perspectiva de Skinner, conducta adquirida a través de la asociación por coincidencia de una respuesta y un reforzamiento. *(p. 188)*

conductas instintivas Patrones de respuesta genéticamente programados e innatos que son específicos de los miembros de especies particulares. *(p. 284)*

conductismo Escuela de psicología que sostiene que ésta debe limitarse al estudio de la conducta evidente y observable. *(p. 6)*

conductismo radical Postura filosófica que indica que el libre albedrío es una ilusión o mito y que la conducta humana y animal es determinada por completo por las influencias ambientales y genéticas. *(p. 187)*

conectividad Principio que señala que los objetos que se colocan o se mueven juntos serán percibidos como si pertenecieran al mismo grupo. *(p. 118)*

confiabilidad Consistencia de calificaciones de pruebas con el paso del tiempo. *(p. 267)*

conflicto Estado de tensión producido por motivos opuestos que operan de manera simultánea. *(p. 446)*

conformidad Tendencia a ajustar la conducta a las presiones sociales reales o percibidas. *(p. 618)*

conjunto perceptual Tendencia de las percepciones a verse influidas por las expectativas o preconcepciones de la persona. *(p. 114)*

conos Fotorreceptores que son sensibles al color. *(p. 93)*

consciente En la teoría freudiana, parte de la mente que corresponde al estado de alerta presente. *(p. 479)*

consentimiento informado Acuerdo de participar en un estudio después de la revelación de información acerca de los propósitos y la naturaleza del mismo, además de sus riesgos y beneficios potenciales. *(p. 33)*

conservación En la teoría de Piaget, capacidad para reconocer que la cantidad o el monto de un objeto permanece constante, a pesar de los cambios superficiales en su apariencia externa. *(p. 356)*

consideración positiva incondicional Valorar a otra persona como poseedora de valor intrínseco sin importar su conducta en un momento en particular. *(p. 500)*

consolidación Proceso de convertir recuerdos de corto plazo en recuerdos de largo plazo. *(p. 215)*

constancia de brillo Tendencia a percibir los objetos como si mantuvieran su brillo incluso cuando se observan con poca luz. *(p. 119)*

constancia de color Tendencia a percibir un objeto como si tuviera el mismo color, a pesar de los cambios en las condiciones de iluminación. *(p. 119)*

constancia de forma Tendencia a percibir a un objeto como si tuviera la misma forma a pesar de las diferencias en las imágenes que se fijan en la retina cuando cambia la perspectiva del observador. *(p. 118)*

constancia de tamaño Tendencia a percibir un objeto como si tuviera el mismo tamaño a pesar de los cambios en las imágenes que envía a la retina mientras cambia la distancia de visión. *(p. 119)*

constancia perceptual Tendencia a percibir el tamaño, la forma, el color y el brillo de un objeto como si permaneciera igual aunque cambie la imagen que envía a la retina. *(p. 118)*

continuidad Principio que señala que una serie de estímulos será percibida como si representara una forma unificada. *(p. 118)*

contratransferencia Tendencia de los terapeutas a relacionarse con sus clientes de maneras que reflejan sus relaciones con importantes figuras de sus propias vidas. *(p. 564)*

convergencia Clave binocular de distancia basada en el grado de tensión requerida para enfocar ambos ojos en el mismo objeto. *(p. 120)*

corión Membrana que contiene al saco amniótico y al feto. *(p. 332)*

córnea Cubierta transparente de la superficie del ojo a través de la cual entra la luz. *(p. 92)*

corteza cerebral La capa exterior y rugosa de materia gris que cubre los hemisferios cerebrales; controla las funciones mentales superiores, como el pensamiento y el lenguaje. *(p. 57)*

corteza motora Región del lóbulo frontal involucrada en la regulación de los movimientos corporales. *(p. 59)*

corteza prefrontal Área del lóbulo frontal ubicada frente a la corteza motora y que está involucrada en las funciones mentales superiores, incluso el pensamiento, la planeación, el control de impulsos y la ponderación de las consecuencias de la conducta. *(p. 70)*

corteza somatosensorial Parte del lóbulo parietal que procesa información sobre el tacto y la presión en la piel, así como la posición de las partes de nuestro cuerpo mientras nos movemos. *(p. 58)*

corteza suprarrenal Capa exterior de las glándulas suprarrenales que secreta corticosteroides (esteroides corticales). *(p. 456)*

creatividad Originalidad de pensamiento asociada con el desarrollo de productos nuevos y funcionales o soluciones a problemas. *(p. 255)*

crisis de identidad En la teoría de Erickson, periodo tenso de reflexión y autoanálisis sobre temas relacionados con los valores personales y la dirección de vida de un individuo. *(p. 375)*

crisis de la mediana edad Estado de crisis psicológica que con frecuencia ocurre durante la mitad de la edad adulta, cuando la gente se enfrenta a la pérdida de su juventud. *(p. 383)*

cristalino Estructura en el ojo que enfoca los rayos de luz en la retina. *(p. 92)*

cromosomas Estructuras como varas en el núcleo de la célula que albergan a los genes del individuo. *(p. 76)*

cuerpo calloso Densa masa de fibras nerviosas que conecta a los dos hemisferios cerebrales. *(p. 57)*

cuestionario Conjunto escrito de preguntas o declaraciones a las cuales responde la gente con una marca en un formato de respuestas. *(p. 26)*

cultura colectivista Aquella que enfatiza las funciones sociales y las obligaciones de la gente. *(p. 504)*

cultura individualista Cultura que enfatiza la identidad individual y los logros personales. *(p. 504)*

cultura organizacional Sistema de valores y normas compartidos dentro de una organización. *(p. 631)*

daltónico Persona que sólo puede percibir algunos colores y otros no. *(p. 97)*

debate de naturaleza-crianza Debate en psicología sobre las influencias relativas de la genética (naturaleza) y el ambiente (crianza) en la determinación de la conducta. *(p. 324)*

delirio Estado mental caracterizado por confusión, desorientación y dificultad para enfocar la atención y la conducta excitable. *(p. 164)*

delirios Creencias fijas pero evidentemente falsas, como la creencia de ser perseguido por demonios. *(p. 47, 519)*

demencia Condición que implica un deterioro mayor o pérdida de las capacidades mentales relacionadas con la memoria, el razonamiento, el juicio y la capacidad para desarrollar conductas orientadas a propósitos. *(p. 391)*

dendritas Estructuras semejantes a árboles en la neurona que reciben los impulsos nerviosos de las neuronas vecinas. *(p. 42)*

dependencia fisiológica Estado de dependencia física a una sustancia, causada por su consumo repetitivo que cambia la química corporal. *(p. 155)*

dependencia psicológica Patrón de consumo compulsivo o habitual de una sustancia para satisfacer una necesidad psicológica. *(p. 155)*

depresores Sustancias, como el alcohol y los barbitúricos, que deprimen la actividad del sistema nervioso central. *(p. 155)*

desensibilización sistemática Técnica de terapia conductual para el tratamiento de fobias a través de la asociación de exposición imaginaria a estímulos atemorizantes y estados de relajación profunda. *(p. 568)*

desinstitucionalización Política de reducir la población de los hospitales psiquiátricos al cambiar la atención de las instalaciones para internos a instalaciones de atención externa de la comunidad. *(p. 559)*

desintoxicación Proceso para curar los efectos de las drogas o toxinas del cuerpo. *(p. 168)*

despersonalización Pérdida de autoconciencia que puede ocurrir cuando la persona actúa de acuerdo con las acciones de una muchedumbre. *(p. 625)*

desplazamiento En la teoría freudiana, mecanismo de defensa en el cual un impulso sexual o agresivo inaceptable es transferido a un objeto o persona que es más seguro o menos amenazante que el objeto original del impulso. *(p. 481)*

despolarización Cambio positivo en la carga eléctrica en el potencial de reposo de las neuronas, con lo cual su carga es menos negativa. *(p. 44)*

desviación estándar (DE) Medida de variabilidad definida como la diferencia promedio entre cada calificación individual y la media de todas las calificaciones en el conjunto de datos. *(p. A-7)*

detectores de detalles Neuronas especializadas de la corteza visual que sólo responden a detalles particulares de estímulos visuales, como las líneas horizontales o verticales. *(p. 95)*

determinismo recíproco Modelo de Bandura en el cual las cogniciones, las conductas y los factores ambientales influyen y son influidos entre sí. *(p. 497)*

diagrama de dispersión Gráfica en la cual los pares de calificaciones son trazados para cada participante de la investigación en dos variables. *(p. A-8)*

diátesis Vulnerabilidad o predisposición a desarrollar un trastorno. *(p. 522)*

difusión de rol En el modelo de Erickson, falta de dirección en la vida o carencia de sentido respecto de la propia vida. *(p. 376)*

discinesia o disquinesia tardía (DT) Trastorno motor que puede causar discapacidad y que puede ocurrir después del consumo regular de medicamentos antipsicóticos. *(p. 583)*

discriminación Tratamiento injusto o tendencioso de personas con base en su pertenencia a determinado grupo o categoría. *(p. 607)*

discriminación de estímulo Tendencia a diferenciar entre estímulos de manera que aquellos que están relacionados con el estímulo condicionado original, pero no son idénticos a éste, no pueden producir una respuesta condicionada. *(p. 178)*

discriminación por edad Prejuicio y discriminación dirigida hacia personas mayores. *(p. 394)*

disfunción eréctil masculina Tipo de trastorno de la excitación sexual en hombres, caracterizado por dificultad para lograr o mantener erecciones suficientes para participar en una relación sexual. *(p. 432)*

disfunciones sexuales Problemas persistentes o recurrentes con el interés, la excitación o la respuesta sexual. *(p. 430)*

dislexia Trastorno de aprendizaje caracterizado por una capacidad deficiente para leer. *(p. 411)*

disonancia cognoscitiva Estado de tensión interna producido por actitudes y conductas en conflicto. *(p. 288)*

disparidad retinal Clave binocular para la distancia basada en las ligeras diferencias en las impresiones visuales formadas en ambos ojos. *(p. 120)*

disponibilidad heurística Tendencia a juzgar los sucesos como más probables de ocurrir cuando la información relacionada con éstos está presente en la mente. *(p. 254)*

distribución de frecuencia Tabulación que indica el número de veces que ocurre una calificación o grupo de calificaciones. *(p. A-5)*

drogadicción Dependencia a las drogas acompañada por señales de dependencia fisiológica, como el desarrollo del síndrome de abstinencia. *(p. 155)*

duelo Estado psicológico de privación que implica sentimientos de pena y pérdida como resultado de la muerte de un ser querido o amigo cercano. *(p. 396)*

edad mental Representación de la inteligencia de una persona con base en la edad de la gente que es capaz de desempeñarse al mismo nivel de capacidad. *(p. 265)*

EEG (electroencefalógrafo) Aparato que registra la actividad eléctrica en el cerebro. *(p. 61)*

efecto actor-observador Tendencia a atribuir las causas del comportamiento propio a factores situacionales, mientras que se atribuyen las causas del comportamiento de otras personas a factores o disposiciones internas. *(p. 596)*

efecto de cohorte Diferencias entre grupos de edad como una función de las influencias históricas o sociales que afectan esos grupos en lugar de la edad por sí misma. *(p. 326)*

efecto de desinformación Forma de distorsión de la memoria que afecta el testimonio visual y que es causada por desinformación que sucede durante el intervalo de retención. *(p. 222)*

efecto de desinhibición Retiro de las limitaciones o inhibiciones normales que sirve para mantener controlada la conducta impulsiva. *(p. 542)*

efecto de la memoria dependiente del contexto Tendencia de la información a ser mejor recordada en el mismo contexto en el cual fue aprendida originalmente. *(p. 211)*

efecto de lo reciente Tendencia a recordar mejor los conceptos aprendidos al último. *(p. 228)*

efecto de memoria dependiente del estado Tendencia a recordar mejor la información cuando la persona se encuentra en el mismo estado psicológico o fisiológico que cuando aprendió la información por primera vez. *(p. 211)*

efecto de posición serial Tendencia a recordar mejor los conceptos al principio o al final de una lista que los que están en medio de la misma. *(p. 228)*

efecto de práctica masiva contra espaciada Tendencia de la retención de material aprendido a ser mayor con la práctica de espacio que con la práctica de masa. *(p. 226)*

efecto de primacía Tendencia a recordar mejor un tema cuando es aprendido primero. *(p. 228)*

efecto placebo Resultados positivos de un experimento que se producen por las expectativas de los participantes acerca de los efectos de un tratamiento en lugar de por el tratamiento experimental en sí mismo. *(p. 29, 577)*

egocentrismo En la teoría de Piaget, tendencia a ver el mundo desde la perspectiva propia. *(p. 355)*

eje hipotálamo-hipófisis-suprarrenales (HHS) Sistema integrado de glándulas endocrinas involucrado en la respuesta del cuerpo al estrés. *(p. 456)*

ejecutivo central Componente de la memoria funcional responsable de coordinar los otros subsistemas, de recibir y procesar la información almacenada y de filtrar los pensamientos distractores. *(p. 214)*

ejercicios de enfoque en las sensaciones Técnica utilizada en terapia sexual que consiste en masaje no genital para disminuir la ansiedad asociada con las relaciones sexuales. *(p. 434)*

ello Término de Freud para la estructura psíquica que existe en el inconsciente y que contiene nuestras motivaciones animales básicas y nuestros impulsos instintivos. *(p. 479)*

embolia Destrucción de tejido cerebral como resultado de un bloqueo de flujo sanguíneo a una parte del cerebro o por hemorragia cerebral. *(p. 71)*

embrión Organismo en desarrollo en una fase de inicio de desarrollo prenatal. *(p. 329)*

emociones Estados complejos de sentimientos que los psicólogos consideran que cuentan con componentes fisiológicos, cognitivos y conductuales. *(p. 302)*

encuadre Tendencia de las decisiones a ser influidas por cómo se expresan los posibles resultados. *(p. 255)*

endorfinas Químicos naturales liberados en el cerebro cuyos efectos son disminuir el dolor e inducir placer. *(p. 48)*

enfermedad cardiaca coronaria (ECC) La forma más común de enfermedad cardiaca, causada por bloqueos en las arterias coronarias, es decir, los vasos capilares que surten sangre al corazón. *(p. 462)*

enfermedad de Alzheimer Trastorno cerebral irreversible caracterizado por el deterioro progresivo de la función mental *(p. 391)*

enfermedad de Parkinson Enfermedad cerebral progresiva que implica la destrucción de las células cerebrales productoras de dopamina y que se caracteriza por espasmos musculares, temblores, rigidez y dificultad para caminar y controlar los movimientos corporales finos. *(p. 47)*

enfermedad de transmisión sexual (ETS) Enfermedad causada por un agente infeccioso que se contagia por medio del contacto sexual. *(p. 427)*

engrama Término de Lashley para designar el rastro físico o grabado de un recuerdo en el cerebro. *(p. 234)*

ensayo de mantenimiento Proceso de extender la retención de información albergada en la memoria a corto plazo a través de repetir conscientemente dicha información. *(p. 213)*

ensayo elaborativo Proceso de transferir información de la memoria a corto plazo a la memoria a largo plazo al enfocarse conscientemente en el significado de la información. *(p. 215)*

entrenamiento de biorretroalimentación (BRA, por sus siglas en inglés) Método de aprendizaje para controlar ciertas respuestas corporales mediante el empleo de información transmitida por equipo de monitoreo fisiológico. *(p. 128)*

entrevista estructurada Entrevista en la cual se formula un conjunto de preguntas específicas en un orden particular. *(p. 26)*

envidia fálica En la teoría freudiana, celos hacia los niños por tener pene. *(p. 483)*

enzimas Sustancias orgánicas que producen determinados cambios químicos en otras sustancias orgánicas a través de la acción catalítica. *(p. 46)*

epilepsia Trastorno neurológico caracterizado por convulsiones marcadas por repentinas y violentas descargas de actividad eléctrica en el cerebro. *(p. 67)*

episodios maniacos Periodos de manía o de un estado de ánimo inusualmente elevado, además de inquietud extrema. *(p. 537)*

error fundamental de atribución Tendencia a atribuir conductas a causas internas sin importar las influencias situacionales. *(p. 596)*

esclerosis múltiple (EM) Enfermedad del sistema nervioso central en el cual la vaina de mielina que aísla a los axones está dañada o destruida. *(p. 44)*

espermatozoide Célula reproductiva masculina. *(p. 328)*

espina bífida Defecto en el tubo neural en el cual el bebé nace con un agujero en el tubo que rodea a la médula espinal. *(p. 330)*

espina dorsal o columna vertebral Columna ósea protectora que alberga a la médula espinal. *(p. 52)*

esquema En la teoría de Piaget, marco mental para comprender o actuar en el ambiente. *(p. 353)*

esquema de memoria Estructura organizada de conocimiento, como un conjunto de creencias, que reflejan las experiencias pasadas, las expectativas y el conocimiento del mundo de una persona. *(p. 221)*

esquema social Imagen o representación mental que utilizamos para comprender nuestro ambiente social. *(p. 594)*

esquizofrenia Desorden psicológico severo y crónico caracterizado por alteraciones en el pensamiento, la percepción, las emociones y la conducta. *(p. 47, 544)*

estadística Rama de las matemáticas que implican tabulación, análisis e interpretación de datos numéricos. *(p. 25)*

estadística descriptiva Procedimientos empleados para clasificar y resumir información en forma numérica para describir datos. *(p. A-4)*

estadística inferencial Procedimiento para hacer generalizaciones acerca de una población al estudiar las características de las muestras extraídas de la misma. *(p. A-5)*

estados alterados de conciencia Estados de conciencia durante la vigilia que son distintos al estado normal de alerta de la persona. *(p. 137)*

estandarización Proceso de establecer normas para una prueba por medio de administrarla a una cantidad numerosa de personas que constituyen una muestra de estandarización. *(p. 267)*

estereotipos Generalizaciones sobresimplificadas acerca de las características, atributos y conductas de miembros de un grupo o categoría particular. *(p. 595)*

estilo atributivo Manera característica de una persona de explicar los resultados de sucesos en su vida. *(p. 540)*

estilo de atribución depresivo Manera característica de explicar los sucesos negativos en términos de causas internas, estables y globales. *(p. 540)*

estimulación eléctrica Método para investigar el funcionamiento del cerebro, proceso de estimular eléctricamente áreas particulares del cerebro para observar los efectos en la conducta. *(p. 64)*

estimulante Sustancia que activa al sistema nervioso central, como la cafeína. *(p. 48, 611)*

estímulo condicionado (EC) Estímulo previamente neutral que llega a provocar una respuesta condicionada después de ser asociado con un estímulo no condicionado. *(p. 176)*

estímulo discriminativo Clave que señala que el reforzamiento está disponible si el sujeto emite una respuesta en particular. *(p. 190)*

estímulo neural (EN) Estímulo que antes del condicionamiento no produce una respuesta particular. *(p. 176)*

estímulo no condicionado (ENC) Estímulo que provoca una respuesta no aprendida . *(p. 176)*

estrés Presión o demanda sobre un organismo para que se ajuste o adapte. *(p. 444)*

estrés crónico Estrés continuo o recurrente. *(p. 445)*

estrés por aculturación Demandas enfrentadas por inmigrantes al ajustarse a una cultura anfitriona. *(p. 452)*

estresores Fuentes de estrés. *(p. 445)*

estructuralismo Escuela de la psicología que pretende comprender la estructura de la mente al separarla en las partes que la componen. *(p. 6)*

estudio longitudinal Estudio que compara a los mismos individuos en intervalos periódicos a lo largo de un tiempo extendido. *(p. 326)*

estudio transversal Aquel que compara individuos de diferentes edades o niveles de desarrollo en el mismo punto en el tiempo. *(p. 326)*

estudios ciego sencillo En la investigación farmacéutica, estudios en los cuales no se informa a los participantes de la investigación si reciben el medicamento experimental o un placebo. *(p. 29)*

estudios de adoptados Estudios que examinan si los individuos adoptados son más parecidos a sus padres biológicos o adoptivos en relación con sus características psicológicas o los trastornos que desarrollan. *(p. 79)*

estudios de asociación familiar Estudios que examinan el grado en el cual los trastornos o las características son compartidos entre miembros de una familia. *(p. 78)*

estudios de doble-ciego En la investigación de medicamentos, estudios en los cuales ni lo participantes ni los investigadores son informados sobre cuáles participantes reciben la sustancia activa y cuáles el placebo. *(p. 29)*

estudios de gemelos Estudios que examinan el grado al cual los gemelos comparten peculiaridades, características o trastornos en relación con el hecho de ser gemelos idénticos o fraternos. *(p. 79)*

estupro Relación sexual con una persona cuya edad es inferior a la de consentimiento legal, incluso si dicha persona es un participante dispuesto. *(p. 435)*

etapa anal En la teoría freudiana, segunda etapa de desarrollo psicosexual durante la cual la gratificación sexual se centra en el proceso de eliminación (retención y liberación del contenido intestinal). *(p. 482)*

etapa de agotamiento Tercera fase del síndrome de adaptación general, caracterizada por la reducción de los recursos corporales y una resistencia disminuida a los trastornos o a las condiciones relacionadas con el estrés. *(p. 455)*

etapa de alarma Primer nivel del síndrome de adaptación general que implica la movilización de los recursos del cuerpo para enfrentar a un agente de estrés inmediato. *(p. 453)*

etapa de latencia En la teoría freudiana, cuarta etapa del desarrollo psicosexual durante la cual los impulsos sexuales permanecen latentes o dormidos. *(p. 483)*

etapa de resistencia Segunda etapa del síndrome de adaptación general, caracterizada por el intento del cuerpo de ajustarse o adaptarse al estrés persistente. *(p. 454)*

etapa fálica En la teoría freudiana, tercera etapa del desarrollo psicosexual marcada por la atención erótica a la región fálica (pene en los niños, clítoris en las niñas) y el desarrollo del complejo de Edipo. *(p. 482)*

etapa genital En la teoría freudiana, la quinta y final etapa de desarrollo psicosexual, la cual inicia alrededor de la pubertad y corresponde al desarrollo de la sexualidad madura y al énfasis en la procreación. *(p. 483)*

etapa germinal Etapa del desarrollo prenatal que cubre el periodo desde la fertilización hasta la implantación. *(p. 329)*

etapa oral En la teoría freudiana, primera etapa de desarrollo psicosexual durante la cual el bebé busca una gratificación sexual a través de la estimulación oral (chupar, balbucear y morder). *(p. 482)*

exhibicionismo Tipo de parafilia caracterizado por exponer los genitales a otras personas con el propósito de obtener una excitación sexual, sin que dichas personas lo esperen. *(p. 424)*

expansión conceptual Ampliar los conceptos familiares al aplicarlos a usos novedosos. *(p. 256)*

expectativas En la teoría social-cognitiva, predicciones personales acerca de los resultados de la conducta. *(p. 496)*

expectativas de eficacia Término de Bandura para definir las expectativas que tenemos relacionadas con nuestra capacidad para mostrar conductas que nos hemos impuesto lograr. *(p. 497)*

expectativas de resultados Término de Bandura para nuestras predicciones personales sobre el resultado de nuestra conducta. *(p. 497)*

exposición gradual Técnica de terapia conductual para tratar fobias basada en la exposición directa a una serie de estímulos cada vez más temibles. También llamada exposición *in-vivo* ["vida-real"]. *(p. 567)*

extinción Debilitamiento gradual y eventual desaparición de una respuesta condicionada. *(p. 177)*

eyaculación precoz (EP) Tipo de trastorno orgásmico en los hombres caracterizado por la eyaculación rápida después de la estimulación sexual. *(p. 432)*

fábula personal Creencia común entre adolescentes de que sus sentimientos y experiencias no pueden ser comprendidos por otras personas y de que son invulnerables al daño. *(p. 370)*

facilitación social Tendencia a trabajar mejor o de manera más ardua en presencia de otras personas que cuando el individuo está a solas. *(p. 624)*

factores no específicos Características generales de psicoterapia, como la atención del terapeuta y la movilización de expectativas o esperanzas positivas. *(p. 577)*

farmacodependencia Severo problema relacionado con las drogas y caracterizado por un control deficiente del consumo de una droga. *(p. 154)*

fase embrionaria Fase de desarrollo prenatal desde la implantación hasta alrededor de la octava semana de embarazo, durante la cual parecen formarse los principales sistemas de órganos. *(p. 329)*

fase fetal Fase del desarrollo prenatal en el cual el feto se desarrolla; comienza alrededor de la novena semana y culmina hasta el nacimiento del bebé. *(p. 329)*

favoritismo intergrupal Tendencia cognitiva que implica la predisposición a atribuir más características positivas a miembros del grupo que a personas externas al grupo. *(p. 609)*

fenómeno de la punta-de-la-lengua Experiencia en la cual las personas están seguras de saber algo pero no pueden recordarlo. *(p. 229)*

fenómeno de riesgo-cambio Tipo de efecto de polarización grupal en el cual las discusiones de grupo conducen a la adopción de un curso de acción más riesgoso que el que los miembros hubieran adoptado inicialmente. *(p. 626)*

fenotipo Características físicas y conductuales observables de un organismo, las cuales representan las influencias del genotipo y del ambiente. *(p. 77)*

feromonas Sustancias químicas que son emitidas por muchas especies y que tienen varias funciones, incluso la atracción sexual. *(p. 107)*

fertilización Unión de un espermatozoide y un óvulo durante la reproducción sexual. *(p. 328)*

fetichismo Tipo de parafilia que implica el uso de objetos como fuente de excitación sexual. *(p. 424)*

feto Organismo en desarrollo en las fases avanzadas del desarrollo prenatal. *(p. 329)*

fijación funcional Tendencia a percibir que los objetos están limitados a las funciones acostumbradas para las cuales sirven. *(p. 252)*

fijaciones Constelaciones de rasgos de personalidad característicos de una fase particular del desarrollo psicosexual, que resultan de una gratificación excesiva o inadecuada en esa fase. *(p. 482)*

flexibilidad de cera Característica de la esquizofrenia catatónica en la cual los pacientes mantienen con rigidez la postura o posición corporal en la cual fueron colocados por otras personas. *(p. 546)*

fobia específica Reacciones fóbicas que implican situaciones u objetos específicos. *(p. 527)*

fobia social Tipo de desorden de ansiedad que implica temor excesivo a las situaciones sociales. *(p. 527)*

fobias Temores excesivos a objetos o situaciones particulares. *(p. 182, 527)*

fonemas Unidades básicas de sonido en un lenguaje. *(p. 259)*

formación de impresión Proceso de desarrollar una opinión o impresión sobre otra persona. *(p. 594)*

formación Proceso de aprendizaje que implica el reforzamiento de aproximaciones cada vez más cercanas a la respuesta deseada. *(p. 191)*

formación reactiva En la teoría freudiana, mecanismo de defensa que implica conductas que se oponen a los verdaderos deseos y motivaciones de la persona con el fin de impedir el conocimiento consciente de éstos. *(p. 481)*

formación reticular Formación semejante a una red de neuronas implicada en la regulación de estados de atención, alerta y excitación. *(p. 56)*

fotorreceptores Células sensibles a la luz (conos y bastones) en el ojo y en las cuales se registra la luz. *(p. 92)*

fóvea Área cerca del centro de la retina que sólo contiene conos y que es el centro de foco para la visión más clara. *(p. 94)*

fragmentación Proceso para mejorar la retención de gran cantidad de información al dividirla en fragmentos más pequeños y fáciles de recordar. *(p. 213)*

frenología Perspectiva ahora desacreditada de que es posible juzgar el carácter y las capacidades de una persona a través de la medición de las protuberancias de su cabeza. *(p. 506)*

frustración Estado emocional negativo experimentado cuando los esfuerzos de la persona para obtener sus metas son obstaculizados. *(p. 446, 614)*

funcionalismo Escuela de la psicología que se enfoca en las funciones adaptativas de la conducta. *(p. 6)*

ganancia secundaria Valor de recompensa de tener un síntoma psicológico o físico, como la liberación de las responsabilidades ordinarias. *(p. 534)*

ganglios basales Ensamblaje de neuronas ubicadas en el prosencéfalo y cuya importancia radica en el control y la coordinación de movimientos. *(p. 56)*

gemelos fraternos Gemelos que se desarrollan en cigotos separados y, por tanto, comparten 50% de sus genes (también llamados *gemelos dicigóticos o gemelos DZ*). *(p. 79)*

gemelos idénticos Gemelos desarrollados a partir del mismo cigoto y, por lo tanto, tienen genes idénticos (también llamados *gemelos monocigóticos o MZ*). *(p. 79)*

generalización de estímulo Tendencia de los estímulos que son similares al estímulo condicionado a provocar la respuesta condicionada. *(p. 178)*

género Estado de masculinidad o feminidad. *(p. 406)*

genes Unidades básicas de herencia que contienen el código genético individual. *(p. 76)*

genotipo Código genético de un organismo. *(p. 76)*

gerontopsicólogos Psicólogos que se enfocan en los procesos psicológicos involucrados en el envejecimiento. *(p. 18)*

gestalt Palabra alemana que significa "forma unitaria" o "patrón". *(p. 8)*

glándula pineal Pequeña glándula endocrina en el cerebro que produce la hormona melatonina, la cual está involucrada en la regulación de los ciclos de sueño-vigilia. *(p. 73)*

glándula tiroides Glándula endocrina en el cuello que secreta la hormona tiroxina, la cual está involucrada en la regulación de funciones metabólicas y crecimiento físico. *(p. 74)*

glándulas Órganos o estructuras del cuerpo que producen secreciones llamadas hormonas. *(p. 42)*

glándulas suprarrenales Par de glándulas endocrinas localizadas justo arriba de los riñones y que producen varias hormonas relacionadas con el estrés. *(p. 74, 456)*

gónadas Glándulas sexuales (testículos en hombres y ovarios en mujeres) que producen hormonas sexuales y células germinales (espermatozoides en hombres y óvulos en mujeres). *(p. 74)*

gramática Conjunto de reglas que gobiernan la manera como los símbolos de determinado lenguaje se utilizan para formar expresiones significativas. *(p. 258)*

grupos control Grupos de participantes de investigación en un estudio experimental que no reciben el tratamiento o la intervención experimental. *(p. 29)*

habituación Reducción en la fuerza de una respuesta ante un estímulo constante o repetido. *(p. 114)*

hemisferios cerebrales Masas derecha e izquierda del cerebro, mismas que están unidas por el cuerpo calloso. *(p. 57)*

heredabilidad Grado al cual la herencia influye en las variaciones de determinada característica dentro de una población. *(p. 274)*

heurística de representatividad Tendencia intuitiva de hacer un juicio que asume que determinada muestra es representativa de la población general de la cual se extrae. *(p. 253)*

heurística Uso de la creatividad y la experiencia para resolver problemas, hacer juicios o tomar decisiones. *(p. 251)*

hipnosis Estado alterado de conciencia caracterizado por la atención enfocada, la relajación profunda y la susceptibilidad exacerbada a la sugestión. *(p. 151)*

hipocampo Estructura en el sistema límbico involucrado en la formación de memoria. *(p. 57)*

hipocondría Trastorno somatomorfo en el cual hay excesiva preocupación porque las quejas físicas de la persona sean señales de una seria enfermedad subyacente. *(p. 533)*

hipófisis Glándula endocrina en el cerebro que produce varias hormonas que participan en el crecimiento, la regulación del ciclo menstrual y el nacimiento. *(p. 73)*

hipotálamo Estructura pequeña y en forma de pera en el prosencéfalo que ayuda a regular muchas funciones corporales vitales, incluso la temperatura corporal y la reproducción, así como los estados emocionales, la agresión y la respuesta al estrés. *(p. 57)*

hipotálamo lateral Parte del hipotálamo involucrado en la iniciación o "encendido" del acto de comer. *(p. 293)*

hipótesis Predicción precisa acerca de los resultados de un experimento. *(p. 24)*

hipótesis de activación-síntesis Propuesta de que los sueños representan los intentos del cerebro de encontrar sentido a las descargas aleatorias de actividad eléctrica que ocurren durante el sueño MOR. *(p. 143)*

hipótesis de contacto Creencia de Allport en que, bajo ciertas condiciones, el incremento en el contacto intergrupal ayuda a reducir los prejuicios y la tensión entre grupos. *(p. 610)*

hipótesis de emparejamiento Creencia en que las personas tienden a formar parejas con otras que son similares a sí mismas en atractivo físico y en otras características. *(p. 604)*

hipótesis de la retroalimentación facial Creencia en que la imitación de los movimientos faciales asociados con una emoción particular producirá el estado emocional correspondiente. *(p. 305)*

hipótesis de relatividad lingüística Proposición de que el lenguaje que usamos determina cómo pensamos y cómo percibimos al mundo (también llamada *hipótesis whorfiana*). *(p. 260)*

hipótesis del mundo rígido Intento de explicar la ilusión Müller-Lyer en términos de la experiencia cultural de vivir en un mundo rígido y de ángulos rectos, como el nuestro. *(p. 124)*

hipótesis nula Predicción de no diferencia entre grupos o de no relación entre variables. *(p. A-11)*

histograma Gráfica que representa las frecuencias de calificaciones o categorías de calificaciones individuales a través de barras de distintas longitudes. *(p. A-5)*

homeostasis Tendencia de los sistemas a mantener un estado interno estable y equilibrado. *(p. 73)*

homofobia Temor y odio irracionales a personas con una orientación sexual homosexual. *(p. 424)*

homogamia Tendencia de las personas a casarse con otros individuos similares a sí mismas. *(p. 384)*

homogeneidad extragrupal Orientación cognitiva que describe la tendencia a percibir a los miembros extragrupales como más semejantes entre sí que los miembros intragrupales. *(p. 609)*

hormona adrenocorticotropina (ACTH) Aquella secretada por la hipófisis y activa a la corteza suprarrenal para que libere corticosteroides (esteroides corticales). *(p. 456)*

hormona liberadora de corticotropina (CRH) Hormona secretada por el hipotálamo y que induce a la hipófisis a liberar la hormona adrenocorticotropina. *(p. 456)*

hormonas Secreciones de las glándulas endocrinas que ayudan a regular los procesos corporales. *(p. 42)*

hostilidad básica En la teoría de Horney, profundos resentimientos que los niños pueden albergar hacia sus padres. *(p. 485)*

identidad de género Sentido psicológico de masculinidad o feminidad. *(p. 406)*

identidad del yo En la teoría de Erickson, el logro de un sentido psicológico de conocernos a nosotros mismos y nuestra dirección en la vida. *(p. 375)*

identidad personal Parte de nuestra personalidad psicológica que implica nuestro sentido de nosotros mismos como individuos únicos. *(p. 617)*

identidad social Parte de nuestra identidad psicológica que involucra nuestro sentido de nosotros mismos como miembros de grupos particulares. También llamada *identidad de grupo*. *(p. 617)*

ilusiones visuales Percepciones erróneas de estímulos visuales. *(p. 122)*

imagen de resonancia magnética (IRM) Técnica que emplea un campo magnético para crear una imagen computarizada de las estructuras corporales internas. *(p. 62)*

imagen de ultrasonido Técnica que emplea ondas sonoras de tono agudo para formar una imagen del feto en el útero. *(p. 333)*

imagen fantasma Aquella de un estímulo que permanece después de retirar dicho estímulo. *(p. 96)*

imagen funcional de resonancia magnética (IfRM) Tipo de IRM utilizada para estudiar las funciones de diferentes partes del cerebro. *(p. 63)*

imagen mental Representación o figura mental de un objeto o suceso. *(p. 246)*

imágenes eidéticas Representaciones mentales prolongadas de una imagen visual (por lo regular se conocen como *memoria fotográfica*). *(p. 212)*

impronta Formación de un fuerte vínculo del animal recién nacido con el primer objeto en movimiento que ve después de nacer. *(p. 342)*

impulso Estado de tensión corporal, como el hambre o la sed, que surgen a partir de una necesidad no satisfecha. *(p. 285)*

impulso de superioridad Término de Adler para la motivación de compensar sentimientos de inferioridad. También llamada *voluntad de poder*. *(p. 485)*

impulsos primarios Impulsos innatos, como el hambre, la sed y el deseo sexual, que surgen de las necesidades biológicas básicas. *(p. 285)*

impulsos secundarios Impulsos que son aprendidos o adquiridos a través de la experiencia, como el impulso de lograr riqueza monetaria. *(p. 285)*

incentivos Recompensas u otros estímulos que nos motivan a actuar. *(p. 286)*

inconsciente En la teoría freudiana, parte de la mente que se encuentra debajo de la conciencia y que contiene impulso e instintos primitivos. *(p. 8, 479)*

inconsciente colectivo En la teoría de Jung, parte de la mente que contiene ideas e imágenes arquetípicas compartidas por la raza humana y que han sido transmitidas genéticamente desde los humanos ancestrales. *(p. 484)*

inconsciente personal Término de Jung para una región inconsciente de la mente que comprende una reserva de los recuerdos e impulsos personales reprimidos. *(p. 484)*

índice de masa corporal (IMC) Medida estándar de obesidad basada en el peso corporal ajustado de acuerdo con la estatura. *(p. 295)*

índices de concordancia En estudios sobre gemelos, porcentaje de casos en los cuales ambos miembros de parejas de gemelos comparten la misma característica o desorden. *(p. 79)*

inferencias Conclusiones extraídas de las observaciones. *(p. 22)*

inhibidores de monoaminooxidasa (IMAO) Clase de medicamentos antidepresivos que incrementan la disposición de los neurotransmisores en el cerebro al inhibir una enzima, la monoaminooxidasa, que los descompone o degrada en la sinapsis. *(p. 581)*

inhibidores selectivos de reabsorción de serotonina (ISRS) Clase de medicamentos antidepresivos que funcionan de manera específica en la creciente capacidad del neurotransmisor de serotonina al interferir con su reabsorción. *(p. 581)*

insight En la teoría de Freud, conciencia de deseos y conflictos subyacentes e inconscientes. *(p. 564)*

insomnio Dificultad para conciliar el sueño, permanecer dormido o volver a dormir después de despertar a medianoche. *(p. 147)*

instancia negativa Objeto que no corresponde a un concepto particular (por ejemplo, un gato doméstico es una instancia negativa de perro pero es una instancia positiva de felino). *(p. 249)*

instancia positiva Objeto que concuerda con un concepto en particular (por ejemplo, un *terrier* es una instancia positiva de perro). *(p. 249)*

instrucción asistida por computadora Forma de instrucción programada en la cual se utiliza una computadora para guiar al alumno a través de una serie de cuestiones cada vez más complicadas. *(p. 197)*

instrucción programada Método de aprendizaje en el cual el material complejo es dividido en una serie de pasos pequeños que los alumnos dominan a su propio paso. *(p. 196)*

inteligencia Capacidad para pensar y razonar con claridad y para actuar de acuerdo con un propósito y de forma efectiva en la adaptación al ambiente y en el logro de metas individuales. *(p. 264)*

inteligencia cristalizada Forma de inteligencia asociada con la capacidad para emplear conocimiento acumulado. *(p. 379)*

inteligencia emocional Capacidad de reconocer emociones en uno mismo y en los demás y manejar las emociones propias de manera efectiva. *(p. 314)*

inteligencia fluida Forma de inteligencia asociada con la capacidad de pensar de manera abstracta y flexible al resolver problemas. *(p. 379)*

inteligencias múltiples Término de Gardner para los distintos tipos de inteligencia que caracterizan distintas formas de conducta inteligente. *(p. 270)*

interferencia proactiva Forma de interferencia en la cual el material aprendido antes interfiere con la retención de información de reciente adquisición. [p. 227]

interferencia retroactiva Forma de interferencia en la cual la información de reciente adquisición interfiere con la retención de material aprendido previamente. [p. 227]

interneuronas Neuronas que se unen a otras en el cerebro; las interneuronas están involucradas en el procesamiento de información. [p. 42]

interpretación En psicoanálisis, intento del terapeuta de explicar las conexiones entre el material que el cliente revela en terapia y sus conflictos internos. [p. 563]

intervención de espectador Ayudar a un desconocido en problemas [p. 606]

intoxicante Sustancia química que induce un estado de ebriedad. [p. 156]

introspección Enfoque interior de experiencias mentales, como sensaciones o sentimientos. [p. 6]

introversión-extroversión Tendencias hacia ser solitario y reservado en un extremo o expresivo y sociable en el otro extremo. [p. 489]

investigación aplicada Investigación que pretende encontrar soluciones a problemas específicos. [p. 15]

investigación básica Aquella enfocada en adquirir conocimiento incluso cuando éste no tiene una aplicación práctica directa. [p. 15]

iones Partículas químicas eléctricamente cargadas. [p. 44]

iris Músculo pigmentado circular en el ojo que regula el tamaño de la pupila para ajustarse a los cambios en los niveles de iluminación [p. 92]

irreversibilidad En la teoría de Piaget, incapacidad para revertir la dirección de una secuencia de sucesos desde su punto de inicio. [p. 356]

jerarquía de necesidades Concepto de Maslow de que hay un orden en las necesidades humanas, el cual comienza con las necesidades biológicas básicas y progresa hasta la autorrealización. [p. 290]

jerarquía de temor Serie ordenada de objetos o situaciones cada vez más temibles. [p. 568]

jet lag Interrupción de los ciclos de sueño-vigilia causada por los cambios en las zonas horarias que acompaña a los viajes aéreos de distancias largas. [p. 140]

justificación de esfuerzo Tendencia a otorgar mayor valor a metas que son difíciles de lograr con el fin de justificar el esfuerzo invertido para alcanzarlas. [p. 288]

laceración Tipo de trauma cerebral en el cual un objeto extraño, como una bala o un fragmento de metralla, perfora el cráneo y lastima al cerebro. [p. 70]

lateralización Especialización de los hemisferios cerebrales izquierdo y derecho para funciones particulares. [p. 65]

legitimación de la autoridad Tendencia a garantizar legitimidad a las órdenes o mandatos de personas con autoridad. [p. 623]

lenguaje Sistema de comunicación compuesto por símbolos (palabras, ademanes, etcétera) que se organizan de acuerdo con un conjunto de reglas (gramática) para formar expresiones significativas. [p. 258]

ley de efecto Principio de Thorndike que indica que las respuestas que tienen efectos satisfactorios tienen más probabilidades de recurrir, mientras que los que tienen efectos no placenteros presentan menos probabilidades [p. 187]

ley de Weber Principio de que la cantidad de carga en un estímulo necesaria para detectar una diferencia es dada por una proporción o fracción constante, llamada constante, del estímulo original. [p. 89]

leyes de organización perceptual Principios identificados por psicólogos de la Gestalt que describen las maneras como el cerebro agrupa fragmentos de estimulación sensorial en todos o patrones significativos. [p. 115]

linfocitos Glóbulos sanguíneos blancos que protegen al cuerpo contra organismos causantes de enfermedades. [p. 456]

lluvia de ideas Método para promover el pensamiento divergente al motivar a las personas a proponer tantas soluciones a un problema como sea posible; esto sin temor a ser juzgadas de forma negativa por los demás y sin importar lo exageradas que las propuestas puedan ser. [p. 278]

lobotomía prefrontal Procedimiento quirúrgico en el cual las rutas neurales en el cerebro son cortadas con el fin de controlar la conducta violenta o agresiva. [p. 584]

lóbulos frontales Partes de la corteza cerebral, localizadas al frente de los hemisferios cerebrales, que son consideradas el "centro ejecutivo" del cerebro debido a su papel en las funciones cerebrales superiores. [p. 59]

lóbulos occipitales Partes de la corteza cerebral, localizadas en la parte posterior de ambos hemisferios cerebrales, que procesan los estímulos visuales. [p. 57]

lóbulos parietales Partes de la corteza cerebral, localizadas a los costados de cada hemisferio cerebral, que procesan las sensaciones corporales. [p. 58]

lóbulos temporales Partes de la corteza cerebral que se encuentran debajo y un poco detrás de los lóbulos frontales y que están relacionadas con el procesamiento de los estímulos auditivos. [p. 60]

locus **de control** En la teoría de Rotter, expectativas generales de la persona sobre si sus esfuerzos pueden producir los resultados o los reforzamientos deseados. [p. 497]

loop **fonológico** Parte basada en el habla de la memoria funcional que permite el ensayo verbal de sonidos o palabras. [p. 213]

luto Expresión de pena o lamento de acuerdo con un conjunto de costumbres, como vestir prendas negras. [p. 396]

maduración Desarrollo biológico del organismo de acuerdo con el código genético subyacente. [p. 335]

mainstreaming Práctica de ubicar a niños con necesidades especiales en ambientes regulares de salones de clases. [p. 268]

mantra Sonido o frase que se entona repetidamente durante la meditación trascendental. [p. 150]

mapa cognitivo Representación mental de un área que ayuda a un organismo a trasladarse de un punto a otro. [p. 201]

masoquismo sexual Tipo de parafilia que implica la aceptación de experiencias dolorosas o humillantes como parte de un acto sexual. [p. 425]

mecanismo de adquisición de lenguaje Concepto de Chomsky de un mecanismo innato y preestablecido en el cerebro que permite a los niños adquirir el lenguaje de forma natural. [p. 259]

mecanismos de defensa En la teoría freudiana, las estrategias alteradoras de la realidad del yo para impedir la conciencia de ideas o impulsos que evoquen ansiedad o que causen conflictos. [p. 480]

media Promedio aritmético de las calificaciones en una distribución. [p. A-6]

mediana Calificación media en una distribución, sobre y debajo de la cual se ordena la mitad de las demás calificaciones. [p. A-6]

medicamentos ansiolíticos Aquellos que combaten la ansiedad. [p. 581]

medicamentos psicoactivos Sustancias químicas que afectan el estado mental o emocional de una persona. [p. 154]

medicamentos psicotrópicos Medicamentos psiquiátricos utilizados en el tratamiento de trastornos psicológicos o mentales. [p. 581]

meditación Proceso de atención enfocada que induce un estado relajado y contemplativo. [p. 150]

meditación de conciencia plena Forma de meditación en la cual la persona adopta un estado de atención exenta de juicios al desarrollo de la experiencia momento a momento. [p. 150]

meditación trascendental (MT) Forma de meditación en la cual los practicantes enfocan su atención a través de la repetición de un mantra en particular. [p. 150]

médula Estructura en el rombencéfalo involucrada en la regulación de las funciones vitales básicas, como el ritmo cardiaco y la respiración. [p. 55]

médula espinal Columna de nervios que transmite información entre el cerebro y el sistema nervioso periférico. [p. 51]

médula suprarrenal Parte interior de las glándulas suprarrenales que secreta las hormonas del estrés: epinefrina (adrenalina) y norepinefrina (noradrenalina). [p. 456]

melanoma Forma de cáncer potencialmente fatal que se desarrolla en las células que forman la melanina, por lo general en la piel pero a veces en otras partes del cuerpo. La *melanina* es el pigmento que da color a la piel, al cabello, a los ojos y a otras partes del cuerpo. *(p. 466)*

membrana basilar Membrana en la cóclea que está pegada al órgano de Corti. *(p. 101)*

memoria Sistema que nos permite retener información y traerla a la mente. *(p. 210)*

memoria a corto plazo (MCP) Subsistema de la memoria que permite la retención y el procesamiento de información de reciente adquisición durante un máximo de treinta segundos (también llamada *memoria funcional*). *(p. 212)*

memoria a largo plazo (MLP) Subsistema de memoria responsable del almacenamiento de información a largo plazo. *(p. 214)*

memoria de procedimiento Memoria de cómo hacer cosas que requieren capacidades motoras o de desempeño. *(p. 219)*

memoria declarativa Memoria de hechos e información personal que requiere un esfuerzo consciente para traerlos a la mente (también llamada *memoria explícita*). *(p. 218)*

memoria ecoica Almacén sensorial para mantener una representación mental de un sonido durante algunos segundos después de que éste se registra en los oídos. *(p. 212)*

memoria episódica Memoria de experiencias personales. *(p. 218)*

memoria explícita Memoria a la cual se accede mediante un esfuerzo consciente. *(p. 219)*

memoria icónica Almacén sensorial para albergar una representación mental de una imagen visual durante una fracción de segundo. *(p. 212)*

memoria implícita Memoria a la cual se accede sin esfuerzo consciente. *(p. 219)*

memoria intermedia Espacio de trabajo de la memoria funcional donde se reúne la información visual, auditiva y de otras modalidades. *(p. 213)*

memoria prospectiva Memoria de cosas que una persona planea hacer en el futuro. *(p. 219)*

memoria retrospectiva Memoria de experiencias o sucesos pasados e información previamente adquirida. *(p. 219)*

memoria semántica Memoria de hechos e información general acerca del mundo. *(p. 218)*

memoria sensorial Sistema de almacenamiento que guarda recuerdos de impresiones sensoriales durante un tiempo muy breve. *(p. 212)*

menarca Primera menstruación. *(p. 368)*

menopausia Momento de la vida cuando finaliza la menstruación. *(p. 379)*

mesencéfalo Parte del cerebro que se encuentra en la parte superior del rombencéfalo y debajo del prosencéfalo. *(p. 56)*

meta-análisis Técnica estadística para promediar resultados a través de gran cantidad de estudios. *(p. 576)*

método científico Método de investigación que implica la observación cuidadosa y el empleo de métodos experimentales. *(p. 24)*

método de ahorro Método para probar la retención de recuerdos que consiste en comparar el número de pruebas necesarias para aprender material con el número de pruebas necesarias para re-aprender el material tiempo después. *(p. 226)*

método de aproximaciones sucesivas Método empleado para formar la conducta que implica el reforzamiento de aproximaciones más cercanas a la respuesta deseada. *(p. 191)*

método de correlación Método de investigación que examina las relaciones entre variables. *(p. 27)*

método de encuesta Método de investigación que utiliza entrevistas o cuestionarios estructurados para reunir información sobre grupos de personas. *(p. 26)*

método de estudio de caso Estudio a profundidad de uno o más individuos. *(p. 25)*

método de observación naturalista Método de investigación basado en la observación cuidadosa de la conducta en ambientes naturales. *(p. 26)*

método experimental Método de investigación científica que implica la manipulación de variables independientes, y la observación o medida de sus efectos en variables dependientes bajo condiciones controladas. *(p. 28)*

migraña Dolor de cabeza prolongado e intenso ocasionado por cambios en el flujo sanguíneo de los vasos capilares del cerebro. *(p. 129, 467)*

miotonía Estado de tensión o rigidez muscular. *(p. 420)*

mnemotecnia Estrategia para mejorar la memoria. *(p. 238)*

modelado Técnica de terapia de la conducta para superar fobias y adquirir conductas más adaptativas, basada en la observación y en la imitación de modelos. *(p. 568)*

modelo aprendido de indefensión Perspectiva de la depresión como resultado de la percepción de la falta de control sobre los reforzamientos en la vida de una persona que puede ser resultado de la exposición a sucesos negativos incontrolables. *(p. 538)*

modelo biopsicosocial Modelo integrativo para explicar los patrones de conducta anormal en términos de las interacciones de los factores biológicos, psicológicos y socioculturales. *(p. 522)*

modelo de cinco factores (MCF) Modelo contemporáneo predominante de la personalidad que consiste en cinco amplios factores de personalidad: neuroticismo, extroversión, apertura, amabilidad y responsabilidad. *(p. 491)*

modelo de continuidad Aquel que propone que el desarrollo implica cambios cuantitativos que ocurren a pasos pequeños durante el tiempo. *(p. 325)*

modelo de discontinuidad Modelo que propone que el desarrollo progresa en niveles discretos que implican cambios abruptos y significativos en la capacidad cognitiva y en las maneras de interactuar con el mundo. *(p. 325)*

modelo de dos factores Teoría de que las emociones implican dos factores: un estado de excitación general y una interpretación cognitiva (o etiquetado) de las causas de la excitación. *(p. 311)*

modelo de probabilidad de elaboración (MPE) Modelo teórico que designa dos canales por los cuales las solicitudes persuasivas conducen a un cambio de actitud: una ruta central y una ruta periférica. *(p. 599)*

modelo de red semántica Representación de la estructura organizacional de la memoria a largo plazo en redes de conceptos asociados. *(p. 215)*

modelo de temor a dos caminos Teoría de LeDoux en la cual el cerebro utiliza dos caminos (un "camino alto" y un "camino bajo") para procesar los mensajes de temor. *(p. 312)*

modelo de tres niveles Modelo de memoria que define tres tipos distintos de memoria: memoria sensorial, memoria a corto plazo y memoria a largo plazo. *(p. 212)*

modelo diátesis-estrés Tipo de modelo biopsicosocial que relaciona el desarrollo de trastornos con la combinación de una diátesis, o predisposición, por lo regular genética en su origen, y la exposición a sucesos estresantes o a las circunstancias de la vida. *(p. 422)*

modelo médico Marco para comprender los patrones de conducta anormal como síntomas de trastornos físicos o enfermedades subyacentes. *(p. 521)*

modelo triangular del amor Concepto de Sternberg del amor como un triángulo con tres componentes: intimidad, pasión y decisión/compromiso. *(p. 308)*

modelos de trabajo interno Expectativas generalizadas desarrolladas al inicio de la infancia acerca de cómo es probable que respondan los demás en relaciones cercanas. *(p. 345)*

modificación de la conducta (B-mod) Aplicación sistemática de principios de aprendizaje para fortalecer la conducta de adaptación y debilitar la conducta de desadaptación. *(p. 196)*

modo Calificación más frecuente en una distribución de calificaciones. *(p. A-6)*

monocromáticos Personas que no tienen visión de color y sólo pueden ver en blanco y negro. *(p. 97)*

morfemas Unidades más pequeñas de significado en un lenguaje. *(p. 259)*

motivación Factores que activan, dirigen y sostienen la conducta dirigida hacia un objetivo. *(p. 284)*

motivación de evitación Motivación o deseo de evitar el fracaso. *(p. 289)*

motivación de logro Motivación o deseo de alcanzar el éxito y ser excelentes en lo que hacemos. *(p. 289)*

motivación extrínseca Motivación que refleja un deseo por gratificaciones externas, como la riqueza o el respeto de los demás. *(p. 283)*

motivación intrínseca Motivación que refleja un deseo de gratificación interna, como la autosatisfacción derivada de lograr una meta en particular. *(p. 29)*

motivos Necesidades o deseos que impulsan la conducta dirigida hacia un objetivo. *(p. 284)*

motivos de estímulo Estados internos que disparan conductas inquisitivas, de búsqueda de estímulos y exploratorias. *(p. 286)*

movimiento estroboscópico Tipo de movimiento aparente basado en la sucesión rápida de imágenes fijas, como en las películas. *(p. 123)*

muestras Ejemplares de una población. *(p. 26)*

muestreo aleatorio Método de muestreo en el cual cada individuo en la población tiene iguales probabilidades de ser seleccionado. *(p. 26)*

muestreo de vello coriónico (MVC) Técnica para detectar anormalidades fetales y que implica el análisis de material fetal extraído del corión. *(p. 332)*

narcolepsia Trastorno caracterizado por "ataques de sueño" repentinos e inexplicables durante el día. *(p. 147)*

narcóticos Drogas adictivas que tienen propiedades analgésicas e inductoras del sueño. *(p. 159)*

necesidad Estado de privación o deficiencia. *(p. 285)*

necesidad de logro Necesidad de mostrar excelencia en los empeños de la persona. *(p. 289)*

necesidades psicosociales Necesidades que reflejan aspectos interpersonales de motivación, como la necesidad de amistad o logro. *(p. 288)*

negación En la teoría freudiana, mecanismo de defensa que implica el no reconocimiento de un impulso o urgencia amenazante. *(p. 481)*

negativismo extragrupal Orientación cognitiva que implica la predisposición a atribuir más características negativas a los miembros extragrupales que a los intragrupales. *(p. 609)*

nervio Grupo de axones de diferentes neuronas que transmiten impulsos nerviosos. *(p. 43)*

nervio auditivo Aquel que conduce impulsos nerviosos desde el oído hasta el cerebro, lo cual produce la experiencia de oír. *(p. 102)*

nervio olfatorio Nervio que transporta impulsos de los receptores olfatorios en la nariz hasta el cerebro. *(p. 106)*

nervio óptico Nervio que transporta impulsos nerviosos generados por la estimulación de la luz del ojo al cerebro. *(p. 94)*

neuromoduladores Químicos liberados en el sistema nervioso que influyen en la sensibilidad de la neurona receptora hacia los neurotransmisores. *(p. 46)*

neuronas Células nerviosas. *(p. 42)*

neuronas espejo Neuronas que disparan tanto cuando se realiza una acción como cuando la misma acción sólo es observada. *(p. 60)*

neuronas motoras Neuronas que transportan impulsos nerviosos desde el sistema nervioso central hasta los músculos y las glándulas. *(p. 42)*

neuronas sensoriales Neuronas que transmiten información de los órganos sensibles, músculos y órganos internos a la médula espinal y al cerebro. *(p. 42)*

neuropsicólogos Psicólogos que estudian las relaciones entre el cerebro y la conducta. *(p. 18)*

neuroticismo Tendencias hacia la inestabilidad emocional, la ansiedad y la preocupación. *(p. 489)*

neurotransmisores Mensajeros químicos que transportan impulsos nerviosos de una célula nerviosa a otra. *(p. 42)*

nodos de Ranvier Espacios en la vaina de mielina que crean áreas no aisladas a lo largo del axón. *(p. 44)*

normas Estándares utilizados para comparar el desempeño de un individuo en una prueba con el desempeño de otros. *(p. 265)*

normas sociales Reglas que definen lo que es socialmente aceptable en una situación determinada. *(p. 607)*

núcleo ventromedial del hipotálamo Parte del hipotálamo involucrado en la regulación de las sensaciones de saciedad. *(p. 293)*

obediencia Cumplimiento de órdenes o mandatos emitidos por otras personas, por lo regular individuos en una posición de autoridad. *(p. 621)*

obesidad Condición de exceso de grasa corporal. *(p. 294)*

observador oculto Término de Hilgard para la parte de la conciencia que permanece separada de la experiencia hipnótica pero consciente de todo lo que sucede mientras tanto. *(p. 152)*

olfato Sentido de oler. *(p. 106)*

operaciones formales Nivel de madurez cognitiva plena en la teoría de Piaget, caracterizado por la capacidad de pensar en términos abstractos. *(p. 357)*

órgano de Corti Estructura gelatinosa en la cóclea que contiene a las células ciliadas que sirven como receptores auditivos. *(p. 101)*

orientación sexual Dirección de los intereses eróticos de una persona. *(p. 421)*

osteoporosis Enfermedad de los huesos caracterizada por una pérdida de densidad ósea en la cual los huesos se vuelven porosos, frágiles y más propensos a fracturarse. *(p. 398)*

ovarios Gónadas femeninas que secretan las hormonas sexuales femeninas estrógeno y progesterona, además de producir óvulos maduros. *(p. 74)*

ovulación Liberación de un óvulo desde un ovario. *(p. 328)*

óvulo Ovocito. *(p. 328)*

pacientes con cerebro dividido Personas cuyo cuerpo calloso ha sido cortado quirúrgicamente. *(p. 67)*

páncreas Glándula endocrina localizada cerca del estómago que produce la hormona insulina. *(p. 73)*

papilas gustativas Poros o fisuras en la lengua que contienen células receptoras gustativas. *(p. 108)*

parafilia Trastorno psicosexual que implica patrones atípicos o desviados de atracción sexual. *(p. 424)*

parapsicología Estudio de fenómenos paranormales. *(p. 125)*

patrón de conducta tipo A (PCTA) Patrón de conducta caracterizado por impaciencia, urgencia de tiempo, competitividad y hostilidad. *(p. 449)*

pedofilia Tipo de parafilia que implica la atracción sexual por los niños. *(p. 424)*

pensamiento Proceso de representación y manipulación mental de información. *(p. 246)*

pensamiento animista En la teoría de Piaget, la creencia del niño en que los objetos inanimados poseen cualidades de seres vivos. *(p. 355)*

pensamiento convergente Intento de reducir un rango de alternativas para converger en la única respuesta correcta a un problema. *(p. 255)*

pensamiento crítico Adopción de una actitud escéptica de cuestionamiento y un escrutinio cuidadoso de declaraciones o argumentos. *(p. 35)*

pensamiento de grupo Término de Janis para definir la tendencia de los miembros de un grupo de toma de decisiones a enfocarse más en llegar a un consenso en lugar de examinar de manera crítica los temas pendientes. *(p. 627)*

pensamiento divergente Capacidad de concebir maneras nuevas de percibir las situaciones y de encontrar nuevos usos para objetos cotidianos. *(p. 255)*

percepción Proceso por el cual el cerebro integra, organiza e interpreta las impresiones sensoriales para crear representaciones del mundo. *(p. 113)*

percepción extrasensorial (PES) Percepción que ocurre sin el beneficio de los sentidos conocidos. *(p. 125)*

percepción social Procesos a través de los cuales formamos impresiones, hacemos juicios y desarrollamos actitudes sobre la gente y los sucesos que constituyen nuestro mundo social. *(p. 594)*

percepción subliminal Percepción de estímulos que se presenta por debajo del umbral de atención consciente. *(p. 125)*

pereza social Tendencia a invertir menos esfuerzo cuando se trabaja como miembro de un grupo que cuando se trabaja solo. *(p. 624)*

periodo de incubación Pausa en los esfuerzos activos para resolver problemas, la cual puede facilitar una solución. *(p. 252)*

periodo refractario Estado temporal en el cual una neurona no es capaz de disparar como respuesta a la estimulación continua. *(p. 45)*

permanencia de objeto Reconocimiento de que los objetos continúan existiendo incluso cuando han desaparecido de la vista. *(p. 354)*

personalidad anal-expulsiva En la teoría freudiana, tipo de personalidad caracterizado por desorden, falta de autodisciplina y descuido. *(p. 482)*

personalidad anal-retentiva En la teoría freudiana, tipo de personalidad caracterizada por el perfeccionismo y una necesidad excesiva de autocontrol, según se expresa en una pulcritud y una puntualidad extremas. *(p. 482)*

personalidad autoritaria Tipo de personalidad caracterizado por la rigidez, el prejuicio y una preocupación excesiva por la obediencia y el respeto a la autoridad. *(p. 609)*

perspectiva cognitiva Enfoque para el estudio de la psicología que se centra en los procesos mediante los cuales adquirimos conocimientos. *(p. 11)*

perspectiva conductual Enfoque del estudio de la psicología que se centra en la función del aprendizaje para explicar la conducta observable. *(p. 9)*

perspectiva empírica Método para desarrollar el conocimiento basado en la evaluación de la evidencia reunida en experimentos y en la observación cuidadosa. *(p. 21)*

perspectiva fisiológica Enfoque del estudio de la psicología que se concentra en las relaciones entre los procesos biológicos y la conducta. *(p. 10)*

perspectiva humanista Enfoque de estudio de la psicología que aplica los principios de la psicología humanista. *(p. 10)*

perspectiva psicodinámica Enfoque en que la conducta es influida por la lucha entre los impulsos sexuales o agresivos inconscientes y las fuerzas opositoras que intentan mantener este material amenazante fuera de la conciencia. *(p. 8)*

perspectiva sociocultural Perspectiva del estudio de la psicología que enfatiza la función de las influencias sociales y culturales en la conducta. *(p. 11)*

PET (tomografía de emisión de positrones) Técnica de imagen en la cual se inyecta un rastreador radioactivo de azúcar en el torrente sanguíneo y se utiliza para medir niveles de actividad en varias partes del cerebro. *(p. 62)*

placa En el sistema circulatorio, depósitos de grasa que se acumulan a lo largo de las paredes arteriales. *(p. 462)*

placebo Sustancia inerte o condición experimental que se asemeja al tratamiento activo. *(p. 29)*

placenta Órgano que sirve para el intercambio de nutrientes y materiales de desecho entre la madre y el feto. *(p. 329)*

plasticidad Capacidad del cerebro para adaptarse después de una alteración producida por trauma o cirugía. *(p. 71)*

población Todos los individuos u organismos que constituyen grupos particulares. *(p. 26)*

polarización de grupo Tendencia de los miembros de grupos de toma de decisiones de cambiar hacia panoramas más extensos en cualquier dirección distinta a la que se inclinaban en un inicio. *(p. 626)*

poliabusadores Personas que abusan del consumo de más de una droga a la vez. *(p. 154)*

polígono de frecuencia Gráfica en la cual las frecuencias de intervalos de clase se encuentran en sus puntos medios y después son conectadas con líneas rectas. *(p. A-5)*

potenciación a largo plazo (PLP) Fortalecimiento a largo plazo de conexiones neuronales como resultado de la estimulación repetida. *(p. 235)*

potencial de acción Cambio abrupto de carga negativa a positiva en una neurona, también llamado impulso nervioso. *(p. 45)*

potencial de reposo Potencial eléctrico a través de la membrana celular de una neurona en su estado de reposo. *(p. 44)*

precognición Capacidad de predecir el futuro. *(p. 125)*

preconsciente Para Freud, parte de la mente cuyo contenido puede ser llevado a la conciencia a través de la atención enfocada. *(p. 479)*

prejuicio Opinión o actitud preconcebidas hacia un tema, persona o grupo. *(p. 607)*

principio de "todo o nada" Aquel por el cual las neuronas dispararán sólo cuando ocurre un cambio en el nivel de excitación que sea suficiente para producir un potencial de acción. *(p. 45)*

principio de descarga Principio que relaciona la experiencia del tono en el disparo alternativo de grupos de neuronas a lo largo de la membrana basilar. *(p. 102)*

principio de especificidad codificada Creencia en que la recuperación de información es más exitosa cuando las claves disponibles durante la evocación son similares a las que estaban presentes cuando el material fue almacenado por primera vez en la memoria. *(p. 211)*

principio de placer En la teoría de Freud, principio gobernante del ello que se basa en la demanda de gratificación instantánea sin importar las reglas o las costumbres sociales. *(p. 480)*

principio de realidad En la teoría freudiana, principio gobernante del yo que toma en cuenta lo que es práctico y aceptable en la satisfacción de las necesidades básicas. *(p. 480)*

problema de naturaleza-crianza Debate en psicología sobre las influencias relativas de la genética (naturaleza) y el ambiente (crianza) en la determinación de la conducta. *(p. 77)*

problemas Molestias de la vida diaria que imponen una carga estresante. *(p. 445)*

procesamiento ascendente Modo de procesamiento perceptual por el cual el cerebro reconoce patrones significativos al reunir fragmentos y piezas de información sensorial. *(p. 115)*

procesamiento descendente Modo de procesamiento perceptual por el cual el cerebro identifica patrones como todos significativos en lugar de como construcciones racionadas. *(p. 115)*

profecía autocumplida Expectativa que ayuda a producir el resultado que se espera. *(p. 595)*

programa de economía de fichas Forma de modificación de conducta en la cual las fichas ganadas por desempeñar conductas deseadas pueden ser intercambiadas por reforzadores positivos. *(p. 196)*

programa de reforzamiento continuo Sistema para dispensar reforzamiento cada vez que se produce una respuesta deseada. *(p. 191)*

programa de reforzamiento parcial Sistema para dispensar reforzamiento en el cual sólo se refuerza una porción de las respuestas deseadas. *(p. 191)*

programas de reforzamiento Planes predeterminados para programar la dispensa de reforzamiento. *(p. 191)*

prosencéfalo La parte más grande y alta del cerebro; contiene al tálamo, al hipotálamo, al sistema límbico, a los ganglios basales y a la corteza cerebral. *(p. 56)*

proximidad Principio de que los objetos que están cerca unos de otros serán percibidos como pertenecientes a un conjunto común; también, cercanía o parentesco. *(p. 117, 604)*

proyección En la teoría freudiana, mecanismo de defensa que implica la proyección de los impulsos, deseos o urgencias inaceptables de una persona en otra. *(p. 481)*

pruebas *culture-fair* Pruebas diseñadas para eliminar las tendencias culturales. *(p. 268)*

pruebas de personalidad Pruebas psicológicas estructuradas que utilizan métodos formales para evaluar la personalidad. *(p. 506)*

pruebas objetivas Pruebas de personalidad que pueden ser calificadas de forma objetiva porque las opciones de respuesta son limitadas. *(p. 506)*

pruebas proyectivas Pruebas de personalidad en las cuales se utilizan materiales de prueba que son ambiguos o vagos con el fin de provocar respuestas que se cree que revelarán las necesidades, impulsos y motivos inconscientes de una persona. *(p. 508)*

psicoanálisis Método de psicoterapia de Freud el cual se enfoca en el descubrimiento y la superación de conflictos inconscientes que se cree que yacen en la raíz de los problemas psicológicos. *(p. 8, 562)*

psicoanalistas Practicantes del psicoanálisis que se han adiestrado en la tradición freudiana. *(p. 562)*

psicocirugía Cirugía cerebral utilizada para controlar la conducta violenta o desviada. *(p. 584)*

psicofísica Estudio de las relaciones entre las características del estímulo físico, como la intensidad de la luz y el sonido, y las sensaciones que experimentamos como respuesta a esos estímulos. *(p. 5, 88)*

psicofisiólogos Psicólogos que se enfocan en los fundamentos biológicos de la conducta. *(p. 16)*

psicología Ciencia de la conducta y los procesos mentales. *(p. 4)*

psicología cognitiva Rama de la psicología que se enfoca en los procesos mentales como pensar, resolver problemas, tomar decisiones y emplear el lenguaje. *(p. 246)*

psicología de la evolución Rama de la psicología que se enfoca en la función de los procesos evolutivos en la formación de la conducta. *(p. 10)*

psicología de la salud Especialidad de la psicología que se enfoca en las interrelaciones entre los factores psicológicos y la salud física. *(p. 444)*

psicología del desarrollo Rama de la psicología que explora los aspectos físicos, emocionales, cognitivos y sociales del desarrollo, *(p. 324)*

psicología Gestalt Escuela de la psicología que sostiene que el cerebro estructura nuestras percepciones del mundo en términos de patrones o todos significativos. *(p. 8)*

psicología humanista Escuela de psicología que sostiene que el libre albedrío y la elección consciente son aspectos esenciales de la experiencia humana. *(p. 10)*

psicología individual Teoría de la personalidad de Adler que enfatiza el potencial único de cada individuo. *(p. 484)*

psicología positiva Movimiento contemporáneo dentro de la psicología que enfatiza el estudio de las virtudes y cualidades humanas en lugar de las debilidades y carencias. *(p. 12)*

psicología social Subcampo de la psicología que estudia cómo nuestros pensamientos, sentimientos y conductas se ven influidos por nuestras interacciones sociales con otras personas. *(p. 594)*

psicólogos ambientales Psicólogos que estudian las relaciones entre el ambiente físico y la conducta. *(p. 18)*

psicólogos clínicos Aquellos que utilizan técnicas psicológicas para evaluar y atender a individuos con trastornos mentales o psicológicos. *(p. 17)*

psicólogos comparativos Aquellos que estudian las similitudes y las diferencias conductuales entre las especies animales. *(p. 16)*

psicólogos del consumidor Aquellos que estudian por qué la gente compra determinados productos o marcas en particular. *(p. 18)*

psicólogos de la personalidad Psicólogos que estudian las características psicológicas y las conductas que nos distinguen como individuos y que nos llevan a actuar de manera consistente a lo largo del tiempo. *(p. 18)*

psicólogos de la salud Psicólogos que se enfocan en la relación entre los factores psicológicos y la salud física. *(p. 18)*

psicólogos del deporte Psicólogos que aplican la psicología para comprender y mejorar el desempeño de los atletas. *(p. 19)*

psicólogos del desarrollo Psicólogos que se enfocan en procesos relacionados con el desarrollo físico, cognitivo, social y de la personalidad. *(p. 17)*

psicólogos educativos Psicólogos que estudian temas relacionados con las medidas de la inteligencia y los procesos implicados en los logros educativos o académicos. *(p. 17)*

psicólogos escolares Psicólogos que evalúan y asisten a los niños con problemas de aprendizaje u otras necesidades especiales. *(p. 17)*

psicólogos experimentales Psicólogos que aplican métodos experimentales para el estudio de la conducta. *(p. 16)*

psicólogos forenses Psicólogos involucrados en la aplicación de la psicología al sistema legal. *(p. 18)*

psicólogos industriales/organizacionales (I/O) Psicólogos que estudian el comportamiento de la gente en el trabajo. *(p. 18)*

psicólogos orientadores Aquellos que ayudan a la gente a clarificar sus metas, tomar decisiones de vida y superar problemas que enfrentan. *(p. 17)*

psicólogos sociales Psicólogos que estudian las influencias grupales o sociales en la conducta y las actitudes. *(p. 18)*

psicoquinesia Capacidad de mover objetos con el uso exclusivo del esfuerzo mental. *(p. 125)*

psicoterapia Forma verbal de terapia derivada de un marco psicológico que consiste en una o más sesiones de tratamiento con un terapeuta. *(p. 561)*

psicoticismo Tendencias de una persona a ser percibida como fría y antisocial. *(p. 490)*

psiquiatras Médicos que se especializan en el diagnóstico y tratamiento de trastornos mentales o psicológicos. *(p. 17)*

pubertad Etapa del desarrollo en la cual los individuos se vuelven fisiológicamente capaces de reproducirse. *(p. 368)*

puente troncoencefálico Estructura en el rombencéfalo involucrada en la regulación de los estados de vigilia y sueño. *(p. 55)*

punto ciego Área en la retina donde el nervio óptico deja al ojo y que no contiene células fotorreceptoras. *(p. 94)*

pupila Apertura negra dentro del iris que permite que la luz entre al ojo. *(p. 92)*

racionalización En la teoría freudiana, mecanismo de defensa que implica el uso de autojustificación para explicar las conductas, los impulsos o las ideas inaceptables. *(p. 481)*

racismo Tendencia negativa hacia otras personas con base en su identificación racial o étnica. *(p. 611)*

rango Medida de variabilidad que resulta de la diferencia en valor entre las calificaciones más altas y las más bajas en una distribución de calificaciones. *(p. A-7)*

rasgos Características personales relativamente duraderas. *(p. 488)*

rasgos cardinales Término de Allport para las dimensiones más penetrantes que definen la personalidad general de un individuo. *(p. 488)*

rasgos centrales Término de Allport para las rasgos de la personalidad que tienen amplia influencia en la conducta del individuo en varias situaciones. *(p. 488)*

rasgos de origen Término de Cattell para los rasgos a un nivel profundo de la personalidad que no son aparentes en la conducta observable pero que deben ser inferidas con base en las relaciones subyacentes entre las rasgos de superficie. *(p. 489)*

rasgos superficiales Término de Cattell para los rasgos de la personalidad en el nivel superficial que pueden detectarse a través de la observación de la conducta. *(p. 488)*

reabsorción Proceso mediante el cual los neurotransmisores son reabsorbidos por la neurona transmisora. *(p. 46)*

reacción emocional condicionada (REC) Respuesta emocional a un estímulo particular adquirida mediante un condicionamiento clásico. *(p. 182)*

receptores sensoriales Células especializadas que detectan estímulos sensoriales y los convierten en impulsos nerviosos. *(p. 88)*

reciprocidad Principio de que las personas tienden a sentir agrado por otras personas a quienes agradan a su vez. *(p. 605)*

recondicionamiento Proceso de reaprender una respuesta condicionada después de su extinción. *(p. 178)*

recuerdos de flash Recuerdos duraderos de sucesos con gran carga emocional que parecen grabados de forma permanente en el cerebro. *(p. 222)*

recuperación de memoria Proceso de acceder y traer a la conciencia la información almacenada en la memoria. *(p. 211)*

recuperación espontánea Regreso espontáneo de una respuesta condicionada después de la extinción. *(p. 178)*

redes neuronales Circuitos de memoria en el cerebro que consisten en complicadas redes de células nerviosas. *(p. 234)*

reducción del impulso Satisfacción de una pulsión. *(p. 285)*

reflejo Respuesta automática no aprendida a un estímulo en particular. *(p. 52)*

reflejo Babinski El estiramiento y el encogimiento por reflejo de los dedos de los pies de un bebé y el giro hacia adentro del pie cuando se le raya la planta de los pies. *(p. 335)*

reflejo de agarre palmar Cierre por reflejo de los dedos del bebé alrededor de un objeto que toca la palma de su mano. *(p. 334)*

reflejo de búsqueda El giro por reflejo de la cabeza del recién nacido en la dirección de un contacto en su mejilla. *(p. 334)*

reflejo de Moro Reflejo innato provocado por un ruido súbito o la pérdida de apoyo, en la cual el bebé extiende los brazos, arquea la espalda y acerca los brazos como si intentara sujetarse de alguien. *(p. 334)*

reflejo de parpadeo El parpadeo es un reflejo de los ojos que protege al recién nacido de la luz brillante y de los objetos extraños. *(p. 334)*

reflejo de succión Succión rítmica como respuesta a la estimulación de la lengua o la boca. *(p. 334)*

reflejo espinal Reflejo controlado al nivel de la médula espinal que puede implicar desde dos neuronas. *(p. 52)*

reforzador Estímulo o suceso que fortalece la respuesta a la cual sigue al aumentar las probabilidades de que ocurra de nuevo. *(p. 188)*

reforzadores primarios Reforzadores, como la comida o la estimulación sexual, que son naturalmente gratificantes porque satisfacen necesidades o impulsos biológicos básicos. *(p. 190)*

reforzadores secundarios Reforzadores aprendidos, como el dinero, que desarrollan sus propiedades como reforzadores debido a su asociación con los reforzadores primarios. *(p. 190)*

reforzamiento negativo Fortalecimiento de una respuesta a través de la eliminación de un estímulo después de ocurrir dicha respuesta. *(p. 189)*

reforzamiento positivo Fortalecimiento de una respuesta a través de presentar un estímulo positivo o gratificante después de ocurrir dicha respuesta. *(p. 189)*

registro eléctrico Método para investigar el funcionamiento del cerebro, proceso de registro de los cambios eléctricos que ocurren en una neurona o conjunto específico de éstas en el cerebro en relación con actividades o conductas particulares. *(p. 64)*

registro sensorial Sistema de almacenamiento temporal para albergar recuerdos sensoriales. *(p. 212)*

reglas de expresión Costumbres y normas culturales que gobiernan la expresión de emociones. *(p. 304)*

regresión En la teoría freudiana, mecanismo de defensa en el cual un individuo, por lo regular bajo fuertes niveles de estrés, regresa a una conducta característica de una etapa previa de desarrollo. *(p. 481)*

regresión hipnótica de edad Experiencia inducida por hipnosis que implica la reexperimentación de sucesos pasados de la vida de la persona. *(p. 151)*

relación de transferencia En terapia, tendencia de los clientes a revivir relaciones conflictivas previas en la relación que desarrollan con su terapeuta. *(p. 564)*

replicación Intento de duplicar descubrimientos. *(p. 25)*

representaciones simbólicas Símbolos que representan nombres y experiencias; en específico, las palabras de un idioma. *(p. 355)*

represión En la teoría freudiana, tipo de mecanismo de defensa que implica el olvido motivado de pensamientos o sentimientos que evocan ansiedad. *(p. 564)*

resistencia En psicoanálisis, bloqueo que ocurre cuando la terapia hace contacto con pensamientos o sentimientos que evocan ansiedad. *(p. 564)*

resistencia psicológica Conjunto de características (compromiso, apertura al desafío, *locus* de control interno) que puede amortiguar los efectos del estrés. *(p. 459)*

resolución de problemas Forma de pensamiento enfocada en encontrar una solución a un problema en particular. *(p. 250)*

respuesta condicionada (RC) Respuesta adquirida o aprendida a un estímulo condicionado. *(p. 176)*

respuesta de luchar o huir Sistema de alarma integral del cuerpo que le permite movilizar sus recursos con rapidez para luchar o huir cuando se enfrenta con un agente amenazante de estrés. *(p. 453)*

respuesta no condicionada (RNC) Respuesta no aprendida a un estímulo. *(p. 176)*

retina Capa sensible a la luz de la superficie interna del ojo que contiene células fotorreceptoras. *(p. 92)*

retraso mental Déficit o desequilibrio generalizado en las capacidades intelectuales y sociales. *(p. 268)*

rigidez mental Tendencia a confiar en estrategias que funcionaron en situaciones similares en el pasado pero que pueden no ser apropiadas para la situación presente. *(p. 252)*

ritmo circadiano Patrón de fluctuaciones en los procesos corporales que ocurren de forma regular cada día. *(p. 139)*

roles de género Expectativas culturales impuestas sobre hombres y mujeres de comportarse de maneras consideradas apropiadas para su género. *(p. 406)*

rombencéfalo Parte más baja y, en términos evolutivos, más antigua del cerebro; incluye la médula espinal, el puente troncoencefálico y el cerebelo. *(p. 55)*

rubéola Enfermedad común de la infancia que puede provocar serios defectos de nacimiento si es contraída por la madre durante el embarazo. *(p. 330)*

saco amniótico Saco uterino que contiene al feto. *(p. 329)*

sacos vestibulares Órganos en el oído interno que conectan los canales semicirculares. *(p. 111)*

sadismo sexual Tipo de parafilia que consiste en infligir sufrimiento físico o humillación a otra persona con el propósito de obtener gratificación sexual. *(p. 425)*

satisfacción laboral Nivel de conformidad o sentimientos positivos por el empleo o el trabajo de la persona. *(p. 629)*

***self* creativo** En la teoría de Adler, la parte alerta del sí mismo de la personalidad que organiza esfuerzos orientados a la búsqueda de metas. *(p. 485)*

***self* ideal** Término de Rogers para el sentido idealizado de quiénes o qué debemos ser. *(p. 501)*

semántica Conjunto de reglas que gobiernan el significado de las palabras. *(p. 259)*

sensación Proceso mediante el cual recibimos, transformamos y procesamos estímulos del mundo exterior para crear experiencias sensoriales de visión, tacto, audición, gusto, olor, etcétera. *(p. 88)*

sentido vestibular Sentido que nos mantiene informados sobre el equilibrio y la posición de nuestro cuerpo en el espacio. *(p. 111)*

sentidos de la piel Sentidos del tacto, presión, calor, frío y dolor que implican una estimulación de los receptores sensoriales en la piel. *(p. 108)*

sesgo de autocomplacencia Tendencia a tomar crédito por nuestros logros y a restar importancia a nuestros errores o decepciones. *(p. 597)*

sesgo de confirmación Tendencia a mantener la lealtad hacia una hipótesis inicial a pesar de existir sólida evidencia de lo contrario. *(p. 253)*

sesgo de deseabilidad social Tendencia a responder a preguntas de una manera deseable en términos sociales. *(p. 26)*

sesgo del voluntario Tipo de tendencia que surge cuando las personas que se ofrecen como voluntarias para participar en una encuesta o estudio de investigación tienen características que las hacen no representativas de la población de la cual fueron extraídas. *(p. 26)*

significancia estadística Término que representa que no es probable que un descubrimiento haya sucedido gracias a la casualidad o a fluctuaciones aleatorias. *(p. 25)*

similitud Principio que señala que los objetos que son similares serán percibidos como si pertenecieran al mismo grupo. *(p. 117)*

sinapsis Pequeño espacio lleno de fluido entre neuronas a través del cual los neurotransmisores transportan impulsos nerviosos. *(p. 42)*

síndrome de abstinencia Grupo de síntomas asociados con la abstinencia abrupta de una sustancia. *(p. 155)*

síndrome de adaptación general (SAG) Término de Selye para la respuesta de tres fases del cuerpo al estrés persistente o intenso. *(p. 453)*

síndrome de alcoholismo fetal (SAF) Síndrome causado por el consumo materno de alcohol durante el embarazo, en el cual el bebé muestra retrasos en su desarrollo y deformidades faciales. *(p. 332)*

síndrome de Dhat Síndrome cultural descubierto en la India en el cual los hombres desarrollan temores intensos de perder semen. *(p. 519)*

síndrome de Down Trastorno cromosomático caracterizado por retraso mental y ciertas anormalidades faciales. *(p. 332)*

síndrome de muerte infantil súbita (SMIS) Muerte súbita e inexplicable de bebés que por lo regular sucede mientras duermen en sus cunas. *(p. 331)*

síndrome del nido vacío Conjunto de emociones negativas, entre las cuales se incluyen la pérdida de propósito y dirección, que puede ocurrir cuando los hijos han crecido y han dejado el hogar. *(p. 383)*

síndrome premenstrual (SPM) Conjunto de síntomas físicos y psicológicos que ocurren pocos días antes del flujo menstrual. *(p. 75)*

síndromes culturales Desórdenes psicológicos descubiertos sólo en una o en unas cuantas culturas. *(p. 519)*

sintaxis Reglas de gramática que determinan cómo se ordenan las palabras dentro de las oraciones o frases para formar expresiones significativas. *(p. 259)*

síntomas negativos Deficiencias conductuales asociadas con la esquizo-frenia, como el retiro y la apatía. *(p. 545)*

síntomas positivos Síntomas de esquizofrenia que implican excesos con-ductuales, como alucinaciones o delirios. *(p. 545)*

sistema endocrino Sistema corporal de glándulas que liberan sus secrecio-nes, llamadas hormonas, al torrente sanguíneo. *(p. 73)*

sistema inmune Sistema corporal de defensa contra la enfermedad. *(p. 184)*

sistema límbico Formación de estructuras en el prosencéfalo que incluyen al hipocampo, la amígdala y partes del tálamo e hipotálamo; está involu-crado en la memoria y en el procesamiento emocional. *(p. 57)*

sistema nervioso autónomo Parte del sistema nervioso periférico que re-gula de forma automática los procesos corporales involuntarios, como la respiración, el pulso y la digestión. *(p. 53)*

sistema nervioso central Parte del sistema nervioso que consiste en el ce-rebro y la médula espinal. *(p. 50)*

sistema nervioso parasimpático Rama del sistema nervioso autónomo que regula los procesos corporales, como la digestión, misma que resurte las reservas de energía. *(p. 54)*

sistema nervioso periférico Parte del sistema nervioso que conecta a la médula espinal y al cerebro con los órganos sensibles, los músculos y las glándulas. *(p. 53)*

sistema nervioso Red de células nerviosas y células de apoyo para comu-nicar y procesar información. *(p. 50)*

sistema nervioso simpático Rama del sistema nervioso autónomo que acelera los procesos corporales y libera las reservas de energía necesarias para satisfacer crecientes demandas físicas. *(p. 53)*

sistema nervioso somático Parte del sistema nervioso periférico que trans-mite información entre el sistema nervioso central y los órganos sensoria-les y los músculos; también controla los movimientos voluntarios. *(p. 53)*

sitio receptor Sitio en la neurona receptora en el cual anida el neurotrans-misor. *(p. 46)*

situación extraña Método de Ainsworth para evaluar el apego del bebé a la madre, basado en una serie de breves separaciones y reuniones con la madre en una situación de salón de juegos. *(p. 343)*

sobreaprendizaje Práctica repetida más allá del punto necesario para re-producir material sin error alguno. *(p. 228)*

soma cuerpo celular de una neurona que contiene al núcleo de la célula y desempeña las funciones metabólicas de la misma. *(p. 42)*

sonrisa Duchenne Sonrisa genuina que implica la contracción de un con-junto específico de músculos faciales. *(p. 305)*

soñar despierto Forma de conciencia durante el estado de vigilia en el cual la mente vaga hacia pensamientos o fantasías similares a sueños. *(p. 135)*

sordera de conducción Forma de sordera que, por lo regular, implica daño en el oído medio, en la cual hay pérdida de conducción de vibraciones de sonido a través del oído. *(p. 103)*

sordera nerviosa Sordera asociada con daño en los nervios; por lo regular implica daño en las células ciliadas o en el nervio auditivo mismo. *(p. 103)*

sublimación En la teoría freudiana, mecanismo de defensa que implica la canalización de impulsos inaceptables en conductas o intereses aproba-dos por la sociedad. *(p. 481)*

sueño de movimiento ocular rápido (MOR) Etapa del sueño que implica rá-pidos movimientos oculares y que se asocia más con periodos de sueños *(REM por sus siglas en inglés)*. *(p. 141)*

sueños lúcidos Sueños en los cuales el soñador está consciente de que sueña. *(p. 145)*

sugestión post-hipnótica Sugestión del hipnotista de que el sujeto respon-derá de una manera en particular después de la hipnosis. *(p. 151)*

superyó Término de Freud para la estructura psíquica que corresponde a un guardián moral interno o a una conciencia moral interna. *(p. 479)*

tálamo Estructura en el prosencéfalo que sirve como estación de relevo para la información sensorial y que desempeña una función fundamental en la regulación de los estados de vigilia y sueño. *(p. 56)*

tallo cerebral "Tallo" en la parte baja del cerebro que conecta a la médula espinal con la regiones superiores del cerebro. *(p. 55)*

tarea de reconocimiento Método para medir la retención de memoria que evalúa la capacidad de seleccionar la respuesta correcta entre un rango de respuestas alternativas. *(p. 230)*

tarea de recordar Tarea de memoria, como una prueba de ensayo, que re-quiere la recuperación de información almacenada con mínimas claves disponibles. *(p. 430)*

técnica de la bola baja Técnica de conformidad basada en obtener el acuer-do inicial de una persona para comprar un artículo a un precio menor an-tes de revelar costos ocultos que alcanzan el precio definitivo. *(p. 620)*

técnica de lesión En estudios de funcionamiento del cerebro, destrucción intencional de tejido cerebral con el fin de observar los efectos en la con-ducta. *(p. 64)*

técnica de puerta en la cara Técnica de conformidad en la cual la negativa a una gran solicitud no razonable es seguida por una solicitud más pe-queña y más razonable. *(p. 621)*

técnica de tentación y cambio Técnica de conformidad basada en "tentar" a un individuo con una oferta seductora e irreal y después reemplazarla por una menos atractiva. *(p. 620)*

técnica del pie en la puerta Técnica de conformidad basada en asegurar la conformidad con una solicitud más pequeña como preludio para hacer una solicitud mayor. *(p. 620)*

telepatía Comunicación de pensamientos de una mente a otra que ocurre sin el uso de los sentidos conocidos. *(p. 125)*

temperamento Estilo característico de conducta o disposición. *(p. 341)*

tendencia central Punto central en una escala de medida alrededor del cual se distribuyen las calificaciones. *(p. A-5)*

teoría Cannon-Bard Creencia en que las reacciones emocionales y fisiológi-cas a un estímulo ocurren de manera casi simultánea. *(p. 311)*

teoría construccionista Aquella que sostiene que la memoria no es una réplica del pasado, sino una representación, o reconstrucción, del pasado. *(p. 220)*

teoría de detección de señales Enfoque que explica que la detección de un estímulo está determinada por factores como la intensidad del mismo, el nivel de estimulación de fondo y las características biológicas y psicoló-gicas de quien percibe. *(p. 89)*

teoría de esquema de género Creencia en que los niños forman represen-taciones mentales o esquemas de masculinidad y feminidad, las cuales emplean después como base para organizar su comportamiento y para medir su valor personal. *(p. 409)*

teoría de frecuencia Creencia en que el tono depende de la frecuencia de la vibración de la membrana basilar y de la descarga de impulsos nerviosos transmitida al cerebro a través del nervio auditivo. *(p. 102)*

teoría de incentivos Creencia en que nuestra atracción hacia determina-das metas u objetos motiva gran parte de nuestra conducta. *(p. 286)*

teoría de la decadencia Teoría del olvido que propone que los recuerdos consisten en rastros que se depositan en el cerebro y que gradualmente se deterioran y desaparecen con el paso del tiempo (también llamada *teoría de rastros*). *(p. 226)*

teoría de la disonancia cognoscitiva Creencia en que la gente está moti-vada a resolver discrepancias entre su conducta y sus actitudes o creen-cias. *(p. 288)*

teoría de la excitación Creencia en que cada vez que el nivel de estimu-lación disminuye por debajo del nivel óptimo del organismo, éste busca maneras para incrementarlo. *(p. 286)*

teoría de la interferencia Creencia en que el olvido es el resultado de la in-terferencia de los recuerdos entre sí. *(p. 227)*

teoría de la pulsión Creencia en que la conducta es generada por motivacio-nes que surgen de necesidades biológicas que demandan satisfacción. *(p. 285)*

teoría de lugar Creencia en que el tono depende del lugar a lo largo de la membrana basilar que vibra más como respuesta a un estímulo auditivo en particular. *(p. 102)*

teoría de neodisociación Teoría de la hipnosis basada en la creencia en que la hipnosis representa un estado de conciencia disociada (dividida). *(p. 152)*

teoría de niveles de procesamiento Creencia en cuán bien o durante cuánto tiempo es recordada la información depende de la profundidad de la codificación o el procesamiento. *(p. 216)*

teoría de proceso oponente Teoría de visión del color que sostiene que la experiencia del color resulta de procesos opuestos que implican dos grupos de receptores de color: receptores rojo-verde y receptores azul-amarillo, y que otro conjunto de receptores opuestos, blanco-negro, es responsable de la detección de diferencias en el brillo. *(p. 96)*

teoría de punto programado Creencia en que los mecanismos del cerebro regulan el peso corporal alrededor de un "punto programado" genéticamente predeterminado. *(p. 295)*

teoría de recuperación Creencia en que el olvido es resultado de una falla en el acceso a los recuerdos almacenados. *(p. 228)*

teoría del dolor de control de la puerta Creencia en que una puerta eléctrica en la médula espinal se abre para permitir que los mensajes de dolor lleguen al cerebro y se cierra para mantenerlos fuera. *(p. 110)*

teoría del instinto Creencia en que la conducta está motivada por el instinto. *(p. 284)*

teoría del *self* Modelo de personalidad de Rogers que se enfoca en la importancia del *self*. *(p. 500)*

teoría James-Lange Creencia en que las emociones ocurren después de que la persona se hace consciente de sus respuestas psicológicas al estímulo disparador. *(p. 311)*

teoría psicoanalítica Teoría de Freud de la personalidad, la cual sostiene que la personalidad y la conducta toman forma a través de fuerzas y conflictos inconscientes. *(p. 478)*

teoría social-cognitiva Modelo contemporáneo basado en el aprendizaje que enfatiza la función de los factores cognitivos y ambientales en la determinación de la conducta. *(p. 9, 496)*

teoría triárquica de inteligencia Teoría de Sternberg de la inteligencia que presenta tras aspectos de la misma: analítica, creativa y práctica. *(p. 270)*

teoría tricromática Teoría de visión del color que propone que la capacidad de ver diferentes colores depende de la actividad relativa de tres tipos de receptores de color en el ojo (rojo, verde y azul-violeta). *(p. 96)*

teorías Formulaciones que representan relaciones entre sucesos observados o descubrimientos experimentales de maneras que los hacen más comprensibles y predecibles. *(p. 22)*

terapia cognitiva Método de psicoterapia desarrollado por Aaron Beck que ayuda a los clientes a reconocer y corregir patrones distorsionados de pensamiento que se creen subyacentes a sus problemas emocionales. *(p. 571)*

terapia cognitivo-conductual (TCC) Forma de terapia que combina técnicas de tratamiento conductual y cognitivo. *(p. 569)*

terapia conductual Forma de terapia que implica la aplicación sistemática de los principios de aprendizaje para producir los cambios deseados en estados emocionales y conducta. *(p. 9, 182, 567)*

terapia de conducta racional emotiva (TCRE) Desarrollada por Albert Ellis, forma de psicoterapia basada en la identificación y corrección de creencias irracionales que se cree que yacen debajo de las dificultades emocionales y conductuales). *(p. 569)*

terapia de grupo Forma de terapia en la cual los clientes son atendidos dentro de un formato de grupo. *(p. 573)*

terapia de pareja Aquella que se enfoca en ayudar a las parejas con problemas a resolver sus conflictos y a desarrollar habilidades para tener una comunicación más efectiva. *(p. 574)*

terapia de realidad virtual (TRV) Forma de terapia de exposición en la cual se utiliza realidad virtual para simular ambientes del mundo real. *(p. 575)*

terapia ecléctica Perspectiva terapéutica que reúne principios y técnicas que representan a distintas escuelas de terapia. *(p. 572)*

terapia electroconvulsiva (TEC) Forma de terapia para la depresión severa que implica la administración de un choque eléctrico en la cabeza. *(p. 584)*

terapia familiar Terapia para familias conflictivas que se enfoca en cambiar los patrones disfuncionales de comunicación y en mejorar las maneras como los miembros de la familia se relacionan entre sí. *(p. 574)*

terapia moral Filosofía de tratamiento que enfatizaba la atención a los dementes con compasión y comprensión en lugar de encadenarlos. *(p. 558)*

teratógeno Influencia o agente ambiental que puede dañar al embrión o feto en desarrollo. *(p. 330)*

testículos Gónadas masculinas que producen espermatozoides y secretan la hormona sexual masculina testosterona. *(p. 74)*

tímpano Capa de tejido conector que separa el oído externo del oído medio, que vibra como respuesta a los estímulos auditivos y que transmite ondas de sonido al oído medio. *(p. 101)*

tipo catatónico Subtipo de la esquizofrenia caracterizado por movimientos, posturas o gestos extraños. *(p. 545)*

tipo desorganizado Subtipo de esquizofrenia caracterizado por conducta confusa y delirios desordenados, entre otras particularidades. *(p. 545)*

tipo paranoide Subtipo más común de esquizofrenia caracterizado por la aparición de pensamiento delirante acompañado por alucinaciones auditivas frecuentes. *(p. 546)*

tolerancia Forma de habituación física a una sustancia en la cual se requieren cantidades mayores para lograr el mismo efecto. *(p. 155)*

toma de decisiones Forma de resolución de problemas en la cual el individuo debe seleccionar un curso de acción de entre las alternativas disponibles. *(p. 253)*

tomografía axial computarizada (TAC) Técnica de imagen computarizada en la cual un haz de rayos X pasa a lo largo del cuerpo a diferentes ángulos para generar una imagen tridimensional de las estructuras corporales (también llamado *CAT scan*, abreviatura de *computed axial tomography*). *(p. 61)*

tono Agudeza o gravedad de un sonido que corresponde a la frecuencia de la onda sonora. *(p. 100)*

trabajo a distancia Forma de trabajo en casa en el cual la gente se comunica con su oficina y clientes a través de la computadora o de las telecomunicaciones. *(p. 630)*

transexualismo Desajuste en el cual la identidad sexual de una persona es inconsistente con su sexo anatómico y cromosómico. *(p. 407)*

trastorno afectivo estacional (TAE) Tipo de depresión mayor que implica un patrón recurrente de depresiones invernales seguidas por elevaciones en el estado de ánimo en la primavera y el verano. *(p. 536)*

trastorno bipolar Tipo de desorden del estado de ánimo caracterizado por cambios bruscos de estado de ánimo, de la euforia extrema (manía) a la depresión grave. *(p. 537)*

trastorno de ansiedad generalizada (TAG) Tipo de desorden de ansiedad que implica ansiedad o preocupación persistentes y generalizados. *(p. 527)*

trastorno de aversión sexual Tipo de trastorno del deseo sexual que implica repulsión o fuerte aversión al contacto sexual genital. *(p. 431)*

trastorno de conversión Tipo de trastorno somatomorfo caracterizado por el cambio o la pérdida de funciones físicas que no pueden ser explicadas por causas médicas. *(p. 533)*

trastorno de depresión mayor Tipo más común de trastorno de depresión, caracterizado por periodos de estado de ánimo bajo, sentimientos de carencia de valor y pérdida de interés en actividades placenteras. *(p. 536)*

trastorno de estrés postraumático (TEPT) Trastorno psicológico que implica una reacción no adaptativa al estrés traumático. *(p. 449)*

trastorno de excitación sexual femenina Tipo de trastorno de excitación sexual en las mujeres que implica dificultades para lograrla. *(p. 432)*

trastorno de identidad disociativa (TID) Tipo de trastorno disociativo caracterizado por la aparición de múltiples personalidades en el mismo individuo. *(p. 531)*

trastorno de pánico Tipo de trastorno de ansiedad que implica episodios repetidos de terror intenso llamados ataques de pánico. *(p. 527)*

trastorno de pensamiento Ruptura en la estructura lógica de pensamiento y habla que se revela en forma de pérdida de asociaciones. *(p. 545)*

trastorno de personalidad antisocial (DPA) Tipo de trastorno de personalidad caracterizado por actitudes insensibles hacia los demás y por conductas antisociales e irresponsables. *(p. 549)*

trastorno de personalidad esquizoide Tipo de trastorno de la personalidad que se caracteriza por aislamiento social y un rango limitado de expresión emocional. *(p. 549)*

trastorno de personalidad limítrofe Tipo de trastorno de la personalidad que se caracteriza por emociones e imagen de sí mismo inestables. *(p. 549)*

trastorno de personalidad narcisista Tipo de desorden de la personalidad caracterizado por un sentido grandioso del ser. *(p. 549)*

trastorno de personalidad paranoide Tipo de trastorno de la personalidad caracterizado por extrema suspicacia o desconfianza en los demás. *(p. 549)*

trastorno de pesadilla Trastorno del sueño que involucra un patrón de pesadillas frecuentes y molestas. *(p. 148)*

trastorno de sonambulismo Trastorno del sueño caracterizado por episodios repetidos de sonambulismo. *(p. 148)*

trastorno de terror de sueño Trastorno del sueño que involucra repetidos episodios de temor intenso durante el sueño, lo cual causa que la persona despierte de forma abrupta en un estado aterrorizado. *(p. 148)*

trastorno del deseo sexual hipoactivo Tipo de trastorno sexual caracterizado por la ausencia o carencia de interés o deseo sexual. *(p. 431)*

trastorno distímico Tipo de trastorno psicológico caracterizado por depresión moderada aunque crónica. *(p. 536)*

trastorno obsesivo-compulsivo (TOC) Tipo de trastorno de ansiedad que implica la ocurrencia repetida de obsesiones y/o compulsiones. *(p. 527)*

trastorno orgásmico femenino Tipo de trastorno orgásmico en mujeres, caracterizado por la carencia de orgasmo o dificultades persistentes para alcanzarlo, después de una fase normal de excitación sexual. *(p. 432)*

trastorno orgásmico masculino Tipo de trastorno orgásmico en hombres, caracterizado por la falta de orgasmo o por persistentes dificultades para llegar al orgasmo, después de una fase normal de excitación sexual. *(p. 432)*

trastorno psicótico Trastorno psicológico, como la esquizofrenia, caracterizado por un "rompimiento" con la realidad. *(p. 545)*

trastornos de la personalidad Clase de trastornos psicológicos que comprenden características rígidas de personalidad que entorpecen la capacidad de la gente de ajustarse a las demandas que enfrenta en el ambiente y que interfieren en sus relaciones con los demás. *(p. 549)*

trastornos del estado de ánimo Clase de trastornos psicológicos que implica disturbios en los estados de ánimo, como la depresión mayor y el trastorno bipolar. *(p. 535)*

trastornos disociativos Clase de trastornos psicológicos que implican cambios en la conciencia, la memoria o la identidad propia. *(p. 531)*

trastornos psicológicos Patrones anormales de conducta caracterizados por alteraciones en la conducta, el pensamiento, las percepciones o las emociones que se asocian con un sufrimiento personal significativo o con un funcionamiento desequilibrado. También llamados *trastornos mentales* o *enfermedades mentales*. *(p. 253)*

trastornos somatomorfos Clase de trastornos psicológicos que implican padecimientos o quejas físicas que no pueden ser explicados con base en causas orgánicas. *(p. 531)*

travestismo Tipo de parafilia que implica ataviarse con prendas del sexo opuesto con el propósito de lograr una excitación sexual. *(p. 424)*

tricíclicos Clase de medicamentos antidepresivos que incrementan la disponibilidad de los neurotransmisores en el cerebro al interferir en la reabsorción de esos químicos al transmitir neuronas. *(p. 581)*

tricromáticos Personas con visión cromática normal que pueden distinguir todos los colores del espectro visual. *(p. 97)*

trompas de Falopio Tubo similar a una pajilla entre un ovario y el útero, a través del cual pasa un óvulo después de la ovulación. *(p. 328)*

tubo neural Área en el embrión a partir de la cual se desarrolla el sistema nervioso. *(p. 329)*

tumores malignos Crecimiento descontrolado de células corporales que invaden el tejido circundante y se extienden a otras partes del cuerpo. *(p. 465)*

úlceras pépticas Heridas que se forman en el recubrimiento del estómago o del intestino delgado. *(p. 468)*

umbral absoluto La menor cantidad de determinado estímulo que una persona puede percibir. *(p.88)*

umbral de diferencia Diferencia mínima en la magnitud de energía necesaria para que la gente haga una distinción entre dos estímulos. *(p. 89)*

útero Órgano reproductor femenino en el cual se implanta el huevo fertilizado y se desarrolla a término. *(p. 329)*

vacunación Método para adquirir inmunidad por medio de la inyección de una forma debilitada o parcial de un agente infeccioso que puede inducir la producción de anticuerpos pero no produce una infección declarada. *(p. 457)*

vaina de mielina Capa de aislamiento protector que cubre a los axones de ciertas neuronas y ayuda a hacer más veloz la transmisión de impulsos nerviosos. *(p. 44)*

validación social Tendencia a emplear la conducta de otras personas como parámetros para juzgar si es apropiada o no nuestra conducta. *(p. 619)*

validez Grado al cual una prueba mide lo que se propone medir. *(p. 267)*

valor de incentivo Fuerza de "atracción" de una meta o recompensa. *(p. 287)*

valor subjetivo En la teoría social-cognitiva, importancia que el individuo concede a los resultados deseados. *(p. 496)*

variabilidad En estadística, la amplitud o dispersión de calificaciones a lo largo de la distribución. *(p. A-7)*

variables Factores o medidas que varían dentro de un experimento o entre individuos. *(p. 23)*

variables de persona Término de Mischel para los factores personales internos que influyen en la conducta, incluso las competencias, expectativas y valores subjetivos. *(p. 498)*

variables de situación Término de Mischel para las influencias ambientales en la conducta, como las recompensas y los castigos. *(p. 498)*

variables dependientes Efectos o resultados de un experimento que se cree que dependen de los valores de las variables independientes. *(p. 28)*

variables independientes Factores que son manipulados en un experimento. *(p. 28)*

vasocongestión Inflamación de los tejidos con sangre; proceso que ocurre durante la erección del pene y la lubricación vaginal durante la excitación sexual. *(p. 419)*

ventana oval Apertura cubierta por membrana que separa al oído medio del oído interno. *(p. 101)*

vinculación Proceso mediante el cual los padres desarrollan firmes vínculos con sus hijos recién nacidos, los cuales pueden formarse en las primeras horas después del nacimiento. *(p. 342)*

violación Empleo de amenaza o fuerza para someter a una persona a tener relaciones sexuales. *(p. 435)*

voyeurismo Tipo de parafilia que implica mirar a otras personas mientras se desvisten o realizan actividades sexuales, sin que éstas lo sepan. *(p. 424)*

yo Término de Freud para definir la estructura psíquica que pretende equilibrar las demandas instintivas del ello con las realidades y las expectativas sociales. *(p. 479)*

zona de desarrollo proximal (ZDP) En la teoría de Vygotsky, rango entre el nivel presente de conocimientos de un niño y su estado potencial de conocimientos si recibe la guía y la instrucción apropiadas. *(p. 358)*

zonas erógenas Partes del cuerpo que son especialmente sensibles a la estimulación sexual o placentera. *(p. 481)*

References

Abbott, A. (Mayo 24 de 2007). "The molecular wake-up call", en *Nature, 447,* 368–370.

Aboa-Éboulé, C., Brisson, C., Maunsell, E., Mâsse, B., Bourbonnais, R., Vézina, M., et al. (2007). "Job strain and risk of acute recurrent coronary heart disease events", en *Journal of the American Medical Association, 298,* 1652–1660.

Abraham, K. (1948). "The first pregenital stage of the libido (1916)", en D. Bryan y A. Strachey (Eds.), *Selected papers of Karl Abraham, M. D.* Londres: Hogarth Press.

Abraham, W. C. (2006). "Memory maintenance: The changing nature of neural mechanisms", en *Current Directions in Psychological Science, 15,* 5–8.

Abrahamson, A. C., Baker, L. A. y Caspi, A. (2002). "Rebellious teens? Genetic and environmental influences on the social attitudes of adolescents", en *Journal of Personality and Social Psychology, 83,* 1392–1408.

Abramowitz, J. S. (2006). "The psychological treatment of obsessive–compulsive disorder", en *Canadian Journal of Psychiatry, 51,* 407–416.

Abramson, L. T., Seligman, M. E. P. y Teasdale, J. D. (1978). "Learned helplessness in humans: Critique and reformulation", en *Journal of Abnormal Psychology, 87,* 49–74.

Acheson, D. T., Forsyth, J. P., Prenoveau, J. M. y Bouton, M. E. (2007). "Interoceptive fear conditioning as a learning model of panic disorder: An experimental evaluation using 20% CO2-enriched air in a non-clinical sample", en *Behaviour Research and Therapy, 45,* 2280–2294.

Ackerman, J. M., Shapiro, J. R., Neuberg, S. L., Kendrick, D. T., Becker, D. V., Griskevicius, V., et al. (2006). "They all look the same to me (unless they're angry): From out-group homogeneity to out-group heterogeneity", en *Psychological Science, 17,* 836–840.

AD 2000 Collaborative Group. (2004). "Long-term donepezil treatment in 565 patients with Alzheimer's disease (AD2000): Randomised double-blind trial", en *Lancet, 363,* 2105–2015.

Adelson, R. (Abril de 2004). "Stimulating the vagus nerve: Memories are made of this", en *Monitor on Psychology, 35,* 36–38.

Adelson, R. (febrero de 2005). "Hues and views", en *Monitor on Psychology, 36*(2), 26–29.

Ader, R, y Cohen, N. (1982). "Behaviorally conditioned immunosuppression and murine systemic lupus erythematosus", en *Science, 215,* 1534–1536.

Adler, J. y Raymond, J. (Otoño/invierno de 2001). "Fight back, with sweat", en *Newsweek Special Issue,* pp. 35–41.

Adorno, T. W., Frenkel-Brunswik, E., Levinson, D. y Sanford, R. N. (1950). *The authoritarian personality.* Nueva York: Harper.

Aguiara, A. y Baillargeon, R. (2002). "Developments in young infants' reasoning about occluded objects", en *Cognitive Psychology, 45,* 267–336. Ainsworth, M. D. S. (1979). "Infant-mother attachment", en *American Psychologist, 34,* 932–937.

Ainsworth, M. D. S., Blehar, M. C., Waters, E. y Wall, S. (1978). *Patterns of attachment: A psychological study of the Strange Situation.* Hillsdale, Nueva Jersey: Erlbaum.

Akinbami, L. (2007).) "Asthma prevalence, health care use and mortality: United States, 2003–05. Centers for Disease Control and Prevention (CDC), National Center for Health Statistics", consultado en marzo 31 de 2008 en http:www.cdc.gov/nchs/products/pubs/pubd/hestats/ashtma03-05/ asthma03-05.htm

Aleman, A., Kahn, R. S. y Selten, J.-P. (2003). "Sex differences in the risk of schizophrenia: Evidence from meta-analysis", en *Archives of General Psychiatry, 60,* 565–571.

Alexander, M. (Octubre de 2007). "Deadly distraction", en *Reader's Digest, 92–*105.

Allen, M. y Burrell, N. (1996). "Comparing the impact of homosexual and heterosexual parents on children: Meta-analysis of existing research", en *Journal of Homosexuality, 32*(2), 19–35.

Allgulander, C., Dahl, A. A., Austin, C., Morris, P. L. P., Sogaard, J. A., Fayyad, R., Kutcher, S. P., et al. (2004). "Efficacy of sertraline in a 12-week trial for generalized anxiety disorder", en *American Journal of Psychiatry, 161,* 1642–1649.

Alloy, L. B., Abramson, L. Y., Hogan, M. E., Whitehouse, W. G., Rose, D. T., Robinson, M. S., et al. (2000). "The Temple-Wisconsin cognitive vulnerability to depression project: Lifetime history of Axis I psychopathology in individuals at high and low cognitive risk for depression", en *Journal of Abnormal Psychology, 109,* 403–418.

Allport, G. W. (1954). *The nature of prejudice.* Reading, Massachusetts: Addison-Wesley.

Allport, G. W. (1961). *Pattern and growth in personality.* Nueva York: Holt, Rinehart & Winston.

Alonso-Alonso, M. y Pascual-Leone, A. (2007). "The right brain hypothesis for obesity", en *Journal of the American Medical Association, 297,* 1819–1822.

Altman, L. K. (Noviembre 9 de 2005). "Officials report mixed picture on S.T.D. rates", en *New York Times,* p. A22.

"Alzheimer's cases may quadruple by 2050" (Junio 11 de 2007). *Associated Press News Release.* Consultado en junio 26 de 2007 en http:news.aol.com/topnews/ articles/a/ alzheimers-cases-may-quadruple-by-2050/ n20070610021509990003.

Amato, P. R. (2006). "Marital discord, divorce, and children's well-being: Results from a 20-year longitudinal study of two generations", en Clarke-Stewart, A. y Dunn, J. (eds.). *Families count: Effects on child and adolescent development. The Jacobs Foundation series on adolescence* (pp. 179–202). Cambridge, Reino Unido: Cambridge University Press.

American Academy of Pediatrics (2007). *Smart guide to kid's TV.* Consultado en marzo 9 de 2007 en http:www.aap.org/family/smarttv.htm.

American Academy of Pediatrics, Committee on Psychosocial Aspects of Child and Family Health. (1998). "Guidance for effective discipline", en *Pediatrics, 101,* 723.

American Cancer Society. (2007). *Cancer facts and figures 2007.* Atlanta, Georgia: publicación del autor.

American College Health Association. (2005). "National College Health Assessment (ACHA-NCHA), Spring 2003 Reference Group Report", en *Journal of American College Health, 53,* 199-210.

American College of Obstetricians and Gynecologists. (2000). *Alcohol and pregnancy* (ACOG Education Pamphlet AP132). Consultado en octubre 12 de 2004 en www.medem.com/medlb/article_detaillb.cfm?article_IDZZZQJ1NS77C&sub_cat3.

American Psychiatric Association. (2000). *DSM-IV-TR: Diagnostic and statistical manual of mental disorders* (revisión de texto). Washington, DC: publicación del autor.

American Psychological Association (APA). (2002). "Ethical principles of psychologists and code of conduct", en *American Psychologist, 57,* 1060–1073.

American Psychological Association. (Julio de 2003a). *Employment settings for PhD: 2001.* Washington, DC: APA Research Office.

American Psychological Association. (Septiembre de 2003b). *Demographic shifts in psychology.* Washington, DC: APA Research Office.

American Psychological Association. (Abril de 2004). *Current major fields of APA membership by membership status, 2002.* Washington, DC: APA Research Office.

American Psychological Association (APA). (Marzo 4 de 2006). *Americans engage in unhealthy behaviors to manage stress.* Consultado en marzo 15 de 2006 en http:apahelpcenter.mediaroom.com/index.php?spress_releases&item23.

American Psychological Association (APA). (Octubre 25 de 2007). *Stress a major health problem in the U.S., warns APA.* Consultado en octubre 26 de 2007 en http:www.apa.org/releases/stressproblem.html.

Andersen, P., Morris, R., Amaral, D., Bliss, T. y O'Keefe, J. (2007a). (Eds.). *Exploring the neuroscience of memory.* Nueva York: Oxford University Press.

Andersen, P., Morris, R., Amaral, D., Bliss, T. y O'Keefe, J. (2007b). (Eds.). *The hippocampus book.* Nueva York: Oxford Press.

Anderson, C. A., Funk, J. B. y Griffiths, M. D. (2004). "Contemporary issues in adolescent video game playing: Brief overview and introduction to the special issue", en *Journal of Adolescence, 27,* 1–3.

Anderson, D. E. (Agosto de 2003). *Longitudinal study of formal operations in college students.* Documento presentado en la reunión de la American Psychological Association, Toronto, Canadá.

Anderson, M. B., Van Raalte, J. L. y Brewer, B. W. (2001). "Sport psychology service delivery: Staying ethical while keeping loose", en *Professional Psychology: Research and Practice, 32,* 12–18.

Anderson, P., Doyle, L. W. y el Victorian Infant Collaborative Study Group. (2003). "Neurobehavioral outcomes of school-age children born extremely low birth weight or very preterm in the 1990s", en *Journal of the American Medical Association, 289,* 3264–3272.

Anderson, S. E., Dallal, G. E. y Must, A. (2003). "Relative weight and race influence average age at menarche: Results from two nationally representative surveys of US girls studied 25 years apart", en *Pediatrics, 111,* 844–850.

Anderson, S. W. y Booker, M. B., Jr. (2006). "Cognitive behavioral therapy versus psychosurgery for refractory obsessive-compulsive disorder", en *Journal of Neuropsychiatry & Clinical Neurosciences, 18,* 129.

Andersson, G., Carlbring, P., Holmström, A., Sparthan, E., Furmark, T., et al. (2006). "Internet-based self-help with therapist feedback and in vivo group exposure for social phobia: A randomized controlled trial", en *Journal of Consulting and Clinical Psychology, 74,* 677–686.

Andrews, B., Brewin, C. R., Philpott, R. y Stewart, L. (2007). "Delayed-onset posttraumatic stress disorder: A systematic review of the evidence", en *American Journal of Psychiatry, 164,* 1319–1326.

Andrews, J., Wadiwalla, M., Juster, R. P., Lord, C., Lupien, S. J. y Pruessner, J. C. (2007). "Effects of manipulating the amount of social-evaluative threat on the cortisol stress response in young healthy men", en *Behavioral Neuroscience, 121,* 871–876.

Angelaki, D. E., Shaikh, A. G., Green, A. M. y Dickman, J. D. (2004). "Neurons compute internal models of the physical laws of motion", en *Nature, 430,* 560–564.

Angier, N. (Febrero 8 de 1998a). "Separated by birth?", en *New York Times Book Review,* p. 9.

Angier, N. (Septiembre 1 de 1998b). "Nothing becomes a man more than a woman's face", en *New York Times,* p. F3.

Angier, N. (Julio 8 de 2003). "Opposites attract? Not in real life", en *New York Times,* pp. F1, F6.

Angier, N. (Octubre 23 de 2007). "In the dreamscape of nightmares, clues to why we dream at all", en *New York Times, Science Times,* pp. F1, F3.

APA Presidential Task Force on Evidence-Based Practice. (2006). "Evidence-based practice in psychology", en *American Psychologist, 61,* 271–285.

Archer, J. (2004). "Sex differences in aggression in real-world settings: A meta-analytic review", en *Review of General Psychology, 8,* 291–322.

Archer, J. (2006). "Testosterone and human aggression: An evaluation of the challenge hypothesis", en *Neuroscience and Biobehavioral Reviews, 30,* 319–345.

Areán, P. A. y Ayalon, L. (2005). "Assessment and treatment of depressed older adults in primary care", en *Clinical Psychology: Science and Practice, 12,* 321–335.

Arnett, J. J. (2000). "Emerging adulthood: A theory of development from the late teens through the twenties", en *American Psychologist, 55,* 469–480.

Arnett, J. J. (2004). *Adolescence and emerging adulthood: A cultural approach* (2ª. ed.). Upper Saddle River, Nueva Jersey: Pearson/Prentice Hall.

Aronson, E., Wilson, T. D. y Akert, R. M. (2004). *Social psychology: Media and research update* (5ª. ed.). Upper Saddle River, Nueva Jersey: Prentice Hall.

Arrindell, W. A. (2003). "Cultural abnormal psychology", en *Behaviour Research and Therapy, 41,* 749–753.

Asch, S. E. (1956). "Studies of independence and conformity: I. A minority of one against a unanimous majority", en *Psychological Monographs, 70,* 70.

Ashby, F. G. y Maddox, W. T. (2005). "Human category learning", en *Annual Review of Psychology, 56,* 149–178.

Ashmore, J. (2004). "Hearing: Channel at the hair's end", en *Nature, 432,* 685–686.

Ask Tufts Experts. (Octubre de 2007). *Tufts University Health & Nutrition Letter, Special Supplement,* p. 2.

Assad, K. K., Donnellan, M. B. y Conger, R. D. (2007). "Optimism: An enduring resource for romantic relationships", en *Journal of Personality and Social Psychology, 93,* 285–297.

Atkinson, R. C. y Shiffrin, R. M. (1971). "The control of short-term memory", en *Scientific American, 225,* 82–90.

August, R. A. y Quintero, V. C. (2001). "The role of opportunity structures in older women workers' careers", en *Journal of Employment Counseling, 38,* 62–81.

Aveline, D. (2006). "'Did I have blinder on or what?' Retrospective sense making by parents of gay sons recalling their sons' earlier years", en *Journal of Family Issues, 27,* 777–802.

Averhart, C. J. y Bigler, R. S. (1997). "Shades of meaning: Skin tone, racial attitudes, and constructive memory in African American children", en *Journal of Experimental Child Psychology, 67,* 363–388.

Awad, G. H. y Ladhani, S. (2007). "Review of counseling and psychotherapy with Arabs and Muslims: A culturally sensitive approach", en *Cultural Diversity and Ethnic Minority Psychology, 13,* 374–375.

Awh, E., Barton, B. y Vogel, E. V. (2007). "Visual working memory represents a fixed number of items regardless of complexity", en *Psychological Science, 18,* 622–628.

Azar, B. (Abril de 1996a). "Musical studies provide clues to brain functions", en *APA Monitor, 27*(4), 1, 24. Azar, B. (Agosto de 1996b). "Why men lose keys—and women find them", en *APA Monitor, 27*(7), 32. Azar, B. (Enero de 2006). "Wild findings on animal sleep", en *Monitor on Psychology, 37*(1), 54–55.

Baddeley, A. (2000). "The episodic buffer: A new component of working memory?", en *Trends in Cognitive Sciences, 4,* 417–423.

Baddeley, A. D. (2001). "Levels of working memory", en M. Naveh-Benjamin, M. Moscovitch y H. L. Roediger (eds.), *Perspectives on human memory and cognitive aging: Essays in honor of Fergus Craik.* Hove, Inglaterra: Psychology Press.

Baer, R. A. (2003). "Mindfulness training as a clinical intervention: A conceptual and empirical review", en *Clinical Psychology: Science and Practice, 10,* 125–143.

Bagley, C. y D'Augelli, A. R. (2000). "Suicidal behaviour in gay, lesbian, and bisexual youth", en *British Medical Journal, 320,* 1617–1618.

Bahrami, B., Lavie, N. y Rees, G. (2007). "Attentional load modulates responses of human primary visual cortex to invisible stimuli", en *Current Biology, 17,* 509–513.

Baicy, K., London, E. D., Monterosso, J., Wong, M.-L., Delibasi, T., Sharma, A. y Licinio, J. (2007). "Leptin replacement alters brain response to food cues in genetically leptin-deficient adults", en *Proceedings of the National Academy of Sciences.* Consultado en noviembre 18 de 2007 en http:www.pnas.org/cgi/ content/abstract/0706481104v1.

Bailar, J. C., III. (2001). "The powerful placebo and the wizard of Oz", en *New England Journal of Medicine, 344,* 1630–1632.

Bailey, J. M. (2003). *The man who would be queen: The science of gender-bending and transsexualism.* Washington, DC: Joseph Henry Press.

Bailey, J. M., Bobrow, D., Wolfe, M. y Mikach, S. (1995). "Sexual orientation of adult sons of gay fathers", en *Developmental Psychology, 31,* 124–129.

Bailey, J. M., Dunne, M. P. y Martin, N. G. (2000). "Genetic and environmental influences on sexual orientation and its correlates in an Australian twin simple", en *Journal of Personality and Social Psychology, 78,* 524–536.

Bailey, J. M. y Zucker, K. J. (1995). "Childhood sex-typed behavior and sexual orientation: A conceptual analysis and quantitative review", en *Developmental Psychology, 31,* 43–55.

Baillargeon, R. H., Zoccolillo, M., Keenan, K., Côté, S., Pérusse, D., Wu, H.-Z., et al. (2007). "Gender differences in physical aggression: A prospective population-based survey of children before and after 2 years of age", en *Developmental Psychology, 43,* 13–26.

Bakalar, N. (Abril 18 de 2006a). "Research ties lack of sleep to risk for hypertension", en *New York Times,* p. F7.

Bakalar, N. (Junio 13 de 2006b). "Men are better than women at ferreting out that angry face in a crowd", en *New York Times,* p. F5.

Bakalar, N. (Octubre 9 de 2007). "Timing found to matter in children's TV habits", en *New York Times Science Section,* p. F6.

Baldessarini, R. J. y Tondo, M. D. (2003). "Suicide risk and treatments for patients with bipolar disorder", en *Journal of the American Medical Association, 290,* 1517–1519.

Baldwin, S. A., Wampold, B. E. e Imel, Z. E. (2007). "Untangling the alliance-outcome correlation: Exploring the relative importance of therapist and patient variability in the alliance", en *Journal of Consulting and Clinical Psychology, 75,* 842–852.

Balkin, T. J., Braun, A. R., Wesensten, N. J., Jeffries, K., Varga, M., et al. (2002). "The process of awakening: A PET study of regional brain activity patterns mediating the re-establishment of alertness and consciousness", en *Brain, 125,* 2308–2319.

Baltes, P. B. (1997). "On the incomplete architecture of human ontogeny: Selection, optimization, and compensation as foundation of developmental theory", en *American Psychologist, 52,* 366–380.

Bancroft, J., Carnes, L., Janssen, E., Goodrich, D. y Long, J. S. (2005). "Erectile and ejaculatory problems in gay and heterosexual men", en *Archives of Sexual Behavior, 34,* 285–297.

Bandura, A. (1973). *Aggression: A social learning analysis.* Englewood Cliffs, Nueva Jersey: Prentice-Hall.

Bandura, A. (1986). *Social foundations of thought and action: A social-cognitive theory.* Englewood Cliffs, Nueva Jersey: Prentice-Hall.

Bandura, A. (1997). *Self-efficacy: The exercise of control.* Nueva York: Freeman.

Bandura, A. (2004). "Swimming against the mainstream: The early years from chilly tributary to transformative mainstream", en *Behaviour Research and Therapy, 42,* 613–630.

Bandura, A. (2006). "Toward a psychology of human agency", en *Perspectives on Psychological Science, 1,* 164–180.

Bandura, A. y Locke, E. A. (2003). "Negative self-efficacy and goal effects revisited", en *Journal of Applied Psychology, 88,* 87–89.

Bandura, A., Blanchard, E. B. y Ritter, B. (1969). "The relative efficacy of desensitization and modeling approaches for inducing behavioral, affective, and cognitive changes", en *Journal of Personality and Social Psychology, 13,* 173–199.

Bandura, A., Ross, S. A. y Ross, D. (1963). "Imitation of film-mediated aggressive models", en *Journal of Abnormal Psychology, 66,* 3–11.

Bar, M., Neta, M. y Linz, H. (2006). "Very first impressions", en *Emotion, 6,* 269–278.

Barabási, A.-L. (2007). "Network medicine—from obesity to the 'diseasome'", en *New England Journal of Medicine, 357,* 404–407.

Barbeau, E. M. (2006). "Increasing demand for use of cessation treatments among low-income and blue-collar populations", borrador de la declaración del *NIH State-of-the-Science Statement on Tobacco Use: Prevention, Cessation, and Control,* junio 12–14 de 2006, en *Draft Statement, Agency for Healthcare Research and Quality Systematic Literature Review, NIH Consensus Development Program, NIH Press Release* (pp. 53–58).

Barber, T. X. (1999). "A comprehensive three-dimensional theory of hypnosis", en I. Kirsch et al. (eds.), *Clinical hypnosis and self-regulation: Cognitive-behavioral perspectives* (pp. 21–48). Washington, DC: American Psychological Association.

Barch, D. M. y Csernansky, J. G. (2007). "Abnormal parietal cortex activation during working memory in schizophrenia: Verbal phonological coding disturbances versus domain-general executive dysfunction", en *American Journal of Psychiatry, 164,* 1090–1098.

Bargh, J. A. y Chartrand, T. L. (1999). "The unbearable automaticity of being", en *American Psychologist, 54,* 462–279.

Bargh, J. A. y Morsella, E. (2008). "The unconscious mind", en *Perspectives on Psychological Science, 3,* 73-79.

Bargh, J. A. y Williams, E. L. (2006). "The automaticity of social life current", en *Directions in Psychological Science, 15,* 1–48.

Barlett, C. P., Harris, R. J. y Bruey, C. (2007). "The effect of the amount of blood in a violent video game on aggression, hostility, and arousal", en *Journal of Experimental Social Psychology, 44,* 539-546.

Barlow, D. H., Gorman, J. M., Shear, M. K. y Woods, S. W. (2000). "Cognitive-behavioral therapy, imipramine, or their combination for panic disorder: A randomized controlled trial", en *Journal of the American Medical Association, 283,* 2529–2536.

Barnes, V. A., Treiber, F. A. y Johnson, M. H. (2004). "Impact of transcendental meditation on ambulatory blood pressure in African-American adolescents", en *American Journal of Hypertension, 17,* 366–369.

Baron, R. A. y Byrne, D. (2003). *Social psychology* (10ª. ed.). Boston: Allyn & Bacon.

Barrett, D. (1996). "Fantasizers and dissociaters: Two types of high hypnotizables, two different imagery styles", en R. G. Kunzeorf, N. P. Spanos y B. Wallace (Eds.), *Hypnosis and imagination* (pp. 123–135). Amityville, Nueva York: Baywood Publishing.

Barrett, L. F., Lindquist, K. A., Bliss-Moreau, E., Duncan, S., Gendron, M., Mize, J., et al. (2007). "Of mice and men: Natural kinds of emotions in the mammalian brain? A response to Panksepp and Izard", en *Perspectives on Psychological Science, 2,* 297–312.

Barrett, M. B. (1990). *Invisible lives: The truth about millions of women-loving women.* Nueva York: Harper & Row.

Barsky, A. J. y Ahern, D. K. (2004). "Cognitive behavior therapy for hypochondriasis: A randomized controlled trial", en *Journal of the American Medical Association, 291,* 1464–1470.

Bartho, P., Hirase, H., Monconduit, L., Zugaro, M., Harris, K. D. y Buzsaki, G. (2004). "Characterization of neocortical principal cells and interneurons by network interactions and extracellular features", en *Journal of Neurophysiology, 92,* 600–608.

Bartholow, B. D. y Heinz, A. (2006). "Alcohol and aggression without consumption alcohol cues, aggressive thoughts, and hostile perception bias", en *Psychological Science, 17,* 30–37.

Bartoshuk, L. (Enero de 2007). *Do you taste what I taste? Using genetic variation in taste to teach about taste, diet and health.* Documento presentado en el National Institute for the Teaching of Psychology, St. Petersburg, Florida.

Basner, R. C. (2007). "Continuous positive airway pressure for obstructive sleep apnea", en *New England Journal of Medicine, 356,* 1751–1758.

Batson, C. D. (1998). "Altruism and prosocial behavior", en D. T. Gilbert, S. T. Fiske y G. Lindzey (eds.), *The handbook of social psychology* (4ª. ed., Vol. 2, pp. 282–316). Boston: McGraw-Hill.

Batson, C. D., Ahmad, N., Lishner, D. A. y Tsang, J. (2002). "Empathy and altruism", en C. R. Snyder y S. J. Lopez (eds.), *Handbook of positive psychology* (pp. 485–498). Nueva York: Oxford University Press.

Batson, C. D. y Powell, A. A. (2003). "Altruism and prosocial behavior", en T. Millon y M. J. Lerner (eds.), *Handbook of psychology: Personality and social psychology* (Vol. 5, pp. 463–484). Nueva York: Wiley.

Bauer, P. J. (2007). *Remembering the times of our lives: Memory in infancy and beyond.* Mahwah, Nueva Jersey: Erlbaum.

Bauer, P. J., Burch, M. M., Scholin, S. E. y Güler, O. E. (2007). "Using cue words to investigate the distribution of autobiographical memories in childhood", en *Psychological Science, 18,* 910–916.

Baum, A. E., Akula, N., Cabanero, M., Cardona, I., Corona, W., Klemens, B., et al. (2007). "A genome-wide association study implicates diacylglycerol kinase eta (DGKH) and several other genes in the etiology of bipolar disorder", en *Molecular Psychiatry.* Consultado en junio 22 de 2007, en http:www .ncbi.nlm.nih.gov/sites/ entrez? cmdRetrieve&dbPubMed&list_uids17486107&doptAbstract.

Baumeister, R. F., Campbell, J. D., Krueger, J. I. y Vohs, K. D. (2003). "Does high self-esteem cause better performance, interpersonal success, happiness, or healthier lifestyle?", en *Psychological Science in the Public Interest, 4,* 1–44.

Baumeister, R. F., Catanese, K. R. y Vohs, K. D. (2001). "Is there a gender difference in strength of sex drive? Theoretical views, conceptual distinctions, and a review of relevant evidence", en *Personality & Social Psychology Review, 5,* 242–273.

Baumeister, R. F., Catanese, K. R. y Wallace, H. M. (2002). "Conquest by force: A narcissistic reactance theory of rape and sexual coercion", en *Review of General Psychology, 6,* 92–135.

Baumrind, D. (1971). "Current patterns of parental authority", en *Developmental Psychology, 4*(1), parte 2, 1–103.

Baumrind, D. (1991). "Parenting styles and adolescent development", en J. Brooks-Gunn, R. Lerner y A. C. Petersen (eds.), *Encyclopedia of adolescence, II.* Nueva York: Garland.

Baumrind, D., Larzelere, R. E. y Cowan, P. A. (2002). "Ordinary physical punishment: Is it harmful? Comment on Gershoff (2002)", en *Psychological Bulletin, 128,* 580–589.

Beck, A. T., Rush, A. J., Shaw, B. F. y Emery, G. (1979). *Cognitive therapy of depression.* Nueva York: Guilford Press.

Beck, A. T. y Young, J. E. (1985). "Depression", en D. H. Barlow (ed.), *Clinical handbook of psychological disorders* (pp. 206–244). Nueva York: Guilford Press.

Beck, M. (Diciembre 7 de 1992). "The new middle age", en *Newsweek,* pp. 50–56.

Beekman, A. T. F., Geerlings, S. W., Deeg, D. J. H., Smit, J. H., Schoevers, R. S., De Beurs, E., et al. (2002). "The natural history of late-life depression: A 6-year prospective study in the community", en *Archives of General Psychiatry, 59,* 605–611.

Beevers, C. G., Wells, T. T. y Miller, I. W. (2007). "Predicting response to depression treatment: The role of negative cognition", en *Journal of Consulting and Clinical Psychology, 75,* 422–431.

Begley, S. (Octubre 9 de 2000a). "The science of laughs", en *Newsweek,* pp. 75–76.

Begley, S. (Otoño/invierno de 2000b). "Tuning up the brain", en *Newsweek Special Issue,* p. 28.

Begley, S. (Abril 23 de 2001a). "Are we getting smarter?", en *Newsweek,* pp. 50–51.

Begley, S. (Julio 16 de 2001b). "Memory's mind games", en *Newsweek,* pp. 52–53.

Beins, B. (Noviembre de 2002). "Reducing student beliefs in the paranormal", en *Monitor on Psychology, 33*(10), 44–45. Bell, P. A. (2005). "Reanalysis and perspective in the heat-aggression debate", en *Journal of Personality and Social Psychology, 89*(1), 71–73.

Bellis, M. (Abril 14 de 2001). "Your about.com guide to inventors", en *About.com.* Consultado en mayo 7 de 2001, en http:inventors.about.com/science/inventors/ library/bl/bl12_2a_u.htm.

Belluck, P. (Octubre 18 de 2000). "New advice for parents: Saying 'That's great!' may not be", en *New York Times,* p. A18. Bem, D. J. (1996). "Exotic becomes erotic: A developmental theory of sexual orientation", en *Psychological Review, 103,* 320–335.

Bem, S. L. (1993). *The lenses of gender.* New Haven: Yale University Press.

Benight, C. C. y Bandura, A. (2004). "Social cognitive theory of posttraumatic recovery: The role of perceived self-efficacy", en *Behaviour Research and Therapy, 10,* 1129–1148.

Benjamin, L. T. (1988). *A history of psychology: Original source and contemporary research.* Nueva York: McGraw-Hill.

Benjamin, L. T. (1997). "The origin of psychological species: History of the beginnings of American Psychological Association divisions", en *American Psychologist, 51,* 725–732.

Benjamin, L. T. (2000). "The psychology laboratory at the turn of the 20th century", en *American Psychologist, 55*, 318–321.

Benotsch, E. G., Kalichman, S. y Weinhardt, L. S. (2004). "HIV–AIDS patients' evaluation of health information on the Internet: The digital divide and vulnerability to fraudulent claims", en *Journal of Consulting and Clinical Psychology, 72*, 1004–1011.

Benson, E. (Febrero de 2003a). "Breaking new ground", en *Monitor on Psychology, 34*(2), 52–54. Benson, E. (Febrero de 2003b). "Intelligence across cultures", en *Monitor on Psychology, 34*(2), 56–58.

Benson, E. (Febrero de 2003c). "Intelligent intelligence testing", en *Monitor on Psychology, 34*(2), 48–51.

Benson, E. S. (Enero de 2006). "Psychology by design", en *APS Observer, 19*(1), 20–25.

Ben-Ya'acov, Y. y Amir, M. (2004). "Posttraumatic symptoms and suicide risk", en *Personality and Individual Differences, 36*, 1257–1264.

Berdahl, J. L. (2007). "The sexual harassment of uppity women", en *Journal of Applied Psychology, 92*, 425–437.

Berdahl, J. L. y Moore, C. (2006). "Workplace harassment: Double jeopardy for minority women", en *Journal of Applied Psychology, 91*, 426–436.

Berenbaum, S. A. y Bailey, J. M. (2003). "Effects on gender identity of prenatal androgens and genital appearance: Evidence from girls with congenital adrenal hyperplasia", en *Journal of Clinical Endocrinology and Metabolism, 88*, 1102–1106.

Berenson, A. (Septiembre 3 de 2007). "Schizophrenia medicine shows promise in trial", en *New York Times*, p. A9.

Berger, K. S. (2001). *The developing person through the life span* (5ª. ed.). Nueva York: Worth Publishers.

Berger, K. S. y Thompson, R. A. (1995). *The developing person through childhood and adolescence* (4ª. ed.). Nueva York: Worth Publishers.

Berger, R. J. y Phillips, N. H. (1995). "Energy conservation and sleep", en *Behavioural Brain Research, 69*, 65–73.

Berk, L. E. (1997). *Child development* (4ª. ed.). Needham Heights, Massachusetts: Allyn & Bacon.

Berk, L. E. (2000). *Child development* (5ª. ed.). Needham Heights, Massachusetts: Allyn & Bacon.

Berland, G. K., Elliott, M. N., Morales, L. S., Algazy, J. I., Kravitz, R. L., Broder, M. S., et al. (2001). "Information on the Internet: Accessibility, quality, and readability in English and Spanish", en *Journal of the American Medical Association, 285*, 2612–2621.

Berman, M. E., Tracy, J. I. y Coccaro, E. F. (1997). "The serotonin hypothesis of aggression revisited", en *Clinical Psychology Review, 17*, 651–665.

Bernal, M., Haro, J. M., Bernert, S., Brugha, T., de Graaf, R., Bruffaerts, R., et al. (2007). "Risk factors for suicidality in Europe: Results from the ESEMED study", en *Journal of Affective Disorders, 101*, 27–34.

Bernard, L. L. (1924). *Instinct*. Nueva York: Holt, Rinehart & Winston.

Berners-Lee, R. (con Fischetti, M.). (Octubre 24 de 1999). "Weaving the Web: The original design and ultimate destiny of the World Wide Web by its inventor", en K. Hafner (ed.), "Putting the W's in www", en *New York Times Book Review*, p. 20.

Bernstein, I. M., Mongeon, J. A., Badger, G. J., Solomon, L., Heil, S. H. y Higgins, S. T. (2005). "Maternal smoking and its association with birth weight", en *Obstetrics and Gynecology, 106*, 986–991.

Bernstein, M. J., Young, S. G. y Hugenberg, K. (2007). "The cross-category effect: Mere social categorization is sufficient to elicit an own-group bias in face recognition", en *Psychological Science, 18*, 706–712.

Berntsen, D. y Thomsen, D. K. (2005). "Personal memories for remote historical events: Accuracy and clarity of flashbulb memories related to World War II", en *Journal of Experimental Psychology: General, 134*, 242–257.

Berscheid, E. y Reis, H. T. (1998). "Attraction and close relationships", en D. T. Gilbert, S. T. Fiske y G. Lindzey (Eds.), *The handbook of social psychology* (4ª. ed., Vol. 2, pp. 193–281). Boston: McGraw-Hill.

Berson, D. M., Dunn, F. A. y Takao, M. (2002). "Phototransduction by retinal ganglion cells that set the circadian clock", en *Science, 295*, 1070–1073.

Berthoz, S., Artiges, E., Van de Moortele, P.-F., Poline, J.-B., Rouquette, S., Consoli, S. M., et al. (2002). "Effect of impaired recognition and expression of emotions on frontocingulate cortices: An fMRI study of men with alexithymia", en *American Journal of Psychiatry, 159*, 961–967.

Bertrand, R. M. y Lachman, M. E. (2003). "Personality development in adulthood and old age", en R. M. Lerner, M. A. Easterbrooks y J. Mistry (eds.), *Handbook of psychology: Developmental psychology* (Vol. 6, pp. 463–486). Nueva York: John Wiley & Sons.

Beyerstein, B. (1999). *Mind-myths: Exploring everyday mysteries of the mind and brain*. Nueva York: John Wiley.

Biederman, J. (Agosto de 2003). *Current concepts on the pharmacotherapy of ADHD*. Documento presentado en la reunión de la American Psychological Association, Toronto, Canadá.

Billy, J. O. G., Tanfer, K., Grady, W. R. y Klepinger, D. J. (1993). "The sexual behavior of men in the United States", en *Family Planning Perspectives, 25*, 52–60.

Birley, A. J., Gillespie, N. A., Heath, A. C., Sullivan, P. F., Boomsma, D. I. y Martin, N. G. (2006). "Heritability and nineteen-year stability of long and short EPQ-R Neuroticism scales", en *Personality and Individual Differences, 40*, 737–747.

Bischof, G., Rumpf, H., Meyer, C., Hapke, U. y John, U. (2005). "Gender differences in temptation to drink, self-efficacy to abstain and coping behavior in treated alcohol-dependent individuals", en *Addiction Research & Theory, 13*, 129–136.

Bishop, E. G., Cherny, S. S., Corleya, R., Plomin, R., DeFriesa, J. C. y Hewitt, J. K. (2003). "Developmental genetic analysis of general cognitive ability from 1 to 12 years in a sample of adoptees, biological siblings, and twins", en *Intelligence, 31*, 31–49.

Bjerklie, D. (Enero 17 de 2005). "Can sunny thoughts halt cancer?", en *Time Magazine*, p. A14.

Bjork, J. M., Dougherty, D. M., Moeller, F. G. y Swann, A. C. (2000). "Differential behavioral effects of plasma tryptophan depletion and loading in aggressive and nonaggressive men", en *Neuropsychopharmacology, 22*, 357–359.

Bjorklund, D. F. (1995). *Children's thinking* (2ª. ed.). Pacific Grove, California: Brooks/Cole.

Blackburn, R., Renwick, S. J. D., Donnelly, J. P. y Logana, C. (2004). "Big five or big two? Superordinate factors in the NEO Five Factor Inventory and the Antisocial Personality Questionnaire", en *Personality and Individual Differences, 37*, 957–970.

Blackman, M. R. (2000). "Age-related alterations in sleep quality and neuroendocrine function: Interrelationships and implications" [editorial], en *Journal of the American Medical Association, 284*, 879–881.

Blair, C., Gamson, D., Thorne, S. y Baker, D. (2005). "Rising mean IQ: Cognitive demand of mathematics education for young children, population exposure to formal schooling, and the neurobiology of the prefrontal cortex", en *Intelligence, 33*, 93–106.

Blair, S. N. y Haskell, W. L. (2006). "Objectively measured physical activity and mortality in older adults", en *Journal of the American Medical Association, 296*, 216–218.

Blakeslee, S. (Noviembre 22 de 2005). "This is your brain under hypnosis", en *New York Times*, pp. F1, F4.

Bascovich, J., Spencer, S. J., Quinn, D. y Steele, C. (2002). "African Americans and high blood pressure: The role of stereotype threat", en *Psychological Science, 12*, 225–229.

Blass, T. (2004). *The man who shocked the world*. Nueva York: Basic Books.

Bletzner, K. V. y Koss, M. P. (2006). "After rape among three populations in the southwest: A time of mourning, a time for recovery", en *Violence Against Women, 12*, 5–29.

Bloom, M. (Abril 19 de 2006). *Life expectancy gender gap narrows*. Consultado en agosto 23 de 2006, en http:www.medpagetoday/com.

Blum, R. W., Beuhring, T., Shew, M. L., Bearinger, L. H., Sieving, R. E. y Resnick, M. D. (2000). "The effects of race/ethnicity, income, and family structure on adolescent risk behaviors", en *American Journal of Public Health, 90*, 1879–1884.

Blumenthal, J. A., Sherwood, A., Babyak, M. A., Watkins, L. L., Waugh, R., Georgiades, A., et al. (2005). "Effects of exercise and stress management training on markers of cardiovascular risk in patients with ischemic heart disease. A randomized controlled trial", en *Journal of the American Medical Association, 293*, 1626–1634.

Boag, S. (2006). "Freudian repression, the common view, and pathological science", en *Review of General Psychology, 10*, 74–86.

Bockting, C. L. H., Schene, A. H., Spinhoven, P., Koeter, M. W. J., Wouters, L. F., Huyser, J., et al. (2005). "Preventing relapse/recurrence in recurrent depression with cognitive therapy: A randomized controlled trial", en *Journal of Consulting and Clinical Psychology, 73*, 647–657.

Bockting, W. O. y Fung, L. C. T. (2006). "Genital reconstruction and gender identity disorders", en Sarwer, D. B., et al. (eds.), *Psychological aspects of reconstructive and cosmetic plastic surgery: Clinical, empirical, and ethical perspectives* (pp. 207–229). Baltimore: Lippincott Williams & Wilkins Publishers.

Bolton, J., Cox, F., Clara, I. y Sareen, J. (2006). "Use of alcohol and drugs to self-medicate anxiety disorders in a nationally representative sample", en *Journal of Nervous and Mental Disease, 194*, 818–825.

Bond, R. y Smith, P. B. (1996). "Culture and conformity: A meta-analysis of studies using Asch's (1952b, 1956) line judgment task", en *Psychological Bulletin, 119,* 111–137.

Bonham, V. L., Warshauer-Baker, E. y Collins, F. S. (2005). "Race and ethnicity in the genome era: The complexity of the constructs", en *American Psychologist, 60,* 9–15.

Borges, G., Angst, J., Nock, M. K., Rusciof, Y., M. y. Kessler, R. C. (2008). "Risk factors for the incidence and persistence of suicide-related outcomes: A 10year follow-up study using the National Comorbidity Surveys", en *Journal of Affective Disorders, 105,* 25–33.

Borgland, S. L., Taha, S. A., Sarti, F., Fields, H. L. y Bonci1, A. (2006). "Orexin A in the VTA is critical for the induction of synaptic plasticity and behavioral sensitization to cocaine", en *Neuron, 49,* 589–601.

Borjesson, M. y Dahlof, B. (2005). "Physical activity has a key role in hypertension therapy", en *Lakartidningen, 102,* 123–124, 126, 128–129.

Borzekowski, D. L. G. y Robinson, T. N. (2005). "The remote, the mouse, and the No. 2 pencil. The household media environment and academic achievement among third grade students", en *Archives of Pediatrics & Adolescent Medicine, 159,* 607–613.

Boskind-White, M. y White, W. C. (1983). *Bulimarexia: The binge-purge cycle.* Nueva York: W. W. Norton.

Boston Women's Health Book Collective. (1992). *The new our bodies, ourselves.* Nueva York: Simon & Schuster.

Botella, C., Osma, J., Garcia Palacios, A., Quero, S. y Banos, R. M. (2004). "Treatment of flying phobia using virtual reality: Data from a 1-year follow-up using a multiple baseline design", en *Clinical Psychology and Psychotherapy, 11,* 311–323.

Bouchard, T. J., Jr. (2004). "Genetic influence on human psychological traits", en *Current Directions in Psychological Science, 13,* 148–151.

Bouton, M. E., Mineka, S. y Barlow, D. H. (2001). "A modern learning theory perspective on the etiology of panic disorder", en *Psychological Review, 108,* 4–32.

Bowen, S., Witkiewitz, K., Dillworth, T. M., Chawla, N., Simpson, T. L., et al. (2006). "Mindfulness meditation and substance use in an incarcerated population", en *Psychology of Addictive Behaviors, 20,* 343–347.

Bower, G. H. (1992). "How might emotions affect learning?", en S. A. Christianson (ed.), *Handbook of emotions and memory* (pp. 3–31). Hillsdale, Nueva Jersey: Erlbaum.

Bowlby, J. (1980). *Attachment and loss* (3ª. ed.). Nueva York: Basic Books.

Bowling, N. A., Beehr, T. A., Wagner, S. H. y Libkuman, T. M. (2005). "Adaptation-level theory, opponent process theory, and dispositions: An integrated approach to the stability of job satisfaction", en *Journal of Applied Psychology, 90,* 1044–1053.

Bowman, R. (Marzo 28 de 2005). "Prescription for crime", en *Time Magazine,* pp. 50–51.

Boyle, S. H., Jackson, W. G. y Suarez, E. C. (2007). "Hostility, anger, and depression predict increases in C3 over a 10-year period", en *Brain, Behavior, and Immunity, 21,* 816–823.

Boynton, R. S. (Enero 11 de 2004). "In the Jung archives", en *New York Times Book Review,* p. 8.

Bradbard, M. R. y Endsley, R. C. (1983). "The effects of sex-typed labeling on preschool children's information-seeking and retention", en *Sex Roles, 9,* 247–261.

Braddock, D. (1992). "Community mental health and mental retardation services in the United States: A comparative study of resource allocation", en *American Journal of Psychiatry, 149,* 175–183.

Bradley, R. G. y Follingstad, D. R. (2001). "Utilizing disclosure in the treatment of the sequelae of childhood sexual abuse. A theoretical and empirical review", en *Clinical Psychology Review, 21,* 1–32.

Bradley, R., Greene, J., Russ, E., Dutra, L. y Westen, D. (2005). "A multidimensional meta-analysis of psychotherapy for PTSD", en *American Journal of Psychiatry, 162,* 214–227.

Braff, D., Schork, N. J. y Gottesman, I. I. (2007). "Endophenotyping schizophrenia", en *American Journal of Psychiatry, 164,* 705–707.

Brainard, D. H., Wandell, B. A. y Chichilnisky, E. J. (1993). "Color constancy: From physics to appearance", en *Current Directions in Psychological Science, 12,* 165–170.

Brainteaser quizzes. (2001). National Institute of Environment Health Sciences, National Institutes of Health. Consultado en enero 13 de 2002, en http: www.niehs. nih.gov/kids/questionstx.htm.

Brazelton, T. B. y Greenspan, S. (Otoño/invierno de 2000). "Our window to the future", en *Newsweek Special Issue,* pp. 34–36.

Brebner, J. (2003). "Gender and emotions", en *Personality and Individual Differences, 34,* 387–394.

Breitenbecher, K. H. (2000). "Sexual assault on college campuses: Is an ounce of prevention enough?", en *Applied and Preventive Psychology, 9,* 23–52.

Bremner, J. D., Vythilingam, M., Ng, C. K.,Vermetten, E., Nazeer, A., Oren, D. A., et al. (2003). "Regional brain metabolic correlates of -methylparatyrosine– induced depressive symptoms: Implications for the neural circuitry of depression", en *Journal of the American Medical Association, 289,* 3125–3134.

Bretherton, I. (1992). "The origins of attachment theory: John Bowlby and Mary Ainsworth", en *Devleopmental Psychology, 28,* 759–775.

Brewer, N. y Wells, G. L. (2006). "The confidence-accuracy relationship in eyewitness identification: Effects of lineup instructions, foil similarity, and target-absent base rates", en *Journal of Consulting and Clinical Psychology, 12,* 11–30.

Brewer, W. F. y Treyens, J. C. (1981). "Role of schemata in memory for places", en *Cognitive Psychology, 13,* 207–230.

Bridge, J. A., Iyengar, S., Salary, C. B., Barbe, R. P., Birmaher, B., Pincus, H. A., et al. (2007). "Clinical response and risk for reported suicidal ideation and suicide attempts in pediatric antidepressant treatment: A meta-analysis of randomized controlled trials", en *Journal of the American Medical Association, 297,* 1683–1696.

Brinkhaus, B., Witt, C. M., Jena, S., Linde, K., Streng, A., Wagenpfeil, S. et al. (2006). "Acupuncture in patients with chronic low back pain: A randomized controlled trial", en *Archives of Internal Medicine, 166,* 450–457.

Briñol, P., Petty, R. E., Valle, C., Rucker, D. D. y Becerra, A. (2007). "The effects of message recipients' power before and after persuasion: A self-validation analysis", en *Journal of Personality and Social Psychology, 93,* 1040–1053.

Brody, J. E. (Septiembre 30 de 1992). "Myriad masks hide an epidemic of depression", en *New York Times,* p. C12.

Brody, J. E. (Abril 18 de 2006). "A slight change in habits could lull you to sleep", en *New York Times,* p. F7.

Bromberger, J. T., Matthews, K. A., Schott, L. L., Brockwell, S., Avis, N. E. y Kravitz, H. M. (2007). "Depressive symptoms during the menopausal transition: The Study of Women's Health Across the Nation (SWAN)", en *Journal of Affective Disorders, 103,* 267–272.

Brown, G. R. y Haaser, R. C. (2005). "Sexual disorders", en Levenson, J. L. (ed.), *The American psychiatric publishing textbook of psychosomatic medicine* (pp. 359–386). Washington, DC: American Psychiatric Publishing.

Brown, J. D., L'Engle, K. L., Pardun, C. J., Guo, G., Kenneavy, K. y Jackson, C. (2006). "Sexy media matter: Exposure to sexual content in music, movies, television, and magazines predicts Black and White adolescents' sexual behavior", en *Pediatrics, 117,* 1018–1027.

Brown, K. W. y Ryan, R. M. (2003). "The benefits of being present: Mindfulness and its role in psychological well-being", en *Journal of Personality and Social Psychology, 84,* 822–848.

Brown, M. J. (2006). "Hypertension and ethnic group", en *British Medical Journal, 332,* 833–836.

Brown, R. P. y Day, E. A. (2006). "The difference isn't black and white: Stereotype threat and the race gap on Raven's Advanced Progressive Matrices", en *Journal of Applied Psychology, 91,* 979–985.

Brown, S. L., Nesse, R. M., Vinokur, A. D. y Smith, D. M. (2003). "Providing social support may be more beneficial than receiving it: Results from a prospective study of mortality", en *Psychological Science, 14,* 320–327.

Brown, V. R. y Paulus, P. B. (2002). "Making group brainstorming more effective: Recommendations from an associative memory perspective", en *Current Directions in Psychological Science, 11,* 208–212.

Bruce, M. L., Ten Have, T. R., Reynolds, C. F., III, Katz, I. I., Schulberg, H. C., Mulsant, B. H., Brown, G. K., et al. (2004). "Reducing suicidal ideation and depressive symptoms in depressed older primary care patients: A randomized controlled trial", en *Journal of the American Medical Association, 291,* 1081–1091.

Brummett, B. H., Babyak, M. A., Williams, R. B., Barefoot, J. C., Costa, P. T. y Siegler, I. C. (2006). "NEO personality domains and gender predict levels and trends in body mass index over 14 years during midlife", en *Journal of Research in Personality, 40,* 222–236.

Bruner, J. S. y Minturn, A. L. (1955). "Perceptual identification and perceptual organization", en *Journal of General Psychology, 53,* 21–28.

Bryant, A. y Check, E. (Otoño/invierno de 2000). "How parents raise boys and girls: A sense of self", en *Newsweek Special Issue,* pp. 64–65.

Bryant, R. A. y Mallard, D. (2002). "Hypnotically induced emotional numbing: A real simulating analysis", en *Journal of Abnormal Psychology, 111,* 203–207.

Bryant, R. A., Moulds, M. L., Guthrie, R. M. y Nixon, R. D. V. (2005). "Additive benefit of hypnosis and cognitive-behavioral therapy in treating acute stress disorder", en *Journal of Consulting and Clinical Psychology, 73,* 334–340.

Buchert, R., Thomasius, R., Wilke, F., Petersen, K., Nebeling, B., Obrocki, J., et al. (2004). "A voxel-based pet investigation of the long-term effects of 'ecstasy' consumption on brain serotonin transporters", en *American Journal of Psychiatry, 161,* 1181–1189.

Buckley, K. W. (1989). *Mechanical man: John Broadus Watson and the beginnings of behaviorism.* Nueva York: Guilford Press.

Buddie, A. M. y Testa, M. (2005). "Rates and predictors of sexual aggression among students and nonstudents", en *Journal of Interpersonal Violence, 20,* 713–724.

Budney, A. J., Hughes, J. R., Moore, B. A. y Vandrey, R. (2004). "Review of the validity and significance of cannabis withdrawal syndrome", en *American Journal of Psychiatry, 161,* 1967–1977.

Buhs, E. S. y Ladd, G. W. (2001). "Peer rejection as an antecedent of young children's school adjustment: An examination of mediating processes", en *Developmental Psychology, 37,* 550–560.

Burgdorf, J. y Panksepp, J. (2006). "The neurobiology of positive emotions", en *Neuroscience and Biobehavioral Reviews, 30,* 173–187.

Burger, J. (2007). "Replicating Milgram", en *APS Observer, 20* (11), 15–17.

Burgess, A. W. y Morgenbesser, L. I. (2005). "Sexual violence and seniors", en *Brief Treatment and Crisis Intervention, 5,* 193–202.

Burke, D. M. y Shafto, M. A. (2004). "Aging and language production", en *Current Directions in Psychological Science, 13,* 21–24.

Burns, D. D. (1980). *Feeling good: The new mood therapy.* Nueva York: Morris.

Burt, S. A. (2008). "Genes and popularity: Evidence of an evocative gene-environment correlation", en *Psychological Science, 19,* 112-113.

Buscemi, N., Vandermeer, B., Hooton, N., Pandya, R., Tjosvold, L., et al. (2006). "Efficacy and safety of exogenous melatonin for secondary sleep disorders and sleep disorders accompanying sleep restriction: meta-analysis", en *British Medical Journal, 332,* 385–393.

Bushman, B. J., Bonacci, A. M., Van Dijk, M. y Baumeister, R. F. (2003). "Narcissism, sexual refusal, and aggression: Testing a narcissistic reactance model of sexual coercion", en *Journal of Personality and Social Psychology, 84,* 1027–1040.

Bushman, B. J., Wang, M. C. y Anderson, C. A. (2005). "Is the curve relating temperature to aggression linear or curvilinear? Assaults and temperature in Minneapolis reexamined", en *Journal of Personality and Social Psychology, 89,* 62–66.

Buss, D. M. (1994). *The evolution of desire: Strategies of human mating.* Nueva York: Basic Books.

Buss, D. M. y Kenrick, D. T. (1998). "Evolutionary social psychology", en D. T. Gilbert, S. T. Fiske y G. Lindzey (Eds.), *The handbook of social psychology* (4ª. ed., Vol. 2, pp. 982–1026). Boston: McGraw-Hill.

Buston, P. M. y Emlen, S. T. (2003). "Cognitive processes underlying human mate choice: The relationship between self-perception and mate preference in Western society", en *Proceedings of the National Academy of Sciences, 100,* 8805–8810.

Butler, A. C., Chapman, J. E., Forman, E .M. y Beck, A. T. (2006). "The empirical status of cognitive-behavioral therapy: A review of meta-analyses", en *Clinical Psychology Review, 26,* 17–33.

Byers, E. S. y Grenier, G. (2003). "Premature or rapid ejaculation: Heterosexual couples' perceptions of men's ejaculatory behavior", en *Archives of Sexual Behavior, 32* (3), 261–270.

Byrne, A. y Carr, D. (2005). "Caught in the cultural lag: The stigma of singlehood", en *Psychological Inquiry, 16,* 84–91.

Byrne, M., Clafferty, B. A., Cosway, R., Grant, E., Hodges, A., Whalley, H. C., Lawrie, S. M., et al. (2003). "Neuropsychology, genetic liability, and psychotic symptoms in those at high risk of schizophrenia", en *Journal of Abnormal Psychology, 112,* 38–48.

Cacioppo, J. T., Berntson, G. G., Sheridan, J. F. y McClintock, M. K. (2000). "Multilevel integrative analyses of human behavior: Social neuroscience and the complementing nature of social and biological approaches", en *Psychological Bulletin, 126,* 829–843.

Cadinu, M., Maass, A., Rosabianca, A. y Kiesner, J. (2005). "Why do women underperform under stereotype threat?", en *Psychological Science, 16,* 572–578.

Caetano, R. (1987). "Acculturation and drinking patterns among U.S. Hispanics", en *British Journal of Addiction, 82,* 789–799.

Cahan, S. y Mor, Y. (2007). "The effect of working memory capacity limitations on the intuitive assessment of correlation: Amplification, attenuation, or both?", en *Journal of Experimental Psychology: Learning, Memory, and Cognition, 33,* 438–442.

Calderon de Anda, F., Pollarolo, G., Santos Da Silva, J., Camoletto, P. G., Feiguin, F. y Dotti, C. G. (2005). "Centrosome localization determines neuronal polarity", en *Nature, 436,* 704–708.

Cale, E. M. y Lilienfeld, S. O. (2002). "Sex differences in psychopathy and antisocial personality disorder. A review and integration", en *Clinical Psychology Review, 22,* 1179–1207.

Camara, W. J., Nathan, J. S. y Puente, A. E. (2000). "Psychological test usage: Implications in professional psychology", en *Professional Psychology: Research and Practice, 31,* 141–154.

Campbell, R. y Wasco, S. M. (2005). "Understanding rape and sexual assault: 20 years of progress and future directions", en *Journal of Interpersonal Violence, 20,* 127–131.

Canfield, R. L., Henderson, C. R., Cory-Slechta, A. A., Cox, C., Jusko, T. A. y Lanphea, B. P. (2003). "Intellectual impairment in children with blood lead concentrations below 10 µg per deciliter", en *New England Journal of Medicine, 348,* 1517–1526.

Canli, T., Desmond, J. E., Zhao, Z. y Gabrieli, J. D. E. (2002). "Sex differences in the neural basis of emotional memories", en *Proceedings of the National Academy of Sciences, 99* (16), 10789–10794.

Cannon, W. (1927). "The James-Lange theory of emotions: A critical examination as an alternative theory", en *American Journal of Psychology, 39,* 106–112.

Capone, C., Wood, M. D., Borsari, B. y Laird, R. D. (2007). "Fraternity and sorority involvement, social influences, and alcohol use among college students: A prospective examination", en *Psychology of Addictive Behaviors, 21* (3), 316–327.

Carey, B. (Diciembre 18 de 2005). "In-laws in the age of the outsider", en *New York Times,* Section 4, pp. 1, 3.

Carey, B. (Junio 22 de 2007a). "Research finds firstborns gain the higher I.Q.", en *New York Times,* pp. A1, A16.

Carey, B. (Julio 31 de 2007b). "Who's minding the mind?", en *New York Times,* pp. F1, F6.

Carey, B. (Octubre 23 de 2007c). "An active, purposeful machine that comes out at night to play", en *New York Times, Science Times,* pp. F1, F3.

Carmichael, M. (Enero 20 de 2003a). "Rx: Two martinis a day", en *Newsweek,* p. 48.

Carmichael, M. (Mayo 5 de 2003b). "The fat factor", en *Newsweek,* p. 69.

Carmichael, M. (Junio 4 de 2007). "The changing science of pain", en *Newsweek,* pp. 40–47.

Carnagey, N. L., Anderson, C. A. y Bartholow, B. D. (2007). "Media violence and social neuroscience: New questions and new opportunities", en *Current Directions in Psychological Science, 16,* 178–182.

Carnahan, I. (Junio 6 de 2005). "Do-it-yourself retirement", en *Forbes,* p. 93.

Carroll, L. (Noviembre 4 de 2003). "Fetal brains suffer badly from effects of alcohol", en *New York Times Online.* Consultado en noviembre 4 de 2003, en http:www .nytimes.com/2003/11/04/health/04FETA.html?th.

Carroll, L. (Febrero 10 de 2004). "Parkinson's research focuses on links to genes and toxins", en *New York Times,* p. F5.

Cartwright, R. (2007). "Hey, wake up! You're not getting enough sleep", en *PsycCRITIQUES.* Consultado en mayo 6 de 2007, en http:psycinfo2.apa.org/ psyccritiques/index.cfm?actiondisplay&artidpsq_2006_4312_1_2.

Caspi, A., Roberts, B. W. y Shiner, R. L. (2005). "Personality development: Stability and change", en *Annual Review of Psychology, 56,* 453–484.

Cassidy, J. (2003). "Continuity and change in the measurement of infant attachment: Comment on Fraley and Spieker (2003)", en *Developmental Psychology, 39,* 409–412.

Cattell, R. B. (1950). *Personality: A systematic, theoretical, and factual study.* Nueva York: McGraw-Hill.

Cattell, R. B. (1965). *The scientific analysis of personality.* Baltimore: Penguin.

Cattell, R. B., Eber, H. W. y Tatsuoka, M. M. (1970). *Handbook for the Sixteen Personality Factor Questionnaire (16PF).* Champaign, Illinois: Institute for Personality and Ability Testing.

Centers for Disease Control and Prevention (CDC). (Enero 30 de 2006). National Center for Injury Prevention and Control. *WISQARS Injury Mortality Reports, 1999 – 2003.* Consultado en diciembre 14 de 2006, en http:webappa .cdc.gov/sasweb/ncipc/mortrate10_sy.html.

Centers for Disease Control and Prevention (CDC). (2007a). *Early Release of Selected Estimates Based on Data from the January-June 2007 National Health Interview Survey.* (Publicado en 10/12/2007). Consultado en enero 14 de 2008, en http:www.cdc.gov/nchs/about/major/nhis/released200712.htm.

Centers for Disease Control and Prevention (CDC). (2007b). *Fact Sheet. Adult cigarette smoking in the United States: Current Estimates* (actualización de noviembre de 2007). Consultado en diciembre 14 de 2007, en http:www.cdc.gov/tobacco/data_statistics/Factsheets/adult_cig_smoking.htm.

Centers for Disease Control and Prevention (CDC). (Noviembre 29 de 2007c). *A new CDC study finds no real increase in obesity among adults; but levels still high.* Boletín de prensa de CDC, consultado en noviembre 29 de 2007, en http:www .cdc.gov/od/oc/media/pressrel/2007/r071128.htm.

Centers for Disease Control and Prevention (CDC), National Center for Health Statistics. (2008). *Health, United States, 2007*. Publicación DHHS Núm. 2007-1232. Hyattsville, Maryland: Publicación del autor.

Cepeda, N. J., Pashler, H., Vul, E., Wixted, J. T. y Rohrer, D. (2006). "Distributed practice in verbal recall tasks: A review and quantitative synthesis", en *Psychological Bulletin, 132,* 354–380.

Chadda, R. K. y Ahuja, N. (1990). "Dhat syndrome: A sex neurosis of the Indian subcontinent", en *British Journal of Psychiatry, 156,* 577–579.

Chambless, D. L., et al. (Invierno de 1998). "Update on empirically validated therapies, II", en *Clinical Psychologist, 51,* 3–16.

Chamero, P., Marton, T. F., Logan, D. W., Flanagan, K., Cruz, J. R., Saghatelian, A., et al. (2007). "Identification of protein pheromones that promote aggressive behavior", en *Nature, 450,* 899–902.

Chamorro-Premuzic, T. y Ahmetoglou, G. (2008). "Little more than personality: Dispositional determinants of test anxiety (the Big Five, core selfevaluations, and self-assessed intelligence)", en *Learning and Individual Differences,* en impresión.

Chan, D. (2005). "Current directions in personnel selection research", en *Current Directions in Psychological Science, 14,* 220–223.

Chang, E. C. y Sanna, L. J. (2001). "Optimism, pessimism, and positive and negative affectivity in middle-aged adults: A test of a cognitive-affective model of psychological adjustment", en *Psychology and Aging, 16,* 524–531.

Charney, D. S., Reynolds, C. F., III, Lewis, L., Lebowitz, B. D., Sunderland, T., Alexopoulos, G. S., et al. (2003). "Depression and bipolar support alliance consensus statement on the unmet needs in diagnosis and treatment of mood disorders in late life" [revisión], en *Archives of General Psychiatry, 60,* 664–672.

Chassin, L., Pitts, S. C. y Prost, J. (2002). "Binge drinking trajectories from adolescence to emerging adulthood in a high-risk sample: Predictors and substance abuse outcomes", en *Journal of Consulting and Clinical Psychology, 70,* 67–78.

Chasteen, A. L., Park, D. C. y Schwarz, N. (2001). "Implementation intentions and facilitation of prospective memory", en *Psychological Science, 12,* 457–461.

Chen, I. (2007). "From faithful dogs and difficult fish, insight into narcolepsy", en *New York Times, Science Times,* p. F6.

Chen, J., Rathore, S. S., Radford, M. J., Wang, Y., Krumholz, H. M., et al. (2001). "Racial differences in the use of cardiac catheterization after acute myocardial infarction", en *New England Journal of Medicine, 344,* 1443–1449.

Chen, Z. y Cowan, N. (2005). "Chunk limits and length limits in immediate recall: A reconciliation", en *Journal of Experimental Psychology: Learning, Memory, and Cognition, 31,* 1235–1249.

Cheng, D. T., Knight, D. C., Smith, C. N. y Helmstettera, F. J. (2006). "Human amygdala activity during the expression of fear responses", en *Behavioral Neuroscience, 120,* 1187–1195.

Chess, S. y Thomas, A. (1996). *Temperament: Theory and practice.* Nueva York: Brunner/Mazel.

Chevalier-Skolnikoff, S. (1973). "Facial expression of emotion in nonhuman primates", en P. Ekman (Ed.), *Darwin and facial expression: A century of research in review* (pp. 11–82). Nueva York: Academic Press.

Chia, R. C., Moore, J. L., Lam, K-N., Chuang, C. J., et al. (1994). "Cultural differences in gender role attitudes between Chinese and American students", en *Sex Roles, 31,* 23–30.

Chih, B., Engelman, H. y Scheiffele, P. (2005). "Control of excitatory and inhibitory synapse formation by neuroligins", en *Science, 307,* 1324–1328.

Choi, I., Dalal, R., Kim-Prieto, C. y Park, H. (2003). "Culture and judgment of causal relevance", en *Journal of Personality and Social Psychology, 84,* 46–59.

Chomsky, N. (1965). *Aspects of the theory of syntax.* Cambridge, Massachusetts: MIT Press.

Choy, Y., Fyer, A. J. y Lipsitz, J. D. (2007). "Treatment of specific phobia in adults", en *Clinical Psychology Review, 27,* 266–286.

Chrisler, J. C. y Johnston-Robledo, I. (2002). "Raging hormones? Feminist perspectives on premenstrual syndrome and postpartum depression", en M. Ballou y L. S. Brown (eds.), *Rethinking mental health and disorder* (pp. 174–197). Nueva York: Guilford Press.

Christakis, N. A. y Fowler, J. H. (2007). "The spread of obesity in a large social network over 32 years", en *New England Journal of Medicine, 357,* 370–379.

Chronis, A. M., Jones, H. A. y Raggi, V. L. (2006). "Evidence-based psychosocial treatments for children and adolescents with attention-deficit/hyperactivity disorder", en *Clinical Psychology Review, 26,* 486–502.

Chu, J. A., Frey, L. M., Ganzel, B. L. y Matthews, J. A. (1999). "Memories of childhood abuse: Dissociation, amnesia, and corroboration", en *American Journal of Psychiatry, 156,* 749–755.

Chua, H. F., Boland, J. E. y Nisbett, R. E. (2005). "Cultural variation in eye movements during scene perception", en *Proceedings of the National Academy of Sciences, 102,* 12629–12633.

Chumlea, W. C., Schubert, C. M., Roche, A. F., Kulin, H. E., Lee, P. A., Himes, J. H., et al. (2003). "Age at menarche and racial comparisons in US girls", en *Pediatrics, 111*(1), 110–113.

Cialdini, R. B. y Goldstein, N. J. (2004). "Social influence: Compliance and conformity", en *Annual Review of Psychology, 55,* 591–621.

Cialdini, R. B. y Trost, M. R. (1998). "Social influence: Social norms, conformity, and compliance", en D. T. Gilbert, S. T. Fiske y G. Lindzey (eds.), *The handbook of social psychology* (4ª. ed., Vol. 2, pp. 151–192). Boston: McGraw-Hill.

Cialdini, R. B., Trost, M. R. y Newsom, J. T. (1995). "Preference for consistency: The development of a valid measure and the discovery of surprising behavioral implications", en *Journal of Personality and Social Psychology, 69,* 318–328.

Ciechanowski, P., Wagner, E., Schmaling, K., Schwartz, S., Williams, B., Diehr, P., et al. (2004). "Community-integrated home-based depression treatment in older adults: A randomized controlled trial", en *Journal of the American Medical Association, 291,* 1569–1577.

Claridge, G., Clark, K., Powney, E. y Hassan, E. (2008). "Schizotypy and the Barnum Effect", en *Personality and Individual Differences, 44,* 436-444.

Clark, D. M. (1986). "A cognitive approach to panic", en *Behaviour Research and Therapy, 24,* 461–470.

Clark, K. B. y Clark, M. P. (1939). "The development of self and the emergence of racial identification in Negro preschool children", en *Journal of Social Psychology, 10,* 591–599.

Clark, L. A. (2007). "Assessment and diagnosis of personality disorder: Perennial issues and an emerging reconceptualization", en *Annual Review of Psychology, 58,* 227–257.

Clarkin, J. F., Levy, K. N., Lenzenweger, M. F. y Kernberg, O. F. (2007). "Evaluating three treatments for borderline personality disorder: A multiwave study", en *American Journal of Psychiatry, 164,* 922–928.

Clay, R. (Septiembre de 2002). "A renaissance for humanistic psychology", en *Monitor on Psychology, 33*(9), 42–43.

Clay, R. A. (Abril de 2003). "An empty nest can promote freedom, improved relationships", en *Monitor on Psychology, 34*(4), 40–41.

Clements, R. y Swensen, C. H. (Verano de 2000). "Commitment to one's spouse as a predictor of marital quality among older couples", en *Current Psychology: Development, Learning, Personality, Social, 19,* 110–119.

Cloitre, M. (2004). "Aristotle revisited: The case of recovered memories", en *Clinical Psychology: Science and Practice, 11,* 42–46.

Cochran, S. V. y Rabinowitz, F. E. (2003). "Gender-sensitive recommendations for assessment and treatment of depression in men", en *Professional Psychology: Research and Practice, 34,* 132–140.

Cohan, C. L. y Kleinbaum, S. (2002). "Toward a greater understanding of the cohabitation effect: Premarital cohabitation and marital communication", en *Journal of Marriage and the Family, 64,* 180–192.

Cohen, G. L., Garcia, J., Apfel, N. y Master, A. (2006). "Reducing the racial achievement gap: A social-psychological intervention", en *Science, 313,* 1307–1310.

Cohen, L. B. y Cashon, C. H. (2003). "Infant perception and cognition", en R. M. Lerner, M.A. Easterbrooks y J. Mistry (eds.), *Handbook of psychology: Vol 6. Developmental psychology* (pp. 65–90). Nueva York: John Wiley & Sons.

Cohen, S., Doyle, W. J., Skoner, D. P., Rabin, B. S., Gwaltney, J. M., Jr., et al. (1997). "Social ties and susceptibility to the common cold", en *Journal of the American Medical Association, 277,* 1940–1944.

Cohen, S., Doyle, W. J., Turner, R., Alper, C. M. y Skoner, D. P. (2003). "Sociability and susceptibility to the common cold", en *Psychological Science, 14,* 389–395.

Cohen, S., Frank, E., Doyle, W. J., Skoner, D. P., Rabin, B. S. y Gwaltney, J. M., Jr. (1998). "Types of stressors that increase susceptibility to the common cold in healthy adults", en *Health Psychology, 17,* 214–223.

Cohen, S., Janicki-Deverts, D. y Miller, G. E. (2007). "Psychological stress and disease", en *Journal of the American Medical Association, 298,* 1685–1687.

Cohen-Bendahan, C. C. C., Van de Beek, C., y Berenbaum, S. A. (2005). "Prenatal sex hormone effects on child and adult sex-typed behavior: Methods and findings", en *Neuroscience and Biobehavioral Reviews, 29,* 353–384.

Coldwell, C. M. y Bender, W. S. (2007). "The effectiveness of assertive community treatment for homeless populations with severe mental illness: A meta-analysis", en *American Journal of Psychiatry, 164,* 393–399.

Cole, T. B. (2006). "Rape at US colleges often fueled by alcohol", en *Journal of the American Medical Association, 296,* 504–505.

Collaer, M. L. y Hill, E. M. (2006). "Large sex difference in adolescents on a timed line judgment task: Attentional contributors and task relationship to mathematics", en *Perception, 35,* 561–572.

Collier, G. L. (2002). "Why does music express only some emotions? A test of a philosophical theory", en *Empirical Studies of the Arts, 20,* 21–31.

Collins, A. M. y Loftus, E. F. (1975). "A spreading-activation theory of semantic processing", en *Psychological Review, 82,* 407–428.

Collins, K. (Febrero 11 de 2005). "It's all in the taste buds…", en *MSNBC.Com/American Institute for Cancer Research.* Consultado en febrero 11 de 2005, en http:www.msnbc.msn.com/id/6949085/.

Comas-Diaz, L. (2006). "The present and future of clinical psychology in private practice", en *Clinical Psychology: Science and Practice, 13,* 273–277.

Compton, W., Conway, K. P., Stinson, F. S., Colliver, J. D. y Grant, B. F. (2005). "Prevalence and comorbidity of DSM-IV antisocial syndromes and specific drug use disorders in the United States: Results from the National Epidemiologic Survey on Alcohol and Related Conditions", en *Journal of Clinical Psychiatry, 66,* 676–685.

Conard, M. A. (2006). "Aptitude is not enough: How personality and behavior predict academic performance", en *Journal of Research in Personality, 40,* 339–346.

Connell, C. M. y Janevic, M. R. (2003). "Health and human development", en R. M. Lerner, M. A. Easterbrooks y J. Mistry (eds.), *Handbook of psychology: Vol. 6. Developmental psychology* (pp. 579–600). Nueva York: John Wiley & Sons.

Conrad, F. G. y Brown, N. R. (1996). "Estimating frequency: A multiple-strategy perspective", en D. Herrmann, C. McEvoy, C. Hertzog, P. Hertel y M. K. Johnson (eds.), *Basic and applied memory research: Practical applications* (Vol. 2., pp. 166–178). Mahwah, Nueva Jersey: Lawrence Erlbaum Associates.

Conway, A. M. (2005). "Girls, aggression, and emotion regulation", en *American Journal of Orthopsychiatry, 75*(2), 334–339.

Conway, K. P., Compton, W., Stinson, F. S. y Grant, B. F. (2006). "Lifetime comorbidity of DSM-IV mood and anxiety disorders and specific drug use disorders: Results from the National Epidemiologic Survey on Alcohol and Related Conditions", en *Journal of Clinical Psychiatry, 67,* 247–257.

Cooksey, E. C. y Fondell, M. M. (1996). "Spending time with his kids: Effects of family structure on fathers' and children's lives", en *Journal of Marriage and the Family, 58,* 693–707.

Coon, K. A., Goldberg, J., Rogers, B. L. y Tucker, K. L. (2001). "Relationships between use of television during meals and children's food consumption patterns", en *Pediatrics, 107,* 7.

Corballis, M. C. (2001). "Is the handedness gene on the X chromosome? Comment on Jones and Martin (2000)", en *Psychological Review, 108,* 805–810.

Corbett, J., Saccone, N. L., Foroud, T., Goate, A., Edenberg, H., Nurnberger, J., et al. (2005). "Sex adjusted and age adjusted genome screen for nested alcohol dependence diagnoses", en *Psychiatric Genetics, 15,* 25–30.

Cordes, C. (Noviembre de 1985). "Common threads found in suicide", en *APA Monitor, 16,* 11.

Coren, S. (1992). *The left-hander syndrome: The causes and consequences of left-handedness.* Nueva York: Free Press.

Corliss, R. (Enero 20 de 2003). "Is there a formula for joy?", en *Time Magazine,* pp. 44–46.

Cornelis, M. C., El-Sohemy, A., Kabagambe, E. K. y Campos, H. (2006). "Coffee, CYP1A2 genotype, and risk of myocardial infarction", en *Journal of the American Medical Association, 295,* 1135–1141.

Coryell, W., Pine, D., Fyer, A. y Klein, D. (2006). "Anxiety responses to CO2 inhalation in subjects at high-risk for panic disorder", en *Journal of Affective Disorders, 92,* 63–70.

Costa, P. T. y McCrae, R. R. (1992a). "Four ways five factors are basic", en *Personality and Individual Differences, 13,* 653–665.

Costa, P. T. y McCrae, R. R. (1992b). "Normal personality assessment in clinical practice: The NEO Personality Inventory", en *Psychological Assessment, 4,* 5–13.

Costa, P. T. y McCrae, R. R. (2006). "Changes in personality and their origins: Comment on Roberts, Walton, and Viechtbauer (2006)", en *Psychological Bulletin, 132,* 26–28.

Costa, P., Jr., Terracciano, A. y McCrae, R. R. (2002). "Gender differences in personality traits across cultures: Robust and surprising findings", en *Journal of Personality and Social Psychology, 81,* 322–331.

Couzin, J. (Abril 13 de 2006). "Gene variant may boost obesity risk", en *ScienceNOW Daily News.* Consultado en mayo 26 de 2006, en http:sciencenow.sciencemag.org/cgi/content/full/2006/413/1.

Couzin, J. (Noviembre 8 de 2007). "Deciphering an obesity gene", en *ScienceNOW Daily News.* Consultado en noviembre 10 de 2007, en http:sciencenow.sciencemag.org/cgi/content/full/2007/1108/1.

Cowan, N., Chen, Z. y Rouder, J. N. (2004). "Constant capacity in an immediate serial-recall task: A logical sequel to Miller (1956)", en *Psychological Science, 15,* 634–640.

Cowley, G. y Underwood, A. (Enero 5 de 1998). "A little help from serotonin", en *Newsweek,* pp. 78–81. Coyle, J. T. (2003). "Use it or lose it—do effortful mental activities protect against dementia?", en *New England Journal of Medicine, 348,* 2489–2490. Crabbe, J. C. (2002). "Genetic contributions to addiction", en *Annual Review of Psychology, 53,* 435–462.

Craik, F. I. M. y Lockhart, R. S. (1972). "Levels of processing: A framework for memory research", en *Journal of Verbal Learning and Verbal Behavior, 11,* 671–684.

Crain, C. (Octubre 3 de 2004). "Doctor Strangelove", en *New York Times,* sección 2, pp. 1, 20.

Cramer, P. (2000). "Defense mechanisms in psychology today: Further processes for adaptation", en *American Psychologist, 55,* 637–646.

Craske, M. G., Farchione, T. J., Allen, L. B., Barrios, V., Stoyanova, M. y Rose, R. (2007). "Cognitive behavioral therapy for panic disorder and comorbidity: More of the same or less of more?", en *Behaviour Research and Therapy, 45,* 1095–1109.

Cravchik, A. y Goldman, D. (2000). "Neurochemical individuality: Genetic diversity among human dopamine and serotonin receptors and transporters", en *Archives of General Psychiatry, 57,* 1105–1114.

Crick, N. R., Ostrov, J. M. y Werner, N. E. (2006). "A longitudinal study of relational aggression, physical aggression and children's social-psychological adjustment", en *Journal of Abnormal Child Psychology, 34,* 131–142.

Crockett, L. J., Iturbide, M. I., Torres Stone, R. A., McGinley, M., Raffaelli, M., et al. (2007). "Acculturative stress, social support, and coping: Relations to psychological adjustment among Mexican American college students", en *Cultural Diversity and Ethnic Minority Psychology, 13,* 347–355.

Cross, S. E. y Madson, L. (1997). "Models of the self: Self-construals and gender", en *Psychological Bulletin, 122,* 89–103.

Crowell, J. A., Treboux, D. y Waters, E. (2002). "Stability of attachment representations: The transition to marriage", en *Developmental Psychology, 38,* 467–479.

Csicsvari, J., Henze, D. A., Jamieson, B., Harris, K. D., Sirota, A., Bartho, P., Wise, K. D. y Buzsaki, G. (2003). "Massively parallel recording of unit and local field potentials with silicon-based electrodes", en *Journal of Neurophysiology, 90,* 1314–1323.

Cummings, E. M., Braungart-Rieker, J. M. y Du Rocher-Schudlich, T. (2003). "Emotion and personality development in childhood", en R. M. Lerner, M. A. Easterbrooks y J. Mistry (eds.), *Handbook of psychology: Vol. 6. Developmental psychology* (pp. 211–240). Nueva York: John Wiley & Sons.

Cunningham, M. R., Roberts, A. R., Barbee, A. P., Druen, P. B., et al. (1995). "'Their ideas of beauty are, on the whole, the same as ours': Consistency and variability in the cross-cultural perception of female physical attractiveness", en *Journal of Personality and Social Psychology, 68,* 261–279.

Cunningham, W. A., Van Bavel, J. J. y Johnsen, I. R. (2008). "Affective flexibility: Evaluative processing goals shape amygdala activity", en *Psychological Science, 19,* 152-160.

Curry, L. A. y Youngblade, L. M. (2006). "Negative affect, risk perception, and adolescent risk behavior", en *Journal of Applied Developmental Psychology, 27,* 468–485.

Curtin, J. J., Patrick, C. J., Lang, A. R., Cacioppo, J. T. y Birbaumer, N. (2001). "Alcohol affects emotion through cognition", en *Psychological Science, 12,* 527–531.

Cynkar, A. (Junio de 2007a). "The changing gender composition of psychology", en *Monitor on Psychology, 38*(6), 46–47. Cynkar, A. (Noviembre de 2007b). "Sexual intimacy is important at any age", en *Monitor on Psychology, 38*(10), 35.

Dai, Y., Nolan, R. F. y White, B. (2002). "Response to moral choices as a function of self-esteem", en *Psychological Reports, 90,* 907–912.

Dallaire, D. H. y Weinraub, M. (2007). "Infant–mother attachment security and children's anxiety and aggression at first grade", en *Journal of Applied Developmental Psychology, 28,* 477-492.

Dartzker, M. L. y Eisenman, R. (2003). "Sexual attitudes among Hispanic college students: Differences between males and females", en *International Journal of Adolescence and Youth, 11,* 79–89.

Dar R., Stronguin, F. y Etter, J.-F. (2005). "Assigned versus perceived placebo effects in nicotine replacement therapy for smoking reduction in Swiss smokers", en *Journal of Consulting and Clinical Psychology, 73,* 350–353.

Darwin, C. A. (1872). *The expression of the emotions in man and animals.* Londres: J. Murray.

Darwin, F. (ed.). (1958). *The autobiography of Charles Darwin and selected letters.* Nueva York: Dover. (Trabajo publicado originalmente en 1892.)

Das, A. K., Olfson, M., Gameroff, M. J., Pilowsky, D. J., Blanco, C., Feder, A., et al. (2005). "Screening for bipolar disorder in a primary care practice", en *Journal of the American Medical Association, 293,* 956–963.

Dasen, P. R. (1994). "Culture and cognitive development from a Piagetian perspective", en W. J. Lonner y R. Malpass (eds.), *Psychology and culture*. Boston: Allyn & Bacon.

Dauvilliers, Y., Arnulf, I. y Mignot, E. (2007). "Narcolepsy with cataplexy", en *The Lancet, 369,* 499–511.

Davelaar, E. J., Goshen-Gottstein, Y., Ashkenazi, A., Haarmann, H. J. y Usher, M. (2005). "The demise of short-term memory revisited: Empirical and computational investigations of recency effects", en *Psychological Review, 112,* 3–42.

Davidson, R. J., Pizzagalli, D., Nitschke, J. B. y Putnam, K. (2002). "Depression: Perspectives from affective neuroscience", en *Annual Review of Psychology, 53,* 545–574.

Davidson, R. J., Putnam, K. M. y Larson, C. L. (2000). "Dysfunction in the neural circuitry of emotion regulation—A possible prelude to violence", en *Science, 289,* 591–594.

Davies, G., et al. (1996). "Memory for cars and their drivers: A test of the interest hypothesis", en D. Herrmann, C. McEvoy, C. Hertzog, P. Hertel y M. K. Johnson (eds.), *Basic and applied memory research: Practical applications* (Vol. 2, pp. 37–50). Mahwah, Nueva Jersey: Lawrence Erlbaum Associates.

Davis, J. L. y Rusbult, C. E. (2001). "Attitude alignment in close relationships", *Journal of Personality and Social Psychology, 81,* 65–84.

Davis, J. M., Chen, N. y Glick, I. D. (2003). "A meta-analysis of the efficacy of second-generation antipsychotics", en *Archives of General Psychiatry, 60,* 553–564.

Davis, S. R., Davison, S. L., Donath, S. y Bell, R. J. (2005). "Circulating androgen levels and self-reported sexual function in women", en. *Journal of the American Medical Association, 294,* 91–96.

Davis, T. L. y Liddell, D. L. (2002). "Getting inside the house: The effectiveness of a rape prevention program for college fraternity men", en *Journal of College Student Development, 43,* 35–50.

Day, B. L. y Fitzpatrick, R. C. (2005). "The vestibular system", en *Current Biology, 15,* R583–R586.

De Bono, E. (1970). *Lateral thinking: Creativity step by step.* Nueva York: Harper & Row.

De Gucht, V. y Maes, S. (2006)." Explaining medically unexplained symptoms: Toward a multidimensional, theory-based approach to somatization", en *Journal of Psychosomatic Research, 60,* 349–352.

De Moor, C., Sterner, J., Hall, M., Warneke, C., Gilani, Z., Amato, R., et al. (2003). "A pilot study of the effects of expressive writing on psychological and behavioral adjustment in patients enrolled in a Phase II trial of vaccine therapy for metastatic renal cell carcinoma", en *Health Psychology, 21,* 615–619.

De Silva, P. (1993). "Post-traumatic stress disorder: Cross-cultural aspects", en *International Review of Psychiatry, 5,* 217–229.

De Waal, M. M. W., Arnold, I. A., Eekhof, J. A. y Van Hemert, A. M. (2004). "Somatoform disorders in general practice: Prevalence, functional impairment and comorbidity with anxiety and depressive disorders", en *British Journal of Psychiatry, 184,* 470–476.

De Wals, P., Tairou, F., Van Allen, M. I., Uh, S.-H., Lowry, R. B., Sibbald, B., et al. (2007). "Reduction in neural-tube defects after folic acid fortification in Canada", en *New England Journal of Medicine, 357,* 135–142.

DeAngelis, T. (Abril de 2004a). "Are beliefs inherited?", en *Monitor on Psychology, 35*(4), 50–51.

DeAngelis, T. (Junio de 2004b). "Too many choices?", en *Monitor on Psychology, 35*(6), 56–57.

Denizel-Lewis, B. (Enero 9 de 2005). "Ban of brothers", en *New York Times Magazine,* pp. 32–39, 52, 73, 74.

Dennis, C. (Enero 29 de 2004). "Brain development: The most important sexual organ", en *Nature, 427,* 390–392.

Dennis, C. (Marzo 23 de 2006). "Sixth sense can come from within", en naturenews. Consultado en marzo 25 de 2006, en http:www.nature.com/news/2006/060320/full/060320-5.html.

Dennison, B. A., Erb, T. A. y Jenkins, P. L. (2002). "Television viewing and television in bedroom associated with overweight risk among low-income preschool children", en *Pediatrics, 109,* 1028–1035.

DePaulo, B. M. y Friedman, H. S. (1998). "Nonverbal communication", en D. T. Gilbert, S. T. Fiske y G. Lindzey (eds.), *The handbook of social psychology* (4ª. ed., Vol. 2, pp. 3–40). Boston: McGraw-Hill.

DePaulo, B. M. y Morris, W. L. (2006). "The unrecognized stereotyping and discrimination against singles", en *Current Directions in Psychological Science, 15,* 251–254.

Der, G. y Deary, I. J. (2006). "Age and sex differences in reaction time in adulthood: results from the United Kingdom Health and Lifestyle Survey", en *Psychology and Aging, 21,* 62–73.

DeRosse, P., et al. (2006). "Dysbindin genotype and negative symptoms in schizophrenia", en *American Journal of Psychiatry, 163,* 532–534.

Derrington, A. M. (2004). "Visual mechanisms of motion analysis and motion perception", en *Annual Review of Psychology, 55,* 181–205.

DeRubeis, R. J., Hollon, S. D., Amsterdam, J. D., Shelton, R. C., Young, P. R., et al. (2005). "Cognitive therapy vs medications in the treatment of moderate to severe depression", en *Archives of General Psychiatry, 62,* 409–416.

DeRubeis, R. J., Tang, T. Z. y Beck, A. T. (2001). "Cognitive therapy", en K. S. Dobson (ed.), *Handbook of cognitive-behavioral therapies* (2ª. ed., pp. 349–392). Nueva York: Guilford Press.

DeSpelder, L. A. y Strickland, A. L. (1999). *The last dance* (5ª. ed.). Mountain View, California: Mayfield.

Deuschl, G., Schade-Brittinger, C., Krack, P., Volkmann, J., Schäfer, H., Bötzel, K., et al. (2006). "A randomized trial of deep-brain stimulation for Parkinson's disease", en *New England Journal of Medicine, 355,* 896–908.

Deveny, K. (Junio 30 de 2003). "We're not in the mood", en *Newsweek,* pp. 41–46.

DeWeese, M. R. y Zador, A. (2006). "Neurobiology: Efficiency measures", en *Nature, 439,* 920–921.

DeYoung, C. G., Quilty, L. C. y Peterson, J. B. (2007). "Between facets and domains: 10 aspects of the Big Five", en *Journal of Personality and Social Psychology, 93,* 880–896.

Di Castelnuovo, A., Costanzo, S., Bagnardi, V., Donati, M. B., Iacoviello, L. y de Gaetano, G. (2006). "Alcohol dosing and total mortality in men and women: An updated meta-analysis of 34 prospective studies", en *Archives of Internal Medicine, 166,* 2437–2445.

Diaz, A., et al. (2006). "Menstruation in girls and adolescents: Using the menstrual cycle as a vital sign", en *Pediatrics, 118,* 2245–2250.

Dickens, W. T. y Flynn, J. R. (2001). "Heritability estimates versus large environmental effects: The IQ paradox resolved", en *Psychological Review, 108,* 346–369.

Dickens, W. T. y Flynn, J. R. (2006a). "Black Americans reduce the racial IQ Gap: Evidence from standardization samples", en *Psychological Science, 17,* 913–920.

Dickens, W. T. y Flynn, J. R. (2006b). "Common ground and differences", en *Psychological Science, 17,* 923–924.

DiClemente, R. J., Wingood, G. M., Harrington, K. F., Lang, D. L., Davies, S. L., Hook, E. W. III. (2004). "Efficacy of an HIV prevention intervention for African American adolescent girls: A randomized controlled trial", en *Journal of the American Medical Association, 292,* 171–179.

Diehm, R. y Armatas, C. (2004). "Surfing: An avenue for socially acceptable risk-taking, satisfying needs for sensation seeking and experience seeking", en *Personality and Individual Differences, 36,* 663–677.

DiGiuseppe, R. y Tafrate, R. C. (2003). "Anger treatment for adults: A meta analytic review", en *Clinical Psychology: Science and Practice, 10,* 70–84.

Dijksterhuis, A., Bos, M. W., Nordgren, L. F. y Van Baaren, R. B. (2006). "On making the right choice: The deliberation-without-attention effect", en *Science, 311,* 1005–1007.

Dimidjian, S., Hollon, S. D., Dobson, K. S., Schmaling, K. B., Kohlenberg, R. J., Addis, M. E., et al. (2006). "Randomized trial of behavioral activation, cognitive therapy, and antidepressant medication in the acute treatment of adults with major depression", en *Journal of Consulting and Clinical Psychology, 74,* 658–670.

Dingfelder, S. F. (Julio/agosto de 2005). "A two-front war on alcoholism", en *Monitor on Psychology, 36*(7), 38–39.

Dittmann, M. (Marzo de 2003). "Anger across the gender divide. *Monitor on Psychology, 34*(3), 52–53.

Dittmar, H., Halliwell, E. e Ive, S. (2006). "Does Barbie make girls want to be thin? The effect of experimental exposure to images of dolls on the body image of 5- to 8-year-old girls", en *Developmental Psychology, 42,* 283–292.

Dixon, J., Durrheim, K. y Tredoux, C. (2005). "Beyond the optimal contact strategy: A reality check for the contact hypothesis", en *American Psychologist, 60,* 697–711.

Dixon, J., Durrheim, K. y Tredoux, C. (2007). "Intergroup contact and attitudes toward the principle and practice of racial equality", en *Psychological Science, 18,* 867–872.

Dixon, W. E., Jr. y Smith, P.-H. (2000). "Links between early temperament and language acquisition", en *Merrill Palmer Quarterly, 46,* 417–440.

Docherty, N. M., Cohen, A. S., Nienow, T. M., Dinzeo, T. J. y Dangelmaier, R. E. (2003). "Stability of formal thought disorder and referential communication disturbances in schizophrenia", en *Journal of Abnormal Psychology, 112,* 469–475.

Dohnt, H. y Tiggemann, M. (2006). "Contribution of peer and media influences to the development of body satisfaction and self-esteem in young girls: A prospective study", en *Developmental Psychology, 42,* 929–936.

Dohrenwend, B. P. (2006). "Inventorying stressful life events as risk factors for psychopathology: Toward resolution of the problem of intracategory variability", en *Psychological Bulletin, 132*, 477–495.

Doll, R., Peto, R., Boreham, J. y Sutherland, I. (2004). "Mortality in relation to smoking: 50 years' observations on male British doctors", en *British Medical Journal, 328*, 1519–1529.

Dom, G., Hulstijn, W. y Sabbe, B. (2006). "Differences in impulsivity and sensation seeking between early- and late-onset alcoholics", en *Addictive Behaviors, 31*, 298–308.

Domjan, M. (2005). "Pavlovian conditioning: A functional perspective", en *Annual Review of Psychology, 56*, 179–206.

Donald, M., Dower, J., Correa-Velez, I. y Jones, M. (2006). Risk and protective factors for medically serious suicide attempts: A comparison of hospital-based with population-based samples of young adults", en *Australian and New Zealand Journal of Psychiatry, 40*, 87–96.

Donnellan, M. B., Fraley, R. C. y Krueger, R. F. (Junio/julio de 2007). "Not so situational", en *APS Observer, 6*, p. 5.

Dorahy, M. J. (2001). "Dissociative identity disorder and memory dysfunction: The current state of experimental research and its future directions", en *Clinical Psychology Review, 21*, 771–795.

Draguns, J. G. y Tanaka-Matsumi, J. (2003). "Assessment of psychopathology across and within cultures: Issues and findings", en *Behaviour Research and Therapy, 41*, 755–776.

Drescher, J. y Merlino, J. P. (2007). (eds.). *American psychiatry and homosexuality: An oral history*. Nueva York: Haworth Press.

Drieling, T., Van Calker, D. y Hecht, H. (2006). "Stress, personality and depressive symptoms in a 6.5 year follow-up of subjects at familial risk for affective disorders and controls", en *Journal of Affective Disorders, 91*, 195–203.

Drucker, J. (Septiembre 24 de 2004). "Headset phones may still pose risks for drivers", en *The Wall Street Journal Online*. Consultado en septiembre 24 de 2004, en http:online.wsj.com/article/0,,SB109599238867526997,00.html?modgadgets%5 Flead%5Fstory%5Fcol.

DuBois, D. L. y Flay, B. R. (2004). "The healthy pursuit of self-esteem: Comment on and alternative to the Crocker and Park (2004) formulation", en *Psychological Bulletin, 130*, 415–420.

Dudai, Y. (2004). "The neurobiology of consolidations, or, how stable is the engram?", en *Annual Review of Psychology, 55*, 51–86.

Duncker, K. (1945). "On problem-solving", en *Psychological Monographs, 58* (todo el núm. 270).

Dunne, E. F., Unger, E. R., Sternberg, M., McQuillan, G., Swan, D. C., Patel, S. S., et al. (2007). "Prevalence of HPV infection among females in the United States", en *Journal of the American Medical Association, 297*, 813–819.

Dunning, D. y Perretta, S. (2002). "Automaticity and eyewitness accuracy: A 10- to 12-second rule for distinguishing accurate from inaccurate positive identifications", en *Journal of Applied Psychology, 87*, 951–962.

Durham, P. L. (2004). "CGRP-receptor antagonists—a fresh approach to migraine therapy?", en *New England Journal of Medicine, 350*, 1073–1075.

Duryea, B. (Julio 21 de 2000). "Illuminating the reasons for suicide", en *St. Petersburg Times*. Consultado en julio 21 de 2000, en http:www.sptimes.com/News/072100/Floridian/Illuminating_the_reas.s.html.

Dwairy, M. (2002). "Foundations of psychosocial dynamic personality theory of collective people", en *Clinical Psychology Review, 22*, 343–360.

Dweck, C. (Junio de 1997). Citado en B. Murray, "Verbal praise may be the best motivator of all", en *APA Monitor, 28*, 26.

Eagly, A. H. y Johnson, B. T. (1990). "Gender and leadership style: A meta analysis", en *Psychological Bulletin, 108*, 233–256.

Eagly, A. H. y Karau, S. J. (2002). "Role congruity theory of prejudice toward female leaders", en *Psychological Review, 109*, 573–598.

Eagly, A. H., Karau, S. J. y Makhijani, M. G. (1995). "Gender and the effectiveness of leaders: A meta-analysis", en *Psychological Bulletin, 117*, 125–145.

Easterbrook, G. (Enero 17 de 2005). "The real truth about money", en *Time*, pp. A32–A34.

Ebbinghaus, H. (1885). *Über das Gedachtnis*. Leipzig: Duncker & Humblot.

Eberlein, T. (1997). *Child magazine's guide to whining*. Nueva York: Pocket Books.

Ebmeier, K. P., Donaghey, C. y Steele, J. D. (2006). "Recent developments and current controversies in depression", en *The Lancet, 367*, 153–167.

Ebstein, R. P., Novick, O., Umansky, R., Priel, B., Osher, Y., Blaine, D., et al. (1996). "Dopamine D4 receptor (D4DR) exon III polymorphism associated with the human personality trait of novelty seeking", en *Nature Genetics, 12*, 78–80.

Edenberg, H. J., Strother, W. N., McClintick, J. N., Tian, H., Stephens, M., Jerome, R. E., et al. (2005). "Gene expression in the hippocampus of inbred alcohol-preferring and nonpreferring rats", en *Genes, Brain & Behavior, 4*, 20–30.

Edmundson, M. (2007a). *The death of Sigmund Freud: The legacy of his last days*. Nueva York: Bloomsbury USA/Walker & Company.

Edmundson, M. (Septiembre 23 de 2007b). "Who's your daddy?", en*New York Times Week in Review*, p. 13.

Edvardsen, J., Torgersen, S., Røysamb, E., Lygren, S., Skre, I., Onstad, S. y Øien, P. A. (2008). "Heritability of bipolar spectrum disorders. Unity or heterogeneity?", en *Journal of Affective Disorders, 106*, 229–240.

Egan, B. M. (2006). "Sleep and hypertension: Burning the candle at both ends really is hazardous to your health", en *Hypertension, 47*, 816–817.

Egan, S. y Stelmack, R. M. (2003). "A personality profile of Mount Everest climbers", en *Personality and Individual Differences, 34*, 1491–1494.

Eichenbaum, H. (1997). "How does the brain organize memories?", en *Science, 277*, 330–332.

Eisner, R. (Enero de 2005). "Study suggests cognitive deficits in MDMA-only drug abusers", en *NIDA Notes, 19*(5). Consultado en febrero 9 de 2005, en http://www.nida.nih.gov/NIDA_notes/NNvol19N5/Study.html.

Ekman, P. (1980). "Biological and cultural contributions to body and facial movement in the expression of emotions", en A. O. Rorty (ed.), *Explaining emotions* (pp. 73–101). Berkeley: University of California Press.

Ekman, P. (2003). *Emotions revealed: Recognizing faces and feeling to improve communication and emotional life*. Nueva York: Times Books.

Elfenbein, H. A. y Ambady, N. (2002a). "Is there an in-group advantage in emotion recognition?", en *Psychological Bulletin, 128*, 243–249.

Elfenbein, H. A. y Ambady, N. (2002b). "On the universality and cultural specificity of emotion recognition: A meta-analysis", en *Psychological Bulletin, 128*, 203–235.

Elkind, D. (1985). "Egocentrism redux", en *Developmental Review, 5*, 218–226.

Ellemers, N., Spears, R. y Doosje, B. (2002). "Self and social identity", en *Annual Review of Psychology, 53*, 161–186.

Ellenberger, H. F. (1965). "Charcot and the Salpetriere school", en *American Journal of Psychotherapy, 19*, 253–267.

Ellenbogen, J. M., Hulbert, J. C., Stickgold, R., Dinges, D. F. y Thompson-Schill, S. L. (2006). "Interfering with theories of sleep and

memory: Sleep, declarative memory, and associative interference", en *Current Biology, 16*, 1290–1294.

Elliot, A. J. y Sheldon, K. M. (1997). "Avoidance achievement motivation: A personal goals analysis", en *Journal of Personality and Social Psychology, 73*, 171–185.

Ellis, A. (1977). "The basic clinical theory of rational-emotive therapy", en A. Ellis y R. Grieger (eds.), *Handbook of rational-emotive therapy*. Nueva York: Springer Publishing Company.

Ellis, A. (1991). *Reason and emotion in psychotherapy*. Nueva York: Carol Publishing.

Ellis, A. (2001). *Overcoming destructive beliefs, feelings, and behaviors: New directions for rational emotive behavior therapy*. Amherst, Nueva York: Prometheus Books.

Ellis, A. y Dryden, W. (1987). *The practice of rational emotional therapy*. Nueva York: Springer Publishing Company.

Ellis, B. J., Jackson, J. J. y Boyce, W. T. (2006). "The stress response systems: Universality and adaptive individual differences", en *Developmental Review, 26*, 175–212.

Ellis, L. y Bonin, S. L. (2003). "Genetics and occupation-related preferences. Evidence from adoptive and non-adoptive families", en *Personality and Individual Differences, 35*, 929–937.

Ellis, L., Das, S. y Buker, H. (2007). "Androgen-promoted physiological traits and criminality: A test of the evolutionary neuroandrogenic theory", en *Personality and Individual Differences*, en impresión.

Ellis, L. y Hellberg, J. (2005). "Fetal exposure to prescription drugs and adult sexual orientation", en *Personality and Individual Differences, 38*, 225–236.

Elms, A. C. (1995). "Obedience in retrospect", en *Journal of Social Issues, 51*, 21–31.

Ember, C. y Ember, M. (2004). *Cultural anthropology* (11ª. ed.). Upper Saddle River, Nueva Jersey: Prentice Hall.

Ember, C. R., Ember, M. y Peregrine, P. N. (2007). *Anthropology* (12ª. ed.). Upper Saddle River, Nueva Jersey: Prentice Hall.

Emmons, R. A. y McCullough, M. E. (2003). "Counting blessings versus burdens: An experimental investigation of gratitude and subjective well-being in daily life", en *Journal of Personality and Social Psychology, 84*, 377–389.

Engels, R. C. M. E., Scholte, R. H. J., Van Lieshout, C. F. M., De Kemp, R. y Ovebeek, G. (2006). "Peer group reputation and smoking and alcohol consumption in early adolescence", en *Addictive Behaviors, 31*, 440–449.

English, T. y Chen, S. (2007). "Culture and self-concept stability: Consistency across and within contexts among Asian Americans and European Americans", en *Journal of Personality and Social Psychology, 93*, 478–490.

Epstein, L. H., Leddy, J. J., Temple, J. L. y Faith, M. S. (2007). "Food reinforcement and eating: A multilevel analysis", en *Psychological Bulletin, 133*, 884–906.

Erikson, E. H. (1963). *Childhood and society* (2ª. ed.). Nueva York: Norton.

Erikson, E. H. (1975). *Life history and the historical moment*. Nueva York: Norton.

Erikson, E. H. (1980). *Identity and the life cycle.* Nueva York: Norton.

Espie, C. A. (2002). "Insomnia", en *Annual Review of Psychology, 53*, 215–243.

Esposito, K., Giugliano, F., Di Palo, C., Giugliano, G., Marfella, R., D'Andrea, F., et al. (2004). "Effect of lifestyle changes on erectile dysfunction in obese men: A randomized controlled trial", en *Journal of the American Medical Association, 291*, 2978–2984.

Estevez, M. y Gardner, K. L. (2004). "Update on the genetics of migraine", en *Human Genetics, 114*, 225–235.

Etheridge, P. (Enero 8 de 2001). *Kids' TV watching linked to unhealthy eating habits*. Consultado en enero 10 de 2001, en http:www.cnn.com/2001/ HEALTH/children/01/08/tv.eating/index.html.

Etkin, A., Egner, T., Peraza, D. M., Kandel, E. R. y Hirsch, J. (2006). "Resolving emotional conflict: A role for the rostral anterior cingulate cortex in modulating activity in the amygdala", en *Neuron, 51*, 871–882.

Ettinger, U., Picchioni, M., Landau, S., Matsumoto, K., van Haren, N. E., Marshall, N., et al. (2007). "Magnetic resonance imaging of the thalamus and adhesio interthalamica in twins with schizophrenia", en *Archives of General Psychiatry, 64*, 401–409.

Evans, R. B. (Diciembre de 1999). "Once behind the scenes, now in the fore", en *APA Monitor, 30*(11). Consultado en diciembre 3 de 2001, en http:www.apa.org/ monitor/dec99/ss10.html.

Exner, J. E. (1993). *The Rorschach: A comprehensive system: Vol. 1. Basic foundations* (3ª. ed.). Nueva York: Wiley.

Exner, J. E., Jr. (2002). "Early development of the Rorschach test", en *Academy of Clinical Psychology Bulletin, 8*, 9–24.

Eysenck, H. J. (1982). *Personality, genetics, and behavior*. Nueva York: Praeger.

Eysenck, H. J. (ed.). (1981). *A model for personality*. Nueva York: Springer Publishing Company.

Fagan, J. F. y Holland, C. R. (2002). "Equal opportunity and racial differences in IQ", en *Intelligence, 30*, 361–387.

Fagot, B. J. (1995). "Psychosocial and cognitive determinants of early gender-role development", en *Annual Review of Sex Research, 6*, 1–31.

Fals-Stewart, W. (2003). "The occurrence of partner physical aggression on days of alcohol consumption: A longitudinal diary study", en *Journal of Consulting and Clinical Psychology, 71*, 41–52.

Fannin, N. y Dabbs, J. M., Jr. (2003). "Testosterone and the work of firefighters: Fighting fires and delivering medical care", en *Journal of Research in Personality, 37*, 107–115.

Faraone, S. V. (Agosto de 2003). *ADHD: Facts and fiction*. Documento presentado en la reunión de la American Psychological Association, Toronto, Canadá. Farell, B. (2006). "Orientation-specific computation in stereoscopic vision", en *Journal of Neuroscience, 26*, 9098–9106.

Farrell, A. D. y White, K. S. (1998). "Peer influences and drug use among urban adolescents: Family structure and parent/adolescent relationship as protective factors", en *Journal of Consulting and Clinical Psychology, 66*, 248–258.

Farris, C., Treat, T. A., Viken, R. J. y McFall, R. M. (2008). "Sexual coercion and the misperception of sexual intent", en *Clinical Psychology Review, 28*, 48–66. Feder, J., Levant, R. F. y Dean, J. (2007). "Boys and violence: A gender-informed analysis", en *Professional Psychology: Research and Practice, 38*, 385–391.

Feingold, A. (1992). "Good-looking people are not what we think", en *Psychological Bulletin, 111*, 304–341.

Feingold, A. (1994). "Gender differences in personality: A meta-analysis", en *Psychological Bulletin, 116*, 429–456.

Feldhusen, J. F. (2004). "Can we be intelligent and creative simultaneously?", en *Contemporary Psychology: APA Review of Books, 49*, 616–617.

Feldman, D. H. (2003). "Cognitive development in childhood", en R. M. Lerner, M. A. Easterbrooks y J. Mistry (eds.), *Handbook of psychology: Vol. 6. Developmental psychology* (pp. 195–210). Nueva York: John Wiley & Sons.

Feng, J., Spence, I. y Pratt, J. (2007). "Playing an action video game reduces gender differences in spatial cognition", en *Psychological Science, 18*, 850–855.

Ferdinand, K. C. (2006). "Coronary artery disease in minority racial and ethnic groups in the United States", en *American Journal of Cardiology, 97*, 12–19.

Fernández-Ballesterosa, R. (2006). "Geropsychology: An applied field for the 21st century", en *European Psychologist, 11*, 312–323.

Ferreira, G., Ferry, B., Meurisse, M. y Lévy, F. (2006). "Forebrain structures specifically activated by conditioned taste aversion", en *Behavioral Neuroscience, 120*, 952–962.

Ferri, M., Amato, L. y Davoli, M. (2006). "Alcoholics Anonymous and other 12-step programmes for alcohol dependence", en *The Cochrane Database of Systematic Reviews*, núm. 3. Consultado en septiembre 23 de 2006, en http:dx.doi .org/10.1002/14651858.CD005032.pub2.

Festinger, L. y Carlsmith, J. M. (1959). "Cognitive consequences of forced compliance", en *Journal of Abnormal and Social Psychology, 58*, 203–210.

Field, A. P. (2006). "Is conditioning a useful framework for understanding the development and treatment of phobias?", en *Clinical Psychology Review, 26*, 857–875.

Figueredo, A. J., Sefcek, J. A. y Jones, D. N. (2006). "The ideal romantic partner: Absolute or relative preferences in personality?", en *Personality and Individual Differences, 41*, 431–441.

Fingerman, K. L. (2002). *Mothers and their adult daughters: Mixed emotions, enduring bonds*. Nueva York: Prometheus Books.

Fink, B., Neave, N., Manning, J. T. y Grammer, K. (2006). "Facial symmetry and judgements of attractiveness, health and personality", en *Personality and Individual Differences, 11*, 154–158.

Fink, B. y Penton-Voak, I. (2002). "Evolutionary psychology of facial attractiveness", en *Current Directions in Psychological Science, 11*, 154–158.

Fink, M. y Taylor, M. A. (2007). "Electroconvulsive therapy: Evidence and challenges", en *Journal of the American Medical Association, 298*, 330–332.

Firestone, R. W., Firestone, L. A. y Catlett, J. (2006). *Sex and love in intimate relationships*. Washington, DC: American Psychological Association.

Fischer, A. H., Mosquera, P. M. R., Van Vianen, A. E. M. y Manstead, A. S. R. (2004). "Gender and culture differences in emotion", en *Emotion, 4*, 87–94.

Fischer, A., Sananbenesi, G., Wang, X., Dobbin, M. y Ltsai, L. H. (Abril 29 de 2007). "Recovery of learning and memory is associated with chromatin remodelling", en *Nature*. Publicado en línea en abril 29 de 2007.

Fish, B. y Condon, S. (2005). "A discussion of current attachment research and its clinical applications", en *Child and Adolescent Social Work Journal, 11*, 93–105.

Fishbein, M. D. (1996). *Peer prejudice and discrimination: Evolutionary, cultural, and developmental dynamics*. Boulder, Connecticut: Westview Press.

Fisher, B. S., Daigle, L. E., Cullen, F. T. y Turner, M. G. (2003). "Reporting sexual victimization to the police and others: Results from a national-level study of college women", en *Criminal Justice and Behavior, 30*, 6–38.

Fisher, M. A. (2008). "Protecting confidentiality rights: The need for an ethical practice model", en *American Psychologist, 63*, 1–13.

Fiske, A. P., Kitayama, S., Markus, H. R. y Nisbett, R. E. (1998). "The cultural matrix of social psychology", en D. T. Gilbert, S. T. Fiske y G. Lindzey (eds.), *The handbook of social psychology* (4ª. ed., Vol. 2, pp. 915–981). Boston: Mc-Graw-Hill.

Fitzgerald, H. E., Mann, T., Cabrera, N. y Wong, M. M. (2003). "Diversity n caregiving contexts", en R. M. Lerner, A. Easterbrooks e I. Mistry (eds.), *Comprehensive handbook of psychology, Vol. 6: Developmental psychology* (pp. 135–167). Nueva York: Wiley.

Fitzpatrick, O. D., Jr. y Shook, S. L. (1994). "Belief in the paranormal: Does identity development during the college years make a difference? An initial investigation", en *Journal of Parapsychology, 58*, 315–329.

Fivush, R. y Nelson, K. (2004). "Culture and language in the emergence of autobiographical memory", en *Psychological Science, 15*, 573–576.

Flavell, J. H., Miller, P. H. y Miller, S. A. (2002). *Cognitive development* (4ª. ed.). Upper Saddle River, Nueva Jersey: Prentice Hall.

Fleeson, W. (2004). "Moving personality beyond the person-situation debate: The challenge and the opportunity of within-person variability", en *Current Directions in Psychological Science, 13*, 83–87.

Fleeson, W., Malanos, A. B. y Achille, N. M. (2002). "Intraindividual process approach to the relationship between extraversion and positive affect: Is acting extraverted as 'good' as being extraverted?", en *Journal of Personality and Social Psychology, 83*, 1409–1422.

Flegal, K. M., et al. (2005). "Excess deaths associated with underweight, overweight, and obesity", en *Journal of the American Medical Association, 293*, 1861–1867.

Flegal, K. M., Graubard, B. I., Williamson, D. F. y Gail, M. H. (2007). "Cause-specific excess deaths associated with underweight, overweight, and obesity", en *Journal of the American Medical Association, 298*, 2028–2037.

Flynn, C. A. y Chen, Y. C. C. (2003). "Antidepressants for generalized anxiety disorder", en *American Family Physician, 68,* 1757–1758.

Flynn, J. R. (2003). "Movies about intelligence: The limitations of g", en *Current Directions in Psychological Science, 12,* 95–98.

Folsom, D. P., Hawthorne, W., Lindamer, L., Gilmer, T., Bailey, A., Golshan, S., Garcia, P., et al. (2005). "Prevalence and risk factors for homelessness and utilization of mental health services among 10,340 patients with serious mental illness in a large public mental health system", en *American Journal of Psychiatry, 162,* 370–376.

Fontaine, K. R., Redden, D. T., Wang, C., Westfall, A. O. y Allison, D. B. (2003). "Years of life lost due to obesity", en *Journal of the American Medical Association, 289,* 187–193.

Food and Drug Administration (FDA). (2006). *FDA news: FDA licenses new vaccine for prevention of cervical cancer and other diseases in females caused by human papillomavirus.* Consultado en julio 28 de 2007, en http:www.fda.gov/bbs/ topics/ NEWS/2006/NEW01385.html

Foote, B., et al. (2005). "Prevalence of dissociative disorders in psychiatric outpatients", en *American Journal of Psychiatry, 163,* 623–629.

Foote, D. (Otoño/invierno de 2000). "The war of the wills", en *Newsweek Special Issue,* pp. 64–65.

Ford, C. S. y Beach, F. A. (1951). *Patterns of sexual behavior.* Nueva York: Harper & Row.

Forestell, C. A., Humphrey, T. M. y Stewart, S. H. (2004). "Involvement of body weight and shape factors in ratings of attractiveness by women: A replication and extension of Tassinary and Hansen (1998)", en *Personality and Individual Differences, 36,* 295–305.

Fowler, R. D. (Junio de 1992). "Solid support needed for animal research", en *APA Monitor, 23*(6), 2.

Fox, N. A., Hane, A. A. y Pine, D. S. (2007). "Plasticity for affective neurocircuitry: How the environment affects gene expression", en *Current Directions in Psychological Science, 16,* 1–5.

Frank, E., Kupfer, D. J., Buysse, D. J., Swartz, H. A., Pilkonis, P. A., Houck, P. R., et al. (2007). "Randomized trial of weekly, twice-monthly, and monthly interpersonal psychotherapy as maintenance treatment for women with recurrent depression", en *American Journal of Psychiatry, 164,* 761–767.

Frank, R. G., & Glied, S. A. (2006). *Better but not well: Mental health policy in the United States since 1950.* Baltimore, MD: Johns Hopkins University Press.

Frasure-Smith, N. y Lespérance, F. (2005). "Depression and coronary heart disease: Complex synergism of mind, body, and environment", en *Current Directions in Psychological Science, 14,* 39–43.

Frattaroli, J. (2006). "Experimental disclosure and its moderators: A meta analysis", en *Psychological Bulletin, 132,* 823–865.

Frauenglass, S., Routh, D. K., Pantin, H. M. y Mason, C. A. (1997). "Family support decreases influence of deviant peers on Hispanic adolescents' substance use", en *Journal of Clinical Child Psychology, 26,* 15–23.

Freeman, M. S., Spence, M. J. y Oliphant, C. M. (Junio de 1993). *Newborns prefer their mothers' low-pass filtered voices over other female filtered voices.* Documento presentado en la reunión de la American Psychological Society, Chicago.

Freemon, F. R. (1981). *Organic mental disease.* Jamaica, Nueva York: Spectrum.

French, S. E., Seidman, E., Allen, L. y Aber, J. L., (2006). "The development of ethnic identity during adolescence", en *Developmental Psychology, 42,* 1–10.

Freud, S. (1900). "The interpretation of dreams", en J. Strachey (ed.), *The standard edition of the complete psychological works of Sigmund Freud: Vol. 8.* Londres: Hogarth Press.

Freud, S. (1922/1959). "Analysis of a phobia in a 5-year-old boy", en A. y J. Strachey (eds. y traductores), *Collected papers* (Vol. 3). Nueva York: Basic Books. (Trabajo publicado originalmente en 1909.)

Freud, S. (1957). "Mourning and melancholia (1917)", en J. Rickman (ed.), *A general selection from the works of Sigmund Freud.* Garden City, Nueva York: Double-day.

Freud, S. (1964). "New introductory lectures", en *Standard edition of the complete psychological works of Sigmund Freud* (Vol. 22). Londres: Hogarth. (Trabajo publicado originalmente en 1933.)

Freund, A. A. (2006). "Age-differential motivational consequences of optimization versus compensation focus in younger and older adults", en *Psychology and Aging, 21,* 40–52.

Freund, A. M. y Riediger, M. (2003). "Successful aging", en R. M. Lerner, M.A. Easterbrooks y J. Mistry (eds.), *Handbook of psychology: Vol. 6. Developmental psychology* (pp. 601–628). Nueva York: John Wiley & Sons.

Friedman, M. y Ulmer, D. (1984). *Treating Type A behavior and your heart.* Nueva York: Fawcett Crest.

Friedman, R. A. (2006). "The changing face of teenage drug abuse—the trend toward prescription drugs", en *New England Journal of Medicine, 354,* 1448–1450.

Friedman, R. A. y Leon, A. C. (2007). "Expanding the black box—depression, antidepressants, and the risk of suicide", en *New England Journal of Medicine, 356,* 2343–2346.

Frijda, N. H. y Sundararajan, L. (2007). "Emotion refinement: A theory inspired by Chinese Poetics", en *Perspectives on Psychological Science 2,* 227–241.

Fruzzetti, A. E., Toland, K., Teller, S. A. y Loftus, E. F. (1992). "Memory and eyewitness testimony", en M. M. Gruneberg y P. E. Morris (eds.), *Aspects of memory: Vol. 1. The practical aspects* (2ª. ed., pp. 18–50). Florence, Kentucky: Taylor & Francis/Routledge.

Fujita, F. y Diener, E. (2005). "Life satisfaction set point: Stability and change", en *Journal of Personality and Social Psychology, 88,* 158–164.

Fuligni, A. y Pedersen, S. (2002). "Family obligation and the transition to young adulthood", en *Developmental Psychology, 38,* 856–868.

Fuligni, A. J., Witkow, M. y Garcia, C. (2005). "Ethnic identity and the academic adjustment of adolescents from Mexican, Chinese, and European backgrounds", en *Developmental Psychology, 41,* 799-811.

Furr, R. M. y Fbunder, D. C. (2004). "Situational similarity and behavioral consistency: Subjective, objective, variable-centered, and person-centered approaches", en *Journal of Research in Personality, 38,* 421–447.

Futrelle, D. (Agosto de 2006). "Can money buy happiness?", en *Money,* pp. 127–131.

Gabbard, G. O. (2005). "Mind, brain, and personality disorders", en *American Journal of Psychiatry, 162,* 648–655.

Gable, S. L. y Haidt, J. (2005). "What (and why) is positive psychology?", en *Review of General Psychology, 9,* 103–110.

Gabriel, T. (Junio 12 de 1995). "A new generation seems ready to give bisexuality a place in the spectrum", en *New York Times,* p. A12.

Gaertner, L., Iuzzini, J., Witt, J. G. y Oriña, J. M. (2006). "Us without them: Evidence for an intragroup origin of positive in-group regard", en *Journal of Personality and Social Psychology, 90,* 426–439.

Gagnon, J. H. (1990). "Gender preferences in erotic relations: The Kinsey scale and sexual scripts", en D. P. McWhirter, S. A. Sanders y J. M. Reinisch (eds.), *Homosexuality/ heterosexuality: Concepts of sexual orientation* (pp. 177–207). Nueva York: Oxford University Press.

Gajendran, R. S. y Harrison, D. A. (2007). "The good, the bad, and the unknown about telecommuting: Meta-analysis of psychological mediators and individual consequences", en *Journal of Applied Psychology, 92,* 1524–1541.

Gajilan, A. C. (Septiembre 28 de 2006). "World without pain is hell, parent says", en *CNN.com.* Consultado en septiembre 29 de 2006, en http:www.cnn.com/2006/ HEALTH/conditions/01/27/rare.conditions/index.html.

Galanter, E. (1962). "Contemporary psychophysics", en R. Brown, E. Galanter, H. Hess y G. Mandler (eds.), *New directions in psychology.* Nueva York: Holt, Rinehart & Winston.

Galea, S., Brewin, C. R., Gruber, M., Jones, R. T., King, D. W., King, L. A., et al. (2007). "Exposure to hurricane-related stressors and mental illness after Hurricane Katrina", en *Archives of General Psychiatry, 64,* 1427–1434.

Gallego, M., Eide, E. J., Woolf, M. F., Virshup, D. M. y Forger, D. B. (2006). "An opposite role for tau in circadian rhythms revealed by mathematical modeling", en *Proceedings of the National Academy of Sciences,* publicado en línea en julio 3 de 2006. Consultado en julio 4 de 2006, en http:www.pnas.org/cgi/content/ abstract/0604511103v1.

Gallistel, C. R. (2006). "Dopamine and reward: Comment on Hernandez et al. (2006)", en *Behavioral Neuroscience, 120,* 992–994.

Gallup Organization. (2005). *Americans' personal satisfaction.* Consultado en abril 20 de 2005 en http:www.gallup.com/poll/content/default.aspx?ci14506.

Gandevia, S. C., Smith, J. L., Crawford, M., Proske, U. y Taylor, J. L. (2006). "Motor commands contribute to human position sense", en *Journal of Physiology, 571,* 703–710.

Gannon, N. y Ranzijn, R. (2005). "Does emotional intelligence predict unique variance in life satisfaction beyond IQ and personality?", en *Personality and Individual Differences, 38,* 1353–1364.

Garb, H. N., Wood, J. M., Lilienfeld, S. O. y Nezworski, M. T. (2005). "Roots of the Rorschach controversy", en *Clinical Psychology Review, 25,* 97–118.

Garcia, J. y Koelling, R. A. (1966). "Relation of cue to consequence in avoidance learning", en *Psychonomic Science, 4,* 123–124.

Garcia, J. y Koelling, R. A. (1971). "The use of ionizing rays as a mammalian olfactory stimulus", en H. Autrum et al. (eds.), *Handbook of sensory physiology: Vol. 4. Chemical senses* (Part 1). New York: Springer-Verlag.

Gardner, H. (1993). "Intelligence in seven phases", en H. Gardner (Ed.), *Multiple intelligences: The theory in practice* (pp. 213–230). Nueva York: Basic Books.

Gardner, H. (1998). "Are there additional intelligences? The case for naturalist, spiritual, and existential intelligences", en J. Kane (ed.), *Education information, and transformation*. Upper Saddle River, Nueva Jersey: Prentice Hall.

Gardner, H. y Traub, J. (Otoño de 1999). "Debate on 'multiple intelligences'", en *Cerebrum, 1, 2.*

Gardner, R., Jr. (Octubre 8 de 2006). "The farewell tour", en *New York Times, Section 9*, pp. 1, 14.

Gardner, R. A. y Gardner, B. T. (1969). "Teaching sign language to a chimpanzee", en *Science, 165,* 664–672.

Gardner, R. A. y Gardner, B. T. (1978). "Comparative psychology and language acquisition", en *Annals of the New York Academy of Science, 309,* 37–76.

Garlow, S. J., Purselle, D. y Heninger, M. (2005). "Ethnic differences in patterns of suicide across the life cycle", en *American Journal of Psychiatry, 162,* 319–323.

Garwood, S. G., et al. (1980). "Beauty is only 'name deep': The effect of first name in ratings of physical attraction", en *Journal of Applied Social Psychology, 10,* 431–435.

Gatchel, R. J. (2001). "Biofeedback and self-regulation of physiological activity: A major adjunctive treatment modality in health psychology", en A. Baum, T. A. Revenson, y J. E. Singer (eds.), *Handbook of health psychology* (pp. 95–104). Mahwah, Nueva Jersey: Lawrence Erlbaum Associates.

Gatchel, R. J., Peng, Y. B., Peters, M. L., Fuchs, P. N. y Turk, D. C. (2007). "The biopsychosocial approach to chronic pain: Scientific advances and future directions", en *Psychological Bulletin, 133,* 581–624.

Gatz, M. (2007). Genetics, dementia, and the elderly. *Current Directions in Psychological Science, 16,* 123–127.

Gaulin, S. J. C. y McBurney, D. H. (2001). *Psychology: An evolutionary approach.* Upper Saddle River, Nueva Jersey: Prentice Hall.

Gauthier, I. y Curby, K. M. (2005). "A perceptual traffic jam on highway N170 interference between face and car expertise", en *Current Directions in Psychological Science, 14,* 30–33.

Gazzaniga, M. (1999). "The interpreter within: The glue of conscious experience", en *Cerebrum, 1*(1), 68–78.

Gazzaniga, M. S. (1992). *Nature's mind.* Nueva York: Basic Books.

Gazzaniga, M. S. (1995). "Consciousness and the cerebral hemispheres", en M. S. Gazzaniga (ed.), *The cognitive neurosciences* (pp. 1391–1400). Cambridge, Massachusetts: MIT Press.

Ge, W.-P., Yang, X.-J., Zhang, Z., Wang, H.-K., Shen, W., Deng, Q.-D. y Duan. S. (2006). "Long-term potentiation of neuronglia synapses mediated by Ca2+-Permeable AMPA Receptors", en *Science, 312,* 1533–1537.

Ge, X., Kim, I. J., Brody, G. H., Conger, R. D., Simons, R. L., Gibbons, F. X. y Cutrona, C. E. (2003). "It's about timing and change: Pubertal transition effects on symptoms of major depression among African American youths", en *Developmental Psychology, 39,* 430–439.

Gebhard, P. H. (1977). *Memorandum on the incidence of homosexuals in the United States.* Bloomington: Indiana University Institute for Sex Research.

Geddes, J. R., Burgess, S., Hawton, K., Jamison, K. y Goodwin, G. M. (2004). "Long-term lithium therapy for bipolar disorder: Systematic review and meta-analysis of randomized controlled trials", en *American Journal of Psychiatry, 161,* 217–222.

Geier, A. B., Rozin, P. y Doros, G. (2006). "Unit bias: A new heuristic that helps explain the effect of portion size on food intake", en *Psychological Science, 17,* 521–525.

Geipert, N. (Enero de 2007). "Don't be mad: More research links hostility to coronary risk", en *Monitor on Psychology, 38*(1), 50–51.

Ge1, S., Goh1, E. L. K., Sailor, K. A., Kitabatake, Y., Ming, G. y Song, H. (2006). "GABA regulates synaptic integration of newly generated neurons in the adult brain", en *Nature, 439,* 589–593.

Geller, B. (Octubre 16 de 2006). "Early use of methylphenidate: The jury on neuronal effects is still out", en *Journal Watch Psychiatry.* Consultado en octubre 16 de 2006, en http:psychiatry.jwatch.org/cgi/content/full/2006/1016/2.

Gelman, D. (Abril 18 de 1994). "The mystery of suicide", en *Newsweek,* pp. 44–49.

Geraerts, E., Schooler, J. W., Merckelbach, H., Jelicic, M., Hauer, B. J. A. y Ambadar, Z. (2007). "The reality of recovered memories: corroborating continuous and discontinuous memories of childhood sexual abuse", en *Psychological Science, 18,* 564–568.

Gerhart, B. (2005). "The (affective) dispositional approach to job satisfaction: Sorting out the policy implications", en *Journal of Organizational Behavior, 26,* 79–97.

German, T. P. y Barrett, H. C. (2005). "Functional fixedness in a technologically sparse culture", en *Psychological Science, 16,* 1–5.

Gershoff, E. T. (2002a). "Corporal punishment by parents and associated child behaviors and experiences: A meta-analytic and theoretical review", en *Psychological Bulletin, 128,* 539–579.

Gershoff, E. T. (2002b). "Corporal punishment, physical abuse, and the burden of proof: Reply to Baumrind, Larzelere, and Cowan (2002), Holden (2002), and Parke (2002)", en *Psychological Bulletin, 128,* 602–611.

Gertner, Y., Fisher, C. y Eisengart, J. (2006). "Learning words and rules: Abstract knowledge of word order in early sentence comprehension", en *Psychological Science, 17,* 684–691.

Giancola, P. R. y Corman, M. D. (2007). "Alcohol and aggression: A test of the attention-allocation model", en *Psychological Science, 18,* 649–655.

Gibbs, J. C. (2006). "Should Kohlberg's cognitive developmental approach to morality be replaced with a more pragmatic approach? Comment on Krebs and Denton (2005)", en *Psychological Review, 113,* 666–671.

Gibson, E. J. y Walk, R. D. (Abril de 1960). "The visual cliff", en *Scientific American,* pp. 64–71.

Gigerenzer, G. (2008). "Why heuristics work", en *Perspectives on Psychological Science, 3,* 20-29.

Gignac, G. E. (2006). "Self-reported emotional intelligence and life satisfaction: Testing incremental predictive validity hypotheses via structural equation modeling (SEM) in a small sample", en *Personality and Individual Differences, 40,* 1569–1577.

Gilbert, A. L., Regier, T., Kay, P. e Ivry, R. B. (2006). "Whorf hypothesis is supported in the right visual field but not the left", en *Proceedings of the National Academy of Sciences, 103,* 489–494.

Gilbert, S. (Marzo 16 de 2004). *New clues to women veiled in black.* Nueva York Times, Science Times, pp. F1, F7.

Gilbert, S. C. (2003). "Eating disorders in women of color", en *Clinical Psychology: Science and Practice, 10,* 444–455.

Gill, R. E. (Enero/febrero de 2006). *The National Psychologist, 15,* 1–2.

Gilles, D. M., Turk, C. L. y Fresco, D. M. (2006). "Social anxiety, alcohol expectancies, and self-efficacy as predictors of heavy drinking in college students", en *Addictive Behaviors, 31,* 388–398.

Gilligan, C. (1982). *In a different voice: Psychological theory and women's development.* Cambridge, Massachusetts: Harvard University Press.

Gilligan, C., Lyons, P. y Hanmer, T. J. (eds.). (1990). *Making connections.* Cambridge, Massachusetts: Harvard University Press.

Giltay, E. J., et al. (2004). "Dispositional optimism and all-cause and cardiovascular mortality in a prospective cohort of elderly Dutch men and women", en *Archives of General Psychiatry, 61,* 1126–1135.

Giltay, E. J., Kamphuis, M. H., Kalmijin, S., Zitman, F. G. y Kromhout, D. (2006). "Dispositional optimism and the risk of cardiovascular death: The Zutphen Elderly Study", en *Archives of Internal Medicine, 166,* 431–436.

Giotakos, O., Markianos, M. y Vaidakis, N. (2005). "Aggression, impulsivity, and plasma sex hormone levels in a group of rapists, in relation to their history of childhood attention-deficit/hyperactivity disorder symptoms", en *Journal of Forensic Psychiatry and Psychology, 16,* 423–433.

Glaser, R., Pearson, G. R., Bonneau, R. H., Esterling, B. A., et al. (1993). "Stress and the memory T-cell response to the Epstein-Barr Virus in healthy medical students", en *Health Psychology, 12,* 435–442.

Glaser, R., Pearson, G. R., Jones, J. F., Hillhouse, J., et al. (1991). "Stress-related activation of Epstein-Barr virus", en *Brain, Behavior, and Immunity, 5,* 219–232.

Glasman, L. R. y Albarracín, D. (2006). "Forming attitudes that predict future behavior: A meta-analysis of the attitude-behavior relation", en *Psychological Bulletin, 132,* 778–822.

Gleaves, D. H., Smith, S. M., Butler, L. D. y Spiegel, D. (2004). "False and recovered memories in the laboratory and clinic: a review of experimental and clinical evidence", en *Clinical Psychology: Science and Practice, 11,* 3–28.

Gluckman, P. D. y Hanson, M. A. (2006). "Evolution, development, and puberty", en *Trends in Endocrinology and Metabolism, 17,* 7-12.

Godbolt, A. K., Waldman, A. D., MacManus, D. G., Schott, J. M., Frost, C., Cipolotti, L. et al. (2006). "MRS shows abnormalities before symptoms in familial Alzheimer disease", en *Neurology, 66,* 718–722.

Godden, D. R. y Baddeley, A. D. (1975). "Context-dependent memory in two natural environments: On land and underwater", en *British Journal of Psychology, 66,* 325–331.

Goedert, M. y Spillantini, M. G. (Noviembre 3 de 2006). "A century of Alzheimer's Disease", en *Science, 314,* 777–781.

Goebel, M. U., Trebst, A. E., Steiner, J., Xie, Y. F., Exton, M. S., Frede, S., Canbay, A. E , Michel, M. C., et al. (2002). "Behavioral conditioning of immunosuppression is possible in humans", en *FASEB Journal, 16*, 1869-1873.

Goenjian, A. K., Molina, L., Steinberg, A. M., Fairbanks, L. A., Alvarez, M. L., Goenjian, H. A. y Pynoos, R. S. (2001). "Posttraumatic stress and depressive reactions among Nicaraguan adolescents after Hurricane Mitch", en *American Journal of Psychiatry, 158*, 788–794.

Goff, D. C. y Coyle, J. T. (2001). "The emerging role of glutamate in the pathophysiclogy and treatment of schizophrenia", en *American Journal of Psychiatry, 158*, 1367–1377.

Goldberg, L. R. (1993). "The structure of phenotypic personality traits", en *American Psychologist, 48*, 26–34.

Goldstein, A. (1994). *Addiction: From biology to drug policy*. Nueva York: W. H. Freeman and Company.

Goldstein, A. M. (ed.). (2007). *Forensic psychology: Emerging topics and expanding roles*. Hoboken, Nueva Jersey: Wiley.

Goldstein, I., Meston, C., Davis, S. y Traish, A. (eds.). (2006). *Female sexual dysfunction*. Nueva York: Parthenon.

Goldstein, R. B., Grant, B. F., Huang, B., Smith, S. M., Stinson, F. S., Dawson, D. A., et al. (2006). "Lack of remorse in antisocial personality disorder: Sociodemograph c correlates, symptomatic presentation, and comorbidity with Axis I and Axis II disorders in the National Epidemiologic Survey on Alcohol and Related Conditions", en *Comprehensive Psychiatry, 47*, 289–297.

Goldston, D. B., Molock, S. D., Whitbeck, L. B., Murakami, J. L., Zayas, L. H. y Hall, G. C. N. (2008). "Cultural considerations in adolescent suicide prevention and psychosocial treatment", en *American Psychologist, 63*, 14–31.

Goldston, K. y Baillie, A. J. (2007). "Depression and coronary heart disease: A review of the epidemiological evidence, explanatory mechanisms and management", en *Clinical Psychology Review*, en impresión.

Golinkoff, R. M. y Hirsh-Pasek, K. (20065). "Baby wordsmith: From associationist to social sophisticate", en *Current Directions in Psychological Science, 15*, 30–33.

Gómez, R. L., Bootzin, R. R. y Nadel, L. (2006). "Naps promote abstraction in language-learning infants", en *Psychological Science, 17*, 670–674.

Good, C., Aronson, J. y Harder, J. A. (en impresión). "Problems in the pipeline: Stereotype threat and women's achievement in high-level math courses", en *Journal of Applied Developmental Psychology, 29*, 17-28.

Good, M. A., Barnes, P., Staal, V., McGregor, A. y Honey, R. C. (2007). "Context- but not familiarity-dependent forms of object recognition are impaired following excitotoxic hippocampal lesions in rats", en *Behavioral Neuroscience, 121*, 218.

Goode, E. (Agosto 27 de 2000). "Hey, what if contestants give each other shocks?", en *New York Times Week in Review*, p. 2.

Goode, E. (Abril 3 de 2001). "Scientist at work: Robert Sternberg. His goal: Making intelligence tests smarter", en *New York Times*, pp. F1, F7.

Goodman, G. S., Sayfan, L., Lee, J. S., Sandhei, M., Walle-Olsen, A., Magnusse, S., et al. (2007). "The development of memory for own- and other-race faces", en *Journal of Experimental Child Psychology, 98*, 233–242.

Goodwin, I. (2003). "The relevance of attachment theory to the philosophy, organization, and practice of adult mental health care", en *Clinical Psychology Review, 23*, 35–56.

Gopnik, A. (Diciembre 24 de 2000). "Children need childhood, not vocational training", en *New York Times Week in Review*, p. 6.

Gordon, R. A. (2000). "Stereotype measurement and the 'kernel of truth' hypothesis'", en M. E. Ware y D. E. Johnson (eds.), *Handbook of demonstrations and activities in the teaching of psychology, Vol. III: Personality, abnormal, clinical-counseling, cnd social* (2ª. ed.). Mahwah, Nueva Jersey: Lawrence Erlbaum Associates.

Gorman, C. (Enero 16 de 2006). "Can you prevent Alzheimer's Disease?", en *Time*, pp. 110–113.

Gorman, C. (Enero 29 de 2007). "6 lessons for handling stress", en *Newsweek*, pp. 80–85.

Gosling, P., Denizeau, M. y Oberlé, D. (2006). "Denial of responsibility: A new mode of dissonance reduction", en *Journal of Personality and Social Psychology, 90*, 722–733.

Gosling, S. D., Kwan, V. S. Y. y John, O. P. (2003). "A dog's got personality: A cross-species comparative approach to personality judgments in dogs and humans", en *Journal of Personality and Social Psychology, 85*, 1161–1169.

Gottesman, I. I. (1991). *Schizophrenia genetics: The origins of madness*. Nueva York: Freeman.

Gottesman, I. I. (1997). "Twins: En route to QTLs for cognition", en *Science, 276*, 1522–1523.

Gottesman, I. I. y Gould, T. D. (2003). "The endophenotype concept in psychiatry: Etymology and strategic intentions", en *American Journal of Psychiatry, 160*, 636–645.

Gottesman, I. I. y Hanson, D. R. (2005). "Human development: Biological and genetic processes", en *Annual Review of Psychology, 56*, 263–286.

Gottesman, I. I., McGuffin, P. y Farmer, A. E. (1987). "Clinical genetics as clues to the 'real' genetics of schizophrenia", en *Schizophrenia Bulletin, 13*, 23–47.

Gottfredson, L. S. (2003a). "Dissecting practical intelligence theory: Its claims and evidence", en *Intelligence, 31*, 343–397.

Gottfredson, L. S. (2003b). "Discussion on Sternberg's 'Reply to Gottfredson'", en *Intelligence, 31*, 415–424.

Gottfredson, L. S. (2004). "Intelligence: Is it the epidemiologists' elusive 'fundamental cause' of social class inequalities in health?", en *Journal of Personality and Social Psychology, 86*, 174–199.

Gottfredson, L. S. y Deary, I. J. (2004). "Intelligence predicts health and longevity, but why?", en *Current Directions in Psychological Science, 13*, 1–4.

Grabe, S. y Hyde, J. S. (2006). "Ethnicity and body dissatisfaction among women in the United States: A meta-analysis", en *Psychological Bulletin, 132*, 622–640.

Grady, D. (Noviembre 26 de 2002). "Why we eat (and eat and eat)", en *New York Times*, pp. F1, F4.

Graham, J. R. (2006). *MMPI-2: Assessing personality and psychopathology* (4ª. ed.). Nueva York: Oxford University Press.

Grant, B. F., Hasin, D. S., Blanco, C., Stinson, F. S., Chou, S. P., Goldstein, R. B., et al. (2006). "The epidemiology of social anxiety disorder in the United States: Results from the National Epidemiologic Survey on Alcohol and Related Conditions", en *Journal of Clinical Psychiatry, 66*, 1351–1361.

Grant, B. F., Hasin, D. S., Stinson, F. S., Dawson, D. A., Goldstein, R. B., Smith, S., et al. (2006). "The epidemiology of DSM-IV panic disorder and agoraphobia in the United States: Results from the National Epidemiologic Survey on Alcohol and Related Conditions", en *Journal of Clinical Psychiatry ,67*, 363–374.

Gray, M. J. y Acierno, R. (2002). "Posttraumatic stress disorder", en M. Hersen (ed.), *Clinical behavior therapy: Adults and children* (pp. 106–124). Nueva York: John Wiley & Sons.

Gray-Little, B. y Hafdahl, A. R. (2000). "Factors influencing racial comparisons of self-esteem: A quantitative review", en *Psychological Bulletin, 126*, 26–54.

Green, B. L. y Kenrick, D. T. (1994). "The attractiveness of gender-typed traits at different relationship levels: Androgynous characteristics may be desirable after all", en *Personality and Social Psychology Bulletin, 20*(3), 244–253.

Greenberg, L. S. y Malcolm, W. (2002). "Resolving unfinished business: Relating process to outcome", en *Journal of Consulting and Clinical Psychology, 70*, 406–416.

Greenberg, S. H. y Springen, K. (Octubre 16 de 2000). "Back to day care", en *Newsweek*, pp. 61–62.

Greenberg, S. H. y Springen, K. (Otoño/invierno de 2001). "Keeping hope alive", en *Newsweek Special Issue*, pp. 60–63.

Greene, M. L., Way, N., Niobe, N. y Pahl, K. (2006). "Trajectories of perceived adult and peer discrimination among Black, Latino, and Asian American adolescents: Patterns and psychological correlates", en *Developmental Psychology, 42*, 218–238.

Greenwald, A. G., Abrams, R. L., Naccache, L. y Dehaene, S. (2003). "Long-term semantic memory versus contextual memory in unconscious number processing", en *Journal of Experimental Psychology-Learning, Memory, and Cognition, 29*, 235–247.

Greenwald, A. G. y Draine, S. G. (1997). "Do subliminal stimuli enter the mind unnoticed? Tests with a new method", en J. D. Cohen y J. W. Schooler (eds.), *Scientific approaches to consciousness* (pp. 83–108). Mahwah, Nueva Jersey: Lawrence Erlbaum Associates.

Greenwood, A. (Abril 25 de 2006). "Natural killer cells power immune system response to cancer", en *NCI Cancer Bulletin, 3*(17). Consultado en abril 28 de 2006 en http:www.cancer.gov/ncicancerbulletin/NCI_Cancer_Bulletin_042506/ page4.

Greer, M. (Abril de 2004a). "General cognition also makes the difference on the job, study finds", en *Monitor on Psychology, 35*(4), 12.

Greer, M. (Mayo de 2004b). "Intervention helps reduce HIV risk", en *Monitor on Psychology, 35*(5), 23.Greer, M. (Julio de 2004c). "Strengthen your brain by resting it", en *Monitor on Psychology, 35*(7), 60–61.

Gregg, E. W. y Guralnik, J. M. (2007). "Is disability obesity's price of longevity?", en *Journal of the American Medical Association, 298*, 2066–2067.

Grewal, D. D. y Salovey, P. (2005). "Benefits of emotional intelligence", en M. Csikszentmihalyi e I. S. Csikszentmihalyi (eds.), *A life worth living: Contributions to positive psychology* (pp. 104–119). Nueva York: Oxford University Press.

Grigoriadis, V. (Julio 20 de 2003). "Smiling through the 30th, a birthday once apocalyptic", en *New York Times*, Section 9, pp. 1, 8.

Grob, G. N. (1996). *The mad among us: A history of the care of America's mentally ill.* Cambridge, Massachusetts: Harvard University Press.

Gross, J. (Marzo 21 de 2007). "Prevalence of Alzheimer's rises 10% in 5 years", en *New York Times*, p. A14.

Grossman, L. (Enero 20 de 2003). "Can Freud get his job back?", en *Time*, pp. 48–51.

Grossman, P., Niemann, L., Schmidt, S. y Walach, H. (2004). "Mindfulness-based stress reduction and health benefits: A meta-analysis", en *Journal of Psychosomatic Research, 57,* 35–43.

Guilford, J. P., Christensen, P. R., Merrifield, P. R. y Wilson, R. C. (1978). *Alternate uses: Form B, Form C.* Orange, California: Sheridan Psychological Services.

Guisinger, S. y Blatt, S. J. (1994). "Individuality and relatedness: Evolution of a fundamental dialectic", en *American Psychologist, 49,* 104–111.

Gunter, B. y McAleer, J. (1990). *Children and television: The one-eyed monster?* Londres: Routledge.

Gupta, R., Warren, T. y Wald, A. (2007). "Genital herpes", en *The Lancet, 370,* 2127–2137.

Gur, R. E., Nimgaonkar, V. L., Almasy, L., Calkins, M. E., Ragland, J. D., Pogue-Geile, M. Fl., et al. (2007). "Neurocognitive endophenotypes in a multiplex multigenerational family study of schizophrenia", en *American Journal of Psychiatry, 164,* 813–819.

Gurling, H. M. D., Critchley, H., Datta, S. R., McQuillin, A., Blaveri, E., Thirumalai, S., et al. (2006). "Association and brain morphology studies and the chromosome 8p22 Pericentriolar Material 1 (PCM1) gene in susceptibility to schizophrenia", en *Archives of General Psychiatry, 63,* 844–854.

Gustavson, C. R. y Garcia, J. (1974). "Aversive conditioning: Pulling a gag on the wily coyote", en *Psychology Today, 8,* 68–72.

Gustavson, C. R., Garcia, J., Hawkins, W. G. y Rusiniak, K. W. (1974). "Coyote predation control by aversive conditioning", en *Science, 184,* 581–583.

Gyatso, T. (Abril 26 de 2003). "The monk in the lab", en *New York Times*, p. A29.

Haake, M., Müller, H.-H., Schade-Brittinger, C., Basler, H. D., Schäfer, H., Maie, C., et al. (2007). "German Acupuncture Trials (GERAC) for chronic low back pain: randomized, multicenter, blinded, parallel-group trial with 3 groups", en *Archive of Internal Medicine, 167,* 1892–1898.

Haber, R. N. (1979). "Twenty years of haunting eidetic imagery: Where's the ghost?", en *Behavioral and Brain Sciences, 2,* 583–629.

Hackett, G., Betz, N. E., Casas, J. M. y Rocha Singh, I. A. (1992). "Gender, ethnicity, and social cognitive factors predicting the academic achievements of students in engineering", en *Journal of Counseling Psychology, 39,* 527–538.

Haeffel, G. J., Getchell, M., Koposov, R. A., Yrigollen, C. M., DeYoung, C. G., Klinteberg, B., et al. (2008). "Association between polymorphisms in the dopamine transporter gene and depression: Evidence for a gene-environment interaction in a sample of juvenile detainees", en *Psychological Science, 19,* 62-69.

Hafdahl, A. R. y Gray-Little, B. (2002). "Explicating methods in reviews of race and self-esteem: Reply to Twenge and Crocker (2002)", en *Psychological Bulletin, 128,* 409–416.

Hafler, D. A., Compston, A., Sawcer, S., Lander, E. S., Daly, M. J., De Jager, P. L., et al. (2007). "The International Multiple Sclerosis Genetics Consortium. Risk alleles for multiple sclerosis identified by a genomewide study", en *New England Journal of Medicine, Online Edition.* Consultado en agosto 30 de 2007 en http:content.nejm.org/cgi/content/full/NEJMoa073493 .

Haider, B., Duque, A., Hasenstaub, A. R. y McCormick, D. A. (2006). "Neocortical network activity in vivo is generated through a dynamic balance of excitation and inhibition", en *Journal of Neuroscience, 26,* 4535–4545.

Haidt, J. (2008). "Morality", en *Perspectives on Psychological Science, 3,* 65-72.

Hakim, D. (Octubre 25 de 2003). "New luxury-car specifications: Styling, performance, aroma", en *New York Times*, pp. A1, C2.

Hall, S. S. (Febrero 15 de 1998). "Our memories, our selves", en *New York Times Magazine*, 26–33, 49, 56–57.

Halpern, D. F. (2004). "A cognitive-process taxonomy for sex differences in cognitive abilities", en *Current Directions in Psychological Science, 13,* 135–139.

Halpern, D. F., Benbow, C. P., Geary, D. C., Gur, R. C., Shibley Hyde, J. y Gernsbacher, M. A. (2007). "The science of sex differences in science and mathematics", en *Psychological Science in the Public Interest, 8,* 1–51.

Ham, L. S. y Hope, D. A. (2003). "College students and problematic drinking: A review of the literature", en *Clinical Psychology Review, 23,* 719–759.

Hamilton, N. A., Gallagher, M. W., Preacher, K. J., Stevens, N., Nelson, C. A., Karlson, C., et al. (2007). "Insomnia and well-being", en *Journal of Consulting and Clinical Psychology, 75,* 939–946.

Hammad, T. A., Laughren, T. y Racoosin, J. (2006). "Suicidality in pediatric patients treated with antidepressant drugs", en *Archives of General Psychiatry, 63,* 332–339.

Hampton, T. (2006). "Alcoholism genes", en *Journal of the American Medical Association, 295,* 190–198.

Hansen, N. D., Randazzo, K. V., Schwartz, A., Marshall, M., Kalis, D., Frazier, E., et al. (2006). "Do we practice what we preach? An exploratory survey of multicultural psychotherapy competencies", en *Professional Psychology: Research and Practice, 37,* 66–74.

Hardin, E. E. y Leong, F. T. L. (2005). "Optimism and pessimism as mediators of the relations between self-discrepancies and distress among Asian and European Americans", en *Journal of Counseling Psychology, 52,* 25–35.

Hardy, S. A. y Raffaelli, M. (2003). "Adolescent religiosity and sexuality: An investigation of reciprocal influences", en *Journal of Adolescence, 26,* 731–739.

Harlow, H. F. y Harlow, M. K. (1966). "Learning to love", en *American Scientist, 54,* 244–272.

Harlow, H. F., Harlow, M. K. y Meyer, D. R. (1950). "Learning motivated by a manipulation drive", en *Journal of Experimental Psychology, 40,* 228–234.

Harlow, H. F. y Zimmermann, R. R. (1959). "Affectional responses in the infant monkey", en *Science, 130,* 421–432.

Harmison, R. J. (2006). "Peak performance in sport: Identifying ideal performance states and developing athletes' psychological skills", en *Professional Psychology: Research and Practice, 37,* 233–243.

Harris, A. H. S., Cronkite, R. y Moos, R. (2006). "Physical activity, exercise coping, and depression in a 10-year cohort study of depressed patients", en *Journal of Affective Disorders, 93,* 79–85.

Harris, G. (Diciembre 6 de 2007). "Teenage birth rate rises for first time since '91", en *New York Times*, p. A26.

Harris, S. M. y Halpin, G. (2002). "Development and validation of the factors influencing Pursuit of Higher Education Questionnaire", en *Educational and Psychological Measurement, 62,* 79–96.

Harshman, R. A. y Paivio, A. (1987). "Paradoxical sex differences in self-reported imagery. *Canadian Journal of Psychology, 41,* 287–302.

Harter, S. (1990). "Self and identity development", en S. S. Feldman y G. R. Elliott (eds.), *At the threshold: The developing adolescent* (pp. 352–387). Cambridge, Massachusetts: Harvard University Press.

Hartmann, P., Reuter, M. y Nyborg, H. (2006). "The relationship between date of birth and individual differences in personality and general intelligence: A large-scale study", en *Personality and Individual Differences, 40,* 1349–1362.

Hartshorn, K. y Rovee-Collier, C. (1997). "Infant learning and long-term memory at 6 months: A confirming analysis", en *Developmental Psychobiology, 30,* 71–85.

Hasin, D. S., Stinson, F. S., Ogburn, E. y Grant, B. F. (2007). "Prevalence, correlates, disability, and comorbidity of DSM-IV alcohol abuse and dependence in the United States: Results from The National Epidemiologic Survey on Alcohol and Related Conditions", en *Archives of General Psychiatry, 64,* 830–842.

Hassert, D. L., Miyashita, T. y Williams, C. L. (2004). "The effects of peripheral vagal nerve stimulation at a memory-modulating intensity on norepinephrine output in the basolateral amygdala", en *Behavioral Neuroscience, 118,* 79–88.

Havighurst, R. J. (1972). *Developmental tasks and education* (3ª. ed.). Nueva York: McKay.

Haynes, J.-D. y Rees, G. (2006). "Decoding mental states from brain activity in humans", en *Nature Neuroscience Review, 7,* 524–534.

Heath, R. A. (2006). *The Praeger handbook of transsexuality: Changing gender to match mindset.* Westport, Connecticut: Praeger Publishers.

Hebb, D. O. (1955). "Drive and the CNS (central nervous system)", en *Psychological Review, 62,* 243–254.

Heidelberger, R. (2007). "Neuroscience: Sensors and synchronicity", en *Nature, 450,* 623–625.

Heider, F. (1958). *The psychology of interpersonal relations.* Nueva York: Wiley.

Heilbronner, C. y Berlin, I. (2005). "Maternal smoking during pregnancy induces obstetrical and fetal complications but also has an impact on newborns, infants, children and adults", en *European Journal of Obstetrics and Gynecology and Reproductive Biology, 34*(7 parte 1), 679–686.

Heine, S. J., Kitayama, S., Lehman, D. R., Takata, T., Ide, E., Leung, C. y Matsumoto, H. (2001). "Divergent consequences of success and failure in Japan and North America: An investigation of self-improving motivations and malleable selves", en *Journal of Personality and Social Psychology, 81,* 599–615.

Helgeson, V. S. (2005). "Recent advances in psychosocial oncology", en *Journal of Consulting and Clinical Psychology, 73,* 268–271.

Heller, D., Watson, D. e Ilies, R. (2004). "The role of person versus situation in life satisfaction: A critical examination", en *Psychological Bulletin, 130,* 574–600.

Hellman, C. M. (1997). "Job satisfaction and intent to leave", en *Journal of Social Psychology, 137,* 677–689.

Helms, J. E. (1992). "Why is there no study of culture equivalence in standardized cognitive ability testing?", en *American Psychologist, 47,* 1083–1101.

Helms, J. E., Jernigan, M. y Mascher, J. (2005). "Meaning of race in psychology and how to change it: A methodological perspective", en *American Psychologist, 60,* 27–36.

Helmuth, L. (Enero 26 de 2001). "Glia tell neurons to build synapses", en *Science, 291,* 569–570.

Helson, R., Jones, C. y Kwan, V. (2002). "Personality change over 40 years of adulthood: Hierarchical linear modeling analyses of two longitudinal samples", en *Journal of Personality and Social Psychology, 83,* 752–766.

Henderlong, J. y Lepper, M. R. (2002). "The effects of praise on children's intrinsic motivation: A review and synthesis", en *Psychological Bulletin, 128,* 774–795.

Henig, R. M. (Febrero 5 de 2006). "Looking for the lie", en *New York Times Magazine,* pp. 46–53, 76, 80–83.

Hepper, P. G., Shahidullah, S. y White, R. (1990). "Origins of fetal handedness", en *Nature, 347,* 431.

Herbert, A., Gerry, N. P., McQueen, M. B., Heid, I. M., Pfeufer, A., Illig, T. et al. (2006). "A common genetic variant is associated with adult and childhood obesity", en *Science, 312,* 279–283.

Hergenhahn, B. R. (1997). *An introduction to the history of psychology* (3ª. ed.). Pacific Grove, California: Brooks/Cole.

Hergovich, A. (2004). "The effect of pseudo-psychic demonstrations as dependent on belief in paranormal phenomena and suggestibility", en *Personality and Individual Differences, 36,* 365–380.

Herrington, J. D., Mohanty, A., Koven, N. S., Fisher, J. E., Stewart, J. L., Banich, M., et al. (2005). "Emotion-modulated performance and activity in left dorsolateral prefrontal cortex", en *Emotion, 5,* 200–207.

Herrmann, D. J. y Palmisano, M. (1992). "The facilitation of memory performance", en M. Gruneberg y P. Morris (eds.), *Aspects of memory: Vol. 1. The practical aspects* (2ª. ed., pp. 147–167). Londres: Routledge.

Hess, T. M. (2005). "Memory and aging in context", en *Psychological Bulletin, 131,* 383–406.

Het, S. y Wolf, O. T. (2007). "Mood changes in response to psychosocial stress in healthy young women: Effects of pretreatment with cortisol", en *Behavioral Neuroscience, 121,* 11–20.

Hetherington, E. M. (2006). "The influence of conflict, marital problem solving and parenting on children's adjustment in nondivorced, divorced and remarried families", en A. Clarke-Stewart y J. Dunn (eds.), *Families count: Effects on child and adolescent development. The Jacobs Foundation series on adolescence* (pp. 203–237). Cambridge, Reino Unido: Cambridge University Press.

Hewlett, K. (Julio/agosto de 2001). "Can low self-esteem and self-blame on the job make you sick?", en *Monitor on Psychology, 32*(7), 58–60.

Hewstone, M., Rubin, M. y Willis, H. (2002). "Intergroup bias", en *Annual Review of Psychology, 53,* 575–604.

Hilgard, E. R. (1977). *Divided consciousness: Multiple controls in human thought and action.* Nueva York: Wiley.

Hilgard, E. R. (1994). "Neodissociation theory", en S. Lynn y J. W. Rhue (eds.), *Dissociation: Clinical and theoretical perspectives.* Nueva York: Guilford Press.

Hill, C. E. y Nakayama, E. Y. (2000). "Client-centered therapy: Where has it been and where is it going? A comment on Hathaway (1948)", en *Journal of Clinical Psychology, 56,* 861–873.

Hill, J. O., Wyatt, H. R., Reed, G. W. y Peters, J. C. (2003). "Obesity and the environment: Where do we go from here?" [editorial]. *Science, 299,* 853–855.

Hill, K. G., White, H. R., Chung, I. J., Hawkins, J. D. y Catalano, R. F. (2000). "Early adult outcomes of adolescent binge drinking: Person-and variable-centered analyses of binge drinking trajectories", en *Alcohol: Clinical and Experimental Research, 24,* 892–901.

Hilmert, C. J., Kulik, J. A. y Christenfeld, N. J. S. (2006). "Positive and negative opinion modeling: The influence of another's similarity and dissimilarity", en *Journal of Personality and Social Psychology, 90,* 440–452.

Hilton, J. L. y Von Hippel, W. (1996). "Stereotypes", en J. T. Spence, J. M. Darley, & D. J. Foss (eds.), *Annual review of psychology* (Vol. 47, pp. 237–271). Palo Alto, California: Annual Reviews.

Hingson, R. W., Heeron, T., Zakocs, R. C., Kopstein, A. y Wechsler, H. (2002). "Magnitude of alcohol-related mortality and morbidity among U.S. college students ages 18–24", en *Journal of Studies on Alcohol, 63,* 136–144.

Hirvonen, J., Van Erp, T. G. M., Huttunen, J., Aalto, S., Någren, K., Huttunen, M., Lönnqvist, J., et al. (2006). "Brain dopamine D receptors in twins discordant for schizophrenia", en *American Journal of Psychiatry, 163,* 1747–1753.

Ho, B.-C., Milev, P., O'Leary, D. S., Librant, A., Andreasen, N. C. y Wassink, T. H. (2006). "Cognitive and magnetic resonance imaging brain morphometric correlates of brain-derived neurotrophic factor val66met gene polymorphism in patients with schizophrenia and healthy volunteers", en *Archives of General Psychiatry, 63,* 731–740.

Hobson, J. A. (1988). *The dreaming brain.* Nueva York: Basic Books. Hobson, J. A. (2002). *Dreaming: An introductory to the science of sleep.* Oxford, Inglaterra: Oxford University Press.

Hobson, J. A. (2005). "Sleep is of the brain, by the brain and for the brain", en *Nature, 437,* 1254–1256.

Hobson, J. A. y McCarley, R. W. (1977). "The brain as a dream state generator: An activation-synthesis hypothesis of the dream process", en *American Journal of Psychiatry, 134,* 1335–1348.

Hobza, C. L., Walker, K. E., Yakushko, O. yPeugh, J. L. (2007). "What about men? Social comparison and the effects of media images on body and self-esteem", en *Psychology of Men and Masculinity, 8,* 161–172.

Hoelscher, C. (ed.). (2001). *Neuronal mechanisms of memory formation: Concepts of long-term potentiation and beyond.* Nueva York: Cambridge University Press.

Hoffman, B. M., Papas, R. K., Chatkoff, D. K. y Kerns, R. D. (2007). "Meta-analysis of psychological interventions for chronic low back pain", en *Health Psychology, 26,* 1–9.

Hoffman, D. D. (1999). *Visual intelligence.* Nueva York: Norton.

Hoffman, R. R., Sherrick, M. F., & Warm, J. S. (eds.). (1998). *Viewing psychology as a whole: The integrative science of William N. Dember.* Washington, DC: American Psychological Association.

Hoffman, S. G. (2000a). "Self-focused attention before and after treatment of social phobia", en *Behavior Research and Therapy, 38,* 717–725.

Hoffman, S. G. (2000b). "Treatment of social phobia: Potential mediators and moderators", en *Clinical Psychology: Science and Practice, 7,* 3–16.

Hogan, J. (2007a). "The birth of the modern intelligence test", en Nevid, J. S. (ed.), *Psychology: Concepts and applications* (2ª. ed., p. 275). Boston: Houghton Mifflin.

Hogan, J. (2007b). "A pattern of errors", en J. S. Nevid (ed.), *Psychology: Concepts and applications* (2ª. ed., p. 368). Boston: Houghton Mifflin.

Holcomb, D. R., Savage, M. P., Seehafer, R. y Waalkes, D. M. (2002). "A mixed-gender date rape prevention intervention targeting freshman college athletes", en *College Student Journal, 36,* 165–179.

Holland, R. W., Hendriks, M. y Aarts, H. (2005). "Smells like clean spirit non-conscious effects of scent on cognition and behavior", en *Psychological Science, 16,* 689-693.

Hollon, S. D. (2006). "Cognitive therapy in the treatment and prevention of depression", en T. Joiner, J. S. Brown y J. Kistner (eds.), *The interpersonal, cognitive, and social nature of depression* (pp. 133–151). Mahwah, Nueva Jersey: Erlbaum.

Hollon, S. D., Stewart, M. O. y Strunk, D. (2006). "Enduring effects for cognitive behavior therapy in the treatment of depression and anxiety", en *Annual Review of Psychology, 57,* 285–315.

Holman, B. (Agosto 2 de 2000). "Experts doubt value of living together before marriage", en *Star Tribune Company.* Consultado en agosto 23 de 2000 en http:www.psycport.com/news/2000/08/02/eng-startribune_variety/eng-startribune_variety_090918_169_044099028688.html.

Holmans, P., Weissman, M. M., Zubenko, G. S., Scheftner, W. A., Crowe, R. R., DePaulo, J. R., Jr., et al. (2007). "Genetics of recurrent early-onset major depression (genred): Final genome scan report", en *American Journal of Psychiatry, 164,* 248–258.

Holroyd, K. A. (2002). "Assessment and psychological management of recurrent headache disorders", en *Journal of Consulting and Clinical Psychology, 70,* 656–677.

Holt, C. L., Clark, E. M. y Kreuter, M. W. (2001). "Weight locus of control and weight-related attitudes and behaviors in an overweight population", en *Addictive Behaviors, 26,* 329–340.

Holzinger, B., LaBerge, S. y Levitan, L. (2006). "Psychophysiological correlates of lucid dreaming", en *Dreaming, 16,* 88–95.

Hopko, D. R., Bell, J. L., Armento, M., Robertson, S., Mullane, C., Wolf, N. y Lejuez, C. W. (2007). "Cognitive-behavior therapy for depressed cancer patients in a medical care setting", en *Behavior Therapy,* en impresión.

Horn, J. (2001). "Raymond Bernard Cattell (1905–1998)", en *American Psychologist, 56,* 71–72.

Horn, J. L. y Noll, J. (1997). "Human cognitive capabilities: Gf-Gc theory", en D. P. Flanagan, J. L. Genshaft y P. L. Harrison (eds.), *Contemporary intellectual assessment: Theories, tests, and issues* (pp. 53–91). Nueva York: Guilford Press.

Hossain, P., Kawar, B. y El Nahas, M. (2007). "Obesity and diabetes in the developing world—a growing challenge", en *New England Journal of Medicine, 356,* 213–215.

Hothersall, D. (1995). *History of psychology* (3ª. ed.) Nueva York: McGraw-Hill.

Houry, D. (2004). "Suicidal patients in the emergency department: Who is at greatest risk?", en *Annals of Emergency Medicine, 43,* 731–732.

Houston, D. M. y Jusczyk, P. W. (2003). "Infants' long-term memory for the sound patterns of words and voices", en *Journal of Experimental Psychology: Human Perception and Performance, 29,* 1143–1154.

Houtz, J. C. y Frankel, A. D. (1992). "Effects of incubation and imagery training on creativity", en *Creativity Research Journal, 5,* 183–189.

Howard, B. V., Manson, J. E., Stefanick, M. L., Beresford, S. A., Frank, G., Jones, B., et al. (2006). "Low-fat dietary pattern and weight change over 7 Years: The Women's Health Initiative Dietary Modification Trial", en *Journal of the American Medical Association, 295,* 39–49.

Hrobjartsson, A. y Gotzsche, P. C. (2001). "Is the placebo powerless? An analysis of clinical trials comparing placebo with no treatment", en *New England Journal of Medicine, 344,* 1594–1602.

Hu, F. B., Stampfer, M. J., Manson, J. E., Grodstein, F., Colditz, G. A., Speizer, F. E., et al. (2000). "Trends in the incidence of coronary heart disease and changes in diet and lifestyle in women", en *New England Journal of Medicine, 343,* 530–537.

Hu, M.-C., Davies, M. y Kandel, D. B. (2006). "Epidemiology and correlates of daily smoking and nicotine dependence among young adults in the United States", en *American Journal of Public Health, 96,* 299–308.

Hu, P., Stylos-Allan, M. y Walker, M. P. (2006). "Sleep facilitates consolidation of emotionally arousing declarative memory", en *Psychological Science, 17,* 891–898.

Huang, L. H. (1994). "An integrative approach to clinical assessment and intervention with Asian-American adolescents", en *Journal of Clinical Child Psychology, 23,* 21–31.

Hubel, D. H. (1988). *Eye, brain, and vision*. Nueva York: Scientific American Library.

Hubel, D. H. y Wiesel, T. N. (1979). "Brain mechanisms of vision", en *Scientific American, 241,* 130–144.

Hudson, J. I., Hiripi, E., Pope, H. G., Jr. y Kessler, R. C. (2006). "Prevalence and correlates of eating disorders in the National Comorbidity Survey Replication", en *Biological Psychiatry, 61,* 348–358.

Hudson, J. I., Mangweth, B., Pope, H. G., Jr., De Col, C., Hausmann, A., Gutweniger, S., et al. (2003). "Family study of affective spectrum disorder", en *Archives of General Psychiatry, 60,* 170–177.

Huerta, M., Cortina, L. M., Pang, J. S., Torges, C. M. y Magley, V. J. (2006). "Sex and power in the academy: Modeling sexual harassment in the lives of college women", en *Personality and Social Psychology Bulletin, 32,* 616–628.

Huesmann, L. R. (2007). "The impact of electronic media violence: Scientific theory and research", en *Journal of Adolescent Health, 41*(6), suplemento 1, S6–S13.

Huey, E. D., Krueger, F. y Grafman, J. (2006). "Representations in the human prefrontal cortex", en *Current Directions in Psychological Science, 15,* 167–171.

Huff, N. C., Frank, M., Wright-Hardesty, K., Sprunger, D., Matus-Amat, P., Higgins, E. y Rudy, J. W. (2006). "Amygdala regulation of immediate-early gene expression in the hippocampus induced by contextual fear conditioning", en *Journal of Neuroscience, 26,* 1616–1623.

Hull, C. L. (1943). *Principles of behavior*. Nueva York: Appleton-Century-Crofts.

Hull, C. L. (1952). *A behavior system*. New Haven: Yale University Press.

Hummelen, B., Wilberg, T., Pedersen, G. F. y Karterud, S. (2006). "An investigation of the validity of the Diagnostic and Statistical Manual of Mental Disorders, Fourth Edition avoidant personality disorder construct as a prototype category and the psychometric properties of the diagnostic criteria", en *Comprehensive Psychiatry, 47,* 376–383.

"Hummingbirds: Small brains, long memories" (Marzo 6 de 2006), en *MSNBC.com*. Consultado en marzo 6 de 2006 en http:www.msnbc.msn.com/id/11697039/.

Hunsley, J., y Bailey, J. M. (2001). "Whither the Rorschach? An analysis of the evidence", en *Psychological Assessment, 13,* 472–485.

Hunt, M. (1993). *The story of psychology*. Nueva York: Anchor Books.

Huntjens, R. J. C., Peters, M. L., Postma, A., Woertman, L., Effting, M. y Van der Hart, O. (2005). "Transfer of newly acquired stimulus valence between identities in dissociative identity disorder (DID)", en *Behaviour Research and Therapy, 43,* 243–255.

Huston, A. C. y Wright, J. C. (1996). "Television and socialization of young children", en T. M. MacBeth (ed.), *Tuning in to young viewers: Social science perspectives on television* (pp. 37–60). Thousand Oaks, California: Sage.

Hutchinson, J. G. y Williams, P. G. (2007). "Neuroticism, daily hassles, and depressive symptoms: An examination of moderating and mediating effects", en *Personality and Individual Differences, 42,* 1367–1378.

Hutchison, K. E., Allen, D. L., Filbey, F. M., Jepson, C., Lerman, C., Benowitz, N. L., et al. (2007). "CHRNA4 and tobacco dependence: From gene regulation to treatment outcome", en *Archives of General Psychiatry, 64,* 1078–1086.

Hwang, W.-C. (2006). "The psychotherapy adaptation and modification framework: Application to Asian Americans", en *American Psychologist, 61,* 702–715.

Hyde, J. S. (2005). "The genetics of sexual orientation", en J. S. Hyde (ed.), *Biological substrates of human sexuality* (pp. 9–20). Washington, DC: American Psychological Association.

Hyde, J. S. (2007). "New directions in the study of gender similarities and differences", en *Current Directions in Psychological Science, 16,* 259–263.

"In the mind's eye: How the brain makes a whole out of parts". (Enero 26 de 2006). *ScienceDaily*. Consultado en diciembre 14 de 2007 en http:www.sciencedaily.com/releases/2006/01/060125082426.htm.

Ingram, R. E. y Siegle, G. J. (2001). "Cognition and clinical science: From revolution to evolution", en K. S. Dobson (ed.), *Handbook of cognitive-behavioral therapies* (2ª. ed., pp. 111–137). Nueva York: Guilford Press.

"Instant recall". (Febrero 14 de 2000). *Newsweek*, p. 8.

Ioannidis, J. P. A., Haidich, A. B., Pappa, M., Pantazis, N., Kokori, S. I., Tektonidou, M. G., et al. (2001). "Comparison of evidence of treatment effects in randomized and nonrandomized studies", en *Journal of the American Medical Association, 286,* 821–830.

Ip, G. W., Chiu, C.-Y. y Wan, C. (2006). "Birds of a feather and birds flocking together: Physical versus behavioral cues may lead to trait- versus goal-based group perception", en *Journal of Personality and Social Psychology, 90,* 368–381.

Iritani, B. J., Hallfors, D. D. y Bauer, D. J. (2007). "Crystal methamphetamine use among young adults in the USA", en *Addiction, 102,* 1102–1113.

Iribarren, C., Sidney, S., Bild, D. E., Liu, K., Markovitz, J. H., Roseman, J. M. y Matthews, K. (2000). "Association of hostility with coronary artery calcification in young adults: The CARDIA study. Coronary Artery Risk Development in Young Adults", en *Journal of the American Medical Association, 283,* 2546–2551.

Irwin, C. E., Jr. (2005). "Pubertal timing: Is there any new news?", en *Journal of Adolescent Health, 37,* 343–344.

Irwin, M. R., Cole, J. C. y Nicassio, P. M. (2006). Comparative meta-analysis of behavioral interventions for insomnia and their efficacy in middle-aged adults and in older adults 55+ years of age", en *Health Psychology, 25,* 3–14.

Isaacson, W. (2007). *Einstein: His life and universe*. Nueva York: Simon & Schuster.

Isay, R. A. (1990). "Psychoanalytic theory and the therapy of gay men", en D. P. McWhirter, S. A. Saers y J. M. Reinisch (eds.), *Homosexuality/Heterosexuality: Concepts of sexual orientation* (pp. 283–303). Nueva York: Oxford University Press.

Izard, C. E. (1990a). "Facial expression and the regulation of emotions", en *Journal of Personality and Social Psychology, 58,* 487–498.

Izard, C. E. (1990b). "The substrates and functions of emotion feelings: William James and current emotion theory", en *Personality and Social Psychology Bulletin, 16,* 626–635.

Izard, C. E. (2007). "Basic emotions, natural kinds, emotion schemas, and a new paradigm", en *Perspectives on Psychological Science, 2,* 260–280.

Jablensky, A. V., Morgan, V., Zubrick, S. R., Bower, C. y Yellachich, L.-A. (2005). "Pregnancy, delivery, and neonatal complications in a population cohort of women with schizophrenia and major affective disorders", en *American Journal of Psychiatry, 162,* 79–91.

Jacobi, C., Hayward, C., de Zwaan, M., Kraemer, H. C., & Agras, W. S. (2004). Coming to terms with risk factors for eating disorders: Application of risk terminology and suggestions for a general taxonomy. *Psychological Bulletin, 130,* 19–65.

Jacobs, B. L. (2004). Depression: The brain finally gets into the act. *Current Directions in Psychological Science, 13,* 103–106.

Jacobs, M. K., Christensen, A., Snibbe, J. R., Dolezal-Wood, S., Huber, A., & Polterok, A. (2001). A comparison of computer-based versus traditional individual psychotherapy. *Professional Psychology: Research and Practice, 32,* 92–96.

Jacoby, L. L., & Rhode, M. G. (2006). False remembering in the aged. *Current Directions in Psychological Science, 15,* 49–53.

Jaffe, E. (2007, May). Mirror neurons: How we reflect on behavior. *APS Observer, 20*(5), 20–23.

Jaffee, S., & Hyde, J. S. (2000). Gender differences in moral orientation: A meta-analysis. *Psychological Bulletin, 126,* 703–726.

Jahnke, C. J., & Nowaczyk, R. H. (1998). *Cognition*. Upper Saddle River, NJ: Prentice Hall.

James, L. E. (2004). "Meeting Mr. Farmer versus meeting a farmer: Specific effects of aging on learning proper names", en *Psychology and Aging, 19,* 515–522.

James, W. (1890/1970). *The principles of psychology* (Vol. 1). Nueva York: Holt.

Jang, K. L., Livesley, W. J., Ando, J., Yamagata, S., Suzuki, A., Angleitner, A., et al. (2006). "Behavioral genetics of the higher-order factors of the Big Five", en *Personality and Individual Differences, 41,* 261–272.

Janis, I. L. (1982). *Groupthink* (2ª. ed.). Boston: Houghton Mifflin.

Janis, I. L. (1997). "Groupthink", en R. P. Vecchio (ed.), *Leadership: Understanding the dynamics of power and influence in organizations* (pp. 163–176). Notre Dame: University of Notre Dame Press.

Jankowiak, W. R. y Fischer, E. F. (1992). "A cross-cultural perspective on romantic love", en *Ethnology, 31,* 149–155.

Januzzi, J. y DeSanctis, R. (1999). "Looking to the brain to save the heart", en *Cerebrum, 1,* 31–43.

"Jason Priestley: Q & A". (Noviembre 1 de 2003). *Newsweek,* p. 73.

Jay, M. S. (2006). "The tempo of puberty", en *Journal of Pediatrics, 148,* 732–733.

Jefferson, D. J. (Agosto 8 de 2005). "America's most dangerous drug", en *Newsweek,* pp. 41–48.

Jenkins, L., Myerson, J., Joerding, J. A. y Hale, S. (2000). "Converging evidence that visuospatial cognition is more age-sensitive than verbal cognition", en *Psychology and Aging, 15,* 157–175.

Jennings, C. (Octubre 19 de 1999). "The neurobiology of morals", en *Nature News Service.* Consultado en diciembre 23 de 1999 en http:www.nature.com/nsu/991021/991021-6.html.

Jensen, A. R. (2002). "Psychometric g: Definition and substantiation", en R. J. Sternberg y E. L. Grigorenko (eds.), *The general factor of intelligence: How general is it?* (pp. 39–53). Mahwah, Nueva Jersey: Lawrence Erlbaum Associates.

Ji, D. y Wilson, M. A. (2007). "Coordinated memory replay in the visual cortex and hippocampus during sleep", en *Nature Neuroscience, 10,* 100–107. Jiang, H. y Chess, L. (2006). "Regulation of immune responses by T Cells", en *New England Journal of Medicine, 354,* 1166–1176.

Joe, S., Baser, E., Breeden, G., Neighbors, H. W. y Jackson, J. S. (2006). "Prevalence of and risk factors for lifetime suicide attempts Among Blacks in the United States", en *Journal of the American Medical Association, 296,* 2112–2123.

Johnson, F. y Wardle, J. (2005). "Dietary restraint, body dissatisfaction, and psychological distress: A prospective analysis", en *Journal of Abnormal Psychology, 114,* 119–125.

Johnson, G. (Octubre 15 de 2000). "The Nobels: Dazzled by the digital light", en *New York Times Week in Review,* p. 4. Johnson, G. (Septiembre 23 de 2007). "An oracle part man, part machine", en *New York Times Week in Review,* pp. 1, 4.

Johnson, J. G., Cohen, P., Chen, H., Kasen, S. y Brook, J. S. (2006). "Parenting behaviors associated with risk for offspring personality disorder during adulthood", en *Archives of General Psychiatry, 63,* 579–587.

Johnson, S. C., Dweck, C. S. y Chen, F. S. (2007). "Evidence for infants' internal working models of attachment", en *Psychological Science, 18,* 501–502.

Johnston, L. D., O'Malley, P. M. y Bachman, J. G. (2001). *Monitoring the Future National Survey Results on Drug Use, 1975–2000. Vol. II: College student and adults ages 19–40.* (publicación del NIH núm. 01-4925). Bethesda, Maryland: National Institute on Drug Abuse.

Johnston, L. D., O'Malley, P. M., Bachman, J. G. y Schulenberg, J. E. (2004). *Monitoring the Future National Survey Results on Drug Use, 1975-2003. Volume II: College Students and Adults Ages 19-45* (publicación del NIH núm. 04-5508). Bethesda, Maryland: National Institute on Drug Abuse.

Joiner, T. E., Jr., Brown, J. S. y Wingate, L. R. (2005). "The psychology and neurobiology of suicidal behavior", en *Annual Review of Psychology, 56,* 287–314.

Jokela, M., Keltikangas-Järvinen, L., Kivimäki, M., Puttonen, S., Elovainio, M., Rontu, R., et al. (2007). "Serotonin receptor 2A gene and the influence of childhood maternal nurturance on adulthood depressive symptoms", en *Archives of General Psychiatry, 64,* 356–360.

Jokela, M., Räikkönen, K., Lehtimäki, T., Rontu, R. y Keltikangas-Järvinen, L. (2007). "Tryptophan hydroxylase 1 gene (TPH1) moderates the influence of social support on depressive symptoms in adults", en *Journal of Affective Disorders, 100,* 191–197.

Jokinen, J., Mårtensson, B., Nordström, A.-L. y Nordström, P. (2008). "CSF 5HIAA and DST non-suppression -independent biomarkers in suicide attempters", en *Journal of Affective Disorders, 105,* 241–245.

Jones, E. (1953). *The life and work of Sigmund Freud.* Nueva York: Basic Books.

Jones, E. E. (1998). "Major developments in five decades of social psychology", en D. T. Gilbert, S. T. Fiske y G. Lindzey (eds.), *The handbook of social psychology* (4ª. ed., Vol. 1, pp. 1–57). Boston: McGraw-Hill.

Jones, G. (2003). "Testing two cognitive theories of insight", en *Journal of Experimental Psychology-Learning, Memory, and Cognition, 29,* 1017–1027.

Jones, G. V. y Martin, M. (2001). "Confirming the X-linked handedness gene as recessive, not additive: Reply to Corballis (2001)", en *Psychological Review, 108,* 811–813.

Jones, J. T., Pelham, B. W., Carvallo, M. y Mirenberg, M. C. (2004). "How do I love thee? Let me count the Js: Implicit egotism and interpersonal attraction", en *Journal of Personality and Social Psychology, 87,* 665–683.

Jones, M. P. (2006). "The role of psychosocial factors in peptic ulcer disease: Beyond Helicobacter pylori and NSAIDs", en *Journal of Psychosomatic Research, 60,* 407–412.

Jones, S. L. y Yarhouse, M. A. (2001). *Homosexuality: The use of scientific research in the Church's moral debate.* Downers Grove, Illinois: InterVarsity Press.

Joye, Y. (2007). "Architectural lessons from environmental psychology: The case of biophilic architecture", en *Review of General Psychology, 11,* 305–328.

Judge, D. E. (Febrero 1 de 2007). "Explaining the decline in teen pregnancy", en *Journal Watch Women's Health.* Consultado en febrero 24 de 2007 en http:// womenshealth.jwatch.org/cgi/content/full/2007/201/4?qetocAPN/.

Judge, T. A. y Cable, D. M. (2004). "Income: Preliminary test of a theoretical model", en *Journal of Applied Psychology, 89,* 428–441.

Judge, T. A., Heller, D. y Mount, M. K. (2002). "Five-Factor Model of personality and job satisfaction: A meta-analysis", en *Journal of Applied Psychology, 87,* 530–541.

Judge, T. A., Thoresen, C. J., Bono, J. E. y Patton, G. K. (2001). "The job satisfaction—job performance relationship: A qualitative and quantitative review", en *Psychological Bulletin, 127,* 376–407.

Just, N., Abramson, L. Y. y Alloy, L. B. (2001). "Remitted depression studies as tests of the cognitive vulnerability hypotheses of depression onset. A critique and conceptual analysis", en *Clinical Psychology Review, 21,* 63–83.

Kabat-Zinn, J. (2003). "Mindfulness-based interventions in context: Past, present, and future", en *Clinical Psychology: Science and Practice, 10,* 144–156.

Kagan, J. (1997). "Biology and the child", en W. Damon (editor en jefe) y N. Eisenberg (ed. del volumen), *Handbook of child psychology: Vol. 3. Social, emotional, and personality development* (5ª. ed., pp. 177–236). Nueva York: John Wiley & Sons.

Kagan, J. (2003). "Biology, context, and developmental inquiry", en *Annual Review of Psychology, 54,* 1–23.

Kahneman, D. y Frederick, S. (2005). "A model of heuristic judgment", en K. J. Holyoak y R. G. Morrison (eds.), *The Cambridge handbook of thinking and reasoning* (pp. 267–293). Cambridge, Reino Unido: Cambridge University Press.

Kahneman, D., Krueger, A. B., Schkade, D., Schwarz, N. y Stone, A. A. (2006). "Would you be happier if you were richer? A focusing illusion", en *Science, 312,* 1908–1910.

Kaiser, C. R., Vick, S. B. y Major, B. (2006). "Prejudice expectations moderate preconscious attention to cues that are threatening to social identity", en *Psychological Science, 17,* 332–338.

Kalb, C. (Agosto 20 de 2001). "Overexposed", en *Newsweek,* pp. 34–38.

Kalechstein, A. D. y Nowicki, S., Jr. (1997). "A meta-analytic examination of the relationship between control expectancies and academic achievement: An 11-year follow-up", en *Genetic, Social, and General Psychology Monographs, 123,* 27–56.

Kamphuis, J. H., Emmelkamp, P. M. G. y Krijn, M. U. (2002). "Specific phobia", en M. Hersen (ed.), *Clinical behavior therapy: Adults and children* (pp. 75–89). Nueva York: John Wiley & Sons.

Kandel, D. B. (2003). "Does marijuana use cause the use of other drugs?", en *Journal of the American Medical Association, 289,* 482–483.

Kandel, E. R. (1995). "Cellular mechanisms of learning and memory: Synaptic integration", en E. R. Kandel, J. H., Schwartz y T. M. Jessel (eds.), *Essentials of neural science and behavior.* Norwalk, Connecticut: Appleton & Lange.

Kandel, E. R. y Hawkins, R. D. (1993). "The biological basis of learning and individuality", en *Mind and brain: Readings from Scientific American Magazine* (pp. 40–53). Nueva York: W. H. Freeman.

Kane, J. M. (2006). "Tardive dyskinesia circa 2006", en *American Journal of Psychiatry, 163,* 1316–1318.

Kaplitt, M. G., et al. (2007). "Safety and tolerability of gene therapy with an adeno-associated virus (AAV) borne GAD gene for Parkinson's disease: An open label, phase I trial", en *Lancet, 36,* 2097.

Katon, W. J. (2006). "Panic disorder", en *New England Journal of Medicine, 354,* 2360–2367.

Katz, I. T. y Wright, A. A. (2006). "Preventing cervical cancer in the developng world", en *New England Journal of Medicine, 353,* 1110.

Kaufman, J. C., Agars, M. D. y Lopez-Wagner, M. C. (2008). "The role of personality and motivation in predicting early college academic success in non-traditional students at a Hispanic-serving institution", en *Learning and Individual Differences,* en impresión.

Kay, A. B. (2006). "Natural Killer T Cells and asthma", en *New England Journal of Medicine, 354,* 1186–1188.

Keating, C. F., Randall, D., Kendrick, T. y Gutshall, K. (2003). "Do babyfaced adults receive more help? The (cross-cultural) case of the lost resume", en *Journal of Nonverbal Behavior, 27,* 89–109.

Keefe, F. J., Abernethy, A. P. y Campbell, L. C. (2005). "Psychological approaches to understanding and treating disease-related pain", en *Annual Review of Psychology, 56,* 601–630.

Keeley, M. L., Storch, E. A., Merlo, L. J. y Geffken, G. R. (2008). "Clinical predictors of response to cognitive-behavioral therapy for obsessive–compulsive disorder", en *Clinical Psychology Review, 28,* 118–130.

Keller, M. C., Fredrickson, B. L., Ybarra, O., Côté, S., Johnson, K., Mikels, J., et al. (2005). "A warm heart and a clear head: The contingent effects of weather on mood and cognition", en *Psychological Science, 16,* 724–731.

Keller, S. N. y Brown, J. D. (2002). "Media interventions to promote responsible sexual behavior", en *Journal of Sex Research, 39,* 1–6.

Kellner, C. H., Knapp, R. G., Petrides, G., Rummans, T. A., Husain, M. M., Rasmussen, K., et al. (2006). "Continuation electroconvulsive therapy vs pharmacotherapy for relapse prevention in major depression", en *Archives of General Psychiatry, 63,* 1337–1344.

Kemeny, M. E. (2003). "The psychobiology of stress", en *Current Directions in Psychological Science, 12,* 124–129.

Kendler, K. S., Myers, J. y Prescott, C. A. (2007). "Specificity of genetic and environmental risk factors for symptoms of cannabis, cocaine, alcohol, caffeine, and nicotine dependence", en *Archives of General Psychiatry, 64,* 1313–1320.

Kendler, K. S., Thornton, L. M., Gilman, S. E. y Kessler, R. C. (2000). "Sexual orientation in a U.S. national sample of twin and nontwin sibling pairs", en *American Journal of Psychiatry, 157,* 1843–1846.

Kennedy, M. B. (2000). "Signal-processing machines at the postsynaptic density", en *Science, 290,* 750–754.

Kennedy, R. (2003). *Interracial intimacies: Sex, marriage, identity, and adoption*. Nueva York: Knopf.

Kenrick, D. T., Li, N. P. y Butner, J. (2003). "Dynamical evolutionary psychology: Individual decision rules and emergent social norms", en *Psychological Review, 110,* 3–28.

Kerr, M., Stattin, H., Biesecker, G. y Ferrer-Wreder, L. (2003). "Relationships with parents and peers in adolescence", en R. M. Lerner, M. A. Easterbrooks y J. Mistry (Eds.), *Handbook of psychology: Vol. 6. Developmental psychology* (pp. 395–422). Nueva York: John Wiley & Sons.

Kerr, N. H. y Homhoff, G. W. (2004). "Do the blind literally 'see' in their dreams? A critique of a recent claim that they do", en *Dreaming, 14,* 230–233.

Kerr, N. L. y Tindale, R. S. (2004). "Group performance and decision making", en *Annual Review of Psychology, 55,* 623–655.

Kessler, R. C., Berglund, P. A., Demler, O., Jin, R. y Walters, E. E. (2005). "Lifetime prevalence and age-of-onset distributions of DSM-IV disorders in the National Comorbidity Survey Replication (NCS-R)", en *Archives of General Psychiatry, 62,* 593–602.

Kessler, R. C., Chiu, W. T., Demler, O. y Walters, E. E. (2005). "Prevalence, severity, and comorbidity of 12-month DSM-IV disorders in the National Comorbidity Survey Replication", en *Archives of General Psychiatry, 62,* 617–627.

Kessler, R. C., McGonagle, K. A., Zhao, S. y Nelson, C. B. (1994). "Lifetime and 12-month prevalence of DSM-III-R psychiatric disorders in the United States: Results from the National Comorbidity Survey", en *Archives of General Psychiatry, 51,* 8–19.

Keysers, C., Wicker, B., Gazzola, V., Anton, J.-L., Fogassi, L. y Gallese, V. (2004). "A touching sight: SII/PV Activation during the observation and experience of touch", en *Neuron, 42,* 335–346.

"Kids' TV use may impact reading." (Octubre 28 de 2003). *MSNBC Web Posting.* Consultado en octubre 29 de 2003 en http:www.msnbc.com/news/986121.asp?OdmC11PH.

Kiecolt-Glaser, J. K., Bane, C., Glaser, R. y Malarkey, W. B. (2003). "Love, marriage, and divorce: Newlyweds' stress hormones foreshadow relationship changes", en *Journal of Consulting and Clinical Psychology, 71,* 176–188.

Kiecolt-Glaser, J. K., McGuire, L., Robles, T. F. y Glaser, R. (2002). "Emotions, morbidity, and mortality: New perspectives from psychoneuroimmunology", en *Annual Review of Psychology, 53,* 83–107.

Kiecolt-Glaser, J. K., Preacher, K. J., MacCallum, R. C., Atkinson, C., Malarkey, W. B. y Glaser, R. (2003). "Chronic stress and age-related increases in the proinflammatory cytokine IL-6", en *Proceedings of the National Academy of Sciences, 100,* 9090–9095.

Kiefer, A. K. y Sekaquaptewa, D. (2007). "Implicit stereotypes, gender identification, and math-related outcomes: A prospective study of female college students", en *Psychological Science, 18,* 13–18.

Kiehl, K. A. (2006). "A cognitive neuroscience perspective on psychopathy: Evidence for paralimbic system dysfunction", en *Psychiatry Research, 142,* 107–128.

Kiehl, K. A., Bates, A. T., Laurens, K. R., Hare, R. D. y Liddle, P. F. (2006). "Brain potentials implicate temporal lobe abnormalities in criminal psychopaths", en *Journal of Abnormal Psychology, 115,* 443–453.

Kihlstrom, J. F. (2004). "An unbalanced balancing act: Blocked, recovered, and false memories in the laboratory and clinic", en *Clinical Psychology: Science and Practice, 11,* 34–39.

Kilgore, K., Snyder, J. y Lentz, C. (2000). "The contribution of parental discipline, parental monitoring, and school risk to early-onset conduct problems in African American boys and girls", en *Developmental Psychology, 36,* 835–845.

Killen, M. (2007). "Children's social and moral reasoning about exclusion", en *Current Directions in Psychological Science, 16,* 32–36.

Kim, H. S. y Sherman, D. K. (2007). "'Express yourself': Culture and the effect of self expression on choice", en *Journal of Personality and Social Psychology, 92,* 1–11.

Kim, J. J. y Jung, M. W. (2006). "Neural circuits and mechanisms involved in Pavlovian fear conditioning: A critical review", en *Neuroscience and Biobehavioral Reviews, 30,* 188–202.

Kim, K. H. (2005). "Can only intelligent people be creative? A meta-analysis", en *Journal of Secondary Gifted Education, 16,* 57–66.

Kim, U., Jorgenson, E., Coon, H., Leppert, M., Risch, N. y Drayna 1, D. (2003). "Positional cloning of the human quantitative trait locus underlying taste sensitivity to phenylthiocarbamide", en *Science, 299,* 1221–1225.

Kimura, D. (1992). "Sex differences in the brain", en *Scientific American, 267*(3), 118–125.

Kimura, D. (Mayo 13 de 2002). "Sex differences in the brain", en *Scientific American Online.* Consultado en junio 23 de 2002 en http:www.sciam.com/article.cfm?articleID00018E9D-879D-1D06-8E49809EC588EEDF.

King, K. R. (2005). "Why is discrimination stressful? The mediating role of cognitive appraisal", en *Cultural Diversity and Ethnic Minority Psychology, 11,* 202–212.

Kinsey, A. C., Pomeroy, W. B. y Martin, C. E. (1948). *Sexual behavior in the human male.* Filadelfia: W. B. Saunders.

Kirp, D. L. (Julio 23 de 2006). "After the Bell Curve", en *New York Times Magazine,* pp. 5–16.

Kirsch, I. (1996). "Hypnotic enhancement of cognitive-behavioral weight loss treatments: Another meta-reanalysis", en *Journal of Consulting and Clinical Psychology, 64*(3), 517–519.

Kirsch, I. (2004). "Conditioning, expectancy, and the placebo effect: Comment on Stewart-Williams and Podd (2004)", en *Psychological Bulletin, 130,* 341–343.

Kirsch, I. y Lynn, S. J. (1995). "Altered state of hypnosis: Changes in the theoretical landscape", en *American Psychologist, 50*(10), 846–858.

Kirsch, I., Scoboria, A. y Moore, T. J. (2002). "Antidepressants and placebos: Secrets, revelations, and unanswered questions", en *Prevention and Treatment, 5.* Consultado en agosto 8 de 2005 en http:www.journals.apa.org/prevention/ volume5/pre 0050033r.html.

Kirsch, J. F. y Lynn, S. J. (1998). "Dissociation theories of hypnosis", en *Psychological Bulletin, 123,* 100–115.

Kirsch, J. F., Silva, C. E., Comey, G. y Reed, S. (1995). "A spectral analysis of cognitive and personality variables in hypnosis: Empirical disconfirmation of the two-factor model of hypnotic responding", en *Journal of Personality and Social Psychology, 69,* 167–175.

Kisilevsky, B. S., Hains, S. M. J., Lee, K., Xie, X., Huang, H., Ye, H-H., et al. (2003). "Effects of experience on fetal voice recognition", en *Psychological Science, 14,* 220–224.

Kitayama, S., Duffy, S., Kawamura, T., & Larsen, J. T. (2003). "Perceiving an object and its context in different cultures: A cultural look at new look", en *Psychological Science, 14,* 201–206.

Klar, A. J. S. (2003). "Human handedness and scalp hair whorl direction develop from a common genetic mechanism", en *Genetics, 165,* 269–276.

Kleinman, A. (1987). "Anthropology and psychiatry: The role of culture in cross-cultural research on illness", en *British Journal of Psychiatry, 151,* 447–454.

Kleinplatz, P. J. (2003). "What's new in sex therapy? From stagnation to fragmentation", en *Sexual and Relationship Therapy, 18*(1), 95–106.

Klinesmith, J., Kasser, T. y McAndrew, F. T. (2006). "Guns, testosterone, and aggression: An experimental test of a meditational hypothesis", en *Psychological Science, 17,* 568–571.

Klinger, E. (Octubre de 1987). "The power of daydreams", en *Psychology Today,* pp. 37–44.

Kluger, J. (Junio 18 de 2001). "How to manage teen drinking (the smart way)", en *Time,* pp. 42–44.

Kluger, J. (Octubre 26 de 2003). "Medicating young minds", en *Time Magazine Online.* Consultado en octubre 27 de 2003 en http://www.time.com/time/magazine/article/0,9171,1101031103-526331,00.html.

Kluger, J. (Enero 29 de 2007). "The new map of the brain", en *Newsweek*, p. 57.

Kluger, J. y Masters, C. (Agosto 28 de 2006). "How to spot a liar", en *Time Magazine*, pp. 46–48.

Klump, K. L. y Culbert, K. M. (2007). "Molecular genetic studies of eating disorders: Current status and future directions", en *Current Directions in Psychological Science, 16*, 37–41.

Knafo, A., Iervolino, A. C. y Plomin, R. (2005). "Masculine girls and feminine boys: Genetic and environmental contributions to atypical gender development in early childhood", en *Journal of Personality and Social Psychology, 88*, 400–412.

Knoedler, A. J., Hellwig, K. A. y Neath, I. (1999). "The shift from recency to primacy with increasing delay", en *Journal of Experimental Psychology: Learning, Memory, and Cognition, 25*, 474–487.

Knutson, B., Rick, S., Wimmer, G. E., Prelec, D. y Loewenstein, G. (2007). "Neural predictors of purchases", en *Neuron, 53*, 147–156.

Kobasa, S. C. (1979). "Stressful life events, personality, and health: An inquiry into hardiness", en *Journal of Personality and Social Psychology, 37*, 1–11.

Kobasa, S. C., Maddi, S. R. y Kahn, S. (1982). "Hardiness and health: A prospective study", en *Journal of Personality and Social Psychology, 42*, 168–177.

Kodl, M. M. y Mermelstein, R. (2004). "Beyond modeling: Parenting practices, parental smoking history, and adolescent cigarette smoking", en *Addictive Behaviors, 29*, 17–32.

Koechlin, E. y Hyafil, A. (2007). "Anterior prefrontal function and the limits of human decision-making", en *Science, 318*, 594–598.

Koenen, K. C., Fu, Q. J., Ertel, K., Lyons, M. J., Eisen, S. A., et al. (2008). "Common genetic liability to major depression and posttraumatic stress disorder in men", en *Journal of Affective Disorders, 105*, 109–115.

Koenigs, M., Young, L., Adolphs, R., Tranel, D., Cushman, F., Hauser M., et al. (2007). "Damage to the prefrontal cortex increases utilitarian moral judgements", en *Nature, 446*, 908–911.

Kohlberg, L. (1969). *Stages in the development of moral thought and action*. Nueva York: Holt, Rinehart & Winston.

Köhler, W. (1927). *The mentality of apes*. Nueva York: Harcourt Brace.

"Koko the gorilla calls for the dentist." (Agosto 8 de 2004). *Cable News Network*. Consultado en agosto 9 de 2004 en http:www.cnn.com/2004/US/West/08/08/koko.health.ap/index.html.

Komaroff, A. L. (Marzo 25 de 2004). "Sleep improves insight", en *Journal Watch Psychiatry*. Consultado en marzo 25 de 2004 en http:psychiatry.jwatch.org/cgi/content/full/2004/325/10?qetoc.

Komaroff, A. y Lieberman, J. (Verano de 2005). "Silencing bad genes", en *Newsweek Special Issue*, pp. 51–52.

Koolhaas, J. M., de Boer, S. F. y Buwalda, B. (2006). "Stress and adaptation: Toward ecologically relevant animal models", en *Current Directions in Psychological Science, 15*, 109–112.

Kopell, B. H., Machado, A. G. y Rezai, A. R. (2005). "Not your father's lobotomy: Psychiatric surgery revisited", en *Clinical Neurosurgery, 52*, 315–330.

Koppes, L. L. (ed.). (2007). *Historical perspectives in industrial and organizational psychology*. Mahwah, Nueva Jersey: Erlbaum.

Koss, M. P. y Kilpatrick, D. G. (2001). "Rape and sexual assault", en E. Gerrity et al. (eds.), *The mental health consequences of torture. Plenum series on stress and coping* (pp. 177–193). Dordrecht, Países Bajos: Kluwer Academic Publishers.

Kosslyn, S. M., Thompson, W. L., Costantini-Ferrando, M. F., Alpert, N. M. y Spiegel, D. (2000). "Hypnotic visual illusion alters color processing in the brain", en *American Journal of Psychiatry, 157*, 1279–1284.

Kosson, D. S., Lorenz, A. R. y Newman, J. P. (2006). "Effects of comorbid psychopathy on criminal offending and emotion processing in male offenders with antisocial personality disorder", en *Journal of Abnormal Psychology, 115*, 798–780.

Kraft, U. (2005). "Unleashing creativity", en *Scientific American Mind, 16*(1), 16–23.

Kramer, A. F. y Willis, S. L. (2002). "Enhancing the cognitive vitality of older adults", en *Current Directions in Psychological Science, 11*, 173–177.

Krantz, M. J. y Mehler, P. S. (2004). "Treating opioid dependence: Growing implications for primary care", en *Archives of Internal Medicine, 164*, 277–288.

Krauss, R. M., Curran, N. M. y Ferleger, N. (1983). "Expressive conventions and the cross-cultural perception of emotion", en *Basic and Applied Social Psychology, 4*, 295–305.

Krebs, D. L y Denton, K. (2006). "Should Kohlberg's cognitive developmental approach to morality be replaced with a more pragmatic approach? Comment on Krebs and Denton (2005)", en *Psychological Review, 113*, 672–675.

Krendl, A. C., Richeson, J. A., Kelley, W. M. y Heatherton, T. F. (2008). "The negative consequences of threat: A functional magnetic resonance imaging investigation of the neural mechanisms underlying women's underperformance in math", en *Psychological Science, 19*, 168-175.

Kretchmar, M. D. y Jacobvitz, D. B. (2002). "Observing mother-child relationships across generations: Boundary patterns, attachment, and the transmission of caregiving", en *Family Process, 41*, 351–374.

Kristensen, P. y Bjerkedal, T. (2007). "Explaining the relation between birth order and intelligence", en *Science, 316*, 1717.

Kros, C. (2005) "Hearing: Aid from hair force", en *Nature, 433*, 810–811.

Krueger, R. F. y Markon, K. E. (2006). "Understanding psychopathology: Melding behavior genetics, personality, and quantitative psychology to develop an empirically based model", en *Current Directions in Psychological Science, 15*, 113–117.

Kubey, R. W., Lavin, M. J. y Barrows, J. R. (2001). "Internet use and collegiate academic performance decrements: Early findings", en *Journal of Communication, 51*, 366–382.

Kübler-Ross, E. (1969). *On death and dying*. Nueva York: Macmillan.

Kuhn, D. (2006). "Do cognitive changes accompany developments in the adolescent brain?", en *Perspectives on Psychological Science, 1*, 59–67.

Kujawa1, S. G. y Liberman, M. C. (2006). "Acceleration of age-related hearing loss by early noise exposure: Evidence of a misspent youth", en *Journal of Neuroscience, 26*, 2115–2123.

Kumsta, R., Entringer, S., Hellhammer, D. H. y Wüst, S. (2007). "Cortisol and ACTH responses to psychosocial stress are modulated by corticosteroid binding globulin levels", en *Psychoneuroendocrinology, 32*, 1153-1157.

Kung, H. C., Hoyert, D. L., Xu, J. y Murphy, S. L. (2008). "SL: Deaths: Preliminary data for 2005". Consultado en marzo 24 de 2008 en http:*www.cdc.gov/nchs/products/pubs/pubd/hestats/prelimdeaths05/prelimdeaths05.htm*.

Kupfersmid, J. (1995). "Does the Oedipus complex exist?", en *Psychotherapy, 32*, 535–547.

Kurpius, S. E. R., Nicpon, M. F. y Maresh, S. E. (2001). "Mood, marriage, and menopause", en *Journal of Counseling Psychology, 48*, 77–84.

Kusnecov, A. W. (2001). "Behavioral conditioning of the immune system", en A. Baum, T. A. Revenson y J. E. Singer (eds.), *Handbook of health psychology* (pp. 105–116). Mahwah, Nueva Jersey: Lawrence Erlbaum Associates.

LaBar, K. S. (2007). "Beyond fear: Emotional memory mechanisms in the human brain", en *Current Directions in Psychological Science, 16*, 173–177.

LaBerge, S. (2003). "Paradoxes of dreaming consciousness: The need to examine our assumptions about dreaming", en *Contemporary Psychology: APA Review of Books, 48*, 621–624.

Lachman, M. E. (2004). "Development in midlife", en *Annual Review of Psychology, 55*, 305–331.

Lachman, M. E. y Weaver, S. L. (1998). "Sociodemographic variations in the sense of control by domain: Findings from the MacArthur Studies of Midlife", en *Psychology and Aging, 13*, 553–562.

LaFrance, M., Hecht, M. A. y Paluck, E. L. (2003). "The contingent smile: A meta-analysis of sex differences in smiling", en *Psychological Bulletin, 129*, 305–334.

Lagacea, D. C., Yee, J. K., Bolaños, C. A. y Eisch, A. J. (2006). "Juvenile administration of methylphenidate attenuates adult hippocampal neurogenesis", en *Biological Psychiatry, 60*, 1121–1130.

Lahn, B. T. y Page, D. C. (1999). "Four evolutionary strata on the human X chromosome", en *Science, 286*, 964–967.

Lahti, J., Räikkönen, K., Ekelund, J., Peltonen, L., Raitakari, O. T. y Keltikangas-Järvinen, L. (2006). "Socio-demographic characteristics moderate the association between DRD4 and novelty seeking", en *Personality and Individual Differences, 40*, 533–543.

Lalumière, M. L., Harris, G. T., Quinsey, V. L. y Rice, M. E. (2005). "Sexual interest in rape", en M. L. Lalumière, G. T. Harris, V. L. Quinsey y M. E. Rice (eds.), *The causes of rape: Understanding individual differences in male propensity for sexual aggression* (pp. 105–128). Washington, DC: American Psychological Association.

Lamanna, M. A. y Riedmann, A. (2005). *Marriages and families* (8ª. ed.). Belmont, California: Wadsworth.

Lamberg, L. (2006). "Rx for obesity: Eat less, exercise more, and—maybe—get more sleep", en *Journal of the American Medical Association, 295*, 2341–2344.

Lambert, G., Reid, C., Kaye, D., Jennings, G. y Esler, M. (2003). "Increased suicide rate in the middle-aged and its association with hours of sunlight", en *American Journal of Psychiatry, 160*, 793–795.

Landhuis, C. E., Poulton, R., Welch, D. y Hancox, R. J. (2007). "Does childhood television viewing lead to attention problems in adolescence? Results from a prospective longitudinal study", en *Pediatrics, 120*, 532–537.

Langens, T. A. y Schüler, J. (2007). "Effects of written emotional expression: The role of positive expectancies", en *Health Psychology, 26,* 174–182.

Langlois, J. H., Kalakanis, L., Rubenstein, A. J., Larson, A., Hallam, M. y Smoot, M. (2000). "Maxims or myths of beauty? A meta-analytic and theoretical review", en *Psychological Bulletin, 126,* 390–423.

Langreth, R. (Abril 2 de 2007). "Patient, fix thyself", en *Forbes,* pp. 80–86.

Latané, B. y Darley, J. M. (1970). *The unresponsive bystander: Why doesn't he help?* Nueva York: Appleton-Century-Crofts.

Laughlin, P., Hatch, E., Silver, J. y Boh, L. (2006). "Groups perform better than the best individuals on letters-to-numbers problems: Effects of group size", en *Journal of Personality and Social Psychology, 90*(4), 644–651.

Laumann, E. O., Gagnon, J. H., Michael, R. T. y Michaels, S. (1994). *The social organization of sexuality: Sexual practices in the United States.* Chicago: University of Chicago Press.

Laumann, E. O., Paik, A., Glasser, D. B., Kang, J.-H., Wang, T., Levinson, B., Moreira, E., et al. (2006). "A cross-national study of subjective sexual wellbeing among older women and men: Findings from the Global Study of Sexual Attitudes and Behaviors", en *Archives of Sexual Behavior, 35,* 145–161.

Laumann, E. O., Paik, A. y Rosen, R. C. (1999). "Sexual dysfunction in the United States. Prevalence and predictors", en *Journal of the American Medical Association, 281*(6), 537–544.

Lawton, C. A. y Hatcher, D. W. (2005). "Gender differences in integration of images in visuospatial memory", en *Sex Roles: A Journal of Research, 53,* 717–724.

Lawton, M. P., Moss, M. S., Winter, L. y Hoffman, C. (2002). "Motivation in later life: Personal projects and well-being", en *Psychology and Aging, 17,* 539–547.

Lazarus, R. S. (1995). "Vexing research problems inherent in cognitive-mediational theories of emotion and some solutions", en *Psychological Inquiry, 6,* 183–197.

Le Jemtel, T. H. y Jelic, S. (2007). "Seek and treat obstructive sleep apnea in heart failure", en *Journal of the American College of Cardiology, 49,* 1632–1633.

Leaper, C. y Ayres, M. M. (2007). "A meta-analytic review of gender variations in adults' language use: Talkativeness, affiliative speech, and assertive speech", en *Personality and Social Psychology Review, 11,* 328–363.

Leber, P. (2000). "Placebo controls: No news is good news", en *Archives of General Psychiatry, 57,* 319–320.

Leckman, J. F. y Kim, Y. S. (2006). "A primary candidate gene for obsessive-compulsive disorder", en *Archives of General Psychiatry, 63,* 717–720.

LeDoux, J. (2003). "The emotional brain, fear, and the amygdala", en *Cellular and Molecular Neurobiology, 23,* 727–738.

LeDoux, J. E. (Junio de 1994). "Emotion, memory, and the brain", en *Scientific American, 270,* 32–39.

LeDoux, J. E. (1996). *The emotional brain.* Nueva York: Touchstone.

LeDoux, J. E. (2000). "Emotion circuits in the brain", en *Annual Review of Neuroscience, 23,* 155–184.

Lee, I-M. (2007). "Dose-response relation between physical activity and fitness: Even a little is good; more is better", en *Journal of the American Medical Association, 297,* 2137–2139.

Lehrer, P., Feldman, J., Giardino, N., Song, H.-S. y Schmaling, K. (2002). "Psychological aspects of asthma", en *Journal of Consulting and Clinical Psychology, 70,* 691–711.

Lehrer, P. M., Hochron, S. M., Mayne, T., Isenberg, S., et al. (1994). "Relaxation and music therapies for asthma among patients prestabilized on asthma medication", en *Journal of Behavioral Medicine, 17,* 1–24.

Leiblum, S. R., Koochaki, P. E., Rodenberg, C. A., Barton, I. P. y Rosen, R. C. (2006). "Hypoactive sexual desire disorder in postmenopausal women: U.S. results from the Women's International Study of Health and Sexuality (WISHeS)", en *Menopause, 13,* 46–56.

Leiblum, S. R. y Rosen, R. C. (ed.). (2000). *Principles and practice of sex therapy* (3ª. ed.). Nueva York: Guilford Press.

Leibowitz, H. W. (1971). "Sensory, learned, and cognitive mechansims of size perception", en *Annals of the New York Academy of Sciences, 1988,* 47–62.

Lemonick, M. D. (Julio 16 de 2007a). "The science of addiction", en *Time,* pp. 42–50.

Lemonick, M. D. (Agosto 20 de 2007b). "Explaining déjà vu", en *Time,* pp. 50–51.

Leon, A. C. (2000). "Placebo protects subjects from nonresponse: A paradox of power", en *Archives of General Psychiatry, 57,* 329–330.

Leonardo, E. D. y Hen, R. (2006). "Genetics of affective and anxiety disorders", en *Annual Review of Psychology, 57,* 117–137.

Lepore, L. y Brown, R. (1997). "Category and stereotype activation: Is prejudice inevitable?", en *Journal of Personality and Social Psychology, 72,* 275–287.

Lesage, S., Durr, A., Tazir, M., Lohmann, E., Leutenegger, A.-L., Janin, S., Pollak, P., Brice, A. y el French Parkinson's Disease Genetics Study Group (2006). "LRRK2 G2019S as a cause of Parkinson's Disease in North African Arabs", en *New England Journal of Medicine, 354,* 422–423.

Lesné, S., Koh, M. T., Kotilinek, L., Kayed, R., Glabe, C. G., Yang, A., et al. (2006). "A specific amyloid-bold beta protein assembly in the brain impairs memory", en *Nature, 440,* 352–357.

Lespérance, F., Frasure-Smith, N., Koszycki, D., Laliberté, M.-A., van Zyl, L. T., Baker, B., et al. (2007). "Effects of citalopram and interpersonal psychotherapy on depression in patients with coronary artery disease: The Canadian Cardiac Randomized Evaluation of Antidepressant and Psychotherapy Efficacy (CREATE) trial", en *Journal of the American Medical Association, 297,* 367–379.

Lester, B. M., et al. (2003). "The Maternal Lifestyle Study (MLS): Effects of prenatal cocaine and/or opiate exposure on auditory brain response at one month", en *Journal of Pediatrics, 142,* 279–285.

Leue, A., Borchard, B. y Hoyer, J. (2004). "Mental disorders in a forensic sample of sexual offenders", en *European Psychiatry, 19*(3), 123–130.

Leutgeb, S., Leutgeb, J. K., Barnes, C. A., Moser, E. I., McNaughton, B. L. y Moser, M.-B. (2005). "Independent codes for spatial and episodic memory in hippocampal neuronal ensembles", en *Science, 309,* 619–623. LeVay, S. (2003). *The biology of sexual orientation.* Consultado en diciembre 19 de 2003 en http:members.aol.com/slevay/page22.html.

Levenson, R. W. (1994). "The search for autonomic specificity", en P. Ekman y R. J. Davidson (eds.), *The nature of emotion: Fundamental questions* (pp. 252–257). Nueva York: Oxford University Press.

Levenstein, S., Ackerman, S., Kiecolt-Glaser, J. K. y Dubois, A. (1999). "Stress and peptic ulcer disease", en *Journal of the American Medical Association, 281,* 10–11.

Levine, E. S. y Schmelkin, L. P. (2006). "The move to prescribe: A change in paradigm?", en *Professional Psychology: Research and Practice, 37,* 205–209.

Levine, J. A., Lanningham-Foster, L. M., McCrady, S. K., Krizan, C., Olson, L. R., Kane, P. H., et al. (2005). "Interindividual variation in posture allocation: Possible role in human obesity", en *Science, 307,* 584–586.

Levine, L. E. y Waite, B. M. (2000). "Television viewing and attentional abilities in fourth and fifth grade children", en *Journal of Applied Developmental Psychology, 21,* 667–679.

Levine, M. (1994). *Effective problem solving* (2ª. ed.). Englewood Cliffs, Nueva Jersey: Prentice Hall.

Levinson, D. F., Evgrafov, O. V., Knowles, J. A., Potash, J. B., Weissman, M., Scheftner, W. A., et al. (2007). "Genetics of recurrent early-onset major depression (genred): Significant linkage on chromosome 15q25-q26 after fine mapping with single nucleotide polymorphism markers", en *American Journal of Psychiatry, 164,* 259–264.

Levinson, D. J., con Darrow, C. N., Klein, E. R., Levinson, M. H. y McKee, B. (1978). *The seasons of a man's life.* Nueva York: Knopf.

Levy, B. R., Slade, M. D., Kunkel, S. R. y Kasl, S. V. (2002). "Longevity increased by positive self-perceptions of aging", en *Journal of Personality and Social Psychology, 83,* 261–270.

Levy, J., Pashler, H. y Boer, E. (2006). "Central interference in driving Is there any stopping the psychological refractory period?", en *Psychological Science, 17,* 228–235.

Lewin, T. (Noviembre 23 de 2003). "For better or worse: Marriage's stormy future", en *New York Times Week in Review,* pp. 1, 4.

Lewis, S. W., Barnes, T. R., Davies, L., Murray, R. M., Dunn, G., Hayhurst, K. P., et al. (2006). "Randomized controlled trial of effect of prescription of clozapine vs other second-generation antipsychotic drugs in resistant schizophrenia", en *Schizophrenia Bulletin, 32,* 715–723.

Li, N. P. y Kenrick, D. T. (2006). "Sex similarities and differences in preferences for short-term mates: What, whether, and why", en *Journal of Personality and Social Psychology, 90,* 468–489.

Li, S.-C. (2003). "Biocultural orchestration of developmental plasticity across levels: The interplay of biology and culture in shaping the mind and behavior across the life span", en *Psychological Bulletin, 129,* 171–194.

Li, W., Moallem, I., Paller, K. A. y Gottfried, J. A. (2007). "Subliminal smells can guide social preferences", en *Psychological Science, 1,* 1044–1049.

Li, N. P. y Kenrick, D. T. (2006). "Sex similarities and differences in preferences for short-term mates: What, whether, and why", en *Journal of Personality and Social Psychology, 90,* 468–489.

Liben, L. W., Susman, E. J., Finkelstein, J. W., Chinchilli, V. M., Kunselman, S., Schwab, J., et al. (2002). "The effects of sex steroids on spatial performance: A review and an experimental clinical investigation", en *Developmental Psychology, 38,* 236–253.

Liberles, S. D. y Buck, L. B. (2006). "A second class of chemosensory receptors in the olfactory epithelium", en *Nature, 442,* 645–650.

Libow, L. S. (2005). "Geriatrics in the United States—Baby Boomers' boon?", en *New England Journal of Medicine, 352,* 750–752.

Lichtenbelt, K. D., Hochstenbach, R., Van Dam, W. M., Eleveld, M. J., Poot, M. y Beemer, F. A. (2005). "Supernumerary ring chromosome 7 mosaicism: Case report, investigation of the gene content, and delineation of the phenotype", en *American Journal of Medical Genetics, 132,* 93–100.

Lickliter, R. y Honeycutt, H. (2003). "Developmental dynamics: Toward a biologically plausible evolutionary psychology", en *Psychological Bulletin, 129,* 819–835.

Lieberman, J. A. (2006). "Comparative effectiveness of antipsychotic drugs: A commentary on Cost Utility of the Latest Antipsychotic Drugs in Schizophrenia Study (CUtLASS 1) and clinical antipsychotic trials of intervention Effectiveness (CATIE)", en *Archives of General Psychiatry, 63,* 1069–1072.

Liebowitz, M. R., Gelenberg, A. J. y Munjack, D. (2005). "Venlafaxine extended release vs placebo and paroxetine in social anxiety disorder", en *Archives of General Psychiatry, 62,* 190–198.

Lien, M.-C., Ruthruff, E. y Johnston, J. C. (2006). "Attentional limitations in doing two tasks at once. The search for exceptions", en *Current Directions in Psychological Science, 15,* 89–93.

Lilienfeld, S. O. (2007). "Psychological treatments that cause harm", en *Perspectives on Psychological Science, 2,* 53–70.

Lilienfeld, S. O., Kirsch, I., Sarbin, T. R., Lynn, S. J., Chaves, J. F., Ganaway, G. K., et al. (1999). "Dissociative identity disorder and the sociocognitive model: Recalling the lessons of the past", en *Psychological Bulletin, 125,* 507–523.

Lilienfeld, S. O., Wood, J. M. y Garb, H. N. (2000). "The scientific status of projective techniques", en *Psychological Science in the Public Interest, 1,* 27–66.

Limebeer, C. L. y Parker, L. A. (2006). "Effect of conditioning method and testing method on strength of lithium-induced taste aversion learning", en *Behavioral Neuroscience, 120,* 963–969.

Lindau, S. T., Schumm, L. P., Laumann, E. O., Levinson, W., O'Muircheartaigh, C. A. y Waite, L. J. (2007). "A study of sexuality and health among older adults in the United States", en *New England Journal of Medicine, 357,* 762–774.

Linde, K., Streng, A., Jurgens, S., Hoppe, A., Brinkhaus, B., Witt, C., Wagenpfeil, S., et al. (2005). "Acupuncture for patients with migraine: A randomized controlled trial", en *Journal of the American Medical Association, 293,* 2118–2125.

Lipton, E. (Agosto 16 de 2006). "Faces, too, are searched as U.S. airports try to spot terrorists", en *New York Times,* pp. A1, A10.

Little, A. C., Burt, D. M. y Perrett, D. I. (2006). "What is good is beautiful: Face preference reflects desired personality", en *Personality and Individual Differences, 41,* 1107–1118.

Littlejohn, S. W. (2002). *Theories of human communication* (7ª. ed.). Belmont, California: Wadsworth.

Litz, B. T., Williams, L., Wang, J., Bryant, R. y Engel, C. A. (2005). "Therapist-assisted Internet self-help program for traumatic stress", en *Professional Psychology: Research and Practice, 35,* 628–634.

Livianos-Aldana, L., Rojo-Moreno, L. y Sierra-SanMiguel, P. (2007). "F. J. Gall and the phrenological movement", en *American Journal of Psychiatry, 164,* 414.

Livingston, R. W. y Drwecki, B. B. (2007). "Why are some individuals not racially biased? Susceptibility to affective conditioning predicts nonprejudice toward Blacks'", en *Psychological Science, 18,* 816–823.

Lobb, R., Suarez, E. G., Fay, M. E., Gutheil, C. M., Hunt, M. K., Fletcher, R. H. y Emmons, K. M. (2004). "Implementation of a cancer prevention program for working class, multiethnic populations", en *Preventive Medicine, 38,* 766–776.

Lobel, M., DeVincent, C. J., Kaminer, A. y Meyer, B. A. (2000). "The impact of prenatal maternal stress and optimistic disposition on birth outcomes in medically high-risk women", en *Health Psychology, 19,* 544–553.

Lockley, S. W., Cronin, J. W., Evans, E. E., Cade, B. E., Lee, C. J., Landrigan, C. P., et al. (2004). "Effect of reducing interns' weekly work hours on sleep and attentional failures", en *New England Journal of Medicine, 351,* 1829–1837.

Loeb, S., Fuller, B., Kagan, S. L. y Carrol, B. (2004). "Child care in poor communities: Early learning effects of type, quality, and stability", en *Child Development, 75,* 47–65.

Loftus, E. F. (1993a). "Psychologists in the eyewitness world", en *American Psychologist, 48,* 550–552.

Loftus, E. F. (1993b). "The reality of repressed memories", en *American Psychologist, 48,* 518–537. Loftus, E. F. (Septiembre de 1997). "Creating false memories", en *Scientific American,* pp. 71–75.

Loftus, E. F. (2003). "Make-believe memories", en *American Psychologist, 58,* 867–873.

Loftus, E. F. (2004). "Memories of things unseen", en *Current Directions in Psychological Science, 13,* 145–147.

Loftus, E. F., Miller, D. G. y Burns, H. J. (1978). "Semantic integration of verbal information into a visual memory", en *Journal of Experimental Psychology: Human Learning and Memory, 4,* 19–31.

Logsdon-Conradsen, S. (2002). "Using mindfulness meditation to promote holistic health in individuals with HIV/AIDS", en *Cognitive and Behavioral Practice, 9,* 67–71.

Loh, C., Orchowski, L. M., Gidycz, C. A. y Elizaga, R. A. (2007). "Socialization and sexual aggression in college men: The role of observational influence in detecting risk cues", en *Psychology of Men and Masculinity, 8,* 129–144.

Lohman, J. J. H. M. (2001). "Treatment strategies for migraine headache", en *Journal of the American Medical Association, 285,* 1014.

London-Vargas, N. (Julio de 2001). "Organizing a life's work: Finding your dream job", en *TIP: The Industrial-Organizational Psychologist, Vol. 39*(1). Consultado en agosto 13 de 2001 en http:www.siop.org/TIP/backissues/TipJul01/Jul01TOC.htm.

Lorayne, H. (2002). *The complete guide to memory mastery.* Hollywood, Florida: Fell Publishers.

Lorenz, F. O., Wickrama, K. A. S., Conger, R. D. y Elder, G. H., Jr. (2006). "The short-term and decade-long effects of divorce on women's midlife health", en *Journal of Health and Social Behavior, 47,* 111–125.

Lorenz, K. (1966). *On aggression.* Nueva York: Harcourt Brace Jovanovich. Lothane, Z. (2006). "Freud's legacy—is it still with us?", en *Psychoanalytic Psychology, 23,* 285–301.

Low, C. A., Stanton, A. L. y Danoff-Burg, S. (2006). "Expressive disclosure and benefit finding among breast cancer patients: Mechanisms for positive health effects", en *Health Psychology, 25,* 181–189.

Lubell, S. (Febrero 19 de 2004). "On the therapist's couch, a jolt of virtual reality", en *New York Times,* p. G5.

Lucas, R. E. (2007). "Adaptation and the set-point model of subjective well-being: Does happiness change after major life events?", en *Current Directions in Psychological Science, 16,* 75–79.

Lucas, R. E., Clark, A. E., Georgellis, Y. y Diener, E. (2003). "Reexamining adaptation and the set point model of happiness: Reactions to changes in marital status", en *Journal of Personality and Social Psychology, 84,* 527–539.

Luczak, S. E., Glatt, S. J. y Wall, T. J. (2006). "Meta-analyses of ALDH2 and ADH1B with alcohol dependence in Asians", en *Psychological Bulletin, 132,* 607–621.

Ludwig, D. S. (2007). "Childhood obesity—the shape of things to come", en *New England Journal of Medicine, 357,* 2325–2327.

Lumley, J., Oliver, S. S., Chamberlain, C. y Oakley, L. (2004). "Interventions for promoting smoking cessation during pregnancy", en *Cochrane Database Systematic Reviews, 18,* CD001055.

Luna, T. D., French, J. y Mindtcha, J. L. (1997). "A study of USAF air traffic controller shiftwork: Sleep, fatigue, activity, and mood analyses", en *Aviation, Space, and Environmental Medicine, 68,* 18–23.

Luntz, B. K. y Widom, C. S. (1994). "Antisocial personality disorder in abused and neglected children grown up", en *American Journal of Psychiatry, 151,* 670–674.

Luo, S. y Klohnen, E. C. (2005). "Assortative mating and marital quality in newlyweds: A couple-centered approach", en *Journal of Personality and Social Psychology, 88,* 304–326.

Lupski, J. R. (2007). "Structural variation in the human genome", en *New England Journal of Medicine, 356,* 1169–1171.

Luria, A. R. (1968). *The mind of a mnemonist.* Nueva York: Basic Books.

Luwel, K., Siegler, R. S. y Verschaffel, L. (2007). "A microgenetic study of insightful problem solving", en *Journal of Experimental Child Psychology, 99,* 210–232 .

Lykken, D. y Csikszentmihalyi, M. (2001). "Happiness—stuck with what you've got?", en *Psychologist, 14,* 470–472.

Lynch, H. T., Coronel, S. M., Okimoto, R., Hampel, H., Sweet, K., Lynch, J. F., et al. (2004). "A founder mutation of the MSH2 gene and hereditary non-polyposis colorectal cancer in the United States", en *Journal of the American Medical Association, 291,* 718–724.

Lyubomirsky, S., Sheldon, K. M. y Schkade, D. (2005). "Pursuing happiness: The architecture of sustainable change", en *Review of General Psychology, 9,* 111–131.

Macfarlane, J. A. (1975). "Olfaction in the development of social preferences in the human neonate", en M. A. Hofer (ed.), *Parent-infant interaction.* Amsterdam: Elsevier.

MacGregor, J. N., Ormerod, T. C. y Chronicle, E. P. (2001). "Information processing and insight: A process model of performance on the nine-dot and related problems", en *Journal of Experimental Psychology: Learning, Memory, and Cognition, 27,* 176–201.

MacPherson, S. E., Phillips, L. H. y Della Sala, S. (2002). "Age, executive function, and social decision making: A dorsolateral prefrontal theory of cognitive aging", en *Psychology and Aging, 17,* 598–609.

Maestripieri, D. y Roney, J. R. (2006). "Evolutionary developmental psychology: Contributions from comparative research with nonhuman primates", en *Developmental Review, 26,* 120–137.

Mah, K. y Binik, Y. M. (2001). "The nature of human orgasm: A critical review of major trends", en *Clinical Psychology Review, 21,* 823–856.

Maier, N. R. F. (1931). "Reasoning in humans: II. The solution of a problem and its appearance in consciousness", en *Journal of Comparative Psychology, 12,* 181–194.

Main, M. (1996). "Introduction to the special section on attachment and psychopathology: 2. Overview of the field of attachment", en *Journal of Consulting and Clinical Psychology, 64,* 237–243.

Malamuth, N. M., Huppin, M. y Paul, B. (2005). "Sexual coerción", en Buss, D. M. (ed.), *The handbook of evolutionary psychology* (pp. 394–418). Hoboken, Nueva Jersey: John Wiley & Sons.

Malle, B. A. (2006). "The actor–observer asymmetry in attribution: A (surprising) meta-analysis", en *Psychological Bulletin, 132,* 895–891.

Malle, B. F., Knobe, J. M. y Nelson, S. E. (2007). "Actor-observer asymmetries in explanations of behavior: New answers to an old question", en *Journal of Personality and Social Psychology, 93,* 491–514.

Malykh, S. B., Iskoldsky, N. V. y Gindina, E. D. (2005). "Genetic analysis of IQ in young adulthood: A Russian twin study", en *Personality and Individual Differences, 38,* 1475–1485.

Manini, T. M., Everhart, J. E., Patel, K. V., Schoeller, D. A., Colbert, L. H., Visser, M., et al. (2006). "Daily activity energy expenditure and mortality among older adults", en *Journal of the American Medical Association, 296,* 171–179.

Mann, J. J. (2005). "The medical management of depression", en *New England Journal of Medicine, 353,* 1819–1834.

Mann, T., Tomiyama, A. J., Westling, E., Lew, A., Samuels, B. y Chatman, J. (2007). "Medicare's search for effective obesity treatments: Diets are not the answer", en *American Psychologist, 62,* 220–233.

Manning, R., Levine, M. y Collins, A. (2007). "The Kitty Genovese murder and the social psychology of helping: The parable of the 38 witnesses", en *American Psychologist, 62,* 555–562.

Mansell, W. y Pedley, R. (2007). "The ascent into mania a review of psychological processes associated with the development of manic symptoms", en *Clinical Psychology Review, 28,* 494-520.

Mansnerus, L. y Kocieniewski, D. (Agosto 14 de 2004). "Ex-aide says he was victim of McGreevey", en *New York Times Online.* Consultado en agosto 28 de 2004 en www.nytimes.com/2004/08/14/nyregion/14jersy.html.

Manson, J. E., Skerrett, P. J., Greenland, P. y VanItallie, T. B. (2004). "The escalating pandemics of obesity and sedentary lifestyle a call to action for clinicians", en *Archives of Internal Medicine, 164,* 249–258.

March, J. S., Silva, S., Petrycki, S., Curry, J., Wells, K., Fairbank, J., et al. (2007). "The Treatment for Adolescents with Depression Study (TADS): Long-term effectiveness and safety outcomes", en *Archives of General Psychiatry, 64,* 1132–1143.

Marcia, J. E. (1980). "Identity in adolescence", en J. Adelson (ed.), *Handbook of adolescent psychology* (pp. 159–187). Nueva York: Wiley.

Marcia, J. E., Waterman, A. S., Matteson, D. R., Archer, S. L. y Orlofsky, J. L. (eds.). (1993). *Ego identity: A handbook for psychosocial research.* Nueva York: Springer-Verlag.

Marcus, D. K., Gurley, J. R., Marchi, M. M., & Bauer, C. (2007). "Cognitive and perceptual variables in hypochondriasis and health anxiety: A systematic review", en *Clinical Psychology Review, 27,* 127–139.

Margoshes, P. (Mayo de 1995). "For many, old age is the prime of life", en *APA Monitor, 26*(5), 36–37.

Marin, T. J., Martin, T. M., Blackwell, E., Stetler, C. y Miller, G. E. (2007). "Differentiating the impact of episodic and chronic stressors on hypothalamicpituitary-adrenocortical axis regulation in young women", en *Health Psychology, 26,* 447–455.

Marion, I. J. (Diciembre de 2005). "The neurobiology of cocaine addiction", en *Science Practice Perspectives, National Institute on Drug Abuse, 3*(1), 25–31.

Markel, H. (Septiembre 3 de 2003). "Lack of sleep takes its toll on student psyches", en *New York Times, Science Times,* p. F6.

Markus, H. R. y Kitayama, S. (1991). "Culture and the self: Implications for cognition, emotion, and motivation", en *Psychological Review, 98,* 224–253.

Marsh, A. A., Elfenbein, H. A. y Ambady, N. A. (2003). "Nonverbal 'accents': Cultural differences in facial expressions of emotion", en *Psychological Science, 14,* 373–376.

Marsh, R. L., Hicks, J. L. y Cook, G. I. (2005). On the relationship between effort toward an ongoing task and cue detection in event-based prospective memory", en *Journal of Experimental Psychology: Learning, Memory, and Cognition, 31,* 68–75.

Marshall, N. J. (2004). "The quality of early child care and children's development", en *Current Directions in Psychological Science, 13,* 165–168.

Martin, A. (Marzo 25 de 2007). "Will diners still swallow this?", en *New York Times,* sección 3, pp. 1, 9, 10.

Martin, E. K., Taft, C. T. y Resick, P. A. (2007). "A review of marital rape", en *Aggression and Violent Behavior, 12,* 329–347.

Martin, L. R., Friedman, H. W. y Schwartz, J. E. (2007). "Personality and mortality risk across the life span: The importance of conscientiousness as a biopsychosocial attribute", en *Health Psychology, 26,* 428–436.

Martindale, C. (2001). "Oscillations and analogies: Thomas Young, MD, RFS, genius", en *American Psychologist, 56,* 342–345.

Martinez, D., Narendran, R., Foltin, R. W., Slifstein, M., Hwang, D.-R., Broft, A., et al. (2007). "Amphetamine-induced dopamine release: Markedly blunted in cocaine dependence and predictive of the choice to self-administer cocaine", en *American Journal of Psychiatry, 164,* 622–629.

Marx, J. (2007). "Evidence linking DISC1 gene to mental illness builds", en *Science, 318*(5853), 1062–1063.

Maslow, A. H. (1970). *Motivation and personality* (2ª. ed.). Nueva York: Harper & Row.

Maslow, A. H. (1971). *Farther reaches of human nature.* Nueva York: Viking Penguin.

Mason, M. F., Norton, M. I., Van Horn, J. D., Wegner, D. M., Grafton, S. T. y Macrae, C. N. (2007). "Wandering minds: The default network and stimulus-independent thought", en *Science, 315,* 393–395.

Mason, T. B. A., II y Pack, A. I. (2007). "Pediatric parasomnias", en *Sleep, 30,* 141–151.

Masters, W. H. y Johnson, V. E. (1966). *Human sexual response.* Boston: Little, Brown.

Masters, W. H. y Johnson, V. E. (1970). *Human sexual inadequacy.* Boston: Little, Brown.

Masuda, T. y Nisbett, R. E. (2001). "Attending holistically versus analytically: Comparing the context sensitivity of Japanese and Americans", en *Journal of Personality and Social Psychology, 81,* 992–934.

Matsumoto, D. (2004). "Paul Ekman and the legacy of universals", en *Journal of Research in Personality, 38,* 45–51.

Matsumoto, D., Yoo, S. H., Hirayama, S. y Petrova, G. (2005). "Development and validation of a measure of display rule knowledge: The Display Rule Assessment Inventory", en *Emotion, 5,* 23–40.

Matsumoto, K., Suzuki, W. y Tanaka, K. (2003). "Neuronal correlates of goal based motor selection in the prefrontal cortex", en *Science, 301,* 229–232.

Mattson, M. P. (2003). "Neurobiology: Ballads of a protein quartet", en *Nature, 422,* 385–387.

Matz, D. C. y Wood, W. (2005). "Cognitive dissonance in groups: The consequences of disagreement", en *Journal of Personality and Social Psychology, 88,* 22–37.

Max, D. T. (Diciembre 11 de 2005). "National smiles", en *New York Times Magazine,* p. 82.

Maxwell, J. S. y Davidson, R. J. (2007). "Emotion as motion: Asymmetries in approach and avoidant actions", en *Psychological Science, 18,* 1113–1119.

Mays, V. M., Cochran, S. D. y Barnes, N. W. (2007). "Race, race-based discrimination, and health outcomes among African Americans", en *Annual Review of Psychology, 58,* 201–225.

Mazure, C. M. y Keita, G. P. (eds.). (2006). *Understanding depression in women: Applying empirical research to practice and policy.* Washington, DC: American Psychological Association.

Mazzoni, G. y Memom, A. (2003). "Imagination can create false autobiographical memories", en *Psychological Science, 14,* 186–188.

McBride, C. K., Paikoff, R. L. y Holmbeck, G. N. (2003). "Individual and familial influences on the onset of sexual intercourse among urban African American adolescents", en *Journal of Consulting and Clinical Psychology, 71,* 159–167.

McCabe, M. P. (2005). "The role of performance anxiety in the development and maintenance of sexual dysfunction in men and women", en *International Journal of Stress Management, 12,* 379–388.

McCarley, R. W. (2007). "Neurobiology of REM and NREM sleep", en *Sleep Medicine, 8,* 302–330.

McCarthy, B. W., Ginsberg, R. L. y Fucito, L. M. (2006). "Resilient sexual desire in heterosexual couples", en *Family Journal: Counseling and Therapy for Couples and Families, 14,* 59–64.

McCartney, K., Dearing, E., Taylor, B. A. y Bub, K. L. (2007). "Quality child care supports the achievement of low-income children: Direct and indirect pathways through caregiving and the home environment", en *Journal of Applied Developmental Psychology, 28*(5–6), 411–426.

McClelland, D. C. (1958). "Risk-taking in children with high and low need for achievement", en J. W. Atkinson (ed.), *Motives in fantasy, action, and society*. Princeton Nueva Jersey: Van Nostrand.

McClelland, D. C. (1985). *Human motivation*. Glenview, Illinois: Scott, Foresman.

McCrae, R. R. (2004). "Human nature and culture: A trait perspective", en *Journal of Research in Personality, 38*, 3–14.

McCrae, R. R. y Costa, P. T., Jr. (1986). "Clinical assessment can benefit from recent advances in personality psychology", en *American Psychologist, 41*, 1001–1003.

McCrae, R. R. y Costa, P. T., Jr. (1996). "Toward a new generation of personality theories: Theoretical contexts for the five-factor model", en J. S. Wiggins (ed.), *The five-factor model of personality: Theoretical perspectives*. Nueva York: Guilford Press.

McCrae, R. R., Costa, P. T., Jr., Ostendorf, F., Angleitner, A., Hrebickova, M., Avia, M., et al. (2000). "Nature over nurture: Temperament, personality, and life span development", en *Journal of Personality and Social Psychology, 78*, 173–186.

McCrae, R. R. y Terracciano, A. (2005). "Personality profiles of cultures: Aggregate personality traits", en *Journal of Personality and Social Psychology, 89*, 407–425.

McCrae, R. R. y Terracciano, A. (2006). "National character and personality", en *Current Directions in Psychological Science, 15*, 156–161.

McCurry, S. M., Logsdon, R. G., Teri, L. y Vitiello, M. V. (2007). "Evidence based psychological treatments for insomnia in older adults", en *Psychology and Aging, 22*, 18–27.

McDermut, W., Miller, I. W. y Brown, R. A. (2001). "The efficacy of group psychotherapy for depression: A meta-analysis and review of the empirical research", en *Clinical Psychology: Science and Practice, 8*, 98–116.

McDougall, W. (1908). *An introduction to social psychology*. Nueva York: Methuen.

McGirra, A., Tousignant, M., Routhier, D., Pouliot, L., Chawky, N., Margolese, H. C., et al. (2006). "Risk factors for completed suicide in schizophrenia and other chronic psychotic disorders: A case–control study", en *Schizophrenia Research, 84*, 132–143.

McGovern, F. J. y Nevid, J. S. (1986). "Evaluation apprehension on psychological inventories in a prison-based setting. *Journal of Consulting and Clinical Psychology, 54*, 576–578.

McGowan, S., Lawrence, A. D., Sales, T., Quested, D. y Grasby, P. (2004). "Presynaptic dopaminergic dysfunction in schizophrenia: A positron emission tomographic [18f]fluorodopa study", en *Archives of General Psychiatry, 61*, 134–142.

McGrath, P. J., Stewart, J. W., Quitkin, F. M., Chen, Y., Alpert, J. E., Nierenberg, A. A., et al. (2006). "Predictors of relapse in a prospective study of fluoxetine treatment of major depression", en *American Journal of Psychiatry, 163*, 1542–1548.

McGreal, D. y Evans, B. J. (1994). "Recall during hypnosis", en *Australian Journal of Clinical and Experimental Hypnosis, 22*, 177–180.

McGuire, P. A. (Febrero de 2000). "New hope for people with schizophrenia", en *Monitor on Psychology, 31*(2), 24–28.

McHugh, T. J., Jones, M. W., Quinn, J. J., Balthasar, N., Coppari, R., Elmquist, J. K., et al. (2007). "Dentate gyrus NMDA receptors mediate rapid pattern separation in the hippocampal network", en *Science, 317*, 94–99.

McKnight Investigators, The. (2003). "Risk factors for the onset of eating disorders in adolescent girls: Results of the McKnight Longitudinal Risk Factor Study", en *American Journal of Psychiatry, 160*, 248–254.

McNally, R. J. (2007). "Do certain readings of Freud constitute 'pathological science'? A comment on Boag (2006)", en *Review of General Psychology, 11*, 359–360.

McNamar, M. P. (Febrero 10 de 2004). "Research on day care finds few timeouts", en *New York Times*, p. F7.

McVary, K. T. (2007). "Erectile dysfunction", en *New England Journal of Medicine, 357*, 2472–2481.

Mead, M. (1935). *Sex and temperament in three primitive societies*. Nueva York: Dell.

Means-Christensen, A. J., Snyder, D. K. y Negy, C. (2003). "Assessing nontraditional couples: Validity of the Marital Satisfaction Inventory-Revised with gay, lesbian, and cohabiting heterosexual couples", en *Journal of Marital and Family Therapy, 29*, 69–83.

Meeus, W. H. J. y Raaijmakers, Q. A. W. (1995). "Obedience in modern society: The Utrecht studies", en *Journal of Social Issues, 51*, 155–175.

Mehl, M. R., Vazire, S., Ramírez-Esparza, N., Slatcher, R. B. y Pennebaker, J. W. (2007). "Are women really more talkative than men?", en *Science, 317*, 82.

Mehmet, M. K., Homewood, J. y Stevenson, R. J. (2008). "The characteristics of non-criminals with high psychopathy traits: Are they similar to criminal psychopaths?", en *Journal of Research in personality, 42*, 679–692.

Melamed, S., Shirom, A., Toker, S., Berliner, S. y Shapira, I. (2006). "Burnout and risk of cardiovascular disease: Evidence, possible causal paths, and promising research directions", en *Psychological Bulletin, 132*, 327–353.

Melani, D. (Enero 17 de 2001). "Emotions can pull trigger on heart attack", en *Evansville Courier and Press, Scripps Howard News Service*. Consultado en febrero 20 de 2001 en http:www.psycport.com/news/2001/01/17/eng-courierpress.

Meltzoff, A. N. y Gopnik, A. (1997). *Words, thoughts, and theories*. Cambridge, Massachusetts: MIT Press.

Melzack, R. y Wall, P. D. (1965). "Pain mechanisms: A new theory", en *Science, 150*, 971–979.

Melzack, R. y Wall, P. D. (1983). *The challenge of pain*. Nueva York: Basic Books.

Menard, K. S., Hall, G. C. N., Phung, A. H., Ghebrial, M. F. E. y Martin, L. (2003). "Gender differences in sexual harassment and coercion in college students: Developmental, individual, and situational determinants", en *Journal of Interpersonal Violence, 18*, 1222–1239.

Mendelsohn, M. E. y Karas, R. H. (2005). "Molecular and cellular basis of cardiovascular gender differences", en *Science, 308*, 583–587.

Mendez, J. L., Fantuzzo, J. y Cicchetti, D. (2002). "Profiles of social competence among low-income African American preschool children", en *Child Development, 73*, 1085–1100.

Menza, M. (2006). "STAR*D: The results begin to roll in", en *American Journal of Psychiatry, 163*, 1123.

Menzies, L., Achard, S., Chamberlain, S. R., Fineberg, N., Chen, C.-H., Del Campo, N., et al. (2007). "Neurocognitive endophenotypes of obsessive-compulsive disorder", en *Brain, 130*, 3223–3236.

Merckelbach, H., de Jong, P. J., Muris, P. y Van den Hout, M. A. (1996). "The etiology of specific phobias: A review", en *Clinical Psychology Review, 16*, 337–361.

Merens, W., Van der Does, A. J. W. y Spinhoven, P. (2007). "The effects of serotonin manipulations on emotional information processing and mood", en *Journal of Affective Disorders, 103*, 43–62.

Merikangas, K. R. y Risch, N. (2003). "Will the genomics revolution revolútionize psychiatry?", en *American Journal of Psychiatry, 160*, 625–635.

Messer, S. B. (2001). "What makes brief psychodynamic therapy time efficient?", en *Clinical Psychology: Science and Practice, 8*, 5–22.

Messinis, L., Kyprianidou, A., Malefaki, S. y Papathanasopoulos, P. (2006). "Neuropsychological deficits in long-term frequent cannabis users", en *Neurology, 66*, 737–739.

Meston, C. M. y Buss, D. M. (2007). "Why humans have sex", en *Archives of Sexual Behavior, 36*, 477–507.

Meston, C. M. y Frohlich, P. F. (2000). "The neurobiology of sexual function", en *Archives of General Psychiatry, 57*, 1012–1030.

Metcalfe, J. (1986). "Feelings of knowing in memory and problem solving", en *Journal of Experimental Psychology: Learning, Memory, and Cognition, 12*, 288–294.

Meyer, G. J., Finn, S. E., Eyde, L. D., Kay, G. G., Moreland, K. L., Dies, R. R., et al. (2001). "Psychological testing and psychological assessment: A review of evidence and issues", en *American Psychologist, 56*, 128–165.

Meyer, P., Saez, L. y Young, M. W. (2006). "PER-TIM interactions in living drosophila cells: An interval timer for the circadian clock", en *Science, 311*, 226–229.

Meyer-Lindenberg, A., Buckholtz, J. W., Kolachana, B., Hariri, A. R., Pezawas, L., Blas, G., et al. (2006). "Neural mechanisms of genetic risk for impulsivity and violence in humans", en *Proceedings of the National Academy of Sciences, 103*, 6269–6274.

Meyers, L. (Enero de 2007a). "Public health, prescriptive authority and parity", en *Monitor on Psychology, 38*(1), 24–25.

Meyers, L. (Enero de 2007b). "Building a strong heart", en *Monitor on Psychology, 38*(1), 52–54.

Meyers, L. (Febrero de 2007c). "A struggle for hope", en *Monitor on Psychology, 38*(2), 30–31.

Milburn, M. A., Mather, R. y Conrad, S. D. (2000). "The effects of viewing R-rated movie scenes that objectify women on perceptions of date rape", en *Sex Roles, 43*, 645–664.

Milgram, S. (1963). "Behavioral study of obedience", en *Journal of Abnormal and Social Psychology, 67*, 371–378.

Milgram, S. (1974). *Obedience to authority*. Nueva York: Harper & Row.

Miller, A. G., Collins, B. E. y Brief, D. E. (1995). "Perspectives on obedience to authority: The legacy of the Milgram experiments", en *Journal of Social Issues, 51*, 1–19.

Miller, D. (Agosto 20 de 1999). "Television's effects on kids: It can be harmful", en *Cable News Network*. Consultado en julio 25 de 2005 en http:www.cnn.com/HEALTH/9908/20/kids.tv.effects/.

Miller, G. (2007a). "Hunting for meaning after midnight", en *Science, 315*, 1360.

Miller, G. (Enero 19 de 2007b). "A surprising connection between memory and imagination", en *Science, 315*, p. 312.

Miller, G. E., Chen, E. y Zhou, E. S. (2007). "If it goes up, must it come down? Chronic stress and the hypothalamic-pituitary-adrenocortical axis in humans", en *Psychological Bulletin, 133,* 25–45.

Miller, J. G. y Bersoff, D. M. (1992). "Culture and moral judgment: How are conflicts between justice and interpersonal responsibilities resolved?", en *Journal of Personality and Social Psychology, 62,* 541–554.

Miller, M. (Marzo 5 de 2008). *Gates no longer world's richest man.* Consultado en marzo 25 de 2008 en http:www.forbes.com/2008/03/05/buffett-worlds-richest-cx_mm_0229buffetrichest.html.

Miller, M., et al. (2004). "The epidemiology of case fatality rates for suicide in the northeast", en *Annals of Emergency Medicine, 43,* 723–730.

Miller, S. D., Blackburn, R., Scholes, G., White, G. L. y Mamalis, N. (1991). "Optical differences in multiple personality disorder: A second look", en *Journal of Nervous and Mental Disease, 179,* 132–135.

Milton, J. y Wiseman, R. (2001). "Does Psi exist? Reply to Storm and Ertel (2001)", en *Psychological Bulletin, 127,* 434–438.

Minda, J. P. y Smith, J. D. (2001). "Prototypes in category learning: The effects of category size, category structure, and stimulus complexity", en *Journal of Experimental Psychology: Learning, Memory, and Cognition, 27,* 775–799.

Minerd, J. y Jasmer, R. (Abril de 2006). En *MedPage Today.* Consultado en abril 7 de 2006 en http:www.medpageto-day.com/PrimaryCare/SleepDisorders/tb/3009.

Mingroni, M. A. (2007). "Resolving the IQ paradox: Heterosis as a cause of the Flynn effect and other trends", en *Psychological Review, 114,* 806–829.

Mischel, W. (1970). "Sex-typing and socialization", en P. H. Mussen (ed.), *Carmichael's manual of child psychology* (3ª. ed.). Nueva York: Wiley.

Mischel, W. (1973). "Toward a cognitive social learning reconceptualization of personality", en *Psychological Review, 80,* 252–283.

Mischel, W. (2004). "Toward an integrative science of the person", en *Annual Review of Psychology, 55,* 1–22.

Mischel, W. y Shoda, Y. (1995). "Cognitive-affective system theory of personality: Reconceptualizing situations, dispositions, dynamics, and invariance in personality structure", en *Psychological Review, 102,* 246–268.

Mistry, K. B., Minkovitz, C. S., Strobino, D. M. y Borzekowski, D. L. G. (2007). "Children's television exposure and behavioral and social outcomes at 5.5 years: Does timing of exposure matter?", en *Pediatrics, 120,* 762–769.

Mitka, M. (2000). "Psychiatrists help survivors in the Balkans", en *Journal of the American Medical Association, 283,* 1277–1228.

Moffitt, T. E., Caspi, A. y Rutter, M. (2006). "Measured gene-environment interactions in psychopathology concepts, research strategies, and implications for research, intervention, and public understanding of genetics", en *Perspectives on Psychological Science, 1,* 5–27.

Moir, D., Rickert, W. S., Levasseur, G., Larose, Y., Maertens, R., White, P. y Desjardins, S. (2007). "A comparison of mainstream and sidestream marijuana and tobacco cigarette smoke produced under two machine smoking conditions", en *Chemical Research in Toxicology,* 1021/tx700275p. Fecha de publicación en línea: diciembre 7 de 2007.

Mollica, R. F., Henderson, D. C. y Tor, S. (2002). "Psychiatric effects of traumatic brain injury events in Cambodian survivors of mass violence", en *British Journal of Psychiatry, 181,* 339–347.

Mommersteeg, P. M. C., Keijsers, G. P. J., Heijnen, C. J., Verbraak, M. J. P. M. y Van Doornen, L. J. P. (2006). "Cortisol deviations in people with burnout before and after psychotherapy: A pilot study", en *Health Psychology, 25,* 243–248.

Monroe, S. M., Slavich, G. M., Torres, L. D. y Gotlib, I. H. (2007). "Major life events and major chronic difficulties are differentially associated with history of major depressive episodes", en *Journal of Abnormal Psychology, 116,* 116–124.

Monti, P. M., Binkoff, J. A., Abrams, D. B. y Zwick, W. R. (1987). "Reactivity of alcoholics and nonalcoholics to drinking cues", en *Journal of Abnormal Psychology, 96,* 122–126.

Montpetit, M. A., Bergeman, C. S. (2007). "Dimensions of control: Mediational analyses of the stress–health relationship", en *Personality and Individual Differences, 43,* 2237–2248.

Moon, C., Cooper, R. P. y Fifer, W. P. (1993). "Two-day-olds prefer their native language", en *Infant Behavior and Development, 16,* 495–500.

Mooney, M., White, T. y Hatsukami, D. (2004). "The blind spot in the nicotine replacement therapy literature: Assessment of the double-blind in clinical trials", en *Addictive Behaviors, 29,* 673–684.

Moore, D. R. y Heiman, J. R. (2006). "Women's sexuality in context Relationship factors and female sexual functioning", en I. Goldstein, C. Meston, S. Davis y A. Traish (eds.), *Female sexual dysfunction.* Nueva York: Parthenon.

Moos, R. H. y Moos, B. S. (2004). "Long-term influence of duration and frequency of participation in alcoholics anonymous on individuals with alcohol use disorders", en *Journal of Consulting and Clinical Psychology, 72,* 81–90.

Moracco, K. E., Runyan, C. W., Bowling, J. M. y Earp, J. A. L. (2007) "Women's experiences with violence: A national study", en *Women's Health Issues, 17,* 3 -12.

Morawska, A. y Oei, T. P. S. (2005). "Binge drinking in university students: A test of the cognitive model", en *Addictive Behaviors, 30,* 203–218.

Morgenthaler, T. I., Lee-Chiong, T., Alessi, C., Friedman, L., Aurora, R. N., Boehlecke, B., et al. (2007). "Practice parameters for the clinical evaluation and treatment of circadian rhythm sleep disorders", en *Sleep, 11,* 1445–1459.

Morgeson, F. P. y Humphrey, S. E. (2006). "The Work Design Questionnaire (WDQ): Developing and validating a comprehensive measure for assessing job design and the nature of work", en *Journal of Applied Psychology, 91,* 1321–1339.

Morphy, H., Dunn, K. M., Lewis, M., Boardman, H. F. y Croft, P. R. (2007). "Epidemiology of insomnia: A longitudinal study in a UK population", en *Sleep, 30,* 274–280.

Morris, E. P., Stewart, S. H. y Ham, L. S. (2005). "The relationship between social anxiety disorder and alcohol use disorders: A critical review", en *Clinical Psychology Review, 25,* 734–760.

Morris, P. E. y Fritz, C. O. (2000). "The name game: Using retrieval practice to improve the learning of names", en *Journal of Experimental Psychology—Applied, 6,* 124–129.

Morris, W. L., DePaulo, B. M., Hertel, J. y Ritter, L. (2006, en preparación). *Perception of people who are single: A developmental life tasks model.*

Morris, W. L., Sinclair, S. y DePaulo, B. M. (2006). *The perceived legitimacy of civil status discrimination.* Manuscrito presentado para publicación.

Morris, W. N., Miller, R. S. y Spangenberg, S. (1977). "The effects of dissenter position and task difficulty on conformity and response conflict", en *Journal of Personality, 45,* 251–256.

Motivala, S. J. e Irwin, M. R. (2007). "Sleep and immunity: Cytokine pathways linking sleep and health outcomes", en *Current Directions in Psychological Science, 16,* 21–25.

Motl, R. W., Dishman, R. K., Saunders, R. P., Dowda, M., Felton, G., Ward, D. S., et al. (2002). "Examining social-cognitive determinants of intention and physical activity among Black and White adolescent girls using structural equation modeling", en *Health Psychology, 21,* 459–467.

Mroczek, D. K. y Spiro, A. (2005). "Change in life satisfaction during adulthood: Findings from the Veterans Affairs Normative Aging Study", en *Journal of Personality and Social Psychology, 88,* 189–202.

Mueller, S. (Septiembre 14 de 2007). *U.S. life expectancy now is 77.9 years, falling behind 41 other countries.* Consultado en septiembre 16 de 2007 en http:food consumer.org/7777/8888/Non-f ood_Things_27/09140910200?_U_S_life_expectan-cy_now_is_78_9_years_falling_behind_41_other_countries.shtml.

Muller, D. y Butera, F. (2007). "The focusing effect of self-evaluation threat in coaction and social comparison", en *Journal of Personality and Social Psychology, 93,* 194–211.

Munakata, Y., McClelland, J. L., Johnson, M. H. y Siegler, R. S. (1997). "Rethinking infant knowledge: Toward an adaptive process account of successes and failures in object permanence tasks", en *Psychological Review, 104,* 686–713.

Muñoz, R. F. y Mendelson, T. (2005). "Toward evidence-based interventions for diverse populations: The San Francisco General Hospital preventior and treatment manuals", en *Journal of Consulting and Clinical Psychology, 73,* 790–799.

Munsey, C. (Febrero de 2008a). "At least one in 10 Americans are prescribed psychotropics", en *Monitor on Psychology, 39*(2), 52–53.

Munsey, C. (Febrero de 2008b). "Front-line psychopharmacology", en *Monitor on Psychology, 39(2),* 56–57.

Munsey, C. (Febrero de 2008c). "Prescriptive authority in the states", en *Monitor on Psychology, 39(2),* 60.

Murphy, C. M., Winters, J., O'Farrell, T. J. y Fals-Stewart, W. (2005). "Alcohol consumption and intimate partner violence by alcoholic men: comparing violent and nonviolent conflicts", en *Psychology of Addictive Behaviors, 19,* 35–42.

Murray, H. A. (1938). *Explorations in personality.* Nueva York: Oxford University Press.

Murstein, B. I. y Mathes, S. (1996). "Projection on projective techniques pathology: The problem that is not being addressed", en *Journal of Personality Assessment, 66,* 337–349.

Nakagawa, T., Sakurai, T., Nishioka, T. y Touhara, K. (2005). "Insect sexpheromone sig-nals mediated by specific combinations of olfactory receptors", en *Science, 307,* 1638–1642.

National Institute of Mental Health (NIMH). (2001). *Seeing our feelings: Imaging emo-tion in the brain* (publicación NIH núm. 01-460). Bethesda, Maryland: publicación del autor

National Institute on Drug Abuse (NIDA), U.S. Department of Health and Human Ser-vices, National Institutes of Health. "Research Report Series: Cocaine Abuse and Addiction". Publicación NIH núm. 99-4342, revisada en noviembre de 2004.

National Institutes of Health (NIH). (2003). *HIV/AIDS, severe mental illness and home-lessness.* Consultado en marzo 24 de 2004 en http:grants.nih.gov/grants/guide/pa-files/PA-04-024.html.

National Science Foundation. (Abril de 2004). *Science and engineering degrees, by race/ethnicity of recipients: 1992–2001* (NSF 04-318, división de Science Resour-ces Statistics). Arlington, Virginia: publicación del autor.

National Sleep Foundation. (2005). *Sleep in America.* Consultado en marzo 30 de 2005 en http:www.sleepfoundation.org/hottopics/index.php?secid16.

National Women's Health Information Center, U.S. Department of Health and Human Services. (Abril de 2005). *AIDS worldwide.* Consultado en julio 1 de 2005 en http:www.4woman.gov/HIV/world.cfm.

Naucler, P., Ryd, W., Törnberg, S., Strand, A., Wadell, G., Elfgren, K., et al. (2007). "Hu-man papillomavirus and papanicolaou tests to screen for cervical cancer", en *New England Journal of Medicine, 357,* 1589–1597.

Nawrot, M., Nordenstrom, B. y Olson, A. (2004). "Disruption of eye movements by ethanol intoxication affects perception of depth from motion parallax", en *Psycho-logical Science, 15,* 858–865.

NCA. (2005). "Vulnerability to mental illnesses: Gender makes a difference, and so does providing good psychiatric care", en *American Journal of Psychiatry, 162,* 211–213.

Negy, C. y Snyder, D. K. (2000). "Relationship satisfaction of Mexican American and non-Hispanic white American interethnic couples: Issues of acculturation and clini-cal intervention", en *Journal of Marital and Family Therapy, 26,* 293–304.

Neisser, U., Boodoo, G., Bouchard, T. J., Jr., Boykin, A. W., Brody, N., Ceci, S. J., et al. (1996). Intelligence: Knowns and unknowns. *American Psychologist, 51,* 77–101.

Nelson, D. L. y Gibbs, R. A. (2004). "The critical region in trisomy 21", en *Science, 306,* 619–621.

Nelson, J. C. (2006). "The STAR*D Study: A four-course meal that leaves us wanting more", en *American Journal of Psychiatry, 163,* 1864–1866.

Nelson, T. D. (2002). *The psychology of prejudice.* Needham Heights, Massachusetts: Allyn & Bacon.

Nemiah, J. C. (1978). "Psychoneurotic disorders", en A. M. Nicholi, Jr. (ed.), *The new Harvard guide to psychiatry* (pp. 234–258). Cambridge, Massachusetts: Belknap Press.

Nestler, E. J. (Diciembre de 2005). "The neurobiology of cocaine addiction", en *Science Practice Perspectives, National Institute on Drug Abuse, 3*(1), 4–12.

Nettelbeck, T. y Wilson, C. (2005). "Intelligence and IQ: What teachers should know", en *Educational Psychology, 25,* 609–630.

Nevid, J. S. (1984). "Sex differences in factors of romantic attraction", en *Sex Roles, 11*(5/6), 401–411.

Nevid, J. S. y Rathus, S. A. (2007a). *Psychology and the challenges of life: Adjustment in the new millennium* (10ª. ed.). Nueva York: Wiley.

Nevid, J. S. y Rathus, S. A. (2007b). *Your health.* Mason, Ohio: Thomson Custom Pu-blishing.

Nevid, J. S., Rathus, S. A. y Greene, B. A. (2003). *Abnormal psychology in a changing world* (5ª. ed.). Upper Saddle River, Nueva Jersey: Prentice Hall.

Nevid, J. S., Rathus, S. A. y Greene, B. (2008). *Abnormal psychology in a changing world* (7ª. ed.). Upper Saddle River, Nueva Jersey: Prentice Hall.

Nevid, J. S. y Sta. Maria, N. (1999). "Multicultural issues in qualitative research", en *Psychology and Marketing, 16,* 305–325.

NICHD Early Child Care Research Network. (1997). "The effects of infant child care on infant-mother attachment security: Results of the NICHD study of early child care", en *Child Development, 68,* 860–879.

Nicholson, R. A., Mouton, G. J., Bagby, R. M., Buis, T., Peterson, S. A. y Buigas, R. A. (1997). "Utility of MMPI-2 indicators of response distortion: Receiver operating characteristic analysis", en *Psychological Assessment, 9,* 471–479.

Nickerson, R. A. y Adams, M. J. (1979). "Long-term memory for a common object", en *Cognitive Psychology, 11,* 287–307.

Nicolosi, A., Laumann, E. O., Glasser, D. B., Brock, G., King, R. y Gingell, C. (2006). "Sexual activity, sexual disorders and associated help-seeking behavior among mature adults in five anglophone countries from the Global Survey of Sexual Attitudes and Behaviors (GSSAB)", en *Journal of Sex and Mari-tal Therapy, 32,* 331–342.

NIDA Notes. (Diciembre de 2004). "2003 survey reveals increase in prescription drug abuse, sharp drop in abuse of hallucinogens", en *NIDA Notes, 19*(4), 14.

Nierenberg, A. A., Ostacher, M. J., Calabrese, J. R., Ketter, T. A., Marangell, L. B., Miklowitz, D. J., et al. (2006). "Treatment-resistant bipolar depression: A step-BD equipoise randomized effectiveness trial of antidepressant augmentation with lamotrigine, inositol, or risperidone", en *American Journal of Psychiatry, 163,* 210–216.

Niiya, Y., Ellsworth, P. C. y Yamaguchi, S. (2006). "Amae in Japan and the United States: An exploration of a 'culturally unique'", en *Emotion, 6,* 279–295.

Nisbett, R. E. (2003). *The geography of thought: How Asians and Westerners think Differently ... and why.* Nueva York: Free Press.

Nisbett, R. E. (2005). "Heredity, environment, and race differences in IQ: A commen-tary on Rushton and Jensen (2005)", en *Psychology, Public Policy, and Law, 11,* 302–310.

Nisbett, R. E. (Diciembre 9 de 2007). "All brains are the same color", en *New York Ti-mes Week in Review,* p. 11.

Noftle, E. E. y Robins, R. W. (2007). "Personality predictors of academic outcomes: Big Five correlates of GPA and SAT scores", en *Journal of Personality and Social Psychology, 93,* 116–130.

Nolen-Hoeksema, S. (2006). "The etiology of gender differences in depression", en C. M. Mazure y G. Puryear (eds.), *Understanding depression in women: Applying empirical research to practice and policy.* Washington, DC: American Psychological Association.

Noonan, D. (Junio 6 de 2006). "A little bit louder, please", en *Newsweek,* pp. 42–45.

Norcross, J. C., Karpiak, C. P. y Santoro, S. O. (2005). "Clinical psychologists across the years: The division of clinical psychology from 1960 to 2003", en *Journal of Clinical Psychology, 61,* 1467–1483.

Norlander, T., Erixon, A. y Archer, T. (2000). "Psychological androgyny and creativity: Dynamics of gender-role and personality trait", en *Social Behavior and Personality, 28*(5), 423–435.

Nosek, B. A., Banaji, M. R. y Greenwald, A. G. (2003). "Math male, me female, therefore math ≠ me", en *Journal of Personality and Social Psychology, 83,* 44–59.

Nowak, A., Vallacher, R. R. y Miller, M. E. (2003). "Social influence and group dyna-mics", en T. Millon y M. J. Lerner (eds.), *Handbook of psychology: Vol. 5. Personality and social psychology* (pp. 383–418). Nueva York: John Wiley & Sons.

O'Connor, A. (Marzo 16 de 2004a). "In sex, brain studies show, 'la difference' still holds", en *New York Times, Science Times,* p. F5.

O'Connor, A. (Marzo 23 de 2004b). "Dreams ride on Freud's royal road, study finds", en *New York Times,* p. F5.

O'Connor, A. (Febrero 8 de 2005). "Really?", en *New York Times,* p. F5.

O'Connor, T. G., Caspi, A., DeFries, J. C. y Plomin, R. (2000). "Are associations between parental divorce and children's adjustment genetically mediated? An adoption stu-dy", en *Developmental Psychology, 36,* 429–437.

O'Donohue, W., Yeater, E. A. y Fanetti, M. (2003). "Rape prevention with college males: The roles of rape myth acceptance, victim empathy, and outcome expectancies", en *Journal of Interpersonal Violence, 18,* 513–531.

O'Neil, J. (Febrero 4 de 2003). "Jog your memory? At the gym?", en *New York Times,* p. F6.

Oberauer, K. y Kliegl, R. (2004). "Simultaneous cognitive operations in working me-mory after dual-task practice", en *Journal of Experimental Psychology-Human Per-ception and Performance, 30,* 689–707.

Ogden, C. L., Carroll, M. D., Curtin, L. R., McDowell, M. A., Tabak, C. J. y Flegal, K. M. (2006). "Prevalence of overweight and obesity in the United States, 1999–2004", en *Journal of the American Medical Association, 295,* 190–198.

Olson, I. R. y Marshuetz, C. (2005). "Facial attractiveness is appraised in a glance", en *Emotion, 5,* 498–502.

Olson, J. M. y Maio, G. R (2003). "Attitudes in social behavior", en T. Millon y M. J. Ler-ner (eds.), *Handbook of psychology: Vol. 5. Personality and social psychology* (pp. 299–326). Nueva York: John Wiley & Sons.

Olson, J. M., Vernon, P. A. y Harris, J. A. (2001). "The heritability of attitudes: A study of twins", en *Journal of Personality and Social Psychology, 80,* 845–860.

Olson, M. B., Krantz, D. S., Kelsey, S. F., Pepine, C. J., Sopko, G., Handberg, E., et al. (2006). "Hostility scores are associated with increased risk of cardiovascular events in women undergoing coronary angiography: A Report from the NHLBI-Sponsored WISE Study", en *Psychosomatic Medicine, 67*, 546–552.

Olson, S. L., Bates, J. E. y Kaskie, B. (1992). "Caregiver-infant interaction antecedents of children's school-age cognitive ability", en *Merrill-Palmer Quarterly, 38*, 309–330.

1 in 4 teen girls has sexually transmitted disease. (Marzo 11 de 2008). Consultado en marzo 28 de 2008 en http:www.msnbc.msn.com/id/23574940/

Ong, J. C., Shapiro, S. L. y Manber, R. (2007). "Combining mindfulness meditation with cognitive-behavior therapy for insomnia: a treatment-development study", en *Behavior Therapy*, en impresión.

Onishi, N. (Enero 8 de 2004). "Never lost, but found daily: Japanese honesty", en *New York Times,* pp. A1, A4.

Onitsuka, T., Niznikiewicz, M. A., Spencer, K. M., Frumin, M., Kuroki, N., et al. (2006). "Functional and structural deficits in brain regions subserving face perception in schizophrenia", en *American Journal of Psychiatry, 163*, 455–462.

Oquendo, M. A., Friend, J. M., Halberstam, B., Brodsky, B. S., Burke, A. K., Grunebaum, M. F., Malone, K. M. y Mann, J. J. (2003). "Association of comorbid posttraumatic stress disorder and major depression with greater risk for suicidal behavior", en *American Journal of Psychiatry, 160*, 580–582.

Oquendo, M. A., Hastings, R. S., Huang, Y., Simpson, N., Ogden, R. T., Hu, X. Z., Goldman, D., et al. (2007). "Brain serotonin transporter binding in depressed patients with bipolar disorder using positron emission tomography", en *Archives of General Psychiatry, 64*, 201–208.

Orleans, C. T. (2006). "Increasing consumer demand for effective tobacco cessation treatments: The promise for breakthrough innovation. Draft statement of the *NIH State-of-the-Science Statement on Tobacco Use: Prevention, Cessation, and Control, June 12–14, 2006*", en *Draft Statement, Agency for Healthcare Research and Quality Systematic Literature Review, NIH Consensus Development Program, NIH Press Release* (pp. 49–52).

Ormerod, T. C., MacGregor, J. N. y Chronicle, E. P. (2002). "Dynamics and constraints in insight problem solving", en *Journal of Experimental Psychology: Learning, Memory, and Cognition, 28*, 791–799.

Ornstein, R. E. (1973). *The psychology of consciousness*. Nueva York: Penguin Books.

Ortega, A. N., Rosenheck, R., Alegria, M. y Desai, R. A. (2000). "Acculturation and the lifetime risk of psychiatric and substance use disorders among Hispanics", en *Journal of Nervous and Mental Disease, 188*, 728–735.

Osborne, A. F. (1963). *Applied imagination: Principles and procedures of creative problem solving*. Nueva York: Scribners. Osborne, L. (Mayo 6 de 2001). "Regional disturbances", en *New York Times*, pp. 98–102.

Ostermann, J., Kumar, V., Pence, B. W. y Whetten, K. (2007). "Trends in HIV testing and differences between planned and actual testing in the United States, 2000–2005", en *Archives of Internal Medicine, 167*, 2128–2135.

Ostir, G. V., Berges, I. M., Markides, K. S. y Ottenbacher, K. J. (2006). "Hypertension in older adults and the role of positive emotions", en *Psychosomatic Medicine, 68*, 727–733.

Ostler, K., Thompson, C., Kinmonth, A. L. K., Peveler, R. C., Stevens, L. y Stevens, A. (2001). "Influence of socio-economic deprivation on the prevalence and outcome of depression in primary care: The Hampshire Depression Project", en *British Journal of Psychiatry, 178*, 12–17.

Otto, M. W. (Septiembre 1 de 2006). "Three types of treatment for depression: A comparison", en *Journal Watch Psychiatry*. Consultado en septiembre 4 de 2006 en http:psychiatry.jwatch.org/cgi/content/full/2006/901/2.

Otto, M. W., Teachman, B. A., Cohen, L. S., Soares, C. N., Vitonis, A. F., Allison F., et al. (2007). "Dysfunctional attitudes and episodes of major depression: Predictive validity and temporal stability in never-depressed, depressed, and recovered women", en *Journal of Abnormal Psychology, 116*, 475–483.

Ouellette, S. C. y DiPlacido, J. (2001). "Personality's role in the protection and enhancements of health: Where the research has been, where it is stuck, how it might move", en A. Baum, T. A. Revenson y J. E. Singer (eds.), *Handbook of health psychology* (pp. 175–194). Mahwah, Nueva Jersey: Lawrence Erlbaum Associates.

Overton, W. F. (1997). *Developmental psychology: Philosophy, concepts, and methodology*. Nueva York: Oxford University Press.

Oyserman, D., Coon, H. M. y Kemmelmeier, M. (2002). "Rethinking individualism and collectivism: evaluation of theoretical assumptions and meta-analyses", en *Psychological Bulletin, 128*, 3–72.

Oz, M. (Enero 20 de 2003). "Say 'om' before surgery", en *Time*, p. 43.

Ozegovic, J. J., Bikos, L. H. y Szymanski, D. M. (2001). "Trends and predictors of alcohol use among undergraduate female students", en *Journal of College Student Development, 42*, 1–9.

Ozelius, L. J., Senthil, G., Saunders-Pullman, R., Ohmann, E., Deligtisch, A., Tagliati, M., et al. (2006). "LRqRK2 G2019S as a cause of Parkinson's Disease in Ashkenazi Jews", en *New England Journal of Medicine, 354*, 424–425.

Özgen, E. (2004). "Language, learning, and color perception", en *Current Directions in Psychological Science, 13*, 95–102.

Özgen, E. y Davies, I. R. L. (2002). "Acquisition of categorical color perception: A perceptual learning approach to the linguistic relativity hypothesis", en *Journal of Experimental Psychology: General, 131*, 477–493.

Pacheco-Lopez, G., Niemi, M. B., Kou, W., Harting, M., Fandrey, J. y Schedlowski, M. (2005). "Neural substrates for behaviorally conditioned immunosuppression in the rat", en *Journal of Neuroscience, 25*, 2330-2337.

Packard, E. (Abril de 2007). "That teenage feeling", en *Monitor on Psychology, 38*(4), 20–22.

Palfai, T. P. y Weafer, J. (2006). "College student drinking and meaning in the pursuit of life goals", en *Psychology of Addictive Behaviors, 20*, 131–134.

Panagiotakos, D. B., Pitsavos, C., Chrysohoou, C., Kavouras, S., Stefanadis, C. y ATTI-CA Study. (2005). "The associations between leisure-time physical activity and inflammatory and coagulation markers related to cardiovascular disease: The ATTI-CA Study", en *Preventive Medicine, 40*, 432–437.

Pancsofar, N. y Vernon-Feagans, L. (2006). "Mother and father language input to young children: Contributions to later language development", en *Journal of Applied Developmental Psychology, 27*, 571–587.

Panksepp, J. (2007). "Neurologizing the psychology of affects: How appraisal-based constructivism and basic emotion theory can coexist", en *Perspectives on Psychological Science, 2*, 281–296.

Park, A., Sher, K. J. y Krull, J. L. (2006). "Individual differences in the 'Greek effect' on risky drinking: The role of self-consciousness", en *Psychology of Addictive Behaviors, 20*, 85–90.

Park, D. C., Lautenschlager, G., Hedden, T., Davidson, N. S., Smith, A. D. y Smith, P. K. (2002). "Models of visuospatial and verbal memory across the adult life span", en *Psychology and Aging, 17*, 299–320.

Park, J. y Banaji, M. R. (2000). "Mood and heuristics: The influence of happy and sad states on sensitivity and bias in stereotyping", en *Journal of Personality and Social Psychology, 78*, 1005–1023.

Parke, R. D. (2004). "Development in the family", en *Annual Review of Psychology, 55*, 365–399.

Parke, R. D. y Buriel, R. (1997). "Socialization in the family: Ethnic and ecological perspectives", en W. Damon (editor en jefe) y N. Eisenberg (editor del volumen), *Handbook of child psychology: Vol. 3. Social, emotional, and personality development* (5ª. ed., pp. 463–552). Nueva York: John Wiley & Sons.

Parker, G., Gladstone, G. y Chee, K. T. (2001). "Depression in the planet's largest ethnic group: The Chinese", en *American Journal of Psychiatry, 158*, 857–864.

Parker, J. D. A., Austin, E. J., Hogan, M. J., Wood, L. M. y Bond, B. J. (2005). "Alexithymia and academic success: Examining the transition from high school to university", en *Personality and Individual Differences, 38*, 1257–1267.

Parker, J. D. A., Duffy, L. M., Wood, L. M., Bond, B. J. y Hogan, M. J. (2005). "Academic achievement and emotional intelligence: Predicting the successful transition from high school to university", en *Journal of First-Year Experience and Students in Transition, 17*, 67–78.

Parkes, C. M. y Weiss, R. S. (1983). *Recovery from bereavement*. Nueva York: Basic Books.

Parloff, R. (Febrero 3 de 2003). "Is fat the next tobacco?", en *Fortune*, pp. 51–54.

Parsey, R. V., Ramin, S., Hastings, M. A., Oquendo, X. H., Goldman, D., Huang, Y.-Y., Simpson, N., et al. (2006). "Lower serotonin transporter binding potential in the human brain during major depressive episodes", en *American Journal of Psychiatry, 163*, 52–58.

Pascalis, O., de Haan, M. y Nelson, C. A. (2002). "Is face processing species-specific during the first year of life?", en *Neuroscience, 296*, 1321–1323.

Pascalis, O., De Haan, M., Nelson, C. A. y De Schonen, S. (1998). "Long-term recognition memory for faces assessed by visual paired comparison in 3- and 6-month-old infants", en *Journal of Experimental Psychology: Learning, Memory, and Cognition, 24*, 249–260.

Pasupathi, M. (1999). "Age differences in response to conformity pressure for emotional and nonemotional material", en *Psychology and Aging, 14*, 170–174.

Patterson, D. R. (2004). "Treating pain with hypnosis", en *Current Directions in Psychological Science, 13*, 252–255.

Patterson, D. R. y Jensen, M. P. (2003). "Hypnosis and clinical pain", en *Psychological Bulletin, 129*, 495–521.

Paul, P. (Enero 17 de 2005). "The power to uplift", en *Time Magazine,* pp. A46–A48.

Paul-Labrador, M., Polk, D., Dwyer, J. H., Velasquez, I., Nidich, S., Rainforth, M., et al. (2006). "Effects of a randomized controlled trial of transcendental meditation on components of the metabolic syndrome in subjects with coronary heart disease", en *Archives of Internal Medicine, 166,* 1218–1224.

Paulsson, T. y Parker, A. (2006). "The effects of a two-week reflection-intention training program on lucid dream recall", n. *Dreaming, 16,* 22–35.

Paulus, P. B. y Yang, H.-C. (2000). "Idea generation in groups: A basis for creativity in organizations", en *Organizational Behavior and Human Decision Processes, 82,* 76–87.

Pearson, H. (Septiembre 4 de 2003). "Handedness equals hairstyle", en *Nature Science Update.* Consultado en septiembre 12 de 2003 en http:www.nature.com/nsu/030901/030901-7.html.

Pearson, H. (Septiembre 18 de 2006). "Distaste for sprouts in the genes", en *News@Nature.com.* Consultado en septiembre 20 de 2006 en http:www.nature.com/news/2006/060918/full/060918-1.html.

Pearson, J. L. y Brown, G. K. (2000). "Suicide prevention in late life: Direction for science and practice", en *Clinical Psychology Review, 20,* 685–705.

Pedersen, D. M. y Wheeler, J. (1983). "The Mueller-Lyer illusion among Navajos", en *Journal of Social Psychology, 121,* 3–6.

Peissig, J. J. y Tarr, M. J. (2007). "Object recognition: Do we know more today than we did twenty years ago?", en *Annual Review of Psychology, 58,* 75–96.

Pengilly, J. W. y Dowd, E. T. (2000). "Hardiness and social support as moderators of stress", en *Journal of Clinical Psychology, 56,* 813–820.

Penner, L. A., Dovidio, J. F., Piliavin, J. A. y Schroeder, D. A. (2005). "Prosocial behavior: Multilevel perspectives", en *Annual Review of Psychology, 56,* 365–392.

Pennisi, E. (Marzo 8 de 2006). "It's the expression, stupid", en *ScienceNOW Daily News.* Consultado en marzo 9 de 2006 en http:sciencenow.sciencemag.org/cgi/content/full/2006/308/1.

Pennisi, E. (2007). "Working the (gene count) numbers: Finally, a firm answer?", en *Science, 316,* 1113.

Peplau, L. A. (2003). "Human sexuality: How do men and women differ?", en *Current Directions in Psychological Science, 12,* 37–40.

Pepper, T. (Febrero 21 de 2005). "Inside the head of an applicant", en *Newsweek,* pp. E24–E26.

Perälä, J., Suvisaari, J., Saarni, S. I., Kuoppasalmi, K., Isometsä, E., Pirkola, S., Partonen, T., et al. (2007). "Lifetime prevalence of psychotic and bipolar 1 disorders in a general population", en *Archives of General Psychiatry, 64,* 19–28.

Peres, J. (Julio 31 de 2007). "The 237 reasons to have sex", en *Chicago Tribune,* Consultado en agosto 28 de 2007 en http:tinyurl.com/2mg5k5.

Peretz, I. y Zatorre, R. J. (2005). "Brain organization for music processing", en *Annual Review of Psychology, 56,* 89–114.

Perry, W. (2003). "Let's call the whole thing off: A response to Dawes (2001)", en *Psychological Assessment, 15,* 582–585.

Pesant, N. y Zadra, A. (2004). "Working with dreams in therapy: What do we know and what should we do?", en *Clinical Psychology Review, 24,* 489–512.

Pessiglione, M., Schmidt, L., Draganski, B., Kalisch, R., Lau, H., Dolan, R. J. y Frith, C. C. (2007). "How the brain translates money into force: A neuroimaging study of subliminal motivation", en *Science, 316,* 904–906.

Peters, E., Hess, T. M., Västfjäll, D. y Auman, C. (2007). "Adult age differences in dual information processes: Implications for the role of affective and deliberative processes in older adults' decision making", en *Perspectives on Psychological Science, 2,* 1–23.

Peterson, B. E. y Duncan, L. E. (2007). "Midlife women's generativity and authoritarianism: Marriage, motherhood, and 10 years of aging", *Psychology and Aging, 22,* 411–419.

Petrill, S. A. y Deater-Deckard, K. (2004). "The heritability of general cognitive ability: A within-family adoption design", en *Intelligence, 32,* 403–409.

Pettigrew, T. F. y Tropp, L. R. A. (2006). "A meta-analytic test of intergroup contact theory", en *Journal of Personality and Social Psychology, 90,* 751–783.

Petty, R. E. y Brinol, P. A. (2006). "A metacognitive approach to 'implicit' and 'explicit' evaluations: Comment on Gawronski and Bodenhausen (2006)", en *Psychological Bulletin, 132*(5), 740–744.

Petty, R. E. y Wegener, D. T. (1998). "Multiple roles for persuasión", en D. T. Gilbert, S. T. Fiske y G. Lindzey (eds.), *The handbook of social psychology* (4ª. ed., Vol. 1, pp. 323–390). Boston: McGraw-Hill.

Petty, R. E., Wheeler, S. C. y Tormala, Z. L. (2003). "Persuasion and attitude change", en T. Millon y M. J. Lerner (eds.), *Handbook of psychology: Vol. 5. Personality and social psychology* (pp. 353–382). Nueva York: John Wiley & Sons.

Pfeifer, J. H., Ruble, D. N., Bachman, M. A., Alvarez, J. M., Cameron, J. A. y Fuligni, A. J. (2007). "Social identities and intergroup bias in immigrant and nonimmigrant children", en *Developmental Psychology, 43,* 496–507.

Phelps, E. A. (2006). "Emotion and cognition: Insights from studies of the human amygdala", en *Annual Review of Psychology, 57,* 27–53.

Phelps, E. A., Ling, S. y Carrasco, M. (2006). "Emotion facilitates perception and potentiates the perceptual benefits of attention", en *Psychological Science, 17,* 292–299.

Phillips, S. T. y Ziller, R. C. (1997). "Toward a theory and measure of the nature of nonprejudice", en *Journal of Personality and Social Psychology, 72,* 420–434.

Piaget, J. (1952). *The origins of intelligence in children.* Nueva York: International Universities Press.

Pierce, R. C. y Kumaresan, V. (2006). "The mesolimbic dopamine system: The final common pathway for the reinforcing effect of drugs of abuse?", en *Neuroscience and Biobehavioral Reviews, 30,* 215–238.

Pierre, M. R. y Mahalik, J. R. (2005). "Examining African self-consciousness and Black racial identity as predictors of Black men's psychological well-being", en *Cultural Diversity and Ethnic Minority Psychology, 11,* 28–40.

Pilcher, H. R. (Mayo 28 de 2003). "Men's underarms may hold clue to new fertility drug", en *Nature Science Update.* Consultado en junio 10 de 2003 en http:www.nature.com/nsu/030527/030527-2.html.

Pinel, J. P. J., Assanand, S. y Lehman, D. R. (2000). "Hunger, eating, and ill health", en *American Psychologist, 55,* 1105–1116.

Pink, D. (Diciembre 14 de 2003). "Gratitude visits", en *New York Times Magazine,* p. 73.

Pinker, S. (1994). *The language instinct.* Nueva York: William Morrow.

Pinker, S. (2003). "Language as an adaptation to the cognitive niche", en M. H. Christiansen y S. Kirby (eds.), *Language evolution* (pp. 16–37). Nueva York: Oxford University Press.

Pinquart, M. y Sörensen, S. (2000). "Influences of socioeconomic status, social network, and competence on subjective well-being in later life: A meta-analysis", en *Psychology and Aging, 15,* 187–224.

Pittman, T. S. (1998). "Motivation", en D. T. Gilbert, S. T. Fiske y G. Lindzey (eds.), *The handbook of social psychology* (4ª. ed., Vol. 1, pp. 549–590). Boston: McGraw-Hill.

Plaisier, I., de Bruijn, J. G. M., Smit, J. H., de Graafd, R., Ten Have, M., Beekman, A. T. F., van Dyck, R., et al. (2008). "Work and family roles and the association with depressive and anxiety disorders: Differences between men and women", en *Journal of Affective Disorders, 105,* 63–72.

Plaks, J. E. y Higgins, E. T. (2000). "Pragmatic use of stereotyping in teamwork: Social loafing and compensation as a function of inferred partner-situation fit", en *Journal of Personality and Social Psychology, 79,* 962–974.

Pliner, P. H., Hart, H., Kohl, J. y Saari, D. (1974). "Compliance without pressure: Some further data on the foot-in-the-door technique", en *Journal of Experimental Social Psychology, 10,* 17–22.

Plomin, R., DeFries, J. C., Craig, I. W. y McGuffin, P. (eds.). (2003). *Behavioral genetics in the postgenomic era.* Washington, DC: APA Books.

Plomin, R., DeFries, J., McClearn, G. E. y Rutter, M. (1997). *Behavioral genetics* (3ª. ed.). Nueva York: Freeman.

Plomin, R. y McGuffin, P. (2003). "Psychopathology in the postgenomic era", en *Annual Review of Psychology, 54,* 205–228.

Plomin, R. y Petrill, S. A. (1997). "Genetics and intelligence: What's new", en *Intelligence, 24,* 53–57.

Plous, S. (1996). "Attitudes toward the use of animals in psychological research and education", en *American Psychologist, 51,* 1167–1180.

Polinko, N. K. y Popovich, P. M. (2001). "Evil thoughts but angelic actions: Responses to overweight job applicants", en *Journal of Applied Social Psychology, 31,* 905–924.

Pollack, A. (Enero 13 de 2004a). "Putting a price on a good night's sleep", en *New York Times,* pp. CF1, F8.

Pollack, A. (Enero 13 de 2004b). "Sleep experts debate root of insomnia: Body, mind or a little of each?", en *New York Times,* p. F8.

Pollick, A. S. y De Waal, F. B. M. (2007). *Ape gestures and language evolution.* Reunión de la National Academy of Sciences. Edición en línea, 10.1073/pnas.0702624104.

Pontin, J. (Agosto 26 de 2007). "Mind over matter, with a machine's help", en *New York Times Business Section,* p. 3.

Posada, G., Carbonell, O. A., Alzate, G. y Plata, S. J. (2004). "Through Colombian lenses: Ethnographic and conventional analyses of maternal care and their associations with secure base behavior", en *Developmental Psychology, 40,* 508–518.

Posner, M. I., Rothbart, M. K. y Sheese, B. E. (2007). "Attention genes", en *Developmental Science, 10,* 24–29.

Posthuma, D. y De Geus, E. J. C. (2006). "Progress in the molecular-genetic study of intelligence", en *Current Directions in Psychological Science, 15,* 151–155.

Powell, E. (1991). *Talking back to sexual pressure.* Minneapolis: CompCare Publishers.

Powell, L. H., Calvin, J. E., III y Calvin, J. E., Jr. (2007). "Effective obesity treatments", en *American Psychologist, 62,* 234–246.

Practice Directorate Staff. (Febrero de 2005). "Prescription for success", en *Monitor on Psychology, 36*(2), 25.

Premack, D. (1971). "Language in chimpanzees", en *Science, 172,* 808–822.

Pressman, S. D. y Cohen, S. (2005). "Does positive affect influence health?", en *Psychological Bulletin, 131,* 925–971.

Preti, G., Wysocki, C. J., Barnhart, K. T., Sondheimer, S. J. y Leyden, J. J. (2003). "Male axillary extracts contain pheromones that affect pulsatile secretion of luteinizing hormone and mood in women recipients", en *Biology of Reproduction, 68,* 2107–2103.

Preuss, U. W., Schuckit, M. A., Smith, T. L., Danko, G. P., Bucholz, K. K., Hesselbrock, M. N., et al. (2003). "Predictors and correlates of suicide attempts over 5 years in 1,237 alcohol-dependent men and women", en *American Journal of Psychiatry, 160,* 56–63.

Price, K. H., Harrison, D. A. y Gavin, J. H. (2006). "Withholding inputs in team contexts: Member composition, interaction processes, evaluation structure, and social loafing", en *Journal of Applied Psychology, 91*(6), 1375–1384.

Prince, S. E., Tsukiura, T. y Cabeza, R. (2007). "Distinguishing the neural correlates of episodic memory encoding and semantic memory retrieval", en *Psychological Science, 18,* 144–151.

Prinstein, M. J. (2008). "Introduction to the special section on suicide and nonsuicidal self-injury: A review of unique challenges and important directions for self-injury science", en *Journal of Consulting and Clinical Psychology, 76,* 1–8.

Proffitt, D. R. (2006). "Distance perception", en *Current Directions in Psychological Science, 15,* 131–135.

Provine, R. R. (2004). "Laughing, tickling and the evolution of speech and self", en *Current Directions in Psychological Science, 13,* 215–218.

Prudic, J., Olfson, M., Marcus, S. C., Fuller, R. B. y Sackeim, H. A. (2004). "Effectiveness of electroconvulsive therapy in community settings", en *Biological Psychiatry, 55,* 301–312.

Prull, M. W., Dawes, L. L., Crandell, M., McLeish, A., Rosenberg, H. F. y Light, L. L. (2006). "Recollection and familiarity in recognition memory: Adult age differences and neuropsychological test correlates", en *Psychology and Aging, 21,* 107–118.

Quinn, S. (1987). *A mind of her own: The life of Karen Horney.* Nueva York: Summit Books.

Rabasca, L. (Marzo de 2000). "Listening instead of preaching", en *Monitor on Psychology, 31*(3), 50–51.

Radel, M., Vallejo, R. L., Iwata, N., Aragon, R., Long, J. C., Virkkunen, M., Goldman, D., et al. (2005). "Haplotype based localization of an alcohol dependence gene to the 5q34 aminobutyric acid Type A gene cluster", en *Archives of General Psychiatry, 62,* 47–55.

Rader, N. (1997). "Change and variation in responses to perceptual information", en C. Dent-Read y P. Zukow-Goldring (eds.), *Evolving approaches to organism-environment systems* (pp. 129–158). Washington, DC: American Psychological Association.

Radsch, C. (Agosto 20 de 2004). "Teenagers' sexual activity is tied to drugs and drink", en *New York Times on the Web.* Consultado en agosto 21 de 2002 en http: www.nytimes.com/2004/08/20/politics/20drugs.html.

Raeburn, P. (Febrero 20 de 2005). "The therapeutic mind scan", en *New York Times Magazine,* pp. 20–21.

Rahman, Q. y Wilson, G. D. (2002). "Born gay? The psychobiology of human sexual orientation", en *Personality and Individual Differences, 34,* 1337–1382.

Ransohoff, R. M. (2007). "Natalizumab for multiple sclerosis", en *New England Journal of Medicine, 356,* 2622–2629.

Rasch, B., Büchel, C., Gais, S. y Born, J. (2007). "Odor cues during slow-wave sleep prompt declarative memory consolidation", en *Science, 315,* 1426–1429.

Rathus, S. A., Nevid, J. S. y Fichner-Rathus, L. (2005). *Human sexuality in a world of diversity* (6ª. ed.). Boston: Allyn & Bacon.

Rating Cancer Risks. (2007). *Nutrition Action Health Letter, 34*(10), 3–7.

Ratiu, P. y Talos, I.-F. (2004). "The tale of Phineas Gage, digitally remastered", en *New England Journal of Medicine, 351,* e21.

Rattazzi, A. M. M., Bobbio, A. y Canova, L. (2007). "A short version of the Right-Wing Authoritarianism (RWA) Scale", en *Personality and Individual Differences, 43,* 1223–1234.

Rawe, J. y Kingsbury, K. (Mayo 22 de 2006). "When colleges go on suicide watch", en *Time,* pp. 62–63.

Rawson, N. E. (2006). "Olfactory loss in aging", en *Science of Aging Knowledge Environment,2006* (5), p. pe6.

Ray, O. y Ksir, C. (1990). *Drugs, society, and human behavior* (5ª. ed.). St. Louis: Times Mirror/Mosby.

Raymond, J. (Otoño/invierno de 2000a). "Kids, start your engines", en *Newsweek Special Issue,* pp. 8–11.

Raymond, J. (Otoño/invierno de 2000b). "The world of the senses", en *Newsweek Special Issue,* pp. 16–18.

Read, J. P., Wood, M. D., Kahlera, C. W., Maddock, J. E. y Palfaid, T. P. (2003). "Examining the role of drinking motives in college student alcohol use and problems", en *Psychology of Addictive Behaviors, 17,* 13–23.

Redelmeier, D. A. y Tibshirani, R. J. (1997). "Association between celular telephone calls and motor vehicle collisions", en *New England Journal of Medicine, 336,* 453–458.

Rees, P. M., Fowler, C. J. y Maas, C. P. (2007). "Sexual function in men and women with neurological disorders", en *The Lancet, 369,* 512–525.

Reese-Weber, M. (2000). "Middle and late adolescents' conflict resolution skills with siblings: Associations with interparental and parent-adolescent conflict resolution", en *Journal of Youth and Adolescence, 29,* 697–711.

Reese-Weber, M. y Marchand, J. E. (2002). "Family and individual predictors of late adolescents' romantic relationships", en *Journal of Youth and Adolescence, 31,* 197–206.

Reeves, G. K., Pirie, K., Beral, V., Green, J. y Spencer, E. (2007). "Cancer incidence and mortality in relation to body mass index in the Million Women Study: Cohort study", en *British Medical Journal, 335,* 1134–1138.

Reichenberg, A. y Harvey, P. D. (2007). "Neuropsychological impairments in schizophrenia: Integration of performance-based and brain imaging findings", en *Psychological Bulletin, 133,* 833–858.

Reifler, B. V. (2006). "Play it again, Sam—depression is recurring", en *New England Journal of Medicine, 354,* 1189–1190.

Reiner, W. G. y Gearhart, J. P. (2004). "Discordant sexual identity in some genetic males with cloacal exstrophy assigned to female sex at birth", en *New England Journal of Medicine, 350,* 333–341.

Reinisch, J. M. (1990). *The Kinsey Institute new report on sex: What you must know to be sexually literate.* Nueva York: St. Martin's Press.

Reio, T. G. y Sanders-Reiob, J. (2006). "Sensation seeking as an inhibitor of job performance", en *Personality and Individual Differences, 40,* 631–642.

Reis, H. T. y Aron, A. (2008). "Love: What is it, why does it matter and how does it operate?", en *Perspectives on Psychological Science, 3,* 80-86.

Reiss, D., Neiderhiser, J. M., Hetherington, E. M. y Plomin, R. (2000). *The relationship code: Deciphering genetic and social influences on adolescent development.* Cambridge, Massachusetts: Harvard University Press.

Renner, M. J. y Mackin, R. S. (1998). "A life stress instrument for classroom use", en *Teaching of Psychology, 25,* 46–48.

Renoux, C., Vukusic, S., Mikaeloff, Y., Edan, G., Clanet, M., Dubois, B., et al. (2007). "Natural history of multiple sclerosis with childhood onset", en *New England Journal of Medicine, 356,* 2603–2613.

Rescorla, R. A. (1967). "Pavlovian conditioning and its proper control procedures", en *Psychological Review, 74,* 71–80.

Rescorla, R. A. (1988). "Pavlovian conditioning: It's not what you think it is", en *American Psychologist, 43,* 151–160.

Reyna, V. F. y Farley, F. (2006). "Risk and rationality in adolescent decision making implications for theory, practice, and public policy", en *Psychological Science in the Public Interest, 7,* 2–44.

Reynolds, B. y Karraker, K. (2003). "A Big Five model of disposition and situation interaction: Why a "helpful" person may not always behave helpfully", en *New Ideas in Psychology, 21,* 1–13.

Reynolds, C. A., Barlow, T. y Pedersen, N. L. (2006). "Alcohol, tobacco and caffeine use: Spouse similarity processes", en *Behavior Genetics, 36,* 201–215.

Reynolds, C. F., Dew, M. A., Pollock, B. J., Mulsant, B. H., Frank, E., Miller, M. D., Houck, P. R., Mazumdar, S., et al. (2006). "Maintenance treatment of major depression in old age", en *New England Journal of Medicine, 354,* 1130–1138.

Ricciardelli, L. A., McCabe, M. P., Williams, R. J. y Thompson, J. K. (2007). "The role of ethnicity and culture in body image and disordered eating among males", en *Clinical Psychology Review, 27,* 582–606.

Riccio, D. C., Millin, P. M. y Gisquet-Verrier, P. (2003). "Retrograde amnesia: Forgetting back", en *Current Directions in Psychological Science, 12,* 41–44.

Richards, J. C., Hof, A. y Alvarenga, M. (2000). "Serum lipids and their relationships with hostility and angry affect and behaviors in men", en *Health Psychology, 19,* 393–398.

Richards, R. (2007). (ed.). *Everyday creativity as a path to integrative insight.* Washington, DC: American Psychological Association.

Richter, L. M. (2006). "Studying adolescence", en *Science, 312,* 1902–1905.

Rieckmann, T. R., Wadsworth, M. E. y Deyhle, D. (2004). "Cultural identity, explanatory style, and depression in Navajo adolescents", en *Cultural Diversity and Ethnic Minority Psychology, 10,* 365–382.

Rilling, J. K., Gutman, D. A., Zeh, T. R., Pagnoni, G., Berns, G. S. y Kilts, C. D. (2002). "CD: A neural basis for social cooperation", en *Neuron, 35,* 395–405.

Rind, B. y Strohmetz, D. (1999). "Effect on restaurant tipping of a helpful message written on the back of customers' checks", en *Journal of Applied Social Psychology, 29,* 139–144.

Ripley, A. (Marzo 7 de 2005). "Who says a woman can't be Einstein?", en *Time,* pp. 51–60.

Riso, L. P., DuToit, P. L., Blandino, J. A., Penna, S., Dacey, S., Duin, J. S., et al. (2003). "Cognitive aspects of chronic depression, en *Journal of Abnormal Psychology, 112,* 72–80.

Rivlin, G. (Octubre 29 de 2007). "After first succeeding, young tycoons try, try again", en *New York Times,* pp. A1, A18.

Rizzolatti, G. y Craighero, L. (2004). "The mirror-neuron system", en *Annual Review of Neuroscience, 27,* 169–192.

Roazen, P. (1976). *Erik H. Erikson: The power and limits of a vision.* Nueva York: Free Press.

Roberson, D., Davidoff, J., Davies, I. R. L. y Shapiro, L. R. (2004). "The development of color categories in two languages: A longitudinal study", en *Journal of Experimental Psychology-General, 133,* 554–571.

Roberson, E. D. y Mucke, L. (Noviembre 3 de 2006). "100 years and counting: Prospects for defeating Alzheimer's Disease", en *Science, 314,* 781–784.

Roberts, A., Cash, T. F., Feingold, A. y Johnson, B. T. (2006). "Are black-white differences in females' body dissatisfaction decreasing? A meta-analytic review", en *Journal of Consulting and Clinical Psychology, 74,* 1121–1131.

Roberts, B. W., Kuncel, N. R., Shiner, R., Caspi, A. y Goldberg, L. R. (2007). "The power of personality: The comparative validity of personality traits, socioeconomic status, and cognitive ability", en *Perspectives on Psychological Science, 2,* 313–345.

Roberts, B. W. y Mroczek, D. (2008). "Personality trait change in adulthood", en *Current Directions in Psychological Science 17,* 31–35.

Roberts, B. W., Walton, K. E. y Viechtbauer, W. (2006a). "Patterns of mean level change in personality traits across the life course: A meta-analysis of longitudinal studies", en *Psychological Bulletin, 132,* 1–25.

Roberts, B. W., Walton, K. E. y Viechtbauer, W. (2006b). "Personality traits change in adulthood: Reply to Costa and McCrae (2006)", en *Psychological Bulletin, 132,* 29–32.

Roberts, S. (Enero 16 de 2007). "51% of women are now living without spouse", en *New York Times,* pp. A1, A18.

Roberts, T. A. y Ryan, S. A. (2002). "Tattooing and high-risk behavior in adolescents", en *Pediatrics, 110,* 1058–1063.

Robins, R. W., Trzesniewski, K. H., Tracy, J. L., Gosling, S. D. y Potter, J. (2002). "Global self-esteem across the life span", en *Psychology and Aging, 17,* 423–434.

Robinson, J. (2007). "Attention problems in very low birth weight preschoolers: Are new screening measures needed for this special population?", en *Journal of Child and Adolescent Psychiatric Nursing, 20,* 74–85.

Robinson, M. D., Johnson, J. T. y Herndon, F. (1997). "Reaction time and assessments of cognitive effort as predictors of eyewitness memory accuracy and confidence", en *Journal of Applied Psychology, 82,* 416–425.

Robinson, N. M., Zigler, E. y Gallagher, J. J. (2001). "Two tails of the normal curve: Similarities and differences in the study of mental retardation and giftedness", en *American Psychologist, 55,* 1413–1424.

Rodkin, P. C., Farmer, T. W., Pearl, R. y Van Acker, R. (2000). "Heterogeneity of popular boys: Antisocial and prosocial configurations", en *Developmental Psychology, 36,* 14–24.

Roemer, L. y Orsillo, S. M. (2003). "Mindfulness: A promising intervention strategy in need of further study", en *Clinical Psychology: Science and Practice, 10,* 172–178.

Roese, N. J. y Olson, J. M. (1994). "Attitude importance as a function of repeated attitude expression", en *Journal of Experimental Social Psychology, 30,* 39–51.

Roese, N. J. y Olson, J. M. (2007). "Better, stronger, faster: Self-serving judgment, affect regulation, and the optimal vigilance hypothesis", en *Perspectives on Psychological Science, 2,* 124–141.

Rogers, C. R. (1951). *Client-centered therapy: Its current practice, implications, and theory.* Boston: Houghton Mifflin.

Rogers, C. R. (1961). *On becoming a person.* Boston: Houghton Mifflin.

Rogers, C. R. (1967). "Autobiography", en E. G. Boring y G. Lindzey (eds.), *A history of psychology in autobiography* (Vol. 5, pp. 343–384). Nueva York: Appleton-Century-Croft.

Rogers, C. R. (1980). *A way of being.* Boston: Houghton Mifflin.

Rogoff, B. (1997). "Cognition as a collaborative process", en W. Damon (editor en jefe), D. Kuhn y R. Siegler (eds. del volumen), *Cognition, perception and language: Vol. 2. Theoretical models of human development* (5ª. ed., pp. 679–744). Nueva York: John Wiley & Sons.

Romaine, S. (1994). *Language in society: An introduction to sociolinguistics.* Oxford, Inglaterra: Oxford University Press.

Rosch, E. (1975). "Cognitive representation of semantic categories", en *Journal of Experimental Psychology: General, 105,* 192–223.

Rosch, E., et al. (1976). "Basic objects in natural categories", en *Cognitive Psychology, 8,* 382–439.

Rosch-Heider, E. y Olivier, D. C. (1972). "The structure of the color space in naming and memory for two languages", en *Cognitive Psychology, 3,* 337–354.

Rosen, R. C., Fisher, W. A., Eardley, I., Niederberger, C., Nadel, A. y Sand, M. (2004). "Men's Attitudes to Life Events and Sexuality (MALES) Study", en *Current Medical Research Opinion, 20,* 607–617.

Rosen, R. C. y Laumann, E. O. (2003). "The prevalence of sexual problems in women: How valid are comparisons across studies? Commentary on Bancroft, Loftus, and Long's (2003) 'Distress about sex: A national survey of women in heterosexual relationships'", en *Archives of Sexual Behavior, 32*(3), 209–211.

Rosenbloom, S. (Septiembre 16 de 2007). "Living your dreams, in a manner of speaking", en *New York Times,* pp. ST1, ST10.

Rosenheck, R., Kasprow, W., Frisman, L. y Liu-Mares, W. (2003). "Costeffectiveness of supported housing for homeless persons with mental illness", en *Archives of General Psychiatry, 60,* 940–951.

Rosenheck, R. A., Leslie, D. L., Sindelar, J., Miller, E. A., Lin, H., Stroup, T. S., et al. (2006). "Cost-effectiveness of second-generation antipsychotics and perphenazine in a randomized trial of treatment for chronic schizophrenia", en *American Journal of Psychiatry, 163,* 2080–2089.

Roth, R. M., Flashman, L. A., Saykin, A. J., McAllister, T. W. y Vidaver, R. (2004). "Apathy in schizophrenia: Reduced frontal lobe volume and neuropsychological deficits", en *American Journal of Psychiatry, 161,* 157–159.

Rothbart, M. K. (2007). "Temperament, development, and personality", en *Current Directions in Psychological Science, 16,* 207–212.

Rothbart, M. K. y Bates, J. E. (1997). "Temperament", en W. Damon (editores jefe) y N. Eisenberg (ed. del volumen), *Handbook of child psychology: Vol. 3. Social, emotional, and personality development* (5ª. ed., pp. 105–176). Nueva York: John Wiley & Sons.

Rothbaum, B. O., Hodges, L., Anderson, P. L., Price, L. y Smith, S. (2002). "Twelve-month follow-up of virtual reality and standard exposure therapies for the fear of flying", en *Journal of Consulting and Clinical Psychology, 70,* 428–432.

Rotter, J. B. (1966). "Generalized expectancies for internal versus external control of reinforcement", en *Psychological Monographs, 80* (todo el núm. 609).

Rotter, J. B. (1990). "Internal versus external control of reinforcement: A case history of a variable", en *American Psychologist, 45,* 489–493.

Rotundo, M., Nguyen, D.-H. y Sackett, P. R. (2001). "A meta-analytic review of gender differences in perceptions of sexual harassment", en *Journal of Applied Psychology, 86,* 914–922.

Rouch, I., Wild, P., Ansiau, D. y Marquié, J.-C. (2005). "Shiftwork experience, age and cognitive performance", en *Ergonomics, 48,* 1282–1289.

Rovee-Collier, C. y Fagen, J. W. (1981). "The retrieval of memory in early infancy", en *Advances in Infancy Research, 1,* 225–254.

Roy-Byrne, P. (Enero 2 de 2007). *Behavioral treatment for chronic insomnia.* Consultado en enero 3 de 2007 en http:psychiatry.jwatch.org/cgi/content/full/2006/1229/3?qetoc.

Rozin, P., Bauer, R. y Catanese, D. (2003). "Food and life, pleasure and worry, among American college students: Gender differences and regional similarities", en *Journal of Personality and Social Psychology, 85,* 132–141.

Rubin, K. H., Burgess, K. B. y Dwyer, K. M. (2003). "Predicting preschoolers' externalizing behaviors from toddler temperament, conflict, and maternal negativity", en *Developmental Psychology, 39,* 164–176.

Rubinow, D. R., Schmidt, P. J. y Roca, C. A. (1998). "Estrogen-serotonin interactions: Implications for affective regulation", en *Biological Psychiatry, 44,* 839–850.

Rubinstein, S. y Caballero, B. (2000). "Is Miss America an undernourished role model?", en *Journal of the American Medical Association, 283,* 1569.

Runco, M. A. (2007). *Creativity: Theories and themes: research, development, and practice*. Bulington, Massachusetts: Elsevier Academic Press.

Rupert, P. A., Morgan, D. J. (2005). "Work setting and burnout among professional psychologists", en Professional Psychology: Research and Practice, 36, 544–550.

Rupp, R. (1998). Committed to memory: How we remember and why we forget. Nueva York: Crown.

Rushton, J. P. y Bons, T. A. (2005). "Mate choice and friendship in twins: Evidence for genetic similarity", en Psychological Science, 16, 555–559.

Rushton, J. P. y Jensen, A. R. (2006). "The totality of available evidence shows race IQ gap still remains", en Psychological Science, 17, 921–922.

Rutenberg, J. (julio 25 de 2001). "Survey shows few parents use TV V-Chip to limit children's viewing", en New York Times, pp. E1, E7.

Rutledge, T. y Hogan, B. E. (2002). "A quantitative review of prospective evidence linking psychological factors with hypertension development", en Psychosomatic Medicine, 64, 758–766.

Ryan, R. M. y Deci, E. L. (2000). "Self-determination theory and the facilitation of intrinsic motivation, social development, and well-being", en American Psychologist, 55, 68–78.

Ryffa, C. D., Lovea, G. D., Urry, H. L., Muller, D., Rosenkranz, M. A., Friedman, E. M., et al. (2006). "Psychological well-being and ill-being: Do they have distinct or mirrored biological correlates?", en Psychotherapy and Psychosomatics, 75, 85–95.

Sacks, O. (1985). The man who mistook his wife for a hat and other clinical tales. Nueva York: Summit.

Sagie, A. (1998). "Employee absenteeism, organizational, and job satisfaction: Another look", en Journal of Vocational Behavior, 52, 156–171.

Saigal, C. S. (2004). "Obesity and erectile dysfunction: common problems, common solution?", en Journal of the American Medical Association, 291, 3011–3012.

Sakai, K. L. (2005). "Language acquisition and brain development", en Science, 310, 815–819.

Salcıog˜lu, E., Bas˛og˜lu, M. y Livanou, M. (2007). "Effects of live exposure on symptoms of posttraumatic stress disorder: The role of reduced behavioral avoidance in improvement", en Behaviour Research and Therapy, 45, 2268–2279.

Salkovskis, P. M., Thorpe, S. J., Wahl, K., Wroe, A. L. y Forrester, E. (2003). "Neutralizing increases discomfort associated with obsessional thoughts: An experimental study with obsessional patients", en Journal of Abnormal Psychology, 112, 709–715.

Salleh, A. (Marzo 17 de 2003). "Marriage makes you a bit happier—for a while", en ABC Science Online. Consultado en noviembre 13 de 2003 en http:www.abc.net.au/science/news/stories/s807111.htm.

Salmon, P. (2001). "Effects of physical exercise on anxiety, depression, and sensitivity to stress. A unifying theory", en Clinical Psychology Review, 21, 33–61.

Salovey, P. y Grewal, D. (2005). "The science of emotional intelligence", en Current Directions in Psychological Science, 14, 281–285.

Samalin, N. y Whitney, C. (Diciembre de 1997). "When to praise", en Parents Magazine, pp. 51–55.

Sammons, M. T. (2005). "Late-life depression: Detection, risk reduction, and somatic intervention: Commentary on Delano-Wood and Abeles", en Clinical Psychology: Science and Practice, 12, 218–221.

Sandell, M. A. y Breslin, P. A. S. (2006). "Variability in a taste-receptor gene determines whether we taste toxins in food", en Current Biology, 16, R792–R794.

Sanders, L. (Diciembre 16 de 2007). "Gut problema", en New York Times Magazine, pp. 42–44.

Sandlin-Sniffen, C. (Noviembre 2 de 2000). "How are we raising our children?", en St. Petersburg Times. Consultado en noviembre 5 de 2000 en http:www .psycport.com/news/2000/11/02/eng-sptimes_floridian/engsptimes_floridian_071015_110_9 05256867409.html.

Santelli, J. S., Lindberg, L. D., Finer, L. B. y Singh, S. (2007). "Explaining recent declines in adolescent pregnancy in the United States: The contribution of abstinence and improved contraceptive use", en American Journal of Public Health, 97, 150–156.

Saul, S. (Octubre 23 de 2007). "Sleep drugs found only mildly effective, but wildly popular", en New York Times, Science Times, p. F4.

Saxe, R., Carey, S. y Kanwisher, N. (2004). "Understanding other minds: Linking developmental psychology and functional neuroimaging", en Annual Review of Psychology, 55, 87–124.

Schachter, S. (1971). Emotion, obesity, and crime. Nueva York: Academic Press.

Schachter, S. y Singer, J. E. (1962). "Cognitive, social, and physiological determinants of emotional state", en Psychological Review, 69, 377–399.

Schafer, R. B. y Keith, P. M. (1990). "Matching by weight in married couples: A life cycle perspective", en Journal of Social Psychology, 130, 657–664.

Schaffer, A. (Agosto 28 de 2007). "Not a game: Simulation to lessen war trauma", en New York Times, Science Section, pp. 5, 8.

Schaie, K. W. (1996). Intellectual development in adulthood: The Seattle Longitudinal Study. Cambridge, Inglaterra: Cambridge University Press.

Schaubroeck, J., Jones, J. R. y Xie, J. L. (2001). "Individual differences in utilizing control to cope with job demands: Effects on susceptibility to infectious disease", en Journal of Applied Psychology, 86, 265–278.

Scheier, M. F. y Carver, C. S. (1985). "Optimism, coping, and health: Assessment and implications of generalized outcome expectancies", en Health Psychology, 4, 219–247.

Scheier, M. F., Carver, C. S. y Bridges, M. W. (1994). "Distinguishing optimism from neuroticism (and trait anxiety, self-mastery, and self-esteem): A reevaluation of the Life Orientation Test", en Journal of Personality and Social Psychology, 67, 1063–1078.

Schmidt, U., Lee, S., Beecham, J., Perkins, S., Treasure, J., Yi, I., Winn, S., et al. (2007). "A randomized controlled trial of family therapy and cognitive behavior therapy guided self-care for adolescents with bulimia nervosa and related disorders", en American Journal of Psychiatry, 164, 591–598.

Schmitt, B., Gilovich, T., Goore, H. y Joseph, L. (1986). "Mere presence and social facilitation: One more time", en Journal of Experimental Psychology, 22, 242–248.

Schmitt, D. P. (2003). "Universal sex differences in the desire for sexual variety: Tests from 52 nations, 6 continents, and 13 islands", en Journal of Personality and Social Psychology, 85, 85–104.

Schmitt, E. (Marzo 8 de 2001a). "New census shows Hispanics are even with Blacks in U.S.", en New York Times, pp. A1, A21.

Schmitt, E. (Marzo 13 de 2001b). "For 7 million people in census, one race category isn't enough", en New York Times, pp. A1, A14.

Schmitt, E. (Abril 1 de 2001c). "U.S. now more diverse, ethnically and racially", en New York Times, p. A20.

Schneider, F., Gur, R. G., Koch, K., Backes, V., Amunts, K., Shah, N. J., et al. (2006). "Impairment in the specificity of emotion processing in schizophrenia", en American Journal of Psychiatry, 163, 442–447.

Schneider, L. S., Nelson, J. C., Clary, C. M., Newhouse, P., Krishnan, K. R. R.,

Shiovitz, T., Weihs, K., et al. (2003). "An 8-week multicenter, parallel-group, double-blind, placebo-controlled study of sertraline in elderly outpatients with major depression", en American Journal of Psychiatry, 160, 1277–1285.

Schneier, F. R. (2006). "Social anxiety disorder", en New England Journal of Medicine, 355, 1029–1036.

Schooler, C. (2007). "Use it—and keep it, longer, probably: A reply to Salthouse (2006)", en Perspectives on Psychological Science, 2, 24–29.

Schramke, C. J. y Bauer, R. M. (1997). "State-dependent learning in older and younger adults", en Psychology and Aging, 12, 255–262.

Schroeder, S. A. (2007). "We can do better—improving the health of the American people", en New England Journal of Medicine, 357, 1221–1228.

Schultz, W. (2006). "Behavioral theories and the neurophysiology of reward", en Annual Review of Psychology, 57, 87–115.

Schwartz, C. E., Wright, C. I., Shin, L. M., Kagan, J. y Rauch, S. L. (2003). "Inhibited and uninhibited infants 'grown up': Adult amygdalar response to novelty", en Science, 300, 1952–1953.

Schwartz, R. P., Highfield, D. A., Jaffe, J. H., Brady, J. V., Butler, C. B., Rouse, C. A., et al. (2006). "A randomized controlled trial of interim methadone maintenance", en Archives of General Psychiatry, 63, 102–109.

Schwartz, S. J., Zamboanga, B. L. y Jarvis, L. H. (2007). "Ethnic identity and acculturation in Hispanic early adolescents: Mediated relationships to academic grades, prosocial behaviors, and externalizing symptoms", en Cultural Diversity and Ethnic Minority Psychology, 13, 364–373.

Scientists answer ticklish question. (Septiembre 11 de 2000). Consultado en http: www.cnn.com/2000/HEALTH/09/11/tickle.mechanism. reut/index.html.

Searle, J. R. (1996). Dualism: Descartes' legacy. The philosophy of mind: The Superstar Teachers Series [audiocinta]. Springfield, Virginia: The Teaching Company.

Segall, M. H. (1994). "A cross-cultural research contribution to unraveling the nativist/empiricist controversy", en J. Lonner y R. Malpass (eds.), Psychology and culture (pp. 135–138). Boston: Allyn & Bacon.

Segall, M. H., Campbell, D. T. y Herskovits, M. J. (1963). "Culture differences in the perception of geometric illusions", en Science, 139, 769–771.

Segall, M. H., Campbell, D. T. y Herskovits, M. J. (1966). The influence of culture on visual perception. Indianapolis: Bobbs-Merrill.

Seifert, K. L. y Hoffnung, R. J. (2000). Child and adolescent development. Boston: Houghton Mifflin.

Sekuler, A. B. y Bennett, P. J. (2001). "Generalized common fate: Grouping by common luminance changes", en Psychological Science, 12, 437–444.

Seligman, M. E. P. (1973). "Fall into helplessness", en Psychology Today, 7, 43–48.

Seligman, M. E. P. (1975). Helplessness: On depression, development, and death. San Francisco: Freeman.

Seligman, M. E. P. (Agosto de 2003). Positive psychology: Applications to work, love, and sports. Documento presentado en la reunión de la American Psychological Association, Toronto, Canadá.

Seligman, M. E. P., Steen, T. A., Park, N. y Peterson, C. (2005). "Positive psychology progress: Empirical validation of interventions", en American Psychologist, 60, 410–421.

Sell, R. L., Wells, J. A. y Wypij, D. (1995). "The prevalence of homosexual behavior and attraction in the United States, the United Kingdom and France: Results of national population-based samples", en Archives of Sexual Behavior, 24, 235–248.

Sellbom, M., Graham, J. R. y Schenk, P. W. (2006). "Incremental validity of the MMPI-2 Restructured Clinical (RC) Scales in a private practice sample", en Journal of Personality Assessment, 86(2), 196–205.

Serrano-Blanco, A., Gabarron, E., Garcia-Bayo, I., Soler-Vila, M., Caramés, E., Peñarrubia-Maria, M. T., et al. (2006). "Effectiveness and cost-effectiveness of antidepressant treatment in primary health care: A six-month randomised study comparing fluoxetine to imipramine", en Journal of Affective Disorders, 91, 153–163.

Seyfarth, R. M. y Cheney, D. L. (2003). "Signalers and receivers in animal communication", en Annual Review of Psychology, 54, 145–173.

Shadish, W. R. y Baldwin, S. A. (2005). "Effects of behavioral marital therapy: A meta-analysis of randomized controlled trials", en Journal of Consulting and Clinical Psychology, 73, 6–14.

Shaffer, D. M. y McBeath, M. K. (2005). "Naive beliefs in baseball: Systematic distortion in perceived time of apex for fly balls", en Journal of Experimental Psychology: Learning, Memory, and Cognition, 31, 1492–1501.

Shanker, S. G. y Savage-Rumbaugh, E. S. (1999). "Kanzi: A new beginning", en Animal Learning and Behavior, 27, 24–25.

Sharp, T. A. (2006). "New molecule to brighten the mood", en Science, 311, 45–46.

Sharpee, T. O., Hiroki, S., Kurgansky, A. V., Rebrik, S. P., Stryker, M. P., & Milleet, K. D. (2006). "Adaptive filtering enhances information transmission in visual cortex", en Nature, 439, 936–942.

Shea, C. (Diciembre 9 de 2007). "The height tax", en New York Times Magazine, p. 74.

Sheard, M. y Golby, J. (2007). "Hardiness and undergraduate academic study: The moderating role of commitment", en Personality and Individual Differences, 43, 579–588.

Sheldon, K. M. (2004). "The benefits of a 'sidelong' approach to self-esteem need satisfaction: Comment on Crocker and Park (2004)", en Psychological Bulletin, 130, 421–424.

Shepherd, G. M. (2006). "Behaviour: Smells, brains and hormones", en Nature, 439, 149–151.

Sher, L. (2005). "Suicide and alcoholism", en Nordic Journal of Psychiatry, 59, 152.

Sherman, D. K., Kim, H. S. y Heejung, S. (2005). "Is there an 'I' in 'team'? The role of the self in group-serving judgments", en Journal of Personality and Social Psychology, 88, 108–120.

Shiffman, S., Balabanis, M. H., Paty, J. A., Engberg, J., Gwaltney, C. J., Liu, K. S., et al. (2000). "Dynamic effects of self-efficacy on smoking lapse and relapse", en Health Psychology, 19, 315–323.

Shifren, J. y Ferrari, N. A. (Mayo 10 de 2004). "A better sex life", en Newsweek, pp. 86–87.

Shneidman, E. (2005). "Prediction of suicide revisited: A brief methodological note", en Suicide and Life-Threatening Behavior, 35, 1–2.

Shneidman, E. S. (1987). "A psychological approach to suicide", en G. R. Vanderbos y B. K. Bryant (eds.), Cataclysms, cries, and catastrophes: Psychology in action (Master Lecture Series, Vol. 6, pp. 151–183). Washington, DC: American Psychological Association.

Sibille, E. y Lewis, D. A. (2006). "SERT-ainly involved in depression, but when?", en American Journal of Psychiatry, 163, 8–11.

Siegal, M., Varley, R. y Want, S. C. (2001). "Mind over grammar: Reasoning in aphasia and development", en Trends in Cognitive Sciences, 5, 296–301.

Siegler, I., Bosworth, H. B. y Poon, L. W. (2003). "Disease, health, and aging", en R. M. Lerner, M. A. Easterbrooks y J. Mistry (eds.), Handbook of psychology: Vol. 6. Developmental psychology (pp. 423–442). Nueva York: John Wiley & Sons.

Siev, J. y Chambless, D. L. (2007). "Specificity of treatment effects: Cognitive therapy and relaxation for generalized anxiety and panic disorders", en Journal of Consulting and Clinical Psychology, 75, 513–522.

Silver, J. (Mayo 17 de 2006). "Neural circuits for violence: Genetic links", en Journal Watch Psychiatry. Consultado en julio 23 de 2006 en http:psychiatry.jwatch.org/cgi/content/full/2006/517/2.

Silver, J. (Septiembre 24 de 2007). "The buzz about caffeine", en Journal Watch Psychiatry. Consultado en octubre 12 de 2007 en http:psychiatry.jwatch.org/cgi/content/full/2007/924/2.

Silverman, L. H. (1984). "Beyond insight: An additional necessary step in redressing intrapsychic conflict", en Psychoanalytic Psychology, 1, 215–234.

Simonton, D. K. y Baumeister, R. F. (2005). "Positive psychology at the summit", en Review of General Psychology, 9, 99–102.

Singer, L. T., Minnes, S., Short, E., Arendt, R., Farkas, K., Lewis, B., et al. (2004). "Cognitive outcomes of preschool children with prenatal cocaine exposure", en Journal of the American Medical Association, 291, 2448–2456.

Singer, T., Verhaeghen, P., Ghisletta, P., Lindenberger, U. y Baltes, P. B. (2003). "The fate of cognition in very old age: Six-year longitudinal findings in the Berlin Aging Study (BASE)", en Psychology and Aging, 18, 318–331.

Singh-Manoux, A., Hillsdon, M., Brunner, E. y Marmot, M. (2005). "Effects of physical activity on cognitive functioning in middle age: Evidence from the Whitehall II Prospective Cohort Study", en American Journal of Public Health, 95, 2252–2258.

Sink, M. (Noviembre 9 de 2004). "Drinking deaths draw attention to old campus problem", en New York Times, p. A16.

Sivertsen, B., et al. (2006). "Cognitive behavioral therapy vs zopiclone for treatment of chronic primary insomnia in older adults: A randomized controlled trial", en Journal of the American Medical Association, 295, 2851–2858.

Skinner, B. F. (1961). Cumulative record (3ª. ed.) Englewood Cliffs, Nueva Jersey: Prentice-Hall.

Slater, M. D., Long, M. y Ford, V. L. (2006). "Alcohol, illegal drugs, violent crime, and traffic-related and other unintended injuries in U.S. local and national news", en Journal of Studies on Alcohol, 67, 904–910.

Slijper, F. M., Drop, S. L. S., Molenaar, J. C. y De Muinck Keizer Schrama, S. M. P. F. (1998). "Long-term psychological evaluation of intersex children", en Archives of Sexual Behavior, 27, 125–144.

Sloan, D. M., Marx, B. P., Epstein, E. M. y Lexington, J. M. (2007). "Does altering the writing instructions influence outcome associated with written disclosure?", en Behavior Therapy, 38, 155-168.

Slutske, W. S. (2005). "Alcohol use disorders among US college students and their non-college-attending peers", en Archives of General Psychiatry, 62, 321–327

Small, B. J., Rosnick, C. B., Fratiglioni, L. y Bäckman, L. (2004). "Apolipoprotein E and cognitive performance: A meta-analysis", en Psychology and Aging, 19, 592–600.

Smedley, A. y Smedley, B. D. (2005). "Race as biology is fiction, racism as a social problem is real: Anthropological and historical perspectives on the social construction of race", en American Psychologist, 60, 16–26.

Smetacek, V. y Mechsner, F. (2004). "Proprioception", en Nature, 432, 21.

Smith, D. (Octubre de 2001). "Sleep psychologists in demand", en Monitor on Psychology, 32(9), 36–38.

Smith, D. (Octubre de 2002). "The theory heard 'round the world'", en Monitor on Psychology, 33(9), 30–32.

Smith, D. M., Langa, K. M., Kabeto, M. U. y Ubel, P. A. (2005). "Health, wealth, and happiness: Financial resources buffer subjective well-being after the onset of a disability", en Psychological Science, 16, 663–666.

Smith, E. C. y Lewicki, M. S. (2006). "Efficient auditory coding", en Nature, 439, 978–982.

Smith, E. E. y Kosslyn, S. M. (2007). Cognitive psychology: Mind and brain. Upper Saddle River, Nueva Jersey: Pearson/Prentice Hall.

Smith, E. R. (1998). "Mental representation and memory", en D. T. Gilbert, S. T. Fiske, y G. Lindzey (eds.), The handbook of social psychology (4ª. ed., Vol. 1, pp. 391–445). Boston: McGraw-Hill.

Smith, L., Heaven, P. C. L. y Ciarrochi, J. (2008). "Trait emotional intelligence, conflict communication patterns, and relationship satisfaction", en Personality and Individual Differences, 44, 1314-1325.

Smith, M. L., Glass, G. V. y Miller, T. I. (1980). The benefits of psychotherapy. Baltimore: Johns Hopkins University Press.

Smith, M. T. y Perlis, M. L. (2006). "Who is a candidate for cognitive-behavioral therapy for insomnia?", en Health Psychology, 25, 15–19.

Smith, T. W. (2006). "Personality as risk and resilience in physical health", en Current Directions in Psychological Science, 15, 227–231.

Smock, P. J. (2000). *Annual Review of Sociology*. Citado en Nagourney, E. (Febrero 15 de 2000). "Study finds families bypassing marriage", en *New York Times*, p. F8.

Society for Industrial and Organizational Psychology. (2001). *Motivation and performance*. Consultado en octubre 13 de 2001 en http:www.siop.org/Instruct/ Motivate/MotivIntro.htm.

Society for Neuroscience. (2005). *Pain: Making a difference today*. Consultado en marzo 29 de 2006 en http:web.sfn.org/content/Publications/Brain ResearchSuccessStories/BRSS_Pain.pdf.

Soto, J. A., Levenson, R. W. y Ebling, R. (2005). "Cultures of moderation and expression: Emotional experience, behavior, and physiology in Chinese Americans and Mexican Americans", en *Emotion, 5*, 154–165.

Soussignan, R. (2002). "Duchenne smile, emotional experience, and autonomic reactivity: A test of the facial feedback hypothesis", en *Emotion, 2*, 52–74.

Spanos, N. P. (1994). "Multiple identity enactments and multiple personality disorder: A sociocognitive perspective", en *Psychological Bulletin, 116*, 143–165.

Spearman, C. (1927). *The abilities of man*. Nueva York: Macmillan.

Spector, P. E. (2003). *Industrial and organizational psychology: Research and practice* (3ª. ed.). Nueva York: John Wiley & Sons.

Sperry, R. W. (1982). "Some effects of disconnecting the cerebral hemispheres", en *Science, 217*, 1223–1226.

Springen, K. y Kantrowitz, B. (Mayo 10 de 2004). "Alcohol's deadly triple threat", en *Newsweek*, pp. 90–92.

Springen, K. y Seibert, S. (Enero 17 de 2005). "Artful aging", en *Newsweek*, pp. 56–65.

Springer, S. P. y Deutsch, G. (1993). *Left brain, right brain* (4ª. ed.). Nueva York: Freeman.

Srivastava, S., John, O. P., Gosling, S. D. y Potter, J. (2003). "Development of personality in early and middle adulthood: Set like plaster or persistent change?", en *Journal of Personality and Social Psychology, 84*, 1041–1053.

Staddon, J. E. R., & Cerutti, D. T. (2003). Operant conditioning. *Annual Review of Psychology, 54*, 115–144.

Stambor, Z. (Abril de 2006). Both sexes seek attractiveness in one-night stand partners. *Monitor on Psychology, 37*, p. 12.

Stambor, Z. (2007, December). Is our happiness set in stone? *Monitor on Psychology, 38*(11), 37–38.

Stampfer, M. J., Hu, F. B., Manson, J. E., Rimm, E. B., & Willett, W. C. (2000). Primary prevention of coronary heart disease in women through diet and lifestyle. *New England Journal of Medicine, 343*, 16–22.

Stattin, H., & Magnusson, D. (1990). *Pubertal maturation in female development*. Hillsdale, NJ: Lawrence Erlbaum Associates.

Staw, B. M., & Cohen-Charash, Y. (2005). The dispositional approach to job satisfaction: More than a mirage, but not yet an oasis. *Journal of Organizational Behavior, 26*, 59–78.

Steele, C. M., & Aronson, J. (1995). Stereotype threat and the actual test performance of African Americans. *Journal of Personality and Social Psychology, 69*, 797–811.

Steele, J. D., Currie, J., Lawrie, S. M., & Reid, I. (2007). Prefrontal cortical functional abnormality in major depressive disorder: A stereotactic meta-analysis. *Journal of Affective Disorders, 101*, 1–11.

Steele, J. R. y Ambady, N. (2006). "'Math is hard!' The effect of gender priming on women's attitudes", en *Journal of Experimental Social Psychology, 42*, 428–436.

Stein, J. (Enero 17 de 2005). "Is there a hitch?", en *Time Magazine*, pp. A37–A40.

Steinberg, L. (2007). "Risk taking in adolescence: New perspectives from brain and behavioral science", en *Current Directions in Psychological Science, 16*, 55–59.

Steinbrook, R. (2004). "The AIDS epidemic in 2004", en *New England Journal of Medicine, 351*, 115–117.

Steiner, J. E. (1979). "Human facial expression in response to taste and smell stimulation", en H. W. Reese y L. P. Lipsittt (eds.), *Advances in child development and behavior* (Vol. 13, pp. 257–295). Nueva York: Academic Press.

Steinhauer, J. (Julio 6 de 1995). "No marriage, no apologies", en *New York Times*, pp. C1, C7.

Sternberg, R. J. (1988). "Triangulating love", en R. J. Sternberg y M. J. Barnes (eds.), *The psychology of love*. New Haven: Yale University Press.

Sternberg, R. J. (1997). "The triarchic theory of intelligence", en D. P. Flanagan, J. L. Genshaft y P. L. Harrison (eds.), *Contemporary intellectual assessment: Theories, tests, and issues* (pp. 92–104). Nueva York: Guilford Press.

Sternberg, R. J. (2001). What is the common thread of creativity? Its dialectical relation to intelligence and wisdom. *American Psychologist, 56*, 360–362.

Sternberg, R. J. y Grigorenko, E. L. (2004). "Successful intelligence in the classroom", en *Theory Into Practice, 43*, 274–280.

Sternberg, R. J. y Grigorenko, E. L. (2007). "The difficulty of escaping preconceptions in writing an article about the difficulty of escaping preconceptions: Commentary on Hunt and Carlson (2007)", en *Perspectives on Psychological Science, 2*, 221–223.

Sternberg, R. J. y Weis, K. (eds.). (2006). *The new psychology of love*. New Haven, Connecticut: Yale University Press.

Stewart, A. J. y McDermott, C. (2004). "Gender in psychology", en *Annual Review of Psychology, 55*, 519–544.

Stickgold, R. (2005). "Sleep-dependent memory consolidation", en *Nature, 437*, 1272–1278.

Stickgold, R., LaTanya, J. y Hobson, J. A. (2000). "Visual discrimination learning requires sleep after training", en *Nature Neuroscience, 3*, 1237–1238.

Stine-Morrow, E. A. L. (2007). "The Dumbledore hypothesis of cognitive aging", en *Current Directions in Psychological Science 16*, 295–299.

Stockdale, M. S., Gandolfo Berry, C., Schneider, R. W. y Cao, F. (2004). "Perceptions of the sexual harassment of men", en *Psychology of Men and Masculinity, 5*, 158–167.

Stolberg, S. G. (Abril 22 de 2001). "Science, studies and motherhood", en *New York Times Week in Review*, p. 3.

Stone, A. A., Neale, J. M., Cox, D. S., Napoli, A., et al. (1994). "Daily events are associated with a secretory immune response to an oral antigen in men", en *Health Psychology, 13*, 440–446.

Stone, J., Lynch, C. I., Sjomeling, M. y Darley, J. M. (1999). "Stereotype threat effects on Black and White athletic performance", en *Journal of Personality and Social Psychology, 77*, 1213–1227.

Stone, J., Smyth R., Carson, A., Lewis, S., Prescott, R., Warlow, C. y Sharpe, M. (2006). "La belle indifférence in conversion symptoms and hysteria: Systematic review", en *British Journal of Psychiatry, 188*, 204–209.

Storandt, M., Kaskie, B. y Von Dras, D. D. (1998). "Temporal memory for remote events in healthy aging and dementia", en *Psychology and Aging, 13*, 4–7.

Strack, F., Martin, L. L. y Stepper, S. (1988). "Inhibiting and facilitating conditions of the human smile: A non-obtrusive test of the facial-feedback hypothesis", en *Journal of Personality and Social Psychology, 54*, 768–777.

Stratton, V. N. y Zalanowski, A. H. (1997). "The relationships between characteristic moods and most commonly listened to types of music", en *Journal of Music Therapy, 34*, 129–140.

Strayer, D. L. y Drews, F. A. (2007). "Cell-phone-induced driver distraction", en *Current Directions in Psychological Science, 16*, 128–131.

Strayer, D. L. y Johnston, W. A. (2001). "Driven to distraction: Dual-task studies of simulated driving and conversing on a cellular telelphone", en *Psychological Science, 12*, 462–466.

Street, A. E., Gradus, J. L., Stafford, J. y Kelly, K. (2007). "Gender differences in experiences of sexual harassment: Data from a male-dominated environment", en *Journal of Consulting and Clinical Psychology, 75*, 464–474.

Striegel-Moore, R. H. y Bulik, C. M. (2007). "Factors for eating disorders", en *American Psychologist, 62, 181–198*.

Strillacci, L. (Julio 8 de 2003). "10 most dangerous foods to eat on the road", en *MSN.com*, reimpreso a partir de Insure.com. Consultado en enero 8 de 2005 en http:moneycentral.msn.com/content/Insurance/P51290.asp.

Strohmetz, D. B., Rind, B., Fisher, R. y Lynn, M. (2002). "Sweetening the till: The use of candy to increase restaurant tipping", en *Journal of Applied Social Psychology, 32*, 300–309.

"Studies focus on acculturation and Hispanic Youth." (Febrero de 2007). *NIDA Notes, 21*(2), 3.

Substance Abuse and Mental Health Services Administration (SAMHSA). (2005). *Overview of findings from the 2002 National Survey on Drug Use and Health* (Office of Applied Studies, NHSDA Serie H-21 DHHS. Publicación núm. MA 03-3774). Rockville, Maryland. Consultado en febrero 9 de 2005 en http: www.nida.nih.gov/NIDA_notes/NNvol19N5/Study.html.

Substance Abuse and Mental Health Services Administration (SAMHSA). (2006, acualización de agosto 29). *2004 National Survey on Drug Use & Health: Detailed tables*. Consultado en noviembre 18 de 2006 en http:www.drugabusestatistics.samhsa.gov/NSDUH/2k4nsduh/2k4tabs/ Sect1peTabs1to66.htm#tab1.1b.

Sugita, M. y Shiba, Y. (2005). "Genetic tracing shows segregation of taste neuronal circuitries for bitter and sweet", en *Science, 309*, 781–785.

Sullivan, M. J. L., Martela, M. O., Tripp, D. A., Savard, A. y Crombez, G. (2006). "Catastrophic thinking and heightened perception of pain in others", en *Pain, 123*, 37–44.

Sullivan, R. (Febrero de 1998). "Like you, I haven't been sleeping well", en *Life*, pp. 56–66.

Sulloway, F. J. (1983). *Freud: Biologist of the mind*. Nueva York: Basic Books.

Sulloway, F. J. (2007). "Birth order and intelligence", en *Science, 316,* 1711–1712.

Sun, S. S., Shume, S., Schubert, C. M., et al. (2002). "National estimates of the timing of sexual maturation and racial differences among US children", en *Pediatrics, 110,* 911–919.

Suzuki, K. (1991). "Moon illusion simulated in complete darkness: Planetarium experiment reexamined", en *Perception and Psychophysics, 49,* 349–354.

Sweatt, J. D. (2007). "Behavioural neuroscience: Down memory lane", en *Nature*. Publicado en línea en abril 29 de 2007.

Sweeny, K., Carroll, P. J. y Shepperd, J. A. (2006). "Thinking about the future: Is optimism always best?", en *Current Directions in Psychological Science, 15,* 302–306.

Swets, B., Desmet, T., Hambrick, D. Z. y Ferreira, F. (2007). "The role of working memory in syntactic ambiguity resolution: A psychometric approach", en *Journal of Experimental Psychology: General, 136,* 64–81.

Szanto, K., Mulsant, B. H., Houck, P., Dew, M. A. y Reynolds, C. F. (2003). "Occurrence and course of suicidality during short-term treatment of late-life depression", en *Archives of General Psychiatry, 60,* 610–617.

Szeszko, P. R., Ardekani, B. A., Ashtari, M., Malhotra, A. K., Robinson, D. G., Bilder, R. M. y Lim, K. O. (2005). "White matter abnormalities in obsessive-compulsive disorder A diffusion tensor imaging study", en *Archives of General Psychiatry, 62,* 782–790.

Szeszko, P. R., Robinson, D. G., Ashtari, M., Vogel, J., Betensky, J., Sevy, S., Ardekani, B. A., et al. (2007). "Clinical and neuropsychological correlates of white matter abnormalities in recent onset schizophrenia", en *Neuropsychopharmacology, 33,* 976-984.

Takahashi, M., Shimizu, H., Saito, S. y Tomoyori, H. (2006). "One percent ability and ninety-nine percent perspiration: a study of a Japanese memorist", en *Journal of Experimental Psychology: Learning, Memory, and Cognition, 32,* 1195–1200.

Takahashi, Y. (1990). "Separation distress of Japanese infants in the strange situation", en *Research and Clinical Center for Child Development, 12,* 141–150.

Talan, J. (Febrero 3 de 1998). "The power of dreams: It's all in understanding them", en *Newsday*, pp. B15, B16.

Talarico, J. M. y Rubin, D. C. (2003). "Confidence, not consistency, characterizes flashbulb memories", en *Psychological Science, 14,* 455–461.

Tanaka, K., Shintani, N., Hashimoto, H., Kawagishi, N., Ago, Y., Matsuda, T., Hashimoto, R., et al. (2006). "Calming an 'ADHD' Mouse", en *Journal of Neuroscience, 26,* 5091–5097.

Tang, T. Z., DeRubeis, R. J., Hollon, S. D., Amsterdam, J. y Shelton, R. (2007). "Sudden gains in cognitive therapy of depression and depression relapse/recurrence", en *Journal of Consulting and Clinical Psychology, 75,* 404–408.

Tang, Y-Y, et al. (2007). "Short-term meditation training improves attention and self-regulation", en *Proceedings of the National Academy of Sciences, 104,* 17152.

Tanner, J. M. (1990). *Foetus into man* (2ª. ed.). Cambridge, Massachusetts: Harvard University Press.

Tapert, S. F., Brown, G. G., Baratta, M. V. y Brown, S. A. (2004). "fMRI BOLD response to alcohol stimuli in alcohol dependent young women", en *Addictive Behaviors, 29,* 33–50.

Tauer, J. M. y Harackiewicz, J. M. (2004). "The effects of cooperation and competition on intrinsic motivation and performance", en *Journal of Personality and Social Psychology, 86,* 849–861.

Taylor, C. B. y Luce, K. H. (2003). "Computer- and Internet-based psychotherapy interventions", en *Current Directions in Psychological Science, 12,* 18–22.

Taylor, E. (2000). "Psychotherapeutics and the problematic origins of clinical psychology in America", en *American Psychologist, 55,* 1029–1033.

Taylor, K. L., Lamdan, R. M., Siegel, J. E., Shelby, R., Moran-Klimi, K. y Hrywna, M. (2003). "Psychological adjustment among African American breast cancer patients: One-year follow-up results of a randomized psychoeducational group intervention", en *Health Psychology, 22,* 316–323.

Taylor, S. E., Klein, L. C., Lewis, B. P, Gruenewald, T. L., Gurung, R. A. y Up degraff, J. A. (2000). "Biobehavioral responses to stress in females: Tendand-befriend, not fight-or-flight", en *Psychological Review, 7,* 411–429.

Taylor, W. E., Welch, W. T., Kim, H. S. y Sherman, D. K. (2007). "Cultural differences in the impact of social support on psychological and biological stress responses", en *Psychological Science, 18,* 831–837.

Teachman, B. A. (2006). "Aging and negative affect: The rise and fall and rise of anxiety and depression symptoms", en *Psychology and Aging, 21,* 201–207.

"Teens not heeding headphone warning." (Marzo 14 de 2006). *CNN.com*. Consultado en marzo 18 de 2006 en http:www.cnn.com/2006/HEALTH/conditions/03/14/ipod.hearingrisk/index.html.

"Teens' brains hold key to their impulsiveness." (Diciembre 3 de 2007). Publicación web de Associated Press. Consultado en diciembre 10 de 2007 en http:www .msnbc.msn.com/id/21997683/.

Teitler, J. O. (2002). "Trends in youth sexual initiation and fertility in developed countries: 1960–1995", en *Annals of the American Academy of Political and Social Sciences, 580,* 134–152.

Tekcan, A. I. y Peynircioglu, Z. F. (2002). "Effects of age on flashbulb memories", en *Psychology and Aging, 17,* 416–422.

Telecommuting has mostly positive consequences for employees and employers, say researchers. (Noviembre 19 de 2007). Presentación de la American Psychological Association Press Consultado en diciembre 24 de 2007 en http:www.apa.org/releases/telecommuting.html.

Tellegen, A., Lykken, D. T., Bouchard, T. J. y Wilcox, K., J. (1988). "Personality similarity in twins reared apart and together", en *Journal of Personality and Social Psychology, 54,* 1031–1039.

Tenenbaum, G. y Eklund, R. C. (eds.). (2007). *Handbook of sport psychology* (3ª. ed.). Hoboken, Nueva Jersey: John Wiley & Sons.

Teo, K. K., Ounpuu, S., Hawken, S., Pandey, M. R., Valentin, V., Hunt, D., Diaz, R., et al. (2006). "Tobacco use and risk of myocardial infarction in 52 countries in the INTERHEART study: A case-control study", en *The Lancet, 368,* 647–658.

Terrace, H. S. (2005). "Metacognition and the evolution of language", en H. S. Terrace y J. Metcalfe (eds.), *The missing link in cognition: Origins of self-reflective consciousness* (pp. 84–115). Nueva York: Oxford University Press.

Terrell, F., Terrell, I. S. y Von Drashek, S. R. (2000). "Loneliness and fear of intimacy among adolescents who were taught not to trust strangers during childhood", en *Adolescence, 35,* 611–617.

Thapar, A., Gottesman, I. I., Owen, M. J., O'Donovan, M. C. y McGuffin, P. (1994). "The genetics of mental retardation", en *British Journal of Psychiatry, 164,* 747–758.

"The Forbes 400: The top ten." (Octubre 9 de 2006). *Forbes Magazine*, pp. 83–107.

Thibodeau, R., Jorgensen, R. y Kim, S. (2006). "Depression, anxiety and resting frontal EEG asymmetry: A meta-analytic review", en *Journal of Abnormal Psychology, 115*(4), 715–729.

"Think positive, live longer." (Julio 28 de 2002). *MSNBC.com*. Consultado en julio 30 de 2002 en http:www.msnbc.com/news/786749.asp.

Thompson, I. M., Tangen, C. M., Goodman, P. J., Probstfield, J. L., Moinpour, C. M. y Coltman, C. A. (2005). "Erectile dysfunction and subsequent cardiovascular disease", en *Journal of the American Medical Association, 294,* 2996–3002.

Thompson, P. M., Hayashi, K. M., Simon, S. L., Geaga, J. A., Hong, M. S., Sui, Y., et al. (2004). "Structural abnormalities in the brains of human subjects who use methamphetamine", en *Journal of Neuroscience, 30,* 6028–6036.

Thompson, R. A. (1997). "Early sociopersonality development", en W. Damon (editor en jefe) y N. Eisenberg (ed. del volumen), *Handbook of child psychology: Vol. 3. Social, emotional, and personality development* (5ª. ed., pp. 25–104). Nueva York: John Wiley & Sons.

Thompson, R. A., Easterbrooks, M. A. y Padilla-Walker, L. M. (2003). "Social and emotional development in infancy", en R. M. Lerner, M. A. Easterbrooks y J. Mistry (eds.), *Handbook of psychology: Vol. 6. Developmental psychology* (pp. 91–112). Nueva York: John Wiley & Sons.

Thompson, R. R. (2005). "In search of memory traces", en *Annual Review of Psychology, 56,* 1–23.

Thompson, T. (1995). *The beast: A journey through depression*. Nueva York: Putnam.

Thomson, E., Hanson, T. L. y McLanahan, S. S. (1994). "Family structure and child well-being: Economic resources vs. parental behaviors", en *Social Forces, 73,* 221–242.

Thoresen, C. J., Kaplan, S. A., Barsky, A. P., Warren, C. R. y de Chermont, K. (2003). "The affective underpinnings of job perceptions and attitudes: A meta-analytic review and integration", en *Psychological Bulletin, 129,* 914–945.

Thorn, B. E., Cross, T. H. y Walker, B. B. (2007). "Meta-analyses and system-atic reviews of psychological treatments for chronic pain: Relevance to an evidence-based practice", en *Health Psychology, 26,* 10–12.

Thorndike, E. L. (1905). *The elements of psychology*. Nueva York: Seiler.

Thorndike, R. M. (1997). "The early history of intelligence testing", en D. P. Flanagan, J. L. Genshaft y P. L. Harrison (eds.), *Contemporary intellectual assessment: Theories, tests, and issues* (pp. 92–104). Nueva York: Guilford Press.

Thornhill, R. y Palmer, C. T. (2000). *A natural history of rape*. Cambridge, Massachusetts: MIT Press.

Thurstone, L. L. y Thurstone, T. G. (1941). "Factorial studies of intelligence", en *Psychometric Monographs, 94*(2).

Tienari, P., Wynne, L. C., Läksy, K., Moring, J., Nieminen, P., Sorri, A., et al. (2003). "Genetic boundaries of the schizophrenia spectrum: Evidence from the Finnish adoptive family study of schizophrenia", en *American Journal of Psychiatry, 160*, 1587–1594.

Tienari, P., Wynne, L. C., Sorri, A., Lahti, I., Laksy, K., Moring, J., Naarala, M., Nieminen, P. y Wahlberg, K. (2004). "Genotype-environment interaction in schizophrenia spectrum disorder", en *British Journal of Psychiatry, 184*, 216–222.

Tierney, J. (Enero 16 de 2007a). "The voices in my head say 'buy it!' why argue?", en *New York Times*, pp. F1, F6.

Tierney, J. (Julio 31 de 2007b). "The whys of mating: 237 reasons and counting", en *New York Times*, pp. F1, F6.

Tierney, J. (Agosto 28 de 2007c). "A world of eloquence in an upturned palm", en *New York Times, Science Section*, pp. 1, 4.

Tiggemann, M., Martins, Y. y Kirkbride, A. (2007). "Oh to be lean and muscular: Body image ideals in gay and heterosexual men", en *Psychology of Men and Masculinity, 8*, 15–24.

Tolman, E. C. y Honzik, C. H. (1930). "Introduction and removal of reward, and maze performance in rats", en *University of California Publications in Psychology, 4*, 257–275.

Tolomiczenko, G. S., Sota, T. y Goering, P. N. (2000). "Personality assessment of homeless adults as a tool for service planning", en *Journal of Personality Disorders, 14*, 152–161.

Tomes, H. (Junio de 2004). "The case—and the research—that forever connected psychology and policy", en *Monitor on Psychology, 35*(6), 28.

Tomlinson, K. L., Tate, S. R., Anderson, K. G., McCarthy, D. M. y Brown, S. A. (2006). "An examination of self-medication and rebound effects: Psychiatric symptomatology before and after alcohol or drug relapse", en *Addictive Behaviors, 31*, 461–474.

Toomey, R., Lyons, M. J., Eisen, S. A., Xian, H., Chantarujikapong, S., Seidman, L. J., et al. (2003). "A twin study of the neuropsychological consequences of stimulant abuse", en *Archives of General Psychiatry, 60*, 303–310.

Trevarthen, C. (1995). "Mother and baby—Seeing artfully eye to eye", en R. L. Gregory et al. (eds.), *The artful eye* (pp. 157–200). Nueva York: Oxford University Press.

Triandis, H. C. y Suh, E. M. (2002). "Cultural influences on personality", en *Annual Review of Psychology, 53*, 133–160.

Trivedi, M. H., Rush, A. J., Wisniewski, S. R., Nierenberg, A. A., Warden, D., Ritz, L., et al. (2006). "Evaluation of outcomes with citalopram for depression using measurement-based care in STAR*D: Implications for clinical practice", en *American Journal of Psychiatry, 163*, 28–40.

Troxel, W. M., Matthews, K. A., Bromberger, J. T. y Sutton-Tyrrell, K. (2003). "Chronic stress burden, discrimination, and subclinical carotid artery disease in African American and Caucasian women", en *Health Psychology, 22*, 300–309.

Trunzo, J. J. y Pinto, B. M. (2003). "Social support as a mediator of optimism and distress in breast cancer survivors", en *Journal of Consulting and Clinical Psychology, 71*, 805–811.

Trzesniewski, K. H., Donnellan, M. B., Moffitt, T. E., Robins, R. W., Poulton, R. y Caspi, A. (2006). "Low self-esteem during adolescence predicts poor health, criminal behavior, and limited economic prospects during adulthood", en *Developmental Psychology, 42*, 381–390.

Tsai, A. G. y Wadden, T. A. (2005). "Systematic review: An evaluation of major commercial weight loss programs in the United States", en *Annals of Internal Medicine, 142*, 56–66.

Turati, C. (2004). "Why faces are not special to newborns: An alternative account of the face preference", en *Current Directions in Psychological Science, 13*, 5–8.

Turkington, C. (1996). *12 steps to a better memory*. Nueva York: MacMillan.

Turnbull, C. (1961). *The forest people*. Nueva York: Simon & Schuster.

Turner, J. A., Mancl, L. y Aaron, L. A. (2006). "Short- and long-term efficacy of brief cognitive-behavioral therapy for patients with chronic temporo-mandibular disorder pain: A randomized, controlled trial", en *Pain, 121*, 181–194.

Turner, R. J., Lloyd, D. A. y Taylor, J. (2006). "Stress burden, drug dependence, and the Hispanic nativity paradox", en *Drug and Alcohol Dependence, 83*, 79–89.

Turner, R. N., Hewstone, M. y Voci, A. (2007). "Reducing explicit and implicit outgroup prejudice via direct and extended contact: The mediating role of self-disclosure and intergroup anxiety", en *Journal of Personality and Social Psychology, 93*(3), 369–378.

U.S. Bureau of the Census. (2006). *Statistical abstract of the United States* (126ª. ed.). Washington, DC: U.S. Government Printing Office.

U.S. Census Bureau. (Octubre de 2003). *Marital status 2000*. Consultado en noviembre 15 de 2003 en www.census.gov/prod/2003pubs/c2kbr-30.pdf.

U.S. Department of Agriculture (USDA), Health Nutrition Information Services. (1991). *Nutritive value of foods* (pub. núm. G-72). Washington, DC: U.S. Government Printing Office.

U.S. Department of Health and Human Services, Substance Abuse and Mental Health Services Administration, Center for Mental Health Services, National Institutes of Health, National Institute of Mental Health. (1999). *Mental health: A report of the Surgeon General*. Rockville, MD: publicación del autor.

U.S. Department of Health and Human Services (USDHHS). (2001a). *National Household Survey on Drug Abuse: Highlights 2000*. Consultado en marzo 28 de 2001 en www.samhsa.gov.

U.S. Department of Health and Human Services, Substance Abuse and Mental Health Services Administration, Center for Mental Health Services, National Institutes of Health, National Institute of Mental Health. (2001b). *Mental health: Culture, race, and ethnicity: A supplement to mental health: A report of the Surgeon General—Executive summary*. Rockville, Maryland: publicación del autor.

U.S. Department of Justice (2006). *Criminal victimization in the United States. Statistical Tables, 2003*. Office of Justice Programs. Bureau of Justice Statistics. Consultado en febrero 15 de 2006 en http:www.ojp.usdoj.gov/bjs/abstract/ cvus/ rape_sexual_assault.htm.

U.S. *minority population tops 100 million*. (Mayo 15 de 2007). MSNBC.com. Consultado en mayo 15 de 2007 en http:www.msnbc.msn.com/id/18715129/.

Uhlmann, E. y Swanson, J. (2004). "Exposure to violent video games increases automatic aggressiveness", en *Journal of Adolescence, 27*, 41–52.

Umaña-Taylor, A. J. (2004). "Ethnic identity and self-esteem: Examining the role of social context", en *Journal of Adolescence, 27*, 139–146.

Unger, T., Calderon, G., Bradley, L., Sena-Esteves, M. y Rios, M. (2007). "Selective deletion of BDNF in the ventromedial and dorsomedial hypothalamus of adult mice results in hyperphagic behavior and obesity", en *Journal of Neuroscience, 27*, 14265–14274.

Unsworth, N. (2007). "Individual differences in working memory capacity and episodic retrieval: Examining the dynamics of delayed and continuous dis-tractor free recall", en *Journal of Experimental Psychology: Learning, Memory, and Cognition, 33*, 1020–1034.

Unsworth, N. y Engle, R. W. (2007). "The nature of individual differences in working memory capacity: Active maintenance in primary memory and controlled search from secondary memory", en *Psychological Review, 114*, 104–132.

Unützer, J. (2007). "Late-life depression", en *New England Journal of Medicine, 357*, 2269–2276.

Vaitl, D., Birbaumer, N., Gruzelier, J., Jamieson, G. A., Kotchoubey, B., Kübler, A., et al. (2005). "Psychobiology of altered states of consciousness", en *Psychological Bulletin, 131*, 98–127.

Vallea, M. F., Huebner, E. S. y Suldo, S. M. (2006). "An analysis of hope as a psychological strength", en *Journal of School Psychology, 44*, 393–406.

Van Cauter, E., Leproult, R. y Plat, L. (2000). "Age-related changes in slow-wave sleep and REM sleep and relationship with growth hormone and cortisol levels in healthy men", en *Journal of the American Medical Association, 284*, 861–868.

Van der Heijden, K. B. (2007). "Effect of melatonin on sleep, behavior, and cognition in ADHD and chronic sleep-onset insomnia", en *Journal of the American Academy of Child and Adolescent Psychiatry, 46*, 233–241.

Van Eerdewegh, P. P., Little, R. D., Dupuis, J., Del Mastro, R. G., Falls, K., Simon, J., et al. (2002). "Association of the ADAM33 gene with asthma and bronchial hyperresponsiveness", en *Nature, 418*, 426–430.

Van Goozen, S. H. M., Slabbekoorn, D., Gooren, L. J. G., Sanders, G. y Cohen-Kettenis, P. T. (2002). "Organizing and activating effects of sex hormones in homosexual transsexuals", en *Behavioral Neuroscience, 116*, 982–988.

Van Honk, J. y Schutter, D. J. L. G. (2007). "Testosterone reduces conscious detection of signals serving social correction: Implications for antisocial behavior", en *Psychological Science, 18*, 663–667.

Van Rooy, D., Van Overwalle, F., Vanhoomissen, T., Labiouse, C. y French, R. (2003). "A recurrent connectionist model of group biases", en *Psychological Review, 110*(3), 536–563.

Vancouver, J. B., Thompson, C. M., Tischner, E. C. y Putka, D. J. (2002). "Two studies examining the negative effect of self-efficacy on performance", en *Journal of Applied Psychology, 87*, 506–516.

Vargha-Khadem, F., Gadian, D. G., Copp, A. y Mishkin, M. (2005). "FOXP2 and the neuroanatomy of speech and language", en *Nature Reviews Neuroscience, 6*, 131–138.

Vasquez, M. J. T. (2007). "Cultural difference and the therapeutic alliance: An evidence-based analysis", en *American Psychologist, 62,* 878–885.

Vasquez, M. J. T. y Jones, J. (2006). "Increasing the number of psychologists of color: Public policy issues for affirmative diversity", en *American Psychologist, 61,* 132–142.

Vaughn, B. E., Azria, M. R., Krzysik, L., Caya, L. R., Bost, K. K., Newell, W., et al. (2000). "Friendship and social competence in a sample of preschool children attending Head Start", en *Developmental Psychology, 36,* 326–338.

Vecchio, R. P. (1997). *Leadership: Understanding the dynamics of power and influence in organizations.* Notre Dame: University of Notre Dame Press.

Verghese, A. (Febrero 22 de 2004). "Hope and clarity: Is optimism a cure?", en *New York Times Magazine,* pp. 11–12.

Verkuyten, M. y De Wolf, A. (2007). "The development of in-group.favoritism: Between social reality and group identity", en *Developmental Psychology, 43,* 901–911.

Victor, S. B. y Fish, M. C. (1995). "Lesbian mothers and the children: A review for school psychologists", en *School Psychology Review, 24*(3), 456–479.

Vidal, C. N., Rapoport, J. L., Hayashi, K. M., Geaga, J. A., Sui, Y., McLemore, L. E., et al. (2006). "Dynamically spreading frontal and cingulate deficits mapped in adolescents with schizophrenia", en *Archives of General Psychiatry, 63,* 25–34.

"Violent TV, games pack a powerful public health threat." (Noviembre 28 de 2007). *ScienceDaily.* Consultado en noviembre 28 de 2007 en http:www.sciencedaily.com/releases/2007/11/071127142134.htm.

Voisin, J., Bidet-Caulet, A., Bertrand, O. y Fonlupt, P. (2006). "Listening in silence activates auditory areas: A functional magnetic resonance imaging study", en *Journal of Neuroscience, 26,* 273–278.

Volkow, N. D. (2006). "Map of human genome opens new opportunities for drug abuse research", en *NIDA Notes, 20*(4), 3.

Volkow, N. D. (2007). "Genes and smoking", en *NIDA Notes, 21*(3), 2.

Volz, J. (Enero de 2000). "Successful aging: The second 50", en *Monitor on Psychology, 31*(1), 24–38.

Von Hippel, W. (2007). "Aging, executive functioning, and social control", en *Current Directions in Psychological Science, 16,* 240–244.

Vygotsky, L. S. (1978). *Mind in society: The development of higher psychological processes.* Cambridge, Massachusetts: Harvard University Press.

Vygotsky, L. S. (1986). *Thought and language.* Cambridge, Massachusetts: MIT Press. (Trabajo publicado originalmente en 1934.)

Wadden, T. A., et al. (2005). "Randomized trial of lifestyle modification and pharmacotherapy for obesity", en *New England Journal of Medicine, 353,* 2111–2120.

Wade, N. (Mayo 1 de 2007). "Among chimps and bonobos, the hand often does the talking", en *New York Times,* p. F3.

Wadsworth, S. J., DeFries, J. C., Fulker, D. W. y Plomin, R. (1995). "Cognitive ability and academic achievement in the Colorado Adoption Project: A multivariate genetic analysis of parent/offspring and sibling data", en *Behavior Genetics, 25,* 1–15.

Wager, T. D. (2005). "The neural bases of placebo effects in pain", en *Current Directions in Psychological Science, 14, 175–179.*

Wager, T. D. (2005). "The neural bases of placebo effects in pain", en *Current Directions in Psychological Science, 14,* 175-179.

Wagner, U., Gais, S., Haider, H., Verleger, R. y Born, J. (2004). "Sleep inspires insight", en *Nature, 427, 352–355.*

Wagstaff, G. F. y Frost, R. (1996). "Reversing and breaching posthypnotic amnesia and hypnotically created pseudomemories", en *Contemporary Hypnosis, 13*(3), 191–197.

Wagstaff, J. (Septiembre 29 de 2006). "Facial non-recognition: At least there's one thing humans are better at than computers", en *Wall Street Journal Online.* Consultado en septiembre 29 de 2006 en http:online.wsj.com/article/SB115948110655577171.html?modtechnology_featured_stories_hs.

Waismann, R., Fenwick, P. B. C., Wilson, G. D., Hewett, T. D. y Lumsden, J. (2003). "EEG responses to visual erotic stimuli in men with normal and paraphilic interests", en *Archives of Sexual Behavior, 32*(2), 135–144.

Walden, B., McGue, M., Lacono, W. G., Burt, S. A. y Elkins, I. (2004). "Identifying shared environmental contributions to early substance use: The respective roles of peers and parents", en *Journal of Abnormal Psychology, 113,* 440–450.

Waldman, I. D., Weinberg, R. A. y Scarr, S. (1994). "Racial-group differences in IQ in the Minnesota Transracial Adoption Study: A reply to Levin and Lynn", en *Intelligence, 19,* 29–44.

Walker, E., Kestler, L., Bollini, A. y Hochman, K. M. (2004). "Schizophrenia: Etiology and course", en *Annual Review of Psychology, 55,* 401–430.

Walker, L. J. (1997). "Is morality gendered in early parent-child relationships? A commentary on the Lollis, Ross, and Leroux study", en *Merrill-Palmer Quarterly, 43,* 148–159.

Walker, M. P. y Stickgold. R. (2006). "Sleep, memory, and plasticity", en *Annual Review of Psychology, 57,* 139–166.

Wallace, D. S., Paulson, R. M., Lord, C. G. y Bond, C. F. (2005). "Which behaviors do attitudes predict? Meta-analyzing the effects of social pressure and perceived difficulty", en *Review of General Psychology, 9,* 214–227.

Waller, B. M., Vick, S.-J., Parr, L. A., Bard, K. A., Pasqualini, M. C. S., Gothard, K. M. y Fuglevand, A. J. (2006). "Intramuscular electrical stimulation of facial muscles in humans and chimpanzees: Duchenne revisited and extended", en *Emotion, 6,* 367–382.

Wallis, C. (Enero 17 de 2005). "The new science of happiness", en *Time,* pp. A3–A9.

Walsh, B. T., Fairburn, C. G., Mickley, D., Sysko, R. y Parides, M. K. (2004). "Treatment of bulimia nervosa in a primary care setting", en *American Journal of Psychiatry, 161,* 556–561.

Walsh, T., Casadei, S., Coats, K. H., Swisher, E., Stray, S. M. y Higgins, J. (2006). "Spectrum of mutations in BRCA1, BRCA2, CHEK2, and TP53 in families at high risk of breast cancer", en *Journal of the American Medical Association, 295,* 1379–1388.

Wampold, B. E. (2006). "The psychotherapist", en J. C. Norcross, L. E. Beutler y R. F. Levant (eds.), *Evidence-based practices in mental health: Debate and dialogue on the fundamental questions* (pp. 200–208). Washington, DC: American Psychological Association.

Wampold, B. E. (2007). "Psychotherapy: *The* humanistic (and effective) treatment", en *American Psychologist, 62,* 857–873.

Wang, H., Parker, J. D., Newton, G. E., Floras, J. S., Mak, S., Chiu, K. L., et al. (2007). "Influence of obstructive sleep apnea on mortality in patients with heart failure", en *Journal of the American College of Cardiology, 49,* 1625–1631.

Wang, P. S., Lane, M., Olfson, M., Pincus, H. A., Wells, K. B. y Kessler, R. C. (2005). "Twelve-month use of mental health services in the United States: Results from the National Comorbidity Survey Replication", en *Archives of General Psychiatry, 62,* 590–592.

Ward, T. B. (1994). "Structured imagination: The role of conceptual structure in exemplar generation", en *Cognitive Psychology, 27,* 1–40.

Ward, T. B. (2001). "Creative cognition, conceptual combination, and the creative writing of Stephen R. Donaldson", en *American Psychologist, 56,* 350–354.

Ward, T. B., Smith, S. M. y Vaid, J. (1997). "Conceptual structures and processes in creative thought", en T. B. Ward, S. M. Smith y J. Vaid (eds.), *Creative thought: An investigation of conceptual structures and processes* (pp. 1–30). Washington, DC: American Psychological Association.

Wargo, E. (Julio de 2006). "How many seconds to a first impression?", en *APS Observer, 19*(7), 11.

Wargo, E. (Diciembre de 2007). "Understanding the have-knots: The role of stress in just about everything", en *APS Observer, 20*(11), 18–23.

Warner, M. B., Morey, L. C., Finch, J. F., Gunderson, J. G., Skodol, A. E., et al. (2004). "The longitudinal relationship of personality traits and disorders", en *Journal of Abnormal Psychology, 113,* 217–227.

Waterhouse, Lynn. (2006). "Multiple Intelligences, the Mozart Effect, and Emotional Intelligence: A critical review", en *Educational Psychologist, 41*(4), 207–225.

Watson, D. y Clark, L. A. (2006). "Clinical diagnosis at the crossroads", en *Clinical Psychology: Science and Practice, 13,* 210–215.

Watson, D., Suls, J. y Haig, J. (2002). "Global self-esteem in relation to structural models of personality and affectivity", en *Journal of Personality and Social Psychology, 83,* 185–197.

Watson, J. B. (1924). *Behaviorism.* Nueva York: W. W. Norton.

Watson, J. B. y Rayner, R. (1920). "Conditioned emotional reactions", en *Journal of Experimental Psychology, 3,* 1–14.

Watts, C. y Zimmerman, C. (2002). "Violence against women: Global scope and magnitude", en *Lancet, 359*(9313), 1232–1237.

Wechsler, D. (1975). "Intelligence defined and undefined: A relativistic appraisal", en *American Psychologist, 34,* 135–139.

Wegner, D. M., Wenzlaff, R. M. y Kozak, M. (2004). "Dream rebound: The return of suppressed thoughts in dreams", en *Psychological Science, 15,* 232–236.

Wei, W., Sambamoorthi, U., Olfson, M., Walkup, J. T. y Crystal, S. (2005). "Use of psychotherapy for depression in older adults", en *American Journal of Psychiatry, 162,* 711–717.

Weintrub, P. S. (Marzo 28 de 2007). "Human papillomavirus prevalence in the U.S.", en *Journal Watch Pediatrics and Adolescent Medicine.* Consultado en abril 16 de 2007 en http:pediatrics.jwatch.org/cgi/content/full/2007/328/1?qetoc.

Weis, R. (2002). "A parenting dimensionality and typology in a disadvantaged, African American sample: A cultural variance perspective", en *Journal of Black Psychology, 28*, 142–173.

Weiss, A., King, J. E. y Perkins, L. (2006). "Personality and subjective well-being in orangutans (Pongo pygmaeus and Pongo abelii)", en *Journal of Personality and Social Psychology, 90*, 501–511.

Weissman, M. M. (2007). "Cognitive therapy and interpersonal psychotherapy: 30 years later", en *American Journal of Psychiatry, 164*, 693–696.

Weisz, J. R., Jensen-Doss, A. y Hawley, K. M. (2006). "Evidence-based youth psychotherapies versus usual clinical care: A meta-analysis of direct comparisons", en *American Psychologist, 61*, 671–689.

Weller, S. C. y Stanberry, L. R. (2007). "Estimating the population prevalence of HPV", en *Journal of the American Medical Association, 297*, 876–878.

Wells, B. E. y Twenge J. M. (2005). "Changes in young people's sexual behavior and attitudes, 1943–1999: A cross-temporal meta-analysis", en *Review of General Psychology, 9*, 249–261.

Wells, G. L. y Olson, E. A. (2003). "Eyewitness testimony", en *Annual Review of Psychology, 54*, 277–295.

Westen, D. y Gabbard, G. O. (2002). "Developments in cognitive neuroscience: 1. Conflict, compromise, and connectionism", en *Journal of the American Psychoanalytic Association, 50*, 53–98.

Westra, H. A., Dozois, D. A. y Marcus, M. (2007). "Expectancy, homework compliance, and initial change in cognitive-behavioral therapy for anxiety", en *Journal of Consulting and Clinical Psychology, 75*, 363–373.

White, J. K., Hendrick, S. S. y Hendrick, C. (2004). "Big five personality variables and relationship constructs", en *Personality and Individual Differences, 37*, 1519–1530.

White, K. S., Brown, T. W., Somers, T. J. y Barlow, D. H. (2006). "Avoidance behavior in panic disorder: The moderating influence of perceived control", en *Behaviour Research and Therapy, 44*, 147–157.

Whitehead, B. D. y Popenoe, D. (2006). *The state of our unions: The social health of marriage in America 2006.* New Brunswick, Nueva Jersey: Rutgers University. Consultado en abril 16 de 2007 en http:marriage.rutgers.edu/Publications/ SOOU/TEXTSOOU2006.htm.

"WHO: Smoking could kill 1 billion this century." (Julio 2 de 2007). *Reuters News Service.* Consultado en julio 2 de 2007 en http:www.msnbc.msn.com/id/19549505/.

WHO World Mental Health Survey Consortium, The. (2004). "Prevalence, severity, and unmet need for treatment of mental disorders in the World Health Organization World mental health surveys", en *Journal of the American Medical Association, 29*, 2581–2590.

Whorf, B. L. (1956). "Science and linguistics", en J. B. Carrroll (ed.), *Language, thought, and reality: Selected writings of Benjamin Lee Whorf.* Cambridge, Massachusetts: MIT Press.

Widiger, T. A. (2005). "Five factor model of personality disorder: Integrating science and practice", en *Journal of Research in Personality, 39*, 67–83.

Wiener, D. N. (1988). *Albert Ellis: Passionate skeptic.* Nueva York: Praeger.

Wilcox, L. M. y Duke, P. A. (2003). "Stereoscopic surface interpolation supports lightness constancy", en *Psychological Science, 14*, 525–530.

Willcox, B. J., He, Q., Chen, R., Yano, K. Masaki, K. H., Grove, J. S., et al. (2006). "Midlife risk factors and healthy survival in men", en *Journal of the American Medical Association, 296*, 2343–2350.

Williams, M. A. y Mattingley, J. B. (2006). "Do angry men get noticed?", en *Current Biology, 16*, R402–R404.

Williams, T. J., Pepitone, M. E., Christensen, S. E., Cooke, B. M., Huberman, A. D., Breedlove, N. J., et al. (Abril de 2000). "Finger length patterns and human sexual orientation", en *Nature, 404*, 455–456.

Willingham, D. T. (2007). *Cognition: The thinking animal* (3ª. ed). Upper Saddle River, Nueva Jersey: Pearson/Prentice Hall.

Willis, J. y Todorov, A. (2006). "First impressions: Making up your mind after a 100-ms exposure to a face", en *Psychological Science, 17*, 592–598.

Willis, R. J. y Michael, R. T. (1994). "Innovation in family formation: Evidence on cohabitation in the United States", en J. Eruisch y K. Ogawa (eds.), *The family, the market and the state in aging societies.* Londres, Inglaterra: Oxford University Press.

Wilson, G. T., Grilo, C. M. y Vitousek, K. M. (2007). "Psychological treatment of eating disorders", en *American Psychologist, 62*, 199–216.

Wilson, R. S. y Bennett, D. A. (2003). "Cognitive activity and risk of Alzheimer's disease", en *Current Directions in Psychological Science, 12*, 87–91.

Wilson, R. S., Bennett, D. A., Bienias, J. L., Aggarwal, N. T., Mendes de Leon, C. F., Morris, M. C., et al. (2002). "Cognitive activity and incident AD in a population-based sample of older persons", en *Neurology, 59*, 1910–1914.

Wilson, R. S., Schneider, J. A., Arnold, S. E., Bienias, J. L. y Bennett, D. A. (2007). "Conscientiousness and the incidence of Alzheimer Disease and mild cognitive impairment", en *Archives of General Psychiatry, 64*, 1204–1212.

Windholz, G. y Lamal, P. A. (1985). "Koehler's insight revisited", en *Teaching of Psychology, 12*, 165–167.

Winerip, M. (Mayo 23 de 1999). "Bedlam on the streets", en *New York Times Magazine*, pp. 42–49.

Wingert, P. y Kantrowitz, B. (2007a). *The complete guide to menopause.* Nueva York: Workman Publishing Company.

Wingert, P. y Kantrowitz, B. (Enero 15 de 2007b). "The new prime time", en *Newsweek*, pp. 38–50, 53-54.

Winner, E. (2000). "The origins and ends of giftedness", en *American Psychologist, 55*, 159–169.

Winterer, G., Musso, F., Beckmann, C., Mattay, V., Egan, M. F., Jones, D. W., et al. (2006). "Instability of prefrontal signal processing in schizophrenia", en *American Journal of Psychiatry, 163*, 1960–1968.

Wixted, J. T. (2004). "The psychology and neuroscience of forgetting", en *Annual Review of Psychology, 55*, 235–269.

Wixted, J. T. (2005). "A theory about why we forget what we once knew", en *Current Directions in Psychological Science, 14*, 6–9.

Wolchik, S. A., Sandler, I. N., Millsap, R. E., Plummer, B. A., Greene, S. M., Anderson, E. R., et al. (2002). "Six-year follow-up of preventive interventions for children of divorce: A randomized controlled trial", en *Journal of the American Medical Association, 288*, 1874–1881.

Wonderlich, S. A., Joiner, T. E., Jr., Keel, P. K., Williamson, D. A. y Crosby, R. D. (2007). "Eating disorder diagnoses: Empirical approaches to classification", en *American Psychologist, 62*, 167–180.

Wood, J. M., Lilienfeld, S. O., Nezworski, M. T. y Garb, H. N. (2001). "Coming to grips with negative evidence for the comprehensive system for the Rorschach: A comment on Gacono, Loving, and Bodholdt; Ganellen; and Bornstein", en *Journal of Personality Assessment, 77*, 48–70.

Wood, M. D., Vinson, D. C. y Sher, K. J. (2001). "Alcohol use and misuse", en A. Baum, T. A. Revenson y J. E. Singer (eds.), *Handbook of health psychology* (pp. 280–320). Mahwah, Nueva Jersey: Lawrence Erlbaum Associates.

Wood, W. y Eagly, A. H. (2002). "A cross-cultural analysis of the behavior of women and men: Implications for the origins of sex differences", en *Psychological Bulletin, 128*, 699–727.

Worthington, R. L., Soth-McNett, A. M. y Moreno, M. V. (2007). Multicultural counseling competencies research: A 20-year content analysis", en *Journal of Counseling Psychology, 54*, 351–361.

Wright, K. P., Jr., Hull, J. T., Hughes, R. J., Ronda, J. M. y Czeisler, C. A. (2006). "Sleep and wakefulness out of phase with internal biological time impairs learning in humans", en *Journal of Cognitive Neuroscience, 18*, 508–521.

Wright, S. C., Aron, A., McLaughlin-Volpe, R. y Ropp, S. A. (1997). "The extended contact effect: Knowledge of cross-group friendships and prejudice", en *Journal of Personality and Social Psychology, 73*, 73–90.

Wu, R., Bao, J., Zhang, C., Deng, J. y Long, C. (2006). "Comparison of sleep condition and sleep-related psychological activity after cognitive-behavior and pharmacological therapy for chronic insomnia", en *Psychotherapy and Psychosomatics, 75*, 220–228.

Wyart, C., Webster, W. W., Chen, J. H., Wilson, S. R., McClary, A., Khan, R. M. y Sobel, N. (2007). "Male sweat as a possible chemosignal", en *Journal of Neuroscience, 27*, 1261–1265.

Xu, F., Sternberg, M. R., Kottiri, B. J., McQuillan, G. M., Lee, F. K., et al. (2006). "Trends in Herpes Simplex Virus Type 1 and Type 2 seroprevalence in the United States", en *Journal of the American Medical Association, 296*, 964–973.

Yager, J. (Octubre 16 de 2006). "Which patients with major depression will relapse despite maintenance fluoxetine?", en *Journal Watch Psychiatry.* Consultado en octubre 16 de 2006 en http:psychiatry.jwatch.org/cgi/content/full/2006/1016/4.

Yan, L. L., Daviglus, M. L., Liu, K., Stamler, J., Wang, R., Pirzada, A., et al. (2006). "Midlife body mass index and hospitalization and mortality in older age", en *Journal of the American Medical Association, 295*, 190–198.

Yeo, R. A., Gangestad, S. W. y Thoma, R. J. (2007). "Developmental instability and individual variation in brain development: Implications for the origin of neurodevelopmental disorders", en *Current Directions in Psychological Science, 16*, 245–249.

Young, E. A., Clopton, J. R. y Bleckley, M. K. (2004). "Perfectionism, low selfesteem, and family factors as predictors of bulimic behavior", en *Eating Behaviors, 5*, 273–283.

Yunger, J. L., Carver, P. R. y Perry, D. G. (2004). "Does gender identity influence children's psychological well-being?", en *Developmental Psychology, 40,* 572–582.

Yurgelun-Todd, D. A. y Killgore, W. D. S. (2006). "Fear-related activity in the prefrontal cortex increases with age during adolescence: A preliminary fMRI study", en *Neuroscience Letters, 406,* 194–199.

Zajonc, R. (1965). "Social facilitation", en *Science, 149,* 269–274.

Zajonc, R. B. (1980a). "Compresence", en P. B. Paulus (ed.), *Psychology of group influence* (pp. 35–60). Hillsdale, Nueva Jersey: Erlbaum.

Zajonc, R. B. (1980b). "Feeling and thinking: Preferences need no inferences", en *American Psychologist, 35,* 151–175.

Zajonc, R. B. (1984). "On the primacy of affect", en *American Psychologist, 39,* 117–123.

Zeelenberg, R., Wagenmakers, E.-J. y Rotteveel, M. (2006). "The impact of emotion on perception. Bias or enhanced processing?", en *Psychological Science, 17,* 287–291

Zernike, K. (Marzo 12 de 2005). "A 21st-birthday drinking game can be a deadly rite of passage", en *New York Times,* pp. A1, A13.

Zernike, K. (Enero 21 de 2007). "Why are there so many single Americans?", en *New York Times, Section 4,* pp. 1, 4.

Zhang, J. V, et al. (2006). "Obestatin, a peptide encoded by the ghrelin gene, opposes ghrelin's effects on food intake", en *Science, 310,* 996–999.

Zickler, P. (Octubre de 2006). "Marijuana smoking is associated with a spectrum of respiratory disorders", en *NIDA Notes, 21*(1), 12–13.

Zimbardo, P. G. (1975). "On transforming experimental research into advocacy for social change", en M. Deutsch y H. Hornstein (eds.), *Applying social psychology: Implications for research, practice and training.* Hillsdale, Nueva Jersey: Erlbaum.

Zimbardo, P. G., Haney, C., Banks, W. C. y Jaffe, D. (Abril 8 de 1973). "The mind is a formidable jailer: A Pirandellian prison", en *New York Times Magazine,* sección 6, pp. 38ss.

Zimmerman, F. J. y Christakis, D. A. (2005). "Children's television viewing and cognitive outcomes: A longitudinal analysis of national data", en *Archives of Pediatrics and Adolescent Medicine, 159,* 619–625.

Zimmerman, M., McGlinchey, J. B., Young, D. y Chelminski, I. (2006). "Diagnosing major depressive disorder III: Can some symptoms be eliminated from the diagnostic criteria?", en *Journal of Nervous and Mental Disease, 194,* 313–317.

Zola, S. M. (1999). "Memory, amnesia, and the issue of recovered memory: Neurobiological aspects", en *Clinical Psychology Review, 19,* 915–932.

Zubin, J. y Spring, B. (1977). "Vulnerability—A new view of schizophrenia", en *Journal of Abnormal Psychology, 86,* 103–126.

Zucker, A. N., Ostrove, J. M. y Stewart, A. J. (2002). "College-educated women's personality development in adulthood: Perceptions and age differences", en *Psychology and Aging, 2,* 236–244.

Zucker, K. J. (2005a). "Gender identity disorder in children and adolescents", en *Annual Review of Clinical Psychology, 1,* 467–492.

Zucker, K. J. (2005b). "Gender identity disorder in girls", en D. J. Bell, S. L. Foster y E. J. Mash (eds.), *Handbook of behavioral and emotional problems in girls: Issues in clinical child psychology* (pp. 285–319). Kluwer Academic/ Plenum Publishers.

Zuckerman, M. (1980). "Sensation seeking", en H. London y J. Exner (eds.), *Dimensions of personality.* Nueva York: John Wiley & Sons.

Zuckerman, M. (2007). *Sensation seeking and risky behavior.* Washington, DC: American Psychological Association.

Zuger, A. (Agosto 19 de 1997). "Removing half of brain improves young epileptics' lives", en *New York Times,* p. C4.

Zukow-Goldring, P. (1997). "A social ecological realist approach to the emergence of the lexicon: Educating attention to amodal invariants in gesture and speech", en C. Dent-Read y P. Zukow-Goldring (eds.), *Evolving explanations of development: Ecological approaches to organism-environment systems* (pp. 199–250). Washington, DC: American Psychological Association.

Zvolensky, M. J., Kotov, R., Antipova, A. V. y Schmidt, N. B. (2005). "Diathesis stress model for panic-related distress: A test in a Russian epidemiological simple", en *Behaviour Research and Therapy, 43,* 521–532.

Zweig, R. A. (2005). "Suicide prevention in older adults: An interdisciplinary challenge", en *Clinical Psychology: Science and Practice, 12,* 260–263.

Zweigenhaft, R. L. (1970). "Signature size: A key to status awareness", en *Journal of Social Psychology, 81,* 49–54.

Créditos

Créditos por material fotográfico

Capítulo 1: p. 22: *Fragmento:* tomado de *Abnormal Psychology in a Changing World*, 5ª. ed., de Nevid/Rathus/Green, © 2003. Reimpreso con autorización de Prentice-Hall, Inc., Upper Saddle River, Nueva Jersey. p. 31: *Figura 1.9:* tomada de J. Willis y A. Todorov, 2006, "First Impressions: Making Up Your Mind After a 100-ms Exposure to a Face", en *Psychological Science*, Vol. 17, pp. 592–598. Reimpresa con autorización de Blackwell Publishing. p. 31: *Tabla 1.2:* adaptación de Willis y Todorov, 2006.

Capítulo 2: p. 82: *Figura 2.21:* tomada de *Newsweek*, 21 de febrero, 2005. Reimpresa con autorización de PARS International.

Capítulo 3: p. 109: *Figura 3.15:* tomada de *Society for Neuroscience*, 2005, "Pain: Making a Difference Today". Reimpresa con autorización de *Society of Neuroscience*. p. 114: *Figura 3.18:* tomada de H.R. Schiffman, *Sensation and Perception: An Integrated Approach*, 2000. Reimpresa con autorización de John Wiley & Sons, Inc.

Capítulo 4: p. 156: *Tabla 4.2:* tomada de "Behavior effects of blood alcohol levels", de O. Ray y C. Ksit, *Drugs, Society, & Human Behavior*, 5ª. ed. Copyright © 1990 Times Mirros/Mosby College Publishing. Utilizada con autorización de Worth Publishers. p. 170: *Módulo 4.5:* tomado de J.S. Nevid, S.A. Rathus y H.R. Rubenstein, *Health in the New Millennium*, 1998. Reimpreso con autorización de W.H. Freeman & Company/Worth Publishers.

Capítulo 6: p. 221: *Fragmento: Intente lo siguiente:* tomado de William F. Brewer y James C. Treyens, "Role of Schemata in Memory for Places...", en *Cognitive Psychology*, Vol. 13, #3, 1981, pp. 207–230. Reimpreso con autorización. Copyright © 1981 por Elsevier, Inc. p. 229: *Fragmento: Intente lo siguiente:* tomado de Raymond S. Nickerson y Marilyn Jager Adams, "Long-Term Memory for a Common Object", en *Cognitive Psychology*, Vol. 11, #3, 1979, pp. 287–307. Reimpreso con autorización. Copyright © 1979 por Elsevier, Inc.

Capítulo 7: p. 256: *Figura 7.11:* tomada de *Gehirn & Geist/Siganim*, publicado por Spektrum der Wissenschaft, abril de 2004, p. 52. Reimpreso con autorización. p. 272: *Figura 7.15:* tomada de Robert J. Sternberg y Michael L. Barnes, *Psychology of Love*, Yale Univeristy Press, 1988. Reimpresa con autorización del editor, Yale University Press. p. 274: *Figura 7.16:* adaptación basada en *Journal of Intelligence*, Vol. 24, pp. 53–57. Plomin *et al.*, "Genetics and intelligence: What's new?". Copyright © 1997, con autorización de Elsevier Science.

Capítulo 8: p. 297: *Tabla 8.1:* tomada de J.S. Nevid, S.A. Rathus y H.R. Rubenstein, *Health in the New Millennium*, 1998. Reimpresa con autorización de W.H. Freeman & Company/Worth Publishers. p. 303: *Figura 8.7:* Paul Ekman, tomada de *The face of man: Expression of Universal Emotions in a New Guinea Village*, 1980. p. 309: *Tabla 8.2:* figura adaptada a partir de S.A. Rathus, J.S. Nevid y Fichner-Rathus, *Human Sexuality in a World of Diversity*, 3ª. ed., p. 202: Copyright © Allyn & Bacon 1997. Reimpresa con autorización. p. 312: *Figura 8.12:* adaptada a partir de "The Emotional Brain: The Mysterious Underpinnings of Emotional Life", de J.E. LeDoux. Copyright © 1996 Brockman, Inc. Reimpresa con autorización. p. 315: *Fragmento: Intente lo siguiente:* tomado de Spencer A. Rathus y Jeffrey S. Nevid, *Psychology and the Challenges of Life*. 9ª. ed., 2005, p. 411. Reimpreso con autorización de John Wiley & Sons, Inc. p. 319: *Tabla 8.3:* tomada de Jeffrey S. Nevid, Spence A. Rathus y Beverly Greene, *Abnormal Psychology in a Changing Worls with CD-ROM*, 5ª. ed. Copyright © 2003. Reproducción electrónica con autorización de Pearson Education, Inc., Upper Saddle River, Nueva Jersey.

Capítulo 9: p. 338: *Figura 9.8:* tomada de Trevarthen, "Mother and Baby—Seeing Artfully Eye to Eye", en R.L. Gregory *et al.*, *The Artful Eye*, 1995. Reimpresa con autorización de Oxford University Press Ltd. p. 356: *Figura 9.9:* tomada de K. Berger, *The Development Person Through Childhood and Adolescence*. 2ª. ed. Reimpresa con autorización de W.H. Freeman & Company/Worth Publishers.

Capítulo 10: p. 367: *Fragmento:* adaptado a partir de "Self and Identity Development", de Susan Harter, en S.S. Feldman y G. R. Elliot (eds.), *At the Threshold: The Developing Adolescent*, pp. 352–353. Copyright © 1990. Reimpreso con autorización. p. 369: *Figura 10.1:* adaptada a partir de *Lifespan Development*, de K.L. Seifert, R.J. Hoffnung y M. Hoffnung. Copyright © 2000 por Houghton Mifflin Company. Reimpresa con autorización de Houghton Mifflin Company. p. 381: *Tabla 10.1:* adaptada a partir de S.A. Rathus, J.S. Nevid y L. Fichner-Rathus, *Human Sexuality in a World of Diversity*, 3ª. ed., pp. 96–97. Copyright Allyn & Bacon 1995. Reimpresa con autorización. p. 382: *Figura 10.3:* tomada de Jeffrey Jensen Arnett, *Adolescence and Emerging Adulthood: A Cultural Approach*, 2ª. ed. © 2004. Reproducida con autorización de Pearson Education, Inc., Upper Saddle River, Nueva Jersey. p. 390: *Fragmento: Intente lo siguiente:* tomado de Spencer A. Rathus y Jeffrey S. Nevid, *Adjustment and Growth: The Challenges of Life*, 1994, pp. 518 y 622. Reimpresa con autorización de John Wiley & Sons, Inc.

Capítulo 11: p. 412: *Figura 11.2:* adaptada a partir de Kimura, D. (septiembre de 1992). "Sex differenced in the brain", en *Scientific American*, pp. 120–121. Reimpresa con autorización de Jared Schneidman Design. p. 417: *Figura 11.3:* tomada de Laumann *et al.*, *The Social Organization of Sexuality*. Reimpresa con autorizacíon de University of Chicago Press.

Capítulo 12: p. 444: *Figura 12.1:* tomada de "Stress in America", American Psychological Association. Copyright © por la American Psychological Association. Reproducida con autorización. p. 451: *Fragmento: Intente lo siguiente:* adaptado a partir de *Abnormal Psychology in a Changing World*, 3ª. ed., de Nevid/Rathus/Greene, 176: © 1997. Reimpreso con autorización de Prentice-Hall, Inc., Upper Saddle River, Nueva Jersey. p. 469: *Fragmento:* tomado de J.S. Nevid, S.A. Rathus y H.R. Rubenstein, *Health in the New Millennium*, 1998. Reimpreso con autorización de W.H. Freeman & Company/Worth Publishers. p. 460: *Fragmento: Intente lo siguiente:* TK. 462: *Figura 12.6:* tomada de S.A. Schroeder, 2007, "We Can Do Better—Improving the Health of the American People", en *New England Journal of Medicine*, 257: 1221–1228. Copyright © 2007 Massachusetts Medical Society. Todos los derechos reservados.

Capítulo 13: p. 481: *Tabla 13.1:* tomada de Rathus, *Essentials of Psychology*, 6ª. ed. Copyright © 2001 Wadsworth, división de Cengage Learning, Inc. Reproducida con autorización, www.cengage.com/permissions. p. 489: *Figura 13.2:* datos obtenidos en Cattell, Eber y Tatsuoka: *Handbook for the Sixteen Personality Factor Questionnaire* (16PF[R]), Copyright ©1970, 1988, 1992 por Institute for Perscnality and Ability Testing (IPAT), Inc., Champaing, Illinois, EUA. Todos los derechos reservados. p. 490: *Figura 13.3:* tomada de *Personality Genetics and Behavior*, de Hans J. Eysenck. Copyright © 1982. Reproducida con autorización de Greenwood Publishing Group, Inc., Westport, Connecticut. p. 502: *Fragmento: Intente lo siguiente:* tomado de J.S. Nevid, S.A. Rathus y H.R. Rubenstein, *Health in the New Millennium*, 1998. Reimpresión con autorización de W.H. Freeman & Company/ Worth Publishers. p. 507: *Tabla 13.4:* tomada de Jeffrey S. Nevid, Spence A. Rathus y Beverly Greene, *Abnormal Psychology in a Changing World with CD-ROM*, 5ª. ed. Copyright © 2003. Reproducción electrónica con autorización de Pearson Education, Inc., Upper Saddle River, Nueva Jersey. p. 510: *Figura 13.7:* reimpresa con autorización de los editores de Henry A. Murray, *Thematic Apperception Test, Card 12F*, Cambridge, Massachusetts: Harvard University Press, Copyright © 1943 por President and Fellows of Harvard College, © 1971 por Henry A. Murray.

Capítulo 14: p. 531: *Caso:* tomado de *Harvard Guide to Modern Psychiatry*, edición de Armand M. Nicholi, Jr., M.D., 1978, pp. 179–180. Reimpreso con autorización de Harvard University Press. p. 537: *Fragmento: Intente lo siguiente:* tomado de M.F. Scheier, C.S. Carver y M.W. Bridges, 1994, "Distinguishing Optimism from Neuroticism (and Trait Anxiety, Self-Mastery, and Self-Esteem): A Reevaluation of the Life Orientation Test", en *Journal of Personality and Social Psychology, 67*, 1063–1078. Copyright © 1994 por la American Psychological Association. Reproducido con autorización.

Capítulo 15: p. 563: *Tabla 15.1:* tomada de Jeffrey S. Nevid, Spence A. Rathus y Beverly Greene, *Abnormal Psychology in a Changing World with CD-ROM*, 5ª. ed. Copyright © 2003. Reproducción electrónica con autorización de Pearson Education, Inc., Upper Saddle River, Nueva Jersey. p. 564: *Fragmento:* Silverman (1984), "Beyond Insight", en *Psychology, 1*, 215–234. Fragmento de las pp. 226–227. p. 565: *Fragmento:* tomado de Rogers, C. R., "Client-centered therapy", pp. 154–155. Copyright © 1951 Houghton Mifflin. Adaptado con autorización. p. 570: *Tabla 15.2:* tomada de Jeffrey S. Nevid, Spence A. Rathus y Beverly Greene, *Abnormal Psychology in a Changing World with CD-ROM*, 5ª. ed. Copyright © 2003. Reproducción electrónica con autorización de Pearson Education, Inc., Upper Saddle River, Nueva Jersey.

Capítulo 16: p. 607: *Figura 16.4:* tomada de D. Schroeder, *et al.*, *The Psychology of Helping and Altruism*, 1995, p. 28. Reimpresa con autorización del autor.

Créditos por el texto

Fotografías de entrada de capítulo: cap. 1, pp. 2–3: © Jonathan Nourok/PhotoEdit; cap. 2, pp. 40–41: AP/Wide World; cap. 3, pp. 86–87: © LWA-Dann Tardif/Corbis; cap. 4, pp. 132–33: JGI Blend; cap. 5, Cohen/Ostrow/RF Getty Images; cap. 6, pp. 208–09: Kris Timken/Digital Vision/RF Getty Images; cap. 7, Rubber-ball Productions/RF Getty Images; cap. 8, pp. 282–83: AP/Wide World; cap. 9, pp. 322–23: Ariel Skelley/Getty Images; cap. 10, pp. 404–405: Stockbyte/Getty Images; cap. 12, pp. 442–43: Blend Images/Getty Images; cap. 13, © moodboard/Corbis; cap. 14, pp. 516–17: © John Lamb/Taxi/Getty Images; cap. 15, pp. 556–57: © Bruce Ayres/Stone/Getty Images; cap. 16, pp. 592–93: © Dennis Galante/Corbis.

Capítulo 1: p. 4: © David Young-Wolff/PhotoEdit. p. 5: archivo History of American Psychology - The University of Akron. p. 7 arriba: © JP Laffont/ Sygma/Corbis. p. 7 abajo: archivo History of American Psychology The University of Akron. p. 10: AP Photo/Ed Betz. p. 12: © Chuck Savage/ Corbis. p. 19 arriba: © Mark Richards/PhotoEdit, Inc. p. 19 abajo izquierda: Wellesley College Archives/fotografía de Pastridge. p. 19 abajo derecha: archivo History of American Psychology - The University of Akron. p. 20 arriba izquierda: cortesía de Wilberforce University/Archives & Special Collections. p. 20 arriba derecha: Biblioteca del Congreso. p. 25: BrandX Pictures/Getty RF. p. 27: Time & life Pictures/ Getty Images. p. 28: David Young-Wolf/PhotoEdit, Inc. p. 30: Stockbyte/ Getty Images.

Capítulo 2: p. 47: AFG/Getty Images. p. 48: Getty Images. p. 59: © The Natural History Museum Picture Library, Londres. p. 62 arriba izquierda: Richard Nowitz/ Photo Researchers. p. 62 arriba derecha: © Syracuse Newspapers/The Image Works. p. 62 abajo: Pascal Goetzheluck/Science Photo Library/Photo Researchers. p.63: © Scott Grafton MD/Visuals Unlimited. p. 64: Mark Richards/PhotoEdit. p. 66: Corbis. p. 67: Niel Bromhall/Science Photo Library/Photo Researchers. p. 70: dominio público. p. 78: © Tribune Media Services, Inc. Todos los derechos reservados. Reimpresa con autorización. p. 81: © 2001 American Association for the Advancement of Science. p. 82 arriba izquierda: Jeanne White/Photo Researchers. p. 82 arriba centro izquierda: Rubberball Productions/Getty Images. p. 82 centro: Neil Borden/Photo Researchers. p. 82 derecha: Neil Borden/Photo Researchers. p. 82 abajo: con autorización del Dr. Brian Knutson.

Capítulo 3: p. 93: Ralph Eagle/Photo Researchers. p. 98: cortesía de Richmond Products. p. 106: © Rolf Bruderer/Corbis. p. 107: David Young-Wolff/ PhotoEdit, Inc. p. 109: © Roy McMahon/Corbis. p. 110: TEK/Science Photo Library/Photo Researchers. p. 111: Andersen Ross/Getty Images. p. 120: Susan van Etten/PhotoEdit, Inc. p. 121 arriba izquierda: Corbis. p. 121 arriba centro: © David Stoecklein/Stock Market/Corbis. p. 121 arriba derecha: Art Wolfe/Stone/Getty Images. p. 121 abajo izquierda: © John Harris/ Report Digital-REA/Redux. p. 121 abajo centro: © Momatiuk - Eastcott/Corbis. p. 123 arriba: © Phyllis Picardi/Stock, Boston. p. 123 abajo: fotografía de Andrew Davidhazy/ RIT. p. 124 arriba: Peter Menzel/Stock, Boston. p. 124 abajo: © Marilyn Genter/The Image Works. p. 128: © Comstock Select/Corbis. p. 129: Bonnie Kamin/PhotoEdit, Inc.

Capítulo 4: p. 134: archivos History of American Psychology - The University of Akron. p. 136: © Simon Marcus/Corbis. p. 137 arriba: Sami Sarkis/ Getty Images. p. 137 abajo: tira cómica *Brainwaves*, de Betsy Streeter 27/3/06, mycomicspage.com. p. 143: SuperStock/© 2008 Artists Rights Society (ARS), Nueva York/ADAC, París. p. 148: Tony Anderson/FPG/Getty Images. p. 150: © Kim Eriksen/zefa/Corbis. p. 152: © Michael Newman/PhotoEdit. p. 155 izquierda: © Don Mason/Corbis. p. 155 derecha: Image Source Black/Getty Images. p. 157: © C. Lyttle/zefa/Corbis. p. 158 arriba: © Ariel Skelley/Corbis. p. 158 abajo: fotografía proporcionada por la Sam Spady Foundation, www.samspadyfoundation.org. p. 162: © Bettmann/Corbis. p. 163: © Bettmann/Corbis. p. 164: © Ann Marie Rousseau/The Image Works. p. 166: Corbis. p. 167: reimpresa de *Addictive Behaviors*, Vol. 29, "fMRI BOLD Response to Alcohol Stimuli in Alcohol Dependent Young Women", de Susan F. Tapert *et al*, pp. 43–50, © 2004, con autorización de Elsevier. p. 168: Veer. p. 170: © Dynamic Graphics Group/IT Stock Free/Alamy.

Capítulo 5: p. 176: Time & Life Pictures/Getty Images. p. 179: Andrew Yates Productions/Getty Images. p. 181: archivos History of American Psychology - The University of Akron. p. 182: archivos History of American Psychology - The University of Akron. p. 183: Getty Images News. p. 184 arriba: Thomas Kitchin/Tom Stack & Associates, Inc. p. 184 abajo: cortesía de John Garcia. p. 188: Time & Life Pictures/Getty Images. p. 190: © Bubbles/ Loisjoy Thurston. p. 191: © L. Clarke/Corbis. p. 193: Blend Images/Getty Images. p. 197: Tony Freeman/PhotoEdit, Inc. p. 201: © Vittoriano Rastelli/Corbis. p. 202 todas: cortesía de Albert Bandura. p. 205: Steve Sjkold/PhotoEdit, Inc.

Capítulo 6: p. 213: © Liu Liqun/Corbis. p. 216: © Andrew Brusso/Corbis. 219: Myrleen Ferguson Cate/PhotoEdit, Inc. p. 220: © S. Carmona/Corbis. p. 221: cortesía de W. E. Brewer, tomada de Brewer, W. E. y Treyens, J.C. (1981), "Role of Schemata in Memory of Places", en *Cognitive Psychology*, 13, 207–230. p. 222: AP/Wide World. p. 223: © Siner Jeff/Corbis Sygma. p. 224 izquierda: AP/ Wide World. p. 224 derecha: DILBERT © Scott Adams/distribuida por United Feature Syndicate, Inc. p. 227: archivos History of American Psychology - The University of Akron. p. 228: Hill Street Studios/Getty Images. p. 231: © Jeff Persons/Stock Boston. p. 235: cortesía de Eric Kandel.

Capítulo 7: p. 246 derecha: © Laura Dwight/Corbis. p. 246 abajo: Topham/Image Works. p. 247: John Neubauer/PhotoEdit, Inc. p. 248: Thomas Brakefield/ ImageWorks. p. 251: Corbis. p. 253: Lawrence Migdale/Stock, Boston. p. 255: © The New Yorker Collection 1998 Leo Cullum, de cartoonbank.com. Todos los derechos reservados. p. 260: © Paolo Aquilar/EFE/Corbis. p. 261: © Bob Krist/Corbis. p. 262: Mark Richards/PhotoEdit, Inc. p. 263 izquierda: cortesía de Great Ape Trust of Iowa, www.greatapetrust.org. p. 263 derecha: fotografía de Frans de Waal. p. 265: Bettmann/Corbis. p. 271 izquierda: Robert Brenner/PhotoEdit, Inc. p. 271 arriba: Bob Daemmrich/PhotoEdit, Inc. p. 271 abajo: © Tim Pannell/ Corbis. p. 271 derecha: © Michael Mulvey/Dallas Morning News/ Corbis. p. 272 arriba derecha: © Jon Feingersh/zefa/Corbis. p. 272 izquierda: © Will & Deni McIntyre/ Corbis. p. 273 abajo derecha: © Anders Ryman/Corbis. p. 275: David YoungWolff/PhotoEdit, Inc.

Capítulo 8: p. 285: AP/Wide World. p. 287: AP/Wide World. p. 288: Spencer Grant/PhotoEdit, Inc. p. 290: Jeff Greenberg/PhotoEdit, Inc. p. 291 izquierda: Bettmann/Corbis. p. 291 derecha: © Marvin Koner/Corbis. p. 294: Tom Raymond/Fresh Air Photo. p. 297: AP/ Wide World. p. 299: fotografía de Jill Greenberg © 1996. p. 300: Azzara Steve/Corbis Sygma. p. 303 todas: Paul Ekman, de *The Face of Man: Expression of universal Emotions in a New Guinea Village*, 1980. p. 304 arriba izquierda: © Frank Trapper/Corbis. p. 304 arriba derecha: Tim Graham Photo Library/Getty Images. p. 304 abajo: con autorización de Leigh Rubin y el Creators Syndicate, Inc. p. 305: Tony Freeman/PhotoEdit, Inc. p. 306: © Gianni Dagliorti/Corbis. p. 307 todas: Paul Ekman, de *Telling Lies*, 1975. p. 309: © George Shelley/Corbis. p. 310: NIMH (National Institutes of Mental Health), 2001. p. 316: Wolfgang Spunbarg/PhotoEdit, Inc. p. 318: Bob Daemmrich/Stock, Boston.

Capítulo 9: p. 328: David M. Phillips/Photo Researchers, Inc. p. 329 izquierda: Petit Format/Nestle/Photo Researchers, Inc. p. 329 derecha: Petit Format/Nestle/ Photo Researchers, Inc. p. 332: © David H. Wells/Corbis. p. 333: cortesía de Jeffrey Nevid. p. 335 izquierda: Charles Gupton/Stock, Boston. p. 335 centro: J. da-Cunha/Petit Format/Photo Researchers, Inc. p. 335 derecha: Elizabeth Crews/ ImageWorks. p. 336 izquierda: © 2003 PhotoDisc. p. 336 derecha: © 2003 PhotoDisc. p. 337: Mark Richards/PhotoEdit, Inc. p. 338 arriba: cortesía de Carolyn Rovee-Collier. p. 338 abajo: cortesía del Prof. Colwyn Trevarthen. p. 341 izquierda y derecha: © Ned Frisk Photography/Corbis. p. 343 arriba: Jonathan Nourok/PhotoEdit, Inc. p. 343 abajo: Time & Life Pictures/Getty Images. p. 344 arriba: Time & Life Pictures/Getty Images. p. 344 abajo: cortesía de Robert Marvin. p. 346 izquierda: Tony Freeman/PhotoEdit, Inc. p. 346 derecha: © Strauss/Custis/ Corbis. p. 350: Cindy Charles/PhotoEdit, Inc. p. 354: Bettmann/Corbis. 355 arriba: Doug Goodman/Photo Researchers, Inc. p. 355 abajo: Lew Merrim/Photo Researchers, Inc. p. 358: © Floresco Productions/Corbis. p. 361: © Franco Vogt/Corbis.

Capítulo 10: p. 371 arriba: Jim West/ImageWorks. p. 371 abajo: Harvard Graduate School of Education. p. 375 arriba: © The New Yorker Collection 2002 David Sipress, de cartoonbank.com. Todos los derechos reservados. p. 374: David Young-Wolff/PhotoEdit, Inc. p. 375 abajo: Index Stock Imagery. p. 379: WireImage/Getty Images. p. 384: © 2007 Steve Kelley. Reimpresa con autorización de cartoonistgroup.com. p. 388: © Don Mason/Corbis. p. 390: Journal-Courier/Clayton Stalter/ImageWorks. p. 391: Laura Dwight/PhotoEdit, Inc. p. 394: © Kevin Dodge/Corbis. p. 395 arriba: © Jon Feingersh/ zefa/Corbis. 395 abajo: © 2008 Ken Ross. p. 399 izquierda: Kathy McLaughlin/ImageWorks. 399 derecha: © Owen Franken/Corbis. p. 400: David Young-Wolff/PhotoEdit, Inc.

Capítulo 11: p. 406 ambas: David Burges. p. 408: Donald Miralle/Getty Images Sport/Getty Images. p. 409: © Gary Salter/zefa/Corbis. p. 410: Ellen Senisi/ ImageWorks. p. 413 abajo: © Robert Manella/Comstock/Corbis. p. 413 arriba: PhotoDisc/Getty Images. p. 414: © Kevin Dodge/Corbis. p. 418: © Jack Hollingsworth/Corbis. p. 421: William Dellenback/The Kinsey Institute for Research in Sex, Gender, and Reproduc-

Índice de nombres

Índice analítico